Großkommentare der Praxis

Handelsgesetzbuch

Großkommentar

Begründet von Hermann Staub

4., neubearbeitete Auflage
herausgegeben von
Claus-Wilhelm Canaris
Wolfgang Schilling †
Peter Ulmer

Vierter Band
§§ 343–382

Bearbeiter:
§§ 343–351: Ingo Koller
§§ 352–372: Claus-Wilhelm Canaris
§§ 373–376: Ingo Koller
§§ 377–382: Dieter Brüggemann †
Sachregister: Volker Kluge

De Gruyter Recht · Berlin

Erscheinungsdaten der Lieferungen:

§§ 343–357	(20. Lieferung):	Mai 2001
§§ 358–365	(21. Lieferung):	Dezember 2003
§§ 366–372	(23. Lieferung):	Juni 2004
§§ 373–376	(5. Lieferung):	November 1984
§§ 377–382	(4. Lieferung):	August 1983
Sachregister	(23. Lieferung):	Juni 2004

Zitiervorschlag z. B.: *Canaris* in Großkomm. HGB, § 366 Rdn. 55

Register: Rechtsanwalt Dr. Dr. *Volker Kluge*, Berlin

ISBN 3-89949-174-2

Bibliografische Information Der Deutschen Bibliothek

Die Deutsche Bibliothek verzeichnet diese Publikation in der Deutschen Nationalbibliografie; detaillierte bibliografische Daten sind im Internet über http://dnb.ddb.de abrufbar.

© Copyright 2004 by De Gruyter Rechtswissenschaften Verlags-GmbH, D-10785 Berlin

Dieses Werk einschließlich aller seiner Teile ist urheberrechtlich geschützt. Jede Verwertung außerhalb der engen Grenzen des Urheberrechtsgesetzes ist ohne Zustimmung des Verlages unzulässig und strafbar. Das gilt insbesondere für Vervielfältigungen, Übersetzungen, Mikroverfilmungen und die Einspeicherung und Verarbeitung in elektronischen Systemen.

Datenkonvertierung/Satz: WERKSATZ Schmidt & Schulz, 06773 Gräfenhainichen
Druck: Druckerei H. Heenemann GmbH, 12103 Berlin
Bindearbeiten: Lüderitz & Bauer GmbH, 10963 Berlin
Printed in Germany

Bearbeiter der 4. Auflage

Dr. *Dieter Brüggemann* (†), Ministerialrat a. D., Celle

Professor Dr. Dr. h.c. mult. *Claus-Wilhelm Canaris*, München

Professor Dr. *Gerhard Dannecker*, Bayreuth

Professor Dr. *Mathias Habersack*, Mainz

Professor Dr. *Johann Georg Helm* (†), Königstein

Professor Dr. Dr. h.c. *Peter Hommelhoff*, Heidelberg

Professor Dr. *Uwe Hüffer*, Bochum

Professor Dr. *Rainer Hüttemann*, Osnabrück

Professor Dr. *Detlev Joost*, Hamburg

Professor Dr. *Peter Kindler*, Bochum

Professor Dr. *Detlef Kleindiek*, Bielefeld

Professor Dr. *Ingo Koller*, Regensburg

Professor Dr. Dres. h.c. *Horst Konzen*, Mainz
  (unter Mitarbeit von Dr. *Christoph Weber*, Mainz)

Dr. *Ernst Thomas Kraft*, Rechtsanwalt, Wirtschaftsprüfer und Steuerberater, Frankfurt/Main

Professor Dr. *Wolfgang Schilling* (†), Rechtsanwalt, Mannheim

Professor Dr. Dr. h.c. mult. *Peter Ulmer*, Heidelberg

Professor Dr. *Daniel Zimmer*, LL.M., Bonn

Dr. *Jürg Zutt*, Rechtsanwalt, Mannheim

Inhaltsübersicht

VIERTES BUCH

Handelsgeschäfte

Erster Abschnitt. Allgemeine Vorschriften §§ 343–372

(Kommentiert nach HGB in der Fassung nach dem Handelsrechtsreformgesetz vom 22. Juni 1998.)

Zweiter Abschnitt. Handelskauf §§ 373–382

(Kommentiert nach HGB in der Fassung vor dem Handelsrechtsreformgesetz vom 22. Juni 1998.)

Vorbemerkung zum Abschluss der 4. Auflage

Es ist nicht selten das Schicksal von Großkommentaren, dass sie wegen des langen Zeitraums, der bis zu ihrem Abschluss zu vergehen pflegt, vom Gesetzgeber teilweise „überholt" werden. Das ist auch diesem Kommentar widerfahren, wobei insbesondere das Transportrechtsreformgesetz zu tiefgreifenden Veränderungen geführt hat. Daher sind in den früher publizierten Lieferungen eine Reihe von Vorschriften kommentiert, die heute nicht mehr gelten. Diese Kommentierungen sind indessen durch den „Federstrich des Gesetzgebers" keineswegs vollständig zu „Makulatur" geworden, da einige Vorschriften nur geringfügig modifiziert und viele andere zwar als solche aufgehoben worden sind, aber den Ausgangspunkt oder die Grundlage für das neue Recht bilden, so dass ihr Verständnis auch für dieses noch bedeutsam ist. Um die Arbeit mit denjenigen Kommentierungen zu erleichtern, deren Gegenstand nicht mehr dem heute geltenden Recht entspricht, ist in die vorliegende Lieferung eine Synopse zu den §§ 343–406 HGB sowie eine „Arbeitshilfe" zum Transportrecht aufgenommen worden. Diese hat Herr Assessor Thomas Riehm, wissenschaftlicher Assistent am Lehrstuhl für Bürgerliches Recht, Handels- und Arbeitsrecht der Ludwig-Maximilians-Universität München, erstellt, wofür ihm auch an dieser Stelle sehr herzlich gedankt sei.

Um den Abschluss der 4. Auflage nicht länger hinauszuzögern, sind Autor und Verlag übereingekommen, in dieser auf den noch fehlenden zweiten Teil der Kommentierung des Bankvertragsrechts zu verzichten und sie bis zur nächsten Auflage zurückzustellen.

München und Berlin im Mai 2004

Claus-Wilhelm Canaris   *De Gruyter Rechtswissenschaften Verlags-GmbH*

I. Synopse zu den §§ 343–406

Die folgende Synopse zeigt die Änderungen der §§ 343–406 HGB seit Erscheinen der jeweiligen Lieferungen dieses Kommentars. Zur besseren Orientierung ist der jeweilige Rechtsstand der kommentierten Fassung mit angegeben.

Kommentierte Fassung	*Fassung am 1. 1. 2004*
§§ 343–349 (Stand: 01.01.2001)	*(unverändert)*
§ 350 (Stand: 01.01.2001)	§ 350[1]
Auf eine Bürgschaft, ein Schuldversprechen oder ein Schuldanerkenntnis finden, sofern die Bürgschaft auf der Seite des Bürgen, das Versprechen oder das Anerkenntnis auf der Seite des Schuldners ein Handelsgeschäft ist, die Formvorschriften des § 766 Satz 1, des § 780 und des § 781 Satz 1 des Bürgerlichen Gesetzbuchs keine Anwendung.	Auf eine Bürgschaft, ein Schuldversprechen oder ein Schuldanerkenntnis finden, sofern die Bürgschaft auf der Seite des Bürgen, das Versprechen oder das Anerkenntnis auf der Seite des Schuldners ein Handelsgeschäft ist, die Formvorschriften des § 766 Satz 1 <u>und 2</u>, des § 780 und des § 781 Satz 1 <u>und 2</u> des Bürgerlichen Gesetzbuchs keine Anwendung.
§§ 351–357 (Stand: 01.01.2001)	*(unverändert)*
§§ 358–365 (Stand: 02.10.2003)	*(unverändert)*
§§ 366–372 (Stand: 01.01.2004)	*(unverändert)*
§§ 373, 374 (Stand: 01.04.1984)	*(unverändert)*
§ 375 (Stand: 01.04.1984)	§ 375[2]
(1) Ist bei dem Kauf einer beweglichen Sache dem Käufer die nähere Bestimmung über Form, Maß oder ähnliche Verhältnisse vorbehalten, so ist der Käufer verpflichtet, die vorbehaltene Bestimmung zu treffen.	(1) Ist bei dem Kauf einer beweglichen Sache dem Käufer die nähere Bestimmung über Form, Maß oder ähnliche Verhältnisse vorbehalten, so ist der Käufer verpflichtet, die vorbehaltene Bestimmung zu treffen.
(2) ¹Ist der Käufer mit der Erfüllung dieser Verpflichtung im Verzug, so kann der Verkäufer die Bestimmung statt des Käufers vornehmen oder gemäß *§ 326 des Bürgerlichen Gesetzbuchs Schadensersatz wegen Nichterfüllung fordern oder vom Vertrag zurücktreten.* ²Im erstern Falle hat der Verkäufer die von ihm getroffene Bestimmung dem Käufer mitzuteilen und ihm zugleich eine angemessene Frist zur Vornahme einer anderweitigen Bestimmung zu setzen. ³Wird eine solche innerhalb der Frist von dem Käufer nicht vorgenommen, so ist die von dem Verkäufer getroffene Bestimmung maßgebend.	(2) ¹Ist der Käufer mit der Erfüllung dieser Verpflichtung im Verzug, so kann der Verkäufer die Bestimmung statt des Käufers vornehmen oder gemäß <u>den §§ 280, 281 des Bürgerlichen Gesetzbuchs Schadensersatz statt der Leistung verlangen oder gemäß § 323 des Bürgerlichen Gesetzbuchs vom Vertrag zurücktreten.</u> ²Im erstern Falle hat der Verkäufer die von ihm getroffene Bestimmung dem Käufer mitzuteilen und ihm zugleich eine angemessene Frist zur Vornahme einer anderweitigen Bestimmung zu setzen. ³Wird eine solche innerhalb der Frist von dem Käufer nicht vorgenommen, so ist die von dem Verkäufer getroffene Bestimmung maßgebend.
§ 376 (Stand: 01.04.1984)	*(unverändert)*
§ 377 (Stand: 31.03.1983)	*(unverändert)*
§ 378 (Stand: 31.03.1983)	

---

[1] Geändert m. W. vom 1.8.2001 durch Art. 22 des Gesetzes zur Anpassung der Formvorschriften des Privatrechts und anderer Vorschriften an den modernen Rechtsgeschäftsverkehr vom 13.7.2001 (BGBl. I S. 1542).
[2] Abs. 2 geändert m. W. vom 1.1.2002 durch Art. 5 Abs. 16 des Gesetzes zur Modernisierung des Schuldrechts vom 26.11.2001 (BGBl. I S. 3138).

Viertes Buch. Handelsgeschäfte

Kommentierte Fassung	Fassung am 1.1.2004
Die Vorschriften des § 377 finden auch dann Anwendung, wenn eine andere als die bedungene Ware oder eine andere als die bedungene Menge von Waren geliefert ist, sofern die gelieferte Ware nicht offensichtlich von der Bestellung so erheblich abweicht, daß der Verkäufer die Genehmigung des Käufers als ausgeschlossen betrachten mußte.	(aufgehoben)[3]
§§ 379, 380 (Stand: 31.03.1983)	(unverändert)
§ 381 (Stand: 31.03.1983)	§ 381[4]
(1) Die in diesem Abschnitt für den Kauf von Waren getroffenen Vorschriften gelten auch für den Kauf von Wertpapieren.	(1) Die in diesem Abschnitt für den Kauf von Waren getroffenen Vorschriften gelten auch für den Kauf von Wertpapieren.
(2) Sie finden auch Anwendung, wenn aus einem von dem Unternehmer zu beschaffenden Stoff eine nicht vertretbare bewegliche Sache herzustellen ist.	(2) Sie finden auch auf einen Vertrag Anwendung, der die Lieferung herzustellender oder zu erzeugender beweglicher Sachen zum Gegenstand hat.
§ 382 (Stand: 31.03.1983)	(aufgehoben)[5]
Die Vorschriften der §§ 481 bis 492 des Bürgerlichen Gesetzbuchs über die Gewährleistung bei Viehmängeln werden durch die Vorschriften dieses Abschnitts nicht berührt.	

Dritter Abschnitt
Kommissionsgeschäft

§ 383 (Stand: 01.04.1985)	§ 383[6]
Kommissionär ist, wer es gewerbsmäßig übernimmt, Waren oder Wertpapiere für Rechnung eines anderen (des Kommittenten) in eigenem Namen zu kaufen oder zu verkaufen.	(1) Kommissionär ist, wer es gewerbsmäßig übernimmt, Waren oder Wertpapiere für Rechnung eines anderen (des Kommittenten) in eigenem Namen zu kaufen oder zu verkaufen.
	(2) ¹Die Vorschriften dieses Abschnittes finden auch Anwendung, wenn das Unternehmen des Kommissionärs nach Art oder Umfang einen in kaufmännischer Weise eingerichteten Geschäftsbetrieb nicht erfordert und die Firma des Unternehmens nicht nach § 2 in das Handelsregister eingetragen ist. ²In diesem

---

[3] Aufgehoben m. W. vom 1.1.2002 durch Art. 5 Abs. 16 des Gesetzes zur Modernisierung des Schuldrechts vom 26.11.2001 (BGBl. I S. 3138); vgl. nunmehr § 434 Abs. 3 BGB.

[4] Abs. 2 geändert m. W. vom 1.1.2002 durch Art. 5 Abs. 16 des Gesetzes zur Modernisierung des Schuldrechts vom 26.11.2001 (BGBl. I S. 3138).

[5] Aufgehoben m. W. vom 1.1.2002 durch Art. 5 Abs. 16 des Gesetzes zur Modernisierung des Schuldrechts vom 26.11.2001 (BGBl. I S. 3138).

[6] Abs. 2 angefügt m. W. vom 1.7. durch Art. 3 des Gesetzes zur Neuregelung des Kaufmanns- und Firmenrechts und zur Änderung anderer handels- und gesellschaftsrechtlicher Vorschriften (Handelsrechtsreformgesetz) vom 22.6.1998 (BGBl. I S. 1474).

Erster Abschnitt. Allgemeine Vorschriften

Kommentierte Fassung   *Fassung am 1.1.2004*

<u>Fall finden in Ansehung des Kommissionsgeschäfts auch die Vorschriften des Ersten Abschnittes des Vierten Buches mit Ausnahme der §§ 348 bis 350 Anwendung.</u>

§§ 384–406 (Stand: 01.04.1985)   *(unverändert)*

II. Arbeitshilfen zur Transportrechtsreform

Die Änderungen, die das Transportrecht des HGB durch die Reform 1998 (G. v. 25.6.1998, BGBl. I S. 1588) erfahren hat, sind so umfangreich, daß eine synoptische Darstellung nicht mehr möglich ist. Im folgenden wird daher der Text der §§ 407–475h HGB n. F. einschließlich etwaiger Folgeänderungen bis zum 1.1.2004 vollständig abgedruckt. Gegenübergestellt sind die Vorschriften aus dem alten Transportrecht des HGB, dem Recht des Seetransports, dem BinSchG, der CMR, der KVO, der CIM, der EVO, der OLSchVO und der GüKUMB, die für die jeweilige neue Regelung Vorbildcharakter hatten bzw. durch diese – wenngleich z. T. mit anderem Inhalt – funktionell ersetzt wurden. Im Anschluß daran findet sich eine tabellarische Übersicht der alten Vorschriften aus dem HGB und einzelnen Rechtsverordnungen mit den jeweiligen Nachfolgeregelungen, soweit sie in der 4. Auflage dieses Kommentars erläutert und infolge der Transportrechtsreform außer Kraft getreten sind. Die Auswahl der „Vorbildvorschriften" orientiert sich im wesentlichen an den Angaben in der Regierungsbegründung zum Entwurf eines Transportrechtsreformgesetzes (BT-Drs. 13/8445).

1. Neuer Gesetzestext mit Vorbildvorschriften

Fassung am 1.1.2004	*Vorbildvorschriften*
Vierter Abschnitt	**Sechster Abschnitt**
Frachtgeschäft	**Frachtgeschäft**

Erster Unterabschnitt. Allgemeine Vorschriften

§ 407 Frachtvertrag

(1) Durch den Frachtvertrag wird der Frachtführer verpflichtet, das Gut zum Bestimmungsort zu befördern und dort an den Empfänger abzuliefern.   § 425 HGB a. F.

(2) Der Absender wird verpflichtet, die vereinbarte Fracht zu zahlen.

(3) ¹Die Vorschriften dieses Unterabschnitts gelten, wenn   § 451 HGB a. F.

1. das Gut zu Lande, auf Binnengewässern oder mit Luftfahrzeugen befördert werden soll und
2. die Beförderung zum Betrieb eines gewerblichen Unternehmens gehört.

²Erfordert das Unternehmen nach Art oder Umfang einen in kaufmännischer Weise eingerichteten Geschäftsbetrieb nicht und ist die Firma des Unternehmens auch nicht nach § 2 in das Handelsregister eingetragen, so sind in Ansehung des Frachtgeschäfts auch insoweit die Vorschriften des Ersten Abschnitts des Vierten Buches ergänzend anzuwenden; dies gilt jedoch nicht für die §§ 348 bis 350.

Viertes Buch. Handelsgeschäfte

Fassung am 1.1.2004   *Vorbildvorschriften*

§ 408 Frachtbrief

(1) ¹Der Frachtführer kann die Ausstellung eines Frachtbriefs mit folgenden Angaben verlangen:
                                                                               § 426 Abs. 1, 2 HGB a. F.;
1. Ort und Tag der Ausstellung;   Art. 5, 6 Abs. 1, 2 CMR;
2. Name und Anschrift des Absenders;   Art. 12, 13 CIM; §§ 10, 11
3. Name und Anschrift des Frachtführers;   KVO a. F.; § 56 EVO a. F.
4. Stelle und Tag der Übernahme des Gutes sowie die für die Ablieferung vorgesehene Stelle;
5. Name und Anschrift des Empfängers und eine etwaige Meldeadresse;   § 72 Abs. 3 BinSchG
6. die übliche Bezeichnung der Art des Gutes und die Art der Verpackung, bei gefährlichen Gütern ihre nach den Gefahrgutvorschriften vorgesehene, sonst ihre allgemein anerkannte Bezeichnung;
7. Anzahl, Zeichen und Nummern der Frachtstücke;
8. das Rohgewicht oder die anders angegebene Menge des Gutes;
9. die vereinbarte Fracht und die bis zur Ablieferung anfallenden Kosten sowie einen Vermerk über die Frachtzahlung;
10. den Betrag einer bei der Ablieferung des Gutes einzuziehenden Nachnahme;
11. Weisungen für die Zoll- und sonstige amtliche Behandlung des Gutes;
12. eine Vereinbarung über die Beförderung in offenem, nicht mit Planen gedecktem Fahrzeug oder auf Deck.

²In den Frachtbrief können weitere Angaben eingetragen werden, die die Parteien für zweckmäßig halten.   Art. 6 Abs. 3 CMR

(2) ¹Der Frachtbrief wird in drei Originalausfertigungen ausgestellt, die vom Absender unterzeichnet werden. ²Der Absender kann verlangen, daß auch der Frachtführer den Frachtbrief unterzeichnet. Nachbildungen der eigenhändigen Unterschriften durch Druck oder Stempel genügen. ³Eine Ausfertigung ist für den Absender bestimmt, eine begleitet das Gut, eine behält der Frachtführer.
                                                                Art. 5 Abs. 1 CMR;
                                                                § 10 Abs. 2 KVO a. F.;
                                                                § 56 Abs. 10 S. 2 EVO a. F.

§ 409 Beweiskraft des Frachtbriefs

(1) Der von beiden Parteien unterzeichnete Frachtbrief dient bis zum Beweis des Gegenteils als Nachweis für Abschluß und Inhalt des Frachtvertrages sowie für die Übernahme des Gutes durch den Frachtführer.   Art. 9 Abs. 1 CMR

(2) ¹Der von beiden Parteien unterzeichnete Frachtbrief begründet ferner die Vermutung, daß das Gut und seine Verpackung bei der Übernahme durch den Frachtführer in äußerlich gutem Zustand waren und daß die Anzahl der Frachtstücke und ihre Zeichen und Nummern mit den Angaben im Frachtbrief übereinstimmen. ²Der Frachtbrief begründet diese Vermutung jedoch nicht, wenn der Frachtführer einen begründeten Vorbehalt in den Frachtbrief eingetragen hat; der Vorbehalt kann auch damit begründet werden, daß dem Frachtführer   Art. 8 Abs. 2, 9 Abs. 2 CMR

Erster Abschnitt. Allgemeine Vorschriften

Fassung am 1.1.2004 — *Vorbildvorschriften*

keine angemessenen Mittel zur Verfügung standen, die Richtigkeit der Angaben zu überprüfen.

(3) ¹Ist das Rohgewicht oder die anders angegebene Menge des Gutes oder der Inhalt der Frachtstücke vom Frachtführer überprüft und das Ergebnis der Überprüfung in den von beiden Parteien unterzeichneten Frachtbrief eingetragen worden, so begründet dieser auch die Vermutung, daß Gewicht, Menge oder Inhalt mit den Angaben im Frachtbrief übereinstimmt. ²Der Frachtführer ist verpflichtet, Gewicht, Menge oder Inhalt zu überprüfen, wenn der Absender dies verlangt und dem Frachtführer angemessene Mittel zur Überprüfung zur Verfügung stehen; der Frachtführer hat Anspruch auf Ersatz seiner Aufwendungen für die Überprüfung. — Art. 8 Abs. 3, 9 Abs. 2 CMR

§ 410 Gefährliches Gut

(1) Soll gefährliches Gut befördert werden, so hat der Absender dem Frachtführer rechtzeitig in Textform die genaue Art der Gefahr und, soweit erforderlich, zu ergreifende Vorsichtsmaßnahmen mitzuteilen. — Art. 22 Abs. 1 CMR

(2) Der Frachtführer kann, sofern ihm nicht bei Übernahme des Gutes die Art der Gefahr bekannt war oder jedenfalls mitgeteilt worden ist, — Art. 22 Abs. 2 CMR

1. gefährliches Gut ausladen, einlagern, zurückbefördern oder, soweit erforderlich, vernichten oder unschädlich machen, ohne dem Absender deshalb ersatzpflichtig zu werden, und
2. vom Absender wegen dieser Maßnahmen Ersatz der erforderlichen Aufwendungen verlangen.

§ 411 Verpackung, Kennzeichnung

¹Der Absender hat das Gut, soweit dessen Natur unter Berücksichtigung der vereinbarten Beförderung eine Verpackung erfordert, so zu verpacken, daß es vor Verlust und Beschädigung geschützt ist und daß auch dem Frachtführer keine Schäden entstehen. ²Der Absender hat das Gut ferner, soweit dessen vertragsgemäße Behandlung dies erfordert, zu kennzeichnen. — § 18 Abs. 1, Abs. 5 S. 1 KVO a. F.

§ 412 Verladen und Entladen

(1) ¹Soweit sich aus den Umständen oder der Verkehrssitte nicht etwas anderes ergibt, hat der Absender das Gut beförderungssicher zu laden, zu stauen und zu befestigen (verladen) sowie zu entladen. ²Der Frachtführer hat für die betriebssichere Verladung zu sorgen. — § 17 Abs. 1 KVO a. F.

(2) Für die Lade- und Entladezeit, die sich mangels abweichender Vereinbarung nach einer den Umständen des Falles angemessenen Frist bemißt, kann keine besondere Vergütung erlangt werden. — § 567 Abs. 4 S. 1 HGB; § 19 S. 1 KVO a. F.

(3) Wartet der Frachtführer auf Grund vertraglicher Vereinbarung oder aus Gründen, die nicht seinem Risikobereich zuzurechnen sind, über die Lade- oder Entladezeit hinaus, so hat er Anspruch auf eine angemessene Vergütung (Standgeld). — § 567 Abs. 4 S. 2 HGB; §§ 30 Abs. 1, 31, 49 BinSchG; § 19 S. 1 KVO a. F.

Thomas Riehm

Viertes Buch. Handelsgeschäfte

Fassung am 1.1.2004 — *Vorbildvorschriften*

(4) Das Bundesministerium der Justiz wird ermächtigt, im Einvernehmen mit dem Bundesministerium für Verkehr, Bau- und Wohnungswesen durch Rechtsverordnung, die nicht der Zustimmung des Bundesrates bedarf, für die Binnenschiffahrt unter Berücksichtigung der Art der zur Beförderung bestimmten Fahrzeuge, der Art und Menge der umzuschlagenden Güter, der beim Güterumschlag zur Verfügung stehenden technischen Mittel und der Erfordernisse eines beschleunigten Verkehrsablaufs die Voraussetzungen für den Beginn der Lade- und Entladezeit, deren Dauer sowie die Höhe des Standgeldes zu bestimmen. — §§ 29 Abs. 4, 30 Abs. 2, 48 Abs. 4, 49 Abs. 1 S. 2 BinSchG

§ 413 Begleitpapiere

(1) Der Absender hat dem Frachtführer Urkunden zur Verfügung zu stellen und Auskünfte zu erteilen, die für eine amtliche Behandlung, insbesondere eine Zollabfertigung, vor der Ablieferung des Gutes erforderlich sind. — § 427 S. 1 HGB a. F.; Art. 11 Abs. 1 CMR; § 12 Abs. 1 KVO a. F.; § 6 S. 2 GüKUMB

(2) ¹Der Frachtführer ist für den Schaden verantwortlich, der durch Verlust oder Beschädigung der ihm übergebenen Urkunden oder durch deren unrichtige Verwendung verursacht worden ist, es sei denn, daß der Verlust, die Beschädigung oder die unrichtige Verwendung auf Umständen beruht, die der Frachtführer nicht vermeiden und deren Folgen er nicht abwenden konnte. ²Seine Haftung ist jedoch auf den Betrag begrenzt, der bei Verlust des Gutes zu zahlen wäre. — Art. 11 Abs. 3 CMR; § 12 Abs. 9 S. 1 KVO a. F.

§ 414 Verschuldensunabhängige Haftung des Absenders in besonderen Fällen

(1) ¹Der Absender hat, auch wenn ihn kein Verschulden trifft, dem Frachtführer Schäden und Aufwendungen zu ersetzen, die verursacht werden durch

1. ungenügende Verpackung oder Kennzeichnung, — Art. 10 CMR; § 18 Abs. 3 KVO a. F.

2. Unrichtigkeit oder Unvollständigkeit der in den Frachtbrief aufgenommenen Angaben, — § 426 Abs. 3 S. 1 HGB a. F.; Art. 7 Abs. 1 CMR; § 13 Abs. 1 KVO a. F.

3. Unterlassen der Mitteilung über die Gefährlichkeit des Gutes oder — Art. 22 Abs. 2 Hs. 2 CMR

4. Fehlen, Unvollständigkeit oder Unrichtigkeit der in § 413 Abs. 1 genannten Urkunden oder Auskünfte. — § 427 S. 2 HGB a. F.; Art. 11 Abs. 2 S. 2 CMR

²Für Schäden hat der Absender jedoch nur bis zu einem Betrag von 8,33 Rechnungseinheiten für jedes Kilogramm des Rohgewichts der Sendung Ersatz zu leisten; § 431 Abs. 4 und die §§ 434 bis 436 sind entsprechend anzuwenden.

(2) Hat bei der Verursachung der Schäden oder Aufwendungen ein Verhalten des Frachtführers mitgewirkt, so hängen die Verpflichtung zum Ersatz sowie der Umfang des zu leistenden Ersatzes davon ab, inwieweit dieses Verhalten zu den Schäden und Aufwendungen beigetragen hat.

(3) Ist der Absender ein Verbraucher, so hat er dem Frachtführer Schäden und Aufwendungen nach den Absätzen 1 und 2 nur zu ersetzen, soweit ihn ein Verschulden trifft.

Erster Abschnitt. Allgemeine Vorschriften

Fassung am 1.1.2004 *Vorbildvorschriften*

§ 415 Kündigung durch den Absender

(1) Der Absender kann den Frachtvertrag jederzeit kündigen.

§ 428 Abs. 2 S. 1 Hs. 1 HGB a. F.; § 649 S. 1 BGB; §§ 580 ff. HGB; §§ 36, 37 BinSchG

(2) ¹Kündigt der Absender, so kann der Frachtführer entweder
1. die vereinbarte Fracht, das etwaige Standgeld sowie zu ersetzende Aufwendungen unter Anrechnung dessen, was er infolge der Aufhebung des Vertrages an Aufwendungen erspart oder anderweitig erwirbt oder zu erwerben böswillig unterläßt, oder

§ 649 S. 2 Hs. 1 BGB; § 582 Abs. 1 HGB; § 37 Abs. 1 BinSchG

2. ein Drittel der vereinbarten Fracht (Fautfracht)

verlangen. ²Beruht die Kündigung auf Gründen, die dem Risikobereich des Frachtführers zuzurechnen sind, so entfällt der Anspruch auf Fautfracht nach Satz 1 Nr. 2; in diesem Falle entfällt auch der Anspruch nach Satz 1 Nr. 1, soweit die Beförderung für den Absender nicht von Interesse ist.

§ 580 Abs. 1 HGB; §§ 36 Abs. 1, 34 S. 1 BinSchG

(3) ¹Wurde vor der Kündigung bereits Gut verladen, so kann der Frachtführer auf Kosten des Absenders Maßnahmen entsprechend § 419 Abs. 3 Satz 2 bis 4 ergreifen oder vom Absender verlangen, daß dieser das Gut unverzüglich entlädt. ²Der Frachtführer braucht das Entladen des Gutes nur zu dulden, soweit dies ohne Nachteile für seinen Betrieb und ohne Schäden für die Absender oder Empfänger anderer Sendungen möglich ist. ³Beruht die Kündigung auf Gründen, die dem Risikobereich des Frachtführers zuzurechnen sind, so ist abweichend von den Sätzen 1 und 2 der Frachtführer verpflichtet, das Gut, das bereits verladen wurde, unverzüglich auf eigene Kosten zu entladen.

§ 581 HGB; § 36 Abs. 4 BinSchG

§ 416 Anspruch auf Teilbeförderung

¹Wird nur ein Teil der vereinbarten Ladung verladen, so kann der Absender jederzeit verlangen, daß der Frachtführer mit der Beförderung der unvollständigen Ladung beginnt. ²In diesem Fall gebührt dem Frachtführer die volle Fracht, das etwaige Standgeld sowie Ersatz der Aufwendungen, die ihm infolge der Unvollständigkeit der Ladung entstehen; von der vollen Fracht kommt jedoch die Fracht für dasjenige Gut in Abzug, welches der Frachtführer mit demselben Beförderungsmittel anstelle des nicht verladenen Gutes befördert. ³Der Frachtführer ist außerdem berechtigt, soweit ihm durch die Unvollständigkeit der Ladung die Sicherheit für die volle Fracht entgeht, die Bestellung einer anderweitigen Sicherheit zu fordern. ⁴Beruht die Unvollständigkeit der Verladung auf Gründen, die dem Risikobereich des Frachtführers zuzurechnen sind, so steht diesem der Anspruch nach den Sätzen 2 und 3 nur insoweit zu, als tatsächlich Ladung befördert wird.

§ 578 HGB; § 35 Abs. 1 S. 2, Abs. 2 BinSchG

§ 417 Rechte des Frachtführers bei Nichteinhaltung der Ladezeit

(1) Verlädt der Absender das Gut nicht innerhalb der Ladezeit oder stellt er, wenn er zur Verladung nicht verpflichtet ist, das

§§ 326 Abs. 1, 643 BGB a. F.; §§ 570, 571 HGB;

Viertes Buch. Handelsgeschäfte

Fassung am 1.1.2004 *Vorbildvorschriften*

Gut nicht innerhalb der Ladezeit zur Verfügung, so kann ihm der Frachtführer eine angemessene Frist setzen, innerhalb derer das Gut verladen oder zur Verfügung gestellt werden soll. § 33 BinSchG

(2) Wird bis zum Ablauf der nach Absatz 1 gesetzten Frist keine Ladung verladen oder zur Verfügung gestellt, so kann der Frachtführer den Vertrag kündigen und die Ansprüche nach § 415 Abs. 2 geltend machen. § 585 HGB; § 34 BinSchG

(3) Wird bis zum Ablauf der nach Absatz 1 gesetzten Frist nur ein Teil der vereinbarten Ladung verladen oder zur Verfügung gestellt, so kann der Frachtführer mit der Beförderung der unvollständigen Ladung beginnen und die Ansprüche nach § 416 Satz 2 und 3 geltend machen. § 579 HGB; § 35 Abs. 1 S. 1 BinSchG

(4) Dem Frachtführer stehen die Rechte nicht zu, wenn die Nichteinhaltung der Ladezeit auf Gründen beruht, die seinem Risikobereich zuzurechnen sind.

§ 418 Nachträgliche Weisungen

(1) ¹Der Absender ist berechtigt, über das Gut zu verfügen. ²Er kann insbesondere verlangen, daß der Frachtführer das Gut nicht weiterbefördert oder es an einem anderen Bestimmungsort, an einer anderen Ablieferungsstelle oder an einen anderen Empfänger abliefert. ³Der Frachtführer ist nur insoweit zur Befolgung solcher Weisungen verpflichtet, als deren Ausführung weder Nachteile für den Betrieb seines Unternehmens noch Schäden für die Absender oder Empfänger anderer Sendungen mit sich zu bringen droht. ⁴Er kann vom Absender Ersatz seiner durch die Ausführung der Weisung entstehenden Aufwendungen sowie eine angemessene Vergütung verlangen; der Frachtführer kann die Befolgung der Weisung von einem Vorschuß abhängig machen. § 433 Abs. 1 HGB a. F.; Art. 12, 30–32 CMR; § 27 KVO a. F.; § 72 EVO a. F.

(2) ¹Das Verfügungsrecht des Absenders erlischt nach Ankunft des Gutes an der Ablieferungsstelle. ²Von diesem Zeitpunkt an steht das Verfügungsrecht nach Absatz 1 dem Empfänger zu. ³Macht der Empfänger von diesem Recht Gebrauch, so hat er dem Frachtführer die entstehenden Mehraufwendungen zu ersetzen sowie eine angemessene Vergütung zu zahlen; der Frachtführer kann die Befolgung der Weisung von einem Vorschuß abhängig machen.

(3) Hat der Empfänger in Ausübung seines Verfügungsrechts die Ablieferung des Gutes an einen Dritten angeordnet, so ist dieser nicht berechtigt, seinerseits einen anderen Empfänger zu bestimmen.

(4) Ist ein Frachtbrief ausgestellt und von beiden Parteien unterzeichnet worden, so kann der Absender sein Verfügungsrecht nur gegen Vorlage der Absenderausfertigung des Frachtbriefs ausüben, sofern dies im Frachtbrief vorgeschrieben ist.

(5) Beabsichtigt der Frachtführer, eine ihm erteilte Weisung nicht zu befolgen, so hat er denjenigen, der die Weisung gegeben hat, unverzüglich zu benachrichtigen.

(6) ¹Ist die Ausübung des Verfügungsrechts von der Vorlage des Frachtbriefs abhängig gemacht worden und führt der Frachtführer eine Weisung aus, ohne sich die Absenderausfer-

Erster Abschnitt. Allgemeine Vorschriften

Fassung am 1.1.2004 — *Vorbildvorschriften*

tigung des Frachtbriefs vorlegen zu lassen, so haftet er dem Berechtigten für den daraus entstehenden Schaden. ²Die Vorschriften über die Beschränkung der Haftung finden keine Anwendung.

§ 419 Beförderungs- und Ablieferungshindernisse

(1) ¹Wird vor Ankunft des Gutes an der für die Ablieferung vorgesehenen Stelle erkennbar, daß die Beförderung nicht vertragsgemäß durchgeführt werden kann, oder bestehen nach Ankunft des Gutes an der Ablieferungsstelle Ablieferungshindernisse, so hat der Frachtführer Weisungen des nach § 418 Verfügungsberechtigten einzuholen. ²Ist der Empfänger verfügungsberechtigt und ist er nicht zu ermitteln oder verweigert er die Annahme des Gutes, so ist Verfügungsberechtigter nach Satz 1 der Absender; ist die Ausübung des Verfügungsrechts von der Vorlage eines Frachtbriefs abhängig gemacht worden, so bedarf es in diesem Fall der Vorlage des Frachtbriefs nicht. ³Der Frachtführer ist, wenn ihm Weisungen erteilt worden sind und das Hindernis nicht seinem Risikobereich zuzurechnen ist, berechtigt, Ansprüche nach § 418 Abs. 1 Satz 4 geltend zu machen.

§ 437 Abs. 1 HGB a. F.; Art. 14 Abs. 1, 15 Abs. 1, 16 Abs. 1 CMR; § 28 KVO a. F.; §§ 52, 68 BinSchG

(2) Tritt das Beförderungs- oder Ablieferungshindernis ein, nachdem der Empfänger auf Grund seiner Verfügungsbefugnis nach § 418 die Weisung erteilt hat, das Gut an einen Dritten abzuliefern, so nimmt bei der Anwendung des Absatzes 1 der Empfänger die Stelle des Absenders und der Dritte die des Empfängers ein.

Art. 15 Abs. 3 CMR

(3) ¹Kann der Frachtführer Weisungen, die er nach § 418 Abs. 1 Satz 3 befolgen müßte, innerhalb angemessener Zeit nicht erlangen, so hat er die Maßnahmen zu ergreifen, die im Interesse des Verfügungsberechtigten die besten zu sein scheinen. ²Er kann etwa das Gut entladen und verwahren, für Rechnung des nach § 418 Abs. 1 bis 4 Verfügungsberechtigten einem Dritten zur Verwahrung anvertrauen oder zurückbefördern; vertraut der Frachtführer das Gut einem Dritten an, so haftet er nur für die sorgfältige Auswahl des Dritten. ³Der Frachtführer kann das Gut auch gemäß § 373 Abs. 2 bis 4 verkaufen lassen, wenn es sich um verderbliche Ware handelt oder der Zustand des Gutes eine solche Maßnahme rechtfertigt oder wenn die andernfalls entstehenden Kosten in keinem angemessenen Verhältnis zum Wert des Gutes stehen. ⁴Unverwertbares Gut darf der Frachtführer vernichten. ⁵Nach dem Entladen des Gutes gilt die Beförderung als beendet.

§ 437 Abs. 2 HGB a. F.; Art. 14 Abs. 2, 16 Abs. 2–4 CMR; § 69 BinSchG

(4) Der Frachtführer hat wegen der nach Absatz 3 ergriffenen Maßnahmen Anspruch auf Ersatz der erforderlichen Aufwendungen und auf angemessene Vergütung, es sei denn, daß das Hindernis seinem Risikobereich zuzurechnen ist.

Art. 16 Abs. 1, 2 CMR

§ 420 Zahlung. Frachtberechnung

(1) ¹Die Fracht ist bei Ablieferung des Gutes zu zahlen. ²Der Frachtführer hat über die Fracht hinaus einen Anspruch auf Ersatz von Aufwendungen, soweit diese für das Gut gemacht

§§ 20, 21 Abs. 1 KVO a. F.; Art. 15 CIM; § 69 EVO a. F.

wurden und er sie den Umständen nach für erforderlich halten durfte.

(2) ¹Wird die Beförderung infolge eines Beförderungs- oder Ablieferungshindernisses vorzeitig beendet, so gebührt dem Frachtführer die anteilige Fracht für den zurückgelegten Teil der Beförderung. ²Ist das Hindernis dem Risikobereich des Frachtführers zuzurechnen, steht ihm der Anspruch nur insoweit zu, als die Beförderung für den Absender von Interesse ist.

§ 428 Abs. 2 S. 1 Hs. 2 HGB a. F.; § 64 BinSchG

(3) Tritt nach Beginn der Beförderung und vor Ankunft an der Ablieferungsstelle eine Verzögerung ein und beruht die Verzögerung auf Gründen, die dem Risikobereich des Absenders zuzurechnen sind, so gebührt dem Frachtführer neben der Fracht eine angemessene Vergütung.

(4) Ist die Fracht nach Zahl, Gewicht oder anders angegebener Menge des Gutes vereinbart, so wird für die Berechnung der Fracht vermutet, daß Angaben hierzu im Frachtbrief oder Ladeschein zutreffen; dies gilt auch dann, wenn zu diesen Angaben ein Vorbehalt eingetragen ist, der damit begründet ist, daß keine angemessenen Mittel zur Verfügung standen, die Richtigkeit der Angaben zu überprüfen.

§ 63 BinSchG

§ 421 Rechte des Empfängers. Zahlungspflicht

(1) ¹Nach Ankunft des Gutes an der Ablieferungsstelle ist der Empfänger berechtigt, vom Frachtführer zu verlangen, ihm das Gut gegen Erfüllung der Verpflichtungen aus dem Frachtvertrag abzuliefern. ²Ist das Gut beschädigt oder verspätet abgeliefert worden oder verlorengegangen, so kann der Empfänger die Ansprüche aus dem Frachtvertrag im eigenen Namen gegen den Frachtführer geltend machen; der Absender bleibt zur Geltendmachung dieser Ansprüche befugt. ³Dabei macht es keinen Unterschied, ob Empfänger oder Absender im eigenen oder fremden Interesse handeln.

§ 435 HGB a. F.; § 614 Abs. 2 HGB; Art. 13 Abs. 1 CMR; § 25 Abs. 1 KVO a. F.; Art. 28 § 1 S. 1 CIM; § 75 Abs. 3 EVO a. F.

(2) ¹Der Empfänger, der sein Recht nach Absatz 1 Satz 1 geltend macht, hat die noch geschuldete Fracht bis zu dem Betrag zu zahlen, der aus dem Frachtbrief hervorgeht. ²Ist ein Frachtbrief nicht ausgestellt oder dem Empfänger nicht vorgelegt worden oder ergibt sich aus dem Frachtbrief nicht die Höhe der zu zahlenden Fracht, so hat der Empfänger die mit dem Absender vereinbarte Fracht zu zahlen, soweit diese nicht unangemessen ist.

§ 436 HGB a. F.; § 614 Abs. 1 HGB; Art. 13 Abs. 2 CMR; § 25 Abs. 2 KVO a. F.; Art. 28 § 1 S. 2 CIM; § 75 Abs. 2 EVO a. F.

(3) Der Empfänger, der sein Recht nach Absatz 1 Satz 1 geltend macht, hat ferner ein Standgeld oder eine Vergütung nach § 420 Abs. 3 zu zahlen, ein Standgeld wegen Überschreitung der Ladezeit und eine Vergütung nach § 420 Abs. 3 jedoch nur, wenn ihm der geschuldete Betrag bei Ablieferung des Gutes mitgeteilt worden ist.

(4) Der Absender bleibt zur Zahlung der nach dem Vertrag geschuldeten Beträge verpflichtet.

Erster Abschnitt. Allgemeine Vorschriften

Fassung am 1.1. 2004 *Vorbildvorschriften*

§ 422 Nachnahme

(1) Haben die Parteien vereinbart, daß das Gut nur gegen Einziehung einer Nachnahme an den Empfänger abgeliefert werden darf, so ist anzunehmen, daß der Betrag in bar oder in Form eines gleichwertigen Zahlungsmittels einzuziehen ist.

(2) Das auf Grund der Einziehung Erlangte gilt im Verhältnis zu den Gläubigern des Frachtführers als auf den Absender übertragen.

(3) Wird das Gut dem Empfänger ohne Einziehung der Nachnahme abgeliefert, so haftet der Frachtführer, auch wenn ihn kein Verschulden trifft, dem Absender für den daraus entstehenden Schaden, jedoch nur bis zur Höhe des Betrages der Nachnahme.

Art. 21 CMR; § 31 Abs. 1 lit. d) KVO a. F.; Art. 17 § 3 CIM

§ 423 Lieferfrist

Der Frachtführer ist verpflichtet, das Gut innerhalb der vereinbarten Frist oder mangels Vereinbarung innerhalb der Frist abzuliefern, die einem sorgfältigen Frachtführer unter Berücksichtigung der Umstände vernünftigerweise zuzubilligen ist (Lieferfrist).

§ 428 Abs. 1 HGB a. F.; Art. 19 CMR

§ 424 Verlustvermutung

(1) Der Anspruchsberechtigte kann das Gut als verloren betrachten, wenn es weder innerhalb der Lieferfrist noch innerhalb eines weiteren Zeitraums abgeliefert wird, der der Lieferfrist entspricht, mindestens aber zwanzig Tage, bei einer grenzüberschreitenden Beförderung dreißig Tage beträgt.

(2) Erhält der Anspruchsberechtigte eine Entschädigung für den Verlust des Gutes, so kann er bei deren Empfang verlangen, daß er unverzüglich benachrichtigt wird, wenn das Gut wiederaufgefunden wird.

(3) ¹Der Anspruchsberechtigte kann innerhalb eines Monats nach Empfang der Benachrichtigung von dem Wiederauffinden des Gutes verlangen, daß ihm das Gut Zug um Zug gegen Erstattung der Entschädigung, gegebenenfalls abzüglich der in der Entschädigung enthaltenen Kosten, abgeliefert wird. ²Eine etwaige Pflicht zur Zahlung der Fracht sowie Ansprüche auf Schadenersatz bleiben unberührt.

(4) Wird das Gut nach Zahlung einer Entschädigung wiederaufgefunden und hat der Anspruchsberechtigte eine Benachrichtigung nicht verlangt oder macht er nach Benachrichtigung seinen Anspruch auf Ablieferung nicht geltend, so kann der Frachtführer über das Gut frei verfügen.

Art. 20 CMR; Art. 39 CIM; § 37 Abs. 4 KVO a. F.

§ 425 Haftung für Güter- und Verspätungsschäden. Schadensteilung

(1) Der Frachtführer haftet für den Schaden, der durch Verlust oder Beschädigung des Gutes in der Zeit von der Übernahme zur Beförderung bis zur Ablieferung oder durch Überschreitung der Lieferfrist entsteht.

(2) Hat bei der Entstehung des Schadens ein Verhalten des Absenders oder des Empfängers oder ein besonderer Mangel

§ 429 Abs. 1 HGB a. F.; Art. 17 Abs. 1, 5 CMR; Art. 36 § 1 CIM; § 82 Abs. 1, 2 EVO a. F.

Viertes Buch. Handelsgeschäfte

Fassung am 1.1.2004 *Vorbildvorschriften*

des Gutes mitgewirkt, so hängen die Verpflichtung zum Ersatz sowie der Umfang des zu leistenden Ersatzes davon ab, inwieweit diese Umstände zu dem Schaden beigetragen haben.

§ 426 Haftungsausschluß

Der Frachtführer ist von der Haftung befreit, soweit der Verlust, die Beschädigung oder die Überschreitung der Lieferfrist auf Umständen beruht, die der Frachtführer auch bei größter Sorgfalt nicht vermeiden und deren Folgen er nicht abwenden konnte.

Art. 17 Abs. 2 Alt. 4 CMR; § 34 S. 1 lit. a) KVO a. F.; Art. 36 § 2 CIM; § 82 Abs. 1 EVO a. F.

§ 427 Besondere Haftungsausschlußgründe

(1) Der Frachtführer ist von seiner Haftung befreit, soweit der Verlust, die Beschädigung oder die Überschreitung der Lieferfrist auf eine der folgenden Gefahren zurückzuführen ist:
1. vereinbarte oder der Übung entsprechende Verwendung von offenen, nicht mit Planen gedeckten Fahrzeugen oder Verladung auf Deck;
2. ungenügende Verpackung durch den Absender;
3. Behandeln, Verladen oder Entladen des Gutes durch den Absender oder den Empfänger;
4. natürliche Beschaffenheit des Gutes, die besonders leicht zu Schäden, insbesondere durch Bruch, Rost, inneren Verderb, Austrocknen, Auslaufen, normalen Schwund, führt;
5. ungenügende Kennzeichnung der Frachtstücke durch den Absender;
6. Beförderung lebender Tiere.

Art. 17 Abs. 4 CMR; § 59 BinSchG; § 34 KVO a. F.; Art. 36 § 3 CIM; § 83 EVO a. F.

(2) ¹Ist ein Schaden eingetreten, der nach den Umständen des Falles aus einer der in Absatz 1 bezeichneten Gefahren entstehen konnte, so wird vermutet, daß der Schaden aus dieser Gefahr entstanden ist. ²Diese Vermutung gilt im Falle des Absatzes 1 Nr. 1 nicht bei außergewöhnlich großem Verlust.

Art. 18 Abs. 1, 2 CMR

(3) Der Frachtführer kann sich auf Absatz 1 Nr. 1 nur berufen, soweit der Verlust, die Beschädigung oder die Überschreitung der Lieferfrist nicht darauf zurückzuführen ist, daß der Frachtführer besondere Weisungen des Absenders im Hinblick auf die Beförderung des Gutes nicht beachtet hat.

(4) Ist der Frachtführer nach dem Frachtvertrag verpflichtet, das Gut gegen die Einwirkung von Hitze, Kälte, Temperaturschwankungen, Luftfeuchtigkeit, Erschütterungen oder ähnlichen Einflüssen besonders zu schützen, so kann er sich auf Absatz 1 Nr. 4 nur berufen, wenn er alle ihm nach den Umständen obliegenden Maßnahmen, insbesondere hinsichtlich der Auswahl, Instandhaltung und Verwendung besonderer Einrichtungen, getroffen und besondere Weisungen beachtet hat.

Art. 18 Abs. 4 CMR

(5) Der Frachtführer kann sich auf Absatz 1 Nr. 6 nur berufen, wenn er alle ihm nach den Umständen obliegenden Maßnahmen getroffen und besondere Weisungen beachtet hat.

Art. 18 Abs. 5 CMR

Erster Abschnitt. Allgemeine Vorschriften

Fassung am 1.1.2004 — *Vorbildvorschriften*

§ 428 Haftung für andere

¹Der Frachtführer hat Handlungen und Unterlassungen seiner Leute in gleichem Umfange zu vertreten wie eigene Handlungen und Unterlassungen, wenn die Leute in Ausübung ihrer Verrichtungen handeln. ²Gleiches gilt für Handlungen und Unterlassungen anderer Personen, deren er sich bei Ausführung der Beförderung bedient.

§ 431 HGB a. F.; § 607 Abs. 1 HGB; Art. 3 CMR; § 6 KVO a. F.; Art. 50 CIM

§ 429 Wertersatz

(1) Hat der Frachtführer für gänzlichen oder teilweisen Verlust des Gutes Schadenersatz zu leisten, so ist der Wert am Ort und zur Zeit der Übernahme zur Beförderung zu ersetzen.

(2) ¹Bei Beschädigung des Gutes ist der Unterschied zwischen dem Wert des unbeschädigten Gutes am Ort und zur Zeit der Übernahme zur Beförderung und dem Wert zu ersetzen, den das beschädigte Gut am Ort und zur Zeit der Übernahme gehabt hätte. ²Es wird vermutet, daß die zur Schadensminderung und Schadensbehebung aufzuwendenden Kosten dem nach Satz 1 zu ermittelnden Unterschiedsbetrag entsprechen.

(3) ¹Der Wert des Gutes bestimmt sich nach dem Marktpreis, sonst nach dem gemeinen Wert von Gütern gleicher Art und Beschaffenheit. ²Ist das Gut unmittelbar vor Übernahme zur Beförderung verkauft worden, so wird vermutet, daß der in der Rechnung des Verkäufers ausgewiesene Kaufpreis abzüglich darin enthaltener Beförderungskosten der Marktpreis ist.

§ 430 Abs. 1, 2 HGB a. F.; Art. 23, 25 CMR; § 35 KVO a. F.; § 65 EVO a. F.; Art. 40, 42 CIM

§ 430 Schadensfeststellungskosten

Bei Verlust oder Beschädigung des Gutes hat der Frachtführer über den nach § 429 zu leistenden Ersatz hinaus die Kosten der Feststellung des Schadens zu tragen.

§ 32 S. 2 KVO a. F.

§ 431 Haftungshöchstbetrag

(1) Die nach den §§ 429 und 430 zu leistende Entschädigung wegen Verlust oder Beschädigung der gesamten Sendung ist auf einen Betrag von 8,33 Rechnungseinheiten für jedes Kilogramm des Rohgewichts der Sendung begrenzt.

Art. 23 Abs. 3, 25 CMR

(2) Sind nur einzelne Frachtstücke der Sendung verloren oder beschädigt worden, so ist die Haftung des Frachtführers begrenzt auf einen Betrag von 8,33 Rechnungseinheiten für jedes Kilogramm des Rohgewichts

Art. 25 Abs. 2 CMR

1. der gesamten Sendung, wenn die gesamte Sendung entwertet ist,
2. des entwerteten Teils der Sendung, wenn nur ein Teil der Sendung entwertet ist.

(3) Die Haftung des Frachtführers wegen Überschreitung der Lieferfrist ist auf den dreifachen Betrag der Fracht begrenzt.

Art. 43 § 1 CIM

(4) ¹Die in den Absätzen 1 und 2 genannte Rechnungseinheit ist das Sonderziehungsrecht des Internationalen Währungsfonds. ²Der Betrag wird in Deutsche Mark entsprechend dem Wert der Deutschen Mark gegenüber dem Sonderziehungsrecht am Tag der Übernahme des Gutes zur Beförderung oder

Art. 23 Abs. 7 CMR

an dem von den Parteien vereinbarten Tag umgerechnet. ³Der Wert der Deutschen Mark gegenüber dem Sonderziehungsrecht wird nach der Berechnungsmethode ermittelt, die der Internationale Währungsfonds an dem betreffenden Tag für seine Operationen und Transaktionen anwendet.

§ 432 Ersatz sonstiger Kosten

¹Haftet der Frachtführer wegen Verlust oder Beschädigung, so hat er über den nach den §§ 429 bis 431 zu leistenden Ersatz hinaus die Fracht, öffentliche Abgaben und sonstige Kosten aus Anlaß der Beförderung des Gutes zu erstatten, im Fall der Beschädigung jedoch nur in dem nach § 429 Abs. 2 zu ermittelnden Wertverhältnis. ²Weiteren Schaden hat er nicht zu ersetzen.

Art. 23 Abs. 4 CMR

§ 433 Haftungshöchstbetrag bei sonstigen Vermögensschäden

Haftet der Frachtführer wegen der Verletzung einer mit der Ausführung der Beförderung des Gutes zusammenhängenden vertraglichen Pflicht für Schäden, die nicht durch Verlust oder Beschädigung des Gutes oder durch Überschreitung der Lieferfrist entstehen, und handelt es sich um andere Schäden als Sach- oder Personenschäden, so ist auch in diesem Falle die Haftung begrenzt, und zwar auf das Dreifache des Betrages, der bei Verlust des Gutes zu zahlen wäre.

§ 31 Abs. 1, 2 KVO a. F.

§ 434 Außervertragliche Ansprüche

(1) Die in diesem Unterabschnitt und im Frachtvertrag vorgesehenen Haftungsbefreiungen und Haftungsbegrenzungen gelten auch für einen außervertraglichen Anspruch des Absenders oder des Empfängers gegen den Frachtführer wegen Verlust oder Beschädigung des Gutes oder wegen Überschreitung der Lieferfrist.

Art. 28 Abs. 1 CMR; Art. 51 CIM

(2) ¹Der Frachtführer kann auch gegenüber außervertraglichen Ansprüchen Dritter wegen Verlust oder Beschädigung des Gutes die Einwendungen nach Absatz 1 geltend machen. ²Die Einwendungen können jedoch nicht geltend gemacht werden, wenn

1. der Dritte der Beförderung nicht zugestimmt hat und der Frachtführer die fehlende Befugnis des Absenders, das Gut zu versenden, kannte oder fahrlässig nicht kannte oder
2. das Gut vor Übernahme zur Beförderung dem Dritten oder einer Person, die von diesem ihr Recht zum Besitz ableitet, abhanden gekommen ist.

§ 435 Wegfall der Haftungsbefreiungen und -begrenzungen

Die in diesem Unterabschnitt und im Frachtvertrag vorgesehenen Haftungsbefreiungen und Haftungsbegrenzungen gelten nicht, wenn der Schaden auf eine Handlung oder Unterlassung zurückzuführen ist, die der Frachtführer oder eine in § 428 genannte Person vorsätzlich oder leichtfertig und in dem Bewußtsein, daß ein Schaden mit Wahrscheinlichkeit eintreten werde, begangen hat.

§ 430 Abs. 3 HGB a. F.; §§ 607a Abs. 4, 660 Abs. 3 HGB; Art. 29 Abs. 1, 2 S. 1 CMR; Art. 44 CIM

Erster Abschnitt. Allgemeine Vorschriften

Fassung am 1.1.2004

§ 436 Haftung der Leute

¹Werden Ansprüche aus außervertraglicher Haftung wegen Verlust oder Beschädigung des Gutes oder wegen Überschreitung der Lieferfrist gegen einen der Leute des Frachtführers erhoben, so kann sich auch jener auf die in diesem Unterabschnitt und im Frachtvertrag vorgesehenen Haftungsbefreiungen und -begrenzungen berufen. ²Dies gilt nicht, wenn er vorsätzlich oder leichtfertig und in dem Bewußtsein, daß ein Schaden mit Wahrscheinlichkeit eintreten werde, gehandelt hat.

Vorbildvorschriften

§ 607a Abs. 2 HGB; Art. 28 Abs. 2, 29 Abs. 2 S. 2 CMR; Art. 51 Abs. 2 CIM

§ 437 Ausführender Frachtführer

(1) ¹Wird die Beförderung ganz oder teilweise durch einen Dritten ausgeführt (ausführender Frachtführer), so haftet dieser für den Schaden, der durch Verlust oder Beschädigung des Gutes oder durch Überschreitung der Lieferfrist während der durch ihn ausgeführten Beförderung entsteht, in gleicher Weise wie der Frachtführer. ²Vertragliche Vereinbarungen mit dem Absender oder Empfänger, durch die der Frachtführer seine Haftung erweitert, wirken gegen den ausführenden Frachtführer nur, soweit er ihnen schriftlich zugestimmt hat.

(2) Der ausführende Frachtführer kann alle Einwendungen geltend machen, die dem Frachtführer aus dem Frachtvertrag zustehen.

(3) Frachtführer und ausführender Frachtführer haften als Gesamtschuldner.

(4) Werden die Leute des ausführenden Frachtführers in Anspruch genommen, so gilt für diese § 436 entsprechend.

§ 432 HGB a. F.; Art. 3 der Anl. zu § 664 HGB

§ 438 Schadensanzeige

(1) ¹Ist ein Verlust oder eine Beschädigung des Gutes äußerlich erkennbar und zeigt der Empfänger oder der Absender dem Frachtführer Verlust oder Beschädigung nicht spätestens bei Ablieferung des Gutes an, so wird vermutet, daß das Gut in vertragsgemäßem Zustand abgeliefert worden ist. ²Die Anzeige muß den Schaden hinreichend deutlich kennzeichnen.

(2) Die Vermutung nach Absatz 1 gilt auch, wenn der Verlust oder die Beschädigung äußerlich nicht erkennbar war und nicht innerhalb von sieben Tagen nach Ablieferung angezeigt worden ist.

(3) Ansprüche wegen Überschreitung der Lieferfrist erlöschen, wenn der Empfänger dem Frachtführer die Überschreitung der Lieferfrist nicht innerhalb von einundzwanzig Tagen nach Ablieferung anzeigt.

§ 438 HGB a. F.; § 611 Abs. 1, 3 HGB; Art. 30 CMR; §§ 39, 37 Abs. 1–3 KVO a. F.; Art. 52 ff. CIM; §§ 93, 81 EVO a. F.

(4) ¹Eine Schadensanzeige nach Ablieferung ist in Textform zu erstatten. ²Zur Wahrung der Frist genügt die rechtzeitige Absendung.

(5) Werden Verlust, Beschädigung oder Überschreitung der Lieferfrist bei Ablieferung angezeigt, so genügt die Anzeige gegenüber demjenigen, der das Gut abliefert.

Art. 30 Abs. 1 S. 2 CMR; Art. 53 § 1 CIM; § 93 Abs. 2 lit. b) EVO a. F.

Viertes Buch. Handelsgeschäfte

Fassung am 1.1.2004 — *Vorbildvorschriften*

§ 439 Verjährung

(1) ¹Ansprüche aus einer Beförderung, die den Vorschriften dieses Unterabschnitts unterliegt, verjähren in einem Jahr. ²Bei Vorsatz oder bei einem dem Vorsatz nach § 435 gleichstehenden Verschulden beträgt die Verjährungsfrist drei Jahre.

(2) ¹Die Verjährung beginnt mit Ablauf des Tages, an dem das Gut abgeliefert wurde. ²Ist das Gut nicht abgeliefert worden, beginnt die Verjährung mit dem Ablauf des Tages, an dem das Gut hätte abgeliefert werden müssen. ³Abweichend von den Sätzen 1 und 2 beginnt die Verjährung von Rückgriffsansprüchen mit dem Tag des Eintritts der Rechtskraft des Urteils gegen den Rückgriffsgläubiger oder, wenn kein rechtskräftiges Urteil vorliegt, mit dem Tag, an dem der Rückgriffsgläubiger den Anspruch befriedigt hat, es sei denn, der Rückgriffsschuldner wurde nicht innerhalb von drei Monaten, nachdem der Rückgriffsgläubiger Kenntnis von dem Schaden und der Person des Rückgriffsschuldners erlangt hat, über diesen Schaden unterrichtet.

(3) ¹Die Verjährung eines Anspruchs gegen den Frachtführer wird durch eine schriftliche Erklärung des Absenders oder Empfängers, mit der dieser Ersatzansprüche erhebt, bis zu dem Zeitpunkt gehemmt, in dem der Frachtführer die Erfüllung des Anspruchs schriftlich ablehnt. ²Eine weitere Erklärung, die denselben Ersatzanspruch zum Gegenstand hat, hemmt die Verjährung nicht erneut.

(4) Die Verjährung kann nur durch Vereinbarung, die im einzelnen ausgehandelt ist, auch wenn sie für eine Mehrzahl von gleichartigen Verträgen zwischen denselben Vertragsparteien getroffen ist, erleichtert oder erschwert werden.

§ 439 S. 1 i.V.m. § 414 Abs. 1 HGB a. F.; Art. 32 Abs. 1 CMR; § 40 KVO a. F.; Art. 58 CIM; § 94 EVO a. F.

§ 440 Gerichtsstand

(1) Für Rechtsstreitigkeiten aus einer Beförderung, die den Vorschriften dieses Unterabschnitts unterliegt, ist auch das Gericht zuständig, in dessen Bezirk der Ort der Übernahme des Gutes oder der für die Ablieferung des Gutes vorgesehene Ort liegt.

(2) Eine Klage gegen den ausführenden Frachtführer kann auch in dem Gerichtsstand des Frachtführers, eine Klage gegen den Frachtführer auch in dem Gerichtsstand des ausführenden Frachtführers erhoben werden.

Art. 1a CMR-Gesetz; Art. 31 Abs. 1 CMR

§ 441 Pfandrecht

(1) ¹Der Frachtführer hat wegen aller durch den Frachtvertrag begründeten Forderungen sowie wegen unbestrittener Forderungen aus anderen mit dem Absender abgeschlossenen Fracht-, Speditions- oder Lagerverträgen ein Pfandrecht an dem Gut. ²Das Pfandrecht erstreckt sich auf die Begleitpapiere.

(2) Das Pfandrecht besteht, solange der Frachtführer das Gut in seinem Besitz hat, insbesondere solange er mittels Konnossements, Ladescheins oder Lagerscheins darüber verfügen kann.

§ 440 HGB a. F.

Stand: 1. 1. 2004 (XXVI)

Erster Abschnitt. Allgemeine Vorschriften

Fassung am 1.1.2004 *Vorbildvorschriften*

(3) Das Pfandrecht besteht auch nach der Ablieferung fort, wenn der Frachtführer es innerhalb von drei Tagen nach der Ablieferung gerichtlich geltend macht und das Gut noch im Besitz des Empfängers ist.

(4) ¹Die in § 1234 Abs. 1 des Bürgerlichen Gesetzbuchs bezeichnete Androhung des Pfandverkaufs sowie die in den §§ 1237 und 1241 des Bürgerlichen Gesetzbuchs vorgesehenen Benachrichtigungen sind an den Empfänger zu richten. ²Ist dieser nicht zu ermitteln oder verweigert er die Annahme des Gutes, so haben die Androhung und die Benachrichtigung gegenüber dem Absender zu erfolgen.

§ 442 Nachfolgender Frachtführer

(1) ¹Hat im Falle der Beförderung durch mehrere Frachtführer der letzte bei der Ablieferung die Forderungen der vorhergehenden Frachtführer einzuziehen, so hat er die Rechte der vorhergehenden Frachtführer, insbesondere auch das Pfandrecht, auszuüben. ²Das Pfandrecht jedes vorhergehenden Frachtführers bleibt so lange bestehen, wie das Pfandrecht des letzten Frachtführers.

§ 441 HGB a. F.

(2) Wird ein vorhergehender Frachtführer von einem nachgehenden befriedigt, so gehen Forderung und Pfandrecht des ersteren auf den letzteren über.

(3) Die Absätze 1 und 2 gelten auch für die Forderungen und Rechte eines Spediteurs, der an der Beförderung mitgewirkt hat.

§ 443 Rang mehrerer Pfandrechte

(1) Bestehen an demselben Gut mehrere nach den §§ 397, 441, 464, 475b und 623 begründete Pfandrechte, so geht unter denjenigen Pfandrechten, die durch die Versendung oder durch die Beförderung des Gutes entstanden sind, das später entstandene dem früher entstandenen vor.

§ 443 HGB a. F.

(2) Diese Pfandrechte haben Vorrang vor dem nicht aus der Versendung entstandenen Pfandrecht des Kommissionärs und des Lagerhalters sowie vor dem Pfandrecht des Spediteurs, des Frachtführers und des Verfrachters für Vorschüsse.

§ 444 Ladeschein

(1) ¹Über die Verpflichtung zur Ablieferung des Gutes kann von dem Frachtführer ein Ladeschein ausgestellt werden, der die in § 408 Abs. 1 genannten Angaben enthalten soll. ²Der Ladeschein ist vom Frachtführer zu unterzeichnen; eine Nachbildung der eigenhändigen Unterschrift durch Druck oder durch Stempel genügt.

§§ 444, 445 HGB a. F.

(2) ¹Ist der Ladeschein an Order gestellt, so soll er den Namen desjenigen enthalten, an dessen Order das Gut abgeliefert werden soll. ²Wird der Name nicht angegeben, so ist der Ladeschein als an Order des Absenders gestellt anzusehen.

§ 445 Abs. 1 Nr. 4 HGB a. F.

(3) ¹Der Ladeschein ist für das Rechtsverhältnis zwischen dem Frachtführer und dem Empfänger maßgebend. ²Er begründet insbesondere die widerlegliche Vermutung, daß die Güter wie

§ 446 Abs. 1 HGB a. F.; § 656 Abs. 1–3 HGB

Viertes Buch. Handelsgeschäfte

Fassung am 1.1.2004   *Vorbildvorschriften*

im Ladeschein beschrieben übernommen sind; § 409 Abs. 2, 3 Satz 1 gilt entsprechend. ³Ist der Ladeschein einem gutgläubigen Dritten übertragen worden, so ist die Vermutung nach Satz 2 unwiderleglich.

(4) Für das Rechtsverhältnis zwischen dem Frachtführer und dem Absender bleiben die Bestimmungen des Frachtvertrages maßgebend.

§ 446 Abs. 2 HGB a. F.;
§ 656 Abs. 4 HGB

§ 445 Ablieferung gegen Rückgabe des Ladescheins

Der Frachtführer ist zur Ablieferung des Gutes nur gegen Rückgabe des Ladescheins, auf dem die Ablieferung bescheinigt ist, verpflichtet.

§ 448 HGB a. F.;
§ 653 HGB

§ 446 Legitimation durch Ladeschein

(1) Zum Empfang des Gutes legitimiert ist derjenige, an den das Gut nach dem Ladeschein abgeliefert werden soll oder auf den der Ladeschein, wenn er an Order lautet, durch Indossament übertragen ist.

(2) ¹Dem zum Empfang Legitimierten steht das Verfügungsrecht nach § 418 zu. ²Der Frachtführer braucht den Weisungen wegen Rückgabe oder Ablieferung des Gutes an einen anderen als den durch den Ladeschein legitimierten Empfänger nur Folge zu leisten, wenn ihm der Ladeschein zurückgegeben wird.

§ 447 Abs. 1 HGB a. F.;
§ 648 Abs. 1 HGB

§ 447 Ablieferung und Weisungsbefolgung ohne Landeschein

¹Der Frachtführer haftet dem rechtmäßigen Besitzer des Landescheins für den Schaden, der daraus entsteht, daß er das Gut abliefert oder einer Weisung wegen Rückgabe oder Ablieferung Folge leistet, ohne sich den Ladeschein zurückgeben zu lassen. ²Die Haftung ist auf den Betrag begrenzt, der bei Verlust des Gutes zu zahlen wäre.

§ 447 Abs. 3 Hs. 2 HGB a. F.; § 654 Abs. 3 HGB

§ 448 Traditionspapier

Die Übergabe des Ladescheins an denjenigen, den der Ladeschein zum Empfang des Gutes legitimiert, hat, wenn das Gut von dem Frachtführer übernommen ist, für den Erwerb von Rechten an dem Gut dieselben Wirkungen wie die Übergabe des Gutes.

§ 450 HGB a. F.;
§ 650 HGB

§ 449 Abweichende Vereinbarungen

(1) ¹Ist der Absender ein Verbraucher, so kann nicht zu dessen Nachteil von § 413 Abs. 2, den §§ 414, 418 Abs. 6, § 422 Abs. 3, den §§ 425 bis 438 und 447 abgewichen werden, es sei denn, der Frachtvertrag hat die Beförderung von Briefen oder briefähnlichen Sendungen zum Gegenstand. ²§ 418 Abs. 6 und § 447 können nicht zu Lasten gutgläubiger Dritter abbedungen werden.

(2) ¹In allen anderen als den in Absatz 1 Satz 1 genannten Fällen kann, soweit der Frachtvertrag nicht die Beförderung von Briefen oder briefähnlichen Sendungen zum Gegenstand hat,

Erster Abschnitt. Allgemeine Vorschriften

Fassung am 1.1.2004   *Vorbildvorschriften*

von den in Absatz 1 Satz 1 genannten Vorschriften nur durch Vereinbarung abgewichen werden, die im einzelnen ausgehandelt ist, auch wenn sie für eine Mehrzahl von gleichartigen Verträgen zwischen denselben Vertragsparteien getroffen ist. ²Die vom Frachtführer zu leistende Entschädigung wegen Verlust oder Beschädigung des Gutes kann jedoch auch durch vorformulierte Vertragsbedingungen auf einen anderen als den in § 431 Abs. 1 und 2 vorgesehenen Betrag begrenzt werden, wenn dieser Betrag

1. zwischen zwei und vierzig Rechnungseinheiten liegt und in drucktechnisch deutlicher Gestaltung besonders hervorgehoben ist oder
2. für den Verwender der vorformulierten Vertragsbedingungen ungünstiger ist als der in § 431 Abs. 1 und 2 vorgesehene Betrag.

³Gleiches gilt für die vom Absender nach § 414 zu leistende Entschädigung.

(3) Unterliegt der Frachtvertrag ausländischem Recht, so sind die Absätze 1 und 2 gleichwohl anzuwenden, wem nach dem Vertrag der Ort der Übernahme und der Ort der Ablieferung des Gutes im Inland liegen.

§ 450 Anwendung von Seefrachtrecht

Hat der Frachtvertrag die Beförderung des Gutes ohne Umladung sowohl auf Binnen- als auch auf Seegewässern zum Gegenstand, so ist auf den Vertrag Seefrachtrecht anzuwenden, wenn

1. ein Konnossement ausgestellt ist oder
2. die auf Seegewässern zurückzulegende Strecke die größere ist.

Zweiter Unterabschnitt.
Beförderung von Umzugsgut

§ 451 Umzugsvertrag

Hat der Frachtvertrag die Beförderung von Umzugsgut zum Gegenstand, so sind auf den Vertrag die Vorschriften des Ersten Unterabschnitts anzuwenden, soweit die folgenden besonderen Vorschriften oder anzuwendende internationale Übereinkommen nichts anderes bestimmen.   § 1 GüKUMB

§ 451a Pflichten des Frachtführers

(1) Die Pflichten des Frachtführers umfassen auch das Ab- und Aufbauen der Möbel sowie das Ver- und Entladen des Umzugsgutes.   § 2 Abs. 1 GüKUMB

(2) Ist der Absender ein Verbraucher, so zählt zu den Pflichten des Frachtführers ferner die Ausführung sonstiger auf den Umzug bezogener Leistungen wie die Verpackung und Kennzeichnung des Umzugsgutes.

Fassung am 1.1.2004 — *Vorbildvorschriften*

§ 451b Frachtbrief. Gefährliches Gut. Begleitpapiere. Mitteilungs- und Auskunftspflichten

(1) Abweichend von § 408 ist der Absender nicht verpflichtet, einen Frachtbrief auszustellen. — § 20 Abs. 1 GüKUMB

(2) ¹Zählt zu dem Umzugsgut gefährliches Gut und ist der Absender ein Verbraucher, so ist er abweichend von § 410 lediglich verpflichtet, den Frachtführer über die von dem Gut ausgehende Gefahr allgemein zu unterrichten; die Unterrichtung bedarf keiner Form. ²Der Frachtführer hat den Absender über dessen Pflicht nach Satz 1 zu unterrichten.

(3) ¹Der Frachtführer hat den Absender, wenn dieser ein Verbraucher ist, über die zu beachtenden Zoll- und sonstigen Verwaltungsvorschriften zu unterrichten. ²Er ist jedoch nicht verpflichtet zu prüfen, ob vom Absender zur Verfügung gestellte Urkunden und erteilte Auskünfte richtig und vollständig sind. — § 6 S. 1, 3 GüKUMB

§ 451c Haftung des Absenders in besonderen Fällen

Abweichend von § 414 Abs. 1 Satz 2 hat der Absender dem Frachtführer für Schäden nur bis zu einem Betrag von 620 Euro je Kubikmeter Laderaum, der zur Erfüllung des Vertrages benötigt wird, Ersatz zu leisten.

§ 451d Besondere Haftungsausschlußgründe

(1) Abweichend von § 427 ist der Frachtführer von seiner Haftung befreit, soweit der Verlust oder die Beschädigung auf eine der folgenden Gefahren zurückzuführen ist:

1. Beförderung von Edelmetallen, Juwelen, Edelsteinen, Geld, Briefmarken, Münzen, Wertpapieren oder Urkunden; — § 18 Abs. 1 GüKUMB
2. ungenügende Verpackung oder Kennzeichnung durch den Absender;
3. Behandeln, Verladen oder Entladen des Gutes durch den Absender; — § 9 Abs. 2 S. 1 Nr. 1 GüKUMB
4. Beförderung von nicht vom Frachtführer verpacktem Gut in Behältern; — § 9 Abs. 2 S. 1 Nr. 1 GüKUMB
5. Verladen oder Entladen von Gut, dessen Größe oder Gewicht den Raumverhältnissen an der Ladestelle oder Entladestelle nicht entspricht, sofern der Frachtführer den Absender auf die Gefahr einer Beschädigung vorher hingewiesen und der Absender auf der Durchführung der Leistung bestanden hat; — § 9 Abs. 2 S. 1 Nr. 3 GüKUMB
6. Beförderung lebender Tiere oder von Pflanzen; — § 18 Abs. 2 Nr. 2 GüKUMB
7. natürliche oder mangelhafte Beschaffenheit des Gutes, der zufolge es besonders leicht Schäden, insbesondere durch Bruch, Funktionsstörungen, Rost, inneren Verderb oder Auslaufen, erleidet. — §§ 9 Abs. 2 S. 1 Nr. 2, 18 Abs. 2 Nr. 1 GüKUMB

(2) Ist ein Schaden eingetreten, der nach den Umständen des Falles aus einer der in Absatz 1 bezeichneten Gefahren entstehen konnte, so wird vermutet, daß der Schaden aus dieser Gefahr entstanden ist.

Erster Abschnitt. Allgemeine Vorschriften

Fassung am 1.1.2004 — *Vorbildvorschriften*

(3) Der Frachtführer kann sich auf Absatz 1 nur berufen, wenn er alle ihm nach den Umständen obliegenden Maßnahmen getroffen und besondere Weisungen beachtet hat. — §§ 9 Abs. 2 S. 1, 18 Abs. 2 GüKUMB

§ 451e Haftungshöchstbetrag

Abweichend von § 431 Abs. 1 und 2 ist die Haftung des Frachtführers wegen Verlust oder Beschädigung auf einen Betrag von 620 Euro je Kubikmeter Laderaum, der zur Erfüllung des Vertrages benötigt wird, beschränkt. — § 10 Abs. 1 Nr. 1, Abs. 8 GüKUMB

§ 451f Schadensanzeige

Abweichend von § 438 Abs. 1 und 2 erlöschen Ansprüche wegen Verlust oder Beschädigung des Gutes, — § 13 Abs. 1, 2 GüKUMB

1. wenn der Verlust oder die Beschädigung des Gutes äußerlich erkennbar war und dem Frachtführer nicht spätestens am Tag nach der Ablieferung angezeigt worden ist,
2. wenn der Verlust oder die Beschädigung äußerlich nicht erkennbar war und dem Frachtführer nicht innerhalb von vierzehn Tagen nach Ablieferung angezeigt worden ist.

§ 451g Wegfall der Haftungsbefreiungen und -begrenzungen

¹Ist der Absender ein Verbraucher, so kann sich der Frachtführer oder eine in § 428 genannte Person

1. auf die in den §§ 451d und 451e sowie in dem Ersten Unterabschnitt vorgesehenen Haftungsbefreiungen und Haftungsbegrenzungen nicht berufen, soweit der Frachtführer es unterläßt, den Absender bei Abschluß des Vertrages über die Haftungsbestimmungen zu unterrichten und auf die Möglichkeiten hinzuweisen, eine weitergehende Haftung zu vereinbaren oder das Gut zu versichern, — § 10 Abs. 2 GüKUMB
2. auf § 451f in Verbindung mit § 438 nicht berufen, soweit der Frachtführer es unterläßt, den Empfänger spätestens bei der Ablieferung des Gutes über die Form und Frist der Schadensanzeige sowie die Rechtsfolgen bei Unterlassen der Schadensanzeige zu unterrichten. — § 13 Abs. 3 GüKUMB

²Die Unterrichtung nach Satz 1 Nr. 1 muß in drucktechnisch deutlicher Gestaltung besonders hervorgehoben sein.

§ 451h Abweichende Vereinbarungen

(1) Ist der Absender ein Verbraucher, so kann von den die Haftung des Frachtführers und des Absenders regelnden Vorschriften dieses Unterabschnitts sowie den danach auf den Umzugsvertrag anzuwendenden Vorschriften des Ersten Unterabschnitts nicht zum Nachteil des Absenders abgewichen werden. — §§ 22, 26 GüKG

(2) ¹In allen anderen als den in Absatz 1 genannten Fällen kann von den darin genannten Vorschriften nur durch Vereinbarung abgewichen werden, die im einzelnen ausgehandelt ist, auch wenn sie für eine Mehrzahl von gleichartigen Verträgen zwischen denselben Vertragsparteien getroffen ist. ²Die vom Frachtführer zu leistende Entschädigung wegen Verlust oder

Beschädigung des Gutes kann jedoch auch durch vorformulierte Vertragsbedingungen auf einen anderen als den in § 451e vorgesehenen Betrag begrenzt werden. ³Gleiches gilt für die vom Absender nach § 414 in Verbindung mit § 451c zu leistende Entschädigung. ⁴Die in den vorformulierten Vertragsbedingungen enthaltene Bestimmung ist jedoch unwirksam, wenn sie nicht in drucktechnisch deutlicher Gestaltung besonders hervorgehoben ist.

(3) Unterliegt der Umzugsvertrag ausländischem Recht, so sind die Absätze 1 und 2 gleichwohl anzuwenden, wenn nach dem Vertrag der Ort der Übernahme und der Ort der Ablieferung des Gutes im Inland liegen.

Dritter Unterabschnitt.
Beförderung mit verschiedenartigen Beförderungsmitteln

§ 452 Frachtvertrag über eine Beförderung mit verschiedenartigen Beförderungsmitteln

¹Wird die Beförderung des Gutes auf Grund eines einheitlichen Frachtvertrags mit verschiedenartigen Beförderungsmitteln durchgeführt und wären, wenn über jeden Teil der Beförderung mit jeweils einem Beförderungsmittel (Teilstrecke) zwischen den Vertragsparteien ein gesonderter Vertrag abgeschlossen worden wäre, mindestens zwei dieser Verträge verschiedenen Rechtsvorschriften unterworfen, so sind auf den Vertrag die Vorschriften des Ersten Unterabschnitts anzuwenden, soweit die folgenden besonderen Vorschriften oder anzuwendende internationale Übereinkommen nichts anderes bestimmen. ²Dies gilt auch dann, wenn ein Teil der Beförderung zur See durchgeführt wird.

Art. 2 CMR;
§ 33 lit. c) KVO a. F.;
Art. 28, 48 CIM;
§§ 5 Abs. 3, 77 EVO a. F.

§ 452a Bekannter Schadensort

¹Steht fest, daß der Verlust, die Beschädigung oder das Ereignis, das zu einer Überschreitung der Lieferfrist geführt hat, auf einer bestimmten Teilstrecke eingetreten ist, so bestimmt sich die Haftung des Frachtführers abweichend von den Vorschriften des Ersten Unterabschnitts nach den Rechtsvorschriften, die auf einen Vertrag über eine Beförderung auf dieser Teilstrecke anzuwenden wären. ²Der Beweis dafür, daß der Verlust, die Beschädigung oder das zu einer Überschreitung der Lieferfrist führende Ereignis auf einer bestimmten Teilstrecke eingetreten ist, obliegt demjenigen, der dies behauptet.

§ 452b Schadensanzeige. Verjährung

(1) ¹§ 438 ist unabhängig davon anzuwenden, ob der Schadensort unbekannt ist, bekannt ist oder später bekannt wird. ²Die für die Schadensanzeige vorgeschriebene Form und Frist ist auch gewahrt, wenn die Vorschriften eingehalten werden, die auf einen Vertrag über eine Beförderung auf der letzten Teilstrecke anzuwenden wären.

(2) ¹Für den Beginn der Verjährung des Anspruchs wegen Verlust, Beschädigung oder Überschreitung der Lieferfrist, ist,

Erster Abschnitt. Allgemeine Vorschriften

Fassung am 1.1.2004

wenn auf den Ablieferungszeitpunkt abzustellen ist, der Zeitpunkt der Ablieferung an den Empfänger maßgebend. ²Der Anspruch verjährt auch bei bekanntem Schadensort frühestens nach Maßgabe des § 439.

§ 452c Umzugsvertrag über eine Beförderung mit verschiedenartigen Beförderungsmitteln

¹Hat der Frachtvertrag die Beförderung von Umzugsgut mit verschiedenartigen Beförderungsmitteln zum Gegenstand, so sind auf den Vertrag die Vorschriften des Zweiten Unterabschnitts anzuwenden. ²§ 452a ist nur anzuwenden, soweit für die Teilstrecke, auf der der Schaden eingetreten ist, Bestimmungen eines für die Bundesrepublik Deutschland verbindlichen internationalen Übereinkommens gelten.

§ 452d Abweichende Vereinbarungen

(1) ¹Von der Regelung des § 452b Abs. 2 Satz 1 kann nur durch Vereinbarung abgewichen werden, die im einzelnen ausgehandelt ist, auch wenn diese für eine Mehrzahl von gleichartigen Verträgen zwischen denselben Vertragsparteien getroffen ist. ²Von den übrigen Regelungen dieses Unterabschnitts kann nur insoweit durch vertragliche Vereinbarung abgewichen werden, als die darin in Bezug genommenen Vorschriften abweichende Vereinbarungen zulassen.

(2) Abweichend von Absatz 1 kann jedoch auch durch vorformulierte Vertragsbedingungen vereinbart werden, daß sich die Haftung bei bekanntem Schadensort (§ 452a)

1. unabhängig davon, auf welcher Teilstrecke der Schaden eintreten wird, oder
2. für den Fall des Schadenseintritts auf einer in der Vereinbarung genannten Teilstrecke

nach den Vorschriften des Ersten Unterabschnitts bestimmt.

(3) Vereinbarungen, die die Anwendung der für eine Teilstrecke zwingend geltenden Bestimmungen eines für die Bundesrepublik Deutschland verbindlichen internationalen Übereinkommens ausschließen, sind unwirksam.

Fünfter Abschnitt
Speditionsgeschäft

Vierter Abschnitt
Speditionsgeschäft

§ 453 Speditionsvertrag

(1) Durch den Speditionsvertrag wird der Spediteur verpflichtet, die Versendung des Gutes zu besorgen.

§ 407 Abs. 1 HGB a. F.

(2) Der Versender wird verpflichtet, die vereinbarte Vergütung zu zahlen.

(3) ¹Die Vorschriften dieses Abschnitts gelten nur, wenn die Besorgung der Versendung zum Betrieb eines gewerblichen Unternehmens gehört. ²Erfordert das Unternehmen nach Art oder Umfang einen in kaufmännischer Weise eingerichteten Geschäftsbetrieb nicht und ist die Firma des Unternehmens auch nicht nach § 2 in das Handelsregister eingetragen, so sind in Ansehung des Speditionsgeschäfts auch insoweit die Vor-

§ 415 HGB a. F.

schriften des Ersten Abschnitts des Vierten Buches ergänzend anzuwenden; dies gilt jedoch nicht für die §§ 348 bis 350.

§ 454 Besorgung der Versendung

(1) Die Pflicht, die Versendung zu besorgen, umfaßt die Organisation der Beförderung, insbesondere

1. die Bestimmung des Beförderungsmittels und des Beförderungsweges,
2. die Auswahl ausführender Unternehmer, den Abschluß der für die Versendung erforderlichen Fracht-, Lager- und Speditionsverträge sowie die Erteilung von Informationen und Weisungen an die ausführenden Unternehmer und
3. die Sicherung von Schadensersatzansprüchen des Versenders.

(2) ¹Zu den Pflichten des Spediteurs zählt ferner die Ausführung sonstiger vereinbarter auf die Beförderung bezogener Leistungen wie die Versicherung und Verpackung des Gutes, seine Kennzeichnung und die Zollbehandlung. ²Der Spediteur schuldet jedoch nur den Abschluß der zur Erbringung dieser Leistungen erforderlichen Verträge, wenn sich dies aus der Vereinbarung ergibt.

(3) Der Spediteur schließt die erforderlichen Verträge im eigenen Namen oder, sofern er hierzu bevollmächtigt ist, im Namen des Versenders ab.

(4) Der Spediteur hat bei Erfüllung seiner Pflichten das Interesse des Versenders wahrzunehmen und dessen Weisungen zu befolgen. — § 408 Abs. 1 Hs. 2 HGB a. F.

§ 455 Behandlung des Gutes, Begleitpapiere, Mitteilungs- und Auskunftspflichten

(1) ¹Der Versender ist verpflichtet, das Gut, soweit erforderlich, zu verpacken und zu kennzeichnen und Urkunden zur Verfügung zu stellen sowie alle Auskünfte zu erteilen, deren der Spediteur zur Erfüllung seiner Pflichten bedarf. ²Soll gefährliches Gut versendet werden, so hat der Versender dem Spediteur rechtzeitig in Textform die genaue Art der Gefahr und, soweit erforderlich, zu ergreifende Vorsichtsmaßnahmen mitzuteilen.

(2) ¹Der Versender hat, auch wenn ihn kein Verschulden trifft, dem Spediteur Schäden und Aufwendungen zu ersetzen, die verursacht werden durch

1. ungenügende Verpackung oder Kennzeichnung,
2. Unterlassen der Mitteilung über die Gefährlichkeit des Gutes oder
3. Fehlen, Unvollständigkeit oder Unrichtigkeit der Urkunden oder Auskünfte, die für eine amtliche Behandlung des Gutes erforderlich sind.

²§ 414 Abs. 1 Satz 2 und Abs. 2 ist entsprechend anzuwenden.

(3) Ist der Versender ein Verbraucher, so hat er dem Spediteur Schäden und Aufwendungen nach Absatz 2 nur zu ersetzen, soweit ihn ein Verschulden trifft.

Erster Abschnitt. Allgemeine Vorschriften

Fassung am 1.1.2004 *Vorbildvorschriften*

§ 456 Fälligkeit der Vergütung

Die Vergütung ist zu zahlen, wenn das Gut dem Frachtführer oder Verfrachter übergeben worden ist.

§ 409 HGB a. F.

§ 457 Forderungen des Versenders

¹Der Versender kann Forderungen aus einem Vertrag, den der Spediteur für Rechnung des Versenders im eigenen Namen abgeschlossen hat, erst nach der Abtretung geltend machen. ²Solche Forderungen sowie das in Erfüllung solcher Forderungen Erlangte gelten jedoch im Verhältnis zu den Gläubigern des Spediteurs als auf den Versender übertragen.

§ 407 Abs. 2 i. V. m. § 392 HGB a. F.

§ 458 Selbsteintritt

¹Der Spediteur ist befugt, die Beförderung des Gutes durch Selbsteintritt auszuführen. ²Macht er von dieser Befugnis Gebrauch, so hat er hinsichtlich der Beförderung die Rechte und Pflichten eines Frachtführers oder Verfrachters. ³In diesem Fall kann er neben der Vergütung für seine Tätigkeit als Spediteur die gewöhnliche Fracht verlangen.

§ 412 HGB a. F.

§ 459 Spedition zu festen Kosten

¹Soweit als Vergütung ein bestimmter Betrag vereinbart ist, der Kosten für die Beförderung einschließt, hat der Spediteur hinsichtlich der Beförderung die Rechte und Pflichten eines Frachtführers oder Verfrachters. ²In diesem Fall hat er Anspruch auf Ersatz seiner Aufwendungen nur, soweit dies üblich ist.

§ 413 Abs. 1 S. 1 HGB a. F.

§ 460 Sammelladung

(1) Der Spediteur ist befugt, die Versendung des Gutes zusammen mit Gut eines anderen Versenders auf Grund eines für seine Rechnung über eine Sammelladung geschlossenen Frachtvertrages zu bewirken.

§ 413 Abs. 2 HGB a. F.

(2) ¹Macht der Spediteur von dieser Befugnis Gebrauch, so hat er hinsichtlich der Beförderung in Sammelladung die Rechte und Pflichten eines Frachtführers oder Verfrachters. ²In diesem Fall kann der Spediteur eine den Umständen nach angemessene Vergütung verlangen, höchstens aber die für die Beförderung des einzelnen Gutes gewöhnliche Fracht.

§ 461 Haftung des Spediteurs

(1) ¹Der Spediteur haftet für den Schaden, der durch Verlust oder Beschädigung des in seiner Obhut befindlichen Gutes entsteht. ²Die §§ 426, 427, 429, 430, 431 Abs. 1, 2 und 4, die §§ 432, 434 bis 436 sind entsprechend anzuwenden.

§ 407 Abs. 2 i. V. m. § 390 HGB a. F.

(2) ¹Für Schaden, der nicht durch Verlust oder Beschädigung des in der Obhut des Spediteurs befindlichen Gutes entstanden ist, haftet der Spediteur, wenn er eine ihm nach § 454 obliegende Pflicht verletzt. ²Von dieser Haftung ist er befreit, wenn der Schaden durch die Sorgfalt eines ordentlichen Kaufmanns nicht abgewendet werden konnte.

(3) Hat bei der Entstehung des Schadens ein Verhalten des Versenders oder ein besonderer Mangel des Gutes mitgewirkt, so

hängen die Verpflichtung zum Ersatz sowie der Umfang des zu leistenden Ersatzes davon ab, inwieweit diese Umstände zu dem Schaden beigetragen haben.

§ 462 Haftung für andere

¹Der Spediteur hat Handlungen und Unterlassungen seiner Leute in gleichem Umfang zu vertreten wie eigene Handlungen und Unterlassungen, wenn die Leute in Ausübung ihrer Verrichtungen handeln. ²Gleiches gilt für Handlungen und Unterlassungen anderer Personen, deren er sich bei Erfüllung seiner Pflicht, die Versendung zu besorgen, bedient.

§ 431 HGB a. F.;
§ 607 Abs. 1 HGB;
Art. 3 CMR; § 6 KVO
a. F.; Art. 50 CIM

§ 463 Verjährung

Auf die Verjährung der Ansprüche aus einer Leistung, die den Vorschriften dieses Abschnitts unterliegt, ist § 439 entsprechend anzuwenden.

§ 196 Abs. 1 Nr. 1, Abs. 2
BGB a. F.; § 414 HGB a. F.

§ 464 Pfandrecht

¹Der Spediteur hat wegen aller durch den Speditionsvertrag begründeten Forderungen sowie wegen unbestrittener Forderungen aus anderen mit dem Versender abgeschlossenen Speditions-, Fracht- und Lagerverträgen ein Pfandrecht an dem Gut. ²§ 441 Abs. 1 Satz 2 bis Abs. 4 ist entsprechend anzuwenden.

§ 410 HGB a. F.

§ 465 Nachfolgender Spediteur

(1) Wirkt an einer Beförderung neben dem Frachtführer auch ein Spediteur mit und hat dieser die Ablieferung zu bewirken, so ist auf den Spediteur § 442 Abs. 1 entsprechend anzuwenden.

§ 441 HGB a. F.

(2) Wird ein vorhergehender Frachtführer oder Spediteur von einem nachfolgenden Spediteur befriedigt, so gehen Forderung und Pfandrecht des ersteren auf den letzteren über.

§ 466 Abweichende Vereinbarungen

(1) Ist der Versender ein Verbraucher, so kann nicht zu dessen Nachteil von § 461 Abs. 1, den §§ 462 und 463 abgewichen werden, es sei denn, der Speditionsvertrag hat die Versendung von Briefen oder briefähnlichen Sendungen zum Gegenstand.

(2) ¹In allen anderen als den in Absatz 1 genannten Fällen kann, soweit der Speditionsvertrag nicht die Versendung von Briefen oder briefähnlichen Sendungen zum Gegenstand hat, von den in Absatz 1 genannten Vorschriften nur durch Vereinbarung abgewichen werden, die im einzelnen ausgehandelt ist, auch wenn sie für eine Mehrzahl von gleichartigen Verträgen zwischen denselben Vertragsparteien getroffen ist. ²Die vom Spediteur zu leistende Entschädigung wegen Verlust oder Beschädigung des Gutes kann jedoch auch durch vorformulierte Vertragsbedingungen auf einen anderen als den in § 431 Abs. 1 und 2 vorgesehenen Betrag begrenzt werden, wenn dieser Betrag

Erster Abschnitt. Allgemeine Vorschriften

Fassung am 1.1.2004 | *Vorbildvorschriften*

1. zwischen zwei und vierzig Rechnungseinheiten liegt und in drucktechnisch deutlicher Gestaltung besonders hervorgehoben ist oder
2. für den Verwender der vorformulierten Vertragsbedingungen ungünstiger ist als der in § 431 Abs. 1 und 2 vorgesehene Betrag.

(3) Von § 458 Satz 2, § 459 Satz 1, § 460 Abs. 2 Satz 1 kann nur insoweit durch vertragliche Vereinbarung abgewichen werden, als die darin in Bezug genommenen Vorschriften abweichende Vereinbarungen zulassen.

(4) Unterliegt der Speditionsvertrag ausländischem Recht, so sind die Absätze 1 bis 3 gleichwohl anzuwenden, wenn nach dem Vertrag der Ort der Übernahme und der Ort der Ablieferung des Gutes im Inland liegen.

Sechster Abschnitt
Lagergeschäft

§ 467 Lagergeschäft

Fünfter Abschnitt
Lagergeschäft

§ 416 HGB a. F.

(1) Durch den Lagervertrag wird der Lagerhalter verpflichtet, das Gut zu lagern und aufzubewahren.

(2) Der Einlagerer wird verpflichtet, die vereinbarte Vergütung zu zahlen.

(3) ¹Die Vorschriften dieses Abschnitts gelten nur, wenn die Lagerung und Aufbewahrung zum Betrieb eines gewerblichen Unternehmens gehören. ²Erfordert das Unternehmen nach Art oder Umfang einen in kaufmännischer Weise eingerichteten Geschäftsbetrieb nicht und ist die Firma des Unternehmens auch nicht nach § 2 in das Handelsregister eingetragen, so sind in Ansehung des Lagergeschäfts auch insoweit die Vorschriften des Ersten Abschnitts des Vierten Buches ergänzend anzuwenden; dies gilt jedoch nicht für die §§ 348 bis 350.

§ 468 Behandlung des Gutes, Begleitpapiere, Mitteilungs- und Auskunftspflichten

(1) ¹Der Einlagerer ist verpflichtet, dem Lagerhalter, wenn gefährliches Gut eingelagert werden soll, rechtzeitig in Textform die genaue Art der Gefahr und, soweit erforderlich, zu ergreifende Vorsichtsmaßnahmen mitzuteilen. ²Er hat ferner das Gut, soweit erforderlich, zu verpacken und zu kennzeichnen und Urkunden zur Verfügung zu stellen sowie alle Auskünfte zu erteilen, die der Lagerhalter zur Erfüllung seiner Pflichten benötigt.

(2) ¹Ist der Einlagerer ein Verbraucher, so ist abweichend von Absatz 1

1. der Lagerhalter verpflichtet, das Gut, soweit erforderlich, zu verpacken und zu kennzeichnen,
2. der Einlagerer lediglich verpflichtet, den Lagerhalter über die von dem Gut ausgehende Gefahr allgemein zu unterrichten; die Unterrichtung bedarf keiner Form.

²Der Lagerhalter hat in diesem Falle den Einlagerer über dessen Pflicht nach Satz 1 Nr. 2 sowie über die von ihm zu beach-

Viertes Buch. Handelsgeschäfte

Fassung am 1.1.2004 *Vorbildvorschriften*

tenden Verwaltungsvorschriften über eine amtliche Behandlung des Gutes zu unterrichten.

(3) ¹Der Einlagerer hat, auch wenn ihn kein Verschulden trifft, dem Lagerhalter Schäden und Aufwendungen zu ersetzen, die verursacht werden durch

1. ungenügende Verpackung oder Kennzeichnung,
2. Unterlassen der Mitteilung über die Gefährlichkeit des Gutes oder
3. Fehlen, Unvollständigkeit oder Unrichtigkeit der in § 413 Abs. 1 genannten Urkunden oder Auskünfte.

²§ 414 Abs. 1 Satz 2 und Abs. 2 ist entsprechend anzuwenden.

(4) Ist der Einlagerer ein Verbraucher, so hat er dem Lagerhalter Schäden und Aufwendungen nach Absatz 3 nur zu ersetzen, soweit ihn ein Verschulden trifft.

§ 469 Sammellagerung

(1) Der Lagerhalter ist nur berechtigt, vertretbare Sachen mit anderen Sachen gleicher Art und Güte zu vermischen, wenn die beteiligten Einlagerer ausdrücklich einverstanden sind. § 419 HGB a. F.; § 23 OLSchVO

(2) Ist der Lagerhalter berechtigt, Gut zu vermischen, so steht vom Zeitpunkt der Einlagerung ab den Eigentümern der eingelagerten Sachen Miteigentum nach Bruchteilen zu.

(3) Der Lagerhalter kann jedem Einlagerer den ihm gebührenden Anteil ausliefern, ohne daß er hierzu der Genehmigung der übrigen Beteiligten bedarf.

§ 470 Empfang des Gutes

Befindet sich Gut, das dem Lagerhalter zugesandt ist, beim Empfang in einem beschädigten oder mangelhaften Zustand, der äußerlich erkennbar ist, so hat der Lagerhalter Schadenersatzansprüche des Einlagerers zu sichern und dem Einlagerer unverzüglich Nachricht zu geben. § 417 Abs. 1 i. V. m. § 388 Abs. 1 HGB a. F.; § 16 Abs. 2 OLSchVO

§ 471 Erhaltung des Gutes

(1) ¹Der Lagerhalter hat dem Einlagerer die Besichtigung des Gutes, die Entnahme von Proben und die zur Erhaltung des Gutes notwendigen Handlungen während der Geschäftsstunden zu gestatten. ²Er ist jedoch berechtigt und im Falle der Sammellagerung auch verpflichtet, die zur Erhaltung des Gutes erforderlichen Arbeiten selbst vorzunehmen. § 418 HGB a. F.; § 17 OLSchVO

(2) ¹Sind nach dem Empfang Veränderungen an dem Gut entstanden oder zu befürchten, die den Verlust oder die Beschädigung des Gutes oder Schäden des Lagerhalters erwarten lassen, so hat der Lagerhalter dies dem Einlagerer oder, wenn ein Lagerschein ausgestellt ist, dem letzten ihm bekannt gewordenen legitimierten Besitzer des Scheins unverzüglich anzuzeigen und dessen Weisungen einzuholen. ²Kann der Lagerhalter innerhalb angemessener Zeit Weisungen nicht erlangen, so hat er die angemessen erscheinenden Maßnahmen zu ergreifen. ³Er kann insbesondere das Gut gemäß § 373 verkaufen lassen; macht er von dieser Befugnis Gebrauch, so hat der Lagerhalter, § 417 Abs. 2 HGB a. F.; §§ 18, 25 OLSchVO

Erster Abschnitt. Allgemeine Vorschriften

Fassung am 1.1.2004   *Vorbildvorschriften*

wenn ein Lagerschein ausgestellt ist, die in § 373 Abs. 3 vorgesehene Androhung des Verkaufs sowie die in Absatz 5 derselben Vorschriften vorgesehenen Benachrichtigungen an den letzten ihm bekannt gewordenen legitimierten Besitzer des Lagerscheins zu richten.

§ 472 Versicherung, Einlagerung bei einem Dritten

(1) ¹Der Lagerhalter ist verpflichtet, das Gut auf Verlangen des Einlagerers zu versichern. ²Ist der Einlagerer ein Verbraucher, so hat ihn der Lagerhalter auf die Möglichkeit hinzuweisen, das Gut zu versichern.

§ 417 Abs. 1 i.V.m. § 390 Abs. 2 HGB a.F.;
§ 20 Abs. 1 OLSchVO

(2) Der Lagerhalter ist nur berechtigt, das Gut bei einem Dritten einzulagern, wenn der Einlagerer ihm dies ausdrücklich gestattet hat.

§ 691 S. 1 BGB

§ 473 Dauer der Lagerung

(1) ¹Der Einlagerer kann das Gut jederzeit herausverlangen. ²Ist der Lagervertrag auf unbestimmte Zeit geschlossen, so kann er den Vertrag jedoch nur unter Einhaltung einer Kündigungsfrist von einem Monat kündigen, es sei denn, es liegt ein wichtiger Grund vor, der zur Kündigung des Vertrags ohne Einhaltung der Kündigungsfrist berechtigt.

§ 695 BGB

(2) ¹Der Lagerhalter kann die Rücknahme des Gutes nach Ablauf der vereinbarten Lagerzeit oder bei Einlagerung auf unbestimmte Zeit nach Kündigung des Vertrags unter Einhaltung einer Kündigungsfrist von einem Monat verlangen. ²Liegt ein wichtiger Grund vor, so kann der Lagerhalter auch vor Ablauf der Lagerzeit und ohne Einhaltung einer Kündigungsfrist die Rücknahme des Gutes verlangen.

§ 422 Abs. 1 S. 2 HGB a.F.; § 24 Abs. 1 S. 2, Abs. 3 OLSchVO

(3) Ist ein Lagerschein ausgestellt, so sind die Kündigung und das Rücknahmeverlangen an den letzten dem Lagerhalter bekannt gewordenen legitimierten Besitzer des Lagerscheins zu richten.

§ 24 Abs. 4 OLSchVO

§ 474 Aufwendungsersatz

Der Lagerhalter hat Anspruch auf Ersatz seiner für das Gut gemachten Aufwendungen, soweit er sie den Umständen nach für erforderlich halten durfte.

§ 420 HGB a.F.;
§ 21 Abs. 2 OLSchVO

§ 475 Haftung für Verlust oder Beschädigung

¹Der Lagerhalter haftet für den Schaden, der durch Verlust oder Beschädigung des Gutes in der Zeit von der Übernahme zur Lagerung bis zur Auslieferung entsteht, es sei denn, daß der Schaden durch die Sorgfalt eines ordentlichen Kaufmanns nicht abgewendet werden konnte. ²Dies gilt auch dann, wenn der Lagerhalter gemäß § 472 Abs. 2 das Gut bei einem Dritten einlagert.

§ 417 Abs. 1 i.V.m. § 390 Abs. 1 HGB a.F.;
§ 19 Abs. 1 OLSchVO

§ 475a Verjährung

¹Auf die Verjährung von Ansprüchen aus einer Lagerung, die den Vorschriften dieses Abschnitts unterliegt, findet § 439 entsprechende Anwendung. ²Im Falle des gänzlichen Verlusts

§ 423 HGB a.F.;
§ 27 OLSchVO

Thomas Riehm

beginnt die Verjährung mit Ablauf des Tages, an dem der Lagerhalter dem Einlagerer oder, wenn ein Lagerschein ausgestellt ist, dem letzten ihm bekannt gewordenen legitimierten Besitzer des Lagerscheins den Verlust anzeigt.

§ 475b Pfandrecht

(1) ¹Der Lagerhalter hat wegen aller durch den Lagervertrag begründeten Forderungen sowie wegen unbestrittener Forderungen aus anderen mit dem Einlagerer abgeschlossenen Lager-, Fracht- und Speditionsverträgen ein Pfandrecht an dem Gut. ²Das Pfandrecht erstreckt sich auch auf die Forderung aus einer Versicherung sowie auf die Begleitpapiere.

§ 421 HGB a. F.;
§ 22 OLSchVO

(2) Ist ein Orderlagerschein durch Indossament übertragen worden, so besteht das Pfandrecht dem legitimierten Besitzer des Lagerscheins gegenüber nur wegen der Vergütungen und Aufwendungen, die aus dem Lagerschein ersichtlich sind oder ihm bei Erwerb des Lagerscheins bekannt oder infolge grober Fahrlässigkeit unbekannt waren.

(3) Das Pfandrecht besteht, solange der Lagerhalter das Gut in seinem Besitz hat, insbesondere solange er mittels Konnossements, Ladescheins oder Lagerscheins darüber verfügen kann.

§ 475c Lagerschein

(1) Über die Verpflichtung zur Auslieferung des Gutes kann von dem Lagerhalter, nachdem er das Gut erhalten hat, ein Lagerschein ausgestellt werden, der die folgenden Angaben enthalten soll:

§§ 33, 38 OLSchVO

1. Ort und Tag der Ausstellung des Lagerscheins;
2. Name und Anschrift des Einlagerers;
3. Name und Anschrift des Lagerhalters;
4. Ort und Tag der Einlagerung;
5. die übliche Bezeichnung der Art des Gutes und die Art der Verpackung, bei gefährlichen Gütern ihre nach den Gefahrgutvorschriften vorgesehene, sonst ihre allgemein anerkannte Bezeichnung;
6. Anzahl, Zeichen und Nummern der Packstücke;
7. Rohgewicht oder die anders angegebene Menge des Gutes;
8. im Falle der Sammellagerung einen Vermerk hierüber.

(2) In den Lagerschein können weiter Angaben eingetragen werden, die der Lagerhalter für zweckmäßig hält.

(3) ¹Der Lagerschein ist vom Lagerhalter zu unterzeichnen. ²Eine Nachbildung der eigenhändigen Unterschrift durch Druck oder Stempel genügt.

§ 475d Wirkung des Lagerscheins

(1) Der Lagerschein ist für das Rechtsverhältnis zwischen dem Lagerhalter und dem legitimierten Besitzer des Lagerscheins maßgebend.

(2) ¹Der Lagerschein begründet insbesondere die widerlegliche Vermutung, daß das Gut und seine Verpackung in bezug

Erster Abschnitt. Allgemeine Vorschriften

Fassung am 1.1.2004   *Vorbildvorschriften*

auf den äußerlichen Zustand sowie auf Anzahl, Zeichen und Nummern der Packstücke wie im Lagerschein beschrieben übernommen worden sind. ²Ist das Rohgewicht oder die anders angegebene Menge des Gutes oder der Inhalt vom Lagerhalter überprüft und das Ergebnis der Überprüfung in den Lagerschein eingetragen worden, so begründet dieser auch die widerlegliche Vermutung, daß Gewicht, Menge oder Inhalt mit den Angaben im Lagerschein übereinstimmt. ³Ist der Lagerschein einem gutgläubigen Dritten übertragen worden, so ist die Vermutung nach den Sätzen 1 und 2 unwiderleglich.
(3) Für das Rechtsverhältnis zwischen dem Lagerhalter und dem Einlagerer bleiben die Bestimmungen des Lagervertrages maßgebend.

§ 475e Auslieferung gegen Rückgabe des Lagerscheins

(1) Ist ein Lagerschein ausgestellt, so ist der Lagerhalter zur Auslieferung des Gutes nur gegen Rückgabe des Lagerscheins, auf dem die Auslieferung bescheinigt ist, verpflichtet.   § 26 Abs. 1 S. 1, 3 OLSchVO

(2) ¹Die Auslieferung eines Teils des Gutes erfolgt gegen Abschreibung auf dem Lagerschein. ²Der Abschreibungsvermerk ist vom Lagerhalter zu unterschreiben.   § 26 Abs. 2 OLSchVO

(3) Der Lagerhalter haftet dem rechtmäßigen Besitzer des Lagerscheins für den Schaden, der daraus entsteht, daß er das Gut ausgeliefert hat, ohne sich den Lagerschein zurückgeben zu lassen oder ohne einen Abschreibungsvermerk einzutragen.

§ 475f Legitimation durch Lagerschein

¹Zum Empfang des Gutes legitimiert ist derjenige, an den das Gut nach dem Lagerschein ausgeliefert werden soll oder auf den der Lagerschein, wenn er an Order lautet, durch Indossament übertragen ist. ²Der Lagerhalter ist nicht verpflichtet, die Echtheit der Indossamente zu prüfen.   § 26 Abs. 1 OLSchVO

§ 475g Traditionsfunktion des Orderlagerscheins

Ist von dem Lagerhalter ein Lagerschein ausgestellt, der durch Indossament übertragen werden kann, so hat, wenn das Gut vom Lagerhalter übernommen ist, die Übergabe des Lagerscheins an denjenigen, den der Lagerschein zum Empfang des Gutes legitimiert, für den Erwerb von Rechten an dem Gut dieselben Wirkungen wie die Übergabe des Gutes.   § 424 HGB a.F.

§ 475h Abweichende Vereinbarungen

Ist der Einlagerer ein Verbraucher, so kann nicht zu dessen Nachteil von den §§ 475a und 475e Abs. 3 abgewichen werden.

Thomas Riehm

2. Gegenüberstellung Altes Recht – Neues Recht

Altes Transportrecht	Nachfolgevorschriften	Altes Transportrecht	Nachfolgevorschriften
HGB a. F.	**HGB n. F.**	§ 427 S. 1	§ 413 Abs. 1
§ 407 Abs. 1	§ 453 Abs. 1	§ 427 S. 2	§ 414 Abs. 1 S. 1 Nr. 4
§ 407 Abs. 2 i. V. m. § 390	§ 461	§ 428 Abs. 1	§ 423
§ 407 Abs. 2 i. V. m. § 392	§ 457	§ 428 Abs. 2 S. 1 Hs. 1	§ 415 Abs. 1
§ 408 Abs. 1 Hs. 2	§ 454 Abs. 4	§ 428 Abs. 2 S. 1 Hs. 2	§ 420 Abs. 2
§ 408 Abs. 2		§ 429 Abs. 1	§ 425 Abs. 1
§ 409	§ 456	§ 429 Abs. 2	
§ 410	§ 464	§ 430 Abs. 1, 2	§ 429 Abs. 1, 2
§ 411		§ 430 Abs. 3	§ 435
§ 412	§ 458	§ 431	§§ 428, 462
§ 413 Abs. 1 S. 1	§ 459	§ 432	§ 437
§ 413 Abs. 2	§ 460	§ 433	§ 418
§ 414	§ 463	§ 434	
§ 415	§ 453 Abs. 3 S. 1	§ 435	§ 421 Abs. 1
§ 416	§ 467 Abs. 1	§ 436	§ 421 Abs. 2
§ 417 Abs. 1 i. V. m. § 388 Abs. 1	§ 470	§ 437 Abs. 1	§ 419 Abs. 1
§ 417 Abs. 1 i. V. m. § 390 Abs. 1	§ 475	§ 437 Abs. 2	§ 419 Abs. 3
§ 417 Abs. 1 i. V. m. § 390 Abs. 2	§ 472	§ 438	§ 438
§ 417 Abs. 2	§ 471 Abs. 2	§ 439 (i. V. m. § 414)	§ 439
§ 418	§ 471 Abs. 1	§ 440	§ 441
§ 419	§ 469	§ 441	§§ 442, 465
§ 420	§ 474	§ 442	
§ 421	§ 475b	§ 443	§ 443
§ 422 Abs. 1 S. 2	§ 473 Abs. 2	§ 444	§ 444 Abs. 1 S. 1
§ 423	§ 475a	§ 445	§ 444 Abs. 1 S. 1 i. V. m. § 408 Abs. 1
§ 424	§§ 475f, 475g	§ 446	§ 444 Abs. 3, 4
§ 425	§ 407 Abs. 1	§ 447 Abs. 1	§ 446
§ 426 Abs. 1, 2	§ 408 Abs. 1	§ 447 Abs. 3 Hs. 2	§ 447
§ 426 Abs. 3	§ 414 Abs. 1 S. 1 Nr. 2	§ 448	§ 445
		§ 449	

Stand: 1. 1. 2004

Erster Abschnitt. Allgemeine Vorschriften

Altes Transportrecht	Nachfolgevorschriften	Altes Transportrecht	Nachfolgevorschriften
§ 450	§ 448	§ 19 S. 1	§ 412 Abs. 2, 3
§ 451	§ 407 Abs. 3 S. 1	§ 20	§ 420 Abs. 1
§ 452		§ 21 Abs. 1	§ 420 Abs. 1
OLSchVO	**HGB n. F.**	§ 25 Abs. 1	§ 421 Abs. 1
§ 16 Abs. 2	§ 470	§ 25 Abs. 2	§ 421 Abs. 2
§ 17	§ 471 Abs. 1	§ 27	§ 418
§ 18	§ 471 Abs. 2	§ 28	§ 419 Abs. 1
§ 19 Abs. 1	§ 475	§ 31 Abs. 1 lit. d)	§ 422 Abs. 3
§ 20 Abs. 1	§ 472 Abs. 1	§ 31 Abs. 1 und 2	§ 433
§ 21 Abs. 2	§ 474	§ 32 S. 2	§ 430
§ 22	§ 475b	§ 33 lit. c)	§ 452
§ 23	§ 469	§ 34	§ 427 Abs. 1 Nr. 4
§ 24	§ 473 Abs. 2, 3	§ 34 S. 1 lit. a)	§ 426
§ 25	§ 471 Abs. 2	§ 35	§ 429
§ 26 Abs. 1	§§ 475e Abs. 1, 475f	§ 37 Abs. 1–3	§ 438
§ 26 Abs. 2	§ 475e Abs. 2	§ 37 Abs. 4	§ 424 Abs. 1
§ 27	§ 475a	§ 39	§ 438 Abs. 2, 4
§ 33	§ 475c	§ 40	§ 439
§ 38	§ 475c	**GüKUMB**	**HGB n. F.**
KVO	**HGB n. F.**	§ 1	§ 451
§ 6	§§ 428, 462	§ 2 Abs. 1	§ 451a Abs. 1
§ 10	§ 408	§ 6 S. 1, 3	§ 451b Abs. 3
§ 11	§ 408 Abs. 1	§ 6 S. 2	§ 413 Abs. 1
§ 12	§ 413	§ 9 Abs. 2	§ 451d Abs. 1
§ 13 Abs. 1	§ 414 Abs. 1 S. 1 Nr. 2	§ 10 Abs. 1 Nr. 1, Abs. 8	§ 451e
§ 17 Abs. 1	§ 412 Abs. 1	§ 10 Abs. 2	§ 451g S. 1 Nr. 1
§ 18 Abs. 1, Abs. 5 S. 1	§ 411	§ 13 Abs. 1, 2	§ 451f
§ 18 Abs. 3	§ 414 Abs. 1 S. 1 Nr. 1	§ 13 Abs. 3	§ 451g S. 1 Nr. 2
		§ 18	§ 451d Abs. 1
		§ 20	§ 451b Abs. 1

VIERTES BUCH

Handelsgeschäfte

Erster Abschnitt.

Allgemeine Vorschriften

Vorbemerkung zu den §§ 343 ff

Übersicht

	Rdn.
I. Systematik	1
II. Anwendungsbereich	1a
1. Persönlicher Anwendungsbereich	1a
a) Kaufmann (§§ 1–6 HGB)	1a
aa) Ist-Kaufmann (§ 1 HGB)	2
(1) Rechtslage vor dem 1.7.1998	2
(2) Rechtslage nach dem 30.6.1998	2
(a) Gewerbe	2
(b) Betreiben	6
(c) In kaufmännischer Weise eingerichteter Geschäftsbetrieb	7
(d) Vermutung	8a
(e) Eintragung in das Handelsregister	9
(f) Verlust der Kaufmannseigenschaft	11
bb) Kannkaufmann (§§ 2, 3 HGB)	12
(1) Kleingewerbetreibende (§ 2 HGB n. F.)	12
(a) Rechtslage vor dem 1.7.1998	12
(b) Rechtslage nach dem 30.6.1998	13
(aa) Gewerbe	13
(bb) Es bedarf keines in kaufmännischer Weise eingerichteten Betriebes	14
(cc) Eintragung in das Handelsregister	14a
(dd) Rechtsfolge	17
(ee) Verlust der Kaufmannseigenschaft	18
(2) Land- und Forstwirtschaft (§ 3 HGB)	19
(a) Rechtslage vor dem 1.7.1998	19
(b) Rechtslage nach dem 30.6.1998	20
(aa) Land-, Forstwirtschaft, Nebenbetrieb	20
(bb) Erfordernis eines in kaufmännischer Weise eingerichteten Geschäftsbetriebes	21
(cc) Eintragung in das Handelsregister	22
(dd) Rechtsfolge	23
(ee) Verlust der Kaufmannseigenschaft	24
cc) Kaufmann kraft Eintragung (§ 5 HGB)	25
(1) Rechtslage vor dem 1.7.1998	25
(2) Rechtslage nach dem 30.6.1998	26
(a) Eintragung im Handelsregister	26
(b) Gutgläubigkeit, Kausalität, von Amts wegen	26a
(c) Rechtsfolgen	27
dd) Handelsgesellschaften (§ 6 I HGB) und ihre Gesellschafter	28
(1) Rechtslage vor dem 1.7.1998	28
(2) Rechtslage nach dem 30.6.1998	29
ee) Formkaufmann	30
(1) Rechtslage vor dem 1.7.1998	30
(2) Rechtslage nach dem 30.6.1998	31
b) Erstreckung auf Nichtkaufleute	32

Ingo Koller

Vor §§ 343 ff Viertes Buch. Handelsgeschäfte

	Rdn.		Rdn.
aa) Nichteingetragene, kleingewerbliche Kommissionäre, Spediteure, Lagerhalter, Handelsvertreter, Handelsmakler (§§ 84 IV, 93 III, 383 II, 407 III 2, 453 III 2, 467 III 2 HGB n. F.)	32	dd) Scheinkaufmann kraft eigenen Verhaltens	37
		ee) Unternehmen, berufliches Auftreten am Markt	39
		ff) Personen, die ähnlich wie Kaufleute am Rechtsverkehr teilnehmen	40
bb) Analogie zu den §§ 343 ff HGB	33	gg) Öffentliche Hand	41
		2. Sachlicher Anwendungsbereich	42
cc) Scheinkaufmann gemäß § 15 HGB	36	a) Art der Geschäfte	42
		b) Verhältnis zum BGB und Nebengesetzen	42

Schrifttum

Siehe vor § 373 167; ferner *Ammon*, Gesellschaftsrechtliche und sonstige Neuerungen im Handelsrechtsreformgesetz – Ein Überblick, DStR **1998**, 1474; *Basedow*, Handelsbräuche und AGB-Gesetz, ZHR **150** (1986), 469; *Batereau*, in: Pfeiffer (Hrsg.), Handbuch der Handelsgeschäfte (1999); *Baumann*, Strukturfragen des Handelsrechts, AcP **184** (1984), 51; *Baumbach/Hopt*, Kommentar zum HGB[30] (2000); *Baur*, Preisänderungsklauseln, Vertragsanpassungsklauseln und Höhere-Gewalt-Klauseln in langfristigen Lieferverträgen über Energie, ZIP **1985**, 905; *Beater*, Die Skontoabrede – Eine besondere Form des Zusammenspiels von Vorleistung und Gegenleistung, AcP **191** (1991), 346; *Böshagen*, Gutachten der Industrie- und Handelskammern über das Bestehen von Handelsbräuchen, NJW **1956**, 695; *Bredow*, Incoterms 2000, TranspR **2000** Beilage IHR 4, S. 45; *J. Bredow/B. Seiffert*, Incoterms 2000: Wegweiser für die Praxis (2000); *J. Bredow/B. Seiffert*, Incoterms 2000 – Kommentar und deutsch/englischer Text der ICC-Incoterms (2000); *Bühler*, FS Giger (1989), S. 35; *Bydlinski*, in: Festschrift Flume I (1978); *ders.*, Handels- oder Unternehmensrecht (1990); *ders.*, Zentrale Änderungen des HGB durch das Handelsrechtsreformgesetz, ZIP **1998**, 1169; *Canaris*, Handelsrecht[23] (2000); *ders.*, Die Vertrauenshaftung im deutschen Privatrecht (1971); *ders.*, Verstöße gegen das verfassungsrechtliche Übermaßverbot im Recht der Geschäftsfähigkeit und im Schadensersatzrecht, JZ **1987**, 993; *Coester-Waltjen*, in: Staudinger, BGB (1998); *Deckert*, Das kaufmännische und berufliche Bestätigungsschreiben, JuS **1998**, 121; *Diederichsen*, Der „Vertragsschluß" durch kaufmännisches Bestätigungsschreiben, JuS **1966**, 129; *v. Dücker*, Das kaufmännische Bestätigungsschreiben in der höchstrichterlichen Rechtsprechung, BB **1996**, 3; *Dünnweber*, Vertrag zur Erstellung schlüsselfertiger Industrieanlagen im internationalen Wirtschaftsverkehr (1984); *Ernst*, Der Mausklick als Rechtsproblem – Willenserklärungen im Internet, NJW CoR **1997**, 165; *Fink*, Reichweite von Incoterms im internationalen Zuckerhandel, RIW **1991**, 470; *Flume*, Allgemeiner Teil des Bürgerlichen Rechts, Das Rechtsgeschäft[3]; *Gallois*, Die wachsende Bedeutung der Verkehrssitte und ihre Einwirkung auf nachgiebiges Recht, JR **1956**, 409; *Gärtner*, Zivilrechtlicher Verbraucherschutz und Handelsrecht, BB **1991**, 1753; *Goette*, Zivilrechtlicher Verbraucherschutz und Handelsrecht, DStR **1994**, 661; *Gottwald* Münchener Kommentar BGB[3]; *Graf von Bernstorff*, „Dokumente gegen unwiderruflichen Zahlungsauftrag" als Zahlungsform im Außenhandel, RIW **1985**, 14; *Graf von Westphalen*, Probleme der Exportfinanzierung[3], S. 171; *Gummert*, BGH-Schweigen auf das kaufmännische Bestätigungsschreiben, WiB **1994**, 319; *Hanau*, Objektive Elemente im Tatbestand der Willenserklärung, AcP **165** (1965), 220; *Henssler*, PartGG[1]; *Herber*, Seehandelsrecht (1999); *Hermann*, International Trade Terms – Standard Terms for Contracts for the International Sale of Goods (London/Dordrecht/Boston 1993); *Heymann*, HGB[1] (1990); *ders.*, HGB[2]; (1995 ff); *Hofmann*, Handelsrecht[10] (1999); *v. Hoffmann*, Zur Auslegung von Formularbedingungen des internationalen Handelsverkehrs, AWD **1970**, 252; *Hohmeister/Küper*, Die Bedeutung des Schweigens im Handelsverkehr, BuW **1997**, 702; *Honsell*, Auslegung einer ca-Klausel in Liefervereinbarungen des Stahlhandels (I), EWiR **1991**, 385; *Hopt*, Nichtvertragliche Haftung außerhalb von Schadens- und Bereicherungsausgleich, AcP **183** (1983), 608; *Horn/Fontaine/Maskow/Schmitthoff*, Die Anpassung langfristiger Verträge (1984); *Huber*, Wandlungen im Recht des Handelskaufs, ZHR

161 (1997), 160; *Hüffer*, Die Fortführung des Handelsgeschäfts in ungeteilter Erbengemeinschaft und das Problem des Minderjährigenschutzes – Überlegungen zu den Entscheidungen BGHZ 92, 259 und BVerfG, WM 1986, 828, ZGR **1986**, 620; *Jabornegg* (Hrsg.), HGB[1] (Wien 1997); *Jung*, Handelsrecht[2] (2000); *Kaiser*, Reform des Kaufmannsbegriffs – Verunsicherung des Handelsverkehrs?, JZ **1999**, 495; *Koller*, Transportrecht[4] (2000); *Koller/Roth/Morck* HGB[2] (1999); *Köhler* Festschrift Gernhuber (1993), S. 210; *Köndgen*, Selbstbindung ohne Vertrag (1981); *Kramer*, Münchener Kommentar-BGB[3]; *Krebs*, Reform oder Revolution? – Zum Referentenentwurf eines Handelsrechtsreformgesetzes, DB **1996**, 2013; *Krejci*, Grundriß des Handelsrechts[1], S. 222; *Kuchinke*, Zur Dogmatik des Bestätigungsschreibens, JZ **1965**, 167; *Larenz/Canaris*, Schuldrecht II/2[14]; *Lebuhn*, Zur Bedeutung der Klausel „c. o. d.", IPRax **1986**, 19; *Lehr*, Die neuen Incoterms 2000, VersR **2000**, 548; *Lieb*, Probleme des neuen Kaufmannsbegriffs, NJW **1999**, 35; *Limbach*, Die Feststellung von Handelsbräuchen, in: Festschrift Hirsch (1968); *Lindacher*, Zur Einbeziehung Allgemeiner Geschäftsbedingungen durch kaufmännisches Bestätigungsschreiben, WM **1981**, 702; *Lindacher*, Die Bedeutung der Klausel „Angebot freibleibend", DB **1992**, 1813; *Meeske*, Die „Unterwerfung" unter Allgemeine Geschäftsbedingungen, BB **1959**, 857; *Michalski*, Das Gesellschafts- und Kartellrecht der freien Berufe (1989); *Moritz*, Vertragsfixierung durch kaufmännisches Bestätigungsschreiben, BB **1995**, 420; Münchener Kommentar HGB[1] (1996); Münchener Kommentar-BGB[3] (1993 ff); *Neuner*, Handelsrecht – Handelsgesetz – Grundgesetz, ZHR **157** (1993), 243; *Nielsen*, Die Stellung der Bank im Konkurs des Kreditnehmers bei der Importfinanzierung und Exportfinanzierung, ZIP **1983**, 535; *ders.*, in: Bankrecht und Bankpraxis (Loseblatt; Stand 2000), 5/50 ff; *ders.*, WuB I H 1.–1.97; *Oertmann*, Rechtsordnung und Verkehrssitte (1914, Nachdruck 1971); *v. Olshausen*, Rezension, ZHR **163** (1999), 493; *Palandt/Heinrichs*, Kommentar zum BGB (59. Aufl.); *Paulusch*, Zur Rechtsprechung des Bundesgerichtshofs zum Kaufrecht, WM **1995** Beilage Nr. 1; *Pfeiffer* (Hrsg.), Handbuch der Handelsgeschäfte (1999); *Pflug*, Schecksperre und Handelsbrauch, ZHR **135** (1971), 1; *Piltz*, Incoterms 2000 – ein Praxisüberblick, RIW **2000**, 485; *Prüßmann/Rabe*, Seehandelsrecht[4] (2000); *Rabe*, Anmerkung, TranspR **1984**, 288; *Railas*, Incoterms for the New Millennium, European Transport Law **2000**, 9; *L. Raiser*, Recht der Allgemeinen Geschäftsbedingungen (1935); *J. Ramberg*, ICC-Guide to Incoterms 2000 (ICC Publication Nr. 620 [1999]); *Rehm*, Zum Begriff Handelsgeschäft, ZHR **74** (1913), 247; *Reithmann/Martiny*, Internationales Vertragsrecht[5] (1996); *Röhricht/Graf von Westphalen*, HGB[1] (1998); *Salger*, Der Selbstbelieferungsvorbehalt, WM **1985**, 625; *Schaumburg/Heide*, Umsatzsteuer und Handelsbrauch, NJW **1975**, 1261; *Schäch*, Die kaufmannsähnlichen Personen als Ergänzung zum normierten Kaufmannsbegriff (1989); *Schlegelberger/Hefermehl*, Kommentar zum HGB[5]; *Schlitt*, Die Auswirkungen des Handelsrechtsreformgesetzes auf die Gestaltung von GmbH & Co KG-Verträgen, NZG **1998**, 580; *K. Schmidt*, Handelsrecht[5] (1999); *ders.*, „Deklaratorische" und „konstitutive" Registereintragungen nach §§ 1 ff HGB, ZHR **163** (1999), 87; *ders.*, Vom Handelsrecht zum Unternehmens-Privatrecht?, JuS **1985**, 249; *ders.*, Formfreie Bürgschaften eines geschäftsführenden Gesellschafters, ZIP **1986**, 1510; *Schmitt*, Der Entwurf eines Handelsrechtsreformgesetzes, WiB **1997**, 1114; *Schneider*, Incoterms 1990, Auslegungsregeln für den internationalen Handelsverkehr in Neuauflage, RIW **1991**, 91; *Schüssler*, Die Incoterms – Internationale Regeln für die Auslegung der handelsüblichen Vertragsformeln, DB **1986**, 1161; *Schütze*, Praktizierte Lieferbedingungen im internationalen Geschäftsverkehr, DZWiR **1992**, 89; *von der Seipen*, Anmerkung, WiB **1995**, 215; *Sieg*, Der Kassalieferschein, ein Wertpapier mit Bedingungsklausel, BB **1992**, 299; *Soergel*, BGB[12] (1988 ff), § 433; *Staudinger/Rieble*, BGB (1995); *Straatmann/Ulmer*, Handelsrechtliche Schiedsgerichts-Praxis (1975/1982), Schiedsspruch I E 6 b Nr. 11; *Straube*, Kommentar zum HGB (Wien 1987); *Taupitz*, Die Standesordnungen der freien Berufe (1991); *Thamm*, Der Inhalt der „circa"-Klausel, DB **1982**, 417; *Thamm/Detzer*, Das Schweigen auf ein kaufmännisches Bestätigungsschreiben, DB **1997**, 213; *Thomas/Putzo*, ZPO[22] (1999); *Treber*, Der Kaufmann als Rechtsbegriff im Handels- und Verbraucherrecht, AcP **199** (1999), 525; *Ulmer/Brandner/Hensen*, AGBG[9] (2001); *de Vries*, The Passing of Risk, in: International Sales under the Vienna Sales Convention 1980 as compared with Traditional Trade Terms, ETR **1982**, 495; *Wagner*, Zur Feststellung des Handelsbrauchs, NJW-RR **1969**, 1282; *Walchshöfer*, Das abweichende kaufmännische Bestätigungsschreiben, BB **1975**, 719; *ders.*, Leistungsrisiken in Allgemeinen Geschäftsbedingungen, BB **1986**, 1541; *Weber/Jacob*, Zum

Referentenentwurf des Handelsreformgesetzes, ZRP **1997**, 152; *Weick*, Freundesgabe für A. Söllner (1990), S. 607; *Graf von Westphalen*, Rechtsprobleme der Exportfinanzierung (1986); *Wolf/Horn/Lindacher*, AGBG⁴ (1999); *Wolff*, in: Festgabe der Berliner juristischen Fakultät für O. v. Gierke (1910), Bd. II, S. 117; *Wolter*, Was ist heute Handelsrecht? – Eine Einführung in einige grundsätzliche Probleme eines prekären Rechtsgebiets, Jura **1988**, 169; *Wörlen/Metzler-Müller*, Handelsklauseln im nationalen und. internationalen Warenverkehr (1996); *Zöllner*, Wovon handelt das Handelsrecht?, ZGR **1983**, 82.

I. Systematik

1 Im vierten Buch des HGB sind die Handelsgeschäfte geregelt. Dabei werden im ersten Abschnitt (§§ 343–372 HGB) zum Teil Definitionsnormen statuiert, zum Teil Vorschriften aufgestellt, die für alle Arten von Handelsgeschäften gelten. Zu diesen Handelsgeschäften zählen nicht nur die im zweiten bis siebten Abschnitt des HGB geregelten besonderen Handelsgeschäfte, sondern auch Handelsgeschäfte in anderen Büchern des HGB. Insbesondere gehören das Recht des Handelsvertreters und das Recht des Handelsmaklers systematisch zum Recht der Handelsgeschäfte (*K. Schmidt* Handelsrecht⁵, § 17 II 2); denn die §§ 85 ff, 94 ff HGB gestalten ähnlich wie die §§ 384 ff HGB das Recht der Handelsgeschäfte eines Handelsvertreters bzw. Handelsmaklers.

II. Anwendungsbereich

1. Persönlicher Anwendungsbereich

1a a) **Kaufmann (§§ 1–6 HGB).** Die §§ 343 ff greifen jedenfalls dann ein, wenn an dem Handelsgeschäft (§ 343 3) auf beiden Seiten Kaufleute beteiligt sind (näher § 343 5 ff). Ausnahme: Handelsgeschäfte mit Auslandsbezug; vgl. oben, Einleitung des Kommentars 43; Erläuterungen vor § 1 HGB a. F. 28 ff. Gemäß § 345 HGB kommen die Vorschriften über Handelsgeschäfte jedoch in aller Regel auch dann zum Tragen, wenn nur auf einer Seite des Rechtsgeschäftes ein Kaufmann steht. Die Vorschrift ist verbreitet auf Kritik gestoßen. Man hält § 345 HGB für im Ansatz gesetzgeberisch verfehlt und plädiert für eine Restriktion solcher Normen des Handelsgeschäfts, die Nicht-Kaufleute belasten.[1] Dabei wird übersehen, daß das HGB Nicht-Kaufleuten zu Recht in bestimmten Situationen Rücksichtnahme auf die Interessen von Kaufleuten abverlangen kann (so z. B. im Fall des § 373 HGB) oder daß es zu Recht spezifische Risiken abwehrt, die auch im Verkehr mit Nicht-Kaufleuten auftauchen (z. B. § 386 HGB). Das Handelsrechtsreformgesetz (BGBl. **1998** I 1474) und das Transportrechtsreformgesetz (BGBl. **1998** I 1588) haben den Anwendungsbereich der §§ 343 ff HGB dadurch erweitert, daß sie auch bestimmte nicht-kaufmännische Kleingewerbetreibende im wesentlichen den für Handelsgeschäfte geltenden Regeln unterwarfen bzw. diese Regeln auf nicht-kaufmännische Gewerbetreibende ausdehnten.[2] Zur Geltung der §§ 343 ff HGB für und gegen Nicht-Kaufleute siehe ferner unten Rdn. 33.

---

[1] Vgl. Einl. des Kommentars Rdn. 49; ferner *Heymann/Horn* HGB¹, § 345 3; *Treber* AcP 199 [1999] 525, 542; *Gärtner* BB **1995** 1753, 1756; *Röhricht/Graf von Westphalen* HGB¹, Einl. 11.

[2] §§ 84 IV, 93 III, 383 III, 407 III 2, 453 III 2, 467 III 2 HGB n. F.; siehe näher unten Rdn. 32.

aa) Ist-Kaufmann (§ 1 HGB)

(1) Rechtslage vor dem 1. 7. 1998

Siehe oben Erläuterungen zu den §§ 1, 2 HGB a. F. 2

(2) Rechtslage nach dem 30. 6. 1998

(a) Gewerbe. Siehe Erläuterungen oben § 1 HGB a. F. Rdn. 5 ff. Ergänzend ist 3 darauf hinzuweisen, daß eine planmäßig auf gewisse Dauer angelegte Tätigkeit (§ 1 HGB a. F. Rdn. 7) zu bejahen ist, falls sie fortgesetzt berufsmäßig in Wiederholungsabsicht ausgeübt wird.[3] Das Kriterium der Berufsmäßigkeit paßt indessen weder auf Personengesellschaften noch bei Tätigkeiten auf kurze Zeit,[4] so daß ausschließlich die Planmäßigkeit der Tätigkeit, die auf eine unbestimmte Vielzahl von Geschäften ausgerichtet ist, maßgeblich sein kann.

Das Kriterium der Gewinnerzielungsabsicht (§ 1 HGB a. F. Rdn. 9) hat der BGH 4 (BGHZ **95** 155, 157 f) dahin abgeschwächt, daß die Absicht der Erzielung dauernder Einnahmen genügt. Es reicht die Absicht aus, daß die Einnahmen die Selbstkostendeckung geringfügig übersteigen;[5] eine Absicht der Gewinnmaximierung setzt der Gewerbebegriff nicht voraus.[6] In der Literatur wird demgegenüber einleuchtend dafür plädiert, an die Stelle des Begriffsmerkmals „Gewinnerzielungsabsicht" das der „entgeltlichen Tätigkeit am Markt" zu setzen und gegebenenfalls die Verkehrsanschauung und die Führung des Unternehmens nach betriebswirtschaftlichen Grundsätzen zu berücksichtigen.[7]

Kein Gewerbe wird bei freiberuflicher Tätigkeit ausgeübt (näher § 1 HGB a. F. 5 Rdn. 18). Eine Aufzählung freier Berufe enthält der § 1 II PartGG. Die Vorschrift soll jedoch nicht den Begriff der freien Berufe allgemein verbindlich konkretisieren.[8] Fest steht nur, daß die eingetragene Partnerschaft kein Handelsgewerbe betreibt.[9]

(b) Betreiben. Siehe Erläuterungen oben § 1 HGB a. F. Rdn. 20 ff. Ergänzend ist 6 anzumerken, daß Organe juristischer Personen[10] und Angestellte (BGH NJW **1996** 2158) kein Handelsgewerbe betreiben.

(c) In kaufmännischer Weise eingerichteter Geschäftsbetrieb. Siehe Erläuterungen 7 oben § 2 HGB a. F. 7 ff. Die zu § 2 HGB a. F. entwickelten Kriterien sind heute im Rahmen des § 1 II HGB n. F. zu beachten. Dabei genügt es, daß bei Neugründungen von Unternehmen das Erfordernis kaufmännischer Einrichtung zumindest prognostizierbar ist.[11] Nach der neueren Rechtsprechung ist z. B. auf einen in kaufmännischer Weise eingerichteten Geschäftsbetrieb zu schließen, wenn hohe Pachtzahlungen zu leisten sind (BGH NJW **1982** 577). Das OLG Frankfurt (BB **1983** 335) bestätigt den Grundsatz, daß die Frage, ob für den Betrieb eines Unternehmens kaufmännische Einrichtungen erforderlich sind, anhand der Gesamtverhältnisse zu entscheiden ist. Hierbei sollen insbesondere außer dem Umsatz die Art der Tätigkeit und die Struktur des

---

[3] BGH WM **1982** 1429, 1430; **1986** 1466; BGHZ **95** 155, 157.
[4] *Roth* in *Koller/Roth/Morck* HGB[2], § 1 7.
[5] OLG Stuttgart NJW-RR **1999** 1557, 1558.
[6] *Heymann/Emmerich* HGB[2], § 1 8.
[7] *Canaris* Handelsrecht[23], § 2 I 1; Münchener Kommentar-*Schmidt* HGB[1], § 1 23; *Heymann/Emmerich* HGB[2], § 1 12; *Roth* in *Koller/Roth/Morck* HGB[2], § 1 10; *Treber* AcP **199** (1999) 525, 568 f; kritisch *Baumann* AcP **184** (1984) 51.
[8] *Roth* in *Koller/Roth/Morck* HGB[2], § 1 13; *Canaris* Handelsrecht[23], § 2 I 1; Münchener Kommentar-*Schmidt* HGB[1], § 1 27; *Henssler* PartGG[1], § 1 29; Münchener Kommentar-*Ulmer* BGB[3], § 1 PartGG 15.
[9] § 1 I 2 PartGG.
[10] BGH NJW **1996** 1126; ZIP **1986** 1457.
[11] BT-Drucksache 13/8444, S. 25; *Hofmann* Handelsrecht[10], S. 18.

Betriebes eine wesentliche Rolle spielen, ferner die Vielfalt der erbrachten Leistungen, das Anlage- und das Betriebskapital, die Zahl und die Funktion der Beschäftigten, die Größe des Geschäftslokals, der Gewerbeertrag, die Geschäftsbeziehungen und ihre Abwicklung, die Lagerhaltung, die Kalkulation, die Werbung, die Inanspruchnahme von Bankkrediten, die Teilnahme am Wechselverkehr, eine geordnete Aufbewahrung der Geschäftsunterlagen, die Art der Buchführung, regelmäßige Inventuren sowie die Erstellung der Bilanzen. Maßgeblich sei das sich aus der Würdigung derartiger Merkmale ergebende Gesamtbild.[12] Die bloße Verwaltung von 17 Mietverträgen mit einer Jahreseinnahme von 11.000 DM genügt z. B. nicht, wenn die anfallenden Arbeiten nebenbei in der Anwaltskanzlei des Unternehmensinhabers erledigt werden. Andererseits hat das OLG Koblenz (DB **1988** 2506, 2507) das Erfordernis eines in kaufmännischer Weise eingerichteten Geschäftsbetriebs bei einem Einzelhandelsgeschäft mit zahlreichen Lieferanten, einem Umsatz (1984/85) in Höhe von ca. 200.000 DM, einem hohen Warenbestand und einer Vielzahl von Gläubigern bejaht.

8 Das Kriterium des in kaufmännischer Weise eingerichteten Geschäftsbetriebes beeinträchtigt, wenn man es weiterhin wie im Rahmen des § 2 HGB a. F. auslegt, in unerträglicher Weise die Rechtssicherheit.[13] Die mit diesem Kriterium verbundene Rechtsunsicherheit war im Rahmen des § 2 HGB a. F. hinnehmbar, weil dort der Registerrichter mit seiner Entscheidung über eine konstitutive Eintragung Rechtssicherheit schuf. Nach neuem Recht werden dagegen Kleingewerbetreibende, die sich nicht ständig mit wechselndem Erfolg mit der Vermutung des § 1 II HGB n. F. herumschlagen wollen (*Kaiser* JZ **1999** 495, 502), gezwungen, die Eintragung in das Handelsregister zu beantragen (§ 2 HGB n. F.). Abhilfe schafft nur eine Interpretation des Begriffs „kaufmännischer Weise eingerichteter Geschäftsbetrieb", die sich an wenigen Kriterien orientiert. Man sollte daher ausschließlich darauf abstellen, ob ein sorgfältiger Unternehmer im eigenen Interesse über eine Einnahme-Ausgabe-Rechnung nach der Zettelkastenmethode in kaufmännischer Weise Bücher führen (§ 238 BGB) würde, um sich einen Überblick über den augenblicklichen Stand der Geschäfte zu bewahren.[14]

8a **(d) Vermutung.** Das Erfordernis eines in kaufmännischer Weise eingerichteten Geschäftsbetriebes wird zugunsten und zu Lasten des Gewerbetreibenden vermutet (§ 1 II HGB n. F.). Die Vermutung ist widerleglich. Sie kann von dem Gewerbetreibenden,[15] aber auch von dessen Partner widerlegt werden.[16] Gelingt dem Partner die Widerlegung nicht oder macht er sich nicht die Mühe der Widerlegung, so kann er sich auf § 15 I HGB stützen, so lange er nicht wußte, daß der nicht im Handelsregister eingetragene, aber einzutragende (§ 29 HGB n. F.) Gewerbetreibende Kaufmann im Sinn des § 1 HGB n. F. ist.[17] Gleiches gilt, falls der Gewerbetreibende zwar gemäß § 29 HGB n. F. eingetragen war, dies jedoch nicht bekanntgemacht worden war (§ 15 I HGB). Zu beachten ist auch, daß die Nichtführung einer Firma im Sinn des § 19 I HGB n. F. den Rechtsschein erweckt, der Gewerbetreibende sei Nicht-Kaufmann.[18]

---

[12] Ebenso OLG Koblenz DB **1988** 2506, 2507.
[13] *Kaiser* JZ **1999** 495, 499; **a. A.** *Treber* AcP **199** (1999) 525, 562.
[14] Vgl. *K. Schmidt* Handelsrecht[5], § 10 IV 2 a bb; *Canaris* Handelsrecht[23], § 3 I 1 d.
[15] Regierungsbegründung zum Handelsrechtsreformgesetz BR-Drucksache 340/97, S. 30.
[16] Regierungsbegründung zum Handelsrechtsreformgesetz BR-Drucksache 340/97, S. 48; **a. A.** *Roth* in *Koller/Roth/Morck* HGB[2], § 1 46.
[17] *Roth* in *Koller/Roth/Morck* HGB[2], § 1 46; *Treber* AcP **199** (1999) 525, 564; *Hofmann* Handelsrecht[10], S. 21; *Jung* Handelsrecht[2], S. 24; *Canaris* Handelsrecht[23], § 3 I 1 d; **a. A.** *Kaiser* JZ **1999** 495, 501; *Lieb* NJW **1999** 35, 36.
[18] *Roth* in *Koller/Roth/Morck* HGB[2], § 15 47; **a. A.** *Canaris* Handelsrecht[23], § 6 II 4.

(e) **Eintragung in das Handelsregister.** Sind die Voraussetzungen des § 1 HGB **9** n. F. erfüllt, so hat der Kaufmann die Eintragung in das Handelsregister zu beantragen (§§ 14, 29, 33, 106 I HGB n. F.). Die Eintragung wirkt nur deklaratorisch, so daß der Gewerbetreibende im Rahmen des § 1 HGB n. F. auch ohne Eintragung als Kaufmann zu behandeln ist. Dritte, die auf das Fehlen der Eintragung oder Bekanntmachung vertrauen, werden durch § 15 I HGB geschützt (oben Rdn. 8a).

Waren die Voraussetzungen des § 1 II HGB n. F. objektiv nicht erfüllt und hat das **10** Registergericht aufgrund einer Anmeldung im Sinn des § 29 HGB n. F. den Gewerbetreibenden fälschlich als Kaufmann eingetragen, so liegt kein Fall des § 2 HGB n. F. vor; denn § 2 HGB n. F. setzt eine Willenserklärung voraus, die auf eine konstitutive Eintragung gerichtet ist. Vielmehr greift in einem solchen Fall § 5 HGB n. F. ein, wenn der Gewerbetreibende in dem maßgeblichen Zeitpunkt (Abgabe der Willenserklärung etc.) (noch) nicht die Kaufmannseigenschaft im Sinn des § 1 HGB n. F. erworben hatte (vor § 343 15, 26).

(f) **Verlust der Kaufmannseigenschaft.** Der nicht-eingetragene Kaufmann im **11** Sinn des § 1 HGB n. F. verliert seine Kaufmannseigenschaft in dem Moment, in dem er keine kaufmännischen Einrichtungen mehr benötigt.[19] War der Gewerbetreibende gemäß § 29 HGB n. F. als Kaufmann eingetragen, so greift § 5 HGB n. F. ein.[20] Die Anmeldung gemäß § 29 HGB n. F. enthält nämlich nicht zugleich die Entscheidung, auch dann als Kaufmann behandelt werden zu wollen, wenn ein kaufmännisch eingerichteter Geschäftsbetrieb nicht mehr erforderlich ist. Mangels einer dahin gerichteten Willenserklärung (Antrag) ist eine Eintragung im Sinn des § 2 S. 2 HGB n. F. unzulässig.[21] Die Anwendung des § 5 HGB n. F. statt des § 2 HGB n. F. kann insbesondere im Bereich der unerlaubten Handlungen eine Rolle spielen,[22] wenn man entgegen der Rechtssicherheitsfunktion des § 5 HGB n. F. die Ansicht vertritt, daß § 5 HGB n. F. nicht im sog. „Unrechtsverkehr" zum Tragen kommt. Jedenfalls ist zu beachten, daß § 5 HGB n. F. anders als § 2 HGB n. F. es nicht erlaubt, den Gewerbetreibenden im Verwaltungs-, Steuer- und Strafrecht als Kaufmann zu behandeln.[23] Die Löschung im Handelsregister erfolgt konsequenterweise nicht gemäß § 2 S. 3 HGB n. F., sondern analog § 31 II 1 HGB n. F.[24] Gegenüber einem Kaufmann, dessen Firma zu Unrecht als im Handelsregister gelöscht bekanntgemacht worden ist, darf sich ein gutgläubiger Dritter im Rahmen des § 15 III HGB darauf berufen, daß der Kaufmann Nicht-Kaufmann sei, obwohl die Kaufmannseigenschaft im Sinn des § 1 HGB n. F. nicht konstitutiv durch die Löschung im Register verlorengeht.[25] Dort, wo keine Bekanntmachung erfolgt war und lediglich die Löschung zu Unrecht eingetragen worden war, kommen die allgemeinen Rechtsscheinsregeln zum Tragen (vgl. Erläuterungen in Anh. § 5 HGB a. F.). Das Argument, daß die Kaufmannseigenschaft auch bei zutreffender Löschung sofort nach Eintragung der Löschung gemäß § 1 HGB n. F. wieder aufgelebt sein kann, greift nicht, weil sich gutgläubige Dritte mangels Eintragung der Firma auf § 15 I HGB stützen könnten (Rdn. 8a).

---

[19] *Roth* in *Koller/Roth/Morck* HGB², § 1 46; *Canaris* Handelsrecht²³, § 3 I 1 d.
[20] *Canaris* Handelsrecht²³, § 3 III 1; vgl. ferner vor § 343 26.
[21] A. A. *K. Schmidt* ZHR 163 (1999) 87, 91.
[22] Vgl. § 6 HGB a. F. 12; *Roth* in *Koller/Roth/Morck* HGB², § 5 8.
[23] § 5 HGB a. F. 24; *Roth* in *Koller/Roth/Morck* HGB², § 5 8.
[24] *Roth* in *Koller/Roth/Morck* HGB², § 31 5.
[25] A. A. *Kaiser* JZ 1999 495, 501 f.

bb) **Kannkaufmann (§§ 2, 3 HGB)**

(1) **Kleingewerbetreibende (§ 2 HGB n. F.)**

12 (a) Rechtslage vor dem 1. 7. 1998. Siehe Erläuterungen zu § 4 HGB a. F.

(b) Rechtslage nach dem 30. 6. 1998

13 (aa) Gewerbe. Siehe oben Rdn. 3.

14 (bb) **Es bedarf keines in kaufmännischer Weise eingerichteten Betriebes.** Zum Erfordernis eines in kaufmännischer Weise eingerichteten Betriebs siehe oben Rdn. 7. Die Vermutung des § 1 II HGB n. F. (oben Rdn. 8a) muß widerlegt sein. Dabei ist zu beachten, daß die Vermutung im handelsregisterrechtlichen Eintragungsverfahren keine Rolle spielt.[26]

14a (cc) **Eintragung in das Handelsregister.** Die Kaufmannseigenschaft wird mit der wirksamen Eintragung in das Handelsregister erworben. Die Eintragung ist demnach konstitutiver Natur. Der Bekanntmachung (§ 10 HGB) bedarf es weder, um die Kaufmannseigenschaft zu erlangen,[27] noch genügt sie für sich alleine. Eine Bekanntmachung ohne wirksame Eintragung begründet allerdings im Rahmen des § 15 III HGB den Rechtsschein der Kaufmannseigenschaft, eine wirksame Eintragung ohne Bekanntmachung gemäß § 15 I HGB den Rechtsschein, daß der Gewerbetreibende Nicht-Kaufmann ist.[28] § 5 HGB n. F. kommt in einem solchen Fall nicht zum Tragen.

15 Die **Wirksamkeit der Eintragung** setzt voraus, daß der Gewerbetreibende einen **gültigen Antrag** auf Eintragung gestellt hatte.[29] Der Gewerbetreibende muß demnach aus der Sicht des Registergerichts jedenfalls hilfsweise den Willen geäußert haben, als Kleingewerbetreibender in das Handelsregister eingetragen zu werden. Will der Gewerbetreibende ersichtlich[30] nur seiner von ihm fälschlich angenommenen Pflicht zur Anmeldung zum Register nachkommen (§ 29 HGB n. F.), so stellt er keinen wirksamen Antrag zur Eintragung.[31] Eine gleichwohl erfolgte Eintragung erlangt im Rahmen des § 5 HGB n. F. Relevanz, wenn der Registerrichter fälschlich die Ansicht vertrat, es bedürfe eines in kaufmännischer Weise eingerichteten Geschäftsbetriebes. Diese Vorschrift geht § 15 III HGB vor.[32] Auch insoweit besteht analog § 15 I HGB zugunsten gutgläubiger Dritter der Rechtsschein, daß der Gewerbetreibende Nicht-Kaufmann ist, solange die Eintragung nicht bekanntgemacht ist.[33] Man kann auch daran denken, daß § 5 HGB n. F. nicht von Amts wegen zu beachten ist (siehe unten Rdn. 26a). Genauso ist die Situation, falls der Registerrichter erkennen konnte, daß der Antrag auf Eintragung gemäß § 29 HGB n. F. von einem Kleingewerbetreibenden gestellt worden war, aber fälschlich annahm, daß dieser hilfsweise (*Lieb* NJW **1999** 35, 36) auch einen Antrag gemäß § 2 HGB n. F. gestellt hatte. Der Eintragungsfehler liegt hier darin, daß der Gewerbetreibende ohne seinen Willen eingetragen worden ist. Aus der Sicht des geschützten Rechtsverkehrs beruft sich der Gewerbetreibende entgegen

---

[26] BR-Drucksache 340/97, S. 48; *Roth* in *Koller/Roth/Morck* HGB², § 1 46; *Hofmann* Handelsrecht¹⁰, S. 21.
[27] *Roth* in *Koller/Roth/Morck* HGB², § 3 4.
[28] *Roth* in *Koller/Roth/Morck* HGB², § 2 4; ferner oben Rdn. 8a.
[29] A. A. *K. Schmidt* ZHR **163** (1999) 87, 91; *Jung* Handelsrecht², S. 32; *Treber* AcP **199** (1999) 525, 582 f.
[30] *Canaris* Handelsrecht²³, § 3 I 2 d plädiert zutreffend für Pflicht zur Rückfrage in Zweifelsfällen.
[31] *Canaris* Handelsrecht²³, § 3 I 2 d; *Lieb* NJW **1999** 35, 36; *Hofmann* Handelsrecht¹⁰, S. 27; *v. Olshausen* ZHR **163** (1999) 496; abweichend *K. Schmidt* ZHR **163** (1999) 91 ff.
[32] *Roth* in *Koller/Roth/Morck* HGB², § 5 10.
[33] *Roth* in *Koller/Roth/Morck* HGB², § 5 10.

der Vermutung des § 1 II HGB n. F. darauf, daß er keine kaufmännischen Einrichtungen benötigt.³⁴ Den Beweis dieser Behauptung verwehrt § 5 HGB n. F. dem Eingetragenen. Es braucht daher nicht auf § 15 III HGB und die allgemeinen Rechtsscheinsregeln zurückgegriffen zu werden.³⁵

Wurde eine **Eintragung im Sinn des § 2 HGB n. F. bekanntgemacht**, obwohl sie **16** nicht erfolgt war, so greift u. U. § 15 III HGB ein. Die Bekanntmachung einer mangels gültigen Antrags unwirksamen Eintragung führt nur zur Anwendbarkeit des § 5 HGB n. F. und beraubt den Dritten im Rahmen des § 15 II HGB der Möglichkeit, sich auf die Nicht-Kaufmannseigenschaft zu berufen.

(dd) **Rechtsfolge.** Der Kaufmann im Sinn des § 2 HGB n. F. unterliegt uneingeschränkt den handelsrechtlichen Sondernormen. **17**

(ee) **Verlust der Kaufmannseigenschaft.** Die Kaufmannseigenschaft geht mit dem **18** Erlöschen der Firma verloren (§ 31 II 1 HGB), d. h. wenn der Gewerbebetrieb aufgegeben wird. Die Eintragung des Erlöschens der Firma wirkt deklaratorisch. Fehlt es an der Eintragung des Erlöschens, so greift mangels Gewerbebetriebs § 5 HGB n. F. nicht ein, sondern allenfalls § 15 I HGB. Außerdem kann ein Gewerbetreibender, der als Kleingewerbetreibender gemäß § 2 S. 2 HGB n. F. den Antrag auf Eintragung gestellt hat, jederzeit die Löschung beantragen (§ 2 S. 3 HGB n. F.). Diese Löschung wirkt konstitutiv. Eine Löschung ist unzulässig, wenn das Unternehmen des Kleingewerbetreibenden inzwischen eine Größenordnung erreicht hat, in der er einer kaufmännischen Einrichtung bedarf. Ist der zu Recht eingetragene Kleingewerbetreibende aus dieser Größenordnung wieder herausgewachsen, so gelten nicht die Regeln für den Verlust der Ist-Kaufmannseigenschaft (oben Rdn. 11), sondern es bedarf eines Antrages auf Löschung, weil der Gewerbetreibende den Willen kundgetan hatte, Kaufmann zu sein, obwohl er keiner kaufmännischen Einrichtung bedarf. Die konstitutive Löschung der Eintragung im Handelsregister nimmt gutgläubigen Dritten im Rahmen des § 15 I, II HGB nicht das Recht, sich mangels Bekanntmachung bzw. mangels ausreichend weit zurückliegender Bekanntmachung weiterhin auf die Kaufmannseigenschaft zu berufen.

(2) **Land- und Forstwirtschaft (§ 3 HGB)**

(a) **Rechtslage vor dem 1. 7. 1998.** Siehe Erläuterungen zu § 3 HGB a. F. **19**

(b) **Rechtslage nach dem 30. 6. 1998**

(aa) **Land-, Forstwirtschaft, Nebenbetrieb.** Siehe Erläuterungen oben § 3 HGB **20** a. F. 4 ff.

(bb) **Erfordernis eines in kaufmännischer Weise eingerichteten Geschäfts- 21 betriebes.** Siehe oben Rdn. 7. Land- und Forstwirte, die keinen in kaufmännischer Weise eingerichteten Geschäftsbetrieb benötigen, dürfen sich nicht unter Berufung auf § 2 HGB n. F. als Kaufleute eintragen lassen.³⁶ Dies gilt auch für Nebenbetriebe.

(cc) **Eintragung in das Handelsregister.** Die Eintragung erfolgt nur auf gültigen **22** Antrag hin (vgl. Rdn. 15) und wirkt konstitutiv (vgl. Rdn. 14a). Solange die Eintragung nicht bekanntgemacht ist, ist § 15 I HGB zu beachten (vgl. Rdn. 14).

---

[34] Röhricht/Graf v. Westphalen HGB¹, § 5 2.
[35] Roth in Koller/Roth/Morck HGB², § 5 1.
[36] Canaris Handelsrecht²³, § 3 I 3 a; Roth in Koller/Roth/Morck HGB², § 3 1; v. Olshausen JZ 1998 719; Hofmann Handelsrecht¹⁰, S. 33; a. A. K. Schmidt Handelsrecht⁵, § 10 VI 2; Jung Handelsrecht², S. 27; Bydlinski ZIP 1998 1169, 1173 f.

23 **(dd) Rechtsfolge.** Der eingetragene Land- oder Forstwirt ist uneingeschränkt als Kaufmann zu behandeln.

24 **(ee) Verlust der Kaufmannseigenschaft.** Den Land- und Forstwirten steht nicht das Recht zu, nach Belieben die Eintragung in das Handelsregister rückgängig zu machen. Es gelten vielmehr dieselben Regeln wie beim Ist-Kaufmann (vgl. Rdn. 11).

cc) Kaufmann kraft Eintragung (§ 5 HGB)

25 (1) **Rechtslage vor dem 1. 7. 1998.** Siehe Erläuterungen oben zu § 5 HGB a. F.

(2) **Rechtslage nach dem 30. 6. 1998**

26 (a) **Eintragung im Handelsregister.** § 5 HGB n. F. soll auch nach der Handelsrechtsreform den Rechtsverkehr davor schützen, daß der Registerrichter das Erfordernis eines in kaufmännischer Weise eingerichteten Geschäftsbetriebes falsch beurteilt hat oder daß das Gewerbe des Eingetragenen zum Kleingewerbe herabgesunken ist[37] oder daß aus einem sonstigen Grund ein Gewerbetreibender rechtswidrig in das Handelsregister eingetragen worden ist[38] oder eingetragen blieb. § 5 HGB n. F. greift daher nicht nur ein, falls nach Eintragung ein Gewerbebetrieb im Sinn des § 1 II HGB n. F. auf die Größenordnung eines Kleingewerbes herabsinkt oder im Fall des § 3 II HGB n. F. das Erfordernis der kaufmännischen Einrichtungen nicht (mehr) gegeben ist.[39] Vielmehr ist die Vorschrift auch dann anzuwenden, wenn ein Kleingewerbetreibender eingetragen wurde, ohne daß er einen (wirksamen) Antrag im Sinn des § 2 S. 2 HGB n. F. gestellt hatte.[40] Dabei ist zu beachten, daß der Antrag eines Kleingewerbetreibenden, der sich irrtümlich gemäß § 29 HGB n. F. für verpflichtet hält, sich eintragen zu lassen, nicht zugleich den hilfsweisen Antrag auf Eintragung gemäß § 2 HGB n. F. enthält (oben Rdn. 15). Ebensowenig enthält die Anmeldung eines Ist-Kaufmanns zum Handelsregister gemäß § 29 HGB n. F. den antizipierten Antrag auf Eintragung als Kleingewerbetreibender (§ 2 HGB n. F.), falls er in Zukunft keine kaufmännischen Einrichtungen mehr benötigt.[41] Es läßt sich auch nicht ohne Fiktion behaupten, daß im bewußten Unterlassen eines Löschungsantrags ein konkludenter Eintragungsantrag liege (so aber *Schmitt* WiB **1997** 1117); denn der Kleingewerbetreibende ist nicht verpflichtet, sich eintragen zu lassen und der Geschäftsverkehr wird ausreichend durch § 5 HGB n. F. geschützt.

26a (b) **Gutgläubigkeit, Kausalität, von Amts wegen.** Unerheblich ist, ob die Beteiligten gut- oder bösgläubig sind (BGH NJW **1982** 45; h. M.) oder ob die Eintragung für eine Vermögensdisposition kausal ist. Die Vorschrift ist von Amts wegen zu berücksichtigen,[42] sofern die Parteien nicht ihre Unbeachtlichkeit vereinbart haben.

27 (c) **Rechtsfolgen.** § 5 HGB n. F. fingiert, daß kaufmännische Einrichtungen (§ 1 II HGB n. F.), solange als die Eintragung bestand, erforderlich waren bzw. daß ein Antrag gemäß den §§ 2 II, 3 II HGB n. F. gestellt worden war.[43] Unberührt bleibt die

---

[37] Münchener Kommentar-*Lieb* HGB¹, § 5 1.
[38] *Röhricht/Graf von Westphalen* HGB¹, § 5 2; h. M.
[39] Vgl. *Roth* in *Koller/Roth/Morck* HGB², § 5 1; *Lieb* NJW **1999** 35, 36; *Canaris* Handelsrecht²³, §§ 3 I 1 d, 3 I 2 d, 3 III 1; a. A. *K. Schmidt* ZHR **163** (1999) 87, 91; *Treber* AcP **199** (1999) 525, 583; *Jung* Handelsrecht², S. 43: § 2 HGB n. F. stellt nicht auf die Wirksamkeit oder Existenz eines Eintragungsantrags ab. Bei Kleingewerbetreibenden genügt es deshalb für die Anwendbarkeit des § 2, daß diese eingetragen sind.
[40] *Roth* in *Koller/Roth/Morck* HGB², § 5 1, 6; *Hofmann* Handelsrecht¹⁰, S. 38; *Canaris* Handelsrecht²³, § 3 III 1, 2; a. A. *K. Schmidt* ZHR **163** (1999) 87, 91; *Jung* Handelsrecht², S. 32.
[41] *Lieb* NJW **1999** 35, 36; *Roth* in *Koller/Roth/Morck* HGB², § 5 1.
[42] *Canaris* Handelsrecht²³, § 3 III 3; *Roth* in *Koller/Roth/Morck* HGB², § 5 6; a. A. *Hofmann* Handelsrecht¹⁰, S. 38.
[43] *Roth* in *Koller/Roth/Morck* HGB², § 5 7.

Berufung darauf, daß überhaupt kein Gewerbe (mehr) betrieben worden ist.[44] Ist versehentlich ein freiberuflich Tätiger eingetragen worden, so ist § 5 HGB n. F. weder unmittelbar noch analog anwendbar.[45] § 5 HGB n. F. wirkt für und gegen jedermann (BGH NJW **1982** 45), ohne den Einwand des Rechtsmißbrauchs auch zugunsten Bösgläubiger[46] und zu Lasten Minderjähriger.[47] Die Vorschrift kommt ausschließlich im Privat- und Prozeßrecht zum Tragen,[48] nicht jedoch im Deliktsrecht,[49] sofern das Delikt und der rechtsgeschäftliche Verkehr nicht zusammenhängen. Wurde der Gewerbetreibende nur eingetragen, dieser Umstand jedoch nicht bekanntgemacht, so dürfen sich gutgläubige Dritte gegen § 5 HGB n. F. auf § 15 I HGB (analog) berufen;[50] denn gutgläubige Dritte dürfen bei Fiktiv-Kaufleuten im Sinn des § 5 HGB nicht schlechter gestellt werden als gegenüber eingetragenen Kaufleuten im Sinn des § 1 HGB n. F., deren Eintragung nicht bekanntgemacht worden ist. Denkbar ist auch, in solchen Fällen § 5 HGB n. F. unter Hinweis auf den Wortlaut der Vorschrift „berufen" nicht anzuwenden.[51] Außerdem erweckt der Umstand, daß der Gewerbetreibende keine Firma im Sinn des § 19 HGB n. F. führt, den Rechtsschein, er sei Nicht-Kaufmann.[52]

dd) Handelsgesellschaften (§ 6 I HGB) und ihre Gesellschafter

(1) Rechtslage vor dem 1. 7. 1998. Siehe Erläuterungen zu den §§ 6 2 ff; 105 77 ff HGB. **28**

(2) Rechtslage nach dem 30. 6. 1998. Handelsgesellschaften sind die OHG, KG (§§ 105, 161 HGB), d. h. Personengesellschaften (§ 705 BGB), deren Zweck auf den Betrieb eines Handelsgewerbes gerichtet ist. Dabei kann sich die Tätigkeit als Handelsgewerbe aus § 1 II HGB n. F. ergeben, wenn die Gesellschaft kaufmännischer Einrichtungen bedarf.[53] Gleiches gilt, falls in die Gesellschaft ein gemäß den §§ 2, 3, 5 HGB n. F. eingetragenes Unternehmen eingebracht worden ist.[54] Soll ein Gewerbe im Sinn der §§ 2, 3 HGB n. F. betrieben werden, so entsteht die Handelsgesellschaft im Verhältnis zu Dritten mit der Eintragung.[55] Die Personengesellschaft, die nur ihr eigenes Vermögen verwalten soll, entsteht ebenfalls mit der Eintragung im Handelsregister.[56] Die Vermögensverwaltung muß der ausschließliche Zweck der Gesellschaft sein,[57] so daß jede über die Vermögensverwaltung hinausgehende nicht-gewerbliche Zwecksetzung schadet, es sei denn, daß sie gänzlich in den Hintergrund tritt (*Ammon* DStR **1998** 1476; a. A. *Schlitt* NZG **1998** 581). Handelsgesellschaft ist ferner die EWiV.[58] Die **Vorgesellschaften** der GmbH und KG sind mangels Eintragung **29**

---

[44] BAG ZIP **1987** 1446, 1447; *Canaris* Handelsrecht[23], § 3 III 2 b, c.
[45] *Roth* in *Koller/Roth/Morck* HGB[2], § 5 9; *Hofmann* Handelsrecht[10], S. 41.
[46] A. A. *Roth* in *Koller/Roth/Morck* HGB[2], § 5 8.
[47] *Roth* in *Koller/Roth/Morck* HGB[2], § 5 8; a. A. *Röhricht/Graf von Westphalen* HGB[1], § 5 15.
[48] Also nicht auch bei öffentlich-rechtlichen Pflichten, die im HGB statuiert sind, wie §§ 238ff HGB; *Canaris* Handelsrecht[23], § 3 I 2 d, III 2 d.
[49] *Canaris* Handelsrecht[23], § 3 III 2 e; *Hofmann* Handelsrecht[10], S. 41; ablehnend auch *Röhricht/Graf von Westphalen* HGB[1], § 5 10; Münchener Kommentar-*Lieb* HGB[1], § 5 8, die das Problem gesellschaftsrechtlich lösen wollen; a. A. *Roth* in *Koller/Roth/Morck* HGB[2], § 5 8; ferner oben Erläuterungen zu § 5 HGB a. F. Rdn. 20.
[50] *Roth* in *Koller/Roth/Morck* HGB[2], § 5 10.
[51] *Jung* Handelsrecht[2], S. 32 f; a. A. zutreffend *Roth* in *Koller/Roth/Morck* HGB[2], § 5 6.
[52] *Roth* in *Koller/Roth/Morck* HGB[2], § 15 47.
[53] *Koller* in *Koller/Roth/Morck* HGB[2], § 105 10.
[54] *Koller* in *Koller/Roth/Morck* HGB[2], § 105 10.
[55] § 123 II; *Koller* in *Koller/Roth/Morck* HGB[2], § 105 10.
[56] §§ 105 II, 123 II; *Koller* in *Koller/Roth/Morck* HGB[2], § 105 10.
[57] BT-Drucksache 13/8444 S. 10; a. A. *K. Schmidt* NJW **1988** 2165.
[58] Europäische wirtschaftliche Interessenvereinigung; EWiV-VO Nr. 2137/85 EG-ABl. **1985** L 199/1; EWiV-Ausführungsgesetz BGBl. **1988** I 514.

Handelsgesellschaften, falls sie in dieser Phase in einem Umfang gewerblich tätig sind, daß sie kaufmännischer Einrichtungen bedürfen[59] oder wenn sie ein Unternehmen im Sinn der §§ 1, 2, 5 HGB n. F. übernommen haben.[60] Die **Genossenschaft** ist dagegen keine Handelsgesellschaft; insoweit greift § 6 II HGB ein.

Zur Kaufmannseigenschaft der voll haftenden **Gesellschafter einer OHG, KG** siehe § 105 HGB 74 ff; zur Kaufmannseigenschaft der **Kommanditisten** siehe § 161 HGB 12; unzutreffend OLG Rostock NJW-RR **1999** 42.

ee) Formkaufmann

30 (1) Rechtslage vor dem 1. 7. 1998. Siehe Erläuterungen zu § 6 HGB a. F. 22.

31 (2) Rechtslage nach dem 30. 6. 1998. Die Novellierung des § 6 II HGB war nur sprachlicher Natur[61] und hat an der Rechtslage nichts geändert. Form-Kaufleute sind demgemäß alle Gesellschaften, die Spezialgesetze ohne Rücksicht auf den Gegenstand des Unternehmens mit der Kaufmannseigenschaft ausstatten (§ 17 II GenG; §§ 3, 278 AktG; § 13 III GmbHG). Der Versicherungsverein auf Gegenseitigkeit ist kein Form-kaufmann; denn er ist nur teilweise dem HGB unterstellt (§ 16 VAG).

b) Erstreckung der §§ 343 ff HGB auf Nicht-Kaufleute

32 aa) **Nichteingetragene, kleingewerbliche Kommissionäre, Spediteure, Lagerhalter, Handelsvertreter, Handelsmakler** (§§ 84 IV, 93 III, 383 II, 407 III 2, 453 III 2, 467 III 2 HGB n. F.). Die §§ 343–372 HGB sind mit Ausnahme der §§ 348–350 HGB bei einer Reihe von Kleingewerbetreibenden heranzuziehen, die mangels Eintragung (§ 2 HGB n. F.) nicht die Kaufmannseigenschaft erlangt haben. Dazu zählen jedenfalls die nicht im Handelsregister eingetragenen **Kommissionäre** (§ 383 HGB), **Frachtführer** (§ 407 HGB n. F.), **Spediteure** (§ 453 HGB n. F.) sowie **Lagerhalter** (§ 467 HGB n. F.), die keines in kaufmännischer Weise eingerichteten Geschäftsbetriebes bedürfen (§§ 383 II, 407 III 2, 453 III 2, 467 III 2 HGB n. F.). Diesen Kleingewerbetreibenden soll der Schutz zugute kommen, den die §§ 383 ff, 407 ff, 453 ff, 467 ff HGB gewähren. Da die §§ 343 ff HGB die §§ 383 ff HGB, §§ 407 ff, 453 ff, 467 ff HGB n. F. ergänzen, hat der Gesetzgeber auch ihre Geltung für die Kleingewerbetreibenden der Kommissionärs-, Frachtführer-, Speditions-, Lagerhalterbranche angeordnet (BR-Drucksache 340/97, S. 69). Dabei ist er jedoch nicht konsequent verfahren, denn bei kleingewerblichen, nicht im Handelsregister eingetragenen (§ 2 HGB n. F.) Unternehmen, die ständig betraut sind, für einen anderen Unternehmer **Geschäfte zu vermitteln oder in dessen Namen abzuschließen,** sollen gemäß § 84 IV HGB n. F. nur die §§ 85–92c HGB heranzuziehen sein. Ähnliches gilt für nicht eingetragene (§ 2 HGB n. F.) Kleingewerbetreibende, die, ohne ständig damit betraut zu sein, Verträge im Sinn des § 93 I HGB vermitteln (§ 93 III HGB). Auch hier wird lediglich die Geltung der §§ 94–104 HGB, nicht aber die der §§ 343 ff HGB angeordnet. Der historische Gesetzgeber hat diese unterschiedliche Behandlung von nicht-kaufmännischen Handelsvertretern und nicht-kaufmännischen Kommissionären, Frachtführern etc. nicht begründet.[62] Er hatte wohl übersehen, daß nach allgemeiner Ansicht die §§ 343 ff HGB auf Handelsvertreter und Handelsmakler anzuwenden sind (unten Rdn. 42). Dieses offensichtliche gesetzgeberische Versehen ist durch eine Gesamtanalogie zu

---

[59] *Röhricht/Graf von Westphalen* HGB¹, § 6 5; *Roth* in *Koller/Roth/Morck* HGB², § 6 4; *Jabornegg/Kerschner* öHGB¹, § 343 19.
[60] Vgl. *Koller* in *Koller/Roth/Morck* HGB², § 105 10.
[61] *Röhricht/Graf von Westphalen* HGB¹, § 6 10.
[62] BR-Drucksache 340/97, S. 62, wo lediglich auf die Schutzbedürftigkeit dieses Personenkreises hingewiesen wird, was z. B. für Frachtführer angesichts des § 449 HGB n. F. ebenso gilt.

den §§ 383 II, 407 III 2, 453 III 2, 467 III 2 HGB n. F. zu schließen. Demnach sind die §§ 343–372 HGB mit Ausnahme der §§ 348–350 HGB auch auf nicht eingetragene (§ 2 HGB n. F.) kleingewerbliche Handelsvertreter und Handelsmakler anzuwenden.[63]

bb) Analogie zu den §§ 343 ff HGB. Trotz der Reform des Kaufmannsbegriffs von 1998 bejaht *K. Schmidt* (Handelsrecht⁵, S. 48 ff) in weitem Umfang die Anwendbarkeit der §§ 343 ff HGB auf Unternehmensträger ohne Kaufmannseigenschaft. Er rechtfertigt dies mit einer Analogie bzw. mit der Zulässigkeit einer gesetzesübersteigenden Rechtsfortbildung. Der Gesetzgeber habe nämlich nicht in den Rechtsfortbildungsprozeß eingreifen wollen. So lese man in der Begründung zum Regierungsentwurf des Handelsrechtsreformgesetzes (BR-Drucksache 340/97, S. 30), daß die Streichung der Figur des „Minder-Kaufmannes" (§ 4 HGB a. F.) keine Unzuträglichkeiten für den Verkehrs- und Vertrauensschutz erwarten lasse, da man an eine analoge Anwendung handelsrechtlicher Vorschriften auf nicht-kaufmännische Unternehmen denken könne. *K. Schmidt* (Handelsrecht⁵, S. 618 f) hält deshalb eine Erstreckung der Ausnahme vom Zinseszinsverbot in § 355 I HGB auf nicht-kaufmännische Unternehmensträger für notwendig, weil nicht einzusehen sei, warum diese Befreiung von § 248 BGB nur für Kaufleute gelten sollte. Ebenso argumentiert *K. Schmidt* in Hinblick auf § 366 HGB (Handelsrecht⁵, S. 675). Die Fortentwicklung des Handelsrechts zum Unternehmensprivatrecht bedinge eine analoge Anwendung des § 377 HGB auf alle nicht-kaufmännischen Unternehmen. Es sei insbesondere nicht einzusehen, daß freie Berufe privilegiert würden (*K. Schmidt* Handelsrecht⁵, S. 798). Auch § 362 HGB solle bei Angeboten aller Arten von Unternehmensträgern unmittelbar oder analog eingreifen; denn die maßgebliche Verkehrserwartung beschränke sich nicht auf Kaufleute (*K. Schmidt* Handelsrecht⁵, S. 555 f). Davon werden allerdings undeutlich konturierte Ausnahmen gemacht. Unzulässig ist nach Ansicht *K. Schmidt's* (Handelsrecht⁵, S. 312 f) die Analogie zu den §§ 348–350 HGB, da auch die §§ 383 II, 407 III 2, 453 III 2, 467 III 2 HGB n. F. nicht auf diese Vorschriften verweisen. *Roth*[64] will handelsrechtliche Normen bei freiberuflichen Tätigkeiten im Weg der Analogie fruchtbar machen, falls diese Unternehmer in Ausübung ihrer beruflichen Tätigkeiten Gewerbetreibenden gleichzusetzen sind. In Betracht kämen die §§ 346, 354a, 362 HGB, nicht aber die §§ 348–350, 352 f, 373 ff HGB.[65] **33**

Zutreffend weist *K. Schmidt* (Handelsrecht⁵, S. 51 f) darauf hin, daß sich bei Handelsbräuchen (§ 346 HGB) das Problem einer Analogie nicht stelle, weil Bräuche, die auch Nicht-Kaufleute erfassen, gemäß den §§ 157, 242 BGB zu beachten seien. Auch Regeln des Handelsgewohnheitsrechts können für Nicht-Kaufleute bedeutsam werden, wenn sich insoweit Gewohnheitsrecht gebildet hat (*K. Schmidt* Handelsrecht⁵, S. 52 f). Soweit in Hinblick auf dispositives Handelsrecht auf das Primat des Parteiwillens verwiesen wird (*K. Schmidt* Handelsrecht⁵, S. 54), legitimiert dies jedoch weder Willensfiktionen noch eine Verdrängung der einschlägigen BGB-Normen mittels ergänzender Vertragsauslegung. Vielmehr bedarf es insoweit des Nachweises, daß eine atypische Situation vorliegt, auf die die Wertungen des einschlägigen dispositiven Rechts nicht passen. Dafür reicht es nicht aus, daß das Gesetz für Kaufleute in einer vergleichbaren Situation Sonderregeln vorgesehen hat. Im übrigen wird in der Regierungsbegründung zum Entwurf des Handelsrechtsreformgesetzes (BR-Drucksache 340/97, S. 30) ausdrücklich gesagt, es sei hinnehmbar, daß die nicht eingetra- **34**

---

[63] *Roth* in *Koller/Roth/Morck* HGB², § 1 39; § 84 1; *Jung* Handelsrecht², S. 26.
[64] *Koller/Roth/Morck* HGB² Einl. vor § 1 13; § 1 38.
[65] Zustimmend *Jung* Handelsrecht², S. 26, der die §§ 354, 358–360 nennt.

genen Kleingewerbetreibenden aus dem Anwendungsbereich der §§ 343–372 HGB herausgenommen werden.

35 Obwohl vieles dafür spricht, eine Reihe der Vorschriften des Ersten Abschnitts des Vierten Buches des HGB (§§ 343–372 HGB) auf Nicht-Kaufleute zu erstrecken und obwohl die gesetzgeberischen Differenzierungen nur schwer einzuleuchten vermögen, gebietet die Bindung an das Gesetz, von einer Analogie Abstand zu nehmen. Die Aufgreifkriterien der §§ 1 ff HGB n. F. sollen auch Rechtssicherheit schaffen, die in Frage gestellt wäre, wenn dort, wo die Voraussetzungen der §§ 1–6 HGB n. F. nicht erfüllt sind, jeweils noch die Möglichkeit einer Analogie geprüft werden müßte. So wäre ein Geschäftspartner etwa durch § 15 I HGB in seinem Vertrauen darauf, daß sein Partner nicht zum Kreis der Kaufleute zählt, nicht geschützt, wenn er sich über eine Analogie zu den §§ 343 ff HGB gleichwohl die handelsrechtlichen Normen entgegenhalten lassen müßte. Hinzu kommt, daß sich seit 1998, dem Jahr, in dem der historische Gesetzgeber es trotz intensiver Kritik[66] abgelehnt hatte, alle Unternehmensträger den §§ 343 ff HGB zu unterwerfen (BR-Drucksache 340/97, S. 30), die Verhältnisse nicht so verschoben haben und nicht so gravierende Mängel der Gesetzgebung aufgetaucht sind, daß eine gesetzesübersteigende Rechtsfortbildung legitimiert wäre. Das gilt in gleicher Weise für die gesetzgeberische Entscheidung, die freien Berufe zu privilegieren, die man im Rahmen der Gesetzesanwendung hinzunehmen hat (*Hofmann* Handelsrecht[10], S. 60).

36 cc) **Scheinkaufmann gemäß § 15 HGB.** Siehe Erläuterungen zu § 15 HGB.

37 dd) **Scheinkaufmann kraft eigenen Verhaltens.** Zum Begriff des Scheinkaufmanns kraft eigenen Verhaltens siehe Erläuterungen oben Anh. § 5 HGB a. F. 1ff. Zu den Konsequenzen für Handelsgeschäfte siehe Erläuterungen oben Anh. § 5 HGB a. F. 37ff. In Ergänzung, zum Teil auch in Abweichung von den Ausführungen *Brüggemanns* (Erläuterungen oben Anh. § 5 HGB a. F.) ist anzumerken: Nach Inkrafttreten des Handelsrechtsreformgesetzes (BGBl. **1998** I 1474) führt die Verwendung der in § 19 I Nr. 1 HGB n. F. genannten Zusätze (z. B. e. K.) zur Rechtsscheinshaftung, der der Scheinkaufmann unterworfen ist.[67] Die Rechtsscheinshaftung greift dagegen nicht ein, falls lediglich eine firmenähnliche Geschäftsbezeichnung[68] oder Inhaber- oder Nachfolgezusätze[69] verwandt werden. Auf den inzwischen auch bei Nicht-Kaufleuten üblichen Einsatz von Briefbögen mit Bank-, Telefax-, e-mail-Verbindungen kann die Rechtsscheinshaftung ebenfalls nicht gestützt werden.[70] Dem Geschäftspartner steht es frei, sich auf den Rechtsschein zu berufen.[71]

38 *K. Schmidt* (Handelsrecht[5], S. 323 ff) will mit der h. M. die für die Handelsgeschäfte eines Kaufmanns maßgeblichen Vorschriften uneingeschränkt auf den Scheinkaufmann anwenden.[72] Richtigerweise muß man differenzieren. Soweit nichteingetragene Kleingewerbetreibende als Kaufleute zu behandeln sind, ist zu berücksichtigen, daß diese durch einen Eintragungsantrag den Kaufmannsstatus erlangen und sich so auch

---

[66] *Krebs* DB **1996** 2013, 2015; *Röhricht/Graf von Westphalen* HGB[1], Einl. Rz. 124, 129.

[67] *Canaris* Handelsrecht[23], § 6 II 2 b; *Roth* in *Koller/Roth/Morck* HGB[2], § 15 45, 47.

[68] *Canaris* Handelsrecht[23], § 6 II 3 b; *Roth* in *Koller/Roth/Morck* HGB[2], § 15 47; *K. Schmidt* Handelsrecht[5], S. 328.

[69] Stuttgart BB **1987** 147; *Roth* in *Koller/Roth/Morck* HGB[2], § 15 47; *K. Schmidt* Handelsrecht[5], S. 329.

[70] *Canaris* Handelsrecht[23], § 6 II 3 c; *Roth* in *Koller/Roth/Morck* HGB[2], § 15 48; *K. Schmidt*, Handelsrecht[5], S. 328.

[71] *Roth* in *Koller/Roth/Morck* HGB[2], § 15 58; vgl. aber BGH NJW **1983** 1308 zur Anscheinsvollmacht.

[72] *Roth* in *Koller/Roth/Morck* HGB[2], § 15 45ff; *Münchener Kommentar-Lieb* HGB[1], § 15 90; *Röhricht/Graf von Westphalen* HGB[1], Anh. § 5 25 f.

z.B. den §§ 348–350 HGB unterwerfen könnten.[73] Da Kleingewerbetreibenden der Rechtsschein der Kaufmannseigenschaft nur zugerechnet wird, wenn sie ihn veranlaßt oder schuldhaft nicht beseitigt haben,[74] sind sie im Rahmen der Rechtsscheinshaftung genauso zu behandeln, als ob sie auf ihren Wunsch hin eingetragen worden sind.[75] Gleiches gilt für Land- und Forstwirte, die eines in kaufmännischer Weise eingerichteten Gewerbebetriebes bedürfen. Anders ist die Situation bei Personen, die auch auf ihren Antrag hin nicht Kaufleute werden können. Soweit die §§ 343ff HGB vom zwingenden allgemeinen bürgerlichen Recht abweichen (§§ 348–350 HGB), treten bei diesem Personenkreis die handelsrechtlichen Sondernormen zurück. Die zwingenden Schutzvorschriften des BGB etc. sind mithin bei diesen Personen zu beachten.[76] Dispositive Vorschriften des BGB etc. werden immer durch die handelsrechtlichen Spezialregeln (z. B. §§ 349, 354 HGB) verdrängt. Weitergehend werden die Geschäftspartner von nichtgewerbetreibenden Schein-Kaufleuten durch § 826 BGB und nach den Regeln der c.i.c. geschützt. Eine Ausnahme gilt im Fall des § 366 HGB. Diese Vorschrift ist bei allen Arten von Scheinkaufleuten zugunsten Gutgläubiger heranzuziehen.[77]

ee) Unternehmen, berufliches Auftreten am Markt. *K. Schmidt* (Handelsrecht⁴, § 3 ff; *ders.* JuS **1985** 249) plädierte zum HGB a. F. für eine Erstreckung der §§ 343 ff HGB auf alle Unternehmen, die selbständig, planmäßig und auf Dauer angelegt am Markt entgeltlich ihre Tätigkeit anbieten. Dieser Lehre widersprach zu Recht die h. M.;[78] denn diese Lehre ignorierte nicht nur das in den §§ 1 ff HGB a. F. zum Ausdruck kommende Bestreben nach Rechtssicherheit, sondern auch den Willen des Gesetzgebers, den freien Berufen eine Sonderrolle einzuräumen. Dieser Wille hatte sich im PartnerschaftsgesellschaftsG deutlich niedergeschlagen. Gleiches galt für den Vorschlag *Hopts*, (AcP **183** [1983] 610, 686) an das selbständige berufliche Auftreten am Markt anzuknüpfen (vgl. auch *Baumbach/Hopt* HGB³⁰, § 343 2).

Daran hat die Novellierung des Handelsrechts durch das Handelsrechtsreformgesetz (BGBl. **1998** I 1474) nichts geändert. Im Gegenteil enthält das Handelsrechtsreformgesetz eine deutliche Absage an alle Bestrebungen, die handelsrechtlichen Sondervorschriften generell auf sämtliche Unternehmen oder Berufe anzuwenden (vgl. oben Rdn. 35). **39**

ff) Personen, die ähnlich wie Kaufleute am Rechtsverkehr teilnehmen. Der BGH[79] hatte zum HGB a. F. mehrfach entschieden, daß Handelsbräuche über § 346 HGB hinaus auch zugunsten von Nicht-Kaufleuten von Bedeutung sein können, wenn diese mit Kaufleuten in einer in den Branchenkreisen üblichen Art Geschäfte tätigen. **40**

In ähnlicher Weise hat er die Regeln der kaufmännischen Bestätigungsschreiben (§ 346 HGB 25, 65) auf Nicht-Kaufleute angewandt, wenn diese einen Betrieb führen, der in größerem Umfang am Verkehrsleben beteiligt sei und der nach kaufmännischen Regeln geführt werden müsse (BGH NJW **1954** 105). Dabei komme es nicht allein auf **40a**

---

[73] *Canaris* Handelsrecht²³, § 6 II 6 b.
[74] Weitergehend *Canaris* Handelsrecht²³, § 6 II 5.
[75] *Canaris* Handelsrecht²³, § 6 II 6 b.
[76] A. A. *Canaris* Handelsrecht²³, § 6 II b in Hinblick auf Freiberufler; generell **a. A.** *Roth* in Koller/Roth/Morck HGB², § 15 59.
[77] *Canaris* Handelsrecht²³, § 6 II 6 c; *Roth* in Koller/Roth/Morck HGB², § 15 60; **a. A.** Erläuterungen oben Anh. § 5 HGB a. F. 46; *Jung* Handelsrecht², S. 42; *Röhricht/Graf von Westphalen* HGB¹, Anh. § 5 29.
[78] *Zöllner* ZGR **1983** 84; *Bydlinski* Handels- oder Unternehmensrecht (1990), S. 26ff; *Canaris* Handelsrecht²², § 1 III; *Hüffer* ZGR **1986** 620; *Wolter* Jura **1988** 178; *Neuner* ZHR **157** (1993) 243, 269.
[79] NJW **1952** 257; WM **1970** 695, 696; **1980** 1122, 1123.

den Umfang des zur Beurteilung stehenden Geschäfts an.[80] Es genüge der Abschluß einer Reihe von Kaufverträgen, selbst wenn sie aufgrund einer einzigen Rahmenvereinbarung zustande kommen (BGH NJW **1987** 1940, 1941). Die über eine längere Zeit andauernde Lieferbeziehung zu einem Kaufmann lasse sich nur als kaufmännisches Handeln bewerten (BGH NJW **1987** 1940, 1941). Gleiches gelte, falls ein Rechtsanwalt als Verwalter des Nachlasses eines Kaufmannes eine Absprache bestätige (BGH NJW **1976** 1402; **1987** 1940, 1941). Das OLG Köln (CR **1991** 541) erstreckt die Regeln über Bestätigungsschreiben auf einen Rechtsanwalt, der im Zusammenhang mit der Ausstattung seiner Kanzlei ein Bestätigungsschreiben erhält, das OLG Frankfurt (OLG-Report **1993** 247) auf eine Person, die sich mit beträchtlichen Beträgen mit der Verwertung von Grundbesitz befaßt. In Anknüpfung an diese Rechtsprechung vertrat *Canaris*[81] zum HGB a. F. die Auffassung, daß auch solche handelsrechtlichen Verhaltens- und Verständnisanforderungen auf kaufmannsähnliche Personen erstreckt werden sollten, die das Handelsrecht lediglich konkretisiere oder spezifiziere, die das Handelsrecht also nicht in einem solchen Maß verschärfe, daß ein qualitativer Sprung gegenüber den §§ 157, 242 BGB entstehe. Kaufmannsähnliche Personen müßten deshalb z. B. den § 362 HGB gegen sich gelten lassen, nicht aber den § 377 HGB.[82] Auf kaufmannsähnliche Personen seien auch nicht die §§ 348, 350, 355 I HGB analog anzuwenden, weil diese zwingende Schutznormen durchbrächen und eine individuelle Schutzbedürftigkeitsprüfung die Rechtssicherheit unterminiere (einschränkend im Fall des § 2 AGBG).

Zumal nach der Novellierung des HGB durch das Handelsrechtsreformgesetz (BGBl. **1998** I 1474) beeinträchtigt[83] die generelle Gleichstellung der kaufmannsähnlichen Personen mit den Kaufleuten ohne Notwendigkeit die Rechtssicherheit. Ist es schon unklar, wann jemand kaufmannsähnlich am Markt auftritt,[84] so ist es erst recht unsicher, wann das Handelsrecht gegenüber den §§ 157, 242 BGB eine qualitativ andersartige Stufe erklimmt (siehe auch § 346 HGB 24b). Kaufmannsähnliche Personen sollten daher den Handelsbräuchen nur unterworfen werden, wenn diese auch in ihren Kreisen zur Verkehrssitte (§ 157 BGB) geworden sind.[85] Zu Bestätigungsschreiben siehe § 346 HGB 25 ff.

41 gg) **Öffentliche Hand.** Die öffentliche Hand kann durchaus als Kaufmann tätig werden (siehe Erläuterungen oben § 1 HGB a. F. 11). Auch die öffentliche Hand ist aber nur dann, jedoch auch immer dann Kaufmann, wenn sie die Voraussetzungen der §§ 1–6 HGB n. F. erfüllt. Mit der Streichung des § 36 HGB a. F. steht es der öffentlichen Hand nicht mehr frei, in Fällen des § 1 HGB n. F. die Kaufmannsrolle zurückzuweisen. Es stellt sich somit hier ebenfalls das Problem, ob sich die öffentliche Hand dort, wo sie nicht **gewerblich** agiert, z. B. dort, wo sie für ihre hoheitlichen Aufgaben Waren anschafft (vgl. auch BGH NJW **1962** 868), nach Maßgabe der §§ 343 ff HGB behandeln zu lassen hat. Der BGH (NJW **1964** 1223) hat in Hinblick auf die Frage, ob eine Gemeinde die Regeln des kaufmännischen Bestätigungsschreibens beachten

---

[80] BGH WM **1970** 877; vgl. aber RG JW **1914** 673, 674.
[81] Handelsrecht[22], § 21 II; ähnlich zum HGB n. F. *Canaris* Handelsrecht[23], § 23 I 2.
[82] A. A. *Schäch* Die kaufmannsähnlichen Personen als Ergänzung zum normierten Kaufmannsbegriff (1989), S. 320 ff, 420 f.
[83] Vgl. oben Rdn. 34 f; *Hohmeister/Küper* Betrieb und Wirtschaft **1997** 702, 706. Vgl. ferner *Canaris* Handelsrecht[23], § 23 I 2 c.

[84] *Roth* in *Koller/Roth/Morck* HGB[2], vor § 1 13; nach BGH NJW **1987** 1940, 1941 sind die konkreten Umstände des Einzelfalls maßgeblich; ebenso *Canaris* Handelsrecht[23], § 23 I 1.
[85] Zutreffend *K. Schmidt* Handelsrecht[5], S. 51 f; näher § 346 24 f; a.A. *Canaris* Handelsrecht[23], § 23 I 2 a.

müsse, entschieden, daß es bei der Beantwortung dieser Frage nicht darauf ankomme, inwieweit die Organe der Gemeinde und ihre Mitarbeiter mit dem Privatrechtsverkehr vertraut seien. Maßgeblich sei vielmehr, daß die öffentliche Hand vielfach durch Gesetz oder Satzung zu anderen Arbeitsweisen als Privatleute gezwungen sei. Es müsse daher nach Art des Rechtsgeschäfts und unter Berücksichtigung der besonderen Arbeitsweise der beteiligten Behörde von Fall zu Fall ermittelt werden, ob es unter Berücksichtigung eines angemessenen Vertrauensschutzes des privaten Vertragspartners gerechtfertigt sei, die öffentliche Hand wie einen Kaufmann zu stellen. Daß diese Differenzierung erhebliche Rechtsunsicherheit schafft, liegt auf der Hand. Gerade auf Rechtssicherheit berief sich der BGH (BGHZ **36** 272, 276 ff), wenn er in Hinblick auf § 1027 II ZPO a. F. die Tatsache, daß die Einfuhr- und Vorratsstelle sowohl unter dem Aspekt der Schutzbedürftigkeit als auch unter dem Aspekt der Art ihrer Tätigkeit ähnlich wie Kaufleute agierte, für unerheblich erklärte. Daß der BGH (BGHZ **2** 37, 49 ff) auf Veräußerungsgeschäfte der Reichsbahn den § 366 HGB angewandt hatte, hatte dagegen nichts damit zu tun, daß die Reichsbahn kaufmannsähnlich aufgetreten war, sondern wurde vom BGH allein darauf gestützt, daß die Geschäfte der Reichsbahn in weitem Umfang in den §§ 453 ff HGB a. F. geregelt waren. Aus dieser Entscheidung darf mithin nicht der Schluß gezogen werden, daß bei Veräußerung durch die öffentliche Hand immer § 366 HGB herangezogen werden müßte. *Canaris* (Handelsrecht²³, § 23 II) will dagegen die öffentliche Hand grundsätzlich wie kaufmannsähnliche Personen (oben Rdn. 40) behandeln, wenn sie sich am Handelsverkehr beteiligt. Darüber hinaus sollen für die öffentliche Hand die Schranken der vertraglichen Inhaltsfreiheit gelockert werden. Der § 38 I ZPO enthält nach Ansicht *Canaris* (aaO) einen allgemeinen Rechtsgedanken, so daß auch der öffentlichen Hand zwar § 348 HGB (analog), nicht aber § 350 HGB entgegengehalten werden könne. § 366 HGB sei dort entsprechend heranzuziehen, wo die öffentliche Hand ähnlich wie Kaufleute typischerweise Verfügungsmacht besitze. *Canaris* (aaO) unterwirft ferner die öffentliche Hand im gewerblichen Verkehr der zwingenden Typik der Vertretungsformen von Handelsgesellschaften (dagegen BGH NJW **1994** 1528 m. Nachw.). Obwohl die Sonderrolle der öffentlichen Hand heute zum größten Teil nicht mehr einzuleuchten vermag, ist an der formalen Differenzierung zwischen öffentlicher Hand, die nicht in der Form des § 1 HGB n. F. tätig wird, und Kaufleuten aus Rechtssicherheitserwägungen festzuhalten. In Fällen, in denen die öffentliche Hand verbreitet ein Verhalten wie das von Kaufleuten an den Tag legt, kann mit § 157 BGB geholfen werden, wenn sich in diesen Kreisen eine bestimmte Gepflogenheit gebildet hat. In Extremfällen kann auch der Einwand des Rechtsmißbrauchs erhoben werden.[86] Ansonsten bleibt nur die Möglichkeit, den Bedürfnissen des Rechtsverkehrs über die Regeln der c.i.c. und positiven Forderungsverletzung in Verbindung mit den §§ 31, 278 BGB Rechnung zu tragen (vgl. BGH WM **1978** 1092, 1093).

2. Sachlicher Anwendungsbereich

a) Art der Geschäfte. Nach der Systematik des Gesetzes gelten die §§ 343 ff HGB **42** für alle Handelsgeschäfte des 4. Buches des HGB. Es ist jedoch allgemein anerkannt, daß die §§ 343 ff HGB auch bei sonstigen Handelsgeschäften eingreifen, z.B. bei Handelsgeschäften des Handelsvertreters (§§ 84 ff HGB) oder des Handelsmaklers (§§ 93 ff HGB) oder bei Handelsgeschäften des Seehandels (§§ 476 ff HGB) oder Handelsgeschäften, die das HGB nicht besonders erfaßt hat (z.B. einer Vielzahl von

---

[86] BGH NJW **1994** 1528; **1973** 1494, 1495.

Bankgeschäften oder dem Versicherungsgeschäft). Dies gilt auch zugunsten und zu Lasten von nicht eingetragenen, kleingewerblich tätigen Handelsvertretern und Handelsmaklern (oben Rdn. 32). Die §§ 343 ff HGB sind darüber hinaus bei allen übrigen HGB-Bestimmungen von Bedeutung, die an die Kategorie des Handelsgeschäfts anknüpfen, wie z. B. den §§ 25–28 HGB.[87]

43 Die Kategorie der Handelsgeschäfte verwenden Vorschriften außerhalb des HGB nur vereinzelt ausdrücklich oder der Sache nach. § 95 I Nr. 1 GVG benutzt z. B. den Begriff „Handelsgeschäfte", wobei darauf hinzuweisen ist, daß der Begriff der Handelssachen im Sinn des § 95 GVG über den der Handelsgeschäfte hinausgeht. Im übrigen werden Abgrenzungen in immer stärkerem Maße auf die Begriffe Unternehmer (§§ 14 BGB, 24 AGBG) oder Verbraucher (z. B. §§ 13 BGB, 1031 V ZPO n. F., 24a AGBG) gestützt. § 196 I 1, II BGB bezieht sich dagegen mit seiner Formulierung „Leistung für den Gewerbebetrieb des Schuldners" auf alle Gewerbebetriebe, also nicht nur auf die kaufmännischen Gewerbebetriebe.[88] Allerdings wird insoweit § 344 HGB analog angewandt.[89]

43a b) **Verhältnis zum BGB und Nebengesetzen.** Soweit die §§ 343 ff HGB keine Sonderregelungen vorsehen, unterliegen Handelsgeschäfte den Vorschriften des allgemeinen Privatrechts. Zu beachten ist, daß das allgemeine Privatrecht verstärkt danach unterscheidet, ob die Geschäftspartner oder einer der Geschäftspartner selbständig beruflich oder gewerblich tätig geworden ist (vgl. §§ 13 BGB, 24, 24 a AGBG, 1031 V ZPO).

§ 343

Handelsgeschäfte sind alle Geschäfte eines Kaufmanns, die zum Betriebe seines Handelsgewerbes gehören.

Übersicht

	Rdn.		Rdn.
I. Vorbemerkung	1	cc) Personen, die Kaufleuten gleichzustellen sind	7a
II. § 343 Abs. 1	2	dd) Vertreter ohne Vertretungsmacht	8
1. Kaufmann	2		
2. Geschäft	3	b) Erkennbarkeit	8a
3. Zum Betrieb des Handelsgewerbes gehörend	5	4. Maßgeblicher Zeitpunkt	9
a) Betriebszugehörigkeit	5	5. Beweislast	10
aa) Einzelkaufmann, juristische Personen des öffentlichen Rechts	6	6. Einzelfälle	11
bb) Handelsgesellschaften (§ 6 HGB)	7	7. Beweislast	23

---

[87] Geschäftsverbindlichkeiten; *Canaris* Handelsrecht[23], § 22.
[88] *A. A. Roth* in *Koller/Roth/Morck* HGB[2], vor § 343 13.
[89] RGZ 70 28, 30; **130** 233, 235; BGHZ **63** 32, 34. Im Rahmen der §§ 24, 24a AGBG kann § 344 dagegen nicht mehr analog herangezogen werden (*Pfeiffer* NJW 1999 169, 174).

Schrifttum

siehe vor §§ 343 ff.

I. Vorbemerkung

§ 343 gibt eine Legaldefinition des Begriffs „Handelsgeschäft". Anders als Art. 271 ADHGB kennt das HGB keine „absoluten" Handelsgeschäfte. Vielmehr kommt es immer darauf an, ob ein Geschäft zum Betrieb des Handelsgewerbes zählt. § 343 II HGB a. F. entsprach Art. 272 II ADHGB. Die überflüssige und irreführende Vorschrift wurde durch das Handelsrechtsreformgesetz (BGBl. 1998 I 1474) aufgehoben. **1**

II. § 343 Abs. 1

1. Kaufmann

Gemäß § 343 muß es sich um Geschäfte eines Kaufmanns handeln. Zum Kreis der Kaufleute und zu den ihnen gleichzustellenden Personen siehe Erläuterungen vor § 343 2 ff. Den Kaufleuten im Sinn der §§ 1–6 werden unter der Voraussetzung des § 15 auch Nicht-Kaufleute gleichgestellt. Andere Scheinkaufleute (zum Begriff Erläuterungen Anh. § 5 Rdn. 1 ff) werden nur unter besonderen Umständen wie Kaufleute im Sinn der §§ 1–6 behandelt (Einzelheiten vor § 343 37). Bei der **Stellvertretung** ist die Kaufmannseigenschaft des Vertretenen maßgeblich, in dessen Namen gehandelt wird und für den und gegen den das Geschäft wirkt.[1] Fehlte dem Vertreter die Vertretungsmacht und haftet er deshalb aus § 179 I BGB auf Erfüllung, so muß der falsus procurator selbst Kaufmann oder eine ihm gleichzustellende Person sein, damit die §§ 343 ff auf ihn angewandt werden können.[2] Unerheblich ist in diesem Fall aber, ob die Stellvertretung zum Handelsgewerbe des falsus procurator gehörte, sofern das Geschäft bei wirksamer Vertretungsmacht ein Handelsgeschäft des Vertretenen gewesen wäre. Haftet der falsus procurator nur gemäß § 179 II BGB, so muß der falsus procurator ebenfalls Kaufmann oder eine Kaufleuten gleichzustellende Person sein[3] und außerdem im Rahmen seines Handelsgewerbes gehandelt haben. **2**

2. Geschäft

Nach allgemeiner Meinung erfaßt der Begriff „Geschäft" alle Rechtsgeschäfte einschließlich der unwirksamen Rechtsgeschäfte (vgl. Dritter Abschnitt des Ersten Buchs des BGB), ferner rechtsgeschäftsähnliche Handlungen[4] sowie Unterlassungen, soweit sie das HGB wie Rechtsgeschäfte behandelt (z. B. § 362). Zum Teil wird auch jedes rechtserhebliche Verhalten (RGZ 20 194), wie das Vermischen (§ 946 BGB), das Verarbeiten (§ 950 BGB) von Sachen,[5] die Absendung und Annahme von Waren[6] oder der **3**

---

[1] *Canaris* Handelsrecht[23], § 22 I; *Roth* in Koller/Roth/Morck HGB[2], § 343 2; Schlegelberger/Hefermehl HGB[5], § 343 7; Heymann/Horn HGB[1], § 343 4; Röhricht/Graf von Westphalen-Wagner HGB[1], § 343 11.

[2] *Canaris* Handelsrecht[23], § 22 I; Schlegelberger/Hefermehl HGB[5], § 343 7; Röhricht/Graf von Westphalen-Wagner HGB[1], § 343 11; Straube/Kramer öHGB[1], §§ 343, 344 9.

[3] Röhricht/Graf von Westphalen-Wagner HGB[1], § 343 11.

[4] *K. Schmidt* Handelsrecht[5], § 18 I 1 a; Palandt/Heinrichs BGB[59], vor § 104 6.

[5] *M. Wolff* in Festgabe der Berliner juristischen Fakultät für O. v. Gierke (1910) Bd. II, S. 117, 147 ff; Schlegelberger/Hefermehl HGB[5], § 343 11; Heymann/Horn HGB1, § 343 8; *Jung* Handelsrecht[2] S. 171; Röhricht/Graf von Westphalen-Wagner HGB[1], § 343 3; **a. A.** *K. Schmidt* Handelsrecht[5], § 18 I 1 a; Baumbach/Hopt HGB[30], § 343 1.

[6] ROHG 10 236; Schlegelberger/Hefermehl aaO; Heymann/Horn HGB[1], § 343 7.

§ 343   Viertes Buch. Handelsgeschäfte

Empfang von Willenserklärungen (*Schlegelberger/Hefermehl* aaO) als Geschäft im Sinn des § 343 qualifiziert. Manchen zufolge setzt ein Geschäft im Sinn des § 343 ein willentliches Verhalten des Kaufmanns voraus,[7] das irgendeinen wirtschaftlichen Inhalt oder Bezug aufweist. Ein solcher Bezug könne auch bei unerlaubten Handlungen (§§ 823ff BGB) oder bei der Gefährdungshaftung existieren.[8] *Heymann/ Kötter* (HGB[21] [1971], § 343 Anm. 1) verlangen sogar, daß das Verhalten zumindest typisch von der Vorstellung der wirtschaftlichen Erheblichkeit seiner Folgen getragen werden müsse, damit man es als „Geschäft" bezeichnen könne. Noch enger faßt *Ratz* (Vorauflage-*Ratz*, § 343 7) den Begriff, wenn er nur solches Verhalten als „Geschäft" bezeichnet, das einen auf die Herbeiführung eines wirtschaftlichen Erfolges gerichteten Willen kundgibt oder kundzugeben scheint.

4   **Stellungnahme:** Der Begriff des Geschäfts ist von der Funktion der §§ 346ff her zu konkretisieren. Diese Vorschriften sollen durchwegs für marktbezogene Vorgänge ein Sonderrecht schaffen. Es ist daher überall dort von „Geschäft" zu sprechen, wo der Kaufmann im eigenen oder fremden Namen[9] einen Kontakt mit einem Dritten auf dem Markt sucht, herstellt oder im Rahmen dieses Kontakts handelt bzw. pflicht- oder obliegenheitswidrig etwas unterläßt. Aus dieser Sicht zählen nicht nur Rechtsgeschäfte und geschäftsähnliche Handlungen zu den „Geschäften", sondern auch die Übertragung des Besitzes, die bloße Zusendung von Waren (§ 362 II), zur ungerechtfertigten Bereicherung führende Leistungen,[10] deliktisches Verhalten, wenn es im Rahmen der Begründung oder Abwicklung eines Vertragsverhältnisses vorzuwerfen ist, wettbewerbswidriges Verhalten,[11] jedenfalls, soweit es sich gegen einen potentiellen Vertragspartner richtet, culpa in contrahendo[12] und vergleichbares Fehlverhalten (z. B. §§ 179 III, 307 BGB), Geschäftsführung ohne Auftrag, falls diese zugunsten eines Marktpartners erfolgt.[13] **Keine Geschäfte** im Sinn des § 343 stellen dar: das Vermischen oder Verarbeiten von Waren zu Lasten von Personen, zu denen keine unmittelbaren oder durch einen Vertrag zugunsten Dritter vermittelten Marktbeziehungen bestehen.[14] Fehlt es an solchen Marktbeziehungen, so scheiden auch Fälle der Eingriffskondiktion oder der unerlaubten Handlungen aus dem Kreis der Handelsgeschäfte aus. So ist z. B. § 343 nicht einschlägig, wenn ein Kaufmann auf der Fahrt zu einem Kunden mit einem anderen Kaufmann zusammenstößt oder anderen Kaufleuten im Rahmen der Umwelthaftung schadensersatzpflichtig wird.

3. Zum Betrieb des Handelsgewerbes gehörend

5   Das Betreiben des Handelsgewerbes und die Zugehörigkeit des Geschäfts zu diesem muß für den Marktpartner bei Vornahme des Geschäfts **erkennbar** gewesen sein. Für die Erkennbarkeit des Betreibens des Handelsgewerbes genügt die Ein-

---

[7] *Schlegelberger/Hefermehl* HGB[5], § 343 12; *Roth* in *Koller/Roth/Morck* HGB[2], § 343 3; *Heymann/Horn* HGB[1], § 343 9; *Röhricht/Graf von Westphalen-Wagner* HGB[1], § 343 2.

[8] *Schlegelberger/Hefermehl* HGB[5], § 343 13; *Straube/Kramer* öHGB[1], §§ 343, 344 13; *Jabornegg/Kerschner* öHGB[1], § 343 15; ähnlich Vorauflage-*Ratz*, § 343 7; **a. A.** *Baumbach/Hopt* HGB[30], § 343 1; *Roth* in *Koller/Roth/Morck* HGB[2], § 343 3; *K. Schmidt* Handelsrecht[5], § 18 I 1 a; *Krejci* Grundriß des Handelsrechts, S. 222; *Röhricht/Graf von Westphalen-Wagner* HGB[1], § 343 5 f; zweifelnd *Heymann/Horn* HGB[1], § 343 9.

[9] Auch als falsus procurator; *Baumbach/Hopt* HGB[30], § 347 2.

[10] BGH BB **1956** 833; *Jabornegg/Kerschner* öHGB[1], § 343 14 gegen OGH NZ **1994** 285/79.

[11] UWG; *Röhricht/Graf von Westphalen-Wagner* HGB[1], § 343 4.

[12] RGZ 107 326; BGH NJW **1951** 437, 438.

[13] Weitergehend *Jabornegg/Kerschner* öHGB[1], § 343 16, weil Begründung vertragsähnlichen Verhältnisses.

[14] Ebenso i. E. *Straube/Kramer* öHGB[1], §§ 343, 344 13.

tragung im Handelsregister (§ 15 II). Positive Kenntnis ist nicht erforderlich (Vorauflage-*Ratz*, § 343 8).

a) Betriebszugehörigkeit. Die Betriebszugehörigkeit ist zu bejahen, falls das Geschäft in einem Funktionszusammenhang mit dem Handelsgewerbe steht, das der Kaufmann betreibt.[15]

aa) Einzelkaufmann, juristische Personen des öffentlichen Rechts. Es reicht aus, 6 daß das Geschäft in irgendeiner Weise den Gegenstand oder Zweck des Handelsgewerbes berührt, daß ein entfernter mittelbarer Zusammenhang besteht.[16] Daß der Kaufmann mit dem Geschäft auch private Zwecke verfolgt, ist unerheblich (*Schlegelberger/Hefermehl* HGB[5], § 343 22). Das Geschäft muß vom Kaufmann nicht üblicherweise oder typischerweise getätigt werden (BGH WM **1976** 424, 425). Es kann in die Kategorie der Vorbereitungs-, Hilfs-, Neben- oder Abwicklungsgeschäfte fallen (näher unten Rdn. 11, 18, 22), auch wenn diese nicht zum Geschäftszweig des Kaufmanns zu rechnen sind. Irrelevant ist es, ob das Geschäft im Verhältnis zur sonstigen unternehmerischen Tätigkeit von ganz untergeordneter Bedeutung ist.[17] Ob ein Geschäft Handelsgeschäft ist, ist **objektiv** zu bestimmen (beachte § 344 4). Erklärt z. B. ein Kaufmann seinem Partner, daß er ein Geschäft als Privatgeschäft abschließen wolle, obwohl es objektiv dem Handelsgewerbe dient, so ist es gleichwohl Handelsgeschäft im Sinn des § 343.[18] Die Erklärung kann nur als Indiz dafür ins Feld geführt werden, daß das dispositive für Handelsgeschäfte geltende Sonderrecht abbedungen sein soll. Dabei sind die Schranken des AGBG zu beachten (z. B. bei § 377). Zu Einzelfällen unten Rdn. 11 ff.

bb) Handelsgesellschaften (§ 6 HGB). Handelsgesellschaften (z. B. OHG, KG, 7 GmbH, AG, Genossenschaft) kennen nach ganz h. M. keine Privatgeschäfte. Alle Geschäfte, die sie tätigen, sind Handelsgeschäfte.[19] Dies gilt auch für Geschäfte, die nicht-gewerblicher Art sind, weil solche Geschäfte keiner Privatsphäre der Gesellschaft zugeordnet werden können (*K. Schmidt* Handelsrecht[5], § 18 I 1 d aa). Die Tatsache, daß die Organe ihre Geschäftsführungspflichten nicht beachten, ist im Verhältnis zu Dritten unerheblich, sondern kann allenfalls unter Umständen dazu führen, daß die Gesellschaft nicht gebunden wird (z. B. evidenter Mißbrauch der Vertretungsmacht). Nicht notwendig liegt dagegen im Abschluß des Gesellschaftsvertrages einer Handelsgesellschaft ein Handelsgeschäft.[20] In der Phase des Abschlusses des Gesellschaftsvertrages ist weder gemäß § 123 HGB noch nach dem GmbHG, AktG oder GenG etc. eine Handelsgesellschaft vorhanden. Eine Vor-GmbH etc. entsteht ebenfalls erst mit dem vollendeten Abschluß des Gesellschaftsvertrages. Wird der Gesellschaftsvertrag von einem Kaufmann geschlossen, so kommt es darauf an, ob die

---

[15] *Roth* in *Koller/Roth/Morck* HGB[2], § 343 4; ebenso i. E. *Röhricht/Graf von Westphalen-Wagner* HGB[1], § 343 18; *K. Schmidt* Handelsrecht[5], § 18 I 1 d bb.

[16] RGZ **72** 436 f; BGHZ **63** 32, 35; BGH NJW **1960** 1852, 1853; WM **1976** 424, 425; ZIP **1997** 836, 837; allg. M.

[17] *Jabornegg/Kerschner* öHGB[1], § 343 36 gegen OGH (Wien) Evidenzblatt der Rechtsmittelentscheidungen (EvBL.) 1970/228.

[18] *Schlegelberger/Hefermehl* HGB[5], § 343 15; *Baumbach/Hopt* HGB[30], § 343 3.

[19] BGH NJW **1960** 1852, 1853; *Schlegelberger/Hefermehl* HGB[5], § 343 20; *Canaris* Handelsrecht[23], § 22 II; *Roth* in *Koller/Roth/Morck* HGB[2], § 343 6; *Röhricht/Graf von Westphalen-Wagner* HGB[1], § 343 24; *Jung* Handelsrecht[2], S. 172; *K. Schmidt* Handelsrecht[5], § 18 I 1 d; *Straube/Kramer* öHGB[1], §§ 343, 344 14; a. A. *Heymann/Horn* HGB[1], § 343 16.

[20] *Schlegelberger/Hefermehl* HGB[5], § 343 18; *Baumbach/Hopt* HGB[30], § 343 3; *Heymann/Horn* HGB[1], § 343 11; *Straube/Kramer* öHGB[1], §§ 343, 344 16; *Roth* in *Koller/Roth/Morck* HGB[2], § 343 6; a. A. Vorauflage-*Fischer*, § 105 Anm. 60 a m. Nachw.; vgl. auch BGH NJW **1980** 1049.

§ 343 Viertes Buch. Handelsgeschäfte

Gesellschaftsgründung seinem Handelsgewerbe dient.[21] Gleiches gilt für den Beitritt zu einer Handelsgesellschaft, für die Änderung des Gesellschaftsvertrages (*Schlegelberger/Hefermehl* HGB[5], § 343 18), wenn man die Auffassung vertritt, daß Gesellschafter von Handelsgesellschaften nicht nur, weil sie Gesellschafter sind, als Kaufleute zu qualifizieren sind (siehe oben § 343 29; vgl. auch BGH NJW **1980** 1049). Zu sonstigem Handeln von **Gesellschaftern** siehe vor § 343 29.

7a cc) **Personen, die Kaufleuten gleichzustellen sind.** Für Geschäfte von Personen oder Gesellschaften, die wie Kaufleute bzw. Handelsgesellschaften zu behandeln sind, gelten die Ausführungen zu den Rdn. 5 ff entsprechend, soweit die Gleichstellung reicht (siehe vor § 343 32 ff).

8 dd) **Vertreter ohne Vertretungsmacht.** Beim Vertreter ohne Vertretungsmacht, der selbst Kaufmann ist (§ 343 2) und der auf Erfüllung haftet (§ 179 I BGB), braucht die Stellvertretung nicht zum Handelsgewerbe des falsus procurators gehören. Es genügt zum Schutz des Geschäftspartners die hypothetische Zugehörigkeit des Geschäfts zum Handelsgewerbe des angeblich Vertretenen (*Canaris* Handelsrecht[23], § 22 I). Im Fall des § 179 II BGB muß dagegen die Vertretung zum Handelsgewerbe des Vertreters ohne Vertretungsmacht zählen, um z. B. die Folgen der §§ 352 f auszulösen. Näher oben Rdn. 2.

8a b) **Erkennbarkeit.** Siehe oben Rdn. 5 sowie die Erläuterungen zu § 344.

4. Maßgeblicher Zeitpunkt

9 Kaufmannseigenschaft und Zugehörigkeit zum Handelsgewerbe müssen im Moment der Vornahme des Geschäfts vorliegen (RGZ **60** 78; allg. M.). Willenserklärungen sind isoliert zu betrachten. Die Frage, ob die Willenserklärung für denjenigen, der sie abgibt, ein Handelsgeschäft ist, ist anhand der Rechtslage bei Abgabe der Willenserklärung zu entscheiden.[22] Es genügt nicht, daß die Voraussetzungen des § 343 erst im Moment des Zugangs erfüllt sind.[23] Bei Verträgen und anderen mehrgliedrigen Rechtsgeschäften braucht die Kaufmannseigenschaft und Zugehörigkeit zum Handelsgewerbe daher nicht mehr gegeben sein, wenn die Willenserklärung des anderen Teils zugeht (*Schlegelberger/Hefermehl* aaO) oder z. B. das Handelsgeschäft erfüllt oder sonst abgewickelt wird.

5. Beweislast

10 Siehe Erläuterungen zu § 344.

6. Einzelfälle

11 Die **Abwicklung** eines kaufmännischen Unternehmens gehört zum Betrieb des Handelsgewerbes,[24] etwa die Abwicklung schwebender Geschäfte (*Heymann/Horn* HGB1, § 343 14). Die Auseinandersetzung zwischen den Gesellschaftern einer OHG

---

[21] Z. B. Tochtergesellschaft; *Schlegelberger/Hefermehl* HGB[5], § 343 18; *Roth* in *Koller/Roth/Morck* HGB[2], § 343 6; *Jabornegg/Kerschner* öHGB[1], § 343 29; weitergehend Vorauflage-*Ratz*, § 343 10; a. A. *K. Schmidt* Handelsrecht[5], § 18 I 1 c, weil Frage der Binnenorganisation des Kaufmanns.

[22] § 130 II BGB analog; *Canaris* Handelsrecht[23], § 33 I; *Schlegelberger/Hefermehl* HGB[5], § 343 27; *Röhricht/Graf von Westphalen-Wagner* HGB[1], § 343 14; *Jung* Handelsrecht[2], S. 171.

[23] *Canaris* aaO; **a. A.** *Schlegelberger/Hefermehl* aaO; (h. L.).

[24] *Schlegelberger/Hefermehl* HGB[5], § 343 17; *Röhricht/Graf von Westphalen-Wagner* HGB[1], § 343 20; *Straube/Kramer* öHGB[1], §§ 343, 344 12; allg. M.

(§§ 155, 158) zählt nach manchen Stimmen in der älteren Rechtsprechung[25] und Literatur (Vorauflage-*Ratz,* § 343 10) zu den Handelsgeschäften. Ebenso wird die Veräußerung von Gesellschaftsanteilen behandelt.[26] Dem ist nur dann zu folgen, wenn man Gesellschaftern von Personenhandelsgesellschaften Kaufmannsqualität zubilligt.[27] Wohl ist aber die Abfindung ausscheidender Gesellschafter für die Gesellschaft immer ein Handelsgeschäft, weil sie Schuldnerin der Abfindung ist.[28] Die Tätigkeit als **Aufsichtsrat** ist Handelsgeschäft, wenn sie (entfernt) dem Handelsgewerbe des Kaufmanns etc. dient (RGZ **19** 123).

Börsentermingeschäft. Siehe Effektengeschäfte, Spekulationsgeschäfte. **12**

Die **Bürgschaft** ist kein Handelsgeschäft, wenn sie auf der Seite des Bürgen nicht **13** zu dessen Handelsgewerbe zählt (ROHG **5** 367; **13** 108). Anderseits braucht die Hauptschuld nicht in die Kategorie der Handelsgeschäfte zu fallen (RG JW **1893** 24). Nicht zum Handelsgewerbe gehören Bürgschaften, die erkennbar nur im Rahmen verwandtschaftlicher oder freundschaftlicher Beziehungen eingegangen werden.[29] Die bloße Freigebigkeit spricht allerdings nicht gegen die Behandlung der Bürgschaft als Handelsgeschäft (§ 343 16), ebenso nicht der Umstand, daß die Bürgschaft nicht im Interesse des Unternehmens lag (BGH WM **1976** 424, 425).

Effektengeschäfte, z. B. auch in der Form der Aktienspekulation seitens eines **14** Glaswarenhändlers, können zum Handelsgewerbe gehören (RG JW **1904** 496). Zu Handelsgesellschaften siehe oben Rdn. 7.

Der **Erwerb** oder die **Veräußerung** eines **kaufmännischen Unternehmens** ist auf **15** der Seite des Veräußerers immer, auf der Seite des Erwerbers regelmäßig ein Handelsgeschäft;[30] denn es ist das letzte bzw. erste Handelsgeschäft des Veräußerers bzw. Erwerbers.[31] Gleichgültig ist, ob der Erwerber, der das Unternehmen fortführen will, im Moment des Erwerbes Kaufmann war (RG JW **1908** 207) oder ob der Erwerb im Weg der Auseinandersetzung zwischen Erben oder Gesellschaftern einer OHG bzw. KG geschah (RG JW **1908** 207). Auch die Aufnahme eines Darlehens zum Erwerb eines kaufmännischen Unternehmens ist Handelsgeschäft (RG LZ **1912** 911). Entsteht nach Veräußerung Streit über das Veräußerungsgeschäft, so ist ein später abgeschlossener Vergleich (§ 779 BGB) kein Handelsgeschäft (RG Recht **1927** Nr. 2011), es sei denn, der Veräußerer ist noch Kaufmann und die Forderung aus dem Veräußerungsgeschäft war in sein Handelsgewerbe eingebracht worden. Zur Veräußerung von **Gesellschaftsanteilen** siehe oben Rdn. 11.

Freigebige Verfügungen können Handelsgeschäfte sein,[32] wie z. B. die Ausstellung von Gefälligkeitswechseln, Bürgschaften (BGH WM **1976** 424, 425), Annahme der Stelle eines unbesoldeten Aufsichtsratsmitglieds (RGZ **19** 123), **16**

---

[25] ROHG **12** 368; RGZ **154** 334, 335f; RG Warneyer Rspr. 1914 Nr. 206.
[26] RG LZ **1909** 466; OGH (Wien) Österreichische Notariats-Zeitung **1956** 125; *Schlegelberger/Hefermehl* HGB⁵, § 343 17; *Röhricht/Graf von Westphalen-Wagner* HGB¹, § 343 20.
[27] Siehe oben Erläuterungen vor § 343 29; a. A. *Jabornegg/Kerschner* öHGB¹, § 343 35.
[28] RGZ **102** 245; **154** 336; *Schlegelberger/Hefermehl* HGB⁵, § 343 17; *Röhricht/Graf von Westphalen-Wagner* HGB¹, § 343 20.
[29] BGH ZIP **1997** 836, 838; ROHG **15** 388; *Schlegelberger/Hefermehl* HGB⁵, § 343 19; vgl. aber BGH WM **1976** 424, 425; RG Bolze **15** Nr. 216; **19** Nr. 319; *Rehm* ZHR 74 (1913) 247, 249.
[30] RG JW **1899** 494; **1903** 63; *Roth* in *Koller/Roth/Morck* HGB², § 343 5.
[31] RGZ **72** 434, 436 f; RG JW **1908** 206; RG Recht **1927** Nr. 2011; OGHZ **1** 62, 64; *K. Schmidt* Handelsrecht⁵, § 18 I 1 d bb; *Soergel/Lindacher* BGB¹², § 343 26.
[32] BGH WM **1976** 424, 425; OLG Wien Evidenzblatt der Rechtsmittelentscheidungen (EvBl.) **1954**/48; *Heymann/Horn* HGB¹, § 343 13; *Schlegelberger/Hefermehl* HGB⁵, § 343 16; *Röhricht-Graf von Westphalen-Wagner* HGB¹, § 343 22.

schenkungsweises Versprechen der Nachzahlung nach abgeschlossenem Ausgleich (ROHG **16** 185); Verzichte (RGZ **29** 11); Zuwendungen an Dritte (RG JW **1902** 398), nicht aber Verfügungen auf den Todesfall (RGZ **18** 49). Eine unentgeltliche Verfügung kann nur auf der Seite des Gebers ein Handelsgeschäft sein oder umgekehrt. Seitens von Handelsgesellschaften sind freigebige Verfügungen, die keine Handelsgeschäfte darstellen, undenkbar (oben Rdn. 7).

17 Der Abschluß oder die Änderung von **Gesellschaftsverträgen** kann unter Umständen als Handelsgeschäft zu qualifizieren sein (oben Rdn. 7). Der Abschluß eines stillen Gesellschaftsvertrages (§ 230) ist seitens des Inhabers immer ein Handelsgeschäft, da der Stille das Handelsgewerbe des Inhabers fördern soll. Seitens des Stillen kommt es darauf an, zu welchen Zwecken er den stillen Gesellschaftsvertrag schließt.[33]

18 **Hilfsgeschäfte** eines Kaufmanns sind Handelsgeschäfte. Dazu gehören z.B. die Miete der Geschäftsräume (RG JW **1908** 206, 207), die Anschaffung der Einrichtung, der Bürogeräte, die Anstellung des Personals,[34] Erwerb von Grundstücken (Vorauflage-*Ratz*, § 343 9), Bau eines Hauses (BGHZ **63** 32, 35).

19 Der Abschluß eines **Lebensversicherungsvertrages** kann für den Versicherten ein Handelsgeschäft darstellen, z. B. wenn der Kreditgeber bei einem Kredit für gewerbliche Zwecke die Absicherung des Kredits durch eine Lebensversicherung fordert (vgl. aber RGZ **14** 237). **Lotteriespiel** kann Handelsgeschäft sein.

20 **Privatgeschäfte** eines Kaufmanns, die ersichtlich privaten Zwecken dienen, werden von § 343 nicht erfaßt. Unerheblich ist, daß das Geschäft in den Geschäftsräumen getätigt worden ist. Beispiele für Privatgeschäfte: Tätigkeit als Vorstand einer außerhalb des Handelsgewerbes stehenden AG (vgl. RGZ **96** 57), Lebensversicherungen und Bürgschaften zugunsten Verwandter aufgrund dieser Beziehungen,[35] Schenkungen von Todes wegen (RGZ **18** 39, 49), Geschäft der Verwaltung (OLG Hamm NJW-RR **1989** 344, 345) oder der Erhöhung privaten Vermögens.[36] Ist das Geschäft nur teilweise privater Natur, ohne daß eine Trennung möglich ist, so ist es insgesamt ein Handelsgeschäft.[37] Selbst vereinzelte **Spekulations- und Spielgeschäfte** (Börsentermingeschäfte) können dagegen Handelsgeschäfte sein (RGZ **30** 191; **38** 240). Zum **Testamentsvollstrecker, Insolvenzverwalter**, gerichtlich bestellten Liquidator siehe Erläuterungen zu § 1 23 f.

21 **Veräußerung von Unternehmen.** Siehe oben bei „Erwerb".

22 **Vorbereitungsgeschäfte** und zu diesem Zweck eingegangene Verbindlichkeiten sind bei Ist-Kaufleuten (§ 1) und eingetragenen Kaufleuten (§§ 2, 3, 5, 6, 105 II) Handelsgeschäfte.[38] Wer z.B. einen Kleiderwarenhandel betreiben will, betreibt ihn bereits in dem Moment, in dem er in dieser Absicht den ersten Posten Waren einkauft (RGSt **27** 227, 228), ja schon dann, wenn er das erste Hilfsgeschäft (oben Rdn. 17) vornimmt, z. B. den Laden mietet (RG JW **1908** 206, 207), Arbeitnehmer einstellt,[39] eine

---

[33] Vgl. ROHG **10** 262; **16** 2; OGH (Wien) JBl. **1964** 566; *K. Schmidt* Handelsrecht[5], § 18 I 1 d bb; Vorauflage-*Ratz*, § 343 10.

[34] OLG Wien, Evidenzblatt der Rechtsmittelentscheidungen (EvBl.) **1954**/48; Vorauflage-*Ratz*, § 343 3; *Schlegelberger/Hefermehl* HGB[5], § 343 16; **a. A.** *K. Schmidt* Handelsrecht[5], § 18 I 1 c.

[35] RGZ **14** 235, 237; ROHG **15** 388; vgl. aber RG Bolze **15** Nr. 216; **19** Nr. 319; *Rehm* ZHR **74** (1913) 247, 248.

[36] OLG Koblenz r + s **1995** 103; **a. A.** OLG Hamm NJW-RR **1989** 344, 345, falls nur möglich und sinnvoll im Zusammenhang mit der kaufmännischen Tätigkeit.

[37] OGH (Wien) Evidenzblatt der Rechtsmittelentscheidungen (EvBl.) **1994**/151; *Röhricht/Graf von Westphalen-Wagner* HGB[1], § 343 22; *Jabornegg/Kerschner* öHGB[1], § 343 37.

[38] *Schlegelberger/Hefermehl* HGB[5], § 343 16; h. M.

[39] **A. A.** *K. Schmidt* Handelsrecht[5], § 18 I 1 c.

Vertragsstrafe zur Sicherung der Bierbezugspflicht verspricht (RG LZ **1908** 224), Gegenstände erwirbt (RG SeuffA **63** Nr. 119). Ob im Fall einer auf ein kaufmännisches Gewerbe angelegten, nicht eingetragenen Gesellschaft (z. B. § 123 II) die Gesellschaft im Zeitpunkt der Vornahme des Geschäfts einen in kaufmännischer Weise eingerichteten Geschäftsbetrieb benötigt, ist unerheblich.[40]

7. Beweislast

§ 344 erleichtert durch eine Vermutung die Zuordnung der Geschäfte zur Kategorie der Handelsgeschäfte. Siehe Erläuterungen zu § 344. 23

§ 344

(1) Die von einem Kaufmann vorgenommenen Rechtsgeschäfte gelten im Zweifel als zum Betriebe seines Handelsgewerbes gehörig.

(2) Die von einem Kaufmann gezeichneten Schuldscheine gelten als im Betriebe seines Handelsgewerbes gezeichnet, sofern nicht aus der Urkunde sich das Gegenteil ergibt.

Übersicht

	Rdn.		Rdn.
I. Allgemeines	1	dd) Handelsgesellschaft	
II. § 344 Abs. 1	2	(z. B. OHG, GmbH)	8
1. Voraussetzungen	2	ee) Begünstigter der Vermutung	9
a) Kaufmann	2		
b) Rechtsgeschäfte, Geschäfte	3	III. § 344 Abs. 2	10
2. Rechtsfolge	4	1. Voraussetzungen	10
a) Vermutung	4	a) Kaufmann	10
b) Tragweite der Vermutung	5	b) Schuldschein	11
aa) Eigenschaft als Kaufmann, Handeln im eigenen Namen	5	2. Rechtsfolge	12
		a) Vermutung	12
bb) Handelsgewerbe	6	b) Tragweite der Vermutung	13
cc) Der Kaufmann betreibt mehrere Unternehmen	7		

Schrifttum

siehe vor §§ 343 ff.

I. Allgemeines

§ 344 ergänzt den § 343. § 344 I statuiert eine Vermutung, die bei Schuldscheinen 1 durch § 344 II verstärkt wird. § 344 begründet nicht die Vermutung, daß jemand Kaufmann (§ 343 2) ist. Die Vorschrift ist auch außerhalb des HGB entsprechend anwendbar (unten Rdn. 3).

---

[40] BGH NJW **1953** 1218; *Schlegelberger/Hefermehl* HGB[5], § 343 17; *Straube/Kramer* öHGB[1], §§ 343, 344 11; kritisch *Jabornegg/Kerschner* öHGB[1], § 343 21, 27.

II. § 344 Abs. 1

1. Voraussetzungen

2 a) **Kaufmann.** Siehe Erläuterungen vor § 343 1 ff.

3 b) **Rechtsgeschäfte, Geschäfte.** Während § 344 den Begriff „Rechtsgeschäft" verwendet, ist in § 343 schlechthin von „Geschäft" die Rede. Trotz dieser unterschiedlichen Formulierungen ist der Begriff „Rechtsgeschäft" nach der ganz h. M. im selben Sinn wie der Begriff „Geschäft" in § 343 auszulegen, da § 344 I erkennbar auf § 343 Bezug nimmt. Es gibt auch keinerlei sachliche Gründe dafür, daß die Tragweite des § 344 hinter der des § 343 zurückbleibt.[1] § 344 I ist jedenfalls analog heranzuziehen, wenn über die Zugehörigkeit einer Forderung zum Gewerbebetrieb im Sinn des § 196 I 1, II BGB[2] oder zu den „im Betriebe des Geschäfts begründeten Verbindlichkeiten" bzw. „Geschäftsverbindlichkeiten" im Sinn der §§ 25–28 (RGZ **59** 213, 216; **154** 336) zu entscheiden ist.[3]

2. Rechtsfolge

4 a) **Vermutung.** § 344 I begründet eine widerlegliche Vermutung. Die Vermutung kann nur durch den vollen Gegenbeweis entkräftet werden, daß kein auch nur entfernter oder partieller Zusammenhang mit dem Handelsgewerbe des Kaufmanns besteht. Es muß also im Fall des Bestreitens von dem Bestreitenden dargetan und mit an Sicherheit grenzender Wahrscheinlichkeit bewiesen werden, daß das Geschäft zur Privatsphäre des Kaufmanns (vgl. § 343 20) oder im Fall eines Unternehmens im Sinn des § 36 zur hoheitlichen oder zur schlicht verwaltenden Sphäre zählt.[4] Evidentes ist als bewiesen anzusehen.[5] **Zusätzlich** ist darzutun und zu beweisen, daß die Zugehörigkeit zum privaten oder (hoheitlich) verwaltenden Bereich für den Geschäftspartner **erkennbar** war;[6] denn nur so kann § 344 I den intendierten Verkehrsschutz realisieren. Für diesen Beweis genügt es, daß der Geschäftspartner erkennen konnte, daß das Geschäft keinen Bezug zum Betrieb eines Handelsgewerbes besaß,[7] nicht aber, daß der Kaufmann statt unter seiner Firma (§ 17) unter seinem bürgerlichen Namen auftrat.[8] Andererseits braucht die Zugehörigkeit zur Privat- bzw. Verwaltungssphäre nicht für jedermann erkennbar gewesen zu sein. Bei **Handelsgesellschaften** ist die Vermutung ohne Bedeutung, da diese immer Handelsgeschäfte im Sinn der §§ 343 ff tätigen (§ 343 7).

b) **Tragweite der Vermutung**

5 aa) **Eigenschaft als Kaufmann, Handeln im eigenen Namen.** § 344 begründet nach allgemeiner Ansicht nicht die Vermutung, daß jemand Kaufmann ist. Vielmehr hat dies derjenige, der sich auf die Kaufmannseigenschaft beruft, darzutun und voll zu

---

[1] Ebenso *Schlegelberger/Hefermehl* HGB[5], § 344 6; *Heymann/Horn* HGB[1], § 344 5; *Roth* in *Koller/Roth/Morck* HGB[2], § 344 3; *Röhricht/Graf von Westphalen-Wagner* HGB[1], § 344 8; *Baumbach/Hopt* HGB[30], § 344 2; *Straube/Kramer* öHGB[1], §§ 343, 344 20; *Jabornegg/Kerschner* öHGB[1], § 344 5.
[2] RGZ **130** 234, 235; BGHZ **63** 32, 34 = NJW **1974** 1462; *Roth* in *Koller/Roth/Morck* HGB[2], § 344 3.
[3] *Heymann/Horn* HGB[1], § 344 2; *Röhricht/Graf von Westphalen-Wagner* HGB[1], § 344 5; *Straube/Kramer* öHGB[1], §§ 343, 344 19; Vorauflage-*Ratz*, § 344 6.
[4] BGH WM **1976** 424, 425; *Schlegelberger/Hefermehl* HGB[5], § 344 9.
[5] *Röhricht/Graf von Westphalen-Wagner* HGB[1], § 344 10; *Jabornegg/Kerschner* öHGB[1], § 344 6.
[6] BGH WM **1976** 424, 425; RG JW **1905** 110; OLG Köln MDR **1972** 865; OGH (Wien) HS 1093; ganz h.M.; a.A. *Jabornegg/Kerschner* öHGB[1], § 344 9.
[7] *Schlegelberger/Hefermehl* HGB[5], § 344 12.
[8] *Schlegelberger/Hefermehl* HGB[5], § 344 12; *Röhricht/Graf von Westphalen-Wagner* HGB[1], § 344 10.

beweisen (beachte §§ 5, 15 II). Erst recht hat derjenige, der sich darauf beruft, die Voraussetzungen zu beweisen, aus denen sich eine Gleichstellung mit dem Kaufmann oder eine Analogie zu den §§ 343 ff ergibt (vor § 343 32 ff). Ebenso ist die Beweislast verteilt, wenn zu entscheiden ist, ob jemand im Namen eines Kaufmanns oder im eigenen Namen gehandelt hat.[9] Diese Frage ist anhand des § 164 BGB zu beurteilen. Dabei gilt der Grundsatz, daß bei unternehmensbezogenen Geschäften der Wille der Beteiligten im Zweifel dahin geht, daß der Unternehmensinhaber Geschäftspartner werden soll.[10] Wer sich darauf beruft, die Willenserklärung sei unternehmensbezogen, hat dies zu beweisen.[11] Kann dieser Beweis nicht geführt werden, so greift die gesetzliche Vermutung des Handelns im eigenen Namen ein (§ 164 II BGB; BGH aaO).

bb) Handelsgewerbe. Steht fest, daß ein „Kaufmann" im eigenen Namen ausschließlich für sich gehandelt hat und daß er nicht Träger eines Handelsgewerbes ist, so kommt die Vermutung des § 344 nicht zum Tragen.[12] Diese Einschränkung der Tragweite des § 344 ist von Bedeutung, wenn man z. B. den OHG-Gesellschaftern Kaufmannsqualität zuerkennt (dazu oben vor § 343 29).

cc) Der Kaufmann betreibt mehrere Unternehmen. Auf § 344 läßt sich nicht die Vermutung stützen, daß der Kaufmann das Geschäft für ein bestimmtes Handelsgewerbe geschlossen hat.[13] Betreibt der Kaufmann zugleich ein nicht-kaufmännisches Unternehmen, so spricht allerdings die Vermutung des § 344 für die Zuordnung zum Handelsgewerbe.[14] Nach der Neufassung des § 3 muß dies auch gelten, wenn ein nicht-kaufmännischer Land- oder Forstwirt einen kaufmännischen Nebenbetrieb im Sinn des § 3 III unterhält.[15] Fällt das Geschäft erkennbar seiner Natur nach in den Bereich der nicht-kaufmännischen Land- und Forstwirtschaft, so ist die Vermutung widerlegt.[16]

dd) Handelsgesellschaft (z. B. OHG, GmbH). Steht fest, daß im Namen einer Handelsgesellschaft gehandelt worden ist (vgl. auch oben Rdn. 5f), so steht sogleich unwiderleglich fest, daß es sich um ein Handelsgeschäft im Sinn des § 343 handelte (siehe § 343 7). Zur Kaufmannsqualität von Gesellschaftern siehe vor § 343 29.

ee) Begünstigter der Vermutung. Die Vermutung wirkt zugunsten des Partners des Kaufmanns, der das Geschäft vorgenommen hat. Es kann sich aber auch der Kaufmann selbst darauf berufen, daß sein Geschäft im Zweifel ein Handelsgeschäft ist (allg. M.). Er darf dem Geschäftspartner ferner entgegenhalten, daß dieser den Privatcharakter des Geschäfts nicht habe erkennen können und daß er daher von einem Handelsgeschäft ausgehen mußte.[17] Eine Ausnahme gilt für Scheinkaufleute (vor § 343 36f), die sich nicht auf den von ihnen zu verantwortenden Rechtsschein stützen dürfen. Die Vermutung des § 344 kommt auch Schuldnern im Rahmen des § 196 I 1, II BGB, Gläubigern des bisherigen Unternehmensinhabers im Rahmen der §§ 25–28 oder den Parteien im Rahmen des § 1431 BGB[18] zugute (siehe oben Rdn. 3). Nicht

---

[9] BGH NJW **1960** 1852 1853; RGZ **119** 64, 67; RG Warneyer Rspr. 1916 Nr. 174; *Schlegelberger/ Hefermehl* HGB⁵, § 344 2; *Heymann/Horn* HGB¹, § 344 4; *Baumbach/Hopt* HGB³⁰, § 344 1; *Roth* in *Koller/Roth/Morck* HGB², § 344 2.

[10] BGH NJW **1984** 1347, 1348; NJW **1995** 43 = LM Nr. 77 zu § 164 BGB; BGHZ **92** 259, 268.

[11] BGH NJW **1995** 43 = LM Nr. 77 zu § 164 BGB.

[12] A. A. *Jabornegg/Kerschner* öHGB¹, § 344 7.

[13] RG JW **1932** 50; *Schlegelberger/Hefermehl* HGB⁵, § 344 3; *Heymann/Horn* HGB¹, § 344 4.

[14] *Schlegelberger/Hefermehl* aaO; *Heymann/Horn* aaO; a. A. RG JW **1932** 50; *Baumbach/Hopt* HGB³⁰, § 344 1; *Roth* in *Koller/Roth/Morck* HGB², § 344 2.

[15] *Heymann/Horn* aaO; a. A. RG JW **1930** 829, 830; *Schlegelberger/Hefermehl* aaO.

[16] Oben Rdn. 4; ebenso i. E. *Schlegelberger/Hefermehl* aaO.

[17] A. A. *Schlegelberger/Hefermehl* HGB⁵, § 344 11.

[18] *Schlegelberger/Hefermehl* HGB⁵, § 344 20 m. Nachw.; str.

anwendbar ist § 344 bei der Entscheidung der Frage, welche Forderungen im Innenverhältnis zwischen dem Veräußerer des Handelsgeschäfts und dem Erwerber (§ 25) auf den Erwerber übergegangen sind[19] oder ob im Rahmen der §§ 24, 24a AGBG ein „Unternehmer"-Geschäft getätigt worden ist,[20] ferner nicht, welche Geschäfte bei der stillen Gesellschaft in der Gewinn- und Verlustrechnung berücksichtigt werden müssen.[21] § 344 ist auch nicht heranzuziehen, soweit es gilt zu entscheiden, ob jemand als Verbraucher oder als Unternehmer (§§ 13 f BGB) gehandelt hat.

III. § 344 Abs. 2

1. Voraussetzungen

10 a) **Kaufmann.** Siehe Erläuterungen vor § 343 2 ff. Die Kaufmannseigenschaft muß zur Zeit der Ausstellung des Schuldscheins bestehen. Es genügt, daß der Zeichner des Schuldscheins in Hinblick auf die §§ 343 ff wie ein Kaufmann zu behandeln ist.

11 b) **Schuldschein.** Schuldscheine sind Urkunden, die der Begründung und damit auch dem Beweis oder die lediglich der Bestätigung der Existenz von Forderungen dienen.[22] Demgemäß fallen z. B. in die Kategorie der Schuldscheine alle Wertpapiere (z. B. Inhaberschuldverschreibungen [§ 793 BGB], Wertpapiere im Sinn des § 363, Wechsel, Schecks), ferner Schuldscheine im Sinn der §§ 371, 405, 952 I BGB, Frachtbriefe, Hypothekenbestellungsurkunden, Bürgschaftsurkunden (BGH ZIP **1997** 836, 837), schriftliche Anerkenntnisse eines Kontokorrentsaldos, Provisionsschreiben. Die Schuldscheine müssen geeignet sein, für sich allein den Beweis für den wesentlichen Inhalt der Verbindlichkeit zu erbringen.[23] Keine Schuldscheine sind Quittungen (§ 368 BGB), die lediglich das Erlöschen von Forderungen bestätigen (allg. M.). Die Schuldscheine brauchen nicht notwendig auf Geld zu lauten (vgl. § 363), der Rechtsgrund der Verpflichtung muß im Schuldschein nicht genannt und auch nicht wirksam sein.[24]

11a Der Schuldschein muß **gezeichnet** sein. Das heißt weder, daß er im Sinn des § 126 BGB unterschrieben sein muß[25] noch dort, wo das Recht eine anderweitige formgültige Art der Unterzeichnung erlaubt,[26] in dieser Art unterzeichnet sein muß. Vielmehr genügt jede Art des Abschlusses einer Urkunde mit dem Namen, z. B. mit einem Firmenstempel, wenn dieser vom Kaufmann oder dessen Vertreter vorgenommen worden ist;[27] denn alle Schuldurkunden eines Kaufmanns sollten in einer Zeit, in der vielfach Unterschriften mechanisch hergestellt werden, ohne daß dies erkennbar wäre, in gleicher Weise Verkehrsschutz genießen.

---

[19] *Schlegelberger/Hefermehl* HGB[5], § 344 20 m. Nachw.; *Röhricht/Graf von Westphalen-Wagner* HGB[1], § 344 5; Vorauflage-*Ratz*, § 344 6.
[20] *Pfeiffer* NJW **1999** 168, 174.
[21] RGZ **92** 294; *Schlegelberger/Hefermehl* aaO; *Röhricht/Graf von Westphalen-Wagner* HGB[1], § 344 7; *Straube/Kramer* öHGB[1], §§ 343, 344 19.
[22] RGZ **116** 173; **120** 86, 89; **125** 214; BGH ZIP **1997** 836, 837 = BB **1997** 1172 = NJW **1997** 1779; *Schlegelberger/Hefermehl* HGB[5], § 344 13; *Heymann/Horn* HGB[1], § 344 8; *Röhricht/Graf von Westphalen-Wagner* HGB[1], § 344 12.
[23] RGZ **120** 86, 89; *Baumbach/Hopt* HGB[30], § 344 4; weitergehend Vorauflage-*Ratz*, § 344 8: oder in Verbindung mit anderen Urkunden; ebenso *Heymann/Horn* HGB[1], § 344 8 unter Hinweis auf RGZ **131** 1, 6; wohl auch *Roth* in *Koller/Roth/Morck* HGB[2], § 344 5.
[24] RG JW **1901** 576; *Schlegelberger/Hefermehl* HGB[5], § 344 14.
[25] A. A. *Schlegelberger/Hefermehl* HGB[5], § 344 15; *Heymann/Horn* HGB[1], § 344 9; *Roth* in *Koller/Roth/Morck* HGB[2], § 344 5; *Röhricht/Graf von Westphalen-Wagner* HGB[1], § 344 13.
[26] Z. B. §§ 793 BGB, 408 II 3, 444 I 2, 475 c III 2 HGB.
[27] So auch *Schlegelberger/Hefermehl* HGB[5], § 344 15; Vorauflage-*Ratz*, § 344 8; *Heymann/Horn* HGB[1], § 344 9; *Röhricht/Graf von Westphalen-Wagner* HGB[1], § 344 13 mit einer inkonsequenten Ausnahme bei Fernschreiben und Telegrammen.

2. Rechtsfolge

a) Vermutung. § 344 II begründet keine Fiktion.[28] Vielmehr erzeugt die Vorschrift **12** eine Vermutung, die im Ansatz wie die Vermutung des § 344 I ausgestaltet ist.[29] Es wird danach nicht nur vermutet, daß die Urkunde im Unternehmen des Kaufmanns gezeichnet worden ist, sondern insbesondere auch, daß die beurkundete Forderung einem Handelsgeschäft im Sinn des § 343 entspringt. Die Vermutung des § 344 II geht insoweit über die des § 344 I hinaus, als sie grundsätzlich nur mit der Urkunde selbst widerlegt werden kann.[30] Die Vermutung des § 344 II ist mithin erst dann widerlegt, wenn sich aus der Urkunde (OLG Hamm ZIP **1982** 50, 51) selbst mit an Sicherheit grenzender Wahrscheinlichkeit[31] ergibt, daß die Forderung auf ein Privatgeschäft oder ein hoheitliches bzw. schlicht verwaltendes Geschäft einer Behörde bezogen ist. Eine Ausnahme gilt dort, wo der Empfänger des Schuldscheins unstreitig gewußt hat, daß der Schuldschein nicht im Betrieb des Handelsgewerbes gezeichnet worden ist (BGH ZIP **1997** 836, 837). Der Umstand, daß theoretisch eine Privatschuld durch Vereinbarung in eine Geschäftsschuld umgewandelt worden sein kann, muß nicht mittels der Urkunde widerlegt werden.[32] Gleiches gilt für andere möglicherweise außerhalb der Urkunde existierende Tatsachen (vgl. RGZ 56 197). Insoweit greift § 344 I ein. Ebensowenig wie im Fall des § 344 I kann die Vermutung des § 344 II allein durch die Tatsache entkräftet werden, daß die Urkunde mit dem bürgerlichen Namen gezeichnet worden ist[33] oder das Geschäft im Handelsgewerbe des Kaufmanns ungewöhnlich ist.[34]

b) Tragweite der Vermutung. Vgl. oben Rdn. 5. Die Vermutung des § 344 II gilt **13** nicht für eine in der Urkunde erwähnte Gegenleistung, wenn der Geschäftspartner die Urkunde nicht auch seinerseits gezeichnet hatte.[35] Waren sich die Parteien einig, daß die Urkunde für ein Privatgeschäft ausgefertigt werden sollte oder wußte dies diejenige Partei, die sich auf § 344 beruft, bei Erwerb der Urkunde, so greift § 344 II nicht ein (§ 344 12). Es bedarf deshalb nicht die Berufung auf den Einwand des Rechtsmißbrauchs.[36]

§ 345

Auf ein Rechtsgeschäft, das für einen der beiden Teile ein Handelsgeschäft ist, kommen die Vorschriften über Handelsgeschäfte für beide Teile gleichmäßig zur Anwendung, soweit nicht aus diesen Vorschriften sich ein anderes ergibt.

---

[28] H. M.; offen lassend *Baumbach/Hopt* HGB[30], § 344 4; a. A. *K. Schmidt* Handelsrecht[5], § 18 I 1 d bb; OLG Hamm ZIP **1982** 48, 50.

[29] Unklar *Heymann/Horn* HGB[1], § 344 11: stärkere Vermutung, aber widerleglich. Die Vermutung des § 344 I kann indessen immer nur durch vollen Gegenbeweis entkräftet werden; eine stärkere widerlegliche Vermutungsart existiert nicht.

[30] *K. Schmidt* Handelsrecht[5], § 18 I 1 d bb; *Röhricht/Graf von Westphalen-Wagner* HGB[1], § 344 14.

[31] A. A. *Heymann/Horn* HGB[1], § 344 12: deutlicher Hinweis.

[32] *Schlegelberger/Hefermehl* HGB[5], § 344 17.

[33] OLG Nürnberg BB **1961** 1179; *Röhricht/Graf von Westphalen-Wagner.* HGB[1], § 344 15; a.A. *Wolf* ZHR 110 (1947) 247, 249 f.

[34] *Röhricht/Graf von Westphalen-Wagner* HGB[1], § 344 16.

[35] *Schlegelberger/Hefermehl* HGB[5], § 344 14.

[36] BGH ZIP **1997** 836, 837; a. A. RGZ 56 196, 198; *Schlegelberger/Hefermehl* HGB[5], § 344 18 m. w. Nachw.; einschränkend *Heymann/Horn* HGB[1], § 344 12; *Baumbach/Hopt* HGB[30], § 344 4 (jedenfalls Arglisteinrede); *Straube/Kramer* öHGB[1], §§ 343, 344 23.

§ 345　　　　　Viertes Buch. Handelsgeschäfte

Schrifttum

siehe vor §§ 343 ff.

1. Allgemeines

1　§ 345 stellt klar, welche Bedeutung die Unterscheidung zwischen beiderseitigen und nur einseitigen Handelsgeschäften in den §§ 346 ff und anderen handelsrechtlichen Normen besitzt. Die Vorschrift wird vielfach als legislatorisch mißglückt bezeichnet (unten Rdn. 6). Sie tritt hinter Verbraucherrecht (§ 13 BGB) zurück, soweit dieses vom HGB abweichende Regelungen trifft.

2. Handelsgeschäft

2　Siehe Erläuterungen zu den §§ 343, 344. § 345 bezieht sich nicht nur auf Verträge, sondern auf alle Arten von Handelsgeschäften (allg. M.).

3. Beiderseitige Handelsgeschäfte

3　Die Vorschriften des HGB sind selbstverständlich heranzuziehen, wenn auf beiden Seiten des Handelsgeschäfts (§ 343 f) Kaufleute (vor § 343 1 ff) beteiligt sind. Gleiches gilt, wenn das Handelsgeschäft von einem Kaufmann gegenüber einem anderen vorgenommen wird oder auf einen solchen bezogen ist. Zu den Kaufleuten gleichzustellenden Personen siehe vor § 343 32 ff.

4. Einseitige Handelsgeschäfte

4　a) **Grundsatz.** Nicht-Kaufleute, die mit einem Kaufmann ein Handelsgeschäft (oben Rdn. 2) abschließen, sind grundsätzlich den für Handelsgeschäfte maßgeblichen Normen unterworfen. Die handelsrechtlichen Normen kommen grundsätzlich bei Geschäften mit Kaufleuten auch Nicht-Kaufleuten zugute. Das gilt nicht nur bei Verträgen, sondern bei allen Arten von Handelsgeschäften im Sinn der §§ 343, 344. Beispiele (vgl. aber auch unten Rdn. 5): §§ 352 II, 354, 355, 357, 358, 359, 360, 361, 363, 364, 365, 366, 367, 373–376, 380–382, 384–406, 407, 452 d, 453–466, 467–475 h. Bei manchen dieser Vorschriften ist zu beachten, daß sie sich nur auf das Verhalten von Kaufleuten und nicht auf das Verhalten gegenüber Kaufleuten beziehen.[1] Bei Handelsvertreter-, Handelsmakler-, Kommissionärs-, Frachtführer-, Spediteur- und Lagerhaltergeschäften kommen die §§ 343–372 mit Ausnahme der §§ 348–350 auch dann zum Tragen, falls es sich um nicht-eingetragene Kleingewerbetreibende handelt (vor § 343 32). Vgl. im übrigen zu den Kaufleuten gleichzustellenden Personen die Erläuterungen vor § 343 32 ff.

b) **Ausnahmen**

5　aa) **Ausnahme kraft § 345.** § 345 letzter HS ordnet ausdrücklich an, daß Nicht-Kaufleute solchen Vorschriften des HGB nicht unterworfen sind, die voraussetzen, daß auf beiden Seiten des Handelsgeschäfts (oben Rdn. 2) Kaufleute (vor § 343 1 ff) beteiligt sind. Das HGB statuiert dies, indem es z. B. von „unter Kaufleuten" (§ 346) oder von „beiderseitigen Handelsgeschäften" (§ 352), von „auf der Seite des", von „Kaufleuten untereinander" (§ 353), „… und … ein Handelsgeschäft" (§ 368), „Kaufmann … gegen einen anderen Kaufmann" (§§ 369 ff) oder „für beide Teile ein Handelsgeschäft" (§§ 377–379, 391) spricht. Auch aus dem Zweck der Norm kann

---

[1] Z. B. §§ 347, 348, 349 f; ungenau *Krejci* Handelsrecht[1], S. 224; Vorauflage-*Ratz*, § 345 6.

sich ergeben, daß nur beiderseitige Handelsgeschäfte erfaßt werden sollen (*Canaris* Handelsrecht[23], § 22 III). An die Stelle eines Kaufmanns kann u. U. eine Person treten, die wie ein Kaufmann zu behandeln ist (vor § 343 32 ff), so daß Fälle denkbar sind, in denen z. B. § 377 zum Tragen kommt, obwohl auf beiden Seiten des Geschäfts keine echten Kaufleute beteiligt waren. Im Fall des § 354 genügt ein einseitiges Handelsgeschäft.[2] Keine echten Ausnahmen stellen Vorschriften wie z. B. die §§ 347, 350 dar, die nur das Verhalten von Kaufleuten betreffen, weil sie auch Nicht-Kaufleuten zugute kommen.

bb) Restriktion. § 345 wird zum Teil für gesetzgeberisch verfehlt erachtet und dies zum Anlaß einer Restriktion genommen.[3] Die Tatsache, daß aufgrund des § 345 Nicht-Kaufleute, auch „Verbraucher", unter Umständen härter behandelt werden, wenn sie mit einem Kaufmann als wenn sie mit einem Nicht-Kaufmann ein Geschäft schließen (z. B. §§ 360, 373–376), mag zwar in seinem Gerechtigkeitsgehalt nicht immer zu überzeugen, belastet aber die Nicht-Kaufleute nicht unverhältnismäßig. Wer gegenüber Kaufleuten als Vertragspartner auftritt, dem kann zugemutet werden, deren Erwartungen zu berücksichtigen, so wie es auch Nicht-Kaufleuten zugemutet werden kann, den besonderen Bedürfnissen der Kaufleute an schneller Umwälzung der Ware (z. B. § 373), oder an einem wirtschaftlichen Einsatz ihres Kapitals Rechnung zu tragen.[4]

6

§ 346

Unter Kaufleuten ist in Ansehung der Bedeutung und Wirkung von Handlungen und Unterlassungen auf die im Handelsverkehre geltenden Gewohnheiten und Gebräuche Rücksicht zu nehmen.

Übersicht

	Rdn.		Rdn.
A. Zweck und Entstehungsgeschichte des § 346 HGB		8. Einklang mit Treu und Glauben	14
I. Zweck	1	9. Dispositives Recht	15
II. Entstehungsgeschichte	2	IV. Abgrenzungen	16
B. Begriff der Gewohnheiten und Gebräuche (Handelsbrauch)		1. Handelsgewohnheitsrecht	16
I. Wörtliche Interpretation	3	2. Usancen	17
II. Teleologische Interpretation	4	3. Handelsüblichkeit	18
III. Folgerungen	5	4. Anschauungen und Auffassungen im Handelsverkehr	19
1. Tatsächliche Übung	5	5. Allgemein anerkannte Rechtsgrundsätze	19a
2. Einheitlichkeit und Gleichmäßigkeit der Übung	6	6. Wettbewerbsregeln	20
3. Dauer und Beständigkeit der Übung	7	7. Allgemeine Geschäftsbedingungen	21
4. Normativer Charakter der Übung	8	V. Voraussetzungen der Anwendbarkeit des § 346	21
5. Zustimmung, Freiwilligkeit	9	1. Existenz eines Handelsbrauchs	22
6. Aufzeichnung	12	2. Handelsgeschäft	22a
7. Kein Verstoß gegen zwingendes Recht, keine Sittenwidrigkeit	13	3. Persönlicher Anwendungsbereich	23

---

[2] *Roth* in Koller/Roth/Morck HGB[2], § 354 2; a. A. Röhricht/Graf von Westphalen-Wagner HGB[1], § 345 2; anders § 354 7.

[3] Vgl. oben Einleitung vor § 1 49 m. Nachw.; vgl. ferner dazu *Heymann/Horn* HGB[1], § 345 3.

[4] Z. B. § 355 I; *Canaris* Handelsrecht[23], § 22 III; *Jabornegg/Kerschner* öHGB[1], § 345 1, 5.

		Rdn.			Rdn.
a)	Kaufleute	23	3.	Schein-Nichtkaufleute	65a
b)	Beschränkung auf bestimmte Arten von Kaufleuten	23a	4.	Sachliche Voraussetzungen des Bestätigungsschreibens	66
c)	Nicht-Kaufleute	24	a)	Form des Bestätigungsschreibens	66
4.	Sachlicher Anwendungsbereich	28	b)	Schreiben, die einen Vertragsschluß bestätigen	67
5.	Örtlicher Handelsbrauch	29	aa)	Kontaktaufnahme	67
a)	Grundsatz	29	bb)	Bestätigung des Abschlusses und Inhalts eines Vertrages	69
b)	Lokaler, regionaler, bundesweiter Handelsbrauch	30	cc)	Unmittelbarer zeitlicher Zusammenhang	73
c)	Ausländische Handelsbräuche, Ausländer	36	dd)	Zugang des Bestätigungsschreibens, Kenntnisnahme	74
d)	Internationale Handelsbräuche	38	ee)	Kein sich kreuzendes Bestätigungsschreiben	75
6.	Zeitlicher Anwendungsbereich	39	ff)	Kein Verlangen der Gegenbestätigung oder Annahme	76
7.	Kenntnis des Handelsbrauchs	40			
8.	Abweichende Vereinbarungen	41			
VI.	Rechtsfolgen	42	gg)	Keine Abhängigkeit von schriftlicher Annahme, Beurkundung oder beiderseitiger Bestätigung	77
1.	Verhältnis zum Gesetzesrecht	42			
2.	Auslegung von Erklärungen	43			
3.	Ergänzung von Verträgen	44			
4.	Handelsklauseln	45			
5.	Bedeutung sonstiger Handlungen	46	hh)	Frühere Vertragspraxis der Parteien	78
6.	Schweigen	47	ii)	Unerheblichkeit von Abwehrklauseln in AGB	79
7.	Formerfordernisse	48			
8.	Bestätigungsschreiben, Auftragsbestätigung	49			
9.	Handelsklauseln	50	jj)	Guter Glaube des Absenders des Bestätigungsschreibens	80
10.	Anfechtbarkeit, Erklärungsbewußtsein	51			
VII.	Ermittlung von Handelsbräuchen	52	(1)	Der Absender des Bestätigungsschreibens weiß, daß noch kein Vertrag zu den aufgeführten Bedingungen zustande gekommen war oder daß Streit besteht	80
1.	Kammern für Handelssachen	52			
2.	Amtsgerichte, Zivilkammern des Landgerichts, Berufungsgerichte	53			
3.	Gutachten der Industrie- und Handelskammer	54			
a)	Pflicht zur Erstattung von Gutachten	54	(2)	Der Absender des Bestätigungsschreibens weiß fahrlässigerweise nicht, daß kein Vertrag zu den aufgeführten Bedingungen zustande gekommen ist oder daß Streit besteht	82
b)	Feststellungsverfahren	55			
c)	Beweisbeschluß der Gerichte	56			
d)	Merkblatt des Deutschen Industrie- und Handelstags (DIHT) für die Feststellung von Handelsbräuchen	57			
4.	Sonstige Umfragen	58	(3)	Grobe Abweichung vom Ergebnis der Kontaktaufnahme; Vorhersehbarkeit der Nichtbilligung der Abweichung	83
VIII.	Beweislast, Beweiserhebung	59			
IX.	Revisibilität	60			
C.	**Schweigen auf Bestätigungsschreiben**				
I.	Rechtsgrundlage	61			
II.	Funktionen der Rechtsfigur	62	kk)	Fehlender, verspäteter Widerspruch	84
III.	Voraussetzungen des Bestätigungsschreibens	64	(1)	Widerspruch	85
1.	Kaufleute	64	(2)	Teilweiser Widerspruch	86
2.	Nicht-Kaufleute	65			

	Rdn.		Rdn.
(3) Frist	87	III. Rechtsfolgen des fehlenden oder verspäteten Widerspruchs auf ein wirksames Bestätigungsschreiben	115
(4) Beweislast	89		
ll) Rechtsfolgen	90		
c) Schreiben, die einen Vertrag modifizieren, konkretisieren oder ergänzen	91	1. Beweisfunktion	115
		2. Konstitutive Wirkung	116
aa) Kontaktaufnahme zum Vertragsschluß	91	3. Relevanz von Willensmängeln	117
		a) Dissens	117
bb) Konkretisierung, Ergänzung oder sonstige Modifikation des Vereinbarten	92	b) Irrtum über die Wirkungen des Schweigens auf Bestätigungsschreiben	118
cc) Unmittelbarer zeitlicher Zusammenhang	93	c) Irrtum bei den Verhandlungen	119
dd) Zugang des Bestätigungsschreibens	94	d) Irrtum über die Konformität des Bestätigungsschreibens mit dem Verhandlungsergebnis	120
ee) Sich kreuzende Bestätigungsschreiben	95		
ff) Bitte um Gegenbestätigung	96	e) Irrtum über den Inhalt des Schreibens	121
gg) Frühere Vertragspraxis	97	f) Unkenntnis des Zugangs	122
hh) Guter Glaube des Absenders des Bestätigungsschreibens	98	g) Arglistige Täuschung, Drohung	123
		IV. Internationaler Wirtschaftsverkehr	124
(1) Modifikationen, Konkretisierungen, Ergänzungen, obwohl der Absender weiß, daß diese nicht vereinbart worden sind	98	D. Sonstige Fälle des Schweigens im Handelsverkehr	
		E. Handelsklauseln	
		I. Begriff und Auslegung von Handelsklauseln	128
		II. Arten der Klauseln	129
(2) Grobe Abweichungen vom Vereinbarten	100	1. Ab Kai	129
		2. Ab Lager	130
ii) Kein rechtzeitiger Widerspruch	105	3. Ab Lager netto Kasse	131
jj) Rechtsfolgen	106	4. Ab Schiff	132
d) Falsus procurator, Verhandlungsgehilfen, Geschäftsunfähige	107	5. Ab Station	133
		6. Ab Werk	134
		7. Abruf, auf	140
aa) Kontaktaufnahme vor Vertragsschluß	107	8. Ankunft, glückliche vorbehalten	141
bb) Bestätigung des Vertragsschlusses, Vertragsinhalts	108	9. Anlieferung unfrei	142
		10. Arbeitskampf (Streik, Streik und Aussperrung)	143
cc) Unmittelbarer zeitlicher Zusammenhang	108a	11. Arbitrage	146
dd) Zugang, Kenntnis	109	12. Auf Besicht	149
ee) Sich kreuzende Bestätigungsschreiben	110	13. Baldmöglichst	150
		14. Barzahlung	151
ff) Bitte um Gegenbestätigung, Erfordernis der Annahme, Beurkundung	111	15. Besicht, auf; Besichtigung	153
		16. Besichtigt, wie	155
		17. Betriebsstörungen vorbehalten	156
gg) Guter Glaube	112	18. Bis zu ... (Datum)	157
(1) Der Absender wußte, daß sein Verhandlungspartner keine Vertretungsmacht besaß	112	19. Brutto für netto	158
		20. Cash against documents (cad)	159
		21. CBD (cash before delivery)	159a
		22. CFR (Kosten und Fracht)	160
(2) Fahrlässige Unkenntnis des Mangels an Vertretungsmacht bzw. Geschäftsfähigkeit	114	23. CIF	161
		24. CIP (frachtfrei versichert)	162
		25. CPT (frachtfrei)	163
		26a. COD (cash on delivery)	165a
		27. Dokumente	166

	Rdn.		Rdn.
28. D/A; Dokumente gegen Akzept	167	76. Kasse, netto	229
29. Dokumente gegen Akkreditiv	168	77. Kasse gegen Lieferschein	230
		78. Kassalieferschein	231
30. Dokumente gegen unwiderruflichen Zahlungsauftrag	169	79. Kasse gegen Rechnung (Faktura)	232
31. DAF (gelieferte Grenze)	170	80. Kontraktübernahme	234
32. DDP (geliefert verzollt)	171	81. Lager, ab	235
33. DDU (geliefert unverzollt)	172	82. LCL (less than container load)	236
34. DEQ (geliefert ab Kai)	173	83. Lieferschein	237
35. DES (geliefert ab Schiff)	174	84. Lieferung freibleibend	238
36. Empfang der Ware	175	85. Lieferung sofort nach Eintreffen der Ware	239
37. Erfüllungsmöglichkeit vorbehalten	176	86. Lieferung so schnell als möglich	240
38. Erntevorbehalt	177	87. Lieferungsmöglichkeit vorbehalten	241
39. Erwartungsklausel	178		
40. Ex factory	179	88. Lieferzeit unverbindlich	242
41. Exportlizenz vorbehalten	180	89. Lieferzeit vorbehalten	243
41a. EXW	180a	90. Muster, laut	244
42. Faktura	181	91. Mustergutbefund	245
43. FAG (fair average quality; if inferior allowance)	182	92. Nachfrist, ohne	246
		93. Nachnahme; cash on delivery (COD)	247
44. FAS (free along side ship)	183	94. Netto Kasse	249
45. FCA (frei Frachtführer)	184	95. Ohne Nachfrist	251
46. FCL/FCL (full container load)	185	96. Parität	252
		97. POD	253
47. Fein, gesund und handelsüblich	186	98. Preise freibleibend	254
48. Finales Qualitätszertifikat	187	99. Produktion, ungestörte, vorbehalten	255
49. FIO (free in, free out)	188	100. Prompt	256
50. FOB	189	101. Pünktlich	257
51. Force majeure	190	102. Rechnung/netto Kasse	258
52. Forfaiting	191	103. Qualitätszertifikat	259
53. Frachtbrief gegen Akkreditiv	192	104. Rücktritt vorbehalten	260
54. Frachtfrei	193	105. Selbstbelieferung vorbehalten	261
55. Frachtfrei versichert	195		
56. Frachtbasis	197	106. Shipment/embarkment	263
57. Frachtparität	198	107. Skonto	264
58. Franko, frei	199	108. Solange Vorrat reicht	266
59. Freibleibend (ohne obligo, unverbindlich)	201	109. So schnell wie möglich	268
		110. Sofort	269
60. Frei Frachtführer	203	111. Subject to inspection	270
61. Freight prepaid	204	112. Tel quel (Telle quelle)	271
62. Frei Haus	206	113. Umgehend	272
63. Frei Waggon	208	114. Unfrei	273
64. Frei Rechnung von	209	115. Untergewicht	274
65. Gegenbestätigung	210	116. Verkauft wie besichtigt	275
66. Gelieferte Grenze ... (benannter Ort an der Grenze)	211	117. Vorrat	276
		118. Verzollt, versteuert	277
67. Geliefert unverzollt (benannter Bestimmungsort)	212	119. Werk, ab	278
		120. Wettervorbehalt	279
68. Geliefert verzollt (benannter Bestimmungsort)	213	121. Zahlung, bar	280
		122. Zahlung nach Empfang	281
69. Gutbefund	214	123. Zu getreuen Händen	282
70. Höhere Gewalt	215	124. Zwischenverkauf vorbehalten	283
71. Jederzeit	217		
72. Kai, ab	218	F. Incoterms 2000	
73. Kasse gegen Akkreditiv	219	I. Geltung, Auslegung	284
74. Kassa gegen Dokumente	220	II. Die Klauseln der Incoterms	290
75. Kassa gegen Frachtbriefdoppel	228		

Stand: 1. 1. 2001

	Rdn.		Rdn.
1. Ab Werk (... benannter Ort); EXW	290	8. Frachtfrei versichert (... benannter Bestimmungsort); CIP	435
2. Frei Frachtführer (... benannter Ort); FCA	309c	9. Geliefert Grenze (... benannter Ort); DAF	456
3. Frei Längsseite Schiff (... benannter Verschiffungshafen); FAS	332	10. Geliefert ab Schiff (... benannter Bestimmungshafen); DES	476
4. Frei an Bord (... benannter Verschiffungshafen); FOB	352	11. Geliefert ab Kai (... benannter Bestimmungshafen); DEQ	496
5. Kosten und Fracht (... benannter Bestimmungshafen); CFR; C & F	372	12. Geliefert unverzollt (... benannter Bestimmungsort); DDU	517
6. Kosten, Versicherung, Fracht (... benannter Bestimmungshafen); CIF	393	13. Geliefert unverzollt (... benannter Bestimmungsort); DDP	537
7. Frachtfrei (... benannter Bestimmungsort); CPT	414	G. Trade Terms	558

Schrifttum

siehe vor §§ 343 ff.

A. Zweck und Entstehungsgeschichte des § 346 HGB

I. Zweck

Das HGB erkennt mit § 346 an, daß die im Handelsverkehr geltenden Gewohnheiten und Gebräuche die Bedeutung des Verhaltens von Kaufleuten prägen.[1] Die Handelsbräuche (Gewohnheiten und Gebräuche) stehen mithin nach h. M. auf derselben Stufe wie die Verkehrssitte im Sinn des § 157 BGB.[2] Außerdem ergänzen sie Verträge dort, wo diese schweigen, durch die handelsgebräuchlichen Regelungen.[3] In beiden Funktionen, der interpretierenden und der ergänzenden, dienen Handelsbräuche primär der Typisierung und Standardisierung (*Canaris*, aaO), aber auch der Entlastung der Kaufleute von den Kosten intensiver Kommunikation.[4] Insofern stehen Handelsbräuche und dispositives Recht auf derselben Ebene.[5] Man sollte aber § 346 durchaus auch bei deliktischem Verhalten oder geschäftsähnlichem Verhalten berücksichtigen, soweit dieses in die Kategorie der Handelsgeschäfte (§ 343) fällt.[6] **1**

II. Entstehungsgeschichte

Die Kaufleute konnten schon im fränkischen Reich, seit dem 10. Jahrhundert, aufgrund karolingischer, in der Ottonenzeit und aufgrund im weiteren Verlauf des Mittelalters noch erweiterter Königsprivilegien ihre Rechtsangelegenheiten durch Gewohn- **2**

---

[1] H. M.; *Canaris* Handelsrecht[23], § 24 I 1 c; zu abweichenden Ansätzen der Willens- und Gesetzestheorie Vorauflage-*Ratz*, § 346 35.
[2] BGH NJW **1966** 502; **1969** 1293; *Schlegelberger/Hefermehl* HGB[5], § 346 1; *Heymann/Horn* HGB[1], § 346 1 ff; *Roth* in *Koller/Roth/Morck* HGB[2], § 346 1.
[3] *Canaris*, aaO; *Heymann/Horn* HGB[1], § 346 4; *Jabornegg/Kerschner* öHGB[1], § 346 3 f.
[4] Vgl. *Laband* Goldschmidts Zeitschrift 17 (1872) 466, 481 f.
[5] A. A. *Laband* (aaO), vom Standpunkt einer subjektiven Auslegung.
[6] *Jabornegg/Kerschner* öHGB[1], § 346 48.

heit und Brauch sowie durch eigene Gerichtsbarkeiten regeln, da das Recht ihren Bedürfnissen nicht genügte. Die von den Kaufleuten gewohnheitsrechtlich entwickelten Rechtssätze erlangten in den Städten und auf den internationalen Messen als ius mercatorum oder lex mercatoria allgemeine Geltung (Vorauflage-*Ratz*, § 346 4). Im Zeitalter der Aufklärung standen die Ideen von der Herrschaft der Vernunft im Staate, von der Anerkennung der Menschenrechte, der Freiheit und Gleichheit aller Bürger im Widerspruch zur Autorität eines überlieferten und nicht schriftlich formulierten Rechts. Der Gedanke der Kodifikation eines systematisch geordneten Rechts sollte das Gewohnheitsrecht und damit den Wirrwarr der Rechtszersplitterung, die Auswüchse der Streitereien der Juristen über das einschlägige Gewohnheitsrecht, die endlosen Kontroversen und Prozeßverschleppungen beseitigen (Vorauflage-*Ratz*, § 346 5). Im Zuge der Kodifikationen verblaßte im Rechtsbewußtsein der Handelsbrauch als selbständige, mit dem Gewohnheitsrecht verschwisterte, aber nicht identische Rechtsfigur.

Das ADHGB versäumte eine klare Abgrenzung zwischen Gewohnheitsrecht und Handelsbrauch. Es wurde der Theorie überlassen, „nach Maßgabe der jeweils im öffentlichen Leben herrschenden Anschauungen diese Begriffe gegeneinander abzugrenzen". In Art. 1 ADHGB wurde nämlich angeordnet, daß in Handelssachen subsidiär „die Handelsgebräuche und in deren Ermangelung das allgemeine bürgerliche Recht zur Anwendung komme". Zugleich statuierte Art. 279 ADHGB eine weitgehend dem heutigen § 346 HGB entsprechende Norm. *Laband*[7] meinte dazu ironisch, der Gesetzgeber habe das Wort Handelsgebräuche nur deshalb gewählt, weil jeder mit diesem Begriff denjenigen Sinn verbinden könne, der seiner Ansicht entspreche (vgl. auch Vorauflage-*Ratz*, § 346 6). Der Art. 1 ADHGB wurde nicht in das HGB übernommen, wohl aber im wesentlichen der Art. 279 ADHGB. Damit sollte jedoch dem Handelsgewohnheitsrecht nicht der Boden entzogen werden.[8] Man wollte nur verhindern, daß das Recht der Partikularstaaten als Gewohnheitsrecht fortlebte. Die Frage, inwieweit Gewohnheitsrecht zum Tragen komme, sollte vielmehr Wissenschaft und Rechtsprechung anheimgegeben werden (Vorauflage-*Ratz*, § 346 7, 9ff). Die „Gewohnheiten und Gebräuche" im Sinn des § 346 qualifizierte die Denkschrift zum 2. Entwurf in der Fassung der dem Reichstag gemachten Vorlage (1897) S. 4 bewußt nicht als objektives Recht, sondern als tatsächliche Übung und Verkehrssitte. Der Regierungsvertreter in der Reichstagskommission (Bericht S. 103) äußerte sich dahin, daß es sich bei § 346 „nur um tatsächliche Übung und Verkehrssitte handle", wie sie zwischen einem Kaufmann und seinem Gegenkontrahenten gerade für das Geschäft, welches zwischen ihnen zum Abschluß kommt, beobachtet werde. § 346 stellt mithin seiner Entstehungsgeschichte zufolge nur einen Sonderfall der allgemeinen bürgerlich-rechtlichen Verkehrssitte dar.[9]

---

[7] Goldschmidts Zeitschrift **17** (1872) 466, 467.
[8] Denkschrift des Reichsjustizamts zum Entwurf eines HGB (1896) S. 3 ff.
[9] H. M.; kritisch Vorauflage-*Ratz*, § 346 3, 8, 13 ff, 19; abweichend auch *Meeske* BB **1959** 857, 862, der nicht berücksichtigt, daß § 346 auch bloßes Verhalten „deutet".

B. Begriff der Gewohnheiten und Gebräuche (Handelsbrauch)

I. Wörtliche Interpretation

§ 346 unterscheidet zwischen Gewohnheiten und Gebräuchen. *Ratz* (Vorauflage, § 346 15) meinte daher, obwohl er eine grammatikalische Auslegung der Begriffe zutreffend für wenig fruchtbar erachtete (Vorauflage, § 346 2), daß man zwischen Handelsgewohnheiten und Handelsgebräuchen differenzieren müsse, weil man den Gesetzgebern des ADHGB und des HGB keine nachlässige Gesetzessprache vorwerfen dürfe. In der Sache ist aber auch *Ratz* nicht in der Lage, einen Unterschied zwischen beiden Begriffen herauszuarbeiten. Das ist angesichts des schillernden Gehalts beider Begriffe nicht verwunderlich. Beide Begriffe werden in weiten Bereichen synonym gebraucht. Der Begriff „Gebräuche" läßt allenfalls im Unterschied zum Begriff „Gewohnheiten" mehr an Ehrwürdiges, Unumstößliches denken, ohne daß die Schwelle, ab der eine Gewohnheit in einen Brauch umschlägt, erkennbar wäre. Man sollte daher im Einklang mit der h. M.[10] die Begriffe „Gewohnheiten und Gebräuche" unter dem Einheitsbegriff des Handelsbrauchs zusammenfassen, da eine Differenzierung beider Begriffe für die praktische Rechtsanwendung überflüssig ist.

3

II. Teleologische Interpretation

§ 346 knüpft an Gewohnheiten und Gebräuche Rechtsfolgen und verhilft damit diesen zur normativen Geltung.[11] Die Gewohnheiten und Gebräuche müssen daher nicht ihrerseits normativen Charakter tragen und unter Kaufleuten als informelle Normen wirken (*Jabornegg/Kerschner* öHGB¹, § 346 7). Vielmehr genügt es, daß sie bei Kaufleuten typischerweise die Erwartungshaltung erzeugen, es werde im Einzelfall wie üblich verfahren. Diese Erwartungshaltung ist vor allem bei der Auslegung von Willenserklärungen von Bedeutung, weil der objektive Empfängerhorizont wesentlich von dem geprägt wird, was üblich ist.[12] Die Prägung durch das Übliche erstreckt sich nicht nur auf das Verständnis bestimmter Handlungen und Unterlassungen, sondern auf das Handeln und Unterlassen von Kaufleuten schlechthin; denn der Partner eines Kaufmanns wird sich immer an dessen Gesamtverhalten orientieren. Wenn bei einem bestimmten Gesamtverhalten ein gewisses späteres Verhalten üblich ist, so soll die Erwartung dieses üblichen Verhaltens geschützt werden. Die kaufmännischen Parteien und ihnen gleichgestellte Personen (§ 346 24) dürfen kraft des § 346 darauf vertrauen, daß sie sich auch dort, wo sie keinerlei Regelungen getroffen haben, im Rahmen des Gewöhnlichen und Gebräuchlichen bewegen.[13] Rechtsdogmatisch läßt sich dies als (ergänzende) Auslegung von Verträgen einordnen.[14] § 346 sagt jedoch nicht ausdrücklich, daß die „Handlungen und Unterlassungen", die „Gewohnheiten und Gebräuche" Rechtsgeschäfte betreffen müssen. Grundsätzlich erfaßt § 346 alle Handlungen und Unterlassungen. Es sind jedoch aufgrund der Stellung des § 346 im System des HGB solche Handlungen und Unterlassungen auszuklammern, die nicht auf Handelsgeschäfte bezogen sind. Daraus folgt indessen nicht, daß § 346 generell für nicht-rechtsgeschäftliche Akte bedeutungslos wäre oder nur rechtsgeschäftliche

4

---

[10] *Canaris* Handelsrecht²³, § 24 I 1; *Schlegelberger/Hefermehl* HGB⁵, § 33 I 1; *Heymann/Horn* HGB¹, § 346 1.

[11] *Heymann/Horn* HGB¹, § 346 2; *Schlegelberger/Hefermehl* HGB⁵, § 346 1; *Roth*, in: *Koller/Roth/Morck* HGB², § 346 1.

[12] *Canaris* Handelsrecht²³, § 24 I 1 a; *Neuner* ZHR 157 (1993) 271; *Heymann/Horn* HGB¹, § 346 2.

[13] Abweichend der Ansatz der älteren Willens- und Gesetzestheorie; dazu Vorauflage-*Ratz*, § 346 35.

[14] *Canaris* Handelsrecht²³, § 24 I 1 c; *Heymann/Horn* HGB¹, § 346 3.

Wirkungen zeitigen könnte. Wie zu § 343 (§ 343 3) dargelegt wurde, sind als Handelsgeschäfte auch geschäftsähnliche Handlungen, Akte der ungerechtfertigten Bereicherung, der Geschäftsführung ohne Auftrag sowie deliktisches Verhalten zu qualifizieren, soweit sie einen (potentiellen) Marktpartner des Kaufmanns betreffen. Bestünde etwa in gewissen Branchen der Brauch, daß der Kaufmann oder eine ihm gleichgestellte Person (§ 346 24) unaufgefordert zugesandte Warenproben zurückschickt, so müßte sie der Empfänger die Ware gemäß § 346 zurücksenden, selbst wenn er mit diesem Brauch nicht einverstanden ist. Daß der historische Gesetzgeber im Handelsbrauch eine Art von Verkehrssitte sah (oben Rdn. 2), steht dem nicht entgegen; denn mit der Formulierung „nur um tatsächliche Übung und Verkehrssitte" sollte dem Handelsbrauch lediglich die eigenständige normative Wirkung abgesprochen werden, nicht aber angeordnet werden, daß sich der Handelsbrauch ausschließlich im Rahmen von Rechtsgeschäften oder rechtsgeschäftsähnlichen Handlungen auswirken sollte (*Jabornegg/Kerschner* öHGB[1], § 346 48). Es ist deshalb bei nicht-rechtsgeschäftlichen Handlungen und Unterlassungen gegenüber potentiellen Marktpartnern nicht erforderlich, die Lücke mittels der Lehre von der Vertrauenshaftung (*Canaris* Die Vertrauenshaftung im Deutschen Privatrecht [1971]) oder der Lehre von der Selbstbindung ohne Vertrag (*Köndgen* Selbstbindung ohne Vertrag [1981]) zu schließen.

III. Folgerungen

1. Tatsächliche Übung

5   Innerhalb bestimmter Kreise (Rdn. 23 ff) muß eine Übung bestehen. Die Übung braucht bloß tatsächlicher Natur zu sein.[15] Andererseits genügt es nicht, daß die maßgeblichen Kreise der Überzeugung sind, man solle sich in bestimmter Weise verhalten, sich aber tatsächlich anders verhalten. Die Übung muß mithin in den Handlungen und Unterlassungen der beteiligten Kreise zum Ausdruck gelangen.

2. Einheitlichkeit und Gleichmäßigkeit der Übung

6   Die tatsächliche[16] Übung muß im wesentlichen einheitlich und gleichmäßig sein,[17] d. h. die Mitglieder der beteiligten Kreise (Rdn. 23 f) dürfen sich nicht nur sporadisch in bestimmter Form verhalten haben. Notwendig ist vielmehr ein ständiges, nahezu ausnahmsloses[18] Verhalten während eines angemessenen Zeitraums,[19] das klare und endgültige Verhältnisse schafft (RGZ 97 142, 143). Das Verhalten, dessen Einzelhandlungen nicht zufällig aufeinanderfolgen dürfen, sondern deren Einzelakte vor dem Hintergrund der früheren Handlungsweisen zu verstehen sind, muß eine fortgesetzte Reihe von Verhaltensweisen darstellen, muß zur „Regel" geworden sein. Eine tatsächliche, einheitliche Übung wird nicht dadurch in Frage gestellt, daß ein Teil der beteiligten Verkehrskreise das Verhalten ausdrücklich im Vertrag regelt, während der andere Teil den Punkt ungeregelt läßt; denn die ausdrückliche Regelung eines bestimmten Verhaltens kann auf der Vorstellung beruhen, einem Handelsbrauch zu folgen und ihn lediglich aus Gründen der Vollständigkeit und Beweissicherung

---

[15] *Jabornegg/Kerschner* öHGB[1], § 346 7; näher Rdn. 6.
[16] BGH NJW **1994** 659, 660; **1966** 502, 503 f; OLG Hamburg MDR **1963** 849, OLG Köln NJW-RR **1998** 926; *Canaris* Handelsrecht[23], § 24 I 2 a.
[17] RGZ **118** 139, 140; BGH BB **1984** 1191 = LM Nr. 9 zu § 346 (B) HGB; NJW **1994** 659, 660 = LM Nr. 10 zu § 346 (B) HGB; OLG Köln NJW-RR **1998** 926; *Heymann/Horn* HGB[1], § 346 22.
[18] *Canaris* Handelsrecht[23], § 24 I 2; *Jabornegg/Kerschner* öHGB[1], § 346 19 (ganz deutliches Überwiegen).
[19] BGH NJW **1994** 659, 660; RGZ **110** 49; **118** 140; näher Rdn. 7.

schriftlich festzulegen.[20] Treten die Fälle, auf die eine Übung bezogen ist, nur besonders selten in Erscheinung, so sind bereits ganz wenige Fälle geeignet, einen Handelsbrauch zu begründen (BGH LM Nr. 4 zu § 346 [B] HGB).

3. Dauer und Beständigkeit der Übung

Die Übung muß grundsätzlich während eines längeren Zeitraums feststellbar **7** sein.[21] Sind die Geschäfte besonders dynamischer Natur, so genügen auch kürzere Zeiträume, ebenso bei wirtschaftlichen Umwälzungen, die zu Änderungen der Verkehrsanschauungen drängen,[22] in Kriegszeiten oder wenn trotz der kurzen Dauer der Übung ungewöhnlich viele Geschäfte der in Frage stehenden Art geschlossen werden.[23] Auch bei seltenen Geschäften kann bei entsprechend intensiver Übung (Vorauflage-*Ratz*, § 346 33) eine kürzere Dauer genügen (vgl. OLG Hamburg MDR **1963** 849). Eine feste Mindestdauer existiert daher nicht. Unterbrechungen der Übung schaden nicht, wenn die Übung wegen besonderer Umstände, z. B. Einstellung der Geschäfte während des Krieges, nicht praktiziert werden kann.[24] Die Übung lebt wieder auf, sobald die Geschäfte wieder ungehindert in der alten Weise aufgenommen werden.[25]

4. Normativer Charakter der Übung

Zum Teil wird vertreten, das der Übung entsprechende Verhalten bzw. Unterlassen **8** müsse in den beteiligten Kreisen als „gesollt" verstanden werden,[26] die Übung müsse als „bindende Norm" anerkannt worden sein (RGZ **135** 340, 345) bzw. in den beteiligten Kreisen müsse man der Auffassung sein, daß man sich nicht bloß aus Höflichkeit, Gutmütigkeit, Freigebigkeit, Nützlichkeit oder Nachlässigkeit (Vorauflage-*Ratz*, § 346 29) in bestimmter Weise verhalte, sondern deshalb, weil es billig sei, weil man in dem der Übung entsprechenden Verhalten eine Verpflichtung der Mitglieder der beteiligten Kreise sehe.[27] Man fordert zum Teil, daß die Feststellung des Handelsbrauchs ein verbindliches Handlungsmuster voraussetze (*Wagner* NJW **1969** 1282, 1283). Deshalb könne danach gefragt werden, ob ein bestimmtes Verhalten der Überzeugung der Mitglieder des beteiligten Verkehrskreises entspreche.[28] Die Übung im Sinn des § 346 benötigt aber keineswegs die Qualität einer informellen Norm, die gesellschaftlich verbindlich ist.[29] Die Übung kann zwar zur sozialen Norm geworden sein, die bei Verstößen soziale Sanktionen auslöst. Für eine Übung im Sinn des § 346 genügt es aber bereits, daß man in den beteiligten Kreisen mit einem Verhalten oder Unterlassen entsprechend bestimmter Gewohnheiten rechnet (*Schlegelberger/Hefermehl* HGB[5], § 346 1). Der Auslöser dieser Gewohnheiten ist grundsätzlich irrelevant, sofern die beteiligten Kreise der Übung „zugestimmt" haben (Rdn. 9).

---

[20] BGH NJW **1994** 659, 660 = LM Nr. 10 zu § 346 (B) HGB; a. A. OLG Düsseldorf NJW **1976** 1268.
[21] BGH NJW **1952** 257; RGZ **110** 48, 49; **118** 139, 140; RG JW **1938** 859; abweichend *Jabornegg/Kerschner* öHGB[1], § 346 19 (je bedeutsamer, umso länger; je gemeinsamer, einheitlicher, freiwilliger, umso kürzer); BGH NJW **1994** 659, 660 = LM Nr. 10 zu § 346 (B) HGB; OLG Köln NJW-RR **1998** 926 (angemessener Zeitraum, gewisse Dauer).
[22] RG LZ **1920** 440; *Canaris* Handelsrecht[23], § 24 I 2 a.
[23] RG JW **1938** 859; vgl. *Schaumburg/Heide* NJW **1975** 1261 f zur Einführung der Umsatzsteuer.
[24] *Schlegelberger/Hefermehl* HGB[5], § 346 9.
[25] BGH NJW **1952** 257 = LM Nr. 1 zu § 346 (B) HGB.
[26] So in der Tendenz BGH NJW **1964** 1274, 1275; **1994** 659, 660; BB **1984** 1191 = LM Nr. 9 zu § 346 (B) HGB.
[27] BGH NJW **1994** 659, 660 = LM Nr. 10 zu § 346 (B) HGB; OLG Düsseldorf MDR **1997** 812, 813; Vorauflage-*Ratz*, § 346 34.
[28] BGH LM Nr. 4 zu § 346 (B) HGB.
[29] *Schlegelberger/Hefermehl* HGB[5], § 346 1; siehe ferner § 346 5.

5. Zustimmung, Freiwilligkeit

9 Die Übung muß in den beteiligten Kreisen (Rdn. 23 ff) als Regel anerkannt worden sein; sie muß der Überzeugung der beteiligten Kreise entsprechen.[30] Was mit dieser Formel gemeint ist, bleibt allerdings weitgehend im dunkeln. Der BGH postuliert in der Entscheidung vom 25. 11. 1993[31] sogar, daß es sich um eine „im Verkehr der Kaufleute untereinander verpflichtende Regel" handeln müsse,[32] spricht andererseits aber auch nur davon, daß der Übung eine einheitliche Auffassung der Beteiligten „zugrundeliegen" müsse. Man kann die These aufstellen, daß eine Übung nur dann der Überzeugung der beteiligten Kreise entspreche und ihre Zustimmung gefunden habe, wenn sie zur sozialen Norm geworden sei, wenn sie von der opinio necessitatis getragen werde.[33] Man sollte das Erfordernis der Zustimmung der beteiligten Kreise jedoch nur dahin verstehen, daß die Übung auf beiden Marktseiten machtfrei tatsächlich praktiziert wird.[34] Wenn sich Kaufleute ständig (vor § 343 1 ff) auf beiden Marktseiten machtfrei in bestimmter Weise verhalten, so liegt es auf der Hand, daß sie mit dieser Übung „einverstanden" (BGH BB **1984** 1191) sind oder ihr zumindest indifferent gegenüberstehen. Es kann jedoch z. B. nicht darauf ankommen, ob die beteiligten Kreise ihre Übung für verbindlich, für besonders sinnvoll oder auch nur für zweckmäßig halten, wenn sie z.B. bestimmtem Verhalten einen bestimmten Sinn beilegen (z. B. Sinn der Klausel „Kasse" [Rdn. 219 ff]).

10 Unerheblich ist deshalb auch, ob ein bestimmtes Verhalten verbreitet aus Nachlässigkeit eingerissen ist und dies von den Vertragspartnern freiwillig hingenommen wird. Entscheidend ist allein, daß § 346 das Vertrauen in die Kontinuität eines tatsächlichen Verhaltens stabilisiert, weil man erwarten kann, daß sich die beteiligten Kreise, aus welchen Gründen auch immer, wie in der Vergangenheit gerieren werden. Das Gesetz darf aber nicht das Vertrauen in ein Verhalten schützen, das sich nicht unter allen Beteiligten (OLG München BB **1955** 748) freiwillig herausgebildet hat.[35] Die Übung über einen längeren Zeitraum hinweg läßt nicht ohne weiteres vermuten, daß die Beteiligten den Gebrauch für rechtens halten.[36]

11 An der **Freiwilligkeit** fehlt es nicht schon dann, wenn die Übung in erster Linie den Interessen einer Marktseite dient.[37] Eine Übung aber, die nur deshalb entstanden ist, weil eine Marktseite Macht besitzt, kann nicht zur Grundlage eines Handelsbrauchs werden.[38] Aus diesem Grunde können **Allgemeine Geschäftsbedingungen**, die in einer Branche einheitlich verwendet werden, kaum jemals die Qualität von Handelsbrauch gewinnen (siehe unten Rdn. 21). Das gilt auch dann, wenn sich die Verbände der Marktgegenseite mit den Allgemeinen Geschäftsbedingungen einverstanden erklärt haben oder bei deren Erarbeitung beteiligt waren, solange nicht gesichert ist, daß diese Verbände auch nahezu alle Mitglieder der Branche repräsentieren und die

---

[30] BGH NJW **1994** 659, 660 = LM Nr. 10 zu § 346 (B) HGB; BB **1984** 1191 = LM Nr. 9 zu § 346 (B) HGB; NJW **1952** 257; RGZ 110 48, 49; **135** 340, 345; RG JW **1938** 859; OLG Köln NJW-RR **1998** 926; OLG München BB **1955** 748; *Schlegelberger/Hefermehl* HGB⁵, § 346 10; *Heymann/Horn* HGB¹, § 346 23; ganz h. M.; a. A. OLG Hamburg MDR **1963** 849.

[31] NJW **1994** 659, 660 = LM Nr. 10 zu § 346 (B) HGB.

[32] Ebenso *Roth* in Koller/Roth/Morck HGB², § 346 4.

[33] Vgl. oben Rdn. 8; Vorauflage-*Ratz*, § 346 34.

[34] Vgl. *Canaris* Handelsrecht²², § 22 I 3 b.

[35] BGH NJW **1994** 659, 660 = LM Nr. 10 zu § 346 (B) HGB; WM **1980** 1122, 1123; OLG Köln NJW-RR **1998** 926; *Schlegelberger/Hefermehl* HGB⁵, § 346 10; *Heymann/Horn* HGB¹, § 346 22; Vorauflage-*Ratz*, § 346 28, 30.

[36] A. A. *Wagner* NJW-RR **1969** 1282, 1283.

[37] RG JW **1938** 859; *Schlegelberger/Hefermehl* HGB⁵, § 346 11.

[38] *Röhricht/Graf von Westphalen-Wagner* HGB¹, § 346 13; einschränkend *Jabornegg/Kerschner* öHGB¹, § 346 23.

Verbandsmitglieder die in den Allgemeinen Geschäftsbedingungen enthaltenen Regeln auch in der Sache akzeptieren. Bei einer Umfrage müssen die beteiligten Kreise daher gefragt werden, ob sie die Regelung auch ohne die rechtsgeschäftliche Einbeziehung der Allgemeinen Geschäftsbedingungen in den Vertrag oder nach einer Streichung der Allgemeinen Geschäftsbedingungen (weiter)befolgt hätten.[39] Ähnlich zu Verbands-, Standesregeln *Jabornegg/Kerschner* öHGB[1], § 346 13. Macht wird aber auch dort ausgeübt, wo sich nur eine Marktseite in bestimmter Weise verhält, die Marktpartner der anderen Seite aber nicht nur vereinzelt die Übung für unangemessen erachten.[40] In diesen Fällen sollte man selbst dann keine Ausnahme von dem Grundsatz machen, daß § 346 nur bei freiwillig zustande gekommenen Gebräuchen eingreift, wenn die Kaufleute der Marktgegenseite keine Anstrengungen unternommen haben, eine ihnen als billig erscheinende Regelung zu vereinbaren oder wenn diese möglicherweise wegen der Hinnahme der für unbillig erachteten Übung anderweitige Vorteile erzielen. Ob und inwieweit ein Ausgleich für die Hinnahme einer überwiegend für unangemessen gehaltenen Übung erzielt wird oder ob die Übung nur aus Faulheit oder wegen zu hohen kaufmännischen Aufwands nicht „wegverhandelt" wird oder ob die Übung mit Marktmacht durchgesetzt wurde, kann ein Gericht nicht mit hinreichender Zuverlässigkeit ermitteln.[41] Es muß daher genügen, daß eine beträchtliche Zahl der Mitglieder eines Verkehrskreises signalisieren, daß sie mit der Übung nicht einverstanden sind und daß dies in den beteiligten Kreisen erkennbar ist. Dann besteht kein Anlaß zum Vertrauensschutz. Bei der Feststellung eines Handelsbrauchs darf deshalb vermutet werden, daß die beteiligten Kreise mit der Übung einverstanden sind, solange keine Umstände sichtbar werden, die auf ein erzwungenes Verhalten hindeuten.[42]

6. Aufzeichnung

Die tatsächliche Übung braucht nicht aufgezeichnet zu sein.[43] Maßgeblich ist allein, daß sie existiert. Eine Aufzeichnung erlaubt andererseits keinen sicheren Schluß auf das Bestehen eines Handelsbrauchs. Seit Beginn des 19. Jahrhunderts bis in die Zeit vor dem 2. Weltkrieg wurden verbreitet Handelsbräuche durch die Handelskammern als amtliche Vertretungen der Kaufleute aufgezeichnet und publiziert. Diese Praxis stieß auf starke Kritik. Man warf ihr Einseitigkeit, unzulässige Verallgemeinerungen und zu geringe Flexibilität vor, da hierbei nicht dem Umstand Rechnung getragen werde, daß sich Handelsbräuche rasch wandeln könnten.[44] Trotz des Gewinns an Rechtssicherheit und der Minderung der Informationskosten weigern sich die Industrie- und Handelskammern heute, ihre Gutachten zum Bestehen bestimmter Handelsbräuche in Form einer laufenden Fallsammlung zu veröffentlichen. In dem Merkblatt des Deutschen Industrie- und Handelstages (DIHT) für die Feststellung von Handelsbräuchen (abgedr. unten Rdn. 57) wird zwar empfohlen, von jeder Feststellung über einen Handelsbrauch dem Deutschen Industrie- und Handelstag zur Ergänzung dessen Fallsammlung Kenntnis zu geben und das Ergebnis der Feststellung in geeigneten Fällen im Mitteilungsblatt der Kammer zu publizieren. Es wird aber zugleich auch darauf hingewiesen, daß alle Handelsbrauch-Feststellungen bald über-

12

---

[39] BGH WM **1980** 1122, 1123 = BB **1980** 1552 = LM Nr. 8 zu § 346 (B) HGB.
[40] *Schlegelberger/Hefermehl* HGB[5], § 346 10.
[41] Vgl. zur Behandlung des sog. Preisarguments bei Allgemeinen Geschäftsbedingungen BGHZ 22 98; 77 131; 120 226.
[42] *Wagner* NJW **1969** 1282 f; *Pflug* ZHR **135** (1971) 1, 48; *Schlegelberger/Hefermehl* HGB[5], § 346 10.
[43] *Heymann/Horn* HGB[1], § 346 27; Vorauflage-*Ratz*, § 346 29.
[44] Zum Ganzen eingehend Vorauflage-*Ratz*, § 346 62 ff.

holt sein können und aus diesem Grunde von einer allgemeinen Publizierung von Fall-Sammlungen in Form eines Buches oder einer Broschüre abgesehen werden solle. In Ziff. 26 des Merkblatts wird den Kammern außerdem empfohlen, bei neuen Anfragen nicht ohne weiteres auf Umfragen zur Existenz und zum Inhalt von Handelsbräuchen, die bereits einige Jahre zurückliegen, zurückzugreifen, sondern gegebenenfalls durch Stichproben zu ermitteln, ob noch dem Handelsbrauch entsprechend verfahren wird.

7. Kein Verstoß gegen zwingendes Recht, keine Sittenwidrigkeit

13 § 346 kann, wie allgemein anerkannt ist, sittenwidrigen Bräuchen keine verbindliche Geltung verschaffen. Rechtlich verbindlich kann nur sittenkonformes Verhalten sein. Gewohnheiten und Gebräuche sollen aber auch nicht über § 346 zwingendes Gesetzesrecht verdrängen. Dort, wo die Parteien durch ausdrückliche Vereinbarung bestimmte Regelungen nicht treffen dürfen, können sie dies auch nicht durch eine gegen zwingendes Recht verstoßende Übung, so wenig wie das zwingende Recht in Fällen zurücktreten müßte, in denen alle Beteiligten bestimmter Kreise (Rdn. 23 ff) gesetzeswidrige Vereinbarungen treffen.[45]

8. Einklang mit Treu und Glauben

14 Verbreitet wird behauptet, daß der Handelsbrauch nicht im Widerspruch zu Treu und Glauben stehen dürfe.[46] Da der Grundsatz von Treu und Glauben zum Kreis des zwingenden Rechts gehört, muß die Übung in der Tat mit Treu und Glauben vereinbar sein. Es muß aber auch berücksichtigt werden, daß der Grundsatz von Treu und Glauben durch das dispositive Recht und § 346 konkretisiert wird. Wenn das dispositive Recht in § 346 anordnet, daß eine freiwillig praktizierte Übung unter den Marktpartnern nicht nur zu respektieren sondern sogar in Geltung zu setzen ist, so folgt daraus, daß die den Handelsbrauch setzenden Kreise autonom dasjenige bestimmen können sollen, was in ihren Kreisen maßgeblich ist. Es kann dann nicht Sache der Gerichte sein, ihrerseits das aus ihrer Sicht Angemessene durchzusetzen. Wenn ein Gericht der Meinung ist, eine Übung sei unbillig, so sollte es vielmehr die Übung daraufhin abklopfen, ob sie wirklich dem freien Willen beider Marktseiten entspricht. Das ist z. B. bei Allgemeinen Geschäftsbedingungen in der Regel nicht der Fall, selbst wenn sie handelsüblich sind (oben Rdn. 11). Beruht die Übung jedoch auf freiwilliger Zustimmung der Beteiligten, so ist sie zu akzeptieren. Sicherlich ist es leichter zu entscheiden, ob eine Übung unangemessen als ob sie erzwungen ist. Verlagert man wegen der geringeren Kosten der Rechtsfindung und einer Neigung zur Vertragskontrolle das Schwergewicht in Richtung auf eine gerichtliche Billigkeitskontrolle, so ignoriert man das eine Marktwirtschaft tragende Prinzip. „Die Marktpartner können ihre Verhältnisse besser überblicken, die Interessen genauer gewichten und sich gewandelten Verhältnissen besser anpassen als jede hoheitlich eingreifende Instanz". Praktizieren Marktpartner freiwillig eine bestimmte Übung, so ist deshalb anzunehmen, daß sie ihr eine Optimierung ihrer Verhältnisse zuschreiben. Dies ist im Licht des § 242 BGB hinzunehmen. Dort, wo eine Übung Dritte schädigt, ist mangels anderer Normen zwin-

---

[45] RGZ **103** 147, 148; **112** 321; *Heymann/Horn* HGB[1], § 346 7; *Schlegelberger/Hefermehl* HGB[5], § 346 39; *Jabornegg/Kerschner* öHGB[1], § 346 22; *Vorauflage-Ratz*, § 346 47.

[46] BGH LM zu § 346 (B) Nr. 4, 7; RGZ **103** 147; **114** 13; **125** 79; RG JW **1922** 488; **1924** 815; **1932** 588; OLG München BB **1955** 748; **1956** 94; *Schlegelberger/Hefermehl* HGB[5], § 346 40; *Heymann/Horn* HGB[1], § 346 24 f; *Röhricht/Graf von Westphalen-Wagner* HGB[1], § 346 7; *Roth* in *Koller/Roth/Morck* HGB[2], § 346 12; *Vorauflage-Ratz*, § 346 47; a. A. *Canaris* Handelsrecht[23], § 24 V 3; *Jabornegg/Kerschner* öHGB[1], § 346 24.

genden Charakters die Grenze mit Hilfe der §§ 138, 826 BGB zu ziehen. Außerdem ist zu berücksichtigen, daß der Handelsbrauch im Rahmen der Auslegung nicht allein maßgeblich ist, sondern mit anderen Auslegungselementen, wie z. B. Treu und Glauben, zusammenspielt.[47]

9. Dispositives Recht

Die Übung im Sinn des § 346 kann zum dispositiven Recht in Widerspruch stehen; **15** sie genießt grundsätzlich Vorrang,[48] sofern nicht der Zweck des Gesetzes einen entgegenstehenden Handelsbrauch ausschließt.[49] Besonders wichtige Wertungen des dispositiven Rechts oder des AGBG sollen allerdings einer Vielzahl von Stimmen in Literatur und Rechtsprechung zufolge der Anerkennung von Handelsbräuchen im Wege stehen,[50] wenn die Abweichung nicht durch anderweitige Vorteile oder Möglichkeiten der Risikobegrenzung ausgeglichen wird. Man sollte demgegenüber generell den Gewohnheiten und Gebräuchen des Handelsverkehrs Vorrang vor den dispositiven Normen einräumen (*Canaris* Handelsrecht[23], § 24 V 2). Maßgeblich ist auch hier, daß § 346 nur freiwillig praktizierten Übungen Geltung verschafft (oben Rdn. 11). So wie die Parteien im Rahmen des zwingenden Rechts auch jederzeit dispositive Regeln durch Individualvereinbarungen abbedingen können, so können sie es durch eine freiwillige Übung jedenfalls dann, wenn sie in Kenntnis dieser Übung (RGZ **125** 77, 79) handeln (*Canaris*, aaO). Der Umstand, daß die Übung kraft des § 346 grundsätzlich auch zugunsten oder zu Lasten solcher Marktpartner wirkt, die die Übung nicht kennen (unten Rdn. 32), schwächt nicht die Geltungskraft des § 346, da insoweit § 346 nur dem besonderen Bedürfnis des Handelsverkehrs an schneller und reibungsloser Abwicklung der Transaktionen, an Vertrauensschutz und Rechtssicherheit Rechnung trägt. Die Marktpartner sollen sich darauf verlassen und danach kalkulieren dürfen, daß mangels abweichender Vereinbarungen nach Maßgabe der Übung verfahren wird, die sich in den beteiligten Kreisen herausgebildet hat. Dahinter haben auch gewichtige Wertungen des dispositiven Rechts zurückzutreten.[51] Daß die Handelsbräuche z. B. bei Allgemeinen Geschäftsbedingungen geringeres Gewicht aufweisen (vgl. § 24 AGBG), hängt damit zusammen, daß Allgemeine Geschäftsbedingungen von dem Verwender einseitig aufgestellt werden und deshalb nicht wie echte Handelsbräuche freiwilliger Natur sind (oben Rdn. 11).

IV. Abgrenzungen

1. Handelsgewohnheitsrecht

Hat sich die Überzeugung herausgebildet, daß bestimmtes Verhalten von Rechts **16** wegen vorgegeben ist und werden diese Verhaltensnormen in den beteiligten Kreisen seit längerem in der Überzeugung, daß sie von Rechts wegen gelten, befolgt, so han-

---

[47] *Canaris* HGB[23], § 24 I 1 b; ferner unten Rdn. 43.
[48] BGH LM § 675 BGB Nr. 3; § 346 HGB (B) Nr. 4, 7; BB **1973** 635, 636; RGZ **112** 149, 151; **a. A.** OLG München BB **1956** 94.
[49] BGH LM Nr. 4 zu § 346 (B) HGB; OLG Celle BB **1961** 1341.
[50] RGZ **135** 340, 345; **125** 77, 79; OLG München BB **1955** 748; **1956** 94; OLG Celle BB **1961** 1341; *Schlegelberger/Hefermehl* HGB[5], § 346 39; *Gal-*
lois JR **1956** 409, 411; *Heymann/Horn* HGB[1], § 346 25; Vorauflage-*Ratz*, § 346 51; Münchener Kommentar-*Kramer* BGB[3], § 151 13 jeweils m. w. Nachw.
[51] Ebenso *Jabornegg/Kerschner* öHGB[1], § 346 44; einschränkend *Canaris*, aaO, wenn die Freiheit des Aushandelns nennenswert beeinträchtigt ist; zur Freiwilligkeit siehe Rdn. 9 ff.

delt es sich bei diesen Verhaltensregeln um Gewohnheitsrecht.[52] Das Handelsgewohnheitsrecht muß mithin von der opinio juris getragen werden. Zum Handelsgewohnheitsrecht, das richterrechtlich fortgebildet werden kann, zählt heute z. B. das Recht der Kaufmännischen Bestätigungsschreiben (Rdn. 61). Handelsgewohnheitsrecht bindet grundsätzlich je nach seiner Art abdingbar oder unabdingbar (*Heymann/Horn* HGB[1], § 346 15) und kann als lex posterior geschriebenes Handelsrecht verdrängen.[53] Allerdings ist zu beachten, daß sich regional beschränktes Gewohnheitsrecht gemäß Art. 3 I GG nicht gegen geschriebenes Bundesrecht durchzusetzen vermag.[54]

2. Usancen

17 Der Begriff der Usance wird nicht einheitlich gebraucht.[55] Zum Teil belegt man mit diesem Begriff das Handelsgewohnheitsrecht (vgl. Vorauflage-*Ratz*, § 346 34), zum Teil wird der Begriff gleichbedeutend mit dem Begriff des Handelsbrauchs verwendet.[56] Ob ein Handelsbrauch besteht, Allgemeine Geschäftsbedingungen den Geschäften zugrundezulegen, ist von Fall zu Fall zu ermitteln.[57] Auf einen solchen Handelsbrauch muß man aber im allgemeinen nicht zurückgreifen, wenn von den beteiligten Kaufleuten erwartet werden kann, daß sie wissen, daß Geschäfte nur auf der Basis der AGB abgeschlossen werden (§ 24 AGBG).

3. Handelsüblichkeit

18 Nicht alles, was handelsüblich ist, erfüllt die Voraussetzungen eines Handelsbrauchs (oben Rdn. 5 ff); denn der Begriff der Handelsüblichkeit orientiert sich ausschließlich an der tatsächlichen Übung.[58] Noch weiter reicht der Begriff der Handelsüblichkeit in der ZugabeVO und im RabattG.[59]

4. Anschauungen und Auffassungen im Handelsverkehr

19 Von den im Handelsverkehr herrschenden Anschauungen und Auffassungen wird gesprochen, wenn man sich auf die Ansichten bezieht, die bei ordentlichen Kaufleuten anzutreffen sind. Die Ansichten z. B. über sorgfaltsgemäßes, wettbewerbskonformes Verhalten müssen nicht im tatsächlichen Verhalten in Erscheinung treten, so daß sie sich nicht notwendig in Handelsbräuchen niederschlagen müssen.[60] Das schließt nicht aus, die Anschauungen und Auffassungen im Handelsverkehr bei der Festsetzung der Sorgfaltsmaßstäbe oder bei der Auslegung von Willenserklärungen zu berücksichtigen.[61] Man wird sogar sagen können, daß die Bezugnahme auf die Anschauungen und Auffassungen im Handelsverkehr in der Regel eher normativ von dem geprägt ist,

---

[52] Vgl. BGHZ **22** 317, 318; BGH NJW **1958** 709; *Schlegelberger/Hefermehl* HGB[5], § 346 2; *Heymann/Horn* HGB[1], § 346 15; *Roth* in *Koller/Roth/Morck* HGB[2], § 346 3; a. A. *L. Raiser* Recht der Allgemeinen Geschäftsbedingungen (1935) S. 82, 86; kritisch *Pflug* ZHR **135** (1971) 15, 31.
[53] Vgl. Art. 2 EGBGB; *Schlegelberger/Hefermehl* HGB[5], § 346 2.
[54] *Schlegelberger/Hefermehl* HGB[5], § 346 2; a. A. *Roth* in *Koller/Roth/Morck* HGB[2], § 346 3.
[55] *Roth* in *Koller/Roth/Morck* HGB[2], § 346 3.
[56] BGH NJW **1952** 257; OGH OGHZ **4** 247, 248.
[57] Weitergehend *Schlegelberger/Hefermehl* HGB[5], § 346 3.
[58] Vgl. BGH WM **1980** 1122, 1123 = BB **1980** 1552 = LM Nr. 8 zu § 346 (B) HGB; BB **1984** 1191 = LM Nr. 9 zu § 346 (B) HGB; OLG Hamburg MDR **1997** 810, 811; *Heymann/Horn* HGB[1], § 346 19.
[59] BGH NJW **1964** 1274, 1275; *Schlegelberger/Hefermehl* HGB[5], § 346 5.
[60] *Heymann/Horn* HGB[1], § 346 20; *Schlegelberger/Hefermehl* HGB[5], § 346 4.
[61] RGZ **97** 143; *Schlegelberger/Hefermehl* HGB[5], § 346 4.

was nach Meinung der Gerichte Anschauung und Auffassung ordentlicher Kaufleute sein sollte. Die Formel läßt sich daher in Parallele zum „Anstandsgefühl" aller billig und gerecht Denkenden (§ 138 BGB) setzen.

5. Allgemein anerkannte Rechtsgrundsätze

Derartige Rechtsgrundsätze können Handelsbrauch oder Handelsgewohnheitsrecht darstellen (*Heymann/Horn* HGB¹, § 346 17). **19a**

6. Wettbewerbsregeln

Wettbewerbsregeln kodifizieren keine Handelsbräuche; sie können sich zu Handelsbräuchen entwickeln.[62] **20**

7. Allgemeine Geschäftsbedingungen

Allgemeine Geschäftsbedingungen werden vom Verwender einseitig aufgestellt (§ 1 AGBG) und sind schon deshalb per se nicht Handelsbräuche (vgl. oben Rdn. 11). Allgemeine Geschäftsbedingungen können allerdings Handelsbräuche wiedergeben oder zum Handelsbrauch werden.[63] Dafür genügt allerdings nicht, daß die AGB ständig angewandt werden (OLG Hamburg MDR **1997** 810, 811). Besonders gebräuchliche Allgemeine Geschäftsbedingungen können ferner kraft stillschweigender Unterwerfung Bestandteil des Vertrages werden,[64] ohne daß die Unterwerfung als solcher Handelsbrauch geworden sein müßte.[65] Fragwürdig ist die Annahme, daß AGB kraft Handelsbrauchs in den Vertrag einbezogen werden, wenn allgemein bekannt ist, daß der Vertragspartner AGB verwendet (so aber OLG Köln TranspR **2000**, 472), da der Bekanntheitsgrad eines Verhaltens nicht genügt, um einen Handelsbrauch zu bejahen (siehe Rz 9). **21**

V. Voraussetzungen der Anwendbarkeit des § 346

1. Existenz eines Handelsbrauchs

Zum Begriff des Handelsbrauchs siehe oben Rdn. 5 ff; zur Ermittlung des Handelsbrauchs siehe unten Rdn. 52 ff. **22**

2. Handelsgeschäft

Die „im Handelsverkehr geltenden Gewohnheiten und Gebräuche" sind gemäß § 346 unmittelbar nur bei Handelsgeschäften aller Art (§ 343 3) von Bedeutung. Mittelbar können sie auch deliktische Verkehrspflichten gegenüber Dritten und die Beurteilung sonstigen drittgerichteten Verhaltens beeinflussen; denn es ist im Zweifel anzunehmen, daß das handelsgebräuchliche Verhalten auch in Hinblick auf Dritte angemessen ist. **22a**

---

[62] *Heymann/Horn* HGB¹, § 346 28; *Schlegelberger/Hefermehl* HGB⁵, § 346 7.
[63] Vgl. BGH VersR **1966** 180, 181; WM **1980** 1122, 1123; BB **1986** 1395; NJW **1994** 659, 660; LG Darmstadt TranspR **1984** 201.
[64] Vgl. BGHZ **9** 1 ff; BGH NJW **1985** 2411, 2412; VersR **1985** 1036; i. E. auch OLG Köln TranspR **2000**, 472; zurückhaltend OLG Hamburg MDR **1997** 810, 811.
[65] Ambivalent *Schlegelberger/Hefermehl* HGB⁵, § 346 6.

3. Persönlicher Anwendungsbereich

23 **a) Kaufleute.** Gemäß § 345 in Verbindung mit § 346 ist auf Handelsbräuche nur dann Rücksicht zu nehmen, wenn auf beiden Seiten des Handelsgeschäfts Kaufleute (vor § 343 1ff) beteiligt sind. Der Scheinkaufmann (Anh. § 5 1ff; vor § 343 36f) muß sich von gutgläubigen Geschäftspartnern den Handelsbrauch wie ein echter Kaufmann entgegenhalten lassen;[66] er selbst darf sich nicht darauf berufen (Anh. § 5 43; allg. M.).

23a **b) Beschränkung auf bestimmte Arten von Kaufleuten.** Handelsbräuche, die ausschließlich unter bestimmten Arten von Kaufleuten gepflogen werden, sind grundsätzlich nur für diese Kaufleute von Bedeutung (*Jabornegg/Kerschner* öHGB[1], § 346 30). Man denke etwa an einen Handelsbrauch, an dem ausschließlich Kaufleute bestimmter Qualifikation (z. B. Zulassung an einer Börse, Herkunft) beteiligt sind. Ob auch Außenstehende durch solche begrenzt geltende Handelsbräuche gebunden werden, ist nach denselben Regeln zu entscheiden, die für die Lösung des Problems maßgeblich sind, ob lokale Handelsbräuche auf Außenstehende zu erstrecken sind (unten Rdn. 29 ff).

24 **c) Nicht-Kaufleute. Handelsvertreter, Handelsmakler, Kommissionäre, Frachtführer, Spediteure, Lagerhalter** müssen sich nach Maßgabe von Handelsbräuchen behandeln lassen und dürfen sich auf Handelsbräuche berufen, selbst wenn sie nicht in das Handelsregister eingetragene Kleingewerbetreibende sind (vor § 343 32).

Der Handelsbrauch wirkt ferner im Verhältnis zu Nicht-Kaufleuten, wenn der Handelsbrauch zur **allgemeinen Verkehrssitte** geworden ist.[67]

24a Darüber hinaus wird in der Rechtsprechung (RG JW **1927** 764) und in der Literatur[68] die Ansicht vertreten, daß Handelsbräuche auch zugunsten und zu Lasten[69] von **Nicht-Kaufleuten** zum Tragen kommen, wenn sich diese dem **Handelsbrauch unterworfen** haben. Eine solche Unterwerfung soll sogar denkbar sein, wenn ein Nicht-Kaufmann den Handelsbrauch nicht kannte, aber anzunehmen ist, daß er sich einem ihm unbekannten Handelsbrauch unterwerfen wollte (so RG JW **1927** 764; *Hefermehl,* aaO). Was mit Unterwerfung gemeint ist, wird nicht recht deutlich. Der geschilderten Auffassung wäre zu folgen, wenn Unterwerfung dasselbe bedeuten würde wie die Einbeziehung von Handelsbräuchen in den Vertrag.[70] Konnte oder mußte der Vertragspartner des Nicht-Kaufmanns aufgrund der besonderen Umstände des Einzelfalls davon ausgehen, daß das Verhältnis zu dem Nicht-Kaufmann nach Maßgabe eines bestimmten Handelsbrauchs geregelt sein sollte, so ist dieser schon nach den Regeln der objektiven Auslegung von Willenserklärungen in den Vertrag einbezogen. Hierfür ist ein Verhalten des Nicht-Kaufmanns erforderlich, das den Schluß erlaubt, daß der Nicht-Kaufmann mit dem Handelsbrauch vertraut ist und erwartet, danach behandelt zu werden. Unter Umständen kann der Nicht-Kaufmann auch signalisieren, daß er in jeder Weise wie ein Kaufmann behandelt werden möchte.

---

[66] *Canaris* Handelsrecht[23], § 6 II 6; *Heymann/Horn* HGB[1], § 346 8; *Schlegelberger/Hefermehl* HGB[5], § 346 27; *Roth* in *Koller/Roth/Morck* HGB[2], § 346 6.

[67] § 157 BGB; RGZ **49** 161; RG HRR **1929** Nr. 1990; *K. Schmidt,* Handelsrecht[5], § 3 II; *Schlegelberger/Hefermehl* HGB[5], § 346 28; *Heymann/Horn* HGB[1], § 346 9; *Roth* in *Koller/Roth/Morck* HGB[2], § 346 6.

[68] *Schlegelberger/Hefermehl* HGB[5], § 346 29; *Heymann/Horn* HGB[1], § 346 9.

[69] Insoweit unklar *Schlegelberger/Hefermehl* HGB[5], § 346 29.

[70] Vgl. *Oertmann* Rechtsordnung und Verkehrssitte (1914) Nachdruck (1971), S. 392; zur Unterwerfung unter Allgemeine Geschäftsbedingungen vgl. BGHZ **9** 1 ff.

Der BGH ist noch einen wesentlichen Schritt weitergegangen. Er (NJW 1952 257) **24b**
forderte zunächst, daß der Nicht-Kaufmann ein Geschäft in einem Handelszweig mit
einem Kaufmann tätigt und es **in einer Weise abschließt, wie es in dieser Branche
üblich ist**.[71] In einem solchen Fall seien Vereinbarungen zugunsten des Nicht-Kauf-
mannes entsprechend dem Handelsbrauch auszulegen und zu ergänzen, jedenfalls
dann, wenn der Nicht-Kaufmann mit den Handelsbräuchen vertraut sei. In der Entscheidung vom 28. 11. 1969 (LM GüKG Nr. 37 = BB **1970** 151) übernahm der BGH
die in NJW **1952** 257 geprägte Formel. Es ging dabei um Transportaufträge im Güter-
nahverkehr, die von jedermann erteilt werden konnten. Worin die „besondere" in
Branchenkreisen übliche Auftragserteilung lag, wird aus dem Urteil nicht ersichtlich.
Es schien zu genügen, daß der Nicht-Kaufmann ständig Frachtführer im Güternah-
verkehr eingeschaltet hatte. In der Entscheidung WM **1980** 1122, 1123 (= BB **1980**
1552 = LM Nr. 8 zu § 346 [B] HGB) knüpfte der BGH ebenfalls an die Formel von der
„in Branchenkreisen üblichen Weise des Abschlusses" der Geschäfte an und fügte als
weitere Voraussetzung hinzu, daß der Nicht-Kaufmann ständig Geschäfte mit den
Kaufleuten tätigen müsse. Im konkreten Fall sollte es für die Geltung des Handelsbrauchs ausreichen, daß ein Landwirt in einem Großbetrieb Hühner hielt und die Eier
an Kaufleute veräußerte. Von diesem Standpunkt aus muß sich letztlich jeder Nicht-
Kaufmann Handelsbräuche entgegenhalten lassen oder kann sie jedenfalls für sich
beanspruchen, wenn er ständig mit Kaufleuten bestimmter Branchen kontrahiert. Es
liegt auf der Hand, daß diese Formel die Tatsache, daß Handelsbräuche den Besonderheiten des Verhältnisses unter Kaufleuten Rechnung tragen, nicht berücksichtigt. So
kann etwa eine verkürzte Verjährungsfrist (vgl. BGH LM GüKG Nr. 37) unter Kaufleuten zur Gewohnheit im Sinn des § 346 geworden sein, weil der kaufmännische
Schuldner in kürzerer Frist Klarheit erwartet und der kaufmännische Gläubiger sich
darauf einstellen kann. Von einem Nicht-Kaufmann als Gläubiger wird man dagegen
nicht ohne weiteres behaupten können, daß sich dieser wie ein Kaufmann auf verkürzte Verjährungsfristen einstellt, nur weil er ständig Kaufleuten Aufträge erteilt.
Dies gilt auch, wenn er den Handelsbrauch kennt.

Es bedarf daher weiterer Elemente, um den Nicht-Kaufmann wie einen Kaufmann **24c**
zu behandeln. Das Kriterium des Vertragsschlusses in branchenüblicher Weise ist hierzu untauglich, da der Abschlußmodus (z. B. Telefon, Telefax, E-Mail) die besondere
Qualität kaufmännischer Aktivitäten nicht hervortreten läßt. Auch ansonsten ist kein
einigermaßen rechtssicheres Differenzierungskriterium ersichtlich. Allenfalls könnte
man daran anknüpfen, daß der Nicht-Kaufmann sich selbst so darstellt,[72] als wolle er
wie ein Kaufmann behandelt werden. In solchen Fällen braucht man indessen den
Handelsbrauch nicht analog § 346 auf den Nicht-Kaufmann zu erstrecken. Es genügt
vielmehr, die Erklärungen des Nicht-Kaufmanns und die Erklärungen, die dem Nicht-
Kaufmann zugehen, im Lichte der ihm zurechenbaren[73] Selbstdarstellung auszulegen
und daraus auf eine vertragliche Einbeziehung des Handelsbrauchs zu schließen. Von
diesem Standpunkt aus muß man dem Nicht-Kaufmann allerdings erlauben, das
Geschäft anzufechten, wenn er den Inhalt des Handelsbrauchs nicht gekannt hatte.

In Hinblick auf **kaufmännische Bestätigungsschreiben** (unten Rdn. 61) ist da- **25**
gegen großzügiger zu verfahren. Die Rechtsprechung hat wiederholt die Grundsätze
der kaufmännischen Bestätigungsschreiben auf Nicht-Kaufleute erstreckt. So ließ es

---

[71] RG JW **1914** 673, 674; *Röhricht/Graf von West-phalen-Wagner* HGB[1], § 346 8; enger *Canaris* Handelsrecht[23], § 23 I; kritisch *Roth* in *Koller/Roth/Morck* HGB[2], § 346 6.

[72] Vgl. *Köndgen* Selbstbindung ohne Vertrag (1981), S. 165 ff.

[73] Vgl. *Soergel/Hefermehl* BGB[12], § 133 25 f m. Nachw.

das RG (Gruch **71** 253, 255: Gutsbesitzer) genügen, daß der Empfänger des Bestätigungsschreibens mit den Bräuchen des Geschäftslebens vertraut war, selbst seinen Betrieb nach den Regeln eines Kaufmanns führen mußte und das Bestätigungsschreiben ein für den Nicht-Kaufmann bedeutendes Geschäft betraf. Der BGH eröffnet die Anwendbarkeit der Regeln über kaufmännisches Bestätigungsschreiben auf Nicht-Kaufleute, wenn der Nicht-Kaufmann als Absender oder Empfänger eines Bestätigungsschreibens ähnlich einem Kaufmann in größerem Umfang (BGH NJW **1954** 105) am Geschäftsleben teilnimmt.[74] Zum Teil wird vom BGH zusätzlich gefordert, daß der Nicht-Kaufmann damit rechnen mußte bzw. darauf vertrauen durfte, daß sich sein Geschäftspartner in kaufmännischer Weise verhält,[75] oder es wird allgemein auf Treu und Glauben verwiesen (BGH WM **1955** 1285). Maßgeblich seien die Umstände des Einzelfalls (BGH NJW **1987** 1940, 1941). Im Unterschied zum RG (Gruch **71** 253, 255) sei der Wert des konkreten Geschäfts nicht von Bedeutung,[76] sondern die Art und Weise, wie der Nicht-Kaufmann am Geschäftsleben teilnehme (BGH NJW **1964** 1222, 1223), die Zahl der Geschäfte,[77] der Umstand, daß sich die Verträge in nichts von anderen Handelskaufverträgen unterschieden (BGH NJW **1987** 1940, 1941), die längere Geschäftsbeziehung (BGH NJW **1987** 1940, 1941), die Notwendigkeit, den Betrieb nach kaufmännischen Regeln zu führen (BGH NJW **1964** 1222, 1223), der Umstand, daß dem Nicht-Kaufmann die Bedeutung von Bestätigungsschreiben bekannt gewesen sei,[78] daß der Nicht-Kaufmann nicht den Besonderheiten der Staatsverwaltung (Gemeinde) unterliege (BGH NJW **1964** 1222, 1223), daß aus dem Geschäft ersichtlich in kaufmännischer Weise gewerblicher Nutzen gezogen worden sei.[79] Die Regeln über kaufmännische Bestätigungsschreiben seien immer auch auf solche Nicht-Kaufleute zu erstrecken, die für Kaufleute Geschäfte abwickeln (BGH WM **1976** 564, 565 [Nachlaßverwalter]). Hingegen sei ein leitender Angestellter nicht tauglicher Absender eines an seinen Arbeitgeber gerichteten Bestätigungsschreibens (OLG Hamm OLG-Report **1992** 143, 144).

25a Die **Literatur** folgt im wesentlichen der vom BGH geprägten Formel, daß der Nicht-Kaufmann kaufmannsähnlich am Geschäftsverkehr teilnehme[80] und damit rechnen müsse bzw. darauf vertrauen könne, wie ein Kaufmann behandelt zu werden (*Schlegelberger/Hefermehl* HGB⁵, § 346 30). Zum Teil wird in der Literatur eine großzügige Anwendung der Grundsätze des kaufmännischen Bestätigungsschreibens vertreten. So plädieren *Hopt* (*Baumbach/Hopt* HGB³⁰, § 346 18), *Heinrichs* (*Palandt/Heinrichs* BGB⁵⁴, § 148 9) und *K. Schmidt* (Handelsrecht⁵, § 19 III 2 b) dafür, ausschließlich darauf abzustellen, ob sich der Nicht-Kaufmann in größerem Umfang selbständig beruflich am Markt betätigt. *Kramer* (Münchener Kommentar BGB³, § 151 45) umschreibt die Formel „in kaufmännischer Weise" mit „geschäftlich versiert". Verbreiteter Ansicht zufolge soll jeder Nicht-Kaufmann, sogar eine Privat-

---

[74] BGH NJW **1963** 1922, 1923 (nicht im Handelsregister eingetragener Makler); **1964** 1222, 1223; WM **1973** 1376 (Architekt); **1976** 564, 565 = BB **1976** 644 = LM Nr. 19 zu § 346 (Ea) HGB (Rechtsanwalt als Vertreter); BGH NJW **1987** 1940 (Insolvenzverwalter); vgl. auch OLG Köln CR **1991** 541 (Rechtsanwalt); OLG Frankfurt OLG-Report **1993** 247 (Verwertung von Grundbesitz mit beträchtlichen Umsätzen); OLG Bamberg BB **1973** 1372 (Rechtsanwalt); OLG Düsseldorf OLG-Report **1994** 174, 175 (Makler; Architekt).

[75] BGH WM **1973** 1376; NJW **1987** 1940, 1941.
[76] BGH NJW **1987** 1940, 1941; WM **1970** 877.
[77] BGH WM **1976**, 1376; NJW **1987** 1940, 1941.
[78] BGH NJW **1964** 1222, 1223; DB **1967** 1362.
[79] BGH DB **1967** 1362 (der BGH bejaht dies fragwürdig bei einem Wirtschaftsprüfer als Bauherrn eines Wohnblocks).
[80] *Heymann/Horn* HGB¹, § 346 63 f; *Schlegelberger/Hefermehl* HGB⁵, § 346 30; *Röhricht/Graf von Westphalen-Wagner* HGB¹, § 346 32; *Deckert* JuS **1998** 121, 122.

person oder die öffentliche Hand, tauglicher Absender eines kaufmännischen Bestätigungsschreibens sein können.[81]

Entgegen den Ausführungen des BGH im Urteil vom 6. 5. 1975 (WM **1975** 831, 832) geht es jedoch nicht um die tatsächliche Erstreckung des zu den kaufmännischen Bestätigungsschreiben entwickelten Handelsbrauchs oder einer nachgewiesenen Verkehrssitte.[82] Die für „kaufmännische Bestätigungsschreiben" entwickelten Grundsätze stellen heute nämlich **Gewohnheitsrecht** (vgl. unten Rdn. 61) dar, das ohne Rücksicht auf die Tragweite realer Handelsbräuche oder Verkehrssitten weiterentwickelt werden darf. Den normativen Charakter der Grundsätze über kaufmännische Bestätigungsschreiben betonte denn auch zutreffend der BGH in seiner Entscheidung vom 26. 6. 1963 (BGHZ **40** 42, 44 = NJW **1963** 1922f), in der er ausführte, daß es auf die „nach Treu und Glauben zu beurteilende kaufmännische Auffassung der Erklärung des Absenders" gegenüber einem Kaufmann ankomme. **25b**

Unproblematisch können Scheinkaufleute den Kaufleuten gleichgestellt werden (vor § 343 36).

Im übrigen ist zu differenzieren.

Ist ein Nicht-Kaufmann oder ein Schein-Nicht-Kaufmann (vor § 343 8a) **Empfänger** eines Bestätigungsschreibens, so ist an die Funktion derartiger Bestätigungsschreiben im kaufmännischen Geschäftsverkehr anzuknüpfen. Diese sollen es ermöglichen, wichtige Abreden rasch und ohne formalen Aufwand zu treffen und insoweit rasch Rechtssicherheit zu schaffen. Daraus folgt, daß sich Nicht-Kaufleute das Schweigen auf ihnen zugegangene Bestätigungsschreiben nur entgegenhalten lassen müssen, wenn sie die Geschäfte eines Kaufmanns abwickeln oder wenn sie selbständig in größerem Umfang auf dem Markt tätig sind, so daß von ihnen ersichtlich eine ordentliche Büroorganisation (vgl. § 1 II HGB) erwartet werden kann. Das gilt auch für die fiskalische Betätigung der öffentlichen Hand; denn diese kann ihre Mitarbeiter bei bürokratischen Hemmnissen zumindest anweisen, im Einzelfall dem Absender eines Bestätigungsschreibens mitzuteilen, daß man die Bestätigung vorsorglich nicht als solche gelten lassen wolle.[83] Selbst wenn diese Voraussetzungen nicht erfüllt sind, müssen nicht eingetragene Kleingewerbetreibende, die als **Handelsvertreter, Handelsmakler, Kommissionäre, Frachtführer, Spediteure** oder **Lagerhalter** tätig sind (vor § 343 32) sich das Schweigen auf Bestätigungsschreiben zurechnen lassen. Sonstige Personen brauchen sich ihr Schweigen nur nach den allgemein geltenden Regeln entgegenhalten zu lassen.[84] **26**

Sendet ein Nicht-Kaufmann oder ein Schein-Nicht-Kaufmann (vor § 343 8a) ein Bestätigungsschreiben an einen Kaufmann oder an eine als Empfänger von Bestätigungsschreiben (Rdn. 26) einem Kaufmann gleichzustellende Person (oben Rdn. 24 ff) ab, so darf der Empfänger dieses Bestätigungsschreibens bei seinen Handelsgeschäften (§ 343 3) nicht annehmen, daß ausschließlich Kaufleuten oder Personen, die in größe- **27**

---

[81] *Canaris* Handelsrecht[23], § 23 II 1; *Flume* Allgemeiner Teil des Bürgerlichen Rechts, Das Rechtsgeschäft[3], S. 663; *Baumbach/Hopt* HGB[30], § 346 19; a. A. Münchener Kommentar-*Kramer* BGB[3], § 151 45; *Röhricht/Graf von Westphalen-Wagner* HGB[1], § 346 33; *Diederichsen* JuS **1966** 129, 138; einschränkend *Heymann/Horn* HGB[1], § 346 64; *Deckert* JuS **1998** 121, 122 (nur wenn Privatmann erwarten kann, daß er wie ein Kaufmann behandelt wird); vgl. auch BGH WM **1962** 301, 302; gänzlich ablehnend *K. Schmidt* Handelsrecht[5], § 19 III 2 b.

[82] Vgl. hierzu *Baumbach/Hopt* HGB[30], § 346 18.

[83] A. A. BGH NJW **1964** 1222, 1223; einschränkend *Canaris* Handelsrecht[23], § 23 II 1.

[84] *Roth* in Koller/Roth/Morck HGB[2], § 346 24; *Deckert* JuS **1998** 121, 122.

rem Umfang auf dem Markt tätig sind (siehe oben Rdn. 25a), an der Möglichkeit einer raschen Klarstellung der Verhältnisse gelegen ist. Vielmehr ist daran heute jeder Privatmann bei seinen geschäftlichen Kontakten interessiert. Dies wird über § 242 BGB auch vom BGH berücksichtigt (BGH WM **1962** 301, 302). Diesen Ansatz sollte man in Analogie zu den §§ 75 h, 91 a, 362 verallgemeinern[85] und Kaufleuten sowie den ihnen gleichzustellenden (Rdn. 26) Empfängern von Bestätigungsschreiben die Obliegenheit auferlegen, allen Nicht-Kaufleuten gegenüber unverzüglich zu widersprechen. Wer dem entgegenhält, daß nur im Verkehr unter Kaufleuten ein besonderes Interesse an Schnelligkeit und Reibungslosigkeit der Kommunikation (unten Rdn. 62) besteht und nur dieses Interesse schutzwürdig ist, muß bei Schweigen des kaufmännischen etc. (siehe oben) Empfängers zumindest einen Anspruch aus c.i.c. auf Ersatz des Vertrauensschadens gewähren; denn es geht nicht an, daß Kaufleute den Wunsch ihrer nicht-kaufmännischen Kunden einfach ignorieren.

27a Im übrigen gelten die Regeln zu den kaufmännischen Bestätigungsschreiben uneingeschränkt zugunsten von nicht eingetragenen Kleingewerbetreibenden, die als **Kommissionäre, Frachtführer, Spediteure** oder **Lagerhalter** tätig sind (§§ 383 II, 407 III 2, 453 III 2). Ihnen sind kleingewerblich tätige **Handelsvertreter** und **Handelsmakler** (§§ 84 IV, 93 III HGB) gleichzustellen (vor § 343 32).

4. Sachlicher Anwendungsbereich

28 Die tatsächlichen unter Kaufleuten geltenden Gewohnheiten und Gebräuche können sich auf bestimmte Branchen und innerhalb dieser Branchen beschränken. In solchen Fällen greift § 346 nur bei Geschäften ein, bei denen der jeweilige Handelsbrauch geübt wird.[86] Insoweit ist es unerheblich, ob jemand branchenfremd ist oder nicht.[87]

5. Örtlicher Handelsbrauch

29 a) **Grundsatz.** Da § 346 Handelsbräuchen nur in dem Umfang, in dem sie in den beteiligten Kreisen geübt werden, zur normativen Geltung verhilft, sind Handelsbräuche grundsätzlich nur soweit, aber auch immer dann (BGH WM **1984** 1000, 1003), ohne Rücksicht auf Kenntnis im Einzelfall von Bedeutung, als die betroffenen Kaufleute den beteiligten Kreisen angehören. Es kommt deshalb wesentlich darauf an, ob ein Handelsbrauch nur auf lokaler, regionaler oder bundesweiter Ebene gilt oder sogar international geübt wird.

30 b) **Lokaler, regionaler, bundesweiter Handelsbrauch.** Der Handelsbrauch ist ohne Rücksicht auf Kenntnis (RGZ **95** 242, 243) für diejenigen Kaufleute maßgeblich, die in dem Gebiet, in dem der Handelsbrauch tatsächlich gepflogen wird, ihren Sitz haben.[88]

---

[85] *Canaris* Handelsrecht[23], § 25 II 6; **a.A.** BGH WM **195** 831, 832; *K. Schmidt* Handelsrecht[5], § 19 III 2 b; *Roth* in *Koller/Roth/Morck* HGB[2], § 346 24; *Deckert* JuS **1998** 121, 122; *Weber/Jacob* ZRP **1997** 153; *Krebs* DB **1996** 2013, 2015; *v. Dücker* BB **1996** 1, 8; *Batereau* in *Pfeiffer* Handbuch der Handelsgeschäfte, S. 101.

[86] *Heymann/Horn* HGB[1], § 346 10; Vorauflage-Ratz, § 346 34; *Jabornegg/Kerschner* öHGB[1], § 346 30; *Roth* in *Koller/Roth/Morck* HGB[2], § 346 7.

[87] Wohl enger: *Canaris* Handelsrecht[23], § 24 VI 2 b: Tätigkeit wie ein Branchenzugehöriger, Kenntnisse des Handelsbrauchs.

[88] BGH NJW **1983** 1267, 1269; RGZ **17** 31, 32; RG JW **1928** 3109; Recht **1903** Nr. 3058; OLG Hamburg MDR **1997** 810, 811; *Heymann/Horn* HGB[1], § 346 11; *Roth* in *Koller/Roth/Morck* HGB[2]; § 346 8; *Schlegelberger/Hefermehl* HGB[5], § 346 33; *Oertmann* Rechtsordnung und Verkehrssitte (1914, Nachdruck 1971) S. 387.

Es ist jedoch allgemein anerkannt, daß auch Geschäftspartner, **die ihren Sitz nicht** **31**
in dem Gebiet haben, in dem der Handelsbrauch gepflogen wird, dem Handelsbrauch
unterworfen sein können. Einer älteren Rechtsprechung zufolge sollen lokale
Handelsbräuche auf außerhalb des Geltungsbereichs dieser Bräuche ansässige
Geschäftspartner nur erstreckt werden, wenn diese den **Brauch kannten**, da dann von
ihnen ein Widerspruch zu erwarten gewesen sei, wenn sie nicht bereit gewesen wären,
sich diesem Brauch zu unterwerfen.[89] Einer neueren Entscheidung des OLG Hamburg (RIW **1982** 283) zufolge ist es sogar notwendig, daß der Brauch mittels einer eindeutigen Vereinbarung in den Vertrag einbezogen wird. Demgegenüber hat das RG[90]
mehrfach entschieden, daß sich ein Geschäftspartner jedenfalls dann einen Handelsbrauch entgegenhalten lassen müsse, wenn er ihn gekannt habe oder wenn er mit
einem Handelsbrauch positiv gerechnet habe.[91]

Der Handelsbrauch wird in Rechtsprechung und Literatur aber auch auf solche **32**
Geschäftspartner erstreckt, die den Handelsbrauch **nicht kannten**, falls sie sich den
lokalen Bräuchen unterworfen hatten.[92] Verschiedentlich wird zwar der Nachweis
eines Unterwerfungswillens gefordert.[93] Es wird aber auch eine stillschweigende
Unterwerfung für möglich gehalten (vgl. *Oertmann* aaO, S. 392). Maßgeblich sei, ob
vom Empfängerhorizont desjenigen Kaufmanns, der seinen Sitz im Geltungsbereich
des Handelsbrauchs habe, angenommen werden könne, daß sein Partner mit dem
Handelsbrauch oder schlechthin mit den an dem Sitz des Kaufmanns gepflogenen
Gebräuchen einverstanden sei. Demzufolge komme es im Einzelfall darauf an, ob ein
Kaufmann, der sein Domizil nicht im Geltungsbereich des Handelsbrauchs besitze,
mit dem Brauch rechnen mußte, und ob sein Partner darauf vertrauen durfte, der
andere kenne den Handelsbrauch oder rechne jedenfalls mit ihm oder müsse mit ihm
rechnen.[94]

Liege der **Schwerpunkt eines Vertrages** im Geltungsbereich eines lokalen **33**
Handelsbrauchs, so sei dieser ebenfalls für beide Parteien maßgeblich,[95] sofern an
diesem „Schwerpunkt" der Handelsbrauch durch Erkundigungen ermittelt werden
könne (BGH NJW **1983** 1267, 1269). Wo der Schwerpunkt des Vertrages liege, sei
anhand aller Umstände des Einzelfalles zu eruieren.[96] Danach befinde sich der Schwerpunkt des Vertrages im Zweifel am Ort der Börse, des Marktes, der Messe, an der das
Geschäft getätigt worden sei;[97] am Ort, an dem in Anwesenheit beider Parteien der
Vertrag geschlossen worden sei, es sei denn, daß der Abschlußort keinen inneren
Bezug zum Geschäft aufweise;[98] am Sitz derjenigen Partei, die die charakteristische

---

[89] ROHG 6 76, 78; **12** 287; KG DJZ **1919** 438, 439; obiter auch RG JW **1928** 3109; wohl auch OLG Hamburg MDR **1997** 810, 811.
[90] RGZ **53** 59, 62; RG JW **1928** 3109.
[91] RG JW **1922** 706; zurückhaltend *Canaris* Handelsrecht[23], § 24 VI 1 c (ergänzendes oder korrigierendes Kriterium).
[92] *Schlegelberger/Hefermehl* HGB[5], § 346 29; Vorauflage-*Ratz*, § 346 36, 56; *Baumbach/Hopt* HGB[30], § 346 7; offen BGH WM **1984** 1000, 1002.
[93] OLH Hamburg MDR **1975** 845; **a. A.** RG JW **1928** 3109, 3110: auswärtige Kaufleute werden benachteiligt.
[94] RG JW **1922** 706, 707; BGH BB **1973** 635, 636 = LM Nr. 7 zu § 346 (B) HGB; NJW **1983** 1267, 1269; OGHZ **4** 247, 249; **a. A.** KG DJZ **1919** 438, 439.

[95] BGH BB **1973** 635, 636; *Canaris* Handelsrecht[23], § 24 VI 1; *Roth* in *Koller/Roth/Morck* HGB[2], § 346 8; *Heymann/Horn* HGB[1], § 346 11; kritisch *Schlegelberger/Hefermehl* HGB[5], § 346 33; *Röhricht/Graf von Westphalen-Wagner* HGB[1], § 346 21; vgl. *Palandt/Heinrichs* BGB[59], § 133 21.
[96] BGH BB **1973** 635, 636 = WM **1973** 382 = LM Nr. 7 zu § 346 (B) HGB; BGH LM § 157 (B) BGB Nr. 1.
[97] BGH BB **1973** 635, 636; RG JW **1922** 706, 708; **1928** 3109 f; *Canaris* Handelsrecht[23], § 24 VI 1 a, *Roth* in *Koller/Roth/Morck* HGB[2], § 346 8; *Heymann/Horn* HGB[1], § 346 11 (einschränkend).
[98] *Canaris* Handelsrecht[23], § 24 VI 1 a; *Roth* in *Koller/Roth/Morck* HGB[2], § 346 8; einschränkend *Heymann/Horn* HGB[1], § 346 11; RG JW **1926** 1325 (Ort des Abschlusses und Sitz des Verkäufers am Ort des Handelsbrauchs).

Hauptleistung zu erbringen habe;[99] am Haupthandelsplatz der Ware, wenn das Geschäft zu ihm eine starke Beziehung aufweise;[100] am Ort, an dem der Makler seinen Sitz habe[101] jedenfalls, wenn der Schlußschein einen Hinweis auf lokale Gepflogenheiten enthalte[102] oder der Ort Bestimmungsort der Ware gewesen sei;[103] am Erfüllungsort,[104] wenn der Sitz des Leistungspflichtigen, von dem aus er die Erklärung abgegeben hat, am Erfüllungsort gelegen habe.[105] **Fehle es an einem Schwerpunkt**, so komme es darauf an, ob die geschuldete Handlung im Geltungsbereich eines lokalen Handelsbrauchs vorgenommen werden müsse oder ob in diesem Bereich an Unterlassungen (z. B. Schweigen) Rechtsfolgen geknüpft werden.[106]

34 **Stellungnahme:** Im Ansatz richtig löst die h. M. die Frage nach der Anwendbarkeit innerdeutscher Handelsbräuche zu Lasten von Personen, die nicht im Geltungsbereich dieser Handelsbräuche domizilieren, nach denselben Regeln, die für die Interpretation von Willenserklärungen gelten. Die Handelsbräuche sind mithin immer dann zu beachten, wenn sie der Person, die nicht im Geltungsbereich des Handelsbrauchs ihren Sitz hatte, positiv bekannt waren, und diese Person sich nicht gegen den Handelsbrauch gewandt hatte.

Im übrigen sind Personen, die ihren Sitz außerhalb des Geltungsbereichs eines Handelsbrauchs haben, diesem zu unterwerfen, falls dieser Brauch für sie erkennbar war und sie davon ausgehen mußten, daß ihr Geschäftspartner nach Maßgabe der in seinem engeren Umfeld üblichen Bräuche verfahren will.

Die Antwort, wann dies im Einzelfall zu bejahen ist, fällt für interpretierende Handelsbräuche (z. B. in Hinblick auf Handelsklauseln) und ergänzende Handelsbräuche unterschiedlich aus (a. A. wohl *Canaris* Handelsrecht[23], § 24 VI 1 b).

Bei bloß **interpretierenden Handelsbräuchen** (Rdn. 40) sollte man von Geschäftspartnern, die an Börsen, Märkten oder auf Messen kontrahieren, an denen auf besondere Weise Angebot und Nachfrage gebündelt werden, erwarten, daß sie sich nach den dort üblichen Gewohnheiten richten. Gleiches gilt dort, wo der Vertragsschluß über einen am selben Ort wie der Vertragspartner ansässigen Makler erfolgt. Im übrigen muß man für die Frage des „ob" des Vertragsschlusses auf den Handelsbrauch des Ortes abheben, an dem das zu deutende Verhalten stattgefunden hat (vgl. Art. 31 II EGBGB). Für die Frage, wie zu erfüllen ist, sollte man auf den Sitz desjenigen

---

[99] Vgl. BGH LM Nr. 8 zu § 346 (B) HGB = BB **1980** 1552; RG LZ **1908** 937, 938; SeuffArch **50** Nr. 256; RGZ **97** 215, 217; ROHG **7** 1, 13; vgl. Art. 28 EGBGB; abweichend OLG Hamburg MDR **1997** 810, 811.

[100] BGH BB **1973** 635, 636 = WM **1973** 382; **1976** 480 f = WM **1976** 292; *Roth* in Koller/Roth/Morck HGB[2], § 346 8; *Canaris* Handelsrecht[23], § 24 VI 1 a (einigermaßen deutlicher Bezug).

[101] RGZ **97** 215, 217; RG JW **1928** 3109 f; RG HRR **1929** Nr. 321; *Canaris* Handelsrecht[23], § 24 VI 1 a.

[102] RG HRR **1929** Nr. 321; OGHZ **4** 247, 248 f; OLG Hamburg IPRspr **1974** Nr. 25; *Heymann/Horn* HGB[1], § 346 11; *Baumbach/Hopt* HGB[30], § 346 7.

[103] BGH LM Nr. 7 zu § 346 (B) HGB.

[104] BGH LM Nr. 8 zu § 346 (B) HGB = BB **1980** 1552 (regelmäßig); OLG Hamburg VersR **1976** 37, 38; SeuffArch **50** Nr. 256 (auch Offerte vom Erfüllungsort aus); einschränkend RG Recht **1907** Nr. 1414 (Art und Weise der Erfüllung); BGH WM **1984** 1000, 1003 (nur bei inländischen Bräuchen im Verhältnis zwischen inländischen Partnern); OLG Hamburg IPRspr **1974** Nr. 25; *Canaris* Handelsrecht[23], § 24 VI 1 b für die jeweilige Leistungspflicht unter Berufung auf die §§ 359, 361 HGB; Art. 41 IV WG, 36 IV SchG; *Baumbach/Hopt* HGB[30], § 346 7; *Roth* in Koller/Roth/Morck HGB[2], § 346 8; zurückhaltender *Heymann/Horn* HGB[1], § 346 11.

[105] RG LZ **1908** 937, 938; OLG Hamburg SeuffArch **50** Nr. 256; weitergehend *Baumbach/Hopt* HGB[30], § 346 7 (in der Regel in Hinblick auf jede Wirkung einer Handlung oder Unterlassung).

[106] BGH BB **1973** 635, 636 = LM Nr. 7 zu § 346 (B) HGB; *Heymann/Horn* HGB[1], § 346 11; *Canaris* Handelsrecht[23], § 24 VI 1 b.

Geschäftspartners abstellen, der die charakteristische Hauptleistung zu erbringen hat bzw. auf die Niederlassung, von der aus diese Leistung zu erfolgen hat (vgl. Art. 28 II EGBGB).

Anders ist die Situation bei **ergänzenden Handelsbräuchen** (Rdn. 44ff). Bei diesen ist zu berücksichtigen, daß sich eine Partei nicht durch einfache Rückfrage bei seinem Partner Gewißheit verschaffen kann, weil sie nicht weiß, wonach sie fragen soll; denn es ist unzumutbar, nach allen in Betracht kommenden Handelsbräuchen zu fragen. Hier wird man von demjenigen, der nach einem lokalen oder regionalen Handelsbrauch auch gegenüber auswärtigen Geschäftspartnern verfahren will, grundsätzlich erwarten können, daß er die Handelsbräuche in Allgemeine Geschäftsbedingungen gießt und auf sie verweist.[107] Es gibt keinen allgemeinen Grundsatz, daß jemand nach seinen Gepflogenheiten verfahren darf, weil er die charakteristische Hauptleistung und diese von seinem Sitz aus erbringt. Nur wenn für den Geschäftspartner die Existenz von lokalen oder regionalen Handelsbräuchen auf der Hand liegt, z.B. weil allgemein bekannt ist, daß bestimmte Kreise ausschließlich auf der Basis ihrer Bräuche kontrahieren (vgl. *Oertmann* aaO, S. 393), ist eine Erkundigungspflicht in Hinblick auf Bräuche, mit denen zu rechnen ist, angemessen. Dies hat zur Folge, daß sich derjenige, der sich zu erkundigen hat, dies aber unterläßt, die Handelsbräuche entgegenhalten lassen muß.

35

c) **Ausländische Handelsbräuche, Ausländer.** Ausländische Handelsbräuche sind im Licht des § 346 nur von Bedeutung, wenn nach dem **Internationalen Privatrecht** deutsches Recht zum Tragen kommt.

36

Ist dies zu bejahen, so wird z.T. danach differenziert, inwieweit von einem **inländischen Kaufmann** die Kenntnis ausländischer Handelsbräuche zu erwarten sei. Personen, die **ständig Geschäfte** mit im Ausland ansässigen Kaufleuten tätigen, müssen die dort maßgeblichen Handelsbräuche kennen (Vorauflage-*Ratz*, § 346 56). In einem solchen Fall läßt auch der BGH[108] ausländische Handelsbräuche gegenüber Inländern gelten.[109] Demgegenüber fordern *Horn* (Heymann/Horn HGB¹, § 346 13) und *Hefermehl* (Schlegelberger/Hefermehl HGB⁵, § 346 35) generell den Nachweis der Bereitschaft des deutschen Kaufmanns, sich ausländischen Handelsbräuchen zu unterwerfen. Diese Bereitschaft darf nach *Horn* (Heymann/Horn HGB¹, § 346 13) bei deutlichen auf eine Unterwerfung zielenden Willensbekundungen bejaht werden.[110] *Horn* läßt es allerdings ebenfalls genügen, daß der deutsche Kaufmann Verkehrskreisen angehört, die gewöhnlich den ausländischen Handelsbrauch akzeptieren.[111] Für Personen, die **nur gelegentlich oder erstmals** mit dem den Handelsbrauch pflegenden Verkehrskreis in geschäftliche Beziehungen treten, soll nach dem ROHG[112] nur dann der ausländische Handelsbrauch gelten, wenn sie sich ihm erkennbar unterworfen haben. Dies ist dem RG[113] zufolge im allgemeinen zu verneinen, zumal wenn der Handelsbrauch nur örtlich beschränkt geübt wird. Andererseits müsse eine ausländische Firma darauf vertrauen können, daß sie einen ihr durch eine

---

[107] So i. E. auch OLG Hamburg MDR **1997** 810, 811.
[108] WM **1984** 1000, 1004 = LM Nr. 9 zu § 346 (B) HGB = BB **1984** 1191.
[109] Ebenso *Schlegelberger/Hefermehl* HGB⁵, § 346 35; abweichend RG JW **1928** 3108, 3109 (in der Regel Kenntnis jedenfalls bei lokalem Handelsbrauch erforderlich).
[110] Unklar *Schlegelberger/Hefermehl* HGB⁵, § 346 35; wohl auch OLG Hamburg RIW **1982** 283 für den Fall inländischer Bräuche im Verhältnis zu Ausländern; anders OLG Hamburg IPRspr **1974** Nr. 25 (objektive Anknüpfung an Ort der Abgabe der Erklärung, der Leistungshandlung oder des Sitzes).
[111] Ebenso *Röhricht/Graf von Westphalen-Wagner* HGB¹, § 346 23.
[112] ROHG **12** 287; **6** 78.
[113] JW **1928** 3109; SeuffArch **82** 312, 313.

§ 346 Viertes Buch. Handelsgeschäfte

im Ausland wohnende Hilfsperson des Kaufmanns erteilten Auftrag entsprechend dem von ihr geübten Handelsbrauch ausführen könne (RG JW **1914** 673; **1928** 3109 f).

36a **Stellungnahme:** Jedenfalls dort, wo sich der deutsche Kaufmann gewöhnlich an Geschäften im Ausland beteiligt, ist der Kaufmann an die im Ausland geübten Handelsbräuche gebunden (BGH WM **1984** 1000, 1003). Gleiches gilt, falls dem im Ausland praktizierten Handelsbrauch ein in der Branche des Kaufmanns geübter inländischer Handelsbrauch entspricht.[114] Im übrigen sollte man die für deutsche Handelsbräuche mit lokaler oder regionaler Bedeutung entwickelten Regeln auch auf ausländische Handelsbräuche anwenden,[115] da es insoweit heute um dasselbe Sachproblem geht.

37 **Deutsche Handelsbräuche** sollen **zu Lasten und zugunsten von Ausländern** zum Tragen kommen, falls diese im Inland tätig sind, weil dann von ihnen verlangt werden könne, daß sich die Ausländer über die im Inland herrschenden Handelsbräuche informieren.[116] Im übrigen sollen die oben für ausländische Handelsbräuche entwickelten Differenzierungen gelten.[117] Die Voraussetzungen, die für die Beachtung ausländischer Handelsbräuche gegenüber Inländern erfüllt sein müssen, müssen mithin gewahrt sein, wenn Ausländer mit inländischen Handelsbräuchen konfrontiert werden.

38 **d) Internationale Handelsbräuche.** Von einem internationalen Handelsbrauch kann gesprochen werden, wenn er in mehr als einem Staat gleichmäßig und dauernd geübt wird.[118] Ein den Parteien gemeinsamer internationaler Handelsbrauch geht einem abweichenden nationalen Handelsbrauch vor[119] und gilt bei grenzüberschreitenden Geschäften unabhängig von der Kenntnis der Parteien.[120]

38a Wird eine international dem Wortlaut nach identische Handelsklausel (§ 346 128) in den beteiligten Staaten **unterschiedlich interpretiert,** so gelten die nach Maßgabe des international privatrechtlichen Vertragsstatuts heranzuziehenden Auslegungsregeln.[121] Zur Bedeutung der Incoterms siehe § 346 284 ff; zur Bedeutung der Trade Terms siehe vor § 373 12, 763.

6. Zeitlicher Anwendungsbereich

39 Handelsbräuche dürfen nicht erloschen sein (siehe aber auch unten Rdn. 44). Sie sind dann nicht mehr zu beachten, wenn sie von einer ins Gewicht fallenden beachtlichen Minderheit nicht mehr anerkannt und befolgt werden (ähnlich *Schlegelberger/Hefermehl* HGB⁵, § 346 13). Der Fortgeltung von Handelsbräuchen steht

---

[114] BGH WM **1984** 1000, 1003 = LM Nr. 9 zu § 346 (B) HGB = BB **1984** 1191; *Schlegelberger/Hefermehl* HGB⁵, § 346 35.
[115] *Roth* in *Koller/Roth/Morck* HGB², § 346 9; *Schlegelberger/Hefermehl* HGB⁵, § 346 35; a. A. BGH LM Nr. 9 zu § 346 (B) HGB = BB **1984** 1191 = WM **1984** 1000, 1003.
[116] RG HRR **29** (1929) Nr. 28; JW **1928** 3109; LZ **1929** 387; OLG Königsberg RabelsZ Rspr. **1929** Nr. 52 S. 72; SeuffArch **82** 313.
[117] RG JW **1928** 3109; OLG Hamburg RIW **1982** 283; Vorauflage-*Ratz,* § 346 56; *Heymann/Horn* HGB¹, § 346 13; *Schlegelberger/Hefermehl* HGB⁵, § 346 35; *Roth* in *Koller/Roth/Morck* HGB², § 346 9.

[118] Offen, ob die ERA dazu zählen: BGH WM **1984** 1443.
[119] Einschränkend *Heymann/Horn* HGB¹, § 346 14; *Röhricht/Graf von Westphalen-Wagner* HGB¹, § 346 24.
[120] BGH WM **1984** 1000, 1003 = LM Nr. 9 zu § 346 (B) HGB; OLG Köln NJW **1988**, 2182, 2183; *Schlegelberger/Hefermehl* HGB⁵, § 346 36; *Heymann/Horn* HGB¹, § 346 14; vgl. auch Art. 9 UN-Kaufrecht (vor § 373 WKR).
[121] *Roth* in *Koller/Roth/Morck* HGB², § 346 10; *Schlegelberger/Hefermehl* HGB⁵, § 346 36.

nicht entgegen, daß sie in AGB übernommen worden oder in sonstiger Weise fixiert worden sind.[122] Allerdings ist in solchen Fällen besonders exakt zu prüfen, ob bestimmte Regeln weiterhin freiwillig (§ 346 11) beachtet werden.

7. Kenntnis des Handelsbrauchs

Sind die Voraussetzungen für die Anwendung eines Handelsbrauchs erfüllt (siehe oben), so dürfen sich die Beteiligten im konkreten Einzelfall nicht darauf berufen, daß sie den Handelsbrauch nicht kannten.[123] Bemerkt eine Partei, daß die andere den Handelsbrauch nicht kennt, so muß sie darauf hinweisen; andernfalls ist der Handelsbrauch unbeachtlich.[124] Jedenfalls kann die andere Partei einen Ersatzanspruch aus c.i.c. geltend machen. Umgekehrt verstärkt die Kenntnis beider Parteien des Handelsbrauchs die Vermutung, daß sie sich ihm freiwillig unterworfen haben (ähnlich *Canaris* Handelsrecht[23], § 24 IV 1, V 2 b, VI 1 c, 2 c).

40

8. Abweichende Vereinbarungen

Die Parteien können die Geltung der Handelsbräuche oder des § 346 vertraglich ausschließen. Dies kann ausdrücklich, auch in AGB erfolgen (BGHZ **6** 127, 135). Entgegen den Entscheidungen des BGH[125] können Handelsbräuche jedoch auch ausgeschlossen werden, ohne daß diese ausdrücklich erwähnt werden (RG JW **1928** 3109). § 346 ist nur ein Auslegungselement, das neben anderen steht. Es genügt deshalb wie bei sonstigen dispositiven Normen, daß die Parteien eine Frage so eingehend regeln, daß die Berücksichtigung eines an sich einschlägigen Handelsbrauchs nicht möglich ist (*Schlegelberger/Hefermehl* HGB[5], § 346 37) oder zu sinnwidrigen Ergebnissen führen würde[126] oder wenn die Parteien ersichtlich eine vom Handelsbrauch abweichende Regelung treffen wollten (BGH NJW **1964** 1269, 1270). Die Erklärung einer Partei, sie wolle den Handelsbrauch nicht für den Vertrag gelten lassen, führt gleichermaßen zum Ausschluß des Handelsbrauchs, wenn der dahingehende Wille für den Vertragspartner klar erkennbar geworden ist.[127] Dies ist zu bejahen, falls ein sorgfältig handelnder Kaufmann an dem Ausschlußwillen keinen Zweifel hegen durfte. Einschränkungen gelten bei Handelsklauseln (siehe Erläuterungen vor § 373 168).

41

VI. Rechtsfolgen

1. Verhältnis zum Gesetzesrecht

Handelsbräuche stehen nicht auf derselben Ebene wie Gesetze.[128] Sie stellen kein Gewohnheitsrecht dar (oben Rdn. 16) und sind unbeachtlich, wenn sie zu zwingendem Gesetzesrecht im Widerspruch stehen (oben Rdn. 13) oder nicht sittenkonform

42

---

[122] Wertung des § 24 AGBG; *Schlegelberger/Hefermehl* HGB[5], § 346 13; vgl. aber BKartA WRP **1962** 327.
[123] RG HRR **1929** Nr. 321; *Schlegelberger/Hefermehl* HGB[5], § 346 37; *Canaris* Handelsrecht[23], § 24 IV 1; zu allgemein OLG Köln NJW-RR **1998** 926; *Roth* in *Koller/Roth/Morck* HGB[2], § 346 11; Vorauflage-*Ratz*, § 346 36, die das Element der Kenntnis immer für unerheblich erklären.
[124] *Canaris* Handelsrecht[23], § 24 IV 1; *Schlegelberger/Hefermehl* HGB[5], § 346 40.

[125] LM § 284 BGB Nr. 1; § 346 (B) HGB Nr. 4, 9.
[126] Wohl auch *Schlegelberger/Hefermehl* HGB[5], § 346 37: ergänzende Vertragsauslegung.
[127] BGH BB **1956** 868; RG JW **1926** 1325; enger *Schlegelberger/Hefermehl* HGB[5], § 346 37 (eindeutig erkennen läßt).
[128] A. A. *Limbach* Festschrift *Hirsch* (1968), S. 77, 91, die nicht beachtet, daß die objektive Auslegung vom Empfängerhorizont nicht notwendig den subjektiven Willen des Erklärenden widerspiegelt.

sind (oben Rdn. 13). Die Bedeutung der Handelsbräuche liegt darin, daß sie gemäß § 346 sonstige dispositiv-rechtliche Normen verdrängen (oben Rdn. 15) und Lücken in den Abreden der Vertragsparteien schließen. Zum Verhältnis des § 346 zu § 242 BGB siehe oben Rdn. 14.

2. Auslegung von Erklärungen

43 Soweit kein abweichender Wille erkennbar ist (oben Rdn. 41), sind die Erklärungen der Parteien nach Maßgabe des Handelsbrauchs zu interpretieren.[129] Es kommt deshalb nicht nur bei Willenserklärungen sondern allgemein darauf an, wie sie der Empfänger nach Treu und Glauben unter Berücksichtigung des Handelsbrauchs verstehen durfte.[130] So ist der Inhalt einer Auskunft im Licht des einschlägigen Handelsbrauchs zu bestimmen (*Schlegelberger/Hefermehl* HGB[5], § 346 24). Zu den Besonderheiten bei der Auslegung von Handelsklauseln siehe vor § 373 168. Der Handelsbrauch ist auch zu berücksichtigen, wenn zu entscheiden ist, ob aus der Sicht des Erklärungsempfängers der Erklärende mit Erklärungsbewußtsein gehandelt hat.[131] Voraussetzung ist allerdings immer, daß zwischen den Parteien zumindest tatsächliche Beziehungen bestanden haben.[132]

3. Ergänzung von Verträgen

44 Soweit der Vertrag Lücken aufweist und eine ergänzende Vertragsauslegung in Betracht kommt (*Palandt/Heinrichs* BGB[59], § 157 2 ff), hat diese unter Berücksichtigung des einschlägigen (oben Rdn. 29 ff) Handelsbrauchs zu erfolgen.[133] Bei Dauerschuldverhältnissen können, wenn längere Zeit nach Vertragsschluß eine Vertragsergänzung notwendig wird, auch nach dem Vertragsschluß entstandene Handelsbräuche herangezogen werden.[134] Schiedsabreden können angesichts des § 1031 ZPO nicht mehr ausschließlich auf Handelsbrauch gestützt werden (anders noch BGH NJW **1993** 1798).

4. Handelsklauseln

45 Siehe unten Rdn. 128.

5. Bedeutung sonstiger Handlungen

46 Sonstige Handlungen (BGH LM Nr. 4 zu § 346 [B] HGB) können kraft Handelsbrauchs die Bedeutung von Willenserklärungen besitzen[135] oder z. B. als ausreichende Rüge im Sinn des § 377 zu qualifizieren sein. Sie können, wenn sie im Widerspruch zu Handelsbräuchen stehen, Anlaß für eine Haftung aus c.i.c. sein (*Schlegelberger/Hefermehl* HGB[5], § 346 25).

---

[129] BGH NJW **1993** 1798; LM Nr. 4, 7 zu § 346 (B) HGB; LM Nr. 18 zu § 346 (D) HGB = NJW **1977** 385.
[130] *Schlegelberger/Hefermehl* HGB[5], § 346 20; *Heymann/Horn* HGB[1], § 346 34; *Roth* in *Koller/Roth/Morck* HGB[2], § 346 14.
[131] Vorauflage-*Ratz*, § 346 88; *Schlegelberger/Hefermehl* HGB[5], § 346 24; vgl. *Palandt/Heinrichs* BGB[59], vor § 116 17; ähnlich *Canaris* Handelsrecht[23], § 24 II 2 in Hinblick auf die Konkludenz eines Verhaltens.
[132] OLG Düsseldorf BB **1962** 577; *Schlegelberger/Hefermehl* HGB[5], § 346 25.
[133] BGH NJW **1993** 1798; *Canaris* Handelsrecht[23], § 24 II 3; *Schlegelberger/Hefermehl* HGB[5], § 346 21 f.
[134] RG JW **1938** 859, 860; WarnR **1916** Nr. 69; *Schlegelberger/Hefermehl* HGB[5], § 346 21; *Canaris* Handelsrecht[23], § 24 III.
[135] Vgl. BGHZ **6** 378, 383 ff; BGH NJW **1993** 1798; ferner oben Rdn. 43.

6. Schweigen

Kraft Handelsbrauchs kann das Schweigen als Annahme oder Ablehnung eines Vertragsangebotes zu deuten sein. Das Schweigen kann auch allgemein als Zustimmung zu werten sein. Denkbar ist auch, daß der Handelsbrauch nur eine Pflicht zum Reden begründet, die schadensersatzrechtlich sanktioniert ist. Allgemein zur Bedeutung des Schweigens im Handelsverkehr siehe unten Anhang zu § 362; zu (kaufmännischen) Bestätigungsschreiben sowie Auftragsbestätigungen siehe unten Rdn. 61 ff.

47

7. Formerfordernisse

Das RG (RGZ **95** 242, 243) hat es für möglich gehalten, daß der Handelsbrauch einen Formzwang im Sinn des § 125 S. 1 BGB begründen kann. Da § 346 selbst dispositiver Natur ist, ist es nur denkbar, daß kraft Handelsbrauchs bei der Aufnahme des rechtsgeschäftlichen Kontakts eine Vereinbarung über ein rechtsgeschäftliches Formerfordernis im Sinn der §§ 125 S. 2, 127, 154 II BGB zustande kommt.[136] Zur Form der Bestätigung von Akkreditiven siehe oben die Erläuterungen von *Canaris* zum Bankvertragsrecht Rdn. 985. Zu beachten ist, daß die Parteien von dem kraft Handelsbrauchs geltenden Formzwang durch formlose, auch konkludente Vereinbarung abweichen können,[137] selbst wenn sie an den Formzwang nicht gedacht haben (BGH NJW-RR **1991** 1289). Ob Bestätigungsschreiben **gesetzliche Formerfordernisse** erfüllen, hängt von den jeweiligen Formvorschriften ab. Sieht das Gesetz beiderseitige Schriftform vor, so bleiben konstitutive Bestätigungsschreiben (Rdn. 92) ohne Wirkung (vgl. OLG Hamm OLG-Report **1995** 177, 178).

48

8. Bestätigungsschreiben, Auftragsbestätigung

Siehe unten Rdn. 61 ff.

49

9. Handelsklauseln

Siehe unten Rdn. 128 ff.

50

10. Anfechtbarkeit, Erklärungsbewußtsein

Kannte die betreffende Partei den Handelsbrauch nicht, der zur Interpretation ihrer Willenserklärung herangezogen wurde, so soll eine Anfechtung wegen Erklärungsirrtums (§ 119 I BGB) möglich sein, wenn in Hinblick auf die Geltung des Handelsbrauchs (oben Rdn. 31 ff) ein „Willensmoment" eine Rolle spielt.[138] Von diesem Standpunkt aus müßte eine Anfechtung immer dann zulässig sein, wenn Handelsbräuche von Kaufleuten etc. zu beachten sind, weil und soweit sie mit ihnen rechnen mußten (oben Rdn. 32 ff). *Hefermehl* (*Schlegelberger/Hefermehl* HGB⁵, § 346 32) läßt eine Anfechtung zu, falls sich die betroffene Partei falsche Vorstellungen über den objektiv durch den Handelsbrauch beeinflußten Vertragsinhalt gebildet hat. Eine Ausnahme soll nur dort angebracht sein, wo der Handelsbrauch gerade einen abweichenden inneren Willen für unbeachtlich erkläre und zur Fiktion einer Willenserklärung führe (z. B. Bestätigungsschreiben). Zutreffenderweise scheidet eine An-

51

---

[136] *Canaris* Handelsrecht²³, § 24 II 4; a. A. RGZ **95** 242, 243.
[137] *Palandt/Heinrichs* BGB⁵⁹, § 125 14 m. Nachw. zur Rspr.
[138] RG JW **1926** 1325; *Heymann/Horn* HGB¹, § 346 5; *Röhricht/Graf von Westphalen-Wagner* HGB¹, § 346 15.

fechtung gemäß § 119 I BGB jedoch immer aus, wenn sie ausschließlich darauf gestützt wird, daß der Anfechtende den Handelsbrauch nicht gekannt und das objektiv unter Berücksichtigung des Handelsbrauchs Erklärte bzw. Vereinbarte nicht gewollt habe.[139] Die Funktion des Handelsbrauchs liegt nämlich darin, in erhöhtem Maße das Vertrauen in ein übliches Verhalten der beteiligten Kaufleute zu schützen, denen Handelsbräuche ohnehin nur entgegengehalten werden können, wenn sie als ordentliche Kaufleute die Existenz dieser Bräuche kennen mußten (oben Rdn. 32 ff). Im übrigen gelten die allgemeinen Anfechtungsregeln.

VII. Ermittlung von Handelsbräuchen
1. Kammern für Handelssachen

52 Gemäß § 114 GVG kann die Kammer für Handelssachen aus eigener Sachkunde ohne besondere Beweiserhebung über die Existenz und den Inhalt eines Handelsbrauchs entscheiden (BGH NJW **1991** 1292, 1293). Die Berufungsinstanz darf, wenn sie die Feststellung der Kammer für Handelssachen nicht bezweifelt, von einer Beweisaufnahme über den behaupteten Handelsbrauch absehen (RGZ **110** 48, 49); sie kann die Feststellungen aber auch nachprüfen.[140]

2. Amtsgerichte, Zivilkammern des Landgerichts, Berufungsgerichte

53 Verfügt das Gericht nicht über eigene Sachkunde (oben Rdn. 52), so muß es Beweisanträgen auf Einholung einer Auskunft der zuständigen Industrie- und Handelskammer[141] oder Beweisanträgen auf Einholung sonstiger Sachverständigengutachten (Rdn. 58) stattgeben. Die Sachkunde kann nicht darauf gestützt werden, daß das Gericht bereits in einem anderen Verfahren einen Sachverständigenbeweis erhoben hat (gerichtsbekannt: *Baumbach/Hopt* HGB³⁰, § 346 13), falls dies längere Zeit zurückliegt und sich der Brauch geändert haben oder der Brauch erloschen sein kann. Aus diesem Grund darf die Sachkunde auch nicht ohne weiteres anhand von publizierten Sachverständigengutachten über die (Nicht)Existenz von Gebräuchen gewonnen werden (*Heymann/Horn* HGB¹, § 346 27). Die nicht beweisbelastete Partei kann den Gegenbeweis führen (BGH LM Nr. 4 zu § 346 [B] HGB).

3. Gutachten der Industrie- und Handelskammer

54 a) **Pflicht zur Erstattung von Gutachten.** Die Industrie- und Handelskammern sind als Organe des Handelsstandes berufen, Feststellungen über das Bestehen von Handelsbräuchen zu treffen (Vorauflage-*Ratz*, § 346 58). Der BGH (**1997** 2817, 2818) hat dies entgegen der h. M.[142] als Beweiserhebung im Sinn des § 377 III ZPO qualifiziert. Die Gutachten können im Wege des Gegenbeweises widerlegt werden (BGH LM Nr. 4 zu § 346 [B] HGB).

55 b) **Feststellungsverfahren.** Zum Merkblatt des DIHT siehe unten Rdn. 57. Der Wert des Gutachtens hängt davon ab, daß die Ermittlungsbasis ausreichend breit ist

---

[139] *Canaris* Handelsrecht²³, § 24 IV 2; *Roth* in Koller/Roth/Morck HGB², § 346 17; Vorauflage-*Ratz* § 346 93; wohl auch *K. Schmidt* Handelsrecht⁵, § 19 IV 2; *Heymann/Horn* HGB¹, § 346 5.

[140] RGZ **10** 92; **44** 34; *Heymann/Horn* HGB¹, § 346 32.

[141] BGH NJW **1991** 1292, 1293 = LM Nr. 9 zu § 346 (Ed) HGB; Nr. 4 zu § 346 (B) HGB; *Wagner* NJW **1969** 1282, 1283; *Roth* in Koller/Roth/Morck HGB², § 346 5; *Heymann/Horn* HGB¹, § 346 33.

[142] BGH NJW **1966** 502, 503 = LM Nr. 4 zu § 346 (B) HGB.

und damit statistisch signifikante Ergebnisse gewährleistet sind.[143] Die beteiligten Kreise müssen nachvollziehbar repräsentativ erfaßt sein. Insbesondere ist es erforderlich, daß die Marktseite derjenigen Person, die die Existenz eines gewissen Handelsbrauchs bestreitet, in voller Breite, also sowohl Groß-, Mittel- und Kleinbetriebe als auch Unternehmen in den verschiedenen Spezialisierungsformen befragt werden. Es ist darauf zu achten, daß die Feststellungsergebnisse nicht durch die Interessen der Befragten verfälscht werden (*Böshagen* NJW **1956** 695).

c) **Beweisbeschluß der Gerichte.** Gerichte müssen in ihrem Beweisbeschluß deutlich machen, daß es nicht um die Feststellung bloßer (Handels)Üblichkeit[144] sondern um die Feststellung eines Handelsbrauchs geht. Die maßgebliche Branche muß genau gekennzeichnet und das Beweisthema soweit wie möglich auf die relevante Branche eingeengt werden. Der Beweisbeschluß darf sich nur auf diejenigen Gebräuche beziehen, die nach dem Stand des Verfahrens bestritten und für die Entscheidung des konkreten Rechtsstreits von Bedeutung sind.[145] Es dürfen keine Rechtsfragen gestellt werden.[146] Vgl. Merkblatt, unten Rdn. 57. **56**

d) **Merkblatt des Deutschen Industrie- und Handelstags (DIHT) für die Feststellung von Handelsbräuchen.** Der BGH (LM Nr. 4 zu § 346 [B] HGB) hat die im Merkblatt niedergelegten Richtlinien als „einheitliche und sachdienliche Methode zur Ermittlung eines Handelsbrauchs" bezeichnet. **57**

I. Einführung

Es kann nicht Aufgabe eines Merkblattes sein, Regeln aufzustellen, deren Beachtung die Lösung sämtlicher Feststellungsfälle ermöglicht. Zudem bedürfen zahlreiche materiellrechtliche Probleme im Bereich von Handelsbrauch und Verkehrssitte noch endgültiger Klärung durch Rechtsprechung und Rechtslehre.

Die Feststellung von Handelsbräuchen kann nicht schematisch, sondern immer nur unter sorgfältiger und sachkundiger Berücksichtigung der besonderen Umstände des Einzelfalles erfolgen. Es können daher nur allgemeine Leitsätze zusammengefaßt werden, die sich aus der Praxis der Industrie- und Handelskammern herausgebildet und in ihrer Anwendung bewährt haben. Zugleich soll das Merkblatt dem Gericht und den Prozeßbeteiligten einen Überblick darüber geben, wie die Kammern bei der Feststellung eines Handelsbrauchs vorgehen.

Das Merkblatt geht davon aus, daß die Entscheidung materiellrechtlicher Fragen, die bei Handelsbräuchen allgemein auftreten oder sich im Einzelfalle im Zusammenhang mit den getroffenen Feststellungen ergeben, Aufgabe des mit der Sache befaßten Richters sein muß. Dieser ist in geeigneter Form von den Kammern auf alle Umstände, die für die materiellrechtliche Entscheidung von Bedeutung sein könnten, hinzuweisen. Eine Stellungnahme zu materiellrechtlichen Fragen ist daher im Merkblatt nur soweit bezogen, als sie unmittelbar das Feststellungsverfahren beeinflußt.

---

[143] *Wagner* NJW **1969** 1282, 1283; vgl. ferner BGH NJW **1997** 2817, 2818; LM Nr. 8 zu § 346 (B) HGB = BB **1980** 1552.
[144] Vgl. BGH LM Nr. 8 zu § 346 (B) HGB = BB **1980** 1552.
[145] *Böshagen* NJW **1956** 695, 697; vgl. auch BGH LM Nr. 3 zu § 346 (B) HGB; LM Nr. 18 zu § 346 (D) HGB.
[146] BGH LM Nr. 4 zu § 346 (B) HGB.

II. Wesen des Handelsbrauchs

Begriffsbestimmung

(1) Unter Handelsbräuchen versteht man die „Gewohnheiten und Gebräuche" des § 346 HGB. Sie sind tatsächlich Übungen, die sich für Geschäftsvorgänge vergleichbarer Art innerhalb eines Ortes, eines Bezirkes oder auch im ganzen Bundesgebiet gebildet haben; sie können sich ändern oder auch erlöschen. Sie werden daher im Einzelfall festgestellt und können weder „festgelegt" noch „in Kraft gesetzt", „vereinheitlicht" oder „aufgehoben" werden. Es handelt sich um ein konkretes Verhalten der beteiligten Verkehrskreise im regelmäßigen Geschäftsverkehr, auf das nach § 346 HGB Rücksicht zu nehmen ist, falls seine Bedeutung für gleichartige Vertragsverhältnisse bei Fehlen anderweitiger Vereinbarungen von den beteiligten Verkehrskreisen anerkannt ist. Wenn einer Handhabung von einem beachtenswerten Teil der Verkehrskreise wiederholt ausdrücklich widersprochen ist, kann ein Handelsbrauch im Sinne von § 346 HGB trotz Feststellung der tatsächlichen Übung nicht angenommen werden.

(2) Handelsbräuche dienen nicht nur zur Auslegung einer Erklärung (z. B. handelsübliche Vertragsklauseln), sondern ersetzen auch eine im Vertrag nicht vorhandene Erklärung (Vervollständigung des Vertragsinhaltes; Ausfüllung einer Vertragslücke). Eine Rücksichtnahme auf Handelsbräuche ist auch dann geboten, wenn die Vertragspartner sie im Einzelfall nicht kennen. Das „Rücksichtnehmen" bedeutet, daß ein Handelsbrauch für das Gericht keine ohne weiteres bindende Norm ist; vielmehr können im Einzelfall besondere Umstände die Berufung auf den Handelsbrauch als sittenwidrig, mißbräuchlich oder aus sonstigen Gründen unzulässig erscheinen lassen.

(3) Handelsbräuche kommen in Betracht unter Vollkaufleuten, unter Umständen mit Einschluß der Minderkaufleute. Sie unterscheiden sich ihrem Wesen nach nicht von der Verkehrssitte der §§ 157 und 242 BGB, die sich auch auf Nicht-Kaufleute bezieht.

(4) Im Zusammenhang mit § 346 HGB sollte zur Vermeidung von Mißverständnissen nur das Wort „Handelsbrauch" Verwendung finden; werden die Begriffe „Handelsübung", „Handelsgepflogenheit", „handelsüblich" oder auch „üblich" benutzt, so soll ihre Bedeutung ersichtlich gemacht werden.

(5) Von einer tatsächlichen Übung ist zu unterscheiden:

> *a) eine bloße Verkehrsauffassung oder Rechtsauffassung (z. B. Antwort der Befragten: „Der Fall ist zwar praktisch bei mir noch nicht vorgekommen, aber ich würde die Handhabung in dieser oder jener Weise für richtig oder zweckmäßig halten");*
>
> *b) ein regelmäßiger, natürlicher Geschehensablauf (z. B. die Tatsache des Schwundes bei bestimmten Gütern, die tatsächliche, erfahrungsgemäße Wertminderung durch Gebrauch und dgl.). Solche Tatsachen sind erst Gegenstand eines Handelsbrauches, wenn man sie z. B. bei der Abrechnung in bestimmter Höhe ohne weiteren konkreten Nachweis üblicherweise gelten läßt.*

Dauer der Übung

(6) Eine bestimmte Mindestdauer einer tatsächlichen Übung kann für das Entstehen eines Handelsbrauches nicht gefordert werden. Es muß sich jedoch um eine beiderseitige ständige gleichmäßige Anwendung durch Kaufleute in einer Vielzahl von vergleichbaren Fällen handeln, die deshalb als Regel angesehen werden kann. Bei besonders häufiger Anwendung kann die zeitliche Dauer geringer sein.

Generalisierung

(7) Gegenstand des festzustellenden Handelsbrauchs kann nicht der Einzelfall in seiner konkreten Ausgestaltung sein. Aus dem Einzelfall muß vielmehr der für gleichartige Geschäfte typische Gehalt herausgestellt werden. Die Verallgemeinerung darf jedoch nicht zu weit gehen, damit die Vergleichbarkeit der Fälle gewährleistet bleibt.

In jedem Falle muß Klarheit darüber herrschen, innerhalb welcher Geschäftszweige und zwischen welchen Wirtschaftsstufen der Handelsbrauch bestehen soll.

Abgrenzung vom Vertrag

(8) Für die Feststellung eines Handelsbrauches (bzw. einer Verkehrssitte nach BGB) ist nur dann Raum, wenn und soweit der Inhalt des Vertrages, auch im Wege der Auslegung, nichts Ausreichendes über die strittige Frage ergibt.

Persönlicher Bereich

(9) Ein Handelsbrauch kann sich nur innerhalb derjenigen Verkehrskreise entwickeln, in denen Geschäfte der betreffenden Art üblich sind. Im Verhältnis zu einem nicht zu diesen Verkehrskreisen gehörenden Vertragspartner wird sich daher im allgemeinen ein in den regelmäßig beteiligten Verkehrskreisen bestehender Handelsbrauch nicht anwenden lassen.

Eine besonders vorsichtige und zurückhaltende Prüfung empfiehlt sich, wenn zwischen Kaufleuten eines bestimmten Geschäftszweiges und Kaufleuten unterschiedlicher Abnehmerkreise, mit denen regelmäßig nur einmal ein Geschäft getätigt wird, ein Handelsbrauch festgestellt werden soll (z. B. ein Fabrikant liefert an Bäcker, Metzger, Textileinzelhändler usw. nur einmal in ihrem Berufsleben eine Ladeneinrichtung). Das gleiche gilt, soweit im Verkehr zwischen Kaufleuten und Privatverbrauchern eine Verkehrssitte in Frage steht, die sich auf Geschäfte bezieht, die normalerweise nur einmal im Leben getätigt werden, z. B. die Anschaffung eines Schlafzimmers.

(10) Ebenso wie sich ein Handelsbrauch örtlich beschränkt bilden kann, ist es auch möglich, daß er nur innerhalb einer bestimmten Gruppe von Gewerbetreibenden besteht, während für andere Teile dieser Handelsbrauch nicht gilt. Es muß sich dann aber um einen nach objektiven Maßstäben klar abgrenzbaren Kreis handeln (z. B. Handelsbrauch möglich zwar innerhalb „der Großbanken und ihrer Kundschaft", nicht „der angesehenen Kunsthändler und ihrer Kundschaft").

Handelsbrauch und Gesetz

(11) Es ist nicht Aufgabe der Kammer, die rechtliche Auswirkung des festgestellten Handelsbrauchs auf den konkreten Sachverhalt zu beurteilen. Dennoch ist es auch für die Bearbeitung der gerichtlichen Anfrage wichtig zu wissen, daß in manchen Fällen eine tatsächliche Übung keine rechtliche Wirkung haben kann, z. B. wenn sie mit zwingenden Vorschriften des Gesetzes in Widerspruch steht. Dann wird sich ein entsprechender Hinweis an das Gericht empfehlen, weil sich in diesem Falle Feststellungen durch die Kammer erübrigen.

In der in Rechtsprechung und Schrifttum nicht eindeutig geklärten Frage

„Wirkt ein Handelsbrauch ohne weiteres auch gegenüber dispositivem Recht?"

sowie bei den Fragen

„Ist der behauptete Handelsbrauch ein Mißbrauch" (Beispiel: Eigentumsvorbehalt als Handelsbrauch mißbräuchlich, weil gegen allgemeine Rechtssicherheit verstoßend?) oder

§ 346 Viertes Buch. Handelsgeschäfte

„Verstößt die Anwendung des Handelsbrauchs im konkreten Einzelfall gegen Treu und Glauben?"
empfiehlt sich ebenfalls ein Hinweis an das Gericht, verbunden mit der Mitteilung des Ergebnisses der getroffenen Feststellungen.

Handelsbrauch und allgemeine Geschäftsbedingungen

(12) Von Verbänden und anderen Zusammenschlüssen aufgestellte Geschäftsbedingungen sind als solche nicht ohne weiteres Handelsbrauch. Häufig wird jedoch versucht, auf diese Weise einen Handelsbrauch zu schaffen. Ist die Einführung einzelner Bestimmungen solcher Geschäftsbedingungen oder in Ausnahmefällen sogar der Bedingungen in ihrer Gesamtheit in dem Maße gelungen, daß die Anwendung zu einer tatsächlichen, anerkannten Übung geworden ist, so werden sie als Handelsbrauch anzusehen sein. Geschäftsbedingungen „in toto" haben sich in der Praxis sehr selten als Handelsbräuche erwiesen. Es empfiehlt sich daher, nicht nur danach zu fragen, ob die Geschäftsbedingungen in ihrer Gesamtheit auch ohne ausdrückliche Vereinbarung als Vertragsinhalt gelten, sondern auch festzustellen, ob die betreffende Einzelbedingung Handelsbrauch ist, sofern die letztere Feststellung nicht überhaupt genügt.

(13) Wenn eine bestimmte Regelung ständig vereinbart wird, so ist damit die Regelung selbst noch nicht ohne weiteres als Handelsbrauch anzusehen. Man könnte vielmehr sogar aus einer häufigeren Vereinbarung schließen, daß sie nicht als Handelsbrauch gilt, da sie sonst nicht ausdrücklich vereinbart zu werden brauchte. Immerhin schließt die ständige Vereinbarung aber nicht aus, daß sich die Regelung neben der üblichen Vereinbarung auch als Handelsbrauch eingebürgert hat, weil die Regelung ständig tatsächlich geübt worden ist.

(14) Zu unterscheiden hiervon sind die Fälle, in denen Geschäftsbedingungen bei besonders häufig vorkommenden Geschäftstypen in ihrer Gesamtheit als vereinbarter Vertragsinhalt gelten können; das setzt im allgemeinen aber voraus, daß der Vertragspartner annehmen mußte, daß der andere nur zu seinen Geschäftsbedingungen abschließen wollte (Beispiel: Beförderungsbedingungen bei der Bundesbahn; Versicherungsbedingungen der betreffenden Versicherungsgesellschaft; Banken).

III. Feststellungsverfahren

Feststellungsorgane

(15) Die Feststellung von Handelsbräuchen gehört zu den besonderen Aufgaben der Industrie- und Handelskammern. Sie sind hierzu befähigt, weil sie als unterste regionale Gliederung der Gesamtwirtschaft in unmittelbarer Fühlung mit den Kaufleuten die verschiedensten Gewerbegruppen betreuen, dadurch einen umfassenden Überblick besitzen und deshalb am ehesten die Gewähr bieten, einseitige Interessen einzelner Firmen oder Gruppen auszuschalten. Die Feststellung von Handelsbräuchen durch Befragung eines Sachverständigen durch das Gericht wird regelmäßig nicht zweckmäßig sein, weil dieser zwar technische Sachkenntnisse besitzt, nicht aber die den Industrie- und Handelskammern gegebene Möglichkeit einer umfassenden Befragung der Verkehrskreise über tatsächliche Gebräuche hat.

Vorbereitung der Befragung

(16) Um zu prüfen, welche Verkehrskreise in Frage kommen, wird es häufig nötig sein, technische Vorfragen zu klären, damit nicht durch Befragung falscher oder nur zum Teil zutreffender Kreise ein unrichtiges Bild entsteht. Unter Umständen ist es daher erforderlich, Sachkundige (der Kammer nahestehende Kaufleute, vereidigte

Sachverständige u. dgl.) darüber zu hören, in welcher Art von Betrieben die betreffenden Artikel hergestellt, gehandelt oder gebraucht werden bzw. die in Rede stehenden Geschäftsvorgänge vorkommen.

(17) Da Feststellungen sowohl über einen zu spezialisierten Einzelfall als auch über einen zu stark verallgemeinernden Tatbestand zu falschen Ergebnissen führen können [vgl. Ziff. (7)], empfiehlt sich eine Überprüfung des Gerichtsersuchens auch in dieser Richtung und eventuell eine Anfrage an das Gericht, für welchen Sachverhalt und für welchen Verkehrskreis der Brauch festgestellt werden soll.

(18) Falls der Beweisbeschluß nicht bereits ein geschlossenes Bild über den Gegenstand der Befragung, der Verkehrskreise usw. ergibt, müssen die Gerichtsakten angefordert werden.

(19) Regelmäßig müssen die Verkehrskreise beider Beteiligten gefragt werden. Handelt es sich um mehrere Wirtschaftsstufen, so müssen alle in Frage kommenden Wirtschaftsstufen (Hersteller, Großhändler, Handelsvertreter, Einzelhandel, Versandhandel, Gaststätten, ambulantes Gewerbe usw.) in die Umfrage einbezogen werden. Ist eine Wirtschaftsstufe im Kammerbezirk nicht oder unzureichend vertreten, so muß geprüft werden, ob entweder von vornherein oder nach dem Ergebnis der Umfrage bei den übrigen Firmen eventuell andere Kammern eingeschaltet werden müssen (siehe Ziff. 22 ff). Innerhalb der verschiedenen Wirtschaftsstufen empfiehlt es sich, nach Firmengröße zu streuen. Die Zahl der zu Befragenden sollte nicht zu klein gewählt werden. Die sorgfältige Auswahl der zu befragenden Firmen ist von entscheidender Bedeutung für die Richtigkeit des Ergebnisses.

(20) Da es bei der Feststellung von Handelsbräuchen vor allem auf die unmittelbare Mitteilung des Gewerbetreibenden über seine eigene Handhabung ankommt, sollte das Schwergewicht auf die unmittelbare Firmenbefragung gelegt werden. Ob es sich neben oder nach Abschluß der Firmenumfrage empfiehlt, auch örtliche und überörtliche Verbände zu fragen, muß von Fall zu Fall entschieden werden. Bei Verbandswünschen ist, auch wenn sie wirtschaftspolitisch berechtigt sind, zu prüfen, ob sie sich bereits als Handelsbrauch durchgesetzt haben und ob kartellrechtliche Bedenken bestehen.

(21) Im Handelsregister eingetragene Handwerker und solche Handwerker, die gleichzeitig ein Handelsgeschäft oder dergleichen betreiben, können ebenfalls unmittelbar von der Industrie- und Handelskammer befragt werden. Um auch weitere Handwerkskreise zu erfassen, wenden sich die Industrie- und Handelskammern zweckmäßigerweise an die Organisationen des Handwerks (Handwerkskammern, Innungen, Kreishandwerkerschaften usw.).

Verfügt die Kammer auf dem betreffenden Sachgebiet über vereidigte Sachverständige, so wird auch deren Befragen tunlich sein.

Einbeziehung anderer Kammern

(22) Im allgemeinen ist davon auszugehen, daß der Handelsbrauch am Sitz der befragten Industrie- und Handelskammer oder innerhalb des Kammerbezirks festgestellt werden soll. In der Regel erübrigt sich daher die Inanspruchnahme anderer Kammern.

(23) Ist die Zahl der einschlägigen Firmen am Ort der Kammer oder im Kammerbezirk zu gering, so wird sich durch eine Befragung der bezirklichen Verkehrskreise ein Handelsbrauch in diesem Bezirk nicht feststellen lassen. Es ist jedoch möglich, daß sich auf überbezirklicher Ebene ein Handelsbrauch gebildet hat, der auch für den Bezirk der befragten Kammer gilt. Das müßte dann durch zusätzliche Befragung anderer

Kammern – entweder durch das Gericht oder mit dessen Einvernehmen durch die zunächst befragte Kammer – festgestellt werden.

(24) Läßt sich bereits vor der Umfrage im Kammerbezirk oder nach deren Ergebnis erkennen, daß sich daraus ein eindeutiges Bild nicht gewinnen läßt, oder besteht die Befürchtung, daß die eingeholten Auskünfte von interessierter Seite „gesteuert" sind, so müssen gegebenenfalls auch andere Kammern um geeignete Feststellungen gebeten werden. Dabei ist jedoch sorgfältig zu überlegen, an welche Kammern sich die vom Gericht befragte Kammer wendet. Je nach Lage der Sache können das unmittelbar benachbarte Kammern oder auch solche sein, in deren Bezirk sich hauptsächlich die in Frage kommenden Geschäftsvorgänge abspielen, die betreffende Wirtschaftsstufe stark vertreten ist oder bei denen aus sonstigen Gründen mit besonderen Erfahrungen zu rechnen ist. Von einer Einschaltung des Deutschen Industrie- und Handelstages (bzw. der Länderarbeitsgemeinschaften) sollte nur Gebrauch gemacht werden, wenn sich tatsächlich die Streuung der Umfrage über das Bundesgebiet (bzw. das Land) als notwendig erweist. Ob eine solche Einbeziehung anderer Kammern ohne vorherige Abstimmung mit dem Gericht erfolgen soll, hängt davon ab, ob die Ausdehnung der Umfrage nur zur Absicherung des Ergebnisses im eigenen Kammerbezirk dienen soll oder ob ohne sie (z. B. wegen Fehlens einschlägiger Verkehrskreise oder Wirtschaftsstufen) am Ort der befragten Kammer ein Ergebnis überhaupt nicht zu erzielen ist.

(25) Läßt sich aus der Anfrage des Gerichts ohne weiteres erkennen, daß zweifellos nur ein Handelsbrauch in einem anderen Bezirk in Frage kommt, so wird sich im Interesse der Parteien ein entsprechender Hinweis an das Gericht unter Rückgabe der Akten empfehlen.

Verwendung vorhandenen Materials

(26) Hat die befragte Kammer bereits in derselben Frage vor kurzem Feststellungen für ein Gericht getroffen, so wird sie sich im allgemeinen darauf beschränken können, dem Gericht das damals gefundene Ergebnis zu übermitteln. Liegt die Umfrage bereits einige Jahre zurück, so muß mit Rücksicht auf die inzwischen möglicherweise eingetretene Entwicklung eine erneute kurze Anfrage (eventuell Stichproben) an die betreffenden Firmen dahingehend gerichtet werden, ob die damalige Auskunft noch zutrifft. Auf noch weiter zurückliegende Umfragen wird nur mit größter Zurückhaltung zurückgegriffen werden können. Eine neue vollständige Umfrage wird dann meistens nicht zu vermeiden sein.

Mit gleicher Vorsicht wird auch die vorher erfolgte Feststellung von Handelsbräuchen anderer Kammern zu verwerten sein, obwohl solche Feststellungen (Fallsammlung des Deutschen Industrie- und Handelstages; vgl. Ziff. 35) wertvolle Hinweise für die Arbeit der eigenen Kammer geben können.

Formulierung der Anfrage

(27) Im Regelfall sollte die Beweisfrage des gerichtlichen Beweisbeschlusses den Befragten im Wortlaut vorgelegt werden. Wenn die Frage nicht aus sich heraus verständlich ist, muß sie entweder (unter exakter Beibehaltung des Inhaltes) verständlicher formuliert werden oder es muß aus dem Akteninhalt eine Erläuterung beigefügt werden. Dabei ist mit äußerster Vorsicht vorzugehen, weil unbedingt vermieden werden muß, daß durch eine von der Kammer gegebene Erläuterung der Sachverhalt verändert wird. Gleichzeitig muß verhindert werden, daß durch die Wiedergabe des konkreten Tatbestandes die Befragten gefühlsmäßig zu einer Entscheidung des Rechtsstreites bestimmt werden, statt daß sie sich auf eine Berichterstattung über die praktische Handhabung in der Branche beschränken. Da die Feststellung eines

„Handelsbrauches" schon eine Auswertung der tatsächlichen Einzelfeststellungen bedeutet, man diese Auswertung aber nicht den einzelnen Befragten überlassen sollte, wird man möglichst nicht nach „Handelsbrauch" oder „Handelsüblichkeit" fragen, sondern um Auskunft bitten, ob die befragte Firme die behauptete Übung selbst handhabt oder als üblich kennt.

Beispiel für Anfragen der Kammer:

(28) 1.a) Werden von Ihnen als Großhändler in Damenoberbekleidungsstoffen die gelieferten Stoffballen sofort auf Webfehler untersucht und bei Beanstandung innerhalb von drei Tagen nach Erhalt gerügt?

b) Wird über diese Frage üblicherweise eine Vereinbarung getroffen?

c) Gilt diese dreitägige Frist auch dann, wenn keine ausdrückliche Vereinbarung hierüber getroffen worden ist?

2. Wenn Sie die behauptete Übung nicht selbst handhaben: Ist sie nach Ihrer Kenntnis in den einschlägigen Geschäftskreisen üblich?

IV. Kammergutachten

Inhalt und Form der Kammeräußerung

(29) Die Äußerung der Kammer gegenüber dem Gericht ist eine Zusammenfassung ihrer Ermittlungen verbunden mit der Feststellung, ob ein Handelsbrauch besteht oder nicht. Insoweit ist sie zugleich ein Gutachten.

(30) Bei der Ermittlung handelsüblicher Fristen, Mengenbestimmungen und dergleichen kann die Befragung ergeben, daß eine übereinstimmende tatsächliche Übung hinsichtlich der Fristen oder der Mengen nicht besteht, daß jedoch die Über- bzw. Unterschreitung einer bestimmten Mindest- oder Höchstfrist (bzw. -menge) der allgemeinen Übung widerspricht. Es würde dann falsch sein, das Bestehen eines Handelsbrauches überhaupt zu verneinen, weil damit die Prozeßentscheidung möglicherweise unrichtig würde. Vielmehr wird ein solches Feststellungsergebnis dem Gericht durch die Kammer mitzuteilen und dabei zu bemerken sein, daß wenigstens ein bestimmter Teil der behaupteten Übung von allen Befragten als üblich bezeichnet wird. (Wenn z. B. ein Teil der Befragten eine dreitätige, der andere Teil eine fünftägige Rügepflicht als üblich bezeichnet, so kann als Handelsbrauch jedenfalls festgestellt werden, daß nach fünf Tagen nicht mehr gerügt werden kann. Entsprechendes gilt, wenn ein Teil der Firmen eine Untersuchung von 1 % der verpackten Ware für ausreichend hält, ein anderer Teil regelmäßig 2 % untersucht).

(31) Sofern sich bei Feststellung einer tatsächlichen Übung ergibt, daß ein wesentlicher Teil der Befragten der Handhabung zwar nicht widersprochen hat, sie aber als nicht ordnungsmäßig empfindet, so wird das Gericht bei Übermittlung des Feststellungsergebnisses hierüber zu unterrichten sein.

(32) Die Äußerung der Kammer soll klar und bei möglichst knapper Darstellung doch erschöpfend sein. Aus den Eingangs- oder Schlußsätzen (möglichst auch schon aus dem „Betreff") der Kammeräußerung muß klar hervorgehen, von welcher Fragestellung die Kammer ausgegangen ist, damit das Gericht und die Parteien erkennen können, ob die Feststellungen der Kammer und deren Ergebnis wirklich die Beweisfrage richtig und vollständig treffen.

(33) Es empfiehlt sich häufig, dem Gericht anzugeben, auf welche Kreise sich die Umfrage der Kammer erstreckt hat und möglicherweise auch, welches etwa unter-

schiedliche Ergebnis die Umfrage in den einzelnen Wirtschaftsstufen, Geschäftszweigen usw. gehabt hat. Soweit Auskünfte von Fachverbänden im Gutachten verwertet werden, sind sie regelmäßig als solche zu bezeichnen. Da die Feststellung über das Bestehen oder Nichtbestehen eines Handelsbrauches normalerweise nur im Kammerbezirk getroffen worden ist, muß dem Gericht mitgeteilt werden daß der Handelsbrauch „im Bezirk der IHK ..." bestehe bzw. nicht bestehe. – Hat sich die Einschaltung anderer Kammern aus den erwähnten Gründen als notwendig erwiesen, so ist auch das in den anderen Bezirken ermittelte Ergebnis anzugeben.

(34) Wenn im Einzelfalle der festgestellte Brauch nicht ohne weiteres verständlich erscheinen kann, wird es zweckmäßig sein, anzugeben, was zu der Entstehung des Handelsbrauchs geführt hat.

(35) Eine Erörterung der Rechtslage durch die Kammer muß grundsätzlich unterbleiben. Immerhin wird es aber der befragten Kammer nicht zu verdenken sein, wenn diese z. B. darauf aufmerksam macht, daß sich die Entscheidung der Beweisfrage möglicherweise aus einer bestehenden, im Prozeß aber noch nicht erörterten Rechtsvorschrift ergibt.

(36) Bei der von der Kammer zu treffenden Schlußfolgerung über das Bestehen eines Handelsbrauches ist ein strenger Maßstab anzulegen. Eine rein zahlenmäßige Gegenüberstellung der Auskünfte wird im allgemeinen nicht zweckmäßig sein, da die Antworten der befragten Firmen z. B. hinsichtlich ihrer besonderen Marktübersicht gewertet werden müssen. Es wäre daher bedenklich, bestimmte v. H.-Sätze bejahender Stimmen (etwa 80 % oder 70 % oder ähnliche Zahlen) als alleinige Grundlage für die Feststellung eines Handelsbrauchs zu verwenden. Gegebenenfalls ist dem Gericht gegenüber darauf hinzuweisen, daß die Entwicklung zwar in Richtung einer allgemein werdenden Übung zu gehen scheine, sich die behauptete Übung aber zur Zeit noch nicht zu einem Handelsbrauch verdichtet habe. Wenn der Kammer bekannt ist, daß bereits andere Kammern (oder auch Gerichte), unabhängig von der jetzigen Anfrage des örtlichen Gerichtes, zu derselben Frage Stellung genommen haben, so empfiehlt es sich, dies in der Äußerung der befragten Kammer zu erwähnen.

Überprüfung der Ergebnisse

(37) In manchen Fällen kann es zweckmäßig sein, das Ergebnis des durchgearbeiteten Materials vor der Herausgabe an das Gericht nochmals einer besonderen Prüfung zu unterziehen. In welcher Weise dies geschieht, ob etwa durch Einschaltung von Sachverständigen oder dadurch, daß den Befragten ein Entwurf zugesandt wird, muß der einzelnen Kammer überlassen bleiben.

Sammlung von Handelsbrauch-Feststellungen

(38) Es empfiehlt sich, von jeder Feststellung über einen Handelsbrauch dem Deutschen Industrie- und Handelstag zur Ergänzung seiner Fall-Sammlung Kenntnis zu geben und das Ergebnis der Feststellung in geeigneten Fällen auch in dem Mitteilungsblatt der Kammer bekanntzugeben. Dadurch können alle Kammern in bei ihnen vorkommenden Fällen von den Erfahrungen und Feststellungen anderer Kammern (in dem oben angegebenen eingeschränkten Umfang) Nutzen ziehen. Bei Fall-Sammlungen über Handelsbräuche ist aber zu beachten, daß die örtlich getroffenen Feststellungen durchaus nicht ohne weiteres für andere Kammerbezirke gelten [siehe Ziff. (24)] und außerdem alle Handelsbrauch-Feststellungen zeitlich bald überholt sein können. Von einer allgemeinen Publizierung von Fall-Sammlungen (durch Buch oder Broschüre) sollte aus diesem Grunde, aber auch zur Vermeidung der Erstarrung von Handelsbräuchen, abgesehen werden.

Handelsbrauch-Feststellungen für Firmen
(39) Gutachten der Industrie- und Handelskammern über das Bestehen oder Nichtbestehen von Handelsbräuchen sollten grundsätzlich nur gegenüber Gerichten und Behörden gestattet werden. Anträge von Firmen an die Kammer, Feststellungen über das Vorhandensein eines Handelsbrauches zu treffen, müssen daher im allgemeinen abgelehnt werden. Es können aber den Firmen bereits vorhandene Gutachten der eigenen oder einer anderen Kammer bekanntgegeben werden, wobei auf die Gefahren bei der Verwertung von Feststellungen an anderen Orten und zu früheren Zeitpunkten hinzuweisen ist. Häufig wird die gemeinsame Bitte von Bezirksfirmen an die Kammer auf Erstattung eines Handelsbrauch-Gutachtens damit begründet, daß die strittige Frage nicht rechtshängig werde oder ihre Klarstellung gerade zur Vermeidung eines Prozesses dienen solle. Selbst in solchen Fällen wird kein eigentliches umfassendes Kammergutachten zu erstellen sein, sondern die Kammer kann sich im Interesse ihrer Bezirksfirmen und gewissermaßen in deren Auftrag in den einschlägigen Geschäftskreisen erkundigen, um das Ergebnis den anfragenden Firmen für deren eigene Entscheidung zur Verfügung zu stellen. Solche Erkundigungen erfolgen zweckmäßigerweise neutral, d. h. ohne Firmennennung. Es muß dabei seitens der Kammer deutlich gemacht werden, daß damit einem etwa später auf Anforderung des Gerichtes zu erstattenden Gutachten weder vorgegriffen werden kann noch soll.

4. Sonstige Umfragen

Der erforderliche Beweis kann auch durch eine nach den Regeln der Demoskopie repräsentative Umfrage (vgl. BGH NJW **1997** 2817, 2818) eines Marktforschungsinstituts erhoben werden (*Wagner* NJW **1969** 1282, 1283). Diese Art der Beweiserhebung wird an Bedeutung gewinnen, da durch die §§ 1 ff HGB n. F. die Zahl der Kaufleute stark ausgeweitet worden ist. Ob die Umfragen eines Berufsverbandes, der nur eine Marktseite repräsentiert, ausreichend neutral ist, ist zu bezweifeln.[147] Dies spielt z. B. bei Umfragen der Handwerkskammern eine Rolle. Gegebenenfalls muß die nicht im Berufsverband organisierte Marktgegenseite durch ihren Verband oder ein neutrales Institut befragt werden. **58**

VIII. Beweislast, Beweiserhebung

Derjenige, der sich auf die Existenz eines bestimmten Handelsbrauchs beruft, hat ihn konkret darzulegen und trägt die Beweislast.[148] Verfügt das Gericht nicht über ausreichende Sachkunde in Hinblick auf den behaupteten Handelsbrauch (oben Rdn. 53), so hat es den Beweis durch Sachverständige (dazu oben Rdn. 53) zu erheben. Der Sachverständigenbeweis ist gemäß § 403 ZPO von Amts wegen einzuholen; denn für den Beweisantritt genügt die summarische Bezeichnung der zu begutachtenden Punkte sowie das Ergebnis, zu dem der Sachverständige gelangen soll.[149] Das Gericht darf mithin die bestrittenen Behauptungen nicht einfach übergehen, zumal wenn die beweisbelastete Partei einen Antrag auf Einholung eines Sachverständigengutachtens gestellt hatte. Die beweisbelastete Partei muß weder den Weg mitteilen, auf dem der Sachverständige zu seinem Ergebnis gelangt (BGH NJW **1995** 130, 131), noch muß sie den Sachverständigen benennen, dessen Auswahl gemäß § 404 I ZPO Aufgabe des **59**

---

[147] A. A. *Röhricht/Graf von Westphalen-Wagner* HGB¹, § 346 28.
[148] BGH BB **1972** 572; DB **1962** 197; OLG Köln NJW-RR **1998** 926.
[149] BGH NJW **1995** 130, 131; *Thomas/Putzo* ZPO²², § 403 1.

§ 346

Gerichts ist. Das Gericht kann allerdings die Parteien auffordern, Personen zu benennen, die geeignet sind, als Sachverständige vernommen zu werden (§ 404 III ZPO). Diese Benennung kann jedoch nicht erzwungen werden (*Zöller-Greger* ZPO[20], § 404 3). Deshalb stößt das Urteil des BGH (NJW **1993** 1798) auf Bedenken, in dem der BGH davon auszugehen scheint, es sei Sache der beweisbelasteten Partei, einen geeigneten Sachverständigen mit ladungsfähiger Anschrift zu benennen. Wie die ständige Praxis der Einholung von Gutachten der Industrie- und Handelskammer[150] zeigt, ist die beweisbelastete Partei auch nicht gehalten, eine natürliche Person als Sachverständigen zu benennen (so aber BGH NJW **1993** 1798). In ständiger Rechtsprechung läßt der BGH auch die Einholung von Auskünften durch Meinungsforschungsinstitute oder Berufsverbände zu.[151] Zum Beweisbeschluß siehe oben Rdn. 55.

IX. Revisibilität

60 Da es bei der Ermittlung von Handelsbräuchen um Tatsachenfeststellung geht, kann die Revision nicht damit begründet werden, daß kein Handelsbrauch in dem vom Gericht festgestellten Sinn existiert bzw. daß entgegen der Feststellung des Gerichts ein Handelsbrauch besteht.[152] Revisibel ist jedoch der Weg, auf dem das Gericht zu dieser Feststellung gekommen ist, d.h. das Urteil ist daraufhin überprüfbar, ob die zivilprozessualen Regeln der Beweiserhebung eingehalten worden sind sowie ob der festgestellte Handelsbrauch zutreffend berücksichtigt worden ist (*Heymann/Horn* HGB[1], § 346 31 m. Nachw.). Insbesondere kann gerügt werden, daß das Sachverständigengutachten ohne sichere Grundlage der Feststellungen der Tatsachen, ohne Offenlegung der eingesetzten Methoden erstellt worden sei, das Gutachten unschlüssig sei oder daß unzweckmäßige Erhebungsverfahren verwandt worden seien.[153] Die Revision ist auch dann zulässig, wenn der Handelsbrauch nur im Bezirk eines OLG oder noch lokal begrenzter existiert, falls eine Verletzung der §§ 286, 355 ff ZPO gerügt wird.[154]

C. Schweigen auf Bestätigungsschreiben

I. Rechtsgrundlage

61 Das Recht des Bestätigungsschreibens hat seine Wurzel in Handelsbräuchen.[155] Im Laufe der Zeit hat es sich nicht nur richterrechtlich verfestigt, sondern ist nach der heute ganz h.M. zum Gewohnheitsrecht, jedenfalls zum Teil des objektiven Rechts geworden.[156] Bei der Fortbildung der Rechtsfigur braucht mithin nicht von Fall zu

---

[150] Oben Rdn. 54; nach BGH NJW **1997** 2817, 2818 ist allerdings das Ergebnis der Umfragen der IHK über § 377 III ZPO als Auskunft in das Verfahren einzuführen.
[151] BGH NJW-RR **1987** 350; NJW **1997** 2817, 2818; *Thomas/Putzo* ZPO[22], § 404 6.
[152] BGH NJW **1966** 502, 503 = LM Nr. 4 zu § 346 (B) HGB.
[153] BGH NJW **1966** 503, **1977** 387; WM **1980** 1123.
[154] Abweichend Vorauflage-*Ratz* unter Hinweis auf RGZ 106 122; 114 67; 124 332.
[155] ROHG 1 76, 81; RGZ 54 176, 180; 114 282, 283; 129 347, 349; BGHZ 11 1, 5; 18 212, 216; WM **1975** 831; *Schlegelberger/Hefermehl* HGB[5], § 346 120; *Hofmann* Handelsrecht[10], S. 190.

[156] *Flume* Allgemeiner Teil des Bürgerlichen Rechts, Das Rechtsgeschäft, § 36 6; *Canaris* Die Vertrauenshaftung im deutschen Privatrecht (1971), S. 206; *ders.* Handelsrecht[23], § 25 II 1; *K. Schmidt* Handelsrecht[5], § 19 III 1 b; *Roth* in *Koller/Roth/Morck* HGB[2], § 346 23; *Baumbach/Hopt* HGB[30], § 346 17; *Röhricht/Graf von Westphalen-Wagner* HGB[1], § 346 31; *Jung* Handelsrecht[2], § 3 17; *Heymann/Horn* HGB[1], § 346 49; *Deckert* JuS **1998** 121; *Bateau* in *Pfeiffer* Handbuch der Handelsgeschäfte, S. 82; *Huber* ZHR **161** (1997) 160, 162.

Fall empirisch den Gebräuchen der Kaufleute und der mit ihnen vergleichbaren Personen nachgegangen zu werden. Vielmehr kann die Figur anhand ihrer ratio und allgemeinen Rechtsgedanken neuen Entwicklungen der Vertragstechnik, der Kommunikation und des Rechtsbewußtseins angepaßt werden.

II. Funktionen der Rechtsfigur

Soweit behauptet wird, die Rechtsfigur des kaufmännischen Bestätigungsschreibens wurzele im Handelsbrauch (Rdn. 61), sind Überlegungen zur ratio des Handelsbrauchs überflüssig, da der Handelsbrauch (nur) so weit trägt, als er existiert (*Flume* aaO). Die objektiv-rechtliche Verfestigung der Figur des Bestätigungsschreibens (Rdn. 61) hat jedoch zu einer Vielzahl von Erklärungsversuchen geführt. Zum Teil wird die ratio des kaufmännischen Bestätigungsschreibens aus einer Erklärungsobliegenheit des Empfängers eines Bestätigungsschreibens abgeleitet.[157] Andere argumentieren mit der Figur des Verschuldens bei Vertragsschluß (*Fabricius* JuS 1966 54). Nahe liegt es, sich an die §§ 362, 75 h, 91 a anzulehnen.[158] Allerdings führt das nur begrenzt weiter, weil auch die ratio der §§ 362, 75 h, 91 a nicht unstreitig ist. Keinerlei sachliche Erklärung für die ratio der Rechtsfigur liefert auch die Einordnung des (kaufmännischen) Bestätigungsschreibens in die Kategorie der Erklärungsobliegenheiten bzw. Erklärungspflichten; denn es bleibt offen, warum der Empfänger eines Bestätigungsschreibens gehalten ist, unverzüglich zu antworten. *K. Schmidt* (Handelsrecht⁵, § 19 III 1 b) zufolge dient die Rechtsfigur des Bestätigungsschreibens dem objektiven Verkehrsschutz, der im Handelsverkehr zur Förderung der Schnelligkeit, Leichtigkeit und Sicherheit der Kommunikation besondere Bedeutung genießt. Dieser Ansatz läßt die Berücksichtigung der individuellen Unredlichkeit des Absenders des Bestätigungsschreibens (unten Rdn. 80) eher als Fremdkörper erscheinen. Dagegen kann das Element „Redlichkeit des Absenders des Bestätigungsschreibens" bruchlos in die Lehre von der Vertrauenshaftung integriert werden.[159] Maßgeblich ist mithin, daß der Absender des Bestätigungsschreibens darauf vertraut hat und vertrauen durfte, der Empfänger werde protestieren, wenn er mit dem schriftlich fixierten Inhalt des Bestätigungsschreibens nicht einverstanden ist. Gerade im Handelsverkehr sind die Beteiligten typischerweise in besonderem Maß darauf angewiesen, mit einfachen Mitteln schnell Klarheit über ihre Rechte, Pflichten und Risiken zu schaffen, um so Planungssicherheit zu gewinnen und rechtzeitig vorsorgen zu können. Im Handelsverkehr kommt es nämlich überdurchschnittlich häufig zu intensiven **Vertragsverhandlungen** mit einer Vielzahl von Angeboten, Gegenangeboten und modifizierten Annahmen, die wegen der Geschwindigkeit der Kommunikation nicht durchweg schriftlich fixiert werden. Das Ergebnis dieser Vertragsverhandlungen ist daher ex post unter den Parteien häufig umstritten, so daß eine Klärung der Rechtslage durch eine schriftliche Fixierung der beiderseitigen Standpunkte naheliegt. Dies kann unter Minimierung der Kommunikationskosten erfolgen, wenn eine Partei das Ergebnis der Verhandlungen festhält und die andere darauf nur dann reagiert, wenn sie anderer Ansicht ist, sonst aber schweigt. Zugleich entlastet dieses Verhalten Gerichte

---

[157] *Hanau* AcP **165** (1965) 220, 236 ff; *Kuchinke* JZ **1965** 167, 174.

[158] *Canaris* Handelsrecht²³, § 25 II 1; *Roth* in Koller/Roth/Morck HGB², § 346 23; *Flume* aaO, § 36 5; für Analogie zu § 362 BGB: *Diederichsen* JuS **1966** 134.

[159] *Diederichsen* JuS **1966** 135 ff; *Canaris* Vertrauenshaftung aaO, S. 206 ff; ders. Handelsrecht²³, § 25 II 1; ähnlich *Huber* ZHR **161** (1997) 160, 163 (venire contra factum proprium).

§ 346 Viertes Buch. Handelsgeschäfte

von mißlichen Beweisaufnahmen, die besonders oft die schwer zu entscheidende Frage nach der Glaubwürdigkeit der vernommenen Zeugen und Parteien aufwerfen.

Die Kommunikation im Handelsverkehr leidet ferner häufig darunter, daß die Verhandlungen von Angestellten geführt werden, deren **Vollmachten**, zumal bei Distanzgeschäften, weitgehend im Dunklen bleiben. § 54 HGB bietet insoweit nur begrenzte Abhilfe, weil ein Außenstehender vielfach nicht erkennen kann, welche Variante der Vollmacht sein Partner besitzt und ob ihm überhaupt Vollmacht erteilt worden ist. Nur zu gerne versuchen sich Kaufleute von ihnen nachteiligen Verträgen, die ihre Angestellten fahrlässigerweise abgeschlossen haben, dadurch zu lösen, daß sie sich auf das Fehlen der Vertretungsmacht ihrer Angestellten berufen. Ein einfacheres Mittel, als sich von Fall zu Fall eine Vollmachtsurkunde vorlegen zu lassen oder darauf zu bestehen, nur mit Prokuristen zu verhandeln, ist die Absendung eines Bestätigungsschreibens, dem der andere Teil entnehmen kann, daß und mit welchem Inhalt ein Dritter in seinem Namen aufgetreten ist, und das dem anderen Teil Gelegenheit gibt, zu protestieren, wenn das Vereinbarte seiner Ansicht nach außerhalb der Vertretungsmacht liegt.

63 Das Bedürfnis, die Vertragsverhandlungen möglichst einfach zu gestalten und abzukürzen, zwingt dazu, **Nebenpunkte**, über die aller Wahrscheinlichkeit nach Einigkeit besteht oder an denen jedenfalls der andere Teil aller Wahrscheinlichkeit nach den Vertrag nicht scheitern lassen wird, *aus den Verhandlungen auszuklammern*. Die Unsicherheit darüber, ob der andere Teil doch mit bestimmten Nebenpunkten nicht einverstanden ist, läßt sich einfach und kostensparend mittels Bestätigungsschreiben beseitigen, gegen das die andere Partei protestieren kann, wenn sie ausnahmsweise an den im Bestätigungsschreiben genannten Nebenpunkten den Vertragsschluß scheitern lassen will. Zugleich werden dadurch Prozesse von aufwendigen Feststellungen darüber entlastet, ob diese Nebenpunkte in der einschlägigen Branche dem Handelsbrauch entsprechen bzw. kraft Handelsbrauchs in den Vertrag einbezogen worden sind.

III. Voraussetzungen von Bestätigungsschreiben

1. Kaufleute

64 Die Regeln des kaufmännischen Bestätigungsschreibens kommen immer zum Tragen, wenn sowohl der Absender als auch der Empfänger des Bestätigungsschreibens Kaufleute im Sinn der §§ 1–6 (vor § 343 1 ff) oder Scheinkaufleute (vor § 343 36 f) sind und sich das Bestätigungsschreiben auf ein Handelsgeschäft (§ 343) bezieht.

2. Nicht-Kaufleute

65 Siehe Erläuterungen Rdn. 25 ff.

3. Schein-Nichtkaufleute

65a Das von einem Schein-Nichtkaufmann abgesandte oder empfangene Bestätigungsschreiben ist so zu behandeln, als wäre der Absender bzw. Empfänger Nicht-Kaufmann (beachte Rdn. 65).

4. Sachliche Voraussetzungen des Bestätigungsschreibens

66 a) **Form des Bestätigungsschreibens.** Das Bestätigungsschreiben muß in lesbarer Form abgefaßt sein. Es braucht nicht notwendig im Sinn des § 126 BGB unterschrieben zu sein. Denkbar ist auch, daß es eine gedruckte Unterschrift oder gar keine Unterschrift trägt, wenn es den Absender erkennen läßt (vgl. § 438 IV 2 HGB). Es kann auf jede denkbare Weise übermittelt werden, insbesondere auch mittels Telefax (OLG Hamm NJW **1994** 3172) oder e-mail.[160] Dagegen genügen auf einen Anrufbeantworter des Empfängers gesprochene Bestätigungen nicht den Anforderungen an ein Bestätigungsschreiben.

b) Schreiben, die einen Vertragsschluß bestätigen

aa) Kontaktaufnahme. In der Rechtsprechung[161] und in der Literatur[162] wird verbreitet gefordert, daß dem Bestätigungsschreiben Vertragsverhandlungen vorausgegangen sein müssen. Sicherlich ist das Bedürfnis nach einer Klarstellung durch ein Bestätigungsschreiben umso intensiver, je länger sich die Vertragsverhandlungen hingezogen haben. Ein Bedürfnis nach Klarstellung kann jedoch z. B. auch dort bestehen, wo die Parteien ohne besondere Verhandlungen eine telefonische Abmachung getroffen haben (*Canaris* Handelsrecht²³, § 25 II 3 c). Außerdem läßt sich der Punkt, von dem an von Vertragsverhandlungen im Unterschied zu einem Vertragsschluß ohne Verhandlungen gesprochen werden kann, nicht in rechtssicherer Weise bestimmen. Es muß deshalb genügen, daß dem Bestätigungsschreiben ein **(rechts)geschäftlicher** Kontakt vorausgegangen ist,[163] wobei gleichgültig ist, wie intensiv dieser Kontakt gewesen ist. Der Absender des Bestätigungsschreibens hat die (rechts)geschäftliche Kontaktaufnahme zu **beweisen** (BGH NJW **1990** 386; **1975** 1358). **67**

Die (rechts)geschäftliche Kontaktaufnahme muß grundsätzlich **mündlich, telegraphisch oder fernschriftlich** (BGH LM Nr. 12 zu § 346 [Ea] HGB) erfolgt sein (BGH NJW **1965** 965; BGHZ 54 236, 239). Gleiches sollte für Kontaktaufnahme per Telefax oder e-mail gelten, obwohl hier im Vergleich zur telegraphischen oder fernschriftlichen Kontaktaufnahme der wirtschaftliche Druck, die Kommunikation knapp zu halten (BGH LM Nr. 12 zu § 346 [Ea] HGB) nicht so groß ist; denn Bestätigungsschreiben können bei **Fax und e-mail** drohende Übermittlungsfehler ausgleichen (*Jauernig* BGB⁹, § 14 6 zum Telefax). In der Rechtsprechung des BGH[164] ist anerkannt, daß die Absendung eines „Bestätigungsschreibens" gleichfalls in Betracht kommt, wenn der angebliche Vertragsschluß auf der einen Seite durch mündliche, auf der anderen Seite durch eine schriftliche Erklärung bewirkt worden ist und der Absender des „Bestätigungsschreibens" derjenige ist, der die mündliche Erklärung abgegeben hat. In der Literatur[165] wird zwar verbreitet die Ansicht vertreten, daß Bestätigungsschreiben ferner dort eine Rolle spielen, wo die Vertragsverhandlungen mittels **Briefen** geführt worden sind, zumal wenn es sich um eine umfangreichere Korrespondenz gehandelt habe. In der hier zur Diskussion stehenden Fallgruppe „Bestätigung des Vertragsschlusses und Vertragsinhaltes durch Bestätigungsschreiben" existiert jedoch keine gesteigerte Unsicherheit, die die Ausdehnung der **68**

---

[160] *Ernst* NJW CoR **1997** 167; BGH NJW **1965** 965 spricht noch vom Schreiben.
[161] BGH NJW **1974** 991, 992 = LM Nr. 17 zu § 346 (Ea) HGB; NJW **1990** 386.
[162] *Roth* in *Koller/Roth/Morck* HGB², § 346 26; *Röhricht/Graf von Westphalen-Wagner* § 346 35.
[163] BGH NJW **1990** 386; OLG Köln CR **1991** 541: geschäftliches Gespräch.
[164] BGHZ 54 236, 239 ff; *Canaris* Handelsrecht²³, § 25 II 3 d.
[165] *Canaris* Handelsrecht²³, § 25 II 3 d; *Roth* in *Koller/Roth/Morck* HGB², § 346 26; *Heymann/Horn* HGB¹, § 346 50; Münchener Kommentar-*Kramer* BGB³, § 151 28; a. A. *Röhricht/Graf von Westphalen-Wagner* HGB¹, § 346 37.

Regeln zum kaufmännischen Bestätigungsschreiben erforderlich macht.[166] Anderes gilt in den Fällen, in denen das Bestätigungsschreiben der Klarstellung der Vertretungsmacht (Rdn. 107) oder erkennbar der Ergänzung des Vereinbarten (Rdn. 92) dient, erst recht, wenn bislang der Inhalt des Vereinbarten nur teilweise schriftlich fixiert worden ist.[167]

Der Absender des Bestätigungsschreibens hat die Kontaktaufnahme zu **beweisen**.[168]

69 bb) **Bestätigung des Abschlusses und Inhalts eines Vertrages.** Das Schreiben muß aus der objektiven Sicht des Empfängers[169] von der Vorstellung seines Absenders[170] getragen sein, daß ein Vertrag *mit einem bestimmten Inhalt zustande gekommen* ist.[171] Auf einseitige Erklärungen sind die Grundsätze des kaufmännischen Bestätigungsschreibens nicht anzuwenden (OLG Köln OLG-Rep 2000, 267). Das Bestätigungsschreiben muß nach seinem äußeren Erscheinungsbild dazu bestimmt und geeignet sein, das Ergebnis der Verhandlungen (Rdn. 67) wenigstens nach seinem wesentlichen Inhalt endgültig[172] festzuhalten.[173] Dabei kann auf ein Schreiben des Empfängers des Bestätigungsschreibens Bezug genommen werden (BGHZ 54 236, 241). Das Bestätigungsschreiben kann durchaus auslegungsbedürftig sein; Eindeutigkeit ist nicht erforderlich.[174] Nebenpunkte müssen nicht erwähnt werden (*Heymann/Horn* HGB¹, § 346 52). Wenn bei den Vertragsverhandlungen ein wesentlicher Punkt offen geblieben ist, stellt ein Schreiben, in dem *erkennbar erstmals* ein konkreter Vorschlag zu diesem Punkt unterbreitet wird, weder unter dem Aspekt der Bestätigung des Abschlusses noch unter dem Aspekt der Ergänzung des Vertrages (Rdn. 92) ein Bestätigungsschreiben dar.[175] Ebensowenig fällt der Schlußschein eines Maklers in die Kategorie der Bestätigungsschreiben, der den Vermerk trägt „Schlußschein des Verkäufers folgt" und damit zu erkennen gibt, daß die bisherigen Erklärungen der Parteien noch nicht ausreichend sind (BGH **NJW 1955** 1916, 1917). Rechnungen beinhalten ebenfalls keine Bestätigungsschreiben.[176] Ein Schreiben verliert seinen Charakter als Bestätigungsschreiben, wenn es zwar eine Vereinbarung festhält, aber auch darüber hinausgehende Forderungen stellt;[177] es enthält dann ein modifiziertes Angebot, das ausnahmsweise durch Schweigen angenommen wird (siehe Erläuterungen zu § 362 HGB). Der Einordnung eines Schreibens als Bestätigungsschreiben steht andererseits nicht entgegen, daß der Absender sein Schreiben nicht als Bestätigungsschreiben *bezeichnet* hat,[178] nicht ausdrücklich bestätigen will oder gar

---

[166] OLG Hamm DB **1968** 795; OLG Düsseldorf NJW-RR **1996** 622; *v. Dücker* BB **1996** 3, 4; *Thamm/Detzer* DB **1997** 213, 214.
[167] OLG Düsseldorf NJW-RR **1997** 211; *Deckert* JuS **1998** 121, 122.
[168] BGH NJW **1990** 386 = LM Nr. 26 zu § 346 (Ea) HGB; *K. Schmidt* Handelsrecht⁵, § 19 III 3 a.
[169] § 157 BGB analog; a. A. BGH NJW-RR **1986** 393 = LM Nr. 3 zu § 147 BGB: „Sicht des Bestätigenden", die allerdings objektiv ermittelt wird.
[170] OLG Hamm CR **1992** 270; *Roth* in *Koller/Roth/Morck* HGB², § 346 27; Münchener Kommentar-*Kramer* BGB³, § 151 27.
[171] BGH NJW **1972** 820; **1987** 1940, 1941; *v. Dücker* BB **1996** 3, 4.
[172] BGH LM Nr. 6 zu § 346 (D) HGB; *Schlegelberger/Hefermehl* HGB⁵, § 346 114.
[173] BGH NJW **1965** 965; OLG Düsseldorf MDR **1981** 1022; *Deckert* JuS **1998** 121, 123; *Heymann/Horn* HGB¹, § 346 51; a. A. *Roth* in *Koller/Roth/Morck* HGB², § 346 27.
[174] A. A. BGH NJW **1972** 820 = LM Nr. 16 zu § 346 (D) HGB; *Heymann/Horn* HGB¹, § 346 52.
[175] OLG Düsseldorf NJW-RR **1996** 622; *Heymann/Horn* HGB¹, § 346 51; *Roth* in *Koller/Roth/Morck* HGB², § 346 27.
[176] *Batereau* in *Pfeiffer* Handbuch der Handelsgeschäfte, S. 99 f.
[177] BGH NJW **1972** 820 = LM Nr. 16 zu § 346 (D) HGB.
[178] BGH NJW **1965** 965 = LM Nr. 8/9 zu § 346 (Ea) HGB; NJW **1987** 1940, 1941 = LM Nr. 25 zu § 346 (Ea) HGB; OLG Düsseldorf NJW-RR **1991** 374.

sein Schreiben als Auftragsbestätigung bezeichnet hat.[179] Unschädlich soll es sein, daß das Schreiben die Unterschrift eines Repräsentanten des Empfängers trägt.[180] Auch ist nicht erforderlich, daß die vorangegangenen *Verhandlungen* (Rdn. 67) ausdrücklich *erwähnt* oder in Bezug genommen werden, sofern das Schreiben nach seinem Inhalt erkennbar nur den Zweck erfüllen soll, einen Vertragsschluß als Ergebnis eines vorangegangenen Geschäftskontakts festzuhalten.[181] Dies ist nicht schon dann der Fall, wenn objektiv keine Veranlassung mehr zur Führung weiterer (Vor)Verhandlungen bestand (vgl. aber KG KG-Rep **1998** 169). Ein Schreiben, in dem lediglich das Ergebnis der Verhandlungen *ausgelegt* wird, ist wie ein Bestätigungsschreiben zu behandeln (BGH AG **1962** 253). Das Bestätigungsschreiben muß ebenfalls nicht erkennen lassen, wer mit wem geschäftlichen Kontakt aufgenommen hat, wenn hierfür nach den Umständen nur wenige Personen in Betracht kommen und dies für den Empfänger des Bestätigungsschreibens erkennbar ist (BGH WM **1975** 324, 325).

Das Bestätigungsschreiben ist von der **Auftragsbestätigung** abzugrenzen, die im Unterschied zum Bestätigungsschreiben nicht auf das Ergebnis eines vorangegangenen Geschäftskontakts (Rdn. 67) Bezug nimmt und einen (angeblich geschlossenen) Vertrag festhält, sondern erkennbar die Annahme des Angebots einer Partei enthält und damit erst den Vertrag zustande kommen lassen soll (BGH DB **1971** 2302; BGHZ **61** 282, 285). Auftragsbestätigungen sind auch Schreiben, mit denen der Adressat eines Vertragsangebots die Offerte erkennbar nur unter Abweichungen annimmt (§ 150 II BGB) oder der Empfänger einer invitatio ad offerendum erstmals ein Vertragsangebot abgibt. Der Empfänger einer Auftragsbestätigung ist anders als der Empfänger eines Bestätigungsschreibens nicht gehalten, unverzüglich zu widersprechen (BGHZ **18** 212, 215). Sein Schweigen gilt grundsätzlich nicht als Zustimmung zu der Erklärung des Absenders der Auftragsbestätigung. Vielmehr kommt ein Vertrag nach Maßgabe der Auftragsbestätigung in der Regel nur zustande, wenn der Empfänger der Auftragsbestätigung die modifizierte Annahmeerklärung (§ 150 II BGB) bzw. das Angebot seinerseits gemäß den §§ 145ff BGB annimmt.[182] Die Annahme kann dadurch erfolgen, daß der Empfänger der Auftragsbestätigung die Vertragsleistung widerspruchslos entgegennimmt.[183] Der Umstand, daß zwischen dem Zugang der Auftragsbestätigung und der Vertragsleistung ein Zeitraum liegt, der gemäß den §§ 146, 147 II BGB zum Erlöschen des Angebots führt, ist nach Ansicht des BGH irrelevant, weil die Vertragsleistung eine Erneuerung des modifizierten Angebots enthält.[184] Diese Qualifikation der Vertragsleistung fällt jedoch in die Kategorie der Willensfiktionen, eröffnet jedenfalls dem Empfänger der Vertragsleistung die Möglichkeit der Anfechtung gemäß § 119 I BGB (Inhaltsirrtum).

Weitergehend hat der BGH in DB **1977** 1311, 1312 angedeutet, daß das **Schweigen auf eine modifizierte Auftragsbestätigung** als Zustimmung angesehen werden könne, wenn das Schreiben nicht nur eine modifizierte Annahme enthält, sondern der Absender des Schreibens zugleich in ihm auch die Vertragsmodalitäten, über die bereits für den Fall des Zustandekommens des Vertrages Einigung erzielt worden ist, im einzelnen zu Beweiszwecken niederlegt, die Auftragsbestätigung mithin nach

---

[179] BGH NJW **1965** 965; **1974** 991 = LM Nr. 17 zu § 346 (Ea) HGB; BGHZ **54** 236, 239; OLG Köln CR **1991** 546; OLG Hamm CR **1992** 268, 270; KG KG-Rep **1997** 169.
[180] BGH NJW **1965** 965 = LM Nr. 8/9 zu § 346 (Ea) HGB.
[181] BGHZ **54** 236, 239; BGH WM **1975** 324, 325; Münchener Kommentar-*Kramer* BGB³, § 151 27.
[182] BGHZ **18** 212, 216; **61** 282, 285; BGH BB **1974** 1136; DB **1977** 1311; BB **1995** 950, 951.
[183] BGH BB **1995** 950, 951; *Thamm/Detzer* DB **1997** 213; kritisch *Bateau* in *Pfeiffer* Handbuch der Handelsgeschäfte, S. 99.
[184] BGH BB **1995** 950, 951; *Roth* in *Koller/Roth/Morck* HGB², § 346 28.

Inhalt und Zweck weitgehend dem kaufmännischen Bestätigungsschreiben entspricht.[185] Auch in einem solchen Fall besteht jedoch kein Anlaß, diese Variante der Auftragsbestätigung anders als sonstige Auftragsbestätigungen zu behandeln, weil der Vertragsschluß ersichtlich von der unmodifizierten Annahme abhängen sollte. Auf letzteres wird der Empfänger des Schreibens sein Hauptaugenmerk werfen und keinen Anlaß sehen, in Anbetracht einer modifizierten Annahmeerklärung nur deshalb aktiv zu werden, weil zugleich bereits ausgehandelte Punkte einer Vereinbarung bestätigt werden. Vielmehr gilt § 154 I BGB, demzufolge der Vertrag erst geschlossen ist, wenn über alle Punkte Einigung erzielt ist.

72 Allerdings erzeugt das Schweigen auf eine **Auftragsbestätigung** nach den für Bestätigungsschreiben geltenden Grundsätzen die Wirkung einer konkludenten Annahmeerklärung, wenn die **Parteien den Vertrag „abschlußreif" verhandelt haben**[186] und nicht vereinbart haben, daß der Vertragsschluß von einer schriftlichen Annahmeerklärung oder beiderseitigen Bestätigungen abhängen soll (unten Rdn. 76). Diese Bedeutung sollte man bei intensiven Vertragsverhandlungen dem Schweigen auf eine Auftragsbestätigung auch in Fällen beilegen, in denen die in der Auftragsbestätigung enthaltenen Modifikationen nur Nebenpunkte betreffen (unklar OLG München OLG-Report **1998** 235). Gleiches gilt, falls auf ein in **nicht-lesbarer Form abgegebenes Angebot** hin eine Auftragsbestätigung erteilt wird und der Empfänger der Auftragsbestätigung später behauptet, es habe sich um eine modifizierte Auftragsbestätigung gehandelt (*K. Schmidt* Handelsrecht[5], § 19 III 3 d). Im übrigen versteht es sich von selbst, daß der Vertrag zu den im Angebot genannten Konditionen zustandekommt, wenn der Absender der Auftragsbestätigung zwar Modifikationen anbringen will, diese aber für den Empfänger des Schreibens nicht erkennbar werden.

73 cc) **Unmittelbarer zeitlicher Zusammenhang.** Das Bestätigungsschreiben muß den Vertragsverhandlungen bzw. der zeitlich letzten geschäftlichen Kontaktaufnahme unmittelbar nachfolgen, d. h. zu ihnen in einem zeitlich engen Zusammenhang stehen.[187] Der Empfänger muß dem Bestätigungsschreiben nicht entnehmen können, wann und mit wem die angeblichen Vertragsverhandlungen geführt worden sind;[188] denn der Empfänger kann Bestätigungsschreiben, deren Bezug für ihn unklar ist, unschwer mit diesem Hinweis widersprechen (siehe auch Rdn. 69). Der Empfänger muß auf das Eintreffen des Bestätigungsschreibens vorbereitet sein (BGH NJW **1964** 1223, 1224), mit ihm rechnen können (*Schlegelberger/Hefermehl* HGB[5], § 346 116). Vier Wochen sind deshalb sicherlich zu lang (BGH NJW **1964** 1223, 1224), nach OLG München (BB **1995** 172) auch drei Wochen (ebenso *Thamm/Detzer* DB **1997** 213, 214). Im übrigen kommt es auf die Umstände des Einzelfalls an (BGH WM **1975** 324, 325), z. B. auf das Wochenende, Feiertage, nicht dagegen auf Betriebsferien,[189] auch nicht auf Vornahme einer Inventur (a. A. *v. Dücker* BB **1996** 3, 5), wenn diese zu diesem Zeitpunkt nicht handelsüblich oder dem anderen Teil nicht bekannt ist. Es genügt nicht, daß das Bestätigungsschreiben in engem zeitlichen Zusammenhang mit der letzten geschäftlichen Kontaktaufnahme **abgesandt** worden ist (so aber wohl BGH WM **1975** 324, 325). Da der Empfänger auf das Eintreffen des Bestätigungs-

---

[185] Zust. *K. Schmidt* Handelsrecht[5], § 19 III 3 d; *v. Dücker* BB **1996** 3, 6; vgl. aber BGH NJW **1972** 820 = LM Nr. 16 zu § 346 (D) HGB.

[186] BGH NJW **1995** 1281; *Roth* in *Koller/Roth/Morck* HGB[2], § 346 28; *v. Dücker* BB **1996** 3, 7; Münchener Kommentar-*Kramer* BGB[3], § 151 4 a; siehe auch Vorauflage-*Canaris* Anh. § 362 20.

[187] BGH NJW **1964** 1223, 1224; WM **1967** 958, 960 = LM Nr. 14 zu § 346 (D) HGB = BB **1967** 978.

[188] A. A. BGH BB **1967** 978 = LM Nr. 14 zu § 346 (D) HGB.

[189] V. *Dücker* BB **1996** 3, 5: außer wenn sie dem anderen Teil bekannt sind.

schreibens vorbereitet sein muß, ist auch zu fordern, daß das Bestätigungsschreiben auch innerhalb eines engen zeitlichen Zusammenhanges **zugegangen** (Rdn. 74) ist.[190] Zu der Frist, innerhalb derer man mit einer Absendung des Bestätigungsschreibens rechnen kann, ist daher der für die Beförderung des Schreibens zu erwartende Zeitraum zu addieren. Verschuldensgesichtspunkte sind ebenso unerheblich wie für den Empfänger unerkennbare Hindernisse des Postlaufs. Abweichend von § 147 II BGB ist zu berücksichtigen, daß der Absender des Bestätigungsschreibens immer die Möglichkeit haben muß, aus Beweisgründen (Einschreiben) den Postweg zu benutzen. Bestätigungsschreiben, die nicht in unmittelbarem zeitlichen Zusammenhang mit dem geschäftlichen Kontakt eintreffen, sind nicht mehr geeignet, dem typischen Interesse der Handelspartner nach beschleunigter Klarstellung ihrer Verhältnisse Rechnung zu tragen (*K. Schmidt* Handelsrecht⁵, § 19 III 4 b). Der Empfänger wird bei verspätet eintreffenden Bestätigungsschreiben die Angelegenheit normalerweise für erledigt gehalten haben und das Bestätigungsschreiben zu diesem Zeitpunkt als Zumutung empfinden. Verspätete Schreiben können daher nicht die Wirkung eines Bestätigungsschreibens entfalten. Konnte der Empfänger erkennen, daß das Schreiben alsbald abgesandt aber verzögert befördert worden ist und teilt er die Verzögerung nicht mit, so ist analog § 149 S. 2 BGB das Schweigen als Zustimmung zu behandeln. Jedenfalls kann u. U. das Schweigen auf Vertragsleistungen als Annahmeerklärung gewertet werden (oben Rdn. 70).

Als ausreichend erachtet wurden: 13 Tage, wenn der Empfänger schriftliche Ausführungen erwartete (OLG Hamm CR **1992** 268, 270); 5 Tage (darin enthalten 2 Arbeitstage; BGH WM **1975** 324, 325); 5 Tage (BGH NJW **1987** 1940); *als verspätet:* 3 Wochen (OLG Brandenburg NJW **1997** 559); 4 Wochen (BGH NJW **1964** 1223 = LM Nr. 11 zu § 346 [D] HGB).

dd) Zugang des Bestätigungsschreibens, Kenntnisnahme. Das Bestätigungsschreiben muß dem Verhandlungspartner oder einem empfangsbevollmächtigten Vertreter[191] oder einem Empfangsboten[192] des Verhandlungspartners **zugegangen** sein (§§ 130, 131 BGB; BGHZ **67** 271, 275). Verhandlungspartner ist derjenige, mit dem nach dem Bestätigungsschreiben die in ihm festgehaltene Vereinbarung zustandekommen soll.[193] Sollte zeitlich nach den Verhandlungen vor Zugang des Bestätigungsschreibens eine Bestellung auf weitere Firmen „aufgeteilt" werden, so stellt dies eine Änderung der Vereinbarung und nicht nur eine firmeninterne Angelegenheit des Verhandlungspartners dar (**a. A.** OLG Hamm CR **1992** 268, 270). Das Bestätigungsschreiben ist gleichwohl wirksam, wenn es nur an eine der vertretenen Firmen gerichtet wird, die widersprechen kann, falls das Bestätigungsschreiben die Aufteilung nicht berücksichtigt. Ein Bestätigungsschreiben ist auch zugegangen, wenn das Schreiben einem falsus procurator des Adressaten des Bestätigungsschreibens ausgehändigt worden ist, sofern dieser als Empfangsbote auftreten durfte.[194] Bei Gesamtvertretung gelten die §§ 125 I 3 HGB, 35 II 3 GmbHG, 78 II 2 AktG (analog) (BGHZ **20** 149, 152; RG JW **1927** 1675). Die *Beweislast* trifft auch in Hinblick auf den Zeitpunkt des Zugangs den Absender.[195]

---

[190] *Roth* in *Koller/Roth/Morck* HGB², § 346 29: alsbald.
[191] § 164 III BGB; BGH NJW **1965** 965 = LM Nr. 8/9 zu § 346 (Ea) HGB.
[192] BGH NJW **1965** 965 = LM Nr. 8/9 zu § 346 (Ea) HGB.
[193] **A. A.** *Thamm/Detzer* DB **1997** 213, 214 unter Berufung auf OLG Köln CR **1996** 22, 25, wobei verkannt wird, daß ein Verhandlungsgehilfe des Verhandlungspartners empfangsbevollmächtigt sein kann.
[194] BGH NJW **1965** 965 = LM Nr. 8/9 zu § 346 (Ea) HGB.
[195] BGHZ **70** 232; OLG Hamm BB **1994** 1107; *v. Dücker* BB **1996** 3, 5.

74a Grundsätzlich ist es unerheblich, ob der Empfänger das Bestätigungsschreiben rechtzeitig zur **Kenntnis genommen** hat.[196] Es ist deshalb auch irrelevant, daß ein Arbeitnehmer des Empfängers in dessen Machtbereich das Schreiben unterschlagen hatte.[197]

74b Offen ist, ob dem Empfänger auch vorgeworfen werden können muß, daß er das Bestätigungsschreiben **schuldhaft** nicht gelesen hatte. Der BGH tendiert dahin, den objektiven Zugang im Sinn des § 130 BGB genügen zu lassen.[198] Dieselbe Position wird von *K. Schmidt*[199] vertreten. Demgegenüber weist *Canaris* (Handelsrecht[23], § 25 II 4 b) zutreffend darauf hin, daß dem Empfänger des Bestätigungsschreibens seine Unkenntnis zwar auch dort zugerechnet werden kann, wo ihn kein Verschulden trifft, nicht aber in Fällen, in denen die Unkenntnis nicht in den spezifischen Risiken seines Unternehmens wurzelt.[200] Deshalb kann sich der Empfänger eines Bestätigungsschreibens zwar nicht mit dem Hinweis auf Betriebsferien, darauf, daß er verreist war[201] oder mit dem Hinweis auf eine Unterschlagung durch einen seiner Angestellten entlasten (RGZ **105** 389; BGHZ **20** 149, 152). In aller Regel wird sogar ein Verreisen etc. ohne entsprechende Vorkehrungen für den Empfang denkbarer Bestätigungsschreiben einen Organisationsmangel darstellen, der verschuldet ist (§§ 276 BGB, 347 HGB). Das Verhalten von Hilfspersonen ist jedenfalls gemäß § 278 BGB zuzurechnen. Dagegen wird man dem Empfänger nicht den Einwand verwehren dürfen, daß er an der Kenntnisnahme durch höhere Gewalt gehindert worden sei.

75 ee) **Kein sich kreuzendes Bestätigungsschreiben.** Die Regeln des (kaufmännischen) Bestätigungsschreibens kommen nur eingeschränkt zum Tragen, wenn der Absender vom Empfänger des Bestätigungsschreibens seinerseits ein Bestätigungsschreiben (Rdn. 66f) erhält, das sich mit dem von ihm abgesandten Bestätigungsschreiben „gekreuzt" hat und mit ihm unvereinbar ist.[202] Bestätigungsschreiben „kreuzen" sich nicht, wenn eines der Schreiben das (angebliche) Ergebnis des Geschäftskontakts festhält, aber in dem strittigen Punkt nur eine Anregung für zukünftige Vereinbarungen enthält.[203] Die Bestätigungsschreiben haben sich dagegen „gekreuzt", falls sie aneinander vorbeigelaufen sind (BGH BB **1961** 954; **1964** 371, 372), d. h. wenn die eine Partei (A) ein Bestätigungsschreiben abgesandt hat und bevor das von ihr verfaßte Bestätigungsschreiben zugegangen ist, das Bestätigungsschreiben der anderen Partei (B) bei ihr (A) eintrifft. Gleiches gilt dort, wo das Bestätigungsschreiben der anderen Partei (B) zwar abgesandt worden war, bevor ihr das Bestätigungsschreiben ihres Geschäftspartners (A) zugegangen ist, das Bestätigungsschreiben der anderen Partei (B) aber den Geschäftspartner (A) erst erreichte, nachdem die andere Partei (B) zuvor das Bestätigungsschreiben ihres Partners (A) erhalten hatte. In solchen Fällen entfaltet das Schweigen auf die Bestätigungsschreiben grundsätzlich keine Rechtswirkungen; denn die sich kreuzenden Bestätigungsschreiben stellen antizipierende Widersprüche (Rdn. 84) gegen das gegnerische Bestätigungsschreiben dar.

---

[196] *K. Schmidt* Handelsrecht[5], § 19 III 4 b; *Heymann/Horn* HGB[1], § 346 53.
[197] BGHZ **20** 149, 152; BGH NJW **1964** 1951.
[198] BGHZ **20** 149, 152; BGH NJW **1964** 1951; **1965** 965, 966.
[199] Handelsrecht[5], § 19 III 4 b; wohl auch *Röhricht/Graf von Westphalen-Wagner* HGB[1], § 346 39.
[200] Ebenso *Deckert* JuS **1998** 121, 123; wohl auch *Schlegelberger/Hefermehl* HGB[5], § 346 132.
[201] RGZ **105** 389; BGH LM Nr. 8/9, 10 zu § 346 (Ea) HGB.
[202] BGH BB **1961** 954; NJW **1974** 991; WM **1984** 639, 641 = LM Nr. 22 zu § 346 (Ea) HGB; *Schlegelberger/Hefermehl* HGB[5], § 346 123; *Heymann/Horn* HGB[1], § 346 55; *Roth* in *Koller/Roth/Morck* HGB[2], § 346 30; *Canaris* Handelsrecht[23], § 25 II 3 e.
[203] BGH WM **1984** 639, 641 = LM Nr. 22 zu § 346 (Ea) HGB.

Eindeutig in die Kategorie des Widerspruchs (Rdn. 84) fällt ein Bestätigungsschreiben, das erst abgesandt worden ist, nachdem ein abweichendes Bestätigungsschreiben des Verhandlungspartners zugegangen war. Von diesen Regeln sind **Ausnahmen** zuzulassen; so z. B., wenn die sich kreuzenden Bestätigungsschreiben nur in Nebenpunkten auseinandergehen, die Bestätigungsschreiben aber ansonsten nicht in unvereinbarem Widerspruch zueinander stehen.[204] So muß der Empfänger eines Bestätigungsschreibens, der selbst ein Bestätigungsschreiben mit abweichendem Inhalt abgesandt hatte, rechtzeitig widersprechen, falls das ihm zugegangene Bestätigungsschreiben nur eine Klausel enthält, die nicht überraschend ist (BGH BB **1964** 371, 372; NJW **1966** 1070, 1071).

Das vom Empfänger des Bestätigungsschreibens abgesandte, sich kreuzende Bestätigungsschreiben wird letztlich wie ein **Widerspruch** (Rdn. 84) behandelt, der nur soweit trägt, wie er erhoben wurde. Im übrigen wendet der BGH auch auf sich kreuzende Bestätigungsschreiben folgerichtig den Grundsatz an, daß es nur bei gravierenden Abweichungen (Rdn. 83) keines Widerspruchs bedarf.

ff) Kein Verlangen der Gegenbestätigung oder Annahme. Kein den Regeln für (kaufmännische) Bestätigungsschreiben unterliegender Vertrauenstatbestand wird geschaffen, wenn in dem Bestätigungsschreiben um Bestätigung durch den anderen Teil gebeten wird.[205] Ebenso ist die Sachlage, wenn das Bestätigungsschreiben selbst noch zur Annahme auffordert (*Heymann/Horn* HGB¹, § 346 55). Keine Gegenbestätigung wird jedoch verlangt, wenn sich die Bitte um Antwort auf die praktische Abwicklung des Vertrages bezog (OLG Düsseldorf NJW-RR **1991** 374). Wurde um eine echte Gegenbestätigung gebeten, so darf der Absender des Bestätigungsschreibens dem Schweigen des anderen Teils grundsätzlich nicht entnehmen, daß der andere Teil das Bestätigungsschreiben erhalten hat oder mit seinem Inhalt einverstanden ist, ohne dies besonders kund zu tun. Dies gilt jedenfalls dann, wenn das Bestätigungsschreiben in das Gewand der Bestellung gekleidet ist und um Gegenbestätigung in Form einer Auftragsbestätigung gebeten wird (BGH NJW **1964** 1269, 1270). Der Umstand, daß keine Gegenbestätigung erfolgt, führt nicht ohne weiteres dazu, daß der Vertrag als nicht geschlossen zu erachten ist. Wenn die Parteien bei ihren Verhandlungen den Vertragsschluß als solchen nicht von einer beiderseitigen Bestätigung abhängig gemacht haben (Rdn. 77), so wird der Wunsch nach Gegenbestätigung in aller Regel nicht bedeuten, daß erst die Gegenbestätigung zum Vertragsschluß führen soll. Vielmehr dient in solchen Fällen die Gegenbestätigung typischerweise dem Beweis des Zugangs des Bestätigungsschreibens[206] oder soll dem Absender des Bestätigungsschreibens die volle Gewißheit verschaffen, daß auch der andere Teil keinen Dissens sieht. Der Umstand, daß mangels Gegenbestätigung das Schweigen auf das Bestätigungsschreiben seine vertrauensschützenden Wirkungen nicht entfalten kann, hindert den Absender des Bestätigungsschreibens nicht, den Abschluß des Vertrages mit anderen Mitteln zu beweisen (Vorauflage-*Ratz*, § 346 117).

gg) Keine Abhängigkeit von schriftlicher Annahme, Beurkundung oder beiderseitiger Bestätigung. Haben die Parteien oder hat der Empfänger des Bestätigungsschreibens den Vertragsschluß von vornherein von seiner bzw. einer besonderen

---

[204] *Schlegelberger/Hefermehl* HGB⁵, § 346 123; *Batereau* in *Pfeiffer* Handbuch der Handelsgeschäfte, S. 111.
[205] *Canaris* Handelsrecht²³, § 25 II 3 e; *Heymann/Horn* HGB¹, § 346 51; *Schlegelberger/Hefermehl* HGB⁵, § 346 114; vgl. auch BGH NJW **1964** 1269, 1270; RGZ 103 98; RG LZ **1924** 198.
[206] BGH NJW **1964** 1269, 1270; RGZ 104 201, 203; 106 41, 416.

schriftlichen Annahmeerklärung abhängig gemacht, so greifen die Grundsätze über das (kaufmännische) Bestätigungsschreiben nicht ein.[207] Der Schriftformvorbehalt kann nicht durch ein einseitiges Bestätigungsschreiben ausgehebelt werden. Das gilt auch, wenn das Bestätigungsschreiben einen Vertragsschluß auf der Basis einer mündlichen Abrede bestätigt oder einen ausdrücklichen Hinweis darauf enthält, daß die Schriftformklausel fallengelassen worden ist (offen BGH NJW **1970** 2104). Das Schweigen auf ein Bestätigungsschreiben bleibt aus denselben Gründen ohne Folgen, wenn die Parteien eine **Beurkundung** des Vertrages vereinbart haben.[208] Wurde diese Vereinbarung für den Fall von Vertragsänderungen etc. getroffen, so ist sie angesichts der beschränkten Bedeutung von Schriftformabreden (*Palandt/Heinrichs* BGB⁵⁹, § 125 14 m. Nachw. zur Rspr.) ohne Relevanz, wenn Vertragsänderungen bestätigt werden (vgl. BGH NJW-RR **1995** 179, 180). Siehe auch unten Rdn. 79. Bittet der Absender eines Bestätigungsschreibens um **Gegenbestätigung**, so bedeutet dies allerdings nur ausnahmsweise (Rdn. 76), daß der Vertrag erst durch den Wechsel von Bestätigungsschreiben und Gegenbestätigung zustande kommen soll.[209] Im Zweifel dient die Bitte um Gegenbestätigung ausschließlich Beweiszwecken (Rdn. 76). Anders ist die Rechtslage u. U. dort, wo schon bei den Vertragsverhandlungen **der Austausch von Bestätigung und Gegenbestätigung vereinbart** worden ist. Auch in solchen Fällen ist jedoch der Vertrag mangels Gegenbestätigung nur dann nicht zustande gekommen (Vorauflage-*Ratz*, § 346 117), wenn die Parteien den Vertragsschluß ersichtlich von gleichlautenden schriftlichen Bestätigungen abhängig gemacht haben.[210]

78 hh) **Frühere Vertragspraxis der Parteien.** Parteien, die in der Vergangenheit Bestätigungsschreiben keine besondere Bedeutung beigemessen oder Widersprüche auch längere Zeit nach Zugang des Bestätigungsschreibens akzeptiert haben, müssen sich an ihrer Vertragspraxis festhalten lassen, wenn nicht von Fall zu Fall deutlich gemacht worden ist, daß nur ausnahmsweise aus Kulanz die Grundsätze über Bestätigungsschreiben beiseitegeschoben worden waren.[211]

79 ii) **Unerheblichkeit von Abwehrklauseln in AGB.** Wurde in AGB eine Schriftformklausel statuiert, so steht sie gemäß den §§ 4, 9 AGBG einem Bestätigungsschreiben, das eine mündliche Vertragsänderung bestätigt, nicht entgegen.[212] Zu individuellen Abreden siehe Rdn. 76 f.

jj) Guter Glaube des Absenders des Bestätigungsschreibens

(1) Der Absender des Bestätigungsschreibens weiß, daß noch kein Vertrag zu den aufgeführten Bedingungen zustande gekommen war oder daß Streit besteht

80 Der Absender eines Bestätigungsschreibens kann sich auf die hierfür geltenden Grundsätze nicht berufen, wenn er **wider besseres Wissen** einen *Vertragsschluß* bestätigt hat (BGHZ **40** 42, 46; BGH NJW **1974** 991, 992), es sei denn, das Bestätigungsschreiben bewegt sich auf der Ebene der Verhandlungsposition des Empfängers (*Münchener Kommentar-Kramer* BGB³, § 151 39). Das gilt auch, wenn der *Inhalt* des

---

[207] BGH NJW **1970** 2104 = LM Nr. 15 zu § 346 (D) HGB; LM Nr. 6 zu § 346 (Ea) HGB; *Roth* in *Koller/Roth/Morck* HGB², § 346 28; *Schlegelberger/Hefermehl* HGB⁵, § 346 123; zu AGB siehe unten Rdn. 79.
[208] § 154 II BGB; *Roth* in *Koller/Roth/Morck* HGB², § 346 28; Vorauflage-*Ratz*, § 346 117.
[209] RGZ **103** 95, 98; RG LZ **1924** 198.
[210] BGH NJW **1964** 1269, 1270 = LM Nr. 6 zu § 154 BGB.
[211] *Canaris* Handelsrecht²³, § 25 II 3 e; *Bydlinski* Festschrift *Flume* I (1978) 335, 338 ff.
[212] BGH NJW-RR **1995** 179, 180 = WiB **1995** 215 m. Anm. *von der Seipen*; OLG Düsseldorf NJW-RR **1991** 374; *K. Schmidt* Handelsrecht⁵, § 19 III 5 d.

geschlossenen Vertrags zum wesentlichen Teil bewußt unrichtig bestätigt wird.[213] Dabei kann – wie allgemein – von den Umständen auf die Kenntnis des Bestätigenden geschlossen werden. Gleiches gilt dort, wo es vor Zugang des Bestätigungsschreibens zu Streitigkeiten über das „Ob" oder den Inhalt der Vereinbarung gekommen war (*Schlegelberger/Hefermehl* HGB⁵, § 346 116). Hat ein **Vertreter** des Absenders des Bestätigungsschreibens mit dessen Wissen die Verhandlungen geführt, muß sich der Bestätigende die Kenntnis seiner Hilfsperson zurechnen lassen.[214] Dabei ist auf die Kenntnis des Vertreters in dem Zeitpunkt abzustellen, in dem dieser dem Geschäftsherrn über den Ablauf der Vertragsverhandlungen berichtet hat. Erst recht gilt dies in Fällen, in denen der Vertreter selbst das Bestätigungsschreiben abgefaßt oder abgesandt hatte (BGHZ 40 42, 46). *K. Schmidt* (Handelsrecht⁵, § 19 III 5 a) will dagegen dort, wo die Hilfsperson nur an Vorgesprächen teilgenommen hat, im Einzelfall ermitteln, ob aus der Sicht des Empfängers Anlaß bestand, den Absender für gutgläubig zu halten und ob das Vertreterhandeln in dem vom Absender beherrschbaren Gefahrenbereich lag. Diese Einschränkung der Zurechnung provoziert Rechtsunsicherheit; denn es bleibt unklar, wann für den Empfänger Anlaß bestand, den Absender selbst für gutgläubig zu halten. Auf den ersten Blick wird der Empfänger den Absender bei Bestätigungsschreiben schon in Hinblick auf die drohende Strafverfolgung gemäß § 263 StGB immer für gutgläubig halten müssen, also davon ausgehen müssen, daß dem Vertreter des Absenders ein Mißverständnis unterlaufen ist oder daß der Vertreter den Bestätigenden angelogen hat oder daß der Bestätigende vom Vertreter unvorsätzlich falsch informiert worden ist. Stellt man darauf ab, ob das Vertreterhandeln im vom Absender beherrschbaren Gefahrenbereich lag, so stellt sich die Frage, an welchem Maßstab die Beherrschbarkeit gemessen werden soll. Es liegt nahe, sich an § 278 BGB zu orientieren. Selbst wenn die Hilfsperson die Verhandlungen mit dem Empfänger des Bestätigungsschreibens ohne Auftrag des Bestätigenden aufgenommen haben sollte, so hat der Bestätigende die Verhandlungen mit der Absendung des Bestätigungsschreibens konkludent gebilligt. Wollte man den Bestätigenden nur dann nicht schützen, wenn ihm ein Auswahl- oder Überwachungsversagen vorzuwerfen ist (§§ 276 BGB, 347 HGB), so würde man dem Umstand zu wenig Rechnung tragen, daß die von der Rechtsprechung vertretenen Grundsätze der Wissenszusammenrechnung bzw. Wissenszurechnung (vgl. Nachw. bei *Palandt/Heinrichs* BGB⁵⁹, § 166 6f) in die entgegengesetzte Richtung weisen. Anders ist die Situation, falls der Vertrag, dessen Zustandekommen bestätigt worden ist, wegen arglistiger Täuschung durch den Vertreter angefochten werden kann (BGHZ 40 42, 47). Hier entfaltet ein Bestätigungsschreiben zwar seine Wirkungen, läßt aber die Möglichkeit der Anfechtung gemäß § 123 BGB unberührt.

Das Bestätigungsschreiben soll trotz Kenntnis des Vertreters von der Unrichtigkeit des Bestätigten ferner dann zu beachten sein, wenn der **Empfänger** des Bestätigungsschreibens bei den Vertragsverhandlungen mit dem Vertreter des Bestätigenden berechtigten **Anlaß zu der Annahme des Bestätigenden** gegeben hatte, ein Vertrag sei zustande gekommen.[215] Ein solcher berechtigender Anlaß soll die Unterzeichnung und Aushändigung eines Schriftstückes durch den Empfänger des Bestätigungsschreibens an den Vertreter des Bestätigenden liefern, in dem ein wahrheitswidrig auf

---

[213] BGH BB **1967** 978 = LM Nr. 14 zu § 346 (D) HGB; *K. Schmidt* Handelsrecht⁵, § 19 III 5 a; **beachte** auch Rdn. 98 ff.

[214] BGHZ 40 42, 45 ff; *Batereau* in *Pfeiffer* Handbuch der Handelsgeschäfte, S. 103.

[215] BGHZ 40 42, 48 f; *Palandt/Heinrichs* BGB⁵⁹, § 148 15.

einen Geschäftsabschluß gerichtetes Gespräch festgehalten wird.[216] Auch in einer solchen Fallvariante muß sich jedoch der Bestätigende die Arglist seiner Hilfsperson zurechnen lassen. Der Umstand, daß die Unterzeichnung des Schriftstücks einen gewissen Gefährdungstatbestand geschaffen hat, kann im Licht des § 254 BGB allenfalls eine Haftung des Empfängers des Bestätigungsschreibens aus c.i.c. legitimieren, in deren Rahmen sich der Bestätigende aber die Arglist seines Vertreters zurechnen lassen muß (§§ 278, 254 BGB). Die **Beweislast** für die Bestätigung wider besseres Wissen trägt der Empfänger des Bestätigungsschreibens (BGH NJW **1974** 991, 992).

(2) Der Absender des Bestätigungsschreibens weiß fahrlässigerweise nicht, daß kein Vertrag zu den aufgeführten Bedingungen zustande gekommen ist oder daß Streit besteht

82 Das bloße einfache Verschulden des Absenders des Bestätigungsschreibens hindert nicht, das Schweigen des Empfängers auf das Bestätigungsschreiben als Zustimmung (Rdn. 115f) zu werten.[217] Der Einwand des Verschuldens des Absenders würde nämlich den gewünschten Effekt des Bestätigungsschreibens (Rdn. 62) weitgehend zunichte machen. Die Absendung eines Bestätigungsschreibens, in dem fahrlässigerweise ein Vertragsschluß festgestellt wird, löst deshalb keine Haftung aus c.i.c. aus; denn es ist Sache des Empfängers des Bestätigungsschreibens, unverzüglich zu widersprechen (Rdn. 84 ff). Anders ist die Sachlage, wenn es erkennbar zu Streitigkeiten vor Zugang des Bestätigungsschreibens gekommen war oder aus sonstigen außerhalb der Vertragsverhandlungen liegenden Umständen bei verkehrserforderlicher Sorgfalt (§§ 347 HGB, 276 BGB) evident war, daß der Empfänger das Bestätigungsschreiben nicht billigen werde. Die Beweislast trägt der Empfänger des Bestätigungsschreibens.[218]

(3) Grobe Abweichung vom Ergebnis der Kontaktaufnahme; Vorhersehbarkeit der Nichtbilligung der Abweichung

83 Nach ständiger Rechtsprechung[219] kommen die Wirkungen des Bestätigungsschreibens nicht zum Tragen, falls der Inhalt des Bestätigungsschreibens so weit vom Inhalt der Vertragsverhandlungen abweicht, daß der Absender nicht mit dem Einverständnis des Empfängers rechnen konnte.[220] Dies wird zum Teil dahin konkretisiert, daß der Empfänger nicht nach Treu und Glauben unter Berücksichtigung der Verkehrssitte (BGHZ **61** 282, 286) bzw. nicht „vernünftigerweise"[221] oder „redlicherweise"[222] mit dem Inhalt des Bestätigungsschreibens rechnen mußte, daß der Inhalt des Bestätigungsschreibens unzumutbar (BGH LM Nr. 12 zu § 346 [Ea] HGB) oder überraschend war (BGH NJW **1966** 1070, 1071). Ein Verschulden des Absenders ist nicht erforderlich (BGH NJW **1985** 1333, 1334; Rdn. 82). In der Literatur wird darauf hingewiesen, daß das Schweigen auf ein Bestätigungsschreiben nicht als Zustimmung zu werten sei, wenn die Verhandlungen noch keine „Abschlußreife" erlangt haben.[223] *Kramer* (Münchener Kommentar BGB³, § 151 39) ist der Ansicht, daß die Bestätigung eines nicht zustande gekommenen Vertrages immer eine gravierende Abweichung darstelle (ebenso *Moritz* BB **1995** 420, 421).

---

[216] BGHZ **11** 1, 3 f; *K. Schmidt* Handelsrecht⁵, § 19 III 5 a; **a. A.** *Schlegelberger/Hefermehl* HGB⁵, § 346 126.
[217] Abweichend *Canaris* (Handelsrecht²³, § 25 II 5), der den guten Glauben auf die Deutung des Schweigens bezieht und insoweit bei Fahrlässigkeit Bösgläubigkeit bejaht.
[218] Vgl. BGH NJW **1974** 991, 992; WM **1984** 639 = LM Nr. 22 zu § 346 (Ea) HGB; Rdn. 83.

[219] BGHZ **7** 187, 190; **54** 236, 242; **61** 282, 286; **93** 338, 343.
[220] Kritisch *Walchshöfer* BB **1975** 719; Münchener Kommentar-*Kramer* BGB³, § 151 35 ff.
[221] BGHZ **93** 338, 343; BGH NJW **1974** 991; OLG Köln CR **1991** 546, 547.
[222] BGH NJW **1970** 2104 = LM Nr. 15 zu § 346 (D) HGB.
[223] *Canaris* Handelsrecht²³, § 25 III 5a; *K. Schmidt* Handelsrecht⁵, § 19 III 5 b.

Der Begriff der „Abschlußreife" ist jedoch weitgehend untauglich, um ab- **83a** schließend die Fälle zu kennzeichnen, in denen Bestätigungsschreiben Wirkung entfalten sollen. Von „Abschlußreife" kann zweifelsohne gesprochen werden, wenn einverständliche und alle wichtigen Punkte umfassende Vertragsverhandlungen geführt worden sind (vgl. BGH NJW **1995** 1281). Würde man nur unter dieser Voraussetzung das Schweigen auf ein Bestätigungsschreiben als Zustimmung behandeln, so wäre das Schweigen immer bedeutungslos, falls die Vorverhandlungen streitig geführt worden sind. Dies würde die Klarstellungsfunktion von Bestätigungsschreiben (Rdn. 62) aushöhlen. Andererseits ist „Abschlußreife" sicherlich solange nicht erzielt, als nur eine Partei lediglich eine invitatio ad offerendum abgegeben hat, wohl aber immer schon dann, wenn die Gegenpartei daraufhin eine Offerte gemacht hat.

Ganz allgemein muß man eine „Abschlußreife" bejahen, sobald eine Partei ein **83b** Angebot gemacht hat. Die Abschlußreife bleibt bei modifizierenden Annahmeerklärungen erhalten, weil sie ihrerseits ein Angebot darstellen, das Grundlage eines Vertragsschlusses sein kann (§ 150 II BGB). Das Schweigen auf ein Bestätigungsschreiben sollte indessen nicht schon deshalb bedeutungslos sein, weil der rechtsgeschäftliche Kontakt auf der Ebene der invitatio ad offerendum stehen geblieben ist, weil sich der Schweigende z. B. nur über die vom anderen Teil geforderten Preise erkundigt hat; denn ex post ist häufig nur sehr schwer feststellbar, ob die Grenze der invitatio ad offerendum hin zur rechtsverbindlichen Offerte überschritten worden ist. Andererseits sollte der Umstand, daß intensive Vertragsverhandlungen stattgefunden und/oder eine Partei ein Angebot abgegeben hatte, nicht zum Schutz dieser Partei auch in Fällen führen, in denen der Angebotsempfänger die Offerte mit einem gravierend abweichenden Gegenangebot beantwortet oder gar deutlichst zurückgewiesen hatte (BGH NJW **1994** 1288). Nach Treu und Glauben darf der Absender eines Bestätigungsschreibens das Schweigen des Empfängers zwar als Zustimmung interpretieren, falls er leicht fahrlässig (Rdn. 82; str.) oder gar schuldlos von einer Annahme seines Angebots bzw. davon ausgegangen ist, daß er wirksam das Angebot seines Verhandlungspartners angenommen hatte. Dies ist jedoch nicht mehr gerechtfertigt, wenn nach den Vertragsverhandlungen unter Berücksichtigung der Verkehrssitte und der besonderen Geschäftsbeziehungen der Dissens der Parteien auf der Hand lag (vgl. *Gummert* WiB **1994** 320). Dann ist die Zusendung eines Bestätigungsschreibens keine sinnvolle Klarstellung, sondern in Anlehnung an die Formulierung von *Canaris* (Handelsrecht[23], § 25 II 3 e) eine „Unverschämtheit". Bei der Entscheidung der Frage, ob ein Dissens evident war, ist in besonderer Weise zu berücksichtigen, daß mündliche Erklärungen häufig nicht vollständig zur Kenntnis genommen werden. Für die Annahme eines gravierenden Dissenses muß daher die Diskrepanz zwischen den Positionen der Parteien so weitgehend gewesen sein, daß mit einem Konsens der Parteien vernünftigerweise nicht zu rechnen gewesen ist (ähnlich *Canaris* Handelsrecht[23], § 25 II 3 e). Dies ist z. B. anzunehmen, wenn der Empfänger des Bestätigungsschreibens die in ihm in Bezug genommene Vertragsurkunde bereits vorher unter ausdrücklichem Protest zurückgesandt und damit den Vertragsschluß ausdrücklich verweigert hatte.[224] Erst recht fehlt dem Bestätigenden der erforderliche gute Glaube an die Billigung des Bestätigungsschreibens durch seinen Partner, wenn es bereits nach den Vertragsverhandlungen zu Streitigkeiten über das „ob" und den Inhalt der Vereinbarung gekommen war (*Schlegelberger/Hefermehl* HGB[5], § 346 116) oder der Absender

---

[224] BGH NJW **1994** 1288 = DStR **1994** 661 m. Anm. *Goette* = WiB **1994** 319 m. Anm. kritisch *Gummert*.

§ 346 Viertes Buch. Handelsgeschäfte

einem Schreiben seines Partners entnehmen konnte, daß dieser mit einem bestimmten Punkt des Bestätigungsschreibens nicht einverstanden ist.[225]

Die **Beweislast** trägt der Empfänger des Bestätigungsschreibens.[226]

84 kk) **Fehlender, verspäteter Widerspruch.** Die Rechtswirkungen des Bestätigungsschreibens treten nur ein, wenn der Empfänger dem Bestätigungsschreiben nicht unverzüglich widersprochen hat.

(1) Widerspruch

85 Widerspruch ist jede Erklärung des Empfängers des Bestätigungsschreibens oder seines Vertreters, der der Absender des Bestätigungsschreibens nach Treu und Glauben unter Berücksichtigung der Verkehrssitte (§ 157 BGB analog) entnehmen kann, daß nach Ansicht des Widersprechenden kein Vertrag zustande gekommen ist, daß kein Konsens gefunden worden ist.[227] Es kann auch dem vom Bestätigenden beauftragten Makler gegenüber widersprochen werden.[228] Der Widerspruch kann formlos erfolgen (allg. M.). Konkludente Erklärungen sind möglich, z. B. durch Rücksendung des Bestätigungsschreibens mit Änderungen (RG *Gruchot* **55** 888) oder durch ein inhaltlich abweichendes Bestätigungsschreiben (OLG Hamburg BB **1955** 847), durch Rücksendung des gleichzeitig wie das Bestätigungsschreiben zugegangenen Schlußscheins an den vom Bestätigenden beauftragten Makler unter Bestreiten des Vertragsschlusses.[229] Es dürfte genügen, daß der „Widersprechende" seinen Zweifel an dem Vertragsschluß zum Ausdruck bringt oder darauf hinweist, daß er sich an einen Vertragsschluß nicht erinnern könne oder daß er mit dem Absender über das bestätigte Geschäft sprechen will und dieser das Gespräch verweigert (RG JW **1907** 149). Eines erneuten Widerspruchs bedarf es nicht, wenn der Absender des Bestätigungsschreibens auf den Widerspruch hin erneut ein gleichlautendes Bestätigungsschreiben zusendet.[230] Weicht das neue „Bestätigungsschreiben" vom alten in der Sache erheblich ab, so ist es als Bestätigungsschreiben nur zu werten, wenn es noch in unmittelbarem zeitlichem Zusammenhang mit den Verhandlungen (oben Rdn. 73) steht. Ist dies zu bejahen, so ist kein erneuter Widerspruch erforderlich, soweit der frühere Widerspruch die konkreten Vorstellungen des Widersprechenden über das Verhandlungsergebnis erkennen läßt.[231]

(2) Teilweiser Widerspruch

86 Wird dem Inhalt des Bestätigungsschreibens nur so weit widersprochen, als es nach Ansicht des Widersprechenden von der Vereinbarung abweicht, im übrigen das Bestätigungsschreiben in der Widerspruchserklärung aber als richtig festgehalten, so wirkt eine solche Widerspruchserklärung, die schriftlich abgegeben worden ist, gleichzeitig auch als Bestätigungsschreiben des Widersprechenden (BGH WM **1984** 640, 641).

---

[225] BGH WM **1984** 639 = LM Nr. 22 zu § 346 (Ea) HGB.
[226] BGH WM **1984** 639 = LM Nr. 22 zu § 346 (Ea) HGB; BGH NJW **1974** 991, 992 = LM Nr. 17 zu § 346 (Ea) HGB; OLG Hamm CR **1992** 268, 271.
[227] OLG Düsseldorf MDR **1985** 940; *Palandt/Heinrichs* BGB[59], § 148 17; a. A. *Schlegelberger/Hefermehl* HGB[5], § 346 129: eindeutig.
[228] BGH BB **1967** 186 = LM Nr. 13 zu § 346 (D) HGB.
[229] BGH BB **1967** 186 = LM Nr. 13 zu § 346 (D) HGB.
[230] RG Recht 1913 Nr. 2695; Vorauflage-*Ratz*, § 346 115.
[231] Z.B.: Widerspruch gegen Schreiben, in dem Kaufpreis „45" bestätigt wird, mit Begründung, daß das letzte Angebot „40" gelautet habe und daraufhin erneutes Schreiben, in dem ein Kaufpreis in Höhe von „41" bestätigt wird.

(3) Frist des Widerspruchs

Ein wirksamer Widerspruch muß jedenfalls unverzüglich (§ 121 BGB) erfolgen.[232] **87** Die Frist beginnt mit dem Zugang des Bestätigungsschreibens zu laufen (*Heymann/Horn* HGB[1], § 346 54). Die Länge der Widerspruchsfrist hängt von den Umständen des Einzelfalls ab. Bei ihrer Bemessung ist zu berücksichtigen, daß der Handelsverkehr an einer schnellen Abwicklung der Geschäfte interessiert ist.[233] Es ist deshalb zu erwarten, daß der Empfänger des Bestätigungsschreibens per Telefax, Telefon oder E-Mail widerspricht.[234] Da er die Beweislast für den Widerspruch trägt, muß es ihm derzeit allerdings gestattet sein, sich des Einschreibens mit Rückschein zu bedienen. Ihm kann nicht zugemutet werden, sich vom Absender des Bestätigungsschreibens den telefonischen etc. Widerspruch sofort bescheinigen zu lassen, da diese Bescheinigung nur bei Schriftform ausreichende Beweiskraft entfaltet und der Widersprechende beweisfällig bliebe, wenn der Absender des Bestätigungsschreibens keine Bescheinigung zusenden und den Zugang des Widerspruchs bestreiten würde. Verzögerungen, die darauf beruhen, daß der Empfänger des Bestätigungsschreibens sein Unternehmen nicht im Einklang mit der verkehrserforderlichen Sorgfalt (§§ 347 HGB, 276 BGB) organisiert hat oder daß seine Erfüllungsgehilfen fahrlässig gehandelt haben, hat er zu verantworten. Man sollte einen Schritt weitergehen und dem Empfänger des Bestätigungsschreibens generell die Berufung auf Mängel in seinem Organisationsbereich, wie unerkennbare Mängel seines Faxgeräts, abschneiden.[235] Verzögert sich der Zugang des Bestätigungsschreibens, weil der Postlauf gestört ist und konnte der Empfänger des Bestätigungsschreibens dies nicht erkennen, so ist der Widerspruch, der mit der erforderlichen Sorgfalt (§§ 347 HGB, 276, 278 BGB) abgesandt worden ist, gleichwohl rechtzeitig (**a.A.** OLG Köln BB **1971** 286). Bei einer mit verkehrserforderlicher Sorgfalt (§§ 347 HGB, 276, 278 BGB) unerkennbaren Störung der elektronischen Verbindung muß der Widerspruch unverzüglich nachgeholt werden, sobald die Störung erkennbar wird. Wenn die Störung bei der erforderlichen Sorgfalt erkennbar war, so hat der Empfänger des Bestätigungsschreibens einen alternativen Übermittlungsweg einzuschlagen, soweit dies mit seinem Interesse, den Zugang des Widerspruchs beweisen zu können, vereinbar ist. Eröffnet das Bestätigungsschreiben für den Widerspruch eine längere Frist, so kann sich der Widersprechende hierauf verlassen. Im verspäteten Widerspruch liegt mangels erkennbaren Geltungswillens kein erneutes bindendes Angebot,[236] wohl aber dann, wenn der Empfänger des Bestätigungsschreibens eine abweichende verspätete Gegenbestätigung absendet. Dieses Angebot wird nicht dadurch angenommen, daß der Absender des ersten Bestätigungsschreibens schweigt.[237] Das alles gilt auch für den Insolvenzverwalter etc. (BGH NJW **1987** 1940).

---

[232] BGH LM Nr. 5 zu § 346 (Ea) HGB; NJW **1978** 886; *Schlegelberger/Hefermehl* HGB[5], § 346 130; *Roth* in *Koller/Roth/Morck* HGB[2], § 346 31; Münchener Kommentar-*Kramer* BGB[3], § 151 42; *Röhricht/Graf von Westphalen-Wagner* HGB[1], § 346 40; *v. Dücker* BB **1996** 1, 5; *Palandt/Heinrichs* BGB[59], § 148 17; *Heymann/Horn* HGB[1], § 346 54; **a.A.** *K. Schmidt* Handelsrecht[5], § 19 III 4c; *Deckert* JuS **1998** 121, 122.

[233] *Schlegelberger/Hefermehl* HGB[5], § 346 130; Münchener Kommentar-*Kramer* BGB[3], § 151 42; *Roth* in *Koller/Roth/Morck* HGB[2], § 346 31.

[234] *K. Schmidt* Handelsrecht[5], § 19 III 4c; *Batereau* in *Pfeiffer* Handbuch der Handelsgeschäfte, S. 107.

[235] Enger *K. Schmidt* Handelsrecht[5], § 19 III 4c; *Canaris* Handelsrecht[23], § 25 I 2a; *Baumbach/Hopt* HGB[30], § 346 25.

[236] **A.A.** OLG Frankfurt BB **1982** 1510; *Baumbach/Hopt* HGB[30], § 346 25.

[237] BGH LM Nr. 7b zu § 346 (D) HGB; anders bei rechtzeitigem teilweisem Widerspruch; dazu Rdn. 86.

88 *Aus der Rechtsprechung.* Außer bei besonders spekulationsgeneigten Geschäften (RG LZ **1910** 854) dürfte ein Widerspruch binnen 1–2 Tagen fristgerecht sein (RGZ **105** 390). Der BGH will bei einfachen Geschäften des normalen Warenhandels 1–2 Tage Bedenkzeit gewähren (BGH NJW **1962** 246, 247; BB **1964** 371), bei schwierigeren Geschäften 3 Tage.[238] Auch ein Widerspruch nach 7 Tagen kann im Einzelfall noch rechtzeitig sein.[239] Dabei geht das OLG Köln (NJW-RR **1992** 761, 762) davon aus, daß der Absender des Bestätigungsschreibens für den Widerspruch dieselben Fristen gelten lassen muß, die er vor der Absendung des Bestätigungsschreibens für sich in Anspruch genommen hat. Der BGH (LM Nr. 8 zu § 346 [D] HGB = NJW **1962** 104) hat dagegen eine Frist von einer Woche für zu lang erachtet, wenn längere Verhandlungen telefonisch geführt worden sind. Andererseits hat der BGH[240] berücksichtigt, daß der Empfänger Kleingewerbetreibender ist, der weder eine Schreibkraft noch einen Buchhalter beschäftigt und ihm deshalb eine Frist von 5 Tagen zubilligt (3 Tage zwischen Zugang des Bestätigungsschreibens und Absendung des Widerspruchs). Ein Widerspruch beim Kauf einer gebrauchten Maschine, der 8 Tage nach Zugang des Bestätigungsschreibens erfolgt (zugegangen?) ist, ist verspätet.[241] Jedenfalls ist selbst bei schwierigen Geschäften ein Widerspruch nach 11 Tagen verspätet (BGH BB **1969** 933); nach 13 Tagen (BGH NJW **1987** 1240, 1241); dem OLG Köln (BB **1971** 286) zufolge jedenfalls nach 2 Wochen.

(4) Beweislast

89 Der Empfänger eines wirksamen Bestätigungsschreibens hat den Zugang des Widerspruchs und die Einhaltung einer angemessenen Frist ab dem Zeitpunkt zu beweisen, in dem ihm das Bestätigungsschreiben zugegangen ist.[242]

90 ll) **Rechtsfolgen.** Dazu Erläuterungen Rdn. 115 ff.

c) **Schreiben, die einen Vertrag modifizieren, konkretisieren oder ergänzen**

91 aa) **Kontaktaufnahme zum Vertragsschluß.** Siehe Erläuterungen Rdn. 67.

92 bb) **Konkretisierung, Ergänzung oder sonstige Modifikation des Vereinbarten.** Das Schreiben erfüllt auch die Anforderungen an ein Bestätigungsschreiben (Rdn. 66 f), wenn in dem Schreiben nicht nur die (angeblich) getroffenen Vereinbarungen bestätigt werden (Rdn. 67), sondern das Schreiben auch Vertragsabreden (z.B. zur Art des Transports) konkretisiert, die Vereinbarung, auf die Bezug genommen wird, offen durch Nebenabreden ergänzt[243] oder auf Allgemeine Geschäftsbedingungen Bezug nimmt, die nicht schon bei den Verhandlungen in den Vertrag einbezogen worden sind.[244] Inwieweit die (angeblich) getroffenen Vereinbarungen bestätigt und präzisiert oder ergänzt werden, ist analog § 157 BGB vom Empfängerhorizont her zu beurteilen. Ergänzungen etc., die bei verkehrserforderlicher Sorgfalt nicht erkennbar sind, sind irrelevant. *Schlegelberger/Hefermehl* (HGB⁵, § 346 127) fordern zwar, daß auf erhebliche Abweichungen vom mündlich Vereinbarten ausdrücklich hingewiesen werden müsse, insbesondere, wenn der Vertragstext umfangreich und nicht übersichtlich gegliedert sei. Dabei berufen sich *Schlegelberger/Hefermehl* (aaO) auf mehrere BGH-

---

[238] BGH NJW **1962** 246, 247; *Thamm/Detzer* DB **1997** 213, 214 (in der Regel); unklar bleibt, welche Rolle der für die Übermittlung des Widerspruchs nötige Zeitraum spielt, denn in dem vom BGH entschiedenen Fall war der Widerspruch binnen dreier Tage zugegangen.

[239] OLG Köln NJW-RR **1992** 761, 762; nur ausnahmsweise: *Thamm/Detzer* DB **1997** 213, 214.

[240] BB **1967** 186 = LM Nr. 13 zu § 346 (D) HGB.

[241] BGH LM Nr. 10 zu § 346 (Ea) HGB; *Thamm/Detzer* DB **1997** 213, 214.

[242] RGZ **114** 282, 283; BGH NJW **1962** 104 = LM Nr. 8 zu § 346 (D) HGB; allg. M.

[243] BGH BB **1968** 398; OLG Düsseldorf DB **1963** 929.

[244] BGHZ **7** 187, 190; **54** 236; **61** 282, 285; BGH NJW **1966** 1070; BB **1968** 398 = LM Nr. 12 zu § 346 (EA) HGB; DB **1969** 2172.

Urteile, die jedoch ihre Ansicht nicht stützen, weil sie keine konstitutiven Bestätigungsschreiben betreffen. Es muß daher der allgemeine Grundsatz gelten, daß der Kaufmann Erklärungen mit verkehrserforderlicher Sorgfalt zur Kenntnis zu nehmen hat. In Hinblick auf Verweisungen auf die AGB des Bestätigenden gelten die allgemeinen Regeln über die Einbeziehung von AGB in den Vertrag (*Palandt/Heinrichs* BGB[59], § 2 AGBG 1ff). Im Verkehr mit Unternehmern genügen daher Verweisungen auf AGB am Rande oder der Abdruck der AGB auf der Rückseite des Schreibens (*Ulmer/Brandner/Hensen* AGBG[8], § 2 80). Davon bei Bestätigungsschreiben abzugehen, besteht kein Anlaß.[245]

cc) **Unmittelbarer zeitlicher Zusammenhangs.** Siehe Erläuterungen Rdn. 73; abweichend *K. Schmidt* Handelsrecht[5], § 19 III 4 b. **93**

dd) **Zugang des Bestätigungsschreibens.** Siehe Erläuterungen Rdn. 74. **94**

ee) **Sich kreuzende Bestätigungsschreiben.** Siehe Erläuterungen Rdn. 75. **95**

ff) **Bitte um Gegenbestätigung.** Siehe Erläuterungen Rdn. 76 f. **96**

gg) **Frühere Vertragspraxis.** Siehe Erläuterungen Rdn. 78. **97**

hh) **Guter Glaube des Absenders des Bestätigungsschreibens**

(1) Modifikationen, Konkretisierungen, Ergänzungen, obwohl der Absender weiß, daß diese nicht vereinbart worden sind

Eine **Modifikation** des konkret Vereinbarten ist grundsätzlich (vgl. Rdn. 100) treuewidrig, falls der Absender des Bestätigungsschreibens wußte, daß die Modifikation mit dem Vereinbarten nicht im Einklang steht (siehe Rdn. 80). Betrifft die bewußte Modifikation zu Lasten des Empfängers des Bestätigungsschreibens wesentliche Teile der Verhandlungen, so ist das Bestätigungsschreiben insgesamt ohne Bedeutung;[246] bei unwesentlichen Modifikationen nehmen nach h. M. nur diese an den Rechtswirkungen des Bestätigungsschreibens nicht teil (vgl. aber Rdn. 104). **98**

Anders ist die Situation bei **Konkretisierungen**, z. B. durch die Klausel „prompt", die Einfügung des präzisen Lieferdatums, oder bei **Ergänzungen** des Vereinbarten um Punkte, bei denen mangels der Ergänzung dispositives Recht zum Tragen käme oder eine ergänzende Vertragsauslegung nötig wäre. Insoweit schadet es nicht, daß der Absender des Bestätigungsschreibens darüber informiert ist, daß er das Vereinbarte konkretisiert oder ergänzt hat.[247] Gleiches gilt dort, wo das Bestätigungsschreiben benutzt wird, um AGB einzuführen. Daran ändert der Umstand nichts, daß der Bestätigende nicht ausdrücklich auf die Abweichungen hingewiesen hatte.[248] **99**

Beweislast: Siehe Rdn. 81 a. E.

(2) Grobe Abweichungen vom Vereinbarten

Die ständige Rechtsprechung arbeitet mit der Formel, daß der Inhalt des Bestätigungsschreibens nur so weit vom Vereinbarten abweichen darf, als der Absender des Bestätigungsschreibens redlicher- bzw. vernünftigerweise mit dem Einverständnis des Empfängers rechnen darf (BGH NJW **1987** 1940, 1941f; ferner Rdn. 83). Dies ist bei **Modifikationen** des Vereinbarten anzunehmen, falls diese für den Empfänger des Bestätigungsschreibens günstiger oder so geringfügig sind, daß sie die Interessen des **100**

---

[245] A. A. RG JW **1925** 779; OLG Düsseldorf NJW **1965** 762; *Palandt/Heinrichs* BGB[59], § 2 AGBG 25; *Schlegelberger/Hefermehl* HGB[5], § 346 115.

[246] BGH BB **1967** 978 = LM Nr. 14 zu § 346 (D) HGB; vgl. auch BGH NJW **1972** 820 = LM Nr. 17 zu § 346 (D) HGB.

[247] *K. Schmidt* Handelsrecht[5], § 19 III 5a; *Schlegelberger/Hefermehl* HGB[5], § 346 128; *Palandt/Heinrichs* BGB[59], § 148 15.

[248] A. A. *Schlegelberger/Hefermehl* HGB[5], § 346 127.

Empfängers nach vernünftigem Ermessen unberührt lassen.[249] Selbst solche Modifikationen sind schädlich, wenn der modifizierte Punkt bei den Verhandlungen eine erhebliche Rolle gespielt hat (vgl. BGHZ **93** 338, 343). Bewußte Modifikationen sind nur akzeptabel, wenn sie für den Empfänger günstiger sind.

101 **Konkretisierungen**, die das vage Vereinbarte ausgewogen präzisieren, sind immer akzeptabel (Münchener Kommentar-*Kramer* BGB³, § 151 37).

102 **Ergänzungen** stellen die Wirkungen des Bestätigungsschreibens in Frage, wenn sie der Empfänger des Bestätigungsschreibens schon bei den Vertragsverhandlungen abgelehnt hatte[250] oder wenn sie evident den erkennbaren Gepflogenheiten der Parteien oder des Empfängers widersprechen[251] oder der Empfänger nach den Vertragsverhandlungen bis zum Ablauf der Widerspruchsfrist in sonstiger Weise zu erkennen gegeben hatte, daß er mit der Ergänzung nicht einverstanden sei.[252] Die Ergänzungen müssen nicht notwendig eine sinnvolle Erweiterung des Vertragsinhalts darstellen (so aber *Kuchinke* JZ **1965** 167, 172). Es schadet nicht, wenn sie den Empfänger des Bestätigungsschreibens belasten (a. A. *v. Dücker* BB **1996** 1, 6). Die Ergänzungen brauchen auch nicht so wie das dispositive Recht ausgewogen zu sein oder sich in dem Rahmen bewegen, in dem eine ergänzende Vertragsauslegung denkbar ist.[253] Es genügt, daß die Ergänzungen billig (§ 315 III BGB) sind. Das ist nicht der Fall, wenn die Ergänzungen dem mutmaßlichen objektiven Parteiwillen widersprechen, wie er sich aus dem Bestätigungsschreiben ohne die Ergänzung ergibt. Ein Rückgriff auf den bei den Verhandlungen erkennbar gewordenen Parteiwillen ist nur zulässig, falls der Empfänger eine Ergänzung abgelehnt hatte (siehe oben). Bei üblichen Klauseln ist im Zweifel davon auszugehen, daß sie dem mutmaßlichen Parteiwillen entsprechen.[254] Auf Klauseln, deren Billigung der Absender des Bestätigungsschreibens erwarten darf, muß nicht besonders hingewiesen werden.[255] Ein besonders deutlicher Hinweis im Bestätigungsschreiben läßt die Ergänzung auch nicht eher als akzeptabel erscheinen (**a. A.** *Moritz* BB **1965** 420, 422), da der Hinweis nicht vor dem Risiko der verspäteten Kenntnisnahme oder des verspäteten Widerspruchs schützt. **Aus der Rechtsprechung:** *Schädlich*: Ergänzung des Vertrags um ein Stornorecht (BGH NJW **1987** 1940, 1942); Mindestladepflicht bei Frachtvertrag trotz Zurückweisung des Punktes bei Vorverhandlungen;[256] *unschädlich*: Selbstbelieferungsvorbehalt, weil bei Geschäften des Absenders üblich (BGH LM Nr. 12 zu § 346 [Ea] HGB).

103 Die Ergänzung des Vereinbarten durch bei den Vertragsverhandlungen nicht ins Spiel gebrachte **AGB** ist zulässig (BGH NJW **1982** 1751), ohne daß § 4 AGBG im Wege steht.[257] Dies gilt immer bei branchenüblichen AGB (*K. Schmidt* Handelsrecht⁵, § 19 III 6 b), es sei denn, die Verhandlungen sind auf der Basis der AGB des anderen Teils geführt worden oder der Empfänger des Bestätigungsschreibens hatte bereits bei

---

[249] *Canaris* Handelsrecht²³, § 25 II 3 f; *Batereau* in *Pfeiffer* Handbuch der Handelsgeschäfte, S. 105; dafür, daß bei Modifikationen die Regeln des Bestätigungsschreibens nur in Extremfällen gelten *Kramer* in Münchener Kommentar-BGB³, § 151 36.

[250] BGH NJW **1994** 1288 = BB **1994** 673 = LM Nr. 27 zu § 346 (Ea) HGB; *Schlegelberger/Hefermehl* HGB⁵, § 346 123.

[251] *K. Schmidt* Handelsrecht⁵, § 19 III 5 b; *Canaris* Handelsrecht²³, § 25 II 3 e.

[252] Vgl. BGH WM **1984** 639 = LM Nr. 22 zu § 346 (Ea) HGB.

[253] So aber *Kramer* in Münchener Kommentar-BGB³, § 151 37.

[254] *Batereau* in *Pfeiffer* Handbuch der Handelsgeschäfte, S. 105.

[255] A. A. *Moritz* BB **1965** 420, 422; vgl. dagegen *Canaris* Handelsrecht²³, § 25 II 3 f, der eine Hinweispflicht nur bei Modifikationen erwägt.

[256] BGH NJW **1994** 1288 = LM Nr. 27 zu § 346 (Ea) HGB.

[257] Abweichend *Bartsch* NJW **1980** 1731; *Schlegelberger/Hefermehl* HGB⁵, § 346 128.

den Vertragsverhandlungen den AGB des Absenders widersprochen[258] oder die AGB hatten im Rahmen der ständigen Geschäftsbeziehungen nie eine Rolle gespielt (vgl. *Ulmer/Brandner/Hensen* AGBG[8], § 2 89). Ergänzungen durch die Verweisung auf AGB können nicht mittels Bestätigungsschreiben erfolgen, wenn die AGB zwar branchenüblich und nicht überraschender (§ 3 AGBG; *v. Dücker* BB **1996** 1, 6) Natur sind, die AGB jedoch so weit vom dispositiven Recht abweichen, daß mit einer Billigung durch den Empfänger nicht zu rechnen ist.[259] Dies gilt auch in Hinblick auf AGB, die im Sinn des § 9 AGBG angemessen sind.[260] Ist zu erwarten, daß die Ergänzung durch AGB auf die Billigung durch den Empfänger trifft, so muß der Text der AGB dem Bestätigungsschreiben nicht beigefügt werden.[261] Bei branchenunüblichen AGB, von denen der Absender des Bestätigungsschreibens nicht annehmen kann, daß sie dem Empfänger bekannt sind und die ihm mit dem Bestätigungsschreiben auch nicht mitgeteilt werden, ist eine Billigung durch Schweigen nur dort zu bejahen, wo die AGB zugunsten oder jedenfalls nicht zu Lasten (*v. Dücker* BB **1996** 1, 6) des Empfängers wirken und auf der Linie einer denkbaren ergänzenden Vertragsauslegung liegen.[262] Ohne Bedeutung ist die Beifügung eines AGB-Textes, wenn in dem Bestätigungsschreiben nicht auf die AGB verwiesen wird.[263] Gleiches gilt dort, wo die AGB lediglich auf der Rückseite des Bestätigungsschreibens abgedruckt sind (OLG Köln OLG-Report **1993** 253, 254).

Das Schweigen auf Bestätigungsschreiben, die grobe Abweichungen enthalten, nimmt den Bestätigungsschreiben jedenfalls bei bewußten Abweichungen von **wesentlichen Teilen** der Vertragsverhandlungen nicht nur in Hinblick auf diese Abweichungen ihre Wirkung, sondern auch in Hinblick auf die übrigen Partien des Bestätigungsschreibens (BGH BB **1967** 978). Es sollte aber allgemein gelten, daß der Absender, der nur in Hinblick auf einen Teil des Bestätigungsschreibens nicht schutzwürdig ist, nicht erwarten kann, daß der Empfänger unverzüglich zu dem anderen Teil des Schreibens Stellung bezieht. Andernfalls könnte der Absender gefahrlos vom Inhalt der Vereinbarung abweichen, da der Richter im Zweifel nur die gravierenden Abweichungen herausfiltern würde. Die Wohltat des Bestätigungsschreibens sollte nur demjenigen zugute kommen, der sich zu seinem Partner fair verhält (**a. A.** *Deckert* JuS **1998** 121, 124). **104**

Die **Beweislast** für zu weitgehend von dem Verhandlungsergebnis abweichende Ergänzungen etc. trifft den Empfänger des Bestätigungsschreibens.[264]

ii) Kein rechtzeitiger Widerspruch. Siehe Erläuterungen Rdn. 84. Im Zweifel nimmt ein Widerspruch, der sich lediglich gegen einzelne Ergänzungen, Konkretisierungen oder Modifikationen richtet, dem Bestätigungsschreiben gänzlich seine Wirkung (Rdn. 104). Der teilweise Widerspruch kann aber als Bestätigungsschreiben des Widersprechenden in Hinblick auf den Rest der Vereinbarung wirken (Rdn. 86). **105**

---

[258] BGHZ 7 187, 190; **61** 282, 286 f; BGH WM **1973** 1198, 1200; NJW **1982** 1751; *Canaris* Handelsrecht[23], § 25 II 3f auch bei AGB-Abwehrklauseln.
[259] BGHZ **17** 1, 3; **33** 216, 219; **38** 183, 185.
[260] *K. Schmidt* Handelsrecht[5], § 19 III 3b; *Lindacher* WM **1981** 702, 705; *Deckert* JuS **1998** 121, 124.
[261] BGHZ 7 187, 190; *Ulmer/Brandner/Hensen* AGBG[8], § 2 88; **a. A.** z. T. *Lindacher* WM **1981** 707; *Schlegelberger/Hefermehl* HGB[5], § 346 115; *v. Dücker* BB **1996** 1, 6.

[262] Großzügiger BGH LM Nr. 12 zu § 346 (Ea) HGB: Selbstlieferungsvorbehalt; enger: *Palandt/Heinrichs* BGB[59], § 148 16: nur branchenübliche Bedingungen.
[263] OLG Düsseldorf NJW **1965** 762 f; OLG Köln OLG-Report **1993** 253, 254; *Ulmer/Brandner/Hensen* AGBG[8], § 2 88.
[264] BGH WM **1984** 639 = LM Nr. 22 zu § 346 (Ea) HGB; ferner Rdn. 83.

106 jj) **Rechtsfolgen.** Siehe Erläuterungen Rdn. 115 ff.

d) Falsus procurator, Verhandlungsgehilfen, Geschäftsunfähige

107 aa) **Kontaktaufnahme vor Vertragsschluß.** Es genügt die Aufnahme eines auf einen Vertragsschluß gerichteten Kontakts, bei dem auf einer oder auf beiden Seiten nur Verhandlungsgehilfen oder Vertreter ohne Vertretungsmacht oder Geschäftsunfähige[265] aktiv geworden sind.[266] Hatte der Empfänger des Bestätigungsschreibens für den Absender erkennbar nicht einmal Verhandlungsvollmacht erteilt, so soll nach *Canaris* (Handelsrecht[23], § 25 II 3 e) die Wahrscheinlichkeit einer Genehmigung so gering sein, daß das Schweigen des Empfängers nicht als Zustimmung aufgefaßt werden könne.

108 bb) **Bestätigung des Vertragsschlusses, Vertragsinhalts.** Siehe Rdn. 66ff. Der Bestätigende muß zu erkennen gegeben haben, daß er seiner Ansicht zufolge mit einem vertretungsberechtigten Vertreter des Empfängers des Bestätigungsschreibens einen voll wirksamen Vertrag geschlossen hat (BGH BB **1967** 902, 903). Dies ist nicht der Fall, wenn der Absender des Schreibens ersichtlich lediglich um Genehmigung des Handelns des falsus procurators gebeten (§ 177 II BGB) hatte. Selbst dann, wenn für den Empfänger des Schreibens erkennbar der Bestätigende wußte, daß sein Verhandlungspartner keine Vollmacht besaß, darf das Schreiben jedoch nicht ohne weiteres als Aufforderung zur Genehmigung (§ 177 II BGB) interpretiert werden; denn der Bestätigende kann darauf vertraut haben, daß der Empfänger das Verhalten seiner Hilfsperson dieser gegenüber bereits genehmigt hatte (vgl. im übrigen Rdn. 112). Bestätigungsschreiben eines Geschäftsunfähigen sind ohne Bedeutung.

108a cc) **Unmittelbarer zeitlicher Zusammenhang.** Siehe Erläuterungen Rdn. 73.

109 dd) **Zugang, Kenntnis.** Das Bestätigungsschreiben muß dem Empfänger gemäß § 130 BGB zugehen (siehe Rdn. 74). Es schadet nicht, daß es „zu Händen" des im Machtbereich des Empfängers tätigen falsus procurators oder Verhandlungsgehilfen adressiert war (BGH NJW **1990** 386 = LM Nr. 16 zu § 177 BGB); denn dies hindert den Empfänger nicht, selbst oder mittels einer Vertrauensperson von dem Schreiben Kenntnis zu nehmen. Demgegenüber vertritt *Canaris*[267] die Ansicht, daß derjenige, der das Bestätigungsschreiben „zu Händen" genau jenes Angestellten adressiere, mit dem er kontrahiert hatte, in Hinblick auf einen Mangel der Vertretungsmacht keinen Vertrauensschutz verdiene; denn er müsse immer damit rechnen, daß nur dieser Angestellte das Schreiben zu Gesicht bekomme und ein etwaiger Mangel daher nicht aufgedeckt werde. Gleiches gelte für Telex-Schreiben, denen wohl Telefax-Schreiben (Rdn. 66) gleichzustellen sind. Bei Fernschreiben an ein größeres Unternehmen, die nicht an die Firmenleitung adressiert seien, bestehe ebenfalls die Wahrscheinlichkeit, daß die Fernschreiben nicht als Bestätigungsschreiben erkannt und wie es wegen ihrer Bedeutung angebracht sei, einer mit umfassender Vertretungsmacht ausgestatteten Person vorgelegt werden. Auch als Brief versandte Bestätigungsschreiben sollten nur dann bei Schweigen des Empfängers die Berufung auf die fehlende Vertretungsmacht abschneiden, wenn die Schreiben an die Geschäftsführung oder einen Prokuristen oder eine sonst umfassend bevollmächtigte Person adressiert worden seien. Dem ist entgegenzuhalten, daß es Sache des Empfängers ist, wie er in seinem Unternehmen den Fluß der Nachrichten organisiert. Er trägt das Risiko, daß ihm Informationen ver-

---

[265] *V. Dücker* BB **1996** 1, 4; **a. A.** Münchener Kommentar-*Kramer* BGB[3], § 151 39.
[266] OLG Köln ZIP **1982** 1424, 1426; OLG Karlsruhe WM **1976** 887.
[267] Handelsrecht[23], § 25 II 3 h; zustimmend *Roth* in *Koller/Roth/Morck* HGB[2], § 346 39.

borgen bleiben, wenn er es hinnimmt, daß die Poststelle die Schreiben zuordnet, oder es hinnimmt, daß Schreiben denjenigen Mitarbeitern zugeleitet werden, die zuletzt mit der Angelegenheit befaßt waren. Dieses Vorgehen hat für den Kaufmann etc. durchaus Vorteile, weil keine Verzögerungen auftreten und sich dadurch in der Regel die Zusammenarbeit im Unternehmen reibungsloser gestaltet. Deshalb darf sich ein Empfänger auch z. B. nicht darauf berufen, ein Bestätigungsschreiben sei am Arbeitsplatz (Faxgerät) eines nicht-bevollmächtigten Mitarbeiters eingegangen, den der Absender des Bestätigungsschreibens über die Telefonvermittlungsanlage des Empfängers direkt anwählen konnte. Gleiches gilt bei Bestätigungsschreiben an die e-mail-Adresse des Mitarbeiters des Empfängers, falls es sich um eine Firmen-e-mail-Adresse handelte (z. B. max.meier@motorenwerke-müller.com). Auch hier hat der Empfänger das Risiko gesetzt, daß er im Interesse der Beschleunigung der Kommunikation nicht mehr die volle Kontrolle ausüben kann. In diese Richtung gehen auch die Regeln der Wissenszurechnung (vgl. *Palandt* BGB[59], § 166 6ff). Anders ist die Situation, wenn das Schreiben an den falsus procurator „persönlich" im Unternehmen des Empfängers adressiert war oder sogar an die Privatadresse des falsus procurators gesandt oder diesem bei einem Gespräch außerhalb des Unternehmens übergeben worden war. Im Fall der *Geschäftsunfähigkeit* ist erforderlich, daß das Bestätigungsschreiben dem gesetzlichen Vertreter zugeht (§ 131 BGB).

ee) Sich kreuzende Bestätigungsschreiben. Siehe Erläuterungen Rdn. 75. **110**

ff) Bitte um Gegenbestätigung, Erfordernis der Annahme, Beurkundung. **111**
Siehe Erläuterungen Rdn. 76 f.

gg) Guter Glaube
(1) Der Absender wußte, daß sein Verhandlungspartner keine Vertretungsmacht besaß

Der BGH[268] hat in seinem Urteil vom 28. 6. 1967 offengelassen, ob Bestätigungsschreiben auch dann Wirkungen entfalten können, wenn der Bestätigende wußte, daß für ihn oder auf der Gegenseite ein falsus procurator gehandelt hatte. In der Entscheidung vom 27. 1. 1965[269] hatte der BGH allerdings den Standpunkt eingenommen, daß der Absender eines Bestätigungsschreibens nicht geschützt werde, wenn er die fehlende Vertretungsmacht der Mittelsperson gekannt habe.[270] Andererseits stellt der BGH in dem Urteil vom 15. 6. 1964 (NJW **1964** 1951, 1952) darauf ab, ob der Absender des Bestätigungsschreibens nicht damit habe rechnen können, daß der Empfänger die Verhandlungen mit der Mittelsperson billigen würde. In der Literatur wird zum Teil die Auffassung vertreten, daß kein Vertrauensschutz zu gewähren sei, falls der Bestätigende erkennen konnte, daß derjenige, der den rechtsgeschäftlichen Kontakt geknüpft hatte, nicht einmal beauftragt gewesen war, die auf ein Rechtsgeschäft hinzielenden Verhandlungen zu führen (*Canaris* Handelsrecht[23], § 25 II 3 e). **112**

Das Bestätigungsschreiben kann seinen Zweck, die Frage der Vertretungsmacht außer Streit zu stellen, nur erfüllen, wenn die Kenntnis vom Fehlen der Vertretungsmacht beim Schweigen auf ein Bestätigungsschreiben keine Rolle spielt. Soweit für den Bestätigenden ein *Vertreter ohne Vertretungsmacht* aufgetreten ist, enthält das Bestätigungsschreiben zugleich die Feststellung, daß das Handeln des falsus procurators akzeptiert worden ist (§ 177 II BGB; beachte § 180 BGB). Wußte der Bestätigende

---

[268] LM Nr. 11 zu § 346 (Ea) HGB = BB **1967** 902, 903.
[269] NJW **1965** 965, 966 = LM Nr. 8/9 zu § 346 (Ea) HGB.
[270] Ebenso OLG Hamburg MDR **1964** 502; *Baumbach/Hopt* HGB[30], § 346 24; *v. Dücker* BB **1996** 1, 4.

§ 346 Viertes Buch. Handelsgeschäfte

andererseits, daß die auf der Seite des Empfängers tätige Hilfsperson ohne (ausreichende) Vertretungsmacht agiert hatte, so darf sie dem Schweigen des Empfängers entnehmen, daß der Empfänger die Erklärungen der Hilfsperson gegenüber genehmigt hatte (§ 177 II BGB). Verfehlt ist es zu fordern, daß die Voraussetzungen der Anscheinsvollmacht vorlagen (so OLG Hamburg MDR **1964** 502), da dann das Bestätigungsschreiben nicht selbständig den gewünschten Vertrauensschutz zu liefern vermag.

112a Schwieriger einzuordnen ist der Fall, daß der Bestätigende wußte, daß für den Empfänger des Bestätigungsschreibens lediglich ein **Verhandlungsgehilfe** tätig geworden ist, der keine rechtsgeschäftlichen Erklärungen abgegeben hatte. In dieser Fallgruppe besteht kein Anlaß anders zu entscheiden, als wenn der Bestätigende gewußt hatte, daß der Empfänger des Bestätigungsschreibens bei von ihm geführten Verhandlungen keine Willenserklärungen abgegeben hatte (Rdn. 80). Eine Berufung auf das Bestätigungsschreiben ist deshalb unzulässig. Gleiches gilt dort, wo eine Hilfsperson des Bestätigenden die Vereinbarung ausgehandelt hatte und, wie der Bestätigende weiß, keine Willenserklärungen abgegeben hatte. Zwar muß der Empfänger des Bestätigungsschreibens annehmen, daß der Bestätigende das von seinem Gehilfen erzielte und im Bestätigungsschreiben festgehaltene Ergebnis akzeptiert hat. Anders als im Fall des § 177 II BGB (beachte § 180 BGB) erlangt dadurch aber das Verhalten der Hilfsperson nicht die Wirkung einer Willenserklärung, sondern der Bestätigende gibt erst mit seiner eigenen Erklärung eine Willenserklärung ab. Weiß er dies, so ist er nicht anders zu behandeln, als der Absender eines Bestätigungsschreibens, der weiß, daß er bei den Vertragsverhandlungen keine Willenserklärung abgegeben hatte, aber gleichwohl ein Bestätigungsschreiben absendet (Rdn. 80).

113 Wurden die Verhandlungen unter Beteiligung eines **Geschäftsunfähigen** geführt und geht das Bestätigungsschreiben dessen gesetzlichen Vertreter zu, so ist ein etwaiges Schweigen irrelevant, wenn der Absender des Bestätigungsschreibens die Geschäftsunfähigkeit gekannt hatte.[271] Der Bestätigende kann nämlich aus Rechtsgründen nicht annehmen, daß der gesetzliche Vertreter das Handeln des Geschäftsunfähigen genehmigt hatte.[272] Anders ist die Rechtslage, falls ein vom Geschäftsunfähigen Bevollmächtigter oder ein beschränkt Geschäftsfähiger gehandelt hatte, weil hier regelmäßig eine Genehmigungsmöglichkeit besteht,[273] wenn das Schreiben dem gesetzlichen Vertreter zugegangen ist (§ 131 BGB). Hat der Geschäftsunfähige selbst verhandelt und das Bestätigungsschreiben selbst abgesandt, bleibt es ebenfalls ohne Wirkung. Es ist dagegen wirksam, wenn es von dessen gesetzlichem Vertreter abgesandt worden ist, der sich in diesem Zeitpunkt nicht sicher war, ob bei Abschluß der Verhandlungen bereits das Stadium der Geschäftsunfähigkeit erreicht worden war.

Zur **Beweislast** siehe Rdn. 81.

(2) Fahrlässige Unkenntnis des Mangels an Vertretungsmacht bzw. Geschäftsfähigkeit

114 Die bloße fahrlässige Unkenntnis sollte, wie auch sonst den Wirkungen des Bestätigungsschreibens nicht im Wege stehen.[274] Bei Geschäftsunfähigkeit gelten die oben (Rdn. 113) entwickelten Regeln.

---

[271] A. A. Münchener Kommentar-*Kramer* BGB³, § 151 39; *Canaris* Die Vertrauenshaftung im Deutschen Privatrecht (1971), S. 212.
[272] *Palandt/Heinrichs* BGB⁵⁹, § 105 1; a. A. *Canaris* JZ **1987** 996.
[273] §§ 177 II, 108 BGB; Ausnahme § 111 BGB; beachte § 180 BGB.
[274] Rdn. 82 f; a. A. *Canaris* Handelsrecht²³, § 25 II 3 e; OLG Hamburg MDR **1964** 502, 503.

III. Rechtsfolgen des fehlenden oder verspäteten Widerspruchs auf ein wirksames Bestätigungsschreiben

1. Beweisfunktion

Das Bestätigungsschreiben, dem nicht rechtzeitig widersprochen worden ist, hat die Vermutung für sich, daß in ihm die mündlichen Vereinbarungen vollständig und richtig wiedergegeben worden sind.[275] Diese Vermutung wirkt für und gegen den Absender und den Empfänger des Bestätigungsschreibens.[276] Die Vermutung ist grundsätzlich widerleglich (*K. Schmidt* Handelsrecht[5], § 19 III 6). Diese Widerlegung ist jedoch dort nicht erfolgreich, wo die konstitutive Wirkung des Bestätigungsschreibens (Rdn. 116) zum Tragen kommt. In Hinblick auf die Vollständigkeit des im Bestätigungsschreiben aufgeführten Vertragsinhalts entfaltet das Bestätigungsschreiben grundsätzlich keine abschließende konstitutive Wirkung, da nicht alle Nebenabreden aufgeführt werden müssen. Die Vermutung der Vollständigkeit kann daher jederzeit durch den Nachweis entkräftet werden, daß neben der bestätigten Vereinbarung weitere Abreden getroffen worden sind, die zwar im Bestätigungsschreiben nicht erwähnt sind, die ihm aber auch nicht entgegenstehen.[277] In BGHZ 67 378, 381 wird die Widerlegung der Vermutung allerdings nur in Richtung auf mündliche Absprachen thematisiert. Es besteht jedoch kein sachlicher Grund, den Parteien die Möglichkeit zu nehmen, nachzuweisen, daß Nebenabreden schriftlich getroffen worden sind (*Heymann/Horn* HGB[1], § 346 59). Das Bestätigungsschreiben gibt die Vereinbarung abschließend wieder, falls es festhält oder sich mittels Auslegung ergibt (OLG Köln OLG-Rep 2000, 145), daß weitere Vereinbarungen nicht getroffen worden sind;[278] denn auch diese Feststellung nimmt an der konstitutiven Wirkung des Bestätigungsschreibens teil. Die Kontrolle von mittels Bestätigungsschreibens in den Vertrag einbezogenen AGB gemäß den §§ 9 ff AGBG bleibt unberührt (allg. M.).

115

2. Konstitutive Wirkung

Die in einem wirksamen (Rdn. 64 ff) Bestätigungsschreiben festgehaltenen Abreden gelten (BGHZ 40 46), wenn der Empfänger des Bestätigungsschreibens nicht rechtzeitig widersprochen hat (Rdn. 84 ff), auch dann als getroffen, wenn die Parteien keinen Vertrag geschlossen oder die Vereinbarung nicht so, wie sie in dem Bestätigungsschreiben festgehalten wird, geschlossen haben sollten.[279] Da nur die in dem Bestätigungsschreiben festgehaltenen Abreden maßgeblich sind, ist eine Beweisaufnahme über das Ergebnis der Parteiverhandlungen unzulässig (ähnlich *K. Schmidt* Handelsrecht[5], § 19 III 6 b). Das Bestätigungsschreiben wirkt für beide Parteien, mithin auch für und gegen den Absender konstitutiv.[280] Für die Auslegung der im Bestätigungsschreiben konstitutiv festgehaltenen Vereinbarung gilt § 157 BGB (vgl. OLG Köln NJW-RR 1998 1133, 1134; OLG-Rep 2000, 145). Zu der Bedeutung von Formerfordernissen siehe oben Rdn. 48.

116

---

[275] BGH NJW 1964 589 = LM Nr. 6 zu § 346 (Ea) HGB; BB 1986 225, 226; OLG Köln OLG-Rep 2000 145.
[276] *Roth* in *Koller/Roth/Morck* HGB[2], § 346 32.
[277] BGHZ 67 378, 381; BGH BB 1986 225, 226 = NJW-RR 1986 393; NJW 1964 589; OLG Köln OLG-Rep 2000, 145

[278] BGH LM Nr. 6 zu § 346 (Ea) HGB; *Schlegelberger/Hefermehl* HGB[5], § 346 134; *Heymann/Horn* HGB[1], § 346 59.
[279] BGH NJW 1964 1951; 1965 965; 1990 386; BB 1967 902.
[280] *K. Schmidt* Handelsrecht[5], § 19 III 6 b; *Roth* in *Koller/Roth/Morck* HGB[2], § 346 32.

3. Relevanz von Willensmängeln

117 **a) Dissens.** Die konstitutive Wirkung des Bestätigungsschreibens (Rdn. 64) verbietet es, daß sich eine der Parteien darauf beruft, es sei kein Vertrag zustandegekommen. Gleiches gilt für die in dem Bestätigungsschreiben festgehaltenen Abreden.

118 **b) Irrtum über die Wirkungen des Schweigens auf Bestätigungsschreiben.** Die Funktion des Bestätigungsschreibens verbietet es, diesem Irrtum Bedeutung beizumessen.[281]

119 **c) Irrtum bei den Verhandlungen.** Eine Anfechtung wegen eines bei den vorausgegangenen Verhandlungen unterlaufenen Irrtums ist nach verbreiteter Ansicht ausgeschlossen, soweit der Inhalt des Bestätigungsschreibens im Wege steht.[282] Dem ist zuzustimmen, soweit es um Inhalts- und Erklärungsirrtümer geht (§ 119 I BGB). Unberührt bleibt das Recht zur Anfechtung gemäß § 119 II und § 123 BGB.

120 **d) Irrtum über die Konformität des Bestätigungsschreibens mit dem Verhandlungsergebnis.** Nach ganz h. M. bleibt dem Irrenden die Anfechtung versagt; denn dieser Irrtum fällt in die Kategorie des unbeachtlichen Motivirrtums (*Canaris* Handelsrecht[23], § 25 II 4 d). Außerdem würde die Eröffnung einer Anfechtungsmöglichkeit dem Zweck des Bestätigungsschreibens zuwiderlaufen:[283] Hat der Absender arglistig vorgespiegelt, daß das Bestätigungsschreiben das Verhandlungsergebnis wahrheitsgetreu festhält, so bedarf es keiner Anfechtung, weil das Bestätigungsschreiben keine Wirkungen entfaltet (siehe Rdn. 80, 98).

121 **e) Irrtum über den Inhalt des Schreibens.** Nach verbreitet vertretener Auffassung soll eine Anfechtung gemäß oder analog § 119 I HGB nur zulässig sein, wenn der Empfänger das wirksame Bestätigungsschreiben ohne vorwerfbares Verschulden (§§ 276, 278 BGB, 347 HGB) falsch verstanden hat.[284] Es besteht im Fall eines Bestätigungsschreibens jedoch kein Anlaß, die Möglichkeit der Anfechtung wegen Inhaltsirrtums weiter zurückzudrängen als dies etwa bei einer expliziten Annahmeerklärung der Fall ist.[285] Hat der Empfänger das Bestätigungsschreiben freilich überhaupt nicht gelesen, so kann er nach den allgemeinen Anfechtungsregeln ebensowenig anfechten, wie wenn er ohne konkrete Vorstellungen über deren Inhalt einer Urkunde unterschreibt. Der Berufung des Empfängers darauf, er habe angenommen, daß das Bestätigungsschreiben die Abreden so festhalte, wie er sie in Erinnerung gehabt habe, steht der Zweck des Bestätigungsschreibens entgegen. Im übrigen wird der Geschäftsverkehr dadurch geschützt, daß der Empfänger des Bestätigungsschreibens nachweisen muß, daß er es gelesen und falsch interpretiert hatte.

122 **f) Unkenntnis des Zugangs.** Das RG[286] hat die Unkenntnis des Zugangs als Anfechtungsgrund anerkannt. *K. Schmidt* (Handelsrecht[5], § 19 III 6 b) plädiert hin-

---

[281] BGHZ 11 1, 5; 20 149, 154; BGH NJW **1969** 1711 = LM Nr. 13 zu § 346 (Ea) HGB; *Canaris* Handelsrecht[23], § 25 II 4 a; *K. Schmidt* Handelsrecht[5], § 19 III 6 b; allg. M.

[282] RGZ **129** 347, 348; *K. Schmidt* Handelsrecht[5], § 19 III 6 b; *Roth* in *Koller/Roth/Morck* HGB[2], § 346 34; *Deckert* JuS **1998** 121, 124; offen BGH NJW **1972** 45 = LM Nr. 16 zu § 346 (Ea) HGB; a. A. *Diederichsen* JuS **1966** 137; *Baumbach/Hopt* HGB[30], § 346 33; *Huber* ZHR **161** (1997) 160, 164.

[283] BGH NJW **1972** 45 = LM Nr. 16 zu § 346 (Ea) HGB; *Roth* in *Koller/Roth/Morck* HGB[2], § 346 34; *K. Schmidt* Handelsrecht[5], § 19 III 6 b.

[284] *K. Schmidt* Handelsrecht[5], § 19 III 6 b; *Schlegelberger/Hefermehl* HGB[5], § 346 135; *Roth* in *Koller/Roth/Morck* HGB[2], § 346 34; *Batereau* in *Pfeiffer* Handbuch der Handelsgeschäfte, S. 109; wohl auch BGH NJW **1972** 45 = LM Nr. 16 zu § 346 (Ea) HGB.

[285] *Canaris* Handelsrecht[23], § 25 II 4 d; *Baumbach/Hopt* HGB[30], § 346 33.

[286] RGZ **103** 401, 405; **129** 347, 349; zust. *Baumbach/Hopt* HGB[30], § 346 33.

gegen dafür, die Anfechtung nur zu gestatten, wenn der Empfänger die Unkenntnis nicht zu vertreten hat und dies beweisen kann (ebenso *Zunft* NJW **1959** 276, 277). Eine Anfechtung scheidet indessen gänzlich aus, weil der Empfänger in Hinblick auf die Behandlung des Bestätigungsschreibens keinen Entschluß gebildet hatte. Das Problem ist auf der Ebene des Zugangs des Bestätigungsschreibens (Rdn. 74) und der Widerspruchsfrist (Rdn. 87) zu lösen.[287]

g) Arglistige Täuschung, Drohung. Die Möglichkeit der Anfechtung gemäß § 123 BGB wird durch die widerspruchslose Hinnahme des Bestätigungsschreibens nicht eingeschränkt (allg. M.). **123**

IV. Internationaler Wirtschaftsverkehr

Ist nach den Regeln des Internationalen Privatrechts deutsches Recht maßgeblich **124** (Art. 27 ff EGBGB), so kommen die Grundsätze über das Bestätigungsschreiben auch bei Auslandsberührung zum Tragen. Liegt der gewöhnliche Aufenthaltsort des Empfängers im Ausland, so ist Art. 31 II EGBGB zu beachten.[288] Das Bestätigungsschreiben muß grundsätzlich in derjenigen Sprache gehalten sein, in der verhandelt worden ist (OLG Frankfurt ZIP **1981** 630), es sei denn, der Empfänger war der Sprache mächtig, in der das Bestätigungsschreiben abgefaßt worden war (**a. A.** OLG Düsseldorf AWD **1974** 103 f). Das OLG Karlsruhe läßt dagegen einen Hinweis in einem Bestätigungsschreiben in einer Weltsprache (hier: englisch) auf die AGB selbst dann genügen, wenn diese in deutscher Sprache abgefaßt sind. Abgesehen davon ist besonders zu prüfen, ob bestimmte Ergänzungen der Vereinbarungen gerade für Ausländer unzumutbar oder überraschend sind (siehe Rdn. 82). Dies kann insbesondere bei der Einbeziehung von AGB der Fall sein, deren Text in der Verhandlungssprache dem Bestätigungsschreiben nicht beiliegt und deren Kenntnis von einem ausländischen Verhandlungspartner nicht erwartet werden kann.

Zu Bestätigungsschreiben im Einheitskaufrecht EKG; CISG (WKR) LG Hamburg **125** RIW **1997** 873; OLG Hamburg RIW **1981** 262; LG Karlsruhe RIW **1982** 517; OLG Köln OLG-Report **1995** 92; *v. Dücker* BB **1996** 1, 9; *Thamm/Detzer* DB **1997** 213, 215.

Zu Bestätigungsschreiben mit Gerichtsstandsklauseln vgl. EuGH v. 16. 3. 1999 **126** EuZW **1999** 441 = ZIP **1999** 1184 m. Anm. *Adolphsen* ZZPInt **1999** 243 = IPRax **2000**, 119 m. Anm. *Girsberger* IPRax **2000**, 87, *Rabe* TranspR **2000**, 389, *Saenger* ZEuP **2000**, 666; v. 20. 2. 1997 ABl. EG **1997** Nr. C 108/G; BGH MDR **1997** 874 = LM Nr. 57 EGÜbk; NJW **1997** 1431 = LM Nr. 56 EGÜbk; NJW **1994** 2699 = LM Nr. 47 EGÜbk; MDR **1992** 180 = LM Nr. 33 EGÜbk; OLG Hamburg EWS **1996** 365; OLG Köln IPRspr **1991** Nr. 165; *Kröll* ZZP 113 (2000), 135.

---

[287] Ebenso *Canaris* Handelsrecht[23], § 25 I 2 a; II 4 b.
[288] BGH NJW **1997** 1697, 1700; OLG Karlsruhe DZWiR **1994** 70, 71; OLG Schleswig IPRspr **1989** Nr. 48; *v. Dücker* BB **1996** 1, 10; *Thamm/Detzer* DB **1997** 213, 215; einschränkend *Batereau* in *Pfeiffer* Handbuch der Handelsgeschäfte, S. 112.

D. Sonstige Fälle des Schweigens im Handelsverkehr

127 Siehe Erläuterungen zu § 362 HGB.

E. Handelsklauseln

I. Begriff und Auslegung von Handelsklauseln

128 Siehe Erläuterungen vor § 373 168.

II. Arten der Klauseln

1. Ab Kai

129 Siehe Erläuterungen vor § 373 158 sowie Incoterms 2000 (Rdn. 495).

2. Ab Lager

130 Siehe Erläuterungen vor § 373 257.

3. Ab Lager netto Kasse

131 Siehe Erläuterungen vor § 373 171.

4. Ab Schiff

132 Siehe Erläuterungen vor § 373 147 sowie Incoterms 2000 (Rdn. 476).

5. Ab Station

133 Siehe Erläuterungen vor § 373 173.

6. Ab Werk

134 Siehe Erläuterungen vor § 373 174–180 sowie Incoterms 2000 (Rdn. 290).
Nachzutragen ist:

135 a) Die Klausel „ab Werk" ist in den Incoterms 2000 in ihrem Gehalt modifiziert worden (näher Rdn. 290).

136 b) Kommen die Incoterms nicht zum Tragen, hat der Verkäufer das Transportmittel nicht nur dann zu **beladen**, wenn dies unter den Parteien üblich ist, sondern auch dann, wenn der Verkäufer unschwer seine Ladehilfsmitteln einsetzen kann (z. B. Gabelstapler), während die Gestellung von Ladehilfsmitteln für den Käufer mit evident unverhältnismäßigem Aufwand verbunden ist. Dabei darf man nicht schon dann von unverhältnismäßigem Aufwand sprechen, wenn der Käufer das Gut nicht selbst übernimmt, weil der Käufer mit dem Frachtführer entgegen § 412 HGB die Beladung des Transportmittels durch den Frachtführer vereinbaren kann.

137 c) Die Frage der **Verpackung** ist nunmehr in den Incoterms 2000 (Rdn. 284) abweichend von den Incoterms 1980 (Erläuterungen vor § 373 178, 748) geregelt. Sofern es nicht handelsüblich ist, ist nach den Incoterms 2000 die Ware in beförderungsgeeigneter Verpackung (dazu *Koller* Transportrecht[4], § 411 4) bereitzustellen, wenn und soweit die Transportmodalität dem Verkäufer vor Abschluß des Kaufvertrages zur Kenntnis gebracht worden ist. Diese Incoterms-Klausel ist bei ab-Werk-

Kaufverträgen ohne Bezug auf die Incoterms 2000 nicht unmittelbar anwendbar (Rdn. 286). Ob heute nach dem Verständnis der beteiligten Kreise im Zweifel nicht nur die übliche sondern ganz allgemein eine beförderungsgeeignete Verpackung geschuldet ist, müßte mittels Umfragen (Rdn. 55 ff) ermittelt werden.

d) Der Verkäufer hat bei der Erledigung der **Ausfuhrmodalitäten** mitzuwirken, wenn Anhaltspunkte für eine vom Käufer beabsichtigte Ausfuhr der Ware vorhanden sind.[289] **138**

e) Wird „netto ab Werk" oder lediglich „ab Werk" vereinbart, so bejahen *Heymann/Horn* HGB[1], § 346 73; *Röhricht/Graf von Westphalen-Wagner* HGB[1], § 346 57 entgegen der hier (vor § 373 180) vertretenen Auffassung (ebenso *Baumbach/Hopt* HGB[30], § 346 40) ein **Selbstabholungsrecht**. **139**

7. Abruf, auf

Siehe Erläuterungen vor § 373 181. **140**

8. Ankunft, glückliche vorbehalten

Siehe Erläuterungen vor § 373 182. **141**

9. Anlieferung unfrei

Siehe Erläuterungen vor § 373 183. **142**

10. Arbeitskampf (Streik, Streik und Aussperrung)

Siehe Erläuterungen vor § 373 184. **143**

Nachzutragen ist:

a) Auch *Wolf* (*Wolf/Horn/Lindacher* AGBG[4], § 9 Rdn. A 122) ist jetzt der Ansicht, daß eine Arbeitskampf-Klausel **nicht nur rechtmäßige Arbeitskämpfe** erfaßt. Allerdings soll *Wolf* (aaO) zufolge die normale Arbeitskampf-Klausel nicht ohne weiteres die kollektive Ausübung von **Zurückbehaltungsrechten** durch Arbeitnehmer erfassen. **144**

b) Zur **AGB-Kontrolle** siehe auch *Wolf/Horn/Lindacher* AGBG[4], § 9 Rdn. A 124 ff; *Brandner*, in: *Ulmer/Brandner/Hensen* AGBG[4], Anh. § 9 103 ff. Der BGH (BB **1985** 483, 484) hat festgehalten, daß Arbeitskämpfe, die die Leistungserbringung nur verzögern, kein Rücktrittsrecht im Sinn des § 10 Nr. 3 AGBG rechtfertigen. **145**

11. Arbitrage

Siehe Erläuterungen vor § 373 186. **146**

Nachzutragen ist:

a) Das für Schiedsvereinbarungen geltende **Formerfordernis** ist nunmehr in § 1031 ZPO dahin geregelt, daß die Schiedsabrede von beiden Parteien unterzeichnet oder in gewechselten Schreiben, Telefaxen oder anderen Formen der Nachrichtenübermittlung, die einen Nachweis der Vereinbarung sicherstellen, enthalten sein muß. Das Formerfordernis ist auch dann erfüllt, wenn die Schiedsvereinbarung in einem Bestätigungsschreiben enthalten ist und der andere Teil schweigt (*Thomas/Putzo* ZPO[22], § 1031 5). **147**

---

[289] BGHZ **96** 313, 317; vgl. auch Abschnitt A 10 Incoterms 2000 (Rdn. 301).

148 b) **AGB**, die eine Schiedsklausel enthalten, können dann unwirksam sein, wenn die Art des vorgesehenen Schiedsgerichts, dessen Anrufung allein vom Willen des AGB-Verwenders abhängt, besorgen läßt, daß es andere – mißbilligte – Klauseln nicht als unwirksam erkennen wird.[290] AGBG-widrig ist auch eine Klausel, die dem AGB-Verwender das Recht gibt, ein Schiedsgericht anzurufen, wenn der Partner des Verwenders bei Anrufung des staatlichen Gerichts nicht weiß, ob der Verwender von seinem Recht, ein Schiedsgericht anzurufen, Gebrauch machen wird (BGH BB **1998** 2335).

12. Auf Besicht

149 Siehe „Besicht, auf" (Rdn. 153).

13. Baldmöglichst

150 Siehe „prompt" (vor § 373 276).

14. Barzahlung

151 Siehe Erläuterungen vor § 373 189.

Nachzutragen ist:

152 Daß bei Verwendung der Barzahlungsklausel die **Aufrechnung** ausgeschlossen ist, entspricht allgemeiner Ansicht.[291] In bar wird auch gezahlt, falls die Verpflichtung mittels **Banküberweisung** oder **Scheck** (BGH WM **1984** 1572, 1573) erfüllt wird.[292]

15. Besicht, auf; Besichtigung

153 Siehe Erläuterungen vor § 373 190.

Nachzutragen ist:

154 Für einen **Gewährleistungsausschluß** aller bei verkehrserforderlicher Sorgfalt erkennbaren Mängel plädieren dagegen *Heymann/Horn* HGB[1], § 346 83; *Röhricht/Graf von Westphalen-Wagner* HGB[1], § 346 66; *Baumbach/Hopt* HGB[30], § 346 40. Siehe auch Klausel „Besichtigt, wie" (Rdn. 155).

16. Besichtigt, wie

155 Siehe Erläuterungen vor § 373 192. Daß dem Käufer bereits einfache Fahrlässigkeit schadet, entspricht allgemeiner Ansicht.[293]

17. Betriebsstörungen vorbehalten

156 Siehe Erläuterungen vor § 373 193.

18. Bis zu ... (Datum)

157 Siehe Erläuterungen vor § 373 194.

---

[290] BGHZ 115 324; s. auch *Wolf/Horn/Lindacher* AGBG[4], § 9 Rdn. S 4.
[291] *Heymann/Horn* HGB[1], § 346 82; *Röhricht/Graf von Westphalen-Wagner* HGB[1], § 346 65.
[292] *Heymann/Horn* HGB[1], § 346 82; *Röhricht/Graf von Westphalen-Wagner* HGB[1], § 346 65.
[293] *Heymann/Horn* HGB[1], § 346 83; *Röhricht/Graf von Westphalen-Wagner* HGB[1], § 346 66; *Baumbach/Hopt* HGB[30], § 346 40.

19. Brutto für netto
Siehe Erläuterungen vor § 373 195. **158**

20. Cash against documents (cad)
Siehe „Kassa gegen Dokumente" (Rdn. 221). **159**

21. cbd (cash before delivery)
Siehe „Nachnahme" (Rdn. 247). **159a**

22. CFR (Kosten und Fracht)
Siehe Incoterms 2000 (Rdn. 372). **160**

23. CIF
Siehe Erläuterungen vor § 373 197. Beachte die Änderung der Incoterms (unten **161** Rdn. 393).

24. CIP (frachtfrei versichert)
Siehe unten Rdn. 435. **162**

25. CPT (frachtfrei)
Siehe unten Rdn. 414. **163**

26. Circa, ungefähr
Siehe Erläuterungen vor § 373 198. **164**

Nachzutragen ist:

Das OLG Düsseldorf (NJW-RR **1991** 679, 680) und das OLG München (BB **1994** **165** 1169, 1170) haben entschieden, daß eine „circa"-Klausel Abweichungen von 10% nach oben und unten erlaubt.[294] Beim Transport sollen Abweichungen von 5–10% gestattet sein (OLG Nürnberg NJW-RR **1995** 1437). Verbreitet wird nunmehr die Ansicht vertreten, der Lieferant, der sich schadensersatzpflichtig gemacht hat, dürfe sich nicht darauf berufen, daß er nur die Mindestmenge zu liefern hatte.[295] Es ist jedoch mit dem OLG München (BB **1994** 1169, 1170) daran festzuhalten, daß der Verkäufer nur im Rahmen der Mindestmenge schadensersatzpflichtig wird, mit der er seiner Lieferverpflichtung genügt hätte.[296]

26a. cod (cash on delivery)
Siehe „Nachnahme" (Rdn. 247). **165a**

27. Dokumente
Siehe Kassa gegen Dokumente (Rdn. 220). **166**

---

[294] Vgl. auch *Thamm* DB **1982** 417: vielfach 10%, z. T. 5%.
[295] OLG Düsseldorf NJW-RR **1991** 679, 680; *Honsell* EWiR **1991** 385, 386; *Wolf/Horn/Lindacher* AGBG⁴, § 9 Rdn. H 20.
[296] Ebenso *Heymann/Horn* HGB¹, § 346 90; *Röhricht/Graf von Westphalen-Wagner* HGB¹, § 346 72.

28. D/A; Dokumente gegen Akzept

167 Es gelten die Regeln der „Kassa gegen Dokumente"-Klauseln (Rdn. 221) mit der Modifikation, daß an die Stelle der Zahlung die Aushändigung eines Wechselakzeptes (Art. 24 WG) tritt.

29. Dokumente gegen Akkreditiv

168 Der Anspruch des Verkäufers auf Herausgabe der Ware gegen den Spediteur bzw. Frachtführer wird mit der Übergabe der Transportdokumente an die Bank abgetreten, die zugunsten des Verkäufers ein Akkreditiv (siehe Teil Bankvertragsrecht des Kommentars) eröffnet hat. Vgl. im übrigen Rdn. 221.

30. Dokumente gegen unwiderruflichen Zahlungsauftrag

169 Siehe *Graf von Bernstorff* RIW **1985** 14.

31. DAF (geliefert Grenze)

170 Siehe unten Rdn. 211.

32. DDP (geliefert verzollt)

171 Siehe unten Rdn. 213.

33. DDU (geliefert unverzollt)

172 Siehe unten Rdn. 212.

34. DEQ (geliefert ab Kai)

173 Siehe Erläuterungen vor § 373 169; ferner Incoterms 2000 (Rdn. 496).

35. DES (geliefert ab Schiff)

174 Siehe Incoterms 2000 (Rdn. 476).

36. Empfang der Ware

175 Siehe Erläuterungen vor § 373 202.

37. Erfüllungsmöglichkeit vorbehalten

176 Siehe „Lieferungsmöglichkeit vorbehalten"; Rdn. 241.

38. Erntevorbehalt

177 Siehe Erläuterungen vor § 373 204.

39. Erwartungsklausel

178 Siehe Erläuterungen vor § 373 205. Nach *Röhricht/Graf von Westphalen-Wagner* HGB[1], § 346 81 wird in aller Regel kein Fixgeschäft begründet.

40. Ex factory

179 Siehe „ab Werk" (Rdn. 134).

41. Exportlizenz vorbehalten
Siehe Erläuterungen vor § 373 206. **180**

41a. EXW
Siehe Rdn. 134 „ab Werk". **180a**

42. Faktura
Die Klausel „Zahlbar innerhalb ... Tagen rein netto Kasse" enthält eine Bar- **181**
zahlungsabrede, die einen Aufrechnungsausschluß umfaßt.[297] Siehe auch „Kasse gegen Rechnung" (vor § 373 255).

43. fag (fair average quality; if inferior allowance)
Siehe Erläuterungen vor § 373 207. **182**

44. FAS (free along side ship)
Siehe Erläuterungen vor § 373 207 und Incoterms 2000 (Rdn. 332). **183**

45. FCA (frei Frachtführer)
Siehe unten Rdn. 203. **184**

46. FCL/FCL (full container load)
Die Sendung ist im versiegelten Container von der Stelle, an dem der Container **185**
beim Ablader übernommen wird, zu befördern, bis zur Stelle, an der der Empfänger den Container in Empfang nimmt. Die Pflicht zur Untersuchung beginnt erst mit Ablieferung des Containers zur Verfügung des Käufers (*Baumbach/Hopt* HGB[30], § 346 40). FCL/LCL bedeutet ein Ablader, mehrere Empfänger.

47. Fein, gesund und handelsüblich
Siehe Erläuterungen vor § 373 209. **186**

48. Finales Qualitätszertifikat
Siehe unten Rdn. 259. **187**

49. Fio (free in, free out)
Siehe Erläuterungen vor § 373 211; *Prüßmann/Rabe* Seehandelsrecht[4], § 561 Rdn. 9. **188**

50. FOB
Siehe Erläuterungen vor § 373 213; ferner Incoterms 2000 (Rdn. 352). **189**

51. Force majeure
Siehe „Höhere Gewalt" (Rdn. 215). **190**

---

[297] BGH LM Nr. 7 zu § 346 (Ef) HGB = BB **1972** 1117.

52. Forfaiting

191 Siehe BGHZ **126** 261.

53. Frachtbrief gegen Akkreditiv

192 Siehe „Kasse gegen Dokumente" (Rdn. 220); ferner Erläuterungen vor § 373 248.

54. Frachtfrei

193 Siehe Erläuterungen vor § 373 217.

Nachzutragen ist:

194 Die Klausel wurde in den Incoterms 2000 neu gefaßt. Siehe dazu unten Rdn. 414. Zur Bedeutung der Klausel im Frachtrecht siehe *Koller* Transportrecht[4], § 421 HGB 11.

55. Frachtfrei versichert

195 Siehe Erläuterungen vor § 373 218.

Nachzutragen ist:

196 Die Klausel wurde in den Incoterms 2000 (Rdn. 435) neu gefaßt.

56. Frachtbasis

197 Siehe Erläuterungen vor § 373 219.

57. Frachtparität

198 Siehe Erläuterungen vor § 373 272.

58. Franko, frei

199 Siehe Erläuterungen vor § 373 221.

Nachzutragen ist:

200 Die Incoterms 2000 haben die Klausel neu gefaßt (Rdn. 414). Sind die Incoterms 2000 nicht anwendbar, so hat der BGH in der Entscheidung vom 19. 9. 1983 (NJW **1984** 567, 568) anerkannt, daß die Klausel „frei ... Bestimmungsort" unter besonderen Umständen als Gefahrtragungsklausel zu qualifizieren ist.

59. Freibleibend (ohne obligo, unverbindlich)

201 Siehe Erläuterungen vor § 373 222.

Nachzutragen ist:

202 Der BGH (WM **1996** 181, 182; dazu *Bosch* WiB **1996** 441) hat diese Auslegung einer „freibleibend"-Klausel als naheliegend und nicht zu beanstanden bezeichnet. In einem Fall, in dem der Warenanbieter die Klausel „freibleibend entsprechend unserer Verfügbarkeit" verwandt hatte, war der BGH (NJW **1984** 1885 f) allerdings von einem bindenden Angebot (§ 145 BGB) ausgegangen, weil der Nachfrager um ein Angebot gebeten hatte und deshalb ein bindendes Angebot erwarten konnte, ferner der Anbieter die Formulierung „anbietet" benutzt hatte und schließlich die Formulierung „entsprechend Verfügbarkeit" auf einen Widerrufsvorbehalt hingewiesen hatte (zu Recht krit. *Lindacher* DB **1992** 1813 f). Wird die Klausel „freibleibend" auf die Preise bezogen und eröffnet sie die Befugnis, einseitig die Preise anzupassen, so ist die Klausel im Sinn des § 9 AGBG unangemessen (BGH WM **1985** 199).

60. Frei Frachtführer

Siehe Erläuterungen vor § 373 224. Siehe Incoterms 2000 (Rdn. 312). **203**

61. Freight prepaid

Siehe Erläuterungen vor § 373 225. **204**

Nachzutragen ist:

Der BGH[298] hat nunmehr überzeugend bestätigt, daß die Klausel keinen Verzicht auf die Frachtforderung enthält (ebenso OLG Hamburg VersR **1991** 604), sondern lediglich das Entstehen einer Zahlungspflicht zu Lasten des Empfängers verhindert und dem Verfrachter (Frachtführer) die Geltendmachung von Pfand- und Zurückbehaltungsrechten verbietet (ebenso OLG Hamburg VersR **1991** 604). Eine Ausnahme gilt in Hinblick auf Stand- bzw. Liegegeldansprüche am Ablieferungsort (*Rabe* TranspR **1984** 289). Die Klausel begründet mangels besonderer Abreden die Pflicht zur Vorauszahlung der Fracht.[299] **205**

62. Frei Haus

Siehe Erläuterungen vor § 373 226. **206**

Nachzutragen ist:

Nach BGHZ 114 248, 251 erlegt die Klausel „frei Haus" immer dem Käufer die Gefahrtragung auf.[300] Streitig ist, ob bei einem Verkauf „frei Haus" der Verkäufer auch die Importzölle und -steuern zu tragen hat (offen BGHZ 114 248, 251f). Dies ist zu verneinen (*Soergel/Huber* BGB[12], § 448 20). Wurde in Transportverträgen „frei Haus" vereinbart, so ist der Frachtführer nicht gehalten, in Abweichung von § 412 HGB abzuladen (OLG Köln BB **1995** 747). **207**

63. Frei Waggon

Siehe Erläuterungen vor § 373 227. Die Incoterms 2000 (Rdn. 284) kennen die Klausel nicht mehr. **208**

64. Für Rechnung von

Siehe Erläuterungen vor § 373 229. **209**

65. Gegenbestätigung

Siehe Erläuterungen vor § 373 230. **210**

66. Geliefert Grenze ... (benannter Ort an der Grenze)

Siehe Erläuterungen vor § 373 231. Zu den Incoterms 2000 siehe Rdn. 456. **211**

67. Geliefert unverzollt (benannter Bestimmungsort)

Siehe Incoterms 2000 (Rdn. 517). **212**

---

[298] WM **1987** 1198, 1199 f = TranspR **1987** 439 = VersR **1988** 130.

[299] OLG Hamburg VersR **1987** 481, 482; a. A. OLG Düsseldorf TranspR **1992** 369, 370.

[300] Ebenso OLG Karlsruhe NJW-RR **1993** 1316, 1317.

68. Geliefert verzollt (benannter Bestimmungsort)

213 Siehe Erläuterungen vor § 373 232 f; ferner Incoterms 2000 (Rdn. 537).

69. Gutbefund

214 Siehe „Besicht, auf" (Rdn. 153).

70. Höhere Gewalt

215 Siehe Erläuterungen vor § 373 235 f.

Nachzutragen ist:

216 Vgl. *Graf von Westphalen* Vertragsrecht und AGB-Klauselwerk (Loseblatt Stand Oktober 1996) Vertragsrecht, Stichwort „Höhere Gewalt"; *Coester-Waltjen* in *Staudinger* BGB (1998) § 10 Nr. 3 AGBG 23; *Wolf/Horn/Lindacher* AGBG[4], § 9 Rdn. A 122; § 10 Nr. 3 Rdn. 44; *Baur* ZIP **1985** 905, 909; *Bühler* Festschrift Giger (1989), S. 35; *Horn* in *Horn/Fontaine/Maskow/Schmitthoff* Die Anpassung langfristiger Verträge (1984); *Dünnweber* Vertrag zur Erstellung schlüsselfertiger Industrieanlagen (1984), S. 109 f.

71. Jederzeit

217 Siehe Erläuterungen vor § 373 245.

72. Kai, ab

218 Siehe Erläuterungen vor § 373 158. Beachte die neugefaßten Incoterms 2000 (Rdn. 496).

73. Kassa gegen Akkreditiv

219 Siehe Erläuterungen vor § 373 247; ferner Kassa gegen Dokumente.

74. Kassa gegen Dokumente

220 Siehe Erläuterungen vor § 373 42 ff, 109, 249.

Nachzutragen ist:

221 a) Der BGH hat mehrfach bestätigt, daß den Verkäufer die **Vorleistungspflicht** trifft, die Dokumente anzudienen, und den Käufer die Vorleistungspflicht, die Ware vor Erhalt gegen bloße Übertragung der Dokumente bar zu bezahlen.[301]

222 b) Der Käufer ist nicht berechtigt, die Ware vor Erhalt zu **untersuchen** oder die Bezahlung von der Untersuchung abhängig zu machen.[302] Das gilt selbst dann, wenn die Ware bereits am Bestimmungsort eingetroffen ist.[303]

223 c) Auf **Sachmängel** der Ware darf der Käufer seine Weigerung, zu bezahlen, nicht stützen, erst recht nicht auf befürchtete Mängel (BGH NJW **1988** 2608, 2609), es sei denn, daß der Verkäufer rechtsmißbräuchlich handelt. Dies ist nur dort zu bejahen, wo der Käufer im Moment der Andienung der Dokumente über Beweisunterlagen ver-

---

[301] BGH DB **1987** 882 f m. Anm. *Lebuhn* IPRax **1989** 87; m. Anm. *Nielsen* WuB I H1 Dokumenteninkasso 1.87; BGHZ **135** 39 = LM Nr. 27 zu § 407 BGB m. Anm. *Pfeiffer* BGH WuB IV A § 407 BGB 1.97 m. Anm. E. *Wagner* BGH NJW **1985** 550.

[302] BGH DB **1987** 882 f m. Anm. *Lebuhn* IPRax **1989** 87; m. Anm. *Nielsen* WuB I H1 Dokumenteninkasso 1.87.

[303] BGH DB **1987** 882 f; *Lebuhn* aaO; *Nielsen* aaO.

fügt, die mit größter Wahrscheinlichkeit erkennen lassen, daß die Ware nicht vertragsgemäß ist.[304]

d) Die Klausel begründet den Ausschluß des **Aufrechnungs- und Zurückbehaltungsrechts**.[305] 224

e) Die Lieferung der Dokumente ist eine **wesentliche Vertragspflicht** im Sinn des Art. 49 I CISG. Die Dokumente sind auch dann „geliefert", wenn sie dem Käufer mit Fehlern behaftet übergeben worden sind.[306] Die Berufung auf eine Verletzung wesentlicher Vertragspflichten im Sinn des Art. 49 I CISG setzt in solchen Fällen voraus, daß dem Käufer wegen der Fehlerhaftigkeit der Dokumente im wesentlichen das entgeht, was er nach dem Kaufvertrag erwarten durfte (BGHZ **132** 290, 301). Dem Sinn der Handelsklausel entspricht es jedoch eher, daß der Käufer nicht vertragsgemäße Dokumente auch im Rahmen eines CISG-Kaufvertrages zurückweisen darf (*Nielsen* aaO). 225

f) Nimmt der Käufer außer in den Fällen liquid beweisbaren, offensichtlichen Rechtsmißbrauchs (siehe oben) die angedienten Dokumente nicht auf, so gerät er in Annahmeverzug und macht sich **schadensersatzpflichtig** (BGH DB **1987** 882, 883 = BB **1987** 716, 717). Dem Käufer ist es jedoch nicht verwehrt, sich gegenüber dem Schadensersatzanspruch des Verkäufers auf sein Wandelungsrecht zu berufen.[307] 226

g) Die im Rahmen des Dokumenteninkassos anzudienenden Dokumente sind nicht notwendig Wertpapiere, die den Inhaber zum Forderungseinzug ermächtigen bzw. zu ermächtigen scheinen.[308] Das gilt auch für den Frachtführer, der die Dokumente vorlegt.[309] Der Käufer, der statt an den Zessionar der Kaufpreisforderung an den Verkäufer zahlt, wird grundsätzlich nur im Rahmen des § 407 BGB geschützt.[310] 227

75. Kassa gegen Frachtbriefdoppel

Siehe Erläuterungen vor § 373 248. Das Frachtbriefdoppel ist nur mehr im grenzüberschreitenden CIM-Eisenbahnverkehr gebräuchlich. Im innerdeutschen Straßen- und Eisenbahnverkehr sowie im grenzüberschreitenden Straßenverkehr fungiert der Frachtbrief u. U. als Sperrpapier (§ 418 IV HGB, Art. 12 CMR). Siehe auch „Kassa gegen Dokumente". 228

76. Kasse, netto

Siehe Erläuterungen vor § 373 269. 229

77. Kasse gegen Lieferschein

Siehe Erläuterungen vor § 373 251; siehe ferner Kommentierung von *Canaris* zu § 363 in diesem Kommentar. 230

78. Kassalieferschein

Der Verkäufer übergibt dem Käufer einen Lieferschein, der diesen ermächtigt, sich die Ware vom Lagerhalter ausliefern zu lassen, wenn der Käufer oder ein späterer 231

---

[304] BGH DB **1987** 882, 883; *Lebuhn* aaO; *Nielsen* aaO.
[305] BGH NJW **1985** 550; BGHZ **135** 39 = NJW **1997** 1775 = LM Nr. 27 zu § 407 BGB m. Anm. *Pfeiffer*.
[306] BGHZ **132** 290, 301 = ZIP **1996** 1041, 1045; zutreffend kritisch *Nielsen* WuB I H1.–1.97.
[307] BGH DB **1987** 882 f = BB **1987** 716, 717; zu Recht krit. *Nielsen* WuB I H1 Dokumenteninkasso 1.87.
[308] BGHZ **135** 39 = LM Nr. 27 zu § 407 BGB m. Anm. E. *Wagner*.
[309] LG Nürnberg/Fürth TranspR **1996** 290, 291.
[310] BGHZ **135** 39 = LM Nr. 27 zu § 407 BGB m. Anm. E. *Wagner*.

§ 346 Viertes Buch. Handelsgeschäfte

Erwerber des Lieferscheins den im Lieferschein genannten Betrag an den Lagerhalter zahlt (*Sieg* BB **1992** 299, 302). Der Kassalieferschein wird vom Einlagerer ausgestellt (*Sieg* BB **1992** 299, 300). Er enthält eine Anweisung im Sinn des § 783 BGB. Die Übergabe des Kassalieferscheins ändert nichts an der Gefahrtragung (*Sieg* BB **1992** 299, 301). Die Untersuchungsfrist im Sinn des § 377 beginnt erst mit der Auslieferung durch den Lagerhalter. Die Übergabe des Kassalieferscheins läßt die Eigentumslage unberührt (*Sieg* BB **1992** 299, 301). Nimmt der Käufer die Ware entgegen, ohne den Kaufpreis zu bezahlen, so ist er verpflichtet, den Kaufpreis an den Lagerhalter zu zahlen (*Sieg* BB **1992** 299, 302) oder jedenfalls den Lagerhalter von seiner Schadensersatzpflicht freizustellen.

79. Kasse gegen Rechnung (Faktura)

232   Siehe Erläuterungen vor § 373 255.

Nachzutragen ist:

233   Der Käufer ist vorleistungspflichtig und kann daher vor Zahlung des Kaufpreises weder Übergabe der Ware noch Untersuchung verlangen.[311] Der Einwand des Rechtsmißbrauchs ist nur bei schwerwiegenden Gründen gestattet; der bloße Verdacht, die Ware sei minderwertig, reicht nicht (BGH NJW **1988** 2608, 2609). Siehe auch Kassa gegen Dokumente (Rdn. 220).

80. Kontraktübernahme

234   Siehe Erläuterungen vor § 373 256.

81. Lager, ab

235   Siehe Erläuterungen vor § 373 257.

82. LCL (less than container load)

236   LCL/LCL besagt, daß die Anlieferung in der Containerfrachtstation des Verschiffungshafens und die Auslieferung in der Containerfrachtstation des Bestimmungshafens an die Empfänger[312] erfolgen.

83. Lieferschein

237   Zum „Kassa gegen Lieferschein" siehe Rdn. 230; zum Kassalieferschein siehe Rdn. 231.

84. Lieferung freibleibend

238   Siehe „freibleibend" (Rdn. 207); Lieferungsmöglichkeit vorbehalten (Rdn. 241).

85. Lieferung sofort nach Eintreffen der Ware

239   Siehe Erläuterungen vor § 373 260.

---

[311] BGH NJW **1988** 2608, 2609; abweichend *Heymann/Horn* HGB[1], § 346 117; *Röhricht/Graf von Westphalen-Wagner* HGB[1], § 346 97 zur Untersuchung.

[312] Mehrere Ablader, mehrere Empfänger; *Baumbach/Hopt* HGB[30], § 346 40.

86. Lieferung so schnell als möglich

Siehe Erläuterungen vor § 373 261. **240**

87. Lieferungsmöglichkeit vorbehalten

Siehe Erläuterungen vor § 373 262; siehe auch „Selbstbelieferung vorbehalten" **241**
(Rdn. 261). Die Klausel ist jedenfalls dann im Sinn des § 9 AGBG angemessen, wenn sie ausschließlich bei unverschuldeten Störungen zum Tragen kommt, die auf atypischen und unvorhersehbaren Ereignissen beruhen, und wenn der Verkäufer trotz zumutbarer Anstrengungen nicht zur Lieferung der Ware imstande ist.[313]

88. Lieferzeit unverbindlich

Siehe Erläuterungen vor § 373 264. **242**

89. Lieferzeit vorbehalten

Der Verkäufer ist verpflichtet, alles ihm Zumutbare zu tun, um pünktlich zu **243**
leisten. Die Klausel verstößt bei dieser Auslegung nicht gegen § 9 AGBG.[314]

90. Muster, laut

Siehe Erläuterungen vor § 373 265. **244**

91. Mustergutbefund

Siehe Erläuterungen vor § 373 266. **245**

92. Nachfrist, ohne

Siehe Erläuterungen vor § 373 271. **246**

93. Nachnahme; cash on delivery (COD)

Siehe Erläuterungen vor § 373 268. **247**

Nachzutragen ist:

COD bedeutet „cash on delivery" mit der Folge, daß die Lieferung nur gegen Bar- **248**
zahlung unter Vorleistung des Empfängers erfolgt. Der Empfänger muß bei Aushändigung des Gutes zahlen, ohne vorher untersuchen zu können.[315] Der BGH (NJW **1985** 550 = WM **1984** 1572) hat der Klausel „cash on delivery" ein Aufrechnungsverbot entnommen. Gleiches gilt für Nachnahmeklauseln.[316] Der erste Anschein spricht dafür, daß der Empfänger, der die Ware erhalten hat, bezahlt hat.[317] Zum Recht der Beförderungsunternehmen, aufzurechnen, siehe BGH NJW-RR **1999** 1192; *Koller* Transportrecht[4], § 422 HGB 37 ff).

94. Netto Kasse

Siehe Erläuterungen vor § 373 269. **249**

---

[313] BGH BB **1994** 885, 887 = ZIP **1994** 461, 464; ZIP **1994** 136, 138.
[314] *Walchshöfer* BB **1986** 1541, 1545; *Wolf/Horn/Lindacher* AGBG[4], § 24 28.
[315] BGH NJW **1985** 550; OLG Düsseldorf VersR **1991** 1394.
[316] BGH NJW **1998** 3119; *Röhricht/Graf von Westphalen-Wagner* HGB[1], § 346 102; *Heymann/Horn* HGB[1], § 346 122; *Lebuhn* IPRax **1986** 19.
[317] LG Aurich NJW-RR **1999** 1225; LG Hannover NJW-RR **1999** 1225.

§ 346 — Viertes Buch. Handelsgeschäfte

Nachzutragen ist:

250 Das OLG Düsseldorf[318] hat bestätigt, daß bei der Vereinbarung der Klausel „netto Kasse" bar bezahlt werden muß oder gedeckte Schecks hingegeben werden müssen und daß die Aufrechnung ausgeschlossen ist (ebenso *Heymann/Horn* HGB[1], § 346 124).

95. Ohne Nachfrist

251 Siehe Erläuterungen vor § 373 271.

96. Parität

252 Siehe Erläuterungen vor § 373 272.

97. Pod

253 Siehe Erläuterungen vor § 373 273 und oben Rdn. 247.

98. Preise freibleibend

254 Siehe Erläuterungen vor § 373 274. In AGB ist die Klausel bedenklich.[319]

99. Produktion, ungestörte, vorbehalten

255 Siehe Erläuterungen vor § 373 275.

100. Prompt

256 Siehe Erläuterungen vor § 373 276.

101. Pünktlich

257 Siehe § 376 6.

102. Rechnung/netto Kasse

258 Siehe „Kasse gegen Rechnung" (Rdn. 232) und „Netto Kasse" (Rdn. 249).

103. Qualitätszertifikat

259 Bei Verkauf „final gemäß Qualitätszertifikat" ist das Zertifikat als Schiedsgutachten im Rahmen der hierfür geltenden allgemeinen Regeln (*Palandt/Heinrichs* BGB[59], § 319 4) für beide Vertragsparteien verbindlich.[320]

104. Rücktritt vorbehalten

260 Siehe „freibleibend" (Rdn. 207).

---

[318] BB **1995** 1712, 1713; in diese Richtung auch BGH NJW **1985** 550; BB **1972** 1117 = LM Nr. 7 zu § 346 (Ef) HGB.
[319] Vgl. BGHZ **93** 252, 257; BGH NJW **1985** 855, 856; *Wolf/Horn/Lindacher* AGBG[4], § 11 Nr. 1 Rdn. 20.
[320] *Straatmann/Ulmer* Handelsrechtliche Schiedsgerichts-Praxis (1975/1982) Schiedsspruch I E 6 b Nr. 11; *Baumbach/Hopt* HGB[30], § 346 40; siehe auch Erläuterungen vor § 373 210.

105. Selbstbelieferung vorbehalten

Siehe Erläuterungen vor § 373 279–282. **261**

Nachzutragen ist:

Die Kongruenz des Kaufvertrages mit der Lieferpflicht des Vorlieferanten ist nur **262** dann zu bejahen, wenn das Deckungsgeschäft dieselbe Sicherheit bietet wie der Kaufvertrag zwischen den Parteien (BGH WM **1990** 107, 108; **1992** 356, 357f). Das Deckungsgeschäft muß sich daher auf dieselbe Ware (BGHZ **92** 396, 399 ff) und auf mindestens die gleiche Menge (BGHZ **92** 396, 399 ff) beziehen. Dabei ist es denkbar, daß der Deckungskauf beim Vorlieferanten mehreren späteren vom Verkäufer abgeschlossenen Kaufverträgen Sicherheit bietet (BGH WM **1990** 107, 108) und daß der Deckungskauf bereits vor Abschluß der Kaufverträge getätigt worden ist (BGH WM **1990** 107, 108). Die Lieferzeit des Deckungsgeschäfts muß so bestimmt sein, daß mittels des Deckungsgeschäftes der Kaufvertrag zwischen den Parteien reibungslos erfüllt werden kann (BGH WM **1990** 107, 108). Ganz allgemein gilt, daß bei natürlichem reibungslosem Ablauf die Erfüllung des Kaufvertrages mittels der Lieferung aus dem Kontrakt mit dem Vorlieferanten möglich sein muß (BGH WM **1992** 356, 357 f). Die Verträge sind nicht kongruent, falls die Lieferpflicht aus dem Deckungsgeschäft von einem besonderen Umstand abhängig gemacht wird, der in der Sphäre des Vorlieferanten liegt (BGH WM **1992** 356, 357 f), wenn sich die Verträge nicht in einer jeden vernünftigen Zweifel ausschließenden Weise in ihrer rechtlichen Tragweite decken (BGH BB **1995** 1158, 1159). Der Selbstbelieferungsvorbehalt greift nur, wenn der Verkäufer von seinem Vorlieferanten im Stich gelassen worden ist.[321] Dabei ist es unerheblich, ob der Vorlieferant die Nichtlieferung verschuldet hatte (BGH BB **1995** 1158, 1159). Die Entlastung vom Lieferrisiko greift jedoch nur dort, wo zukünftige und noch ungewisse Gefahren eine Rolle spielen (BGHZ **124** 351, 358) und wenn zumutbare Anstrengungen des Verkäufers, sich die Ware anderweit zu besorgen, fehl gehen.[322] In Fällen, in denen den Verkäufer bei der Auswahl des Vorlieferanten ein Auswahlverschulden trifft, darf er sich ebenfalls nicht auf den Selbstbelieferungsvorbehalt berufen (BGHZ **92** 396, 399 ff). Der Verkäufer hat zu beweisen, daß er ein kongruentes Deckungsgeschäft abgeschlossen hat (BGH BB **1995** 1158, 1159) und daß er den Vorlieferanten sorgfältig ausgewählt hat. Die Klausel ist AGBG-konform.[323] Vgl. auch *Salger* WM **1985** 625.

106. Shipment/embarkment

Siehe Erläuterungen vor § 373 283. **263**

107. Skonto

Siehe Erläuterungen vor § 373 284. **264**

Nachzutragen ist:

Für die Rechtzeitigkeit der Zahlung genügt es, wenn innerhalb der Frist die **265** Leistungshandlung vorgenommen wird, z. B. der Scheck abgesandt wird.[324] Im Zweifel darf das Skonto nur bei der Schlußrechnung abgezogen werden.[325] Im Regelfall ist davon auszugehen, daß das Skonto nur abgezogen werden darf, wenn die Forderung

---

[321] BGHZ **92** 396, 399 ff; BGH NJW **1985** 855, 857.
[322] BGHZ **124** 351, 358; BGH WM **1992** 356, 357 f.
[323] BGHZ **92** 396, 399 ff; **124** 351, 358 f; BGH WM **1990** 107, 108.
[324] BGH NJW **1998** 1302; OLG Düsseldorf NJW **2000** 820.
[325] OLG Oldenburg OLG-Report **1999** 100.

vollständig bezahlt wird (OLG Düsseldorf NJW **2000** 820). Wird nur die Skontohöhe, nicht aber die Skontofrist in AGB des AGB-Verwenders geregelt, so verstößt dies gegen § 9 AGBG (OLG Stuttgart OLG-Report **1998** 59, 60). Übersicht: *Beater* AcP **191** (1991) 346. Zur AGB-Konformität der vom Käufer gestellten Konto-Klauseln siehe *Wolf/Horn/Lindacher* AGBG⁴, § 9 Rdn. V 62.

108. Solange Vorrat reicht

266 Siehe Erläuterungen vor § 373 285.

Nachzutragen ist:

267 Das OLG München (WM **1985** 363) legt die Klausel ebenfalls dahin aus, daß der Verkäufer, wenn der Vorrat nicht ausreicht, in der Reihenfolge der Bestellungen zu liefern hat, falls er dazu nach dem ordnungsgemäßen Gang der Geschäfte ohne ungewöhnliche Schwierigkeiten und Opfer imstande ist (ebenso *Baumbach/Hopt* HGB³⁰, § 346 40).

109. So schnell wie möglich

268 Siehe oben Rdn. 240.

110. Sofort

269 Siehe Erläuterungen vor § 373 287.

111. Subject to inspection

270 Siehe Rdn. 153.

112. Tel quel (Telle quelle)

271 Siehe Erläuterungen vor § 373 290.

113. Umgehend

272 Siehe Rdn. 256 „prompt".

114. Unfrei

273 Siehe Erläuterungen vor § 373 292. Zur Bedeutung der Klausel im Frachtrecht siehe *Koller* Transportrecht⁴, § 421 HGB 5.

115. Untergewicht

274 Siehe Erläuterungen vor § 373 293.

116. Verkauft wie besichtigt

275 Siehe Rdn. 155 „besichtigt".

117. Vorrat

276 Siehe Rdn. 266 „solange Vorrat reicht".

118. Verzollt, versteuert

277 Siehe Erläuterungen vor § 373 232 und Incoterms 2000 (Rdn. 537). Siehe zu Zollerlaubnisschein bei Heizöllieferungen BGH LM Nr. 6 zu § 346 (Ed) HGB.

119. Werk, ab
Siehe Rdn. 134 „ab Werk". **278**

120. Wettervorbehalt
Siehe Erläuterungen vor § 373 296. **279**

121. Zahlung, bar
Siehe Rdn. 151 „Barzahlung". **280**

122. Zahlung nach Empfang
Siehe Erläuterungen vor § 373 297. **281**

123. Zu getreuen Händen
Der Empfänger darf die ihm übergebenen Gegenstände nicht weitergeben, sondern **282** muß sie zurückgeben, wenn er nicht in voller Höhe den Gegenwert erbringt. Ein Zurückbehaltungsrecht ist auch bei Vermögensverfall ausgeschlossen.[326]

124. Zwischenverkauf vorbehalten
Siehe Erläuterungen vor § 373 298. Die Klausel ist AGBG-konform. **283**

F. Incoterms 2000

I. Geltung, Auslegung

Die ersten Incoterms stammen aus dem Jahr 1953. Sie wurden in den Jahren 1967, **284** 1976, 1980 (siehe vor § 373 748 ff) 1990[327] und 2000 ergänzt und modifiziert.

Zur **Geltung der Incoterms** siehe Erläuterungen vor § 373 11. Die Incoterms 2000 **285** stellen keinen Handelsbrauch dar,[328] auch soweit sie Regelungen enthalten, die bereits die Incoterms 1953 kannten (vgl. vor § 373 11, 748 ff) wohl auch keine Handelsklauseln (siehe oben Rdn. 128), sondern allgemeine Geschäftsbedingungen, die von der Internationalen Handelskammer mit Hauptsitz in Paris formuliert worden sind.[329] Um klarzustellen, welche der verschiedenen Varianten der Incoterms gemeint ist, ist es notwendig, deutlich zu machen, welche Variante Vertragsinhalt werden soll (*Lehr* VersR 2000 548, 550). Im Zweifel ist die zum Zeitpunkt des Vertragsschlusses aktuelle Fassung der Incoterms gemeint.[330] Jedenfalls im internationalen Handel wird im Zweifel auf die englische Originalfassung Bezug genommen.[331] Gleiches gilt aber auch im innerdeutschen Handel, da Kaufleute wissen müssen, daß es sich bei den Incoterms um ein auf den internationalen Handel zugeschnittenes Klauselwerk handelt und daß

---

[326] OLG Hamburg ZIP **1983** 153; *Nielsen* ZIP **1983** 535; *Wolf/Horn/Lindacher* AGBG⁴, § 9 Rdn. H 44.
[327] Abgedruckt u. a. bei *Baumbach/Hopt* HGB²⁹, S. 1081 ff.
[328] OLG München NJW **1957** 426; *Lehr* VersR 2000 548, 553; *Graf von Westphalen* Probleme der Exportfinanzierung³, S. 168 f; abweichend *Baumbach/Hopt* HGB³⁰, S. 1241 Rdn. 7: ausnahmsweise Handelsbrauch; *Piltz* RIW 2000 485, 487 (Handelsbrauch iSd Art. 9 I CISG); *Reithmann/Martiny* Internationales Vertragsrecht⁵, Rdn. 676.
[329] *Baumbach/Hopt* HGB³⁰, S. 1241 Rdn. 7; *Schüssler* DB **1986** 1161, 1162.
[330] *Bredow/Seiffert* Incoterms 2000, S. 6; *Baumbach/Hopt* HGB³⁰, S. 1241 Rdn. 8; *Lehr* VersR 2000 548, 550.
[331] *Bredow/Seiffert* Incoterms 2000, S. 6; *Baumbach/Hopt* HGB³⁰, S. 1241 Rdn. 8.

§ 346 Viertes Buch. Handelsgeschäfte

diese Regeln möglichst einheitlich gehandhabt werden müssen. Die Incoterms 2000 nehmen auf den Umstand Rücksicht, daß ihre Anwendung im Binnenmarkt nicht dadurch in Frage gestellt wird, daß sich im Binnenmarkt bestimmte Rechtsprobleme nicht stellen (*Bredow/Seiffert* Incoterms 2000, S. 9 f.).

286 Haben die Parteien bestimmte Handelsklauseln verwandt (z. B. ab Werk; CIF) ohne ausdrücklich auf die Incoterms Bezug zu nehmen, so hat die Ansicht an Boden gewonnen, daß mangels in andere Richtung weisender Anhaltspunkte die Incoterms in der jeweils neuesten Fassung im Rahmen der Auslegung der Klausel zu berücksichtigen sind.[332] Dies gilt jedoch nicht bei reinen Inlandsgeschäften (vor § 373 11).

287 Die Incoterms sind, obwohl sie als AGB zu qualifizieren sind,[333] nicht im Licht des § 5 AGBG auszulegen (*Wolf/Horn/Lindacher* AGBG⁴, § 9 Rdn. H 12). Vielmehr gilt in Parallele zur Auslegung internationalen Einheitsrechts[334] der Grundsatz der international einheitlichen Interpretation.[335] Im Zweifel ist die englischsprachige Fassung der Incoterms maßgeblich (*Lehr* VersR **2000** 548, 553). Die Incoterms können durch in den Vertrag einbezogene AGB modifiziert werden.[336]

288 Die Anwendbarkeit der Incoterms begründet kein bestimmtes internationalrechtlich maßgebliches *Vertragsstatut* (*Bredow/Seiffert* Incoterms 2000, S. 6f). Kommt nach IPR deutsches Recht zum Tragen, so ist das AGBG grundsätzlich anwendbar (*Baumbach/Hopt* HGB²⁹, S. 1081 Rdn. 16). Es ist jedoch zu beachten, daß die Incoterms weitgehend internationalen Handelsbrauch enthalten, jedenfalls international in den beteiligten Kreisen abgestimmt sind.[337] Deshalb ist ein AGBG-Verstoß nur dort zu bejahen, wo die Incoterms grundlegenden Gerechtigkeitsvorstellungen zuwiderlaufen.[338] Ein derartiger Verstoß ist derzeit nicht ersichtlich. Im übrigen ist zu beachten, daß die Incoterms durch das zwingende Recht, das u. U. nach IPR anwendbar ist, verdrängt werden, ebenso durch Individualvereinbarungen,[339] daß aber dispositives nationales Recht hinter die Incoterms zurücktritt, so weit die Incoterms Sachfragen regeln.

289 Die Incoterms sind bewußt *lückenhaft* konzipiert.[340] Weisen sie Lücken auf, so können diese deshalb nicht mittels ergänzender Vertragsauslegung geschlossen werden. Vielmehr ist insoweit auf das (nach IPR einschlägige) dispositive Recht zurückzugreifen.

---

[332] Vor § 373 11; ebenso *Weick* Freundesgabe für A. Söllner (1990), S. 607, 617; *Baumbach/Hopt* HGB³⁰, S. 1241 Rdn. 8; in diese Richtung auch *K. Schmidt* Handelsrecht⁵, § 30 I 3 d; a. A. *Graf von Westphalen* Probleme der Exportfinanzierung³, S. 171.

[333] *Baumbach/Hopt* HGB³⁰, S. 1241 Rdn. 7; abweichend *Schneider* RIW **1991** 91, 93 (soft law); *Piltz* in: FS *Herber* (1999), S. 20, 22.

[334] Z.B. CMR, WA, CISG; vgl. *Koller* Transportrecht⁴, vor Art. 1 CMR 4.

[335] *Baumbach/Hopt* HGB³⁰, S. 1241 Rdn. 8; *Wolf/Horn/Lindacher* AGBG⁴, § 9 Rdn. H 12; *v. Hoffmann* RIW **1970** 252.

[336] *Piltz* RIW **2000** 485, 487; a. A. *Bredow* TranspR – IHR **1999** 47.

[337] *Graf von Westphalen* Probleme der Exportfinanzierung³, S. 169.

[338] *Wolf/Horn/Lindacher* AGBG⁴, § 9 Rdn. H 12; wohl auch *Baumbach/Hopt* HGB³⁰, S. 1242 Rdn. 16.

[339] § 4 AGBG; *Baumbach/Hopt* HGB³⁰, S. 1242 Rdn. 9.

[340] *Bredow/Seiffert* Incoterms 2000, S. 6f; *Baumbach/Hopt* HGB³⁰, S. 1242 Rdn. 9; *Lehr* VersR **2000** 548, 550.

II. Die Klauseln der Incoterms

1. Ab Werk (... benannter Ort); EXW

Ex Works (... named place); EXW

„Ex Works" means that the seller delivers when he places the goods at the disposal of the buyer at the seller's premises or another named place (i. e. works, factory, warehouse, etc.) not cleared for export and not loaded on any collecting vehicle.

This term thus represents the minimum obligation for the seller, and the buyer has to bear all costs and risks involved in taking the goods from the seller's premises.

However, if the parties wish the seller to be responsible for the loading of the goods on departure and to bear the risks and all the costs of such loading, this should be made clear by adding explicit wording to this effect in the contract of sale. This term should not be used when the buyer cannot carry out the export formalities directly or indirectly. In such circumstances, the FCA term should be used, provided the seller agrees that he will load at his cost and risk.

A. Verpflichtungen des Verkäufers

The seller's obligations

A 1 EXW

Lieferung vertragsgemäßer Ware

Provision of goods in conformity with the contract

The seller must provide the goods and the commercial invoice, or its equivalent electronic message, in conformity with the contract of sale and any other evidence of conformity which may be required by the contract.

Die Incoterms 1953 (vor § 373 748) sind durch die Formulierung „sowie die Handelsrechnung oder die entsprechende elektronische Mitteilung" ergänzt worden.

Die Verpflichtung, die Ware in Übereinstimmung mit Kaufvertrag und die vertragsgemäßen Belege zu liefern, ergibt sich aus den kaufrechtlichen Abreden der Parteien in Verbindung mit dem (u. U. nach IPR) einschlägigen Recht. Dieses Recht regelt mangels besonderer Abreden auch die Voraussetzungen und Folgen von Leistungsstörungen. Inwieweit der Verkäufer Belege zu liefern hat, ist nach deutschem Recht im Weg der Vertragsauslegung nach Treu und Glauben unter Berücksichtigung der Verkehrssitte zu ermitteln. Siehe dazu *Soergel/Huber* BGB[12], Anhang I zu § 433 Rdn. 29ff. Zu den Belegen zählt immer die Handelsrechnung. Die geschuldeten Belege, die an sich in Papierform zu erbringen sind, dürfen nicht in elektronischer Form geliefert werden (*Bredow/Seiffert* Incoterms 2000, S. 27). Nur die Handelsrechnung darf ohne weiteres durch eine elektronische Mitteilung ersetzt werden. Der Eigentumsübergang erfolgt nach dem einschlägigen Recht (*Ramberg* ICC-Guide to Incoterms 2000, S. 35).

A 2 EXW

Lizenzen, Genehmigungen und Formalitäten

Licences, authorizations and formalities

The seller must render the buyer, at the latter's request, risk and expense, every assistance in obtaining, where applicable, any export licence or other official authorization necessary for the export of the goods.

291 Die Incoterms 1953 kannten diese Formulierung der Klausel nicht (Erläuterungen vor § 373 748). Sie wurde im Kern mit den Incoterms 1990 eingeführt. Die Incoterms 2000 haben die auf die Inlands- und Binnenmärkte bezogene Formulierung „falls anwendbar" eingeführt. Die Beschaffung der Ausfuhrbewilligung etc. erfolgt auf Risiko und Kosten (vgl. § 670 BGB) des Käufers. Das entbindet den Verkäufer nicht von der Pflicht, sich mit verkehrserforderlicher Sorgfalt und mit zumutbarer Intensität um die Lizenzen etc. zu bemühen. Bei verschuldeten Pflichtverstößen haftet er nach dem einschlägigen Recht, aus der Sicht des deutschen Rechts wegen pFV (näher unten Rdn. 303). Zu beachten ist, daß, wie der englische Text zeigt, mit Lizenzen nur die amtlichen Ausfuhrgenehmigungen gemeint sind, nicht aber z. B. Lizenzen, die aus patentrechtlichen Gründen zum Vertrieb oder Gebrauch der Ware erforderlich sind.

A 3 EXW
Beförderungs- und Versicherungsverträge

Contracts of carriage and insurance

a) Contract of Carriage

No obligation.

b) Contract of insurance

No obligation.

292 Die Incoterms 1953 kannten diese Formulierung der Klausel nicht. Sie wurde mit den Incoterms 1990 eingeführt. Es soll klargestellt werden, daß die Parteien mit der Klausel „ab Werk" eine Holschuld vereinbart haben. Die Abnahmepflicht des Käufers nach einschlägigem Kaufrecht bleibt ebenso unberührt wie die dem einschlägigen Kaufrecht entspringenden Rechtsfolgen eines Annahmeverzugs des Käufers (*Bredow/Seiffert* Incoterms 2000, S. 28). Siehe Abschnitt B 4 EXW.

A 4 EXW
Lieferung

Delivery

The seller must place the goods at the disposal of the buyer at the named place of delivery, not loaded on any collecting vehicle, on the date or within the period agreed or, if no such time is agreed, at the usual time for delivery of such goods. If no specific point has been agreed within the named place, and if there are several points available, the seller may select the point at the place of delivery which best suits his purpose.

293 Abschnitt A 4 der Klausel weicht in seiner Formulierung von den Incoterms 1953 und 1990 ab. In der Sache konkretisiert die Klausel lediglich die Incoterms 1953. Es kann deshalb weitgehend auf die Ausführungen vor § 373 175, 176 verwiesen werden. Die Incoterms 2000 stellen klar, daß hilfsweise die übliche Zeit, d. h. die in der jeweiligen Branche üblichen Zeiten, maßgeblich sind. Die konkreten Schwierigkeiten der Beschaffung der Ware im Einzelfall spielen ebenso wenig eine Rolle, wie plötzlich die gesamte Branche beeinträchtigende Leistungsstörungen (a. A. *Bredow/Seiffert* Incoterms 2000, S. 29). Der Begriff der Üblichkeit ist im Licht der Verhältnisse bei Vertragsschluß zu konkretisieren. Außerdem kann der Verkäufer mangels Vereinbarungen dort, wo nach dem (IPR) einschlägigen Recht (z. B. § 157 BGB) mehrere Verladeorte am benannten Lieferort in Betracht kommen, den am besten in seinem Interesse liegenden Verladeort wählen. Bei der Wahl unterliegt er nicht den Schranken billigen Ermessens, da nicht dargetan ist, daß diese Schranke einem weltweiten Rechtsverständnis entspricht. Allerdings kommt dieses Auswahlrecht nur zum Tragen, falls sich dem Vertrag nicht mittels Auslegung eine bestimmte Verladestelle entnehmen läßt. Der Verkäufer darf aber nicht einseitig nach seinem freien Ermessen den Lieferort festlegen. Haben die Parteien den Lieferort offen gelassen, so gehen die Incoterms 2000 auf den ersten Blick ins Leere, weil sie nunmehr (*Piltz* RIW **2000** 485) auf einen benannten Lieferort zugeschnitten sind. Da die Incoterms 2000 Teil des Vertrages sind, ist der Vertrag mangels Angabe eines Lieferortes dahin zu interpretieren, daß der Verkäufer den Lieferort im Rahmen des billigen Ermessens bestimmen darf (siehe vor § 373 175), weil die Schranken der Billigkeit lediglich insoweit außer Acht bleiben sollen, als es um die Verladestelle an einem bestimmten Lieferort geht. Fehlt ein ausdrücklicher Bezug auf die Incoterms, so wird man bei „ab-Werk"-Klauseln im innerdeutschen Handel dem Verkäufer generell kein uneingeschränktes Bestimmungsrecht zubilligen dürfen (siehe oben Rdn. 286). Das Gut ist mangels besonderer Vereinbarungen in üblicher Weise zur Verfügung zu stellen (*Ramberg* ICC-Guide to Incoterms 2000, S. 70). Abschnitt A 4 Incoterms stellt jetzt auch klar, daß der Verkäufer unter keinen Umständen zu verladen hat. Das gilt angesichts des starken Gewichts des Wortlauts bei internationalen Einheitsregeln (siehe oben Rdn. 287) auch dort, wo der Käufer extreme Schwierigkeiten hat, sich Ladehilfsmittel zu besorgen, während sie dem Verkäufer ohne weiteres zur Verfügung stehen.[341] Auch hier wird man diese Lastenverteilung nicht auf den innerdeutschen Handel übertragen dürfen, wenn die Parteien die „ab-Werk"-Klausel (oben Rdn. 286) ohne Incoterms-Zusatz verwandt haben. Gelten die Incoterms und stellt der Verkäufer seine Ladehilfsmittel zur Verfügung oder übernimmt gefälligkeitshalber die Verladung, so haftet er, wenn deutsches Recht ergänzend anwendbar ist, bei eigenem Verschulden gemäß §§ 823, 31 BGB und c.i.c. (str.), für das Verhalten seiner Mitarbeiter gemäß § 831 BGB bzw. c.i.c. in Verbindung mit § 278 BGB.[342] Zwar verwendet der englische Text der Klausel in Abschnitt A 5 die Formulierung „all risks". Abschnitt A 5 der Klausel wird jedoch seit ihrer ersten Fassung 1953 ganz herrschend in dem Sinn verstanden, daß sie die Haftung für verschuldete Leistungsstörungen unberührt läßt.[343] Die Incoterms regeln nicht die Frage des Eigentumsübergangs.[344]

A 5 EXW

Gefahrenübergang

Transfer of risks

The seller must, subject to the provisions of B 5, bear all risks of loss of or damage to the goods until such time as they have been delivered in accordance with A 4.

Die von 1953–1980 geltende Formulierung des Abschnitts A 5 der Klausel (siehe Erläuterungen vor § 373 748) wurde durch die Incoterms 1990 (*Baumbach/Hopt* HGB[29], S. 1090) modifiziert und durch die Incoterms 2000 (deutsche Fassung) erneut leicht umformuliert. Im Unterschied zu den Incoterms 1953 (dazu Erläuterungen vor § 373 179) geht jetzt in Fällen, in denen mit dem Käufer ein Zeitraum vereinbart worden ist, innerhalb dessen der Käufer die Ware abzuholen hat, die Gefahr nach Ablauf der Frist über (*Bredow/Seiffert* Incoterms 2000, S. 30). Hatte der Käufer jedoch inner-

294

---

[341] Z.B. Gabelstapler; *Ramberg* ICC-Guide to Incoterms 2000, S. 70.
[342] A.A. wohl *Bredow/Seiffert* Incoterms 2000, S. 29; anders oben vor § 373 176.
[343] *Schüssler* DB **1986** 1161, 1162; *Lehr* VersR **2000** 548, 551; *Ramberg* ICC-Guide to Incoterms 2000, S. 71.
[344] *Ramberg* ICC-Guide to Incoterms 2000, S. 35.

halb der Frist einen Zeitpunkt für die Abholung bestimmt (siehe Abschnitt B 7 der Klausel), so ist dieser allein für den Gefahrübergang maßgeblich. Die weiteren Rechtsfolgen ergeben sich aus dem Vertrag bzw. dem ergänzend anwendbaren Recht.[345] Zur Aussonderung vgl. Erläuterungen zu § 243 II BGB sowie oben vor § 373 179. Zur Verschuldenshaftung siehe oben Rdn. 293. Ist die Ware mangelhaft, so geht die Gefahr nicht über (*Lehr* VersR 2000 548, 551). Gleiches gilt, wenn die Ware mangelhaft verpackt ist und deshalb ein Transportschaden entsteht (*Ramberg* ICC-Guide to Incoterms 2000, S. 71). Abschnitt A 5 EXW läßt die Frage des Eigentumsübergangs unberührt (*Ramberg* ICC-Guide to Incoterms 2000, S. 35, 71).

A 6 EXW
Kostenteilung
Division of costs
The seller must, subject to the provisions of B 6, pay all costs relating to the goods until such time as they have been delivered in accordance with A 4.

295 Die Formulierung in Abschnitt A 6 EXW der Incoterms 2000 weicht von den Incoterms 1953–1980 (vor § 373 179, 748) in dem Punkt ab, daß nunmehr die Verteilung der Kosten des Prüfens der Ware in Abschnitt A 9 der Klausel geregelt ist. Es gilt jetzt generell, daß der Verkäufer die Kosten bis zum Zeitpunkt des Gefahrübergangs (siehe oben Rdn. 294) zu tragen hat.[346] Aus Abschnitt B 6 der Klausel ergibt sich ferner, daß der Verkäufer diejenigen Kosten abwälzen darf, die daraus resultieren, daß der Käufer die Ware nicht abgenommen hat oder den Verkäufer nicht in angemessener Form (Abschnitt B 7 der Klausel) benachrichtigt hat. Zu Kosten der Ein-, Aus-, Durchfuhr siehe Abschnitte A 2, B 7 EXW.

A 7 EXW
Benachrichtigung des Käufers
Notice to the buyer
The seller must give the buyer sufficient notice as to when and where the goods will be placed at his disposal.

296 Abschnitt A 7 der Klausel weicht von der Parallelvorschrift der Incoterms 1953–1980 (vor § 373 748) in dem Punkt ab, daß er auch eine Verpflichtung begründet, über den Lieferort und die Verladestelle zu informieren. Es ist jeweils das nach den Umständen des Einzelfalls schnellste Kommunikationsmittel zu wählen, es sei denn, dem Käufer bleibt bei einer späteren Information ausreichend Zeit zu Vorbereitungen.[347] Das Risiko, daß die Mitteilung überhaupt nicht oder verspätet ankommt, trägt der Verkäufer (*Bredow/Seiffert* Incoterms 2000, S. 32). Die Klausel regelt nicht die Rechtsfolgen eines Verstoßes (*Ramberg* ICC-Guide to Incoterms 2000, S. 71).

A 8 EXW
Liefernachweis, Transportdokument oder entsprechende elektronische Mitteilung
Proof of delivery, transport document or equivalent electronic message
No obligation.

---

[345] Vgl. *Fink* RIW 1991 470, 473.
[346] *Bredow/Seiffert* Incoterms 2000, S. 31; *Ramberg* ICC-Guide to Incoterms 2000, S. 71.
[347] *Bredow/Seiffert* Incoterms 2000, S. 31; *Piltz* RIW 2000 485, 487.

Siehe Abschnitt B 8 sowie A 2, B 2 der Klausel. Den Käufer trifft keine Dokumentationspflicht, da er das Gut nur bereitzustellen hat (*Ramberg* ICC-Guide to Incoterms 2000, S. 72). **297**

A 9 EXW

Prüfung – Verpackung – Kennzeichnung
Checking – packaging – marking

The seller must pay the costs of those checking operations (such as checking quality, measuring, weighing, counting) which are necessary for the purpose of placing the goods at the buyer's disposal.

The seller must provide at his own expense packaging (unless it is usual for the particular trade to make the goods of the contract description available unpacked) which is required for the transport of the goods, to the extent that the circumstances relating to the transport (for example modalities, destination) are made known to the seller before the contract of sale is concluded. Packaging is to be marked appropriately.

Abschnitt A 9 der Klausel entspricht in der Sache Nr. A 5 EXW der Incoterms 1953–1980 (vor § 373 748). Für die Bereitstellung der Ware ist nicht die Kontrolle der Ware durch den Verkäufer auf ihre Vertragsgemäßheit hin erforderlich.[348] Es ist Sache des Käufers, sich von der Vertragsgemäßheit der Ware zu überzeugen (*Ramberg* ICC-Guide to Incoterms 2000, S. 72). Der Verkäufer braucht auch nicht die Kosten derjenigen Kontrollen zu tragen, die für den Export der Ware vorgeschrieben sind (vgl. Abschnitt A 2 EXW; ferner *Bredow/Seiffert* aaO). **298**

Abschnitt A 9 der Klausel konkretisiert auch Nr. A 3 EXW der Incoterms 1953–1980 (vor § 373 748) in Hinblick auf die Verpackung. Eine beförderungsgeeignete Verpackung (*Koller* Transportrecht⁴, § 411 HGB 4) ist allerdings nur geschuldet, falls der Verkäufer spätestens bei Vertragsschluß über die geplanten Beförderungsmodalitäten unterrichtet worden ist. Andernfalls ist die Ware nur so zu verpacken, daß sie vom Käufer übernommen werden kann.[349] **299**

Zur Kennzeichnung siehe *Koller* Transportrecht⁴, § 411 HGB 19 ff. Es wird eine Kennzeichnung geschuldet, die in Hinblick auf die Beförderung geeignet ist, die der Käufer erkennbar plant. Es muß, wie ein Umkehrschluß zur Frage der Verpackung ergibt, die Transportmodalität nicht bereits bei Vertragsschluß erkennbar geworden sein. **300**

A 10 EXW

Sonstige Verpflichtungen
Other obligations

The seller must render the buyer at the latter's request, risk and expense, every assistance in obtaining any documents or equivalent electronic messages issued or transmitted in the country of delivery and/or of origin which the buyer may require for the export and/or import of the goods and, where necessary, for their transit through any country.

The seller must provide the buyer, upon request, with the necessary information for procuring insurance.

---

[348] Siehe Abschnitt B 9 der Klausel; *Bredow/Seiffert* Incoterms 2000, S. 32.

[349] Vor § 373 178; *Ramberg* ICC-Guide to Incoterms 2000, S. 72.

301 Abschnitt A 10 der Klausel entspricht in der Sache weitgehend Nr. A 7 EXW der Incoterms 1953–1980 (vor § 373 748). Es kann deshalb auf die Erläuterung vor § 373 179 verwiesen werden. Hilfe muß nur in zumutbarem Umfang geleistet werden. Trifft den Verkäufer ein Verschulden, so haftet er nach einschlägigem Recht. Es gilt insoweit das zu Abschnitt B 2 (unten Rdn. 303) Gesagte. Die Pflicht zur Unterstützung erstreckt sich auf die für den Abschluß einer Transportversicherung durch den Käufer notwendigen Informationen. Bei schuldhaften Fehlinformationen haftet der Verkäufer auch insoweit nach einschlägigem Recht. Zum Ersatz der Kosten siehe Abschnitt B 10 EXW.

B. Verpflichtungen des Käufers

The buyers obligations

B 1 EXW

Zahlung des Kaufpreises
Payment of the price
The buyer must pay the price as provided in the contract of sale.

302 Die Klausel hat keine selbständige Bedeutung. Art und Höhe der Kaufpreisschuld sowie Fälligkeit ergeben sich aus dem Kaufvertrag sowie aus dem (nach IPR) einschlägigen dispositiven oder zwingenden Recht.

B 2 EXW

Linzenzen, Genehmigungen und Formalitäten
Licences, authorizations and formalities
The buyer must obtain at his own risk and expense any export and import licence or other official authorization and carry out, where applicable, all customs formalities for the export of the goods.

303 Zu den Lizenzen etc. siehe oben Rdn. 291. Der Käufer handelt „at his own risk". Er kann allerdings verlangen, daß der Verkäufer „every assistance" gibt (Abschnitt A 2, A 10 der Klausel). Gleichzeitig formuliert die Klausel, daß der Verkäufer die Hilfe auf „risk and expense" des Käufers gewährt. „Risk" kann in diesem Zusammenhang nicht bedeuten, daß der Käufer das Risiko jedes schuldhaften Verhaltens des Verkäufers zu tragen hätte; denn sonst wäre die dem Verkäufer auferlegte Unterstützungspflicht sanktionslos. Aus dem Umstand, daß der Verkäufer jede Hilfe zu leisten hat, ist vielmehr zu schließen, daß er auch nach (IPR) einschlägigem Recht haften muß, falls er gegen seine Unterstützungspflicht verstoßen hat. Das Risiko von Export-Importverboten trägt der Käufer nach Maßgabe des einschlägigen Rechts (*Ramberg* ICC-Guide to Incoterms 2000, S. 73). Die englische Fassung des Abschnitts B 2 der Klausel erlaubt nicht den Umkehrschluß, daß der Käufer nur die den Export betreffenden Zollformalitäten zu erledigen hat (*Ramberg* ICC-Guide to Incoterms 2000, S. 73). Vielmehr ist ein „erst recht"-Schluß zu ziehen, demzufolge der Käufer alle dem Export folgenden Zollformalitäten auf eigene Kosten zu erledigen hat, wie sich auch aus Abschnitt A 10 der Klausel ergibt.

B 3 EXW

Beförderungs- und Versicherungsverträge
Contracts of carriage and insurance
a) Contract of carriage
No obligation.
b) Contract of insurance
No obligation.
Siehe Abschnitte A 3 und B 4 der Klausel. 304

B 4 EXW

Abnahme
Taking delivery
The buyer must take delivery of the goods when they have been delivered in accordance with A 4 and A 7/B 7.

Abschnitt B 4 der Klausel statuiert eine echte Abnahmepflicht (must take delivery), 305 die, wenn deutsches Recht ergänzend anzuwenden ist, nicht nur den Gläubiger-, sondern auch den Schuldnerverzug begründen kann. Abschnitt B 6 der Klausel trifft insoweit keine abschließende Regelung (wohl auch *Ramberg* ICC-Guide to Incoterms 2000, S. 73). Ort und Zeitpunkt der Abnahme ergeben sich primär aus Abschnitt A 4 der Klausel (oben Rdn. 293). Hatten die Parteien für die Abnahme einen Zeitraum vereinbart, so ist der vom Käufer angekündigte Abnahmezeitpunkt, mangels einer Ankündigung, das Ende der Frist maßgeblich. Abnahme heißt nicht Übereignung, sondern nur Verschaffung des unmittelbaren Besitzes. Die Abnahme schließt die Verladung ein (oben Rdn. 293).

B 5 EXW

Gefahrenübergang
Transfer of risks
The buyer must bear all risks of loss of or damage to the goods
– from the time they have been delivered in accordance with A 4; and
– from the agreed date or the expiry date of any period fixed for taking delivery which arise because he fails to give notice in accordance with B 7, provided, however, that the goods have been duly appropriated to the contract, that is to say clearly set aside or otherwise identified as the contract goods.

Es gilt das zum Abschnitt A 5 der Klausel Gesagte. 306

B 6 EXW

Kostenteilung
Division of costs
The buyer must pay
– all costs relating to the goods from the time they have been delivered in accordance with A 4; and
– any additional costs incurred by failing either to take delivery of the goods when they have been placed at his disposal, or to give appropriate notice in accordance with B 7 provided, however, that the goods have been duly

appropriated to the contract, that is to say, clearly set aside or otherwise identified as the contract goods; and
– where applicable, all duties, taxes and other charges as well as the costs of carrying out customs formalities payable upon export.

The buyer must reimburse all costs and charges incurred by the seller in rendering assistance in accordance with A 2.

307 Die Formulierung „zur Verfügung gestellt wurde" ist im Sinn von „geliefert" (Abschnitt A 4 der Klausel) zu verstehen, wie sich aus dem englischen Text der Klausel (to take delivery when they have placed to his disposal) ergibt. Der Verkäufer kann deshalb den erforderlichen Einsatz eines Gabelstaplers in Rechnung stellen (*Ramberg* ICC-Guide to Incoterms 2000, S. 75). Die „ab-Werk"-Klausel macht das Geschäft für den Verkäufer zu einem Inlandsgeschäft. Alle mit der Ein-, Aus- und Durchfuhr verbundenen Aufwendungen sind für ihn ohne Bedeutung. Dem Umstand, daß in der englischen Fassung der Klausel in Abschnitt B 6 3. Spiegelstrich nur von „export" die Rede ist, darf nicht entnommen werden, daß der Käufer nicht auch die Import- und Durchfuhrkosten zu tragen hat (siehe oben Rdn. 303). Die Kostenverteilung ist davon unabhängig, daß die Preise sehr wohl der Tatsache Rechnung tragen können, daß es sich um ein Exportgeschäft handelt (weil z. B. keine Mehrwert- oder Verbrauchssteuer anfällt).

B 7 EXW

Benachrichtigung des Verkäufers
Notice to the seller
The buyer must, whenever he is entitled to determine the time within an agreed period and/or the place of taking delivery, give the seller sufficient notice thereof.

308 Abschnitt B 7 der Klausel ist das Pendant zu Abschnitt A 7. Es gilt daher hier gleichermaßen das dort zur „angemessenen Weise" der Benachrichtigung Gesagte (Rdn. 296). Die Benachrichtung muß je nach Art der Ware und nach Lieferort so rechtzeitig erfolgen, daß dem Verkäufer im üblichen Rahmen bei einem ordentlichen Gang der Geschäfte ausreichend Zeit verbleibt, die Ware im Sinn des Abschnitts A 4 der Klausel zu liefern. Anders als nach Abschnitt A 7 EXW kommt es allerdings auf den Zugang der Nachricht an (*Piltz* RIW 2000 485, 487). Wird eine rechtzeitige Benachrichtigung versäumt, so kommen die Abschnitte B 5, B 6 EXW zum Tragen.

B 8 EXW

Liefernachweis, Transportdokument oder entsprechende elektronische Mitteilung
Proof of delivery, transport document or equivalent electronic message
The buyer must provide the seller with appropriate evidence of having taken delivery.

309 Eine Pflicht, dem Verkäufer Transportdokumente zu übergeben, besteht nicht, da Absender der Ware im frachtrechtlichen Sinn der Käufer oder der von ihm beauftragte Spediteur ist. Der Käufer ist lediglich verpflichtet, selbst oder durch die von ihm beauftragte Transportperson den Empfang der Ware zu quittieren. Dies kann auch in elektronischer Form erfolgen, wenn die Urheberschaft der Erklärung gesichert ist. Die Quittung bezieht sich nur auf die vollzählige Abnahme (Abschnitt B 4 der Klausel), nicht auf die Vertragsgemäßheit der Ware.

B 9 EXW

Prüfung der Ware
Inspection of goods

The buyer must pay the costs of any pre-shipment inspection, including inspection mandated by the authorities of the country of export.

Die Warenkontrolle ist von der Prüfung im Sinn des Abschnitts A 9 der Klausel zu unterscheiden. Die Warenkontrolle erfolgt im Interesse des Käufers, um festzustellen, ob die Ware vertragsgemäß und vollzählig ist. Zur Warenkontrolle gehört auch die Erstellung von für die Ausfuhr benötigten Qualitätszertifikaten (*Ramberg* ICC-Guide to Incoterms 2000, S. 76). Ausfuhrland in diesem Sinn ist auch das Durchfuhr- und Einfuhrland. Abschnitt B 9 der Klausel läßt die kaufrechtlichen Obliegenheiten zur rechtzeitigen Rüge etwaiger Mängel oder Fehlmengen unberührt. Insoweit gilt das (nach IPR) einschlägige nationale Recht, z. B. § 377 HGB.

309a

B 10 EXW

Sonstige Verpflichtungen
Other obligations

The buyer must pay all costs and charges incurred in obtaining the documents or equivalent electronic messages mentioned in A 10 and reimburse those incurred by the seller in rendering his assistance in accordance therewith.

Die Beschaffung der Aus-, Durch- und Einfuhrdokumente etc. ist Sache des Käufers. Demzufolge hat er alle damit verbundenen Kosten zu tragen. Soweit die Kosten daraus resultieren, daß der Verkäufer schuldhaft gehandelt hat, darf sie der Verkäufer nicht auf den Käufer abwälzen (siehe Rdn. 301), und der Käufer darf nach einschlägigem (IPR) Recht Kostenerstattung fordern.

309b

2. Frei Frachtführer (... benannter Ort); FCA
Free Carrier (... named place); FCA

Die Klausel tauchte erstmals in den Incoterms 1980 (vor § 373 753) auf, wurde 1990 geändert (vgl. Baumbach/Hopt HGB[29], S. 1092 f) und mit den Incoterms 2000 nochmals in Abschnitt A 4 modifiziert. Die Klausel entspricht im wesentlichen den Grundsätzen der FOB-Lieferung (unten Rdn. 352a).

309c

„Free Carrier" means that the seller delivers the goods, cleared for export, to the carrier nominated by the buyer at the named place. It should be noted that the chosen place of delivery has an impact on the obligations of loading and unloading the goods at that place. If delivery occurs at the seller's premises, the seller is responsible for loading. If delivery occurs at any other place, the seller is not responsible for unloading.

This term may be used irrespective of the mode of transport, including multimodal transport.

„Carrier" means any person who, in a contract of carriage, undertakes to perform or to procure the performance of transport by rail, road, air, sea, inland waterway or by a combination of such modes.

If the buyer nominates a person other than a carrier to receive the goods, the seller is deemed to have fulfilled his obligation to deliver the goods when they are delivered to that person.

309d „Frachtführer" im Sinn der Incoterms 2000 ist auch der Spediteur (vgl. § 453 HGB) unabhängig davon, ob er auf eigene Rechnung handelt oder nicht;[350] denn in Abs. 3 der Vorbemerkungen heißt es ganz allgemein „procure the performance". Die Frage spielt jedoch praktisch keine besondere Rolle, weil kaum jemals ein bloßer Geschäftsbesorgungsspediteur (*Koller* Transportrecht[4], § 453 HGB 5) tätig werden wird. „Andere Person" im Sinn der Klausel ist z. B. der Lagerhalter (§ 467 HGB).

A. Verpflichtungen des Verkäufers
The seller's obligations

A 1 FCA

Lieferung vertragsgemäßer Ware
Provision of goods in conformity with the contract
The seller must provide the goods and the commercial invoice, or its equivalent electronic message, in conformity with the contract of sale and any other evidence of conformity which may be required by the contract.

309e Siehe Erläuterungen zu A 1 der Klausel „ab Werk; EXW" (Rdn. 290).

A 2 FCA

Lizenzen, Genehmigungen und Formalitäten
Licences, authorizations and formalities
The seller must obtain at his own risk and expense any export licence or other official authorization and carry out, where applicable, all customs formalities necessary for the export of the goods.

309f Im Unterschied zur „ab Werk"-Klausel hat der Verkäufer die Genehmigungen für die Ausfuhr auf eigene Gefahr und Kosten zu beschaffen. Damit wird dem Umstand Rechnung getragen, daß es ihm typischerweise einfacher fallen wird, die Ware „exportfrei" zu machen (*Railas* European Transport Law 2000 9, 13). Er haftet somit mangels besonderer Vertragsklauseln nach dem einschlägigen (IPR) Recht dafür, daß es ihm nicht oder nicht rechtzeitig gelingt, die Genehmigungen zu beschaffen.[351] Erhöhte Kosten trägt somit regelmäßig er. Allerdings ist davon auszugehen, daß auch hier die nach dem einschlägigen (IPR) Recht maßgeblichen Schranken der Leistungspflicht (z. B. Wegfall der Geschäftsgrundlage, Unzumutbarkeit) zum Tragen kommen. Die Pflicht des Verkäufers bezieht sich ausschließlich auf die Ausfuhr, nicht auch auf die Durch- oder Einfuhr (siehe Abschnitt B 2 der Klausel). Für die Zollformalitäten gilt das für die Exportgenehmigung Gesagte. Der Verkäufer hat demnach auch etwaige Exportzölle zu bezahlen.

A 3 FCA

Beförderungs- und Versicherungsverträge
Contracts of carriage and insurance
a) Contract of carriage

---

[350] A. A. *Lehr* VersR 2000 548, 554; *Schneider* RIW 1991 92, 95; *Bredow/Seiffert* Incoterms 2000, S. 35: nur der auf eigene Rechnung handelnde Spediteur; anders auch die transportrechtliche Begriffsbildung (vgl. *Koller* Transportrecht[4], Art. 1 CMR 3).
[351] *Bredow/Seiffert* Incoterms 2000, S. 36 f; *Ramberg* ICC-Guide to Incoterms 2000, S. 78.

No obligation. However, if requested by the buyer or if it is commercial practice and the buyer does not give an instruction to the contrary in due time, the seller may contract for carriage on usual terms at the buyer's risk and expense. In either case, the seller may decline to make the contract and, if he does, shall promptly notify the buyer accordingly.

b) Contract of insurance

No obligation.

Handelspraxis heißt in deutscher Rechtsterminologie „Handelsbrauch" oder Praxis im Rahmen ständiger Geschäftsbeziehungen, auch bloße Branchenüblichkeit (*Bredow/Seiffert* Incoterms 2000, S. 38). Die gegenteilige Anweisung muß so rechtzeitig gegeben werden, daß der Verkäufer bei verkehrserforderlicher Sorgfalt vom Abschluß eines Speditions- oder Frachtvertrags oder von der Abgabe eines bindenden Angebots Abstand nehmen konnte. Es kommt mithin nicht auf den bloßen Zugang der Anweisung an. „Üblich" sind diejenigen Bedingungen des Speditions- oder Frachtvertrages, die im Sinn der §§ 354 HGB, 632 BGB üblich sind. Der Verkäufer ist nicht verpflichtet, einen „Frachtführer" (dazu unten Rdn. 309d, 309i) einzuschalten oder sich um besonders günstige Bedingungen zu bemühen, darf den Käufer aber auch nicht überdurchschnittlichen Risiken dadurch aussetzen, daß er Beförderungsunternehmen einschaltet, deren Zuverlässigkeit auf dem Markt unbekannt ist. Das Risiko steigender Frachten oder der Unmöglichkeit des Transports trägt der Käufer (*Ramberg* ICC-Guide to Incoterms 2000, S. 79). Jedes Verschulden des Verkäufers führt nach einschlägigem ergänzend anwendbarem Recht zu dessen Haftung. Siehe auch die Abschnitte B 3 und B 10 der Klausel. Der Verkäufer, der nach seinem Belieben den „Frachtführer" einsetzen darf, hat sich unverzüglich zu entscheiden und unverzüglich mitzuteilen, ob er von dieser Befugnis Gebrauch macht. **309g**

A 4 FCA

Lieferung

Delivery

The seller must deliver the goods to the carrier or another person nominated by the buyer, or chosen by the seller in accordance with A 3 a), at the named place on the date or within the period agreed for delivery.

Delivery is completed;

a) If the named place is the seller's premises, when the goods have been loaded on the means of transport provided by the carrier nominated by the buyer or another person acting on his behalf.

b) If the named place is anywhere other than a), when the goods are placed at the disposal of the carrier or another person nominated by the buyer, or chosen by the seller in accordance with A 3 a) on the seller's means of transport not unloaded.

If no specific point has been agreed within the named place, and if there are several points available, the seller may select the point at the place of delivery which best suits his purpose. Failing precise instructions from the buyer, the seller may deliver the goods for carriage in such a manner as the transport mode and/or the quantity and/or nature of the goods may require.

Abs. 1 des Abschnitts A 4 der Klausel besagt, daß der vereinbarte Ort und die **309h** vereinbarte Lieferzeit bzw. Lieferfrist maßgeblich sind (vgl. oben Rdn. 293). Wurde kein bestimmter Lieferort verabredet, so gilt das oben zur „ab Werk (EXW)"-Klausel Gesagte (Rdn. 293). Dort, wo zwar der Lieferort, nicht aber die Verladestelle vertraglich fixiert wurde, steht dem Verkäufer gemäß Abschnitt A 4 b Abs. 2 der Klausel ein Wahlrecht nach freiem Ermessen zu (vgl. Rdn. 293). Die Lieferpflicht besteht **grundsätzlich** in der Pflicht zur Übergabe.[352]

Ausnahmen:

309i Der **benannte Lieferort** liegt „**beim Verkäufer**", wenn er im Werk des Verkäufers, dessen Lager oder im Auslieferungslager eines Dritten liegt, der für den Verkäufer tätig wird (*Bredow/Seiffert* Incoterms 2000, S. 40).

In einem solchen Fall hat der Verkäufer zu verladen und zu verstauen,[353] wenn das Beförderungsunternehmen **vom Käufer beauftragt** worden ist. Man kann in dieser Fallvariante annehmen, daß der Verkäufer über die erforderlichen Ladehilfsmittel verfügt.[354] Das Beförderungsunternehmen muß nicht notwendig ein Frachtführer (vgl. § 407 HGB; carrier im Sinn der CMR) oder ein auf eigene Rechnung handelnder Spediteur (vgl. §§ 458–460 HGB) sein; denn die Abholung von Ware kann auch zu den speditionellen Pflichten eines Geschäftsbesorgungsspediteurs gehören.[355] Allerdings muß der Geschäftsbesorgungsspediteur, der das Gut in seine Obhut nimmt, wie ein Frachtführer haften (vgl. § 461 I HGB, der die Haftung der Frachtführer und Spediteure gleichschaltet). Die Haftungsbegrenzung durch die ADSp gilt sowohl für das Frachtgeschäft als auch für alle Arten des Speditionsgeschäfts, so daß dies einer Gleichbehandlung vom Fracht- und Speditionsgeschäft nicht im Wege steht. Container, Wechselbrücken[356] stellen keine Beförderungsmittel dar, so daß die Verladung erst beendet ist, wenn jene auf ein Fahrzeug verladen oder an dieses gekoppelt worden sind.[357] Trailer ohne Motorfahrzeug und Eisenbahnwaggons ohne Lokomotive sind dagegen als Beförderungsmittel im Sinn der Klausel zu qualifizieren (*Bredow/Seiffert* Incoterms 2000, S. 40f). Es ist Sache des Frachtführers, die Beförderungsmittel unmittelbar nach Ende der Verladung zu übernehmen und mittels Motorfahrzeugen bzw. Lokomotiven etc. mit dem Transport zu beginnen. Es ist andererseits Sache des Käufers, der die „Frachtführer" beauftragt hat, mit diesen zu vereinbaren, daß sie die Ware unmittelbar im Anschluß an die Verladung übernehmen. Für die Lieferung nicht erforderlich ist, falls die Verladung bereits erfolgt ist, d. h. das Gut auf dem Fahrzeug abgesetzt und verstaut worden ist (vgl. *Koller* Transportrecht[4], § 412 HGB 5), daß der Frachtführer das Gut auch im frachtrechtlichen Sinn „übernommen"[358] oder daß der Frachtführer den Besitz ergriffen hat. Die Ware ist erst „verladen", wenn das letzte Stück der Ware verladen worden ist, da in der Phase davor die Möglichkeit besteht, daß der Verkäufer bei der laufenden Verladung bereits gestautes Gut beschädigt. Hat ausnahmsweise der vom Käufer beauftragte „Frachtführer" verladen, so kommt es darauf an, ob er dies im eigenen Interesse getan hat. Nur wenn dies zu bejahen ist, sollte man die Lieferung auf den Zeitpunkt der Bereitstellung des Gutes durch den Verkäufer vorverlegen (**a. A.** *Bredow/Seiffert* Incoterms 2000, S. 22). Selbst dann sollte aber erst mit Abschluß der Verladung geliefert sein, falls der Verkäufer die Oberaufsicht über den Verladevorgang ausgeübt hat.

---

[352] *Bredow/Seiffert* Incoterms 2000, S. 14; kritisch *Piltz* RIW 2000 485, 487.
[353] Zweifelnd *Railas* European Transport Law 2000 9, 16; *Piltz* (RIW 2000 486, 487) zieht eine Parallele zu Art. 31 lit a CISG.
[354] *Ramberg* ICC-Guide to Incoterms 2000, S. 23; vgl. § 412 HGB.
[355] Vgl. *Koller* Transportrecht[4], § 454 HGB 22; **a. A.** *Bredow/Seiffert* Incoterms 2000, S. 39; *Ramberg* ICC-Guide to Incoterms 2000, S. 81.
[356] Vgl. *Koller* Transportrecht[4], Art. 1 CMR 5 m. Nachw.
[357] Anders *Bredow/Seiffert* Incoterms 2000, S. 40 in Hinblick auf Wechselbrücken.
[358] Vgl. *Koller* Transportrecht[4], § 425 HGB 17 ff; Art. 17 CMR 4; Art. 18 WA 1955 Rdn. 4 f.

Hat der **Verkäufer** den „Frachtführer" beauftragt, das Gut **bei ihm** (siehe oben) **309j**
zu übernehmen (Abschnitt A 3 a der Klausel), so greift Abs. 2 des Abschnitts A 4 der
Klausel nicht ein, weil dieser „Frachtführer" nicht die Voraussetzungen erfüllt, die im
letzten Relativsatz (..., der vom Käufer ... benannt wurde) des Abs. 2 a aufgestellt sind.
Der Verkäufer ist auch keine „andere Person", selbst wenn er vom Käufer den Auftrag
erhalten hatte, den Frachtführer einzuschalten. In diesem Fall ist die Ware erst mit
ihrer Übernahme (vgl. *Koller* Transportrecht[4], § 425 HGB Rnd. 17 ff) durch den
Frachtführer „geliefert" (*Bredow/Seiffert* Incoterms 2000, S. 41). Eine ergänzende
Auslegung der Klausel in der Weise, daß in Parallele zu Abs. 2 b des Abschnitts A 4
der Klausel schon geliefert ist, wenn der Verkäufer das Gut dem Frachtführer zur Verfügung stellt (so wohl *Bredow/Seiffert* Incoterms 2000, S. 41), verbieten die Systematik der Klausel und die Grundsätze der einheitsrechtlichen Auslegung. Abs. 2 des
Abschnitts A 4 der Klausel regelt nur Sonderfälle. Liegen deren Voraussetzungen nicht
vor, so ist auf das die Grundregel des Abs. 1 des Abschnitts A 4 zurückzugreifen.
Außerdem ist zu bedenken, daß der Frachtführer vom Verkäufer eingeschaltet worden
ist, so daß dem Verkäufer eine erhöhte Verantwortung zugemutet werden kann.

Liegt der „benannte **Lieferort**" nicht „**beim Verkäufer**" (Rdn. 309i), sondern z. B. **310**
beim Umschlagslager eines Frachtführers, so ist grundsätzlich die Ware geliefert, wenn
sie dem vom Käufer oder Verkäufer beauftragten „Frachtführer" (siehe oben
Rdn. 309d, 309i) oder einer anderen vom Käufer (nicht Verkäufer!) benannten Person
(Vorbemerkung zur Klausel [Rdn. 309d]) auf dem Beförderungsmittel des Verkäufers
zur Verfügung gestellt worden ist (Abs. 2 b des Abschnitts A 4 der Klausel; vgl. Art. 31
lit b, c CISG [*Piltz* RIW **2000** 485, 486]). Der „Frachtführer" bzw. die „andere Person"
werden als Empfänger behandelt, die die Pflicht zur Entladung[359] trifft (vgl. auch
Ramberg ICC-Guide to Incoterms 2000, S. 23 f). Dementsprechend hat der Verkäufer
das Gut „abzuliefern". Bei der Lieferung von Ware im Container zur Weiterbeförderung auf dem Seeweg bedeutet dies, daß der Container auf das Gelände des für den
Verfrachter handelnden Terminalunternehmers gelangt und auf dem Beförderungsmittel zur Entladung bereitgestellt worden oder unmittelbar am Schiff „angeliefert"
worden ist. Gleiches gilt bei Anlieferung der Ware bei der Flughafenbetriebsgesellschaft oder dem IATA-Agenten, der für den Luftfrachtführer (siehe *Koller* Transportrecht[4], Art. 1 WA 1955 3, 4) oder für den bzw. als Fixkostenspediteur (§ 458 HGB)
tätig wird (*Bredow/Seiffert* Incoterms 2000, S. 48). Zu Spediteuren im Sinn der §§ 453,
458, 460 HGB, die der Verkäufer beauftragt hat, siehe unten Rdn. 313. Dort, wo der
Verkäufer den „Frachtführer" gemäß Abschnitt A 3 der Klausel beauftragt hat, hat er
ihm vertraglich die Pflicht zur Entladung des Verkäufer-Beförderungsmittels und der
erneuten Verladung aufzuerlegen, selbst wenn die Ent- und Verladung durch den
„Frachtführer" unüblich ist. Notfalls hat er mit diesen Vorgängen Spezialumschlagsunternehmen zu betrauen.

Anders ist die Situation, wenn der vom Käufer oder Verkäufer beauftragte „Fracht- **311**
führer" (dazu oben Rdn. 309d, 309i) oder eine andere vom Käufer eingeschaltete Person (dazu oben Rdn. 309d) das Gut nicht vom Beförderungsmittel des Verkäufers
übernehmen kann, weil ihm dieser die Ware nicht in dieser Form zur Verfügung stellt.
Zu denken ist an das **Streckengeschäft**, bei dem das Gut an der Rampe des Lieferanten zu übernehmen ist, die Rampe des Lieferanten mithin als Lieferort benannt ist. In
einem solchen Fall greift die Grundregel des Abs. 1 des Abschnitts A 4 der Klausel

---

[359] Dazu *Koller* Transportrecht[4], § 412 HGB 25;
Art. 17 CMR 6 ff.

(siehe oben Rdn. 309h) ein, so daß erst mit der Übernahme der Ware durch den „Frachtführer" bzw. durch die „andere Person" geliefert ist.

312 Ebenfalls die Übernahme der Ware durch den Frachtführer ist maßgeblich, wenn die im Auftrag des Verkäufers im Hafen **zwischengelagerte Ware** vom Frachtführer übernommen wird. Dies ist z. B. der Fall, wenn der Lagerhalter im Auftrag des Frachtführers das Gut in den von diesem zur Verschiffung gestellten Container verladen hat (*Bredow/Seiffert* Incoterms 2000, S. 46 f); denn der Lagerhalter wird nach der Verstauung im Container als Besitzmittler des Frachtführers tätig. Abs. 2 b des Abschnitts A 4 der Klausel greift nicht ein, weil die Ware nicht mittels eines Fahrzeugs angeliefert wird.

313 Hat der **Verkäufer** einen **Spediteur** (§ 453 HGB) beauftragt, der die Ware per **Sammelladung** (§ 460 HGB) oder als Geschäftsbesorgungsspediteur (§ 454 HGB) befördern lassen soll, und liegt der Lieferort bei diesem Spediteur, so ist entscheidend, ob man den Spediteur als „Frachtführer" im Sinn der Abschnitte A 3 a, A 4 der Klausel qualifiziert (siehe oben Rdn. 309i). Ordnet man den Spediteur nicht in den Kreis der „Frachtführer" ein, so ist Abs. 2 b des Abschnitts A 4 der Klausel nicht anwendbar, so daß Abs. 1 des Abschnitts A 4 der Klausel heranzuziehen ist Danach ist erst dann geliefert, wenn der vom **Spediteur** gemäß Abschnitt A 3 a der Klausel eingesetzte Frachtführer die Ware übernommen hat (*Bredow/Seiffert* Incoterms 2000, S. 47, 49; denn von diesem Standpunkt aus kann der Verkäufer nur echte Frachtführer (z. B. § 407 HGB, Art. 1 CMR, 1 WA 1955) sowie Fixkostenspediteure einsetzen, nicht aber sonstige Spediteure, die lediglich für den Verkäufer die maßgeblichen Frachtführer einschalten. Unproblematisch ist die Ware mit der Übergabe an einen Spediteur geliefert, falls dieser vom Käufer im Sinn des Abs. 2 b des Abschnitts A 4 der Klausel beauftragt worden ist.

A 5 FCA

Gefahrenübergang

Transfer of risks

The seller must, subject to the provisions of B 5, bear all risks of loss of or damage to the goods until such time as they have been delivered in accordance with A 4.

314 Die Gefahr geht im Zeitpunkt der Lieferung im Sinn des Abschnitts A 4 der Klausel über. Die Klausel erfaßt im Sinn des BGB die Preis- und Leistungsgefahr, vorausgesetzt die Gefahr hat sich nicht wegen mangelnder Vertragskonformität der Ware oder Verpackung realisiert. Die Frage des Eigentumsübergangs bleibt unberührt (*Ramberg* ICC-Guide to Incoterms 2000, S. 35, 81). Die Klausel spricht zwar von „all risks", erfaßt aber trotz ihres Wortlauts nicht den vom Verkäufer nach Gefahrübergang verschuldeten Verlust oder die verschuldete Beschädigung der Ware.[360] Beachte auch Abschnitt B 5 der Klausel.

A 6 FCA

Kostenteilung

Division of costs

The seller must, subject to the provisions of B 6, pay

---

[360] Siehe dazu oben Rdn. 293; wohl *Bredow/Seiffert* Incoterms 2000, S. 51; *Lehr* VersR **2000** 548, 551; *Ramberg* ICC-Guide to Incoterms 2000, S. 81.

- all costs relating to the goods until such time as they have been delivered in accordance with A 4; and
- where applicable, the costs of customs formalities as well as all duties, taxes, and other charges payable upon export.

Zum Lieferzeitpunkt siehe Abschnitt A 4 der Klausel (Rdn. 309h). Kosten des vom Verkäufer gestellten Containers oder des Containers, der von dem mit dem Transport bis zum Ablieferungsort beauftragten Frachtführer gestellt worden ist, gehen demnach grundsätzlich nur dann zu Lasten des Verkäufers, wenn dieser die im Container verpackte Ware an einem anderen Platz als seinem Werk etc. (vgl. Abs. 2 b des Abschnitts A 4 der Klausel) anzuliefern hat (*Bredow/Seiffert* Incoterms 2000, S. 52). Andererseits hat in einem solchen Fall der Käufer die Kosten der Entladung des Containers vom Fahrzeug des Verkäufers und die für den Zeitraum nach Bereitstellung des Containers anfallenden Kosten (z.B. Kosten der weiteren Containermiete) zu tragen, wenn das Gut dem vom Verkäufer oder Käufer mit dem weiteren Transport beauftragten „Frachtführer" (oben Rdn. 309d, 309i) bzw. der vom Käufer beauftragten „anderen Person"(oben Rdn. 309d) im Sinn des Abschnitts A 4 FCA angeliefert worden ist. Zur Beauftragung von Spediteuren siehe oben Rdn. 309d, 309i (inkonsequent *Bredow/Seiffert* Incoterms 2000, S. 53). Wurde im Kaufvertrag die Lieferung des Gutes „verpackt in Containern" vereinbart, so hat der Verkäufer die Kosten des Containers in vollem Umfang auf sich zu nehmen; denn dann ist der Container Teil der geschuldeten Verpackung. Zu den Kosten, die vor der Lieferung anfallen, gehören, falls der Verkäufer den „Frachtführer" eingesetzt hat, nicht ohne weiteres die Kosten der Erstellung des Frachtbriefs (siehe Abschnitt A 8 der Klausel), wohl aber die Kosten aller sonstigen für den Transport erforderlichen Begleitpapiere (vgl. §§ 413, 455 HGB). Kosten für Dokumente, die der Käufer für den Import der Ware benötigt (z.B. Ursprungszeugnisse), belasten den Verkäufer nicht (*Bredow/Seiffert* Incoterms 2000, S. 54). In Hinblick auf die Kosten der Dokumente, die für den Export erforderlich sind, siehe Abschnitt A 2 der Klausel. Zu „freight prepaid" siehe oben Rdn. 128. Beachte Abschnitt B 6 der Klausel.

A 7 FCA

Benachrichtigung des Käufers

Notice to the buyer

The seller must give the buyer sufficient notice that the goods have been delivered in accordance with A 4. Should the carrier fail to take delivery in accordance with A 4 at the time agreed, the seller must notify the buyer accordingly.

Die Benachrichtigung dient der Disposition über die Ware. Sie ist eilbedürftig und hat deshalb per Telefax, E-Mail oder telefonisch zu erfolgen. Die Rechtsfolgen eines Verstoßes gegen Abschnitt A 7 FCA ergeben sich aus dem auf diesen Pflichtverstoß ergänzend anwendbaren Recht (*Ramberg* ICC-Guide to Incoterms 2000, S. 82).

A 8 FCA

Liefernachweis, Transportdokumente oder entsprechende elektronische Mitteilungen

Proof of delivery, transport document or equivalent electronic message

The seller must provide the buyer at the seller's expense with the usual proof of delivery of the goods in accordance with A 4.

Unless the document referred to in the preceding paragraph is the transport document, the seller must render the buyer at the latter's request, risk and expense, every assistance in obtaining a transport document for the contract of carriage (for example a negotiable bill of lading, a non-negotiable sea waybill, an inland waterway document, an air waybill, a railway consignment note, a road consignment note, or a multimodal transport document).

When the seller and the buyer have agreed to communicate electronically, the document referred to in the preceding paragraph may be replaced by an equivalent electronic data interchange (EDI) message.

317 Der Verkäufer trägt die Kosten der Beschaffung und Übermittlung des Liefernachweises. Die Lieferung kann nachgewiesen werden durch Empfangsbescheinigungen, die der Frachtführer oder die vom Käufer benannte „andere Person" ausgestellt hat,[361] Lagerscheine (§ 475 d HGB); sog. mate's receipt (*Ramberg* ICC-Guide to Incoterms 2000, S. 82); Empfangsscheine des Containerbetriebes bzw. Kaibetriebes, Forwarder Certificate of Receipt,[362] sofern an die Personen, an die geliefert worden ist, im Sinn des Abschnitts A 4 der Klausel geliefert werden durfte bzw. diese Personen als Vertreter der Lieferadressaten fungierten. Der Nachweis der Lieferung wird auch durch Transportpapiere, wie den vom Frachtführer unterzeichneten Frachtbrief (§§ 408 f HGB, Art. 5, 9 CMR, 11 WA 1955), durch den Ladeschein (§ 444 III HGB) oder durch Konnossemente (§ 656 HGB) erbracht. Welche Art von Nachweis beschafft werden muß, hängt davon ab, was nach der Art des Transportes und des Gutes handelsüblich ist. Im Zweifel hat der Verkäufer für den Nachweis zu sorgen, der die Vermutung der Übernahme der Ware durch den „Frachtführer" begründet und nicht lediglich die Funktion einer Quittung besitzt, die nur Indizwirkung besitzt. Der Nachweis der Lieferung braucht nicht an den Käufer übersandt zu werden, falls ihn der Verkäufer zur Einlösung eines von der Käufer-Bank eröffneten Akkreditivs benötigt.

318 Wird der Liefernachweis durch eine Empfangsquittung etc. und nicht durch ein Transportdokument im Sinn des Abschnitts A 8 II FCA geführt, so hat der Verkäufer auf Verlangen des Käufers auf dessen Gefahr und Kosten bei der Beschaffung des einschlägigen Transportdokuments mitzuwirken. Hat der Verkäufer den „Frachtführer" beauftragt (Abschnitt A 3 der Klausel), so kann er sich zumindest dann einen Frachtbrief (z. B. § 408 HGB, Art. 5 CMR, 11 WA 1955), einen Ladeschein (§ 444 HGB), ein Konnossement (§ 656 HGB) oder ein sonstiges in der Klausel genanntes Transportdokument ausstellen lassen, wenn er dies bei Vertragsschluß mit dem Frachtführer vereinbart hatte. Hatte der Käufer den „Frachtführer" eingeschaltet, so fungiert der Verkäufer als Ablader (§ 642 HGB) oder ist als vom Käufer bevollmächtigt anzusehen, sich vom Frachtführer die von ihm nach dem Frachtvertrag geschuldeten Transportdokumente unterzeichnen und aushändigen zu lassen. Schuldet der vom Käufer beauftragte Frachtführer dem Frachtvertrag zufolge keine Transportdokumente im Sinn des Abschnitts A 8 Abs. 2 der Klausel, so hat der Verkäufer auf Verlangen des Käufers auf dessen Kosten mit dem Frachtführer eine Vereinbarung über die Ausstellung dieser Dokumente zu treffen. Die Transportdokumente sind dem Käufer auf dessen Gefahr und Kosten zuzuleiten, es sei denn, der Verkäufer benötigt sie, um, wie vertraglich vereinbart, die Bezahlung des Kaufpreises zu bewirken (z. B. Akkreditiv; Doku-

---

[361] Vgl. *Koller* Transportrecht⁴, § 408 HGB 65; § 454 HGB 20.

[362] FCR; dazu *Koller* Transportrecht⁴, § 454 HGB 24.

menteninkasso). Dort, wo der Käufer die Ausstellung von Transportdokumenten nicht verlangt hat, diese aber gleichwohl ausgestellt worden sind, müssen die Dokumente dem Käufer übermittelt werden, falls sie zur Empfangnahme der Ware erforderlich sind. Auch in diesem Fall erfolgt die Übermittlung der Dokumente auf Gefahr und Kosten des Käufers. Die Dokumente müssen aus der Perspektive der Incoterms nicht „rein" sein (*Bredow/Seiffert* Incoterms 2000, S. 59 f).

A 9 FCA
Prüfung – Verpackung – Kennzeichnung
Checking – packaging – marking

The seller must pay the costs of those checking operations (such as checking quality, measuring, weighing, counting) which are necessary for the purpose of delivering the goods in accordance with A 4.

The seller must provide at his own expense packaging (unless it is usual for the particular trade to send the goods of the contract description unpacked) which is required for the transport of the goods, to the extent that the circumstances relating to the transport (for example modalities, destination) are made known to the seller before the contract of sale is concluded. Packaging is to be marked appropriately.

Zur **Prüfung** siehe Abschnitt A 9 der Klausel „ab Werk" (oben Rdn. 298). Maßgeblich ist, ob Kosten aufgewandt werden müssen, um im Sinn des Abschnitts A 4 der Klausel „liefern" zu können. Deshalb gehen die Kosten von Qualitätszertifikaten, die nicht für den Export, sondern nur in Hinblick auf den Import in ein anderes Land aufgewandt werden müssen, zu Lasten des Käufers (*Bredow/Seiffert* Incoterms 2000, S. 60). Die kaufrechtlichen Pflichten zur Erhebung der Mängel- und Quantitätsrüge (§§ 377 f HGB) läßt die Klausel unberührt. Zur **Verpackung** siehe Abschnitt A 9 der Klausel „ab Werk". Wurde die Transportart bei Vertragsschluß nicht festgelegt, ist nur die übliche Verpackung geschuldet. Zur Kennzeichnung siehe oben Rdn. 300. Die kaufrechtlichen Rügeobliegenheiten (z. B. § 377 HGB) bleiben durch Abschnitt A 9 FCA unberührt (*Ramberg* ICC-Guide to Incoterms 2000, S. 83).

319

A 10 FCA
Sonstige Verpflichtungen
Other obligations

The seller must render the buyer at the latter's request, risk and expense, every assistance in obtaining any documents or equivalent electronic messages (other than those mentioned in A 8) issued or transmitted in the country of delivery and/or of origin which the buyer may require for the import of the goods and, where necessary, for their transit through any country.

The seller must provide the buyer, upon request, with the necessary information for procuring insurance.

Es geht hier um Dokumente und Mitteilungen, die der Käufer für den Import in ein anderes Land oder für die Durchfuhr benötigt. Zur Ausfuhrbewilligung siehe Abschnitt A 2 der Klausel.

320

B. Verpflichtungen des Käufers

The buyer's obligation

B 1 FCA

Zahlung des Kaufpreises

Payment of the price

The buyer must pay the price as provided in the contract of sale.

321 Siehe Abschnitt B 1 der Klausel „ab Werk" (Rdn. 302).

B 2 FCA

Lizenzen, Genehmigungen und Formalitäten

Licences, authorizations and formalities

The buyer must obtain at his own risk and expense any import licence or other official authorization and carry out, where applicable, all customs formalities for the import of the goods and for their transit through any country.

322 Die Klausel stellt klar, daß der Käufer für den Import zuständig ist. Dazu zählt auch die Durchfuhr durch ein Land, nachdem die Grenzen des Lieferlandes überschritten sind (*Ramberg* ICC-Guide to Incoterms 2000, S. 84).

B 3 FCA

Beförderungs- und Versicherungsverträge

Contracts of carriage and insurance

a) Contract of carriage

The buyer must contract at his own expense for the carriage of the goods from the named place, except when the contract of carriage is made by the seller as provided for in A 3 a).

b) Contract of insurance

No obligation.

323 Die Klausel ist nicht exakt mit Abschnitt A 3 der Klausel abgestimmt, da das Zusammenspiel der Abschnitte A 3/B 3 der Klausel eine mißliche Schwebesituation entstehen läßt. Einerseits ist der Käufer zum Abschluß des Frachtvertrages verpflichtet, solange der Verkäufer nicht selbst einen Beförderungsvertrag geschlossen hat. Andererseits weiß der Käufer nicht, ob der Verkäufer bereits einen „Frachtführer" beauftragt hat; denn der Verkäufer ist selbst dann, wenn der Käufer dies verlangt hat, nicht verpflichtet sondern nur berechtigt, einen Frachtführer einzuschalten. Der Käufer, der nicht die Kosten von zwei Frachtverträgen tragen will, muß daher warten, bis der Verkäufer es ablehnt, einen Frachtvertrag abzuschließen und dies mitteilt. In diesem Zeitraum muß die Pflicht des Käufers, einen „Frachtführer" zu beauftragen, ruhen. Ist dagegen die Organisation des Transports durch den Verkäufer handelsüblich, so bereitet die vorrangige Verpflichtung des Käufers ebenfalls Schwierigkeiten. Zwar kann er dem Verkäufer die Weisung erteilen, keinen Beförderungsvertrag abzuschließen und einen etwaigen bereits erfolgten Abschluß mitzuteilen. Bis zum Eintreffen der Antwort des Verkäufers muß aber die Pflicht des Käufers ruhen.

B 4 FCA

Abnahme

Taking delivery

The buyer must take delivery of the goods when they have been delivered in accordance with A 4.

Vgl. Abschnitt B 4 der Klausel „ab Werk" (Rdn. 305). **324**

B 5 FCA

Gefahrenübergang

Transfer of risks

The buyer must bear all risks of loss of or damages to the goods
- from the time they have been delivered in accordance with A 4; and
- from the agreed date or the expiry date of any agreed period for delivery which arise either because he fails to nominate the carrier or another person in accordance with A 4, or because the carrier or the party nominated by the buyer fails to take the goods into his charge at the agreed time, or because the buyer fails to give appropriate notice in accordance with B 7, provided, however, that the goods have been duly appropriated to the contract, that is to say, clearly set aside or otherwise identified as the contract goods.

Abschnitt B 5 der Klausel verlegt den Gefahrenübergang im Sinn des Abschnitts **325** A 4 der Klausel in folgenden Fällen vor:
- der Käufer benennt nicht rechtzeitig die Person, an die zum vereinbarten Zeitpunkt oder innerhalb der vereinbarten Frist geliefert werden soll, ohne daß es auf ein Verschulden des Käufers ankommt. Die Gefahr geht mit Ablauf des Liefertermins bzw. der Lieferfrist über.
- der Frachtführer oder die „andere" vom Käufer benannte Person übernimmt nicht entsprechend dem Abschnitt A 4 der Klausel die Ware zum vereinbarten Zeitpunkt oder innerhalb der vereinbarten Frist. Dies gilt auch in Hinblick auf vom Verkäufer gemäß Abschnitt A 3 der Klausel eingeschaltete Frachtführer; Verschulden spielt keine Rolle;
- der Käufer hat unterlassen, gemäß Abschnitt B 7 der Klausel den Verkäufer zu unterrichten. Eine Mißachtung der Verpflichtung aus Abs. 2 des Abschnitts B 10 der Klausel steht dem nicht gleich, weil der Verkäufer die Transportorganisation ablehnen kann.

Voraussetzung ist in allen Fällen die Aussonderung des Gutes.[363] Der Gefahren- **326** übergang erfolgt selbst dann erst mit Ablauf der Frist, wenn der vom Käufer beauftragte „Frachtführer" die Ware bereits zuvor zurückgewiesen hat. Ferner kommt es solange nicht zum Gefahrübergang, solange die Pflicht des Käufers „ruht", den Vertrag über die Beförderung des Gutes abzuschließen (oben Rdn. 324). Die weiteren Rechtsfolgen des Gläubigerverzugs ergeben sich aus dem Vertrag bzw. dem ergänzend anwendbaren Recht (vgl. *Fink* RIW 1991 470, 473).

---

[363] Vgl. Erläuterungen zu § 243 II BGB sowie oben Rdn. 294.

§ 346

B 6 FCA

Kostenteilung

Division of costs

The buyer must pay
- all costs relating to the goods from the time they have been delivered in accordance with A 4; and
- any additional costs incurred, either because he fails to nominate the carrier or another person in accordance with A 4 or because the party nominated by the buyer fails to take the goods into his charge at the agreed time, or because he has failed to give appropriate notice in accordance with B 7, provided, however, that the goods have been duly appropriated to the contract, that is to say, clearly set aside or otherwise identified as the contract goods; and
- where applicable, all duties, taxes and other charges as well as the costs of carrying out customs formalities payable upon import of the goods and for their transit through any country.

327 Zum Zeitpunkt der Lieferung siehe Erläuterungen zum Abschnitt A 4 der Klausel. Die Kostentragungspflicht wird um die in der Klausel genannten Fälle des Gläubigerverzugs erweitert (siehe Rdn. 326). Das gilt auch dort, wo den Käufer kein Verschulden trifft. Kosten resultieren z. B. aus Aufwendungen für Lagerung oder Versicherung des Gutes (*Ramberg* ICC-Guide to Incoterms 2000, S. 86). Entsprechend Abschnitt B 2 der Klausel ist es Sache des Käufers, die Kosten auf sich zu nehmen, die aus dem Import oder der Durchfuhr durch ein anderes Land resultieren.

B 7 FCA

Benachrichtigung des Verkäufers

Notice to the seller

The buyer must give the seller sufficient notice of the name of the party designated in A 4 and, where necessary, specify the mode of transport, as well as the date or period for delivering the goods to him and, as the case may be, the point within the place where the goods should be delivered to that party.

328 Die Benachrichtigung muß so rechtzeitig zugehen (*Piltz* RIW 2000 485, 487), daß sich ein ordentlicher Verkäufer nach dem gewöhnlichen Lauf der Dinge darauf einzustellen vermag. Die Rechtsfolgen eines Verstoßes gegen Abschnitt B 7 der Klausel ergeben sich aus den Abschnitten A 4 und B 6 der Klausel (*Ramberg* ICC-Guide to Incoterms 2000, S. 86).

B 8 FCA

Liefernachweis, Transportdokumente oder entsprechende elektronische Mitteilung

Proof of delivery, transport document or equivalent electronic message

The buyer must accept the proof of delivery in accordance with A 8.

329 Es besteht eine echte Verpflichtung zur Abnahme, die aber die Beschaffungspflicht des Verkäufers nicht zur Holschuld macht. Die Abnahmeverweigerung kann beim Dokumentengeschäft Verletzung einer Hauptpflicht sein (*Ramberg* ICC-Guide to Incoterms 2000, S. 86). Ob das Dokument „rein" sein muß, ergibt sich nicht aus den Incoterms (Rdn. 318), sondern nur aus dem Kaufvertrag und den Zahlungsabreden

(a. A. *Ramberg* ICC-Guide to Incoterms 2000, S. 86, 104). Dokumente, die sich auf unvollständige Lieferungen beziehen, braucht der Käufer grundsätzlich nicht aufzunehmen.

B 9 FCA
Prüfung der Ware

Inspection of goods

The buyer must pay the costs of any pre-shipment inspection except when such inspection is mandated by the authorities of the country of export.

Es geht hier um Warenkontrollen, die nicht für die Lieferung im Sinn des Abschnitts A 4 der Klausel erforderlich sind, wie z. B. Kontrollen aufgrund von Vorschriften des Importlandes.[364] Die kaufrechtlichen Obliegenheiten (z. B. § 377 HGB) bleiben unberührt (a. A. *Lehr* VersR 2000 548, 555). **330**

B 10 FCA
Sonstige Verpflichtungen

Other obligations

The buyer must pay all costs and charges incurred in obtaining the documents or equivalent electronic messages metioned in A 10 and reimburse those incurred by the seller in rendering his assistance in accordance therewith and in contracting for carriage in accordance with A 3 a).

The buyer must give the seller appropriate instructions whenever the seller's assistance in contracting for carriage is required in accordance with A 3 a).

Die Klausel ergänzt und bestätigt die Abschnitte A 3 und A 10 der Klausel. **331**

3. Frei Längsseite Schiff (… benannter Verschiffungshafen); FAS

Free Alongside Ship (… named port of shipment); FAS

„Free Alongside Ship" means that the seller delivers when the goods are placed alongside the vessel at the named port of shipment. This means that the buyer has to bear all costs and risks of loss of or damage to the goods from that moment.

The FAS term requires the seller to clear the goods for export. THIS IS A REVERSAL FROM PREVIOUS INCOTERMS VERSIONS WHICH REQUIRED THE BUYER TO ARRANGE FOR EXPORT CLEARANCE.

However, if the parties wish the buyer to clear the goods for export, this should be made clear by adding explicit wording to this effect in the contract of sale.

This term can be used only for sea or inland waterway transport.

Die Klausel entspricht, abgesehen von der Regelung der Exportfähigkeit des Gutes, **332** im wesentlichen der FAS-Klausel von 1953–1980 (vor § 373 750).

---

[364] Qualitätszertifikate; *Ramberg* ICC-Guide to Incoterms 2000, S. 87.

A. Verpflichtungen des Verkäufers

The seller's obligations

A 1 FAS

Lieferung vertragsgemäßer Ware

Provision of goods in conformity with the contract

The seller must provide the goods and the commercial invoice, or its equivalent electronic message, in conformity with the contract of sale and any other evidence of conformity which may be required by the contract.

333 Siehe Abschnitt A 1 der Klausel „ab Werk" (Rdn. 290).

A 2 FAS

Lizenzen, Genehmigungen und Formalitäten

Licences, authorizations and formalities

The seller must obtain at his own risk and expense any export licence or other official authorization and carry out, where applicable, all customs formalities necessary for the export of the goods.

334 Siehe Abschnitt A 2 der FCA-Klausel (Rdn. 309 f) und Abschnitt A 2 FOB (Rdn. 353).

A 3 FAS

Beförderungs- und Versicherungsverträge

Contracts of carriage and insurance

a) Contract of carriage

No obligation.

b) Conract of insurance

No obligation.

A 4 FAS

Lieferung

Delivery

The seller must place the goods alongside the vessel nominated by the buyer at the loading place named by the buyer at the named port of shipment on the date or within the agreed period and in the manner customary at the port.

335 Die Klausel entspricht insoweit der FAS-Klausel von 1953–1980, die statt von „bereitstellen" noch von „liefern" sprach. Siehe Erläuterungen vor § 373 142; ebenso *Bredow/Seiffert* Incoterms 2000, S. 63; *Ramberg* ICC-Guide to Incoterms 2000, S. 90.

A 5 FAS

Gefahrenübergang

Transfer of risks

The seller must, subject to the provisions of B 5, bear all risks of loss of or damage to the goods until such time as they have been delivered in accordance with A 4.

Die Gefahr eines vom Verkäufer nicht verschuldeten Schadens[365] geht in dem **336** Moment über, in dem das Gut so zum Schiff verbracht ist, daß mit den Hebewerkzeugen des Schiffes oder mit vom Käufer einzusetzenden stationären Hebewerkzeugen an Bord genommen werden kann. Es ist nicht erforderlich, daß das Gut vom Ladegeschirr des Schiffes „angefaßt" worden ist.[366] Die Gefahr geht bereits vor diesem Zeitpunkt über, falls die Ware bereits vorher vom Verfrachter übernommen worden ist. Die Frage des Eigentumsübergangs bleibt ungeregelt (*Ramberg* ICC-Guide to Incoterms 2000, S. 35). Beachte auch Abschnitt B 5 der Klausel.

A 6 FAS

Kostenteilung

Division of costs

The seller must, subject to the provisions of B 6, pay
- all costs relating to the goods until such time as they have been delivered in accordance with A 4; and
- where applicable, the costs of customs formalities as well as all duties, taxes, and other charges payable upon export.

Vgl. Abschnitt A 6 der FCA-Klausel (Rdn. 315), wobei zu beachten ist, daß jeden- **337** falls die Bereitstellung längsseits des Schiffes für die „Lieferung" genügt (siehe oben Rdn. 336). Deshalb gehen die Kosten des Ladens der bereitgestellten Ware auf das Konto des Käufers. Beachte Abschnitt B 6 der Klausel.

A 7 FAS

Benachrichtigung des Käufers

Notice to the buyer

The seller must give the buyer sufficient notice that the goods have been delivered alongside the nominated vessel.

Vgl. Abschnitt A 7 der FCA-Klausel (Rdn. 316) sowie vor § 373 143. Wird nicht **338** ordnungsgemäß benachrichtigt, so ist dies als Leistungsstörung zu qualifizieren.

A 8 FAS

Liefernachweis, Transportdokument oder entsprechende elektronische Mitteilung

Proof of delivery, transport document or equivalent electronic message

The seller must provide the buyer at the seller's expense with the usual proof of delivery of the goods in accordance with A 4.

Unless the document referred to in the preceding paragraph is the transport document, the seller must render the buyer at the latter's request, risk, and expense, every assistance in obtaining a transport document (for example a negotiable bill of lading, a non-negotiable sea waybill, an inland waterway document).

When the seller and the buyer have agreed to communicate electronically, the document referred to in the preceding paragraphs may be replaced by an equivalent electronic data interchange (EDI) message.

---

[365] *Ramberg* ICC-Guide to Incoterms 2000, S. 91; dazu ferner Abschnitt A 5 der Klausel „ab-Werk" (EXW).

[366] *Bredow/Seiffert* Incoterms 2000, S. 63; vgl. aber vor § 373 146.

339 Vgl. Abschnitt A 8 der FCA-Klausel. Den üblichen Nachweis liefert beim Einsatz von Leichtern ein Kai- oder Bord-Empfangsschein. Ob das Dokument des Binnenschiffstransports ein Ladeschein (§ 444 HGB) oder ein Frachtbrief (§ 408 HGB) ist, hängt von den auf der Transportrelation gepflogenen Übung ab.

A 9 FAS

Prüfung – Verpackung – Kennzeichnung

Checking – packaging – marking

The seller must pay the costs of those checking operations (such as checking quality, measuring, weighing, counting) which are necessary for the purpose of delivering the goods in accordance with A 4.

The seller must provide at his own expense packaging (unless it is usual for the particular trade to ship the goods of the contract description unpacked) which is required for the transport of the goods, to the extent that the circumstances relating to the transport (for example modalities, destination) are made known to the seller before the contract of sale is concluded. Packaging is to be marked appropriately.

340 Vgl. Abschnitt A 9 der FCA-Klausel (Rdn. 319). Die Verpackung muß seefest sein, sofern irgend eine Verpackung für den beförderungssicheren Transport der Ware erforderlich ist.

A 10 FAS

Sonstige Verpflichtungen

Other obligations

The seller must render the buyer at the latter's request, risk and expense, every assistance in obtaining any documents or equivalent electronic messages (other than those mentioned in A 8) issued or transmitted in the country of shipment and/or of origin which the buyer may require for the import of the goods and, where necessary, for their transit through any country.

The seller must provide the buyer, upon request, with the necessary information for procuring insurance.

341 Vgl. Abschnitt A 10 der FCA-Klausel (Rdn. 320).

B. Verpflichtungen des Käufers

The buyer's obligations

B 1 FAS

Zahlung des Kaufpreises

Payment of the price

The buyer must pay the price as provided in the contract of sale.

342 Vgl. Abschnitt B 1 der EXW-Klausel (Rdn. 302).

B 2 FAS

Lizenzen, Genehmigungen und Formalitäten

Licences, authorizations and formalities

The buyer must obtain at his own risk and expense any import licence or other official authorization and carry out, where applicable, all customs formalities for the import of the goods and for their transit through any country.

Vgl. Abschnitt B 2 der FCA-Klausel (Rdn. 303). Import- oder Transitsperren fallen in den Risikobereich des Käufers (*Ramberg* ICC-Guide to Incoterms 2000, S. 93). **343**

B 3 FAS

Beförderungs- und Versicherungsvertrag
Contracts of carriage and insurance

a) Contract of carriage

The buyer must contract at his own expense for the carriage of the goods from the named port of shipment.

b) Contract of insurance

No obligation.

Der Verkäufer ist nicht berechtigt, den Beförderungsvertrag auf Rechnung des Käufers abzuschließen, es sei denn, daß abweichende Vereinbarungen getroffen worden sind. Der Käufer hat das Schiff zu benennen und die sonstigen erforderlichen Angaben zu machen (Abschnitt B 7 FAS). **344**

B 4 FAS

Abnahme
Taking delivery

The buyer must take delivery of the goods when they have been delivered in accordance with A 4.

Vgl. Abschnitt B 4 der EXW-Klausel (Rdn. 305). Die Klausel statuiert eine echte Abnahmepflicht (*Ramberg* ICC-Guide to Incoterms 2000, S. 93). **345**

B 5 FAS

Gefahrenübergang
Transfer of risks

The buyer must bear all risks of loss of or damage to the goods
- from the time they have been delivered in accordance with A 4; and
- from the agreed date or the expiry date of the agreed period for delivery which arise because he fails to give notice in accordance with B 7, or because the vessel nominated by him fails to arrive on time, or is unable to take the goods, or closes for cargo earlier than the time notified in accordance with B 7, provided, however, that the goods have been duly appropriated to the contract, that is to say, clearly set aside or otherwise identified as the contract goods.

Es geht hier um Verlust oder Beschädigung der Ware, die daraus resultieren, daß der Käufer ohne Rücksicht auf Verschulden **346**
- den Verkäufer nicht gemäß Abschnitt B 7 benachrichtigt hat;
- das vom Käufer bestellte Schiff nicht zum vereinbarten Zeitpunkt oder innerhalb der vereinbarten Frist ladebereit ist, die Ware daher nicht zum Schiff gebracht werden kann, oder das Schiff die Ware nicht übernimmt.

Vgl. im übrigen Abschnitt B 5 der FCA-Klausel (Rdn. 325).

§ 346   Viertes Buch. Handelsgeschäfte

B 6 FAS

Kostenteilung

Division of costs

The buyer must pay
- all costs relating to the goods from the time they have been delivered in accordance with A 4; and
- any additional costs incurred, either because the vessel nominated by him has failed to arrive on time, or is unable to take the goods, or closes for cargo earlier than the time notified in accordance with B 7, or because the buyer has failed to give appropriate notice in accordance with B 7 provided, however, that the goods have been duly appropriated to the contract, that is to say, clearly set aside or otherwise identified as the contract goods; and
- where applicable, all duties, taxes and other charges as well as the costs of carrying out customs formalities payable upon import of the goods and for their transit through any country.

347 Der Käufer hat die Kosten zu tragen, die nach dem Gefahrenübergang (Abschnitt B 5 der Klausel) entstehen.[367] Vgl. im übrigen Abschnitt B 5 der FCA-Klausel (Rdn. 325).

B 7 FAS

Benachrichtigung des Verkäufers

Notice to the seller

The buyer must give the seller sufficient notice of the vessel name, loading point and required delivery time.

348 Zur „Angemessenheit" siehe Abschnitt B 7 der FCA-Klausel (Rdn. 328). Die Rechtsfolgen einer verspäteten, falschen oder unterlassenen Mitteilung ergeben sich in nicht abschließender Weise aus den Abschnitten B 5 und B 6 der Klausel.

B 8 FAS

Liefernachweis, Transportdokument oder entsprechende elektronische Mitteilung

Proof of delivery, transport document or equivalent electronic message

The buyer must accept the proof of delivery in accordance with A 8.

349 Vgl. Abschnitt B 8 der FCA-Klausel (Rdn. 329).

B 9 FAS

Prüfung der Ware

Inspection of goods

The buyer must pay the costs of any pre-shipment inspection, except when such inspection is mandated by the authorities of the country of export.

350 Vgl. Abschnitt B 9 der FCA-Klausel (Rdn. 330).

---

[367] *Bredow/Seiffert* Incoterms 2000, S. 63 f; *Ramberg* ICC-Guide to Incoterms 2000, S. 95.

B 10 FAS
Sonstige Verpflichtungen
Other obligations
The buyer must pay all costs and charges incurred in obtaining the documents or equivalent electronic messages mentioned in A 10 and reimburse those incurred by the seller in rendering his assistance in accordance therewith.

Vgl. Abschnitt B 10 der FCA-Klausel (Rdn. 331). **351**

4. Frei an Bord (... benannter Verschiffungshafen); FOB

Free on Board (... named port of shipment), FOB

„Free on Board" means that the seller delivers when the goods pass the ship's rail at the named port of shipment. This means that the buyer has to bear all costs and risks of loss or of damage to the goods from that point. The FOB term requires the seller to clear the goods for export. This term can be used only for sea or inland waterway transport. If the parties do not intend to deliver the goods across the ship's rail, the FCA term should be used.

Die Klausel entspricht im wesentlichen der 1953 in Kraft getretenen und bis 1980 **352** gültigen FOB-Klausel (vor § 373 751). Siehe dazu Erläuterungen vor § 373 85.

A. Verpflichtungen des Verkäufers

The seller's obligations

A 1 FOB
Lieferung vertragsgemäßer Ware
Provision of goods in conformity with the contract
The seller must provide the goods and the commercial invoice, or its equivalent electronic message, in conformity with the contract of sale and any other evidence of conformity which may be required by the contract.

Vgl. Abschnitt A 1 der EXW-Klausel (Rdn. 290). **352a**

A 2 FOB
Lizenzen, Genehmigungen und Formalitäten
Licences, authorizations and formalities
The seller must obtain at his own risk and expense any export licence or other official authorization and carry out, where applicable, all customs formalities necessary for the export of the goods.

Die Klausel entspricht in der Sache Abschnitt A 3 der FOB-Klausel 1953–1980 (vor **353** § 373 751). Es kann daher insoweit auf die Erläuterungen der FOB-Klausel 1953–1980 verwiesen werden (vor § 373 95).

A 3 FOB
Beförderungs- und Versicherungsverträge
Contracts of carriage and insurance
a) Contract of carriage
No obligation.

b) Contract of insurance
No obligation.

354 Die FOB-Klausel läßt allerdings die Verpflichtung des Verkäufers, die Ware zum Zweck der Lieferung (Abschnitt A 4 der Klausel) an das Schiff heranzuschaffen und gegebenenfalls dafür Transportverträge zu schließen, unberührt. Zum sog. unechten FOB-Geschäft siehe Erläuterungen vor § 373 131.

A 4 FOB
Lieferung
Delivery

The seller must deliver the goods on the date or within the agreed period at the named port of shipment and in the manner customary at the port on board the vessel nominated by the buyer.

355 Die Klausel entspricht insoweit im wesentlichen dem Abschnitt A 2 der FOB-Klausel 1953–1980 (vor § 373 751). Trotz unterschiedlicher Formulierung der Klauseln muß auch nach den Incoterms 2000 grundsätzlich der Verschiffungshafen „vereinbart" sein, da er bei Vereinbarung der Klausel benannt sein muß (vgl. vor § 373 104). Zur Benennung des Schiffes siehe Abschnitt B 7 der Klausel. *Bredow/Seiffert* (Incoterms 2000, S. 66 f) wollen dem Abschnitt B 6 entnehmen, daß der Käufer grundsätzlich kein Containerschiff stellen darf, so daß er die erhöhten Kosten zu tragen hat, wenn das Gut nur im Container an das Schiff herangebracht werden kann. Konsequenterweise müßte der Käufer dann auch die Gefahr der Containerisierung auf sich nehmen. Das Problem ist im Licht des Abschnitts A 9 der Klausel zu lösen; denn das Verladen der Ware in Container stellt eine Art der Verpackung dar (näher unten Rdn. 361a). Siehe im übrigen vor § 373 89 ff. Der Verkäufer braucht das Gut nicht an das Schiff heranzuschaffen, wenn die Ware nach dem Hafenbrauch für das Schiff bereits an Land übernommen wird (*Ramberg* ICC-Guide to Incoterms 2000, S. 99). Das wirkt sich nicht nur dahin aus, daß die Ladekosten ab Übernahmeplatz zu Lasten des Käufers gehen (so *Bredow/Seiffert* Incoterms 2000, S. 68), sondern auch dahin, daß der Verkäufer nicht weiter aktiv zu werden braucht. Die Gefahrtragung wird davon allerdings nicht berührt.[368] Zum sog. „unechten FOB-Transport" siehe Erläuterungen vor § 373 136 f. Die Frage des Eigentumsüberganges ist in den Incoterms nicht geregelt (*Ramberg* ICC-Guide to Incoterms 2000, S. 99).

A 5 FOB
Gefahrtragung
Transfer of risks

The seller must, subject to the provisions of B 5, bear all risks of loss of or damage to the goods until such time as they have passed the ship's rail at the named port of shipment.

356 Die Klausel entspricht im wesentlichen den Abschnitten A 4/B 3/B 4 der FOB-Klausel 1953–1980.[369] Es kann daher auf die Erläuterungen vor § 373 116ff, 124ff verwiesen werden. Beachte Abschnitt B 5 FOB. Die Klausel bereitet insbesondere beim Transport von Ware in Containern Probleme (*Lehr* VersR **2000** 548 f). Zur Trag-

---

[368] *Bredow/Seiffert* Incoterms 2000, S. 68; s. ferner vor § 373 103.

[369] Vor § 373 751; ebenso *Lehr* VersR **2000** 548, 555.

weite der Formulierung „all risks" siehe Abschnitt A 4 der Klausel „ab Werk (EXW)" (Rdn. 293). Nach *Bredow/Seiffert* (Incoterms 2000, S. 69) soll die Vereinbarung „FOB-gestaut" nichts am Gefahrenübergang ändern (*Ramberg* ICC-Guide to Incoterms 2000, S. 32). Dies leuchtet nicht ein, da eine Modifikation der FOB-Klausel in Hinblick auf die Lieferpflichten des Verkäufers, die dazu führt, daß die Ware länger in seinem Herrschaftsbereich verbleibt, nicht ohne Einfluß auf die Gefahrenverteilung bleiben kann. Zur Gefahrtragung beim sog. „unechten FOB-Transport" siehe vor § 373 138 f.

A 6 FOB

Kostenteilung

Division of costs

The seller must, subject to the provisions of B 6, pay
- all costs relating to the goods until such time as they have passed the ship's rail at the named port of shipment; and
- where applicable, the costs of customs formalities necessary for export as well as all duties, taxes and other charges payable upon export.

Die Klausel entspricht im wesentlichen den Abschnitten A 4 der FOB-Klausel **357** 1953–1980 (vor § 373 751). Demnach hat der Verkäufer die Kosten des Vortransportes zum Schiff, die Hafengebühren (soweit nicht Teil der Fracht), die Kosten des von ihm eingeschalteten Seehafenspediteurs sowie die Kosten der Verladung (soweit nicht Teil der Fracht) auf sich zu nehmen. Zu Kosten der Zollformalitäten etc. siehe Abschnitt A 6 der FCA-Klausel (Rdn. 315); zu den Kosten infolge Gläubigerverzugs des Käufers siehe Abschnitt B 6 der Klausel. Vgl. im übrigen Erläuterungen vor § 373 95, 103, 107. Zur Kostentragung beim sog. „unechten FOB-Transport" siehe Erläuterungen vor § 373 138.

A 7 FOB

Benachrichtigung des Käufers

Notice to the buyer

The seller must give the buyer sufficient notice that the goods have been delivered in accordance with A 4.

Die Klausel entspricht der FOB-Klausel 1953–1980 (vor § 373 751) mit der Modi- **358** fikation, daß die Incoterms 2000 statt von „unverzüglich" nunmehr von „in angemessener Weise" sprechen. Zur Formulierung „in angemessener Weise" siehe A 7 der FCA-Klausel (Rdn. 316) außerdem Erläuterungen vor § 373 106.

A 8 FOB

Liefernachweis, Transportdokumente oder entsprechende elektronische Mitteilungen

Proof of delivery, transport document or equivalent electronic message

The seller must provide the buyer at the seller's expense with the usual proof of delivery in accordance with A 4.

Unless the document referred to in the preceding paragraph is the transport document, the seller must render the buyer, at the latter's request, risk and expense, every assistance in obtaining a transport document for the contract of carriage (for example, a negotiable bill of lading, a non-negotiable sea waybill, an inland waterway document, or a multimodal transport document).

Where the seller and the buyer have agreed to communicate electronically, the document referred to in the preceding paragraph may be replaced by an equivalent electronic data interchange (EDI) message.

359 Die Klausel entspricht in ihrem Abs. 1 im wesentlichen dem Abschnitt A 4 der FOB-Klausel 1953–1980 (vor § 373 751). Vgl. deshalb Erläuterungen vor § 373 109 ff. Im Unterschied zur FOB-Klausel 1953–1980 fordern die Incoterms 2000 nicht mehr die Beschaffung „reiner" Dokumente. Bei Käufen „Kassa gegen Dokumente" oder bei Eröffnung von Akkreditiven ergibt sich jedoch aus der Zahlungsvereinbarung, daß die Dokumente „rein" (dazu Erläuterungen vor § 373 112 f) sein müssen (*Bredow/Seiffert* Incoterms 2000, S. 59 f, 71).

360 Abs. 2 und 3 (**Transportdokumente; elektronischer Datenaustausch**) der Klausel entsprechen dem Abschnitt A 8 der FCA-Klausel (Rdn. 317) und Abschnitt A 9 der FOB-Klausel 1953–1980 (vor § 373 751). Siehe dazu Erläuterungen vor § 373 101, 109, 111.

A 9 FOB

Prüfung – Verpackung – Kennzeichnung

Checking – packaging – marking

The seller must pay the costs of those checking operations (such as checking quality, measuring, weighing, counting) which are necessary for the purpose of delivering the goods in accordance with A 4.

The seller must provide at his own expense packaging (unless it is usual for the particular trade to ship the goods of the contract description unpacked) which is required for the transport of the goods, to the extent that the circumstances relating to the transport (for example modalities, destination) are made known to the seller before the contract of sale is concluded. Packaging is to be marked appropriately.

361 Vgl. Abschnitt A 9 der FCA-Klausel (Rdn. 319). Da Abs. 1 des Abschnitts A 9 der Klausel (**Prüfung**) dem Abschnitt A 6 der FOB-Klausel 1953–1980 (vor § 373 751) entspricht, vgl. auch die Erläuterungen vor § 373 94.

361a Abs. 2 des Abschnitts A 9 der Klausel (**Verpackung**) weicht von der FOB-Klausel 1953–1980 (vor § 373 751) wesentlich ab, weil es nunmehr auf die Transportmodalität ankommt, die dem Verkäufer vor Abschluß zur Kenntnis gebracht worden (made known), d. h. für ihn erkennbar geworden sind (vgl. auch Erläuterungen vor § 373 91). Mußte der Verkäufer danach nicht mit der Verladung in ein Container-Schiff rechnen, so genügt er an sich seiner Pflicht, wenn er das Gut nicht im Container verpackt liefert. Nach § 242 BGB ist in einem solchen Fall jedoch von ihm gleichwohl zu erwarten, daß er das Gut auf Gefahr und Kosten des Käufers in Container verstaut und so bereitstellt. Hat der Verkäufer beim sog. „unechten FOB-Geschäft" (vor § 373 131 ff) selbst ein Container-Schiff geordert, so gehen die Kosten der Containerisierung zu seinen Lasten. Dies gilt nicht, wenn und soweit die Schiffsfracht wegen des Containereinsatzes niedriger ist als bei der Transportmodalität, mit der der Verkäufer bei Vertragsschluß rechnen mußte.[370]

---

[370] Abweichend *Bredow/Seiffert* Incoterms 2000, S. 66: immer Kosten des Verkäufers.

A 10 FOB

Sonstige Verpflichtungen

Other obligations

The seller must render the buyer at the latter's request, risk and expense, every assistance in obtaining any documents or equivalent electronic messages (other than those mentioned in A 8) issued or transmitted in the country of shipment and/or of origin which the buyer may require for the import of the goods and, where necessary, for their transit through any country.

The seller must provide the buyer, upon request, with the necessary information for procuring insurance.

Vgl. Abschnitt A 10 der FCA-Klausel sowie die Abschnitte A 8 und A 9 der FOB-Klausel 1953–1980 (Erläuterungen vor § 373 100 f, 751).

362

B. Verpflichtungen des Käufers

The buyer's obligations

B 1 FOB

Zahlung des Kaufpreises

Payment of the price

The buyer must pay the price as provided in the contract of sale.

Vgl. Abschnitt B 1 der EXW-Klausel (Rdn. 302).

363

B 2 FOB

Lizenzen, Genehmigungen und Formalitäten

Licences, authorizations and formalities

The buyer must obtain at his own risk and expense any import licence or other official authorization and carry out, where applicable, all customs formalities for the import of the goods and, where necessary, for their transit through any country.

Vgl. Abschnitt B 2 der FCA-Klausel (Rdn. 322) sowie Abschnitt B 6 der FOB-Klausel 1953–1980 (vor § 373 751); siehe dazu die Erläuterungen vor § 373 100 f.

364

B 3 FOB

Beförderungs- und Versicherungsverträge

Contracts of carriage and insurance

a) Contract of carriage

The buyer must contract at his own expense for the carriage of the goods from the named port of shipment.

b) Contract of insurance

No obligation.

Die Klausel entspricht in der Sache dem Abschnitt B 1 der FOB-Klausel 1953–1980 (vor § 373 751). Vgl. dazu die Erläuterungen vor § 373 122 ff, 131.

365

§ 346   Viertes Buch. Handelsgeschäfte

B 4 FOB

Abnahme

Taking delivery

The buyer must take delivery of the goods when they have been delivered in accordance with A 4.

366   Vgl. Abschnitt B 4 der FCA-Klausel (Rdn. 305). Abschnitt B 4 FOB begründet eine echte Vertragspflicht (*Ramberg* ICC-Guide to Incoterms 2000, S. 102).

B 5 FOB

Gefahrenübergang

Transfer of risks

The buyer must bear all risks of loss of or damage to the goods

- from the time they have passed the ship's rail at the named port of shipment; and
- from the agreed date or the expiry date of the agreed period for delivery which arise because he fails to give notice in accordance with B 7, or because the vessel nominated by him fails to arrive on time, or is unable to take the goods, or closes for cargo earlier than the time notified in accordance with B 7, provided, however, that the goods have been duly appropriated to the contract, that is to say, clearly set aside or otherwise identified as the contract goods.

367   Die Klausel verlegt die Gefahrtragung in den Fällen des Annahmeverzuges des Käufers nach vorne. Sie entspricht weitgehend den Abschnitten B 3 und B 4 der FOB-Klausel 1953–1980 (vor § 373 751). Vgl. dazu die Erläuterungen vor § 373 124 ff. Die weiteren Rechtsfolgen des Mitwirkungsverzuges des Käufers ergeben sich aus dem Vertrag bzw. dem ergänzend anwendbaren Recht (vgl. *Fink* RIW **1991** 470, 473).

B 6 FOB

Kostenteilung

Division of costs

The buyer must pay

- all costs relating to the goods from the time they have passed the ship's rail at the named port of shipment; and
- any additional costs incurred, either because the vessel nominated by him fails to arrive on time, or is unable to take the goods, or closes for cargo earlier than the time notified in accordance with B 7, or because the buyer has failed to give appropriate notice in accordance with B 7, provided, however, that the goods have been duly appropriated to the contract, that is to say, clearly set aside or otherwise identified as the contract goods; and
- where applicable, all duties, taxes and other charges as well as the costs of carrying out customs formalities payable upon import of the goods and for their transit through any country.

368   Die Kostenverteilung erfolgt entsprechend der Gefahrentragung. Siehe dazu oben Rdn. 367). Beachte auch Rdn. 355.

B 7 FOB

Benachrichtigung des Verkäufers

Notice to the seller

The buyer must give the seller sufficient notice of the vessel name, loading point and required delivery time.

Die Abschnitte B 1 und B 4 der FOB-Klausel 1953–1980 (vor § 373 751) sprechen **368a** von „rechtzeitig", während die Incoterms 2000 die Formulierung „in angemessener Weise" verwenden. In der Sache besteht kein Unterschied. Vgl. die Erläuterungen vor § 373 126. Maßgeblich ist der Zugang der Nachricht (*Piltz* RIW 2000 485, 487).

B 8 FOB

Liefernachweis, Transportdokumente oder entsprechende elektronische Mitteilungen

Proof of delivery, transport document or equivalent electronic message

The buyer must accept the proof of delivery in accordance with A 8.

Vgl. Abschnitt B 8 der FCA-Klausel (Rdn. 329). **369**

B 9 FOB

Prüfung der Ware

Inspection of goods

The buyer must pay the costs of any pre-shipment inspection except when such inspection is mandated by the authorities of the country of export.

Vgl. Abschnitt B 9 der FCA-Klausel (Rdn. 330). **370**

B 10 FOB

Sonstige Verpflichtungen

Other obligations

The buyer must pay all costs and charges incurred in obtaining the documents or equivalent electronic messages mentioned in A 10 and reimburse those incurred by the seller in rendering his assistance in accordance therewith.

Die Klausel entspricht den Abschnitten B 6/A 8, A 9 der FOB-Klausel 1953–1980 **371** (vor § 373 751). Die Ausstellung von Konnossementen erfolgt gemäß Abschnitt A 8 der Klausel ebenfalls auf Kosten des Käufers.

5. Kosten und Fracht (… benannter Bestimmungshafen); CFR; C & F

Cost and Freight (… named port of destination); CFR

„Cost and Freight" means that the seller delivers when the goods pass the ship's rail in the port of shipment.

The seller must pay the costs and freight necessary to bring the goods to the named port of destination BUT the risk of loss of or damage to the goods, as well as any additional costs due to events occurring after the time of delivery, are transferred from the seller to the buyer.

The CFR term requires the seller to clear the goods for export.

This term can be used only for sea and inland waterway transport. If the parties do not intend to deliver the goods across the ship's rail, the CPT term should be used.

372 Die Klausel entspricht im wesentlichen der C & F-Klausel 1953–1980 (vor § 373 752).

A. Verpflichtungen des Verkäufers

The seller's obligations

A 1 CFR

Lieferung vertragsgemäßer Ware
Provision of goods in conformity with the contract

The seller must provide the goods and the commercial invoice, or its equivalent electronic message, in conformity with the contract of sale and any other evidence of conformity which may be required by the contract.

373 Siehe Abschnitt A 1 der EXW-Klausel (Rdn. 290).

A 2 CFR

Lizenzen, Genehmigungen und Formalitäten
Licences, authorizations and formalities

The seller must obtain at his own risk and expense any export licence or other official authorization and carry out, where applicable, all customs formalities necessary for the export of the goods.

374 Vgl. Abschnitt A 2 der FOB-Klausel (Rdn. 353).

A 3 CFR

Beförderungs- und Versicherungsverträge
Contracts of carriage and insurance

a) Contract of carriage

The seller must contract on usual terms at his own expense for the carriage of the goods to the named port of destination by the usual route in a seagoing vessel (or inland waterway vessel as the case may be) of the type normally used for the transport of goods of the contract description.

b) Contract of insurance

No obligation.

375 Die Pflicht, einen Beförderungsvertrag abzuschließen, entspricht Abschnitt A 3 der CIF-Klausel (siehe unten Rdn. 396). Anders als bei einer CIF-Abrede besteht keine Pflicht zum Abschluß eines Versicherungsvertrages. Zur Verwendung der Abrede „liner terms" siehe *Ramberg* ICC-Guide to Incoterms 2000, S. 109.

A 4 CFR

Lieferung
Delivery

The seller must deliver the goods on board the vessel at the port of shipment on the date or within the agreed period.
Die Klausel entspricht Abschnitt A 4 der CIF-Klausel (siehe unten Rdn. 397). **376**

A 5 CFR

Gefahrenübergang
Transfer of risks
The seller must, subject to the provisions of B 5, bear all risks of loss of or damage to the goods until such time as they have passed the ship's rail at the port of shipment.
Die Klausel entspricht Abschnitt A 5 der CIF-Klausel (siehe unten Rdn. 398). **377**

A 6 CFR

Kostenteilung
Division of costs
The seller must, subject to the provisions of B 6, pay
– all costs relating to the goods until such time as they have been delivered in accordance with A 4; and
– the freight and all other costs resulting from A 3 a), including the costs of loading the goods on board and any charges for unloading at the agreed port of discharge which were for the seller's account under the contract of carriage; and
– where applicable, the costs of customs formalities necessary for export as well as all duties, taxes and other charges payable upon export, and for their transit through any country if they were for the seller's account under the contract of carriage.

Die Klausel entspricht dem Abschnitt A 6 der CIF-Klausel (siehe unten Rdn. 399) **378** mit Ausnahme der auf die Versicherung bezogenen Kostenverteilungsregel, da die Klausel CRF (C & F) den Verkäufer nicht verpflichtet, eine Versicherung einzudecken.

A 7 CFR

Benachrichtigung des Käufers
Notice to the buyer
The seller must give the buyer sufficient notice that the goods have been delivered in accordance with A 4 as well as any other notice required in order to allow the buyer to take measures which are normally necessary to enable him to take the goods.
Die Klausel entspricht dem Abschnitt A 7 der CIF-Klausel (siehe unten Rdn. 400). **379**

A 8 CFR

Liefernachweis, Transportdokument oder entsprechende elektronische Mitteilung
Proof of delivery, transport document or equivalent electronic message
The seller must at his own expense provide the buyer without delay with the usual transport document for the agreed port of destination.

This document (for example a negotiable bill of lading, a non-negotiable sea waybill or an inland waterway document) must cover the contract goods, be dated within the period agreed for shipment, enable the buyer to claim the goods from the carrier at the port of destination and, unless otherwise agreed, enable the buyer to sell the goods in transit by the transfer of the document to a subsequent buyer (the negotiable bill of lading) or by notification to the carrier.

When such a transport document is issued in several originals, a full set of originals must be presented to the buyer.

Where the seller and the buyer have agreed to communicate electronically, the document referred to in the preceding paragraphs may be replaced by an equivalent electronic data interchance (EDI) messsage.

380 Die Klausel entspricht dem Abschnitt A 8 der CIF-Klausel (siehe unten Rdn. 401).

A 9 CFR

Prüfung – Verpackung – Kennzeichnung

Checking – packaging – marking

The seller must pay the costs of those checking operations (such as checking quality, measuring, weighing, counting) which are necessary for the purpose of delivering the goods in accordance with A 4.

The seller must provide at his own expense packaging (unless it is usual for the particular trade to ship the goods of the contract description unpacked) which is required for the transport of the goods arranged by him. Packaging is to be marked appropriately.

381 Die Klausel entspricht dem Abschnitt A 9 der CIF-Klausel (siehe unten Rdn. 402).

A 10 CFR

Sonstige Verpflichtungen

Other obligations

The seller must render the buyer at the latter's request, risk and expense, every assistance in obtaining any documents or equivalent electronic messages (other than those mentioned in A 8) issued or transmitted in the country of shipment and/or of origin which the buyer may require for the import of the goods and, where necessary, for their transit through any country.

The seller must provide the buyer, upon request, with the necessary information for procuring insurance.

382 Die Klausel entspricht in ihrem Abs. 1 dem Abs. 1 des Abschnitts A 10 der CIF-Klausel (siehe unten Rdn. 403). Abs. 2 der Klausel entspricht Abs. 2 des Abschnitts A 10 der FOB-Klausel.

B. Verpflichtungen des Käufers

The buyer's obligations

B 1 CFR

Zahlung des Kaufpreises

Payment of the price

The buyer must pay the price as provided in the contract of sale.
Siehe Abschnitt B 1 der EXW-Klausel (Rdn. 303).   **383**

B 2 CFR
Lizenzen, Genehmigungen, Formalitäten
Licences, authorizations and formalities
The buyer must obtain at his own risk and expense any import licence or other official authorization and carry out, where applicable, all customs formalities for the import of the goods and for their transit through any country.
Siehe Abschnitt B 2 der CIF-Klausel (Rdn. 405).   **384**

B 3 CFR
Beförderungs- und Versicherungsverträge
Contracts of carriage and insurance
a) Contract of carriage
No obligation.
b) Contract of insurance
No obligation.
Der Käufer ist weder zur Beförderung noch zur Versicherung verpflichtet. Die Beförderungspflicht trifft den Verkäufer.   **385**

B 4 CFR
Abnahme
Taking delivery
The buyer must accept delivery of the goods when they have been delivered in accordance with A 4 and receive them from the carrier at the named port of destination.
Siehe Abschnitt B 4 der CIF-Klausel (Rdn. 407).   **386**

B 5 CFR
Gefahrenübergang
Transfer of risks
The buyer must bear all risks of loss of or damage to the goods from the time they have passed the ship's rail at the port of shipment.
The buyer must, should he fail to give notice in accordance with B 7, bear all risks of loss or of damage to the goods from the agreed date or the expiry date of the period fixed for shipment provided, however, that the goods have been duly appropriated to the contract, that is to say, clearly set aside or otherwise identified as the contract goods.
Siehe Abschnitt B 5 der CIF-Klausel (Rdn. 408).   **387**

B 6 CFR
Kostenteilung
Division of costs

§ 346   Viertes Buch. Handelsgeschäfte

The buyer must, subject to the provisions of A 3 a), pay
- all costs relating to the goods from the time they have been delivered in accordance with A 4; and
- all costs and charges relating to the goods whilst in transit until their arrival at the port of destination, unless such costs and charges were for the seller's account unter the contract of carriage; and
- unloading costs including lighterage and wharfage charges, unless such costs and charges were for the seller's account under the contract of carriage; and
- all additional costs incurred if he fails to give notice in accordance with B 7, for the goods from the agreed date or the expiry date of the period fixed for shipment, provided, however, that the goods have been duly appropriated to the contract, that is to say, clearly set aside or otherwise identified as the contract goods; and
- where applicable, all duties, taxes and other charges as well as the costs of carrying out customs formalities payable upon import of the goods, and, where necessary, for their transit through any country unless included within the cost of the contract of carriage.

388   Es gelten die Ausführungen zu Abschnitt B 6 der CIF-Klausel (unten Rdn. 409).

B 7 CFR

Benachrichtigung des Verkäufers

Notice to the seller

The buyer must, whenever he is entitled to determine the time for shipping the goods and/or the port of destination, give the seller sufficient notice thereof.

389   Siehe Abschnitt B 7 der CIF-Klausel (Rdn. 410).

B 8 CFR

Liefernachweis, Transportdokument oder entsprechende elektronische Mitteilung

Proof of delivery, transport document or equivalent electronic message

The buyer must accept the transport document in accordance with A 8 if it is in conformity with the contract.

390   Siehe Abschnitt B 8 der CIF-Klausel (Rdn. 411).

B 9 CFR

Prüfung der Ware

Inspection of goods

The buyer must pay the costs of any pre-shipment inspection except when such inspection is mandated by the authorities of the country of export.

391   Siehe Abschnitt B 9 der FCA-Klausel (Rdn. 330).

B 10 CFR

Sonstige Verpflichtungen

Other obligations

The buyer must pay all costs and charges incurred in obtaining the documents or equivalent electronic messages mentioned in A 10 and reimburse those incurred by the seller in rendering his assistance in accordance therewith.

Siehe Abs. 1 des Abschnitts B 10 der CIF-Klausel (Rdn. 413). **392**

6. Kosten, Versicherung, Fracht (... benannter Bestimmungshafen); CIF
Costs Insurance and Freight (... named port of destination); CIF

„Costs, Insurance and Freight" means that the seller delivers when the goods pass the ship's rail in the port of shipment.

The seller must pay the costs and freight necessary to bring the goods to the named port of destination BUT the risk of loss of or damage to the goods, as well as any additional costs due to events occuring after the time of delivery, are transferred from the seller to the buyer. However, in CIF the seller also has to procure marine insurance against the buyer's risk of loss or of damage to the goods during the carriage.

Consequently, the seller contracts for insurance and pays the insurance premium. The buyer should note that under the CIF term the seller is required to obtain insurance only on minimum cover. Should the buyer wish to have the protection of greater cover, he would either need to agree as much expressly with the seller or to make his own extra insurance arrangements.

The CIF term requires the seller to clear the goods for export.

This term can be used only for sea and inland waterway transport. If the parties do not intend to deliver the goods across the ship's rail, the CIP term should be used.

Siehe Erläuterungen vor § 373 5 ff. **393**

A. Verpflichtungen des Verkäufers
The seller's obligations

A 1 CIF

Lieferung vertragsgemäßer Ware
Provision of goods in conformity with the contract

The seller must provide the goods and the commercial invoice, or its equivalent electronic message, in conformity with the contract of sale and any other evidence of conformity which may be required by the contract.

Siehe Abschnitt A 1 der EXW-Klausel (Rdn. 290) sowie die Erläuterungen vor **394**
§ 373 13. Die Verwendung der CIF-Klausel weist den Kaufvertrag als Fixgeschäft aus (OLG Hamburg OLG-Report 1997 149).

A 2 CIF

Lizenzen, Genehmigungen, Formalitäten
Licences, authorizations and formalities

The seller must obtain at his own risk and expense any export licence or other official authorization and carry out, where applicable, all customs formalities necessary for the export of the goods.

395 Der Verkäufer hat exportfreie Ware zu liefern (vor § 373 24f). Zu den Zollformalitäten vgl. Abschnitt A 2 der FCA-Klausel (Rdn. 309f).

A 3 CIF

Beförderungs- und Versicherungsverträge
Contracts of carriage and insurance

a) Contract of carriage

The seller must contract on usual terms at his own expense for the carriage of the goods to the named port of destination by the usual route in a seagoing vessel (or inland waterway vessel as the case may be) of the type normally used for the transport of goods of the contract description.

b) Contract of insurance

The seller must obtain at his own expense cargo insurance as agreed in the contract, such that the buyer, or any other person having an insurable interest in the goods, shall be entitled to claim directly from the insurer and provide the buyer with the insurance policy or other evidence of insurance cover.

The insurance shall be contracted with underwriters or an insurance company of good repute and, failing express agreement to the contrary, be in accordance with minimum cover of the Institute Cargo Clauses (Institute of London Underwriters) or any similar set of clauses. The duration of insurance cover shall be in accordance with B 5 and B 4. When required by the buyer, the seller shall provide at the buyer's expense war, strikes, riots and civil commotion risk insurances if procurable. The minimum insurance shall cover the price provided in the contract plus ten per cent (i. e. 110 %) and shall be provided in the currency of the contract.

396 Die Frage der **Beförderungsverträge** ist für Seeschiffe wie in der CIF-Klausel 1953–1980 geregelt, so daß auf die Erläuterungen vor § 373 25ff verwiesen werden kann. Für die Entscheidung der Frage, ob ein Schiff „normalerweise" für die Beförderung der Ware eingesetzt wird, kommt es ausschließlich auf die Üblichkeit an und nicht darauf, ob das Schiff im konkreten Fall objektiv geeignet war. Weiß der Verkäufer, daß das Schiff ungeeignet ist, so darf er sich nicht auf den üblichen Einsatz des Schiffes berufen (*Ramberg* ICC-Guide to Incoterms 2000, S. 22). Die Vereinbarung eines Ankunftsdatums bedeutet im Licht der CIF-Abrede im Zweifel, daß der Verkäufer das Gut so zu verschiffen hat, daß es beim ordnungsgemäßen Lauf der Dinge (vgl. § 423 HGB) zu diesem Zeitpunkt im Bestimmungshafen ankommen wird (offen *Ramberg* ICC-Guide to Incoterms 2000, S. 110). Zum Bestimmungshafen siehe auch Abschnitt B 7 CIF. Geeignete Binnenschiffe werden wie Seeschiffe behandelt. Zur Abrede „liner terms" siehe *Ramberg* ICC-Guide to Incoterms 2000, S. 109.

Zur Frage der Versicherung deckt sich die Klausel nur teilweise mit dem Abschnitt A 5 der CIF-Klausel 1953–1980 (vor § 373 751). Nunmehr muß der Versicherer dem Versicherten (*Bruck/Möller* VVG[8], § 49 92 m. Nachw.) einen Direktanspruch eröffnen. Die Beschaffung einer bloß übertragbaren Versicherungspolice genügt nicht, es sei denn, sie ist dem Käufer wirksam übertragen worden. Zum Zeitraum der Versicherungsdeckung und zur Zuverlässigkeit der Versicherung siehe Erläuterungen vor § 373 33, 35. Zum Deckungsumfang siehe *Bredow/Seiffert* Incoterms 2000, S. 81f; *Lehr* VersR **2000** 548, 552.

A 4 CIF

Lieferung

Delivery

The seller must deliver the goods on board the vessel at the port of shipment on the date or within the agreed period.

Die Lieferpflicht besteht in der Pflicht, das Gut an Bord des Schiffes zu schaffen.[371] Es genügt also nicht die bloße Abladung (vgl. vor § 373 18). Der Lieferzeitpunkt bzw. die Lieferfrist ist demnach auf die Verschiffung (vor § 373 19) bezogen. Zu abweichenden Abreden siehe Erläuterungen vor § 373 17 ff. **397**

A 5 CIF

Gefahrenübergang

Transfer of risks

The seller must, subject to the provisions of B 5, bear all risks of loss of or damage to the goods until such time as they have passed the ship's rail at the port of shipment.

Vgl. Erläuterungen zu Abschnitt A 5 der FOB-Klausel[372] sowie die Erläuterungen vor § 373 65 ff. *Schüssler* DB **1986** 1161, 1162 fordert außerdem immer eine Versandanzeige oder die Änderung der Versanddokumente. Zu abweichenden Abreden siehe Erläuterungen vor § 373 65 ff, 73 ff. **398**

A 6 CIF

Kostenteilung

Division of costs

The seller must, subject to the provisions of B 6 pay,
- all costs relating to the goods until such time as they have been delivered in accordance with A 4; and
- the freight and all other costs resulting from A 3 a), including the costs of loading the goods on board; and
- the costs of insurance resulting from A 3 b); and
- any charges for unloading at the agreed port of discharge which were for the seller's account under the contract of carriage; and
- where applicable, the costs of customs formalities necessary for export as well as all duties, taxes and other charges payable upon export, and for their transit through any country if they were for the seller's account under the contract of carriage.

Zur Fracht siehe Erläuterungen vor § 373 29; zu den Be- und Entladekosten siehe Erläuterungen vor § 373 29 f. In Hinblick auf die Entladekosten kommt es nunmehr ausschließlich auf den konkreten Beförderungsvertrag an.[373] Zu Zuschlägen, Erhöhung der Frachtraten siehe die Erläuterungen vor § 373 29 f; abweichend *Bredow/Seiffert* Incoterms 2000, S. 77. Eine Ausnahme gilt dort, wo nach der Verladung entstehende **399**

---

[371] *Bredow/Seiffert* Incoterms 2000, S. 75; *Ramberg* ICC-Guide to Incoterms 2000, S. 109; siehe ferner Erläuterungen vor § 373 22.
[372] Oben Rdn. 356; *Bredow/Seiffert* Incoterms 2000, S. 76; *Lehr* VersR 2000 548, 555.
[373] *Bredow/Seiffert* Incoterms 2000, S. 77; *Railas* European Transport Law 2000 9, 17.

Kosten nach dem Frachtvertrag nicht vom Verkäufer zu tragen sind. Dies ist nur dann anzunehmen, falls diese Kosten auf nach der Verladung abgeschlossenen Zusatzverträgen oder Vertragsänderungen beruhen.[374] Zu den Kosten der Ausfuhrbewilligung siehe Erläuterungen vor § 373 24.

A 7 CIF

Benachrichtigung des Käufers
Notice to the buyer

The seller must give the buyer sufficient notice that the goods have been delivered in accordance with A 4 as well as any other notice required in order to allow the buyer to take measures which are normally necessary to enable him to take the goods.

400 Vgl. die Erläuterungen vor § 373 36. Anders als Abschnitt A 4 der CIF-Klausel 1953–1980 (vor § 373 753) sprechen die Incoterms 2000 von einer Benachrichtigung in angemessener Weise. Danach hat der Verkäufer nicht nur unverzüglich tätig zu werden sondern auch die optimalen Kommunikationsmittel einzusetzen. Die Nachrichten haben sich nur auf die üblichen Vorkehrungen für die Entladung zu beziehen, wie der englische Text der Klausel deutlich macht.

A 8 CIF

Liefernachweis, Transportdokument oder entsprechende elektronische Mitteilung
Proof of delivery, transport document or equivalent electronic message

The seller must, at his own expense, provide the buyer without delay with the usual transport document for the agreed port of destination.

This document (for example a negotiable bill of lading, an non-negotiable sea waybill or an inland waterway document) must cover the contract goods, be dated within the period agreed for shipment, enable the buyer to claim the goods from the carrier at the port of destination and, unless otherwise agreed, enable the buyer to sell the goods in transit by the transfer of the document to a subsequent buyer (the negotiable bill of lading) or by notification to the carrier.

When such a transport document is issued in several originals, a full set of originals must be presented to the buyer.

Where the seller and the buyer have agreed to communicate electronically, the document referred to in the preceding paragraphs may be replaced by an equivalent electronic data interchange (EDI) message.

401 Abschnitt A 8 der Klausel weicht von der Parallelregelung des Abschnitts A 7 der Incoterms 1953–1980 (vor § 373 42) wesentlich ab. Die Erläuterungen vor § 373 42 ff sind daher nur mehr eingeschränkt von Bedeutung. Nunmehr ist ausschließlich das konkret vereinbarte, hilfsweise das übliche Transportdokument zu beschaffen. Das übliche Dokument muß es dem Käufer ermöglichen, die Ware „schwimmend" (vgl. Erläuterungen vor § 373 73) zu verkaufen (*Ramberg* ICC-Guide to Incoterms 2000, S. 112). Der Seefrachtbrief ist daher nur dann ein taugliches Dokument, wenn keine Veräußerung der schwimmenden Ware vorgesehen ist (*Bredow/Seiffert* Incoterm

---

[374] Abschnitt B 6 der Klausel; anders noch *Schüssler* DB **1986** 1161, 1163.

2000, S. 79), es sei denn, er ist so ausgestaltet, daß der Frachtführer die Ware auf Mitteilung des Käufers hin an einen Dritten auszuliefern hat (*Ramberg* ICC-Guide to Incoterms 2000, S. 112). Die Andienung der Transportdokumente stellt im Zweifel eine Hauptpflicht im Sinn der §§ 323 ff BGB dar. Die Dokumente reisen auf Gefahr des Verkäufers.[375]

A 9 CIF

Prüfung – Verpackung – Kennzeichnung

Checking – packaging – marking

The seller must pay the costs of those checking operations (such as checking quality, measuring, weighing, counting) which are necessary for the purpose of delivering the goods in accordance with A 4.

The seller must provide at his own expense packaging (unless it is usual for the particular trade to ship the goods of the contract description unpacked) which is required for the transport of the goods arranged by him. Packaging is to be marked appropriately.

402 Siehe Erläuterungen zu Abschnitt A 9 der FOB-Klausel (Rdn. 361) zu den Kosten der Prüfung. Zur Verpackung siehe Erläuterungen vor § 373 14 f. Die Handelsüblichkeit der Verpackung genügt nach den Incoterms 2000 nicht, wenn sie nicht konkret beförderungsgeeignet ist. Zur Kennzeichnung siehe die Erläuterungen vor § 373 16.

A 10 CIF

Sonstige Verpflichtungen

Other obligations

The seller must render the buyer at the latter's request, risk and expense, every assistance in obtaining any documents or equivalent electronic messages (other than those mentioned in A 8) issued or transmitted in the country of shipment and/or of origin which the buyer may require for the import of the goods and, where necessary, for their transit through any country.

The seller must provide the buyer, upon request, with the necessary information for procuring any additional insurance.

403 Es geht in diesem Abschnitt der CIF-Klausel nur um die Ein- und Durchfuhr der Ware.

B. Verpflichtungen des Käufers

The buyer's obligations

B 1 CIF

Zahlung des Kaufpreises

Payment of the price

The buyer must pay the price as provided in the contract of sale.

404 Siehe Abschnitt B 1 der EXW-Klausel (Rdn. 290).

---

[375] *Schüssler* DB **1986** 1161, 1163; Erläuterungen vor § 373 59.

B 2 CIF
Lizenzen, Genehmigungen und Formalitäten
Licences, authorizations and formalities

The buyer must obtain at his own risk and expense any import licence or other official authorization and carry out, where applicable, all customs formalities for the import of the goods and for their transit through any country.

405 Siehe Abschnitt B 2 der FCA-Klausel (Rdn. 322).

B 3 CIF
Beförderungs- und Versicherungsverträge
Contracts of carriage and insurance

a) Contract of carriage

No obligation.

b) Contract of insurance

No obligation.

406 Die Beförderung bis zum Bestimmungshafen ist Sache des Verkäufers. Gleiches gilt für eine Minimalversicherung, die vereinbarungsgemäß vom Verkäufer zu erweitern ist. Die Weiterbeförderung nach Ankunft der Ware im Bestimmungshafen ist eine Angelegenheit des Käufers, die keiner Regelung bedarf (*Ramberg* ICC-Guide to Incoterms 2000, S. 114).

B 4 CIF
Abnahme
Taking delivery

The buyer must accept delivery of the goods when they have been delivered in accordance with A 4 and receive them from the carrier at the named port of destination.

407 Die Klausel statuiert eine echte Abnahmepflicht im Sinn der Schuldnerverzugsregeln (*Ramberg* ICC-Guide to Incoterms 2000, S. 114). Das Gut ist mithin im Bestimmungshafen selbst dann in Empfang zu nehmen, wenn es bei Gefahrübergang mangelhaft war (*Ramberg* ICC-Guide to Incoterms 2000, S. 114f). Die Gewährleistungsrechte bleiben ebenso wie die Rügeobliegenheit (z. B. § 377 HGB) unberührt.

B 5 CIF
Gefahrenübergang
Transfer of risks

The buyer must bear all risks of loss of or damage to the goods from the time they have passed the ship's rail at the port of shipment.

The buyer must, should he fail to give notice in accordance with B 7, bear all risks of loss or of damage to the goods from the agreed date of the expiry date of the period fixed for shipment provided, however, that the goods have been duly appropriated to the contract, that is to say, clearly set aside or otherwise identified as the contract goods.

408 Vgl. Erläuterungen zum Abschnitt A 4 der Klausel. Abs. 2 des Abschnitts B 5 der Klausel regelt einen Fall (keine oder verspätete Nachricht) des verschuldensunabhängigen (*Ramberg* ICC-Guide to Incoterms 2000, S. 115) Gläubigerverzugs, der

B 6 CIF

Kostenteilung
Division of costs
The buyer must, subject to the provisions of A 3, pay
- all costs relating to the goods from the time they have been delivered in accordance with A 4; and
- all costs and charges relating to the goods whilst in transit until their arrival at the port of destination, unless such costs and charges were for the seller's account under the contract of carriage; and
- unloading costs including lighterage and wharfage charges, unless such costs and charges were for the seller's account under the contract of carriage; and
- all additional costs incurred if he fails to give notice in accordance with B 7, for the goods from the agreed date or the expiry date of the period fixed for shipment, provided, however, that the goods have been duly appropriated to the contract, that is to say, clearly set aside or otherwise identified as the contract goods; and
- where applicable, all duties, taxes and other charges as well as the costs of carrying out customs formalities payable upon import of the goods and, where necessary, for their transit through any country unless included within the cost of the contract of carriage.

Siehe Erläuterungen zum Abschnitt A 6 der Klausel. Für die Frage, ob Kosten, die während des Transports für die Löschung, Leichterung sowie für die Nutzung des Kai anfallen, nach dem Beförderungsvertrag vom Verkäufer zu zahlen sind, kommt es auf den im Einzelfall geschlossenen Beförderungsvertrag an. Insoweit hat der Verkäufer Spielraum, es sei denn, es ist üblich (siehe Abschnitt A 3 a) der Klausel), daß im Beförderungsvertrag über die konkrete Transportstrecke die Kosten für Löschen etc. dem Befrachter zugewiesen werden. **409**

B 7 CIF

Benachrichtigung des Verkäufers
Notice to the seller
The buyer must, whenever he is entitled to determine the time for shipping the goods and/or the port of destination, give the seller sufficient notice thereof.

Der Käufer muß nur tätig werden, wenn vereinbart worden ist, daß er nach Abschluß des Kaufvertrages den Lieferzeitpunkt oder den Bestimmungshafen festlegen darf. Dies kann sich daraus ergeben, daß die Parteien den Bestimmungshafen oder den Zeitpunkt der Verschiffung bei Vertragsschluß nicht (exakt) vereinbart haben müssen. Vgl. im übrigen Abschnitt B 7 der FOB-Klausel (Rdn. 368a). **410**

B 8 CIF

Liefernachweis, Transportdokument oder entsprechende elektronische Mitteilung

Proof of delivery, transport document or equivalent electronic message
The buyer must accept the transport document in accordance with A 8 if it is in conformity with the contract.

411 Die Klausel begründet eine echte, den Schuldnerverzug begründende Annahmepflicht in Hinblick auf die Dokumente, in denen die Ware nach Menge, Art oder Qualität nicht abweichend (nicht notwendig im vollen Einklang) vom Kaufvertrag beschrieben ist. Die Dokumente müssen nicht unbedingt „rein"[376] sein.

B 9 CIF

Prüfung der Ware
Inspection of goods
The buyer must pay the costs of any pre-shipment inspection except when such inspection is mandated by the authorities of the country of export.

412 Siehe Abschnitt B 9 der FCA-Klausel (Rdn. 330).

B 10 CIF

Sonstige Verpflichtungen
Other obligations
The buyer must pay all costs and charges incurred in obtaining the documents or equivalent electronic messages mentioned in A 10 and reimburse those incurred by the seller in rendering his assistance in accordance therewith.

The buyer must provide the seller, upon request, with the necessary information for procuring insurance.

413 Der Käufer trägt die Kosten der Einfuhr und Durchfuhr.

7. Frachtfrei (... benannter Bestimmungsort); CPT
Carriage Paid To (... named place of destination); CPT

„Carriage paid to ..." means that the seller delivers the goods to the carrier nominated by him but the seller must in addition pay the cost of carriage necessary to bring the goods to the named destination. This means that the buyer bears all risks and any other costs occurring after the goods have been so delivered.

„Carrier" means any person who, in a contract of carriage, undertakes to perform or to procure the performance of transport, by rail, road, air, sea, inland waterway or by a combination of such modes.

If subsequent carriers are used for the carriage to the agreed destination, the risk passes when the goods have been delivered to the first carrier.

The CPT term requires the seller to clear the goods for export.

This term may be used irrespective of the mode of transport including multimodal transport.

414 Siehe die Erläuterungen vor § 373 217 zur „Frachtfrei"-Klausel der Incoterms 1980 (vor § 373 760), die im wesentlichen der CPT-Klausel der Incoterms 2000 entspricht.

---

[376] Siehe Erläuterungen vor § 373 56; ferner oben Rdn. 318; a. A. *Ramberg* ICC-Guide to Incoterms 2000, S. 117.

A. Verpflichtungen des Verkäufers

The seller's obligations

A 1 CPT

Lieferung vertragsgemäßer Ware
Provision of goods in conformity with the contract
The seller must provide the goods and the commercial invoice, or its equivalent electronic message, in conformity with the contract of sale and any other evidence of conformity which may be required by the contract.

Siehe Abschnitt A 1 der EXW-Klausel (Rdn. 290). **415**

A 2 CPT

Lizenzen, Genehmigungen und Formalitäten
Licences, authorizations and formalities
The seller must obtain at his own risk and expense any export licence or other official authorization and carry out, where applicable, all customs formalities necessary for the export of the goods.

Der Verkäufer schuldet exportfreie Ware (vgl. Abschnitt A 2 der CIF-Klausel **416** [Rdn. 395]). Das gilt auch für Exportzölle (*Ramberg* ICC-Guide to Incoterms 2000, S. 124).

A 3 CPT

Beförderungs- und Versicherungsverträge
Contracts of carriage and insurance

a) Contract of carriage

The seller must contract on usual terms at his own expense for the carriage of the goods to the agreed point at the named place of destination by a usual route and in a customary manner. If a point is not agreed or is not determined by practice, the seller may select the point at the named place of destination which best suits his purpose.

b) Contract of insurance

No obligation.

Vgl. Abschnitt A 3 der „CIF"-Klausel. Der Beförderungsvertrag ist nicht nur mit **417** dem ersten Frachtführer, sondern über die gesamte Beförderungsstrecke abzuschließen. Bei Einschaltung von Teilfrachtführern ist deshalb eine Vielzahl von Frachtverträgen einzugehen. Die Einschaltung eines Spediteurs genügt nur, soweit dieser Frachtführerfunktionen übernimmt.[377] Dafür ist jedoch auch ausreichend, daß der Spediteur im Rahmen des speditionellen Vor- oder Nachlaufs[378] tätig wird (ebenso i. E. *Bredow/Seiffert* Incoterms 2000, S. 85).

---

[377] §§ 458–460 HGB; ähnlich *Bredow/Seiffert* Incoterms 2000, S. 2.

[378] *Koller* Transportrecht⁴, § 454 HGB 22; § 458 HGB 23, § 460 HGB 10.

§ 346　　　Viertes Buch. Handelsgeschäfte

A 4 CPT
Lieferung
Delivery

The seller must deliver the goods to the carrier contracted in accordance with A 3 or, if there are subsequent carriers to the first carrier, for transport to the agreed point at the named place on the date or within the agreed period.

418　„Frachtführer" im Sinn der Klausel sind alle Personen, die verpflichtet sind, eine Ortsveränderung herbeizuführen. Dazu können auch Spediteure im Rahmen des von ihnen geschuldeten Vor- und Nachlaufs zählen (siehe oben Rdn. 417). Keine „Frachtführer" sind Spediteure (§ 453 HGB), soweit sie nur Aufgaben im Sinn des § 454 I HGB erledigen. Die Ware ist „geliefert", wenn die Ware durch denjenigen „Frachtführer" im Sinn der Klausel übernommen worden ist, der den ersten Teil der Beförderungsstrecke selbst oder durch Subunternehmer zu bewältigen hat.[379] Lieferort ist der Ort, an dem die Ware dem ersten „Frachtführer" zu übergeben ist.

A 5 CPT
Gefahrenübergang
Transfer of risks

The seller must, subject to the provisions of B 5, bear all risks of loss of or damage to the goods until such time as they have been delivered in accordance with A 4.

419　Maßgeblich ist der Zeitpunkt der Lieferung (oben Rdn. 418). Siehe ferner Erläuterungen vor § 373 217. Die Frage des Eigentumsüberganges bleibt ungeregelt (*Ramberg* ICC-Guide to Incoterms 2000, S. 35).

A 6 CPT
Kostenteilung
Division of costs

The seller must, subject to the provisions of B 6, pay
- all costs relating to the goods until such time as they have been delivered in accordance with A 4 as well as the freight and all other costs resulting from A 3 a), including the costs of loading the goods and any charges for unloading at the place of destination which were for the seller's account under the contract of carriage; and
- where applicable, the costs of customs formalities necessary for export as well as all duties, taxes or other charges payable upon export, and for their transit through any country if they were for the seller's account under the contract of carriage.

420　Zur Frage, inwieweit Kosten, insbesondere Entladekosten nach dem Beförderungsvertrag vom Verkäufer zu tragen sind, vgl. Erläuterungen zu Abschnitt A 6 der „CIF"-Klausel (Rdn. 399).

---

[379] Ähnlich *Bredow/Seiffert* Incoterms 2000, S. 85; abweichend *Ramberg* ICC-Guide to Incoterms 2000, S. 125: durch Verkäufer übergeben.

A 7 CPT

Benachrichtigung des Käufers

Notice to the buyer

The seller must give the buyer sufficient notice that the goods have been delivered in accordance with A 4 as well as any other notice required in order to allow the buyer to take measures which are normally necessary to enable him to take the goods.

Siehe Erläuterungen zu Abschnitt A 7 der FCA-Klausel (Rdn. 316). In Hinblick auf die „anderen Nachrichten" ist nicht erforderlich, daß der Verkäufer ihre Bedeutung für den Käufer erkennen kann; denn er braucht sich, wie die englische Fassung der Incoterms 2000 ausweist, nur an den üblichen Verhältnissen zu orientieren. Abschnitt A 7 CPT begründet eine echte Vertragspflicht (*Ramberg* ICC-Guide to Incoterms 2000, S. 126). **421**

A 8 CPT

Liefernachweis, Transportdokument oder entsprechende elektronische Mitteilungen

Proof of delivery, transport document or equivalent electronic message

The seller must provide the buyer at the seller's expense, if customary, with the usual transport document or documents (for example a negotiable bill of lading, a non-negotiable sea waybill, an inland waterway document, an air waybill, a railway consignment note, or a multimodal transport document) for the transport contracted in accordance with A 3.

Where the seller and the buyer have agreed to communicate electronically, the document referred to in the preceding paragraph may be replaced by an equivalent electronic data interchange (EDI) message.

Maßgeblich ist die Transportart. Bei Straßen-, Eisenbahn- und Binnenschiffstransporten genügt ein von Frachtführer oder Spediteur (§§ 458 ff HGB) unterschriebener Frachtbrief (§ 408 HGB; Art. 5 CMR; 5 WA 1955), der nicht als Sperrpapier ausgestaltet sein muß. Ladescheine (§ 444 HGB) sind nur zu beschaffen, wenn sie bei der konkreten Beförderungsart auf der konkreten Strecke üblich sind. Hat ein Spediteur im Sinn des § 453 HGB das Gut im Rahmen des Vorlaufs (§ 454 II HGB) übernommen, so ist ein FCR (*Koller* Transportrecht[4], § 454 HGB 24) auszustellen. Bei der Einschaltung von Teilfrachtführern, die der Verkäufer organisiert, bedarf es eines Transportdokuments für jede Teilstrecke. Gleiches gilt, wenn insoweit ein Spediteur für den Verkäufer tätig wird. In Fällen, in denen nach einem speditionellen Vorlauf ein Frachtführer beauftragt worden ist, genügt ein Frachtbrief etc., da die speditionelle Phase vernachlässigt werden kann. **422**

A 9 CPT

Prüfung – Verpackung – Kennzeichnung

Checking – packaging – marking

The seller must pay the costs of those checking operations (such as checking quality, measuring, weighing, counting) which are necessary for the purpose of delivering the goods in accordance with A 4.

The seller must provide at his own expense packaging (unless it is usual for the particular trade to send the goods of the contract description unpacked) which is required for the transport of the goods arranged by him. Packaging is to be marked appropriately.

423 Siehe Erläuterungen zu Abschnitt A 9 der „CIF"-Klausel (Rdn. 402).

A 10 CPT
Sonstige Verpflichtungen
Other obligations

The seller must render the buyer at the latter's request, risk and expense, every assistance in obtaining any documents or equivalent electronic messages (other than those mentioned in A 8) issued or transmitted in the country of dispatch and/or of origin which the buyer may require for the import of the goods and for their transit through any country.

The seller must provide the buyer, upon request, with the necessary information for procuring insurance.

424 Es geht nur um für den Import und die Durchfuhr benötigten Dokumente. Vgl. Erläuterungen zu Abschnitt A 10 der EXW-Klausel (Rdn. 301).

B. Verpflichtungen des Käufers
The buyer's obligations

B 1 CPT
Zahlung des Kaufpreises
Payment of the price

The buyer must pay the price as provided in the contract of sale.

425 Siehe Erläuterungen zu Abschnitt B 1 der EXW-Klausel (Rdn. 302).

B 2 CPT
Lizenzen, Genehmigungen und Formalitäten
Licences, authorizations and formalities

The buyer must obtain at his own risk and expense any import licence or other official authorization and carry out, where applicable, all customs formalities for the import of the goods and for their transit through any country.

426 Vgl. Erläuterungen zu Abschnitt B 2 der „CIF"-Klausel (Rdn. 322).

B 3 CPT
Beförderungs- und Versicherungsverträge
Contracts of carriage and insurance
a) Contract of carriage
No obligation.
b) Contract of insurance
No obligation.

427 Die Beförderung ist Sache des Verkäufers. Der Käufer kann die Ware nach Belieben versichern.

§ 346

B 4 CPT

Abnahme

Taking delivery

The buyer must accept delivery of the goods when they have been delivered in accordance with A 4 and receive them from the carrier at the named place.

Die Klausel begründet eine echte einen Schuldnerverzug begründende Abnahmepflicht (*Ramberg* ICC-Guide to Incoterms 2000, S. 128), die am Bestimmungsort zu erfüllen ist. Der Frachtführer nimmt die Ware nicht im Auftrag des Käufers entgegen (*Bredow/Seiffert* Incoterms 2000, S. 87). Die Verpflichtung, die Übergabe der Ware an den Frachtführer anzuerkennen, hat auch insoweit Bedeutung, als nach deutschem Recht die Verweigerung der Abnahme als Erfüllungsverweigerung zu qualifizieren ist. Vgl. auch Rdn. 407. **428**

B 5 CPT

Gefahrenübergang

Transfer of risks

The buyer must bear all risks of loss of or damage to the goods from the time they have been delivered in accordance with A 4.

The buyer must, should he fail to give notice in accordance with B 7, bear all risks of the goods from the agreed date or the expiry date of the period fixed for delivery provided, however, that the goods have been duly appropriated to the contract, that is to say, clearly set aside or otherwise identified as the contract goods.

Zum Lieferzeitpunkt siehe Erläuterungen zu Abschnitt A 4 der Klausel. Der Mitwirkungsverzug des Käufers führt ebenfalls zum Gefahrenübergang. Dabei spielt es keine Rolle, ob der Käufer schuldhaft gehandelt hat. Entscheidend ist, daß der Verkäufer nicht benachrichtigt worden ist. Die weiteren Folgen ergeben sich aus dem Vertrag bzw. dem ergänzend anwendbaren Recht (vgl. *Fink* RIW **1991** 470, 473). Die Beweislast für den Gefahrenübergang liegt beim Verkäufer. **429**

B 6 CPT

Kostenteilung

Division of costs

The buyer must, subject to the provisions of A 3 a), pay
- all costs relating to the goods from the time they have been delivered in accordance with A 4; and
- all costs and charges relating to the goods whilst in transit until their arrival at the agreed place of destination, unless such costs and charges were for the seller's account under the contract of carriage; and
- unloading costs unless such costs and charges were for the seller's account under the contract of carriage; and
- all additional costs incurred if he fails to give notice in accordance with B 7, for the goods from the agreed date or the expiry date of the period fixed for dispatch, provided, however, that the goods have been duly appropriated to the contract, that is to say, clearly set aside or otherwise identified as the contract goods; and

§ 346 Viertes Buch. Handelsgeschäfte

– where applicable, all duties, taxes and other charges as well as the costs of carrying out customs formalities payable upon import of the goods and for their transit through any country unless included within the cost of the contract of carriage.

430 Die Klausel ist das Pendant zum Abschnitt A 6 der Klausel. Zur Frage, wann die Kosten und Gebühren, die während des Transportes anfallen sowie die Ausladungskosten nach dem Beförderungsvertrag nicht vom Verkäufer zu tragen sind, siehe Erläuterungen zu Abschnitt B 6 der „CIF"-Klausel (Rdn. 409). Für die Zusatzkosten wegen Unterlassens der Benachrichtigung hat der Käufer immer schon dann einzustehen, wenn die Benachrichtigung beim Verkäufer nicht ankommt. Im übrigen hat der Verkäufer die Ware nur exportfrei zu liefern, so daß die Kosten des Imports und der Durchfuhr, die nicht Teil des Beförderungsvertrages sind, zu Lasten des Käufers gehen.

B 7 CPT
Benachrichtigung des Verkäufers
Notice to the seller

The buyer must, whenever he is entitled to determine the time for dispatching the goods and/or the destination, give the seller sufficient notice thereof.

431 Die Klausel kommt nur zum Tragen, wenn im Vertrag vereinbart worden ist, daß der Käufer den Lieferzeitpunkt oder den Bestimmungsort der Ware festlegen darf. Zur Benachrichtigung „in angemessener Weise" siehe Erläuterungen Abschnitt B 7 der EXW-Klausel (Rdn. 308). Die Pflicht zur Benachrichtigung stellt eine echte Schuldnerpflicht dar.

B 8 CPT
Liefernachweis, Transportdokument oder entsprechende elektronische Mitteilung
Proof of delivery, transport document or equivalent electronic message

The buyer must accept the transport document in accordance with A 8 if it is in conformity with the contract.

432 Die zu vertretende Nichtannahme begründet nach deutschem Recht Schuldnerverzug und führt außerdem zur Haftung wegen Erfüllungsverweigerung. Zur Frage „reiner Dokumente" siehe Rdn. 411.

B 9 CPT
Prüfung der Ware
Inspection of goods

The buyer must pay the costs of any pre-shipment inspection except when such inspection is mandated by the authorities of the country of export.

433 Siehe Erläuterungen zu Abschnitt B 9 der EXW-Klausel (Rdn. 309a).

B 10 CPT
Sonstige Verpflichtungen
Other obligations

The buyer must pay all costs and charges incurred in obtaining the documents or equivalent electronic messages mentioned in A 10 and reimburse those incurred by the seller in rendering his assistance in accordance therewith.

Siehe Erläuterungen zu Abschnitt B 10 der FCA-Klausel (Rdn. 331). **434**

8. Frachtfrei versichert (... benannter Bestimmungsort); CIP
Carriage and Insurance Paid to (... named place of destination); CIP

„Carriage and Insurance Paid to ..." means that the seller delivers the goods to the carrier nominated by him, but the seller must in addition pay the cost of carriage necessary to bring the goods to the named destination. This means that the buyer bears all risks and any additional costs occuring after the goods have been so delivered. However, in CIP the seller also has to procure insurance against the buyer's risk of loss of or damage to the goods during the carriage.

Consequently, the seller contracts for insurance and pays the insurance premium.

The buyer should note that under the CIP term the seller is required to obtain insurance only on minimum cover. Should the buyer wish to have the protection of greater cover, he would either need to agree as much expressly with the seller or to make his own extra insurance arrangements.

„Carrier" means any person who, in a contract of carriage, undertakes to perform or to procure the performance of transport, by rail, road, air, sea, inland waterway or by a combination of such modes.

If subsequent carriers are used for the carriage to the agreed destination, the risk passes when the goods have been delivered to the first carrier.

The CIP term requires the seller to clear the goods for export.

This term may be used irrespective of the mode of transport, including multimodal transport.

Diese Klausel wurde mit den Incoterms 1980 geschaffen (siehe vor § 373 761). **435**

A. Verpflichtungen des Verkäufers

The seller's obligations

A 1 CIP

Lieferung vertragsgemäßer Ware
Provision of goods in conformity with the contract

The seller must provide the goods and the commercial invoice, or its equivalent electronic message, in conformity with the contract of sale and any other evidence of conformity which may be required by the contract.

Siehe Erläuterungen zu Abschnitt A 1 der EXW-Klausel (Rdn. 290). **436**

A 2 CIP

Lizenzen, Genehmigungen und Formalitäten
Licences, authorizations and formalities

The seller must obtain at his own risk and expense any export licence or other official authorization and carry out, where applicable, all customs formalities necessary for the export of the goods.

Der Verkäufer hat exportfrei zu liefern (vgl. Rdn. 395). **437**

A 3 CIP

Beförderungs- und Versicherungsverträge

Contracts of carriage and insurance

a) Contract of carriage

The seller must contract on usual terms at his own expense for the carriage of the goods to the agreed point at the named place of destination by a usual route and in a customary manner. If a point is not agreed or is not determined by practice, the seller may select the point at the named place of destination which best suits his purpose.

b) Contract of insurance

The seller must obtain at his own expense cargo insurance as agreed in the contract, such that the buyer, or any other person having an insurable interest in the goods, shall be entitled to claim directly from the insurer and provide the buyer with the insurance policy or other evidence of insurance cover.

The insurance shall be contracted with underwriters or an insurance company of good repute and, failing express agreement to the contrary, be in accordance with minimum cover of the Institute Cargo Clauses (Institute of London Underwriters) or any similar set of clauses. The duration of insurance cover shall be in accordance with B 5 and B 4. When required by the buyer, the seller shall provide at the buyer's expense war, strike, riots and civil commotion risk insurances if procurable. The minimum insurance shall cover the price provided in the contract plus ten per cent (i.e. 110 %) and shall be provided in the currency of the contract.

438 Zur Pflicht, einen Beförderungsvertrag abzuschließen, siehe Erläuterungen zu Abschnitt A 3 der CPT-Klausel.

Zur Pflicht, einen Versicherungsvertrag zu schließen, siehe Erläuterungen zu Abschnitt A 3 der „CIF"-Klausel (Rdn. 396). Die Versicherungsdauer hat im Unterschied zur „CIF"-Klausel nicht den Zeitraum vom Überschreiten der Schiffsreling bis zur Abnahme der Ware im Bestimmungshafen zu umfassen, sondern die Zeit von der Übergabe an den „Frachtführer" bis zur Ankunft der Ware am Bestimmungsort (*Ramberg* ICC-Guide to Incoterms 2000, S. 134f.).

Zum Begriff des Frachtführers siehe Erläuterungen zu Abschnitt A 3 der CPT-Klausel (Rdn. 417).

A 4 CIP

Lieferung

Delivery

The seller must deliver the goods to the carrier contracted in accordance with A 3 or, if there are subsequent carriers to the first carrier, for transport to the agreed point at the named place on the date or within the agreed period.

439 Siehe Erläuterungen zu Abschnitt A 4 der CPT-Klausel (Rdn. 418).

A 5 CIP

Gefahrenübergang

Transfer of risks

The seller must, subject to the provisions of B 5, bear all risks of loss of or damage to the goods until such time as they have been delivered in accordance with A 4.

440 Siehe Erläuterungen zu Abschnitt A 5 der CPT-Klausel (Rdn. 419).

A 6 CIP

Kostenteilung

Division of costs

The seller must, subject to the provisions of B 6, pay

- all costs relating to the goods until such time as they have been delivered in accordance with A 4 as well as the freight and all other costs resulting from A 3 a), including the costs of loading the goods and any charges for unloading at the place of destination which were for the seller's account under the contract of carriage; and
- the costs of insurance resulting from A 3 b); and
- where applicable, the costs of customs formalities necessary for export as well as all duties, taxes or other charges payable upon export, and for their transit through any country if they were for the seller's account under the contract of carriage.

Siehe Erläuterungen zu Abschnitt A 6 der CPT-Klausel (Rdn. 420). Der Verkäufer hat hier außerdem die Kosten der Versicherung im Mindestumfang zu tragen. **441**

A 7 CIP

Benachrichtigung des Käufers

Notice to the buyer

The seller must give the buyer sufficient notice that the goods have been delivered in accordance with A 4, as well as any other notice required in order to allow the buyer to take measures which are normally necessary to enable him to take the goods.

Siehe Abschnitt A 7 der CPT-Klausel (Rdn. 421). **442**

A 8 CIP

Liefernachweis, Transportdokument oder entsprechende elektronische Mitteilung

Proof of delivery, transport document or equivalent electronic message

The seller must provide the buyer at the seller's expense, if customary, with the usual transport document or documents (for example a negotiable bill of lading, a non-negotiable sea waybill, an inland waterway document, an air waybill, a railway consignment note, a road consignment note, or a multimodal transport document) for the transport contracted in accordance with A 3.

Where the seller and the buyer have agreed to communicate electronically, the document referred to in the preceding paragraph may be replaced by an equivalent electronic data interchange (EDI) message.

Siehe Erläuterungen zu Abschnitt A 8 der CPT-Klausel (Rdn. 422). Die Transportversicherungspolice braucht der Verkäufer dem Käufer nicht zu verschaffen, wenn der Käufer bereits einen Direktanspruch gegen die Versicherung erworben hat. **443**

A 9 CIP

Prüfung – Verpackung – Kennzeichnung

Checking – packaging – marking

§ 346   Viertes Buch. Handelsgeschäfte

The seller must pay the costs of those checking operations (such as checking quality, measuring, weighing, counting) which are necessary for the purpose of delivering the goods in accordance with A 4.

The seller must provide at his own expense packaging (unless it is usual for the particular trade to send the goods of the contract description unpacked) which is required for the transport of the goods arranged by him. Packaging is to be marked appropriately.

444 Siehe Erläuterungen zu Abschnitt A 9 der CPT-Klausel (Rdn. 423).

A 10 CIP

Sonstige Verpflichtungen
Other obligations

The seller must render the buyer at the latter's request, risk and expense, every assistance in obtaining any documents or equivalent electronic messages (other than those mentioned in A 8) issued or transmitted in the country of dispatch and/or of origin which the buyer may require for the import of the goods and for their transit through any country.

The seller must provide the buyer, upon request, with the necessary information for procuring any additional insurance.

445 Siehe Erläuterungen zu Abschnitt A 10 der CPT-Klausel (Rdn. 424).

B. Verpflichtungen des Käufers

The buyer's obligations

B 1 CIP

Zahlung des Kaufpreises
Payment of the price

The buyer must pay the price as provided in the contract of sale.

446 Siehe Erläuterungen zu Abschnitt B 1 der EXW-Klausel (Rdn. 302).

B 2 CIP

Lizenzen, Genehmigungen und Formalitäten
Licences, authorizations and formalities

The buyer must obtain at his own risk and expense any import licence or other official authorization and carry out, where applicable, all customs formalities for the import of the goods and for their transit through any country.

447 Siehe Erläuterungen zu Abschnitt B 2 der Klausel „FCA" (Rdn. 322).

B 3 CIP

Beförderungs- und Versicherungsverträge
Contracts of carriage and insurance
Contract of carriage

Stand: 1.1.2001

No obligation.
Contract of insurance
No obligation.
Der Verkäufer hat das Gut zum Bestimmungsort zu transportieren und es zu versichern. Dem Käufer steht es frei, das Gut weitergehend zu versichern (siehe Abschnitt A 3 der Klausel [Rdn. 438]). **448**

B 4 CIP
Abnahme
Taking delivery
The buyer must accept delivery of the goods when they have been delivered in accordance with A 4 and receive them from the carrier at the named place.
Siehe Erläuterungen zu Abschnitt B 4 der CPT-Klausel (Rdn. 428). **449**

B 5 CIP
Gefahrenübergang
Transfer of risks
The buyer must bear all risks of loss of or damage to the goods from the time they have been delivered in accordance with A 4.
The buyer must, should he fail to give notice in accordance with B 7, bear all risks of the goods from the agreed date or the expiry date of the period fixed for delivery provided, however, that the goods have been duly appropriated to the contract, that is to say, clearly set aside or otherwise identified as the contract goods.
Siehe Erläuterungen zu Abschnitt B 5 der CPT-Klausel (Rdn. 429). **450**

B 6 CIP
Kostenteilung
Division of costs
The buyer must, subject to the provisions of A 3 a), pay
- all costs relating to the goods from the time they have been delivered in accordance with A 4; and
- all costs and charges relating to the goods whilst in transit until their arrival at the agreed place of destination, unless such costs and charges were for the seller's account under the contract of carriage; and
- unloading costs unless such costs and charges were for the seller's account under the contract of carriage; and
- all additional costs incurred if he fails to give notice in accordance with B 7, for the goods from the agreed date or the expiry date of the period fixed for dispatch, provided, however, that the goods have been duly appropriated to the contract, that is to say, clearly set aside or otherwise identified as the contract goods; and
- where applicable, all duties, taxes and other charges as well as the costs of carrying out customs formalities payable upon import of the goods and for their transit through any country unless included within the cost of the contract of carriage.

Siehe Erläuterungen zu Abschnitt B 6 der CPT-Klausel (Rdn. 430). **451**

§ 346   Viertes Buch. Handelsgeschäfte

B 7 CIP

Benachrichtigung des Verkäufers
Notice to the seller

The buyer must, whenever he is entitled to determine the time for dispatchting the goods and/or the destination, give the seller sufficient notice thereof.

452   Siehe Erläuterungen zu Abschnitt B 7 der CPT-Klausel (Rdn. 431).

B 8 CIP

Liefernachweis, Transportdokument oder entsprechende elektronische Mitteilung
Proof of delivery, transport document or equivalent electronic message

The buyer must accept the transport document in accordance with A 8 if it is in conformity with the contract.

453   Siehe Erläuterungen zu Abschnitt B 8 der CPT-Klausel (Rdn. 432).

B 9 CIP

Prüfung der Ware
Inspection of goods

The buyer must pay the costs of any pre-shipment inspection except when such inspection is mandated by the authorities of the country of export.

454   Siehe Erläuterungen zu Abschnitt B 9 der CPT-Klausel (Rdn. 433).

B 10 CIP

Sonstige Verpflichtungen
Other obligations

The buyer must pay all costs and charges incurred in obtaining the documents or equivalent electronic messages mentioned in A 10 and reimburse those incurred by the seller in rendering his assistance in accordance therewith.

The buyer must provide the seller, upon request, with the necessary information for procuring any additional insurance.

455   Siehe Erläuterungen zu Abschnitt B 10 der CPT-Klausel (Rdn. 434).

9. Geliefert Grenze (... benannter Ort); DAF
Delivered at Frontier (... named place); DAF

„Delivered at Frontier" means that the seller delivers when the goods are placed at the disposal of the buyer on the arriving means of transport not unloaded, cleared for export, but not cleared for import at the named point and place at the frontier, but before the customs border of the adjoining country. The term „frontier" may be used for any frontier including that of the country of export. Therefore, it is of vital importance that the frontier in question be defined precisely by always naming the point and place in the term.

However, if the parties wish the seller to be responsible for the unloading of the goods from the arriving means of transport and to bear the risks and costs of unloading, this should be made clear by adding explicit wording to this effect in the contract of sale.

This term may be used irrespective of the mode of transport when goods are to be delivered at a land frontier. When delivery is to take place in the port of destination, on board a vessel or on the quay (wharf), the DES or DEQ terms should be used.

Die Klausel trat in wesentlich gleicher Form erstmals 1967 in Kraft (vor § 373 756). **456**
Vgl. Erläuterungen vor § 373 231.

A. Verpflichtungen des Verkäufers
The seller's obligations

A 1 DAF
Lieferung vertragsgemäßer Ware
Provision of goods in conformity with the contract

The seller must provide the goods and the commercial invoice, or its equivalent electronic message, in conformity with the contract of sale and any other evidence of conformity which may be required by the contract.

Siehe Erläuterungen zu Abschnitt A 1 der EXW-Klausel (Rdn. 290). **457**

A 2 DAF
Lizenzen, Genehmigungen und Formalitäten
Licences, authorizations and formalities

The seller must obtain at his own risk and expense any export licence or other official authorization or other document necessary for placing the goods at the buyer's disposal.

The seller must carry out, where applicable, all customs formalities necessary for the export of the goods to the named place of delivery at the frontier and for their transit through any country.

Der Verkäufer schuldet exportfreie Ware. Danach hat er auch etwaige Exportzölle **458**
zu tragen (Abschnitt A 6 der Klausel). Das Risiko erhöhter Aufwendungen für die Exportfähigkeit der Ware fällt im Rahmen des ergänzend anwendbaren Rechts bzw. besonderer Vertragsabreden in den Risikobereich des Verkäufers (*Ramberg* ICC-Guide to Incoterms 2000, S. 138). Unklar ist, auf welches Land sich der Begriff „Ausfuhr" (export) bezieht, wenn das Gut über mehrere Grenzen hinweg zum benannten Grenzort befördert werden muß. Abs. 1 Satz 2 der Vorbemerkung der Klausel legt es nahe, den Begriff „Ausfuhr" auf den benannten Grenzort zu beziehen, so daß der Verkäufer auf seine Kosten dafür zu sorgen hat, daß das Gut zu dem benannten Grenzort gelangen und von dort ausgeführt werden kann. Man kann die Beförderung über mehrere Grenzen hinweg zum benannten Grenzort auch unter den Begriff der „Durchfuhr" (transit) fassen, die gemäß Abs. 2 des Abschnitts A 2 der Klausel dem Verkäufer zur Last fällt.[380]

A 3 DAF
Beförderungs- und Versicherungsverträge
Contracts of carriage and insurance
a) Contract of carriage

---

[380] So zutreffend *Ramberg* ICC-Guide to Incoterms 2000, S. 138; vgl. auch Abschnitt A 6 der Klausel.

i) The seller must contract at his own expense for the carriage of the goods to the named point, if any, at the place of delivery at the frontier. If a point at the named place of delivery at the frontier is not agreed or is not determined by practice, the seller may select the point at the named place of delivery which best suits his purpose.

ii) However, if requested by the buyer, the seller may agree to contract on usual terms at the buyer's risk and expense for the on-going carriage of the goods beyond the named place at the frontier to the final destination in the country of import named by the buyer. The seller may decline to make the contract and, if he does, shall promptly notify the buyer accordingly.

b) Contract of insurance

No obligation.

459 Der Verkäufer hat auf eigene Kosten einen Frachtvertrag selbst oder durch Beauftragung eines Spediteurs (§§ 453 ff HGB n. F.) abzuschließen. Dem Frachtvertrag zufolge muß die Ware bis zum Lieferort an der Grenze transportiert werden. Die Ware muß dort nicht vom Verkäufer entladen werden (Abschnitt A 4 der Klausel), weshalb der Frachtführer im Frachtvertrag nicht zur Entladung verpflichtet werden muß. In der Wahl des Transportmittels ist der Verkäufer nicht gänzlich frei, selbst wenn sich nicht aus dem vereinbarten Ort Vorgaben ergeben. Die Beförderung muß so vereinbart werden, daß die Ware nicht unüblichen Gefahren ausgesetzt wird, voraussichtlich rechtzeitig am Lieferort ankommen kann und dem Käufer bei der Abnahme des Gutes (Abschnitt B 4 der Klausel) keine unüblich erhöhten Kosten entstehen (*Ramberg* ICC-Guide to Incoterms 2000, S. 139). Ist der genaue Ablieferungsort an der Grenze nicht vertraglich fixiert, so darf ihn der Verkäufer nach freiem Ermessen auswählen (*Ramberg* ICC-Guide to Incoterms 2000, S. 139). Der Verkäufer kann den genauen Lieferort dagegen nur nach billigem Ermessen (§ 315 BGB) auswählen, wenn die Grenze selbst oder der Lieferort an der Grenze nicht oder nur ungenau bezeichnet ist.[381] Schließt der Verkäufer auf Verlangen des Käufers einen Vertrag über die Weiterbeförderung ab, so wird er als Geschäftsbesorger tätig. Er haftet für schuldhaftes Verhalten.

A 4 DAF

Lieferung

Delivery

The seller must place the goods at the disposal of the buyer on the arriving means of transport not unloaded at the named place of delivery at the frontier on the date or within the agreed period.

460 Die Ware ist zur Verfügung gestellt, wenn sie nach frachtrechtlichen Grundsätzen am Ablieferungsort (Abschnitt A 3 der Klausel) im unentladenen Zustand abgeliefert ist (vgl. *Koller* Transportrecht[4], § 425 HGB 24 ff). Voraussetzung für die Lieferung ist ferner, daß die Ware exportfrei abgefertigt ist (Abschnitt A 2 der Klausel). Kann der Käufer die Ware nur in Besitz nehmen, wenn er ein Transportpapier vorlegt, so hat ihm dieses der Verkäufer zu beschaffen (vor § 373 231). Das Gut wird auch dann im Sinn des Abschnitts A 4 der Klausel „geliefert", wenn es auf einem Eisenbahnwaggon verladen ist und auf diesem ohne Umladung weiterbefördert wird (*Ramberg* ICC-Guide to Incoterms 2000, S. 139). Das ist insbesondere der Fall, wenn der Verkäufer

---

[381] *Bredow/Seiffert* Incoterms 2000, S. 93; **a. A.** *Ramberg* ICC-Guide to Incoterms 2000, S. 139.

A 5 DAF
Gefahrenübergang
Transfer of risks
The seller must, subject to the provisions of B 5, bear all risks of loss of or damage to the goods until such time as they have been delivered in accordance with A 4.

Zur Tragweite des Gefahrenübergangs siehe Erläuterungen zu Abschnitt A 5 der FCA-Klausel (Rdn. 314). In Fällen, in denen der Verkäufer das Gut vorzeitig oder verspätet bereitgestellt hat, kommt es auf den Zeitpunkt des Besitzerwerbes durch den Käufer an (vgl. Rdn. 501): Die Frage des Eigentumsübergangs ist in den Incoterms nicht geregelt (*Ramberg* ICC-Guide to Incoterms 2000, S. 35). **461**

A 6 DAF
Kostenteilung
Division of costs
The seller must, subject to the provisions of B 6, pay
- in addition to the costs resulting from A 3 a), all costs relating to the goods until such time as they have been delivered in accordance with A 4; and
- where applicable, the costs of customs formalities necessary for export as well as all duties, taxes or other charges payable upon export of the goods and for their transit through any country prior to delivery in accordance with A 4.

Der Verkäufer hat die Kosten der Lieferung (Abschnitt A 4 der Klausel) einschließlich der Kosten der Exportfähigkeit (Abschnitt A 2 der Klausel) und des Transites bis zum Ablieferungsort an der Grenze zu tragen. Bei einem durchgehenden Transport, den der Verkäufer als Geschäftsbesorger über den Grenzort hinaus für den Käufer organisiert hat (Abschnitt A 3 a) ii) der Klausel), erfolgt eine Aufteilung der Transportkosten entsprechend der Abrechnung des Frachtführers (*Bredow/Seiffert* Incoterms 2000, S. 95). **462**

A 7 DAF
Benachrichtigung des Käufers
Notice to the buyer
The seller must give the buyer sufficient notice of the dispatch of the goods to the named place at the frontier as well as any other notice required in order to allow the buyer to take measures which are normally necessary to enable him to take delivery of the goods.

Siehe Erläuterungen zu Abschnitt A 7 der EXW-Klausel (Rdn. 296). Anders als nach der EXW-Klausel ist der Zugang maßgeblich (*Piltz* RIW 2000 485, 487). Die Klausel begründet eine echte Vertragspflicht (*Ramberg* ICC-Guide to Incoterms 2000, S. 140). **463**

A 8 DAF
Liefernachweis, Transportdokument oder entsprechende elektronische Mitteilung

§ 346 Viertes Buch. Handelsgeschäfte

Proof of delivery, transport document or equivalent electronic message

i) The seller must provide the buyer at the seller's expense with the usual document or other evidence of the delivery of the goods at the named place at the frontier in accordance with A 3 a) i).

ii) The seller must, should the parties agree on on-going carriage beyond the frontier in accordance with A 3 a) ii), provide the buyer at the latter's request, risk and expense, with the through document of transport normally obtained in the country of dispatch covering on usual terms the transport of the goods from the point of dispatch in that country to the place of final destination in the country of import named by the buyer.

Where the seller and the buyer have agreed to communicate electronically, the document referred to in the preceding paragraph may be replaced by an equivalent electronic data interchange (EDI) message.

464 Es geht hier nicht um das übliche Dokument, das zur Beförderung bis zum Grenzort verwendet wird. Vielmehr hat Abschnitt A 8 DAF in Abs. i eine Empfangsbescheinigung seitens desjenigen, der das Gut abnimmt (B 4 der Klausel; *Ramberg* ICC-Guide to Incoterms 2000, S. 141), im Auge. Eine Empfangsbescheinigung kann auch eine Spediteurquittung sein, wenn ein Spediteur das Gut abgeholt hat oder ein Forwarders Certificate of Receipt (FCR) (vgl. *Koller* Transportrecht[4], § 454 HGB 24), ein Frachtbrief (§ 408 HGB, Art. 5 CMR, 5 WA 1955), Ladeschein (§ 444 HGB) oder Konnossement (§ 642 HGB) sein. In Betracht kommt z. B. ferner ein FIATA-Bill of Lading. Hat der Verkäufer als Geschäftsbesorger den Weitertransport organisiert (Abschnitt 3 a) ii) der Klausel), so hat sich das Frachtdokument auf die gesamte Transportstrecke zu beziehen. Dabei kann es sich um einen CMR-, CIM-Frachtbrief oder um ein Dokument des multimodalen Transportes (§ 452 HGB; FIATA-Bill of Lading) handeln.

A 9 DAF

Prüfung – Verpackung – Kennzeichnung

Checking – packaging – marking

The seller must pay the costs of those checking operations (such as checking quality, measuring, weighing, counting) which are necessary for the purpose of delivering the goods in accordance with A 4.

The seller must provide at his own expense packaging (unless it is agreed or usual for the particular trade to deliver the goods of the contract description unpacked) which is required for the delivery of the goods at the frontier and for the subsequent transport to the extent that the circumstances (for example modalities, destination) are made known to the seller before the contract of sale is concluded. Packaging is to be marked appropriately.

465 Siehe Erläuterungen zu Abschnitt A 9 der EXW-Klausel (Rdn. 298). Soweit die Kontrollkosten mit dem Export und dem Transit bis zum Grenzort zusammenhängen (siehe Abschnitt A 2 der Klausel), gehen sie ebenfalls zu Lasten des Verkäufers. Die Verpackung muß beförderungsgeeignet sein.[382] Falls der Verkäufer den Weitertransport organisiert (Abschnitt A 3 der Klausel), sollte er die erforderliche Qualität der Verpackung kennen.

---

[382] Siehe Erläuterungen zu Abschnitt A 9 der CIF-Klausel zum Transport bis zur Grenze und Erläuterungen zu Abschnitt A 9 der FOB-Klausel für den Transport darüber hinaus.

A 10 DAF

Sonstige Verpflichtungen

Other obligations

The seller must render the buyer at the latter's request, risk and expense, every assistance in obtaining any documents or equivalent electronic messages (other than those mentioned in A 8) issued or transmitted in the country of dispatch and/or origin which the buyer may require for the import of the goods and, where necessary, for their transit through any country.

The seller must provide the buyer, upon request, with the necessary information for procuring insurance.

Es geht hier um den Import und die Durchfuhr. Die zum Export erforderlichen Dokumente hat der Käufer auf eigene Kosten und Gefahr zu liefern (Abschnitt A 2 der Klausel). **466**

B. Verpflichtungen des Käufers

The buyer's obligations

B 1 DAF

Zahlung des Kaufpreises

Payment of the price

The buyer must pay the price as provided in the contract of sale.

Siehe Erläuterungen zu Abschnitt B 1 der EXW-Klausel (Rdn. 290). **466a**

B 2 DAF

Lizenzen, Genehmigungen und Formalitäten

Licences, authorizations and formalities

The buyer must obtain at his own risk and expense any import licence or other official authorization or other document and carry out, where applicable, all customs formalities necessary for the import of the goods, and for their subsequent transport.

Der Import in das Land nach Überschreiten der benannten Grenze sowie gegebenenfalls die Durchfuhr durch weitere Staaten sind einschließlich der Bezahlung der Import- bzw. Transitabgaben (Abschnitt B 6 der Klausel) Sache des Käufers. Dies gilt auch, wenn der Verkäufer den Weitertransport zu organisieren hat. Eine Unterstützungspflicht zu Lasten des Verkäufers wird in Abschnitt A 10 der Klausel nur insoweit begründet, als die benötigten Dokumente etc. im Versendungs- oder Ursprungsland ausgestellt oder abgesendet werden. **467**

B 3 DAF

Beförderungs- und Versicherungsverträge

Contracts of carriage and insurance

a) Contract of carriage

No obligation.

b) Contract of insurance

No obligation.

Zum Transport und zur Versicherung siehe Abschnitt A 3 der Klausel (Rdn. 459). **468**

§ 346 Viertes Buch. Handelsgeschäfte

B 4 DAF
Abnahme

Taking delivery

The buyer must take delivery of the goods when they have been delivered in accordance with A 4.

469 Es wird eine echte Abnahmepflicht begründet, deren Verletzung den Schuldnerverzug auslösen kann oder als Erfüllungsverweigerung zu qualifizieren ist. Vgl. im übrigen Abschnitt B 6 der Klausel. Im Fall des Weitertransports gemäß Abschnitt A 3 a) ii) der Klausel hat die Abnahme am Endbestimmungsort zu erfolgen. Abschnitt B 4 der Klausel ist „ergänzend" auszulegen.

B 5 DAF
Gefahrenübergang

Transfer of risks

The buyer must bear all risks of loss of or damage to the goods from the time they have been delivered in accordance with A 4.

The buyer must, should he fail to give notice in accordance with B 7, bear all risks of loss of or damage to the goods from the agreed date or the expiry date of the agreed period for delivery provided, however, that the goods have been duly appropriated to the contract, that is to say, clearly set aside or otherwise identified as the contract goods.

470 Grundsätzlich ist die Lieferung gemäß Abschnitt A 4 der Klausel maßgeblich. Das gilt auch beim Weitertransport durch den Verkäufer (Abschnitt A 3 a ii der Klausel). Im Fall einer unterlassenen Benachrichtigung des Verkäufers trägt der Käufer ohne Rücksicht auf Verschulden die Gefahr mit Verstreichen des Lieferzeitpunkts bzw. der Lieferfrist, selbst wenn in diesem Zeitpunkt das Gut noch nicht bereitgestellt worden ist. Voraussetzung ist nur, daß die Ware ausreichend konkretisiert ist (Rdn. 294). Erfolgt die Benachrichtigung verspätet, so gilt gleiches, falls der Verkäufer ohne sein Verschulden wegen dieser Verspätung nicht mehr in der Lage war, die Ware fristgerecht zur Verfügung zu stellen. Die Haftung des Verkäufers wegen dessen schuldhaften Verhaltens bleibt ebenso unberührt wie andere Rechtsfolgen, die das ergänzend anwendbare Recht vorsieht.

B 6 DAF
Kostenteilung

Division of costs

The buyer must pay

- all costs relating to the goods from the time they have been delivered in accordance with A 4, including the expenses of unloading necessary to take delivery of the goods from the arriving means of transport at the named place of delivery at the frontier; and
- all additional costs incurred if he fails to take delivery of the goods when they have been delivered in accordance with A 4, or to give notice in accordance with B 7, provided, however, that the goods have been appropriated to the contract, that is to say, clearly set aside or otherwise identified as the contract goods; and

– where applicable, the costs of customs formalities as well as all duties, taxes and other charges payable upon import of the goods and for their subsequent transport.

Entladekosten fallen dem Käufer zur Last. Der Käufer hat auch alle Kosten des Imports und der Durchfuhr zu tragen, ebenso die Kosten des Weitertransportes. Im Falle eines Gläubigerverzuges hat der Käufer ohne Rücksicht auf Verschulden die Mehrkosten auf sich zu nehmen. Die Haftung des Verkäufers wegen dessen Verschulden bleibt unberührt. 471

B 7 DAF

Benachrichtigung des Verkäufers

Notice to the seller

The buyer, must, whenever he is entitled to determine the time within an agreed period and/or the point of taking delivery at the named place, give the seller sufficient notice thereof.

Für Benachrichtigung in angemessener Weise siehe Erläuterungen zu Abschnitt A 7 der EXW-Klausel (Rdn. 296). Die Klausel begründet eine echte Vertragspflicht (*Ramberg* ICC-Guide to Incoterms 2000, S. 145). Siehe auch Abschnitte B 5, B 6 der Klausel. 472

B 8 DAF

Liefernachweis, Transportdokument oder entsprechende elektronische Mitteilung

Proof of delivery, transport document or equivalent electronic message

The buyer must accept the transport document and/or other evidence of delivery in accordance with A 8.

Die Klausel begründet eine echte Pflicht, die einen Schuldnerverzug auslösen kann und Quelle einer Erfüllungsverweigerung sein kann. Zur Frage, ob das Dokument „rein" sein muß, siehe Rdn. 411. 473

B 9 DAF

Prüfung der Ware

Inspection of goods

The buyer must pay the costs of any pre-shipment inspection except when such inspection is mandated by the authorities of the country of export.

Es geht hier um Warenkontrollen zum Zweck des Imports und zur Durchfuhr nach dem Staat der benannten Grenze (siehe Rdn. 458). Unberührt bleibt z. B. die Pflicht, gemäß § 377 HGB zu untersuchen und zu rügen (vor § 373 231). 474

B 10 DAF

Sonstige Verpflichtungen

Other obligations

The buyer must pay all costs and charges incurred in obtaining the documents or equivalent electronic messages mentioned in A 10 and reimburse those incurred by the seller in rendering his assistance in accordance therewith.

If necessary, according to A 3 a) ii), the buyer must provide the seller at his request and the buyer's risk and expense with the exchange control authorization, permits, other documents or certified copies thereof, or with the address of the final destination of the goods in the country of import for the purpose of obtaining the through document of transport or any other document contemplated in A 8 ii).

475 Der Käufer hat den Verkäufer zu unterstützen, soweit ihm die Beschaffung der erforderlichen Dokumente einfacher möglich ist. Umgekehrt hat der Käufer die Kosten für Unterstützungshandlungen des Verkäufers zu tragen.

10. Geliefert ab Schiff (... benannter Bestimmungshafen); DES
Delivered Ex Ship (... named port of destination); DES

„Delivered Ex Ship" means that the seller delivers when the goods are placed at the disposal of the buyer on board the ship not cleared for import at the named port of destination. The seller has to bear all the costs and risks involved in bringing the goods to the named port of destination before discharging. If the parties wish the seller to bear the costs and risks of discharging the goods, then the DEQ term should be used.

This term can be used only when the goods are to be delivered by sea or inland waterway or multimodal transport on a vessel in the port of destination.

476 Die Klausel ist seit den Incoterms 1953 bekannt (siehe vor § 373 754). Siehe dazu die Erläuterungen vor § 373 148.

A. Verpflichtungen des Verkäufers
The seller's obligations

A 1 DES

Lieferung vertragsgemäßer Ware
Provision of goods in conformity with the contract

The seller must provide the goods and the commercial invoice, or its equivalent electronic message, in conformity with the contract of sale and any other evidence of conformity which may be required by the contract.

477 Siehe Abschnitt A 1 der EXW-Klausel (Rdn. 290).

A 2 DES

Lizenzen, Genehmigungen und Formalitäten
Licences, authorizations and formalities

The seller must obtain at his own risk and expense any export licence or other official authorization or other documents and carry out, where applicable, all customs formalities necessary for the export of the goods and for their transit through any country.

478 Der Verkäufer hat export- und transitfreies Gut zu liefern. Gemäß Abschnitt A 6 der Klausel hat er auch etwaige Export- und Transitabgaben zu bezahlen.

A 3 DES

Beförderungs- und Versicherungsverträge
Contracts of carriage and insurance

a) Contract of carriage

The seller must contract at his own expense for the carriage of the goods to the named point, if any, at the named port of destination. If a point is not agreed or is not determined by practice, the seller may select the point at the named port of destination which best suits his purpose.

b) Contract of insurance
No obligation.

Siehe Erläuterungen zu Abschnitt A 3 der „CIF"-Klausel. Abweichend von Abschnitt A 3 a) der CIF-Klausel wird in Abschnitt A 3 a) der DES-Klausel nicht ausdrücklich angeordnet, daß die Beförderung auf dem üblichen Weg in üblicher Weise in einem üblicherweise verwandten Schiff erfolgen muß; denn im Rahmen der DES-Klausel trägt der Verkäufer während des gesamten Transportes das Transportrisiko. Im Rahmen einer weitergehenden Verschuldenshaftung wird man aber zu berücksichtigen haben, daß der Verkäufer unnötigerweise eine gefahrerhöhende Transportweise gewählt hat. Der Verkäufer hat auch eine Transportweise zu wählen, die nicht mit unüblich hohen Entladekosten verbunden ist (*Ramberg* ICC-Guide to Incoterms 2000, S. 148, 157). Ist die Entladestelle nicht vereinbart und ergibt sie sich nicht aus der Handelspraxis, so kann der Verkäufer sie nach freiem Ermessen bestimmen. **479**

A 4 DES
Lieferung

Delivery

The seller must place the goods at the disposal of the buyer on board the vessel at the unloading point referred to in A 3 a), in the named port of destination on the date or within the agreed period, in such a way as to enable them to be removed from the vessel by unloading equipment appropriate to the nature of the goods.

Es hängt vom Einzelfall (Natur der Ware) ab, inwieweit der Verkäufer beim Entladen mitwirken muß. Vgl. Erläuterungen vor § 373 152. **480**

A 5 DES
Gefahrenübergang

Transfer of risks

The seller must, subject to the provisions of B 5, bear all risks of loss of or damage to the goods until such time as they have been delivered in accordance with A 4.

Siehe Erläuterungen vor § 373 154. Vgl. auch Rdn. 501. Die Verschuldenshaftung bleibt unberührt, ebenso die Haftung des Verkäufers wegen unzureichender Verpackung oder Mangelhaftigkeit des Gutes (*Ramberg* ICC-Guide to Incoterms 2000, S. 149). Die Frage des Eigentumsübergangs ist in den Incoterms nicht geregelt (*Ramberg* ICC-Guide to Incoterms 2000, S. 35). **481**

A 6 DES
Kostenteilung

Division of costs

The seller must, subject to the provisions of B 6, pay
– in addition to costs resulting from A 3 a), all costs relating to the goods until such time as they have been delivered in accordance with A 4; and

§ 346 Viertes Buch. Handelsgeschäfte

– where applicable, the costs of customs formalities necessary for export as well as all duties, taxes or other charges payable upon export of the goods and for their transit through any country prior to delivery in accordance with A 4.

482 Der Verkäufer trägt, soweit es erforderlich ist, auch die Kosten für die Bereitstellung der Ware zur Entladung an Bord des Schiffes. Die Kosten des Löschens trägt er dagegen nicht.[383]

A 7 DES

Benachrichtigung des Käufers

Notice to the buyer

The seller must give the buyer sufficient notice of the estimated time of arrival of the nominated vessel in accordance with A 4 as well as any other notice required in order to allow the buyer to take measures which are normally necessary to enable him to take delivery of the goods.

483 Zur Benachrichtigung in angemessener Weise siehe Erläuterungen zu Abschnitt A 7 der DAF-Klausel (Rdn. 463). Vgl. auch Erläuterungen vor § 373 153. Die Pflicht zur Benachrichtigung stellt eine echte Schuldnerpflicht dar (*Ramberg* ICC-Guide to Incoterms 2000, S. 150).

A 8 DES

Liefernachweis, Transportdokument oder entsprechende elektronische Mitteilung

Proof of delivery, transport document or equivalent electronic message

The seller must provide the buyer at the seller's expense with the delivery order and/or the usual transport document (for example a negotiable bill of lading, a non-negotiable sea waybill, and inland waterway document, or a multimodal transport document) to enable the buyer to claim the goods from the carrier at the port of destination.

Where the seller and the buyer have agreed to communicate electronically, the document referred to in the preceding paragraph may be replaced by an equivalent electronic data interchange (EDI) message.

484 Vgl. Erläuterungen vor § 373 156. Die Kosten für die Dokumente gehen zu Lasten des Verkäufers (*Bredow/Seiffert* Incoterms 2000, S. 99).

A 9 DES

Prüfung – Verpackung – Kennzeichnung

Checking – packaging – marking

The seller must pay the costs of those checking operations (such as checking quality, measuring, weighing, counting) which are necessary for the purpose of delivering the goods in accordance with A 4.

The seller must provide at his own expense packaging (unless it is usual for the particular trade to deliver the goods of the contract description unpacked) which is required for the delivery of the goods. Packaging is to be marked appropriately.

---

[383] Siehe Erläuterungen vor § 373 152; *Bredow/Seiffert* Incoterms 2000, S. 98.

Zu Lasten des Verkäufers gehen nur die zur Konkretisierung der Ware notwendigen Maßnahmen und die für den Export sowie Transit erforderlichen Warenkontrollen (beachte Abschnitt B 9 der Klausel zum Import). Die Verpackung muß beförderungssicher sein. Siehe Erläuterungen zu Abschnitt A 9 der „CIF"-Klausel (Rdn. 402).

A 10 DES
Sonstige Verpflichtungen
Other obligations

The seller must render the buyer at the latter's request, risk and expense, every assistance in obtaining any documents or equivalent electronic messages (other than those mentioned in A 8) issued or transmitted in the country of dispatch and/or of origin which the buyer may require for the import of the goods.

The seller must provide the buyer, upon request, with the necessary information for procuring insurance.

Siehe Erläuterungen zu Abschnitt A 10 der EXW-Klausel (Rdn. 301).

B. Verpflichtungen des Käufers
The buyer's obligations

B 1 DES
Zahlung des Kaufpreises
Payment of the price

The buyer must pay the price as provided in the contract of sale.

Siehe Erläuterungen zu Abschnitt B 1 der EXW-Klausel (Rdn. 302).

B 2 DES
Lizenzen, Genehmigungen und Formalitäten
Licences, authorizations and formalities

The buyer must obtain at his own risk and expense any import licence or other official authorization and carry out, where applicable, all customs formalities necessary for the import of the goods.

Der Import und die Durchfuhr der Ware durch ein anderes Land nach der Ablieferung (Abschnitt A 4 der Klausel) sind Sache des Käufers. Der Verkäufer hat ihn hierbei gegebenenfalls zu unterstützen (Abschnitt A 10 der Klausel). Zu den Kosten siehe Abschnitt B 6 der Klausel.

B 3 DES
Beförderungs- und Versicherungsverträge
Contracts of carriage and insurance

a) Contract of carriage
No obligation.
b) Contract of insurance
No obligation.

§ 346 Viertes Buch. Handelsgeschäfte

489   Die Beförderung ist Sache des Verkäufers. Da der Verkäufer das Transportrisiko trägt, besteht keine Versicherungspflicht.

B 4 DES
Abnahme
Taking delivery
The buyer must take delivery of the goods when they have been delivered in accordance with A 4.

490   Die Klausel begründet eine echte Abnahmepflicht, deren Verletzung zum Schuldnerverzug und gegebenenfalls zur Erfüllungsverweigerung führt (*Ramberg* ICC-Guide to Incoterms 2000, S. 152).

B 5 DES
Gefahrenübergang
Transfer of risks
The buyer must bear all risks of loss of or damage to the goods from the time they have been delivered in accordance with A 4.

The buyer must, should he fail to give notice in accordance with B 7, bear all risks of loss of or damage to the goods from the agreed date or the expiry date of the agreed period for delivery provided, however, that the goods have been duly appropriated to the contract, that is to say, clearly set aside or otherwise identified as the contract goods.

491   Der Käufer trägt nach den Regeln des Gläubigerverzuges ohne Rücksicht auf Verschulden vom Zeitpunkt des Verstreichens des Lieferdatums bzw. der Lieferfrist an die Gefahr, falls der Verkäufer nicht rechtzeitig gemäß Abschnitt B 7 der Klausel unterrichtet worden ist. Weitere Rechtsfolgen ergeben sich aus dem Vertrag bzw. dem ergänzend anwendbaren Recht (vgl. *Fink* RIW **1991** 470, 473).

B 6 DES
Kostenteilung
Division of costs
The buyer must pay
- all costs relating to the goods from the time they have been delivered in accordance with A 4, including the expenses of discharge operations necessary to take delivery of the goods from the vessel; and
- all additional costs incurred if he fails to take delivery of the goods when they have been placed at his disposal in accordance with A 4, or to give notice in accordance with B 7, provided, however, that the goods have been appropriated to the contract, that is to say, clearly set aside or otherwise identified as the contract goods; and
- where applicable, the costs of customs formalities as well as all duties, taxes and other charges payable upon import of the goods.

492   Der Käufer trägt alle Kosten der Einfuhr sowie ohne Rücksicht auf Verschulden die Mehrkosten, die infolge seines Mitwirkungsverzuges entstehen. Dies gilt insbesondere für Liegegelder (*Ramberg* ICC-Guide to Incoterms 2000, S. 153).

B 7 DES

Benachrichtigung des Verkäufers
Notice to the seller
The buyer must, whenever he is entitled to determine the time within an agreed period and/or the point of taking delivery in the named port of destination, give the seller sufficient notice thereof.

Zur Benachrichtigung in angemessener Weise siehe Erläuterungen zu Abschnitt A 7 der EXW-Klausel (Rdn. 296). Die Pflicht zur Benachrichtigung stellt eine echte Schuldnerpflicht dar. Beachte auch die Abschnitte B 5, B 6 der Klausel. **493**

B 8 DES

Liefernachweis, Transportdokument oder entsprechende elektronische Mitteilung
Proof of delivery, transport document or equivalent electronic message
The buyer must accept the delivery order or the transport document in accordance with A 8.

Der Gläubiger, der die Dokumente nicht annimmt, gerät ohne Rücksicht auf Verschulden in Gläubigerverzug und, wenn er die Verzögerung zu vertreten hat, außerdem in Schuldnerverzug (*Ramberg* ICC-Guide to Incoterms 2000, S. 153). Zum Problem „reiner" Dokumente siehe Rdn. 411. **493a**

B 9 DES

Prüfung der Ware
Inspection of goods
The buyer must pay the costs of any pre-shipment inspection except when such inspection is mandated by the authorities of the country of export.

Der Käufer hat die Kosten der Warenkontrollen zu tragen, die für die Einfuhr erforderlich sind. **494**

B 10 DES

Sonstige Verpflichtungen
Other obligations
The buyer must pay all costs and charges incurred in obtaining the documents or equivalent electronic messages mentioned in A 10 and reimburse those incurred by the seller in rendering his assistance in accordance therewith.

Siehe Erläuterungen zu Abschnitt B 10 der EXW-Klausel (Rdn. 309b). **495**

11. Geliefert ab Kai (... benannter Bestimmungshafen); DEQ
Delivered Ex Quay (... named port of destination); DEQ

„Delivered Ex Quay" means that the seller delivers when the goods are placed at the disposal of the buyer not cleared for import on the quay (wharf) at the named port of destination. The seller has to bear costs and risks involved in bringing the goods to the named port of destination and discharging the goods on the quay (wharf). The DEQ term requires the buyer to clear the goods for import and to pay for all formalities, duties, taxes and other charges upon import.

THIS IS A REVERSAL FROM PREVIOUS INCOTERMS VERSIONS, WHICH REQUIRED THE SELLER TO ARRANGE FOR IMPORT CLEARANCE.

If the parties wish to include in the seller's obligations all or part of the costs payable upon import of the goods, this should be made clear by adding explicit wording to this effect in the contract of sale.

This term can be used only when the goods are to be delivered by sea or inland waterway or multimodal transport on discharging from a vessel onto the quay (wharf) in the port of destination. However if the parties wish to include in the seller's obligations the risks and costs of the handling of the goods from the quay to another place (warehouse, terminal, transport station, etc.) in or outside the port, the DDU or DDP terms should be used.

496 Vgl. zu den Incoterms „ab Kai" in der Fassung von 1953–1980 sowie die Erläuterungen vor § 373 755 und vor § 373 158 ff.

A. Verpflichtungen des Verkäufers

The seller's obligations

A 1 DEQ

Lieferung vertragsgemäßer Ware

Provision of goods in conformity with the contract

The seller must provide the goods and the commercial invoice, or its equivalent electronic message, in conformity with the contract of sale and any other evidence of conformity which may be required by the contract.

497 Siehe Erläuterungen zu Abschnitt A 1 der EXW-Klausel (Rdn. 290).

A 2 DEQ

Lizenzen, Genehmigungen und Formalitäten

Licences, authorizations and formalities

The seller must obtain at his own risk and expense any export licence or other official authorization or other documents and carry out, where applicable, all customs formalities necessary for the export of the goods, and for their transit through any country.

498 Der Verkäufer hat export- und transitfreie Ware zu liefern. Der Import ist Sache des Käufers (*Ramberg* ICC-Guide to Incoterms 2000, S. 156).

A 3 DEQ

Beförderungs- und Versicherungsverträge

Contracts of carriage and insurance

a) Contract of carriage

The seller must contract at his own expense for the carriage of the goods to the named quay (wharf) at the named port of destination. If a specific quay (wharf) is not agreed or is not determined by practice, the seller may select the quay (wharf) at the named port of destination which best suits his purpose.

b) Contract of insurance

No obligation.

Vgl. Erläuterungen zu Abschnitt A 3 der DES-Klausel (Rdn. 479). Im Unterschied zu dieser Klausel hat der Verkäufer den Transport bis zum Kai zu bewerkstelligen. **499**

A 4 DEQ
Lieferung
Delivery

The seller must place the goods at the disposal of the buyer on the quay (wharf) referred to in A 3 a), on the date or within the agreed period.

Die Ware ist erst geliefert, nachdem sie am Kai im Sinn des Abschnitts A 3 der Klausel abgesetzt worden und dem Käufer die Möglichkeit eröffnet worden ist, die Ware in seinen Besitz zu nehmen. Bei der Übernahme der Ware müssen dem Käufer die notwendigen Dokumente zur Verfügung stehen. **500**

A 5 DEQ
Gefahrenübergang
Transfer of risks

The seller must, subject to the provisions of B 5, bear all risks of loss of or damage to the goods until such time as they have been delivered in accordance with A 4.

Vgl. Erläuterungen vor § 373 165. Die Gefahr geht in dem vereinbarten Lieferzeitpunkt oder in dem Moment auf den Käufer über, in dem dieser die Ware innerhalb der Lieferfrist am Kai im Sinn des Abschnitts A 3 der Klausel in Besitz nehmen konnte. Außerdem kann die Gefahr nach Maßgabe des Abschnitts B 5 auf den Käufer übergehen. Vor diesen Zeitpunkten geht die Gefahr über, sobald der Käufer die Ware in Besitz nimmt (*Bredow/Seiffert* Incoterms 2000, S. 101). Die Verschuldenshaftung bleibt unberührt. Die Frage des Eigentumsüberganges ist in den Incoterms nicht geregelt (*Ramberg* ICC-Guide to Incoterms 2000, S. 35). **501**

A 6 DEQ
Kostenteilung
Division of costs

The seller must, subject to the provisions of B 6, pay
- in addition to costs resulting from A 3 a), all costs relating to the goods until such time as they are delivered on the quay (wharf) in accordance with A 4; and
- where applicable, the costs of customs formalities necessary for export as well as all duties, taxes and other charges payable upon export of the goods and for their transit through any country prior to delivery.

Der Verkäufer hat außer den Transportkosten alle Kosten des Löschens sowie die Kosten dafür zu tragen, daß das Gut exportfähig und ein Transit möglich (*Ramberg* ICC-Guide to Incoterms 2000, S. 158) wurde (Ausnahme: Abschnitt B 6 der Klausel). Nicht zu tragen hat er die Importkosten. **502**

A 7 DEQ
Benachrichtigung des Käufers
Notice to the buyer

The seller must give the buyer sufficient notice of the estimated time of arrival of the nominated vessel in accordance with A 4, as well as any other notice required in order to allow the buyer to take measures which are normally necessary to enable him to take delivery of the goods.

503 Siehe Erläuterungen zu Abschnitt A 7 der DES-Klausel (Rdn. 483).

A 8 DEQ

Liefernachweis, Transportdokument oder entsprechende elektronische Mitteilung

Proof of delivery, transport document or equivalent electronic message

The seller must provide the buyer at the seller's expense with the delivery order and/or the usual transport document (for example a negotiable bill of lading, a non-negotiable sea waybill, and inland waterway document or a multimodal transport document) to enable him to take the goods and remove them from the quay (wharf).

Where the seller and the buyer have agreed to communicate electronically, the document referred to in the preceding paragraph may be replaced by an equivalent electronic data interchange (EDI) message.

504 Siehe Erläuterungen vor § 373 161 sowie oben Rdn. 484.

A 9 DEQ

Prüfung – Verpackung – Kennzeichnung

Checking – packaging – marking

The seller must pay the costs of those checking operations (such as checking quality, measuring, weighing, counting) which are necessary for the purpose of delivering the goods in accordance with A 4.

The seller must provide at his own expense packaging (unless it is usual for the particular trade to deliver the goods of the contract description unpacked) which is required for the delivery of the goods. Packaging is to be marked appropriately.

505 Der Verkäufer hat die Kosten zu tragen, die erforderlich sind, um die Ware auszusondern und exportfähig zu machen (vgl. Rdn. 485). Die Verpackung muß beförderungstauglich sein. Soweit es um die Weiterbeförderung nach Lieferung (Abschnitt A 4 der Klausel) geht, ist die Sorge für die notwendige Verpackungsqualität Sache des Käufers (siehe Erläuterungen vor § 373 160).

A 10 DEQ

Sonstige Verpflichtungen

Other obligations

The seller must render the buyer at the latter's request, risk and expense, every assistance in obtaining any documents or equivalent electronic messages (other than those mentioned in A 8) issued or transmitted in the country of dispatch and/or origin which the byuer may require for the import of the goods.

The seller must provide the buyer, upon request, with the necessary information for procuring insurance.

506 Es geht um die Unterstützung des Käufers bei der Einfuhr (siehe Rdn. 301, 508).

B. Verpflichtungen des Käufers

The buyer's obligations

B 1 DEQ

Zahlung des Kaufpreises

Payment of the price

The buyer must pay the price as provided in the contract of sale.

Siehe Erläuterungen zu Abschnitt B 1 der EXW-Klausel (Rdn. 302; ferner Erläuterungen vor § 373 160 ff). **507**

B 2 DEQ

Lizenzen, Genehmigungen und Formalitäten

Licences, authorizations and formalities

The buyer must obtain at his own risk and expense any import licence or other official authorization or other documents and carry out, where applicable, all customs formalities necessary for the import of the goods.

Die Einfuhr ist Sache des Käufers. Gegebenenfalls hat ihm der Verkäufer, soweit dies für diesen zumutbar möglich ist, zu unterstützen (siehe Erläuterungen zu Abschnitt A 10 der Klausel). **508**

B 3 DEQ

Beförderungs- und Versicherungsverträge

Contracts of carriage and insurance

a) Contract of carriage

No obligation.

b) Contract of insurance

No obligation.

Die Beförderung ist Sache des Verkäufers. **509**

B 4 DEQ

Abnahme

Taking delivery

The buyer must take delivery of the goods when they have been delivered in accordance with A 4.

Die Nichtabnahme begründet nicht nur einen Gläubigerverzug, sondern, wenn dies der Käufer zu vertreten hat, auch einen Schuldnerverzug. **510**

B 5 DEQ

Gefahrenübergang

Transfer of risks

The buyer must bear all risks of loss of or damage to the goods from the time they have been delivered in accordance with A 4. The buyer must, should he fail to give notice in accordance with B 7, bear all risks of loss of or damage to the goods from the agreed date or the expiry date of the agreed period for delivery provided, however, that the goods have been duly appropriated to the contract, that is to say clearly set aside or otherwise identified as the contract goods.

511 Der Käufer gerät ohne Rücksicht auf Verschulden (*Ramberg* ICC-Guide to Incoterms 2000, S. 161) mit Ablauf des Lieferzeitpunkts bzw. der Lieferfrist in Gläubigerverzug, wenn die von ihm geschuldete Benachrichtigung den Verkäufer nicht rechtzeitig erreicht. Der Gefahrübergang (vgl. Abschnitt A 5 der Klausel) wird in diesem Fall vorverlegt. Weitere Rechtsfolgen ergeben sich aus dem Vertrag bzw. dem ergänzend anwendbaren Recht (vgl. *Fink* RIW **1991** 470, 473).

B 6 DEQ

Kostenteilung

Division of costs

The buyer must pay
- all costs relating to the goods from the time they have been delivered in accordance with A 4, including any costs of handling the goods in the port for subsequent transport or storage in warehouse or terminal; and
- all additional costs incurred if he fails to take delivery of the goods when they have been placed at his disposal in accordance with A 4, or to give notice in accordance with B 7, provided, however, that the goods have been appropriated to the contract, that is to say, clearly set aside or otherwise identified as the contract goods; and
- where applicable, the costs of customs formalities as well as all duties, taxes and other charges payable upon import of the goods and for their subsequent transport.

512 Der Käufer trägt die Kosten für das Beförderungsmittel, das die Ware vom Kai abholt sowie alle danach anfallenden Kosten sowie ohne Rücksicht auf Verschulden die Kosten infolge Gläubigerverzugs (Abschnitte B 5, B 7 der Klausel).

B 7 DEQ

Benachrichtigung des Verkäufers

Notice to the seller

The buyer must, whenever he is entitled to determine the time within an agreed period and/or the point of taking delivery in the named port of destination, give the seller sufficient notice thereof.

513 Zur Benachrichtigung in angemessener Weise siehe Erläuterungen zu Abschnitt A 7 der EXW-Klausel (Rdn. 296). Die Benachrichtigungspflicht stellt eine echte Schuldnerpflicht dar.

B 8 DEQ

Liefernachweis, Transportdokument oder entsprechende elektronische Mitteilung

Proof of delivery, transport document or equivalent electronic message

The buyer must accept the delivery order or transport document in accordance with A 8.

514 Die Verletzung der Pflicht die Dokumente anzunehmen, begründet nicht nur Annahmeverzug, sondern, wenn der Käufer dies zu vertreten hat, auch Schuldnerverzug (*Ramberg* ICC-Guide to Incoterms 2000, S. 162).

B 9 DEQ

Prüfung der Ware

Inspection of goods

The buyer must pay the costs of any pre-shipment inspection except when such inspection is mandated by the authorities of the country of export.

Siehe Erläuterungen zu Abschnitt B 9 der DES-Klausel (Rdn. 494). Die Kontrolle der Ware gemäß § 377 hat am Kai zu erfolgen (vgl. Erläuterungen vor § 373 155). 515

B 10 DEQ

Sonstige Verpflichtungen

Other obligations

The buyer must pay all costs and charges incurred in obtaining the documents or equivalent electronic messages mentioned in A 10 and reimburse those incurred by the seller in rendering his assistance in accordance therewith.

Die Klausel entspricht Abschnitt A 10 der Klausel. 516

12. Geliefert unverzollt (... benannter Bestimmungsort); DDU

Delivered Duty Unpaid (... named place of destination); DDU

„Delivered Duty Unpaid" means that the seller delivers the goods to the buyer, not cleared for import, and not unloaded from any arriving means of transport at the named place of destination. The seller has to bear the costs and risks involved in bringing the goods thereto, other than, where applicable, any „duty" (which term includes the responsibility for and the risks of the carrying out of customs formalities, and the payment of formalities, customs duties, taxes and other charges) for import in the country of destination. Such „duty" has to be borne by the buyer as well as any costs and risks caused by his failure to clear the goods for import in time.

However, if the parties wish the seller to carry out customs formalities and bear the costs and risks resulting therefrom as well as some of the costs payable upon import of the goods, this should be made clear by adding explicit wording to this effect in the contract of sale.

This term may be used irrespective of the mode of transport but when delivery is to take place in the port of destination on board the vessel or on the quay (wharf), the DES or DEQ terms should be used.

A. Verpflichtungen des Verkäufers

The seller's obligations

A 1 DDU

Lieferung vertragsgemäßer Ware

Provision of the goods in conformity with the contract

The seller must provide the goods and the commercial invoice, or its equivalent electronic message, in conformity with the contract of sale and any other evidence of conformity which may be required by the contract.

Siehe Erläuterungen zu Abschnitt A 1 der EXW-Klausel (Rdn. 290). 517

§ 346   Viertes Buch. Handelsgeschäfte

A 2 DDU

Lizenzen, Genehmigungen und Formalitäten

Licences, authorizations and formalities

The seller must obtain at his own risk and expense any export licence and other official authorization or other documents and carry out, where applicable, all customs formalities necessary for the export of the goods and for their transit through any country.

518 Der Verkäufer hat exportfreie Ware zu verschaffen (vgl. Rdn. 478, 522).

A 3 DDU

Beförderungs- und Versicherungsverträge

Contracts of carriage and insurance

a) Contract of carriage

The seller must contract at his own expense for the carriage of the goods to the named place of destination. If a specific point is not agreed or is not determined by practice, the seller may select the point at the named place of destination which best suits his purpose.

b) Contract of insurance

No obligation.

519 Siehe Erläuterungen zu Abschnitt A 3 der CPT-Klausel (Rdn. 417). Nach *Bredow/Seiffert* (Incoterms 2000, S. 104) muß die Ware auf dem üblichen Weg und in der üblichen Weise befördert werden. Dies ist mit der Ausgestaltung der Klausel als Bringschuld nicht vereinbar. Vielmehr darf der Verkäufer grundsätzlich auch einen unüblichen Weg wählen, weil er die volle Transportgefahr trägt. Voraussetzung ist nur, daß der Käufer dadurch nicht mit unüblich hohen Abnahmekosten (vgl. Rdn. 530) belastet wird (*Ramberg* ICC-Guide to Incoterms 2000, S. 164). Allerdings kann ihn bei einer unüblichen Art der Beförderung eine Verschuldenshaftung treffen.

A 4 DDU

Lieferung

Delivery

The seller must place the goods at the disposal of the buyer, or at that of another person named by the buyer, on any arriving means of transport not unloaded, at the named place of destination on the date or within the period agreed for delivery.

520 Die Ware muß zum vereinbarten Zeitpunkt oder innerhalb der vereinbarten Frist dem Käufer auf dem Beförderungsmittel derart zur Verfügung gestellt worden sein, daß der Frachtführer den Besitz aufgegeben hat und der Käufer in der Lage ist, den Besitz zu übernehmen. Sofern der Käufer Dokumente benötigt, um den Besitz zu übernehmen, müssen diese dem Käufer übergeben worden sein. Wird die Ware vor dem vereinbarten Lieferdatum bereitgestellt, so ist geliefert, sobald der Käufer den Besitz erlangt hat (*Ramberg* ICC-Guide to Incoterms 2000, S. 165). Gleiches gilt in Fällen, in denen die Ware erst nach dem Lieferdatum bereitgestellt wird.

A 5 DDU

Gefahrenübergang
Transfer of risks

The seller must, subject to the provisions of B 5, bear all risks of loss of or damage to the goods until such time as they have been delivered in accordance with A 4.

Der Gefahrenübergang ist von einer Abnahme unabhängig, wenn die Ware im Lieferzeitpunkt oder innerhalb der Lieferfrist zur Verfügung gestellt worden ist (Rdn. 520) oder der Käufer sich mit einer vorzeitigen Übernahme des bereitgestellten Gutes einverstanden erklärt und den Besitz erlangt hat. Auf den Besitzerwerb kommt es auch bei verspäteter Lieferung an. Zu einem früheren Gefahrenübergang kann es im Rahmen des Abschnitts B 5 der Klausel kommen. Die Frage des Eigentumsübergangs ist in den Incoterms nicht geregelt (*Ramberg* ICC-Guide to Incoterms 2000, S. 35). **521**

A 6 DDU

Kostenteilung
Division of costs

The seller must, subject to the provisions of B 6, pay
- in addition to costs resulting from A 3 a), all costs relating to the goods until such time as they have been delivered in accordance with A 4; and
- where applicable, the costs of customs formalities necessary for export as well as all duties, taxes and other charges payable upon export and for their transit through any country prior to delivery in accordance with A 4.

Der Verkäufer trägt alle Kosten bis zur ordnungsgemäßen Bereitstellung der Ware. **522** Dazu gehören z. B. die Kosten einer Nachlagerung zur Überbrückung der Zeit bis zum vereinbarten Lieferzeitpunkt sowie die Kosten für die Export- und Transitfähigkeit des Gutes, nicht jedoch des Imports (Rdn. 532).

A 7 DDU

Benachrichtigung des Käufers
Notice to the buyer

The seller must give the buyer sufficient notice of the dispatch of the goods as well as any other notice required in order to allow the buyer to take measures which are normally necessary to enable him to take delivery of the goods.

Zur Benachrichtigung in angemessener Weise siehe Erläuterungen zu Abschnitt **523** A 7 der DES-Klausel (Rdn. 483). Die Pflicht zur Benachrichtigung stellt eine echte Schuldnerpflicht dar (*Ramberg* ICC-Guide to Incoterms 2000, S. 166).

A 8 DDU

Liefernachweis, Transportdokument oder entsprechende elektronische Mitteilung
Proof of delivery, transport document or equivalent electronic message

The seller must provide the buyer at the seller's expense the delivery order and/or the usual transport document (for example a negotiable bill of lading, a non-negotiable sea waybill, an inland waterway document, an air waybill, a railway consignment note, a road consignment note, or a multimodal transport document) which the buyer may require to take delivery of the goods in accordance with A 4/B 4.

Where the seller and the buyer have agreed to communicate electronically, the document referred to in the preceding paragraph may be replaced by an equivalent electronic data interchange (EDI) message.

524 Die Dokumente sind nur soweit zu beschaffen, soweit der Beförderungsunternehmer berechtigt ist, die Ware nur gegen Vorlage der Beförderungspapiere abzuliefern (vgl. § 445 HGB). Dies ist etwa bei den Frachtbriefen im Sinn des § 408 HGB und der Art. 5 CMR, 5 WA 1955 nicht der Fall.

A 9 DDU

Prüfung – Verpackung – Kennzeichnung

Checking – packaging – marking

The seller must pay the costs of those checking operations (such as checking quality, measuring, weighing, counting) which are necessary for the purpose of delivering the goods in accordance with A 4.

The seller must provide at his own expense packaging (unless it is usual for the particular trade to deliver the goods of the contract description unpacked) which is required for the delivery of the goods. Packaging is to be marked appropriately.

525 Der Verkäufer hat die Kosten zu tragen, die notwendig sind, um das Gut auszusondern und export- und transitfähig zu machen (vgl. auch Rdn. 522). Soweit die Prüfung dem Interesse des Käufers dient, vertragsgerechte Ware zu erhalten, hat der Käufer deren Kosten zu tragen (*Ramberg* ICC-Guide to Incoterms 2000, S. 166f). Die Verpackung muß beförderungsgeeignet sein (vgl. *Koller* Transportrecht[4], § 411 HGB 4 ff).

A 10 DDU

Sonstige Verpflichtungen

Other obligations

The seller must render the buyer at the latter's request, risk and expense, every assistance in obtaining any documents or equivalent electronic messages (other than those mentioned in A 8) issued or transmitted in the country of dispatch and/or of origin which the buyer may require for the import of the goods.

The seller must provide the buyer, upon request, with the necessary information for procuring insurance.

526 Der Verkäufer hat den Käufer bei dem Import der Ware zu unterstützen, soweit es um Dokumente geht, die in das Versendungs- oder Ursprungsland ausgestellt werden. Entsprechendes gilt für elektronische Mitteilungen.

B. Verpflichtungen des Käufers

The buyer's obligations

B 1 DDU

Zahlung des Kaufpreises

Payment of the price

The buyer must pay the price as provided in the contract of sale.

527 Siehe Erläuterungen Abschnitt B 1 der EXW-Klausel (Rdn. 302).

B 2 DDU

Lizenzen, Genehmigungen und Formalitäten

Licences, authorizations and formalities

The buyer must obtain at his own risk and expense any import licence or other official authorization or other documents and carry out, where applicable, all customs formalities necessary for the import of the goods.

528 Die Abwicklung der Einfuhr fällt in die Sphäre des Käufers. Der Verkäufer hat ihn dabei im Rahmen des Abschnitts A 10 der Klausel zu unterstützen.

B 3 DDU

Beförderungs- und Versicherungsverträge

Contracts of carriage and insurance

a) Contract of carriage

No obligation.

b) Contract of insurance

No obligation.

529 Die Beförderung ist Sache des Verkäufers. Das Problem der Versicherung stellt sich hier nicht, da die Gefahr erst am Bestimmungsort übergeht (Rdn. 521).

B 4 DDU

Abnahme

Taking delivery

The buyer must take delivery of the goods when they have been deliverd in accordance with A 4.

530 Die Nichtabnahme führt nicht nur zum Gläubiger-, sondern, wenn sie zu vertreten ist, auch zum Schuldnerverzug.

B 5 DDU

Gefahrenübergang

Transfer of risks

The buyer must bear all risks of loss of or damage to the goods from the time they have been delivered in accordance with A 4.

The buyer must, should he fail to fulfil his obligations in accordance with B 2, bear all additional risks of loss of or damage to the goods incurred thereby. The buyer must, should he fail to give notice in accordance with B 7, bear all risks of loss of or damage to the goods from the agreed date or the expiry date of the agreed period for delivery provided, however, that the goods have been duly appropriated to the contract, that is to say, clearly set aside or otherwise identified as the contract goods.

531 Die Klausel regelt in Abs. 3 einen Fall des Gläubigerverzugs. Bei einem Verstoß gegen die Verpflichtung gemäß Abschnitt B 2 der Klausel kommt es darauf an, inwieweit infolge durch den Pflichtverstoß verursachten Gefahrerhöhung ein Schaden enstanden ist. Auch in dem Fall, in dem die Verpflichtungen gemäß Abschnitt B 2 nicht erfüllt worden sind, setzt der Gefahrenübergang voraus, daß die Ware bereits konkretisiert war (vgl. auch Abschnitt B 6 2. Spiegelstrich der Klausel). Weitere

Rechtsfolgen des Mitwirkungsverzugs können sich aus dem Vertrag bzw. dem ergänzend anwendbaren Recht ergeben.

B 6 DDU
Kostenteilung

Division of costs

The buyer must pay
- all costs relating to the goods from the time they have been delivered in accordance with A 4; and
- all additional costs incurred if he fails to fulfil his obligations in accordance with B 2, or to give notice in accordance with B 7, provided, however, that the goods have been duly appropriated to the contract, that is to say, clearly set aside or otherwise identified as the contract goods; and
- where applicable, the costs of customs formalities as well as all duties, taxes and other charges payable upon import of the goods.

532 Die Kostenteilung knüpft an die Gefahrtragungs-Regel (Abschnitt A 5/B 5 der Klausel) an. Da die Einfuhr Sache des Käufers ist, trägt er sämtliche Abgaben, Kosten und Risiken der Einfuhr, außerdem die Entladekosten (Rdn. 520) und die Kosten des Weitertransportes (*Ramberg* ICC-Guide to Incoterms 2000, S. 169). Unerheblich ist, daß der Käufer seiner Verpflichtung aus Abschnitt B 2 der Klausel schuldlos nicht nachkommen kann. Der Verkäufer trägt das Insolvenzrisiko.[384]

B 7 DDU
Benachrichtigung des Verkäufers

Notice to the seller

The buyer must, whenever he is entitled to determine the time within an agreed period and/or the point of taking delivery at the named place, give the seller sufficient notice thereof.

533 Siehe Abschnitt B 7 der CPT-Klausel (Rdn. 431). Die Klausel begründet eine echte Schuldnerpflicht (*Ramberg* ICC-Guide to Incoterms 2000, S. 170).

B 8 DDU
Liefernachweis, Transportdokument oder entsprechende elektronische Mitteilung

Proof of delivery, transport document or equivalent electronic message

The buyer must accept the appropriate delivery order or transport document in accordance with A 8.

534 Die Klausel begründet eine echte Verpflichtung, die zum Schuldnerverzug führen kann (*Ramberg* ICC-Guide to Incoterms 2000, S. 170).

B 9 DDU
Prüfung der Ware

Inspection of goods

The buyer must pay the costs of any pre-shipment inspection except when such inspection is mandated by the authorities of the country of export.

---

[384] *Railas* European Transport Law 2000 9, 19.

Vgl. Abschnitt B 9 der DEQ-Klausel (Rdn. 515). Die kaufrechtliche Rügepflicht **535**
gemäß § 377 bleibt unberührt.

B 10 DDU
Sonstige Verpflichtungen
Other obligations

The buyer must pay all costs and charges incurred in obtaining the documents or equivalent electronic messages mentioned in A 10 and reimburse those incurred by the seller in rendering his assistance in accordance therewith.

Die Klausel entspricht dem Abschnitt A 10. Vgl. auch Abschnitt A 10/B 10 der **536**
EXW-Klausel (Rdn. 298, 309b).

13. Geliefert verzollt (... benannter Bestimmungsort); DDP
Delivered Duty Paid (... named place of destination): DDP

„Delivered Duty Paid" means that the seller delivers the goods to the buyer, cleared for import, and not unloaded from any arriving means of transport at the named place of destination. The seller has to bear all the costs and risks involved in bringing the goods thereto including, where applicable, any „duty" (which term includes the responsibility for and the risks of the carrying out of customs formalities and the payment of formalities, customs duties, taxes and other charges) for import in the country of destination.

Whilst the EXW term represents the minimum obligation for the seller, DDP represents the maximum obligation. This term should not be used if the seller is unable directly or indirectly to obtain the import licence.

However, if the parties wish to exclude from the seller's obligations some of the costs payable upon import of the goods (such as value-added tax: VAT), this should be made clear by adding explicit wording to this effect in the contract of sale.

If the parties wish the buyer to bear all risks and costs of the import, the DDU term should be used.

This term may be used irrespective of the mode of transport but when delivery is to take place in the port of destination on board the vessel or on the quay (wharf), the DES or DEQ terms should be used.

Die Klausel trat erstmals 1967 in Kraft (vor § 373 757); siehe dazu Erläuterungen **537**
vor § 373 232. Die Klausel wurde durch die Incoterms 1990 (*Baumbach/Hopt* HGB[29],
S. 1123) modifiziert und in dieser Fassung in die Incoterms 2000 übernommen.

A. Verpflichtungen des Verkäufers
The seller's obligations

A 1 DDP
Lieferung vertragsgemäßer Ware
Provision of the goods in conformity with the contract

The seller must provide the goods and the commercial invoice, or its equivalent electronic message, in conformity with the contract of sale and any other evidence of conformity which may be required by the contract.

Siehe Abschnitt A 1 der EXW-Klausel (Rdn. 290). **538**

A 2 DDP

Lizenzen, Genehmigungen und Formalitäten

Licences, authorizations and formalities

The seller must obtain at his own risk and expense any export and import licence and other official authorization or other documents and carry out, where applicable, all customs formalities necessary for the export of the goods, for their transit through any country and for their import.

539 Der Verkäufer schuldet export- und importfreie Ware. Der Käufer hat ihn im Rahmen des Abschnitts B 2/B 10 der Klausel zu unterstützen.

A 3 DDP

Beförderungs- und Versicherungsverträge

Contracts of carriage and insurance

a) Contract of carriage

The seller must contract at his own expense for the carriage of the goods to the named place of destination. If a specific point is not agreed or is not determined by practice, the seller may select the point at the named place of destination which best suits his purpose.

b) Contract of insurance

No obligation.

540 Siehe Abschnitt A 3 der DDU-Klausel (Rdn. 519).

A 4 DDP

Lieferung

Delivery

The seller must place the goods at the disposal of the buyer, or at that of another person named by the buyer, on any arriving means of transport not unloaded at the named place of destination on the date or within the period agreed for delivery.

541 Siehe Abschnitt A 4 der DDU-Klausel (Rdn. 520). Beachte, daß es im Rahmen der Klausel „geliefert verzollt" Sache des Verkäufers ist, die Ware importfrei bereitzustellen (Abschnitt A 2 der Klausel).

A 5 DDU

Gefahrenübergang

Transfer of risks

The seller must, subject to the provisions of B 5, bear all risks of loss of or damage to the goods until such time as they have been delivered in accordance with A 4.

542 Siehe Abschnitt A 5 der DDU-Klausel (Rdn. 521). Zu berücksichtigen ist hier, daß es Sache des Verkäufers ist, die Ware importfrei zur Verfügung zu stellen (Abschnitt A 2 der Klausel). Beachte Abschnitt B 5 der Klausel.

A 6 DDU

Kostenteilung

Division of costs

The seller must, subject to the provisions of B 6, pay
- in addition to costs resulting from A 3 a), all costs relating to the goods until such time as they have been delivered in accordance with A 4; and
- where applicable, the costs of customs formalities necessary for export and import as well as all duties, taxes and other charges payable upon export and import of the goods, and for their transit through any country prior to delivery in accordance with A 4.

Der Verkäufer trägt sämtliche Transportkosten bis zur Bereitstellung der Ware (Abschnitt A 4 der Klausel) sowie sämtliche Kosten des Exports und des Imports (*Ramberg* ICC-Guide to Incoterms 2000, S. 174). Die Entladekosten und die Kosten des Weitertransports fallen ihm nicht zur Last. **543**

A 7 DDP

Benachrichtigung des Käufers

Notice to the buyer

The seller must give the buyer sufficient notice of the dispatch of the goods as well as any other notice required in order to allow the buyer to take measures which are normally necessary to enable him to take delivery of the goods.

Siehe Abschnitt A 7 der DES-Klausel (Rdn. 483). Die Klausel begründet eine echte Schuldnerpflicht (*Ramberg* ICC-Guide to Incoterms 2000, S. 174). **544**

A 8 DDP

Liefernachweis, Transportdokument oder entsprechende elektronische Mitteilung

Proof of delivery, transport document or equivalent electronic message

The seller must provide the buyer at the seller's expense with the delivery order and/or the usual transport document (for example a negotiable bill of lading, a non-negotiable sea waybill, an inland waterway document, an air waybill, a railway consignment note, a road consignment note, or a multimodal transport document) which the buyer may require to take delivery of the goods in accordance with A 4/B 4.

Where the seller and the buyer have agreed to communicate electronically, the document referred to in the preceding paragraph may be replaced by an equivalent electronic data interchange (EDI) message.

Siehe Abschnitt A 8 der DDU-Klausel (Rdn. 524). **545**

A 9 DDP

Prüfung – Verpackung – Kennzeichnung

Checking – packaging – marking

The seller must pay the costs of those checking operations (such as checking quality, measuring, weighing, counting) which are necessary for the purpose of delivering the goods in accordance with A 4.

§ 346 Viertes Buch. Handelsgeschäfte

The seller must provide at his own expense packaging (unless it is usual for the particular trade to deliver the goods of the contract description unpacked) which is required for the delivery of the goods. Packaging is to be marked appropriately.

546 Siehe Abschnitt A 9 der DDU-Klausel (Rdn. 525).

A 10 DDP

Sonstige Verpflichtungen
Other obligations

The seller must pay all costs and charges incurred in obtaining the documents or equivalent electronic messages mentioned in B 10 and reimburse those incurred by the buyer in rendering his assistance herewith.

The seller must provide the buyer, upon request, with the necessary information for procuring insurance.

547 Siehe Abschnitt A 10 der DEQ-Klausel (Rdn. 526).

B. Verpflichtungen des Käufers

The buyer's obligations

B 1 DDP

Zahlungen des Kaufpreises
Payment of the price

The buyer must pay the price as provided in the contract of sale.

548 Siehe Abschnitt A 1 der EXW-Klausel (Rdn. 290).

B 2 DDP

Lizenzen, Genehmigungen und Formalitäten
Licences, authorizations and formalities

The buyer must render the seller at the latter's request, risk and expense, every assistance in obtaining, where applicable, any import licence or other official authorization necessary for the import of the goods.

549 Der Verkäufer hat das Gut importfrei zu liefern. Der Käufer hat den Verkäufer in zumutbarem Umfang zu unterstützen, soweit der Verkäufer beim Import Unterstützung benötigt.

B 3 DDP

Beförderungs- und Versicherungsverträge
Contracts of carriage and insurance
a) Contract of carriage
No obligation.
b) Contract of insurance
No obligation.

550 Den Verkäufer trifft die Beförderungspflicht. Da dieser auch das Transportrisiko zu tragen hat, liegt die Versicherung im Belieben der Parteien.

Stand: 1. 1. 2001

B 4 DDP

Abnahme

Taking delivery

The buyer must take delivery of the goods when they have been delivered in accordance with A 4.

Die Klausel begründet eine echte Verpflichtung, deren Nichterfüllung nicht nur zum Gläubiger- sondern auch zum Schuldnerverzug führt. Eine vorzeitige Bereitstellung begründet keine Abnahmepflicht (*Ramberg* ICC-Guide to Incoterms 2000, S. 176). 551

B 5 DDP

Gefahrenübergang

Transfer of risks

The buyer must bear all risks of loss of or damage to the goods from the time they have been delivered in accordance with A 4.

The buyer must, should he fail to fulfil his obligations in accordance with B 2, bear all additional risks of loss of or damage to the goods incurred thereby. The buyer must, should he fail to give notice in accordance with B 7, bear all risks of loss of or damage to the goods from the agreed date or the expiry date of the agreed period for delivery provided, however, that the goods have been duly appropriated to the contract, that is to say, clearly set aside or otherwise identified as the contract goods.

Der Gefahrenübergang wird für die Fälle des Mitwirkungsverzugs des Käufers ohne Rücksicht auf dessen Verschulden auf den Zeitpunkt des Verstreichens des Lieferdatums bzw. der Lieferfrist vorverlegt. Im Fall des Abschnitts B 2 der Klausel kommt es darauf an, inwieweit durch einen Verstoß gegen die Käuferverpflichtung eine Gefahrerhöhung verursacht worden ist. Dabei ist zu berücksichtigen, daß diese Rechtsfolge nicht eintritt, falls dem Käufer eine Unterstützung des Verkäufers mit zumutbaren Mitteln nicht möglich war. Der Käufer trägt das Risiko, daß die Benachrichtigung dem Verkäufer nicht zugeht. Die Gefahrtragung hängt auch bei Verletzung der in Abschnitt B 2 der Klausel genannten Pflichten von der Konkretisierung ab. Weitere Rechtsfolgen des Mitwirkungsverzuges können sich aus dem Vertrag bzw. dem ergänzend anwendbaren Recht ergeben. 552

B 6 DDP

Kostenteilung

Division of costs

The buyer must pay

- all costs relating to the goods from the time they have been delivered in accordance with A 4; and
- all additional costs incurred if he fails to fulfil his obligations in accordance with B 2, or to give notice in accordance with B 7, provided, however, that the goods have been duly appropriated to the contract, that is to say, clearly set aside or otherwise identified as the contract goods.

Der Käufer trägt insbesondere die Entladekosten und die Kosten des Weitertransportes; außerdem die Kosten infolge eines Mitwirkungsverzugs. Bei einem Verstoß 553

§ 346

gegen Abschnitt B 2 der Klausel müssen die durch den Pflichtverstoß erhöhten Kosten auch dann vom Käufer übernommen werden, wenn das Gut in dem Zeitpunkt, in dem die erhöhten Kosten entstanden sind, noch nicht konkretisiert war.

B 7 DDP
Benachrichtigung des Verkäufers
Notice to the seller
The buyer must, whenever he is entitled to determine the time within an agreed period and/or the point of taking delivery at the named place, give the seller sufficient notice thereof.

554 Zur Benachrichtigung in angemessener Weise siehe Abschnitt A 7 der EXW-Klausel (Rdn. 296).

B 8 DDP
Liefernachweis, Transportdokument oder entsprechende elektronische Mitteilung
Proof of delivery, transport document or equivalent electronic message
The buyer must accept the appropriate delivery order or transport document in accordance with A 8.

555 Die Klausel begründet eine echte Verpflichtung, die zum Schuldnerverzug führen kann (*Ramberg* ICC-Guide to Incoterms 2000, S. 178).

B 9 DDP
Prüfung – Verpackung – Kennzeichnung
Inspection of goods
The buyer must pay the costs of any pre-shipment inspection except when such inspection is mandated by the authorities of the country of export.

556 Siehe Abschnitt A 9 der EXW-Klausel (Rdn. 298). Eine etwaige Pflicht, Sach- und Quantitätsmängel zu rügen (z. B. § 377), bleibt unberührt.

B 10 DDP
Sonstige Verpflichtungen
Other obligations
The buyer must render the seller, at the latter's request, risk and expense, every assistance in obtaining any documents or equivalent electronic messages issued or transmitted in the country of import which the seller may require for the purpose of making the goods available to the buyer in accordance therewith.

557 Siehe Abschnitt A 10 der DEQ-Klausel (Rdn. 506).

G. Trade Terms

558 Siehe Erläuterungen vor § 373 763 ff.

§ 347

(1) Wer aus einem Geschäft, das auf seiner Seite ein Handelsgeschäft ist, einem anderen zur Sorgfalt verpflichtet ist, hat für die Sorgfalt eines ordentlichen Kaufmanns einzustehen.

(2) Unberührt bleiben die Vorschriften des Bürgerlichen Gesetzbuchs, nach welchen der Schuldner in bestimmten Fällen nur grobe Fahrlässigkeit zu vertreten oder nur für diejenige Sorgfalt einzustehen hat, welche er in eigenen Angelegenheiten anzuwenden pflegt.

Schrifttum
siehe vor §§ 343 ff.

I. Zweck und Entstehungsgeschichte

Art. 282 ADHGB sollte die Art und den Umfang der vom Kaufmann zu gewährleistenden Sorgfalt vereinheitlichen (ROHG 7 328; RGZ 13 22). § 347 I führt nach seinem Wortlaut zwar den Art. 282 ADHGB fort. Aus § 347 II ergibt sich jedoch, daß § 347 nur im Verhältnis zu § 276 BGB eine Sonderregelung trifft. Dabei ist zu beachten, daß nach ganz allgemeiner Ansicht § 276 BGB keine selbständige Anspruchsgrundlage schafft. Vielmehr regelt § 276 BGB lediglich den grundsätzlich geltenden Haftungsmaßstab. Auch auf § 347 können nicht unmittelbar Ansprüche gestützt werden; denn § 347 liefert ebenfalls ausschließlich einen für die Haftung wegen Fahrlässigkeit maßgeblichen Sorgfaltsmaßstab (BGHZ 11 83). In der Sache entspricht § 347 weitestgehend dem § 276 BGB in seiner heute herrschenden Interpretation; denn gemäß § 276 BGB kommt es auf die verkehrserforderliche Sorgfalt an, die in den maßgeblichen Verkehrskreisen zu üben ist. Die in § 347 getroffene Regelung läßt sich, falls man § 347 hinwegdenken würde, ohne weiteres dem § 276 BGB entnehmen.[1]

II. Anwendungsbereich

1. Persönlicher Anwendungsbereich

§ 347 erfaßt alle Kaufleute im Sinn des § 1–6 (dazu vor § 343 1ff) einschließlich der Scheinkaufleute (vor § 343 36f) und der den Kaufleuten gemäß sowie analog den §§ 383, 407, 453, 467 gleichzustellenden Kleingewerbetreibenden (vor § 343 32).

Zur Frage, inwieweit die §§ 343ff auf sonstige nicht-kaufmännische Gewerbetreibende sowie auf Nicht-Gewerbetreibende angewandt werden kann, siehe vor § 343 40f.

Die Abgrenzung ist letztlich ohne Relevanz, da man über § 276 BGB zum selben Ergebnis gelangt.[2]

Zum Teil wird die Ansicht vertreten, daß § 347 auch für die **Geschäftsführer von Handelsgesellschaften** (OHG, KG, AG, KGaA, GmbH) und anderer am Handelsverkehr teilnehmender juristischer Personen und Vereinigungen gelte.[3] Diese Ansicht

---

[1] Heymann/Horn HGB[1], § 347 2; Roth in Koller/Roth/Morck HGB[2], § 347 1; K. Schmidt Handelsrecht[5], § 18 III 1; Röhricht/Graf von Westphalen-Wagner HGB[1], § 347 7 ff.

[2] Vgl. BGH BB **1970** 728; BGHZ 23 222, 227; a. A. BGH WM **1981** 41, 42, der nicht beachtet, daß auch im Rahmen des § 276 BGB nach Verkehrskreisen zu differenzieren ist (Nachw. bei Palandt/Heinrichs BGB[59], § 276 17).

[3] Baumbach/Hopt HGB[30], § 347 4; Heymann/Horn HGB[1], § 347 5.

ist mit § 347 nicht zu vereinbaren. Im Rahmen der Haftung der Handelsgesellschaften, die gemäß § 6 Kaufleute sind, haften diese gemäß § 347, wenn sie bei Handelsgeschäften nicht die erforderliche Sorgfalt gewahrt haben. Da Handelsgesellschaften nicht handlungsfähig sind, wird ihnen das Verhalten der Geschäftsführer (§§ 35 ff GmbHG), Vorstände (§ 76 AktG) und geschäftsführenden Gesellschafter (§§ 114, 162, 164 HGB) so zugerechnet, als hätte die Handelsgesellschaft gehandelt oder unterlassen. Im Verhältnis der Geschäftsführer etc. zu den Handelsgesellschaften bzw. zu den Gesellschaftern der Gesellschaft greifen dagegen die §§ 43 GmbHG, 93 AktG und bei Personenhandelsgesellschaften grundsätzlich die §§ 105 III, 161 II HGB, 708 BGB ein. Eine Ausnahme gilt im Straßenverkehr (BGH NJW **1980** 589), bei Publikumsgesellschaften (BGH NJW **1995** 1354 f) und sonstigen Massengesellschaften sowie zu Lasten von Komplementär-GmbH-Geschäftsführern (BGH NJW **1980** 589) sowie von beherrschenden Unternehmer-Gesellschaftern (vgl. BGH NJW **1980** 232). In all diesen Fällen tritt nicht § 347 an die Stelle des § 708 BGB, sondern § 276 BGB bzw. die §§ 43 GmbHG, 93 AktG.

Haftet der Kaufmann für seine Erfüllungsgehilfen gemäß § 278 BGB, so ist die Frage, ob die **Erfüllungsgehilfen** schuldhaft gehandelt haben, anhand des § 347 zu entscheiden (allg. M.).

2. Sachlicher Anwendungsbereich

4 § 347 I ist, wie der Wortlaut der Vorschrift zeigt, immer und nur dann zu beachten, wenn es sich bei dem Geschäft, in dessen Rahmen dem Kaufmann etc. ein Sorgfaltsverstoß vorgeworfen werden könnte, um ein Handelsgeschäft im Sinn der §§ 343 f handelt.[4] Im Bereich des öffentlichen Rechts und in Hinblick auf eine etwaige strafrechtliche Verantwortlichkeit kommt die Vorschrift nicht zum Tragen;[5] zumal im Bereich des Strafrechts ein von § 347 abweichender subjektiver Verschuldensbegriff gilt. § 347 kann nur insoweit von Bedeutung sein, als das öffentliche Recht oder das Strafrecht an ein pflichtwidriges Unterlassen des Kaufmanns etc. anknüpft.

III. Sorgfalt eines ordentlichen Kaufmanns

1. Objektiver Maßstab

5 Wie bei § 276 BGB gilt im Rahmen des § 347 I kein individueller, subjektiver, sondern ein objektiver Maßstab.[6] Es kommt deshalb nicht auf die individuellen Fähigkeiten des Kaufmanns an; denn es muß jeder darauf vertrauen dürfen, daß der Kaufmann die zur Erfüllung seiner Pflichten notwendigen Fähigkeiten und Einstellungen besitzt. Der Kaufmann darf sich deshalb weder auf mangelnde Ausbildung, auf fehlendes Fachwissen noch auf Überbeanspruchung berufen. Verfügt der Kaufmann im Einzelfall über besondere Fähigkeiten, so sind diese bei der Ermittlung der geschuldeten Sorgfalt zugrunde zu legen.

2. Normativer Maßstab

6 Wie im Rahmen des § 276 BGB dürfen sich auch Kaufleute nicht ohne weiteres darauf berufen, daß ihr schädigendes Verhalten üblich gewesen sei. Vielmehr schulden auch Kaufleute die Sorgfalt, die im Verkehr erforderlich ist.[7]

---

[4] Siehe die Erläuterungen zu den §§ 343, 344.
[5] Abweichend *Baumbach/Hopt* HGB[30], § 347 2.
[6] OLG München NJW **1970** 1924, 1926.
[7] BGH BB **1970** 728; *Roth* in *Koller/Roth/Morck* HGB[2], § 347 3.

3. Art der Geschäfte

Die Sorgfaltsanforderungen variieren nach der Art der Geschäfte, da der Kaufmann **7** gehalten ist, den nach der Art des jeweiligen Geschäftes typischerweise zu besorgenden Gefahren und den im Einzelfall zusätzlich erkennbaren Risiken angemessen Rechnung zu tragen. Vgl. zu Einzelheiten die in den Kommentierungen zu § 276 BGB genannten Fallgruppen.

4. Umfang der Geschäftstätigkeit

Schon aus Gründen der Wettbewerbsgleichheit obliegt kleinen und großen Kauf- **8** leuten etc. dieselbe Sorgfalt.[8] Dies gilt jedenfalls zu Lasten „kleinerer" Kaufleute etc., die sich allenfalls auf § 254 I BGB berufen dürfen, wenn sich jemand auf sie eingelassen hat, obwohl erkennbar war, daß sie die nach der Art des Geschäftes gebotene Sorgfalt nicht wahren können. Zu Lasten „größerer" Kaufleute etc. können zwar grundsätzlich deren überdurchschnittliche Fähigkeiten ins Feld geführt werden (siehe oben Rdn. 5), doch sollte dies aus Gründen der Wettbewerbsgleichheit nur äußerst zurückhaltend geschehen.[9] Jedenfalls können in einer Marktwirtschaft die größeren finanziellen Ressourcen größerer Kaufleute etc. nicht zu einer Verschärfung des Sorgfaltsmaßstabs führen.

IV. Rechtswidrigkeit, Verschuldensfähigkeit

Es gelten die allgemeinen Regeln zur Rechtswidrigkeit[10] des schädigenden Ver- **9** haltens und zur Verschuldensfähigkeit (§§ 827 ff BGB).

V. Gesetzliche Haftungserleichterungen

§ 347 II verweist insbesondere auf die §§ 300 I, 521, 523, 599, 680, 690, 708, 932 **10** BGB. Unberührt bleiben auch Haftungserleichterungen, die außerhalb des BGB angeordnet sind, z. B. gemäß § 46 BörsG.

VI. Vertragliche Freizeichnungen

Auch im Rahmen des § 347 sind die Schranken der §§ 276 II, 138 BGB zu beachten. **11** Soweit die Freizeichnung auf AGB beruht, ist das AGBG zu beachten. Einer weitergehenden Kontrolle ist gemäß § 24 a AGBG der Kaufmann etc. unterworfen, wenn er als Unternehmer mit einem Verbraucher Verträge abgeschlossen hat.

VII. Haftungsverschärfungen

§ 347 läßt die Vorschriften, die eine verschuldensunabhängige Haftung anordnen **12** als leges speciales unberührt. Dabei ist es gleichgültig, ob sich derartige Normen im HGB (z. B. § 426) oder im BGB (z. B. §§ 279, 287, 701) finden oder in eine Gefährdungshaftung statuierenden Spezialgesetzen.

---

[8] Einschr. RGZ 105 389; *Baumbach/Hopt* HGB[30], § 347 1.
[9] Ebenso *Heymann/Horn* HGB[1], § 347 25.
[10] *Palandt/Heinrichs* BGB[59], § 276 8.

§ 348

Eine Vertragsstrafe, die von einem Kaufmann im Betriebe seines Handelsgewerbes versprochen ist, kann nicht auf Grund der Vorschriften des § 343 des Bürgerlichen Gesetzbuchs herabgesetzt werden.

Übersicht

	Rdn.		Rdn.
I. Allgemeines	1	8. Treu und Glauben	9
II. Vertragsstrafe	2	IV. Rechtsfolgen	10
III. Handelsgeschäft	3	1. Grundsatz: Keine Herabsetzung	10
1. Kaufmann	3	2. Ausnahmen	11
2. Scheinkaufmann	4	a) Auslegung des Vertragsstrafeversprechens	11
3. Freiberufler	5	b) Sittenwidrigkeit	12
4. Kleingewerbliche Nicht-Kaufleute	6	c) Wegfall der Geschäftsgrundlage	13
5. Kaufmannsähnliche Personen	7	d) Treu und Glauben	14
6. Gesellschafter	7a	e) Verstoß gegen das AGBG	15
7. Zum Betrieb des Handelsgewerbes gehörendes Geschäft	8		

Schrifttum

siehe vor §§ 343 ff.

I. Allgemeines

1 § 348 trägt der besonderen Geschäftsgewandtheit und der geringeren Schutzbedürftigkeit von Kaufleuten Rechnung.

II. Vertragsstrafe

2 Vgl. die Kommentierungen zu den §§ 339 ff BGB zu der Begründung einer Vertragsstrafenverpflichtung und zur Verwirkung der Vertragsstrafe sowie zur Abgrenzung von verwandten Figuren wie Draufgabe, Reuegeld, Verfallklausel, pauschaliertem Schadensersatz.

III. Handelsgeschäft

1. Kaufmann

3 Siehe Erläuterungen vor § 343 Rdn. 1a–31. Maßgeblich ist der Zeitpunkt der Willenserklärung desjenigen, der sich zur Zahlung einer Vertragsstrafe verpflichtet hat.

2. Scheinkaufmann

4 Siehe zum Begriff des Scheinkaufmanns die Erläuterungen vor § 343 36, 37. Nach Ansicht des BGH (BGHZ 22 234, 238) muß sich der Scheinkaufmann grundsätzlich so behandeln lassen, als ob er Kaufmann sei. Im 5. Band hatte der BGH (BGHZ 5 133, 135) allerdings noch offen gelassen, ob § 348 auch zu Lasten von Scheinkaufleuten wirke. In der Literatur wird verbreitet dafür plädiert, auch auf dem Feld der Vertrags-

strafe Scheinkaufleute wie echte Kaufleute zu behandeln.[1] Zum Teil wird jedoch ganz allgemein eine Erstreckung des § 348 auf Scheinkaufleute abgelehnt. Dies wird damit begründet, daß es kein schutzwürdiges Interesse des Strafgläubigers an der übermäßigen Strafleistung durch den Scheinkaufmann gebe. Da die sonstigen Ansprüche des Gläubigers unberührt blieben, die Strafe „an sich" ungerechtfertigte Bereicherung sei, sei es nicht erforderlich, dem Scheinkaufmann den an sich unverzichtbaren Schutz des § 343 BGB zu nehmen.[2] Richtigerweise ist zu differenzieren. Soweit Kannkaufleute (§§ 2, 3 HGB) als Scheinkaufleute auftreten, können sie unbedenklich dem § 348 unterworfen werden, da diese ja ohne weiteres den Kaufmannsstatus erwerben könnten.[3] Andere Personen müssen sich den § 348 nicht entgegenhalten lassen, selbst wenn sie sich als Kaufleute geriert haben (vor § 343 37).

3. Freiberufler

Verbreitet wird die Ansicht vertreten, daß Freiberufler wie Kaufleute zu behandeln 5 seien, da sie ähnlich wie Kaufleute nicht schutzbedürftig seien.[4] Dem steht jedoch die klare Entscheidung des Gesetzgebers entgegen, Freiberufler unabhängig von ihrer konkreten Schutzbedürftigkeit nicht den Anforderungen auszusetzen, die an einen Kaufmann gestellt werden.[5] Zu Treu und Glauben siehe unten Rdn. 9.

4. Kleingewerbliche Nicht-Kaufleute

Zu Lasten kleingewerblicher Nicht-Kaufleute gilt § 348 selbst dann nicht, wenn sie 6 das Kommissions-, Fracht-, Speditions- oder Lagergeschäft betreiben (§§ 383 II 2, 407 III 2, 453 III 2, 467 III 2 HGB). Gleiches gilt für kleingewerblich tätige, nicht im Handelsregister eingetragene Handelsvertreter (siehe vor § 343 32). Anders ist die Rechtslage, wenn diese Nicht-Kaufleute als Scheinkaufleute agiert haben (Rdn. 3).

5. Kaufmannsähnliche Personen

Zum Begriff der kaufmannsähnlichen Person siehe vor § 343 Rdn. 33–35, 39–41. 7 Die Rechtssicherheit gebietet, die scharfe Abgrenzung von Kaufleuten und Nicht-Kaufleuten nicht zu verwässern (siehe vor § 343 Rdn. 35, 39, 40a). Jedenfalls sollte man diesen Personenkreis nicht des zwingend angeordneten Schutzes des § 343 BGB berauben.[6] Nur in besonderen Ausnahmefällen kann man gestützt auf § 242 BGB dem Vertragsstrafeversprechenden die Möglichkeit nehmen, eine Herabsetzung der Vertragsstrafe zu begehren.[7] Dies hat der BGH (BGHZ 5 133, 136) in einem Fall getan, in dem GmbH-Gesellschafter untereinander ein strafbewehrtes Wettbewerbsverbot vereinbart haben. Angesichts der Flexibilität des § 343 BGB[8] besteht jedoch kein Anlaß, den § 242 BGB ins Feld zu führen.[9] Zu Scheinkaufleuten siehe Rdn. 3.

---

[1] *Heymann/Horn* HGB[1], § 348 12; *Schlegelberger/Hefermehl* HGB[5], § 348 24; *Baumbach/Hopt* HGB[30], § 348 6; Vorauflage-*Ratz* § 348 21; *Soergel-Lindacher* BGB[12], § 343 25; *Straube/Kramer* öHGB[1] (1987), § 348 6.
[2] *Staudinger/Rieble*, BGB (1995), § 343 25; *Jabornegg/Kerschner* öHGB[1], § 348 12.
[3] *Canaris* Handelsrecht[23], § 6 II 6 b.
[4] *Canaris* Handelsrecht[23], § 6 II 6 b; *Roth* in *Koller/Roth/Morck* HGB[2], § 15 49.
[5] Vor § 343 33 ff; vgl. auch *Staudinger/Rieble* BGB (1995), § 343 26.
[6] *Canaris* Handelsrecht[23], § 6 II 6 b; *Roth* in *Koller/Roth/Morck* HGB[2], § 348 3; *Staudinger/Rieble* BGB (1995), § 343 26; *Heymann/Horn* HGB[1], § 348 13.
[7] *Canaris* Handelsrecht[23], § 6 II 6 b, § 26 I 1; *Heymann/Horn* HGB[1], § 348 13.
[8] Vgl. OLG Düsseldorf DB **1992** 86; einschränkend OLG Köln OLG-Report **1992** 37, 38 f.
[9] So i. E. auch *Staudinger/Rieble* BGB (1995), § 343 26 m. Nachw.

6. Gesellschafter

7a Siehe § 350 8.

7. Zum Betrieb des Handelsgewerbes gehörendes Geschäft

8 § 348 HGB greift nur ein, wenn die Vertragsstrafe im Betrieb des Handelsgewerbes des Kaufmanns bzw. im Betrieb des Scheinkaufmanns (Rdn. 3) versprochen worden ist. Es muß sich mithin um ein Vertragsstrafeversprechen im Rahmen eines (Schein)Handelsgeschäftes (siehe dazu Erläuterungen zu § 343) handeln. Es gilt auch hier die Vermutung des § 344. Maßgeblich ist der Zeitpunkt, in dem die Willenserklärung derjenigen Person, die sich der Vertragsstrafe unterwirft, abgegeben wird (§ 343 9).[10] Ein Vertragsstrafeversprechen zur Sicherung eines bei einer Geschäftsveräußerung (§ 343 15) vereinbarten Wettbewerbsverbotes fällt daher unter § 348 und wirkt für die gesamte Dauer des Wettbewerbsverbotes nach.[11]

8. Treu und Glauben

9 Vereinzelt wird die Ansicht vertreten, daß § 242 BGB einer nach § 343 BGB möglichen Herabsetzung einer Vertragsstrafe im Wege stehen könne.[12] Für ein auf § 242 BGB gestütztes Herabsetzungsverbot besteht jedoch kein Bedürfnis; denn dem Grundsatz von Treu und Glauben kann ausreichend bei der Bemessung der Vertragsstrafe (§ 343 BGB) Rechnung getragen werden.[13] Dabei kann sich nach Treu und Glauben ergeben, daß nur die volle Vertragsstrafe angemessen ist. Dies gilt z. B., wenn ein Wettbewerbsverbot unter Kaufleuten kurze Zeit nach Aufgabe der kaufmännischen Tätigkeit im Rahmen eines gerichtlichen Vergleichs unter Beiziehung von Anwälten durch ein Vertragsstrafeversprechen bekräftigt wird (vgl. BGHZ 5 133).

IV. Rechtsfolgen

1. Grundsatz: Keine Herabsetzung

10 § 348 schließt lediglich die Herabsetzung der Strafe gemäß § 343 BGB aus. Dem Kaufmann bleibt, soweit er akzessorisch haftet (z. B. § 768 BGB), das Recht erhalten, ebenso wie der nicht-kaufmännische Hauptschuldner die Herabsetzung der Vertragsstrafe einzuwenden.[14] Andererseits muß sich der nicht-kaufmännische Bürge den § 348 entgegenhalten lassen,[15] wenn er sich für eine im Rahmen eines Handelsgeschäfts entstandene Forderung verbürgt hat.

2. Ausnahmen

11 a) **Auslegung des Vertragsstrafeversprechens.** Aus dem Vertragsstrafeversprechen kann sich gemäß § 157 BGB ergeben, daß angesichts der Härte der Strafe nicht bereits minimale Verstöße die Vertragsstrafe auslösen sollen.[16] Ferner ist von Fall zu Fall zu prüfen, ob das Vertragsstrafeversprechen nur eine vertragsmäßig nach oben

---

[10] Ähnlich BGHZ 5 133, 136: Zeitpunkt des Vertragsstrafeversprechens; wie hier *Baumbach/Hopt* HGB[30], § 348 6; *Soergel/Lindacher* BGB[12], § 343 25; *Heymann/Horn* HGB[1], § 348 12.
[11] *Staudinger/Rieble* BGB (1995), § 343 29.
[12] *Heymann/Horn* HGB[1], § 348 13; *Staudinger/Rieble* BGB (1995), § 343 33; *Canaris* Handelsrecht[23], § 26 I 1.
[13] Vgl. OLG Düsseldorf DB **1992** 86.
[14] *Staudinger/Rieble* BGB (1995), § 343 31.
[15] *Staudinger/Rieble* BGB (1995), § 343 31; a. A. *Schlegelberger/Hefermehl* HGB[5], § 348 25.
[16] *Soergel/Lindacher* BGB[12], § 343 27; *Staudinger/Rieble* BGB (1995), § 343 33; *Baumbach/Hopt* HGB[30], § 348 2, die § 242 BGB heranziehen (Rdn. 14).

begrenzte Befugnis des Gläubigers begründet, die Strafe einseitig festzusetzen.[17] In einem solchen Fall hat der Gläubiger nach billigem Ermessen zu verfahren.[18]

b) Sittenwidrigkeit. Das Vertragsstrafeversprechen kann gemäß § 138 I BGB nichtig sein.[19] Die Sittenwidrigkeit kann auf die übermäßige Höhe der Vertragsstrafe gestützt werden.[20] Dabei kann man sich daran orientieren, welche Vertragsstrafe beim schlimmsten denkbaren Verstoß angemessen ist. Nach h. M. genügt jedoch für die Verwerfung der Vertragsstrafenabrede wegen Sittenwidrigkeit nicht, daß die Vertragsstrafe übermäßig hoch ist.[21] Es müssen vielmehr andere Umstände hinzutreten, wie z. B. Knebelung, Ausnutzung einer Notlage,[22] Machtausübung,[23] Existenzbedrohung,[24] grob einseitige und unangemessene Bevorzugung des Gläubigers.[25] Als zusätzliche Elemente genügen auch subjektive Faktoren wie eine verwerfliche Gesinnung[26] oder das Bewußtsein der völligen Unangemessenheit der Vertragsstrafe (*Canaris* aaO). Entgegen *Köhler* (Festschrift Gernhuber [1993], S. 210) sind allerdings solche subjektiven Merkmale nicht unbedingt erforderlich. **12**

c) Wegfall der Geschäftsgrundlage. Sind die Parteien bei der Vereinbarung der Vertragsstrafe von falschen Annahmen ausgegangen oder ist die Strafe wegen Änderung der Verhältnisse nachträglich unangemessen geworden, so kann eine Anpassung der Vertragsstrafe in Betracht kommen.[27] **13**

d) Treu und Glauben. Zum Teil wird die Geltendmachung der Vertragsstrafe als rechtsmißbräuchlich bezeichnet, wenn die Intensität des Verstoßes des Schuldners nur ganz geringfügig ist.[28] Diese Fallgruppe sollte man durch restriktive Interpretation der Vertragsstrafenabrede bewältigen (oben Rdn. 11). Dagegen handelt der Gläubiger rechtsmißbräuchlich, wenn er selbst den Vertragsverstoß provoziert oder sich selbst in erheblichem Maß vertragswidrig verhalten hatte.[29] Hat der Vertragsverstoß die Interessen des Schuldners weder beeinträchtigt noch ernsthaft gefährdet, so stellt die Einforderung der Vertragsstrafe keinen Rechtsmißbrauch dar.[30] Hier kommt ebenfalls nur eine restriktive Vertragsauslegung (Rdn. 11) in Betracht, bei der allerdings die Interessen der Parteien an Rechtssicherheit und Praktikabilität der Abrede zu beachten sind. **14**

e) Verstoß gegen das AGBG. Ist die Vertragsstrafe Teil Allgemeiner Geschäftsbedingungen gewesen, so kann die Klausel gegen § 9 AGBG verstoßen.[31] **15**

---

[17] *Soergel/Lindacher* BGB[12], § 343 27.
[18] §§ 315, 319 BGB; *Canaris* Handelsrecht[23], § 26 I 1 a; *Soergel/Lindacher* BGB[12], § 343 27; Münchener Kommentar-*Gottwald* BGB[3], § 343 3.
[19] *Canaris* Handelsrecht[23], § 26 I b; *Staudinger/Rieble* BGB (1995), § 339 28 ff m. Nachw.
[20] *Canaris* Handelsrecht[23], § 26 I 1 b; Münchener Kommentar-*Gottwald* BGB[3], § 343 7.
[21] *Palandt/Heinrichs* BGB[59], § 343 3; Münchener Kommentar-*Gottwald* BGB[3], § 343 7; jeweils m. Nachw. h. M.
[22] RG WarnRspr. **1921** Nr. 90; *Soergel/Lindacher* BGB[12], § 343 5.
[23] Münchener Kommentar-*Gottwald* BGB[3], § 343 7.
[24] RGZ **68** 229, 331; **85** 100, 101; *Soergel/Lindacher* BGB[12], § 343 5; *Staudinger/Rieble* BGB (1995), § 339 31.
[25] *Staudinger/Rieble* BGB (1995), § 339 31.
[26] *Canaris* Handelsrecht[23], § 26 I 1 b; **a. A.** BGH LM Nr. 1 zu § 343 BGB.
[27] BGHZ **52** 55, 60; BGH NJW **1954** 998; WM **1961** 1194; OLG Karlsruhe BB **1967** 1181; *Canaris* Handelsrecht[23], § 26 I 1a; *Soergel/Lindacher* BGB[12], § 343 27; Münchener Kommentar-*Gottwald* BGB[3], § 343 3; *Baumbach/Hopt* HGB[30], § 348 7; *Heymann/Horn* HGB[1], § 348 16.
[28] Münchener Kommentar-*Gottwald* BGB[3], § 343 9; kritisch *Staudinger/Rieble* BGB (1995), § 339 133; § 343 33.
[29] Vgl. BGH NJW **1971** 1126; NJW-RR **1991** 568, 569; Münchener Kommentar-*Gottwald* BGB[3], § 339 22; vgl. auch *Soergel/Lindacher* BGB[12], § 339 24f; *Staudinger/Rieble* BGB (1995), § 343 33.
[30] BGH NJW **1984** 920; **a. A.** *Palandt/Heinrichs* BGB[59], § 343 5; *Roth* in Koller/Roth/Morck HGB[2], § 348 4.
[31] Vgl. *Wolf/Horn/Lindacher* AGBG[4], § 11 Nr. 6 Rdn. 33 ff; *Ulmer/Brandner/Hensen* AGBG[9], § 11 Nr. 6 Rdn. 17 ff; *Palandt/Heinrichs* BGB[59], § 11 Nr. 6 AGBG Rdn. 32 jeweils m. Nachw. zur Rspr.

§ 349

Dem Bürgen steht, wenn die Bürgschaft für ihn ein Handelsgeschäft ist, die Einrede der Vorausklage nicht zu. Das gleiche gilt unter der bezeichneten Voraussetzung für denjenigen, welcher aus einem Kreditauftrag als Bürge haftet.

Schrifttum

siehe vor §§ 343 ff.

1. Allgemeines

1   Mangels besonderer Abreden haftet der Bürge gemäß § 771 BGB nachrangig. Der Gläubiger hat somit grundsätzlich (§ 773 BGB) den Hauptschuldner vor dem Bürgen zu verklagen und eine Zwangsvollstreckung vorrangig beim Hauptschuldner zu versuchen. Der Kaufmann haftet schärfer, weil ihn das HGB als weniger schutzbedürftig erachtet.

2. Bürgschaft, Kreditauftrag

2   § 349 greift bei Bürgschaften im Sinn des § 765 BGB und Kreditaufträgen im Sinn des § 778 BGB ein, nicht jedoch bei der Wechsel- und Scheckbürgschaft (Art. 30ff WG, 25ff SchG), beim Garantieversprechen sowie der Schuldmitübernahme. Bei diesen zuletzt genannten Formen der Mithaftung spielt es für die Frage, in welcher Reihenfolge die Schuldner in Anspruch genommen werden dürfen, keine Rolle, ob der Schuldner Kaufmann ist.

3. Kaufmann

3   a) **Kaufmann.** Siehe Erläuterungen vor § 343 Rdn. 1a–31.

4   b) **Scheinkaufleute.** Siehe Erläuterungen vor § 343 37. Da § 771 BGB dispositiver Natur ist (§ 773 I Nr. 1 BGB), bestehen gegen eine Erstreckung des § 349 auf Scheinkaufleute aller Art keinerlei Bedenken.[1]

5   c) **Kleingewerbetreibende im Sinn der §§ 84, 93, 383, 407, 453, 467 HGB.** Siehe Erläuterungen vor § 343 32. § 349 ist für diesen Personenkreis ohne Bedeutung, solange sie nicht den Rechtsschein eines kaufmännischen Gewerbebetriebes hervorrufen (siehe oben Rdn. 4).

6   d) **Kaufmannsähnlichkeit.** Siehe Erläuterungen vor § 343 40.

7   e) **Freiberuflich tätige Unternehmer.** Siehe Erläuterungen vor § 343 39.

f) **Gesellschafter.**

8   aa) **OHG-Gesellschafter.** Siehe vor § 343 29.

9   bb) **GmbH-Gesellschafter.** Siehe § 350 9.

4. Zum Betrieb des Handelsgewerbes gehörendes Geschäft

10   Siehe Erläuterungen zu § 343. Ob ein Handelsgeschäft geschlossen worden ist, beurteilt sich nach dem Zeitpunkt der Abgabe des Bürgschaftsversprechens bzw. der Erklärung des Kreditauftraggebers.[2] Die Vermutung des § 344 ist zu beachten.

---

[1] *Baumbach/Hopt* HGB[30], § 349 12; abweichend *Roth* in *Koller/Roth/Morck* HGB[2], § 349 3.

[2] Für Zeitpunkt des Vertragsabschlusses: *Roth* in *Koller/Roth/Morck* HGB[2], § 349 3; *Schlegelberger/Hefermehl* HGB[5], § 349 41; ambivalent *Heymann/Horn* HGB[1], § 349 5; *Baumbach/Hopt* HGB[30], § 349 12: Übernahme der Verpflichtung bzw. Bürgschaft.

5. Abdingbarkeit

§ 349 ist dispositiver Natur. Die Parteien können die Einrede der Vorausklage vereinbaren (allg. M.). **11**

6. Rechtsfolge

Greift § 349 ein, so haften der Bürge und der Kreditauftraggeber wie ein selbstschuldnerischer Bürge (§ 773 I Nr. 1 BGB). Zur Haftung als selbstschuldnerischer Bürge siehe die Kommentare zu den §§ 765 ff BGB. **12**

§ 350

Auf eine Bürgschaft, ein Schuldversprechen oder ein Schuldanerkenntnis finden, sofern die Bürgschaft auf der Seite des Bürgen, das Versprechen oder das Anerkenntnis auf der Seite des Schuldners ein Handelsgeschäft ist, die Formvorschriften des § 766 Satz 1, des § 780 und des § 781 Satz 1 des Bürgerlichen Gesetzbuchs keine Anwendung.

Übersicht

	Rdn.		Rdn.
I. Allgemeines	1	b) GmbH-Gesellschafter	9
II. Bürgschaft, Schuldversprechen, Schuldanerkenntnis	2	7. Zum Betrieb des Handelsgewerbes gehörendes Geschäft	10
III. Handelsgeschäft	3	IV. Rechtsfolgen	11
1. Kaufmann	3	1. Form	11
2. Scheinkaufmann	4	2. Erfordernis hinreichender Bestimmtheit	12
3. Kleingewerbliche Nicht-Kaufleute	5	3. Blankobürgschaften	13
4. Freiberuflich Tätige	6	V. Mißbräuchliche Geltendmachung von Formmängeln	14
5. Kaufmannsähnliche Personen	7		
6. Gesellschafter	8		
a) Unbeschränkt haftende Gesellschafter der OHG, KG	8		

Schrifttum

siehe vor §§ 343 ff.

I. Allgemeines

§ 350 hat den Sinn, durch Freistellung von hinderlichen Formvorschriften den Handelsverkehr zu erleichtern und dessen besonderem Bedürfnis nach schneller und einfacher Abwicklung Rechnung zu tragen.[1] **1**

II. Bürgschaft, Schuldversprechen, Schuldanerkenntnis

Siehe §§ 765, 780, 781 BGB sowie die Erläuterungen dazu in den BGB-Kommentaren. **2**

---

[1] BGHZ **121** 5 = BGH NJW **1993** 584, 585; *Canaris* Handelsrecht[23], § 26 II 1 a.

III. Handelsgeschäft

1. Kaufmann

3 Siehe vor § 343 Rdn. 1a–31.

2. Scheinkaufmann

4 Zum Begriff des Scheinkaufmanns siehe Erläuterungen vor § 343 36, 37. Da § 350 Kaufleute von den zwingend geltenden Formvorschriften des BGB befreit, müssen sich entgegen der h. L.[2] Scheinkaufleute den § 350 nur dann entgegenhalten lassen, wenn sie gemäß den §§ 2, 3 berechtigt waren, die Kaufmannseigenschaft zu erwerben.[3]

3. Kleingewerbliche Nicht-Kaufleute

5 Wenn die Voraussetzungen der Scheinkaufmannseigenschaft nicht erfüllt sind, darf sich der Gläubiger gegenüber nicht im Handelsregister eingetragenen Kleingewerbetreibenden nicht auf § 350 berufen. Dies wird in den §§ 383, 407, 453, 467 ausdrücklich für kleingewerblich tätige Kommissionäre, Frachtführer, Spediteure und Lagerhalter angeordnet.

4. Freiberuflich Tätige

6 § 350 greift nicht ein.[4] In Ausnahmefällen kann nach den allgemeinen für Formvorschriften geltenden Regeln die Berufung auf den Formmangel unzulässig sein.

5. Kaufmannsähnliche Personen

7 Die Rechtssicherheit gebietet, die scharfe Abgrenzung zwischen Kaufleuten und Nicht-Kaufleuten nicht zu verdunkeln (siehe vor § 343 Rdn. 35, 39, 40a). Jedenfalls sollte man kaufmannsähnlichen Personen nicht die Möglichkeit nehmen, den zwingend angeordneten Schutz der §§ 766, 780, 781 BGB für sich ins Feld zu führen. In Ausnahmefällen kann allerdings nach den allgemeinen für Formvorschriften geltenden Regeln die Berufung auf den Formmangel unzulässig sein. Zu Scheinkaufleuten siehe oben Rdn. 4.

6. Gesellschafter

8 a) **Unbeschränkt haftende Gesellschafter der OHG, KG.** Siehe oben § 105 Rdn. 74 ff; § 161 Rdn. 12 zur Rechtsprechung und älteren Literatur. Die neuere Literatur bejaht eine Erstreckung des § 350 auf Gesellschafter der OHG und Komplementäre der KG,[5] jedenfalls dann, wenn die Gesellschafter geschäftsleitend tätig waren.[6] *K. Schmidt* (Handelsrecht § 18 I d aa) operiert mit dem „soziologischen" Typus des Kaufmanns, an den das Gesetz aber gerade nicht anknüpfen will. Deshalb behandelt der BGH zutreffend den geschäftsführenden Gesellschafter einer GmbH (unten Rdn. 9) ebensowenig als Kaufmann wie den Generalbevollmächtigten eines Kaufmanns. Aus Gründen der Rechtssicherheit sollte man deshalb erst recht nicht persönlich haftende Gesellschafter, die nicht geschäftsleitend tätig werden, des Schutzes der §§ 766, 780, 781

---

[2] *Heymann/Horn* HGB¹, § 350 5; *Baumbach/Hopt* HGB³⁰, § 350 7; *K. Schmidt* Handelsrecht⁵, § 10 VIII 4 a.

[3] *Canaris* Handelsrecht²³, § 6 II 6 b; näher dazu oben § 348 Rdn. 3 zum Parallelproblem bei der Vertragsstrafe.

[4] *Canaris* Handelsrecht²³, § 26 II 1 a; ferner vor § 343 33 ff zum Streitstand.

[5] *K. Schmidt* Handelsrecht⁵, § 18 I 1 d aa.

[6] Weitergehend *Röhricht/Graf von Westphalen-Wagner* HGB¹, § 350 9; *Jabornegg/Kerscher* öHGB¹, § 350 6.

BGB berauben.⁷ Unbegrenzt haftende Gesellschafter sind nicht per se Kaufleute; denn die Kaufmannseigenschaft liegt bei der OHG, KG. Die Haftung gemäß § 128 HGB kann sie ebensowenig zu Kaufleuten machen wie sonstige Formen der Mithaftung. Die Einflußmöglichkeiten der Gesellschafter können auch viel zu weit differieren, als daß man ohne weiteres in rechtssicherer Weise sagen könnte, die persönlich voll haftenden Gesellschafter würden nahezu immer wie Unternehmer am Handelsverkehr teilnehmen. Denkbar ist allerdings, nach den allgemeinen für Formvorschriften geltenden Regeln die Berufung auf den Formverstoß zu versagen.

b) GmbH-Gesellschafter. Der BGH hat es abgelehnt, § 350 ohne Rücksicht auf die Größe des Geschäftsanteils auf GmbH-Gesellschafter anzuwenden.⁸ *K. Schmidt*⁹ plädiert dagegen dafür, auch nicht-schriftliche Bürgschaften aller als Geschäftsführer tätigen GmbH-Gesellschafter anzuerkennen. *Canaris* (Handelsrecht²³, § 26 II 1 b) folgt dem nur, wenn der geschäftsleitend tätige Gesellschafter zumindest über 50 % der Geschäftsanteile besitzt. Es ist aber keineswegs gesagt, daß der mit mehr als 50 % beteiligte Gesellschafter immer den beherrschenden Einfluß ausüben kann. Selbst ein Alleingesellschafter kann durch Stimmbindungsverträge oder anderes gefesselt sein. Die Rechtssicherheit gebietet deshalb auch hier, bei der weitgehend formalen Abgrenzung der Kaufleute von den Nicht-Kaufleuten stehen zu bleiben.¹⁰ Allerdings ist es denkbar, nach den allgemeinen für Formvorschriften geltenden Regeln die Berufung auf Formverstöße zu versagen (BGH WM **1986** 939). Außerdem bedarf es analog § 778 BGB nicht der Form, falls sich der Gläubiger gegenüber dem GmbH-Gesellschafter verpflichtet hat, der GmbH einen Kredit zu gewähren.¹¹

7. Zum Betrieb des Handelsgewerbes gehörendes Geschäft

Siehe Erläuterungen zu den §§ 343, 344 (BGH BB **1968** 1053). Maßgeblicher Zeitpunkt ist der Moment der Abgabe des Bürgschafts-, Schuldversprechens oder des Schuldanerkenntnisses (§ 343 9). Die Hauptschuld braucht bei der Bürgschaft nicht einem Handelsgeschäft zu entspringen. § 350 gilt auch für Bürgschaften einer Bank zur Abwendung der Zwangsvollstreckung gegen den Hauptschuldner (BGH NJW **1967** 823). Wird eine formnichtige (§ 125 BGB) Bürgschaft, ein formnichtiges Schuldversprechen oder Schuldanerkenntnis bestätigt, nachdem der Bürge etc. zum Kaufmann oder zu einer ihm gleichzustellenden Person (siehe oben) geworden ist, so entfaltet dies keine rückwirkende Kraft.¹² Allerdings ist der Bürge etc. im Zweifel verpflichtet, den Gläubiger so zu stellen, als ob er die Bürgschaft etc. von Anfang an formwirksam übernommen hätte (§ 141 II BGB).

IV. Rechtsfolgen

1. Form

Entgegen den §§ 766, 780, 781 BGB sind auch mündliche Bürgschafts-, Schuldversprechen sowie Schuldanerkenntnisse wirksam. Gleiches gilt für stillschweigende

---

[7] Anders *Canaris* Handelsrecht²³, § 2 II 3; § 26 II 1 b; wie hier *Baumbach/Hopt* HGB³⁰, § 350 7; *Heymann/Horn* HGB¹, § 350 5; *Roth* in Koller/Roth/Morck HGB², § 350 5.
[8] BGHZ **121** 224, 228; **132** 119, 122; BGH WM **1991** 536; (ebenso BGH LM Nr. 6 zu § 4 VerbrKrG, Nr. 165 zu § 535 BGB zum Schuldbeitritt); OLG Düsseldorf BB **1994** 2101, 2102; *Röhricht/*

Graf von Westphalen-Wagner HGB¹, § 350 10; *Roth* in Koller/Roth/Morck HGB², § 350 5; unklar BGH NJW **1991** 2154.
[9] Handelsrecht⁵, § 18 I 1 d; *ders.* ZIP **1986** 1515.
[10] Ebenso *Jabornegg/Kerschner* öHGB¹, § 350 5.
[11] *Canaris* Handelsrecht²³, § 26 II 1 c; *Larenz/Canaris* Schuldrecht II/2¹³, § 60 VI 2 b.
[12] *Baumbach/Hopt* HGB³⁰, § 350 7.

Erklärungen. Die Parteien können jedoch vereinbaren,[13] daß diese Erklärungen der Form bedürfen (OLG Hamburg WM **1996** 523). Im Zweifel hat eine derartige Abrede lediglich Klarstellungs- und Beweisfunktion (BGH NJW **1993** 724, 725). Es ist deshalb durch Auslegung der Vereinbarung zu ermitteln, ob ein Formfehler die Nichtigkeit zur Folge haben soll.[14] Im Zweifel ist dies zu verneinen.[15] Bestimmt deshalb ein Bauvertrag, daß für die Bürgschaft ein besonderer Vordruck zu verwenden sei, so läßt ein Verstoß gegen diese Abrede die Gültigkeit der Bürgschaft unberührt.[16] Im übrigen ist zu bedenken, daß die Parteien die Formabrede jederzeit, auch stillschweigend, formlos aufheben können.[17]

2. Erfordernis hinreichender Bestimmtheit

12 Selbst wenn die Parteien die Schriftform vereinbart haben, sind das Bürgschaftsversprechen etc. im Zweifel unter Einbeziehung aller, auch außerhalb der Urkunde gelegener Umstände auszulegen.[18] Bürgschaftsversprechen etc. eines Kaufmanns sind mithin immer wie normale Willenserklärungen gemäß den §§ 133, 157 BGB zu interpretieren. Es genügt deshalb die Erkennbarkeit der maßgeblichen Umstände.[19] Nach dem sog. Bestimmtheitsgrundsatz,[20] der auch im Rahmen des § 350 gilt (OLG Köln OLG-Report **1992** 130), ist das Bürgschaftsversprechen jedoch unwirksam, wenn sich durch Auslegung der Erklärung unter Berücksichtigung aller für den Bürgschaftsgläubiger erkennbaren Umstände der Bürgschaftsgläubiger, der Hauptschuldner oder die Hauptschuld nicht ermitteln lassen.[21]

3. Blankobürgschaften

13 Dem BGH (BGHZ **132** 119, 122 ff) zufolge bedarf die Ermächtigung zur Ausfüllung eines Blanketts der Schriftform des § 766 BGB. Der BGH begründet dies mit der Warnfunktion des Formerfordernisses (BGHZ **132** 119, 122). Diese Warnfunktion entfällt bei Bürgschaften, die im Rahmen eines Handelsgeschäftes versprochen werden (§ 350). Es ist deshalb unbeschränkt möglich, Dritte mündlich zur Ausfüllung des Blanketts zu ermächtigen. Es sollte daher auch eine mündliche Erklärung des Ergänzungsbefugten für die Vervollständigung des Bürgschaftsversprechens ausreichen.[22]

V. Mißbräuchliche Geltendmachung von Formmängeln

14 Vgl. BGH NJW **1991** 2154; ferner die Nachweise in den Kommentaren zu § 125 BGB.

§ 351
Aufgehoben durch das Handelsrechtsreformgesetz vom 22. 6. 1998 (BGBl. 1998 I 1474).

---

[13] Vgl. OLG Hamburg WM **1996** 523, 524. Keine Vereinbarung wird jedoch nur deshalb geschlossen, weil – wie bei Banken – die Bürgschaftserklärung üblicherweise schriftlich erfolgt (OLG Köln WM **1992** 138, 140, 141).
[14] § 125 S. 2 BGB; OLG Hamburg WM **1996** 523, 524.
[15] Vgl. BGHZ **49** 364, 367; BGH NJW-RR **1996** 641, 642; *Jauernig* BGB[9], § 125 11.
[16] BGH NJW **1986** 1681, 1682.
[17] BGHZ **71** 162, 164; w. Nachw. bei *Palandt/Heinrichs* BGB[59], § 125 14.
[18] BGH NJW **1993** 724, 725; **1967** 823; OLG Köln OLG-Report **1992** 130.
[19] BGHZ **103** 275, 280; zumindest „schief" BGH NJW **1967** 823: „von den Beteiligten richtig verstanden worden"; ebenso schief OLG Köln OLG-Report **1992** 130; BGH NJW **1993** 724, 725.
[20] BGH NJW **1995** 959; **1995** 1886.
[21] BGH NJW **1993** 724, 725 unter Hinweis auf BGH WM **1978** 1065, 1066; kritisch *Canaris* Handelsrecht[23], § 26 II 2, der zutreffend auf die Gefahr einer Überspannung des Bestimmtheitsgrundsatzes hinweist.
[22] *Larenz/Canaris* Schuldrecht II/2[13], § 60 II 2 b; *Canaris* Handelsrecht[23], § 26 II 2 gegen BGH NJW **1962** 1102, 1103.

§ 352

(1) ¹Die Höhe der gesetzlichen Zinsen, mit Ausnahme der Verzugszinsen, ist bei beiderseitigen Handelsgeschäften fünf vom Hundert für das Jahr. ²Das gleiche gilt, wenn für eine Schuld aus einem solchen Handelsgeschäfte Zinsen ohne Bestimmung des Zinsfußes versprochen sind.

(2) Ist in diesem Gesetzbuche die Verpflichtung zur Zahlung von Zinsen ohne Bestimmung der Höhe ausgesprochen, so sind darunter Zinsen zu fünf vom Hundert für das Jahr zu verstehen.

Übersicht

	Rdn.		Rdn.
I. Regelungsgehalt und ratio legis	1	b) Die von Abs. 1 S. 1 erfaßten Zinsansprüche	10
II. Tatbestandlicher Anwendungsbereich		2. Gesetzliche Zinsen bei einseitigen Handelsgeschäften gemäß Abs. 2	13
1. Gesetzliche Zinsen bei beiderseitigen Handelsgeschäften gemäß Abs. 1 S. 1	6	3. Vertragliche Zinsen gemäß Abs. 1 S. 2	15
a) Das Erfordernis eines beiderseitigen Handelsgeschäfts	7		

Schrifttum

Kindler Gesetzliche Zinsansprüche im Zivil- und Handelsrecht, 1995.

I. Regelungsgehalt und ratio legis

Nach § 246 BGB beträgt der gesetzliche Zinssatz 4 %, sofern nicht ein anderes bestimmt ist. § 352 erhöht diesen Zinssatz in Abs. 1 S. 1 und Abs. 2 auf 5 % und ordnet in Abs. 1 S. 2 auch für vertraglich vereinbarte Zinsen denselben Prozentsatz an, wenn die Parteien nichts Abweichendes vereinbart haben. Der Regelungsgehalt von § 352 HGB erschöpft sich somit in der **Erhöhung des Zinsfußes um 1 % gegenüber § 246 BGB** – und zwar sowohl bei gesetzlichen als auch bei vertraglichen Zinsansprüchen. 1

Worin die ratio dieser unterschiedlichen Behandlung von Ansprüchen aus Handelsgeschäften und Ansprüchen aus sonstigen Geschäften liegt, ist ziemlich dunkel. Was den **Zweck von Abs. 1** der Vorschrift betrifft, so gingen die Gesetzesverfasser offenbar davon aus, daß bei Kaufleuten Besonderheiten der Interessenlage gegeben seien, denen der niedrigere Zinsfuß des § 246 BGB nicht gerecht werde.[1] Demgemäß wird angenommen, der Gesetzgeber habe der Tatsache Rechnung tragen wollen, daß für den Kaufmann die Verfügbarkeit über das ihm geschuldete Geld größere wirtschaftliche Bedeutung hat als für den Privatmann.[2] Ob das empirisch gesehen zutrifft und normativ gesehen überzeugungskräftig ist, kann man mit guten Gründen bezweifeln.[3] Das gilt umso mehr, seit der Gesetzgeber selbst durch die Neufassung von § 288 BGB und die entsprechende Einschränkung von § 352 Abs. 1 S. 1 für den – praktisch und dogmatisch bei weitem wichtigsten! – Fall des Verzuges die 2

---

[1] Vgl. die Schilderung der Entstehungsgeschichte bei *Kindler* S. 207 f.
[2] So *Heymann/Horn* § 352 Rdn. 11.
[3] Vgl. näher *Kindler* S. 258 f i. V. mit S. 155 ff.

Unterscheidung zwischen Handelsgeschäften und sonstigen Geschäften aufgegeben hat.

3 Noch undurchsichtiger ist die **ratio legis von Abs. 2** der Vorschrift, die sich von Abs. 1 vor allem durch den Verzicht auf das Erfordernis der Beiderseitigkeit des Handelsgeschäfts unterscheidet. Ein vernünftiger Sachgrund dafür, gerade und nur bei im HGB geregelten Zinsansprüchen eine solche Ausweitung des Bereichs, in dem der erhöhte Zinssatz von 5 % zur Anwendung kommt, vorzunehmen, ist nicht ersichtlich. Vollends rätselhaft ist, warum hier auch Nichtkaufleute in den Genuß des erhöhten Zinssatzes kommen.[4]

4 Wegen dieser Defizite der Zwecksetzung und des Gerechtigkeitsgehalts von § 352 wird die Ansicht vertreten, die Unterschiedlichkeit der Höhe des hier angeordneten Zinsfußes gegenüber demjenigen des § 246 BGB stelle einen **Verstoß gegen Art. 3 Abs. 1 GG** dar.[5] Dem dürfte zuzustimmen sein – spätestens seit der Gesetzgeber selbst durch die Neufassung von § 288 BGB der Unterscheidung zwischen Handelsgeschäften und sonstigen Geschäften hinsichtlich der Zinshöhe eine Absage erteilt hat.

5 Zumindest erscheint rechtspolitisch gesehen eine **ersatzlose Abschaffung von § 352 HGB** als dringend geboten. Das gilt unabhängig davon, daß die Höhe von 5 % den heutigen Marktgegebenheiten nicht mehr gerecht wird; darin liegt ein zusätzliches und eigenständiges Problem, das nicht spezifisch für § 352 ist, sondern in ganz ähnlicher Weise auch bei § 246 BGB auftritt und das daher hier nicht zu vertiefen ist.

II. Tatbestandlicher Anwendungsbereich

1. Gesetzliche Zinsen bei beiderseitigen Handelsgeschäften gemäß Abs. 1 S. 1

6 Bei beiderseitigen Handelsgeschäften beträgt der gesetzliche Zinssatz nach Abs. 1 S. 1 grundsätzlich, d. h. mit Ausnahme der Verzugszinsen, 5 %. Die Vorschrift enthält somit einerseits eine tatbestandliche **Einschränkung** insofern, als sie nur für beiderseitige Handelsgeschäfte gilt, andererseits einen **weiten Anwendungsbereich** insofern, als sie im Gegensatz zu Abs. 2 Zinsansprüche aus jedem beliebigen Gesetz erfaßt.

7 a) **Das Erfordernis eines beiderseitigen Handelsgeschäfts.** Ein beiderseitiges Handelsgeschäft liegt nach § 343 HGB vor, wenn beide Parteien Kaufmann sind und das Geschäft zum Betriebe ihres Handelsgewerbes gehört. Die **Kaufmannseigenschaft** richtet sich nach den §§ 1–3, 6 HGB. Der **Fiktivkaufmann** i. S. von § 5 HGB steht gleich,[6] so daß dieser nicht nur als Schuldner 5 % Zinsen zu entrichten hat, sondern auch seinerseits denselben Prozentsatz fordern kann, wenn er sich in der Stellung des Gläubigers befindet. Der **Scheinkaufmann** kann sich dagegen von sich aus nicht auf § 352 HGB berufen,[7] haftet jedoch selbst grundsätzlich nach dieser Vorschrift,[8] wobei ihm freilich der Gegenbeweis offensteht, daß das Vertrauen des

---

[4] Vgl. näher *Kindler* S. 261.
[5] So *Kindler* S. 262.
[6] Allg. Ansicht, vgl. z. B. *Schlegelberger/Hefermehl* § 352 Rdn. 15; *Heymann/Horn* § 352 Rdn. 13.
[7] Allg. Ansicht, vgl. z. B. *Canaris* Handelsrecht[23] § 6 Rdn. 80; *Heymann/Horn* § 352 Rdn. 13.
[8] Allg. Ansicht, vgl. z. B. *Schlegelberger/Hefermehl* § 352 Rdn. 15; *Heymann/Horn* § 352 Rdn. 13.

anderen Teils auf seine Kaufmannseigenschaft nicht kausal hinsichtlich der Zinshöhe geworden ist.[9]

Daß das Geschäft zum Betriebe des Handelsgewerbes gehört und also ein **8 Handelsgeschäft** darstellt, ist zusätzlich zum Vorliegen der Kaufmannseigenschaft erforderlich, wird jedoch nach § 344 Abs. 1 HGB vermutet.

Maßgeblicher **Zeitpunkt** für das Vorliegen eines beiderseitigen Handelsgeschäfts **9** ist dessen Abschluß.[10] Der nachträgliche Wegfall der Kaufmannseigenschaft führt also ebenso wenig zur Unanwendbarkeit von § 352 HGB wie deren nachträglicher Erwerb zur Anwendbarkeit der Vorschrift.

b) Die von Abs. 1 S. 1 erfaßten Zinsansprüche. Was die von § 352 Abs. 1 S. 1 **10** erfaßten Zinsansprüche angeht, so hat diese Vorschrift praktische Bedeutung vor allem für **außerhalb des HGB geregelte Anspruchsgrundlagen**, weil für die im HGB selbst enthaltenen Ansprüche Abs. 2 auf das Erfordernis des beiderseitigen Handelsgeschäfts verzichtet (vgl. dazu unten Rdn. 13). **Beispiele** sind etwa: § 256 BGB (Verzinsung des Verwendungsersatzanspruchs), § 347 BGB (Verzinsung dessen, was aufgrund des Rücktritts zurückzugewähren ist), § 452 BGB (Verzinsung des Kaufpreises durch den Käufer von dem Zeitpunkt der Nutzungsberechtigung ab), § 641 Abs. 2 BGB (Verzinsung des Werklohns von der Abnahme des Werkes an), § 668 BGB (Verzinsung eigenmächtig verwendeten Geldes durch den Beauftragten) sowie §§ 713, 698 BGB (Verzinsung solchen Geldes durch geschäftsführende Gesellschafter oder den Verwahrer). Aus dem HGB gehört der Anspruch auf Fälligkeitszinsen gemäß § 353 in diesen Zusammenhang, weil die Vorschrift ausdrücklich nur auf beiderseitige Handelsgeschäfte Anwendung findet.

Durch die Gesetzesnovelle vom 30.3.2000 ist der Anspruch auf **Verzugszinsen 11** nach § 288 BGB aus dem Anwendungsbereich von § 352 herausgenommen worden, wie in Abs. 1 S. 1 ausdrücklich klargestellt wird; dies betrifft auch die Prozeßzinsen aus § 291 BGB. In diesen – praktisch bei weitem wichtigsten – Fällen ist somit die dem § 352 HGB zugrunde liegende unterschiedliche Behandlung von Kaufleuten und Nichtkaufleuten hinsichtlich der Zinshöhe vom Gesetzgeber aufgegeben worden (vgl. dazu auch oben Rdn. 4).

Auf **Bereicherungsansprüche** soll § 352 Abs. 1 S. 1 nach Rspr. und h. L. nicht **12** anzuwenden sein,[11] so daß bei diesen z. B. die Höhe der Fälligkeitszinsen aus § 353 S. 1 nicht 5 %, sondern nach § 246 BGB nur 4 % beträgt, auch wenn sie auf einem nichtigen beiderseitigen Handelsgeschäft beruhen (vgl. zur Anwendbarkeit des § 353 S. 1 auf Bereicherungsansprüche unten § 353 Rdn. 12). Dem ist nicht zu folgen.[12] Die These, daß das beiderseitige Handelsgeschäft geradezu „den Rechtsgrund des (zu verzinsenden) Anspruchs bilden muß",[13] findet im Wortlaut von § 353 Abs. 1 S. 1 keine Stütze. Das folgt schon daraus, daß die Vorschrift nur von gesetzlichen Zinsen „*bei* beiderseitigen Handelsgeschäften" und nicht etwa „*aus*" diesen spricht; außerdem ist der Begriff des „Handelsgeschäfts" nicht eng im Sinne eines Rechtsgeschäfts, sondern

---

[9] Vgl. *Canaris* aaO § 6 Rdn. 78.
[10] Ebenso z.B. *Schlegelberger/Hefermehl* § 352 Rdn. 16; *Heymann/Horn* § 352 Rdn. 13; *Röhricht/Graf von Westphalen/Wagner* § 352 Rdn. 4.
[11] Vgl. z.B. RGZ 96, 53, 56 f; BGH NJW 1983, 1420, 1423; *Schlegelberger/Hefermehl* § 352 Rdn. 16; *Baumbach/Hopt* § 352 Rdn. 1.
[12] Ebenso i. E. *Karsten Schmidt* Handelsrecht[5] § 18 III 2 d.
[13] So die – seither stets fortgeschleppte – Begründung in der grundlegenden Entscheidung RGZ 96, 53, 57; kritisch dazu *Kindler* S. 133 f.

§ 352 Viertes Buch. Handelsgeschäfte

weit zu verstehen, so daß jedes rechtserhebliche Verhalten darunter fällt[14] und sich also z. B. auch der Abschluß eines nichtigen Vertrags darunter subsumieren läßt. Auch die ratio legis von § 352 spricht für die Anwendung der Vorschrift auf Bereicherungsansprüche; denn wenn es zutrifft, daß Kaufleute aus ihnen zur Verfügung stehender Liquidität mehr erwirtschaften als Privatleute – und nur unter dieser Prämisse ist § 352 verständlich (vgl. oben Rdn. 2) –, dann gilt das völlig unabhängig von der Rechtsnatur der zu verzinsenden Forderung. Demgemäß ist § 352 auch auf Ansprüche aus **Rücktritt** oder **Wandelung** bei beiderseitigen Handelsgeschäften, ja wohl sogar auf mit diesen in innerem Zusammenhang stehende Ansprüche aus **Delikt** anzuwenden.

2. Gesetzliche Zinsen bei einseitigen Handelsgeschäften gemäß Abs. 2

13 In § 352 Abs. 2 wird generell angeordnet, daß der Zinssatz 5 % beträgt, sofern die **Anspruchsgrundlage im HGB** enthalten ist und in ihr die Höhe der Zinsen nicht bestimmt ist. Nach dem klaren Wortlaut des Gesetzes kommt es dabei auf das Vorliegen eines beiderseitigen Handelsgeschäfts nicht an, so daß die Vorschrift grundsätzlich, d. h. abgesehen von ausdrücklich geregelten Ausnahmen wie vor allem § 353 HGB, auch für **einseitige Handelsgeschäfte** gilt. Ob die Voraussetzungen eines Handelsgeschäfts in der Person des Gläubigers oder des Schuldners der Zinsforderung erfüllt sind, spielt nach der klaren Fassung des Gesetzes keine Rolle.[15] Sind sie in der Person einer Partei erfüllt, gilt § 353 Abs. 2 nach § 345 HGB auch für und gegen die andere Partei.

14 Die wesentlichen **Anwendungsfälle** von § 352 Abs. 2 HGB bilden § 110 Abs. 2 (Verzinsung von Geld, welches der Gesellschafter für die OHG aufgewendet hat), § 111 (Verzinsung von geschuldeten Einlagen und unbefugten Gesellschaftsentnahmen bei der OHG); § 354 Abs. 2 (Verzinsung von Darlehen, Vorschüssen und Verwendungen der Kaufleute); § 355 (Kontokorrentzinsen).

3. Vertragliche Zinsen gemäß Abs. 1 S. 2

15 Nach § 352 Abs. 1 S. 2 gilt der Zinsfuß von 5 % auch für ein vertragliches Zinsversprechen, sofern die Parteien dessen Höhe nicht selbst bestimmt haben. Voraussetzung ist nach dem klaren Gesetzeswortlaut, daß ein **beiderseitiges Handelsgeschäft** vorliegt. Für einseitige Handelsgeschäfte hat es somit bei dem Zinsfuß von 4 % gemäß § 246 BGB sein Bewenden.

---

[14] Vgl. z. B. *Schlegelberger/Hefermehl* § 343 Rdn. 11; Großkomm.-*Koller* § 343 Rdn. 3 f.

[15] Ebenso *Kindler* S. 260 f.

§ 353

¹Kaufleute untereinander sind berechtigt, für ihre Forderungen aus beiderseitigen Handelsgeschäften vom Tage der Fälligkeit an Zinsen zu fordern. ²Zinsen von Zinsen können auf Grund dieser Vorschrift nicht gefordert werden.

Übersicht

	Rdn.		Rdn.
I. Regelungsgehalt, ratio legis und dogmatische Einordnung von S. 1		b) Der Kreis der unter S. 1 fallenden Forderungen	12
II. Tatbestandlicher Anwendungsbereich		c) Die Fälligkeit der Forderung	14
1. Fälligkeitszinsen gemäß S. 1	8	2. Zinseszinsen gemäß S. 2	18
a) Das Erfordernis eines beiderseitigen Handelsgeschäfts	8		

Schrifttum

Kindler Gesetzliche Zinsansprüche im Zivil- und Handelsrecht, 1995.

I. Regelungsgehalt, ratio legis und dogmatische Einordnung von S. 1

Nach den Vorschriften des BGB ist eine Geldschuld nur unter den besonderen Voraussetzungen des Verzugs gemäß § 288 BGB sowie ab dem Eintritt der Rechtshängigkeit gemäß § 291 BGB zu verzinsen. § 353 S. 1 enthält folglich eine **Abweichung von den allgemeinen Regeln des BGB**, indem eine Pflicht zur Verzinsung schon ab dem Zeitpunkt der Fälligkeit angeordnet wird (wobei die Höhe des Zinsfußes gemäß § 352 HGB 5 % beträgt). Während Fälligkeitszinsen dem BGB somit fremd sind, findet § 353 eine deutliche **Parallele in Art. 78 CISG**.[1] **1**

Anders als § 352 HGB hat § 353 S. 1 einen **völlig eigenständigen Regelungsgehalt**. Während nämlich § 352 HGB lediglich die Vorschrift des § 246 BGB modifiziert, indem der dort vorgesehene Zinssatz um einen Prozentpunkt erhöht wird, schafft § 353 S. 1 eine Anspruchsgrundlage, zu der es im BGB kein Pendant gibt, weil dieses einen Anspruch auf Fälligkeitszinsen nicht kennt. Daraus ergeben sich schwierige Fragen bezüglich der ratio legis und der dogmatischen Einordnung dieser Vorschrift. **2**

Im Schrifttum wird der Anspruch auf Fälligkeitszinsen z. T. auf die Überlegung des Gesetzgebers zurückgeführt, „daß der Kaufmann das ihm zustehende Geld nutzbringend anlegen könnte und für die Vorenthaltung zu entschädigen ist".[2] Dagegen ist mit Recht eingewandt worden, daß auch ein Privatmann eingehende Gelder nutzbringend zu verwenden pflegt und daß sowohl ein empirischer Beleg für eine höhere Produktivität von Geld in den Händen eines Kaufmanns als auch ein normativer Grund für dessen Privilegierung fehlt.[3] Außerdem und vor allem erklärt die Möglichkeit einer nutzbringenden Geldanlage in keiner Weise, warum schon die bloße Fälligkeit der Forderung für die Gewährung eines Anspruchs auf eine „Entschädigung" ausreicht. Als **pauschalierten Schadensersatzanspruch** kann man § 353 S. 1 jedenfalls **3**

---

[1] Vgl. dazu und zu einer möglichen Vorbildfunktion dieser Vorschrift de lege ferenda eingehend *Kindler* S. 94 ff, 117 f.

[2] So *Heymann/Horn* § 353 Rdn. 1; ähnlich *Schlegelberger/Hefermehl* § 353 Rdn. 1.

[3] Vgl. *Kindler* S. 59, 155 ff.

schon deshalb nicht verstehen,[4] weil diese Vorschrift unzweifelhaft kein Verschulden voraussetzt, und aus demselben Grund scheiden auch sonstige Möglichkeiten einer **schadensersatzrechtlichen Qualifikation** aus.[5]

4 Nach einer anderen Ansicht beruht § 353 S. 1 auf dem Satz „wer sich Kredit nimmt, hat dafür zu bezahlen".[6] Hier wird somit der Akzent nicht auf die Einbuße des Gläubigers, sondern auf die Möglichkeit eines ungerechtfertigten Gewinns des Schuldners gesetzt.[7] Dogmatisch gesehen klingt darin der Gedanke an eine **Eingriffskondiktion** an.[8] Bereicherungsrechtlich kann der Anspruch aus § 353 S. 1 indessen ebenfalls nicht qualifiziert werden. Die Einordnung als Eingriffskondiktion scheitert schon daran, daß es insoweit an dem erforderlichen „Zuweisungsgehalt" fehlt und der Schuldner seinen Vorteil also nicht „auf Kosten" des Gläubigers i. S. von § 812 Abs. 1 S. 1 BGB erlangt;[9] denn eine (schuldrechtliche) Forderung ist ihrem Gläubiger zwar hinsichtlich ihrer Rechtszuständigkeit, dagegen wegen ihres rein obligatorischen Charakters nicht auch hinsichtlich ihrer wirtschaftlichen Nutzbarkeit „zugewiesen"[10] – und allein auf letztere kommt es im vorliegenden Zusammenhang an. Außerdem ist der Anspruch aus § 353 S. 1 nach der unmißverständlichen Fassung des Gesetzes unabhängig davon, ob und gegebenenfalls in welcher Höhe der Schuldner durch die Verspätung der Zahlung wirklich einen Vorteil erlangt hat, und steht somit in Widerspruch zur bereicherungsrechtlichen Zentralnorm des § 818 Abs. 3 BGB. Daran ändert auch der Gedanke einer „quasi-kontraktlichen" Kondiktion nichts, da diese zwar funktionell in der Tat auf Probleme der vorliegenden Art zugeschnitten ist, tatbestandlich jedoch nur gegenüber einem bösgläubigen Schuldner eingreift,[11] wohingegen für die Anwendung von § 353 S. 1 irgendeine Art von Bösgläubigkeit nicht erforderlich ist.

Demgemäß ist der Satz „wer sich Kredit nimmt, hat dafür zu bezahlen" keineswegs ohne weiteres aus sich selbst heraus einleuchtend, sondern bedarf seinerseits der argumentativen Fundierung – und zwar nicht nur hinsichtlich seiner dogmatischen Einordnung, sondern vor allem auch hinsichtlich seines Gerechtigkeitsgehalts. Das gilt umso mehr, als ein solcher Satz nach seinem immanenten Gehalt auch zu Lasten von Nichtkaufleuten Anwendung finden müßte.[12] Das erscheint als äußerst bedenklich, weil man von Privatleuten sowohl aus sozialethischen Gründen als auch im Hinblick auf die damit verbundenen Organisationserfordernisse keineswegs generell erwarten kann, alle ihre Forderungen sofort bei Fälligkeit und allein aufgrund dieser, also völlig unabhängig von den Voraussetzungen des Verzuges, zu bezahlen.[13] Dieses Argument erhält zusätzliches Gewicht durch die Parallele zum CISG, da die Fälligkeitszinsen nach Art. 78 CISG nicht den privaten Käufer treffen, wie sich aus Art. 2 lit. a CISG ergibt.

5 In Wahrheit dürfte es ein **Zusammenspiel mehrerer Gesichtspunkte** sein, auf denen der Gerechtigkeitsgehalt und damit zugleich die – objektiv verstandene – ratio von § 353 S. 1 beruhen. Dabei trägt der Gedanke, daß in der verspäteten Bezahlung

---

[4] Nach Ansicht von *Kindler* S. 58 darf diese Qualifikation heute als überwunden gelten.
[5] Vgl. näher *Kindler* S. 120 f.
[6] So *Kindler* S. 59.
[7] *Kindler* S. 59 spricht geradezu von einem „parasitären Schuldnerverhalten".
[8] Vgl. *Kindler* S. 126, 146 f.
[9] Vgl. dazu näher *Larenz/Canaris* Schuldrecht II/2[13] § 69 I 1 b und c mit umf. Nachw.
[10] Vgl. *Larenz/Canaris* aaO § 69 I 2 d; anders *Kindler* S. 146, der sich jedoch in gefährliche Nähe zu einem vitiosen Zirkelschluß begibt, wenn er den Zuweisungsgehalt insoweit (u. a.) aus § 353 S. 1 selbst herleitet.
[11] Vgl. *Larenz/Canaris* aaO § 71 II 2 c a. E. und § 73 II 5 a a. E.
[12] In diesem Sinne in der Tat konsequenterweise *Kindler* S. 149.
[13] Diese Aspekte berücksichtigt *Kindler* aaO zu Unrecht nicht hinreichend.

einer Schuld eine gewissermaßen zwangsweise Inanspruchnahme eines zinslosen (!) Kredits zu Lasten des anderen Teils liegt und daß ein solches Verhalten grundsätzlich rechtlich mißbilligenswert ist, durchaus eine gewisse Überzeugungskraft in sich. Durchschlagskräftig ist diese Wertung jedoch nur gegenüber Kaufleuten (und anderen Unternehmern, vgl. dazu unten Rdn. 9), weil nur von diesen sowohl das Ethos als auch die organisatorischen Vorkehrungen, die eine pünktliche Bezahlung aller Außenstände gewährleisten, erwartet werden können. Hinzuzunehmen ist im Wege einer „kombinatorischen" Sichtweise, daß bei Geldforderungen – für die § 353 S. 1 allein gilt (vgl. unten Rdn. 13) – der andere Teil in der Tat in aller Regel eine finanzielle Einbuße erleidet, weil man Liquidität nutzbringend anzulegen pflegt. Beide Gesichtspunkte bedingen und bestärken sich dabei wechselseitig: Daß der Schuldner typischerweise einen Schaden erleidet, „ersetzt" das bei einer bereicherungsrechtlichen Sichtweise eigentlich erforderliche Merkmal eines Erwerbs „auf dessen Kosten", da die Bereicherungshaftung als solche von einem Schaden unabhängig ist und das typische Vorliegen eines solchen somit insoweit ein zusätzliches, zur Kompensation geeignetes Element darstellt; außerdem „ersetzt" dieses auch das Erfordernis einer (fortbestehenden) Bereicherung i. S. von § 818 Abs. 3 BGB. Auf der anderen Seite kann aus dem Blickwinkel einer schadensersatzrechtlichen Sichtweise auf das Verschuldenserfordernis verzichtet werden, weil dieses dadurch „ersetzt" wird, daß der Schuldner aus der Verspätung seiner Zahlung einen Liquiditätsvorteil und damit typischerweise einen finanziellen Gewinn zieht, so daß auch insoweit ein kompensatorisches Element gegeben ist. Dogmatisch gesehen begründet § 353 S. 1 somit einen **Anspruch sui generis**, in dem sich bereicherungs- und schadensersatzrechtliche Aspekte mit einander verbinden und der somit eine Zwischenstellung zwischen diesen beiden Anspruchsgrundlagen einnimmt.

Aus dieser Sichtweise folgt, daß das **Erfordernis der Kaufmannseigenschaft** auf Seiten des *Schuldners* einleuchtend und sachgerecht ist[14] (sieht man von dem Sonder- und Zusatzproblem einer Gleichstellung der sonstigen Unternehmer ab, vgl. dazu unten Rdn. 9); denn wie oben Rdn. 4 a. E. dargelegt, sind grundsätzlich nur diesem Personenkreis Fälligkeitszinsen sozialethisch und organisatorisch zumutbar. Ohne jede Überzeugungskraft ist dagegen, daß nach § 353 S. 1 auch in der Person des *Gläubigers* die Kaufmannseigenschaft gegeben sein muß. Auch und sogar gerade gegenüber einem Privatmann ist es nämlich rechtlich mißbilligenswert, wenn sich der andere Teil – der überdies Kaufmann ist! – zu dessen Lasten Liquidität und also einen zinslosen Kredit verschafft; und auch für einen Privatmann gilt der Erfahrungssatz, daß die Vorenthaltung von Liquidität für ihn mit finanziellen Einbußen verbunden ist, weil auch er eingegangenes Geld nutzbringend zu verwenden pflegt. Demgemäß ist das Erfordernis eines *beider*seitigen Handelsgeschäfts in § 353 S. 1 als rechtspolitisch verfehlt anzusehen. Auch insoweit weist wohl das CISG den richtigen Weg, da danach zwar der private *Käufer* von der Pflicht zur Zahlung von Fälligkeitszinsen aus Art. 78 CISG ausgenommen ist (vgl. oben Rdn. 4 a. E.), wohl aber dem privaten *Verkäufer* der Anspruch auf Fälligkeitszinsen zusteht, weil insoweit keiner der Ausnahmetatbestände von Art. 2 CISG einschlägig ist.

Darüber hinaus dürfte das Erfordernis eines *beider*seitigen Handelsgeschäfts wegen **Verstoßes gegen Art. 3 Abs. 1 GG** geradezu verfassungswidrig sein – und zwar auch nach der „alten" am Willkürverbot orientierten Formel des Bundesver-

---

[14] Anders noch *Canaris* Handelsrecht[23] § 28 Rdn. 3, wo ein Zusammenhang zwischen § 353 S. 1 und spezifisch handelsrechtlichen Wertungen generell verneint wird.

fassungsgerichts.[15] Denn ein auch nur einigermaßen einleuchtender Sachgrund für die unterschiedliche Behandlung von Nichtkaufleuten gegenüber Kaufleuten ist insoweit nicht ersichtlich. Der Verstoß dürfte sich nicht im Wege einer verfassungskonformen Rechtsfortbildung beseitigen lassen, indem man § 353 S. 1 auf Nichtkaufleute analog anwendet. Da damit nämlich das Erfordernis eines *beider*seitigen Handelsgeschäfts nicht lediglich eingeschränkt, sondern generell eliminiert würde, wären die Grenzen einer zulässigen richterlichen Rechtsfortbildung und damit auch einer verfassungskonformen Rechtsfortbildung überschritten. Welche prozeßrechtlichen Möglichkeiten zur Geltendmachung des Verfassungsverstoßes bestehen, kann hier nicht erörtert werden, weil diese Problematik im Hinblick auf den vorkonstitutionellen Charakter von § 353 besondere Schwierigkeiten aufwirft.

II. Tatbestandlicher Anwendungsbereich

1. Fälligkeitszinsen gemäß S. 1

8   a) **Das Erfordernis eines beiderseitigen Handelsgeschäfts.** § 353 S. 1 gilt nur für „Kaufleute untereinander" und nur für ihre Forderungen „aus beiderseitigen Handelsgeschäften". Das erstere Erfordernis hat keinen eigenständigen Gehalt, da es ohnehin von dem letzteren umfaßt wird, wohingegen dieses über jenes hinausgeht. Die **Kaufmannseigenschaft** richtet sich nach den §§ 1–3, 6 HGB. Der **Fiktivkaufmann** i. S. von § 5 HGB steht gleich,[16] so daß dieser nicht nur als Schuldner Fälligkeitszinsen zu entrichten hat, sondern diese auch seinerseits von dem anderen Teil fordern kann, wenn er sich in der Stellung des Gläubigers befindet. Der **Scheinkaufmann** kann sich dagegen nicht von sich aus auf § 353 berufen, haftet jedoch selbst grundsätzlich nach dieser Vorschrift,[17] wobei ihm freilich der Gegenbeweis offensteht, daß das Vertrauen des anderen Teils auf seine Kaufmannseigenschaft nicht kausal hinsichtlich der Möglichkeit eines Anspruchs auf Fälligkeitszinsen geworden ist.[18]

9   Eine analoge Anwendung von § 353 S. 1 auf **nichtkaufmännische Unternehmer**, also vor allem auf **Freiberufler** und nicht ins Handelsregister eingetragene **Kleingewerbetreibende**, kommt nicht in Betracht, weil ein Anspruch auf Fälligkeitszinsen dem BGB fremd ist und § 353 sich demgemäß verhältnismäßig weit von dessen Wertungen entfernt, so daß das Gebot der Rechtssicherheit einer Analogie entgegensteht.[19] Dieses Ergebnis mag man als unbefriedigend empfinden, doch stellt das Festhalten des HGB am Kaufmannsbegriff insoweit eine unübersteigbare Schranke dar.

10 Daß das Geschäft zum Betriebe des Handelsgewerbes gehört und also ein **Handelsgeschäft** darstellt, ist zusätzlich zum Vorliegen der Kaufmannseigenschaft erforderlich, wird jedoch nach § 344 Abs. 1 HGB vermutet.

11 Maßgeblicher **Zeitpunkt** für das Vorliegen eines beiderseitigen Handelsgeschäfts ist dessen Abschluß.[20] Der nachträgliche Wegfall der Kaufmannseigenschaft führt also ebenso wenig zur Unanwendbarkeit von § 353 HGB wie deren nachträglicher Erwerb zur Anwendbarkeit der Vorschrift führt.

---

[15] Vgl. auch *Kindler* S. 164ff, der freilich die Problematik insofern wesentlich anders sieht, als er im Gegensatz zur hier vertretenen Ansicht auch das Kaufmannserfordernis in der Person des Schuldners als sachfremd ansieht und daher jede Art der Begrenzung des Anspruchs auf Fälligkeitszinsen auf Handelsgeschäfte ablehnt.

[16] Allg. Ansicht, vgl. z. B. *Schlegelberger/Hefermehl* § 353 Rdn. 2; *Heymann/Horn* § 353 Rdn. 3.

[17] Allg. Ansicht, vgl. z. B. *Schlegelberger/Hefermehl* § 353 Rdn. 2; *Heymann/Horn* § 353 Rdn. 3.

[18] Vgl. zu dieser Einschränkung *Canaris* Handelsrecht[23] § 6 Rdn. 77 f.

[19] Vgl. zu dieser Argumentation *Canaris* aaO § 23 Rdn. 5 f.

[20] Ebenso z. B. *Schlegelberger/Hefermehl* § 353 Rdn. 3; *Heymann/Horn* § 353 Rdn. 3.

b) Der Kreis der unter S. 1 fallenden Forderungen. Fälligkeitszinsen gewährt **12**
§ 353 S. 1 nur für Forderungen, die „aus beiderseitigen Handelsgeschäften" stammen. Diese Voraussetzung trifft nicht nur auf die **primären Leistungsansprüche** zu, sondern z. B. auch auf eine **Schadensersatzforderung** aus einem Handelsgeschäft. Darüber hinaus ist sie wohl sogar auf Rückabwicklungsansprüche aus **Rücktritt**, **Wandelung** und **Bereicherung** anzuwenden[21] sowie auf sonstige Ansprüche, die im Zusammenhang mit einem beiderseitigen Handelsgeschäft, insbesondere durch dessen Scheitern entstanden sind; denn § 353 S. 1 setzt nach seinem Wortlaut nicht voraus, daß es sich um eine spezifisch vertragliche Forderung handeln muß, da unter „Handelsgeschäft" keineswegs nur Rechtsgeschäfte zu verstehen sind,[22] und auch aus dem Sinn der Vorschrift (vgl. dazu oben Rdn. 3ff) läßt sich eine solche Einschränkung nicht herleiten.

Die h. L. verlangt, daß die Forderung **auf Geld gerichtet** sein muß.[23] Der Wortlaut **13**
des Gesetzes, der einschränkungslos von „Forderungen" spricht, enthält hierfür freilich keinen Anhaltspunkt. Indessen weist der systematische Zusammenhang mit § 352 und § 354 Abs. 2 HGB, die nach ihrem Regelungsgegenstand nur Geldforderungen betreffen, in diese Richtung. Außerdem stehen die Fälligkeitszinsen des § 353 systematisch und in gewissem Sinne auch teleologisch gesehen in deutlicher Parallele zu den Verzugs- und den Prozeßzinsen gemäß §§ 288 Abs. 1, 291 BGB, die es nur bei Geldforderungen gibt. Schließlich paßt auch die für die ratio legis von § 353 S. 1 wesentliche Überlegung, daß der Schuldner durch eine Verzögerung des Liquiditätsabflusses finanzielle Vorteile zu Lasten des Gläubigers erlangt (vgl. oben Rdn. 5), grundsätzlich nur für Geldforderungen. Der h. L. ist daher zuzustimmen.

c) Die Fälligkeit der Forderung. Fällig ist eine Forderung grundsätzlich dann, **14**
wenn der Gläubiger die Leistung verlangen kann. § 271 Abs. 1 BGB geht vom Grundsatz **sofortiger Fälligkeit** aus, stellt diesen jedoch unter die Einschränkung, daß eine Zeit für die Leistung weder bestimmt noch aus den Umständen zu entnehmen ist; letzteres trifft bei beiderseitigen Handelsgeschäften für die primäre Leistungspflicht in aller Regel zu.

Die **Stellung der Rechnung** bildet zwar grundsätzlich keine Voraussetzung für die **15**
Fälligkeit einer Forderung, doch kann der Gläubiger vor diesem Zeitpunkt auch von einem sehr korrekten Schuldner grundsätzlich nicht erwarten, daß dieser die Forderung von sich aus bezahlt – und zwar auch dann nicht, wenn er deren Höhe, das Konto des Gläubigers und dgl. auch ohne Rechnungsstellung kennt. § 353 S. 1 greift daher vor Stellung der Rechnung grundsätzlich nicht ein. Das sollte man nicht auf eine Abbedingung von § 353 S. 1 durch Handelsbrauch stützen,[24] sondern auf eine teleologische Reduktion des Anwendungsbereichs dieser Vorschrift. Soll freilich eine Rechnungsstellung nach den Abreden zwischen den Parteien oder den Umständen des Falles gar nicht erfolgen, hat es bei der unmodifizierten Anwendung von § 353 S. 1 sein Bewenden, so daß die bloße Fälligkeit genügt, um die Verzinsungspflicht auszulösen.

Eine **Vorleistungspflicht** des anderen Teils schließt die Fälligkeit aus. Dagegen **16**
wird diese durch das Bestehen der **Einrede des nichterfüllten Vertrags gemäß § 320 BGB** nicht berührt, da hier jede Partei von der anderen sofortige Leistung verlangen

---

[21] Vgl. *Kindler* S. 134 f.
[22] Vgl. z. B. *Schlegelberger/Hefermehl* § 343 Rdn. 11; Großkomm.-*Koller* § 343 Rdn. 3 f.
[23] Vgl. z. B. *Schlegelberger/Hefermehl* § 353 Rdn. 5; *Heymann/Horn* § 353 Rdn. 2; *Röhricht/Graf von Westphalen/Wagner* § 353 Rdn. 3.
[24] So aber *Grimmer* NJW 1987, 471; ihm folgend *Heymann/Horn* § 353 Rdn. 4.

kann – nur eben Zug um Zug gegen die Erbringung ihrer eigenen Leistung. Gleichwohl steht diese Einrede dem Anspruch auf Fälligkeitszinsen entgegen[25] – und zwar auch dann, wenn der Schuldner sie nicht erhoben hat. Denn solange der Gläubiger nicht von sich aus durch das Angebot seiner eigenen Leistung die Erfüllungsreife des Vertrags herbeiführt, hat er es sich selbst zuzuschreiben, daß der andere Teil nicht bezahlt, und kann daher redlicherweise nicht erwarten, daß dieser nun auch noch Fälligkeitszinsen zu entrichten hat; anderenfalls würden diese schon für das bloße Unterbleiben des Angebots zu einer Zug-um-Zug-Leistung durch den Geldschuldner geschuldet, was in § 353 S. 1 nicht angeordnet ist.

Erst recht ändert ein **Zurückbehaltungsrecht nach § 273 BGB** nichts an der Fälligkeit der Forderung. Auch dieses führt indessen zur Unanwendbarkeit von § 353 S. 1,[26] doch ist es hier erforderlich, daß der Schuldner die entsprechende Einrede erhebt. Die Unanwendbarkeit von § 353 S. 1 BGB folgt daraus, daß es keinen sachlichen Grund für die Pflicht zu Zahlung von Fälligkeitszinsen gibt, sofern und solange der Schuldner gar nicht zu bezahlen braucht; für die Notwendigkeit einer *Erhebung* der Einrede spricht, daß hier der andere Teil – anders als im Falle des § 320 BGB – keinen Anlaß hat, von sich aus seine eigene Pflicht zu erfüllen, *um* seinen Zahlungsanspruch durchsetzen zu können, sondern die Verknüpfung der Erfüllung der beiden Ansprüche erst durch eine entsprechende Initiative des Schuldners herbeigeführt wird. Folgerichtig führt die Erhebung der Einrede des § 273 BGB nur zum Wegfall der Verzinsungspflicht für die Zukunft und nicht etwa mit Rückwirkung auf denjenigen Zeitpunkt, in dem die Voraussetzungen von § 273 BGB erstmals gegeben waren.

In methodologischer Hinsicht geht es nicht darum, daß durch die Einreden der §§ 320, 273 BGB die Fälligkeit hinausgeschoben wird,[27] sondern vielmehr um eine teleologische Reduktion des Anwendungsbereichs von § 353 S. 1. Dogmatisch und in den Ergebnissen entspricht die hier vertretene Lösung mutatis mutandis derjenigen, die sich für die Auswirkung der Einreden aus den §§ 320, 273 BGB im Rahmen der Verzugsproblematik als sachgerecht erwiesen hat.[28]

17 Auch der **Annahmeverzug** des Gläubigers ändert nichts an der Fälligkeit der Forderung, führt jedoch nach der ausdrücklichen Bestimmung des § 301 BGB zum Wegfall der Verzinsungspflicht.

2. Zinseszinsen gemäß S. 2

18 Nach S. 2 ermöglicht § 353 nicht, Zinsen von Zinsen zu verlangen. Auf Zinsforderungen sind also entgegen S. 1 der Vorschrift **keine Fälligkeitszinsen** zu entrichten. Das entspricht der Regelung des § 289 S. 1 BGB, hat aber keineswegs nur klarstellende Bedeutung,[29] weil sich ohne die Anordnung von S. 2 auch bei Zinsforderungen ein Anspruch auf Fälligkeitszinsen aus S. 1 ergeben würde.

---

[25] Das ist i. E. ganz h.L., vgl. z.B. *Schlegelberger/Hefermehl* § 353 Rdn. 6; *Heymann/Horn* § 353 Rdn. 5.

[26] Ebenso i. E. z.B. *Heymann/Horn* § 353 Rdn. 5; *Koller/Roth/Morck* § 353 Rdn. 3; **a.A.** z.B. *Baumbach/Hopt* § 353 Rdn. 2.; *Röhricht/Graf von Westphalen/Wagner* § 353 Rdn. 6.

[27] So aber die gängige Sichtweise, vgl. z.B. *Schlegelberger/Hefermehl* § 353 Rdn. 6; *Heymann/Horn* § 353 Rdn. 5.

[28] Vgl. dazu statt aller *Larenz* Schuldrecht I¹⁴ § 23 Ic.

[29] So aber *Heymann/Horn* § 353 Rdn. 7.

§ 354

(1) Wer in Ausübung seines Handelsgewerbes einem anderen Geschäfte besorgt oder Dienste leistet, kann dafür auch ohne Verabredung Provision und, wenn es sich um Aufbewahrung handelt, Lagergeld nach den an dem Orte üblichen Sätzen fordern.

(2) Für Darlehen, Vorschüsse, Auslagen und andere Verwendungen kann er vom Tage der Leistung an Zinsen berechnen.

Übersicht

	Rdn.		Rdn.
I. Die Regelung des Abs. 1		b) Geschäftsbesorgung und Dienstleistung für einen anderen	9
1. Ratio legis und dogmatische Einordnung	1		
2. Tatbestandliche Voraussetzungen	5	II. Die Regelung des Abs. 2	14
a) Das Handeln in Ausübung des Handelsgewerbes	5		

I. Die Regelung des Abs. 1

1. Ratio legis und dogmatische Einordnung

§ 354 Abs. 1 weist eine deutliche **Ähnlichkeit mit den §§ 612 Abs. 1, 632 Abs. 1, 653 Abs. 1, 689 BGB** auf, wonach bei Dienst-, Werk-, Makler- und Verwahrungsverträgen „eine Vergütung als stillschweigend vereinbart gilt", wenn die Leistung des anderen Teils „den Umständen nach nur gegen eine Vergütung zu erwarten ist". Diese Regelung erfährt durch § 354 Abs. 1 eine **Generalisierung** in dem Sinne, daß ein Kaufmann für eine Geschäftsbesorgung, Dienstleistung oder Aufbewahrung eine Vergütung unabhängig davon fordern kann, ob seine Leistung „den Umständen nach" nur gegen eine solche zu erwarten ist; das HGB sieht also schon allein in der Tatsache, daß der Kaufmann die betreffende Leistung „in Ausübung seines Handelsgewerbes" erbringt, einen „Umstand", demzufolge die Leistung nur gegen Vergütung zu erwarten ist.[1] Der **Grund** hierfür liegt nach einer – allenthalben zitierten – Formulierung des RG darin, daß „der Kaufmann nach der Verkehrssitte seine Tätigkeit nicht umsonst in den Dienst anderer stellt, sondern auf Vergütung dafür rechnet, und daß dies jeder weiß oder wissen muß, der mit einem Kaufmann in geschäftliche Beziehungen tritt".[2] Schlagwortartig pflegt man zu sagen: „Ein Kaufmann tut nichts umsonst".

Die Verwandtschaft von § 354 Abs. 1 mit den §§ 612 Abs. 1, 632 Abs. 1, 653 Abs. 1, 689 BGB legt den Schluß nahe, daß auch hier grundsätzlich der **Abschluß eines Vertrages** vorausgesetzt und nur das Fehlen einer Vereinbarung *über die Vergütung* überbrückt wird, wie das von der h. L. mit Recht für die genannten Vorschriften des BGB angenommen wird.[3] Die Rechtsprechung geht indessen nicht von einem solchen Ver-

1

2

---

[1] Dieser Zusammenhang wird treffend gesehen bei *Düringer/Hachenburg/Werner*, 3. Aufl. 1932, § 354 Anm. 2; ähnlich ordnet auch *Karsten Schmidt* Handelsrecht[5] § 18 III 1 b die Vorschrift des § 354 ein und spricht ihr daher nur eine klarstellende Funktion zu.

[2] So RGZ 122, 229, 232.

[3] Vgl. nur MünchKomm.-*Schaub*[3] § 612 Rdn. 4; anders freilich die Konzeption *Wilburgs*, der einen eigenständigen Ausgleichsanspruch für die Verwendung fremder Leistungen annimmt und dessen Funktion darin sieht, Lücken zwischen Vertrag, Schadensersatzhaftung, ungerechtfertigter Bereicherung und Geschäftsführung ohne Auftrag zu schließen, vgl. AcP 163 (1962) 347f; ihm folgend *Hanau* AcP 165 (1965) 269.

ständnis des § 354 Abs. 1 aus, sondern sieht in dieser Vorschrift eine **eigenständige Anspruchsgrundlage**[4] und qualifiziert § 354 Abs. 1 demgemäß ausdrücklich als Fall einer **gesetzlichen Haftung**.[5]

Diese Ansicht hält der **Kritik** nicht stand.[6] Auf den Wortlaut von § 354 Abs. 1 kann sie sich nicht stützen, da sich die Worte „auch ohne Verabredung" nach dem Kontext allein auf die Provision und das Lagergeld, also auf die Vergütung, nicht aber auch auf die eigene Leistung des Kaufmanns beziehen, hinsichtlich derer demgemäß grundsätzlich sehr wohl am Erfordernis eines Vertragsschlusses (oder einer diesem gleichstehenden Anspruchsgrundlage) festzuhalten ist (vgl. näher unten Rdn. 10). Entscheidend kommt hinzu, daß die Konzeption der Rechtsprechung aus systematischen und objektiv-teleologischen Gründen nicht zu halten ist. Denn es ist nicht der geringste Sachgesichtspunkt dafür ersichtlich, einem Kaufmann allein deshalb, weil er ein solcher ist und in Ausübung seines Gewerbes handelt, ein so ungewöhnliches Privileg wie die Gewährung eines eigenständigen gesetzlichen Vergütungsanspruchs einzuräumen. Dadurch entstünde ein schwerer Wertungswiderspruch sowohl gegenüber allen Geschäften von Nichtkaufleuten als auch gegenüber den sonstigen Handelsgeschäften wie z. B. dem Handelskauf, und darin läge außerdem eine untragbare Inkonsistenz im Anspruchsgrundlagensystem des Privatrechts. Das zeigt sich auch an den praktischen Konsequenzen der Rechtsprechung. So ist es durch nichts zu rechtfertigen, daß diese z. B. in Fällen, in denen der Anspruch eines Kaufmanns gegen seinen Vertragspartner am Fehlen der Vertretungsmacht scheitert, kurzerhand auf § 354 Abs. 1 als – (angeblich) eigenständige gesetzliche und daher vom Vorliegen der Vertretungsmacht unabhängige – Anspruchsgrundlage zurückgreift und auf dieser Grundlage einen Entgeltsanspruch anerkennt;[7] warum soll gegenüber einem Kaufmann, nicht aber gegenüber einem Privatmann die Vertretungsordnung unbeachtlich sein, und warum soll das nur für die von § 354 Abs. 1 erfaßten Geschäfte, nicht aber z. B. auch für Handelskäufe gelten?! Die – z. T. äußerst schwierigen und umstrittenen – bereicherungs- und schadensersatzrechtlichen Probleme, die sich bei der Rückabwicklung von mangels Vertretungsmacht unwirksamen Verträgen ergeben,[8] dürfen nicht dadurch überspielt werden, daß man einfach Zuflucht zu § 354 Abs. 1 nimmt (vgl. im übrigen unten Rdn. 11).

3 Demgemäß besteht die legitime Aufgabe von § 354 Abs. 1 ebenso wie in den Fällen der §§ 612 Abs. 1, 632 Abs. 1, 653 Abs. 1, 689 BGB in erster Linie in der **Überbrückung des Fehlens einer Vergütungsabrede**. Der Vertrag ist also nicht wegen Fehlens der Einigung über ein essentiale negotii unwirksam,[9] sondern es tritt vielmehr nach § 354 Abs. 1, der insoweit eine vertragsergänzende Funktion hat, der Anspruch auf Provision bzw. Lagergeld in die Lücke. Das bedeutet folgerichtig zugleich, daß § 354 Abs. 1 außerdem eine – widerlegbare – **Auslegungsregel zugunsten der Annahme von Entgeltlichkeit** enthält; denn wenn die Vorschrift sogar eine Ver-

---

[4] Vgl. RGZ 122, 229, 232 f; BGHZ 62, 71, Leitsatz b und S. 78 ff; 95, 393, 398; BGH DB 1966, 776; WM 1993, 1261, 1262.
[5] So z. B. BGH DB 1966, 776; NJW 1982, 1523; WM 1993, 1261, 1262.
[6] Ähnlich wie hier *Koller/Roth/Morck* § 354 Rdn. 1 und 5; der Rechtsprechung folgend dagegen *Heymann/Horn* § 354 Rdn. 6; *Röhricht/Graf von Westphalen/Wagner* § 354 Rdn. 4; merkwürdigerweise wird diese Problematik trotz ihrer erheblichen dogmatischen und praktischen Bedeutung im Schrifttum meist nicht näher diskutiert, ja z. T. offenbar nicht einmal klar erkannt.
[7] Vgl. RGZ 122, 229, 23 f; BGH DB 1966, 776; in beiden Fällen ging es darum, daß die Vertreter einer Gemeinde ohne Einhaltung der einschlägigen kommunalrechtlichen Erfordernisse gehandelt hatten.
[8] Vgl. dazu *Canaris* JuS 1980, 332 ff.
[9] Insoweit übereinstimmend z. B. BGH WM 1993, 2161, 1262 a. E.

gütungsabrede ersetzt, dann muß sie auch und erst recht den Ausschlag geben, wenn Zweifel daran bestehen, ob ein Vertrag entgeltlich oder unentgeltlich ist. Zum dritten ergibt sich aus § 354 Abs. 1 eine – ebenfalls widerlegbare – **Auslegungsregel zugunsten des Vorliegens eines Vertragsschlusses**.[10] Zum einen bliebe nämlich die Regelung von § 354 Abs. 1 weitgehend ohne praktische Effizienz, wenn der Kaufmann jeweils erst beweisen müßte, daß er seine Leistung überhaupt auf einer vertraglichen Basis – und nicht etwa lediglich auf der Grundlage eines bloßen Gefälligkeitsverhältnisses – angeboten hat und der andere Teil sein Verhalten in diesem Sinne verstehen mußte, und zum anderen entspricht diese Konsequenz der Maxime, daß der Kaufmann „nichts umsonst tut"; denn das bedeutet eben zwangsläufig, daß er seine Leistungen grundsätzlich auf *vertraglicher* Basis anbietet, weil nach geltendem Recht nun einmal vor allem Verträge das Mittel zur Erlangung einer Vergütung im geschäftlichen Verkehr darstellen.

Daraus folgt indessen nicht, daß § 354 Abs. 1 *ausschließlich* für Ansprüche aus Vertrag von Bedeutung ist. Vielmehr ist die Vorschrift auch auf Ansprüche aus **berechtigter Geschäftsführung ohne Auftrag** anzuwenden.[11] Das ist mit dem Wortlaut des Gesetzes ohne weiteres vereinbar, da dieser offen läßt, auf welcher rechtlichen Grundlage der Vergütungsanspruch beruht. Außerdem stellt die berechtigte Geschäftsführung ohne Auftrag dogmatisch und praktisch ein Pendant zur Führung eines Geschäfts aufgrund eines entsprechenden Vertrages dar und verdient auch deshalb die Gleichstellung mit einem solchen. Entscheidend kommt hinzu, daß im Rahmen dieser Anspruchsgrundlage ein analoges Problem auftritt: die Frage, ob die Geschäftsführung entgeltlich oder unentgeltlich erfolgt ist. Bekanntlich ist es nämlich zweifelhaft, ob und gegebenenfalls unter welchen Voraussetzungen zu den Aufwendungen, deren Ersatz der Geschäftsführer nach §§ 683, 670 BGB verlangen kann, auch seine Tätigkeit als solche gehört. Hier gibt § 354 Abs. 1 den Ausschlag und führt zur Anerkennung eines Provisionsanspruchs, da auch hier der Satz paßt, daß ein Kaufmann „nichts umsonst tut". Dabei findet § 354 Abs. 1 bei der hier vertretenen Interpretation der Vorschrift, wonach diese keine eigenständige Anspruchsgrundlage darstellt (vgl. oben Rdn. 2), nicht etwa *neben* dem Anspruch aus §§ 683, 670 BGB Anwendung,[12] sondern *im Rahmen* von §§ 683, 670 BGB, indem § 354 Abs. 1 hier zur Konkretisierung der ersatzfähigen Aufwendungen dient – ähnlich wie nach einer verbreiteten Ansicht der Rechtsgedanke von § 1835 Abs. 3 BGB; die Gegenansicht führt entweder zu einer unnötigen Verdoppelung der Anspruchsgrundlagen oder zu der untragbaren Konsequenz, daß nach § 354 Abs. 1 eine Vergütung u. U. auch dann verlangt werden kann, wenn die Voraussetzungen von §§ 683, 670 BGB nicht vorliegen.

Dieser Lösungsansatz ist insofern ausbaufähig, als § 354 Abs. 1 auch im Rahmen **sonstiger gesetzlicher Anspruchsgrundlagen** zur Anwendung gelangen kann, sofern diese einen Anspruch auf Aufwendungsersatz gewähren oder gar mit der berechtigten Geschäftsführung ohne Auftrag verwandt sind (vgl. näher unten Rdn. 12).

2. Tatbestandliche Voraussetzungen

a) **Das Handeln in Ausübung des Handelsgewerbes.** Ein Handelsgewerbe i. S. von § 354 Abs. 1 betreibt nur ein Kaufmann. Die **Kaufmannseigenschaft** bestimmt

---

[10] Insoweit übereinstimmend *Röhricht/Graf von Westphalen/Wagner* § 354 Rdn. 3.

[11] Ebenso i. E. z. B. *Heymann/Horn* § 354 Rdn. 6; *Baumbach/Hopt* § 354 Rdn. 3; *Koller/Roth/Morck* § 354 Rdn. 5.

[12] So aber *Heymann/Horn* § 354 Rdn. 6; *Baumbach/Hopt* § 354 Rdn. 3.

sich nach den §§ 1–3, 6 HGB. Der Fiktivkaufmann i. S. von § 5 HGB steht gleich, so daß auch zu seinen Gunsten § 354 Abs. 1 anzuwenden ist.[13] Der **Scheinkaufmann** kann sich nicht auf die Vorschrift berufen,[14] da er nach den allgemeinen Regeln über die Rechtsscheinhaftung grundsätzlich nur zu seinen Lasten, nicht aber zu seinen Gunsten wie ein Kaufmann zu behandeln ist.[15]

6   Auf **Kleingewerbetreibende** ist § 354 Abs. 1 jedenfalls insoweit anwendbar, als sie unter die §§ 383 Abs. 2, 407 Abs. 3 S. 2, 453 Abs. 3 S. 2, 467 Abs. 3 S. 2 HGB fallen; die übrigen Kleingewerbetreibenden dürften im Wege der Analogie ebenfalls gleichzustellen sein, da auch für sie der Erfahrungssatz gilt, daß sie grundsätzlich „nichts umsonst tun". Auf **Freiberufler** paßt dieser Satz dagegen nach ihrem herkömmlichen Berufsbild und -ethos grundsätzlich nicht, so daß für sie eine analoge Anwendung von § 354 nicht in Betracht kommt.

7   Maßgeblicher **Zeitpunkt** für das Vorliegen der Kaufmannseigenschaft ist der Vertragsschluß. Soweit es auf einen solchen nicht ankommt wie z. B. im Rahmen einer Geschäftsführung ohne Auftrag, ist auf den Zeitpunkt der Leistung abzustellen.[16]

8   Daß das Geschäft in **Ausübung** des Handelsgewerbes vorgenommen wird, wird bei Rechtsgeschäften gemäß § 344 Abs. 1 HGB vermutet.

9   **b) Geschäftsbesorgung und Dienstleistung für einen anderen.** Der **Begriff der Geschäftsbesorgung und der Dienstleistung** ist weit zu fassen. So fallen hierunter z. B. die Beschaffung von Kapital,[17] die Übernahme einer Bürgschaft oder die Vermittlungstätigkeit eines Reisebüros beim Verkauf von Flugscheinen.[18] Die Aufbewahrung von Sachen wird in § 354 Abs. 1 ausdrücklich erwähnt. Auf ähnliche Leistungen wie z. B. die Überlassung von Sachen zum Gebrauch ist § 354 Abs. 1 analog anwendbar.[19]

10 Die Tätigkeit muß **für den anderen Teil** erfolgen. Diese Voraussetzung ist jedenfalls dann erfüllt, wenn mit diesem ein entsprechender Vertrag besteht (vgl. oben Rdn. 3) oder ihm gegenüber die Voraussetzungen einer berechtigten Geschäftsführung ohne Auftrag vorliegen (vgl. oben Rdn. 4). Dabei ist im Zweifel anzunehmen, daß die Tätigkeit des Kaufmanns auf vertraglicher Grundlage und nicht etwa nur aus Gefälligkeit erfolgt und daß sie entgeltlich ist, da § 354 Abs. 1 eine entsprechende (doppelte) Auslegungsregel enthält (vgl. oben Rdn. 3); diese kann entkräftet werden, so daß abweichende Abreden zwischen den Parteien – die wie stets auch konkludent getroffen werden können – mit Selbstverständlichkeit Vorrang haben, ohne daß man sie geradezu als Abbedingung von § 354 Abs. 1 zu qualifizieren braucht.

Von wesentlicher Bedeutung ist in diesem Zusammenhang, in wessen **Interesse** der Kaufmann tätig wird. Handelt er allein in seinem eigenen Interesse oder allein im Interesse eines Dritten, ist § 354 Abs. 1 unanwendbar;[20] denn dann ist die Auslegungsregel zugunsten der Annahme eines Vertragsschlusses klar widerlegt, und dann können auch die Voraussetzungen einer Geschäftsführung ohne Auftrag nicht vorliegen. Handelt er dagegen sowohl in seinem eigenen Interesse als auch im Interesse des

---

[13] Allg. Ansicht, vgl. z. B. *Schlegelberger/Hefermehl* § 354 Rdn. 7; *Heymann/Horn* § 354 Rdn. 3.
[14] Allg. Ansicht, vgl. z. B. *Schlegelberger/Hefermehl* § 354 Rdn. 7; *Heymann/Horn* § 354 Rdn. 3.
[15] Vgl. *Canaris* Handelsrecht[23] § 6 Rdn. 80.
[16] Ähnlich die Differenzierung von *Koller/Roth/Morck* § 354 Rdn. 2; überwiegend wird dagegen generell auf den Zeitpunkt der Leistung bzw. Tätigkeit abgestellt, vgl. z. B. *Schlegelberger/Hefermehl* § 354 Rdn. 8; *Heymann/Horn* § 354 Rdn. 3; *Baumbach/Hopt* Rdn. 3; *Röhricht/Graf von Westphalen/Wagner* § 354 Rdn. 7.
[17] Vgl. BGH NJW 1964, 2343.
[18] Vgl. BGHZ 62, 71.
[19] Vgl. OLG Düsseldorf NJW-RR 1996, 287, 288; *Schlegelberger/Hefermehl* § 354 Rdn. 5.
[20] Ebenso i. E. z. B. BGHZ 62, 71, 79; BGH BB 1981, 756; WM 1981, 495, 496; NJW 1984, 435, 436.

anderen Teils, ist § 354 Abs. 1 grundsätzlich einschlägig;[21] denn der Annahme eines Vertragsschlusses steht das nicht notwendigerweise entgegen, so daß allein dadurch die entsprechende Auslegungsregel nicht entkräftet wird, und auch die Voraussetzungen einer Geschäftsführung ohne Auftrag können durchaus gegeben sein, da darunter nach st. Rspr. und h. L. bekanntlich auch die sogenannten „auch-fremden" Geschäfte fallen. Erst recht spricht es für die Anwendung von § 354 Abs. 1, wenn die Tätigkeit des Kaufmanns primär oder sogar allein im Interesse des anderen Teils erfolgt. Aus der Interessenrichtung *allein* kann freilich vom hier vertretenen Standpunkt aus, wonach § 354 Abs. 1 keine eigenständige Anspruchsgrundlage darstellt (vgl. oben Rdn. 2), nicht auf die Anwendbarkeit von § 354 Abs. 1 geschlossen werden. Vielmehr kommt es letztlich stets darauf an, ob die spezifischen Voraussetzungen einer bestimmten Anspruchsgrundlage gegeben sind – sei es aus Vertrag (in Verbindung mit den oben Rdn. 3 herausgearbeiteten Erleichterungen für die Bejahung dieser Anspruchsgrundlage), sei es aus berechtigter Geschäftsführung ohne Auftrag oder sei es aus einem der unten Rdn. 12 genannten Tatbestände.

Bei **Nichtigkeit eines Geschäftsbesorgungs- oder Dienstvertrags** greift § 354 **11** Abs. 1 entgegen der Ansicht der Rechtsprechung[22] nicht ein.[23] Das ist oben Rdn. 2 für den – freilich besonders krassen – Fall des Fehlens der Vertretungsmacht bereits dargelegt worden, gilt aber auch für sonstige Nichtigkeitsgründe. Zum einen führt die Anwendung von § 354 Abs. 1 nämlich im praktischen Ergebnis häufig zu derselben oder einer ganz ähnlichen Rechtsfolge wie bei Wirksamkeit des Vertrages, was mit dem Schutzweck des Nichtigkeitsgrundes i. d. R. nicht zu vereinbaren ist – z. B. ganz sicher nicht bei Verstößen gegen die Vertretungsordnung! –, und zum anderen werden auf diesem Wege die Voraussetzungen und Schranken der bereicherungsrechtlichen Rückabwicklungsansprüche wie z. B. die §§ 817 S. 2, 818 Abs. 3 BGB bzw. die Regeln über die Saldotheorie unterlaufen, wofür es weder in materiellrechtlicher noch in methodologischer Hinsicht irgendeine Legitimation gibt. Allerdings wenden die Rechtsprechung und ein Teil des Schrifttums auch § 612 Abs. 1 BGB auf nichtige Verträge an,[24] und überdies greift der BGH bei nichtigen Geschäftsbesorgungsverträgen bekanntlich auf das Recht der Geschäftsführung ohne Auftrag statt auf das Bereicherungsrecht zurück, doch wird diese Ansicht von der ganz h. L. mit Recht abgelehnt.[25]

Eine andere Frage ist, ob § 354 Abs. 1 **im Rahmen von § 818 Abs. 2 BGB** bei der Bestimmung des Wertes einer rechtsgrundlos erbrachten Geschäftsbesorgung oder Dienstleistung heranzuziehen ist.[26] Dagegen ist vom hier vertretenen Grundansatz aus an sich nichts einzuwenden, doch dürfte das zu keinen abweichenden Ergebnissen gegenüber der gängigen Interpretation von § 818 Abs. 2 führen, weil sich danach der Wert derartiger Leistungen grundsätzlich ohnehin nach dem üblichen Entgelt bemißt.[27]

Im Rahmen von gesetzlichen Ansprüchen ist § 354 Abs. 1 jedenfalls dann anwend- **12** bar, wenn diese – ebenso wie im oben Rdn. 4 bereits erörterten Fall der Geschäftsführung ohne Auftrag – einen Aufwendungsersatzanspruch gewähren. Daher kann der Schuldner bei **Annahmeverzug** Lagergeld nach den ortsüblichen Sätzen von dem

---

[21] Ebenso i. E. z. B. BGHZ 62, 71, 79; BGH NJW 1984, 435, 436; *Schlegelberger/Hefermehl* § 354 Rdn. 4.
[22] Vgl. RGZ 122, 229, 232f; BGHZ 95, 393, 398; BGH DB 1966, 776.
[23] Ebenso *Staudinger/Reuter*, 13. Bearbeitung 1995, § 652 Rdn. 54; *Koller/Roth/Morck* § 354 Rdn. 5.
[24] Vgl. nur MünchKomm.-*Schaub*[3] § 612 Rdn. 5 mit Nachw.
[25] Vgl. dazu näher *Larenz/Canaris* Schuldrecht II/2[13] § 74 III 2 mit umf. Nachw.
[26] So *Koller/Roth/Morck* § 354 Rdn. 5.
[27] Vgl. dazu *Larenz/Canaris* aaO § 72 III 2b.

Gläubiger fordern,[28] da er nach § 304 BGB einen Anspruch auf Ersatz seiner Mehraufwendungen hat und dieses Merkmal nach der oben Rdn. 4 entwickelten Ansicht mit Hilfe von § 354 Abs. 1 zu konkretisieren ist. Desgleichen hat der Schuldner folgerichtig bei einem **Selbsthilfeverkauf** nach § 373 Abs. 2 HGB einen Anspruch auf Provision für die damit verbundene Tätigkeit,[29] da auch auf diesen Fall § 304 BGB anwendbar und mit Hilfe von § 354 Abs. 1 zu konkretisieren ist. Gleiches gilt für den **Notverkauf** in den Fällen der §§ 379 Abs. 2, 388 Abs. 2, 389 HGB,[30] weil (und sofern) hier die Voraussetzungen einer berechtigten Geschäftsführung ohne Auftrag vorliegen.

Ebenso dürfte schließlich auch im Falle des **Pfandverkaufs** nach § 1228 BGB zu entscheiden sein.[31] Dafür spricht, daß der Pfandgläubiger dabei eine Sache verwertet, die dem *anderen Teil* gehört, und daß er jedenfalls *auch* dessen Interesse wahrnimmt. Vom hier vertretenen Standpunkt aus kommt als ausschlaggebendes Argument hinzu, daß dem Pfandgläubiger grundsätzlich ein Anspruch auf Ersatz seiner für die Verwertung erforderlichen Aufwendungen zusteht; zwar erfaßt § 1210 Abs. 2 BGB nur die Kosten des Pfandverkaufs als solche, doch ist dem Pfandgläubiger in Ergänzung dieser Vorschrift ein Anspruch auf Ersatz seiner Aufwendungen zuzubilligen, wie er auch im Rahmen einer Verwertung im Wege der Zwangsversteigerung anerkannt ist.[32] Besteht aber somit eine Anspruchsgrundlage für den Ersatz von Aufwendungen des Gläubigers, ist in deren Rahmen nach § 354 Abs. 1 auch die für den Pfandverkauf erforderliche Tätigkeit des Pfandgläubigers als entgeltspflichtig anzusehen, so daß dieser dafür die übliche Provision verlangen kann.

13 Dagegen hat der Gläubiger bei der Verwertung einer unter **Eigentumsvorbehalt** stehenden Sache keinen Provisionsanspruch aus § 354 Abs. 1.[33] Das folgt nach Ansicht des BGH und der h. L. daraus, daß der Gläubiger dabei seine eigene Sache verkauft und im wesentlichen in seinem eigenen Interesse handelt. Vom hier vertretenen Standpunkt aus ergibt es sich schon daraus, daß es insoweit sowohl an einer vertraglichen als auch an einer gesetzlichen Anspruchsgrundlage für einen Ersatz von Aufwendungen fehlt.

II. Die Regelung des Abs. 2

14 Nach § 354 Abs. 2 kann ein Kaufmann für Darlehen, Vorschüsse, Auslagen und andere Verwendungen vom Tage der Leistung an Zinsen berechnen. Was das **Verhältnis zu Abs. 1** betrifft, so ist die Vorschrift des Abs. 2 nicht auf die Regelung des Abs. 1 bezogen, sondern steht selbständig neben dieser.[34] Selbstverständlich kann sich aber eine Rechtsfolge, die nicht nach Abs. 2 zu begründen ist, aus Abs. 1 ergeben.[35]

15 Seiner dogmatischen Struktur nach unterscheidet sich Abs. 2 insofern wesentlich von Abs. 1, als hier in der Tat eine **eigenständige Anspruchsgrundlage** vorliegt, da der Zinsanspruch allein auf Abs. 2 beruht. Die Vorschrift weist eine deutliche **Ähnlichkeit mit § 353 HGB** auf, scheint jedoch über diese Bestimmung noch hinaus-

---

[28] Ebenso i. E. BGH NJW 1996, 1464, 1465; *Schlegelberger/Hefermehl* § 354 Rdn. 6; *Heymann/Horn* § 354 Rdn. 4; *Baumbach/Hopt* § 354 Rdn. 5.
[29] Ebenso i. E. z. B. *Schlegelberger/Hefermehl* § 354 Rdn. 4; *Baumbach/Hopt* § 354 Rdn. 5.
[30] Ebenso i. E. z. B. *Schlegelberger/Hefermehl* § 354 Rdn. 4; *Baumbach/Hopt* § 354 Rdn. 5.
[31] Ebenso i. E. *Baumbach/Hopt* § 354 Rdn. 5.
[32] Vgl. dazu z. B. *Zöller/Stöber* ZPO[21] § 788 Rdn. 13.
[33] Ebenso i. E. BGH NJW 1984, 435, 436; *Heymann/Horn* § 354 Rdn. 4.
[34] Ebenso *Heymann/Horn* § 354 Rdn. 13.
[35] Vgl. z. B. BGH NJW 1964, 2343.

zugehen, indem sie nicht einmal die Fälligkeit der Forderung voraussetzt;[36] da diese indessen nach § 271 Abs. 1 BGB grundsätzlich sofort eintritt und ihre Hinausschiebung eine Kreditgewährung darstellt, die ihrerseits schon analog Abs. 1 zinspflichtig wäre, kommt diesem Unterschied gegenüber § 353 HGB wohl keine nennenswerte praktische Bedeutung zu.

Als selbstverständlich vorausgesetzt ist in Abs. 2, daß dem Kaufmann ein Anspruch auf Ersatz der Auslagen oder Verwendungen zusteht. Abs. 2 beschränkt sich auf die **Anordnung der Zinspflichtigkeit**. Die Höhe der Zinsen beträgt gemäß § 352 HGB 5%. 16

§ 354a

¹Ist die Abtretung einer Geldforderung durch Vereinbarung mit dem Schuldner gemäß § 399 BGB ausgeschlossen und ist das Rechtsgeschäft, das diese Forderung begründet hat, für beide Teile ein Handelsgeschäft, oder ist der Schuldner eine juristische Person des öffentlichen Rechts oder ein öffentlich-rechtliches Sondervermögen, so ist die Abtretung gleichwohl wirksam. ²Der Schuldner kann jedoch mit befreiender Wirkung an den bisherigen Gläubiger leisten. ³Abweichende Vereinbarungen sind unwirksam.

Übersicht

	Rdn.		Rdn.
I. Regelungsgehalt und dogmatische Einordnung		3. Die Auswirkungen von § 354a in Zwangsvollstreckung und Insolvenz	18
1. Der bürgerlichrechtliche Hintergrund	1	IV. Die rechtspolitische und verfassungsrechtliche Fragwürdigkeit der Beschränkung des Anwendungsbereichs von § 354a HGB auf beiderseitige Handelsgeschäfte und ihre Konsequenzen	20
2. Die dogmatische Eigenständigkeit von § 354a	4		
II. Tatbestandlicher Anwendungsbereich	6		
III. Rechtsfolgen			
1. Die Zuständigkeit für die Geltendmachung der Forderung	10	1. Das Erfordernis der Kaufmannseigenschaft in der Person des Zedenten	21
2. Die Wahlmöglichkeit des Schuldners	11	2. Das Kaufmannserfordernis in der Person des Schuldners	23
a) Voraussetzungen der Wahlmöglichkeit	11	3. Die Fehlverortung von § 354a im HGB	24
b) Die Schranken der Wahlmöglichkeit	14		
c) Die Folgen der Wahlmöglichkeit	16		

Schrifttum

Baukelmann Der Ausschluß der Abtretbarkeit von Geldforderungen in AGB – Fragen zu § 354a HGB, Festschr. für Brandner, 1996, S. 185; *Derleder* Absatzorganisation durch verlängerten Eigentumsvorbehalt: Wie ist die Hürde des § 354a HGB zu nehmen?, BB 1999, 1561; *von Olshausen* Konkursrechtliche Probleme um den neuen § 354a HGB, ZIP 1995, 1950; *Pfeiffer* (Hrsg.) Handbuch der Handelsgeschäfte, 1999; *Saar* Zur Rechtsstellung des Schuldners nach § 354a Satz 2 HGB, ZIP 1999, 988; *Karsten Schmidt* Gutgläubiger Erwerb trotz Abtretungs-

---

[36] Vgl. auch *Schlegelberger/Hefermehl* § 353 Rdn. 18 a. E.; *Heymann/Horn* § 353 Rdn. 12.

verbots in AGB – Zur Bedeutung des § 354a HGB für die Praxis zu § 366 HGB, NJW 1999, 400; *ders.* Zur Rechtsfolgenseite des § 354a HGB, Festschr. für Schimansky, 1999, S. 503; *E. Wagner* Neue Rechtslage bei vertraglichen Abtretungsverboten im kaufmännischen Geschäftsverkehr, WM 1994, 2093; *ders.* Materiell-rechtliche und prozessuale Probleme des § 354a HGB, WM 1996 Sonderbeilage Nr. 1.

I. Regelungsgehalt und dogmatische Einordnung
1. Der bürgerlichrechtliche Hintergrund

1 Die Vorschrift des § 354a, die durch Gesetz vom 29. 7. 1994 eingeführt worden ist, stellt eine tiefgreifende Abweichung von § 399 BGB dar. Der Grund hierfür liegt darin, daß sich die dort vorgesehene Möglichkeit eines rechtsgeschäftlichen Ausschlusses der Abtretbarkeit von Forderungen als massives **Hindernis für den Kreditverkehr** erwiesen hat, weil „starke" Schuldner gegenüber ihren Gläubigern verhältnismäßig häufig rechtsgeschäftliche Abtretungsverbote durchsetzen und diese die Verwendung der Forderung als Sicherheit für einen Kredit erheblich erschweren.

2 Die dabei drohenden Komplikationen werden allerdings erst dann voll deutlich, wenn man sich die einschlägige Rechtsprechung des BGH vergegenwärtigt. Nach dieser führen rechtsgeschäftliche Abtretungsverbote i. S. von § 399 S. 2 BGB entgegen einer im Schrifttum verbreiteten Gegenansicht[1] nicht lediglich zu relativer Unwirksamkeit der Abtretung gegenüber dem Schuldner, sondern zu **absoluter Unwirksamkeit** gegenüber jedermann.[2] Außerdem geht der BGH davon aus, daß derartige Klauseln grundsätzlich **keinen Verstoß gegen § 9 AGBG** darstellen.[3] Da die Forderung demgemäß trotz einer Zession weiterhin uneingeschränkt zum Vermögen und zur Haftungsmasse des Zedenten und nicht des Zessionars gehört – also insbesondere bei Insolvenz des ersteren in die Masse fällt und auch in der Einzelzwangsvollstreckung von dessen Gläubigern verwertet werden kann –, hat ihr Erwerb für einen Zessionar wenig Sinn.

Das schlägt wirtschaftlich gesehen auf den Gläubiger zurück, weil diesem dadurch weitgehend die Möglichkeit genommen wird, die Forderung zum Zwecke der Einziehung oder Sicherung abzutreten. Vor allem die rasche Beschaffung von Liquidität durch **Zession an ein Factoringinstitut** sowie die Erlangung von Warenkredit durch Einkauf auf der Basis eines **verlängerten Eigentumsvorbehalts**, in dessen Rahmen der Vorbehaltsverkäufer regelmäßig die Vorauszession von Forderungen des Käufers gegen dessen Kunden verlangt, werden dadurch verhindert oder zumindest außerordentlich stark erschwert.

3 Derartige Nachteile dem Forderungsinhaber zu ersparen, war die Intention der Verfasser von § 354a. Zugleich soll durch S. 2 der Vorschrift „das Interesse des Forderungsschuldners, sich nicht auf wechselnde Gläubiger einzustellen sowie Verrechnungen und Zahlungsvereinbarungen mit dem alten Gläubiger vornehmen zu können, uneingeschränkt gewahrt" werden.[4] Demgemäß liegt der **Schutzzweck von § 354a** darin, einen angemessenen Ausgleich zwischen dem Interesse des Gläubigers an der Verwertbarkeit seiner Forderung und dem Interesse des Schuldners an der Möglichkeit zur Zahlung an seinen Vertragspartner zu schaffen.

---

[1] Vgl. *Canaris* Festschr. für Serick, 1992, S. 13 ff m. umf. Nachw.; z. T. ähnlich *E. Wagner* Vertragliche Abtretungsverbote im System zivilrechtlicher Verfügungshindernisse, 1994, S. 228 ff, 316 ff.

[2] Vgl. nur BGHZ 112, 387, 389 ff.

[3] Vgl. nur BGHZ 77, 274, 275; **a. A.** z. B. *Hadding/van Look* WM 1988 Sonderbeilage Nr. 7 S. 8 ff m. Nachw.

[4] Vgl. BT-Drucks. 12/7912 S. 25.

2. Die dogmatische Eigenständigkeit von § 354a

Dogmatisch gesehen besteht die wichtigste Besonderheit von § 354a darin, daß als **4** Rechtsfolge nicht relative Unwirksamkeit der Abtretung und damit eine dem geltenden Recht bekannte Figur vorgesehen, sondern eine **neuartige Kombination von absoluter Wirksamkeit der Zession und weitreichendem Schuldnerschutz** geschaffen worden ist. Daß § 354a HGB nicht lediglich relative Unwirksamkeit der Zession gegenüber dem Schuldner, sondern absolute Wirksamkeit gegenüber jedermann anordnet, ergibt sich sowohl aus dem Wortlaut von S. 1 als auch aus der Entstehungsgeschichte des Gesetzes, da die SPD-Fraktion einen Entwurf eingebracht hatte, der relative Unwirksamkeit vorsah,[5] und der Rechtsausschuß des Bundestages diesen in seiner Beschlußempfehlung, der der Bundestag gefolgt ist, insoweit abgeändert hat.

Allerdings hätte sich das Anliegen der Gesetzesverfasser, einerseits dem Gläubiger **5** die Möglichkeit zur Verwertung seiner Forderung zu verschaffen und andererseits dem Schuldner die Möglichkeit zur Leistung an ihn zu erhalten, in der Tat auch mit Hilfe der Figur der relativen Unwirksamkeit erreichen lassen. Gleichwohl ist das neuartige Lösungsmodell des § 354a HGB uneingeschränkt zu begrüßen,[6] weil es wichtige **Vorteile gegenüber der relativen Unwirksamkeit** bietet. Zum einen bereitet diese Konstruktion nämlich bekanntlich erhebliche gedankliche Schwierigkeiten, und zum anderen und vor allem weist das neue Modell auch in praktischer Hinsicht mehrere Vorzüge auf. Deren wichtigster besteht darin, daß der Zessionar grundsätzlich die Möglichkeit zur Geltendmachung der Forderung aus eigenem Recht und demgemäß im eigenen Namen hat (vgl. unten Rdn. 10), wohingegen er eine ähnliche Position bei relativer Unwirksamkeit der Zession allenfalls auf dem umständlichen Umweg über eine Pfändung der abgetretenen Forderung erlangen kann und man im übrigen auf eine heikle Rechtsfortbildung angewiesen ist.[7] Ein weiterer Unterschied ergibt sich bei einer Pfändung der Forderung durch einen Gläubiger des Zessionars, die von § 354a HGB ohne weiteres ermöglicht wird (vgl. unten Rdn. 19), während bei relativer Unwirksamkeit den Gläubigern des Zessionars nur der wenig praktikable Ausweg einer Doppelpfändung offensteht.[8] Im übrigen liegt ein wesentlicher Vorteil der Rechtsfolgenanordnung von § 354a S. 1 HGB auch darin, daß diese in **Einklang mit Art. 6 Abs. 1 des UNIDROIT-Übereinkommens über das internationale Factoring** („Ottawa Konvention") steht[9] und somit zur Rechtsvereinheitlichung im Bereich des grenzüberschreitenden Geschäftsverkehrs beiträgt.

II. Tatbestandlicher Anwendungsbereich

§ 354a gilt nach dem unmißverständlichen Wortlaut von S. 1 nur für **beiderseitige** **6** **Handelsgeschäfte** und setzt also die Kaufmannseigenschaft beider Parteien voraus. Darin liegt zumindest eine erhebliche **Irregularität gegenüber dem herkömmlichen System des Handelsrechts**. Denn bisher diente die Kaufmannseigenschaft dem Gesetzgeber nur als Anknüpfungspunkt für *Erweiterungen* der Vertragsfreiheit, während es hier genau umgekehrt um deren *Einschränkung* geht; man sieht sich also der Merkwürdigkeit gegenüber, daß *nur Kaufleute geschützt (!) werden*, und das nur

---

[5] Vgl. BT-Drucks. 12/7570.
[6] Ebenso *Karsten Schmidt* Festschr. für Schimansky S. 506 f; zurückhaltender *E. Wagner* WM 1996 Beil. Nr. 1 S. 26.
[7] Vgl. näher *Canaris* aaO (Fn. 1) S. 30–32.
[8] Vgl. näher *Canaris* aaO (Fn. 1) S. 26 f.
[9] Vgl. dazu *Bette* WM 1994, 1914f, 1920f; siehe ferner *Rebmann* RabelsZ 53 (1989) 599 ff, 608 ff.

§ 354a   Viertes Buch. Handelsgeschäfte

bei Geschäften mit anderen Kaufleuten. Ob hierfür ein einleuchtender Sachgrund besteht, läßt sich erst nach Analyse und Interpretation der Rechtsfolgen beurteilen (vgl. unten Rdn. 20ff).

7 Die **Kaufmannseigenschaft** bestimmt sich nach den §§ 1–3, 6 HGB. Der Fiktivkaufmann i. S. von § 5 HGB steht gleich, so daß § 354a auf ihn uneingeschränkt anzuwenden ist, d. h. sowohl dann, wenn er Gläubiger als auch dann, wenn er Schuldner ist. Hinsichtlich des **Scheinkaufmanns** ist dagegen insoweit zu differenzieren: Nimmt dieser die Stellung des Schuldners ein, gilt grundsätzlich § 354a, wobei dem Gläubiger freilich insoweit eine Wahlmöglichkeit zwischen der Anwendung dieser Vorschrift und der Berufung auf die wahre Rechtslage, also die Unanwendbarkeit von § 354a einzuräumen ist;[10] befindet sich der Scheinkaufmann dagegen in der Position des Gläubigers, so ist § 354a nicht auf ihn anzuwenden, weil er nach den allgemeinen Regeln über die Rechtsscheinhaftung grundsätzlich nur zu seinen Lasten, nicht aber zu seinen Gunsten wie ein Kaufmann zu behandeln ist.[11]

8 **Kleingewerbetreibende** fallen jedenfalls dann in den Anwendungsbereich von § 354a, wenn die Voraussetzungen der §§ 383 Abs. 2, 407 Abs. 3 S. 2, 453 Abs. 2 S. 2, 467 Abs. 3 S. 2 HGB vorliegen. Ob und gegebenenfalls unter welchen Voraussetzungen § 354a darüber hinaus auf sonstige **Nichtkaufleute** anwendbar ist, hängt mit der Frage nach der Sinnhaftigkeit des Kaufmannserfordernisses zusammen und ist daher erst im Zusammenhang mit deren Beantwortung zu erörtern (vgl. unten Rdn. 21).

9 In gegenständlicher Hinsicht erfaßt § 354a nur vertragliche Abtretungsverbote i. S. von § 399 BGB. Daher findet § 354a auf das **kontokorrentrechtliche Abtretungsverbot** (vgl. dazu § 355 Rdn. 114) keine Anwendung.[12] Dieses beruht nämlich nicht darauf, daß die Abtretung durch eine auf ihren Ausschluß gerichtete Vereinbarung unterbunden wird, sondern ist dem Kontokorrent als solchem aufgrund seiner spezifischen institutionellen Zwecke immanent, so daß es seine Grundlage in einem (ungeschriebenen) Satz des objektiven (dispositiven) Rechts und nicht in einer diesbezüglichen Parteiabrede findet.

III. Rechtsfolgen

1. Die Zuständigkeit für die Geltendmachung der Forderung

10 Im Verhältnis zwischen Zedent, Zessionar und Schuldner folgt aus der Wirksamkeit der Zession gemäß § 354a S. 1 HGB ohne weiteres, daß die Zuständigkeit für die Geltendmachung der Forderung beim **Zessionar** liegt, der dabei aus eigenem Recht und somit im eigenen Namen handelt. Dieser kann und muß also z. B. den Schuldner mahnen, Klage gegen ihn erheben und dgl.

2. Die Wahlmöglichkeit des Schuldners

11 a) **Voraussetzungen der Wahlmöglichkeit.** Nach S. 2 der Vorschrift steht der Wirksamkeit der Zession und der sich daraus ergebenden Vollrechtsinhaberschaft des Zessionars die Möglichkeit des Schuldners gegenüber, selbst zu entscheiden, ob er an den Zessionar *oder* statt dessen an seinen ursprünglichen Gläubiger, also an den

---

[10] Vgl. dazu näher *Canaris*, Die Vertrauenshaftung im deutschen Privatrecht, 1971, S. 519f und Handelsrecht[23] § 6 Rdn. 81.
[11] Vgl. *Canaris* Handelsrecht[23] § 6 Rdn. 80.
[12] Ebenso *Bette* WM 1994, 1918f; *E. Wagner* WM 1994, 2094f; *Henseler* BB 1995, 6f; *Saar* ZIP 1999, 990; *Röhricht/Graf von Westphalen/Wagner* § 354a Rdn. 5.

Zedenten leistet. Die Rechtslage ähnelt insoweit in gewisser Weise derjenigen im Falle des § 407 BGB, wo der Schuldner wählen kann, ob er die Leistung an den Zedenten trotz der Zession gelten läßt oder sie von diesem nach § 812 Abs. 1 S. 1 BGB zurückfordert und an den Zessionar als den wahren Gläubiger leistet.[13] Ebenso wenig wie dort stellt die Wahlmöglichkeit im Falle von § 354a ein echtes subjektives Recht etwa i. S. eines **Gestaltungsrechts** dar; vielmehr handelt es sich lediglich um eine für den Schuldner günstige Rechtslage, die ihm eine **facultas alternativa** eröffnet.

Als **Leistung** i. S. von § 354a S. 2 sind nach Wortsinn und Schutzzweck der Vorschrift auch Erfüllungssurrogate, vor allem also eine **Aufrechnung** durch den Schuldner mit einer Forderung gegen den Zedenten anzusehen.[14] Sonstige Rechtsgeschäfte über die Forderung wie z. B. **Vergleich** und **Erlaß** stellt § 354a S. 2 anders als § 407 BGB (und eine Reihe anderer Bestimmungen wie z. B. §§ 893, 2367 BGB) der Leistung zwar nicht ausdrücklich gleich, doch ist diese Gleichstellung im Wege der ergänzenden Rechtsfortbildung vorzunehmen;[15] denn sonst käme man zu dem groben Wertungswiderspruch, daß der Schuldner in dieser Hinsicht nach § 354a HGB schlechter als nach § 407 BGB steht, obwohl dessen Position doch gerade besser als nach dieser Regelung sein soll. Im Falle eines unentgeltlichen Erlasses muß der Schuldner freilich nach § 816 Abs. 1 S. 2 BGB gleichwohl an den Zessionar zahlen. **12**

Anders als im Falle von § 407 BGB steht die Wahlmöglichkeit dem Schuldner grundsätzlich auch dann zu, wenn er **Kenntnis von der Zession** hat.[16] Das ist in den Gesetzesmaterialien ausdrücklich klargestellt worden[17] und folgt im übrigen daraus, daß § 354a S. 2 – im Gegensatz zu § 407 BGB – keine Einschränkung für den Fall der Kenntnis enthält. Es entspricht auch dem Schutzzweck der Regelung; denn zum einen entfällt die Gefahr einer doppelten Inanspruchnahme des Schuldners auch bei Kenntnis von der Zession nicht völlig – etwa, wenn dieser die Zahlung an den Zedenten zu verhindern vergißt oder wenn einem Unternehmen die Kenntnis einer bestimmten Person zugerechnet wird und eine andere Person nichtsahnend die Zahlung veranlaßt –, und zum anderen kann der Schuldner auch bei Kenntnis von der Zession ein schutzwürdiges Interesse an einer Zahlung an den Zedenten haben – z. B., um diesem die für eine Fortsetzung der Geschäftsbeziehung benötigte Liquidität zu verschaffen. **13**

b) Die Schranken der Wahlmöglichkeit. Allerdings unterliegt die Entscheidung des Schuldners, an den Zedenten zu leisten, wie jede einseitige Ausnutzung einer Rechtslage den Schranken des **Rechtsmißbrauchsverbots** gemäß § 242 BGB.[18] Dieses steht daher u. U. einer Zahlung an den Zedenten entgegen, wenn der Schuldner Kenntnis von der Zession hat. Dabei ist vor allem an die Gesichtspunkte des **Fehlens eines schutzwürdigen Eigeninteresses** und der **zweckwidrigen Ausnutzung einer Norm** zu denken.[19] Der Schuldner soll nämlich durch die Wahlmöglichkeit nach § 354a S. 2 lediglich in seinem Interesse geschützt werden, „sich nicht auf wechselnde Gläubiger **14**

---

[13] Vgl. nur MünchKomm.-*Roth*[3] § 407 Rdn. 9f mit Nachw.
[14] Ebenso *Baumbach/Hopt* § 354a Rdn. 2.
[15] Ebenso *E. Wagner* WM 1994, 2099f und WM 1996, Beil. Nr. 1 S. 14f; *Saar* ZIP 1999, 992; a. A. *Bette* WM 1994, 1918; *Baukelmann* Festschr. für Brandner S. 195f; *Derleder* BB 1999, 1562; *Pfeiffer/Lange* § 6 Rdn. 96; *Karsten Schmidt* Festschr. für Schimansky S. 512.
[16] Das ist wohl unumstritten, vgl. z. B. *Bette* WM 1994, 1919; *E. Wagner* WM 1994, 2096 und WM 1996 Beil. Nr. 1 S. 11; *Baukelmann* Festschr. für

Brandner S. 192 und 195; *Baumbach/Hopt* § 354a Rdn. 2; *Karsten Schmidt* NJW 1999, 401.
[17] Vgl. BT-Drucks. 12/7912 S. 25.
[18] Zustimmend *E. Wagner* WM 1996 Beil. Nr. 1 S. 12; *Karsten Schmidt* NJW 1999, 401; *Saar* ZIP 1999, 998; *Pfeiffer/Lange* § 6 Rdn. 103; *Wellenhofer-Klein* Zulieferverträge im Privat- und Wirtschaftsrecht, 1999, S. 222 f.
[19] Vgl. dazu allgemein z. B. *Larenz/Wolf* Allg. Teil des Bürg. Rechts[8] § 16 Rdn. 36 ff; MünchKomm.-*Roth*[3] § 242 Rdn. 447 ff.

einstellen zu müssen sowie Verrechnung und Zahlungsvereinbarungen mit dem alten Gläubiger vornehmen zu können" (vgl. oben Rdn. 3), nicht aber die Machtposition erhalten, nach seinem Belieben das Geld entweder dem Zessionar oder dem Zedenten „zuzuteilen" und ersteren willkürlich mit dem „Durchleitungsrisiko" zu belasten. Ist also eine Leistung an den Zessionar zahlungstechnisch unschwer möglich und hat der Schuldner auch keine sonstigen Gründe für eine Leistung an den Zedenten – wie z. B. das Bestreben, dessen Liquidität im Interesse einer geplanten Fortsetzung der Geschäftsverbindung zu verbessern[20] –, so darf der Schuldner bei Kenntnis von der Zession nicht immer ohne weiteres an den Zedenten zahlen – etwa auf dessen debitorisches Bankkonto. Durch einen solchen „Freibrief" würde der vom Gesetzgeber mit der Schaffung von § 354a S. 1 verfolgte Zweck, die Verkehrsfähigkeit von Forderungen trotz Vereinbarung eines vertraglichen Abtretungsverbots zu verbessern, über Gebühr beeinträchtigt.

15   Insbesondere darf der Schuldner nach **Offenlegung eines verlängerten Eigentumsvorbehalts** grundsätzlich nicht mehr an den Zedenten – d. h. den Vorbehaltskäufer – zahlen, weil (und sofern) er dadurch ohne hinreichendes Eigeninteresse den Zessionar – d. h. den Vorbehaltsverkäufer – um den Schutz des § 354a S. 1 brächte. Auch das ist mit § 242 BGB zu begründen[21] und nicht mit einer teleologischen Reduktion von § 354a S. 2;[22] denn der Schuldner kann auch in solchen Fällen durchaus ein legitimes Interesse an einer Zahlung an den Zedenten haben – etwa unter dem schon erwähnten Gesichtspunkt, diesen durch die Zuführung von Liquidität vor dem Zusammenbruch zu bewahren, oder deshalb, weil für ihn die Unausweichlichkeit eines Zusammenbruchs des Zedenten nicht klar ersichtlich ist und er die Fortsetzung seiner Geschäftsverbindung mit diesem nicht durch die Verweigerung der Zahlung an ihn gefährden möchte –, und daher bedarf es einer *einzelfall*bezogenen Lösung, welche die Berücksichtigung solcher Besonderheiten erlaubt, so daß eine teleologische Reduktion wegen ihres *generalisierenden* Charakters nicht das richtige Mittel darstellt. Die Problematik hat im übrigen Folgewirkungen im Rahmen von § 366 Abs. 1 HGB.

16   c) **Die Folgen der Wahlmöglichkeit.** Da der Schuldner statt an den Zessionar auch an den Zedenten leisten kann, dürfte es zur **Schlüssigkeit** einer Klage des Zessionars gegen den Schuldner gehören, daß sie die Einschränkung enthält, die Leistung könne auch an den Zedenten erfolgen.[23]

17   Macht der Schuldner von seiner Möglichkeit zur Leistung an den Zedenten Gebrauch, ist dieser zur **Herausgabe des Erlangten an den Zessionar nach § 816 Abs. 2 BGB** verpflichtet, da dieser gemäß § 354a S. 1 HGB der wahre Berechtigte ist.

3. Die Auswirkungen von § 354a in Zwangsvollstreckung und Insolvenz

18   Besonders groß ist die praktische Bedeutung von § 354a im Verhältnis zu den Gläubigern der Parteien, also in Zwangsvollstreckung und Insolvenz, da S. 1 der Vorschrift die zedierte Forderung dem Vermögen des Zessionars zuordnet. Dieser hat daher die **Drittwiderspruchsklage gemäß § 771 ZPO**, wenn ein Gläubiger des Zedenten die Forderung pfändet, und ein **Aus- oder Absonderungsrecht gemäß §§ 47, 50f**

---

[20] Auch insoweit übereinstimmend E. *Wagner* WM 1996 Beil. Nr. 1 S. 12 mit Fn. 80; *Saar* ZIP 1999, 994; **a. A.** offenbar *Karsten Schmidt* Festschr. für Schimansky S. 513 f.
[21] So zutreffend *Karsten Schmidt* NJW 1999, 401.
[22] So aber *Derleder* BB 1999, 1565.
[23] Ebenso E. *Wagner* WM 1994, 2101 und WM 1996 Beil. Nr. 1 S. 19; *Pfeiffer/Lange* § 6 Rdn. 100; *Baumbach/Hopt* § 354a Rdn. 2; **a. A.** *Karsten Schmidt* Festschr. für Schimansky S. 514 f.

InsO, wenn über das Vermögen des Zedenten das Insolvenzverfahren eröffnet wird. Gerade in derartigen Fällen wirken sich Abtretungsverbote nach der Rspr. des BGH besonders fatal für den Zessionar aus, da ihm danach die genannten vollstreckungs- und insolvenzrechtlichen Behelfe wegen der (angeblichen) absoluten Unwirksamkeit der Zession versagt bleiben.[24] Hier schafft § 354a grundsätzlich Abhilfe. Allerdings ist diese insofern nicht ganz vollständig, als der Schuldner aufgrund seiner **Wahlmöglichkeit** nach S. 2 der Vorschrift mit einer Forderung gegen den Zedenten uneingeschränkt – d. h. unabhängig vom Vorliegen der Voraussetzungen des § 406 BGB – aufrechnen kann, ohne daß dem durchgreifende insolvenzrechtliche Hindernisse entgegenstehen.[25]

Umgekehrt unterliegt die Forderung auch der **Pfändung durch die Gläubiger des Zessionars** und fällt in die **Insolvenzmasse des Zessionars**. Dem Schuldner steht allerdings auch hier das **Wahlrecht** nach § 354a S. 2 zu. Er kann also grundsätzlich statt an den Pfandgläubiger an den Zedenten zahlen,[26] da der Pfandgläubiger folgerichtig keine stärkere Stellung als der Zessionar – von dem er sein Recht herleitet! – haben kann und der Schuldner ja nach § 354a S. 2 statt an diesen an den Zedenten leisten könnte. Desgleichen kann er z. B. im Insolvenzverfahren über das Vermögen des Zessionars uneingeschränkt – d. h. unabhängig vom Vorliegen der Voraussetzungen des § 406 BGB – mit einer Forderung gegen den Zedenten aufrechnen.[27] Freilich ist wiederum zu beachten, daß die Wahlmöglichkeit des Schuldners den Schranken des Rechtsmißbrauchseinwandes unterliegt (vgl. oben Rdn. 14).

19

IV. Die rechtspolitische und verfassungsrechtliche Fragwürdigkeit der Beschränkung des Anwendungsbereichs von § 354a HGB auf beiderseitige Handelsgeschäfte und ihre Konsequenzen

Überdenkt man rückblickend noch einmal die Frage, ob es triftige Sachgründe für eine Beschränkung des Anwendungsbereichs von § 354a auf Forderungen aus beiderseitigen Handelsgeschäften gibt, so ist die Antwort uneingeschränkt negativ.[28]

20

1. Das Erfordernis der Kaufmannseigenschaft in der Person des Zedenten

Was zunächst das Erfordernis der Kaufmannseigenschaft in der Person des Zedenten, also des Geschützten (!) anbetrifft, so läßt sich dieses sachlich in keiner Weise legitimieren.[29] Einen besonders krassen Wertungswiderspruch stellt dabei die **unterschiedliche Behandlung von kaufmännischen und nicht-kaufmännischen Unternehmern** dar. So kommt zwar z. B. ein Bauunternehmer, dessen Betrieb die Voraussetzungen von § 1 Abs. 2 HGB erfüllt, in den Genuß des Schutzes von § 354a S. 1, nicht dagegen ein Architekt, obwohl dieser in ganz ähnlicher Weise darauf angewiesen

21

---

[24] Vgl. z. B. BGHZ 70, 299, 301ff; 102, 293, 301; 108, 172, 175ff; kritisch dazu *Canaris* aaO (Fn. 1) S. 23ff; *E. Wagner* aaO (Fn. 1) S. 228ff, 316ff, 418.

[25] Vgl. eingehend *von Olshausen* ZIP 1995, 1954ff, 1961; ebenso i. E. *E. Wagner* WM 1996 Beil. Nr. 1 S. 23f.

[26] Ebenso i. E. *E. Wagner* WM 1996 Beil. Nr. 1 S. 21f; *Karsten Schmidt* Festschr. für Schimansky S. 516.

[27] Ebenso *von Olshausen* ZIP 1995, 1962f; *E. Wagner* WM 1996 Beil. Nr. 1 S. 25.

[28] Sehr kritisch auch *E. Wagner* WM 1994, 2095f und WM 1996 Beil. Nr. 1 S. 8f; *Baukelmann* Festschr. für Brandner S. 201.

[29] Zustimmend *Treber* AcP 199 (1999) 546; ähnlich z. B. *Baukelmann* Festschr. für Brandner S. 201; *E. Wagner* WM 1996 Beil. Nr. 1 S. 8.

sein kann, seine Forderungen gegen seine Schuldner wie z. B. die öffentliche Hand zum Zwecke der Kreditbeschaffung einzusetzen. Vollends widersinnig ist die Differenzierung innerhalb der Gruppe der **Kleingewerbetreibenden**: Während § 354a auf einen Teil von diesen auf dem Umweg über die Verweisungen der §§ 383 Abs. 2 S. 2, 407 Abs. 3 S. 2, 453 Abs. 3 S. 2, 467 Abs. 3 S. 2 HGB unmittelbare Anwendung findet, fällt der Rest aus dem Schutzbereich der Vorschrift heraus – und das selbst dann, wenn er bis zur Reform von 1998 als Minderkaufmann in diesen einbezogen war wie z. B. ein kleiner Handwerker oder Eigenhändler.

Diese Wertungswidersprüche sind so gravierend, daß sie einen **Verstoß gegen Art. 3 Abs. 1 GG** darstellen und im Wege einer verfassungskonformen Rechtsfortbildung zu beheben sind.[30] Demgemäß findet § 354a **analoge Anwendung auf Freiberufler und Kleingewerbetreibende**. Das dürfte sich noch in den Grenzen der Rechtsfortbildung praeter legem halten, so daß es einer Anrufung des Bundesverfassungsgerichts nach Art. 100 GG nicht bedarf; denn zum einen liegt insoweit nur eine undurchdachte und nicht eine klar entgegenstehende Entscheidung des Gesetzgebers vor – zumal im Hinblick auf die erst durch die Reform von 1998 entstandenen zusätzlichen Verwerfungen –, und zum anderen bleibt dem Gesetzgeber hier als Mittel zur Abhilfe gar kein anderer Ausweg als die Ausdehnung des Geltungsbereichs von § 354a auf alle Unternehmer, weil diese für eine den Regeln ordnungsgemäßen Wirtschaftens entsprechende Tätigkeit alle in prinzipiell gleicher Weise auf den Einsatz ihrer Außenstände als Mittel der Kreditbeschaffung und -sicherung angewiesen sind.

Statt dessen bei den nicht vom Wortlaut des § 354a erfaßten Personen den Weg einer **verschärften Inhaltskontrolle von Abtretungsverboten nach § 9 AGBG** zu gehen,[31] kann nicht überzeugen. Das gilt schon deshalb, weil § 354a keine AGB-spezifische Vorschrift darstellt, sondern für Individualvereinbarungen gleichermaßen gilt, aber auch deshalb, weil man mit Hilfe von § 9 AGBG nicht zu dem flankierenden Wahlrecht des Schuldners nach § 354a S. 2 gelangt und sich so in neue Wertungswidersprüche zu verstricken droht.

22 Ähnliches gilt im Ansatz auch für Gläubiger, die nicht unternehmerisch tätig sind. Daß z. B. **Arbeitnehmer** durch ein Abtretungsverbot auch weiterhin uneingeschränkt der Möglichkeit beraubt werden können, ihre Lohn- oder Gehaltsforderung als Kreditsicherheit einzusetzen, bildet einen schweren sozialpolitischen Mißgriff und führt zu einem weiteren gravierenden Wertungswiderspruch; wenn es in den Gesetzesmaterialien heißt, daß „Belange ... der Arbeitnehmer nicht berührt werden",[32] so stellt das die Problematik geradezu auf den Kopf.

Auch hierin dürfte ein **Verstoß gegen Art. 3 Abs. 1 GG** zu sehen sein. Allerdings könnte das wegen der unterschiedlichen Bedeutung der Kreditaufnahme für Unternehmer einerseits und Verbraucher andererseits bezweifelt werden,[33] doch besteht bei einer solchen Argumentation die Gefahr des Abgleitens in eine übermäßig „paternalistische" Sichtweise in dem Sinne, daß von der Andersartigkeit des Kreditbedürfnisses letztlich doch auf seine geringere Schutzwürdigkeit geschlossen wird; denn aus der Person des *Schuldners*, d. h. hier des Arbeitgebers, kann insoweit ja keinesfalls rgumentiert werden, da dieser durch § 354a S. 2 optimal geschützt wird – sogar stärker als nach § 407 BGB, weil ihm grundsätzlich nicht einmal Kenntnis der Zession schadet!

---

[30] Zustimmend *Derleder* BB 1999, 1562; *Koller/Roth/Morck* § 354a Rdn. 2 unter a cc.
[31] So der Vorschlag von *Baukelmann* Festschr. für Brandner S. 201 ff.
[32] Vgl. BT-Drucks. 12/7912 S. 24 (abgedruckt z. B. ZIP 1994, 1652).
[33] So in der Tat *Karsten Schmidt* Festschr. für Schimansky S. 504 f.

Indessen kommt hier auch bei Bejahung eines Verstoßes gegen Art. 3 Abs. 1 GG **keine Analogie zu § 354a** in Betracht. Eine solche würde nämlich die Begrenzung des personellen Anwendungsbereichs der Vorschrift in der praktischen Konsequenz *gänzlich* auflösen und also das Regelungsmodell des § 354a nicht lediglich ergänzen, sondern in einem zentralen Punkt zerstören und liefe daher auf eine Korrektur contra legem hinaus; außerdem dürften dem Gesetzgeber hier mehrere unterschiedliche Möglichkeiten zur Behebung des Verfassungsverstoßes offen stehen. Hier bleibt also nur der Weg einer Anrufung des Bundesverfassungsgerichts und eines von diesem auszusprechenden Regelungsauftrags an den Gesetzgeber.

2. Das Kaufmannserfordernis in der Person des Schuldners

Für das Erfordernis der Kaufmannseigenschaft in der Person des Schuldners mag sich zwar anführen lassen, daß Nichtkaufleute i. d. R. keine hinreichende Marktmacht für die Durchsetzung von Abtretungsverboten haben, doch muß das nicht immer so sein. Vor allem daß **Freiberufler** – etwa große Rechtsanwalts- oder Architektenbüros – nicht von § 354a HGB erfaßt werden, leuchtet von der Sachproblematik her durchaus nicht ein. Besser wäre daher gewesen, die Regelung des § 354a HGB (zumindest) auf alle Geschäfte zu erstrecken, die der Schuldner im Rahmen seiner gewerblichen oder beruflichen Tätigkeit vornimmt.[34]

3. Die Fehlverortung von § 354a im HGB

Insgesamt weist § 354a somit **keinerlei spezifisch handelsrechtlichen Gehalt** auf, da Schutzzweck und Gerechtigkeitsgehalt der Vorschrift in keinem inneren Zusammenhang mit dem Erfordernis der Kaufmannseigenschaft stehen; vielmehr ist es ganz im Gegenteil ausgesprochen irregulär, daran anzuknüpfen, um eine Einschränkung der Vertragsfreiheit zu statuieren (vgl. oben Rdn. 6). Demgemäß stellt § 354a eine jener Vorschriften dar, die ihren sach- und systemgerechten Ort eigentlich im BGB fänden.[35]

Optimal wäre rechtspolitisch gesehen wohl die generelle **Ersetzung von § 399 Alt. 2 BGB durch eine dem § 354a entsprechende Regelung**. Denn dieses Lösungsmodell erweist sich gegenüber demjenigen des § 399 BGB – mag man nun als Rechtsfolge absolute oder relative Unwirksamkeit annehmen – als eindeutig überlegen.

§ 355

(1) Steht jemand mit einem Kaufmanne derart in Geschäftsverbindung, daß die aus der Verbindung entspringenden beiderseitigen Ansprüche und Leistungen nebst Zinsen in Rechnung gestellt und in regelmäßigen Zeitabschnitten durch Verrechnung und Feststellung des für den einen oder anderen Teil sich ergebenden Überschusses ausgeglichen werden (laufende Rechnung, Kontokorrent), so kann derjenige, welchem bei dem Rechnungsabschluß ein Überschuß gebührt, von dem Tage des Abschlusses an Zinsen von dem Überschusse verlangen, auch soweit in der Rechnung Zinsen enthalten sind.

(2) Der Rechnungsabschluß geschieht jährlich einmal, sofern nicht ein anderes bestimmt ist.

---

[34] Zustimmend *E. Wagner* WM 1996 Beil. Nr. 1 S. 8; *Treber* AcP 199 (1999) 546.

[35] Vgl. dazu *Canaris* Handelsrecht[23] § 1 Rdn. 30ff.

(3) Die laufende Rechnung kann im Zweifel auch während der Dauer einer Rechnungsperiode jederzeit mit der Wirkung gekündigt werden, daß derjenige, welchem nach der Rechnung ein Überschuß gebührt, dessen Zahlung beanspruchen kann.

Übersicht

	Rdn.
I. Grundlagen, Zwecke und Rechtsnatur des Kontokorrents	
1. Die Rechtsgrundlagen des Kontokorrents	1
2. Zwecke und Funktionen des Kontokorrents	3
a) Die Vereinfachungs- und Vereinheitlichungsfunktion	3
b) Die Sicherungsfunktion	6
c) Die Kreditierungsfunktion	7
d) Zusammenfassung	10
3. Die Rechtsnatur des Kontokorrents	11
a) Abgrenzung gegenüber dem Buchungsblatt und der Geschäftsverbindung	11
b) Die Kontokorrentabrede	13
c) Der Geschäftsvertrag	16
d) Das Verhältnis von Kontokorrentabrede und Geschäftsvertrag	20
e) Zusammenfassung	22
II. Begriff und Voraussetzungen des Kontokorrents	
1. Die Bedeutung des Kontokorrentbegriffs	23
2. Kaufmannseigenschaft einer Partei	25
a) Der Kaufmannsbegriff	25
b) Das Kontokorrent zwischen zwei Nichtkaufleuten	27
c) Die Bedeutung der Lehre vom Scheinkaufmann für die Anwendbarkeit der §§ 355–357	33
3. Die Geschäftsverbindung	35
a) Der Begriff der Geschäftsverbindung	35
b) Die Rechtsnatur der Geschäftsverbindung	37
4. Beiderseitige Ansprüche und Leistungen	38
a) Das Merkmal der „Beiderseitigkeit"	39
b) Die bloße Möglichkeit des Entstehens von Ansprüchen und Leistungen	44
c) Der Gegenstand der Ansprüche und Leistungen	45
5. Die Verzinslichkeit	46
6. Die In-Rechnung-Stellung	47
a) Der Begriff der In-Rechnung-Stellung	47
b) Das Fehlen des Merkmals der In-Rechnung-Stellung	48
7. Die Verrechnung	50

	Rdn.
8. Die Feststellung und die Anerkennung des Überschusses	52
a) Begriff und Ziel der Feststellung	52
b) Das Fehlen der Feststellung und Anerkennung des Saldos	54
9. Die Periodizität von Verrechnung und Feststellung	56
10. Der Abschluß des Kontokorrentvertrags	58
a) Die essentialia des Kontokorrentbegriffs	58
b) Die wichtigsten Indizien für das Vorliegen eines Kontokorrents	60
11. Die Bedeutung der Buchführung	61
III. Gegenstand und Wirkungen der Kontokorrentabrede	
1. Die Kontokorrentfähigkeit	63
a) Die Bedeutung der Buchungsfähigkeit	64
b) Die Bedeutung der Gleichartigkeit, insbesondere der Bezogenheit auf Geld	67
c) Die Bedeutung der Aufrechnungsfähigkeit und der Vorausverfügungsmacht	70
2. Die Kontokorrentzugehörigkeit	76
a) Der Begriff der Kontokorrentzugehörigkeit	76
b) Die Maßgeblichkeit des Parteiwillens	77
c) Die Ermittlung des mutmaßlichen Parteiwillens und die Bedeutung der Geschäftsverbindung	78
d) Die Bedeutung von Natur und Zweck des Anspruchs sowie der Einfluß der Fälligkeit und der Bedingtheit	81
e) Die Behandlung von Wechseln und Schecks	86
f) Die Bedeutung von Aufrechnungsverboten	90
g) Die Kontokorrentzugehörigkeit der Zinsforderungen	93
h) Der Einfluß Dritter auf die Kontokorrentzugehörigkeit	96
3. Mehrfaches Kontokorrent	98
4. Die Wirkungen der Kontokorrentabrede	99
a) Das Fehlen eines Einflusses auf Bestand und Rechtsnatur der Einzelforderungen	99

	Rdn.		Rdn.
b) Die Wirkungen im Verhältnis der Kontokorrentparteien untereinander	102	c) Mängel des Anerkenntnisvertrags und des Verrechnungsvertrags	193
c) Die Wirkungen im Verhältnis zu Dritten	109	3. Der Saldoanspruch	195
IV. Die Verrechnung		a) Der kausale und der abstrakte Saldoanspruch	195
1. Die Tilgungswirkung der Verrechnung	118	b) Saldoforderung und Zahlungsklage	201
a) Das ältere Schrifttum und der Einfluß der Novationstheorie auf die Lehre von der Verrechnung	119	c) Die Verzinslichkeit der Saldoforderung	205
b) Die Lehre von der Verrechnung nach Überwindung der Novationstheorie	121	4. Die unrichtige Saldofeststellung	212
		a) Rechtsgrundlage und Voraussetzungen des Berichtigungsanspruchs	213
2. Rechtsnatur und Funktion der Verrechnung	125	b) Einwendungen gegen den Berichtigungsanspruch	216
3. Der Vollzug der Verrechnung	127	c) Die Geltendmachung des Berichtigungsanspruchs und das Verhältnis zur Zahlungsklage	219
a) Der Zeitpunkt der Vornahme der Verrechnung	128		
b) Der Zeitpunkt des Eintritts der Verrechnungswirkung	132	d) Die Verjährung des Berichtigungsanspruchs und die Verjährung einer von der Saldofeststellung nicht erfaßten Forderung	224
4. Die Rechnungsperiode	136		
5. Der Gegenstand der Verrechnung und die „Verrechnungsfähigkeit"	138		
6. Der Einfluß der Verrechnung auf die einzelnen Forderungen und Leistungen	143	e) Die Verwirkung des Berichtigungsanspruchs	228
		VI. Beendigung des Kontokorrents und Eröffnung des Insolvenzverfahrens	
a) Die Lehre von der verhältnismäßigen Gesamtaufrechnung	144	1. Die wichtigsten Beendigungsgründe	229
b) Die Lehre vom Staffelkontokorrent	148	a) Aufhebungsvertrag und Kündigung	229
c) Die rein bürgerlichrechtliche Lehre von der analogen Anwendbarkeit der §§ 366, 396 BGB	154	b) Ende und Übertragung der Geschäftsverbindung	234
		2. Die Wirkungen der Beendigung des Kontokorrents	238
7. Die Sonderproblematik der Verrechnung unverbindlicher Posten	160	3. Der Einfluß des Insolvenzverfahrens	242
a) Die Problematik der Wirksamkeit der Verrechnung	161	a) Die kontokorrentrechtlichen Verfügungswirkungen	243
b) Die Zusammensetzung der Saldoforderung und ihre Bedeutung für die Verbindlichkeit des Saldoanerkenntnisses	166	b) Die Vorausabtretung der Schlußsaldoforderung	247
		c) Die Problematik der Ersatzaussonderung gemäß § 48 InsO	249
c) Der Einwand des Rechtsmißbrauchs	174	d) Die Rechtslage hinsichtlich des obligatorischen Geschäftsvertrages und die Problematik des Wahlrechts des Insolvenzverwalters nach § 103 InsO	251
V. Die Feststellung und Anerkennung des Saldos			
1. Rechtsnatur und Wirkungen der Saldofeststellung	175		
a) Ablehnung der Novationstheorie	175	VII. Das „uneigentliche" Kontokorrent	
b) Die Lehre vom abstrakten Schuldanerkenntnis und die Lehre vom kausalen Feststellungsvertrag	182	1. Der Begriff und seine Fragwürdigkeit	254
		2. Die wichtigsten Tatbestände	256
		3. Die Rechtsfolgen	260
2. Die Saldofeststellung im einzelnen	187	a) Die allgemeinen Rechtssätze über das Kontokorrent	261
a) Der Abschluß des Anerkenntnisvertrags	187	b) Die besonderen Rechtssätze der §§ 355–357	264
b) Gegenstand und Reichweite des Anerkenntnisses	190		

§ 355

Schrifttum

Baumbach/Hopt Handelsgesetzbuch, 30. Aufl. 2000; *Beeser* Zur Pfändung und Überweisung gegenwärtiger und künftiger Girokontoguthaben, AcP 155 (1956), 418 ff; *Beitzke* Probleme des Kontokorrents, Festschrift für J. von Gierke, 1950, S. 1 ff; *Berger* Der Aufrechnungsvertrag, 1996; *Blaurock* Das Anerkenntnis beim Kontokorrent, NJW 1971, 2206 ff; *Brüggemann* Inhalt der Kontokorrentvereinbarung, Diss. Bonn 1939; *Bucher* Grundprobleme des Kontokorrentrechts, recht 1994, 168 ff; *P. Bydlinski* Die Bürgschaft im österreichischen und deutschen Handels-, Gesellschafts- und Wertpapierrecht, 1991, S. 105 ff; *Canaris* Die Verrechnung beim Kontokorrent, DB 1972, 421 ff und 469 ff; *ders.* Funktionen und Rechtsnatur des Kontokorrents, Festschrift für Hämmerle, Graz 1972, S. 55 ff; *ders.* Börsentermingeschäft und Kontokorrent, ZIP 1985, 592 ff; *ders.* Die Auswirkungen der Anerkennung eines aktiven Kontokorrentsaldos auf unverbindliche Börsentermingeschäfte, ZIP 1987, 885 ff; *ders.* Handelsrecht, 23. Aufl. 2000; *Düringer/Hachenburg/Breit* Das Handelsgesetzbuch, 3. Aufl. 1932; *Ebeling* Die Pfändung von Kontokorrentforderungen, WM 1955, 1662 ff; *Eder* Kreditsicherung durch Abtretung von Kontokorrentforderungen, BB 1953, 191 ff; *Flessa* Höchstbetragssicherheiten für Kontokorrentkredite, NJW 1955, 1901 ff; *Fuchs* Zur Lehre vom Kontokorrent, ZHR 103, 211; 106, 82; *von Gierke* Handelsrecht und Schiffahrtsrecht, 8. Aufl. 1958, S. 493 ff; *Göppert* Zur Vereinfachung der Lehre vom Kontokorrent, ZHR 102, 161; 103, 318; *Graf* Die Interessen beim Kontokorrentverhältnis und ihr rechtlicher Schutz, Diss. München 1960; *Greber* Das Kontokorrentverhältnis, 1893; *Grigat* Die Verrechnung im Kontokorrent, NJW 1952, 812 ff; *ders.* Zur Rechtsnatur des Kontokorrentverhältnisses, MDR 1952, 411 ff; *Hammen* Vorausabtretung versus Inrechnungstellung, JZ 1998, 1095 ff; *Hefermehl* Grundfragen des Kontokorrents, Festschrift für Heinrich Lehmann, 1956, S. 547 ff; *Herz* Das Kontokorrent, 1974; *Heymann* Handelsgesetzbuch, Band 4, 1989; *Homberger* Der Kontokorrent im Bankgeschäft, Diss. Zürich, 1944; *Koller/Roth/Morck* Handelsgesetzbuch, 2. Aufl. 1999; *Kopfstein* Der Einfluß des Konkurses auf eine bestehende Kontokorrentverbindung, ZHR 77, 78 ff; *Krapf* Der Kontokorrentvertrag, 1936; *Kübler* Feststellung und Garantie, 1967, S. 150 ff; *Kühne* Die verschiedenen Formen von Kontokorrentverhältnissen und ihre rechtliche Behandlung, insbesondere die Pfändung des Kontokorrentsaldos, Diss. Hamburg 1958; *Lwowski/Bitter* Grenzen der Pfändbarkeit von Girokonten, WM-Festgabe für Hellner, WM 1994 Sonderheft, S. 57 ff; *Meinhardt* Beendigung der Haftung aus Bürgschaften eines Gesellschafters oder Geschäftsführers bei dessen Ausscheiden aus der Gesellschaft?, 1990; *Michahelles* Die Funktionsweise und die Rechtsnatur der Skontration, 1984; *Mohr* Der Kontokorrentverkehr, 1902; *Müller-Erzbach* Deutsches Handelsrecht, 2./3. Aufl. 1928, Kap. 163; *Nebelung* Das Bankkontokorrent, NJW 1953, 450; *Pfeiffer* (Hrsg.) Handbuch der Handelsgeschäfte, 1999; *Pikart* Die Rechtsprechung des Bundesgerichtshofs zum Kontokorrentvertrag, WM 1960, 1314 ff; *Raisch* Geschichtliche Voraussetzungen, dogmatische Grundlagen und Sinnwandlung des Handelsrechts, 1965, S. 230 ff; *Röhricht/Graf von Westphalen* Handelsgesetzbuch, 1998; *Römer* Die Auswirkungen des Kontokorrents auf die Haftung ausgeschiedener Personenhandelsgesellschafter, 1991; *Schäfer, Karl-Josef* Bankkontokorrent und Bürgschaft, 1971; *Schaudwet* Bankkontokorrent und Allgemeine Geschäftsbedingungen, 1967; *Scherer* Die Pfändung von Kontokorrentguthaben, NJW 1952, 1397; *ders.* Einlösung ungedeckter Schecks durch die Bank und die Lehre vom Kontokorrent, NJW 1955, 1426 ff; *Scherner* Wandlungen im Bild des Kontokorrents, Festschrift für Bärmann, 1975, S. 171 ff; *Schick* Probleme der Einstellung der Einlagenforderung einer GmbH in ein Kontokorrent im Hinblick auf das Gebot der Leistung zur freien Verfügung, GmbHR 1997, 1048 ff; *Schlegelberger/Hefermehl* Handelsgesetzbuch, 5. Aufl. 1976; *Karsten Schmidt* Handelsrecht, 5. Aufl. 1999; *ders.* Kontokorrent und Zinseszinsverbot, JZ 1981, 126; *Schönle* Bank- und Börsenrecht, 1971, § 7 II; *Schumann* Handelsrecht, Bd. II, 1954, S. 42 ff; *Schupp* Ist der gegenwärtige Kontokorrentsaldo pfändbar?, BB 1952, 217; *Seifert* Kontokorrent im Konkurs, Diss. Göttingen 1965; *Serick* Zur sicherungsrechtlichen Behandlung der Schlußsaldoforderung, BB 1978, 873; *Sprengel* Die Pfändung und Überweisung von Forderungen aus dem Bankkontokorrent, MDR 1952, 8; *Theusner* Die rechtliche Natur des Kontokorrentvertrages, 1901; *Ulmer* Kontokorrent, Rechtsvergl. Handwörterbuch für Zivil- und Handelsrecht des In- und Auslandes, Bd. 5, 1970, S. 194 ff; *Völp* Einlösung ungedeckter Schecks durch die Bank. Ein Beitrag zur Lehre vom Kontokorrent, NJW 1955, 818 ff; *Weispfenning* Ein Beitrag zur Lehre vom Kontokorrent, JW 1938, 3091 ff; *Wessels* Die Saldoklage, WM 1997, 1509 ff.

I. Grundlagen, Zwecke und Rechtsnatur des Kontokorrents

1. Die Rechtsgrundlagen des Kontokorrents

Das Kontokorrent ist eine **Schöpfung des kaufmännischen Verkehrs.** Für seine Ausgestaltung ist daher weitgehend der Parteiwille maßgeblich, zumal das Kontokorrent sich ganz überwiegend im Bereich des dispositiven Rechts bewegt und nur durch wenige zwingende Vorschriften (wie z. B. § 357 HGB) eingeengt wird. Streit- und Zweifelsfragen sind daher gemäß §§ 157 BGB, 346 HGB in erster Linie durch Rückgriff auf den mutmaßlichen Parteiwillen, auf Verkehrssitten und Handelsbräuche sowie auf die Interessenlage zu lösen.

Seit dem Inkrafttreten der §§ 355–357 ist das Kontokorrent jedoch nicht mehr allein eine Schöpfung des kaufmännischen Verkehrs, sondern auch ein **vom Gesetzgeber anerkanntes und ausgeformtes Institut.** Denn anders als das Allgemeine Deutsche Handelsgesetzbuch, das in seinem Art. 291 lediglich Bestimmungen über den Zinseszins und den Abschluß der Rechnungsperiode traf, enthält das HGB eine verhältnismäßig eingehende Regelung für eine Reihe wichtiger Probleme und insbesondere eine **Legaldefinition** des Kontokorrents (vgl. dazu näher unten Rdn. 23). Darin hat der Gesetzgeber zum Ausdruck gebracht, was seiner Meinung nach dem mutmaßlichen Parteiwillen und der Interessenlage am besten entspricht. Für die Entscheidung von Streitfragen und die Ausfüllung von Lücken ist daher nicht allein auf den mutmaßlichen Willen der jeweiligen Vertragspartner, sondern auch auf die in den §§ 355–357 niedergelegten Wertungen zurückzugreifen (vgl. z. B. Rdn. 130 zu § 355 Abs. 3). Das gilt insbesondere auch für die dogmatische Einordnung und die konstruktive Einkleidung der Lehre vom Kontokorrent; so ist z. B. die „Novationstheorie" nicht zuletzt deshalb abzulehnen, weil sie mit der in § 356 zum Ausdruck kommenden Wertung unvereinbar ist (vgl. unten Rdn. 178).

2. Zwecke und Funktionen des Kontokorrents

a) Die Vereinfachungs- und Vereinheitlichungsfunktion. Der wirtschaftliche Zweck des Kontokorrents ist in erster Linie in der **Erleichterung des Zahlungs- und Abrechnungsverkehrs** zwischen den Kontokorrentpartnern zu sehen.[1] Stehen zwei Parteien in Geschäftsverbindung und sind aus dieser wiederholt Zahlungen oder sonstige Leistungen beider Seiten zu erwarten, wäre es nämlich häufig höchst unzweckmäßig und mit kaufmännischen Gepflogenheiten unvereinbar, jeden einzelnen Geschäftsvorfall gesondert abzuwickeln und jeweils sämtliche Erfüllungshandlungen vollständig durchzuführen. Es ist dann vielmehr i. d. R. wesentlich praktikabler, eine Reihe von Geschäftsvorfällen zusammenzufassen und eine **Gesamtabrechnung** über die beiderseitigen Forderungen und Leistungen vorzunehmen; dadurch wird die Vielzahl der Forderungen und Leistungen verrechnet, und es entsteht lediglich ein einziger Anspruch auf den Überschuß. Darin liegt die **Vereinfachungsfunktion** des Kontokorrents.

Über Bestand und Höhe der auf diese Weise entstandenen Überschußforderung kann nun allerdings später leicht Streit entstehen, wenn darüber nicht bei der jeweiligen Abrechnung einvernehmlich Klarheit geschaffen wird. Daher ist die mit dem Kontokorrent angestrebte Vereinfachung nur gewährleistet, wenn eine besondere **Feststellung und Anerkennung der Überschuß- oder Saldoforderung** durch die Parteien erfolgt und auf diese Weise eine **Stabilisierung der Beweissituation** erreicht wird.

---

[1] Vgl. schon Denkschrift S. 198.

5 Außerdem wäre es höchst unpraktikabel und würde die angestrebte Rationalisierung weitgehend wieder in Frage stellen, wenn die Überschußforderung ein unterschiedliches rechtliches Schicksal hätte je nachdem, welche Forderungen – z. B. Kaufpreis-, Dienstvertrags-, Mietvertragsforderungen usw. – in ihr enthalten sind, wenn sich also z. B. die **Verjährung**, der **Erfüllungsort**, der **Gerichtsstand** oder die **Verzinsung** nach dem Vertragstypus der der Saldoforderung jeweils zugrunde liegenden Posten richten würde. Der Vereinfachungszweck wird daher nur dann voll erreicht, wenn es zu einer **Vereinheitlichung der rechtlichen Behandlung der Saldoforderung** kommt. Das ist im wesentlichen mit dem Institut des *abstrakten Schuldanerkenntnisses* zu erreichen, da dieses die Saldoforderung auf eine eigene Rechtsgrundlage stellt und sie „farblos" macht, d. h. ihr Unabhängigkeit von den Besonderheiten der verschiedenen kausalen Einzelposten verleiht (vgl. eingehend unten Rdn. 183 ff und 195 ff). Demselben Ziel dient daneben auch die *Befreiung vom Zinseszinsverbot gemäß § 355 Abs. 1*; denn das Verbot des § 248 Abs. 1 BGB, Zinsen von Zinsen zu nehmen, stünde sonst der einheitlichen rechtlichen Behandlung der Saldoforderung entgegen, sofern in dieser auch Zinsen enthalten sind (vgl. näher unten Rdn. 205 f). Die Vereinfachungsfunktion des Kontokorrents mündet somit in seine **Vereinheitlichungsfunktion**.

6 **b) Die Sicherungsfunktion.** Neben die Vereinfachungs- und Vereinheitlichungsfunktion tritt als weitere Funktion des Kontokorrents die Sicherungsfunktion. Diese wird häufig übersehen, wenn von Zweck und Wesen des Kontokorrents die Rede ist. Zwar wird sie von den Parteien typischerweise nicht unmittelbar intendiert, doch ergibt sie sich als notwendige Nebenfolge des Kontokorrentvertrags – und sie wird den Parteien regelmäßig sehr gelegen kommen, mitunter sogar bewußt in ihren Willen aufgenommen sein. Diese Sicherungsfunktion liegt darin, daß jede Partei **Befriedigung für ihre Forderungen durch das Erlöschen ihrer Schulden** erlangen kann. Sie ist also eng verwandt mit der Sicherungsfunktion der Aufrechnungslage.[2] Sie geht über diese sogar insofern noch hinaus, als sie auch *zukünftige* Forderungen des anderen Teils erfaßt und gegen *zukünftige* eigene Forderungen zur Verrechnung stellt; sie wirkt insoweit also **ähnlich wie ein Pfandrecht an einer zukünftigen Forderung des Partners zur Sicherung einer zukünftigen eigenen Forderung**. Diese Sicherungswirkung gewährt grundsätzlich Schutz sowohl gegenüber rechtsgeschäftlichen Verfügungen des anderen Teils (vgl. näher unten Rdn. 111–113) als auch gegenüber der Beschlagnahme im Wege der Zwangsvollstreckung (vgl. näher unten Rdn. 115). Die Sicherung zukünftiger Forderungen versagt allerdings in Zwangsvollstreckung und Insolvenz (vgl. unten Rdn. 242 ff und § 357 Rdn. 6 f und 38 f), während gegenüber widersprechenden rechtsgeschäftlichen Verfügungen des Partners auch insoweit wirksamer Schutz besteht (vgl. näher unten Rdn. 112). Insgesamt stellt die Kontokorrentabrede somit ein probates **Mittel zur weitgehenden Verhinderung des Einbruchs Dritter in die Geschäftsbeziehung** der Kontokorrentpartner dar.

7 **c) Die Kreditierungsfunktion.** Dagegen beinhaltet das Kontokorrent grundsätzlich **keine gegenseitige Kreditgewährung**. Das war früher streitig,[3] ist heute jedoch ganz h. L.[4] Der Kontokorrentvertrag stellt daher **keinen Krediteröffnungsvertrag**

---

[2] Vgl. zu dieser statt aller *Larenz* Schuldrecht I¹⁴ § 18 VI e 4.
[3] Vgl. z. B. RGZ 22, 148; *Greber* S. 61; *Theusner* S. 11 ff mit ausf. Nachw.
[4] Vgl. schon Denkschrift S. 198; ferner z. B. RGZ 88, 373, 376; RG GruchBeitr. 54, 407, 411; RG JW 1935, 1776 = HRR 1935 Nr. 802; *Mohr* S. 44 ff; *Düringer/Hachenburg/Breit* § 355 Anm. 3; *Hefermehl* in Festschrift für Lehmann S. 557 ff und bei *Schlegelberger* § 355 Rdn. 7; *Schönle* § 7 II unter I a 3 a.; **a. A.** zu Unrecht und ohne jede Auseinandersetzung mit der h. L. BGH WM 1985, 936, 937, wonach ein Anspruch durch Einstellung ins Kontokorrent „kreditiert und gestundet" wird; vgl. dazu die ablehnende Anm. von *Canaris* EWiR § 355 HGB 3/85.

dar, wenngleich ein solcher mit ihm natürlich verbunden sein kann wie z. B. beim Kontokorrentkredit im Bankverkehr. Den Parteien steht grundsätzlich auch **kein Recht zur Überziehung ihres Kontos** während des Laufs einer Rechnungsperiode zu; vielmehr kann die andere Partei auch vor Abschluß der Rechnungsperiode grundsätzlich den Ausgleich eines Debet verlangen, sofern nicht der Geschäftsvertrag eine entsprechende Kreditierung enthält.[5] Insbesondere beim **Bankkontokorrent** steht außer Zweifel, daß einerseits die Bank von ihrem Kunden auch bei geringfügigen Überziehungen des Kontos mangels einer entgegengesetzten Vereinbarung sofortigen Ausgleich verlangen kann und daß andererseits der Kunde über ein etwaiges Guthaben jederzeit in voller Höhe verfügen kann; kein Teil ist hier also zu einer Kreditgewährung an den anderen verpflichtet (vgl. näher unten Rdn. 150). Die Tatsache, daß die einzelnen kontokorrentgebundenen Forderungen nicht selbständig eingeklagt werden können (vgl. unten Rdn. 102f) und daß die Verrechnung nur in periodischen Zeitabständen stattfindet, führt somit nicht notwendig zu einer Kreditierung. Denn der Anspruch auf Beseitigung eines zwischenzeitlichen Debet sorgt für einen Ausgleich; dogmatisch beruht dieser dabei nicht auf der Kontokorrentabrede als solcher, sondern auf dem dieser zugrunde liegenden Geschäftsvertrag (vgl. dazu unten Rdn. 17).

Gleichwohl ist in der Lehre, die im Kontokorrent auch Elemente eines Kreditverhältnisses sieht, ein richtiger Kern enthalten. Es wäre nämlich mit dem Vereinfachungszweck des Kontokorrents unvereinbar, wollte jede Partei stets von der anderen einen Ausgleich fordern, sobald diese einmal ins Debet gerät. Denn der Zweck des Kontokorrents ist es ja gerade, ständige Zahlungen des einen an den anderen zu vermeiden und statt dessen die Abrechnung bis zu einem bestimmten Zeitpunkt hinauszuschieben. Dieser Zweck aber würde durch ständige Ausgleichsforderungen und -zahlungen vereitelt. Das ist besonders evident, wenn in raschem Wechsel mal die eine und mal die andere Seite im Debet steht, gilt aber grundsätzlich auch dann, wenn nur eine Seite längere Zeit hindurch mehr Passiva als Aktiva aufzuweisen hat. Vollends deutlich wird der **kreditorische Einschlag des Kontokorrents**, wenn vereinbart ist, daß die jeweilige Saldoforderung als erster Rechnungsposten für die nächste Periode vorzutragen ist; denn damit geben die Parteien deutlich zu erkennen, daß sie Zahlungen, die lediglich dem Ausgleich des Kontos dienen sollen, grundsätzlich vermeiden wollen. Die Ansicht, daß die Parteien *stets* den Ausgleich eines Debet auch vor Abschluß einer Rechnungsperiode verlangen können, ist daher mit dem Vereinfachungszweck des Kontokorrents unvereinbar und somit unhaltbar. In letzter Konsequenz müßte sie eine völlige Zerstörung der Funktion des Kontokorrents zur Folge haben; denn da Aktiva und Passiva kaum jemals ausgeglichen sind und da somit nahezu immer eine Partei im Debet ist, müßte praktisch nach jedem Geschäftsvorgang ein Ausgleich erfolgen (zumal Zug-um-Zug-Geschäfte ohnehin nicht in das Kontokorrent gehören, vgl. unten Rdn. 81).

Richtig kann demnach nur eine **vermittelnde Lösung** sein. Einerseits bleibt festzuhalten, daß der Kontokorrentvertrag nicht auf Krediteröffnung gerichtet ist; ein Anspruch auf Ausgleich eines Debet ist daher keinesfalls an so strenge Voraussetzungen zu knüpfen, wie sie sich z. B. bei einem echten Kreditvertrag aus § 610 BGB bzw. aus den Grundsätzen über den Wegfall der Geschäftsgrundlage ergäben. Andererseits wäre es, wie gezeigt, mit dem Zweck des Kontokorrents auch unvereinbar, den Aus-

---

[5] So mit Recht z. B. BGH WM 1970, 184, 186 Sp. 1 unter c; 1979, 417, 419; *Göppert* ZHR 102, 185 ff; *Hefermehl*, Festschrift für Lehmann S. 557 ff. und bei *Schlegelberger* § 355 Rdn. 51; *von Godin* 2. Aufl. Anm. 19a; vgl. ferner unten Rdn. 107.

gleichsanspruch unabhängig vom Vorliegen besonderer Voraussetzungen bei jedem Debet zu geben. Vielmehr ist im Rahmen der nach § 157 BGB vorzunehmenden ergänzenden Auslegung des Geschäftsvertrages, mit deren Hilfe mangels einer ausdrücklichen Parteiabrede über das Bestehen eines Ausgleichsanspruchs zu entscheiden ist, eine **einzelfallbezogene Abwägung der maßgeblichen Umstände** vorzunehmen. Gegen eine allzu großzügige Gewährung von Ausgleichsansprüchen fällt dabei, wie gezeigt, vor allem der Vereinfachungszweck des Kontokorrents ins Gewicht. Für einen Ausgleichsanspruch spricht demgegenüber in erster Linie das Interesse des anderen Teils an einer Sicherung seiner Überschußforderung. Insoweit kommt es u. a. darauf an, wie hoch das Debet ist und wie lange es schon besteht, ob mit einer alsbaldigen Deckung durch neue Geschäfte gerechnet werden kann und ob der Eintritt des Debet bei Abschluß des Kontokorrentvertrages vorhersehbar, unwahrscheinlich, gänzlich überraschend war usw. Weiterhin ist zu berücksichtigen, ob für die zukünftige Saldoforderung Sicherheiten bestehen oder im Wege der Zwangsvollstreckung zu erlangen sind. Auch die Möglichkeit einer Kündigung des Kontokorrents gemäß § 355 Abs. 3 ist in Erwägung zu ziehen; man würde allerdings den Interessen beider Parteien nicht gerecht, wenn man unter Hinweis auf die Kündigungsmöglichkeit einen Ausgleichsanspruch generell ausschlösse. Wesentlich kann auch die bisherige Praxis der Partner sein. Hat die eine Partei längere Zeit hindurch ein verhältnismäßig hohes Debet der anderen Partei hingenommen, so darf sie im Zweifel ähnliches erwarten, wenn sie nun ihrerseits ins Debet gerät. Schließlich sind selbstverständlich Geschäftsbräuche und Verkehrssitten maßgeblich zu berücksichtigen. Nachdrücklich zu betonen ist aber noch einmal, daß es lediglich um eine Frage der ergänzenden, d. h. lückenfüllenden Vertragsauslegung geht und daß daher abweichende Parteiabreden – die auch konkludent getroffen werden können! – vorgehen; diese können auch beinhalten, daß selbst ein geringfügiges Debet ausnahmslos sofort auszugleichen ist.

10   d) **Zusammenfassung.** Zusammenfassend ist festzuhalten, daß das Kontokorrent – ähnlich wie die eng verwandte Aufrechnung – eine **Doppelfunktion** hat: Neben den Zweck der Abrechnungs- und Tilgungserleichterung und die damit verbundene Vereinfachungs- und Vereinheitlichungsfunktion tritt die Sicherungsfunktion. Erstere steht, den Parteiabsichten entsprechend, regelmäßig im Vordergrund. Der Zweck der Kreditgewährung wird dagegen mit der Eröffnung eines Kontokorrents nicht notwendig verfolgt; der Vereinfachungszweck hindert jedoch häufig die eine Partei daran, sofortigen Ausgleich für ein Debet von der anderen Partei zu verlangen, so daß das Kontokorrent in gewissen Grenzen eine Verpflichtung zur Kreditgewährung mit sich bringen kann, jedoch nicht mit sich bringen muß.

3. Die Rechtsnatur des Kontokorrents

11   a) **Abgrenzung gegenüber dem Buchungsblatt und der Geschäftsverbindung.** Das Kontokorrent im Rechtssinne ist ein Rechtsverhältnis. Es ist also scharf zu unterscheiden von dem häufig ebenfalls Kontokorrent oder Konto genannten **Buchungsblatt,** auf dem die geschäftlichen Vorgänge zwischen den Kontokorrentpartnern oder die Aktiva und Passiva gebucht werden.[6] Dieses ist ein bloßes Faktum ohne spezifische Rechtswirkung. Die rechtliche und die buchmäßige Behandlung des Kontokorrents sind daher streng auseinanderzuhalten; insbesondere hat die Buchungsfähigkeit einer Forderung keine wesentliche rechtliche Bedeutung (vgl. näher Rdn. 64ff).

---

[6] Vgl. *Göppert* ZHR 102, 163; *Schlegelberger/ Hefermehl* § 355 Rdn. 3.

Ebensowenig darf das Kontokorrent im Rechtssinne mit der **Geschäftsverbindung** verwechselt werden. Deren Vorliegen ist zwar Voraussetzung für die Anwendbarkeit des § 355, doch ist sie in tatsächlicher und rechtlicher Hinsicht von dem Kontokorrent zu unterscheiden[7] (vgl. auch unten Rdn. 35 ff). **12**

b) Die Kontokorrentabrede. Das Kontokorrent im Rechtssinne hat zwei Bestandteile: die **Kontokorrentabrede** und den **Geschäftsvertrag**.[8] Als zusammenfassender Oberbegriff empfiehlt sich der Ausdruck **Kontokorrentvertrag**.[9] Die Kontokorrentabrede wird häufig auch als **Rahmenvertrag** bezeichnet.[10] **13**

Der wesentliche **Inhalt** der Kontokorrentabrede richtet sich darauf, daß die beiderseitigen Forderungen nicht selbständig geltend gemacht und getilgt werden können, sondern mitsamt den Leistungen „zur Verrechnung gestellt" werden. Die Kontokorrentabrede wirkt daher unmittelbar auf den Inhalt der zwischen den Parteien in Zukunft entstehenden Forderungen ein, indem sie diesen u. a. die Fähigkeit zu selbständiger Geltendmachung, die Tilgbarkeit und die Abtretbarkeit nimmt (vgl. im einzelnen Rdn. 99 ff). Sie hat somit Verfügungen über zukünftige Rechte zum Gegenstand. Die Kontokorrentabrede ist also ein **antizipierter Verfügungsvertrag**.[11] **14**

Im **Unterschied zum Verrechnungsvertrag** werden durch die Kontokorrentabrede die Forderungen und Leistungen lediglich zur Verrechnung *gestellt*, d. h. es wird ihnen die Selbständigkeit in dem soeben gekennzeichneten Sinne genommen, wohingegen durch den Verrechnungsvertrag die Verrechnung *vollzogen* wird. Gemeinsam ist beiden Verträgen, daß es sich um Verfügungsverträge über Forderungen und Leistungen handelt. Sie können auch miteinander verbunden werden – dann liegt ein antizipierter Verrechnungsvertrag vor, doch ist diese Verbindung nicht notwendig gegeben, wenn auch im Zweifel anzunehmen (vgl. näher unten Rdn. 127 ff). **15**

c) Der Geschäftsvertrag. Der Geschäftsvertrag stellt demgegenüber einen rein **obligatorischen Vertrag** ohne Verfügungscharakter dar: Er ist die Grundlage der beiderseitigen Rechte und Pflichten.[12] Er ist ein **gegenseitiger Vertrag** i. S. der §§ 320 ff BGB; denn die eine Partei übernimmt die kontokorrentrechtlichen Pflichten gerade deshalb, weil und damit auch die andere Partei dasselbe tut, sich also auch ihrerseits zur Verrechnung der Forderungen und Leistungen, zur Anerkennung der Saldoforderung usw. verpflichtet. **16**

Was den **Inhalt des Geschäftsvertrags** angeht, so ergibt sich aus diesem z. B. die Verpflichtung der Parteien, bei der Feststellung des Saldos mitzuwirken und diesen anzuerkennen. Sofern die Verrechnung nicht antizipiert ist, folgt aus ihm auch die Pflicht, die zur Vornahme der Verrechnung erforderlichen Willenserklärungen abzugeben. Auch die Pflicht, über die in das Kontokorrent eingestellten Forderungen nicht anderweitig zu verfügen, ist Inhalt des Geschäftsvertrags; dieser bildet daher die Grundlage für Schadensersatzansprüche bei derartigen Verfügungen (sofern diese trotz der Kontokorrentabrede wirksam sind, z. B. wegen gutgläubigen Erwerbs, vgl. **17**

---

[7] Unrichtig z. B. *Düringer/Hachenburg/Breit* § 355 Anm. 8.
[8] Ebenso z. B. *Schlegelberger/Hefermehl* § 355 Rdn. 5; *Schumann* II § 5 II 3.
[9] So mit Recht *Schlegelberger/Hefermehl* § 355 Rdn. 5 und 13; anders *von Godin* 2. Auflage Anm. 2, der „Kontokorrentabrede" und „Kontokorrentvertrag" gleichbedeutend verwendete.
[10] Vgl. *Ulmer* S. 198; *Schlegelberger/Hefermehl* § 355 Rdn. 5 und 13.
[11] Ebenso BGH WM 1979, 719, 720; *Schlegelberger/Hefermehl* § 355 Rdn. 31; *Heymann/Horn* § 355 Rdn. 10; *Schwintowski/Schäfer* § 4 Rdn. 20; a. A. *Pfeiffer/Hammen* § 7 Rdn. 6, der die Kontokorrentabrede als „Teil des jeweiligen Verpflichtungstatbestandes" qualifiziert.
[12] Ebenso oder ähnlich *Schlegelberger/Hefermehl* § 355 Rdn. 5; *Schumann* II § 5 II 3; *Schönle* § 7 II unter I a 3 a.

Rdn. 110). Weiterhin ist in diesem Zusammenhang die Pflicht zu erwähnen, u. U. auch während des Laufs einer Rechnungsperiode ein Debet abzudecken (vgl. dazu oben Rdn. 7 und 9) oder der anderen Partei jederzeit Liquidität in Höhe ihres jeweiligen Kontokorrentsaldos bzw. ihrer Kreditlinie zur Verfügung zu stellen wie beim Bankkonto (vgl. dazu unten Rdn. 150). Ferner ergibt sich aus dem Geschäftsvertrag wie aus jedem Vertrag eine Fülle von Nebenpflichten, wie z. B. Aufklärungs- und Hinweispflichten, die sich nur im jeweiligen Einzelfall nach den Geboten von Treu und Glauben gemäß § 242 BGB festlegen lassen. Schließlich ist der Geschäftsvertrag der Sitz des Kündigungsrechts nach § 355 Abs. 3 HGB und etwaiger sonstiger Gestaltungsrechte.

18 In die gesetzlich geregelten Typen des Schuldvertragsrechts läßt sich der Geschäftsvertrag nicht einordnen. Er stellt also einen **Vertrag sui generis** dar. Typologisch gesehen liegt sein wichtigstes Charakteristikum dabei darin, daß er auf Abrechnung durch Verrechnung gerichtet ist. Er stellt also einen Unterfall einer allgemeineren Gruppe der **Abrechnungsverträge** dar und innerhalb dieser wiederum der Verträge, die die Abrechnung im Wege der Verrechnung vornehmen, also der „**Verrechnungsverträge**" (vgl. auch unten Rdn. 50f).[13] Innerhalb dieser letzteren Gruppe ist für das Kontokorrent charakteristisch, daß die einzelnen Forderungen und Leistungen von vornherein ihrer rechtlichen Selbständigkeit entkleidet werden, also nicht mehr als solche geltend gemacht oder durch anderweitige Verfügungen wie Abtretung und Verpfändung verwertet werden können (vgl. auch unten Rdn. 47ff). Als weiteres typusprägendes Merkmal kommt schließlich hinzu, daß die Abrechnung durch eine Feststellung des Überschusses in Form eines abstrakten Anerkenntnisses abgeschlossen werden soll (vgl. auch unten Rdn. 52f). Die **typusprägenden Merkmale des kontokorrentrechtlichen Geschäftsvertrags** sind also, daß er auf Verrechnung der einzelnen Posten und Anerkennung des verbleibenden Überschusses angelegt ist und daß den beiderseitigen Forderungen und Leistungen ihre Selbständigkeit genommen werden soll (vgl. eingehend unten Rdn. 58f).

19 Selbstverständlich kann mit dem kontokorrentrechtlichen Geschäftsvertrag ein anderer Vertrag wie z. B. ein **Darlehensvertrag** oder ein **Girovertrag** verbunden sein. Diese sind dann aber begrifflich und rechtlich grundsätzlich scharf von jenem zu unterscheiden. Insbesondere kann aus ihrer Unwirksamkeit grundsätzlich nicht gemäß oder analog § 139 BGB auf die Unwirksamkeit der Kontokorrentabrede geschlossen werden.[14]

20 **d) Das Verhältnis von Kontokorrentabrede und Geschäftsvertrag.** Bezüglich des **Verhältnisses der beiden Verträge zueinander** wurde früher meist gelehrt, die Kontokorrentabrede bilde „ein unselbständiges Annex" des Geschäftsvertrags.[15] Dagegen spricht indessen, daß jene zu diesem, wie gezeigt, im Verhältnis von Verfügungs- zu Verpflichtungsgeschäft steht und somit an sich das Trennungs- und das Abstraktionsprinzip zur Anwendung kommen müßte. Dennoch dürfte in der genannten Ansicht ein richtiger Kern stecken. Die Besonderheit der Problematik liegt nämlich insoweit darin, daß sich lediglich aus dem Geschäftsvertrag entnehmen läßt, welche Forderungen und Leistungen der Kontokorrentabrede unterfallen (vgl. Rdn. 76ff). Die Kontokorrentabrede wäre daher ohne Geschäftsvertrag „gegenstandslos".[16] Es ist daher folgerichtig, die Kontokorrentabrede nicht nur hinsichtlich ihrer

---

[13] Vgl. dazu auch *Berger* S. 18, der offenbar sogar einen Aufrechnungsvertrag i. e. S. annimmt.
[14] Vgl. dazu näher *Canaris*, Bankvertragsrecht³ Rdn. 494.
[15] Vgl. z. B. *Düringer/Hachenburg/Breit* § 355 Anm. 8; *Göppert* ZHR 102, 174, 187, 203.
[16] So mit Recht *Schlegelberger/Hefermehl* § 355 Rdn. 5 und 13; vgl. auch *Göppert* ZHR 102, 162 und 103, 320.

Erster Abschnitt. Allgemeine Vorschriften § 355

Reichweite, sondern auch hinsichtlich ihres Bestandes als von dem Geschäftsvertrag abhängig anzusehen und insoweit eine **Ausnahme vom Abstraktionsprinzip** zu machen. Dogmatisch erklärt sich diese dadurch, daß die Parteien das Abstraktionsprinzip bei bedingungsfreundlichen Rechtsgeschäften ohne weiteres durch die Vereinbarung einer Bedingung durchbrechen können und daß sie hier in der Tat eine derartige oder zumindest eine eng verwandte Gestaltung gewählt haben, da das Verfügungsgeschäft ohne das zugehörige Kausalgeschäft gegenstands- und sinnlos wird.

Dagegen bleibt das **Trennungsprinzip** unberührt, so daß Kontokorrentabrede und 21 Geschäftsvertrag nicht etwa ein und dasselbe Rechtsgeschäft sind. Daß sie begrifflich und rechtlich voneinander unterschieden werden müssen, zeigt sich vor allem am umgekehrten Fall: Zwar ist die Kontokorrentabrede mit dem Geschäftsvertrag untrennbar verbunden, doch kann dieser sehr wohl ohne jene bestehen. So wird die Verfügungswirkung der Kontokorrentabrede z. B. durch die Zwangsvollstreckung teilweise beendet (vgl. § 357 Rdn. 5 ff und 36 ff), doch berührt dies anerkanntermaßen den Fortbestand des Geschäftsvertrags in keiner Weise (vgl. § 357 Rdn. 33). Ähnlich werden durch die Eröffnung des Insolvenzverfahrens die Verfügungswirkungen der Kontokorrentabrede hinfällig, während der Geschäftsvertrag fortbesteht und dem Wahlrecht des Insolvenzverwalters gemäß § 103 InsO unterfällt (vgl. Rdn. 242 ff).

e) **Zusammenfassung.** Überblickt man die das Kontokorrent beherrschenden 22 Rechtsvorgänge zusammenfassend und nimmt man dabei den Vertrag über die „Feststellung" oder „Anerkennung" des Saldos (unten Rdn. 175 ff) hinzu, so ergeben sich insgesamt **vier Verträge:**

1. Der *Geschäftsvertrag*; er stellt einen rein obligatorischen Vertrag dar und begründet die Haupt- und Nebenpflichten der Parteien (Rdn. 16 ff).

2. Die *Kontokorrentabrede*; sie stellt einen antizipierten Verfügungsvertrag dar und nimmt den kontokorrentzugehörigen Forderungen und Leistungen ihre „Selbständigkeit" (Rdn. 99 ff).

3. Der *Verrechnungsvertrag*; er stellt ebenfalls einen Verfügungsvertrag dar, der i. d. R. antizipiert ist, bringt die beiderseitigen Forderungen und Leistungen durch Tilgung zum Erlöschen, soweit sie sich decken, und erzeugt dadurch gleichzeitig die Forderung auf den „kausalen" Überschuß oder Saldo (Rdn. 117 ff).

4. Der *Feststellungs-* oder *Anerkenntnisvertrag*; er stellt ein abstraktes Schuldversprechen i. S. der §§ 780 ff BGB dar und begründet eine abstrakte Saldoforderung, die keine Novationswirkung hat, sondern lediglich neben die durch die Verrechnung entstandene „kausale" Saldoforderung tritt (Rdn. 175).

II. Begriff und Voraussetzungen des Kontokorrents
1. Die Bedeutung des Kontokorrentbegriffs

Nach § 355 Abs. 1 liegt ein Kontokorrent oder eine laufende Rechnung vor, wenn 23 „jemand mit einem Kaufmann derart in Geschäftsverbindungen steht, daß die aus der Verbindung entspringenden beiderseitigen Ansprüche und Leistungen nebst Zinsen in Rechnung gestellt und in regelmäßigen Zeitabschnitten durch Verrechnung und Feststellung des für den einen oder anderen Teil sich ergebenden Überschusses ausgeglichen werden". Das Gesetz hat also eine **Legaldefinition** gegeben. Eine solche Festlegung mag zwar angesichts der Tatsache, daß das Kontokorrent eine Schöpfung der kaufmännischen Praxis ist und daher in seiner tatsächlichen Ausgestaltung erheblichen Schwankungen unterliegen kann, wenig glücklich erscheinen, doch ist andererseits auch dem Ziel der Gesetzesverfasser, durch die Definition des Kontokorrents „für die Anwendung der dasselbe betreffenden Vorschriften einen festeren Anhalt zu gewähren",[17] die Berechtigung nicht abzusprechen. Jedenfalls ist die Begriffsbestimmung des § 355 Abs. 1 als Grundlage und Anknüpfungspunkt der gesetzlichen Regelung hinzunehmen und insoweit als geltendes Recht zu respektieren. Darin erschöpft sich ihre Bedeutung jedoch, d. h. sie legt wie jede Legaldefinition nur den Bereich *unmittelbarer* Gesetzesanwendung fest und läßt die **Möglichkeit von Analogien** offen. Daher besteht auch kein Bedürfnis nach einer Auflockerung der gesetzlichen Regelung mit den Mitteln **typologischen Denkens**;[18] im übrigen ist dieser Weg hier jedenfalls deshalb versperrt, weil § 355 Abs. 1 nicht lediglich den *Typus* des Kontokorrents beschreibt, sondern seinen *Begriff* festlegt, wie sich sowohl aus den Materialien als auch aus der mit einer Legaldefinition arbeitenden Gesetzestechnik ergibt.

24 Das ändert freilich nichts daran, daß die Wirklichkeit des kaufmännischen Lebens zu vielgestaltig ist, um sich ausnahmslos unter die verhältnismäßig enge Begriffsbestimmung des § 355 Abs. 1 subsumieren zu lassen. Das kommt vor allem darin zum Ausdruck, daß man dem gesetzlich geregelten Kontokorrent der §§ 355 ff das sogenannte **„uneigentliche Kontokorrent"** an die Seite gestellt hat (vgl. unten Rdn. 254 ff). Dieser Begriff, der deutlich den Charakter einer Verlegenheitslösung trägt, ist als solcher wenig brauchbar; er ist in Wahrheit nicht mehr als eine Kurzformel dafür, daß die Vorschriften über das Kontokorrent auf eine nicht unter die Legaldefinition fallende, aber doch in bestimmter Hinsicht ähnliche Erscheinung analog angewandt werden sollen. Statt pauschal mit dem Begriff des „uneigentlichen Kontokorrents" zu arbeiten, sollte man daher lieber jeweils genau die Gemeinsamkeiten und die Unterschiede herausstellen und prüfen, ob und gegebenenfalls für welche Vorschrift das Fehlen eines gesetzlich an sich erforderlichen Merkmals relevant ist. Das wird im folgenden bei den einzelnen Elementen der gesetzlichen Definition jeweils geschehen.

2. Kaufmannseigenschaft einer Partei

25 a) **Der Kaufmannsbegriff.** Das Gesetz setzt voraus, daß eine der Kontokorrentparteien Kaufmann ist. Die **Kaufmannseigenschaft** bestimmt sich nach den §§ 1–3, 6 HGB. Der Fiktivkaufmann i. S. von § 5 HGB steht gleich, so daß die §§ 355–357 sowohl zu seinen Lasten als auch zu seinen Gunsten uneingeschränkt Anwendung finden. **Kleingewerbetreibende** fallen jedenfalls dann unter § 355 Abs. 1, wenn die Voraussetzungen der §§ 383 Abs. 2 S. 2, 407 Abs. 3 S. 2, 453 Abs. 3 S. 2, 467 Abs. S. 2 HGB gegeben sind (vgl. im übrigen unten Rdn. 27 ff). Bezüglich der **Scheinkaufleute** bedarf es einer differenzierenden Lösung (vgl. unten Rdn. 33 f).

26 Nicht erforderlich ist, daß *beide* Parteien Kaufleute sind, da § 355 **kein beiderseitiges Handelsgeschäft** voraussetzt. Dem Kontokorrent zwischen einem Kaufmann und einem Nichtkaufmann kommt sogar, zumal im Bankverkehr, sehr große praktische Bedeutung zu. Die §§ 355–357 und insbesondere die Befreiung vom Zinseszinsverbot durch § 355 Abs. 1 gelten dabei uneingeschränkt auch für und gegen den nichtkaufmännischen Teil, wie sich sowohl aus dem insoweit klaren Wortlaut von § 355 Abs. 1 als auch aus § 345 HGB ergibt.

27 b) **Das Kontokorrent zwischen zwei Nichtkaufleuten.** Das nicht-kaufmännische Kontokorrent, d. h. eine Abrede, die alle Voraussetzungen des § 355 Abs. 1 mit Aus-

---

[17] Denkschrift S. 197 f.

[18] Vgl. dazu *Larenz/Canaris* Methodenlehre der Rechtswissenschaft[3] S. 293 ff.

Erster Abschnitt. Allgemeine Vorschriften § 355

nahme der Kaufmannseigenschaft erfüllt, fällt an sich nicht unter die Regelung des HGB. Es stellt den wichtigsten Fall des „uneigentlichen" Kontokorrents dar. Die Vorschriften der §§ 355 ff finden hier aber nahezu ausnahmslos **analoge Anwendung**.[19] Von vornherein unproblematisch dürfte dafür die **Vorschrift des § 355 Abs. 2** sein; denn warum unter Nichtkaufleuten eine andere – sei es eine längere, sei es eine kürzere – Abrechnungsperiode angemessen sein könnte als bei Beteiligung eines Kaufmanns, ist nicht ersichtlich.

Auch gegen die **Analogie zu § 355 Abs. 3** bestehen keine Einwände. Der Grund für **28** die Einführung dieser Vorschrift dürfte in erster Linie darin gelegen haben, daß der Gesetzgeber einer vor Erlaß der jetzigen Regelung verbreiteten Ansicht entgegentreten wollte, wonach das Recht zur freien Kündigung mit dem „Wesen" des Kontokorrents unvereinbar sei.[20] Diese Theorie war eine Folge der verfehlten (vgl. Rdn. 7) Lehre, das Kontokorrent beinhalte eine Kreditgewährung. Da das nicht-kaufmännische Kontokorrent eine solche ebensowenig notwendigerweise einschließt wie das kaufmännische, besteht kein Anlaß, unter Nichtkaufleuten das Kündigungsrecht des § 355 Abs. 3 zu versagen. Daß die Gesetzesverfasser durch die Statuierung des freien Kündigungsrechts außerdem auch der „in den Handelskreisen vorwiegend herrschenden Auffassung" Rechnung tragen wollten,[21] steht der Analogie nicht entgegen, da diese kaufmännische Auffassung dem „Wesen" des Kontokorrents in keiner Weise widerspricht und daher keine analogiefeindliche Irregularität darstellt. Das – mit § 355 Abs. 3 nicht zu verwechselnde – Recht zur Kündigung aus wichtigem Grund, das bei allen Dauerschuldverhältnissen besteht (und anders als § 355 Abs. 3 unabdingbar ist), ist ohnehin auch beim nicht-kaufmännischen Kontokorrent gegeben.

Die **Anwendung von § 356** auf das nichtkaufmännische Kontokorrent wurde **29** früher von der h. L. abgelehnt.[22] Diese Ansicht kann indessen nicht überzeugen. Das folgt vor allem daraus, daß § 356 keine irreguläre Ausnahmevorschrift darstellt, sondern lediglich eine vernünftige Typisierung des mutmaßlichen Parteiwillens, mit dem der Untergang der Sicherheiten unvereinbar ist, zum Inhalt hat (vgl. § 356 Rdn. 3 f). Da auch bei Nichtkaufleuten der Untergang der Sicherheiten kraß der Interessenlage und dem mutmaßlichen Parteiwillen widerspricht, kommt der Rechtsgedanke des § 356 auch bei ihnen zur Anwendung.[23] Die Gegenansicht sucht z. T. auf Umwegen zu demselben Ergebnis zu kommen, indem sie beim nicht-kaufmännischen Kontokorrent den novierenden Charakter des Saldoanerkenntnisses leugnet.[24] Das ist jedoch widersprüchlich und beweist nur mittelbar die Unhaltbarkeit der Novationstheorie und einer darauf aufbauenden Interpretation von § 356 (vgl. auch unten Rdn. 175 ff).

Auch die **Vorschrift des § 357** enthält einen allgemeinen Rechtsgedanken, der nicht **30** auf Kaufleute beschränkt ist. Für die Schaffung der Vorschrift war maßgeblich, daß der Schuldner es sonst „in der Hand hätte, seine Forderung an den Kontokorrentgegner dem Gläubiger durch beliebige Schaffung neuer Schuldposten zu entziehen".[25] Diese Möglichkeit besteht aber in derselben Weise beim nicht-kaufmännischen Konto-

---

[19] Das war früher sehr str., ist aber heute h. L., vgl. z. B. *Schlegelberger/Hefermehl* § 355 Rdn. 9 und 118; *Heymann/Horn* § 355 Rdn. 7; *Baumbach/Hopt* § 355 Rdn. 3; *Koller/Roth/Morck* § 355 Rdn. 5.
[20] Vgl. Denkschrift S. 198.
[21] Denkschrift aaO.
[22] So *von Godin* 2. Auflage Anm. 9; *Schlegelberger/Hefermehl*⁴ § 355 Rdn. 6 a. E. und Rdn. 61;

der Sache nach auch *Düringer/Hachenburg/Breit* § 355 Anm. 17 und Anh. zu § 355–357 Anm. 8 und 9.
[23] Zustimmend *Schlegelberger/Hefermehl* § 355 Rdn. 120.
[24] Vgl. z. B. *Düringer/Hachenburg/Breit* Anh. zu § 355–357 Anm. 6; *von Godin* 2. Aufl. Anh. zu § 357 Anm. 5.
[25] Denkschrift S. 200.

korrent, und es ist nicht einzusehen, warum der Gläubiger hier weniger schutzwürdig sein soll. Auch hier hat die Pfändung daher in analoger Anwendung des § 357 die Wirkung, daß neue Schuldposten dem Gläubiger gegenüber nicht in Rechnung gestellt werden können. Unterstützend ist dabei auf die Regelung des § 851 Abs. 2 ZPO hinzuweisen, wonach der Ausschluß der Abtretbarkeit einer Forderung i. S. von § 399 BGB grundsätzlich nicht ihrer Pfändbarkeit entgegensteht. Sinn dieser Vorschrift ist, zu vermeiden, daß der Schuldner durch vertragsmäßige Ausschließung der Übertragbarkeit seine Forderungen dem Zugriff der Gläubiger entzieht. Das könnte er aber ohne die Regelung des § 357 HGB in ganz ähnlicher Weise auch durch die Einstellung seiner Forderungen in ein Kontokorrent erreichen. § 357 HGB und § 851 Abs. 2 ZPO beruhen daher auf einem eng verwandten Rechtsgedanken (vgl. auch § 357 Rdn. 2ff und 8ff). Da aber § 851 Abs. 2 ZPO in keiner Weise auf die Besonderheiten des kaufmännischen Verkehrs bezogen ist, kann auch für § 357 HGB nichts anderes gelten.

31 Offen geblieben ist somit nur noch, ob sich auch die **Befreiung vom Zinseszinsverbot nach § 355 Abs. 1** auf das nichtkaufmännische Kontokorrent übertragen läßt. Das wird von der h.L. abgelehnt.[26] Für deren Richtigkeit spricht von vornherein stark, daß sonst die Beschränkung von § 355 Abs. 1 auf das kaufmännische Kontokorrent ohne jede praktische Bedeutung wäre. Eine solche Interpretation bzw. Analogie, durch die ein Tatbestandsmerkmal obsolet würde, ist nach allgemeinen Auslegungsgrundsätzen möglichst zu vermeiden. Andererseits ist sie nicht zwingend verboten; das gilt um so mehr für das HGB, da dieses häufig nur Schrittmacher für das allgemeine Bürgerliche Recht war und da seine Regelungen keineswegs immer ihrem inneren Gehalt nach auf den spezifisch kaufmännischen Rechtsverkehr beschränkt sind – eine Überlegung, der gerade für das Kontokorrent besondere Bedeutung zukommt.[27] Entscheidend können somit letztlich nicht formale Argumente sein, sondern nur der **Rückgriff auf den gesetzgeberischen Grund für die Befreiung vom Zinseszinsverbot**. Ob dieser damit zusammenhängt, daß eine der Kontokorrentparteien Kaufmann ist, erscheint nun aber zweifelhaft. Sicher kann man die Befreiung vom Zinseszinsverbot nicht damit erklären, daß der Kaufmann dieses Schutzes wegen seiner Geschäftserfahrung nicht bedürfe; denn dann hätte die Befreiung generell für Kaufleute und nicht nur für den speziellen Fall des Kontokorrents ausgesprochen werden müssen – was aber nach § 353 S. 2 HGB gerade nicht zutrifft –, und dann hätte andererseits dem mit einem Kaufmann in Kontokorrentverkehr stehenden Nichtkaufmann der Schutz des Zinseszinsverbots nicht genommen werden dürfen – was indessen nach der klaren Fassung des § 355 Abs. 1 unzweifelhaft der Fall ist. Der Grund für die Befreiung vom Zinseszinsverbot kann somit nur in den Besonderheiten des Kontokorrents selbst gesehen werden. In der Tat bildet das Zinseszinsverbot ein massives **Hindernis für die Erreichung des kontokorrentrechtlichen Vereinfachungs- und Vereinheitlichungszwecks** (vgl. näher unten Rdn. 205f). Es zwingt nämlich grundsätzlich dazu, **zwei verschiedene Rechnungen** zu führen – eine über die Hauptforderungen und eine über die Zinsforderungen –, und es hat zur Folge, daß die beiden entstehenden Salden ein **unterschiedliches rechtliches Schicksal** haben, da der eine

---

[26] Vgl. z. B. *Düringer/Hachenburg/Breit* § 355 Anm. 17 und Anh. zu 355–357 Anm. 7; *Schlegelberger/Hefermehl* § 355 Rdn. 9 und 119; *Heymann/Horn* § 355 Rdn. 7; *Koller/Roth/Morck* § 355 Rdn. 5; *Röhricht/Graf von Westphalen/Wagner* § 355 Rdn. 7; *Schwintowski/Schäfer* Bankrecht, 1997, § 4 Rdn. 14; **a. A.** vor allem *Neuner* ZHR 157 (1993) 251ff; wohl auch *Baumbach/Hopt* § 355 Rdn. 18; differenzierend *Karsten Schmidt* JZ 1981, 129 und Handelsrecht[5] § 21 II 2b (vgl. dazu unten Abs. 2 a. E.).

[27] Vgl. *Raisch*, Geschichtliche Voraussetzungen, dogmatische Grundlagen und Sinnwandel des Handelsrechts, S. 230ff.

Saldo regelmäßig verzinslich sein wird, der andere aber ohne die Befreiung vom Zinseszinsverbot unverzinslich ist. Beide Punkte sind nun aber für einen Kaufmann wesentlich störender als für einen Nichtkaufmann. So wurde schon in der Begründung des preußischen Entwurfs für die dem jetzigen § 355 Abs. 1 entsprechende Vorschrift des ADHGB ausgeführt: „Die hier gestattete Ausnahme von dem Verbote der Zinseszinsen beruht auf einem allgemeinen kaufmännischen Gebrauche. Mit der Natur des kaufmännischen Rechnungswesens würde es auch unvereinbar sein, wenn der für die folgende Rechnungsperiode vorzutragende Saldo nur insoweit als verzinsliche Post angesetzt werden dürfte, als in ihm keine Zinsen enthalten sind".[28] Dahinter steht ein zweiter, über bloße Fragen des Rechnungswesens weit hinausgehender Gedanke: es wäre mit wirtschaftlichem Denken und kaufmännischen Gepflogenheiten unvereinbar, den unverzinslichen Zinssaldo als **„totes Kapital"** stehen zu lassen; der Kaufmann würde ihn vielmehr jeweils einfordern (sofern der andere Teil sich nicht beim jeweiligen Rechnungsabschluß mit der nachträglichen, von § 248 BGB nicht verbotenen Umwandlung in ein verzinsliches Darlehen oder dgl. einverstanden erklärt), und damit wäre der Zweck des Kontokorrents stark beeinträchtigt: zumindest die Zinsen müßten jeweils bar ausgezahlt werden und könnten nicht als neuer Saldo vorgetragen werden.

Es erscheint nun aber immerhin als vertretbar anzunehmen, daß **diese Gründe bei einem Nichtkaufmann geringeres Gewicht** haben als bei einem Kaufmann: „Gepflogenheiten des Rechnungswesens" sind bei ihm nicht im selben Maße verbreitet und ausgeprägt, und auf den Zinseszins zu verzichten, ist für ihn nicht in gleicher Weise mit den Grundsätzen eines ordnungsgemäßen Wirtschaftens unvereinbar wie für den Kaufmann. Die Voraussetzung des § 355 Abs. 1, daß zumindest auf einer Seite ein Kaufmann beteiligt sein muß, ist daher nicht so unbegründet oder gar widersinnig, daß man sich über sie einfach hinwegsetzen und die Befreiung vom Zinseszinsverbot im Wege der Analogie auf das nicht-kaufmännische Kontokorrent ausdehnen könnte. Dem steht auch nicht entgegen, daß diese Regelung auch zu Lasten und zu Gunsten eines mit einem Kaufmann in Kontokorrentverbindung stehenden Nichtkaufmanns gilt. Die Erstreckung auf das Kontokorrent zwischen einem Kaufmann und einem Nichtkaufmann erklärt sich nämlich unschwer aus der großen praktischen Bedeutung, die derartigen Vereinbarungen, insbesondere im Verkehr mit Banken, zukommt, sowie aus der Tatsache, daß ein Nichtkaufmann auch sonst im Verkehr mit einem Kaufmann u. U. gewisse Abweichungen von den bürgerlich-rechtlichen Grundsätzen hinzunehmen hat (vgl. etwa § 354 HGB und allgemein § 345 HGB). Wenn danach aber der Nichtkaufmann dem Kaufmann Zinseszinsen zahlen muß, so ist es ein Gebot der Gerechtigkeit, daß er umgekehrt auch seinerseits Zinseszinsen von jenem verlangen kann. Die Regelung des § 355 Abs. 1 entbehrt daher durchaus nicht gänzlich der „inneren Logik";[29] zumindest ist sie nicht so willkürlich ausgestaltet, daß sie im Wege der Rechtsfortbildung korrigiert werden dürfte oder müßte. Der h. L., wonach bei einem Kontokorrent zwischen Nichtkaufleuten keine Befreiung vom Zinseszinsverbot des § 248 Abs. 1 BGB besteht, ist daher trotz gewisser Bedenken zuzustimmen; anders dürfte auch nicht gegenüber **nichtkaufmännischen Unternehmern** zu entscheiden sein,[30] weil das HGB nun einmal nach wie vor an den Kaufmannsbegriff anknüpft und § 355 Abs. 1 hinsichtlich des Zinseszinsverbots eine erhebliche Ab-

---

[28] Motive zu Art. 224 S. 112.
[29] So aber *Raisch* aaO S. 231.
[30] So aber *Karsten Schmidt* JZ 1981, 129 und Handelsrecht § 21 II 2b.

weichung von einem wesentlichen Grundgedanken des bürgerlichen Rechts enthält, so daß insoweit eine Analogie abzulehnen ist.[31]

32 Die **praktische Bedeutung dieses Ergebnisses** ist freilich geringer, als es auf den ersten Blick erscheint. § 248 BGB verbietet nämlich nur das *im voraus abgegebene* Zinseszinsversprechen, und daher steht es auch Nichtkaufleuten grundsätzlich frei, bei der jeweiligen Saldoziehung, also **nachträglich eine Verzinsung der in dem Saldo enthaltenen Zinsen zu vereinbaren.** Der konkludente Abschluß einer derartigen Vereinbarung kann insbesondere in der vorbehaltlosen Anerkennung eines Saldos liegen, sofern dieser grundsätzlich verzinslich ist und die Zinsen in ihm nicht gesondert aufgeführt, sondern mit der Hauptforderung zu einer einheitlichen Summe zusammengefaßt sind.[32] Eine Umgehung des § 248 Abs. 1 BGB liegt darin nicht – und zwar auch dann nicht, wenn man mit der h. L. eine Verpflichtung zur Abgabe des Anerkenntnisses bejaht.[33] Denn diese Verpflichtung bezieht sich lediglich auf die Abgabe des Anerkenntnisses, nicht aber auch auf das Einverständnis mit der Verzinslichkeit des Zinspostens; der Saldoschuldner kann hier also verlangen, daß Hauptforderung und Zinsforderung gesondert ausgewiesen werden, und muß dann zwar beide Salden anerkennen, braucht aber eine Verzinsung des Zinssaldos nicht hinzunehmen. Erklärt er sich mit dieser jedoch einverstanden, so liegt darin ebensowenig ein Verstoß gegen das Zinseszinsverbot wie z.B. in der nachträglichen Umwandlung des fälligen Zinsanspruchs in ein verzinsliches Darlehen. Warum diesem das abstrakte Schuldanerkenntnis nicht gleichgestellt werden soll, ist nicht einzusehen (vgl. auch unten Rdn. 182ff). Freilich wird man bei der Annahme einer *konkludenten* Zinseszinsvereinbarung im Hinblick auf den Schutzzweck des § 248 Abs. 1 BGB eine gewisse Zurückhaltung üben müssen und insbesondere die Frage des Erklärungsbewußtseins häufig genauer zu prüfen haben; daß in der Anerkennung eines einheitlichen, die Zinsen ungesondert enthaltenden Saldos eine solche konkludente Vereinbarung nicht gesehen werden kann, läßt sich jedoch nicht allgemein sagen.

33 c) **Die Bedeutung der Lehre vom Scheinkaufmann für die Anwendbarkeit der §§ 355–357.** Ob und inwieweit die §§ 355 ff auch auf den **Scheinkaufmann** angewendet werden können, ist bisher wenig geklärt. Aus dem Vorstehenden ergibt sich ohne weiteres, daß die Frage überhaupt nur hinsichtlich der **Befreiung vom Zinseszinsverbot** relevant werden kann. Denn da die übrigen Vorschriften über das Kontokorrent, wie gezeigt, ohnehin das Vorliegen der Kaufmannseigenschaft nicht voraussetzen, sondern auf das nichtkaufmännische Kontokorrent analoge Anwendung finden, treten Rechtsscheinprobleme insoweit von vornherein nicht auf. Hinsichtlich der Befreiung vom Zinseszinsverbot können sie sich dagegen stellen. Gegen eine analoge Anwendung von § 355 Abs. 1 spricht insoweit, daß es sich dabei um eine Ausnahme von der zwingenden Schutzvorschrift des § 248 Abs. 1 BGB handelt und eine solche nicht mit Hilfe der Rechtsscheinlehre umgangen werden darf. Diese Gefahr besteht indessen nicht bei **Kannkaufleuten** i. S. der §§ 2, 3 Abs. 2 HGB und wohl auch nicht bei **Freiberuflern**, so daß diese grundsätzlich nach den Regeln über den Scheinkaufmann haften, wohingegen deren Anwendung bei **nicht unternehmerisch tätigen**

---

[31] Vgl. zu dieser Argumentation näher *Canaris* Handelsrecht § 23 Rdn. 5 f.
[32] Richtig daher i. E. RGZ 95, 19; dem RG zustimmend auch die h. L., vgl. z. B. *Düringer/Hachen-*
burg/Breit Anh. zu §§ 355–357 Anm. 7; *von Godin* 2. Auflage Anhang zu § 356 Anm. 6.
[33] A. A. *Kübler* S. 161 f; ihm folgend *Schönle* § 7 II unter I a 3 b = S. 64.

Personen in der Tat wegen der Gefahr einer Umgehung des Schutzzwecks von § 248 Abs. 1 BGB abzulehnen ist.[34]

Allerdings kommt gleichwohl auch gegenüber solchen Personen in besonderen Fällen ein Vertrauensschutz in Betracht. Dieser ist jedoch nicht auf die Lehre vom Scheinkaufmann, sondern auf die wesentlich strengeren Grundsätze über den **Einwand des Rechtsmißbrauchs** zu stützen. Diese sind zwar primär für die „Berufung" auf Formmängel entwickelt worden, doch gelten sie grundsätzlich auch für alle sonstigen Einwendungen und Nichtigkeitsgründe.[35] Sie können daher auch zu einer Überwindung des Zinseszinsverbots führen. So kann z. B. ein Nichtkaufmann, der sich als Kaufmann ausgegeben und wiederholt vorbehaltlos Zinseszinsen bezahlt hat, aufgrund des **Verbots widersprüchlichen Verhaltens** u. U. gehindert sein, sich auf § 248 Abs. 1 BGB zu „berufen"; allerdings müssen dafür auch auf seiten des anderen Teils besondere Voraussetzungen gegeben sein, die sein Vertrauen in die Fortzahlung des Zinseszinses schützenswert erscheinen lassen, und diese werden – zumindest bei einem Kontokorrent, das nach der (allerdings abdingbaren!) Regelung des § 355 Abs. 3 HGB frei kündbar ist – nur sehr selten vorliegen.

3. Die Geschäftsverbindung

a) Der Begriff der Geschäftsverbindung. Dem Kontokorrent muß eine „Geschäftsverbindung" zugrunde liegen. Diese bildet die tatsächliche Grundlage für das Entstehen der zur Verrechnung gestellten Ansprüche und Leistungen. Sie muß ihrer Natur nach auf eine **gewisse Dauer** angelegt sein und den **wiederholten Abschluß von Geschäften** erwarten lassen.[36] Ist lediglich der Abschluß eines einzigen Geschäfts vorgesehen, so liegt darin auch dann kein Kontokorrent, wenn eine Schlußabrechnung vorgenommen werden und durch ein Anerkenntnis bestätigt werden soll.

Auf die **rechtliche Natur** der im Rahmen der Geschäftsbeziehung vorgenommenen Geschäfte bzw. der sie tragenden Vertragsbeziehung kommt es grundsätzlich nicht an.[37] Der Begriff der Geschäftsverbindung ist allerdings auch in dieser Hinsicht nicht völlig ohne eigenständigen Gehalt: ein **Arbeitsverhältnis** oder ein **Mietvertrag** begründen keine „Geschäftsverbindung".[38] Daher stellt der antizipierte Aufrechnungsvertrag zwischen einem Arbeitgeber und einem Provisionsvertreter oder zwischen einem Arbeitgeber und einem Kellner, wonach diese berechtigt sind, die Provision bzw. den Prozentsatz für das „Trinkgeld" von den an den Arbeitgeber abzuliefernden Einnahmen einzubehalten,[39] auch dann kein Kontokorrent dar, wenn der Arbeitgeber Kaufmann ist und periodisch Gesamtabrechnungen unter Abgabe eines Anerkenntnisses vorgenommen werden. Die Vorschriften der §§ 355–357 können allerdings z. T. analog angewandt werden. So dürfte sich z. B. das äußerst streitige Zwangsvollstreckungsproblem[40] durch analoge Anwendung des § 357 sachgerecht lösen lassen (vgl. näher § 357 Rdn. 8 ff). Eine Befreiung vom Zinseszinsverbot analog § 355 Abs. 1 kommt dagegen hier nicht in Betracht.

---

[34] Vgl. näher *Canaris* Handelsrecht § 6 Rdn. 23–25.
[35] Vgl. eingehend *Canaris* Die Vertrauenshaftung im deutschen Privatrecht, 1971, S. 267 ff mit Nachw. und in Festgabe zum 50-jährigen Bestehen des BGH, 2000, S. 167 f.
[36] Ähnlich *Düringer/Hachenburg/Breit* § 355 Anm. 18; *Schlegelberger/Hefermehl* § 355 Rdn. 10.
[37] Ebenso *Hefermehl* aaO.
[38] Zustimmend *Schlegelberger/Hefermehl* § 355 Rdn. 10 a. E.
[39] Vgl. z. B. RGZ 138, 258; BAG AP Nr. 4 zu § 611 BGB Kellner.
[40] Vgl. dazu BAG aaO m. Nachw.

37 **b) Die Rechtsnatur der Geschäftsverbindung.** Was die rechtliche Qualifikation der „Geschäftsverbindung" betrifft, so stellt diese kein Rechtsgeschäft, sondern eine rein **tatsächliche Beziehung** dar. Sie hat jedoch gleichwohl spezifische Rechtswirkungen zur Folge: Sie ruft ein „**Schuldverhältnis ohne primäre Leistungspflicht**" hervor,[41] das nicht rechtsgeschäftlicher, sondern „gesetzlicher" Natur ist und das gemäß § 242 BGB zur Entstehung beiderseitiger Schutzpflichten führt. Die Begründung hierfür liegt in einem argumentum a fortiori zu den Regeln über die culpa in contrahendo: wenn schon die bloße Anbahnung des geschäftlichen Kontakts zur Entstehung eines gesetzlichen Schuldverhältnisses und zur Anerkennung besonderer Schutz- und Aufklärungspflichten führt, muß dies erst recht für eine Geschäftsverbindung gelten, da diese i. d. R. einen wesentlich intensiveren „Kontakt" und eine stärkere Vertrauensbeziehung zur Folge hat als bloße Vertragsverhandlungen. Die praktische Bedeutung dieser Konstruktion liegt vor allem darin, daß die fraglichen Schutz- und Aufklärungspflichten – ebenso wie bei der culpa in contrahendo – unabhängig von den einzelnen Verträgen und deren Gültigkeit sind.[42]

4. Beiderseitige Ansprüche und Leistungen

38 Nach § 355 Abs. 1 müssen die Kontokorrentpartner derart in Geschäftsverbindung stehen, daß „die aus der Verbindung entspringenden beiderseitigen Ansprüche und Leistungen" in Rechnung gestellt werden. Dieses Merkmal bereitet besondere **Auslegungsschwierigkeiten**.

39 **a) Das Merkmal der „Beiderseitigkeit".** Unklar ist vor allem, ob das Gesetz das Entstehen von *Ansprüchen* auf *beiden* Seiten fordert, oder ob es genügt, daß für die *eine* Seite *Ansprüche* entstehen, die *andere* aber lediglich *Leistungen* erbringt. Die Frage wird heute ganz überwiegend im letzteren Sinne beantwortet.[43] Der heute h. L. ist zu folgen. Das ergibt sich allerdings nicht schon daraus, daß über das Bestehen eines Kontokorrents in erster Linie der **Parteiwille** entscheidet.[44] Das ist zwar an sich eine unbestreitbare Selbstverständlichkeit (vgl. auch unten Rdn. 58 f), doch muß sich der Parteiwille zur Herbeiführung eines Kontokorrentvertrages auf ganz bestimmte, in § 355 Abs. 1 HGB festgelegte Merkmale richten, und die Frage ist eben, ob zu diesen Merkmalen auch die Beiderseitigkeit von Ansprüchen gehört oder nicht. Über diese aber kann der Parteiwille um so weniger entscheiden, als § 355 Abs. 1 eine Ausnahme von einer *zwingenden* Vorschrift – nämlich vom Zinseszinsverbot des § 248 Abs. 1 BGB – und daher seinerseits insoweit eine *zwingende* Festlegung des Vertragstypus enthält; würde man § 355 Abs. 1 anders verstehen und über Bedeutung und Maßgeblichkeit der gesetzlichen Tatbestandsmerkmale den Parteiwillen entscheiden lassen, so würde man damit im praktischen Ergebnis das Zinseszinsverbot des § 248 BGB zur Disposition der Parteien stellen, und das wäre mit dessen zwingendem Charakter zweifellos unvereinbar. Es geht also nicht um eine Frage des Parteiwillens, sondern allein um eine solche der **Gesetzesauslegung**.

40 Die Auslegung des § 355 Abs. 1 führt nun allerdings in der Tat zu dem von der h. L. – unter Berufung auf den Parteiwillen – vertretenen Ergebnis. Was zunächst den

---

[41] Zum Begriff vgl. *Larenz* Schuldrecht I[14], 1987, § 9.
[42] Vgl. zum Ganzen näher *Canaris* JZ 1965, 475 ff sowie auch Bankvertragsrecht[3] Rdn. 12 ff zur entsprechenden Problematik hinsichtlich der Geschäftsbeziehung zwischen Bank und Kunden.
[43] Vgl. RGZ 88, 373, 375; 115, 392, 396; RG WarnRspr. 1926 Nr. 27 S. 34; RG HRR 1935 Nr. 802; *Düringer/Hachenburg/Breit* § 355 Anm. 18; *Schlegelberger/Hefermehl* § 355 Rdn. 11; anders dagegen noch RGZ 95, 18, 19; RG JW 1933, 2826, 2827; RG HRR 1938 Nr. 1231.
[44] So aber z. B. *Hefermehl* aaO m. Nachw.

Wortlaut des § 355 Abs. 1 betrifft, so läßt dieser verschiedene Interpretationen zu und steht der h. L. zumindest nicht klar entgegen. Denn rein sprachlich gesehen braucht sich das Wort „beiderseitige" keineswegs notwendig nur auf „Ansprüche" zu beziehen, sondern kann ebensogut auf Ansprüche *und Leistungen* bezogen werden; versteht man es aber im letzteren Sinne, so genügt es in der Tat, wenn auf beiden Seiten *entweder* Ansprüche *oder* Leistungen vorliegen. Auch vom **Zweck des Gesetzes** her gesehen ergeben sich keine Einwände gegen die h. L. Das Bedürfnis nach Vereinfachung und Vereinheitlichung des Abrechnungsverkehrs ist nämlich keineswegs auf die Fälle beschränkt, in denen auf beiden Seiten Ansprüche entstehen, sondern kann sich in genau derselben Weise ergeben, wenn einer Partei lediglich Leistungen gutzuschreiben sind. Nicht nur buchungstechnisch, sondern auch juristisch sind daher Ansprüche und Leistungen als völlig gleichwertig anzusehen, und es wäre daher, wie immer wieder mit Recht betont wird,[45] wirklich völlig unverständlich, wenn das Gesetz insoweit einen Unterschied machen würde.

Auch vom **Ergebnis** her ist nur die h. L. befriedigend. Wollte man nämlich Beiderseitigkeit der Ansprüche fordern, so läge zwar ein Kontokorrent vor, wenn die eine Seite ihre „Leistungen" durch die Hingabe von Wechseln oder Schecks erbringt, da dann bei juristisch genauer Konstruktion eine Verrechnung von Ansprüchen stattfindet,[46] dagegen läge kein Kontokorrent vor, wenn die Partei ihre Leistungen durch Barzahlungen erbringt; angesichts der weitgehenden funktionellen Gleichwertigkeit zwischen der Hingabe von Wechseln oder Schecks einerseits und der Barzahlung andererseits wäre eine solche Differenzierung aber willkürlich und daher mit einer „vernünftigen" Gesetzesauslegung unvereinbar. Das wird besonders gut deutlich, wenn man sich klar macht, daß schon bei Hingabe eines einzigen Schecks die Voraussetzungen des § 355 Abs. 1 erfüllt werden, da dann – zumindest auch – beiderseitige Ansprüche verrechnet werden. Irgendein innerer Grund, die Parteien auf diese Weise zur Benutzung bargeldloser Zahlungsmöglichkeiten anzuhalten, ist schlechterdings nicht ersichtlich.

Hinzu kommt schließlich, daß das Erfordernis der Beiderseitigkeit von Ansprüchen bei einem der praktisch wichtigsten im Wirtschaftsleben als Kontokorrent betrachteten Verträge sehr häufig nicht erfüllt sein wird: bei sehr vielen **Bankkonten** erbringt die eine Seite nur Leistungen, so daß diese Konten bei Zugrundelegung des engen Kontokorrentbegriffs entgegen der Auffassung der Beteiligten keine Kontokorrentkonten wären.[47] Es kann aber nicht angenommen werden, daß der Gesetzgeber bei der Fassung des § 355 Abs. 1 das „Bankkontokorrent" weitgehend ausschließen wollte, und es ist vollends unwahrscheinlich, daß er eine so weitreichende Wertung in die „harmlos" klingende Formulierung von den „beiderseitigen Ansprüchen und Leistungen" eingekleidet hätte.

Allerdings sollte man andererseits auch nicht übersehen, daß die weite Fassung des Kontokorrentbegriffs gewisse Schwierigkeiten und Probleme nach sich zieht, welche die engere Fassung vermeidet. Genügt es nämlich, daß die eine Seite nur Leistungen erbringt, die andere aber nur Ansprüche hat, so kann die **Abgrenzung zwischen dem Kontokorrent und bestimmten anderen Erscheinungen wie etwa der ratenweisen Tilgung eines Darlehens** zweifelhaft werden. In der Tat hat das RG festgestellt, „auch

41

42

43

---

[45] Vgl. etwa *Düringer/Hachenburg/Breit* aaO; zustimmend RG HRR 1935 Nr. 802.
[46] Vgl. *Düringer/Hachenburg/Breit* aaO.
[47] So offenbar in der Tat *Schoele*, Das Recht der Überweisung, S. 82; richtig dagegen z. B. *Schlegel*berger/*Hefermehl* § 355 Rdn. 12 und Anh. zu § 365 Rdn. 16; *Meyer-Cording*, Das Recht der Banküberweisung, 1951, S. 38ff m. z. T. abweichender Begründung.

eine geschäftliche Verbindung, in welcher an sich nur der eine Kontrahent als kreditierend, der andere als nur tilgend erscheint, (könne) den Charakter des Kontokorrents annehmen".[48] Das hier zutage tretende Abgrenzungsproblem ist dabei keineswegs nur von theoretischem Interesse, sondern hat nicht unerhebliche praktische Relevanz. Denn da § 355 Abs. 1 vom Zinseszinsverbot befreit, besteht die Gefahr, daß Kreditgeschäfte nur deshalb in die Form des Kontokorrents gekleidet werden, um auf diese Weise eine **Umgehung des Zinseszinsverbots nach § 248 Abs. 1 BGB** zu erreichen.[49]

Diese Gefahr nötigt jedoch nicht dazu, zur engen Fassung des Kontokorrentbegriffs zurückzukehren. Zunächst muß man sich in diesem Zusammenhang klar machen, daß der Wirksamkeit des Zinseszinsverbots ohnehin enge Grenzen gesetzt sind; denn da es nur für das im voraus getroffene Zinseszinsversprechen gilt, steht nichts im Wege, periodisch fällig werdende Zinsen jeweils in ein verzinsliches Darlehen oder ein verzinsliches abstraktes Schuldanerkenntnis umzuwandeln und so eine dem Kontokorrent stark angenäherte Wirkung zu erzielen (vgl. auch Rdn. 32). Sodann muß man sich vor dem Mißverständnis hüten, das Erfordernis der Beiderseitigkeit solle gewährleisten, daß *beide* Parteien u. U. einen Vorteil aus der Befreiung vom Zinseszinsverbot haben könnten: Das würde voraussetzen, daß nach der jeweiligen Vertragsgestaltung für beide Parteien die Entstehung eines verzinslichen und Zinsen enthaltenden Aktivsaldos möglich ist; dieses Erfordernis wird aber von § 355 Abs. 1 unzweifelhaft nicht aufgestellt, und dieses Ergebnis wäre überdies auch dann nicht gewährleistet, wenn man das Entstehen von beiderseitigen Ansprüchen fordern würde. Schließlich und nicht zuletzt ist darauf hinzuweisen, daß der Kontokorrentbegriff noch eine Vielzahl weiterer Merkmale hat und daß mit deren Hilfe, insbesondere mit den Merkmalen der In-Rechnung-Stellung und der Anerkennung, eine Abgrenzung auch dort zu erzielen ist, wo das Merkmal der Beiderseitigkeit von Ansprüchen und Leistungen nicht aussagekräftig genug ist (vgl. näher Rdn. 49 und 54f). Insgesamt ist daher am weiten Kontokorrentbegriff der h. L. festzuhalten. Immerhin sollte die Gefahr einer Umgehung des Zinseszinsverbots aber nicht aus dem Auge verloren werden; wo sie droht, wie z. B. bei der ratenweisen Tilgung von Schulden, ist an die Erfüllung der spezifischen Kontokorrentmerkmale ein besonders strenger Maßstab anzulegen und gegenüber unsubstantiierter Berufung auf den Parteiwillen Zurückhaltung zu üben.

44   **b) Die bloße Möglichkeit des Entstehens von Ansprüchen und Leistungen.** Von der Problematik der „Beiderseitigkeit" zu unterscheiden ist die Frage, ob die beiderseitigen Ansprüche und Leistungen wirklich gegeben sein müssen oder ob die **bloße Möglichkeit ihres Entstehens** genügt.[50] Insoweit ist es nun sicher richtig, daß über das Vorliegen eines Kontokorrents der Parteiwille entscheidet und daß es daher genügt, wenn nach dem Parteiwillen die Möglichkeit des Entstehens beiderseitiger Forderungen und Leistungen gegeben ist.[51] Praktische Bedeutung hat dieser Satz allerdings kaum; denn wenn die Ansprüche und Leistungen nicht wirklich entstehen, so mag daran zwar die Gültigkeit des Kontokorrentvertrages nicht scheitern, doch ist dieser dann gegenstandslos, da es nichts zu verrechnen gibt. Immerhin ist aber an den Fall zu denken, daß nur eine von beiden Seiten Forderungen erwirbt oder Leistungen erbringt, während dies für die Gegenseite entgegen der Erwartung der Parteien nicht der Fall ist. Die Kontokorrentabrede äußert dann – bis zu ihrem Erlöschen, etwa

---

[48] RG JW 1892, 347 Nr. 18; ebenso oder ähnlich RG WarnRspr. 1926 Nr. 33; RG JW 1933, 2827.
[49] Vgl. dazu auch *Canaris* WM 1987 Sonderbeilage Nr. 4 S. 4.
[50] Diese beiden Problemkreise sind zu Unrecht vermischt bei *Schlegelberger/Hefermehl* § 355 Rdn. 11.
[51] Vgl. *Schlegelberger/Hefermehl* aaO m. Nachw.

durch Kündigung – wenigstens insofern Rechtswirkungen, als die Forderungen und Leistungen in das Kontokorrent „eingestellt" bleiben, so daß sie ihre Selbständigkeit verlieren und daher z. B. nicht abtretbar, nicht pfändbar usw. sind. Sobald allerdings *endgültig* feststeht, daß Forderungen oder Leistungen der Gegenseite nicht mehr entstehen *können*, erlischt der Kontokorrentvertrag ipso iure nach den Regeln über die Unmöglichkeit oder die Zweckvereitelung.

c) Der Gegenstand der Ansprüche und Leistungen. Hinsichtlich des Gegenstandes der Ansprüche und Leistungen enthält das Gesetz keine nähere Bestimmung. Verschiedentlich wird die Meinung vertreten, sie müßten auf **Geld** gerichtet sein.[52] Das ist indessen teils zu weit, teils zu eng. Richtig ist, insoweit auf den spezifischen Begriff der „**Kontokorrentfähigkeit**" abzustellen (vgl. zu diesem näher Rdn. 67ff).

5. Die Verzinslichkeit

Nach dem Gesetz müssen die „beiderseitigen Ansprüche u. Leistungen *nebst Zinsen* in Rechnung gestellt" werden. Daraus könnte man schließen, daß die Ansprüche und Leistungen oder wenigstens einige von ihnen verzinslich sein müssen. Indessen besteht **kein Anlaß zu einer Beschränkung der Regeln über das Kontokorrent auf verzinsliche Posten.** Denn das Bedürfnis zur Vereinfachung und Vereinheitlichung, das dem Kontokorrent zugrunde liegt, ist auch gegeben, wenn ausschließlich unverzinsliche Posten in Rechnung gestellt werden. In Wahrheit zwingt auch der Wortlaut des Gesetzes keineswegs dazu, für den Kontokorrentbegriff Verzinslichkeit zu fordern. Der Ton liegt nämlich nicht auf „nebst Zinsen", sondern auf „in Rechnung gestellt", und das Gesetz ist daher schon vom Sprachlichen her nicht so zu verstehen, daß unbedingt Zinsen in der Verrechnung enthalten sein müssen, sondern vielmehr so, daß *auch* die Zinsen in Rechnung gestellt werden, *falls* Zinsforderungen bestehen. Auch die Motive lassen klar erkennen, daß die Verfasser der §§ 355–357 die Verzinslichkeit nicht für ein wesentliches Merkmal des Kontokorrentbegriffs, ja im Verhältnis zwischen Kaufmann und Nichtkaufmann offenbar nicht einmal für ein typisches hielten.[53] Verzinslichkeit der in Rechnung gestellten Posten ist daher nicht Bestandteil des Kontokorrentbegriffs.[54] Daher ist z. B. ein **Girovertrag** auch dann mit einem Kontokorrent verbunden, wenn das Guthaben des Kunden nicht verzinst wird.

6. Die In-Rechnung-Stellung

a) Der Begriff der In-Rechnung-Stellung. Die Forderungen und Leistungen müssen „in Rechnung gestellt" werden. Dies bedeutet im wesentlichen, daß die einzelnen Forderungen und Leistungen ihrer Selbständigkeit entkleidet und lediglich als Posten in die Abrechnung eingesetzt werden.[55] Die wichtigste Rechtsfolge der In-Rechnung-Stellung besteht somit in dem **Verlust der Möglichkeit zu einer selbständigen Geltendmachung und Einklagung** der Forderungen und der **Beschränkung auf die Möglichkeit zur Verrechnung.** Hierauf muß sich daher in erster Linie der Parteiwille richten. Hinzu kommen weitere Folgen wie die **Unabtretbarkeit** und die **Unpfändbarkeit.** Darin liegen jedoch nur Nebenwirkungen, die den Parteien häufig

---

[52] Vgl. RG JW 1933, 2827; *Düringer/Hachenburg/Breit* § 355 Anm. 28.
[53] Vgl. Denkschrift S. 198.
[54] H. L., vgl. *Düringer/Hachenburg/Breit* § 355 Anm. 20; *Schlegelberger/Hefermehl* § 355 Rdn. 20.
[55] So, wenn auch mit z. T. unterschiedlichen Formulierungen, die Rspr.; vgl. RGZ 60, 284, 292; 88, 373, 375; 105, 233, 235; 117, 34, 36 und 39; 123, 384, 386f.; RG GruchBeitr. 47 Nr. 38 S. 678; RG WarnRspr. 1926 Nr. 39; RG SeuffArch. 88 Nr. 77 S. 157; BGH WM 1956, 1125, 1126; aus dem Schrifttum vgl. z. B. *Düringer/Hachenburg/Breit* § 355 Anm. 33 unter 2; *Schlegelberger/Hefermehl* § 355 Rdn. 31 und 36; *Müller-Erzbach* S. 657; *von Gierke* § 63 IV 3; *Ulmer* aaO S. 199.

nicht aktuell bewußt sein werden und auf die ihr Wille nicht unbedingt unmittelbar abzielen muß. Zu den Rechtsfolgen der In-Rechnung-Stellung vgl. im übrigen unten Rdn. 99 ff.

48 b) **Das Fehlen des Merkmals der In-Rechnung-Stellung.** Fehlt es am Merkmal der In-Rechnung-Stellung, können also die Forderungen nach dem Willen der Parteien selbständig geltend gemacht, abgetreten und verpfändet werden, so liegt kein Kontokorrent i. S. der §§ 355 ff HGB vor. Es ist indessen gut denkbar und wirtschaftlich u. U. durchaus sinnvoll, gleichwohl einen Vertrag zu schließen, der alle übrigen Merkmale des Kontokorrentbegriffs erfüllt. Die Parteien sind dann zwar nicht gehindert, über die einzelnen Forderungen anderweitig zu verfügen, insbesondere sie selbständig einzuklagen oder abzutreten, doch können sie dies ja auch unterlassen, und dann treten ganz **ähnliche Wirkungen wie beim „eigentlichen" Kontokorrent** ein: soweit nicht abweichend verfügt worden ist, erfolgen Verrechnung und Feststellung genau wie beim Kontokorrent. In einem solchen Fall können die Rechtssätze über das Kontokorrent weitgehend analog angewandt werden. Für die Regeln über die Verrechnung und die Feststellung versteht sich das von selbst, da insoweit keine handelsrechtlichen Sondervorschriften zum Zuge kommen, sondern die Parteien nur von allgemeinen zivilrechtlichen Möglichkeiten wie dem Ver- und Aufrechnungsvertrag und dem abstrakten Schuldanerkenntnisvertrag Gebrauch machen. Auch die Vorschriften über die Periode des Rechnungsabschlusses und das Recht zur freien Kündigung gemäß § 355 Abs. 2 und Abs. 3 lassen sich übertragen; denn der hier in Frage stehende Vertragstypus ist einem echten Kontokorrent so ähnlich, daß für eine verschiedene Behandlung in diesen Punkten kein Grund ersichtlich ist. Entsprechende Anwendung finden ferner die §§ 356, 357, da diese, wie bereits beim „nichtkaufmännischen" Kontokorrent ausgeführt (Rdn. 27 ff), allgemeine Rechtsgedanken für alle Verrechnungs- und Feststellungsverträge enthalten.

49 Abzulehnen ist die Analogie dagegen hinsichtlich der **Befreiung vom Zinseszinsverbot** gemäß § 355 Abs. 1. Diese soll nämlich dem Vereinfachungs- und Vereinheitlichungszweck des Kontokorrents dienen (vgl. unten Rdn. 205 f). Hier haben aber die Parteien selbst diesen Zweck stark beeinträchtigt, indem sie die selbständige Klagbarkeit, Abtretbarkeit usw. der einzelnen Forderungen zugelassen und so die Möglichkeit geschaffen haben, daß diese anders als beim „eigentlichen" Kontokorrent ein unterschiedliches rechtliches Schicksal haben. Sie verdienen daher das – gerade zur Gewährleistung einer einheitlichen rechtlichen Behandlung aller „Posten" geschaffene – Privileg des § 355 Abs. 1 nicht. Es besteht hier sogar im Gegenteil in ganz besonderem Maße die Gefahr, daß mit Hilfe einer Analogie zu § 355 Abs. 1 lediglich das Zinseszinsverbot des § 248 Abs. 1 BGB umgangen würde. § 355 Abs. 1 ist daher nicht entsprechend anwendbar. Das kann praktische Bedeutung vor allem für die **Grenzfälle zwischen Kontokorrent und ratenweiser Tilgung einer Schuld** mit periodischer Feststellung des verbleibenden „Saldos" haben (vgl. zu diesen Fällen auch Rdn. 44). Dabei wird es nämlich dem Parteiwillen meist keineswegs entsprechen, daß die Rückzahlungsforderung lediglich einen unselbständigen Posten in der Verrechnung bilden soll und daher als solche nicht einklagbar, nicht abtretbar usw. ist. Hier liegt daher ein wesentliches Korrektiv gegenüber der in diesen Fällen drohenden Gefahr einer Umgehung des § 248 Abs. 1 BGB.

7. Die Verrechnung

50 Zu den Begriffsmerkmalen des Kontokorrents gehört weiterhin, daß die Ansprüche und Leistungen „verrechnet" werden. Der **Unterschied der Verrechnung**

gegenüber der In-Rechnung-Stellung besteht darin, daß letztere den einzelnen „Posten" lediglich ihre Selbständigkeit nimmt, während erstere zur Tilgung und zum Erlöschen von Forderungen und Leistungen und zur Entstehung der Saldo- oder Überschußforderung führt (vgl. näher unten Rdn. 117ff). Zeitlich können die In-Rechnung-Stellung und der Abschluß des Verrechnungsvertrages zusammenfallen, doch braucht das nicht notwendig so zu sein (vgl. näher unten Rdn. 127ff). Im übrigen sind die Wirkungen der Verrechnung zweifelhaft und streitig, vgl. eingehend unten Rdn. 117ff.

Soll nach dem Parteiwillen eine Verrechnung nicht vorgenommen werden, so fehlt **51** es an einem essentiale des Kontokorrentbegriffs.[56] Denn die Verrechnung stellt ein **typusprägendes Merkmal** dar, das für die Unterscheidung des Kontokorrents von anderen Vertragstypen ausschlaggebend ist. Analogieprobleme tauchen daher beim Fehlen dieser Voraussetzung nicht auf, da es dann an jedem tertium comparationis fehlt.

8. Die Feststellung und die Anerkennung des Überschusses

a) **Begriff und Ziel der Feststellung.** Neben die Verrechnung tritt die „Fest- **52** stellung des für den einen oder anderen Teil sich ergebenden Überschusses". **Ziel der Feststellung** ist es, möglichst abschließende Klarheit über Bestand und Inhalt der Saldoforderung zu schaffen und die in dieser enthaltenen „Posten" bzw. deren „Reste" (vgl. dazu unten Rdn. 144f) auf eine einheitliche Rechtsgrundlage zu stellen (vgl. näher unten Rdn. 195ff). In der Feststellung tritt also in besonderem Maße der Vereinfachungs- und Vereinheitlichungszweck des Kontokorrents zutage.

Die Feststellung ist ebenso wie die Verrechnung ein Vertrag. Dieser hat keinen **53** novierenden, wohl aber abstrahierenden Charakter (vgl. eingehend Rdn. 175ff und 182ff). Während die Verrechnung das Spezifikum des Kontokorrents gegenüber allen übrigen Vertragstypen darstellt, bildet die Anerkennung – zusammen mit der Unselbständigkeit der „Posten" – das **wesentliche Abgrenzungskriterium innerhalb der Gruppe der Verrechnungsverträge.**

b) **Das Fehlen der Feststellung und Anerkennung des Saldos.** Feststellung und **54** Anerkennung brauchen selbstverständlich nicht tatsächlich zu erfolgen, sondern lediglich vertraglich intendiert zu sein.[57] Soll auf sie jedoch nach dem Willen der Parteien von vornherein verzichtet werden, so liegt **kein Kontokorrent** vor.[58] Immerhin steht aber einer **analogen Anwendung von § 355 Abs. 2 und 3 sowie von § 357** nichts im Wege, da diese Vorschriften nichts mit den besonderen Problemen der Feststellung zu tun haben, sondern für Verrechnungsverträge schlechthin passen (vgl. hinsichtlich § 357 schon oben Rdn. 27ff und unten § 357 Rdn. 8ff).

Dagegen kommt eine **Analogie zu § 356** nicht in Betracht, da sich die in dieser Vor- **55** schrift geregelten Fragen richtiger Ansicht nach nicht schon durch die Verrechnung, sondern erst durch die Anerkennung ergeben (vgl. § 356 Rdn. 15ff). Auch die **Befreiung vom Zinseszinsverbot** gemäß § 355 Abs. 1 greift nicht ein. Dies folgt auch hier (vgl. auch soeben Rdn. 49) daraus, daß die Befreiung vom Zinseszinsverbot dem Vereinheitlichungszweck dienen soll, daß dieser aber nicht schon durch die Verrechnung, sondern erst durch die Anerkennung erreicht wird; denn erst diese stellt die Ansprüche und Leistungen bzw. deren „Reste" auf eine einheitliche Grundlage

---

[56] Ebenso BGH WM 1991, 1468, 1469.
[57] Vgl. BGH WM 1970, 184, 185 unter 2a.
[58] Ebenso BGH WM 1991, 1468, 1469.

§ 355   Viertes Buch. Handelsgeschäfte

und gewährleistet deren einheitliches rechtliches Schicksal (vgl. eingehend unten Rdn. 195 ff). Die Parteien verdienen daher das Privileg des § 355 Abs. 1 nicht, wenn sie auf die Anerkennung verzichten und so selbst die Vereinheitlichung im entscheidenden Punkt unmöglich machen. Es kommt hinzu, daß die Feststellung die an sich gegebenen Bedenken gegen den Verzicht auf das Zinseszinsverbot stark mildert, weil sie dem Schuldner zumindest eine gewisse Klarheit über seine Schuld und die mit der Nichtzahlung der Zinsen verbundenen Gefahren gibt (vgl. näher unten Rdn. 206). Auch aus diesem Grunde scheidet daher eine Analogie zu § 355 Abs. 1 aus, sofern nach dem Parteiwillen eine Feststellung nicht stattfinden soll.

9. Die Periodizität von Verrechnung und Feststellung
(zur Länge der Periode vgl. Rdn. 136 f)

56   Nach dem Wortlaut des Gesetzes müssen Verrechnung und Feststellung „in regelmäßigen Zeitabschnitten" stattfinden. Die Periodizität von Verrechnung und Feststellung stellt daher nach der Legaldefinition des § 355 Abs. 1 zweifellos ein **Merkmal des gesetzlichen Kontokorrent*begriffs*** dar. Nach der älteren Rechtsprechung soll es sich darüber hinaus geradezu um ein **Wesenselement** des Kontokorrents handeln,[59] so daß nicht einmal ein „uneigentliches" Kontokorrent vorliegen soll, wenn es an der Periodizität der Abrechnung fehlt;[60] allerdings soll nicht erforderlich sein, daß die periodischen Abrechnungen *vereinbart* sind; vielmehr soll genügen, daß sie *tatsächlich stattgefunden* haben.[61]

57   Diese Ansicht hält der **Kritik** nicht stand. Was zunächst den zuletzt genannten Punkt betrifft, so ist sie geradezu in sich selbst widersprüchlich. Denn auch nach der h. L. entscheidet über das Vorliegen eines Kontokorrents nicht die tatsächliche Handhabung, sondern der Wille der Parteien, also die Vereinbarung; dies kann auch gar nicht anders sein, weil das Kontokorrent ein Vertrag ist und der Inhalt von Verträgen sich ganz allgemein nach dem Parteiwillen und nicht nach dem späteren faktischen Vollzug richtet. Die Gegenansicht ist aber darüber hinaus schon im Ausgangspunkt unhaltbar. Es ist nämlich nicht einzusehen, warum die Regeln über das Kontokorrent nicht zumindest analoge Anwendung finden sollen, auch wenn die Periodizität der Abrechnung nicht vereinbart ist. Denn das Bedürfnis nach Vereinfachung der Abrechnung und nach Vereinheitlichung des rechtlichen Schicksals der einzelnen „Posten" hat mit der Periodizität der Abrechnung nicht das geringste zu tun; es besteht vielmehr in genau derselben Weise, wenn die Parteien z. B. vereinbaren, nach jedem Geschäftsvorfall (Periodizität setzt *gleich* bleibende Abstände zwischen den Abschlüssen voraus!) oder nach einer jeweils einvernehmlich festzusetzenden Anzahl von Geschäften oder überhaupt nur ein einziges Mal (bei Beendigung des Kontokorrents) abzurechnen. Sind aber die maßgeblichen Bedürfnisse und Zwecke gleich, so gebietet der Grundsatz teleologischer Rechtsanwendung, auch die gleichen Rechtsfolgen eintreten zu lassen. Die Vorschriften über das Kontokorrent gelten daher bei Verzicht auf die Periodizität der Abrechnung entsprechend, was z. B. für das **„Staffelkontokorrent"** (vgl. dazu näher unten Rdn. 148 ff) und für bestimmte Formen des **„uneigentlichen Kontokorrents"** (vgl. unten Rdn. 257) von Bedeutung ist. Irgendwelche Abgren-

---

[59] Vgl. RGZ 115, 393, 396; 117, 34, 35 f.; 118, 139; 123, 384, 386; RG JW 1892, 374 Nr. 18; JW 1933, 2827 Sp. 2; RG WarnRspr. 1926 Nr. 27 S. 34 und Nr. 39 S. 48; RG SeuffArch. 84 Nr. 213 S. 368; 88 Nr. 77 S. 157 f; BGH WM 1956, 189 und 1126; WM 1969, 92 f; OLG Köln DB 1962, 1302; *Schlegelberger/Hefermehl*[4] § 355 Rdn. 11, 13, 59; wie hier nunmehr *Schlegelberger/Hefermehl*[5] § 355 Rdn. 15, 17 und 122.

[60] Vgl. RGZ 115, 393, 396; 123, 384, 386.

[61] RGZ 115, 396.

zungsschwierigkeiten sind dabei nicht zu besorgen.⁶² Denn die übrigen Merkmale des Kontokorrentbegriffs, also die Unselbständigkeit der Forderungen und Leistungen, die Abrede der Verrechnung und die Verpflichtung zur Feststellung der Überschußforderung, bieten ausreichende Kriterien. Sie unterscheiden das Kontokorrent insbesondere von einer Kette wiederholt vorgenommener, jedoch nicht auf einer entsprechenden Bindung beruhender Aufrechnungsverträge.⁶³

10. Der Abschluß des Kontokorrentvertrags

a) Die essentialia des Kontokorrentbegriffs. Das Kontokorrent stellt einen Vertrag dar. Zu seinen notwendigen Voraussetzungen gehört daher die Abgabe entsprechender Willenserklärungen. Sie müssen sich auf die essentialia des Kontokorrentbegriffs beziehen, soweit diese dem Parteiwillen unterliegen. Diese essentialia sind nach den bisherigen Ausführungen: die **Unselbständigkeit der Forderungen und Leistungen** (Rdn. 47), die **Verrechnung** (Rdn. 50f) und die **Saldoanerkennung** (Rdn. 52f),⁶⁴ nicht jedoch die **Periodizität der Verrechnung** (Rdn. 56f).⁶⁵ **58**

Über das Vorliegen eines Kontokorrents entscheidet somit der **Parteiwille**. Das ist an sich eine reine Selbstverständlichkeit, da für die Bestimmung des Vertragstypus stets der Parteiwille, d. h. der von diesem umfaßte Vertragsinhalt, maßgeblich ist, doch wird es immer wieder mit Nachdruck betont.⁶⁶ Irgendwelche besonderen Auslegungsregeln für die Ermittlung des Parteiwillens gibt es beim Kontokorrent nicht. Vielmehr gelten auch hier die allgemeinen Auslegungsgrundsätze. So kann nach §§ 157 BGB, 346 HGB Verkehrssitten und Handelsbräuchen maßgebliche Bedeutung zukommen, zumal im Verkehr mit Banken. Im übrigen ist zu beachten, daß der Abschluß des Kontokorrentvertrags keiner besonderen Form bedarf und also auch „stillschweigend", d. h. durch konkludentes Verhalten, erfolgen kann. Daher kann sich das Vorliegen eines Kontokorrents z. B. auch aus der Art des Geschäftsverkehrs ergeben⁶⁷ oder daraus zu folgern sein, daß die Parteien über lange Zeit eine kontokorrentmäßige Abrechnung praktiziert haben.⁶⁸ **59**

b) Die wichtigsten Indizien für das Vorliegen eines Kontokorrents. Die Feststellung und Auslegung einer stillschweigenden Willenserklärung wirft regelmäßig erhebliche Schwierigkeiten auf. Diese sind beim Kontokorrent sogar besonders groß, da der Parteiwille hier nicht nur ein oder zwei typusbildende Merkmale, sondern drei umfassen muß (vgl. soeben Rdn. 58). Daher spielen hier **Indizien, die mittelbar einen Rückschluß auf den Parteiwillen erlauben**, eine große Rolle. Die Rechtsprechung hat im Laufe der Zeit eine Reihe derartiger Anhaltspunkte für die Ermittlung des „stillschweigenden" Parteiwillens herausgearbeitet. Grundlegend ist insoweit immer noch die Entscheidung RG JW 1892, 374 Nr. 18. Darin heißt es: „Wesentliche Kriterien für einen solchen Willen sind zu finden in der Behandlung jeder einzelnen Leistung als einer verzinslichen Kreditgewährung, in der Verzinsung des Saldos, **60**

---

⁶² Anders RGZ 115, 396 für das uneigentliche Kontokorrent.
⁶³ Vgl. auch OLG Köln DB 1962, 1302; Schlegelberger/Hefermehl § 355 Rdn. 14 a. E.
⁶⁴ Ähnlich z. B. Düringer/Hachenburg/Breit § 355 Anm. 27; Schlegelberger/Hefermehl § 355 Rdn. 17.
⁶⁵ Anders Breit und Hefermehl aaO.
⁶⁶ Vgl. RGZ 88, 374; 117, 34, 35; RG JW 1892, 374 Nr. 18; 1933, 2827 Sp. 2; 1935, 1776 m. w. Nachw.; 1936, 2541 Sp. 1; RG WarnRspr. 1926 Nr. 27; BGH WM 1956, 1126; Düringer/Hachenburg/Breit § 355 Anm. 27; Schlegelberger/Hefermehl § 355 Rdn. 11 und 14.
⁶⁷ Vgl. RGZ 117, 34, 35; RG WarnRspr. 1926 Nr. 27 S. 33; Düringer/Hachenburg/Breit § 355 Rdn. 27; Schlegelberger/Hefermehl § 355 Rdn. 14.
⁶⁸ Vgl. BGH WM 1991, 1630, 1631.

wenngleich Zinsen darunter begriffen sind, in der Übersendung der periodischen Abschlüsse zur Anerkennung und in der Anerkennung dieser Abschlüsse ...".[69] Ein weiteres wesentliches Merkmal wird darin gesehen, „daß die einzelnen Leistungen nur eine rechtlich untrennbare Verbindung von Rechnungsgrößen für ein in regelmäßigen Abschnitten zu ermittelndes Gesamtergebnis, den Überschuß (Saldo), bilden"[70] bzw. daß die „einzelnen Posten nicht selbständig geltend gemacht, sondern aufgehen sollten in dem am Schlusse der Rechnungsperiode sich ergebenden Saldo".[71] Dem Sprachgebrauch kommt eine gewisse, aber keine ausschlaggebende Bedeutung zu.[72] Nicht genügend ist nach Ansicht des BGH „eine ohne Bindung an bestimmte Zeitabschnitte geschehene Ermittlung des Kontostandes nach jeder Bewegung auf dem Konto; denn das kann auch zu dem Zwecke geschehen sein, lediglich einen Überblick über den jeweiligen Kontostand zu erhalten. Es muß vielmehr ... auch eine Übersendung der in bestimmten Zeitabschnitten geschehenen Abschlüsse und eine mit dieser Zusendung bezweckte Anerkennung der Abschlüsse erfolgt sein".[73] Sieht man einmal von der unzutreffenden Betonung des Periodizitätserfordernisses ab (vgl. dazu oben Rdn. 56f) und behält man die Möglichkeit einer Analogie zu einzelnen Vorschriften über das Kontokorrent im Auge, so sind diese Ausführungen durchaus zutreffend; denn die bloße Ermittlung des Kontostandes läßt in der Tat keinen Rückschluß darauf zu, daß ein auf die essentialia des Kontokorrentvertrags gerichteter Parteiwille gegeben war.

11. Die Bedeutung der Buchführung

61 Daß einem der beiden Kontokorrentpartner eine **Pflicht zur Buchführung** i. S. der §§ 238 ff HGB obliegt, ist nicht Voraussetzung für das Vorliegen oder die Wirksamkeit des Kontokorrentvertrags. Auch daß tatsächlich Buch geführt wird, fordert das Gesetz nicht.[74] Eine Pflicht hierzu ergibt sich auch nicht unter allen Umständen aus dem Geschäftsvertrag;[75] häufig kann freilich die Auslegung mit Rücksicht auf die Verkehrssitte und die Gebote von Treu und Glauben zur Bejahung einer Buchführungspflicht für eine der beiden Parteien, z. B. eine Bank führen, zumal die praktische Abwicklung des Kontokorrents ohne entsprechende Buchungen kaum vorstellbar erscheint. Begriffs- oder wesensnotwendig sind diese jedoch nicht.

III. Gegenstand und Wirkungen der Kontokorrentabrede

62 Die Kontokorrentabrede stellt einen antizipierten Verfügungsvertrag über zukünftige Forderungen und Leistungen dar, durch den diese ihrer „Selbständigkeit" beraubt und „zur Verrechnung gestellt" werden (Rdn. 13 ff). Welche Forderungen und Leistungen ihr im einzelnen unterfallen, bestimmt sich nach den Kriterien der **Kontokorrentfähigkeit** und der **Kontokorrentzugehörigkeit**.

---

[69] Ebenso oder ähnlich z. B. RGZ 76, 331; 88, 375; 117, 36; RG WarnRspr. 1926 Nr. 27; RG JW 1933, 2827 Sp. 2; *Düringer/Hachenburg/Breit* § 355 Rdn. 27; *Schlegelberger/Hefermehl* § 355 Rdn. 14.

[70] RGZ 117, 35f; ähnlich RG WarnRspr. 1926 Nr. 27; *Schlegelberger/Hefermehl* § 355 Rdn. 14.

[71] RGZ 88, 375; vgl. ferner z. B. BGH WM 1956, 1125, 1126; WM 1970, 184, 185 unter 2a sowie die oben Rdn. 47 zitierten Entscheidungen.

[72] Vgl. auch RG JW 1936, 2541 Sp. 1; *Schlegelberger/Hefermehl* § 355 Rdn. 14.

[73] BGH WM 1956, 1126 Sp. 2; vgl. auch OLG Köln DB 1962, 1302.

[74] Richtig *Raisch* S. 248; vgl. ferner BGH WM 1956, 1125.

[75] A. A. wohl *Göppert* ZHR 102, 162; *von Gierke* § 63 IV 1 vor a.

1. Die Kontokorrentfähigkeit

Das Kriterium der Kontokorrentfähigkeit entscheidet darüber, ob eine Forderung oder Leistung ihrer Art nach überhaupt die **Eignung als Gegenstand einer Kontokorrentabrede** besitzt.

a) Die Bedeutung der Buchungsfähigkeit. Nach einer früher verbreiteten Meinung soll für die Kontokorrentfähigkeit in erster Linie die **Buchungsfähigkeit** maßgeblich sein. Wichtigster Vertreter dieser Theorie war *Göppert*.[76] Nach seiner Meinung ist das Kontokorrent „ein Buchungsblatt".[77] Demgemäß ist „die Kontokorrentabrede die vertragliche Festlegung einer bestimmten buchtechnischen Behandlung".[78] „Da das Kontokorrent ein Buchungsblatt ist, so erfolgen die Eintragungen nach den Grundsätzen der ordnungsmäßigen kaufmännischen Buchführung. Auf dem Kontokorrent kann daher nur erscheinen, was die Buchführung nach diesen Grundsätzen aufzunehmen vermag."[79] „Gegenstand ... der Kontokorrentabrede ... kann daher nur sein, was die kaufmännische Buchführung nach den sie beherrschenden Grundsätzen als (effektive oder angenommene) Geschäftsvorfälle zu erfassen vermag ...".[80] Folglich falle z. B. eine noch von einer Gegenleistung abhängige Forderung nicht ins Kontokorrent, da die kaufmännische Buchführung nicht imstande sei, eine solche Forderung aufzunehmen.[81] Die volle praktische Bedeutung dieser Lehre wird erst deutlich, wenn man sich bewußt macht, daß es hier um die Frage der Kontokorrentfähigkeit und nicht lediglich um die der Kontokorrentzugehörigkeit geht. „Die Parteien können (!) demnach nicht vereinbaren, daß eine Leistung in die laufende Rechnung aufzunehmen ist, die nach den Grundsätzen kaufmännischer Buchführung auf einem Buchungsblatt überhaupt nicht erfaßt werden kann. Die Buchungsfähigkeit wird als objektive Grenze jeder Kontokorrentabrede angesehen. Alles, was nicht buchungsfähig ist, soll auch nicht kontokorrentfähig sein."[82]

Diese Lehre hält der **Kritik** nicht stand.[83] Sie läßt sich aus dem Gesetz nicht ableiten, da die Legaldefinition des Kontokorrents in § 355 Abs. 1 in keiner Weise auf die Grundsätze der kaufmännischen Buchführung Bezug nimmt (vgl. Rdn. 61). Sie ergibt sich auch nicht aus dem Vereinfachungszweck des Kontokorrents. Zwar mag dieser durch eine Abwicklung nach den Grundsätzen kaufmännischer Buchführung stark gefördert werden, doch kann daraus nicht gefolgert werden, daß der Gesetzgeber den Parteien das Institut des Kontokorrents nur zur Verfügung stellen wollte, *wenn und soweit* sie tatsächlich von dieser Möglichkeit buchführungsmäßiger Vereinfachung Gebrauch machen. Vielmehr ist auch für das Kontokorrentrecht das **Prinzip der Vertragsfreiheit** zu respektieren. Daher steht es den Parteien grundsätzlich frei, welche Ansprüche und Leistungen sie der Kontokorrentabrede unterwerfen wollen. Nicht irgendwelche aus dem „Wesen" des Kontokorrents oder gar aus seiner üblichen praktischen Handhabung abgeleiteten Gesichtspunkte, sondern allein die Normen des zwingenden Rechts bilden daher die Grenze der Kontokorrentfähigkeit von Ansprüchen und Leistungen. Insoweit muß man sich nun aber vergegenwärtigen, daß die §§ 355–357 HGB die Parteien nur in einem einzigen Punkt, dem der Befreiung vom Zinseszinsverbot, gegenüber dem zwingenden Gesetzesrecht privilegieren. Daß aber *im Hinblick hierauf* eine Koppelung der Kontokorrentfähigkeit an die Buchungs-

---

[76] Vgl. ZHR 102, 161 ff und 103, 218 ff; ebenso z. B. RG WarnRspr. 1919 Nr. 139 S. 213; BGH WM 1978, 58, 59 (obiter); *von Godin* 2. Aufl. § 355 Anm. 15.
[77] ZHR 102, 162; 103, 320.
[78] ZHR 102, 162.
[79] ZHR 102, 163.
[80] ZHR 103, 320.
[81] ZHR 102, 164.
[82] So *Schlegelberger/Hefermehl* § 355 Rdn. 18 in Wiedergabe der Lehre *Göpperts*.
[83] Ebenso *Schlegelberger/Hefermehl* § 355 Rdn. 18.

fähigkeit erforderlich wäre, ist nicht erweislich und bisher auch, soweit ersichtlich, von niemand behauptet worden, insbesondere nicht von *Göppert*.

Überhaupt krankt die Lehre *Göpperts* ganz allgemein daran, daß sie nicht im Hinblick auf die in Betracht kommenden Rechtsfolgen entwickelt worden ist und daher schon im Ansatzpunkt einen unheilbaren methodischen Fehler enthält. Das wird vor allem daran deutlich, daß der bloße Abschluß eines Vertrages keinen buchungsfähigen Geschäftsvorfall darstellt[84] und daß daher z. B. die durch den Abschluß eines Kaufvertrags entstandene Kaufpreisforderung folgerichtig nicht ins Kontokorrent fallen dürfte. Das würde bezüglich der Rechtsfolgen bedeuten, daß der Verkäufer – zumindest bis zur Lieferung der Ware – frei über die Forderung verfügen, sie also abtreten, verpfänden usw. könnte. Dieses Ergebnis aber widerspricht kraß den Zwecken des Kontokorrents und dem mutmaßlichen Willen der Parteien. Es beweist daher, daß die Lehre von der Bindung der Kontokorrentfähigkeit an die Buchungsfähigkeit nicht richtig sein kann.[85]

66 Eine ganz andere Frage ist, ob Forderungen, die nicht buchungsfähig sind, **kontokorrent***zugehörig* sind, d. h. ob sie nach dem mutmaßlichen Parteiwillen dem Kontokorrent unterfallen. Diese Frage ist in der Tat regelmäßig zu verneinen, sofern es an der Buchungsfähigkeit auch noch *im Zeitpunkt der Verrechnung* fehlt.[86] Denn es ist im Zweifel anzunehmen, daß ein Kaufmann – und ein solcher muß nach § 355 Abs. 1 grundsätzlich am Kontokorrent beteiligt sein – seine Abrechnung i. d. R. auf der Grundlage kaufmännischer Buchführung und nach den dafür üblichen Grundsätzen vornimmt, und dann wäre es höchst unpraktikabel und mit dem Vereinfachungszweck des Kontokorrents schwer vereinbar, wenn auch buchungsunfähige Posten berücksichtigt werden müßten. Im Zweifel ist also anzunehmen, daß Forderungen und Leistungen, die im Zeitpunkt der Verrechnung nicht buchungsfähig sind, nicht ins Kontokorrent gehören. Vereinbaren die Parteien aber das Gegenteil, so ist diese Vereinbarung uneingeschränkt wirksam.

67 **b) Die Bedeutung der Gleichartigkeit, insbesondere der Bezogenheit auf Geld.** Voraussetzung der Kontokorrentfähigkeit soll nach der früher h. L. weiterhin sein, daß die fraglichen Forderungen und Leistungen **auf Geld gerichtet** sind.[87]

68 Auch diese Ansicht hält indessen der **Kritik** nicht stand.[88] Aus dem Wortlaut des Gesetzes läßt sich auch dieses Erfordernis nicht ableiten, da § 355 Abs. 1 nur von „Forderungen und Leistungen" ohne irgendeine Präzisierung ihres Gegenstandes spricht (vgl. auch Rdn. 45). Auch daraus, daß die Ansprüche und Leistungen „nebst Zinsen" in das Kontokorrent eingestellt werden sollen, ergibt sich nicht, daß sie notwendigerweise auf Geld gerichtet sein müssen; denn zum einen brauchen die Ansprüche und Leistungen anerkanntermaßen überhaupt nicht verzinsbar zu sein (vgl. Rdn. 46 m. Nachw.), und zum anderen wäre ja zumindest denkbar, daß *neben* verzinsliche Geldansprüche und -leistungen auch unverzinsliche andersartige Ansprüche und Leistungen treten können.

---

[84] *Göppert* ZHR 102, 164; 103, 322.
[85] So mit Recht *Schlegelberger/Hefermehl* § 355 Rdn. 18, dessen vorhergehende, oben zitierte Ausführungen man wohl lediglich als Wiedergabe der Lehre *Göpperts*, nicht als eigene Meinung verstehen muß; ähnlich i. E. z. B. *Heymann/Horn* § 355 Rdn. 11 a. E.
[86] Ebenso *Schlegelberger/Hefermehl* § 355 Rdn. 18; *Koller/Roth/Morck* § 355 Rdn. 4; ähnlich auch *Röhricht/Graf von Westphalen/Wagner* § 355 Rdn. 18.
[87] Vgl. z. B. RG JW 1933, 2826, 2827; *Düringer/Hachenburg/Breit* § 355 Anm. 28; *Fuchs* ZHR 103, 213; *Schlegelberger/Hefermehl*[4] § 355 Rdn. 16 mit weiteren Nachw.
[88] Zustimmend *Schlegelberger/Hefermehl* § 355 Rdn. 19.

Schwerer wiegt das Argument, die Verrechnung setze ihrem Wesen nach gleichartige Gegenstände voraus und dieses Erfordernis sei nur bei Geldforderungen und -leistungen erfüllt. Auch diese Begründung hält jedoch näherer Überprüfung nicht stand. Zunächst ist dieses Argument der früher h. L. dahin zu präzisieren, daß die Ansprüche keineswegs schon im Augenblick ihrer Entstehung, sondern erst in dem der Verrechnung auf Geld gerichtet sein müssen; da aber nahezu jeder Anspruch theoretisch in einen Geldanspruch übergehen kann (z. B. nach §§ 325, 326 BGB) und da der Zeitpunkt der (letzten) Verrechnung zumindest bei einem unbefristet abgeschlossenen Kontokorrent in unbestimmter Ferne liegt, ergibt sich schon hieraus eine wesentliche Ausweitung der Grenzen der Kontokorrentfähigkeit (nicht unbedingt auch der Kontokorrentzugehörigkeit!). Noch weitergehend ist aber überhaupt zu bestreiten, daß die Verrechnung nur bei Geldforderungen und -leistungen möglich ist. Zwar setzt die Verrechnung in der Tat „Gleichartigkeit" voraus, doch ist diesem Erfordernis Genüge getan, wenn die Ansprüche und Leistungen nach einem einheitlichen Maßstab bewertet werden[89] und eine Abrede über die Art und Weise der Tilgung der Überschußforderung getroffen ist. Unter dieser Voraussetzung können daher auch Ansprüche und Leistungen, die nicht auf Geld, sondern auf andere Sachen gerichtet sind, in das Kontokorrent eingestellt werden. Es ist also z. B. durchaus denkbar, daß ein Bauer und ein Kaufmann Tauschverträge, bei denen jener diesem seine landwirtschaftlichen Produkte abliefert und dieser dafür Düngemittel, Saatgut, Geräte usw. als Gegenleistung gibt, kontokorrentmäßig abwickeln. Erforderlich ist nur, daß sie sich auf einen einheitlichen Bewertungsmaßstab einigen. Welcher Art die zugrunde gelegte „Rechnungseinheit" ist, ist dabei gleichgültig. Sie braucht keineswegs in Geld ausgedrückt zu werden, auch wenn das regelmäßig der Fall sein wird. Nicht einmal die Überschußforderung muß unbedingt auf Geld gerichtet sein; denkbar wäre z. B. auch, daß nach dem Vertrag eine Überschußforderung des Kaufmanns in landwirtschaftlichen Produkten, eine Überschußforderung des Bauern in Düngemitteln, Saatgut oder dgl. berichtigt werden soll. Von praktischer Bedeutung ist dabei u. a., daß hier – anders als im allgemeinen – die Sachforderungen, d. h. die Forderungen auf die Produkte bzw. das Saatgut usw., ihre Selbständigkeit verlieren, also z. B. nicht abgetreten oder gepfändet werden können. Die Zulässigkeit derartiger Gestaltungen des Kontokorrents ergibt sich daher letztlich auch hier wieder (vgl. schon Rdn. 65) aus dem **Grundsatz der Privatautonomie**; denn auch hier ist nicht ersichtlich, inwiefern gegen zwingendes Recht verstoßen würde. Daher kann nicht angenommen werden, daß der Gesetzgeber das Institut des Kontokorrents auf Geldforderungen und -leistungen beschränkt hat – zumal der Wortlaut des § 355 Abs. 1 sogar eher für das Gegenteil spricht. Die Kontokorrentfähigkeit setzt somit nur voraus, daß die Forderungen und Leistungen gemäß dem Willen der Kontokorrentpartner im Zeitpunkt der Verrechnung der **Bewertung nach einem einheitlichen Maßstab** unterliegen sollen[90] und daß eine Vereinbarung über die Tilgung der Überschußforderung besteht.

Auch in dieser Frage muß allerdings die Problematik der Kontokorrentfähigkeit **69** scharf von der der **Kontokorrentzugehörigkeit** unterschieden werden. Denn auch wenn Forderungen, die nicht auf Geld gerichtet sind, kontokorrent*fähig* sind, so kann man sie doch im Zweifel nicht als kontokorrent*zugehörig* ansehen. Dies gilt jedenfalls dann, wenn unter das Kontokorrent auch Geldforderungen oder -leistungen fallen sollen. Dann wird es nämlich aus Gründen der Praktikabilität regelmäßig dem Partei-

---

[89] Vgl. auch *Göppert* ZHR 102, 173.

[90] Auch insoweit zustimmend *Schlegelberger/Hefermehl* § 355 Rdn. 19.

willen entsprechen, das Kontokorrent auf diese Forderungen zu beschränken. Daher ist z. B. ein **Freistellungsanspruch** grundsätzlich nicht kontokorrentzugehörig.

Auch wenn die fragliche Forderung immerhin in eine Geldforderung übergehen kann, ist sie im Zweifel nicht ohne weiteres als kontokorrentzugehörig anzusehen. Denn in aller Regel werden die Parteien sich über die – praktisch meist sehr fern liegende – Möglichkeit der Verwandlung in eine Geldforderung keine Gedanken machen, und vor allem werden sie meist die weitreichenden Folgen der Kontokorrentabrede, insbesondere die Unabtretbarkeit der Forderungen für nicht primär auf Geld gerichtete Forderungen nicht wollen.

70 c) **Die Bedeutung der Aufrechnungsfähigkeit und der Vorausverfügungsmacht.** Die **Aufrechnungsfähigkeit** ist nicht Voraussetzung der Kontokorrentfähigkeit.[91] Denn die Beschränkungen der Aufrechnung, wie sie vor allem in den §§ 390 ff BGB enthalten sind, beziehen sich grundsätzlich nur auf die einseitige Aufrechnung und passen daher nicht auf das Kontokorrent, bei dem die Verrechnung im beiderseitigen Einverständnis erfolgt.

71 Dagegen ist Voraussetzung der Kontokorrentfähigkeit, daß der Inhaber der betreffenden Forderung über diese im Wege eines antizipierten Vertrages verfügen kann, also die erforderliche **Vorausverfügungsmacht** besitzt. Demnach gelten für die Kontokorrentfähigkeit **dieselben Grenzen wie für einen vorweggenommenen Aufrechnungsvertrag.** Daher sind z. B. unpfändbare Forderungen in analoger Anwendung von § 394 BGB nicht kontokorrentfähig,[92] weil und soweit über sie nicht durch antizipierten Aufrechnungsvertrag verfügt werden kann; große praktische Bedeutung dürfte der Analogie zu § 394 BGB im Kontokorrentrecht freilich nicht zukommen, weil es im wesentlichen um **Forderungen auf den Arbeitslohn** geht und es im Verhältnis zwischen Arbeitgeber und Arbeitnehmer ohnehin an der für ein Kontokorrent erforderlichen „Geschäftsverbindung" fehlt (vgl. Rdn. 36). Beim Bankkontokorrent sind außerdem die Bestimmungen über den Schutz von wiederkehrenden Einkünften gemäß § 850k ZPO und von Sozialleistungen gemäß § 55 SGB I zu berücksichtigen.[93]

72 Von weitaus größerer praktischer Wichtigkeit ist diese Grenze der Kontokorrentfähigkeit dagegen für die Behandlung rückständiger **Einlagen bei Kapitalgesellschaften und Genossenschaften.** Diese sind nach richtiger Ansicht nicht kontokorrentfähig.[94] Das folgt allerdings nicht schon aus dem Aufrechnungsverbot der §§ 66 Abs. 1 S. 2 AktG, 19 Abs. 2 S. 2 GmbHG, 22 Abs. 5 GenG; denn dieses verbietet lediglich die einseitige Aufrechnung durch den Gesellschafter, nicht aber auch die Aufrechnung durch die Gesellschaft und die einvernehmliche Aufrechnung durch beide Teile. Die Einstellung in ein Kontokorrent scheitert jedoch an ihrer **Unvereinbarkeit mit dem Befreiungs- und Erlaßverbot der §§ 66 Abs. 1 S. 1 AktG, 19 Abs. 2 S. 1 GmbHG, 22 Abs. 4 GenG.** Dieses Verbot beansprucht nämlich sinngemäß über seinen Wortlaut hinaus Geltung für alle Verfügungen, durch die die Gesellschaft ihr Recht zur freien Verfügung über die Forderung einschränkt; insbesondere kann sie ihr Recht zur Geltendmachung der fälligen Forderung nicht durch Stundung oder dgl. ausschließen, was von § 19 Abs. 2 S. 1 GmbHG ausdrücklich ausgesprochen wird und für die Aktiengesellschaft ebenso gilt. Die Einstellung in ein Kontokorrent aber hat derartige

---

[91] Ebenso *Düringer/Hachenburg/Breit* § 355 Anm. 31 a.
[92] Zustimmend z. B. *Heymann/Horn* § 355 Rdn. 16.
[93] Vgl. dazu näher *Canaris* Bankvertragsrecht³ Rdn. 194 ff.
[94] Vgl. RG Holdheim 14, 142; 23, 269; RG JW 1930, 2685, 2687; Colmar OLGE 14, 364; *Schlegelberger/Hefermehl* § 355 Rdn. 29; *Lutter* in Kölner-Komm. zum AktG² § 66 Rdn. 24; *Schick* GmbHR 1997, 1059 ff.

Einschränkungen der Verfügungsmacht zur Folge, da sie u. a. zur Unabtretbarkeit und Unverpfändbarkeit der Forderung führt und auch eine der Stundung i. E. gleichkommende Wirkung hat (vgl. Rdn. 8f und 103f). Folglich können die spezifischen Rechtsfolgen der Kontokorrentabrede bei Forderungen auf Zahlung rückständiger Einlagen kraft zwingenden Rechts nicht eintreten. Diese sind daher nicht kontokorrentfähig; denn die Kontokorrentfähigkeit ist als die Fähigkeit definiert, Gegenstand der Kontokorrentabrede sein zu können.

Das bedeutet allerdings nicht, daß es rechtlich völlig wirkungslos wäre, wenn derartige Forderungen trotz ihrer Kontokorrentunfähigkeit von den Parteien in ein Kontokorrent „eingestellt" werden. Es ist nämlich zu bedenken, daß – ähnlich wie übrigens bei § 394 BGB – nur die *antizipierte* Verfügung ausgeschlossen, eine vertragliche Aufrechnung mit bereits *fälligen* Gegenforderungen dagegen grundsätzlich zulässig ist; denn sie vermeidet lediglich ein sinnloses Zahlen und Zurückzahlen. Rechtsprechung und h. L. fordern für die Wirksamkeit eines solchen Vertrages allerdings mit Rücksicht auf den Schutzzweck der §§ 66 AktG, 19 GmbHG, 22 GenG zusätzlich, daß die Gegenforderung liquide und „vollwertig" ist.[95] Unter dieser Voraussetzung erscheint dann aber auch die **Einbeziehung der Einlagenforderung in die kontokorrentmäßige Verrechnung** als zulässig. Konstruktiv ist dies so zu lösen, daß zwar die Kontokorrentabrede wegen Verstoßes gegen zwingendes Recht insoweit nichtig ist, der von dieser zu trennende (vgl. Rdn. 15) Verrechnungsvertrag aber bestehen bleibt. Folglich verliert die Einlagenforderung zwar nicht wie eine wirksam in das Kontokorrent eingestellte Forderung ihre „Selbständigkeit", sie nimmt aber an der Verrechnung teil. Verbleibt bei dieser Verrechnung ein Aktivsaldo für den Gesellschafter, so ist dieses Ergebnis unbedenklich. Verbleibt dagegen ein Aktivsaldo für die Gesellschaft und soll dieser nicht selbständig geltend gemacht, sondern lediglich als neuer Rechnungsposten vorgetragen werden, so ist wiederum der Schutzzweck der §§ 66 AktG, 19 GmbHG, 22 GenG zu berücksichtigen. Dieser geht dahin, zu gewährleisten, daß die Einlagen wirklich erbracht werden und daß diese Pflicht nicht umgangen wird. Daher ist anzunehmen, daß der Anspruch auf Einlagenzahlung nach der gesetzlichen Wertung erst *nach* allen anderen Ansprüchen der Gesellschaft durch die Verrechnung getilgt wird, also die entstehende Saldoforderung ihrer Rechtsnatur nach eine Forderung auf Leistung der Einlage ist bzw., wenn sie höher als die Einlagenforderung ist, bis zur Höhe der Einlagenforderung eine solche darstellt (zur Rechtsnatur der Saldoforderung näher unten Rdn. 143ff); denn eine Aufrechnung mit der Einlagenforderung kann nach dem Schutzzweck des Gesetzes erst als zulässig angesehen werden, wenn die Gesellschaft über andere aufrechenbare Forderungen nicht mehr verfügt. Ist aber sonach die Saldoforderung als Einlagenforderung anzusehen, so unterliegt sie auch weiterhin den Rechtssätzen über diese. Sie kann also insbesondere nicht als neuer Posten vorgetragen werden, weil sie, wie gezeigt, nicht kontokorrentfähig ist. Daran ändert auch die **Anerkennung** der Saldoforderung nichts; denn gleichgültig, ob man dieser novierende Wirkung zumißt oder nicht, kann sie sich jedenfalls nicht über zwingendes Recht hinwegsetzen und daher nicht verhindern, daß sich das Schicksal der Saldoforderung allein nach den §§ 66 AktG, 19 GmbHG, 22 GenG beurteilt. Im **praktischen Ergebnis** bedeutet die hier vertretene Ansicht, daß die Gesellschaft so lange und so weit die Einlagenforderung geltend machen und frei über diese verfügen kann, wie sie einen Aktivsaldo in deren Höhe hat.[96]

---

[95] Vgl. z. B. BGHZ 15, 52, 57; *Hüffer* AktG⁴ § 66 Rdn. 6 mit weiteren Nachw.

[96] Ebenso i. E. wohl RG JW 1930, 2687; *Schlegelberger/Hefermehl* § 355 Rdn. 29; *Lutter* aaO § 66 Rdn. 24.

74 Zu beachten ist in diesem Zusammenhang schließlich noch, daß die Einlagenforderung nicht „aus der Geschäftsverbindung" zwischen den Parteien stammt und daß ihr daher im Zweifel die **Kontokorrent***zugehörigkeit* fehlt. Ihre „Einstellung" in das Kontokorrent muß daher unmißverständlich vereinbart sein, wenn die Einbeziehung der Forderung in die Verrechnungswirkung gewollt ist.

75 **Zusammenfassend** ergibt sich:

1. Forderungen auf Zahlung rückständiger Einlagen sind *nicht kontokorrentfähig*; die spezifischen Wirkungen der Kontokorrentabrede erstrecken sich also nicht auf sie, so daß sie trotz gewollter Einstellung in das Kontokorrent jederzeit eingeklagt, abgetreten, verpfändet oder gepfändet werden können.

2. Forderungen auf Zahlung rückständiger Einlagen sind jedoch *verrechnungsfähig*, soweit ihnen fällige, liquide und vollwertige Gegenforderungen gegenüberstehen; sie können daher in den Verrechnungsvertrag einbezogen werden. Entsteht bei der Verrechnung allerdings ein Aktivsaldo zugunsten der Gesellschaft, so gelten für ihn in Höhe der Einlagenforderung weiterhin allein die Rechtssätze über diese.

3. Im Zweifel ist nicht anzunehmen, daß die Einlagenforderung in die Verrechnung einbezogen werden soll.

2. Die Kontokorrentzugehörigkeit

76 a) **Der Begriff der Kontokorrentzugehörigkeit.** Von der Frage, ob eine Forderung oder Leistung kontokorrent*fähig* ist, also der Kontokorrentabrede überhaupt unterfallen *kann*, ist die ganz andere Frage zu unterscheiden, ob sie kontokorrent*zugehörig* ist, d. h. ob sie ihr im konkreten Fall auch wirklich *unterfällt*. Früher wurde hier meist von „**Kontokorrentpflicht**" gesprochen.[97] Der Ausdruck ist jedoch mißverständlich, weil er den Eindruck erweckt, als bestünde lediglich eine obligatorische Pflicht zur Einstellung der fraglichen Forderung in das Kontokorrent.[98] Richtig ist demgegenüber, daß die Kontokorrentabrede die Forderungen und Leistungen mit **Verfügungswirkung** zur Verrechnung stellt (vgl. Rdn. 13 ff); diese sind also durch die Kontokorrentabrede bereits *im voraus* „in das Kontokorrent eingestellt" und unterfallen diesem daher bei ihrem Entstehen *ipso iure*, d. h. ohne einen erneuten, auf „Einstellung" in das Kontokorrent gerichteten Rechtsakt der Parteien. Man sollte daher den Ausdruck „Kontokorrentpflicht" vermeiden und von „**Kontokorrentzugehörigkeit**" sprechen oder den Terminus „**Kontokorrentgebundenheit**" verwenden, der im Schrifttum im selben Sinne gebraucht wird wie hier das Wort Kontokorrentzugehörigkeit.[99]

77 b) **Die Maßgeblichkeit des Parteiwillens.** Über die Kontokorrentzugehörigkeit entscheidet – in den Grenzen der Kontokorrentfähigkeit – grundsätzlich der **Parteiwille**.[100] Das gilt sowohl positiv wie negativ: die Parteien können sowohl vereinbaren, daß eine im allgemeinen nicht kontokorrentzugehörige Forderung oder Leistung ausnahmsweise in das Kontokorrent eingestellt wird, als auch, daß eine im allgemeinen

---

[97] Vgl. z. B. *Düringer/Hachenburg/Breit* § 355 Anm. 29; *Schlegelberger/Hefermehl*⁴ § 355 Rdn. 18.

[98] So heißt es z. B. in der Tat bei *Düringer/Hachenburg/Breit* aaO, „jeder Kontrahent (habe) ein Recht darauf, daß alle aus der Geschäftsverbindung entspringenden Ansprüche und Leistungen als Posten in die periodische Abrechnung eingestellt werden".

[99] So z. B. von *Schlegelberger/Hefermehl* § 355 Rdn. 21 ff.

[100] Das ist wohl unstreitig, vgl. z. B. RGZ 136, 178, 180; BGH WM 1959, 81, 83 Sp. 2 (freilich mit durchweg unzutreffenden Zitaten aus der Rspr.); *Düringer/Hachenburg/Breit* § 355 Anm. 29; *Schlegelberger/Hefermehl* § 355 Rdn. 21.

kontokorrentzugehörige Forderung oder Leistung ausnahmsweise von den Wirkungen des Kontokorrents ausgenommen werden soll. Der Grund für die Maßgeblichkeit des Parteiwillens liegt im **Prinzip der Privatautonomie**; denn nach diesem ist es den Parteien grundsätzlich freigestellt, welche Ansprüche und Leistungen sie der kontokorrentmäßigen Behandlung unterwerfen wollen und welche nicht.

c) Die Ermittlung des mutmaßlichen Parteiwillens und die Bedeutung der Geschäftsverbindung. Eine ausdrückliche Äußerung der Parteien über den Umfang der Kontokorrentzugehörigkeit wird indessen häufig fehlen. Es ist daher auf konkludente Äußerungen und vor allem auch auf den **mutmaßlichen Parteiwillen** zurückzugreifen. Eine nachträgliche **Herausnahme einer Forderung aus dem Kontokorrent** ist selbstverständlich zulässig und kann auch konkludent erfolgen;[101] sie kann z.B. darin liegen, daß für sie ein Separatkonto geführt wird[102] oder daß die Parteien einvernehmlich auf eine Buchung der fraglichen Forderung auf dem Kontokorrentkonto verzichten.[103]

78

Im übrigen gibt es zur Ermittlung des mutmaßlichen Parteiwillens eine Reihe typischer Indizien. Das wichtigste liefert das Gesetz selbst, indem es in § 355 Abs. 1 von den aus der **Geschäftsverbindung** entspringenden Ansprüchen und Leistungen spricht. Im Zweifel sind also *nur* die aus der Geschäftsverbindung entspringenden Ansprüche und Leistungen kontokorrentzugehörig; eine zwingende Grenze enthält das Gesetz insoweit jedoch nicht, so daß kraft Parteivereinbarung auch solche Ansprüche und Leistungen einbezogen werden können, die nicht aus der Geschäftsverbindung stammen.[104] Nicht aus der Geschäftsverbindung entsprungen und daher i.d.R. nicht kontokorrentzugehörig sind vor allem Ansprüche, die im Wege der Zession oder des Erbfalls erworben wurden.[105]

79

Umgekehrt sind im Zweifel auch *alle* Ansprüche und Leistungen, die aus der Geschäftsverbindung entsprungen sind, kontokorrentzugehörig. Allerdings ist auch insoweit zu beachten, daß es lediglich um eine Konkretisierung des mutmaßlichen Parteiwillens geht. Daher sind **nicht im *gewöhnlichen* Geschäftsverkehr entstandene Ansprüche und Leistungen**, also vor allem ungewöhnlich hohe oder ganz unerwartet entstandene Ansprüche, im Zweifel nicht kontokorrentzugehörig;[106] denn da die Parteien mit ihnen bei Abschluß des Kontokorrentvertrags nicht rechnen konnten, erstreckt sich ihr mutmaßlicher Wille nicht auf deren Einbeziehung in das Kontokorrent.

80

d) Die Bedeutung von Natur und Zweck des Anspruchs sowie der Einfluß der Fälligkeit und der Bedingtheit. Ein weiteres wesentliches Kriterium zur Ermittlung des mutmaßlichen Parteiwillens sind Natur und Zweck des fraglichen Anspruchs.[107] Nicht kontokorrentzugehörig sind daher vor allem Ansprüche, die nach dem Willen der Parteien auf **sofortige Barzahlung** bei Fälligkeit gerichtet sind. Aus diesem Grund gehört z.B. ein Anspruch auf **Auszahlung eines Darlehens** im Zweifel nicht in das

81

---

[101] Vgl. BGH WM 1987, 677, 678; *Schlegelberger/Hefermehl* § 355 Rdn. 26.
[102] Vgl. RG SeuffArch. 80 Nr. 1 S. 4; BGH WM 1982, 233, 234.
[103] Vgl. BGH WM 1987, 677, 678.
[104] Vgl. BGH WM 1959, 81, 83 Sp. 2; *Schlegelberger/Hefermehl* § 355 Rdn. 23.
[105] Ebenso *Düringer/Hachenburg/Breit* § 355 Anm. 29; *Schlegelberger/Hefermehl* § 355 Rdn. 23.
[106] Ebenso BGH WM 1982, 233, 234; *Schlegelberger/Hefermehl* § 355 Rdn. 23; *Heymann/Horn* § 355 Rdn. 12.
[107] Ebenso *Düringer/Hachenburg/Breit* § 355 Anm. 29; *Schlegelberger/Hefermehl* § 355 Rdn. 22.

Kontokorrent,[108] und dasselbe trifft für **Ultimogelder** zu;[109] auch Ansprüche, die **Zug um Zug** erfüllt werden sollen, sind nicht kontokorrentzugehörig.

82   Viel zu weit geht es dagegen, alle Ansprüche, die **zu einem festen Termin fällig** sind, aus dem Kontokorrent herauszunehmen[110] oder gar alle „**vorfälligen**", d. h. vor der nächsten Saldierung fälligen Ansprüche für nicht kontokorrentzugehörig zu erklären.[111] Das widerspricht schon deshalb dem mutmaßlichen Parteiwillen, weil dann „von manchem Kontokorrent nicht viel übrig bleiben wird".[112] Außerdem läßt die Vorfälligkeit nicht ohne weiteres den Rückschluß zu, daß auf jeden Fall im Fälligkeitszeitpunkt bar gezahlt werden soll und daß auch die übrigen Wirkungen der Kontokorrentabrede wie Unabtretbarkeit und Unpfändbarkeit dem Parteiwillen widersprechen. Daher ist nicht auf die Fälligkeit als solche, sondern auf die (ausdrückliche oder sich aus der Natur des Anspruchs ergebende) Vereinbarung unbedingter Barzahlung abzustellen.[113]

83   Unzutreffend ist es ferner, bei „**nachfälligen**" Ansprüchen, also bei Ansprüchen, die erst nach der nächsten Saldierung fällig werden, die Kontokorrentzugehörigkeit grundsätzlich zu verneinen.[114] Diese Ansicht beruht offensichtlich auf einer Verwechslung der Kontokorrentzugehörigkeit mit der Verrechenbarkeit: nicht alle in das Kontokorrent eingestellten Ansprüche müssen deshalb auch schon bei der nächsten Saldoziehung der Verrechnung unterfallen (vgl. unten Rdn. 141). Sie bis zur Verrechenbarkeit von der Kontokorrentzugehörigkeit auszunehmen, würde zu der Konsequenz führen, daß sie vorher mangels Einbeziehung in die Kontokorrentabrede abtretbar, pfändbar und verpfändbar waren. Das aber widerspricht dem Zweck des Kontokorrents und dem mutmaßlichen Parteiwillen, und daher sind nachfällige Ansprüche grundsätzlich kontokorrentzugehörig. Darüber hinaus sind sie z. T. sogar verrechnungsfähig, vgl. unten Rdn. 141.

84   Aus denselben Gründen sind auch **aufschiebend bedingte und befristete Forderungen** im Zweifel kontokorrentzugehörig.[115] Auch hier ist nämlich kein Grund dafür ersichtlich, warum die Parteien die Forderung bis zum Eintritt der Bedingung von den Wirkungen des Kontokorrents ausnehmen sollten, also deren Abtretbarkeit, Verpfändbarkeit usw. wollen; nach Eintritt der Bedingung aber wäre eine Herausnahme aus dem Kontokorrent vollends unverständlich. Auch bedingte und befristete Forderungen sind daher kontokorrentzugehörig, sofern die sonstigen Voraussetzungen vorliegen, die Forderungen also insbesondere aus der Geschäftsverbindung entspringen und nicht ungewöhnlich sind.

85   Mit dieser Maßgabe sind daher auch **Rückgriffsansprüche aus der Erfüllung einer Bürgschaft** kontokorrentzugehörig;[116] diese werden allerdings häufig nicht aus dem Geschäftsverkehr, zumindest nicht aus dem gewöhnlichen Geschäftsverkehr, stammen. Dasselbe gilt grundsätzlich auch für **Primäransprüche aus einer Bürgschaft**, sofern die Übernahme der Bürgschaft in den Rahmen der gewöhnlichen

---

[108] Ebenso *Düringer/Hachenburg/Breit* aaO m. w. Nachw.; *Schlegelberger/Hefermehl* § 355 Rdn. 22.
[109] Ebenso i. E. RG GruchBeitr. 47 Nr. 38 S. 678 f; wie hier auch *Breit* und *Hefermehl* aaO.
[110] So aber RG GruchBeitr. 47 Nr. 38.
[111] So aber z. B. RG JW 1933, 2826, 2827; *Düringer/Hachenburg/Breit* § 355 Anm. 29.
[112] So *von Godin* 2. Aufl. Anm. 15e.
[113] Ebenso *von Godin* aaO; *Schlegelberger/Hefermehl* § 355 Rdn. 22.
[114] So aber z. B. *Schlegelberger/Hefermehl* § 355 Rdn. 22; *Heymann/Horn* § 355 Rdn. 13.
[115] Zustimmend *Pfeiffer/Hammen* § 355 Rdn. 16; a. A. z. B. RG JW 1927, 1689, 1690 Sp. 2 (unter unzutreffender Berufung auf RG WarnRspr. 1919 Nr. 139); *Schlegelberger/Hefermehl* § 355 Rdn. 22; *Heymann/Horn* § 355 Rdn. 13; *Koller/Roth/Morck* § 355 Rdn. 4.
[116] Anders RG JW 1927, 1689, 1690 Sp. 2; *Schlegelberger/Hefermehl* § 355 Rdn. 22.

Geschäftsverbindung fiel. Nicht selten wird hier allerdings anzunehmen sein, daß die Bürgschaft in bar erfüllt werden soll und daß sie aus *diesem* Grund nicht kontokorrentzugehörig ist; das liegt insbesondere dann äußerst nahe, wenn bei Übernahme der Bürgschaft zu erwarten ist, daß das Konto des Bürgen aufgrund der übrigen Geschäftsvorfälle regelmäßig passiv sein wird.

e) Die Behandlung von Wechseln und Schecks. Die kontokorrentrechtliche **86** Behandlung von Wechseln und Schecks wirft eine Reihe von Sonderproblemen auf. Was zunächst den **Zahlungsanspruch aus dem Papier** gegen die andere Kontokorrentpartei betrifft, so sind zwar gegen dessen Kontokorrent*fähigkeit* keine Einwände ersichtlich,[117] doch ist seine **Kontokorrent*zugehörigkeit* im Zweifel zu verneinen**.[118] Denn wenngleich die entsprechende Bestimmung des E I, die in § 327 grundsätzlich den Ausschluß von Wechsel- und Scheckansprüchen von der Kontokorrentzugehörigkeit vorsah, nicht Gesetz geworden ist und die Verfasser des Gesetzesentwurfs diese Frage ausdrücklich offen lassen wollten,[119] so sprechen doch Zweck und Funktion von Wechsel und Scheck grundsätzlich gegen die Kontokorrentzugehörigkeit. Vor Fälligkeit sind Wechsel und Scheck nämlich zum Umlauf bestimmt – womit das kontokorrentrechtliche Abtretungsverbot (vgl. unten Rdn. 109) unvereinbar ist; und nach Fälligkeit sind Wechsel und Scheck zur sofortigen Geltendmachung in den besonderen Formen des Wechsel- und Scheckrechts bestimmt – womit der kontokorrentrechtliche Ausschluß selbständiger Geltendmachung und Einklagung der kontokorrentzugehörigen Ansprüche (vgl. unten Rdn. 102–104) unvereinbar ist, der den Gläubiger z. B. um die Vorteile eines Vorgehens im Wechsel- oder Scheckprozeß brächte. Selbstverständlich sind aber abweichende Parteivereinbarungen möglich, die auch konkludent getroffen werden oder sich aus den Grundsätzen der ergänzenden Vertragsauslegung ergeben können. Dagegen wird die Problematik auf den Kopf gestellt, wenn man wie der BGH in den Vertrag über die Begebung eines Depotwechsels eine besondere Abrede über die Möglichkeit einer kontokorrentunabhängigen Geltendmachung des Anspruchs aus dem Papier hineininterpretiert und diese damit begründet, die Hingabe des Wechsels solle dem Gläubiger eine besonders starke Stellung geben und ihm die Möglichkeit zu einer raschen Durchsetzung seines Anspruchs gewähren;[120] denn das soll der Wechsel im Zweifel *immer*, und daher bedarf nicht seine *Herausnahme* aus dem Kontokorrent, sondern gerade umgekehrt seine *Einstellung* in das Kontokorrent einer besonderen Abrede.

Völlig anders liegt die Problematik beim **Wechsel- und Scheckinkasso**. Hier geht **87** es nämlich nicht um den spezifisch *wertpapierrechtlichen* Anspruch aus dem Wechsel oder Scheck, sondern um den *girovertraglichen* Anspruch aus §§ 675 Abs. 1, 667 BGB auf Auszahlung oder Gutschrift des von der Bank eingezogenen Betrages zugunsten des Kunden. Für diesen Anspruch treffen die für den Anspruch aus dem Papier geltenden Überlegungen nicht zu. Seine Kontokorrentzugehörigkeit ist daher **im Zweifel zu bejahen**, da er in aller Regel aus der Geschäftsverbindung entspringt und folglich grundsätzlich dem Kontokorrent unterfällt (vgl. oben Rdn. 79). Davon geht ersichtlich auch der BGH aus.[121] Mit Recht ist der BGH darüber hinaus sogar der Ansicht, daß die Bank den Kunden grundsätzlich nicht auf die Kontokorrentzugehörigkeit seines Anspruchs aus dem Inkassoauftrag und die sich daraus ergebende Gefahr einer

---

[117] Anders offenbar RG LZ 1918, 1213.
[118] Ebenso *Bernstein* JW 1928, 640ff; *Schlegelberger/Hefermehl* § 355 Rdn. 25; *Heymann/Horn* § 355 Rdn. 13; anders *Göppert* ZHR 102, 167ff; auf den Einzelfall abstellend *Düringer/Hachenburg/Breit* § 355 Anm. 30; offengelassen von BGH WM 1962, 346.
[119] Vgl. Denkschrift S. 198.
[120] Vgl. BGH WM 1962, 346.
[121] Vgl. BGH WM 1971, 178.

§ 355 Viertes Buch. Handelsgeschäfte

Verrechnung mit einem Debet hinweisen muß; vielmehr muß der Kunde bei der Einreichung des Papiers zum Inkasso einen entsprechenden Vorbehalt machen, wenn er die Kontokorrentzugehörigkeit seines Auszahlungsanspruchs (und das Pfandrecht der Bank an diesem gemäß Ziff. 14 ihrer AGB) verhindern und die Barauszahlung der Wechsel- oder Schecksumme sicherstellen will.[122]

88 Einer mehrfachen Differenzierung bedarf es bei der **Diskontierung** von Wechseln und Schecks. Was zunächst den **Anspruch des Einreichers auf den Diskonterlös** betrifft, so ist dessen Kontokorrentzugehörigkeit auch dann zu verneinen, wenn dieser keinen entsprechenden Vorbehalt gemacht hat;[123] denn insoweit besteht eine Pflicht der Bank zur Barzahlung – ähnlich wie z. B. bei einem Darlehensversprechen –, welche die Kontokorrentzugehörigkeit ausschließt (vgl. oben Rdn. 81).

Andererseits fällt der schuldrechtliche **Rückforderungsanspruch der Bank aus einer Rückbelastung** des diskontierten Papiers grundsätzlich ins Kontokorrent, weil er aus der Geschäftsverbindung stammt und kein Anlaß besteht, ihn anders als sonstige Ansprüche aus dieser zu behandeln.[124] Dagegen ist die spezifisch **wertpapierrechtliche Rückgriffsforderung der Bank** aus dem Papier grundsätzlich nicht kontokorrentzugehörig,[125] da im Zweifel nicht anzunehmen ist, daß die Bank auf die wertpapierrechtlichen Vorteile wie z. B. die Möglichkeit einer Einklagung im Wechsel- oder Scheckprozeß verzichten will; diese Forderung einerseits als kontokorrentzugehörig zu betrachten, andererseits aber doch ihre selbständige Geltendmachung zuzulassen,[126] ist widersprüchlich und daher abzulehnen.

89 Bei dem Anspruch des Bezogenen gegen den Aussteller aufgrund der **Einlösung eines ungedeckten Schecks** geht es nicht um eine wertpapierrechtliche, sondern um eine girovertragliche oder darlehensrechtliche Forderung. Auch hier ist daher die Kontokorrentzugehörigkeit **im Zweifel zu bejahen**, weil (und sofern) die Forderung der laufenden Geschäftsverbindung entspringt.[127] Daß dieser Anspruch sofort fällig ist, schließt seine Kontokorrentzugehörigkeit nicht aus (vgl. oben Rdn. 82). Eine Pflicht zu sofortiger Barzahlung – die der Kontokorrentzugehörigkeit entgegenstünde (vgl. oben Rdn. 81 f.) – wird man mangels entsprechender Parteiabreden nicht ohne weiteres annehmen können; vielmehr genügt es grundsätzlich, insoweit lediglich die Regeln über die Pflicht zum Ausgleich eines Debet zwischen zwei Rechnungsterminen anzuwenden (vgl. dazu oben Rdn. 7–9).

90 f) **Die Bedeutung von Aufrechnungsverboten.** Anders als hinsichtlich der Kontokorrent*fähigkeit* (vgl. Rdn. 70) ist hinsichtlich der Kontokorrent*zugehörigkeit* grundsätzlich von der **Beachtlichkeit eines Aufrechnungsverbots** auszugehen, auch wenn ein solches an sich nur für die einseitige Aufrechnung gilt. Denn hier geht es um die Ermittlung des mutmaßlichen Parteiwillens, und da dieser kein rein subjektives Kriterium darstellt, sondern gemäß § 157 BGB die Berücksichtigung objektiver Wertungsgesichtspunkte zuläßt und u. U. sogar erfordert, können die in den Aufrechnungsverboten enthaltenen Rechtsgedanken z. T. hilfsweise herangezogen werden; dabei sind sie gegebenenfalls den Besonderheiten des Kontokorrents entsprechend zu modifizieren.

---

[122] Vgl. BGH WM 1971, 178; *Canaris* Bankvertragsrecht³ Rdn. 747 Abs. 2; *Schlegelberger/Hefermehl* § 355 Rdn. 26.
[123] Vgl. näher *Canaris* Bankvertragsrecht² Rdn. 1539; i. E. ähnlich *Heymann/Horn* § 355 Rdn. 13; **a. A.** *Schlegelberger/Hefermehl* § 355 Rdn. 26, der diese Problematik zu Unrecht nicht von derjenigen des Inkassos unterscheidet.
[124] Vgl. näher *Canaris* aaO Rdn. 1553.
[125] Vgl. näher *Canaris* aaO Rdn. 1557; ebenso i. E. *Schlegelberger/Hefermehl* § 355 Rdn. 27.
[126] So *Herz* S. 97 f.
[127] Ebenso i. E. *Völp* NJW 1955, 818 f.

So wird man z. B. analog § 390 BGB die Kontokorrentzugehörigkeit einer Forderung im Zweifel zu verneinen haben, wenn diese im Augenblick ihrer (etwaigen) „Einstellung" in das Kontokorrent **einredebehaftet** war. Zwar kann über eine solche Forderung selbstverständlich ein wirksamer Aufrechnungsvertrag geschlossen werden, doch wird es i. d. R. nicht dem Willen des Schuldners dieser Forderung entsprechen, sie in die Verrechnung einzubeziehen und dafür eine eigene vollwertige Forderung zu opfern (vgl. auch unten Rdn. 139); soll die Forderung aber nicht mit verrechnet werden, besteht auch kein Anlaß, sie „zur Verrechnung zu stellen", also der Kontokorrentabrede zu unterwerfen. Etwas anderes wird man nur anzunehmen haben, wenn es sich lediglich um eine *vorübergehende* Einrede handelt und die Parteien erwarten, die Einrede werde bis zum mutmaßlichen Verrechnungszeitpunkt entfallen sein (vgl. dazu aber Rdn. 139). 91

Ähnlich ist analog § 393 BGB die Kontokorrentzugehörigkeit einer **Forderung aus einer vorsätzlichen unerlaubten Handlung** im Zweifel zu verneinen,[128] auch wenn die Forderung im Rahmen der Geschäftsverbindung entstanden ist; denn auch § 393 BGB liegt eine verallgemeinerungsfähige Wertung zugrunde, die bei der Ermittlung des mutmaßlichen Parteiwillens Berücksichtigung verdient. Allerdings ist es ohnehin schwer vorstellbar, daß eine solche Forderung aus dem *gewöhnlichen* Geschäftsverkehr (vgl. Rdn. 80) stammt, und sie wird daher schon aus diesem Grunde i. d. R. nicht kontokorrentzugehörig sein. 92

g) Die Kontokorrentzugehörigkeit der Zinsforderungen. Nach der Legaldefinition des § 355 Abs. 1 gehört es zum Begriff des Kontokorrents, daß Forderungen und Leistungen „nebst Zinsen" in Rechnung gestellt werden. Das bedeutet zwar nicht, daß das Kontokorrent notwendigerweise verzinsliche Forderungen voraussetzt (vgl. Rdn. 46), wohl aber, daß grundsätzlich **alle Zinsansprüche kontokorrentzugehörig** sind. Zwingendes Recht ist das allerdings nicht, und die Parteien können daher – was freilich praktisch kaum vorkommen wird – die Zinsansprüche teilweise oder sogar ganz von der Kontokorrentzugehörigkeit ausnehmen. 93

§ 355 Abs. 1 bezieht sich nur auf die **Verzinslichkeit der Saldoforderung** (vgl. dazu unten Rdn. 207 f). Daher besagt die Vorschrift nichts über die **Verzinslichkeit der einzelnen kontokorrentzugehörigen Forderungen** und über eine etwaige **Behandlung der Leistungen als verzinsliche Kreditgewährungen.** Demgemäß ist diese Problematik nach den allgemeinen Grundsätzen zu lösen.[129] In erster Linie kommt es also auf den Parteiwillen an. Daneben gilt ergänzend dispositives Gesetzesrecht. So ergibt sich die Zinspflicht ohne weiteres aus § 353 HGB, wenn beide Parteien Kaufleute sind (vgl. auch Rdn. 103). Ist nur eine Partei Kaufmann, so besteht eine allgemeine Zinsespflicht nicht. Insbesondere gibt es auch keinen Handelsbrauch, wonach die Einzelposten eines Kontokorrents stets verzinslich sind.[130] Für Darlehen, Vorschüsse und dgl. kann ein Kaufmann jedoch auch von einem Nichtkaufmann ohne besondere Vereinbarung Zinsen gemäß § 354 Abs. 2 HGB verlangen. Viel zu weit geht es dagegen, *alle* kontokorrentzugehörigen Leistungen des Kaufmanns ohne weiteres als Vorschüsse i. S. von § 354 Abs. 2 zu behandeln;[131] darin läge eine unvertretbare Privilegierung des Kaufmanns gegenüber dem anderen Teil. 94

Die **Höhe der Zinsen** beträgt bei beiderseitigen Handelsgeschäften gemäß § 352 HGB im Zweifel 5 %, im übrigen gemäß § 246 BGB 4 %. Ein Rechtssatz, daß die Höhe der Zinsen für beide Seiten gleich sein müsse, besteht nicht. 95

---

[128] Vgl. auch RGZ 125, 411, 416.
[129] Ebenso *Düringer/Hachenburg/Breit* § 355 Anm. 31; *Schlegelberger/Hefermehl* § 355 Rdn. 38.
[130] *Schlegelberger/Hefermehl* § 355 Rdn. 38.
[131] So aber *von Godin* 2. Aufl. Anm. 34.

96 **h) Der Einfluß Dritter auf die Kontokorrentzugehörigkeit. Abreden zwischen einer Kontokorrentpartei und einem Dritten über die Kontokorrentzugehörigkeit einer Forderung** lassen diese unberührt. Das folgt ohne weiteres aus dem Verbot von Verträgen zu Lasten Dritter. Daher wird z. B. an der Kontokorrentzugehörigkeit einer Forderung nichts geändert, wenn ihr Gläubiger mit einem Bürgen oder einem anderen Sicherungsgeber vereinbart, die Forderung solle nicht ins Kontokorrent fallen.[132] Forderungen, für die eine Sicherheit besteht, sind auch nicht etwa von Gesetzes wegen kontokorrentunfähig oder von der Kontokorrentzugehörigkeit ausgenommen; eine entsprechende Vorschrift war zwar als § 327 im E I enthalten, doch hat sie keine Gesetzeskraft erlangt und ist teilweise durch den jetzigen § 356 ersetzt worden, der die Kontokorrentzugehörigkeit gesicherter Forderungen ersichtlich als selbstverständlich voraussetzt.[133]

Die Vereinbarung über die Herausnahme einer Forderung aus dem Kontokorrent mit einem Dritten ist allerdings nicht völlig wirkungslos. Sie entfaltet vielmehr **obligatorische Wirkung** zwischen diesem und der betreffenden Kontokorrentpartei; der Bürge kann also in dem gewählten Beispiel verlangen, so gestellt zu werden, als wäre die gesicherte Forderung nicht kontokorrentzugehörig – woran er im Hinblick auf die von der Rechtsprechung vertretene Auslegung des § 356 ein erhebliches praktisches Interesse haben kann (vgl. auch § 356 Rdn. 56). Eine **dingliche Wirkung** gegenüber dem anderen Kontokorrentpartner entfaltet die Vereinbarung jedoch nicht, es sei denn, dieser hat ihr gemäß § 185 BGB zugestimmt. Das gilt auch dann, wenn die Vereinbarung sich auf eine *künftige* Forderung bezieht, also eine *antizipierte* Verfügung des Gläubigers über diese darstellt; denn auch einer solchen geht die Kontokorrentabrede vor (vgl. unten Rdn. 112 ff).

97 Anders liegt es bei **Leistungen Dritter**. Der leistende Dritte kann nämlich nach § 366 Abs. 1 BGB grundsätzlich frei bestimmen, worauf seine Leistung angerechnet werden soll, und daher liegt es bei ihm, ob er „ins Kontokorrent" leistet oder nicht. Daran ändert sich auch dann nichts, wenn man die Anwendbarkeit des § 366 BGB auf das Kontokorrent grundsätzlich verneint (vgl. dazu eingehend unten Rdn. 154 ff); denn das kann jedenfalls nur inter partes gelten, da es (angeblich) auf den mutmaßlichen Parteiwillen zurückzuführen ist und dieser gegenüber dem Dritten keine Wirkung entfaltet. Bestimmt daher der Dritte bei der Leistung, diese solle an den Begünstigten *in bar* weitergeleitet werden und sie dürfe nicht zur Tilgung einer Kontokorrentschuld im Wege der Verrechnung verwendet werden, so ist das grundsätzlich zu respektieren; die Leistung ist dann also nicht kontokorrentzugehörig, so daß der Begünstigte auch bei einem debitorischen Kontokorrentsaldo volle Auszahlung des geleisteten Betrags verlangen kann. Die Bestimmung des Dritten kann dabei auch konkludent erfolgen und sich insbesondere aus dem Verwendungszweck der fraglichen Leistung ergeben; das gilt freilich nicht, sofern die Angabe des Verwendungszwecks den Leistungsempfänger nichts angeht und nur für seinen Kontokorrentpartner bestimmt ist, wie das vor allem bei der Giroüberweisung hinsichtlich des Vermerks in der Rubrik „Verwendungszweck" anzunehmen ist.

3. Mehrfaches Kontokorrent

98 Den Parteien steht es nach dem Grundsatz der Privatautonomie frei, mehrere Kontokorrentverhältnisse miteinander einzugehen. So kommt es nicht selten vor, daß

---

[132] Vgl. auch BGH BB 1961, 116, 117 und dazu unten § 356 Rdn. 58.

[133] Vgl. auch Denkschrift S. 198 unten.

neben einem Hauptkonto oder dgl. noch ein oder mehrere Separatkonten geführt werden. Für eine solche Gestaltung des Kontokorrentverkehrs können die verschiedensten Gründe maßgeblich sein wie z. B. Unterschiede der Verzinslichkeit, der Provisionspflicht oder auch der Sicherheitstellung.[134] Rechtlich sind die verschiedenen Konten grundsätzlich als **selbständige und voneinander unabhängige Kontokorrente** zu behandeln;[135] insbesondere findet eine Verrechnung der verschiedenen Salden miteinander grundsätzlich nicht statt, so daß z. B. für ein debitorisches Konto bestehende Sicherheiten auch dann erhalten bleiben, wenn daneben Konten mit einem gleich hohen oder höheren aktiven Saldo bestehen. Im Einzelfall kann sich jedoch aus den Parteiabreden und den besonderen Umständen etwas anderes ergeben.[136]

4. Die Wirkungen der Kontokorrentabrede

a) **Das Fehlen eines Einflusses auf Bestand und Rechtsnatur der Einzelforderungen.** Hinsichtlich der Wirkungen der Kontokorrentabrede ist zunächst an deren **Abgrenzung gegenüber dem Verrechnungsvertrag** zu erinnern (vgl. Rdn. 15): durch die Kontokorrentabrede werden die Forderungen und Leistungen lediglich zur Verrechnung *gestellt*, während für den *Vollzug* der Verrechnung ein zusätzlicher Vertrag erforderlich ist (vgl. zu diesem näher unten Rdn. 127 ff). Die Verrechnung und die mit dieser verbundene **Tilgungswirkung** gehört also *nicht* zu den Rechtsfolgen der Kontokorrentabrede. 99

Deren spezifische Wirkungen werden vielmehr meist dahin gekennzeichnet, daß die Kontokorrentabrede zum **Verlust der „Selbständigkeit" der Forderungen und Leistungen** führe und diese zu bloßen **„Posten" bei der Abrechnung** mache (vgl. die Nachw. bei Rdn. 47). Als zusammenfassende Kurzformel für die verschiedenen Wirkungen der Kontokorrentabrede ist diese Formulierung durchaus brauchbar. Eine darüber hinaus gehende Bedeutung hat sie jedoch nicht. Vor allem lassen sich aus ihr in keiner Weise Rechtsfolgen ableiten; denn sie stellt ja ihrerseits nur die Beschreibung bereits ermittelter Rechtsfolgen dar. 100

Unrichtig wäre daher z. B., aus ihr zu schließen, daß die Forderungen durch die Einstellung in das Kontokorrent in irgendeiner Weise ihre **Rechtsnatur** ändern; sie bleiben vielmehr, was sie bisher waren, also z. B. Kaufpreis-, Darlehens-, Werklohnansprüche usw.[137] Ebensowenig büßen die Forderungen durch die Kontokorrentabrede ihren **rechtlichen Bestand** ein.[138] Das zeigt sich u. a. daran, daß sie bei Ausbleiben der Verrechnung wieder selbständig geltend gemacht werden können und daß sie auch bis zur Verrechnung (und u. U. noch darüber hinaus) z. B. als Träger eventueller Sicherheiten durchaus „selbständige" Rechtswirkungen entfalten können (vgl. § 356 Rdn. 8 ff). Unrichtig wäre es daher auch, aus der Kontokorrentzugehörigkeit einer Forderung ohne weiteres auf die Unzulässigkeit ihrer **Ersatzaussonderung** im Insolvenzverfahren über das Vermögen des Schuldners zu schließen (vgl. näher unten Rdn. 249). Statt pauschaler Ableitungen aus der „Unselbständigkeit" der Forderungen 101

---

[134] Vgl. auch RG JW 1919, 676; BGH LM Nr. 3 zu § 355 HGB.
[135] Vgl. BGH aaO; BFH WM 1962, 1329; *Düringer/Hachenburg/Breit* § 355 Anm. 32 und 56; *Schlegelberger/Hefermehl* § 355 Rdn. 30.
[136] Vgl. BGH LM Nr. 3 zu § 355 HGB Bl. 3; BGH WM 1972, 286.

[137] So mit Recht auch *Düringer/Hachenburg/Breit* § 355 Anm. 33 unter Ziff. 2; *Schlegelberger/Hefermehl* § 355 Rdn. 36; *von Gierke* § 63 IV 3 c.
[138] So mit Recht auch RGZ 82, 400, 404; *Ulmer* aaO S. 199 Sp. 1; *Schlegelberger/Hefermehl* § 355 Rdn. 36; *Schumann* II § 5 III 3; zumindest mißverständlich freilich BGH WM 1969, 92.

oder ihrer angeblichen „Natur" als bloßer „Rechnungsposten" muß vielmehr die fragliche Rechtswirkung jeweils im einzelnen genau angegeben und begründet werden.

102 **b) Die Wirkungen im Verhältnis der Kontokorrentparteien untereinander.** Als wichtigste Wirkung der Kontokorrentabrede im Verhältnis zwischen den Kontokorrentparteien wird mit Recht im allgemeinen angesehen, daß die Forderungen während des Laufs einer Rechnungsperiode **nicht selbständig geltend gemacht und nicht eingeklagt werden können.**[139] Die Begründung hierfür ergibt sich teleologisch gesehen daraus, daß eine selbständige Geltendmachung der Forderungen mit dem Vereinfachungszweck des Kontokorrents unvereinbar wäre; konstruktiv folgt sie daraus, daß die Parteien durch die Kontokorrentabrede bereits über die Forderungen verfügt haben (vgl. Rdn. 13ff) und daß daher ihre Verfügungsmacht insoweit „verbraucht" ist.

103 Was die **dogmatische Einordnung** dieser Rechtswirkung betrifft, so wurde diese früher meist als **Stundung** bezeichnet.[140] Das ist jedoch unzutreffend.[141] Eine Stundung setzt nämlich begrifflich voraus, daß die Geltendmachung der Forderung nach Ablauf einer bestimmten Frist wieder uneingeschränkt möglich sein soll, und gerade das entspricht beim Kontokorrent nicht dem Willen der Parteien. Die Ablehnung der Stundungstheorie hat im übrigen nicht nur dogmatische, sondern auch praktische Bedeutung; denn daraus ergibt sich, daß die Forderungen trotz ihrer Kontokorrentzugehörigkeit zum normalen Zeitpunkt fällig werden und z.B. **Fälligkeitszinsen** gemäß § 353 HGB tragen können. Statt von Stundung hat man auch von einem „Bann, der lähmende Wirkungen auf die Forderung ausübt" gesprochen.[142] Eine solche Bildersprache ist indessen wissenschaftlich wertlos, weil sie die fraglichen Rechtswirkungen eher verdunkelt als klärt. Man sollte daher lieber einräumen, daß es sich hier um eine **Rechtswirkung sui generis** handelt, die **zwischen Stundung und Erfüllung** steht. Terminologisch kann man von der **Einwendung der Kontokorrentabrede** oder auch allgemeiner von der **Einwendung der Vorausverfügung** sprechen.

104 Wichtiger als solche Probleme der dogmatischen Einordnung und der Terminologie ist die Frage, welche Rechtsfolgen im einzelnen an diese Einwendung geknüpft sind. Fest steht insoweit zunächst, daß sie zur **Abweisung einer Leistungsklage** führt. Die Abweisung erfolgt dabei nicht als unzulässig, sondern **als unbegründet;** das ergibt sich sowohl aus der Analogie zu den Einwendungen der Stundung und der Erfüllung als auch aus der Tatsache, daß der rechtskonstruktive Grund der Einwendung im Verbrauch der Verfügungsmacht, also in rein materiell-rechtlichen Gesichtspunkten liegt. Die Berücksichtigung der Einwendung erfolgt von Amts wegen; denn es handelt sich nicht lediglich um eine Einrede, sondern um eine **echte Einwendung.**[143] Zur Begründung ist wiederum auf die Analogie zur Stundung und Erfüllung sowie auf den Ver-

---

[139] Vgl. z.B. RGZ 105, 233, 234; RG WarnRspr. 1926 Nr. 39 S. 48; RG SeuffArch. 88 Nr. 77 S. 157; BGH WM 1970, 184, 186 Sp. 1 unter c; 72, 283, 287; DB 1972, 918, 919; *Düringer/Hachenburg/Breit* §355 Anm. 34; *Schlegelberger/Hefermehl* § 355 Rdn. 31; *Heymann/Horn* § 355 Rdn. 18; *Baumbach/Hopt* § 355 Rdn. 7; *Koller/Roth/Morck* § 355 Rdn. 6; *Müller-Erzbach* S. 657 unter IV 1; *von Gierke* § 63 IV 3a; *Ulmer* aaO S. 199, Sp. 1; *Pfeiffer/Hammen* § 7 Rdn. 6.

[140] Vgl. RGZ 82, 400, 404; 125, 411, 416; RG SeuffArch. 88 Nr. 77 S. 157; RG JW 1933, 2826, 2827; *Düringer/Hachenburg/Breit* § 355 Anm. 33 unter Ziff. 1a und Anm. 34 unter a; *Müller-Erzbach* S. 657 unter III 4; *Schumann* II § 5 III 1; *Ulmer* aaO S. 199 Sp. 1.

[141] So mit Recht *Göppert* ZHR 102, 182; *Schlegelberger/Hefermehl* § 355 Rdn. 35; *Heymann/Horn* § 355 Rdn. 20; *Baumbach/Hopt* § 355 Rdn. 7; *Pfeiffer/Hammen* § 7 Rdn. 7.

[142] *Von Gierke* § 63 IV 3 vor a; zustimmend z.B. *Göppert* aaO S. 183; *Hefermehl*, Festschrift für Lehmann, S. 557 Fn. 33.

[143] A.A. offenbar BGH WM 1970, 184, 186 Sp. 1 unter c; *Düringer/Hachenburg/Breit* § 355 Anm. 34 unter a; wie hier dagegen *Schlegelberger/Hefermehl* § 355 Rdn. 32.

brauch der Verfügungsmacht zu verweisen. Eine **Feststellungsklage** wird durch die Einwendung der Kontokorrentabrede nicht ausgeschlossen.[144]

Daß die Forderungen nicht selbständig geltend gemacht werden können, hat weiterhin zur Folge, daß die Kontokorrentabrede während der Kontokorrentperiode zum **Ausschluß einer einseitigen Aufrechnung** mit den kontokorrentzugehörigen Forderungen führt.[145] Ob die Gegenforderung, gegen die die Partei aufzurechnen versucht, ihrerseits kontokorrentzugehörig ist oder nicht, spielt dabei keine Rolle. Zur Begründung ist wiederum auf die Unvereinbarkeit einer solchen Verfügung mit dem Vereinfachungszweck des Kontokorrents sowie auf den Verbrauch der Verfügungsmacht zu verweisen. Aus denselben Gründen ist auch *gegen* eine kontokorrentzugehörige Forderung eine Aufrechnung ausgeschlossen. Eine andere Frage ist, ob nach Verrechnung und Saldofeststellung noch von besonderen Aufrechnungsmöglichkeiten Gebrauch gemacht werden kann, vgl. dazu unten § 356 Rdn. 33. **105**

Daß die Forderungen während des Laufs der Rechnungsperiode nicht geltend gemacht werden können, führt ferner zur **Hemmung ihrer Verjährung** analog § 202 BGB.[146] Diese dauert so lange, wie die Bindung durch das Kontokorrent besteht,[147] also grundsätzlich bis zum Ende der jeweiligen Rechnungsperiode, bei Vortragung des Saldos als neuer Rechnungsposten dagegen folgerichtig bis zum Ende des gesamten Kontokorrentverhältnisses. **106**

Die **Länge der Verjährungsfrist** wird dagegen durch die bloße Einstellung in das Kontokorrent nicht berührt, sondern richtet sich nach wie vor nach der Rechtsnatur des jeweiligen Anspruchs; erst die Anerkennung des Saldos führt allgemein zur 30jährigen Verjährungsfrist.[148] Konstruktiv gesehen ergibt sich dies daraus, daß die Forderungen durch die Einstellung in das Kontokorrent ihre Rechtsnatur nicht ändern (vgl. Rdn. 101); teleologisch gesehen folgt es daraus, daß nicht schon die bloße Einstellung der einzelnen Forderungen in das Kontokorrent, sondern erst die Anerkennung der Saldoforderung den Schutzzweck der kurzen Verjährungsfristen als obsolet erscheinen läßt, da nicht schon jene, sondern erst diese hinreichende Klarheit über Bestand und Höhe der Forderung(en) schafft und sie auf eine neue Grundlage stellt.

Zur Verjährung von Ansprüchen, die versehentlich bei der Abrechnung nicht berücksichtigt wurden, vgl. unten Rdn. 225.

Auch **Verzug** wird durch die Kontokorrentzugehörigkeit einer Forderung grundsätzlich ausgeschlossen.[149] Allerdings ist zu beachten, daß auch vor Ablauf einer Rechnungsperiode u. U. die Abdeckung eines vertragswidrig entstandenen Debets verlangt werden kann (vgl. Rdn. 7–9 m. Nachw.); insoweit ist selbstverständlich auch Verzug möglich. Dieser Anspruch hat seine Grundlage jedoch in dem Geschäftsvertrag, nach dessen Rechtsnatur sich folgerichtig z. B. Verjährung, Erfüllungsort, **107**

---

[144] Vgl. RGZ 125, 411, 416; *Düringer/Hachenburg/Breit* § 355 Anm. 33 unter Ziff. 1b; *Schlegelberger/Hefermehl* § 355 Rdn. 32.

[145] Vgl. z. B. BGH WM 1970, 184, 186 Sp. 2 unter 3 vor a; *Düringer/Hachenburg/Breit* § 355 Anm. 34 unter b; *Müller-Erzbach* S. 658 Ziff. 2; *Schumann* II § 5 III 1; *von Gierke* § 63 IV 3a.

[146] Vgl. BGHZ 49, 24, 27; 51, 346, 347; BGH WM 1970, 548 unter II 1; 1976, 505, 506; *Düringer/Hachenburg/Breit* § 355 Anm. 34 unter c; *Schlegelberger/Hefermehl* § 355 Rdn. 34; *Heymann/Horn* § 355 Rdn. 20; *von Gierke* § 63 IV 3b; *Ulmer* aaO S. 199 Sp. 1; **a. A.** *Theusner* aaO S. 50f.

[147] Vgl. BGHZ 49, 24, 27; 51, 346, 347.

[148] So mit Recht BGHZ 49, 24, 28; anders OLG Stuttgart BB 1960, 540 und wohl auch RGZ 132, 326, 330; *Kübler* aaO S. 162f; vgl. dazu auch unten Rdn. 183.

[149] Vgl. *Düringer/Hachenburg/Breit* § 355 Anm. 34 unter d; *Schlegelberger/Hefermehl* § 355 Rdn. 34; *Heymann/Horn* § 355 Rdn. 20; *von Gierke* § 63 IV 3b; z.T. anders *von Godin* Voraufl. Anm. 19a.

Gerichtsstand und dgl. richten. Er ist daher von den einzelnen in das Kontokorrent eingestellten Ansprüchen scharf zu unterscheiden, mag auch das Debet – und damit auch der Ausgleichsanspruch – durch einen ganz bestimmten Geschäftsvorfall ausgelöst worden sein.

108 Auch für **Leistungen** gilt ebenso wie für Ansprüche, daß sie der „Selbständigkeit" ermangeln und lediglich zur Verrechnung dienen. Sie haben daher bis zur Verrechnung **keine Tilgungsfunktion.**[150] Eine ganz andere Frage ist, wie die Leistungen *bei der Verrechnung* wirken und ob sie dabei auf bestimmte Forderungen angerechnet werden können oder nicht (vgl. dazu Rdn. 143 ff). Daraus, daß die Leistungen „zur Verrechnung gestellt" sind, läßt sich nämlich nur schließen, daß sie *bis* zur Verrechnung keine Tilgungswirkung haben. Entgegen einer früher verbreiteten Meinung[151] ergibt sich demnach aus der „Unselbständigkeit" der Leistungen nichts über die **Anwendbarkeit der §§ 366, 396 BGB**; denn diese Vorschriften betreffen nicht die Rechtswirkungen *bis* zur Verrechnung, sondern nur die Rechtsfolgen *bei* der Verrechnung (vgl. auch unten Rdn. 145 und 154).

109 c) **Die Wirkungen im Verhältnis zu Dritten.** Auch im Verhältnis zu Dritten äußert die Kontokorrentabrede Wirkungen. Vor allem ergibt sich aus ihr die **Unabtretbarkeit** und damit gemäß § 1274 Abs. 2 BGB auch die **Unverpfändbarkeit** der kontokorrentzugehörigen Forderungen.[152] Nach einer von *von Godin* in der 2. Aufl. dieses Kommentars vertretenen Gegenmeinung soll dagegen die Abtretung nicht ausgeschlossen sein; die Wirkung der Kontokorrentabrede sei lediglich, daß sich auch der Dritte die daraus folgende „Einrede" entgegenhalten lassen müsse.[153] Diese Ansicht vermag indessen nicht zu befriedigen. Mit ihr läßt sich zwar vielleicht erklären, daß und warum *der Dritte* die Kontokorrentabrede gegen sich gelten lassen muß, nicht aber auch, daß und warum die fragliche Forderung auch *zwischen den Kontokorrentparteien* bei der Verrechnung noch als kontokorrentzugehörig behandelt wird; letzteres aber ist unerläßlich, soll nicht der Vereinfachungs- und Vereinheitlichungszweck des Kontokorrents durch die Herausnahme der abgetretenen Forderung beeinträchtigt werden. Der mutmaßliche Parteiwille geht daher dahin, in **Ausnutzung der Möglichkeit des § 399 HS. 2 BGB** die Abtretbarkeit auszuschließen.[154]

110 Ein gewisser Schutz des Zessionars gegenüber der Kontokorrentabrede wird durch die **Möglichkeit gutgläubigen Erwerbs gemäß § 405 BGB** gewährleistet, da der rechtsgeschäftliche Ausschluß der Abtretbarkeit kraft ausdrücklicher Bestimmung unter diese Vorschrift fällt. Dieser Schutz wird noch erweitert dadurch, daß § 405 auf mündliche Erklärungen des Schuldners, die den Bestand der Forderung vorbehaltlos kundtun, analog anzuwenden ist.[155] Der Schuldner muß also trotz Einstellung der Forderung in das Kontokorrent an den Zessionar zahlen, wenn er über die Forderung eine Urkunde ausstellt, ohne in dieser die Kontokorrentzugehörigkeit zu erwähnen, oder wenn er gegenüber dem Zessionar eine entsprechende mündliche Erklärung

---

[150] Vgl. z.B. BGHZ 117, 135, 140f.; *Düringer/Hachenburg/Breit* § 355 Anm. 35; *Schlegelberger/Hefermehl* § 355 Rdn. 31; *Müller-Erzbach* S. 657 unter IV; *Schumann* II § 5 III 2; *von Gierke* § 63 IV 3c.

[151] Charakteristisch *Müller-Erzbach*, *Schumann* und *von Gierke* aaO.

[152] Vgl. z.B. RGZ 44, 388; RG SeuffArch. 88 Nr. 77 S. 157; BGHZ 84, 371, 376; BGH WM 1971, 178; NJW 1982, 1150, 1152; *Düringer/Hachenburg/Breit* § 355 Anm. 34 unter e; *Schlegelberger/Hefermehl* § 355 Rdn. 33; *Müller-Erzbach* S. 658 unter Ziff. 2; *von Gierke* § 63 IV 3a; *Grigat* BB 1952, 819.

[153] Vgl. *von Godin* § 355 Anm. 18 und § 356 Anm. 5.

[154] Kritisch *Hammen* JZ 1998, 1098 und *Pfeiffer/Hammen* § 7 Rdn. 10f.

[155] Vgl. *Canaris* Die Vertrauenshaftung im deutschen Privatrecht, 1971, S. 90f.

abgibt. Der Gläubiger – der die Forderung trotz ihrer Kontokorrentzugehörigkeit zediert hat – muß folgerichtig die Zahlung des Schuldners an den Zessionar als Leistung an sich selbst gelten lassen, so daß für den Schuldner ein entsprechender Habenposten, d. h. eine „Leistung", in das Kontokorrent einzustellen und in die Verrechnung aufzunehmen ist.

Zu einem **Vorrang der Zession gegenüber dem Kontokorrent** gelangt man ferner grundsätzlich bei der **Abtretung einer bereits *vor* dessen Vereinbarung entstandenen Forderung**. Denn der Gläubiger hat diese und seine Verfügungsmacht durch die Zession verloren, so daß er über sie nicht ein zweites Mal durch ihre Einstellung in das Kontokorrent abweichend verfügen kann. Allerdings setzt sich gleichwohl in weitem Umfang der Schutz des Schuldners, d. h. also des Kontokorrentpartners, durch. Das gilt gemäß § 407 BGB vor allem, solange dieser keine Kenntnis von der Abtretung hat; denn die Einstellung der Forderung in das Kontokorrent stellt ein „Rechtsgeschäft in Ansehung der Forderung" i. S. von § 407 Abs. 1 BGB dar. Selbst bei Kenntnis der Abtretung wird der Schuldner aber noch geschützt, sofern die Voraussetzungen des § 406 BGB vorliegen, da diese Vorschrift auf den Aufrechnungsvertrag analog anzuwenden ist.[156] Im Ergebnis geht hier somit die Kontokorrentabrede häufig der Zession vor.

111

Darüber hinaus besteht sogar ein genereller, d.h. nicht von den Voraussetzungen der §§ 406f BGB abhängiger **Vorrang des kontokorrentrechtlichen Abtretungsverbots gegenüber der Vorauszession von zukünftigen Forderungen**. Praktische Bedeutung hat das vor allem im **Verhältnis zu einer Globalzession und einem verlängerten Eigentumsvorbehalt**. Dabei geht das Abtretungsverbot entgegen dem Prioritätsprinzip der Vorauszession auch dann vor, wenn diese zeitlich früher lag;[157] denn die Forderung gelangt nur so zur Entstehung, wie sie zwischen Gläubiger und Schuldner begründet worden ist – *also als unabtretbare*. Auch eine spätere Kontokorrentabrede setzt sich somit gegenüber einer früheren Vorauszession durch.[158]

112

Trotz dieses zerstörerischen Einflusses auf die Vorauszession liegt in dem Abschluß der Kontokorrentabrede grundsätzlich **kein Verstoß gegen die guten Sitten i. S. von § 138 BGB**, weil (und sofern) für ihren Abschluß vernünftige Sachgründe sprechen wie vor allem bei massenhaften Geschäftsvorfällen.[159] Das gilt nicht zuletzt deshalb, weil der Zessionar sich immerhin den Anspruch auf den nach Abschluß der jeweiligen Rechnungsperiode entstehenden Saldo oder, falls dieser als neuer Rechnungsposten vorzutragen und daher ebenfalls kontokorrentgebunden ist, auf den bei Beendigung des Kontokorrentverhältnisses anfallenden Schlußsaldo abtreten lassen kann.

Im praktischen Ergebnis gelangt man somit zu einem **nahezu generellen Vorrang der Kontokorrentabrede gegenüber der Zession**. Diese verhindert dadurch weitgehend den rechtsgeschäftlichen Zugriff Dritter und „reserviert" auf diese Weise die kontokorrentzugehörigen Forderungen des anderen Teils für die Befriedigung der eigenen Gegenforderungen. Vor allem hierin liegt die **Sicherungsfunktion** der Kontokorrentabrede (vgl. zu dieser allgemein Rdn. 6).

113

---

[156] Vgl. näher *Canaris* SAE 1967, 212; *Larenz* Schuldrecht I[14] § 34 IV.
[157] Vgl. BGHZ 30, 176, 179 (allerdings nicht zu einem kontokorrentrechtlichen Abtretungsverbot); OLG Stuttgart WM 1978, 149, 153; *Hammen* JZ 1998, 1097ff; i. E. auch BGHZ 70, 86, 92f (1. „Barsortimenter"-Urteil); **a. A.** *Hennrichs* JZ 1993, 228ff.
[158] Vertiefend und z. T. auch einschränkend *Hammen* JZ 1998, 1097f und *Pfeiffer/Hammen* § 7 Rdn. 10f.
[159] Vgl. BGHZ 73, 259, 265 (2. „Barsortimenter"-Urteil).

114 Dieser Vorrang der Kontokorrentabrede wird noch dadurch verstärkt, daß die **Vorschrift des § 354a HGB**, nach der rechtsgeschäftliche Abtretungsverbote die Wirksamkeit der Abtretung weitgehend unberührt lassen, auf das kontokorrentrechtliche Abtretungsverbot **keine Anwendung** findet, vgl. § 354a Rdn. 9.

115 Die Kontokorrentabrede macht schließlich auch die **Pfändung** der kontokorrentzugehörigen Einzelforderungen unmöglich.[160] Das ergibt sich allerdings nicht schon aus der Unabtretbarkeit der Forderungen, da der rechtsgeschäftliche Ausschluß der Abtretung gemäß § 851 Abs. 2 ZPO der Pfändung grundsätzlich nicht entgegensteht. Es folgt aber aus § 357 HGB, da diese Vorschrift ersichtlich *nur* die Saldopfändung zulassen will und überflüssig wäre, wenn ohnehin eine Pfändung der einzelnen kontokorrentzugehörigen Forderungen möglich wäre.[161]

116 Der **Gerichtsstand des Vermögens gemäß § 23 ZPO** wird durch das Bestehen der Kontokorrentabrede grundsätzlich nicht beeinflußt. Insbesondere kann man die Existenz eines Vermögenswertes nicht einfach mit der Begründung verneinen, daß die einzelnen Forderungen wegen der Kontokorrentabrede nicht selbständig eingeklagt werden können; das wäre schon konstruktiv nicht überzeugend, weil die Forderungen ihren rechtlichen Bestand nach richtiger Ansicht zumindest bis zur Verrechnung nicht einbüßen (vgl. oben Rdn. 100), und es wäre außerdem unter wirtschaftlichen Gesichtspunkten gänzlich wirklichkeitsfremd. Allerdings ist *während des Laufs einer Kontokorrentperiode* nicht sicher, ob im Augenblick der Saldierung für die eine oder die andere Seite ein Überschuß entsteht. Man könnte daher vielleicht die Beantwortung der Frage, ob ein inländischer Vermögenswert vorliegt, davon abhängig machen, ob der Beklagte *bei der nächsten Saldierung* einen aktiven Saldo hat oder nicht.[162] Das hätte indessen die mißliche Konsequenz, daß die Zulässigkeit der Klage von einem zukünftigen ungewissen Umstand abhinge und daß überdies der Beklagte die Klage unzulässig machen könnte, indem er ein etwaiges Guthaben vor der Saldierung vollständig abzöge. Aus diesem Grunde sowie auch im Hinblick auf die Wertung von § 357 HGB sollte man für die Anwendbarkeit von § 23 ZPO lieber darauf abstellen, ob sich *bei einer – hypothetischen – Saldierung im Augenblick der Klageerhebung* ein aktiver Saldo für den Beklagten ergäbe.[163]

IV. Die Verrechnung

117 Unter den vielen dunklen Punkten, welche die Theorie des Kontokorrents auch heute noch aufweist, gehört die Lehre von der „Verrechnung" zu den dunkelsten. In ihr tritt in besonderem Maße die „**mystische Ingredienz**" zutage, die *J. A. Levy* schon 1884 an den Kontokorrenttheorien gerügt hat[164] und die seither immer wieder beklagt worden ist. Das Dunkel beginnt dabei schon bei der ersten und wichtigsten Frage: der nach der Wirkung der Verrechnung.

---

[160] Vgl. z.B. BGHZ 80, 172, 175f; 84, 325, 330; 84, 371, 376; 93, 315, 323; BGH WM 1982, 233, 234; *Schlegelberger/Hefermehl* § 355 Rdn. 33; *Müller-Erzbach* S. 658 unter Ziff. 3; *von Gierke* § 63 IV 3a.

[161] Vgl. auch Denkschrift S. 200, wo die Unpfändbarkeit der Einzelforderungen als selbstverständlich vorausgesetzt wird, sowie eingehend unten § 357 Rdn. 2ff.

[162] So in der Tat *Wieczorek*, Komm. zur ZPO, 1956, § 23 Anm. B I b 5 a.E.

[163] Ebenso i.E. RGZ 44, 386, 388f.

[164] Der Contokorrent-Vertrag, herausgegeben von *H. Riesser*, S. 210.

1. Die Tilgungswirkung der Verrechnung

Bei unbefangener Betrachtungsweise sollte man meinen, die Wirkung der Verrechnung liege auf der Hand. Denn es drängt sich geradezu auf, den Terminus „Verrechnung" wörtlich zu nehmen und zu folgern, die Verrechnung führe zum **Erlöschen der Forderungen und Leistungen**, soweit diese sich verrechenbar gegenüberstehen. Die Verrechnung hätte dann in erster Linie *Tilgungsfunktion*; zugleich würde sie die beiderseitigen Aktiva und Passiva auf eine einzige Forderung reduzieren und so zur *Entstehung der Überschuß- oder Saldoforderung* führen. Diese Ansicht ist jedoch keineswegs unumstritten. Vielmehr gibt es mehrere andere Konstruktionen, mit deren Hilfe zu erklären versucht wird, wodurch sich verrechenbar gegenüberstehenden Forderungen und Leistungen untergehen. Im wesentlichen sind dafür **drei Theorien** entwickelt worden: Während diese Wirkung früher auf die *Abgabe des Saldoanerkenntnisses* und die mit dieser angeblich verbundene *Novation* zurückgeführt wurde, wird sie heute entweder aus der *Tilgung der Saldoforderung* hergeleitet (vgl. dazu unten Rdn. 122) oder in der Tat auf die *Verrechnung* gestützt (vgl. dazu unten Rdn. 124 ff).

a) Das ältere Schrifttum und der Einfluß der Novationstheorie auf die Lehre von der Verrechnung. Das ältere Schrifttum steht auch in dieser Frage noch ganz im Banne der **„Novationstheorie"**. Charakteristisch ist dabei, daß zwischen Verrechnung einerseits und Feststellung bzw. Anerkennung des Saldos andererseits nicht klar geschieden wird, sondern beide zu einem Vorgang zusammengezogen oder zumindest miteinander „verquickt" werden.[165] Auch wenn die Existenz eines besonderen Aufrechnungs- oder Verrechnungsvertrags meist nicht geleugnet wird,[166] so wird doch zugleich behauptet, „die Anerkennung (!) des Saldos bewirke als Anerkennung der Aufrechnung ein Erlöschen der aufgerechneten Forderungen"[167] oder der Anerkenntnisvertrag (!) habe „einen schuldtilgenden (novierenden) Charakter für die alten Einzelforderungen" und „durch ihn werde das Erlöschen der einzelnen Forderungen durch die Gesamtverrechnung bestätigt".[168] Der Zusammenhang mit der Novationstheorie wird dabei durchweg ausdrücklich betont, und er ist in der Tat offenkundig: Ersichtlich ist die Vorstellung die, daß durch den Anerkenntnisvertrag nicht nur die Saldoforderung novierend „auf eine neue Rechtsgrundlage gestellt" wird, sondern daß zugleich alle bisherigen Einzelforderungen zum Erlöschen gebracht werden.

Diese Theorie hält der **Kritik** nicht stand. Sie ist zunächst schon in sich selbst widersprüchlich, weil sie das Verhältnis zwischen dem *auch von ihr angenommenen* Aufrechnungs- oder Verrechnungsvertrag einerseits und der angeblichen Tilgungsfunktion des Anerkenntnisvertrags andererseits nicht zu bestimmen vermag; denn wenn schon jener die Forderungen zum Erlöschen gebracht hat, kann dieser das sinnvollerweise nicht noch einmal tun.[169] Außerdem kann diese Theorie die Frage nicht beantworten, wie denn die Saldoforderung zur Entstehung gelangen soll, wenn es nicht zur Abgabe eines Anerkenntnisses und damit auch nicht zu einer Novation

---

[165] Vgl. *Düringer/Hachenburg/Breit* § 355 Anm. 37 und 43; *Müller-Erzbach* S. 659 unter VIII 1; *von Gierke* § 63 IV 4 b.
[166] Vgl. *Breit* Anm. 37 unter a; *Müller-Erzbach* S. 657 unter III 2; *von Gierke* aaO.
[167] *Breit* Anm. 43 a. E.
[168] *Von Gierke* aaO.
[169] Dieser Widerspruch kommt auch in den zitierten Formulierungen deutlich zum Ausdruck, so wenn *Breit* aaO von einer „Anerkennung" der Aufrechnung spricht, die gleichwohl erst das Erlöschen bewirken soll, oder wenn *von Gierke* aaO einerseits den „schuldtilgenden Charakter" des Anerkenntnisvertrags behauptet, andererseits aber meint, durch ihn werde das Erlöschen lediglich „bestätigt".

kommt; diese Frage ist aber von zentraler Bedeutung, weil es (u. a.) gerade derartige Fälle sind, in denen es auf das Erlöschen der kontokorrentzugehörigen Forderungen und Leistungen und deren Reduzierung auf eine Überschußforderung ankommt. Hinzu kommt schließlich, daß die Novationstheorie heute als endgültig widerlegt anzusehen ist (vgl. eingehend unten Rdn. 175 ff). Damit ist den zitierten Ansichten die Grundlage entzogen und eine Neubestimmung von Rechtsnatur und Wirkungen der Verrechnung unerläßlich geworden.

121 **b) Die Lehre von der Verrechnung nach Überwindung der Novationstheorie.** Es stellte daher einen gewissen Fortschritt dar, daß *von Godin* in der zweiten Auflage dieses Kommentars die Tilgungsfunktion der Verrechnung ausdrücklich und unmißverständlich anerkannt hat.[170] Gleichwohl enthielt auch seine Ansicht eine Reihe von Widersprüchen und Ungereimtheiten. So ist es mit der Tilgungsfunktion der Verrechnung zweifellos unvereinbar, wenn *von Godin* hinsichtlich ihrer Rechtsnatur behauptet, sie brauche „keine juristische Aktion, kein Rechtsgeschäft, ... nicht Aufrechnung zu sein; es braucht sich nicht um mehr als die rein buchhalterisch-arithmetische Subtraktion der kleineren von der größeren Seite des Kontokorrents zu handeln". Vor allem aber ist *von Godins* **Begründung für die Tilgungsfunktion der Verrechnung** unzureichend. Er führt diese nämlich nicht, wie das allein richtig wäre, auf den Vereinfachungszweck des Kontokorrents und den mutmaßlichen Parteiwillen zurück, sondern stützt sie ausschließlich auf **das in § 355 Abs. 1 gebrauchte Wort „ausgeglichen"**. Über dessen Bedeutung hat er folgende Meditationen angestellt, die als methoden- und dogmengeschichtlich aufschlußreicher Beleg für die Art und Weise, in der selbst von erfahrenen Praktikern die Diskussion über die Probleme des Kontokorrents mitunter geführt worden ist, erhalten zu bleiben verdienen:

„Der ‚Ausgleich' ist aber ersichtlich eine Rechtswirkung, eine Rechtsfolge. Was unter ‚Ausgleich' zu verstehen ist, ist nun freilich leider nicht ohne weiteres klar. Normalerweise versteht man darunter die Beseitigung des Unterschieds zwischen dem, was einer hat und was er unter irgendeinem Gesichtspunkt haben sollte. Es kann bedeuten, daß jemand mit irgendeinem andern gleichgestellt werden soll, gegen den er bis dahin benachteiligt war. Von einem solchen Ausgleich ist hier nicht die Rede. Es kann ferner bedeuten, daß jemand bekommt, was er aufgrund einer Forderung zu bekommen hat; daß das Wort auch diese Bedeutung hier nicht haben kann, ist auch ohne weiteres klar. Denn wie sollte der Überschußgläubiger – nennen wir ihn schon anticipando einmal so – dadurch wegen des Überschusses seiner Forderung befriedigt werden, daß festgestellt wird, daß seine Leistungen und Forderungen einen Überschuß über die Leistungen und Forderungen des anderen Teils aufweisen. Er muß also etwas zum Ausgleich bekommen. Aber was? Geld oder Ware bekommt er sicher nicht. ‚Durch die Feststellung des sich für ihn ergebenden Überschusses' kann er schlechterdings nicht mehr bekommen als daß festgestellt wird, daß ihm ein Ausgleich dieses Überschusses noch gebührt. (Davon, daß durch diese Feststellung der Überschuß schon ausgeglichen ist, kann keine Rede sein.) Es kann also mit dem Ausgleichen der Forderungen nur die Wirkung gemeint sein, die es auf die Forderungen hat, wenn ihr Gläubiger den Ausgleich seiner wirklichen Vermögenslage mit derjenigen, die er zu beanspruchen hat, erfährt, also bekommt, was er bekommen soll, das heißt wenn die Forderungen erfüllt werden. Diese Folge ist, daß die Forderungen erlöschen. Die durch die Worte ‚ausgeglichen werden' gemeinte Rechtswirkung ist also, daß die Forderungen erlöschen."

---

[170] Vgl. *von Godin* § 355 Anm. 27.

Mit Recht hat *Hefermehl* der Ansicht *von Godins* entgegengehalten, eine derartige bloße Wortlautinterpretation sei nicht überzeugend.[171] Der „Ausgleich" brauche nicht als ein rechtlicher verstanden zu werden, sondern könne auch rein buchmäßig gemeint sein; das gelte um so mehr, wenn man wie *von Godin* auch die Worte „Verrechnung" und „Feststellung" nicht als Rechtsakte, sondern als bloße Buchungsvorgänge verstehe.

Hefermehl lehnt nun freilich seinerseits die Tilgungswirkung der Verrechnung ausdrücklich ab. Nach seiner Meinung erlöschen die Einzelansprüche „aus dem Gesichtspunkt der Zweckerreichung erst durch die Tilgung der Saldoforderung";[172] erst diese sei „das Ereignis, das auf Grund der Verrechnungsabrede die *materiell-rechtliche* Wirkung der Gesamtverrechnung auslöst mit der Folge, daß auch die im Saldo verrechneten Einzelforderungen und Leistungen getilgt sind".[173] Die in § 355 Abs. 1 verwendeten Ausdrücke „Verrechnung", „Feststellung des Überschusses" und „Ausgleich" seien nicht als Rechtsakte, sondern nur buchmäßig zu verstehen. Der mutmaßliche Parteiwille sei nicht darauf gerichtet, daß am Ende einer Rechnungsperiode eine Tilgung stattfindet. Es handele sich daher lediglich um eine **„summenmäßige"** bzw. **„summierende" Verrechnung**, wohingegen die rechtliche Tilgung der Einzelforderungen allein auf die **Tilgung der *Saldoforderung*** zurückzuführen sei.[174]

122

Auch diese Lösung vermag gegenüber der **Kritik** nicht zu bestehen. Wenn man die Novationstheorie ablehnt – und das tut auch und gerade *Hefermehl* –, ist es unausweichlich, die Tilgungswirkung der *Verrechnung* anzuerkennen. Sonst läßt sich nämlich nicht mehr erklären, auf welche Weise die Forderungen und Leistungen erloschen sein sollen, *soweit sie sich decken*. Die Annahme *Hefermehls*, dies geschehe erst durch die Tilgung der Saldoforderung, kann nicht überzeugen. Denn dadurch kann doch nur die Saldoforderung *selbst*, also die Forderung auf den *Überschuß* erlöschen, nicht aber auch die Masse der *übrigen* Ansprüche! Das wird an praktischen Beispielen sofort klar. Wenn etwa der eine Teil Aktiva in Höhe von 10000,– DM, der andere Aktiva in Höhe von 9500,– DM hat, so kann die *Zahlung* der Differenz von 500,– DM unmöglich die Wirkung haben, daß erst durch *diese* die *gesamte* Forderung des Saldogläubigers in Höhe von 10000,– DM untergeht. Vollends unerklärlich ist bei der Konstruktion *Hefermehls* das Schicksal der Forderungen des Saldoschuldners selbst in Höhe von 9500,– DM; oder soll man etwa annehmen, dieser brächte durch die Zahlung der 500,– DM auch seine eigenen (!) Forderungen zum Erlöschen?! Es kann somit gar nicht anders sein, als daß die Forderungen und Leistungen, soweit sie sich der Höhe nach decken, bereits durch die Verrechnung getilgt werden. Eine andere Frage ist, *wann* diese Tilgungswirkung eintritt: jeweils schon mit Abschluß einer Rechnungsperiode oder erst bei Beendigung des Kontokorrents (vgl. dazu unten Rdn. 132ff). Auch wenn man – wie *Hefermehl* – letzteres annimmt, folgt daraus nicht, daß die Verrechnung keine Tilgungswirkung hat, sondern lediglich, daß sie erst bei Beendigung des Kontokorrents erfolgt bzw. erst dann ihre Wirkung entfaltet; die Konzeption *Hefermehls* krankt daher auch daran, daß er zu Unrecht die Problematik des *Zeitpunktes* der Tilgung mit derjenigen ihrer *rechtlichen Ursache* vermengt.

123

---

[171] Vgl. Festschrift für Lehmann S. 553f und *Schlegelberger/Hefermehl* § 355 Rdn. 60 gegen Ende.
[172] So *Hefermehl* Festschrift für Lehmann S. 553.
[173] So *Schlegelberger/Hefermehl* § 355 Rdn. 60 gegen Ende (Hervorhebung im Original).
[174] Vgl. *Schlegelberger/Hefermehl* § 355 Rdn. 60.

124 Es bleibt daher gar kein anderer Ausweg, als die **Tilgungswirkung der Verrechnung** zu bejahen.[175] Nur mit Hilfe dieser Konstruktion läßt sich überzeugend begründen, wodurch die kontokorrentzugehörigen Posten erlöschen, *soweit sie sich decken* (vgl. das Beispiel in der vorigen Rdn.). Außerdem bietet nur sie eine tragfähige dogmatische Erklärung dafür, wie die („kausale") Saldoforderung zur Entstehung gelangt, wenn es nicht zu einer Anerkennung des Saldos kommt (vgl. auch unten Rdn. 128 ff). Allein diese Ansicht entspricht schließlich auch dem wirtschaftlichen Zweck des Kontokorrents und dem mutmaßlichen Willen der Parteien. Denn der Sinn des Kontokorrents liegt anerkanntermaßen gerade darin, die Abrechnung zu vereinfachen und an die Stelle einer ständigen Bezahlung der beiderseitigen Aktiva deren „Ausgleich" durch „Verrechnung" zu setzen; die buchmäßigen Vorgänge spiegeln insofern die juristischen Absichten der Parteien durchaus korrekt wider. Die zwischenzeitlich vom BGH vertretene Ansicht, daß die Verrechnung lediglich einen „unselbständigen Teilakt im Rahmen des Saldoanerkenntnisses" darstelle und daher keine tilgende Wirkung habe,[176] ist abzulehnen und inzwischen als überholt anzusehen (vgl. näher unten Rdn. 131 und 165).

2. Rechtsnatur und Funktion der Verrechnung

125 Damit ist auch die Rechtsnatur der Verrechnung bereits geklärt: Da sie nach dem Parteiwillen auf die Herbeiführung von Rechtsfolgen gerichtet ist, kann es sich nur um einen **Vertrag** handeln,[177] und da durch diesen Forderungen zum Erlöschen gebracht werden, hat er **Verfügungscharakter**. Einen **Aufrechnungsvertrag** im strengen Sinne stellt er zwar nicht dar, da durch ihn nicht nur beiderseitige *Forderungen* zur *Auf*rechnung, sondern i. d. R. auch *Leistungen* zur *An*rechnung gebracht werden,[178] doch steht er einem solchen so nahe, daß die Regeln über diesen unbedenklich auch hier angewandt werden können.[179]

126 Was das **Verhältnis der Verrechnung zur Feststellung oder Anerkennung der Saldoforderung** angeht, so ist jene von dieser in jeder Hinsicht scharf zu trennen.[180] Die Verrechnung geht der Saldofeststellung zeitlich voraus (vgl. sogleich Rdn. 127 ff) und ist auch unabhängig von dieser wirksam: kommt letztere aus irgendeinem Grund nicht zustande – z. B. weil eine Partei ihre Mitwirkung verweigert –, so wird dadurch die Verrechnung nicht mehr berührt (vgl. auch unten Rdn. 193 f). Funktionell betrachtet kommt der Verrechnung größere Bedeutung zu als der Anerkennung. Denn vor allem in ihr verwirklicht sich der Vereinfachungszweck des Kontokorrents, und sie kann deshalb schlechterdings nicht fehlen, während das Anerkenntnis des Saldos im Einzelfall auch unterbleiben kann. Wenn man so will, kann man daher geradezu das „Wesen" des Kontokorrents darin erblicken, daß es auf die Verrechnung angelegt ist (vgl. auch Rdn. 51).

---

[175] Vgl. *Canaris* DB 1972, 421 f; zustimmend z. B. *Michahelles* S. 88, 92; *Karsten Schmidt* Handelsrecht § 21 IV; *Heymann/Horn* § 355 Rdn. 21; *Schimansky* § 47 Rdn. 44; *Pfeiffer/Hammen* § 7 Rdn. 21; *Schwark* Börsengesetz² § 55 Rdn. 11 unter b; *Staudinger/Marburger*, 13. Bearbeitung 1997, § 782 Rdn. 6.

[176] So BGHZ 93, 307, 314.

[177] **A. A.** *Schlegelberger/Hefermehl* § 355 Rdn. 60, der der Verrechnung, von seinem Standpunkt aus folgerichtig, nur buchmäßige Bedeutung zubilligt.

[178] Vgl. schon Denkschrift S. 198; vgl. ferner z. B. *Göppert* ZHR 102, 172 ff und 103, 323; *von Gierke* § 63 IV 4 b.

[179] Vgl. auch *Berger* S. 18, der offenbar sogar einen Aufrechnungsvertrag im engen Sinne annimmt.

[180] **A. A.** z. B. RGZ 132, 218, 222 unter Aufgabe der zutreffenden älteren Rechtsprechung; BGHZ 93, 307, 314 und dazu unten Rdn. 131; vgl. ferner die oben Rdn. 119 Zitierten.

3. Der Vollzug der Verrechnung

Im Schrifttum wird meist gelehrt, die Verrechnung vollziehe sich „**automatisch**" mit Abschluß der jeweiligen Rechnungsperiode.[181] Demgegenüber ist zunächst zu betonen, daß es sich auch hier um eine **Frage des Parteiwillens** handelt. Es steht den Kontokorrentpartnern also frei, ob sie den Verrechnungsvertrag erst nachträglich, also z. B. stets erneut nach Ablauf einer Rechnungsperiode, oder ein für alle Mal schon bei Abschluß des Kontokorrentvertrags schließen wollen; im letzteren Fall liegt ein *antizipierter* Verfügungsvertrag vor, wie er auch sonst nicht selten vorkommt. Darüber hinaus steht es den Parteien auch frei zu bestimmen, in welchem Zeitpunkt die Wirkungen der Verrechnung eintreten sollen – z. B. mit Ablauf einer Verrechnungsperiode oder erst bei Beendigung des Kontokorrentverhältnisses. Diese beiden Fragen werden in Rechtsprechung und Schrifttum meist nicht hinreichend deutlich getrennt, sind aber dogmatisch und praktisch klar von einander zu unterscheiden. So ist es z. B. durchaus möglich, daß der *Abschluß* des Verrechnungsvertrages zwar im voraus bei *Beginn* des Kontokorrentverhältnisses erfolgt und also antizipiert wird, daß aber seine *Wirkungen* erst bei dessen *Beendigung* und nicht schon jeweils bei Ablauf einer Rechnungsperiode eintreten sollen.

a) Der Zeitpunkt der Vornahme der Verrechnung. Die Parteien werden nun freilich meist keine klaren Absprachen über diese Fragen treffen, und daher gilt es, den mutmaßlichen Parteiwillen zu ermitteln. Dieser wird in der Tat grundsätzlich auf eine „automatische" Verrechnung, also auf eine **Antizipation des Verrechnungsvertrags** gerichtet sein. Denn die im Schrifttum für den automatischen Eintritt der Verrechnungswirkung vorgetragenen Gründe[182] sind so stark und entsprechen so sehr der normalen Interessenlage, daß sie bei der Ermittlung des hypothetischen Parteiwillens regelmäßig den Ausschlag geben werden. Vor allem wird der Hauptvorzug dieser Ansicht, nämlich das Entstehen eines *unmittelbar auf Zahlung gerichteten Anspruchs*, wesentlich besser dem Vereinfachungszweck des Kontokorrents gerecht als die Gegenmeinung, die in schwerfälliger und umständlicher Weise lediglich einen *Anspruch auf Abschluß des Verrechnungsvertrags* geben kann. Auch hat die Gewährung eines unmittelbaren Zahlungsanspruchs den Vorteil, daß er ohne weiteres durch Arrest gesichert werden kann und daß im Insolvenzverfahren seine Anerkennung als Insolvenzforderung keine Schwierigkeiten bereitet. Allerdings sollte man das Gewicht dieser Argumente auch nicht überschätzen; denn es steht außer Frage, daß die Parteien auf den antizipierten Abschluß des Verrechnungsvertrags verzichten können, und es ist schwer vorstellbar, daß man dann die soeben erwähnten Sachprobleme anders entscheidet. Immerhin wird man dann zu gewagten Hilfskonstruktionen Zuflucht nehmen müssen, und schon deren Vermeidung ist Grund genug, im Regelfall die automatische Verrechnung als gewollt anzusehen.

Das gilt um so mehr, als **keine wesentlichen Gegengründe** ersichtlich sind. Insoweit könnte man allenfalls erwägen, ob sich die Parteien nicht bis zum Ablauf der jeweiligen Rechnungsperiode vorbehalten wollen, welche Forderungen und Leistungen sie in die Verrechnung einbeziehen wollen und ob darüber demnach nicht erst die buchmäßige Vornahme der Verrechnung und deren Anerkennung durch den anderen

---

[181] Grundlegend *Beitzke* aaO S. 10 ff im Anschluß an *Göppert* ZHR 102, 203 und 103, 835 ff; vgl. ferner *Grigat* NJW 1952, 812 f; *von Godin* 2. Aufl. Anm. 22 und Anm. 27 unter Ziff. 4 und 5; *von Gierke* § 63 IV 4b; *Schumann* II § 5 IV 3; *Schönle* S. 62; *Beeser* AcP 156, 426; *Blaurock* NJW 1971, 2207 f; *Staudinger/Marburger*, 13. Bearbeitung, 1997, § 782 Rdn. 6; i. E. auch *Heymann/Horn* § 355 Rdn. 21.

[182] Vgl. vor allem *Beitzke* und *Grigat* aaO.

Teil entscheiden soll. Abgesehen davon, daß dieses Problem nur bei einem Wirkungseintritt schon mit Ablauf der Abrechnungsperiode und nicht erst bei Beendigung des Kontokorrentverhältnisses auftritt, steht es den Parteien auch bei einer Antizipation des Verrechnungsvertrags frei, nachträglich einzelne Forderungen von der Verrechnung auszunehmen oder andere in sie einzubeziehen und insoweit den antizipierten Vertrag zu ändern. Daher entstehen auch in dieser Hinsicht keinerlei Schwierigkeiten, die gegen die Annahme einer „automatischen" Verrechnung sprechen könnten. Auch daß dadurch Forderungen, die bei der buchmäßigen Abrechnung *vergessen* worden sind, gleichwohl juristisch gesehen bereits mitverrechnet worden sind, stellt keinen Einwand dar. Auch diese Forderungen unterfallen nämlich in jedem Fall zumindest der „Kontokorrentabrede", so daß sie nicht etwa nach Ablauf der Rechnungsperiode ohne weiteres selbständig geltend gemacht werden können; da sie somit jedenfalls zur Verrechnung *stehen*, werden die Parteien i. d. R. auch wollen, daß sie von dieser *erfaßt* und damit gegebenenfalls *mitgeteilt* werden – gleichgültig, ob sie in der buchmäßigen Abrechnung enthalten sind oder nicht (vgl. dazu auch unten Rdn. 226).

130 Es kommt schließlich hinzu, daß auch in der **Regelung des § 355 Abs. 3** ersichtlich vom Entstehen eines *unmittelbaren* Zahlungsanspruchs und damit von einer *automatischen* Verrechnung ausgegangen wird. Der Gesetzgeber hat nun aber unzweifelhaft die Macht, den mutmaßlichen Parteiwillen typisierend festzulegen (vgl. auch Rdn. 2), und daher ist diese Wertung zu respektieren. Allerdings bezieht sich § 355 Abs. 3 nur auf die Beendigung des gesamten Kontokorrentverhältnisses und nicht auch auf den bloßen Ablauf einer Rechnungsperiode. In der Tat will daher *Hefermehl* nur in jenem und nicht auch in diesem Fall den automatischen Vollzug der Verrechnung anerkennen.[183] Zur Begründung macht er dabei vor allem geltend, das sofortige Entstehen und die sofortige Fälligkeit des Saldoanspruchs nach Ablauf der Rechnungsperiode stünden in Widerspruch zu der Einsicht, daß über die Frage, „ob eine Kontokorrentpartei während des Bestehens des Kontokorrentverhältnisses Deckung eines Saldos, insbesondere Zahlung verlangen kann, ausschließlich der Geschäftsvertrag entscheidet". Diese Kritik beruht indessen auf einem Mißverständnis. Daß der Saldoanspruch automatisch entsteht und fällig wird, bedeutet nämlich keineswegs, daß er darum auch ohne weiteres *in bar* eingefordert werden kann. Darüber entscheidet vielmehr in der Tat allein der Geschäftsvertrag (vgl. oben Rdn. 7–9), und wenn dieser bestimmt, daß die Saldoforderung als erster Posten der neuen Rechnungsperiode vorzutragen ist, so gilt das selbstverständlich auch für eine automatisch entstandene und fällig gewordene Saldoforderung. Denn diese unterfällt dann der Kontokorrentabrede, und das bedeutet, daß ihr die „Selbständigkeit" genommen ist, daß sie also nicht mehr als solche eingeklagt werden kann; für sie gilt insoweit nichts anderes als für jede „normale" Forderung auch, deren Fälligkeit ihrer Kontokorrentgebundenheit ja auch nicht entgegensteht (vgl. Rdn. 82).

131 Die Annahme einer antizipierten „automatischen" Verrechnung steht auch im **Einklang mit der neueren Rechtsprechung des BGH**. Allerdings hat der I. Zivilsenat des BGH die Verrechnung lediglich als „unselbständigen Teilakt im Rahmen des Saldoanerkenntnisses" qualifiziert und die hier vertretene These abgelehnt, „daß sich ohne Saldoanerkenntnis eine Verrechnung mit tilgender Wirkung schon auf Grund der Kontokorrentabrede ... vollziehen könnte".[184] Diese Ansicht steht ersichtlich noch im Banne der Novationstheorie und hält daher der Kritik aus den oben Rdn. 120 vorge-

---

[183] Vgl. Festschrift für Lehmann S. 559ff und *Schlegelberger/Hefermehl* § 355 Rdn. 60.

[184] So BGHZ 93, 307, 314.

brachten Gründen ebensowenig stand wie diese.¹⁸⁵ Insbesondere spricht auch gegen sie, daß das Anerkenntnis ja fehlen oder unwirksam sein kann und die Saldoforderung sich dann *zwangsläufig* aus der Verrechnung – sei sie nun antizipiert oder durch Aufrechnungserklärung erst nachträglich herbeigeführt – ergeben muß, so daß an deren Tilgungswirkung nicht vorbeizukommen ist.¹⁸⁶ Der XI. (für das Bankrecht zuständige) Zivilsenat hat sich denn auch mittlerweile ausdrücklich für eine antizipierte „automatische" Verrechnung ausgesprochen und ebenso hat schon vorher auch der IX. Senat entschieden.¹⁸⁷ Die gegenteilige Entscheidung des I. Zivilsenats ist daher vereinzelt geblieben und heute als überholt anzusehen.¹⁸⁸

b) Der Zeitpunkt des Eintritts der Verrechnungswirkung. Auch wenn man von einer „automatischen" Verrechnung und also von einer Antizipation des Vertragsschlusses über diese ausgeht, ist damit noch nicht notwendigerweise darüber entschieden, in welchem Zeitpunkt die **Rechtsfolgen der Verrechnung** und folglich die mit dieser verbundene **Tilgungswirkung** eintreten. Denn wie oben Rdn. 127 bereits dargelegt, brauchen die Parteien hierfür nicht den Ablauf der jeweiligen Rechnungsperiode zu wählen – wovon im Schrifttum freilich meist als selbstverständlich ausgegangen wird –, sondern können den Eintritt der Tilgungswirkung auch bis zur Beendigung des Kontokorrentverhältnisses hinausschieben. Auch insoweit gilt es also den **hypothetischen Parteiwillen** unter Berücksichtigung der typischen Interessenlage zu ermitteln. **132**

Dabei sind zwei Varianten zu unterscheiden. Bei der ersten – die praktisch selten sein dürfte – ist eine **Erfüllung der jeweiligen Saldoforderung in jedem Abrechnungstermin** vorgesehen. Hier kann der Parteiwille überhaupt nur auf den Eintritt der Verrechnungs-, d.h. Tilgungswirkung *zum Ablauf der Abrechnungsperiode* gerichtet sein. Denn da in diesem Zeitpunkt eine *Gesamt*bereinigung der beiderseitigen Ansprüche und Leistungen durch Tilgung (sogar) der Überschußforderung stattfinden soll, müssen auch die nicht in dieser enthaltenen Posten schon *jetzt* getilgt werden, da es ganz widersinnig wäre, zwar die Überschußforderung durch Tilgung zum Erlöschen zu bringen, die übrigen Posten dagegen bis zum Ende des gesamten Kontokorrentverhältnisses in der Schwebe zu halten. **133**

Bei der zweiten Variante ist demgegenüber eine **Vortragung der jeweiligen Saldoforderung** als erster Posten der neuen Kontokorrentperiode vorgesehen. Hier mag es zwar eher denkbar sein, den Eintritt der Verrechnungs- und Tilgungswirkung bis zum Ende des Kontokorrentverhältnisses hinauszuschieben, doch entspricht das auch hier nicht dem typischen Parteiwillen. Denn indem die Saldoforderung in die neue Rechnungsperiode vorgetragen wird, wird sie ihrerseits *in einen Kontokorrentposten verwandelt*, und das zeigt, daß die Parteien auch hier eine rechtliche Bereinigung der bisherigen kontokorrentzugehörigen Vorgänge wollen, was zwangsläufig die Tilgung der nicht in der Saldoforderung enthaltenen Posten einschließt. **134**

Da es eine sonstige Möglichkeit der rechtlichen Behandlung der Saldoforderung nicht gibt, bedeutet das, daß die Verrechnungs- und Tilgungswirkung grundsätzlich **135**

---

¹⁸⁵ Vgl. eingehend *Canaris* ZIP 1985, 594f sowie unten Rdn. 165; zustimmend z.B. *Karsten Schmidt* § 21 IV 1; *Pfeiffer/Hammen* § 7 Rdn. 22; *Staudinger/Marburger*, 13. Bearbeitung 1997, § 782 Rdn. 6.

¹⁸⁶ Das wird richtig gesehen z.B. in BGH WM 1979, 69, 70 mit weiteren Nachw.

¹⁸⁷ Vgl. BGHZ 107, 192, 197 (in Wiederaufnahme der richtigen Entscheidung BGHZ 74, 253, 255) bzw. BGHZ 93, 315, 323.

¹⁸⁸ Vgl. *Schimansky* § 47 Rdn. 44; *Pfeiffer/Hammen* § 7 Rdn. 22; an dieser Entscheidung gleichwohl festhaltend *Röhricht/Graf von Westphalen/Wagner* § 355 Rdn. 32f.

schon **mit Ablauf der jeweiligen Abrechnungsperiode** eintritt[189] und nicht bis zum Ende des Kontokorrentverhältnisses hinausgeschoben ist.

4. Die Rechnungsperiode

136 Nach § 355 Abs. 1 erfolgt die Verrechnung „in regelmäßigen Zeitabschnitten". Diese sogenannte Rechnungsperiode ist der Zeitraum zwischen den Stichtagen zweier Rechnungsabschlüsse bzw. zwischen der Eröffnung des Kontokorrents und dem ersten Rechnungsabschluß. Ihre **Dauer** beträgt nach § 355 Abs. 2 im Zweifel ein Jahr. In der Praxis ist eine kürzere Rechnungsperiode üblich. Im Bankverkehr werden die Rechnungsauszüge über die Girokonten derzeit meist vierteljährlich erteilt; die Übersendung der Tagesauszüge erfolgt lediglich zur besseren Übersicht über den jeweiligen Kontostand und stellt keinen Rechnungsabschluß im Rechtssinne dar (vgl. unten Rdn. 150). Bei Sparkonten pflegen die Banken die gesetzliche Rechnungsperiode von einem Jahr zugrunde zu legen.

137 Praktische Bedeutung hat die Länge der Rechnungsperiode vor allem für die **effektive Höhe der Zinsen**. Denn je öfter saldiert wird, desto höher werden diese, da sie wegen der Befreiung vom Zinseszinsverbot jeweils mitverzinst werden. Eine untere Grenze für die Dauer der Rechnungsperiode hat der Gesetzgeber jedoch nicht eingeführt. Daher ist grundsätzlich auch die Vereinbarung zulässig, daß der Rechnungsabschluß täglich erfolgen solle. Eine solche Abrede muß wegen ihrer Ungewöhnlichkeit und wegen ihrer Gefährlichkeit aber klar und unmißverständlich getroffen werden; daran fehlt es z. B., wenn eine Bank ohne besondere Vereinbarung täglich saldiert und der Kunde darauf zwar nicht ausdrücklich widerspricht, aber auch nicht zahlt.[190] Außerdem ist § 9 AGBG zu beachten, wobei vor allem die durch die Ausnutzung der Befreiung vom Zinseszinsverbot mögliche Verschleierung des effektiven Zinssatzes unter dem Gesichtspunkt des Transparenzgebots zu berücksichtigen ist.

5. Der Gegenstand der Verrechnung und die „Verrechnungsfähigkeit"

138 Auch wenn die Tilgungswirkung der Verrechnung periodisch und nicht erst bei Beendigung des Kontokorrentverhältnisses eintritt, wie das die Regel ist (vgl. dazu oben Rdn. 132ff), folgt daraus nicht, daß *jede* kontokorrentzugehörige Forderung schon beim nächsten Rechnungsabschluß in die Verrechnung einbezogen werden muß. Sie kann vielmehr auch für einen späteren Rechnungsabschluß vorgetragen werden. Sie hört darum jedoch nicht auf, kontokorrentzugehörig zu sein; denn dann würde sie „selbständig", d. h. sie könnte abgetreten, verpfändet und gepfändet werden, und das entspricht in aller Regel nicht dem mutmaßlichen Parteiwillen (vgl. oben Rdn. 83). Von der Kontokorrentzugehörigkeit ist daher die **Verrechnungsfähigkeit** zu unterscheiden, d. h. die Fähigkeit und Bestimmung, in die nächste Verrechnung einbezogen zu werden.

139 Nicht verrechnungsfähig sind **aufschiebend bedingte und aufschiebend befristete Ansprüche** vor Eintritt der Bedingung bzw. vor Ablauf der Frist. Nicht verrechnungsfähig sind ferner im Zweifel **einredebehaftete Forderungen**, sofern sie überhaupt kontokorrentzugehörig sind (vgl. dazu Rdn. 91); denn es ist i. d. R. nicht anzunehmen, daß die Parteien eine eigene vollwertige Forderung oder Leistung zur

---

[189] Ebenso sehr klar BGHZ 74, 253, 255; übereinstimmend ferner z. B. MünchKomm.-*Marburger*³ § 781 Rdn. 3.

[190] Vgl. KG BankArch. 23, 249.

Verrechnung mit einer einredebehafteten Forderung opfern und sich so der Möglichkeit zur Geltendmachung der Einrede begeben wollen.

Zu verneinen ist die Verrechnungsfähigkeit ferner grundsätzlich bei **Forderungen, auf die alsbald eine Leistung zu erwarten ist**, und zwar auch bei **Fälligkeit**. Man denke etwa an einen Anspruch auf eine fällige Ratenzahlung, die bisher stets pünktlich erfolgt ist und deren baldigem Eingang ersichtlich keine Hindernisse entgegenstehen. In derartigen Fällen entspricht es dem mutmaßlichen Parteiwillen, daß die fällige Forderung nicht schon im jetzigen Abrechnungstermin mit einer Gegenforderung verrechnet wird, sondern erst im nächsten Abrechnungstermin mit der – bis dahin mit größter Wahrscheinlichkeit zu erwartenden – Ratenzahlung. Überhaupt dürfen **wirtschaftlich zusammengehörige Vorgänge** nicht auseinandergerissen werden, indem man durch eine schematische Verrechnung zum Abrechnungstermin einen ihnen „fremden" Kontokorrentposten zur Tilgung heranzieht. In solchen Fällen ist nach dem mutmaßlichen Parteiwillen i. d. R. die Verrechnungsfähigkeit zu verneinen. **140**

Zweifelhaft ist die Verrechnungsfähigkeit von **nachfälligen Forderungen**, also von Forderungen, die erst nach dem nächsten Abrechnungstermin fällig werden.[191] Insoweit geht es vor allem um ein Zinsproblem. Entsteht durch die Verrechnung der nachfälligen Forderung keiner Seite ein Zinsverlust, sind also z. B. alle Posten und der Saldo unverzinslich und ist dieser vorzutragen, so bestehen keine Bedenken gegen die Einbeziehung der nachfälligen Forderung. Im übrigen kommt es im wesentlichen auf die Parteiabrede über die Verzinslichkeit an; wird danach ein entsprechender Abzug für die Einbeziehung einer nachfälligen Forderung gewährt, so ist diese als mitverrechnet anzusehen, sonst dagegen grundsätzlich nicht. Zu beachten ist dabei, daß fällige Forderungen jedenfalls *vor* nachfälligen Forderungen zur Verrechnung gelangen, sofern man mit der hier vertretenen Ansicht insoweit § 366 Abs. 2 analog anwendet – und zwar grundsätzlich auch dann, wenn sie dem Gläubiger höhere Sicherheit bieten (vgl. unten Rdn. 154 ff). **141**

Selbstverständlich gelten diese Grundsätze nur **mangels abweichender Parteivereinbarung**. Eine solche kann natürlich auch konkludent getroffen werden, ist jedoch nicht schon dann ohne weiteres anzunehmen, wenn die fraglichen Forderungen **in die buchmäßige Abrechnung aufgenommen** werden und diese vom anderen Teil anerkannt wird; denn ein bloßer – sei es auch anerkannter – Buchungsvorgang hat nach dem mutmaßlichen Parteiwillen im Zweifel nicht die Kraft, den (antizipierten) Verrechnungsvertrag zu ändern und einen Posten in die Verrechnungs- und Tilgungswirkung einzubeziehen, der nach der wahren Rechtslage (noch) nicht in diese gehört. **142**

6. Der Einfluß der Verrechnung auf die einzelnen Forderungen und Leistungen

Die Verrechnung hat für die Forderungen zur Folge, daß sie zum großen Teil erlöschen, und für die Leistungen, daß sich ihre bisher aufgeschobene (vgl. Rdn. 108) Tilgungsfunktion nunmehr verwirklicht. Für die Aktiva derjenigen Partei, deren Konto insgesamt debitorisch ist, ergeben sich dabei keine Schwierigkeiten: sie sind ausnahmslos erloschen. Hinsichtlich der Aktiva der anderen Partei dagegen erhebt sich das Problem, welche von ihnen untergegangen und welche erhalten geblieben sind, oder anders gesprochen: woraus sich eigentlich die für diese Partei bestehende Saldoforderung rechtlich zusammensetzt. Diese Frage hat entgegen manchen Mißver- **143**

---

[191] Vgl. dazu auch *Göppert* ZHR 102, 177 f.

ständnissen **erhebliche praktische Bedeutung**. Auf sie kommt es z. B. immer dann an, wenn *eine „Anerkennung" der Saldoforderung nicht erfolgt* ist, gleichwohl aber, was nach allgemeiner Ansicht zulässig ist, unmittelbar auf den Überschuß geklagt wird; denn die durch die Verrechnung entstehende Saldoforderung hat mangels eines Anerkenntnisvertrages rein „kausalen" Charakter, und daher ist für Fragen wie die Länge der Verjährung, den Erfüllungsort, den Gerichtsstand oder die Anwendbarkeit ausländischen Rechts auf die Rechtsnatur der in dem Saldo „steckenden" Aktiva abzustellen (vgl. unten Rdn. 196). Dasselbe gilt, wenn *der Anerkenntnisvertrag aus irgendeinem Grund unwirksam ist oder wenn in ihn „unverbindliche" Forderungen einbezogen worden sind* (vgl. dazu unten Rdn. 160 ff). Auch wenn *einzelne Forderungen bei der Saldofeststellung vergessen worden sind*, kann es für Fragen wie die Verjährung oder den Gerichtsstand darauf ankommen, welche Ansprüche durch die – automatisch erfolgende! – Verrechnung erfaßt wurden und daher erloschen sind und welche nicht (vgl. Rdn. 225 f). Von größter praktischer Bedeutung ist dieses Problem schließlich für den *Fortbestand der Sicherheiten*, da § 356 nach richtiger Ansicht nur die Anerkennung, keineswegs aber auch die Verrechnung für unschädlich erklärt und diese daher zum Erlöschen gesicherter Forderungen durch Tilgung und damit auch zum Untergang der zugehörigen akzessorischen Sicherheiten bzw. zur Rückübertragungspflichtigkeit nichtakzessorischer Sicherheiten führen kann (vgl. dazu eingehend § 356 Rdn. 15 ff).

Zur Lösung dieser Problematik sind bisher **drei Theorien** entwickelt worden: die Lehre von der verhältnismäßigen Gesamtaufrechnung, die Lehre vom Staffelkontokorrent und die Lehre von der analogen Anwendung der §§ 366 f, 396 BGB.

144   a) **Die Lehre von der verhältnismäßigen Gesamtaufrechnung.** Ganz herrschend war früher die Lehre von der verhältnismäßigen Gesamtaufrechnung. Sie wurde nicht nur vom RG in st. Rspr. vertreten,[192] sondern ist auch vom BGH übernommen worden[193] und entsprach im älteren Schrifttum der Ansicht der meisten Autoren.[194] Nach dieser Theorie vollzieht sich die Verrechnung so, daß die als unteilbare Gesamtheit aufgefaßten **Posten der größeren Seite** *verhältnismäßig* **gegen die Posten der kleineren Seite verrechnet** werden. Die Posten der kleineren Seite erlöschen dabei völlig, die der größeren dagegen *alle* nur zu einem *Teil*betrag, wobei sich das Verhältnis zwischen untergegangenen und erhalten gebliebenen Teilen nach dem Verhältnis zwischen der Gesamtheit der Posten der kleineren Seite und der Gesamtheit der Posten der größeren Seite richtet. Die Aktiva der größeren Seite bestehen also *ausnahmslos* – und darin liegt der Kern dieser Theorie! – zu einem Bruchteil weiter, und die Saldoforderung setzt sich daher vor ihrer Anerkennung „mosaikartig" *aus diesen Resten* zusammen – weshalb man diese Lehre auch als **„Mosaiktheorie"** bezeichnen kann.

145   Schon dieses Ergebnis wirkt im höchsten Grade befremdlich. Das Befremden wächst noch, wenn man nach den **Gründen für diese Theorie** forscht. Die Leitentscheidung RGZ 56, 19 enthält insoweit nur den *Hinweis auf § 366 Abs. 2 BGB*.[195] Diese Argumentation muß indessen als geradezu kurios gelten. § 366 Abs. 2 BGB ordnet nämlich eine verhältnismäßige Tilgung erst in *letzter* Linie an, nachdem zuvor eine

---

[192] Vgl. RGZ 56, 19, 24; 59, 192, 193; 132, 218, 219; 164, 212, 215; JW 1905, 186 Nr. 39; BankArch. 30, 230 und 31, 86.
[193] Vgl. BGHZ 49, 24, 30.
[194] Vgl. z. B. *Greber* S. 104 ff; *Düringer/Hachenburg/Breit* § 355 Anm. 10 und 39; *Müller-Erzbach* S. 659 unter VIII 1; *von Godin* 2. Aufl. Anm. 27 unter Ziff. 12; *Blaurock* NJW 1971, 2208 Sp. 1; auch heute noch wird diese Theorie explizit vertreten von *Röhricht/Graf von Westphalen/Wagner* § 355 Rdn. 47.
[195] Vgl. aaO S. 24; ähnlich RG BankArch. 30, 230.

Reihe *anderer* Anrechnungsregeln zum Zuge gekommen ist; gerade um *diese* auszuschalten, lehnt aber die Rechtsprechung die Anwendung des § 366 Abs. 2 ab (vgl. unten Rdn. 154) und schafft auf diese Weise überhaupt erst den Raum (!) für ihre These von der verhältnismäßigen Gesamtaufrechnung. Es ist daher schlicht und einfach widersprüchlich, § 366 Abs. 2 zunächst für unanwendbar zu erklären, dann aber doch seinen letzten Halbsatz isoliert anzuwenden und das auch noch zur Grundlage der gesamten Theorie zu machen. Weiterhin hat sich das RG auf den „*Inhalt des Aufrechnungsvertrags*" bezogen.[196] Dieser bestimmt sich nun aber nach dem Parteiwillen, und daher hätte das RG dartun müssen, warum dieser auf eine verhältnismäßige Gesamtaufrechnung gerichtet sein soll. Darüber findet sich jedoch in seinen Entscheidungen kein Wort, und das ist auch nicht weiter erstaunlich; denn welcher Kaufmann, ja sogar welcher in die „Mysterien" des Kontokorrentrechts nicht eingeweihte Jurist würde wohl auf ein so absonderliches Ergebnis verfallen, wie es die Theorie von der verhältnismäßigen Gesamtaufrechnung zur Folge hat? Es ist dem RG daher wiederholt mit Recht vorgehalten worden, seine Theorie lasse sich nicht nur nicht auf den mutmaßlichen Parteiwillen stützen, sondern stünde im Gegenteil zu diesem in geradezu eklatantem Widerspruch.[197]

Nicht besser steht es mit den Begründungen, die im Schrifttum vorgebracht worden sind. So wirkt es angesichts der Kompliziertheit dieser Theorie geradezu wie Hohn, wenn behauptet wurde, sie sei „die einfachste und natürlichste Lösung" und „sie allein befriedige die Gebote der Logik".[198] Eher diskutabel ist schon der Hinweis auf die „absolute Gleichwertigkeit aller Forderungen und Zahlungen" im Kontokorrent[199] oder auf die „absolut schematische Behandlung aller Posten unter völliger Ausschaltung der individuellen Seite".[200] Indessen ist die verhältnismäßige Gesamtaufrechnung nicht das geeignete Mittel, um diese **Gleichwertigkeit und Schematisierung** zu erreichen. Unzweifelhaft führt nämlich weder die Unterstellung der einzelnen Forderungen und Leistungen unter die Kontokorrentabrede noch die Verrechnung dazu, diese ihrer spezifischen Rechtsnatur zu entkleiden und sie zu vereinheitlichen (vgl. Rdn. 99 ff m. Nachw.). Diese Wirkung läßt sich vielmehr erst durch den Abschluß des abstrakten Anerkenntnisvertrags erreichen (vgl. unten Rdn. 186 und 195 ff). Die hier zur Erörterung stehende Problematik taucht aber, wie gezeigt (vgl. Rdn. 143), gerade dann und nur dann auf, wenn der „kausale" Charakter der Forderungen und Leistungen von Bedeutung ist. Insoweit aber wirkt die Lehre von der verhältnismäßigen Gesamtaufrechnung der „Schematisierung" geradezu entgegen; denn sie führt ja dazu, daß sich der „kausale" Saldoanspruch „mosaikartig" aus der Fülle *aller* Einzelforderungen und Leistungen zusammensetzt, also gerade keinen einheitlichen Charakter trägt.

Eine auch nur einigermaßen diskutable Begründung für die Theorie von der verhältnismäßigen Gesamtaufrechnung haben deren Anhänger somit nicht vorzubringen vermocht. Es kommt hinzu, daß dieser Lehre eine **Vielzahl von durchschlagenden Gegengründen** entgegensteht. Vor allem steht sie, wie schon angedeutet, in krassem **Widerspruch zum Vereinfachungs- und Vereinheitlichungszweck des Kontokorrents**; denn wegen der mosaikartigen Zusammensetzung des Saldos können für die verschiedenen Bestandteile der „kausalen" Saldoforderung u. U. unterschiedliche Ver-

146

---

[196] Vgl. RGZ 132, 219.
[197] Vgl. vor allem *Nußbaum*, Ehrenbergs Handbuch IV 2, 1918, S. 674; *Göppert* ZHR 102, 192 und 199 f.; *Weispfenning* JW 1938, 3094 Sp. 1.
[198] So *Düringer/Hachenburg/Breit* § 355 Anm. 10.
[199] Vgl. *Breit* aaO Anm. 39 am Anf. und Anm. 10.
[200] Vgl. *Breit* aaO Anm. 10.

jährungsfristen, unterschiedliche Erfüllungsorte und mitunter sogar unterschiedliche Gerichtsstände gelten. Mag auch das Mittel zur Verwirklichung des Vereinfachungszwecks in erster Linie der abstrakte Anerkenntnisvertrag sein, so ist doch die Einfachheit und Praktikabilität der Rechtsfolgen auch bezüglich des kausalen Saldos zumindest ein Hilfsargument bei der Ermittlung des mutmaßlichen Parteiwillens.

Auch sonst führt die Theorie von der verhältnismäßigen Gesamtaufrechnung bei folgerichtiger Durchführung zu einer Reihe **untragbarer Ergebnisse.** Dies wird von ihren Anhängern für die *Problematik der unverbindlichen Forderungen* sogar ausdrücklich eingeräumt; so sah sich das RG genötigt, in dieser Frage mit Hilfe einer merkwürdigen Hilfskonstruktion die Ergebnisse der Lehre von der verhältnismäßigen Gesamtaufrechnung wieder zu korrigieren.[201] Es war aber gerade die Problematik der unverbindlichen Forderungen, zu deren Bewältigung das RG in der Leitentscheidung RGZ 56, 19 sowie auch in den Folgeentscheidungen RGZ 59, 193 und JW 1905, 186 Nr. 39 diese Theorie aufgestellt hatte, und daher hat sie sich schon und gerade in der Frage, die den Anlaß zu ihrer Schaffung gab, als unbrauchbar erwiesen. Vollends verheerende Wirkungen müßte diese Theorie haben, wenn man sie konsequent auf die *Problematik der Sicherheiten* anwenden würde. Diese müßten dann nämlich bei jeder Verrechnung *anteilsmäßig* untergehen bzw. rückübertragungspflichtig werden, da ja die gesicherten Forderungen teilweise getilgt werden.[202] Die Rechtsprechung hat sich den Blick für diese Folge allerdings durch ihre verfehlte Interpretation des § 356 verstellt, indem sie diesen fälschlich nicht nur auf die Anerkennung, sondern auch auf die Verrechnung anwendet; sie hat dadurch das Übel aber nur vergrößert, indem sie dem ersten Fehler einen zweiten – äußerst folgenreichen! – hinzugefügt hat (vgl. eingehend § 356 Rdn. 15 ff).

147 Die Theorie von der verhältnismäßigen Gesamtaufrechnung führt schließlich auch zu einem **widersinnigen Auseinanderreißen wirtschaftlich zusammengehöriger Vorgänge** – und zwar nicht nur in vereinzelten Ausnahmefällen, sondern permanent und notwendigerweise. Steht in einem Kontokorrent z. B. auf der Passivseite eines Bankkunden ein Darlehen von 10 000,– DM und ein Anspruch der Bank auf 5 370,– DM aus dem Kauf von Wertpapieren und zahlt der Kunde nun 5 370,– DM, so stellt diese Summe bei wirtschaftlicher Betrachtung zweifellos den Gegenwert für den Wertpapierkauf dar. Sie müßte also *voll* auf die entsprechende Forderung der Bank und *nur* auf diese angerechnet werden, wohingegen sie nach der Theorie von der verhältnismäßigen Gesamtaufrechnung *beide* Forderungen *teilweise* zum Erlöschen bringt. Hier mit der Hilfskonstruktion zu arbeiten, daß die Forderung aus dem Wertpapierkauf und die Leistung des Kunden „aus dem Kontokorrent herausgenommen" werden, ist mehr als gekünstelt und wird den Parteien in aller Regel völlig fernliegen. In Wahrheit hat hier vielmehr der Leistende konkludent von der ihm durch § 366 Abs. 1 BGB eingeräumten Möglichkeit Gebrauch gemacht, zu bestimmen, auf welche Forderung die Leistung angerechnet werden soll. Damit ist ein letzter und besonders schwerwiegender Einwand gegen die Lehre von der verhältnismäßigen Gesamtaufrechnung berührt: das Gesetz enthält in den §§ 366, 396 BGB Vorschriften, die die einschlägige Problematik regeln und über die die Anhänger dieser Lehre sich hinwegsetzen, ohne hierfür auch nur den Ansatz einer überzeugenden Begründung zu geben (vgl. eingehend Rdn. 154 ff).

---

[201] Vgl. RGZ 132, 218 und dazu unten Rdn. 168.
[202] Vgl. dazu *Düringer/Hachenburg/Breit* § 355 Anm. 39, wo die – § 366 Abs. 2 BGB widersprechende! – Gleichstellung von gesicherten und ungesicherten Forderungen ausdrücklich betont wird.

b) Die Lehre vom Staffelkontokorrent. Die Theorie der verhältnismäßigen **148** Gesamtaufrechnung wird von den Anhängern der Lehre vom Staffelkontokorrent bekämpft, die sich dabei auf einen Teil der soeben vorgebrachten Gründe – allerdings nicht auf die stärksten – stützen.[203] Nach dieser Theorie vollzieht sich die Verrechnung jeweils automatisch, sobald sich im Kontokorrent zwei Posten verrechnungsfähig gegenübertreten. Sie weicht also in zwei Punkten von der Theorie der verhältnismäßigen Gesamtaufrechnung ab: Zum einen durch den **Verzicht auf die Periodizität der Verrechnung**, da diese ja nicht in regelmäßigen Zeitabständen, sondern nach dem jeweiligen Geschäftsvorfall erfolgt; und zum zweiten dadurch, daß sie statt einer verhältnismäßigen Gesamtaufrechnung eine automatische **laufende Saldierung bei jedem verrechnungsfähigen Geschäftsvorfall** annimmt.

Diese Theorie ist der Lehre von der verhältnismäßigen Gesamtaufrechnung zweifellos in wesentlichen Punkten überlegen. Vor allem steht sie nicht in so offensichtlichem Gegensatz zu den wirtschaftlichen Vorgängen und zum mutmaßlichen Parteiwillen. Auch kommt sie dem für das Kontokorrent charakteristischen Streben nach Einfachheit und Einheitlichkeit der Rechtsfolgen stark entgegen, weil nach ihrer Konstruktion der kausale Saldo nicht mosaikartig aus einer Vielzahl von Forderungsresten, sondern i. d. R. nur aus einer einzigen Forderung, allenfalls aus einigen wenigen besteht.

Indessen ist auch sie schwerwiegenden **Einwänden** ausgesetzt. Sicher ist zunächst, **149** daß das „Staffelkontokorrent" nicht der Typus ist, von dem der Gesetzgeber in den §§ 355–357 ausgegangen ist, was von den Anhängern dieser Lehre meist sogar ausdrücklich eingeräumt wird[204] und von ihren Kritikern seit jeher gerügt worden ist.[205] Das ergibt sich vor allem daraus, daß das HGB in § 355 Abs. 1 unmißverständlich die Periodizität von Verrechnung und Feststellung voraussetzt und damit im Gegensatz zu einem der beiden Kernpunkte der Lehre vom Staffelkontokorrent steht. Wenn man hierüber nun natürlich auch im Wege der Analogie bzw. der (ergänzenden) Vertragsauslegung hinwegkommen könnte (vgl. oben Rdn. 57), so bleibt doch die Frage, warum man einen anderen als den gesetzlich geregelten Typus als *Normalfall* zugrunde legen und in § 355 Abs. 1 nicht eine im Zweifel verbindliche Festlegung des mutmaßlichen Parteiwillens sehen soll. Die Anhänger der Lehre vom Staffelkontokorrent würden hierauf vermutlich erwidern, die Legaldefinition stehe mit den Gepflogenheiten des Bankwesens in Widerspruch und daher sei mindestens für das Bankkontokorrent ein von § 355 Abs. 1 abweichender Parteiwille nachweisbar; auch habe ihre Ansicht durch § 19 Abs. 4 DepotG eine partielle Anerkennung durch den Gesetzgeber erfahren.

Es trifft jedoch nicht zu, daß sich das **Bankkontokorrent** nur als Staffelkonto- **150** korrent begreifen läßt.[206] Dem steht im Gegenteil der auch beim Bankkontokorrent

---

[203] Vgl. vor allem *Göppert* ZHR 102, 161 ff und 103, 318 ff; *Krapf* S. 189 ff; *Weispfenning* JW 1938, 3093 ff; *Nebelung* NJW 1953, 449 f; *Völp* NJW 1955, 819; *Schönle* § 7 II unter Ia 4; *Schaudwet* S. 39 ff; *Heymann/Horn* § 355 Rdn. 24 und 31 (jedoch unter dem Vorbehalt einer entsprechenden Parteiabrede); aus der Rechtsprechung bisher offenbar nur OLG Celle WM 1960, 208; vgl. ferner die Nachw. unten bei Rdn. 152 zur neueren modifizierten Lehre vom Staffelkontokorrent.

[204] Vgl. vor allem *Weispfenning* JW 1938, 3095 Sp. 2; *Schönle* aaO.

[205] Vgl. z. B. *von Godin* 2. Aufl. Anm. 4b; *Fuchs* ZHR 103, 211 ff und 106, 93 ff; *Beitzke* S. 9 f; *Sprengel* MDR 1952, 8; *Scherer* NJW 1952, 1398 Sp. 1 und NJW 1955, 1426; *Schlegelberger/Hefermehl* § 355 Rdn. 103.

[206] Vgl. z. B. BGHZ 50, 277, 279 f.; 51, 346, 349; 73, 207, 209; BGH WM 1972, 283, 284; *Canaris* Bankvertragsrecht³ Rdn. 319 mit w. Nachw.; *Schlegelberger/Hefermehl* § 355 Rdn. 106; *Baumbach/Hopt* § 355 Rdn. 9; *Schimansky* § 47 Rdn. 20; *Pfeiffer/Hammen* § 7 Rdn. 20; **a. A.** z. B. *Heymann/Horn* § 355 Rdn. 31; *J. Hager* JR 1998, 421 f.

§ 355

übliche *periodische* Rechnungsabschluß sowie die Tatsache, daß bestimmte Posten wie Spesen und Zinsen erst in *diesem* berücksichtigt zu werden pflegen, klar entgegen. Insbesondere stellt der Umstand, daß die Zinsen beim Bankkontokorrent taggenau und also staffelmäßig berechnet werden, kein Argument für die Annahme eines Staffelkontokorrents dar;[207] denn das gilt eben nur für ihre *Berechnung*, während ihre *Inrechnungstellung* mit der sich daraus ergebenden – insoweit ausschlaggebenden! – Folge, daß sie ihrerseits wiederum zu verzinsen sind, auch hier *periodisch* erfolgt und damit voll dem Modell des § 355 Abs. 1 – dessen einzige explizite Rechtsfolge ja in der Befreiung vom Zinseszinsverbot des § 248 BGB besteht! – entspricht, so daß hierin gerade umgekehrt ein starkes Argument für die Annahme eines Periodenkontokorrents liegt. Die Übersendung der „Tagesauszüge" hat demgemäß lediglich die Bedeutung, den Überblick über den jeweiligen Kontostand und die Zinsberechnung zu erleichtern; der „Tagessaldo" ist daher ein rein buchtechnischer Postensaldo.[208] Auch daß der Kunde jederzeit über sein *jeweiliges* Guthaben und nicht nur über den nach Ablauf einer Verrechnungsperiode bestehenden *zukünftigen* Saldoanspruch verfügen kann, spricht nicht für die Lehre vom Staffelkontokorrent; denn diese Verfügungsbefugnis ergibt sich nicht aus der Kontokorrentabrede, sondern aus dem zugrunde liegenden Geschäftsvertrag[209] – wie sich ja überhaupt das Recht zur Einforderung von Barzahlungen zwischen den Rechnungsabschlüssen ganz allgemein nicht nach der Kontokorrentabrede, sondern nach dem Geschäftsvertrag beurteilt (vgl. oben Rdn. 7–9). Was schließlich das Argument aus § 19 Abs. 4 DepotG betrifft, so ist dieses angesichts des bekannten Dilemmas zwischen Analogie und Umkehrschluß wenig überzeugungskräftig; warum soll man aus § 19 Abs. 4 nicht ein argumentum e contrario statt der Analogie ableiten?[210] Die Lehre vom Staffelkontokorrent erweist sich also gerade für das Bankkontokorrent und damit für den Fall, im Hinblick auf den sie entwickelt wurde, als nicht hinreichend tragfähig.

151 Diese Kritik knüpft allerdings allein an das Merkmal der Periodizität an. Es ist daher durchaus denkbar, daß die Lehre vom Staffelkontokorrent wenigstens im zweiten Punkt, nämlich in der Frage nach dem **Einfluß der Verrechnung auf die einzelnen Forderungen und Leistungen**, recht hat. Indessen besteht zwischen beiden Problemen ein enger Zusammenhang. Geht man nämlich nicht von einer laufenden, sondern von einer periodischen Verrechnung aus, wie das Gesetz dies nach seinem klaren Wortlaut nun einmal tut, so entfällt die Grundlage für die automatische Saldierung bei jedem verrechnungsfähigen Geschäftsvorfall und damit auch die unbedingte Anrechnung des neuen Postens auf die jeweils vorhergehende Überschußforderung. Vielmehr werden sich bis zum nächsten Verrechnungstermin in aller Regel auf beiden Seiten mehrere Posten angesammelt haben, und es muß daher nun – genau wie nach der Lehre von der verhältnismäßigen Gesamtaufrechnung – entschieden werden, welcher Posten der einen Seite mit welchem Posten der Gegenseite verrechnet werden soll. Die Anhänger der Lehre vom Staffelkontokorrent müßten hierbei folgerichtig streng nach der **zeitlichen Reihenfolge** vorgehen, in der sich die Posten verrechnungsfähig gegenübergetreten sind. Das tun sie auch in der Tat,[211] soweit sie der ursprüng-

---

[207] So aber z. B. *J. Hager* JR 1998, 422.
[208] Vgl. vor allem BGHZ 50, 277, 279f sowie auch die Nachw. aus dem Schrifttum in der vorvorigen Fn.
[209] So mit Recht z. B. BGHZ 50, 277, 280; 84, 325, 328; 84, 371, 373; ebenso wohl auch BGHZ 73, 207, 209; BGH LM § 355 HGB Nr. 19; vgl. ferner die Schrifttumsnachweise in Fn. 206; insoweit übereinstimmend auch *Heymann/Horn* § 355 Rdn. 30.
[210] Für ein argumentum e contrario in der Tat z. B. *Schlegelberger/Hefermehl* § 355 Rdn. 103.
[211] Sehr klar vor allem *Göppert* ZHR 102, 203 ff und *Weispfenning* JW 1938, 3092 Sp. 2 und 3094 Sp. 1.

lichen und „reinen" Fassung dieser Theorie folgen.²¹² Auch die Lehre vom Staffelkontokorrent behandelt also, insoweit in der Grundhaltung mit der Theorie von der verhältnismäßigen Gesamtaufrechnung völlig übereinstimmend, in **rein schematischem Vorgehen** alle verrechnungsfähigen Posten als gleichwertig und gleichartig, statt in wertender Betrachtung eine **Rangfolge** zwischen ihnen aufzustellen.

152 Gerade das ist aber, was i. d. R. auch von den Kritikern dieser Theorie nicht hinreichend betont wird, ein entscheidender Mangel. Nicht anders als die Theorie der verhältnismäßigen Gesamtaufrechnung kommt dadurch nämlich auch die Lehre vom Staffelkontokorrent bei konsequenter Durchführung bei der *Problematik der unklagbaren Verbindlichkeiten* zu **unhaltbaren Ergebnissen,** weil sie rigoros jede Forderung mit der vorhergehenden verrechnen muß, mag diese nun klagbar oder unklagbar sein (vgl. näher Rdn. 169). Nicht anders als die Theorie der verhältnismäßigen Gesamtaufrechnung versagt die Lehre vom Staffelkontokorrent weiterhin in der *Frage der Sicherheiten,* weil sie gesicherte Forderungen eigentlich rücksichtslos vor ungesicherten zum Erlöschen bringen muß, sofern sie eher verrechnungsfähig wurden – ein Mangel, der wiederum nur durch die verfehlte Interpretation des § 356 HGB verborgen bleiben konnte (vgl. näher unten § 356 Rdn. 24 ff).²¹³ Ebenso wie die Theorie der verhältnismäßigen Gesamtaufrechnung führt die Lehre vom Staffelkontokorrent ferner zum *Auseinanderreißen wirtschaftlich zusammengehöriger Vorgänge.* So müßte sie in dem oben Rdn. 147 gegebenen Beispiel wohl annehmen, daß die erkennbar für den Wertpapierkauf bestimmte Zahlung des Kunden in voller Höhe auf das Darlehen verrechnet wird;²¹⁴ denn die Darlehensforderung bzw. der entsprechende Saldoanspruch der Bank war zuerst verrechnungsfähig. Mindestens müßte die Lehre vom Staffelkontokorrent eine Verrechnung mit dem Darlehen dann annehmen, wenn der Kunde das für den Wertpapierkauf erforderliche Geld – vielleicht sogar auf ausdrücklichen Wunsch der Bank! – vor der Ausführung der Kommission zum Kontokorrent einbezahlt hätte; denn dann hätten sich nur diese Leistung und die Darlehensschuld gegenüber gestanden. Daraus wird zugleich der weitere Einwand deutlich, daß auch die Lehre vom Staffelkontokorrent sich über die Wertungen der §§ 366, 396 BGB hinwegsetzt, ohne hierfür auch nur den Versuch einer Begründung zu machen.

153 Um diesen Mangel zu beheben, ist im neueren Schrifttum eine **modifizierte Fassung der Lehre vom Staffelkontokorrent** entwickelt worden, die diese durch die **Kombination mit einer analogen Anwendung der §§ 366, 396 BGB** abwandelt.²¹⁵ Damit ist die Lehre vom Staffelkontokorrent freilich nicht mehr das, was sie einmal war; denn die *laufende* Verrechnung nach *jedem* verrechnungsfähigen Geschäftsvorfall ist damit natürlich aufgegeben. Außerdem läßt sich allenfalls die analoge Anwendung von § 366 *Abs. 1* BGB, wonach über die Anrechnung einer Leistung auf eine bestimmte Forderung grundsätzlich die Bestimmung des Leistenden entscheidet, bruchlos in die Lehre vom Staffelkontokorrent einfügen. Dagegen ist nicht recht ersichtlich, wie das auch hinsichtlich der Regelung von § 366 *Abs. 2* BGB möglich sein

---

²¹² Vgl. aber auch unten Rdn. 153 zur neueren modifizierten Fassung.
²¹³ Vgl. auch *Fuchs* ZHR 106, 112 mit berechtigter Kritik an *Krapf* aaO S. 137.
²¹⁴ Die Replik von *J. Hager* JR 1998, 422, daß es zu einem derartigen Auseinanderreißen auch vom hier vertretenen Standpunkt aus, wonach die §§ 366, 396 BGB analog anzuwenden sind, kommen könne, verfängt nicht, weil es in dem von ihm gebildeten Beispielsfall an der erforder-

lichen *Verrechnungsfähigkeit* während der betreffenden Abrechnungsperiode fehlen würde (vgl. dazu oben Rdn. 138 ff); eine ähnliche Einschränkung ließe sich im Rahmen der Lehre vom Staffelkontokorrent wohl kaum vornehmen, weil sie sich nicht mit deren Prämissen vertrüge.
²¹⁵ Vgl. *Herz* S. 90 ff und dazu *Canaris* ZHR 140 (1976) 85 f; *Michahelles* S. 90, 92; *J. Hager* JR 1998, 422.

soll; denn deren Anwendung ist sinnvoll nur möglich, wenn sich Forderungen *während eines gewissen Zeitraums* – sei es während einer Abrechnungsperiode oder sei es gar während der gesamten Laufzeit des Kontokorrentverhältnisses – angesammelt haben, und genau das soll ja nach der Lehre vom Staffelkontokorrent nicht geschehen, so daß diese sich durch die Analogie zu § 366 *Abs.* 2 BGB wohl letztlich selbst zerstören würde.

154   c) **Die rein bürgerlichrechtliche Lehre von der analogen Anwendbarkeit der §§ 366, 396 BGB.** Die **Rechtsprechung** geht in einer langen Kette von Entscheidungen von der **Unanwendbarkeit der §§ 366f, 396 BGB** auf das Kontokorrent aus[216] und die frühere h. L. ist ihr darin in völliger Einmütigkeit unkritisch gefolgt.[217] Fragt man nach einer einigermaßen überzeugungskräftigen **Begründung**, so wird man indessen enttäuscht. Der BGH begnügt sich insoweit im wesentlichen mit einer Verweisung auf die Rechtsprechung des RG. Diese enthält aber ihrerseits allenfalls rudimentäre Begründungsversuche. Dabei lassen sich zwei unterschiedliche Ansätze unterscheiden. Der eine bezieht sich lediglich auf „Leistungen" und geht dahin, daß die „Zahlungen einer Kontokorrentpartei nicht zur Tilgung bestimmter Forderungen oder Forderungsteile erfolgen, sondern Kreditposten des Zahlenden bilden, die bei der künftigen Gesamtabrechnung ihre Wirkung ausüben".[218] Damit ist indessen für das vorliegende Problem überhaupt nichts ausgesagt. Denn wie die Formulierung des RG selbst erkennen läßt, ergibt sich aus der Zugehörigkeit einer Leistung zu einem Kontokorrent lediglich, daß deren Tilgungswirkung *bis* zur Verrechnung aufgeschoben worden ist, keineswegs aber auch, wie diese Wirkung *bei* der Verrechnung aussieht (vgl. auch oben Rdn. 108). Der zweite Begründungsansatz findet sich in der Entscheidung RGZ 56, 20. Dies ist die bereits oben (Rdn. 146) kritisierte Leitentscheidung zur Lehre von der verhältnismäßigen Gesamtaufrechnung, und schon das macht skeptisch, da ja das RG selbst, wie bereits erwähnt, dieses Urteil später wegen seiner offensichtlichen Unhaltbarkeit ausdrücklich wieder aufgegeben hat.[219] Die Skepsis wird vermehrt, wenn man den Zusammenhang der Entscheidungsgründe näher analysiert. Mit der Zurückweisung des § 366 Abs. 2 BGB wollte das RG nämlich der Ansicht der Beklagten entgegentreten, die unverbindlichen Schuldposten müßten vor den verbindlichen als getilgt gelten, weil sie dem Gläubiger „geringere Sicherheit" i. S. des § 366 Abs. 2 böten. Nun läßt sich aber unschwer nachweisen, daß unverbindliche Schulden überhaupt nicht von § 366 Abs. 2 erfaßt werden (vgl. unten Rdn. 170), und daher hat das RG zwar im Ergebnis insoweit zutreffend entschieden, sich aber in der Begründung vergriffen: statt § 366 Abs. 2 für das *Kontokorrent* als unanwendbar zu erklären, hätte es die Vorschrift für die *unverbindlichen Schulden* außer Anwendung lassen müssen.

---

[216] Vgl. RGZ 56, 20, 23; 76, 330, 333; 87, 434, 438; RG LZ 1918, 1212, 1214; RG BankArch. 31, 86; RG SeuffArch. 82 Nr. 129 S. 220; BGHZ 49, 24, 29; 77, 256, 261f; 117, 135, 141; BGH WM 1959, 472, 474 Sp. 1; WM 1961, 1046, 1047 Sp. 1; WM 1969, 92, 93 Sp. 2; WM 1970, 184, 186 Sp. 2 unter 3a; WM 1980, 863, 864; WM 1991, 495, 497; OLG Celle WM 1960, 208; die abweichende Entscheidung BGHZ 29, 280, 285 fällt demgegenüber nicht ins Gewicht, zumal die Heranziehung des § 366 BGB dort nur ein obiter dictum darstellt und ersichtlich in Unkenntnis der entgegenstehenden Rechtsprechung und Literatur erfolgt ist; für eine analoge Anwendung der §§ 366, 369 BGB aber immerhin OLG Köln ZIP 1997, 973, 974, wenngleich nur für die Sonderproblematik der Verrechnung unverbindlicher Posten.

[217] Vgl. z. B. *Mohr* S. 25; *Fuchs* ZHR 106, 117; *Krapf* S. 188f; *Nußbaum*, Ehrenbergs Handbuch IV 2 S. 674; *Düringer/Hachenburg/Breit* § 355 Anm. 10, 33 unter 1a, 35, 39; *Schlegelberger/ Hefermehl*[4] § 355 Rdn. 28; *von Godin* 2. Aufl. Anm. 19; *Müller-Erzbach* S. 657f; *von Gierke* § 63 IV 3c.

[218] So RGZ 87, 438; der Sache nach ebenso, wenn auch noch weniger klar, RGZ 76, 333; RG LZ 1918, 1214; SeuffArch. 82 Nr. 129 S. 220.

[219] Vgl. RGZ 132, 218 und dazu unten Rdn. 168.

Im übrigen findet sich an dieser Stelle wieder der Hinweis auf die „**Gleichwertigkeit**" aller ins Kontokorrent eingestellten Posten (vgl. dazu schon Rdn. 145 Abs. 2). Diese Gleichwertigkeit ließe sich, wenn überhaupt, nur mit dem mutmaßlichen Parteiwillen begründen. Warum aber dieser darauf gerichtet sein soll, unverbindliche wie verbindliche, ungesicherte wie gesicherte, kurzfristig verjährende wie langfristig verjährende, zinslose wie verzinsliche Forderungen zu behandeln usw., ist nicht einzusehen. Allenfalls könnte man sich hierfür auf das mit dem Kontokorrent verbundene Streben nach Praktikabilität und Vereinfachung der Rechtsfolgen berufen, doch verfängt auch dieser Hinweis nicht. Denn zum einen läßt sich auf diese Weise eine Vereinheitlichung überhaupt nicht erreichen, weil weder die Einstellung in das Kontokorrent noch die Verrechnung an der Rechtsnatur der Forderungen und Leistungen irgend etwas zu ändern vermögen und weil diese nach der Gegentheorie von der verhältnismäßigen Gesamtaufrechnung sogar in ganz besonders unpraktikabler Weise „mosaikartig" in der kausalen Saldoforderung enthalten bleiben (vgl. schon Rdn. 145 Abs. 2); und zum anderen kann man auch keineswegs sagen, daß etwaige *Praktikabilitäts*gesichtspunkte, selbst wenn sie in sich schlüssig wären, ohne weiteres Vorrang gegenüber den in § 366 Abs. 2 verwirklichten *Gerechtigkeits*überlegungen haben müßten.

155 Der Weg für die **Anwendung der §§ 366, 396 BGB** ist also frei und wird denn auch heute von der ganz h. L. beschritten.[220] Allerdings kann es sich dabei nur um eine analoge Anwendung handeln, da der Verrechnungsvertrag zweifellos nicht unmittelbar unter § 366 oder den nur die einseitige Aufrechnung betreffenden § 396 BGB fällt. Der Verrechnungsvertrag hat jedoch ebenso wie die Erfüllung und die Aufrechnung Tilgungsfunktion, und daher drängt sich eine Analogie – zumal angesichts der engen Verwandtschaft mit der Aufrechnung – in der Tat geradezu auf. Demgegenüber verschlägt es nicht, daß die Tilgungswirkung hier anders als bei Erfüllung und Aufrechnung nicht von einer Seite allein, sondern von beiden einverständlich herbeigeführt wird. Denn zum einen können sich beim Kontokorrent *beide* Parteien in der Position des Leistenden befinden; und zum zweiten berücksichtigt § 366 keineswegs nur dessen Interessen, sondern – wie vor allem die Behandlung der weniger sicheren Forderungen in Abs. 2 zeigt – durchaus auch die Interessen des anderen Teils. Es kommt hinzu, daß die §§ 366, 396 anerkanntermaßen genau das enthalten, worum es auch hier geht: eine Aussage über den **mutmaßlichen Parteiwillen**.[221] Bedenkt man, wie schwierig dessen Ermittlung ist und wie unzulänglich sowohl die Ausführungen der Lehre von der verhältnismäßigen Gesamtaufrechnung als auch der Gegenlehre vom Staffelkontokorrent gerade in dieser Hinsicht sind, so sollte man froh sein, dafür eine gesetzliche Vermutung zu besitzen, und diese nicht ohne triftige Gründe mißachten.[222]

---

[220] Vgl. *Canaris* DB 1972, 425f; zustimmend *Karsten Schmidt* § 21 IV 2; *Schlegelberger/Hefermehl*⁵ § 355 Rdn. 56; *Straube/Schuhmacher* § 355 Rdn. 24f; GK-*Herget* § 355 Rdn. 40; *Gernhuber* Die Erfüllung und ihre Surrogate², S. 133; *Herz* S. 90ff; *Michahelles* S. 90, 92; *Ebenroth/Einsele* ZIP 1988, 215 mit Fn. 138; *P. Bydlinski* S. 115f; *Meinhardt* S 138ff; *Berger* S. 287f; *J. Hager* JR 1998, 422; *Gundlach* DZWir 1998, 18; *Pfeiffer/Hammen* § 7 Rdn. 24; *Oetker* Handelsrecht² § 7 D IV 3; auch *Heymann/Horn* § 355 Rdn. 24 für die Fälle, in denen kein Staffelkontokorrent vorliegt.

[221] Vgl. schon Mot. S. 88 und Prot. S. 672f; ferner z. B. BGH NJW 1969, 1846, 1847 Sp. 2 m. w. Nachw.

[222] Kritisch *Berger* S. 290. Dessen Ansicht, daß „ein Zuendedenken der vertraglichen Regelung nach Geschäftszweck, Interessenlage und ergänzender Verkehrssitte (Kontokorrent!) im Einzelfall durchaus zu einer vom Gesetz (sc.: § 396 BGB) abweichenden Regelung führen kann", steht indessen in Wahrheit nicht in Gegensatz zur hier vertretenen Ansicht, trifft jedoch eben nur „im Einzelfall" zu, wohingegen es hier um die *typische* Interessenlage geht; sogar für diese kann es aber noch nötig sein, die Regelung der §§ 396, 366 Abs. 2 BGB in modifizierender Weise „weiterzudenken", vgl. unten Rdn. 170.

156 Auch im Hinblick auf die **Ergebnisse** bewährt sich die analoge Anwendung der §§ 366, 396 BGB vollauf. So führt sie z. B. in der *Frage der „unverbindlichen" Forderungen* zu der vernünftigen und sachgerechten Konsequenz, daß zunächst die verbindlichen und die unverbindlichen Posten jeweils untereinander und erst anschließend gegeneinander zu verrechnen sind (näher Rdn. 171 f). Hinsichtlich der *gesicherten Forderungen* kommt man zu dem interessengemäßen Ergebnis, daß diese erst nach den ungesicherten erlöschen, dann aber in der Tat in die Tilgungswirkungen voll einbezogen werden – wodurch zugleich die Unbilligkeiten der von der h. L. vertretenen unrichtigen Auslegung des § 356 HGB beseitigt werden (vgl. näher § 356 Rdn. 24 ff.). *Wirtschaftlich zusammengehörige Vorgänge* brauchen nicht auseinandergerissen zu werden (vgl. auch oben Rdn. 138 f). Zahlt z. B. eine Partei eine bestimmte Summe, die nach ihrer Höhe oder nach sonstigen Umständen des Falles nur als Gegenleistung für eine bestimmte Forderung des anderen Teils gemeint sein kann, so ist das als konkludente Ausübung des Bestimmungsrechts analog § 366 Abs. 1 zu respektieren. Auch hinsichtlich des *Zinsproblems*, das die Anhänger der Lehre vom Staffelkontokorrent der Rechtsprechung immer wieder entgegengehalten haben, dürften sich keine Schwierigkeiten ergeben. Denn daß schon von dem Zeitpunkt an, in dem einer verzinslichen Schuld ein entsprechendes Aktivum gegenüber getreten ist, keine Zinsen mehr zu bezahlen sind, läßt sich ohne weiteres mit einer Rückwirkung der Verrechnung auf den Zeitpunkt der Verrechnungsfähigkeit begründen; dabei kann man sich sowohl auf den mutmaßlichen Parteiwillen, der sich hier aus der Art der Zinsberechnung klar ergibt, als auch auf die Analogie zu § 389 BGB stützen – wohingegen die Theorie von der verhältnismäßigen Gesamtaufrechnung zu dieser Konstruktion keine Zuflucht nehmen kann, weil sie mit dem teilweisen Fortbestand aller Forderungen unvereinbar ist. Keine durchgreifenden Einwände gegen die Analogie zu den §§ 366, 396 BGB ergeben sich schließlich aus der *Periodizität* der Verrechnung. Zwar kann diese u. U. zu gewissen Zufälligkeiten führen je nachdem, ob ein kontokorrentzugehöriger Geschäftsvorfall vor oder nach dem Termin des Rechnungsabschlusses liegt, doch lassen sich auch insoweit sachwidrige Ergebnisse unschwer vermeiden, indem man die Regeln über die „Verrechnungsfähigkeit" entsprechend handhabt (vgl. dazu oben Rdn. 138 ff); werden innerhalb einer Rechnungsperiode mehrere Forderungen fällig, so gelangt in folgerichtiger Weiterbildung von § 366 Abs. 2 Fall 1 BGB grundsätzlich diejenige als erste zur Verrechnung, die früher fällig geworden ist.

157 Auch was ihre **Praktikabilität** anlangt, ist die Analogie zu den §§ 366, 396 BGB der Lehre von der verhältnismäßigen Gesamtaufrechnung überlegen und der Lehre vom Staffelkontokorrent zumindest ebenbürtig. Sie führt nämlich in aller Regel dazu, daß der kausale Saldo nur aus einer einzigen Forderung oder aus einigen wenigen, nicht aber „mosaikartig" aus den Resten aller (!) Aktiva besteht; denn die verhältnismäßige Aufrechnung wird hiernach nur ganz selten zum Zuge kommen, weil sie von § 366 Abs. 2 erst in letzter Linie angeordnet ist. Allerdings ist zuzugeben, daß die Anwendung des § 366 Abs. 2 auf länger zurückliegende Sachverhalte in praxi nicht immer einfach sein wird, weil sie ein Aufrollen und Zurückverfolgen der gesamten Geschäftsvorfälle bis zu dem jeweils maßgeblichen Punkt erforderlich machen kann.[223] Indessen wird das Problem schon dadurch weitgehend entschärft, daß bei einem Rückgriff auf ältere Vorgänge im Kontokorrent erhebliche Beweiserleichterungen gelten (vgl. unten

---

[223] So in der Tat der Einwand von *Koller/Roth/Morck* § 355 Rdn. 9.

Rdn. 203). Außerdem muß man sich stets bewußt bleiben, um welche Probleme es hier eigentlich geht (vgl. dazu auch Rdn. 143): um den Fall, daß unmittelbar aus dem kausalen Saldo geklagt wird; um den Fall, daß ein bei der Saldoanerkennung vergessener oder streitig gebliebener Posten eingeklagt wird; um den Fall, daß im Saldo unverbindliche Forderungen enthalten sind; um den Fall der Sicherheiten. Alle diese Probleme sind nun aber dadurch charakterisiert, daß hier auch vom Boden der beiden anderen Theorien aus grundsätzlich ein Rückgriff auf die Rechtsnatur des fraglichen Postens und ein Aufrollen der Geschäftsvorgänge nötig werden kann – mit Ausnahme freilich der Sicherheitenproblematik, doch ist gerade bei dieser die h. L. schon in sich selbst unhaltbar (vgl. unten § 356 Rdn. 15 ff). Wesentliche Einwände gegen die hier vertretene Ansicht ergeben sich also auch unter Praktikabilitätsgesichtspunkten nicht.

Zusammenfassend erweist sich somit die analoge Anwendung der §§ 366, 396 BGB als beste Lösung. Sie hat zunächst den großen Vorzug, sich nicht unnötig von den Wertungen des Gesetzgebers zu entfernen. Sie enthebt gleichzeitig von der nicht lösbaren Aufgabe, einen „mutmaßlichen Willen" der Kontokorrentpartner festzustellen und dessen Abweichung von der gesetzlichen Auslegungsregel der §§ 366, 396 hinreichend zu begründen. Sie führt überdies zu gerechten und vernünftigen Ergebnissen. Sie ist schließlich sogar auch unter dem Gesichtspunkt der Praktikabilität der von der Rechtsprechung vertretenen Theorie der verhältnismäßigen Gesamtaufrechnung weit überlegen und der Lehre vom Staffelkontokorrent zumindest ebenbürtig. **158**

Zu einer **analogen Anwendung von § 367 BGB** besteht dagegen grundsätzlich kein Anlaß.[224] Denn die Privilegierung der Zinsforderungen durch diese Vorschrift legitimiert sich im wesentlichen daraus, daß der Gläubiger für diese wegen des Zinseszinsverbots keine Zinsen verlangen kann und sie also bei wirtschaftlich vernünftigem Handeln als erste einklagen müßte – und genau dieser Grund entfällt beim Kontokorrent, weil § 355 Abs. 1 ja gerade eine Ausnahme vom Zinseszinsverbot macht und die im Saldo enthaltenen Zinsanteile daher bei dessen Vortragung in die nächste(n) Rechnungsperiode(n) mit Selbstverständlichkeit zinspflichtig sind. **159**

7. Die Sonderproblematik der Verrechnung unverbindlicher Posten

Die Auseinandersetzung über die Rechtsfolgen der Verrechnung hat sich von Anfang an in besonderem Maße an den Fragen entzündet, welche die Einbeziehung unverbindlicher Posten in das Kontokorrent aufwirft. Diese Problematik spielt vor allem im Hinblick auf das **Börsentermingeschäft** eine erhebliche praktische Rolle. Sie ist sachgerecht nur zu lösen, wenn man zwei Fragen scharf auseinander hält: zum ersten die Frage, ob die Verrechnung überhaupt wirksam ist, und zum zweiten die Frage, wie sich der bei der Verrechnung entstehende Saldoanspruch zusammensetzt und ob bzw. in welcher Höhe aus ihm geklagt werden kann. Beide Fragen werden dabei nur relevant, wenn in die Verrechnung außer den unverbindlichen Posten auch verbindliche einbezogen wurden. **160**

a) Die Problematik der Wirksamkeit der Verrechnung. Die Besonderheit der unverbindlichen Forderungen liegt darin, daß sie nach den §§ 656 Abs. 1, 762 Abs. 1 BGB, 51, 55, 64 BörsG zwar „eine Verbindlichkeit nicht begründen", daß aber das aufgrund eines derartigen Geschäfts „Geleistete nicht deshalb zurückgefordert werden kann, weil eine Verbindlichkeit nicht bestand". Unverbindliche Forderungen sind **161**

---

[224] So mit Recht *Herz* S. 93; *Michahelles* S. 90 f; in der Vorauflage wurde dagegen § 367 BGB unreflektiert in die Analogie einbezogen.

also zwar nicht selbständig durchsetzbar, sie sind aber erfüllbar. Werden nun vollwertige Forderungen mit unverbindlichen kontokorrentmäßig verrechnet, so fragt es sich, ob darin eine wirksame **„Leistung" i. S. der §§ 656 Abs. 1 S. 2, 762 Abs. 1 S. 2 BGB, 55 BörsG** liegt. Auszugehen ist dabei von der Einsicht, daß zwar eine einseitige Aufrechnung durch den Gläubiger der unverbindlichen Forderung zweifellos unwirksam wäre, daß aber gegen die Wirksamkeit einer im beiderseitigen Einverständnis vorgenommenen Aufrechnung grundsätzlich keine Bedenken bestehen. Es ist denn auch anerkannt, daß der **Abschluß eines Aufrechnungsvertrags eine „Leistung" i. S. des Gesetzes** darstellt.[225] Das muß folgerichtig grundsätzlich auch für den kontokorrentmäßigen Verrechnungsvertrag gelten.

162 Besonderheiten ergeben sich hier jedoch insofern, als dieser i. d. R. als antizipiert anzusehen ist (vgl. oben Rdn. 128). Der *antizipierte* Aufrechnungsvertrag stellt nun aber **keine wirksame „Leistung"** dar.[226] Das folgt zunächst schon aus dem Wortlaut des Gesetzes, das eine Leistung „auf Grund" des Spiels oder des Termingeschäfts fordert, während eine vorweggenommene Verrechnung allenfalls „im Hinblick" auf eine zukünftige unverbindliche Forderung erfolgen würde. Es ergibt sich zum zweiten und vor allem aus dem Schutzzweck des Gesetzes. Denn im Augenblick der Antizipation des Verrechnungsvertrags steht noch gar nicht fest, wer von beiden Parteien Verluste erleiden wird, ja, ob sich überhaupt per Saldo ein Verlust für eine von beiden ergeben wird. Die psychologische Lage ist also völlig anders als bei einer Leistung, die erst *nach* Eintritt eines Verlusts erfolgt: während man hier weiß, daß und in welcher Höhe man einen Spielverlust oder dgl. bezahlt und also die Folgen seines Handelns genau übersehen kann, besteht dort noch die Hoffnung auf Gewinn und die darin liegende Verführung zum Leichtsinn. Zum selben Ergebnis führt schließlich auch der Vergleich mit der Rechtslage bei der Bestellung einer Sicherheit für eine unverbindliche Forderung. Diese ist nämlich unwirksam, wenn sie im voraus erfolgt.[227] Die Zulassung einer antizipierten Verrechnung käme nun aber im Ergebnis einer Sicherheitsbestellung gleich; denn es ist zu diesem Zeitpunkt, wie gesagt, noch ungewiß, wer einen Verlust haben wird, und so könnte die Vorwegnahme der Verrechnung einstweilen nur Sicherungsfunktion haben: es liegt nicht wesentlich anders, als würden die Parteien sich gegenseitig Pfandrechte an zukünftigen (vollwertigen) Forderungen bestellen – wie ja denn überhaupt der pfandrechtsähnliche Charakter der Aufrechnungsmöglichkeit allgemein anerkannt ist. Demgegenüber ist es zumindest schief, wenn der BGH als Begründung lediglich anführt, daß „eine antizipierte kontokorrentrechtliche Aufrechnungsvereinbarung sich nicht auf ein *bestimmtes* Geschäft bezieht";[228] dieses Kriterium ist vielmehr allenfalls für die – hier nicht zu vertiefende – Frage wesentlich, wann ein „Einschuß" oder eine andere Vorauszahlung eine wirksame (vorweggenommene) Erfüllungsleistung i. S. von § 55 BörsG und nicht nur eine unwirksame Sicherheitsleistung darstellt.[229]

---

[225] Vgl. z. B. RGZ 38, 232, 238f; *Schwark*, Börsengesetz² § 55 Rdn. 10; *Häuser* WM 1988, 1289.

[226] Grundlegend die vorbildlich klare, zwar zum ALR ergangene, aber auch heute noch voll zutreffende Entscheidung RGZ 38, 232, 238; ebenso i. E. z. B. BGHZ 101, 296, 305f; 107, 192, 197f; 117, 135, 141; BGH WM 1991, 1367, 1368; NJW 1999, 720, 722.

[227] Vgl. *Schwark* aaO § 55 Rdn. 5.

[228] So BGHZ 101, 296, 305 und 107, 192, 197f unter Bezugnahme auf Anm. 78 der Vorauflage, wo indessen nicht diese, sondern dieselbe Begründung wie im Vorstehenden gegeben worden ist; kritisch gegenüber der Begründung des BGH auch *Schwark* aaO § 55 Rdn. 12; ebenso wie hier in der Begründung z. B. *Herz* S. 99f; dem BGH auch in der Begründung zustimmend dagegen z. B. *Zimmer* ZHR 162 (1998) 694.

[229] Vgl. dazu z. B. BGHZ 86, 115, 119; 107, 192, 197; *Schwark* aaO § 55 Rdn. 5f; *Rössner/Lachmair* BB 1986, 1377ff.

Zulässig ist die Vorwegnahme des Verrechnungsvertrags dagegen, soweit es um die **163**
Verrechnung unverbindlicher Terminforderungen mit verbindlichen Terminforderungen geht.[230] Denn hier ist nach der **Regelung des § 56 BörsG** sogar die einseitige Aufrechnung durch den Gläubiger der unverbindlichen Forderung wirksam, und daher muß dies auch und erst recht für den antizipierten Aufrechnungsvertrag gelten. Hier wird man dabei sogar die Antizipation als dem mutmaßlichen Parteiwillen entsprechend ansehen können, weil – und sofern – zwischen den zugrunde liegenden Geschäften meist ein wirtschaftlicher Zusammenhang besteht. Vgl. zu dieser Sonderkonstellation im übrigen auch unten Rdn. 172.

Abgesehen von diesem Sonderfall ist die Verrechnung von vollwertigen mit unverbindlichen Posten somit nur wirksam, wenn der Verrechnungsvertrag erst nach deren Entstehen geschlossen wird. Ein antizipierter Verrechnungsvertrag bedarf daher einer nachträglichen **Bestätigung** i. S. von § 141 BGB. Der Parteiwille muß dabei folgerichtig gerade darauf gerichtet sein, daß vollwertige Posten zur Erfüllung der unverbindlichen Forderungen geopfert werden sollen. Ist diese Voraussetzung erfüllt, so ist insbesondere in der **ausdrücklichen Anerkennung des Saldos** i. d. R. der (konkludente) Abschluß eines nachträglichen Verrechnungsvertrags zu sehen.[231] Daß der Kunde das Bewußtsein der *Unverbindlichkeit* seiner Schuld hat und also geradezu die *Rechtsfolge* kennt, ist dabei nicht erforderlich, sondern er muß sich lediglich – aber immerhin – darüber im klaren sein, daß es sich um eine Schuld aus einem Börsentermingeschäft bzw. einem anderen eine bloße Naturalobligation begründenden Geschäft handelt.[232] Das bloße **Schweigen auf eine Saldomitteilung der Bank** genügt dagegen generell nicht, um eine Heilung der Verrechnung durch Saldoanerkennung herbeizuführen.[233] **164**

Einen Irrweg stellt es demgegenüber dar, darauf abzustellen, daß die unverbindlichen Sollposten die verbindlichen Habenposten übersteigen und also nur eine **unverbindliche Saldoforderung** entsteht (vgl. dazu näher sogleich Rdn. 166ff). Das hat indessen der I. Senat des BGH getan und zur Begründung die These aufgestellt, daß die Verrechnung lediglich ein unselbständiger Teilakt der Saldofeststellung sei (vgl. dazu schon oben Rdn. 131) und deren Unverbindlichkeit daher die Unwirksamkeit der Verrechnung nach sich ziehe.[234] Diese Begründung überzeugt schon wegen ihres rein begriffsjuristischen Charakters nicht und müßte außerdem konsequenter Weise dazu führen, daß die Verrechnung wirksam ist und also die verbindlichen Habenposten verloren gehen, sofern diese die unverbindlichen Sollposten übersteigen und somit eine verbindliche Saldoforderung übrig bleibt.[235] In der Tat ist diese Konsequenz z. T. gezogen worden.[236] Sie führt jedoch zu grotesken Wertungswidersprüchen, so daß sie unmöglich richtig sein kann.[237] Hat der Kunde z. B. unverbindliche Posten aus einem Börsentermingeschäft in Höhe von DM 10000,– und geht nun eine Über- **165**

---

[230] Zustimmend *Ebenroth/Einsele* ZIP 1988, 214; i. E. übereinstimmend auch *Kümpel* ZIP 1988, 85 f.
[231] Vgl. näher *Canaris* ZIP 1985, 594; zustimmend BGHZ 107, 192, 198; ähnlich BGH WM 1991, 1367, 1368.
[232] Vgl. näher *Canaris* ZIP 1985, 594; auch insoweit zustimmend BGHZ 107, 192, 198; BGH NJW 1999, 720, 722.
[233] Vgl. eingehend *Canaris* ZIP 1987, 885 ff; zustimmend BGHZ 102, 204, 208; 107, 192, 199; *Schwark* aaO § 55 Rdn. 12; *Heymann/Horn* § 355 Rdn. 15.
[234] Vgl. BGHZ 93, 307, 313 f.
[235] Vgl. dazu und zum folgenden eingehend *Canaris* ZIP 1985, 593 f und ZIP 1987, 885 ff.
[236] Vgl. vor allem *Piper* ZIP 1985, 727 in Interpretation und Verteidigung der Entscheidung BGHZ 93, 307; ihm folgend LG Tübingen ZIP 1987, 570.
[237] Vgl. eingehend *Canaris* ZIP 1985, 593 f. und ZIP 1987, 885 ff; zustimmend z. B. *Schwark* aaO § 55 Rdn. 16; *Westermann* Festschr. für Medicus, 1999, S. 683.

weisung von DM 9 900,– ein, so hat er nach der Ansicht des BGH einen aktiven Saldo von DM 9 900,–, weil sich bei einer Verrechnung mit den unverbindlichen Posten ein *unverbindlicher* Saldo in Höhe von DM 100,– zu seinen Lasten ergibt und damit die gesamte Verrechnung unwirksam ist; gehen dagegen DM 10 100,– ein und ergäbe sich demgemäß nach Verrechnung ein *verbindlicher* Saldo in Höhe von DM 100,– zu seinen Gunsten, so müßte wegen dessen Wirksamkeit auch die Verrechnung wirksam bleiben mit der Folge, daß der Zahlungseingang für den Kunden durch die Saldoanerkennung, die üblicherweise durch Schweigen gegenüber den periodischen Saldomitteilungen erfolgt, in voller Höhe verloren ist. Es liegt auf der Hand, daß derartige Divergenzen keinesfalls akzeptiert werden können, ja geradezu gegen das Willkürverbot verstoßen. Mit Recht hat sich der XI. Senat des BGH daher inzwischen der Ansicht angeschlossen, daß es nicht darauf ankommt, ob der verbleibende Saldo passiv oder aktiv ist, und daß demgemäß auch im letzteren Fall die verbindlichen Habenposten grundsätzlich nicht durch Verrechnung mit den unverbindlichen Sollposten verloren gehen.[238] Die entgegenstehende Entscheidung des I. Senats ist daher heute als überholt anzusehen.[239]

166 **b) Die Zusammensetzung der Saldoforderung und ihre Bedeutung für die Verbindlichkeit des Saldoanerkenntnisses.** Ist die Verrechnung wirksam, so stellt sich häufig die weitere Frage, wie sich die entstehende Saldoforderung zusammensetzt, d. h. ob und in welchem Umfang in ihr auch unverbindliche Forderungen enthalten sind. Das gilt nicht nur dann, wenn aus der allein durch die Verrechnung entstandenen „kausalen" Saldoforderung geklagt wird, sondern auch dann, wenn diese von dem anderen Teil „anerkannt" worden ist. Denn nach den **Vorschriften der §§ 656 Abs. 2, 762 Abs. 2 BGB, 59 BörsG** ist die Eingehung einer neuen Verbindlichkeit, insbesondere die Abgabe eines Schuldanerkenntnisses, nicht als wirksame „Leistung" anzusehen, und daher bleibt der **Einwand des Spiels bzw. des Termingeschäfts gegenüber einer auf unverbindlichen Ansprüchen beruhenden Saldoforderung auch nach ihrer Anerkennung** grundsätzlich möglich.[240] Das gilt auch, sofern diese nach den soeben Rdn. 164 entwickelten Grundsätzen als wirksame Bestätigung des antizipierten Verrechnungsvertrags anzusehen ist; denn dadurch gelangt eben nur *dieser* zur Wirksamkeit, so daß gegebenenfalls die *sich deckenden* Posten getilgt sind, wohingegen über die Verbindlichkeit der *verbleibenden* Forderung auf den *Überschuß* noch nicht entschieden ist. Daran ändert auch die Vorschrift des § 57 BörsG nichts, da im Hinblick auf deren Schutzzweck[241] in der Abgabe des Saldoanerkenntnisses weder eine „Erklärung des Einverständnisses" noch eine „Bewirkung der Leistung" i.S. von § 57 BörsG gesehen werden kann.[242] Auch daß die betreffende Partei im Zeitpunkt des Anerkenntnisses die Termingeschäftsfähigkeit erlangt hat, läßt die Anwendbarkeit von § 59 BörsG unberührt;[243] es kommt also allein darauf an, ob diese bei Vornahme der betreffenden Geschäfte gegeben war.

167 In diesem Zusammenhang gewinnt nun der Streit um den Einfluß der Verrechnung auf die einzelnen Forderungen und Leistungen erhebliche praktische Bedeutung. Dabei besteht heute Einigkeit darüber, daß hier die **Theorie der verhältnismäßigen**

---

[238] Vgl. BGHZ 107, 192, 199 mit Anm. von *Canaris* EWiR § 276 BGB Nr. 2/89.

[239] An ihr gleichwohl festhaltend *Röhricht/Graf von Westphalen/Wagner* § 355 Rdn. 23 f.

[240] Vgl. z. B. BGHZ 93, 307, 311; 105, 263, 270; BGH WM 1979, 1381, 1383; *Schwark* aaO § 59 Rdn. 2; *Kümpel* WM 1982 Sonderbeilage Nr. 6 S. 22.

[241] Vgl. zu diesem näher BGH NJW 1999, 720, 722.

[242] Vgl. RGZ 91, 42, 46; *Düringer/Hachenburg/ Breit* Anh. II nach § 382 Anm. 160 a. E. und 163a; *Schwark* aaO § 57 Rdn. 11; anders RGZ 82, 175, 181.

[243] Vgl. BGH NJW-RR 1999, 844, 845.

Gesamtaufrechnung bei unmodifizierter Anwendung jedenfalls zu sachwidrigen Ergebnissen führt. Dies zeigt sich u. a. an einem vielzitierten, auf *Hagens*[244] zurückgehenden **Beispiel**. Der nicht börsentermingeschäftsfähige Kunde einer Bank hat aus unverbindlichen Termingeschäften einen Sollposten von 90 000,- DM und einen Habenposten von 100 000,- DM; außerdem hat die Bank dem Kunden ein zur Rückzahlung fälliges Darlehen von 60 000,- DM gegeben. Nach der Lehre von der verhältnismäßigen Gesamtaufrechnung würde nun die kleinere Seite, d. h. die Schuld der Bank aus Termingeschäften in Höhe von 100 000,- DM, völlig getilgt werden; die Posten der größeren Seite, also die Schulden des Kunden, würden dagegen im Verhältnis der Summe der Buchungen der größeren Seite zur Summe der Buchungen der kleineren Seite, also im Verhältnis von 150 000,- : 100 000,- = 3 : 2 getilgt werden. Die Saldoforderung der Bank in Höhe von DM 50 000,- würde sich daher im Verhältnis von 3 : 2 aus einem Rest ihrer Terminforderung und einem Rest ihrer Darlehensforderung zusammensetzen, so daß nur in Höhe von DM 20 000,- eine durchsetzbare Forderung bestünde. Die Stellung der Bank ist also wesentlich ungünstiger als bei völliger Streichung der unverbindlichen Posten auf beiden Seiten und auch noch schlechter, als würde man die unverbindlichen Posten zunächst miteinander und erst dann gegen die verbindliche Forderung verrechnen; denn im ersten Fall könnte sie ihr Darlehen in voller Höhe, im zweiten immerhin in Höhe von DM 50 000,- einklagen.

Das RG hat daher seine ursprüngliche Rechtsprechung, wonach es in der Tat bei den Regeln der verhältnismäßigen Gesamtaufrechnung sein Bewenden haben sollte,[245] später wieder aufgegeben,[246] weil die daraus resultierenden Ergebnisse „ersichtlich dem vernünftigen Willen des (Saldo)gläubigers widersprechen würden".[247] Vielmehr sollte die Verrechnung unwirksam sein und unter Ausklammerung der unverbindlichen Posten erneut vorgenommen werden, sofern der Schuldner der Saldoforderung gegenüber dieser den Einwand der Unverbindlichkeit erhöbe. Konstruktiv stützte das RG dies durch die Annahme einer **„stillschweigenden auflösenden Bedingung"** ab sowie zusätzlich durch die analoge Anwendung des § 139 BGB auf das Verhältnis von Anerkenntnis und Verrechnungsvertrag.[248]

Dieser Ausweg vermag indessen nicht zu überzeugen.[249] Allerdings wird man wohl kaum gegen die Lösung des RG einwenden können, sie passe nur, wenn „die Lage des Saldogläubigers durch die Verrechnung nach dem Prinzip der Verhältnismäßigkeit schlechter wird als sie vorher war", sei dagegen im übrigen unbrauchbar, weil sie „in der überwiegenden Mehrzahl der Fälle eine ganz ungerechtfertigte Begünstigung des mit Verlust spekulierenden Kunden" zur Folge habe;[250] denn daß die Lösung des RG nur bei bestimmten Fällen anwendbar ist, besagt nichts gegen sie, weil in den anderen Fällen für sie von vornherein gar kein Bedürfnis besteht, und daß der mit Verlust spekulierende Kunde in diesen anderen Fällen „begünstigt" wird, ist kein relevanter Einwand, weil einerseits die Bank den Verlust ihrer verbindlichen Forderungen durch eine entsprechende – nachträgliche! – Verrechnungserklärung selbst herbeigeführt hat, und weil andererseits die Unwirksamkeit der Saldoforderung nun einmal ausdrücklich und unmißverständlich vom Gesetz in den §§ 656 Abs. 2, 762 Abs. 2 BGB, 59 BörsG

---

[244] DJZ 1905, 109.
[245] RGZ 56, 19; 59, 192; 82, 175.
[246] RGZ 132, 217; 140, 345; 144, 311.
[247] RGZ 132, 221.
[248] Vgl. dazu auch schon *Düringer/Hachenburg/Breit* § 355 Anm. 53 und *Nußbaum* Ehrenbergs Handbuch IV 2 S. 675.
[249] Zustimmend *Ebenroth/Einsele* ZIP 1988, 215.
[250] So aber *Göppert* ZHR 102, 194 bzw. 195f und ihm folgend *Schlegelberger/Hefermehl* § 355 Rdn. 89.

angeordnet ist. Das Unbefriedigende der Entscheidung des RG liegt vielmehr darin, daß der Annahme einer „stillschweigenden Bedingung" in aller Regel der Charakter der Verlegenheitslösung und der Fiktion anhaftet. Insbesondere fehlt es häufig an den psychologischen Voraussetzungen für einen derartigen Willen der Parteien. Denn diese rechnen oft gar nicht mit der Unwirksamkeit, und dann können sie psychologisch gesehen überhaupt nicht den Willen haben, für diesen Fall eine Bedingung zu vereinbaren – und zwar nicht etwa nur auf der Ebene des Erklärungsbewußtseins, sondern schon auf derjenigen der objektiven Auslegung gemäß §§ 133, 157 BGB; dieser Einwand liegt hier umso näher, als die Kontokorrentpartner nicht selten von den Merkwürdigkeiten der verhältnismäßigen Gesamtaufrechnung keine Ahnung haben werden.

169 Vollends unbrauchbar ist der **Lösungsweg über § 139 BGB.** Das RG sieht nämlich die Verrechnung nur dann als unwirksam an, wenn sich der Saldoschuldner auf den Einwand der Unverbindlichkeit auch wirklich beruft; das Anerkenntnis ist dagegen unabhängig hiervon jedenfalls unwirksam, und wenn man diese Unwirksamkeit nun über § 139 auf den Verrechnungsvertrag ausdehnt, so ist auch dieser *ipso iure und in jedem Fall* hinfällig, so daß das RG bei folgerichtiger Durchführung dieser Konstruktion in Widerspruch zu seiner Ausgangsthese geriete.

Entscheidend kommt schließlich hinzu, daß die Parteien nun einmal einen Verrechnungsvertrag abgeschlossen haben und daß die Rechtsordnung diesen grundsätzlich als wirksam anerkennt. Es ist daher kein gangbarer Ausweg, diesem Vertrag nachträglich doch wieder die Geltung abzusprechen, nur weil die Theorie von der verhältnismäßigen Gesamtaufrechnung nicht zu sachgerechten Ergebnissen führt. Die Lösung kann vielmehr nur darin liegen, diese Theorie aufzugeben und statt dessen nach einer Möglichkeit zu suchen, *sowohl* den Verrechnungsvertrag zu respektieren *als auch* vernünftige Ergebnisse zu erzielen.

Demgemäß ist den Vertretern der **Lehre vom Staffelkontokorrent** im Ausgangspunkt zuzustimmen, wenn sie den Verrechnungsvertrag auch bei Einbeziehung unverbindlicher Forderungen als wirksam anerkennen.[251] Auch sie gelangen jedoch nicht zu befriedigenden Ergebnissen. Unhaltbar ist zunächst schon, daß sie auch hier die *automatische* Verrechnung nach jedem Geschäftsvorfall annehmen.[252] Hat also z. B. ein nicht börsentermingeschäftsfähiger Kunde einen wirksamen Anspruch gegen eine Bank aus dem Verkauf von Wertpapieren in Höhe von DM 100 000,– und macht er anschließend bei einem Termingeschäft einen Verlust von DM 110 000,–, so verliert er danach ipso iure seine gesamte wirksame Forderung, ohne daß es einer besonderen hierauf gerichteten Willenserklärung nach dem Eintritt des Verlusts bedarf. Die Lehre vom Staffelkontokorrent gerät somit in Widerspruch zu dem oben Rdn. 162 herausgearbeiteten Grundsatz, daß eine Antizipation der Verrechnungserklärung bei Einbeziehung unverbindlicher Posten grundsätzlich unwirksam ist. Ob sie aber auf die „Automatik" der Verrechnung hier verzichten und einen besonderen nachträglichen Verrechnungsvertrag fordern kann oder ob sie sich damit nicht in einen unlösbaren Widerspruch zu ihren eigenen Grundvoraussetzungen verwickelt, erscheint zumindest als zweifelhaft.

Selbst wenn man hiervon absieht, bleiben aber immer noch durchschlagende Einwände gegen die Lehre vom Staffelkontokorrent. Wieder (vgl. schon Rdn. 153) erweist sich nämlich die rigorose Verrechnung jedes neuen Postens mit dem jeweils zuvor

---

[251] Vgl. vor allem *Göppert* ZHR 102, 196 ff und *Weispfenning* JW 1938, 3094 f.

[252] Besonders klar *Göppert* aaO.

bestehenden Saldo – also eine für diese Theorie keinesfalls verzichtbare Regel – als sachwidrig. Hat z. B. der Kunde bei der Bank eine fällige Darlehensschuld in Höhe von 100000,– DM und macht die Bank die Durchführung eines Termingeschäfts nun unter Hinweis auf ein geschätztes Verlustrisiko von etwa 60000,– DM von einer „Vorauserfüllungsleistung" des Kunden[253] in dieser Höhe abhängig, so müßte eine entsprechende Zahlung nach der Lehre vom Staffelkontokorrent folgerichtig automatisch mit der Darlehensschuld verrechnet werden. Tritt nun wirklich ein Verlust von 60000,– DM ein, so bestünde der Saldoanspruch der Bank nur in Höhe von 40000,– DM aus der Darlehensforderung, in Höhe von 60000,– DM dagegen aus einer unverbindlichen Termingeschäftsforderung; auch eine nachträgliche Verrechnungserklärung des Kunden kann daran nichts mehr ändern, weil sie nach der Lehre vom Staffelkontokorrent ja nur den neuen Posten mit dem vorher bestehenden Saldo verrechnet, d. h. hier nur der Saldoforderung von 40000,– DM die unverbindliche Forderung von 60000,– DM hinzufügt. Richtig kann demgegenüber nur sein, die geleisteten 60000,– DM *voll* auf die Termingeschäftsforderung anzurechnen (vgl. auch unten Rdn. 173) – ein Ergebnis, zu dem übrigens auch die Lehre von der verhältnismäßigen Gesamtaufrechnung nicht kommen kann.

170 Keine Schwierigkeiten ergeben sich dagegen, wenn man mit der hier vertretenen Ansicht (vgl. Rdn. 154 ff) von der **analogen Anwendung der §§ 366, 396 BGB** ausgeht.[254] Allerdings muß man sich dabei von dem Mißverständnis freimachen, die unverbindlichen Posten müßten *vor* den verbindlichen Posten zur Tilgung gebracht werden, weil sie dem Gläubiger geringere Sicherheit böten.[255] Schon dem Wortlaut des Gesetzes nach ist das höchst fraglich; denn in § 366 Abs. 1 ist durchweg von einer „Schuld" die Rede, und eine solche besteht hier gerade nicht, weil durch Spiel, Wette, Termingeschäft und dgl. eben „eine Verbindlichkeit nicht begründet wird". Ganz sicher aber steht die ratio legis des § 366 Abs. 2 dieser Ansicht entgegen. Nach ganz überwiegender Meinung stellt diese Vorschrift nämlich lediglich eine Konkretisierung des mutmaßlichen Schuldnerwillens dar.[256] Warum aber der Schuldner einer unverbindlichen Forderung den Willen haben sollte, daß diese vor seinen verbindlichen Schulden getilgt sein soll, ist schlechterdings nicht einzusehen; er wird im Gegenteil genau den entgegengesetzten Willen haben, weil er sich gegen jene ja anders als gegen diese notfalls immer noch mit dem Einwand der Unverbindlichkeit erfolgreich zur Wehr setzen kann. Das wird besonders deutlich, wenn man auf den gesetzgeberischen Grund für den Vorrang der weniger sicheren Forderungen abstellt. Mit Recht wird dieser nämlich in den Protokollen darin gesehen, daß bei einer andersartigen Anrechnung der Gläubiger sofort zur Beitreibung der weniger sicheren Forderungen schreiten müßte und daß daher auch der Schuldner ein Interesse an deren Vorrang habe.[257] Gerade diese Überlegung paßt hier aber nicht, weil die Gefahr einer Beitreibung der unverbindlichen Forderungen ja überhaupt nicht besteht. Der mutmaßliche Parteiwille ist also nicht auf Vorrangigkeit, sondern auf **Nachrangigkeit der unverbindlichen gegenüber den verbindlichen Posten** gerichtet, und daher ist das Gesetz auch

---

[253] Eine solche kann grundsätzlich nach § 55 BörsG wirksam sein, vgl. die Nachw. oben Rdn. 162 a. E.

[254] Zustimmend *Schlegelberger/Hefermehl* § 355 Rdn. 91.

[255] So aber offenbar RGZ 56, 19, 23; ebenso *Danz* Die Grundsätze von Treu und Glauben und ihre Anwendung auf die Rechtsverhältnisse des Bankverkehrs, 1909, S. 62; ähnlich auch *Planck/Siber* 4. Aufl. 1914, § 366 Anm. 4b; anders, soweit ersichtlich, nur *Oertmann*, 5. Aufl. 1928, § 366 Anm. 4.

[256] Vgl. Mot. S. 88 und Prot. S. 672 f; BGH NJW 1969, 1846, 1847 Sp. 2 m. w. Nachw.

[257] Vgl. Prot. S. 673.

dann, wenn es seinem Wortlaut nach an sich einschlägig sein sollte, im Wege der Restriktion entsprechend zu modifizieren.[258] Nichts anderes gilt, wenn man mit der Gegenansicht den Vorrang der weniger sicheren Forderungen nicht aus dem mutmaßlichen Willen des Schuldners, sondern aus der Berücksichtigung der Interessen des Gläubigers und dem Streben des Gesetzes nach einem objektiven und gerechten Ausgleich zwischen beiden Seiten erklärt.[259] Denn die Behandlung der unklagbaren Forderungen durch das Gesetz zeigt eindeutig den Willen, diese als weniger schutzwürdig zu behandeln, und es kann daher bei einer an den objektiven Wertungen des geltenden Rechts (statt am mutmaßlichen Schuldnerwillen) orientierten Lösung gar nicht zweifelhaft sein, daß unverbindliche Posten gegenüber verbindlichen nachrangig sind. § 366 Abs. 2 ist daher durch den ungeschriebenen, aber aus seiner ratio legis ohne Schwierigkeit ableitbaren Rechtssatz zu ergänzen: **Unverbindliche Posten werden nach verbindlichen getilgt.** Selbst wenn man eine solche Rechtsfortbildung als zu kühn ansieht, wird man aber immer noch zugeben müssen, daß die unverbindlichen Forderungen keinesfalls als Schulden, „welche dem Gläubiger geringere Sicherheit bieten", anzusehen sind; überspringt man demnach aber dieses Kriterium in § 366 Abs. 2, so kommt man als nächstes zu dem der größeren Lästigkeit für den Schuldner, und da zweifellos die verbindliche Schuld „lästiger" als die unverbindliche ist, gelangt man auch auf diesem Weg zum Vorrang der ersteren.

171 Für die **kontokorrentmäßige Verrechnung** ergibt sich daraus, daß erst die verbindlichen Posten miteinander zu verrechnen sind; denn diese müssen ja zuerst getilgt werden. Für die Verrechnung des dadurch entstehenden Saldos mit den unverbindlichen Posten verbleiben dann theoretisch zwei Möglichkeiten: entweder man bildet zunächst aus den unverbindlichen Posten beider Seiten wiederum einen Saldo und verrechnet dann den Saldo der verbindlichen mit dem Saldo der unverbindlichen Posten;[260] oder aber man verzichtet auf eine Saldierung innerhalb der unverbindlichen Posten und nimmt die abschließende Verrechnung in Anwendung von § 366 Abs. 2 a. E. nach dem Prinzip der verhältnismäßigen Gesamtaufrechnung vor. Verbleibt also z. B. nach der Saldierung der verbindlichen Posten für eine Bank eine Forderung von 20 000,– DM und bestehen für beide Seiten unverbindliche Posten in Höhe von je 40 000,– DM, so heben sich diese bei der erstgenannten Lösung gegenseitig auf, und es verbleibt eine in voller Höhe verbindliche Saldoforderung der Bank von 20 000,– DM; bei der zweiten Lösung dagegen ergäbe sich zwar natürlich auch eine Saldoforderung der Bank in Höhe von 20 000,– DM, doch bestünde diese im Verhältnis von 60 000,– DM : 40 000,– DM = 3 : 2 aus einem unverbindlichen und einem verbindlichen Teil, so daß die Saldoforderung in Höhe von 12 000,– DM unverbindlich und nur in Höhe von 8 000,– DM verbindlich wäre. Schon dieses Beispiel macht deutlich, daß nur die erste Lösung richtig sein kann. Sonst besteht nämlich wieder die Gefahr, daß vollwertige Forderungen ohne hinreichenden Grund für unverbindliche geopfert werden. Das entspricht aber, wie gezeigt, weder dem mutmaßlichen Parteiwillen noch den objektiven Wertungen des geltenden Rechts. Auch dem Grundprinzip des § 366 Abs. 2 entspricht die erste Lösung weit besser als die zweite. Der Gesetzgeber will nämlich, wie die Rangstufung des § 366 Abs. 2 ergibt und wie auch in den Motiven ausdrücklich ausgesprochen ist, die verhältnismäßige Aufrechnung soweit wie irgend

---

[258] Vgl. auch BGH NJW 1969, 1846, 1847 und BGH NJW 1972, 34 Nr. 2.
[259] So *Larenz* Schuldrecht I[14] § 18 I 5 = S. 242.
[260] Vgl. auch schon *Danz* BankArch. 4, 147 und aaO S. 57, der ebenfalls die unverbindlichen Posten zunächst untereinander verrechnet, den sich dabei ergebenden Saldo jedoch entgegen der hier vertretenen Meinung vorrangig auf die verbindlichen Forderungen anrechnen will, vgl. aaO S. 62.

möglich vermeiden[261] und sie durch eine nach Wertungsgesichtspunkten abgestufte Lösung ersetzen. Das aber geschieht nur, wenn man auch die unverbindlichen Posten zunächst untereinander zu einer einheitlichen „Klasse" zusammenfaßt und verrechnet und erst dann die abschließende Verrechnung mit dem Saldo der verbindlichen Posten vornimmt.

Einer Fortentwicklung der Regeln von § 366 Abs. 2 BGB bedarf es für den **172** **Sonderfall einer Verrechnung von unverbindlichen Forderungen mit verbindlichen Forderungen aus Börsentermingeschäften.** Hier ist nicht nur nach dem Rechtsgedanken von § 56 BörsG die Antizipation des Verrechnungsvertrags zulässig (vgl. oben Rdn. 163), sondern darüber hinaus grundsätzlich auch anzunehmen, daß *diese* Forderungen *vorrangig* zur Verrechnung gelangen.[262] Denn dem mutmaßlichen Willen des Schuldners – etwa einer Bank gegenüber einem Kunden – entspricht es, auch insoweit von dem Privileg des § 56 BörsG Gebrauch zu machen und sich von seiner Verbindlichkeit aus dem Börsentermingeschäft möglichst durch Verrechnung mit einer unverbindlichen Forderung zu befreien, da das für ihn der günstigste Weg ist.

Zusammenfassend ergibt sich somit folgende **Gesamtlösung**: Es sind zunächst die **173** verbindlichen und die unverbindlichen Posten jeweils untereinander zu verrechnen; anschließend sind die sich dabei ergebenden beiden Saldi miteinander zu verrechnen.[263] Stehen diese nicht derselben Partei zu und werden daher verbindliche Posten zur Tilgung unverbindlicher verwendet, bedarf es grundsätzlich einer nachträglichen Bestätigung des antizipierten Verrechnungsvertrags (vgl. dazu oben Rdn. 164). Soweit der Schlußsaldo aus unverbindlichen Posten besteht, ist er nach §§ 656 Abs. 2, 762 Abs. 2 BGB, 59 BörsG auch seinerseits unverbindlich; dies ist der Fall, wenn entweder sowohl der Saldo der verbindlichen Posten als auch derjenige der unverbindlichen derselben Partei zustehen und somit bei der Abschlußsaldierung einfach zu addieren sind, oder wenn die beiden Saldi zwar verschiedenen Parteien zustehen, der Saldo der unverbindlichen Posten aber größer ist als derjenige der verbindlichen. Hat eine Partei verbindliche Forderungen aus Börsentermingeschäften, so sind diese vorweg mit den unverbindlichen Forderungen zu verrechnen.

Diese Lösung vermeidet sowohl die Fehler der Lehre von der verhältnismäßigen Gesamtaufrechnung, da verbindliche Posten nur im unerläßlichen Mindestumfang zur Tilgung unverbindlicher Posten geopfert werden, als auch die Schwächen der Ansicht des RG, weil Fiktionen unnötig sind und weil überdies die Wirksamkeit des Verrechnungsvertrags nicht unnötig in Frage gestellt wird. Auch die Mängel der Lehre vom Staffelkontokorrent lassen sich unschwer vermeiden. Denn die „Automatik" der Verrechnung ist für die analoge Anwendung der §§ 366, 396 BGB – es geht ja immer noch um das in diesen Vorschriften enthaltene Anrechnungsprinzip! – gänzlich irrelevant, und ein von § 366 Abs. 2 abweichender Parteiwille hat nach § 366 Abs. 1 ohne weiteres Vorrang. So ist das oben (Rdn. 169 gegen Ende) zur Kritik an der Lehre vom Staffelkontokorrent gebildete Beispiel nach der hier vertretenen Ansicht ohne Schwierigkeiten sachgerecht zu lösen: der Wille des Leistenden war – zumindest konkludent – darauf gerichtet, daß die Zahlung der 60 000,– DM voll auf die Forderung aus dem

---

[261] Vgl. Mot. S. 88.
[262] So mit Recht *Ebenroth/Einsele* ZIP 1988, 215f in Kritik an der insoweit in der Tat unvollständigen, weil diesen Fall *hier* nicht berücksichtigenden Vorauflage.
[263] Zustimmend OLG Köln ZIP 1997, 973, 974 mit zustimmender Anm. von *Hartung* EWiR § 55

BörsG 2/97 S. 507, 508; *Schlegelberger/Hefermehl* § 355 Rdn. 91; *Ebenroth/Einsele* ZIP 1988, 215f (mit der in der vorigen Rdn. erwähnten Einschränkung); wohl auch *Baumbach/Hopt* § 355 Rdn. 10; *Schwark* aaO § 355 Rdn. 11 a. E.

§ 355 Viertes Buch. Handelsgeschäfte

Termingeschäft angerechnet werden sollte, und das ist nach § 366 Abs. 1 BGB grundsätzlich maßgeblich.

174 c) **Der Einwand des Rechtsmißbrauchs.** Die „Berufung" auf den Einwand der Unverbindlichkeit kann in besonders gelagerten Ausnahmefällen am Einwand des Rechtsmißbrauchs scheitern.[264] Dafür genügt es allerdings nicht, daß die betreffende Partei die Gewinne aus früheren gleichartigen Geschäften eingestrichen hat und sich nun weigert, einen Verlust zu tragen.[265] Eher kommt dagegen ein unzulässiges venire contra factum proprium dann in Betracht, wenn die Partei in den früheren Fällen die Auszahlung des Gewinns bzw. die für sie günstige Verrechnung mit wirksamen Forderungen nur durch die ausdrückliche Zusicherung erreicht hatte, sie werde auch umgekehrt bei einem Verlust das Geschäft wie ein wirksames behandeln.[266]

V. Die Feststellung und Anerkennung des Saldos

1. Rechtsnatur und Wirkungen der Saldofeststellung

175 a) **Ablehnung der Novationstheorie.** Nach § 355 Abs. 1 gehört es zum Begriff des Kontokorrents, daß nicht nur eine Verrechnung der aus der Geschäftsverbindung entspringenden beiderseitigen Ansprüche und Leistungen, sondern auch eine „Feststellung des für den einen oder anderen Teil sich ergebenden Überschusses" zu erfolgen hat. Die **dogmatische Einordnung** dieses Vorgangs ist wiederum auf das lebhafteste umstritten. Die Rechtsprechung geht seit jeher von der **Novationstheorie** aus, nach der die bisherigen Forderungen erlöschen und durch eine neue (abstrakte) Forderung ersetzt werden.[267] Früher war diese Ansicht auch im Schrifttum ganz herrschend,[268] während sie heute von diesem nahezu[269] einmütig abgelehnt wird.[270]

176 Als Ausgangspunkt einer **kritischen Würdigung** muß man sich zunächst klar machen, daß es auch hier wieder um eine Frage des **mutmaßlichen Parteiwillens** geht. Die Anhänger der Novationstheorie müßten also überzeugend dartun, daß die Parteien i. d. R. vernünftigerweise eine Novation wollen. Nun haben die Kontokorrentpartner als juristische Laien aber selbstverständlich keine bestimmte *rechtliche Konstruktion*, sondern nur *Zwecke* und *Rechtsfolgen* im Sinn. Die entscheidende Frage ist daher, ob die mit der Eingehung eines Kontokorrents verfolgten Zwecke und die dabei intendierten Rechtsfolgen sich dogmatisch am besten mit Hilfe der Novationstheorie

---

[264] Vgl. z. B. RGZ 144, 242, 245 f; 146, 190, 194; RG JW 1937, 2455, 2456; 1937, 2569; 1938, 237, 238; RG SeuffArch. 85 Nr. 5 S. 11; 92 Nr. 11 S. 27; OLG Hamburg SeuffArch. 73 Nr. 72 S. 119; BGH WM 1972, 178, 179; 1991, 1367, 1368; eingehend *Canaris* Die Vertrauenshaftung im deutschen Privatrecht, 1971, S. 356 f sowie Bankvertragsrecht[2] Rdn. 1879.

[265] Vgl. z. B. RGZ 79, 381, 387; RG JW 1937, 2659.

[266] Vgl. näher *Canaris* aaO S. 357.

[267] Vgl. z. B. RGZ 82, 400, 404; 87, 434, 437; 132, 218, 221; BGHZ 26, 142, 150; 50, 277, 279; 58, 257, 260; 80, 172, 176; 84, 371, 376; 93, 307, 313; BGH WM 1955, 1163, 1164; 1956, 788 Sp. 2; 1964, 881, 882 Sp. 1; 1969, 92, 1. Leitsatz und S. 93 Sp. 1; 1972, 283, 284 unter II 2 und 285 f unter III 3; 1985, 936, 937; 1985, 969, 971.

[268] Vgl. z. B. *Düringer/Hachenburg/Breit* § 355 Anm. 42; *von Godin* 2. Aufl. Anm. 5 und 27 unter Ziff. 11; *Müller-Erzbach* S. 659 f unter VIII 1; *von Gierke* § 63 IV 4 b; *Weispfenning* JW 1938, 3094 bei Fn. 12; *Ulmer* aaO S. 199; *Beitzke* S. 14.

[269] Eine Ausnahme bildet *Röhricht/Graf von Westphalen/Wagner* § 355 Rdn. 36; wohl auch *Koller/Roth/Morck* § 355 Rdn. 10 a. E.

[270] Vgl. grundlegend *Hefermehl* Festschr. für Lehmann S. 549 ff und bei *Schlegelberger* § 355 Rdn. 57 f; ebenso z. B. *Kübler* S. 150 ff; *Blaurock* NJW 1971, 2208; *Herz* S. 105; *Schmidt* § 21 V 1 b; *Gernhuber* Die Erfüllung und ihre Surrogate[2], § 18, 10 d = S. 413 f; MünchKomm.-*Hüffer*[3] § 781 Rdn. 12 f; Staudinger/*Marburger*[12] § 782 Rdn. 7; *Heymann/Horn* § 355 Rdn. 27; *Baumbach/Hopt* § 355 Rdn. 7; *Straube/Schuhmacher* § 355 Rdn. 29–31; *Pfeiffer/Hammen* § 7 Rdn. 28.

erklären lassen oder ob dafür andere und sachgerechtere Lösungsmöglichkeiten zur Verfügung stehen.

Das **Spezifikum der Novationslösung** liegt darin, daß die Rechtsbeziehungen der Parteien nicht nur positiv, sondern auch negativ auf eine neue Grundlage gestellt werden: Es wird nicht nur eine neue Saldoforderung geschaffen, sondern es tritt durch diese auch das **Erlöschen aller bisher bestehenden Forderungen** ein. Genau dieser letztere Punkt, also das essentielle Kriterium der Novationstheorie, entspricht nun aber in aller Regel nicht dem mutmaßlichen Parteiwillen. Das ergibt sich zunächst schon aus der **Vorschrift des § 364 Abs. 2 BGB**, wonach durch die Übernahme einer neuen Verbindlichkeit die bisherige Schuld im Zweifel gerade nicht erlischt, sondern lediglich durch eine zweite, auf das gleiche Ziel gerichtete Forderung ergänzt wird. § 364 Abs. 2 stellt nämlich anerkanntermaßen eine „Auslegungsregel" dar,[271] also eine gesetzliche Vermutung des mutmaßlichen Parteiwillens, und daher bedürfte es einer überzeugungskräftigen Begründung dafür, daß und warum dieser beim Kontokorrent entgegen der vom Gesetzgeber aufgestellten Regel ausnahmsweise auf einen Untergang der bisherigen Schuld und nicht nur auf deren Ergänzung gerichtet sein soll. Eine solche Begründung ist aber bisher nicht einmal ansatzweise gegeben worden. **177**

In dieselbe Richtung weist die **Bestimmung des § 356 HGB**, wonach der Schuldner durch die Anerkennung des Saldos grundsätzlich nicht gehindert wird, auf bestehende Sicherheiten zurückzugreifen. Das ist mit der Novationstheorie unvereinbar (vgl. zum Folgenden auch § 356 Rdn. 3ff). Denn nach dieser müßten die Sicherheiten wegen ihrer Akzessorietät folgerichtig erlöschen, da ja die bisherigen Forderungen untergehen und durch eine völlig neue Forderung ersetzt werden. Man kann § 356 auch nicht etwa als eine regelwidrige Ausnahmevorschrift verstehen, die gerade umgekehrt die grundsätzliche Richtigkeit der Novationstheorie an sich voraussetze. Mit Recht heißt es nämlich in der Denkschrift, die in Rechtsprechung und Lehre verbreiteten theoretischen Vorstellungen von Begriff und Wesen des Kontokorrents hätten „zu der Aufstellung einzelner Sätze geführt, die nicht mit den Bedürfnissen des Verkehrs in Einklang stehen" (S. 197) und das gelte insbesondere für die mit den „Bedürfnissen und Anschauungen des Verkehrs" unvereinbare Annahme, die Anerkennung des Saldos brächte die Sicherheiten zum Erlöschen (S. 199). Gerade um die sachgerechte dogmatische Formulierung der „Bedürfnisse und Anschauungen des Verkehrs" aber geht es ja bei der Ermittlung des mutmaßlichen Parteiwillens, und wenn die Novationstheorie damit nach der Wertung des Gesetzgebers nicht in Einklang steht, so kann man daraus eben nur folgern, daß sie zur Lösung des Problems ungeeignet ist. § 356 HGB stellt daher letztlich nichts anderes dar als die **Anwendung des in § 364 Abs. 2 BGB enthaltenen allgemeinen Prinzips auf die besondere Problematik der Sicherheiten**: das Erlöschen der bisherigen Forderungen entspricht im Zweifel nicht der Interessenlage und dem mutmaßlichen Parteiwillen. Das gilt um so mehr, wenn man mit der ganz herrschenden und in der Tat zutreffenden Ansicht aufgrund des in § 356 zum Ausdruck kommenden Rechtsgedankens den Rückgriff auf die Einzelforderungen trotz der Saldoanerkennung immer dann zuläßt, wenn der Gläubiger daran ein berechtigtes wirtschaftliches Interesse hat (vgl. näher § 356 Rdn. 12 m. Nachw.). Das bedeutet nämlich nichts anderes, als daß man mit den Folgen der Novationstheorie grundsätzlich nicht ernst macht, sobald sie einmal rechtlich relevant werden. Dann aber hat man diese Lehre in Wahrheit aufgegeben, auch wenn man sich „theoretisch" noch ausdrücklich zu ihr bekennt. **178**

---

[271] Vgl. schon Mot. S. 82.

Außerdem vermag nicht einmal die ausdrückliche Norm des § 356 HGB die **unhaltbaren Konsequenzen für die Sicherheiten** völlig auszuschließen. Wird nämlich bei der Saldofeststellung eine **Forderung vergessen** und ergibt sich deshalb für ihren Inhaber statt eines positiven ein negativer Saldo, so hilft auch § 356 über den Untergang einer eventuellen Sicherheit nicht hinweg; denn das Gesetz verhindert diesen nach seinem klaren Wortlaut nur, soweit dem Gläubiger bei der Saldofeststellung ein Guthaben verbleibt, und das wäre hier nach der Novationstheorie nicht der Fall (vgl. auch § 356 Rdn. 5–7).

179   Überdies besteht auch gar **kein praktisches Bedürfnis** für die Annahme einer Novationswirkung; insbesondere läßt diese sich nicht auf den Vereinfachungs- und Vereinheitlichungszweck des Kontokorrents (vgl. Rdn. 3ff) stützen. Das **Fortbestehen der alten Saldoforderung neben der neuen** stört nämlich in keiner Weise, da sie – wie auch sonst in den Fällen des § 364 Abs. 2 BGB – aufgrund einer entsprechenden Einrede grundsätzlich nicht mehr geltend gemacht werden kann; es besteht also nicht etwa die Gefahr einer doppelten Inanspruchnahme des Saldoschuldners, und zwar gemäß § 404 BGB auch dann nicht, wenn der Gläubiger die beiden Forderungen bei einer Abtretung trennen sollte. Es liegt insoweit ebenso wie z. B. im Verhältnis von Wechsel und Kausalforderung oder von Sicherungsgrundschuld und Kausalforderung. Wenn sich selbst in dem „strengen" und nun wirklich auf Einfachheit und Praktikabilität ausgerichteten Wechselrecht durch das Nebeneinander der beiden Forderungen keine Schwierigkeiten ergeben, muß dieses erst recht im Kontokorrentrecht als unbedenklich erscheinen.

Was sodann das **Erlöschen der sich verrechenbar gegenüberstehenden Posten** angeht, so bedarf es auch insoweit der Novationstheorie nicht. Denn diese Rechtsfolge läßt sich schon mit Hilfe des Verrechnungsvertrags ausreichend erklären. Auch die Rechtsprechung will übrigens auf diesen keineswegs verzichten (vgl. oben Rdn. 131), und so war denn auch schon in der Rechtsprechung des RG lediglich kontrovers, ob er mit dem Anerkenntnisvertrag analog § 139 BGB zu einer Einheit zu verbinden ist oder nicht.[272] Die Rechtsprechung gerät dabei sogar in einen inneren Widerspruch, weil sie die gleiche Rechtswirkung auf beide Verträge stützt (vgl. näher oben Rdn. 119f mit Zitaten).

180   Es bleibt schließlich noch das **Schicksal der bei der Saldoanerkennung vergessenen Posten** (vgl. hierzu und zum Folgenden auch Rdn. 224f). Nach der Novationstheorie müßten diese jedenfalls untergegangen sein, wohingegen sie nach der hier vertretenen Ansicht fortbestehen (sofern sie nicht schon vom Verrechnungsvertrag erfaßt und durch diesen getilgt worden sind). Die Novationstheorie müßte folgerichtig einen Anspruch aus § 812 Abs. 2 BGB auf Wiederherstellung der ursprünglichen Forderung gewähren und dieser unterläge wie alle Bereicherungsansprüche der **30jährigen Verjährungsfrist** des § 195 BGB. Bei Verzicht auf die Novationstheorie wäre dagegen der Umweg über den Bereicherungsanspruch insoweit überflüssig, so daß auch hinsichtlich der Verjährung keine Änderung der ursprünglichen Rechtslage eintritt, sondern die für den fraglichen Anspruch geltende, u. U. sehr kurze Frist maßgeblich bleibt. Gerade diesen letzteren Weg hat nun aber der BGH als den allein sachgemäßen bezeichnet, ohne auch nur ein Wort über die Novationstheorie zu verlieren.[273] Auch in diesem Punkt werden also die praktischen Konsequenzen aus der Novationstheorie nicht gezogen, ja sogar ausdrücklich als sachwidrig zurückgewiesen.

---

[272] Vgl. einerseits RGZ 56, 19, 24 und andererseits RGZ 132, 218, 222f.

[273] Vgl. BGHZ 51, 346 und dazu unten Rdn. 225.

Insgesamt ist somit ein vollständiges **Versagen der Novationstheorie sowohl in dogmatischer als auch in praktischer Hinsicht** zu diagnostizieren. Diese hat daher heute keine Existenzberechtigung mehr. **181**

b) Die Lehre vom abstrakten Schuldanerkenntnis und die Lehre vom kausalen Feststellungsvertrag. Unabhängig davon, ob man der Novationstheorie folgt oder nicht, wird die durch die Saldofeststellung entstehende neue Forderung von der h. L. als ein **abstraktes Schuldanerkenntnis i. S. von § 781 BGB** angesehen.[274] Diese Ansicht, die lange Zeit völlig unumstritten war, ist vor allem von *Kübler* scharf angegriffen worden; seiner Meinung nach stellt die Saldofeststellung kein abstraktes Schuldanerkenntnis, sondern einen rein **kausalen Feststellungsvertrag** dar.[275] **182**

Die **Kritik *Küblers* an der Lehre von der Abstraktheit des anerkannten Saldoanspruchs** stützt sich auf mehrere Begründungsansätze.[276] So macht er zunächst geltend, die Lehre vom abstrakten Schuldanerkenntnis führe, wie die Entscheidung RGZ 95, 18 zeige, zu einer Umgehung des Zinseszinsverbots; denn sie ermögliche, Zinseszinsen auch außerhalb des Anwendungsbereichs von § 355 Abs. 1 HGB zu nehmen.[277] Das ist indessen unzutreffend. Zum einen verkennt Kübler nämlich, daß § 248 Abs. 1 BGB nur das *im voraus* erteilte Zinseszinsversprechen verbietet und daß die fragliche Entscheidung des RG daher grundsätzlich zutreffend ist (vgl. eingehend oben Rdn. 32); und zum zweiten wäre aus einem etwaigen Verstoß gegen § 248 Abs. 1 BGB auch keineswegs die Konsequenz zu ziehen, daß deshalb die Zulässigkeit eines abstrakten Vertrags zu leugnen ist, sondern nur die Konsequenz, daß die betreffende Zinseszinsabrede wegen Umgehung des § 248 Abs. 1 BGB nichtig ist. **183**

Weiterhin wirft *Kübler* der h. L. vor, diese führe zu unbefriedigenden Rechtsfolgen. Die praktische Bedeutung der Abstraktheit erschöpfe sich nämlich in der Beweislastumkehr, ein vertragliches Anerkenntnis müsse aber vernünftigerweise „mehr als bloße Beweislastumkehr bewirken".[278] Auch hier irrt *Kübler*. Weit über die Beweislastumkehr hinausgehend stellt das Anerkenntnis die Saldoforderung nämlich auf eine **selbständige rechtliche Grundlage**; das hat u. a. zur Folge, daß für sie nun einheitlich die 30jährige Verjährungsfrist des § 195 BGB, ein einheitlicher Gerichtsstand, ein einheitlicher Erfüllungsort und einheitliche Regeln über die Verzinslichkeit gelten (vgl. näher unten Rdn. 195 ff bzw. 205 ff m. Nachw.). In der Abstraktheit der Saldoforderung verwirklicht sich also die aus dem Vereinfachungszweck folgende **Vereinheitlichungsfunktion** des Kontokorrents (vgl. zu dieser näher Rdn. 5), die z. B. auch der Befreiung vom Zinseszinsverbot zugrunde liegt (vgl. dazu unten Rdn. 205 f). In der Tat wäre es mit dem Zweck des Kontokorrents, die Abrechnung zu vereinfachen, unvereinbar, wenn für die Saldoforderung immer noch die Verjährungsfristen, der Erfüllungsort und der Gerichtsstand der jeweils zugrundeliegenden kausalen Forderungen Geltung besäßen; besonders untragbar wäre das vom Boden der Lehre von der verhältnismäßigen Gesamtaufrechnung aus, da dann in der Saldoforderung noch die Reste aller kausalen Forderungen enthalten sind, doch bleibt es auch vom Boden

---

[274] Vgl. RG JW 1935, 2355; RG HRR 1938 Nr. 1231; BGHZ 49, 24, 27; BGH LM Nr. 12 zu § 355 HGB = WM 1956, 788 Sp. 2; BGH WM 1972, 283, 285; *Düringer/Hachenburg/Breit* § 355 Anm. 41; *Schlegelberger/Hefermehl* § 355 Rdn. 43; *Heymann/Horn* § 355 Rdn. 25; *Baumbach/Hopt* § 355 Rdn. 10; *Müller-Erzbach* S. 659 unter VIII 1; *von Gierke* § 63 IV 4b; *Schumann* II § 5 V 1; *Karsten Schmidt* § 20 V 1.

[275] Feststellung und Garantie, S. 157 ff, 162 f; ihm folgend *Schönle* § 7 II unter I a 3 b = S. 63 f; z. T. ähnlich auch *Blaurock* NJW 1971, 2208 f, vgl. dazu näher unten Rdn. 185.

[276] Vgl. zum Folgenden eingehend *Canaris* Festschrift für Hämmerle, S. 58 ff.

[277] Vgl. *Kübler* S. 161 f.

[278] Vgl. *Kübler* S. 159 bzw. 160.

abweichender Ansichten aus höchst mißlich, weil dann jeweils mit u. U. erheblichen Schwierigkeiten ermittelt werden müßte, welche kausalen Forderungen gerade in dem Saldo „stecken".

184 An dieser Problematik werden zugleich die wichtigsten **Schwächen von *Küblers* eigener Theorie** von der „Kausalität" des Saldofeststellung offenkundig. Macht man nämlich mit dieser ernst, so muß man folgerichtig in allen diesen Fragen auf die Rechtsnatur der festgestellten Forderung abstellen und z. B. die Länge der Verjährungsfrist nach dem entsprechenden Vertragstypus, also nach Kaufrecht, Werkvertragsrecht usw. bestimmen.[279] Das aber wäre mit den Zwecken des Kontokorrents unvereinbar, weil dadurch die erforderliche rechtliche Vereinheitlichung vereitelt würde. *Kübler* will denn auch an der 30jährigen Verjährungsfrist festhalten. Da aber von seinem Standpunkt aus der Feststellungsvertrag als Mittel hierzu ungeeignet ist, versucht er, diese Wirkung vorzuverlegen: schon die Kontokorrentabrede soll sie haben; diese bewirke „Schuldänderung", die Forderung verliere „ihr typisches Gepräge", aus dem Kaufpreis- oder Werklohnanspruch werde ein „Rechnungsposten, der kraft Kontokorrentabrede (sic!) der allgemeinen Verjährung gemäß § 195 BGB unterliegt".[280] Dieser Ausweg ist indessen nicht gangbar. Unverständlich ist schon, inwiefern die Kontokorrentabrede – die ja anders als das abstrakte Anerkenntnis zweifelsfrei keine neue Forderung schafft! – die Kraft haben soll, die Verjährungsfrist zu verlängern; denn eine vertragliche Verlängerung ist nach § 225 S. 1 BGB nichtig. Außerdem setzt *Kübler* sich mit seiner Lösung zu der heute wohl unstreitigen Ansicht in Widerspruch, daß die einzelnen Forderungen durch die Kontokorrentabrede ihre Rechtsnatur gerade nicht ändern (vgl. oben Rdn. 99ff). Auch mit dem Zweck der kurzen Verjährungsvorschriften ist seine Lösung unvereinbar, wie der BGH überzeugend dargetan hat;[281] denn nicht schon die bloße Kontokorrentzugehörigkeit einer Forderung, sondern erst deren Anerkennung und Bestärkung durch den Feststellungsvertrag schafft hinreichende Sicherheit über ihren Bestand und hinreichende Klarheit zwischen den Parteien, und daher ist erst jetzt der Verzicht auf die kurze Verjährung vertretbar. Schließlich ist einzuwenden, daß *Kübler* hier in Vorstellungen der von ihm selbst abgelehnten Novationstheorie zurückfällt – und zwar in eine ihrer schlimmsten Formen, die die Novation schon bei der Einstellung der Forderungen in das Kontokorrent ansetzt. Das kommt nicht nur terminologisch in der Annahme einer „Schuldänderung" zum Ausdruck, sondern auch sachlich in der Behauptung, die Einstellung in das Kontokorrent verändere die Rechtsnatur der Forderungen. Auch muß *Kübler* hinsichtlich der Sicherheiten zu der These Zuflucht nehmen, die Forderungen würden „als fortbestehend behandelt, ‚soweit ... ein anzuerkennendes wirtschaftliches Interesse des Gläubigers an ihrem Fortleben bestehen kann'".[282] Das ist nicht nur eine typische Notlösung, die auf Mängel in den Prämissen schließen läßt, sondern es ist auch ein untrügliches Indiz für das Vorliegen novatorischer Vorstellungen.

Noch in einem zweiten Punkt ist die Theorie vom abstrakten Schuldanerkenntnis der Lehre vom kausalen Feststellungsvertrag deutlich überlegen, und zwar bei der Behandlung der **unrichtigen Saldofeststellung.** *Kübler* will hier in Analogie zu § 779 BGB Unwirksamkeit des Feststellungsvertrags annehmen, diese jedoch von den Umständen des Einzelfalls abhängig machen;[283] die h. L. kommt dagegen gemäß § 812 Abs. 2 BGB lediglich zur Kondizierbarkeit des Anerkenntnisses, dies aber unabhängig

---

[279] So in der Tat *Kübler* selbst S. 137f; ebenso z. B. *Marburger*, Das kausale Schuldanerkenntnis als einseitiger Feststellungsvertrag, 1971, S. 63f m. w. Nachw. in Fn. 6.
[280] Vgl. aaO S. 162f.
[281] Vgl. BGHZ 49, 24, 28 und dazu oben Rdn. 106.
[282] Vgl. aaO S. 163.
[283] Vgl. aaO S. 163.

von irgendwelchen Umständen des Einzelfalls (näher unten Rdn. 213ff). Was zunächst die Frage der Einzelfallbezogenheit betrifft, so entspricht die Irrelevanz dieses Merkmals, also die Ansicht der h. L., zweifellos weit besser den auf Praktikabilität und Einfachheit gerichteten Zwecken des Kontokorrents. Aber auch hinsichtlich des Unterschieds von bloßer Kondizierbarkeit einerseits und Unwirksamkeit andererseits sprechen die besseren Gründe für die Abstraktionstheorie. Denn während die Unwirksamkeit eines Rechtsgeschäfts grundsätzlich unbegrenzt lange geltend gemacht werden kann, unterliegt der Bereicherungsanspruch nicht nur der – im Hinblick auf die Länge der Frist praktisch wenig bedeutsamen – Verjährung, sondern auch der Verwirkung. Diese spielt nun aber im vorliegenden Zusammenhang eine erhebliche Rolle. Mit den Zwecken des Kontokorrents und einer geordneten Abwicklung des Abrechnungsverkehrs wäre es nämlich unvereinbar, wenn eine Partei noch beliebig lange mit (berechtigten oder unberechtigten) Einwendungen gegen die Richtigkeit der Saldofeststellung hervortreten könnte, und daher müssen die Regeln über die Verwirkung gegenüber dem Bereicherungsanspruch verhältnismäßig rigoros gehandhabt werden (vgl. näher unten Rdn. 228). Entsprechendes ist aber bei der Unwirksamkeit eines Rechtsgeschäfts nicht möglich; denn selbst wenn man gegenüber der „Berufung" auf diese verwandte Regeln zum Zuge kommen läßt, also z. B. der Verwirkung eine Erwirkung an die Seite stellt,[284] so steht doch außer Frage, daß das nur in extremen Ausnahmefällen in Betracht kommt und jedenfalls erheblich strengeren Voraussetzungen unterliegt als die Verwirkung.[285] Die Unangreifbarkeit der Saldofeststellung ist also nach der h. L. wesentlich größer als nach der Lehre *Küblers*. Das ist auch kein Zufall, sondern eine folgerichtige Auswirkung des unterschiedlichen theoretischen Ausgangspunkts: Die Abstraktion hat ja gerade die Funktion, dem Berechtigten eine besonders starke, von Mängeln möglichst unbeeinflußte Stellung zu geben.

185 Dieselben Einwände wie gegenüber der Lehre *Küblers* gelten weitgehend auch gegenüber der Ansicht, es handele sich um ein rein **deklaratorisches Schuldanerkenntnis**.[286] Auch bei dieser Konstruktion läßt sich nämlich nicht folgerichtig begründen, daß die anerkannte Saldoforderung hinsichtlich Verjährung, Erfüllungsort, Gerichtsstand usw. einheitlichen Grundsätzen unterliegt. Vollends verfehlt ist, diesem deklaratorischen Schuldanerkenntnis auch noch die „prozessuale Folge des Einredeausschlusses" beizulegen (vgl. näher Rdn. 199).

186 An der Lehre von der abstrakten Natur der Saldoanerkennung ist also festzuhalten. Dabei sind aus der Kritik an der Gegenposition gewissermaßen spiegelbildlich zugleich die **wichtigsten Funktionen der Abstraktheit** deutlich geworden: Zum einen dient diese der **rechtlichen Vereinheitlichung der verschiedenen im Saldo enthaltenen kausalen Forderungen oder Forderungsreste**, was sich vor allem in den Fragen der Verjährung, des Erfüllungsorts und des Gerichtsstands auswirkt; zum zweiten führt sie zur **Verstärkung der Stellung des Saldogläubigers**, was besonders in der Möglichkeit des Verwirkungseinwands gegenüber einem auf § 812 Abs. 2 BGB gestützten Begehren auf nachträgliche Berichtigung des Saldos in Erscheinung tritt.

2. Die Saldofeststellung im einzelnen

187 a) **Der Abschluß des Anerkenntnisvertrags.** In der Praxis erfolgt die Saldofeststellung meist so, daß eine der beiden Parteien alle Posten der Haben- und der Sollseite

---

[284] Vgl. dazu eingehend *Canaris* Die Vertrauenshaftung im deutschen Privatrecht, 1971, S. 266ff, insbesondere S. 372ff.

[285] Vgl. näher *Canaris* aaO S. 270 und S. 373.

[286] So *Blaurock* NJW 1971, 2208f; *Herz* S. 105ff.

miteinander verrechnet, den Saldo zieht und diesen Rechnungsabschluß der anderen Seite „zur Anerkennung" übersendet. Rechtlich liegt darin ein **Angebot** zum Abschluß des Anerkenntnisvertrags. Dieses bedarf der **Annahme** durch den anderen Teil. Eine **Formvorschrift** besteht nicht, da das Schuldanerkenntnis im Rahmen einer Abrechnung erfolgt und da daher gemäß § 782 BGB das in den §§ 780 f BGB statuierte Formerfordernis entfällt; anders als im Falle des § 350 HGB gilt diese Befreiung vom Formerfordernis auch für Nichtkaufleute.

188 Da das Anerkenntnis formlos abgegeben werden kann, ist auch ein **Vertragsschluß durch schlüssiges Verhalten** möglich. Die konkludente Annahme eines Anerkenntnisangebots kann z. B. in einem Gesuch um Stundung der Saldoforderung und der Bitte um Gestattung von Abschlagszahlungen liegen;[287] das gleiche gilt für die Quittierung des Saldos,[288] für die vorbehaltlose Fortsetzung des Kontokorrentverkehrs nach einer Abrechnung[289] und für die Verfügung über das Guthaben durch Scheck, Überweisung oder Abhebung.[290] Dagegen kann allein darin, daß eine Bank am Ende einer Rechnungsperiode Abschlußspesen in einen Kontokorrent*tagesauszug* einstellt, ohne besondere Hinweise kein Angebot zum Abschluß eines Anerkenntnisvertrags gesehen werden.[291] **Schweigen** auf die Übersendung einer Abrechnung gilt hier so wenig wie im allgemeinen als Zustimmung.[292] Selbstverständlich kann sich aber aus den Umständen des Einzelfalles ausnahmsweise etwas anderes ergeben. Auch bei einem Kaufmann ist das Schweigen jedoch keinesfalls generell als Einverständnis zu werten, da ein typisierender Handelsbrauch dieser Art sich bisher nicht hat feststellen lassen.[293] In keinem Fall darf die Schlüssigkeit eines Verhaltens vorschnell bejaht werden; insbesondere ist zu beachten, daß nur dann eine konkludente Annahme des Angebots auf Abschluß eines Anerkenntnisvertrages in Betracht kommt, wenn zwischen dem Zugang des Angebots und dem fraglichen Verhalten eine hinreichend lange Zeit für eine Überprüfung des Rechnungsabschlusses verstrichen ist.

189 Weigert sich eine Partei, das Anerkenntnis abzugeben, so kann die andere Partei sie darauf verklagen. Denn beide Parteien haben eine **Pflicht zur Abgabe des Anerkenntnisses**, die ihre rechtliche Grundlage im Geschäftsvertrag findet (vgl. dazu oben Rdn. 17).

190 b) **Gegenstand und Reichweite des Anerkenntnisses.** Gegenstand und Reichweite des Anerkenntnisses richten sich in erster Linie nach den von den Parteien einverständlich zugrunde gelegten buchmäßigen Unterlagen. Der Vertrag ist dabei primär auf Anerkennung der sich aus diesen ergebenden **Saldoforderung** gerichtet. Er schließt aber konkludent auch die **Anerkennung aller zugrunde liegenden Einzelposten** ein. In der Übersendung eines Rechnungsabschlusses liegt daher auch dann die **Anerkennung aller Habenposten des anderen Teils**, wenn sich insgesamt ein Aktivsaldo zugunsten des Übersendenden ergibt.[294]

191 Auf diese Reichweite des Anerkenntnisses kann sich der Empfänger der Abrechnung auch dann berufen, wenn er seinerseits die Abrechnung in einzelnen Punkten nicht anerkennt, also z. B. Habenposten des Übersendenden bestreitet oder zusätz-

---

[287] Vgl. RG JW 1919, 568.
[288] Vgl. RGZ 95, 20.
[289] Vgl. RG JW 1903, 123 Nr. 4; RG SeuffArch. 84, Nr. 213, S. 368; BGH WM 1958, 621; OLG Köln MDR 1954, 364.
[290] Vgl. BGH WM 1956, 1126.
[291] Vgl. BGH WM 1985, 936, 937.
[292] Zu weitgehend in der Formulierung RGZ 95, 20.

[293] Vgl. aber RG JW 1927, 2111; wie hier nunmehr *Schlegelberger/Hefermehl* § 355 Rdn. 46 a. E.; allgemein zum Schweigen im Handelsverkehr siehe unten Anh. zu § 362.
[294] Vgl. BGH WM 1967, 1163; 1975, 556, 557; *Düringer/Hachenburg/Breit* § 355 Anm. 38 Ziff. 3; *Schlegelberger/Hefermehl* § 355 Rdn. 49; *Schumann* II § 5 V 1.

liche eigene Habenposten geltend macht.²⁹⁵ Das Anerkenntnis ist also teilbar und kann insbesondere entgegen der Auslegungsregel des § 150 Abs. 2 BGB teilweise angenommen und teilweise abgelehnt werden.²⁹⁶ Der Grund für diese **Teilbarkeit** liegt in Zweck und Funktion des Kontokorrents; denn es wäre mit der angestrebten Vereinfachung des Abrechnungsverkehrs unvereinbar, wenn das Bestreiten einzelner Posten jeweils auch die Anerkennung aller übrigen Posten hindern würde. Praktische Bedeutung erlangt die Teilbarkeit des Anerkenntnisses vor allem dann, wenn sich bei Wegfall des streitigen Postens die Gläubigerstellung ändert: ergibt sich dann ein Aktivsaldo zugunsten des Empfängers des Rechnungsabschlusses, während bei Einbeziehung des Postens ein Saldo zugunsten des Übersendenden bestand, so kann ersterer ohne weiteres unter Zugrundelegung des Anerkenntnisses, also aus einer abstrakten und nicht nur aus einer kausalen Saldoforderung klagen.

Mit dem positiven Anerkenntnis über die Saldoforderung und über die dieser zugrunde liegenden Posten beider Seiten ist konkludent das **negative Anerkenntnis** verbunden, **daß weitere Ansprüche nicht bestehen**.²⁹⁷ Geht man von der Novationstheorie aus, so muß man diesem folgerichtig **konstitutive Wirkung i. S. eines Erlaßvertrages gemäß § 397 Abs. 2 BGB** zuerkennen.²⁹⁸ Das führt folgerichtig zum **Erlöschen von vergessenen und daher in der Abrechnung nicht enthaltenen Ansprüchen**, die dann lediglich aufgrund eines Bereicherungsanspruchs aus § 812 Abs. 2 BGB neu zu begründen sind. Diese Rechtsfolge ist indessen nicht sachgerecht. Vor allem ist nicht einzusehen, warum die Parteien den Untergang des fraglichen Anspruchs überhaupt wollen sollen. Denn der Vereinfachungszweck des Kontokorrents gebietet eine so weitreichende Rechtsfolge keineswegs, sondern ist auch mit einer bloßen Beweislastumkehr zu gewährleisten. Außerdem würde nach der Novationstheorie die mißliche Folge eintreten, daß die für den fraglichen Anspruch bestehenden *Sicherheiten* mit diesem untergehen. § 356 HGB hilft darüber nicht immer hinweg, so z. B. nicht, wenn sich für den Inhaber der Forderung durch deren Nichtberücksichtigung statt eines positiven ein negativer Saldo ergeben hat (vgl. näher § 356 Rdn. 5–7). Der Bereicherungsanspruch gegen den Sicherungsgeber auf Wiederherstellung der Sicherheit bietet keinen hinreichenden Ausgleich, weil er weder vor zwischenzeitlichen Verfügungen über die Sicherheit noch vor deren Beschlagnahme im Wege der Zwangsvollstreckung und den Wirkungen einer Eröffnung des Insolvenzverfahrens schützt. Nicht sachgerecht ist ferner, daß sich die *Verjährung* der betreffenden Forderung vom Standpunkt der Novationstheorie aus folgerichtig nicht mehr nach deren Rechtsnatur richten dürfte, sondern ausnahmslos 30 Jahre betragen müßte; denn es bestünde nach dieser Konstruktion, wie gesagt, nur der Anspruch aus § 812 Abs. 2 BGB auf Wiederherstellung der Forderung, und dieser Anspruch verjährt nun einmal wie alle Bereicherungsansprüche gemäß § 195 BGB erst in 30 Jahren. Der BGH hat denn auch insoweit die Konsequenzen aus der Annahme eines konstitutiven Schuldanerkenntnisses mit Erlaßwirkung nicht gezogen,²⁹⁹ freilich ohne sich mit dieser Problematik ausdrücklich auseinanderzusetzen.

---

²⁹⁵ Vgl. BGH, *Breit* und *Hefermehl* aaO.
²⁹⁶ A. A. z. B. *Röhricht/Graf von Westphalen/Wagner* § 355 Rdn. 40; *Koller/Roth/Morck* § 355 Rdn. 11.
²⁹⁷ Vgl. BGHZ 51, 346, 348; BGH WM 1958, 1157, 1158; BGH WM 1961, 726 Sp. 2; 1985, 936, 937; *Schlegelberger/Hefermehl* § 355 Rdn. 49.

²⁹⁸ So in der Tat z. B. BGH WM 1958, 1158; 1961, 726 unter III; 1985, 936, 937; *von Godin* 2. Aufl. Anm. 26 und 27 unter Ziff. 10.
²⁹⁹ Vgl. BGHZ 51, 346 und dazu unten Rdn. 225 f.

Macht man sich von doktrinärer Voreingenommenheit frei und löst man die Problematik dementsprechend nicht einfach mit Hilfe der Novationstheorie, so kann man nur zu dem Ergebnis kommen, daß das im Saldoanerkenntnis konkludent mitenthaltene negative Schuldanerkenntnis rein **deklaratorischer Natur** in dem Sinne ist, daß es den Bestand vergessener Forderungen unberührt läßt und insoweit grundsätzlich lediglich zu einer **Umkehr der Beweislast** führt.[300] Durch diese Rechtsfolge ist dem Interesse der Parteien an einer Vereinfachung der Abrechnung und Klärung der Rechtslage vollauf Rechnung getragen, ohne daß man dafür den Untergang der Forderung und die damit verbundenen mißlichen Konsequenzen für das Schicksal der Sicherheiten und die Frage der Verjährung in Kauf nehmen muß. Allerdings ist diese Form eines **negativen Schuldanerkenntnisses mit eingeschränkter Wirkung** gesetzlich nicht geregelt, doch folgt dessen Zulässigkeit ohne weiteres aus dem Grundsatz der Vertragsfreiheit. Gegen diese Lösung läßt sich nicht einwenden, daß die Umkehr der Beweislast praktisch leer laufe, weil diese ohnehin bei derjenigen Partei liege, welche das Bestehen des nicht berücksichtigten Postens behauptet. Denn zum einen steht nicht von vornherein fest, daß das auf alle denkbaren Fallkonstellationen zutrifft, und zum anderen ist eine *vertragliche* Regelung der Beweislast etwas anderes als deren Bestimmung nach den *allgemeinen* Beweislastregeln; das zeigt sich u.a. daran, daß der betreffenden Partei durch die vertragliche Regelung u. U. sogar die Führung des Gegenbeweises abgeschnitten wird – und zwar vor allem dann, wenn die Voraussetzungen von § 814 oder von § 818 Abs. 3 BGB vorliegen (vgl. dazu näher unten Rdn. 215).

193 c) **Mängel des Anerkenntnisvertrags und des Verrechnungsvertrags.** Für **Mängel des Anerkenntnisvertrags** gelten grundsätzlich die allgemeinen Vorschriften. Dieser kann also wie jedes andere Rechtsgeschäft nichtig oder anfechtbar sein. **Mängel der dem Anerkenntnis zugrunde liegenden einzelnen Posten bzw. der diese begründenden Rechtsgeschäfte** ergreifen den Anerkenntnisvertrag wegen dessen Abstraktheit grundsätzlich nicht ohne weiteres, sondern führen nur zur **Kondizierbarkeit** des Anerkenntnisses; dasselbe gilt, wenn das Anerkenntnis unrichtig ist, weil einzelne Posten zu Unrecht als bestehend oder nicht-bestehend angesehen wurden (vgl. näher unten Rdn. 212). Ausnahmsweise kann aber auch das Anerkenntnis von einem Mangel der zugrunde liegenden Geschäfte ergriffen werden; das gilt vor allem für den Einwand der **formnichtigen Schenkung nach § 518 Abs. 1 S. 2 BGB** und den Einwand der **Unverbindlichkeit nach §§ 656 Abs. 2, 762 Abs. 2 BGB, 59 BörsG** (vgl. dazu oben Rdn. 166). Möglich ist außerdem selbstverständlich, daß ein Fehler des Grundgeschäfts als solcher auch das abstrakte Anerkenntnis ergreift, daß sich also z. B. eine **Drohung oder eine Täuschung i. S. von § 123 BGB** auch auf dieses erstreckt; auch der Einwand der **Sitten- oder Gesetzeswidrigkeit** kann trotz der Abstraktheit des Anerkenntnisses dieses nichtig machen, sofern der Gesetzes- bzw. Sittenverstoß gerade (auch oder nur) in der Begründung der abstrakten Saldoforderung seinen Niederschlag findet.

194 **Mängel des Verrechnungsvertrags** erstrecken sich nicht ohne weiteres auf den Anerkenntnisvertrag, sondern führen lediglich zu dessen Kondizierbarkeit nach § 812 Abs. 2 BGB; das folgt aus der abstrakten Natur des Anerkenntnisses. Umgekehrt ist auch der Verrechnungsvertrag in seiner Wirksamkeit keineswegs von dem Anerkenntnis abhängig. Das ergibt sich schon daraus, daß eine Verrechnung auch ohne nach-

---

[300] Zustimmend *Gernhuber* Die Erfüllung und ihre Surrogate² § 16 II 1 b und 6 mit Fn. 79.

folgende Anerkennung möglich und in praxi nicht selten ist, so z. B. wenn die Verrechnung sich „automatisch" aufgrund eines antizipierten Verrechnungsvertrags vollzieht – was regelmäßig anzunehmen ist (vgl. oben Rdn. 128ff) – und dann die Anerkennung aus irgendwelchen Gründen nicht zustande kommt. Das RG hat allerdings die Ansicht vertreten, Verrechnungsvertrag und Anerkenntnis bildeten eine **Geschäftseinheit i. S. von § 139 BGB** und die Unwirksamkeit des einen Vertrags zöge daher die Unwirksamkeit des anderen nach sich;[301] die Entscheidung des RG bezog sich jedoch auf das Sonderproblem der unverbindlichen Forderungen und darf daher nicht über diese Frage hinaus verallgemeinert werden – zumal sie ohnehin verfehlt war (vgl. oben Rdn. 168). Auch die zwischenzeitlich vom BGH vertretene Ansicht, die Verrechnung bilde nur einen **unselbständigen Teilakt im Rahmen des Saldoanerkenntnisses** und werde daher von dessen Unwirksamkeit ohne weiteres miterfaßt,[302] läßt sich nicht halten und ist heute als überholt anzusehen (vgl. oben Rdn. 131).

3. Der Saldoanspruch

a) **Der kausale und der abstrakte Saldoanspruch.** Es bestehen **zwei verschiedene Saldoansprüche**, die scharf voneinander zu unterscheiden sind: ein „kausaler" und ein „abstrakter". Ersterer entsteht durch den Verrechnungsvertrag (vgl. oben Rdn. 124 und 128ff), letzterer durch den Anerkenntnisvertrag. Ersterer setzt sich aus einzelnen Posten, also z. B. aus Darlehens- oder Kaufpreisforderungen usw. zusammen, letzterer besteht dagegen nur aus einer einzigen „farblosen", d. h. abstrakten Forderung. 195

Der **kausale Saldoanspruch** kann folglich hinsichtlich der Länge der Verjährung, des Gerichtsstands, des Erfüllungsorts, der Anwendbarkeit ausländischen Rechts und dgl. ein **unterschiedliches rechtliches Schicksal** haben. Im einzelnen kommt es dabei darauf an, welche Posten in dem Saldo „stecken",[303] und dies richtet sich nach den verschiedenen Theorien über die Rechtsfolgen der Verrechnung, also danach, ob man der Theorie von der verhältnismäßigen Gesamtaufrechnung, der Theorie vom Staffelkontokorrent oder der Theorie von der analogen Anwendung der §§ 366, 396 BGB folgt (vgl. eingehend Rdn. 143ff). 196

Der **abstrakte Saldoanspruch** hat dagegen ein **einheitliches rechtliches Schicksal**, da er auf einem selbständigen Rechtsgrund beruht. Er **verjährt** demnach gemäß § 195 BGB in 30 Jahren,[304] er hat einen eigenen **Erfüllungsort** nach § 269 BGB und einen eigenen **Gerichtsstand**.[305] Nur diese Einheitlichkeit der rechtlichen Behandlung entspricht dem Vereinfachungszweck des Kontokorrents und dem Erfordernis der Praktikabilität, und in ihrer Herbeiführung liegt daher ein zentrales Ziel der Lehre von der Abstraktheit der Saldofeststellung (vgl. oben Rdn. 186). 197

Hinzu kommt als zweite Funktion der Abstraktheit, daß gegenüber der Saldoforderung grundsätzlich **kein *unmittelbarer* Rückgriff auf die zugrunde liegenden Rechtsbeziehungen** möglich ist. Insbesondere wäre die analoge Anwendung des § 139 BGB mit dem Abstraktionsprinzip – nicht nur mit der Novationstheorie! – unvereinbar.[306] **Einwendungen** können vielmehr grundsätzlich nur mittelbar auf dem 198

---

[301] Vgl. RGZ 132, 218, 222f unter Aufgabe von RGZ 56, 1924.
[302] Vgl. BGHZ 93, 307, 314.
[303] So bezüglich der Verjährung mit Recht BGHZ 49, 24, 26f; 51, 346, 348f; BGH WM 1970, 548.
[304] Vgl. BGHZ 49, 24, 27; 51, 346, 349; BGH WM 1970, 548; *Düringer/Hachenburg/Breit* § 355 Anm. 42; *Schlegelberger/Hefermehl* § 355 Rdn. 61 a. E.
[305] Vgl. *Breit* und *Hefermehl* aaO.
[306] Ebenso i. E. BGH WM 1972, 283, 285f.

Umweg über die **Einrede der ungerechtfertigten Bereicherung gemäß §§ 812 Abs. 2, 821 BGB** geltend gemacht werden, was im praktischen Ergebnis vor allem die Konsequenz der **Beweislastumkehr** und den **Verlust bekannter Einwendungen nach § 814 BGB** nach sich zieht (vgl. näher unten Rdn. 212 ff). Noch weitergehend kommt es bei **Einreden** teilweise sogar zu einer endgültigen **Präklusion unabhängig von ihrer Kenntnis,** weil und sofern sie nach § 813 BGB die Kondiktion nicht begründen.

199 Dagegen hat das abstrakte Saldoanerkenntnis **keinen *generellen* Verzicht auf Einreden und Einwendungen** zur Folge.[307] Die gegenteilige Meinung[308] ist schon im Ausgangspunkt unhaltbar; denn das von ihr angenommene rein deklaratorische Schuldanerkenntnis liegt erstens gar nicht vor (vgl. oben Rdn. 185) und könnte zweitens den behaupteten Einwendungsverzicht gerade nicht zur Folge haben, da es dann in Wahrheit eben doch konstitutiver Natur wäre. Im übrigen ist selbstverständlich nicht zu bestreiten, daß die Parteien *im Einzelfall* einmal mit der Saldoanerkennung einen rechtsgeschäftlichen Einwendungsverzicht verbinden können – so, wenn sie längere Zeit über Bestand und Höhe eines Postens gestritten und sich dann in bestimmter Weise geeinigt haben; dann ist mit dem Anerkenntnis ein Vergleich oder ein sonstiger Feststellungsvertrag verbunden. Im Normalfall ist dies aber nicht anzunehmen; denn grundsätzlich besteht für keine Partei ein Anlaß, auf Einwendungen zu verzichten bzw. dem Partner einen solchen Verzicht anzusinnen, und daher hat die Saldofeststellung schon objektiv nicht die Erklärungsbedeutung eines Einwendungsverzichts – ohne daß es auf die Möglichkeit einer Anfechtung wegen Inhaltsirrtums nach § 119 Abs. 1 BGB noch ankäme. Einer zu weit gehenden Berücksichtigung von Fehlern bei der Saldofeststellung ist statt mit der viel zu schematischen Konstruktion des rechtsgeschäftlichen Einwendungsverzichts vielmehr mit § 814 BGB und dem Institut des venire contra factum proprium oder der Verwirkung zu begegnen (vgl. näher unten Rdn. 216 und 228).

200 Die Abstraktheit des Saldoanspruchs darf freilich nicht zu der Annahme verleiten, dieser sei gegenüber den zugrunde liegenden Rechtsbeziehungen völlig isoliert. Mit diesen kann er vielmehr durch die Parteiabreden verknüpft sein. Außer dem Rückgriff auf die Bereicherungseinrede wird man daher in Einzelfällen dem Saldoschuldner den Einwand zubilligen müssen, die Geltendmachung der Saldoforderung stelle einen **Verstoß gegen § 242 BGB** dar und sei insbesondere mit Zweck und Sinn der Parteiabreden nicht vereinbar. Die Grundsätze, die insoweit z. B. für das Verhältnis zwischen der (ebenfalls abstrakten) Wechselforderung und den dieser zugrunde liegenden Absprachen entwickelt worden sind,[309] können hier entsprechend herangezogen werden; dabei können allerdings mitunter Modifikationen erforderlich sein, weil und soweit der Wechsel nicht den Charakter eines Zahlungsmittels hat, sondern primär zu Kredit- und/oder Sicherungszwecken gegeben wird, wohingegen beim abstrakten Kontokorrentanspruch, zumal im Verhältnis zu einer Bank, die Zahlungsfunktion eindeutig im Vordergrund steht.

201 **b) Saldoforderung und Zahlungsklage.** Die Anerkennung der Saldoforderung hat trotz ihrer Abstraktheit keineswegs notwendig zur Folge, daß aus ihr auf Zahlung geklagt werden kann. Das **Bestehen eines Zahlungsanspruchs** richtet sich vielmehr in erster Linie nach dem Geschäftsvertrag (vgl. auch oben Rdn. 7–9) und hängt im übri-

---

[307] So mit Recht auch BGH DB 1968, 303 unter 2a m. w. Rspr.-Nachw.
[308] Vgl. *Blaurock* NJW 1971, 2208f.
[309] Vgl. dazu *Hueck/Canaris* Recht der Wertpapiere[12] § 17 I 1b.

gen wesentlich von der kontokorrentmäßigen Behandlung der Saldoforderung ab. Wird diese vereinbarungsgemäß jeweils als **erster Posten der neuen Rechnungsperiode** vorgetragen, so ist sie kontokorrentgebunden,[310] und es gelten daher für sie dieselben Grundsätze wie für alle übrigen kontokorrentzugehörigen Posten, d. h. sie kann nicht selbständig geltend gemacht, nicht abgetreten, nicht verpfändet und nicht gepfändet werden (vgl. im einzelnen Rdn. 99ff). Soll die Saldoforderung dagegen nicht vorgetragen werden, so kann sie selbständig eingeklagt,[311] abgetreten,[312] durch Aufrechnung getilgt,[313] verpfändet und gepfändet werden.

All dies gilt grundsätzlich auch für die **kausale Saldoforderung**. Insbesondere gibt auch diese die Möglichkeit zu einer **Klage unmittelbar auf Zahlung**, sofern der Saldo nicht auf neue Rechnung vorzutragen ist. Mangels eines Saldoanerkenntnisses gelten dann aber die allgemeinen Regeln über die **Beweislast**, so daß der Kläger erforderlichenfalls seine Aktiva beweisen muß und der Beklagte die Passiva.[314] Liegt dem kausalen Saldoanspruch als erster Rechnungsposten ein anerkannter Saldo zugrunde, so brauchen die in diesen eingegangenen älteren Posten folgerichtig nicht mehr bewiesen zu werden, wohl aber muß bewiesen werden, daß insoweit ein wirksames Anerkenntnis abgegeben wurde.

202

Etwas anders handhabt der BGH allerdings die Regeln hinsichtlich der **Darlegungs- und Substantiierungslast**. Insoweit reicht es nicht aus, daß der Kläger nur die Aktivposten darlegt und es dem Beklagten überläßt, die Passivposten darzutun, sondern er hat vielmehr unter Einschluß aller von ihm akzeptierten Passivposten so vorzutragen, daß das Gericht die eingeklagte Saldoforderung rechnerisch nachvollziehen und überprüfen kann.[315] Dabei dürfen die Anforderungen allerdings nicht überspannt werden. Ein solcher Vortrag erfordert nicht stets eine gesonderte Darlegung jeder einzelnen in das Kontokorrent eingestellten Forderung vom Beginn des Kontokorrentverhältnisses an, sondern der Kläger kann sich, insbesondere wenn der Saldo für einen bestimmten Zeitpunkt vorprozessual nicht streitig war, (zunächst) auf die Darlegung dieses Saldos und der danach etwa noch eingetretenen Änderungen beschränken; näheres Vorbringen zu den einzelnen im Saldo zusammengefaßten gegenseitigen Forderungen ist erst dann und insoweit geboten, als der Beklagte den Saldo – global oder unter Angabe von Einzelheiten – bestreitet.[316]

203

Statt aus dem kausalen Saldo unmittelbar auf Zahlung zu klagen, kann auch auf **Abgabe eines Anerkenntnisses** geklagt werden (vgl. oben Rdn. 189). An der Beweislast ändert sich dadurch zwar nichts, doch kann eine solche Klage z. B. im Hinblick auf die Unterschiedlichkeit der Gerichtsstände oder der Erfüllungsorte sinnvoll sein. Man wird dabei in Analogie zu den bei der Wandlung geltenden gewohnheitsrechtlichen Regeln zulassen müssen, daß die **Klage auf das Anerkenntnis** mit der **Klage auf Zahlung aus dem Anerkenntnis** verbunden wird.[317] Spricht das Gericht das Anerkenntnis nicht gesondert aus, so liegt eine „verdeckte Gestaltungsklage" vor, wie sie ebenfalls aus dem Recht der Wandlung bekannt ist. Entgegen einer verbreiteten Meinung besteht für eine derartige Kombination der beiden Klagen auch dann ein Bedürfnis, wenn man annimmt, daß die Verrechnung „automatisch" erfolgt; denn dadurch ent-

204

---

[310] So auch BGH WM 1972, 283, 287.
[311] Vgl. auch RGZ 125, 408.
[312] Vgl. auch BGH BB 1956, 770.
[313] Vgl. RG WarnRspr. 1919 Nr. 56.
[314] Vgl. z. B. BGHZ 49, 24, 26f; 105, 263, 265; BGH WM 1976, 505, 506; 1988, 1298, 1299.
[315] So BGH WM 1991, 1294, 1295; ähnlich BGH WM 1984, 489; etwas strenger wohl BGH WM 1983, 704, 705.
[316] So BGH aaO; vgl. dazu auch *Schimansky* § 47 Rdn. 44; *Wessels* WM 1997, 1512ff.
[317] Vgl. BGH WM 1955, 1315, 1316 Sp. 1.

steht nur der *kausale* Saldoanspruch, während es hier gerade um den *abstrakten* geht. Vgl. im übrigen auch unten Rdn. 219ff.

205 c) **Die Verzinslichkeit der Saldoforderung.** Nach § 355 Abs. 1 können von der Saldoforderung Zinsen gefordert werden, auch soweit in der Rechnung Zinsen enthalten sind. Durch diese **Befreiung vom Zinseszinsverbot** des § 248 Abs. 1 BGB hat der Gesetzgeber dem für das Kontokorrent charakteristischen Streben nach **Vereinheitlichung der Rechtsfolgen** Rechnung getragen und diesem Gesichtspunkt sogar gegenüber einer zwingenden Schutzvorschrift Vorrang zuerkannt. Anderenfalls müßten die Parteien nämlich u. U. jeweils eine doppelte Rechnung führen – eine über die Hauptforderungen und eine über die Zinsforderungen – und zwei Saldoforderungen bilden – eine verzinsliche aus den Hauptforderungen und eine unverzinsliche aus den Zinsforderungen. Diese Doppelspurigkeit aber stünde in offenkundigem Gegensatz zu dem Zweck des Kontokorrents, die Abrechnung zu vereinfachen, und zu dem daraus resultierenden Bestreben, die verschiedenen Posten jeweils auf eine einzige Überschußforderung mit einem einheitlichen rechtlichen Schicksal zu reduzieren. Mit Recht heißt es daher in der Begründung des preußischen Entwurfs für die dem jetzigen § 355 Abs. 1 entsprechende Vorschrift des ADHGB: „Mit der Natur des kaufmännischen Rechnungswesens würde es unvereinbar sein, wenn der für die folgende Rechnungsperiode vorzutragende Saldo nur insoweit als verzinsliche Post angesetzt werden dürfte, als in ihm keine Zinsen enthalten sind" (Motive zu Art. 224 S. 112).

206 Wie störend sich das Verbot des Zinseszinses auswirken würde, wird dabei erst dann in vollem Umfang bewußt, wenn man sich klar macht, daß ein wirtschaftlich denkender Kaufmann vernünftigerweise den Zinssaldo jeweils abziehen und anderweitig anlegen müßte, damit er für ihn nicht zum „toten Kapital" wird (vgl. auch oben Rdn. 31). Allerdings könnte statt dessen die Zinsforderung auch bei jedem Rechnungsabschluß in ein verzinsliches Darlehen des Saldogläubigers an den Saldoschuldner verwandelt werden, da § 248 Abs. 1 BGB nur das *im voraus* erteilte Zinseszinsversprechen verbietet, und man wird es darüber hinaus sogar als zulässig ansehen müssen, diese Wirkung mit Hilfe des abstrakten Schuldanerkenntnisses zu erzielen (vgl. näher oben Rdn. 32). So gesehen reduziert sich die praktische Bedeutung des § 355 Abs. 1 erheblich: sie liegt nicht darin, die Verzinsung des Zinssaldos überhaupt erst möglich zu machen, sondern nur darin, die **Eingehung einer entsprechenden Verpflichtung schon bei Abschluß des Kontokorrents** zu erlauben. Es erscheint daher rechtspolitisch ohne weiteres überzeugend, daß das Gesetz die vergleichsweise „harmlose" Schutzfunktion, die dem Zinseszinsverbot des § 248 Abs. 1 BGB sonach noch verblieben ist, hinter dem Vereinfachungs- und Vereinheitlichungsstreben des Kontokorrents zurücktreten läßt. Das gilt um so mehr, als der vernünftige Zweck des § 248 Abs. 1 BGB – nämlich Regelungen zu verhindern, bei denen die effektive Höhe der Zinsen schwer überschaubar ist, und insoweit dem **Transparenzgebot** Rechnung zu tragen – hier nur vermindertes Gewicht hat; denn durch die Abgabe des abstrakten Schuldanerkenntnisses weiß der Schuldner jeweils genau, von welchem Betrag er Zinsen schuldet – mag auch bei der eigentlich erforderlichen Beurteilung ex ante die Gefahr der Unübersichtlichkeit bestehen bleiben.

207 Neben der Befreiung vom Zinseszinsverbot enthält § 355 Abs. 1 noch einen weiteren Rechtssatz: die Vermutung, daß von dieser Möglichkeit auch tatsächlich Gebrauch gemacht worden ist.[318] Im Zweifel kann der Saldogläubiger also, wie sich schon aus

---

[318] Zustimmend *Baumbach/Hopt* § 355 Rdn. 18 a. E.; im Grundsatz auch *Heymann/Horn* § 355 Rdn. 35.

dem Wortlaut des Gesetzes unmißverständlich ergibt, aus der *gesamten* Saldoforderung, d. h. auch aus den darin enthaltenen Zinsen, wiederum Zinsen verlangen. In der Tat entspricht, wie dargelegt, allein die **Ausnutzung der Befreiung vom Zinseszinsverbot** dem typischen Zweck des Kontokorrents und damit dem mutmaßlichen Parteiwillen. Unzweifelhaft nicht geregelt ist dagegen in § 355 Abs. 1 die Frage, ob auch die einzelnen kontokorrentzugehörigen Posten verzinslich sind oder nicht; insoweit gelten vielmehr die allgemeinen Grundsätze (vgl. näher oben Rdn. 93 ff).

Problematisch ist demgegenüber, ob § 355 Abs. 1 auch eine **Vermutung für die** **208** **Verzinslichkeit der** *gesamten* **Saldoforderung** aufstellt oder ob er lediglich besagt, daß der darin enthaltene Anteil an Zinsen verzinslich ist, *wenn* die Saldoforderung im übrigen verzinslich ist. Einen ersten Anhalt zur Lösung dieser Frage gibt der Wortlaut des Gesetzes. Dieses spricht nämlich dem Saldogläubiger Zinsen zu, „auch soweit in der Rechnung Zinsen enthalten sind". Danach wäre also die Saldoforderung nur dann, aber auch immer dann verzinslich, *wenn in ihr auch* (jedoch nicht notwendigerweise nur) *verzinsliche Posten enthalten sind*. In diese Richtung weisen auch die Materialien, nach denen es „nur dann gerechtfertigt erscheint, die Saldoforderung als einen zinstragenden selbständigen Posten der neuen Rechnung zu behandeln, wenn auch für die im Laufe der Rechnungsperiode entstehenden beiderseitigen Ansprüche und Leistungen Zinsen in Rechnung zu bringen sind".[319] Unverzinslich ist die Saldoforderung also vorbehaltlich abweichender gesetzlicher Regelung dann, wenn in ihr nur unverzinsliche Posten enthalten sind.[320] Im übrigen aber ist sie kraft der Regelung des § 355 Abs. 1, der auch insoweit den mutmaßlichen Parteiwillen zutreffend typisieren dürfte, grundsätzlich verzinslich. § 355 Abs. 1 stellt also noch einen dritten Rechtssatz auf, indem er die Verzinslichkeit der Saldoforderung anordnet, sofern in dieser zumindest ein verzinslicher Posten enthalten ist.

Schließlich regelt § 355 Abs. 1 auch noch den **Zeitpunkt,** von dem an Zinsen und **209** Zinseszinsen geschuldet werden: maßgeblich ist nach dem klaren Wortlaut des Gesetzes der Zeitpunkt des *Rechnungsabschlusses*, also der Ablauf der jeweiligen Rechnungsperiode, und nicht etwa der Zeitpunkt der *Anerkennung* des Saldos. Das kann in der Tat sinnvollerweise gar nicht anders sein, weil der Saldoschuldner es andernfalls in der Hand hätte, durch eine Verzögerung des Anerkenntnisses, d. h. durch ein (zumindest objektiv) vertragswidriges Verhalten, seine Zinszahlungspflicht zu vermindern.

Die **Höhe der Zinsen** ist in § 355 Abs. 1 nicht geregelt. Sie richtet sich daher nach **210** den allgemeinen Grundsätzen, d. h. in erster Linie nach dem Vertrag, im übrigen nach Gesetz. Soweit letzteres zum Zuge kommt, greift § 352 Abs. 2 HGB ein, so daß der Zinsfuß 5 % beträgt. Das gilt nicht nur zugunsten des Kaufmanns, sondern auch zugunsten des Nichtkaufmanns, der somit anders als nach § 246 BGB nicht nur 4 % verlangen kann;[321] diese Lösung ergibt sich sowohl aus dem klaren Wortlaut des § 352 Abs. 2 als auch aus dem erkennbaren Bestreben des § 355 Abs. 1, Kaufmann und Nichtkaufmann in ihren kontokorrentrechtlichen Beziehungen zueinander gleich zu behandeln. Bei vertraglich vereinbarter Zinshöhe kommt im Hinblick auf § 9 AGBG der Länge der Rechnungsperiode erhebliche Bedeutung zu, da diese wegen der Pflicht zur Zahlung von Zinseszinsen die effektive Zinshöhe wesentlich beeinflußt, vgl. näher oben Rdn. 137.

---

[319] Denkschrift S. 198.
[320] **A. A.** z. B. *von Gierke* § 64 IV 3 c; *Schlegelberger/Hefermehl* § 355 Rdn. 62; wie hier i. E. *Düringer/Hachenburg/Breit* § 355 Anm. 47.

[321] **A. A.** *von Godin* 2. Aufl. Anm. 34; richtig demgegenüber z. B. *Schlegelberger/Hefermehl* § 355 Rdn. 64.

§ 355

211 Über das **Vorliegen einer Kontokorrentabrede** sagt § 355 Abs. 1 nichts aus. Fehlt sie, können mangels einer entsprechenden Anspruchsgrundlage keine Zinseszinsen berechnet werden.[322]

4. Die unrichtige Saldofeststellung

212 Die Saldofeststellung ist **unrichtig**, wenn bestehende Posten zu Unrecht nicht berücksichtigt oder nicht bestehende Posten zu Unrecht berücksichtigt worden sind. Die benachteiligte Partei kann dann grundsätzlich eine nachträgliche Korrektur verlangen.

213 a) *Rechtsgrundlage und Voraussetzungen des Berichtigungsanspruchs.* Die Voraussetzungen eines derartigen Anspruchs bestimmen sich grundsätzlich **nicht nach dem Recht der Willensmängel**.[323] Vor allem stellt der Irrtum über die Richtigkeit der Saldofeststellung keinen Inhaltsirrtum i. S. von § 119 Abs. 1 BGB dar, sondern lediglich einen Motivirrtum. Als solcher kann er allerdings ausnahmsweise nach § 123 BGB relevant sein, sofern die Voraussetzungen einer arglistigen Täuschung vorliegen. Da es sich regelmäßig um einen *beiderseitigen* Motivirrtum handeln wird, könnte er ferner an sich nach den Grundsätzen über die (subjektive) Geschäftsgrundlage beachtlich sein. Man wird insoweit jedoch § 812 Abs. 2 BGB als lex specialis den Vorrang einzuräumen haben; zwar wäre es nicht undenkbar, die Anwendbarkeit dieser Vorschrift auf die Fälle des einseitigen Motivirrtums und der bloßen Unkenntnis (die ja mit einem Irrtum nicht identisch ist) zu beschränken, doch würde sie dadurch nahezu völlig ihres praktischen Anwendungsbereichs beraubt, und daher wäre eine solche Restriktion wohl kaum gesetzeskonform.

214 Im Ergebnis besteht jedenfalls nahezu allgemeine Einigkeit darüber, daß **§ 812 Abs. 2 BGB als Anspruchsgrundlage** einschlägig und die Problematik also **bereicherungsrechtlich** zu lösen ist.[324] Anderer Ansicht sind, soweit ersichtlich, nur die Anhänger der Lehre vom kausalen Feststellungsvertrag, die nicht § 812 Abs. 2 BGB, sondern stattdessen § 779 BGB analog anwenden wollen.[325] Lehnt man diese Theorie ab (vgl. oben Rdn. 182 ff), so kommt es darauf an, ob das Schuldanerkenntnis „ohne rechtlichen Grund" i. S. von § 812 BGB abgegeben wurde. Dieser ist dabei nicht in der kausalen Saldoforderung zu sehen,[326] sondern allein in dem Geschäftsvertrag, da nur aus diesem die Rechtspflicht zur Abgabe des Anerkenntnisses folgt. Eine solche Pflicht besteht nun aber gemäß § 157 BGB zweifellos nur hinsichtlich des richtig festgestellten Saldos, und daher ist das Anerkenntnis über einen unrichtigen Saldo rechtsgrundlos.[327] Die **Beweislast für die Unrichtigkeit** trägt dabei derjenige, der sein Anerkenntnis kondizieren will; denn die Unrichtigkeit ist Tatbestandsvoraussetzung des Bereicherungsanspruchs. Weitere Voraussetzungen stellt § 812 Abs. 2 BGB nicht auf. Insbesondere ist kein Irrtum des Anerkennenden in dem Sinne erforderlich, daß er

---

[322] Vgl. z. B. BGHZ 131, 44, 53 ff.
[323] A. A. *Bucher* recht 1994, 176 f, jedoch primär zum schweizerischen Recht; zu *Buchers* Bedenken im Hinblick auf § 818 Abs. 3 BGB vgl. unten Rdn. 217.
[324] Vgl. z. B. RGZ 101, 125; 114, 273; 115, 393; 117, 39; 125, 416; RG JW 1919, 568; JW 1926, 2677; JW 1929, 588; JW 1936, 917; HRR 1938, Nr. 1231; OGHZ 2, 85; BGHZ 51, 348; BGH WM 1958, 622 und 1157; WM 1967, 726 und 1163; WM 1972, 283, 286; WM 1975, 556, 557; DB 1968, 303; *Düringer/Hachenburg/Breit* § 355 Anm. 50; *Schlegelberger/Hefermehl* § 355 Rdn. 65; *von Gierke* § 63 IV 3 b; *Schumann* II § 5 V 3.
[325] Vgl. *Kübler* S. 163 und ihm folgend *Schönle* § 7 II unter I a 3 b.
[326] Anders *von Godin* 2. Aufl. Anm. 29; vgl. demgegenüber vor allem *Zeiss* AcP 164, 73 ff.
[327] Vgl. auch *Schlegelberger/Hefermehl* § 355 Rdn. 66.

sich bestimmte Fehlvorstellungen gemacht hat; vielmehr genügt auch die bloße Unkenntnis oder das schlichte Vergessen des fraglichen Postens.³²⁸

Die bereicherungsrechtliche Lösung ist unabhängig davon einschlägig, ob es um **215** die Korrektur des positiven Schuldanerkenntnisses oder des in der Saldofeststellung ebenfalls enthaltenen **negativen Schuldanerkenntnisses** geht. Das ist eine konstruktionsbedingte Selbstverständlichkeit, wenn man in diesem mit der Novationstheorie einen Erlaßvertrag i. S. von § 397 Abs. 2 BGB sieht. Vom hier vertretenen Standpunkt aus, wonach der Bestand von nicht in der Abrechnung enthaltenen Forderungen durch das Saldoanerkenntnis unberührt bleibt und insoweit lediglich eine Beweislastumkehr stattfindet (vgl. oben Rdn. 192 Abs. 2), ist jedoch ebenso zu entscheiden. Denn auch durch die vertragliche Regelung der Beweislast erlangt der andere Teil eine Rechtsposition, die als „etwas" i. S. von § 812 Abs. 1 S. 1 BGB zu qualifizieren ist. Dagegen läßt sich nicht einwenden, daß der Anspruch aus § 812 Abs. 2 BGB lediglich den Beweis der Unrichtigkeit des Saldos voraussetzt und daß daher für die Anwendung dieser Vorschrift hier weder Bedürfnis noch auch nur Raum bestehe, weil durch die Führung eines solchen Beweises ohnehin die Umkehrung der Beweislast gegenstandslos sei. Eine im Rahmen einer Abrechnung *vertraglich vereinbarte* Beweislastumkehr stellt nämlich mehr und anderes dar als eine „normale" Beweislastumkehr, da sie ihrem Sinn und Zweck nach den anderen Teil genauso stellen soll wie in den Fällen des positiven Schuldanerkenntnisses nach § 781 BGB. Folglich muß auch dieser Vertrag erst kondiziert werden, bevor wieder auf die wahre Rechtslage zurückgegriffen werden kann. Das ist deshalb dogmatisch wie vor allem praktisch von Bedeutung, weil die Kondiktion eben nicht nur den Beweis voraussetzt, daß das Anerkenntnis unrichtig war, sondern auch an Einwendungen des anderen Teils wie vor allem denjenigen aus § 814 und § 818 Abs. 3 BGB von vornherein scheitern kann, wie nunmehr näher zu erörtern ist.

b) Einwendungen gegen den Berichtigungsanspruch. Wenn der Anerkennende **216** **positive Kenntnis von der Unrichtigkeit der Saldofeststellung** hatte, steht seinem Bereicherungsanspruch die **Vorschrift des § 814 BGB** entgegen.³²⁹ Da darin eine Einwendung des Bereicherten liegt, trägt dieser insoweit die **Beweislast**.³³⁰ Kenntnis i. S. von § 814 setzt dabei voraus, daß der Anerkennende nicht nur die Existenz des fraglichen Postens, sondern *auch dessen Kontokorrentzugehörigkeit* kennt;³³¹ denn wenn er glaubt, dieser falle gar nicht unter das Kontokorrent, hat er nicht das Bewußtsein, daß sein Anerkenntnis falsch ist. Positive Kenntnis ist ferner grundsätzlich nicht schon dann gegeben, wenn der Anerkennende die maßgeblichen Tatsachen gekannt hat, sondern erst dann, wenn er aus diesen auch den *rechtlichen Schluß auf das Nichtbestehen seiner Verpflichtung* gezogen hat.³³² Allerdings ist zu beachten, daß § 814 BGB nur einen besonderen Fall des Verbots widersprüchlichen Verhaltens darstellt³³³ und daß dieses daher über § 242 BGB auch außerhalb des unmittelbaren Anwendungsbereichs von § 814 BGB den Bereicherungsanspruch zu Fall bringen kann; so wird man der positiven Kenntnis i. S. von § 814 BGB ohne weiteres den Fall gleichstellen können,

---

³²⁸ Vgl. zu dieser – praktisch wenig bedeutsamen – Problematik näher *Kübler* S. 160 m. Nachw. zum Meinungsstand.

³²⁹ Vgl. RGZ 101, 126; OGHZ 2, 85; BGH WM 1958, 1158; WM 1961, 726; WM 1962, 347; WM 1967, 726 und 1163; WM 1972, 286; *Düringer/Hachenburg/Breit* § 355 Anm. 51; *Schlegelberger/Hefermehl* § 355 Rdn. 66.

³³⁰ Vgl. auch RG BankArch. 5, 201; *Düringer/Hachenburg/Breit* § 355 Anm. 51 unter b; *Schlegelberger/Hefermehl* aaO.

³³¹ So mit Recht BGH WM 1961, 726; 1985, 936, 938.

³³² Vgl. auch OGHZ 2, 85; BGH WM 1972, 286; *Hefermehl* aaO.

³³³ Vgl. näher *Larenz/Canaris* Schuldrecht II/2¹³ § 68 III 1a mit Nachw.

daß der Anerkennende die maßgeblichen Tatsachen kannte, aber vor den sich daraus ergebenden rechtlichen Folgerungen „geradezu die Augen verschlossen" hat. Maßgeblicher *Zeitpunkt* für § 814 ist der Augenblick der „Leistung".[334] Als solche wird man das Anerkenntnis erst ansehen können, wenn es wirksam geworden ist, d. h. bei einem Anerkenntnis unter Anwesenden mit der Abgabe, bei einem Anerkenntnis unter Abwesenden, das in praxi die Regel darstellt, mit dem Zugang gemäß § 130 BGB.[335] Nach diesem Zeitpunkt gilt zwar nicht mehr § 814 BGB, doch ist dann wiederum das allgemeine Verbot des venire contra factum proprium zu beachten;[336] dieses dürfte z. B. i. d. R. eingreifen, wenn der Anerkennende zwar nach dem Zugang seines Anerkenntnisses, aber noch vor dessen Annahme durch den anderen Teil die Unrichtigkeit erkennt und sie nicht geltend macht. Überhaupt kommt dem Einwand des dolus praesens nach § 242 BGB, insbesondere dem Einwand der Verwirkung, hier besondere Bedeutung zu (vgl. auch unten Rdn. 228). – Gibt ein Vertreter das Anerkenntnis ab, so kommt es für § 814 auf dessen Kenntnis an;[337] das folgt aus § 166 Abs. 1 BGB.

217 Außer dem Einwand der Kenntnis nach § 814 kann auch der Einwand des **Wegfalls der Bereicherung nach § 818 Abs. 3 BGB** der Kondiktion entgegenstehen, so z. B. wenn der Saldogläubiger im Vertrauen auf die Richtigkeit des Anerkenntnisses Aufwendungen gemacht hat, die er sonst unterlassen hätte. Auch für diesen Einwand trägt er die volle **Beweislast**. Allerdings kann sich der Saldogläubiger nicht auf § 818 Abs. 3 berufen, wenn er selbst den Fehler bei der Abrechnung veranlaßt hat; denn dann ist nur ihm das Entstehen des Vertrauenstatbestandes zuzurechnen, und er ist daher durch das Verbot des venire contra factum proprium gehindert, die Folgen seines Fehlers auf den anderen Teil abzuwälzen. Außerdem werden die vermögensmindernden Dispositionen derjenigen Partei, zu deren Gunsten der Fehler unterlaufen ist, i. d. R. nicht gerade deshalb erfolgt sein, weil diese ausgerechnet auf das *Anerkenntnis* – und nicht etwa auf den Bestand bzw. Nichtbestand des zugrunde liegenden Postens! – vertraut hat, so daß es entweder schon an der Kausalität zwischen dem Vertrauenstatbestand und der Entreicherung oder doch zumindest an dem erforderlichen Vertrauensschutzzweckzusammenhang fehlt;[338] wer entreichernde Dispositionen gerade deshalb trifft, weil der andere Teil die Höhe eines bestimmten Saldos *anerkannt* hat, und nicht deshalb, weil er ohnehin an dessen Richtigkeit glaubt, handelt meist unredlich und bewegt sich außerhalb des Schutzbereichs von § 818 Abs. 3 BGB. An dieser Vorschrift dürfte daher der bereicherungsrechtliche Berichtigungsanspruch nur in seltenen Ausnahmefällen scheitern; dem entspricht es, daß § 818 Abs. 3 BGB in diesem Zusammenhang in der Praxis im Gegensatz zu § 819 BGB soweit ersichtlich keine nennenswerte Rolle spielt. Immerhin kann es solche Ausnahmefälle geben wie z. B. dann, wenn der Saldogläubiger im Vertrauen auf das Anerkenntnis die Einleitung von gerichtlichen Maßnahmen gegen den anderen Teil unterlassen hat.

218 **Vertragliche Rückgewähransprüche aus dem Geschäftsvertrag** kommen neben den Bereicherungsansprüchen grundsätzlich nicht in Betracht, weil dadurch die Sonderregelung der §§ 814, 818 Abs. 3, 819 BGB unterlaufen würde. Die Problematik wird vor allem im Girovertragsrecht eingehend diskutiert und ist hier ebenso zu entscheiden wie dort.[339]

---

[334] Vgl. RG Recht 1918 Nr. 231; BGH WM 1967, 1163.
[335] Zu eng daher RGZ 101, 126 und BGH WM 1967, 1163 Sp. 2.
[336] Zu allgemein daher BGH WM 1967, 1163, 4. Leits. und S. 1164.
[337] BGH WM 1962, 347.
[338] Vgl. dazu näher *Larenz/Canaris* Schuldrecht II/2[13] § 73 I 1 b.
[339] Vgl. dazu eingehend *Canaris* Bankvertragsrecht[3] Rdn. 434 f.

c) **Die Geltendmachung des Berichtigungsanspruchs und das Verhältnis zur** 219
Zahlungsklage. Die Geltendmachung der Unrichtigkeit kann auf verschiedene Weise erfolgen. Verhältnismäßig einfach ist die Rechtslage, wenn der Saldo als erster Posten der neuen Rechnungsperiode vorzutragen ist. Denn dann kommt eine Klage auf Zahlung grundsätzlich nicht in Betracht (vgl. Rdn. 201), und es bleibt daher nur die **Klage auf Berichtigung der Saldofeststellung**, d. h. auf Zustimmung des anderen Teils zur Änderung des Anerkenntnisses. Denkbar ist in diesem Fall außerdem, daß der durch die Unrichtigkeit Benachteiligte einfach bis zur nächsten Saldofeststellung wartet und dabei sein Anerkenntnis erst nach Korrektur des Fehlers abgibt; da er nur zur Anerkennung des jeweils richtigen Saldos verpflichtet ist, liegt in einem solchen Verhalten keine Vertragsverletzung. Allerdings kann auch bei dieser Variante eine Zahlungsklage erhoben werden, wenn sich ein entsprechender Anspruch aus dem Geschäftsvertrag ergibt wie beim Bankkontokorrent (vgl. dazu oben Rdn. 150).

Komplizierter ist die Lage, wenn der Saldo nicht vorgetragen wird, sondern als sol- 220
cher auszuzahlen ist. Hier sind mehrere Fallkonstellationen zu unterscheiden. Ist die anerkannte Saldoforderung *zu hoch*, so kann der Saldoschuldner der Zahlungsklage des Gläubigers mit der „**Einrede" der ungerechtfertigten Bereicherung** begegnen; eine Klage auf Berichtigung des Anerkenntnisses ist nicht erforderlich, wäre aber zulässig und begründet.

Ist die anerkannte Saldoforderung dagegen *zu niedrig*, kann der Gläubiger eine **Klage auf Berichtigung**, also auf Abgabe eines entsprechenden Anerkenntnisses durch den anderen Teil, erheben. Er kann aber auch unmittelbar mit der Zahlungsklage vorgehen, wobei die Klage teils auf die abstrakte Saldoforderung, teils – nämlich soweit zu Unrecht kein Anerkenntnis abgegeben wurde – auf die kausale Saldoforderung zu stützen ist. Gleichzeitig muß der Gläubiger außerdem aus § 812 Abs. 2 BGB auf **Aufhebung seines eigenen Schuldanerkenntnisses** klagen, da dieses seiner Klage auf den eigentlich geschuldeten Betrag im Wege steht. Das gilt jedenfalls dann, wenn der Fehler darin liegt, daß ein in Wahrheit nicht bestehendes Aktivum des *Schuldners* in die Feststellung einbezogen und daher durch den Gläubiger anerkannt wurde (vgl. dazu Rdn. 204), aber auch dann, wenn der Fehler darin liegt, daß ein in Wahrheit bestehendes Aktivum des *Gläubigers* zu Unrecht bei der Feststellung übergangen wurde (vgl. oben Rdn. 215).

In jedem Fall ist eine **Verbindung der Berichtigungsklage mit der Zahlungsklage** 221
zulässig. In der Zahlungsklage liegt konkludent zugleich die Berichtigungsklage, in dem Zahlungsurteil im Wege eines „verdeckten Gestaltungsurteils" zugleich das Berichtigungsurteil, das nach § 894 ZPO die erforderliche Willenserklärung des anderen Teils zur Änderung des Anerkenntnisses ersetzt (vgl. auch Rdn. 204).

Hat der Fehler zur **Vertauschung der Rollen von Gläubiger und Schuldner** 222
geführt, ist also der Gläubiger der kausalen Saldoforderung zu Unrecht zum Schuldner der abstrakten geworden, so kann dieser sich gegen die Zahlungsklage des anderen Teils mit der „Einrede" der ungerechtfertigten Bereicherung zur Wehr setzen. Außerdem kann er seinerseits auf Berichtigung oder auf Zahlung klagen. Seine Zahlungsklage kann er dabei teilweise auf die abstrakte Saldoforderung stützen, da der andere Teil seine Aktiva bei der Saldofeststellung anerkannt hat (vgl. Rdn. 190); damit verbunden ist entweder die Klage auf Kondiktion seines Anerkenntnisses, sofern der Fehler in der irrigen Anerkennung eines Aktivums des anderen Teils lag, oder die Geltendmachung der kausalen Saldoforderung, sofern der Fehler in der Nichtberücksichtigung eines eigenen Aktivums lag.

In allen Fällen ist außerdem die **Verbindung der Klage *auf das Anerkenntnis* mit** 223 der Klage *aus* dem Anerkenntnis, also mit der Zahlungsklage aus der abstrakten Saldoforderung, möglich (vgl. Rdn. 204). Da dieser Weg für den Kläger am günstigsten ist, wird man im Zweifel anzunehmen haben, daß seine Zahlungsklage in diesem Sinne zu interpretieren ist.

224 d) **Die Verjährung des Berichtigungsanspruchs und die Verjährung einer von der Saldofeststellung nicht erfaßten Forderung.** Für die Verjährung des Berichtigungsanspruchs aus § 812 Abs. 2 BGB gilt wie für alle Bereicherungsansprüche anerkanntermaßen die **dreißigjährige Frist des § 195 BGB.** Ist z. B. irrtümlich das Bestehen eines nie entstandenen oder schon erloschenen Postens angenommen und dementsprechend ein zu hohes Schuldanerkenntnis abgegeben worden, so verjährt der Berichtigungsanspruch aus § 812 Abs. 2 BGB in dreißig Jahren.

225 Besonderheiten ergeben sich freilich, wenn der Fehler darin liegt, daß **eine Forderung von der Saldofeststellung nicht erfaßt worden ist** – z. B. weil sie nicht gebucht worden war und aus diesem oder einem sonstigen Grund bei der Feststellung vergessen worden ist. Der BGH hat entschieden, daß bei einer solchen Forderung eine **Hemmung der Verjährung** bis zum Ende der jeweiligen Rechnungsperiode eintritt und von diesem Zeitpunkt an **die für die betreffende Einzelforderung maßgebliche Frist** läuft[340] – es sei denn, der Saldo ist vorzutragen,[341] wodurch die Verjährung nicht nur bis zum Ende der Rechnungsperiode, sondern bis zum Ende des Kontokorrentverhältnisses gehemmt wird (vgl. oben Rdn. 106). Der BGH geht dabei davon aus, daß der Gläubiger sein negatives Anerkenntnis, wonach „weitere ... Forderungen zu seinen Gunsten nicht zu berücksichtigen seien ..., nach § 812 BGB zurückfordern" könne, und nimmt im Einklang mit seiner sonstigen Rechtsprechung[342] ersichtlich ein konstitutives Anerkenntnis mit Erlaßwirkung gemäß § 397 Abs. 2 BGB an. Das ist nun zwar an sich in der Tat eine unausweichliche Konsequenz der Novationstheorie (vgl. näher oben Rdn. 180) und daher grundsätzlich durchaus folgerichtig, da der BGH diese Lehre ja im allgemeinen zugrunde legt (vgl. die Nachw. Rdn. 175 ff), doch steht es in unüberwindlichem Gegensatz zu der vom BGH hier für richtig erachteten Lösung des Verjährungsproblems.[343] Läge nämlich wirklich ein konstitutives negatives Anerkenntnis i. S. von § 397 Abs. 2 BGB vor, so wäre die fragliche Forderung *untergegangen* und es bestünde lediglich ein Anspruch aus § 812 Abs. 2 BGB auf ihre *Wiederbegründung.* Dieser aber würde wie alle Bereicherungsansprüche nach § 195 BGB in 30 Jahren verjähren, und in der Zwischenzeit – d. h. bis zu ihrer Wiederbegründung durch eine Einverständniserklärung des Schuldners oder ein entsprechendes Urteil und nicht etwa nur bis zum Ablauf der Rechnungsperiode bzw. bis zu Beendigung des Kontokorrentverhältnisses – könnte, was der BGH offenbar verkannt hat, die Verjährung für die untergegangene Forderung nicht laufen, eben weil diese ja untergegangen ist und daher als solche nicht geltend gemacht werden kann. Der BGH hat sich hier also der Sache nach sowohl über die Novationstheorie als auch über die (angebliche) Erlaßwirkung des in der Saldofeststellung enthaltenen negativen Schuldanerkenntnisses hinweggesetzt. Da dem BGH indessen hinsichtlich dieser beiden Fragen ohnehin nicht zu folgen ist (vgl. eingehend Rdn. 175 ff bzw. Rdn. 192), stehen der von ihm vertretenen Verjährungslösung *vom hier vertretenen Standpunkt aus* keine dogmatischen Einwände im Wege. Denn danach bedarf es des Anspruchs aus

---

[340] BGHZ 51, 346, 348 f; zustimmend z. B. *Baumbach/Hopt* § 355 Rdn. 12; kritisch *Koller/Roth/Morck* § 355 Rdn. 13.
[341] Vgl. BGH aaO S. 348 oben.
[342] Vgl. BGH WM 1958, 1158 und WM 1961, 726 unter III.
[343] Ebenso *Gernhuber* Die Erfüllung und ihre Surrogate² § 16 II 6.

§ 812 Abs. 2 zwar zur Beseitigung der Beweislastregelung, nicht aber zur Wiederherstellung der bei der Abrechnung vergessenen Forderung (vgl. oben Rdn. 215).

Allerdings erhebt sich nunmehr die – vom BGH ebenfalls nicht erörterte – weitere Frage, ob der betreffende Anspruch nicht schon durch die **Tilgungswirkung der Verrechnung** erloschen ist. Dann würde nämlich in der kausalen Saldoforderung, um deren Geltendmachung es insoweit geht, (ganz oder teilweise) eine *andere* Forderung stecken, und diese könnte demnach u. U. auch einer anderen Verjährungsfrist unterliegen. Dabei ist zu beachten, daß sich die Verrechnung – anders als die Anerkennung – grundsätzlich jeweils automatisch vollzieht (vgl. Rdn. 128). Ihr Ergebnis und das Ergebnis der Anerkennung brauchen daher nicht identisch zu sein, so daß die durch die Verrechnung entstehende kausale Saldoforderung und die durch die Anerkennung entstehende abstrakte Saldoforderung der Zusammensetzung wie der Höhe nach unterschiedlich sein können. Die einzige Möglichkeit, der „Automatik" der Verrechnung zu entgehen, bestünde darin, einen mutmaßlichen Parteiwillen dahingehend anzunehmen, daß bei der Saldofeststellung nicht berücksichtigte Posten nachträglich wieder von der Verrechnungswirkung ausgenommen werden sollen. Das entspricht indessen nicht den Interessen und damit auch nicht dem mutmaßlichen Willen der Parteien. Dies zeigt sich besonders deutlich am Beispiel der Sicherheiten. Sind nämlich im Kontokorrent sowohl gesicherte als auch ungesicherte Forderungen enthalten und wird bei der Saldofeststellung eine ungesicherte Forderung vergessen, so gehen die Sicherheiten unter, wenn sich durch die Herausnahme der Forderung aus der Verrechnung nunmehr statt eines aktiven Saldos ein ausgeglichener oder gar ein passiver Saldo ergibt; denn dann besteht weder eine abstrakte noch eine kausale Saldoforderung zugunsten des betroffenen Gläubigers, so daß keine Möglichkeit zur Aufrechterhaltung der Sicherheit gegeben ist – und zwar weder nach der h. L. noch nach der hier vertretenen Interpretation des § 356 (vgl. § 356 Rdn. 15 ff). Wird die Forderung dagegen von der Verrechnung erfaßt, ergibt sich ein kausaler Saldoanspruch zugunsten ihres Gläubigers, so daß eine Grundlage für den Fortbestand der Sicherheit besteht – nach der hier vertretenen Ansicht, weil nach § 366 Abs. 2 BGB die ungesicherte Forderung zuerst getilgt wird und die gesicherte fortbesteht, nach der Lehre von der verhältnismäßigen Gesamtaufrechnung, weil die gesicherte Forderung immerhin teilweise fortbesteht und im übrigen nach § 356 eine gesetzliche Forderungsauswechselung stattfindet (vgl. § 356 Rdn. 8 ff). Dem mutmaßlichen Parteiwillen entsprechend wird ein Posten daher auch dann von der „automatischen" Verrechnung erfaßt, wenn er bei der Saldofeststellung nicht berücksichtigt wird (vgl. im übrigen auch oben Rdn. 129).

Folglich braucht in der kausalen Saldoforderung, die zur Berichtigung einer falschen Saldofeststellung geltend gemacht wird, nicht notwendiger Weise gerade derjenige Posten enthalten zu sein, der bei der Saldofeststellung zu Unrecht nicht berücksichtigt worden ist. Dieser kann vielmehr bei der Verrechnung bereits (ganz oder teilweise) durch Tilgung erloschen sein. Demgemäß kommt es in dieser Frage auf die **Theorien über die Zusammensetzung der kausalen Saldoforderung** an (vgl. dazu oben Rdn. 143 ff). Nach der Theorie von der verhältnismäßigen Gesamtaufrechnung sind für die Länge der Verjährung *alle* Forderungen maßgeblich, da sie alle „mosaikartig" in dem kausalen Saldo stecken; das ist ein offenkundig höchst unpraktikables Ergebnis. Nach der Theorie vom Staffelkontokorrent muß folgerichtig die Verjährungsfrist der *zuletzt* entstandenen oder – bei anderem Verständnis dieser Lehre – fällig gewordenen Forderung den Ausschlag geben, weil (und sofern) der vergessene Posten durch Verrechnung mit dem vorhergehenden Saldo oder mit ihm nachfolgenden Gegenforderungen bereits untergegangen ist; das ist ein einigermaßen willkürliches Ergebnis. Nach der hier vertretenen Theorie von der analogen Anwendung der §§ 366, 396 BGB ist zunächst analog § 366 Abs. 1 BGB zu klären, ob die fragliche Forderung nicht bereits durch eine entsprechende Gegenleistung getilgt war, was im Zweifel anzunehmen ist, wenn eine der Höhe nach nur auf sie zu beziehende Leistung zum Kontokorrent erbracht wurde (z. B. Forderung über 7540,– DM und Leistung über 7540,– DM); das ist sicher ein angemessenes Ergebnis, da die Forderung ersichtlich „erledigt" sein sollte und der Gläubiger daher nicht mehr mit ihrer Verjährung zu rechnen brauchte. Im übrigen wird die Forderung mit der kürzeren Verjährungsfrist analog § 366 Abs. 2 BGB als die weniger sichere zuerst durch die Verrechnung getilgt, so daß i. E. jeweils die **längste Verjährungsfrist einer Einzelforderung** den Ausschlag gibt. Dieses Ergebnis läßt sich nicht mit der Begründung kritisieren, dadurch werde der Zweck der kurzen Verjährungsfrist beeinträchtigt; denn das hat das Gesetz, falls darin überhaupt eine Beeinträchtigung liegen sollte, in § 366 Abs. 2 BGB eindeutig in Kauf genommen. Ebensowenig läßt sich einwenden, die Maßgeblichkeit der längsten Verjährungsfrist sei mit dem Bestreben des Kontokorrents nach Praktikabilität und Klarheit über die Rechtslage unvereinbar.[344] Dieser Zweck ist nämlich auf dem Wege über die Verjährung überhaupt nicht zu erreichen. Das ergibt sich zum einen daraus, daß die Verrechnungsmöglichkeit in analoger Anwendung des § 390 S. 2 BGB ohnehin trotz der Verjährung erhalten bleiben muß, zum zweiten und vor allem aber daraus, daß in anderen Fällen unrichtiger Saldofeststellung die **30jährige Verjährungsfrist** schlechterdings nicht zu umgehen ist wie z. B. bei der irrtümlichen Einbeziehung von Forderungen in die Saldofeststellung, die nie entstanden oder inzwischen wieder erloschen sind (vgl. oben Rdn. 224).

228 e) **Die Verwirkung des Berichtigungsanspruchs.** Gleichwohl ist nicht zu verkennen, daß dem Kontokorrent ein Streben nach rascher Klärung der Rechtslage eigentümlich ist und daß die Möglichkeit, Fehler noch dreißig Jahre lang zu korrigieren, mit einem geordneten Abrechnungsverkehr unvereinbar ist. Das richtige Mittel zur Lösung dieses Problems liegt aber nicht im Institut der Verjährung, sondern in dem der Verwirkung. Diese hat zugleich den Vorteil, daß sie die maßgeblichen Zeiträume vereinheitlicht; denn daß bei einem zu Unrecht berücksichtigten Posten dreißig Jahre lang eine Korrektur möglich sein soll (vgl. oben Rdn. 224), bei einem zu Unrecht nicht berücksichtigten Posten dagegen vielleicht nur ein halbes Jahr lang, leuchtet vom Ergebnis her wenig ein. Die Verwirkung ist dabei verhältnismäßig rigoros zu handhaben, da nur so den Erfordernissen eines geordneten Abrechnungsverkehrs Rechnung zu tragen ist.[345] Insbesondere wird man erwarten müssen, daß jede Partei *unverzüglich* einen Fehler geltend macht, sobald sie ihn bemerkt hat.[346] Aber auch wenn sie ihn nicht erkannt hat, kann inzwischen Verwirkung eingetreten sein, zumal diese anerkanntermaßen kein Verschulden auf seiten des Gläubigers voraussetzt. Vor allem bei sehr kompliziertem Abrechnungsverkehr mit einer Vielzahl von Geschäftsvorfällen wird nicht selten einem späteren Berichtigungsverlangen der Einwand des § 242 BGB entgegenstehen. Überhaupt kommt ganz allgemein der Verschlechterung der Beweissituation, die ein längerer Zeitablauf stets mit sich bringt, maßgebliche Bedeutung zu; dem ist nicht etwa durch die Umkehr der Beweislast hinreichend Rechnung zu tragen – so z. B. nicht, wenn der eine Teil zum Beweis seines Berichtigungsverlangens schriftliche Unterlagen vorlegt, der andere diese aber als

---

[344] Vgl. aber BGHZ 51, 349.
[345] Bedenklich daher BGH DB 1968, 303f, wo dieser Gesichtspunkt gar nicht erwogen wird.
[346] Zu allgemein daher BGH WM 1967, 1163, 4. Leitsatz und S. 1164.

unvollständig oder unrichtig beanstandet, einen entsprechenden Zeugenbeweis jedoch nicht führen kann, weil der in Betracht kommende Zeuge sich inzwischen nicht mehr sicher genug an die Vorgänge erinnert. Im übrigen kommt es selbstverständlich auf die Umstände des Einzelfalls an, insbesondere auf die für die Verwirkung typischen Kriterien, wie Länge des Zeitablaufs, Vorliegen oder auch bloße Möglichkeit einer Disposition (eines „Sich-einrichtens") auf seiten des anderen Teils, Vertrauen auf die Richtigkeit der Saldofeststellung, Schutzwürdigkeit dieses Vertrauens, insbesondere Erkennbarkeit des Fehlers, „Veranlassung" oder gar verschuldete Herbeiführung des Fehlers durch den einen oder den anderen Teil usw.

VI. Beendigung des Kontokorrents und Eröffnung des Insolvenzverfahrens

1. Die wichtigsten Beendigungsgründe

a) Aufhebungsvertrag und Kündigung. Das Kontokorrent endet, wenn die Parteien einen entsprechenden **Aufhebungsvertrag** schließen. Das kann auch „stillschweigend" oder durch eine andere Form konkludenten Verhaltens geschehen. Ein konkludenter Aufhebungsvertrag liegt jedoch nicht ohne weiteres darin, daß jahrelang immer wieder derselbe Saldo vorgetragen und keine Bewegung auf dem Konto vorgenommen wird.[347] Daß die Geschäftsverbindung fortgesetzt wird, steht der Möglichkeit eines Aufhebungsvertrags nicht entgegen. **229**

Das Kontokorrent erlischt weiterhin durch dessen **Kündigung.** Die Kündigung bedarf keiner besonderen Form, doch muß sie mit hinreichender Deutlichkeit ergeben, daß die kontokorrentliche Behandlung der beiderseitigen Ansprüche und Leistungen in Zukunft nicht mehr gewollt ist. In der bloßen Übersendung des Rechnungsauszugs oder in der Auszahlung des Saldoguthabens kommt ein Kündigungswille i. d. R. nicht zum Ausdruck.[348] In der Einklagung des Saldos während des Laufs einer Rechnungsperiode und in der Einklagung eines Saldos, der nach dem Geschäftsvertrag an sich für die nächste Rechnungsperiode vorgetragen werden müßte, wird dagegen meist eine konkludente Kündigung zu sehen sein. Denkbar ist allerdings auch, daß durch eine solche Klage lediglich ein Anspruch aus dem Geschäftsvertrag auf Zahlung zum Kontokorrent geltend gemacht wird (vgl. oben Rdn. 7–9); ob dies oder eine Kündigung gewollt ist, hängt von den Umständen des Einzelfalls ab.[349] **230**

Ein **Kündigungsgrund** oder die Einhaltung einer **Kündigungsfrist** ist grundsätzlich nicht erforderlich, da das Kontokorrent nach § 355 Abs. 3 im Zweifel auch während der Dauer der Rechnungsperiode jederzeit frei von beiden Teilen gekündigt werden kann. Als Grund für diese Regelung wird in den Materialien die „in den Handelskreisen vorwiegend herrschende Auffassung" angegeben.[350] Selbstverständlich bezieht sich dieses Kündigungsrecht nur auf das Kontokorrent selbst und nicht auch auf einen mit diesem etwa verbundenen Kreditvertrag.[351] § 355 Abs. 3 gilt allerdings nur „im Zweifel"; das Kündigungsrecht kann also durch vertragliche Vereinbarung modifiziert, z. B. an die Einhaltung einer Frist oder an das Vorliegen bestimmter Gründe gebunden oder auch völlig ausgeschlossen werden. In diesem Falle steht den **231**

---

[347] Vgl. RG LZ 1927, 1108 Nr. 3; BGH WM 1970, 184, 186; 1984, 426, 428.
[348] Vgl. RGZ 140, 222.
[349] Vgl. dazu auch OLG Jena JW 1926, 208; *Düringer/Hachenburg/Breit* § 355 Anm. 58 a. E.
[350] Denkschrift S. 198.
[351] Vgl. schon Denkschrift S. 198 sowie RGZ 88, 373, 376.

Parteien allerdings die Möglichkeit zur fristlosen Kündigung aus wichtigem Grund zur Seite;[352] denn das Kontokorrent begründet ein Dauerschuldverhältnis, und für ein solches gilt bekanntlich kraft zwingenden Rechts das allgemeine Prinzip, daß eine Kündigung aus wichtigem Grund zulässig ist.

232 Die Kündigung eines mit dem Kontokorrent in Zusammenhang stehenden anderen Vertrages, z. B. eines Darlehensvertrags, kann aufgrund **analoger Anwendung des § 139 BGB** die Beendigung des Kontokorrents zur Folge haben, sofern dieses mit jenem nach dem Parteiwillen eine untrennbare Einheit bildete, z. B. sich im wesentlichen in dessen Abwicklung erschöpfen sollte.

233 Das Kündigungsrecht unterliegt als solches nicht der **Abtretung**, da es als Gestaltungsrecht nicht von dem zugrunde liegenden Rechtsverhältnis getrennt werden kann. Es geht auch nicht mit der Abtretung der (zukünftigen) Saldoforderung über,[353] da es nicht deren Bestandteil ist, sondern seinen Sitz im obligatorischen Geschäftsvertrag hat (vgl. oben Rdn. 17).

234 b) **Ende und Übertragung der Geschäftsverbindung.** Das **Ende der Geschäftsverbindung** führt ipso iure auch die Beendigung des Kontokorrents herbei.[354] Denn in einem solchen Falle wird das Kontokorrent zweck- und gegenstandslos, da ihm weitere Geschäftsvorfälle nicht mehr unterfallen können. Das Ende der Geschäftsverbindung bestimmt sich allerdings nicht allein nach objektiven Kriterien, sondern in erster Linie nach dem (erkennbaren) Willen der Parteien. Daß jahrelang keine Geschäftsvorfälle mehr stattgefunden haben, hat daher nicht notwendig die Beendigung der Geschäftsverbindung und des Kontokorrents zur Folge.[355] Erforderlich ist vielmehr, daß die Parteien die nach außen irgendwie in Erscheinung getretene Absicht hatten, keine Geschäfte mehr miteinander abzuschließen. Tun sie das nach einiger Zeit dennoch wieder, so bedarf es eines Neuabschlusses des Kontokorrents. Ohne einen solchen können z. B. keine Zinseszinsen verlangt werden (vgl. näher Rdn. 241); auch sind die neuen Forderungen und Leistungen nicht kontokorrentgebunden, d. h. sie unterfallen nicht den charakteristischen Beschränkungen des Kontokorrents hinsichtlich Geltendmachung, Abtretbarkeit, Pfändbarkeit usw.

235 Der **Ablauf einer Rechnungsperiode** führt entgegen einer früher verbreiteten Meinung[356] nicht zur Beendigung des Kontokorrents.[357] Die Gegenansicht entbehrt jeder vernünftigen Begründung und verkennt insbesondere den fundamentalen Unterschied zwischen der periodischen Feststellung der Zwischenergebnisse und der Vollbeendigung eines Rechtsverhältnisses.

236 Der **Wegfall eines Kontokorrentpartners** hat die Beendigung des Kontokorrents immer dann, aber auch nur dann zur Folge, wenn er zur Beendigung der Geschäftsbeziehung führt. Dies ist bei Schließung eines Bankbetriebs von hoher Hand regelmäßig der Fall,[358] bei Tod einer Partei dagegen nur dann, wenn die Geschäftsverbindung nicht mit den Erben fortgesetzt wird.[359]

---

[352] Ebenso *Schlegelberger/Hefermehl* § 355 Rdn. 97.
[353] **A. A.** *Eder* BB 1953, 191 f.
[354] So z. B. RGZ 140, 221; BGH NJW 1956, 17; WM 1982, 291, 292; *Düringer/Hachenburg/Breit* § 355 Anm. 57; *Schlegelberger/Hefermehl* § 355 Rdn. 94; *Schumann* II § 5 VI.
[355] Vgl. auch RG LZ 1927, 1108 Nr. 3.
[356] Vgl. z. B. *Gschnitzer* JherJb. 76, 365.
[357] Das ist heute wohl unstreitig, vgl. z. B. RGZ 140, 221; *Düringer/Hachenburg/Breit* § 355 Anm. 57; *Schlegelberger/Hefermehl* § 355 Rdn. 94.
[358] Vgl. auch BGHZ 22, 309; BGH WM 1955, 1521; WM 1956, 188, 190 Sp. 2.
[359] Ebenso *Düringer/Hachenburg/Breit* § 355 Anm. 57; *Schlegelberger/Hefermehl* § 355 Rdn. 94.

Die **Übertragung der Geschäftsverbindung auf einen Dritten**[360] führt nicht not- 237
wendig zur Beendigung des Kontokorrents. Dieses kann vielmehr mit dem Dritten
fortgesetzt werden. Dazu genügt allerdings nicht die Einigung zwischen dem Übertragenden und dem Dritten. Vielmehr bedarf es einer echten **Vertragsübernahme**, an
der alle drei Beteiligten, also auch die andere Kontokorrentpartei, mitwirken müssen.
Denn die kontokorrentgebundenen Rechte sind grundsätzlich unabtretbar und können daher gemäß § 185 BGB nur mit Zustimmung der anderen Kontokorrentpartei
auf den Dritten übertragen werden, und außerdem enthält das Kontokorrent aufgrund
des Geschäftsvertrags auch Pflichten (vgl. oben Rdn. 17), deren Übergang gemäß
§§ 414 ff. BGB ebenfalls die Beteiligung der anderen Kontokorrentpartei voraussetzt;
diese muß also selbst dann zustimmen, wenn nicht sie, sondern der Übertragende
einen aktiven Saldo hat.

Fehlt es an dieser Mitwirkung, so führt die Übertragung der Geschäftsverbindung
zur Beendigung des Kontokorrents, da sie den Abbruch der Geschäftsverbindung
zwischen den bisherigen Kontokorrentpartnern zur Folge hat und da gegenüber dem
Dritten kein wirksamer Kontokorrentvertrag vorliegt. Auch wenn der Geschäftsverkehr mit diesem fortgesetzt wird, gelten dann die §§ 355 ff grundsätzlich nicht mehr, so
daß insbesondere die Befreiung vom Zinseszinsverbot entfällt und der im Zeitpunkt
der Übertragung bestehende Saldo sofort fällig wird (vgl. näher Rdn. 239). Allerdings
kann in der vorbehaltlosen Fortsetzung des Kontokorrentverkehrs mit dem Dritten
der konkludente Neuabschluß eines Kontokorrentvertrags mit diesem vorliegen, und
dabei kann auch – und zwar ebenfalls konkludent – vereinbart werden, daß der
Abschlußsaldo aus der alten Verbindung – der ja stets abtretbar ist! – als erster Posten
in die neue Rechnung eingestellt werden soll. Besondere Schwierigkeiten dürften also
insoweit nicht entstehen. Gleichwohl kann die Übertragung der Geschäftsverbindung
nachteilige Auswirkungen haben, da sie nach h. L. Sicherheiten für den jeweiligen
Saldo in Sicherheiten für den zur Zeit der Übertragung bestehenden Saldo verwandelt
(vgl. eingehend § 356 Rdn. 76 ff).

2. Die Wirkungen der Beendigung des Kontokorrents

Die Beendigung des Kontokorrents führt zwangsläufig zur **Kontokorrentfreiheit** 238
neuer Forderungen und Leistungen, so daß diese selbständig geltend gemacht, abgetreten, verpfändet und gepfändet werden können bzw. sofortige Tilgungswirkung in
unmittelbarer Anwendung der §§ 362 ff BGB haben. Wollen die Parteien das verhindern, so müssen sie einen neuen Kontokorrentvertrag abschließen. Das kann
selbstverständlich auch durch konkludentes Verhalten geschehen, doch liegt ein solches nicht schon in der vorbehaltlosen Fortsetzung des Geschäftsverkehrs und auch
nicht ohne weiteres darin, daß der eine Teil dem anderen auch weiterhin kontokorrentmäßige Rechnungsauszüge übersendet und dieser darauf lediglich schweigt.

Hinsichtlich der vor der Beendigung des Kontokorrents entstandenen Forderun- 239
gen und erbrachten Leistungen erfolgt unabhängig vom Ablauf der Rechnungsperiode
eine **sofortige „automatische" Verrechnung**, die zur **sofortigen Fälligkeit des sich**
dabei ergebenden Saldoanspruchs führt.[361] Das ist in § 355 Abs. 3 für den Fall der
Kündigung ausdrücklich angeordnet und muß für die übrigen Endigungsgründe im
Wege der Analogie entsprechend gelten.

---

[360] Vgl. als Beispiele etwa BGHZ 26, 142 und BGH WM 1960, 371.

[361] Vgl. z. B. BGHZ 70, 86, 93; BGH WM 1979, 69, 70f; 1982, 291, 292; *Schlegelberger/Hefermehl* § 355 Rdn. 101; *Heymann/Horn* § 355 Rdn. 48.

240 Der **Saldoanspruch** ist, auch wenn er im allgemeinen vorzutragen war, nicht mehr kontokorrentgebunden, da das Kontokorrent ja beendet ist (vgl. soeben Rdn. 238). Folglich ist er stets **abtretbar und pfändbar**,[362] und zwar grundsätzlich auch im voraus[363] (vgl. dazu auch unten Rdn. 247). Solange der Saldo nicht anerkannt ist, ist er lediglich **kausaler und nicht abstrakter Natur**,[364] so daß hinsichtlich der Beweislast, der Verjährung, des Gerichtsstands usw. nur die für die kausale Saldoforderung geltenden Regeln (vgl. Rdn. 195ff) zum Zuge kommen.

241 Die **Verzinslichkeit des Schlußsaldos** richtet sich grundsätzlich nach den allgemeinen Regeln (vgl. Rdn. 205). Insbesondere ist er nach § 355 Abs. 1 auch insoweit verzinslich, als in ihm Zinsen enthalten sind;[365] denn auch für den Schlußsaldo trifft § 355 Abs. 1 nach Wortlaut und Sinn zu, da auch insoweit die gesonderte Ausweisung und Behandlung der Zinsen mit dem Vereinfachungszweck des Kontokorrents unvereinbar wäre.

Spätere periodische „Saldierungen" des Gläubigers unter Einbeziehung der jeweils angelaufenen Zinsen haben allerdings keine kontokorrentmäßigen Folgen mehr, so daß grundsätzlich nicht mehr Zinseszinsen, sondern nur noch Verzugszinsen gefordert werden können.[366] Allerdings ist zu beachten, daß § 248 Abs. 1 BGB nur das *im voraus* abgegebene Zinseszinsversprechen verbietet. Eine Zinseszinsvereinbarung, die erst bei der jeweiligen „Saldierung" getroffen wird, ist daher trotz der Beendigung des Kontokorrents rechtswirksam; sie kann auch konkludent erfolgen und insbesondere in einem einheitlichen, die Zinsen nicht gesondert behandelnden Anerkenntnis des Schuldners liegen.[367]

3. Der Einfluß des Insolvenzverfahrens

242 Während die Pfändung des Saldos anerkanntermaßen keinen Einfluß auf den Fortbestand des Kontokorrents hat (vgl. § 357 Rdn. 33), hat die h. L. für den **Konkurs** einer Partei angenommen, daß dieser das Ende des Kontokorrents zur Folge hat;[368] vereinzelt wurde demgegenüber die Ansicht vertreten, daß er nur zur Beendigung der laufenden Rechnungsperiode führe.[369] Diese Ansichten bleiben auch nach dem **Inkrafttreten der InsO** relevant, da sich die Rechtslage insoweit nicht wesentlich verändert hat, und so ist es denn auch unter deren Geltung h. L., daß die Eröffnung des Verfahrens ipso iure zur Beendigung des Kontokorrents führt.[370] Diese Ansicht erscheint jedoch als zu undifferenziert und sollte durch eine Lösung ersetzt werden, die zwischen den Verfügungs- und den Verpflichtungswirkungen des Kontokorrents unterscheidet.

---

[362] Vgl. z. B. BGHZ 70, 86, 93; BGH WM 1979, 69, 71.

[363] Vgl. BGH NJW 1954, 190; BGH WM 1956, 1126.

[364] So mit Recht z. B. BGHZ 49, 24, 26; BGH WM 1979, 69, 71; 1982, 291, 292f.

[365] Vgl. auch *Schlegelberger/Hefermehl* § 355 Rdn. 101 a. E.

[366] Vgl. RGZ 149, 19, 25; BGHZ 22, 304, 309; BGH WM 1955, 1521, 1522 Sp. 2; 1956, 188, 190 Sp. 2; 1987, 897; 1991, 60, 63.

[367] Vgl. RGZ 95, 19 und dazu eingehend oben Rdn. 32.

[368] Vgl. RGZ 125, 411, 416; 149, 19, 25; 162, 244, 245; BGHZ 58, 108, 111; 70, 86, 93; 74, 253, 254f; BGH WM 1985, 969, 971; 1991, 60, 61; *Düringer/Hachenburg/Breit* § 355 Anm. 61; *Schlegelberger/Hefermehl* § 355 Rdn. 98; *von Godin* 2. Aufl. Anm. 41a; *Jaeger/Lent* § 55 KO Anm. 2 und § 65 KO Anm. 8.

[369] Vgl. vor allem *Beitzke*, Festschrift für *von Gierke*, S. 21 ff, insbesondere S. 26.

[370] Vgl. z. B. *Baumbach/Hopt* § 355 Rdn. 23; *Koller/Roth/Morck* § 355 Rdn. 17; *Kübler/Prütting*, InsO, 2000, § 91 Rdn. 35 und § 103 Rdn. 19 sowie *Tintelnot* ebenda §§ 115, 116 Rdn. 21; Frankfurter Komm.-*Wegener*, 1999, § 116 Rdn. 35; *Nerlich/Römermann/Kießner*, InsO, 1999, § 116 Rdn. 9; *Häsemeyer*, Insolvenzrecht², § 16 Rdn. 13 und § 20 Rdn. 80.

§ 355

a) Die kontokorrentrechtlichen Verfügungswirkungen. Was zunächst die Verfügungswirkungen betrifft, so ist insoweit ausschlaggebend, daß es um **antizipierte Verfügungen über zukünftige Forderungen** geht – und zwar sowohl bezüglich der Kontokorrentabrede (vgl. oben Rdn. 14) als auch bezüglich des Verrechnungsvertrags (vgl. oben Rdn. 128 ff). Derartige Verfügungen des Insolvenzschuldners können nämlich nach dem Grundsatz von § 91 InsO nach Verfahrenseröffnung nicht mehr wirksam werden.[371] Die Ausnahmevorschrift des § 161 Abs. 1 S. 2 BGB kommt hier weder direkt noch analog zur Anwendung, da das Wirksamwerden sowohl der Kontokorrentabrede als auch des Verrechnungsvertrags nicht unabhängig vom Willen der Parteien erfolgt, sondern deren Mitwirkung bei der Vornahme der jeweiligen kontokorrentzugehörigen Geschäfte voraussetzt (vgl. auch unten Rdn. 247). 243

Hinsichtlich der **Kontokorrentabrede** folgt aus der Anwendung von § 91 InsO, daß ihr nur diejenigen Forderungen, die vor Verfahrenseröffnung entstanden sind, unterworfen und somit kontokorrentgebunden sind. Die nach diesem Zeitpunkt eventuell noch entstehenden Forderungen sind dagegen grundsätzlich kontokorrentfrei, so daß sie selbständig geltend gemacht, abgetreten und gepfändet werden können (soweit dem nicht die Eröffnung des Verfahrens entgegensteht). Das gilt nicht nur für die Forderungen des Insolvenzschuldners, sondern auch für die des anderen Teils, da auch dessen Vorausverfügungen nach § 139 BGB von der Unwirksamkeit mitgegriffen werden. Dementsprechend fallen auch nach Verfahrenseröffnung erbrachte Leistung nicht mehr unter die Kontokorrentabrede.[372] 244

Auch für den **Verrechnungsvertrag** ergibt sich aus § 91 InsO, daß seine Antizipation durch den (nachmaligen) Insolvenzschuldner keine Wirkung für die Zukunft mehr entfaltet. Bei Eröffnung des Insolvenzverfahrens gelangt jedoch gleichwohl der **kausale Schlußsaldo** zur Entstehung – und zwar analog § 355 Abs. 3 HGB ipso iure bzw. „automatisch", also ohne eine Verrechnungserklärung des Insolvenzverwalters;[373] konstruktionsmäßig läßt sich das damit begründen, daß die Saldierung auch durch *einseitige* Aufrechnung herbeigeführt werden könnte und daß die antizipierte Verrechnungserklärung des *anderen* Teils durch das Insolvenzverfahren jedenfalls nicht berührt wird. Da die Bildung des Schlußsaldos *Folge* der Eröffnung des Insolvenzverfahrens ist und diese mithin *voraussetzt*, entsteht die Forderung auf den kausalen Schlußsaldo zwangsläufig erst (eine „logische Sekunde") *nach* Verfahrenseröffnung.[374] 245

Ergibt sich bei der automatischen Verrechnung ein **Saldo zugunsten des Insolvenzgläubigers**, so hat dieser seine Forderung nach § 174 InsO beim Insolvenzverwalter anzumelden. Entsteht dagegen ein **Saldo zugunsten des Insolvenzschuldners**, so ist dieser erst nach Ablauf der Rechnungsperiode fällig, sofern das Recht zur fristlosen Kündigung des Kontokorrents nach § 355 Abs. 3 abbedungen ist; das ergibt sich konstruktiv daraus, daß Forderungen des Insolvenzschuldners durch die Verfahrenseröffnung keineswegs ohne weiteres fällig werden, und interessemäßig daraus, daß sich der andere Teil in einem solchen Fall vor Ablauf der Rechnungsperiode nicht auf eine Barzahlungspflicht einzurichten brauchte. Die Ansicht, daß die Verfahrenseröffnung die laufende Rechnungsperiode beendet (vgl. dazu oben Rdn. 242), entspricht also nicht dem geltenden Recht.[375] Eine andere Frage ist, ob der Insolvenzver- 246

---

[371] Das dürfte i.E. unstreitig sein, vgl. nur BGHZ 74, 253, 254f.
[372] Vgl. z.B. BGHZ 74, 253, 255.
[373] Vgl. z.B. BGHZ 74, 253, 255; *Schlegelberger/Hefermehl* § 355 Rdn. 101.
[374] A.A. *Serick* BB 1978, 877f, nach dessen Ansicht die Saldoforderung „institutionell bedingt (?) stets vor Konkurseröffnung entsteht".
[375] A.A. *Herz* S. 213 und S. 218f; *Schlegelberger/Hefermehl* § 355 Rdn. 99.

walter die sofortige Fälligkeit durch Kündigung gemäß § 355 Abs. 3 herbeiführen kann; dies steht ihm grundsätzlich frei, doch hilft es nicht immer, da § 355 Abs. 3 vertraglich ausgeschlossen sein kann und eine solche Vereinbarung grundsätzlich auch den Insolvenzverwalter bindet. Wiederum eine andere Frage ist, ob die Abrede, der Saldo sei jeweils vorzutragen und nicht bar auszuzahlen, zu beachten ist. Das ist zu verneinen, da darin eine Vorausverfügung des (nachmaligen) Insolvenzschuldners über die künftige Saldoforderung liegt und da somit § 91 InsO der Wirksamkeit dieser Vereinbarung entgegensteht.

247   b) **Die Vorausabtretung der Schlußsaldoforderung.** Die Einsicht, daß die Schlußsaldoforderung erst *nach* Verfahrenseröffnung entsteht (vgl. Rdn. 245 a. E.), hat praktisch wie dogmatisch erhebliche Bedeutung für den Fall ihrer Vorausabtretung durch den (nachmaligen) Insolvenzschuldner. Deren **Wirksamkeit** scheitert nämlich im Insolvenzverfahren folgerichtig an § 91 InsO. Der BGH hat indessen die Anwendbarkeit der entsprechenden Vorschrift des § 15 KO verneint, weil der kausale Schlußsaldo „dem Grunde nach" schon vor Verfahrenseröffnung bestanden habe und es mithin nicht um die Abtretung eines bloßen *künftigen* Anspruchs gehe.[376] Richtig ist in der Tat, daß die rechtliche und wirtschaftliche Grundlage des Anspruchs bereits vor Verfahrenseröffnung (wenngleich i. d. R. nicht schon zur Zeit der Vorausabtretung[377]) bestand. Der BGH hat jedoch mit keinem Wort dargetan, warum das für eine Durchbrechung von § 15 KO genügt. Der wichtigste positivrechtliche Anhaltspunkt für eine solche liegt in § 161 Abs. 1 S. 2 BGB, wonach bedingte Verfügungen insolvenzfest sind. Mit einer bedingten Berechtigung ist die Stellung des Zessionars der Schlußsaldoforderung aber gerade nicht vergleichbar. Denn die Kontokorrentparteien können sie – anders als nach der Zession eines bedingten Rechts – jederzeit hinfällig machen, indem sie neue Geschäfte zu Lasten des Zedenten abschließen und so dessen Saldo auf oder unter null reduzieren. Darüber hinaus kann der andere Teil auch für sich allein den Saldoanspruch durch entsprechende Leistungen zum Kontokorrent ohne weiteres zerstören; die gegenteilige Behauptung des BGH, jener sei nicht „in der Lage gewesen, bei bzw. unmittelbar vor Konkurseröffnung den Saldoanspruch durch a conto-Zahlungen ... zu beeinträchtigen",[378] ist schlichtweg falsch, weil die Kontokorrentabrede erst *durch* die Verfahrenseröffnung erlischt und unmittelbar vorher eingehende Zahlungen daher noch unter das Kontokorrent fallen. Darin liegt zugleich auch der entscheidende Unterschied gegenüber der Vorausabtretung von zukünftigen Ansprüchen aus Dauerschuldverhältnissen (z.B. Mietzinsansprüchen), wo bekanntlich ebenfalls ein insolvenzfestes Anwartschaftsrecht diskutiert wird, wo aber Leistungen an den Zedenten eben nur im Rahmen von § 407 BGB gegenüber dem Zessionar wirken. Mithin geht der nüchterne Befund dahin, daß der Zessionar der Schlußsaldoforderung vor Verfahrenseröffnung in keiner Weise eine stärkere Stellung als der Zessionar einer gewöhnlichen zukünftigen Forderung hat, da er nur vor kollidierenden späteren Zessionen (oder Verpfändungen) der Schlußsaldoforderung *und vor sonst nichts* geschützt wird. Er ist daher auch insolvenzrechtlich nur einem solchen und nicht einem bedingt Berechtigten gleichzustellen, zumal § 91 InsO nach seinem Schutzzweck ohnehin eine weite Auslegung verdient. Das alles kann man auch mit

---

[376] Vgl. BGHZ 70, 86, 94f (1. „Barsortimenter"-Urteil); i. E. zustimmend *Serick* BB 1978, 878 und 880; *Jaeger/Henckel*, Konkursordnung⁹ § 15 Rdn. 97.

[377] Das verkennt *Serick* BB 1978, 880 bei seiner Bejahung eines Anwartschaftsrechts; nicht die rein formale Kontokorrentvereinbarung, sondern erst die einzelnen Geschäfte kommen als materieller „Rechtsgrund" der Saldoforderung in Betracht.

[378] Vgl. BGHZ 70, 95; die Bezugnahme auf BGH NJW 1955, 544 an dieser Stelle ist unverständlich, weil sich daraus nichts für die Begründung des im Text zitierten Satzes ergibt.

dem lapidaren Kriterium des RG umschreiben, wonach die aufschiebend bedingten und daher insolvenzfesten Forderungen „bereits mit ihrer Abtretung aus dem Vermögen des bisherigen Gläubigers ausscheiden", die zukünftigen Forderungen dagegen bis zu ihrer Entstehung im Vermögen des Zedenten verbleiben und folglich von § 15 KO bzw. heute § 91 InsO erfaßt werden;[379] die Schlußsaldoforderung gehört zu den letzteren, da sie wegen des kontokorrentrechtlichen Abtretungsverbots nicht vor Beendigung des Kontokorrents und folglich auch nicht vor Verfahrenseröffnung aus dem Vermögen des Zedenten ausscheiden kann.

Folgt man der Ansicht des BGH, so stellt sich sogleich die weitere Frage, ob die Zession der Schlußsaldoforderung der **Insolvenzanfechtung gemäß §§ 130 ff InsO** unterliegt. Das ist ohne weiteres zu bejahen, wenn die Zession selbst erst in der „kritischen Phase" erfolgt ist, doch sollte man es folgerichtig auch dann annehmen, wenn die Zession vorher lag, aber die in dem Schlußsaldo enthaltenen Posten – für deren Ermittlung es einmal mehr auf die oben Rdn. 144 ff erörterten Theorien ankommt! – in der „kritischen Phase" begründet wurden,[380] da ja allein dadurch die Grundlage für den Rechtserwerb des Zessionars geschaffen worden ist; daß dieser an der Begründung der Posten nicht beteiligt ist, steht nicht entgegen, da die §§ 130 ff InsO grundsätzlich auch bei einem Erwerb ohne Mitwirkungsakt des Gläubigers eingreifen, wie z. B. für Zahlungseingänge auf einem debitorischen Bankkonto heute anerkannt ist.[381] **248**

c) **Die Problematik der Ersatzaussonderung gemäß § 48 InsO.** Spezifisch kontokorrentrechtliche Probleme können sich ferner bei der Ersatzaussonderung gemäß § 48 InsO ergeben. Diese hat der BGH (zur entsprechenden Vorschrift des § 46 KO) für den Fall der **Einzahlung von fremdem Geld durch den nachmaligen Insolvenzschuldner auf sein Konto** mit der Begründung abgelehnt, durch die Saldoanerkennung sei der aussonderungsfähige ursprüngliche Anspruch des Einzahlenden gegen seine Bank untergegangen und im Wege der **Novation** durch einen neuen, nicht mehr aussonderungsfähigen Anspruch ersetzt worden.[382] Im Anschluß an diese Entscheidung ist in der Rspr. der OLGe auch die Ersatzaussonderung von kontokorrentzugehörigen Ansprüchen abgelehnt worden, die aus dem **unbefugten Verkauf von unter Eigentumsvorbehalt stehenden Waren** stammen.[383] **249**

Erfreulicherweise hat der BGH inzwischen mit seiner ursprünglichen Ansicht gebrochen und anerkannt, daß der Erlös aus der Veräußerung massefremder Gegenstände auch dann, wenn er nicht auf ein Sonderkonto, sondern auf ein – im Kontokorrent geführtes – allgemeines Bankkonto des Konkurs- bzw. Insolvenzverwalters eingezahlt wird, bis zur Höhe des in der Zeit danach eingetretenen niedrigsten Tagessaldos der Ersatzaussonderung unterliegt, auch wenn zwischenzeitlich Rechnungsabschlüsse mit Saldoanerkennung stattgefunden haben.[384] Da der BGH indessen die Novationstheorie nicht aufgegeben hat, kann er sich lediglich mit der These behelfen, daß der Rückgriff auf Einzelforderungen, die zum Zustandekommen des Saldos bei-

---

[379] Vgl. RG HRR 1937 Nr. 550; ebenso BGH NJW 1955, 544.

[380] Zustimmend *Jaeger/Henckel*⁹ § 30 Rdn. 92; a. A. *Serick* Eigentumsvorbehalt und Sicherungsübereignung Bd. V § 67 VI 7 und BB 1978, 881; *Kuhn/Uhlenbruck*¹¹ § 30 Rdn. 421.

[381] Vgl. (zur Rechtslage nach § 30 KO) BGHZ 58, 108, 110ff und dazu i. E. zustimmend *Canaris* Festschr. zum 100-jährigen Bestehen der KO, 1977, S. 78f.

[382] Vgl. BGHZ 58, 257, 260 und dazu kritisch *Canaris* Bankvertragsrecht³ Rdn. 506f; dieser Kritik folgend *Schmidt* § 21 V 1 b a. E.; *Gundlach* DZWir 1998, 17 mit Fn. 73 und 18.

[383] Vgl. OLG Köln WM 1978, 146, 148; OLG Stuttgart WM 1978, 149, 153f; siehe dazu auch *Serick* BB 1978, 881f.

[384] Vgl. BGHZ 141, 116 mit Anm. von *Canaris* EWiR § 46 KO Nr. 1/99.

getragen haben, zulässig bleibt, wenn ein wirtschaftliches Interesse an deren gesonderter Geltendmachung besteht. Das ist offenkundig eine bloße Verlegenheitslösung und eine reine ad-hoc-Hypothese, mit deren Hilfe die Novationstheorie nach Belieben durchbrochen werden kann.[385] Vom hier vertretenen Standpunkt aus ist es dagegen eine theoriekonforme Selbstverständlichkeit, daß die Aussonderungsfähigkeit der Ansprüche durch das Saldoanerkenntnis nicht beeinträchtigt wird. Denn da es den Bestand der *kausalen* Saldoforderung unberührt läßt, kann *diese*, soweit in ihr der betreffende Anspruch enthalten ist, nach § 48 InsO (im Wege der Abtretung) ausgesondert werden;[386] die *abstrakte* Saldoforderung geht insoweit gemäß oder analog § 401 BGB mit über, da sie nur ein Hilfsmittel zur Durchsetzung der – die eigentliche Grundlage bildenden – kausalen Saldoforderung darstellt.

250   Zu prüfen ist allerdings jeweils, ob die fragliche Forderung nicht durch die **Verrechnung** untergegangen ist und *dadurch* ihre Ersatzaussonderungsfähigkeit verloren hat. Das steht in Einklang mit der Regelung von § 48 InsO, da danach die Möglichkeit zu einer Ersatzaussonderung auch sonst entfällt, wenn der nachmalige Insolvenzschuldner vor Verfahrenseröffnung mit fremdem Geld eigene Schulden getilgt hat oder der Verwalter das tut. Ob die aussonderungsfähige Forderung durch Verrechnung erloschen ist oder nicht, bestimmt sich grundsätzlich wiederum nach den oben Rdn. 144ff erörterten Theorien. Dabei wird man in Fortbildung von § 366 Abs. 2 BGB im Zweifel annehmen können, daß sie nach dem redlichen Parteiwillen gemäß § 157 BGB erst als *letzte* zur Verrechnung gelangt[387] und also i. d. R. in einem aktiven Saldo noch enthalten ist. Andererseits ist die Möglichkeit der Ersatzaussonderung auf den niedrigsten Tagessaldo beschränkt, der sich nach der Einstellung der ersatzaussonderungsfähigen Forderung in das Kontokorrent ergeben hat, und lebt durch spätere Gutschriften nicht wieder auf;[388] denn insoweit hat der nachmalige Insolvenzschuldner bzw. der Verwalter das der Ersatzaussonderung unterliegende Guthaben anderweitig verwendet oder eine solche Verwendung hingenommen und also das Recht zur Ersatzaussonderung zerstört – nicht anders als wenn er in entsprechender Weise mit Geldscheinen, die der Ersatzaussonderung unterliegen, umgegangen wäre.

251   **d) Die Rechtslage hinsichtlich des obligatorischen Geschäftsvertrages und die Problematik des Wahlrechts des Insolvenzverwalters nach § 103 InsO.** Von der verfügungsrechtlichen ist die schuldrechtliche Seite, also der Geschäftsvertrag zu unterscheiden (vgl. oben Rdn. 16). Dieser erzeugt für beide Seiten die Verpflichtung, die kontokorrentzugehörigen Forderungen und Leistungen nicht wie selbständige Vermögensgegenstände zu behandeln, sondern sie nur zur Verrechnung zu verwenden (vgl. oben Rdn. 17). Noch nicht erfüllte Verpflichtungen werden nun aber anders als in der Schwebe befindliche Verfügungen durch die Eröffnung des Insolvenzverfahrens grundsätzlich nicht hinfällig, wie sich vor allem aus § 103 InsO ergibt. Da der **Geschäftsvertrag bei Verfahrenseröffnung von beiden Seiten zumindest teilweise noch nicht erfüllt ist**[389] – nämlich bezüglich der zukünftigen beiderseitigen Ansprüche und Leistungen –, müßte folgerichtig § 103 InsO eingreifen, so daß der Insolvenzverwalter ein Wahlrecht hätte. Die Anwendung der entsprechenden Vorschrift

---

[385] Zur methodologischen Unzulässigkeit einer solchen Vorgehensweise vgl. *Canaris* JZ 1993, 387.

[386] Das kontokorrentrechtliche Abtretungsverbot steht nicht entgegen, weil es mit Eröffnung des Insolvenzverfahrens entfällt, vgl. oben Rdn. 243; das wird offenbar verkannt von OLG Stuttgart WM 1978, 149, 153.

[387] Zustimmend *Gundlach* DZWir 1998, 18.

[388] Ebenso BGHZ 141, 116, 123.

[389] **A. A.** *Herz* S. 204, der jedoch zu Unrecht nicht zwischen Leistungshandlung und Leistungserfolg unterscheidet.

des § 17 KO wurde indessen seinerzeit von der h. L. abgelehnt.[390] Soweit das damit begründet wurde, daß unter § 17 KO nur gegenseitige Verträge fielen und daß das Kontokorrent kein solcher sei,[391] war das sicher unhaltbar. Die eine Partei übernimmt nämlich die Verpflichtung, ihre Forderungen und Leistungen nur noch zur Verrechnung zu verwenden, zweifellos gerade deshalb, weil und damit auch die andere Partei hinsichtlich ihrer Forderungen und Leistungen dasselbe tut, und daher erfüllt der Geschäftsvertrag durchaus die Merkmale eines gegenseitigen Vertrags (vgl. oben Rdn. 16). Eher diskutabel ist die Begründung, § 17 KO setze einen auf gegenseitigen Leistungsaustausch gerichteten Vertrag voraus und daran fehle es beim Kontokorrent.[392] Indessen bleibt auch diese Begründung an der Oberfläche; denn sie vermag allenfalls zu erklären, warum § 17 KO nicht unmittelbar anwendbar ist, nicht aber, warum dann nicht der aus den §§ 17ff KO bzw. § 103 InsO zu entnehmende allgemeine Rechtsgedanke zum Zuge kommen kann, daß die Entscheidung über die Durchführung oder Nichtdurchführung noch nicht voll erfüllter Verträge grundsätzlich dem Verwalter freigestellt sein soll. Vollends verfehlt ist es, das Erlöschen des Kontokorrents auf § 116 InsO zu stützen.[393] Dieser Begründungsansatz scheitert von vornherein daran, daß die Einstellung einer Forderung oder Leistung in das Kontokorrent – nur hierauf richtet sich ja die durch den kontokorrentlichen Geschäftsvertrag begründete Verpflichtung der Parteien! – als solche keinesfalls als Besorgung eines fremden (!) Geschäfts qualifiziert werden kann und daher tatbestandlich gar nicht in den Anwendungsbereich von § 116 InsO fällt. Allerdings kommt es vor, daß das Kontokorrent mit einem anderen Vertrag wie z. B. einem Girovertrag verknüpft ist, der nach § 116 InsO erlischt, doch zieht das grundsätzlich nicht das Erlöschen der Kontokorrentabrede nach sich, da § 139 BGB insoweit nicht (analog) angewendet werden kann.[394]

Entscheidend kann demgemäß nur sein, ob die Möglichkeit zur Fortsetzung des Kontokorrents mit dem **Zweck des Verfahrens und des dem Verwalter eingeräumten Wahlrechts** vereinbar ist oder ob dieser, wie immer wieder behauptet wird,[395] eine andere Abwicklung als die kontokorrentrechtliche gebietet. Folge einer Anwendung des § 17 KO bzw. des § 103 InsO wäre nun vor allem, daß durch die Fortsetzung des Kontokorrentvertrags *vor* und *nach* Verfahrenseröffnung entstandene Forderungen miteinander verrechnet werden. Im Hinblick hierauf bedarf es einer differenzierenden Lösung. Besteht ein **aktiver Schlußsaldo für den anderen Kontokorrentpartner**, so könnte dieser in der Tat einen Vorteil gegenüber den anderen Gläubigern erlangen, da er dann für seinen Anspruch nicht nur die Quote, sondern im Wege der Verrechnung eine höhere, u. U. sogar volle Befriedigung erhielte. Das wäre mit den Grundwertungen des Insolvenzrechts unvereinbar, weil dadurch das Prinzip der Gleichbehandlung der Insolvenzgläubiger verletzt würde, und das wird demgemäß nicht vom Sinn und Zweck des § 103 InsO gedeckt, so daß die Vorschrift bei dieser Fallkonstellation in der Tat unanwendbar ist. Ergibt sich dagegen ein **aktiver Schlußsaldo zugunsten der Masse**, so kann eine Ausübung des Wahlrechts nach § 103

252

---

[390] Vgl. z. B. *Kopfstein* ZHR 77, 78f; *Düringer/Hachenburg/Breit* § 355 Anm. 61; *Schlegelberger/Hefermehl* § 355 Rdn. 98; *Beitzke* aaO S. 23; *Seifert*, Kontokorrent im Konkurs, Diss. Göttingen 1965, S. 27ff; *Herz* S. 203ff; anders *Schönke* JW 1934, 2745.

[391] Vgl. z. B. *Seifert* aaO S. 28.

[392] Vgl. z. B. *Kopfstein* aaO; *Beitzke* aaO; *Seifert* aaO.

[393] So aber z. B. *Kübler/Prütting/Tintelnot*, InsO, 2000, §§ 115, 116 Rdn. 21; Frankfurter Komm.-*Wegener*, 1999, § 116 Rdn. 35; *Nerlich/Römermann/Kießler*, InsO, 1999, § 116 Rdn. 9.

[394] Vgl. näher *Canaris*, Bankvertragsrecht³ Rdn. 494.

[395] So z. B. von *von Godin* 2. Aufl. Anm. 41a; *Schlegelberger/Hefermehl* aaO; *Seifert* aaO S. 31f.

InsO für diese durchaus günstig sein, so daß sie insoweit grundsätzlich als zulässig anzusehen ist.[396] So kann die Fortsetzung des Kontokorrents z. B. zweckmäßig sein, um der Masse die Vorteile der Befreiung vom Zinseszinsverbot zu erhalten; denn eine Beendigung des Kontokorrents hätte zur Folge, daß vom Schlußsaldo grundsätzlich keine Zinseszinsen mehr erhoben werden können (vgl. oben Rdn. 241).[397] Denkbar ist ferner, daß der Verwalter sich die Sicherungsfunktion des Kontokorrents (vgl. dazu oben Rdn. 6) zunutze machen will. Möchte er z. B. noch bestimmte Geschäfte mit dem anderen Teil durchführen, diese aber nicht in bar begleichen, sondern die daraus entstehenden Verbindlichkeiten durch Aufrechnung mit der Schlußsaldoforderung tilgen, so bietet sich dafür u. U. das Kontokorrent an; insbesondere kann dadurch einer Zerstörung der Aufrechnungsmöglichkeit durch eine eventuelle Vorauszession einer kontokorrentzugehörigen Einzelforderung des anderen Teils (etwa eine antizipierte Globalzession!) vorgebeugt werden, da die Kontokorrentabrede dieser in jedem Falle vorgeht (vgl. oben Rdn. 110 ff), während sonst nur der nicht so weit reichende Schutz des § 406 BGB besteht. Wählt der Verwalter Erfüllung, so liegt darin zugleich die Genehmigung der vom Insolvenzschuldner vorgenommenen Vorausverfügungen; Kontokorrentabrede und antizipierter Verrechnungsvertrag brauchen also nicht neu abgeschlossen zu werden, da sie als Verfügungen eines Nichtberechtigten nicht nichtig, sondern lediglich schwebend unwirksam sind und daher nach § 185 Abs. 2 BGB genehmigt werden können.

253 Statt Fortsetzung nach § 103 InsO zu wählen, kann der Verwalter auch einen **neuen Kontokorrentvertrag** abschließen. Im Zweifel sind Erklärungen des Insolvenzverwalters über die Fortdauer des Kontokorrents als Antrag auf Neuabschluß und nicht als Ausübung des Wahlrechts zu verstehen[398] – wodurch zugleich die Gefahr nicht voll überschauter Konsequenzen seines Verhaltens[399] vermindert wird. Es bedarf dann jedoch der Annahme durch den anderen Teil. Verweigert dieser sie, bleibt dem Verwalter nur die Möglichkeit des § 103 InsO.

VII. Das „uneigentliche" Kontokorrent

1. Der Begriff und seine Fragwürdigkeit

254 Von einem uneigentlichen Kontokorrent hat die früher h. L. bei einer Geschäftsverbindung gesprochen, „bei der die Parteien ihre aus der Verbindung entspringenden beiderseitigen Ansprüche und Leistungen kontokorrentmäßig behandeln, ohne daß die sämtlichen wesentlichen Merkmale des eigentlichen Kontokorrents gegeben sind".[400] Der **Begriff des uneigentlichen Kontokorrents** ist also positiv dadurch gekennzeichnet, daß einzelne Merkmale des „eigentlichen", d. h. des in § 355 Abs. 1 HGB gesetzlich definierten Kontokorrents gegeben sind, und negativ dadurch, daß andere Merkmale fehlen. Es liegt auf der Hand, daß ein solcher Begriff wertlos ist,

---

[396] Ebenso i. E. *Jaeger/Henckel*, Konkursordnung[9] § 17 Rdn. 25 (freilich mit einer Begründung, die sich z. T. auf die Rechtslage nach der InsO nicht übertragen läßt); ähnlich i. E. auch *Herz* S. 214 f und 221 f; der hier vertretenen Ansicht folgend auch HeidelbergerKomm.-*Marotzke*, 1999, § 117 Rdn. 5.

[397] Diese Konsequenz wird ausdrücklich in Kauf genommen von *Schlegelberger/Hefermehl* § 355 Rdn. 98.

[398] Übereinstimmend *Jaeger/Henckel* aaO; wohl auch BGH WM 1991, 60, 61, wo allerdings die Alternative einer Ausübung des Wahlrechts nicht ausdrücklich erwähnt wird.

[399] Vgl. dazu auch *Beitzke* S. 25.

[400] So *Schlegelberger/Hefermehl*[4] § 355 Rdn. 58; ähnlich z. B. *Düringer/Hachenburg/Breit* Anh. zu §§ 355–357 Anm. 1; *von Godin* 2. Aufl. Anh. zu § 357 Anm. 1.

solange nicht feststeht, welche der gesetzlichen Merkmale vorhanden sein müssen und welche fehlen dürfen. Gerade darüber aber herrscht Streit und völlige Unklarheit. Es kommt hinzu, daß diese Frage keineswegs für alle das Kontokorrent betreffenden Rechtsfolgen einheitlich zu beantworten ist, sondern z. B. für die Befreiung vom Zinseszinsverbot einerseits und die Forthaftung der Sicherheiten andererseits durchaus unterschiedlich zu lösen sein kann. Außerdem ist von maßgeblicher Bedeutung, welches der gesetzlichen Merkmale des Kontokorrentbegriffs jeweils fehlt. Weder hinsichtlich der Voraussetzungen noch hinsichtlich der Rechtsfolgen lassen sich daher einheitliche Regeln für das „uneigentliche Kontokorrent" aufstellen. Der Begriff ist daher sowohl theoretisch als auch praktisch unbrauchbar.[401]

255 Richtig ist statt dessen, die durch den Begriff des uneigentlichen Kontokorrents verdeckten Fragen offen als das anzusprechen, was sie in Wahrheit sind: **Probleme einer Analogie** zu den Vorschriften über das Kontokorrent (vgl. auch Rdn. 24). Sie sind differenzierend zu lösen je nachdem, welches Begriffsmerkmal fehlt und welche Rechtsfolge im Wege der Analogie begründet werden soll.

2. Die wichtigsten Tatbestände

256 Der praktisch wichtigste Fall, der in diesen Zusammenhang gehört, ist der einer **Abrede zwischen zwei Nichtkaufleuten**, die alle Merkmale des § 355 Abs. 1 HGB erfüllt, also bei Beteiligung eines Kaufmanns ein „eigentliches" Kontokorrent wäre. Hier finden die Vorschriften über das Kontokorrent grundsätzlich analoge Anwendung (vgl. eingehend Rdn. 27ff). Unanwendbar ist lediglich die Befreiung vom Zinseszinsverbot gemäß § 355 Abs. 1, da insoweit eine gewisse Beziehung zu den Spezifika des kaufmännischen Verkehrs nicht von der Hand zu weisen ist (vgl. Rdn. 31 m. Nachw.). Auch in dieser Frage läßt sich aber eine dem kaufmännischen Kontokorrent stark angenäherte Wirkung erzielen, wenn die Zinsen ungesondert in den Rechnungsabschluß aufgenommen werden und dieser jeweils vorbehaltlos anerkannt wird. Ein Unterschied besteht dabei nur insofern, als eine *Verpflichtung* zu einem derartigen Anerkenntnis gemäß § 248 Abs. 1 BGB nicht *im voraus* begründet werden kann, so daß die Parteien beim nicht-kaufmännischen Kontokorrent an sich jederzeit gesonderte Ausweisung der Zinsen und Bildung von zwei Salden – eines verzinslichen über die Hauptforderungen und eines unverzinslichen über die Zinsforderungen – verlangen können; tun sie dies jedoch nicht, sondern anerkennen sie den einheitlichen Saldo, so schulden sie (unter der Voraussetzung, daß die Saldoforderung überhaupt verzinslich ist) grundsätzlich auch Zinseszinsen (eingehend Rdn. 32 m. Nachw.).

257 Ein dem gesetzlichen Kontokorrent auf das engste verwandter Fall liegt ferner vor, wenn die Parteien **auf die Periodizität von Verrechnung und Feststellung verzichten**, also z. B. nach jedem Geschäftsvorfall wie beim **Staffelkontokorrent** oder nur bei Beendigung des Kontokorrentverhältnisses einen Saldo bilden und anerkennen. Auch hier finden die Regeln über das Kontokorrent analoge Anwendung, und zwar ausnahmslos, d. h. einschließlich der Befreiung vom Zinseszinsverbot (vgl. Rdn. 56f m. ausf. Nachw. zur Gegenmeinung); denn der Vereinfachungs- und Vereinheitlichungszweck des Kontokorrents sowie die spezifischen Rechtsfolgen des Kontokorrents haben nicht das geringste mit der Periodizität der Abrechnung zu tun.

258 Fehlt es am Merkmal der **Unselbständigkeit der einzelnen Posten**, können also die Forderungen selbständig eingeklagt, abgetreten, verpfändet usw. werden, so haben

---

[401] Zustimmend *Schlegelberger/Hefermehl* § 355 Rdn. 118.

§ 355   Viertes Buch. Handelsgeschäfte

die Parteien von sich aus auf eine wesentliche Möglichkeit zur Vereinfachung und Vereinheitlichung ihres Abrechnungsverkehrs verzichtet. Sie können daher nicht das Privileg einer Befreiung vom Zinseszinsverbot beanspruchen, da dieses gerade die Vereinheitlichung des rechtlichen Schicksals aller „Posten" gewährleisten soll. Da die Parteien aber auch hier einen auf Verrechnung und Anerkennung gerichteten Vertrag geschlossen haben, liegt eine hinreichende Ähnlichkeit mit dem „eigentlichen" Kontokorrent vor, um die übrigen Rechtssätze über dieses entsprechend anzuwenden (zum Ganzen eingehend Rdn. 48f).

259   Verzichten die Parteien auf die **Anerkennung des Saldos,** vereinbaren sie aber Unselbständigkeit und Verrechnung der Forderungen und Leistungen, so gelten die §§ 355 Abs. 2 und 3, 357 entsprechend (vgl. näher Rdn. 54f). Eine Analogie zu § 356 kommt nicht in Betracht, da sich ein Bedürfnis für die Anwendung dieser Vorschrift nur bei Vorliegen eines Feststellungsvertrags ergeben kann. Auch § 355 Abs. 1 ist nicht entsprechend anwendbar, weil die Parteien hier auf das wichtigste Mittel zur Vereinfachung und Vereinheitlichung verzichtet haben und weil sie daher das – gerade dem Ziel der Vereinheitlichung dienende – Privileg des § 355 Abs. 1 nicht verdienen.

3. Die Rechtsfolgen

260   Statt von den verschiedenen kontokorrentähnlichen Tatbeständen aus kann man die Problematik auch von der anderen Seite, also von den Rechtsfolgen aus untersuchen und fragen, inwieweit die **Analogiefähigkeit der einzelnen Rechtssätze über das Kontokorrent** zu bejahen ist und welche Tatbestandsmerkmale dabei jeweils den Ausschlag geben. Dabei ist zwischen den allgemeinen, überwiegend ungeschriebenen und den in den §§ 355–357 HGB niedergelegten Rechtssätzen zu unterscheiden.

261   a) **Die allgemeinen Rechtssätze über das Kontokorrent.** Die ersteren sind grundsätzlich ohne weiteres anwendbar, sofern dem der Parteiwille nicht entgegensteht. Denn insoweit geht es nicht um irgendwelche handelsrechtlichen Spezifika, sondern lediglich um die Ausnutzung allgemeiner zivilrechtlicher Möglichkeiten. Das gilt z. B. für den **abstrakten Charakter des Feststellungsvertrags** und des in diesem enthaltenen **Anerkenntnisses.**[402] Insbesondere bedarf dieser Vertrag auch unter Nichtkaufleuten keiner Form, da er eine Abrechnung zum Gegenstand hat und somit durch § 782 BGB vom Formerfordernis des § 781 BGB freigestellt ist. Hinsichtlich des novierenden Charakters der Saldofeststellung wollte die früher h. L. allerdings zwischen dem eigentlichen und dem uneigentlichen Kontokorrent einen Unterschied machen: dieses soll anders als jenes keine Novationswirkung haben.[403] Der Grund für diese merkwürdige Unterscheidung liegt ersichtlich darin, daß die Anhänger dieser Ansicht die Sicherheiten vor dem Untergang bewahren wollen und dies nur durch einen Verzicht auf die Novationstheorie glauben erreichen zu können, weil sie eine analoge Anwendung des § 356 HGB wegen dessen angeblichen Ausnahmecharakters für ausgeschlossen halten. Richtig ist demgegenüber, daß die Saldofeststellung auch beim eigentlichen Kontokorrent keine Novation zur Folge hat und daß sich dies u. a. gerade auch aus § 356 sowie aus dem Vergleich mit der Rechtslage beim „uneigent-

---

[402] Vgl. auch RGZ 95, 18, 19f; 117, 34, 39; RG WarnRspr. 1929 Nr. 35 S. 58; RG SeuffArch. 84 Nr. 213 S. 368; RG HRR 1938 Nr. 1231; *Düringer/Hachenburg/Breit* Anh. zu §§ 355–357 Anm. 6; *Schlegelberger/Hefermehl* § 355 Rdn. 119.

[403] Vgl. z. B. *Düringer/Hachenburg/Breit* Anh. zu §§ 355–357 Anm. 6 und 9; *von Godin* 2. Aufl. Anh. zu § 357 Anm. 5.

lichen" Kontokorrent ergibt (vgl. Rdn. 178). Unterschiede zwischen eigentlichem und uneigentlichem Kontokorrent bestehen also in dieser Hinsicht nicht.

Ein Unterschied wird weiterhin mitunter hinsichtlich der **Wirkung der In-Rechnung-Stellung** behauptet. Anders als beim eigentlichen Kontokorrent sollen nämlich beim uneigentlichen die Forderungen und Leistungen nicht ihre „**Selbständigkeit**" verlieren.[404] Dem ist grundsätzlich, d. h. sofern die „Uneigentlichkeit" des Kontokorrents ihren Grund nicht gerade im Verzicht der Parteien auf das Merkmal der „Unselbständigkeit" hat, zu widersprechen. Vielmehr gilt auch außerhalb des unmittelbaren Anwendungsbereiches der §§ 355–357, also z. B. für das Kontokorrent zwischen Nichtkaufleuten, das Prinzip der Unselbständigkeit von Forderungen und Leistungen.[405] Das ist allerdings insofern nicht ganz selbstverständlich, als es dabei um *Verfügungs*wirkungen geht (vgl. Rdn. 13 ff und 102 f) und als bei diesen der Grundsatz der Inhaltsfreiheit im allgemeinen nicht anwendbar ist. Die Möglichkeit, Forderungen und Leistungen die „Selbständigkeit" zu nehmen, stellt jedoch kein Spezifikum des Kontokorrents dar – sie wird den Kontokorrentpartnern ja auch nicht etwa in den §§ 355–357 eingeräumt, sondern ist dort als selbstverständlich vorausgesetzt! –, sondern sie gilt grundsätzlich nach dem Rechtsgedanken der §§ 399, 404 BGB kraft allgemeinen bürgerlichen Rechts für alle Forderungen. Sie ist daher nicht auf das Kontokorrent im „eigentlichen" Sinne beschränkt.

Hervorhebung verdient schließlich noch, daß auch die Rechtsfolgen der **Verrechnung** dieselben sind wie beim „eigentlichen" Kontokorrent.[406] Vom Standpunkt der h. L. aus findet daher grundsätzlich eine verhältnismäßige Gesamtaufrechnung statt,[407] während vom Standpunkt der hier vertretenen Ansicht aus die §§ 366, 396 BGB analog anzuwenden sind (vgl. dazu Rdn. 154 ff). Denn auch insoweit geht es in keiner Weise um eine Besonderheit, die nur für das unter die Legaldefinition des § 355 Abs. 1 fallende Kontokorrent paßt, sondern um eine allgemeinere bürgerlich-rechtliche Konstruktion, die sich auf andere Verrechnungsverträge ohne weiteres übertragen läßt.

b) Die besonderen Rechtssätze der §§ 355–357. Die in den §§ 355–357 enthaltenen besonderen Rechtssätze über das Kontokorrent lassen sich nicht so weitgehend übertragen wie die ungeschriebenen. Vor allem die **Befreiung vom Zinseszinsverbot** gemäß § 355 Abs. 1 ist nur in sehr engem Rahmen analogiefähig: lediglich in den Fällen, in denen von den gesetzlichen Merkmalen des Kontokorrentbegriffs allein das der Periodizität fehlt, kann die Vorschrift entsprechend angewandt werden (vgl. Rdn. 57), nicht dagegen bei fehlender Kaufmannseigenschaft (vgl. Rdn. 31), bei Verzicht auf die Unselbständigkeit von Forderungen und Leistungen (vgl. Rdn. 48 f) und bei Verzicht auf das Saldoanerkenntnis (vgl. Rdn. 54 f). Als maßgebliches Kriterium, mit dessen Hilfe über die Möglichkeit einer Analogie zu entscheiden ist, ist dabei vor allem der Vereinheitlichungszweck des Kontokorrents anzusehen; in Fällen, in denen die Parteien diesen von sich aus beeinträchtigen wie durch den Verzicht auf die Unselbständigkeit der Posten oder auf das Anerkenntnis, kommt eine Analogie nicht in Betracht. Die Notwendigkeit einer verhältnismäßig engen Begrenzung des Anwendungsbereichs von § 355 Abs. 1 ergibt sich dabei nicht zuletzt aus der Abgrenzung gegenüber der zwingenden Vorschrift des § 248 Abs. 1 BGB: würde man mit Analogien zu

---

[404] Vgl. etwa RG JW 1933, 2828 Sp. 1, wonach bei einer „uneigentlichen laufenden Rechnung ... an der rechtlichen Natur der Einzelposten nichts geändert wird".

[405] Vgl. RGZ 117, 34, 39; RG SeuffArch. 88 Nr. 77 S. 157; BGH WM 1969, 92, 93.

[406] Ebenso *Schlegelberger/Hefermehl* § 355 Rdn. 119; i. E. auch BGH WM 1969, 92, 93; differenzierend und unklar *Düringer/Hachenburg/Breit* Anh. zu §§ 355–357 Anm. 5.

[407] Vgl. auch *Düringer/Hachenburg/Breit* aaO.

§ 355 Abs. 1 „großzügig" sein, so wäre der Umgehung des Zinseszinsverbots Tür und Tor geöffnet (vgl. dazu auch Rdn. 49f). Das stimmt i. E. mit der Ansicht der h. L. überein, da auch diese die Anwendung des § 355 Abs. 1 beim „uneigentlichen" Kontokorrent verneint.[408]

265 Keine grundsätzlichen Einwendungen bestehen dagegen gegen eine **Analogie zu § 355 Abs. 2 und 3**; diese ist daher in verhältnismäßig weitem Umfang möglich (vgl. im einzelnen Rdn. 27f, 48 und 54).

266 Die **analoge Anwendung der §§ 356 und 357** wurde früher von der h. L. abgelehnt.[409] Das ist nicht zutreffend. § 356 enthält vielmehr einen allgemeinen Rechtsgedanken dahin, daß Feststellungsverträge im Zweifel das Schicksal der Sicherheiten unberührt lassen sollen und daher im Zweifel nicht als Novationsverträge aufgefaßt werden dürfen (vgl. § 356 Rdn. 3); er stellt daher eine Ergänzung und Bestätigung des § 364 Abs. 2 BGB dar. Dieser Rechtsgedanke ist nicht auf das Kontokorrent i. S. des § 355 Abs. 1 HGB beschränkt, sondern paßt ganz allgemein für Feststellungsverträge, da die Interessenlage hinsichtlich der Sicherheiten beim Kontokorrent keinerlei Besonderheiten aufwirft.

Auch § 357 enthält einen allgemeinen Rechtsgedanken: er will verhindern, daß der Schuldner zukünftige Forderungen dem Zugriff seiner Gläubiger entzieht; auch er gilt daher, wie auch die Parallele zu § 851 Abs. 2 ZPO ergibt, weit über seinen unmittelbaren Anwendungsbereich hinaus (vgl. näher Rdn. 30 und § 357 Rdn. 9).

§ 356

(1) Wird eine Forderung, die durch Pfand, Bürgschaft oder in anderer Weise gesichert ist, in die laufende Rechnung aufgenommen, so wird der Gläubiger durch die Anerkennung des Rechnungsabschlusses nicht gehindert, aus der Sicherheit insoweit Befriedigung zu suchen, als sein Guthaben aus der laufenden Rechnung und die Forderung sich decken.

(2) Haftet ein Dritter für eine in die laufende Rechnung aufgenommene Forderung als Gesamtschuldner, so findet auf die Geltendmachung der Forderung gegen ihn die Vorschrift des Abs. 1 entsprechende Anwendung.

---

[408] Vgl. RGZ 95, 19; *Düringer/Hachenburg/Breit* Anh. zu § 355 bis 357 Anm. 7; *Schlegelberger/Hefermehl* § 355 Rdn. 119.

[409] Vgl. RG GruchBeitr. 54, 407, 410; *Düringer/Hachenburg/Breit* Anh. zu §§ 355–357 Anm. 8 und 9; *Schlegelberger/Hefermehl*[4] § 355 Rdn. 61; *von Godin* 2. Aufl. Anh. zu § 357 Anh. 5 und 6a; wie hier nunmehr *Schlegelberger/Hefermehl*[5] § 355 Rdn. 120f.

Übersicht

	Rdn.		Rdn.
I. Gesetzeszweck und dogmatische Einordnung		a) Das Ausscheiden eines Gesellschafters aus einer kontokorrentpflichtigen Gesellschaft	43
1. Die ratio legis von § 356	1		
a) Der historische Hintergrund	1	b) Die Haftung des Übernehmers eines Unternehmens nach den §§ 25, 28 HGB	46
b) Der systematische und teleologische Gehalt von § 356	3		
c) Die Unanwendbarkeit von § 356 und das Versagen der Novationstheorie bei unrichtiger Anerkennung eines ausgeglichenen oder negativen Saldos	5	c) Die Haftung eines Bürgen nach Kündigung der Bürgschaft und eines sonstigen Sicherungsgebers nach Beendigung des die Sicherheit begründenden Rechtsverhältnisses	47
2. Das Konstruktionsproblem	8	4. Der Umfang der Haftung bei Bestehen mehrerer Sicherheiten	48
a) Die Annahme einer gesetzlichen Forderungsauswechselung	8	IV. Die Inanspruchnahme der Sicherheiten	
b) Der Fortbestand der gesicherten Einzelforderungen bzw. die Zulässigkeit eines Rückgriffs auf diese bei einem „anzuerkennenden wirtschaftlichen Interesse" des Gläubigers	12	1. Die Unzulässigkeit des Rückgriffs auf die Sicherheit während des Laufs einer Rechnungsperiode	50
		2. Die Wirkung der Befriedigung aus einer Sicherheit auf die Saldoforderung	52
II. Der Anwendungsbereich des § 356		V. Besonderheiten der Rechtsstellung eines Dritten als Sicherungsgeber	
1. Die Beschränkung auf kontokorrentzugehörige Einzelforderungen	14	1. Die Problematik der Wirksamkeit der Kontokorrentabrede und der Saldoanerkennung gegenüber dem Sicherungsgeber	56
2. Die Beschränkung des § 356 auf die „Anerkennung" und seine Unanwendbarkeit auf die „Verrechnung"	15	a) Die Rechtslage bei Zugrundelegung der strikten Trennung zwischen Verrechnung und Saldoanerkennung im Rahmen von § 356	56
a) Die Lehre von der Haftung für den niedrigsten anerkannten Saldo	15		
b) Die Notwendigkeit der Unterscheidung zwischen Verrechnung und Saldoanerkennung im Rahmen von § 356	21	b) Die Rechtslage bei Zugrundelegung der Theorie von der Haftung für den niedrigsten anerkannten Saldo	59
c) Die Ermittlung der gesicherten Forderungen	24	2. Die Geltendmachung von Einwendungen und Einreden gegen die gesicherte Forderung durch den Sicherungsgeber	66
d) Ergebnis und heutiger Meinungsstand	29		
3. Die Art der Sicherheit und der Mithaftung	30	3. Die Leistung durch den Sicherungsgeber und die Problematik der cessio legis	68
a) Die von § 356 Abs. 1 erfaßten Rechtspositionen	30	VI. Die Sicherung der Saldo- oder Kontokorrentforderung	
b) Die von § 356 Abs. 2 erfaßten Einstandspflichten	34	1. Kontokorrentsicherheit und Einzelsicherheit	71
4. Der Zeitpunkt der Entstehung der Sicherheit	36	2. Die wichtigsten Sicherungsmittel	74
III. Umfang und Höhe der Haftung		3. Die Übertragung der Geschäftsverbindung und ihr Einfluß auf die Kontokorrentsicherheiten	76
1. Der Mindestumfang der Haftung	37		
2. Der Höchstumfang der Haftung	39		
3. Der Umfang der Haftung bei Beendigung des die Haftung begründenden Verhältnisses	42		

Schrifttum

wie zu § 355

I. Gesetzeszweck und dogmatische Einordnung

1. Die ratio legis von § 356

1 **a) Der historische Hintergrund.** Sinn und Zweck des § 356 werden nur aus seiner **Entstehungsgeschichte** voll deutlich. Der Gesetzgeber wollte nämlich mit dieser Bestimmung der bisherigen Rechtsprechung entgegentreten, nach der durch die Saldoanerkennung die für die einzelnen Forderungen bestehenden Sicherheiten sowie die auf einer Gesamtschuld oder dgl. beruhende Mithaftung anderer Personen untergehen sollten.[1] In den **Gesetzesmaterialien** heißt es dazu:

„Die Rechtsprechung nimmt an, daß mit der beiderseitigen Anerkennung des Saldos ... die Sicherheiten ohne weiteres erlöschen. ... Ebenso wird in dem Falle des Ausscheidens eines Gesellschafters aus einer offenen Handelsgesellschaft, welche zur Zeit dieses Ausscheidens Kontokorrentschuldnerin eines Kaufmanns war, dem auf diesen Zeitpunkt folgenden erneuten Saldoanerkenntnis der Gesellschaft die Wirkung beigelegt, daß der ausgeschiedene Gesellschafter von jeder Haftung frei wird. Diese Rechtssätze stehen mit den Bedürfnissen und Anschauungen des Verkehrs nicht im Einklange. Sie werden auch durch das Wesen des Kontokorrentverhältnisses nicht notwendig bedingt. Wenn auch das Saldoanerkenntnis einen selbständigen Verpflichtungsgrund bildet, so schließt dieser Umstand nicht aus, daß die in der Rechnung enthaltenen Einzelforderungen in gewissen Beziehungen noch eine Wirkung üben."[2]

2 Zur Begründung seiner Ansicht hatte sich das RG in doktrinärer Konsequenzmacherei auf die **Novationstheorie**, auf die „liberatorische" Wirkung der Vortragung des alten Saldos in die neue Rechnung sowie auf dessen Verwandlung in einen bloßen „Rechnungsposten" berufen.[3] In der Tat ergibt sich sowohl aus der Novationstheorie als auch aus der Annahme, die einzelnen Forderungen würden durch ihre Einstellung in das Kontokorrent zu bloßen „Rechnungsposten" und verlören deshalb jegliche rechtliche Existenz (vgl. dazu § 355 Rdn. 100f m. Nachw.) notwendigerweise die Folgerung, daß Sicherheiten und Mithaftungen erlöschen. § 356 enthält daher für die Frage der Sicherheiten eine Absage an diese Theorien oder zumindest an ihre praktischen Konsequenzen. Die Funktion der Vorschrift wird denn auch in der Tat allenthalben darin gesehen, eine **Begrenzung der Auswirkungen der Novationstheorie** herbeizuführen.[4]

3 **b) Der systematische und teleologische Gehalt von § 356.** Streitig ist dagegen, ob § 356 insoweit eine **irreguläre Ausnahmeregelung** darstellt und im übrigen die Richtigkeit der Novationstheorie geradezu voraussetzt, oder ob in der Vorschrift ganz allgemein eine Abkehr des Gesetzgebers von dieser Theorie zum Ausdruck kommt. Richtig ist letzteres. § 356 hat seinen Grund nämlich ausweislich der soeben zitierten Gesetzesmaterialien darin, daß der Untergang der Sicherheiten „mit den Bedürfnissen und Anschauungen des Verkehrs nicht im Einklange steht".[5] Der Untergang der Sicherheiten, an dem die Novationstheorie bei folgerichtiger Durchführung in der Tat nicht vorbeikommt, steht somit in **Widerspruch zum mutmaßlichen Parteiwillen**.

---

[1] Vgl. RGZ 10, 53; 18, 246; anders wohl RGZ 25, 11, wenn auch unter Bestätigung der beiden älteren Urteile, vgl. aaO S. 16 unter e.
[2] Denkschrift S. 199.
[3] Vgl. RGZ 10, 54f; 18, 249f.
[4] Vgl. z. B. RGZ 87, 434, 438; 162, 244, 250; BGH WM 1955, 1163, 1164 Sp. 2; *Düringer/Hachenburg/Breit* § 356 Anm. 1 und 2; *Schlegelberger-Hefermehl* § 356 Rdn. 1; *von Gierke* § 63 IV 4e.
[5] Denkschrift S. 199.

Gerade um dessen dogmatische Erfassung aber geht es bei dem Streit um die Novationswirkung der Saldofeststellung, und folglich ergibt § 356, daß die Novationstheorie zur Lösung der gestellten Aufgabe ungeeignet ist.[6] Das gilt um so mehr, als gegen sie ohnehin noch eine Reihe weiterer Gründe und insbesondere die Vorschrift des § 364 Abs. 2 BGB sprechen (vgl. eingehend § 355 Rdn. 175ff).

Der Hinweis auf die **Funktionsverwandtschaft von § 356 mit § 364 Abs. 2 BGB** macht dabei zugleich deutlich, daß die Vorschrift im System des geltenden Privatrechts keineswegs eine Ausnahmeregelung darstellt, sondern im Gegenteil **Ausdruck und Bestätigung eines allgemeinen Rechtsgedankens** ist. Denn sie stellt für die Problematik der Sicherheiten lediglich noch einmal klar, was in § 364 Abs. 2 BGB ganz allgemein niedergelegt ist: daß *die Eingehung einer neuen Verbindlichkeit nach dem mutmaßlichen Parteiwillen im Zweifel den Bestand der alten Schuld unberührt läßt*. Praktisch folgt daraus u. a., daß § 356 in weitem Umfang **der Analogie zugänglich ist**; so findet die Vorschrift z. B. entgegen der früher h. L. auf das „uneigentliche" Kontokorrent entsprechende Anwendung (vgl. näher § 355 Rdn. 266 m. Nachw.).

4

c) Die Unanwendbarkeit von § 356 und das Versagen der Novationstheorie bei unrichtiger Anerkennung eines ausgeglichenen oder negativen Saldos. Der Gesetzgeber hat das Ziel, die untragbaren Konsequenzen der Novationstheorie für die Sicherheiten zu beseitigen, mit § 356 allerdings leider nicht voll erreicht. Die Vorschrift greift nämlich nach ihrem insoweit unmißverständlichen und durch Auslegung nicht korrigierbaren Wortlaut nur ein, soweit dem Gläubiger bei der Saldofeststellung „ein *Guthaben* aus der laufenden Rechnung" verbleibt. Folgerichtig müßten daher alle Sicherheiten erlöschen, wenn **bei der Saldofeststellung eine Forderung vergessen** wird und sich deshalb für ihren Inhaber ein **negativer oder ausgeglichener Saldo** statt eines positiven ergibt. Denn die Novationstheorie muß in solchen Fällen annehmen, daß die vergessene Forderung untergeht und lediglich aufgrund eines Bereicherungsanspruchs neu zu begründen ist. Dann aber sind auch etwaige Sicherheiten untergegangen. Daß auch sie aufgrund eines entsprechenden Bereicherungsanspruchs u. U. wieder zu bestellen sind, bildet keinen vollen Ausgleich, weil das Bereicherungsrecht weder vor zwischenzeitlichen Verfügungen über die Sicherheit noch vor deren Beschlagnahme und Verwertung im Rahmen der Zwangsvollstreckung oder des Insolvenzverfahrens schützt.

5

Daß **Rechtssicherheit und Vertrauensschutz** das gegenteilige Ergebnis legitimieren,[7] ist schon deshalb nicht einzusehen, weil den Gläubiger der vergessenen Forderung ohnehin die volle Darlegungs- und Beweislast für deren Bestand trifft (vgl. auch § 355 Rdn. 192) und der Sicherungsgeber hier nicht schutzwürdiger als in anderen Fällen ist, in denen er irrtümlich vom Erlöschen der gesicherten Forderung ausgegangen ist. Außerdem wird die Novationstheorie ja auch unabhängig von der vorliegenden Problematik durch zahlreiche andere Argumente schlagend widerlegt und ist von der h. L. längst aufgegeben worden (vgl. § 355 Rdn. 175ff mit Nachw.); an ihren Ergebnissen ausgerechnet bei der Problematik der Sicherheiten gleichwohl festzuhalten, ist umso weniger gerechtfertigt, als ja gerade für diese der Gesetzgeber in § 356 der Novationstheorie anerkanntermaßen eine Absage erteilt hat (vgl. oben Rdn. 2 a. E.).

6

Dem Interesse des Gläubigers kann somit auch bei der vorliegenden Fallkonstellation nur durch den **Fortbestand der Sicherheiten** hinreichend Rechnung getragen werden. Dieser ist aber in dogmatisch konsistenter Weise nur zu gewährleisten, wenn

7

---

[6] Vgl. auch *Hefermehl*, Festschrift für Lehmann, S. 550f.; *Blaurock* NJW 1971, 2208 unter IV.

[7] So *Koller/Roth/Morck* § 356 Rdn. 2.

auch die gesicherte Kausalforderung fortbesteht. Hierauf und nicht auf deren Untergang ist daher der **mutmaßliche Parteiwille** gerichtet, der ja ausweislich der Gesetzesmaterialien ausschlaggebend sein soll (vgl. oben Rdn. 3). Konstruktiv ist das unschwer zu erreichen, indem man neben der (unrichtigen) abstrakten Saldoforderung die (richtige) kausale Saldoforderung bestehen läßt (vgl. näher § 355 Rdn. 226). Über § 356 hinausgehend kommt man somit auch in dieser Frage zu einer **Ablehnung der Novationswirkung** und zu der Konsequenz, daß statt dessen vom **Fortbestand der kausalen Ansprüche** auszugehen ist (vgl. auch § 355 Rdn. 192). Zum selben Ergebnis müßte wohl auch die Rechtsprechung gelangen; denn diese gestattet aufgrund des in § 356 zum Ausdruck kommenden Rechtsgedankens dem Gläubiger den Rückgriff auf die Kausalforderung immer dann, wenn dieser daran „ein anzuerkennendes wirtschaftliches Interesse" hat (vgl. näher unten Rdn. 12), und das ist hier unzweifelhaft zu bejahen.

2. Das Konstruktionsproblem

8   **a) Die Annahme einer gesetzlichen Forderungsauswechselung.** Auch in konstruktiver Hinsicht bereitet die Interpretation von § 356 erhebliche Schwierigkeiten, wenn man grundsätzlich in den Bahnen der Novationstheorie befangen bleibt. Da deren Anhänger sich nicht zu der Konsequenz bekennen wollen, daß § 356 den Fortbestand der gesicherten Forderungen voraussetzt, postulieren sie statt dessen, daß nach der Saldoanerkennung **die abstrakte Saldoforderung den Gegenstand der Sicherung** bildet. Um das dogmatisch irgendwie „erklären" und konstruieren zu können, nehmen sie Zuflucht zur Annahme einer gesetzlichen Forderungsauswechselung.[8]

9   Diese Ansicht hält der **Kritik** nicht stand,[9] ja sie ist offenkundig abwegig. Schon der **Wortlaut** des Gesetzes steht ihr entgegen; denn danach darf der Gläubiger einer „in die laufende Rechnung aufgenommenen Forderung, die durch Pfand, Bürgschaft oder in anderer Weise gesichert ist", aus der Sicherheit Befriedigung suchen, soweit das „Guthaben aus der laufenden Rechnung *und die Forderung* sich decken", und daher geht § 356 erkennbar vom Fortbestand der *gesicherten* Forderung und von der Forthaftung der Sicherheit für *diese* aus.[10] Eine noch klarere Sprache sprechen die **Materialien**. Dort heißt es nämlich unmißverständlich:

„Ein Übergang der Pfand- oder sonstigen Sicherungsrechte auf die Saldoforderung findet nach dem Entwurfe nicht statt; vielmehr besteht die alte Forderung fort (sic!), soweit es sich um die Geltendmachung der Sicherheit handelt".[11]

Dieselbe Folgerung ergibt sich auch aus der **ratio legis** des § 356. Denn da sogar die Anhänger der Novationstheorie einräumen, daß die Vorschrift den Saldogläubiger vor deren Auswirkungen auf die Sicherheiten bewahren soll (vgl. die Nachw. oben Rdn. 2 a. E.), ist es nur konsequent, diesem Ziel auch in konstruktiver Hinsicht Rechnung zu tragen und in folgerichtiger Abkehr von den Fehlern der Novationstheorie den Fortbestand der ursprünglichen Forderungen zumindest hinsichtlich der Sicherheiten anzunehmen.

---

[8] Grundlegend *Martin Wolff*, Ehrenbergs Handbuch IV 1, 1917, S. 66 vor V; ebenso z. B. *Ulmer* S. 200 Sp. 1 und S. 217 Sp. 1; *Düringer/Hachenburg/Breit* § 356 Anm. 3; *von Gierke* § 63I V 4e; *Schäfer* S. 77ff; *Karsten Schmidt* § 21 V 2b; der Sache nach ebenso, jedoch ohne Begründung, ferner z. B. *Baumbach/Hopt* § 356 Rdn. 2; *Röhricht/Graf von Westphalen/Wagner* § 356 Rdn. 8.

[9] Zustimmend *Schlegelberger/Hefermehl* § 356 Rdn. 1; *Pfeiffer/Hammen* § 7 Rdn. 33.

[10] Zustimmend *Schlegelberger/Hefermehl* § 356 Rdn. 1; *Pfeiffer/Hammen* § 7 Rdn. 33.

[11] Denkschrift S. 199.

Entscheidend kommt schließlich hinzu, daß die Konstruktion einer gesetzlichen **10**
Forderungsauswechselung § 356 Abs. 1 zu einer grob **systemwidrigen Norm** macht
und zu **Verstößen gegen den Grundsatz der Privatautonomie** und das – verfassungsrechtlich gesicherte – **Verbot von Verträgen zu Lasten Dritter** führt.[12] Wenn
eine gesetzliche Forderungsauswechselung stattfände, würde der Sicherungsgeber
nämlich für eine andere Forderung haften als für die, für welche er die Sicherheit
bestellt hat. Das aber ist nach dem Grundsatz der Privatautonomie nur mit seinem
Einverständnis möglich. Eine Mitwirkung des Sicherungsgebers, also z. B. eines Bürgen oder eines Drittverpfänders, bei der Saldoanerkennung – die ja angeblich die Forderungsauswechselung auslöst – ist jedoch vom Gesetz nicht vorgesehen, wäre überdies gänzlich unpraktikabel und wird denn auch von niemand gefordert. Der Vertrag
zwischen den beiden Kontokorrentpartnern könnte also nach der Lehre von der
gesetzlichen Forderungsauswechselung zur Folge haben, daß die Rechtsstellung Dritter *ohne deren Mitwirkung* verändert wird. Das aber ist ein Vertrag zu Lasten Dritter
und damit ein verfassungswidriger Eingriff in die Privatautonomie.[13] Zugleich verstößt diese Interpretation des § 356 auch gegen den **Grundsatz der §§ 767 Abs. 1 S. 2,
1210 Abs. 1 S. 2 BGB**, wonach Rechtsgeschäfte zwischen Gläubiger und Schuldner die
Haftung eines Bürgen bzw. eines Drittverpfänders grundsätzlich nicht zu verändern
vermögen – eine gesetzliche Konkretisierung des Verbots von Verträgen zu Lasten
Dritter. Auch der einzige im BGB geregelte Fall einer Forderungsauswechselung, die
Vorschrift des § 1180 BGB, weist eindeutig in dieselbe Richtung, da hier eine Einigung
mit dem Sicherungsgeber erforderlich ist.[14]

Die Theorie von der gesetzlichen Forderungsauswechselung ist auch nicht mit dem **11**
Hinweis zu retten, nur „formal-rechtlich" liege eine Forderungsauswechselung vor,
während bei „materieller" oder „wirtschaftlicher" Betrachtung noch für dieselbe Forderung gehaftet werde; denn die h. L. fordert gerade nicht, daß in der abstrakten Saldoforderung wirtschaftlich gesehen noch die gesicherte Forderung enthalten ist (vgl.
unten Rdn. 15 ff und 28). Diese Theorie ist daher keineswegs eine „geistreiche
Erklärung" des § 356,[15] sondern ein **Musterbeispiel schlechtester Begriffsjurisprudenz** und ein geradezu klassischer Beleg für die von der Interessenjurisprudenz mit
Recht bekämpfte „**Inversionsmethode**". Sie begnügt sich nämlich mit einer rein
äußerlichen Konstruktion, ohne deren Übereinstimmung mit dem inneren Gehalt der
Regelung des § 356 und ihre Vereinbarkeit mit dem geltenden System des Privatrechts,
insbesondere mit dem Prinzip der Privatautonomie, auch nur zu überprüfen, und sie
„schafft" damit zugleich die dogmatische Grundlage, von der aus sie im Wege einer
scheinbar rein logischen Subsumtion den Übergang der Sicherheiten auf in Wahrheit
ungesicherte Forderungen annehmen kann (vgl. insoweit näher unten Rdn. 16 ff).
Außerdem stellt die Lehre von der gesetzlichen Forderungsauswechselung ein Paradigma für eine **unzulässige ad-hoc-Hypothese** dar, weil durch deren Konstruktion
nichts weiter erklärt wird als gerade und nur dieses Ergebnis.[16]

b) Der Fortbestand der gesicherten Einzelforderungen bzw. die Zulässigkeit **12**
eines Rückgriffs auf diese bei einem „anzuerkennenden wirtschaftlichen Interesse"
des Gläubigers. Entgegen der Lehre von der gesetzlichen Forderungsauswechselung
ist somit vom Fortbestand der gesicherten Einzelforderungen auszugehen, wie dies

---

[12] Zustimmend *Schlegelberger/Hefermehl* § 356 Rdn. 2.
[13] Vgl. nur *Maunz/Dürig* Komm. zum Grundgesetz, Art. 2 I Rdn. 55.
[14] Vgl. auch *Müller-Erzbach* S. 660 Fn. 1 gegen *Martin Wolff* aaO.
[15] So *von Godin* 2. Aufl. Anm. 1.
[16] Vgl. näher *Canaris* JZ 1993, 389.

schon die Verfasser der Denkschrift getan haben.[17] Das steht im Ergebnis in **Übereinstimmung mit dem Standpunkt der Rechtsprechung,** die sich glücklicherweise von der Konstruktion einer gesetzlichen Forderungsauswechslung nicht hat gefangennehmen lassen.[18] Allerdings gerät sie insoweit immer wieder dadurch in Schwierigkeiten, daß sie noch immer an der Novationstheorie festhält. Den sich daraus ergebenden mißlichen Konsequenzen sucht sie dadurch auszuweichen, daß sie aufgrund des in § 356 zum Ausdruck kommenden Prinzips dem Gläubiger den Rückgriff auf die Einzelforderung stets gestattet, sofern dieser daran ein „anzuerkennendes wirtschaftliches Interesse" hat.[19] Das ist zwar dogmatisch wenig konsistent, stellt aber immerhin ein probates Mittel dar, um sachwidrige Ergebnisse zu vermeiden.

13 Aus dieser Maxime der Rechtsprechung wird zugleich deutlich, daß die Problematik keineswegs nur von theoretischem Interesse ist, sondern für eine Reihe von Fragen erhebliche **praktische Bedeutung** hat. Bei deren Lösung erweist sich die Lehre vom Fortbestand der gesicherten Einzelforderungen durchweg als wesentlich sachgerechter als die Lehre von der gesetzlichen Forderungsauswechslung (vgl. näher oben Rdn. 5–7 und unten Rdn. 23, 40 und 66f.).

II. Der Anwendungsbereich des § 356

1. Die Beschränkung auf kontokorrentzugehörige Einzelforderungen

14 § 356 setzt voraus, daß die gesicherte Forderung „in die laufende Rechnung aufgenommen" worden ist. Er gilt daher nur, wenn die **Sicherheit bzw. die Mithaftung für eine kontokorrentzugehörige *Einzel*forderung** besteht, nicht dagegen, wenn die **Sicherheit für die *Saldo*forderung** bestellt worden ist.[20] Im letzteren Fall ist die Stellung des Gläubigers wesentlich anders und günstiger (vgl. dazu näher unten Rdn. 71ff). Besteht die Sicherheit jedoch nicht für die *jeweilige,* sondern für eine *bestimmte* Saldoforderung und wird diese als erster Posten der neuen Rechnungsperiode vorgetragen, so gilt bei der nächsten Saldoanerkennung § 356; denn die Saldoforderung ist nunmehr zu einem gewöhnlichen kontokorrentzugehörigen Einzelposten geworden.

2. Die Beschränkung des § 356 auf die „Anerkennung" und seine Unanwendbarkeit auf die „Verrechnung"

15 a) **Die Lehre von der Haftung für den niedrigsten anerkannten Saldo.** Nach § 356 Abs. 1 wird der Gläubiger durch die „Anerkennung" des Rechnungsabschlusses nicht gehindert, auf die Sicherheiten zurückzugreifen. Von der „Verrechnung" ist in der Vorschrift nicht die Rede. Daher liegt die Annahme nahe, nur die Anerkennung lasse die Sicherheiten unberührt, die Verrechnung dagegen bringe diese nach dem Akzessorietätsprinzip zum Erlöschen bzw. mache nicht-akzessorische Sicherheiten rückübertragungspflichtig, weil und soweit sie auch die gesicherten Forderungen durch Tilgung untergehen läßt (vgl. zur Tilgungswirkung der Verrechnung § 355

---

[17] Vgl. das Zitat in Rdn. 9.
[18] Vgl. RGZ 76, 330, 335; 87, 434, 438 oben; 162, 244, 250 und 251, dahingestellt freilich S. 253; BGHZ 29, 280, 283; BGH WM 1991, 495, 497 unter 3c.
[19] Vgl. RGZ 162, 244, 251; BGH WM 1955, 1164; BGH WM 1955, 1163, 1. Leits. und S. 1164; WM 1964, 881, 882; BGHZ 58, 257, 262; 141, 116, 121 mit Anm. *Canaris* EWiR § 46 KO Nr. 1/99; der Sache nach sogar noch weitergehend RGZ 87, 434, 437f.
[20] Das ist unstreitig, vgl. z.B. *Düringer/Hachenburg/Breit* § 356 Anm. 4; *Schlegelberger-Hefermehl* § 356 Rdn. 4.

Rdn. 117ff). Das entspricht indessen nicht dem Standpunkt der Rechtsprechung. Diese geht vielmehr von der **Anwendbarkeit des § 356 auch auf die Verrechnung** aus. Vereinzelt bekennt sie sich dazu ausdrücklich.[21] Im übrigen liegt diese These stillschweigend dem Grundsatz der **Haftung für den niedrigsten anerkannten Saldo** zugrunde. Danach haften die Sicherheiten bis zur Höhe des niedrigsten anerkannten Saldos, ohne daß der Sicherungsgeber einwenden kann, die gesicherte Forderung sei in der Saldoforderung gar nicht mehr enthalten, sondern bereits durch **Tilgung im Wege der Verrechnung** erloschen.[22]

Diese Ansicht hält der **Kritik** nicht stand.[23] Schon die **Ergebnisse**, zu denen sie führt, zeigen, daß sie nicht richtig sein kann. Hat sich z. B. ein Bürge für eine kontokorrentzugehörige Darlehensschuld in Höhe von DM 10000,– verbürgt, die vereinbarungsgemäß in monatlichen **Raten** von DM 1000,– zurückgezahlt werden soll, und zahlt der Schuldner nun diese Raten pünktlich, so würde die Haftung des Bürgen gleichwohl in voller Höhe fortdauern, wenn in das Kontokorrent noch eine weitere gleich hohe oder höhere Schuld, z. B. aus einem Kaufvertrag, eingestellt ist. Besonders kraß wird die Unhaltbarkeit dieses Ergebnisses, wenn die Einstellung des zweiten Postens erst erfolgt ist, nachdem die letzte Rate bezahlt war. Denn dann ist schlechterdings nicht zu bestreiten, daß die Lehre von der Haftung für den niedrigsten anerkannten Saldo zu einer **Erstreckung der Einstandspflicht des Bürgen auf eine ganz andere als die gesicherte Forderung** führt, ja, daß die Parteien den Kredit des Bürgen ohne dessen Mitwirkung für ein neues Geschäft noch einmal in Anspruch nehmen können. Darin liegt ein **Verstoß gegen das Verbot von Verträgen zu Lasten Dritter**, das durch Art. 2 Abs. 1 GG auch verfassungsrechtlich gewährleistet ist, und gegen den elementaren Grundsatz der §§ 767 Abs. 1 S. 2, 1210 Abs. 1 S. 2 BGB, wonach Rechtsgeschäfte zwischen Gläubiger und Schuldner die Stellung des Sicherungsgebers nicht nachträglich verschlechtern können.

Die Beispiele lassen sich leicht vermehren (vgl. z. B. unten Rdn. 44). Bekannt sind insbesondere die Schwierigkeiten, die bei einem **Eigentumsvorbehalt** entstehen. Denn auch hier kommen die Ratenzahlungen nach der von der Rechtsprechung vertretenen Lösung keineswegs unbedingt auf die Kaufpreisforderung zur Anrechnung, sofern noch andere kontokorrentzugehörige Passiva vorhanden sind, und daher würde der Eigentumsvorbehalt hier auch ohne einen entsprechenden Parteiwillen nicht nur die Kaufpreisforderung, sondern alle Schulden des Käufers aus der laufenden Rechnung sichern. Die These, § 356 wirke insoweit eben „ähnlich wie ein erweiterter Eigentumsvorbehalt",[24] findet nicht die geringste Stütze im Gesetz und läßt sich auch nicht im Wege der Rechtsfortbildung legitimieren.

Eine ähnliche Vergewaltigung des Parteiwillens liegt ferner vor, wenn die gesicherte Forderung sich auf eine **unrunde Summe** beläuft, also z. B. auf 7350,– DM, und der Schuldner nun zum Fälligkeitstermin genau diese Summe zum Kontokorrent einzahlt –

---

[21] Vgl. z.B. RGZ 76, 330, 333; ebenso z.B. *von Godin* 2. Aufl. Anm. 1, 4. Absatz und Anm. 2, vorletzter Absatz.

[22] Vgl. RGZ 76, 330, 333f; 87, 434, 438; 136, 178, 181; RG SeuffArch. 82 Nr. 129 S. 220; RG HRR 1935 Nr. 802; RG WarnRspr. 1935 Nr. 153 S. 318; BGHZ 26, 142, 150; 50, 277, 284; BGH BB 1961, 116f; BGH WM 1961, 1046, 1047 unter I; WM 1972, 283, 284 unter II 1; 1991, 495, 497; OLG Bamberg NJW 1956, 1240; OLG Nürnberg WM 1957, 695, 697 Sp. 2; *Düringer/Hachenburg/Breit* § 356 Anm. 14, 2. Abs.; *von Godin* 2. Aufl. Anm. 2; *Schlegelberger/Hefermehl* § 356 Rdn. 18; *Röhricht/Graf von Westphalen/Wagner* § 356 Rdn. 9; *Heymann/Horn* § 356 Rdn. 6ff; *Schäfer* S. 84ff.

[23] Vgl. zum folgenden schon *Canaris* DB 1972, 471f; die hier vertretene Ansicht entspricht der heute wohl vorherrschenden Lehre, vgl. die Nachw. unten Rdn. 29 a. E.

[24] So *Schlegelberger/Hefermehl* § 356 Rdn. 7.

vielleicht gar aufgrund einer besonderen Intervention des Sicherungsgebers bei ihm. Soll in einem solchen Fall wirklich die Haftung einer Sicherheit fortdauern, nur weil noch weitere Passiva in entsprechender Höhe vorhanden sind? Ganz allgemein führt die Ansicht der Rechtsprechung somit immer dann zu unsinnigen Ergebnissen, wenn aus dem Parteiverhalten deutlich zu erkennen ist, daß gerade auf die gesicherte Forderung gezahlt wird.

18 Daneben ist außerdem vor allem der Fall zu nennen, daß **verschiedene Sicherheiten für mehrere Forderungen** bestehen, der Saldo aber geringer ist als die Summe der gesicherten Forderungen. Die herkömmliche Ansicht nimmt dann an, daß die Sicherheiten *alle* für den Saldo haften (vgl. die Nachw. unten Rdn. 48f). Besteht also z. B. für eine Kaufpreisforderung von 4 000,– DM eine Bürgschaft und für eine Darlehensforderung von 6 000,– DM ein Pfand und ergibt sich nun aufgrund von Gegenposten in Höhe von 6 000,– DM ein Saldo von 4 000,– DM, so soll dieser *sowohl* durch die Bürgschaft *als auch* durch das Pfand jeweils in *voller* Höhe gesichert sein. Auch hier ist evident, daß einer der beiden Sicherungsgeber für eine Schuld haftet, für die er niemals eine Sicherheit bestellt hat.

19 Die Lehre von der Haftung für den niedrigsten anerkannten Saldo läßt sich nicht mit dem Argument legitimieren, daß der Sicherungsgeber eine Sicherheit für eine kontokorrentgebundene Forderung gestellt hat.[25] Denn zum einen weiß er das keineswegs immer bzw. notwendigerweise (vgl. dazu auch unten Rdn. 59), und zum anderen besteht auch dann, wenn er es weiß, kein zureichender Grund dafür, ihm eine so weitreichende Rechtsfolge wie die Haftung für eine *von der Sicherungsabrede nicht erfaßte* Forderung aufzuerlegen; das gilt umso mehr, als es zusätzlich die Möglichkeit zur Bestellung der Sicherheit für die *Saldo*forderung gibt (vgl. dazu unten Rdn. 71ff) und der Gläubiger sich also auf diesem Wege eine entsprechend starke Stellung verschaffen kann.

20 Unhaltbar ist auch der Versuch, die Lösung der Rechtsprechung mit Hilfe der These zu retten, daß § 356 HGB eine „eindeutige (!) gesetzliche Fiktion" des Fortbestandes der Forderung trotz Tilgung (!) enthalte.[26] Das ist mit dem Wortlaut der Vorschrift unvereinbar, da dort eben nur von der „Anerkennung" des Rechnungsabschlusses die Rede ist und die Problematik der Tilgung der gesicherten Forderung nicht einmal andeutungsweise berührt wird. Und warum sollte das Gesetz denn auch eine so absonderliche Regelung treffen wie die, daß ein Sicherungsgeber für eine getilgte (!) Forderung immer noch weiterhaftet?! Im übrigen können Versuche zur Verteidigung der Theorie der Haftung für den niedrigsten anerkannten Saldo jedenfalls so lange keinesfalls befriedigen, wie es ihnen nicht gelingt, für einen so simplen Fall wie das oben Rdn. 16 gebildete Beispiel eine überzeugende Lösung zu präsentieren.

21 **b) Die Notwendigkeit der Unterscheidung zwischen Verrechnung und Saldoanerkennung im Rahmen von § 356.** Dogmatisch gesehen rühren die Schwierigkeiten der Lehre von der Haftung für den niedrigsten anerkannten Saldo daher, daß sie nicht zwischen Verrechnung und Anerkennung trennt und § 356 unterschiedslos auf beide anwendet. Das ist indessen schon mit dem **Wortlaut** des Gesetzes unvereinbar, da dieses lediglich von der „Anerkennung" des Rechnungsabschlusses und gerade nicht von der Verrechnung spricht. Auch macht die Formulierung des § 356 Abs. 1 unmißverständlich deutlich, daß die Vorschrift den Fortbestand der Sicherheiten

---

[25] So aber *Koller/Roth/Morck* § 356 Rdn. 2 a. E.

[26] So aber *Heymann/Horn* § 356 Rdn. 6 i. V. mit Rdn. 2 und 7.

lediglich *zuläßt*, keineswegs aber *anordnet*;[27] denn es heißt in § 356 Abs. 1 nur negativ, daß der Gläubiger durch die Anerkennung des Saldos „nicht gehindert" wird, auf die Sicherheiten zurückzugreifen, nicht aber auch positiv, daß die Sicherheiten jedenfalls fortbestehen. Die Fassung des Gesetzes drängt also geradezu zu dem Schluß, andere Gründe als die Saldoanerkennung könnten durchaus zum Untergang der Sicherheiten führen und insoweit verbleibe es bei den allgemeinen Grundsätzen, also vor allem beim Akzessorietätsprinzip.

Diese Interpretation wird durch die **Entstehungsgeschichte** und die aus dieser zu entnehmende **ratio legis** von § 356 voll bestätigt. Anerkanntermaßen liegt nämlich der gesetzgeberische Grund dieser Bestimmung in dem Bemühen, die unhaltbaren Auswirkungen der Novationstheorie auf die Sicherheiten auszuschalten (vgl. die Nachw. Rdn. 2). Der Hauptfehler der Novationstheorie besteht nun aber gar nicht darin, daß sie ein Erlöschen der einzelnen Posten annimmt, *soweit sie sich verrechenbar gegenüberstehen*, sondern darin, daß sie die alten Forderungen auch insoweit untergehen läßt, *als sich ein Saldo zugunsten einer Partei ergibt*. Das aber führt genau zu der hier vertretenen Unterscheidung zwischen Verrechnung und Anerkennung: Soweit die Posten sich verrechenbar gegenüberstehen, erlöschen sie *durch Verrechnung* (vgl. oben § 355 Rdn. 123f), und daher gehen auch die Sicherheiten *nach dem Akzessorietätsprinzip* unter, womit § 356 sich von vornherein überhaupt nicht befaßt und woran diese Vorschrift demgemäß nicht das geringste ändert; soweit sich dagegen bei der Verrechnung eine Saldoforderung für eine Partei ergibt, bleiben die Sicherheiten, die für die dem Saldo zugrunde liegenden Kausalforderungen bestehen, entgegen der Novationstheorie *trotz der Anerkennung des Rechnungsabschlusses* unberührt, worin allein der Regelungsgehalt von § 356 liegt. In der Tat ergibt sich aus den Materialien deutlich, daß die Verfasser gar nicht an die *sich verrechenbar gegenüberstehenden* Posten, sondern nur an das von der Novationstheorie behauptete Erlöschen der (kausalen) *Überschuß*forderung gedacht haben. Es heißt dort nämlich in Kritik an der Rechtsprechung des RG:

„Hat sich ein Kaufmann von seinem Kontokorrentkunden für den zu seinen Gunsten bei dem letzten Rechnungsabschluß festgestellten Saldo eine Hypothek oder eine sonstige Sicherheit bestellen lassen, ..., so soll nach dieser Rechtsauffassung die Anerkennung des *vielleicht noch weiter angewachsenen* Saldos der nächsten Rechnung die Rechtsfolge haben, daß die Hypothek oder die sonstige Sicherheit erlischt".[28]

In der Tat ging es in der Rechtsprechung des RG nicht um das Problem der Anrechnung einzelner Leistungen auf die gesicherten Forderungen, sondern um das Erlöschen der Sicherheiten allein (!) aufgrund der Vortragung und erneuten Anerkennung eines inzwischen nicht geminderten, sondern z. T. noch angewachsenen (!) Saldos.[29]

Schließlich sprechen für die hier vertretene Ansicht auch **konstruktionsmäßige Überlegungen**. Lehnt man nämlich die Lehre von der gesetzlichen Forderungsauswechselung ab und stützt man den Fortbestand der Sicherheiten statt dessen auf den Fortbestand der gesicherten Forderungen (vgl. oben Rdn. 7), so ist es einfach unausweichlich, *diesen Fortbestand erst einmal festzustellen und zu begründen*. Da aber die Forderungen, soweit sie sich verrechenbar gegenüberstehen, schon durch die Verrechnung und nicht erst durch die Anerkennung des Rechnungsabschlusses er-

---

[27] So schon *von Godin* 2. Aufl. Anm. 6, der aus dieser richtigen Einsicht jedoch leider keine Konsequenzen gezogen hat.

[28] Denkschrift S. 199 (Hervorhebung hinzugefügt).

[29] Vgl. die beiden Leitentscheidungen RGZ 10, 53; 18, 246.

löschen (vgl. § 355 Rdn. 124), ergibt sich auch hieraus wieder, daß Verrechnung und Saldoanerkennnung auch im Rahmen des § 356 scharf voneinander zu unterscheiden sind und daß jene anders als diese das Schicksal der Sicherheiten sehr wohl zu beeinflussen vermag.[30] Letztlich kommt auch die Rechtsprechung an dieser Konsequenz nicht vorbei. Denn auch sie nimmt ja an, daß die Verrechnung „automatisch" mit Ablauf der Rechnungsperiode erfolgt (vgl. § 355 Rdn. 127 ff), und sie muß daher der Verrechnung zumindest dann eine eigenständige Tilgungswirkung zuerkennen, wenn eine Anerkennung des Saldos aus irgendwelchen Gründen nicht stattfindet. Will sie dann aber gleichwohl den Fortbestand aller Sicherheiten nach § 356 (!) behaupten, obwohl die Vorschrift hier weder ihrem Wortlaut nach anwendbar ist, da eine Saldoanerkennung eben nicht vorliegt, noch ihrer ratio legis nach paßt, da das Erlöschen der Forderungen in diesem Fall mit der Novationstheorie nicht das geringste zu tun haben kann?!

24   c) **Die Ermittlung der gesicherten Forderungen.** Da die Sicherheiten somit nach dem Akzessorietätsprinzip erlöschen, soweit die gesicherten Forderungen durch die Verrechnung getilgt worden sind, und nach § 356 nur fortleben, soweit diese Forderungen noch fortbestehen und deshalb in dem kausalen Saldo enthalten sind, kommt es auch in diesem Zusammenhang wieder auf die Frage nach der **Zusammensetzung der kausalen Saldoforderung** an.

25   Die Rechtsprechung müßte diese folgerichtig nach der von ihr vertretenen Theorie von der **verhältnismäßigen Gesamtaufrechnung** entscheiden. Danach würden bei jeder Saldoziehung die Forderungen der größeren Seite und damit auch die für diese bestehenden Sicherheiten *teilweise* erlöschen, sofern auf der Gegenseite irgendein Aktivum zur Verrechnung gelangt. Es liegt auf der Hand, daß dieses Ergebnis unhaltbar ist und dem mutmaßlichen Parteiwillen kraß widerspricht. Hier liegt daher wohl der tiefere Grund dafür, daß die Rechtsprechung bisher hartnäckig die Augen vor der Unanwendbarkeit des § 356 auf die Verrechnung verschlossen hat (vgl. dazu auch oben § 355 Rdn. 146 a.E.).

26   Ebensowenig führt aber die **Lehre vom Staffelkontokorrent** zu sachgerechten Ergebnissen (vgl. auch oben § 355 Rdn. 152). Nach ihr müßte nämlich z.B. eine gesicherte Darlehensforderung ohne weiteres erlöschen, wenn ihr anschließend eine gleich hohe oder höhere Kaufpreisforderung gegenübertritt und diese wenig später durch eine entsprechend hohe Zahlung beglichen wird. Das widerspricht aber zweifellos dem Interesse des Gläubigers und dem mutmaßlichen Willen der Parteien. Die Anhänger der Lehre vom Staffelkontokorrent suchen daher diesen Konsequenzen – soweit sie sie überhaupt sehen – zu entgehen, indem sie, insoweit mit der Rechtsprechung der Sache nach übereinstimmend, behaupten, § 356 verhindere dieses Ergebnis und ordne eine – an sich regelwidrige – Fortdauer der Haftung an.[31] Selbst wenn diese Interpretation des § 356 richtig wäre, ließen sich damit aber noch immer nicht alle Schwierigkeiten beheben. Folgerichtig würde nämlich auch die Lehre von der Haftung für den niedrigsten anerkannten Saldo nicht weiterhelfen, da es danach nicht auf den niedrigsten Saldo an einem *Abrechnungs*termin, sondern zu *irgend*einem Zeitpunkt nach Bestellung der Sicherheit ankommen müßte;[32] der Fortbestand der Sicherheiten hinge also immer noch nicht vom mutmaßlichen Willen der Parteien und

---

[30] A.A. *Heymann/Horn* § 356 Rdn. 2 und 7 a.E., jedoch ohne nähere Begründung und ohne Auseinandersetzung mit den hier vorgetragenen Argumenten.

[31] Vgl. *Krapf* S. 137; *Kühne* S. 113f.
[32] So in der Tat *Kühne* S. 114f.

von einer objektiven Bewertung ihrer Interessen ab, sondern von der weitgehend zufälligen Reihenfolge, in der sich die verschiedenen Posten verrechnungsfähig gegenübertreten, und von den ebenfalls stark zufallsbedingten Schwankungen des jeweiligen Kontostands.

Als sachgerecht erweist sich demgegenüber auch hier wieder die **analoge Anwendung der §§ 366, 396 BGB** (eingehend oben § 355 Rdn. 154ff). Danach sind in entsprechender Anwendung der §§ 366 Abs. 1, 396 Abs. 1 S. 1 zunächst bestimmte Leistungen auf bestimmte Forderungen zu verrechnen, sofern der Leistende dies festlegt. Eine derartige konkludente Bestimmung liegt insbesondere in der Bezahlung von Raten oder von unrunden Summen, wodurch sich die oben Rdn. 16f gegebenen Beispiele ohne weiteres sachgerecht lösen lassen. Wird keine Bestimmung getroffen, so gelten nach § 366 Abs. 2 die gesicherten Forderungen erst nach den ungesicherten als getilgt, so daß im Zweifel vom Fortbestand der Sicherheiten auszugehen ist.

Die Anwendung der §§ 366, 396 vermeidet somit die Unbilligkeiten, zu denen die Lehre von der Haftung für den niedrigsten anerkannten Saldo, die Lehre von der verhältnismäßigen Gesamtaufrechnung und die Lehre vom Staffelkontokorrent kommen. Allerdings weist sie unter dem Gesichtspunkt der **Praktikabilität** mitunter gewisse Nachteile auf, da die Anwendung von § 366 Abs. 2 im Einzelfall zu verhältnismäßig komplizierten Überprüfungen des Schicksals der einzelnen Forderungen und Leistungen nötigen kann. Dieser Einwand wiegt jedoch nicht schwer.[33] Denn zum einen ist die reibungslose Abwicklung des Kontokorrents ohnehin gestört, wenn auf die Sicherheiten zurückgegriffen werden muß, zumal wenn der Sicherungsgeber wie meist ein Dritter ist, da dieser als solcher die Saldoanerkenntnisse – an denen er ja unbeteiligt ist! – nicht gegen sich gelten zu lassen braucht;[34] und zum anderen wird die geringere Praktikabilität durch den größeren Gerechtigkeitsgehalt der hier vertretenen Lösung mehr als aufgewogen. Daß die Konzeption der Rechtsprechung zu Unbilligkeiten führen kann, wird übrigens von dieser ausdrücklich zugegeben.[35] Dies einfach als „nicht entscheidend" abzutun[36] oder es gar mit den „wirtschaftlichen Bedürfnissen" und den „großen Vorteilen für den Bankverkehr" zu rechtfertigen,[37] stellt eine unerträgliche Resignation gegenüber den Aufgaben des Richters dar. Im übrigen ist es in diesem Zusammenhang höchst bemerkenswert, daß die Banken Ziff. 19 Abs. 4 a. F. ihrer AGB, worin früher die Haftung aller Sicherheiten für alle Forderungen vorgesehen war, ersatzlos gestrichen haben; entweder haben diese also auf eine derartige Ausweitung der Haftung von Sicherungsgebern freiwillig verzichtet oder sie haben die Klausel als unvereinbar mit dem AGBG angesehen – in keinem Falle erscheint es als angemessen, ihnen gleichwohl mit Hilfe der Lehre vom niedrigsten anerkannten Saldo eine ähnliche Rechtsposition zu verschaffen.

Die Rechtsprechung sollte sich daher zu einer Modifikation ihres Standpunktes selbst dann entschließen, wenn sie die hier vertretene dogmatische Position nicht in allen Einzelheiten zu übernehmen bereit ist. Sie könnte dies dadurch tun, daß sie einen Fortbestand der Sicherheiten nach § 356 nur dann annimmt, wenn in dem Saldo **bei wirtschaftlicher Betrachtungsweise** noch die gesicherte Forderung steckt. Dadurch wäre den Bedenken gegen die Haftung eines Sicherungsgebers für eine in Wahrheit nicht gesicherte Forderung im praktischen Ergebnis weitgehend Rechnung zu tragen und wohl auch der Vorwurf eines Verstoßes gegen das Verbot von Verträgen zu Lasten

---

[33] A. A. *Koller/Roth/Morck* § 356 Rdn. 2.
[34] Das verkennt z.B. *Röhricht/Graf von Westphalen/Wagner* § 356 Rdn. 13.
[35] Vgl. vor allem RGZ 76, 334; RG HRR 1935 Nr. 802 a. E.
[36] RGZ 76, 334.
[37] RG HRR aaO.

Dritter zu entkräften. Außerdem würde so der erforderliche Einklang mit der kaufmännischen Auffassung, die doch in Fragen des Kontokorrentrechts grundsätzlich maßgeblich sein sollte, wiederhergestellt; denn „ihr dünkt es unerträglich, daß eine Sicherheit, die für eine bestimmte Forderung gegeben ist, aus formellen Gründen, obgleich die gesicherte Forderung zurückgezahlt ist, unter Umständen noch auf Jahre hinaus für die verschiedensten anderen Forderungen haften soll".[38]

29 **d) Ergebnis und heutiger Meinungsstand.** Da § 356 lediglich die Anerkennung des Rechungsabschlusses und nicht die Verrechnung der kontokorrentzugehörigen Posten betrifft, wird die Tilgungswirkung der Verrechnung durch diese Vorschrift nicht berührt. Folglich haftet der Sicherungsgeber entgegen der Ansicht der Rechtsprechung nicht für den niedrigsten anerkannten Saldo, sondern nur für diejenige Kausalforderung, für die er die Sicherheit bestellt hat, und nur sofern und soweit diese trotz der Verrechnung noch fortbesteht. Getilgt wird sie analog § 366 Abs. 1 BGB vor allem dann, wenn eine Leistung nach dem erkennbaren Willen des Leistenden auf sie anzurechnen ist; das kann nicht nur durch ausdrückliche Erklärung, sondern auch konkludent bestimmt werden und ist insbesondere bei der Zahlung von Raten bei Bestehen einer ratenweise abzuzahlenden Schuld, von unrunden Summen bei Bestehen einer Forderung in derselben Höhe und in ähnlichen Fällen anzunehmen. Fehlt es an einer Grundlage für die Anwendung von § 366 Abs. 1 BGB, werden nach dem Rechtsgedanken von § 366 Abs. 2 BGB die gesicherten Forderungen erst nach den ungesicherten durch Verrechnung getilgt, so daß sie im Zweifel noch fortbestehen. Dieses Lösungsmodell[39] entspricht heute im wesentlichen der im Schrifttum inzwischen wohl vorherrschenden Ansicht.[40]

3. Die Art der Sicherheit und der Mithaftung

30 **a) Die von § 356 Abs. 1 erfaßten Rechtspositionen.** Hinsichtlich der Art der Sicherheit hebt § 356 Abs. 1 **Pfand** und **Bürgschaft** ausdrücklich hervor. Generalklauselartig ist aber eine Sicherung „in anderer Weise" gleichgestellt. Am engsten verwandt mit Pfand und Bürgschaft ist dabei die **Hypothek**. Es braucht sich jedoch nicht um ein dingliches Sicherungsrecht zu handeln. Daher fällt unter § 356 Abs. 1 auch die – ohnehin einem dinglichen Recht stark angenäherte – **Vormerkung**, sofern der gesicherte Anspruch kontokorrentfähig und -zugehörig ist.[41] Das gleiche gilt für die **Zurückbehaltungsrechte nach den §§ 273 BGB, 369 HGB**[42] und die **Absonderungsrechte nach § 51 InsO**, da auch diese unter den Begriff einer Sicherung „in anderer Weise" fallen.

31 Auch auf die Akzessorietät des Sicherungsrechts kommt es nicht an. Zwar würde ein nicht-akzessorisches Recht durch den Untergang der gesicherten Forderung nicht ipso iure erlöschen, doch besteht gleichwohl ein Bedürfnis für die Anwendung des § 356 Abs. 1, da der Untergang der Forderung hier zumindest einen Rückübertragungsanspruch und regelmäßig auch eine dauernde Einrede gegen die Verwertung des Rechts auslösen würde. Demgemäß sind unter § 356 Abs. 1 auch die **Sicherungs-**

---

[38] So mit Recht *von Godin* 2. Aufl. Anm. 6 a.E., jedoch ohne daraus irgendwelche dogmatischen oder praktischen Folgerungen zu ziehen.
[39] Vgl. schon *Canaris* DB 1972, 471 f.
[40] Zustimmend z.B. *Karsten Schmidt* § 21 V 2b; *Straube/Schuhmacher* § 356 Rdn. 5; *GK-Herget* § 356 Rdn. 8; *P. Bydlinski* S. 119 f; *Meinhardt* S. 134 ff; *Pfeiffer/Hammen* § 7 Rdn. 37; *Oetker* § 7 D IV 4c; weitgehende Annäherungen an die hier vertretene Ansicht auch bei *Schlegelberger/Hefermehl* § 356 Rdn. 17.
[41] Ebenso z.B. *Baumbach/Hopt* § 356 Rdn. 1; *Heymann/Horn* § 356 Rdn. 4.
[42] Vgl. RGZ 82, 405; *Düringer/Hachenburg/Breit* § 356 Anm. 5; *Schlegelberger-Hefermehl* § 356 Rdn. 6.

grundschuld und das **Sicherungseigentum** zu subsumieren.⁴³ Auch die **Sicherungszession** gehört hierher. Unerheblich ist weiterhin, ob die Sicherung auf Rechtsgeschäft oder auf Gesetz beruht. Daher erfaßt § 356 Abs. 1 z. B. auch das gesetzliche **Früchtepfandrecht** nach § 1 des Gesetzes zur Sicherung der Düngemittel- und Saatgutversorgung.⁴⁴

Ob auch der **Eigentumsvorbehalt** unter § 356 fällt, war lange Zeit sehr streitig, ist heute jedoch im bejahenden Sinne geklärt.⁴⁵ Der Eigentumsvorbehalt ist ein Sicherungsmittel, das sich von anderen unter § 356 Abs. 1 fallenden Sicherungen, insbesondere vom Sicherungseigentum, in den hier maßgeblichen Punkten in keiner Weise unterscheidet. Unzutreffend ist insbesondere, daß Besonderheiten hinsichtlich der Anrechnung der Raten oder der Bezahlung der vollen Kaufpreissumme gelten und der Eigentumsvorbehalt für eine kontokorrentzugehörige Forderung daher ähnlich wie ein erweiterter Eigentumsvorbehalt wirkt.⁴⁶ Die dabei auftauchenden Schwierigkeiten ergeben sich nämlich in genau derselben Weise, wenn eine andersartig gesicherte Schuld ratenweise abgetragen wird bzw. nach dem erkennbaren Willen des Leistenden in voller Höhe bezahlt werden soll (vgl. oben Rdn. 16f). Es handelt sich also nicht um ein Spezifikum gerade des Eigentumsvorbehalts, sondern lediglich um ein besonders augenfälliges Beispiel der ganz allgemein unhaltbaren Ergebnisse, zu denen die verfehlte Interpretation des § 356 durch die Rechtsprechung und einen Teil des Schrifttums führt (vgl. Rdn. 15ff). **32**

Als Sicherheit ist weiterhin die **Aufrechnungsmöglichkeit** anzusehen.⁴⁷ Denn diese kommt in der Wirkung einer dinglichen Sicherung weitgehend gleich (vgl. z. B. §§ 392, 406 BGB, 94f InsO) und hat anerkanntermaßen pfandrechtsähnlichen Charakter. Die Kontokorrentgebundenheit der Forderung, die an sich eine Aufrechnung mit nicht kontokorrentzugehörigen Forderungen ausschließt (vgl. § 355 Rdn. 105), steht dem nicht entgegen; insoweit gilt nichts anderes als auch sonst bei Befriedigung einer kontokorrentgebundenen Forderung durch Rückgriff auf eine Sicherheit (vgl. dazu unten Rdn. 50). Auch die Wirkung auf die Saldoforderung bereitet keine Schwierigkeiten (vgl. Rdn. 52–54). **33**

b) **Die von § 356 Abs. 2 erfaßten Einstandspflichten.** § 356 Abs. 2 stellt den Sicherheiten ausdrücklich die **gesamtschuldnerische Mithaftung eines Dritten** gleich. Auf die Frage, ob diese als eine Sicherheit i. S. des Abs. 1 anzusehen wäre, kommt es daher nicht an. Dabei fallen unter § 356 Abs. 2 nicht nur auf Rechtsgeschäft beruhende Gesamtschulden, sondern auch **gesetzliche Einstandspflichten**. Hierher gehört insbesondere die Fortdauer der **Haftung eines ausgeschiedenen Gesellschafters nach §§ 128, 159f HGB**;⁴⁸ auf die dogmatische Streitfrage, ob es sich dabei um eine Gesamtschuld im eigentlichen Sinne handelt, kommt es insoweit nicht an, da § 356 nach seinem Zweck jedenfalls weit auszulegen bzw. gegebenenfalls analog anzuwenden ist. Auch die **Haftung des Vermögensübernehmers nach § 419 a. F. BGB, des Firmenübernehmers nach § 25 HGB**⁴⁹ **und der Gründer einer AG nach §§ 46ff** **34**

---

⁴³ Vgl. zu ersterer RG WarnRspr. 1935 Nr. 153 sowie im übrigen z. B. *Düringer/Hachenburg/Breit* Anm. 5 und 6; *Schlegelberger-Hefermehl* § 356 Rdn. 6.

⁴⁴ BGHZ 29, 283f.

⁴⁵ Vgl. z. B. *Düringer/Hachenburg/Breit* § 356 Anm. 6; *Schlegelberger/Hefermehl* § 356 Rdn. 7.

⁴⁶ So aber *Schlegelberger/Hefermehl* § 356 Rdn. 7 in Widerspruch zu den zutreffenden Ausführungen Rdn. 17.

⁴⁷ Vgl. BGH WM 1955, 1164 Sp. 2 = LM Nr. 10 zu § 355 HGB; OLG Hamburg MDR 1954, 486; *Schlegelberger-Hefermehl* § 356 Rdn. 8.

⁴⁸ Vgl. schon Denkschrift S. 199; ferner z. B. RGZ 76, 330; RG WarnRspr. 1935 Nr. 153 S. 318; BGHZ 50, 283f.

⁴⁹ Vgl. *Düringer/Hachenburg/Breit* § 356 Anm. 17.

§ 356 Viertes Buch. Handelsgeschäfte

AktG[50] fallen unter § 356 Abs. 2. Ferner ist in diesem Zusammenhang zu nennen die gesamtschuldnerische **Haftung der Miterben nach § 2058 BGB**[51] **und des Hoferben nach §§ 1967 Abs. 1 BGB, 15 Abs. 1 HöfeO**.[52]

35 Die Gleichstellung mit den Sicherungsgebern i. S. von Abs. 1 gilt nicht nur hinsichtlich der Haftungsvoraussetzungen, sondern entgegen der h. L. auch hinsichtlich des **Haftungsumfangs**, vgl. insoweit näher unten Rdn. 42 ff.

4. Der Zeitpunkt der Entstehung der Sicherheit

36 § 356 ist grundsätzlich auch dann anzuwenden, wenn die Sicherheit bereits **vor der Begründung des Kontokorrentverhältnisses** entstanden war.[53] Vom hier vertretenen Standpunkt aus ergibt sich das schon daraus, daß sich die Lage des Sicherungsgebers durch die Einstellung der gesicherten Forderung in das Kontokorrent nicht verschlechtert (vgl. Rdn. 15 ff). Aber auch wenn man mit der Rechtsprechung das Gegenteil annimmt, braucht man deshalb nicht zu fordern, daß das Kontokorrent bei Bestellung der Sicherheit schon bestehen muß. Die Verschlechterung der Stellung des Sicherungsgebers durch die nachträgliche Einstellung der Forderung in das Kontokorrent läßt sich nämlich schon nach §§ 767 Abs. 1 S. 3, 1210 Abs. 1 S. 2 BGB bzw. durch analoge Anwendung dieser Vorschriften verhindern, und daher geht die gänzliche Ausschaltung von § 356 über das sachlich gebotene Maß hinaus.

III. Umfang und Höhe der Haftung

1. Der Mindestumfang der Haftung

37 Nach der Lehre von der Haftung für den niedrigsten anerkannten Saldo (vgl. oben Rdn. 15 ff) bestimmt sich die untere Grenze der Haftung nach dem **niedrigsten anerkannten Betrag**, so daß der Sicherungsgeber *immer* bis zu dieser Höhe haftet (vgl. die Nachw. oben Rdn. 15). Nach der hier vertretenen Ansicht ist dagegen für die Mindesthöhe der Haftung das **Ergebnis der Verrechnung** ausschlaggebend (vgl. oben Rdn. 21 ff); der Sicherungsgeber kann daher frei geworden sein, auch wenn sich noch ein positiver Saldo zugunsten des Gläubigers ergibt.

38 Auf den jeweils **niedrigsten Kontostand** zwischen zwei Abrechnungsterminen kann der Sicherungsgeber sich allerdings nach der hier vertretenen Ansicht grundsätzlich ebensowenig berufen wie nach der Lehre von der Haftung für den niedrigsten anerkannten Saldo. Denn der zwischenzeitliche Kontostand braucht mit dem Ergebnis, das sich bei der periodischen Verrechnung aus der Analogie zu den §§ 366, 396 BGB ergibt, keineswegs identisch zu sein.

2. Der Höchstumfang der Haftung

39 Nach der Lehre von der Haftung für den niedrigsten anerkannten Saldo ist auch für die obere Grenze der Haftung der niedrigste anerkannte Betrag ausschlaggebend, so daß der Sicherungsgeber *nur* bis zu dieser Höhe haftet.[54] Die Theorie von der Haftung

---

[50] Vgl. auch *Schlegelberger/Hefermehl* § 356 Rdn. 10.
[51] Vgl. BGH WM 1961, 1047 unter I.
[52] Vgl. BGH WM 1964, 881.
[53] Ebenso i. E. wohl RG LZ 1918, 1213 oben; a. A. *Düringer/Hachenburg/Breit* § 356 Anm. 5, 2. Absatz; *Schlegelberger/Hefermehl* § 356 Rdn. 4.
[54] Vgl. außer den Nachw. oben Rdn. 15 z. B. RG JW 1908, 48 Nr. 25; RG LZ 1918, 1213; RG HRR 1934 Nr. 1446; BGH WM 1964, 882 Sp. 2.

für den niedrigsten anerkannten Saldo hat also, was meist nicht klar genug herausgearbeitet wird, eine *Doppel*funktion:[55] Nach ihr entscheidet der Betrag der jeweiligen Saldoanerkennung nicht nur über den Mindest-, sondern auch über den Höchstumfang der Haftung des Sicherungsgebers. Daß dieser Theorie hinsichtlich des ersteren nicht zu folgen ist, bedeutet daher nicht notwendig, daß sie auch hinsichtlich des letzteren unzutreffend sein muß. In der Tat ist ihr insoweit jedenfalls im Ausgangspunkt zuzustimmen. Entgegen der Ansicht ihrer Anhänger folgt die Maßgeblichkeit des niedrigsten anerkannten Saldos für die Begrenzung der Haftung allerdings **nicht aus der Vorschrift des § 356 Abs. 1, sondern aus den allgemeinen Regeln über die Haftung von Sicherheiten**, insbesondere aus dem **Akzessorietätsprinzip**. Der Grundsatz von der Haftung für den niedrigsten Saldo stellt nämlich, soweit es um die Obergrenze der Haftung geht, bei richtigem Verständnis nichts anderes als eine besondere Ausprägung des Prinzips dar, daß eine Sicherheit nur insoweit fortbesteht bzw. (bei nichtakzessorischen Sicherheiten) in Anspruch genommen werden kann, als ihr noch eine Schuld zugrunde liegt.

Aus dieser Begründung ergeben sich gewisse Klarstellungen und Modifikationen **40** gegenüber der Lehre von der Haftung für den niedrigsten anerkannten Saldo. Vor allem ist zu betonen, daß es entscheidend auf die **Richtigkeit des anerkannten Saldos** ankommt. Denn wenn dieser irrtümlich zu niedrig angesetzt wird, ist die Schuld in Wahrheit gar nicht in *dieser* Höhe erloschen, und es besteht daher ein höherer kausaler Saldo *aus der Verrechnung* neben dem zu niedrigen abstrakten Saldo *aus dem Anerkenntnis* (vgl. auch oben Rdn. 5–7). Da aber die Sicherheit nach der hier vertretenen Ansicht für die alten Forderungen und nicht für die abstrakte Saldoforderung haftet (vgl. Rdn. 12f), wird sie durch eine falsche Saldofeststellung gar nicht berührt – ein Ergebnis, zu dem die Lehre von der gesetzlichen Forderungsauswechselung nicht gelangen kann, das aber zweifellos sachgerecht ist und dem mutmaßlichen Parteiwillen entspricht und das daher einmal mehr die Unrichtigkeit dieser Lehre deutlich werden läßt. Mit dem Wortlaut des § 356 Abs. 1 ist die hier vertretene Ansicht ohne weiteres vereinbar; denn das Gesetz setzt nur voraus, daß ein „Guthaben aus der laufenden Rechnung" in entsprechender Höhe besteht, nicht aber auch, daß der Saldo in der *richtigen* Höhe anerkannt worden ist, und daher kann man unter „Guthaben" ohne weiteres das *wahre* Guthaben verstehen.

Darüber hinaus kann es sogar vorkommen, daß die **Obergrenze der Haftung 41 höher als ein *richtig* festgestellter Saldo** ist. Zu denken ist hierbei etwa an Fälle, in denen in das Saldoanerkenntnis bereits ein Posten aufgenommen worden ist, für den eine Leistung erst *nach* dem fraglichen Rechnungsabschluß vorgesehen ist. Steht also in einem Kontokorrent z. B. ein gesichertes Darlehen von 10000,– DM und wird nun auf der Gegenseite eine Kaufpreisforderung in Höhe von 8500,– DM fällig, die kurze Zeit *nach* der Saldofeststellung vereinbarungsgemäß in bar zum Kontokorrent einbezahlt werden soll, so reduziert sich die Haftung des Sicherungsgebers auch dann nicht auf 1500,– DM, wenn bei dem zwischenzeitlichen Rechnungsabschluß lediglich in dieser Höhe ein Saldo anerkannt wurde. Denn der mutmaßliche Parteiwille ist dann erkennbar nicht darauf gerichtet, daß zwischen der Darlehens- und der Kaufpreisforderung eine Verrechnung stattfinden soll, und die Übersendung und Anerkennung des auf 1500,– DM lautenden Rechnungsauszugs hat daher insoweit nur buchmäßige Bedeutung: Dieser gibt nach dem mutmaßlichen Parteiwillen nur den *buchmäßigen*

---

[55] Zustimmend *Schlegelberger/Hefermehl* § 356 Rdn. 15f.

Stand des Kontos, nicht aber auch die *rechtliche* Lage wieder; statt dessen könnte man auch sagen, daß die Saldofeststellung hinsichtlich der *wahren* Rechtslage insoweit *unrichtig* und daher für das Schicksal der Sicherheiten unerheblich war. Dogmatisch dürfte diese Problematik am besten zu bewältigen sein, indem man bei derartigen Fallkonstellationen die **Verrechenbarkeit** der betreffenden Kausalforderung – im Beispiel also der Kaufpreisforderung über 8 500,– DM – verneint (vgl. dazu oben § 355 Rdn. 140). Dementsprechend muß ganz allgemein vermieden werden, daß durch den mehr oder weniger zufälligen Dazwischentritt eines Rechnungstermins wirtschaftlich zusammengehörige Posten auseinandergerissen und dadurch Ergebnisse herbeigeführt werden, die der Interessenlage widersprechen; der Rückgriff auf den mutmaßlichen Parteiwillen bietet in derartigen Fällen regelmäßig einen gangbaren Ausweg.

3. Der Umfang der Haftung bei Beendigung des die Haftung begründenden Verhältnisses

42 Bei den vorstehenden Erörterungen ging es um Fallkonstellationen, in denen die gesicherte Schuld auf die eine oder andere Weise zurückgeführt worden ist. Zusätzliche Probleme ergeben sich bei einer vorzeitigen Beendigung des die Haftung begründenden Rechtsverhältnisses. Die wichtigste Fallkonstellation, die in diesen Zusammenhang gehört bildet:

43 **a) Das Ausscheiden eines Gesellschafters aus einer kontokorrentpflichtigen Gesellschaft.** Scheidet ein Gesellschafter aus einer Gesellschaft aus, die eine Schuld aus einem Kontokorrentverhältnis hat, so richtet sich der Umfang seiner aus den §§ 128, 159f HGB folgende Haftung für die Kontokorrentschuld nach Ansicht der Rechtsprechung nach dem **im Zeitpunkt seines Ausscheidens bestehenden Debetsaldo**.[56] Das ist indessen schon deshalb irregulär und nicht nur mit der hier vertretenen Konzeption unvereinbar, sondern auch mit der Lehre von der Haftung für den niedrigsten anerkannten Saldo wohl kaum verträglich, weil für die Haftung bei dieser Problematik ausnahmsweise **ein während des Laufs einer Kontokorrentperiode zu ermittelnder Kontostand** maßgeblich sein soll. Unabhängig von diesem – eher peripheren – Bedenken kann dieser Ansicht auch aus schwerwiegenden teleologischen Gründen nicht gefolgt werden[57] – und zwar in beiden in Betracht kommenden Richtungen nicht.

44 Was zunächst **nachträglich entstandene Passivposten** angeht, so läßt es sich durch nichts legitimieren, daß der Ausgeschiedene für diese einzustehen hat. Die Rechtsprechung wird dieser Problematik nicht gerecht, da sie auch hier ergänzend die Lehre von der Haftung bis zur Höhe des kleinsten anerkannten Saldos heranzieht[58] und grundsätzlich die Möglichkeit einer **Einstandpflicht für Neuschulden** bejaht.[59] Bestand z. B. beim Ausscheiden des Gesellschafters eine Darlehensschuld von DM 10 000,– und eine Kaufpreisschuld von DM 5 350,– und zahlt nun die Gesellschaft auf

---

[56] Vgl. RGZ 76, 330, 334 f; RG WarnRspr. 1935 Nr. 153 S. 318; BGHZ 50, 277, 284; BGH WM 1972, 283, 284 unter II 1 c; *Düringer/Hachenburg/Breit* § 356 Anm. 17; *Schlegelberger/Hefermehl* § 356 Rdn. 18.

[57] Zustimmend *Karsten Schmidt* § 21 V 2 c; *Straube/Schuhmacher* § 356 Rdn. 7; *J. Hager* JR 1998, 423 (allerdings auf der Grundlage der Lehre vom Staffelkontokorrent; im Ansatz auch *Römer* S. 88 ff, 95; *Heymann/Horn* § 356 Rdn. 12.

[58] Vgl. RGZ 76, 330, 333 f; RG WarnRspr. 1935 Nr. 153 S. 318; BGHZ 50, 277, 284; BGH WM 1972, 283, 284 und 287; 1986, 447, 448 m. w. Nachw.

[59] Vgl. z. B. BGHZ 50, 277, 284, wonach ein ausgeschiedener Gesellschafter für ein sich beim Jahresabschluß ergebendes Debet auf einem laufenden Bankkonto haftet, obwohl das Debet nach dem Ausscheiden zunächst weitgehend zurückgeführt worden und erst anschließend wieder angeschwollen war.

eine Aufforderung des Gläubigers, ihr Konto auszugleichen, 15 350,- DM zum Kontokorrent, so dauert die Haftung des Ausgeschiedenen nach der Konzeption der Rechtsprechung gleichwohl fort, wenn die Gesellschaft aufgrund eines neuen Kreditbedürfnisses vor der nächsten Saldofeststellung ein Darlehen von 15 000,- DM bei dem Gläubiger aufnimmt. Denn da es allein auf den Kontostand zur Zeit des Ausscheidens zum einen und den Termin der Saldofeststellung zum anderen, nicht aber auf den zwischen diesen beiden Daten liegenden Kontostand ankommen soll, ist der maßgebliche Saldo 15 000,- DM (zuzüglich Zinsen). Der Ausgeschiedene haftet also eindeutig für ein erst *nach* seinem Ausscheiden vorgenommenes Rechtsgeschäft, was um so unerträglicher ist, als er auf dessen Abschluß und auf die Verwendung des Kredits keinen Einfluß mehr nehmen kann und auch an einem eventuellen Gewinn nicht mehr beteiligt ist. Die Rechtsprechung gelangt somit im praktischen Ergebnis (wiederum) zu einem **Verstoß gegen das Verbot von Verträgen zu Lasten Dritter,** das eine fundamentale Ausprägung des Prinzips der Privatautonomie darstellt und gemäß Art. 2 Abs. 1 GG anerkanntermaßen sogar verfassungsrechtlich gewährleistet ist.

Man kann derartige Unbilligkeiten auch nicht damit rechtfertigen, daß der **Abschluß der Kontokorrentabrede noch während der Zugehörigkeit des Ausgeschiedenen zu der Gesellschaft** erfolgt ist und daß dieser deren Folgen daher gegen sich gelten lassen müsse.[60] Denn die Kontokorrentabrede sowie der entsprechende Geschäftsvertrag sind insoweit völlig „neutrale" Rechtsgeschäfte, durch die lediglich die Verrechenbarkeit eventueller zukünftiger Forderungen und Leistungen festgelegt wird, *die aber als solche unzweifelhaft keinerlei Haftung begründen.* Richtig kann daher nur sein, in dem Beispielsfall die Zahlung der 15 350,- DM analog § 366 Abs. 1 BGB auf die erste Darlehensschuld und auf die Kaufpreisschuld anzurechnen und eine Fortdauer der Haftung des Ausgeschiedenen zu verneinen (bzw. auf etwa rückständige Zinsen zu beschränken), da seine Schuld bei der Verrechnung erloschen ist. Daran zeigt sich, daß auch für diese Problematik die Konzeption der Rechtsprechung im Grundsätzlichen unzutreffend ist und das hier vertretene Lösungsmodell, wonach es auf die Tilgung durch Verrechnung ankommt und in deren Rahmen die §§ 366, 396 BGB analog anzuwenden sind, den Vorzug verdient.

Auf der anderen Seite müssen dem Ausgeschiedenen auch keineswegs alle **Aktivposten** zugute kommen. Das gilt nicht nur für solche, die erst **nach dem Ausscheiden entstanden** sind, sondern u. U. auch für solche, die bereits **im Zeitpunkt des Ausscheidens vorhanden** waren.[61] Zumindest hinsichtlich der letzteren Variante kommt man vom Standpunkt der Rechtsprechung aus zwangsläufig zum entgegengesetzten Ergebnis, da danach ja der (hypothetische) Saldo im Zeitpunkt des Ausscheidens maßgeblich sein soll. Dagegen spricht indessen, daß der Ausscheidende kein rechtlich geschütztes Interesse hinsichtlich der in diesem Augenblick bestehenden Aufrechnungs- oder Verrechnungslage hatte. Denn nach § 129 Abs. 3 HGB hat der Gesellschafter zwar ein Leistungsverweigerungsrecht, solange sich der Gläubiger durch Aufrechnung befriedigen kann, und das gleiche ist anzunehmen, wenn nur die Gesellschaft aufrechnen kann,[62] doch kann der Gesellschafter unzweifelhaft weder jenen noch diese zwingen, die Aufrechnungsmöglichkeit auszunutzen und dabei gerade die ihn belastenden Forderungen zu tilgen (vgl. auch unten Rdn. 56). Es steht den Kontokorrentparteien daher frei, die Habenposten zur Tilgung anderer Schuldposten zu verwenden als derjenigen, für die der Ausgeschiedene mithaftet; das gilt auch für solche

45

---

[60] So aber BGHZ 50, 284.
[61] A. A. insoweit *Meinhardt* S. 56f.
[62] Vgl. z. B. Großkomm.-*Habersack* § 129 Rdn. 23.

Schulden, die erst nach dem Ausscheiden, aber vor Ablauf der jeweiligen Rechnungsperiode entstanden sind. Eine solche Tilgungsweise ist analog § 366 Abs. 2 BGB sogar im Zweifel anzunehmen, weil die Schuld, für die den Ausgeschiedenen die Mithaftung trifft, dem Gläubiger aus eben diesem Grunde „größere Sicherheit" i. S. dieser Vorschrift bietet.

46 b) **Die Haftung des Übernehmers eines Unternehmens nach den §§ 25, 28 HGB.** Erst recht kann nicht anerkannt werden, daß der Übernehmer eines Unternehmens nach den §§ 25, 28 HGB nur für den **im Augenblick der Übernahme bestehenden Debetsaldo** haftet.[63] Hier ist nämlich noch weniger als bei einem ausgeschiedenen OHG-Gesellschafter einzusehen, warum ihm unbedingt alle Habenposten zugute kommen sollen. Auch hier gilt daher, daß ihm zwar keine späteren Schulden mehr in Rechnung gestellt werden dürfen, daß aber Habenposten nur so weit seine Schuld vermindern, als sie nach den Regeln von § 366 BGB gerade auf diese zu verrechnen sind.

47 c) **Die Haftung eines Bürgen nach Kündigung der Bürgschaft und eines sonstigen Sicherungsgebers nach Beendigung des die Sicherheit begründenden Rechtsverhältnisses.** Ebenso wie die Haftung eines ausgeschiedenen Gesellschafters wird nach Ansicht des BGH die Haftung eines Bürgen nach Kündigung der Bürgschaft durch den **bei Wirksamwerden der Kündigung einer Bürgschaft bestehenden Tagessaldo** begrenzt.[64] Das erscheint vom Standpunkt des BGH aus als folgerichtig, doch gelten insoweit die oben Rdn. 44f vorgetragenen Einwände mutatis mutandis auch hier. Folgt man der Ansicht des BGH, so ist diese folgerichtig über die Kündigung einer Bürgschaft hinaus auch auf andere Gründe, die zur Beendigung des die Haftung eines Sicherungsgebers begründenden Rechtsverhältnisses führen, zu erstrecken.

4. Der Umfang der Haftung bei Bestehen mehrerer Sicherheiten

48 Sind in einem Kontokorrent mehrere gesicherte Forderungen enthalten, so sind zwei verschiedene Fallkonstellationen zu unterscheiden. Bei der ersten ist die **Saldoforderung mindestens ebenso hoch wie der *Gesamt*betrag der gesicherten Forderungen.** Dann bestehen grundsätzlich *alle* Sicherheiten fort, und der Gläubiger kann auf diese in *voller* Höhe zurückgreifen,[65] soweit es um die Durchsetzung der jeweils gesicherten Forderung geht. Das war früher sehr streitig,[66] stellt aber vom hier vertretenen Standpunkt aus eine theoriekonforme Selbstverständlichkeit dar, weil die Sicherheiten nicht für die Saldoforderung, sondern für die jeweils gesicherten Einzelforderungen bestehen (vgl. Rdn. 12f) und weil diese bei der Verrechnung nach dem Rechtsgedanken von § 366 Abs. 2 BGB im Zweifel nicht getilgt werden.

49 Ist dagegen die **Saldoforderung niedriger als der *Gesamt*betrag der gesicherten Forderungen,** so soll nach h. L. der Gläubiger sich ebenfalls an alle Sicherungsgeber halten können, und zwar wahlweise; der Höhe nach soll sein Rückgriff allerdings durch die Höhe der jeweiligen gesicherten Einzelforderung begrenzt sein sowie durch die Höhe der Saldoforderung, sofern diese niedriger ist.[67] Gehörten also zu einem

---

[63] So aber *Düringer/Hachenburg/Breit* § 356 Anm. 17; *Schlegelberger/Hefermehl* § 356 Rdn. 18 a. E.
[64] Vgl. BGH WM 1985, 969, 970 im Anschluß an *Schäfer* S. 169.
[65] Ebenso z. B. *Düringer/Hachenburg/Breit* § 356 Anm. 9 unter b; *Schlegelberger-Hefermehl* § 356 Rdn. 19.
[66] Vgl. die Nachw. bei *Breit* aaO.
[67] Vgl. z. B. *Düringer/Hachenburg/Breit* § 356 Anm. 9 unter a; *von Godin* 2. Aufl. Anm. 7 a. E.; *Schlegelberger/Hefermehl* § 356 Rdn. 19; *Heymann/Horn* § 356 Rdn. 15; *Röhricht/Graf von Westphalen/Wagner* § 356 Rdn. 11; *Koller/Roth/Morck* § 356 Rdn. 5; *Schäfer* S. 90.

Kontokorrent z. B. eine durch Bürgschaft gesicherte Forderung von 5 000,- DM, eine durch Pfandrecht gesicherte Forderung von 4 000,- DM und eine durch Hypothek gesicherte Forderung von 10 000,- DM und ergibt sich nun eine Saldoforderung von 10 000,- DM, so kann der Gläubiger nach dieser Ansicht wahlweise alle drei Sicherungsgeber in voller Höhe der von ihnen bestellten Sicherheit in Anspruch nehmen, obgleich der Gesamtbetrag der gesicherten Forderungen sich bereits um 9 000,- DM durch Tilgung im Wege der Verrechnung verringert hat. Diese Tilgung kommt also den Sicherungsgebern in keiner Weise zugute; auf der anderen Seite wird die Stellung des Gläubigers ohne jeden Grund verstärkt, weil er jetzt für eine Forderung von 10 000,- DM plötzlich bis zu einem Teilbetrag von 4 000,- DM drei und bis von einem Teilbetrag von 5 000,- DM zwei Sicherheiten hat, obwohl vorher für jede Forderung nur eine einzige Sicherheit bestand. Das Beispiel zeigt, daß diese Lösung eine **Haftung von Sicherheiten für Schulden, für die sie nach der Sicherungsabrede nicht bestellt worden sind**, zur Folge hat. Die h. L. kann daher nicht richtig sein. Es handelt sich vielmehr wieder um eine der unhaltbaren Konsequenzen der Lehre von der Haftung für den jeweils niedrigsten Saldo und damit im praktischen Ergebnis um einen **Verstoß gegen das Verbot von Verträgen zu Lasten Dritter**. Richtig ist demgegenüber auch hier, analog § 366 BGB zu ermitteln, welche der gesicherten Forderungen durch Verrechnung erloschen ist, wobei gegebenenfalls eben nach Abs. 2 der Vorschrift zu verfahren ist (vgl. Rdn. 16ff). Soweit die Forderungen danach untergegangen sind, werden die Sicherungsgeber frei.

IV. Die Inanspruchnahme der Sicherheiten

1. Die Unzulässigkeit des Rückgriffs auf die Sicherheit während des Laufs einer Rechnungsperiode

Während des Laufs einer Rechnungsperiode können die kontokorrentzugehörigen Forderungen grundsätzlich nicht als solche geltend gemacht werden (vgl. § 355 Rdn. 102). Das gilt folgerichtig auch für gesicherte Forderungen. Daher können während des Laufs einer Rechnungsperiode grundsätzlich auch die Sicherheiten nicht in Anspruch genommen werden. Das ergibt sich teilweise unmittelbar aus dem Gesetz, da nach §§ 767, 768, 1137, 1210, 1211 BGB dem Sicherungsgeber die **Befugnis zur Geltendmachung der dem Schuldner der gesicherten Forderung zustehenden Einwendungen und Einreden** zusteht;[68] bei den übrigen Sicherungsmitteln folgt dasselbe entweder aus analoger Anwendung dieser Vorschriften oder nach der heute vorherrschenden und in der Tat vorzugswürdigen Ansicht aus einer sinngemäßen **Auslegung der Sicherungsabrede gemäß § 157 BGB**. Für die Haftung eines oHG-Gesellschafters enthält § 129 HGB eine entsprechende Regelung, in anderen vergleichbaren Fällen gelten die §§ 768 BGB, 129 HGB analog, soweit nicht ohnehin schon die §§ 422 ff. BGB zum Ziele führen. Diese Grundsätze kommen auch bei Bestehen eines Kontokorrentverhältnisses zum Zuge.[69] Der Gläubiger kann daher erst nach Ablauf der Kontokorrentperiode auf die Sicherheiten zurückgreifen. Wird der Saldo als erster Posten der neuen Rechnungsperiode vorgetragen, so ist allerdings auch er kontokorrentgebunden und daher bleiben es dann auch die ihm zugrunde liegenden gesicherten Forderungen, so daß der Gläubiger auch jetzt die Sicherheiten nicht in Anspruch nehmen kann.

50

---

[68] Vgl. auch *Schäfer* S. 78 ff.

[69] Vgl. RG LZ 1918, 1213; *Schlegelberger-Hefermehl* § 356 Rdn. 5 und 24.

51   Etwas anderes gilt nur, wenn und soweit dem Gläubiger ein **Anspruch auf Ausgleichszahlung auch während des Laufs einer Kontokorrentperiode** zusteht (vgl. dazu allgemein § 355 Rdn. 9). Allerdings macht der Gläubiger dabei nicht eine bestimmte Einzelforderung geltend, sondern einen Anspruch aus dem Geschäftsvertrag (vgl. § 355 Rdn. 9 und 17). Daher erhebt sich konstruktiv gesehen die Schwierigkeit, daß die gesicherte Forderung an sich nach wie vor nicht als solche geltend gemacht werden kann und daß ihr folglich streng genommen weiterhin die Einwendung der Kontokorrentgebundenheit entgegensteht. Eine solche Betrachtungsweise wäre jedoch zu formalistisch und würde dem Zweck der dem Sicherungsgeber vom Gesetz gewährten Möglichkeit zur Erhebung von Einwendungen oder Einreden nicht gerecht; denn dadurch soll nur verhindert werden, daß der Sicherungsgeber in Anspruch genommen werden kann, obgleich eine entsprechende Klage gegen den Schuldner keinen Erfolg hätte, und diese Gefahr droht hier gerade nicht, da der Saldoschuldner insoweit ja auf Zahlung verklagt werden kann. Daher wird man hier ausnahmsweise auch während des Laufs einer Rechnungsperiode eine Klage gegen einen Sicherungsgeber zulassen müssen.[70] Anders ist allerdings zu entscheiden, wenn bei wirtschaftlicher Betrachtungsweise offenkundig ist, daß das aufzufüllende Debet nicht durch die gesicherte Forderung, sondern durch einen anderen Geschäftsvorfall – etwa durch die Ziehung eines ungedeckten Schecks – entstanden ist; und anders ist auch dann zu entscheiden, wenn noch weitere Sicherheiten in Höhe des fraglichen Debet vorhanden sind und die in Anspruch genommene Sicherheit bei einer Verrechnung gemäß § 366 BGB vor jenen frei würde.

2. Die Wirkung der Befriedigung aus einer Sicherheit auf die Saldoforderung

52   Erlangt der Gläubiger aus einer Sicherheit Befriedigung, so führt dies jedenfalls bei Identität von Sicherungsgeber und Hauptschuldner grundsätzlich zur **Anrechnung sowohl auf die gesicherte Forderung als auch auf die abstrakte Saldoforderung** – wie auch sonst bei einem Nebeneinander von abstrakter und kausaler Schuld Leistungen im Zweifel auf beide erfolgen. Nicht nur erstere, sondern auch letztere geht daher grundsätzlich in entsprechender Höhe durch **Tilgung** unter; es bedarf deswegen gegenüber der Geltendmachung der abstrakten Forderung insoweit nicht des Umwegs über die Bereicherungseinrede, wie er bei einer Anrechnung nur auf die gesicherte (kausale) Forderung erforderlich wäre.

53   Etwas anderes gilt allerdings, wenn die Sicherheit in der **Aufrechnungsmöglichkeit gegen eine nicht kontokorrentzugehörige Forderung** besteht (vgl. Rdn. 33). Die Aufrechnung kann hier nämlich nicht mit der abstrakten Forderung, sondern nur mit der zugrunde liegenden Einzelforderung erfolgen, da nur für diese und nicht auch für jene die fragliche besondere Aufrechnungsmöglichkeit besteht. Dadurch wird dann aber die Saldofeststellung rückwirkend unrichtig, da der betreffende Einzelposten gemäß § 389 BGB mit ex-tunc-Wirkung entfällt, und daher ist die abstrakte Saldoforderung gemäß §§ 812 Abs. 2, 821 BGB im Wege des Bereicherungsrechts zu berichtigen (vgl. allgemein § 355 Rdn. 212 ff).

54   Wesentlich anders ist die Rechtslage, wenn die **Sicherheit nicht von dem Saldoschuldner, sondern von einem Dritten gestellt** wurde, vgl. dazu unten Rdn. 68 ff.

---

[70] Vgl. auch *Hefermehl*, Festschrift für Lehmann, S. 561.

V. Besonderheiten der Rechtsstellung eines Dritten als Sicherungsgeber

Sicherungsgeber kann der Kontokorrentschuldner selbst sein wie z. B., wenn er für eine kontokorrentzugehörige Forderung eine Sicherungsgrundschuld an einem ihm gehörenden Grundstück bestellt. Sicherungsgeber kann aber auch ein Dritter sein; das Musterbeispiel ist der Bürge, doch kann selbstverständlich auch eine dingliche Sicherheit wie eine Grundschuld oder ein Mobiliarpfandrecht von einem Dritten bestellt werden. Da dieser **nicht Partei des Kontokorrentverhältnisses** ist, ergeben sich insoweit Zusatz- und Sonderprobleme. 55

1. Die Problematik der Wirksamkeit der Kontokorrentabrede und der Saldoanerkennung gegenüber dem Sicherungsgeber

a) Die Rechtslage bei Zugrundelegung der strikten Trennung zwischen Verrechnung und Saldoanerkennung im Rahmen von § 356. Beschränkt man den Anwendungsbereich von § 356 mit der hier vertretenen Ansicht strikt auf die Anerkennung des Saldos und behandelt man demgemäß die Verrechnung und ihre Tilgungswirkung nach den dafür geltenden allgemeinen Regeln wie vor allem nach den Rechtsgedanken von § 366 BGB (vgl. oben Rdn. 15 ff), so ist es grundsätzlich unproblematisch, daß die Kontokorrentabrede auch gegenüber einem außenstehenden Sicherungsgeber, also z. B. gegenüber einem Bürgen oder einem Drittverpfänder, Wirksamkeit entfaltet. Denn danach hat das Bestehen des Kontokorrents **keine Verschlechterung der Rechtsposition des Sicherungsgebers** zur Folge (vgl. näher oben Rdn. 21 ff sowie unten Rdn. 69 f). Daß die Erfüllung der gesicherten Forderung durch das Kontokorrent u. U. lange hinausgezögert wird, weil durch ausdrückliche Bestimmung des Leistenden nach § 366 Abs. 1 BGB oder aufgrund der Auslegungsregeln des § 366 Abs. 2 BGB zuerst ungesicherte Forderungen zur Verrechnung gelangen, stellt keinen Einwand dar. Dem Sicherungsgeber steht nämlich kein rechtlich geschütztes Interesse zu, daß die Parteien gerade die gesicherte Forderung tilgen (vgl. auch oben Rdn. 45).[71] Auch aus der Möglichkeit, den Rückgriff auf die Sicherheit während des Bestehens einer Aufrechnungslage gemäß §§ 770 Abs. 2, 1137 Abs. 1, 1211 Abs. 1 BGB, 129 Abs. 3 HGB zu verhindern, ergibt sich nichts Gegenteiliges; denn diese Vorschriften gewähren nur eine vorübergehende Einrede, die ersatzlos entfällt, wenn die Parteien in anderer Weise als durch Tilgung der gesicherten Forderung von ihrer Aufrechnungsmöglichkeit Gebrauch machen oder diese überhaupt zerstören (vgl. auch oben Rdn. 45). Das Bestehen oder die nachträgliche Vereinbarung eines Kontokorrents bedeutet daher insoweit keine Verschlechterung der Stellung des Sicherungsgebers, sondern lediglich die Aktualisierung einer dieser von vornherein immanenten Schwäche, die sich *auch unabhängig vom Bestehen des Kontokorrents* hätte verwirklichen können. 56

Auf der anderen Seite kommen dem Sicherungsgeber freilich auch die **Vorteile der zwischen den Kontokorrentparteien geltenden Anrechnungsregeln** zugute (vgl. oben Rdn. 21 ff). Dabei wird man im vorliegenden Zusammenhang auch den **Rechtsgedanken des § 367 BGB** heranziehen können. Zwar paßt diese Vorschrift regelmäßig für das Kontokorrent nicht, weil ihre ratio legis primär im Schutz des Gläubigers vor den Nachteilen des Zinseszinsverbots liegt und diese hier wegen der Sonderregelung 57

---

[71] Insoweit richtig RGZ 136, 184; BGHZ 29, 285; BGH WM 1985, 989, 972.

des § 355 Abs. 1 HGB nicht relevant werden können (vgl. § 355 Rdn. 159), doch kann das im Verhältnis zu Dritten anders liegen, da mitunter für Nebenforderungen andere Sicherungsabreden getroffen werden als für die Hauptforderung. Dann kann sich der Dritte grundsätzlich auf den Rechtsgedanken des § 367 BGB berufen, so daß die Nebenforderungen im Zweifel vor den Hauptforderungen als getilgt anzusehen sind.[72]

58 Will sich der Sicherungsgeber vor den Gefahren einer ihm ungünstigen Anrechnung schützen, so muß er mit dem Gläubiger eine entsprechende **Sonderabrede** treffen – also z. B. vereinbaren, daß die gesicherte Forderung vorrangig zu befriedigen ist, daß dem Schuldner weiterer Kredit nicht gewährt werden darf,[73] daß über die gesicherte Forderung ein besonderes Konto geführt werden muß[74] oder daß sie nicht in das Kontokorrent eingestellt werden darf.[75] Eine solche Vereinbarung ändert zwar die Rechtslage zwischen den Kontokorrentparteien grundsätzlich nicht und läßt daher insbesondere die Kontokorrentzugehörigkeit der gesicherten Forderung unberührt,[76] weil eine derartige Drittwirkung einen Verstoß gegen das Verbot von Verträgen zu Lasten Dritter darstellen würde (vgl. eingehend § 355 Rdn. 96), doch entfaltet sie wenigstens zwischen dem Gläubiger und dem Sicherungsgeber obligatorische Wirkungen; dieser kann daher gegenüber jenem verlangen, so gestellt zu werden, als wäre die gesicherte Forderung vorrangig befriedigt bzw. nicht ins Kontokorrent eingestellt worden usw., und er kann das auch einredeweise gegenüber seiner Inanspruchnahme geltend machen.[77] Im übrigen ist es selbstverständlich nicht völlig ausgeschlossen, daß die Kontokorrentzugehörigkeit der gesicherten Forderung mit dinglicher Wirkung, also mit Wirkung nicht nur inter partes, sondern inter omnes, aufgehoben wird, doch setzt das voraus, daß an dieser Vereinbarung auch der Schuldner beteiligt ist bzw. daß er ihr gemäß § 185 BGB zustimmt.

59 **b) Die Rechtslage bei Zugrundelegung der Theorie von der Haftung für den niedrigsten anerkannten Saldo.** Anders als vom hier vertretenen Standpunkt aus ist es bei Zugrundelegung der Theorie von der Haftung für den niedrigsten anerkannten Saldo äußerst problematisch, ob außenstehende Sicherungsgeber die **Kontokorrentzugehörigkeit der gesicherten Forderung** ohne weiteres gegen sich gelten lassen müssen. Denn nach dieser Lösung verschlechtert sich dadurch deren Rechtsposition in doppelter Hinsicht: zum einen durch die Erstreckung ihrer Haftung auch auf von der Sicherungsabrede nicht erfaßte Forderungen (vgl. oben Rdn. 15 ff) und zum anderen durch den Ausschluß des gesetzlichen Übergangs der gesicherten Forderung (vgl. unten Rdn. 68 ff). Nach dieser Konzeption hat also „eine Sicherheit für eine kontokorrentgebundene Forderung, wie z. B. eine Bürgschaft oder ein Pfandrecht, andere rechtliche Wirkungen als eine Sicherheit für eine kontokorrentfreie Forderung".[78] Gleichwohl machen die Anhänger dieser Lehre die Wirkung der Kontokorrentabrede gegen den Dritten nicht davon abhängig, daß dieser **Kenntnis vom Bestehen des Kontokorrents** hatte. Demgemäß hat das RG ausgeführt:

„Leistet der Bürge die Bürgschaft, ohne sich um die Art der bestehenden Geschäftsverbindung zu kümmern und ohne seinerseits die Aufnahme in eine laufende Rechnung auszuschließen, so kann seine bloße Unkenntnis, sein Irrtum über die Art der Geschäftsverbindung allein ihn nicht berechtigen, der Aufnahme in das Kontokorrent zu widersprechen oder sich

---

[72] Vgl. OLG Celle WM 1960, 208; *Flessa* NJW 1955, 1903 Sp. 1.
[73] Vgl. auch RGZ 136, 182 f m. Nachw.
[74] Vgl. auch BGH BB 1961, 116 f.
[75] Vgl. auch OLG Bamberg NJW 1956, 1240.
[76] Vgl. auch BGH BB 1961, 116, 117.
[77] Vgl. auch OLG Bamberg NJW 1956, 1241.
[78] So die Charakterisierung von *Schlegelberger/Hefermehl* § 356 Rdn. 23 (trotz der weitgehenden Annäherung an die hier vertretene Position in Rdn. 17).

sonst den durch diese Aufnahme zwischen den Hauptbeteiligten entstandenen Rechtswirkungen für den Bestand der Kreditforderung zu entziehen. Sollte nur eine Einzelschuld verbürgt werden, ohne daß der Bürge etwas von einem Kontokorrent wußte, so wird hierdurch allein nichts an dem Grundsatz geändert, daß der Bürge für den niedrigsten Zwischensaldo bis zur Höhe der verbürgten Einzelschuld eintreten muß".[79]

Dieser Standpunkt hält in seiner Rigorosität der **Kritik** nicht stand. Als Ausgangspunkt ist zunächst klarzustellen, daß es dabei um ein **Problem der Vertragsauslegung** geht und daß daher die anerkannten Grundsätze über die „objektive Auslegung" anzuwenden sind. Es ist folglich jeweils zu prüfen, ob sich der Sicherungsvertrag, also z. B. der Bürgschaftsvertrag, bei objektiver Auslegung nach den §§ 133, 157 BGB auf eine kontokorrentgebundene oder auf eine gewöhnliche Forderung bezieht; denn es steht außer jeder Frage, daß die Bestimmung des gesicherten Rechts grundsätzlich der Parteiabsprache unterliegt und daher gegebenenfalls im Wege der Auslegung zu ermitteln ist. Dabei kann nun aber entgegen der h. L. im Zweifel gerade nicht davon ausgegangen werden, daß es sich um eine kontokorrentgebundene Forderung handelt. Denn da deren Sicherung nach der von der Rechtsprechung nach wie vor zugrunde gelegten Theorie von der Haftung für den niedrigsten anerkannten Saldo wesentlich gefährlicher für den Sicherungsgeber ist als die Sicherung einer kontokorrentfreien Forderung, richtet sich dessen mutmaßlicher Wille typischerweise nur auf die Sicherung einer kontokorrentfreien Forderung. Außerdem ist der Gläubiger nach Treu und Glauben wesentlich „näher daran", den Sicherungsgeber über das Bestehen eines Kontokorrents aufzuklären, als dieser, danach zu fragen. Das folgt schon daraus, daß der Gläubiger schließlich Partei des Kontokorrentvertrags ist und daher von dessen Existenz positive Kenntnis hat, während der Sicherungsgeber in aller Regel nichts davon weiß; außerdem hat der Sicherungsgeber grundsätzlich keinen Anlaß, von sich aus weitere Nachforschungen über die Vertragsbeziehungen zwischen Gläubiger und Hauptschuldner anzustellen, wenn ihm gegenüber die gesicherte Forderung nach Rechtsgrund, Höhe usw. hinreichend klar bezeichnet worden ist, also z. B. als eine am 1.10.2001 zur Rückzahlung fällige, mit 8 % verzinsliche Darlehensforderung über 10000,– DM. Schließlich ist zu berücksichtigen, daß die Kontokorrentgebundenheit einer Forderung keineswegs den Normalfall, sondern eher die Ausnahme darstellt, und daß auch aus diesem Grunde nicht den Sicherungsgeber eine Frageobliegenheit, sondern vielmehr den Sicherungsnehmer eine Aufklärungsobliegenheit trifft. Die „objektive Auslegung" ergibt daher aus einer Reihe sich wechselseitig bestätigender und bestärkender Gründe i. d. R., daß sich die **Bestellung der Sicherheit im Zweifel nur auf eine kontokorrentfreie und nicht auf eine kontokorrentgebundene Forderung** bezieht.[80]

Zumindest aber müßte dem Sicherungsgeber grundsätzlich die Möglichkeit der **Anfechtung wegen Inhaltsirrtums nach § 119 Abs. 1 BGB** offen stehen, da er sich in einem Irrtum über die Bedeutung seiner Erklärung befunden hat. Denn er hat nach der h. L. eine kontokorrentgebundene Forderung gesichert, glaubte aber, für eine gewöhnliche Forderung einzutreten und befand sich daher in einem Irrtum über den gesicherten Gegenstand, also in einem Irrtum über ein essentiale des Vertrags. Auch eine **Anfechtung wegen Eigenschaftsirrtums nach § 119 Abs. 2 BGB** müßte grundsätz-

---

[79] RGZ 136, 178, 181; ebenso oder ähnlich OLG Nürnberg WM 1957, 695, 697 Sp. 2; OLG Bamberg NJW 1956, 1240; *Düringer/Hachenburg/ Breit* § 356 Anm. 7; *Baumbach/Hopt* § 356 Rdn. 2; *von Godin* 2. Aufl. Anm. 8 a. E.; *Schäfer* S. 67 f.

[80] Zustimmend *Schlegelberger/Hefermehl* § 356 Rdn. 23; *Röhricht/Graf von Westphalen/Wagner* § 356 Rdn. 6.

§ 356 Viertes Buch. Handelsgeschäfte

lich möglich sein, da der Irrtum über die Kontokorrentgebundenheit der gesicherten Forderung einen Irrtum über eine Eigenschaft des Vertragsgegenstands darstellt.

62 Selbstverständlich können sich **Abweichungen aufgrund der Umstände des Einzelfalls** ergeben, da die objektive Auslegung ihrer Natur nach stets einzelfallbezogen ist. Das wird vor allem dann häufig anzunehmen sein, wenn der **Gläubiger eine Bank ist** – wie das z. B. in der (daher nicht ohne weiteres verallgemeinerungsfähigen) Leitentscheidung RGZ 136, 178 der Fall war. Im Bankverkehr ist nämlich das Vorliegen eines Kontokorrents verkehrsüblich und daher ist hier anders als im allgemeinen nach der Lebenserfahrung und der Verkehrssitte im Zweifel von der Kontokorrentgebundenheit des gesicherten Rechts auszugehen. Das muß der Sicherungsgeber nach dem Prinzip der objektiven Auslegung und insbesondere nach § 157 BGB grundsätzlich gegen sich gelten lassen. Nur wenn er erkennbar unerfahren im Geschäftsverkehr mit Banken ist, kehrt sich die Klarstellungsobliegenheit zu seinen Gunsten um, so daß seine Erklärungen sich dann im Zweifel wieder nur auf eine kontokorrentfreie Forderung beziehen. Auch das Irrtumsproblem liegt hier wesentlich anders, da bei Vorliegen einer Verkehrssitte die Irrtumsanfechtung allenfalls in eng begrenzten Ausnahmefällen möglich ist.

63 Bezieht sich die Sicherung bei objektiver Auslegung nur auf eine kontokorrentfreie Forderung, ist diese aber in Wahrheit kontokorrentgebunden, so kann der Sicherungsgeber verlangen, trotz der Kontokorrentzugehörigkeit so gestellt zu werden wie bei einer kontokorrentfreien Forderung.[81] **Nichtigkeit des Sicherungsvertrages** anzunehmen, dürfte dagegen zu weit gehen.[82] Denn man wird das Verhältnis zwischen einer kontokorrentfreien und einer kontokorrentgebundenen Forderung richtigerweise nicht als das von aliud zu aliud, sondern als das von minus zu plus zu bestimmen haben, und daher trifft den Sicherungsgeber wenigstens eine **Einstandspflicht für die ihm gegenüber als kontokorrentfrei fingierte Forderung**. Ein Verstoß gegen das Verbot einer geltungserhaltenden Reduktion liegt in dieser Lösung nicht, weil es nicht um Konsequenzen aus der Anwendung der §§ 134, 138 BGB, 9 AGBG geht.

64 Nimmt man mit der h. L. an, daß sich eine Bürgschaft grundsätzlich auch auf eine kontokorrentgebundene Forderung bezieht, so dürfte im allgemeinen **Formnichtigkeit wegen Verstoßes gegen § 766 S. 1 BGB** eintreten (soweit nicht die Ausnahmevorschrift des § 350 HGB eingreift). Denn das Formerfordernis erstreckt sich anerkanntermaßen auch auf die Art der gesicherten Forderung, und da die Bürgschaft nach der Theorie von der Haftung für den niedrigsten anerkannten Saldo andere und gefährlichere Wirkungen hat, wenn die Forderung kontokorrentgebunden ist, muß sich die Kontokorrentgebundenheit folgerichtig aus der Urkunde selbst entnehmen lassen; das folgt sowohl aus der Warnfunktion des Formerfordernisses als auch aus dessen Zweck, den genauen Umfang der Verpflichtung des Bürgen festzulegen. Folgt man dagegen dem hier vertretenen, oben Rdn. 56 ff näher dargelegten Standpunkt, dürfte das Formproblem regelmäßig nicht relevant werden.

65 Nach der Lehre von der Haftung für den niedrigsten anerkannten Saldo (vgl. oben Rdn. 15 ff) muß der Sicherungsgeber die zwischen den Kontokorrentparteien ge-

---

[81] Vgl. auch BGH BB 1961, 116f und oben Rdn. 58.
[82] Vgl. aber die Andeutung in RG JW 1933, 2826 f und den – im Grundsatz berechtigten – Hinweis auf das Erfordernis der Gleichheit zwischen Hauptschuld und verbürgter Schuld ebenda S. 2827 Sp. 1 oben m. Nachw., jedoch auch das Bemühen um Aufrechterhaltung der Bürgschaft aaO S. 2828.

schlossenen **Saldoanerkenntnisse** gegen sich gelten lassen.[83] Das kann indessen in dieser Allgemeinheit keinesfalls richtig sein, weil der Sicherungsgeber am Abschluß des Anerkenntnisvertrags nicht beteiligt ist und es sich daher insoweit um einen unzulässigen **Vertrag zu Lasten eines Dritten** handeln würde. Allenfalls dann, wenn der Sicherungsgeber sich nach den im Vorstehenden entwickelten Regeln über die Auslegung der Sicherungsabrede nach §§ 133, 157 BGB ausnahmsweise (!) zurechnen lassen muß, daß die gesicherte Forderung kontokorrentgebunden ist, kann man im Wege einer – weiteren, freilich sehr kühnen – Auslegung gemäß § 157 BGB annehmen, daß die Sicherungsabrede auch die Forderung aus dem jeweiligen Saldoanerkenntnis deckt. Vom hier vertretenen Standpunkt aus wird diese Problematik freilich von vornherein gar nicht relevant, weil der Sicherungsgeber danach ohnehin nur für die gesicherte Einzelforderung und nicht für die Forderung aus dem Saldoanerkenntnis haftet.

2. Die Geltendmachung von Einwendungen und Einreden gegen die gesicherte Forderung durch den Sicherungsgeber

Die h. L. erstreckt die Verschlechterung der Rechtsposition, die sie dem Sicherungsgeber aufgrund der Kontokorrentgebundenheit der gesicherten Forderung auferlegt, nicht so weit, daß sie ihm auch die Möglichkeit abspricht, **Einwendungen und Einreden gegen die gesicherte Forderung nach den §§ 422ff, 767f, 1137, 1211 BGB, 129 HGB** geltend zu machen.[84] Das ist nun zwar vom hier vertretenen Standpunkt aus eine Selbstverständlichkeit, da sich danach die Stellung des Sicherungsgebers durch die Saldofeststellung generell nicht verschlechtert und dieser konstruktiv gesehen nicht für die anerkannte Saldoforderung, sondern nach wie vor für die ursprünglich gesicherte Forderung haftet (vgl. oben Rdn. 12f), erscheint jedoch vom Boden der h. L. aus nicht als folgerichtig, weil nach dieser der Sicherungsgeber genau umgekehrt aufgrund einer gesetzlichen Forderungsauswechselung nicht mehr für die ursprüngliche Forderung, sondern für die anerkannte Saldoforderung einzustehen hat (vgl. oben Rdn. 8), so daß von diesem Standpunkt aus durchaus **keine Identität der Einwendungen gegen die verschiedenen Forderungen** bestehen muß, wie z. B. aus dem Umkehrschluß aus § 813 BGB sowie aus § 814 BGB folgt. In dieser Inkonsistenz tritt einmal mehr die Fehlerhaftigkeit der h. L. zu Tage.

66

Außerdem ergeben sich **Kollisionen mit dem Grundsatz der Haftung für den niedrigsten anerkannten Saldo**. Hat jemand sich z. B. für eine Kaufpreisforderung von 6000,– DM verbürgt und wird der Kaufvertrag nun aufgrund einer **Wandlung** nach einer zwischenzeitlichen Saldofeststellung rückgängig gemacht, so müßte nach der Lehre von der Haftung für den niedrigsten anerkannten Saldo die Einstandspflicht des Bürgen an sich fortdauern, wenn in dem Kontokorrent noch ein anderer gleich hoher oder höherer Schuldposten, also z. B. ein Darlehen von 7000,– DM, enthalten ist; denn aufgrund der – nach herrschender und richtiger Ansicht nur ex nunc wirkenden – Wandlung ist in das Kontokorrent nunmehr ein Rückforderungsanspruch über 6000,– DM als Habenposten einzustellen, und dieser vermindert auch den Saldo bei der nächsten Abrechnung entsprechend, doch besteht nach wie vor ein Debetsaldo über 7000,– DM, und da der Bürge nach der h. L. ja für diesen – und zwar als für eine abstrakte Forderung – haftet, ist nicht einzusehen, wieso er frei werden soll. Nach der hier vertretenen Ansicht entfällt seine Haftung dagegen, weil die verbürgte Forderung

67

---

[83] So ausdrücklich z. B. BGH WM 1985, 969, 971.
[84] Vgl. RG LZ 1918, 1213; RG SeuffArch. 82 Nr. 129 S. 220; RG HRR 1937 Nr. 463; *Düringer/Hachenburg/Breit* § 356 Anm. 10; *Schlegelberger-Hefermehl* § 356 Rdn. 24; *Heymann/Horn* § 356 Rdn. 17.

durch die Wandlung aufgehoben wird und er ja nur für diese haftet. Daß die h. L. zum selben Ergebnis kommt, dieses aber nicht ohne inneren Bruch begründen kann, zeigt erneut, daß sie falsch ist.

3. Die Leistung durch den Sicherungsgeber und die Problematik der cessio legis

68 Leistet der Sicherungsgeber an den Gläubiger, so führt das zur **Befreiung von seiner Schuld oder Haftung**. Das ergibt sich vom hier vertretenen Standpunkt aus ohne weiteres daraus, daß diese Leistung analog § 366 Abs. 1 BGB auf die gesicherte Einzelforderung erfolgt und damit der Einstandpflicht des Sicherungsgebers die Grundlage entzieht. Zugleich wird regelmäßig auch auf die abstrakte Saldoforderung geleistet (vgl. oben Rdn. 52). Die Leistung des Sicherungsgebers darf also nicht als eine „farblose" Zahlung zum Kontokorrent angesehen werden, die nach allgemeinen Regeln zu verrechnen ist, sondern muß als Leistung gerade auf die gesicherte Forderung behandelt werden – gleichgültig, ob man als solche mit der hier vertretenen Ansicht die Einzelforderung oder mit der h. L. die abstrakte Saldoforderung ansieht. Diese Lösung stimmt mit derjenigen der h. L. im Ergebnis überein, und daher respektiert hier also auch diese, daß der Sicherungsgeber bestimmen kann, wie die Anrechnung erfolgt.

69 Massive Schwierigkeiten ergeben sich dagegen für die Lehre von der Haftung für den niedrigsten anerkannten Saldo hinsichtlich der Frage, ob die Leistung des Sicherungsgebers den **gesetzlichen Übergang der gesicherten Forderung** nach §§ 426, 774, 1143, 1225 BGB auf ihn auslöst. Die frühere h. L. verneinte das und hielt nur den Übergang der abstrakten Saldoforderung für möglich.[85] Teilweise wurde das in doktrinärer Durchführung der Novationstheorie damit begründet, daß die gesicherten Einzelforderungen durch die Saldoanerkennung untergegangen seien und daher gar nicht mehr übergehen könnten,[86] teilweise wurde es darauf gestützt, daß die Abtretung der Einzelforderungen und damit nach §§ 412, 399 BGB auch ihr gesetzlicher Übergang wegen der Kontokorrentabrede ausgeschlossen sei.[87]

Diese Ansicht kann zu einer erheblichen **Verschlechterung der Stellung des Sicherungsgebers** führen. Der von ihr zugelassene Übergang der abstrakten Saldoforderung bildet nämlich keinen vollwertigen Ersatz für den Verlust der kausalen Einzelforderungen, und zwar aus zwei Gründen: Zum einen ist bei einer Leistung während des Laufs einer Kontokorrentperiode gar nicht sicher, ob zu dem maßgeblichen Zeitpunkt, also zum Abrechnungstermin, überhaupt noch eine Saldoforderung in der entsprechenden Höhe vorhanden ist, da diese sich ja bis dahin durch weitere Geschäftsvorfälle mindern kann; und zum zweiten kann die Saldoforderung ihrerseits unabtretbar sein, weil sie als erster Posten der neuen Rechnungsperiode vorzutragen und daher kontokorrentgebunden ist, und dann müßte der Dritte auf den Übergang der Forderung bis zum Ende des gesamten Kontokorrentverhältnisses warten. Man kann auch keineswegs sagen, daß für ihn die cessio legis praktisch bedeutungslos ist; denn erstens ist nicht unbedingt sicher, daß der Dritte sonstige Regreßansprüche gegen den Hauptschuldner hat, und zweitens und vor allem ermöglicht ihm nur der gesetzliche Forderungsübergang den Rückgriff auf weitere für dieselbe Forderung bestehende Sicherheiten gemäß §§ 412, 401 BGB – worin bekanntlich die primäre Funktion der

---

[85] Vgl. *Düringer/Hachenburg/Breit* § 356 Anm. 11; *Schlegelberger/Hefermehl*⁴ § 356 Rdn. 17 mit weiteren Nachw.; ähnlich auch heute noch *Röhricht/Graf von Westphalen/Wagner* § 356 Rdn. 15; *Koller/Roth/Morck* § 356 Rdn. 5 a. E.

[86] So z. B. *Breit* aaO.

[87] So z. B. *Hefermehl* aaO.

hier in Frage stehenden Vorschriften liegt. Schon diese Beeinträchtigung des Schutzes, den das Gesetz dem Sicherungsgeber zuerkannt hat, und die darin liegende Mißachtung der gesetzlichen Interessenbewertung sollte genügen, um die von der früher h. L. vorgebrachten rein konstruktiven Gründe hintanzustellen.

Es kommt hinzu, daß diese Gründe auch in sich nicht schlüssig sind. Was zunächst den Hinweis auf die Novationstheorie angeht, so ist dieser von vornherein verfehlt. Denn selbst wenn man diese Lehre entgegen der heute ganz vorherrschenden Ansicht (vgl. § 355 Rdn. 175 ff) nicht *generell* ablehnt, so ist es doch anerkanntermaßen der Zweck des § 356, deren Auswirkungen wenigstens *für den Bereich der Sicherheiten* auszuschalten (vgl. oben Rdn. 1 f); das aber kann nicht nur zugunsten des Saldogläubigers gelten, auch wenn der Gesetzgeber unmittelbar nur an diesen gedacht haben mag, sondern muß sich folgerichtig auch zugunsten des Sicherungsgebers auswirken.[88] Allerdings steht konstruktiv gesehen wieder einmal die Lehre von der gesetzlichen Forderungsauswechselung (vgl. Rdn. 8 f) im Wege, doch beweist das nur erneut deren Unrichtigkeit: es ist eben nicht darum herumzukommen, daß die gesicherten Einzelforderungen fortbestehen (vgl. allgemein Rdn. 12 m. Nachw.). – Auch der zweite Grund der früher h. L., der Hinweis auf die Unabtretbarkeit der Einzelforderungen, verfängt nicht, da der Ausschluß der Abtretbarkeit hier seinem Schutzzweck nach gar nicht eingreifen kann. Er soll nämlich lediglich eine reibungslose und von Dritten ungestörte Abwicklung des Kontokorrentverkehrs gewährleisten (vgl. § 355 Rdn. 109), und gerade das steht hier nicht in Frage; denn durch die Zahlung des Dritten ist ohnehin bereits die Beschränkung des Kontokorrentverkehrs auf die beiden Kontokorrentpartner durchbrochen, und hinsichtlich der eigentlichen durch die cessio legis ausgelösten Problematik geht es vollends um außerhalb des Kontokorrents stehende Rechtsbeziehungen: um das Verhältnis zwischen Hauptschuldner und Sicherungsgeber zum einen und um das Verhältnis mehrerer Sicherungsgeber untereinander zum zweiten. Der Kontokorrentverkehr wird also durch die Zulassung der cessio legis in keiner Weise berührt, und daher ist diese aufgrund einer „teleologischen Reduktion" des § 412 BGB oder wohl besser des kontokorrentrechtlichen Rechtssatzes über die Unabtretbarkeit der Einzelforderungen anzuerkennen.[89]

Demgemäß führt die Leistung des Sicherungsgebers zum **Übergang der gesicherten Einzelforderung nach §§ 426 Abs. 2, 774, 1143, 1225 BGB** auf ihn. Dagegen findet **keine cessio legis der abstrakten Saldoforderung** statt, da diese nach richtiger Ansicht (vgl. oben Rdn. 8–13) als solche nicht gesichert ist. Dieses Ergebnis ist durchaus sachgerecht; denn da der Sicherungsgeber die Nachteile der Saldofeststellung – an der er ja als außenstehender Dritter gar nicht beteiligt ist – grundsätzlich nicht gegen sich gelten zu lassen braucht (vgl. oben Rdn. 65) und da insbesondere ein Einwendungs- oder Einredeverlust nach dem Rechtsgedanken der §§ 768 Abs. 2, 1137 Abs. 2, 1211 Abs. 2 BGB ihm gegenüber nicht wirkt, besteht auch kein Anlaß, ihn in den Genuß der Vorteile der Saldofeststellung kommen zu lassen und ihm die abstrakte Forderung zuzuerkennen. Daher kommt es zu einem **Erlöschen der abstrakten Saldoforderung** in Höhe der fraglichen Leistung, da diese auch auf sie erfolgt (vgl. oben Rdn. 52 und 68). Lehnt man letzteres ab – etwa mit der Begründung, der Dritte habe an der Tilgung der abstrakten Saldoforderung kein Interesse und leiste daher im Zweifel nur auf die gesicherte Einzelforderung –, so wird doch wenigstens die Saldo-

---

[88] Vgl. auch RGZ 76, 330, 335 bezüglich einer rechtsgeschäftlichen Zession an einen in Anspruch genommenen Bürgen.

[89] Zustimmend *Schlegelberger/Hefermehl* § 356 Rdn. 25; *Heymann/Horn* § 356 Rdn. 18; ähnlich i. E. ferner *Schäfer* S. 91 ff.

feststellung nachträglich unrichtig, da der Gläubiger den zugrunde liegenden gesicherten Posten durch die Leistung des Dritten jedenfalls verliert; die abstrakte Saldoforderung ist daher nach § 812 Abs. 2 BGB zu berichtigen, und der Schuldner kann dies seiner Inanspruchnahme gemäß § 821 BGB auch einredeweise entgegensetzen (vgl. allgemein oben § 355 Rdn. 212ff). Irgendwelche Schwierigkeiten entstehen daher auch in dieser Hinsicht durch die hier entwickelte Lösung nicht.

VI. Die Sicherung der Saldo- oder Kontokorrentforderung
1. Kontokorrentsicherheit und Einzelsicherheit

71 § 356 gilt nur, wenn die Sicherheit für eine Einzelforderung besteht (vgl. oben Rdn. 14). Möglich ist nach dem Grundsatz der Vertragsfreiheit jedoch selbstverständlich auch die **Bestellung einer Sicherheit für die Saldoforderung als solche**, insbesondere in ihrem jeweiligen wechselnden Bestand. Eine entsprechende Zweckbestimmung muß freilich nach §§ 133, 157 BGB mit hinreichender Klarheit aus der Sicherungsabrede hervorgehen, weil damit besonders weitreichende Wirkungen verbunden sind.

72 Die besondere **Stärke der Stellung des Gläubigers** bei einer derartigen Fallgestaltung äußert sich vor allem darin, daß dieser – anders als bei bloßer Sicherung einer Einzelforderung – auf die Sicherheit so lange zurückgreifen kann, wie ihm überhaupt noch eine Forderung gegen den Schuldner zusteht. Darin liegt gegenüber der Regelung des § 356 HGB auch dann ein großer Vorteil, wenn man aus dieser Vorschrift entgegen der hier vertretenen Ansicht mit der h. L. eine Haftung für den niedrigsten anerkannten Saldo unabhängig davon ableitet, ob in diesem noch die gesicherte Forderung enthalten ist oder nicht; zwar nähert sich bei Zugrundelegung dieser Lehre die Sicherung einer kontokorrentgebundenen Einzelforderung sehr stark der Sicherung der Saldoforderung, doch beschränkt sich die Haftung immerhin auf den *niedrigsten* festgestellten Saldo, während dies bei der Sicherung der *jeweiligen* Saldoforderung nicht der Fall ist; die Sicherheit bleibt hier vielmehr z. B. selbst dann bestehen, wenn der Saldo des Schuldners zwischenzeitlich positiv war.

73 Einer Sicherung der jeweiligen Saldoforderung außerordentlich nahe kommt das **Pfandrecht der Banken nach Ziff. 14 Abs. 2 AGB**, welches „der Sicherung aller bestehenden, künftigen und bedingten Ansprüche, die der Bank ... aus der bankmäßigen Geschäftsverbindung gegen den Kunden zustehen, dient". Die Existenz dieser Klausel bildet den Hauptgrund dafür, daß die meisten der schwierigen und umstrittenen Probleme des § 356 im Bankverkehr keine oder allenfalls geringe praktische Bedeutung erlangen; außerdem kann dieses rechtsgeschäftliche Pfandrecht der Bank dem Pfändungspfandrecht eines Dritten aus § 357 vorgehen.[90] Daß auch dem Gesetz derartige Gestaltungsmittel nicht fremd sind, belegt etwa das **Pfandrecht des Kommissionärs nach § 397 HGB**, welches diesem „wegen aller Forderungen aus laufender Rechnung in Kommissionsgeschäften" zusteht.

2. Die wichtigsten Sicherungsmittel

74 Als Mittel zur Sicherung der jeweiligen Saldoforderung kommen grundsätzlich alle Möglichkeiten in Betracht. Ein Grundpfandrecht kann gemäß § 1190 BGB als **Höchstbetragshypothek** bestellt werden. Optimal geeignet und in der Praxis inso-

---

[90] Vgl. als Beispiel BGHZ 93, 71, 81 und dazu auch unten § 357 Rdn. 23ff.

weit bei weitem am gebräuchlichsten ist die **Sicherungsgrundschuld**; denn aufgrund ihres abstrakten Charakters hat sie den doppelten Vorzug, daß der ständige Wechsel in der Höhe der gesicherten Forderung keinerlei Schwierigkeiten nach sich zieht und daß der Gläubiger nicht die Beweislast für Bestand und Höhe der Forderung trägt. Als Sicherheit an einer beweglichen Sache spielt vor allem der Eigentumsvorbehalt in Gestalt des sogenannten **Kontokorrentvorbehalts** eine wesentliche praktische Rolle.

Unter den Personalsicherheiten ragt im vorliegenden Zusammenhang die **Kontokorrentbürgschaft** heraus. Ihre Zulässigkeit steht zwar nach dem Prinzip der Vertragsfreiheit grundsätzlich außer Zweifel, doch hat der BGH ihrer Ausgestaltung im Rahmen von § 9 AGBG verhältnismäßig enge Grenzen gezogen.[91] Praktisch und dogmatisch sehr wichtig, aber viel zu wenig beachtet ist hier die Besonderheit, daß die Kontokorrentbürgschaft als Dauerschuldverhältnis grundsätzlich, d. h. bei unbefristeter Eingehung, jederzeit der *ordentlichen*, also keines (!) Grundes bedürftigen Kündigung unterliegt, so daß dem Bürgen insoweit ein verhältnismäßig effizientes Mittel zur Beendigung seines Risikos zur Verfügung steht.[92]

3. Die Übertragung der Geschäftsverbindung und ihr Einfluß auf die Kontokorrentsicherheiten

Überträgt der Gläubiger seine Geschäftsverbindung unter Abtretung seiner Ansprüche aus bestehenden Kreditverhältnissen auf einen anderen (vgl. dazu auch oben § 355 Rdn. 237), so soll der Bürge nach h. L. nur für die im Augenblick der Zession vorhandene Schuld des Hauptschuldners, also für dessen Verbindlichkeiten gegenüber dem *Zedenten*, nicht aber auch für Kredite des *Zessionars* an den Hauptschuldner einzustehen haben.[93] Danach kommt es hier also zur **Verwandlung einer Kontokorrentbürgschaft in eine Bürgschaft für eine (oder mehrere) bestimmte Einzelforderung(en)**, da der Bürge eben nur noch für den zur Zeit der Zession bestehenden Saldo aufzukommen hat; er kann sich daher gegenüber dem Zessionar auf § 356 HGB berufen und haftet nur noch bis zur Höhe des niedrigsten sich für diesen ergebenden Saldos.[94] Etwas anderes soll nur gelten, sofern die Bürgschaft ausnahmsweise aufgrund eines Vertrags zugunsten Dritter auch für einen eventuellen Nachfolger des ursprünglichen Gläubigers eingegangen worden ist.[95] Zur Begründung führt der BGH an, die Bürgschaft könne nach § 401 BGB nur insoweit auf den Zessionar übergehen, als die gesicherte Hauptforderung im Augenblick der Zession bestehe; spätere Kreditgewährungen durch diesen begründeten weitere Ansprüche nur kraft der eigenen Kreditgewährung, nicht kraft der Abtretung.[96]

Diese Ansicht hält **kritischer Überprüfung** nicht stand.[97] Eine Kontokorrentbürgschaft stellt nämlich grundsätzlich eine Bürgschaft für *zukünftige* Forderungen nach § 765 Abs. 2 BGB dar, und diese können abgetreten werden, sofern sie genügend bestimmt sind. Es ist daher anzunehmen, daß der Zedent dem Zessionar bei der Übertragung der Geschäftsverbindung, die ja eine möglichst umfassende Rechtsnachfolge herbeiführen soll, auch die zukünftigen Rückzahlungsansprüche gegen den Hauptschuldner übertragen hat und daß daher gemäß § 401 BGB auch die Bürgschaft für

---

[91] Vgl. etwa die Darstellung bei *Palandt/Sprau* § 765 Rdn. 20f.
[92] Vgl. näher *Larenz/Canaris* Schuldrecht II/2[13] § 60 V 1b.
[93] Vgl. RG WarnRspr. 1914 Nr. 184; RG GruchBeitr. 54, 407, 409; BGHZ 26, 142, 148; BGHWM 1960, 371, 372 unter II 2a; *Schlegelberger-Hefermehl* § 349 Rdn. 9; *Schäfer* S. 172f.
[94] Vgl. RG GruchBeitr. 54, 413; BGHZ 26, 150.
[95] BGH aaO S. 149.
[96] AaO S. 148.
[97] Zustimmend *Schlegelberger/Hefermehl* § 356 Rdn. 21.

diese Forderungen übergegangen ist. Zahlt nun der Zessionar neue Kredite aus, so entsteht dadurch in seiner Person der *abgetretene* Rückzahlungsanspruch und nicht eine *originäre* Forderung; das gilt zumindest dann, wenn der Zessionar dem Zedenten gegenüber oder gar auch dem Hauptschuldner gegenüber die Verpflichtung aus der Kreditzusage des Zedenten übernommen hat, da dann die Auszahlung des Kredits jedenfalls die Erfüllung der *ursprünglichen* Verbindlichkeit darstellt. Irgendwelche schutzwürdigen Interessen des Bürgen stehen dieser Lösung nicht entgegen. Denn er kann einen Wechsel in der Person des Gläubigers gemäß §§ 398, 401 BGB nicht verhindern und würde daher dem Zessionar in voller Höhe haften, wenn das Darlehensversprechen im Augenblick der Zession zufällig (!) gerade voll ausgenutzt wäre. Befanden sich in dem Kontokorrent zur Zeit der Zession Aktiva, die die Hauptschuld und damit auch die Verbindlichkeit des Bürgen zu mindern geeignet waren, so bleiben ihm diese Aktiva erhalten, da sie dem Zessionar gemäß §§ 404, 406 BGB genauso entgegengesetzt werden können wie dem Zedenten, so daß auch der Rechtsgedanke des § 776 BGB nicht beeinträchtigt ist. Daß der Hauptschuldner gegenüber dem Zessionar in Zukunft eventuell weniger Gegenforderungen erwerben wird als gegenüber dem Zedenten, ist – falls es im Einzelfall überhaupt zutrifft – unerheblich; denn welche verrechenbaren Aktiva der Hauptschuldner gegen den Gläubiger erlangt, entzieht sich in jedem Falle dem rechtlichen Einfluß des Bürgen – dem Zedenten gegenüber genauso wie dem Zessionar gegenüber.

78 Die Lösung der h. L. ist somit nicht nur konstruktiv gesehen unrichtig, sondern kann auch von der Interessenlage her nicht überzeugen. Die Bürgschaft stellt daher **auch dem Zessionar gegenüber eine Kontokorrent- und nicht lediglich eine Einzelbürgschaft** dar. Folglich haftet der Bürge auch dem Zessionar gegenüber grundsätzlich für den *jeweiligen* und nicht nur für den *niedrigsten* Saldo.

§ 357

¹Hat der Gläubiger eines Beteiligten die Pfändung und Überweisung des Anspruchs auf dasjenige erwirkt, was seinem Schuldner als Überschuß aus der laufenden Rechnung zukommt, so können dem Gläubiger gegenüber Schuldposten, die nach der Pfändung durch neue Geschäfte entstehen, nicht in Rechnung gestellt werden. ²Geschäfte, die auf Grund eines schon vor der Pfändung bestehenden Rechtes oder einer schon vor diesem Zeitpunkte bestehenden Verpflichtung des Drittschuldners vorgenommen werden, gelten nicht als neue Geschäfte im Sinne dieser Vorschrift.

Übersicht

	Rdn.		Rdn.
I. Gesetzeszweck und dogmatische Einordnung		II. Die Pfändung des „gegenwärtigen" Saldos oder „Zustellungssaldos"	
1. § 357 als Ausnahmevorschrift zum Schutz des Gläubigers und als Schranke der Privatautonomie	1	1. Der Pfändungsgegenstand i. S. von § 357: die „zukünftige" oder die „gegenwärtige" Saldoforderung?	11
2. Das Verhältnis von § 357 zu § 851 Abs. 2 ZPO	2	2. Die Voraussetzungen des § 357	17
3. Das Verhältnis von § 357 zum Prioritätsprinzip	5	3. Die „Sperrwirkung" des Pfändungs- und Überweisungsbeschlusses und deren Grenzen	20
4. Die Verallgemeinerungsfähigkeit des § 357 und ihre Grenzen	8	a) Der Eintritt der Sperrwirkung nach § 357 S. 1	20

b) Die Begrenzung der Sperrwirkung auf Schuldposten aus
„neuen" Geschäften und die
Regelung des Satz 2 23
4. Die Behandlung von Zahlungen
des Drittschuldners an den
Schuldner und an Dritte 28
5. Die Behandlung von nach der
Pfändung entstandenen Haben-
posten 31
6. Der Einfluß der Pfändung auf das
Kontokorrentverhältnis 33
7. Die Stellung des Drittschuldners . 38
8. Der Einfluß der Saldo-
anerkennung auf die Stellung des
Gläubigers 40
9. Der Einfluß der Überweisung
auf die Sicherheiten 44
III. Die Pfändung des zukünftigen
Saldos und des „Tagessaldos"
1. Die Zulässigkeit der Pfändung
des zukünftigen Saldos und ihre
Grenzen 45
2. Die Wirkungen der Pfändung des
zukünftigen Saldos 47
3. Die Pfändung des „Tagessaldos" . 49
4. Das Verhältnis zwischen den verschiedenen Arten der Pfändung . 51

Schrifttum

wie vor § 355

I. Gesetzeszweck und dogmatische Einordnung

1. § 357 als Ausnahmevorschrift zum Schutz des Gläubigers und als Schranke der Privatautonomie

Über den Zweck des § 357 HGB heißt es in den **Materialien**: 1
„Es genügt ... nicht, dem Gläubiger, welcher den Saldoanspruch pfändet, entsprechend der gegenwärtig herrschenden Auffassung, nur ein Recht auf dasjenige zu gewähren, was sich bei dem nächsten vereinbarungsgemäßen Rechnungsabschlusse als Guthaben des Schuldners ergibt; denn dieser hätte es dann in der Hand, seine Forderung an den Kontokorrentgegner dem Gläubiger durch beliebige Schaffung neuer Schuldposten zu entziehen." Daher sei „eine besondere gesetzliche Vorschrift angezeigt".[1]

Die Gesetzesverfasser gingen also davon aus, daß § 357 den bisherigen Rechtszustand, wie er sich aufgrund der „gegenwärtig herrschenden Auffassung" darstellte, ändern sollte, und sie sahen in ihm dementsprechend eine Ausnahme von den sich aus allgemeinen Rechtsgrundsätzen ergebenden Regeln über das Verhältnis von Kontokorrentvertrag und Zwangsvollstreckung. Ziel dieser Ausnahme ist erklärtermaßen der **Schutz der Gläubiger**: diese sollen davor bewahrt bleiben, daß der Schuldner ihnen die Saldoforderung „durch Schaffung neuer Schuldposten" ganz oder teilweise entzieht. § 357 begrenzt daher in dieser Hinsicht die Freiheit der Vertragsparteien. Er enthält also eine **Schranke der Privatautonomie** für den Bereich der Zwangsvollstreckung.

2. Das Verhältnis von § 357 zu § 851 Abs. 2 ZPO

Der Zweck des § 357 weist somit eine **enge Verwandtschaft mit dem des § 851** 2
Abs. 2 ZPO auf, wonach die Unabtretbarkeit einer Forderung i. S. von § 399 BGB grundsätzlich nicht ihre Unpfändbarkeit zur Folge hat. Auch diese Vorschrift soll nämlich der Gefahr vorbeugen, „daß der Schuldner durch vertragsmäßige Ausschließung der Übertragbarkeit die ihm zustehenden Forderungen dem Zugriffe des

---
[1] Denkschrift S. 200.

Gläubigers entzieht".[2] Beide Vorschriften stellen somit eine **Durchbrechung des grundsätzlichen Gleichlaufs von Zessions- und Pfändungsrecht** dar, und beide Vorschriften schränken zum Zweck des Gläubigerschutzes die Vertragsfreiheit für das Gebiet der Zwangsvollstreckung ein.

3   Trotz dieser Ähnlichkeit der ratio legis stellt § 357 HGB aber zugleich auch eine **Ausnahme von § 851 Abs. 2 ZPO** dar. Nach § 851 Abs. 2 ZPO müßten nämlich grundsätzlich die kontokorrentzugehörigen Einzelforderungen trotz der Kontokorrentabrede pfändbar sein. Denn danach hindert der rechtsgeschäftliche Ausschluß der Abtretbarkeit die Pfändbarkeit einer Forderung nicht, sofern diese auf einen pfändbaren Gegenstand gerichtet ist; das aber müßte an sich ohne weiteres auch für das Kontokorrent gelten, da die Forderungen hier in aller Regel auf Geld, also auf einen pfändbaren Gegenstand, gerichtet sind und der Ausschluß der Abtretbarkeit auf dem mutmaßlichen Parteiwillen, also auf Rechtsgeschäft, beruht – gleichgültig, ob man darin einen unmittelbaren Anwendungsfall des § 399 BGB oder nur einen rechtsähnlichen, also zumindest eine Analogie zu § 851 Abs. 2 ZPO auslösenden Tatbestand sieht. Wären aber die Einzelforderungen pfändbar, so bedürfte es der Vorschrift des § 357 nicht; denn dann wäre der Gläubiger durch die Möglichkeit des Rückgriffs auf die Einzelforderungen hinreichend geschützt und auf die Pfändung der Saldoforderung in keiner Weise angewiesen. § 357 beruht somit auf der **Voraussetzung der Unpfändbarkeit der Einzelforderungen** und schließt daher die Anwendung des § 851 Abs. 2 ZPO aus (vgl. auch § 355 Rdn. 115 m. Nachw. zur – i. E. – übereinstimmenden h. L.).

4   Zusammenfassend ergibt sich somit, daß § 357 eine **Doppelfunktion im Verhältnis zu § 851 Abs. 2 ZPO** entfaltet: § 357 verdrängt § 851 Abs. 2 ZPO auf der Ebene der Einzelforderungen und stellt zugleich seine Schutzfunktion auf der Ebene der Saldoforderung wieder her.

3. Das Verhältnis von § 357 zum Prioritätsprinzip

5   Die Unanwendbarkeit des § 851 Abs. 2 ZPO auf die Einzelforderungen läßt sich regelmäßig, wenn auch nicht ausnahmslos, noch auf einen zweiten Grund stützen. Ist nämlich mit der Kontokorrentabrede zugleich ein antizipierter Verrechnungsvertrag verbunden, was normalerweise der Fall ist (vgl. § 355 Rdn. 127ff), so folgt schon aus dem **Prioritätsprinzip**, daß die Zwangsvollstreckung eigentlich hinter die Verfügungen der Parteien, also auch hinter die vorweggenommene Verrechnung, zurücktreten müßte. Denn nach ganz h. L. greift das Prioritätsprinzip auch bei *antizipierten* Verfügungen ein,[3] und das gilt insbesondere auch für den antizipierten Aufrechnungsvertrag.[4] Da sich nun aber unstreitig auch das Rangverhältnis zwischen rechtsgeschäftlicher Verfügung und Einzelzwangsvollstreckung grundsätzlich nach dem Prioritätsprinzip bestimmt, müßte der antizipierte Verrechnungsvertrag an sich der Zwangsvollstreckung vorgehen, und zwar auch dann, wenn die zu verrechnende Gegenforderung erst nach dem Erlaß der Vollstreckungsmaßnahme entstanden ist; denn die Priorität bestimmt sich nicht nach dem Zeitpunkt, zu dem das fragliche Rechtsgeschäft *wirksam* wird, sondern nach dem, zu dem es *vorgenommen* wird (vgl. auch § 1209 BGB), und dieser liegt bei einer Antizipation des Verrechnungsvertrags nun einmal vor der Zwangsvollstreckung. Die Verfasser des § 357 sind daher durchaus

---

[2] Materialien zur Civilprozessordnung, 1898, S. 244.
[3] Grundlegend BGHZ 30, 149.
[4] Das ist ganz h. L., vgl. nur *Berger* Der Aufrechnungsvertrag, 1996, S. 153 f.

zu Recht davon ausgegangen, daß ohne eine besondere gesetzliche Regelung der vollstreckende Gläubiger grundsätzlich auch nach der Zwangsvollstreckung entstandene Schuldposten gegen sich gelten lassen müßte. § 357 stellt somit eine **Einschränkung des Prioritätsprinzips** dar.

Demgemäß hat § 357 auch eine **Beeinträchtigung der Interessen der anderen Kontokorrentpartei** zur Folge. Denn nicht nur der Schuldner wird gehindert, neue Schuldposten zu schaffen, sondern zugleich wird seinem Partner die Möglichkeit genommen, seine Saldoschuld statt durch Barzahlung durch Verrechnung mit neu erworbenen Aktiva zu tilgen. Das führt für ihn zu einem **Verlust der Vorteile der Vereinfachungs- und der Sicherungsfunktion** des Kontokorrents (vgl. zu diesen beiden Funktionen § 355 Rdn. 3–6); insbesondere der Verlust der letzteren kann ihn verhältnismäßig hart treffen, wenn die Realisierung eigener Ansprüche gegen die andere Kontokorrentpartei im Hinblick auf deren Vermögenslage fragwürdig ist und er daher für ein geplantes Geschäft mit der in der Verrechnungsmöglichkeit liegenden Sicherheit gerechnet hatte. Immerhin trägt das Gesetz auch seinen Interessen Rechnung, da der Vollstreckungsgläubiger nach S. 2 der Vorschrift neue Schuldposten dann gegen sich gelten lassen muß, wenn sie auf – kursorisch gesprochen – vorher abgeschlossenen Geschäften zwischen den Kontokorrentparteien beruhen (vgl. näher unten Rdn. 23 ff).

Insgesamt aber stellt § 357 auch die Interessen des Drittschuldners hinter denen des Pfandgläubigers teilweise zurück. Den Gesetzesverfassern war dies allerdings offenbar nicht voll bewußt. Gleichwohl wird man bei objektiver Betrachtung sagen müssen, daß sie einen **angemessenen Interessenausgleich** gefunden haben. Der Pfandgläubiger ist nämlich insofern in einer wesentlich ungünstigeren Lage, als er sich aus faktischen – und z. T. auch aus rechtlichen – Gründen nicht im selben Umfang *im voraus* sichern kann wie der Drittschuldner, und er verdient daher diesem gegenüber einen besonderen Schutz; denn durch die Antizipation des Verrechnungsvertrags bei Eingehung des Kontokorrents, also zu einem vielleicht Jahre zurückliegenden Zeitpunkt, würden dem Pfandgläubiger automatisch immer wieder spätere Geschäfte vorgehen, ohne daß er eine Möglichkeit hätte, in dieses Verhältnis einzubrechen. Auf der anderen Seite wiegen die Interessen des Drittschuldners nicht allzu schwer. Daß sein bloßes *Bequemlichkeits*interesse an einer reibungslosen kontokorrentmäßigen Abrechnung hinter dem Sicherungs- und Vollstreckungsinteresse des Gläubigers zurückzutreten hat, leuchtet unmittelbar ein. Seinem eigenen *Sicherungs*interesse aber trägt § 357 weitgehend Rechnung, da bereits bestehende oder i. S. von Satz 2 begründete Posten Vorrang behalten. Nur soweit es um die Sicherung *zukünftiger*, bisher allenfalls geplanter und jedenfalls noch nicht rechtsverbindlicher Geschäfte geht, tritt das Interesse des Drittschuldners hinter dem des Gläubigers zurück;[5] das aber stellt eine durchaus einleuchtende Wertung dar, da letzterer ja Befriedigung für eine bereits bestehende oder zumindest i. S. von § 916 Abs. 2 ZPO vollstreckungsfähige Forderung sucht und da dieses Interesse schutzwürdiger erscheint als das Interesse des Drittschuldners an der Sicherung seiner zukünftigen Forderung gegen den Schuldner, deren Entstehen er ja durch Verzicht auf den fraglichen Geschäftsschluß ohne weiteres verhindern kann. § 357 enthält daher in der Tat einen abgewogenen Kompromiß zwischen den Interessen des Pfandgläubigers und des Drittschuldners – wodurch er sich übrigens von der in dieser Hinsicht völlig undurchdachten und korrekturbedürftigen Vorschrift des § 851 Abs. 2 ZPO[6] wohltuend unterscheidet.

---

[5] Zustimmend BGHZ 93, 71, 81; i. E. auch BGH NJW 1997, 2322, 2323.

[6] Vgl. dazu *Erman* Gedächtnisschrift für Rudolf Schmidt, S. 268 f.

4. Die Verallgemeinerungsfähigkeit des § 357 und ihre Grenzen

8 § 357 stellt eine Ausnahmevorschrift zugunsten des *Vollstreckungsgläubigers* dar (vgl. Rdn. 2–4). Daher kommt grundsätzlich **keine entsprechende Anwendung außerhalb des Bereichs der Zwangsvollstreckung** in Betracht. Insbesondere wäre es abwegig, § 357 auch dem Zessionar zugute kommen zu lassen und aus der Pfändbarkeit der Saldoforderung auf ihre Abtretbarkeit zu schließen.[7]

9 Dagegen trägt § 357 nicht auch insoweit Ausnahmecharakter, als er sich seinem unmittelbaren Anwendungsbereich nach nur auf das *Kontokorrent* bezieht. Er enthält vielmehr insofern einen **verallgemeinerungsfähigen Rechtsgedanken,** als er – ebenso wie der in dieselbe Richtung weisende § 851 Abs. 2 ZPO – dem Vorrang rechtsgeschäftlicher Vereinbarungen zwischen Schuldner und Drittschuldner gegenüber der Zwangsvollstreckung Grenzen setzt (vgl. Rdn. 2). Das läßt sich möglicherweise ganz allgemein für das Verhältnis von rechtsgeschäftlicher Vorausverfügung (also z. B. Globalzession) und Einzelzwangsvollstreckung fruchtbar machen, paßt aber zumindest für **Verrechnungs- und Aufrechnungsverträge aller Art.** Daher ist § 357 entgegen der früher h. L. analog auf das **„uneigentliche" Kontokorrent** anzuwenden (vgl. auch oben § 355 Rdn. 30 und 266 m. Nachw.).

10 Darüber hinaus gilt § 357 auch für **andere antizipierte Aufrechnungsverträge** entsprechend. Dadurch läßt sich die umstrittene Frage, ob diese späteren Vollstreckungsmaßnahmen vorgehen oder nicht,[8] einem sachgerechten Kompromiß zuführen. Dieser liegt entsprechend dem Rechtsgedanken des § 357 darin, daß zwar grundsätzlich der antizipierte Aufrechnungsvertrag nach dem Prioritätsprinzip vorgeht, weil und sofern er zeitlich früher geschlossen wurde, daß aber ausnahmsweise das Pfändungspfandrecht vorgeht, sofern der Aufrechnungsvertrag entweder lediglich „Bequemlichkeitsinteressen" dient – wie wohl meist in den „Kellnerfällen" – oder nur zur Sicherung *zukünftiger* Forderungen dient (vgl. zu dieser Wertung oben Anm. 4). Dadurch könnte die – lebhaft umstrittene – Ansicht, die bei **„Kleinverträgen des täglichen Lebens"** ausnahmsweise vom Vorrang des Pfändungspfandrechts ausgeht,[9] sowohl eine dogmatische Stütze als auch eine tatbestandliche Präzisierung erlangen.

II. Die Pfändung des „gegenwärtigen" Saldos oder „Zustellungssaldos"

1. Der Pfändungsgegenstand i. S. von § 357: die „zukünftige" oder die „gegenwärtige" Saldoforderung?

11 Welche Forderung Gegenstand der Pfändung i. S. von § 357 ist, war früher stark umstritten. Sicher war seit jeher nur, daß die Vorschrift **nicht die kontokorrentzugehörigen Einzelforderungen** meint, wie sich schon aus ihrem Wortlaut ergibt; diese sind unpfändbar und kommen daher als Objekt einer Zwangsvollstreckung von vornherein nicht in Betracht (vgl. oben Anm. 2 letzter Absatz und § 355 Anm. 62 m. Nachw.).

12 Vollstreckungsgegenstand ist demnach jedenfalls die Forderung auf den „Überschuß", also die Saldoforderung. Problematisch ist dabei aber, ob insoweit auf den

---

[7] So mit Recht z. B. *Schlegelberger/Hefermehl* § 357 Rdn. 18; anders *Weispfenning* JW 1938, 3095.

[8] Vgl. dazu z. B. einerseits RGZ 138, 252, 258, andererseits BAG AP Nr. 4 zu § 611 BGB Kellner.

[9] Vgl. dazu *Berger* aaO S. 154 ff mit Nachw., der selbst freilich diese Ansicht ablehnt.

Saldo im Zeitpunkt der Pfändung, den sogenannten „**gegenwärtigen Saldo**", oder auf den **Saldo im Zeitpunkt des nächsten Rechnungsabschlusses**, den sogenannten „**zukünftigen**" Saldo abzustellen ist. Dogmatisch vorstellbar ist grundsätzlich beides. Insbesondere bestehen keine theoretischen Einwände gegen die Möglichkeit, auch eine *zukünftige* Saldoforderung zu pfänden, da die grundsätzliche Zulässigkeit der Pfändung zukünftiger Forderungen heute außer Zweifel steht. Indessen bestimmt § 357 S. 1, daß nach der Pfändung entstandene Schuldposten dem Gläubiger i. d. R. nicht in Rechnung gestellt werden können. Dieser erhält daher nicht notwendigerweise nur den beim nächsten Rechnungsabschluß vorhandenen Saldo, sondern meist mehr. § 357 kann sich daher auf die zukünftige Saldoforderung zumindest dann nicht beziehen, wenn man darunter die in diesem Zeitpunkt vorhandene *wirkliche, d. h. rechtlich bestehende* Saldoforderung versteht. Soweit daher als Vollstreckungsgegenstand i. S. des § 357 die „zukünftige" Saldoforderung angesehen wird,[10] kann damit wegen S. 1 der Vorschrift sinnvollerweise nur eine *fiktive* Forderung gemeint sein, die sich im Verhältnis zum Gläubiger anders berechnet als im Verhältnis der Kontokorrentparteien untereinander.

Wegen dieser Schwierigkeiten hinsichtlich der dogmatischen Erfassung des zukünftigen Saldos scheint es näher zu liegen, § 357 so zu verstehen, daß er sich auf die **gegenwärtige, d. h. die sich im Augenblick der Pfändung ergebende Saldoforderung** bezieht. Das ist in der Tat die Ansicht der h. L.[11] Auch das ist indessen nicht unproblematisch, weil es eine *gegenwärtige* Saldoforderung im Zeitpunkt der *Pfändung* meist gar nicht gibt; denn nach herrschender und richtiger Ansicht vollzieht sich die Verrechnung grundsätzlich nicht wie nach der Lehre vom Staffelkontokorrent *laufend* bei jedem Geschäftsvorfall, sondern *periodisch* am jeweiligen Rechnungstermin (vgl. näher oben § 355 Rdn. 149f m. Nachw.), und daher besteht *während des Laufs einer Kontokorrentperiode* überhaupt keine Saldoforderung. Die Lehre von der periodischen Verrechnung kommt hier also in gewisse Schwierigkeiten.[12] Das spricht jedoch keineswegs für die Lehre vom Staffelkontokorrent, da auch diese § 357 nicht „bruchlos" erklären kann. Nach S. 2 sind dem Gläubiger nämlich auch nach der Pfändung entstehende Schuldposten u. U. noch in Rechnung zu stellen, und das läßt sich mit einem *laufenden* Vollzug der Verrechnung schwer vereinbaren, da der Saldo nach der Pfändung eigentlich unveränderlich sein müßte; die Lehre vom Staffelkontokorrent hat also mit S. 2 genau dieselben Schwierigkeiten, die die h. L. mutatis mutandis mit S. 1 hat.[13]

Andererseits sind aber die Schwierigkeiten der h. L. keineswegs so gravierend, daß sie zur Aufgabe der Ansicht zwingen, § 357 meine den gegenwärtigen Saldo. Man muß sich nämlich darüber klar sein, daß es sich lediglich um eine **Frage der Terminologie** handelt und daß die Ausdrucksweise der h. L. nur eine **Kurzformel zur Bezeichnung des dem Gläubiger zukommenden Betrags** ist: *Dieser richtet sich grundsätzlich nach dem – gewissermaßen fiktiven – Saldo, der sich bei einem Rechnungsabschluß im Augenblick der Pfändung ergäbe.*[14] In der Tat steht dies und nur dies in § 357, und daher ist die Terminologie der h. L. sinnvoll. Es kommt hinzu, daß die Alternative –

---

[10] So z. B. *Düringer/Hachenburg/Breit* § 357 Anm. 3; *Schupp* BB 1952, 217f.
[11] Vgl. schon Denkschrift S. 200; ferner z. B. RGZ 135, 139; 140, 222; BGHZ 80, 172, 176f; *Schlegelberger/Hefermehl* § 357 Rdn. 3; *Müller-Erzbach* S. 658 unter IV 5; *von Gierke* § 63 IV 5c; *Beitzke* S. 15f.; *Heymann/Horn* § 357 Rdn. 8; *Röhricht/Graf von Westphalen/Wagner* § 357 Rdn. 2; *Lwowski/Bitter* S. 59 mit weiteren Nachw.
[12] Vgl. auch *Herz* S. 133ff.
[13] Oberflächlich und unzutreffend daher *Schaudwet* S. 55; unklar und problemverkürzend auch *Herz* S. 166f.
[14] Ähnlich *Pfeiffer/Hammen* § 7 Rdn. 43.

nämlich von einer Pfändung des „zukünftigen" Saldos zu sprechen – noch schlechter ist. Denn auch das kann, wie gezeigt, nur eine verkürzende Formel sein, da die wirkliche zukünftige Saldoforderung von § 357 ja auf keinen Fall gemeint ist (vgl. oben Rdn. 12), und diese Ausdrucksweise ist noch ungenauer als die der h. L., weil sie nicht den richtigen Betrag wiedergibt und daher anders als die h. L. nicht einmal buchmäßig zutrifft. Oder präziser gesprochen: Die h. L. ist rechnerisch und buchmäßig zutreffend, sofern zwar nachträgliche Schuldposten i. S. von Satz 1, nicht aber nachträgliche Habenposten i. S. von Satz 2 hinzugekommen sind, und die Gegenansicht, die von der Pfändung des zukünftigen Saldos spricht, paßt im umgekehrten Falle besser; da aber gesetzestechnisch und auch faktisch Satz 1 die Regel und Satz 2 die Ausnahme darstellt, ist auch unter diesem Gesichtspunkt die h. L. vorzuziehen.

15 Im Einklang mit dem BGH kann man statt von „gegenwärtigem" Saldo auch von **Zustellungssaldo** sprechen.[15] Dabei sollte man jedoch nicht aus dem Auge verlieren, daß dieser Begriff dieselben Unschärfen aufweist wie jener, da auch der Zeitpunkt der Zustellung des Pfändungs- und Überweisungsbeschlusses nicht in jeder Hinsicht ausschlaggebend ist.

16 Noch einmal zu unterstreichen ist im übrigen, daß es um eine **bloße Frage der Terminologie** geht. Es wäre Begriffsjurisprudenz im schlechten Sinne, aus der Entscheidung dieser Frage Rechtsfolgen abzuleiten und daraus z. B. ohne weiteres zu folgern, nach der Pfändung entstandene Habenposten könnten dem Gläubiger nicht mehr zugute kommen (vgl. dazu unten Rdn. 31f) oder die Pfändung beendige die laufende Rechnungsperiode (vgl. dazu unten Rdn. 34).

2. Die Voraussetzungen des § 357

17 **Form und Voraussetzungen der Pfändung** richten sich nach den allgemeinen Regeln des Zwangsvollstreckungsrechts, d. h. in erster Linie nach den Vorschriften über die Forderungspfändung gemäß §§ 828ff ZPO. Die Bezeichnung der gepfändeten Saldoforderung muß daher insbesondere dem vollstreckungsrechtlichen **Bestimmtheitserfordernis** genügen. Dazu ist die Erwähnung des Kontokorrents zwar nicht unbedingt erforderlich, aber doch zweckmäßig, da das der Forderung zugrunde liegende Rechtsverhältnis wenigstens in allgemeinen Umrissen angegeben werden muß.[16] Ist in dem Pfändungsbeschluß nur generell auf „die Saldoforderung" oder „die Ansprüche aus dem Kontokorrent" hingewiesen, so ist darunter jedenfalls (zumindest auch) der gegenwärtige Saldo i. S. des § 357 zu verstehen. Überhaupt ist im Zweifel anzunehmen, daß der gegenwärtige Saldo gemeint ist;[17] denn die Stellung des Gläubigers ist in diesem Falle wegen der Anwendbarkeit des § 357 wesentlich stärker als bei Pfändung des zukünftigen Saldos, und daher ist sein mutmaßlicher Wille jedenfalls auf Pfändung des gegenwärtigen Saldos gerichtet. Im übrigen sind die Probleme, die sich aus dem Bestimmtheitserfordernis ergeben, nicht spezifisch gerade für das Kontokorrent, sondern betreffen entweder das **Bankkonto**[18] – das zwar meistens, aber nicht notwendigerweise in der Form eines Kontokorrents geführt wird – oder ganz allgemein die Forderungspfändung als solche, so daß hier nicht der Ort für eine Vertiefung dieser Problematik ist.

18 Außer der Pfändung fordert das Gesetz auch die **Überweisung** der Forderung. Hat der Gläubiger also lediglich eine Pfändung oder einen Arrest erwirkt, so greift § 357

---

[15] Vgl. z. B. BGHZ 80, 172 Leitsatz b und S. 176; 84, 325, 327; 84, 371, 376.
[16] Vgl. z. B. RGZ 157, 321.
[17] Vgl. auch *Schlegelberger/Hefermehl* § 357 Rdn. 4.
[18] Vgl. zu dessen Pfändung eingehend *Canaris* Bankvertragsrecht³ Rdn. 185ff.

nicht ein.[19] Das mag auf den ersten Blick überraschend erscheinen, ist aber wertungsmäßig keineswegs unsinnig; denn wenn die Forderung nicht zur Einziehung überwiesen ist, verwirklicht der Gläubiger nicht sein Befriedigungs-, sondern nur sein Sicherungsinteresse, und es erscheint durchaus vertretbar, diesem schwächeren Interesse nicht den Vorrang vor dem Interesse des Drittschuldners an reibungsloser kontokorrentmäßiger Abrechnung und an Sicherung seiner eigenen zukünftigen Forderungen einzuräumen (vgl. zur Interessenabwägung näher oben Rdn. 6f). Die Anknüpfung an die Überweisung in § 357 erscheint daher wertungsmäßig nicht so ungereimt, daß eine den klaren Wortlaut berichtigende Auslegung erlaubt wäre. Außerdem lassen sich etwaige Unbilligkeiten vermeiden, indem man einer nachfolgenden Überweisung Rückwirkung zuerkennt.[20]

Voraussetzung für die Anwendung des § 357 ist weiter das **Bestehen eines (rechnerischen oder fiktiven) Saldos zugunsten des Schuldners** bei Zustellung des Pfändungs- und Überweisungsbeschlusses an den Drittschuldner; denn sonst gehen Pfändung und Überweisung mangels einer pfändbaren Forderung ins Leere, so daß sie gegenstandslos und damit unwirksam sind. Auch dabei handelt es sich lediglich um einen Anwendungsfall allgemeiner zwangsvollstreckungsrechtlicher Regeln. Die Pfändung kann dann allenfalls als eine Pfändung des zukünftigen Saldos aufrechterhalten werden, sofern der Beschluß dies seiner Formulierung nach erlaubt (vgl. dazu unten Rdn. 52). Für diesen gilt aber § 357 nicht, so daß der Gläubiger dann nicht in den Genuß der Sperrwirkung des Satz 1 kommt (vgl. unten Rdn. 47f). Der Gläubiger geht also entweder völlig leer aus oder erlangt allenfalls das – meist ziemlich wertlose – Pfandrecht an der zukünftigen Saldoforderung, wenn das Konto des Schuldners bei Zustellung des Pfändungs- und Überweisungsbeschlusses ausgeglichen oder gar debitorisch ist. Das ist nicht nur konstruktiv zwingend, sondern auch vom Ergebnis her einleuchtend, weil dann das Kontokorrent derzeit eben keinen wirtschaftlichen Wert und kein Aktivum des Schuldnervermögens darstellt. **19**

3. Die „Sperrwirkung" des Pfändungs- und Überweisungsbeschlusses und deren Grenzen

a) Der Eintritt der Sperrwirkung nach § 357 S. 1. Pfändung und Überweisung haben nach § 357 S. 1 eine Art relativer Sperrwirkung zugunsten des Gläubigers zur Folge; denn danach „können dem Gläubiger gegenüber Schuldposten, die nach der Pfändung durch neue Geschäfte entstehen, nicht in Rechnung gestellt werden". Darin liegt die **entscheidende Besonderheit des § 357** und die **Privilegierung des Gläubigers gegenüber den allgemeinen Regeln** (vgl. auch oben Rdn. 1–4). **20**

Maßgeblicher **Zeitpunkt** ist die Wirksamkeit des Pfändungs- und Überweisungsbeschlusses, also gemäß § 829 Abs. 3 ZPO der Augenblick seiner Zustellung an den Drittschuldner.[21] Nach diesem Zeitpunkt kann die Einstellung neuer Posten in das Kontokorrent dem Gläubiger gegenüber allerdings noch in **Analogie zu §§ 1275, 412, 407 BGB** Wirksamkeit erlangen, solange der Drittschuldner von dem Pfändungs- und Überweisungsbeschluß keine Kenntnis hat. Auch § 406 BGB ist analog § 1275, 412 BGB entsprechend anwendbar, sofern man nicht schon im Wege einer Analogie zu § 392 BGB zum selben Ergebnis kommt. **21**

---

[19] Ebenso *Schlegelberger/Hefermehl* § 357 Rdn. 5; *Heymann/Horn* § 357 Rdn. 2 a.E.; *Schupp* BB 1952, 218; **a.A.** *Grigat* BB 1952, 337; *Herz* S. 146ff.

[20] So auch *Düringer/Hachenburg/Breit* § 357 Anm. 4.

[21] Ebenso *Schlegelberger/Hefermehl* § 357 Rdn. 11.

22   Ein etwaiges **Pfandrecht des Drittschuldners gemäß Ziff. 19 Abs. 2 AGB-Banken** an dem gepfändeten – gegen ihn selbst gerichteten – Anspruch tritt hinter dem Pfändungspfandrecht zurück, wenn der Drittschuldner seine Forderung gegen den Pfändungsschuldner erst nach der Pfändung erworben hat; das gilt nach der Wertung von § 357 S. 1 (vgl. insoweit oben Rdn. 7) auch dann, wenn dieses AGB-Pfandrecht nach §§ 1273 Abs. 2, 1209 BGB Vorrang vor dem Pfändungspfandrecht hat.[22]

23   **b) Die Begrenzung der Sperrwirkung auf Schuldposten aus „neuen" Geschäften und die Regelung des Satz 2.** Die Wirkung des § 357 gilt nur für „neue" Geschäfte. Als solche gelten nach Satz 2 der Vorschrift nicht „Geschäfte, die auf Grund eines schon vor der Pfändung bestehenden Rechtes oder einer schon vor diesem Zeitpunkt bestehenden Verpflichtung des Drittschuldners vorgenommen werden". Das beruht auf dem **Grundsatz, daß die Stellung des Drittschuldners durch die Pfändung nicht verschlechtert werden darf.**[23] Zugleich liegt hier der wichtigste Ansatz, um auch darüber hinaus die Interessen des Drittschuldners angemessen zur Geltung zu bringen (vgl. oben Rdn. 6f).

24   Keine neuen Geschäfte sind jedenfalls Rückbelastungen des Schuldners durch den Drittschuldner aufgrund der **Ausübung eines Stornorechts**, wie es vor allem in Ziff. 8 Abs. 1 AGB-Banken enthalten ist, aufgrund der Realisierung eines **Vorbehalts wegen Nichteinlösung von Schecks und Lastschriften** gemäß Ziff. 9 AGB-Banken sowie der **Ausübung eines Rückbelastungsrechts beim Diskont von Wechseln**, wie es früher in Ziff. 41–43 AGB-Banken vorgesehen war und heute i. d. R. in den Vordrucken für die Einreichung von Wechseln enthalten ist. Dabei ist es gleichgültig, ob man dies als Anwendungsfall des S. 2[24] oder mit der wohl vorzugswürdigen Ansicht als unabhängig von diesem geltende Selbstverständlichkeit[25] ansieht.

Auch eine **Berichtigungsbuchung nach Ziff. 8 Abs. 2 AGB-Banken** stellt als solche kein neues Geschäft i. S. von § 357 S. 1 dar, weil (und sofern) die Bank damit lediglich geltend macht, daß ihr schon vor der Pfändung ein entsprechender Anspruch gegen den Kunden zustand und dieser lediglich buchmäßig nicht in der Kontokorrentabrechnung erfaßt war. Macht freilich der Kunde von der in Ziff. 8 Abs. 2 S. 2 vorgesehenen Möglichkeit Gebrauch, Einwendungen gegen die Berichtigungsbuchung zu erheben, so ist der Berichtigungsanspruch gegenüber dem Pfandgläubiger nicht zu berücksichtigen und das an diesen auszukehrende Guthaben also nicht in entsprechender Höhe zu mindern;[26] denn dann ist der betreffende Betrag nach der ausdrücklichen Bestimmung von Ziff. 8 Abs. 2 S. 2 wieder dem Kontokorrent gutzuschreiben und der Berichtigungsanspruch außerhalb desselben abzuwickeln.

25   Darüber hinaus muß der Gläubiger eine Verminderung des Saldos auch dann gegen sich gelten lassen, wenn diese durch **Anfechtung, Rücktritt oder Wandelung** eines kontokorrentzugehörigen Geschäfts erfolgt.[27] Das folgt für die Anfechtung schon aus deren ex-tunc-Wirkung, muß aber für Rücktritt und Wandelung ebenso gelten, weil auch diese in engstem rechtlichen Zusammenhang mit dem ursprünglichen Geschäft stehen und weil nur die Berücksichtigung der dadurch entstehenden Schuldposten

---

[22] Vgl. BGH NJW 1997, 2322, 2323; *Canaris* Bankvertragsrecht[2] Rdn. 2669 und 2676; *Heymann/Horn* § 357 Rdn. 13; anders offenbar *Pfeiffer/Hammen* § 7 Rdn. 47.
[23] Vgl. Denkschrift S. 200; ebenso z. B. BGHZ 93, 71, 78; BGH NJW 1997, 2322, 2323.
[24] So Denkschrift S. 200.
[25] So *Schlegelberger/Hefermehl* § 357 Rdn. 15 a. E.
[26] Ebenso i. E. BGH NJW 1997, 2322, 2323.
[27] Ebenso *Düringer/Hachenburg/Breit* § 357 Anm. 14 und 15; *Schlegelberger/Hefermehl* § 357 Rdn. 12; *Heymann/Horn* § 357 Rdn. 12; *Herz* S. 170ff.

eine Verschlechterung der Stellung des Drittschuldners verhindern kann. Weiterhin greift S. 2 ein, wenn der Drittschuldner zur Vornahme des fraglichen Geschäfts durch einen **Vorvertrag** mit dem Schuldner verpflichtet war.[28]

Bemüht man sich um eine **allgemeine Formulierung**, so läßt sich sagen, daß Satz 2 immer dann zum Zuge kommt, wenn für das fragliche Geschäft schon vor der Zustellung des Pfändungs- und Überweisungsbeschlusses die **rechtliche Grundlage gelegt** war.[29] Denn da die Vorschrift eine Verschlechterung der Stellung des Drittschuldners verhindern soll, ist sie im Lichte der für diese geltenden allgemeinen Regeln zu interpretieren; die Stellung des Drittschuldners bestimmt sich aber analog §§ 1275, 412 BGB u. a. nach § 404 BGB, und für den Fortbestand von Einwendungen und Einreden i. S. von § 404 BGB genügt anerkanntermaßen, daß deren Rechtsgrund zur Zeit der Zession bereits bestand, mögen die übrigen Wirksamkeitsvoraussetzungen auch erst später eingetreten sein.[30] Daraus ergibt sich zugleich, daß S. 2 lediglich die **Klarstellung und Konkretisierung eines allgemeinen Rechtsgedankens** darstellt – nämlich des Verbots, die Stellung des Drittschuldners zu verschlechtern – und daß er daher im Rahmen dieser ratio legis weit auszulegen ist.

Ein Beispiel für die praktische Bedeutung des Kriteriums, daß es auf die Schaffung der rechtlichen Grundlage ankommt, bildet die **Aushändigung einer eurocheque-Karte mit den zugehörigen Scheckformularen** durch eine Bank an ihren Kunden. Denn da sie ihn nach diesem Zeitpunkt nicht mehr hindern kann, davon Gebrauch zu machen und so ihre Garantiepflicht zur Einlösung des Schecks gegenüber dessen Nehmer zu begründen, stellt diese nach § 357 S. 2 kein neues Geschäft dar und kann also dem Pfandgläubiger entgegengesetzt werden.[31]

Nicht vom Wortlaut des Satz 2 erfaßt ist die Fallkonstellation, daß der Drittschuldner den Vertrag, welcher den neuen Schuldposten begründet, mit dem Schuldner nur deshalb abschließt, weil er dazu **durch einen Vertrag mit einem Dritten**, z. B. einen verbindlichen Deckungskauf oder einen Weiterverkauf, genötigt ist. Man wird S. 2 jedoch auf derartige Fälle im Wege der **Analogie** anwenden können,[32] da auch hier der Drittschuldner zumindest mittelbar an das Geschäft mit dem Schuldner gebunden ist und daher die Gründe für die Zurückstellung seiner Interessen nicht passen (vgl. zu dem § 357 zugrunde liegenden Interessenausgleich näher oben Rdn. 6 f).

4. Die Behandlung von Zahlungen des Drittschuldners an den Schuldner und an Dritte

Grundsätzlich haben Zahlungen des Drittschuldners an den Schuldner, die nach der Zustellung des Pfändungsbeschlusses erfolgen, gemäß § 829 ZPO dem Gläubiger gegenüber keine Wirkung. Eine Ausnahme könnte jedoch nach dem Wortlaut des § 357 Satz 2 gelten, sofern die **Zahlungen aufgrund von vor der Pfändung abgeschlossenen Geschäften** erfolgen. Dem Gesetzeszweck nach kann die Vorschrift indessen für diesen Fall nicht gelten.[33] Denn sonst könnte der Drittschuldner die Wirkung der Pfändung ohne weiteres zunichte machen, indem er die Saldoforderung an

---

[28] Ebenso *Düringer/Hachenburg/Breit* § 357 Anm. 15.
[29] Ebenso BGHZ 93, 71, 79; *Schlegelberger/Hefermehl* § 355 Rdn. 12.
[30] Vgl. nur *Palandt/Heinrichs*[59] § 404 Rdn. 4 mit Nachw.
[31] So mit Recht BGHZ 93, 71, 79; ebenso schon *Rutke* ZIP 1984, 540; *Kümpel* WM 1984, 526.
[32] Zustimmend *Schlegelberger/Hefermehl* § 357 Rdn. 12; a. A. *Heymann/Horn* § 357 Rdn. 14.
[33] Ebenso z. B. BGH NJW 1997, 2322, 2323; *Düringer/Hachenburg/Breit* § 357 Anm. 16 und 17; *Schlegelberger/Hefermehl* § 357 Rdn. 13; *Heymann/Horn* § 357 Rdn. 15.

den Schuldner bezahlt bzw. entsprechende Zahlungen auf die dieser zugrunde liegenden Schuldposten leistet. Auch der Zweck des § 357 S. 2, Verschlechterungen der Stellung des Drittschuldners zu verhindern, ist insoweit nicht berührt, da es sich bei dem Verbot von Zahlungen an den Schuldner ja nur um die ganz normale Wirkung der Pfändung nach § 829 Abs. 1 ZPO handelt.

An diesem Ergebnis ändert auch ein etwaiges **Pfandrecht des Drittschuldners nach Ziff. 14 Abs. 2 AGB-Banken** an seiner eigenen – den Gegenstand der Pfändung bildenden – Schuld gegenüber dem Pfändungsschuldner wegen eines durch die Zahlung erlangten Rückzahlungsanspruchs gegen diesen nichts; zwar hat es nach §§ 1273 Abs. 2, 1209 BGB grundsätzlich Vorrang vor dem Pfändungspfandrecht, doch tritt es nach der Wertung von § 357 S. 1 (vgl. insoweit oben Rdn. 7) hinter diesem zurück.[34]

29 Das vollstreckungsrechtliche Zahlungsverbot gemäß § 829 Abs. 1 ZPO gilt grundsätzlich auch, wenn bzw. soweit der Saldoforderung ein noch nicht in bar erfülltes **Darlehensversprechen** des Drittschuldners an den Schuldner zugrunde liegt, für das diesem nach der – in der Praxis freilich seltenen – **„Zwei-Konten-Methode"** eine Gutschrift in Höhe des Darlehensbetrags auf seinem Kontokorrentkonto und gleichzeitig eine entsprechende Lastschrift auf einem besonderen Darlehenskonto erteilt worden ist.[35] Die Zahlung muß dann aufgrund der Pfändung und Überweisung an den Gläubiger erfolgen, ohne daß es darauf ankommt, ob dieser auch die Forderung aus dem Darlehensversprechen gepfändet hat.[36]

Anders ist insoweit allerdings zu entscheiden, wenn dem Darlehensversprechen eine **Zweckbindung** zugrunde lag und das Geld bei Auszahlung an den Pfandgläubiger nicht dem betreffenden Zweck zugute käme.[37] Die Darlehensforderung ist dann nämlich nicht nur nach § 399 BGB unabtretbar, sondern aufgrund einer teleologischen Reduktion des § 851 Abs. 2 ZPO außerdem auch unpfändbar,[38] und daran ändert sich auch dadurch nichts, daß der Empfänger des Darlehensversprechens statt dessen oder neben diesem eine entsprechende Kontokorrentforderung erhält. Bedenken gegen die Fortwirkung der Zweckbindung, die aus der *Novationstheorie* abgeleitet werden könnten, sind, sofern man dieser Lehre entgegen der heute vorherrschenden Ansicht (vgl. § 355 Rdn. 175ff) überhaupt folgt, in analoger Anwendung des § 356 HGB zu überwinden.[39] Bedenken aufgrund der Lehre vom *abstrakten Schuldversprechen*, an der auch nach Überwindung der Novationstheorie festzuhalten ist (vgl. § 355 Rdn. 182ff), bestehen ebenfalls nicht; denn auch die abstrakte Saldoforderung wäre hier ausnahmsweise nicht abtretbar und nicht pfändbar, da die Zweckbindung der zugrunde liegenden Darlehensforderung nach Sinn und Zweck der Parteiabreden gemäß §§ 157, 242 BGB auf die abstrakte Forderung durchschlägt (vgl. dazu allgemein § 355 Rdn. 200).

30 **Zahlungen an Dritte** wirken dem Gläubiger gegenüber gemäß § 357 Satz 2 nur, sofern der Drittschuldner schon vor Zustellung des Pfändungs- und Überweisungsbeschlusses eine entsprechende Verpflichtung gegenüber dem Dritten eingegangen war. Das ist z. B. dann zu bejahen, wenn er einen vom Schuldner auf ihn gezogenen Wechsel akzeptiert hatte. Es ist dagegen zu verneinen, wenn der Drittschuldner nicht

---

[34] Vgl. BGH NJW 1997, 2322, 2323; *Canaris* Bankvertragsrecht[2] Rdn. 2669 und 2676; *Heymann/Horn* § 357 Rdn. 13.
[35] Vgl. dazu näher *Canaris* Bankvertragsrecht[2] Rdn. 1348 und 1357.
[36] So auch *Düringer/Hachenburg/Breit* § 357 Anm. 17.
[37] Vgl. *Erman* Gedächtnisschrift für Rudolf Schmidt, S. 273ff; *Lwowski/Bitter* S. 65ff mit umf. Nachw.
[38] Vgl. *Erman* aaO S. 268f.
[39] Vgl. *Erman* aaO S. 275f.

garantierte Schecks oder nicht akzeptierte Wechsel einlöst, mögen diese auch vor der Pfändung von dem Schuldner ausgestellt worden sein.[40]

5. Die Behandlung von nach der Pfändung entstandenen Habenposten

Ob dem Gläubiger Aktiva zugute kommen, die nach der Pfändung für den Schuldner entstanden sind, ist streitig. Von einem Teil des Schrifttums wird das bejaht,[41] während der Gläubiger nach der h. L. **keinen Zugriff auf nachträglich entstandene Habenposten** hat.[42] Der h. L. ist zu folgen. Das ergibt sich allerdings nicht ohne weiteres daraus, daß § 357 sich auf den „gegenwärtigen" Saldo bezieht; denn zum einen wird gerade dies von der Gegenmeinung bestritten, so daß eine hierauf gestützte Begründung einer petitio principii gleichkäme, und zum anderen wäre eine derartige Ableitung auch rein begriffsjuristisch im schlechten Sinne. Überzeugend ist dagegen der Hinweis darauf, daß dem Gläubiger nachträglich entstandene Schuldposten nicht mehr in Rechnung gestellt werden können und daß es daher eine einseitige Bevorzugung seiner Interessen darstellen würde, wollte man ihm gleichwohl noch die Habenposten zugute kommen lassen.[43]

31

Die **praktische Bedeutung des Meinungsstreits** darf allerdings nicht überschätzt werden. Einerseits läßt nämlich die h. L. die Pfändung des *zukünftigen* Saldos zu und ermöglicht damit dem Gläubiger den Rückgriff auf die zukünftigen Habenposten, soweit diese nicht durch entsprechende Sollposten wieder entfallen sind (vgl. näher unten Rdn. 45ff); und andererseits zieht auch die Gegenansicht von den nach der Pfändung entstandenen Habenposten etwaige Sollposten ab[44] und kommt damit, freilich wenig folgerichtig, ebenfalls zu dem Ergebnis, daß der Gläubiger insoweit lediglich den zukünftigen *Saldo* und nicht die *ungeminderten* Habenposten in Anspruch nehmen kann. Der Unterschied beschränkt sich daher darauf, daß die h. L. zur Erreichung dieses Ergebnisses eine **Doppelpfändung** fordert, die Gegenansicht dagegen eine **einfache Pfändung** genügen läßt. Da die letztere Pfändung sich folgerichtig auf die *zukünftige* Forderung beziehen muß – denn diese ist ja nach dieser Ansicht in § 357 gemeint! – und da andererseits die h. L. die Doppelpfändung in ein und demselben Pfändungsbeschluß, ja sogar aufgrund einer einzigen, beide Pfändungen umfassenden Formulierung zuläßt (vgl. unten Rdn. 51f), sind praktische Unterschiede kaum vorstellbar. Allenfalls dann, wenn der Pfändungsbeschluß klar auf die Erfassung des „gegenwärtigen" Saldos *beschränkt* ist, könnte die h. L. zu einem anderen Ergebnis führen als die Gegenansicht; es liegt jedoch auf der Hand, daß die h. L. in diesem Fall eindeutig überlegen ist – falls die Gegenansicht überhaupt die praktischen Folgerungen aus ihrem Ausgangspunkt ziehen und den Pfändungsbeschluß entsprechend erweiternd oder berichtigend auslegen sollte.

32

6. Der Einfluß der Pfändung auf das Kontokorrentverhältnis

Es besteht heute Einigkeit darüber, daß die Saldopfändung nicht zur **Beendigung des Kontokorrents** führt.[45] Das ergibt sich schon aus dem Gesetz selbst, da dieses in Satz 2 die Berücksichtigung von nach der Pfändung entstandenen Sollposten anordnet

33

---

[40] Ebenso *Düringer/Hachenburg/Breit* § 357 Anm. 18; *Schlegelberger/Hefermehl* § 357 Rdn. 15.
[41] Vgl. z.B. *Düringer/Hachenburg/Breit* § 357 Anm. 6 und 8.
[42] Vgl. schon Denkschrift S. 200; ferner z.B. *Schlegelberger/Hefermehl* § 357 Rdn. 16; *von Gierke* § 63 IV 5c; *Beitzke* S. 16f; *Grigat* BB 1952, 336; *Scherer* NJW 1952, 1398; *Ebeling* WM 1955; 1663; *Heymann/Horn* § 357 Rdn. 11.
[43] Vgl. *Beitzke* aaO.
[44] Vgl. *Breit* aaO Anm. 8.
[45] Vgl. z.B. RGZ 140, 219, 222; *Schlegelberger/Hefermehl* § 357 Rdn. 6.

und damit den Fortbestand des Kontokorrents als selbstverständlich voraussetzt; es folgt auch aus der Interessenlage, da die Fortsetzung des Kontokorrents trotz der Pfändung grundsätzlich sinnvoll bleibt und da die Annahme einer ipso iure erfolgenden Beendigung daher ein interessewidriges Übermaß darstellen würde.

34 Umstritten ist dagegen, ob die Pfändung nicht wenigstens die **sofortige Beendigung der laufenden Rechnungsperiode** zur Folge hat. Das wird im Schrifttum teils bejaht,[46] teils verneint.[47] Praktisch geht es dabei im wesentlichen um die Frage, ob der Gläubiger aufgrund der Pfändung die *sofortige* Auszahlung des „gegenwärtigen" Saldos fordern kann oder ob er damit *bis zum nächsten Rechnungstermin warten* muß; bejaht man die sofortige Beendigung der Rechnungsperiode, gelangt man zur ersteren Konsequenz, verneint man sie, ergibt sich die letztere Konsequenz. Richtig ist, daß die Rechnungsperiode **ohne Unterbrechung** weiter bis zum nächsten Rechnungstermin läuft. Das folgt wiederum schon aus Satz 2 des § 357; denn würde die Rechnungsperiode sofort enden und könnte der Gläubiger demgemäß sofort Zahlung verlangen, so wäre es praktisch kaum denkbar, daß ihm noch später entstehende Schuldposten in Rechnung gestellt werden könnten. Außerdem spricht für diese Lösung auch der Grundsatz, daß durch die Pfändung die Stellung des Drittschuldners nicht verschlechtert werden darf. Ohne die Pfändung brauchte er sich nämlich während des Laufs einer Rechnungsperiode grundsätzlich nicht auf die Notwendigkeit einer Barzahlung einzustellen, und daher kann man diese auch nicht aufgrund der Pfändung von ihm verlangen. Das Gegenargument, er müsse ja ohnehin stets mit einer Kündigung durch den anderen Teil und demnach auch mit einer plötzlichen Zahlungspflicht rechnen,[48] verfängt nicht; denn zum einen kann das Kündigungsrecht des § 355 Abs. 3 vertraglich ausgeschlossen sein, und zum anderen ist seine Ausübung durch die andere Kontokorrentpartei nicht sicher und in aller Regel sogar sehr unwahrscheinlich, wohingegen die Pfändung bei einer Beendigung der Rechnungsperiode jedenfalls die sofortige Zahlungspflicht zur Folge hätte. Die Pfändung läßt folglich den Lauf der Rechnungsperiode unberührt. Der Gläubiger kann daher grundsätzlich erst nach deren Ablauf Zahlung verlangen.

Ein sofortiger Zahlungsanspruch besteht folgerichtig allerdings dann, wenn auch der Schuldner sofortige Zahlung verlangen könnte.[49] Das ist vor allem beim **Bankkontokorrent** regelmäßig zu bejahen, kann aber auch in anderen Fällen zutreffen (vgl. § 355 Rdn. 7–9). Allerdings beruht ein solcher Zahlungsanspruch nicht auf der Saldoforderung, sondern auf dem Geschäftsvertrag, doch ist auch seine Pfändung grundsätzlich zulässig (vgl. näher unten Rdn. 49f).

35 Der Gläubiger hat auch nicht die Möglichkeit, das aus **§ 355 Abs. 3 folgende Kündigungsrecht** des Schuldners auszuüben und so das Kontokorrent von sich aus zu beenden.[50] Konstruktiv ergibt sich das daraus, daß das Kündigungsrecht nicht Bestandteil der gepfändeten Saldoforderung ist, sondern seinen Sitz im Geschäftsvertrag hat (vgl. § 355 Rdn. 17) und daher bei der Überweisung der Forderung nicht mit übergeht. Interessenmäßig folgt die Richtigkeit dieses Ergebnisses daraus, daß die Ausübung des Kündigungsrechts durch den Gläubiger das gesamte Kontokorrentver-

---

[46] Vgl. *Beitzke* S. 17; *Grigat* ZKW 52, 108 und BB 1952, 336; *Scherer* NJW 1952, 1398; *Sprengel* MDR 1952, 9; *Herz* 144f und 151ff.

[47] Vgl. *Schlegelberger/Hefermehl* § 357 Rdn. 6; *Heymann/Horn* § 357 Rdn. 4; *Beeser* AcP 155, 426ff.

[48] So *Beitzke* S. 17.

[49] Vgl. auch *Hefermehl* Festschrift für Lehmann, S. 561 und bei *Schlegelberger* § 357 Rdn. 8; *Ebeling* WM 1955, 1663.

[50] Vgl. RGZ 140, 222; *Schlegelberger/Hefermehl* § 357 Rdn. 7; *Grigat* BB 1952, 819f; *Beitzke* S. 20; **a.A.** *Düringer/Hachenburg/Breit* § 357 Anm. 20.

hältnis zerstören würde und damit über das, was zur Realisierung seiner Forderung notwendig ist, weit hinausginge; denn die Fortsetzung des Kontokorrents kann ja trotz der Pfändung ohne weiteres sinnvoll bleiben, und ob dies der Fall ist, haben nur die Kontokorrentpartner zu entscheiden.

Aus diesem Grunde wäre es auch nicht gerechtfertigt, dem Gläubiger ein **eigenständiges Kündigungsrecht** zu geben. Abgesehen davon fehlt es auch an einer rechtlichen Grundlage für eine solche Lösung. Die im Schrifttum vorgeschlagene **Analogie zu den §§ 725 BGB, 135 HGB**[51] paßt nicht. Denn zum einen stehen diese Vorschriften in unlösbarem Zusammenhang mit den Besonderheiten der gesamthänderischen Bindung, zu der es beim Kontokorrent keine Entsprechung gibt; und zum anderen ist die Fortsetzung der Rechtsbeziehung nach der Pfändung beim Kontokorrent weit eher sinnvoll als bei einer Gesellschaft, da die Befriedigung des Gläubigers aus einem Gesellschaftsanteil für den Gesellschafter die Grundlage seiner Mitgliedschaft zerstört, die Befriedigung des Gläubigers aus der Saldoforderung dagegen die Grundlagen des Kontokorrentverkehrs völlig unberührt läßt. **36**

Noch nicht entschieden ist mit den bisherigen Ausführungen, ob der Gläubiger auch eine Vereinbarung der Kontokorrentparteien über die **Vortragungspflichtigkeit der jeweiligen Saldoforderung in die nächste Rechnungsperiode** gegen sich gelten lassen muß. Auch das wurde früher von der h. L. bejaht[52] und damit begründet, daß sich die Lage des Drittschuldners durch die Pfändung nicht verschlechtern dürfe. Das wäre indessen „praktisch kaum tragbar und kann nicht richtig sein".[53] Die Vereinbarung über die Vortragungspflicht hat nämlich in diesem Fall ihren Sinn verloren, da sie ja auf *Verrechnung* der Saldoforderung mit den zukünftigen Schuldposten gerichtet ist und eine solche Verrechnung aufgrund der Pfändung rechtlich ausgeschlossen ist; die Abrede der Parteien wird daher nach § 275 BGB unwirksam. Dem läßt sich nicht entgegenhalten, der Drittschuldner werde dadurch zu vorzeitiger Barzahlung genötigt und damit werde gegen das Verbot von Verschlechterungen seiner Stellung verstoßen. Denn gerade dieses Interesse des Drittschuldners ist von § 357 S. 1 eindeutig hinter dem des Gläubigers zurückgesetzt worden (vgl. oben Rdn. 6). Insbesondere enthält § 357 selbst eine Verschlechterung seiner Stellung, indem er teilweise in Vorausverfügungen der Kontokorrentparteien eingreift und diesen gegenüber dem Gläubiger die Wirksamkeit nimmt (vgl. eingehend oben Rdn. 6f). Gerade um eine solche Vorausverfügung aber handelt es sich, wenn die Parteien den jeweiligen Saldo vortragungspflichtig gemacht haben; denn sie verwandeln diesen damit in einen bloßen Kontokorrentposten, der als solcher sogar unpfändbar wäre, und diese Verfügung kann nach Sinn und Zweck des § 357 S. 1 nicht dem Gläubiger gegenüber wirken. Sowohl aus dem Wegfall der entsprechenden Parteiabrede gemäß § 275 BGB als auch aus § 357 S. 1 selbst ergibt sich somit, daß der Gläubiger eine Abrede, wonach die Saldoforderung als erster Posten der neuen Rechnungsperiode vorzutragen ist, nicht gegen sich gelten zu lassen braucht.[54] Im **Ergebnis** bedeutet das, daß der Gläubiger zwar grundsätzlich *nicht vor Beendigung der laufenden Rechnungsperiode* Zahlung verlangen kann (vgl. Rdn. 34), aber *mit deren Ablauf* jedenfalls eine fällige Forderung gegen den Drittschuldner hat. **37**

---

[51] Vgl. *Beitzke* S. 20.
[52] Vgl. *Schlegelberger/Hefermehl* § 357 Rdn. 8 mit Nachw.
[53] So mit Recht *Beitzke* S. 19; ähnlich i. E. *Herz* S. 151 ff, der jedoch seinerseits viel zu weit geht, indem er die sofortige Fälligkeit der gepfändeten Saldoforderung bejaht, vgl. S. 157f und dazu oben Rdn. 34.
[54] Ebenso außer *Beitzke* auch *Heymann/Horn* § 357 Rdn. 5; *Koller/Roth/Morck* § 357 Rdn. 2 a. E.

7. Die Stellung des Drittschuldners

38 Wie bereits mehrfach herausgearbeitet, gilt auch für das Kontokorrent die Regel, daß die Stellung des Drittschuldners durch die Pfändung nicht verschlechtert wird. Das folgt sowohl aus analoger Anwendung von § 1275 BGB i. V. mit §§ 412, 404 ff BGB als auch aus § 357 S. 2.[55] Dem Drittschuldner bleiben daher insbesondere seine **Einwendungen und Einreden** grundsätzlich erhalten. Im einzelnen ist auf die einschlägigen Ausführungen im Vorstehenden zu verweisen, vgl. vor allem Rdn. 23 ff, 29 und 34.

39 Andererseits ist zu betonen, daß die Pfändung nach § 357 S. 1, was im Schrifttum häufig nicht hinreichend beachtet wird, durchaus zu **Beeinträchtigungen der Stellung des Drittschuldners** führen kann. Denn diese Vorschrift enthält eine Einschränkung des Verschlechterungsverbots, indem sie bestimmten Vorausverfügungen der Kontokorrentparteien die Wirksamkeit gegenüber dem Gläubiger nimmt (vgl. oben Rdn. 6) und dem Drittschuldner die entsprechenden Einwendungen abschneidet. Das tritt vor allem in der von § 357 S. 1 angeordneten Sperrwirkung für nachträglich entstandene Schuldposten in Erscheinung, hat aber auch für andere Vorausverfügungen, insbesondere für die antizipierte Einstellung der jeweiligen Saldoforderung in das Kontokorrent, praktische Konsequenzen (vgl. soeben Rdn. 37).

8. Der Einfluß der Saldoanerkennung auf die Stellung des Gläubigers

40 **Das Recht und die Pflicht der Kontokorrentparteien zur Anerkennung der Saldoforderung** nach Ablauf der Rechnungsperiode wird durch die Pfändung nicht berührt. Der Abschluß dieses Vertrags ist also nach wie vor Sache der Kontokorrentparteien, nicht des Pfandgläubigers.[56]

41 Im übrigen ist die Vornahme der **Anerkennung** für Wirksamkeit und Durchsetzung der Pfändung ohnehin **irrelevant**. Denn Vollstreckungsgegenstand ist nicht der *anerkannte*, sondern der *rechnerische* oder *fiktive* Saldo, der sich im Augenblick des Wirksamwerdens der Pfändung unter Berücksichtigung von § 354 S. 2 und bei Zugrundelegung der im Vorstehenden entwickelten Regeln ergeben würde. Dieser Saldo kommt zwar nicht durch Verrechnung zustande – eben wegen seines rechnerischen bzw. fiktiven Charakters –, ist aber selbstverständlich nicht abstrakter, sondern kausaler Natur; denn er beruht auf denjenigen Posten, die im maßgeblichen Zeitpunkt rechtlich wirklich im Kontokorrent enthalten sind, mögen sie nun anerkannt sein oder nicht. Unterlassen also die Kontokorrentparteien die Saldoanerkennung, braucht der Gläubiger diese nicht etwa darauf zu verklagen, sondern kann unmittelbar aus dieser kausalen Saldoforderung gegen den Drittschuldner vorgehen; dabei trägt er allerdings wie stets bei der Geltendmachung der kausalen Saldoforderung die Beweislast (vgl. dazu allgemein § 355 Rdn. 195 ff).

42 Auch eine **unrichtige oder in anderer Weise nachteilige Saldoanerkennung** braucht der Gläubiger nicht gegen sich gelten zu lassen, da der Schuldner gemäß § 829 Abs. 1 S. 2 ZPO i. V. m. § 136 BGB nicht mehr zu seinem Nachteil über die gepfändete Forderung verfügen kann. Eine Ausnahme gilt analog §§ 1275, 412, 407 Abs. 1 2. Fall BGB nur, solange der Drittschuldner noch keine Kenntnis von dem Pfändungsbeschluß hat.

---

[55] Ebenso z. B. BGHZ 93, 71, 78.

[56] So auch *Düringer/Hachenburg/Breit* § 357 Anm. 21; *Schlegelberger/Hefermehl* § 357 Rdn. 10; *Heymann/Horn* § 357 Rdn. 5.

Zweifelhaft ist, ob sich der Pfandgläubiger die **Vorteile der Saldoanerkennung**, **43**
insbesondere also die durch diese bewirkte Beweislastumkehr, zunutze machen
kann.[57] Durchschlagende konstruktive Hindernisse dürften nicht bestehen; zwar ist,
wie soeben gezeigt, in erster Linie die kausale Saldoforderung, wie sie sich im Zeitpunkt des Wirksamwerdens der Pfändung ergeben würde, als Gegenstand der Pfändung anzusehen, doch kann man die Pfändung wohl gleichzeitig als (konkludente)
Pfändung auch der (zukünftigen) abstrakten Saldoforderung auffassen. Interessenmäßig könnte man freilich einwenden, der Gläubiger brauche etwaige Nachteile der
Anerkennung nicht gegen sich gelten zu lassen und daher bestehe auch kein Anlaß,
ihm deren Vorteile zugute kommen zu lassen. Dieser Standpunkt erscheint jedoch zu
rigoros; er verkennt insbesondere, daß die abstrakte Saldoforderung wirtschaftlich
gesehen letztlich eben doch die „eigentliche" Kontokorrentforderung ist und daß der
Gläubiger nach dem Zweck der Pfändung und Überweisung möglichst weitgehend in
die Stellung des Schuldners einrücken soll. Dem Gläubiger ist daher grundsätzlich die
Möglichkeit zuzubilligen, sich auf das Anerkenntnis zu berufen, auch wenn er seine
Pfändung nicht explizit auf die anerkannte Forderung erstreckt hat, doch gilt das
folgerichtig nur insoweit, als diese sich der Höhe nach mit dem rechnerischen oder fiktiven Saldo im Augenblick der Pfändung deckt; die abstrakte Saldoforderung *als solche*
zu pfänden und so den vollstreckungsrechtlichen Zugriff auch auf einen etwa zwischen Pfändung und Anerkenntnis entstandenen *Überschuß* zu eröffnen, ist etwas
anderes (vgl. dazu sogleich Rdn. 45ff).

9. Der Einfluß der Überweisung auf die Sicherheiten

Pfändung und Überweisung ermöglichen dem Gläubiger grundsätzlich auch den **44**
Rückgriff auf die Sicherheiten.[58] Streitig ist, ob der Gläubiger sich auch an solche
Sicherheiten halten kann, die erst nach der Zustellung des Pfändungs- und Überweisungsbeschlusses entstanden sind. Das ist zu bejahen, wenn man der Meinung
anhängt, daß dem Gläubiger nachträgliche Habenposten generell zugute kommen.[59]
Lehnt man letzteres mit der hier vertretenen Ansicht ab (vgl. oben Rdn. 31), so ist
folgerichtig entgegengesetzt zu entscheiden.[60] Daran ändert sich auch dann nichts,
wenn man annimmt, die Pfändung ergreife grundsätzlich auch die abstrakte Saldoforderung (vgl. soeben Rdn. 43); denn zum einen bezieht sich auch das nur auf die –
rechnerische bzw. fiktive – Forderung im Augenblick der Pfändung, und zum anderen
haften die Sicherheiten ohnehin nicht für die abstrakte, sondern nur für die kausale
Forderung (vgl. § 356 Rdn. 8ff). Der Gläubiger kann auf nach Zustellung des Pfändungs- und Überweisungsbeschlusses entstandene Sicherheiten daher nur dann
zurückgreifen, wenn er zugleich die zukünftige Saldoforderung *als solche* gepfändet hat.

III. Die Pfändung des zukünftigen Saldos und des „Tagessaldos"
1. Die Zulässigkeit der Pfändung des zukünftigen Saldos und ihre Grenzen

Daß auch die zukünftige Saldoforderung gepfändet werden kann, steht außer **45**
Zweifel, da die Pfändbarkeit zukünftiger Forderungen heute im Grundsatz allgemein
anerkannt ist. Zweifelhaft können daher allenfalls die Grenzen dieser Pfändungsmög-

---

[57] Bejahend *Düringer/Hachenburg/Breit* § 357
Anm. 21 unter a.
[58] Vgl. *Düringer/Hachenburg/Breit* § 357 Anm. 22;
Schlegelberger/Hefermehl § 357 Rdn. 17; *Heymann/Horn* § 357 Rdn. 9.
[59] So *Breit* aaO.
[60] So mit Recht *Hefermehl* aaO.

lichkeit sein. Das RG und ihm folgend die früher h. L. haben angenommen, daß die Pfändung nur für den **ersten Rechnungstermin**, an dem sich ein aktiver Saldo zugunsten des Schuldners ergibt, zulässig und wirksam sei; für spätere Termine haben sie dagegen die für die Pfändung einer zukünftigen Forderung erforderliche Bestimmbarkeit verneint.[61] Diese Ansicht litt jedoch an einer solchen Fülle von Mängeln,[62] daß sie sich auf Dauer nicht halten konnte. Heute ist sie als überholt anzusehen und daher hier nicht mehr näher zu erörtern, da sich auch der BGH der Gegenansicht angeschlossen hat.[63]

46 Richtig ist vielmehr, daß die Pfändung zukünftiger Saldoforderungen grundsätzlich **ohne zeitliche Grenzen** zulässig ist und sich nicht nur auf den nächsten Aktivsaldo, sondern auf alle weiteren künftigen Aktivsalden bis zur vollen Befriedigung des Gläubigers erstreckt.[64] Denn schon allein das Kontokorrent als solches genügt, um die Bestimmbarkeit der zukünftigen Saldoforderungen zu gewährleisten. Das **Bestehen des Kontokorrentverhältnisses** selbst oder einer vergleichbaren Rechtsbeziehung und deren Angabe im Pfändungsbeschluß ist allerdings in der Tat Voraussetzung für die Wirksamkeit einer Vorauspfändung, da es sonst an der erforderlichen Bestimmbarkeit des Entstehungsgrundes der Forderung fehlt.[65]

2. Die Wirkungen der Pfändung des zukünftigen Saldos

47 Auf die Pfändung der zukünftigen Saldoforderung ist die **Regelung des § 357 nicht anwendbar,**[66] da diese sich keinesfalls auf die Pfändung der (wirklichen und nicht nur fiktiven) zukünftigen Saldoforderung beziehen kann (vgl. oben Rdn. 12). Die Wirkungen der Pfändung richten sich demgemäß nach den **allgemeinen Regeln über die Pfändung zukünftiger Forderungen**. Der Gläubiger muß daher anders als im Anwendungsbereich von § 357 auch nach der Pfändung entstandene Schuldposten gegen sich gelten lassen. Ebenso kann der Drittschuldner ihm hier entgegenhalten, die Saldoforderung sei als erster Posten in die neue Rechnung vorzutragen; der Gläubiger ist dann insoweit auf den Betrag angewiesen, der sich bei Beendigung des gesamten Kontokorrentverhältnisses für den Schuldner ergibt.

48 Sogar **Zahlungen des Drittschuldners an den Schuldner oder an Dritte**, die vor Ablauf der jeweiligen Rechnungsperiode erfolgen, wirken hier gegen den Gläubiger, so daß der Schuldner insoweit frei über sein Konto verfügen kann.[67] Denn es ist nun einmal nur derjenige Saldo gepfändet, der bei Ablauf der Rechnungsperiode bestehen wird, und daher ist der Schuldner vorher nicht in seiner Verfügungsbefugnis beschränkt; auch aus § 829 ZPO ergibt sich nichts anderes, da das darin enthaltene Zahlungs- und Verfügungsverbot hier nur für die zukünftige Forderung gilt und daher erst mit Ablauf der jeweiligen Rechnungsperiode Wirksamkeit erlangt.

---

[61] Vgl. RGZ 140, 219, 223; *Schlegelberger/Hefermehl*[4] § 357 Rdn. 11; *Schönle* § 8 IV 2b unter 1; i. E. auch *Beitzke* S. 19; *Scherer* NJW 1952, 1398; *Beeser* AcP 155, 421 f.

[62] Vgl. eingehend Vorauflage Anm. 23.

[63] Grundlegend BGHZ 80, 172, 181 f.

[64] Auch insoweit grundlegend BGHZ 80, 172, 181.

[65] Vgl. auch OLG Celle WM 1966, 331, 332 m. Nachw.

[66] Das dürfte inzwischen unstreitig sein, vgl. z. B. BGHZ 80, 172 Leitsatz b und 178 f; *Schlegelberger/Hefermehl* § 357 Rdn. 21.

[67] So auch *Sprengel* MDR 1952, 10; *Grigat* BB 1952, 335 und 337; *Scherer* NJW 1952, 1398 f.; *Ebeling* WM 1955, 1662 und 1663; **a. A.** *Klee* BB 1951, 688 und MDR 1952, 202 f.

3. Die Pfändung des „Tagessaldos"

Allerdings ist es zulässig, daß der Gläubiger die **Ansprüche des Schuldners gegen** **49** **den Drittschuldner aus dem zugrunde liegenden Rechtsverhältnis**, z. B. einem Girovertrag, auf Auszahlung seines Guthabens an sich und auf Durchführung von Überweisungen an Dritte pfändet;[68] denn selbst wenn diese unübertragbar sein sollten, sind sie nach § 851 Abs. 2 ZPO doch grundsätzlich pfändbar. Diese Art der Pfändung ist gemeint, wenn von der **Pfändung des Tagessaldos** gesprochen wird.[69]

Ein solches Vorgehen weist allerdings sowohl dogmatisch als auch praktisch ein so **50** hohes Maß an Eigenständigkeit auf, daß es von dem Antrag auf Pfändung der zukünftigen Saldoforderung und dem entsprechenden Beschluß nicht konkludent mitumfaßt ist, sondern eines **besonderen Antrags und Ausspruchs** bedarf.[70] Liegen diese vor, ergreift die Pfändung grundsätzlich nicht etwa nur die betreffenden Ansprüche des Schuldners an einem einzigen Tag, sondern laufend alle Ansprüche bis zur vollständigen Befriedigung des Gläubigers.[71]

4. Das Verhältnis zwischen den verschiedenen Arten der Pfändung

Durch die Pfändung des „gegenwärtigen" Saldos erreicht der Gläubiger, daß er den **51** in diesem Augenblick vorhandenen (fiktiven) Saldo ungeschmälert erhält, weil ihm spätere Schuldposten grundsätzlich nicht mehr in Rechnung gestellt werden können. Durch die zusätzliche Pfändung des zukünftigen Saldos erreicht er, daß ihm außerdem die Differenz zwischen den späteren Habenposten und den späteren Sollposten zugute kommt. Es empfiehlt sich daher für ihn, beide Möglichkeiten zu verbinden und eine **Doppelpfändung** vorzunehmen.[72] Optimal ist seine Stellung allerdings erst, wenn er zusätzlich auch noch die Tagessalden pfändet und also eine **Dreifachpfändung** ausbringt. Die Pfändung des zukünftigen Saldos kann dabei grundsätzlich mit der Pfändung des „gegenwärtigen" Saldos verbunden und auch in einer Formulierung zusammengefaßt werden (z. B. „… sämtliche aus dem Kontokorrent erwachsenden Ansprüche…"), während die Pfändung der Tagessalden eines gesonderten Antrags und Beschlusses bedarf (vgl. oben Rdn. 50).

Im Zweifel ist der **Antrag des Gläubigers als ein solcher auf eine Doppelpfän-** **52** **dung auszulegen**.[73] Denn diese gibt ihm eine stärkere Stellung als die bloße Pfändung des gegenwärtigen Saldos und entspricht daher seinem mutmaßlichen Willen; außerdem werden den Parteien die die Doppelpfändung bedingenden rechtlichen Besonderheiten des Kontokorrentrechts regelmäßig nicht gegenwärtig sein. Steht fest, daß nicht beide Pfändungen kumulativ, sondern nur eine von ihnen gemeint ist – was freilich praktisch kaum vorkommen wird –, so ist im Zweifel die Pfändung des „gegenwärtigen" Saldos anzunehmen, da diese für den Gläubiger günstiger ist (vgl. auch oben Rdn. 17).

---

[68] Das war früher sehr streitig und lange Zeit ungeklärt, ist heute jedoch weitgehend anerkannt, grundlegend BGHZ 84, 325, 327 ff und 84, 371, 373 ff (u. a. im Anschluß an Vorauflage § 357 Anm. 24); a. A. freilich *Heymann/Horn* § 357 Rdn. 18, der jedoch auf einem anderen Weg im wesentlichen zum selben Ergebnis kommt.

[69] Vgl. z. B. BGHZ 84, 371 (Leitsatz); 137, 153, 160; *Lwowski/Bitter* S. 61 f.

[70] Ebenso i. E. BGHZ 80, 172, 180.

[71] Davon wird ersichtlich auch in den Entscheidungen BGHZ 84, 325 und 84, 371 ausgegangen.

[72] Vgl. auch *Schlegelberger/Hefermehl* § 357 Rdn. 21; *Sprengel* MDR 1952, 10 und 550.

[73] Zustimmend *Schlegelberger/Hefermehl* aaO; a. A. *Sprengel* MDR 1952, 9; *Ebeling* WM 1955, 1664.

§ 358

Bei Handelsgeschäften kann die Leistung nur während der gewöhnlichen Geschäftszeit bewirkt und gefordert werden.

Die Bestimmung stellt eine **Konkretisierung von § 242 BGB** dar.[1] Denn schon aus § 242 BGB folgt, dass die Leistung nur zur üblichen Zeit erfolgen darf – und das ist bei Kaufleuten grundsätzlich die Geschäftszeit. Der materielle Gehalt der Vorschrift ist daher gering, sie ist nahezu überflüssig. Insbesondere kann aus ihr nicht das argumentum e contrario gezogen werden, dass bei anderen als Handelsgeschäften die Leistung grundsätzlich auch zu ungewöhnlichen Zeiten bewirkt und gefordert werden kann. Auch umgekehrt darf aus ihr trotz des strengen Wortlauts („kann nur") nicht gefolgert werden, dass eine Leistung außerhalb der gewöhnlichen Geschäftszeit ausnahmslos unzulässig ist. Es handelt sich vielmehr lediglich um eine **Auslegungsregel**. § 358 findet daher keine Anwendung, soweit § 157 oder § 242 BGB eine andere Auslegung gebieten.[2] 1

Auch im **Verhältnis zu § 271 BGB** hat § 358 konkretisierende Funktion. Nach § 271 BGB ist dabei vor allem zu ermitteln, an welchem Tag zu leisten ist. § 358 regelt dann ergänzend, wann im Laufe dieses Tages die Leistung bewirkt und gefordert werden kann. 2

Der Geltungsbereich der Vorschrift ist auf **Handelsgeschäfte** beschränkt, doch hat das kaum praktische Bedeutung, weil für andere Geschäfte gemäß § 242 BGB Entsprechendes gilt (vgl. oben Rdn. 1). Ob es sich um zweiseitige oder um einseitige Handelsgeschäfte handelt, ist gleichgültig. Das Handelsgeschäft muss auf Seiten des Empfängers der Leistung vorliegen.[3] 3

Dem Gegenstande nach bezieht sich § 358 nur auf **Leistungen** und nicht auch auf die Abgabe von **Willenserklärungen**, für die allein die §§ 130 f BGB einschlägig sind.[4] Auch Mahnung, Klageerhebung und Zustellung eines gerichtlichen Mahnbescheides sind nicht als „Fordern" der Leistung i.S. von § 358 anzusehen,[5] weil es für ihren Zugang sinnvollerweise nicht auf die gewöhnliche Geschäftszeit ankommen kann. 4

Die **gewöhnliche Geschäftszeit** richtet sich nach dem Ortsgebrauch und der Übung der betreffenden Geschäftszweige am Erfüllungsort. Banken schließen z.B. meist früher als Warenhäuser, Großhändler früher als Kleingewerbetreibende. Entscheidend ist die Üblichkeit innerhalb des Geschäftszweigs, nicht innerhalb des Unternehmens des betreffenden Schuldners oder Gläubigers.[6] Auch dieser Grundsatz steht jedoch unter dem Vorbehalt, dass sich nicht aus §§ 157, 242 BGB etwas anderes ergibt. 5

Bei einem **Verstoß gegen § 358** ist nicht ordnungsgemäß geleistet. Der Gläubiger kann daher die Leistung grundsätzlich zurückweisen, ohne in Annahmeverzug zu 6

---

[1] Ebenso MünchKomm.-*Welter* § 358 Rdn. 12; *Heymann/Horn* § 358 Rdn. 1; *Baumbach/Hopt* § 358 Rdn. 3; *Ebenroth/Boujong/Joost/Eckert* § 358 Rdn. 1.

[2] Vgl. auch RGZ 91, 67; *Schlegelberger/Hefermehl* § 358 Rdn. 4; MünchKomm.-*Welter* § 358 Rdn. 12.

[3] Vgl. *Düringer/Hachenburg/Breit* § 358 Anm. 17; *Schlegelberger/Hefermehl* § 358 Rdn. 3; *Heymann/Horn* § 358 Rdn. 6; *Baumbach/Hopt* § 358 Rdn. 3; *Ebenroth/Boujong/Joost/Eckert* § 358 Rdn. 5; zweifelnd MünchKomm.-*Welter* § 358 Rdn. 12.

[4] Vgl. RGZ 53, 61; *Düringer/Hachenburg/Breit* § 358 Anm. 18; *Schlegelberger/Hefermehl* § 358 Rdn. 3; Münch-Komm.-*Welter* § 358 Rdn. 13; *Heymann/Horn* § 358 Rdn. 6.

[5] Vgl. *Schlegelberger/Hefermehl* § 358 Rdn. 7; MünchKomm.-*Welter* § 358 Rdn. 14.

[6] Vgl. *Schlegelberger/Hefermehl* § 358 Rdn. 5; MünchKomm.-*Welter* § 358 Rdn. 15; *Heymann/Horn* § 358 Rdn. 7; *Baumbach/Hopt* § 358 Rdn. 3.

geraten;[7] der Schuldner kommt dann in Schuldnerverzug. Nimmt der Gläubiger die Leistung trotz der Unüblichkeit der Zeit an, so kann er sich nicht auf § 358 berufen, es ist dann Erfüllung eingetreten; anders ist allerdings zu entscheiden, wenn der Schuldner sich schon im Verzug befand und der Gläubiger die Leistung lediglich unter Vorbehalt seiner Rechte angenommen hat.[8] Auch bei einer Leistung zur Unzeit kann eine Zurückweisung unter besonderen Umständen gegen § 242 BGB verstoßen.[9]

§ 359

(1) Ist als Zeit der Leistung das Frühjahr oder der Herbst oder ein in ähnlicher Weise bestimmter Zeitpunkt vereinbart, so entscheidet im Zweifel der Handelsgebrauch des Ortes der Leistung.

(2) Ist eine Frist von acht Tagen vereinbart, so sind hierunter im Zweifel volle acht Tage zu verstehen.

1 Über die Bedeutung der Bezeichnung das Frühjahr, der Herbst oder ähnliche Zeitbestimmungen (Messezeit, Wiedereröffnung der Schifffahrt, Eisfreiheit, Schluss der Ernte usw.) entscheidet der Handelsbrauch, und zwar der **Handelsbrauch am Erfüllungsort**, worauf das Schwergewicht dieser Vorschrift ruht. Ist am Erfüllungsort ein Handelsbrauch nicht vorhanden, so entscheiden die **kalendermäßigen Fristen**. Alsdann soll die Verabredung „im Frühjahr zu liefern" im Zweifel bedeuten, dass die Lieferung vor dem 21. Juni zu geschehen hat, die Verabredung „Abladung per Sommer", dass die Abladung am 22. September beendet sein muss; „Erfüllung im Herbst" soll Beendigung der Erfüllung spätestens am 21. Dezember bedeuten. Bei Vereinbarung von „Aprilverladung" ist die Leistung noch vertragsmäßig, wenn die Verladung aus triftigen Gründen schon am 31. März erfolgte.[1] Bei „Lieferzeit Oktober bis Mai" oder „Oktober/Mai" gehört der Monat Mai noch in die Lieferfrist.[2] Ist „sukzessive im November" zu liefern, so darf nicht erst Ende November mit der Lieferung begonnen werden.[3] Freilich stellt die Vorschrift nur eine **Auslegungsregel** dar. Daher kann nicht nur eine ausdrücklich abweichende Vereinbarung vorliegen, sondern sich eine andere Auslegung auch aus dem Zweck des Vertrags ergeben. Soll z. B. Saatfrucht oder ein Düngemittel an einen Landwirt geliefert werden, so ist innerhalb der Frist so zu liefern, dass eine Bestellung des Landes noch möglich ist.[4]

2 Die Vorschrift gilt für **alle Handelsgeschäfte**, auch für einseitige (§ 345 HGB), gleichviel wer – der Gläubiger oder der Schuldner – Kaufmann ist.[5] Darüber hinaus ist der Vorschrift – ebenso wie der eng verwandten Bestimmung des § 361 HGB – ein allgemeiner Rechtsgedanke zu entnehmen, so dass auch im Rahmen des **Bürgerlichen Rechts** im Zweifel die Verkehrssitte am Leistungsort ausschlaggebend ist, was sich unschwer in § 157 BGB integrieren lässt.

---

[7] Ebenso MünchKomm.-*Welter* § 358 Rdn. 16; *Ebenroth/Boujong/Joost/Eckert* § 358 Rdn. 8.
[8] Vgl. *Schlegelberger/Hefermehl* § 358 Rdn. 6; MünchKomm.-*Welter* § 358 Rdn. 16.
[9] Vgl. RGZ 92, 211.

[1] RG Recht 1922 Nr. 802.
[2] RGZ 95, 22.
[3] Hamburg HansRGZ 1928 B 507.

[4] JW 1920, 47⁹.
[5] Ebenso *Schlegelberger/Hefermehl* § 359 Rdn. 1; MünchKomm.-*Welter* § 359 Rdn. 1; *Ebenroth/Boujong/Joost/Eckert* § 359 Rdn. 6; a. A. *Düringer/Hachenburg/Breit* § 359 Anm. 6, wonach es auf die Kaufmannseigenschaft auf Seiten des Schuldners ankommen soll.

Nach Abs. 2 soll unter einer **Frist von acht Tagen** im Zweifel eine Frist von vollen **3**
acht Tagen, also entgegen dem üblichen Sprachgebrauch nicht nur von einer Woche zu
verstehen sein. Auch diese Vorschrift gilt für alle Handelsgeschäfte, also nicht nur für
einseitige,[6] und stellt ebenfalls eine **Auslegungsregel** dar.[7]

Für die Auslegung einer **Frist von vierzehn Tagen** enthält das Gesetz keine Rege- **4**
lung. Man wird darunter im kaufmännischen Verkehr im Zweifel volle vierzehn Tage
zu verstehen haben.[8] Der Tag der Vereinbarung ist dabei grundsätzlich nicht mitzu-
rechnen, so dass z. B. bei der Bestimmung „heute in vierzehn Tagen" die Frist erst am
nächsten Tag zu laufen beginnt.

§ 360

Wird eine nur der Gattung nach bestimmte Ware geschuldet, so ist Handelsgut mittlerer Art und Güte zu leisten.

Die Vorschrift stellt eine **Ausprägung von §§ 157, 242 BGB** und eine leichte **Modi-** **1**
fizierung von § 243 I BGB dar. Nach § 243 I BGB ist bei einer Gattungsschuld eine
„Sache mittlerer Art und Güte" zu leisten. § 360 engt das dahin ein, dass **Handelsgut**
geschuldet wird. Das kann sowohl zu einer Erhöhung als auch zu einer Minderung der
Qualitätsanforderungen führen, da der Handel einerseits z. T. höhere Ansprüche als
der Privatverkehr stellt, andererseits aber u. U. auch für schlechtere Qualitäten noch
Verwendungsmöglichkeiten besitzt.[1] Ob Handelsgut mittlerer Art und Güte vorliegt,
bestimmt sich nach der Verkehrsanschauung am Erfüllungsort.[2] Ware, die nicht
umsatzfähig ist, stellt kein Handelsgut dar; das Gleiche gilt für Waren, die zwingenden
gesetzlichen Vorschriften nicht genügen.

§ 360 setzt grundsätzlich das Vorliegen einer **Gattungsschuld** voraus. Eine solche **2**
ist dann gegeben, wenn der Leistungsgegenstand nicht individuell, sondern nur nach
Merkmalen bestimmt ist, die er mit einer Vielheit von Sachen gemein hat, und durch
welche sich diese Vielheit von anderen Sachen unterscheidet und als Gattung gekennzeichnet wird. Dass eine vertretbare Sache geschuldet wird, bedeutet nicht, dass eine
nur der Gattung nach bestimmte Sache geschuldet wird; denn auch eine individuell
bestimmte Sache kann vertretbar sein. Über die Frage, ob Gattungs- oder Speziesschuld vorliegt, entscheidet demgemäß nicht die Vertretbarkeit, sondern das Kriterium, ob die Schuld sich auf eine bestimmte einzelne Sache bezieht oder ob der
Schuldner die Sache, welche er leisten wird, erst aus einer Gattung auswählen soll.

Auf **Stückschulden** kann § 360 u. U. analog angewandt werden. Das kommt z. B. **3**
in Betracht, wenn eine Besichtigung der Ware überhaupt nicht oder nur in ganz ober-
flächlicher Weise stattgefunden hat.[3]

---

[6] Ebenso *Schlegelberger/Hefermehl* § 359 Rdn. 3; a. A. *Düringer/Hachenburg/Breit* § 359 Anm. 6.
[7] Ebenso *MünchKomm.-Welter* § 359 Rdn. 6; *Ebenroth/Boujong/Joost/Eckert* § 359 Rdn. 1; a. A. *Heymann/Horn* § 359 Rdn. 3.
[8] H. L., vgl. z. B. *Düringer/Hachenburg/Breit* § 359 Anm. 6; *Schlegelberger/Hefermehl* § 359 Rdn. 3.

[1] Ähnlich *MünchKomm.-Welter* § 360 Rdn. 23; *Baumbach/Hopt* § 360 Rdn. 3; *Ebenroth/Boujong/Joost/Eckert* § 360 Rdn. 7; *Röhricht/Graf von Westphalen/Wagner* § 360 Rdn. 4.
[2] Vgl. *Düringer/Hachenburg/Breit* § 360 Anm. 18; *Schlegelberger/Hefermehl* § 360 Rdn. 9; *MünchKomm.-Welter* § 360 Rdn. 23.
[3] Vgl. ROHG 4, 36; 25, 235.

§ 360   Viertes Buch. Handelsgeschäfte

4   § 360 gilt seinem Wortlaut nach nur für **Waren**. Auch wenn man darunter nur bewegliche Sachen versteht, wie das in § 1 Abs. 2 Ziff. 1 a.F. HGB ausdrücklich bestimmt war, sind doch **Wertpapiere** jedenfalls – zumindest im Wege der Analogie – gleichzustellen,[4] wie sich auch aus dem Rechtsgedanken von § 381 Abs. 1 HGB ergibt. Auf **Dienstleistungen** oder **Raumüberlassungen** wird man § 360 entsprechend anwenden können, soweit es sich um Gattungsschulden handelt; denn § 360 stellt nur eine Ausprägung von §§ 157, 242 BGB dar (vgl. oben Rdn. 1). Auf **Frachtverträge** passt § 360 dagegen nicht.[5]

5   Gemäß § 345 HGB gilt § 360 nicht nur bei beiderseitigen, sondern auch bei **einseitigen Handelsgeschäften**.[6] Ist freilich der *Schuldner* kein Kaufmann, so ist besonders zu prüfen, ob wirklich Handelsgut geschuldet ist oder ob sich nicht aus §§ 157, 242 BGB etwas anderes ergibt.[7]

6   § 360 ist dispositives Recht. Abbedungen wird er z.B. durch die **Klausel tel quel**,[8] die vornehmlich im Überseehandel üblich ist. Der Grund für diese Freizeichnungsvereinbarung liegt in erster Linie darin, dass der Verkäufer die im Herkunftsland befindliche Ware selbst noch nicht gesehen hat, die nicht immer zuverlässigen Angaben der überseeischen Verlader über die Eigenschaft der abgeladenen Ware nicht nachprüfen kann und sich daher gegen alle damit zusammenhängenden Mängel sichern will.[9] Man wird daher für den Überseehandel davon auszugehen haben, dass die Klausel nur solche Mängel deckt, die dem Herkunftsland eigentümlich sind, z.B. Abladung zu feuchter, nicht gehörig sortierter, unreifer, schlecht behandelter oder schlecht verpackter Ware.[10] In diesen Grenzen deckt die Klausel nicht nur einigen Verderb und geringere Beschädigungen,[11] sondern auch erheblichen Verderb und erhebliche Beschädigungen; nur darf die Ware nicht gänzlich unbrauchbar und verdorben sein, sondern muss noch als Handelsgut nach den in dem Handelszweig herrschenden Anschauungen gelten können.[12] Die Klausel deckt weder arglistige Täuschung noch das Fehlen zugesicherter Eigenschaften;[13] es muss sogar der Verkäufer ihm bekannte erhebliche Umstände hinsichtlich der Eigenschaften der Ware mitteilen, z.B. hinsichtlich der vor der Abladung eingetretenen Landbeschädigung.[14] Ist „laut Muster tel quel" verkauft, ist eine dem Muster entsprechende Gattung zu liefern, aber auch die geringwertigste Qualität der bedungenen noch vertragsmäßig.[15] Konnte der Käufer mit den vorhandenen Mängeln nicht rechnen, wie z.B. bei Seebeschädigung oder Rattenfraß, die nicht auf dem Landtransport im Erzeugnisland entstanden sind, so schützt die Klausel nicht.

7   Im Binnenverkehr ist die Klausel tel quel völlig gleichbedeutend mit der **Klausel „Die Ware, wie sie fällt"** oder **„Die Ware, wie sie steht und liegt"**.[16] Der Käufer muss sich selbst schlechteste Beschaffenheit gefallen lassen;[17] nur muss die Ware immer noch als Handelsgut angesehen werden können[18] und der Gattung nach der vertragsmäßi-

---

[4] Vgl. RGZ 43, 356; *Schlegelberger/Hefermehl* § 360 Rdn. 7; MünchKomm.-*Welter* § 360 Rdn. 22.
[5] Vgl. OLG Hamburg NJW 1961, 1537, 1539.
[6] Vgl. *Schlegelberger/Hefermehl* § 360 Rdn. 6; *Heymann/Horn* § 360 Rdn. 12.
[7] Noch weitergehend *Baumbach/Hopt* § 360 Rdn. 3 und *Ebenroth/Boujong/Joost/Eckert* § 360 Rdn. 9, wonach § 360 in einem solchen Fall überhaupt nicht anwendbar sein soll.
[8] Vgl. zu dieser auch *Koller* unten Vor § 373 Rdn. 290.
[9] Vgl. RG JW 1902, 398[33].
[10] Vgl. *Schlodtmann* ZHR 38, 353; *Boden* ZHR 51, 366.
[11] So RGZ 19, 31.
[12] Vgl. OLG Hamburg HansGZ. 1894 Nr. 92; 1895, Nr. 96; *Zander* GruchBeitr. 49, 580.
[13] BGH LM Nr. 5 zu § 346.
[14] Vgl. RG JW 1895, 16[41].
[15] BGH aaO.
[16] Vgl. RGZ 44, 237.
[17] Vgl. RG WarnRspr. 1926 Nr. 44; SeuffA 87, 70.
[18] Vgl. RG JW 1895, 16; 1938, 2411[22]; LG Düsseldorf DRZRspr. 1935 Nr. 446.

Stand: 2.10.2003   (4)

gen Bezeichnung entsprechen. Gewöhnlich bedient sich der Klausel ein Fabrikant, der das Ergebnis seiner Jahreserzeugung an Abfällen im voraus verkauft; hier übernimmt der Fabrikant nur die Verpflichtung, die Abfälle in der gleichen Weise wie zur Zeit des Abschlusses herzustellen und zu behandeln; Fabrikationsänderungen, durch welche die Abfälle betroffen werden, muss sich der Käufer gefallen lassen, wenn ihm nicht Mustermäßigkeit gewährleistet wurde. Ist verkauft **„ohne Nachlieferung"**, so kann darin ein völliger Verzicht auf jeden Anspruch wegen mangelhafter Lieferung liegen.

Die **Klausel „wie zu besehen"** oder **„wie besehen"** schließt die Haftung nur für solche Mängel aus, die bei ordnungsmäßiger Besichtigung erkannt werden konnten, gleichviel ob der Käufer die Ware wirklich gesehen hat oder nicht; heimliche Mängel werden durch die Klausel nicht gedeckt[19]; sie schützt also nicht gegen verborgene Fehler, wenn diese unverzüglich nach der Entdeckung angezeigt wurden; auch haftet der Verkäufer für Arglist, wenn er darauf rechnet, dass der Käufer den Fehler nicht entdecken werde, oder gar ihn von sorgfältiger Untersuchung abhält.[20] Die Auslegung kann ergeben, dass die Haftung für gewisse Mängel doch bestehen[21] oder sich auf besondere Punkte nicht erstrecken soll. Die Klausel kann aber auch besagen, dass darüber, ob die zugesicherten Eigenschaften vorhanden sind, die Besichtigung entscheiden soll, und somit wegen erkennbaren Fehlens zugesicherter Eigenschaften nicht gehaftet wird.[22] Umgekehrt kann die Vereinbarung „schöne, reine, trockene Ware, wie besehen" trotz Besichtigung gerade eine Zusicherung bedeuten.[23] Beim Verkauf „wie besehen" ist es Sache des Käufers, sobald ihm die Bereitschaft angezeigt ist, sich bei dem Verkäufer zu vergewissern, wo die Ware bereit liegt; erst dann kann der Verkäufer die erforderlichen Anstalten treffen. Lässt es der Käufer darauf ankommen, ob ihm der Verkäufer Ort und Zeit der möglichen Besichtigung anzeigt, so kann im Ablauf längerer Zeit der Verzicht auf Beanstandung der Ware gefunden werden. Diese Klauseln haben also, sprachlich richtig ausgedrückt, den Sinn eines Kaufs „nach Besichtigung" im Gegensatz zum Kauf auf Besichtigung oder auf Probe, der in § 454 BGB behandelt ist; denn hier liegt ein unbedingt, also endgültig abgeschlossener Kauf über eine dem Käufer vor Kaufabschluss zugängliche Ware vor.

8

§ 361

Maß, Gewicht, Währung, Zeitrechnung und Entfernungen, die an dem Orte gelten, wo der Vertrag erfüllt werden soll, sind im Zweifel als die vertragsmäßigen zu betrachten.

Übersicht

	Rdn.		Rdn.
I. Vorbemerkung	1–2	III. Die Bedeutung des Unterschiedes zwischen primären und sekundären Leistungspflichten im Rahmen von § 361	7–11
II. Dogmatische Einordnung und Geltungsbereich	3–6		

---

[19] Vgl. RG WarnRspr. 1919 Nr. 114; JW 1906, 549; LZ 1913, 858; 1920, 400 und 652.
[20] Vgl. RGZ 31, 162; *Schultz* GruchBeitr. 40, 245.
[21] RG LZ 1913, 858.
[22] RGZ 9, 111.
[23] ROHG 11, 283.

I. Vorbemerkung

1 Die gesetzliche Grundlage für die Ermittlung von Maß, Gewicht, Zeitrechnung und Entfernungen stellt in der Bundesrepublik Deutschland das **Gesetz über Einheiten im Messwesen** dar (vom 22.2.1985, BGBl. I 408, zuletzt geändert durch Art. 140 der Verordnung vom 29.10.2001, BGBl. I 2785). Für Messgeräte, die im geschäftlichen Verkehr verwendet oder so bereit gehalten werden, dass sie ohne besondere Vorbereitung in Gebrauch genommen werden können, besteht Eichpflicht nach dem **Gesetz über das Mess- und Eichwesen** – Eichgesetz – vom 11.7.1969 (BGBl. I 759) in der Fassung vom 23.3.1992 (BGBl. I 711), zuletzt geändert durch Art. 7 des Gesetzes vom 13.12.2001 (BGBl. I 3586).

2 Die Grundlagen des **Währungsrechts** finden sich seit der Einführung des Euro v.a. in der Verordnung der EG Nr. 974/98 über die Einführung des Euro vom 3.5.1998 (ABl.EG Nr. L 139, S. 1), erlassen auf Grund des Art. 109 EGV, und in der Verordnung der EG Nr. 1103/97 über bestimmte Vorschriften im Zusammenhang mit der Einführung des Euro (ABl.EG Nr. L 162, S. 1); aus dem deutschen Recht vgl. die zwölf (!) Euro-Einführungsgesetze, insbesondere das dritte Euro-Einführungsgesetz vom 21.12.1999 (BGBl. I 2402), durch das die DM ihre Eigenschaft als gesetzliches Zahlungsmittel verloren hat, sowie die §§ 244 f BGB. Das Währungsrecht stellt eine eigenständige Materie dar und ist nicht Gegenstand dieser Kommentierung.

II. Dogmatische Einordnung und Geltungsbereich

3 Die Bedeutung von § 361 besteht darin, dass in Form einer **Auslegungsregel** die am **Erfüllungsort** geltenden Bestimmungen über Maß, Gewicht, Währung, Zeitrechnung und Entfernungen als maßgeblich erklärt werden. § 361 hat somit **keine international-privatrechtliche Wirkung**, sondern setzt voraus, dass das Recht der Bundesrepublik Deutschland anwendbar ist.

4 Hat der Erklärende den Vertrag anders gemeint als er gemäß § 361 zu verstehen ist, hat er das Recht zur **Anfechtung** wegen eines Inhaltsirrtums i.S. von § 119 BGB.[1] Denn bei Auslegungsregeln ist anders als bei Vorschriften des dispositiven Rechts § 119 BGB grundsätzlich anwendbar.[2] Das entspricht auch der Interessenlage, da es keinen Unterschied machen kann, ob der Inhalt des Vertrages nach §§ 133, 157 BGB im Wege einer objektiven Auslegung oder nach § 361 mit Hilfe einer Auslegungsregel ermittelt wird.

5 Als bloße Auslegungsregel tritt § 361 hinter einer abweichenden vertraglichen Bestimmung zurück – sei es, dass eine solche ausdrücklich getroffen ist, oder sei es, dass sie sich im Wege der Vertragsauslegung gemäß §§ 133,157 BGB ermitteln lässt. Eine Abweichung von § 361 kann sich demgemäß auch aus den Regeln über die **ergänzende Vertragsauslegung** gemäß §§ 157, 242 BGB ergeben. So ist z.B. bei einer Kommission zum Verkauf von Wertpapieren an einer ausländischen Börse im Zweifel anzunehmen, dass die Forderung auf den Erlös in der dort maßgeblichen Währung entsteht – und zwar auch dann, wenn der Kommissionär das Geschäft durch Selbsteintritt ausführt.[3] Das Gleiche gilt grundsätzlich, wenn ausländische Wechsel

---

[1] Zustimmend *Grothe* Fremdwährungsverbindlichkeiten, 1999, S. 239, 241 f; Ebenroth/Boujong/Joost/Eckert § 361 Rdn. 10.

[2] So mit Recht *Larenz/Wolf* Allg. Teil des Bürg. Rechts, 8. Aufl. 1997, § 28 Rn. 105.

[3] Vgl. RGZ 108, 193.

oder Schecks einer Bank zum Einzug gegeben werden.[4] Ein Darlehen ist im Zweifel in der gleichen Währung zurückzuzahlen, in der es hingegeben worden ist.[5] Sind alle vertraglichen Zahlungen in einer anderen Währung als der vereinbarten verlangt und bewirkt worden, so kann darin eine konkludente Abänderung der vertraglichen Währungsregelung liegen;[6] meist werden die Parteien in einem solchen Falle jedoch nur gemäß § 242 BGB, insbesondere nach den Regeln über die Verwirkung, gehindert sein, bezüglich der bereits erbrachten Leistungen irgendwelche Konsequenzen aus der Abweichung von der Währungsvereinbarung zu ziehen, wohingegen sie bezüglich etwa noch ausstehender Leistungen nach wie vor Zahlung in der vertraglich vereinbarten Währung verlangen können.

Nach seiner systematischen Stellung bezieht sich § 361 nur auf **Handelsgeschäfte**, wobei die Voraussetzungen eines solchen nach § 345 HGB nur auf einer Seite vorzuliegen brauchen. Darüber hinaus ist § 361 als Ausdruck eines allgemeinen Rechtsgedankens anzusehen, der grundsätzlich auch im Rahmen des **Bürgerlichen Rechts** gilt, so dass auch insoweit hinsichtlich der in § 361 genannten Vertragsbestandteile auf den Erfüllungsort abzustellen ist; denn irgendwelche spezifisch handelsrechtlichen Charakteristika weist der Regelungsgehalt von § 361 nicht auf.

6

III. Die Bedeutung des Unterschiedes zwischen primären und sekundären Leistungspflichten im Rahmen von § 361

Den Anwendungsbereich von § 361 bilden in erster Linie die primären Leistungspflichten der Parteien, also z.B. die Pflicht zur **Lieferung von Waren eines bestimmten Gewichts** oder zur **Zahlung des Preises in einer bestimmten Währung**. Dabei ist es gleichgültig, ob eine vertragliche Regelung deshalb fehlt, weil die betreffende Frage im Vertrag überhaupt nicht angesprochen ist, oder deshalb, weil die einschlägige Bestimmung mehrdeutig ist.[7]

7

Darüber hinaus gilt § 361 im Wege einer extensiven Auslegung grundsätzlich auch für die sekundären Leistungspflichten, also z.B. für Ansprüche auf **Schadensersatz statt der Leistung, wegen Verzugs** und **anderen Pflichtverletzungen (§ 280 BGB)** und für mit dem Vertrag zusammenhängende **Bereicherungsansprüche**.[8] Denn was das Gesetz für die Primäransprüche als sachgerecht ansieht, muss folgerichtig grundsätzlich auch für die zugehörigen Sekundäransprüche gelten, da diese sich insoweit nicht wesentlich von den Primäransprüchen unterscheiden. Allerdings hat die Vorschrift in dieser Hinsicht anders als hinsichtlich der Primäransprüche nicht lediglich die Funktion einer Auslegungsregel, sondern einer **Norm des ergänzenden Gesetzesrechts**,[9] da es grundsätzlich nicht Aufgabe der Parteien, sondern des objektiven Rechts ist, Gegenstand und Inhalt der sekundären Leistungspflichten zu bestimmen. Dementsprechend entfällt hier anders als hinsichtlich der primären Leistungs-

8

---

[4] Vgl. RGZ 110, 48.
[5] Vgl. RGZ 105, 407; vgl. aber auch RG LZ 1907, 221 Nr. 5; 1923, 646 Nr. 5.
[6] Vgl. RG WarnRspr. 1922 Nr. 34; 1923/24 Nr. 43; LZ 1924, 458.
[7] Vgl. RGZ 120, 81; *Schlegelberger/Hefermehl* § 361 Rdn. 5; *Baumbach/Hopt* § 361 Rdn. 1.
[8] Vgl. *Schlegelberger/Hefermehl* § 361 Rdn. 5; *Röhricht/Graf von Westphalen/Wagner* § 361 Rdn. 3; *Ebenroth/Boujong/Joost/Eckert* § 361 Rdn. 11; *Koller/Roth/Morck* § 361 Rdn. 3; *Staudinger/Karsten Schmidt*, 13. Bearbeitung 1997, § 244 Rdn. 17; ablehnend *Remien* RabelsZ 53 (1989) 281; *Grothe* aaO S. 327; MünchKomm.-*Welter* § 361 Rdn. 39.
[9] Kritisch *Grothe* aaO S. 326 f.

pflichten die Möglichkeit einer **Anfechtung** wegen Inhaltsirrtums, sofern der Irrtum sich auf den Inhalt der sekundären Leistungspflicht beschränkt und nicht auch den Inhalt der entsprechenden primären Leistungspflicht mitumfasst; das ist konsequent, weil hier das Element der *heteronomen* Bestimmung der Rechtsfolgen dominiert, während es bei den primären Leistungspflichten trotz einer Auslegung mit Hilfe von § 361 im Kern noch um eine *autonome* Setzung der Rechtsfolgen geht – nicht anders als in den übrigen Fällen einer objektiven Vertragsauslegung.

9 Wo der **Erfüllungsort für die sekundäre Leistungspflicht** liegt, ist gesondert nach den Regeln über den Erfüllungsort festzustellen. Dieser ist gegenüber dem Erfüllungsort der primären Leistungspflicht grundsätzlich selbständig;[10] eine Vereinbarung über den Erfüllungsort der primären Leistungspflicht wird jedoch häufig gemäß § 157 BGB auf die zugehörigen sekundären Leistungspflichten zu erstrecken sein. Im Zweifel ist gemäß § 269 BGB der Wohnsitz des betreffenden Schuldners maßgeblich.

10 Liegt der Erfüllungsort in Deutschland, so richtet sich ein **Schadensersatzanspruch** folgerichtig grundsätzlich auf Zahlung in deutscher Währung – also heute in Euro –, auch wenn die Gegenleistung für die primäre Leistung, also z.B. der Kaufpreis, in einer fremden Währung zu erbringen war.[11] Ist der Schaden freilich von vornherein in einer fremden Währung entstanden wie z.B., wenn dem Gläubiger ein Gewinn in einer solchen Währung entgangen ist oder sein Schaden in einer Ersatzpflicht in fremder Währung gegenüber einem Dritten – etwa einem Abkäufer – besteht, so haftet der Schuldner nach dem Grundsatz der Naturalrestitution gemäß § 249 S. 1 BGB auf Zahlung in der betreffenden fremden Währung.[12] Das Gleiche gilt bei anderen Ansprüchen, die ihrem Inhalt nach von vornherein auf fremde Währung gerichtet sind wie z.B. ein Anspruch auf Ersatz von in einer solchen gemachten Aufwendungen.[13]

11 Auch bei **Bereicherungsschulden** hat ein in Deutschland wohnender Schuldner grundsätzlich in deutscher Währung zu leisten.[14] Besteht die Bereicherung freilich in einer Summe fremden Geldes und befindet sich dieses noch in der Verfügungsmacht des Schuldners, so hat dieser das fremde Geld zurückzuzahlen, da er gemäß § 812 BGB auf Herausgabe des „Erlangten" haftet. Ist der Bereicherungsschuldner dagegen zur Herausgabe des erlangten Gegenstandes, also des in fremder Währung erlangten Geldes nicht mehr in der Lage und hat er demgemäß nach § 818 Abs. 2 BGB den „Wert" zu ersetzen, so schuldet er grundsätzlich deutsches Geld, wobei die erlangte Summe fremden Geldes lediglich die Bedeutung eines Rechnungsfaktors für die Ermittlung der Höhe des Wertersatzes hat.[15]

---

[10] Vgl. RGZ 102, 61; *Schlegelberger/Hefermehl* § 361 Rdn. 5.
[11] Vgl. RGZ 96, 121; 102, 62; RG JW 1923, 498; 1924, 672; WarnRspr. 1922 Nr. 4; 1923/24 Nr. 148; *Schlegelberger/Hefermehl aaO*.
[12] Vgl. auch RG JW 1925, 1477; *Schlegelberger/ Hefermehl aaO*; vgl. aber auch BGHZ 14, 212, 217 und BGH WM 1977, 478, 479 unter V 3 a.
[13] Vgl. RGZ 109, 88; *Schlegelberger/Hefermehl aaO*.
[14] Vgl. RGZ 120, 81; *Schlegelberger/Hefermehl aaO*.
[15] Vgl. RGZ 120, 81; *Schlegelberger/Hefermehl aaO*.

§ 362

(1) ¹Geht einem Kaufmanne, dessen Gewerbebetrieb die Besorgung von Geschäften für andere mit sich bringt, ein Antrag über die Besorgung solcher Geschäfte von jemand zu, mit dem er in Geschäftsverbindung steht, so ist er verpflichtet, unverzüglich zu antworten; sein Schweigen gilt als Annahme des Antrags. ²Das Gleiche gilt, wenn einem Kaufmann ein Antrag über die Besorgung von Geschäften von jemand zugeht, dem gegenüber er sich zur Besorgung solcher Geschäfte erboten hat.

(2) Auch wenn der Kaufmann den Antrag ablehnt, hat er die mitgesendeten Waren auf Kosten des Antragstellers, soweit er für diese Kosten gedeckt ist und soweit es ohne Nachteil für ihn geschehen kann, einstweilen vor Schaden zu bewahren.

Übersicht

	Rdn.		Rdn.
I. Gesetzeswerk und dogmatische Einordnung	1–5	1. Die Zurechnung des Schweigens a) Das Erfordernis einer unverzüglichen Ablehnung	15, 16
II. Die tatbestandlichen Voraussetzungen der Antwortpflicht		b) Die Unkenntnis des Antrags	17–20
1. Das Erfordernis der Kaufmannseigenschaft	6–8	c) Die Behandlung von Willensmängeln	21–24
2. Das Merkmal der Geschäftsbesorgung	9, 10	2. Umfang und Reichweite der Erfüllungshaftung in gegenständlicher und persönlicher Hinsicht	25–28
3. Die besonderen Voraussetzungen von § 362 Abs. 1 Satz 1	11, 12	IV. Die Rechtslage bei Ablehnung des Antrags gemäß Abs. 2	29, 30
4. Die besonderen Voraussetzungen von § 362 Abs. 1 Satz 2	13, 14	Anhang nach § 362: Schweigen im Rechts- und Handelsverkehr als Verpflichtungsgrund	
III. Die Erfüllungspflicht und ihre Grenzen			

Schrifttum

Bickel Rechtsgeschäftliche Erklärungen durch Schweigen?, NJW 1972, 607ff; *Brodmann* Ehrenbergs Handbuch IV 2, 1918, S. 33ff; *Canaris* Die Vertrauenshaftung im deutschen Privatrecht, 1971, S. 197ff und S. 217ff (zit. *Canaris*); ders. Schweigen im Rechtsverkehr als Verpflichtungsgrund, Festschr. für Wilburg, 1975, S. 77ff; ders. Handelsrecht, 23. Aufl. 2000, § 25 I; *von Craushaar* Der Einfluß des Vertrauens auf die Privatrechtsbildung, 1969, S. 99ff; *Fabricius* Stillschweigen als Willenserklärung, JuS 1966, 1ff und 50 ff; *Flume* Allgemeiner Teil des Bürgerlichen Rechts Bd. II, 3. Aufl. 1979, § 5, 2 und § 10, 2; *Frotz* Verkehrsschutz im Vertretungsrecht, 1972, S. 375 ff, 391 ff; *Götz* Zum Schweigen im Rechtsverkehr, 1968; *Hanau* Objektive Elemente im Tatbestand der Willenserklärung, AcP 165, 220 ff; *Krause* Schweigen im Rechtsverkehr, 1933; *Litterer* Vertragsfolgen ohne Vertrag, 1979, S. 49ff; *Müller-Graff* Rechtliche Auswirkungen einer laufenden Geschäftsverbindung im amerikanischen und deutschen Recht, 1974, S. 195 ff; *Philipowski* Schweigen als Genehmigung, BB 1964, 1069 ff; *Raisch* Geschichtliche Voraussetzungen, dogmatische Grundlagen und Sinnwandlung des Handelsrechts, 1965, S. 249ff; *Karsten Schmidt* Handelsrecht, 5. Aufl. 1999, § 19 II; *Sonnenberger* Verkehrssitten im Schuldvertrag, 1970, S. 205 ff.

§ 362   Viertes Buch. Handelsgeschäfte

I. Gesetzeswerk und dogmatische Einordnung

1   Da Schweigen grundsätzlich nicht die Bedeutung der Zustimmung hat (vgl. näher unten Anhang nach § 362 Rdn. 2 ff), stellt § 362 eine Ausnahmevorschrift dar.[1] Demgemäß bedarf es einer Erklärung dafür, dass das Gesetz hier entgegen den allgemeinen Grundsätzen das Schweigen als Zustimmung wertet. **Rechtsgeschäftliche Erklärungsversuche** haben sich mit Recht nicht durchgesetzt. Sie scheitern daran, dass das Schweigen unabhängig davon als Annahme gewertet wird, ob der Schweigende ein entsprechendes Bewusstsein hatte, ja ob er überhaupt Kenntnis von dem Zugang des Antrags erhalten hat (vgl. unten Rdn. 17f), und dass ihm bei einem Irrtum über die Bedeutung seines Schweigens die Irrtumsanfechtung nach § 119 Abs. 1 BGB versagt wird (vgl. unten Rdn. 21). Wenn man in solchen Fällen nicht die Regeln über das Fehlen des Erklärungsbewusstseins anwendet – also entweder Unwirksamkeit annimmt oder doch wenigstens die Anfechtung wegen Inhaltsirrtums nach § 119 BGB zulässt –, liegt nicht einmal ein rudimentärer Rest von privatautonomer Selbstbestimmung vor, so dass von einem Vertrauensschutz *innerhalb* der Rechtsgeschäftslehre nicht mehr sinnvoll gesprochen werden kann.[2,3] Daran lässt sich auch dadurch nichts ändern, dass man hier von der **Fiktion** einer Willenserklärung spricht,[4] da diese Kategorie bar jeglichen dogmatischen Erklärungswerts und daher völlig unfruchtbar ist.

2   Unbefriedigend ist auch die Einordnung von § 362 in die Lehre von der „**typisierten Erklärung mit normierter Wirkung**".[5] Diese Lehre ist nämlich mit Begriff und Funktion des Rechtsgeschäfts unvereinbar, weil sie dieses nicht auf die Akte der finalen In-Geltung-Setzung von Rechtsfolgen beschränkt, sondern durch den widersinnigen Begriff der „fahrlässigen Willenserklärung" denaturiert.[6]

3   Es führt auch nicht weiter, den Gesichtspunkt der Fahrlässigkeit zu verselbständigen und § 362 als Folge einer **Pflichtverletzung des Schweigenden** zu erklären.[7] Denn die fahrlässige Verletzung einer Pflicht zieht nach geltendem Recht grundsätzlich lediglich eine Schadensersatzhaftung und nicht eine Erfüllungspflicht nach sich (vgl. auch unten Anhang nach § 362 Rdn. 11 ff). Diesen Einwand kann man nicht dadurch ausräumen, dass man statt einer Pflichtverletzung eine **Obliegenheitsverletzung** annimmt und § 362 auf diese zurückführt.[8] Es ist nämlich nicht verständlich, warum an eine Obliegenheitsverletzung, also an die Verletzung einer Pflicht minderer Inten-

---

[1] Ebenso z. B. *Fabricius* JuS 1966, 52; *Schlegelberger/Hefermehl* § 362 Rdn. 8; *Heymann/Horn* § 362 Rdn. 4; a. A. *Hanau* AcP 165, 244.
[2] Übereinstimmend *Larenz/Wolf* Allg. Teil[8] § 28 Rdn. 59 und § 30 Rdn. 50; unklar *Karsten Schmidt* § 19 II 2 c a. E., der „den Tatbestand des § 362 I HGB als Teil der Rechtsgeschäftslehre, das Schweigen, das hier als Annahme gilt, aber nicht als Willenserklärung" deutet und damit zu einer dogmatischen Zwitterfigur gelangt, durch welche die entscheidende Frage – nämlich auf welche Weise dieselben Rechtsfolgen wie aus einem Rechtsgeschäft ohne (!) dessen Vorliegen zustande kommen und warum dann bei einem Irrtum über die Bedeutung des Schweigens nicht nach § 119 Abs. 1 BGB angefochten werden kann – gerade offen bleibt.
[3] Zur dogmatischen Vertiefung vgl. eingehend *Canaris* 50 Jahre Bundesgerichtshof, 2000, Bd. I S. 139–143.
[4] So aber *Flume* § 10, 2; MünchKomm.-*Welter* § 362 Rdn. 15; *Koller/Roth/Morck* § 362 Rdn. 4.
[5] So vor allem *Manigk* Das rechtswirksame Verhalten, 1939, S. 279 f, 283 f, 287 und öfter; zustimmend *Krause* Schweigen im Rechtsverkehr S. 127 f; ähnlich, wenngleich ohne ausdrückliche Bezugnahme auf *Manigk*, sondern unter (unzutreffender) Berufung auf *Karsten Schmidt* MünchKomm.-*Welter* § 362 Rdn. 15 a. E., der von einer „gesetzlich typisierten Erklärung" spricht – ein Begriff, dessen dogmatische Inhaltslosigkeit auf der Hand liegt.
[6] Vgl. näher *Flume* Festschr. zum hundertjährigen Bestehen des Deutschen Juristentags, 1960, Bd. I S. 171 ff; kritisch ferner z. B. *Bydlinski* Privatautonomie und objektive Grundlagen der verpflichtenden Rechtsgeschäfts, 1967, S. 70 ff m. w. Nachw.
[7] So vor allem *Fabricius* JuS 1966, 51 ff.
[8] So aber *Reimer Schmidt* Die Obliegenheiten, 1953, S. 122 f; *Hanau* AcP 165, 236 ff.

sität oder minderer Wirkung⁹ eine Erfüllungshaftung geknüpft werden soll, während bei einer echten Pflichtverletzung nur die den Schuldner i.d.R. weniger belastende Haftung auf das negative Interesse Platz greift. Außerdem verschiebt die Annahme einer Obliegenheitsverletzung das Problem nur; denn es stellt sich dann sofort die weitere Frage, warum der Gesetzgeber gerade bei § 362 HGB, nicht aber z.B. auch im eng verwandten Fall von § 663 BGB eine Obliegenheit statuiert hat – und darauf bleibt die Lehre von der Obliegenheitsverletzung die Antwort schuldig. Auch diese Theorie ist daher ohne dogmatischen Erklärungswert, weil sie weder die Besonderheit der Rechtsfolge, d.h. das Entstehen einer Erfüllungspflicht, noch den sachlichen Grund für das Bestehen der behaupteten Obliegenheit angeben kann.

Den richtigen Ausgangspunkt für die Erklärung von § 362 bildet die Bemerkung in den Materialien, dem Schweigen werde unter den in § 362 genannten Voraussetzungen im kaufmännischen Verkehr allgemein die Bedeutung einer Annahmeerklärung beigelegt.¹⁰ Das Schweigen wird also grundsätzlich als Willenserklärung durch schlüssiges Verhalten gewertet.¹¹ Trifft das im Einzelfall nicht zu, so liegt lediglich der *Schein* einer Annahme des Antrags vor, das Schweigen ist also nur *schein*konkludent. Indem das Gesetz es dennoch als Annahme wertet, stellt es den Schein der Wirklichkeit gleich. § 362 bildet daher nach zutreffender und heute vorherrschender Ansicht einen Tatbestand der **Rechtsscheinhaftung**.¹² Das gilt nicht nur dann, wenn man bei Fehlen des Erklärungsbewusstseins in der Person des Schweigenden das Vorliegen eines Rechtsgeschäfts oder dessen Wirksamkeit verneint, sondern auch dann, wenn man in einem solchen Fall – mit der neueren Rechtsprechung des BGH – den objektiven Tatbestand eines Rechtsgeschäfts bejaht und lediglich ein Anfechtungsrecht nach § 119 Abs. 1 BGB annimmt; denn nicht einmal ein solches hat der Schweigende im Falle des § 362 (vgl. dazu unten Rdn. 21), und daher ist hier die Grenzlinie von der Bindung kraft Rechtsgeschäfts zur Haftung kraft Rechtsscheins überschritten.¹³

Dass das Gesetz eine Rechtsscheinhaftung gerade unter den Voraussetzungen von § 362 – und nicht z.B. auch in Fällen wie dem des § 663 BGB – anordnet, hat seinen tieferen Grund zum einen in dem gesteigerten **Verkehrsschutzbedürfnis des Handelsverkehrs** und zum anderen im Vorliegen einer entsprechenden **Verkehrssitte**, die dem Schweigen typischerweise die Bedeutung der Zustimmung zumisst und die daher zu einer Verstärkung des Vertrauenstatbestandes gegenüber sonstigen Fällen konkludenten Verhaltens führt.¹⁴ § 362 stellt somit einen Unterfall einer „Rechtsscheinhaftung kraft verkehrsmäßig typisierter Erklärungsbedeutung" dar, in die auch noch andere verwandte Erscheinungen wie vor allem die Lehre vom kaufmännischen Bestätigungsschreiben einzuordnen sind.¹⁵

---

⁹ Vgl. *Reimer Schmidt* aaO S. 315.
¹⁰ Vgl. Materialien zum Handelsgesetzbuche für das Deutsche Reich, 1897, S. 97.
¹¹ Vgl. auch *Krause* aaO S. 127ff; a. A. *Flume* § 10, 2 = S. 120.
¹² Vgl. näher *Canaris* aaO S. 200ff; zustimmend z.B. *Larenz/Wolf* aaO § 30 Rdn. 50; *Schlegelberger/Hefermehl* § 362 Rdn. 16 a. E.; *Röhricht/Graf von Westphalen/Wagner* § 362 Rdn. 3; *Ebenroth/Boujong/Joost/Eckert* § 362 Rdn. 2; ähnlich auch *Hopt* AcP 183 (1983) 686, dessen pointierte Betonung des berufsrechtlichen Aspektes in solchem Maße auf die Hinzunahme spezifisch vertrauensrechtlicher Elemente angewiesen ist, dass sie keinen wirklichen Gegensatz zur hier vertretenen Ansicht darstellt; kritisch *Karsten Schmidt* § 19 II 2 c, der lediglich den allgemeinen Gedanken des Verkehrsschutzes heranziehen will.
¹³ Vgl. dazu eingehend *Canaris* aaO (wie Fn. 3).
¹⁴ Vgl. *Canaris* S. 218 ff.
¹⁵ Vgl. näher *Canaris* S. 206 ff, 218 ff sowie Handelsrecht § 25 Rdn. 9 mit umf. Nachw.; für Einordnung in die Lehre von der Vertrauenshaftung ferner *Koller* oben § 346 Rdn. 62.

5 Dagegen geht es zu weit, in § 362 geradezu einen Fall **absoluten Verkehrsschutzes**[16] zu sehen und daher bei der Interpretation der Vorschrift jeden Rückgriff auf den Gedanken des Vertrauensschutzes auszuschließen.[17] Denn zum einen könnte das nur durch ein besonders intensives Bedürfnis nach Rechtssicherheit legitimiert werden, für das hier kein Anhaltspunkt besteht, und zum anderen geriete man dadurch in einen Widerspruch zu anerkannten Grundsätzen über die Handhabung der Regeln über das kaufmännischen Bestätigungsschreiben, obgleich diese in Wahrheit folgerichtig auch im Rahmen von § 362 heranzuziehen sind.

II. Die tatbestandlichen Voraussetzungen der Antwortpflicht

1. Das Erfordernis der Kaufmannseigenschaft

6 § 362 knüpft grundsätzlich an die **Kaufmannseigenschaft** des Antragsempfängers an. Ob diese auf §§ 1, 2, 3 Abs. 2 und 3 oder auf § 6 HGB beruht, ist gleichgültig. Der Fiktivkaufmann gemäß § 5 HGB steht gleich. Da Scheinkaufleute sich zugunsten gutgläubiger Dritter grundsätzlich wie Kaufleute behandeln lassen müssen, haften sie gegenüber diesen ebenfalls gemäß § 362. Ob der Antragende Kaufmann ist, spielt keine Rolle.

7 Der maßgebliche **Zeitpunkt für das Vorliegen der Kaufmannseigenschaft** ist der Augenblick des Zugangs des Antrags.[18] Ein nachträglicher Verlust der Kaufmannseigenschaft beseitigt daher die Antwortpflicht ebenso wenig wie umgekehrt der nachträgliche Erwerb sie begründet; im letzteren Fall sind freilich § 663 BGB sowie die allgemeinen Regeln über das Schweigen im Rechts- und Handelsverkehr (vgl. unten Anhang nach § 362) zu beachten.

8 Ist der Schweigende **Nichtkaufmann,** nimmt er aber ähnlich wie ein Kaufmann am Rechts- und Handelsverkehr teil, findet § 362 HGB entgegen einer starken Mindermeinung[19] entsprechende Anwendung.[20] Das folgt sowohl aus einer Weiterbildung der zum kaufmännischen Bestätigungsschreiben anerkannten Grundsätze[21] als auch aus den Regeln über die Erstreckung des Anwendungsbereichs von Handelsbräuchen auf kaufmannsähnliche Personen[22]. Denn angesichts des engen Bezugs von § 362 HGB auf die typisierende Kraft der Verkehrssitten kann hier nicht anders entschieden werden als dort.

2. Das Merkmal der Geschäftsbesorgung

9 Der Antrag muss auf den Abschluss eines Vertrages gerichtet sein, der eine **Geschäftsbesorgung** zum Gegenstand hat. Eine solche liegt vor, wenn jemand „außerhalb eines dauernden Dienstverhältnisses eine an sich dem anderen zukommende Tätigkeit diesem abnimmt, mag diese Tätigkeit rechtsgeschäftlicher oder rein tatsäch-

---

[16] Vgl. zu diesem Begriff *Canaris* S. 1 f.
[17] In dieser Richtung aber *Karsten Schmidt* § 19 II 2 c; MünchKomm.-*Welter* § 362 Rdn. 15; *Koller/Roth/Morck* § 362 Rdn. 4.
[18] Vgl. z. B. *Schlegelberger/Hefermehl* § 362 Rdn. 8; MünchKomm.-*Welter* § 362 Rdn. 18.
[19] Vgl. z. B. *Schlegelberger/Hefermehl* § 362 Rdn. 8; *Heymann/Horn* § 362 Rdn. 5; *Ebenroth/Boujong/Joost/Eckert* § 362 Rdn. 9 f.
[20] Ebenso i. E. *Karsten Schmidt* § 19 II 2 d aa;

Neuner ZHR 157 (1992) 284; *Röhricht/Graf von Westphalen//Wagner* § 362 Rdn. 6; *Koller/Roth/Morck* § 362 Rdn. 5; MünchKomm.-*Welter* § 362 Rdn. 17; ähnlich auch *Hopt* AcP 183 (1983) 686f auf Grund seines berufsrechtlichen Ansatzes.
[21] Vgl. zu diesen oben *Koller* § 346 Rdn. 25 ff; *Canaris* Handelsrecht § 25 Rdn. 45 f.
[22] Vgl. dazu *Canaris* Handelsrecht § 24 Rdn. 46 f.

licher Art sein".²³ § 362 gilt daher z. B. für einen Kommissionär, einen Spediteur, einen Lagerhalter,²⁴ einen Frachtführer oder einen Treuhänder. Besondere Bedeutung hat die Vorschrift im Bankrecht, da die meisten **Bankgeschäfte** als Geschäftsbesorgungen zu qualifizieren sind.

Dagegen fallen reine **Kauf- und Verkaufsangebote** oder reine **Darlehensangebote** 10 nicht unter § 362.²⁵ Auch eine analoge Anwendung der Vorschrift kommt insoweit nicht in Betracht, da es bei anderen als Geschäftsbesorgungsverträgen grundsätzlich nicht im selben Maß wahrscheinlich ist, dass der Empfänger des Antrags zum Vertragsschluss bereit ist und dass sein Schweigen daher Zustimmung bedeutet. Es bleibt dann nur der Rückgriff auf die allgemeinen Grundsätze über das Schweigen im Rechts- und Handelsverkehr, die freilich im Einzelfall zum selben Ergebnis wie § 362 führen können (vgl. dazu unten Anhang nach § 362).

3. Die besonderen Voraussetzungen von § 362 Abs. 1 Satz 1

Die Erfordernisse der Kaufmannseigenschaft und der Geschäftsbesorgung sind 11 beiden Alternativen von § 362 gemeinsam. Im Übrigen bauen diese dagegen auf unterschiedlichen Voraussetzungen auf. Die erste Alternative knüpft an das **Bestehen einer Geschäftsverbindung** an. Eine solche liegt vor, wenn die Beziehung der Parteien auf eine gewisse Dauer angelegt ist und den wiederholten Abschluss von Geschäften erwarten lässt.²⁶ Entscheidend ist also, ob nach dem in Erscheinung getretenen Parteiwillen in Zukunft mit der Vornahme von Geschäften zu rechnen ist. Dass solche in der Vergangenheit abgeschlossen worden sind, ist weder erforderlich noch ausreichend. Die Geschäftsverbindung muss zur Zeit des Antrags noch fortdauern. Ob sie beendigt ist, bestimmt sich grundsätzlich nicht nach der Zahl der Geschäftsvorfälle, sondern nach der Absicht der Parteien, in Zukunft noch weitere Geschäfte vorzunehmen;²⁷ ein längeres Ausbleiben von Geschäftsabschlüssen kann jedoch ein Indiz für den Willen der Parteien sein, die Geschäftsbeziehung zu beenden. Die Schließung eines Betriebes von hoher Hand führt regelmäßig zur Beendigung der Geschäftsverbindung, der Tod einer Partei nur dann, wenn die Beziehung nicht mit dem Erben fortgesetzt wird.²⁸

Weiterhin setzt die erste Alternative von § 362 einen **Zusammenhang zwischen** 12 **der Geschäftsbesorgung und dem Gewerbebetrieb des Antragsempfängers** voraus. Denn § 362 fordert, dass der Gewerbebetrieb des Kaufmanns „die Besorgung von Geschäften für andere mit sich bringt" und dass sich der Antrag auf „die Besorgung solcher Geschäfte" bezieht. Entscheidend ist dabei nicht, ob speziell der Betrieb des *Antragsempfängers* auf die Besorgung des betreffenden Geschäfts gerichtet ist, sondern vielmehr, ob man allgemein bei Betrieben *dieser Art* mit der Durchführung derartiger Geschäfte rechnen darf. § 362 gilt daher zwar z. B. nicht, wenn einem Spediteur ein Maklerauftrag oder ein Lagerauftrag zugeht, wohl aber z. B., wenn ein Möbelspediteur einen Antrag über eine Warenspedition erhält oder wenn einer auf Wertpapiergeschäfte spezialisierten Bank ein Giroüberweisungsauftrag erteilt wird.²⁹

---

[23] So BGHZ 46, 43, 47; ebenso oder ähnlich z. B. *Schlegelberger/Hefermehl* § 362 Rdn. 9; Münch-Komm.-*Welter* § 362 Rdn. 19; *Ebenroth/Boujong/Joost/Eckert* § 362 Rdn. 12.
[24] Vgl. BGHZ 46, 43, 47.
[25] Vgl. auch *Schlegelberger/Hefermehl* § 362 Rdn. 10; *Heymann/Horn* § 362 Rdn. 7; Münch-Komm.-*Welter* § 362 Rdn. 19 a. E.; *Ebenroth/Boujong/Joost/Eckert* § 362 Rdn. 13.
[26] Vgl. oben § 355 Rdn. 35; ähnlich *Schlegelberger/Hefermehl* § 362 Rdn. 13; *Ebenroth/Boujong/Joost/Eckert* § 362 Rdn. 14; MünchKomm.-*Welter* § 362 Rdn. 22.
[27] Vgl. oben § 355 Rdn. 234.
[28] Vgl. oben § 355 Rdn. 236.
[29] Vgl. *Düringer/Hachenburg/Breit* § 362 Anm. 14; *Schlegelberger/Hefermehl* § 362 Rdn. 12.

§ 362   Viertes Buch. Handelsgeschäfte

Freilich ist zu beachten, dass § 362 nicht gilt, wenn nach dem Inhalt des Antrags im Verkehr nicht mit seiner Annahme zu rechnen ist oder dem Antragsteller Bösgläubigkeit zur Last fällt (vgl. unten Rdn. 26); die Vorschrift greift daher insbesondere dann nicht ein, wenn der Antragende wusste oder es für ihn evident war, dass der Antragsempfänger seinen Betrieb spezialisiert hatte – z.B. auf Wertpapiergeschäfte – und daher den fraglichen Auftrag nach seinen Geschäftsgepflogenheiten voraussichtlich nicht übernehmen würde.

4. Die besonderen Voraussetzungen von § 362 Abs. 1 Satz 2

13   Statt einer Geschäftsverbindung genügt gemäß Abs. 1 S. 2 auch ein **Erbieten zur Besorgung** von Geschäften. Das Erbieten stellt eine Bereitschaftserklärung dar. Diese erzeugt noch keine rechtsgeschäftliche Bindung, sondern hat lediglich den Charakter einer invitatio ad offerendum; der Vertragsschluss erfolgt erst durch den Antrag und das Schweigen. Das Erbieten muss gegenüber dem Antragenden erklärt worden sein, wie sich aus dem Wortlaut von Abs. 1 S. 2 klar ergibt. Ein Erbieten gegenüber der Öffentlichkeit wie z.B. auf Firmenschildern oder Annoncen genügt also anders als im Falle von § 663 BGB nicht.[30] Dagegen steht es der Anwendung von § 362 nicht entgegen, wenn das Erbieten auch noch gegenüber einer Vielzahl von anderen Personen erfolgt ist wie z.B. bei einem Rundschreiben. Entscheidend ist, ob der Kreis, an den das Erbieten gerichtet ist, bestimmt ist oder nicht. Daher genügt z.B. ein Erbieten durch massenweise verschickte Drucksachen in aller Regel den Voraussetzungen von § 362, während ein Erbieten durch Postwurfsendung, bei der der Empfängerkreis nicht von dem Erbietenden abschließend festgelegt ist, sondern z.T. dem Zufall bzw. dem Ermessen des Verteilers überlassen bleibt, nicht unter § 362, sondern nur unter § 663 BGB fällt.

14   Hinzukommen muss ein **Zusammenhang zwischen dem Erbieten und der Geschäftsbesorgung**: Der Antragsempfänger muss sich zur Besorgung „solcher Geschäfte" erboten haben. Dieses Merkmal tritt hier an die Stelle des Zusammenhangs mit dem Gewerbebetrieb, auf den das Gesetz beim Bestehen einer Geschäftsverbindung gemäß Abs. 1 S. 1 abhebt. Es kommt hier somit nicht darauf an, ob der Gewerbebetrieb des Antragsempfängers überhaupt „die Besorgung von Geschäften für andere mit sich bringt" und ob das Geschäft in den Rahmen des Gewerbebetriebs fällt. Denn durch sein Erbieten hat der Antragsempfänger den Kreis der Geschäfte, die er zu übernehmen bereit ist, hinreichend abgegrenzt. Ob das betreffende Geschäft durch das Erbieten gedeckt wird, ist eine Frage der Auslegung gemäß §§ 133, 157 BGB, 346 HGB.

III. Die Erfüllungspflicht und ihre Grenzen
1. Die Zurechnung des Schweigens

15   **a) Das Erfordernis einer unverzüglichen Ablehnung.** Die Wertung des Schweigens als Annahme wird grundsätzlich nur durch eine unverzügliche Ablehnung ausgeschlossen. Diese braucht nicht ausdrücklich zu erfolgen, sondern kann auch in einem konkludenten Verhalten liegen, durch das der Adressat des Angebots zu erkennen gibt, dass er dieses nicht annimmt.[31] **Unverzüglich** bedeutet nach der Legal-

---

[30] Vgl. *Düringer/Hachenburg/Breit* § 362 Anm. 15; *Schlegelberger/Hefermehl* § 362 Rdn. 14; *Ebenroth/Boujong/Joost/Eckert* § 362 Rdn. 16.

[31] Vgl. als Beispiel BGH WM 1988, 1134, 1135.

definition von § 121 BGB „ohne schuldhaftes Zögern". I.d.R. ist dem Antragsempfänger eine gewisse **Überlegungsfrist** zuzubilligen; wie lang diese ist, richtet sich nach den Umständen des Falles und der Verkehrssitte, wobei der Art und der Eilbedürftigkeit des Geschäfts maßgebliche Bedeutung zukommt. Nur die Absendung der Ablehnung muss unverzüglich sein; ob und wann diese dem Antragenden zugeht, ist für § 362 unerheblich.[32]

Hat der Antragsempfänger **bereits einmal abgelehnt**, so braucht er einen neuen **16** Antrag des gleichen Inhalts nicht noch einmal abzulehnen, es sei denn, der zweite Antrag wird unter wesentlich anderen Umständen gemacht wie z.B., wenn der erste Antrag wegen fehlender Deckung abgelehnt wurde und dem zweiten Antrag nunmehr Deckung durch einen Scheck beigefügt wird.[33] Bloße **Bestätigung des Eingangs des Antrags** beseitigt die Folgen von § 362 nicht, sofern der Antragsempfänger sich nicht eine spätere Stellungnahme in dem Bestätigungsschreiben vorbehalten hat;[34] denn die Bestätigungserklärung ist nicht geeignet, in dem Antragenden das Vertrauen zu zerstören, dass der Antragsempfänger den Antrag annimmt. Dagegen kann eine unklare Antwort dem Schweigen grundsätzlich nicht gleich gestellt werden, da der Antragende angesichts der Unklarheit nicht mehr ohne weiteres die Annahme seines Antrags erwarten darf.[35]

b) **Die Unkenntnis des Antrags.** Die Unkenntnis des Antrags schließt die Wertung des Schweigens als Zustimmung grundsätzlich nicht aus. Nach einer weit verbreiteten Ansicht soll das allerdings nur dann gelten, wenn die Unkenntnis auf **Verschulden** beruht.[36] Das wird damit begründet, dass der Widerspruch „unverzüglich", also ohne schuldhaftes Zögern erfolgen muss. Dieses Argument überzeugt indessen schon deshalb nicht, weil sich das Erfordernis der Unverzüglichkeit lediglich auf die Länge der Antwortsfrist bezieht und sich diese in der Tat nicht anders bestimmen lässt als durch die – von Fall zu Fall flexiblen – Kriterien der verkehrserforderlichen Sorgfalt und der Zumutbarkeit, wohingegen es hier um das ganz anders strukturierte Problem geht, ob und wie ein Kaufmann Kenntnis von den in seinem Betrieb eingegangenen Schreiben erlangt. **17**

Insoweit ist das **Risikoprinzip** wesentlich sachgerechter als das Verschuldensprinzip und verdient daher den Vorzug.[37] Denn dieses ist zum einen verkehrsfreundlicher als das Verschuldensprinzip und entspricht daher dem von § 362 intendierten Verkehrsschutz besser, und es trägt zum anderen dem Gedanken Rechnung, dass die Frage der betrieblichen Organisation nicht in erster Linie durch Rechtspflichten gegenüber dem Antragenden, sondern durch Gesichtspunkte der betriebsinternen Zweckmäßigkeit bestimmt wird. In die gleiche Richtung weist auch die Rechtsprechung zum kaufmännischen Bestätigungsschreiben, die bei diesem nicht auf die Schuldhaftigkeit der Unkenntnis abstellt, sondern (insoweit freilich etwas zu weit **18**

---

[32] Vgl. RG BankArch. 1925, 27; *Schlegelberger/Hefermehl* § 362 Rdn. 18; *Ebenroth/Boujong/Joost/Eckert* § 362 Rdn. 21; MünchKomm.-*Welter* § 362 Rdn. 33.
[33] Vgl. RG BankArch. 1925, 27.
[34] Vgl. auch *Schlegelberger/Hefermehl* § 362 Rdn. 17 a.E.
[35] Vgl. auch *Ebenroth/Boujong/Joost/Eckert* § 362 Rdn. 24; MünchKomm.-*Welter* § 362 Rdn. 31; **a.A.** *Düringer/Hachenburg/Breit* § 362 Anm. 17.

[36] Vgl. z.B. *Krause* S. 131 ff; *Flume* § 10, 2 = S. 119; *Schlegelberger/Hefermehl* § 362 Rdn. 20; *Heymann/Horn* § 362 Rdn. 11; *Ebenroth/Boujong/Joost/Eckert* § 362 Rdn. 23; MünchKomm.-*Welter* § 362 Rdn. 30 mit der seltsamen Konstruktion eines „Verschuldens des Unternehmens".
[37] Vgl. näher *Canaris* S. 203 ff; zustimmend *Karsten Schmidt* § 19 II 2 d ff; *Litterer* S. 112; *Hopt* AcP 183 (1983) 688.

gehend) den Zugang genügen lässt.³⁸ Außerdem ist die Verbindung von Rechtsscheinhaftung und Verschuldensprinzip de lege lata systemwidrig, wie sich z.B. aus den §§ 170 ff BGB und § 935 Abs. 1 BGB ergibt.

19   Der Schweigende haftet somit gemäß § 362 schon dann und nur dann, wenn seine Unkenntnis vom Zugang des Schreibens in innerem **Zusammenhang mit einem in seinem Geschäftskreis liegenden Risiko** steht. § 362 ist folglich grundsätzlich anwendbar, wenn der Antragsempfänger z.B. durch eine plötzliche unaufschiebbare Geschäftsreise, durch längere Krankheit oder durch Urlaub gehindert wird, die laufenden Angelegenheiten in seinem Betrieb wahrzunehmen und Kenntnis von dem Eingang des Antrags zu nehmen; denn ob und wie er für einen solchen Fall Vorsorge getroffen hat, ist seine Sache und gehört zu seinen spezifischen Betriebsrisiken. Auch wenn der Antragsempfänger von dem Schreiben deshalb keine Kenntnis erlangt hat, weil es einer seiner Angestellten unterschlagen oder durch eine sonstige Straftat beseitigt hat, greift § 362 grundsätzlich ein, da es auch dabei um die spezifischen Risiken eines kaufmännischen Betriebes geht; das entspricht auch der h.L. bezüglich des parallelen Problems beim kaufmännischen Bestätigungsschreiben.³⁹ Wird dagegen der Antrag bei einem Einbruch gestohlen oder bei einem Brand vernichtet und erlangt der Empfänger aus diesem Grund keine Kenntnis mehr von ihm, so ist § 362 grundsätzlich unanwendbar, weil es sich dann nicht um ein spezifisches kaufmännisches Organisations- und Betriebsrisiko, sondern lediglich um die Verwirklichung eines allgemeinen Lebensrisikos handelt.

20   Demgemäß ist als Zurechnungsmaßstab **die „ideale" und nicht lediglich die „ordentliche" Organisation des Betriebs** anzusehen. Denn durch diese beiden Kriterien wird der Unterschied zwischen Verschuldens- und Risikohaftung markiert.⁴⁰

21   c) **Die Behandlung von Willensmängeln.** Ein **Irrtum über die Bedeutung des Schweigens** stellt zwar einen Fall fehlenden Erklärungsbewusstseins dar, doch führt er anerkanntermaßen gleichwohl weder zur Unwirksamkeit noch zur Anfechtbarkeit des Geschäftsbesorgungsvertrags.⁴¹ Die Gegenansicht wäre mit dem Zweck von § 362 unvereinbar und würde die Vorschrift ihres wesentlichen Anwendungsbereichs berauben; denn dieser liegt gerade in den Fällen, in denen der Schweigende durch sein Schweigen nicht ohnehin zustimmen wollte, und daher darf man diesem nicht gestatten, sich von der Erfüllungspflicht zu lösen und diese auf eine bloße Haftung auf das negative Interesse gemäß oder analog § 122 BGB zu reduzieren.

22   Die **Berücksichtigung von sonstigen Willensmängeln** i.S. der §§ 116ff BGB wurde früher im Schrifttum z.T. mit der Begründung abgelehnt, dass die Erfüllungspflicht bei § 362 nicht auf einer Willenserklärung beruht, sondern ex lege eintritt.⁴² Das steht indessen einer analogen Anwendung der §§ 116 ff BGB nicht entgegen. Diese ist in der Tat grundsätzlich zu bejahen, weil sich anderenfalls unerträgliche Wertungswidersprüche ergäben; denn es ist nicht zu rechtfertigen, dass der Antragsempfänger zwar eine ausdrückliche Annahmeerklärung anfechten konnte, nicht aber ein zu derselben Rechtsfolge führendes Schweigen. Willensmängel sind daher beachtlich, sofern sie es

---

³⁸ Vgl. dazu *Koller* oben § 346 Rdn. 74, 87 und 122 mit umf. Nachw.
³⁹ Vgl. dazu näher *Canaris* Handelsrecht § 25 Rdn. 36 f; *Koller* oben § 346 Rdn. 109 mit Nachw.
⁴⁰ Vgl. *Larenz/Canaris* Schuldrecht II/2¹³ § 84 I 3 b.
⁴¹ Vgl. z.B. *Krause* S. 135; *Flume* § 10, 2 = S. 119; *Hanau* AcP 165, 250; *Canaris* S. 202; *Düringer/Hachenburg/Breit* § 362 Anm. 18; *Schlegelberger/Hefermehl* § 362 Rdn. 19; *Röhricht/Graf von Westphalen/Wagner* § 362 Rdn. 19; *Ebenroth/Boujong/Joost/Eckert* § 362 Rdn. 32; MünchKomm.-*Welter* § 362 Rdn. 42.
⁴² Vgl. z.B. *Fabricius* JuS 1966, 51ff; *von Godin* 2. Aufl. Anm. 15.

auch bei einer ausdrücklichen Annahmeerklärung wären.⁴³ Der Antragsempfänger kann daher z. B. anfechten, wenn sein Schweigen durch eine arglistige Täuschung oder eine widerrechtliche Drohung i. S. von § 123 BGB veranlasst worden ist oder wenn er den Antrag inhaltlich missverstanden und sich daher bei dessen Annahme durch Schweigen in einem Inhaltsirrtum befunden hat.

Ob den Schweigenden ein **Verschulden hinsichtlich des Willensmangels** trifft oder nicht, spielt keine Rolle.⁴⁴ Denn der Zweck von § 362 fordert die Unbeachtlichkeit verschuldeter Willensmängel keineswegs, da die Problematik insoweit im Falle von § 362 nicht anders liegt als sonst im Handelsrecht; diesem aber ist eine Beschränkung der Beachtlichkeit von Willensmängeln auf den Fall fehlenden Verschuldens grundsätzlich ebenso fremd wie dem BGB.⁴⁵

Erforderlich ist dagegen, dass der Willensmangel kausal für das Schweigen war. Eine Irrtumsanfechtung setzt daher grundsätzlich voraus, dass der Schweigende überhaupt **Kenntnis von dem Antrag** hatte; denn anderenfalls kann er sich nicht in einem Irrtum über diesen befunden haben. Wurde freilich gerade die Kenntnisnahme durch arglistige Täuschung oder widerrechtliche Drohung verhindert, so gilt § 123 BGB analog.

2. Umfang und Reichweite der Erfüllungshaftung in gegenständlicher und persönlicher Hinsicht

Gegenstand und Inhalt des gemäß § 362 zustandegekommenen Geschäftsbesorgungsvertrags richten sich grundsätzlich nach dem Antrag, da dieser durch das Schweigen unmodifiziert angenommen wird. Das gilt grundsätzlich auch dann, wenn der Auftrag in **Widerspruch zu den Allgemeinen Geschäftsbedingungen des Antragsempfängers** steht.⁴⁶ Denn der Antragende braucht nicht von vornherein davon auszugehen, dass der Antragsempfänger sich auf eine Änderung seiner Geschäftsbedingungen keinesfalls einlassen würde. Freilich ist eine Abweichung von den Geschäftsbedingungen durch bloßes Schweigen ungewöhnlich. Es ist daher hier besonders zu prüfen, ob der Antragende das Schweigen wirklich als Annahme auffassen durfte oder ob es für ihn nicht vielmehr evident war, dass mit einer Annahme seines Antrags nicht zu rechnen war (vgl. dazu allgemein die folgende Randnummer).

In persönlicher Hinsicht ist die Wirkung von § 362 auf **Gutgläubige** zu beschränken.⁴⁷ Das ergibt sich auch unabhängig von der Einordnung der Vorschrift in die Rechtsscheinhaftung (vgl. oben Rdn. 4) schon aus dem Zweck von § 362. Denn dieser dient dem Ziel des Verkehrsschutzes und stellt lediglich eine Konkretisierung von §§ 157 BGB, 346 HGB dar, und damit wäre es unvereinbar, auch Bösgläubige

---

⁴³ Vgl. näher *Canaris* S. 205 f; ebenso z. B. *Larenz/Wolf* aaO § 30 Rdn. 49; *Karsten Schmidt* § 19 II 2 e bb; *Baumbach/Hopt* § 362 Rdn. 6; *Heymann/Horn* § 362 Rdn. 12; *Röhricht/Graf von Westphalen/Wagner* § 362 Rdn. 17ff; *Ebenroth/Boujong/Joost/Eckert* § 362 Rdn. 33; *MünchKomm.-Welter* § 362 Rdn. 42.

⁴⁴ Ebenso z. B. *Koller* oben § 346 Rdn. 121 für das Parallelproblem beim kaufmännischen Bestätigungsschreiben; a.A. *Flume* § 21, 9 c; *Medicus* Bürgerliches Recht¹⁹ Rdn. 58.

⁴⁵ Vgl. näher *Canaris* Handelsrecht § 24 Rdn. 32f; ebenso insoweit z. B. *Medicus* aaO Rdn. 57; a.A. *Flume* § 21, 9 c, dessen Berufung auf § 346 HGB jedoch nicht überzeugt, weil ein Handelsbrauch, nach dem die Berufung auf verschuldete Irrtümer ausgeschlossen ist, bisher in keiner Weise rechtstatsächlich belegt ist; *Flume* folgend jedoch z.B. MünchKomm.-*Kramer*⁴ § 119 Rdn. 70.

⁴⁶ Vgl. RG BankArch. 1925, 262; *Düringer/Hachenburg/Breit* § 362 Anm. 18; *Schlegelberger/Hefermehl* § 362 Rdn. 19.

⁴⁷ Vgl. *Canaris* S. 201; ebenso z. B. *Baumbach/Hopt* § 362 Rdn. 5; *Ebenroth/Boujong/Joost/Eckert* § 362 Rdn. 35 f; MünchKomm.-*Welter* § 362 Rdn. 38; ähnlich schon *Düringer/Hachenburg/Breit* § 362 Anm. 19.

zu schützen. Dafür spricht außerdem das Verbot des Rechtsmissbrauchs sowie die Parallele zum kaufmännischen Bestätigungsschreiben, wo der Bestätigende anerkanntermaßen nicht geschützt wird, wenn er – in einem freilich näher zu konkretisierenden Sinne – bösgläubig war.[48] § 362 greift somit jedenfalls dann nicht ein, wenn der Antragende wusste, dass der Schweigende den Antrag nicht annehmen wollte. Der positiven Kenntnis gleichzustellen ist der Fall, dass das Fehlen eines Annahmewillens für den Antragenden evident war. Denn auch dann ist dieser nicht schutzwürdig, und außerdem lassen sich mit Hilfe dieses Kriteriums die Beweisprobleme entschärfen, die unvermeidlich und oft kaum überwindbar sind, wenn man allein auf positive Kenntnis abstellt;[49] demgemäß hat sich die Gleichstellung von Evidenz und positiver Kenntnis auch in anderen verwandten Zusammenhängen – wie z.B. beim „Missbrauch" der Vertretungsmacht – bewährt. Der Antragende wird daher z.B. nicht geschützt, wenn er wusste oder es für ihn evident war, dass der Antragsempfänger ein an sich zu seinem Gewerbe gehörendes Geschäft grundsätzlich nicht übernimmt (vgl. auch oben Rdn. 12) oder dass das Antragsschreiben von einem nicht vertretungsberechtigten Angestellten unterschlagen worden ist. Bloße Fahrlässigkeit schadet dem Antragenden dagegen nicht, weil dadurch Streit vorprogrammiert wäre und der von § 362 intendierte Vertrauensschutz in erheblichem Maße seiner Effizienz beraubt würde.

27 Darüber hinaus dürfte schon der objektive Tatbestand des § 362 im Wege einer einschränkenden Auslegung oder teleologischen Reduktion der Vorschrift bei **Fehlen eines annahmefähigen Inhalts des Antrags** zu verneinen sein, d. h. wenn der Antrag einen solchen Inhalt hat, dass im Verkehr verständigerweise nicht mit seiner Annahme gerechnet werden darf, wie z.B. bei im Verkehr bekannten Spezialisierungen des Antragsadressaten.[50] Auch das folgt sowohl aus dem immanenten Zweck von § 362 als auch aus der Parallele zu den anerkannten Regeln über das kaufmännische Bestätigungsschreiben. In dogmatischer Hinsicht ist dieses Kriterium von dem der Bösgläubigkeit zu unterscheiden, weil es die objektiven Voraussetzungen des Vertrauensschutzes und nicht lediglich einen subjektiven Mangel in der Person des Antragenden betrifft. In praktischer Hinsicht werden beide Kriterien sich freilich meist decken. Gleichwohl können sie auch insoweit einen unterschiedlichen Anwendungsbereich haben – so z.B. wenn der Antragende Kenntnisse über die Intentionen des Schweigenden oder über die Vorgänge in seinem Betrieb (wie z.B. die Verheimlichung des Antrags durch einen Angestellten) hat, die dem Verkehr nicht zugänglich sind.

28 Nach h.L. tritt die Wirkung von § 362 auch **zugunsten des Schweigenden** ein.[51] Die Gegenansicht stützt sich vor allem darauf, dass § 362 eine Schutzvorschrift zugunsten des Antragenden ist.[52] Wesentliche praktische Bedeutung hat die Streitfrage nicht. Denn wenn der Schweigende Kenntnis von dem Antrag erhalten oder wenn er gar die Geschäftsbesorgung unverzüglich durchgeführt hat, kann er ohne weiteres geltend machen, er habe mit Erklärungsbewusstsein geschwiegen und sein Schweigen stelle daher auch unabhängig von der Regelung des § 362 eine Annahme gemäß § 151

---

[48] Vgl. *Koller* oben § 346 Rdn. 80 ff, 98 ff, 112 ff mit umf. Nachw.; MünchKomm.-*Karsten Schmidt* § 346 Rdn. 162; *Canaris* Handelsrecht § 25 Rdn. 40 ff.

[49] So aber *Baumbach/Hopt* § 362 Rdn. 5; MünchKomm.-*Welter* § 362 Rdn. 38.

[50] Vgl. *Hopt* AcP 183 (1983) 689; *Baumbach/Hopt* § 362 Rdn. 5 a.E.; *Ebenroth/Boujong/Joost/Eckert* § 362 Rdn. 35f, der diese Problematik freilich mit derjenigen der Bösgläubigkeit gleichsetzt; unentschieden MünchKomm.-*Welter* § 362 Rdn. 22 a.E.

[51] Vgl. *Krause* aaO S. 128; *Düringer/Hachenburg/Breit* § 362 Anm. 18; *Schlegelberger/Hefermehl* § 362 Rdn. 19; MünchKomm.-*Welter* § 362 Rdn. 36.

[52] Vgl. *Brodmann* Ehrenbergs Handbuch IV 2, 1918, S. 37; *Raisch* S. 250.

BGB dar. In den verbleibenden Fällen, in denen es wirklich auf die Anwendbarkeit von § 362 ankommt, dürften die besseren Gründe für die h.L. sprechen. Denn wenn der Antragsempfänger den Antrag verspätet findet, hat er wegen seiner Einstandspflicht gemäß § 362 ein erhebliches Interesse daran, die Geschäftsbesorgung auch jetzt noch so schnell wie möglich durchführen zu können und nicht gewärtigen zu müssen, dass der Antragende nun nicht mehr zu dem Antrag steht. Besteht irgendein Anhaltspunkt für die Vermutung, dass die Durchführung der Geschäftsbesorgung jetzt nicht mehr dem Willen oder dem Interesse des Antragenden entspricht, muss der Antragsempfänger auf Grund der einem Geschäftsbesorgungsvertrag immanenten Interessenwahrungspflicht grundsätzlich ohnehin rückfragen und dem Antragenden gegebenenfalls Gelegenheit zu einem Widerruf geben. Dadurch ist dieser hinreichend geschützt.

IV. Die Rechtslage bei Ablehnung des Antrags gemäß Abs. 2

Lehnt der Antragsempfänger den Antrag ab, so trifft ihn gemäß Absatz 2 grundsätzlich die **Verpflichtung, mitgesandte Waren vor Schaden zu bewahren**. Es handelt sich dabei lediglich um eine Konkretisierung der allgemeinen Schutzpflichten aus § 241 Abs. 2 BGB, wie sie insbesondere bei der culpa in contrahendo anerkannt sind (vgl. § 311 Abs. 2 BGB). Über den Wortlaut des Gesetzes hinaus besteht die Pflicht zur Schadensverhütung daher auch dann, wenn die Waren nicht mitgesandt wurden, sondern auf andere Weise im Zusammenhang mit dem Antrag in den Besitz des Antragsempfängers gelangt sind oder sich bereits in dessen Besitz befunden hatten.[53] Drohen die Waren zu verderben, so ist der Antragsempfänger nach den Regeln über die Geschäftsführung ohne Auftrag i.d.R. zu einem **Notverkauf** berechtigt;[54] auch eine entsprechende Pflicht wird man gemäß § 241 Abs. 2 BGB grundsätzlich zu bejahen haben.[55] Verletzt der Antragsempfänger schuldhaft eine Schutzpflicht, hat er dem Antragenden gemäß § 249 BGB den daraus entstehenden Schaden zu ersetzen, was anders als im Falle des Abs. 1 nicht zu einem Anspruch auf Erfüllung führt, sondern dem **negativen Interesse** entspricht.

29

Die **Kosten der Schadensverhütung oder des Notverkaufs** gehen zu Lasten des Antragenden. Zusätzlich kann der Antragsempfänger gemäß § 354 HGB grundsätzlich Provision und Lagergeld verlangen. Besteht keine Deckung für die Kosten, entfällt nach der ausdrücklichen Bestimmung von Abs. 2 die Schadensverhütungspflicht und entsprechend dem darin zum Ausdruck kommenden Rechtsgedanken grundsätzlich auch eine sonstige Schutzpflicht. In aller Regel wird der Antragsempfänger freilich durch den Wert der Waren selbst gedeckt sein. Auch soweit das nicht der Fall ist, entfallen seine Schutzpflichten entgegen dem zu starren Wortlaut von Abs. 2 nicht ausnahmslos, sondern nur in den Grenzen von § 242 BGB. Der Antragsempfänger hat daher u.U. auch ohne Kostendeckung Schadensverhütungsmaßnahmen vorzunehmen, sofern Zahlungsfähigkeit und -bereitschaft des Antragenden außer Zweifel stehen; allerdings hat er besonders sorgfältig zu prüfen, ob solche Maßnahmen dem Interesse und dem mutmaßlichen Willen des Antragenden entsprechen, wenn der Wert der Ware die Kosten nicht deckt.

30

---

[53] Vgl. *Schlegelberger/Hefermehl* § 362 Rdn. 24; MünchKomm.-*Welter* § 362 Rdn. 45.

[54] Vgl. RGZ 66, 197; RG SeuffArch. 77 Nr. 131; *Schlegelberger/Hefermehl* § 362 Rdn. 24; *Ebenroth/Boujong/Joost/Eckert* § 362 Rdn. 39; MünchKomm.-*Welter* § 362 Rdn. 46.

[55] A.A. *Schlegelberger/Hefermehl* aaO; *Ebenroth/Boujong/Joost/Eckert* aaO; MünchKomm.-*Welter* aaO.

Anhang nach § 362
Schweigen im Rechts- und Handelsverkehr als Verpflichtungsgrund

Übersicht

	Rdn.		Rdn.
I. Schweigen und Rechtsgeschäftslehre		wissentlicher Schaffung eines Rechtsscheins	19, 20
1. Schweigen als Willenserklärung	2–6	2. Schweigen als Grundlage einer Rechtsscheinhaftung kraft verkehrsmäßig typisierten Verhaltens	21–25
2. Schweigen als Element der Auslegung	7, 8	3. Schweigen als Grundlage einer Rechtsscheinhaftung kraft kaufmännischen Betriebsrisikos	26, 27
II. Schweigen und Widerspruchspflicht	9, 10	IV. Schweigen und Erfüllungshaftung nach § 242 BGB	28, 29
1. Die Unzulässigkeit der Ableitung von Erfüllungsansprüchen aus der Verletzung einer Widerspruchspflicht	11–14	1. Schweigen als Grundlage einer Vertrauenshaftung kraft widersprüchlichen Verhaltens	30–33
2. Schweigen als Grundlage einer Schadensersatzhaftung wegen Verletzung einer Widerspruchspflicht	15–17	2. Schweigen als Grundlage einer Erwirkung	34, 35
III. Schweigen und Rechtsscheinhaftung	18	V. Zusammenfassung	36, 37
1. Schweigen als Grundlage einer Rechtsscheinhaftung kraft			

Schrifttum: wie zu § 362

1 Die Regelung des § 362 HGB stellt nur einen kleinen Ausschnitt aus der allgemeinen Problematik des „Schweigens im Rechts- und Handelsverkehr" dar. Diese lässt sich nicht mit **Einheitsformeln** wie dem Satz „qui tacet consentire videtur ubi loqui potuit ac debuit" oder „qui tacet consentire non videtur" bewältigen.[1] Erforderlich ist vielmehr der **differenzierte Einsatz des gesamten dogmatischen Instrumentariums**, das Rechtsprechung und Lehre für die Bestimmung der Rechtsfolgen menschlichen Verhaltens entwickelt haben. Dieses reicht von der Rechtsgeschäftslehre über die Schadensersatzhaftung bis zur Einstandspflicht kraft Rechtsscheins und zur Erfüllungshaftung nach § 242 BGB.[2]

I. Schweigen und Rechtsgeschäftslehre
1. Schweigen als Willenserklärung

2 Schweigen ist grundsätzlich überhaupt keine Willenserklärung.[3] Es gilt also in der Regel nicht nur nicht als Zustimmung, sondern auch nicht als Ablehnung.[4]

3 In besonders gelagerten Fällen kann das Schweigen jedoch ausnahmsweise eine Willenserklärung durch **konkludentes Verhalten** darstellen.[5] Das gilt etwa dann, wenn die Parteien vereinbart haben, Schweigen solle Zeichen der Zustimmung sein,

---

[1] Vgl. aber z.B. *Hanau*, AcP 165, 223 m. Nachw. in Fn. 8; *Palandt-Heinrichs*[60] Einf. vor § 116 Rdn. 8.
[2] Vgl. zum Folgenden schon *Canaris* Festschr. für Wilburg S. 77 ff.
[3] Vgl. z.B. *Flume* § 5, 2b; *Medicus* Allg. Teil des BGB[8] Rdn. 345; *Bork* Allg. Teil des Bürgerlichen Gesetzbuchs, 2001, Rdn. 574; MünchKomm.-*Kramer*[4] Vor § 116 Rdn. 24; MünchKomm.-*Karsten Schmidt* § 346 Rdn. 130.
[4] Anders z.B. BGH MDR 1970, 136; *Enneccerus/Nipperdey* Allg. Teil des Bürgerlichen Rechts, Bd. II, 15. Aufl. 1960, § 153 III.
[5] Vgl. *Flume* § 5, 2; *Larenz/Wolf* Allg. Teil des Bürg. Rechts[8] § 28 Rdn. 48; MünchKomm.-*Kramer*[4] § 151 Rdn. 4 ff.

oder wenn das Schweigen durch die bisherigen Gepflogenheiten der Partner im Rahmen einer Geschäftsverbindung in diesem Sinne geprägt worden ist. Ein häufig genanntes Beispiel ist auch der Fall, dass bei einer Abstimmung nur nach den Nein-stimmen und den Enthaltungen gefragt wird; das Schweigen ist hier zumindest dann als Zustimmung anzusehen, wenn dieser Modus der Abstimmung in dem betreffenden Gremium üblich oder nach den Umständen des Falles besonders nahe liegend ist, und das Schweigen daher vernünftigerweise nicht als Verweigerung jeder Stellungnahme, sondern nur als Zeichen des Einverständnisses gedeutet werden kann. Auch wenn die betreffende Regelung dem Schweigenden lediglich einen Vorteil bringt, wird das Schweigen in aller Regel die Bedeutung der Zustimmung haben – ein Rechtsgedanke, der auch § 516 Abs. 2 Satz 2 BGB zugrunde liegen dürfte.[6]

Die im Schrifttum verbreitete **Kritik an der Konstruktion des Schweigens als** **4** **Willenserklärung** vermag nicht zu überzeugen. Dass das Schweigen „kein klarer Ausdruck eines rechtsgeschäftlichen Willens sein kann, wie es die ausdrückliche Willenserklärung in der Regel ist", sondern „immer auf Nachlässigkeit und dem gegenteiligen Willen beruhen kann",[7] ist schon deshalb kein schlüssiger Einwand, weil diese Überlegung genauso auf alle übrigen konkludenten Willenserklärungen zutrifft und doch niemand die Folgerung zieht, die Möglichkeit von Willenserklärungen durch konkludentes Verhalten überhaupt abzulehnen. Zwar ist die Willens- und Sinnermittlung beim Schweigen häufig schwieriger als sonst, doch liegt darin allenfalls ein quantitativer und kein qualitativer Unterschied gegenüber anderen Formen der Willenserklärung.

Unrichtig ist auch der Einwand, dem Schweigen komme „rechtliche Erheblichkeit nur dann zu, wenn eine Verpflichtung zum Handeln besteht", und daher sei „der Bereich der Privatautonomie ... bereits verlassen".[8] Zwar ist das Schweigen in der Tat grundsätzlich nur dann als Willenserklärung anzusehen, wenn der Schweigende einen abweichenden Willen hätte äußern müssen, doch bedeutet das lediglich, dass sich die *Konkludenz* des Schweigens aus der berechtigten Erwartung eines Widerspruchs ergibt, nicht aber auch, dass die Rechtsfolge ihren Grund notwendigerweise in einer *Pflichtverletzung* haben muss. Darüber hinaus kann das Schweigen ausnahmsweise sogar dann eine Willenserklärung sein, wenn eine Pflicht oder Obliegenheit zum Reden überhaupt nicht bestand. Das ist z. B. anzunehmen, wenn das Schweigen zwar objektiv betrachtet nicht konkludent war, der Schweigende aber gleichwohl dadurch seine Zustimmung zum Ausdruck bringen wollte und der andere Teil dessen Verhalten auch in diesem Sinne aufgefasst hat; denn da die Parteien sich hier richtig verstanden haben, besteht kein Anlass, dem von ihnen Gemeinten die rechtliche Anerkennung zu versagen – ein Grundsatz, der z. B. auch in der Regel „falsa demonstratio non nocet" zum Ausdruck kommt.

Schon aus diesem Grunde ist auch der Einwand unzutreffend, eine Willenserklärung setze stets die „Bezeichnung" einer Rechtsfolge voraus, und ein solches „Bezeichnen" sei immer nur durch eine Handlung möglich, nicht aber durch ein Unterlassen, als welches das Schweigen zu qualifizieren sei.[9] Dabei ist nämlich die Möglichkeit eines nach außen nicht in Erscheinung getretenen Einverständnisses übersehen. Außerdem und vor allem ist es aber auch unrichtig, dass durch Schweigen nichts „bezeichnet" werden kann. Schon für den natürlichen Sprachgebrauch ist es

---

[6] Vgl. auch BGH NJW 2000, 276, 277 m. w. N.
[7] So *Hanau* AcP 165, 241 f.
[8] So *Fabricius* JuS 1966, 58.
[9] So *Bickel* NJW 1972, 608; der Sache nach ähnlich *Sonnenberger* Verkehrssitten im Schuldvertrag, 1970, S. 213 ff.

vielmehr eine Selbstverständlichkeit, dass ein Schweigen unter Umständen „beredt" sein kann. Im Übrigen ist der Begriff der Willenserklärung ein Rechtsbegriff, und es steht der Rechtsordnung daher frei, diesen so zu bestimmen, dass auch das Schweigen darunter fallen kann. Das aber ist sinnvoll, weil (und soweit) das Schweigen ebenso wie ein anderes konkludentes Verhalten Ausdruck eines privatautonomen Willensentschlusses sein kann.

5 Auch hinsichtlich der subjektiven Tatbestandsvoraussetzungen gelten für das Schweigen als Willenserklärung grundsätzlich keine Besonderheiten. Insbesondere finden die Regeln über das **Erklärungsbewusstsein** uneingeschränkt Anwendung.[10] Zu weit geht daher die Behauptung, dass dem Schweigenden „nicht nur der Erklärungswille oder das Erklärungsbewusstsein, sondern auch der Handlungswille fehlt, wenn er sich der Bedeutung seines Schweigens als Erklärung nicht bewusst ist"[11]. Richtig ist demgegenüber, dass das Schweigen auch in einem solchen Fall für den anderen Teil die Bedeutung einer konkludenten Zustimmung haben kann. Der objektive Tatbestand einer Willenserklärung ist dann erfüllt – nicht anders als bei einem sonstigen konkludenten Verhalten ohne Erklärungsbewusstsein. Die Gegenansicht privilegiert das Schweigen ohne zureichenden Grund gegenüber anderen Fällen des konkludenten Verhaltens und verkennt überdies die spezifische Struktur des Unterlassens, bei dem grundsätzlich – d.h. abgesehen von Extremfällen wie dem der Bewusstlosigkeit – durchaus ein Handlungsbewusstsein gegeben ist, da der Unterlassende ein solches hinsichtlich seines Tuns sehr wohl hat und es hier so wenig wie in sonstigen Irrtumsfällen darauf ankommen kann, ob dieses Bewusstsein auch den Sinn des Verhaltens als Rechtsgeschäft umschließt. Daher trifft es nicht zu und ist überdies geradezu in sich selbst widersprüchlich, dass „das Schweigen nur kraft schlüssigen Handelns – also ohne dass es als Erklärungszeichen vereinbart ist – als ein bloßes konkludentes Verhalten nicht in den rechtlichen Bereich der Willenserklärung gehört, wenn der Schweigende sich der Bedeutung des Schweigens nicht bewusst ist und somit ein schlüssiges ‚Handeln' gar nicht vorliegt".[12]

Demgemäß ist das Schweigen ohne Erklärungsbewusstsein wie ein sonstiger Fall konkludenten Verhaltens und nicht wie ein solcher fehlenden Handlungswillens zu qualifizieren. Das hat nicht nur theoretische, sondern auch praktische Bedeutung. Denn daraus folgt zum einen, dass auch hier die Regeln über das Fehlen des Erklärungsbewusstseins gelten mit der wichtigen Konsequenz einer eventuellen Haftung des Schweigenden auf das negative Interesse nach § 122 BGB, und zum anderen, dass das Schweigen ohne Erklärungsbewusstsein die Grundlage einer Rechtsscheinhaftung sein kann (vgl. dazu näher unten Rdn. 18 ff).

6 Auch hinsichtlich der **Beweislast** gelten für das Schweigen als Willenserklärung grundsätzlich die allgemeinen Regeln. Diese werden vor allem dann praktisch, wenn der Schweigende nachträglich behauptet, er habe die Bedeutung seines Schweigens nicht erkannt. Da er sich damit auf das Fehlen des Erklärungsbewusstseins beruft, liegt die Beweislast bei ihm. Das ist eine Selbstverständlichkeit, wenn man den Mangel des Erklärungsbewusstseins mit dem BGH und der h.L. nur als einen Anfechtungsgrund ansieht, doch sollte das Gleiche auch dann gelten, wenn man mit der Gegenmeinung davon ausgeht, dass überhaupt kein wirksames Rechtsgeschäft vorliegt; denn diese Theorie findet bekanntlich ihre Hauptstütze in § 118 BGB, und da nach der unmissverständlichen Fassung dieser Vorschrift die Beweislast für das Vorliegen des

---

[10] Zutreffend daher z.B. *Larenz/Wolf* aaO § 28 Rdn. 53.
[11] So *Flume* § 5, 2 e = S. 68.
[12] So *Flume* aaO.

Willensmangels den Erklärenden trifft, muss dasselbe folgerichtig auch für die übrigen Fälle des fehlenden Erklärungsbewusstseins gelten.

Den ihm somit obliegenden Beweis, dass er die Bedeutung seines Schweigens nicht erkannt habe, wird der Schweigende meist nicht erbringen können, wenn das Schweigen wirklich konkludent war.[13] Darüber hinaus ist ihm analog § 116 S. 1 BGB die Geltendmachung eines Schlüssigkeitsirrtums sogar gänzlich zu versagen, wenn er vor der Bedeutung seines Verhaltens geradezu „die Augen verschlossen" hat.[14] Denn ein solcher Fall steht der Mentalreservation wesentlich näher als dem Normalfall des fehlenden Erklärungsbewusstseins oder des Inhaltsirrtums.

2. Schweigen als Element der Auslegung

Außer als selbständige Grundlage einer Willenserklärung kann Schweigen im Rahmen der Rechtsgeschäftslehre auch als Element der Auslegung von Bedeutung sein. Zu denken ist vor allem an Fälle, in denen der eine Teil mit einer Erklärung erkennbar einen bestimmten Sinn verbunden und der andere sich dagegen nicht „verwahrt" hat, obwohl das von ihm nach Treu und Glauben zu erwarten gewesen wäre. Dann muss letzterer sich wegen seines Schweigens die Erklärung so zurechnen lassen, wie ersterer sie verstanden hat. Dogmatisch geht es dabei um ein **Problem der objektiven oder normativen Auslegung,** d. h. um die Frage, wie der eine Teil die Erklärung verstehen musste bzw. wie der andere Teil sie verstehen durfte. Man mag in diesem Zusammenhang auch sagen, der Schweigende habe eine „Obliegenheit" zum Widerspruch gehabt, sofern er mit dem erkennbaren Erklärungsverständnis des anderen Teils nicht einverstanden war,[15] doch muss man sich dann darüber im klaren sein, dass die Obliegenheitsverletzung nicht etwa einen selbständigen Rechtsgrund für die rechtliche Sanktionierung des Schweigens darstellt, sondern hier wie auch sonst nur ein Hilfsmittel zur Feststellung der objektiven Erklärungsbedeutung darstellt.[16]

Ein Musterbeispiel für diese Auslegungsproblematik ist das **Schweigen gegenüber Allgemeinen Geschäftsbedingungen im unternehmerischen Verkehr,** also außerhalb des Anwendungsbereichs von § 305 Abs. 2, 3 BGB. Legt z.B. der Anbietende seiner Offerte seine AGB bei und nimmt der andere Teil das Angebot an, ohne der Geltung der AGB zu widersprechen, so kann seine Erklärung bei objektiver Auslegung i.d.R. nur dahin verstanden werden, dass er mit der Einbeziehung der AGB einverstanden ist.[17] Das Gleiche gilt gegenüber einem Unternehmer grundsätzlich auch dann, wenn der Abschluss auf der Grundlage der AGB verkehrsüblich ist – wie vor allem bei den AGB der Banken und den ADSp – und der andere Teil das wissen musste. Denn da die Verkehrssitte nach §§ 157 BGB, 346 HGB ein wesentliches Element der Auslegung ist, kann die objektive Bedeutung der Parteierklärung in derartigen Fällen nur dahin verstanden werden, dass der Vertragsschluss unter Zugrundelegung der AGB erfolgen soll.[18]

Dogmatisch handelt es sich dabei entgegen einem verbreiteten Missverständnis um ein reines Auslegungsproblem.[19] Es geht nämlich nicht etwa um die Frage, ob in dem Schweigen des Kunden ein *selbständiges* Rechtsgeschäft mit dem Inhalt einer Ein-

---

[13] Vgl. auch *Flume* § 5, 2 e = S. 69.
[14] Ähnlich i. E. *Flume* § 5, 2 e a. E.
[15] So *Lüderitz* Auslegung von Rechtsgeschäften, 1966, S. 281 f.
[16] Zutreffend *Lüderitz* aaO S. 286.
[17] Vgl. nur *Ulmer/Brandner/Hensen* AGB-Gesetz[9] § 2 Rdn. 80 mit umf. Nachw.
[18] Vgl. nur *Ulmer/Brandner/Hensen* aaO § 2 Rdn. 83 ff mit umf. Nachw.
[19] Vgl. näher *Canaris* S. 214 ff; ähnlich schon *Raiser* Das Recht der Allgemeinen Geschäftsbedingungen, 1935, S. 151 f, 163 ff, 168 f.

beziehungserklärung zu sehen ist, sondern allein darum, ob der betreffende Bankvertrag, Speditionsvertrag usw. als *Neben*bedingung eine (konkludente) Vereinbarung über die Einbeziehung der AGB enthält oder nicht. Folglich kann z.B. die Problematik des fehlenden Erklärungsbewusstseins hier gar nicht relevant werden, sondern allenfalls die eines Inhaltsirrtums.[20] Unzutreffend ist es dementsprechend, die Geltung der AGB hier auf eine Pflicht- oder Obliegenheitsverletzung als einen eigenen Rechtsgrund zurückzuführen.[21] Denn das Erfordernis, dass der Kunde von der Verkehrsüblichkeit des Abschlusses auf der Grundlage der AGB „wissen musste", hat nichts mit einer – hier in der Tat irrelevanten – Verschuldenshaftung zu tun, sondern stellt nur eine abkürzende Formulierung für den allgemeinen Grundsatz der objektiven Auslegung dar, dass die Bedeutung einer Erklärung nur insoweit zurechenbar ist, als ein durchschnittlicher Teilnehmer des entsprechenden Verkehrskreises ihren Sinn erkennen konnte. Gegenüber nichtunternehmerischen Kunden gelten allerdings gemäß § 305 Abs. 2, 3 BGB verschärfte Anforderungen für die Einbeziehung von AGB, so dass insoweit die bloße Verkehrsüblichkeit ihrer Zugrundelegung nicht genügt. Gegenüber Unternehmern, auf die § 305 Abs. 2, 3 BGB gemäß § 310 I BGB keine Anwendung findet, ist dagegen an den Grundsätzen über die Einbeziehung kraft Verkehrssitte festzuhalten.[22]

II. Schweigen und Widerspruchspflicht

9 Der Satz „qui tacet consentire videtur ubi loqui potuit ac debuit" mag einen gewissen heuristischen Wert haben, solange man ihn lediglich als eine Art **Faustregel innerhalb der Rechtsgeschäftslehre** verwendet; er besagt dann nicht mehr, als dass das Schweigen angesichts des Ausbleibens eines zu erwartenden Widerspruchs den Rückschluss auf das Einverständnis des Schweigenden erlaubt, d.h., dass das Schweigen konkludent ist bzw. ein relevantes Element im Rahmen der objektiven Auslegung darstellt. In Rechtsprechung und Literatur wird der Satz jedoch nicht selten von diesen seinen Funktionen innerhalb der Rechtsgeschäftslehre gelöst. Das findet seinen Ausdruck in **verallgemeinernden und verabsolutierenden Sätzen** wie der Behauptung, dass „die Erklärungswirkung des Schweigens sich aus § 242 BGB ergeben kann, wenn der Schweigende nach Treu und Glauben verpflichtet gewesen wäre, seinen abweichenden Willen zu äußern"[23] oder dass Schweigen als Zustimmung gilt, wo nach Lage des Einzelfalls entsprechend der Übung ordentlicher Kaufleute bei Ablehnung ausdrücklicher Widerspruch zu erwarten ist.[24]

10 Derartige Sätze halten der **Kritik** nicht stand.[25] Mit den Mitteln der Rechtsgeschäftslehre lassen sie sich nicht rechtfertigen; denn es soll ersichtlich nicht darauf

---

[20] Vgl. *Hanau* AcP 165, 227; *Canaris* S. 216.
[21] So aber z.B. *Meeske* BB 1959, 857 ff, 863 bzw. *Krause* BB 1955, 265 ff, 267.
[22] So schon die amtliche Begründung BT-Drucksache 7/3919 S. 43; vgl. ferner z.B. *Palandt/Heinrichs*[62] § 305 Rdn. 57; *Ulmer/Brandner/Hensen* aaO § 2 Rdn. 83; wohl auch *Staudinger/Schlosser*, 13. Bearb. 1998, § 2 AGBG Rdn. 61; zu Unrecht einschränkend *Löwe/Trinkner/von Westphalen* aaO § 2 Rdn. 31.
[23] So *Palandt/Heinrichs*[62] Einf. vor § 116 Rdn. 10.
[24] Grundlegend BGHZ 1, 353, 355; ebenso oder ähnlich. RGZ 102, 217, 229 f; 103, 401, 405; 115, 266, 268; RG LZ 1920, 176, 177; GruchBeitr. 65 Nr. 39 S. 339 f; JW 1928, 638, 639; 1931, 1522, 1524; HRR 1933 Nr. 1564; OGHZ 3, 226, 237; BGH LM Nr. 4 zu § 157 BGB Gb; Nr. 1 zu Art. 7 WG Bl. 2 Vorders.; Nr. 7 b zu § 346 HGB D; BB 1953, 957; 1955, 463; 1962, 1056; JR 1956, 59; WM 1955, 765, 767; 1955, 1285, 1286; 1962, 301, 302; 1991, 554, 557 mit weiteren Nachw.
[25] Zustimmend *Schlegelberger/Hefermehl* § 346 Rdn. 100; kritisch ferner z.B. MünchKomm.-*Karsten Schmidt* § 346 Rdn. 130; *Baumbach/Hopt* § 346 Rdn. 32; vorsichtig nach Fallgruppen differenzierend *Ebenroth/Boujong/Joost/Kort* § 346 Rdn. 35 ff.

ankommen, ob das Schweigen bei Berücksichtigung aller Umstände im Einzelfall wirklich konkludent war und ob der Schweigende ein entsprechendes Erklärungsbewusstsein hatte, sondern die Wertung des Schweigens knüpft ausschließlich an das Bestehen einer Widerspruchspflicht und deren Verletzung an. Auch außerhalb der Rechtsgeschäftslehre finden die behaupteten Rechtssätze keine Grundlage. Sie sind vielmehr dogmatisch unhaltbar und werden darüber hinaus wegen ihrer Undifferenziertheit auch der Interessenlage nicht gerecht, wie im folgenden näher dargetan wird.

1. Die Unzulässigkeit der Ableitung von Erfüllungsansprüchen aus der Verletzung einer Widerspruchspflicht

Wird das Schweigen als Zustimmung gewertet, so besteht die Rechtsfolge grundsätzlich darin, dass der betreffende Vertrag als zustande gekommen anzusehen ist und der Schweigende dementsprechend auf Erfüllung haftet. Das steht in Widerspruch zu den Grundsätzen über die Rechtsfolgen einer Pflichtverletzung. Denn eine solche führt nach geltendem Recht grundsätzlich lediglich zu einer **Schadensersatzpflicht**, und das bedeutet, dass der Schweigende den anderen Teil so zu stellen hat, als hätte er unverzüglich widersprochen; dann aber wäre gerade kein Vertrag zustande gekommen, und daher kann aus der Verletzung der Widerspruchspflicht allenfalls **eine Einstandspflicht für das negative Interesse, nicht aber eine Erfüllungspflicht** folgen. Auch wenn man statt einer echten Rechtspflicht eine bloße „Obliegenheit" zum Widerspruch annimmt,[26] ist eine Erfüllungshaftung nicht zu begründen (vgl. näher § 362 Rdn. 3).

Die Ableitung von Erfüllungsansprüchen aus der Verletzung einer Widerspruchspflicht führt außerdem zu einem untragbaren **Wertungswiderspruch gegenüber dem Recht der Willensmängel**. Bei einer ausdrücklichen Erklärung und bei einem konkludenten Verhalten durch positives Tun hat nämlich das Fehlen des Erklärungsbewusstseins i. E. grundsätzlich allenfalls eine Schadensersatzhaftung nach § 122 BGB zur Folge – sei es nach vorheriger Anfechtung, sei es ohne eine solche. Beim Schweigen von dieser Regel zugunsten einer Erfüllungshaftung abzuweichen, ist nicht zu rechtfertigen. Denn das Schweigen stellt im Vergleich zur ausdrücklichen Willenserklärung eine weitaus schwächere Vertrauensgrundlage dar, so dass der andere Teil eher einen geringeren, gewiss aber keinen stärkeren Schutz verdient. Es trifft daher nicht zu, dass „die Eigenart des Schweigens es nicht zulässt, nur den beschränkten Schutz des § 122 BGB zu gewähren".[27] Dass die Erklärungswirkung „nicht den Willen des Schweigenden zu verwirklichen, sondern sein Fehlen zu ersetzen sucht",[28] ist eine reine petitio principii. Dass ein Irrtum über die Erklärungsbedeutung des Schweigens „recht häufig vorkommen und in aller Regel darauf beruhen wird, dass der Schweigende die Augen vor seiner Verantwortung im Rechtsverkehr verschließt",[29] ist schon in sich selbst widersprüchlich; denn gerade wenn und weil ein solcher Irrtum „recht häufig" ist, wird er eben nicht „in aller Regel darauf beruhen, dass der Schweigende die Augen vor seiner Verantwortung im Rechtsverkehr verschließt". Richtig ist allerdings, dass der Schweigende sich auf den Mangel des Erklärungsbewusstseins analog § 116 S. 1 BGB nicht berufen kann, wenn er wirklich seine Augen vor der Bedeutung des Schweigens verschlossen hat (vgl. oben Rdn. 6 a.E.). Es besteht aber nicht der geringste Anlass, diesen Satz über seinen tatbestandlichen Anwendungsbereich hinaus zu verallgemei-

---

[26] So vor allem *Hanau* AcP 165, 236 ff, 239 ff.
[27] So *Hanau* AcP 165, 251.
[28] So *Hanau* aaO.
[29] So *Hanau* aaO.

nern und gewissermaßen eine unwiderlegliche Vermutung aufzustellen, dass der Schweigende seine Augen verschlossen hat.

13 Auch wenn man zusätzliche Tatbestandselemente heranzieht wie z.B. das Erfordernis eines **rechtsgeschäftlichen Kontakts** oder einer **Geschäftsverbindung**, lässt sich aus der Verletzung einer Widerspruchspflicht keine Erfüllungshaftung ableiten. Zwar besteht in derartigen Fällen in der Tat eine gesteigerte rechtliche Verantwortung gegenüber dem anderen Teil, doch führt das auch hier grundsätzlich nicht zu einer Erfüllungs-, sondern lediglich zu einer Schadensersatzhaftung. Der Hinweis auf das Institut der culpa in contrahendo, die geradezu das Musterbeispiel für die Steigerung der Verantwortung innerhalb einer Sonderbeziehung darstellt, beweist das schlagend. Entgegen einer in der Rechtsprechung verbreiteten Tendenz[30] kann daher auch bei Bestehen einer Geschäftsverbindung aus der Verletzung einer Widerspruchspflicht nicht hergeleitet werden, dass das Schweigen als Zustimmung zu werten ist.

14 Die gleichen Einwände gelten auch gegenüber der Lehre vom **privaten Sozialrecht**[31] und gegenüber der verwandten Theorie von der **Haftungssteigerung auf Grund sozialer Verantwortung**[32]. Denn dass ein rechtsgeschäftlicher Kontakt zu einer Verstärkung der Verantwortung führt, ist ja unbestritten, nur fragt sich eben, warum daraus entgegen § 122 BGB und entgegen den Regeln über die culpa in contrahendo nicht lediglich eine Schadensersatzhaftung, sondern eine Erfüllungspflicht folgen soll – und dazu tragen diese Lehren und insbesondere der Hinweis auf den „sozialen" Charakter der Verantwortung nichts bei. Außerdem müsste folgerichtig der Mangel des Erklärungsbewusstseins nicht nur in den Fällen des Schweigens, sondern auch bei allen übrigen Willenserklärungen immer schon dann unerheblich sein, wenn bereits ein rechtsgeschäftlicher Kontakt besteht.[33] Da nun aber in der großen Masse der Fälle schon vor der Abgabe der Willenserklärung ein rechtsgeschäftlicher Kontakt besteht, müsste die Unbeachtlichkeit des mangelnden Erklärungsbewusstseins im praktischen Ergebnis zur Regel und die Beachtlichkeit – sei es in Form der Anfechtbarkeit, sei es in Form der Unwirksamkeit der Erklärung – zur Ausnahme werden. Das aber würde einen schwer wiegenden Eingriff in das Recht der Willensmängel darstellen und müsste überdies zu erheblichen Wertungswidersprüchen führen. Denn ein Inhaltsirrtum i.S. von § 119 Abs. 1 BGB muss auch nach Aufnahme des rechtsgeschäftlichen Kontakts relevant bleiben, wenn man der Vorschrift nicht in gesetzeswidriger Weise ihren wesentlichen Anwendungsbereich nehmen will. Dann kann man aber für das Fehlen des Erklärungsbewusstseins grundsätzlich nicht anders entscheiden.

2. Schweigen als Grundlage einer Schadensersatzhaftung wegen Verletzung einer Widerspruchspflicht

15 Dass die Verletzung der Widerspruchspflicht grundsätzlich nur zu einer Schadensersatzhaftung führen kann, ist nicht nur dogmatisch folgerichtig, sondern entspricht im Regelfall auch der **Interessenlage**. Diese Rechtsfolge ist nämlich wesentlich flexibler als eine Erfüllungspflicht, weil sie nur die Pflicht zum Ersatz des konkret entstandenen Schadens zur Folge hat. Der Schweigende wird daher nur insoweit belastet, als es zum Schutz des anderen Teils unerlässlich ist, wohingegen er bei Statuierung

---

[30] Vgl. z.B. RGZ 76, 81, 85; BGHZ 1, 353, 355.
[31] Vgl. *Fabricius* JuS 1966, 58 ff.
[32] Vgl. *Frotz* Verkehrsschutz im Vertretungsrecht, 1972, S. 483 ff in Verbindung mit S. 376 ff.
[33] So in der Tat *Frotz* aaO S. 486.

einer Erfüllungspflicht unabhängig davon einstehen muss, ob und in welchem Umfang sein Partner überhaupt im Vertrauen auf das Schweigen Aufwendungen gemacht oder Schäden erlitten hat. Außerdem ermöglicht die Schadensersatzhaftung durch die Anwendbarkeit des § 254 BGB eine differenzierte Abstufung der Rechtsfolge und eine Berücksichtigung der Zurechnungselemente auch auf Seiten des anderen Teils, während bei einer Erfüllungshaftung grundsätzlich das starre Alles-oder-Nichts-Prinzip eingreift.

Die Vorteile der Schadensersatzhaftung gegenüber der Erfüllungshaftung werden besonders gut deutlich an dem **Urteil des BGH im Absetzgleisfall**, das geradezu den Charakter einer Leitentscheidung für die Behandlung des „Schweigens im Rechtsverkehr" erlangt hat.[34] In dem zugrunde liegenden Fall hatte die Klägerin sich auf Grund einer bestimmten Vertragsklausel nach der vom BGH als bindend erachteten Auslegung des Berufungsgerichts von ihrer Verpflichtung zur Lieferung eines Absetzgleises losgesagt und der Beklagten ein neues Angebot unterbreitet, in dem sie als Preis DM 6845,– statt ursprünglich RM 4850,– forderte. Die Beklagte hatte darauf sowie auch auf eine weitere Anfrage der Klägerin geschwiegen. Der BGH hat dieses Schweigen als Zustimmung gewertet, weil „nach Treu und Glauben ein Widerspruch des Angebotsempfängers erforderlich gewesen wäre." Es ist nun gewiss richtig, dass die Beklagte hier die Klägerin hätte benachrichtigen müssen, wenn sie das Gleis nicht zu dem neuen Preis abnehmen wollte; denn es bestand nach den Umständen des Falles eine nicht unerhebliche Wahrscheinlichkeit dafür, dass die Klägerin wegen des Schweigens der Beklagten Maßnahmen treffen und z. B. das Gleis anschaffen bzw. mit seiner Anfertigung beginnen würde oder dgl., und es war daher auf Grund des bestehenden rechtsgeschäftlichen Kontakts gemäß § 242 BGB die Pflicht der Beklagten, die Klägerin vor verfrühten Dispositionen zu bewahren und ein etwaiges Missverständnis von vornherein zu verhindern. Es ist jedoch nicht einzusehen, warum dazu nicht die – vom BGH mit keinem Wort erwähnte – Möglichkeit eines Schadensersatzanspruchs wegen einer Schutzpflichtverletzung genügen soll. Die Klägerin hätte dazu freilich nachweisen müssen, dass sie durch das Schweigen wirklich Schaden erlitten hatte. Das wäre z. B. nicht der Fall, wenn sie das Gleis schon vor der Änderung ihres Angebots angeschafft bzw. angefertigt hätte, doch wäre bei einer solchen Sachlage ihre Schutzwürdigkeit mehr als zweifelhaft. Es ist deshalb unter Gerechtigkeitsaspekten eine wesentliche Schwäche der Lösung des BGH, dass er folgerichtig der Klage auch dann hätte stattgeben müssen, wenn die Klägerin das Gleis im Zeitpunkt ihres Änderungsangebots bereits gekauft oder hergestellt hatte und nun lediglich einen höheren Preis „herausschlagen" wollte. Auch bietet die vom BGH gewählte Konstruktion einer Annahme durch Schweigen im Gegensatz zu einer Schadensersatzlösung keinen Ansatzpunkt dazu, das leichtfertige Verhalten der Klägerin als Mitverschulden anspruchsmindernd zu berücksichtigen. Diese einseitige Bevorzugung der Klägerin ist umso weniger vertretbar, als das Schweigen hier für einen objektiven Beobachter keineswegs der konkludente Ausdruck der Zustimmung sein musste. Denn angesichts der erheblichen Preisdifferenz – es wurde jetzt ein DM-Betrag statt des ursprünglichen RM-Betrags gefordert, und außerdem lag der neue Preis auch zahlenmäßig um etwa ein Drittel über dem alten! – war durchaus nicht ohne weiteres mit einem Ein-

---

[34] Vgl. BGHZ 1, 353; zustimmend z. B. *Kuhn* WM 1955, 959 f; *Hanau* AcP 165, 248; *von Craushaar* Der Einfluß des Vertrauens auf die Privatrechtsbildung, 1969, S. 105; *Staudinger/Coing* Vor § 116 Rdn. 5; *Palandt/Heinrichs* Einf. vor § 116 Rdn. 8; *Baumbach/Hopt* § 346 Rdn. 32; ablehnend *Flume* AcP 161, 67 ff und aaO § 35 II 4.

verständnis zu rechnen, und das Schweigen war daher zumindest mehrdeutig; im Übrigen hatte ja offenbar sogar die Klägerin selbst Zweifel, wie ihre zweite „Anfrage" bei der Beklagten beweist. Es fehlte somit schon am objektiven Tatbestand einer Zustimmung durch Schweigen, so dass es auf die Frage des Erklärungsbewusstseins nicht einmal mehr ankam.

Das Urteil des BGH im Absetzgleisfall bildet somit **keine geeignete Leitentscheidung für die Behandlung des Schweigens im Rechts- oder im Handelsverkehr,** weil darin die Alternative einer schadensersatzrechtlichen Lösung sowie alle damit zusammenhängenden Fragen überhaupt nicht erörtert werden und die Problematik somit nicht umfassend genug diskutiert wird. Bei näherer Analyse erweist sich der Fall vielmehr im Gegenteil als ein Musterbeispiel dafür, dass die Schadensersatzlösung häufig der Interessenlage wesentlich besser entspricht als die Wertung des Schweigens als Zustimmung.

17   Das Schweigen als Pflichtverletzung, die eine Schadensersatzhaftung auslöst, ist allerdings mitunter nicht leicht abzugrenzen von einer Willenserklärung durch konkludentes Verhalten. Das gilt insbesondere für die **Entgegennahme einer Leistung ohne einen Vorbehalt,** sofern ein solcher von dem Empfänger redlicherweise hätte gemacht werden müssen. Auch dabei geht es um die Folgen eines unterbliebenen Widerspruchs, doch hat dieser hier eine andere Funktion: Er wäre nötig gewesen, um einem bestimmten positiven Tun – der Entgegennahme der Leistung – die Konkludenz zu nehmen, so dass sein Ausbleiben hier in der Tat zu einer rechtsgeschäftlichen Bindung und nicht lediglich zu einer Schadensersatzhaftung führt.

Ein gutes Beispiel hierfür bildet der „**Teilverzichtsfall**" BGH NJW 1995, 1281. Dort hatte ein in finanzielle Schwierigkeiten geratener Kreditnehmer mit einer seiner Gläubigerbanken am 16.12. abgesprochen, dass diese auf einen bestimmten Teilbetrag ihrer Forderungen gegen ihn verzichten würde, falls er den Restbetrag bis zum Jahresende bezahle. Die Verhandlungsführer der Bank hatten den Verzicht jedoch davon abhängig gemacht, dass das bankintern zuständige Gremium seine Zustimmung erteile. Am 22.12. informierte der Kreditnehmer die Bank, dass er seine Schulden unter Abzug des Verzichtsbetrags bis zum 31.12. ablösen werde, und überwies ihr am 29.12. einen entsprechenden Betrag. Diesen schrieb ihm die Bank unter Anrechnung auf die Kreditschuld gut, doch verweigerte das Gremium anschließend die Zustimmung zu dem Teilverzicht. Der BGH hat die Klage der Bank auf den Restbetrag mit Recht abgewiesen. Zur Begründung hat er ausgeführt: „Durch die widerspruchslose Verbuchung des Überweisungsbetrags auf dem Konto der Beklagten hat die Klägerin dieses Angebot (sc.: zu einem Teilverzicht gegen umgehende Zahlung des Restbetrages) angenommen."[35] Das trifft zu, weil die Überweisung erkennbar nur unter der Voraussetzung des Teilverzichts erfolgt war und die Bank sie deshalb sowie im Hinblick auf die übrigen Umstände des Falles, zu denen vor allem die Einigung über alle Einzelheiten des Teilverzichts (vorbehaltlich der Gremiumszustimmung) gehörte, redlicherweise nur entgegennehmen durfte, wenn sie entweder mit diesem einverstanden war oder das Geld bis zur Entscheidung des Gremiums zur Rücküberweisung bereithielt und gegenüber dem Kreditnehmer einen entsprechenden Vorbehalt machte. Dann aber ist es zumindest irreführend und liegt neben der Sache, dass der BGH anschließend den (angeblichen) Rechtssatz heranzieht, im Handelsverkehr müsse Schweigen „als Zustimmung angesehen werden, wenn nach Treu und Glauben ein

---

[35] Vgl. aaO S. 1281; ähnlich BGH WM 1986, 322, 324.

Widerspruch des Angebotsempfängers erforderlich gewesen wäre." Denn es geht um eine Vertragsannahme durch *positives Tun* – nämlich die vorbehaltlose Verbuchung des nur unter der Voraussetzung des Teilverzichts überwiesenen Betrags – und nicht um die Folgen eines bloßen *Schweigens*, also eines reinen *Unterlassens*. Demgemäß bildet auch diese Entscheidung **kein geeignetes Präjudiz für den angeblichen Rechtssatz über die Wertung des Schweigens als Zustimmung im Handelsverkehr bei Bestehen einer Widerspruchspflicht**. Vielmehr ging es lediglich darum, dass die Bank es versäumt hatte, ihrem Handeln die Konkludenz durch einen Vorbehalt zu nehmen. Dogmatisch liegt darin ein allgemeines Problem der Rechtsgeschäftslehre, das nichts mit irgendwelchen Besonderheiten des Handelsverkehrs zu tun hat. Dass im vorliegenden Fall ein Verzicht durch konkludentes Handeln zu bejahen ist, hat dabei durchaus Ausnahmecharakter, da insoweit grundsätzlich strenge Anforderungen an die Konkludenz zu stellen sind.[36]

III. Schweigen und Rechtsscheinhaftung

So überlegen die Schadensersatzhaftung unter Gerechtigkeitsgesichtspunkten der Erfüllungshaftung meist (vgl. aber auch unten Rdn. 28ff) ist, so unterlegen ist sie ihr im Hinblick auf **Rechtssicherheit** und **Praktikabilität**. Denn die Notwendigkeit, einen Schaden und dessen Höhe nachzuweisen, kann erhebliche Beweisschwierigkeiten mit sich bringen und u. U. entsprechende Organisationsprobleme nach sich ziehen. Man denke nur daran, dass jemand im Vertrauen auf das Schweigen seines Geschäftspartners einen anderen günstigen Vertragsschluss unterlassen hat und dies nun als Grundlage seines „negativen Interesses" nachweisen muss. Soll man etwa über abgelehnte Angebote Buch führen und vorsorglich Beweismaterial sammeln? Oder soll man stets das zweite Geschäft dem Vertrag mit dem Schweigenden vorziehen, obwohl u. U. Anlass zu der Annahme bestand, das Schweigen könne nur Zustimmung bedeuten, und eine schwere Trübung der Geschäftsbeziehung zu dem Schweigenden zu befürchten ist, wenn man den Vertragsschluss mit diesem wegen des Schweigens einfach als gescheitert ansieht? Zwar werden hier nicht selten Rückfragen einen Ausweg bieten, doch sind sie teils untunlich und teils auch angesichts der Geschwindigkeit des modernen Geschäftsverkehrs zu zeitraubend. Zumindest im kaufmännischen Bereich, wo § 362 HGB einen wichtigen positiv-rechtlichen Ansatzpunkt für die Wertung des Schweigens als Zustimmung bietet, spricht daher viel dafür, unter bestimmten Voraussetzungen die bloße Schadensersatzhaftung durch eine Erfüllungspflicht zu ersetzen. Die dogmatische Grundlage hierzu bietet in erster Linie die Rechtsscheinhaftung, in die auch § 362 HGB einzuordnen ist (vgl. dazu oben § 362 Rdn. 4). Dabei sind verschiedene Spielarten der Rechtsscheinhaftung zu unterscheiden.

1. Schweigen als Grundlage einer Rechtsscheinhaftung kraft wissentlicher Schaffung eines Rechtsscheins

Den Minimaltatbestand der Rechtsscheinhaftung bildet die Einstandspflicht für die *wissentliche* Schaffung eines Scheintatbestandes.[37] Das wichtigste Beispiel des Schweigens, das in diesen Zusammenhang gehört, ist die Lehre von der **Duldungsvollmacht**. Von einer solchen spricht man bekanntlich dann, „wenn der Vertretene das ihm

---

[36] Vgl. z. B. BGH WM 1995, 1677, 1678 f; vgl. ferner BGHZ 111, 97, 101f und dazu *Medicus* (Fn.3) Rdn. 393a.

[37] Vgl. eingehend *Canaris* S. 28ff und S. 106f; zustimmend z. B. BGHZ 102, 60, 64; BGH NJW 1997, 312, 314.

bekannte Verhalten des Vertreters duldet und diese Duldung vom Geschäftsgegner nach Treu und Glauben und mit Rücksicht auf die Verkehrssitte dahin gedeutet werden darf, dass der Vertreter vom Vertretenen Vollmacht, für ihn zu handeln, erhalten hat".[38] Zwar hat der BGH die Duldungsvollmacht anfangs mit einer stillschweigend erteilten Vollmacht gleich gesetzt[39] und also wohl als echte, d.h. rechtsgeschäftlich erteilte Vollmacht angesehen, doch ist er alsbald dazu übergegangen, sie als Scheinvollmacht zu qualifizieren[40] und hat sogar ausdrücklich ausgesprochen, dass für eine Duldungsvollmacht „eine Willenserklärung des Vertretenen oder eine ihr gleichzusetzende Willensbetätigung nicht erforderlich ist".[41] Auch die h.L. ordnet die Duldungsvollmacht in die Lehre von der Rechtsscheinhaftung ein.[42]

Mit den Mitteln der Rechtsgeschäftslehre lässt sich hier die Bindung des Schweigenden in der Tat nicht erklären. In den typischen Fällen liegt nämlich weder eine Innen- noch eine Außenvollmacht, sondern ein Verhalten des Vertretenen vor, aus dem der Dritte auf das Bestehen einer *irgendwann einmal erteilten, in Wahrheit aber nicht vorhandenen Innenvollmacht* schließen kann.[43] Dieses Spezifikum der Sachverhaltsgestaltung klingt schon in der soeben bei Fn. 38 zitierten Formulierung des BGH unüberhörbar an, wenn dieser dort darauf abstellt, ob die Duldung „vom Geschäftsgegner ... dahin gedeutet werden darf, dass der Vertreter vom Vertretenen Vollmacht erhalten *hat*". Typisch sind Fälle, in denen dem Vertreter das Fehlen seiner Vertretungsmacht durchaus klar ist, und der Vertretene das vom Vertreter ohne Vollmacht geschlossene Geschäft intern (konkludent) genehmigt oder zumindest anstandslos durchgeführt hat, wodurch nach außen der Eindruck entstanden ist, dieser habe in der Tat die von ihm behauptete Vollmacht. Hier scheidet die Annahme einer konkludent erteilten Innenvollmacht von vornherein aus, weil Erklärungsadressat insoweit der Vertreter wäre und dieser um das Fehlen einer Vollmacht weiß, und auch die Annahme einer konkludent erteilten Außenvollmacht kommt nicht in Betracht, weil der Dritte nicht annehmen kann, gerade ihm gegenüber werde eine Vollmacht in Geltung gesetzt, sondern vielmehr davon ausgehen muss, dies sei gegenüber dem Vertreter bereits geschehen. Demgemäß beruht es auf einer Verkennung der typischen Sachverhaltslage oder auf einer dogmatischen Fehlverortung, wenn die Duldungsvollmacht auch heute noch mitunter als Rechtsgeschäft qualifiziert wird, weil „das Fehlen des Bevollmächtigungswillens – ähnlich wie das Fehlen des Erklärungsbewusstseins – der Wertung als schlüssige Willenserklärung nicht entgegensteht."[44] Richtig ist demgegenüber, dass es hier gar nicht um den Mangel irgendeines *Willens* des Geschäftsherrn, sondern allein um den *objektiven* Sinngehalt seines Verhaltens geht und dass dieses in den typischen Fällen lediglich *deklaratorischen* Charakter hat. Daher fehlt es am *objektiven* Tatbestand eines Rechtsgeschäfts, da dieses auf die *Ingeltungsetzung* von Rechtsfolgen gerichtet ist und in diesem Sinne einen *konstitutiven* oder *performativen* Akt darstellt.[45] Wohl aber schafft der Schweigende hier wissentlich den Anschein, dass er den Stellvertreter bevollmächtigt hat, und daher handelt es sich in der

---

[38] BGH LM Nr. 4 zu § 167 BGB, 2. Ls.
[39] Vgl. BGH LM Nr. 4 zu § 164 BGB.
[40] Vgl. BGH LM Nr. 13 zu § 167 BGB unter II 3 a; Nr. 15 zu § 167 BGB unter II 3 vor a; NJW-RR 1990, 404; NJW 1997, 312, 314.
[41] So BGH NJW 1997, 312, 314.
[42] Vgl. eingehend *Canaris* S. 40 ff; ebenso ferner z. B. *Larenz/Wolf* A.T.[8] § 48 Rdn. 23; *Köhler*, BGB Allg. Teil[24] § 18 Rdn. 43; *Soergel/Leptien*[12] § 167 Rdn. 20; MünchKomm.-BGB-*Schramm*[4] § 167 Rdn. 49; MünchKomm.-HGB-*Lieb/Krebs* Vor § 48 Rdn. 49 f.
[43] Vgl. eingehend *Canaris* S. 40 f; ebenso z.B. *Medicus* (Fn. 3) Rdn. 930; *Köhler* (Fn. 42) § 18 Rdn. 43.
[44] So *Palandt/Heinrichs*[62] § 173 Rdn. 11; ähnlich *Flume* § 49, 3; *Pawlowski* Allg. Teil des BGB[5] Rdn. 716a; *Staudinger/Schilken*, 13. Bearbeitung 1995, § 167 Rdn. 29a.
[45] Vgl. dazu näher *Canaris* 50 Jahre Bundesgerichtshof, 2000, S. 136 ff.

Tat geradezu um ein Musterbeispiel des Prinzips der Einstandspflicht für die wissentliche Schaffung eines Rechtsscheins.

Die wissentliche Schaffung eines Rechtsscheins liegt häufig auch in einem **Schweigen auf eine Anfrage.** Das wichtigste Beispiel bildet das Schweigen auf die Anfrage über die **Echtheit eines Wechsels,** dessen Fälschung der Schweigende erkannt hat. Darin eine rechtsgeschäftliche Genehmigung zu sehen, geht nicht an. Denn eine solche würde begriffsnotwendig voraussetzen, dass zwischen dem Anfragenden und dem Schweigenden Klarheit über die Genehmigungs*bedürftigkeit* bestand, und das wiederum wäre nur möglich, wenn sie von der Fälschung ausgingen. Dann aber hätte der Anfragende in aller Regel keinen Anlass, mit einer Genehmigung zu rechnen. Das Schweigen kann daher nicht den Sinn gehabt haben, die Fälschung zu genehmigen, sondern allenfalls die Bedeutung, dass der Wechsel echt – also einer Genehmigung weder bedürftig noch fähig! – ist. Nur diese Interpretation entspricht auch der Motivationslage des Schweigenden, da dieser durch sein Schweigen zumeist den Fälscher decken und also den Eindruck erwecken will, der Wechsel sei gar nicht gefälscht. Dadurch aber setzt er ganz ähnlich wie bei der Duldungsvollmacht *wissentlich* einen Scheintatbestand – nämlich den der Echtheit des Wechsels – und haftet daher auf Grund des Prinzips der Einstandspflicht für die wissentliche Schaffung eines Rechtsscheins auf Erfüllung.[46]

Die h.L. gibt dagegen grundsätzlich allenfalls einen Anspruch auf Schadensersatz und gewährt einen Erfüllungsanspruch lediglich in extremen Ausnahmefällen, wobei sie sich zur Begründung auf den Einwand des Rechtsmissbrauchs stützt.[47] Dass den Schweigenden keine Rechtspflicht zur Antwort trifft, wie nicht selten vorgebracht wird, ist kein überzeugendes Argument gegen die Annahme einer Rechtsscheinhaftung. Denn wenn jemand z.B. die Beseitigung einer ihn betreffenden unrichtigen Eintragung im Handelsregister unterlässt, so haftet er anerkanntermaßen gutgläubigen Dritten grundsätzlich auch dann nach Rechtsscheinregeln, wenn die Eintragung völlig ohne sein Zutun erfolgt ist.[48] Warum dann ausgerechnet in dem besonders verkehrsfreundlichen Wechselrecht weniger scharf gehaftet werden und es erforderlich sein soll, Zuflucht bei gekünstelten rechtsgeschäftlichen Hilfskonstruktionen zu suchen, ist nicht einzusehen.

2. Schweigen als Grundlage einer Rechtsscheinhaftung kraft verkehrsmäßig typisierten Verhaltens

Mit der Einstandspflicht für die *wissentliche* Schaffung eines Rechtsscheins allein lassen sich nicht alle Fälle des Schweigens mit Erfüllungswirkung erklären. Das beweist vor allem § 362 HGB, da hier auch ein unbewusstes Schweigen zur Erfüllungshaftung führt (vgl. oben § 362 Rdn. 17 und 21). Der Grund hierfür liegt darin, dass das Schweigen im Falle von § 362 HGB nach der Verkehrssitte typischerweise die Bedeutung des Einverständnisses hat und dass daher hier ein stärkerer Vertrauenstatbestand als in anderen Fällen konkludenten Verhaltens vorliegt (vgl. oben § 362 Rdn. 4). Da dieser Rechtsgedanke auch in anderen Fällen des Schweigens passt, ist die **Verallgemeinerungsfähigkeit der Wertung von § 362 HGB** grundsätzlich zu

---

[46] Vgl. näher *Canaris* S. 243 ff, 245 f m. Nachw.
[47] Vgl. z.B. BGHZ 47, 110, 113; BGH LM Nr. 1–3 zu Art. 7 WG; *Liesecke* WM 1972, 1207; *Baumbach/Hefermehl,* 22. Aufl. 2000, Art. 7 WG Rdn. 8 u. 9 mit Nachw.
[48] Vgl. nur *Canaris* Handelsrecht § 6 Rdn. 2 ff mit Nachw.

bejahen.⁴⁹ Daraus ergibt sich das Prinzip der Rechtsscheinhaftung kraft *verkehrsmäßig typisierten* Verhaltens. Dieses findet außer in § 362 HGB eine positivrechtliche Grundlage auch in den gewohnheitsrechtlich anerkannten Regeln über das **Schweigen auf ein Bestätigungsschreiben**, die ebenfalls als Ausprägung des Rechtsscheingedankens anzusehen sind.⁵⁰

22 Weitere Beispiele, in denen das Schweigen kraft typisierender Verkehrssitte als Zustimmung anzusehen ist, sind verhältnismäßig häufig.⁵¹ Zu nennen ist etwa das Schweigen auf die **Schlussnote eines Handelsmaklers,** das grundsätzlich einen Vertragsschluss mit dem Inhalt der Schlussnote zur Folge hat.⁵² Weiterhin gehört in diesen Zusammenhang das **Schweigen auf die Annahme eines freibleibend gemachten Angebots,** durch welches ebenfalls eine Erfüllungshaftung begründet wird.⁵³ Das Gleiche dürfte ferner für das **Schweigen auf die verspätete Annahme eines Angebots** gelten, sofern keine Umstände eingetreten sind, von denen eine Änderung des Entschlusses des Anbietenden zu erwarten ist und nicht schon die Länge der verflossenen Zeit die Möglichkeit einer Sinnesänderung nahe legt.⁵⁴

23 Für das **Schweigen auf eine Auftragsbestätigung** hat es der BGH dagegen trotz der engen Verwandtschaft zwischen Auftragsbestätigung und Bestätigungsschreiben abgelehnt, das Schweigen grundsätzlich als Zeichen des Einverständnisses anzusehen – und zwar in der Tat unter Hinweis auf das Fehlen einer entsprechenden Verkehrssitte.⁵⁵ Der Unterschied zwischen Auftragsbestätigung und Bestätigungsschreiben liegt dabei darin, dass erstere entweder nicht auf einen *bereits erfolgten* Vertragsschluss Bezug nimmt, sondern *selbst* eine (modifizierte) Annahmeerklärung darstellt,⁵⁶ oder dass sie zwar einen schon bindenden „Auftrag" bestätigt, aber nicht zur Wiedergabe des *wesentlichen Vertragsinhalts*, sondern nur von *Teilen* wie Preis oder Kaufgegenstand bestimmt ist. In beiden Fällen ist das Bedürfnis nach einem Vertrauensschutz ungleich geringer als bei einem (echten) Bestätigungsschreiben, worin neben dem Fehlen einer bedeutungsprägenden Verkehrssitte der zweite Sachgrund für die vom BGH vorgenommene Differenzierung zu sehen ist. Andererseits ist zu beachten, dass der Verkehr oft nicht genau zwischen den Ausdrücken Bestätigungsschreiben und Auftragsbestätigung unterscheidet. Mit Recht stellt der BGH daher nicht entscheidend auf die von den Parteien verwendeten Begriffe ab, sondern unterwirft auch als

---

⁴⁹ Vgl. näher *Canaris* S. 218 ff.
⁵⁰ Vgl. dazu *Koller* oben § 346 Rdn. 62 („Vertrauenshaftung"); vgl. im Übrigen eingehend *Canaris* Handelsrecht § 25 Rdn. 9 mit umf. Nachw.
⁵¹ Vgl. auch *Schlegelberger/Hefermehl* § 346 Rdn. 137 ff; *Heymann/Horn* § 346 Rdn. 39 ff; *Ebenroth/Boujong/Joost/Kort* § 346 Rdn. 36 ff.
⁵² RGZ 58, 366, 367; 59, 350, 351; 90, 166,168; 105, 205, 206; 123, 97, 99; RG JW 1909, 57; BGH LM Nr. 6 zu § 346 (D) HGB; Hamm OLGE 32, 154; OLG Hamburg BB 1955, 847.
⁵³ Vgl. RGZ 102, 227, 229 f; 103, 312, 313; RG JW 1921, 393; 1923, 118; GruchBeitr. 66 Nr. 32; WarnRspr. 1925 Nr. 14; OLG Hamburg LZ 1916, Sp. 1329; München OLGE 38, 200.
⁵⁴ Vgl. RG HRR 1929, Nr. 1559; BGH NJW 1951, 313; LM Nr. 2 zu § 151 BGB; BB 1953, 957; kritisch, wenngleich i.E. z.T. übereinstimmend *Flume* aaO § 35 II 2; vgl. im Übrigen aber auch unten Rdn. 30.
⁵⁵ Vgl. BGHZ 18, 212, 215 f; 61, 282, 285; BGH LM Nr. 2 zu § 150 BGB; BGH WM 1977, 451, 452; vgl. aber auch BGH WM 1969, 1452, 1453, wo ohne Auseinandersetzung mit der entgegenstehenden früheren Rechtsprechung Auftragsbestätigung und Bestätigungsschreiben identifiziert und die Grundsätze über das letztere angewandt werden, obwohl der Sache nach nur eine Auftragsbestätigung vorgelegen haben dürfte; vgl. im übrigen auch *MünchKomm.-Karsten Schmidt* § 346 Rdn. 137.
⁵⁶ Vgl. vor allem BGHZ 61, 282, 285 f; das zweite im Text angegebene (alternative) Abgrenzungskriterium fehlt allerdings bisher in der Rechtsprechung des BGH.

„Auftragsbestätigung" bezeichnete Schreiben den Regeln über das Bestätigungsschreiben, sofern sie der Sache nach ein solches darstellen.[57] Außerdem kann das Schweigen auf eine Auftragsbestätigung eine Vertrauenshaftung kraft widersprüchlichen Verhaltens auslösen.[58]

Auch das **Schweigen auf die Mitteilung eines Vertragsschlusses durch einen Stellvertreter** kann grundsätzlich, d. h. von Sonderfällen wie den §§ 75 h, 91 a HGB abgesehen, nicht als konkludente Zustimmung des Vertretenen gewertet werden, da sich angesichts der Vielschichtigkeit dieser Problematik eine entsprechende Verkehrssitte bisher offenkundig nicht gebildet hat und auch schwerlich bilden kann. Die Rechtsprechung hat hier zwar verschiedentlich die Möglichkeit, dass das Schweigen als Zustimmung zu werten ist, im Prinzip bejaht, im praktischen Ergebnis das Vorliegen einer Genehmigung durch Schweigen jedoch meist verneint.[59] 24

Insgesamt empfiehlt sich **Zurückhaltung bei einer Ausdehnung der Grundsätze über die Wertung des Schweigens als Zeichen des Einverständnisses**. Denn anderenfalls droht die Gefahr, dass das Verhältnis von Regel und Ausnahme in sein Gegenteil verkehrt und das Schweigen grundsätzlich als Zustimmung statt als Unterbleiben einer Erklärung angesehen wird. Ist das Schweigen nach den Umständen des Einzelfalles wirklich konkludent, liegt aber eine entsprechende Typisierung durch Verkehrssitte nicht oder noch nicht vor, so wird in aller Regel schon mit den Grundsätzen über die Beweisführung hinsichtlich des Erklärungsbewusstseins (vgl. oben Rdn. 6) zu einem sachgerechten Ergebnis zu kommen sein. Im Übrigen ist auch zu beachten, dass selbst bei Bestehen einer Verkehrssitte die Umstände des Einzelfalles ausnahmsweise dem Schweigen seine Konkludenz nehmen, also gewissermaßen die durch die Verkehrssitte entstandene Vermutung hinsichtlich der Bedeutung des Schweigens widerlegen können. 25

3. Schweigen als Grundlage einer Rechtsscheinhaftung kraft kaufmännischen Betriebsrisikos

Der Hinweis auf die typisierende Wirkung von Verkehrssitten kann nur erklären, warum dem Schweigenden die Berufung auf einen **Irrtum über die Bedeutung seines Schweigens** versagt wird. Sehr häufig wird das Schweigen jedoch nicht hierauf beruhen, sondern vielmehr auf **Unkenntnis der zugrunde liegenden Tatsachen**, also vor allem darauf, dass der Schweigende gar keine Kenntnis von der Willenserklärung des anderen Teils erlangt hat. Für § 362 und für das kaufmännische Bestätigungsschreiben ist anerkannt, dass das Schweigen grundsätzlich auch in einem solchen Falle als Zustimmung zu werten ist (vgl. oben § 362 Rdn. 17 m. Nachw.). Auch dieser Grundsatz ist verallgemeinerungsfähig.[60] Dabei sollte man entgegen der h. L. freilich nicht das Verschuldensprinzip heranziehen, sondern vielmehr darauf abstellen, ob der Grund für das Schweigen innerhalb des kaufmännischen Betriebsrisikos liegt oder nicht (vgl. oben § 362 Rdn. 18). 26

Diese Lösung bewährt sich insbesondere in einem weiteren wichtigen Fall des Schweigens im Rechtsverkehr: der **Anscheinsvollmacht**.[61] Deren tatbestandliche 27

---

[57] Vgl. BGHZ 54, 236, 239 m. ablehnender Anm. von *Lieb* JZ 1971, 136; BGHZ 93, 338, 341; BGH WM 1968, 400, 401; 1969, 1452, 1453; NJW 1974, 991, 992.
[58] So i.E. BGH WM 1986, 527; vgl. dazu unten Rdn. 32.
[59] Vgl. RGZ 103, 95, 98; RG JW 1928, 638; 1931, 522, 524; BGH LM Nr. 4 zu § 177 BGB; vgl. im übrigen auch *Philipowski* BB 1964, 1069 ff m.w. Nachw.
[60] Vgl. näher *Canaris* S. 228 ff.
[61] Vgl. näher *Canaris* S. 192 ff.

Voraussetzungen sind in objektiver Hinsicht bekanntlich dieselben wie bei der Duldungsvollmacht. Der Dritte muss also aus dem Verhalten des Geschäftsherrn – d. h. aus der Tatsache, dass der falsus procurator unbeanstandet wie ein Bevollmächtigter agieren kann – schließen dürfen, dass dieser Vollmacht hat; dafür ist i. d. R. erforderlich, dass er bereits mehrfach Geschäfte abgeschlossen und der Geschäftsherr deren Wirksamkeit nicht nach außen beanstandet hat. Die Zurechenbarkeit des Rechtsscheins machen Rspr. und h. L. – ähnlich wie im Rahmen von § 362 HGB – davon abhängig, ob der Geschäftsherr das Handeln des falsus procurator kennen und verhindern konnte.[62] Statt dieses Rückgriffs auf das Verschuldensprinzip sollte man auf die verschuldensunabhängige Zurechnung des Betriebsrisikos abstellen.[63] Unterschlägt z. B. der falsus procurator die Kopien von Schreiben an Dritte und ermöglicht oder vertuscht er wiederholt Zahlungen an diese durch Fälschungen, Tricks und dgl., so dass dem Dritten gegenüber der Anschein einer Vollmacht entsteht, so kann das dem Geschäftsherrn trotz fehlenden Verschuldens durchaus zuzurechnen sein, weil (und sofern) der Vorgang sich in den Grenzen des – abstrakt beherrschbaren – Betriebsrisikos hält. Ausschlaggebend ist dabei nicht, ob das Handeln des falsus procurator bei „ordentlicher", sondern ob es bei „idealer" Organisation des Betriebs hätte erkannt und verhindert werden können; denn durch diese beiden Kriterien wird der Unterschied zwischen Verschuldens- und Risikohaftung markiert.[64]

Allerdings sollte das Institut der Anscheinsvollmacht nur zu Lasten von Kaufleuten und diesen gleichzustellenden Personen angewendet werden.[65] Dogmatisch spricht dafür vor allem, dass man anderenfalls den Widerspruch zu den Regeln über das Erklärungsbewusstsein nicht konsistent beheben bzw. legitimieren kann, und auch praktisch erscheint diese Lösung als vorzugswürdig; denn wenn etwa ein Familienangehöriger wiederholt Verträge im Namen eines anderen Familienangehörigen abgeschlossen und dieser das nicht bemerkt hat, fehlt ein hinreichender Legitimationsgrund für eine – durch eine Anfechtung nach § 119 BGB nicht zu beseitigende! – Erfüllungshaftung, weil man sich hier außerhalb des unternehmerischen Bereichs, ja außerhalb der beruflichen Späre befindet und insoweit ein relevanter Unterschied gegenüber anderen Fällen fehlenden Erklärungsbewusstseins nicht besteht.

IV. Schweigen und Erfüllungshaftung nach § 242 BGB

28 Es ist charakteristisch für die Problematik des Schweigens im Rechtsverkehr, dass das Schweigen häufig nicht für sich allein, sondern lediglich in Verbindung mit der **späteren Entwicklung** wie z. B. der Länge der seither verflossenen Zeit relevant erscheint. Typisch hierfür ist insbesondere das Institut der **Verwirkung**. Mit den Mitteln der Rechtsgeschäftslehre ist ein solcher Sachverhalt nicht zu bewältigen. Denn für das Vorliegen einer Willenserklärung kommt es nur auf den Augenblick ihrer Abgabe, also hier auf den Augenblick des Schweigens an; dass das Schweigen erst durch den weiteren Gang der Dinge oder durch Zeitablauf nachträglich zu einer Willenserklärung wird, ist dogmatisch unmöglich.[66] Auch mit der Rechtsscheinhaftung ist hier aber in aller Regel nicht zum Ziel zu kommen. Auch sie knüpft nämlich an die Bedeutung des Schweigens in einem ganz bestimmten Augenblick an und hängt

---

[62] Vgl. statt aller MünchKomm.-*Schramm*[4] § 167 Rdn. 59 ff.

[63] Zustimmend z.B. *Hopt* AcP 183 (1983) 697; *Pawlowski* (Fn. 44) Rdn. 728 f und JZ 1996, 128 f; *Bork* (Fn. 3) Rdn. 1564.

[64] Vgl. *Larenz/Canaris* SchuldR II/2[13] § 84 I 3 b.

[65] Vgl. dazu und zum Folgenden näher *Canaris* Handelsrecht § 16 Rdn. 16 ff mit umf. Nachw.

[66] Vgl. z.B. *Flume* § 5, 2 d a.E.

grundsätzlich nicht von der weiteren Entwicklung und der Länge der verflossenen Zeit ab, wie die Beispiele des Schweigens auf einen Antrag gemäß § 362 HGB und auf ein Bestätigungsschreiben oder der Duldungs- und Anscheinsvollmacht sofort deutlich machen.

In Anlehnung an das Institut der Verwirkung bietet sich jedoch der **unmittelbare Rückgriff auf § 242 BGB** und die hierzu entwickelten Rechtsprinzipien an. Dass es bei der Verwirkung um den *Verlust* eines Rechts, hier dagegen um die *Begründung* von Ansprüchen geht, steht nicht entgegen. Denn die Rechtsprechung hat seit langem aus § 242 BGB der Sache nach auch Erfüllungsansprüche hergeleitet, wobei sie sich meist der so genannten **Arglisteinrede** oder des **Einwands des Rechtsmissbrauchs** bedient hat.[67] Dieser Ansatzpunkt ist ausbaufähig.[68] Für die Behandlung des „Schweigens im Rechtsverkehr" liegt darin eine weitere Grundlage, um in bestimmten Fällen einen Erfüllungsanspruch zu bejahen. Die maßgeblichen Wertungskriterien sind dabei vor allem im Verbot widersprüchlichen Verhaltens und im Gedanken der Erwirkung zu sehen.

1. Schweigen als Grundlage einer Vertrauenshaftung kraft widersprüchlichen Verhaltens

Repräsentativ für die Möglichkeit, mit Hilfe des Verbots widersprüchlichen Verhaltens Erfüllungsansprüche aus einem Schweigen herzuleiten, ist der **Unfallversicherungsfall** BGH NJW 1951, 313. Hier hatte der Ehemann der Klägerin einen Antrag auf Abschluss einer Unfallversicherung bei der Beklagten gestellt, den diese 4 Tage nach Ablauf der sechswöchigen Annahmefrist angenommen hatte. Die erste Prämie hatte der Ehemann bei der Antragstellung bezahlt, weitere Prämien hatte die Beklagte eingefordert und angemahnt. Als der Ehemann tödlich verunglückte, verweigerte die Beklagte die Zahlung der Versicherungssumme unter Hinweis auf die Überschreitung der Annahmefrist. Der BGH gab der Klage statt mit der Begründung, dass das in der verspäteten Annahme liegende neue Angebot (§ 150 Abs. 1 BGB) vom Ehemann der Klägerin durch Schweigen angenommen worden sei. Die Wertung des Schweigens als Annahme ist indessen „eine bare Fiktion".[69] Denn entweder hatte die Beklagte die Fristüberschreitung erkannt – dann hatte sie keinen Anlass, mit einer Billigung durch Schweigen zu rechnen, da die Annahmefristen bei Versicherungsverträgen, wie der BGH selbst in der vorliegenden Entscheidung nachdrücklich unterstrichen hat, strikt eingehalten werden müssen; oder die Beklagte hatte die Fristüberschreitung gar nicht bemerkt – dann ging sie davon aus, dass der Vertrag schon durch ihre Annahmeerklärung zustandegekommen war und konnte folglich in dem Schweigen überhaupt keine Willenserklärung mehr sehen, weil für eine solche dann weder Bedürfnis noch Raum bestand.

Trotzdem ist der Entscheidung im Ergebnis zu folgen. Die Beklagte setzt sich nämlich mit ihrem eigenen Vorverhalten krass in Widerspruch, wenn sie zunächst den Vertrag als wirksam behandelt und z.B. die Prämien anmahnt, sich dann aber, wenn es um ihre eigene Leistungspflicht geht, auf die – überdies von ihr selbst verschuldete – Fristüberschreitung beruft. Zugleich liegen die allgemeinen Merkmale der Vertrauens-

---

[67] Vgl. die umfassenden Nachweise bei *Canaris* S. 267 Fn. 6 und in 50 Jahre Bundesgerichtshof, 2000, S. 165–168; *Singer* Das Verbot widersprüchlichen Verhaltens, 1993, S. 86 ff, 148 ff.

[68] Vgl. eingehend *Canaris* S. 266 ff, 287 ff, 528 ff und aaO (Fn. 67) S. 133 ff, 143 ff; *Singer* (Fn. 67) S. 148 ff; eine bemerkenswerte Bestätigung aus rechtsvergleichender Sicht enthält die Untersuchung von *Kühne* RabelsZ 36 (1972), 261 ff, 267 ff.

[69] Vgl. *Flume* § 35 II 2 a.E.

haftung vor. Denn die Beklagte hatte durch ihr Verhalten, insbesondere durch die Anmahnung der Folgeprämien, in dem Ehemann der Klägerin das Vertrauen auf die Gültigkeit des Vertragsschlusses erweckt; dies war schuldhaft, zumindest aber objektiv zurechenbar im Sinne des Veranlassungs- oder Risikoprinzips geschehen; dadurch war der Ehemann mit großer Wahrscheinlichkeit zu einem für die Existenzsicherung seiner Ehefrau wichtigen Unterlassen, nämlich zum Unterlassen der Heilung des Mangels durch Zustimmung bzw. des Abschlusses eines anderen Versicherungsvertrags, veranlasst worden; und diese Maßnahme ließ sich nunmehr angesichts des Todes des Ehemanns nicht mehr nachholen, so dass die Lage „irreversibel" geworden war. Es waren mithin ein Vertrauenstatbestand, dessen Zurechenbarkeit, Gutgläubigkeit des anderen Teils und eine Disposition bzw. die hohe Wahrscheinlichkeit einer solchen gegeben.

31   Mit dem Verbot widersprüchlichen Verhaltens lassen sich auch viele Fälle des **Schweigens auf eine falsche Interpretation** eines Vertrages lösen.[70] Die Leitentscheidung hierfür ist der **Witwengeldfall** BGH WM 1962, 301. Hier hatte der inzwischen verstorbene Ehemann der Klägerin nach dem Abschluss einer Pensionsvereinbarung mit der Beklagten, seiner früheren Arbeitgeberin, an diese geschrieben: „In der Annahme, dass bei meinem Ableben die üblichen 60 Prozent zur Auszahlung an meine Ehefrau kommen werden, gehe ich wohl nicht fehl". Die Beklagte hatte darauf nicht geantwortet. Der BGH wertete dieses Schweigen als Zustimmung. Zur Begründung berief er sich auf die Grundsätze über das kaufmännische Bestätigungsschreiben, die jedoch unstreitig im nicht-kaufmännischen Verkehr, um den es hier ging, keine Anwendung finden. Auch der Hinweis des BGH auf die Widerspruchspflicht der Beklagten vermag nach dem oben Rdn. 11 ff Gesagten die Entscheidung nicht zu tragen. Das gilt um so mehr, als der Ehemann nicht den geringsten Anlass hatte, mit dem nachträglichen (!) Abschluss einer Witwengeldvereinbarung nach Beendigung seiner Vertragsverhandlungen zu rechnen, so dass das Schweigen schon objektiv gesehen keinesfalls eine konkludente Annahmeerklärung war. Wohl aber durfte der Ehemann das Schweigen als Bestätigung der Richtigkeit seiner Interpretation (die nach den Umständen des Falles keineswegs abwegig war, sich letztlich aber doch als unzutreffend erwies) ansehen. Die Beklagte hatte daher das berechtigte Vertrauen des Ehemanns in das Bestehen einer Witwengeldzusage erweckt; das war ihr zurechenbar, da sie wesentlich „näher daran" war als der Ehemann, durch eine Überprüfung der im Einzelnen offenbar recht undurchsichtigen Pensionsrichtlinien das Missverständnis aufzuklären; der Ehemann hatte sich darauf in seinem Verhalten eingestellt, da er, wie der BGH ausdrücklich feststellte, „offensichtlich von weiteren Bemühungen, eine seiner früheren Tätigkeit entsprechende Stellung wiederzuerlangen, abgesehen hat, als er die erstrebte Versorgung für sich und die Klägerin als sichergestellt betrachtete". Da es jetzt nach dem Tode des Ehemanns unmöglich geworden ist, anderweitig Vorsorge zu treffen, dürfte bei einer Gesamtwürdigung der Umstände des Falles, insbesondere im Hinblick auf die „existenzielle" Bedeutung einer Witwengeldzusage, auch hier eine Bindung der Beklagten auf Grund einer Vertrauenshaftung kraft widersprüchlichen Verhaltens zu bejahen sein.

32   Das Gleiche kommt z.B. in Betracht, wenn ein verklagtes Unternehmen jahrelang das **Fehlen der Passivlegitimation** im Prozess nicht geltend gemacht hat[71] und der Kläger diesen nun von Anfang an gegen den wahren Schuldner neu führen müsste mit

---

[70] Vgl. dazu vertiefend *Singer* (Fn. 67) S. 182 ff.
[71] Vgl. zu diesen Fällen auch *Singer* (Fn. 67) S. 169 f, der hier eine Rechtsscheinhaftung annimmt; *Canaris* (Fn. 67) S. 168.

entsprechendem Zeitverlust, u.U. zusätzlichen Beweisproblemen usw.[72], oder wenn das verklagte Unternehmen Zahlungen des Klägers entgegengenommen hat, Mängelrügen nachgekommen ist und dgl.[73] Ausschlaggebend kann auch sein, dass der Kläger aus Beweisnot „zwischen die Stühle zu fallen" droht wie z.B., wenn ein unter ähnlicher Firma auftretendes Schwesterunternehmen auf eine Auftragsbestätigung schweigt und dann später seine mangelnde Passivlegitimation einwendet;[74] hätte es das alsbald nach Zugang der Auftragsbestätigung getan, hätte der Kläger die wahre Lage rechtzeitig aufklären können, während es dafür nach Beginn der Auftragsdurchführung u.U. zu spät ist und der Kläger nunmehr möglicherweise auch die Passivlegitimation des anderen Unternehmens nicht zu beweisen vermag.

Eine solche Vertrauenshaftung kraft widersprüchlichen Verhaltens weist wichtige **Unterschiede gegenüber einem echten Vertragsschluss durch Schweigen** auf. So ist der Vertrag nur zugunsten des anderen Teils, nicht aber auch zugunsten des Schweigenden als wirksam zu behandeln;[75] beispielsweise wäre im Unfallversicherungsfall eine Klage der Gesellschaft auf Zahlung der Versicherungsprämie unbegründet gewesen.[76] Außerdem hat es bei der Unwirksamkeit des Vertrages sein Bewenden, wenn die wahre Rechtslage rechtzeitig, d.h. vor Eintritt einer irreversiblen Situation aufgedeckt wird. Im Unfallversicherungsfall hätte sich daher auch der Versicherungsnehmer nicht auf den Vertrag berufen können, wenn dessen Unwirksamkeit ihm vor seinem Tode bekannt geworden wäre, und ebenso wäre im Witwengeldfall zu entscheiden gewesen, wenn die falsche Interpretation zu einer Zeit aufgedeckt worden wäre, zu der die Möglichkeiten des Pensionärs, eine anderweitige Versorgungsgrundlage für seine Frau zu finden, noch nicht wesentlich schlechter als unmittelbar nach Abschluss seiner Pensionsvereinbarung war. Das Zeitmoment und der weitere Verlauf des Geschehens nach dem Zeitpunkt, in dem der andere Teil geschwiegen hat, spielen also in der Tat eine konstitutive Rolle. **33**

2. Schweigen als Grundlage einer Erwirkung

Wenn es eine Vertrauenshaftung kraft widersprüchlichen Verhaltens gibt, muss es folgerichtig auch eine Erwirkung geben, die dann das **Gegenstück zur Verwirkung** darstellt.[77] Von einer rechtsgeschäftlichen Bindung unterscheidet diese sich einerseits dadurch, dass das fragliche Verhalten, hier also das Schweigen, weder den objektiven noch den subjektiven Tatbestand einer Willenserklärung zu erfüllen braucht, und andererseits dadurch, dass es entscheidend auf die Länge der seit dem Schweigen verflossenen Zeit sowie auf das Vorliegen oder die Wahrscheinlichkeit einer Disposition des Vertrauenden, also auf das auch aus dem Recht der Verwirkung bekannte „Sich-Einrichten" ankommt. **34**

Mit Hilfe der Kategorie der Verwirkung lässt sich z.B. die Rechtsprechung des BGH zur **Genehmigung fehlerhafter Vereinsbeschlüsse durch Schweigen** sachgerecht erfassen. Es ging dabei jeweils darum, dass ein für einen bestimmten Beschluss **35**

---

[72] Vgl. BGH LM Nr. 33 zu § 164 BGB.
[73] Vgl. BGH WM 1987, 110, 111 unter besonders scharfer Betonung des Vertrauensaspektes; ähnlich BGH WM 1990, 852, 853.
[74] Vgl. BGH WM 1986, 527, 528, wenngleich nicht ausdrücklich mit der im obigen Text gegebenen Begründung.
[75] Vgl. näher *Canaris* (Fn. 67) S. 134; ebenso i.E. *Flume* § 15 III 4 c cc a.E.; *Medicus* (Fn. 3) Rdn. 631.
[76] Vgl. auch *Flume* § 35 II 2 a.E.
[77] Vgl. eingehend *Canaris* S. 372 ff; ebenso *Singer* (Fn.67) S. 223 ff; MünchKomm.-*Roth*[4] § 242 Rdn. 354; Staudinger/*J. Schmidt*, 13. Bearbeitung 1995, § 242 Rdn. 581 ff.

bestehendes Einstimmigkeitserfordernis verletzt worden war und dieser Mangel von den übergangenen Mitgliedern jahrelang nicht gerügt wurde. Sofern dieses Schweigen zurechenbar war, hat der BGH darin eine konkludente Genehmigung gesehen bzw. eine Derogierung des Einstimmigkeitserfordernisses durch eine konkludente Satzungsänderung.[78]

In Wahrheit war den Beteiligten aber das Einstimmigkeitserfordernis offenbar nicht bewusst, und sie hatten daher zu einer Genehmigung bzw. zu einer Satzungsänderung überhaupt keinen Anlass, so dass es schon am objektiven Tatbestand einer Willenserklärung durch Schweigen fehlte. Auch führt die Konstruktion des BGH zu höchst unbilligen Ergebnissen. Anders als nach der Lehre von der Erwirkung kommt es nämlich bei der vom BGH gewählten rechtsgeschäftlichen Lösung nicht darauf an, ob der Beschluss überhaupt durchgeführt worden ist und das weitere Vereinsleben bestimmt hat. So hat der BGH in einem Fall, in dem der fragliche Beschluss noch gar nicht „praktiziert" worden war, gleichwohl eine Satzungsänderung durch Schweigen angenommen mit dem Inhalt, dass für Verfügungen über das Vereinsvermögen nicht mehr das in der Satzung vorgesehene (und für die betreffende Vereinsgestaltung sehr sinnvolle) Einstimmigkeitserfordernis, sondern das Mehrheitsprinzip gelten sollte.[79] Welch unerhörte Konsequenzen diese fiktive rechtsgeschäftliche Lösung hat, wird dabei erst voll deutlich, wenn man sich bewusst macht, dass die angebliche Satzungsänderung nicht nur für das eine Veräußerungsgeschäft von Bedeutung ist, bei dem das Einstimmigkeitserfordernis missachtet worden war, sondern folgerichtig auch für alle zukünftigen Verfügungen über das Vereinsvermögen gilt.

Wesentlich sachgerechter ist es demgegenüber, hier mit dem Gedanken der Erwirkung zu arbeiten.[80] Anders als bei einer rechtsgeschäftlichen Lösung kommt es dann darauf an, ob die unwirksame Satzungsänderung bereits „praktiziert" worden ist und das Vereinsleben in nicht wieder rückgängig zu machender Weise bestimmt hat; und anders als nach der rechtsgeschäftlichen Lösung bleibt das Einstimmigkeitserfordernis als solches grundsätzlich unberührt, so dass es bei allen zukünftigen Beschlüssen wieder zu beachten ist und nur bezüglich solcher Rechtsvorgänge, die im Vertrauen auf den an sich unwirksamen Beschluss erfolgt sind, keine Wirkung entfaltet.

V. Zusammenfassung

36 Ein Überblick über die verschiedenen dargestellten Lösungsmöglichkeiten zeigt, dass es **keine eigenständige Lehre vom Schweigen im Rechtsverkehr** und auch **keine einheitliche Problematik des Schweigens** gibt. Das Schweigen ist vielmehr eine menschliche Verhaltensweise wie andere auch, und daher können die unterschiedlichsten rechtlichen Kategorien Anwendung finden.

37 Für die Begründung von Rechtspflichten aufgrund eines Schweigens kommen im Wesentlichen **vier dogmatische Möglichkeiten** in Betracht:

1. Das Schweigen kann **konkludentes Zeichen einer Willenserklärung** sein (vgl. oben Rdn. 2 ff). Das Schweigen führt dann grundsätzlich zu einer Vertragsbindung.

---

[78] Vgl. BGHZ 16, 143; 19, 51, 64; 23, 122, 131; 25, 311, 316; vgl. auch schon RG JW 1925, 237, 238 Sp. 1.
[79] Vgl. BGHZ 25, 311, 317.
[80] Vgl. auch *Flume* aaO § 10, 3d, insbesondere Fn. 30, der freilich in dogmatisch unsauberer Weise von einer „Verwirkung der Möglichkeit, sich auf die Unwirksamkeit des Beschlusses zu berufen" spricht.

Fehlt dem Schweigenden das Erklärungsbewusstsein, so kann und muss er nach der vom BGH und der h.L. zu diesem vertretenen Lösung nach § 119 BGB anfechten, während nach der Gegenmeinung keine wirksame Willenserklärung vorliegt; nach beiden Lösungen ist grundsätzlich eine Schadensersatzhaftung nach § 122 BGB gegeben. Fehlt es darüber hinaus an der Konkludenz des Schweigens, also auch am objektiven Tatbestand einer Willenserklärung, so greift nicht einmal § 122 BGB ein; ein Schadensersatzanspruch ist hier vielmehr nach den Regeln über die culpa in contrahendo nur dann gegeben, wenn der Schweigende schuldhaft eine Aufklärungs- oder sonstige Schutzpflicht verletzt hat.

2. Aus der bloßen **Verletzung einer Pflicht zum Widerspruch** kann eine Erfüllungshaftung grundsätzlich nicht hergeleitet werden (vgl. oben Rdn. 9 ff). Das gilt auch dann, wenn zwischen den Parteien ein rechtsgeschäftlicher Kontakt oder eine Geschäftsverbindung bestand. In derartigen Fällen kommt lediglich eine **Schadensersatzhaftung wegen Schutzpflichtverletzung** in Betracht.

3. Stellt das Schweigen keine Willenserklärung dar, setzt der Schweigende jedoch den Schein des Bestehens einer bestimmten Rechtslage, so kann er daran nach den Grundsätzen der **Rechtsscheinhaftung** gebunden sein mit der Folge, dass er auf Erfüllung haftet (vgl. oben Rdn. 18 ff). Eine solche Haftung ist jedenfalls dann zu bejahen, wenn der Schweigende den Rechtsschein wissentlich geschaffen hat. Für die unwissentliche Erzeugung eines Scheintatbestandes braucht er dagegen nach Rechtsscheinregeln nur dann einzustehen, wenn entweder die Bedeutung des Schweigens als Zustimmung durch die Verkehrssitte typisiert ist oder die Unkenntnis des Schweigenden ihren Grund in den spezifischen Organisationsrisiken eines kaufmännischen Betriebes hatte.

4. In seltenen Ausnahmefällen kann das Schweigen auch dann Grundlage einer Erfüllungshaftung sein, wenn weder die Voraussetzungen einer rechtsgeschäftlichen Bindung noch die Merkmale der Rechtsscheinhaftung gegeben sind (vgl. oben Rdn. 28 ff). Hierbei kommt es entscheidend auf die Entwicklung der Sachlage nach dem Schweigen, insbesondere auf die Länge der seither verstrichenen Zeit an. Wesentlich sind außerdem die Zurechenbarkeit des Schweigens zum einen sowie ein berechtigtes Vertrauen auf das Schweigen und eine dadurch veranlasste irreversible Disposition bzw. deren Wahrscheinlichkeit zum anderen. Dogmatisch handelt es sich insoweit um Unterfälle einer **Vertrauenshaftung kraft widersprüchlichen Verhaltens** bzw. einer **Erwirkung**.

§ 363

(1) ¹Anweisungen, die auf einen Kaufmann über die Leistung von Geld, Wertpapieren oder anderen vertretbaren Sachen ausgestellt sind, ohne dass darin die Leistung von einer Gegenleistung abhängig gemacht ist, können durch Indossament übertragen werden, wenn sie an Order lauten. ²Dasselbe gilt von Verpflichtungsscheinen, die von einem Kaufmann über Gegenstände der bezeichneten Art an Order ausgestellt sind, ohne dass darin die Leistung von einer Gegenleistung abhängig gemacht ist.

(2) Ferner können Konnossemente der Verfrachter, Ladescheine der Frachtführer, Lagerscheine sowie Transportversicherungspolicen durch Indossament übertragen werden, wenn sie an Order lauten.

Übersicht

	Rdn.
I. Die dogmatische Bedeutung von § 363 HGB	1–4
II. Die kaufmännische Anweisung und der kaufmännische Verpflichtungsschein	
1. Die tatbestandlichen Voraussetzungen	
a) Das Erfordernis der Kaufmannseigenschaft	5–12
b) Der Gegenstand der Anweisung und des Verpflichtungsscheins	13–16
c) Die Unabhängigkeit von einer Gegenleistung	17–20
d) Die allgemeinen wertpapierrechtlichen Voraussetzungen	21–23
2. Die Wirkungen von Orderanweisung und Orderverpflichtungsschein	24
a) Die allgemein-wertpapierrechtlichen Wirkungen	25–27
b) Die spezifisch orderpapierrechtlichen Wirkungen	28, 29
3. Die wichtigsten praktischen Anwendungsfälle von § 363 Abs. 1 HGB	
a) Auf die Zahlung von Geld gerichtete kaufmännische Orderpapiere	30, 31
b) Die Umdeutung formnichtiger Wechsel und Schecks	32–35
c) Auf die Leistung von Wertpapieren gerichtete kaufmännische Orderpapiere	36
d) Der kaufmännische Lieferschein	37–51
III. Die Wertpapiere des Fracht- und Lagerrechts gemäß § 363 Abs. 2 HGB (Güterpapiere)	52
1. Die ratio legis von Absatz 2 und dessen Verhältnis zu Absatz 1	53–56
2. Die Entstehung des verbrieften Rechts und der Begebungsvertrag	
a) Die Konstruktion des Begebungsvertrags	57–60
b) Fehlen und Nichtigkeit des Begebungsvertrags	61, 62
3. Das Verhältnis des verbrieften Rechts zum Kausalgeschäft	63
a) Die Selbständigkeit des Konnossements und des Ladescheins gegenüber dem Frachtvertrag	64–68
b) Die grundsätzliche Abhängigkeit des Lagerscheins vom Lagervertrag	69–71
c) Die grundsätzliche Abhängigkeit der Transportversicherungspolice vom Versicherungsvertrag	72–76

	Rdn.
IV. Von § 363 HGB nicht erfasste Papiere mit Orderklausel	77
1. Die Zulassung weiterer echter Orderpapiere im Wege der Analogie	
a) Voraussetzungen und Grenzen einer analogen Anwendung von § 363 HGB	78–82
b) Beispiele einer analogen Anwendung von § 363 HGB	83–86
2. Papiere mit Orderklausel ohne Orderpapiercharakter	
a) Wertpapierrechtliche Lösungsmöglichkeiten	87, 88
b) Bürgerlich-rechtliche Lösungsmöglichkeiten	89–94
V. Die sachenrechtlichen Wirkungen der Traditionspapiere gemäß §§ 448, 475 g, 650 HGB	
1. Gesetzeszweck und dogmatische Einordnung	95
a) Die relative Theorie	96–98
b) Die absolute Theorie	99, 100
c) Die Repräsentationstheorie	101, 102
2. Die tatbestandlichen Voraussetzungen der Traditionswirkung	
a) Die Übertragung des Papiers	103, 104
b) Die Einigung bezüglich der Rechtsänderung an der Sache	105
c) Die Übernahme des Gutes	106, 107
d) Der Fortbestand des Besitzes	108–110
e) Das Erfordernis einer Erwerbsmöglichkeit durch Übergabe der Güter und die Problematik des Abhandenkommens	111–115
3. Die spezifischen Rechtsfolgen der Übertragung eines Traditionspapiers	116
a) Der gutgläubige Erwerb des Eigentums an den Gütern und die Bedeutung des mittelbaren Besitzes an diesen	117–123
b) Der gutgläubige lastenfreie Erwerb der Güter	124–127
c) Erwerb und Fortbestand von gesetzlichen Pfand- und Zurückbehaltungsrechten an den Gütern	128, 129
d) Die Bestellung eines vertraglichen Pfandrechts an den Gütern	130–132
e) Die Legitimation zur Entgegennahme von Schadensersatzleistungen nach § 851 BGB	133–137
f) Die Rechtslage bei Ausstellung mehrerer Ausfertigungen eines Orderkonnossements	138–141

Stand: 2.10.2003

	Rdn.		Rdn.
4. Verfügungen über die Güter ohne Übertragung des Traditionspapiers		und nicht unter die §§ 448, 475g, 650 HGB fallenden Orderpapieren	151–154
a) Die „Sperrwirkung" der Ausstellung eines Traditionspapiers gegenüber einer Übereignung der Güter nach §§ 931, 934 BGB und ihre dogmatische Fragwürdigkeit	142–146	6. Zusammenfassender Rückblick a) Der Theorienstreit aus heutiger Sicht b) Die Ungenauigkeit des Wortlauts der §§ 448, 475g, 650 HGB und die Möglichkeit einer Rechtsfindung durch bloße Subsumtion nach Korrektur dieser Vorschriften im Wege der Rechtsfortbildung	155–161
b) Die uneingeschränkte Möglichkeit zur Übereignung der Güter nach den §§ 929 f BGB	147–150		162–166
5. Die Traditionswirkung bei Inhaberpapieren, Rektapapieren			

Schrifttum

Abraham Der Lagerschein, 1933; *Baumbach/Hefermehl* Komm. zum Wechselgesetz und Scheckgesetz, 22. Aufl. 2000; *Brodmann* Zur Rechtslehre vom Konnossement, ZHR 70, 1ff; *Bülow* Heidelberger Kommentar zum Wechselgesetz/Scheckgesetz und zu den Allgemeinen Geschäftsbedingungen, 3. Aufl. 2000; *Deloukas* Die Haftung des Verfrachters aus schuldhafter Unrichtigkeit des Konnossements nach deutschem, englischem und amerikanischem Recht, 1940; *Denninger* Die Traditionsfunktion des Seekonnossements im internationalen Privatrecht, 1959; *Dumke* Das Konnossement als Wertpapier, Diss. Hamburg 1970; *Gruns* Orderpapiere im Dokumentenverkehr, 1960; *Gursky* Wertpapierrecht, 2. Aufl. 1997; *J. Hager* Lagerschein und gutgläubiger Erwerb, WM 1980, 666ff; *ders.* Verkehrsschutz durch redlichen Erwerb, 1990, S. 252ff und S. 370ff; *Heini* Das Durchkonnossement, 1957; *Hellwig* Die Verträge auf Leistung an Dritte, 1899; *Helm* Das Dokument des kombinierten Transports; ein neues Wertpapier, Festschr. für Hefermehl, 1976, S. 57ff; *Herber* Konnossement und Frachtvertrag; Bemerkungen zu wertpapierrechtlichen Entwicklungen auf einem Sonderrechtsgebiet, Festschrift für Raisch, 1995, S. 67ff; *ders.* Seehandelsrecht, 1999; *Hertin* Haftungsprobleme bei Nichteinlösung durchgehandelter Lieferscheine, MDR 1970, 881ff; *Heymann* Die dingliche Wirkung der handelsrechtlichen Traditionspapiere, Festschr. für Felix Dahn, 1905, Bd. III S. 135ff; *Heynen* Die Klausel „Kasse gegen Lieferschein", 1955; *Hueck/Canaris* Recht der Wertpapiere, 12. Aufl. 1986; *Jacobi* Die Wertpapiere, Ehrenbergs Handbuch des gesamten Handelsrechts IV 1, 1917, S. 125ff; *ders.* Wechsel- und Scheckrecht, 1955; *Kisch* Der Versicherungsschein, 1952; *Kühlberg* Der Verkehrsschutz bei den Traditionspapieren, Diss. Hamburg 1970; *Koller* Transportrecht, 4. Aufl. 2000; *Langenberg* Die Versicherungspolice, 1972; *Neumann* Zum Recht der Orderschuldverschreibungen, BB 1957, 445ff; *Norf* Das Konnossement im gemischten Waren-Verkehr, insbes. am Beispiel des Containerverkehrs, 1976; *Quassowski-Albrecht* Komm. zum WG, 1934; *Rabe* Seehandelsrecht, 4. Aufl. 2000; *Raiser* Das Rektapapier, ZHR 101, 13ff; *D. Reinicke* Guter Glaube und Orderlagerschein, BB 1960, 1368ff; *Richardi* Wertpapierrecht, 1987; *Schaps/Abraham* Seerecht, 4. Aufl. 1978; *Scheer* Die Haftung des Beförderers im gemischten Überseeverkehr, 1969; *Schlenzka* Die sachenrechtlichen Streitfragen des Konnossementsrechts, 1934; *Serick* Zur Rechtsnatur des Orderlagerscheins, Festschr. für Walter Schmidt, 1959, S. 315ff; *Siebert* Die besitzrechtliche Grundlage der dinglichen Wirkung der Traditionspapiere, ZHR 93, 1ff; *Sieg* Der Versicherungsschein in wertpapierrechtlicher Sicht und seine Bedeutung bei der Veräußerung der versicherten Sache, VersR 1977, 213ff; *ders.* Der Kassalieferschein, ein Wertpapier mit Bedingungsklausel, BB 1992, 299; *Schmidt, Karsten* Handelsrecht, 5. Aufl. 1999, § 24; *Schnauder* Sachenrechtliche und wertpapierrechtliche Wirkungen der kaufmännischen Traditionspapiere, NJW 1991, 1642; *Staub-Stranz* Komm. zum WG, 13. Aufl. 1934; *Stengel* Die Traditionsfunktion des Orderkonnossements, 1975; *Stranz* Komm. zum WG, 14. Aufl. 1952; *Thietz-Bartram* Der Übergang von Schadensersatzansprüchen bei unrichtiger Konnossementsausstellung mittels Indossament, WM 1988, 177ff; *Tiedtke* Die Übereignung eingelagerter Ware bei Ausstellung eines

Lagerscheins, WM 1979, 1142 ff; *Tsirintanis* Die Order-Polize, 1930; *Ulmer* Das Recht der Wertpapiere, 1938; *Weimar* Der Orderlagerschein und das Frachtbriefduplikat, MDR 1971, 550 ff; *Wiedemann* Der Lagerschein als Inhaber- und Legitimationspapier, DB 1960, 943 ff; *Wüstendörfer* Neuzeitliches Seehandelsrecht, 2. Aufl. 1950; *Zöllner* Wertpapierrecht, 14. Aufl. 1987.

I. Die dogmatische Bedeutung von § 363 HGB

1   Die Bedeutung von § 363 HGB liegt darin, dass die Vorschrift die **privatautonome Schaffung von Orderpapieren** ermöglicht. Ohne eine derartige gesetzliche Zulassung könnten die spezifischen Wirkungen eines Orderpapiers nicht ohne weiteres durch Parteivereinbarung herbeigeführt werden (vgl. aber auch unten Rdn. 87 ff). Denn die Schaffung eines Orderpapiers ist nicht ins Belieben der Privatrechtssubjekte gestellt, sondern dem Gesetzgeber vorbehalten.[1] Der Grund hierfür liegt in erster Linie darin, dass die Orderpapiere weitgehend ähnlichen Regeln folgen wie Sachen und dementsprechend an dem sachenrechtlichen Typenzwang teilhaben; insbesondere kann es dem Rechtsverkehr nicht freigestellt sein, nach Belieben gesetzlich nicht vorgesehene Rechte zu begründen, die dem sachenrechtlichen Gutglaubensschutz unterliegen. Es kommt hinzu, dass die Schaffung eines Orderpapiers für den Verpflichteten wegen des damit gemäß § 364 HGB verbundenen Einwendungsausschlusses sehr gefährlich ist. Es ist daher sinnvoll, dass der Gesetzgeber die Schaffung der wichtigsten Orderpapiere wie Wechsel und Scheck an strenge Formvorschriften mit Warnfunktion gebunden und sie im Übrigen gemäß § 363 HGB den Kaufleuten vorbehalten hat.

2   Ebenso wie im Sachenrecht besteht somit auch im Recht der Orderpapiere ein **numerus clausus** der zulässigen Gestaltungsformen. Demgemäß liegt die Bedeutung von § 363 HGB nicht allein in der *Zulassung* „gekorener" Orderpapiere, sondern zugleich auch in der *Begrenzung* dieser Möglichkeit. Denn sofern die tatbestandlichen Voraussetzungen von § 363 HGB nicht erfüllt sind, hat eine Orderklausel grundsätzlich nicht die Wirkung, das Papier zum Orderpapier zu machen (vgl. näher unten Rdn. 77 ff, 87 ff). So ist z.B. ein an Order gestellter Verpflichtungsschein eines Nichtkaufmanns kein Orderpapier, was u.a. zur Folge hat, dass der Einwendungsausschluss nach § 364 II HGB und die Möglichkeit gutgläubigen Erwerbs nach § 365 HGB i.V.m. Art. 16 II WG entfallen.

Darin liegt ein bemerkenswerter Unterschied zum Recht der Inhaberschuldverschreibungen, deren Schaffung nach § 793 BGB nicht den Kaufleuten vorbehalten ist und auch sonst nicht an die in § 363 HGB enthaltenen Voraussetzungen gebunden ist. Der Gegensatz mag rechtspolitisch fragwürdig sein, ändert jedoch nichts daran, dass die Schaffung eines Orderpapiers de lege lata nun einmal von den besonderen Tatbestandsvoraussetzungen des § 363 HGB abhängt. Im Übrigen ist der Unterschied auch nicht so sachwidrig, wie es auf den ersten Blick vielleicht scheinen könnte. Die Ausstellung eines Papiers auf den Inhaber hat nämlich eine wesentlich stärkere Warnfunktion als eine Orderklausel; denn ein Nichtkaufmann wird deren weitreichende Bedeutung und außerordentliche Gefährlichkeit häufig nicht erkennen, sondern ihre Hinzufügung angesichts der ausdrücklichen Benennung des Berechtigten oft geradezu für eine bedeutungslose Floskel halten, wohingegen bei einem Inhaberpapier der Umlaufzweck und der gesteigerte Schutz des Berechtigten bereits durch die besondere Ausgestaltung des Versprechens, d.h. durch dessen Abgabe an den Inhaber als

---

[1] Vgl. z.B. RGZ 71, 30, 33; 101, 297, 299 f; BGHZ 68, 18, 22; BGH WM 1977, 171, 172; Münch-Komm.-*Hefermehl* § 363 Rdn. 67; *Ulmer* S. 27 f; *Zöllner* § 9 V 1; *Hueck/Canaris* § 2 III 2 c.

solchen, nahe gelegt werden. Die Beschränkung auf Kaufleute ist daher sachlich begründet. Dagegen sind die beiden anderen Voraussetzungen von § 363 Abs. 1 HGB, nämlich das Erfordernis der Vertretbarkeit des Leistungsgegenstandes und die Notwendigkeit der Unabhängigkeit von einer Gegenleistung rechtspolitisch verfehlt (vgl. auch unten Rdn. 13 und 17).

Der numerus clausus der Orderpapiere schließt eine **analoge Anwendung von** **§ 363 HGB auf andere als die dort genannten Papiere** nicht ohne weiteres aus.[2] Denn der Typenzwang bedeutet lediglich, dass die Parteien nicht einfach durch privatautonomen Akt die spezifischen Wirkungen eines Orderpapiers begründen können, nicht aber auch, dass die Wertung des Gesetzes nicht auch über dessen Wortlaut hinaus fruchtbar gemacht werden dürfte. Der Typenzwang darf daher nicht mit einem Analogieverbot verwechselt werden. Das hat z.B. auch die Diskussion um das dingliche Anwartschaftsrecht gezeigt, dessen Anerkennung als eigenständiges Sachenrecht jedenfalls nicht am sachenrechtlichen numerus clausus scheitert.[3] Allerdings darf § 363 HGB selbstverständlich im Wege der Analogie nicht so stark ausgeweitet werden, dass seine tatbestandlichen Grenzen weitgehend gegenstandslos werden und die Vorschrift in eine generalklauselartige Zulassung beliebiger Orderpapiere verkehrt wird. In Betracht kommen kann vielmehr allenfalls die Gleichstellung einzelner, fest umrissener und mit den in § 363 HGB genannten Papieren besonders eng verwandter Gestaltungsformen (vgl. die Beispiele unten Rdn. 83 ff). 3

Vom Charakter eines Papiers als Orderpapier ist seine Eigenschaft als **Traditionspapier** i.S. von §§ 448, 475g, 650 HGB grundsätzlich zu unterscheiden. Ein mittelbarer Zusammenhang besteht jedoch insofern, als die so genannte Traditionswirkung sich im Wesentlichen aus der Verbriefung des betreffenden Rechts erklärt und insbesondere auf der dadurch gesteigerten Möglichkeit gutgläubigen Erwerbs vom Nichtberechtigten und gutgläubigen einwendungs- und lastenfreien Erwerbs beruht (vgl. unten Rdn. 155). Da diese ihrerseits vom Charakter des Papiers als Orderpapier abhängt, ist § 363 HGB mittelbar auch für die Traditionswirkung von Bedeutung. 4

II. Die kaufmännische Anweisung und der kaufmännische Verpflichtungsschein

1. Die tatbestandlichen Voraussetzungen

a) **Das Erfordernis der Kaufmannseigenschaft.** Bei der Anweisung muss die **Kaufmannseigenschaft in der Person des Bezogenen und damit des potentiellen Akzeptanten**, beim Verpflichtungsschein **in der Person des Ausstellers** vorliegen. Ob die Kaufmannseigenschaft auf §§ 1, 2, 3 Abs. 2, 5 oder 6 HGB beruht, ist gleichgültig. Die Kaufmannseigenschaft als solche genügt. Daher spielt es keine Rolle, ob es sich um ein Handelsgeschäft i.S. von § 343 HGB handelt.[4] § 363 HGB greift somit auch dann ein, wenn aus der Urkunde selbst hervorgeht, dass sie entgegen der Vermutung von § 344 II HGB nicht im Betrieb des Handelsgewerbes ausgestellt worden ist.[5] 5

---

[2] Zustimmend z.B. Zöllner § 25 II; *Karsten Schmidt* § 24 II 1 b; *Heymann/Horn* § 363 Rdn. 6 a.E. und 39; **a.A.** *Ebenroth/Boujong/Joost/Hakenberg* § 363 Rdn. 17; *Röhricht/Graf von Westphalen/Wagner* § 363 Rdn. 11.

[3] Vgl. nur *Raiser* Dingliche Anwartschaften, 1961, S. 55 f.

[4] Ebenso MünchKomm.-*Hefermehl* § 363 Rdn. 8 a.E.; *Heymann/Horn* § 363 Rdn. 9; *Baumbach/Hopt* § 363 Rdn. 3; **a.A.** *Ebenroth/Boujong/Joost/Hakenberg* § 363 Rdn. 8.

[5] Vgl. *Düringer/Hachenburg/Breit* § 363 Anm. 20; MünchKomm.-*Hefermehl* § 363 Rdn. 32; **a.A.** *von Godin* 2. Aufl. § 363 Anm. 22.

6 Die **Kaufmannseigenschaft der übrigen Beteiligten** ist unerheblich. Insbesondere kommt es bei der Anweisung nicht darauf an, ob der Anweisende Kaufmann ist; denn nicht dieser, sondern allenfalls der Angewiesene in seiner Eigenschaft als potentieller Akzeptant wird aus der Anweisung verpflichtet, und daher besteht zu dem Schutz, den der Gesetzgeber mit dem Erfordernis der Kaufmannseigenschaft bezweckt, nur bezüglich des Angewiesenen und nicht auch bezüglich des Anweisenden ein Anlass.[6]

7 Auf **Nichtkaufleute** kann § 363 HGB nicht analog angewendet werden. Das gilt auch dann, wenn diese **Unternehmensträger** sind, also insbesondere für nichtkaufmännische Kleingewerbetreibende und Angehörige der freien Berufe;[7] denn das HGB knüpft nun einmal nicht an die Eigenschaft als Unternehmensträger, sondern an diejenige als Kaufmann an, und das lässt sich im Wege der Analogie nur für eng umgrenzte Sondertatbestände überwinden, zu denen Vorschriften mit zwingendem Schutzcharakter wie § 363 HGB nicht gehören.[8]

8 Auch auf bloße **Scheinkaufleute** findet § 363 HGB keine Anwendung.[9] Anderenfalls könnte nämlich das zum Schutze des Verpflichteten aufgestellte Erfordernis der Kaufmannseigenschaft durch die bloße Erklärung des Angewiesenen, er sei Kaufmann, außer Kraft gesetzt werden, und das wäre mit dem zwingenden Charakter dieser Tatbestandsvoraussetzung unvereinbar. Wohl aber kann jemand, der sich als Kaufmann ausgegeben hat, wertpapierrechtlich haften, wenn zusätzlich die Voraussetzungen des Rechtsmissbrauchseinwandes gegeben sind; denn dieser kann, wie sogar für den Fall der Formnichtigkeit heute i. E. anerkannt ist, auch zwingende Schutzvorschriften überwinden.

9 Der **maßgebliche Zeitpunkt für das Vorliegen der Kaufmannseigenschaft** ist grundsätzlich der Augenblick der Begebung des Papiers.[10] Das folgt für den Verpflichtungsschein ohne weiteres daraus, dass in diesem Augenblick der Grund für die Verpflichtung des Ausstellers gelegt wird und daher der Anlass für den vom Gesetz mit dem Erfordernis der Kaufmannseigenschaft bezweckten Schutz gegeben ist. Für die Anweisung passt dieser Gedanke freilich nicht, weil die Verpflichtung des Angewiesenen erst durch die Annahme entsteht. Gleichwohl sollte man auch hier im Ausgangspunkt auf den Augenblick der (ersten) Begebung der Anweisung abstellen. Denn dies ist der Zeitpunkt, in dem die Urkunde ihren Charakter als Wertpapier erhält und als solches in Umlauf gesetzt wird; es wäre daher weder dogmatisch folgerichtig noch praktisch zweckmäßig, wenn die Eigenschaft der Urkunde als Orderpapier jetzt noch ungewiss wäre und von der – aus dem Papier nicht erkennbaren – weiteren Entwicklung hinsichtlich der Kaufmannseigenschaft des Bezogenen abhinge.

10 Eine andere Frage ist, ob den Angewiesenen die *strenge Haftung aus einem Orderpapier*, also insbesondere der Einwendungsausschluss nach § 364 Abs. 2 HGB, auch bei einem **nachträglichen Verlust der Kaufmannseigenschaft** des Angewiesenen zwischen (erster) Begebung der Anweisung und Abgabe der Annahmeerklärung trifft.

---

[6] Vgl. Denkschrift zu dem Entwurf eines Handelsgesetzbuchs S. 204 f.
[7] A.A., von seiner Grundkonzeption aus folgerichtig, *Karsten Schmidt* § 24 II 3.
[8] Vgl. *Canaris* Handelsrecht[23] § 1 Rdn. 24 f und § 32 Rdn. 6 ff.
[9] Vgl. *A. Hueck* ArchBürgR 43, 451 f; *Canaris* Die Vertrauenshaftung im Deutschen Privatrecht, 1971, S. 181 und S. 252; MünchKomm.-*Hefermehl* § 363 Rdn. 7; *Heymann/Horn* § 363 Rdn. 9; *Baumbach/Hopt* § 363 Rdn. 3; *Röhricht/Graf von Westphalen/Wagner* § 363 Rdn. 15; a.A. *Ebenroth/Boujong/Joost/Hakenberg* § 363 Rdn. 8; *Koller/Roth/Morck* §§ 363–365 Rdn. 3.
[10] Vgl. MünchKomm.-*Hefermehl* § 363 Rdn. 8; *Heymann/Horn* § 363 Rdn. 9; *Ebenroth/Boujong/Joost/Hakenberg* § 363 Rdn. 8; *Röhricht/Graf von Westphalen/Wagner* § 363 Rdn. 15.

Das dürfte auf Grund des Schutzzweckes von § 363 HGB zu verneinen sein;[11] denn anderenfalls würde jemand, der kein Kaufmann mehr ist und auch nicht mehr wie ein solcher zu behandeln ist (z. B. nach § 15 HGB), doch noch mit einer Haftung belastet, die das Gesetz auf Kaufleute beschränkt wissen will. Die *übrigen Wirkungen eines Orderpapiers*, insbesondere die Möglichkeit gutgläubigen Erwerbs gemäß § 365 HGB i.V.m. Art 16 Abs. 2 WG, bleiben dagegen unberührt. Das gilt auch dann, wenn der Inhaber des Papiers vom Verlust der Kaufmannseigenschaft wusste; denn das Papier verliert dadurch eben nicht den Charakter als Orderpapier, so dass die Kenntnis vom Ende der Kaufmannseigenschaft keine Rolle spielen kann und es ebenso wie sonst allein auf die Kenntnis bzw. grob fahrlässige Unkenntnis von dem betreffenden Mangel ankommt.

Erfolgt umgekehrt ein **nachträglicher Erwerb der Kaufmannseigenschaft** durch den Angewiesenen zwischen Begebung und Annahme des Papiers, so sind vom Schutzzweck des Gesetzes aus keine Bedenken dagegen gegeben, das Papier nunmehr als Orderpapier zu behandeln. Für die Zukunft sind daher jedenfalls die §§ 364 f HGB anwendbar, da jetzt alle Voraussetzungen eines Orderpapiers erfüllt sind. Für die Vergangenheit wird man es dagegen dabei bewenden lassen müssen, dass ein Orderpapier nicht vorlag, doch ist insoweit die Möglichkeit eines Schutzes des guten Glaubens an die Orderpapiereigenschaft zu beachten (vgl. dazu sogleich Rdn. 12).

Die **Folge des Fehlens der Kaufmannseigenschaft** ist nicht etwa die Nichtigkeit der Anweisung bzw. des Verpflichtungsscheins. Vielmehr liegt eine bürgerlichrechtliche Anweisung i. S. von §§ 783 ff BGB bzw. ein Schuldversprechen i. S. von § 780 BGB vor, da diese auch von einem Nichtkaufmann abgegeben werden können. Der nichtkaufmännischen Anweisung und dem nichtkaufmännischen Verpflichtungsschein fehlt auch nicht etwa die Wertpapiereigenschaft, sondern nur die Orderpapiereigenschaft. Sie stellen also **Rektapapiere** dar. Das ist insofern von erheblicher praktischer Bedeutung, als ihnen demzufolge immerhin die allgemeinen wertpapierrechtlichen Wirkungen zukommen. Das bedeutet vor allem, dass der Schuldner entgegen § 407 BGB nicht ohne weiteres an den früheren Gläubiger leisten kann, sondern nur durch eine Leistung an den legitimierten Inhaber des Papiers befreit wird (vgl. unten Rdn. 26). Zu prüfen ist dabei freilich stets, ob wirklich die Schaffung eines Wertpapiers gewollt war; aus der Orderklausel allein kann das nicht ohne weiteres gefolgert werden, doch stellt diese insoweit immerhin ein äußerst wichtiges Indiz dar (vgl. unten Rdn. 23). Die *spezifischen* Wirkungen eines Orderpapiers treten dagegen grundsätzlich nicht ein. 11

Anders kann freilich zu entscheiden sein, sofern und soweit es einen **Schutz des guten Glaubens an die Orderpapiereigenschaft** gibt. Bei der Lösung dieser Problematik dürfte zu differenzieren sein zwischen der Verpflichtung des Nichtkaufmanns einerseits und den übrigen Rechtswirkungen eines Orderpapiers andererseits. Was die *Verpflichtung des Nichtkaufmanns aus dem Papier* angeht, so können insoweit die spezifischen Orderpapierwirkungen, insbesondere der Einwendungsausschluss gemäß § 364 Abs. 2 HGB, auch dann nicht eingreifen, wenn das Fehlen der Kaufmannseigenschaft unerkennbar war. Denn anderenfalls verstieße man gegen den zwingenden Schutzcharakter des Erfordernisses der Kaufmannseigenschaft; daher liegt insoweit eine „Zurechenbarkeitseinwendung" vor, die auch gegenüber dem gutgläubigen Erwerber des Papiers durchschlägt (vgl. unten § 364 Rdn. 49). Allerdings werden 12

---

[11] A.A. *Düringer/Hachenburg/Breit* § 363 Anm. 11; *MünchKomm.-Hefermehl* § 363 Rdn. 8 (wenngleich ohne Erörterung der im Text vorgenommenen Differenzierung und daher nicht ganz eindeutig).

Einwendungen, von denen der Nichtkaufmann bei der Begebung des Papiers positive Kenntnis hatte, in Analogie zu § 405 BGB und auf Grund des allgemeinen Prinzips der Einstandspflicht für die wissentliche Schaffung eines Rechtsscheins präkludiert.[12] Darüber hinaus kann u. U. auch ein rechtsgeschäftlicher Einwendungsverzicht vorliegen,[13] doch kommt dieser nur in seltenen Ausnahmefällen in Betracht und darf insbesondere keinesfalls schon allein aus der Orderklausel gefolgert werden, weil anderenfalls der mit dem Kaufmannserfordernis angestrebte Schutzzweck unterlaufen würde.

Hinsichtlich der *sonstigen Wirkungen eines Orderpapiers* wird man dagegen die Möglichkeit eines Schutzes des guten Glaubens an die Orderpapiereigenschaft grundsätzlich bejahen können, sofern das Papier den äußeren Anschein eines kaufmännischen Orderpapiers erweckt.[14] Daher ist z. B. ein gutgläubiger Erwerb des Papiers und der in ihm verbrieften Forderung nach § 365 HGB i. V. m. Art. 16 Abs. 2 WG möglich. Auch die Legitimationsfunktion nach § 365 HGB i. V. m. Art. 16 Abs. 1 WG kommt dem Inhaber des Papiers zugute, sofern er es im guten Glauben an die Orderpapiereigenschaft erworben hat. Folgerichtig greift bei einer Leistung des Verpflichteten an den Papierinhaber die Liberationswirkung gemäß § 365 HGB i. V. m. Art. 40 Abs. 3 WG ein, weil und sofern er den Papierinhaber als Berechtigten ansehen durfte und weil anderenfalls das zum Schutze des Verpflichteten aufgestellte Erfordernis der Kaufmannseigenschaft insoweit zu seinem Nachteil ausschlagen würde; zum gleichen Ergebnis müsste im Übrigen auch eine Analogie zu § 808 BGB führen (vgl. unten Rdn. 93 a. E.). Die uneingeschränkte Ablehnung der spezifischen Wirkungen eines Orderpapiers, wie sie demgegenüber von der h. L. vertreten wird, wird vom Zweck des Erfordernisses der Kaufmannseigenschaft, das lediglich einen nichtkaufmännischen Verpflichteten vor den besonderen Gefahren eines Orderpapiers schützen soll, in keiner Weise gedeckt. Auch dogmatisch sind keine durchschlagenden Bedenken dagegen ersichtlich, dass kraft guten Glaubens ein Orderpapier entsteht. Denn das ist nicht erstaunlicher als z. B. die allgemein anerkannte Möglichkeit, dass sich ein formnichtiger Wechsel durch gutgläubigen Erwerb in einen wirksamen Blankowechsel verwandeln kann.

13 b) **Der Gegenstand der Anweisung und des Verpflichtungsscheins.** Als Gegenstand der Anweisung und des Verpflichtungsscheins lässt § 363 I HGB nur **Geld, Wertpapiere und andere vertretbare Sachen** zu. In dem Erfordernis der Vertretbarkeit, das sich nach Wortlaut und Zusammenhang auch auf die Wertpapiere bezieht, liegt eine nicht unerhebliche inhaltliche Begrenzung der Möglichkeit zur Schaffung von Orderpapieren. Sie dürfte sich daraus erklären, dass der Gesetzgeber nur insoweit ein wirtschaftliches Bedürfnis für eine Erleichterung des „Umlaufs" sah.[15]

14 Eine verbreitete, früher vorherrschende Ansicht geht darüber noch hinaus und fordert für § 363 I HGB – und übrigens auch für § 783 BGB –, dass es sich um eine **Gattungsschuld** handeln müsse.[16] Das RG hat im Ergebnis ebenso entschieden und

---

[12] Vgl. *Canaris* Die Vertrauenshaftung S. 99 f gegen RGZ 71, 30, 31.
[13] Vgl. auch RGZ aaO S. 32 sowie unten Rdn. 90.
[14] **A. A.** *Düringer/Hachenburg/Breit* § 363 Anm. 11 a. E.
[15] Vgl. Prot. zum ADHGB, 1858, S. 1326 und S. 4568.
[16] Vgl. *Düringer/Hachenburg/Breit* Vorbem. vor § 363 Anm. 22 und 24; *von Godin* 2. Aufl. Anm. 1 b; *Ulmer* Wertpapierrecht S. 25 Fn. 20 und S. 130 Fn. 2; *Heck* Schuldrecht S. 393; Münch.-Komm.-*Hefermehl* § 363 Rdn. 10.

dabei sogar die unrichtige Behauptung aufgestellt, eine Anweisung auf eine „besondere" bzw. eine „bestimmte" Ware könne keine Anweisung auf „vertretbare" Sachen darstellen.[17]

Dem ist nicht zu folgen.[18] Die Gegenansicht steht schon mit dem Wortlaut des Gesetzes in Widerspruch, weil Vertretbarkeit und Gattungsschuld bekanntlich nicht identisch sind (vgl. auch § 360 Rdn. 2). Auch die Entstehungsgeschichte spricht gegen diese Ansicht; denn in Art. 301 des ADHGB, der den Vorgänger von § 363 HGB darstellt, kam das Erfordernis einer Gattungsschuld noch durch die Wendung „eine Quantität vertretbarer Sachen" deutlich zum Ausdruck, und gerade in diesem Punkt ist die Formulierung des Gesetzes geändert worden. Schließlich und vor allem ist die Gegenansicht auch unter objektiv-teleologischen Gesichtspunkten unhaltbar. Es ist nämlich kein Grund dafür ersichtlich, nicht auch **Orderpapiere über Speziesschulden** zuzulassen. Denn für diese besteht durchaus ein ähnliches Bedürfnis nach der Möglichkeit einer Verbriefung des Anspruchs wie für Gattungsschulden. Das zeigt sich nicht zuletzt an der höchst unerfreulichen Konsequenz der Gegenansicht, dass der Käufer einer der Gattung nach bestimmten Ware über diese keine Anweisung und keinen kaufmännischen Verpflichtungsschein mehr ausstellen kann, sobald die Konkretisierung stattgefunden hat oder die Ware gar an ihn übereignet worden ist. Wie wenig sachgerecht die Gegenansicht ist, wird im Übrigen auch daran deutlich, dass sie mit allerlei dogmatischen Verrenkungen wie z. B. der Konstruktion eines Vertrages zugunsten Dritter oder eines rechtsgeschäftlichen Einwendungsverzichts zugunsten Dritter doch noch zu ähnlichen Ergebnissen zu kommen sucht wie mit Hilfe eines echten Orderpapiers (vgl. näher unten Rdn. 89 ff).

Insgesamt ist somit nicht ersichtlich, inwiefern sich aus dem „Sinn" des Gesetzes, auf den die Gegenansicht sich in völlig unsubstantiierter Weise beruft,[19] eine Einschränkung auf Gattungsschulden ergibt. Man sollte es daher beim Wortlaut des Gesetzes bewenden lassen und auch bei Speziesschulden Orderpapiere anerkennen, sofern es sich um vertretbare Sachen handelt. Das gilt um so mehr, als die inhaltliche Beschränkung der Möglichkeit zur Schaffung von Orderpapieren und der darin liegende Typenzwang rechtspolitisch ohnehin fragwürdig sind; die Engherzigkeit, die das Gesetz in dieser Hinsicht zeigt und die in einem unerfreulichen Gegensatz zur generalklauselartigen Weite der entsprechenden Regelung für Inhaberpapiere in § 793 BGB steht, sollte man nicht noch durch eine einschränkende, vom Wortlaut nicht gedeckte Auslegung verschärfen.

Beim **Fehlen der Vertretbarkeit** kommt ein Schutz des guten Glaubens an das Vorliegen eines Orderpapiers, wie er oben Rdn. 12 für das Fehlen der Kaufmannseigenschaft unter bestimmten Voraussetzungen befürwortet wird, nicht in Betracht, da sich der Mangel hier zwangsläufig aus der Urkunde ergibt und also eine nichtausschlussfähige Einwendung gegeben ist. Auch eine bürgerlichrechtliche Anweisung i. S. der §§ 783 ff BGB liegt nicht vor, da das Gesetz auch für diese Vertretbarkeit fordert. Jedoch kommt in weitem Umfang eine **Analogie zu den §§ 783 ff BGB** in Betracht. Diese Vorschriften stellen nämlich im Wesentlichen nur eine gesetzliche Konkretisierung des mutmaßlichen Parteiwillens dar und passen daher grundsätzlich auch für andere Fälle von Anweisungen.[20] Insbesondere ist die Regelung von § 784

15

---

[17] Vgl. RGZ 101, 297, 299; RG JW 1923, 500, 501; 1931, 3079, 3080.
[18] Zustimmend *Heymann/Horn* § 363 Rdn. 8; für § 783 BGB auch *Staudinger/Marburger*, 13. Bearbeitung 1997, § 783 Rdn. 9; MünchKomm.-*Hüffer*³ § 783 Rdn. 22.
[19] Vgl. *Heck, Ulmer* und *Hefermehl* aaO.
[20] Vgl. grundlegend *Ulmer* AcP 126, 130 ff.

Abs. 1 BGB über die Verpflichtungswirkung der Annahme entgegen der wohl noch immer vorherrschenden Ansicht[21] entsprechend anzuwenden.[22] Denn § 784 Abs. 1 BGB enthält nicht einen spezifisch wertpapierrechtlichen Einwendungsausschluss, sondern spricht lediglich die blanke Selbstverständlichkeit aus, dass man eine Verpflichtung gegenüber seinem Vertragspartner grundsätzlich nicht durch eine Einwendung aus einem Rechtsverhältnis mit einem Dritten zu Fall bringen kann.[23] Auch wurde das Erfordernis der Vertretbarkeit in § 783 BGB nur deshalb aufgenommen, weil man die mit einer abstrakten Verpflichtung verbundenen Gefahren für die „geschäftsungewandten Volkskreise" möglichst gering halten und die Zulässigkeit der Anweisung daher von einem „unabweisbaren Bedürfnis" abhängig machen wollte;[24] dieser Schutzzweck passt aber hier, wo es um die Verpflichtung von Kaufleuten geht, gerade nicht. Demgegenüber dürfte das Schriftformerfordernis von § 784 Abs. 2 und § 792 Abs. 1 BGB in der Tat unanwendbar sein, da es sich nur aus einem etwaigen Umlaufzweck erklären lässt und dieser bei nicht-vertretbaren Sachen nach der in §§ 783 BGB, 363 Abs. 1 HGB zum Ausdruck kommenden Wertung entfällt. Annahme und Übertragung der Anweisung bedürfen daher hier nicht der Schriftform.[25]

Bei einem kaufmännischen **Verpflichtungsschein über nicht-vertretbare Sachen** wird man in aller Regel ein abstraktes Schuldversprechen i. S. von § 780 BGB annehmen können, da das BGB insoweit keine Begrenzung auf die Leistung vertretbarer Sachen enthält.

16 Eine Anweisung oder einen Verpflichtungsschein über nicht-vertretbare Sachen als **Rektapapier** zu qualifizieren, ist grundsätzlich ohne weiteres möglich, da insoweit ein numerus clausus nicht besteht. Das hat vor allem zur Folge, dass der Schuldner entgegen § 407 BGB nur an den legitimierten Inhaber des Papiers mit befreiender Wirkung leisten kann (vgl. unten Rdn. 26). Freilich ist hier besonders sorgfältig zu prüfen, ob wirklich ein echtes Wertpapier oder nicht vielmehr nur ein Bestätigungsschreiben, eine Quittung oder dgl. vorliegt (vgl. unten Rdn. 23).

17 c) **Die Unabhängigkeit von einer Gegenleistung.** § 363 Abs. 1 HGB fordert weiterhin die Unabhängigkeit der Leistung von einer Gegenleistung. Das steht im Gegensatz sowohl zu §§ 780, 783 BGB als auch zu § 793 BGB, mit denen derartige Einschränkungen der Leistungspflicht ohne weiteres vereinbar sind. Der **Sinn dieser Einschränkung** für die Zulassung von Orderpapieren ist einigermaßen dunkel. Offenbar spielten der Gedanke an die Nähe zum Wechsel, die Vorstellung der Abstraktheit des Orderpapiers und die Sorge vor praktischen Schwierigkeiten eine Rolle.[26] Sachlich berechtigt erscheint diese Voraussetzung nicht. Insbesondere ist es praktisch unerfreulich, dass der Verkäufer einer unbezahlten Ware vor der Alternative steht, entweder seine Leistungspflicht nicht in einem Orderpapier verbriefen zu können oder das Risiko einer Leistung ohne Erhalt der Gegenleistung eingehen zu müssen. Dass der Verpflichtete die Einrede des nichterfüllten Vertrages erheben könnte und diese als inhaltliche typusbezogene Einwendung wohl auch gegenüber Dritten durchschlüge (vgl. dazu allgemein unten § 364 Rdn. 43), stellt keine hinreichende

---

[21] Vgl. RG JW 1923, 500, 501; *Düringer/Hachenburg/Breit* Vorbem. vor § 363 Anm. 24; *Heynen* S. 57 f; MünchKomm.-*Hefermehl* § 363 Rdn. 10; MünchKomm.-*Hüffer*³ § 783 Rdn. 23.
[22] Zustimmend *Staudinger/Marburger* 13. Bearbeitung 1997, § 783 Rdn. 9.
[23] Vgl. näher *Hueck/Canaris* § 4 V 2 a. E.
[24] Vgl. Prot. II S. 381.
[25] Ebenso z.B. RG JW 1923, 500, 501; MünchKomm.-*Hefermehl* § 363 Rdn. 10; a.A. *Heynen* S. 63.
[26] Vgl. Prot. zum ADHGB, 1857, S. 560 f zum entsprechenden Erfordernis in Art. 301 ADHGB.

Legitimation dafür dar, einer solchen Urkunde generell den Charakter als Orderpapier vorzuenthalten;[27] zwar handelt es sich dabei um einen außerhalb der Urkunde liegenden Umstand, der deren Verkehrsfähigkeit beeinträchtigen kann, doch weiß der Erwerber um dieses Risiko, und außerdem hat der Gesetzgeber es auch für Umstände anderer Art in Kauf genommen, da die kaufmännischen Orderpapiere – anders als Wechsel und Scheck – nicht bedingungsfeindlich sind. Diese Kritik ändert freilich nichts daran, dass die Regelung de lege lata als verbindlich hinzunehmen ist.

Allerdings erscheint insoweit eine möglichst **restriktive Auslegung** der Vorschrift geboten – entsprechend der gesunden methodologischen Maxime, dass die Reichweite rechtspolitisch verfehlter oder uneinsichtiger Regelungen tunlichst in Grenzen zu halten ist. Nur die Abhängigkeit von einer echten Gegenleistung im Sinne eines Äquivalents ist daher unzulässig. Dagegen schadet die **Abhängigkeit von anderen Leistungen** wie z.B. der Vorlegung von Dokumenten, dem Ersatz von Aufwendungen oder der Zahlung von Lagergeld nicht.[28] Eine Gegenleistung liegt auch nicht vor, wenn die Auszahlung der Darlehensvaluta von der Aushändigung des Hypothekenbriefs abhängig gemacht wird;[29] denn diese hat nicht den Charakter eines Äquivalents. **18**

Auch **sonstige Bedingungen** sind zulässig, sofern sie nur nicht gerade in der Erbringung der Gegenleistung bestehen.[30] Insbesondere ist auch eine **Verknüpfung mit dem Kausalverhältnis** nicht verboten. Die kaufmännische Anweisung und der kaufmännische Verpflichtungsschein sind daher zwar grundsätzlich abstrakt, doch gilt diese Abstraktheit – anders als bei Wechsel und Scheck – nicht zwingend. Ob eine Abhängigkeit vom Kausalverhältnis vorliegt oder nicht, ist eine Frage der Auslegung. Der bloße Zusatz, dass die im Papier versprochene Leistung aus einem bestimmten Vertrag geschuldet werde, wird für sich allein i.d.R. noch nicht ohne weiteres zu einer Durchbrechung der Abstraktheit führen.[31] Ist die Abstraktheit durchbrochen, so kommt insoweit der Einwendungsausschluss gemäß § 364 Abs. 2 HGB nicht zum Zuge, da dann eine inhaltliche Einwendung vorliegt (vgl. unten § 364 Rdn. 44); an der Anwendbarkeit der sonstigen in §§ 364f HGB enthaltenen Bestimmungen und am Orderpapiercharakter der Urkunde ändert sich dagegen nichts (vgl. näher unten Rdn. 46 Abs. 2 und 74 Abs. 2). **19**

Ein **Verstoß gegen das Unabhängigkeitserfordernis** macht die Anweisung und den Verpflichtungsschein nicht nichtig, doch liegt dann **kein Orderpapier** vor, so dass dessen spezifische Wirkungen grundsätzlich nicht eintreten (vgl. aber auch unten Rdn. 87ff). Ein Schutz des guten Glaubens an die Orderpapiereigenschaft kommt nicht in Betracht, weil der Mangel aus dem Papier ersichtlich ist und also eine nichtausschlussfähige inhaltliche Einwendung gegeben ist. Vielmehr ist in derartigen Fällen regelmäßig eine bürgerlichrechtliche Anweisung i.S. von §§ 783ff BGB bzw. ein Schuldversprechen i.S. von § 780 BGB anzunehmen, weil diese die Abhängigkeit des Leistungsversprechens von der Erbringung einer Gegenleistung nicht verbieten. Für die Frage, ob ein Rektapapier gegeben ist und ob demgemäß wenigstens die allgemeinen wertpapierrechtlichen Wirkungen eintreten, gelten die Ausführungen oben Rdn. 16 entsprechend. **20**

---

[27] So aber *Röhricht/Graf von Westphalen/Wagner* § 363 Rdn. 14 a.E.
[28] Das ist ganz h.L., vgl. z.B. MünchKomm.-*Hefermehl* § 363 Rdn. 11; *Ebenroth/Boujong/Joost/Hakenberg* § 363 Rdn. 8.
[29] A. A. RGZ 119, 119, 122.
[30] Vgl. auch Prot. zum ADHGB S. 561, wo sogar eine solche Bedingung für möglich gehalten wird.
[31] Vgl. auch *Düringer/Hachenburg/Breit* § 363 Anm. 17.

§ 363 Viertes Buch. Handelsgeschäfte

21   d) **Die allgemeinen wertpapierrechtlichen Voraussetzungen.** Zu den besonderen Erfordernissen von § 363 Abs. 1 HGB müssen die allgemeinen Voraussetzungen hinzukommen, von denen generell die Entstehung eines Wertpapiers abhängt. Daher ist für die Schaffung der Anweisung und des Verpflichtungsscheins **Schriftform** erforderlich. Denn alle Wertpapiere und zumal alle Orderpapiere bedürfen der Schriftform. Auch im Wortlaut von § 363 Abs. 1 HGB klingt dieses Erfordernis an, indem das Gesetz von der „Ausstellung" des Papiers spricht. Darüber hinaus bedarf auch die Annahme der Anweisung der Schriftform, wie sich aus § 784 Abs. 2 BGB ergibt; eine mündliche Annahme kann allerdings gemäß §§ 780 BGB, 350 HGB gleichwohl eine wirksame Verpflichtung begründen, doch entfallen dann gegenüber dem Annehmer die spezifischen Wirkungen eines Orderpapiers wie vor allem der Einwendungsausschluss gemäß § 364 Abs. 2 HGB. Ob das Schriftformerfordernis gewahrt ist, bestimmt sich grundsätzlich nach § 126 BGB. Danach genügt ein Faksimile als Unterschrift nicht;[32] § 793 Abs. 2 Satz 2 BGB ist jedoch analog anwendbar, soweit die Papiere zur massenhaften Emission bestimmt sind, wie das früher vor allem bei Industrieobligationen in Form von Orderschuldverschreibungen der Fall war.[33]

22   Zu einem Orderpapier werden die kaufmännische Anweisung und der kaufmännische Verpflichtungsschein erst durch die **Orderklausel**. Anders als bei den „geborenen" Orderpapieren wie Wechsel und Scheck hat diese hier also konstitutive Bedeutung, weshalb man auch von „gekorenen" Orderpapieren spricht. Ohne die Orderklausel ist das Papier ein bloßes Rektapapier, so dass nur die §§ 783 ff BGB bzw. § 780 BGB und die ergänzenden allgemeinen wertpapierrechtlichen und bürgerlichrechtlichen Grundsätze Anwendung finden (vgl. zu diesen unten Rdn. 25 ff und 87 ff). Die Worte „an Order" brauchen jedoch nicht ausdrücklich verwendet zu werden. Es genügt vielmehr jede Formulierung, aus der erkennbar ist, dass die Leistung an jeden durch Indossament ausgewiesenen Inhaber erfolgen soll.[34] Auch die Stellung an die eigene Order ist analog Art. 3 Abs. 1 WG möglich.[35]

23   Die Orderklausel genügt für sich allein nicht ohne weiteres zur Schaffung eines Orderpapiers. Denn sie kann ihre spezifische Wirkung nur entfalten, sofern überhaupt die **Wertpapiereigenschaft** gegeben ist – und das ist eine logisch vorrangige Frage. Hinzukommen muss daher der erkennbare **Wille zur Verbriefung des Rechts.** Die Geltendmachung des Rechts muss also von der Innehabung der Urkunde abhängig gemacht werden, da das Begriff und Wesen des Wertpapiers ausmacht.[36] Die Funktion des Papiers muss folglich darin liegen, dass die Leistung nur an dessen legitimierten Inhaber mit befreiender Wirkung erbracht werden können soll. Das aber kann man aus der bloßen Orderklausel allein nicht immer ohne weiteres schließen. Denn diese wird im Geschäftsleben nicht selten nur dazu verwendet, um die Möglichkeit einer Abtretung zum Ausdruck zu bringen; sie kann sogar zu einer bedeutungslosen Floskel herabsinken.[37] Das gilt auch dann, wenn die sonstigen Voraussetzungen von § 363 Abs. 1 HGB ausnahmslos erfüllt sind.

Anders als bei streng formalisierten Papieren wie Wechsel und Scheck ist daher stets im Wege der **Auslegung** zu ermitteln, ob wirklich eine Verbriefung i. S. des Wert-

---

[32] Vgl. RGZ 74, 339, 340 f.
[33] Vgl. auch *Düringer/Hachenburg/Breit* Anm. 23; MünchKomm.-*Hefermehl* Rdn. 30; zweifelnd *Neumann* BB 1957, 445.
[34] Vgl. *Ulmer* S. 24 f; MünchKomm.-*Hefermehl* § 363 Rdn. 12.
[35] Vgl. RG SeuffArch. 84 Nr. 30; JW 1930, 1376; MünchKomm.-*Hefermehl* § 363 Rdn. 12; *Heymann/Horn* § 363 Rdn. 9; *Ebenroth/Boujong/Joost/Hakenberg* § 363 Rdn. 8.
[36] Vgl. nur *Hueck/Canaris* § 1 I.
[37] Vgl. z. B. RGZ 119, 119, 124.

papierrechts gewollt ist. So kann z. B. trotz Vorliegens einer Orderklausel lediglich ein Bestätigungsschreiben gegeben sein.[38] Ebenso wenig schließt die Orderklausel aus, dass in Wahrheit nur eine Quittung oder eine sonstige bloße Beweisurkunde gewollt ist wie z. B. bei einem Depotschein.[39] Fehlt es gar an der Orderklausel und enthält das Papier statt dessen lediglich einen Übertragungsvermerk des namentlich benannten Gläubigers, in dem der Name des Erwerbers offen gelassen ist, so liegt in aller Regel kein Orderpapier vor.[40]

Andererseits darf man aber auch nicht so weit gehen, stets etwa einen ausdrücklichen Vermerk des Inhalts zu fordern, dass der Schuldner „nur gegen Aushändigung der Urkunde" leisten werde.[41] Vielmehr sind alle relevanten **Umstände des Falles** für die Auslegung heranzuziehen. Dabei bilden die Orderklausel und die Erfüllung der übrigen Tatbestandsvoraussetzungen von § 363 HGB selbstverständlich wesentliche Indizien für die Bejahung des Wertpapiercharakters der Urkunde. Daneben wird regelmäßig von erheblicher, oft sogar ausschlaggebender Bedeutung sein, ob das Papier erkennbar zum Umlauf geschaffen wurde oder nicht.[42]

2. Die Wirkungen von Orderanweisung und Orderverpflichtungsschein

Hinsichtlich der Wirkung von Orderanweisung und Orderverpflichtungsschein ist zu unterscheiden zwischen solchen Rechtsfolgen, die schon allein auf Grund des Wertpapiercharakters der Urkunde eintreten, und solchen Rechtsfolgen, die eine spezifische Konsequenz gerade der Orderklausel sind. Diese Unterscheidung ist deswegen von großer praktischer Bedeutung, weil nur die letztgenannten Wirkungen vom Vorliegen der besonderen Voraussetzungen des § 363 Abs. 1 HGB abhängen, während erstere von den Parteien grundsätzlich frei vereinbart werden können. Denn sie kommen auch einem bloßen Rektapapier zu – und für Rektapapiere schuldrechtlichen Inhalts gilt anerkanntermaßen nicht das numerus-clausus-Prinzip. Fehlt also eine der besonderen Tatbestandsvoraussetzungen von § 363 Abs. 1 HGB, so liegt zwar kein technisches Orderpapier, aber grundsätzlich doch immerhin noch ein Rektapapier vor, da dieses insoweit ein bloßes minus darstellt; allerdings ist dann besonders sorgfältig zu prüfen, ob wirklich ein echtes Wertpapier gewollt war – und das kann beim Fehlen einer der Voraussetzungen von § 363 HGB eher zu verneinen sein als bei deren Vorliegen (vgl. soeben Rdn. 23).

Hinzu kommen **bürgerlichrechtliche Wirkungen**, da das Regelungsprogramm der §§ 363–365 HGB keineswegs vollständig ist, sondern in erheblichem Maße der Ergänzung durch den Rückgriff auf allgemeine Vorschriften bedarf. So verweist § 365 Abs. 1 HGB z. B. nicht auf die Artt. 21ff WG, so dass sich die **Verpflichtungswirkung der Annahme einer kaufmännischen Anweisung** nicht aus Art. 28 WG, sondern aus § 784 BGB ergibt. Ähnlich stützt sich der **Anspruch gegen den Aussteller eines kaufmännischen Verpflichtungsscheins** nicht auf die §§ 363–365 HGB oder auf Art. 78 WG, sondern auf § 780 BGB.

a) **Die allgemein-wertpapierrechtlichen Wirkungen.** Konstitutives Merkmal eines Wertpapiers ist, dass zur Geltendmachung des Rechts die Innehabung der Urkunde erforderlich ist.[43] Daher ist der Schuldner bei allen Wertpapieren nur gegen

---

[38] Vgl. RGZ 119, 119, 121, wo diese Annahme freilich i. E. wenig überzeugt.
[39] Vgl. RGZ 118, 34, 38, wo allerdings die Bezeichnung des Papiers als „Sperrschein" für die Bejahung seines Wertpapiercharakters sprach.
[40] Vgl. RGZ 117, 143, 146.
[41] Vgl. auch RGZ 78, 149, 152f; zu rigoros RGZ 119, 119, 124.
[42] Vgl. auch RGZ 78, 152 f; 119, 125.
[43] Vgl. nur *Hueck/Canaris* § 1 I.

§ 363 Viertes Buch. Handelsgeschäfte

Vorlage und Aushändigung der Urkunde zur Leistung verpflichtet. Denn wenn überhaupt die Schaffung eines Wertpapiers gewollt war, so ist das Aushändigungserfordernis als Mindestinhalt zwangsläufig vereinbart. Auch eine **Quittung** kann der Schuldner stets verlangen. Beides ergibt sich im Übrigen auch schon aus einem argumentum a fortiori aus § 371 S. 1 BGB. § 364 Abs. 3 HGB hat daher entgegen manchem Missverständnis nichts mit den Besonderheiten eines Orderpapiers zu tun (vgl. auch unten § 364 Rdn. 63).

26   Eine allgemein-wertpapierrechtliche Wirkung ist weiterhin die **Ausschaltung von § 407 BGB**.[44] Der Schuldner wird daher nicht durch eine Leistung an den früheren Gläubiger frei, es sei denn, dieser ist (wieder) formell legitimierter Inhaber des Papiers. Das gilt für jedes Wertpapier, also auch für ein bloßes Rektapapier.[45] Folglich tritt diese Wirkung grundsätzlich auch beim Fehlen der Voraussetzungen von § 363 HGB ein, sofern nur überhaupt ein Wertpapier gewollt war. Irgendwelcher besonderer Hilfskonstruktionen wie eines vertraglichen Ausschlusses von § 407 BGB bedarf es dazu nicht.[46] Vielmehr folgt die Unanwendbarkeit von § 407 BGB schon aus dem Wertpapiercharakter als solchem.

27   Zweifelhaft ist, ob auch die Möglichkeit und **Notwendigkeit eines Aufgebotsverfahrens** eine allgemein-wertpapierrechtliche Wirkung darstellt oder den echten Orderpapieren und den Inhaberpapieren vorbehalten ist. Für die letztere Lösung spricht die systematische Stellung von § 365 Abs. 2 HGB, der ersichtlich nur für Orderpapiere gedacht ist. Indessen war bei der Schaffung der Vorschrift die Lehre vom Wertpapier noch nicht so weit durchgearbeitet, dass man zwischen allgemein wertpapierrechtlichen und spezifisch orderpapierrechtlichen Wirkungen klar unterscheiden konnte – wie ja auch § 364 Abs. 3 HGB keineswegs nur für echte Orderpapiere gilt. Außerdem zeigt § 808 Abs. 2 Satz 2 BGB, dass das Gesetz auch bei Rektapapieren ein Aufgebotsverfahren kennt. Seine Zulassung im Wege der Analogie erscheint daher entgegen der früher vorherrschenden Ansicht[47] grundsätzlich möglich.[48]

In der Tat besteht hierfür ein dringendes sachliches Bedürfnis. Denn ohne die Möglichkeit eines Aufgebots stünde man vor nahezu unlösbaren Problemen, wenn der frühere Inhaber das Recht ohne Vorlegung des Papiers geltend macht und dabei dessen Verlust oder Vernichtung behauptet: Entweder müsste man ihm auf Dauer die Durchsetzung seines Rechts versagen; oder man müsste den Schuldner der Gefahr einer Doppelzahlung aussetzen, weil die Behauptung des Gläubigers unrichtig sein kann und er vielleicht in Wahrheit das Recht auf einen anderen übertragen und diesem die Urkunde ausgehändigt hat; oder man müsste insoweit die Ausschaltung von § 407 BGB rückgängig machen und damit dem Erwerber des Papiers den Schutz, den dieses ihm bietet, nehmen (wodurch das Papier auf die Stufe eines bloßen Schuldscheins herabsänke). Aus diesem Trilemma bietet nur die Zulassung eines Aufgebots einen angemessenen Ausweg. Ein öffentlich beglaubigtes Anerkenntnis über das Erlöschen der Schuld, wie es in § 371 S. 2 BGB vorgesehen ist, wäre unzureichend, weil es den

---

[44] Vgl. z.B. *Raiser* ZHR 101, 36 f; *Hueck/Canaris* § 1 II 2 b bb und 3 b; *Zöllner* § 3 IV 2; einschränkend *Ulmer* S. 100 f.

[45] Vgl. die Nachw. in der vorigen Fn.

[46] Vgl. aber RGZ 78, 149, 153 f; 119, 119, 123 f.

[47] Vgl. *Jacobi* Ehrenbergs Handbuch IV 1 S. 437 f; *Raiser* ZHR 101, 47 f; *Abraham* Der Lagerschein S. 119; *von Godin* 2. Aufl. § 365 Anm. 13 a. E.

[48] Zustimmend *Zöllner* § 7 II 1 vor a; *Baumbach/Hefermehl* WPR Rdn. 12; *Koller* unten § 424 Rdn. 2 und Transportrecht § 448 Rdn. 3; *Kümpel* WM 1981 Sonderbeilage Nr. 1 S. 9 f; wie hier i.E. ferner schon *Ulmer* S. 100.

Schuldner nicht vor der Gefahr einer erneuten Inanspruchnahme durch einen etwaigen wahren Berechtigten schützt; und eine Sicherheitsleistung, wie sie z.B. von § 654 Abs. 4 Satz 2 HGB für das Rektakonnossement angeordnet wird, könnte allenfalls eine zeitweilige Lösung darstellen und wäre außerdem bei reinen Geldforderungen in aller Regel wirtschaftlich gesehen für den Gläubiger ziemlich sinnlos.[49] § 365 Abs. 2 HGB ist daher analog anzuwenden – und zwar sowohl dann, wenn wegen Fehlens einer Voraussetzung von § 363 HGB ein echtes Orderpapier nicht entstehen konnte, als auch dann, wenn ein solches von vornherein nicht gewollt war wie z.B. beim Rektalagerschein, Rektaladeschein und Rektakonnossement.

b) Die spezifisch orderpapierrechtlichen Wirkungen. Zu den spezifisch orderpapierrechtlichen Wirkungen gehört zunächst die **Legitimationsfunktion des Indossaments** zugunsten des Gläubigers gemäß § 365 HGB i.V.m. Art. 16 Abs. 1 WG. Diese entfällt beim Fehlen der Voraussetzungen von § 363 HGB. Denn sie kommt einem bloßen Rektapapier nicht zu, da bei diesem nicht das Recht aus dem Papier dem Recht am Papier, sondern gemäß § 952 BGB genau umgekehrt das Recht am Papier dem Recht aus dem Papier folgt. Daher greift auch nicht etwa die – mit der Legitimationsfunktion eng verwandte – Vermutungswirkung des § 1006 BGB ein.[50] **28**

Spezifisch orderpapierrechtlich sind weiterhin die **Möglichkeit gutgläubigen Erwerbs** gemäß § 365 HGB i.V.m. Art. 16 Abs. 2 WG sowie der **Einwendungsausschluss** gemäß § 364 Abs. 2 HGB; letzterer lässt sich allerdings teilweise auch mit Hilfe einer Analogie zu § 405 BGB sowie in seltenen Ausnahmefällen durch einen rechtsgeschäftlichen Einwendungsverzicht erreichen (vgl. unten Rdn. 89 f). Mit § 364 Abs. 2 und § 365 HGB steht in engem Zusammenhang die so genannte **Traditionswirkung** gemäß §§ 448, 475g, 650 HGB (vgl. oben Rdn. 4 und unten Rdn. 158). Auch die **Befreiungswirkung** gemäß § 365 HGB i.V.m. Art. 40 Abs. 3 WG stellt ein Spezifikum der Orderpapiereigenschaft dar, da bei einem Rektapapier der Schuldner bei Zahlung an einen Nichtberechtigten grundsätzlich – d.h. abgesehen von der Sonderregelung des § 808 BGB – nicht geschützt wird. **29**

Teilweise lassen sich allerdings dieselben Wirkungen wie durch ein echtes Orderpapier auch mit Hilfe allgemein wertpapierrechtlicher oder gar rein bürgerlichrechtlicher Mittel erreichen, vgl. näher unten Rdn. 87 ff.

3. Die wichtigsten praktischen Anwendungsfälle von § 363 Abs. 1 HGB

a) Auf die Zahlung von Geld gerichtete kaufmännische Orderpapiere. Auf die Zahlung von Geld gerichtete kaufmännische Orderanweisungen spielen keine nennenswerte praktische Rolle. Auf die Zahlung von Geld gerichtete kaufmännische Orderverpflichtungsscheine wurden früher häufig für die **Emission von Schuldverschreibungen der Industrie** gewählt, weil derartige Orderschuldverschreibungen im Gegensatz zu Inhaberschuldverschreibungen nicht dem Genehmigungserfordernis von § 795 a.F. BGB unterlagen. Dabei wurden die Schuldverschreibungen an die Order der emittierenden Bank gestellt, die sie ihrerseits mit einem Blankoindossament versah und so praktisch einem Inhaberpapier nahezu völlig annäherte. Schon seit durch die Einführung von § 808a a.F. BGB das Genehmigungserfordernis auf Orderschuldverschreibungen ausgedehnt worden war, hat deren praktische Bedeutung stark abgenommen. Diese ist vollends geschwunden, seit durch das Gesetz zur Verein- **30**

---

[49] Vgl. auch *Raiser* ZHR 101, 49 f gegen *Jacobi* aaO S. 438 f.   [50] Vgl. z.B. BGH WM 1972, 701 für das Sparbuch.

§ 363 Viertes Buch. Handelsgeschäfte

fachung der Ausgabe von Schuldverschreibungen vom 17.12.1990 (BGBl. I S. 2839) das Genehmigungserfordernis der §§ 795, 808a a.F. BGB aufgehoben worden ist.

31 **Orderschuldverschreibungen eines Nichtkaufmanns** lässt das Gesetz nicht zu. Werden sie gleichwohl ausgestellt, so haben sie grundsätzlich nicht die spezifischen Wirkungen eines Orderpapiers, sondern sind i.d.R. als **Rektapapiere in der Form abstrakter Schuldversprechen gemäß § 780 BGB** zu qualifizieren (vgl. näher oben Rdn. 11). Der Grund für diese Beschränkung der Orderpapiere auf kaufmännische Aussteller liegt in ihrer besonderen Gefährlichkeit. Bei Wechsel und Scheck ist diese weithin bekannt und außerdem durch die strengen Formvorschriften gemildert. Über die weittragende Bedeutung der auf ein anderes Papier gesetzten Orderklausel kann sich ein Nichtkaufmann viel eher täuschen. Auch eine Inhaberschuldverschreibung, deren Ausgabe nicht den Kaufleuten vorbehalten ist, hat eine stärkere Warnfunktion als die Orderklausel (vgl. oben Rdn. 2).

32 b) **Die Umdeutung formnichtiger Wechsel und Schecks.** Praktische Bedeutung kommt den §§ 363 ff HGB für Wertpapiere, die auf die Zahlung von Geld gerichtet sind, vor allem durch die Möglichkeit zu, einen formnichtigen Wechsel oder Scheck in eine kaufmännische Anweisung oder einen kaufmännischen Verpflichtungsschein umzudeuten. Prinzipielle Bedenken hiergegen könnten sich allenfalls daraus ergeben, dass diese lediglich gekorene Orderpapiere darstellen und daher einer **Orderklausel** bedürfen. Indessen wird diese, sofern sie nicht im Einzelfall ohnehin vorliegt, grundsätzlich durch die Wechsel- bzw. Scheckklausel ersetzt. Teleologisch ist das deshalb gerechtfertigt, weil die Warnfunktion einer solchen Klausel mindestens ebenso stark und von der gleichen Art ist wie die Warnfunktion einer Orderklausel; dogmatisch legitimiert sich diese Sichtweise aus § 140 BGB, indem die Wechsel- bzw. Scheckklausel in eine Orderklausel umgedeutet und so die Grundlage dafür geschaffen wird, anschließend den gesamten – nichtigen – Wechsel oder Scheck in ein kaufmännisches Orderpapier umzudeuten.

Beruht die Nichtigkeit allerdings gerade darauf, dass die Wechsel- oder Scheckklausel fehlt und enthält das Papier auch keine Orderklausel, scheidet folgerichtig eine Umdeutung in ein kaufmännisches Orderpapier aus. Beschränkt sich der Fehler freilich darauf, dass sich die Wechsel- oder Scheckklausel nicht im Text, sondern lediglich in der Überschrift befindet – was den Wechsel bzw. Scheck formnichtig macht –, so dürfte das einer Umdeutung nicht entgegenstehen;[51] denn dann ist immerhin eine Klausel vorhanden, die der Orderklausel äquivalent ist, und eine Bestimmung, wonach diese im Text der Urkunde stehen muss, enthält § 363 Abs. 1 HGB nicht, mag eine solche Stellung auch in aller Regel eine praktische Selbstverständlichkeit sein. Dabei handelt es sich indessen um ein Randproblem, das nichts daran ändert, dass grundsätzlich der Weg für die Umdeutung eines formnichtigen Wechsels oder Schecks in ein kaufmännisches Orderpapier offen steht.

33 Allerdings hat das RG für den **gezogenen Wechsel** die Umdeutung in eine kaufmännische Anweisung grundsätzlich abgelehnt.[52] Dem ist jedoch mit der h.L. zu widersprechen.[53] Dass die Anweisung ungebräuchlich ist oder dass die Umdeutung

---

[51] A. A. insoweit beiläufig noch *Hueck/Canaris* § 6 V 4 a.
[52] Vgl. RG JW 1930, 1376; 1935, 1778.
[53] Vgl. z.B. *Reinicke* DB 1960, 1028; *Liesecke* WM 1971, 297; *Krampe* Die Konversion des Rechtsgeschäfts, 1980, S. 273 f; *Hueck/Canaris* § 6 V 4 a; *Zöllner* § 12 VI; *Baumbach/Hefermehl* Art. 2 WG Rdn. 9; *MünchKomm.-Hefermehl* § 363 Rdn. 17; *Heymann/Horn* § 363 Rdn. 10; *Ebenroth/Boujong/Joost/Hakenberg* § 363 Rdn. 9.

der Verkehrsanschauung widerspreche,[54] ist kein Einwand, weil es im Rahmen von § 140 BGB lediglich auf den hypothetischen Parteiwillen ankommt und sich eine Verkehrsanschauung hierzu in Wahrheit nicht gebildet hat. Die Umdeutung wird daher in der Regel, d. h. vorbehaltlich besonderer Umstände des Einzelfalles, zu bejahen sein. Selbstverständliche Voraussetzung ist dabei freilich, dass die objektiven Tatbestandsmerkmale einer Anweisung erfüllt sind. Daher ist insbesondere erforderlich, dass der Bezogene Kaufmann ist. Trifft das zu, so ist der Umdeutung in eine kaufmännische Anweisung grundsätzlich der Vorzug gegenüber einer Umdeutung in eine bürgerlich-rechtliche Anweisung zu geben. Denn die kaufmännische Anweisung steht dem Wechsel weit näher. Vor allem hat sie weitgehend dieselben Rechtsfolgen wie dieser, da sie gemäß §§ 364 f HGB durch Indossament übertragbar ist, gutgläubig erworben werden kann und dem spezifisch wertpapierrechtlichen Einwendungsausschluss unterliegt. Darüber hinaus bietet die Umdeutung in eine kaufmännische Anweisung auch hinsichtlich der Tatbestandsvoraussetzungen Vorteile; so kann z.B. ein an eigene Order gestellter Wechsel nicht in eine bürgerlich-rechtliche Anweisung umgedeutet werden, weil es an der Benennung eines Anweisungsempfängers fehlt,[55] wohl aber in eine kaufmännische Anweisung, weil diese als Orderpapier auch an die eigene Order des Anweisenden lauten kann (vgl. oben Rdn. 22 a. E.).

Auch die Umdeutung in eine kaufmännische Anweisung begründet allerdings für sich allein **keine Haftung des Ausstellers und der Indossanten**, da die §§ 363–365 HGB keine – der Regelung von Art. 9 WG, 12 ScheckG entsprechende – Vorschrift über die Haftung des Ausstellers enthalten und § 365 Abs. 1 HGB nicht auf Art. 15 WG verweist, so dass das Indossament hier anders als bei Wechsel und Scheck keine Garantiefunktion hat. Auch andere Umdeutungsmöglichkeiten versagen insoweit nahezu völlig.[56] Dagegen bereitet die **Haftung des Akzeptanten** meist keine Schwierigkeiten. Gelingt die Umdeutung in eine Anweisung, haftet der Akzeptant nach den Regeln über die Annahme der Anweisung. Ist eine Umdeutung in eine Anweisung nicht möglich, kommt entgegen der Rechtsprechung[57] die Umdeutung des Akzepts für sich allein in ein Schuldversprechen nach § 780 BGB oder in einen kaufmännischen Verpflichtungsschein nach § 363 Abs. 1 HGB in Betracht;[58] denn die Haftung des Akzeptanten beruht – anders als die des Ausstellers und der Indossanten – nicht auf Gesetz,[59] sondern auf einer rechtsgeschäftlichen Verpflichtungserklärung des Akzeptanten und kann daher grundsätzlich in eine rechtsgeschäftliche Verpflichtung eines anderen Vertragstypus umgedeutet werden.

Ein formnichtiger **Eigenwechsel** kann in ein abstraktes Schuldversprechen gemäß § 780 BGB oder, sofern der Aussteller Kaufmann ist, in einen kaufmännischen Verpflichtungsschein gemäß § 363 Abs. 1 S. 2 HGB umgedeutet werden. Das wird trotz ihrer sonstigen Zurückhaltung gegenüber der Umdeutung von Wechseln auch von der Rechtsprechung anerkannt.[60] **34**

Ein formnichtiger **Scheck** kann in eine kaufmännische Anweisung umgedeutet werden.[61] Die Kaufmannseigenschaft des Bezogenen ist hier stets gegeben, weil der Scheck gemäß Art. 3 ScheckG nur auf einen Bankier gezogen werden darf. Eine Haf- **35**

---

[54] So das RG aaO.
[55] Vgl. auch RGZ 136, 210.
[56] Vgl. näher *Hueck/Canaris* § 6 V 4 a.
[57] Vgl. RGZ 136, 210; BGH WM 1955, 1324.
[58] Vgl. *Liesecke* WM 1971, 297; *Baumbach/Hefermehl* (Fn. 53) Art. 2 WG Rdn. 11.
[59] So aber offenbar RGZ aaO unter Hinweis auf Art. 25 WG.
[60] Vgl. z.B. RGZ 48, 223; 136, 210.
[61] Vgl. nur *Baumbach/Hefermehl* Art. 2 ScheckG Rdn. 5.

tung des Ausstellers lässt sich allerdings ebenso wenig erreichen wie beim Wechsel, weil § 365 HGB eine derartige Regresshaftung nicht vorsieht.

36 **c) Auf die Leistung von Wertpapieren gerichtete kaufmännische Orderpapiere.** Kaufmännische Orderpapiere, die auf die Leistung von Wertpapieren gerichtet sind, kommen in der Praxis ähnlich selten vor wie solche, die auf die Zahlung von Geld gerichtet sind. Insbesondere gehört der **Wertpapier- oder Effektenscheck** nicht hierher,[62] da er weder eine Anweisung i. e. S. noch ein echtes Wertpapier darstellt.[63]

37 **d) Der kaufmännische Lieferschein.** Anders als Geld und Wertpapiere spielen Waren als Gegenstand eines kaufmännischen Orderpapiers in der Praxis eine erhebliche Rolle. Das gilt vor allem für den Lieferschein. Durch einen solchen weist dessen Aussteller einen Dritten an, Waren an den legitimierten Inhaber des Papiers auszuliefern. Seiner **wirtschaftlichen Funktion** nach steht der Lieferschein dem Lagerschein nahe. Er verdankt seine Entwicklung daher z. T. dem Umstand, dass Lagerscheine bis zum Inkrafttreten des Transportrechtsreformgesetzes vom 25. 6. 1998 (BGBl. I 1588) nach § 363 Abs. 2 a. F. HGB nur von einem staatlich ermächtigten Lagerhalter als echte Orderpapiere ausgestaltet werden konnten. Darin erschöpft sich jedoch die Bedeutung des Lieferscheins nicht annähernd.[64] Das zeigt sich u. a. daran, dass in der Praxis keineswegs der Orderlieferschein dominiert, sondern die Ausstellung von Rektapapieren – für die ein Lagerhalter natürlich niemals eine staatliche Ermächtigung brauchte – eine wesentlich größere Rolle spielt.[65]

Der wichtigste Unterschied gegenüber dem Lagerschein besteht darin, dass der Lieferschein nicht von dem Lagerhalter, sondern von dem Einlagerer ausgestellt wird; erst durch die Annahme der Anweisung wird eine mit dem Lagerschein vergleichbare Rechtslage geschaffen. Der Angewiesene braucht auch keineswegs ein Lagerhalter zu sein, sondern kann z. B. auch ein Lieferant des Anweisenden sein. Der Anweisende selbst stellt den Lieferschein meist deshalb aus, weil er die Ware an den Nehmer des Papiers verkauft hat. Dieser kann sie dann seinerseits mit Hilfe des Lieferscheins weiterverkaufen. Auf diese Weise kann ein „**Durchhandeln**" der Ware über mehrere Stationen erfolgen, ohne dass diese bewegt wird. Der Lieferschein dient daher in erster Linie zur **Vereinfachung und Verbilligung des Warenumsatzes**. Dabei können durch Ausstellung mehrerer Lieferscheine auch Teilmengen an verschiedene Personen verkauft werden. Daneben kann der Lieferschein auch für **Kreditzwecke** nutzbar gemacht werden und insbesondere die Verpfändung der Güter erleichtern.[66]

38 Was die tatbestandlichen Voraussetzungen für die Schaffung eines Orderlieferscheins angeht, so ist außer der Kaufmannseigenschaft des Angewiesenen nach § 363 Abs. 1 HGB erforderlich, dass der Lieferschein sich auf die **Leistung vertretbarer Sachen** richtet. Ob diese nur der Gattung nach bestimmt sind oder ob es sich um eine Speziesschuld handelt, ist unerheblich.[67] Ein Lieferschein über nicht-vertretbare Sachen ist kein Orderpapier und auch keine bürgerlichrechtliche Anweisung i. e. S., doch können die §§ 783 ff BGB weitgehend analog angewandt werden.[68]

---

[62] A.A. *Ebenroth/Boujong/Joost/Hakenberg* § 363 Rdn. 9 und offenbar auch MünchKomm.-*Hefermehl* § 363 Rdn. 25.
[63] Vgl. *Canaris* Bankvertragsrecht² Rdn. 2013.
[64] Vgl. auch *Heynen* S. 42 ff; zu eng demgegenüber MünchKomm.-*Hefermehl* § 363 Rdn. 19.
[65] Vgl. *Heynen* S. 51.
[66] Vgl. im Übrigen näher *Heynen* S. 28 ff.
[67] Vgl. oben Rdn. 14; ebenso. i.E. *Heynen* S. 50 f; a.A. MünchKomm.-*Hefermehl* § 363 Rdn. 20 und 23.
[68] Vgl. oben Rdn. 15; ähnlich i.E. *Heynen* S. 51 und 57 f; MünchKomm.-*Hefermehl* § 363 Rdn. 21.

Voraussetzung für die Schaffung eines Orderlieferscheins ist nach § 363 Abs. 1 **39**
HGB weiterhin die **Unabhängigkeit der Leistungspflicht von einer Gegenleistung**.
Der **Kassalieferschein**, bei dem die Auslieferung der Ware nur gegen Zahlung des
Kaufpreises erfolgen darf, kann daher kein echtes Orderpapier sein;[69] er stellt vielmehr
eine bürgerlichrechtliche Anweisung oder, sofern eine der Voraussetzungen von § 783
BGB nicht erfüllt ist, eine Anweisung i.w.S. dar.[70] Von Leistungen, die nicht den
Charakter eines Äquivalents für die Waren haben wie z.B. die Zahlung von Lager-
kosten und ähnlichen Spesen, kann die Auslieferung dagegen abhängig gemacht
werden, ohne dass dadurch die Orderpapiereigenschaft verloren geht.[71]

Hinzukommen muss schließlich die **Orderklausel** und der erkennbare **Wille zur** **40**
Verbriefung (vgl. oben Rdn. 22 f). Die Bezeichnung des Papiers ist dabei nicht allein
ausschlaggebend. Insbesondere braucht das Wort Lieferschein natürlich nicht vorzukommen. Gebräuchlich sind z.B. auch die Ausdrücke Freistellungsschein und
delivery order.[72] Auch unter der Bezeichnung „Verfügungsschein" verbirgt sich i.d.R.
nichts anderes als ein Lieferschein.[73] Wesentlich ist lediglich, dass die Verbriefung der
Anweisung zur Auslieferung der Waren aus dem Papier hervorgeht. Eine Urkunde
über eine erfolgte Warenlieferung stellt daher selbstverständlich kein Wertpapier dar.
Der Lieferschein kann auch an die eigene Order des Ausstellers lauten (vgl. oben
Rdn. 22 a.E.).

Auch ein **Inhaberlieferschein** ist zulässig.[74] Allerdings kennt das Gesetz keine aus- **41**
drückliche Regelung der Inhaberanweisung. Deren Zulässigkeit ist jedoch in Analogie
zu § 793 BGB zu bejahen; denn wenn der Aussteller eine Verpflichtung zur Leistung
in einem Inhaberpapier verbriefen darf, dann muss es ihm auch und erst recht erlaubt
sein, eine Anweisung zur Leistung in einem Inhaberpapier zu verbriefen.[75] Die
Inhaberanweisung ist auch annahmefähig;[76] es handelt sich dann insoweit um eine
Inhaberschuldverschreibung.[77] Rechtlich sind Inhaberlieferscheine in erster Linie in
Analogie zu §§ 793 ff BGB und nur ergänzend nach §§ 783 ff BGB zu behandeln.

Ein Lieferschein mit **alternativer Inhaberklausel** ist grundsätzlich nicht als bloßes
Legitimationspapier i.S. von § 808 BGB, sondern in Analogie zu Art. 5 Abs. 2
ScheckG als echtes Inhaberpapier anzusehen.[78]

Durch die **Annahme des Lieferscheins** erlangt dessen Inhaber grundsätzlich einen **42**
unmittelbaren **Anspruch auf Lieferung gegen den Angewiesenen aus § 784 BGB**.
Der Inhalt des Anspruchs hängt von der Annahmeerklärung und den sonstigen
Umständen des Falles ab. In aller Regel ist der Anspruch auf Herausgabe der Ware
gerichtet, doch kann er zusätzlich auch auf deren Übereignung gehen. Bezieht sich die
Annahme auf eine nur der Gattung nach bestimmte Sache, so schuldet der Angewiesene
gemäß § 360 HGB Handelsgut mittlerer Art und Güte, wobei allerdings die Möglichkeit einer beschränkten Gattungsschuld oder Vorratsschuld zu berücksichtigen ist. Bei
einer Speziesschuld braucht er zwar nicht für Sachmängel einzustehen, da er keine
Verpflichtung aus einem Kaufvertrag, sondern eine abstrakte, d.h. nicht von einem
bestimmten Vertragstypus geprägte Schuld eingeht, doch haftet er für schuldhafte

---

[69] Vgl. auch *Heynen* S. 52; MünchKomm.-*Hefer-mehl* § 363 Rdn. 21; zu allgemein OLG Hamburg MDR 1969, 764, 765.
[70] Vgl. BGHZ 6, 378, 383; *Sieg* BB 1992, 301.
[71] Vgl. oben Rdn. 18; **a.A.** *Heynen* S. 52 f.
[72] Vgl. *Heynen* S. 47 f.
[73] Vgl. z.B. RGZ 49, 97.
[74] Vgl. auch *Heynen* S. 51.
[75] Vgl. *Ulmer* S. 131; *Düringer/Hachenburg/Breit* Vorbem. vor § 363 Anm. 28.
[76] **A.A.** *Düringer/Hachenburg/Breit* aaO.
[77] Vgl. *Ulmer* aaO.
[78] Vgl. *Heynen* S. 51 f.

Beschädigungen der Sache nach § 280 Abs. 1 BGB, da er diese dann nicht mehr so, wie sie nach dem Sinn seiner Annahmeerklärung beschaffen zu sein hat, herausgeben kann.[79] Macht der Angewiesene sich die Herausgabe der Sache schuldhaft unmöglich – sei es durch deren Zerstörung oder sei es durch Herausgabe an einen Dritten –, haftet er gemäß § 283 BGB auf Schadensersatz statt der Leistung.

43 **Einwendungen aus dem Deckungsverhältnis** mit dem Anweisenden kann der Angewiesene nach der Annahme gemäß § 784 Abs. 1 BGB gegenüber dem Inhaber des Lieferscheins grundsätzlich nicht vorbringen. Allerdings ist weder die Anweisung noch die Annahme zwingend abstrakt (vgl. oben Rdn. 19), und daher können durch eine Bezugnahme auf das Deckungsverhältnis Einwendungen aus diesem für die Verpflichtung aus der Annahme relevant gemacht werden.[80] In welchem Umfang das zutrifft, ist eine Frage der Auslegung. Die Ausführungen unten Rdn. 68 gelten hier entsprechend.

44 Eine nachträgliche **Änderung oder Aufhebung der Annahme** durch Vereinbarung zwischen dem Annehmenden und dem Empfänger der Annahmeerklärung braucht ein gutgläubiger Erwerber des Lieferscheins nur gegen sich gelten zu lassen, wenn sie im Papier vermerkt ist.[81] Das folgt für den Order- und den Inhaberlieferschein schon aus § 364 Abs. 2 HGB bzw. § 796 BGB, gilt aber grundsätzlich auch für den Rektalieferschein (vgl. unten Rdn. 92 a. E.).

45 Bei **Abweichungen zwischen dem Inhalt der Annahmeerklärung und der Beschaffenheit der zu liefernden Güter** ergibt sich die aus dem Fracht- und Lagerrecht bekannte Streitfrage, ob sich die Verpflichtung nach der Annahmeerklärung richtet („**Skripturhaftung**") oder durch die Beschaffenheit der geschuldeten Güter und die Einstandspflicht für deren etwaige, vom Akzeptanten zu vertretende Verschlechterung begrenzt ist („**Rezeptumshaftung**"). Diese Problematik war bis zum Inkrafttreten des Transportrechtsreformgesetzes vom 25.6.1998 (BGBl. I 1588) für Ladeschein, Lagerschein und Konnossement jeweils unterschiedlich geregelt,[82] doch ist die Rechtslage durch dieses vereinheitlicht worden, so dass die einschlägigen Regelungen der §§ 444 Abs. 3, 475d Abs. 2, 656 Abs. 2 HGB heute im Wesentlichen übereinstimmen. Daher kann man davon ausgehen, dass diese Vorschriften – die dogmatisch als wertpapierrechtlicher Einwendungsausschluss in Parallele zu § 364 Abs. 2 HGB einzuordnen sind (vgl. § 364 Rdn. 60) – einen allgemeinen Rechtsgedanken des geltenden Handelsrechts enthalten. Demgemäß bietet sich eine **analoge Anwendung der §§ 444 Abs. 3, 475d Abs. 2, 656 Abs. 2 HGB auf den kaufmännischen Lieferschein** an, zumal dieser eine enge funktionelle Verwandtschaft mit dem Orderlagerschein aufweist (vgl. oben Rdn. 37). Diese Analogie führt dazu, dass im Verhältnis zwischen dem Akzeptanten und dem ersten Nehmer eine widerlegliche Vermutung für die Übereinstimmung der Beschaffenheit der Güter mit den Angaben im Lieferschein besteht, und im Verhältnis zu einem gutgläubigen Erwerber des Papiers eine entsprechende unwiderlegliche Vermutung. Allerdings besteht zwischen einem angenommenen Lieferschein und einem Lade- oder Lagerschein insofern ein Unterschied, als bei letzteren der Aussteller und damit derjenige, von dem die Angaben über das Gut in dem Papier stammen, zugleich der Haftende ist, wohingegen der Akzeptant eines Lieferscheins diese Angaben i.d.R. nicht selbst gemacht hat. Da er jedoch als Bezogener über das zu leistende Gut verfügt (oder verfügen soll) und daher die Rich-

---

[79] A.A. *Heynen* S. 56.
[80] Vgl. auch *Heynen* S. 57.
[81] A.A. *Heynen* S. 56 f.
[82] Vgl. dazu eingehend *Canaris* in der 3. Aufl. dieses Kommentars § 363 Anm. 54–61.

tigkeit der Angaben über dieses in dem – von ihm akzeptierten! – Papier grundsätzlich ohne weiteres kontrollieren kann, ändert dieser Unterschied an der Ähnlichkeit der Interessenlage mit derjenigen bei der Ausstellung eines Lade- oder Lagerscheins nichts und steht daher einer Analogie zu den §§ 444 Abs. 3, 475d Abs. 2, 656 Abs. 2 HGB nicht entgegen; zwar stammt hier nicht das Papier, statt dessen aber das in diesem beschriebene Gut vom Akzeptanten. Dieser letztere Gesichtspunkt dürfte zugleich dazu führen, dass im Rahmen der Analogie die Einschränkung, wonach es teilweise auf eine Überprüfung der Güter durch den Frachtführer bzw. Lagerhalter und die Eintragung ihres Ergebnisses in das Papier ankommt, grundsätzlich nicht mitzuübernehmen und die Haftung insoweit folglich sogar noch zu verschärfen ist.

Lautet also der Lieferschein z.B. auf zehn bestimmte Kisten mit je zwölf Flaschen Wein und befinden sich in diesen nur je zehn Flaschen oder zwölf Flaschen eines anderen Weins, so haftet der Akzeptant eines Order- oder Inhaberlieferscheins einem gutgläubigen Erwerber analog §§ 444 Abs. 3, 475d Abs. 2, 656 Abs. 2 HGB nach Maßgabe des Papierinhalts und hat also grundsätzlich Schadensersatz statt der Leistung gemäß § 311a Abs. 2 BGB für die fehlenden Flaschen bzw. für das Fehlen des im Papier angegebenen Weins zu leisten; ob ihn hinsichtlich seiner Unkenntnis von der Fehlerhaftigkeit der Angaben im Papier ein Verschulden trifft, ist grundsätzlich unerheblich, weil im Sinne von § 276 Abs. 1 Satz 1 BGB „aus dem Inhalt des Schuldverhältnisses" – nämlich daraus, dass dieses ein Umlaufpapier zum Gegenstand hat – zu entnehmen ist, dass der Akzeptant das Risiko eines derartigen Irrtums übernommen und dieses also zu vertreten hat. Dass es sich in diesem Beispiel um eine Speziesschuld handelt, steht der Qualifikation des Lieferscheins als kaufmännischer Anweisung im Sinne von § 363 HGB nicht entgegen (vgl. oben Rdn. 38). Außerdem kann die Problematik auch bei einer Gattungsschuld auftreten wie etwa dann, wenn man das Beispiel dahingehend modifiziert, dass bei einem Gattungskauf alle Kisten dieser Gattung nur zehn statt der im Papier angegebenen zwölf Flaschen enthalten.

Für einen Rektalieferschein kommt eine Analogie zu den §§ 444 Abs. 3 Satz 3, 475d Abs. 2 Satz 3, 656 Abs. 2 Satz 2 HGB nicht in Betracht, da diese Vorschriften für Rektapapiere nicht gelten (vgl. unten § 364 Rdn. 62).

Die Problematik einer Abweichung zwischen dem Zustand der zu liefernden Güter und den Angaben über diese im Lieferschein darf nicht verwechselt werden mit derjenigen einer **Abweichung zwischen dem Inhalt der Verpflichtung des Angewiesenen aus seinem Kausalverhältnis zum Anweisenden und dem Inhalt der Annahmeerklärung**. Insoweit gelten die allgemeinen Regeln über den Bereicherungsausgleich bei einer angenommenen Anweisung mit der Folge, dass der Angewiesene sich grundsätzlich an den Anweisenden halten muss und keinen Bereicherungsanspruch gegen den Inhaber der Anweisung hat – und zwar auch dann nicht, wenn dieser der erste Nehmer des Papiers ist.[83]

46 Wegen der mit der Annahmeerklärung verbundenen Rechtsnachteile für den Annehmenden bedarf es stets sorgfältiger Prüfung, ob wirklich die **rechtsgeschäftlichen Voraussetzungen einer Annahmeerklärung** i.S. von § 784 BGB gegeben sind. Das Wort „Annahme" ist dazu allerdings nicht erforderlich, andererseits aber auch nicht für sich allein immer ohne weiteres genügend. Auch Ausdrücke wie „Bestätigung" oder „Gegenzeichnung" des Lieferscheins können die Bedeutung einer echten Annahmeerklärung haben,[84] doch kann mit ihnen z.B. auch lediglich gemeint sein, dass

---

[83] Vgl. *Larenz/Canaris* Schuldrecht II/2¹³ § 70 IV 4 c = S. 234 f mit Nachw.

[84] Vgl. auch *Heynen* S. 59.

der Angewiesene das Vorhandensein der Ware bestätigt. Auch wenn keine Annahme i. S. von § 784 BGB vorliegt, sondern nur eine deklaratorische Erklärung, verliert der Angewiesene durch diese doch zumindest alle diejenigen Einwendungen, von denen er im Augenblick seiner Erklärung positive Kenntnis hatte.[85]

47 Die Annahmeerklärung bedarf gemäß § 784 Abs. 2 BGB der **Schriftform**. Die bloße Unterstempelung reicht daher gemäß § 126 BGB nicht aus. Auch eine mündliche Annahmeerklärung kann aber gemäß § 350 HGB eine wirksame Verpflichtung begründen, doch handelt es sich dann nicht um eine spezifisch orderpapierrechtliche Verpflichtung, so dass spätere Erwerber des Papiers nicht in den Genuss des Schutzes von §§ 364 Abs. 2, 365 HGB i. V. m. Art. 16 WG kommen. Ist die Schriftform nicht erfüllt, so wird es häufig freilich darüber hinaus am Tatbestand einer Annahmeerklärung überhaupt fehlen, da die Schriftlichkeit ein wichtiges Indiz für den bindenden und abstrakten Charakter der Annahmeerklärung darstellt. Keinesfalls geht es daher z. B. an, jeder Unterstempelung ohne weiteres die Wirkungen einer mündlichen Annahmeerklärung zuzuerkennen.[86]

48 Eine **Annahmeerklärung über nicht-vertretbare Sachen** führt analog § 784 Abs. 1 BGB ebenfalls zu einem Einwendungsausschluss.[87] Die spezifischen Wirkungen eines Orderpapiers können dann jedoch nicht eintreten (vgl. oben Rdn. 15 f).

49 Bei **Fehlen oder Unwirksamkeit der Annahme** hat der Inhaber des Lieferscheins grundsätzlich keinen Anspruch aus eigenem Recht gegen den Angewiesenen. Insbesondere kann der Vertrag zwischen dem Anweisenden und dem Angewiesenen i. d. R. nicht als berechtigender Vertrag zugunsten des Anweisungsempfängers i. S. von § 328 BGB interpretiert werden.[88] Wohl aber ist es denkbar, dass der Anweisende dem Anweisungsempfänger seinen Anspruch gegen den Angewiesenen abtritt.[89] Eine solche Abtretung kann auch konkludent erfolgen und je nach den Umständen des Falles schon in der Übergabe des Lieferscheins zu erblicken sein (vgl. auch die folgende Rdn.); die abweichenden Grundsätze, die insoweit für die Abtretung der einem Wechsel oder Scheck zugrunde liegenden Kausalforderung gelten,[90] lassen sich auf den Lieferschein nicht übertragen, da dieser eine wesentlich andere Funktion hat.

50 Die **Übereignung der Ware** ist mit der Übertragung des Lieferscheins nach st. Rspr. und h. L. grundsätzlich nicht verbunden.[91] Etwas anderes soll nur dann gelten, wenn besondere Umstände hinzutreten, die für einen Übereignungswillen sprechen. Nicht genügen soll hierfür, dass der Käufer den Kaufpreis gegen Übertragung des Lieferscheins entrichtet wie vor allem bei der Klausel „Kasse gegen Lieferschein".[92]

Diese Ansicht wird indessen der Interessenlage und dem typischen Parteiwillen nicht gerecht. Denn **nach der Bezahlung des Kaufpreises** hat der Verkäufer grundsätzlich kein schutzwürdiges Interesse mehr an der Fortdauer seines Eigentums, während andererseits der Käufer dringend schutzbedürftig ist, da er sonst eine ungesicherte Vorleistung machen würde. Ein Wille zur Vorleistung wäre aber angesichts des allgemeinen Strebens nach dinglicher Sicherung etwas schlechterdings Außer-

---

[85] Vgl. näher *Canaris* Die Vertrauenshaftung im deutschen Privatrecht S. 102 ff.
[86] Vgl. auch *Heynen* S. 59 f.
[87] Vgl. oben Rdn. 15; ebenso im Ergebnis, wenngleich nicht in der Begründung *Heynen* S. 57 f; *Schlegelberger/Hefermehl* Rdn. 20.
[88] Vgl. *Heynen* S. 53 f.
[89] Vgl. auch BGHZ 46, 43, 52.
[90] Vgl. nur *Hueck/Canaris* § 17 I 2.
[91] Vgl. RGZ 103, 151, 153; RG GruchBeitr. 66, 227, 228 ff; SeuffArch. 73 Nr. 90 S. 146; JW 1931, 3079, 3080; BGH WM 1971, 742, 743; *Heynen* S. 134 f; *Hertin* MDR 1970, 883; MünchKomm.-*Hefermehl* § 363 Rdn. 24; a. A. *Düringer/Hachenburg/Breit* Anm. 29 a. E.
[92] Vgl. RGZ 103, 152 f; *von Godin* 2. Aufl. Anm. 18a = S. 421; *Heynen* S. 135 ff m. w. Nachw.; *Hertin* MDR 1970, 883.

gewöhnliches. Aus der Verwendung eines Lieferscheins kann er um so weniger entnommen werden, als dieser lediglich ein rasches und auf einer Legitimationsgrundlage beruhendes „Durchhandeln" ohne Bewegung der Ware ermöglichen, nicht aber auch die – kosten- und mühelose – Übereignung der Ware überflüssig machen soll.[93] Auch das **Widerrufsrecht des Anweisenden** gemäß § 790 BGB, auf das sich die Gegenansicht maßgeblich stützt,[94] steht der Bejahung des Eigentumsübergangs nicht entgegen. Denn abgesehen davon, dass dieses Recht ohnehin nur beim nicht-angenommenen Lieferschein in Betracht kommt, würde seine Ausübung allenfalls die Leistungsermächtigung beseitigen, nicht aber die Abtretung des Herausgabeanspruchs und die Übereignung unwirksam machen. Demgemäß kann der Inhaber des Lieferscheins die Übergabe der Ware erzwingen – und der Anweisende müsste diese auch in seinem Verhältnis zum Angewiesenen gegen sich gelten lassen, weil er selbst diesen dem Herausgabeanspruch des Lieferscheininhabers ausgesetzt hat. Logisch vorrangig ist also die Frage nach der Abtretung des Herausgabeanspruchs – das Schicksal des Widerrufsrechts richtet sich dann im praktischen Ergebnis nach ihrer Lösung. Vollends verfehlt ist die Berufung auf § 788 BGB.[95] Denn diese Vorschrift besagt über die dingliche Seite der Rechtsvorgänge überhaupt nichts, sondern betrifft lediglich die schuldrechtliche Seite und den **Eintritt der Erfüllungswirkung** – und an dieser fehlt es in der Tat bis zur Herausgabe des Gutes an den Inhaber des Lieferscheins, weil der Verkäufer nach § 433 Abs. 1 BGB nicht nur Übereignung, sondern auch Übergabe schuldet und daher grundsätzlich nicht allein durch die Übereignung und die Abtretung des Herausgabeanspruchs erfüllen kann. Im Übrigen ist die Heranziehung von § 788 BGB auch deswegen verfehlt, weil die Vorschrift unzweifelhaft zum Vorteile des Anweisungsempfängers geschaffen worden ist und daher nicht als Argument für eine ihm zum Nachteil gereichende Rechtsfolge verwendet werden darf.

Erfolgt dagegen die Übertragung des Lieferscheins **ohne gleichzeitige Bezahlung des Kaufpreises**, so entspricht ein sofortiger Eigentumsübergang in aller Regel nicht der Interessenlage und dem mutmaßlichen Parteiwillen, weil dem Verkäufer grundsätzlich ebenso wenig ein Wille zur Vorleistung unterstellt werden kann wie dem Käufer. Häufig wird man hier jedoch in der Übertragung des Lieferscheins eine durch die Kaufpreiszahlung aufschiebend bedingte Einigung und Abtretung des Herausgabeanspruchs sehen können. Dadurch sind beide Parteien angemessen geschützt: der Verkäufer, weil er das Eigentum bis zur Zahlung des Kaufpreises behält, und der Käufer, weil er ein dingliches **Anwartschaftsrecht** erwirbt. Ob freilich wirklich ein entsprechender Parteiwille erkennbar geworden ist, bleibt insoweit – anders als bei sofortiger Zahlung des Kaufpreises – letztlich eine Frage des Einzelfalles; denn die in Betracht kommenden Fallgestaltungen sind zu vielfältig, als dass man allgemeine Aussagen über die Interessenlage und den typischen Parteiwillen machen könnte.

Lagern die zu übereignenden Güter unausgesondert zusammen mit anderen Gütern oder soll nur ein nicht individualisierter Teil der Güter übereignet werden, so ist auf Grund des sachenrechtlichen Spezialitätsprinzips die Übereignung bestimmter einzelner Güter nicht möglich, doch kommt dann die Übertragung oder Begründung von **Miteigentum** in Betracht.

---

[93] **A. A.** ohne jede Begründung BGH WM 1971, 743 unter 3b, wonach „nach Möglichkeit ... Eigentumsveränderungen während des Durchhandelns zu vermeiden" sein sollen.

[94] Vgl. z.B. BGH WM 1971, 743, *Heynen* S. 140.

[95] Vgl. aber *Heynen* S. 134; *Hertin* MDR 1970, 883.

51 Nichts mit der Problematik der Übereignung zu tun hat entgegen einer verbreiteten Vorstellung die Frage, ob der Lieferschein ein **Traditionspapier** ist oder nicht. Denn die Traditionswirkung besteht nach dem klaren Wortlaut der §§ 448, 475g, 650 HGB lediglich im Ersatz der *Übergabe* der Güter durch die Übergabe des Papiers. Die Schwierigkeiten liegen aber entgegen manchen Missverständnissen in der Rechtsprechung[96] gar nicht in der *besitzrechtlichen* Problematik, sondern in der Frage des Willens zur *Übereignung* und seiner Manifestation – und insoweit hilft die Annahme eines Traditionspapiers überhaupt nicht weiter (vgl. unten Rdn. 105). Die Bejahung der Traditionspapiereigenschaft führt daher keineswegs zur Bejahung der Frage, ob mit der Übertragung des Papiers grundsätzlich die Übereignung der Güter verbunden ist. Umgekehrt führt auch die Verneinung der Traditionspapiereigenschaft nicht zur Verneinung des Eigentumsübergangs, weil dieser sich schon allein mit Hilfe von § 931 BGB befriedigend konstruieren lässt. Im Übrigen ist aber auch hinsichtlich der Traditionswirkung selbst der h.L. zu widersprechen: der angenommene Order- oder Inhaberlieferschein ist als Traditionspapier anzuerkennen (vgl. unten Rdn. 153).

III. Die Wertpapiere des Fracht- und Lagerrechts gemäß § 363 Abs. 2 HGB (Güterpapiere)

52 Nach § 363 Abs. 2 HGB können auch **Konnossemente** der Verfrachter, **Ladescheine** der Frachtführer, **Lagerscheine** sowie **Transportversicherungspolicen** durch eine entsprechende Klausel zu echten Orderpapieren gemacht werden. Früher galt dies auch noch für den **Bodmereibrief**, doch ist dieses Rechtsinstitut durch das Seerechtsänderungsgesetz vom 21.6.1972 (BGBl. I S. 966) abgeschafft worden. Die in § 363 Abs. 2 a.F. HGB enthaltene Einschränkung, dass nur Lagerscheinen der staatlich zur Ausstellung solcher Urkunden ermächtigen Anstalten die Rechtsnatur von Orderpapieren zukam, ist durch das Transportrechtsreformgesetz vom 25.6.1998 (BGBl. I S. 1588) aufgehoben worden.

1. Die ratio legis von Absatz 2 und dessen Verhältnis zu Absatz 1

53 Die **Gemeinsamkeit zwischen Absatz 1 und Absatz 2** liegt in dem Erfordernis der Kaufmannseigenschaft. Diese Begrenzung ist darauf zurückzuführen, dass der Gesetzgeber den nicht-kaufmännischen Verkehr vor den besonderen Gefahren der Orderpapiere schützen wollte, zumal insoweit die praktischen Bedürfnisse schon durch Wechsel und Scheck im Wesentlichen abgedeckt sind (vgl. auch oben Rdn. 1).

54 Der wesentliche **Unterschied von Absatz 2 gegenüber Absatz 1** besteht demgegenüber darin, dass die beiden anderen Einschränkungen von Absatz 1 hier nicht gelten: das Papier kann sich auch auf die Leistung nicht-vertretbarer Sachen beziehen, und die Leistung darf von einer Gegenleistung abhängig gemacht werden. Absatz 2 geht mithin insoweit über Absatz 1 hinaus und hat folglich eigenständige materielle Bedeutung für die Möglichkeit zur Schaffung von Orderpapieren.

55 Der **Grund für diese Privilegierung** ist darin zu sehen, dass bei auf dem Transport befindlichen und bei eingelagerten Gütern ein besonders starkes Bedürfnis nach einer „Mobilisierung" des Herausgabeanspruchs mit Hilfe eines Umlaufpapiers besteht; denn Verfügungen über die Güter können hier i.d.R. nur durch Verfügungen über den

---

[96] Vgl. z.B. RGZ 103, 153; BGH WM 1971, 743 unter 3a.

Herausgabeanspruch vorgenommen werden, und daher liegt es nahe, dessen Verkehrsfähigkeit durch eine Verbriefung zu steigern – zumal der Transport und die Einlagerung häufig lange dauern und auch in dieser Zeit Verfügungen über die Güter unbeschränkt möglich bleiben sollen.

Damit steht auch die Aufnahme der Transportversicherungspolice in den Katalog des § 364 Abs. 2 HGB in engstem Zusammenhang. Diese stellt nämlich ersichtlich lediglich eine Folge der Möglichkeit dar, Konnossement und Ladeschein als Orderpapier auszugestalten: mit dem Anspruch auf die transportierte Ware selbst soll auch die Forderung auf die gegebenenfalls an ihre Stelle tretende Versicherungssumme umlauffähig gemacht werden, damit der Erwerber von Konnossement und Ladeschein insoweit die gleiche Sicherheit erlangt und nicht befürchten muss, trotz Erwerbs von Konnossement und Ladeschein im Versicherungsfall u. U. leer auszugehen. Der Ausdruck Transportversicherungspolice ist dabei nicht im engen Sinne von § 129 VVG zu verstehen, der sich nur auf Beförderungen zu Lande und auf Binnengewässern bezieht, sondern umfasst auf Grund einer extensiven Auslegung auch die Police über eine Seeversicherung i.S. von §§ 778 ff HGB;[97] denn es ist schlechterdings kein Grund dafür zu erkennen, dass der Gesetzgeber die Seeversicherung bzw. das Konnossement durch das Verbot einer Orderversicherungspolice diskriminieren wollte.

Ist Absatz 2 somit in bestimmter Hinsicht weiter als Absatz 1, so ist er andererseits **56** insofern enger als dieser, als er nur Papiere ganz bestimmter Vertragstypen erfasst. Man kann daher das **Verhältnis von Absatz 1 und Absatz 2** dahin umschreiben, dass Absatz 1 eine („kleine") Generalklausel für die Schaffung typologisch nicht festgelegter Orderpapiere enthält, dabei aber die zwingenden Einschränkungen der Vertretbarkeit und der Unabhängigkeit von einer Gegenleistung aufstellt, während Absatz 2 auf bestimmte Vertragstypen beschränkt ist, jedoch auf sonstige Begrenzungen der Privatautonomie verzichtet.

2. Die Entstehung des verbrieften Rechts und der Begebungsvertrag

a) **Die Konstruktion des Begebungsvertrags.** Das **verbriefte Recht** entspricht bei **57** den kaufmännischen Güterpapieren inhaltlich grundsätzlich der Forderung aus dem betreffenden Vertrag einschließlich etwaiger Folgeansprüche wie des Anspruchs auf Schadensersatz nach §§ 280 ff BGB bzw. §§ 425 ff HGB oder auf das Surrogat nach § 285 BGB (vgl. näher § 364 Rdn. 5). Auch wenn man annehmen würde, dass der Anspruch aus § 985 BGB und ein etwaiger Anspruch aus § 812 BGB mitverbrieft sind (vgl. dazu § 364 Rdn. 5), können diese doch nicht den alleinigen Inhalt der Verbriefung bilden;[98] denn deren Sinn besteht gerade darin, dem Inhaber des Papiers inhaltlich im Wesentlichen eine solche Rechtsstellung einzuräumen, wie er sie bei Bestehen des betreffenden Vertrages hätte, und ihm also spezifisch vertraglich und nicht lediglich vindikations- und/oder bereicherungsrechtlich ausgestaltete Ansprüche zu verschaffen. Da der Fracht- oder Lagervertrag nun aber an Mängeln leiden kann – sei es, dass er unwirksam ist, oder sei es, dass er atypische Einschränkungen enthält, die im Papier nicht zum Ausdruck kommen –, bedarf es somit einer rechtlichen **Verselbständigung des Rechts aus dem Papier gegenüber dem zugrunde liegenden Vertrag**, auch wenn der Zusammenhang zwischen jenem und diesem hier nicht so weitgehend gelöst wird

---

[97] Das ist i.E. h.L., vgl. *Kisch* Der Versicherungsschein S. 32; *Düringer/Hachenburg/Breit* § 363 Anm. 27; MünchKomm.-*Hefermehl* § 363 Rdn. 69; *Zöllner* § 25 I 6; *Ritter/Abraham* Das Recht der Seeversicherung, 2. Aufl. 1967 Bd. I § 14 Anm. 28 = S. 288; *Sieg* VersR 1977, 214.

[98] Unzutreffend daher *Schnauder* NJW 1991, 1642 f.

wie bei den meisten anderen Wertpapieren (vgl. dazu unten Rdn. 63 ff). Nach den allgemeinen Regeln des Wertpapierrechts erfolgt diese Verselbständigung durch den so genannten **Begebungsvertrag** (vgl. die Nachweise § 364 Rdn. 51 Abs. 2).

58 Die **Konstruktion des Begebungsvertrags** bereitet allerdings bei den frachtrechtlichen Papieren gewisse Schwierigkeiten. Adressat des verbrieften Herausgabeversprechens ist hier nämlich der Empfänger der Güter, sofern das Papier an seine Order gestellt ist,[99] während die Aushändigung des Papiers grundsätzlich an den Absender bzw. Ablader erfolgt. Die h. L. nimmt daher an, dass der Begebungsvertrag mit dem Ablader bzw. Absender geschlossen wird und einen **berechtigenden Vertrag zugunsten des Empfängers** i. S. von § 328 BGB darstellt.[100]

Diese Konstruktion erscheint nicht sachgerecht. Gegen sie spricht zunächst schon, dass der Begebungsvertrag nicht nur auf die Begründung des verbrieften Rechts, sondern auch auf die Übereignung der Urkunde gerichtet ist und die Rechtsprechung dingliche Verträge zugunsten Dritter bekanntlich ablehnt (wenngleich zu Unrecht). Unbefriedigend ist weiterhin, dass die h.L. folgerichtig dem Empfänger den wertpapierrechtlichen Anspruch bereits mit der Aushändigung des Papiers an den Ablader bzw. Absender und nicht erst mit der Aushändigung an ihn selbst zuerkennen muss. Das ist zwar nicht denkunmöglich, würde aber bei einem Wertpapier eine ganz ungewöhnliche, um nicht zu sagen wesensfremde Konstellation darstellen und entspricht vor allem nicht der Interessenlage und dem mutmaßlichen Parteiwillen; oder soll der Empfänger wirklich nur deshalb, weil er in der Urkunde benannt ist, diese ohne weiteres gemäß §§ 985, 952 BGB von dem Ablader bzw. Absender herausverlangen können? Gegen die h.L. spricht schließlich, dass für die Bestimmung des Vertragsinhalts sowie für die Berücksichtigung von Willensmängeln folgerichtig grundsätzlich die Person des Abladers bzw. Absenders maßgeblich sein müsste, weil dieser dann ja Partei des Begebungsvertrags ist und der Dritte das Recht im Falle von § 328 BGB nur so erwirbt, wie es der Versprechende und der Versprechensempfänger begründet haben. Daher wäre z.B. für die Auslegung der Erklärung vom Verständnishorizont des Abladers bzw. Absenders und von den ihm bekannten Umständen auszugehen, aus seiner Person würde sich das Vorliegen eines Scheingeschäfts gemäß § 117 BGB bestimmen, auf ihn wäre für die Erwartung, der Mangel der Ernstlichkeit werde nicht verkannt werden, gemäß § 118 BGB abzustellen, bei einer arglistigen Täuschung durch ihn wäre § 123 I BGB und nicht § 123 II 1 BGB anzuwenden usw. Das könnte die Rechtsstellung des Empfängers empfindlich beeinträchtigen und wäre nicht sachgerecht, weil dieser keinen Einblick in die Beziehungen zwischen dem Ablader bzw. Absender und dem Verfrachter hat, sondern sich auf die Urkunde verlassen können muss.[101]

59 Vorzugswürdig ist daher, den Ablader bzw. Absender als **Boten** des Ausstellers anzusehen.[102] Bei dieser Konstruktion kommt der Begebungsvertrag erst zustande,

---

[99] Anderenfalls ist es nach §§ 444 Abs. 2 Satz 2, 647 Abs. 1 Satz 2 HGB als an die eigene Order des Absenders bzw. Abladers gestellt anzusehen.

[100] Vgl. BGHZ 33, 364, 367; 98, 284, 286; *Brodmann* ZHR 70, 9; *Wüstendörfer* S. 316; *Herber* § 30 II 3 b; *Schlegelberger/Liesecke* § 648 Rdn. 2; *Rabe* § 648 Rdn. 10.

[101] Zustimmend BGHZ 98, 284, 287, wo jedoch gleichwohl an der Konstruktion eines Vertrags zugunsten Dritter festgehalten und diese lediglich durch eine Ausschaltung von § 334 BGB „mit Rücksicht auf Sinn und Zweck des Konnossements und dessen Wertpapiercharakter" korrigiert wird – was indessen dogmatisch nicht überzeugungskräftig ist; vgl. zu der Entscheidung auch *Thietz-Bartram* WM 1988, 177 ff.

[102] Zustimmend *Koller* § 444 HGB Rdn. 7 mit eingehender Ausdifferenzierung der verschiedenen Fallkonstellationen; vgl. ferner schon *Jacobi* Ehrenbergs Handbuch IV 1 S. 337 f, wenngleich ohne klaren Konstruktionsvorschlag.

wenn das Papier dem Empfänger ausgehändigt wird oder wenn dieser mit dem Ablader bzw. Absender ein Besitzmittlungsverhältnis vereinbart. Die Annahme erfolgt konkludent, wobei es gemäß § 151 BGB eines Zugangs nicht bedarf. Für die Auslegung und für das Vorliegen bzw. die Berücksichtigung von Willensmängeln ist auf die Person des Empfängers abzustellen, weil der Begebungsvertrag mit diesem abgeschlossen wird.

Nach einer dritten Ansicht soll ein **mehraktiger Erwerbstatbestand** anzunehmen sein.[103] Danach folgt auf einen ersten Begebungsvertrag zugunsten des Empfängers, der ein echter Vertrag zugunsten Dritter sein soll, bei Inhaber- und Orderpapieren noch ein weiterer, dinglicher Begebungsvertrag zwischen dem Ablader bzw. Absender und dem Empfänger, durch den das Papier an diesen übertragen und (!) die Wertpapierforderung zur Entstehung gebracht wird, während bei Rektapapieren diese Wirkung allein auf der Übergabe beruhen soll. Diese Konstruktion ist indessen allzu gekünstelt und stellt in dogmatischer Hinsicht geradezu eine hybride Mischfigur dar, weil sie Elemente des Vertrags zugunsten Dritter, also eines originären Primärerwerbs, in undurchsichtiger Weise mit Elementen der Rechtsübertragung, also eines derivativen Sekundärerwerbs, kombiniert. Außerdem erscheint es als geradezu widersinnig, dass die Forderung aus dem Papier nicht durch dessen Aussteller und damit durch den Verpflichteten, sondern durch den Übertragenden bzw. Übergebenden und also einen Dritten zur Entstehung gebracht wird. Eine solche Rechtsfigur passt nicht in das System des geltenden Wertpapierrechts, ja nicht einmal in dasjenige des allgemeinen Vertragsrechts.

60

b) Fehlen und Nichtigkeit des Begebungsvertrags. Auch mit der Botentheorie lassen sich freilich nicht die Schwierigkeiten lösen, die sich bei Fehlen oder Nichtigkeit des Begebungsvertrages ergeben. Denn auch wenn man den Ablader bzw. den Absender als Boten ansieht, schlagen das **Abhandenkommen der Urkunde** und **Willensmängel auf Seiten des Ausstellers** grundsätzlich ohne weiteres gegenüber dem Empfänger durch – ähnlich wie bei Annahme eines Vertrags zugunsten Dritter, wo § 334 BGB ausdrücklich die Relevanz der Einwendungen aus dem Vertrage zwischen dem Versprechenden und dem Versprechensempfänger festlegt. Auch mit Hilfe von § 363 Abs. 2 HGB lassen sich derartige Einwendungen nicht ohne weiteres überwinden. Es liegt nämlich an sich eine „unmittelbare" Einwendung vor, da der Empfänger hier nicht etwa ein ursprünglich dem Ablader bzw. dem Absender zustehendes Recht im Wege der Rechtsnachfolge erwirbt, sondern **erster Nehmer des Papiers** ist – und zwar sowohl nach der Botentheorie als auch bei Annahme eines Vertrages zugunsten Dritter. Diesem aber kommt nach allgemeinen wertpapierrechtlichen Regeln grundsätzlich kein Verkehrsschutz durch einen Einwendungsausschluss zugute.

61

Ein solches Ergebnis kann indessen schwerlich hingenommen werden. Denn indem die Parteien den Empfänger zum unmittelbaren und ersten Berechtigten aus dem Papier gemacht haben, wollten sie seine Stellung verstärken und nicht sie im Gegenteil im Vergleich zu einem Indossatar schwächen. Insbesondere entstünde sonst ein untragbarer Wertungswiderspruch gegenüber der Rechtslage bei einem an die eigene Order des Abladers bzw. des Absenders gestellten Papier: wird dieses an den Empfänger indossiert, so ermöglicht § 364 Abs. 2 HGB ohne weiteres einen gut-

---

[103] Vgl. *Schnauder* NJW 1991, 1643f; ihm folgend MünchKomm.-*Dubischar* § 446 Rdn. 4.

§ 363

gläubigen einwendungsfreien Erwerb.[104] Anders zu entscheiden, wenn der Empfänger der erste Berechtigte aus dem Papier ist, besteht wertungsmäßig gesehen keine hinreichende Rechtfertigung. Daher werden zu seinen Gunsten das Fehlen und die Nichtigkeit des Begebungsvertrages nach Rechtsscheinregeln in **Analogie zu § 364 Abs. 2 HGB** präkludiert.[105] Dafür spricht im Übrigen auch die Rechtsstellung des ersten Nehmers eines akzeptierten Wechsels. Denn auch dieser erwirbt nicht durch Indossament, kommt aber gleichwohl in den Genuss des Einwendungsausschlusses;[106] dass der Akzeptant auch dem Aussteller haftet und der Nehmer daher einen „Vormann" hat, stellt zwar einen Unterschied gegenüber der Lage bei Konnossement und Ladeschein dar, kann aber interessen- und wertungsmäßig gesehen nicht den Ausschlag geben.

62 Anders ist freilich bei bloßen **Rektapapieren** zu entscheiden. Bei diesen kennt das geltende Recht nämlich grundsätzlich keinen Schutz gegenüber dem Fehlen und der Nichtigkeit des Begebungsvertrages, und das gilt auch für die kaufmännischen Wertpapiere.[107]

Das heißt indessen nicht, dass der Empfänger hier völlig schutzlos ist. Einen gewissen Schutz bietet ihm zunächst schon die Botentheorie, da es nach dieser für die Auslegung des Begebungsvertrages und für bestimmte tatbestandliche Voraussetzungen der Berücksichtigung von Willensmängeln auf die Person des Empfängers ankommt (vgl. oben Rdn. 59). Darüber hinaus gewährt das bürgerliche Recht sogar einen Einwendungsausschluss, sofern der Aussteller wissentlich einen Scheintatbestand in den Verkehr gebracht hat (vgl. auch unten Rdn. 91 f). Demgemäß haftet der Aussteller eines Rektakonnossements oder eines Rektaladescheins z.B. dem gutgläubigen Empfänger, wenn er das ausgefüllte Papier dem Ablader bzw. dem Absender bereits vor Abschluss des Begebungsvertrages in die Hand gegeben hat und dieser es nun dem Empfänger vorlegt; das folgt sowohl aus einer Analogie zu § 172 I BGB als auch aus einer Analogie zu § 405 BGB.[108] Auch ein gutgläubiger Zweiterwerber wird analog § 405 BGB geschützt, wenn ihm der im Papier benannte Gläubiger oder dessen

---

[104] Im Hinblick auf diesen Satz – der sich wortgleich auch schon in der Vorauflage befand – ist der Vorwurf von *Herber* Festschrift für Raisch S. 70 f, dass hier die Möglichkeit der Ausstellung des Konnossements an die eigene Order des Abladers nicht hinreichend berücksichtigt werde und „beide Möglichkeiten nicht genügend auseinandergehalten" würden, schlichtweg unnachvollziehbar. Im Gegenteil bleibt den Parteien nach der von *Herber* vertretenen Ansicht – die in der Tat bei orthodoxer Sichtweise dogmatisch allein vertretbar ist, was indessen im Text ebenfalls klar gesehen und ausdrücklich ausgesprochen worden ist – nur der Weg über ein Konnossement an die eigene Order des Abladers mit anschließender Übertragung an den Empfänger, um die Möglichkeit eines Einwendungsausschlusses herbeizuführen – und genau das wird hier als paradox kritisiert; denn mit der Wahl *dieses* Weges wollen die Parteien ja, wie *Herber* selbst übrigens richtig sieht, zunächst einmal die Stellung des *Abladers* stärken, während sie zur Stärkung der Stellung des *Empfängers* eher den Weg wählen werden, diesen zum ersten Nehmer zu machen, genau dadurch aber (nach der dogmatisch orthodoxen Lösung) seine Stellung in Wahrheit schwächen, indem sie ihm die Möglichkeit eines Einwendungsausschlusses vorenthalten. Die Ansicht *Herbers* belastet die Parteien also mit der Notwendigkeit einer juristischen „Umwegkonstruktion", mit der Laien angesichts ihrer Subtilität regelmäßig überfordert sind und deren Notwendigkeit man ihnen auch im Interesse ökonomischer Effizienz tunlichst ersparen sollte.

[105] Zustimmend *Koller* § 444 Rdn. 7; a.A. *Schnauder* NJW 1991, 1644, der glaubt, diese Problematik mit Hilfe seiner oben Rdn. 60 abgelehnten Konstruktion einfacher lösen zu können.

[106] Vgl. z.B. *Ulmer* S. 240 vor II; *Hueck/Canaris* § 9 II 1 vor a; *Baumbach/Hefermehl* Art. 17 WG Rdn. 15 a.E., 64 und 94.

[107] Vgl. auch RGZ 87, 388, 389 f für den Rektaladeschein; *Düringer/Hachenburg/Ring* § 446 Anm. 4; *Schaps/Abraham* § 656 Rdn. 24.

[108] Vgl. näher *Canaris* Die Vertrauenshaftung im deutschen Privatrecht, S. 66 ff, 99 f, 107.

Stellvertreter das Papier vorlegt und dessen Aussteller es vor Abschluss des Begebungsvertrages aus der Hand gegeben hatte.[109] War die Urkunde dagegen dem Aussteller abhanden gekommen oder hat er sie unter dem Einfluss eines Willensmangels begeben, so gibt es im bürgerlichen Recht und folglich auch im Recht der Rektapapiere grundsätzlich keinen Einwendungsausschluss.

3. Das Verhältnis des verbrieften Rechts zum Kausalgeschäft

Anders als der Wechsel und der Scheck und anders als i.d.R. auch die kaufmännische Anweisung und der kaufmännische Verpflichtungsschein beziehen sich die in § 363 Abs. 2 HGB geregelten Wertpapiere nicht auf bestimmte Leistungen schlechthin, sondern auf Pflichten aus dem zugrunde liegenden Vertragstypus, also dem Frachtgeschäft, dem Lagergeschäft und dem Transportversicherungsgeschäft (vgl. dazu auch oben Rdn. 57). Denn versprochen wird nicht einfach die Leistung der in der Urkunde genannten Sachen als solche oder die Zahlung einer bestimmten Geldsumme als solche, sondern die Erfüllung der Herausgabepflicht bezüglich eingelagerter oder transportierter Sachen bzw. die Zahlung der Versicherungssumme. In diesem **Zusammenhang mit dem Kausalgeschäft** liegt die wichtigste Besonderheit der in § 363 Abs. 2 HGB genannten Papiere. Dieser wirkt sich unterschiedlich aus, je nachdem, ob die Partei des Kausalgeschäfts und der erste Nehmer des Papiers verschiedene Personen sind wie häufig bei Konnossement und Ladeschein oder ob sie identisch sind wie üblicherweise bei Lagerschein und Transportversicherungspolice.

63

a) **Die Selbständigkeit des Konnossements und des Ladescheins gegenüber dem Frachtvertrag.** Nach § 656 Abs. 1 und § 444 Abs. 3 HGB ist für das Rechtsverhältnis zwischen dem Verfrachter bzw. dem Frachtführer und dem Empfänger der Güter nur das Konnossement bzw. der Ladeschein maßgeblich. Auf den Frachtvertrag kommt es also insoweit grundsätzlich nicht an. Das gilt zunächst für den **Inhalt des Frachtvertrages**: In diesem enthaltene Abreden braucht sich der Empfänger nicht entgegenhalten zu lassen, es sei denn, dass in dem Papier auf sie Bezug genommen ist; das gleiche gilt für aus dem Frachtvertrag folgende Leistungsverweigerungsrechte.[110] Unerheblich sind darüber hinaus aber auch der **Abschluss und die Wirksamkeit des Frachtvertrages**: dessen Fehlen oder Nichtigkeit schlagen gegenüber dem Empfänger nicht durch. Auch dies folgt aus Wortlaut und Sinn der §§ 656 Abs. 1, 444 Abs. 3 HGB, auch wenn diese Vorschriften sich primär auf die Frage des Vertragsinhaltes beziehen dürften. Das ist i.E. allgemein anerkannt.[111] Dagegen können Einwendungen, die nicht den Inhalt oder die Wirksamkeit des Vertrages betreffen, sondern sich aus der gesetzlichen Regelung des Frachtvertragsrechts ergeben, also die so genannten **typusbedingten Einwendungen** auch dem Inhaber des Konnossements und des Ladescheins entgegengesetzt werden (vgl. näher § 364 Rdn. 43).

64

Konstruktiv ist die Selbständigkeit der verbrieften Forderung gegenüber dem Frachtvertrag vom Boden der hier vertretenen **Botentheorie** aus (vgl. oben Rdn. 59) eine Selbstverständlichkeit. Denn es handelt sich nicht nur um zwei verschiedene Verträge, sondern außerdem auch (auf einer Seite) um unterschiedliche Vertrags-

65

---

[109] A.A. i.E. RGZ 87, 389 f, wo jedoch die Möglichkeiten der Rechtsscheinhaftung nicht erörtert sind.
[110] Vgl. BGH DB 1968, 1809, 1810 (wenngleich in Vermischung mit § 364 Abs. 2 HGB); *Koller* § 444 HGB Rdn. 9.
[111] Vgl. z.B. BGHZ 25, 300, 303; *Wüstendörfer* S. 309; *Kühlberg* S. 24 f; *Schlegelberger/Liesecke* § 656 Rdn. 2; *Rabe* § 656 Rdn. 2; *Koller* § 444 Rdn. 9.

schließende, und bei einer solchen Konstellation bedarf nicht die Selbständigkeit, sondern genau umgekehrt eine etwaige Unselbständigkeit eines der Verträge einer besonderen Begründung (etwa mit Hilfe der Lehre von der Geschäftsgrundlage). Aber auch für die von der h. L. vertretene Gegenansicht, wonach der Begebungsvertrag von dem Ablader bzw. dem Absender abgeschlossen wird und als **Vertrag zugunsten Dritter** gemäß § 328 BGB für den Empfänger wirkt (vgl. oben Rdn. 58), dürften sich in dieser Frage keine unüberwindlichen Konstruktionsschwierigkeiten ergeben. Insbesondere steht die Selbständigkeit des Begebungsvertrages nicht etwa in Widerspruch mit § 334 BGB; denn diese Vorschrift bezieht sich lediglich auf Einwendungen aus dem betreffenden Vertrag selbst, hier also aus dem Begebungsvertrag, nicht aber auch auf Einwendungen aus einem anderen Vertrag zwischen dem Versprechenden und dem Versprechensempfänger, der dem Vertrag zugunsten des Dritten lediglich zugrunde liegt.

66 Dogmatisch ist die Selbständigkeit des verbrieften Rechts gegenüber dem Frachtvertrag als **Abstraktheit** zu bezeichnen. Dabei darf man sich nicht von der Mehrdeutigkeit dieses Begriffs verwirren lassen.[112] Dieser wird hier nicht im Sinne von inhaltlicher „Farblosigkeit" oder „Typuslosigkeit" gebraucht, sondern im Sinne von Selbständigkeit gegenüber einem anderen Vertrag, also im Sinne von Nichtakzessorietät. Beide Arten der Abstraktheit können zusammenfallen, wie z. B. beim abstrakten Schuldversprechen, müssen es aber nicht, wie etwa das Beispiel der Grundschuld zeigt, die nur im letzteren Sinne abstrakt ist. Konnossement und Ladeschein sind somit grundsätzlich abstrakt in dem Sinne, dass das verbriefte Recht in Inhalt und Wirksamkeit unabhängig von dem zugrunde liegenden Frachtvertrag ist, aber zugleich typusbezogen in dem Sinne, dass nicht eine rechtlich „farblose" Leistung wie beim abstrakten Schuldversprechen, sondern eine vom gesetzlichen Typus des Frachtvertrages geprägte Leistung geschuldet wird (vgl. auch oben Rdn. 63 und § 364 Rdn. 43). Diese Typusbezogenheit führt nicht etwa zu einer Abhängigkeit des verbrieften Rechts gegenüber dem konkreten Frachtvertrag. Denn die typusbedingten Einwendungen schlagen gegenüber dem verbrieften Recht nicht deshalb durch, weil sie der Kausalforderung aus dem Frachtvertrag entgegengesetzt werden können, sondern deshalb, weil das verbriefte Recht selbst frachtrechtlicher Natur ist und daher an die gesetzlichen Voraussetzungen und Einschränkungen einer frachtrechtlichen Herausgabeforderung gebunden ist; es geht also insoweit nicht um Einwendungen aus dem Frachtvertrag, die ausnahmsweise dem verbrieften Recht entgegengesetzt werden können, sondern um Einwendungen aus dem Konnossements- bzw. Ladescheinverhältnis, das ebenfalls frachtrechtlichen Charakter hat. Deswegen ist es terminologisch wenig glücklich – wenngleich sachlich nicht falsch – von einem **halbkausalen Wertpapier** zu sprechen.[113]

Die Selbständigkeit und Abstraktheit des verbrieften Rechts wird häufig mit der Begründung bekämpft, die Verpflichtung des Verfrachters bzw. des Frachtführers beruhe trotz der Ausstellung des Konnossements bzw. des Ladescheins auch dem Empfänger gegenüber weiterhin auf dem Frachtvertrag und das Papier begrenze lediglich diese Verpflichtung „selbständig und maßgeblich".[114] Das liegt schon deshalb neben der Sache, weil es nicht um die Begrenzung der Pflichten des Verfrachters und des Frachtführers geht, sondern um deren selbständige Begründung gegenüber dem

---

[112] Vgl. zur Terminologie näher *Hueck/Canaris* § 2 VI 1 und *Larenz/Canaris* Schuldrecht II/2¹³ § 61 I 2.

[113] So aber z. B. *Herber* § 30 II 1 c.

[114] So z. B. RGZ 57, 62, 64; *Schlegelberger/Geßler* § 446 Rdn. 2.

Empfänger. Außerdem besteht die Verpflichtung aus dem Konnossement und dem Ladeschein anerkanntermaßen auch beim Fehlen eines Frachtvertrags und kann daher unmöglich auf diesem beruhen.

Scharf zu unterscheiden ist die Selbständigkeit des verbrieften Rechts von dem **wertpapierrechtlichen Einwendungsausschluss** gemäß § 364 Abs. 2 HGB. Es geht hier nämlich nicht etwa um den Zweiterwerb des Rechts und den Ausschluss an sich bestehender Einwendungen, sondern um den Ersterwerb und die von vornherein einwendungsfreie Begründung des Rechts. Die Problematik entspricht daher nicht der von §§ 364 Abs. 2 HGB, 796 BGB, sondern vielmehr der von § 784 Abs. 1 Halbs. 2 BGB. **67**

Das hat erhebliche praktische Konsequenzen. So gilt der Grundsatz der Irrelevanz von Einwendungen aus dem Frachtvertrag nicht nur bei Order- und Inhaberpapieren sondern auch bei **Rektapapieren**. Das wird bestätigt durch den Wortlaut der §§ 656 Abs. 1, 444 Abs. 3 HGB, die sich auf das Konnossement und den Ladeschein schlechthin, also auch auf das Rektakonnossement und den Rektaladeschein beziehen. Auch auf den **guten Glauben** des Empfängers kommt es anders als im Rahmen von § 364 Abs. 2 HGB grundsätzlich nicht an. Nicht einmal positive Kenntnis eines Einwandes aus dem Frachtvertrag schadet dem Empfänger ohne weiteres; denn wenn die Parteien einen Einwand nicht in das Papier aufgenommen haben, darf der Empfänger grundsätzlich davon ausgehen, dass er sich nicht um ihn zu kümmern braucht. Auch Art. 17 WG ist nicht analog anwendbar, da diese Vorschrift nicht die Rechtsstellung des ersten Nehmers betrifft, sondern auf spätere Erwerber zugeschnitten ist und der Ablader bzw. der Absender somit nicht ein „früherer Inhaber" des Papiers i.S. von Art. 17 WG ist; die Rechtsstellung des ersten Nehmers ist eben insofern eine stärkere als die eines späteren Erwerbers, als sein Recht auf einem selbständigen Versprechen ihm gegenüber beruht und nicht aus dem Recht eines Vorgängers abgeleitet ist. Wohl aber ist selbstverständlich § 826 BGB und der Einwand des Rechtsmissbrauchs zu beachten. Dieser kann dem verbrieften Recht z.B. dann entgegenstehen, wenn der Empfänger bei Erwerb des Konnossements oder des Ladescheins Kenntnis von einem Mangel des Frachtvertrages hat und weiß, dass dieser dem Aussteller unbekannt ist.

Die Selbständigkeit von Konnossement und Ladeschein gegenüber dem Frachtvertrag beruht nicht auf zwingendem Recht, sondern kann durch eine **Bezugnahme auf den Frachtvertrag** eingeschränkt oder sogar ganz beseitigt werden.[115] Es gibt also auch **kausale Konnossemente und Ladescheine,** wobei es eine Frage des terminologischen Geschmacks ist, ob man die Zwischenformen noch als teil-abstrakt oder schon als teil-kausal bezeichnet. Wie weit die Abhängigkeit des verbrieften Rechts vom Frachtvertrag reicht, richtet sich nach der betreffenden Klausel in dem Papier und ist eine Frage der Auslegung. Dass die Abhängigkeit umfassend und das Papier somit voll-kausal ist, dürfte selten sein. Insbesondere wird man aus der Bezugnahme auf einzelne Vereinbarungen des Frachtvertrages in aller Regel nicht schließen können, dass damit auch die Wirksamkeit des Frachtvertrages zur Voraussetzung für die Geltendmachung der Rechte aus dem Konnossement bzw. dem Ladeschein gemacht werden soll. Sogar wenn auf den Frachtvertrag im ganzen Bezug genommen wird – was zulässig ist[116] –, kann damit u.U. doch nur die Maßgeblichkeit von dessen Inhalt und nicht zugleich die Abhängigkeit von dessen Wirksamkeit gemeint sein. **68**

---

[115] Vgl. statt aller BGHZ 29, 120, 122 für das Konnossement.

[116] Vgl. z.B. BGHZ 29, 122.

Die Bezugnahme auf den Frachtvertrag beseitigt nicht nur die Selbständigkeit des verbrieften Rechts für den Empfänger, sondern zerstört – in den Grenzen ihres Anwendungsbereichs – grundsätzlich zugleich auch die Möglichkeit des **Einwendungsausschlusses** zugunsten eines späteren Erwerbers des Papiers. Denn da die Bezugnahme auf den Frachtvertrag in der Urkunde enthalten ist, handelt es sich um eine „inhaltliche" Einwendung, die gemäß § 364 Abs. 2 HGB jedem Erwerber entgegengesetzt werden kann.[117] Dass aus dem Papier nicht immer ohne weiteres ersichtlich ist, ob wirklich eine Einwendung aus dem Frachtvertrag vorliegt und welche das gegebenenfalls ist, steht nicht entgegen, da schon die Bezugnahme als solche eine hinreichende Warnfunktion hat und das Entstehen eines Rechtsscheins verhindert; auch bei den „typusbedingten" Einwendungen geht nicht aus dem Papier selbst hervor, ob sie sich verwirklicht haben, und doch sind sie als „inhaltliche" Einwendungen anzuerkennen (vgl. § 364 Rdn. 43). Die **Orderpapiereigenschaft** wird durch die Beseitigung des Einwendungsausschlusses nicht berührt – und zwar auch dann nicht, wenn die Bezugnahme auf den Frachtvertrag umfassend ist und die Möglichkeit eines gutgläubigen einwendungsfreien Erwerbs vollständig ausschließt. Zwar handelt es sich dann um ein atypisches Orderpapier, doch besteht kein Anlass, dieses aus dem Kreis der Orderpapiere überhaupt auszuschließen. Vielmehr ist nur § 364 Abs. 2 HGB unanwendbar, während im Übrigen die Regelung der §§ 364f HGB uneingeschränkt zum Zuge kommt. Daher besteht insbesondere die Möglichkeit gutgläubigen Erwerbs gemäß § 365 HGB i.V.m. Art. 16 Abs. 2 WG und die Möglichkeit einer befreienden Leistung an einen Nichtberechtigten gemäß § 365 HGB i.V.m. Art. 40 Abs. 3 WG.

69 b) **Die grundsätzliche Abhängigkeit des Lagerscheins vom Lagervertrag.** Im Recht des Lagerscheins fehlt eine den §§ 656 Abs. 1, 444 Abs. 3 HGB entsprechende Regelung. Das hat seinen Grund darin, dass nach dem vom Gesetzgeber zugrunde gelegten Typus des Lagergeschäfts üblicherweise der Einlagerer selbst und nicht ein Dritter erster Nehmer des Papiers ist; dem entspricht auch weitgehend die Rechtswirklichkeit.[118] Dem Einlagerer gegenüber fehlt nun aber grundsätzlich ein Anlass für eine Verselbständigung des verbrieften Rechts gegenüber dem Lagervertrag. Folglich schafft der Lagerschein i.d.R. keine selbständige Forderung gegen den Lagerhalter, sondern verbrieft lediglich die Forderung aus dem Lagervertrag.[119] Der Lagerschein ist mithin grundsätzlich ein rein **kausales Wertpapier**.

70 Anders als die abstrakten Wertpapiere wie z.B. Wechsel und Scheck hat der Lagerschein daher grundsätzlich **keine Umkehrung der Beweislast und keinen Verlust aller dem Aussteller bekannten Einwendungen gemäß §§ 812 Abs. 2, 814 BGB** zur Folge. Vielmehr gelten insoweit die allgemeinen Regeln. Der Lagerschein hat also im Verhältnis zwischen dem Einlagerer und dem Lagerhalter nur die Beweisfunktion eines Schuldscheins; den Ausschluss bekannter Einwendungen zieht er nicht ohne weiteres, sondern nur dann nach sich, wenn nach den Umständen des Falles ein rechtsgeschäftlicher Verzicht auf sie anzunehmen ist oder die Voraussetzungen des Rechtsmissbrauchseinwandes gemäß § 242 BGB vorliegen. Dritten gegenüber kommt es darauf an, ob der Lagerschein echtes Order- oder Inhaberpapier oder nur Rektapapier ist: in den ersten beiden Fällen greift der wertpapierrechtliche Einwendungsausschluss

---

[117] Vgl. auch BGHZ 29, 122, wonach eine im Frachtvertrag vereinbarte Schiedsgerichtsklausel grundsätzlich auch für das Konnossement gilt, wenn dieses eine allgemeine Bezugnahme auf den Frachtvertrag enthält.

[118] Vgl. *Abraham* Der Lagerschein S. 14.
[119] Vgl. auch *Abraham* S. 14 und 21.

gemäß §§ 364 Abs. 2 HGB, 796 BGB durch, im letzten Fall sind dagegen nur die allgemeinen Möglichkeiten des Einwendungsausschlusses gegeben (vgl. dazu näher unten Rdn. 87 ff).

Die Schaffung eines **abstrakten Lagerscheins** ist zulässig. Ob sie gewollt ist, ist **71** eine Frage der Auslegung. Sie zu bejahen, liegt vor allem dann sehr nahe, wenn erster Nehmer des Papiers nicht der Einlagerer selbst, sondern ein Dritter wie z.B. eine kreditgewährende Bank ist;[120] denn im Zweifel ist dann eine besondere Sicherstellung des Dritten gewollt, und dazu ist die Begründung einer gegenüber dem Lagervertrag selbständigen und in diesem Sinne abstrakten Forderung das geeignete Mittel. Dann gelten die oben Rdn. 64–68 entwickelten Grundsätze entsprechend.

c) **Die grundsätzliche Abhängigkeit der Transportversicherungspolice vom** **72** **Versicherungsvertrag.** Die Transportversicherungspolice verbrieft die Ansprüche aus einer Transportversicherung gemäß §§ 129ff VVG oder aus einer Seeversicherung gemäß §§ 778 ff HGB (vgl. oben Rdn. 55 a.E.). Bei ihr besteht i.d.R. noch weniger als beim Lagerschein ein Anlass für die Annahme, die Parteien hätten ein selbständiges Recht neben die Ansprüche aus dem Versicherungsvertrag stellen wollen. Auch die Transportversicherungspolice ist daher grundsätzlich ein **kausales Wertpapier**.

Das gilt im Zweifel selbst dann, wenn **erster Nehmer des Papiers nicht der Ver-** **73** **sicherungsnehmer, sondern ein Dritter** ist. Der Versicherer wird nämlich i.d.R. nicht den Willen haben, diesem eine selbständige, von Einwendungen freie Rechtsstellung zu verschaffen. Die Lage ist insoweit nicht vergleichbar mit der entsprechenden Problematik bei Konnossement, Ladeschein und Lagerschein. Denn dabei muss der Aussteller des Papiers in aller Regel die Güter auch bei Nichtigkeit des Kausalgeschäfts herausgeben und geht daher durch die Begründung eines selbständigen Herausgabeanspruchs für einen Dritten nur ein ziemlich begrenztes Risiko ein, zumal sein gesetzliches Pfandrecht i.d.R. ohnehin auch gegenüber dem Dritten wirkt; der Versicherer braucht dagegen bei Unwirksamkeit des Versicherungsvertrages grundsätzlich überhaupt nicht zu leisten, so dass ein Einwendungsausschluss für ihn ungleich weiterreichende Wirkungen hat. Selbstverständlich ist es aber dem Versicherer nach dem Grundsatz der Privatautonomie unbenommen, die Police als **abstraktes Papier** auszugestalten. Das ist z.B. anzunehmen, wenn der Versicherer auf Einwendungen verzichtet hat.[121] Es gelten dann die oben Rdn. 64 ff dargestellten Grundsätze.

Ebenso wie die Abstraktheit der wertpapierrechtlichen Verpflichtung aus den in **74** der vorigen Rdn. dargelegten Gründen für den Versicherer besonders gefährlich ist, bedeutet für diesen auch der – von der Abstraktheit dogmatisch und praktisch scharf zu unterscheidende – **orderpapierrechtliche Einwendungsausschluss gemäß § 364 Abs. 2 HGB** eine erhebliche Gefahr. An der Geltung dieser Vorschrift für die Ordertransportversicherungspolice besteht jedoch angesichts der klaren gesetzlichen Regelung kein Zweifel. Damit hängt zusammen, dass die Transportversicherungspolice mit Wertpapiercharakter heute offenbar nahezu völlig durch die Versicherung für den, den es angeht, ersetzt worden ist.[122]

Im Übrigen werden die Gefahren des Einwendungsausschlusses sehr stark dadurch gemindert, dass die aus dem gesetzlichen Typus des Versicherungsvertrags folgenden Einwendungen auch dem gutgläubigen Erwerber entgegengesetzt werden können, da

---

[120] Vgl. auch *Abraham* S. 14.
[121] Vgl. etwa das Beispiel aus der Feuerversicherung bei *Sieg* VersR 1977, 214 f.
[122] Vgl. *Tsirintanis* Die Order-Polize, 1930, S. 88 f;

Gruns Orderpapiere im Dokumentenverkehr, 1960, S. 52; *Opitz* Der Funktionswandel des Wechselindossaments, 1968, S. 148.

sie „inhaltliche" Einwendungen darstellen (vgl. § 364 Rdn. 43). Es verbleiben somit im Wesentlichen die Einwendungen gegen die Wirksamkeit des Versicherungsvertrags (soweit diese nicht zugleich die Zurechnung des Rechtsscheins ausschließen und daher auch gegenüber einem gutgläubigen Erwerber wirken, vgl. dazu § 364 Rdn. 45ff). Auch deren Ausschluss kann der Versicherer jedoch verhindern, indem er seine Pflicht zur Leistung aus der Orderpolice durch einen entsprechenden Vermerk in der Urkunde von der Wirksamkeit des Versicherungsvertrags abhängig macht und so dessen Unwirksamkeit in den Rang einer inhaltlichen Einwendung erhebt.[123] Es gelten dann die Ausführungen oben Rdn. 68 Abs. 2 entsprechend. Danach lässt die Abhängigkeit des verbrieften Rechts von der Gültigkeit des Kausalvertrags die Orderpapiereigenschaft unberührt und beeinträchtigt weder die Möglichkeit gutgläubigen Erwerbs gemäß § 365 HGB i.V.m. Art 16 Abs. 2 WG noch die Möglichkeit einer befreienden Leistung an einen Nichtberechtigten gemäß § 365 HGB i.V.m. Art. 40 Abs. 3 WG. Diese Möglichkeiten sind aber zur Erreichung des Zwecks der Orderklausel, dem Erwerber von Konnossement oder Ladeschein auch in versicherungsrechtlicher Hinsicht eine vergleichbare Sicherheit zu bieten (vgl. oben Rdn. 55 Abs. 2), weit wichtiger als der Ausschluss von Einwendungen gegen die Wirksamkeit des Versicherungsvertrags. Eine Ordertransportversicherungspolice, in der die Leistungspflicht des Versicherers von der Wirksamkeit des Versicherungsvertrags abhängig gemacht ist, dürfte daher den besten Kompromiss zwischen den Interessen der Beteiligten darstellen.

75 Beim **Fehlen der Orderklausel** wird im Zweifel nicht einmal ein Rektapapier vorliegen;[124] denn auf Grund der Regelung von § 4 Abs. 2 VVG ist der Versicherungsschein im Zweifel kein Wertpapier, sondern bloßer Schuldschein. Selbstverständlich steht es den Parteien jedoch frei, eine echte **Rektaversicherungspolice** zu schaffen. Darin liegt dann zugleich eine Abdingung von § 4 Abs. 2 VVG, die gemäß § 15a VVG zulässig ist; statt dessen gilt die Regelung über das Aufgebotsverfahren analog §§ 808 Abs. 2 BGB, 365 Abs. 2 HGB (vgl. oben Rdn. 27).

76 Als echtes **Inhaberpapier** soll die Police über eine Transportversicherung i.S. von § 129 VVG nach h.L. nicht ausgestaltet werden können, sondern es soll vielmehr stets lediglich ein qualifiziertes Legitimationspapier i.S. von § 808 BGB vorliegen.[125] Dem ist nicht zu folgen.[126] Mit dem Hinweis auf § 4 Abs. 1 VVG lässt sich die h.L. nicht stützen; denn gemäß § 15a VVG ist diese Vorschrift nicht zwingend, und daher ist nicht einzusehen, warum sie eine Begrenzung der Privatautonomie und nicht lediglich eine Auslegungsregel darstellen soll. Noch weniger überzeugt das Argument, die Versicherungsforderung sei „in ihrer Entstehung und Fortdauer vielfach von dem Verhalten des Versicherungsnehmers abhängig", es sei „ungewiß, ob sie je fällig wird" und sie sei „auch in ihrer Höhe ungewiß".[127] Das alles ließe sich nämlich auch gegen die Verbriefung in einem Orderpapier einwenden, hat aber den Gesetzgeber nicht von dessen Zulassung abgehalten; dann muss aber die Verbriefung in einem Inhaberpapier erst recht zulässig sein, da § 793 BGB dessen Schaffung in wesentlich großzügigerer Weise ermöglicht als § 363 HGB die Schaffung von Orderpapieren. Im Übrigen führt die h.L. auch zu ausgesprochen verkehrs- und praxisfeindlichen Ergebnissen, weil sie

---

[123] Str., **a.A.** z.B. *Langenberg* Die Versicherungspolice S. 44.
[124] Vgl. auch *Kisch* Der Versicherungsschein, S. 32.
[125] Vgl. *Kisch* S. 33 f; *Langenberg* S. 46; *Sieg* VersR 1977, 214; MünchKomm.-*Hefermehl* § 363 Rdn. 69.
[126] Zustimmend *Zöllner* § 25 I 6.
[127] So *Kisch* S. 33.

bei Versicherungspolicen mit Inhaberklausel die Möglichkeit des gutgläubigen Erwerbs und des wertpapierrechtlichen Einwendungsausschlusses zerstört.[128]

Für die Police über eine Seeversicherung i.S. von §§ 778 ff HGB ist die Möglichkeit einer Ausgestaltung als echtes Inhaberpapier unbestritten, da insoweit § 4 VVG unanwendbar ist.[129] Im Zweifel ist jedoch auch hier nur ein Namenspapier mit Inhaberklausel i.S. von § 808 BGB gewollt, so dass es für die Annahme eines echten Inhaberpapiers einer entsprechend klaren Vereinbarung bedarf.[130]

IV. Von § 363 HGB nicht erfasste Papiere mit Orderklausel

Wegen des **numerus clausus der Orderpapiere** (vgl. oben Rdn. 2) entstehen Schwierigkeiten bei Papieren mit Orderklausel, die sich nicht unter § 363 HGB subsumieren lassen. Hier gibt es im Wesentlichen zwei Lösungsmöglichkeiten: entweder man wendet § 363 HGB analog an oder man versucht die Problematik mit Hilfe der allgemeinen, nicht orderpapierrechtlichen Regeln in den Griff zu bekommen. Wenn § 363 HGB analog anzuwenden ist, zieht das grundsätzlich zugleich die Qualifikation als **Traditionspapier** nach sich (vgl. unten Rdn. 153). **77**

1. Die Zulassung weiterer echter Orderpapiere im Wege der Analogie

a) **Voraussetzungen und Grenzen einer analogen Anwendung von § 363 HGB.** **78** Das numerus-clausus-Prinzip schließt zwar die Möglichkeit einer analogen Anwendung von § 363 HGB nicht schlechthin aus, verbietet jedoch eine generalklauselartige, tatbestandlich konturlose Durchbrechung der Schranken von § 363 HGB (vgl. oben Rdn. 3). Folglich hängt die Zulässigkeit einer Analogie jeweils von einer **genauen und verhältnismäßig engen Bestimmung der maßgeblichen „Ähnlichkeitsmerkmale"** ab.

Erste und unerlässliche Grundlage ist dabei das Vorliegen der **Kaufmannseigenschaft**. Denn diese ist nicht nur beiden Absätzen des § 363 HGB gemeinsam, sondern hat vor allem auch zwingenden Schutzcharakter und ist daher unverzichtbar (vgl. oben Rdn. 7). Dagegen sind die beiden anderen Voraussetzungen von § 363 I HGB, also die **Vertretbarkeit** der im Papier versprochenen Leistung und die **Unabhängigkeit von einer Gegenleistung** nicht unerlässlich. Das ergibt sich nicht nur aus der rechtspolitischen Fragwürdigkeit dieser Erfordernisse (vgl. dazu oben Rdn. 13 und 17), sondern vor allem aus dem Umstand, dass sie für § 363 Abs. 2 HGB nicht gelten (vgl. oben Rdn. 53). Das Problem der Analogie zu § 363 HGB verengt sich somit insoweit auf die Frage, unter welchen Voraussetzungen auf die Erfordernisse der Vertretbarkeit und der Unabhängigkeit von einer Gegenleistung verzichtet werden kann. Ergänzend kommt die weitere Frage hinzu, ob auch Ansprüche aus Vertragstypen, die nicht ausdrücklich von der Regelung des § 363 Abs. 2 HGB erfasst werden, in Analogie zu dieser in einem Orderpapier verbrieft werden können. **79**

Hierfür bietet nun § 363 Abs. 2 HGB entscheidende Anhaltspunkte. Sieht man einmal von der Transportversicherungspolice ab, deren Einbeziehung in die echten Orderpapiere nur als „Annex" der Orderpapiereigenschaft von Konnossement und Ladeschein verständlich ist (vgl. oben Rdn. 55 Abs. 2), so liegt die Gemeinsamkeit der unter § 363 Abs. 2 HGB fallenden Papiere in der **Verbriefung eines Anspruchs auf die Herausgabe von Gütern.** Hierin liegt daher ein erstes und zugleich das wichtigste **80**

---

[128] Vgl. auch *Sieg* VersR 1977, 217 unter 3a und 218 zum Versicherungszertifikat bei der laufenden Versicherung.
[129] Vgl. statt aller BGH NJW 1962, 1436, 1437.
[130] Vgl. BGH aaO; *Sieg* VersR 1977, 214 m.w. Nachw. in Fn. 20.

§ 363 Viertes Buch. Handelsgeschäfte

Merkmal für die Zulassung einer Analogie. Dieses genügt allerdings für sich allein noch nicht. Denn sonst würde man im praktischen Ergebnis zu einer weitgehenden Aushöhlung der Schranken von Absatz 1 kommen; das zeigt sich etwa daran, dass sonst der an Order gestellte kaufmännische Verpflichtungsschein auch dann als echtes Orderpapier anerkannt werden müsste, wenn er sich auf nicht vertretbare Sachen bezieht und die Leistungspflicht von einer Gegenleistung abhängig macht – ein mit § 363 Abs. 1 HGB unvereinbares Ergebnis.

81 Es müssen daher weitere Kriterien hinzukommen, für die wiederum § 363 Abs. 2 HGB die Richtung weist. Privilegiert sind danach nämlich zwei ganz bestimmte kaufmännische Tätigkeitsbereiche: das **Lagerwesen** zum einen und das **Transportwesen** zum anderen. Hinsichtlich des ersteren stand einer Analogie zwar früher entgegen, dass dadurch das Erfordernis einer staatlichen Ermächtigung zur Ausgabe von Lagerscheinen hätte unterlaufen werden können, doch hat der Gesetzgeber dieses Erfordernis durch das Transportrechtsreformgesetz vom 25.6.1998 (BGBl. I 1588) aufgehoben, so dass dieses Bedenken entfallen ist. Für den Bereich des Transportwesens lässt das Gesetz selbst deutlich die Tendenz zur Großzügigkeit erkennen, indem es die Transportversicherungspolice in den Kreis der Orderpapiere einbezieht. Auch ist immer wieder ins Bewusstsein zu rufen, dass es letztlich stets um die Überwindung der beiden höchst fragwürdigen Merkmale der Vertretbarkeit und der Unabhängigkeit von einer Gegenleistung geht, weil anderenfalls die Schaffung eines Orderpapiers ohnehin schon nach Absatz 1 zulässig wäre; von diesen beiden Merkmalen aber wird das der Vertretbarkeit nur eine geringfügige praktische Rolle spielen – sofern man es nur nicht fälschlich mit dem Vorliegen einer Gattungsschuld identifiziert (vgl. dazu oben Rdn. 14), während das Erfordernis der Unabhängigkeit von einer Gegenleistung gesetzgeberisch ganz besonders schlecht durchdacht ist (vgl. oben Rdn. 17).

Insgesamt dürfte somit bei der **Verbriefung von Herausgabeansprüchen auf dem Gebiete des Transport- und des Lagerwesens** der Weg für eine Analogie zu § 363 II HGB grundsätzlich frei sein. Der Begriff des Transportwesens ist dabei nicht im engen Sinne der eigentlichen Beförderung zu verstehen, sondern umfasst grundsätzlich z.B. auch die Spedition (vgl. dazu näher unten Rdn. 86).

82 Bei der **Verbriefung eines nicht auf Herausgabe gerichteten Anspruchs** kommt eine Analogie zu § 363 Abs. 2 HGB dann in Betracht, wenn das betreffende Papier mit einem Güterpapier des Transportwesens ähnlich eng zusammenhängt und für dessen Umlauf eine ähnliche Annexfunktion hat wie die Transportversicherungspolice. So wäre § 363 II HGB z.B. auf die Seeversicherungspolice analog anzuwenden, wenn man insoweit nicht ohnehin schon mit einer extensiven Auslegung der Vorschrift auskäme (vgl. oben Rdn. 55 a.E.).

83 **b) Beispiele einer analogen Anwendung von § 363 HGB.** Vor der Vereinheitlichung des Transportrechts durch das Transportrechtsreformgesetz vom 25.6.1998 (BGBl. I 1588) bestanden vor allem bei **kombinierten Transporten** mit unterschiedlichen Transportmitteln Regelungslücken für die Ausstellung von Orderpapieren – insbesondere, soweit das Gesetz für eine Teilstrecke überhaupt kein Orderpapier kannte. Der Ausweg bestand darin, die entsprechenden **Durchkonnossemente** in Analogie zu § 363 Abs. 3 HGB als Orderpapiere anzuerkennen;[131] gleiches galt für das **Dokument des kombinierten Transports**,[132] das in den „Internationalen Regeln für

---

[131] Vgl. eingehend *Canaris* 3. Aufl. § 363 Anm. 65 mit umf. Nachw.

[132] Vgl. eingehend *Canaris* 3. Aufl. § 363 Anm. 66 mit umf. Nachw.

ein Dokument des kombinierten Transports" der Internationalen Handelskammer in Paris aus dem Jahre 1973 (revidierte Fassung vom 15.6.1975) vorgesehen war. Durch die Reform sind diese Probleme entfallen. Denn die weite Fassung des Geltungsbereichs der Vorschriften über den Frachtvertrag gemäß § 407 Abs. 3 Nr. 1 HGB führt zu einem entsprechend weiten Anwendungsfeld für den Ladeschein gemäß § 444 HGB, und die Abgrenzung gegenüber dem Konnossement sowie das Zusammenspiel mit diesem wird durch die §§ 450, 452 Satz 2 HGB gewährleistet.

Ähnlich wie früher im kombinierten Verkehr ein einheitliches Orderpapier über eine Transportleistung mit unterschiedlichen Teilleistungen an Stelle mehrerer einzelner Orderpapiere ausgestellt wurde, kann man sich auch heute noch die Zusammenfassung mehrerer Teilleistungen in einem Orderpapier vorstellen. Man denke etwa an die Kombination der Funktionen von Frachtführer und Lagerhalter. Da bei Abschluss zweier getrennter Verträge die Zulässigkeit der Schaffung eines Orderpapiers nach § 363 Abs. 2 HGB – nämlich eines Lade- und eines Lagerscheins – unbedenklich wäre, sollte man grundsätzlich auch die Möglichkeit anerkennen, analog § 363 Abs. 2 HGB ein Orderpapier über den **Herausgabeanspruch aus einem gemischttypischen Vertrag aus Elementen des Fracht- und des Lagerrechts** zu schaffen. Das Gleiche gilt bei solchen gemischttypischen Verträgen, in denen es zu einer **Verbindung von fracht- oder lagerrechtlichen Elementen mit Leistungen eines andersartigen Vertragstyps** kommt, wobei man sich insoweit insbesondere an das Vorbild der Einbeziehung der Transportversicherungspolice in den Anwendungsbereich von § 363 Abs. 2 HGB anlehnen kann. **84**

Gesetzlich nicht geregelt ist die Ausstellung eines Orderpapiers durch einen Spediteur, in dem dieser den gegen ihn gerichteten Herausgabeanspruch verbrieft. Deren Zulässigkeit hat der BGH für das **Forwarders Receipt,** das die Fédération Internationale des Associations des Transporteurs et Assimilés im Jahre 1955 eingeführt hat, verneint.[133] Dem ist im Ergebnis zuzustimmen, weil nach den Feststellungen des BGH das Forwarders Receipt bei der Auslieferung der Ware nicht unbedingt vorgelegt werden muss;[134] denn da demnach zur Geltendmachung des Herausgabeanspruchs nicht die Vorlegung der Urkunde erforderlich ist, liegt überhaupt kein Wertpapier und mithin auch kein Orderpapier vor.[135] **85**

Der BGH hat sich jedoch auf diesen Gesichtspunkt nicht maßgeblich gestützt, sondern seine Entscheidung vor allem damit begründet, dass der Kreis der Orderpapiere nicht durch Parteivereinbarung erweitert werden könne. Damit wird die Problematik indessen nicht ausgeschöpft. Demgemäß beginnen die eigentlichen Schwierigkeiten erst bei **Spediteursbescheinigungen mit Wertpapiercharakter.** Selbstverständlich ist insoweit zunächst, dass diese jedenfalls dann als Orderpapier ausgestellt werden können, wenn sie sich **in den Grenzen von § 363 Abs. 1 HGB** halten; dazu ist lediglich erforderlich, dass sie sich auf vertretbare Sachen – nicht aber unbedingt auf eine Gattungsschuld (vgl. oben Rdn. 14) – beziehen und dass die Herausgabe der Waren nicht im Papier von einer Gegenleistung i.S. eines Äquivalents – wohl aber u.U. von einer anderen Leistung (vgl. oben Rdn. 18) – abhängig gemacht ist. Bei **Fehlen der Voraussetzungen von § 363 Abs. 1 HGB** stellt sich die Frage einer Analogie zu § 363 Abs. 2 HGB (auf die der BGH nicht eingegangen ist). Gegen diese könnte sprechen, dass der Spediteur die Ware nicht selbst zu befördern hat, Konnossement und Ladeschein aber vom Beförderer ausgestellt werden. Auch ist zu bedenken, dass dem **86**

---

[133] Vgl. BGHZ 68, 18, 22.
[134] Vgl. BGHZ 68, 18, 22.
[135] Ebenso *Koller* § 454 Rdn. 24.

Gesetzgeber der Spediteur bekannt war und er ihn trotzdem nicht in den Kreis der durch § 363 Abs. 2 HGB privilegierten Personen aufgenommen hat. In der Tat geht es daher nicht an, ohne weiteres auf jedes von einem Spediteur ausgestellte Papier § 363 Abs. 2 HGB analog anzuwenden. Andererseits hat aber die Wandlung des Transportwesens, insbesondere die Einführung von Containern, auch die Funktion des Spediteurs teilweise verändert – was offenbar gerade für die Schaffung des Forwarders Receipt eine wesentliche Rolle gespielt hat.[136] Jedenfalls dann, wenn ein solcher „Wandel der Normsituation" vorliegt, weil die Wertung des Gesetzgebers die heutige rechtstatsächliche Lage nicht berücksichtigt hat, sind insoweit die Voraussetzungen für eine Rechtsfortbildung grundsätzlich gegeben, so dass man eine Analogie zu § 363 Abs. 2 HGB zulassen kann.

Daran ändert sich grundsätzlich auch dann nichts, wenn außer der Spediteursbescheinigung noch ein anderes Wertpapier wie z. B. ein Konnossement ausgestellt werden soll und tatsächlich ausgestellt wird. Dass der Herausgabeanspruch auf dieselbe Ware nicht durch zwei verschiedene Traditionspapiere repräsentiert sein könne, wie der BGH meint,[137] trifft in dieser Form nicht zu. So ist es z. B. unbestritten, dass über dieselbe Ware zunächst ein Lagerschein und dann ein Konnossement (und schließlich vielleicht sogar noch ein Ladeschein) ausgestellt werden kann. Dementsprechend bestehen auch keine grundsätzlichen Bedenken dagegen, nicht nur den Herausgabeanspruch gegen den Beförderer, sondern zusätzlich den Herausgabeanspruch gegen den Spediteur in einem Traditionspapier zu verbriefen. Allerdings kann nach der Begebung des Konnossements oder eines Ladescheins nur noch durch dessen Übergabe und nicht mehr durch Übergabe der Spediteursbescheinigung über die Güter verfügt werden. Denn da der Spediteur zu diesem Zeitpunkt nur noch mittelbarer Besitzer ist, richtet sich der Herausgabeanspruch gegen ihn lediglich auf Übertragung des mittelbaren Besitzes, und dazu ist gemäß § 870 BGB die Abtretung des Herausgabeanspruchs gegen den unmittelbaren Besitzer, also den Beförderer erforderlich; dieser Anspruch aber kann wegen seiner Verbriefung nur unter Übergabe des Konnossements oder Ladescheins übertragen werden (vgl. unten Rdn. 142). Die Spediteursbescheinigung kann folglich insoweit keine Traditionswirkung entfalten, als der Anspruch gegen den unmittelbaren Besitzer der Güter in einem anderen Traditionspapier verbrieft ist. Das ist jedoch kein hinreichender Anlass, um der Spediteursbescheinigung die Orderpapiereigenschaft vorzuenthalten. Denn zum einen bleiben ja die übrigen Vorteile eines Orderpapiers unberührt, und zum anderen greift auch die Traditionswirkung immerhin insoweit ein, als ein weiteres Traditionspapier nicht besteht oder den Transport nicht abdeckt – also z.B. bis zur Übernahme des Gutes durch den Beförderer oder bei kombinierten Transporten für Teilstrecken, bezüglich derer kein Traditionspapier ausgestellt ist. Untragbare Unklarheiten über die Verfügungsmöglichkeiten entstehen dadurch nicht. Das gilt schon deshalb, weil bezüglich der nicht durch ein Konnossement oder einen Ladeschein gedeckten Teile der Beförderung ohnehin § 931 BGB uneingeschränkt anwendbar bleibt; wenn aber insoweit schon durch Abtretung des unverbrieften Herausgabeanspruchs über die Güter verfügt werden kann, dann bestehen in dieser Hinsicht erst recht keine Bedenken gegen die Zulassung von Verfügungen mit Hilfe des verbrieften Herausgabeanspruchs.

Spricht man einer Spediteursbescheinigung den Charakter als Orderpapier und/oder Traditionspapier ab, so kann ihre Übergabe doch gleichwohl zu einer **Übereignung der Güter** führen. Denn in ihr kann eine konkludente Abtretung des Heraus-

---

[136] Vgl. BGHZ 68, 18, 20.   [137] Vgl. BGHZ 68, 18, 20.

gabeanspruchs gemäß § 931 BGB liegen. Dabei ist freilich zu beachten, dass diese, wie soeben dargelegt, nach Begebung eines Konnossements oder Ladescheins nur noch unter deren Übergabe erfolgen kann. Ob eine Abtretung nach § 931 BGB und eine Einigung über den Eigentumsübergang wirklich gegeben sind, ist eine Frage der Auslegung; sie wird i.d.R. zu bejahen sein, wenn die Spediteursbescheinigung gegen Zahlung des Kaufpreises oder der Akkreditivsumme übertragen wird (vgl. auch oben Rdn. 50 zum entsprechenden Problem beim Lieferschein). Umgekehrt muss auch dann, wenn man der Spediteursbescheinigung den Charakter als Traditionspapier zuerkennt, in ihrer Übertragung nicht notwendigerweise eine Verfügung über die Güter liegen; denn zu dieser bedarf es einer besonderen Einigung bezüglich der Güter (vgl. unten Rdn. 105), und daher stellt sich hier die Auslegungsproblematik nicht wesentlich anders dar als bei Ablehnung des Traditionspapiercharakters (vgl. auch oben Rdn. 51).

2. Papiere mit Orderklausel ohne Orderpapiercharakter

a) **Wertpapierrechtliche Lösungsmöglichkeiten.** Trägt ein Papier eine Orderklausel, lässt es sich aber nicht unter § 363 HGB subsumieren und auch nicht im Wege der Analogie gleichstellen, so ist zunächst zu prüfen, ob es wenigstens als **Rektapapier** aufrechterhalten werden kann. Denn aus dem Fehlen des Orderpapiercharakters folgt selbstverständlich nicht ohne weiteres, dass nun überhaupt kein Wertpapier vorliegt. Andererseits kann freilich aus der Orderklausel allein nicht immer ohne weiteres der Wertpapiercharakter hergeleitet werden, da sich derartige Vermerke z.B. auch auf bloßen Schuldscheinen, Bestätigungsschreiben und dgl. finden (vgl. näher oben Rdn. 23 f). Ist aber der Wertpapiercharakter zu bejahen (vgl. oben Rdn. 23), so treten die allgemein-wertpapierrechtlichen Wirkungen ein: der Schuldner ist nur gegen **Vorlage und Aushändigung der Urkunde** zur Leistung verpflichtet (vgl. oben Rdn. 25); der Erwerber des Papiers ist wegen der **Ausschaltung von § 407 BGB** vor Leistungen des Schuldners an den früheren Gläubiger geschützt (vgl. oben Rdn. 26); bei Vernichtung oder Verlust des Papiers ist ein **Aufgebotsverfahren** möglich und grundsätzlich auch erforderlich (vgl. oben Rdn. 27). 87

Darüber hinaus können teilweise sogar die spezifisch orderpapierrechtlichen Wirkungen eintreten, weil und soweit es einen **Schutz des guten Glaubens an die Orderpapiereigenschaft** gibt. So greift z.B. bei einem nicht-kaufmännischen Orderpapier zwar keinesfalls der Einwendungsausschluss gemäß § 364 Abs. 2 HGB Platz, wohl aber können sonstige Orderpapierwirkungen wie vor allem die Möglichkeit gutgläubigen Erwerbs gemäß § 365 HGB i.V.m. Art. 16 Abs. 2 WG und die Möglichkeit einer befreienden Leistung gemäß § 365 HGB i.V.m. Art. 40 Abs. 3 WG in Betracht kommen, sofern das Papier den äußeren Anschein eines kaufmännischen Orderpapiers erweckt (vgl. näher oben Rdn. 12). 88

b) **Bürgerlich-rechtliche Lösungsmöglichkeiten.** Gewisse Annäherungen an die Wirkungen eines echten Orderpapiers lassen sich teilweise auch mit den allgemeinen Instituten des bürgerlichen Rechts erreichen. So hat das **Indossament** auch bei einem Papier ohne Orderpapiercharakter grundsätzlich Übertragungswirkung, weil es sich als gewöhnliche Zession aufrechterhalten lässt.[138] Sofern es ein Blankoindossament darstellt, besteht sogar in gewissem Umfang die Möglichkeit **gutgläubigen Erwerbs**. 89

---

[138] Vgl. z.B. RGZ 101, 297, 299; MünchKomm.-*Hefermehl* § 363 Rdn. 67.

Denn eine Blanketterklärung ist grundsätzlich der Aushändigung einer Vollmachtsurkunde gemäß § 172 BGB gleichzustellen, ohne dass der Blankettzeichner bei einem Missbrauch die Möglichkeit einer Anfechtung hat.[139] Setzt daher der Blankettnehmer abredewidrig einen anderen Erwerber ein, als er mit dem Blankettzeichner vereinbart hatte, so muss dieser das gegen sich gelten lassen, sofern der Erwerber gutgläubig war.[140]

90 Auch ein **Einwendungsausschluss** lässt sich in gewissen Grenzen mit den Mitteln der Rechtsgeschäftslehre erreichen. Denn der Aussteller kann grundsätzlich gemäß oder analog § 328 BGB zugunsten künftiger Erwerber des Papiers auf seine Einwendungen verzichten.[141] Eine solche Konstruktion ist dogmatisch möglich, da die Person des Begünstigten beim Vertrag zugunsten Dritter nicht schon zur Zeit des Vertragsschlusses festzustehen braucht. Praktisch wird sich ein entsprechender Parteiwille freilich nur sehr selten feststellen lassen, will man nicht Zuflucht zu Fiktionen nehmen.

Außerdem darf man die Reichweite eines rechtsgeschäftlichen Einwendungsverzichts nicht überschätzen. Häufig wird sich nämlich der fragliche Einwand zugleich auf den Vertrag zugunsten Dritter erstrecken, und dann greift er gemäß § 334 BGB auch gegenüber dem gutgläubigen Erwerber durch; hat der Aussteller das Papier z. B. unter dem Einfluss einer arglistigen Täuschung begeben, so wird diese in aller Regel auch den Einwendungsverzichtsvertrag selbst anfechtbar machen. Auf der anderen Seite geht die Konstruktion eines Vertrages zugunsten der zukünftigen Erwerber insofern zu weit, als der Einwendungsverzicht folgerichtig nicht auf gutgläubige Erwerber beschränkt ist. Insgesamt dürfte diese Konstruktion somit einen weitgehend sachwidrigen Versuch darstellen, Probleme der Vertrauenshaftung mit den Mitteln der Rechtsgeschäftslehre zu lösen.

91 Dogmatisch und praktisch wesentlich sachgerechter ist daher der Rückgriff auf die **Rechtsscheinhaftung**, die bekanntlich keine wertpapierrechtliche Besonderheit darstellt, sondern auch im allgemeinen bürgerlichen Recht ein weites Anwendungsfeld hat, wie etwa die §§ 170 ff, 405 BGB beweisen.[142] Mit ihrer Hilfe lässt sich vor allem die Problematik lösen, die bei einer **Aushändigung des Papiers vor Erhalt des Geldes oder der Güter** entsteht: der Aussteller haftet dem gutgläubigen Erwerber des Papiers dann nach den Regeln über die Rechtsscheinhaftung kraft wissentlicher Schaffung eines Scheintatbestandes (vgl. näher oben Rdn. 12 und 62 Abs. 2). Es handelt sich dabei um ein allgemeines Prinzip des bürgerlichen Rechts.[143] Seine Anwendung ist daher ohne weiteres auch dann möglich, wenn kein echtes Orderpapier vorliegt, ja sogar dann, wenn überhaupt kein Wertpapier, sondern nur ein Schuldschein gegeben ist.[144] Erforderlich ist allerdings, dass die Begebung des Papiers freiwillig und unbeeinflusst von Willensmängeln erfolgt ist.[145]

---

[139] Vgl. z. B. RGZ 138, 265, 269 zum Blankolagerschein; BGHZ 40, 65, 67 f und 297, 304 f; *Flume* Allg. Teil des Bürg. Rechts Bd. II⁴ § 49, 2c; *Canaris* Die Vertrauenshaftung im deutschen Privatrecht, 1971, S. 57 f und 60 f m. w. Nachw.

[140] Vgl. auch RGZ 81, 257, 260 zur Blankozession von Grundschuldbriefen und Obligationen.

[141] Vgl. RGZ 71, 30, 31 f; 78, 149, 154; *Jacobi* Ehrenbergs Hdb. IV 1 S. 278 f; *Raiser* ZHR 101, 57 f; *Ulmer* S. 28; MünchKomm.-*Hefermehl* § 363 Rdn. 68.

[142] Vgl. auch RGZ 138, 265, 269 zur Anwendung von § 172 BGB auf einen Blankolagerschein sowie BGH WM 1975, 350, 352 zur Anwendung von § 405 BGB auf einen Rektalagerschein.

[143] Vgl. näher *Canaris* Die Vertrauenshaftung S. 28 ff, 106 f.

[144] Zu zurückhaltend MünchKomm.-*Hefermehl* § 363 Rdn. 68 a. E., der nur § 242 BGB heranziehen will.

[145] Vgl. näher *Canaris* aaO S. 453 ff und S. 548 bei Fn. 40.

Mit Hilfe desselben allgemeinen Rechtsscheinprinzips sind auch die Fälle einer **92**
Leistung ohne Rückgabe des Papiers befriedigend zu lösen. War das verbriefte Recht
schon vor der Leistung des Schuldners auf einen anderen übertragen worden, so ist
dieser ohnehin geschützt, da § 407 BGB nicht nur bei echten Orderpapieren, sondern
bei jedem Wertpapier ausgeschaltet ist (vgl. oben Rdn. 26). Erfolgt die Übertragung
dagegen erst nach der Leistung des Schuldners, so geht es um ein Problem des Einwendungsausschlusses; denn auch ohne Vorlage des Papiers hat die Leistung an den
wahren Berechtigten schuldbefreiende Wirkung, und daher verfügt der Papierinhaber,
der nach der Leistung noch eine Übertragung vornimmt, als Nichtberechtigter. In
derartigen Fällen sollte man den Schuldner kraft Rechtsscheins haften lassen.[146] Er
setzt nämlich wissentlich einen Scheintatbestand, indem er dem Gläubiger das Papier
belässt, und dafür muss er nach den allgemeinen bürgerlichrechtlichen Regeln über die
Rechtsscheinhaftung einstehen.[147] Behauptet der Gläubiger, zur Rückgabe des Papiers
wegen Verlusts oder Untergang außerstande zu sein, so mag ihn der Schuldner auf die
Möglichkeit eines Aufgebots verweisen, die nicht auf Orderpapiere beschränkt ist (vgl.
oben Rdn. 27), oder gemäß bzw. analog § 654 Abs. 4 Satz 2 HGB Sicherheit verlangen.
Allerdings muss die Urkunde wirklich das Vertrauen begründen, dass der Schuldner
nur gegen ihre Rückgabe leisten wird. Das ist nicht schon immer dann ohne weiteres
zu bejahen, wenn im Papier steht, die Leistung werde nur gegen Rückgabe der
Urkunde erfolgen.[148] Kommt jedoch die Orderklausel hinzu – und nur um derartige
Fälle geht es im vorliegenden Zusammenhang –, so wird in aller Regel am Vorliegen
eines objektiven Scheintatbestandes nicht zu zweifeln sein.

Entsprechendes wie für Leistungen ohne Rückgabe des Papiers gilt folgerichtig für
eine nachträgliche **Aufhebung oder Änderung des verbrieften Rechts:** auch diese
kann der Schuldner einem gutgläubigen Erwerber nicht entgegensetzen, wenn er sich
das Papier nicht hat zurückgeben lassen bzw. wenn er die vereinbarte Änderung nicht
im Papier vermerkt hat.[149]

Zweifelhaft und wenig geklärt ist, ob und gegebenenfalls unter welchen Voraus- **93**
setzungen die Orderklausel bei einem Nicht-Orderpapier **Legitimationswirkung
zugunsten des Schuldners** haben kann. Dass die Befreiungswirkung der Leistung an
den formell legitimierten Papierinhaber, wie sie sich für echte Orderpapiere aus § 365
HGB i.V.m. Art. 40 Abs. 3 WG ergibt, nicht notwendigerweise die Orderpapiereigenschaft, ja nicht einmal unbedingt die Wertpapiereigenschaft voraussetzt, beweist § 808
BGB. Auch passen die Gründe, auf denen der numerus clausus der Orderpapiere
beruht (vgl. oben Rdn. 1), insoweit nicht; denn bei der Befreiungswirkung geht es
nicht um die Erweiterung des Kreises der Gegenstände, die sachenrechtlichen Übertragungsformen und der sachenrechtlichen Möglichkeit gutgläubigen Erwerbs unterliegen, und auch die besonderen Gefahren des wertpapierrechtlichen Einwendungsausschlusses spielen hier keine Rolle.

Andererseits lässt sich mit den allgemeinen Kategorien des bürgerlichen Rechts die
Legitimationswirkung schwerlich begründen. In der Indossamentenkette etwa eine
Reihe von Vollmachts- und Ermächtigungserklärungen zu sehen, ist gerade in den
wichtigsten Fällen der Nichtigkeit, des Abhandenkommens und der Fälschung nicht
möglich, weil dann die betreffende Vollmacht oder Ermächtigung ebenfalls nichtig ist
bzw. gänzlich fehlt und es an einer zurechenbaren Schaffung eines Rechtsscheins inso-

---

[146] A. A. h. L., vgl. z. B. *Wiedemann* DB 1960, 944; MünchKomm.-*Hefermehl* § 363 Rdn. 68 a. E.
[147] Vgl. *Canaris* aaO S. 28 ff, insbesondere S. 101.
[148] Vgl. *Wiedemann* DB 1960, 943 ff.
[149] A. A. RGZ 101, 297, 300.

weit regelmäßig fehlt.¹⁵⁰ Ebenso wenig ist in derartigen Fällen mit einer Analogie zu § 409 BGB zum Ziel zu kommen, weil die „Anzeige" nicht zurechenbar ist oder überhaupt fehlt. Auch die Konstruktion einer schon bei der ersten Begebung erteilten unwiderruflichen Ermächtigung des Schuldners zur Leistung an den formell Legitimierten ist kein gangbarer Ausweg.¹⁵¹ Denn das wäre eine unzulässige Ermächtigung zu Lasten aller späterer Inhaber; anzunehmen, dass diese schon durch den Erwerb des mit der Orderklausel versehenen Papiers diese Ermächtigung konkludent genehmigen oder dgl., wäre eine blanke Fiktion.

Am ehesten vertretbar erscheint noch eine **analoge Anwendung von § 808 BGB**. Denn wenn die Parteien ein Rektapapier mit dem Inhalt schaffen können, dass der Schuldner befreiend an jeden Inhaber leisten kann, dann ist nicht einzusehen, warum sie nicht auch ein Papier mit dem Inhalt sollen schaffen können, dass der Schuldner befreiend an jeden leisten kann, der durch eine ununterbrochene Reihe von Abtretungserklärungen formell legitimiert ist. Dass das geltende Recht Inhaberklauseln in weiterem Umfang zulässt als (echte) Orderklauseln, steht nicht entgegen, da die mit dem numerus clausus der Orderpapiere verfolgten Schutzzwecke, wie dargelegt, durch die Zulassung der Befreiungswirkung grundsätzlich nicht berührt sind und da § 808 BGB sich ja im Übrigen ohnehin auf Namenspapiere bezieht. Eine andere Frage ist natürlich, ob die Parteien wenigstens die Befreiungswirkung zugunsten des Schuldners gewollt hätten, wenn ihnen die Unzulässigkeit der Schaffung eines echten Orderpapiers bewusst gewesen wäre. Wenn dies aber zu bejahen ist, sollte man analog § 808 BGB die Möglichkeit einer befreienden Leistung an den nicht-berechtigten Papierinhaber anerkennen.

94 Soweit sich die für ein Orderpapier charakteristischen Rechtsfolgen nicht erzielen lassen, bleibt immer noch die Möglichkeit eines **Schadensersatzanspruchs wegen Schutzpflichtverletzung, insbesondere aus culpa in contrahendo gemäß § 311 Abs. 2 und 3 BGB**. Ein solcher ist etwa dann zu bejahen, wenn der Schuldner dem Inhaber des Papiers auf eine Anfrage eine falsche oder irreführende Antwort gibt.¹⁵² Dabei ist zu beachten, dass Schutzpflichten nicht nur gegenüber dem ersten Nehmer, sondern u. U. auch gegenüber den späteren Inhabern des Papiers bestehen können;¹⁵³ denn dafür genügt auch ein mittelbarer rechtsgeschäftlicher Kontakt, sofern nur erkennbar ist, dass eine etwaige Pflichtverletzung sich auf die Rechtsgüter oder Interessen Dritter auswirken wird – und letzteres wird bei einem zum Umlauf bestimmten Papier in aller Regel zu bejahen sein.

V. Die sachenrechtlichen Wirkungen der Traditionspapiere gemäß §§ 448, 475g, 650 HGB

1. Gesetzeszweck und dogmatische Einordnung

95 Nach §§ 448, 475g, 650 HGB hat die Übergabe eines Orderlagerscheins, eines Ladescheins und eines Konnossements an denjenigen, der durch das Papier zur Empfangnahme des darin bezeichneten Gutes legitimiert wird, für den Erwerb von Rechten an den Gütern dieselben Wirkungen wie die Übergabe der Güter. Der **Zweck dieser Vorschriften und ihr Verhältnis zu den korrespondierenden sachenrechtlichen Bestimmungen des BGB** ist seit langem Gegenstand eines heftigen Theorienstreits.

---

¹⁵⁰ Vgl. *Canaris* aaO S. 35 f, 38 f.
¹⁵¹ **A. A.** *Helm* Festschr. für Hefermehl, 1976, S. 72.
¹⁵² Vgl. z. B. RGZ 101, 297, 301.
¹⁵³ Vgl. dazu auch *Koller* § 444 HGB Rdn. 21.

a) Die relative Theorie. Nach der relativen Theorie enthalten die §§ 448, 475g, 650 HGB keinen eigenständigen Verfügungstatbestand, sondern stellen lediglich eine besondere Formulierung der vom BGB vorgesehenen Erwerbsformen dar.[154] Der Eintritt der „Traditionswirkung" hängt daher davon ab, ob die gleichen Rechtsfolgen sich auch nach den einschlägigen Bestimmungen des BGB begründen lassen. Demgemäß bildet die Übertragung mittels eines Traditionspapiers nach dieser Theorie lediglich einen **Unterfall von § 931 BGB**. Die Möglichkeit gutgläubigen Erwerbs vom Nichtberechtigten richtet sich folglich nach § 934 BGB, für die Frage des lastenfreien Erwerbs gilt grundsätzlich § 936 Abs. 1 Satz 2 und Abs. 3 BGB, und die Verpfändung hat nach § 1205 Abs. 2 BGB zu erfolgen.

Die **Kritik** an der relativen Theorie hat nahe liegender Weise immer wieder eingewandt, dass diese den §§ 448, 475g, 650 HGB jeden eigenständigen Gehalt nehme und sie zu rein deklaratorischen – und damit letztlich überflüssigen – Bestimmungen degradiere. Der Einwand scheint sich zwar geradezu aufzudrängen, ist aber letztlich doch nicht durchschlagend. Zwar ist es eine vernünftige Maxime der Auslegung, dass einer Norm grundsätzlich ein eigenständiger Anwendungsbereich belassen werden muss, doch ist andererseits nicht zu bezweifeln, dass es auch Vorschriften rein deklaratorischer Natur gibt. Dass es sich hier um solche handeln könnte, legt vor allem die **Entstehungsgeschichte** nahe. Vor Inkrafttreten des BGB gab es nämlich keine dem § 931 entsprechende Möglichkeit der Eigentumsübertragung. Daher war es lange Zeit zweifelhaft und streitig, ob man mittels eines Lagerscheins, Ladescheins oder Konnossements überhaupt über die darin bezeichneten Güter verfügen könne oder ob dazu deren körperliche Übergabe erforderlich sei.[155] Diese Alternative im ersteren Sinne zu entscheiden, war das primäre Anliegen von Art. 649 ADHGB – der der Sache nach im Wesentlichen dem heutigen § 650 HGB entspricht –, und auch bei der Schaffung des HGB stand noch die Frage des „Ob" der dinglichen Wirkung einer Verfügung mittels Traditionspapier ganz im Vordergrund.[156] Seit diese Frage durch § 931 BGB ganz allgemein im bejahenden Sinne entschieden worden ist, haben die §§ 424 a.F. (= § 475g), 450 a.F. (= § 448), 650 HGB zumindest den Kern ihres ursprünglichen Gehalts verloren.

Ob diese Vorschriften wenigstens noch **in Randbereichen eine eigenständige, d.h. über das BGB hinausgehende Bedeutung** haben, lässt sich nicht durch generelle Überlegungen, sondern nur nach einer sorgfältigen Analyse der einzelnen Sachprobleme entscheiden. Aus der bloßen Aufrechterhaltung dieser Vorschriften ergibt sich jedenfalls nichts gegen die relative Theorie. Denn angesichts der Schwierigkeit, alle Auswirkungen der Regelung des BGB auf den Gehalt von §§ 424 a.F., 450 a.F., 650 HGB genau zu überschauen, war es gesetzgeberisch zweifellos das beste, diese Normen einfach unverändert beizubehalten und die genaue Bestimmung ihres Verhältnisses zum BGB der wissenschaftlichen Diskussion zu überlassen. Auch die Bemerkung in den Motiven, die handelsrechtlichen Vorschriften über die Traditionswirkung enthielten „eine Ausnahme von den gesetzlichen Erfordernissen der Sachübergabe" und gehörten „also unter die Vorschriften über die Eigenthumserwerbung",[157] spricht entgegen einer verbreiteten Ansicht[158] nicht gegen die relative Theorie. Denn auch § 931 BGB macht eine „Ausnahme von dem gesetzlichen Er-

---

[154] Vgl. *Hellwig* Die Verträge auf Leistung an Dritte, 1899, S. 344 ff; *Makower* Komm. zum HGB, 13. Aufl. 1907, § 424 Anm. II a 1.
[155] Vgl. näher *Stengel* S. 186 ff m. Nachw.
[156] Vgl. *Stengel* S. 188 ff.
[157] Mot. S. 90.
[158] Vgl. z.B. *Heymann* S. 182 f; *Schlenzka* S. 51; *Kühlberg* S. 66.

fordernis der Sachübergabe", und daher ist es mit den Motiven durchaus vereinbar, die §§ 424 a. F. (= § 475g), 450 a. F. (= § 448), 650 HGB als Unterfall von § 931 BGB zu konstruieren.

99 b) **Die absolute Theorie.** Nach der absoluten Theorie enthalten die §§ 448, 475g, 650 HGB eine **eigenständige Erwerbsform,** die zusätzlich zu den im BGB geregelten Tatbeständen hinzukommt.[159] Folglich sind §§ 934, 936 Abs. 3 und 1205 Abs. 2 BGB unanwendbar. Statt dessen gelten die Vorschriften über den **Rechtserwerb durch Einigung und Übergabe,** wobei die Übergabe des Gutes gemäß §§ 448, 475g, 650 HGB durch die Übergabe des Papiers ersetzt wird. Praktisch bedeutet das vor allem, dass es auf die besitzrechtlichen Voraussetzungen des BGB, insbesondere auf das Erfordernis des mittelbaren Besitzes nach §§ 934 1. Alt., 936 Abs. 1 Satz 3, 1205 Abs. 2 BGB grundsätzlich nicht ankommt.

100 Auch die Vertreter der absoluten Theorie stützen sich zur Begründung sehr stark auf die **historische Entwicklung** und berufen sich u. a. darauf, dass die Institution der Traditionspapiere älter sei als das BGB und daher unabhängig von diesem verstanden werden müsse. Diese Argumentation hält jedoch der **Kritik** nicht stand. Denn es ist eben gerade die entscheidende Frage, welchen Einfluss das Inkrafttreten des BGB auf den Gehalt der §§ 424 a. F., 450 a. F., 650 HGB hatte. Die Möglichkeit einer Beeinflussung von vornherein zu leugnen, ist nicht nur mit dem Prinzip der „Einheit der Rechtsordnung" unvereinbar, sondern auch deswegen verfehlt, weil an der Tatsache nicht vorbeizukommen ist, dass das ursprüngliche primäre Anliegen der Lehre von den Traditionspapieren nun einmal durch § 931 BGB gegenstandslos geworden ist (vgl. oben Rdn. 97). Überdies war das Problem, das heute im Mittelpunkt der absoluten Theorie steht, nämlich die Bedeutung des mittelbaren Besitzes für die Anwendbarkeit der §§ 424 a. F., 450 a. F., 650 HGB, bei der Schaffung dieser Vorschriften noch gar nicht erkannt, wie auch Anhänger der absoluten Theorie einräumen.[160] Auch gegenüber der absoluten Theorie gilt daher derselbe Einwand wie gegenüber der relativen Theorie: die Frage des Verhältnisses der Vorschriften des HGB über die Traditionspapiere zum BGB kann nicht pauschal durch dogmatische Konstruktion entschieden werden, sondern hängt von der Lösung der einzelnen Sachprobleme ab; nur wenn und soweit diese sich mit den Kategorien und Wertungen des BGB nicht adäquat bewältigen lassen, hat die absolute Theorie im Ergebnis (ganz oder teilweise) Recht, doch darf diese Frage nicht durch ein theoriebedingtes „Vorverständnis" präjudiziert werden.

101 c) **Die Repräsentationstheorie.** Im neueren Schrifttum wird – mit gewissen Varianten und Modifikationsformen – überwiegend die Repräsentationstheorie vertreten.[161] Danach „repräsentiert" das Papier den mittelbaren Besitz an der Ware.[162] Die Repräsentationstheorie stimmt mit der absoluten Theorie darin überein, dass es nicht um eine Übereignung nach § 931 BGB, sondern um eine **selbständige Form der Übereignung nach § 929 BGB** durch Einigung und Papierübergabe geht; dementsprechend hält sie die §§ 934, 936 Abs. 1 Satz 3 und Abs. 3, 1205 Abs. 2 BGB grundsätzlich für unanwendbar. Im Gegensatz zur absoluten Theorie macht die Repräsentationstheorie das Eingreifen der Traditionswirkung jedoch davon abhängig, dass der Verpflichtete dem berechtigten Inhaber des Papiers den Besitz vermittelt; nur in der dadurch be-

---

[159] Vgl. z. B. *Heymann* S. 160 ff; *Schlenzka* S. 88 ff; *Kühlberg* S. 54 ff.
[160] Vgl. *Heymann* S. 144 Fn. 1.
[161] Vgl. z. B. MünchKomm.-*Hefermehl* § 363 Rdn. 54; *Schlegelberger/Liesecke* § 650 Anm. 2; *Schaps/Abraham* § 650 Rdn. 11; *Rabe* § 650 Rdn. 5.
[162] Vgl. etwa BGHZ 49, 160, 163, wenngleich ohne explizite Stellungnahme zu dem Theorienstreit.

gründeten Einwirkungsmöglichkeit auf die Ware soll eine hinreichende tatsächliche Beziehung zu den Gütern bestehen, die deren „Repräsentation" durch das Papier rechtfertigen könne.

102 Was das **Verhältnis der Repräsentationstheorie zur relativen Theorie** angeht, so steht sie dieser weitaus näher, als ihre Anhänger wahrhaben wollen. Das ist nur deshalb lange Zeit unbemerkt geblieben, weil man die **Auswirkungen der Verbriefung des Herausgabeanspruchs** nicht genügend berücksichtigt hat. Tut man dies, so kommt man nahezu vollständig mit der Anwendung von § 931 BGB aus.[163] So bereitet z.B. die Regelung von § 934 BGB so lange keine Schwierigkeiten, als man mit der Repräsentationstheorie an dem Erfordernis des mittelbaren Besitzes festhält; denn da der gutgläubige Erwerber des Papiers gemäß § 365 HGB i.V.m. Art. 16 Abs. 2 WG den Herausgabeanspruch erwirbt, erlangt er gemäß § 870 BGB den mittelbaren Besitz, und das genügt anerkanntermaßen für die 2. Alternative von § 934 BGB (vgl. näher unten Rdn. 117). Auch bei § 936 BGB kommt man ohne weiteres zu sachgerechten – und zwar differenzierenden – Lösungen, wenn man auf die Verbriefung abhebt und dementsprechend die Lehre vom wertpapierrechtlichen Einwendungsausschluss heranzieht (vgl. näher unten Rdn. 124 ff). Die Ersetzung von § 931 BGB durch § 929 BGB, die den dogmatischen Kern der Repräsentationstheorie und ihren entscheidenden Unterschied gegenüber der relativen Theorie ausmacht, ist daher nicht haltbar.[164]

Darüber hinaus fragt es sich, ob die Repräsentationstheorie heute überhaupt noch eine Existenzberechtigung hat. Das dürfte zu verneinen sein. Denn **praktische Unterschiede gegenüber der – wertpapierrechtlich fortgebildeten – relativen Theorie** verbleiben allenfalls in marginalen Ausnahmefällen, die zu abseitig und atypisch sind, um die Aufrechterhaltung einer eigenständigen Theorie zu rechtfertigen (vgl. unten Rdn. 123). Die Problemstellung spitzt sich daher auf die Alternative zwischen der – wertpapierrechtlich fortgebildeten – relativen Theorie und der absoluten Theorie zu. Die Entscheidung hängt dabei von der Stellungnahme zu dem Erfordernis des mittelbaren Besitzes ab (vgl. dazu unten Rdn. 108 ff, 118 ff). Auf die Lösung dieser Frage dürfte sich die praktische Bedeutung des gesamten Theorienstreits im Wesentlichen beschränken. Diese Minimalisierung wiederum lässt es als zweifelhaft erscheinen, ob hier überhaupt noch ein Bedürfnis nach der Formulierung einer „Theorie", die diesen Namen wirklich verdient, anzuerkennen ist (vgl. dazu unten Rdn. 155 ff).

2. Die tatbestandlichen Voraussetzungen der Traditionswirkung

103 a) **Die Übertragung des Papiers.** Der Wortlaut der §§ 448, 475g, 650 HGB könnte den Gedanken nahe legen, dass zur Herbeiführung der Traditionswirkung die **Übergabe des Papiers** genügt. Das trifft indessen nicht zu. Die Formulierung des Gesetzes ist vielmehr als **abkürzende Ausdrucksweise für die Übertragung des Papiers und des darin verbrieften Herausgabeanspruchs** zu verstehen (vgl. auch unten Rdn. 162); denn es besteht kein Anhaltspunkt dafür, dass für die Traditionswirkung eine Abweichung von den allgemeinen wertpapierrechtlichen Regeln gelten soll, und außerdem enthalten die §§ 448, 475g, 650 HGB selbst einen deutlichen Hinweis auf die Notwendigkeit einer Übertragung des Papiers, indem sie dessen Übergabe an denjenigen fordern, den dieses „zum Empfang des Gutes legitimiert". Allerdings genügt dazu ein **Indossament** entgegen dem missverständlichen Wortlaut von § 364 Abs. 1 HGB

---

[163] Vgl. grundlegend Zöllner § 25 IV 3 und Stengel S. 167 ff.

[164] Vgl. Zöllner und Stengel aaO sowie zusammenfassend unten Rdn. 155 ff.

für sich allein noch nicht (vgl. auch § 364 Rdn. 1). Hinzukommen muss vielmehr wie immer die **Übereignung des Papiers** und eine hierauf gerichtete **Einigung**.[165]

104 Entgegen dem Wortlaut des Gesetzes ist darüber hinaus die körperliche Übergabe des Papiers nicht einmal erforderlich. Vielmehr genügt insoweit entgegen der wohl vorherrschenden Ansicht[166] ein **Übergabesurrogat**.[167] Denn dieses reicht auch sonst für die Übertragung eines Wertpapiers aus.[168] Bezüglich der Traditionswirkung etwas anderes anzunehmen, besteht auch in dieser Frage kein Anlass. Das Argument der Gegenansicht, dass die Traditionspapiere Präsentations- und Einlösungscharakter haben,[169] überzeugt schon deshalb nicht, weil alle echten Wertpapiere grundsätzlich Präsentationspapiere sind; außerdem zwingt der Umstand, dass das verbriefte Recht nicht ohne unmittelbaren Besitz an der Urkunde geltend gemacht werden kann, in keiner Weise dazu, nun auch für die ganz andere Frage des Eigentumserwerbs am Papier dessen unmittelbaren Besitz zu fordern.

Die Frage hat erhebliche praktische Bedeutung, weil Traditionspapiere nicht selten bei einem Dritten wie vor allem einer Bank deponiert werden und Verfügungen über sie dann naturgemäß nicht durch ihre körperliche Übergabe, sondern durch bloße **Umbuchungen** erfolgen, zu deren dogmatischer Erfassung der Rückgriff auf die Übergabesurrogate unerlässlich ist. Der **Funktionsverlust des Wertpapiers**[170] hat somit auch schon die Traditionspapiere erfasst.

105 b) **Die Einigung bezüglich der Rechtsänderung an der Sache.** Zur Übertragung des Papiers muss nach richtiger Ansicht die **Einigung über den Übergang des Eigentums an der Sache bzw. über die Bestellung eines beschränkten dinglichen Rechts** wie vor allem eines Pfandrechts oder eines Nießbrauchs hinzukommen.[171] Das ergibt sich unmittelbar aus dem Wortlaut des Gesetzes. Denn danach hat die Übergabe des Papiers lediglich dieselben Wirkungen wie die Übergabe des Gutes, und da diese nicht für sich allein, sondern nur in Verbindung mit einer Einigung den Eigentumsübergang bzw. die Entstehung eines Pfandrechts oder eines Nießbrauchs herbeiführen würde, bedarf es auch hier einer derartigen Einigung. Auf diese kann im Übrigen auch aus praktischen Gründen gar nicht verzichtet werden. So ergibt sich z.B. erst aus ihrem Inhalt – und nicht etwa schon aus der Einigung über die Übertragung des Papiers –, ob ein Übergang des *Eigentums* an der Ware oder lediglich die Bestellung eines *beschränkten dinglichen Rechts* oder vielleicht sogar nur die *Abtretung des Herausgabeanspruchs* gewollt ist.

106 c) **Die Übernahme des Gutes.** Das Gesetz lässt die Traditionswirkung erst eintreten, wenn der Frachtführer, Lagerhalter oder Verfrachter die Güter übernommen hat. Das ist sachgerecht. Vor einer solchen Übernahme fehlt es nämlich an jeder sachenrechtlichen Beziehung zwischen dem Aussteller des Traditionspapiers und dem Gut,

---

[165] Das ist ganz h.L., vgl. z.B. MünchKomm.-*Hefermehl* § 363 Rdn. 56; *Stengel* S. 162 m.w. Nachw.; *Koller* § 448 Rdn. 3; **a. A.** *Zöllner* § 2 II 3 b und § 14 I 1 b, der zwar einen Begebungsvertrag, aber keine Übereignung des Papiers und keine Übergabe fordert.

[166] Vgl. *Wüstendörfer* S. 324; *Schaps/Abraham* § 650 Rdn. 14; *Schlegelberger/Liesecke* § 650 Rdn. 5; *Rabe* § 650 Rdn. 9; *Schnauder* NJW 1991, 1645 mit Fn. 23.

[167] Vgl. auch *Jacobi* Ehrenbergs Handbuch IV 1 S. 548; *Stengel* S. 162; wohl auch MünchKomm.-*Hefermehl* § 363 Rdn. 56, der hinsichtlich der Übergabe auf die §§ 929 ff BGB und damit auch auf die Surrogate verweist.

[168] Vgl. z.B. *Baumbach-Hefermehl* Einl. WG Rdn. 26.

[169] Vgl. z.B. *Schaps/Abraham* aaO.

[170] Vgl. dazu näher *Hueck/Canaris* § 1 III.

[171] Das ist ganz h.L., vgl. z.B. *Zöllner* § 25 IV 1; MünchKomm.-*Hefermehl* § 363 Rdn. 57; *Heymann/Horn* § 363 Rdn. 25; *Reinicke* BB 1960, 1369; *Stengel* S. 163 f; a. A. vor allem *Schlenzka* S. 123 ff und *Serick* S. 327 f.

und daher kann eine Verfügung mittels des Traditionspapiers noch nicht in Betracht kommen. Der Frachtführer usw. muss daher den **Besitz an den Gütern** erlangt haben, damit die Traditionswirkung zum Zuge kommen kann. Mittelbarer Besitz genügt;[172] denn dieser wird grundsätzlich dem unmittelbaren Besitz gleich gestellt und schafft die erforderliche sachenrechtliche Beziehung zu dem Gut.

Aus dem Übernahmeerfordernis folgt nicht, dass stets **mittelbarer Besitz des Papierinhabers** entsteht oder dass dieser gar Tatbestandsvoraussetzung für die Traditionswirkung ist.[173] Dem Wortlaut des Gesetzes ist dergleichen nicht zu entnehmen. Es darf auch nicht hineininterpretiert werden. Hat nämlich der Aussteller des Papiers den Besitz erlangt, so besteht jedenfalls ein Herausgabeanspruch gegen ihn, und daher wäre sogar nach § 931 BGB eine Verfügung über das Gut möglich. Es kann aber keinesfalls angenommen werden, dass die §§ 448, 475g, 650 HGB in ihrer Reichweite hinter § 931 BGB zurückbleiben; das widerspräche nicht nur der Funktion, die diese Bestimmungen vor Erlass des BGB hatten (vgl. oben Rdn. 97), sondern wäre auch von der Sachproblematik her durch nichts gerechtfertigt. 107

Die unmittelbare praktische Bedeutung der Frage ist freilich gering. Denn wenn die Ausstellung des Papiers der Übernahme der Güter zeitlich nachfolgt oder mit ihr zusammenfällt, ist es nicht gut vorstellbar, dass der Aussteller nicht für den Papierinhaber, sondern für einen anderen oder für sich selbst besitzen will. Denkbar ist dies freilich, wenn die Übernahme der Güter ausnahmsweise erst nach der Ausstellung des Papiers erfolgt; dann sind die §§ 448, 475g, 650 HGB anwendbar, ohne dass es auf den Besitzmittlungswillen des Ausstellers ankommt.[174] Dogmatisch ergibt sich daraus u.a., dass die **Repräsentationstheorie** nicht nur überflüssig ist (vgl. dazu oben Rdn. 102 sowie zusammenfassend unten Rdn. 155), sondern auch sachlich nicht zutrifft. Denn die Problematik zeigt, dass die Urkunde nicht notwendig den mittelbaren Besitz „repräsentiert", sondern nur den Herausgabeanspruch verbrieft und die Traditionswirkung lediglich irgendeine Form der Besitzerlangung – Fremd- oder Eigenbesitz – auf Seiten des Ausstellers voraussetzt.

d) **Der Fortbestand des Besitzes.** Die h.L. macht das Eintreten der Traditionswirkung nicht nur davon abhängig, dass der Papierinhaber anfänglich den mittelbaren Besitz erlangt hat, sondern fordert darüber hinaus dessen **Fortbestand**.[175] Dementsprechend verneint sie die Anwendbarkeit der §§ 448, 475g, 650 HGB sowohl dann, wenn der Frachtführer usw. den Besitz der Güter überhaupt verloren hat, wie z.B. bei deren **Diebstahl** oder bei ihrer **Auslieferung an einen Dritten,** als auch dann, wenn der Frachtführer usw. seinen bisherigen Fremdbesitz in Eigenbesitz verwandelt, wie z.B. bei einer **Unterschlagung** der Güter. Zur Begründung beruft sich die h.L. zum einen auf die angebliche Repräsentationsfunktion der Urkunde und zum anderen auf das im Gesetz enthaltene Erfordernis der Übernahme der Güter. 108

Die h.L. hält der **Kritik** nicht stand. Der Hinweis darauf, dass das Papier den mittelbaren Besitz an den Gütern repräsentiere, ist eine glatte petitio principii; denn gerade dieses Merkmal steht nicht im Gesetz und bildet den eigentlichen Gegenstand des Streits. Es kommt hinzu, dass das Erfordernis des mittelbaren Besitzes gerade in 109

---

[172] Ebenso MünchKomm.-*Hefermehl* § 363 Rdn. 55.
[173] A.A. h.L., vgl. z.B. MünchKomm.-*Hefermehl* § 363 Rdn. 55; *Stengel* S. 174 ff.
[174] A.A. *Stengel* S. 178.
[175] Vgl. MünchKomm.-*Hefermehl* § 363 Rdn. 58;

Wüstendorfer Seehandelsrecht S. 323 f; *Schlegelberger/Liesecke* § 650 Rdn. 4; *Rabe* § 650 Rdn. 8; *Zöllner* § 25 IV 3 d; *Stengel* S. 178 ff; a.A. vor allem die Anhänger der absoluten Theorie, vgl. z.B. *Kühlberg* S. 56 ff.

einigen besonders wichtigen Fällen größte Schwierigkeiten bereitet, obwohl in ihnen die Anwendbarkeit der §§ 448, 475g, 650 HGB außer Frage steht. So sind z. B. der Dieb oder der Finder der Urkunde nicht mittelbare Besitzer der Güter, und doch können sie zweifellos das Eigentum an diesen auf einen gutgläubigen Erwerber übertragen (vgl. unten Rdn. 117). Daher ist es geradezu abwegig zu fordern, dass „der Verfügende (Indossant) den mittelbaren Warenbesitz hat".[176] Allenfalls könnte in Betracht kommen, dass der Frachtführer usw. „dem rechtmäßigen Inhaber des Scheins den Besitz vermitteln" muss.[177] Auch dieses Erfordernis ist jedoch einigermaßen merkwürdig, da es in den einschlägigen Fällen in aller Regel eben gerade nicht um Verfügungen des „rechtmäßigen Inhabers", sondern um Verfügungen eines Nichtberechtigten geht und es jedenfalls nicht ohne weiteres einleuchtet, inwiefern deren Wirksamkeit von dem mittelbaren Besitz des (bisherigen) Berechtigten abhängt (vgl. auch unten Rdn. 119). Was schließlich die Bezugnahme der h.L. auf das im Gesetz enthaltene Übernahmeerfordernis angeht, so ist dieses Argument ebenfalls nicht stichhaltig. Denn daraus ergibt sich, wie soeben Rdn. 106 f näher dargelegt, lediglich, dass der Schuldner überhaupt Besitzer der Güter geworden sein muss, nicht aber auch, dass der rechtmäßige Papierinhaber notwendigerweise den mittelbaren Besitz erlangt haben muss.

110 Diese letztere Überlegung spricht nun freilich zugleich gegen einen vollständigen Verzicht auf das Besitzerfordernis, wie er in der Konsequenz der absoluten Theorie liegen könnte, und legt statt dessen eine **differenzierende Lösung** nahe: Zwar ist die Fortdauer des Besitzes auf Seiten des Schuldners erforderlich, doch braucht dem kein mittelbarer Besitz des Papierinhabers zu entsprechen. Demgemäß entfällt die Traditionswirkung zwar bei Besitzverlust des Schuldners, nicht aber bei Umwandlung von Fremd- in Eigenbesitz.[178] Diese Unterscheidung wird z.T. auch von Anhängern der Repräsentationstheorie und der absoluten Theorie vorgeschlagen,[179] ohne dass diese das freilich von ihrem dogmatischen Ausgangspunkt aus konsistent begründen können.

Für diese Lösung spricht nicht nur die Anknüpfung an das – zwar Besitz des Schuldners, aber nicht unbedingt Fremdbesitz voraussetzende – Übernahmeerfordernis, sondern vor allem auch die **unterschiedliche Rechtslage bezüglich des Herausgabeanspruchs**: Dieser entfällt zwangsläufig durch den Verlust des Besitzes, bleibt dagegen bei Umwandlung von Fremd- in Eigenbesitz selbstverständlich bestehen. Die wesentliche Besonderheit der Traditionspapiere gegenüber anderen Erwerbsgestaltungen besteht nun aber lediglich in der Verbriefung des Herausgabeanspruchs, und daher ist es folgerichtig, mit dessen Bestand und Schicksal auch die Traditionswirkung zu verbinden. Allerdings bieten diese Überlegungen lediglich einen vorläufigen Ausgangspunkt für die Interpretation der §§ 448, 475g, 650 HGB; ob sie letztlich wirklich durchschlagend sind, muss sich bei der Lösung der verschiedenen Einzelprobleme, für die diese Frage eine Rolle spielt, erst noch erweisen (vgl. dazu unten Rdn. 119 f, 125, 128 Abs. 3, 134).

111 e) **Das Erfordernis einer Erwerbsmöglichkeit durch Übergabe der Güter und die Problematik des Abhandenkommens.** Die Übergabe des Papiers hat nach dem

---

[176] So aber z.B. *Stengel* S. 179.
[177] So MünchKomm.-*Hefermehl* § 363 Rdn. 58.
[178] Zustimmend *Zöllner* § 25 IV 3 f; *Hager* Verkehrsschutz durch redlichen Erwerb, 1990, S. 254 ff, insbesondere S. 259.
[179] Vgl. für erstere z.B. *Wolff* ZHR 58, 621 f, für letztere z.B. *Eckhardt* S. 67 ff.

unmissverständlichen Wortlaut der §§ 448, 475g, 650 HGB dieselben Wirkungen wie die Übergabe der Güter selbst. Das kann nicht nur ausweitende Funktion haben, sondern enthält auch eine eindeutige Begrenzung: Die Übergabe des Papiers kann grundsätzlich keine Rechtswirkungen haben, welche die Übergabe der Güter nicht hätte. Daraus folgt vor allem, dass auch ein Traditionspapier bei einem **Abhandenkommen der Güter i. S. von § 935 BGB** keinen gutgläubigen Erwerb ermöglicht.[180] Der Erwerb des Herausgabeanspruchs verschafft dem Papierinhaber hier nicht das Eigentum an den Gütern, weil auch deren körperliche Übergabe dies nicht könnte.

Daran zeigt sich, dass es **keinen strikten Parallelismus zwischen Erwerb des Papiers und Erwerb der Güter** gibt[181] und dass nach geltendem Recht somit das Eigentum an der Ware nicht notwendigerweise dem Eigentum am Papier folgt. Darüber darf man allerdings nicht vergessen, dass der „Parallelismus" die Regel darstellt und dem Sinn und Zweck der Traditionspapiere entspricht, da deren Übertragung ja schließlich nicht um ihrer selbst willen vorgenommen wird, sondern als Mittel zu Verfügungen über die Güter dient. Die Aufrechterhaltung des Parallelismus kann daher in Zweifelsfällen ein wichtiges Entscheidungskriterium darstellen (vgl. z. B. unten Rdn. 119). 112

Der wahre Eigentümer der abhanden gekommenen Güter hat nicht nur einen Anspruch gegen den Besitzer auf deren Herausgabe, sondern grundsätzlich auch einen **Anspruch auf Herausgabe des Papiers**. Denn der Anspruch aus § 985 BGB richtet sich auch gegen den mittelbaren Besitzer und hat insoweit gemäß § 870 BGB die Abtretung des Herausgabeanspruchs zum Gegenstand, die zwangsläufig mit der Papierübergabe verbunden ist (vgl. unten Rdn. 142); der analogen Anwendung von § 1004 BGB, die im Schrifttum in diesem Zusammenhang nicht selten vorgeschlagen wird,[182] bedarf es daher nicht. 113

Hat freilich der Papierinhaber keinen mittelbaren Besitz wie z. B. bei einem **Besitzverlust des Papierschuldners**, so entfällt folgerichtig auch der Anspruch aus § 985 BGB auf Herausgabe des Papiers. Das ist auch sachgerecht. Denn in diesen Fällen kann ein Schadensersatzanspruch gegen den Papierschuldner in Betracht kommen, und dieser steht, soweit es nicht um das spezifische Eigentumsinteresse, sondern um das Besitzinteresse geht, u. U. nicht dem Eigentümer, sondern dem Papierinhaber zu. Der Besitz am Papier „stört" auch nicht i. S. von § 1004 BGB die Rechtsstellung des Wareneigentümers. Das Papier hindert ihn nämlich weder faktisch noch rechtlich an Verfügungen über die Ware; insbesondere muss er dazu nicht etwa das Papier übergeben, da nach einem Besitzverlust des Papierschuldners eine etwaige Verfügung nach § 931 BGB nicht durch Abtretung des im Papier verbrieften schuldrechtlichen Herausgabeanspruchs, sondern durch Abtretung des gegen den nunmehrigen Besitzer gerichteten dinglichen Herausgabeanspruchs – d. h. in Wahrheit durch schlichte Einigung – erfolgt.

Aus dem Erfordernis einer Erwerbsmöglichkeit durch körperliche Übergabe der Güter folgt weiterhin, dass **Mängel der Einigung** durch die Übertragung des Papiers nicht geheilt werden.[183] Das gilt an sich schon deshalb, weil das Indossament entgegen 114

---

[180] Vgl. BGH NJW 1958, 1485; *Jacobi* Ehrenbergs Handbuch IV 1 S. 553 f; MünchKomm.-*Hefermehl* § 363 Rdn. 64; *Zöllner* § 25 IV 3 e; *Reinicke* BB 1960, 1368 ff; *Kühlberg* S. 70 f; *Stengel* S. 182 ff; *Liesecke* Festschrift für R. Fischer, 1979, S. 398 f; a. A. vor allem *Schlenzka* S. 118 ff und *Serick* S. 327 ff.

[181] Das ist ganz h. L., vgl. nur MünchKomm.-*Hefermehl* § 363 Rdn. 56 sowie im Übrigen die Zitate in Fn. 180.

[182] Vgl. z. B. *Kühlberg* S. 71 m. w. Nachw.

[183] Vgl. auch *Schlegelberger/Hefermehl* § 366 Rdn. 56.

§ 363 Viertes Buch. Handelsgeschäfte

der h.L. ohnehin nicht zu einer Überwindung derartiger Mängel führt (vgl. unten § 365 Rdn. 21 ff). Auch wenn man diese Frage grundsätzlich anders entscheidet, lässt sich diese Ansicht doch nicht auf die Einigung bezüglich der Güter übertragen. Denn anderenfalls stünde der Erwerber insoweit bei einer Übereignung mittels eines Traditionspapiers besser als bei einer Übereignung durch körperliche Übergabe der Güter.

115 Entsprechendes gilt für die Folgen **fehlender oder beschränkter Geschäftsfähigkeit** eines früheren Papierinhabers. Bei einer Veräußerung durch körperliche Übergabe wäre hier nämlich kein gutgläubiger Erwerb möglich, weil die Güter als abhanden gekommen i.S. von § 935 BGB anzusehen sind.[184] Folglich scheidet auch bei der Übereignung mit Hilfe eines Traditionspapiers die Möglichkeit gutgläubigen Erwerbs aus. Dabei geht es nicht etwa lediglich um einen Mangel der Einigung, sondern um die **analoge Anwendung von § 935 BGB**;[185] praktisch bedeutet das, dass der Mangel im Gegensatz zu bloßen Mängeln der Einigung nicht nur gegenüber dem unmittelbaren Nachmann, sondern auch gegenüber späteren Erwerbern durchschlägt.

3. Die spezifischen Rechtsfolgen der Übertragung eines Traditionspapiers

116 Der dogmatische Gehalt und die wahre praktische Bedeutung der §§ 448, 475g, 650 HGB lassen sich nur dadurch ermitteln, dass man alle einschlägigen Einzelprobleme daraufhin überprüft, ob und inwieweit die Wirkungen der Übergabe eines Traditionspapiers über die vom BGB angeordneten Rechtsfolgen hinausgehen. Dabei ist als Ausgangspunkt festzuhalten, dass die Traditionspapiere ihre wichtigste ursprüngliche Funktion durch den Erlass des BGB verloren haben, weil § 931 BGB für den **Eigentumserwerb vom Berechtigten** genauso weit reicht wie die Regelung der §§ 448, 475g, 650 HGB (vgl. oben Rdn. 97 f). Es bleiben daher im Wesentlichen nur noch drei Problemkreise, bei denen die Traditionspapiere eigenständige Bedeutung erlangen können: der gutgläubige Erwerb der Güter vom Nichtberechtigten, der gutgläubige lastenfreie Erwerb der Güter und die Verpfändung der Güter. Auch insoweit kann man aber nicht von vornherein ohne weiteres davon ausgehen, dass die §§ 448, 475g, 650 HGB zu einer Abweichung von den Rechtsfolgen des BGB führen. Denn Entstehungsgeschichte und Sinngehalt dieser Vorschriften sind zu undurchsichtig, als dass man in ihnen von vornherein eine Entscheidung für die Durchbrechung der Regeln des BGB sehen könnte. Es ist daher bei den jeweiligen Einzelproblemen stets gesondert zu prüfen, ob hinreichende Sachgründe für eine etwaige Abweichung von den nach dem BGB eintretenden Rechtsfolgen gegeben sind.

117 **a) Der gutgläubige Erwerb des Eigentums an den Gütern und die Bedeutung des mittelbaren Besitzes an diesen.** Nach § 934 BGB hängt der gutgläubige Erwerb bei einer Übereignung der Güter durch Abtretung des Herausgabeanspruchs davon ab, dass entweder der Veräußerer mittelbaren Besitz hat oder der Erwerber Besitz erlangt. Ein Unterschied gegenüber § 934 BGB könnte sich daher ergeben, wenn der veräußernde Inhaber eines Traditionspapiers keinen mittelbaren Besitz an dem verladenen oder eingelagerten Gut hat. Das ist z.B. dann der Fall, wenn der **Finder oder Dieb des Papiers** dieses auf einen Gutgläubigen überträgt, wenn der Veräußerer des Gutes wegen eines **Mangels der Einigung** nicht Inhaber des Herausgabeanspruchs geworden ist (vgl. dazu oben Rdn. 114) oder wenn der Herausgabeanspruch auf Grund einer **früheren Abtretung** (die allerdings ohne Papierübergabe nur vor Ausstellung des Traditionspapiers wirksam ist, vgl. unten Rdn. 142) einem Dritten zusteht.

---

[184] Str., vgl. z.B. *Westermann* Sachenrecht[7] § 49 I 3 m. Nachw.

[185] Zumindest schief daher *Zöllner* § 25 IV 3 c.

Es besteht im Ergebnis Einigkeit darüber, dass der gutgläubige Erwerber des Papiers in derartigen Fällen das **Eigentum an den Gütern bereits mit der Papierübertragung** und nicht erst mit der Auslieferung der Güter erlangt.[186] Das steht indessen ohne weiteres in Einklang mit § 934 BGB, sofern (zwar nicht der Veräußerer, aber immerhin) der wahre Berechtigte mittelbaren Besitz hat. Denn diesen mittelbaren Besitz erlangt nunmehr gemäß § 870 BGB grundsätzlich der gutgläubige Erwerber des Papiers, da der Herausgabeanspruch nach § 365 HGB i.V.m. Art. 16 Abs. 2 WG auf ihn übergeht und der Papierschuldner im Zweifel für den *jeweiligen* – ihm häufig unbekannten – Papierinhaber besitzen will. Der Erwerb mittelbaren Besitzes genügt aber anerkanntermaßen für die 2. Alternative von § 934 BGB.[187]

118 Überschritten wird der Anwendungsbereich von § 934 BGB somit erst bei einem **Fehlen des mittelbaren Besitzes** in der Person des wahren Eigentümers des Papiers, da dann nicht nur die 1. Alternative mangels mittelbaren Besitzes des Veräußerers entfällt, sondern auch die 2. Alternative mangels Erlangung irgendeiner Besitzform durch den Erwerber ausscheidet. In derartigen Fällen lehnen die Anhänger der Repräsentationstheorie die Anwendung der §§ 448, 475g, 650 HGB folgerichtig ab (die sich damit – jedenfalls in dieser Frage – als verdeckte Form der relativen Theorie erweist, weil sie insoweit gänzlich im Rahmen der §§ 931, 934 BGB bleibt), wohingegen die absolute Theorie sie bejaht.[188] Die Problematik kann indessen nicht allein mit Hilfe einer Theorie gelöst werden, weil man sich dabei zwangsläufig der Gefahr vitioser Zirkelschlüsse aussetzt. Erforderlich ist vielmehr – jedenfalls auf der ersten Argumentationsstufe – eine theorieunabhängige Sachargumentation. Diese aber führt, wie schon oben Rdn. 110 ansatzweise dargelegt, zu einer **Differenzierung nach dem Grund für das Fehlen des mittelbaren Besitzes**: Es kommt darauf an, ob mittelbarer Besitz des wahren Papiereigentümers daran scheitert, dass der Schuldner des verbrieften Herausgabeanspruchs Eigenbesitz hat, oder daran, dass er den Besitz verloren hat: Im ersten Fall ist – entgegen der Repräsentationstheorie – gutgläubiger Erwerb möglich, im zweiten Fall dagegen – entgegen der absoluten Theorie – unmöglich.[189] Ausschlaggebend ist somit letztlich nicht, ob der *Veräußerer* des Gutes mittelbaren Besitz hat, sondern ob der *Schuldner des verbrieften Herausgabeanspruchs* Besitz hat – wobei insoweit *jede* Form von Besitz genügt, sei es Fremd- oder Eigenbesitz, unmittelbarer oder mittelbarer Besitz.

119 Liegt **Eigenbesitz des Schuldners des verbrieften Herausgabeanspruchs vor** und fehlt es also aus *diesem* Grund am mittelbaren Besitz des Veräußerers, so sprechen in der Tat die besseren Gründe für das Eingreifen der §§ 448, 475g, 650 HGB.[190] Das

---

[186] Vgl. z.B. Zöllner § 25 IV 3 c; *Stengel* S. 92 ff, 96 ff; MünchKomm.-*Dubischar* § 450 Rdn. 6.
[187] Vgl. z.B. BGH NJW 1959, 1536, 1538; *Westermann* aaO § 48 II 3; verkannt von *Zöllner* § 25 IV 3 c und wohl auch von *Stengel* S. 97 ff, die demzufolge – unnötigerweise – den „Grundgedanken" der 1. Alternative von § 934 BGB heranziehen wollen.
[188] Vgl. die Nachw. oben Fn. 175; weitere Nachw. bei *Hager* (Fn. 178) S. 257 f Fn. 186 und 187 bzw. S. 254 Fn. 165.
[189] Zustimmend *Zöllner* § 25 IV 3 f; *Richardi* § 33 IV a.E.; *Karsten Schmidt* § 24 III 2 c; *Heymann/Horn* § 363 Rdn. 24; *Koller* unten § 424 Rdn. 14 und Transportrecht § 448 HGB Rdn. 3 a.E.; *Helm* unten § 450 Rdn. 4; *Gursky* S. 131 f; *Hager* (Fn. 178) S. 254 ff, 259; *Schnauder* NJW 1991, 1647; MünchKomm.-*Dubischar* § 450 Rdn. 2 a.E.; *Herber* § 30 II 6 a ee.
[190] Zustimmend *Zöllner* § 25 IV 3 f; *Richardi* § 33 IV a.E.; *Karsten Schmidt* § 24 III 2 c a.E.; *Heymann/Horn* § 363 Rdn. 26; *Koller* unten § 424 Rdn. 14 und Transportrecht § 448 Rdn. 3 a.E.; *Helm* unten § 450 Rdn. 4; *Hager* (Fn. 178) S. 258 f; MünchKomm.-*Dubischar* § 450 Rdn. 2 a.E.; MünchKomm.-*Hefermehl* § 363 Rdn. 62 a.E. und 63; *Herber* § 30 II 6 a ee; **a. A.** noch *Stengel* S. 178 ff mit Fn. 87; *Heymann/Honsell* § 450 Rdn. 5; *Rabe* § 650 Rdn. 5 und 8 (vgl. aber auch die entgegengesetzte Tendenz in Rdn. 4).

folgt nicht nur aus den oben Rdn. 110 entwickelten grundsätzlichen Erwägungen, sondern auch aus der spezifischen Sachproblematik des gutgläubigen Erwerbs. Dem Eigentumserwerb stehen hier nämlich – anders als z. B. im Falle von § 935 BGB – nicht irgendwelche Gründe in der Person des wahren Berechtigten entgegen, sondern allein die mangelnde Berechtigung des Veräußerers – und gerade diese soll nach der Wertung von § 365 HGB i.V. m. Art. 16 Abs. 2 WG überwunden werden. Denn der Fall unterscheidet sich ja von den in Rdn. 117 behandelten Tatbeständen gutgläubigen Erwerbs lediglich dadurch, dass der Herausgabepflichtige *Eigen*besitzer ist; die Umwandlung des Fremdbesitzes in Eigenbesitz erhöht aber die Schutzwürdigkeit des wahren Berechtigten gegenüber den Gefahren gutgläubigen Erwerbs in keiner Weise.

Entscheidend kommt hinzu, dass hier mit dem Erwerb des Papiers ein **gutgläubiger Erwerb des verbrieften Herausgabeanspruchs gemäß § 365 HGB i.V. mit Art. 16 Abs. 2 WG** einhergeht. Auch wenn es keinen strikten „Parallelismus" zwischen dessen Erwerb und dem Eigentumsübergang gibt (vgl. oben Rdn. 112), hat dieses Argument doch größtes Gewicht. Denn schließlich besteht das Ziel der Abtretung des Herausgabeanspruchs grundsätzlich in der Übertragung des Eigentums an den Gütern, und auch die Zulassung gutgläubigen Erwerbs hat nur einen Sinn, wenn sie sich nicht auf den Herausgabeanspruch beschränkt, sondern grundsätzlich das Eigentum an den Gütern einschließt. Man darf daher den „Parallelismus" nicht ohne triftigen Grund durchbrechen. Ein solcher Grund besteht z. B. im Falle von § 935 BGB, ist jedoch für die vorliegende Problematik nicht ersichtlich. Denn eine erhöhte Schutzwürdigkeit des wahren Berechtigten besteht, wie dargelegt, nicht. Auch eine Verminderung der Schutzwürdigkeit des Erwerbers im Vergleich zu den in Rdn. 117 behandelten Fällen lässt sich nicht begründen. Insbesondere ergibt sie sich nicht daraus, dass der Erwerber hier keinen mittelbaren Besitz erlangt. Dass eine Besitzerlangung von § 934 2. Alternative BGB gefordert wird, beruht nämlich auf der – vernünftigen! – Erwägung, dass der nicht-besitzende Veräußerer nicht durch den geringsten Rechtsschein legitimiert ist und seine Vertrauenswürdigkeit daher erst noch beweisen muss, indem er dem Erwerber den Besitz zu verschaffen weiß. Gerade diese Überlegung passt hier aber nicht, weil der Veräußerer ja durch den Rechtsschein des Papiers legitimiert wird. Das gilt nicht nur dann, wenn man den Rechtsschein im Rahmen der §§ 932 ff BGB mit der herkömmlichen Ansicht in erster Linie im – zumindest mittelbaren – Besitz des Veräußerers an den Gütern sieht, sondern auch dann, wenn man insoweit mit einer neueren Ansicht die Besitzverschaffungsmacht des Veräußerers und deren Demonstration für maßgeblich hält; denn dieser steht es zumindest gleich, dass der Veräußerer durch das Papier formell als Gläubiger des Herausgabeanspruchs gegen den Besitzer der Güter legitimiert und dadurch in die Lage versetzt wird, dem Erwerber den Herausgabeanspruch nach § 365 Abs. 1 HGB i.V. mit Art. 16 Abs. 2 WG zu verschaffen. Die Zulassung gutgläubigen Erwerbs steht daher in voller Übereinstimmung mit der Wertung von § 934 BGB, ja man könnte geradezu an eine analoge Anwendung der 1. Alternative dieser Vorschrift denken, wenn es nicht ohnehin die §§ 448, 475g, 650 HGB gäbe; denn die Verbriefung des Herausgabeanspruchs setzt einen mindestens ebenso starken Rechtsschein wie der – unsichtbare! – mittelbare Besitz, den § 934 1. Alternative BGB ohne weiteres als Grundlage des gutgläubigen Erwerbs genügen lässt.

120 Dass die **Repräsentationstheorie** nicht zu diesem Ergebnis – das hier nicht aus irgendeinem theoriebedingten „Vorverständnis" abgeleitet, sondern allein mit Argumenten aus der Interessenlage gewonnen wurde – kommen kann, sondern hier folgerichtig die Möglichkeit gutgläubigen Erwerbs ablehnen muss,[191] beweist auch vom praktischen Ergebnis her deren Unhaltbarkeit. Besonders evident ist diese im Fall einer **Übereignung der Güter gemäß § 929 S. 2 BGB an den unmittelbaren Besitzer,** also den Frachtführer bzw. Lagerhalter (vgl. dazu im Übrigen auch unten Rdn. 147). Vom Boden der Repräsentationstheorie aus kann man hier einen späteren gutgläubigen Erwerber des Traditionspapiers nicht schützen. Die §§ 448, 475g, 650 HGB kann man danach nämlich nicht anwenden, weil der Papierschuldner nach der Übereignung an ihn naturgemäß nicht mehr Fremd-, sondern Eigenbesitzer ist, und die Voraussetzungen von § 934 BGB liegen ebenfalls nicht vor, weil der Veräußerer wegen des Eigenbesitzes des Schuldners nicht mehr mittelbarer Besitzer ist und der Erwerber den Besitz an den Gütern entweder überhaupt nicht oder erst nach Eintritt seiner Bösgläubigkeit erlangt. Dieses Ergebnis ist jedoch offenkundig unrichtig. Denn zweifellos ist der gutgläubige Erwerber des Traditionspapiers weit schutzwürdiger als der unmittelbare Besitzer der Güter, da dieser das Eigentum ja in Kenntnis der Existenz des Papiers und ohne dessen Rückerlangung erworben hat. Es ist auch kein sachgerechter Ausweg, dem Erwerber lediglich den schuldrechtlichen Herausgabeanspruch zuzuerkennen und diesem den Vorrang vor dem Anspruch des Eigentümers nach § 985 BGB einzuräumen; denn dadurch erlangt der Erwerber eben nicht die volle dingliche Rechtsstellung, und außerdem käme man so zu dem unerfreulichen Zustand, dass Eigentum und Besitz auf Dauer auseinander fallen. Der gutgläubige Erwerb muss daher zugelassen werden.[192] Vom Boden der hier vertretenen Ansicht aus bereitet das keine Schwierigkeiten, weil danach die Anwendbarkeit der §§ 448, 475g, 650 HGB nicht vom Fortbestand oder von der Erlangung des mittelbaren Besitzes, sondern lediglich vom Erwerb des Herausgabeanspruchs abhängt. Letzterer aber ist auch dann zu bejahen, wenn der Anspruch durch Erfüllung, Vergleich, vertragliche Aufhebung oder dgl. erloschen war; denn eine solche Einwendung kann nach § 364 Abs. 2 HGB dem gutgläubigen Erwerber nicht entgegengesetzt werden (vgl. § 364 Rdn. 55).

121 Ganz anders als im Falle der Umwandlung von Fremd- in Eigenbesitz ist die Rechtslage bei einem **Verlust des Besitzes durch den Schuldner des verbrieften Herausgabeanspruchs**. Hier kommt nämlich ein Erwerb des Herausgabeanspruchs nicht in Betracht. Vom Berechtigten kann er nicht erworben werden, weil er durch den Besitzverlust gemäß § 275 BGB untergegangen ist bzw. sich nach §§ 280, 283 BGB in einen bloßen Schadensersatzanspruch verwandelt hat.[193] Auch vom Nichtberechtigten kann er nicht erworben werden; denn auch der Rechtsscheingedanke kann nicht einen Anspruch auf Herausgabe einer Sache schaffen, die der Schuldner gar nicht mehr hat und also auch nicht herausgeben, sondern höchstens in Geld ersetzen kann. Besteht aber wertpapierrechtlich kein Schutz gegen die Einwendung des Besitzverlusts, so ist es nur konsequent, dass sich das auch in der Frage gutgläubigen Erwerbs des Eigentums an den Gütern auswirkt und ein solcher hier somit entgegen der Grundauffassung der **absoluten Theorie** abzulehnen ist.[194] Denn wer nicht einmal den Herausgabeanspruch erwirbt, der kann erst recht nicht das Eigentum erlangen (*Prinzip des „negativen Parallelismus"*). Die Richtigkeit dieses Ergebnisses wird auch durch spezifisch sachenrechtliche Erwägungen erhärtet. Das Eigentum an den Gütern könnte hier nämlich nicht einmal vom Berechtigten durch Abtretung des Herausgabeanspruchs

---

[191] Vgl. die Nachw. oben Fn. 175; weitere Nachw. bei *Hager* (Fn. 178) S. 257 Fn. 186 und 187.
[192] Zustimmend *Tiedtke* WM 1979, 1147.
[193] Vgl. z.B. BGH LM Nr. 1 zu § 931 BGB, Rückseite.
[194] Das ist i.E. heute wohl unstreitig; vgl. eingehend z.B. *Hager* (Fn. 178) S. 255 ff.

§ 363 Viertes Buch. Handelsgeschäfte

gegen den Papierschuldner übertragen werden, weil ein solcher Anspruch eben überhaupt nicht gegeben ist; vielmehr wäre eine Abtretung des Anspruchs gegen den nunmehrigen Besitzer erforderlich. Daran ändern die §§ 448, 475g, 650 HGB nichts; denn sie stehen insofern in voller Übereinstimmung mit der Regelung des BGB, als auch sie ein Besitzelement voraussetzen, wie das Erfordernis der Übernahme der Waren beweist (vgl. auch oben Rdn. 106 und 110). Dass der Herausgabeanspruch verbrieft ist, spielt in diesem Zusammenhang keine Rolle, da ja nicht der Anspruch gegen den nunmehrigen Besitzer, sondern der Anspruch gegen den Papierschuldner verbrieft ist.

122 Es stellt auch kein durchschlagendes Gegenargument dar, dass eine **Wiedererlangung des Besitzes an den Gütern** durch den Papierschuldner denkbar ist und dass dann der Herausgabeanspruch wieder auflebt bzw. als „verhaltener" Anspruch auch vorher noch bestand. Die Übereignung setzt nämlich einen Herausgabeanspruch gegen den Besitzer voraus, wie sich nicht nur aus § 931 BGB, sondern auch aus dem „Übernahmeerfordernis" der §§ 448, 475g, 650 HGB ergibt; Besitzer aber war der Papierschuldner zur Zeit der Übertragung nicht. Allerdings wird man i.d.R. eine Abtretung des zukünftigen Herausgabeanspruchs annehmen können. Daher geht das Eigentum ipso iure auf den Papierinhaber über, wenn und sobald der Papierschuldner den Besitz wieder erlangt.[195] Vorher hat der Papierinhaber ein **Anwartschaftsrecht**. Denn ob der Papierschuldner wieder Besitzer der Güter wird, hängt nicht vom Willen des Veräußerers ab, und da auch die tatbestandlichen Voraussetzungen für den Rechtserwerb bereits vollständig erfüllt sind, liegen alle Merkmale eines Anwartschaftsrechts vor.[196] Daraus ergibt sich u.a., dass es für den guten Glauben auf den Zeitpunkt der Papierübertragung und nicht auf den Zeitpunkt der Rückerlangung des Besitzes durch den Papierschuldner ankommt;[197] denn auch sonst gibt insoweit anerkanntermaßen der Zeitpunkt des Erwerbs des Anwartschaftsrechts und nicht der Zeitpunkt des Erwerbs des Vollrechts den Ausschlag.[198] Weiterhin folgt aus der Annahme eines Anwartschaftsrechts, dass der Erwerber auch vor einer zwischenzeitlichen Insolvenz des Veräußerers geschützt wird (was natürlich nur für den Erwerb vom Berechtigten Bedeutung hat).

123 Ein weiterer Fall einer Abweichung von der Regelung des BGB tritt auf, wenn die **Übereignung der Güter durch den Schuldner des verbrieften Herausgabeanspruchs selbst** erfolgt, was bei einem an dessen eigene Order lautenden Papier vorkommen kann.[199] War hier der Papierschuldner nicht verfügungsberechtigt, so käme gemäß § 933 BGB ein gutgläubiger Erwerb des ersten Nehmers erst dann in Betracht, wenn ihm die Güter körperlich übergeben werden. Nach dem Wortlaut der §§ 448, 475g, 650 HGB findet der Gutglaubenserwerb dagegen schon mit der Übergabe des Papiers statt. Bei dieser Lösung wird man es in der Tat bewenden lassen können.[200] Zwar sind die §§ 448, 475g, 650 HGB gewiss nicht auf diesen seltenen Ausnahmefall zugeschnitten, doch sprechen gute Sachgründe für die Abweichung von § 933 BGB. Die Regelung dieser Vorschrift hat nämlich ihren Grund darin, dass der bisherige Eigentümer und der Erwerber dem Besitzer „das gleiche Vertrauen schenken",[201] bzw. zutreffender formuliert darin, dass der Erwerber sich noch keine wesentlich stärkere Einwirkungsmöglichkeit auf die Sache verschafft hat, als sie typischerweise auch noch

---

[195] Ebenso z.B. *Schaps/Abraham* § 650 Rdn. 17; *Schlegelberger/Liesecke* § 650 Rdn. 4; *Stengel* S. 181 Fn. 90.
[196] Vgl. statt aller BGH NJW 1955, 544.
[197] A.A. z.B. *Jacobi* Ehrenbergs Handbuch IV 1 S. 551; *Stengel* S. 181 Fn. 90.
[198] Vgl. z.B. BGHZ 10, 73.
[199] Vgl. dazu näher *Stengel* S. 149 ff.
[200] Ebenso i.E. *Stengel* S. 171.
[201] *Westermann* aaO § 48 vor I.

der bisherige Eigentümer hat. Diese Überlegung passt nun aber nicht, wenn dem Erwerber ein Traditionspapier ausgehändigt wird; denn dadurch erlangt er wegen der besonderen prozessualen und materiellrechtlichen Vorteile eines Wertpapiers eine gesteigerte Zugriffsmöglichkeit auf die Sache, die über die des wahren Berechtigten hinausgeht. Außerdem ist die Wertung von § 933 BGB bekanntlich rechtspolitisch sehr umstritten. Rechtspolitisch fragwürdige Vorschriften sind aber nach einer vernünftigen Auslegungsmaxime im Zweifel nicht extensiv anzuwenden, und daher erscheint es auch aus diesem Grunde angemessen, den §§ 448, 475g, 650 HGB den Vorrang einzuräumen. Konstruktiv liegt dabei nicht etwa eine Übereignung nach §§ 929, 932 BGB, sondern eine Übereignung nach § 930 BGB vor, wobei die von § 933 BGB geforderte Übergabe der Güter gemäß §§ 448, 475g, 650 HGB durch die Übertragung des Traditionspapiers ersetzt wird.[202]

b) Der gutgläubige lastenfreie Erwerb der Güter. Einem gutgläubigen lastenfreien Erwerb der Güter scheint bei strikter Anwendung des Bürgerlichen Rechts § 936 Abs. 3 BGB entgegenzustehen, soweit die betreffenden Rechte dem unmittelbaren Besitzer zustehen. Diese Schwierigkeit kann man entgegen der Ansicht vieler Anhänger der Repräsentationstheorie und der absoluten Theorie nicht dadurch beheben, dass man die Übereignung mittels eines Traditionspapiers einfach unter § 929 statt unter § 931 BGB subsumiert.[203] Das ist Begriffsjurisprudenz im schlechten Sinne und nicht einmal in sich selbst schlüssig. Denn auf diese Weise kann zwar die unmittelbare Anwendung von § 936 Abs. 3 BGB vermieden werden, doch stellt sich dann sofort die Frage einer Analogie. Diese zu bejahen, liegt aber an sich um so näher, als § 936 Abs. 3 BGB lediglich einen Anwendungsfall eines allgemeineren Rechtsgedankens darstellt, der auch in anderen Vorschriften wie z. B. §§ 566, 986 Abs. 2 BGB, 369 Abs. 2 HGB Ausdruck gefunden hat und der auf der einleuchtenden Wertung beruht, dass der Erwerber mit Rechten des unmittelbaren Besitzers grundsätzlich rechnen muss; demgemäß ist z. B. für den Tatbestand des § 986 Abs. 2 BGB die Möglichkeit einer analogen Anwendung auf andere Übertragungsformen als § 931 BGB anerkannt.[204] Zu einer sachgerechten Lösung kommt man daher nur, wenn man auch hier fragt, ob § 936 Abs. 3 BGB seiner ratio legis nach überhaupt passt, und wenn man bei der Antwort wiederum maßgeblich berücksichtigt, dass der Herausgabeanspruch in einem Wertpapier verbrieft ist. Von diesem Ausgangspunkt aus kommt man zu einer differenzierenden Lösung.

Für **vertragliche Pfandrechte des Schuldners des verbrieften Herausgabeanspruchs**, also des Frachtführers oder Lagerhalters, gilt § 936 Abs. 3 BGB auf Grund einer teleologischen Reduktion nicht.[205] Anders als im Normalfall von § 936 Abs. 3 BGB muss der Erwerber hier nämlich mit einem solchen Recht nicht rechnen; denn der Pfandgläubiger hat hier durch die Verbriefung ausnahmsweise die Möglichkeit, sein Recht durch Aufnahme in die Urkunde zu verlautbaren und dadurch spätere Erwerber zu warnen, und man darf eine solche Verlautbarung angesichts des Umlaufcharakters der Urkunde auch von ihm erwarten. In die gleiche Richtung weist die Überlegung, dass der Erwerber den Herausgabeanspruch gemäß § 364 Abs. 2 HGB gutgläubig einwendungsfrei erwirbt.[206] Bei einem vertraglichen Pfandrecht ist somit der Weg für einen gutgläubigen lastenfreien Erwerb grundsätzlich frei.

---

[202] Vgl. *Stengel* S. 171.
[203] Vgl. aber z.B. MünchKomm.-*Hefermehl* § 363 Rdn. 54; *Schlegelberger/Liesecke* § 650 Rdn. 11.
[204] Vgl. z.B. *Palandt/Bassenge* § 986 Rdn. 8; BGHZ 111, 142, 146.
[205] Ebenso *Zöllner* § 25 IV 3 g dd; *Koller* unten § 424 Rdn. 14 Abs. 2 und Transportrecht § 448 Rdn. 3; *Heymann/Horn* § 363 Rdn. 28.
[206] Vgl. *Zöllner* § 25 IV 3 g dd; *Stengel* S. 121 ff.

§ 363 Viertes Buch. Handelsgeschäfte

Die Regelung der §§ 448, 475g, 650 HGB führt dabei dazu, dass der lastenfreie Erwerb bereits im **Zeitpunkt der Übertragung des Papiers** erfolgt.[207] Das entspricht für den Regelfall der Wertung von § 936 Abs. 1 Satz 3 BGB, weil und sofern der Erwerber durch die Papierübertragung den mittelbaren Besitz an den Gütern erlangt (vgl. oben Rdn. 117). Ist dies nicht der Fall, weil der Papierschuldner nicht Fremd-, sondern Eigenbesitzer ist, so tritt die Wirkung der §§ 448, 475g, 650 HGB auf Grund der oben Rdn. 119 entwickelten Überlegungen ebenfalls im Zeitpunkt der Papierübertragung ein.[208] Fehlt es dagegen am Erwerb des mittelbaren Besitzes deshalb, weil der Papierschuldner den unmittelbaren Besitz verloren hat, so ist insoweit überhaupt kein gutgläubiger Erwerb mittels Traditionspapiers und also auch kein lastenfreier Erwerb möglich (vgl. oben Rdn. 121).

126 Auf **gesetzliche Pfandrechte des Papierschuldners, also die Pfandrechte aus §§ 441, 475b, 623 HGB** lässt sich die im ersten Absatz der vorigen Rdn. entwickelte Argumentation grundsätzlich nicht übertragen. Denn mit der Existenz derartiger Pfandrechte muss der Erwerber rechnen, weil sie sich aus dem Typus des verbrieften Rechtsverhältnisses ergeben und sich überdies gegen ihn selbst als den legitimierten Empfänger der Güter richten; wertpapierrechtlich gesprochen liegt eine „inhaltliche" oder „urkundliche", weil typusbezogene Einwendung vor (vgl. § 364 Rdn. 43). Diese spezifisch wertpapierrechtliche Argumentation führt somit zum selben Ergebnis wie die sachenrechtliche Regelung des § 936 Abs. 3 BGB, so dass sich beide Lösungsansätze wechselseitig bestätigen und bestärken und zu dem Ergebnis zu führen scheinen: Hier gibt es grundsätzlich keinen gutgläubigen lastenfreien Erwerb. Daher erscheint es als folgerichtig, wenn im Schrifttum z.T. die Ansicht vertreten wird, dass hier ein gutgläubiger lastenfreier Erwerb von vornherein nicht in Betracht kommt.[209]

Diese – ziemlich rigide – Lösung ist indessen für den **Orderlagerschein** unvereinbar mit der **Regelung des § 475b Abs. 2 HGB**. Danach besteht, wenn dieser durch Indossament übertragen worden ist, „das Pfandrecht dem legitimierten Besitzer des Lagerscheins gegenüber nur wegen der Vergütungen und Aufwendungen, die aus dem Lagerschein ersichtlich sind oder ihm bei Erwerb des Lagerscheins bekannt oder infolge grober Fahrlässigkeit unbekannt waren". Bezüglich der nicht im Papier vermerkten Vergütungen und Aufwendungen gibt es somit doch die **Möglichkeit eines gutgläubigen lastenfreien Erwerbs**. Bei der Bestimmung des Maßstabs für die grobe Fahrlässigkeit ist allerdings zu berücksichtigen, dass die Höhe der Ansprüche i.d.R. völlig ungewiss ist und dass der Erwerber daher grundsätzlich allen Anlass zu einer Rückfrage bei dem Pfandgläubiger hat; nur wenn eine solche untunlich ist oder unzutreffend beantwortet wird, ist der gute Glaube zu bejahen.[210]

In den §§ 441, 623 HGB finden sich nun freilich keine entsprechenden Regelungen. Indessen ist ein sachlicher Grund dafür, den Ladeschein und das Konnossement insoweit anders zu behandeln als den Lagerschein, nicht ersichtlich; vielmehr liegt in dem Unterschied wohl eine rein historisch bedingte Zufälligkeit, zumal § 475b Abs. 2 HGB lediglich eine nicht näher reflektierte Übernahme von § 22 Abs. 2 OLSchVO darstellt[211] und dabei die Parallelproblematik im Rahmen der §§ 441, 623 HGB offenbar

---

[207] Zustimmend *Koller* unten § 424 Rdn. 14 Abs. 2.
[208] Ebenso i.E. wohl auch *Stengel* S. 130, der dadurch jedoch in einen untragbaren Wertungswiderspruch zu seiner abweichenden Lösung beim gutgläubigen Erwerb vom Nichtberechtigten gerät, vgl. S. 178 ff mit Fn. 90.
[209] Vgl. *Wüstendörfer* S. 323; *Schaps/Abraham* § 650 Rdn. 18; *Schlegelberger/Liesecke* § 650 Rdn. 8; *Rabe* § 650 Rdn. 13; *Stengel* S. 123 ff, 131 ff.
[210] So mit Recht *Zöllner* § 25 IV 3 gcc; weniger streng offenbar *Koller* unten § 424 Anhang I § 21 OLSchVO Rdn. 3.
[211] Vgl. BT-Drucks. 13/8445 S. 123.

gar nicht in den Blick gekommen ist. Daher erscheint eine **analoge Anwendung von § 475b Abs. 2 HGB auf den Ladeschein und das Konnossement** angezeigt. Für letzteres widerspricht diese zwar im Ergebnis der h. L.,[212] für ersteren stimmt sie dagegen mit der h. L. im Ergebnis überein,[213] auch wenn die Problematik als solche – d. h. die Analogie zu § 475 Abs. 2 HGB bzw. zur Vorgängervorschrift des § 22 Abs. 2 OLSchVO und die darin liegende Abweichung von § 936 Abs. 3 BGB – von der h. L. gar nicht thematisiert wird.

Das **Gesamtergebnis** ist somit, dass § 936 Abs. 3 BGB bei allen Traditionspapieren durch die Sonderregelung des § 475b Abs. 2 HGB – die zwar aus den im ersten Absatz dieser Rdn. angestellten Überlegungen als systemwidrig erscheint, aber als positives Recht zu respektieren und auch nicht als einer Analogie unzugänglich anzusehen ist – im Wege der Spezialität verdrängt wird, sei es auf Grund unmittelbarer oder entsprechender Anwendung.

Pfandrechte eines nicht-besitzenden Dritten wie z. B. aus § 562 BGB entfallen gegenüber dem gutgläubigen Erwerber unter den Voraussetzungen von § 936 Abs. 1 BGB ohne weiteres, weil auf sie § 936 Abs. 3 BGB ohnehin nicht anwendbar ist. **127**

Für **Besitzpfandrechte Dritter** bleibt es dagegen grundsätzlich bei der Anwendung von § 936 Abs. 3 BGB.[214] Dritte haben nämlich anders als der Papierschuldner i. d. R. nicht die Möglichkeit, ihr Recht in der Urkunde zu verlautbaren; auch scheidet ein gutgläubiger einwendungsfreier Erwerb nach § 364 Abs. 2 HGB insoweit aus, weil nur der Herausgabeanspruch gegen den Papierschuldner und nicht der gegen einen Dritten verbrieft ist. Hat z. B. E Güter gegen Ausstellung eines Lagerscheins bei L eingelagert und dieser sie auf Weisung des E im eigenen Namen an den Verkaufskommissionär K übergeben und veräußert E die Güter nun mittels des Lagerscheins an den gutgläubigen D, so kann K diesem sein Pfandrecht aus § 397 HGB gemäß § 936 Abs. 3 BGB entgegensetzen. Das ist dogmatisch folgerichtig und entspricht uneingeschränkt der Interessenlage. Allerdings bleibt L als Kommittent mittelbarer (Fremd)Besitzer 1. Grades, und daher hat D von E nach § 870 BGB mittelbaren Besitz 2. Grades erlangt, so dass sein gutgläubiger lastenfreier Erwerb nicht von den Voraussetzungen von § 936 Abs. 1 Satz 3 BGB abhängt, sondern sich auf § 936 Abs. 1 Satz 1 BGB stützen kann. Diesem Besitzgebäude liegt jedoch lediglich der – nicht verbriefte! – (bedingte) Herausgabeanspruch des L gegen K aus dem Kommissionsvertrag zugrunde, und daher erscheint es geradezu als Selbstverständlichkeit, dass K als unmittelbarer Besitzer sich mit seinem Pfandrecht nach § 936 Abs. 3 BGB gegen D trotz dessen guten Glaubens durchsetzt, zumal dieser seinen eigenen (mittelbaren) Besitz lediglich von ihm – K – ableitet. Die Verbriefung des Herausgabeanspruchs von E gegen L spielt im Verhältnis zwischen D und K überhaupt keine Rolle und kann demgemäß auch die Anwendung von § 936 Abs. 3 BGB nicht hindern.

c) Erwerb und Fortbestand von gesetzlichen Pfand- und Zurückbehaltungsrechten an den Gütern. Erwerb und Fortbestand der **gesetzlichen Pfandrechte des Handelsrechts** hängen nach §§ 397, 441 Abs. 2, 464 Satz 2, 475b Abs. 3 HGB davon **128**

---

[212] Vgl. die Nachw. in Fn. 209.
[213] Vgl. *Helm* unten § 450 Rdn. 6; *Heymann/Honsell* § 450 Rdn. 8; MünchKomm.-*Dubischar* § 450 Rdn. 7; *Fremuth/Thume* Komm. zum Transportrecht, 2000, § 448 Rdn. 4; *Ebenroth/Boujong/Joost/Gass* § 448 Rdn. 6 f. Die in diesem Zusammenhang häufig zitierte Entscheidung RGZ 44, 116, 120 lässt sich schwerlich als Präjudiz verwerten, weil sie zur Rechtslage vor Inkrafttreten von § 936 Abs. 3 BGB ergangen ist.
[214] Ebenso *Zöllner* § 25 IV 3 g aa; *Heymann/Horn* § 363 Rdn. 29; a. A. *Helm* unten § 450 Rdn. 6.

ab, dass der Gläubiger die Güter „im Besitze hat, insbesondere mittels Konnossements, Ladescheins oder Lagerscheins darüber verfügen kann". Das Gleiche gilt gemäß § 369 Abs. 1 Satz 1 HGB für das **kaufmännische Zurückbehaltungsrecht.** Der Wortlaut dieser Vorschriften gibt durch die Verwendung des Wortes „insbesondere" schwierige Auslegungsprobleme auf.[215] Einerseits könnte man daraus nämlich schließen, dass das Gesetz den Konnossementsinhaber *als solchen* auf Grund einer Fiktion als (mittelbaren) Besitzer ansieht, ohne dass es auf das Vorliegen der Voraussetzungen von § 868 BGB ankommt; dagegen spricht jedoch, dass der Gesetzgeber eine Frage von solch grundsätzlicher dogmatischer Bedeutung gewiss nicht durch eine so beiläufige Formulierung und außerhalb des eigentlichen Regelungszusammenhangs der Traditionspapiere entscheiden wollte, zumal die Besitzproblematik von den Verfassern des HGB ohnehin noch nicht voll durchschaut war (vgl. oben Rdn. 100).

Andererseits erscheint aber auch eine scharf restriktive Auslegung der §§ 369, 397, 441 Abs. 2, 475b Abs. 3 HGB in dem Sinne, dass zur Pfandrechtsbegründung stets mittelbarer Besitz des Gläubigers i. S. von § 868 BGB erforderlich ist, nicht überzeugend. Denn dadurch würde die ausdrückliche Hervorhebung der Traditionspapiere zu einer überflüssigen Floskel degradiert, was zwar nicht völlig ausgeschlossen, aber nach Möglichkeit zu vermeiden ist. Außerdem spricht gegen diese Auslegung die Entstehungsgeschichte.[216] Die heutige Formulierung geht nämlich zurück auf Art. 292 des Preußischen Entwurfs zum Handelsgesetzbuch, wonach der Gläubiger dann ein Pfandrecht hatte, wenn er „das Gut noch in seinem Gewahrsam oder die Konnossemente, Frachtbriefe oder Lagerscheine darüber noch in Händen hat oder sonst noch in der Lage ist, darüber verfügen zu können". Die Verfügungsmöglichkeit mittels Traditionspapiers wurde hier also nicht als Unterfall des Besitzes, sondern als eigenständige Alternative angesehen. Da die Veränderung der Formulierung ersichtlich nicht sachliche, sondern nur sprachliche Gründe hatte,[217] ist das Gesetz im Sinne der ursprünglichen Fassung berichtigend auszulegen: das Wort „insbesondere" bezieht sich nur auf den Regelfall, in dem der berechtigte Inhaber des Papiers ja in der Tat zugleich mittelbarer Besitzer ist, schließt aber nicht aus, dass auch der nicht-besitzende Verfügungsberechtigte das Pfandrecht erwirbt.[218] Die Verfügungsmöglichkeit mittels eines Traditionspapiers steht somit für den Erwerb und den Bestand eines gesetzlichen Pfandrechts und eines kaufmännischen Zurückbehaltungsrechts grundsätzlich dem (mittelbaren) Besitz gleich. Ob die Verfügungsmöglichkeit auf einer Abtretung des Herausgabeanspruchs oder z.B. lediglich auf einem verdeckten Vollmachtsindossament beruht, ist dabei unerheblich;[219] allerdings ist insoweit die – u.U. auf die gesetzlichen Pfandrechte analog anzuwendende – Regelung von § 369 Abs. 3 HGB besonders zu beachten.

129 Für die grundlegende Streitfrage, welche Bedeutung der mittelbare Besitz an den Gütern für den Eintritt der Traditionswirkung hat, folgt aus der Gleichstellung von Verfügungsmöglichkeit und mittelbarem Besitz, dass die oben Rdn. 110 vorgeschlagene und bereits bei der Problematik des gutgläubigen Erwerbs bewährte (vgl. 119 ff) **Unterscheidung zwischen Eigenbesitz und Besitzverlust des Herausgabeschuldners** sich auch hier als zutreffend erweist: Fehlt es am mittelbaren Besitz des Gläubigers wegen Eigenbesitzes des Schuldners, so wird dadurch das Pfand- oder Zurück-

---

[215] Vgl. auch *Stengel* S. 73 ff m. Nachw.
[216] Vgl. *Heymann* S. 235 ff; *Schlenzka* S. 46 f.
[217] Vgl. *Heymann* aaO; *Schlenzka* aaO; *Kühlberg* S. 69.
[218] I.E. h.L., vgl. z.B. *Schlegelberger/Hefermehl* § 369 Rdn. 36; *Düringer/Hachenburg/Hoenig* § 369 Anm. 9.
[219] Vgl. auch *Stengel* S. 75.

behaltungsrecht nicht beeinträchtigt, weil der Gläubiger die Verfügungsmöglichkeit bei Eigenbesitz des Schuldners genauso hat wie bei Fremdbesitz. Bei einem Besitzverlust des unmittelbaren Schuldners kann der Gläubiger dagegen nicht mehr mit Hilfe des Traditionspapiers (sondern allenfalls durch Abtretung des – in dem Papier nicht verbrieften – Herausgabeanspruchs gegen den nunmehrigen Besitzer) über die Güter verfügen (vgl. oben 121), so dass er kein Pfand- oder Zurückbehaltungsrecht erwirbt bzw. seiner verlustig geht.

d) **Die Bestellung eines vertraglichen Pfandrechts an den Gütern.** Die Bestellung eines vertraglichen Pfandrechts setzt nach § 1205 BGB voraus, dass der Verpfänder die Sache dem Pfandgläubiger übergibt oder den mittelbaren Besitz auf ihn überträgt und die Verpfändung dem Besitzer anzeigt. Was zunächst das **Erfordernis der Besitzübertragung** angeht, so wird dieses bei einem Traditionspapier durch dessen Übertragung und den damit verbundenen Übergang des verbrieften Herausgabeanspruchs ersetzt. Das folgt grundsätzlich schon aus dem Wortlaut der §§ 448, 475g, 650 HGB, wonach die Übergabe des Papiers – was in Wahrheit dessen Übertragung bedeutet (vgl. oben Rdn. 103) – dieselben Wirkungen wie die Übergabe des Gutes hat. Unterstützt wird dieses Ergebnis durch eine **Analogie zu den §§ 397, 441 Abs. 2, 464 Abs. 1 Satz 2, 475b Abs. 3 HGB**. Denn wenn für den Erwerb (und Fortbestand) der gesetzlichen Pfandrechte des HGB die Verfügungsmöglichkeit mit Hilfe eines Traditionspapiers dem Besitz gleichsteht, dann muss das auch für das Vertragspfand gelten, da die handelsrechtlichen Pfandrechte ebenfalls Besitzpfandrechte sind und das Erfordernis der Besitzübertragung nach § 1205 Abs. 2 BGB lediglich die Entstehung eines besitzlosen Pfandrechts verhindern soll.[220] Auch sind die Gefahren eines besitzlosen Pfandrechts stark gemindert, wenn nicht sogar völlig beseitigt, sofern über den verpfändeten Gegenstand ein Traditionspapier ausgestellt worden ist.

Die **Übertragung mittelbaren Besitzes an dem verpfändeten Gut auf den Pfandgläubiger** ist somit hier nicht erforderlich.[221] Eine Verpfändung durch Einigung und Übertragung des Papiers ist daher auch dann möglich, wenn der Papierschuldner Eigenbesitzer ist. Hat dieser dagegen den Besitz verloren, so kommt eine Verpfändung mit Hilfe des Papiers nicht mehr in Betracht, weil dieses dann seinem Inhaber nicht mehr die Möglichkeit zu Verfügungen über die Ware gibt (vgl. Rdn. 128 a.E. i.V. mit Rdn. 121). Allerdings entsteht das Pfandrecht i.d.R. ipso iure, sofern und sobald der Papierschuldner den Besitz wieder erlangt;[222] vorher hat der Pfandgläubiger ein dingliches Anwartschaftsrecht (vgl. oben Rdn. 122). Dogmatisch und praktisch erweist sich somit auch hier die **Unterscheidung zwischen Eigenbesitz und Besitzverlust des Herausgabeschuldners** als ausschlaggebend.

Auch die von § 1205 Abs. 2 BGB zusätzlich geforderte **Verpfändungsanzeige** entfällt bei einer Verpfändung mittels eines Traditionspapiers.[223] Das ergibt sich wiederum schon aus dem Wortlaut der §§ 448, 475g, 650 HGB; denn weil danach die Übertragung des Papiers der Übergabe des Gutes gleichsteht, sind die Voraussetzungen von § 1205 Abs. 1 BGB erfüllt, so dass Abs. 2 der Vorschrift von vornherein gar nicht einschlägig ist. Außerdem folgt es aus einer teleologischen Reduktion von § 1205 Abs. 2 BGB, da der Zweck dieser Regelung – mag er im Schutz des Pfandgläubigers vor Leistungen des Schuldners an den Verpfänder oder im Publizitätsstreben und in

---

[220] Vgl. zu letzterem z.B. *Westermann* Sachenrecht⁷ § 128 II 3 a a.E.

[221] A.A. außer den Anhängern der Repräsentationstheorie z.B. auch *Stengel* S. 180 Fn. 87.

[222] Vgl. auch *Stengel* S. 109 ff.

[223] Ebenso *Zöllner* § 25 IV 3b; *Heymann/Horn* § 363 Rdn. 30; *Koller* § 448 Rdn. 3; *Ebenroth/Boujong/Joost/Hakenberg* § 363 Rdn. 19.

der Verhinderung von Doppelverpfändungen liegen – durch die Existenz und Übertragung des Papiers (zumindest) genauso gut wie durch eine Anzeige gewahrt ist.[224] Schließlich zeigt auch § 1280 BGB, dass es schon nach dem eigenen System des BGB einer Pfandanzeige hier nicht bedarf.[225] Wenn nämlich für die Verpfändung einer Forderung das Anzeigeerfordernis entfällt, sofern die Übertragung nicht durch schlichte Einigung erfolgt, sondern von einer zusätzlichen Tatbestandsvoraussetzung abhängt, dann muss das gleiche folgerichtig auch im Falle von § 1205 Abs. 2 BGB gelten; die Übertragung des Herausgabeanspruchs setzt aber außer der Einigung die Übertragung des Papiers voraus. Auch hier bestätigt sich somit, dass die Regelung des BGB durchaus auf die Traditionspapiere passt, sofern man nur jeweils auf die ratio legis zurückgreift und die **aus der Verbriefung des Herausgabeanspruchs folgenden Besonderheiten** berücksichtigt.

133 e) **Die Legitimation zur Entgegennahme von Schadensersatzleistungen nach § 851 BGB.** Erbringt der Verfrachter bzw. Lagerhalter eine Schadensersatzleistung wegen Verlusts oder Beschädigung der Güter an den materiell nichtberechtigten, aber formell legitimierten Inhaber des Papiers, so wird er bezüglich der **Ansprüche aus Vertragsverletzung** aus § 280 BGB nach § 365 HGB i. V. mit Art. 40 Abs. 3 WG bzw. nach § 793 Abs. 1 Satz 2 BGB frei; denn derartige Folgeansprüche sind im Papier mitverbrieft (vgl. oben Rdn. 57 und § 364 Rdn. 5). Für **Ansprüche aus unerlaubter Handlung** gelten diese Vorschriften dagegen nicht, da in einem Traditionspapier nicht das Eigentum als solches, sondern lediglich der schuldrechtliche Herausgabeanspruch verbrieft ist (vgl. § 364 Rdn. 6). Insoweit kommt man jedoch über § 851 BGB zum selben Ergebnis. Sofern der Inhaber des Papiers zugleich mittelbarer Besitzer der Güter ist, folgt das schon aus einer direkten Anwendung von § 851 BGB, da Besitzer im Sinne dieser Vorschrift gemäß § 868 BGB sowie auf Grund der Wertung von § 934 1. Alt. BGB auch der mittelbare Besitzer ist. In den meisten Fällen der Leistung an einen Nichtberechtigten wird dieser allerdings nicht mittelbarer Besitzer sein, weil er nicht Inhaber des Herausgabeanspruchs geworden ist; man denke etwa an die Fälle des Diebstahls, des Fundes oder der unwirksamen Übertragung des Papiers. Dann ist § 851 BGB analog anzuwenden – und zwar sowohl dann, wenn Schädiger der Herausgabepflichtige selbst ist, als auch dann, wenn die Schädigung durch einen Dritten erfolgt ist. Die Innehabung des Traditionspapiers setzt nämlich einen ebenso starken Rechtsschein wie der Besitz, und daher muss die Schadensersatzleistung an den legitimierten Papierinhaber grundsätzlich ebenso befreiend wirken wie die Leistung an den Besitzer der zerstörten oder beschädigten Güter; außerdem wäre es ein untragbarer Wertungswiderspruch, wenn der Schädiger zwar von dem Inhaber des Papiers gutgläubig das Eigentum an den Gütern erwerben könnte (vgl. oben Rdn. 117), bei einer Ersatzleistung an ihn aber nicht in seinem guten Glauben geschützt würde.

134 Vom Boden der **Repräsentationstheorie** aus lässt sich dieses Ergebnis, das voll der Interessenlage entspricht, freilich nicht überzeugend begründen. Denn in den einschlägigen Fällen hat, wie dargelegt, weder der Nichtberechtigte mittelbaren Besitz, noch erwirbt der Leistende diesen. Allerdings wird häufig der wahre Berechtigte mittelbarer Besitzer sein, doch ist nicht einzusehen, warum davon die Anwendbarkeit von § 851 BGB abhängen soll. Dementsprechend ist die Innehabung des Traditionspapiers auch im Rahmen von § 851 BGB dem Besitz auch dann gleichzustellen, wenn der Herausgabepflichtige **Eigenbesitzer** ist und daher niemand mittelbaren Besitz hat

---

[224] Vgl. *Stengel* S. 104 ff.   [225] Vgl. *Zöllner* § 25 IV 3 b.

(vgl. allgemein oben Rdn. 110). Das folgt vom hier vertretenen Standpunkt aus ohne weiteres daraus, dass der Gutgläubige in einem solchen Fall vom Inhaber des Papiers Eigentum an den Gütern erwerben könnte (vgl. oben Rdn. 119) und daher folgerichtig auch bei einer Ersatzleistung an diesen geschützt werden muss. Die Befreiungswirkung von § 851 BGB tritt dabei grundsätzlich auch dann ein, wenn nicht ein Dritter, sondern der Papierschuldner selbst der wahre Berechtigte ist. Denn der Verkehr darf i.d.R. davon ausgehen, dass der Papierschuldner kein Traditionspapier ausstellt, wenn er selbst Eigentümer der Güter ist, bzw. sich dieses zurückgeben lässt, wenn er nachträglich Eigentum daran erwirbt (vgl. auch oben Rdn. 120). Allerdings wird der Ersatzpflichtige meist bösgläubig sein, wenn er weiß, dass der Papierschuldner Eigenbesitzer ist – zumal ihm die Hinterlegungsmöglichkeit gemäß § 372 S. 2 (Fall 2) BGB einen sachgerechten Ausweg bietet. Fehlt es dagegen deshalb am mittelbaren Besitz des Papierinhabers, weil der Papierschuldner zur Zeit der zum Ersatz verpflichtenden Handlung den **Besitz an den Gütern verloren** hatte, so hat eine Ersatzleistung keine befreiende Wirkung. In einem solchen Fall wäre nämlich ein gutgläubiger Eigentumserwerb nicht möglich (vgl. oben Rdn. 121), und daher besteht auch keine Rechtfertigung für die Anwendung von § 851 BGB, da es sich hierbei um eine Parallelvorschrift zu §§ 932 ff BGB handelt. Dieses Ergebnis entspricht auch der Interessenlage. Denn für den Schädiger ist es dann offenkundig, dass der in dem Traditionspapier angegebene Schuldner nicht mit demjenigen identisch ist, der zur Zeit der Schädigung die Güter in Besitz hatte, und daher besteht für ihn kein Anlass, an den Inhaber des Papiers zu zahlen. Die **Unterscheidung zwischen Eigenbesitz und Besitzverlust des Herausgabeschuldners** bewährt sich somit auch hier.

Soweit die Ersatzleistung befreiende Wirkung hat, kann der wahre Berechtigte von dem Papierinhaber die **Herausgabe des Geleisteten nach § 816 Abs. 2 BGB** verlangen. **135**

Schwierigkeiten können sich bei einer **Übertragung des Papiers nach Schadenseintritt** ergeben. Der Anspruch aus unerlaubter Handlung entsteht nämlich in der Person desjenigen, der zur Zeit der Schädigung Eigentümer der Güter war, und geht mit der Übertragung des Papiers nicht ohne weiteres auf dessen Erwerber über, da er nicht mitverbrieft ist (vgl. § 364 Rdn. 6). Der Ersatzpflichtige kann daher u.U. in die Gefahr geraten, durch eine Leistung an den Inhaber des Papiers nicht von seiner Deliktsschuld befreit zu werden. Im Einzelnen sind dabei **mehrere Fallkonstellationen** zu unterscheiden. **136**

Nicht in den vorliegenden Zusammenhang gehören zunächst die Fälle, in denen in der Übertragung des Papiers zugleich eine konkludente Abtretung der Ansprüche aus unerlaubter Handlung zu sehen ist (vgl. dazu § 364 Rdn. 6 Abs. 2); denn dann entsteht die Gefahr einer Leistung ohne Befreiungswirkung von vornherein nicht, weil der Inhaber des Papiers und der Gläubiger des Anspruchs aus unerlaubter Handlung identisch sind. Auszuscheiden sind hier weiterhin auch die Fälle, in denen der Anspruch aus unerlaubter Handlung dem Indossanten zusteht und sich gegen den Papierschuldner richtet; zwar führt die Übertragung des Papiers dabei zu einer Aufspaltung der Gläubigerstellung, doch wird der Schuldner gemäß § 428 BGB durch seine Leistung an den Indossatar auch gegenüber dem Indossanten befreit (vgl. § 364 Rdn. 6 a.E.). Es bleiben daher im Wesentlichen zwei Fallgruppen übrig, in denen u.U. ein Bedürfnis für die Anwendung von § 851 BGB entstehen kann: erstens die Fälle, in denen der Deliktsanspruch beim Indossanten verblieben ist, sich aber nicht gegen den Papierschuldner, sondern gegen einen Dritten richtet, so dass die Voraussetzungen von § 428 BGB nicht gegeben sind; und zweitens die Fälle, in denen das Eigentum an den Gütern und damit auch der Deliktsanspruch weder dem Indossanten noch dem Indossatar zusteht.

Bei der ersten Fallgruppe könnte man gegen eine Anwendung von § 851 BGB einwenden, dass nach dieser Vorschrift nur die Leistung an denjenigen befreit, der zur Zeit der unerlaubten Handlung Besitzer der Sache war. Es liegt daher nahe, die analoge Anwendung von § 851 BGB auf Traditionspapiere davon abhängig zu machen, dass der Leistungsempfänger zur Zeit der unerlaubten Handlung Papierinhaber war – und gerade daran fehlt es bei der vorliegenden Fallkonstellation. Indessen ist bei einem Wertpapier häufig nicht feststellbar, wer zu einem bestimmten Zeitpunkt dessen Inhaber war, da das Indossament nicht datiert zu sein braucht (vgl. § 365 Rdn. 3) und oft sogar ganz fehlt wie z. B. bei einem Inhaberpapier oder der Weitergabe eines blanko indossierten Oderpapiers. Wer Besitz an der beschädigten oder zerstörten Sache hatte, lässt sich dagegen i. d. R. ungleich leichter klären, zumal der Schädiger dem Besitzer oft bei Begehung der unerlaubten Handlung sogar persönlich begegnet. Man wird daher § 851 BGB wohl auch dann analog anwenden können, wenn der Leistende ohne grobe Fahrlässigkeit davon ausgegangen ist, dass der Leistungsempfänger schon zur Zeit der Schädigung Papierinhaber war. An seinen guten Glauben sind freilich scharfe Anforderungen zu stellen, da er angesichts der Funktion der Traditionspapiere mit einem raschen Umlauf rechnen muss und in der Möglichkeit der Hinterlegung gemäß § 372 S. 2 (Fall 2) BGB eine angemessene Alternative hat.

Bei der zweiten oben erwähnten Fallgruppe – also dann, wenn der Deliktsanspruch nicht dem Indossanten oder dem Indossatar, sondern einem Dritten zusteht – bestehen grundsätzlich keine Bedenken gegen die Anwendung von § 851 BGB. Der Deliktsschuldner würde hier nämlich, wie in der vorigen Rdn. dargelegt, grundsätzlich durch eine Leistung an den Indossanten befreit und muss daher auch durch eine Leistung an den Indossatar befreit werden; denn im Verhältnis zwischen dem Deliktsschuldner und dem Dritten macht es keinen Unterschied, ob die Leistung an den Indossanten oder an dessen legitimierten Rechtsnachfolger erfolgt. Anders ist allerdings zu entscheiden, wenn der Deliktsanspruch (bzw. der Anspruch aus §§ 989 f, 992 BGB) deshalb nicht dem Indossanten, sondern einem Dritten zusteht, weil diesem die Güter abhanden gekommen sind (vgl. die folgende Anmerkung).

137 Bei **abhanden gekommenen Gütern** ist die Anwendung von § 851 BGB nicht möglich. § 935 BGB gilt nämlich im Rahmen von § 851 BGB entsprechend;[226] denn wer vom Besitzer der Sache nicht gutgläubig Eigentum erwerben könnte, der kann folgerichtig auch nicht mit Befreiungswirkung an ihn Schadensersatz leisten. Dann aber befreit auch die Leistung an den Inhaber eines Traditionspapiers nicht, da mit dessen Hilfe § 935 BGB nicht überwunden werden kann (vgl. oben Rdn. 111).

138 **f) Die Rechtslage bei Ausstellung mehrerer Ausfertigungen eines Orderkonnossements.** Die §§ 648 f, 651 f HGB enthalten eine Sonderregelung der Fragen, die sich bei Ausstellung mehrerer Konnossementsausfertigungen ergeben. Die Einzelheiten gehören zwar ins Seerecht, doch ist in diesem Zusammenhang kurz auf die **dogmatischen Grundprobleme** einzugehen, weil anderenfalls die Behandlung der Lehre von den Traditionspapieren in einer wesentlichen Frage unvollständig bliebe.

139 Auszugehen ist von § 652 HGB. Dieser ordnet für das **Verhältnis mehrerer kollidierender Verfügungen über die Güter** grundsätzlich die Geltung des **Prioritäts-**

---

[226] Vgl. *Weimar* MDR 1981, 374, 375; *Larenz/Canaris* Schuldrecht II/2[13], § 83 IV a. E. = S. 593; **a. A.** wohl *Staudinger/Schäfer*[12] § 851 Rdn. 3 a. E.

prinzips an. Das entspricht der Regelung des BGB und steht insbesondere in Übereinstimmung mit §§ 931, 933f BGB. Durch die erste Verfügung hat der Verfügende nämlich seine Rechtsmacht insoweit „verbraucht" und kann daher nicht mehr als Berechtigter abweichend verfügen.[227] Eine spätere Verfügung könnte folglich nur nach den Regeln über den Erwerb vom Nichtberechtigten wirksam werden. Deren Voraussetzungen liegen aber nicht vor, solange der spätere Erwerber nicht mehr erlangt als eine Ausfertigung des Konnossements. Denn da von diesem – zulässigerweise! – mehrere Exemplare existieren, muss der Erwerber mit früheren Verfügungen unter Benutzung einer anderen Ausfertigung rechnen, und daher schafft die Innehabung des Papiers im Verhältnis zu einem anderen Konnossementsinhaber keinen Rechtsschein. Fehlt es aber an einem solchen, dann setzt ein gutgläubiger Erwerb die Erlangung einer besonderen besitzrechtlichen Position voraus, wie sich aus der 2. Alternative von § 934 BGB ergibt. In die gleiche Richtung weist auch die Vorschrift des § 933 BGB, indem sie ebenfalls eine qualifizierte Besitzerlangung fordert, wenn der wahre Berechtigte und der Gutgläubige dem Verfügenden besitzmäßig ähnlich „nahe" stehen bzw. wenn der Gutgläubige dem Verfügenden nicht jeden Besitz nimmt. Damit ist die vorliegende Problematik insofern gut vergleichbar, als sowohl der wahre Berechtigte als auch der spätere Erwerber in gleicher Weise eine Konnossementsausfertigung innehaben und als letzterer von dem Verfügenden nicht die Aushändigung aller Ausfertigungen, des „full set" erlangt hat. Dass bei einer solchen Lage die „Beharrungsinteressen" den Vorrang vor den „Bewegungsinteressen" behalten, ist vernünftig und entspricht voll dem BGB.

Das BGB geht nun freilich noch einen Schritt weiter, indem es den „Bewegungsinteressen" dann den Vorrang zuerkennt, wenn die Rechtsstellung des späteren Erwerbers sich besitzrechtlich verstärkt.[228] Damit stimmt die Regelung des HGB in der Tat insofern überein, als der spätere Erwerber gemäß § 651 das Eigentum bzw. Pfandrecht erlangt, wenn ihm die Güter auf Grund seiner Konnossementsausfertigung von dem Kapitän ausgeliefert werden. Allerdings setzt die Vorschrift nach ihrem Wortlaut entgegen der Regelung des BGB keinen guten Glauben voraus. Angesichts ihres Alters und ihrer mangelnden Abstimmung mit der – späteren – Eigentumsordnung des BGB sollte man dieses Erfordernis jedoch in das Gesetz hineininterpretieren.[229] § 651 HGB ist dann nicht mehr Ausdruck eines geheimnisvollen „Präventionsprinzips",[230] sondern stellt lediglich eine sachgerechte **Konkretisierung der in §§ 933, 934 2. Alt. BGB enthaltenen Wertungen** dar.

Abweichungen gegenüber der allgemeinen zivilrechtlichen Dogmatik ergeben sich auch bezüglich des **Herausgabeanspruchs,** wenn man mit der h. L. aus § 648 Abs. 2 HGB schließt, dass jedem Inhaber einer Ausfertigung ein eigener Anspruch auf Auslieferung der Güter zusteht.[231] Die Vorstellung, dass die mehrfache Verbriefung eines Anspruchs zu dessen materieller Vervielfältigung führt, ist indessen dogmatisch geradezu abenteuerlich und untragbar. § 648 Abs. 2 HGB ist daher entgegen seinem missglückten oder zumindest sehr missverständlichen Wortlaut in dem Sinne berichtigend auszulegen, dass der Herausgabepflichtige die Auslieferung der Güter zwar nicht mit der Begründung verweigern darf, der Papierinhaber müsse den „full set" vorlegen,

140

---

[227] Ebenso *Hager* S. 366.
[228] Vgl. zu dieser Interpretation z. B. *Baur/Stürner* Sachenrecht, 17. Aufl. 1999, § 52 Rdn. 17.
[229] Zustimmend *Hager* S. 369; **a. A.** *Schaps/Abraham* § 651 Rdn. 2; *Rabe* § 651 Rdn. 4.
[230] So aber z.B. *Schaps/Abraham* § 651 Rdn. 2,

Rabe § 651 Rdn. 4; kritisch dazu mit Recht auch *Hager* S. 368 f.
[231] Vgl. statt aller *Stengel* S. 195 ff m. Nachw.; **a. A.** z.B. *Wüstendorfer* S. 326; *Schaps/Abraham* § 648 Einl. vor Rdn. 1; offengelassen von *Rabe* § 648 Rdn. 8.

wohl aber mit der Begründung, der Papierinhaber sei nicht materiell berechtigt. Nur so lässt sich auch der erforderliche Einklang mit § 651 HGB herstellen. Anderenfalls wäre nämlich der Schuldner u.U. gezwungen, einem Nichtberechtigten wissentlich zum Rechtserwerb gemäß § 651 HGB zu verhelfen und dadurch gegebenenfalls dem – i.d.R. unlauteren, oft sogar strafbaren – Missbrauch einer Konnossementsausfertigung erst zum Erfolg zu verhelfen, zumal es ja nach h.L. für die Anwendung von § 651 HGB nicht einmal auf den guten Glauben des Erwerbers ankommen soll. Außerdem entsteht vom Boden der h.L. aus auch gegenüber § 649 HGB ein untragbarer Wertungswiderspruch. Denn es wäre unbegreiflich, wenn vor der Meldung eines weiteren Konnossementsinhabers ohne weiteres an den ersten formell Legitimierten ausgeliefert werden müsste – und zwar mit der weitreichenden Folge von § 651 HGB! –, während nach der Meldung an keinen mehr ausgeliefert werden darf; weiß der Schuldner von einem weiteren Inhaber, so muss es ihm erlaubt sein, nicht erst dessen Meldung abzuwarten, sondern schon vorher die Auslieferung zu verweigern – freilich mit dem Risiko, dass sich der zuerst aufgetretene Inhaber dann doch als materiell berechtigt erweist bzw. dass die Widerlegung der Vermutung von § 365 Abs. 1 HGB i.V. mit Art. 16 Abs. 1 WG misslingt. Insgesamt ist somit festzustellen, dass auch bezüglich des Herausgabeanspruchs eine mit der allgemeinen bürgerlichrechtlichen Dogmatik übereinstimmende Auslegung der §§ 648 f, 651 HGB möglich, ja geboten ist.

141 In § 652 HGB wird als selbstverständlich vorausgesetzt, dass durch die Übertragung einzelner Konnossementsausfertigungen nicht nur kollidierende, sondern auch **miteinander vereinbare Verfügungen** vorgenommen werden können. Zu denken ist dabei an die Übereignung eines bereits vorher verpfändeten Gutes oder an die Bestellung mehrerer, im Range hintereinander stehender Pfandrechte. Voraussetzung ist dabei, dass das Eigentum als belastetes übertragen wird bzw. das Pfandrecht als nachrangiges begründet wird; denn sonst liegen kollidierende Verfügungen vor (mit der Folge, dass die Problematik gutgläubigen lastenfreien Erwerbs bzw. gutgläubigen Erwerbs des Vorrangs auftaucht, für die die Ausführungen oben Rdn. 138 entsprechend gelten). Im Schrifttum wird nun behauptet, diese Fälle seien mit den Mitteln des BGB nicht zu lösen und bildeten daher ein **Argument gegen die relative Theorie**.[232]

Das trifft indessen nicht zu. Bei der Übereignung einer bereits verpfändeten Sache sind ohne weiteres die Voraussetzungen der §§ 1205 Abs. 2 und 931 BGB erfüllt: Bei der Verpfändung überträgt der Verfügende seinen Herausgabeanspruch (den es nach richtiger Ansicht nur einmal gibt, vgl. die vorhergehende Rdn.) gemäß § 1205 Abs. 2 BGB auf den Pfandgläubiger, und die Übereignung erfolgt dann durch schlichte Einigung, was analog § 931 BGB ohne weiteres zulässig ist.[233] Bei der mehrfachen Verpfändung erfolgt die erste Verfügung wiederum nach § 1205 Abs. 2 BGB durch Abtretung des Herausgabeanspruchs gegen den Papierschuldner. Die zweite Verpfändung erfolgt durch Abtretung des aufschiebend bedingten Anspruchs auf Rückübertragung des mittelbaren Besitzes gegen den ersten Pfandgläubiger. Diese Abtretung genügt den Voraussetzungen von § 1205 Abs. 2 BGB. Denn ein bedingter Herausgabeanspruch reicht anerkanntermaßen für die Annahme eines Besitzmittlungsverhältnisses aus, und auch sonst liegen dessen Voraussetzungen zwischen dem Eigentümer und dem ersten Pfandgläubiger grundsätzlich vor, wie sich ohne weiteres aus § 868 BGB ergibt. Der zweite Pfandgläubiger erlangt auch nicht etwa ein besitzloses Pfandrecht, was mit

---

[232] Vgl. statt aller *Stengel* S. 205 ff m. Nachw. in Fn. 67.

[233] Vgl. dazu z.B. *Westermann* Sachenrecht § 41 II 4 b.

§ 1205 Abs. 2 BGB unvereinbar wäre. Er erhält nämlich mittelbaren Besitz zweiten Grades an den Gütern, da ihm ja der Anspruch auf den mittelbaren Besitz ersten Grades abgetreten wird. Dass die vorgeschlagene Konstruktion einigermaßen künstlich ist, muss zwar ohne weiteres eingeräumt werden, doch stellt das keinen Einwand dar, weil derartige Künstlichkeiten im Bereich des mittelbaren Besitzes nichts Ungewöhnliches sind und vom BGB geradezu erzwungen werden.

4. Verfügungen über die Güter ohne Übertragung des Traditionspapiers

a) Die „Sperrwirkung" der Ausstellung eines Traditionspapiers gegenüber einer Übereignung der Güter nach §§ 931, 934 BGB und ihre dogmatische Fragwürdigkeit. Verfügungen über die Güter nach den allgemeinen bürgerlichrechtlichen Vorschriften, also vor allem den §§ 929 ff BGB, werden durch die Ausstellung eines Traditionspapiers nicht ausgeschlossen.[234] Eine gewisse Modifikation gilt allerdings für **Verfügungen unter Abtretung des Herausgabeanspruchs**: Diese setzen die **Übergabe des Orderpapiers** (oder ein Übergabesurrogat bezüglich des Papiers) voraus,[235] so dass dessen Übergabe an einen Dritten insoweit eine **Sperrwirkung** zu Lasten seines früheren Inhabers entfaltet – und zwar unabhängig davon, ob dieser noch Eigentümer der Güter ist oder nicht (vgl. dazu näher unten Rdn. 144). Das folgt zwar nicht aus der „Natur" der Traditionspapiere und einer angeblichen Untrennbarkeit von Herausgabeanspruch und Papier,[236] entspricht jedoch dem allgemeinen wertpapierrechtlichen Prinzip, dass zu einer bürgerlichrechtlichen Übertragung der in einem Umlaufpapier verbrieften Forderung grundsätzlich die Übergabe des Papiers erforderlich ist (vgl. § 364 Rdn. 18 ff). Nicht erforderlich ist dagegen ein Indossament oder auch nur die Übereignung der Urkunde;[237] denn es geht ja nicht darum, die Übereignung der Güter nach § 931 BGB zugunsten ihrer Übereignung mit Hilfe der §§ 448, 475g, 650 HGB zu verdrängen,[238] sondern nur darum, die – für ihre Übereignung nach § 931 BGB erforderliche – bürgerlichrechtliche Übertragung des verbrieften Herausgabeanspruchs dem Übergabeerfordernis zu unterwerfen.[239] Wie bei jedem in einem Orderpapier verbrieften Anspruch gibt es zwei Möglichkeiten zu dessen Übertragung: den spezifisch wertpapierrechtlichen Weg durch Übereignung des Papiers und Indossament (wobei der Anspruch aus dem Papier dem Eigentum am Papier folgt) sowie den bürgerlichrechtlichen Weg durch Zession der verbrieften Forderung (wobei umgekehrt das Eigentum am Papier gemäß § 952 BGB der Forderung folgt). Da auch für die zweite Übertragungsart, wie gesagt, die Übergabe des Papiers grundsätzlich konstitutiv ist, ist ohne eine solche eine Übereignung der Güter nach § 931 BGB nicht möglich.

Wird das Papier übergeben, so sind nicht etwa die §§ 448, 475g, 650 HGB anwendbar, da es bei dieser Übereignungsform nicht um die wertpapierrechtliche Übertragung durch Indossament, sondern um einen rein bürgerlichrechtlichen Vorgang nach § 931 BGB geht. Dementsprechend sind die spezifisch wertpapierrechtlichen Möglichkeiten

---

[234] Vgl. statt aller BGHZ 49, 160, 162; a. A. z. T. *Kühlberg* S. 86 ff.
[235] Vgl. RGZ 119, 215, 217 f; BGHZ aaO S. 163; BGH LM Nr. 1 zu § 931 BGB; BGH WM 1977, 171, 172; *Westermann* aaO Anhang zu § 42; MünchKomm.-*Hefermehl* § 363 Rdn. 65; *Schlegelberger/Liesecke* § 650 Rdn. 11; *Tiedtke* WM 1979, 1146 f; *Koller* § 448 Rdn. 1.
[236] So aber BGHZ 49, 160, 162 f; BGH LM Nr. 1 zu § 931 BGB; kritisch dazu auch *Tiedtke* WM 1979, 1146.
[237] A. A. bezüglich des letzteren Erfordernisses z. B. *Stengel* S. 58 f m. w. Nachw.
[238] So aber offenbar BGH WM 1977, 172 unter d bb.
[239] Richtig daher RGZ 119, 215, 217 f.

des Gutglaubensschutzes, wie sie sich aus § 364 Abs. 2 HGB und § 365 Abs. 1 HGB i.V.m. Art. 16 Abs. 2 WG ergeben, nicht einschlägig.

143 Fehlt die **Übergabe des Traditionspapiers**, so ist die Übertragung des Herausgabeanspruchs und damit auch die Übereignung nach § 931 BGB wegen der konstitutiven Wirkung des Übergabeerfordernisses unwirksam. Das gilt auch dann, wenn der Erwerber von der Existenz eines Traditionspapiers nichts wissen konnte. Denn § 934 BGB kann nur den Mangel des Eigentums, nicht aber auch den zusätzlichen Mangel des Fehlens der Papierübergabe und damit der Unwirksamkeit der Abtretung des Herausgabeanspruchs überwinden; den **guten Glauben daran, dass über eine Sache kein Traditionspapier ausgestellt worden ist**, schützt § 934 BGB nicht.[240]

144 Allerdings ist der **Sinn und Zweck der Sperrwirkung** überaus zweifelhaft, ja bei näherer Analyse geradezu dunkel. Zweifelsfreie Effizienz entfaltet diese nämlich nur bei einem **Erwerb der Güter vom Berechtigten**: Hier verhindert das Erfordernis einer Übergabe des Papiers und die daraus folgende Sperrwirkung in der Tat die Übertragung des Herausgabeanspruchs und damit zugleich den Erwerb nach § 931 BGB, doch vermag *dieses* Ergebnis die Sperrwirkung schwerlich teleologisch überzeugend zu legitimieren. Denn wenn man bei Abtretung des verbrieften Herausgabeanspruchs ohne Übergabe des Papiers einen Erwerb des Eigentums an den Gütern nach § 931 BGB bejahte, weil man eine Sperrwirkung verneinte, so erwürbe ein gutgläubiger Vierter, an den der (ursprüngliche) Gläubiger des verbrieften Herausgabeanspruchs diesen unter Übertragung des – in seinen Händen verbliebenen Papiers – überträgt, diesen Anspruch nach § 365 Abs. 1 HGB i.V. mit Art. 16 Abs. 2 WG und damit zugleich das Eigentum an den Gütern nach § 934 Alt. 1 BGB, so dass er hinreichend geschützt wäre. Für das Erfordernis einer Übergabe des Traditionspapiers und damit für dessen Sperrwirkung spricht somit wohl nicht mehr als das Bestreben nach Rechtsklarheit durch Vermeidung einer Spaltung zwischen Besitz am Papier und Innehabung des verbrieften Herausgabeanspruchs[241] – und das ist kein sonderlich starkes Argument,[242] weil sich dafür wohl lediglich anführen lässt, dass es voll in der Linie der derzeit vorherrschenden wertpapierrechtlichen Systematik liegt (vgl. dazu unten § 364 Rdn. 18 Abs. 2). Vor allem aber liegt darin keine irgendwie geartete eigenständige „Sperrwirkung" des Traditionspapiers, sondern lediglich eine selbstverständliche Konsequenz des konstitutiven Charakters, den die Übergabe bei allen Umlaufpapieren für den Übergang des verbrieften Rechts hat.

Noch weitaus brüchiger ist die Funktion der Sperrwirkung beim **Erwerb vom Nichtberechtigten nach § 934 BGB**, obwohl sie gerade hierfür ihre Hauptrolle spielt. Soweit es nämlich um die **Anwendung der 1. Alternative dieser Vorschrift**, also den gutgläubigen Erwerb kraft mittelbaren Besitzes des Veräußerers geht, bedarf es der Sperrwirkung gar nicht, um diesen zu verhindern und also den – derzeitigen – Inhaber des Traditionspapiers vor der Gefahr eines Eigentumsverlusts durch gutgläubigen Erwerb eines Zweitzessionars des Herausgabeanspruchs zu schützen. Denn dadurch, dass der Veräußerer das Papier an den Erstzessionar übertragen hat, hat er zugleich nach § 870 BGB seinen – auf dem Herausgabeanspruch beruhenden! – mittelbaren Besitz an diesen verloren, und daher sind schon aus *diesem* Grund die Voraussetzungen der 1. Alternative von § 934 BGB nicht erfüllt, so dass eine angebliche Sperrwirkung des Traditionspapiers insoweit funktionslos ist; wäre der abgetretene Herausgabe-

---

[240] Vgl. z.B. BGHZ 49, 160, 163; BGH NJW 1979, 2037, 2038; a.A., soweit ersichtlich, nur *Kühlberg* S. 90.

[241] So in der Tat *Tiedtke* WM 1979, 1146.

[242] Vgl. auch die kritischen Überlegungen von *Hager* S. 378 f.

anspruch nicht verbrieft, käme bei einer doppelten Zession eine Anwendung von § 934 Alt. 1 BGB ja auch nicht in Betracht!

Sind dagegen die **Voraussetzungen der 2. Alternative von § 934 BGB** gegeben – überlässt also der Lagerhalter (Frachtführer, Verfrachter) dem Erwerber den Besitz in der dafür erforderlichen Art und Weise –, so liegt in der Existenz des Traditionspapiers in Wahrheit **kein Hindernis für die Möglichkeit eines gutgläubigen Erwerbs**.[243] Denn insoweit kommt es auf den Erwerb des *Herausgabeanspruchs* in keiner Weise an, so dass dessen Verbriefung folgerichtig auch keine Sperrwirkung entfalten kann. Außerdem ergäben sich anderenfalls untragbare Wertungswidersprüche zu den Fällen des § 932 BGB, weil diese hinsichtlich der besitzrechtlichen Modalitäten ebenso gelagert sind wie die Fälle des § 934 2. Alt. BGB und im Rahmen von § 932 BGB eine Sperrwirkung anerkanntermaßen von vornherein nicht in Betracht kommt (vgl. näher unten Rdn. 148 Abs. 2). Im Übrigen kann auch vom Ergebnis her überhaupt nicht zweifelhaft sein, dass die angebliche Sperrwirkung der Ausstellung eines Traditionspapiers den gutgläubigen Erwerb des Zweitzessionars nach § 934 Alt. 2 BGB z.B. dann nicht zu verhindern vermag, wenn diesem von dem Lagerhalter (Frachtführer, Verfrachter) der unmittelbare Besitz an den Gütern übertragen wird. Andererseits scheitert eine bloße „Umstellung" des Besitzmittlungsverhältnisses zwischen letzterem und seinem Vertragspartner (dem Einlagerer usw.) *unabhängig* von der Sperrwirkung daran, dass dazu die Gläubigerstellung aus dem betreffenden Vertrag geändert werden müsste und das nicht möglich ist, weil diese nunmehr dem Erstzessionar zusteht; § 407 BGB kommt dem Lagerhalter (usw.) insoweit nicht zugute, weil der Herausgabeanspruch verbrieft und § 407 BGB dadurch ausgeschaltet worden ist[244] (vgl. oben Rdn. 26). Nicht verhindern lässt sich allerdings, dass der Lagerhalter (usw.) mit dem Zweitzessionar ein *neues* Besitzmittlungsverhältnis abschließt, doch hat der aus diesem folgende Herausgabeanspruch mit dem verbrieften Herausgabeanspruch rechtlich überhaupt nichts zu tun[245]. Will man den Erstzessionar, der das Traditionspapier in Händen hat, vor dieser Gefahr der 2. Alt. des § 934 BGB schützen, so kann man das nicht durch das bloße Postulat tun, dass dessen Ausstellung „Sperrwirkung" habe, weil eine solche sich nur aus der Verbriefung des Herausgabeanspruchs herleiten lässt und es um diese hier ja gar nicht geht, sondern allenfalls dadurch, dass man seinem – fortbestehenden – Herausgabeanspruch gegen den unmittelbaren Besitzer *als solchem* eine entsprechende Sperrwirkung zuerkennt, doch lässt sich eine derartige Lösung folgerichtig nicht auf Traditionspapiere beschränken, sondern ist grundsätzlich von der Verbriefung des Herausgabeanspruchs unabhängig und dementsprechend allgemein-sachenrechtlicher Art[246] (vgl. dazu im Übrigen auch unten Rdn. 148 Abs. 2).

Insgesamt dürfte es somit **keinen eigenständigen rechtlichen Gehalt der Sperrwirkung** geben, so dass diese sich als eine **dogmatisch überflüssige Figur** erweist. Denn beim Erwerb vom Berechtigten stellt die Sperrwirkung nichts anderes dar als eine – selbstverständliche – Konsequenz aus dem Übergabeerfordernis, das bei der Übertragung aller Umlaufpapiere gilt (vgl. Rdn. 144 Abs. 1); beim gutgläubigen

145

---

[243] Ebenso i.E. MünchKomm.-*Quack*[3] § 934 Rdn. 15; a.A. BGH NJW 1979, 2037, 2038, doch hält diese Entscheidung der Kritik nicht stand, vgl. z.B. *Tiedtke* WM 1979, 1144 ff; *Hager* WM 1980, 666 ff; *Gursky* JZ 1984, 608; *Koller* unten § 424 Rdn. 28.

[244] Das wird zutreffend gesehen von *Hager* S. 383.

[245] Auch insoweit zutreffend *Hager* S. 372.

[246] So die konsistente und scharfsinnige Konzeption von *Hager* S. 372 ff, 460 f; ob diese letztlich wirklich zutrifft, kann hier nicht erörtert werden, weil es sich dabei um eine sachenrechtliche Fragestellung handelt, deren Behandlung nicht in den Rahmen der vorliegenden Kommentierung gehört, vgl. auch unten Rdn. 148 Abs. 2.

Erwerb nach der ersten Alternative von § 934 BGB bedarf es der Sperrwirkung nicht, weil der Veräußerer den mittelbaren Besitz an den Gütern schon durch die erste Abtretung des Herausgabeanspruchs verloren hat und es daher bereits aus *diesem* Grund an den Voraussetzungen eines gutgläubigen Erwerbs durch einen Zweitzessionar nach § 934 Alt. 1 BGB fehlt (vgl. Rdn. 144 Abs. 2); für die zweite Alternative von § 934 BGB gilt die Sperrwirkung ohnehin nicht, weil für diese der Herausgabeanspruch und seine Verbriefung keine Rolle spielen und auch vom praktischen Ergebnis her unbezweifelbar ist, dass eine angebliche Sperrwirkung den gutgläubigen Erwerb des Zweitzessionars nach § 934 Alt. 2 BGB zumindest dann nicht zu verhindern vermag, wenn diesem der unmittelbare Besitz an den Gütern von dem Lagerhalter (Frachtführer, Verfrachter) überlassen wird (vgl. Rdn. 144 Abs. 3); eine bloße Umstellung des Besitzmittlungsverhältnisses durch diesen auf den Zweitzessionar ist dagegen wiederum schon unabhängig von einer eigenständigen Sperrwirkung unwirksam, weil sie an der Unanwendbarkeit von § 407 BGB scheitert, die ihrerseits kein Spezifikum eines Traditionspapiers, sondern ein Charakteristikum aller Wertpapiere darstellt (vgl. Rdn. 144 Abs. 3); und was schließlich die Neubegründung eines Besitzmittlungsverhältnisses zwischen dem Lagerhalter (Frachtführer, Verfrachter) und dem Zweitzessionar durch Abschluss eines neuen Vertrages angeht, so lässt sich insoweit der – etwaige – Ausschluss der Möglichkeit gutgläubigen Erwerbs nach § 934 Alt. 2 BGB nicht aus irgendwelchen Besonderheiten der Traditionspapiere, sondern allenfalls aus allgemein-sachenrechtlichen Erwägungen begründen (vgl. Rdn. 144 Abs. 3 a.E.). Allerdings ist richtig, dass bestimmte Probleme der Anwendung von § 934 BGB bei Übertragungen von Gütern mit Hilfe eines Traditionspapiers besonders gut deutlich werden und auch eine besonders große praktische Rolle spielen. Das ändert jedoch nichts daran, dass sie sich nicht durch die Annahme einer angeblichen Sperrwirkung der Traditionspapiere als einer eigenständigen dogmatischen Figur lösen lassen. Vielmehr verstellt diese den Blick für die richtigen Ansätze zu einer Lösung der einschlägigen Probleme eher als dass sie diese fördert.

146 Zweifelhaft ist, ob auch bloße **Rektapapiere** eine Sperrwirkung – wenn man denn eine solche überhaupt anerkennt – gegenüber einer Übereignung der Güter nach § 931 BGB zur Folge haben. Nach der oben Rdn. 142 vorgetragenen Begründung hängt das davon ab, ob auch bei ihnen die Übergabe des Papiers (bzw. ein Übergabesurrogat hinsichtlich des Papiers) eine konstitutive Voraussetzung für die Übertragung der Forderung darstellt. Das ist hinsichtlich des **Rektalagerscheins** mit Sicherheit zu verneinen,[247] da dieser nach dem klaren Wortlaut von § 475g HGB nicht zu den Traditionspapieren gehört (vgl. unten Rdn. 152), und daher entfaltet dieser folgerichtig grundsätzlich auch keine Sperrwirkung.[248] Allerdings können die Parteien in dem Begebungsvertrag vereinbaren, dass die verbriefte Forderung nur unter Übergabe des Papiers, durch eine schriftliche Erklärung auf diesem oder dgl. an einen Dritten übertragen werden kann, und auf diesem Wege privatautonom eine Sperrwirkung begründen; zwar können sie die sachenrechtlichen Wirkungen der §§ 931, 934 BGB als solche wegen des zwingenden Charakters dieser Vorschriften nicht mit Wirkung gegenüber Dritten ändern, doch eröffnet § 399 Alt. 2 BGB ihnen die Möglichkeit zu einer entsprechenden inhaltlichen Beschränkung der Abtretbarkeit des vertraglichen Heraus-

---

[247] Davon geht ersichtlich auch der BGH in der Entscheidung BGH NJW 1979, 2037 aus, vgl. die schlüssige Interpretation von *Tiedtke* WM 1979, 1149 bei Fn. 34; vgl. zu dieser Frage im übrigen unten § 364 Rdn. 21.

[248] Ebenso z.B. MünchKomm.-*Hefermehl* § 363 Rdn. 66; **a. A.** z.B. *Zöllner* § 25 IV 5; vgl. ferner die umf. Nachw. bei *Hager* S. 371 f Fn. 216 und 217.

gabeanspruchs.[249] Indessen kann der Lagerhalter diese Sperrwirkung hinfällig machen, indem er sich mit der Herausgabe an einen Dritten auch ohne Übergabe des Papiers usw. einverstanden erklärt oder das Besitzmittlungsverhältnis ohne Einhaltung dieser Voraussetzung auf den Dritten umstellt;[250] denn da die Sperrwirkung sich hier anders als in den Fällen eines konstitutiven Übergabeerfordernisses nicht aus dem objektiven Recht ergibt, sondern lediglich auf einer rechtsgeschäftlichen Abrede beruht, kann sie grundsätzlich durch einen entsprechenden actus contrarius der Parteien wieder aufgehoben werden. Nennenswerte praktische Bedeutung hat die gesamte Problematik indessen nicht. Denn für die – im Mittelpunkt des Interesses stehende – Frage nach der **Möglichkeit gutgläubigen Erwerbs gemäß § 934 BGB** spielt die durch das Übergabeerfordernis bewirkte Sperrwirkung in Wahrheit keine Rolle, da die Ausführungen oben Rdn. 144 Abs. 2 und 3 mutatis mutandis auch hier gelten: Die 1. Alternative von § 934 BGB ist auch hier ohnehin schon deshalb nicht einschlägig, weil der Verfügende seinen Herausgabeanspruch und damit seinen mittelbaren Besitz bereits durch die erste Verfügung verloren hat und daher die tatbestandlichen Voraussetzungen dieser Alternative völlig unabhängig davon fehlen, ob man eine Sperrwirkung annimmt oder nicht; und die Anwendung der 2. Alternative kann aus den oben Rdn. 144 Abs. 3 genannten Gründen nicht durch eine spezifische Sperrwirkung eines Traditionspapiers, sondern allenfalls durch eine allgemein sachenrechtliche Sperrwirkung des – fortbestehenden – Herausgabeanspruchs des Erstzessionars gegen den unmittelbaren Besitzer verhindert werden.[251]

Rektaladeschein und **Rektakonnossement** stellen zwar Traditionspapiere dar, weil sie nach dem klaren Wortlaut der §§ 448, 650 HGB ebenso wie Orderpapiere unter diese Vorschriften fallen (vgl. unten Rdn. 152), doch hat auch bei ihnen das Übergabeerfordernis gleichwohl keine konstitutive Wirkung (vgl. § 364 Rdn. 21), und daher ist auch bei ihnen eine auf diesem beruhende Sperrwirkung zu verneinen.[252]

b) Die uneingeschränkte Möglichkeit zur Übereignung der Güter nach den §§ 929f BGB. Andere Möglichkeiten zur Übereignung der Güter als diejenige nach § 931 BGB werden durch die Ausstellung und Begebung des Traditionspapiers nicht berührt. Das gilt auch dann, wenn der Papierschuldner selbst durch **bloße Einigung gemäß § 929 S. 2 BGB** Eigentum an den Gütern erwirbt.[253] Spätere Erwerber des Traditionspapiers sind ausreichend durch die Möglichkeit gutgläubigen Erwerbs geschützt. § 936 Abs. 3 BGB steht einem solchen nicht entgegen. Auch wenn man nämlich diese Vorschrift grundsätzlich auf das Eigentum analog anwendet,[254] passt sie aus den oben Rdn. 125 genannten Gründen hier nicht; der Papierschuldner handelt auf eigene Gefahr, wenn er das Eigentum erwirbt, ohne sich das Traditionspapier zurückgeben zu lassen. Auch § 935 BGB ist nicht entsprechend anwendbar;[255] denn der wahre Eigentümer hat hier ja den Rechtsschein durch die Schaffung des Papiers bzw. durch den Eigentumserwerb ohne dessen Rückgabe gerade veranlasst, und daher passt der Rechtsgedanke von § 935 BGB in keiner Weise.

147

---

[249] Insoweit zutreffend BGH NJW 1979, 2037, 2038.
[250] So mit Recht *Tiedtke* WM 1979, 1151 gegen BGH NJW 1979, 2037, 2038; kritisch zu der Entscheidung ferner die oben Fn. 243 Zitierten; zustimmend dagegen MünchKomm.-*Hefermehl* § 363 Rdn. 66 sowie im Ergebnis, wenngleich nicht in der Begründung auch *Schnauder* NJW 1991, 1648 f.
[251] Konsequent *Hager* S. 383.
[252] Ebenso z.B. *Koller* § 448 Rdn. 1 a.E.; a.A. z.B. MünchKomm.-*Hefermehl* § 363 Rdn. 57 Abs. 2; Ebenroth/Boujong/Joost/Hakenberg § 363 Rdn. 20; vgl. ferner die umf. Nachw. bei *Hager* S. 371 f Fn. 216 und 217.
[253] Zustimmend *Tiedtke* WM 1979, 1147; a.A. *Kühlberg* S. 86 ff.
[254] Vgl. dazu z.B. *Westermann* Sachenrecht[7] § 50, 3.
[255] A. A. *Kühlberg* S. 86.

Übel ist die Lage hier allerdings vom Boden der **Repräsentationstheorie** aus. Da nämlich der Papierschuldner nach der Übereignung an ihn Eigenbesitzer ist, muss die Repräsentationstheorie folgerichtig die Anwendung der §§ 448, 475g, 650 HGB ablehnen und also späteren Erwerbern die Möglichkeit gutgläubigen Erwerbs von vornherein versagen (vgl. näher oben Rdn. 120). Das spricht jedoch nicht etwa dafür, die Übereignung nach § 929 S. 2 BGB für unzulässig zu erklären, sondern beweist lediglich einmal mehr die Unrichtigkeit der Repräsentationstheorie. Das zeigt insbesondere der Vergleich mit der wertpapierrechtlichen Lage. Denn die nachträgliche Änderung oder Aufhebung des verbrieften Rechtsverhältnisses ist keineswegs einfach unwirksam, wenn sie ohne Eintragung in das Papier bzw. ohne dessen Rückgabe erfolgt, sondern kann lediglich einem gutgläubigen Erwerber nicht entgegengesetzt werden. Entsprechendes muss folgerichtig für die korrespondierenden sachenrechtlichen Verfügungen gelten: Die Wirksamkeit einer nachträglichen Verpfändung oder Übereignung der Güter an den Papierschuldner darf ebenfalls nicht an das Erfordernis einer Berichtigung oder Rückgabe des Papiers gebunden werden, sondern steht lediglich unter dem Vorbehalt gutgläubigen Erwerbs eines späteren Papierinhabers.

148 Auch beim **Geheißerwerb** tritt grundsätzlich keine Sperrwirkung ein, weil dieser nicht unter §§ 931, 934 BGB, sondern unter §§ 929, 932 BGB fällt[256] (oder doch zumindest in Analogie zu diesen Vorschriften zu behandeln ist). In der Tat besteht auch hier grundsätzlich kein Anlass zu einer Abweichung von den Regeln des BGB.[257] Dass der Papierschuldner u. U. die Güter auf Verlangen eines früheren Papierinhabers an einen Dritten herausgibt und damit die Rechtsstellung des wahren Berechtigten zerstört, stellt lediglich das allgemeine Risiko eines Eigentümers dar, der Sachen ohne Ergreifung des unmittelbaren Besitzes erwirbt. Dass sein Herausgabeanspruch in einem Traditionspapier verbrieft ist, rechtfertigt in keiner Weise, ihm einen erhöhten Schutz vor derartigen Gefahren zuzuerkennen.

Allerdings können sich **Abgrenzungsschwierigkeiten gegenüber den Fällen des § 931 BGB** ergeben. Hat z.B. der Einlagerer das Gut mittels eines Orderlagerscheins an A übereignet und übereignet er es anschließend nach § 929 BGB noch einmal an B, so erwirbt dieser nach § 932 BGB gutgläubig Eigentum, wenn der Lagerhalter ihm das Gut auf Geheiß des Einlagerers herausgibt. Zum entgegengesetzten Ergebnis könnte man bei der gleichen Fallgestaltung kommen, wenn die Übereignung nach § 931 BGB erfolgt und man wegen der Sperrwirkung des Traditionspapiers einen gutgläubigen Erwerb nach § 934 2. Alt. BGB ablehnen würde. Das wäre ein untragbarer Wertungswiderspruch, doch entfällt dieser, wenn man mit der oben Rdn. 144 Abs. 3 vertretenen Ansicht in den Fällen der 2. Alternative von § 934 BGB die Sperrwirkung von vornherein verneint.[258] Die Richtigkeit dieses Ergebnisses ist für Fälle wie den vorliegenden, in denen der Lagerhalter (Frachtführer, Verfrachter) jede Besitzbeziehung zu dem Gut löst, nicht zu bezweifeln. Es spricht einiges dafür, ebenso zu entscheiden, wenn der Lagerhalter zwar weiterhin den Besitz behält, jedoch auf Veranlassung des Veräußerers ein neues Besitzmittlungsverhältnis mit dem Zweiterwerber begründet, also z. B. mit diesem einen neuen Lagervertrag abschließt;[259] denn es kann schwerlich einen Unterschied machen, ob der Besitzer dem Zweiterwerber die Sache zunächst heraus-

---

[256] Vgl. z.B. MünchKomm.-*Quack*[3] § 929 Rdn. 142 ff; *Westermann* aaO § 47 I 1.
[257] **A. A.** *Kühlberg* S. 94 ff.
[258] Dieser Ausweg ist noch nicht gesehen bei *Hueck/Canaris* § 23 II 4.
[259] Ebenso i.E. MünchKomm.-*Quack*[3] § 934 Rdn. 15; *Koller* § 448 Rdn. 1; **a. A.** i. E. BGH NJW 1979, 2037, 2038; *Tiedtke* WM 1979, 1147; *Heymann/Horn* § 363 Rdn. 31 a.E.; wohl auch *Karsten Schmidt* § 24 III 4 = S. 703 bei Fn. 45.

gibt und dann sogleich wieder an sich nimmt – z.B. einlagert – oder ob er unter Vermeidung dieses Umwegs unmittelbar mit dem Zweiterwerber ein Besitzmittlungsverhältnis abschließt. Freilich wird durch diese Lösung der Schutz des Erwerbers eines Traditionspapiers gegenüber kollidierenden späteren Verfügungen des Einlagerers (Absenders, Empfängers) über die Güter geschwächt, doch liegt darin immer noch das kleinere Übel im Vergleich zu den sonst drohenden Wertungswidersprüchen zwischen der Behandlung von Veräußerungen nach § 931 BGB einerseits und § 929 BGB andererseits. Diese zu vermeiden, indem man umgekehrt die Rechtslage in den Fällen eines Geheißerwerbs nach § 929 BGB an diejenige in den Fällen des § 931 BGB anpasst und also die Sperrwirkung des Traditionspapiers in einen Teil des Anwendungsbereichs von § 929 BGB hinein erstreckt, erscheint dogmatisch allenfalls dann konsistent, wenn man diese Lösung nicht als eine Besonderheit der Traditionspapiere ansieht, sondern die Sperrwirkung ganz allgemein dem – fortbestehenden – Herausgabeanspruch des früheren mittelbaren Besitzers gegen den unmittelbaren Besitzer – d.h. hier den Lagerhalter, Frachtführer oder Verfrachter – zubilligt, mag er nun verbrieft sein oder nicht;[260] diese Frage kann hier nicht vertieft werden, da sie nicht spezifisch gerade für die Traditionspapiere, sondern allgemein-sachenrechtlicher Art ist.

Bei einer **Übereignung der Güter nach § 930 BGB** sind keine wesentlichen Schwierigkeiten ersichtlich.[261] Denn wer *vorher* das Eigentum (oder ein Pfandrecht) an diesen mit Hilfe des Traditionspapiers erworben hat, ist einerseits durch das Erfordernis einer Übergabe an den Zweiterwerber nach § 933 BGB hinreichend geschützt und muss andererseits bei Vorliegen einer solchen Übergabe dessen gutgläubigen Erwerb grundsätzlich hinnehmen – nicht anders als bei einer Übereignung nach §§ 929, 932 BGB. Verfügt der Einlagerer oder Absender *nach* der Übereignung der Güter gemäß § 930 BGB mit Hilfe des – in seinem Besitz verbliebenen – Traditionspapiers noch einmal abweichend über diese, so wird der Zweiterwerber in seinem guten Glauben nach § 934 1. Alt. BGB geschützt, da der Einlagerer oder Absender hier mittelbarer Besitzer (1. Grades) geblieben ist; das entspricht dem Vorrang des Erwerbs nach § 934 BGB gegenüber dem Erwerb nach § 930 BGB und gibt daher keinerlei Anlass zu irgendwelchen Korrekturen.

149

Auch in den Fällen, in denen das Traditionspapier keine Sperrwirkung entfaltet, kann es mittelbar doch die Möglichkeiten gutgläubigen Erwerbs einschränken. Denn wenn der Erwerber der Güter **Kenntnis von der Existenz des Papiers** hat und sich dieses gleichwohl nicht vorlegen lässt, kann daraus seine Bösgläubigkeit folgen.[262]

150

5. Die Traditionswirkung bei Inhaberpapieren, Rektapapieren und nicht unter die §§ 448, 475g, 650 HGB fallenden Orderpapieren

Dass ein **Inhaberladeschein** und ein **Inhaberkonnossement** Traditionswirkung haben,[263] ergibt sich ohne weiteres aus der Fassung der §§ 448, 650 HGB, da diese keine Begrenzung auf Orderpapiere enthalten. Dem Lagerschein erkennt § 475g HGB dagegen nur dann Traditionswirkung zu, wenn er als Orderpapier ausgestaltet ist. Das bedeutet jedoch nicht, dass bei einem **Inhaberlagerschein** – der zulässig ist – nicht dieselben Wirkungen wie bei einem Traditionspapier eintreten können. Denn wert-

151

---

[260] So in der Tat die Lösung von *Hager* S. 370 ff, 460 f.
[261] A.A. *Kühlberg* S. 92 ff; vgl. auch *Rabe* § 650 Rdn. 17, der dazu neigt, für eine Sicherungsübereignung nach § 930 BGB die Übergabe des Papiers zu fordern.
[262] Vgl. RGZ 119, 215, 220 sowie näher unten § 366 Rdn. 79.
[263] Vgl. z.B. MünchKomm.-*Hefermehl* § 363 Rdn. 50; *Stengel* S. 151 ff m.w. Nachw.

papierrechtlich ist die Rechtslage bei einem Inhaberpapier in den hier wesentlichen Fragen grundsätzlich die gleiche wie bei einem Orderpapier; das gilt insbesondere für den gutgläubigen Erwerb und den Einwendungsausschluss. Da sich die Traditionswirkung nun aber weitgehend als eine Folge der Verbriefung des Herausgabeanspruchs in einem Umlaufpapier verstehen lässt (vgl. zusammenfassend unten Rdn. 155 ff), sollte man dem Inhaberlagerschein entgegen der h. L.[264] trotz des entgegenstehenden Wortlauts von § 475g HGB Traditionswirkung zuerkennen. Das ist hinsichtlich der meisten Probleme schon deshalb selbstverständlich, weil sich ihre Lösung ohnehin einfach aus der Anwendung des BGB oder des HGB ergibt (vgl. z. B. oben Rdn. 117 und 128). Für die wenigen übrigen Probleme sollte man nicht anders entscheiden, weil es dabei nicht um eine echte Durchbrechung des BGB, sondern lediglich um dessen teleologisch folgerichtige Fortbildung geht (vgl. insbesondere oben Rdn. 119, 123, 125, 130).

152 Ein **Rektalagerschein** entfaltet keine Traditionswirkung; denn nach dem eindeutigen Wortlaut von § 475g HGB fällt er nicht unter diese Vorschrift, und ähnliche Gründe, wie sie in der vorigen Rdn. dafür angeführt worden sind, gleichwohl ein Traditionspapier anzunehmen, sind hier nicht gegeben. Bei einem **Rektaladeschein** und einem **Rektakonnossement**, die vom Wortlaut der §§ 448, 650 HGB umfasst und demgemäß grundsätzlich als Traditionspapiere anzuerkennen sind, kommt die Traditionswirkung nur dem im Papier benannten Empfänger zugute, da nur er „legitimiert" im Sinne des Wertpapierrechts und damit auch im Sinne der §§ 448, 650 HGB ist.[265] Darüber hinaus ergeben sich hier erhebliche Einschränkungen daraus, dass für die Rektapapiere die wertpapierrechtlichen Regeln über den gutgläubigen Erwerb und den Einwendungsausschluss nicht gelten. Ein Rechtserwerb ist bei ihnen daher nur nach den Grundsätzen der – nicht wertpapierrechtlich fortgebildeten – streng relativen Theorie möglich. Folglich erlangt z. B. der Erwerber eines Rektakonnossements kein Eigentum an den Gütern, wenn der frühere Eigentümer diese nach § 931 BGB wirksam an einen Dritten veräußert hatte und der Erwerber des Papiers nicht den Besitz an den Gütern gemäß der 2. Alternative von § 934 BGB erlangt hat.[266] Das spricht nicht etwa gegen die hier vertretene wertpapierrechtliche Sichtweise, sondern bestätigt im Gegenteil deren Richtigkeit.[267] Die Unmöglichkeit gutgläubigen Erwerbs hat nämlich zur Folge, dass der Inhaber des Rektapapiers den verbrieften Herausgabeanspruch nicht erwirbt und daher nach § 952 BGB auch nicht Eigentümer des Papiers wird; wer aber nicht einmal das Eigentum am Papier erlangt, kann keinesfalls durch dessen Übergabe Eigentum an den Gütern erlangen (*Prinzip des „negativen Parallelismus"*). Bezüglich des Einwendungsausschlusses ist allerdings zu beachten, dass der Herausgabepflichtige analog § 405 BGB solche Einwendungen verliert, die ihm bei der Ausstellung des Papiers bekannt waren und deren Unkenntnis er auf Seiten des Empfängers voraussetzen musste;[268] das kann z. B. bezüglich eines dem Aussteller der Urkunde zustehenden Vertragspfandrechts von Bedeutung sein.

153 Die Traditionswirkung ist nicht auf Lagerscheine, Ladescheine und Konnossemente beschränkt. Denn die §§ 448, 475g, 650 HGB stellen keine irregulären Ausnahmevor-

---

[264] Vgl. z. B. *Heymann* S. 160 f; *Abraham* Der Lagerschein S. 134 f; *Düringer/Hachenburg/Lehmann* § 424 Anm. 2 a. E.; *Schlegelberger/Schröder* § 424 Rdn. 11; *Schnauder* NJW 1991, 1646; *Koller* unten § 424 Rdn. 23, dessen Einwände jedoch durch die durch das Transportrechtsreformgesetz erfolgte Liberalisierung im wesentlichen gegenstandslos geworden sein dürften.

[265] Vgl. *Zöllner* § 25 IV 2; *Stengel* S. 154 ff m. w. Nachw.; *Helm* unten § 450 Rdn. 5; Münch-Komm.-*Dubischar* § 450 Rdn. 5.
[266] Zustimmend *Koller* § 448 Rdn. 4.
[267] A. A. *Hager* S. 262.
[268] Vgl. allgemein *Canaris* Die Vertrauenshaftung S. 94 ff sowie oben Rdn. 91.

schriften dar, sondern ziehen, soweit sie überhaupt über die Konkretisierung sachenrechtlicher Grundsätze hinausgehen, lediglich folgerichtig die Konsequenzen aus der Verbriefung des Herausgabeanspruchs in einem Umlaufpapier (vgl. zusammenfassend unten Rdn. 155 ff). Daher erscheint die **Anerkennung weiterer Urkunden als Traditionspapiere im Wege der Analogie** grundsätzlich als zulässig,[269] sofern diese Wertpapiercharakter haben und in ihnen ein Herausgabeanspruch verbrieft ist.

Ein Beispiel ist der an Order oder auf den Inhaber gestellte **Lieferschein,** sofern er vom Bezogenen angenommen worden ist (vgl. dazu näher oben Rdn. 37 ff). Die h. L. lehnt dessen Anerkennung als Traditionspapier allerdings ausdrücklich ab,[270] doch wird sie dabei offenkundig von dem Missverständnis geleitet, dass die Traditionswirkung etwas Ungewöhnliches darstelle. Hat man demgegenüber erkannt, dass die meisten der einschlägigen Probleme sich ohne weiteres durch eine am Gesetzeszweck orientierte Auslegung des BGB lösen lassen (vgl. z. B. oben Rdn. 117, 125, 130) und dass es auch im Übrigen nicht um eine Durchbrechung, sondern lediglich um eine wertpapierrechtlich bedingte Fortbildung des Sachenrechts geht (vgl. z. B. oben Rdn. 119 und 123), so entfallen die Bedenken gegen eine analoge Anwendung der §§ 448, 475g, 650 HGB auf den Lieferschein und gegen dessen Anerkennung als Traditionspapier.

Folgerichtig sind auch das **Durchkonnossement** und das von der Internationalen Handelskammer in Paris entwickelte **Dokument des kombinierten Transports** als Traditionspapiere anzuerkennen,[271] sofern für sie diese Problematik in Altfällen überhaupt noch relevant wird; denn auch sie verbriefen einen Herausgabeanspruch und stellen echte Orderpapiere dar (vgl. oben Rdn. 83 f). Schließlich sind auch **Spediteursbescheinigungen** als Traditionspapiere zu qualifizieren, soweit sie als echte Orderpapiere ausgestaltet werden können (vgl. dazu oben Rdn. 86).

Dagegen ist der **Kraftfahrzeugbrief** selbstverständlich kein Traditionspapier.[272] **154** Das folgt schon daraus, dass er kein *privates* Rechtsverhältnis verbrieft und daher überhaupt kein Wertpapier ist. Selbst wenn man aber den Wertpapierbegriff so erweitern würde, dass auch der Kraftfahrzeugbrief darunter fiele, wäre er doch noch kein Traditionspapier, weil er nicht einen Herausgabeanspruch gegen den Besitzer der Sache – hier also des Kraftwagens – verbrieft und darin ein unverzichtbares Begriffs- und Wesensmerkmal der Traditionspapiere liegt. Demgegenüber ist es völlig belanglos, ob die „Bedürfnisse des Kraftfahrzeughandels es nahe legen, rechtsfortbildend den Kraftfahrzeugbrief zum Traditionspapier zu machen".[273] Selbst wenn solche Bedürfnisse bestünden und geradezu zwingend wären, käme eine Rechtsfortbildung durch den Richter nicht in Betracht, weil der Kraftfahrzeugbrief eben das entscheidende Merkmal der Traditionspapiere – die Verbriefung eines Herausgabeanspruchs – nicht aufweist und es somit an jeder Voraussetzung für eine Analogie fehlt.

---

[269] Zustimmend *Heymann/Horn* § 363 Rdn. 40 a. E.; a. A. z. B. *Jacobi* Ehrenbergs Handbuch IV 1 S. 560 ff.

[270] Vgl. BGH WM 1971, 742, 743 Sp. 1; *Düringer/Hachenburg/Breit* § 363 Anm. 15 und 29; MünchKomm.-*Hefermehl* § 363 Rdn. 24; *Heynen* S. 41 m. w. Nachw.; *Hertin* MDR 1970, 883.

[271] Vgl. auch *Scheer* Die Haftung des Beförderers im gemischten Überseeverkehr, S. 50 ff; a. A. *Helm* Festschr. für Hefermehl S. 72 f.

[272] Vgl. BGH WM 1960, 492; 1970, 252.

[273] So aber BGH WM 1970, 252 unter 3.

6. Zusammenfassender Rückblick

155 **a) Der Theorienstreit aus heutiger Sicht.** Überprüft man zusammenfassend die entwickelten Lösungen der Einzelprobleme im Hinblick auf den Theorienstreit über die dogmatische Einordnung der Lehre von den Traditionspapieren, so ergibt sich, dass sowohl die Repräsentationstheorie als auch die absolute Theorie unhaltbar sind. Die **Repräsentationstheorie** sollte schon deshalb aufgegeben werden, weil sich die von ihr vertretenen Ergebnisse ganz überwiegend auch mit den Regeln des allgemeinen Sachenrechts begründen lassen und daher insoweit mit der relativen Theorie auszukommen wäre (vgl. oben Rdn. 117, 125, 130); die wenigen Ausnahmen betreffen entweder entlegene Randfälle, die keine tragfähige Grundlage für die Entwicklung einer eigenständigen Theorie bilden (vgl. Rdn. 123), oder führen sogar zu Ergebnissen, die nicht haltbar sind (vgl. z. B. Rdn. 120 und 147 Abs. 2). Darüber hinaus ist die Repräsentationstheorie aber auch sachlich verfehlt. Denn die Anwendbarkeit der §§ 448, 475g, 650 HGB setzt keineswegs mittelbaren Besitz an den Gütern voraus (vgl. Rdn. 107 und 109). Daher repräsentiert das Papier nicht den mittelbaren Besitz, sondern verkörpert lediglich den Herausgabeanspruch.[274] Das hat praktische Auswirkungen vor allem im Fall des gutgläubigen Erwerbs: Dieser hängt nicht davon ab, dass der Erwerber den mittelbaren Besitz erlangt, sondern tritt auch dann ein, wenn es wegen Eigenbesitzes des unmittelbaren Besitzers am mittelbaren Besitz des Papierinhabers fehlt; das gegenteilige Ergebnis der Repräsentationstheorie ist evident unrichtig (vgl. Rdn. 119). Auch bei der Problematik der Pfandrechtsbegründung versagt die Repräsentationstheorie; denn die gesetzlichen Pfandrechte der §§ 397, 441, 464, 475b HGB entstehen auch dann, wenn der Pfandgläubiger nur die Verfügungsmöglichkeit und nicht zugleich mittelbaren Besitz hat (vgl. Rdn. 128), und auch für die Begründung eines vertraglichen Pfandrechts bedarf es entgegen dem Wortlaut von § 1205 Abs. 2 BGB nicht der Übertragung des mittelbaren Besitzes (vgl. Rdn. 130). Da nahezu alle diese Ergebnisse von der h. L. geteilt werden und diese nunmehr insbesondere im Einklang mit der hier vertretenen Ansicht das Erfordernis des mittelbaren Besitzes als Voraussetzung für die Möglichkeit gutgläubigen Erwerbs der Güter mit Hilfe eines Traditionspapiers ablehnt,[275] ist die Repräsentationstheorie beim heutigen Stand der Dogmatik als überholt anzusehen. Vor allem dadurch, dass das Erfordernis des mittelbaren Besitzes sich nicht aufrecht erhalten lässt, wird die Repräsentationstheorie falsifiziert,[276] denn dieses stellt ihr Kernstück dar, auf das sie keinesfalls verzichten kann, ohne ihre eigenen Grundlagen zu zerstören, und daher lässt sie sich nicht durch Modifikationen „retten", sondern nur definitiv verabschieden.

156 Entsprechendes gilt für die **absolute Theorie**. Diese ist vor allem deshalb unhaltbar, weil die Traditionswirkung bei Besitzverlust des Schuldners entfällt, wie heute wohl nicht mehr bestritten ist, und diese somit entgegen der Behauptung der absoluten Theorie keineswegs von den besitzrechtlichen Prinzipien des BGB völlig unabhängig ist (vgl. Rdn. 121, 128 a. E., 130). Da letzteres aber die Zentralthese der absoluten Theorie darstellt, ist diese damit ebenfalls definitiv falsifiziert.

157 Als im Ansatz angemessen erscheint demgegenüber nach wie vor die **relative Theorie.** Die von dieser vertretene Einordnung des Erwerbsvorgangs in die Regelung von § 931 BGB führt weitgehend zu sachgerechten Ergebnissen (vgl. Rdn. 117, 125, 130, 138 ff). Dabei dürfen die einschlägigen Vorschriften der §§ 934, 936 Abs. 1 Satz 3

---

[274] So auch, wenngleich nur in einem obiter dictum, BGH WM 1977, 171, 172 unter d bb.
[275] Vgl. die Nachw. oben Fn. 189.
[276] Vgl. zur Falsifikation juristischer Theorien eingehend *Canaris* JZ 1993, 384 ff.

und Abs. 3, 1205 Abs. 2 BGB freilich nicht immer ohne weiteres nur ihrem Wortlaut nach angewendet werden. Erforderlich ist vielmehr eine am jeweiligen Gesetzzweck ausgerichtete Interpretation unter Berücksichtigung der Besonderheiten, die sich aus der Verbriefung des Herausgabeanspruchs ergeben.[277] Die relative Theorie ist daher wertpapierrechtlich fortzubilden. Sie ist darüber hinaus sogar wertpapierrechtlich zu korrigieren, weil es entgegen der Regelung von § 934 BGB weder auf mittelbaren Besitz des Veräußerers noch auf mittelbaren Besitz des Erwerbers ankommt (vgl. Rdn. 119). Darin liegt für die relative Theorie kein innerer Bruch, weil es auch hier um eine Konsequenz aus der Verbriefung des Herausgabeanspruchs geht und § 934 BGB dementsprechend zwar seinem Wortlaut nach durchbrochen, seinem teleologischen Gehalt nach aber folgerichtig weiterentwickelt wird (vgl. Rdn. 119 a.E.). Ähnliches gilt für die Verpfändung nach § 1205 Abs. 2 BGB (vgl. Rdn. 130).

Insgesamt wird somit eine **wertpapierrechtlich fortgebildete und korrigierte relative Theorie** der Problematik am besten gerecht.[278] Deren wesentlicher Gehalt lässt sich dahin zusammenfassen, dass der Erwerb des verbrieften Herausgabeanspruchs dieselben Wirkungen hat wie die Erlangung des Besitzes an den Gütern. Das geht über die Repräsentationstheorie insofern hinaus, als es nicht darauf ankommt, ob mit dem Herausgabeanspruch zugleich der mittelbare Besitz erlangt wird; und das bleibt hinter der absoluten Theorie sowie auch hinter dem Wortlaut der §§ 448, 475g, 650 HGB insofern zurück, als die bloße Übertragung des Papiers für die Traditionswirkung nicht genügt, sondern zusätzlich irgendeine Form von Besitz auf Seiten des Papierschuldners erforderlich ist, weil anderenfalls der verbriefte Herausgabeanspruch nicht besteht. Zugleich hat diese Konzeption den Vorteil, dass sie unmittelbar dort anknüpft, wo die wesentlichen Besonderheiten und die spezifischen Sachprobleme liegen; denn es ist doch evident, dass die charakteristische Eigentümlichkeit der Traditionspapiere in der Verbriefung des Herausgabeanspruchs gegen den Papierschuldner besteht und dass die Übertragung des Papiers daher eine deutliche Nähe zur Regelung von § 931 BGB aufweist.[279]

158

Gleichwohl stellt die hier vertretene Ansicht **keine bloße Rückkehr zu einer verbesserten relativen Theorie, sondern eine gegenüber dieser eigenständige Konzeption** dar. Das zeigt sich insbesondere daran, dass durch die Übergabe eines Traditionspapiers entgegen der Regelung des § 934 BGB ein gutgläubiger Erwerb des Eigentums an den Gütern auch dann möglich ist, wenn der Veräußerer keinen mittelbaren Besitz hat und der Erwerber keinen mittelbaren Besitz erlangt (vgl. Rdn. 119), worin eine ganz erhebliche Überschreitung des Lösungsmodells von § 934 BGB liegt. Demgemäß

159

---

[277] Vgl. dazu vor allem auch *Zöllner* § 25 IV 3 und 4 sowie *Stengel* passim, die sich allerdings nicht zur relativen Theorie bekennen, sondern die Frage der dogmatischen Einordnung in einer gewissen Schwebe lassen und die relative Theorie sogar ausdrücklich ablehnen, vgl. *Zöllner* § 25 IV 4 und *Stengel* S. 169 Fn. 36, S. 207 bei Fn. 67 und öfter.

[278] Zustimmend *Koller* § 448 Rdn. 2; tendenziell auch MünchKomm.-*Hefermehl* § 363 Rdn. 61 und 62 sowie *Rabe* § 650 Rdn. 4; im Ansatz und in wesentlichen Ergebnissen ferner *Hager* (Fn. 178) S. 254 ff, der jedoch jegliche wertpapierrechtliche Besonderheit verneint, vgl. S. 261 ff.

[279] Deshalb kann man bezüglich der hier vertretenen Theorie entgegen *Karsten Schmidt* § 24 III 2 b dd nicht „mit demselben Recht auch von einer modifizierten (‚relativierten') absoluten Theorie sprechen"; denn für letztere ist es charakteristisch, dass sie sich von den Übereignungsformen der §§ 929 ff BGB gänzlich löst, wohingegen es für die hier entwickelte Konzeption essentiell ist, dass sie stets im Umfeld von § 931 BGB bleibt und sogar versucht, die Lösungen so weit wie möglich in diese Vorschrift zu integrieren.

bildet die Übertragung des Traditionspapiers – durchaus im Einklang mit dem Wortlaut der §§ 448, 475g, 650 HGB – eine **eigenständige Form eines Übergabesurrogats**,[280] die als dritte Möglichkeit zu der Vereinbarung eines Besitzkonstituts nach § 930 BGB und der (bloßen) Abtretung des Herausgabeanspruchs nach § 931 BGB hinzutritt,[281] auch wenn sie mit der letzteren Figur eng verwandt ist.

160 Ein wesentlicher Unterschied zwischen der hier vertretenen Konzeption und der **Theorie des wertpapierrechtlichen, aber sachenrechtsbezogenen Verkehrsschutzes**[282] ist nicht mehr ersichtlich, seit die – für die dogmatische Einordnung allerdings fundamentale – Divergenz hinsichtlich der Bedeutung des mittelbaren Besitzes überwunden ist[283].

161 Im Übrigen ist der – z.T. hochkomplexe – Theorienstreit in **dogmengeschichtlicher Hinsicht** überaus aufschlussreich. Die relative Theorie i.e.S., die absolute Theorie und die Repräsentationstheorie atmen nämlich insofern noch den Geist des 19. Jahrhunderts, als sie nicht die Lösungen der einzelnen Sachprobleme in den Mittelpunkt stellen und erst auf deren Grundlage ein systematisches Gesamtkonzept entwickeln, sondern sich gegenüber ihnen weitgehend verselbständigen, ja teilweise ein wucherndes Eigenleben führen und die Entscheidung der Sachprobleme deduktiv aus der Theorie abzuleiten suchen. Andererseits kann man aber das Bemühen um eine theoretische Erfassung der Traditionswirkung entgegen manchen Bemerkungen, die für gewisse Tendenzen der heutigen Jurisprudenz charakteristisch sind, auch nicht einfach als peripher oder gar überflüssig abtun. Denn juristische Theorien haben nicht nur eine Einordnungs-, sondern auch eine Erkenntnis- und darüber hinaus häufig sogar eine Rechtsgewinnungsfunktion,[284] die für die Rechtswissenschaft unverzichtbar ist und auch für die Rechtspraxis überaus fruchtbar sein kann, und daher darf man bei einem Phänomen wie der Traditionswirkung, das schon auf den ersten Blick schwer verständlich erscheint und sich bei näherer Analyse in der Tat als sehr komplex erweist, keinesfalls auf die Hilfestellung durch die Entwicklung einer konsistenten Theorie verzichten.

162 b) **Die Ungenauigkeit des Wortlauts der §§ 448, 475g, 650 HGB und die Möglichkeit einer Rechtsfindung durch bloße Subsumtion nach Korrektur dieser Vorschriften im Wege der Rechtsfortbildung.** Von welch eminenter Bedeutung die theoretische Durchdringung und dogmatische Einordnung der Traditionswirkung ist, zeigt sich nicht zuletzt bei der Frage nach dem Umgang mit dem Wortlaut der §§ 448, 475g, 650 HGB. Dieser ist nämlich einerseits leider zu ungenau, als dass man bei der Rechtsanwendung grundsätzlich unreflektiert unter ihn subsumieren könnte – wie das ja an sich bei Normen, die keine wertausfüllungsbedürftigen Merkmale enthalten, der Fall sein sollte –, andererseits aber keineswegs in so hohem Maße missglückt, dass er nicht als Leitlinie für die Rechtsfindung dienen kann. Als solche ist er vielmehr vorzüglich geeignet, wenn man an ihm **zwei Korrekturen im Wege der Rechtsfortbildung** vornimmt.

163 Zumindest schief ist zunächst, dass nach dem Wortlaut der §§ 448, 475g, 650 HGB schon die bloße *Übergabe* des Papiers dieselben Wirkungen wie die Übergabe des Gutes haben soll. Richtig ist vielmehr, dass es insoweit auf die *Übertragung* des *Papiers* ankommt (vgl. oben Rdn. 103). Diese Einsicht wird geradezu zu einer Selbst-

---

[280] Dass trotzdem keine Rückkehr zur absoluten Theorie vorliegt, ist soeben in Fn. 279 dargelegt worden.
[281] Anders insoweit *Hager* S. 261 ff, 460.
[282] So *Zöllner* § 25 IV 4 a.E.
[283] Vgl. dazu *Zöllner* § 25 IV 3 f und oben Rdn. 119 mit Fn. 190.
[284] Vgl. dazu eingehend *Canaris* JZ 1993, 378 f.

verständlichkeit, sobald man erkannt hat, dass die Traditionswirkung dogmatisch gesehen nur auf dem Übergang des verbrieften Herausgabeanspruchs beruhen kann. In der Tat ist nicht zweifelhaft und im Ergebnis unumstritten, dass es sich insoweit lediglich um eine Ungenauigkeit der Formulierung und nicht um eine strikt wörtlich zu nehmende Entscheidung des Gesetzgebers handelt; denn dem Wortlaut des Gesetzes liegt in diesem Punkt offenkundig keine durchdachte Wertung zugrunde und er ist auch sprachlich nicht so eindeutig, dass dem Interpreten ein – nach dem verallgemeinerungsfähigen Grundsatz des § 133 BGB ohnehin verpöntes – „Haften am Buchstaben" des Gesetzes bindend vorgegeben wäre. Das hat u.a. die – praktisch wichtige – Konsequenz, dass es für den Eintritt der Traditionswirkung grundsätzlich ausreicht, wenn hinsichtlich des Papiers ein Übergabesurrogat gegeben ist (vgl. oben Rdn. 104).

Zum zweiten ist der Wortlaut der §§ 448, 475g, 650 HGB insofern zu weit geraten, **164** als danach die Übergabe des Papiers auch dann dieselben Wirkungen wie die Übergabe des Gutes zu haben scheint, wenn der Schuldner des verbrieften Herausgabeanspuchs **keinen Besitz an dem Gut** hat. Das ist, wie ausführlich dargelegt (vgl. vor allem Rdn. 121, 129, 131), im Wege der Rechtsfortbildung zu korrigieren, wobei es sich methodologisch um eine teleologische Reduktion handelt. Auch darin liegt eine Folgerung aus der Einsicht, dass die Traditionswirkung auf dem Übergang des verbrieften Herausgabeanspruchs beruht; denn wenn dessen Schuldner keinen Besitz an dem Gut hat, besteht gegen ihn ein solcher Anspruch nicht und kann mithin auch nicht auf den Erwerber des Papiers übergehen (vgl. Rdn. 121).

Der im Wege der Rechtsfortbildung **präzisierte Inhalt der §§ 448, 475g, 650 HGB 165** besteht somit darin, dass *die Übertragung des Papiers dieselben Wirkungen wie die Übergabe des Gutes hat, sofern der Schuldner des verbrieften Herausgabeanspruchs Besitz an diesem hat.* In dieser – von dem geschriebenen Text nur ziemlich geringfügig abweichenden – Lesart führt die Anwendung der Vorschriften mit so hoher Verlässlichkeit zu den richtigen Ergebnissen, dass man sich auf ihrer Basis grundsätzlich auf **bloße Subsumtionsschlüsse** beschränken kann und weder jeweils explizit eine teleologische Kontrollüberlegung anzustellen noch gar den Theorienstreit zu diskutieren braucht. Das gilt zunächst mit Sicherheit in *negativer* Hinsicht: Eine Wirkung, welche die Übergabe des Gutes nicht hätte, kann auch die Übertragung des Traditionspapiers nicht haben („negativer Parallelismus"); demgemäß vermag die Übertragung des Traditionspapiers weder das Fehlen einer wirksamen Einigung hinsichtlich des Gutes noch dessen Abhandenkommen i.S. von § 935 BGB zu überwinden (vgl. Rdn. 105, 111, 114 f). Umgekehrt hat die Übertragung des Papiers auch *positiv* dieselbe Wirkung wie die Übergabe des Gutes, sofern der Schuldner des verbrieften Anspruchs Besitz an dem Gut hat („eingeschränkter positiver Parallelismus"). Unter dieser Voraussetzung führt die Übertragung des Papiers nämlich grundsätzlich zum gutgläubigen Erwerb des Eigentums an dem Gut (vgl. Rdn. 117ff), zu einem gutgläubigen lastenfreien Erwerb des Gutes (vgl. Rdn. 124 ff) sowie zur Begründung gesetzlicher und rechtsgeschäftlicher Pfandrechte an dem Gut (vgl. Rdn. 128 ff.). Das entspricht einer wortgetreuen Anwendung der §§ 448, 475g, 650 HGB; denn die Übergabe der Sache eröffnet die Möglichkeit ihres gutgläubigen Erwerbs – sei es nach § 932 BGB oder sei es nach einer der beiden Alternativen von § 934 BGB –, die Übergabe der Sache überwindet die Sperre von § 936 Abs. 3 BGB gegenüber der Möglichkeit ihres gutgläubigen lastenfreien Erwerbs, und die Übergabe der Sache führt zur Entstehung der gesetzlichen Besitzpfandrechte sowie nach § 1205 Abs. 1 BGB zur Begründung eines Vertragspfandrechts. Man kann sich also in der Tat auf simple Subsumtionsschlüsse beschränken – freilich erst, nachdem man die Tragfähigkeit des zugrunde liegenden dogmatischen Konzepts gesichert hat.

166 Somit zeigt sich bei genauer dogmatischer Analyse, dass sich die Problematik der Traditionswirkung, die zunächst so komplex und schwierig erscheint, mit ganz wenigen einfachen Regeln lösen lässt. Zwei Federstriche des Gesetzgebers, durch welche die beiden soeben Rdn. 163 f genannten Präzisierungen des Wortlauts der §§ 448, 475 g, 650 HGB vorgenommen würden, wären daher ausreichend, um das gesamte Problemfeld im Wesentlichen zu bereinigen und dem Text des Gesetzes zu uneingeschränkter Subsumtionsfähigkeit zu verhelfen. Aber auch ohne ein solches Eingreifen des Gesetzgebers führt die moderne Dogmatik zu einer weitreichenden **Entmystifizierung der Lehre vom Traditionspapier**, da sich die beiden Modifikationen des Wortlauts der §§ 448, 475 g, 650 HGB schon de lege lata methodologisch unschwer legitimieren lassen und man sich dann, wie dargelegt, ohne großen theoretischen Aufwand am Wortlaut der Vorschriften orientieren kann. Die Entmystifizierung wird vervollständigt, wenn man hinzunimmt, dass die angebliche „Sperrwirkung", welche der Ausstellung eines Traditionspapiers gegenüber Verfügungen nach §§ 931, 934 BGB ohne Übertragung des Papiers von der Rechtsprechung und der h.L. zugesprochen wird, in Wahrheit keinen eigenständigen Gehalt hat und somit eine überflüssige dogmatische Figur darstellt (vgl. Rdn. 145).

§ 364

(1) **Durch das Indossament gehen alle Rechte aus dem indossierten Papier auf den Indossatar über.**

(2) **Dem legitimierten Besitzer der Urkunde kann der Schuldner nur solche Einwendungen entgegensetzen, welche die Gültigkeit seiner Erklärung in der Urkunde betreffen oder sich aus dem Inhalte der Urkunde ergeben oder ihm unmittelbar gegen den Besitzer zustehen.**

(3) **Der Schuldner ist nur gegen Aushändigung der quittierten Urkunde zur Leistung verpflichtet.**

Übersicht

	Rdn.		Rdn.
I. Die Übertragung der kaufmännischen Orderpapiere		1. Die Rechtsscheintheorie als dogmatische Grundlage des Einwendungsausschlusses und ihre Bedeutung für die Auslegung von § 364 Abs. 2 HGB	25–27
1. Die Übertragung durch Indossierung des Papiers			
a) Voraussetzungen und Rechtsnatur der Übertragung durch Indossament	1–4	2. Die Einteilung der Einwendungen	
b) Die Rechtsfolgen des Indossaments	5–8	a) Die Unterscheidung nach der Rechtsfolge	28, 29
2. Sonderformen des Indossaments		b) Die Unterscheidung nach tatbestandlichen Merkmalen, insbesondere die Bedeutung der Einwendungen, die „die Gültigkeit der Erklärung in der Urkunde betreffen"	30–34
a) Das Vollmachtsindossament	9, 10		
b) Das Pfandindossament	11–13		
c) Das Treuhandindossament	14–17		
3. Die Übertragung durch Zession der verbrieften Forderung			
a) Die Problematik des Übergabeerfordernisses	18–23	c) Zusammenfassung und Ergebnis: das System der verschiedenen Arten von Einwendungen	35–36
b) Die Wirkungen der Zession	24		
II. Der Einwendungsausschluss nach § 364 Abs. 2 HGB		3. Die nicht-ausschlussfähigen („absoluten") Einwendungen im Einzelnen	

Stand: 2.10.2003

Übersicht

	Rdn.		Rdn.
a) Die unmittelbaren Einwendungen	37–40	b) Die persönlichen Einwendungen	56–59
b) Die inhaltlichen oder urkundlichen Einwendungen, insbesondere die typusbedingten Einwendungen	41–44	c) Der Einwand mangelnder Übereinstimmung der übernommenen Güter mit den Angaben im Papier	60–62
c) Die Zurechenbarkeitseinwendungen	45–49	III. Die Abhängigkeit der Leistungspflicht von der Aushändigung der quittierten Urkunde	63
4. Die ausschlussfähigen („relativen") Einwendungen im Einzelnen			
a) Die Wirksamkeitseinwendungen	50–55		

Schrifttum: wie zu § 363

I. Die Übertragung der kaufmännischen Orderpapiere

1. Die Übertragung durch Indossierung des Papiers

a) *Voraussetzungen und Rechtsnatur der Übertragung durch Indossament.* **1** Die Formulierung von § 364 Abs. 1 HGB, wonach durch das Indossament alle Rechte aus dem indossierten Papier auf den Indossatar übergehen, ist ungenau. Denn in Wahrheit wird die Übertragungswirkung nicht durch das Indossament allein herbeigeführt, sondern hängt zusätzlich vom Abschluss des **Begebungsvertrages** ab. Dieser ist ein dinglicher Vertrag, der auf die **Übereignung des Papiers** gerichtet ist.[1] Erforderlich sind also Einigung und Übergabe i.S. von § 929 BGB.[2] Auch ein **Übergabesurrogat** i.S. von §§ 930 f BGB reicht aus;[3] das gilt entgegen der h.L. auch bezüglich der „Traditionswirkung" bei den Traditionspapieren (vgl. oben § 363 Rdn. 104). Form und Inhalt des Indossaments richten sich gemäß § 365 Abs. 1 HGB nach Art. 13 und 14 Abs. 2 WG (vgl. § 365 Rdn. 3 ff).

Die **Rechtsnatur des Übertragungsvorgangs** ist umstritten. Nach einer früher **2** häufig vertretenen Ansicht soll das Indossament zu einem **originären Rechtserwerb** des Indossatars führen.[4] Das wird vor allem mit dem Einwendungsausschluss gemäß § 364 Abs. 2 HGB begründet. Ihre Konstruktionsgrundlage findet diese Lehre in der – hauptsächlich im Wechselrecht entwickelten – **Offertentheorie**, nach der der Schuldner jedem späteren Erwerber des Papiers mit dessen Ausstellung bzw. Begebung ein Haftungsangebot macht. Indessen ist die Annahme eines originären Rechtserwerbs für die Erklärung des Einwendungsausschlusses nicht erforderlich, da dieser sich mit Hilfe der Rechtsscheintheorie auch bei Annahme eines derivativen Erwerbs dogmatisch einwandfrei begründen lässt (vgl. auch unten Rdn. 25f). Darüber hinaus ist die Offertentheorie nicht einmal dazu geeignet, den Einwendungsausschluss sachgerecht

---

[1] Das ist h.L., vgl. z.B., jeweils zum Wechsel, *Baumbach/Hefermehl* Art. 14 WG Rdn. 2; *Hueck/Canaris* § 8 IV 2 a; a.A. *Zöllner* § 2 II 3 b und § 14 I 1 b.

[2] Ebenso z.B. MünchKomm.-*Hefermehl* § 364 Rdn. 2; *Heymann/Horn* § 364 Rdn. 1; *Röhricht/Graf von Westphalen/Wagner* § 364 Rdn. 2.

[3] Das ist h.L., vgl. z.B. MünchKomm.-*Hefermehl* § 364 Rdn. 3; *Heymann/Horn* § 364 Rdn. 1; *Röhricht/Graf von Westphalen/Wagner* § 364 Rdn. 2.

[4] Vgl. z.B. *Düringer/Hachenburg/Breit* Anm. 3 unter d; *von Godin* 2. Aufl. Einl. vor Anm. 1 = S. 432 und Anm. 4; *Schaps/Abraham* § 647 Rdn. 4; *Schlegelberger/Liesecke* § 647 Rdn. 5.

zu erklären; denn einerseits führt sie zu weit, weil es nach ihr folgerichtig nicht auf den guten Glauben des Erwerbers ankommen kann, und andererseits nicht weit genug, weil Mängel bei der Ausstellung bzw. Begebung des Papiers die Offerte selbst fehlerhaft machen und daher nicht präkludiert werden könnten. In Übereinstimmung mit den allgemeinen Grundsätzen des geltenden Rechts, insbesondere mit den §§ 398, 413 und 929 ff BGB, ist daher von einem **derivativen Erwerb** auszugehen.[5] Dafür spricht im Übrigen auch der Wortlaut von § 364 Abs. 1 HGB, wo es heißt, dass die Rechte aus dem Papier „übergehen".

3 Was den **Inhalt des Begebungsvertrags** angeht, so beschränkt sich dieser bei der Indossierung eines kaufmännischen Orderpapiers auf die Übereignung des Papiers und ist also rein dinglicher Natur. Ein Verpflichtungselement enthält er schon deshalb nicht, weil das Indossament hier anders als beim Wechsel mangels einer Verweisung von § 365 Abs. 1 HGB auf Art. 15 WG keine Garantiefunktion hat; außerdem hat der Begebungsvertrag nicht einmal bei der Indossierung eines Wechsels oder Schecks Verpflichtungscharakter, weil die Garantiehaftung des Indossanten nach richtiger Ansicht nicht rechtsgeschäftlicher, sondern gesetzlicher Natur ist[6].

Im Übrigen ist freilich zu beachten, dass der Begriff des Begebungsvertrags mehrdeutig ist, weil dieser einen unterschiedlichen Inhalt haben kann.[7] So kann er sich in der Übereignung des Papiers erschöpfen, also rein dinglicher Natur sein, wie außer bei der Indossierung z.B. bei der Begebung einer kaufmännischen Anweisung; er kann gleichzeitig auf die Übereignung des Papiers und auf die Begründung einer Verpflichtung aus diesem Papier gerichtet sein, also eine Doppelnatur haben, wie bei der Ausstellung eines kaufmännischen Verpflichtungsscheins und i.d.R. bei der Ausstellung eines Transportpapiers i.S. von § 363 Abs. 2 HGB; und er kann sich auf die Begründung einer Verpflichtung beschränken, also rein obligatorischer Natur sein, wie z.B. bei der Annahme einer kaufmännischen Anweisung (sofern das Papier nicht ausnahmsweise im Eigentum des Akzeptanten steht).

4 Voraussetzung für die Übertragung durch Indossament ist schließlich das Vorhandensein einer **Orderklausel**, da die unter § 363 HGB fallenden Papiere im Gegensatz zu Wechsel und Scheck nicht geborene, sondern nur gekorene Orderpapiere sind. Fehlt die Orderklausel und handelt es sich also lediglich um ein Rektapapier, so ist das Indossament gemäß § 140 BGB in eine bürgerlichrechtliche Übertragung nach § 398 BGB umzudeuten; ob zusätzlich die Übergabe des Papiers erforderlich ist, hängt davon ab, wie man diese Frage bei den Rektapapieren behandelt (vgl. dazu unten Rdn. 20 ff).

Setzt ein Indossant ein **Indossierungsverbot** oder eine **Rektaklausel** auf das Papier, so kann er dadurch der Urkunde den Charakter als Orderpapier nicht nachträglich nehmen;[8] denn über diesen entscheidet nach § 363 HGB nicht ein Indossant, sondern der Aussteller. Es verbleibt daher bei der Anwendbarkeit der §§ 364 f HGB, so dass das Indossierungsverbot oder die Rektaklausel keine Rechtswirkung entfalten.

5 **b) Die Rechtsfolgen des Indossaments.** Das Indossament überträgt nach § 364 Abs. 1 HGB „alle Rechte aus dem Papier". Die Reichweite der Übertragungswirkung hängt daher vom **Umfang der Verbriefung** ab. Diese umfasst nicht nur die **primären**

---

[5] Vgl. auch MünchKomm.-*Hefermehl* § 364 Rdn. 4; *Heymann/Horn* § 364 Rdn. 2; im Grundsätzlichen näher *Hueck/Canaris* § 8 II 1.
[6] Vgl. *Hueck/Canaris* § 8 IV 3 a.
[7] Vgl. näher *Hueck/Canaris* § 3 I 2 b; i.E. übereinstimmend MünchKomm.-*Hefermehl* § 364 Rdn. 1.
[8] Ebenso MünchKomm.-*Hefermehl* § 364 Rdn. 5; *Heymann/Horn* § 364 Rdn. 1.

Ansprüche aus dem Papier, sondern grundsätzlich auch etwaige Folgeansprüche wie z.B. die **Ansprüche auf Schadensersatz aus §§ 425 ff, 606 HGB** wegen Verlusts, Zerstörung oder Beschädigung der Sache bei den Güterpapieren[9] sowie den **Anspruch auf das Surrogat gemäß § 285 BGB** und wohl auch **Ersatzansprüche wegen unrichtiger Ausstellung des Papiers** aus culpa in contrahendo oder aus §§ 444 Abs. 3, 475d Abs. 2, 656 Abs. 2 HGB[10]. Dagegen geht ein etwaiger **Anspruch aus dem zugehörigen Kausalverhältnis** grundsätzlich nicht mit über, es sei denn, er wird besonders abgetreten,[11] was freilich auch konkludent erfolgen oder im Wege der (ergänzenden) Auslegung angenommen werden kann[12].

Zweifelhaft und streitig ist, wie bei Vornahme eines Indossaments **Ansprüche aus unerlaubter Handlung bei den Güterpapieren** zu behandeln sind. Die Rechtsprechung steht auf dem Standpunkt, dass diese durch das Indossament grundsätzlich nicht mitübertragen werden.[13] Im Schrifttum wird dagegen z.T. die entgegengesetzte Ansicht vertreten;[14] begründet wird diese mit der – von der h. L. freilich nicht geteilten – Theorie, dass zwischen Vertrags- und Deliktsansprüchen keine echte Anspruchskonkurrenz gegeben sei, sondern dass es sich in Wahrheit nur um einen einzigen auf mehreren Grundlagen beruhenden Anspruch handele. Die Rechtsprechung ist im Ausgangspunkt zutreffend. Denn da die Deliktsansprüche keinerlei Grundlage im Papier haben, sind sie nicht mitverbrieft und können folglich durch das Indossament als solches nicht erfasst werden. Daran ändert sich auch dann nichts, wenn man das Verhältnis zwischen Vertrags- und Deliktsansprüchen entgegen der h.L. nach der „Theorie des einheitlichen Anspruchs" bestimmt. Diese ist hier nämlich nicht anwendbar. Das versteht sich von selbst, sofern die Parteien des Deliktsanspruchs nicht mit denen des (verbrieften) Vertragsanspruchs identisch sind – sei es, dass der Schädiger nicht der Papierschuldner, sondern ein Dritter ist, oder sei es gar, dass der Eigentümer der Güter und mithin der Gläubiger des Deliktsanspruchs nicht der Inhaber des Papiers ist. Aber auch dann, wenn der Deliktsanspruch zwischen denselben Parteien wie der (verbriefte) Vertragsanspruch besteht, ist es nicht möglich, nur einen einzigen Anspruch anzunehmen und auf diese Weise den Deliktsanspruch in die Wirkung des Indossaments einzubeziehen. Auch die Gegner der Lehre von der Anspruchskonkurrenz räumen nämlich ein, dass an der Annahme von zwei unterschiedlichen Ansprüchen jedenfalls dann nicht vorbeizukommen ist, wenn wie hier die eine Anspruchsgrundlage in einem Wertpapier verbrieft ist, die andere dagegen nicht.[15]

Eine andere Frage ist, ob in der Übertragung des Papiers grundsätzlich zugleich eine **konkludente Abtretung des Deliktsanspruchs** zu sehen ist oder ob für diese i.d.R. eine zusätzliche Erklärung erforderlich ist. Die Rechtsprechung entscheidet im letzteren Sinne.[16] Richtiger Ansicht nach ist die Problematik unterschiedlich zu

---

[9] Vgl. BGHZ 25, 250, 256 ff; MünchKomm.-*Hefermehl* § 364 Rdn. 4; *Heymann/Horn* § 365 Rdn. 3; *Ebenroth/Boujong/Joost/Hakenberg* § 364 Rdn. 3.
[10] Vgl. *Thietz-Bartram* WM 1988, 179 f.
[11] Vgl. auch MünchKomm.-*Hefermehl* § 364 Rdn. 4 a.E.; *Heymann/Horn* § 364 Rdn. 2; *Ebenroth/Boujong/Joost/Hakenberg* § 364 Rdn. 3; vgl. ferner zum Wechsel näher *Hueck/Canaris* § 17 I 2.
[12] Vgl. dazu *Herber* Festschrift für Raisch S. 73 f.
[13] Vgl., jeweils zum Konnossement, RGZ 74, 47, 49;
89, 40, 41; BGH VersR 1971, 617, 619 und 1971, 623, 625; ebenso MünchKomm.-*Hefermehl* § 364 Rdn. 4 a. E.; *Heymann/Horn* § 364 Rdn. 3; *Ebenroth/Boujong/Joost/Hakenberg* § 364 Rdn. 3.
[14] Vgl. *Helm* Haftung für Schäden an Frachtgütern, 1966, S. 311 f und S. 318.
[15] Vgl. *Georgiades* Die Anspruchskonkurrenz im Zivilrecht und Zivilprozeßrecht, 1968, S. 164 f, 219 ff; *Larenz/Canaris* Schuldrecht II 2[13] § 83 VI 1 = S. 597 bei Fn. 29.
[16] Vgl. RGZ 74, 49; BGH VersR 1971, 619 und 625.

lösen je nachdem, ob die Parteien bei der Übertragung des Papiers Kenntnis von dem Schadensereignis hatten oder nicht. Im ersteren Fall ist grundsätzlich eine konkludente Abtretung des Anspruchs aus unerlaubter Handlung zu bejahen.[17] Dann ist nämlich in aller Regel kein Grund ersichtlich, warum der Indossant den Schadensersatzanspruch zurückhalten sollte, und daher schließt der mutmaßliche Parteiwille hier einen Übergang des Anspruchs aus unerlaubter Handlung ein. Denn das Indossament ist hier ja zwangsläufig unmittelbar auf die Abtretung eines *Schadensersatz*anspruchs gerichtet. Wer aber einen solchen überträgt, meint damit i.d.R. alle in Betracht kommenden Anspruchsgrundlagen und nicht nur die Ansprüche aus Vertragsverletzung; im bürgerlichen Recht fordert man ja auch nicht, dass bei der Zession von Ansprüchen aus Vertragsverletzung die Abtretung etwa konkurrierender Deliktsansprüche noch besonders erklärt werden müsse, und daran kann die Verbriefung der Vertragsansprüche grundsätzlich nichts ändern, weil sie nicht zu einer Verschlechterung, sondern im Gegenteil zu einer Verbesserung der Rechtsstellung des Erwerbers führen soll. An diesem Ergebnis sollte man grundsätzlich auch dann festhalten, wenn der Deliktsanspruch sich nicht gegen den Papierschuldner, sondern gegen einen Dritten richtet. Denn wenn die Parteien in Kenntnis des Schadens das Papier übertragen, werden sie damit in aller Regel den Übergang der gesamten Rechtsstellung bezwecken, die wirtschaftlich gesehen an die Stelle der Güter getreten ist. Das gilt umso mehr, als bei einer unerlaubten Handlung eines Dritten sehr zweifelhaft sein wird, ob gegen den Papierschuldner überhaupt ein Schadensersatzanspruch besteht und ob das Indossament als solches daher noch irgendwelche Rechte überträgt.

Anders ist die Rechtslage, wenn die Parteien bei der Indossierung noch nichts von dem Schadenseintritt wussten. Auch dann den Übergang der Deliktsansprüche mit dem realen oder hypothetischen Parteiwillen zu begründen, wäre gewiss eine unzulässige Fiktion, da die Parteien hier zu einer Regelung der schadensersatzrechtlichen Problematik keinerlei Anlass hatten. Auch stellt sich die Interessenlage wesentlich anders dar. Hier wird es nämlich häufig zu einer Rückgängigmachung des der Indossierung zugrunde liegenden Geschäfts oder zumindest zu Regressansprüchen des Indossatars gegen den Indossanten kommen, da ja die Güter selbst und nicht ein bloßer Schadensersatzanspruch übertragen werden sollten, und daher kann es durchaus seinen guten Sinn haben, wenn der Indossant den Schadensersatzanspruch aus unerlaubter Handlung behält. Das gilt jedenfalls dann, wenn sich dieser gegen einen Dritten richtet. Man wird jedoch auch dann nicht anders entscheiden können, wenn der Deliktsschuldner zugleich Schuldner aus dem Papier ist. Zwar kommt es dann zu einer wenig erfreulichen Aufspaltung der Gläubigerstellung, weil die Ansprüche aus Vertrag auf den Indossatar übergegangen, die Ansprüche aus Delikt aber beim Indossanten verblieben sind, doch ist der Schuldner vor der Gefahr einer doppelten Inanspruchnahme geschützt, weil er gemäß § 428 BGB nach seinem Belieben an einen von beiden leisten kann (vgl. im Übrigen zur Gefahr der doppelten Inanspruchnahme auch oben § 363 Rdn. 136).

7 Für die verbriefte Forderung bestehende **Sicherheiten** gehen in **Analogie zu § 401 BGB** auf den Indossatar über.[18] Denn das Indossament soll die Rechtsstellung des Erwerbers stärker und nicht schwächer als bei der Abtretung machen. Im älteren Schrifttum wurde häufig entgegengesetzt entschieden, weil man im Indossament einen

---

[17] Zustimmend *Heymann/Horn* § 364 Rdn. 3 a.E.
[18] Ebenso i.E. MünchKomm.-*Hefermehl* § 364 Rdn. 4 a.E.; *Heymann/Horn* § 364 Rdn. 2; *Röhricht/Graf von Westphalen/Wagner* § 364 Rdn. 3.

Fall des originären Rechtserwerbs sah.[19] Dabei wurde jedoch verkannt, dass die Annahme eines originären Erwerbs nur einer direkten, nicht aber einer analogen Anwendung von § 401 BGB entgegensteht – ganz abgesehen davon, dass in Wahrheit ohnehin ein derivativer Erwerb vorliegt (vgl. oben Rdn. 2).

Der Übergang des Rechts und die sonstigen im Vorstehenden geschilderten Rechtsfolgen sind nicht die spezifische Folge des Indossaments, sondern können genauso gut durch eine bürgerlichrechtliche Übertragung des verbrieften Rechts herbeigeführt werden (vgl. auch unten Rdn. 18 ff). Die spezifische Folge des Indossaments besteht vielmehr in dem **Einwendungsausschluss** gemäß § 364 Abs. 2 HGB (vgl. dazu unten Rdn. 25 ff) und in der **Möglichkeit gutgläubigen Erwerbs** gemäß § 365 Abs. 1 HGB i.V.m. Art. 16 Abs. 2 WG (vgl. dazu § 365 Rdn. 17 ff). Dagegen gibt es bei den kaufmännischen Orderpapieren **keine Regresshaftung des Indossanten**, weil § 365 Abs. 1 HGB nicht auf Art. 15 WG verweist. 8

2. Sonderformen des Indossaments

a) **Das Vollmachtsindossament.** Im Gegensatz zu Art. 18 WG enthalten die §§ 364 f HGB keine besondere Regelung über das **offene Vollmachts- oder Prokuraindossament,** doch stellt dieses lediglich eine besondere wechselrechtliche Ausformung der Vollmacht dar und ist daher auch hier möglich. Es hat keine Übertragung der Rechte aus dem Wechsel zur Folge, sondern berechtigt den Indossatar lediglich, die Rechte aus dem Papier im Namen des Indossanten geltend zu machen. Folgerichtig kann der Schuldner alle ihm gegen den Indossanten zustehenden Einwendungen, aber auch nur diese erheben; Art. 18 Abs. 2 WG bringt insoweit (lediglich) einen allgemeinen Rechtsgedanken zum Ausdruck. 9

In der Praxis wesentlich häufiger ist das so genannte **verdeckte Vollmachts- oder Prokuraindossament.** Seine Zulässigkeit ist heute unstreitig und auch für die Traditionspapiere anerkannt.[20] Bei dieser Gestaltungsform macht der Indossatar die Rechte aus dem Papier im eigenen Namen geltend, ist aber im Innenverhältnis zum Indossanten ebenso gebunden wie beim offenen Vollmachtsindossament, ohne dass diese Beschränkung jedoch aus dem Papier ersichtlich ist. Dogmatisch stellt das verdeckte Vollmachtsindossament einen Unterfall der Ermächtigungstreuhand dar und unterliegt daher den für diese geltenden Regeln (vgl. dazu unten Rdn. 14 ff). 10

b) **Das Pfandindossament.** Das Indossament kann gemäß § 1292 BGB auch zur Verpfändung des Papiers dienen. Geht der Wille zur Verpfändung aus dem Papier hervor, spricht man von einem **offenen Pfandindossament.** Ein solches macht den Indossatar zwar selbstverständlich nicht zum Eigentümer des Papiers und zum Gläubiger des verbrieften Rechts, gibt ihm aber die Befugnis zur selbständigen Geltendmachung des Rechts – und zwar gemäß § 1294 BGB abweichend von § 1228 Abs. 2 BGB sogar schon vor Pfandreife. Außerdem kommt der Indossatar in den Genuss des spezifisch wertpapierrechtlichen Verkehrsschutzes: Er braucht sich gemäß § 364 Abs. 2 HGB grundsätzlich keine Einwendungen aus der Person seines Vormannes entgegenhalten zu lassen, und er hat gemäß § 365 Abs. 1 HGB i.V.m. Art. 16 Abs. 2 WG die Möglichkeit gutgläubigen Erwerbs (vgl. auch Art. 19 Abs. 2 WG). Dieser Unterschied gegenüber dem Vollmachtsindossament erklärt sich mit Selbstverständlichkeit daraus, dass 11

---

[19] Vgl. z.B. *Düringer/Hachenburg/Breit* § 364 Anm. 3 a.E. und Anm. 8; *von Godin* 2. Aufl. Anm. 4.

[20] Vgl. z.B. zum Konnossement BGHZ 36, 329, 336.

der Pfandindossatar ein eigenes Recht im eigenen Interesse erwirbt. Aus diesem Gedanken folgt allerdings die immanente Beschränkung des Einwendungsausschlusses: dieser greift nur insoweit Platz, als wirklich ein eigenes Interesse des Indossatars besteht, also grundsätzlich nur in Höhe der gesicherten Forderung.[21] Zu einer Übertragung des Papiers ist der Pfandindossatar grundsätzlich nicht befugt. Sein Indossament hat daher analog Art. 19 Abs. 1 Halbs. 2 WG nur die Wirkung eines Vollmachtsindossaments, so dass für seinen Nachmann weder § 364 Abs. 2 HGB noch § 365 Abs. 1 HGB i.V.m. Art. 16 Abs. 2 WG gelten.

12 Die Verpfändung kann auch durch ein Indossament erfolgen, das den Verpfändungszweck nicht erkennen lässt. Man nennt es **verdecktes Pfandindossament**. Von der Sicherungsübereignung des Papiers unterscheidet es sich dadurch, dass die Einigung lediglich auf Begründung eines Pfandrechts und nicht auf Übertragung des Eigentums gerichtet ist. Die Zulässigkeit des verdeckten Pfandindossaments ergibt sich ebenfalls aus § 1292 BGB, der auch diesen Fall erfasst. Die Rechtsstellung des Indossatars ist hier grundsätzlich dieselbe wie beim offenen Pfandindossament. Das gilt insbesondere hinsichtlich der Einwendungen und hinsichtlich des Fehlens der Berechtigung zur Weiterindossierung; dieses kann allerdings anders als beim offenen Pfandindossament durch gutgläubigen Erwerb gemäß § 365 Abs. 1 HGB i.V.m. Art. 16 Abs. 2 WG überwunden werden, weil die Beschränkung der Rechtsstellung des Pfandindossatars hier nicht aus dem Papier hervorgeht.

13 Bei den Güterpapieren setzt sich das Pfandrecht am Papier gemäß § 1287 BGB als **Surrogationspfandrecht an den Waren** fort. Dabei ist die Verpfändung des Papiers und des verbrieften Rechts nach § 1292 BGB scharf von der Verpfändung der Waren selbst mit Hilfe des Papiers zu unterscheiden; auch letztere ist gemäß §§ 448, 475g, 650 HGB möglich und begründet nach § 1205 Abs. 2 BGB unmittelbar – d.h. nicht erst auf dem Umweg über § 1287 BGB – ein Pfandrecht an den Waren (vgl. näher oben § 363 Rdn. 130).

14 c) **Das Treuhandindossament.** Das Treuhandindossament ist gesetzlich nicht geregelt und folgt daher grundsätzlich den allgemeinen Regeln des (ungeschriebenen) Treuhandrechts.[22] Es kann unterschiedliche **Zwecke** haben; insbesondere kann es dazu dienen, dem Indossatar das **Inkasso** oder die Diskontierung des Papiers ohne Aufdeckung des wahren Berechtigten zu ermöglichen oder ihm eine **Sicherheit** zu verschaffen.

15 Nach außen wirkt das Treuhandindossament wie ein gewöhnliches Vollindossament, da die treuhänderische Bindung nicht in das Papier aufgenommen wird. Dahinter können sich jedoch wie bei jeder Treuhand **zwei unterschiedliche Gestaltungen** verbergen: erstens eine bloße Ermächtigung zur Geltendmachung der Rechte aus dem Papier gemäß § 185 BGB und zweitens die volle, jedoch obligatorisch gebundene Übertragung des Eigentums am Papier und der Rechte aus dem Papier. Welche der beiden Formen vorliegt, richtet sich grundsätzlich nach den Vereinbarungen zwischen dem Indossanten und dem Indossatar, da diese insoweit **Wahlfreiheit** haben.[23] Im

---

[21] Das ist ganz h.L., vgl. zum Wechsel z.B. *Hueck/Canaris* § 8 VIII 2 a; *Zöllner* § 14 X 2 a bb; *Baumbach/Hefermehl* Art. 19 WG Rdn. 14 a.E.

[22] Vgl. zu diesen z.B. *Palandt/Bassenge*[62] § 903 Rdn. 33 ff; *Coing* Die Treuhandkraft privater Rechtsgeschäfte, 1973; *Canaris* Festschrift für Flume, 1978, Bd. I S. 410 ff; *Grundmann* Der Treuhandvertrag, 1997.

[23] Vgl. z.B. BGHZ 5, 292 für den Scheck; BGHZ 36, 329, 336 für das Konnossement; BGH WM 1972, 1090 für den Wechsel; MünchKomm.-*Hefermehl* § 364 Rdn. 7 (wenngleich unter starker Überbetonung eines angeblichen Streits zwischen Treuhand- und Ermächtigungstheorie, der heute indessen obsolet ist).

Zweifel ist eine bloße Ermächtigungstreuhand anzunehmen, wenn das Indossament lediglich den Interessen des Indossanten dient wie bei der reinen „Verwaltungstreuhand", dagegen eine Vollrechtstreuhand, wenn das Indossament (auch oder nur) den Interessen des Indossatars dient wie bei der „Sicherungstreuhand"; die Parteien können aber Abweichendes vereinbaren und z.B. eine bloße Verwaltungstreuhand als Vollrechtstreuhand ausgestalten. Welche Art der Treuhand gewählt wird, hat erhebliche Rückwirkungen auf die Rechtsfolgen.

Bei der reinen **Ermächtigungstreuhand** kann der Indossatar zwar die Rechte im eigenen Namen geltend machen, doch bleibt der Indossant Eigentümer des Papiers und Inhaber der Rechte aus diesem. Ein Begebungsvertrag wird daher ebenso wenig geschlossen wie beim Vollmachtsindossament,[24] vielmehr ergibt sich die Rechtsmacht des Indossatars aus § 185 BGB oder einer Analogie zu dieser Vorschrift. Ob der Indossatar die Befugnis zur Übertragung des Papiers hat, ist eine Frage der Auslegung; ist sie zu verneinen, werden gutgläubige Erwerber gemäß § 365 Abs. 1 HGB i.V. mit Art. 16 Abs. 2 WG geschützt, weil die Beschränkung der Stellung des Indossatars nicht aus dem Papier hervorgeht. Die Einwendungen des Schuldners bestimmen sich im Verhältnis zum Indossatar nicht aus dessen Person, sondern aus derjenigen des Indossanten, da der Indossatar ja ein fremdes Recht geltend macht. Ein Einwendungsausschluss kommt also im Verhältnis zum Indossatar nicht in Betracht; andererseits kann der Schuldner aber auch keine Einwendungen vorbringen, die ihm gegen den Indossatar zustehen. Begibt dieser das Papier freilich an einen gutgläubigen Dritten, gelten im Verhältnis zu diesem grundsätzlich die Regeln über den Einwendungsausschluss gemäß § 364 Abs. 2 HGB, weil die Beschränkung der Rechtsstellung des Indossatars auf eine bloße Ermächtigung aus dem Papier nicht ersichtlich ist.

Wesentlich anders ist die Rechtslage bei einer **Vollrechtstreuhand.** Hier ist nicht mehr der Indossant, sondern der Indossatar Eigentümer des Papiers und Inhaber der Rechte aus diesem. Der Indossatar hat daher die Rechtsmacht zur Weiterübertragung des Papiers. Wenn ihm diese auf Grund seiner Abreden mit dem Indossanten untersagt ist, so hat das gemäß § 137 BGB nur obligatorische Wirkung und begründet lediglich einen persönlichen Einwand, so dass späteren Erwerbern des Papiers nach § 365 Abs. 1 HGB i.V. mit Art. 17 WG nur bewusstes Handeln zum Nachteil des Sicherungsindossanten und nicht wie nach § 365 Abs. 1 HGB i.V. mit Art. 16 Abs. 2 WG schon grobe Fahrlässigkeit schadet (vgl. auch unten Rdn. 57). Das entspricht den allgemeinen Regeln des Treuhandrechts insofern, als danach eine Missachtung der obligatorischen Bindung des Treuhänders nicht in Anlehnung an die Regeln über den Vollmachtsmissbrauch zu behandeln ist,[25] sondern nur unter den engen Voraussetzungen von § 134 BGB oder § 138 BGB in besonders gelagerten Ausnahmefällen wie vor allem dann, wenn der Erwerber des Treuguts sich wissentlich an dessen Veruntreuung durch den Treuhänder beteiligt, die Nichtigkeit der Übereignung nach sich zieht.[26]

Gegenüber Einwendungen aus der Person des Indossanten wird der Indossatar hier grundsätzlich nach den Regeln über den Einwendungsausschluss geschützt, weil und soweit er ein eigenes Interesse an der Treuhand hat; das gilt freilich ebenso wie beim Pfandindossament folgerichtig grundsätzlich nur in Höhe der gesicherten For-

---

[24] A.A. unzutreffend RGZ 117, 71 ff, wo freilich richtigerweise eine Vollrechtstreuhand anzunehmen gewesen wäre.
[25] Das ist allerdings sehr str., vgl. dazu näher Cana-ris Festschrift für Flume, 1978, Bd I S. 420 f; a.A. z.B. Coing (Fn. 22) S. 168.
[26] Vgl. z.B. BGH NJW 1968, 1471; Palandt/Bassenge[62] § 903 Rdn. 40.

derung.²⁷ Der Einwendungsausschluss entfällt sogar gänzlich, sofern die Vollrechtsübertragung ausnahmsweise nur dem Interesse des Indossanten und nicht dem des Indossatars dient, da es dann an einem echten Verkehrsgeschäft fehlt (vgl. auch unten Rdn. 38). Umgekehrt kann der Schuldner bei einer im Interesse des Indossatars liegenden Vollrechtstreuhand seine gegenüber diesem bestehenden Einwendungen geltend machen.

3. Die Übertragung durch Zession der verbrieften Forderung

18 a) **Die Problematik des Übergabeerfordernisses.** Dass die kaufmännischen Orderpapiere außer durch Indossament auch durch Zession übertragen werden können, ist zwar im Gesetz nicht ausdrücklich ausgesprochen, folgt aber ohne weiteres aus den allgemeinen Grundsätzen des Wertpapierrechts und steht i.E. außer Streit.²⁸ Zweifelhaft und umstritten ist jedoch, ob dazu gemäß § 398 BGB die schlichte Einigung genügt oder ob es zusätzlich der **Übergabe** des Papiers bzw. eines **Übergabesurrogats** bedarf. Die h.L. entscheidet die Frage im letzteren Sinne.²⁹

Die h.L. verdient Zustimmung. Allerdings überzeugt die häufig bemühte Analogie zu § 792 Abs. 1 Satz 3 BGB nicht. Diese lässt sich nämlich nicht einfach auf das Übergabeerfordernis beschränken, sondern müsste folgerichtig auch auf das in § 792 Abs. 1 Satz 2 enthaltene Schriftformerfordernis erstreckt werden – was die h.L. indessen gerade nicht tut und was in der Tat sachwidrig wäre, weil diese Übertragungsform dann in ihren Voraussetzungen nahezu völlig dem Indossament entspräche. Außerdem ist § 792 Abs. 1 Satz 3 BGB eine singuläre Sondervorschrift mit einigermaßen dunkler ratio legis und auch aus diesem Grund für eine analoge Anwendung kaum geeignet. Den Ausschlag zugunsten der h.L. gibt jedoch das sachenrechtliche „Traditionsprinzip":³⁰ Das BGB wird von dem Gedanken beherrscht, dass Rechtsschein und wahre Rechtslage bei der Übertragung möglichst nicht getrennt werden sollen und dass der Veräußerer daher, vom Sonderfall des § 930 BGB abgesehen, jede Besitzbeziehung lösen muss. Diese Wertung ist auch für die vorliegende Problematik zu respektieren, da das Papier auch bei einer Übertragung durch Zession grundsätzlich weiterhin den Normen des Sachenrechts untersteht und insbesondere möglicher Gegenstand gutgläubigen Erwerbs bleibt. Dass im Effektenwesen die Bedeutung des Papiers fast völlig in den Hintergrund getreten ist, spricht nicht gegen die h.L.³¹ Dabei handelt es sich nämlich um eine Besonderheit der Effekten, die mit deren Massencharakter zusammenhängt und aus der keine Konsequenzen für „individuelle" Wertpapiere wie die kaufmännischen Orderpapiere gezogen werden können.³²

19 Ist eine Übergabe wegen **Vernichtung der Urkunde** nicht möglich, kann das Recht durch schlichte Einigung übertragen werden. Denn dann sind die Gründe für das Traditionsprinzip hinfällig geworden; außerdem kann die Rechtslage nicht anders

---

²⁷ Vgl. BGHZ 5, 294 für den Scheck; BGH WM 1969, 1321 für den Wechsel; *Canaris* ZHR 151 (1987) 539f; MünchKomm.-*Hefermehl* § 364 Rdn. 7.
²⁸ Vgl. statt aller RGZ 119, 215, 217 für Konnossement und Ladeschein.
²⁹ Vgl. die Nachw. zu den Traditionspapieren oben § 363 Rdn. 140 sowie außerdem z.B. RGZ 119, 215, 217; MünchKomm.-*Hefermehl* § 364 Rdn. 6; *Heymann/Horn* § 364 Rdn. 10; *Baumbach/Hopt* § 364 Rdn. 2; *Ebenroth/Boujong/Joost/Hakenberg* § 364 Rdn. 4; *Röhricht/Graf von Westphalen/Wagner* § 364 Rdn. 5; vgl. ferner zum Wechsel z.B. RGZ 88, 292; 160, 341; BGHZ 104, 145, 149f; BGH NJW 58, 302; *Hueck/Canaris* § 8 I 1 a; *Baumbach/Hefermehl* Art. 11 WG Rdn. 5; a.A. vor allem *Zöllner* Festschr. für Raiser, 1974, S. 277f und Wertpapierrecht § 14 I 2; kritisch auch *Hager* S. 378 ff.
³⁰ Zustimmend BGHZ 104, 145, 150.
³¹ A.A. *Zöllner* aaO.
³² Vgl. auch *Hueck/Canaris* § 1 III 4 b.

beurteilt werden als bei einer besitzlosen Sache, und diese kann anerkanntermaßen ebenfalls durch schlichte Einigung übereignet werden.[33] Wird die vernichtete Urkunde durch ein Ausschlussurteil im Wege des Aufgebotsverfahrens ersetzt, ist nunmehr die Übergabe des Urteils bzw. ein Übergabesurrogat erforderlich.

Sieht man den Grund für das Übergabeerfordernis im sachenrechtlichen Traditionsprinzip und nicht in einer Analogie zu § 792 Abs. 1 Satz 3 BGB, so entfällt es folgerichtig grundsätzlich bei bloßen **Rektapapieren,** also beim **Fehlen der Orderklausel.** Diese werden nämlich in keiner Weise wie Sachen behandelt und können insbesondere nicht gutgläubig erworben werden, so dass keine hinreichende Rechtfertigung für die Anwendung des sachenrechtlichen Traditionsprinzips besteht. Folglich gelten die allgemeinen Regeln über Rektapapiere, und nach diesen erfolgt eine Übertragung grundsätzlich durch schlichte Einigung gemäß § 398 BGB.[34] **20**

Demgemäß bedarf es für die **Übertragung von Rektaladeschein, Rektakonnossement und Rektalagerschein** entgegen einer verbreiteten Ansicht[35] keiner Übergabe des Papiers.[36] Die Analogie zu § 792 Abs. 1 Satz 3 BGB passt hier umso weniger, als diese Papiere keinen Anweisungscharakter haben. Auch § 1154 BGB kann nicht analog angewandt werden, weil der Hypothekenbrief den Normen des Sachenrechts unterliegt und gutgläubig erworben werden kann und gerade hierin der Grund für das von dieser Vorschrift aufgestellte Übergabeerfordernis liegt.[37] Dass Rektaladeschein und Rektakonnossement – anders als der Rektalagerschein – Traditionspapiere darstellen (vgl. oben § 363 Rdn. 151), führt ebenfalls nicht zur Notwendigkeit einer Übergabe, da die Traditionswirkung bei Rektapapieren keine Steigerung des Verkehrsschutzes zur Folge hat (vgl. oben § 363 Rdn. 152). **21**

Bei der **kaufmännischen Anweisung** ist allerdings eine Übergabe auch dann erforderlich, wenn sie als Rektapapier ausgestaltet ist. Denn sie stellt einen bloßen Unterfall der bürgerlichrechtlichen Anweisung dar, und daher gilt § 792 Abs. 1 Satz 3 BGB für sie unmittelbar. Folglich ist außerdem gemäß § 792 Abs. 1 Satz 2 BGB schriftliche Erteilung der Abtretungserklärung nötig. **22**

Von nicht unerheblicher praktischer Bedeutung ist die Problematik des Übergabeerfordernisses für die bürgerlichrechtliche **Verpfändung** des verbrieften Rechts.[38] Diese erfolgt nämlich gemäß § 1274 BGB durch Einigung und Übergabe, sofern man der Übergabe konstitutive Bedeutung zumisst – was nach der hier vertretenen Ansicht bei den Orderpapieren zu bejahen ist. Verneint man dagegen das Übergabeerfordernis, ist für eine bürgerlichrechtliche Verpfändung statt dessen gemäß § 1280 BGB eine Anzeige nötig. Das wirkt sich vor allem bei Pfandklauseln in Allgemeinen Geschäftsbedingungen aus, weil dabei i.d.R. zwar das Erfordernis der Übergabe, nicht aber das Erfordernis der Anzeige erfüllt sein wird. **23**

b) Die Wirkungen der Zession. Die Wirkungen der Zession richten sich allein nach bürgerlichem Recht. Diese führt also zum **Übergang des verbrieften Rechts** auf den Erwerber nach § 398 BGB. Zugleich erlangt dieser gemäß § 952 BGB ipso iure das **Eigentum am Papier.** Der wichtigste Unterschied gegenüber der Übertragung durch **24**

---

[33] Vgl. statt aller *Westermann* Sachenrecht⁷ § 42 II 3.
[34] Vgl. z.B. *Raiser* ZHR 101, 39 ff; *Zöllner* Festschr. für Raiser S. 273; *Hueck/Canaris* § 1 I 5 b; **a.A.** *Jacobi* Ehrenbergs Handbuch IV 1 S. 440 ff.
[35] Vgl. *Ulmer* S. 101; MünchKomm.-*Hefermehl* § 363 Rdn. 57 Abs. 2; MünchKomm.-*Franzioch* § 424 Rdn. 28; Schlegelberger/Schröder § 424 Rdn. 10;
Schlegelberger/Liesecke § 647 Rdn. 2; Schaps/Abraham § 647 Rdn. 11; *Rabe* § 647 Rdn. 2.
[36] Ebenso *Tiedtke* WM 1979, 1148 f (für den Rektalagerschein).
[37] Vgl. auch *Raiser* ZHR 101, 41.
[38] Vgl. *Hueck/Canaris* § 8 I 1 a a.E.

Indossament besteht darin, dass weder der **Einwendungsausschluss** gemäß § 364 Abs. 2 HGB noch die **Möglichkeit gutgläubigen Erwerbs** gemäß § 365 Abs. 1 HGB i.V. mit Art. 16 Abs. 2 WG zum Zuge kommen; § 405 BGB bietet hierfür auch dann nur einen höchst bescheidenen Ersatz, wenn man mit Analogien zu dieser Vorschrift großzügig ist (vgl. dazu auch oben § 363 Rdn. 91 f).

II. Der Einwendungsausschluss nach § 364 Abs. 2 HGB

1. Die Rechtsscheintheorie als dogmatische Grundlage des Einwendungsausschlusses und ihre Bedeutung für die Auslegung von § 364 Abs. 2 HGB

25   § 364 Abs. 2 HGB enthält einen Einwendungsausschluss, der dort allerdings nicht unmittelbar geregelt ist, sondern sich lediglich aus dem Wörtchen „nur" ergibt und daher methodologisch auf einem bloßen Umkehrschluss beruht. Dogmatisch gesehen stellt dieser Einwendungsausschluss einen Unterfall des allgemeinen wertpapierrechtlichen Einwendungsausschlusses dar, der eines der wichtigsten Charakteristika der Umlaufpapiere, d.h. der Order- und der Inhaberpapiere bildet. Zu dessen dogmatischen Erklärung sind verschiedene Theorien aufgestellt worden. Als überholt darf man heute die **Offertentheorie** ansehen, nach der in der Ausstellung bzw. Begebung des Papiers ein Haftungsangebot des Schuldners an alle zukünftigen Erwerber des Papiers liegen soll (vgl. oben Rdn. 2). Einigkeit dürfte inzwischen wohl auch darüber bestehen, dass die **Kreationstheorie** ebenfalls keine zureichende Grundlage für den Einwendungsausschluss darstellt;[39] denn selbst wenn man ihr im Grundsatz folgen würde, ist damit doch die Problematik des Einwendungsausschlusses nicht zu lösen, weil sie bei Mängeln, die den Kreationsakt selbst betreffen, den erforderlichen Schutz nicht zu gewährleisten vermag.[40]

26   Die richtige dogmatische Erklärung des Einwendungsausschlusses liegt vielmehr in der **Rechtsscheintheorie**.[41] Sie führt den Verlust der Einwendungen darauf zurück, dass der Schuldner durch die Ausstellung des Papiers in zurechenbarer Weise den Schein einer fehlerfreien Verpflichtung geschaffen hat. Zugleich ermöglicht sie durch die ihr immanenten Merkmale des Rechtsscheins und der Zurechenbarkeit, die Tatbestandsvoraussetzungen und die Grenzen des Einwendungsausschlusses in einer Weise zu bestimmen, die sowohl den praktischen Bedürfnissen voll Rechnung trägt als auch dogmatisch konsistent ist (vgl. näher unten Rdn. 41 ff). Anders als nach der Offertentheorie und der Kreationstheorie beruht der Einwendungsausschluss nach der Rechtsscheintheorie nicht auf einer entsprechenden Willenserklärung des Schuldners, sondern tritt allein kraft objektiven Rechts ein.

27   Allerdings besteht **keine volle Übereinstimmung zwischen dem Wortlaut von § 364 Abs. 2 HGB und der Rechtsscheintheorie** (vgl. auch unten Rdn. 31 ff). Das zeigt sich vor allem daran, dass die Vorschrift den Einwendungsausschluss – der wie gesagt in dieser ohnehin nicht unmittelbar angeordnet, sondern aus ihr nur mittelbar im Wege eines argumentum e contrario zu entnehmen ist – nicht vom **guten Glauben** des Erwerbers abhängig macht. Indessen war die Problematik bei der Schaffung des Gesetzes noch nicht hinreichend durchdacht. Daher kann aus dem Fehlen des Er-

---

[39] Anders vor allem *Ulmer* S. 42 f.
[40] Vgl. im übrigen zur Kritik der Kreationstheorie z.B. *Jacobi* Ehrenbergs Handbuch IV 1 S. 282 ff; *Hueck/Canaris* § 3 I 1.
[41] Das ist heute ganz h.L., vgl. z.B. *Jacobi* aaO;

Baumbach/Hefermehl WPR Rdn. 43; Münch-Komm.-*Hefermehl* § 365 Rdn. 26; *Heymann/Horn* § 364 Rdn. 11; *Zöllner* § 6 V, VI; *Hueck/Canaris* § 3 II; *Bülow* Art. 17 WG Rdn. 24.

fordernisses der Gutgläubigkeit nicht geschlossen werden, dass die Rechtsscheintheorie mit § 364 Abs. 2 HGB unvereinbar ist. Im Gegenteil führt diese umgekehrt zu einer **einschränkenden Interpretation von § 364 Abs. 2 HGB** in dem Sinne, dass der Einwendungsausschluss nur zugunsten gutgläubiger Erwerber Platz greift. Denn zum einen bietet allein die Rechtsscheintheorie eine sachgerechte Analyse der Problematik, und zum anderen ist auch vom Ergebnis her nicht einzusehen, warum auch ein Bösgläubiger geschützt werden sollte. Allerdings ergibt sich aus der Rechtsscheintheorie nur, dass es überhaupt auf den guten Glauben des Erwerbers ankommt; welche inhaltlichen Anforderungen an diesen zu stellen sind und ob insbesondere schon grobe Fahrlässigkeit oder nur positive Kenntnis der wahren Rechtslage schadet, ist eine andere Frage (vgl. dazu unten Rdn. 34).

2. Die Einteilung der Einwendungen

a) Die Unterscheidung nach der Rechtsfolge. Von der Rechtsfolgenseite her werden die Einwendungen in **absolute oder dingliche** und **relative oder persönliche** eingeteilt.[42] Erstere können jedem Erwerber entgegengesetzt werden, letztere nur bestimmten Erwerbern. Der Wert dieser Einteilung ist indessen sehr beschränkt, weil sie keine Kriterien dafür enthält, *wann* eine Einwendung denn nun absolut oder relativ wirkt. Immerhin ist daran aber richtig, dass es in der Tat zwei große Hauptgruppen von Einwendungen gibt: solche, deren Ausschluss grundsätzlich von vornherein nicht in Betracht kommt **(nicht-ausschlussfähige Einwendungen)**, und solche, deren Ausschluss möglich ist **(ausschlussfähige Einwendungen)**. 28

Diese Zweiteilung ist allerdings insofern zu eng, als es bei einer Unterscheidung nach der Rechtsfolge noch eine dritte Gruppe von Einwendungen gibt: solche Einwendungen, die dem Erwerber des Papiers von vornherein nicht entgegengesetzt werden können und bei denen sich daher die Frage ihres Ausschlusses überhaupt nicht stellt, also die **nicht ausschlussbedürftigen Einwendungen**.[43] Diese Einwendungen sind dadurch gekennzeichnet, dass sie ihrer Funktion nach nur gegenüber einem ganz bestimmten Gläubiger wirken, diesen aber an einer Übertragung des Papiers nicht hindern sollen. Beispiele sind vor allem die **Gefälligkeitsabrede** und der **Prolongationseinwand,** sofern dieser nicht zugleich die Weiterübertragung des Papiers verbietet.[44] Von praktischer Bedeutung ist die Sonderstellung dieser Gruppe von Einwendungen vor allem deshalb, weil sie dem Erwerber des Papiers auch dann nicht entgegengesetzt werden können, wenn die besonderen Voraussetzungen von § 364 Abs. 2 HGB nicht gegeben sind; denn da sie eines Ausschlusses von vornherein nicht bedürfen, kann es folgerichtig nicht auf die Tatbestandsvoraussetzungen von § 364 Abs. 2 HGB ankommen. Das bedeutet vor allem, dass die betreffenden Einwendungen dem Erwerber auch dann nicht entgegengesetzt werden können, wenn er **Kenntnis** von ihnen hatte oder wenn er das Papier lediglich im Wege der **Zession** erworben hat. 29

b) Die Unterscheidung nach tatbestandlichen Merkmalen, insbesondere die Bedeutung der Einwendungen, die „die Gültigkeit der Erklärung in der Urkunde betreffen". Da die *rechtsfolgen*orientierte Unterscheidung zwischen absoluten und relativen Einwendungen über die praktisch wie dogmatisch zentrale Frage, wann erstere und wann letztere gegeben sind, (zwangsläufig) nichts aussagt, bedarf es einer 30

---

[42] Vgl. z.B. *Ulmer* S. 120 ff, 240 ff; *Zöllner* § 21 II 1 unter Hinzufügung einer dritten Gruppe der „redlichkeitsunbeständigen" Einwendungen.

[43] Vgl. näher *Hueck/Canaris* § 9 I 4 und II 6.

[44] Vgl. näher *Hueck/Canaris* aaO.

zusätzlichen Unterscheidung, die an Merkmalen der *Tatbestands*seite orientiert ist. Eine solche enthält § 364 Abs. 2 HGB, der mit § 784 Abs. 1 BGB und § 796 BGB nahezu wörtlich übereinstimmt. Die Formulierung des Gesetzes ist allerdings (auch in dieser Hinsicht, vgl. schon oben Rdn. 27) nur teilweise gelungen, teilweise dagegen missglückt und außerdem unvollständig. Zutreffend ist die Regelung von § 364 Abs. 2 HGB insoweit, als sie die Möglichkeit eines Ausschlusses der **unmittelbaren** und der **inhaltlichen Einwendungen** verneint. Erstere sind nicht präklusionsfähig, weil es bei ihnen an einem „Umlauf" des Papiers und damit an dem entsprechenden Verkehrsschutzbedürfnis fehlt,[45] letztere sind nicht präklusionsfähig, weil sie sich aus dem Papier selbst entnehmen lassen, so dass insoweit kein Scheintatbestand gegeben ist.[46] Diese beiden Arten von Einwendungen besitzen somit insofern volle Überzeugungskraft, als sie sich bruchlos in die Lehre von der Rechtsscheinhaftung einordnen bzw. aus dieser entwickeln lassen, die ihrerseits die dogmatische Grundlage des wertpapierrechtlichen Einwendungsausschlusses bildet (vgl. oben Rdn. 26).

31 Einer berichtigenden Auslegung bedarf das Gesetz demgegenüber insoweit, als es **Einwendungen, die „die Gültigkeit der Erklärung in der Urkunde betreffen",** generell zuzulassen scheint. Dogmatisch gesehen ist das vom Boden der Rechtsscheintheorie aus verfehlt, weil die Haftung des Schuldners entgegen der Offerten- und der Kreationstheorie nicht aus der „Erklärung in der Urkunde", sondern aus dem *Realakt* der Schaffung eines Rechtsscheins folgt (vgl. oben Rdn. 26) und weil es daher nicht auf die rechtsgeschäftliche „Gültigkeit" der Erklärung, sondern nur auf ihre Zurechenbarkeit ankommt. Auch vom praktischen Ergebnis her ist die Fassung des Gesetzes missglückt. Denn es gibt eine Reihe von Fällen, in denen anerkanntermaßen Einwendungen, die „die Gültigkeit der Erklärung des Schuldners in der Urkunde betreffen", einem gutgläubigen Erwerber entgegen dem Wortlaut des Gesetzes *nicht* entgegengesetzt werden können; als Beispiele seien vor allem die Nichtigkeit der Erklärung wegen Anfechtung, Sittenwidrigkeit oder Formmangels genannt (vgl. dazu näher unten Rdn. 51 ff). Entgegen dem Eindruck, den die Formulierung von § 364 Abs. 2 HGB erweckt, kommt somit keineswegs *allen* Einwendungen, die „die Gültigkeit der Erklärung des Schuldners in der Urkunde betreffen", absolute Wirkung zu.

In der Tat lässt sich bei historischer Betrachtung leicht zeigen, dass diese Formulierung auf dogmatischen Fehlvorstellungen beruht. Die Verfasser der gleich lautenden Regelung des § 796 BGB, die in § 364 Abs. 2 HGB unverändert übernommen worden ist,[47] gingen nämlich davon aus, dass eine – nicht präklusionsfähige – Gültigkeitseinwendung zwar auch dann gegeben ist, „wenn ein wesentlicher Willensmangel auf Seite des Ausstellers zur Zeit der Ausstellung vorlag", glaubten diese Ansicht jedoch durch den Hinweis entschärfen zu können, dass „die Ausstellung der Schuldverschreibung an sich ein streng einseitiges Rechtsgeschäft ist, welchem kein Empfänger (§ 74 Abs. 1) gegenübersteht, weshalb die Vorschriften über Willensmängel, soweit sie einen Empfänger zur Voraussetzung haben, keine Anwendung finden (§§ 95–103)".[48] Abgesehen davon, dass hier die Kreationstheorie zugrunde gelegt wird und diese inzwischen als überwunden anzusehen ist,[49] trifft es für die in Kraft getretene Fassung des BGB nicht zu, dass die Vorschriften über Willensmängel auf nicht-empfangsbedürftige Willenserklärungen – als welche die Verfasser von § 796 BGB die Schaffung

---

[45] Vgl. auch *Hueck/Canaris* § 9 I 2 a.
[46] Vgl. auch *Hueck/Canaris* § 9 I 2 b.
[47] Vgl. Denkschrift zum Entwurf eines Handelsgesetzbuchs, 1896, S. 189 f.
[48] Mot. II S. 699; den dort zitierten §§ 95–103 entsprechen die §§ 116–123 BGB.
[49] Vgl. *Hueck/Canaris* § 3 I 1 mit Nachw.

eines Wertpapiers ersichtlich ansahen – keine Anwendung finden, und daher fehlte der Konzeption, auf der die Formulierung der Gültigkeitseinwendungen aufbaute, von Anfang an das gesetzliche Fundament. Demgemäß ist an der Einsicht nicht vorbeizukommen, dass man es hier – zumindest sprachlich, teilweise aber wohl auch sachlich – mit einem Missgriff des Gesetzgebers zu tun hat, welcher der interpretatorischen Korrektur bedürftig und zugänglich ist.

Entgegen einer immer noch verbreiteten Tendenz im Schrifttum[50] hat es daher keinen Sinn, an der Terminologie der §§ 796 BGB, 364 Abs. 2 HGB für die **wissenschaftliche Einteilung der Einwendungen** festzuhalten und die Konsequenzen dieses Ansatzes dann im praktischen Ergebnis doch wieder teilweise zu durchbrechen. Das ist schon aus terminologischen Gründen unangemessen; denn da es dann sowohl „Gültigkeitseinwendungen" gäbe, die absolut wirken, als auch „Gültigkeitseinwendungen", die nur relativ wirken, würde dem Begriff bei einer solchen Fassung jede tatbestandliche Unterscheidungskraft und damit auch jede praktische Brauchbarkeit fehlen. Darüber hinaus ist eine derartige Begriffsbildung auch in dogmatischer Hinsicht inkonsistent. Sie bleibt nämlich hinter den Einsichten der – schon seit vielen Jahrzehnten nahezu unumstrittenen! – Rechtsscheintheorie zurück, indem sie der Erkenntnis nicht Rechnung trägt, dass es nun einmal Einwendungen gibt, die zwar „die Gültigkeit der Erklärung in der Urkunde betreffen", aber trotzdem präkludiert werden können, also nur relativer Natur sind; es kommt eben für die Ausschlussfähigkeit einer Einwendung entgegen dem – längst überholten – Sprachgebrauch der §§ 364 Abs. 2 HGB, 796 BGB nicht auf die „Gültigkeit" der Erklärung an – was immer man unter diesem Wort genauer verstehen mag –, sondern vielmehr allein auf die Zurechenbarkeit des *Realaktes*, durch den der Scheintatbestand gesetzt wird. Demgemäß sollte man offen zugeben, dass das Gesetz in diesem Punkt nicht hinreichend durchdacht und daher korrekturbedürftig ist – was angesichts des Standes der Dogmatik bei seinem Erlass ja auch nicht weiter verwunderlich ist. Folglich wird die dritte Gruppe der „absoluten", d.h. nicht präklusionsfähigen Einwendungen nicht von irgendwelchen Gültigkeitseinwendungen, sondern von den **Zurechenbarkeitseinwendungen** gebildet,[51] d.h. von den Einwendungen, die die Zurechenbarkeit des Rechtsscheins ausschließen[52] – was im Ergebnis übrigens allgemeine Ansicht ist, so dass die Weigerung der h.L., dies auch terminologisch zum Ausdruck zu bringen, umso unverständlicher erscheint und sich letztlich nur aus der Zählebigkeit althergebrachter Begriffe, keinesfalls aber aus Sachgesichtspunkten erklären lässt. Dagegen sind Einwendungen, die sich *lediglich* gegen die Gültigkeit der Erklärung richten, *ohne* zugleich die Zurechenbarkeit des Rechtsscheins zu verhindern, entgegen dem Wortlaut von § 364 Abs. 2 HGB grundsätzlich präklusionsfähig und sollten demgemäß auch unter einem eigenen Terminus zusammengefasst werden (vgl. im Einzelnen unten Rdn. 50 ff).

Ein weiterer Mangel von § 364 Abs. 2 HGB liegt darin, dass dort die **persönlichen Einwendungen i. S. von Art. 17 WG** überhaupt nicht erwähnt sind und § 365 Abs. 1 HGB auch nicht auf Art. 17 WG verweist. Daraus ist z.T. geschlossen worden, dass solche Einwendungen, also insbesondere **Einwendungen aus dem zugrunde liegenden Kausalverhältnis** bei abstrakten kaufmännischen Orderpapieren dem Erwerber

---

[50] Vgl. z. B. MünchKomm.-*Hefermehl* § 364 Rdn. 9 ff, 20 f; *Heymann/Horn* § 364 Rdn. 14; *Ebenroth/Boujong/Joost/Hakenberg* § 364 Rdn. 9.

[51] Zustimmend *Röhricht/Graf von Westphalen/Wagner* § 364 Rdn. 8.

[52] Vgl. im Einzelnen unten Rdn. 45 ff sowie im grundsätzlichen näher *Hueck/Canaris* § 9 I 2 c.

des Papiers keinesfalls entgegengesetzt werden könnten.[53] Nach richtiger Ansicht ist jedoch § 364 Abs. 2 HGB durch eine **Analogie zu Art. 17 WG, 22 ScheckG** zu ergänzen bzw. zu korrigieren.[54] Denn die Frage des guten Glaubens ist in § 364 Abs. 2 HGB nicht geregelt (vgl. auch oben Rdn. 27), und die dadurch entstandene Lücke ist in Analogie zum Wechsel und zum Scheck auszufüllen, weil sonst ein nicht zu rechtfertigender Wertungswiderspruch zwischen diesen Papieren und den – mit ihnen auf das engste verwandten – kaufmännischen Orderpapieren entstünde. Dagegen bestehen um so weniger Bedenken, als die Wechselordnung – auf die § 364 Abs. 2 HGB bezogen ist, wie die Verweisung in § 365 Abs. 1 HGB zeigt – eine dem Art. 17 WG entsprechende Vorschrift nicht enthielt, sondern die Problematik des Einwendungsausschlusses in Art. 82 in ähnlicher Weise regelte wie § 364 Abs. 2 HGB; das Bedürfnis für einen Rückgriff auf Art. 17 WG ist also überhaupt erst mit Inkrafttreten des WG entstanden, und daher stellt eine Analogie zu Art. 17 WG keinesfalls ein unzulässiges contra-legem-Judizieren dar.

34 Allerdings bedarf es noch einer weiteren Differenzierung. Die Vorschriften der Art. 17 WG, 22 ScheckG finden nämlich nicht auf alle präklusionsfähigen Einwendungen, sondern nur auf die „persönlichen" Einwendungen Anwendung. Dagegen sind Einwendungen, die sich gegen die Wirksamkeit des verbrieften Rechts richten (ohne jedoch zugleich die Zurechenbarkeit des Rechtsscheins auszuschließen) in **Analogie zu Art. 10, 16 Abs. 2 WG** zu behandeln, so dass bei ihnen dem Erwerber nicht erst „Bewusstes Handeln zum Nachteil des Schuldners" wie nach Art. 17 WG, 22 ScheckG, sondern schon grobe Fahrlässigkeit schadet.[55] Darin liegt nicht etwa eine erst von der Rechtswissenschaft an das Gesetz herangetragene, rein dogmatisch bedingte Überspitzung, sondern vielmehr eine unausweichliche Konsequenz aus der Ausgestaltung des Gesetzes selbst. Denn indem Art. 10 WG dem Erwerber gegenüber dem – vom Schuldner aus freien Stücken ermöglichten und daher an sich nicht besonders schwer wiegenden – Einwand des Blankettmissbrauchs auch grobe Fahrlässigkeit schaden lässt, nötigt es zur Vermeidung untragbarer Wertungswidersprüche dazu, andere – z. T. wesentlich gewichtigere, weil die Entschließungsfreiheit des Schuldners massiv beeinträchtigende – Einwendungen insoweit gleich zu behandeln; außerdem führt auch Art. 16 Abs. 2 WG zu derselben Notwendigkeit, weil man anderenfalls zu der ebenfalls wertungswidersprüchlichen Folge gelangen würde, dass dem Erwerber zwar grobe Fahrlässigkeit schadet, wenn die Einwendung zugleich den Erwerb des Eigentums am Papier verhindert, nicht aber, wenn sie diesen unberührt lässt und sich ceteris paribus lediglich gegen die Begründung der verbrieften Forderung richtet wie z. B. beim Akzept auf einem schon im Eigentum des Vorlegenden stehenden Papier.[56]

Die sich daraus ergebende **Aufspaltung der an den guten Glauben zu stellenden Anforderungen** zwischen bewusstem Handeln zum Nachteil des Schuldners einerseits und grober Fahrlässigkeit andererseits ist folgerichtig auf die kaufmännischen Orderpapiere zu übertragen. Denn wenn man Art. 17 WG, 22 ScheckG analog anwendet, kann man dies nur für jene Einwendungen tun, für die diese Vorschriften in

---

[53] Vgl. z. B. *Düringer/Hachenburg/Breit* § 364 Anm. 15 unter i, wenngleich mit erheblichen Einschränkungen in Anm. 22 f.

[54] Ebenso i. E. MünchKomm.-*Hefermehl* § 364 Rdn. 34 a. E.; *Heymann/Horn* § 364 Rdn. 13; *Schaps/Abraham* § 656 Rdn. 25; *Schlegelberger/Liesecke* § 648 Rdn. 7 a. E.; wohl auch *Zöllner* § 25 III i. V. mit § 27 I 4.

[55] H.L., vgl. BGH NJW 1973, 283; *Baumbach/Hefermehl* Art. 17 WG Rdn. 8–10; *Zöllner* § 21 IV 1 g; *Hueck/Canaris* § 19 I 3; **a. A.** *Ostheim* Festschr. für Kastner, 1972, S. 349 ff und, wenngleich mit Einschränkungen, *E. Ulmer* Festschr. für Raiser, 1974, S. 225 ff.

[56] Vgl. näher *Hueck/Canaris* § 9 I 3 a mit Nachw.

ihrem unmittelbaren Anwendungsbereich gelten; auch droht anderenfalls wiederum ein untragbarer Wertungswiderspruch zwischen der rechtlichen Behandlung der kaufmännischen Orderpapiere und der Rechtslage bei Wechsel und Scheck. Daher ist auch bei den kaufmännischen Orderpapieren ebenso wie bei Wechsel und Scheck innerhalb der Gruppe der präklusionsfähigen Einwendungen **noch eine weitere Unterscheidung** erforderlich: zwischen **persönlichen Einwendungen**, bei denen dem Erwerber nur bewusstes Handeln zum Nachteil des Schuldners schadet, und **Wirksamkeitseinwendungen**, bei denen die Möglichkeit eines Einwendungsausschlusses schon bei grober Fahrlässigkeit des Erwerbers entfällt (vgl. im Einzelnen unten Rdn. 50 ff und 56 ff).

Statt von Wirksamkeitseinwendungen könnte man auch von **Gültigkeitseinwendungen i. e. S.** sprechen,[57] doch erscheint dies nicht als zweckmäßig. Denn erstens rechnet das Gesetz die „Gültigkeitseinwendungen" in den §§ 364 Abs. 2 HGB, 796 BGB nun einmal zu den nicht präklusionsfähigen, also absoluten Einwendungen, während es hier gerade um solche Einwendungen geht, die gegenüber gutgläubigen Erwerbern präkludiert werden und also nur relativ wirken; zweitens richtet sich die Einwendung hier nicht notwendigerweise gegen die Gültigkeit der *Erklärung* in der Urkunde, sondern gegen die Gültigkeit des verbrieften *Rechts*, wie sich etwa daran zeigt, dass auch dessen Erlöschen durch Erfüllung in diese Kategorie gehört (vgl. unten Rdn. 55), und sollte daher auch aus diesem Grund gegenüber der Formulierung der §§ 364 Abs. 2 HGB, 796 BGB möglichst klar abgesetzt werden; und drittens ist die h. L. nun einmal nicht davon abzubringen, unter dem Begriff „Gültigkeitseinwendungen" *sowohl* einen Teil der absoluten *als auch* einen Teil der relativen Einwendungen in dogmatisch völlig diffuser Weise zusammenzufassen (vgl. oben Rdn. 32), so dass nur ein völliger Verzicht auf diesen Begriff ein Ende der terminologischen Verwirrung erhoffen lässt, während eine andere – wenngleich präzise und sachlich angemessene – Verwendung desselben diese wohl eher noch steigert als abbaut.

c) **Zusammenfassung und Ergebnis: das System der verschiedenen Arten von Einwendungen.** Insgesamt ergibt sich somit ein ziemlich einfaches Einteilungsschema, das sowohl in dogmatischer als auch in teleologischer Hinsicht überzeugend fundiert und dementsprechend leicht nachvollziehbar ist. Zunächst sind die absoluten Einwendungen zu ermitteln, die der Schuldner auch einem gutgläubigen Erwerber entgegensetzen kann. Diese ergeben sich ohne Schwierigkeiten aus den **allgemeinen Grundsätzen der Rechtsscheinlehre**, die anerkanntermaßen die Grundlage des wertpapierrechtlichen Einwendungsausschlusses bildet (vgl. oben Rdn. 26). Demgemäß gibt es **drei Arten von absoluten Einwendungen**: die **unmittelbaren Einwendungen**, bei denen der Erwerber nicht schutzwürdig ist, weil es an einem spezifisch wertpapierrechtlichen Übertragungsvorgang oder an einem echten „Verkehrsgeschäft" fehlt; die **inhaltlichen Einwendungen**, bei denen der Mangel aus der Urkunde zu erkennen ist, so dass der erforderliche äußere Scheintatbestand nicht gegeben ist; und die **Zurechenbarkeitseinwendungen**, bei denen der Schuldner für die Entstehung des Rechtsscheins nicht verantwortlich gemacht werden kann – und zwar nicht nur nicht nach dem Verschuldensprinzip, sondern auch nicht unter dem Gesichtspunkt der Einstandspflicht für die Schaffung eines Risikos.

---

[57] So Vorauflage Anm. 39 ff und auch noch *Hueck/Canaris* § 9 I 3 b und II 4.

§ 364 Viertes Buch. Handelsgeschäfte

Hinsichtlich der beiden ersten Gruppen von Einwendungen stimmt diese Einteilung mit der Regelung der §§ 364 Abs. 2 HGB, 796 BGB überein. Dagegen ist der Begriff der Zurechenbarkeitseinwendung dem Gesetz unbekannt, doch ist der in den §§ 364 Abs. 2 HGB, 796 BGB statt dessen gebrauchte Begriff der **Gültigkeitseinwendung** sowohl dogmatisch überholt als auch mangels jeglicher Abgrenzungsfähigkeit praktisch unbrauchbar, so dass er heutzutage in einem wissenschaftlich fundierten Einteilungsschema keinen Platz mehr hat und als dogmatische Figur aufzugeben ist (vgl. oben Rdn. 31 f).

36 Alle Einwendungen, die unter keine dieser drei Kategorien fallen, können zugunsten gutgläubiger Erwerber präkludiert werden und wirken also nur relativ. Dabei könnte man es unter dem Gesichtspunkt der Rechtsscheinhaftung bewenden lassen, so dass insoweit eine weitere Unterscheidung weder aus sachlichen Gründen erforderlich noch in terminologischer Hinsicht zweckmäßig erscheint. Wenn es gleichwohl auch noch einer **Unterscheidung *innerhalb* der relativen Einwendungen** bedarf, so beruht das darauf, dass nach der – im Rahmen von § 364 Abs. 2 HGB analog anzuwendenden – Regelung des Wechsel- und des Scheckgesetzes **unterschiedliche Anforderungen an den guten Glauben des Erwerbers** zu stellen sind (vgl. oben Rdn. 33 f). Diesem schadet nämlich analog Art. 17 WG, 22 ScheckG gegenüber solchen Einwendungen, die sich aus seinen persönlichen Beziehungen zu dem Schuldner ergeben, nur ein bewußtes Handeln zu dessen Nachteil, während er sich bei Einwendungen, welche die Wirksamkeit des verbrieften Rechts betreffen, in Analogie zu Art. 10, 16 Abs. 2 WG schon grobe Fahrlässigkeit entgegenhalten lassen muss. Folglich sind innerhalb der relativen Einwendungen zusätzlich die beiden weiteren Gruppen der **Wirksamkeitseinwendungen** und der **persönlichen Einwendungen** zu bilden. Erstere sind dabei dadurch gekennzeichnet, dass sich die Einwendung gegen die Wirksamkeit (den Bestand) des verbrieften Rechts selbst richtet und also auf der dinglichen Ebene liegt, während sich die persönlichen Einwendungen auf die „darunter" liegende, also die rein schuldrechtliche Ebene beschränken.

Diese Unterscheidung beruht nicht auf den Sachstrukturen der Rechtsscheinhaftung, sondern auf Besonderheiten des geltenden Wechsel- und Scheckrechts. Andererseits liegt darin aber auch keine rein positivrechtliche Zufälligkeit, sondern eine sinnvolle – wenngleich ziemlich subtile – Differenzierung, die sich in ganz ähnlicher Form auch bei anderen Problemen des Verkehrs- und Vertrauensschutzes findet; vor allem besteht insoweit eine deutliche **Parallele zu dem Unterschied zwischen Vertrauensschutz durch gutgläubigen Erwerb** gemäß § 932 BGB, wo dem Dritten ebenfalls (schon) grobe Fahrlässigkeit schadet, **und dem Verkehrsschutz durch das Abstraktionsprinzip**, wo dem Dritten gemäß § 826 BGB grundsätzlich nur vorsätzliches Handeln zum Nachteil des wahren Berechtigten schadet. Dahinter steht – im Wertpapierrecht ebenso wie im Recht des gutgläubigen Erwerbs – die Wertung, dass es zum einen Mängel gibt, die aufgrund ihres Gewichts oder ihrer Natur die Wirksamkeit und den Bestand des zu erwerbenden Rechts betreffen und den Erwerber daher grundsätzlich „etwas angehen", und zum anderen Mängel geringeren Gewichts, die sich auf die schuldrechtliche Beziehung des Veräußerers zu seinem Vormann beschränken bzw. mit Hilfe des Abstraktionsprinzips auf dieses beschränkt werden, das betreffende Recht als solches aber unberührt lassen und dessen Erwerber daher grundsätzlich „nichts angehen". Dementsprechend kann man statt der Unterscheidung zwischen Wirksamkeitseinwendungen und persönlichen Einwendungen grundsätzlich wohl auch die **Unterscheidung zwischen dinglichen und schuldrechtlichen Einwendungen** verwenden.

3. Die nicht-ausschlussfähigen („absoluten") Einwendungen im Einzelnen

a) Die unmittelbaren Einwendungen. Eine unmittelbare Einwendung ist beim **37** **Fehlen eines wertpapierrechtlichen Übertragungsvorgangs** gegeben. Daher kommt grundsätzlich weder der **erste Nehmer** (vgl. aber auch sogleich am Ende dieser Rdn. sowie unten Rdn. 39) noch der **Zessionar** oder der **Erbe** in den Genuss von § 364 Abs. 2 HGB. Dass die Übertragung durch Indossament erfolgt, ist freilich nicht unbedingt erforderlich; vielmehr genügt auch eine andere spezifisch wertpapierrechtliche Übertragungsweise[58] wie z. B. die Übertragung durch Einigung und Übergabe gemäß § 365 Abs. 1 HGB i. V. mit Art. 14 Abs. 2 Ziff. 3 WG bei einem blanko indossierten Papier oder die Begebung, d. h. Übereignung des bereits akzeptierten Papiers vom Aussteller an den ersten Nehmer.

Auch bei Vorliegen einer wertpapierrechtlichen Übertragungsform kann freilich **38** gleichwohl eine unmittelbare Einwendung gegeben sein. Das ist vor allem beim **Fehlen eines echten Verkehrsgeschäfts** der Fall. Daher greift der Einwendungsausschluss gemäß § 364 Abs. 2 HGB z. B. dann nicht ein, wenn der Erwerber lediglich als **verdeckter Stellvertreter** seines Vormannes oder sonst für dessen Rechnung handelt.[59] Dementsprechend findet beim **uneigennützigen Treuhandindossament** (vgl. dazu oben Rdn. 17 Abs. 2) ein Einwendungsausschluss grundsätzlich nicht statt.[60] An einem Verkehrsgeschäft fehlt es nach den allgemeinen Regeln über dieses auch bei einem im voraus vereinbarten Rückerwerb wie z. B. bei **sofortiger Rückindossierung** des Papiers aufgrund einer entsprechenden vorherigen Abrede.[61]

Nicht in diesen Zusammenhang gehören dagegen entgegen der h. L.[62] die Fälle der **wirtschaftlichen Identität zwischen Veräußerer und Erwerber** des Papiers wie vor allem Geschäfte zwischen einer GmbH und ihrem einzigen Gesellschafter, so dass hier grundsätzlich ein Einwendungsausschluss zuzulassen ist;[63] allein aufgrund der wirtschaftlichen Identität auch rechtlich beide Rechtssubjekte als identisch zu behandeln, verbietet sich nicht nur deshalb, weil es geradezu ein Grundaxiom des geltenden Privatrechts darstellt, dass die rechtliche Betrachtungsweise nicht einfach zugunsten einer wirtschaftlichen durchbrochen werden darf, sondern auch von der Interessenlage her, weil die beiden verschiedenen Rechtssubjekte z. B. unterschiedliche Gläubiger haben können und deren Interessen bei der Zuordnung der Vermögensgegenstände mitzuberücksichtigen sind.

Wie es Fälle gibt, in denen trotz äußeren Vorliegens einer wertpapierrechtlichen **39** Übertragung in Wahrheit kein echter Umlauf stattfindet und daher eine „unmittelbare" Einwendung anzunehmen ist, so gibt es umgekehrt auch Fälle, in denen zwar von einem Umlauf im strikten Sinne noch nicht gesprochen werden kann und also eigentlich eine „unmittelbare" Einwendung anzunehmen wäre, gleichwohl aber ein Einwendungsausschluss zu bejahen ist. Demgemäß ist bei Vorliegen besonderer Konstellationen auch einen **Einwendungsausschluss zugunsten des ersten Nehmers** anzuerkennen. Paradigmatisch ist die **Stellung des Empfängers bei Konnossement**

---

[58] Vgl. *Ulmer* S. 240 vor II; *Hueck/Canaris* § 9 II 1 vor a; *Baumbach/Hefermehl* Art. 17 WG Rdn. 15 a. E., 64, 94.
[59] Vgl. auch *Wüstendörfer* S. 312 f; *Schaps/Abraham* § 656 Rdn. 24 m. w. Nachw.
[60] Vgl. z. B. BGH WM 1989, 1009, 1010 (zum Scheck); *Hueck/Canaris* § 9 II 1 b; Münch.-Komm.-*Hefermehl* § 364 Rdn. 33.
[61] Vgl. BGH WM 1998, 1277, 1278 (zum Wechsel).
[62] Vgl. z. B. BGH WM 1989, 1009, 1010 (zum Scheck); *Bülow* Art. 17 WG Rdn. 11; *Ebenroth/Boujong/Joost/Hakenberg* § 364 Rdn. 7; *Marschall von Bieberstein* JZ 1965, 403 ff (zum Wechsel).
[63] Grundlegend *Wilhelm* Rechtsform und Haftung bei der juristischen Person, 1981, S. 274 ff.

und **Ladeschein**. Dieser ist wertpapierrechtlich erster Nehmer, sofern das Papier an seine Order gestellt ist, und dürfte daher nach § 364 Abs. 2 HGB eigentlich nicht gegenüber Mängeln des Begebungsvertrags geschützt werden, da insoweit formal gesehen eine „unmittelbare" Einwendung vorliegt – und zwar unabhängig davon, ob man den durch den Ablader bzw. Absender geschlossenen Begebungsvertrag als Vertrag zugunsten Dritter ansieht oder ob man ihn mit Hilfe der Botenkonstruktion unmittelbar mit dem Empfänger zustande kommen lässt (vgl. dazu oben § 363 Rdn. 57ff). Da indessen die Rechtsstellung des Empfängers dadurch, dass das Papier an seine Order gestellt wird, nach dem mutmaßlichen Willen der Parteien nicht geschwächt, sondern im Gegenteil eher gestärkt werden soll, darf dieser hier nicht schlechter stehen als wenn das Papier an die eigene Order des Absenders bzw. Abladers gestellt und von diesem an den Empfänger indossiert worden wäre – eine Konstellation, bei der unzweifelhaft ein Umlauf im strikten Sinne stattfindet und die Voraussetzungen für einen Einwendungsausschluss daher insoweit ohne weiteres erfüllt sind. Folglich ist hier nach der Interessenlage und dem mutmaßlichen Parteiwillen grundsätzlich ein Einwendungsausschluss zugunsten des Empfängers zuzulassen, auch wenn dieser die Stellung des ersten Nehmers hat (vgl. näher oben § 363 Rdn. 61).

40 Beim **unentgeltlichen Erwerb des Papiers von dessen bisherigen Inhaber** liegt keine unmittelbare Einwendung vor. Denn indem das Gesetz in derartigen Fällen die Möglichkeit gutgläubigen Erwerbs grundsätzlich zulässt und nur einen Ausgleich auf der schuldrechtlichen Ebene gemäß § 816 Abs. 1 Satz 2 BGB vorsieht, zeigt es, dass die Unentgeltlichkeit dem Erwerbsvorgang nicht die Schutzwürdigkeit nimmt.[64] Der Schuldner kann dem Erwerber jedoch analog §§ 821, 816 Abs. 1 Satz 2 BGB die Einrede der ungerechtfertigten Bereicherung entgegensetzen. Es ist somit keine unmittelbare, sondern nur eine persönliche Einwendung gegeben. Die praktische Bedeutung dieses Unterschieds zeigt sich, wenn der Beschenkte das Papier weiter überträgt: der Schuldner wird dann nur im engen Rahmen von Art. 17 WG geschützt, weil dem Erwerber nur bewusstes Handeln zu seinem Nachteil schadet, und hat nicht mehr die ursprüngliche Einwendung, der gegenüber u.U. analog Art. 10, 16 Abs. 2 WG schon grobe Fahrlässigkeit geschadet hätte; auch ist der Einwendungsausschluss davon abhängig, dass der (zweite) Erwerber außer der betreffenden Einwendung auch die Unentgeltlichkeit des Erwerbs seines Vormannes kannte.

41 **b) Die inhaltlichen oder urkundlichen Einwendungen, insbesondere die typusbedingten Einwendungen.** Inhaltliche oder urkundliche Einwendungen sind alle Einwendungen, die aus dem Papier ersichtlich sind. Sie können jedem Inhaber entgegengesetzt werden, ohne dass es auf seinen guten Glauben ankommt. Hierher gehören insbesondere alle **auf die Urkunde gesetzten Vermerke** wie z.B. die Eintragung einer Stundung oder einer Teilleistung. Auch Einwendungen, die nur mittelbar aus dem Papier zu entnehmen sind wie z.B. die Einrede der **Verjährung** stellen inhaltliche Einwendungen dar.

42 Auch **Formmängel** begründen i.d.R. inhaltliche Einwendungen. Sind z.B. die Voraussetzungen von § 126 BGB nicht erfüllt wie vor allem, wenn das Papier nur mit einem **Faksimile** unterstempelt ist (vgl. dazu oben § 363 Rdn. 21), so ist dies aus der Urkunde ersichtlich und kann daher gemäß § 364 Abs. 2 HGB jedem Erwerber ent-

---

[64] Vgl. näher *Canaris* Die Vertrauenshaftung im deutschen Privatrecht, 1971, S. 241; zustimmend *Baumbach/Hefermehl* Art. 17 Rdn. 26; **a. A.** z. B. *Ulmer* S. 247.

gegengehalten werden. Ob dieser die erforderlichen Rechtskenntnisse haben konnte, um den Formverstoß zu erkennen, ist unerheblich, da der Einwendungsausschluss nicht etwa am Fehlen des guten Glaubens, sondern schon am Fehlen eines objektiven Scheintatbestandes scheitert. Allerdings wird das formnichtige Orderpapier häufig im Wege der **Umdeutung** gemäß § 140 BGB als wirksames mündliches Schuldversprechen gemäß §§ 780 BGB, 350 HGB aufrechtzuerhalten sein.

Geht der Formmangel dagegen nicht aus dem Papier hervor wie z. B. bei einem **Verstoß gegen § 518 Abs. 1 Satz 2 BGB**, so ist keine inhaltliche Einwendung gegeben, sondern nur eine „Wirksamkeitseinwendung", die zugunsten gutgläubiger Erwerber präkludiert wird (vgl. auch unten Rdn. 54). Weiterhin entfällt eine inhaltliche Einwendung dann, wenn der Formmangel nachträglich durch eine unerkennbare **Vervollständigung des Papiers** beseitigt worden ist; zwar liegt darin eine Verfälschung, doch werden gutgläubige Erwerber gleichwohl i. d. R. geschützt (vgl. unten Rdn. 48). Schließlich scheidet eine inhaltliche Einwendung auch dann aus, wenn das formnichtige Papier den **Anschein eines Blanketts** erweckt, d. h. wenn die fehlenden Bestandteile solche sind, die nach der Verkehrsübung häufig bei einem Blankett offen bleiben wie vor allem die Höhe oder der sonstige Inhalt der verbrieften Forderung. Der Erwerber wird dann in seinem guten Glauben geschützt, sofern er das Papier für ein Blankett gehalten und aus diesem Grunde erworben hat.[65]

Inhaltliche Einwendungen besonderer Art gibt es bei den **typusbezogenen Orderpapieren** wie Konnossement, Ladeschein, Lagerschein und Transportversicherungspolice. Hier ist nämlich nicht eine „farblose" Verpflichtung verbrieft wie z. B. beim Wechsel, sondern eine Verpflichtung aus einem bestimmten Vertragstypus, und daher kann der Schuldner dem Inhaber des Papiers alle Einwendungen entgegensetzen, die sich aus der gesetzlichen Regelung des betreffenden Vertragstypus ergeben.[66] Man kann hier von **typusbedingten Einwendungen** sprechen. Sie stellen inhaltliche Einwendungen dar, weil sich aus dem Inhalt der Urkunde – nämlich aus der frachtrechtlichen, lagerrechtlichen oder versicherungsrechtlichen Natur des darin verbrieften Rechts – ergibt, dass der Erwerber mit ihnen rechnen muss. Dass aus dem Papier i. d. R. nicht ersichtlich ist, ob die Voraussetzungen einer solchen Einwendung in concreto tatsächlich gegeben sind oder nicht, steht nicht entgegen; denn das ändert nichts daran, dass der Erwerber die Möglichkeit derartiger Einwendungen aus der Urkunde entnehmen kann und dass diese insoweit keinerlei Rechtsschein schafft.

Als Beispiel ist etwa der Fall zu nennen, dass die beförderten oder eingelagerten Güter ohne Verschulden des Schuldners und seiner Leute vernichtet oder beschädigt worden sind. Beim Konnossement gehören in diesen Zusammenhang insbesondere die Einwendungen aus §§ 607 Abs. 2, 608, 609, 611 Abs. 3, 614 Abs. 2, 615, 658–660 HGB.[67] Bei der Transportversicherungspolice sind als Beispiele typusbedingter Einwendungen etwa zu nennen die Fälle, dass der Versicherungsnehmer den Schaden schuldhaft herbeigeführt hat, dass der Versicherungsfall nicht oder nicht unter den gesetzlich vorgesehenen Umständen eingetreten ist, dass eine Über- oder Unter-

---

[65] Vgl., jeweils zum Wechsel, z. B. BGH NJW 1973, 283; *Baumbach/Hefermehl* Art. 10 WG Rdn. 16; *Hueck/Canaris* § 9 II 2 b a. E.

[66] H. L., vgl. z. B. *Ulmer* S. 63 f; *Zöllner* § 25 III i. V. m. § 5 I 4; MünchKomm.-*Hefermehl* § 364 Rdn. 24;

Heymann/Horn § 364 Rdn. 18; *Ebenroth/Boujong/Joost/Hakenberg* § 364 Rdn. 10.

[67] Vgl. *Wüstendorfer*, S. 312 und 315; *Rabe* § 648 Rdn. 13; *Schlegelberger/Liesecke* § 648 Rdn. 6; *Herber* Festschrift für Raisch S. 76 f.

versicherung vorliegt, dass Leistungsbefreiung mangels Zahlung der Prämien oder wegen Gefahrerhöhung eingetreten ist usw.[68]

Keine typusbedingten Einwendungen liegen dagegen bei besonderen vertraglichen Abreden sowie bei den für alle Verträge geltenden Unwirksamkeitsgründen und Einreden vor. Bei diesen greift grundsätzlich der Einwendungsausschluss gemäß § 364 Abs. 2 HGB Platz (sofern sie nicht ohnehin sogar schon dem ersten Nehmer gegenüber auf Grund der Abstraktheit des verbrieften Rechts präkludiert sind, vgl. oben § 363 Rdn. 64 ff).

44 **Abreden aus dem Kausalverhältnis** können dadurch zur Grundlage inhaltlicher Einwendungen gemacht werden, dass sie in das Papier übernommen werden und die Verpflichtung aus dem Papier von ihnen abhängig gemacht wird. Das ist im Gegensatz zum Wechsel bei den kaufmännischen Orderpapieren zulässig, weil diese auch dann, wenn sie grundsätzlich abstrakt sind, nicht bedingungsfeindlich sind (vgl. oben § 363 Rdn. 19). Dass aus dem Papier nicht immer ersichtlich ist, ob die besonderen Voraussetzungen einer kausalvertraglichen Einwendung tatsächlich erfüllt sind oder nicht, steht deren Anerkennung als inhaltlicher Einwendung nicht entgegen, wie soeben Rdn. 43 Abs. 1 für die „typusbedingten" Einwendungen näher dargelegt worden ist.

Die **Reichweite der Abhängigkeit des verbrieften Rechts vom Kausalverhältnis** ist im Wege der Auslegung zu ermitteln. Ist eine Abrede aus diesem ausdrücklich in das Papier übernommen worden, so wird insoweit nahezu immer eine inhaltliche Einwendung gegeben sein. Ist dagegen nur allgemein auf das Kausalverhältnis Bezug genommen, so wird dadurch nicht immer ohne weiteres eine völlige oder auch nur teilweise Abhängigkeit des verbrieften Rechts begründet. Andererseits kann aber je nach den Umständen des Falles und der Formulierung der betreffenden Klausel im Papier auch eine pauschale Bezugnahme genügen, um die besonderen Abreden aus dem zugrunde liegenden Vertrag gegenüber dem Erwerber des Papiers anwendbar zu machen;[69] das gilt jedenfalls dann, wenn die kausalvertragliche Abrede nicht unüblich ist und der Erwerber des Papiers daher auf Grund der Bezugnahme mit ihr rechnen musste. Auch wenn die verbriefte Verpflichtung vollständig vom Kausalverhältnis abhängig gemacht worden ist, verliert das Papier dadurch nicht seine Eigenschaft als Orderpapier (vgl. oben § 363 Rdn. 68 a. E. und 74 a. E.).

45 **c) Die Zurechenbarkeitseinwendungen.** Die Zurechenbarkeitseinwendungen, die von den Wirksamkeitseinwendungen zu unterscheiden sind (vgl. oben Rdn. 31f), können grundsätzlich auch dem gutgläubigen Erwerber des Papiers entgegengesetzt werden und wirken also absolut. Das Schulbeispiel einer Zurechenbarkeitseinwendung liegt darin, dass die Ausstellung des Papiers unter **Zwang** i. S. von vis absoluta erfolgt ist. Das gleiche gilt bei **fehlender Geschäftsfähigkeit** sowie bei **beschränkter Geschäftsfähigkeit**, es sei denn, dass die Zustimmung des gesetzlichen Vertreters nach § 107 BGB und die Genehmigung des Vormundschaftsgerichts nach § 1822 Nr. 9 BGB vorliegen. Zurechnung setzt nämlich Zurechnungsfähigkeit voraus, und diese ist bei der Rechtsscheinhaftung nicht in Analogie zu §§ 827 f, sondern in Analogie zu §§ 104 ff BGB zu bestimmen, weil die Rechtsfolgen dieselben sind wie bei einem Rechts-

---

[68] Vgl. *Kisch* Der Versicherungsschein, 1951, S. 135; *Ritter/Abraham* Das Recht der Seeversicherung, 2. Aufl. 1967, § 49 ADS Anm. 69 m. w. Nachw.; z. T. anders und für den Versicherer ungünstiger *Tsirintanis* Die Order-Police, 1930, S. 64 ff und *Sieg* VersR 1977, 216.

[69] Vgl. z. B. BGHZ 29, 122 bezüglich der Anwendbarkeit einer im Frachtvertrag enthaltenen Schiedsgerichtsklausel auf das Konnossement.

geschäft. Auch bei **Vertretung ohne Vertretungsmacht** ist grundsätzlich eine Zurechenbarkeitseinwendung gegeben; denn nicht der Vertretene, sondern der falsus procurator schafft hier den Scheintatbestand. Selbstverständlich sind aber insoweit die Regeln über die Scheinvollmacht zu berücksichtigen.

Hinsichtlich des **maßgeblichen Zeitpunkts** ist dabei zu beachten, dass der Mangel sich auf die *Ausstellung* des Papiers beziehen muss, da bereits durch diese der Scheintatbestand geschaffen wird. Beschränkt sich der Mangel auf die *Begebung* des Papiers, liegt keine Zurechenbarkeitseinwendung, sondern lediglich eine – ausschlussfähige! – Wirksamkeitseinwendung vor (vgl. unten Rdn. 51). Daher haftet der Aussteller einem gutgläubigen Erwerber z.B., wenn er zwar bei der Begebung des Papiers, aber noch nicht bei dessen Ausstellung geschäftsunfähig war[70] oder wenn er das Papier selbst unterzeichnet hat und dieses dann von einem falsus procurator in den Verkehr gebracht wird[71].

Eine Zurechenbarkeitseinwendung liegt weiterhin grundsätzlich in den Fällen der **Unterschriftsfälschung** vor,[72] da hierbei nicht der betroffene Namensträger, sondern der Fälscher den Scheintatbestand geschaffen hat. Allerdings können Ausnahmen vorkommen. Es ist nämlich denkbar, dass ein potentieller Erwerber des Papiers bei dem Namensträger anfragt, ob seine Unterschrift echt sei, ob das Papier „in Ordnung gehe" usw., und dann lässt sich das Vorliegen der Zurechenbarkeitsvoraussetzungen nicht mehr ohne weiteres von der Hand weisen, da dann ja eine Verbindung zwischen dem Scheintatbestand und dem Verhalten des Betroffenen gegeben ist. Die Rechtsprechung und die h.L. suchen diese Problematik allerdings rein rechtsgeschäftlich zu lösen: Bejaht der Namensträger die Echtheit seiner Unterschrift, so soll darin eine Genehmigung liegen, so dass nunmehr eine vollgültige rechtsgeschäftliche Verpflichtung entsteht;[73] schweigt er dagegen auf die Anfrage, so soll darin grundsätzlich keine Genehmigung zu sehen sein, so dass keine wertpapierrechtliche Bindung, sondern allenfalls eine Schadensersatzhaftung (aus § 826 BGB oder u.U. auch aus Schutzpflichtverletzung) oder der Einwand des Rechtsmissbrauchs in Betracht kommen.[74] Diese Konstruktion vermag indessen nicht zu überzeugen.[75] Die Bestätigung der Echtheit stellt nämlich eine rein *deklaratorische* Erklärung dar und kann daher begrifflich kein Rechtsgeschäft sein, weil sie nicht darauf gerichtet ist, eine Rechtsfolge in Geltung zu *setzen*, sondern im Gegenteil die Aussage zum Inhalt hat, dass die fragliche Rechtsfolge *ohnehin schon gilt*; daher fehlt es schon am objektiven Tatbestand einer Willenserklärung – und nicht etwa nur am Erklärungsbewusstsein –, so dass die h.L. schon im dogmatischen Ausgangspunkt unzutreffend ist. Richtig ist vielmehr, auch insoweit mit der Rechtsscheinlehre zu arbeiten: Die Bestätigung der Echtheit schafft in zurechenbarer Weise einen Scheintatbestand, so dass die Voraussetzungen einer Rechtsscheinhaftung gegeben sind; dasselbe gilt grundsätzlich für das Schweigen auf die Anfrage, weil und sofern auch in diesem ein zurechenbarer Scheintatbestand liegt.

---

[70] Ebenso *Bülow* Art. 17 WG Rdn. 35; **a.A.** MünchKomm.-*Hefermehl* § 364 Rdn. 11; *Heymann/Horn* § 364 Rdn. 15.

[71] **A.A.** auch insoweit wohl MünchKomm.-*Hefermehl* § 364 Rdn. 13.

[72] Das ist i.E. unstreitig, vgl. z.B. MünchKomm.-*Hefermehl* § 364 Rdn. 17.

[73] Vgl., jeweils zum Wechsel, RGZ 145, 93; BGH LM Nr. 1–3 zu Art. 7 WG; *Baumbach/Hefermehl* Art. 7 WG Rdn. 6 ff.

[74] Vgl. BGH aaO und BGHZ 47, 113; *Liesecke* WM 1972, 1207; MünchKomm.-*Hefermehl* § 364 Rdn. 17.

[75] Vgl. auch Anh. zu § 362 Rdn. 20 sowie ausführlich *Canaris* Die Vertrauenshaftung S. 243 ff.

47 Auch bei der **inhaltlichen Verfälschung** des Papiers ist regelmäßig eine Zurechenbarkeitseinwendung gegeben.[76] Allerdings hat der Unterzeichner hier durchaus eine – meist sogar adäquat kausale – Ursache für die Entstehung des Rechtsscheins gesetzt, doch liegt das Verfälschungsrisiko grundsätzlich außerhalb seiner Beherrschungsmöglichkeiten und ist ihm daher nicht zuzurechnen.

Daraus ergibt sich allerdings folgerichtig auch hier eine wichtige Ausnahme: Sofern jemand durch unvollständige Ausfüllung des Papiers ein erhöhtes Verfälschungsrisiko geschaffen hat, also ein Risiko, das nicht schon mit der Begebung eines ordnungsgemäß ausgefüllten Papiers ohne weiteres verbunden ist, trifft ihn entgegen der Rechtsprechung des BGH[77] grundsätzlich eine Einstandspflicht kraft zurechenbaren Rechtsscheins.[78] Man denke etwa daran, dass es der Aussteller eines kaufmännischen Verpflichtungsscheins durch Offenlassen entsprechender Räume auf dem Papier erleichtert hat, aus tausend Zentnern eines Gutes elftausend zu machen. In jedem Falle bleibt – entgegen einer überformalistischen, aber durch Art. 69 Satz 2 WG überholten – Rechtsprechung des RG die Haftung nach dem ursprünglichen, also unverfälschten Text unberührt.[79]

48 Eine Verfälschung liegt auch in der nachträglichen **Vervollständigung eines formnichtigen Papiers**. Auch hier ist die Zurechenbarkeit des Rechtsscheins grundsätzlich zu bejahen, weil der Aussteller durch die Schaffung des Mangels ein erhöhtes und vermeidbares Verfälschungsrisiko hervorgerufen hat. Er haftet daher einem gutgläubigen Erwerber.[80]

49 Eine Zurechenbarkeitseinwendung ist auch beim **Fehlen der Kaufmannseigenschaft** gegeben.[81] Denn das Gesetz hat nur Kaufleuten die Fähigkeit zur Eingehung einer Verpflichtung aus den in § 363 HGB genannten Orderpapieren zuerkannt, weil es den nichtkaufmännischen Verkehr vor den mit diesen verbundenen Gefahren schützen will. Die Einordnung als Zurechenbarkeitseinwendung lehnt sich daher folgerichtig an die entsprechende Einordnung der fehlenden Geschäftsfähigkeit an: es liegt so, als fehle allen Nichtkaufleuten die partielle Geschäftsfähigkeit zur Eingehung der Verpflichtung aus einem Orderpapier, das weder Wechsel noch Scheck ist.

Demgemäß kann das Fehlen der Kaufmannseigenschaft auch nicht nach den Regeln über den Scheinkaufmann überwunden werden (vgl. oben § 363 Rdn. 8). Ebenso wenig gibt es insoweit einen Schutz des guten Glaubens an die Orderpapiereigenschaft (vgl. oben § 363 Rdn. 12). Nur mit Hilfe des Rechtsmissbrauchseinwandes, insbesondere des Verbots widersprüchlichen Verhaltens, lässt sich in Extremfällen ein Vertrauensschutz erreichen, da mit Hilfe von § 242 BGB anerkanntermaßen auch zwingende Schutzvorschriften überwunden werden können.[82]

---

[76] Auch das ist i. E. unstreitig, vgl. z. B. Münch-Komm.-*Hefermehl* § 364 Rdn. 18.
[77] Vgl. BGHZ 47, 99 f; BGH NJW 1986, 2834 ff; ebenso schon *Ulmer* S. 181.
[78] Vgl., jeweils zum Wechsel, *Rehfeldt* JuS 1963, 147 ff; *Canaris* aaO. S. 247 f sowie eingehend JZ 1987, 543 ff; *Koller* WM 1981, 218; *Zöllner* § 12 VIII 2.
[79] Ebenso MünchKomm.-*Hefermehl* § 364 Rdn. 18.
[80] Das ist ganz h. L., vgl. (jeweils zum Wechsel) z. B. *Reinicke* DB 1958, 390; *Rittner* DB 1958, 675 ff; *Zöllner* § 12 VIII 2; *Baumbach/Hefermehl* Art. 10 WG Rdn. 12 f und Art. 69 WG Rdn. 8.
[81] Das ist i. E. h. L., vgl. z. B. *Düringer/Hachenburg/Breit* § 364 Anm. 14 unter g; Münch-Komm.-*Hefermehl* § 364 Rdn. 15; *Ebenroth/Boujong/Joost/Hakenberg* § 364 Rdn. 9; *Baumbach/Hopt* § 364 Rdn. 4; a. A. *Röhricht/Graf von Westphalen/Wagner* § 364 Rdn. 8.
[82] Vgl. *Canaris* Die Vertrauenshaftung S. 181 i. V. m. S. 266 ff.

4. Die ausschlussfähigen („relativen") Einwendungen im Einzelnen

a) Die Wirksamkeitseinwendungen. Die Wirksamkeitseinwendungen – die weder **50** sachlich noch auch nur terminologisch mit dem unbrauchbaren Begriff der Gültigkeitseinwendungen vermengt werden sollten (vgl. oben Rdn. 34 Abs. 3) – sind nach der hier zugrunde gelegten Terminologie dadurch gekennzeichnet, dass sie der Wirksamkeit des verbrieften Rechts entgegenstehen, ohne jedoch zugleich die Zurechenbarkeit des Rechtsscheins zu verhindern (vgl. oben Rdn. 31f und 34 Abs. 2 a.E.). Demgemäß bedarf es bei ihnen einer **Abgrenzung nach zwei Richtungen**: zunächst gegenüber den Zurechenbarkeitseinwendungen und sodann gegenüber den persönlichen Einwendungen. Erstere wirken „absolut" und können also auch dem gutgläubigen Erwerber des Papiers entgegengesetzt werden, während die Wirksamkeitseinwendungen zugunsten eines solchen präkludiert werden. Mit den persönlichen Einwendungen haben die Wirksamkeitseinwendungen zwar gemeinsam, dass sie nur „relativ", also nur gegenüber bösgläubigen Erwerbern wirken, doch ist ihre Wirkung insofern stärker, als dem Erwerber bei ihnen analog Art. 10, 16 Abs. 2 WG schon grobe Fahrlässigkeit schadet, während die persönlichen Einwendungen analog Art. 17 WG, 22 ScheckG nur gegenüber solchen Gläubigern durchschlagen, die beim Erwerb des Papiers bewusst zum Nachteil des Schuldners gehandelt haben (vgl. oben Rdn. 34). Bei der Abgrenzung gegenüber den Zurechenbarkeitseinwendungen geht es somit um die Frage, ob die betreffende Einwendung überhaupt ausschlussfähig ist, bei der Abgrenzung gegenüber den persönlichen Einwendungen dagegen um die – logisch nachgeordnete und sachlich ganz andersartige – Frage, nach welchem Maßstab sich die Bösgläubigkeit des Erwerbers bestimmt. Für deren Beantwortung ist ausschlaggebend, ob sich die Einwendung gegen die Wirksamkeit (den Bestand) des verbrieften Rechts selbst richtet und also auf der dinglichen Ebene liegt oder ob sie sich auf die „darunter" liegende rein schuldrechtliche Ebene beschränkt (vgl. oben Rdn. 36).

Die wichtigsten Fälle der Wirksamkeitseinwendungen sind das **Fehlen und die** **51** **Unwirksamkeit des Begebungsvertrages**. Nach dem Wortlaut von § 364 Abs. 2 HGB müssten diese Einwendungen an sich absolut wirken, also auch gegenüber einem gutgläubigen Erwerber durchschlagen.[83] Die h. L. entscheidet jedoch mit Recht entgegengesetzt.[84] Der Grund liegt darin, dass der Aussteller schon durch die Schaffung der Urkunde einen Rechtsschein geschaffen hat, dessen Zurechenbarkeit durch das Fehlen oder die Unwirksamkeit des Begebungsvertrags nicht beeinträchtigt wird. Auch die Wertung von § 794 BGB spricht eindeutig dagegen, dem Fehlen oder der Unwirksamkeit des Begebungsvertrags den Rang einer absoluten Einwendung zuzuerkennen. Der nicht voll geglückte Wortlaut von § 364 Abs. 2 HGB kann somit nicht den Ausschlag geben (vgl. auch oben Rdn. 31).

Andererseits liegt nicht etwa lediglich eine persönliche Einwendung i.S. von Art. 17 WG, 22 ScheckG vor. Die Entstehung des verbrieften Rechts beruht nämlich nach der heute herrschenden Vertragstheorie auf dem Begebungsvertrag,[85] und folglich hat dessen Fehlen bzw. Unwirksamkeit nicht lediglich eine Einwendung aus den „unmit-

---

[83] So in der Tat für die Tatbestände der Willensmängel *Düringer/Hachenburg/Breit* § 364 Anm. 15; ähnlich ferner *Quassowski/Albrecht* Art. 17 WG Rdn. 22; *Stranz* Art. 17 WG Anm. 13.

[84] Vgl. z.B. MünchKomm.-*Hefermehl* § 364 Rdn. 21 (jedoch mit den oben Rdn. 32 kritisierten terminologischen Ungereimtheiten); *Heymann/Horn* § 364 Rdn. 16 und 20 (mit den gleichen terminologischen Mängeln); *Baumbach/Hopt* § 364 Rdn. 4; *Wüstendörfer* S. 314; *Schaps/Abraham* § 647 Rdn. 5; *Schlegelberger/Liesecke* § 648 Rdn. 5; *Rabe* § 648 Rdn. 12.

[85] Vgl. z.B. *Baumbach/Hefermehl* WPR Rdn. 41f; *Zöllner* § 6 V 4; *Hueck/Canaris* § 3 I 2.

telbaren Beziehungen" zwischen dem Schuldner und einem Vormann des Erwerbers, sondern eine Einwendung gegen die „Gültigkeit der Erklärung in der Urkunde" zur Folge. Mithin schadet dem Erwerber nicht erst bewusstes Handeln zum Nachteil des Schuldners, sondern analog Art. 10, 16 Abs. 2 WG schon grobe Fahrlässigkeit (vgl. oben Rdn. 34). Anders ist freilich vom Boden der Kreationstheorie aus zu entscheiden; denn nach dieser liegt der rechtsgeschäftliche Entstehungstatbestand bereits im Ausstellungsakt, und folglich beeinträchtigen das Fehlen oder die Unwirksamkeit des Begebungsvertrags nicht mehr die Gültigkeit der rechtsgeschäftlichen Erklärung, sondern begründen allenfalls einen Rückforderungsanspruch aus ungerechtfertigter Bereicherung, der lediglich zu einer persönlichen Einwendung i.S. von Art. 17 WG führt.

52 Eine Wirksamkeitseinwendung ist weiterhin im Falle des **Blankettmissbrauchs** gegeben. Art. 10 WG, 13 ScheckG sind auf den Missbrauch eines kaufmännischen Orderpapiers analog anzuwenden.[86] Denn diese Bestimmungen stellen nicht etwa spezifisch wechsel- und scheckrechtliche Ausnahmevorschriften dar, sondern sind im Gegenteil Ausdruck eines allgemeinen Rechtsgedankens, der überall im Wertpapierrecht und darüber hinaus sogar im bürgerlichen Recht gilt.[87]

53 **Gesetzes- und Sittenwidrigkeit** führen zu einer Wirksamkeitseinwendung, sofern sie den Begebungsvertrag selbst ergreifen wie z.B. beim Wucher gemäß § 138 Abs. 2 BGB, dagegen zu einer bloßen persönlichen Einwendung, sofern sie lediglich das zugrunde liegende Kausalgeschäft betreffen.[88]

54 Die Einwände der **formnichtigen Schenkung** und der **Naturalobligation** bei Spiel, Wette und Ehemäklerversprechen stellen Wirksamkeitseinwendungen dar, da sie sich nicht auf das Kausalgeschäft beschränken, sondern gemäß oder analog §§ 518 Abs. 1 Satz 2, 656 Abs. 2, 762 Abs. 2 BGB das verbriefte Recht selbst nichtig machen.[89] Das gilt freilich nur insoweit, als gerade die Eingehung der verbrieften Verbindlichkeit schenkweise bzw. zur Erfüllung einer Naturalobligation erfolgt. Gibt jemand dagegen ein ihm gehörendes Orderpapier hin, das die Verpflichtung eines anderen enthält, so erbringt er ein gegenwärtiges Vermögensopfer mit der Folge, dass eine Heilung des Mangels durch Leistungsbewirkung i.S. der §§ 518 Abs. 2, 656 Abs. 1 Satz 2, 762 Abs. 1 Satz 2 BGB vorliegt.

55 **Erfüllung und Erfüllungssurrogate** begründen grundsätzlich ebenfalls eine Wirksamkeitseinwendung und nicht nur eine persönliche Einwendung i.S. der Analogie zu Art. 17 WG, 22 ScheckG.[90] Denn sie wirken nicht nur auf die Kausalverpflichtung ein, sondern bringen grundsätzlich auch die Verpflichtung aus dem Papier zum Erlöschen und führen außerdem nach § 952 BGB dazu, dass das Eigentum am Papier ipso iure auf den Leistenden übergeht. Anders wäre folgerichtig zu entscheiden, wenn man die Tilgungswirkung von der Rückgabe oder der Vernichtung des Papiers oder einer auf dieses gesetzten Quittung abhängig machen und im Übrigen lediglich die –

---

[86] Ebenso i.E. MünchKomm.-*Hefermehl* § 364 Rdn. 17 a.E.
[87] Vgl. *Canaris* Die Vertrauenshaftung S. 54 ff m. Nachw.
[88] Vgl. näher *Hueck/Canaris* § 9 II 4a mit Nach. (zum Wechsel); a.A. *von Godin* 2. Aufl. Anm. 5, der eine absolute Einwendung annahm.
[89] Vgl. näher *Hueck/Canaris* § 9 II 4 b mit Nachw. (zum Wechsel).
[90] Vgl. *Hueck/Canaris* § 9 II 4 c (zum Wechsel);

MünchKomm.-*Hefermehl* § 364 Rdn. 25; *Heymann/Horn* § 364 Rdn. 20; wohl auch *Röhricht/Graf von Westphalen/Wagner* § 364 Rdn. 13 (wo möglicherweise allerdings sogar eine absolute Einwendung angenommen wird); a.A. (zum Wechsel) *Jacobi* Wechsel- und Scheckrecht, 1955, S. 84 f; *E. Ulmer* Festschrift für Raiser, 1975, S. 237 f; *U. Huber* Festschrift für Flume, 1978, Bd II S. 124 f.

nur als persönliche Einwendung zu qualifizierende (vgl. unten Rdn. 58) – Arglisteinrede gewähren würde, wie dies das RG getan hat,[91] doch stellt diese Ansicht eine Überspannung des wertpapierrechtlichen Verkörperungsgedankens dar und ist daher abzulehnen.[92]

b) Die persönlichen Einwendungen. Die wichtigsten Beispiele der persönlichen Einwendungen – die wie dargelegt dadurch gekennzeichnet sind, dass dem Erwerber analog Art. 17 WG, 22 ScheckG nur bewusstes Handeln zum Nachteil des Schuldners schadet (vgl. oben Rdn. 33) – bilden **das Fehlen, die Nichtigkeit und der Wegfall des Grundgeschäfts** bei den abstrakten Papieren.[93] Diese können nämlich der verbrieften Forderung nur auf dem Umweg über die Einrede der ungerechtfertigten Bereicherung gemäß §§ 812 Abs. 2, 821 BGB entgegengesetzt werden und beeinträchtigen daher die „Gültigkeit" des Rechts aus dem Papier nicht, sondern stellen lediglich eine außerhalb desselben liegende, auf den unmittelbaren Beziehungen zwischen dem Schuldner und dem betreffenden Gläubiger beruhende Einwendung dar. Im Einzelfall kann jedoch eine Einwendung aus dem Grundgeschäft auch den Begebungsvertrag ergreifen, so dass eine Wirksamkeitseinwendung vorliegt (vgl. oben Rdn. 53).

Die zweite Hauptgruppe der persönlichen Einwendungen wird von den **besonderen Abreden** zwischen dem Schuldner und seinem Gläubiger gebildet, weil – und sofern! – auch diese das Recht aus dem Papier unberührt lassen. Zu nennen ist etwa die **Einrede aus dem Sicherungsvertrag**, wenn ein nur zur Sicherung begebenes Papier abredewidrig weiterübertragen wird (vgl. auch oben Rdn. 17). Ein weiteres Beispiel stellt eine nicht aus der Urkunde zu entnehmende **Schiedsgerichtsvereinbarung** dar. Auch eine auf dem Papier nicht vermerkte **Stundung** gehört i.d.R. hierher; sofern der Gläubiger allerdings trotz der Stundung noch zur Übertragung des Papiers befugt sein soll, ist nicht einmal eine persönliche Einwendung, sondern eine nicht ausschlussbedürftige Einwendung gegeben (vgl. oben Rdn. 29). Zu beachten ist im Übrigen, dass die kausalvertraglichen Abreden durch eine entsprechende Klausel in der Urkunde in den Rang von inhaltlichen Einwendungen erhoben werden können (vgl. oben Rdn. 44).

Als persönliche Einwendung ist ferner der Einwand des **Rechtsmissbrauchs** einzuordnen. Mit dessen Hilfe können insbesondere dilatorische Einreden aus dem Kausalverhältnis wie z.B. die Einreden aus §§ 273, 320 BGB dem Anspruch aus dem Papier entgegengesetzt werden; des Umwegs über die Lehre vom Rechtsmissbrauch bedarf es bei den abstrakten Papieren, weil bei diesen ein unmittelbarer Durchgriff auf das Kausalverhältnis nicht möglich ist.[94]

Zu den persönlichen Einwendungen gehört schließlich auch noch der **Einwand der Aufrechnung** gegenüber einem Vormann gemäß § 406 BGB.[95]

c) Der Einwand mangelnder Übereinstimmung der übernommenen Güter mit den Angaben im Papier. Nicht in § 364 Abs. 2 HGB geregelt ist trotz deutlicher Nähe zu dieser Vorschrift der Einwand mangelnder Übereinstimmung der übernommenen Güter mit den Angaben im Papier. Vielmehr findet diese Problematik – die früher meist unter dem Stichwort des Gegensatzes zwischen **Rezeptums- und Skriptur-**

---

[91] Vgl. RGZ 61, 5, 7 zum Wechsel.
[92] Vgl. *Hueck/Canaris* § 1 I 5 c.
[93] I. E. übereinstimmend MünchKomm.-*Hefermehl* § 364 Rdn. 26; *Heymann/Horn* § 364 Rdn. 19.
[94] Vgl., jeweils zum Wechsel, BGHZ 57, 292, 300; BGH WM 1976, 382, 383; *Hueck/Canaris* § 17 I 1 b; gegen den Umweg über § 812 Abs. 2 BGB jedoch MünchKomm.-*Hefermehl* § 364 Rdn. 25.
[95] Vgl. auch BGH WM 1972, 238 zum Wechsel.

haftung diskutiert wurde[96] – in den §§ 444 Abs. 3, 475d Abs. 2, 656 Abs. 2 HGB eine eigenständige Lösungsgrundlage. Danach besteht im Verhältnis zum ersten Nehmer des Papiers eine widerlegliche Vermutung für die Richtigkeit der Angaben im Papier. Diese verwandelt sich in eine **unwiderlegliche Vermutung**, wenn das Papier an einen gutgläubigen Dritten übertragen wird. Trotz des Rückgriffs auf die antiquierte – weil nichts erklärende – Kategorie einer unwiderleglichen Vermutung liegt darin der Sache nach dogmatisch gesehen nichts anderes als ein spezifisch **wertpapierrechtlicher Einwendungsausschluss kraft guten Glaubens in Parallele zu § 364 Abs. 2 HGB**. Denn ebenso wie nach dieser Vorschrift wird eine Einwendung, die dem Schuldner des verbrieften Rechts zusteht, durch die Übertragung des Papiers grundsätzlich präkludiert, und da auch § 364 Abs. 2 HGB aufgrund einer restriktiven Auslegung guten Glauben des Erwerbers voraussetzt (vgl. oben Rdn. 27), besteht auch in diesem – dogmatisch zentralen – Punkt Übereinstimmung mit der Regelung der §§ 444 Abs. 3, 475b Abs. 2, 656 Abs. 2 HGB. Da der gute Glaube im Sinne dieser Vorschriften nicht nur durch positive Kenntnis der wahren Lage, sondern auch durch grobe Fahrlässigkeit ausgeschlossen wird,[97] handelt es sich um eine Einwendung, die nach der hier verwendeten Terminologie den Wirksamkeitseinwendungen gleichsteht (vgl. zu diesen oben Rdn. 34 a.E. und Rdn. 50).

61 Was **Gegenstand und Reichweite dieses Einwendungsausschlusses** angeht, so wird nach dem klaren Wortlaut der §§ 444 Abs. 3, 475b Abs. 2, 656 Abs. 2 HGB der Einwand präkludiert, dass der Papierschuldner die Güter anders *übernommen* hat als angegeben. Insoweit kann er sich nicht auf fehlendes Verschulden berufen – also etwa darauf, er sei in unerkennbarer Weise über die Richtigkeit der Angaben hinsichtlich der Güter irregeführt worden; denn es geht um eine Haftung kraft veranlassten Rechtsscheins, die sich nicht nach dem Verschuldens-, sondern nach dem Risikoprinzip richtet[98]. Auch gesetzliche Haftungsbeschränkungen wie die Vorschriften der §§ 426 ff HGB dürften insoweit nicht zum Zuge kommen, da diese auf den *Umgang* mit den *Gütern* bezogen sind, während es hier um das andersartige Problem geht, dass der Papierschuldner für die Richtigkeit der *Angaben* in dem *Papier* einzustehen hat. Für *nachträglich* entstandene Schäden durch Verlust, Beschädigung usw. haftet er dagegen auch gegenüber einem gutgläubigen Erwerber des Papiers nur nach den allgemeinen Regeln, also z.B. nur nach Maßgabe der §§ 426 ff HGB,[99] da insoweit eine typusbezogene und damit absolute Einwendung vorliegt.

62 Nach dem Wortlaut der §§ 444 Abs. 3, 475b Abs. 2, 656 Abs. 2 HGB greift die unwiderlegliche Vermutung auch bei **Rektapapieren** ein. Das ist indessen im Wege einer teleologischen Reduktion zu korrigieren,[100] da es wie dargelegt der Sache nach um einen spezifisch wertpapierrechtlichen Einwendungsausschluss geht und ein solcher nach dem System des geltenden Rechts nur bei Inhaber- und Orderpapieren in Betracht kommt. Demgemäß trifft den Papierschuldner bei einem Rektapapier eine Haftung auf Erfüllung bzw. das Erfüllungsinteresse lediglich in Analogie zu § 405 BGB, d.h. bei positiver Kenntnis von der Unrichtigkeit der Angaben in dem Papier (vgl. auch oben § 363 Rdn. 91).

---

[96] Vgl. dazu eingehend *Canaris* in der 3. Aufl. dieses Kommentars § 363 Anm. 54 ff.
[97] Vgl. *Koller* § 444 Rdn. 18; *Rabe* § 656 Rdn. 18 mit weiteren Nachw.
[98] Vgl. *Canaris* Die Vertrauenshaftung S. 476 ff., 479 ff.
[99] Vgl. auch *Koller* § 444 Rdn. 12 und 20, der allerdings die im Text vorgenommene Differenzierung zwischen anfänglichen und nachträglichen Einwendungen nicht zu teilen scheint.
[100] Ebenso i.E. *Czerwenka* TransportR 1988, 258; *Herber* § 30 II 6 b; *Hoffmann* Die Haftung des Verfrachters nach deutschem Seefrachtrecht, 1996, S. 84; a.A. *Koller* § 444 Rdn. 17; *Rabe* § 656 Rdn. 16.

III. Die Abhängigkeit der Leistungspflicht von der Aushändigung der quittierten Urkunde

Nach § 364 Abs. 3 HGB braucht der Schuldner nur gegen Aushändigung der quittierten Urkunde zu leisten. Das ist keine Besonderheit der Orderpapiere, sondern gilt für alle Wertpapiere, ja gemäß § 371 BGB sogar für einen bloßen Schuldschein (vgl. auch § 363 Rdn. 21). Gegenüber diesem besteht ein gewisser Unterschied nur insofern, als der Schuldner eines Orderpapiers eine Quittung auf der Urkunde verlangen kann, während nach § 371 BGB auch eine Quittung auf einem anderen Papier genügt. § 364 Abs. 3 HGB sagt jedoch nur, dass der Schuldner die Quittung auf der Urkunde *verlangen* kann, nicht dagegen, dass sie allein auf diesem *erfolgen* kann; eine Quittung auf einem anderen Papier hat daher denselben Beweiswert. Ist der Gläubiger zur Rückgabe des Papiers außerstande, so kann er das verbriefte Recht gemäß § 365 Abs. 2 HGB grundsätzlich nur im Wege eines Aufgebotsverfahrens oder gegen Sicherheitsleistung durchsetzen, vgl. dazu § 365 Rdn. 37 ff.

63

§ 365

(1) In betreff der Form des Indossaments, in betreff der Legitimation des Besitzers und der Prüfung der Legitimation sowie in betreff der Verpflichtung des Besitzers zur Herausgabe, finden die Vorschriften der (Artikel 11 bis 13, 36, 74 der Wechselordnung; jetzt:) Artikel 13, 14 Abs. 2, 16, 40 Abs. 3 des Wechselgesetzes entsprechende Anwendung.

(2) ¹Ist die Urkunde vernichtet oder abhanden gekommen, so unterliegt sie der Kraftloserklärung im Wege des Aufgebotsverfahrens. ²Ist das Aufgebotsverfahren eingeleitet, so kann der Berechtigte, wenn er bis zur Kraftloserklärung Sicherheit bestellt, Leistung nach Maßgabe der Urkunde von dem Schuldner verlangen.

Übersicht

	Rdn.		Rdn.
I. Der Regelungsgegenstand von § 365 HGB	1–2	1. Der Erwerb der vollen Rechtsstellung durch den Gutgläubigen	17
II. Form und Inhalt des Indossaments		2. Die Voraussetzungen des gutgläubigen Erwerbs	18–20
1. Das Vollindossament	3–5	3. Die Reichweite des Gutglaubensschutzes	21
2. Das Blankoindossament	6–8	a) Die Problematik des Gutglaubensschutzes bei Handeln eines materiell nicht legitimierten Dritten	22–24
3. Das bedingte Indossament und das Teilindossament	9, 10	b) Die Problematik des Gutglaubensschutzes bei Mängeln des Begebungsvertrags	25, 26
III. Die Legitimationsfunktion des Indossaments gemäß § 365 Abs. 1 HGB i.V. mit Art. 16 Abs. 1 WG		V. Die befreiende Leistung an einen Nichtberechtigten gemäß § 365 I i.V.m. Art. 40 III WG	
1. Die Wirkungen der Legitimationsfunktion	11, 12	1. Die formelle Legitimation des Papierinhabers als Voraussetzung der Befreiungswirkung	27, 28
2. Die Unterbrechung der Indossamentenkette		2. Der Kreis der geschützten Personen	29–31
a) Die Voraussetzungen einer ununterbrochenen Indossamentenkette	13, 14		
b) Die Folgen einer Unterbrechung der Indossamentenkette	15, 16		
IV. Der gutgläubige Erwerb gemäß § 365 Abs. 1 HGB i. V. mit Art. 16 Abs. 2 WG			

	Rdn.		Rdn.
3. Die Anforderungen an den guten Glauben	32, 33	1. Die Voraussetzungen des Aufgebotsverfahrens	37–39
4. Die Reichweite des Gutglaubensschutzes	34–36	2. Die Wirkungen des Ausschlussurteils	40–44
VI. Die Kraftloserklärung im Wege des Aufgebotsverfahrens		3. Die Rechtslage bis zum Erlass des Ausschlussurteils	45–48

Schrifttum: wie zu § 363

I. Der Regelungsgegenstand von § 365 HGB

1 § 365 HGB regelt in Absatz 1 durch Verweisung auf die entsprechenden Vorschriften der Wechselordnung die **Form** des Indossaments, die **formelle Legitimation** des Besitzers des Papiers, den **gutgläubigen Erwerb vom Nichtberechtigten** und die **Leistung des Schuldners an einen Nichtberechtigten**. Auf die Vorschriften über die Haftung des Indossanten ist nicht verwiesen; die kaufmännischen Orderpapiere haben daher **keine Garantiefunktion**. Absatz 2 enthält eine Regelung über das **Aufgebot**.

2 An die Stelle der in Absatz 1 in Bezug genommenen Vorschriften der Wechselordnung sind gemäß Art. 3 EGWG die entsprechenden **Bestimmungen des Wechselgesetzes** getreten. Es sind dies Art. 13, 14 Abs. 2, 16 und 40 Abs. 3. Sie lauten:

Art. 13:

(1) ¹Das Indossament muss auf den Wechsel oder auf ein mit dem Wechsel verbundenes Blatt (Anhang) gesetzt werden. ²Es muss von dem Indossanten unterschrieben werden.

(2) Das Indossament braucht den Indossatar nicht zu bezeichnen und kann selbst in der bloßen Unterschrift des Indossanten bestehen (Blankoindossament). In diesem Falle muss das Indossament, um gültig zu sein, auf die Rückseite des Wechsels oder auf den Anhang gesetzt werden.

Art. 14 Abs. 2:

(2) Ist es ein Blankoindossament, so kann der Inhaber
1. das Indossament mit seinem Namen oder mit dem Namen eines anderen ausfüllen;
2. den Wechsel durch ein Blankoindossament oder an eine bestimmte Person weiter indossieren;
3. den Wechsel weiterbegeben, ohne das Blankoindossament auszufüllen und ohne ihn zu indossieren.

Art. 16:

(1) ¹Wer den Wechsel in Händen hat, gilt als rechtmäßiger Inhaber, sofern er sein Recht durch eine ununterbrochene Reihe von Indossamenten nachweist, und zwar auch dann, wenn das letzte ein Blankoindossament ist. ²Ausgestrichene Indossamente gelten hierbei als nicht geschrieben. ³Folgt auf ein Blankoindossament ein weiteres Indossament, so wird angenommen, dass der Aussteller dieses Indossaments den Wechsel durch das Blankoindossament erworben hat.

(2) Ist der Wechsel einem früheren Inhaber irgendwie abhanden gekommen, so ist der neue Inhaber, der sein Recht nach den Vorschriften des vorstehenden Absatzes nachweist, zur Herausgabe des Wechsels nur verpflichtet, wenn er ihn in

bösem Glauben erworben hat oder ihm bei Erwerb eine grobe Fahrlässigkeit zur Last fällt.

Art. 40 Abs. 3:
¹Wer bei Verfall zahlt, wird von seiner Verbindlichkeit befreit, wenn ihm nicht Arglist oder grobe Fahrlässigkeit zur Last fällt. ²Er ist verpflichtet, die Ordnungsmäßigkeit der Reihe der Indossamente, aber nicht die Unterschriften der Indossanten zu prüfen.

II. Form und Inhalt des Indossaments

1. Das Vollindossament

Das Indossament bedarf gemäß § 365 Abs. 1 HGB i. V. mit Art. 13 Abs. 1 Satz 2 WG der **Schriftform**. Es muss daher gemäß § 126 BGB vom Indossanten eigenhändig unterschrieben sein; ein Faksimile genügt grundsätzlich nicht (vgl. auch § 363 Rdn. 25 a. E.), doch reicht es aus, wenn bei einer zusammengesetzten Firma für die Sachbezeichnung ein Stempel verwendet wird und nur die Personenbezeichnung mit Hand geschrieben ist.[1] Eine Datierung des Indossaments ist nicht vorgeschrieben. **3**

Üblicherweise wird das Indossament auf die **Rückseite des Papiers** gesetzt („in dosso"), doch kann es gemäß Art. 13 Abs. 1 Satz 1 WG auch auf dessen Vorderseite oder auf einem mit ihm verbundenen besonderen Blatt, dem so genannten **Anhang** stehen. Auch ein Indossament auf einer **Kopie** ist in Analogie zu Art. 67 Abs. 3 WG zulässig,[2] zumal dies in dem von § 365 Abs. 1 HGB ursprünglich in Bezug genommenen Art. 12 WO ausdrücklich vorgesehen war. Bei einer Unterschrift auf der Rückseite des Papiers spricht die Vermutung für das Vorliegen eines Indossaments. **4**

Der **Inhalt des Indossaments** besteht in einer Erklärung, aus der die Übertragung des Papiers an einen anderen deutlich wird. Eine bestimmte Ausdrucksweise ist nicht vorgeschrieben. Insbesondere braucht der Ausdruck „Order" nicht vorzukommen. Es genügt daher z. B. auch eine Formulierung wie „An Herrn I". Die **Person des Indossatars** ist gleichgültig.[3] Dieser kann analog Art. 11 Abs. 3 WG auch ein früherer Indossant sein; man spricht dann von einem **Rückindossament**. **5**

2. Das Blankoindossament

§ 365 Abs. 1 HGB verweist auch auf die Vorschriften über das Blankoindossament gemäß Art. 13 Abs. 2, 14 Abs. 2 WG. Für dieses gelten grundsätzlich dieselben **Formvorschriften** wie für das Vollindossament. Der wichtigste Unterschied liegt darin, dass es gemäß Art. 13 Abs. 2 WG auch aus der **bloßen Unterschrift des Indossanten** bestehen kann. Für diesen Fall schreibt Art. 13 Abs. 2 WG vor, dass das Indossament, „um gültig zu sein, auf die Rückseite oder auf den Anhang gesetzt sein muss". Das hat seinen Grund darin, dass es anderenfalls zu leicht mit einem Akzept oder einer Wechselbürgschaft verwechselt werden könnte. Diese Gefahr besteht hier indessen nicht, da die kaufmännischen Orderpapiere weder ein Akzept kennen – von der kaufmännischen Anweisung abgesehen – noch ein der Wechselbürgschaft entsprechendes Institut. Folglich ist Art. 13 Abs. 2 Satz 2 WG grundsätzlich im Wege einer teleologischen Reduktion außer Anwendung zu lassen, so dass auch die bloße Unterschrift auf der **6**

---

[1] Vgl. RGZ 47, 163, 165.
[2] So auch MünchKomm.-*Hefermehl* § 365 Rdn. 3.
[3] Vgl. auch MünchKomm.-*Hefermehl* § 365 Rdn. 9.

Vorderseite des Papiers ein wirksames Blankoindossament sein kann.[4] Dafür spricht auch, dass Art. 13 Abs. 2 Satz 2 WG eine Neuerung gegenüber der WO darstellt und die entsprechende Vorschrift des Art. 12 WO, auf die § 365 Abs. 1 eigentlich verweist, weit weniger rigoros formuliert war. Demgemäß gilt die Verweisung auf Art. 13 Abs. 2 Satz 2 WG nur für die kaufmännische Anweisung; denn wenn bei einer solchen die Unterschrift des Angewiesenen auf der Vorderseite des Papiers steht, besteht in der Tat die Möglichkeit einer Verwechslung mit einem Akzept, und daher kann man bei dieser darin kein Blankoindossament sehen.

7 Gemäß § 365 Abs. 1 i.V. mit Art. 14 Abs. 2 Ziff. 1 WG hat der Wechselinhaber die Befugnis zur **Ausfüllung des Blankoindossaments** mit seinem eigenen Namen oder dem eines anderen. Bei einer Ausfüllung mit seinem eigenen Namen erwirbt der Inhaber nicht etwa erst jetzt das Eigentum am Papier und die Rechte aus diesem; sein Erwerb hat vielmehr bereits durch die Übergabe des blanko indossierten Papiers und den damit verbundenen Begebungsvertrag stattgefunden. Auch zur Legitimation des Inhabers ist die Vervollständigung des Blankoindossaments nicht erforderlich, da dieses gemäß § 365 Abs. 1 HGB i.V. mit Art. 16 Abs. 1 Satz 1 a. E. WG den Inhaber des Papiers als solchen legitimiert. Die Einsetzung des eigenen Namens hat daher keine konstitutive rechtliche Bedeutung, sondern stellt lediglich eine faktische Sicherung für den Fall eines Verlusts des Papiers dar, weil dieses nunmehr vom Inhaber nicht mehr unter Ausnutzung des Blankoindossaments, sondern nur noch durch eine Fälschung missbraucht werden kann. Auch die Einsetzung des Namens eines Dritten hat für sich allein selbstverständlich keine rechtliche Bedeutung, sondern dient lediglich der Vorbereitung einer Übertragung auf jenen.

8 Die **Übertragung eines blankoindossierten Papiers** kann nach § 365 Abs. 1 HGB i.V. mit Art. 14 Abs. 2 WG in mehreren Formen erfolgen: erstens durch Eintragung des eigenen Namens und anschließendes Indossament; zweitens durch unmittelbare Eintragung des Namens des Indossatars; drittens durch ein weiteres Blankoindossament; viertens durch Übergabe des Papiers ohne Ausfüllung. Hinzukommen muss wie immer der Begebungsvertrag. Unterbleibt jede Ausfüllung, so erfolgt die Übertragung genauso wie bei einem Inhaberpapier, weshalb ein blanko indossiertes Orderpapier starke Ähnlichkeit mit einem solchen hat.

3. Das bedingte Indossament und das Teilindossament

9 Bei einem **bedingten Indossament** gilt im Wechselrecht die Bedingung gemäß Art. 12 Abs. 1 WG als nicht geschrieben. § 365 Abs. 1 HGB enthält **keine Verweisung auf Art. 12 Abs. 1 WG**, doch tritt die h. L. gleichwohl für eine **Analogie zu dieser Vorschrift** ein.[5]

Dem ist nicht zu folgen. Die Unzulässigkeit eines bedingten Indossaments ergibt sich nämlich nicht aus der Rechtsnatur oder der Sachstruktur des Indossaments, sondern ist nur aus der allgemeinen Bedingungsfeindlichkeit des Wechsels zu erklären, wie sie vor allem in Art. 1 Ziff. 2 und Art. 26 Abs. 1 WG zum Ausdruck kommt. Die kaufmännischen Orderpapiere sind aber im Gegensatz zum Wechsel gerade nicht bedingungsfeindlich (vgl. oben § 363 Rdn. 19), und daher besteht hier auch bezüglich des Indossaments kein Anlass für eine Bedingungsfeindlichkeit, wie sie der spezifisch wechselrechtlichen Vorschrift des Art. 12 Abs. 1 WG zugrunde liegt. Das gilt um so

---

[4] A. A. h. L., vgl. *Düringer/Hachenburg/Breit* § 365 Anm. 2; MünchKomm.-*Hefermehl* § 365 Rdn. 4.

[5] Vgl. MünchKomm.-*Hefermehl* § 365 Rdn. 9 a. E.; *Baumbach/Hopt* § 365 Rdn. 1; ähnlich auch schon unter der Geltung der WO *Düringer/Hachenburg/Breit* § 364 Anm. 5 und § 365 Anm. 1.

mehr, als diese rechtspolitisch verfehlt ist; denn dass die Bedingung als nicht geschrieben gilt und dass dem Indossanten daher eine Rechtsfolge auferlegt wird, die über die von ihm abgegebene Erklärung weit hinausgeht, ist ein sachlich nicht gerechtfertigter Eingriff in die – verfassungsrechtlich geschützte! – Privatautonomie.[6] In Betracht kommen könnte daher als Rechtsfolge allenfalls die Nichtigkeit der Bedingung und damit gemäß § 139 BGB i.d.R. auch des Indossaments. Dazu besteht aber kein sachlicher Anlass. Insbesondere zwingt nicht etwa die Umlauffunktion des Papiers zu dieser Konsequenz. Denn erstens wird diese durch die Bedingung des Indossaments nicht stärker beeinträchtigt als durch die – unbestrittenermaßen zulässige – Bedingtheit des verbrieften Rechts selbst; zweitens kann die Beeinträchtigung je nach der Art der Bedingung sehr gering sein; und drittens besteht keinerlei Grund, einem Indossatar, der sich auf die mit der Bedingung verbundene Unsicherheit eingelassen hat, deshalb das Recht abzusprechen bzw. gemäß § 140 BGB nur eine (bedingte) Zession anzunehmen und ihm so die spezifischen Vorteile des Indossaments vorzuenthalten.

Ähnliche Probleme ergeben sich hinsichtlich des **Teilindossaments**. Dieses ist nach Art. 12 Abs. 2 WG nichtig, doch enthält § 365 Abs. 1 HGB **keine Verweisung auf Art. 12 Abs. 2 WG**. Gleichwohl plädiert die h.L. auch hinsichtlich dieser Vorschrift für eine **Analogie**.[7]

10

Auch in dieser Frage ist der h.L. zu widersprechen. Auch das Verbot von Teilindossamenten passt nämlich für die kaufmännischen Orderpapiere nicht und ist überdies sachlich verfehlt. Unpassend ist die Regelung von Art. 12 Abs. 2 WG deshalb, weil die kaufmännischen Orderpapiere in aller Regel Güterpapiere sind und bei diesen ein besonders starkes praktisches Bedürfnis für ein Teilindossament besteht. Denn mit dessen Hilfe lässt sich eine **Übereignung einer Teilmenge der Güter** vornehmen, und daher liegt in einem Teilindossament eine zweckmäßige Alternative zu der – an die Mitwirkung des Schuldners gebundenen und oft wenig praktikablen – nachträglichen Ausstellung von Teilpapieren wie z.B. Teilkonnossementen.[8] Außerdem ist die Regelung von Art. 12 Abs. 2 WG sachlich verfehlt. Ihre ratio legis wird darin gesehen, dass der Besitz an der Urkunde nicht teilbar ist.[9] Diese Schwierigkeit lässt sich jedoch durch die Verwendung mehrerer Ausfertigungen oder einer Abschrift – die nach Art. 64ff, 67ff WG zulässig ist – überwinden, wobei gegenüber etwaigen inhaltlichen Diskrepanzen die Vorschriften über den Erwerb vom Nichtberechtigten bzw. über die Leistung an einen Nichtberechtigten hinreichenden Schutz bieten. Darüber hinaus kommt es selbst dann nicht zu unlösbaren Komplikationen, wenn das Papier nur in einem Exemplar existiert. Denn dann kann eben nur dessen Inhaber seinen Teil der Rechte aus dem Papier geltend machen oder weiterübertragen – und wenn der andere Beteiligte sich auf eine solche Gestaltungsform einlässt, hat die Rechtsordnung keinen Anlass, dies durch ein Verbot des Teilindossaments zu unterbinden. Im Übrigen ist das WG nicht einmal in sich selbst folgerichtig, weil es in Art. 51 für den insoweit gleichliegenden Fall der Teilannahme die Aufspaltung der Rechte aus dem Papier durchaus zulässt und dabei den in der Tat probaten Ausweg über die Herstellung einer Abschrift wählt. Ist somit Art. 12 Abs. 2 WG sachlich verfehlt, so besteht auf Grund der vernünftigen Maxime, dass man rechtspolitisch fragwürdige Vorschriften nicht

---

[6] Vgl. *Hueck/Canaris* § 8 III 3 b.
[7] Vgl. MünchKomm.-*Hefermehl* § 365 Rdn. 9 a.E.; *Baumbach/Hopt* § 365 Rdn. 1; ebenso i.E. schon *Düringer/Hachenburg/Breit* § 365 Anm. 1 unter der Geltung der WO.
[8] Vgl. zu letzteren statt aller *Rabe* § 642 Rdn. 1 und § 648 Rdn. 16 ff.
[9] Vgl. *Baumbach/Hefermehl* Art. 12 WG Rdn. 2.

ohne zwingenden Grund analog anwenden soll, kein Anlass, die kaufmännischen Orderpapiere entgegen dem Wortlaut von § 365 Abs. 1 HGB dem Verbot des Teilindossaments zu unterwerfen und dadurch die Befriedigung legitimer wirtschaftlicher Bedürfnisse zu verhindern.

III. Die Legitimationsfunktion des Indossaments gemäß § 365 Abs. 1 HGB i. V. mit Art. 16 Abs. 1 WG

1. Die Wirkungen der Legitimationsfunktion

11 Nach § 365 Abs. 1 i.V. mit Art. 16 Abs. 1 WG gilt als rechtmäßiger Inhaber des Papiers, wer sein Recht durch eine ununterbrochene Reihe von Indossamenten nachweist. Man nennt dies die Legitimationsfunktion des Indossaments. Ihre sachliche Bedeutung liegt in erster Linie darin, dass sie eine **Rechtsvermutung zugunsten des Papierinhabers** schafft: wer durch die Indossamentenkette formell legitimiert ist, gilt bis zum Beweis des Gegenteils auch materiell als Berechtigter. Die Indossamentenkette erfüllt also dieselbe Funktion wie die Grundbucheintragung im Liegenschaftsrecht und der Besitz im Recht der beweglichen Sachen, da auch diese gemäß § 891 bzw. § 1006 BGB eine Vermutung begründen.

12 Zugleich bildet die Indossamentenkette die **Grundlage des Gutglaubensschutzes**. Denn sowohl die Möglichkeit gutgläubigen Erwerbs gemäß § 365 Abs. 1 HGB i. V. mit Art. 16 Abs. 2 WG als auch die Möglichkeit einer befreienden Leistung an den Nichtberechtigten gemäß § 365 Abs. 1 HGB i. V. mit Art. 40 Abs. 3 WG baut auf der Legitimation durch die Indossamentenkette auf. Auch das entspricht voll den Grundsätzen des bürgerlichen Rechts, da auch dort sowohl der gutgläubige Erwerb gemäß §§ 892 f, 932 ff BGB als auch die befreiende Leistung an einen Nichtberechtigten gemäß §§ 893, 851 BGB an die Vermutungs- und Rechtsscheinwirkung von Grundbucheintragung und Besitz anknüpfen.

2. Die Unterbrechung der Indossamentenkette

13 a) **Die Voraussetzungen einer ununterbrochenen Indossamentenkette.** Voraussetzung der Legitimationsfunktion ist nach § 365 Abs. 1 HGB i. V. mit Art. 16 Abs. 1 WG eine ununterbrochene Indossamentenkette.[10] Der Name des Indossanten muss also grundsätzlich dem Namen des jeweils vorhergehenden Indossatars entsprechen; eine ununterbrochene Indossamentenkette verläuft daher nach dem Schema A an B, B an C, C an D usw. Dabei kommt es nur auf die **äußerliche Übereinstimmung der Indossamente** und nicht auf die sachliche Richtigkeit der Unterschriften an; unerkennbare **Fälschungen** unterbrechen folglich die Kette nicht und beeinträchtigen nicht die formelle Legitimation des Papierinhabers. Auch **Blankoindossamente** unterbrechen die Kette selbstverständlich nicht, wie in Art. 16 Abs. 1 Satz 3 WG ausdrücklich klargestellt ist; wenn das letzte Indossament ein Blankoindossament ist, tritt die Legitimationswirkung gemäß Art. 16 Abs. 1 Satz 1 a. E. WG zugunsten des jeweiligen Besitzers des Papiers ein, ohne dass dieser seine Identität mit dem letzten Erwerber nachweisen muss.

14 Ausgestrichene Indossamente gelten gemäß Art. 16 Abs. 1 Satz 2 WG als nicht geschrieben. Die **Streichung eines Indossaments** in einer zusammenhängenden Kette

---

[10] Vgl. z. B. BGH WM 1979, 892 zur kaufmännischen Anweisung.

unterbricht diese somit und beseitigt daher die formelle Legitimation. Umgekehrt stellt die Streichung eines störenden Indossaments die Legitimation her, wenn nunmehr zwischen den verbleibenden Indossamenten ein ununterbrochener Zusammenhang besteht; ob die Streichung materiell gerechtfertigt war oder eine Verfälschung darstellt, ist für die Anwendbarkeit von Art. 16 Abs. 1 WG unerheblich, da diese allein von dem äußeren Bild der Indossamentenkette abhängt. Lautet die Kette also z. B. von A an B, von B an X, von B an C, so kann C seine formelle Legitimation herstellen, indem er das Indossament des B an X einfach streicht.

b) Die Folgen einer Unterbrechung der Indossamentenkette. Äußerst umstritten sind die Folgen einer Unterbrechung der Indossamentenkette. Nach einer früher verbreiteten Ansicht soll diese zur **Nichtigkeit aller Indossamente** führen, die nach der Unterbrechung stehen.[11] Das wird teilweise sogar dann angenommen, wenn der Indossant trotz Fehlens der formellen Legitimation materiell berechtigt war.[12] Folglich könnte z. B. jemand, der das Papier geerbt oder durch Zession erworben hat, es nicht wirksam weiterindossieren, wobei insoweit z. T. noch zwischen dem Erben und dem Zessionar differenziert wird.[13] **15**

Diese Ansicht überzeugt nicht.[14] Richtig ist vielmehr, dass die Legitimationsfunktion und die mit ihr verbundenen Verkehrs- und Vertrauensschutzwirkungen **nur hinsichtlich desjenigen Erwerbsvorgangs, hinsichtlich dessen die Lücke in der Indossamentenkette besteht**, entfallen, im Übrigen aber durchgreifen. Das bedeutet, dass der Inhaber des Papiers bezüglich des durch die Kette nicht gedeckten Erwerbsvorgangs die volle Beweislast für das Vorliegen der materiellen Berechtigung trägt und dass insoweit kein gutgläubiger Erwerb nach Art. 16 Abs. 2 WG, kein Einwendungsausschluss und keine Befreiungswirkung nach Art. 40 Abs. 3 WG in Betracht kommen, dass aber hinsichtlich aller anderen, von der Indossamentenkette gedeckten Übertragungen die Unterbrechung unschädlich ist. Insbesondere kann keine Rede davon sein, dass das Indossament eines materiell Berechtigten, aber formell nicht legitimierten Inhabers nichtig ist. Die Gegenansicht verkehrt den Sinn des Legitimationsgedankens geradezu in sein Gegenteil. Denn das Ziel von Art. 16 Abs. 2 WG ist lediglich, bei Vorliegen eines Legitimationszusammenhangs den Schutz des Erwerbers zu gewährleisten, nicht aber auch umgekehrt bei einer Unterbrechung der Kette jeden Schutz zu vereiteln. Auch das Bedürfnis des Verkehrs nach einem schnellen und leicht zu überschauenden Verlauf steht nicht entgegen.[15] Dieses Bestreben ist nämlich durch die Unterbrechung der Indossamentenkette ohnehin schwer beeinträchtigt, und diese Beeinträchtigung wird nicht nur nicht beseitigt, sondern im Gegenteil noch außerordentlich verstärkt, wenn man wegen der Unterbrechung der Indossamentenkette nunmehr auch noch für die nachfolgenden, an sich durch einen ordnungsgemäßen Indossamentenzusammenhang gedeckten Übertragungen die Legitimations- und die Transportfunktion verneint. Ebenso wenig lässt sich argumentieren, ein derartiges Papier sei nicht mehr zum Umlauf geeignet und verdiene daher nicht mehr den gesteigerten wertpapierrechtlichen Verkehrsschutz. Denn die Unterbrechung der Indossamentenkette macht das Papier keineswegs ohne weiteres ungeeignet für den Umlauf, da der Veräußerer die Unschädlichkeit der Unterbrechung – also z. B. das Vorliegen **16**

---

[11] Vgl. z. B., jeweils zum Wechsel, RGZ 114, 365, 367f; *Jacobi* Wechsel- und Scheckrecht, 1955, S. 585, 605; *Reinicke* BB 1956, 389.
[12] Vgl. RGZ aaO.
[13] Vgl. RGZ 43, 44.
[14] Ebenso MünchKomm.-*Hefermehl* § 365 Rdn. 13 sowie zum Wechsel z. B. *Ulmer* S. 216 und *Baumbach/Hefermehl* Art. 15 Rdn. 5.
[15] So aber RGZ aaO und *Reinicke* BB 1956, 389.

§ 365

eines Erbfalls oder einer wirksamen Zession – häufig einem potentiellen Erwerber wird stringent beweisen können und man es diesem überlassen sollte, ob er sich auf das damit verbundene Risiko einlässt oder nicht. Es besteht daher kein hinreichender Grund dazu, das Papier von Gesetzes wegen gewissermaßen zwangsweise vollends verkehrsunfähig zu machen.

IV. Der gutgläubige Erwerb gemäß § 365 Abs. 1 HGB i.V. mit Art. 16 Abs. 2 WG

1. Der Erwerb der vollen Rechtsstellung durch den Gutgläubigen

17 Art. 16 Abs. 2 WG schließt seinem Wortlaut nach nur die **Herausgabepflicht** des gutgläubigen Erwerbers aus. Diese Formulierung – die noch ganz aktionenrechtlich orientiert ist und damit zusammenhängen dürfte, dass das Wechselgesetz auf dem Genfer Abkommen von 1930 beruht und demgemäß internationales Einheitsrecht darstellt – wird indessen der in Deutschland geltenden Rechtslage nicht gerecht. Die Rechtsfolge besteht vielmehr unbestrittenermaßen darin, dass der Erwerber das **Eigentum am Papier** und mit diesem die **Rechte aus dem Papier** erlangt. Anderenfalls wäre nämlich die Rechtsstellung des Erwerbers zu schwach; insbesondere hätte dieser nicht die Möglichkeit, das Papier seinerseits als Berechtigter weiterzuübertragen und es bei einem etwaigen Verlust nach § 985 BGB zu vindizieren. Auch käme man sonst zu einem dauernden Auseinanderfallen von Besitz und formeller Legitimation einerseits und materieller Zuständigkeit andererseits, was unerfreulich wäre und vom geltenden Recht grundsätzlich vermieden wird. Art. 16 Abs. 2 WG ist daher so zu interpretieren, wie es den auch sonst für den gutgläubigen Erwerb geltenden Regeln entspricht.

2. Die Voraussetzungen des gutgläubigen Erwerbs

18 Art. 16 Abs. 2 WG macht den gutgläubigen Erwerb vom Vorliegen einer **ununterbrochenen Indossamentenkette** abhängig. Das bedeutet nach richtiger Ansicht jedoch nur, dass der fehlende oder unwirksame Übertragungsvorgang durch die Indossamentenkette gedeckt sein muss. Ist diese bezüglich einer anderen Übertragung, die nicht fehlerhaft ist und hinsichtlich derer es daher eines gutgläubigen Erwerbs gar nicht bedarf, unterbrochen, so steht das der Anwendung von Art. 16 Abs. 2 WG auf die übrigen, von der Indossamentenkette gedeckten Übertragungen nicht entgegen (vgl. oben Rdn. 15 f).

19 Die Indossamentenkette genügt für sich allein nicht zur Gewährleistung des gutgläubigen Erwerbs. Ebenso wie beim Erwerb vom Berechtigten und in Übereinstimmung mit der Regelung der §§ 932 ff BGB muss vielmehr ein auf die Übereignung des Papiers gerichteter Akt hinzukommen. Erforderlich sind **Einigung und Übergabe** des Papiers. Bei einem Erwerb durch schlichte Einigung nach § 929 S. 2 BGB oder durch Übergabesurrogat gelten grundsätzlich die besonderen zusätzlichen Voraussetzungen, die das BGB hierfür in den §§ 932 ff aufstellt.[16] Bei einer Übereignung durch **Besitzkonstitut** tritt der gutgläubige Erwerb allerdings entgegen § 933 BGB nicht erst mit der Aufgabe des Besitzes durch den Veräußerer, sondern schon mit der Indossierung des Papiers ein. Denn § 933 BGB beruht auf dem Gedanken, dass der bisherige Eigentümer und der Erwerber dem Besitzer „das gleiche Vertrauen

---

[16] **A.A.** *Zöllner* Festschr. für Raiser, 1974, S. 283.

schenken",[17] und das passt nicht, wenn die Rechtsstellung des Erwerbes nicht nur auf dem Besitzkonstitut beruht, sondern zusätzlich durch ein Indossament verstärkt ist. Wird freilich ein blanko indossiertes Papier nach Art. 14 Abs. 2 Ziff. 3 WG i.V.m. § 930 BGB übetragen, hat es folgerichtig bei der Regelung von § 933 BGB sein Bewenden.[18]

Die Möglichkeit gutgläubigen Erwerbs besteht nach Art. 16 Abs. 2 WG auch bei **abhanden gekommenen Papieren.** Das erklärt sich aus dem gesteigerten Verkehrsschutzbedürfnis im Recht der Umlaufpapiere und entspricht § 935 Abs. 2 BGB.

3. Die Reichweite des Gutglaubensschutzes

Nach den allgemeinen Grundsätzen des deutschen Privatrechts wird nur der **gute Glaube an das Eigentum des Vormannes** geschützt. Im Rahmen von Art. 16 Abs. 2 WG soll der Gutglaubensschutz indessen nach einer verbreiteten, zu manchen Problemen sogar vorherrschenden Ansicht wesentlich weiter reichen und auch andere Mängel als das Fehlen des Eigentums erfassen. Klarheit kann man hier nur gewinnen, wenn man die verschiedenen in Betracht kommenden Konstellationen einzeln untersucht. Dabei ergeben sich **zwei Hauptgruppen**, die unterschiedlich zu behandeln sind. Bei der ersten Gruppe beruht der Mangel auf einem unbefugten Handeln eines in den Veräußerungsvorgang eingeschalteten Dritten, so dass zumindest im Ansatz eine gewisse Nähe zu den „klassischen" Anwendungfällen von Art. 16 Abs. 2 WG besteht, in denen die Veräußerung von einem Dritten, der sich als Eigentümer geriert, vorgenommen wird; bei der zweiten Gruppe beschränkt sich der Mangel auf den Begebungsvertrag zwischen Veräußerer und Erwerber, und daher scheidet hier jede Verwandtschaft mit einer „Dreieckskonstellation" von vornherein aus.

a) **Die Problematik des Gutglaubensschutzes bei Handeln eines materiell nicht legitimierten Dritten.** Am ehesten lässt sich, wie § 366 HGB zeigt, dem Schutz des guten Glaubens an das Eigentum der Schutz des **guten Glaubens an die Verfügungsmacht** gleichstellen. Diese Vorschrift gilt natürlich auch für Verfügungen über Orderpapiere. Darüber hinaus kommt auch außerhalb ihres Anwendungsbereichs, d.h. vor allem bei Verfügungen durch einen Nichtkaufmann, beim Erwerb von Orderpapieren grundsätzlich ein Schutz des guten Glaubens an die Verfügungsmacht in Betracht.[19] Das gilt jedoch nur dann, wenn der Verfügende durch die Indossamentenkette legitimiert ist.[20] Denn der Besitz als solcher schafft hier für sich allein noch keinen Rechtsschein und stellt daher keine ausreichende Grundlage für einen gutgläubigen Erwerb dar; es wäre doch geradezu widersinnig, zwar die formelle Legitimation zu verlangen, wenn der Veräußerer sein Eigentum am Wechsel behauptet, dagegen auf dieses Erfordernis zu verzichten, wenn er nur seine Verfügungsmacht behauptet. Andererseits ist es aber grundsätzlich auch ausreichend für den Schutz des guten Glaubens an die Verfügungsmacht, wenn der Verfügende formell legitimiert ist. Die Verwendung eines Vollindossaments zum Zwecke der Einräumung von Verfügungsmacht, insbesondere eines „Treuhandindossaments" (vgl. § 364 Rdn. 14 ff), ist nämlich so weit verbreitet,

---

[17] Vgl. *Westermann* Sachenrecht[7] § 48 vor I.
[18] A.A. *Zöllner* aaO S. 283 f Anm. 108.
[19] Vgl. außer den in der folgenden Fn. Zitierten z.B. *Heymann/Horn* § 365 Rdn. 14 (jedoch in Vermengung mit § 366 HGB); *Baumbach/Hefermehl* Art. 16 WG Rdn. 10 unter b; *Richardi* § 4 III 3 c und § 18 II 2 d; *Henrichs* Der Schutz des gutgläubigen Wechselerwerbers nach dem Einheitlichen Wechselgesetz der Genfer Verträge unter besonderer Berücksichtigung der Rechtsentwicklung in den Vertragsstaaten, 1962, S. 153 ff; *Liesecke* WM 1971, 366; *Tiedtke* Gutgläubiger Erwerb im bürgerlichen Recht, im Handels- und Wertpapierrecht sowie in der Zwangsvollstreckung, 1985, S. 244.
[20] Ebenso *Zöllner* § 14 VI 1 c bb (1); *Hager* S. 418; **a.A.** vor allem *Henrichs* aaO (Fn. 19).

dass das Indossament nicht nur einen Rechtsschein für das Eigentum am Papier, sondern auch für die Verfügungsmacht setzt. Das gilt jedenfalls für ein Namensindossament zugunsten des Verfügenden, aber wohl auch für ein Blankoindossament. Unterstützend kann man dabei auf die Wertung von § 366 Abs. 1 HGB verweisen: Wenn sogar die Kaufmannseigenschaft einen hinreichenden Scheintatbestand für das Vorliegen der Verfügungsmacht zu begründen vermag, dann muss das auch und erst recht für ein auf den Verfügenden lautendes Indossament und für den Besitz an einem blanko indossierten Papier gelten.

23 Darüber hinaus soll Art. 16 Abs. 2 WG nach h.L. auch den Schutz des **guten Glaubens an die Vertretungsmacht** umfassen.[21] Dem ist für diejenigen Fälle zuzustimmen, in denen der falsus procurator durch den Wechsel formell legitimiert ist, d.h. wenn das letzte Indossament vor der Begebung an den gutgläubigen Erwerber auf den falsus procurator lautet oder ein Blankoindossament ist. Denn angesichts der Häufigkeit eines verdeckten Vollmachtsindossaments und der diesem entsprechenden Aushändigung eines blanko indossierten Papiers zu Vertretungszwecken setzt die Innehabung des Papiers in Verbindung mit einer ordnungsgemäßen Indossamentenkette einen Rechtsschein für die Vertretungsmacht. Das gilt unbedenklich im Rahmen von Art. 40 Abs. 3 WG, also für die Einziehung der verbrieften Forderung, dürfte aber auch im Rahmen von Art. 16 Abs. 2 WG zutreffen. Aus der Tatsache, dass der legitimierte Inhaber des Papiers nicht dessen Eigentümer ist, sondern nur als Stellvertreter auftritt, braucht der gutgläubige Verkehr nämlich grundsätzlich nicht zu schließen, dass die Vertretungsmacht auf die Einziehung des Rechts beschränkt ist und dessen Übertragung – z.B. im Wege der Diskontierung oder im Zusammenhang mit einem Dokumentenakkreditiv – nicht einschließt; sachgerechte Ergebnisse sind insoweit nicht durch eine generelle Verneinung der Möglichkeit gutgläubigen Erwerbs, sondern nur durch eine einzelfallbezogene Differenzierung der an den guten Glauben zu stellenden Anforderungen zu erzielen. Auch mit dem Wortlaut von Art. 16 Abs. 2 WG – der freilich angesichts seiner wenig klaren Fassung und der Besonderheiten seiner Entstehungsgeschichte[22] keine sonderlich starke Argumentationsgrundlage darstellt – harmoniert die Möglichkeit eines Schutzes des guten Glaubens an die Vertretungsmacht, da man bei Rechtsgeschäften eines Vertreters ohne Vertretungsmacht – ebenso wie übrigens bei Verfügungen ohne Verfügungsmacht – durchaus noch sagen kann, dass das Papier seinem Eigentümer „irgendwie abhanden gekommen" sei; denn immerhin ist dieses hier – anders als in den sogleich Rdn. 25 zu behandelnden Fällen – durch einen *Dritten* unbefugt weiterübertragen worden,[23] auch wenn der Vertreter es nicht unbefugt an sich gebracht hat. Ist der Schutz des guten Glaubens an die Vertretungsmacht zu bejahen, so ist es ein Gebot praktischer Konsequenz und Effizienz, diesen in analoger Anwendung von Art. 16 Abs. 2 WG auf das der Übertragung des Papiers zugrunde liegende Kausalgeschäft zu erstrecken, so dass dieses entgegen § 177 BGB wirksam ist und dem Vertretenen also **keine Leistungskondiktion auf Rück-**

---

[21] Vgl. RGZ 74, 184, 185f (zum Wechsel); BGHZ 26, 268, 272 (zum Scheck); BGH WM 1968, 4; Ulmer S. 237; Zöllner § 14 VI 1 c bb (2); Heymann/Horn § 365 Rdn. 14; Stranz Art. 16 WG Anm. 19; Quassowski/Albrecht Art. 16 WG Rdn. 17; Baumbach/Hefermehl Art. 16 WG Rdn. 10 unter b; Bülow Art. 16 WG Rdn. 23; Henrichs (Fn. 19) S. 163 ff; Liesecke WM 1971, 367; Tiedtke (Fn. 19) S. 244; a. A. Jacobi Wechsel- und Scheckrecht S. 62; Hager S. 414 f.

[22] Vgl. dazu Henrichs (Fn. 19) S. 114 f.

[23] Legt man die Unterscheidung von Hager S. 409 ff zwischen Drei- und Zweipersonenverhältnissen zugrunde, so steht die Problematik also ersteren zumindest ebenso nahe wie letzteren.

übertragung des Papiers zusteht.[24] Die Rechts- und Interessenlage ist anders als bei der Parallelproblematik im Rahmen von § 366 Abs. 1 HGB, weil das Indossament – das ja nach der hier vertretenen Ansicht den falsus procurator legitimieren muss! – einen wesentlich stärkeren Rechtsschein für das Vorliegen der Vertretungsmacht setzt als die Kaufmannseigenschaft und weil dort auch das praktische Bedürfnis für die Gleichstellung der Vertretungs- mit der Verfügungsmacht ungleich geringer ist als hier (vgl. unten § 366 Rdn. 37f).

Bei **Fehlen der formellen Legitimation des falsus procurator** greift Art. 16 Abs. 2 WG nicht ein. Der bloße Besitz am Papier begründet nämlich keinen Rechtsschein für die Vertretungsmacht, weil angesichts der Institution des (offenen oder verdeckten) Vollmachtsindossaments grundsätzlich deren Verlautbarung im Papier oder das Vorliegen eines Blankoindossaments erwartet werden darf. Die Anhänger der h.L. nehmen zu dieser Frage meist nicht ausdrücklich Stellung, doch gehen einige von ihnen von der Gegenansicht aus;[25] in der Entscheidung RGZ 74, 184 lag ein Blankoindossament vor, doch hat das RG hierauf nicht abgestellt, so dass das Urteil zwar im Ergebnis zutreffend, in seiner sachlichen Tragweite aber nicht genau abzuschätzen ist; im Fall BGHZ 26, 268 war der falsus procurator offenbar nicht formell legitimiert, doch ist der BGH auf diese Problematik nicht eingegangen, sondern hat den Erwerb am Fehlen des guten Glaubens scheitern lassen.

Unberührt bleiben grundsätzlich die *allgemeinen* Regeln über den Schutz des guten Glaubens an die Vertretungsmacht, also insbesondere die Regeln über die Anscheinsvollmacht. Allerdings wird dabei der gute Glaube des Erwerbers verhältnismäßig häufig zu verneinen sein. Denn wenn das Papier einen anderen als den Veräußerer formell legitimiert, wird der Erwerber nicht selten Anlass haben, sich bei jenem nach dem Bestehen der Vertretungsmacht zu erkundigen.

Nach h.L. soll Art. 16 Abs. 2 WG ferner den Schutz des **guten Glaubens an die Identität** des durch die Indossamentenkette Legitimierten mit dem Veräußerer gewährleisten.[26] Das ist indessen alles andere als selbstverständlich, da die Indossamentenkette über die Identität des Veräußerers überhaupt nichts aussagt und daher insoweit keinen Rechtsschein setzt. Auch ist zu bedenken, dass das Indossament den Berechtigten vor einem Missbrauch des Papiers schützen soll, worin für ihn ja gerade der besondere Vorteil eines Orderpapiers gegenüber einem Inhaberpapier besteht. Aus diesen Gründen trägt auch das – auf den ersten Blick scheinbar nahe liegende – Argument nicht, bei einer Täuschung über die Identität des Veräußerers gehe es um ein Handeln unter fremdem Namen und auf dieses seien anerkanntermaßen grundsätzlich die Regeln über das Handeln in fremdem Namen entsprechend anzuwenden, so dass die Zulassung eines Gutglaubensschutzes nur die folgerichtige Konsequenz aus der in der vorigen Rdn. im Prinzip bejahten Anerkennung des Gutglaubensschutzes gegenüber dem Fehlen der Vertretungsmacht darstelle; denn im entscheidenden Punkt liegt es eben anders als dort, weil das Indossament hier gerade nicht auf den Veräußernden

24

---

[24] Ebenso i.E. *Düringer/Hachenburg/Breit* § 365 Anm. 11; *U. Huber* Festschrift für Flume, 1978, Bd. II S. 117 Fn. 127; a.A. *Henrichs* (Fn. 19) S. 169 f; *Tiedtke* (Fn. 19) S. 245 f; *Hager* S. 415 f.
[25] Vgl. vor allem *Henrichs* S. 164 ff; *Liesecke* WM 1971, 367; wohl auch *Ulmer* und *Quassowski/Albrecht* aaO (wie Fn. 21); wie hier aber zutreffend *Bülow* Art. 16 WG Rdn. 23.
[26] Vgl. MünchKomm.-*Hefermehl* § 365 Rdn. 23;

Ulmer S. 238 mit Fn. 40; *Zöllner* § 14 VI 1 c bb (4); *Quassowski/Albrecht* Art. 16 WG Rdn. 9 und 22; *Stranz* Art. 16 WG Anm. 19; *Baumbach/Hefermehl* Art. 16 WG Rdn. 10 unter b; *Bülow* Art. 16 WG Rdn. 25; *Henrichs* S. 159 ff; *Liesecke* WM 1971, 367; *Tiedtke* (Fn. 19) S. 245; a.A. *Jacobi* Wechsel- und Scheckrecht S. 63; *Hager* S. 416 f.

lautet (und ein Blankoindossament ex praemissione nicht vorliegt, weil sich bei einem solchen die Identitätsproblematik gar nicht stellt).

Gleichwohl wird man der h.L. im Ergebnis weitgehend zu folgen und die Möglichkeit des Schutzes des guten Glaubens an die Identität des Veräußerers grundsätzlich zu bejahen haben. Dafür spricht zunächst wiederum,[27] dass es um eine unbefugte Veräußerung des Papiers durch einen *Dritten* und nicht lediglich um die Fehlerhaftigkeit des Begebungsvertrags geht; die Problematik steht also den den Kernbereich von Art. 16 Abs. 2 WG bildenden Fällen, in denen ein Nichteigentümer sich als Eigentümer geriert, nicht so fern, dass ihre Einbeziehung in den Anwendungsbereich dieser Vorschrift unter teleologischen Gesichtspunkten von vornherein ausscheidet, und außerdem hat es aus diesem Grund auch hier durchaus einen guten Sinn zu sagen, dass das Papier dem wahren Berechtigten „irgendwie abhanden gekommen" ist. Entscheidend kommt hinzu, dass hier ein starkes Verkehrsbedürfnis für die Zulassung gutgläubigen Erwerbs spricht.[28] Anderenfalls würde nämlich der Erwerb eines Orderpapiers mit einem so starken Unsicherheitsmoment belastet, dass seine Umlauffunktion ernstlich beeinträchtigt wäre. Die praktische Folge wäre vermutlich, dass das Namensindossament noch stärker als ohnehin schon vom Blankoindossament verdrängt würde, da bei diesem die Identitätsproblematik nicht auftauchen kann. Eine solche Entwicklung kann aber nicht im Sinne des Gesetzes liegen, da dadurch die Sicherungsfunktion des Namensindossaments vollends obsolet würde. Eine solche Sicherungsfunktion bleibt auch bei Anerkennung eines Schutzes des guten Glaubens an die Identität des veräußernden Papierinhabers mit dem letzten Indossatar durchaus noch erhalten, da der Veräußerer ja jedenfalls dessen Indossament fälschen und also die darin liegende psychologische und strafrechtliche Barriere überwinden muss und da überdies den Erwerber insoweit grundsätzlich eine Prüfungspflicht trifft.

Diese **Prüfungspflicht** ist i.d.R. sogar verhältnismäßig streng.[29] Der Erwerber muss also grundsätzlich die Identität des Veräußerers sehr sorgfältig prüfen und sich gegebenenfalls den Ausweis vorlegen lassen, Unterschriftsproben beiziehen usw. Wenn sich jemand schon auf den Erwerb eines Wertpapiers von einem Unbekannten einlässt, ist es ohne weiteres zumutbar und mit den Erfordernissen eines geordneten Verkehrs durchaus vereinbar, von ihm eine eingehende Identitätsprüfung zu erwarten. Nur so kann die mit dem Namensindossament bezweckte Sicherungsfunktion einigermaßen aufrechterhalten bleiben, und nur so können die Bedenken hinsichtlich des Vorliegens eines Scheintatbestandes überwunden werden. Denn nur wenn zu der Innehabung der Urkunde noch andere Momente wie z.B. die perfekte Fälschung der dem Erwerber bekannten Unterschrift oder die Vorlage eines äußerst geschickt gefälschten Ausweises hinzukommen, liegt eine hinreichende objektive Vertrauensgrundlage für die Zulassung gutgläubigen Erwerbs vor; dass diese nicht wertpapierrechtlicher Art ist, bleibt ohnehin bedenklich genug und ist dogmatisch sehr störend. Eine Ausnahme von der strengen Prüfungspflicht wird man nur dann machen können, wenn der Veräußerer denselben Namen trägt wie der formell Legitimierte und dem Erwerber bekannt ist. Insgesamt ist somit der Schutz des guten Glaubens an die Identität zwar im Grundsatz zuzulassen, durch die an den guten Glauben zu stellenden Anforderungen jedoch stark einzuschränken.

---

[27] Vgl. die vorige Rdn. bei und mit Fn. 23.
[28] Vgl. zur Zulässigkeit einer Rechtsfortbildung mit Rücksicht auf die Bedürfnisse des Rechtsverkehrs *Larenz/Canaris* Methodenlehre der Rechtswissenschaft, 3. Aufl. 1995, S. 233 ff.
[29] Zustimmend *Zöllner* § 14 VI 1 c bb (4).

b) Die Problematik des Gutglaubensschutzes bei Mängeln des Begebungsvertrags. Eine verbreitete Ansicht will über die im Vorstehenden entwickelten Möglichkeiten des Gutglaubensschutzes erheblich hinausgehen. So soll bei Orderpapieren auch der **gute Glaube an die Geschäftsfähigkeit** geschützt sein.[30] Auch ein Gutglaubensschutz gegenüber **Willensmängeln des Begebungsvertrags** wird mitunter befürwortet.[31] Schließlich wird vereinzelt sogar die Ansicht vertreten, die **mangelnde Verfügungsbefugnis des Insovenzschuldners** könne bei einem Orderpapier durch gutgläubigen Erwerb überwunden werden.[32]

25

Diese Ansichten halten der **Kritik** nicht stand und sind uneingeschränkt abzulehnen. Durchschlagend ist dabei schon allein das Argument, dass die Indossamentenkette über die Geschäftsfähigkeit des Veräußerers, über das Fehlen von Willensmängeln und über die Eröffnung des Insolvenzverfahrens überhaupt nichts aussagt und daher insoweit **keinen Rechtsschein** setzt. Anders als hinsichtlich der Identitätsproblematik lässt sich dem auch nicht das Bedürfnis nach einem reibungslosen Umlauf des Papiers entgegenhalten. Denn dieses ist bei Orderpapieren zweifellos nicht stärker als bei Geld und Inhaberpapieren, und doch können bei diesen das Fehlen der Geschäftsfähigkeit des Veräußerers, das Vorliegen von Willensmängeln bei der Einigung und die Beschränkung der Verfügungsmacht durch die Eröffnung des Insolvenzverfahrens anerkanntermaßen nicht mit Hilfe der Regeln über den gutgläubigen Erwerb überwunden werden. Die Bejahung des Gutglaubensschutzes bei den Orderpapieren würde daher zu einem untragbaren **Wertungswiderspruch gegenüber dem Recht der Inhaberpapiere** führen. Schließlich ist die Gegenansicht auch deswegen unbefriedigend, weil das Fehlen der Geschäftsfähigkeit und Mängel des Begebungsvertrags in aller Regel auch das zugrunde liegende Kausalgeschäft erfassen und es insoweit einen Gutglaubensschutz jedenfalls nicht gibt, so dass der gutgläubige Erwerber auch vom Standpunkt der h.L. aus einem **Rückforderungsanspruch aus § 812 BGB** ausgesetzt sein müsste; dieses Ergebnis für die hier zur Diskussion stehenden Mängel zu korrigieren – und nicht nur punktuell für das Fehlen der Vertretungsmacht (vgl. dazu oben Rdn. 23 bei Fn. 24), wo im Hinblick auf die formelle Legitimation des falsus procurator durch das Indossament eine völlig andere Basis für den Verkehrs- und Rechtsscheinschutz besteht –, würde eine krass systemwidrige Rechtsfortbildung darstellen, für die weder in dogmatischer noch in methodologischer Hinsicht irgendeine Grundlage ersichtlich ist. Folglich würde die Zulassung gutgläubigen Erwerbs des Eigentums am Papier im praktischen Ergebnis nur den Gläubigern des Erwerbers, die dadurch ein zusätzliches Vollstreckungsobjekt bekämen, und einem etwaigen bösgläubigen (!) Nachmann, der vom Berechtigten erwürbe und daher nicht mehr auf seinen eigenen guten Glauben angewiesen wäre, einen Vorteil bringen. Insoweit aber besteht zweifellos kein gesteigertes Verkehrsschutzbedürfnis und erst recht kein Anlass, auf das Vorliegen eines Rechtsscheins zu verzichten und darüber hinaus

26

---

[30] Vgl. BGH NJW 1951, 402 für den Scheck und BGH WM 1968, 4 für den Wechsel, beide jedoch nur in einem obiter dictum; MünchKomm.-*Hefermehl* § 365 Rdn. 23; *Ulmer* S. 237; *Baumbach/Hefermehl* Art. 16 WG Rdn. 10; *Bülow* Art. 16 WG Rdn. 26; *Tiedtke* (Fn. 19) S. 244 f; a. A. *Düringer/Hachenburg/Breit* § 365 Anm. 10; *Heymann/Horn* § 365 Rdn. 15; *Jacobi* Wechsel- und Scheckrecht S. 60 f; *Zöllner* § 14 VI 1 c bb (5); *Richardi* § 18 II 2 d; *Nitschke* JuS 1968, 543f; *Hager* S. 410 ff.

[31] Vgl. z.B. *Düringer/Hachenburg/Breit* § 365 Anm. 10 a. E.; a. A. *Ulmer* S. 237; *Zöllner* § 14 VI 1 c bb (6); MünchKomm.-*Hefermehl* § 365 Rdn. 23; *Heymann/Horn* § 365 Rdn. 15.

[32] Vgl. *Stranz* Art. 16 Anm. 20; a. A. *Ulmer* S. 237; *Zöllner* § 14 VI 1 c bb (3); MünchKomm.-*Hefermehl* § 365 Rdn. 23; *Heymann/Horn* § 365 Rdn. 15; *Jaeger/Henckel* Konkursordnung, 9. Aufl. 1997, § 7 Rdn. 67; MünchKomm.-InsO-*Ott*, 2001, § 81 Rdn. 87 m. w. Nachw.

auch noch einen schweren Wertungswiderspruch gegenüber Geld und Inhaberpapieren in Kauf zu nehmen.

V. Die befreiende Leistung an einen Nichtberechtigten gemäß § 365 I i.V. m. Art. 40 III WG

1. Die formelle Legitimation des Papierinhabers als Voraussetzung der Befreiungswirkung

27 Nach § 365 Abs. 1 HGB i.V. mit Art. 40 Abs. 3 WG hat die Leistung an einen Nichtberechtigten grundsätzlich befreiende Wirkung. Die Grundlage hierfür ist (wiederum) im **Rechtsscheinprinzip** zu sehen. Dementsprechend baut die Befreiungswirkung ebenso wie die Möglichkeit gutgläubigen Erwerbs auf der formellen Legitimation des Papierinhabers gemäß Art. 16 Abs. 1 WG auf.[33] Der Scheingläubiger muss also durch eine **Indossamentenkette** ausgewiesen sein. Nach Art. 40 Abs. 3 Satz 2 WG braucht der Leistende nur deren **äußere Ordnungsmäßigkeit** zu prüfen. Ob die Indossamente wirksam und die Unterschriften echt sind, ist grundsätzlich unerheblich; denn insoweit soll der Leistende ja gerade in seinem Glauben an die Berechtigung des formell legitimierten Inhabers geschützt werden.

28 Bei **Unterbrechungen der Indossamentenkette** entfällt der Gutglaubensschutz hinsichtlich des betreffenden Rechtsübergangs. Der Leistende muss also z.B. die Wirksamkeit einer Zession oder das Vorliegen eines Erbfalles auf eigenes Risiko nachprüfen; kann der Inhaber insoweit seine Berechtigung nicht nachweisen, so kann der Schuldner die Leistung verweigern oder sich gegebenenfalls gemäß §§ 372 S. 2, 378 BGB durch Hinterlegung befreien. Die Unterbrechung der Indossamentenkette beseitigt den Gutglaubensschutz jedoch nur hinsichtlich desjenigen Rechtsübergangs, bei dem die Lücke besteht, nicht aber hinsichtlich der nach der Lücke stehenden Indossamente (vgl. oben Rdn. 16).[34]

2. Der Kreis der geschützten Personen

29 Der Kreis der geschützten Personen ist weit zu ziehen. Geschützt wird daher nicht nur der aus dem Papier Verpflichtete, sondern auch der **Bürge**,[35] weil und sofern auch er zu seiner Leistung durch den in der Indossamentenkette liegenden Rechtsschein veranlasst worden ist.

30 Bei der kaufmännischen Anweisung wird der **Angewiesene** auch dann geschützt, wenn er die Anweisung nicht angenommen hatte.[36] Das entspricht der Rechtslage beim Wechsel, wo nach h.L. die Befreiungswirkung von Art. 40 Abs. 3 WG dem Bezogenen auch bei Fehlen eines Akzepts zugute kommt,[37] obwohl Art. 40 Abs. 3 Satz 1 WG seinem Wortlaut nach an sich eine „Verbindlichkeit" voraussetzt. Auch für die kaufmännischen Orderpapiere kann es dementsprechend nicht auf das Bestehen einer wertpapierrechtlichen Verbindlichkeit ankommen, da nicht die Pflicht zur Zahlung, sondern der in der Indossamentenkette liegende Rechtsschein den tragenden Grund der Vorschrift bildet; das gilt um so mehr, als Art. 36 S. 4 WO, auf den § 365

---

[33] A. A. *Jacobi* Wechsel- und Scheckrecht S. 130.
[34] Ebenso z.B. MünchKomm.-*Hefermehl* § 365 Rdn. 13; *Heymann/Horn* § 365 Rdn. 21.
[35] Ebenso *Heymann/Horn* § 365 Rdn. 20; *Ebenroth/Boujong/Joost/Hakenberg* § 365 Rdn. 6.
[36] Ebenso *Heymann/Horn* § 365 Rdn. 20.
[37] Vgl. z. B. *Baumbach/Hefermehl* Art. 40 WG Rdn. 3; *Hueck/Canaris* § 11 V 2 b.

Abs. 1 HGB eigentlich verweist, die Befreiungswirkung zugunsten des „Zahlenden" und nicht etwa des „Schuldners" oder des „Verpflichteten" vorsah. Der wahre Berechtigte muss daher die Leistung des Angewiesenen gegen sich gelten lassen mit der Folge, dass letzterer von seiner Zahlungspflicht im Deckungsverhältnis frei wird bzw. einen Aufwendungsersatzanspruch gegen den Anweisenden erwirbt.

Folgerichtig wird man noch einen Schritt weitergehen und den Schutz sogar auf einen **Drittzahler gemäß § 267 BGB** ausdehnen müssen,[38] weil und sofern auch dieser im Vertrauen auf den Rechtsschein handelt. Der Schuldner wird dann von seiner Verpflichtung aus dem Papier befreit und der Drittzahler erwirbt folglich gegen ihn einen Regressanspruch aus Geschäftsführung ohne Auftrag oder ungerechtfertigter Bereicherung. Für die Richtigkeit dieses Ergebnisses spricht auch, dass der Dritte das Papier ja auch hätte erwerben können und dann nach Art. 16 Abs. 2 WG geschützt würde; ihn schlechter zu stellen, wenn er es statt dessen bezahlt, besteht grundsätzlich kein Anlass. Eine Ausnahme ist allerdings dann zu machen, wenn nur der Drittzahler gutgläubig, der betreffende Schuldner aber bösgläubig war. Denn der wahre Berechtigte braucht mit der Leistung eines beliebigen Dritten grundsätzlich nicht zu rechnen, und daher muss es genügen, wenn er z.B. bei einem Verlust des Papiers den Schuldner warnt und bösgläubig macht. Das trifft den Drittzahler nicht unbillig, da er freiwillig zahlt und sich überdies grundsätzlich bei dem Schuldner erkundigen kann, ob er überhaupt leisten soll. 31

3. Die Anforderungen an den guten Glauben

Hinsichtlich der Anforderungen an den guten Glauben bestimmt Art. 40 Abs. 3 WG, dass nur „Arglist" und „grobe Fahrlässigkeit" schaden. Die h. L. interpretiert das mit Recht dahin, dass – anders als z.B. nach Art. 16 Abs. 2 WG oder nach § 932 Abs. 2 BGB – der Gutglaubensschutz nicht schon dann entfällt, wenn der Schuldner den Mangel kannte, sondern erst dann, wenn ihm insoweit außerdem **liquide Beweismittel** zur Verfügung stehen;[39] dementsprechend liegt auch grobe Fahrlässigkeit erst dann vor, wenn der Schuldner infolge einer schweren Sorgfaltsverletzung nicht nur den Mangel, sondern auch dessen liquide Beweisbarkeit übersehen hat. Dadurch wird der besonderen Zwangslage des Schuldners Rechnung getragen. Diesem nützt nämlich die bloße Kenntnis von der mangelnden Berechtigung des Papierinhabers nichts, wenn ihm die erforderlichen Beweismittel fehlen. Denn wegen der Vermutungswirkung von Art. 16 Abs. 1 WG trägt er die Beweislast und läuft daher Gefahr, einen Prozess gegen den Papierinhaber zu verlieren. Dieses Risiko einzugehen, ist ihm aber um so weniger zuzumuten, als seine Zahlungsverweigerung eine erhebliche Kredit- und Rufschädigung zur Folge haben kann, wenn er nicht im Prozess deren Berechtigung alsbald unter Beweis stellen kann. Für die kaufmännischen Orderpapiere ist insoweit nicht anders zu entscheiden als für den Wechsel;[40] zwar gibt es bei ihnen anders als bei letzterem nicht das – besonders kreditgefährdende – Instrument des Protests, doch liegt in diesem nicht der ausschlaggebende Grund für das Erfordernis der liquiden Beweisbarkeit, wie sich aus der vorstehenden Argumentation ergibt. 32

Bei einer **freiwilligen Leistung** greift zwar Art. 40 Abs. 1 WG grundsätzlich ebenfalls ein (vgl. oben Rdn. 30 f), doch kommt es dann folgerichtig auf die Beweisbarkeit 33

---

[38] Ebenso Heymann/Horn § 365 Rdn. 20; Ebenroth/Boujong/Joost/Hakenberg § 365 Rdn. 6.
[39] Vgl. z.B. Baumbach/Hefermehl Art. 40 WG Rdn. 5; Hueck/Canaris § 11 V 2 c.
[40] Ebenso MünchKomm.-Hefermehl § 365 Rdn. 17; Heymann/Horn § 365 Rdn. 22.

des Mangels nicht an, weil sich der Leistende hier nicht in der geschilderten Zwangslage befindet.

4. Die Reichweite des Gutglaubensschutzes

34 Hinsichtlich der Reichweite des Gutglaubensschutzes finden sich **dieselben Positionen wie im Rahmen von Art. 16 Abs. 2 WG** (vgl. dazu oben Rdn. 21 ff). Es soll also nicht nur der gute Glaube an das Eigentum geschützt werden, sondern auch der gute Glaube an die Verfügungsmacht, die Vertretungsmacht, die Identität des Papierinhabers mit dem darin Benannten, die Geschäftsfähigkeit und das Fehlen insolvenzrechtlicher Verfügungsbeschränkungen.[41] Dieser Ansicht folgen hier auch Autoren, die bei Art. 16 Abs. 2 WG entgegengesetzt entscheiden.[42]

35 Richtig ist demgegenüber auch hier dieselbe differenzierende Lösung wie bei Art. 16 Abs. 2 WG. Demgemäß wird der gute Glaube an die **Verfügungs- oder Vertretungsmacht** nur geschützt, wenn der Inhaber des Papiers formell legitimiert ist, d. h. wenn ein auf seinen Namen lautendes Indossament oder ein Blankoindossament vorliegt (vgl. oben Rdn. 22 f). Der gute Glaube an die **Identität des Papierinhabers mit dem letzten Indossatar** wird zwar grundsätzlich geschützt,[43] doch besteht eine strenge Prüfungspflicht[44] (vgl. oben Rdn. 24). Der gute Glaube an die **Geschäftsfähigkeit** und das **Fehlen insolvenzrechtlicher Verfügungsbeschränkungen** wird überhaupt nicht geschützt (vgl. oben Rdn. 25 f).[45] Entscheidend ist auch hier, dass die Innehabung des Papiers und die Indossamentenkette bezüglich der fraglichen Mängel keinen Rechtsschein setzen und daher keine Grundlage für einen Gutglaubensschutz bieten. Auch der Hinweis auf die Zwangslage des Schuldners, auf die sich die Anhänger der Gegenmeinung berufen,[46] überzeugt nicht. Dieses Argument verfängt schon deshalb nicht, weil sich mit seiner Hilfe nur die besondere Milde der Anforderungen an den guten Glauben, insbesondere die Rücksichtnahme auf die Beweisbarkeit erklären lässt (vgl. soeben Rdn. 32), wohingegen es hier um die – logisch vorrangige – Frage geht, ob und warum überhaupt ein Gutglaubensschutz zu gewähren ist; insoweit aber baut Art. 40 Abs. 3 WG nun einmal unmissverständlich auf der legitimierenden Kraft der Indossamentenkette und dem darin liegenden Rechtsschein auf – und eben daran fehlt es hier. Darüber hinaus ist die Argumentation der Gegenmeinung nicht einmal in sich selbst schlüssig. Die Zwangslage des Schuldners rührt nämlich daher, dass ihm wegen der Vermutungswirkung von Art. 16 Abs. 1 WG der Verlust des Prozesses droht und davon kann hier keine Rede sein, weil die Beweislast bezüglich der fraglichen Mängel durch die Indossamentenkette in keiner Weise berührt wird, sondern genauso zu beurteilen ist wie sonst auch. Im Übrigen berücksichtigt die Gegenmeinung die Möglichkeit der Hinterlegung viel zu wenig. Durch diese lässt sich den berechtigten Belangen des Schuldners ohne weiteres Rechnung tragen, sofern man an die Voraussetzungen von § 372 S. 2 BGB keine zu scharfen Anforderungen stellt; dabei dürfte

---

[41] Vgl. MünchKomm.-*Hefermehl* § 365 Rdn. 16 a. E.; *Ulmer* S. 229 f; *Stranz* Art. 40 WG Anm. 17; *Baumbach/Hefermehl* Art. 40 WG Rdn. 7; *Zöllner* § 20 II 2 b; *Richardi* § 20 IV 2; *Jaeger/Henckel* (Fn. 32) § 8 Rdn. 66, einschränkend jedoch Rdn. 41.

[42] Vgl. z. B. *Jacobi* Wechsel- und Scheckrecht S. 130 ff; *Zöllner* § 20 II 2 b; *Richardi* § 20 IV 2.

[43] Ebenso MünchKomm.-*Hefermehl* § 365 Rdn. 16 a. E.

[44] Zustimmend *Zöllner* § 20 III 1; *Heymann/Horn* § 365 Rdn. 22.

[45] A. A. MünchKomm.-*Hefermehl* § 365 Rdn. 16 a. E.; hinsichtlich der Geschäftsfähigkeit auch *Ebenroth/Boujong/Joost/Hakenberg* § 365 Rdn. 6; *Koller/Roth/Morck* § 365 Rdn. 9; *Zöllner* § 20 II 2 b; *Richardi* § 20 IV 2.

[46] Vgl. *Baumbach/Hefermehl* Art. 40 WG Rdn. 7; *Zöllner* § 20 II 2 b; *Richardi* § 20 IV 2.

hier entgegen dem Wortlaut von § 372 S. 2 BGB die Hinterlegungsbefugnis nicht schon bei einfacher Fahrlässigkeit, sondern analog Art. 40 Abs. 3 WG erst bei grober Fahrlässigkeit entfallen, weil dem gesteigerten Verkehrsschutzbedürfnis des Wechselrechts eine generelle Milderung des Sorgfaltsmaßstabs entspricht.

Gewisse Schwierigkeiten können sich ergeben, wenn mit den Ansprüchen aus dem Papier **Ansprüche aus unerlaubter Handlung** konkurrieren. Das kann bei den Güterpapieren der Fall sein, wenn der Schuldner die Güter schuldhaft beschädigt oder zerstört hat. Art. 40 Abs. 3 WG ist dann nur auf die Ansprüche aus Vertragsverletzung und nicht auf die Deliktsansprüche anwendbar; denn nur erstere sind im Papier verbrieft (vgl. § 364 Rdn. 5f). Der Schuldner wird jedoch auch bezüglich des Deliktsanspruchs in seinem guten Glauben an die Empfangszuständigkeit des legitimierten Papierinhabers geschützt, weil insoweit § 851 BGB analog anzuwenden ist (vgl. § 363 Rdn. 133 ff). **36**

VI. Die Kraftloserklärung im Wege des Aufgebotsverfahrens

1. Die Voraussetzungen des Aufgebotsverfahrens

§ 365 Abs. 2 HGB schafft die Möglichkeit einer Kraftloserklärung im Wege des Aufgebotsverfahrens. Tatbestandsvoraussetzung ist die **Vernichtung** oder das **Abhandenkommen** des Papiers. Der Begriff des Abhandenkommens ist weder mit dem des Art. 16 Abs. 2 WG noch mit dem des § 935 BGB identisch; vielmehr ist entsprechend dem Zweck des Aufgebotsverfahrens ein Abhandenkommen dann anzunehmen, wenn das Papier nicht auffindbar oder dessen gegenwärtiger Besitzer unbekannt ist und der Verlierer daher nicht die Möglichkeit einer Herausgabeklage hat.[47] **37**

Im Übrigen sind die Einzelheiten des Aufgebotsverfahrens in §§ 1003 ff ZPO geregelt. Gemäß § 1004 ZPO hängt die **Antragsberechtigung** davon ab, dass dem Antragsteller das Recht aus dem Orderpapier materiell zusteht[48] oder dass er bei einem blanko indossierten Papier bisher dessen Inhaber war. Diese Tatsachen hat der Antragsteller gemäß § 1007 Ziff. 2 ZPO glaubhaft zu machen. **38**

§ 365 Abs. 2 HGB bezieht sich seiner systematischen Stellung nach nur auf Orderpapiere. Für schuldrechtliche **Inhaberpapiere** ergibt sich die Möglichkeit des Aufgebots aus § 799 BGB, für **Legitimationspapiere** mit Inhaberklausel aus § 808 II BGB. Nach richtiger Ansicht besteht auch bei allen **Rektapapieren** die Möglichkeit des Aufgebots (vgl. § 363 Rdn. 27). **39**

2. Die Wirkungen des Ausschlussurteils

Die Wirkung des Ausschlussurteils besteht nach §§ 1017 Abs. 1, 1018 Abs. 1 ZPO darin, dass die alte Urkunde für kraftlos erklärt wird und dass derjenige, der das Ausschlussurteil erwirkt hat, dem Schuldner gegenüber zur Geltendmachung der Rechte aus der Urkunde berechtigt ist. Das bedeutet, dass die **formelle Legitimation** i.S. von § 365 Abs. 1 HGB i.V. mit Art. 16 Abs. 1 WG nun nicht mehr dem alten Papier, sondern statt dessen dem Ausschlussurteil zukommt.[49] Der Schuldner kann daher mit befreiender Wirkung an den Aufbieter leisten. Der Inhaber des Papiers kann das ver- **40**

---

[47] Vgl. auch *Staub/Stranz* Art. 90 WG Anm. 3; *Baumbach/Hefermehl* Art. 90 WG Rdn. 1.
[48] Ebenso MünchKomm.-*Hefermehl* § 365 Rdn. 29.
[49] Vgl. *Stein/Jonas/Schlosser*, 21. Aufl. 1994, § 1018 Rdn. 1.

briefte Recht nicht mehr durchsetzen und nicht mehr übertragen, da dazu nunmehr die Vorlage bzw. die Übergabe des Ausschlussurteils erforderlich ist.

41 Die **materielle Zuständigkeit des verbrieften Rechts** wird dagegen entgegen der früher h.L.[50] durch das Ausschlussurteil nicht beeinflusst.[51] Für diese Ansicht lässt sich zunächst schon der Wortlaut von § 1017 Abs. 1 ZPO anführen, weil danach lediglich die Urkunde für kraftlos erklärt, nicht aber das darin verbriefte Recht aufgehoben oder auf den Antragsteller übertragen wird; der Wortlaut von § 1018 Abs. 1 ZPO scheint zwar eher in die entgegengesetzte Richtung zu weisen, steht aber der hier vertretenen Ansicht nicht zwingend entgegen, weil unter der „Berechtigung zur Geltendmachung der Rechte aus der Urkunde" angesichts des Alters der ZPO und des Standes der Dogmatik bei ihrem Erlass auch die formelle Legitimation verstanden werden kann. Weiterhin spricht die Funktion des Ausschlussurteils gegen eine Veränderung der materiellen Rechtslage. Das Aufgebotsverfahren soll nämlich lediglich die Schwierigkeiten beseitigen, die sich aus der Vernichtung bzw. dem Verlust des Papiers für die Geltendmachung des durch dieses verkörperten Rechts ergeben, und dazu ist nicht ein Eingriff in die materielle Rechtslage erforderlich, sondern die Schaffung einer neuen Grundlage für die formelle Legitimation ausreichend. Es kommt hinzu, dass gemäß § 1004 Abs. 1 ZPO die Berechtigung zur Antragstellung bei Inhaberpapieren und bei blanko indossierten Papieren allein vom (bisherigen) Besitz am Papier und nicht von der materiellen Berechtigung abhängt; braucht diese aber nicht einmal glaubhaft gemacht zu werden, so kann das Urteil sie unmöglich beeinflussen. Gleiches gilt bei Orderpapieren mit Namensindossament, wo nach h.M. – trotz des insoweit unklaren Gesetzeswortlauts – die formelle Legitimation i.S. v. Art. 16 WG, § 365 HGB für die Antragsbefugnis ausreicht.[52] Schließlich leuchtet auch vom Ergebnis her nicht ein, warum das Urteil zu einer Änderung der materiellen Rechtslage führen soll. Denn nichts spricht dafür, dass z.B. der Dieb, der Finder oder der gutgläubige Erwerber der Urkunde nur deshalb eine bessere Rechtsstellung erlangen soll, weil er das Papier im Aufgebotsverfahren hat für kraftlos erklären lassen. Der Aufbieter erlangt daher durch das Urteil lediglich **dieselbe Rechtsstellung wie vor der Vernichtung oder dem Verlust der Urkunde.**

42 Dieser Ansicht ist im Ausgangspunkt auch die früher h.L., soweit es um das **Verhältnis zwischen dem Aufbieter und dem wahren Inhaber des verbrieften Rechts** geht. Denn sie nimmt an, dass das Urteil keine Wirkung gegen Dritte hat.[53] Folgerichtig hat der wahre Berechtigte gegen den Aufbieter nicht lediglich einen Anspruch auf „Abtretung der Rechte aus dem Urteil" gemäß § 812 Abs. 1 Satz 1 Alt. 2 BGB bzw. gemäß § 816 BGB, wie früher überwiegend angenommen wurde, sondern kann das Urteil gemäß § 985 BGB von dessen Besitzer vindizieren,[54] weil ihm nach wie vor das Recht aus dem Papier zusteht und ihm somit gemäß § 952 BGB ipso iure das Eigentum an dem Urteil zufällt. Das ist auch insofern konsequent, als das Urteil an die Stelle

---

[50] Vgl. die Nachw. unten Fn. 55, 56 und 62.
[51] Zustimmend *Heymann/Horn* § 365 Rdn. 24; *Zöllner* § 7 II 1 d; *Stein/Jonas/Schlosser* aaO § 1018 Rdn. 2; MünchKomm.-ZPO/*Eickmann*, 2. Aufl. 2001, §§ 1003–1024 Rdn. 43.
[52] Vgl. nur *Stein/Jonas/Schlosser* aaO § 1004 Rdn. 1; MünchKomm.-ZPO/*Eickmann* §§ 1003–1024 Rdn. 17 a.E.
[53] Vgl. RGZ 168, 1, 9 zum Konnossement; MünchKomm.-*Hefermehl* § 365 Rdn. 32; *Baumbach/Hefermehl* Art. 90 WG Rdn. 3; *Zöllner* § 7 II 1 d; *Ziganke* WM 1967, 841; z.T. a.A. *Ulmer* S. 92; *Jacobi* Wechsel- und Scheckrecht S. 167 ff.
[54] Zustimmend MünchKomm.-*Hefermehl* § 365 Rdn. 32 a.E.; *Heymann/Horn* § 365 Rdn. 24; *Zöllner* § 7 II 1 d; *Bülow*, Wechsel- und Scheckgesetz, 3. Aufl. 2000, Art. 90 WG Rdn. 8; *Stein/Jonas/Schlosser* aaO § 1004 Rdn. 2; MünchKomm.-ZPO/*Eickmann* §§ 1003–1024 Rdn. 42.

des aufgebotenen Papiers getreten ist und der wahre Berechtigte auch dieses hätte vindizieren können. Allerdings muss der wahre Berechtigte den vollen Beweis seiner Gläubigerschaft führen, da die Vermutung von § 365 Abs. 1 i.V. mit Art. 16 Abs. 1 WG für den Aufbieter streitet. Leistet der Schuldner gemäß § 1018 Abs. 1 ZPO an diesen, so kann der wahre Berechtigte das Geleistete gemäß § 816 Abs. 2 BGB kondizieren.

Im **Verhältnis zum Schuldner** nahm die früher h.L. dagegen an, dass sich das Urteil „nicht in der Legitimationswirkung erschöpft", sondern „vielmehr dem, der es erwirkt hat, ein sachliches Recht verschafft".[55] Demgemäß soll der Schuldner gegenüber dem Aufbieter nicht mehr den Einwand erheben können, dieser sei nicht materiell berechtigt und demzufolge nicht Inhaber des verbrieften Rechts.[56] Diese Ansicht ist abzulehnen.[57] Sie ist schon aus dogmatischen Gründen unzutreffend, da sie zu einer dem geltenden Recht fremden und überdies auch rechtstheoretisch äußerst fragwürdigen Aufspaltung des verbrieften Rechts führt: dieses kann unmöglich im Verhältnis zwischen dem Aufbieter und dem wahren Berechtigten letzterem und im Verhältnis zwischen dem Aufbieter und dem Schuldner ersterem zustehen. Man kann auch nicht etwa sagen, die Berechtigung des Aufbieters sei im Verhältnis zum Schuldner jedenfalls prozessual gesehen bindend festgestellt. Für eine derartige Rechtskraftwirkung ist nämlich kein Raum, weil der Schuldner gar nicht am Aufgebotsverfahren beteiligt und das Urteil nicht gegen ihn, sondern gegen den (etwaigen) Inhaber der Urkunde gerichtet ist. Außerdem setzt das Urteil noch nicht einmal die Behauptung des Antragstellers von seiner materiellen Berechtigung voraus und kann daher auch aus diesem Grunde insoweit keine Rechtskraft entfalten (vgl. oben Rdn. 41). Im Übrigen ist auch vom Ergebnis her schlechterdings nicht einzusehen, warum dem Schuldner der Einwand genommen sein soll, der Aufbieter habe das Papier gestohlen, gefunden oder bösgläubig erworben; denn letzterer ist durch die Vermutungswirkung von § 365 Abs. 1 HGB i.V. mit Art. 16 Abs. 1 WG völlig ausreichend geschützt. § 1018 Abs. 1 ZPO ist daher in dem Sinne einschränkend zu interpretieren, dass der Schuldner zwar mit befreiender Wirkung an den Aufbieter leisten kann und dass dieser zur Geltendmachung des Anspruchs formell legitimiert ist, dass der Schuldner aber nicht unter allen Umständen leisten muss, sondern die Vermutung von § 365 Abs. 1 HGB i.V. mit Art. 16 Abs. 1 WG widerlegen darf – nicht anders, als wäre ihm das aufgebotene Papier selbst präsentiert worden. Darüber hinaus wird man folgerichtig dem Schuldner sogar die Möglichkeit einer befreienden Leistung zu versagen haben, wenn er positiv weiß, dass der Aufbieter materiell nicht berechtigt ist, und dies liquide beweisen kann; grobe Fahrlässigkeit schadet dagegen anders als nach Art. 40 Abs. 3 WG nicht, wie sich aus der insoweit analog anzuwendenden Wertung von § 1018 Abs. 2 ZPO ergibt.

43

Dass durch das Urteil **keine Verschlechterung der Rechtsstellung des Schuldners** eintritt, ist selbstverständlich und unstreitig. Der Schuldner behält also alle Einwendungen und Einreden, der Aufbieter muss gegebenenfalls den vollen Inhalt der aufgebotenen Urkunde beweisen.[58]

44

---

[55] BGH JZ 1958, 746; ähnlich z. B. *Staub/Stranz* Art. 90 Anm. 11; *Baumbach/Hefermehl* Art. 90 WG Rdn. 3.

[56] Vgl. BGH JZ 1958, 746; *Staub/Stranz* Art. 90 Anm. 11; *Baumbach/Hefermehl* Art. 90 WG Rdn. 3; *Richardi* § 20 VI a.E.

[57] Zustimmend *Heymann/Horn* § 365 Rdn. 24; *Röhricht/Graf von Westphalen/Wagner* § 365 Rdn. 11 sowie die in Fn. 54 Zitierten.

[58] Vgl. auch MünchKomm.-*Hefermehl* § 365 Rdn. 32 Abs. 1 a. E.; *Stein/Jonas/Schlosser* aaO § 1018 Rdn. 2.

3. Die Rechtslage bis zum Erlass des Ausschlussurteils

45 Vor Erlass des Ausschlussurteils ist die **Geltendmachung des verbrieften Rechts** durch den Antragsteller gemäß § 365 Abs. 2 Satz 2 gegen **Sicherheitsleistung** möglich, sobald das Aufgebotsverfahren eingeleitet ist. Die Art der zu stellenden Sicherheit richtet sich nach den §§ 232 ff BGB.

46 Bei einem nicht an Order gestellten **Konnossement** sieht § 654 Abs. 4 HGB die Möglichkeit zur **Geltendmachung des Anspruchs auf Auslieferung der Güter ohne Einleitung eines Aufgebotsverfahrens** vor, sofern der Ablader und der im Papier bezeichnete Empfänger einverstanden sind. Auch hier ist dem Schuldner gemäß § 654 Abs. 2 Satz 2 HGB Sicherheit zu leisten. Diese hat nicht nur vor den Kosten eines Prozesses mit einem anderen Prätendenten zu schützen, sondern auch vor der Gefahr, dass der Schuldner an einen Zessionar, auf den das Konnossement übertragen worden war, noch einmal zahlen muss;[59] denn § 407 BGB ist nicht nur bei Umlaufpapieren, sondern auch bei Rektapapieren unanwendbar (vgl. § 363 Rdn. 26), und daher ist der Schuldner in der Tat der Gefahr einer doppelten Inanspruchnahme ausgesetzt. Auf das Inhaberkonnossement ist § 654 Abs. 4 HGB entgegen dem Wortlaut des Gesetzes nicht anwendbar, da dieses genauso umlauffähig wie das Orderkonnossement ist und die Leistung ohne Aushändigung des Papiers daher für den Schuldner ebenso gefährlich und ebenso unzumutbar ist. Andererseits wird man § 654 Abs. 4 HGB auf alle Rektapapiere, die einen Anspruch auf die Auslieferung von Gütern verbriefen, also insbesondere auf den **Rektaladeschein**, den **Rektalagerschein** und den (angenommenen) **Rektalieferschein** analog anwenden können.

47 Eine **Übertragung oder Verpfändung des verbrieften Rechts durch den Berechtigten** ist bis zum Erlass des Ausschlussurteils zwar nicht nach den Regeln des Wertpapierrechts möglich, da diese ein Indossament oder die Übergabe des blankoindossierten Papiers voraussetzen, wohl aber nach den Regeln des bürgerlichen Rechts (vgl. § 364 Rdn. 18 ff). Das versteht sich von selbst, sofern das Papier lediglich verloren ist, da dann § 931 BGB ohne weiteres eingreift. Es gilt aber auch bei einer Vernichtung des Papiers. Denn da besitzlose Sachen durch schlichte Einigung übereignet werden können,[60] muss auch ein nicht mehr in einer Sache verkörpertes Recht durch schlichte Einigung übertragen werden können (vgl. auch oben § 364 Rdn. 19). Ist unklar, ob das Papier nur verloren oder vernichtet ist, sollten die Parteien vorsorglich den Weg über die Abtretung des Herausgabeanspruchs wählen, da bei einem bloßen Verlust nicht auf den Doppeltatbestand des § 931 BGB verzichtet werden kann.

48 Überträgt der nichtberechtigte Inhaber des Papiers dieses vor Erlass des Ausschlussurteils auf einen Dritten, so gelten uneingeschränkt die Regeln über den **gutgläubigen Erwerb**.[61] Das wird allerdings für die Zeit nach dem Verlust des Papiers teilweise verneint mit der Begründung, dass das Ausschlussurteil Rückwirkung auf den Zeitpunkt des Verlusts entfalte bzw. dass der Erwerber sein Recht durch Verschweigung verloren habe, weil er es nicht im Rahmen des Aufgebotsverfahrens angemeldet habe.[62] Diese Ansicht ist jedoch unzutreffend. Denn auch für die Zeit zwischen Verlust des Papiers und Erlass des Ausschlussurteils besteht kein Anlass, von dem Grundsatz abzuweichen, dass das Urteil die materielle Rechtslage nicht berührt und

---

[59] A. A. *Rabe* § 654 Rdn. 5; *Schlegelberger/Liesecke* § 654 Rdn. 5.
[60] Vgl. statt aller *Westermann* Sachenrecht⁷ § 42 II 3.
[61] Vgl. auch *Baumbach/Hefermehl* Art. 90 WG Rdn. 3; *Zöllner* § 7 II 1 c.
[62] Vgl. *Ulmer* S. 92; *Jacobi* Wechsel- und Scheckrecht S. 168.

nur die formelle Legitimation betrifft (vgl. oben Rdn. 41). Letztere aber darf sinnvollerweise nicht rückwirkend beseitigt werden, weil der gutgläubige Erwerber schon im Vertrauen auf sie gehandelt hat. Auch interessemäßig sprechen die besseren Gründe für die hier vertretene Ansicht. Zum einen ist es nämlich eine sachlich nicht gerechtfertigte Bevorzugung der Interessen des wahren Berechtigten, wenn man ihm die Möglichkeit gibt, die Folgen des – von ihm u. U. grob fahrlässig verschuldeten! – Abhandenkommens einfach durch die Durchführung eines Aufgebotsverfahrens rückgängig zu machen. Und zum anderen ist es eine ebenso ungerechtfertigte Hintansetzung der Interessen des gutgläubigen Verkehrs, ihn uneingeschränkt mit diesem Risiko zu belasten und jeden gutgläubigen Erwerb unter den Vorbehalt eines Ausschlussurteils zu stellen. Denn man kann von den Teilnehmern am Wertpapierverkehr realistischer Weise nicht erwarten, dass sie ständig schon die bloße Einleitung von Aufgebotsverfahren überwachen, und daher würde es die Umlauffähigkeit auf das schwerste beeinträchtigen, wenn der Erwerber eines Wertpapiers damit rechnen müsste, sein Recht durch ein von ihm übersehenes eingeleitetes Aufgebotsverfahren wieder zu verlieren; der Verlust der formellen Legitimation und der damit verbundenen Vermutungswirkung wiegt schon schwer genug – ganz abgesehen davon, dass der Verkehr nach Erlass des Urteils ohnehin nicht mehr geschützt wird. Auch das argumentum e contrario aus § 367 HGB spricht für die hier vertretene Ansicht. Schließlich sei auch noch auf die Rechtslage bei sonstigen Sachen hingewiesen, wo die Möglichkeit des gutgläubigen Erwerbs ja auch nicht unter dem Vorbehalt eines Ausschlussurteils steht; dass ausgerechnet im besonders verkehrsfreundlichen Wertpapierrecht etwas anderes gelten soll, kann man nicht annehmen. Ein vor dem Ausschlussurteil liegender gutgläubiger Erwerb wird daher durch dieses auch dann nicht beeinträchtigt, wenn er nach dem Verlust des Papiers erfolgt ist. Folglich kann der Erwerber das Urteil herausverlangen bzw. die auf dieses erbrachte Leistung kondizieren (vgl. oben Rdn. 42).

§ 366

(1) Veräußert oder verpfändet ein Kaufmann im Betriebe seines Handelsgewerbes eine ihm nicht gehörige bewegliche Sache, so finden die Vorschriften des Bürgerlichen Gesetzbuchs zugunsten derjenigen, welche Rechte von einem Nichtberechtigten herleiten, auch dann Anwendung, wenn der gute Glaube des Erwerbers die Befugnis des Veräußerers oder Verpfänders, über die Sache für den Eigentümer zu verfügen, betrifft.

(2) Ist die Sache mit dem Rechte eines Dritten belastet, so finden die Vorschriften des Bürgerlichen Gesetzbuchs zugunsten derjenigen, welche Rechte von einem Nichtberechtigten herleiten, auch dann Anwendung, wenn der gute Glaube die Befugnis des Veräußerers oder Verpfänders, ohne Vorbehalt des Rechts über die Sache zu verfügen, betrifft.

(3) Das gesetzliche Pfandrecht des Kommissionärs, des Frachtführers, des Spediteurs und des Lagerhalters steht hinsichtlich des Schutzes des guten Glaubens einem gemäß Absatz 1 durch Vertrag erworbenen Pfandrecht gleich, das gesetzliche Pfandrecht des Frachtführers, des Spediteurs und des Lagerhalters an Gut, das nicht Gegenstand des Vertrages ist, aus dem die durch das Pfandrecht zu sichernde Forderung herrührt, jedoch nur insoweit, als der gute Glaube des Erwerbers das Eigentum des Vertragspartners betrifft.

Übersicht

	Rdn.
I. Der gutgläubige Erwerb des Eigentums oder eines Vertragspfandrechts gemäß Abs. 1	
1. Gesetzeszweck und dogmatische Einordnung	1–5
2. Die tatbestandlichen Voraussetzungen von Abs. 1	
a) Das Erfordernis der Kaufmannseigenschaft	6–15
b) Das Erfordernis der Verfügung im Betrieb des Handelsgewerbes	16, 17
c) Die Beschränkung von § 366 Abs. 1 auf Veräußerungen und Verpfändungen von fremden beweglichen Sachen	18–21
d) Das Vorliegen der allgemeinen Voraussetzungen des gutgläubigen Erwerbs	22
e) Die Scheinermächtigung und ihr Verhältnis zu § 366 Abs. 1	23–25
3. Die Reichweite des Gutglaubensschutzes	
a) Der Schutz des guten Glaubens an die Verfügungsbefugnis und das Erfordernis ihrer Erteilung durch Rechtsgeschäft	26–36
b) Die Unanwendbarkeit von § 366 auf das Fehlen der Vertretungsmacht	37, 38
4. Der gute Glaube und die dafür maßgeblichen Umstände	
a) Das Verhältnis von § 366 zu §§ 932 ff BGB	39–41
b) Die Bedeutung der beruflichen Stellung des Verfügenden	42, 43
c) Verfügungen über Vorbehalts- und über Sicherungsgut	44–47
d) Verfügungen außerhalb des gewöhnlichen Geschäftsbetriebs	48–50
e) Verfügungen außerhalb des ordnungsgemäßen Geschäftsbetriebs	51–66
f) Verfügungen zu Sicherungszwecken	67–74
g) Die Bedeutung von Urkunden für den guten Glauben	75–82
II. Der gutgläubige lastenfreie Erwerb gemäß Abs. 2	
1. Funktion und dogmatische Einordnung von Abs. 2	83, 84
2. Der praktische Anwendungsbereich von Abs. 2	85–87
III. Der gutgläubige Erwerb gesetzlicher Pfandrechte gemäß Abs. 3	
1. Die unausgesprochenen Prämissen von Abs. 3	88
a) Das Einverständnis und seine Rechtsfolgen	89–92
b) Die Möglichkeit eines gutgläubigen Erwerbs der Pfandrechte des HGB	93, 94
2. Die ratio legis von Abs. 3	95–97

	Rdn.		Rdn.
3. Der Gegenstand des guten Glaubens und die an diesen zu stellenden Anforderungen	98–100	5. Die Bedeutung von § 366 Abs. 3 für andere gesetzliche Besitzpfandrechte, insbesondere für das Werkunternehmerpfandrecht gemäß § 647 BGB	112
4. Die Sonderproblematik des gutgläubigen Pfandrechtserwerbs zur Sicherung inkonnexer Forderungen gemäß Abs. 3 Halbsatz 2	101	a) Die Zulassung gutgläubigen Erwerbs bei allen Besitzpfandrechten	113–115
a) Der Regelungsgehalt von Abs. 3 Halbsatz 2 bei wortgetreuer Anwendung	102, 103	b) Die Zulassung rechtsgeschäftlichen Erwerbs kraft Einverständnisses des wahren Berechtigten	116, 117
b) Die Notwendigkeit von Korrekturen der Vorschrift im Wege der Rechtsfortbildung und die Problematik ihrer Verfassungswidrigkeit	104–109	c) Der Schutz des guten Glaubens an das Einverständnis des wahren Berechtigten	118, 119
c) Folgerungen für die Behandlung von AGB-Pfandrechten	110, 111		

Schrifttum

Bechtloff Gesetzliche Verwertungsrechte, 2003; *Bülow* Gutgläubiger Erwerb vom Scheinkaufmann, AcP 186 (1986) 577 ff; *von Gierke* Handelsrecht und Schiffahrtsrecht, 8. Aufl. 1958, § 56 I; *Glaser* Gutgläubiger Eigentumserwerb vom nichtberechtigten Kaufmann, DB 1957, 301 f; *J. Hager* Verkehrsschutz durch redlichen Erwerb, 1990; *Jacobi* § 366 HGB in bezug auf den Erwerb einer als Pfand vom Kaufmann veräußerten Sache, ZHR 88 (1926), 269 ff; *Langner* Der gute Glaube an die Vertretungsmacht im Handelsrecht, LZ 1929, 1244 ff; *Lux* Die Entwicklung des Gutglaubensschutzes im 19. und 20. Jahrhundert mit besonderer Berücksichtigung des Wechselrechts, Beihefet zu ZHR 16 (1939); *Ogris* Guter Glaube an die Vertretungsmacht, 1987; *Raisch* Geschichtliche Voraussetzungen, dogmatische Grundlagen und Sinnwandlung des Handelsrechts, 1965, S. 260 ff; *ders.* Bereicherungs- und schadensersatzrechtliche Konsequenzen einer Erstreckung des § 366 Abs. 1 HGB auf vollmachtlose Vertreter, Festschr. für Hagen, 1999, S. 449 ff; *M. Reinicke* Schützt § 366 I HGB den guten Glauben an die Vertretungsmacht?, AcP 189 (1989) 79 ff; *Reinicke/Tiedtke* Der gutgläubige Erwerb eines Pfandrechts an beweglichen Sachen, JA 1984, 202 ff; *Rittner* Handelsrecht und Zugewinngemeinschaft, FamRZ 1961, 185 ff; *Schlechtriem* Zivilrechtliche Probleme des Kraftfahrzeugbriefs, NJW 1970, 2088 ff; *Karsten Schmidt* Schützt § 366 HGB auch das Vertrauen auf die Vertretungsmacht im Handelsverkehr?, JuS 1987, 936 ff; *Serick* Eigentumsvorbehalt und Sicherungsübertragung, 1963–1986; *Tiedtke* Gutgläubiger Erwerb, 1985, S. 227 ff; *Wiegand* Fälle des gutgläubigen Erwerbs außerhalb der §§ 932 ff BGB, JuS 1974, 545 ff; *Martin Wolff* Ehrenbergs Handbuch IV 1, 1917, S. 39 ff.

I. Der gutgläubige Erwerb des Eigentums oder eines Vertragspfandrechts gemäß Abs. 1

1. Gesetzeszweck und dogmatische Einordnung

1 Die Vorschrift des § 366 ist nur vor dem Hintergrund ihrer **Entstehungsgeschichte** voll zu verstehen.[1] § 366 hat die Bestimmung des Art. 306 ADHGB abgelöst, die durch die Schaffung des BGB weitgehend überflüssig geworden war, weil dieses die in Art. 306 ADHGB enthaltene Möglichkeit des gutgläubigen Erwerbs ins bürgerliche Recht übernommen hat. Art. 306 ADHGB ging jedoch insofern weiter als das BGB,

---

[1] Vgl. zu dieser näher *Lux* S. 36 ff; *Raisch* Geschichtliche Voraussetzungen S. 263 ff.

als danach auch der gute Glaube an die Verfügungsmacht geschützt wurde. Dies sollte durch § 366 HGB aufrechterhalten werden.² Da jedoch in Art. 306 ADHGB der Schutz des guten Glaubens an das Eigentum und der Schutz des guten Glaubens an die Verfügungsmacht nicht unterschieden wurden, sondern in einer Einheitsformel zusammengefaßt waren, wurden die **Besonderheiten der Interessenlage,** die sich beim Erwerb kraft guten Glaubens an die bloße Verfügungsmacht ergeben, bei der Schaffung von § 366 HGB nicht voll durchschaut.

Diese Besonderheiten beruhen zum einen auf der **Schwäche des Scheintatbestandes** und zum anderen auf der **Evidenz der Interessenbindung des Verfügenden.** Der Besitz ist schon für den Erwerb vom Scheineigentümer nicht immer eine überzeugende Rechtsscheingrundlage,³ doch ist er für den Erwerb vom Scheinverfügungsberechtigten noch weniger aussagekräftig; denn da der wahre Berechtigte seine Sache keineswegs hauptsächlich zu Verfügungszwecken, sondern mindestens genauso oft zu Reparatur-, Transport- oder Verwahrungszwecken aus der Hand gibt, kann aus dem bloßen Besitz grundsätzlich nicht ohne weiteres der Rückschluß auf die Verfügungsmacht gezogen werden. Selbst wenn aber dieser Schluß berechtigt ist, besteht doch noch insofern ein wesentlicher Unterschied gegenüber dem Erwerb vom Scheineigentümer, als der Eigentümer über seine Sache aus beliebigem Grund und zu beliebigen Zwecken verfügen kann, wohingegen der Ermächtigte bei seinen Verfügungen i.d.R. auch und u.U. sogar primär die Interessen des wahren Berechtigten wahrzunehmen hat. Diese Interessenbindung ist aber für den Erwerber, der ja lediglich an die Verfügungsmacht glaubt, evident und muß daher die Grenzen seiner Erwerbsmöglichkeiten maßgeblich beeinflussen.

Da der gutgläubige Erwerb somit keinesfalls allein auf dem Besitz aufbauen kann, **2** müssen hier **zusätzliche Rechtsscheinelemente** hinzukommen. Diese sah der Gesetzgeber ersichtlich in der **Kaufmannseigenschaft** bzw., wie sich bei genauerer Analyse ergibt (vgl. unten Rdn. 8 a.E., 10 und 42f), in der **Berufsstellung des Verfügenden** und in der **Zugehörigkeit des Geschäfts zum Betrieb seines Handelsgewerbes.**⁴ Denn durch diese beiden Tatbestandsmerkmale unterscheidet sich § 366 HGB von § 932 BGB. In der Tat heißt es in der „Denkschrift": „Der Fall, daß auf Grund eines handelsrechtlichen Vertragsverhältnisses die Befugniß begründet ist, über eine fremde Sache, sei es im eigenen Namen, sei es im Namen des Eigenthümers zu verfügen, ist so häufig, daß die Sicherheit des Verkehrs beeinträchtigt werden würde, wenn dem entschuldbaren Irrthum über das Vorhandensein einer solchen Verfügungsbefugniß der Schutz versagt bliebe. Wer von einem Kaufmanne, der gewerbsmäßig Kommissionsgeschäfte betreibt, Waaren oder Werthpapiere erwirbt oder zum Pfand nimmt, wird oftmals nicht im Unklaren darüber sein, daß die betreffenden Gegenstände nicht dem Veräußerer oder Verpfänder gehören, er darf sich aber, wenn ihm die Umstände keine Veranlassung zu Zweifeln geben, darauf verlassen, daß der Kommissionär zur Verfügung über den Gegenstand befugt ist, und es kann ihm der Regel nach nicht angesonnen werden, Ermittelungen darüber anzustellen, ob ein gültiger Kommissionsauftrag besteht und wieweit er reicht. Das Gleiche gilt, wenn ein Handlungsagent im Namen des Geschäftsherrn die Waaren desselben, welcher er auf seinem Lager hat, veräußert und übergiebt" (S. 207f).

---

² Vgl. Denkschrift zum Entwurf eines Handelsgesetzbuchs, 1896, S. 207.
³ Vgl. *Hübner* Der Rechtsverlust im Mobiliarsachenrecht, 1955, S. 56ff; *Zweigert* RabelsZ 58, 13f.

⁴ Vgl. auch *Giehl* AcP 161 (1960) 370ff; *Frotz* Festschr. für Kastner, 1972, S. 150f; *Wiegand* JuS 1974, 548.

3 Die ratio legis von § 366 liegt somit in der **Wahrscheinlichkeit des Bestehens einer Verfügungsbefugnis bei Kaufleuten**. Allerdings ist diese bei vielen Kaufleuten nicht annähernd im gleichen Maße gegeben wie gerade beim Kommissionär, der den Verfassern der „Denkschrift" in erster Linie vor Augen stand. So kann z. B. keine Rede davon sein, daß etwa ein Frachtführer oder ein Lagerhalter üblicherweise zu Verfügungen über die in seinem Besitz befindlichen Waren befugt ist. Daher ist de lege ferenda eine Beschränkung des Gutglaubensschutzes auf Kommissionäre und Handelsvertreter gefordert worden.[5] De lege lata ist dagegen davon auszugehen, daß der Gesetzgeber eine Unterscheidung zwischen verschiedenen Arten von Kaufleuten insoweit grundsätzlich nicht gewollt, sondern die Wahrscheinlichkeit einer Verfügungsbefugnis typisierend bei allen Kaufleuten unterstellt hat. Angesichts der sonst drohenden Abgrenzungsschwierigkeiten und der Möglichkeit von Zwischen- und Übergangsformen erscheint diese Entscheidung auch durchaus nicht sachwidrig. Außerdem trifft es auch nicht zu, daß grundsätzlich nur bei Kommissionären und Handelsvertretern ein Bedürfnis für den Schutz des guten Glaubens an die Verfügungsmacht besteht; man denke nur an die Bedeutung von § 366 für Geschäfte mit Warenkaufleuten, die wegen eines Eigentumsvorbehalts nicht Eigentümer der von ihnen veräußerten Waren sind (vgl. dazu näher unten Rdn. 44, 51 ff), oder für die Verpfändung von Effekten durch Verwahrer, die dem Eigentümer einen Kredit gewährt haben und nun dessen Effekten als Sicherung für einen von ihnen aufgenommenen Rückkredit verpfänden (vgl. dazu näher unten Rdn. 73). Allerdings ist bei der Bestimmung der an den guten Glauben zu stellenden Anforderungen maßgeblich zu berücksichtigen, daß die Wahrscheinlichkeit des Bestehens von Verfügungsmacht bei vielen Kaufleuten ungleich geringer ist als beim Kommissionär oder beim Warenhändler, was durch eine Verschärfung dieser Anforderungen zu kompensieren ist (vgl. näher unten Rdn. 40f, 43).[6]

4 Äußerst problematisch ist die Prämisse, daß bei Kaufleuten grundsätzlich das Bestehen von Verfügungsmacht unterstellt werden darf, bezüglich der **Bestellung eines Pfandrechts**. Wenn es in der „Denkschrift" auch insoweit heißt, der Erwerber dürfe sich i.d.R. darauf verlassen, „daß der Kommissionär zur Verfügung über den Gegenstand befugt ist" (vgl. das Zitat in Rdn. 2), so trifft das in dieser Allgemeinheit keinesfalls zu. Denn der Kommissionär soll die Sache gerade nicht verpfänden, sondern veräußern, und daher muß der Erwerber grundsätzlich allein schon aus der Stellung des Veräußerers als Kommissionär schließen, daß dieser keine oder allenfalls eine beschränkte Ermächtigung zu einer Verpfändung hat. Nur soweit diese etwa im Vorfeld der Veräußerung erforderlich wird oder sonst einen Bezug auf die Interessen des wahren Berechtigten hat, ist hier die Zulassung gutgläubigen Erwerbs unbedenklich (vgl. näher unten Rdn. 72 ff).

In der „Denkschrift" wird die Einbeziehung des Pfandrechtserwerbs in den erweiterten Gutglaubensschutz nun freilich zusätzlich damit begründet, daß ein „Zusammenhang mit der Regelung der gesetzlichen Pfandrechte" bestehe. Hinsichtlich dieser sei es unerläßlich, den Gutglaubensschutz auch auf die Verfügungsmacht zu erstrecken, weil hier ein guter Glaube an das Eigentum nach Lage der Fälle häufig von vornherein nicht in Betracht komme. Es leuchte aber ein, „daß der Schutz des guten Glaubens nicht eine grundsätzlich verschiedene Regelung erfahren kann, je nachdem es sich um den Erwerb eines gesetzlichen oder eines vertragsmäßigen Pfandrechts

---

[5] Vgl. *Raisch* Geschichtliche Voraussetzungen S. 275 f.
[6] Zustimmend *Heymann/Horn* § 366 Rdn. 1; *Ebenroth/Boujong/Joost/Stadler* § 366 Rdn. 1 a.E.; *Straube/Schuhmacher* § 366 Rdn. 1; *Pfeiffer/Gounalakis/Heuel* § 10 Rdn. 81.

handelt".[7] Hierbei ist indessen die Besonderheit der gesetzlichen Pfandrechte des HGB nicht hinreichend berücksichtigt. Die Erstreckung des Gutglaubensschutzes auf diese entspricht nämlich der Interessenlage grundsätzlich nur dann, wenn sie zur Sicherung solcher Forderungen dienen, die einen Bezug auf das betreffende Gut haben („konnexe" Forderungen), und so wird denn auch die Möglichkeit des gutgläubigen Erwerbs gesetzlicher Pfandrechte durch § 366 Abs. 3 Halbs. 2 grundsätzlich auf derartige Fälle beschränkt[8] (vgl. dazu näher unten Rdn. 88 ff, 101 ff). In der Tat kann der Verkehr grundsätzlich ohne weiteres davon ausgehen, daß z.B. ein Spediteur befugt ist, die Ware einem Frachtführer zu übergeben und die Voraussetzungen für dessen gesetzliches Pfandrecht zu begründen. Daraus folgt aber nicht, daß nun auch bei der Bestellung eines Vertragspfandrechts der Schutz seines Erwerbers auf die Fälle ausgedehnt werden muß, in denen sich der gute Glaube auf die Verfügungsmacht des Pfandrechtsbestellers beschränkt. Denn bei einem solchen Pfandrecht ist anders als in den Fällen, in denen § 366 Abs. 3 den gutgläubigen Erwerb eines gesetzlichen Pfandrechts zuläßt, gerade nicht typischerweise ein Bezug auf die Interessen des wahren Berechtigten gegeben. Auch die Parallele zum gutgläubigen Erwerb gesetzlicher Pfandrechte spricht daher dafür, den gutgläubigen Erwerb von vertraglichen Pfandrechten nach § 366 Abs. 1 nur in einem verhältnismäßig engen Rahmen zuzulassen (vgl. näher unten Rdn. 67 ff).

Allerdings hat die weite Fassung von § 366 Abs. 1 auch ihre Vorteile. Vor allem **5** ermöglicht sie ohne weiteres eine Anpassung an Wandlungen der Rechtswirklichkeit. Demgemäß liegt das **Hauptanwendungsfeld von § 366 Abs. 1** heute neben dem **Kommissionsrecht** auf einem Gebiet, an das die Verfasser des Gesetzes vermutlich noch nicht gedacht haben: bei Verfügungen von **Warenkaufleuten**, die Sachen unter **Eigentumsvorbehalt** erworben haben. Einerseits ist nämlich der Eigentumsvorbehalt so weit verbreitet, daß der gute Glaube an das *Eigentum* des – weiterveräußernden – Vorbehaltskäufers häufig zu verneinen ist, andererseits aber haben Warenkaufleute üblicherweise immerhin eine *Ermächtigung* zur Weiterveräußerung gemäß § 185 BGB; fehlt diese ausnahmsweise, stellt sich die Frage nach einer Anwendung von § 366 Abs. 1 (vgl. im einzelnen unten Rdn. 44, 51 ff). Entsprechendes gilt in bestimmten Fällen der **Sicherungsübereignung**. Denn auch bei dieser hat der Sicherungsgeber vor allem bei Warenlagern häufig eine Ermächtigung i.S. von § 185 BGB zur Weiterveräußerung, und daher wird hier ebenfalls die Frage relevant, ob der gute Glaube des Erwerbers an die Verfügungsmacht geschützt wird, wenn diese dem Veräußerer ausnahmsweise fehlt (und der Erwerber hinsichtlich des Eigentums bösgläubig ist, so daß er dieses nicht schon nach §§ 932 ff BGB erlangen kann).

2. Die tatbestandlichen Voraussetzungen von Abs. 1

a) **Das Erfordernis der Kaufmannseigenschaft.** Erste Voraussetzung für die **6** Anwendung von § 366 ist grundsätzlich die **Kaufmannseigenschaft des Verfügenden**. Ob sie auf § 1, 2, 3 Abs. 2 oder 6 HGB beruht, ist gleichgültig. Auch für Kaufleute kraft Eintragung gemäß § 5 HGB gilt § 366.

Auf die **öffentliche Hand** ist § 366 Abs. 1 insoweit analog anzuwenden, als eine **7** ähnliche Wahrscheinlichkeit für das Bestehen von Verfügungsmacht gegeben ist wie

---

[7] AaO S. 208.
[8] Dieser Halbsatz ist zwar erst durch das Gesetz zur Reform des Transportrechts im Jahre 1998 eingefügt worden, doch galten die gesetzlichen Pfandrechte des HGB – mit Ausnahme des Kommissionärspfandrechts – vorher ohnehin nicht für die Sicherung inkonnexer Forderungen.

§ 366 Viertes Buch. Handelsgeschäfte

bei Kaufleuten. Das wurde für die Deutsche Bundesbahn vor deren Umwandlung in eine AG – durch die sich das Problem natürlich erledigt hat – mit Recht bejaht[9] und dürfte z. B. auch für die Einfuhr- und Vorratsstellen des Bundes zutreffen, gilt dagegen nicht für Museen, Bauämter, kommunale Verkehrsbetriebe und kommunale Energieversorgungsunternehmen.

8 Nicht in das Handelsregister eingetragene **Kleingewerbetreibende** fallen nach dem Wortlaut von § 366 nicht in den Anwendungsbereich dieser Vorschrift, weil sie keine Kaufleute sind. Wenn sie indessen als **Kommissionär, Frachtführer, Spediteur oder Lagerhalter** tätig werden, ist § 366 nach §§ 383 Abs. 2 Satz 2, 407 Abs. 3 Satz 2, 453 Abs. 3 Satz 2, 467 Abs. 3 Satz 2 HGB auf sie anwendbar.[10] Allerdings könnte man dagegen einwenden, daß danach die Vorschriften des Ersten Abschnitts des Vierten Buches nur „in Ansehung des Kommissionsgeschäfts" bzw. „des Speditionsgeschäfts" bzw. „des Lagergeschäfts" Anwendung finden und darunter nur das Innenverhältnis zwischen dem Kleingewerbetreibenden und seinem Auftraggeber zu verstehen sei, zumal die entsprechenden Abschnitte des Vierten Buches mit „Kommissions-", „Speditions-" und „Lagergeschäft" überschrieben sind. Die daraus folgende Konsequenz, daß § 366 als eine das Außenverhältnis zu Dritten betreffende Vorschrift unanwendbar ist, wäre jedoch so sachwidrig, daß man hier von einer sprachlichen Ungenauigkeit des Gesetzes auszugehen und dieses im weiten, auch das Außenverhältnis und damit § 366 einschließenden Sinn zu verstehen hat.[11] Nur diese Lösung entspricht der ratio von § 366, da der besondere Scheintatbestand, an den diese Vorschrift anknüpft, nicht so sehr in der förmlichen *Kaufmannseigenschaft* i. S. der §§ 1 ff HGB als vielmehr in der spezifischen *beruflichen Stellung des Verfügenden* liegt[12]; denn typischerweise ist es diese, mit der eine Verfügungsbefugnis i. S. von § 185 BGB verbunden zu sein pflegt, und daher kommt es für die Anwendbarkeit von § 366 nur auf das Vorliegen einer gewerblichen Tätigkeit, nicht aber auf das Erfordernis einer kaufmännischen Einrichtung i. S. von § 1 Abs. 2 HGB oder das Vorliegen einer Eintragung i. S. von §§ 2, 3 Abs. 2 HGB an.

9 Für den **kleingewerblichen Gelegenheitskommissionär** scheint es an einer Verweisung auf § 383 Abs. 2 Satz 2 HGB zu fehlen, da § 406 Abs. 1 Satz 2 HGB Gelegenheitsgeschäfte nur dann den Vorschriften der §§ 383 ff HGB unterwirft, wenn sie von einem Kaufmann vorgenommen werden. Indessen wurde eine entsprechende Änderung von § 406 HGB, die im Regierungsentwurf zum HandelsrechtsreformG von 1998 vorgesehen war, vom Rechtsausschuß des Deutschen Bundestags nur deshalb wieder gestrichen, weil dieser irrtümlich der Ansicht war, daß das Bedürfnis hierfür infolge der Verabschiedung des TransportrechtsreformG entfalle, obwohl dieses das Kommissionsrecht unberührt gelassen hat.[13] Daher ist entweder anzunehmen, daß durch dieses Versehen eine Lücke entstanden ist, die durch analoge Anwendung von § 383 Abs. 2 Satz 2 HGB auf den kleingewerblichen Gelegenheitskommissionär zu schließen ist,[14] oder daß § 383 Abs. 2 Satz 2 HGB sich ohnehin auch auf § 406 Abs. 1

---

[9] Vgl. OGHZ 3, 195, 197; BGHZ 2, 37, 49 f.
[10] Ebenso i. E. *R. Schmitt* Die Rechtsstellung der Kleingewerbetreibenden nach dem Handelsrechtsreformgesetz, 2003, S. 295; MünchKomm.-*Welter* § 366 Rdn. 30; *Ebenroth/Boujong/Joost/Stadler* § 366 Rdn. 3; *Baumbach/Hopt* § 366 Rdn. 4; *Koller/Roth/Morck* § 366 Rdn. 2; *Röhricht/Graf von Westphalen/Wagner* § 366 Rdn. 3a für den Kommissionär, ablehnend dagegen Rdn. 3b für Frachtführer, Spediteur und Lagerhalter.
[11] Ebenso MünchKomm.-*Welter* § 366 Rdn. 30; *Röhricht/Graf von Westphalen/Wagner* § 366 Rdn. 3a.
[12] Zustimmend *R. Schmitt* (Fn. 10) S. 297.
[13] Vgl. näher *P. Bydlinski* ZIP 1998, 1174.
[14] So MünchKomm.-*Welter* § 366 Rdn. 31; *Koller/Roth/Morck* § 406 Rdn. 1.

Satz 2 HGB bezieht,[15] so daß es einer Analogie nicht einmal bedarf. Nach beiden Varianten ist gemäß den Ausführungen in der vorigen Rdn. § 366 auf den Gelegenheitskommissionär anzuwenden.

Auf den **kleingewerblichen Gelegenheitsfrachtführer, -spediteur und -lagerhalter** sind die §§ 407 Abs. 3 Satz 2, 453 Abs. 3 Satz 2, 467 Abs. 3 Satz 2 HGB unmittelbar anwendbar, weil die §§ 407 Abs. 1, 453 Abs. 1, 467 Abs. 1 HGB seit Erlaß des TransportrechtsreformG anders als § 383 Abs. 1 HGB nicht mehr an den Status des betreffenden Gewerbetreibenden, sondern an den Typus des geschlossenen Vertrags anknüpfen und daher ohne weiteres auch für bloße Gelegenheitsgeschäfte gelten,[16] so daß eine Gleichstellungsregelung nach Art von § 406 Abs. 1 Satz 2 HGB nicht erforderlich ist und auch nicht mehr existiert. Folglich besteht hier für eine Analogie weder Bedürfnis noch Raum,[17] womit gemäß den Ausführungen in der vorigen Rdn. die Grundlage für die Anwendung von § 366 gegeben ist. Daraus ergibt sich zugleich ein zusätzliches Argument für die Behandlung des kleingewerblichen Gelegenheitskommissionärs: Wenn die §§ 407 Abs. 3 Satz 2, 453 Abs. 3 Satz 2, 467 Abs. 3 Satz 2 HGB im Fracht-, Speditions- und Lagerrecht für Gelegenheitsgeschäfte unmittelbar gelten, muß auf diese im Kommissionsrecht § 383 Abs. 2 Satz 2 HGB folgerichtig ebenfalls Anwendung finden, da insoweit eine unterschiedliche Behandlung geradezu willkürlich wäre.

Für **kleingewerbliche Warenhändler** fehlt eine den §§ 383 Abs. 2 Satz 2, 407 Abs. 3 Satz 2, 453 Abs. 3 Satz 2, 467 Abs. 3 Satz 2 HGB entsprechende Verweisungsnorm auf den Ersten Abschnitt des Vierten Buches und damit auch auf § 366. Das könnte erhebliche praktische Konsequenzen vor allem für die Fälle des **Eigentumsvorbehalts** haben. Soll etwa der Kunde eines kleingewerblichen Warenverkäufers nicht nach § 366 Abs. 1 geschützt werden, wenn er hinsichtlich des Eigentums bösgläubig ist (vgl. oben Rdn. 5) und dem Verkäufer die übliche Veräußerungsermächtigung ausnahmsweise fehlt?! Ob dieser Kaufmann oder Kleingewerbetreibender ist, kann dafür nicht ausschlaggebend sein, da der Scheintatbestand bei § 366 Abs. 1 nicht durch die *Kaufmannseigenschaft als solche*, sondern durch die *berufliche Stellung* und die mit *dieser* typischerweise verbundene Verfügungsmacht begründet wird (vgl. oben Rdn. 8 a. E.). Außerdem ist nicht zu legitimieren, daß zwar bei kleingewerblichen Kommissionären usw., nicht aber bei kleingewerblichen Warenverkäufern der gute Glaube an die Verfügungsmacht geschützt wird;[18] denn der – insoweit allein maßgebliche – Unterschied zwischen Handeln für fremde oder für eigene Rechnung betrifft lediglich das Innenverhältnis zum Kommittenten bzw. Lieferanten und ist für die Interessenlage im Außenverhältnis zum Kunden des Kleingewerbetreibenden unerheblich. Zur Vermeidung untragbarer Wertungswidersprüche, die geradezu einen Verstoß gegen Art. 3 Abs. 1 GG indizieren könnten, ist § 366 Abs. 1 daher auf kleingewerbliche Warenhändler analog anzuwenden.[19] Das ist methodologisch alles andere als kühn, zumal § 366 Abs. 1 anerkanntermaßen auch auf die öffentliche Hand entsprechende Anwendung finden kann (vgl. oben Rdn. 7). Daß die Gesetzesverfasser die Konsequenzen der

---

[15] So *Baumbach/Hopt* § 406 Rdn. 1.
[16] Vgl. z.B. *Koller* Transportrecht⁴ § 407 Rdn. 30; *Ebenroth/Boujong/Joost/Gass* § 407 Rdn. 10 und § 453 Rdn. 46.
[17] A. A. MünchKomm.-*Welter* § 366 Rdn. 31, wonach die §§ 407 Abs. 3 Satz 2, 453 Abs. 3 Satz 2, 467 Abs. 3 Satz 2 HGB nur analog anzuwenden sein sollen.

[18] Vgl. auch *Karsten Schmidt* NJW 1998, 2163.
[19] Zustimmend *R. Schmitt* (Fn. 10) S. 296f; *Baumbach/Hopt* § 366 Rdn. 4; *Koller/Roth/Morck* § 366 Rdn. 2; i. E. übereinstimmend auch MünchKomm.-*Welter* § 366 Rdn. 32; ähnlich ferner, wenngleich mit sehr vager Formulierung, *Siems* Kaufmannsbegriff und Rechtsfortbildung, 2003, S. 212.

Unanwendbarkeit von § 366 Abs. 1 auf kleingewerbliche Warenhändler auch nur im Ansatz erkannt haben, läßt sich den Materialien nicht entnehmen[20] und wäre im übrigen angesichts der eklatanten Ungleichbehandlung gleichartiger Fälle auch nicht bindend für Rechtsprechung und Rechtswissenschaft.

11 In sonstigen Fällen fehlender Kaufmannseigenschaft ist § 366 Abs. 1 HGB unanwendbar, so daß die Vorschrift nicht etwa auf alle **Unternehmensträger**, also z. B. auch auf **Freiberufler**, anzuwenden ist.[21] Zwar kommt es nach dem Sinn und Zweck von § 366 nicht entscheidend auf die Kaufmannseigenschaft als solche, sondern auf die berufliche Stellung des Verfügenden und die mit *dieser* typischerweise verbundene Verfügungsmacht an (vgl. oben Rdn. 8), doch hat das Gesetz nun einmal eine tatbestandliche Verfestigung vorgenommen, indem es primär an die Kaufmannseigenschaft anknüpft und dieser auf dem Wege über die Verweisungsnormen der §§ 383 Abs. 2 Satz 2, 407 Abs. 3 Satz 2, 453 Abs. 3 Satz 2, 467 Abs. 3 Satz 2 HGB lediglich das Vorliegen eines Kleingewerbes gleichstellt. Daher ist es mit der lex lata unvereinbar, § 366 auch auf Personen anzuwenden, die nicht einmal Gewerbetreibende sind; das gilt umso mehr, als die Vorschrift außer an die Kaufmannseigenschaft ja zusätzlich an den Betrieb eines Handels*gewerbes* anknüpft und man also auch noch diese Voraussetzung überspringen müßte, was weit über eine bloße Analogie hinausginge und auf eine dem Rechtsanwender verschlossene tatbestandliche Destruierung von § 366 Abs. 1 hinausliefe.

Allerdings kann man in den einschlägigen Fällen u. U. zum gleichen Ergebnis durch eine **Analogie zu den Regeln über die Duldungs- und Anscheinsvollmacht** kommen (vgl. näher unten Rdn. 23 ff).[22] Hat z. B. der Verkäufer von unter Eigentumsvorbehalt geliefertem Saatgut wiederholt geduldet, daß ein **nichtkaufmännischer Landwirt** dieses unbefugt weiterveräußert, so kann er sich gegenüber gutgläubigen Erwerbern grundsätzlich nicht auf das Fehlen der Verfügungsbefugnis berufen, auch wenn diese bezüglich des Eigentumsvorbehalts bösgläubig waren.

12 Beim **Erwerb von einem Scheinkaufmann** – nicht zu verwechseln mit dem Kaufmann kraft Eintragung gemäß § 5 HGB – soll § 366 nach h. L. unanwendbar sein.[23] Begründet wird das vor allem damit, daß der Rechtsnachteil hier nicht den Scheinkaufmann, sondern den wahren Berechtigten trifft und daß dieser sich das Auftreten des Scheinkaufmanns nicht zurechnen zu lassen brauche; auch könne das Rechtsscheinprinzip niemals zu Abweichungen von zwingendem Recht führen. Der h. L. ist nicht zu folgen.[24] Daß mit Hilfe der Lehre vom Scheinkaufmann zwingendes Recht nicht überwunden werden könne, ist unzutreffend; denn das Rechtsscheinprinzip kann ja sogar die Möglichkeit geben, wirksam über fremdes Eigentum zu verfügen. Auch daß der Nachteil hier nicht den Scheinkaufmann selbst, sondern den wahren Berechtigten trifft, ist kein überzeugender Einwand. Der wahre Berechtigte hätte nämlich sein Eigentum ohne weiteres verloren, wenn sich der Scheinkaufmann als

---

[20] Vgl. BT-Drucks. 13/8444 S. 30.
[21] So aber *Schmidt* § 23 II 1 a; dagegen auch *Pfeiffer/Gounalakis/Heuel* § 10 Rdn. 55; *Röhricht/Graf von Westphalen/Wagner* § 366 Rdn. 4.
[22] Offengelassen von BGH WM 1970, 251, 252.
[23] Vgl. OLG Düsseldorf DB 1999, 89, 90; *Hueck* ArchBürgR 43 (1919) 451 f; *Düringer/Hachenburg/Breit* § 366 Anm. 3; *Schlegelberger/Hefermehl* § 366 Rdn. 26; *Heymann/Horn* § 366 Rdn. 4; *Ebenroth/Boujong/Joost/Stadler* § 366 Rdn. 4; *Baumbach/Hopt* § 366 Rdn. 4; *Röhricht/Graf von Westphalen/Wagner* § 366 Rdn. 3; *Glaser* DB 1957, 302; *Bülow* AcP 186 (1986) 577 ff, 588; die Frage wird ausdrücklich offen gelassen von BGH NJW 1999, 425, 426.
[24] Vgl. *Canaris* Die Vertrauenshaftung im deutschen Privatrecht, 1971, S. 181 f; zustimmend Münch.-Komm.-*Welter* § 366 Rdn. 29; *Koller/Roth/Morck* § 15 Rdn. 60 und § 366 Rdn. 2; GK-*Nickel* § 5 Rdn. 20; *Straube/Schuhmacher* § 366 Rdn. 4.

Eigentümer ausgegeben hätte. Behauptet dieser statt dessen lediglich seine Verfügungsmacht, so ändert das im Verhältnis zum wahren Berechtigten überhaupt nichts, da dieser durch die freiwillige Weggabe der Sache jedenfalls das Risiko der Veruntreuung geschaffen hat; ob dieses sich nun dadurch verwirklicht, daß der Besitzer sich als Eigentümer aufspielt, oder dadurch, daß er sich als Verfügungsberechtigter und zugleich als Kaufmann ausgibt, ist von dem wahren Berechtigten nicht zu beeinflussen und daher für die Bewertung seiner Interessen ohne Belang. Berührt ist daher lediglich das Verhältnis zu dem gutgläubigen Erwerber. Für dessen Schutzwürdigkeit ist es aber gleichgültig, ob der Verfügende wirklich Kaufmann ist oder sich nur als Kaufmann geriert.

Folgerichtig ist auch in den **Fällen des § 15 HGB** der gutgläubige Verkehr nach § 366 zu schützen.[25] Zwar verwehrt § 15 HGB nach seinem Wortlaut nur dem früheren Kaufmann selbst die Berufung auf das Erlöschen der Kaufmannseigenschaft, doch paßt die Vorschrift sinngemäß auch hier. Denn der gutgläubige Erwerber darf nach dem Rechtsgedanken von § 15 HGB davon ausgehen, daß er es mit einem Kaufmann zu tun hat und folglich in den Genuß des Schutzes von § 366 kommt, und im Verhältnis zum wahren Berechtigten spielt es nach dem in der vorigen Rdn. Gesagten keine Rolle, ob die Kaufmannseigenschaft wirklich gegeben ist oder nicht. **13**

Beim **Erwerb von einem Stellvertreter** kommt es auf die Kaufmannseigenschaft des Vertretenen und nicht auf die des Vertreters an.[26] Denn entscheidend ist die Verfügungsmacht des Vertretenen, und daher ist folgerichtig auch für die Kaufmannseigenschaft auf seine Person abzustellen. **14**

Der **maßgebliche Zeitpunkt für das Vorliegen der Kaufmannseigenschaft** ist der für den guten Glauben entscheidende Augenblick.[27] Bei § 932 Abs. 1 Satz 1 BGB kommt es also auf den Zeitpunkt der Übergabe an, bei § 932 Abs. 1 Satz 2 BGB auf den der Einigung, bei § 933 BGB auf den der Übergabe, bei § 934 1. Alternative BGB auf den der Abtretung des Herausgabeanspruchs und bei § 934 2. Alternative BGB auf den des Besitzerwerbs. **15**

b) **Das Erfordernis der Verfügung im Betrieb des Handelsgewerbes.** Zu der Kaufmannseigenschaft muß hinzukommen, daß die Veräußerung oder Verpfändung **im Betrieb des Handelsgewerbes** des Kaufmanns erfolgt. Der Grund hierfür liegt darin, daß anderenfalls kein Anlaß für die Ausweitung des Gutglaubensschutzes besteht; denn wenn der Kaufmann nicht als solcher, sondern als **Privatmann** verfügt, ist die Wahrscheinlichkeit, daß er Verfügungsmacht hat, nicht höher als sonst auch im bürgerlichen Recht. Ob die Verfügung im Betrieb des Handelsgewerbes erfolgt ist, richtet sich nach § 343 f HGB. Nach § 344 wird vermutet, daß die Verfügung zum Betrieb des Handelsgewerbes gehört. Nur auf die Betriebszugehörigkeit der Veräußerung oder Verpfändung kommt es an; daß auch das zugrunde liegende Kausalgeschäft in den Betrieb des Handelsgewerbes fällt, ist weder erforderlich noch ausreichend.[28] Ob die Verfügung zum gewöhnlichen oder zum ordnungsgemäßen Betrieb des Han- **16**

---

[25] Zustimmend *Schmidt* § 23 II 1 a; MünchKomm.-*Welter* § 366 Rdn. 29; *Heymann/Horn* § 366 Rdn. 4; *Glanegger/Ruß* § 366 Rdn. 2; *Straube/Schuhmacher* § 366 Rdn. 4; vgl. auch schon *Martin Wolff* S. 40; *Glaser* DB 1957, 302; **a. A.** *Hueck* ArchBürgR 43 (1919) 451; *Schlegelberger/Hefermehl* § 366 Rdn. 26; *Ebenroth/Boujong/Joost/Stadler* § 366 Rdn. 5; *Pfeiffer/Gounalakis/Heuel* § 10 Rdn. 54.

[26] Das ist ganz h. L., vgl. z. B. *Martin Wolff* S. 40; *Heymann/Horn* § 366 Rdn. 5; MünchKomm.-*Welter* § 366 Rdn. 33; *Ebenroth/Boujong/Joost/Stadler* § 366 Rdn. 3; **a. A.** ohne Begründung *Schlegelberger/Hefermehl* § 366 Rdn. 27.

[27] Vgl. z. B. *Martin Wolff* S. 40; *Schlegelberger/Hefermehl* § 366 Rdn. 27; MünchKomm.-*Welter* § 366 Rdn. 33.

[28] Vgl. *Martin Wolff* S. 40.

delsgewerbes gehört, ist für die tatbestandliche Einschlägigkeit von § 366 ohne Bedeutung, spielt jedoch für die Beurteilung des guten Glaubens eine wesentliche Rolle (vgl. unten Rdn. 48 f und Rdn. 51 ff).

17 Die **Betriebszugehörigkeit** muß nach h. L. **wirklich bestanden** haben; daß der Erwerber irrtümlich an sie geglaubt hat, soll nicht ausreichen.[29] Das trifft zu, sofern der gute Glaube des Erwerbers an die Betriebszugehörigkeit sich nicht auf irgendwelche objektiven Anhaltspunkte stützen kann; denn dann fehlt es an dem erforderlichen Scheintatbestand, auf dem der Schutz des § 366 aufbaut. Hat der Verfügende dagegen dem Erwerber gegenüber erklärt oder konkludent den Eindruck erweckt, daß das Geschäft zum Betrieb seines Handelsgewerbes gehört, und war letzterer insoweit gutgläubig, so wird man § 366 ebenso wie beim Vorspiegeln der Kaufmannseigenschaft und aus den gleichen Gründen wie dort (vgl. oben Rdn. 12) anzuwenden haben.

18 **c) Die Beschränkung von § 366 Abs. 1 auf Veräußerungen und Verpfändungen von fremden beweglichen Sachen.** § 366 findet nicht auf jede Verfügung, sondern nur auf eine **Veräußerung** und eine **Verpfändung** Anwendung. Dem ist die **Zustimmung zur Veräußerung oder Verpfändung durch einen Dritten** gleichzustellen, sofern der Zustimmende Besitzer der Sache ist und die Zustimmung im Betriebe seines Handelsgewerbes erfolgt. Denn es kann insoweit für § 366 nichts anderes gelten als für § 932 BGB, in dessen Rahmen der gute Glaube an das Eigentum des Zustimmenden anerkanntermaßen geschützt wird.[30] Dementsprechend wird nach § 366 der gute Glaube an die Verfügungsbefugnis des Zustimmenden geschützt.

19 Nicht erfaßt ist nach dem Wortlaut von § 366 die **Bestellung eines Nießbrauchs**, obwohl gemäß § 1032 Satz 2 BGB auch bei dieser die Vorschriften über den gutgläubigen Erwerb gelten. Ob das den Verfassern des Gesetzes bewußt war oder ob es sich dabei um eine historisch bedingte, auf die Fassung von Art. 306 ADHGB zurückzuführende Zufälligkeit handelt, ist aus der „Denkschrift" nicht zu entnehmen. Bei objektiver Betrachtung lassen sich jedoch gute Gründe für die enge Fassung des Gesetzes anführen. Denn im Gegensatz zu Veräußerung und Verpfändung gehört die Bestellung eines Nießbrauchs nicht zu den üblichen Geschäften eines Kaufmanns – welcher Kommissionär bestellt schon einen Nießbrauch im Rahmen seines Gewerbebetriebs!? –, und daher ist insoweit die vom Gesetz vorausgesetzte besondere Wahrscheinlichkeit für das Vorliegen der Verfügungsmacht (vgl. oben Rdn. 3) nicht gegeben. § 366 kann daher auf die Nießbrauchsbestellung nicht analog angewandt werden.

20 § 366 gilt weiterhin nur für **bewegliche Sachen**. Demgemäß fallen **Grundstücke** und **Rechte** nicht unter die Vorschrift. Auf **Schiffe** ist § 366 anzuwenden, weil und wenn sich der Eigentumserwerb an ihnen nach den Regeln über bewegliche Sachen vollzieht, also nur, wenn sie nicht im Schiffsregister eingetragen sind.[31] **Inhaberpapiere** werden nach geltendem Recht grundsätzlich wie bewegliche Sachen behandelt, so daß § 366 für sie gilt; man sollte bei ihnen aber auch über den Anwendungsbereich von § 366 hinaus den guten Glauben an die Verfügungsmacht schützen.[32] **Orderpapiere** fallen grundsätzlich nicht unter § 366, da hier durch die Indossamentenkette eine besondere Rechtsscheingrundlage gegeben ist und diese nicht durch § 366 überspielt werden darf;[33] der gute Glaube an die Verfügungsmacht wird daher hier nur dann,

---

[29] Vgl. RG LZ 1929, 778; *Düringer/Hachenburg/Breit* § 366 Anm. 4; *Schlegelberger/Hefermehl* § 366 Rdn. 28; *Heymann/Horn* § 366 Rdn. 28; MünchKomm.-*Welter* § 366 Rdn. 34; *Schmidt* § 23 II 1 d; *Wiegand* JuS 1974, 548.

[30] Vgl. z. B. BGHZ 10, 81; 56, 123.

[31] Vgl. BGHZ 112, 4, 7 f.

[32] Vgl. *Hueck/Canaris* Recht der Wertpapiere[12], § 24 III 1.

[33] Ebenso i. E. *Martin Wolff* S. 40 f; zustimmend fer-

aber – unabhängig vom Vorliegen der Voraussetzungen von § 366 – auch immer dann geschützt, wenn der Verfügende durch ein auf ihn lautendes Namensindossament oder durch ein Blankoindossament legitimiert ist (vgl. oben § 365 Rdn. 22). Bei **Rektapapieren** ist § 366 nicht anwendbar, da sie keine Sachen sind und diesen auch nicht gleichgestellt werden, doch gibt es auch hier in gewissem Umfang einen Schutz des guten Glaubens an die Verfügungsmacht (vgl. oben § 363 Rdn. 89). Bei **Traditionspapieren** gilt § 366 uneingeschränkt, soweit es um den guten Glauben an die Verfügungsmacht *über die Güter* geht (vgl. auch unten Rdn. 78 f), während hinsichtlich des guten Glaubens an die Verfügungsmacht *über das Papier* die jeweils einschlägigen wertpapierrechtlichen Regeln anzuwenden sind (vgl. im übrigen zum gutgläubigen Erwerb mittels Traditionspapieren oben § 363 Rdn. 117 ff).

§ 366 setzt schließlich nach seinem klaren Wortlaut voraus, daß es sich um eine **21 fremde Sache** handelt ("ihm nicht gehörige"). Auf eigene Sachen des Verfügenden kann die Vorschrift grundsätzlich weder unmittelbar noch analog angewandt werden (vgl. näher unten Rdn. 34 ff).

d) **Das Vorliegen der allgemeinen Voraussetzungen des gutgläubigen Erwerbs.** **22** Die Bedeutung von § 366 erschöpft sich darin, die Reichweite des Gutglaubensschutzes auf den guten Glauben an die Verfügungsmacht auszudehnen. Die **übrigen Voraussetzungen des gutgläubigen Erwerbs** bleiben daher unberührt. Folglich kommt es z. B. auch im Rahmen von § 366 auf die Besitzaufgabe des Veräußerers, d. h. hier des Verfügenden an, soweit die §§ 932 ff BGB eine solche fordern.[34] Auch § 935 BGB gilt selbstverständlich uneingeschränkt. Die "Fremdvermutung" von § 4 DepotG schließt die Anwendung von § 366 nicht aus.[35]

e) **Die Scheinermächtigung und ihr Verhältnis zu § 366 Abs. 1.** In **Analogie zu 23 den Regeln über die Scheinvollmacht** ist die Möglichkeit einer Scheinermächtigung anzuerkennen.[36] Denn die Scheinvollmacht ist lediglich ein besonderer Anwendungsfall eines allgemeinen Rechtsprinzips; auch sind Vollmacht und Ermächtigung so eng miteinander verwandt, daß die Regeln über die Scheinvollmacht selbst dann auf Grund einer Einzelanalogie auf die Ermächtigung zu übertragen wären, wenn man sie nicht auf ein allgemeines Rechtsprinzip zurückführen würde. Daher muß der wahre Berechtigte z. B. die Verfügung eines Nichtberechtigten analog § 172 BGB gegen sich gelten lassen, wenn er diesem eine Urkunde über seine Ermächtigung ausgehändigt und diese zwar widerrufen, das Papier aber noch nicht zurückerlangt oder für kraftlos erklärt hat.

Auch die **Regeln über die Duldungs- und Anscheinsvollmacht** sind folgerichtig **24** analog auf eine Scheinermächtigung anzuwenden.[37] Dabei ist allerdings zu beachten, daß man wegen des "objektbezogenen" Charakters der Ermächtigung meist nur mit einer Spezialermächtigung für die jeweilige einzelne Verfügung rechnen kann und daher nicht so schnell wie bei der "personenbezogenen" Vollmacht aus einer wiederholten "Duldung" von Verfügungen des Nichtberechtigten den Schluß ziehen darf, dieser habe auch für weitere Geschäfte Verfügungsmacht. Gleichwohl kann es Fälle geben, in denen die Voraussetzungen einer Duldungs- oder Anscheinsermächtigung

---

ner *Ebenroth/Boujong/Joost/Stadler* § 366 Rdn. 7; anders RGZ 111, 345, 348, wo in einem obiter dictum § 366 neben § 365 angewandt wird.
[34] Vgl. auch *Koller* DB 1972, 1859 f.
[35] Vgl. *Canaris* Bankvertragsrecht² Rdn. 2168; *Schlegelberger/Hefermehl* § 366 Rdn. 50 und 53

a. E.; *Heinsius/Horn/Than* Depotgesetz, 1975, § 4 Rdn. 7 und 14.
[36] Vgl. näher *Canaris* Die Vertrauenshaftung im deutschen Privatrecht, 1971, S. 71 f; offengelassen von BGH WM 1970, 251, 252 unter 2b.
[37] Offengelassen von BGH WM 1970, 251, 252.

vorliegen. Duldet z. B. ein Lieferant von unter Eigentumsvorbehalt stehendem Saatgut längere Zeit hindurch, daß ein Landwirt dieses im eigenen Namen weiterveräußert oder zur Sicherung seiner Gläubiger verwendet, so muß er diese Verfügungen gegenüber gutgläubigen Dritten auch dann gegen sich gelten lassen, wenn ihnen in Wahrheit keine entsprechende Ermächtigung zugrunde lag.

25 Das soeben gebrauchte Beispiel macht zugleich das **Verhältnis der Lehre von der Scheinermächtigung zu § 366** deutlich: Die Regeln über die Scheinermächtigung haben gegenüber § 366 einen eigenständigen Anwendungsbereich. Das zeigt sich schon darin, daß sie nicht die Kaufmannseigenschaft des Verfügenden voraussetzen, wie das Beispiel demonstriert; das gilt auch für eine bloße „Anscheinsermächtigung"; denn zwar muß bei dieser nach richtiger Ansicht der *wahre Berechtigte* Kaufmann sein oder einen kaufmannsähnlichen Betrieb haben,[38] doch kommt es auf die Kaufmannseigenschaft des *Verfügenden* insoweit keinesfalls an. Außerdem finden die Regeln über die Scheinermächtigung – was praktisch wesentlich wichtiger als die Unerheblichkeit der Kaufmannseigenschaft sein dürfte – im Gegensatz zu § 366 nicht nur auf Sachen, sondern auch auf Forderungen Anwendung, was etwa im Rahmen eines verlängerten Eigentumsvorbehalts relevant werden kann.[39]

Liegen freilich die Voraussetzungen von § 366 vor, so sollte man nicht daneben mit einem selbständigen Tatbestand der Scheinermächtigung arbeiten, sondern die dieser zugrunde liegenden Umstände vielmehr im Rahmen von § 366 fruchtbar machen und sie bei der Beurteilung der an den guten Glauben zu stellenden Anforderungen verwerten. Hat also z. B. ein Eigentumsvorbehaltsverkäufer längere Zeit geduldet, daß sein Abkäufer das Vorbehaltsgut pflichtwidrig auch zu Sicherungszwecken verwendet hat, so sollte man die Wirksamkeit der Verfügungen nicht auf eine Analogie zu den Regeln über die Duldungsvollmacht stützen, sondern statt dessen § 366 anwenden und hier auf Grund der in der Duldung liegenden besonderen Umstände den guten Glauben des Sicherungsnehmers entgegen den sonst gelten Grundsätzen (vgl. unten Rdn. 67ff) ausnahmsweise bejahen. Zwar beruht § 366 an sich auf der Formalisierung und Generalisierung bestimmter Rechtsscheintatbestände (vgl. auch oben Rdn. 3), während die Regeln über die Scheinvollmacht schon die Bejahung eines Scheintatbestandes und nicht erst die Frage des guten Glaubens von einer Würdigung der Umstände des Einzelfalles abhängig machen, doch ist dieser Unterschied nicht so schwerwiegend, daß man deshalb die Scheinermächtigung und die Anwendung von § 366 streng voneinander trennen müßte; das gilt um so mehr, als die in § 366 enthaltene Generalisierung ohnehin durch den Schutzzweck der Vorschrift nicht voll gedeckt wird (vgl. oben Rdn. 3) und daher mit Hilfe der an den guten Glauben zu stellenden Anforderungen teilweise korrigiert werden muß (vgl. unten Rdn. 40ff). Eigenständige Bedeutung hat daher die analoge Anwendung der Regeln über die Scheinvollmacht nur dann, wenn die tatbestandlichen Voraussetzungen von § 366 Abs. 1 nicht gegeben sind, also z. B. der Verfügende kein Kaufmann ist, das Geschäft nicht zum Betriebe seines Handelsgewerbes gehört oder Gegenstand der Verfügung keine Sache ist.

3. Die Reichweite des Gutglaubensschutzes

26 **a) Der Schutz des guten Glaubens an die Verfügungsbefugnis und das Erfordernis ihrer Erteilung durch Rechtsgeschäft.** Verfügungsbefugnis i. S. von § 366 ist

---

[38] Vgl. *Canaris* (Fn. 36) S. 48ff und S. 191ff m. Nachw.   [39] Vgl. dazu näher *Canaris* NJW 1981, 254f.

die **Befugnis zu Verfügungen im eigenen Namen**.⁴⁰ Das Musterbeispiel, das für die Schaffung von § 366 eine wesentliche Rolle gespielt hat (vgl. oben Rdn. 2), ist der Kommissionär. § 366 ist jedoch nicht auf bestimmte Arten von Kaufleuten beschränkt, sondern gilt für **jede rechtsgeschäftliche Verfügungsmacht** unabhängig davon, ob sie dem betreffenden Kaufmann typischerweise erteilt zu werden pflegt oder nicht (vgl. oben Rdn. 3). Ist freilich die Erteilung einer Verfügungsermächtigung nicht verkehrsüblich oder gar geradezu atypisch, sind an den guten Glauben verschärfte Anforderungen zu stellen (vgl. unten Rdn. 40 f, 43).

Der gute Glaube an eine **Genehmigung** oder an den **Eintritt einer der anderen Voraussetzungen von § 186 Abs. 2 BGB** wird nach § 366 grundsätzlich nur dann und immer dann geschützt, wenn er zu dem Zeitpunkt vorliegt, auf den die §§ 932 ff BGB für die Gutgläubigkeit abstellen.⁴¹ Im Falle von § 932 Abs. 1 Satz 1 BGB und von § 933 BGB muß der gute Glaube somit bei der Übergabe gegeben gewesen sein, im Fall von § 934 1. Alternative BGB bei der Abtretung des Herausgabeanspruchs usw. Erwirbt jemand also z. B. bösgläubig eine unter Eigentumsvorbehalt stehende Sache durch Besitzkonstitut – also etwa zur Sicherheit – und behauptet der Veräußerer anschließend eine Genehmigung des wahren Berechtigten, so erlangt der Erwerber das Eigentum zwar nicht, solange er den Besitz beim Veräußerer beläßt, wohl aber, wenn er sich die Sache gemäß § 933 BGB übergeben läßt und sich zu dieser Zeit nicht in bösem Glauben befindet. 27

Eine andere Frage ist, ob der wahre Berechtigte an eine ihm selbst zuzurechnende **Scheingenehmigung** gebunden ist. Das ist nach allgemeinen Rechtsscheinregeln grundsätzlich zu bejahen, ohne daß es auf eine besondere Disposition des Erwerbers wie z. B. die Besitzerlangung ankommt.⁴² Freilich wird dieser Fall nur selten praktisch werden; denn in aller Regel liegt entweder eine echte rechtsgeschäftliche Genehmigung vor oder es fehlt an den Zurechenbarkeitsvoraussetzungen auf Seiten des wahren Berechtigten. 28

Nach dem Wortlaut von § 366 Abs. 1 könnte das **Verwertungsrecht des Pfandgläubigers** unter diese Vorschrift fallen, und auch dogmatisch scheint diese zu passen, da es sich um eine auf rechtsgeschäftlicher Grundlage beruhende Verfügungsbefugnis handelt. Indessen besteht hier für eine Anwendung von § 366 weder Raum noch Bedürfnis, weil gutgläubige Erwerber bereits nach § 1244 BGB gegenüber dem Fehlen der Verwertungsbefugnis geschützt werden – und zwar im Gegensatz zu § 366 HGB unabhängig davon, ob der Pfandgläubiger Kaufmann ist oder nicht. § 366 erweitert diesen Gutglaubensschutz nicht. Insbesondere vermag § 366 nicht die zwingenden Minimalvoraussetzungen für die Wirksamkeit des gutgläubigen Erwerbs einer Pfandsache gemäß § 1244 a. E. i. V. m. §§ 1235, 1240 Abs. 2 BGB zu überwinden.⁴³ Das ergibt sich schon daraus, daß es insoweit nicht um die Voraussetzungen der Verfügungsbefugnis, sondern um einen Mangel des Veräußerungsgeschäfts selbst geht und daß bezüglich eines solchen nach geltendem Recht ein Gutglaubensschutz grundsätzlich nicht in Betracht kommt. Außerdem und vor allem paßt § 366 seiner ratio legis nach hier nicht; denn die Tatsache, daß der Pfandgläubiger ein Kaufmann 29

---

⁴⁰ H.L., vgl. z. B. RG LZ 1922, 288, 289; *Schlegelberger/Hefermehl* § 366 Rdn. 31.
⁴¹ Vgl. auch *Martin Wolff* S. 42 f; *Schlegelberger/Hefermehl* § 366 Rdn. 31; MünchKomm.-*Welter* § 366 Rdn. 37.
⁴² Vgl. *Canaris* Die Vertrauenshaftung im deutschen Privatrecht, 1971, S. 72 f, 512 f.
⁴³ Das ist ganz h. L., vgl. z. B. *Jacobi* ZHR 88, 269 ff; *Düringer/Hachenburg/Breit* § 366 Anm. 8 a. E.; *Schlegelberger/Hefermehl* § 366 Rdn. 47; *Baumbach/Hopt* § 366 Rdn. 3; **a. A.** *Martin Wolff* S. 43 f.

ist, schafft in keiner Weise einen Rechtsschein dafür, daß die zwingenden Minimalvoraussetzungen des Pfandverkaufs gewahrt sind. Der Erwerber wird daher z. B. nicht geschützt, wenn er irrtümlich an die Öffentlichkeit der Versteigerung geglaubt oder wenn er gar die Öffentlichkeit für überflüssig gehalten hat; erst recht schützt § 366 nicht das Vertrauen des Ersteigerers auf die Institution der öffentlichen Versteigerung als solche oder auf das korrekte Verhalten der pfändenden Behörde.[44]

30 Auch auf das **Verwertungsrecht des Zurückbehaltungsberechtigten** gemäß § 371 HGB findet folgerichtig nicht § 366, sondern nur § 1244 BGB Anwendung.[45]

31 Dagegen will die h. L. § 366 auf die gesetzliche Befugnis zur Veräußerung fremder Sachen auf Grund eines **Notverkaufsrechts** anwenden.[46] Solche Rechte bestehen vor allem bei **Annahmeverzug** des Gläubigers gemäß §§ 383 BGB, 373, 389 HGB, bei **Ablieferungshindernissen im Frachtrecht** gemäß § 419 Abs. 3 Satz 3 HGB und beim **Fund** gemäß §§ 966, 979 BGB. Liegen hier die Voraussetzungen für einen Verkauf nicht vor, war also z. B. in Wahrheit kein Annahmeverzug, keine Gefahr des Verderbs usw. gegeben, so besteht in der Tat ein Bedürfnis für einen Gutglaubensschutz. Für diesen ist jedoch entgegen der h. L. die Vorschrift des § 366 nicht das geeignete Mittel. Denn die Kaufmannseigenschaft schafft keine Wahrscheinlichkeit und keinen Rechtsschein dafür, daß die Voraussetzungen des Notverkaufsrechts gegeben sind, und daher paßt § 366 seiner ratio legis nach nicht.

Die Problematik liegt vielmehr grundsätzlich ebenso wie bei einer unberechtigten Pfandverwertung und ist daher folgerichtig durch **analoge Anwendung von § 1244 BGB** zu lösen. Für den Fund entspricht das der h. L. im Sachenrecht.[47] Für die übrigen Fälle des Notverkaufsrechts kann nichts anderes gelten.[48] Praktisch bedeutet das vor allem, daß ein Gutglaubensschutz auch dann möglich ist, wenn der Veräußerer kein Kaufmann ist – was in der Tat allein sachgerecht erscheint. Auch sonst ist der Schutz derselbe wie bei der unberechtigten Pfandverwertung. Überwunden werden daher nur solche Mängel, die die Voraussetzungen des Notverkaufsrechts betreffen, nicht aber auch Mängel, die sich auf die Art und Weise des Verkaufs beziehen; insbesondere gibt es keinen Gutglaubensschutz, sofern der Notverkauf nur im Wege der öffentlichen Versteigerung zulässig und das Erfordernis der Öffentlichkeit nicht erfüllt ist (vgl. oben Rdn. 29 a. E.).

32 Auch auf **sonstige Fälle einer gesetzlichen Verfügungsbefugnis** will die h. L. § 366 anwenden.[49] Das entspricht in der Tat dem Wortlaut des Gesetzes, da § 366 von Verfügungsbefugnis schlechthin spricht und nicht auf den guten Glauben an eine auf Rechtsgeschäft beruhende Verfügungsbefugnis beschränkt ist. Mit der ratio legis von § 366 ist die h. L. jedoch unvereinbar. Denn die Wahrscheinlichkeit des Bestehens der Verfügungsmacht, an die § 366 anknüpft (vgl. oben Rdn. 3) wird durch die Kaufmannseigenschaft und die Betriebszugehörigkeit der Verfügung bei einer auf Gesetz beruhenden Verfügungsmacht in keiner Weise erhöht, da Kaufleute zwar eher als Nichtkaufleute eine rechtsgeschäftliche Verfügungsbefugnis besitzen, bezüglich einer

---

[44] Vgl. BGHZ 119, 75, 93.
[45] Vgl. auch *Schlegelberger/Hefermehl* § 371 Rdn. 16; a. A. Martin Wolff aaO S. 44 und 113 und wohl auch *Düringer/Hachenburg/Hoeniger* § 371 Anm. 5.
[46] Vgl. *Martin Wolff* S. 44f; *Baumbach/Hopt* § 366 Rdn. 5; *Heymann/Horn* § 366 Rdn. 15; mit Einschränkungen auch *Ebenroth/Boujong/Joost/Stadler* § 366 Rdn. 9; mit Bezug auf § 80 IX EVO a. F. auch OGHZ 3, 195, 196 und BGHZ 2, 37, 49.
[47] Vgl. nur *Staudinger/Gursky*[13] § 966 Rdn. 6 m. Nachw.
[48] Zustimmend *Koller/Roth/Morck* § 366 Rdn. 4.
[49] Vgl. RG BankArch. 1912, 250, 251; *Düringer/Hachenburg/Breit* § 366 Anm. 6; *Schlegelberger/Hefermehl* § 366 Rdn. 31 a. E.; offengelassen von BGHZ 119, 75, 92.

gesetzlichen Verfügungsbefugnis aber keine Sonderstellung genießen. § 366 ist daher entgegen der h. L. im Wege einer teleologischen Reduktion auf den guten Glauben an eine rechtsgeschäftliche Verfügungsbefugnis zu beschränken.

Auch auf den guten Glauben an eine **Verfügungsmacht kraft Amtes** ist § 366 Abs. 1 **33** nicht anzuwenden, weil auch insoweit jeder innere Zusammenhang mit der Kaufmannseigenschaft des Verfügenden fehlt. Einen Gutglaubensschutz gibt es hier daher nur im Rahmen etwaiger Sonderregelungen. So greift bei einem Erwerb von einem **Testamentsvollstrecker** § 2368 Abs. 3 i. V. m. §§ 2366f BGB ein, sofern der Verfügende ein Testamentsvollstreckerzeugnis besitzt; gegenüber einem nachträglichen Erlöschen des Amtes versagt dieser Schutz allerdings wohl gemäß § 2368 Abs. 3 Halbs. 2 BGB, doch ist es nicht Aufgabe von § 366 Abs. 1, dies zu korrigieren. Auch gegenüber dem Erlöschen des Amtes als **Insolvenzverwalter** dürfte es keinen Gutglaubensschutz geben; hält man diesen dennoch für geboten, so gilt auch hier wieder, daß es jedenfalls nicht die Funktion von § 366 ist, ihn zu gewährleisten.

Unanwendbar ist § 366 Abs. 1 ferner bei **gesetzlichen Verfügungsbeschränkungen** **34** bezüglich des eigenen Vermögens. Das entspricht dem Wortlaut der Vorschrift, da diese nur für dem Verfügenden „nicht gehörige" Sachen gilt. Die Verfügungsbeschränkungen bei **Eröffnung des Insolvenzverfahrens** gemäß § 81 InsO und bei **Nachlaßverwaltung** gemäß § 1984 BGB können daher nicht durch § 366 Abs. 1 überwunden werden.[50] Das ergibt sich schon aus dem Wortlaut der Vorschrift, da diese sich nur auf eine dem Verfügenden „nicht gehörige" Sache bezieht. Es folgt außerdem und vor allem aber auch daraus, daß es in den fraglichen Fällen nicht einmal einen gutgläubigen Erwerb nach §§ 932ff BGB und also erst recht keinen solchen nach § 366 HGB gibt.

Das gleiche gilt nach herrschender und richtiger Ansicht für die **güterrechtlichen** **35** **Verfügungsbeschränkungen** der §§ 1365, 1369 BGB.[51] Denn auch hier handelt es sich um absolute Verfügungsbeschränkungen ohne Gutglaubensschutz, so daß es an einer Grundlage für die Anwendung von § 366 fehlt. Veräußert oder verpfändet also z. B. ein Kaufmann einen ihm gehörenden Haushaltsgegenstand im Betrieb seines Handelsgewerbes ohne die nach § 1369 BGB erforderliche Einwilligung seines Ehegatten, so wird der gutgläubige Erwerber nicht nach § 366 geschützt. Gibt ein Ehegatte dagegen einen Haushaltsgegenstand einem Kommissionär und veräußert dieser ihn, so gilt § 366 – und zwar unmittelbar.[52] Denn insoweit geht es nicht um den Schutz des guten Glaubens an das Fehlen güterrechtlicher Verfügungsbeschränkungen als solchen, sondern ganz allgemein um den Schutz des guten Glaubens an die Verfügungsmacht eines Kommissionärs; aus welchem Grund diese nicht gegeben ist – ob wegen völligen Fehlens einer Ermächtigung oder wegen deren Unwirksamkeit –, spielt für die Anwendung von § 366 keine Rolle.

Einen gewissen Gutglaubensschutz bieten allerdings auch gegenüber den Verfügungsbeschränkungen des ehelichen Güterrechts die allgemeinen Regeln der Rechtsscheinhaftung.[53] Dies ist jedoch ein Problem des Bürgerlichen Rechts und nicht des Handelsrechts und schon gar nicht des § 366.

---

[50] Das ist ganz h. L., vgl. z. B. *Martin Wolff* S. 46; *Schlegelberger/Hefermehl* § 366 Rdn. 45 und 46; MünchKomm.-*Welter* § 366 Rdn. 40 a. E.
[51] Vgl. *Lorenz* JZ 1959, 109; *Rittner* FamRZ 1961, 194; *Lutter* AcP 164 (1964) 127ff; *Schlegelberger/ Hefermehl* § 366 Rdn. 45; *Koller/Roth/Morck* § 366 Rdn. 4; a. A. *Bärmann* AcP 157 (1958/59)
161; MünchKomm.-*Welter* § 366 Rdn. 40; vgl. auch schon *Martin Wolff* S. 46f.
[52] So mit Recht *Rittner* FamRZ 1961, 194; Fn. 114 gegen *Boehmer* FamRZ 1959, 5.
[53] Vgl. näher *Canaris* Die Vertrauenshaftung im deutschen Privatrecht, 1971, S. 79ff, 126f m. Nachw.

36 Auch wenn die Verfügungsbeschränkung grundsätzlich nach den Vorschriften über den gutgläubigen Erwerb überwunden werden kann wie z. B. bei einem **relativen Verfügungsverbot gemäß § 135 BGB**, ist § 366 nicht analog anwendbar.[54] Der gute Glaube kann sich hier nämlich nur auf das Vorliegen einer Zustimmung des durch das Verfügungsverbot Geschützten beziehen, und insoweit fehlt es an jeder Rechtsscheinsgrundlage. Denn es kann keine Rede davon sein, daß Kaufleute eher als Nichtkaufleute die Befugnis zur Mißachtung eines – gegen sie selbst gerichteten! – Verfügungsverbots erhalten. Darüber hinaus setzt hier nicht einmal der Besitz einen Rechtsschein, da dieser bei einem relativen Verfügungsverbot üblicherweise nicht etwa auf den Geschützten übertragen wird und somit keine Rückschlüsse auf dessen Zustimmung erlaubt. Die Interessenlage unterscheidet sich daher so stark von der im Normalfall des § 366 gegebenen Situation, daß eine Analogie nicht in Betracht kommt. Das gilt auch dann, wenn das Gesetz wie z. B. in § 135 Abs. 2 BGB ausdrücklich auf die Vorschriften zugunsten derjenigen, welche Rechte von einem Nichtberechtigten herleiten, verweist; das kann sich nach dem Gesagten sinnvoller Weise nicht auf § 366 beziehen.

37 **b) Die Unanwendbarkeit von § 366 auf das Fehlen der Vertretungsmacht.** Zu den meist diskutierten und umstrittensten Problemen im Zusammenhang des § 366 Abs. 1 gehört die Frage, ob die Vorschrift auf das Fehlen der Vertretungsmacht anzuwenden ist. Das wird von einer verbreiteten Ansicht bejaht.[55] Das scheint dem **Wortlaut** des Gesetzes zu widersprechen, da im Privatrecht grundsätzlich terminologisch strikt zwischen Verfügungs- und Vertretungsmacht unterschieden wird, doch hat dieses Argument wenig Gewicht, da der Sprachgebrauch des HGB in dieser Hinsicht nicht immer präzise ist (vgl. z. B. § 56 HGB, wo „ermächtigt" als gleichbedeutend mit „bevollmächtigt" gebraucht wird). In Betracht kommt somit allenfalls eine **Analogie** zu § 366 Abs. 1. Für eine solche lassen sich vor allem die **Gesetzesmaterialien** anführen, da in der „Denkschrift" die Verfügung „im Namen des Eigentümers" der Verfügung im eigenen Namen ohne weiteres gleichgestellt und die Anwendbarkeit von § 366 auf die Verfügung eines Handlungsagenten „im Namen des Geschäftsherrn" ausdrücklich bejaht wird (vgl. das Zitat oben Rdn. 2).

Gleichwohl ist die Analogie im Einklang mit der – inzwischen wohl wieder überwiegenden – Gegenansicht abzulehnen,[56] da sie mit der **teleologischen Struktur von § 366 Abs. 1** und der **Interessenlage** unvereinbar ist. Für die Analogie wird vor allem angeführt, daß der Verkehr oft nicht genau zwischen Handeln im eigenen und Handeln im fremden Namen unterscheide und daß die Abgrenzung praktisch schwierig sei. Das ist indessen schon in sich selbst unschlüssig, weil sich meist aus der Berufsstellung des Verfügenden ohne weiteres entnehmen läßt, ob dieser im eigenen oder im fremden Namen handelt;[57] so handeln Kommissionäre und Verkäufer von unter Eigentumsvorbehalt stehenden Waren typischerweise im eigenen Namen, Handelsvertreter dagegen typischerweise im fremden Namen (was ja z. T. geradezu zur

---

[54] A. A. Martin *Wolff* S. 46.
[55] Vgl. *Langner* LZ 1929, 1245 ff; *Lux* S. 62 ff; *Glaser* DB 1957, 301 f; *Düringer/Hachenburg/Breit* § 366 Anm. 6 a. E., 7 und 8 a. E.; *Schmidt* § 23 III (der sogar eine unmittelbare Anwendung befürwortet); *Schlegelberger/Hefermehl* § 366 Rdn. 32; *Baumbach/Hopt* § 366 Rdn. 5; *Heymann/Horn* § 366 Rdn. 16; *Röhricht/Graf von Westphalen/Wagner* § 366 Rdn. 16; Münch.-Komm.-*Welter* § 366 Rdn. 42; *Ogris* S. 100 ff.
[56] Vgl. *Martin Wolff* S. 41 f; *Wiegand* JuS 1974, 548; *Medicus* BürgR[19] Rdn. 567; *Tiedtke* S. 229 ff; *M. Reinicke* AcP 189 (1989) 100 ff; *J. Hager* S. 414 Fn. 151; *von Olshausen* JZ 1998, 720; *Pfeiffer/Gounalakis/Heuel* § 10 Rdn. 66 ff; *Oetker* Handelsrecht[3] § 7 E I 3; *Ebenroth/Boujong/Joost/Stadler* § 366 Rdn. 10; *Koller/Roth/Morck* § 366 Rdn. 2 a. E.; *Straube/Schuhmacher* § 366 Rdn. 9.
[57] Daß sich Gegenbeispiele bilden lassen, ändert entgegen *Schmidt* § 23 III 1 b nichts an diesem Befund.

Begriffsbestimmung gehört, vgl. § 383 HGB einerseits, § 84 HGB andererseits). Außerdem ist bei Handeln im fremden Namen der mit der Kaufmannseigenschaft verbundene Scheintatbestand i.d.R. wesentlich schwächer. Denn während z.B. ein Kommissionär typischerweise Verfügungsmacht hat, ist das Vorliegen von Vertretungsmacht für einen Handelsvertreter keineswegs in gleichem Maße typisch, da er schon nach der Definition des § 84 HGB auch bloßer Vermittlungsvertreter sein kann und im übrigen auch durch das Handeln im fremden Namen zeigt, daß er einer zusätzlichen Legitimation durch den wahren Berechtigten – nämlich hinsichtlich des Verpflichtungsgeschäfts – bedarf; das Standardbeispiel der Befürworter der Analogie, daß jemand einen bloßen Vermittlungsvertreter für einen Abschlußvertreter hält, wirft darauf ein bezeichnendes Licht: im Bereich des Handelns im fremden Namen gibt es eben typischerweise sowohl Personen mit als auch Personen ohne Vertretungsmacht, so daß die Kaufmannseigenschaft hier keine Rückschlüsse auf die Befugnisse zuläßt. Außerdem hätte die Regelung des § 75h HGB über den Schutz des guten Glaubens an die Vertretungsmacht von Handlungsgehilfen wenig Sinn, wenn schon § 366 Abs. 1 HGB eingriffe. Hinzukommt schließlich, daß der Dritte dem Vertretenen die Sache ohnehin nach § 812 BGB wegen der Unwirksamkeit des Verpflichtungsgeschäfts im Wege der **Leistungskondiktion** herausgeben müßte und die analoge Anwendung von § 366 Abs. 1 hier daher im praktischen Ergebnis nur verhältnismäßig unbedeutende Auswirkungen hätte, wohingegen das Kausalgeschäft in den Fällen fehlender Verfügungsmacht typischerweise intakt und der gutgläubige Erwerb demgemäß endgültig ist.

Der Versuch, die **Kondiktionsfestigkeit des Erwerbs nach § 366 HGB in den Fällen fehlender Vertretungsmacht** mit Hilfe des Anspruchs aus § 179 Abs. 1 BGB zu begründen,[58] hält der Kritik nicht stand. In einigen Fällen versagt er schon in praktischer Hinsicht – so z.B., wenn der Dritte gegen den falsus procurator nicht den Erfüllungsanspruch aus § 179 Abs. 1, sondern nur den Anspruch auf das negative Interesse nach § 179 Abs. 2 BGB hat oder wenn er zwar gutgläubig i.S. von § 366 HGB i.V. mit § 932 Abs. 2 BGB, nicht aber i.S. von § 179 Abs. 3 BGB ist. Vor allem aber werden durch diese Konstruktion dogmatisch die Grenzen des Bereicherungsrechts gesprengt. Rechtsgrund für die Übereignung ist nämlich bei Handeln im fremden Namen zweifellos der Vertrag mit dem Vertretenen, da dieser ja aus der Sicht des Dritten Vertragspartner wird (und ein etwaiger „Zurechnungsmangel" durch die Anwendung von § 366 HGB auf das dingliche Geschäft gerade entfiele). Sähe man nun plötzlich den gesetzlichen Anspruch aus § 179 Abs. 1 BGB gegen den falsus procurator als Rechtsgrund im Verhältnis zum Vertretenen (!) an, so käme man zu einer *Auswechslung des Rechtsgrundes und der zugehörigen Partei*, die im geltenden Recht eine völlig systemfremde Singularität darstellen würde. Ebensowenig läßt sich insoweit § 366 HGB selbst als gesetzlicher Rechtsgrund heranziehen;[59] denn diese Konstruktion ist nur gegenüber einer Nichtleistungskondiktion tragfähig, nicht dagegen gegenüber einer Leistungskondiktion,[60] um die es hier geht. Die – ohnehin komplizierten – Grundlagen der bereicherungsrechtlichen Dogmatik durch systemwidrige

38

---

[58] Vgl. *Karsten Schmidt* JuS 1987, 939 und Handelsrecht § 23 III 2; gegen ihn eingehend *M. Reinicke* AcP 189 (1989) 94ff; kritisch auch *Raisch* Festschr. für Hagen S. 456f, 465f, der freilich die – sich eigentlich aufdrängende – Konsequenz, daß die Anwendung von § 366 Abs. 1 HGB auf die Fälle fehlender Vertretungsmacht abzulehnen ist, nicht ausdrücklich zieht.

[59] So aber *Schmidt* § 23 III 2 mit Fn. 51, jedoch ohne Auseinandersetzung mit den Rechtsgrundtheorien.

[60] Vgl. eingehend *Larenz/Canaris* SchuldR II/2¹³ § 67 I 2a und III.

Ausnahmen zu durchbrechen, bietet das – im Grunde ziemlich periphere – Problem der Anwendung von § 366 Abs. 1 HGB auf die Vertretung ohne Vertretungsmacht nicht den geringsten Anlaß.

Das gilt umso mehr, als auch kein hinreichendes praktisches Bedürfnis für die Anwendung von § 366 Abs. 1 HGB besteht, da die Regeln über die Scheinvollmacht und das Bestätigungsschreiben sowie die §§ 75h, 91a HGB die wesentlichen Fälle erfassen. Warum soll denn z. B. jemand, der von einem Handelsmakler (!) einen einem Dritten gehörenden Gebrauchtwagen kauft, gutgläubig konditionsfestes Eigentum erwerben, wenn er weiß, daß der Wagen nicht dem Makler gehört, dieser jedoch wahrheitswidrig eine Verkaufsvollmacht des Eigentümers zu haben behauptet?![61] Handelsmakler haben sowohl nach dem gesetzlichen Leitbild des § 93 HGB als auch nach der typischen Realität des Wirtschaftslebens eben gerade keine Vollmacht, und daher verdient das Vertrauen auf deren Vorliegen nicht schon allein auf Grund ihrer beruflichen Stellung Schutz, sondern allenfalls bei Hinzutreten besonderer Umstände, also nach den Regeln über die Duldungs- und die Anscheinsvollmacht; sogar wenn der Handelsmakler im eigenen Namen auftreten und der Dritte an seine Verfügungsmacht glauben würde, wäre ja Vorsicht geboten und häufig Bösgläubigkeit anzunehmen (vgl. oben Rdn. 3).

4. Der gute Glaube und die dafür maßgeblichen Umstände

39 a) *Das Verhältnis von § 366 zu §§ 932ff BGB.* § 366 hat **Ergänzungsfunktion gegenüber §§ 932ff BGB** und steht daher neben diesen Vorschriften. Da auch im Rahmen von § 366 nicht der Erwerber seinen guten Glauben, sondern der andere Teil den bösen Glauben behaupten und erforderlichenfalls beweisen muß, ist § 366 vom Gericht grundsätzlich auch dann zu prüfen und gegebenenfalls anzuwenden, wenn der Erwerber sich nicht auf seinen guten Glauben an die Verfügungsmacht berufen, sondern nur vorgetragen hat, daß er die Sache von einem Kaufmann im Betriebe seines Handelsgeschäfts erworben habe.[62] Es stellt auch keinen logischen Widerspruch dar und ist keineswegs von vornherein unglaubwürdig, wenn der Erwerber bei der Replik auf den Vorwurf der Bösgläubigkeit vorbringt, er habe geglaubt, der Veräußerer sei Eigentümer, zumindest aber Verfügungsberechtigter.[63] Selbstverständlich ist daher das Gericht nicht gehindert, die Frage des guten Glaubens an das Eigentum offen zu lassen bzw. insoweit Bösgläubigkeit zu unterstellen, sofern die Voraussetzungen von § 366 HGB vorliegen und die Vermutung des guten Glaubens an die Verfügungsmacht nicht widerlegt ist.[64]

40 Die Regeln über den guten Glauben sind im Rahmen von § 366 grundsätzlich dieselben wie im Rahmen von §§ 932ff BGB und brauchen daher hier nicht näher dargestellt zu werden; das gilt z. B. für die Definition der groben Fahrlässigkeit, die Relevanz von Rechtsirrtümern oder die Problematik eines Gutglaubenserwerbs durch Stellvertreter und sonstige Mittelspersonen. In einer Frage kommt es indessen zu wesentlichen Unterschieden: im Rahmen von § 366 gelten **andere Anforderungen an den guten Glauben als im Rahmen von §§ 932ff BGB.** Das ergibt sich aus der unterschiedlichen Richtung des guten Glaubens und der daraus folgenden Unterschiedlichkeit der Interessenlage. Diese ist gekennzeichnet durch die Schwäche des Rechts-

---

[61] So das Beispiel von *Karsten Schmidt* § 23 III 2.
[62] Zu eng daher BGH WM 1966, 678 unter 2 und LM Nr. 4 zu § 366 HGB unter I 4b.
[63] Vgl. auch RG WarnRspr. 1932 Nr. 150 S. 311; BGH LM Nr. 4 zu § 366 HGB unter I 4a; LM aaO Nr. 5 = WM 1959, 533.
[64] Vgl. BGH LM Nr. 5 zu § 366 HGB = WM 1959, 533.

scheins und die Evidenz der Interessenbindung des Verfügenden (vgl. näher oben Rdn. 1 Abs. 2). Außerdem ist die tatbestandliche Fassung von § 366 durch die ratio legis nicht voll gedeckt, was zu Korrekturen mit Hilfe der an den guten Glauben zu stellenden Anforderungen führen muß (vgl. oben Rdn. 3 und 4). Folglich spielen hier Umstände eine Rolle, die im Rahmen von § 932 BGB fast oder völlig bedeutungslos sind. So kommt es z. B. für § 932 BGB nicht oder allenfalls in Ausnahmefällen darauf an, ob der Erwerber annehmen darf, daß die Veräußerung im Rahmen eines ordnungsgemäßen Geschäftsgangs erfolgt, wohingegen diese Frage für § 366 von ausschlaggebender Bedeutung ist; das gleiche gilt etwa für die Frage, ob die Veräußerung zu Umsatzzwecken oder lediglich zu Sicherungszwecken erfolgt. Im folgenden sind daher die wichtigsten Umstände, die typischerweise für die Ermittlung des guten Glaubens bei § 366 eine Rolle spielen, näher darzustellen.

Dabei muß man sich darüber im klaren sein, daß es der Sache nach zumindest teilweise um **Korrekturen der zu weiten Gesetzesfassung** geht. Nicht selten verschleift sich nämlich die Grenzziehung zwischen dem objektiven Erfordernis zusätzlicher Rechtsscheinsgrundlagen einerseits und dem subjektiven Merkmal des guten Glaubens andererseits. Auch die starre Beweislastregelung bleibt im praktischen Ergebnis nicht immer unberührt. Denn wenn bei bestimmten Fallkonstellationen ein Gutglaubensschutz trotz Vorliegens der Voraussetzungen von § 366 in aller Regel abgelehnt wird, so kommt das der Aufnahme neuer ungeschriebener Tatbestandsmerkmale und einer entsprechenden Änderung der Behauptungs- und Beweislast sehr nahe (vgl. z. B. unten Rdn. 43, 49 Abs. 2, 67). Eine unzulässige Korrektur des Gesetzes liegt darin jedoch nicht, weil (und soweit) die betreffenden Anforderungen teleologisch legitimiert sind. Auch gelten sie immer nur für den Regelfall und lassen daher die Möglichkeit einer abweichenden Entscheidung in Ausnahmefällen unberührt. Aus diesem Grunde handelt es sich letztlich in der Tat nur um typisierte Anforderungen an den guten Glauben nach Art des prima-facie-Beweises und nicht um ungeschriebene Tatbestandsvoraussetzungen von § 366. **41**

b) Die Bedeutung der beruflichen Stellung des Verfügenden. Das klassische Beispiel für die Anwendung von § 366, das schon den Verfassern der „Denkschrift" vor Augen stand (vgl. das Zitat oben Rdn. 2), ist der Eigentumserwerb von einem **Kommissionär**. Hierbei darf der Verkehr in der Tat grundsätzlich vom Bestehen von Verfügungsmacht ausgehen, weil diese dem Kommissionär berufstypisch zukommt. Daher paßt hier das Modell des § 366, wonach der Besitz der Sache, die Kaufmannseigenschaft und die Betriebsbezogenheit des Geschäfts in ihrem Zusammenwirken den Rechtsschein der Verfügungsmacht setzen (vgl. oben Rdn. 2), grundsätzlich ohne weiteres. Freilich gilt dies nur für den Erwerb des Eigentums uneingeschränkt, nicht aber auch für den Erwerb eines Vertragspfandrechts, weil ein Kommissionär zu dessen Bestellung typischerweise allenfalls unter besonderen Voraussetzungen befugt ist (vgl. oben Rdn. 4 und unten Rdn. 70). **42**

Das klarste Gegenbeispiel stellt der Erwerb von einem **Spediteur, Frachtführer** oder **Lagerhalter** dar. Für diese ist es nämlich genau umgekehrt berufstypisch, daß sie keine Ermächtigung zur Veräußerung der ihnen anvertrauten Sachen besitzen. Daraus folgt freilich nicht, daß § 366 Abs. 1 auf sie auf Grund einer teleologischen Reduktion überhaupt nicht anzuwenden ist; denn der Gesetzgeber hat nun einmal § 366 nicht auf bestimmte Arten von Kaufleuten beschränkt, sondern die Möglichkeit der Verfügungsmacht typisierend bei allen unterstellt (vgl. oben Rdn. 3). Wohl aber ergibt sich daraus, daß bei diesen Kaufleuten i. d. R. nicht schon allein aus dem Besitz an der Sache, der Kaufmannseigenschaft und der Betriebszugehörigkeit des Geschäfts auf die **43**

§ 366   Viertes Buch. Handelsgeschäfte

Möglichkeit gutgläubigen Erwerbs geschlossen werden kann. Zum Nachweis des bösen Glaubens genügt daher hier nach den Grundsätzen über den prima-facie-Beweis schon der Umstand, daß der veräußernde Kaufmann ein Spediteur, Frachtführer oder Lagerhalter war; denn da deren typische Aufgabe in der Beförderung bzw. Einlagerung der Sachen und gerade nicht in der Veräußerung besteht, hat der Erwerber grundsätzlich allen Anlaß zu Mißtrauen und muß sich eine angebliche Verfügungsmacht näher dartun lassen. Ihm obliegt es daher, besondere Umstände vorzutragen, auf Grund derer er ausnahmsweise doch an die Verfügungsmacht glauben durfte. Dabei handelt es sich zwar dogmatisch lediglich um die Erschütterung des prima-facie-Beweises und nicht um eine echte Umkehrung der Beweislast, doch unterscheidet sich die Rechtslage im praktischen Ergebnis von einer solchen nur unwesentlich.

Ein Sonderproblem stellt der gute Glaube an ein Notverkaufsrecht des Spediteurs, Frachtführers oder Lagerhalters dar. Hier besteht zwar in der Tat ein Bedürfnis für einen Gutglaubensschutz, doch ist dieser nach richtiger Ansicht nicht über § 366, sondern analog § 1244 BGB zu gewährleisten (vgl. oben Rdn. 31).

44   c) **Verfügungen über Vorbehalts- und über Sicherungsgut.** Bei **Warenkaufleuten**, die für eigene Rechnung handeln, stellt sich die Problematik von § 366 seltener als bei Kommissionären, Spediteuren, Frachtführern und Lagerhaltern. Denn im Gegensatz zu diesen gehen Warenkaufleute nicht grundsätzlich mit fremden, sondern i. d. R. mit eigenen Waren um, und daher ist hier häufig schon mit dem Schutz des guten Glaubens an das Eigentum auszukommen. Eine Ausnahme gilt jedoch für den **Erwerb von Vorbehaltsgut**, sofern die betreffenden Waren *typischerweise* unter Eigentumsvorbehalt veräußert zu werden pflegen, insbesondere, sofern ein solcher *branchenüblich* ist; hier hat die Rechtsprechung weitreichende Prüfungs- und Nachforschungspflichten entwickelt, die häufig zur Verneinung des guten Glaubens an das Eigentum führen.[65]

In einem solchen Fall kommt die **Ergänzungsfunktion von § 366 Abs. 1 gegenüber §§ 932 ff BGB** voll zur Entfaltung. Grundsätzlich darf nämlich derjenige, der bei einem Händler eine Ware in dessen Geschäftsbetrieb kauft, von dessen Verfügungsbefugnis ausgehen, sofern sich nicht Anhaltspunkte für das Gegenteil aufdrängen.[66] Das gilt auch im Hinblick auf die Möglichkeit, daß die Ware einem Eigentumsvorbehalt unterliegt. Denn es ist verkehrsüblich, daß der Vorbehaltsverkäufer den Vorbehaltskäufer zur Veräußerung der Vorbehaltsware im ordnungsgemäßen Geschäftsbetrieb ermächtigt, sofern dieser die Ware zum Zwecke des Weiterverkaufs erwirbt.[67] Wurde diese Ermächtigung ausnahmsweise nicht erteilt, ist sie wirksam widerrufen oder aus einem anderen Grund erloschen oder hat der Veräußerer sich nicht an die Voraussetzungen seiner Verfügungsmacht gehalten, so kommt ein Gutglaubensschutz nach § 366 in Betracht.[68] Bösgläubigkeit i. S. von § 932 BGB zieht hier also keineswegs ohne weiteres Bösgläubigkeit i. S. von § 366 nach sich; denn aus der Kenntnis des Eigentumsvorbehalts ergibt sich in keiner Weise, daß der Erwerber auch das Fehlen der Ver-

---

[65] Vgl. z. B. RGZ 143, 14, 15 ff; 147, 321, 331; BGHZ 10, 14, 17 f; 77, 274, 278; BGH LM Nr. 4 zu § 366 HGB unter I 3; LM Nr. 1 zu § 365 HGB unter II 1; WM 1969, 242, 244; NJW 1989, 895, 897; ZIP 2003, 2211, 2212 (unter II.2.); Serick Bd I § 10 II 1 und Bd II § 23 I m. w. Nachw. Dieser Ansatz darf jedoch bei Umsatzgeschäften nicht zu einer *allgemeinen* Nachforschungspflicht in Bezug auf einen etwaigen Eigentumsvorbehalt übersteigert werden, so mit Recht *Staudinger/Wiegand*[13] § 932 Rdn. 74 ff, 77; vgl. ferner die Einschränkungen bei *Liesecke* Festschrift für Robert Fischer, 1979, S. 400 f.
[66] Vgl. z. B. BGH NJW 1975, 735; 1999, 425, 426.
[67] Vgl. statt aller *Serick* Bd I § 8 II.
[68] Vgl. z. B. BGHZ 30, 374, 380; BGH WM 1959, 533, 534; 1960, 397, 399; 1970, 120, 121; *Serick* Bd I § 10 II 2.

fügungsbefugnis kannte oder daß seine Unkenntnis insoweit auf grober Fahrlässigkeit beruhte. Freilich wird der gute Glaube des Erwerbers meist zu verneinen sein, wenn der Veräußerer die Ware erkennbar nicht zum Zwecke der Weiterveräußerung, sondern für seinen eigenen Bedarf, also als Letztabnehmer erworben hatte; denn dann bestand für den Vorbehaltsverkäufer kein Anlaß zur Erteilung einer Verfügungsermächtigung, und dementsprechend ist diese hier auch nicht verkehrsüblich.[69] Das gleiche gilt, sofern die Weiterveräußerung üblicherweise nur mit Zustimmung des Vorbehaltsverkäufers erfolgen darf.[70] Außerdem muß der Erwerber davon ausgehen dürfen, daß die Veräußerung im Rahmen des ordnungsgemäßen Geschäftsbetriebes erfolgt ist (vgl. dazu näher unten Rdn. 51 ff).

Auf den **Erwerb von Sicherungsgut** lassen sich die für den Erwerb von Vorbehaltsgut entwickelten Regeln grundsätzlich nicht übertragen. Das gilt sowohl hinsichtlich des guten Glaubens an das Eigentum als auch hinsichtlich des guten Glaubens an die Verfügungsmacht. Hinsichtlich des *Eigentums* sind grundsätzlich *weniger* strenge Anforderungen zu stellen als bei Vorbehaltsgut. Denn wenngleich die Sicherungsübereignung ähnlich weit verbreitet sein mag wie der Eigentumsvorbehalt, gibt es anders als bei diesem keinen Erfahrungssatz des Inhalts, daß bestimmte Arten von Waren *typischerweise* als Sicherungsgut dienen oder daß das Bestehen von Sicherungseigentum an ihnen *branchenüblich* ist;[71] mangels entsprechender Anknüpfungspunkte kann es einen solchen wohl auch gar nicht geben. Demgemäß trifft den Erwerber grundsätzlich **keine Erkundigungspflicht** danach, ob der Veräußerer die Ware etwa schon einem Dritten zur Sicherheit übereignet hat.[72] Für § 366 Abs. 1 folgt daraus, daß Raum und Bedürfnis für die Anwendung dieser Vorschrift beim Erwerb von Sicherungsgut geringer sind als beim Erwerb von Vorbehaltsgut, weil hier öfter als dort der gute Glaube an das Eigentum zu bejahen ist und sich die Frage nach dem guten Glauben an die Verfügungsmacht dann gar nicht mehr stellt.

Kommt es dennoch auf diesen an, so lassen sich andererseits auch die Regeln, die beim Erwerb von Vorbehaltsgut für den Schutz des guten Glaubens an die *Verfügungsmacht* entwickelt worden sind, grundsätzlich nicht ohne weiteres auf den Erwerb von Sicherungsgut übertragen. Vielmehr gelten *insoweit* grundsätzlich *strengere* Anforderungen an den guten Glauben als beim Erwerb von Vorbehaltsgut. Der Verkehr darf hier nämlich nicht einfach davon ausgehen, daß der Sicherungsgeber zur Veräußerung im ordnungsgemäßen Geschäftsgang ermächtigt ist. Das gilt jedenfalls dann, wenn der Sicherungsnehmer die Veräußerung durch besondere Maßnahmen erschwert und sich gegen sie gesichert hat wie z. B. dadurch, daß er bei einem Gebrauchtwagen den Kraftfahrzeugbrief an sich genommen hat.[73] Ebenso ist aber grundsätzlich auch dann zu entscheiden, wenn solche besonderen Umstände nicht gegeben sind. Denn es gibt

---

[69] Vgl. auch BGH LM Nr. 4 zu § 366 HGB unter I 3 b.
[70] Vgl. BGH WM 1964, 1026, 1027.
[71] Bei dieser Akzentuierung dürfte der Gegensatz zur Auffassung von *Wiegand* AcP 190 (1990) 138 mit Fn. 115 und in *Staudinger*[13] § 932 Rdn. 64 nur noch peripher sein; in der Tat muß die Erkundigungspflicht beim Eigentumsvorbehalt vom hier vertretenen Standpunkt aus auf die Typizität bestimmter Konstellationen beschränkt bleiben.
[72] Vgl. BGHZ 86, 300, 311 f; BGH WM 1966, 792; 1969, 742, 744; 1970, 120; *Serick* Bd II § 23 III 2; MünchKomm.-*Quack*[3] Anh §§ 929–936 Rdn. 108; *Baumbach/Hopt* § 366 Rdn. 6. Anders mag zu entscheiden sein, wenn der Erwerber seinerseits ebenfalls nur zu Sicherungszwecken handelt, so mit guten Gründen *Staudinger/Wiegand*[13] § 932 Rdn. 78 ff, 81; darin liegt in der Tat eine Besonderheit, die zu einer Verschärfung der Erkundigungspflichten Anlaß geben kann, vgl. zum – damit freilich keineswegs identischen – Parallelproblem im Rahmen von § 366 HGB unten Rdn. 67 ff.
[73] Vgl. BGH WM 1965, 196, 197.

keinen allgemeinen Erfahrungssatz des Inhalts, daß Sicherungsnehmer den Sicherungsgebern typischerweise die Weiterveräußerung des Sicherungsgutes zu gestatten pflegen. Ein solcher Satz kann daher anders als beim Vorbehaltsgut nicht ohne weiteres zugrunde gelegt werden, sondern muß besonders behauptet und erforderlichenfalls bewiesen werden.[74] Das folgt nicht zuletzt auch daraus, daß nicht selten nur ein – u. U. verhältnismäßig kleiner – Teil der Waren eines Kaufmanns zu Sicherungszwecken übereignet wird, so daß die Notwendigkeit, jeweils die Zustimmung des Sicherungsnehmers einzuholen, den Geschäftsbetrieb keineswegs übermäßig belastet. Auch der Erwerber wird durch die hier vertretene Ansicht nicht unzumutbar beschwert. Denn er kommt hier ja, wie zu Beginn dieser Rdn. dargelegt, anders als bei Vorbehaltsgut in verhältnismäßig weitem Umfang in den Genuß des Schutzes von § 932 BGB; ist er aber insoweit ausnahmsweise bösgläubig, so ist er nicht überfordert, wenn man von ihm grundsätzlich verlangt, daß er sich die Zustimmung des Sicherungsnehmers besonders nachweisen oder zumindest glaubhaft machen läßt.

46   Etwas anderes gilt freilich für die **Sicherungsübereignung von Warenlagern.** Diese werden nämlich i. d. R. in ihrem jeweiligen Bestand übereignet, und das bedeutet, daß der Sicherungsgeber hier typischerweise zu Veräußerungen im ordnungsgemäßen Geschäftsgang ermächtigt ist. Folglich kann der Verkehr i. d. R. auf eine solche Ermächtigung auch dann vertrauen, wenn keine besonderen zusätzlichen Umstände für sie sprechen, so daß insoweit grundsätzlich der Weg für eine Anwendung von § 366 Abs. 1 offen ist. Das entspricht auch allein der Interessenlage. Denn wenn ein ganzes Warenlager übereignet ist, wäre es mit einem ordnungsgemäßen Geschäftsgang kaum vereinbar, daß der Sicherungsgeber bei jedem einzelnen Veräußerungsgeschäft die Zustimmung einholen muß; demgemäß braucht auch der Erwerber dies nicht zu erwarten, sondern darf darauf vertrauen, daß die Ermächtigung generell im voraus erteilt ist. Außerdem ist auch aus der Vereinbarung, daß neu in das Lager eingebrachte Waren Sicherungsgut werden sollen, zu schließen, daß der Sicherungsnehmer mit der Veräußerung im ordnungsgemäßen Geschäftsgang einverstanden ist; denn die neuen Waren sind ersichtlich als Ersatz für veräußerte Sicherungsgegenstände gedacht, und daher kann im Zweifel nicht angenommen werden, daß der Sicherungsnehmer sich zusätzlich auch noch die Möglichkeit eines raschen Zugriffs auf den Verkaufserlös durch das Erfordernis einer jeweiligen Einzelzustimmung zu der Veräußerung sichern will.

47   Der **Erwerb von Pfandgut** wird im Schrifttum mitunter als Beispiel von § 366 genannt.[75] In Wahrheit kommt hier jedoch eine Anwendung von § 366 allenfalls in seltenen Ausnahmefällen in Betracht. Denn die wichtigsten Probleme sind schon durch § 1244 BGB gelöst, dessen Schutz durch § 366 nicht erweitert wird (vgl. oben Rdn. 29). In Betracht kommen könnte § 366 allerdings u. U. dann, wenn der Erwerber gutgläubig annimmt, daß der Veräußerer von den Rechtmäßigkeitsvoraussetzungen des § 1243 BGB durch Rechtsgeschäft befreit ist (soweit das rechtlich überhaupt möglich ist). Die Kaufmannseigenschaft und die Betriebsbezogenheit der Veräußerung setzen hierfür indessen keinen Rechtsschein. Besser erscheint daher, auch dieses Problem nicht über § 366, sondern durch extensive Auslegung von § 1244 BGB zu lösen.

48   d) **Verfügungen außerhalb des gewöhnlichen Geschäftsbetriebs.** § 366 setzt grundsätzlich nur voraus, daß die Verfügung „im Betriebe des Handelsgewerbes" des Verfügenden erfolgt, und das wird nach § 344 HGB für alle von einem Kaufmanne vor-

---

[74] Vgl. aber auch RG WarnRspr. 1932 Nr. 150 S. 313 unter 4.

[75] Vgl. z. B. *Düringer/Hachenburg/Breit* § 366 Anm. 6; *v. Gierke* § 56 I 1 f.

genommenen Geschäfte vermutet (vgl. oben Rdn. 16f). Daß die Verfügung **im Rahmen des „gewöhnlichen" oder „normalen" Geschäftsbetriebs** – der mit dem „ordnungsgemäßen" Geschäftsbetrieb nicht identisch ist (vgl. unten Rdn. 57) – erfolgt, fordert das Gesetz nicht.

Ist dieses Kriterium somit auch nicht zur Tatbestandsvoraussetzung erhoben, so spielt es doch für die Beurteilung des guten Glaubens eine maßgebliche Rolle. Das gilt insbesondere für **Verfügungen über Waren, mit denen der betreffende Kaufmann normalerweise nicht handelt**. Verfügt z. B. ein Kunstversteigerer, also ein Kommissionär, oder ein Warenkaufmann über fremde Effekten, so ist der Schluß von seiner Kaufmannseigenschaft auf seine Verfügungsbefugnis alles andere als naheliegend. Ähnliches gilt etwa, wenn eine Bank Waren veräußert; denn der Handel mit fremden (!) Waren gehört nicht zu den Aufgaben der Banken – und soweit es sich um die Verwertung von Sicherungsgut handelt, greift nicht § 366 Platz, sondern entweder § 932 BGB (bei zu Unrecht behauptetem Sicherungseigentum) oder § 1244 BGB (vgl. dazu soeben Rdn. 47 sowie oben Rdn. 29). Ein typisches Beispiel, das in diesen Zusammenhang gehört, ist schließlich auch die Veräußerung von Vorbehaltsware durch Kaufleute, die nicht Weiterverkäufer, sondern Letztabnehmer sind (vgl. auch oben Rdn. 44 a. E.).

Diese Fälle lassen sich meist nicht schon dadurch lösen, daß man die Betriebsbezogenheit der Verfügung verneint. So kann etwa eine Verfügung über fremde Effekten durchaus in den Betrieb des Handelsgewerbes eines Warenkaufmanns fallen wie z. B., wenn sie zur Sicherung von im Betrieb entstandenen Schulden erfolgt;[76] auch die Veräußerung von Waren durch eine Bank kann zu deren Handelsbetrieb gehören;[77] das gleiche gilt, wenn ein Warenkaufmann seine – unter Eigentumsvorbehalt stehende – Büroeinrichtung oder ein Bauunternehmer einen zu seinem Betrieb gehörenden Lastkraftwagen veräußert.

Trotz Vorliegens der Betriebsbezogenheit der Verfügung paßt § 366 in derartigen Fällen insofern nicht uneingeschränkt, als die vom Gesetz unterstellte besondere Wahrscheinlichkeit einer Verfügungsbefugnis (vgl. oben Rdn. 3) hier nicht gegeben ist. Das führt zwar nicht zur gänzlichen Unanwendbarkeit von § 366 im Wege einer teleologischen Reduktion, wohl aber zu **erhöhten Anforderungen an den guten Glauben**. Dieser ist bei Verfügungen über Waren, mit denen der betreffende Kaufmann normalerweise nicht handelt, nach den Grundsätzen über den prima-facie-Beweis i. d. R. zu verneinen, sofern nicht besondere Umstände ausnahmsweise für das Vorliegen von Verfügungsmacht sprechen[78] (vgl. auch die verwandte Problematik oben Rdn. 43). Es ist nämlich unwahrscheinlich, daß ein Kaufmann über fremde Güter auch dann verfügen darf, wenn er üblicherweise gar nicht mit ihnen handelt; denn in einem solchen Fall hat der wahre Berechtigte typischerweise keinen Anlaß zur Erteilung einer Ermächtigung. In der Rechtsprechung wird die Bedeutung dieses Gesichtspunkts – im Gegensatz zur Bedeutung des „ordnungsgemäßen" Geschäftsbetriebs, vgl. dazu unten Rdn. 51 ff – nicht immer hinreichend gewürdigt.[79]

---

[76] Vgl. auch RGZ 87, 329, 330; 117, 93, 96.
[77] Vgl. RG JW 1926, 800, 801 Sp. 2.
[78] Ebenso i. E. z. B. BGH NJW 1999, 425, 426.
[79] Bedenklich z. B. RGZ 117, 93, 96, wo bei einem Warenkaufmann die Befugnis zur Verpfändung fremder Aktien allein deshalb bejaht wurde, weil er ein alter und solventer Kunde war; bedenklich auch RG JW 1926, 800, 801, wo im Dunkeln bleibt, warum die Bank zu Verfügungen über fremde Waren befugt sein sollte, wo die Bank allerdings andererseits durch Innehabung eines Traditionspapiers legitimiert war, vgl. dazu auch unten Rdn. 78; zutreffend dagegen BGH WM 1964, 1193, 1195, wo es als Indiz für die Bösgläubigkeit angesehen wurde, daß ein Strohhändler einen größeren Posten Saatgut veräußerte; vgl. ferner BGH WM 1959, 117, 118, wo die Außergewöhnlichkeit des Handelns mit Roh-

50 Bei **anderen Verfügungen außerhalb des üblichen Geschäftsbetriebs**, d. h. bei Verfügungen über Waren, mit denen der Verfügende zwar üblicherweise handelt, die er aber in anderer Weise oder an andere Personen zu veräußern pflegt, gelten grundsätzlich nicht die gleichen gesteigerten Anforderungen an den guten Glauben. Zu denken ist etwa an **Veräußerungen im Rahmen eines Ausverkaufs oder einer Geschäftsübergabe** oder an **Veräußerungen an einen Wiederverkäufer**. Auch sie liegen außerhalb des üblichen Geschäftsbetriebs, doch gibt hier nicht allein schon die Unüblichkeit als solche Anlaß zu Mißtrauen; eine andere Frage ist, ob derartige Verfügungen ordnungswidrig sind (vgl. dazu unten Rdn. 62 ff).

51 e) **Verfügungen außerhalb des ordnungsgemäßen Geschäftsbetriebs.** Für Verfügungen über Vorbehaltsware ist anerkannt, daß eine Ermächtigung grundsätzlich nur für Veräußerungen im Rahmen des ordnungsgemäßen Geschäftsbetriebs anzunehmen ist.[80] Dieses Kriterium hat eine **Doppelfunktion**: Es beeinflußt zunächst auf der **Stufe der Auslegung** gemäß §§ 133, 157 BGB maßgeblich die Grenzen der rechtsgeschäftlichen Verfügungsmacht, da eine Ermächtigung nach § 185 BGB grundsätzlich nur für Verfügungen im Rahmen des ordnungsgemäßen Geschäftsbetriebs anzunehmen ist,[81] auch wenn das nicht ausdrücklich im Vertrag steht; und dasselbe Kriterium spielt sodann auf der **Stufe des gutgläubigen Erwerbs** eine zentrale Rolle für die Prüfung der Bösgläubigkeit des Erwerbers, weil diese bei einer erkennbar ordnungswidrigen Verfügung regelmäßig zu bejahen ist.

52 Demgemäß wird der Erwerber nur dann nach § 366 geschützt, wenn er ohne grobe Fahrlässigkeit annehmen durfte, die Verfügung halte sich im Rahmen des ordnungsgemäßen Geschäftsbetriebs. Der **Grund für diese Begrenzung des Gutglaubensschutzes** liegt weniger in der Tatsache, daß die Einschränkung der Ermächtigung auf Veräußerungen im ordnungsgemäßen Geschäftsbetrieb verkehrsüblich ist, als vielmehr in der **Evidenz der Interessenbindung des Verfügenden**. Im Falle von § 366 weiß der Erwerber nämlich oder muß doch zumindest wissen, daß der Veräußerer über eine fremde Sache verfügt, und da mit einer solchen Gestaltung typischerweise eine mehr oder weniger weitgehende Bindung an die Interessen des Dritten verbunden ist, weiß er folgerichtig i. d. R. zugleich oder muß wissen, daß der Veräußerer sich im Rahmen seiner Interessenbindung zu halten hat (vgl. auch oben Rdn. 1 Abs. 2). Daß die Ermächtigung – ebenso wie die Vollmacht – grundsätzlich abstrakt ist, steht nicht entgegen; denn da es nicht um eine externe, d. h. dem Dritten gegenüber erklärte Ermächtigung, sondern um eine interne, d. h. dem Verfügenden gegenüber erklärte Ermächtigung geht, bestimmt der Umfang der obligatorischen Interessenbindung gemäß §§ 133, 157 BGB im Zweifel zugleich die Grenzen der Befugnisse im Außenverhältnis.

53 Daß das Erfordernis einer Verfügung innerhalb des ordnungsgemäßen Geschäftsbetriebs auf die Interessenbindung des Verfügenden zurückzuführen ist, hat unmittelbare Konsequenzen für den Anwendungsbereich dieses Kriteriums. Denn daraus ergibt sich ohne weiteres, daß darin **keine Besonderheit der Geschäfte mit Vorbe-**

---

stoffen durch einen Süßwarenhersteller sogar im Rahmen von § 932 BGB als wesentliches Verdachtsmoment gewertet wurde; i. E. auch BGH NJW 1999, 425, 426, wo der Verkauf von zehn hochwertigen fabrikneuen Maschinen durch eine „Baumaschinenvertretung" zum Anlaß genommen wurde, erhöhte Anforderungen an den guten Glauben des Erwerbers zu stellen.

[80] Vgl. RG HRR 1932 Nr. 56; BGHZ 10, 14, 17 f; 68, 199, 202 f; BGH WM 1964, 1193, 1195; 1970, 120, 121; OLG Celle NJW 1959, 1686; OLG Stuttgart WM 1976, 577, 579.

[81] Vgl. z. B. BGHZ 10, 14, 17 f (Ermächtigung „nur im Rahmen einer normalen Veräußerung"); 68, 199, 201 („Weiterveräußerungen im ordnungsmäßigen Geschäftsgang").

haltswaren liegt, sondern daß die gleiche Begrenzung der Ermächtigung und des Gutglaubensschutzes grundsätzlich für **alle Verfügungen mit erkennbarer Interessenbindung** gilt. Daher wird z. B. auch derjenige nicht geschützt, der fremde Güter von einem Kommissionär zu einem Schleuderpreis erwirbt (vgl. auch unten Rdn. 70).[82]

Umgekehrt ist folgerichtig zu entscheiden, wenn der Erwerber an das Vorliegen einer **rein eigennützigen Verfügungsmacht** glauben durfte. Denn für diese ist charakteristisch, daß der Verfügende grundsätzlich seine eigenen Interessen ohne Rücksicht auf die Interessen des wahren Berechtigten verfolgen darf, und daher muß hier folgerichtig der gutgläubige Verkehr geschützt werden, wenn ausnahmsweise im Innenverhältnis doch einmal eine Interessenbindung vorliegt. Eine eigennützige Verfügungsmacht kann etwa gegeben sein bei der „abgekürzten Lieferung" oder beim „Durchhandeln" einer Ware über mehrere Stationen im eigenen Namen und auf eigene Rechnung ohne Zwischenübereignung; so wäre z. B. bei der Veräußerung einer Ware mittels eines Lieferscheins i.d.R. eine eigennützige Verfügungsmacht zu bejahen, sofern man hierbei mit der h. L. einen Zwischenerwerb ablehnt (vgl. dazu oben § 363 Rdn. 50). 54

Anders als im Rahmen von § 366 Abs. 1 spielt es für die **Anwendung von § 932 BGB** grundsätzlich keine Rolle, ob die Verfügung sich innerhalb des ordnungsgemäßen Geschäftsbetriebs hält; denn der Eigentümer kann mit seiner Sache grundsätzlich machen, was er will, und ist nicht an die Interessen eines Dritten gebunden. Es handelt sich hier also um ein Spezifikum des § 366. Besonders gut wird das an der unterschiedlichen Behandlung von Verfügungen zu Sicherungszwecken deutlich: Während diese, von Sonderfällen abgesehen, nicht im Rahmen des ordnungsgemäßen Geschäftsbetriebs liegen und daher grundsätzlich nicht in den Schutzbereich von § 366 fallen (vgl. unten Rdn. 67ff), nehmen sie bei der Anwendung von § 932 BGB keine Sonderstellung ein. Freilich kann auch hier mitunter die „Ordnungswidrigkeit" einer Verfügung wie z. B. ein Verkauf zu einem Schleuderpreis relevant sein, doch handelt es sich dann lediglich um eines unter mehreren Verdachtsmomenten und nicht wie bei § 366 um einen Umstand, der schon für sich allein in aller Regel den guten Glauben ausschließt. 55

In Rechtsprechung und Literatur werden anders als hier (vgl. oben Rdn. 48) Verfügungen innerhalb des „ordnungsgemäßen" Geschäftsbetriebes meist mit Verfügungen innerhalb des „gewöhnlichen" oder „normalen" Geschäftsbetriebs gleichgesetzt.[83] Das ist nicht korrekt. Vielmehr besteht ein wesentlicher **Unterschied zwischen Verfügungen innerhalb des ordnungsgemäßen und innerhalb des gewöhnlichen Geschäftsbetriebs** insofern, als beide Kriterien einen verschiedenen Bezugspunkt haben: was „ordnungsgemäß" ist, bestimmt sich normativ im Hinblick auf die erkennbaren Interessen des wahren Berechtigten (vgl. oben Rdn. 51 ff), wohingegen über die Üblichkeit allein die Faktizität der Verkehrsbräuche entscheidet. 56

So wäre z. B. die Verwendung fremder Güter zu Sicherungszwecken grundsätzlich auch dann nicht ordnungsgemäß, wenn sie in bestimmten Bereichen üblich sein oder werden sollte. Umgekehrt ist die Veräußerung im Rahmen eines Ausverkaufs oder einer Geschäftsübertragung oder die Veräußerung an einen anderen Wiederverkäufer zwar keineswegs üblich, kann aber gleichwohl durchaus ordnungsgemäß sein (vgl. näher unten Rdn. 62ff). Dementsprechend sind auch die Rechtsfolgen unterschiedlich:

---

[82] Vgl. auch BGH WM 1963, 1186 unter Ziff. 1.
[83] Vgl. z.B. BGHZ 10, 14, 18; 68, 199, 202f; BGH WM 1964, 1193, 1195; 1977, 483, 485; NJW 1999, 425, 426; OLG Celle NJW 1959, 1686; *Serick* Bd I § 8 II 2 = S. 155; MünchKomm.-*Welter* § 366 Rdn. 49.

§ 366 Viertes Buch. Handelsgeschäfte

während die Unüblichkeit einer Verfügung für sich allein nicht ohne weiteres bösgläubig zu machen braucht (vgl. oben Rdn. 50), begründet die erkennbare Ordnungswidrigkeit in aller Regel bösen Glauben. Im übrigen ist die Gleichsetzung der beiden Begriffe auch deshalb abzulehnen, weil sie verschleiert, daß das Erfordernis der „Ordnungsgemäßheit" letztlich nicht auf der verkehrsüblichen Gestaltung der Ermächtigungsklauseln, sondern unabhängig von dieser auf der Bindung des Verfügenden an die Interessen des Dritten und auf deren Erkennbarkeit für den Erwerber beruht.

57 Ein Musterbeispiel einer Verfügung, die nicht im Rahmen des ordnungsgemäßen Geschäftsbetriebs liegt, ist die **Veräußerung von Waren zur Tilgung von Schulden bei Gläubigern des Verfügenden**.[84] Denn da hier kein Gegenwert in das Vermögen des Verfügenden fließt, widerspricht eine solche Veräußerung grundsätzlich den Interessen des wahren Berechtigten. Das gleiche gilt für Verfügungen unter **Mißachtung von Verfahrensregeln**, die dem Schutz des Eigentümers zu dienen bestimmt sind,[85] sowie i. d. R. auch für **Verfügungen zu Sicherungszwecken** (vgl. dazu näher unten Rdn. 67 ff).

58 Nicht im Rahmen des ordnungsgemäßen Geschäftsbetriebs liegt eine Verfügung weiterhin regelmäßig bei **Vereitelung einer zuvor vereinbarten Vorauszession**. Dazu kann es z. B. kommen, wenn der Veräußerer die Kaufpreisforderung im Wege eines **verlängerten Eigentumsvorbehalts** bereits vorher im Wege der Globalzession abgetreten hat und diese Abtretung wirksam ist, insbesondere nicht gegen § 138 BGB verstößt. In einem solchen Fall greift zugunsten des Erwerbers grundsätzlich § 366 ein; sein guter Glaube wird ihm hier meist nicht zu widerlegen sein, weil er i. d. R. von der vorherigen Zession nichts weiß oder wissen muß.[86]

Einen Umstand, der den guten Glauben auszuschließen geeignet ist, hat der BGH allerdings darin gesehen, daß der Käufer von Waren, bei denen damit zu rechnen ist, daß der Verkäufer sie seinerseits nur unter verlängertem Eigentumsvorbehalt erworben hat, diesem nach § 399 BGB ein **Abtretungsverbot** auferlegt und ihm so die Möglichkeit genommen hat, der mit seinem Lieferanten – d. h. dem Vorbehaltsverkäufer – vereinbarten Vorauszession der Kaufpreisforderung zur Wirksamkeit zu verhelfen;[87] denn bei einer solchen Konstellation könne nicht davon ausgegangen werden, daß der Vorbehaltskäufer eine Ermächtigung nach § 185 BGB zur Weiterveräußerung der Waren habe, weil er ja die Bedingungen seines Vertrags mit dem Vorbehaltsverkäufer hinsichtlich der Zession der Forderung gegen seinen Abnehmer nicht erfüllen kann.[88] Diese Ansicht ist durch die **Einführung von § 354 a HGB** weitgehend überholt,[89] weil danach die Vorauszession an den Vorbehaltslieferanten trotz des Abtretungsverbots wirksam ist. Allerdings läuft dieser Gefahr, daß der Abnehmer auch noch nach Erlangung der Kenntnis von der Abtretung an den Zedenten, d. h. den Vorbehaltskäufer zahlt, doch sind dieser Möglichkeit gemäß § 242 BGB Grenzen gesetzt (vgl. oben § 354 a Rdn. 15), und daher ist das Risiko des Vorbehaltslieferanten jetzt nicht mehr so groß, daß man aus der Vereinbarung eines Abtretungsverbots mit einem Abnehmer den Schluß auf den Wegfall der Veräußerungsermächtigung zu ziehen hat. Außer in Altfällen, die sich vor Inkrafttreten von § 354 a HGB ereignet haben, kann somit die

---

[84] Vgl. OLG Stuttgart JW 1931, 84; WM 1976, 577, 579; *Serick* Bd I § 8 II 2 Fn. 16.
[85] Vgl. BGHZ 104, 129, 135.
[86] Vgl. auch *Serick* Bd IV § 51 III 5 c = S. 517 f.
[87] Vgl. BGHZ 77, 274, 278 f; vgl. dazu auch *U. Huber* NJW 1968, 1906 f; *Serick* Bd IV § 54 IV 2 vor a = S. 691.
[88] Vgl. BGHZ 30, 176, 180 f; 40, 156, 162; 51, 113, 116; 73, 259, 264; 102, 293, 308.
[89] Vgl. *Karsten Schmidt* NJW 1999, 400 f; *Derleder* BB 1999, 1565 f; MünchKomm.-*Welter* § 366 Rdn. 50.

Vereinbarung eines Abtretungsverbots die Anwendung von § 366 Abs. 1 nur noch in besonders gelagerten Ausnahmefällen ausschließen, in denen die tatbestandlichen Voraussetzungen von § 354a HGB nicht erfüllt sind.[90]

Bei einem Verkauf zu einem **Schleuderpreis** liegt regelmäßig keine Verfügung innerhalb des ordnungsgemäßen Geschäftsbetriebs vor.[91] Das gilt auch dann, wenn die Veräußerungsermächtigung nicht ausdrücklich an die Erzielung eines angemessenen Entgelts oder dgl. geknüpft war. Denn wenngleich der Verfügende auf eigene Rechnung handelt, so ergibt sich doch mit Selbstverständlichkeit aus seiner Pflichtbindung, daß er unbezahlte und dem Eigentümer noch als Sicherheit dienende Waren nicht verschleudern darf. Der Erwerber wird, wenn er bösgläubig hinsichtlich des Eigentums des Veräußerers ist, in aller Regel auch bösgläubig bezüglich der Verfügungsmacht sein, weil er ja den Preis kennt und weil grundsätzlich jedermann wissen muß, daß der Verfügende fremdes Eigentum nicht verschleudern darf. Nur bei Vorliegen besonderer Umstände, die den niedrigen Preis ausnahmsweise plausibel machen, kann der gute Glaube zu bejahen sein.[92] Darf der Erwerber freilich vom Vorliegen einer rein eigennützigen Ermächtigung ausgehen, so begründet ein Schleuderpreis für sich allein grundsätzlich noch nicht seine Bösgläubigkeit, weil er hier mit einer Pflichtbindung des Verfügenden nicht zu rechnen braucht (vgl. oben Rdn. 54).

59

Zu weit geht es dagegen, jede **Veräußerung der Ware unter ihrem Wert oder unter den Gestehungskosten bzw. dem Einstandpreis** bei Bestehen eines Eigentumsvorbehalts als ordnungswidrig zu werten.[93] Dem Vorbehaltskäufer darf und soll nämlich die Möglichkeit einer selbständigen Preispolitik grundsätzlich nicht genommen werden, da der Eigentumsvorbehalt ein Mittel zur Kreditsicherung und nicht ein Instrument zur Beeinflussung der Absatzstrategie des Zwischenhändlers ist. Allerdings wirkt sich das Sicherungsinteresse des Vorbehaltseigentümers mittelbar auch auf die unternehmerische Entscheidungsfreiheit des Zwischenhändlers aus und setzt dieser gewisse Grenzen. Denn der Vorbehaltseigentümer hat ein Interesse an einem angemessenen Entgelt, weil sich dadurch die Chancen seiner Befriedigung erhöhen, und daher muß der Zwischenhändler bei seiner Preisgestaltung hierauf eine gewisse Rücksicht nehmen; wer mit noch nicht bezahlten Gütern handelt, ist eben, auch wenn das auf eigene und nicht auf fremde Rechnung geschieht, nicht so frei wie jemand, der eigene Waren veräußert. Freilich darf der Konflikt zwischen dem Sicherungsinteresse des Vorbehaltseigentümers und der unternehmerischen Entscheidungsfreiheit des Zwischenhändlers nicht überbewertet werden. Häufig ist es auch vom Standpunkt des Vorbehaltseigentümers aus immer noch besser, daß der Zwischenhändler die Waren erheblich unter Wert abgibt, als daß er sie überhaupt nicht oder nicht binnen angemessener Zeit los wird. Das gilt insbesondere, aber nicht nur bei Gütern, deren Rücknahme für den Vorbehaltseigentümer wirtschaftlich wenig sinnvoll ist; man denke etwa an modische Textilien, Schuhe und dgl. Im übrigen darf man auch nicht vergessen, daß der Erlös meist dem Vorbehaltseigentümer nicht unmittelbar zufließt, son-

60

---

[90] Nach BGH ZIP 2003, 2211 soll der gute Glaube an die Verfügungsbefugnis des Vorbehaltskäufers auch dann ausgeschlossen sein, wenn der Abnehmer die Abtretung der Kaufpreisforderung dadurch „vereitelt", daß er sie erfüllt, bevor der Vorbehaltskäufer den Kaufvertrag mit dem Vorbehaltsverkäufer schließt (und die Kaufpreisforderung darin abtritt).

[91] Vgl. z.B. RG WarnRspr. 1932 Nr. 56; OLG Hamburg MDR 1970, 506; *Baumbach/Hopt* § 366 Rdn. 6 a. E.; *Koller/Roth/Morck* § 366 Rdn. 3.

[92] Vgl. auch BGH WM 1959, 533, 534, wo der Preis zwar wohl nicht geradezu ein Schleuderpreis war, aber offenbar immerhin weit unter dem Marktpreis lag.

[93] So aber BGHZ 104, 129, 133 (obiter); BGH WM 1969, 1452.

dern lediglich die Haftungsmasse des Zwischenhändlers erhöht. Insgesamt wird man somit im Regelfall vom **Vorrang der unternehmerischen Entscheidungsfreiheit des Zwischenhändlers gegenüber dem Sicherungsinteresse des Vorbehaltseigentümers** auszugehen und die Grenze in der Tat erst beim „Schleuderpreis" zu ziehen haben.[94] Das ist bei der Interpretation des Begriffs „ordnungsgemäßer Geschäftsbetrieb" zu berücksichtigen – und zwar gemäß §§ 133, 157 BGB auch dann, wenn dieser Terminus oder eine ähnliche Formulierung ausdrücklich in den Vertrag zwischen dem Vorbehaltseigentümer und dem Zwischenhändler Eingang gefunden hat; zwar können vertraglich strengere Anforderungen vereinbart werden, doch wirken diese gemäß § 366 grundsätzlich nicht gegenüber dem Erwerber, da dann die Ordnungswidrigkeit der Verfügung nach außen nicht ohne weiteres erkennbar ist – ganz abgesehen davon, daß derartige Restriktionen häufig gegen § 307 BGB oder gar gegen § 138 BGB verstoßen werden.

61 Eine Ausnahme vom Vorrang der Entscheidungsfreiheit des Zwischenhändlers ist allerdings zu machen, wenn dessen **wirtschaftlicher Zusammenbruch** unmittelbar bevorsteht (vgl. auch unten Rdn. 66) oder wenn dieser **unlautere Machenschaften** wie z. B. die Flucht mit dem Erlös oder dgl. plant. In einem solchen Fall aktualisiert sich nämlich der Sicherungscharakter des Eigentumsvorbehalts, und daher gewinnt das Sicherungsinteresse des Vorbehaltseigentümers die Oberhand. Denn dieser muß jetzt erstens befürchten, daß er den Gegenwert für die Ware nicht mehr erhält, und zweitens vermindert sich sein Interesse an einer reibungslosen Veräußerung des Vorbehaltsguts, weil er ohnehin mit der Beendigung der Geschäftsverbindung rechnen muß. Folglich geht sein Interesse nunmehr primär dahin, das Vorbehaltsgut für sich zu retten. Mag daraus auch nicht ohne weiteres das völlige Erlöschen der Verfügungsbefugnis folgen, das erst mit der Zahlungseinstellung eintritt (vgl. unten Rdn. 66), so sind doch jetzt an die Ordnungsmäßigkeit der Veräußerung angesichts der gewandelten Geschäftslage erhöhte Anforderungen zu stellen. Das schlägt folgerichtig auf die Anforderungen an den guten Glauben durch. Demgemäß wird der Erwerber häufig als bösgläubig i. S. von § 366 anzusehen sein, wenn er Vorbehaltsgut erheblich unter Wert kauft und zugleich Kenntnis von den wirtschaftlichen Schwierigkeiten des Verfügenden hat; auch kann ein sehr niedriger Preis hier Grund genug für ihn sein, gegebenenfalls die wirtschaftliche Solidität des Veräußerers zu überprüfen. Ein ausgesprochener Schleuderpreis begründet demgegenüber i. d. R. schon für sich allein den bösen Glauben i. S. von § 366 (vgl. oben Rdn. 59).

62 Auf der Grundlage des in den beiden vorigen Randnummern entwickelten Regel-Ausnahmeverhältnisses läßt sich eine Reihe praktischer Probleme lösen. So ist beispielsweise die Veräußerung von Vorbehaltsgut im Rahmen des **Sommer- oder Winterschlußverkaufs** grundsätzlich auch dann nicht ordnungswidrig, wenn sie zu ausgesprochenen „Billigpreisen" erfolgt. Auch ein **Ausverkauf** zum Zwecke der Lagerräumung, aus Anlaß der Geschäftsaufgabe oder dgl. ist grundsätzlich nicht ordnungswidrig, so daß der Erwerber grundsätzlich als gutgläubig anzusehen ist, wenn der Veräußerer keine Ermächtigung nach § 185 BGB hat.[95] Auch insoweit ist nämlich die Entscheidungsfreiheit des Vorbehaltskäufers i. d. R. zu respektieren; da er aber die Vorbehaltsware dem Verkäufer nicht einfach zurückgeben kann, sondern zur Kaufpreiszahlung verpflichtet bleibt, muß es ihm grundsätzlich unbenommen sein, diese

---

[94] Zustimmend *Pfeiffer/Gounalakis/Heuel* § 10 Rdn. 86.
[95] Ebenso *Koller/Roth/Morck* § 366 Rdn. 3; **a. A.** ohne Begründung OLG Celle NJW 1959, 1686 in einem obiter dictum; einschränkend *Serick* Bd I § 8 II 2 = S. 155.

auch zu billigen Preisen und u. U. mit erheblichem Verlust loszuschlagen. Zumindest braucht der Verkehr normalerweise nicht von der Ordnungswidrigkeit derartiger Veräußerungen auszugehen und ist daher i. d. R. als gutgläubig i. S. von § 366 anzusehen; es wäre praktisch untragbar, wenn die Endabnehmer von Waren, die typischerweise einem Eigentumsvorbehalt unterliegen, bei einem Ausverkauf nicht in ihrem guten Glauben geschützt würden. Steht allerdings der wirtschaftliche Zusammenbruch des Veräußerers bevor und weiß der Erwerber dies – was bei einem Letztabnehmer nicht oft der Fall sein wird –, so dürfte er, falls er bezüglich des Eigentumsvorbehalts bösgläubig ist, meist auch bösgläubig bezüglich der Verfügungsbefugnis sein. Eine Obliegenheit zur Überprüfung der wirtschaftlichen Lage des Veräußerers wird dagegen aus der bloßen Tatsache, daß Waren, die typischerweise unter Eigentumsvorbehalt stehen, in einem Ausverkauf veräußert werden, grundsätzlich für den normalen Letztabnehmer nicht hergeleitet werden können, da dieser dazu nicht den erforderlichen Einblick in die Verhältnisse des Veräußerers hat.

Bei einer **Veräußerung an einen anderen Wiederverkäufer** können insofern **63** erhöhte Anforderungen zu stellen sein, als die Verfügungsermächtigung in erster Linie dem Absatz der Ware an Endabnehmer zu dienen bestimmt ist. Auch ist angesichts der typischen Größenordnung derartiger Geschäfte, bei denen es z. B. um den Verkauf eines ganzen Warenlagers oder dgl. gehen kann, häufig eher eine Rückfrage beim Eigentümer zu erwarten als beim Absatz an einen Letztabnehmer, der z. B. nur ein einziges Paar Schuhe erwirbt. Gleichwohl läßt sich aber auch hier nicht generell sagen, daß die Veräußerung an einen anderen Wiederverkäufer i. d. R. ordnungswidrig sei.[96] Auch insoweit ist vielmehr die unternehmerische Entscheidungsfreiheit des Vorbehaltskäufers weitgehend zu respektieren. Wenn dieser z. B. glaubt, von einem Kollegen mit besseren Absatzchancen einen angemessenen Preis zu erhalten, so ist das grundsätzlich seine Sache. Außerdem kann es dem Vorbehaltskäufer oft gleichgültig sein, ob das Vorbehaltsgut an einen anderen Wiederverkäufer oder an einen Letztabnehmer veräußert wird; man denke etwa daran, daß ein Gebrauchtwarenhändler ein unter Eigentumsvorbehalt erworbenes Fahrzeug gegen Barzahlung zu einem diskutablen Preis an einen anderen Händler veräußert: warum soll das den Interessen des Eigentümers weniger entsprechen als die Veräußerung an einen Privatmann, bei welcher der Preis ja auch nicht höher zu liegen braucht und vom Eigentümer grundsätzlich ebenfalls nicht zu beeinflussen ist?

Ist allerdings ein besonderes Interesse des Eigentümers daran erkennbar, daß seine Waren nur von bestimmten Händlern vertrieben werden wie z. B. bei Markenartikeln mit Vertriebsbindung an ein bestimmtes Händlersystem, so wird die Veräußerung an einen außerhalb dieser Bindung stehenden Händler i. d. R. ordnungswidrig sein. Zwar liegt der Zweck des Eigentumsvorbehalts an sich nur in der Sicherung der Kaufpreisforderung und nicht in der Gewährleistung der Vertriebsbindung, doch widerspricht es evident dem Interesse und dem mutmaßlichen Willen des Eigentümers, wenn die Vertriebsbindung ausgerechnet mit noch nicht voll bezahlten Waren durchbrochen wird, und daher lassen sich die beiden Aspekte hier nicht trennen.

Im übrigen spielt auch hier die wirtschaftliche Lage des Zwischenhändlers eine wesentliche Rolle. Steht dessen Zusammenbruch unmittelbar bevor und muß der Eigentümer daher befürchten, seine Kaufpreisforderung nicht mehr realisieren zu können, so ist z. B. die Veräußerung eines Warenlagers an einen anderen Zwischen-

---

[96] **A. A.** OLG Celle NJW 1959, 1686; *Serick* § 8 II 2
 = S. 155.

händler – anders als im Normalfall der Veräußerung an einen Letztabnehmer (vgl. dazu unten Rdn. 66 a. E.) – grundsätzlich selbst dann nicht mehr ordnungsgemäß, wenn der Preis angemessen ist. Der Erwerber wird dabei meist sogar eine Nachforschungsobliegenheit bezüglich der wirtschaftlichen Lage des Veräußerers haben. Denn die Tatsache der Veräußerung an einen Wiederverkäufer und die Lagerräumung sind bei Vorbehaltsgut zumindest in ihrem Zusammenwirken i. d. R. Verdachtsmomente, die Nachforschungen darüber nahelegen, ob sich der Veräußerer nicht auf Kosten des wahren Berechtigten kurzfristig Liquidität verschaffen will; auch hat der Erwerber in einem solchen Fall – anders als z. B. der normale Letztabnehmer beim Ausverkauf – meist durchaus eine Chance, Einblick in die Vermögensverhältnisse des Veräußerers zu nehmen – oder er hat allen Anlaß zu Mißtrauen und zu einem Verzicht auf das Geschäft.

Auch ein unter dem Einkaufspreis erfolgender Verkauf an einen anderen Großhändler in der Absicht, mit dem Erlös Wechselschulden zu bezahlen, liegt grundsätzlich nicht im Rahmen des ordnungsgemäßen Geschäftsgangs.[97]

64 Ähnliche Grundsätze gelten für die Veräußerung von Vorbehaltsware im Rahmen einer **Geschäftsübertragung**. Auch eine solche Veräußerung ist daher grundsätzlich nicht ordnungswidrig.[98] Denn auch hier stünde der Zwischenhändler sonst vor dem Dilemma, einerseits die Waren bezahlen zu müssen, sie aber andererseits nicht mehr absetzen zu können oder auf die Geschäftsaufgabe verzichten zu müssen. Es gilt daher wiederum der Grundsatz vom Vorrang der unternehmerischen Entscheidungsfreiheit.

Es gelten aber auch seine Einschränkungen. Die Veräußerung ist daher ordnungswidrig, wenn es sich um Markenartikel handelt und der Übernehmer des Geschäfts nicht zu deren Vertrieb autorisiert ist. Die Verfügung ist weiterhin dann ordnungswidrig, wenn der Veräußerer vor dem wirtschaftlichen Zusammenbruch stand; der Erwerber wird in einem solchen Fall häufig bösgläubig sein, da er ja den Betrieb übernehmen wollte und da daher entsprechend scharfe Anforderungen an seine Prüfungsobliegenheit gestellt werden können, wenn er schon zugleich mit dem Betrieb Vorbehaltsgut erwirbt und nicht zugleich die Kaufpreisverbindlichkeit gegenüber dem Eigentümer übernimmt.

65 Die **Abführung des Kaufpreises** an den wahren Berechtigten kann zur Voraussetzung für die Verfügungsermächtigung gemacht werden, da insoweit Vertragsfreiheit besteht. Eine solche Vereinbarung ist jedoch nicht verkehrstypisch, und daher braucht der Erwerber mit ihr grundsätzlich nicht zu rechnen, so daß er i. d. R. in seinem guten Glauben an die Verfügungsmacht nach § 366 geschützt wird. Die Ermächtigungsklausel ist nämlich normalerweise so auszulegen, daß der Erwerber das Eigentum schon mit der Zahlung des Kaufpreises an den verfügenden Vorbehaltskäufer und nicht erst mit dessen Zahlung an den Vorbehaltseigentümer erlangt.[99] Gänzlich unerheblich ist das Unterbleiben der Abführung des Kaufpreises, wenn diese nicht vertraglich zur Voraussetzung der Verfügungsermächtigung erhoben worden war;[100] denn durch eine solche Pflichtverletzung des Verfügenden wird die Wirksamkeit der vorhergehenden Veräußerung nicht nachträglich wieder hinfällig, ohne daß das etwas mit der Problematik des guten Glaubens zu tun hätte.

66 Gegenüber einem **Widerruf der Verfügungsermächtigung** bietet § 366 in aller Regel Schutz, weil dieser dem Erwerber meist unbekannt sein wird und diese

---

[97] Vgl. BGH WM 1969, 1452.
[98] A. A. OLG Celle NJW 1959, 1686, 1687.
[99] Vgl. BGHZ 56, 34, 36 ff.
[100] Vgl. auch BGH WM 1960, 397, 399 unter 2; Serick Bd I § 8 II 2 c.

Unkenntnis i.d.R. nicht auf grober Fahrlässigkeit beruht. Anders wird häufig bei **objektiven Erlöschensgründen** zu entscheiden sein. So erlischt eine Verfügungsermächtigung, die nicht rein eigennützig ist, z.B. grundsätzlich mit der **Zahlungseinstellung** des Verfügenden oder doch zumindest mit der **Eröffnung des Insolvenzverfahrens** über sein Vermögen.[101] Sofern der Dritte diese Tatsachen kennt bzw. infolge von grober Fahrlässigkeit verkennt, ist er meist als bösgläubig anzusehen. Zwar können Rechtsirrtümer grundsätzlich zur Verneinung des bösen Glaubens führen,[102] doch wird das hier nur sehr selten zutreffen; denn zumindest im Sinne einer „Parallelwertung in der Laiensphäre" muß es den Teilnehmern am Rechts- und Wirtschaftsverkehr grundsätzlich ohne weiteres klar sein, daß ein unmittelbar vor dem Zusammenbruch stehender Kaufmann oder dessen Konkursverwalter nicht noch im eigenen Namen über fremde Güter verfügen dürfen und können. Dagegen machen **wirtschaftliche Schwierigkeiten** des Verfügungsbefugten oder starke **Verluste** die Veräußerung nicht ordnungswidrig, so daß dadurch dessen Ermächtigung i.S. von § 185 BGB grundsätzlich nicht erlischt[103] und es somit auf die Möglichkeit eines gutgläubigen Erwerbs nach § 366 Abs. 1 gar nicht ankommt.

f) Verfügungen zu Sicherungszwecken. Seiner tatbestandlichen Fassung nach erfaßt § 366 auch Verfügungen zu Sicherungszwecken. Das wird von der ratio legis nicht voll gedeckt. Die vom Gesetz unterstellte Wahrscheinlichkeit einer Ermächtigung (vgl. oben Rdn. 3) besteht nämlich bei Verfügungen zu Sicherungszwecken meist nicht, weil diese i.d.R. mit den Interessen des wahren Berechtigten unvereinbar sind. So darf der Verkehr z.B. grundsätzlich nicht davon ausgehen, daß ein Kommissionär die ihm anvertrauten Güter zur Sicherung für Forderungen gegen ihn übereignen darf; denn das wäre mit seiner Aufgabe, die Güter umzusetzen und dem Kommittenten den Erlös auszukehren, nicht zu vereinbaren. Folglich besteht insoweit eine gewisse **Diskrepanz zwischen der tatbestandlichen Fassung und der ratio legis von § 366 Abs. 1** (vgl. auch oben Rdn. 4). Daraus kann indessen nicht geschlossen werden, daß § 366 bei Sicherungsübereignungen überhaupt unanwendbar sei;[104] das wäre insbesondere mit der ausdrücklichen Einbeziehung der Verpfändung in den Schutzbereich von § 366 unvereinbar. Die richtige Lösung liegt vielmehr ebenso wie bei anderen Fallgestaltungen, in denen die ratio legis von § 366 nicht voll zutrifft (vgl. oben Rdn. 43 und Rdn. 49), in einer **Verschärfung der Anforderungen an den guten Glauben**.[105] Dabei geht es letztlich nur um eine weitere Konsequenz aus dem Erfordernis einer Verfügung innerhalb des ordnungsgemäßen Geschäftsbetriebs; daß diese Problematik hier in einem selbständigen Abschnitt dargestellt wird, geschieht lediglich im Interesse der Übersichtlichkeit.

Entscheidendes Kriterium für die Begrenzung der Verfügungsmacht und die Beurteilung des guten Glaubens ist ebenso wie sonst bei der Frage der „Ordnungsmäßigkeit" die **Bindung des Verfügenden an die Interessen des wahren Berechtigten und deren Evidenz für den Erwerber** (vgl. auch oben Rdn. 51).

Zu unterscheiden sind daher auch hier Fälle, in denen der Erwerber von einer **rein eigennützigen Verfügungsmacht** ausgehen durfte (vgl. dazu auch oben Rdn. 54), und Fälle, in denen die Interessen- und Pflichtenbindung nach außen erkennbar ist. Die erstere Fallgestaltung liegt z.B. häufig in den oben Rdn. 54 erwähnten Beispielen

---

[101] Vgl. z.B. BGH NJW 1953, 217, 218f; *Serick* Bd I § 8 II 5 = S. 163f, Bd V § 62 II 3 = S. 339ff und Bd VI § 74 II 3 = S. 106ff.
[102] Vgl., speziell zu § 366, z.B. BGHZ 2, 37, 52.
[103] So mit Recht BGHZ 68, 199, 203.
[104] So aber offenbar *Giehl* AcP 161 (1960) 371.
[105] Zustimmend *Pfeiffer/Gounalakis/Heuel* § 10 Rdn. 83f; *Ebenroth/Boujong/Joost/Stadler* § 366 Rdn. 15; *Staudinger/Wiegand*[13] § 932 Rdn. 135.

der „abgekürzten Lieferung" und des „Durchhandelns" einer Ware ohne Zwischenerwerb vor; denn ob der Verfügungsberechtigte die Ware hier weiterverkauft oder einem seiner Gläubiger zur Sicherheit übereignet, kann seinen Vormännern jedenfalls dann grundsätzlich gleichgültig sein, wenn er den Kaufpreis bereits an seinen Vormann bezahlt hat. Auf eine eigennützige Verfügungsmacht darf man ferner nicht selten dann vertrauen, wenn jemand einem anderen – z. B. einem Verwandten – gestattet, seine Effekten zusammen mit dessen eigenen Effekten ungesondert und ohne Hinweis auf ihre Fremdheit in seinem Depot zu verwahren. Hier wird die verwahrende Bank im Zweifel davon ausgehen dürfen, daß der wahre Berechtigte die Möglichkeit einer Pfandhaftung seiner Papiere für die Schulden des Depotinhabers erkannt und in Kauf genommen hat; denn daß ein Depot für die Schulden seines Inhabers haftet, ist eine allgemein bekannte Tatsache, mit der gerechnet zu haben man jedenfalls einem Kaufmann, meist aber wohl auch einem Nichtkaufmann unterstellen darf.[106]

70 Tritt dagegen die Interessen- und Pflichtenbindung nach außen in Erscheinung, so kann der Erwerber grundsätzlich nicht auf das Vorliegen einer Ermächtigung zu Verfügungen mit bloßem Sicherungscharakter vertrauen. Demgemäß ist für die Sicherungsübereignung und Verpfändung von **Vorbehaltsgut** anerkannt, daß diese regelmäßig nicht innerhalb des ordnungsgemäßen Geschäftsverkehrs liegen.[107] Für die übrigen Fälle wie z. B. für **Kommissionsgut, Frachtgut, Lagergut, Sicherungsgut oder Pfandgut** muß das gleiche gelten, da auch hier eine Verfügung, die zur Sicherung der Gläubiger des Verfügenden erfolgt, regelmäßig den Interessen des wahren Berechtigten widerspricht.

71 Eine **Veräußerung im Sale-and-Lease-Back-Verfahren** behandelt der BGH wie eine Verfügung zu Sicherungszwecken und sieht sie folglich nicht als ordnungsgemäß an, weil der Verkäufer hier zwar in Gestalt des Kaufpreises den Gegenwert erhält, zugleich aber – ähnlich wie bei echten Kreditgeschäften – in der Person des Leasinggebers ein konkurrierender Gläubiger (bezüglich der Leasingraten) hinzutritt.[108]

72 Nur wo die Verfügung trotz des Sicherungszwecks ausnahmsweise mit den Interessen und/oder dem mutmaßlichen Willen des wahren Berechtigten vereinbar ist, kommt eine Ermächtigung i. S. von § 185 BGB und bei deren Fehlen die Anwendung von § 366 in Betracht. Eine derartige Fallkonstellation ist grundsätzlich bei einer Sicherungsübereignung oder Verpfändung zum Zwecke der **Finanzierung eines Verkaufsgeschäfts** gegeben. Wird etwa eine unter Eigentumsvorbehalt stehende Ware zur Sicherung eines Darlehens, mit dessen Hilfe der Zweitkäufer den Kaufpreis bezahlt, übereignet oder verpfändet, so liegt das grundsätzlich im Rahmen der dem Vorbehaltskäufer erteilten Ermächtigung.[109] Fehlt es an dieser, greift folgerichtig § 366 trotz des Sicherungscharakters des Geschäftes ein.[110] Denn in derartigen Fällen sind die Interessen des Vorbehaltsverkäufers nicht stärker tangiert als bei einem normalen Weiterverkauf, da der Vorbehaltskäufer auch hier den Kaufpreis für die Ware erhält. Das gleiche gilt grundsätzlich, wenn eine Bank ein Exportgeschäft bevorschußt und ihr aus diesem Grund unter Eigentumsvorbehalt stehende Exportgüter sicherungsübereignet oder verpfändet werden.[111]

---

[106] Vgl. aber auch RGZ 87, 329, 332ff, wo bei einer derartigen Fallkonstellation der gute Glaube an die Verfügungsmacht des Depotinhabers verneint worden ist.

[107] Vgl. z. B. BGHZ 104, 129, 133f; BGH WM 1966, 1327, 1328; 1970, 120, 121 Sp. 1; *Serick* Bd I § 8 II 2a = S. 156.

[108] BGHZ 104, 129, 133f.

[109] Vgl. *Serick* Bd I. § 8 II 2b = S. 157.

[110] Vgl. BGH WM 1960, 397, 399 unter 2; 1970, 120, 121 Sp. 1.

[111] Vgl. OLG Hamburg BankArch. 1933, 393 = JW 1935, 440.

Eine zweite Fallgruppe, bei der die Anwendung von § 366 auf eine Verfügung mit **73**
Sicherungscharakter in Betracht kommt, ist die **Refinanzierung eines Kreditgeschäfts**.
Das Musterbeispiel stellt die **Verpfändung von Effekten zur Sicherung eines Kredits**
dar, den der Verpfänder zur Refinanzierung eines von ihm an den Eigentümer der
Effekten gewährten Kredits aufnimmt. Hier ist die Möglichkeit gutgläubigen Erwerbs
nach § 366 Abs. 1 grundsätzlich jedenfalls dann zu bejahen, wenn der Dritte die
Erklärung des Zwischenverwahrers über den Umfang der Verpfändungsermächtigung
nach Nr. 6 Abs. 2 der Bekanntmachung der Bundesanstalt für Finanzdienstleistungs-
aufsicht „über die Anforderungen an die Ordnungsmäßigkeit des Depotgeschäfts und
der Erfüllung von Wertpapierlieferungsverpflichtungen" vom 21. 12. 1998 eingeholt
hat.[112] Im übrigen ist danach zu differenzieren, in welches Depot der Verpfänder die
Effekten einliefert und welche Reichweite der Verfügungsbefugnis er damit (konkludent) für sich in Anspruch nimmt.[113]

Selbstverständlich sind auch noch **andere Fallkonstellationen** denkbar, in denen **74**
der gute Glaube an die Verfügungsmacht auch bei einer Verpfändung oder einer Sicherungsübereignung geschützt wird. Entscheidend ist dabei grundsätzlich, ob die Verfügung des Nichtberechtigten einen **Bezug auf die Interessen des wahren Berechtigten** hat und ob sich daraus die Überzeugung gewinnen läßt, daß der Verfügende durch
die Sicherheitsbestellung nicht seine Pflichten gegenüber dem wahren Berechtigten
verletzt. Das kann z. B. zutreffen, wenn der Sicherungsnehmer davon ausgehen darf,
daß der wahre Berechtigte an dem Geschäft, aus dem die zu sichernde Forderung
stammt, wirtschaftlich interessiert oder geradezu dessen **Hintermann** ist.[114]

g) Die Bedeutung von Urkunden für den guten Glauben. Zu den stärksten **75**
„äußeren Tatbeständen", die einen Rechtsschein begründen können, gehören Urkunden. Diese spielen daher für die Beurteilung des guten oder bösen Glaubens i. S. von
§§ 932ff BGB, 366 HGB eine besondere Rolle. Ihnen kann dabei eine doppelte Funktion zukommen: Sie können erstens **Sperrfunktion** in dem Sinne haben, daß der
Erwerber in aller Regel als bösgläubig anzusehen ist, wenn er sich die betreffende
Urkunde nicht zeigen oder aushändigen läßt; und sie können zweitens **Legitimationsfunktion** in dem – freilich untechnischen, d. h. insbesondere nicht wertpapierrechtlichen – Sinne haben, daß sie einen gesteigerten Rechtsschein setzen und einen Ausgleich für andere, gegen den guten Glauben des Erwerbers sprechende Umstände
darstellen.

Sperrfunktion hat nach der Rechtsprechung der **Kraftfahrzeugbrief** beim Erwerb **76**
eines **Gebrauchtwagens**. Denn hier ist grundsätzlich als bösgläubig i. S. von §§ 932ff
BGB und von § 366 HGB anzusehen, wer sich den Brief nicht vorlegen läßt.[115] Das gilt
auch für Geschäfte von Gebrauchtwagenhändlern untereinander und selbst dann,
wenn der Brief dem wahren Berechtigten tatsächlich abhanden gekommen war und
daher auch von diesem nicht hätte vorgelegt werden können.[116]

Beim Erwerb eines **Neuwagens** von einem autorisierten Vertragshändler hat das
Fehlen des Briefes dagegen keine entsprechende Sperrfunktion.[117] Hier wird böser

---

[112] Vgl. *Kümpel* in *Hellner/Steuer* (Hrsg.) Bankrecht und Bankpraxis, 1995, Rdn. 8/17f; *Eben-
roth/Boujong/Joost/Scherer* BankR VI Rdn. 334.
[113] Vgl. dazu eingehend *Canaris* Bankvertragsrecht[2]
Rdn. 2175ff m. Nachw.; zustimmend *Ebenroth/
Boujong/Joost/Scherer* BankR VI Rdn. 334 a. E.
[114] Vgl. auch OLG Hamburg SeuffArch. 70 Nr. 89.
[115] Vgl. BGHZ 30, 374, 380; 47, 207, 213; 119, 75,
92; BGH WM 1959, 138, 139f; 1963, 1186; 1966,
196, 197; 1970, 251, 252; LM Nr. 13 zu § 366
HGB; aus der Literatur vgl. vor allem *Schlechtriem* NJW 1970, 2088ff.
[116] Vgl. BGH WM 1959, 138, 140.
[117] Vgl. BGHZ 30, 374, 380; BGH WM 1960, 397,
398f; *Schlechtriem* NJW 1970, 2090.

Glaube daher nur durch besondere Verdachtsmomente begründet wie z. B. durch den Umstand, daß der Brief erkennbar zu Sicherungszwecken von dem wahren Berechtigten zurückbehalten wird.[118]

77 **Legitimationsfunktion** wird dem **Kraftfahrzeugbrief** demgegenüber von der Rechtsprechung grundsätzlich nicht zuerkannt. Denn dessen Übergabe stellt nur die Mindestanforderung für den gutgläubigen Erwerb dar, genügt aber i. d. R. für sich allein nicht, um Verdachtsmomente auszuräumen.[119] So besteht z. B. bei einem Verkauf auf der Straße grundsätzlich auch dann eine Pflicht zur Rückfrage beim letzten eingetragenen Halter des Wagens, wenn der Veräußerer im Besitz des Briefes ist.[120] Auch zu einer Sicherungsübereignung legitimiert der Besitz des auf einen fremden Namen lautenden Briefes grundsätzlich nicht.[121]

78 Im Vordergrund steht die **Legitimationsfunktion** demgegenüber bei den **kaufmännischen Güterpapieren,** insbesondere bei den **Traditionspapieren.** Unterläßt z. B. ein Sicherungseigentümer Maßnahmen, um zu verhindern, daß der Sicherungsgeber über das bei einem Lagerhalter eingelagerte Sicherungsgut mit Hilfe eines Lagerscheins verfügt, so setzt er Dritten gegenüber den Rechtsschein der Verfügungsberechtigung des legitimierten Papierinhabers mit der Folge, daß der gute Glaube an die Verfügungsmacht entgegen der Regel (vgl. oben Rdn. 67) z. B. auch bei Verfügungen zu Sicherungszwecken geschützt wird.[122] Auch andere Verdachtsmomente wie z. B. die Ungewöhnlichkeit des Geschäfts können durch die Innehabung eines Wertpapiers überwunden werden.[123] Selbstverständlich können aber die Verdachtsmomente im Einzelfall so stark sein, daß ihnen gegenüber die Legitimation durch das Wertpapier zurücktritt. Auch greift die Legitimationsfunktion nur bei solchen Papieren Platz, deren Zweck in der Ermöglichung von Verfügungen über die betreffenden Güter liegt, nicht aber bei Papieren, die lediglich Quittungscharakter haben oder dem Schuldner nur die Leistung mit befreiender Wirkung gestatten sollen.[124]

79 In gewissem Umfang kommt den **Güterpapieren** auch **Sperrfunktion** zu. Zumindest dann nämlich, wenn der Erwerber positive Kenntnis von der Existenz eines solchen Papiers hat, wird man i. d. R. seinen guten Glauben verneinen müssen, falls er es sich nicht vorlegen oder sich wenigstens eine plausible Erklärung für die Nichtvorlage geben läßt.[125] Die Unkenntnis von der Existenz des Papiers begründet dagegen nicht immer den Vorwurf der Bösgläubigkeit, da ja schließlich nicht über jedes auf dem Transport befindliche oder eingelagerte Gut ein Wertpapier existieren muß – worin ein wesentlicher Unterschied zum Kraftfahrzeugbrief liegt. Darüber hinaus wird man den guten Glauben des Erwerbers auch bei Kenntnis von der Existenz des Güterpapiers grundsätzlich bejahen müssen, sofern die Güter an ihn (oder seinen Besitzmittler) ausgeliefert werden. Denn wenn der Frachtführer oder Lagerhalter das tut und damit die Gefahr einer erneuten Inanspruchnahme aus dem Papier in Kauf nimmt, hat der Erwerber grundsätzlich keinen Anlaß, aus der Nichtvorlage des Papiers auf die Nichtberechtigung des Verfügenden zu schließen.

---

[118] Vgl. BGH WM 1965, 1136, 1137f.
[119] Vgl. BGH WM 1963, 1186; 1966, 678; LM Nr. 13 zu § 366 HGB.
[120] Vgl. BGH LM Nr. 13 zu § 366 HGB.
[121] Vgl. BGH WM 1963, 1186; 1970, 251, 252; Serick Bd II § 23 I 6a = S. 239.
[122] Vgl. BGH WM 1969, 242, 245; Serick Bd II § 23 I 6 b = S. 240 f.
[123] Vgl. auch die freilich etwas undurchsichtige Entscheidung RG JW 1926, 800, 801, wo eine Bank mittels eines blankoindossierten Lagerscheins über fremde Waren verfügt hatte und das RG guten Glauben i. S. von § 366 bejaht hat.
[124] Vgl. auch RGZ 118, 34, 40f, wo bei einem an Order gestellten, aber vom RG nicht als kaufmännisches Orderpapier anerkannten Depotschein der gute Glaube an die Verfügungsmacht verneint wurde.
[125] Vgl. RGZ 119, 215, 220 zum Konnossement.

Daß auch **anderen Urkunden** Sperr- und/oder Legitimationsfunktion zukommen **80** kann, ist denkbar. Zwar nehmen der Kraftfahrzeugbrief und die Güterpapiere insofern eine Sonderstellung ein, als die Schaffung des ersteren von Gesetzes wegen vorgeschrieben ist und die letzteren echte Wertpapiere darstellen, doch sind Sperr- und Legitimationsfunktion nicht unlösbar an diese Voraussetzungen geknüpft. Denn es geht hier um die Frage, welche Anforderungen an den Scheintatbestand bzw. an den guten Glauben zu stellen sind, und dabei kommt letztlich der Verkehrssitte ausschlaggebende Bedeutung zu.

Der Verkehr kann daher Urkunden schaffen, deren Übergabe in aller Regel mit der **81** Übereignung der betreffenden Sache einhergeht, und dann kann es angesichts der Üblichkeit der Papierübergabe regelmäßig als grobe Fahrlässigkeit zu werten sein, wenn jemand die Sache ohne die Urkunde erwirbt. Ein entsprechender Versuch ist z. B. durch die Schaffung eines **Automatenbriefs** gemacht worden.[126]

Ähnliches gilt für die Legitimationsfunktion (im hier zugrunde gelegten, d.h. untechnischen, also insbesondere nicht-wertpapierrechtlichen Sinne). So kann z.B. die **82** Innehabung einer **Rechnung** des Lieferanten in bestimmten Fällen wie etwa beim „Durchhandeln" einer Ware über mehrere Stationen oder bei der „abgekürzten Lieferung" ohne Zwischenerwerb der Verfügenden eine gewisse Legitimationsfunktion entfalten.[127]

II. Der gutgläubige lastenfreie Erwerb gemäß Abs. 2

1. Funktion und dogmatische Einordnung von Abs. 2

Grundlage des gutgläubigen lastenfreien Erwerbs ist § 936 BGB. Danach erlöschen **83** Belastungen einer Sache, wenn jemand das Eigentum an ihr erwirbt und bezüglich der Belastung in gutem Glauben ist. Geschützt wird nach § 936 BGB also der gute Glaube an die Lastenfreiheit einer Sache. Diesen Schutz dehnt § 366 auf den **guten Glauben an die Befugnis zu einer die Belastung beseitigenden Verfügung** über die Sache aus. § 366 regelt also den Fall, daß der Erwerber der Sache bösgläubig bezüglich des Bestehens der Belastung ist, jedoch gutgläubig annimmt, der Inhaber des belastenden Rechts sei mit einer vorbehaltlosen Veräußerung oder Verpfändung der Sache einverstanden, durch die sein Recht erlischt oder im Rang zurücktritt. Ob der Verfügende Eigentümer der Sache ist oder nicht, spielt dabei keine Rolle.[128]

Da die Aufhebung einer Belastung und die Vereinbarung ihres Rangrücktritts Verfügungen darstellen, hat § 366 Abs. 2 dogmatisch gesehen ebenso wie Abs. 1 den **84 Schutz des guten Glaubens an die Verfügungsmacht** zum Gegenstand. Die Vorschrift verhält sich zu § 936 BGB so wie § 366 Abs. 1 zu §§ 932–934 BGB.

2. Der praktische Anwendungsbereich von Abs. 2

Der praktische Anwendungsbereich von Abs. 2 ist gering. Als Belastungen kommen **85** bei beweglichen Sachen, auf die sich der Anwendungsbereich von § 366 beschränkt, nur ein Pfandrecht oder ein Nießbrauch in Betracht. Für das **vertragliche Pfandrecht** spielt § 366 Abs. 2 aber keine wesentliche Rolle, weil dieses bei einer freiwilligen Besitzaufgabe des Berechtigten ohnehin nach § 1253 BGB erlischt und bei

---

[126] Vgl. *Serick* Bd I. § 6 I 4; *v. Olshausen/Schmidt*, Automatenrecht, 1972, S. 53 f.
[127] Vgl. auch RG LZ 1922, 288, 290.
[128] Vgl. auch *Düringer/Hachenburg/Breit* § 366 Anm. 12; *Schlegelberger/Hefermehl* § 366 Rdn. 37.

einem unfreiwilligen Besitzverlust § 366 Abs. 2 nach § 935 Abs. 1 BGB unanwendbar ist. Nur soweit nach § 935 Abs. 2 BGB auch bei abhanden gekommenen Sachen ein gutgläubiger Erwerb möglich ist wie vor allem bei Umlaufpapieren, ist die Anwendung von § 366 Abs. 2 auf Vertragspfandrechte denkbar, doch wird hier ein Erwerber, der hinsichtlich des Pfandrechts bösgläubig ist und daher nicht schon nach § 936 bzw. § 1208 BGB geschützt wird, in aller Regel auch bezüglich der Befugnis zu einer das Pfandrecht beseitigenden Verfügung bösgläubig sein; denn warum sollte ein Pfandgläubiger, dem die Pfandsache abhanden gekommen ist, mit der Aufgabe seines Rechts durch den jetzigen Besitzer einverstanden sein?!

86 Dagegen bleiben einige **gesetzliche Pfandrechte** wie das des Frachtführers gemäß § 441 Abs. 3 HGB und das des Verfrachters gemäß § 623 Abs. 2 HGB unter bestimmten Voraussetzungen auch nach der Aufgabe des Besitzes bestehen. Auch das dadurch eröffnete Anwendungsfeld von § 366 Abs. 2 ist indessen schmal, weil meist schon der Schutz der §§ 936, 1208 BGB ausreichen wird und der Erwerber, soweit das nicht der Fall ist, schwerlich gutgläubig i. S. von § 366 Abs. 2 sein dürfte; denn wenn der Erwerber hinsichtlich der Existenz des Pfandrechts, das nach §§ 441 Abs. 3, 623 Abs. 2 HGB nur durch gerichtliche Geltendmachung aufrechterhalten werden kann, bösgläubig ist, hat er in aller Regel keinen Anlaß, an eine Befugnis des Besitzers zu einer vorbehaltlosen Verfügung zu glauben.

87 Somit bleibt für die Anwendung von § 366 Abs. 2 letztlich vor allem das – nicht gerade häufige – Bestehen eines **Nießbrauchs** an der übereigneten oder verpfändeten Sache, da dieser durch deren Rückgabe grundsätzlich nicht erlischt.

III. Der gutgläubige Erwerb gesetzlicher Pfandrechte gemäß Abs. 3
1. Die unausgesprochenen Prämissen von Abs. 3

88 Abs. 3 stellt die gesetzlichen Pfandrechte des Kommissionärs, des Frachtführers, des Spediteurs und des Lagerhalters hinsichtlich des Gutglaubensschutzes einem gemäß Abs. 1 durch Vertrag erworbenen Pfandrecht gleich. Damit macht das Gesetz **drei unausgesprochene Prämissen**: erstens, daß gesetzliche Pfandrechte auch an den Gütern eines Dritten entstehen können; zweitens, daß dazu grundsätzlich dessen Einverständnis erforderlich ist; und drittens, daß es einen gutgläubigen Erwerb gesetzlicher Pfandrechte gibt. Der **unmittelbare Regelungsgehalt** der Vorschrift beschränkt sich demgegenüber auf die Anordnung, daß der **gute Glaube an das Einverständnis des wahren Berechtigten** geschützt wird; denn nur dieses kann mit der Verweisung von Abs. 3 auf die Verfügungsbefugnis nach Abs. 1 gemeint sein, da diese *als solche* für die Entstehung eines *gesetzlichen* Pfandrechts nicht ausschlaggebend ist (vgl. näher unten Rdn. 98). Ungeregelt und auch wissenschaftlich nach wie vor nicht abschließend geklärt ist die Vorfrage, welche rechtliche Bewandtnis es mit dem Einverständnis eigentlich hat, sofern es vorliegt. Deren Beantwortung ist aber für das Verständnis von § 366 Abs. 3 unumgänglich; denn was der Schutz des guten Glaubens beim Fehlen einer Rechtstatsache bedeutet, läßt sich nur begreifen, wenn man weiß, welche Folgen ihr Vorliegen hat.

89 **a) Das Einverständnis und seine Rechtsfolgen.** Die Schwierigkeiten beginnen schon bei der Frage nach dem **Gegenstand des Einverständnisses,** da dieser im Gesetz nicht bestimmt, ja von dem Einverständnis nicht einmal ausdrücklich die Rede ist. Auf den ersten Blick mag die Parallele zum Vertragspfandrecht den Gedanken nahelegen, das Einverständnis müsse sich auf die *Begründung des Pfandrechts* beziehen. Das wäre indessen mit der Tatsache unvereinbar, daß das Pfandrecht hier nicht kraft Rechts-

geschäfts, sondern kraft Gesetzes entsteht. Denn zur Begründung des Pfandrechts bedarf es hier eben gerade nicht eines darauf gerichteten Willens der Parteien, und daher braucht folgerichtig auch das Einverständnis des wahren Berechtigten nicht die Entstehung des Pfandrechts zu umfassen; insbesondere kann es nicht darauf ankommen, ob dieser die erforderlichen Rechtskenntnisse hat und überhaupt mit der Möglichkeit eines gesetzlichen Pfandrechts rechnet.

Gegenstand des Einverständnisses kann vielmehr nur die Schaffung der rechtlichen und tatsächlichen Voraussetzungen für die Entstehung des gesetzlichen Pfandrechts sein. Das Einverständnis muß sich also auf den *Abschluß eines Kommissions-, Fracht-, Speditions- oder Lagervertrags* und die *Übergabe der Güter* an den Kommissionär, Frachtführer, Spediteur oder Lagerhalter beziehen.[129] Teleologisch bedeutet das, daß das gesetzliche Pfandrecht zwar nicht geradezu auf dem Einverständnis beruht, aber durch dieses immerhin eine **mittelbare rechtsgeschäftliche Legitimation** erlangt. Und dogmatisch-konstruktiv folgt aus dieser Sichtweise, daß das Einverständnis auf die **Schaffung eines Rechts zum Besitz für einen Dritten gemäß § 986 Abs. 1 Satz 1 2. Alternative BGB** gerichtet ist. Dabei handelt es sich um das *obligatorische* Recht zum Besitz, das der Dritte – d. h. der Kommissionär usw. – aus dem Vertrag zwischen seinem Auftraggeber und dem wahren Berechtigten ableitet; das *dingliche* Recht zum Besitz auf Grund des Pfandrechts entsteht demgegenüber kraft Gesetzes.

Die **Wirkung des Einverständnisses** ist somit eine doppelte: Es gibt erstens dem **90** unmittelbaren Besitzer der Güter die Befugnis, diese bestimmten Personen zu überlassen und ihnen ein gegenüber dem wahren Berechtigten wirkendes Recht zum Besitz daran einzuräumen; und es schafft zweitens die Voraussetzungen für eine *vom guten Glauben unabhängige* Entstehung des gesetzlichen Pfandrechts. Denn wenn der wahre Berechtigte mit der Überlassung der Güter an den Kommissionär usw. einverstanden war, ist es sinnlos, ja geradezu juristisch unmöglich, die Frage nach dem guten Glauben des Pfandgläubigers zu stellen. Es liegt dann vielmehr ein **Erwerb des gesetzlichen Pfandrechts vom Berechtigten** oder eine ähnliche Rechtsfigur vor. In der Tat muß es logischerweise einen solchen geben, wenn es einen gutgläubigen Erwerb gibt; und in der Tat muß es das Einverständnis des wahren Berechtigten sein, das diese Erwerbsmöglichkeit begründet, da anderenfalls der Schutz des guten Glaubens an dieses Einverständnis sinn- und folgenlos wäre.

Daraus ergibt sich ohne weiteres auch die **Rechtsnatur des Einverständnisses:** **91** Dieses ist ein **Rechtsgeschäft**. Denn es ist darauf gerichtet, dem (unmittelbaren) Besitzer der Güter die Befugnis zu geben, dem Kommissionär usw. zwar nicht ein Pfandrecht, wohl aber ein gegenüber dem wahren Berechtigten wirkendes obligatorisches Besitzrecht einzuräumen. Daher sind die Vorschriften über Willenserklärungen, insbesondere die §§ 104ff, 116ff BGB unmittelbar einschlägig. Folglich kann der wahre Berechtigte sein Einverständnis z. B. anfechten, wobei der Kommissionär usw. freilich nach § 366 Abs. 3 i. V. mit § 142 Abs. 2 BGB geschützt wird; wegen Irrtums über die Entstehung des gesetzlichen Pfandrechts ist eine Anfechtung allerdings nicht möglich, da das Einverständnis nicht hierauf gerichtet sein muß (vgl. oben Rdn. 89) und es sich insoweit folglich um einen unbeachtlichen Motivirrtum handeln würde.

Innerhalb der Lehre von den Willenserklärungen ist das Einverständnis als **92** **Ermächtigung i. S. von § 185 BGB** einzuordnen oder einer solchen doch zumindest

---

[129] Ebenso oder ähnlich *Schlegelberger/Hefermehl* § 366 Rdn. 42; MünchKomm.-*Welter* § 366 Rdn. 67; *Ebenroth/Boujong/Joost/Stadler* § 366 Rdn. 26; *Heymann/Horn* § 366 Rdn. 29; *Röhricht/Graf von Westphalen/Wagner* § 366 Rdn. 28; *Baumbach/Hopt* § 366 Rdn. 9.

im Wege der Analogie gleichzustellen. Das folgt zwar nicht schon aus der Entstehung des Pfandrechts allein, wohl aber aus der Schaffung des obligatorischen Besitzrechts, da darin ein Zuordnungs- und Verfügungselement enthalten ist.[130] Darüber hinaus ist auch die Entstehung des Pfandrechts selbst, soweit diese nicht auf dem guten Glauben des Erwerbers, sondern auf dem Einverständnis des wahren Berechtigten beruht, am besten mit einer Analogie zu § 185 BGB zu erklären[131] (vgl. auch unten Rdn. 116).

93 **b) Die Möglichkeit eines gutgläubigen Erwerbs der Pfandrechte des HGB.** Des weiteren setzt § 366 Abs. 3 zumindest für die dort genannten Pfandrechte als selbstverständlich voraus, daß es einen **Gutglaubensschutz auch bei einem auf Gesetz beruhenden Erwerb** gibt. Die verbreitete Ansicht, bei einem solchen scheide ein gutgläubiger Erwerb aus dogmatischen oder teleologischen Gründen von vornherein aus, ist daher mit § 366 Abs. 3 unvereinbar – ebenso wie übrigens mit § 1153 Abs. 1 BGB, der die Hypothek kraft Gesetzes übergehen läßt und dennoch ihrem gutgläubigen Erwerb nach §§ 892, 1138 BGB unbestrittenermaßen nicht entgegensteht. Richtig ist demgemäß, daß ein gutgläubiger Erwerb zwar dort nicht in Betracht kommt, wo der gesetzliche Erwerb in keiner Weise an das Parteiverhalten anknüpft, daß er dagegen möglich ist, soweit die gesetzliche Regelung lediglich dem mutmaßlichen oder vernünftigen Parteiwillen typisierend Rechnung trägt und auch die übrigen Voraussetzungen, also insbesondere die besitzrechtlichen Erfordernisse, erfüllt sind. Genau das ist hier der Fall. Denn gäbe es die gesetzlichen Pfandrechte des HGB nicht, stünden zweifellos entsprechende Klauseln in den Allgemeinen Geschäftsbedingungen der Kommissionäre usw. mit der Folge, daß die Möglichkeit gutgläubigen Erwerbs ohne weiteres aus §§ 1207f, 932 BGB, 366 Abs. 1 HGB folgen würde.

94 Nicht in § 366 Abs. 3 angeordnet, sondern ebenfalls vorausgesetzt ist schließlich, daß die dort genannten Pfandrechte auch kraft **guten Glaubens an das Eigentum** des Kommittenten usw. erworben werden können. Daß (auch) diese Möglichkeit besteht, kann nicht zweifelhaft sein.[132] Denn § 366 Abs. 3 will den Gutglaubensschutz ersichtlich ausdehnen, wie sich aus der Anknüpfung an Abs. 1 unmißverständlich ergibt, und eine solche Ausdehnung setzt zwangsläufig voraus, daß als Grundtatbestand der gute Glaube an das Eigentum geschützt wird. Auch in der „Denkschrift" wird als selbstverständlich davon ausgegangen, daß ein Gutglaubensschutz jedenfalls dann Platz greift, wenn jemand „irrthümlicherweise den anderen Theil für den Eigentümer der Sache gehalten hat".[133] In der Tat wäre es ein untragbarer Wertungswiderspruch, wenn man zwar den guten Glauben an das Einverständnis des wahren Berechtigten, nicht aber auch den guten Glauben an das Eigentum schützen würde; wer hinsichtlich des Eigentums gutgläubig wäre, würde sich dann gewissermaßen selbst die Möglichkeit des § 366 Abs. 3 versperren – ein offenkundig unsinniges Ergebnis. Im übrigen geht nunmehr zudem aus dem letzten Halbsatz von § 366 Abs. 3, der durch das TransportrechtsreformG von 1998 eingefügt worden ist, unmißverständlich hervor, daß auch der gute Glaube an das Eigentum geschützt wird.

---

[130] Grundlegend *Diederichsen* Das Recht zum Besitz aus Schuldverhältnissen, 1965, S. 87ff; vgl. ferner z. B. *Larenz* Schuldrecht II/1[13] § 40 Ia = S. 23f; *Canaris* Festschrift für Flume, 1978, S. 392 ff.

[131] Vgl. auch die Nachw. unten Fn. 165.

[132] Ebenso i. E. *Schlegelberger/Hefermehl* § 366 Rdn. 41; *Ebenroth/Boujong/Joost/Stadler* § 366 Rdn. 26; *Heymann/Horn* § 366 Rdn. 26; *Röhricht/Graf von Westphalen/Wagner* § 366 Rdn. 28; *Karsten Schmidt* § 23 II 2b bb.

[133] So Denkschrift S. 208.

2. Die ratio legis von Abs. 3

Anders als für Abs. 1 spielt für Abs. 3 die **Kaufmannseigenschaft** desjenigen, der den Entstehungstatbestand des Pfandrechts schafft, also des Kommittenten usw. keine Rolle.[134] Das ergibt sich aus der Formulierung des Gesetzes und entspricht der erklärten Absicht der Verfasser der „Denkschrift", in der es heißt: „Durch die Fassung der Vorschrift wird außer Zweifel gestellt, daß es bei den bezeichneten gesetzlichen Pfandrechten für den Schutz des guten Glaubens keinen Unterschied begründet, ob der Schuldner Kaufmann ist oder nicht".[135]

95

Aus diesem Verzicht auf das Erfordernis der Kaufmannseigenschaft ergeben sich wesentliche Folgerungen für den Zweck der Vorschrift. Anders als bei Abs. 1 kann man deshalb nämlich hier die Ausweitung des Gutglaubensschutzes nicht mit der besonderen Wahrscheinlichkeit des Bestehens einer Verfügungsbefugnis bei Kaufleuten und dem darin liegenden zusätzlichen Rechtsscheinelement (vgl. oben Rdn. 2 und 3) begründen. Entscheidend können folglich nur die Besonderheiten des Kommissions-, Transport- und Lagerwesens sein. In der Tat wäre es mit dessen legitimen Schutzbedürfnissen unvereinbar, wenn der Kommissionär usw. vor der Übernahme der Güter stets erst die für ihn oft schwer zu überblickenden Eigentumsverhältnisse klären und sich gegebenenfalls auch noch von dem Einverständnis des wahren Berechtigten überzeugen müßte. Er muß sich vielmehr angesichts des Massencharakters seiner Geschäfte grundsätzlich darauf verlassen können, daß die in seiner Hand befindliche Ware ihm als Sicherheit dient. Auch wäre es mit der ordnungsgemäßen Durchführung von Kommissions-, Transport- und Lagergeschäften in aller Regel unvereinbar, wenn der Kommissionär usw. stets vor der Alternative stünde, entweder die Bonität seiner – meist sehr zahlreichen und ihm häufig unbekannten – Kunden zu prüfen oder auf Vorkasse zu bestehen. Eine wesentliche Besonderheit dieser Verträge liegt dabei nicht zuletzt darin, daß hier eine Zug-um-Zug-Leistung grundsätzlich nicht in Betracht kommt: wie soll man Zug um Zug gegen eine Einlagerung oder einen Transport die entsprechende Geldzahlung des Auftraggebers eintreiben? Es kommt daher unvermeidlich zu Vorleistungen, und daß diese nicht der Auftraggeber, sondern der Lagerhalter oder Frachtführer erbringt, liegt um so näher, als er eine Sache des anderen Teils und damit eine Sicherheit in Besitz hat. Dieser **Zwangslage** angemessen Rechnung zu tragen, ist somit der primäre Sinn und Zweck von § 366 Abs. 3.[136]

96

Damit ist freilich noch nicht erklärt, warum nicht nur der gute Glaube an das Eigentum, sondern auch der gute Glaube an das Einverständnis des wahren Berechtigten geschützt wird. Das dürfte nun darauf zurückzuführen sein, daß die fraglichen Verträge besonders häufig nicht vom Eigentümer, sondern von einem Dritten geschlossen werden und daß dieser meist dazu auch befugt ist. Man denke etwa daran, daß ein Spediteur die Güter einem Frachtführer anvertraut oder daß ein Kommissionär sie einlagert. Hier wird der Frachtführer bzw. der Lagerhalter seinen Auftraggeber regelmäßig nicht für den Eigentümer der Güter halten oder halten dürfen, wohl aber meist mit Recht davon ausgehen, daß dieser zur Versendung bzw. Einlagerung der Güter

97

---

[134] Vgl. RG LZ 1909, 141 für die Einlagerung von Vorbehaltsgut der Ehefrau durch den Mann; *Düringer/Hachenburg/Breit* § 366 Anm. 14; *Schlegelberger/Hefermehl* § 366 Rdn. 43; MünchKomm.-*Welter* § 366 Rdn. 69; *Ebenroth/Boujong/Joost/Stadler* § 366 Rdn. 24.

[135] So Denkschrift S. 208.

[136] Zustimmend *Pfeiffer/Gounalakis/Heuel* § 10 Rdn. 95; *Ebenroth/Boujong/Joost/Stadler* § 366 Rdn. 24; ähnlich auch *Bechtloff* S. 553.

befugt ist. An diese **Wahrscheinlichkeit** knüpft § 366 Abs. 3 somit an. Daß sie im Einzelfall wirklich besteht, ist allerdings nicht Tatbestandsvoraussetzung von § 366 Abs. 3 (vgl. auch oben Rdn. 3 zur entsprechenden Problematik bei Abs. 1), doch lassen sich die erforderlichen Korrekturen unschwer mit Hilfe der an den guten Glauben zu stellenden Anforderungen erreichen (vgl. näher die folgende Rdn.).

3. Der Gegenstand des guten Glaubens und die an diesen zu stellenden Anforderungen

98 Nähme man die Verweisung von § 366 Abs. 3 auf Abs. 1 strikt wörtlich, so müßte sich der gute Glaube des Kommissionärs usw. auf die Verfügungsmacht des Kommittenten usw. beziehen. Das kann jedoch sinnvoller Weise nicht gemeint sein. Dogmatisch folgt das daraus, daß Verfügungsmacht die Grundlage für die Herbeiführung von Rechtsfolgen kraft *Rechtsgeschäfts* bildet, während es hier um die Entstehung eines Pfandrechts kraft *Gesetzes* geht. Teleologisch gesehen ergibt es sich daraus, daß das Erfordernis der Verfügungsmacht im vorliegenden Zusammenhang zu weit, zu anspruchsvoll und zu problemfern wäre; denn es geht nicht darum, ob der Kommittent das Eigentum an dem Gut mit Wirkung gegenüber dem Eigentümer auf einen Dritten übertragen oder diesem ein Vertragspfandrecht einräumen darf, sondern lediglich darum, ob er das Gut in Kommission geben, einem Frachtführer oder Spediteur überlassen oder einlagern darf. Gegenstand des guten Glaubens ist daher nicht die Befugnis zur Begründung eines Pfandrechts, sondern lediglich die **Befugnis zum Abschluß eines Kommissions-, Fracht-, Speditions- oder Lagervertrags und zur Übergabe der Güter an den Kommissionär, Frachtführer, Spediteur oder Lagerhalter** – ganz ebenso wie dies der Gegenstand des Einverständnisses ist, bei dessen Vorliegen es auf gutgläubigen Erwerb gemäß § 366 Abs. 3 gar nicht mehr ankommt (vgl. oben Rdn. 89).

99 Die an den guten Glauben zu stellenden Anforderungen werden in erster Linie durch den Grad der Wahrscheinlichkeit, die für ein Einverständnis des Eigentümers spricht, bestimmt. Diese hängt vor allem von der **beruflichen Stellung des Auftraggebers** und dem seiner angeblichen Befugnis **zugrunde liegenden Rechtsverhältnis** einerseits sowie von der **Art des geschlossenen Geschäfts** andererseits ab (vgl. auch oben Rdn. 42 f). Übergibt etwa ein Spediteur Waren an einen Frachtführer oder lagert ein Kommissionär Waren ein, so müssen schon besonders starke Verdachtsgründe vorhanden sein, um bösen Glauben zu begründen. Übergibt andererseits ein Lagerhalter oder ein Frachtführer fremde Waren einem Verkaufskommissionär, so wird dieser sehr häufig Anlaß zu erheblichem Mißtrauen haben – es sei denn, er darf vom Vorliegen eines Rechts zu einem (von ihm durchzuführenden) Not- oder Pfandverkauf ausgehen.

100 Beim **Eigentumsvorbehalt** kommt es im wesentlichen darauf an, ob man die Überlassung des Gutes an einen Kommissionär, seinen Transport oder seine Einlagerung als Akt der „ordnungsgemäßen Geschäftsführung" (vgl. dazu auch oben Rdn. 51 ff) ansehen darf oder nicht – was sich nur nach den jeweiligen Umständen des Einzelfalles, insbesondere nach der typischen Zweckbestimmung der Waren beurteilen läßt. Ist die Frage zu bejahen, wird es meist auf § 366 Abs. 3 gar nicht mehr ankommen, da dann die Befugnis zur Einlagerung usw. wirklich bestand und das gesetzliche Pfandrecht daher unabhängig von den Regeln über den gutgläubigen Erwerb entsteht (vgl. oben Rdn. 90). Auf § 366 Abs. 3 wird man daher hier nur dann zurückgreifen müssen, wenn die Ordnungswidrigkeit der Überlassung zur Kommission, des Transports oder der Einlagerung nach außen nicht erkennbar war, insbesondere lediglich auf einem atypischen internen Verbot beruhte.

4. Die Sonderproblematik des gutgläubigen Pfandrechtserwerbs zur Sicherung inkonnexer Forderungen gemäß Abs. 3 Halbsatz 2

Besondere Schwierigkeiten bereitet der gutgläubige Erwerb eines Pfandrechts seit jeher, wenn dieses eine sogenannte inkonnexe Forderung sichern soll, also eine solche, die keinen Bezug zu dem das Pfandgut betreffenden Vertrag hat, sondern z.B. aus einem früheren Geschäft zwischen den Parteien stammt. Der Gesetzgeber hat diese Problematik im Rahmen der Reform des Transportrechts im Jahre 1998 durch die **Neuregelung von § 366 Abs. 3 Halbsatz 2 HGB** zu lösen versucht. Danach besteht die Möglichkeit des gutgläubigen Erwerbs für „das gesetzliche Pfandrecht des Frachtführers, des Spediteurs und des Lagerhalters an Gut, das nicht Gegenstand des Vertrages ist, aus dem die durch das Pfandrecht zu sichernde Forderung herrührt, nur insoweit, als der gute Glaube des Erwerbers das Eigentum des Vertragspartners betrifft". 101

a) **Der Regelungsgehalt von Abs. 3 Halbsatz 2 bei wortgetreuer Anwendung.** Der Gehalt dieses Halbsatzes ist rein sprachlich gesehen klar: Soweit es um die Sicherung *inkonnexer* Forderungen durch die gesetzlichen **Pfandrechte des Frachtführers, Spediteurs und Lagerhalters** geht, wird der **gute Glaube an das Eigentum** des anderen Teils, also des Auftraggebers eines Frachtführers oder Spediteurs bzw. des Einlagerers geschützt, dagegen – anders als bei der Sicherung *konnexer* Forderungen – nicht auch der **gute Glaube an die Verfügungsbefugnis** bzw. die hier an deren Stelle tretende **Befugnis zum Abschluß des Fracht-, Speditions- oder Lagervertrages und zur Übergabe des Gutes** (vgl. oben Rdn. 89). Genau so haben es die Verfasser des Gesetzes in der Tat gemeint, wie sich zweifelsfrei aus der Regierungsbegründung ergibt.[137] Dennoch ist höchst zweifelhaft, ob Abs. 3 Halbsatz 2 insoweit beim Wort genommen werden kann (vgl. näher unten Rdn. 105 f). 102

Anders scheint es nach dem Text des Gesetzes hinsichtlich des **Kommissionärspfandrechts** zu liegen. Denn da dieses hier in auffälligem Gegensatz zu Halbsatz 1 nicht genannt ist, liegt insoweit auf den ersten Blick ein **Umkehrschluß** nahe mit der Konsequenz, daß bei diesem nicht nur der gute Glaube an das Eigentum, sondern auch der **gute Glaube an die Verfügungsbefugnis** des Kommittenten bzw. an dessen **Befugnis zum Abschluß des Kommissionsvertrages** auch insoweit geschützt wird, als es um die Sicherung *inkonnexer* Forderungen geht. Dieser Umkehrschluß drängt sich umso mehr auf, als das Gesetz durch seinen Wortlaut („nur") nahelegt, daß es eine „eigentlich", d.h. ohne diese Regelung, bestehende Möglichkeit *einschränkt* und der Kommissionär also von dieser mangels einer solchen Einschränkung Gebrauch machen kann. Gleichwohl bedarf es näherer Prüfung, ob dieser Umkehrschluß haltbar oder nicht doch trügerisch ist (vgl. näher unten Rdn. 105). 103

b) **Die Notwendigkeit von Korrekturen der Vorschrift im Wege der Rechtsfortbildung und die Problematik ihrer Verfassungswidrigkeit.** Die Neuregelung von Abs. 3 Halbsatz 2 ist außerordentlich irritierend. Dabei ergeben sich **Bedenken in doppelter Hinsicht**. Erstens stellt sich die Frage, ob es einen sachlichen **Grund für die unterschiedliche Behandlung der Pfandrechte des Frachtführers, Spediteurs und Lagerhalters einerseits und des Kommissionärs andererseits** gibt und worin dieser gegebenenfalls liegt. 104

Zweitens ist darüber hinaus sogar die **Zulassung eines gutgläubigen Pfandrechtserwerbs zur Sicherung inkonnexer Forderungen als solche** höchst problematisch.

---

[137] Vgl. BT-Drucks. 13/8445 S. 33.

Dabei liegt der Stein des Anstoßes nicht etwa darin, daß der gute Glaube *nicht* geschützt wird, soweit er sich nur auf die *Verfügungsbefugnis* bzw. die *Befugnis zum Abschluß des Kommissionsvertrags* usw. und die Überlassung des Gutes bezieht; das ist in Wahrheit bei der Sicherung *inkonnexer* Forderungen eine Selbstverständlichkeit – warum sollte denn z. B. ein Frachtführer erwarten dürfen, daß die Befugnis seines Auftraggebers zum Abschluß eines Frachtvertrags über die Güter eines Dritten ein Pfandrecht an diesen auch zur Sicherung solcher Forderungen zu begründen vermag, *die mit dem Frachtvertrag nichts zu tun haben*, sondern aus Geschäften stammen, *die den Dritten gar nichts angehen*?! Legitimationsbedürftig ist vielmehr, daß der gute Glaube *überhaupt*, also immerhin hinsichtlich des *Eigentums* geschützt wird, obwohl es doch nur um die Sicherung *inkonnexer* Forderungen geht. Diese Regelung steht nämlich in **Widerspruch zur Rechtsprechung des BGH zu § 50 Buchst. a a. F. ADSp**; denn hierzu hatte der BGH mit Recht entschieden, daß ein gutgläubiger Pfandrechtserwerb zur Sicherung von inkonnexen Forderungen nicht möglich ist[138] und diese Ansicht sowohl auf Treu und Glauben gemäß § 157 BGB als auch auf Sittenwidrigkeit gemäß §§ 138, 826 BGB gestützt (vgl. näher unten Rdn. 107). Hat der Gesetzgeber also in § 366 Abs. 3 Halbsatz 2 eine Bestimmung geschaffen, die den Geboten von Treu und Glauben, ja sogar den guten Sitten widerspricht? In der Tat zeigt sich bei näherer Analyse, daß die Verfasser des Gesetzes die Neuregelung in mehrfacher Hinsicht nicht hinreichend durchdacht haben.

105 Was zunächst die **mangelnde Einbeziehung des Kommissionärspfandrechts in den Text von Abs. 3 Halbsatz 2** angeht, so bieten die Gesetzesmaterialien keinerlei Anhaltspunkte dafür, daß sich die Verfasser des Regierungsentwurfs hierüber irgendwelche Gedanken gemacht haben. Anlaß für die Neuregelung von § 366 Abs. 3 Halbsatz 2 HGB war vielmehr, daß die gesetzlichen Pfandrechte des Frachtführers, Spediteurs und Lagerhalters nach §§ 441, 464, 475 b HGB seit der Reform des Transportrechts von 1998 erstmals auch inkonnexe Forderungen sichern, während sie vorher auf die Sicherung konnexer Forderungen beschränkt waren. Demgegenüber sichert § 397 HGB, der durch die Reform von 1998 gar nicht betroffen war, seit jeher – im Gegensatz zu der Sonderregelung für die Effektenkommission gemäß §§ 4 Abs. 1 Satz 2, 30 Abs. 2 DepotG – auch inkonnexe Forderungen, so daß die Gesetzesverfasser insoweit vermutlich keinen Regelungsbedarf gesehen haben. Man kann daher geradezu an ein **Redaktionsversehen** denken.[139] Jedenfalls sollte man das Kommissionärspfandrecht im Wege einer teleologischen Korrektur, d. h. einer **Analogie** in den Anwendungsbereich von Abs. 3 Halbsatz 2 einbeziehen[140] und also den Schutz des guten Glaubens nicht mit Hilfe des oben Rdn. 103 erwogenen Umkehrschlusses noch über denjenigen der übrigen HGB-Pfandrechte hinaus erstrecken, sondern diesen gleichstellen. Denn irgendein Argument dafür, daß dem Kommittenten eher als dem Auftraggeber eines Frachtführers oder Spediteurs oder einem Einlagerer die mittelbare rechtsgeschäftliche Legitimation zur Begründung eines Pfandrechts an einem fremden Gut wegen inkonnexer (!) Forderungen zukommt, die in der Einräumung der Befugnis zur Schaffung von dessen Entstehungsvoraussetzungen liegt (vgl. oben Rdn. 89 Abs. 2), ist ebenso wenig ersichtlich wie ein Argument dafür, daß der Kommissionär

---

[138] Vgl. BGHZ 17, 1, 3ff (gegen RGZ 113, 427 und 118, 250); bestätigt durch BGHZ 86, 300, 304; BGH NJW 1963, 2222.

[139] So in der Tat *Ebenroth/Boujong/Joost/Stadler* § 366 Rdn. 28.

[140] Vgl. *Canaris* Handelsrecht[23] § 29 Rdn. 47; zustimmend *Baumbach/Hopt* § 366 Rdn. 11; ebenso ferner *Ebenroth/Boujong/Joost/Stadler* § 366 Rdn. 28; a. A. *Bechtloff* S. 138f; wohl auch MünchKomm.-*Welter* § 366 Rdn. 68.

insoweit stärker schutzbedürftig ist als der Frachtführer, Spediteur oder Lagerhalter.[141] Insbesondere kann keine Rede davon sein, daß der Kommittent typischerweise zur Verwertung des Kommissionsgutes befugt sei.[142] Denn auch wenn man annimmt, daß der Kommittent bei der Verkaufskommission i.d.R. zu Verfügungen über das Gut befugt ist – für die Einkaufskommission dürfte sich die Frage nach der Anwendbarkeit von § 366 Abs. 3 nicht stellen –, deckt seine Ermächtigung ihrer Funktion entsprechend i.d.R. eben nur solche Verfügungen, die zu dessen Verkauf erforderlich sind, nicht aber auch eine Verwertung, die zur Sicherung von Forderungen aus *anderen* Geschäften zwischen dem Kommittenten und dem Kommissionär stammen; warum sollte denn der Eigentümer des Gutes dem Kommittenten eine Stellung einräumen, welche die Begründung der Voraussetzungen für die Sicherung von Forderungen aus Geschäften erlaubt, die ihn gar nicht betreffen?! Darüber hinaus befindet sich der Kommissionär insoweit auch nicht in der oben Rdn. 96 dargestellten, für die ratio legis von § 366 Abs. 3 Halbsatz 1 essentiellen Zwangslage, da er keine schutzwürdige Exspektanz hat, anläßlich der Durchführung eines Kommissionsgeschäfts eine Sicherheit an dem Kommissionsgut für andere, sich nicht auf dieses beziehende Forderungen zu erlangen. Im übrigen wäre die uneingeschränkte Anwendung von Abs. 3 Halbsatz 1 auf das Kommissionärspfandrecht zur Sicherung inkonnexer Forderungen und die sich daraus ergebende umfassende Ermöglichung gutgläubigen Erwerbs auch deshalb äußerst mißlich, weil sich hier nicht durch eine scharfe Handhabung der an den guten Glauben zu stellenden Anforderungen ausreichend gegensteuern läßt; denn der gute Glaube des Kommissionärs muß sich ja nicht auf die Befugnis des Kommittenten zur Schaffung des Pfandrechts selbst, sondern lediglich auf seine Befugnis zur Überlassung des Gutes an ihn zum Zwecke der Kommission richten (vgl. oben Rdn. 98) – und insoweit wird der Kommissionär in der Tat häufig gutgläubig sein, so daß man den Besonderheiten der Sicherung inkonnexer Forderungen in diesem Rahmen nicht vollständig Rechnung tragen kann. Insgesamt weist die Interessenlage beim Kommissionsgeschäft somit hinsichtlich der Sicherung inkonnexer Forderungen keine wesentlichen Unterschiede gegenüber der Interessenlage beim Fracht-, Speditions- und Lagergeschäft auf, und daher ist es diesen zur Vermeidung eines schweren Wertungswiderspruchs, der wohl geradezu die Dimension eines **Verstoßes gegen Art. 3 Abs. 1 GG** erreicht, im Rahmen von § 366 Abs. 3 Halbsatz 2 HGB gleichzustellen.

Hinsichtlich des gutgläubigen Erwerbs eines gesetzlichen Pfandrechts folgt aus dieser teleologischen Korrektur von § 366 Abs. 3, daß der gute Glaube an das bloße Einverständnis des wahren Berechtigten mit der Überlassung des Gutes an den Kommissionär usw. generell nicht geschützt wird, soweit es um die Sicherung inkonnexer Forderungen geht. Andererseits wird der **gute Glaube an das Eigentum des Kommissionärs usw.** grundsätzlich auch insoweit generell geschützt, als es um die Sicherung inkonnexer Forderungen geht. Die in der Vorauflage vertretene gegenteilige Ansicht[143] ist seit der Einführung von § 366 Abs. 3 Halbsatz 2 HGB mit der lex lata nicht mehr zu vereinbaren. **106**

Allerdings bleibt das oben Rdn. 104 Abs. 2 bereits angedeutete Bedenken, daß der BGH die Erstreckung des **AGB-Pfandrechts in § 50 Buchst. a a.F. ADSp** auf **107**

---

[141] Ein gewisser Hinweis auf eine etwaige Sonderstellung des Kommissionärs im Vergleich zum Spediteur findet sich freilich in BGHZ 17, 1, 6, doch vermag dieser eine unterschiedliche Behandlung hinsichtlich des Gutglaubensschutzes keinesfalls zu rechtfertigen.

[142] So aber *Bechtloff* S. 139 mit Fn. 82; ähnlich wohl MünchKomm.-*Welter* § 366 Rdn. 68.
[143] Vgl. GroßKomm.-*Canaris*³ § 366 Anm. 77.

§ 366

die Sicherung inkonnexer Forderungen verworfen hat.[144] Er hat dies schon aus einer an Treu und Glauben ausgerichteten Auslegung der betreffenden Klausel gefolgert, darüber hinaus aber ausgesprochen, daß eine entgegenstehende unmißverständliche Regelung jedenfalls wegen Sittenwidrigkeit nach § 138 BGB nichtig wäre und ihre Ausnutzung durch den Erwerber gegen § 826 BGB verstieße. Dabei hat der BGH – und darin liegt im vorliegenden Zusammenhang der entscheidende Punkt – nicht etwa zwischen dem guten Glauben an die Verfügungsmacht und an das Eigentum differenziert, sondern sein Verdikt gleichermaßen für *beide* Varianten ausgesprochen. So heißt es in BGHZ 17, 4: „Ein verständiger und redlicher Auftraggeber wird aber zur allgemeinen Grundlage seiner Vertragsbeziehungen zu seinem Spediteur nicht die Vereinbarung machen wollen, daß für seine gesamten Schulden fremdes Gut haften soll, *auch dann nicht, wenn er es irrig für eigenes hält*"; vielleicht noch klarer sind die Ausführungen S. 5: „Die Gültigkeit einer solchen Vereinbarung vermag auch nicht der Hinweis auf §§ 932, 1207 BGB, 366 Abs. 1 HGB herbeizuführen, da diese Vorschriften nicht eine unsittliche Vereinbarung zwecks Verfügung über fremdes Eigentum, sondern den guten Glauben an *das Eigentum oder (!) die Verfügungsberechtigung* des Verpfänders schützen wollen." (Hervorhebungen hinzugefügt); ähnlich klar ist die Passage BGH NJW 1963, 2223 unter III 2. Nirgendwo klingt auch nur andeutungsweise der Gedanke an, daß zwischen dem guten Glauben an das Eigentum und an die Verfügungsmacht zu unterscheiden sei! Legt man diese Maßstäbe an, so haben wir es bei § 366 Abs. 3 Halbs. 2 also mit einer **gegen Treu und Glauben und die guten Sitten verstoßenden Gesetzesregelung** zu tun. Dafür spricht in der Tat, daß der BGH entscheidend auf die mit dem AGB-Charakter der Klausel verbundene *Generalität* der Regelung abgestellt hat, die bei einem gesetzlichen Pfandrecht in prinzipiell gleicher Weise gegeben ist; denn auch für das Gesetz gilt, daß es das Pfandrecht generell und pauschal begründet, ohne daß dabei auf die Umstände des konkreten Falles und das aus diesen folgende Schutzbedürfnis der Parteien Rücksicht genommen werden könnte, wie das bei einer entsprechenden Individualabrede möglich wäre[145] (bei der in der Tat ein Verstoß gegen § 138 BGB trotz Einbeziehung von inkonnexen Forderungen in die Sicherung zu verneinen sein kann[146]). Allerdings könnte man einwenden, dem Gesetzgeber komme – wenngleich nur in gewissen Grenzen – eine Konkretisierungsprärogative hinsichtlich des Inhalts der Gebote von Treu und Glauben und der guten Sitten zu, doch dürfte das im vorliegenden Zusammenhang schwerlich weiterhelfen. Die Verfasser des Regierungsentwurfs wollten sich nämlich nicht etwa über die – ihnen bekannte – Rspr. des BGH zu § 50 Buchst. a a. F. ADSp hinwegsetzen, sondern glaubten sich im Gegenteil in Übereinstimmung mit dieser, weil sie sie dahingehend mißverstanden haben, daß der BGH nur den Schutz des guten Glaubens an die Verfügungsmacht mißbilligt habe.[147] Es liegt also ein **Motivirrtum der Gesetzesverfasser** vor. Zwar steht außer Zweifel, daß dieser als solcher die Gültigkeit des Gesetzes unberührt läßt, doch bleibt andererseits die beunruhigende Frage, wie sich der Rechtsanwender gegenüber einer „sittenwidrigen Regelung in Gesetzesform" verhalten soll.

---

[144] Vgl. die Nachw. oben Fn. 138.
[145] Unzutreffend daher *Bechtloff* S. 138 f und S. 553 Fn. 54.
[146] Vgl. BGHZ 86, 300, 306.
[147] Vgl. BT-Drucks. 13/8445 S. 33, wo die zitierte Rspr. des BGH in indirekter Rede mit den Worten wiedergegeben wird: „Ein Pfandrecht für inkonnexe Forderungen, das auch bei *bloßem gutem Glauben an die Verfügungsbefugnis* des Auftraggebers erworben werden kann, belaste das Gut in unübersehbarer Weise"; in der Tat heißt es in BGHZ 17, 1, 6, daß „ein Pfandrecht für inkonnexe Forderungen das Gut in unübersehbarer Weise belastet", doch fehlt auch hier jeder Hinweis auf einen Zusammenhang mit dem „bloßen guten Glauben an die Verfügungsbefugnis des Auftraggebers".

Immerhin kann man den schlimmsten Auswüchsen dadurch wehren, daß man **108**
scharfe Anforderungen an den guten Glauben stellt, was bei Begründung eines
Pfandrechts ohnehin grundsätzlich angezeigt ist (vgl. oben Rdn. 4 und 67) und bei
Sicherung einer inkonnexen Forderung erst recht (vgl. aber auch die Einschränkungen
oben Rdn. 105 i. V. mit Rdn. 98). Darüber hinaus sollte man grundsätzlich eine **teleologische Reduktion der Regelung bei „Altforderungen"** vornehmen, also in den
Fällen, in denen die inkonnexe Forderung im Zeitpunkt des (etwaigen) Pfandrechtserwerbs bereits bestand, weil (und sofern) dann die Erlangung des Besitzes an der
Pfandsache nicht für eine Disposition des Erwerbers kausal geworden sein kann und
also grundsätzlich kein schutzwürdiges Vertrauen vorliegt[148]. Insoweit ist § 366 Abs. 3
also außer Anwendung zu lassen mit der Folge, daß auch der gute Glaube an das
Eigentum des Auftraggebers bzw. Einlagerers nicht geschützt wird.

Darüber hinaus bedarf es einer **Prüfung der Regelung am Maßstab von Art. 14** **109**
GG, weil sich die Zulassung gutgläubigen Erwerbs vor dem Eigentumsrecht des
wahren Berechtigten verfassungsrechtlich zu legitimieren hat[149]. Da die Normen des
Privatrechts – anders als das Verhalten der Privatrechtssubjekte – unmittelbar an den
Grundrechten zu messen sind, wie heute nahezu allgemein anerkannt ist,[150] gilt auch
für § 366 Abs. 3 Halbsatz 2, daß der Gesetzgeber bei der Inhalts- und Schrankenbestimmung im Rahmen von Art. 14 Abs. 1 Satz 2 GG das Verhältnismäßigkeitsprinzip
zu beachten hat[151] und demgemäß „die schutzwürdigen Interessen der Beteiligten in
einen gerechten Ausgleich und ein ausgewogenes Verhältnis bringen muß"[152]; eine
„einseitige Bevorzugung oder Benachteiligung" einer der betroffenen Seiten ist mit
Art. 14 GG nicht vereinbar.[153] Ob § 366 Abs. 3 Halbs. 2 einer solchen Verhältnismäßigkeitsprüfung standhält, erscheint äußerst zweifelhaft; denn wie kann eine Regelung als „gerechter Ausgleich zwischen den schutzwürdigen Interessen der Beteiligten" anzusehen sein, wenn eine entsprechende Regelung in AGB geradezu gegen die
guten Sitten verstößt – und zwar just wegen Mißachtung der legitimen Interessen des
wahren Berechtigten?! Vielleicht ist aber doch mit einer einschränkenden verfassungskonformen Auslegung auszukommen, die vor allem die beiden in der vorigen Rdn.
genannten Möglichkeiten scharfer Anforderungen an den guten Glauben und einer
teleologischen Reduktion bei „Altforderungen" nutzen könnte und diese zugleich
zusätzlich untermauert. Die Problematik bedarf weiterer Vertiefung, die indessen eine
Spezialuntersuchung erfordert und daher hier nicht geleistet werden kann.

c) **Folgerungen für die Behandlung von AGB-Pfandrechten.** Wie auch immer **110**
man die Neuregelung von § 366 Abs. 3 Halbsatz 2 beurteilen mag – hinsichtlich der
Behandlung von AGB-Pfandrechten ist an den in der Rspr. des BGH zu § 50 Buchst. a
a. F. ADSp entwickelten Grundsätzen als Ausgangspunkt jedenfalls festzuhalten.
Denn was der Gesetzgeber (in den Grenzen von Art. 14 GG) darf, kann nicht ohne
weiteres auch dem AGB-Verwender zugestanden werden, zumal sich § 366 Abs. 3
Halbsatz 2 angesichts des den Gesetzesverfassern unterlaufenen Mißverständnisses
(vgl. oben Rdn. 106) keinesfalls als „Leitbild" i. S. des AGB-Rechts eignet. Demgemäß

---

[148] Vgl. näher *Canaris* Die Vertrauenshaftung im deutschen Privatrecht, 1971, S. 176 f.

[149] Vgl. dazu grundlegend *J. Hager* Verkehrsschutz durch redlichen Erwerb, 1990, S. 46 ff.

[150] Vgl. eingehend *Canaris* Grundrechte und Privatrecht, 1999, S. 11 ff mit umf. Nachw. S. 21 Fn. 39–41.

[151] Vgl. z. B. BVerfGE 79, 230, 250; 98, 17, 37 m w. Nachw.

[152] Vgl. z. B. BVerfGE 52, 1, 29; 95, 48, 58; 98, 17, 37.

[153] Vgl. z. B. BVerfGE 37, 132, 141; 71, 230, 247.

verstößt es z. B. grundsätzlich gegen § 138 BGB, wenn ein **AGB-Werkunternehmerpfandrecht** auf die Sicherung inkonnexer Forderungen ausgedehnt wird.[154]

111 Der der Rechtsprechung zu § 50 Buchst. a a. F. ADSp zugrunde liegende Rechtsgedanke darf freilich nicht verabsolutiert werden. Er paßt z. B. entgegen manchen Stimmen in Rspr. und Lehre[155] nicht uneingeschränkt für das **Pfandrecht nach Ziff. 14 (bzw. 19 a. F.) AGB der privaten Banken**.[156] Eine Bank unterscheidet sich nämlich von Spediteuren, Frachtführern, Werkunternehmern und dgl. sehr wesentlich dadurch, daß es gerade ihre Funktion ist, nicht nur wie jene *bestimmte Güter,* also das jeweilige Speditions-, Fracht- oder Reparaturgut zu „bevorschussen", sondern Kredite schlechthin und *ohne Bezug auf das Sicherungsgut* zu geben. Sie muß sich daher grundsätzlich darauf verlassen können, daß sie *alle* von ihren Kunden in ihren Besitz gebrachten Gegenstände als Sicherheit für *alle* etwaigen Kredite heranziehen kann. Folgerichtig ist der gutgläubige Erwerb allerdings auch hier ausnahmsweise abzulehnen, wenn und soweit die Bank nicht *im Vertrauen auf den Besitz Kredit gewährt* hat; sie erwirbt das Pfandrecht aus Ziff. 14 ihrer AGB daher grundsätzlich z. B. nicht für Forderungen, die schon bestanden, bevor der Gegenstand in ihren Besitz gelangt ist, oder die sie im Wege der Abtretung erworben hat.

5. Die Bedeutung von § 366 Abs. 3 für andere gesetzliche Besitzpfandrechte, insbesondere für das Werkunternehmerpfandrecht gemäß § 647 BGB

112 § 366 Abs. 3 HGB stellt eine **Vorschrift ohne spezifisch handelsrechtlichen Gehalt** dar, da keiner der Beteiligten Kaufmann zu sein braucht. Daß dieses Erfordernis in der Person des Kommittenten, des Absenders bzw. Versenders und des Einlagerers nicht gegeben zu sein braucht, folgt schon aus dem Wortlaut der Vorschrift und ist unbestritten (vgl. oben Rdn. 95). Auch der Kommissionär, der Frachtführer, der Spediteur und der Lagerhalter brauchen seit der Handelsrechtsreform von 1998 nicht mehr Kaufmann, sondern nur noch Kleingewerbetreibender zu sein (vgl. oben Rdn. 8 ff). Demgemäß ist nicht ersichtlich, warum die Regelung von § 366 Abs. 3 auf die gesetzlichen Pfandrechte des Handelsrechts beschränkt bleiben sollte. Vielmehr drängt es sich auf, den ihr immanenten Gehalt auch für andere gesetzliche Pfandrechte, die strukturell den handelsrechtlichen entsprechen, also insbesondere auf dem Besitz des Pfandgläubigers aufbauen, fruchtbar zu machen. Das gilt vor allem für das Werkunternehmerpfandrecht gemäß § 647 BGB.

113 a) **Die Zulassung gutgläubigen Erwerbs bei allen Besitzpfandrechten.** Der BGH lehnt bekanntlich die Möglichkeit eines **gutgläubigen Erwerbs des Werkunternehmerpfandrechts gemäß § 647 BGB** ab.[157] Dem kann nach den Ausführungen oben Rdn. 93 nicht gefolgt werden.[158] Die früher verbreitete Begründung, es gehe bei § 647 BGB nicht um rechtsgeschäftlichen, sondern um gesetzlichen Erwerb, ist, wie

---

[154] Zustimmend *Baumbach/Hopt* § 366 Rdn. 12; vgl. auch *Berg* JuS 1978, 88; *Staudinger/Wiegand*[13] Anh. zu § 1257 Rdn. 10; unzutreffend demgegenüber *Bechtloff* S. 139 nach Fn. 82.

[155] Vgl. OLG Hamburg MDR 1970, 422; *Reinicke/Tiedtke* JA 1984, 210.

[156] Vgl. näher *Canaris* Bankvertragsrecht[2] Rdn. 2665 f; zustimmend *Baumbach/Hopt* 2. Teil (8) Ziff. 14 Rdn. 4; *Staudinger/Wiegand*[13] Anh. § 1257 Rdn. 9.

[157] Vgl. BGHZ 34, 122, 124 und 153; 87, 274, 280; 100, 95, 101; zustimmend z. B. *Flume* AcP 161 (1962) 395; *Neuner* ZHR 157 (1993) 254; *Larenz* Schuldrecht II/1 § 53 III e; *Westermann/Gursky* SachenR[7] § 133 I.

[158] Ebenso i. E. z. B. *Raiser* JZ 1961, 285; *J. Hager* S. 108 ff; *Baur/Stürner* SachenR[17] § 55 Rdn. 40; *Wilhelm* SachenR[2] Rdn. 1698 ff; *Schlegelberger/Hefermehl* § 366 Rdn. 44; *Staudinger/Wiegand*[13] § 1257 Rdn. 14; MünchKomm.-*Damrau*[3] § 1257 Rdn. 3.

dargelegt, mit § 366 Abs. 3 unvereinbar.[159] Auch sonst ist die **Interessenlage** im wesentlichen die gleiche wie bei den unter § 366 Abs. 3 fallenden Pfandrechten. Auch der Werkunternehmer kann nämlich seine Leistung nicht Zug um Zug gegen Bezahlung erbringen und auch er kann die Eigentumsverhältnisse angesichts der Größe und Anonymität seines Kundenkreises meist nicht überblicken, so daß die ratio legis von § 366 Abs. 3 (vgl. oben Rdn. 96) auch hier paßt. Auch das Argument, ein Werkunternehmer, der sich auf das Gesetz verläßt, dürfe nicht schlechter stehen als derjenige, der eine entsprechende Regelung in seine AGB aufnimmt, hat das gleiche Gewicht wie bei den von § 366 Abs. 3 erfaßten Pfandrechten, zumal viele Werkunternehmer inzwischen wegen der Rechtsprechung des BGH offenbar in der Tat zur Vereinbarung von AGB-Pfandrechten übergegangen sind und der BGH dann den gutgläubigen Pfandrechtserwerb anerkennt.[160] Außerdem läßt sich der Rechtsgedanke von § 366 Abs. 3 nach seinem sachlichen Gehalt nicht auf den Handelsverkehr beschränken, da die Anwendbarkeit der Vorschrift nicht von der Kaufmannseigenschaft der Beteiligten abhängt (vgl. soeben Rdn. 112). Allerdings ist der gutgläubige Erwerber des Pfandrechts in den in § 366 Abs. 3 aufgezählten Fällen entweder Kaufmann oder zumindest Kleingewerbetreibender, doch ist nicht ersichtlich, warum dieser Aspekt ausschlaggebend sein soll und also gerade dieser Personenkreis insoweit ein größeres (!) Schutzbedürfnis haben soll – ganz abgesehen davon, daß auch die Werkunternehmer so gut wie immer Kaufleute oder Kleingewerbetreibende sind.

Eine große Rolle spielt in der Diskussion sodann das berühmt-berüchtigte **Wortlautargument aus § 1257 BGB**, diese Vorschrift stelle das gesetzliche Pfandrecht nur bezüglich der *Folgen* und nicht auch bezüglich seiner *Entstehung* einem Vertragspfandrecht gleich („kraft Gesetzes *entstandenes* Pfandrecht"). Indessen überzeugt der hierauf aufgebaute Umkehrschluß schon wegen seines vordergründigen, einer teleologischen Fundierung entbehrenden Formalismus nicht.[161] Vor allem aber erklärt sich der Wortlaut von § 1257 BGB unschwer daraus, daß die §§ 1205 ff BGB bezüglich der Entstehungsvoraussetzungen gesetzlicher Pfandrechte grundsätzlich gar nicht gelten *können*, weil diese sich ja nach der jeweiligen gesetzlichen Regelung richten, also z. B. nach §§ 647 BGB, 397, 410 HGB usw. Da dort über die Möglichkeit gutgläubigen Erwerbs nichts gesagt ist, liegt eine Lücke vor, die bezüglich der Besitzpfandrechte durch Zulassung und bezüglich der besitzlosen Pfandrechte (z. B. des Vermieterpfandrechts) durch Verneinung des gutgläubigen Erwerbs zu schließen ist. Daran ändert auch der von der Gegenmeinung ins Feld geführte Hinweis auf die **Gesetzesmaterialien** nichts; denn teils sind diese in Wahrheit überhaupt nicht aussagekräftig und teils enthalten sie allenfalls vage Andeutungen, so daß die historische Argumentation wegen ihres geringen Gewichts bei der Gesamtabwägung hinter den weitaus stärkeren teleologischen und systematischen Argumenten zurückzutreten hat.[162] **114**

Der Gegenmeinung bleibt nur der **Ausweg einer Anwendung von § 1003 BGB**. Dieser kann jedoch zu einer erheblichen Schlechterstellung des Werkunternehmers führen – z. B. wegen der Umständlichkeit des von § 1003 Abs. 2 BGB vorgeschriebenen Weges,[163] vor allem aber, weil der BGH dem Werkunternehmer einen Anspruch aus § 994 BGB nur zubilligt, wenn dieser irgendwann – sei es während oder wenig- **115**

---

[159] Vgl. eingehend *Canaris* Festschr. für Medicus, 1999, S. 44 f.
[160] Vgl. BGHZ 68, 323 und dazu *Berg* JuS 1978, 87 (zustimmend), *Picker* NJW 1978, 1417 (ablehnend) sowie *Reinicke/Tiedtke* JA 1984, 209 m. w. Nachw. (ablehnend).
[161] Vgl. dazu und zum folgenden näher *Canaris* (Fn. 159) S. 44.
[162] Vgl. eingehend *Canaris* aaO S. 46 f.
[163] Vgl. dazu im einzelnen BGHZ 68, 323, 329 f; *Berg* JuS 1978, 87 f.

stens nach der Erbringung der Werkleistung – *un*rechtmäßiger Besitzer war, nicht dagegen auch dann, wenn ihm gegenüber niemals eine Vindikationslage bestand.[164]

116 **b) Die Zulassung rechtsgeschäftlichen Erwerbs kraft Einverständnisses des wahren Berechtigten.** Darüber hinaus ist auch die Möglichkeit eines **Erwerbs analog § 185 BGB** anzuerkennen.[165] Das steht zwar wiederum im Widerspruch zur Rspr. des BGH,[166] ergibt sich aber ohne weiteres aus den Ausführungen oben Rdn. 90–92 und folgt daher mittelbar ebenfalls aus § 366 Abs. 3.

117 Ist also z. B. das Einverständnis des Verkäufers mit der **Reparatur eines unter Eigentumsvorbehalt stehenden Wagens** gegeben – was praktisch die Regel sein dürfte –, so entsteht das Pfandrecht aus § 647 BGB schon auf Grund dieses Einverständnisses – nicht anders als z. B. das Pfandrecht eines Lagerhalters an fremden Sachen analog § 185 BGB entsteht, wenn der Eigentümer mit der Einlagerung einverstanden ist. Auf die Möglichkeit gutgläubigen Erwerbs kommt es daher insoweit nicht an.

118 **c) Der Schutz des guten Glaubens an das Einverständnis des wahren Berechtigten.** Schließlich sollte man sogar einen letzten Schritt tun und auch im Rahmen von § 647 BGB nicht nur den guten Glauben an das *Eigentum* des Bestellers, sondern in **Analogie zu § 366 Abs. 3** auch den guten Glauben an das *Einverständnis* des Eigentümers mit dem Abschluß des Werkvertrages und der Besitzüberlassung schützen.[167] Denn da § 366 Abs. 3 nicht an die Kaufmannseigenschaft des Pfandschuldners anknüpft, sondern der besonderen Zwangslage des Gläubigers Rechnung tragen soll (vgl. oben Rdn. 95f) und diese, wie dargelegt, auch hier gegeben ist, paßt die ratio legis auch insoweit.

119 Das ist z. B. bei der **Reparatur von unter Eigentumsvorbehalt stehenden Sachen** wichtig, weil angesichts dessen weiter Verbreitung der gute Glaube des Werkunternehmers an das *Eigentum* des Bestellers häufig zu verneinen ist, während der gute Glaube an die *Befugnis zum Abschluß eines Reparaturvertrages* weit eher vorliegen wird. Insbesondere muß das Fehlen des Kraftfahrzeugbriefs zwar bezüglich der Befugnis zur Übereignung i. d. R. mißtrauisch machen (vgl. oben Rdn. 75), nicht aber auch bezüglich der Befugnis zum Abschluß eines Reparaturvertrages, zumal es weder üblich noch tunlich ist, den Brief bei der Reparatur mitzubringen.[168]

§ 367

(1) ¹Wird ein Inhaberpapier, das dem Eigentümer gestohlen wurde, verlorengegangen oder sonst abhanden gekommen ist, an einen Kaufmann, der Bankieroder Geldwechslergeschäfte betreibt, veräußert oder verpfändet, so gilt dessen guter Glaube als ausgeschlossen, wenn zur Zeit der Veräußerung oder Verpfändung der Verlust des Papiers im Bundesanzeiger bekanntgemacht und seit dem Ablauf des Jahres, in dem die Veröffentlichung erfolgt ist, nicht mehr als ein Jahr verstrichen war. ²Inhaberpapieren stehen an Order lautende Anleiheschuldverschreibungen

---

[164] Vgl. BGHZ 100, 95, 102f; 131, 220, 222.
[165] Ebenso i. E. z. B. *Medicus* BürgR[19] Rdn. 594; *Benöhr* ZHR 135 (1971) 144ff, 166; *Wilhelm* SachenR² Rdn. 1699 und 1706; *Staudinger/Wiegand* 2002, § 1257 Rdn. 14; *Heymann/Horn* § 366 Rdn. 29.
[166] Vgl. BGHZ 34, 122, 125; BGH WM 1977, 710.
[167] So – und nur so – lassen sich die von *Medicus* BürgR[19] Rdn. 592 hervorgehobenen Schwierigkeiten ausräumen.
[168] So i. E. auch BGHZ 68, 323 (zum gutgläubigen Erwerb eines AGB-Pfandrechts).

sowie Namensaktien, Zwischenscheine und Reichsbankanteilscheine gleich, falls sie mit einem Blankoindossament versehen sind.

(2) Der gute Glaube des Erwerbers wird durch die Veröffentlichung im Bundesanzeiger nicht ausgeschlossen, wenn der Erwerber die Veröffentlichung infolge besonderer Umstände nicht kannte und seine Unkenntnis nicht auf grober Fahrlässigkeit beruht.

(3) Auf Zins-, Renten- und Gewinnanteilscheine, die nicht später als in dem nächsten auf die Veräußerung oder Verpfändung folgenden Einlösungstermin fällig werden, auf unverzinsliche Inhaberpapiere, die auf Sicht zahlbar sind, und auf Banknoten sind diese Vorschriften nicht anzuwenden.

Übersicht

	Rdn.		Rdn.
I. Gesetzeszweck und dogmatische Einordnung	1, 2	4. Der Erwerb binnen Jahresfrist seit der Veröffentlichung im Bundesanzeiger	
II. Die tatbestandlichen Voraussetzungen von § 367 Abs. 1		a) Das Erfordernis einer Bekanntmachung im Bundesanzeiger	18–21
1. Der personelle Anwendungsbereich	3–6	b) Gegenstand und Grundlage des gutgläubigen Erwerbs	22, 23
2. Die unter § 367 fallenden Papiere		c) Der maßgebliche Zeitpunkt	24, 25
a) Inhaberpapiere	7, 8	III. Die Rechtsfolgen und das Zusammenspiel von Abs. 1 und Abs. 2	26, 27
b) Die Ausnahmeregelung von § 367 Abs. 3	9, 10	IV. Die Gegenstandslosigkeit von § 367 bei Effektensammelanteilen	28–30
c) Orderpapiere	11–14		
3. Das Merkmal des Abhandenkommens	15–17		

Schrifttum

Einsele Wertpapierrecht als Schuldrecht, 1995; *Gördel* Das Abkommen über die Opposition bei international gehandelten Inhaberwertpapieren, JZ 1971, 217f; *Herber* Das Europarats-Übereinkommen über eine internationale Opposition bei international gehandelten Inhaberwertpapieren, Sonderbeilage Nr. 3 zu WM 1971; *Kümpel* Zur Unzulässigkeit einer Verlustmeldung (Opposition) bei Wertpapieren nach deren Einlieferung in die Girosammelverwahrung, WM 1978, 1194ff; *Schindelwick* Die Rechtsverhältnisse bei Abhandenkommen von Inhaberpapieren. Eine rechtsvergleichende Darstellung, Sonderbeilage Nr. 5 zu WM 1960; *Martin Wolff* Ehrenbergs Handbuch IV 1, 1917, S. 49ff; *Ziganke* Der Schutz des Verlierers von Wertpapieren durch das Gesetz, WM 1966, 846ff und 1967, 838ff.

I. Gesetzeszweck und dogmatische Einordnung

Nach den allgemeinen Regeln des bürgerlichen Rechts und des Handelsrechts wird der gute Glaube grundsätzlich vermutet, wie sich insbesondere aus der tatbestandlichen Fassung von § 932 Abs. 2 BGB ergibt; der gute Glaube stellt also keine Tatbestandsvoraussetzung des Erwerbs dar, sondern der böse Glaube eine Einwendung. Dieses Verhältnis kehrt die Vorschrift des § 367 HGB für bestimmte Kaufleute (vgl. unten Rdn. 3ff) und für bestimmte Wertpapiere (vgl. unten Rdn. 7ff) um, indem sie insoweit die Beweislast dem Erwerber auferlegt und eine **Vermutung des bösen Glaubens** aufstellt. Dieser liegt eine **gesetzliche Konkretisierung der verschärften Sorgfaltsanforderungen** zugrunde, die an einen Kaufmann, der Bankiergeschäfte betreibt, zu stellen sind: von einem solchen darf und muß grundsätzlich erwartet werden, daß er Veröffentlichungen über den Verlust von Wertpapieren im Bundesanzeiger laufend überwacht und berücksichtigt. Darin erschöpft sich die Regelung jedoch nicht; denn sie enthält zugleich eine rechtliche **Formalisierung der Sorgfaltsanforderungen**, da diese nicht einzelfallbezogen und also entsprechend flexibel zu handhaben sind, sondern der Erwerber sich nur durch den Nachweis „besonderer Umstände" im Sinne von Absatz 2 entlasten kann (vgl. dazu unten Rdn. 26). Es handelt sich also um eine Konkretisierung und eine Fixierung der Sorgfaltsanforderungen[1].

2   Eine ähnliche Obliegenheit, wie sie § 367 Abs. 1 zugrunde liegt, hätte ein Bankier grundsätzlich auch **ohne ausdrückliche gesetzliche Normierung**. Die Rechtsprechung hat in der Tat bereits vor Erlaß von § 367 HGB in diesem Sinne entschieden.[2] Die dogmatische Besonderheit und die praktische Bedeutung von § 367 HGB dürfen daher nicht überschätzt werden. Insbesondere darf man der Beschränkung von § 367 HGB auf Veröffentlichungen im Bundesanzeiger keine zu große Bedeutung beimessen, da man bei Veröffentlichungen in anderen Publikationsorganen durch entsprechend **scharfe Sorgfaltsanforderungen im Rahmen der allgemeinen Gutglaubensvorschriften** zu denselben Ergebnissen kommen kann (vgl. auch unten Rdn. 20 und Rdn. 27 a. E.).

II. Die tatbestandlichen Voraussetzungen von § 367 Abs. 1

1. Der personelle Anwendungsbereich

3   § 367 Abs. 1 knüpft an die **Kaufmannseigenschaft des Erwerbers** an. Diese bestimmt sich grundsätzlich nach den §§ 1–3, 6 HGB. **Kaufleute kraft Eintragung gemäß § 5 HGB** stehen gleich. Auch auf **Scheinkaufleute** ist § 367 anzuwenden, da es nicht um eine Ausnahme von zwingenden Schutzvorschriften, sondern lediglich um eine Anspannung von Verhaltensanforderungen geht[3].

4   § 367 Abs. 1 gilt nur für solche Kaufleute, die **Bankier- oder Geldwechslergeschäfte** betreiben. Dieser Begriff ist aus § 1 Abs. 2 Nr. 4 a. F. HGB übernommen und daher im Zweifel im Sinne dieser Vorschrift auszulegen. § 367 Abs. 1 fordert nach dem Wortlaut der Vorschrift lediglich, daß der Kaufmann diese Geschäfte „betreibt", nicht dagegen, daß das den primären Gegenstand seines Gewerbes bildet. § 367 ist daher auch dann anwendbar, wenn die betreffenden Geschäfte nur **neben einem anderen Primärgegenstand** vorkommen,[4] sofern sie wirklich „betrieben", also nicht nur gelegentlich oder vereinzelt, sondern mit einer gewissen Nachhaltigkeit und im Rahmen des Handelsgewerbes abgeschlossen werden. Eine Überspannung der Anforderungen an den Kaufmann liegt darin nicht, da von diesem die Einhaltung professioneller Standards erwartet werden kann, wenn er nachhaltig auch Bankgeschäfte in sein Tätigkeitsfeld einbezieht.

5   Auf **kaufmannsähnliche Personen**, d. h. auf Nichtkaufleute, die wie Kaufleute am Handelsverkehr teilnehmen,[5] ist § 367 analog anzuwenden, da diese Vorschrift lediglich eine Anspannung von Verhaltensanforderungen statuiert. Unter dieser Voraussetzung gilt § 367 folgerichtig auch für **nichtkaufmännische Kleingewerbetreibende**,

---

[1] Ebenso *Ebenroth/Boujong/Joost/Stadler* § 367 Rdn. 1.
[2] Vgl. RGZ 6, 23; 28, 113; 37, 74.
[3] Vgl. zur Relevanz dieser Kriterien *Canaris* Handelsrecht[23] § 6 Rdn. 22 f.
[4] Ebenso MünchKomm.-*Welter* § 367 Rdn. 12; *Ebenroth/Boujong/Joost/Stadler* § 367 Rdn. 6; *Baumbach/Hopt* § 367 Rdn. 4; a. A. *Heymann/Horn* § 367 Rdn. 6.
[5] Vgl. dazu näher *Canaris* (Fn. 3) § 23 Rdn. 3.

während diese *als solche* nicht unter die Vorschrift fallen, weil sie nach § 2 HGB nun einmal nicht ipso iure Kaufleute sind und eine generelle Gleichstellung von Unternehmensinhabern mit Kaufleuten de lege lata nicht zulässig ist.

Daß der Erwerb **im Betriebe des Handelsgewerbes** erfolgt, wird vom Wortlaut des Gesetzes nicht gefordert, da dieser ein „Handelsgeschäft" nicht voraussetzt. Es ist jedoch auf Grund einer einschränkenden teleologischen Auslegung anzunehmen.[6] Denn wenn der Kaufmann wie ein Privatmann tätig wird, besteht kein Anlaß, ihn lediglich auf Grund der Tatsache, daß er ansonsten das Bankiersgewerbe betreibt, schlechter zu stellen. Bei dem in diesem Zusammenhang häufig erörterten Erwerb aufgrund eines Vermächtnisses sollte man die Möglichkeit gutgläubigen Erwerbs ohnehin generell, also unabhängig vom Eingreifen von § 367 Abs. 1 verneinen (vgl. unten Rdn. 23).

6

2. Die unter § 367 fallenden Papiere

a) **Inhaberpapiere.** § 367 HGB gilt in erster Linie für Inhaberpapiere. Das sind alle Wertpapiere, bei denen der Inhaber als solcher grundsätzlich zur Geltendmachung des verbrieften Rechts befugt ist. Hierher gehören die **Inhaberschuldverschreibung** gemäß §§ 793 ff BGB, die **Inhaberaktie** gemäß § 10 AktG, der **Inhaberinvestmentanteilschein** gemäß § 18 KAGG und der **Inhabergrund- und Inhaberrentenschuldbrief** gemäß §§ 1195, 1199 BGB. Ob es sich um ein inländisches oder ein ausländisches Inhaberpapier handelt, spielt keine Rolle.[7]

7

Auf **Legitimationspapiere mit Inhaberklausel** i.S. von § 808 BGB findet § 367 weder unmittelbare noch analoge Anwendung. Daher gilt die Vorschrift z.B. nicht für Talons oder Erneuerungsscheine i.S. von § 805 BGB; denn diese stellen keine echten Inhaberpapiere dar.[8] Auch auf **Inhaberkarten und -marken** i.S. von § 807 BGB ist § 367 nicht anwendbar. Eine Veröffentlichung im Bundesanzeiger ist in derartigen Fällen gleichwohl nicht ohne jede Bedeutung, da sie für die Beurteilung des guten Glaubens nach den allgemeinen Regeln wesentlich sein kann; eine Obliegenheit zur Einsichtnahme in den Bundesanzeiger besteht jedoch insoweit nicht.

8

b) **Die Ausnahmeregelung von § 367 Abs. 3.** § 367 gilt grundsätzlich auch für **Zins-, Renten- und Gewinnanteilscheine**. Das ist in Abs. 3 als selbstverständlich vorausgesetzt. Eine Ausnahme macht das Gesetz jedoch für den Fall, daß die Scheine nicht später als in dem nächsten auf die Veräußerung oder Verpfändung folgenden Einlösungstermin fällig werden. Das hat seinen Grund darin, daß die Banken die Scheine von diesem Zeitpunkt an von den Kunden entgegenzunehmen pflegen und daß dabei angesichts der großen Zahl im Verkehr befindlicher Scheine und der meist verhältnismäßig geringen Beträge eine Überprüfung des Bundesanzeigers praktisch untunlich wäre.[9] Auf ähnlichen Erwägungen beruht auch der Ausschluß einer Kraftloserklärung gemäß § 799 Abs. 1 Satz 2 BGB.

9

Unanwendbar ist § 367 gemäß Abs. 3 ferner bei **auf Sicht zahlbaren unverzinslichen Inhaberpapieren** und bei **Banknoten**. Die Notwendigkeit einer Überprüfung

10

---

[6] Ebenso i.E. *Schlegelberger/Hefermehl* § 367 Rdn. 5; *Ebenroth/Boujong/Joost/Stadler* § 367 Rdn. 6; *Heymann/Horn* § 367 Rdn. 6; *Baumbach/Hopt* § 367 Rdn. 4; **a.A.** *Wolff* S. 53; *Düringer/Hachenburg/Breit* § 367 Anm. 4.

[7] Vgl. *Ziganke* WM 1967, 842; *Schlegelberger/Hefermehl* § 367 Rdn. 3; *MünchKomm.-Welter* § 367 Rdn. 7.

[8] Vgl. z.B. RGZ 74, 341; *Hueck/Canaris*, Recht der Wertpapiere[12] § 24 VI 2.

[9] Ebenso oder ähnlich *MünchKomm.-Welter* § 367 Rdn. 9; *Ebenroth/Boujong/Joost/Stadler* § 367 Rdn. 4; *Baumbach/Hopt* § 367 Rdn. 2.

des Bundesanzeigers wäre hier mit der erforderlichen Reibungslosigkeit des Verkehrs unvereinbar. Das wichtigste Beispiel eines unter diese Ausnahme fallenden Inhaberpapiers ist der **Inhaberscheck**,[10] da ein Zinsvermerk gemäß Art. 7 ScheckG als nicht geschrieben gilt und der Scheck gemäß Art. 28 ScheckG bei Vorlegung zahlbar ist.

11   c) **Orderpapiere.** Inwieweit § 367 auf Orderpapiere Anwendung findet, ist in Abs. 1 S. 2 geregelt. Danach kann die Vermutung des § 367 nur dann zum Zuge kommen, wenn das Papier mit einem **Blankoindossament** versehen ist. Der Grund hierfür dürfte darin liegen, daß ein Orderpapier durch ein Blankoindossament weitgehend einem Inhaberpapier angenähert wird und daß bei einem Namensindossament ein hinreichender Anlaß für den zusätzlichen Schutz des wahren Berechtigten gemäß § 367 nicht besteht, weil schon das Namensindossament selbst wegen der damit verbundenen Notwendigkeit einer Unterschriftsfälschung eine verhältnismäßig starke Sicherungsfunktion zugunsten des wahren Berechtigten entfaltet.[11] Es ist daher sachgerecht, daß der erwerbende Bankier nicht zusätzlich zur Ordnungsmäßigkeit der Legitimation durch das Namensindossament (und der Möglichkeit einer Kraftloserklärung im Wege des Aufgebotsverfahrens) noch eine etwaige Veröffentlichung im Bundesanzeiger prüfen muß. Ist diese freilich erfolgt, so ist sie nicht bedeutungslos, sondern kann für die Beurteilung des guten Glaubens nach den allgemeinen Regeln von Belang sein; eine Obliegenheit zur Einsichtnahme in den Bundesanzeiger besteht jedoch insoweit nicht.

12   Einem blanko indossierten Orderpapier ist das **Blankett eines Orderpapiers** gleichzustellen, bei dem die Person des Nehmers offen gelassen ist. Denn bei einem solchen Papier ist die Lage bezüglich des gutgläubigen Erwerbs grundsätzlich die gleiche, weil es auch hier an einer namentlichen Bestimmung des Berechtigten fehlt.

13   Nicht jedes blanko indossierte Orderpapier fällt unter § 367. Vielmehr ist die Anwendung dieser Vorschrift nach Abs. 1 S. 2 beschränkt auf **blanko indossierte Anleiheschuldverschreibungen, Namensaktien, Zwischenscheine und Reichsbankanteilscheine**[12]. Dem ist im Wege der Analogie der **Namensinvestmentanteilschein** gleichzustellen,[13] da dieser gemäß § 18 KAGG ein geborenes Orderpapier ist, auf das grundsätzlich dieselben Vorschriften wie auf die Namensaktie Anwendung finden; daß § 367 Abs. 1 S. 2 bei der Schaffung des Investmentanteilscheins nicht entsprechend ergänzt wurde, kann nicht als bewußte Entscheidung des Gesetzgebers angesehen werden, sondern stellt eine planwidrige Unvollständigkeit und also eine Lücke des Gesetzes dar.

14   Auf sonstige Orderpapiere wie z.B. den **Wechsel** oder die **kaufmännischen Orderpapiere** (mit Ausnahme der kaufmännischen Anleiheschuldverschreibungen) findet § 367 dagegen keine Anwendung. Das ergibt sich sowohl aus dem in § 367 Abs. 1 S. 2 gewählten Enumerationsprinzip als auch aus dem Umstand, daß sich die übrigen

---

[10] Ebenso i.E. *Wolff* S. 50; *Düringer/Hachenburg/ Breit* § 367 Anm. 2; *Ebenroth/Boujong/Joost/ Stadler* § 367 Rdn. 2 und 4. Es ist daher unzutreffend, wenn der Inhaberscheck als Beispiel für ein Inhaberpapier i.S. von Abs. 1 genannt wird; so aber *Schlegelberger/Hefermehl* § 367 Rdn. 3; *MünchKomm.-Welter* § 367 Rdn. 7; *Röhricht/ Graf von Westphalen/Wagner* § 367 Rdn. 3; *Heymann/Horn* § 367 Rdn. 2.
[11] Vgl. *Hueck/Canaris* Recht der Wertpapiere[12] § 2 III 2a.
[12] An die Stelle der Reichsbankanteilscheine sind nach §§ 5, 9 Abs. 4 des Reichsbankliquidationsgesetzes v. 2.8.1961 (BGBl. I S. 1165) i.V.m. § 2 der hierzu ergangenen Durchführungsverordnung v. 6.10.1961 (BGBl. I S. 1861) Bundesbankgenußscheine getreten, die gem. § 5 Abs. 3 des Reichsbankliquidationsgesetzes Inhaberpapiere sind und daher ohne weiteres unter § 367 Abs. 1 fallen.
[13] Zustimmend *MünchKomm.-Welter* § 367 Rdn. 8; *Ebenroth/Boujong/Joost/Stadler* § 367 Rdn. 3; *Koller/Roth/Morck* § 367 Rdn. 1.

Orderpapiere von den in § 367 Abs. 1 S. 2 genannten dadurch unterscheiden, daß sie keine Effekten oder Kapitalmarktpapiere darstellen. Auch hier ist jedoch zu berücksichtigen, daß eine Veröffentlichung im Bundesanzeiger für die Beurteilung des guten Glaubens nach den allgemeinen Regeln von Bedeutung sein kann.

3. Das Merkmal des Abhandenkommens

Der **Begriff des Abhandenkommens** i. S. von § 367 ist weit zu fassen. Entgegen dem Wortlaut von § 367 ist nicht erforderlich, daß das Papier dem Eigentümer selbst abhanden gekommen ist; vielmehr genügt es in Übereinstimmung mit dem Rechtsgedanken von § 935 Abs. 1 S. 2 BGB, daß das Papier dem unmittelbaren Besitzer abhanden gekommen ist.[14] Über § 935 Abs. 1 S. 2 BGB hinausgehend kommt es dabei nicht darauf an, ob der wahre Berechtigte mittelbarer Besitzer ist.[15] Der Begriff des Abhandenkommens ist daher in § 367 nicht derselbe wie in § 935 BGB; das findet seine Rechtfertigung in der Unterschiedlichkeit der ratio legis, die in § 935 BGB im Veranlassungsgedanken, in § 367 dagegen in einer gesetzlichen Konkretisierung und Formalisierung der Prüfungsobliegenheit eines Bankiers liegt. Eher als mit § 935 Abs. 1 BGB besteht eine Verwandtschaft mit Art. 16 Abs. 2 WG, da die dort gebrauchte Formulierung „irgendwie abhanden gekommen" sich auf eine ähnliche Problematik bezieht wie § 367 und ebenfalls ganz anders auszulegen ist als § 935 Abs. 1 BGB. 15

Demgemäß gilt § 367 anders als § 935 BGB auch in den Fällen der **Unterschlagung** oder **Veruntreuung** des Papiers durch seinen Besitzer.[16] Auch wenn dieser das Papier im Zustande **mangelnder Geschäftsfähigkeit** oder auf Grund eines **Willensmangels** aus der Hand gegeben hat, liegt ein Abhandenkommen i. S. von § 367 vor.[17] 16

Geschützt wird nicht nur der Eigentümer des Papiers, sondern auch der **Pfandgläubiger** und der **Nießbraucher**. Auch wenn diesen das Papier abhanden kommt, gilt also § 367 – und zwar selbst dann, wenn der Eigentümer selbst es ihnen weggenommen hat.[18] 17

4. Der Erwerb binnen Jahresfrist seit der Veröffentlichung im Bundesanzeiger

a) Das Erfordernis einer Bekanntmachung im Bundesanzeiger. Der Verlust des Papiers muß im Bundesanzeiger bekanntgemacht werden. Wer das **Recht zur Stellung des Antrags auf Bekanntmachung** hat, geht aus dem Wortlaut des Gesetzes nicht hervor. In der früheren Fassung der Vorschrift wurde das Antragsrecht ausdrücklich „einer öffentlichen Behörde oder dem aus der Urkunde Verpflichteten" zugesprochen. An deren Antragsrecht hat sich durch die Neufassung nichts geändert. Als **öffentliche Behörde** kommen z. B. Polizeibehörden, Staatsanwaltschaften und Gerichte in Betracht. Außerdem hat der **wahre Berechtigte** – sei er Eigentümer, Pfandgläubiger oder Nießbraucher des Papiers – ein Antragsrecht; denn seine Interessen werden durch § 367 geschützt, und es wäre daher widersprüchlich, ihm das Antragsrecht vorzuenthalten. Dagegen geht es nicht an, das Antragsrecht auch privaten Rechtssubjekten, die kein eigenes materielles Interesse an der Bekanntmachung haben, 18

---

[14] Vgl. *Wolff* S. 51; *Schlegelberger/Hefermehl* § 367 Rdn. 4.
[15] Vgl. *Wolff* S. 51.
[16] Vgl. *Düringer/Hachenburg/Breit* § 367 Anm. 3; *Schlegelberger/Hefermehl* § 367 Rdn. 4 a. E.; MünchKomm.-*Welter* § 367 Rdn. 11; Ebenroth/Boujong/Joost/Stadler § 367 Rdn. 5; Röhricht/

Graf von Westphalen/Wagner § 367 Rdn. 6; *Heymann/Horn* § 367 Rdn. 5; *Baumbach/Hopt* § 367 Rdn. 3.
[17] Vgl. *Wolff* S. 51; *Düringer/Hachenburg/Breit* § 367 Anm. 3.
[18] Vgl. *Wolff* S. 51.

wie **Kreditinstituten** oder dem **Bundesverband des privaten Bankgewerbes** zuzuerkennen;[19] denn diese sind zur Wahrnehmung der Interessen Dritter oder öffentlicher Interessen nicht legitimiert.

19 Wem das Recht zur Antragstellung zusteht, ist lediglich im Verhältnis zu der den Bundesanzeiger führenden Behörde bzw. zum Staat von Bedeutung und hat keinen Einfluß auf die Anwendbarkeit von § 367. Die Vorschrift greift also auch dann ein, wenn die **Bekanntmachung auf Grund des Antrags eines zur Antragstellung nicht Befugten** erfolgt ist.[20] Das folgt daraus, daß die Warnfunktion der Bekanntmachung nicht von dem Recht zur Antragstellung abhängt.

20 Eine **Bekanntmachung in einem anderen Blatt als dem Bundesanzeiger** hat nicht die Wirkungen von § 367. Sie kann jedoch für die Beurteilung des guten Glaubens nach den allgemeinen Regeln von maßgeblicher Bedeutung sein (vgl. auch oben Rdn. 2). Das gilt insbesondere für eine Veröffentlichung in der „**Oppositionsliste**", die in der Zeitschrift „Wertpapier-Mitteilungen" publiziert wird.[21] Auf diese findet also nicht § 367, sondern § 932 Abs. 2 BGB Anwendung.[22] Allerdings wird die Bank meist grob fahrlässig im Sinne dieser Vorschrift sein, wenn die Wertpapiere in der „Oppositionsliste" aufgeführt sind.[23] Das gilt jedenfalls dann, wenn der wahre Berechtigte Kunde der erwerbenden Bank und diese ihm gegenüber auf Grund ihrer AGB zur Überprüfung der „Oppositionsliste" verpflichtet ist, wie das früher aus Nr. 38 AGB zu folgern war[24] und sich seit 1995 aus Nr. 17 der Sonderbedingungen für Wertpapiergeschäfte ergibt.[25] Gegenüber einem Nichtkunden gelten zwar die AGB nicht, doch wird man im Ergebnis genauso zu entscheiden haben, weil angesichts der praktischen Wichtigkeit der in den „Wertpapier-Mitteilungen" veröffentlichten „Oppositionsliste" deren Beachtung eine **allgemeine Verkehrsobliegenheit der Bank** gegenüber jedem Teilnehmer am Wertpapierverkehr und nicht nur eine Pflicht gegenüber ihren Kunden ist[26] (vgl. im übrigen auch unten Anm. 16 Abs. 2).

21 Das im Rahmen des Europarats ausgearbeitete **Abkommen über die Opposition bei international gehandelten Inhaberpapieren**[27] ist von der Bundesrepublik Deutschland zwar am 28.5.1970 unterzeichnet worden, jedoch niemals in Kraft getreten, weil es wieder gekündigt worden ist, so von Frankreich am 2.8.1992.[28]

22 b) Gegenstand und Grundlage des gutgläubigen Erwerbs. § 367 gilt für den **Erwerb des Eigentums** und den **Erwerb eines Pfandrechts**. Der **Erwerb eines Nießbrauchs** ist im Gesetz nicht erwähnt, obwohl gemäß § 1032 S. 2 BGB auch dabei die Vorschriften über den gutgläubigen Erwerb gelten. Da für eine unterschiedliche Behandlung des Nießbrauchs sachliche Gründe nicht ersichtlich sind – im Gegensatz zu dem entsprechenden Problem bei § 366 HGB (vgl. dazu oben § 366 Rdn. 19) –, ist dessen Bestellung im Wege der Analogie gleichzustellen.

---

[19] So aber *Ziganke* WM 1967, 843; *Schlegelberger/Hefermehl* § 367 Rdn. 6.
[20] Ebenso MünchKomm.-*Welter* § 367 Rdn. 13; *Ebenroth/Boujong/Joost/Stadler* § 367 Rdn. 7.
[21] Vgl. dazu näher *Schindelwick* S. 8f; *Herber* S. 7f.
[22] Vgl. *Herber* S. 8; *Schlegelberger/Hefermehl* § 367 Rdn. 7 und 9 a.E.; MünchKomm.-*Welter* § 367 Rdn. 16; *Ebenroth/Boujong/Joost/Stadler* § 367 Rdn. 8; *Röhricht/Graf von Westphalen/Wagner* § 367 Rdn. 8; *Heymann/Horn* § 367 Rdn. 8; a.A. unrichtig LG Essen WM 1977, 433, 434; *Schindelwick* S. 8.
[23] Vgl. *Herber* S. 8; *Einsele* S. 138; *Schlegelberger/Hefermehl* § 367 Rdn. 9 a.E.; MünchKomm.-*Welter* § 367 Rdn. § 367 Rdn. 16; *Ebenroth/Boujong/Joost/Stadler* § 367 Rdn. 8.
[24] Vgl. dazu Vorauflage § 367 Anm. 12.
[25] Ebenso MünchKomm.-*Welter* § 367 Rdn. 16; *Ebenroth/Boujong/Joost/Stadler* § 367 Rdn. 8.
[26] Zustimmend *Einsele* S. 138; MünchKomm.-*Welter* § 367 Rdn. 16.
[27] Vgl. dazu näher *Herber* S. 2ff; *Gördel* JZ 1971, 217f; *Einsele* S. 138f.
[28] Vgl. dazu auch MünchKomm.-*Welter* § 367 Rdn. 22.

Bei einem **Erwerb des Papiers auf Grund eines Vermächtnisses** ist nicht darauf **23** abzustellen, ob der Erwerb im Betriebe des Handelsgewerbes liegt oder nicht (vgl. dazu oben Rdn. 6).[29] Vielmehr ist hier die Möglichkeit gutgläubigen Erwerbs gänzlich – also unabhängig von der Anwendbarkeit von § 367 – auszuschließen,[30] weil es dabei an einem echten „Verkehrsgeschäft" fehlt und der rein rechtstechnische Umweg über die Übereignung der vermachten Sache keine Ausweitung des Gutglaubensschutzes gegenüber einem kraft Gesetzes erfolgenden Erwerb zur Folge haben darf; es wäre jedenfalls ungereimt, dem Vermächtnisnehmer die Möglichkeit gutgläubigen Erwerbs zuzubilligen, während sie der – ipso iure erwerbende! – Erbe unstreitig nicht hat. Die Problematik steht nicht auf einer Stufe mit derjenigen der Schenkung, weil der Vermächtnisnehmer nicht nur unentgeltlich erwirbt, sondern im Gegensatz zum Beschenkten außerdem auch noch den Anspruch auf Übereignung ohne jede eigene Mitwirkung erlangt, so daß es sich in der Tat nur rechtstechnisch und nicht auch materiell um rechtsgeschäftlichen Erwerb handelt. Im übrigen kommt der Frage wegen der Herausgabepflicht gemäß § 816 Abs. 1 S. 2 BGB ohnehin nur geringe praktische Bedeutung zu.

c) Der maßgebliche Zeitpunkt. Hinsichtlich des maßgeblichen Zeitpunkts be- **24** schränkt § 367 die Verschärfung der Anforderungen auf **ein Jahr seit dem Ablauf des Jahres der Veröffentlichung**. Der Erwerber genügt also den Anforderungen von § 367, wenn er den laufenden und den vorhergehenden Jahrgang des Bundesanzeigers durchsieht. Nach diesem Zeitpunkt gilt die Regelung des § 932 Abs. 2 BGB wieder uneingeschränkt. In ihrem Rahmen wird man grundsätzlich nicht berücksichtigen können, daß der Verlust der Papiere früher im Bundesanzeiger bekannt gemacht worden war;[31] denn der Bankier braucht sich daran nach der Wertung von § 367 nicht zu erinnern und keine entsprechenden Nachforschungen mehr anzustellen. Etwas anderes mag gelten, wenn es sich um einen besonders signifikanten Fall handelte und man daher annehmen darf, daß dieser einem sorgfältigen Bankier auch über die Frist von § 367 hinaus im Gedächtnis geblieben ist.

Durch die Bekanntmachung in der in den „Wertpapier-Mitteilungen" veröffent- **25** lichten „**Oppositionsliste**" (vgl. dazu oben Rdn. 20) wird die Frist von § 367 nicht verlängert. Praktisch führt sie jedoch gleichwohl zu einer Verlängerung der Unmöglichkeit gutgläubigen Erwerbs, da die Bekanntmachung in der „Oppositionsliste" grundsätzlich auch noch nach Ablauf der Frist von § 367 Bösgläubigkeit i. S. von § 932 Abs. 2 BGB nach sich zieht.[32] Es mag zwar überraschen, daß die Bekanntmachung in einer privaten Zeitung länger den bösen Glauben zu begründen vermag als die Veröffentlichung im Bundesanzeiger, doch findet dies seine Erklärung darin, daß man bei letzterem stets alle Jahrgänge überprüfen müßte, bei der „Oppositionsliste" dagegen immer nur die zuletzt erschienene Gesamtliste mit den zugehörigen Ergänzungslisten einzusehen braucht.[33]

---

[29] So aber z. B. *Baumbach/Hopt* § 367 Rdn. 4.
[30] Anders die h. L., die lediglich eine Herausgabepflicht nach § 816 Abs. 1 S. 2 BGB annimmt, vgl. nur *J. Hager* Verkehrsschutz durch redlichen Erwerb, 1990, S. 113, 137, 147.
[31] Zustimmend *Ebenroth/Boujong/Joost/Stadler* § 367 Rdn. 9.

[32] Vgl. *Herber* S. 8; *Einsele* S. 138; *Schlegelberger/ Hefermehl* § 367 Rdn. 7 gegen Ende; *Münch-Komm.-Welter* § 367 Rdn. 16; *Ebenroth/Boujong/Joost/Stadler* § 367 Rdn. 9; *Heymann/Horn* § 367 Rdn. 9.
[33] Vgl. dazu näher *Schindelwick* S. 8.

III. Die Rechtsfolgen und das Zusammenspiel von Abs. 1 und Abs. 2

26 Liegen die Tatbestandsvoraussetzungen von § 367 Abs. 1 vor, so besteht entgegen den allgemeinen Regeln über den Gutglaubensschutz eine **Vermutung für den bösen Glauben** des Erwerbers. Zugleich enthält das Gesetz in Abs. 2 eine **Beschränkung der Widerlegungsmöglichkeiten**: die Vermutung des bösen Glaubens kann nicht durch jeden beliebigen Gegenbeweis entkräftet werden, sondern nur durch den Beweis, daß „der Erwerber die Veröffentlichung infolge besonderer Umstände nicht kannte und seine Unkenntnis nicht auf grober Fahrlässigkeit beruht". Einen Schutz des guten Glaubens läßt Abs. 2 somit nur hinsichtlich der *Veröffentlichung*, nicht aber auf Grund *sonstiger Umstände* zu. Daher kann der Erwerber z. B. nicht einwenden, der Veräußerer sei besonders zuverlässig und daher sei eine Kontrolle des Bundesanzeigers oder der „Oppositionsliste" nicht erforderlich gewesen.[34] Ebensowenig ist der Einwand relevant, der Erwerber halte den Bundesanzeiger überhaupt nicht und habe aus diesem Grunde die Veröffentlichung nicht gekannt[35] oder er halte nur die „Oppositionsliste" und in dieser habe die fragliche Veröffentlichung nicht gestanden;[36] denn die ratio legis von § 367 liegt gerade darin, daß man von einer Bank die Überprüfung des Bundesanzeigers erwarten darf (vgl. oben Rdn. 1). Unerheblich ist ferner der Einwand, daß der Bankier am Tage des Eintreffens des Bundesanzeigers nicht an seinem Wohnort war und die Papiere auswärts gekauft hat;[37] denn ob und wie er in einem solchen Fall den Bundesanzeiger überprüft, ist allein sein Risiko, und daher muß er von dem Erwerb Abstand nehmen, wenn er dieses Risiko nicht auf sich nehmen will. In Betracht kommt dagegen z. B. der Einwand, der Bundesanzeiger sei verspätet erschienen oder verspätet zugestellt worden.[38]

27 Ein **Gelingen des Entlastungsbeweises gemäß Abs. 2** hat nicht zur Folge, daß nunmehr der gute Glaube der Bank endgültig feststeht, sondern lediglich, daß die Vermutung des bösen Glaubens entfällt. Die Rechtslage ist also dieselbe wie wenn es § 367 nicht gäbe bzw. wie wenn die Voraussetzungen dieser Vorschrift nicht erfüllt wären. Es greift daher uneingeschränkt § 932 Abs. 2 BGB ein: der gute Glaube der Bank wird vermutet, doch steht dem wahren Berechtigten der **Beweis des bösen Glaubens** offen. Für diesen gelten grundsätzlich die allgemeinen Regeln. So kann sich der böse Glaube der Bank z. B. aus Verdachtsmomenten in der Person des Veräußerers wie etwa dessen besonderer Unzuverlässigkeit oder aus ungewöhnlichen Umständen beim Abschluß des Geschäfts ergeben. Als besonderes Verdachtsmoment, das grobe Fahrlässigkeit der Bank begründen kann, ist es i. d. R. anzusehen, wenn Stamm-papiere ohne die zugehörigen nicht-fälligen Nebenpapiere angeboten werden oder umgekehrt.[39] Grobe Fahrlässigkeit wird i. d. R. auch anzunehmen sein, wenn die Bank zwar die Bekanntmachung im Bundesanzeiger nicht kennen konnte oder eine solche noch gar nicht erfolgt war, die Papiere jedoch in der „Oppositionsliste" aufgeführt waren (vgl. oben Rdn. 20 und Rdn. 25). Dagegen hat der BGH keine hinreichenden Verdachtsmomente für die Annahme grober Fahrlässigkeit darin gesehen, daß ein 19-Jähriger einer Bank Inhaberpapiere über insgesamt DM 30 000,– (die er seiner Mutter entwendet hatte und

---

[34] Vgl. *Düringer/Hachenburg/Breit* § 367 Anm. 9; *Schlegelberger/Hefermehl* § 367 Rdn. 9; *Ebenroth/Boujong/Joost/Stadler* § 367 Rdn. 10.

[35] Vgl. *Düringer/Hachenburg/Breit* § 367 Anm. 9; *Schlegelberger/Hefermehl* § 367 Rdn. 9; *Ebenroth/Boujong/Joost/Stadler* § 367 Rdn. 10.

[36] Vgl. *Schlegelberger/Hefermehl* § 367 Rdn. 9; MünchKomm.-*Welter* § 367 Rdn. 19.

[37] **A. A.** *Düringer/Hachenburg/Breit* § 367 Anm. 9.

[38] Ebenso MünchKomm.-*Welter* § 367 Rdn. 19; *Ebenroth/Boujong/Joost/Stadler* § 367 Rdn. 10.

[39] Vgl. RGZ 36, 121 ff; 58, 165; *Wolff* S. 55; *Düringer/Hachenburg/Breit* § 367 Anm. 8; *Hueck/Canaris* Recht der Wertpapiere[12] § 24 VI 1a a. E.

die noch nicht in der „Oppositionsliste" aufgeführt waren) zum Verkauf vorlegte, aus diesem Anlaß ein Konto bei ihr zum Zweck der Gutschrift des Erlöses eröffnete und die für die Angabe seines Berufs vorgesehene Rubrik mit einem Strich versah.[40]

IV. Die Gegenstandslosigkeit von § 367 bei Effektensammelanteilen

28 Effekten werden üblicher Weise durch die Deutsche Börse Clearing AG verwahrt. Dies geschieht nicht für jeden Eigentümer gesondert (Sonderverwahrung, Streifbanddepot), sondern für alle Eigentümer gemeinsam, so daß jeder nur einen **Miteigentumsanteil am Gesamtbestand** hat (Sammelverwahrung, Sammeldepot). Über diesen kann er zwar verfügen, doch erfolgt das nicht durch Verfügungen über einzelne Stücke und damit über Wertpapiere i. S. von bestimmten Sachen, sondern im Wege eines „stückelosen" Effektengiroverkehrs.[41]

29 Diese „Entstückung" schließt zwar nicht schon als solche eine (analoge) Anwendung von § 367 aus, doch paßt die Vorschrift hier gleichwohl nicht.[42] Das liegt daran, daß der Eigentümer der Papiere durch die Einlieferung nach § 6 Abs. 1 DepotG kraft Gesetzes seinen Herausgabeanspruch aus § 985 BGB verliert und statt dessen einen Miteigentumsanteil an dem Sammelbestand erwirbt. Dies gilt auch für den Eigentümer gestohlener Papiere, der somit ebenfalls ex lege Miteigentümer wird. Daher ist eine **Opposition materiellrechtlich unbegründet** – und zwar nicht nur nach Einlieferung des Papiers,[43] sondern auch schon vorher, da sie dem Ziel der Verhinderung gutgläubigen Erwerbs dient und es auf dessen Voraussetzungen bei einem gesetzlichen Erwerb der vorliegenden Art, bei dem der wahre Berechtigte sein Recht nicht ersatzlos verliert, sondern statt dessen einen Miteigentumsanteil erhält, von vornherein nicht ankommt[44] – ebenso wenig wie z. B. im Rahmen der §§ 946 ff BGB.

30 Allerdings erlangt der nichtberechtigte Einlieferer eine materiellrechtlich nicht gedeckte **Buchposition**, die Dritte nach h. L. gutgläubig erwerben können.[45] Auch hierfür paßt § 367 jedoch nicht, da die Vorschrift die Möglichkeit zur Individualisierung der abhanden gekommenen Wertpapiere an Hand ihrer Stückenummern voraussetzt und eine solche nach ihrer Verwandlung in Miteigentumsanteile nicht mehr gegeben ist.[46] Soweit der wahre Berechtigte gegenüber Verfügungen des Buchberechtigten überhaupt Schutz erlangen kann,[47] spielt dafür § 367 keine Rolle. Insgesamt ist diese Vorschrift somit bei Effektensammelanteilen gegenstandslos, wodurch die Vorschrift ihre praktische Bedeutung weitgehend eingebüßt hat.

§ 368

(1) Bei dem Verkauf eines Pfandes tritt, wenn die Verpfändung auf der Seite des Pfandgläubigers und des Verpfänders ein Handelsgeschäft ist, an die Stelle der in § 1234 des Bürgerlichen Gesetzbuchs bestimmten Frist von einem Monat eine solche von einer Woche.

---

[40] Vgl. BGH WM 1994, 1203, 1204 unter Aufhebung von KG WM 1994, 18.
[41] Vgl. dazu z. B. *Canaris* Bankvertragsrecht[2] Rdn. 1815 ff, 2007 ff, 2040 ff; *Schimansky/Bunte/Lwowski/Kümpel* Bankrechtshandbuch[2], Bd III, § 104 Rdn. 64 ff.
[42] Vgl. *Kümpel* WM 1978, 1196 ff; *Einsele* S. 145 ff; MünchKomm.-*Welter* § 367 Rdn. 6.
[43] So *Kümpel* WM 1978, 1196 f.
[44] Zutreffend *Einsele* S. 145 f.
[45] Vgl. z. B. *Canaris* (Fn. 41) Rdn. 2026 ff; *Schimansky/Bunte/Lwowski/Kümpel* (Fn. 41) § 104 Rdn. 64 ff.
[46] Zutreffend *Einsele* S. 147 f.
[47] Vgl. dazu *Einsele* S. 149 ff.

(2) Diese Vorschrift findet auf das gesetzliche Pfandrecht des Kommissionärs, des Spediteurs, des Lagerhalters und des Frachtführers entsprechende Anwendung, auf das Pfandrecht des Spediteurs und des Frachtführers auch dann, wenn nur auf ihrer Seite der Speditions- oder Frachtvertrag ein Handelsgeschäft ist.

I. Die Verkürzung der Frist des § 1234 BGB für Vertragspfandrechte

1 § 368 Abs. 1 verkürzt für das Vertragspfandrecht die Monatsfrist des § 1234 BGB auf eine Woche. Der Grund hierfür liegt in dem **gesteigerten Bedürfnis des Handelsverkehrs nach rascher Abwicklung**, so daß hier eines der Hauptcharakteristika handelsrechtlicher Normen[1] verwirklicht ist.

2 Voraussetzung ist, daß die Bestellung des Pfandrechts ein **beiderseitiges Handelsgeschäft** darstellt. Ob dies der Fall ist, richtet sich nach den §§ 343f HGB. Ob die gesicherte Forderung aus einem Handelsgeschäft stammt oder nicht, ist unerheblich.[2]

II. Die Einbeziehung gesetzlicher Pfandrechte

3 § 368 Abs. 2 erstreckt die Verkürzung der Frist des § 1234 BGB auf das gesetzliche Pfandrecht des Kommissionärs, des Spediteurs, des Lagerhalters und des Frachtführers. Da eine „Bestellung" des Pfandrechts hier wegen dessen gesetzlicher Entstehung nicht in Betracht kommt, ist für das **Vorliegen eines Handelsgeschäfts** auf den Vertrag abzustellen, aus dem die gesicherte Forderung stammt, also auf den **Kommissions-, Speditions-, Lager- oder Frachtvertrag**.

4 Wie im Falle von Absatz 1 müssen **der Kommissions- und der Lagervertrag** ein **beiderseitiges Handelsgeschäft** sein. Für den **Speditions- und den Frachtvertrag** läßt es das Gesetz dagegen genügen, daß dieser ein **einseitiges Handelsgeschäft** nur auf der Seite des Spediteurs bzw. des Frachtführers ist. Dies wird in den Gesetzesmaterialien damit begründet, daß „die Natur des Betriebs der Transportunternehmungen und die Art, wie sie von dem Publikum benutzt werden, es unthunlich macht, eine Verschiedenheit in Betreff der Geltendmachung des Pfandrechts eintreten zu lassen, je nachdem der Absender oder Versender ein Kaufmann ist oder nicht".[3] Das ist zwar etwas vage formuliert, doch ist die Privilegierung des Spediteurs und des Frachtführers gegenüber dem Kommissionär und dem Lagerhalter gleichwohl sachlich gut fundiert; denn von ersteren kann im Gegensatz zu letzteren in Anbetracht ihrer unterschiedlichen beruflichen Funktionen nicht erwartet werden, daß sie genügend Raumkapazität für eine längere Aufbewahrung der dem Pfandrecht unterliegenden Güter vorhalten, und daher erscheint hier die Verkürzung der Frist auch gegenüber einem Nichtkaufmann als zumutbar, zumal diese ohnehin der Regel des § 345 HGB entspricht.

5 Auf das **gesetzliche Pfandrecht des Werkunternehmers** nach § 647 BGB ist die Verkürzung der Frist des § 1234 BGB auf eine Woche in **Analogie zu § 368 Abs. 2 Halbs. 1** zu übertragen, sofern der zugrunde liegende Vertrag ein beiderseitiges Handelsgeschäft darstellt. Denn da dieses Pfandrecht stark einem gesetzlich typisierten AGB-Pfandrecht ähnelt (vgl. oben § 366 Rdn. 113), darf der Werkunternehmer grundsätz-

---

[1] Vgl. dazu *Canaris* Handelsrecht[23] § 1 Rdn. 16.
[2] Allg. Ansicht, vgl. nur MünchKomm.-*Welter* § 368 Rdn. 9; *Ebenroth/Boujong/Joost/Stadler* § 368 Rdn. 4.
[3] Vgl. Denkschrift zu dem Entwurf eines Handelsgesetzbuchs, 1896, S. 210.

lich nicht schlechter stehen als bei Vereinbarung eines solchen, und da er dabei ohne weiteres nach § 368 Abs. 1 in den Genuß der Fristverkürzung käme, darf bei dessen gesetzlicher Entstehung im Ergebnis nichts anderes gelten.

Dagegen wird man die Analogie nicht auf das **Vermieterpfandrecht nach § 562** **6** BGB erstrecken können. Der Vermieter kann dieses nämlich durch Rechtsgeschäft nicht begründen, da es sich um ein besitzloses Pfandrecht handelt und ein solches von den §§ 1205 f. BGB nicht zugelassen wird, und daher paßt hier die Parallele zu einem Vertragspfandrecht nach § 368 Abs. 1 nicht.

§ 369

(1) ¹Ein Kaufmann hat wegen der fälligen Forderungen, welche ihm gegen einen anderen Kaufmann aus den zwischen ihnen geschlossenen beiderseitigen Handelsgeschäften zustehen, ein Zurückbehaltungsrecht an den beweglichen Sachen und Wertpapieren des Schuldners, welche mit dessen Willen auf Grund von Handelsgeschäften in seinen Besitz gelangt sind, sofern er sie noch im Besitze hat, insbesondere mittels Konnossements, Ladescheins oder Lagerscheins darüber verfügen kann. ²Das Zurückbehaltungsrecht ist auch dann begründet, wenn das Eigentum an dem Gegenstande von dem Schuldner auf den Gläubiger übergegangen oder von einem Dritten für den Schuldner auf den Gläubiger übertragen, aber auf den Schuldner zurückzuübertragen ist.

(2) Einem Dritten gegenüber besteht das Zurückbehaltungsrecht insoweit, als dem Dritten die Einwendungen gegen den Anspruch des Schuldners auf Herausgabe des Gegenstandes entgegengesetzt werden können.

(3) Das Zurückbehaltungsrecht ist ausgeschlossen, wenn die Zurückbehaltung des Gegenstandes der von dem Schuldner vor oder bei der Übergabe erteilten Anweisung oder der von dem Gläubiger übernommenen Verpflichtung, in einer bestimmten Weise mit dem Gegenstande zu verfahren, widerstreitet.

(4) ¹Der Schuldner kann die Ausübung des Zurückbehaltungsrechts durch Sicherheitsleistung abwenden. ²Die Sicherheitsleistung durch Bürgen ist ausgeschlossen.

§ 370

(aufgehoben)

§ 371

(1) ¹Der Gläubiger ist kraft des Zurückbehaltungsrechts befugt, sich aus dem zurückbehaltenen Gegenstande für seine Forderung zu befriedigen. ²Steht einem Dritten ein Recht an dem Gegenstande zu, gegen welches das Zurückbehaltungsrecht nach § 369 Abs. 2 geltend gemacht werden kann, so hat der Gläubiger in Ansehung der Befriedigung aus dem Gegenstande den Vorrang.

(2) ¹Die Befriedigung erfolgt nach den für das Pfandrecht geltenden Vorschriften des Bürgerlichen Gesetzbuchs. ²An die Stelle der in § 1234 des Bürgerlichen

Gesetzbuchs bestimmten Frist von einem Monate tritt eine solche von einer Woche.

(3) ¹Sofern die Befriedigung nicht im Wege der Zwangsvollstreckung stattfindet, ist sie erst zulässig, nachdem der Gläubiger einen vollstreckbaren Titel für sein Recht auf Befriedigung gegen den Eigentümer oder, wenn der Gegenstand ihm selbst gehört, gegen den Schuldner erlangt hat; in dem letzteren Falle finden die den Eigentümer betreffenden Vorschriften des Bürgerlichen Gesetzbuchs über die Befriedigung auf den Schuldner entsprechende Anwendung. ²In Ermangelung des vollstreckbaren Titels ist der Verkauf des Gegenstandes nicht rechtmäßig.

(4) Die Klage auf Gestattung der Befriedigung kann bei dem Gericht, in dessen Bezirke der Gläubiger seinen allgemeinen Gerichtsstand oder den Gerichtsstand der Niederlassung hat, erhoben werden.

§ 372

(1) In Ansehung der Befriedigung aus dem zurückbehaltenen Gegenstande gilt zugunsten des Gläubigers der Schuldner, sofern er bei dem Besitzerwerbe des Gläubigers der Eigentümer des Gegenstandes war, auch weiter als Eigentümer, sofern nicht der Gläubiger weiß, daß der Schuldner nicht mehr Eigentümer ist.

(2) Erwirbt ein Dritter nach dem Besitzerwerbe des Gläubigers von dem Schuldner das Eigentum, so muß er ein rechtskräftiges Urteil, das in einem zwischen dem Gläubiger und dem Schuldner wegen Gestattung der Befriedigung geführten Rechtsstreit ergangen ist, gegen sich gelten lassen, sofern nicht der Gläubiger bei dem Eintritte der Rechtshängigkeit gewußt hat, daß der Schuldner nicht mehr Eigentümer war.

Übersicht

	Rdn.		Rdn.
I. Gesetzeszweck und dogmatische Einordnung	1–4	den gesetzlichen Besitzpfandrechten	18–27
II. Die tatbestandlichen Voraussetzungen des kaufmännischen Zurückbehaltungsrechts		b) Die Gleichstellung der Möglichkeit zur Verfügung mittels eines Traditionspapiers	28–31
1. Die personellen Voraussetzungen		4. Die eigentumsrechtlichen Voraussetzungen	
a) Die Kaufmannseigenschaft von Gläubiger und Schuldner	5–10	a) Das Zurückbehaltungsrecht an Sachen des Schuldners	32–35
b) Die Folgen des Fehlens der Kaufmannseigenschaft	11, 12	b) Das Zurückbehaltungsrecht an Sachen eines Dritten	36, 37
2. Die gegenständlichen Voraussetzungen		c) Das Zurückbehaltungsrecht an eigenen Sachen des Gläubigers	38, 39
a) Die Beschränkung auf bewegliche Sachen und Wertpapiere	13	5. Die Voraussetzungen bezüglich der gesicherten Forderung	
b) Die unter § 369 fallenden Sachen und Wertpapiere	14–17	a) Fälligkeit und Legung des „Grundes" der Forderung	40–42
3. Die besitzrechtlichen Voraussetzungen		b) Das Vorliegen eines beiderseitigen Handelsgeschäfts und das Erfordernis der „Unmittelbarkeit"	43–50
a) Begriff und Merkmale des Besitzes i. S. von § 369 Abs. 1 und die Verwandtschaft mit		c) Sonstige Anforderungen an die gesicherte Forderung	51–53

	Rdn.		Rdn.
d) Die Abdingbarkeit der Anforderungen an die gesicherte Forderung und ihre Grenzen	54	renden gesetzlichen Pfandrechten	79–81
6. Der Ausschluß des Zurückbehaltungsrechts		d) Das Rangverhältnis zwischen mehreren Zurückbehaltungsrechten	82
a) Die Regelung des § 369 Abs. 3	55–57	3. Der besitz- und der deliktsrechtliche Schutz des Zurückbehaltungsrechts	83–87
b) Der allgemeine Rechtsmißbrauchseinwand gemäß § 242 BGB	58, 59	4. Die Ausdehnung der Passivlegitimation und der Rechtskraftwirkung gemäß §§ 371 Abs. 3, 372	88–91
III. Die Wirkungen des kaufmännischen Zurückbehaltungsrechts		5. Das Zurückbehaltungsrecht in Insolvenz und Zwangsvollstreckung	92, 93
1. Die Wirkungen im Verhältnis zwischen Gläubiger und Schuldner		IV. Übertragung und gesetzlicher Übergang des kaufmännischen Zurückbehaltungsrechts	
a) Die Einrede der Zurückbehaltung gemäß § 369 Abs. 1	60–64	1. Die rechtsgeschäftliche Übertragung	94, 95
b) Das Befriedigungsrecht gemäß § 371	65–69	2. Die Auswirkungen der Abtretung der gesicherten Forderung auf das Zurückbehaltungsrecht	96–99
2. Die Wirkungen im Verhältnis zu anderen Inhabern von Rechten an der Sache		3. Der gesetzliche Forderungsübergang	100–102
a) Der Sukzessionsschutz des Zurückbehaltungsberechtigten nach § 369 Abs. 2 und seine Grenzen	70–75	V. Der Untergang des kaufmännischen Zurückbehaltungsrechts	103–109
b) Kollidierende Verfügungen mittels eines Traditionspapiers	76–78	VI. Die rechtsgeschäftliche Bestellung eines kaufmännischen Zurückbehaltungsrechts und die Umdeutung in ein solches	110–114
c) Das Verhältnis des Zurückbehaltungsrechts zu kollidie-			

Schrifttum

Ahrens Zivilrechtliche Zurückbehaltungsrechte, 2003; *Altmeppen* Zur Rechtsnatur der handelsrechtlichen Pfandrechte, ZHR 157 (1993) 541 ff; *Canaris* Die Verdinglichung obligatorischer Rechte, Festschrift für Flume, 1978, Bd I, S. 371 ff; *Göppert* Vom kaufmännischen Zurückbehaltungsrecht an eigenen Sachen, ZHR 95 (1930) 52 ff; *Jabornegg* Zurückbehaltungsrecht und Einrede des nicht erfüllten Vertrags, 1982; *Partsch* Das Zurückbehaltungsrecht, 1938 (dogmengeschichtlich); *Pfeiffer* (Hrsg.) Handbuch der Handelsgeschäfte, 1999, § 8; *Pikart* Die Rechtsprechung des BGH zum Zurückbehaltungsrecht, WM 1963, 654 ff; *Schlegelberger* Das Zurückbehaltungsrecht, 1904; *Karsten Schmidt* Handelsrecht, 5. Aufl. 1999; *Schwabe* Kaufmännisches Zurückbehaltungsrecht an zu Erfüllungszwecken angebotenen Waren und Wertpapieren, insbesondere an erfüllungs- oder sicherungshalber angebotenen Wechseln, JherJb. 58 (1911) 303 ff; *Martin Wolff* Das kaufmännische Zurückbehaltungsrecht, Ehrenbergs Handbuch IV 1, 1917, S. 76 ff

I. Gesetzeszweck und dogmatische Einordnung

Das kaufmännische Zurückbehaltungsrecht soll dem besonderen **Sicherungsbedürf-** **1** **nis des kaufmännischen Verkehrs** Rechnung tragen. Das Verlangen nach vertraglicher Bestellung von Sicherheiten wird nicht selten als ungebührlicher Ausdruck des Mißtrauens empfunden und ist häufig auch wegen der Schnellebigkeit und des raschen Wechsels der Geschäfte zwischen Kaufleuten nicht praktikabel. Die gesetzlichen Pfandrechte aber reichen zur Befriedigung des Sicherungsbedürfnisses nicht voll aus, weil sie zum einen auf bestimmte Vertragstypen beschränkt sind und weil sie zum anderen – mit

Ausnahme des Kommissionärspfandrechts gemäß § 397 HGB – inkonnexe Forderungen nur dann sichern, wenn diese unbestritten sind, wie sich aus dem eindeutigen Wortlaut der §§ 441, 464, 475b HGB ergibt. Das allgemeine bürgerlich-rechtliche Zurückbehaltungsrecht gemäß § 273 BGB bietet noch weniger eine hinreichende Sicherheit, weil es nur für konnexe Forderungen gilt und weil es außerdem weder ein Befriedigungsrecht gewährt noch insolvenzbeständig ist. In diese **Schutzlücke** tritt das kaufmännische Zurückbehaltungsrecht nach den §§ 369ff HGB.

2   Vor die Wahl zwischen dinglicher Sicherheit und obligatorischem Recht gestellt hat der Gesetzgeber sich bewußt für die zweite Möglichkeit entschieden.[1] Das kaufmännische Zurückbehaltungsrecht beruht also auf **obligatorischer Grundlage** (vgl. unten Rdn. 64). Es hat jedoch in seiner Ausgestaltung eine starke **Verdinglichung** erfahren,[2] weil es nur dadurch eine hinreichende Sicherheit bietet. Vor allem ist das kaufmännische Zurückbehaltungsrecht gemäß § 51 Nr. 3 InsO insolvenzbeständig (vgl. unten Rdn. 92) und wirkt demgemäß auch in der Einzelzwangsvollstreckung wie ein dingliches Recht (vgl. unten Rdn. 93). Außerdem gewährt es nach § 371 HGB ein Befriedigungsrecht und ist somit auch in dieser Hinsicht einem Pfandrecht sehr stark angenähert (vgl. unten Rdn. 65ff). Der weitgehenden Verdinglichung entspricht es, daß auch die Entstehung des kaufmännischen Zurückbehaltungsrechts sich nach denselben Regeln wie beim Pfandrecht richtet und insbesondere denselben besitzrechtlichen Voraussetzungen unterliegt (vgl. unten Rdn. 13ff und 18ff).

3   Die verbleibenden **Unterschiede gegenüber einem dinglichen Recht** sind gering. Zwischen den Parteien selbst erschöpfen sie sich im wesentlichen darin, daß das Zurückbehaltungsrecht Einredecharakter hat und daher nicht von Amts wegen zu berücksichtigen ist (vgl. unten Rdn. 60). Im Verhältnis zu Dritten bestehen sie vor allem im Fehlen des Schutzes bei unfreiwilligem Verlust des Besitzes oder des Traditionspapiers: das Zurückbehaltungsrecht wird dann weder analog § 935 Abs. 1 BGB noch auch nur analog § 936 Abs. 1 und 2 BGB, sondern lediglich gemäß § 826 BGB geschützt (vgl. unten Rdn. 85 und 104), es sei denn, man konstruiert einen weiterreichenden Schutz mit Hilfe von § 1007 BGB (vgl. unten Rdn. 87). Bei Fortdauer seiner besitz- oder wertpapierrechtlichen Grundlage ist das kaufmännische Zurückbehaltungsrecht dagegen gegenüber dem Rechtserwerb Dritter im wesentlichen ebenso bestandsfest wie ein echtes dingliches Recht (vgl. näher unten Rdn. 70ff und 85). Insbesondere hat die obligatorische Grundstruktur des Zurückbehaltungsrechts entgegen der in der Denkschrift vertretenen Ansicht[3] weder für das Verhältnis zu Verfügungen mittels eines Traditionspapiers noch für das Verhältnis zu später entstandenen gesetzlichen Pfandrechten wesentliche praktische Auswirkungen (vgl. näher unten Rdn. 76ff und 79ff).

4   Bei **rechtspolitischer Betrachtung** ist die Regelung des kaufmännischen Zurückbehaltungsrechts als mißglückt zu bezeichnen.[4] Das beruht vor allem darauf, daß dieses einerseits weitgehend die Funktionen eines gesetzlichen Pfandrechts wahrnimmt und einem solchen auch in den tatbestandlichen Voraussetzungen ähnelt, andererseits aber in mancher Hinsicht ohne triftigen Grund doch wieder hinter diesem zurückbleibt. Durch ein derartiges „Mischgebilde" – dessen Ausgestaltung und dessen Abgrenzung von den gesetzlichen Pfandrechten vorwiegend auf historischen Zufälligkeiten und

---

[1] Vgl. Denkschrift zu dem Entwurf eines Handelsgesetzbuchs, 1896, S. 211.
[2] Vgl. *Canaris* Festschrift für Flume S. 404f; ähnlich *Karsten Schmidt* § 22 IV 1d; *Heymann/Horn* § 369 Rdn. 1; *Ebenroth/Boujong/Joost/Stadler* § 369 Rdn. 1; *Straube/Schuhmacher* § 369 Rdn. 2.
[3] Vgl. aaO S. 212.
[4] Kritisch auch MünchKomm.-*Welter* § 369 Rdn. 5.

Kompromissen, nicht aber auf einem teleologisch durchdachten Konzept beruhen[5] – werden ganz unverhältnismäßige Schwierigkeiten hervorgerufen – wie übrigens auch das „Mischgebilde" der Vormerkung zeigt. Charakteristisch ist etwa, daß das Zurückbehaltungsrecht anders als das Pfandrecht – aber in bemerkenswerter Übereinstimmung mit der Vormerkung – keinen Herausgabeanspruch gewährt (vgl. unten Rdn. 83), man aber einen solchen mit Hilfe von z. T. überaus komplizierten Überlegungen vielleicht doch auf dem Umweg über § 1007 BGB konstruieren kann (vgl. unten Rdn. 87), oder daß der Deliktsschutz des Zurückbehaltungsrechts zu hypertrophen – und durchaus unsicheren! – dogmatischen Erwägungen nötigt (vgl. unten Rdn. 84f), wobei sich auch insoweit eine bemerkenswerte Parallele zu ähnlichen Schwierigkeiten bei der Vormerkung ergibt. Eine besondere Pointe bildet in diesem Zusammenhang, daß das Zurückbehaltungsrecht bei unfreiwilligem Besitzverlust erlischt, während die gesetzlichen Pfandrechte des HGB in einem solchen Fall nach richtiger Ansicht fortbestehen, obwohl sie insoweit nahezu wortgleich formuliert sind (vgl. unten Rdn. 104 Abs. 2). Gerade für den kaufmännischen Verkehr sind solche juristischen Subtilitäten und Divergenzen kontraproduktiv. De lege ferenda sollte das kaufmännische Zurückbehaltungsrecht daher durch einen folgerichtigen Ausbau der gesetzlichen Pfandrechte ersetzt werden.

II. Die tatbestandlichen Voraussetzungen des kaufmännischen Zurückbehaltungsrechts

1. Die personellen Voraussetzungen

a) **Die Kaufmannseigenschaft von Gläubiger und Schuldner.** Sowohl der Gläubiger als auch der Schuldner der zu sichernden Forderung müssen gemäß § 369 Abs. 1 **Kaufleute** sein. Diese Eigenschaft bestimmt sich grundsätzlich nach den §§ 1, 2, 3 und 6 HGB. **Kaufleute kraft Eintragung gemäß § 5 HGB** stehen gleich. War die Kaufmannseigenschaft im maßgeblichen Zeitpunkt (vgl. dazu unten Rdn. 10) nicht mehr gegeben, bestand jedoch noch eine entsprechende Eintragung im Handelsregister, kommt der Gläubiger in den Genuß des **Schutzes nach § 15 Abs. 1 HGB**, sofern er das Erlöschen der Kaufmannseigenschaft nicht kannte.[6]

Ist eine der beiden Parteien ein nicht ins Handelsregister eingetragener **Kleingewerbetreibender** oder ein **Freiberufler**, sind die Voraussetzungen von § 369 nicht erfüllt. Die Vorschrift kann auch nicht auf alle **Unternehmensträger** analog angewandt werden,[7] da eine solche Ausdehnung des persönlichen Anwendungsbereichs mit der lex lata nicht zu vereinbaren ist.[8]

Haften für die Forderung mehrere Personen als **Gesamtschuldner**, so kann das Zurückbehaltungsrecht des § 369 nur gegenüber denjenigen bestehen, die Kaufleute sind;[9] denn das Erfordernis der Kaufmannseigenschaft auf Seiten des Schuldners hat Schutzfunktion und soll den Nichtkaufmann vor den weitreichenden Wirkungen der

---

[5] Aufschlußreich ist hierzu die Analyse der Entstehungsgeschichte durch *Altmeppen* ZHR 157 (1993) 550 und 551 f.
[6] Vgl. z. B. *Düringer/Hachenburg/Hoeniger* § 369 Anm. 3; *Schlegelberger/Hefermehl* § 369 Rdn. 12; *Heymann/Horn* § 369 Rdn. 7; MünchKomm.-*Welter* § 369 Rdn. 18.
[7] So aber *Karsten Schmidt* § 22 IV 2 a.
[8] Vgl. *Canaris* Handelsrecht[23] § 1 Rdn. 24 f.
[9] Vgl. *Wolff* S. 79; *Heymann/Horn* § 369 Rdn. 8; MünchKomm.-*Welter* § 369 Rdn. 20; *Ebenroth/Boujong/Joost/Stadler* § 369 Rdn. 4.

§§ 369ff bewahren. Dementsprechend entsteht auch gegenüber einem **Bürgen** ein kaufmännisches Zurückbehaltungsrecht nur dann, wenn dieser selbst (und nicht lediglich der Hauptschuldner) Kaufmann ist.[10]

8 Ob gegenüber den **Gesellschaftern einer oHG oder KG** ein kaufmännisches Zurückbehaltungsrecht zur Sicherung von Gesellschaftsschulden zur Entstehung gelangen kann, hängt davon ab, wie man die Kaufmannseigenschaft dieser Personen beurteilt. Richtigerweise ist sie bei oHG-Gesellschaftern und Komplementären zu bejahen, bei Kommanditisten dagegen zu verneinen.[11] Entsprechend ist folgerichtig auch im Rahmen von § 369 HGB zu differenzieren. Eine andere Frage ist, ob auch das Erfordernis erfüllt ist, daß die durch das Zurückbehaltungsrecht gesicherte Forderung aus einem beiderseitigen Handelsgeschäft stammt, vgl. dazu unten Rdn. 50.

9 Umstritten ist, ob § 369 auf **Scheinkaufleute** Anwendung findet. Richtiger Ansicht nach ist zu differenzieren: Ist der *Gläubiger* ein Scheinkaufmann, so greift § 369 nicht ein (vgl. aber auch unten Rdn. 11f); denn niemand kann sich durch die bloße Behauptung, daß er Kaufmann sei, die Rechtsstellung eines solchen verschaffen. Ist dagegen der *Schuldner* als Kaufmann aufgetreten, ohne es zu sein, so muß er sich nach den Regeln der Rechtsscheinhaftung gegenüber einem gutgläubigen Gläubiger wie ein Kaufmann behandeln lassen, so daß § 369 eingreifen kann.[12] Die Schutzfunktion des Erfordernisses der Kaufmannseigenschaft steht ebensowenig entgegen wie die weitgehende Verdinglichung des Zurückbehaltungsrechts. Ein solches könnte nämlich von einem Nichtkaufmann auch rechtsgeschäftlich bestellt werden (vgl. unten Rdn. 12), und daher sind keine durchschlagenden Bedenken dagegen gegeben, der zurechenbaren Schaffung eines Rechtsscheins grundsätzlich dieselben Wirkungen zuzuerkennen.[13] Daß das Zurückbehaltungsrecht z. T. auch gegenüber Dritten wirkt wie z. B. im Insolvenzverfahren, macht keine Einschränkungen erforderlich;[14] denn im Verhältnis zu Dritten spielt es keine Rolle, ob das Zurückbehaltungsrecht rechtsgeschäftlich oder durch die Setzung eines Scheintatbestandes begründet wird (vgl. auch zur entsprechenden Problematik bei § 366 dort Rdn. 12).

10 Als **maßgeblicher Zeitpunkt für das Vorliegen der Kaufmannseigenschaft** ist der Augenblick anzusehen, in dem das Zurückbehaltungsrecht entsteht. Die Kaufmannseigenschaft beider Parteien muß also sowohl bei der Erlangung des Besitzes bzw. der Verfügungsgewalt an dem betreffenden Gegenstand als bei der Legung des „Grundes" für die Forderung (vgl. unten Rdn. 40) gegeben sein. Fällt die Kaufmannseigenschaft eines der Beteiligten oder gar beider nachträglich weg, so wird dadurch das – bereits entstandene – Zurückbehaltungsrecht nicht mehr berührt.[15] Daher ist es nicht erforderlich, daß die Kaufmannseigenschaft auch noch in dem Augenblick vorhanden ist, in dem die gesicherte Forderung zum Vollrecht erstarkt[16] oder gar fällig

---

[10] Vgl. *Wolff* S. 79; *Heymann/Horn* § 369 Rdn. 8; MünchKomm.-*Welter* § 369 Rdn. 20; *Ebenroth/Boujong/Joost/Stadler* § 369 Rdn. 4.
[11] Vgl. *Canaris* Handelsrecht[23] § 2 Rdn. 20f mit Nachw.
[12] Vgl. *Canaris* Die Vertrauenshaftung im deutschen Privatrecht, 1971, S. 181; *Schlegelberger/Hefermehl* § 369 Rdn. 13; *Baumbach/Hopt* § 369 Rdn. 3; *Heymann/Horn* § 369 Rdn. 7; *Röhricht/Graf von Westphalen/Wagner* § 369 Rdn. 3; *Ebenroth/Boujong/Joost/Stadler* § 369 Rdn. 4; *Pfeiffer/Batereau* § 8 Rdn. 6; a. A. *Wolff* S. 80; *Brüggemann* oben Anh. zu § 5 Rdn. 46.
[13] Vgl. zu den Zurechnungsvoraussetzungen und der dabei erforderlichen Differenzierung näher *Canaris* (Fn. 12) S. 180f.
[14] A. A. *Baumbach/Hopt* § 369 Rdn. 3; *Ebenroth/Boujong/Joost/Stadler* § 369 Rdn. 4.
[15] Vgl. *Wolff* S. 80; *Düringer/Hachenburg/Hoeniger* § 369 Anm. 3; *Schlegelberger/Hefermehl* § 369 Rdn. 15; MünchKomm.-*Welter* § 369 Rdn. 19; *Ebenroth/Boujong/Joost/Stadler* § 369 Rdn. 6.
[16] Zustimmend MünchKomm.-*Welter* § 369 Rdn. 32.

wird;[17] denn für die Entstehung des Zurückbehaltungsrechts genügt, daß der „Grund" der Forderung gelegt ist (vgl. unten Rdn. 40f).

b) Die Folgen des Fehlens der Kaufmannseigenschaft. Das Fehlen der Kaufmannseigenschaft hat zur Folge, daß ein kaufmännisches Zurückbehaltungsrecht nach § 369 nicht entsteht. In Betracht kommt jedoch ein bürgerlich-rechtliches Zurückbehaltungsrecht gemäß § 273 BGB, sofern die Voraussetzungen dieser Vorschrift erfüllt sind. Darüber hinaus ist zu prüfen, ob eine **rechtsgeschäftliche Begründung des kaufmännischen Zurückbehaltungsrechts** vorliegt. Eine solche ist grundsätzlich möglich (vgl. näher unten Rdn. 110ff). Das Erfordernis der Kaufmannseigenschaft hat nämlich nichts mit der „Verdinglichung" des Zurückbehaltungsrechts zu tun und nimmt daher an dem zwingenden Charakter der tatbestandlichen Grenzen von § 369, der seinen Grund letztlich im sachenrechtlichen numerus-clausus-Prinzip hat, nicht teil. Daher bestehen keine Bedenken gegen die **Bestellung eines Zurückbehaltungsrechts i. S. von § 369 durch einen Kaufmann zugunsten eines Nichtkaufmanns.**[18] Denn das Erfordernis der Kaufmannseigenschaft auf Seiten des Gläubigers erklärt sich lediglich daraus, daß der Verkehr bei einem Nichtkaufmann mit einem so weitgehenden Sicherungsbedürfnis, wie es in § 369 geschützt wird, nicht zu rechnen braucht; kommen die Parteien aber *rechtsgeschäftlich* überein, auch den Nichtkaufmann ebenso stark zu sichern, so hat die Rechtsordnung grundsätzlich keinen Anlaß, einem solchen Geschäft die Anerkennung zu versagen.

Auch die **Bestellung des Zurückbehaltungsrechts durch einen Nichtkaufmann** erscheint grundsätzlich als zulässig. Der Nichtkaufmann kann sich nämlich des Schutzes, der in dem Erfordernis der Kaufmannseigenschaft liegt, ohne weiteres begeben, weil ihm ja auch die noch weitergehende Möglichkeit der Bestellung eines Pfandrechts offensteht und das Erfordernis der Kaufmannseigenschaft seine Schutzfunktion daher sinnvollerweise nur bei der *gesetzlichen* Entstehung des Zurückbehaltungsrechts und nicht auch bei dessen *rechtsgeschäftlicher* Begründung entfalten kann. Allerdings müssen insoweit, als es um spezifisch dingliche Wirkungen geht, stets die Voraussetzungen einer Pfandrechtsbestellung erfüllt sein (vgl. unten Rdn. 110).

2. Die gegenständlichen Voraussetzungen

a) Die Beschränkung auf bewegliche Sachen und Wertpapiere. Gegenstand des kaufmännischen Zurückbehaltungsrechts können in scharfem Gegensatz zu § 273 BGB nur bewegliche Sachen und Wertpapiere, nicht aber auch Liegenschaftsrechte, Forderungen und andere nicht in einem Wertpapier verbriefte Rechte oder Leistungen sein. Der **Grund für diese Beschränkung** dürfte in der weitgehenden Verdinglichung des kaufmännischen Zurückbehaltungsrechts (vgl. oben Rdn. 2) und in seiner daraus zu erklärenden Bindung an eine besitzrechtliche Grundlage (vgl. unten Rdn. 18ff) zu sehen sein. Die Verdinglichung macht nämlich die Wahrung des Publizitätsprinzips erforderlich, und dieses legt die Anknüpfung an den Besitz nahe, weil die spezifisch liegenschaftsrechtlichen Publizitätsmerkmale im Gegensatz zu den besitzrechtlichen hier wegen des gesetzlichen Entstehungstatbestands nicht erfüllt werden können und weil bei nichtverkörperten Rechten ohnehin grundsätzlich nicht das Publizitäts-, sondern das Heimlichkeitsprinzip gilt.

---

[17] So aber z.B. *Wolff* S. 80; *Schlegelberger/Hefermehl* § 369 Rdn. 22; *Heymann/Horn* § 369 Rdn. 16; *Ebenroth/Boujong/Joost/Stadler* § 369 Rdn. 14.

[18] Ebenso i. E. *Schlegelberger/Hefermehl* § 369 Rdn. 13 a. E. und 41.

14 b) **Die unter § 369 fallenden Sachen und Wertpapiere.** Diese „ratio" ermöglicht eine sinnvolle Bestimmung des Begriffs der beweglichen Sache und des Wertpapiers. Was erstere angeht, so ist er weit zu fassen: Bewegliche Sachen im Sinne von § 369 sind nicht nur Waren, sondern **alle beweglichen körperlichen Gegenstände**.[19] Denn der Grund für die Beschränkung von § 369 liegt nicht darin, daß der Gesetzgeber das Zurückbehaltungsrecht lediglich bei umsatz- oder verwertungsfähigen Gütern des Handelsverkehrs anerkennen wollte, sondern in der Verbindung mit dem Publizitäts- und dem Besitzprinzip – und dieses gilt bei allen beweglichen Sachen in gleicher Weise.

15 Der Begriff des Wertpapiers ist dagegen eng zu fassen: unter § 369 fallen nur Wertpapiere im engeren Sinne, also **Inhaber- und Orderpapiere, nicht aber auch Rektapapiere.** Denn nur erstere stehen den beweglichen Sachen in besitz- und publizitätsrechtlicher Hinsicht gleich, während letztere den Regeln über unverkörperte Rechte unterfallen. Die h. L. kommt zum selben Ergebnis.[20] Insbesondere ist es anerkannt, daß **Briefe über Grundpfandrechte** – mit Ausnahme des Inhabergrundschuldbriefs, der gemäß § 1195 S. 2 BGB den Inhaberschuldverschreibungen gleichsteht – nicht unter § 369 fallen.[21] Als Begründung wird nicht selten angeführt, § 369 könnte im Hinblick auf § 371 nur auf selbständig verwertbare Gegenstände Anwendung finden und diese Voraussetzung sei bei Rektapapieren nicht erfüllt.[22] Das überzeugt nicht voll. Es trifft nämlich nur bezüglich der Urkunde allein und nicht auch bezüglich des verbrieften Rechts zu und setzt daher teilweise voraus, was es erst zu beweisen gilt: daß Rektapapiere keine „Wertpapiere" i. S. von § 369 sind und daß sich das Zurückbehaltungs- und Verwertungsrecht daher nicht auf das verbriefte Recht selbst beziehen kann. Vom hier vertretenen Standpunkt aus ergibt sich die Begründung dagegen ohne weiteres aus dem besitzrechtlichen Charakter des Zurückbehaltungsrechts und seiner Verwandtschaft mit den (gesetzlichen) Besitzpfandrechten. Denn an den Rechten, die in Rektapapieren verkörpert sind, gibt es nach geltendem Recht keinen Besitz und mithin ebensowenig ein besitzrechtliches Zurückbehaltungsrecht wie ein Besitzpfandrecht. Ein isoliertes Zurückbehaltungsrecht nur an der Urkunde aber ist sowohl im Hinblick auf die Zusammengehörigkeit von Recht und Papier gemäß § 952 BGB als auch wegen der – insoweit von der h. L. mit Recht betonten – Unmöglichkeit einer Verwertung abzulehnen. Diese Begründung trifft insbesondere auch auf die Verbriefung von Grundpfandrechten zu, da diese nicht den Sinn hat, das Recht den Vorschriften über bewegliche Sachen zu unterstellen, sondern lediglich eine „Verlängerung des Grundbuchs" darstellt. Folgerichtig fällt auch das **Sparbuch** nicht unter § 369,[23] da es kein Inhaber-, sondern ein Rektapapier ist[24].

16 Die **Möglichkeit eines bürgerlich-rechtlichen Zurückbehaltungsrechts an Rektapapieren** ist demgegenüber mit Recht allgemein anerkannt, da § 273 BGB nicht auf

---

[19] Vgl. z. B. OLG Hamburg MDR 1988, 235: Zurückbehaltungsrecht an einem im Schiffsregister eingetragenen Schiff.
[20] Vgl. *Raiser* ZHR 101, 46f; *Düringer/Hachenburg/Hoeniger* § 369 Anm. 5; *Schlegelberger/Hefermehl* § 369 Rdn. 26; *Robrecht* DB 1969, 870; *Karsten Schmidt* § 22 IV 2c; *MünchKomm.-Welter* § 369 Rdn. 36; *Ebenroth/Boujong/Joost/Stadler* § 369 Rdn. 18; a. A. *Jacobi* Ehrenbergs Handbuch IV 1 S. 370f; der Formulierung nach auch *Wolff* S. 88, der in der Sache jedoch im wesentlichen wie die h. L. entscheidet.
[21] Vgl. RGZ 149, 93, 94; RG SeuffArch. 87 Nr. 168 S. 325; BGHZ 60, 174, 175; *MünchKomm.-Welter* § 369 Rdn. 36.
[22] Vgl. z. B. *Schlegelberger/Hefermehl* § 369 Rdn. 26.
[23] Ebenso z. B. *Karsten Schmidt* § 22 IV 2c; *Heymann/Horn* § 369 Rdn. 19; *MünchKomm.-Welter* § 369 Rdn. 38; *Röhricht/Graf von Westphalen/Wagner* § 369 Rdn. 12.
[24] Vgl. *Hueck/Canaris* Recht der Wertpapiere[12] § 27 I 2b.

bestimmte Gegenstände beschränkt ist. Auch eine **rechtsgeschäftliche Begründung des Zurückbehaltungsrechts i. S. von § 369 an einem Rektapapier** kommt grundsätzlich in Betracht, doch ist zu beachten, daß das mit den vollen Wirkungen des kaufmännischen Zurückbehaltungsrechts nur möglich ist, wenn die Voraussetzungen für die Bestellung eines Vertragspfandrechts erfüllt sind, bei Grundpfandrechten also das Schriftformerfordernis der §§ 1274, 1154 BGB, bei Forderungen gegebenenfalls das Anzeigeerfordernis des § 1280 BGB (vgl. auch unten Rdn. 112).

Wechselakzepte des Schuldners können nach richtiger, wenngleich stark umstrittener Ansicht vom Gläubiger grundsätzlich zurückbehalten werden.[25] Denn sie stellen Wertpapiere oder zumindest bewegliche Sachen i. S. von § 369 Abs. 1 dar, unterliegen voll den besitzrechtlichen Regeln und können nach §§ 1295, 1221, 1273 Abs. 2, 1246 BGB durch Verkauf verwertet werden. Allerdings besteht hier insofern eine Besonderheit, als der Schuldner dem Gläubiger das Akzept häufig zum Zwecke der Prolongation eines anderen Wechsels übersendet.[26] Lehnt der Gläubiger die Prolongation ab, so verstoßen die Zurückbehaltung und die Verwertung des zweiten Wechsels i. d. R. gegen § 369 Abs. 3 oder zumindest gegen § 242 BGB.[27] **17**

Vgl. im übrigen zum Zurückbehaltungsrecht an **Orderpapieren** auch unten Rdn. 29 ff.

3. Die besitzrechtlichen Voraussetzungen

a) **Begriff und Merkmale des Besitzes i. S. von § 369 Abs. 1 und die Verwandtschaft mit den gesetzlichen Besitzpfandrechten.** § 369 Abs. 1 macht die Entstehung des kaufmännischen Zurückbehaltungsrechts grundsätzlich davon abhängig, daß der Gläubiger den betreffenden Gegenstand in Besitz hat und daß er diesen mit Willen des Schuldners erlangt hat. Das Zurückbehaltungsrecht beruht daher auf **besitzrechtlicher Grundlage** und weist dadurch eine enge **Verwandtschaft mit den gesetzlichen Besitzpfandrechten** nach §§ 647 BGB, 397, 441, 464, 475 b HGB auf. Der Grund hierfür liegt in der weitgehenden Verdinglichung des kaufmännischen Zurückbehaltungsrechts und dem daraus folgenden Erfordernis, das Publizitätsprinzip zu wahren (vgl. oben Rdn. 2 und 13). **18**

Die Verwandtschaft mit dem Pfandrecht ist von erheblicher praktischer Bedeutung, da sie die Grundlage für eine **analoge Anwendung pfandrechtlicher Vorschriften und Grundsätze** bildet.[28] Das gilt insbesondere auch für die besitzrechtlichen Probleme bei der Entstehung des Zurückbehaltungsrechts.[29] Zwar finden die Vorschriften über das rechtsgeschäftliche Pfandrecht gemäß § 1257 BGB nicht ohne weiteres auf die Entstehung eines gesetzlichen Pfandrechts, mit dem das Zurückbehaltungsrecht zu vergleichen ist, Anwendung, wie sich aus dem Wortlaut von § 1257 BGB („entstandenes") ergibt, doch steht dieses – ohnehin überaus schwache (vgl. oben § 366 Rdn. 114) – Wortlautargument der Heranziehung pfandrechtlicher Vorschriften nicht entgegen; denn es würde zu einem schweren Wertungswiderspruch führen, wenn man an die **19**

---

[25] Vgl. *Wolff* aaO S. 89 Fn. 39; *Düringer/Hachenburg/Hoeniger* § 369 Anm. 5; *Schlegelberger/Hefermehl* § 369 Rdn. 27; *Röhricht/Graf von Westphalen/Wagner* § 369 Rdn. 13; *Ebenroth/Boujong/Joost/Stadler* § 369 Rdn. 19; **a. A.** RG JW 1928, 231, 232; *Schwabe* JherJb. 58, 308 ff; *Heymann/Horn* § 369 Rdn. 18 a. E.
[26] Vgl. näher *Hueck/Canaris* (Fn. 24) § 11 II 3.
[27] Zustimmend *Karsten Schmidt* § 22 IV 2c; *Ebenroth/Boujong/Joost/Stadler* § 369 Rdn. 19; **a. A.** OLG Stuttgart JW 1931, 3144; 32, 756; *Schwabe* JherJb. 58, S. 305; *Schlegelberger/Hefermehl* § 369 Rdn. 27 a. E.
[28] Vgl. auch BGH WM 1963, 560, 561.
[29] Vgl. auch BGH aaO.

Schaffung des pfandrechtsähnlichen kaufmännischen Zurückbehaltungsrechts weniger strenge publizitäts- und besitzrechtliche Anforderungen stellte als an die Begründung eines rechtsgeschäftlichen Pfandrechts.

20 Der Rückgriff auf pfandrechtliche Regeln bewährt sich bei der Frage, ob für § 369 **mittelbarer Besitz** genügt. Die h. L. bejaht das grundsätzlich, doch machen ihre Anhänger überwiegend eine Ausnahme für den Fall, daß der unmittelbare Besitz beim Schuldner selbst liegt.[30] Richtigerweise wird man indessen zwischen der Fortdauer und der Begründung des Zurückbehaltungsrechts zu unterscheiden haben.

Bezüglich der *Fortdauer* des Zurückbehaltungsrechts ist der h. L. voll zuzustimmen: Dieses geht nicht dadurch unter, daß der Gläubiger nur noch mittelbarer Besitzer ist wie z. B. im Falle der Einlagerung oder Verfrachtung der Güter – es sei denn, er überläßt den unmittelbaren Besitz dem Schuldner oder dessen Mittelsmann.[31] Das folgt aus einer Analogie zu den entsprechenden Grundsätzen beim Pfandrecht, insbesondere zu § 1253 BGB.

Für die *Begründung* des Zurückbehaltungsrechts kann dagegen die Erlangung mittelbaren Besitzes grundsätzlich nicht genügen. Soweit der Schuldner selbst Besitzmittler ist, folgt dieses Ergebnis aus der Unzulässigkeit einer Pfandrechtsbegründung mittels Besitzkonstituts. Soweit ein Dritter Besitzmittler ist, ergibt sich das gleiche aus analoger Anwendung von § 1205 Abs. 2 BGB, wonach zusätzlich zu der Abtretung des Herausgabeanspruchs eine Anzeige an den Besitzmittler erforderlich ist. Entgegengesetzt zu entscheiden,[32] erscheint nicht folgerichtig, wenn man sich mit der h. L. sowohl in dem soeben erwähnten Fall eines Besitzkonstituts mit dem Schuldner als auch im Falle des Mitbesitzes (vgl. dazu die folgende Rdn.) an die Schranken der §§ 1204 ff BGB hält. Es erscheint darüber hinaus auch nicht sachgerecht, weil dadurch einer Umgehung von § 1205 Abs. 2 BGB zwischen Kaufleuten Tür und Tor geöffnet wird; das gilt um so mehr, als hier das Zurückbehaltungsrecht ohnehin nicht durch reine Tathandlungen, sondern durch ein Rechtsgeschäft – nämlich die Abtretung des Herausgabeanspruchs – entsteht. In **Analogie zu § 1205 Abs. 2 BGB** ist daher die Entstehung des kaufmännischen Zurückbehaltungsrechts davon abhängig zu machen, daß der Schuldner dem Besitzmittler eine **Anzeige** von der Übertragung des mittelbaren Besitzes bzw. der Abtretung des Herausgabeanspruchs – nicht etwa von der kraft Gesetzes erfolgenden Entstehung des Zurückbehaltungsrechts! – erstattet.[33]

21 Bei **Mitbesitz von Gläubiger und Schuldner** ist die Entstehung des Zurückbehaltungsrechts folgerichtig in **Analogie zu § 1206 BGB** zu beurteilen.[34] Ein solches entsteht daher nicht, wenn der Schuldner die rechtliche oder auch nur die tatsächliche Möglichkeit behält, über die Sache allein zu verfügen bzw. diese an sich zu nehmen.[35]

22 Die Besitzerlangung muß **mit Willen des Schuldners** erfolgt sein. Eine eigenmächtige Inbesitznahme begründet nach dem Rechtsgedanken von § 230 Abs. 2 und Abs. 4

---

[30] Vgl. RG BankArch. 34, 190, 192; *Wolff* S. 92; *Düringer/Hachenburg/Hoeniger* § 369 Anm. 8 und 9; *Schlegelberger/Hefermehl* § 369 Rdn. 35; *Karsten Schmidt* § 22 IV 2f; MünchKomm.-*Welter* § 369 Rdn. 49.

[31] Zustimmend MünchKomm.-*Welter* § 369 Rdn. 51.

[32] So RG BankArch. 34, 190, 192; *Wolff* S. 92; *Schlegelberger/Hefermehl* § 369 Rdn. 35; *Heymann/Horn* § 369 Rdn. 20; *Baumbach/Hopt* § 369 Rdn. 9.

[33] Zustimmend MünchKomm.-*Welter* § 369 Rdn. 49;

Koller/Roth/Morck §§ 369–372 Rdn. 2; *Pfeiffer/Batereau* § 8 Rdn. 24; ablehnend *Heymann/Horn* § 369 Rdn. 20; *Ebenroth/Boujong/Joost/Stadler* § 369 Rdn. 24.

[34] Vgl. RG Recht 1907 Nr. 462; BGH WM 1963, 560, 561; *Wolff* S. 92f; *Düringer/Hachenburg/Hoeniger* § 369 Anm. 8; *Schlegelberger/Hefermehl* § 369 Rdn. 35; MünchKomm.-*Welter* § 369 Rdn. 49; *Ebenroth/Boujong/Joost/Stadler* § 369 Rdn. 24.

[35] Vgl. BGH WM 1963, 560, 561.

BGB auch dann kein Zurückbehaltungsrecht, wenn der Gläubiger ein Recht auf den Besitz hatte und dieses eigenmächtig verwirklichen durfte.[36] Dem Willen des Schuldners steht analog § 164 BGB der Wille seines Stellvertreters gleich. Auch die Besitzübertragung durch einen Dritten mit Einverständnis des Schuldners genügt den Anforderungen von § 369.[37]

Ist die Besitzübertragung durch einen **Willensmangel** beeinflußt, gelten die §§ 116ff BGB unmittelbar, soweit der Besitz durch Rechtsgeschäft begründet worden ist wie in den Fällen von § 854 Abs. 2 und § 870 BGB. Beruht die Besitzbegründung auf einem Realakt, sind die §§ 116ff BGB analog anzuwenden;[38] denn es wäre ungereimt, wenn der Schuldner zwar die rechtsgeschäftliche Begründung eines Pfand- oder Zurückbehaltungsrechts bei Vorliegen eines Willensmangels nicht gegen sich gelten zu lassen brauchte, wohl aber unter den gleichen Voraussetzungen die Entstehung des pfandrechtsähnlichen Zurückbehaltungsrechts gemäß § 369. Folgerichtig finden auch die Vorschriften über die **Geschäftsunfähigkeit** und die **beschränkte Geschäftsfähigkeit** analoge Anwendung.

Die **Fortdauer des Einverständnisses bis zur Entstehung des Zurückbehaltungsrechts** ist nach dem Wortlaut des Gesetzes nicht erforderlich. Dabei läßt es die h. L. bewenden.[39] Das dürfte mit dem Schutzzweck des Willenserfordernisses nicht zu vereinbaren sein. Denn der Schuldner ist dann der Gefahr ausgesetzt, daß seine Sache als Sicherheit für Forderungen dient, mit deren Sicherung er weder gerechnet hatte noch rechnen konnte. Das wiegt um so schwerer, als § 369 Abs. 3 insoweit gerade keine Abhilfe bietet, weil diese Vorschrift den Vorrang von Weisungen des Schuldners nur für den Fall anordnet, daß sie „vor oder bei der Übergabe" erteilt worden sind.[40]

Die Besitzerlangung muß weiterhin **auf Grund von Handelsgeschäften** erfolgt sein. Das entspricht dem strikt kaufmännischen Charakter des Zurückbehaltungsrechts, der auch in dem Erfordernis der beiderseitigen Kaufmannseigenschaft und in der Beschränkung auf die Sicherung von Forderungen aus Handelsgeschäften zum Ausdruck kommt. Daß es sich um ein beiderseitiges Handelsgeschäft oder gar um einen Vertrag handelt, ist nicht erforderlich. Vielmehr genügt ein einseitiges Handelsgeschäft,[41] wie sich aus § 345 HGB oder zumindest aus dem Rechtsgedanken dieser Vorschrift ergibt. Dieses muß jedoch auf Seiten des Gläubigers gegeben sein, während ein einseitiges Handelsgeschäft auf Seiten des Schuldners nicht ausreicht.[42] Auch Realakte können als Handelsgeschäfte anzusehen oder diesen zumindest im Wege der Analogie gleichzustellen sein. Daher genügt z. B. die **Entgegennahme von dem Gläubiger unbestellt übersandten Waren** grundsätzlich ebenso den Voraussetzungen von § 369 wie jede sonstige einseitige Rechtshandlung des Schuldners, durch welche diesem gehörende Sachen in den Besitz des Gläubigers gelangt sind.[43]

---

[36] Vgl. *Wolff* S. 93; *Schlegelberger/Hefermehl* § 369 Rdn. 37; MünchKomm.-*Welter* § 369 Rdn. 52; *Röhricht/Graf von Westphalen/Wagner* § 369 Rdn. 15.

[37] Ebenso MünchKomm.-*Welter* § 369 Rdn. 52; *Heymann/Horn* § 369 Rdn. 22.

[38] Zustimmend *Heymann/Horn* § 369 Rdn. 22; a. A. *Wolff* S. 93 f.

[39] Vgl. *Düringer/Hachenburg/Hoeniger* § 369 Anm. 8; *Schlegelberger/Hefermehl* § 369 Rdn. 38; *Heymann/Horn* § 369 Rdn. 22; MünchKomm.-*Welter* § 369 Rdn. 53; *Röhricht/Graf von Westphalen/Wagner* § 369 Rdn. 15; *Ebenroth/Boujong/Joost/Stadler* § 369 Rdn. 26; a. A. OLG Hamburg DB 1963, 1214; *Wolff* S. 94.

[40] Unzutreffend daher insoweit die Argumentation von MünchKomm.-*Welter* § 369 Rdn. 53.

[41] Vgl. RG Bank Arch. 34, 190, 192; OLG Hamburg DB 1963, 1214; OLG Frankfurt BB 1976, 333.

[42] Vgl. *Wolff* S. 95; *Schlegelberger/Hefermehl* § 369 Rdn. 40.

[43] Vgl. OLG Hamburg DB 1963, 1214; OLG Frankfurt BB 1976, 333; *Karsten Schmidt* § 22 IV 2f; MünchKomm.-*Welter* § 369 Rdn. 21; vgl. aber auch unten Rdn. 55ff und 58f.

25 Hat der Gläubiger den Besitz durch eine **vorsätzlich begangene unerlaubte Handlung** erlangt, was auch im Rahmen von Handelsgeschäften denkbar ist wie z. B. in Fällen des Betruges, so hat er nach dem Rechtsgedanken der §§ 273 Abs. 2 a. E., 393, 1000 S. 2 BGB kein Zurückbehaltungsrecht.[44]

26 **Unfreiwilliger Verlust des Besitzes** des Gläubigers führt zum Erlöschen des Zurückbehaltungsrechts, doch lebt dieses bei Wiedererlangung des Besitzes wieder auf (vgl. unten Rdn. 104).

27 Die besitzrechtlichen Voraussetzungen des kaufmännischen Zurückbehaltungsrechts sind grundsätzlich einer **Abdingung durch Parteivereinbarung** nicht zugänglich. Das folgt daraus, daß es insoweit um die sachenrechtlichen Anforderungen an ein in weitem Umfang verdinglichtes Sicherungs- und Verwertungsrecht geht. Eine Ausnahme gilt allerdings für das Erfordernis, daß die Besitzerlangung auf einem Handelsgeschäft beruhen muß; denn dieses Tatbestandsmerkmal beruht nicht auf sachenrechtlichen, sondern auf handelsrechtlichen Erwägungen (vgl. oben Rdn. 24) und kann daher zur Disposition der Parteien gestellt werden (vgl. auch unten Rdn. 112). Wird dagegen eines der übrigen Merkmale abbedungen, so können allenfalls die nicht spezifisch dinglichen Rechtsfolgen des kaufmännischen Zurückbehaltungsrechts zum Zuge kommen (vgl. auch unten Rdn. 113).

28 b) **Die Gleichstellung der Möglichkeit zur Verfügung mittels eines Traditionspapiers.** Der Erlangung und Innehabung des Besitzes steht gemäß § 369 die Verfügungsmöglichkeit mittels eines Traditionspapiers gleich. Diese Regelung, die sich zweifelsfrei aus dem Wortlaut von § 369 Abs. 1 ergibt, ist **Ausdruck eines allgemeinen Rechtsgedankens**, der auch bei den gesetzlichen Pfandrechten in den §§ 397, 441 Abs. 2, 464 Satz 2, 475b Abs. 3 HGB explizit Niederschlag gefunden hat und der **Gleichstellung der Übertragung eines Traditionspapiers mit der Übergabe der Güter** gemäß §§ 448, 475g, 650 HGB entspricht. Daß der Papierinhaber zugleich den **mittelbaren Besitz an den Gütern** innehat, ist nicht erforderlich,[45] doch ist dabei die Einschränkung zu machen, daß der Schuldner des im Papier verbrieften Herausgabeanspruchs jedenfalls Besitzer der Güter sein muß und der mittelbare Besitz des Papierinhabers also nicht am **Fehlen des Besitzes auf Seiten des Papierschuldners** – wohl aber an dessen Eigenbesitz – scheitern darf (vgl. eingehend oben § 363 Rdn. 128 f).

29 Für die Entstehung des Zurückbehaltungsrechts an den Gütern genügt die materielle Berechtigung aus dem Papier, so daß das **Fehlen der formellen Legitimation** – also bei einem **Orderpapier** eines auf den Gläubiger lautenden Namensindossaments oder eines Blankoindossaments – dem Erwerb des Zurückbehaltungsrechts nicht entgegensteht.[46] Denn auch ohne formelle Legitimation kann der materiell berechtigte Papierinhaber, der damit Inhaber des verbrieften Herausgabeanspruchs (nicht aber notwendigerweise auch Eigentümer der Güter) ist, über die Güter zumindest durch Zession verfügen, nach richtiger Ansicht sogar durch Indossament, da das Fehlen der formellen Legitimation ein vom materiell Berechtigten vorgenommenes Indossaments nicht unwirksam macht.[47] Selbstverständlich muß der Papierinhaber in derartigen Fällen seine materielle Berechtigung nachweisen.

---

[44] Zustimmend *Heymann/Horn* § 369 Rdn. 40; *Ebenroth/Boujong/Joost/Stadler* § 369 Rdn. 37.

[45] Vgl. *Wolff* S. 93; *Schlegelberger/Hefermehl* § 369 Rdn. 36.

[46] Zustimmend *Heymann/Horn* § 369 Rdn. 21; MünchKomm.-*Welter* § 369 Rdn. 50; *Ebenroth/Boujong/Joost/Stadler* § 369 Rdn. 25; a. A. *Wolff* S. 93 i. V. m. S. 117; *Düringer/Hachenburg/Hoeniger* § 369 Anm. 9 i. V. m. Anm. 51 vor § 368; *Schlegelberger/Hefermehl* § 369 Rdn. 36.

[47] Vgl. *Hueck/Canaris* (Fn. 24) § 8 V 2c m. Nachw.

Im umgekehrten Fall eines **formell legitimierten Nichtberechtigten** erwirbt dieser **30** ebenfalls ein Zurückbehaltungsrecht.[48] Er hat dann zwar keine rechtliche Verfügungsmacht, wohl aber eine faktische Verfügungsmöglichkeit, und diese muß für die Anwendung von § 369 genügen, weil es auch beim Besitz, dem die Innehabung eines Traditionspapiers gleichgestellt ist, nicht darauf ankommt, ob damit eine rechtliche Verfügungsmacht verbunden ist.

Bei **Fehlen sowohl der materiellen Berechtigung als auch der formellen Legiti- 31 mation** entsteht kein Zurückbehaltungsrecht – und zwar weder am Papier[49] noch gar an den Gütern. Bei Orderpapieren genügt nämlich beim Fehlen der materiellen Berechtigung aus dem Papier grundsätzlich nicht der bloße Besitz der Urkunde, sondern es ist zusätzlich die formelle Legitimation erforderlich.[50] Dafür spricht zunächst schon der Wortlaut von § 369 Abs. 1. Denn in der Formulierung „sofern er sie noch im Besitze hat, insbesondere (!) mittels Konnossements, Lagerscheins oder Ladescheins darüber verfügen kann", kommt zum Ausdruck, daß der Besitz die Grundlage einer Verfügungsmöglichkeit sein muß (arg.: „insbesondere"). Wer aber weder materiell noch formell legitimiert ist, kann nicht mit Hilfe des Traditionspapiers verfügen – und zwar nicht nur rechtlich, sondern auch faktisch nicht. In die gleiche Richtung weist auch der systematische Gehalt der Vorschrift. Diese baut nämlich auf dem Besitzprinzip deshalb auf, weil wegen der starken Verdinglichung des kaufmännischen Zurückbehaltungsrechts das Publizitätsprinzip gewahrt werden muß (vgl. oben Rdn. 13 und 18). Im Recht der Orderpapiere wird aber die Publizität nicht durch den Besitz allein, sondern erst durch dessen Verbindung mit der Indossamentenkette gewährleistet. Folglich entsteht bei einem Orderpapier ein kaufmännisches Zurückbehaltungsrecht nur dann, wenn entweder der Gläubiger materiell aus dem Papier berechtigt ist oder das Papier mit einem auf den Gläubiger lautenden Namensindossament oder mit einem Blankoindossament versehen ist.

4. Die eigentumsrechtlichen Voraussetzungen

a) **Das Zurückbehaltungsrecht an Sachen des Schuldners.** Nach dem Wortlaut **32** von § 369 Abs. 1 entsteht das Zurückbehaltungsrecht grundsätzlich nur an Sachen und Wertpapieren, die im Eigentum des Schuldners stehen. **Miteigentum** genügt; das Zurückbehaltungsrecht entsteht dann an dem Anteil des Miteigentümers.[51] Bei **Gesamthandseigentum** entsteht ein Zurückbehaltungsrecht grundsätzlich nur dann, wenn alle Mitglieder der Gesamthandsgemeinschaft für die betreffende Forderung haften und bei allen die willensmäßigen Voraussetzungen für die Entstehung des Zurückbehaltungsrechts (vgl. oben Rdn. 22) erfüllt sind.[52]

Bei Sachen, an denen der Schuldner nur **Treuhandeigentum** hat, kann das Zurück- **33** behaltungsrecht nur für solche Forderungen, die mit der Treuhand zusammenhängen, geltend gemacht werden, sofern der Schuldner erkennbar als Treuhänder aufgetreten ist und der Gläubiger mit einer Sonderbehandlung des Treuguts einverstanden war.[53]

---

[48] Zustimmend *Ebenroth/Boujong/Joost/Stadler* § 369 Rdn. 25; a. A. *Heymann/Horn* § 369 Rdn. 21.
[49] Zustimmend *Heymann/Horn* § 369 Rdn. 21; *Ebenroth/Boujong/Joost/Stadler* § 369 Rdn. 25; a. A. insoweit *Wolff* S. 93; *Düringer/Hachenburg/Hoeniger* § 369 Anm. 9; *Schlegelberger/Hefermehl* § 369 Rdn. 36; MünchKomm.-*Welter* § 369 Rdn. 51 a. E.
[50] A. A. *Wolff* S. 93.
[51] Vgl. *Wolff* S. 89; *Düringer/Hachenburg/Hoeniger* § 369 Anm. 6a; *Schlegelberger/Hefermehl* § 369 Rdn. 29; MünchKomm.-*Welter* § 369 Rdn. 41; *Ebenroth/Boujong/Joost/Stadler* § 369 Rdn. 20.
[52] Ähnlich *Wolff* S. 90; *Schlegelberger/Hefermehl* § 369 Rdn. 29; MünchKomm.-*Welter* § 369 Rdn. 41; *Ebenroth/Boujong/Joost/Stadler* § 369 Rdn. 20.
[53] Zustimmend MünchKomm.-*Welter* § 369 Rdn. 42;

Ist dies nicht der Fall, greift § 369 HGB auch zur Sicherung inkonnexer Forderungen Platz.

34 Dem Eigentum ist das **Anwartschaftsrecht des Schuldners** gleichzustellen. Der Gläubiger hat daher auch dann ein Zurückbehaltungsrecht, wenn der Schuldner die betreffende Sache unter Eigentumsvorbehalt erworben hat.[54]

35 **Maßgeblicher Zeitpunkt** für das Vorliegen des Eigentums ist der Augenblick, in dem das Zurückbehaltungsrecht entsteht.[55] Der Schuldner muß also zur Zeit der Besitzerlangung des Gläubigers und zur Zeit der Grundlegung der Forderung Eigentümer sein; ob die Forderung bereits befriedigungsreif ist, spielt keine Rolle.[56] Erwirbt der Schuldner nachträglich das Eigentum oder wird der Eigentümer nachträglich Schuldner wie z. B. durch Erbfall, so entsteht das Zurückbehaltungsrecht analog § 185 Abs. 2 BGB.[57] Verliert der Schuldner nachträglich das Eigentum, so berührt das i. d. R. das Zurückbehaltungsrecht nicht, sofern der Gläubiger noch den Besitz hat (vgl. näher unten Rdn. 70ff).

36 **b) Das Zurückbehaltungsrecht an Sachen eines Dritten.** An Sachen eines Dritten kann nach dem Wortlaut des Gesetzes kein Zurückbehaltungsrecht entstehen. Demgemäß gibt es nach h. L. **keine Möglichkeit eines gutgläubigen Erwerbs** analog §§ 932ff, 1207f BGB, 366 HGB.[58] Dem ist im Ergebnis zuzustimmen. Die Begründung ist jedoch nicht ganz einfach. Unzureichend ist zweifellos der bloße Hinweis auf den obligatorischen Charakter des Zurückbehaltungsrechts;[59] denn wegen dessen weitgehender Verdinglichung fragt es sich gerade, ob nicht auch bezüglich des gutgläubigen Erwerbs die Vorschriften über dingliche Rechte entsprechend anzuwenden sind – ähnlich wie man z. B. auch einen gutgläubigen (Erst-)Erwerb der Vormerkung zuläßt. Schwerer wiegt schon die Überlegung, daß das Zurückbehaltungsrecht gemäß § 369 nicht kraft Rechtsgeschäfts, sondern kraft Gesetzes entsteht. Durchschlagend ist indessen auch dieses Argument nicht ohne weiteres, sofern man mit der hier vertretenen Ansicht den gutgläubigen Erwerb gesetzlicher Besitzpfandrechte grundsätzlich für möglich hält (vgl. oben § 366 Rdn. 93f). Indessen passen die Überlegungen, die dort für die Zulassung gutgläubigen Erwerbs sprechen, hier nicht in derselben Weise. Das gilt schon deshalb, weil das kaufmännische Zurückbehaltungsrecht im Gegensatz zu fast allen Besitzpfandrechten auch streitige inkonnexe Forderungen sichert und weil insoweit auch nach der Neufassung von § 366 Abs. 3 letzter Halbsatz HGB schwerste Bedenken gegen die Zulassung gutgläubigen Erwerbs bestehen (vgl. oben § 366 Rdn. 107). Entscheidend kommt hinzu, daß sich das kaufmännische Zurückbehaltungsrecht anders als die gesetzlichen Besitzpfandrechte nicht als gesetzliche Typisierung einer rechtsgeschäftlichen Bestellung interpretieren läßt; denn während beim Pfandrecht die rechtsgeschäftliche Bestellung der Normalfall und die gesetzliche Entstehung der Ausnahmefall ist, liegt es beim Zurückbehaltungsrecht genau umgekehrt. Im übrigen ist auch die Interessenlage eine andere, da hier nicht der für die

---

vgl. dazu im übrigen auch BGHZ 61, 72, 77 (zum entsprechenden Problem bei der Aufrechnung); *Canaris* Festschr. für Flume, 1978, Bd. I S. 409f.

[54] Vgl. z. B. *Braun* NJW 1962, 383; *Karsten Schmidt* § 22 IV 2d; *Röhricht/Graf von Westphalen/Wagner* § 369 Rdn. 19; *Ebenroth/Boujong/Joost/Stadler* § 369 Rdn. 20.

[55] Vgl. *Wolff* S. 90; *Düringer/Hachenburg/Hoeniger* § 369 Anm. 7.

[56] **A. A.** *Wolff* S. 90.

[57] Ebenso i. E. *Wolff* S. 90.

[58] Vgl. RGZ 69, 13, 17; *Wolff* S. 90; *Düringer/Hachenburg/Hoeniger* § 369 Anm. 7; *Schlegelberger/Hefermehl* § 369 Rdn. 29; *Karsten Schmidt* § 22 IV 2d; *Heymann/Horn* § 369 Rdn. 24; MünchKomm.-*Welter* § 369 Rdn. 41 und 48; *Ebenroth/Boujong/Joost/Stadler* § 369 Rdn. 21.

[59] Vgl. aber RGZ 69, 13, 17; *Düringer/Hachenburg/Hoeniger* § 369 Anm. 7.

gesetzlichen Besitzpfandrechte charakteristische Zwang zu einer Vorleistung des Gläubigers als typisch unterstellt werden kann (vgl. zur Maßgeblichkeit dieses Gesichtspunktes oben § 366 Rdn. 96 und 113). In Übereinstimmung mit der h. L. ist daher die Möglichkeit eines gutgläubigen Erwerbs des gesetzlichen Zurückbehaltungsrechts aus § 369 abzulehnen. Das gilt allerdings uneingeschränkt nur für die Fälle, in denen die Sache von vornherein im Eigentum eines Dritten stand; hat dieser dagegen das Eigentum nach § 931 BGB erst nach der Besitzerlangung durch den potentiell Zurückbehaltungsberechtigten, aber vor der Begründung der zu sichernden Forderung und folglich vor der Entstehung des Zurückbehaltungsrechts erworben, so kann der Besitzer das Zurückbehaltungsrecht in Analogie zu § 406 BGB erlangen (vgl. unten Rdn. 72 Abs. 2), was insoweit im praktischen Ergebnis auf dessen gutgläubigen Erwerb hinausläuft.

Trotz der Unmöglichkeit gutgläubigen Erwerbs kann das Zurückbehaltungsrecht **37** in bestimmten Ausnahmefällen auch an Gegenständen eines Dritten entstehen. Das ist analog § 185 BGB anzunehmen, wenn dieser sein **Einverständnis mit der Entstehung des Rechts** erteilt;[60] die Ausführungen oben § 366 Rdn. 90–92 und 116 sind mutatis mutandis auf die vorliegende Problematik zu übertragen. Dogmatisch rechtfertigt sich das daraus, daß die Schaffung der Voraussetzungen für die Entstehung eines Zurückbehaltungsrechts wegen der mit diesem verbundenen pfandrechtsähnlichen Wirkungen einer Verfügung über die Sache nahekommt.

Gleiches gilt im Ergebnis, wenn die Berufung auf die wahre Eigentumslage einen **Verstoß gegen Treu und Glauben** darstellen würde wie z. B. bei Kollusion zwischen dem Schuldner und dem Dritten[61] oder bei einem Vertrag für Rechnung oder im wirtschaftlichen Interesse des Eigentümers.[62]

c) **Das Zurückbehaltungsrecht an eigenen Sachen des Gläubigers.** Ein Zurück- **38** behaltungsrecht an eigenen Sachen des Gläubigers, dessen Zulässigkeit vor allem im Hinblick auf das Befriedigungsrecht nach § 371 keine blanke Selbstverständlichkeit ist, kommt nach dem Wortlaut des Gesetzes nur in den **beiden in § 369 Abs. 1 S. 2 geregelten Konstellationen** in Betracht: erstens, „wenn das Eigentum an dem Gegenstand von dem Schuldner auf den Gläubiger übergegangen ist", und zweitens, wenn „das Eigentum an dem Gegenstand von einem Dritten für den Schuldner auf den Gläubiger übertragen, aber auf den Schuldner zurückzuübertragen ist". Bei der ersten Fallgruppe geht es vor allem um die **Rückgängigmachung von Verträgen** im Wege des Rücktritts oder der ungerechtfertigten Bereicherung, in denen der Gläubiger Eigentum an einer Sache des Schuldners – etwa der Kaufsache – erlangt hat und nunmehr obligatorisch zur Rückübertragung verpflichtet ist. Bei der zweiten Fallgruppe ist in erster Linie an **Leistungen Dritter im eigenen Namen für Rechnung des Schuldners oder auf Anweisung des Schuldners** zu denken, bei denen es zur Rückgängigmachung des Vertrages zwischen Gläubiger und Schuldner kommt.

Streitig ist, ob und in welchem Umfang eine **analoge Anwendung von Abs. 1 S. 2** **39** **auf andere Fälle** möglich ist. Schon früh wurde vereinzelt angenommen, daß ein Zurückbehaltungsrecht in allen Fällen eigenen Eigentums des Gläubigers möglich

---

[60] Zustimmend *Karsten Schmidt* § 22 IV 2 d; Münch-Komm.-*Welter* § 369 Rdn. 41 und 48; *Röhricht/Graf von Westphalen/Wagner* § 369 Rdn. 18; *Ebenroth/Boujong/Joost/Stadler* § 369 Rdn. 21; *Koller/Roth/Morck* §§ 369–372 Rdn. 3; **a. A.** *Ahrens* Rdn. 263.

[61] Vgl. auch *Düringer/Hachenburg/Hoeniger* § 369 Anm. 7; *Karsten Schmidt* § 22 IV 2 d; Münch-Komm.-*Welter* § 369 Rdn. 48.

[62] Vgl. RGZ 152, 119, 121f für den Fall, daß eine herrschende Gesellschaft die Bearbeitung von Rohstoffen einer abhängigen Gesellschaft in Auftrag gibt.

ist.⁶³ Diesen Standpunkt lehnt die h. L. als zu weitgehend ab.⁶⁴ Der h. L. ist zuzugeben, daß Abs. 1 S. 2 als Ausnahmevorschrift formuliert ist und daß eine solche grundsätzlich nicht in eine Regelvorschrift verkehrt werden darf. Methodisch sprechen daher gute Gründe für eine vermittelnde Ansicht, wonach zwar einzelne, aber nicht alle Fälle eigenen Eigentums des Gläubigers im Wege der Analogie gleichzustellen sind.⁶⁵

Indessen läßt sich eine sinnvolle Grenze zwischen gleichzustellenden und nicht gleichzustellenden Fällen nicht ziehen. Darin wird deutlich, daß die in Abs. 1 S. 2 vorgenommene Beschränkung auf bestimmte Fälle in Wahrheit eines hinreichenden Sachgrundes entbehrt und lediglich eine gesetzestechnische, historische Zufälligkeit darstellt. Der Gleichheitssatz gebietet daher in der Tat die unbegrenzte **Zulassung des Zurückbehaltungsrechts in allen Fällen eigenen Eigentums des Gläubigers**.⁶⁶ Dafür spricht insbesondere die Überlegung, daß anderenfalls die Rechtsstellung des Gläubigers schwächer wäre, wenn er ein stärkeres Recht – nämlich Eigentum an der Sache – hat, während bei Fehlen dieses Rechts ohne weiteres die Voraussetzungen von § 369 Abs. 1 Satz 1 erfüllt wären; darin läge ein so schwerer Wertungswiderspruch, daß eine Rechtsfortbildung zulässig und geboten ist. In dieselbe Richtung weist auch die Wertung von § 1256 Abs. 2 BGB, wonach die Zulässigkeit von Pfandrechten an eigener Sache nicht auf bestimmte Fallgruppen beschränkt ist, sondern lediglich von einem rechtlichen Interesse des Gläubigers an der Sicherheit abhängt, sowie von § 398 HGB, wo das Gesetz nicht einmal diese Einschränkung macht. Hinzu kommt schließlich, daß die unbegrenzte Zulassung eines Zurückbehaltungsrechts an eigener Sache in vollem Einklang mit der ratio legis und der dogmatischen Struktur von § 369 steht. Letztlich geht es nämlich darum, daß der Gläubiger das Zurückbehaltungsrecht einem obligatorischen Herausgabeanspruch des anderen Teils entgegensetzt und folglich eine bloße „Leistung" – nämlich die Herausgabe und i. d. R. zugleich die Übereignung der betreffenden Sache – verweigert. Die Beschränkung der zurückbehaltungsfähigen Gegenstände auf Sachen und Wertpapiere und die Ausklammerung bloßer Leistungen hat aber ihren Grund in der Verdinglichung des Zurückbehaltungsrechts und dem daraus folgenden Publizitätserfordernis (vgl. oben Rdn. 13) – und dieses ist hier in keiner Weise beeinträchtigt, da sich die Sache ja im Besitz des Gläubigers befindet. Folglich ist in der Tat die Ausnahmevorschrift von Abs. 1 S. 2 in eine Regelvorschrift umzukehren. Methodisch dürfte sich das nicht mehr als Analogie erklären lassen, sondern als **„teleologische Umbildung"**⁶⁷ einzuordnen sein.

5. Die Voraussetzungen bezüglich der gesicherten Forderung

40 a) **Fälligkeit und Legung des „Grundes" der Forderung.** Gemäß § 369 Abs. 1 setzt das Zurückbehaltungsrecht grundsätzlich die **Fälligkeit** der gesicherten Forderung voraus. Dieses Erfordernis dürfte jedoch lediglich für die **Geltendmachung** des Zurückbehaltungsrechts und nicht auch für dessen **Entstehung** von Bedeutung sein. Für letztere sollte man es ausreichen lassen, daß der **„Grund"** der Forderung gelegt ist. Dafür spricht vor allem die Analogie zu § 1204 Abs. 2 BGB, wonach ein Pfand-

---

[63] Vgl. *Wolff* S. 91 f.
[64] Vgl. *Düringer/Hachenburg/Hoeniger* § 369 Anm. 11; *Schlegelberger/Hefermehl* § 369 Rdn. 33; *Heymann/Horn* § 369 Rdn. 29; *Ebenroth/Boujong/Joost/Stadler* § 369 Rdn. 23.
[65] Vgl. *Göppert* ZHR 95, 55; *Schlegelberger/Hefermehl* § 369 Rdn. 33; *Heymann/Horn* § 369 Rdn. 29; *Ebenroth/Boujong/Joost/Stadler* § 369 Rdn. 23; *Ahrens* Rdn. 264; gegen jede Analogie *Düringer/Hachenburg/Hoeniger* § 369 Anm. 11.
[66] I. E. übereinstimmend *Karsten Schmidt* § 22 IV 2e; ablehnend *Ebenroth/Boujong/Joost/Stadler* § 369 Rdn. 23; kritisch auch *Heymann/Horn* § 369 Rdn. 29.
[67] Vgl. dazu näher *Canaris* Die Feststellung von Lücken im Gesetz, 2. Aufl. 1983, S. 91 f.

recht auch für eine künftige oder bedingte Forderung bestellt werden kann (vgl. auch unten Rdn 71).

Für die Entstehung des Zurückbehaltungsrechts genügt somit, daß die gesicherte **41** Forderung hinreichend **bestimmbar** ist. Dabei ist freilich zu beachten, daß das Zurückbehaltungsrecht kraft Gesetzes entsteht und daß man deshalb anders als im Falle von § 1204 Abs. 2 BGB für die Bestimmung der Forderung nicht auf den Willen der Parteien zurückgreifen kann. Das Zurückbehaltungsrecht kann daher z. B. anders als ein rechtsgeschäftliches Pfandrecht nicht für alle Forderungen aus der laufenden Geschäftsbeziehung zwischen Gläubiger und Schuldner zur Entstehung gelangen, wohl aber z. B. für nicht-fällige Forderungen aus einem bereits abgeschlossenen Vertrag oder für bedingte Forderungen.

Praktisch bedeutet die Beschränkung des Fälligkeitserfordernisses auf die Geltend- **42** machung des Zurückbehaltungsrechts vor allem, daß dessen **Entstehungsvoraussetzungen** nicht im Zeitpunkt der Fälligkeit, sondern **nur im Zeitpunkt der Grundlegung der Forderung** gegeben sein müssen. Daher braucht die **Kaufmannseigenschaft** nur in diesem Zeitpunkt und nicht im Zeitpunkt der Fälligkeit vorzuliegen.[68] Ebenso wenig kommt es darauf an, ob die Fälligkeit zur Zeit des **Besitzerwerbs** gegeben ist.[69]

b) **Das Vorliegen eines beiderseitigen Handelsgeschäfts und das Erfordernis der** **43** „**Unmittelbarkeit**". Die gesicherte Forderung muß gemäß § 369 aus einem beiderseitigen Handelsgeschäft stammen. Ein solches setzt gemäß § 343 HGB sowohl auf Seiten des Gläubigers als auch auf Seiten des Schuldners die **Zugehörigkeit zum Betrieb des Handelsgewerbes** voraus, die freilich gemäß § 344 HGB vermutet wird.

Darüber hinaus stellt das Gesetz **keine weiteren Anforderungen an die Rechts** **44** **natur der gesicherten Forderung** auf. Insbesondere muß diese nicht vertraglicher Natur sein. So kann z. B. auch eine **Forderung aus ungerechtfertigter Bereicherung** aus einem beiderseitigen Handelsgeschäft stammen,[70] wie vor allem dann, wenn es um die Rückabwicklung eines unwirksamen Vertrages geht.[71] Auch der dingliche **Herausgabeanspruch aus § 985 BGB** kann unter § 369 fallen,[72] wie z. B. bei Nichtigkeit oder wirksamer Anfechtung einer für beide Teile zum Betrieb des Handelsgewerbes gehörenden Übereignung. Auch **Ansprüche aus culpa in contrahendo gemäß § 311 Abs. 2 und 3 BGB** stammen trotz ihrer gesetzlichen Natur aus einem Handelsgeschäft, sofern die Vertragsverhandlungen oder der beabsichtigte Vertrag zum Betrieb des Handelsgewerbes von Gläubiger und Schuldner gehören. Bei einer **Geschäftsführung ohne Auftrag** wird man zwar mangels eines Mitwirkungsaktes auf Seiten des Schuldners schwerlich von einem beiderseitigen Handelsgeschäft sprechen können, doch ist die G. o. A. im Wege der Analogie gleichzustellen, sofern die Geschäftsführung für den Gewerbebetrieb des anderen Teils erfolgt ist.[73] Selbst **Ansprüche aus unerlaubter Handlung** können unter § 369 subsumiert werden[74] wie etwa dann, wenn der Gläubi-

---

[68] Ähnlich i. E. z. B. *Heymann/Horn* § 369 Rdn. 7; MünchKomm.-*Welter* § 369 Rdn. 19; a. A. *Wolff* S. 80; *Schlegelberger/Hefermehl* § 369 Rdn. 22; *Ebenroth/Boujong/Joost/Stadler* § 369 Rdn. 14.

[69] Ebenso *Schlegelberger/Hefermehl* § 369 Rdn. 21; *Ebenroth/Boujong/Joost/Stadler* § 369 Rdn. 14; a. A. *Röhricht/Graf von Westphalen/Wagner* § 369 Rdn. 7.

[70] Vgl. *Karsten Schmidt* § 22 IV 2b; *Heymann/Horn* § 369 Rdn. 9; MünchKomm.-*Welter* § 369 Rdn. 21; *Ebenroth/Boujong/Joost/Stadler* § 369 Rdn. 8.

[71] Vgl. auch BGH WM 1956, 1214.

[72] Vgl. *Wolff* S. 86f; *Karsten Schmidt* § 22 IV 2b; *Heymann/Horn* § 369 Rdn. 9; *Ebenroth/Boujong/Joost/Stadler* § 369 Rdn. 8; a. A. Schlegelberger/Hefermehl § 369 Rdn. 20.

[73] Vgl. auch *Wolff* S. 81, der offenbar § 369 sogar für unmittelbar anwendbar hält; ähnlich *Heymann/Horn* § 369 Rdn. 9; *Ebenroth/Boujong/Joost/Stadler* § 369 Rdn. 8.

[74] Ebenso z. B. *Heymann/Horn* § 369 Rdn. 9; *Ebenroth/Boujong/Joost/Stadler* § 369 Rdn. 8.

ger vom Schuldner durch Betrug zum Abschluß eines Vertrages veranlaßt worden ist und diesen nunmehr aus §§ 823 Abs. 2 BGB, 263 StGB auf Schadensersatz belangt.

45 Das beiderseitige Handelsgeschäft muß nach dem Wortlaut des Gesetzes zwischen Gläubiger und Schuldner geschlossen sein. Dieses **Erfordernis der Unmittelbarkeit** hat den Sinn, die dolose oder künstliche Schaffung von Zurückbehaltungsrechten zu verhindern.[75] Über diesen Zweck geht der Wortlaut des Gesetzes indessen weit hinaus. Auf das Erfordernis der Unmittelbarkeit ist daher in allen Fällen zu verzichten, in denen typischerweise die Gefahr der dolosen oder künstlichen Schaffung des Zurückbehaltungsrechts nicht besteht,[76] wobei es sich methodologisch um eine „**teleologische Umbildung**"[77] handelt.

46 Unerheblich ist folglich das Erfordernis der Unmittelbarkeit zunächst in allen Fällen, in denen die Entstehung der Forderung zwischen Gläubiger und Schuldner nicht auf eine Rechtshandlung des Gläubigers zurückzuführen ist. Denn hier kommt von vornherein eine dolose oder künstliche Schaffung des Zurückbehaltungsrechts nicht in Betracht. Daraus folgt, daß ein **Schuldnerwechsel** der Entstehung des Zurückbehaltungsrechts niemals entgegensteht.[78] Das gleiche gilt für den **Gläubigerwechsel kraft Erbfalles**.[79] Unanwendbar ist das Unmittelbarkeitserfordernis von vornherein ferner, wenn die Forderung des Gläubigers auf einem **Vertrag zugunsten Dritter** beruht.[80]

47 Auch bei **Forderungen aus Inhaber- und Orderpapieren** ist das Unmittelbarkeitserfordernis außer Anwendung zu lassen,[81] es sei denn, das Papier wurde nachweisbar zum Zweck der Schaffung des Zurückbehaltungsrechts erworben. Denn angesichts der Umlauffunktion dieser Papiere entfällt auch hier die generelle Vermutung, die Zurückbehaltungslage sei „künstlich" herbeigeführt worden.

48 Dagegen hat das Unmittelbarkeitsprinzip bei der **Zession nichtverbriefter Forderungen** sein legitimes Anwendungsfeld,[82] doch tritt es folgerichtig sogar hier ausnahmsweise zurück, sofern der Schuldner in dem Augenblick, wo er dem Gläubiger den Besitz an der Sache vorbehaltlos überlassen hat, Kenntnis von der Zession besaß oder sofern er diese selbst veranlaßt hat.[83] Ebenso ist im Falle der **Geschäftsübernahme unter Fortführung der Firma** zu entscheiden, bei der die im Geschäftsbetrieb begründeten Forderungen den Schuldnern gegenüber gemäß § 25 Abs. 1 Satz 2 HGB als auf den Erwerber übergegangen gelten.[84] Zwar ähnelt die Vorschrift einer (partiellen) gesetzlichen Gesamtrechtsnachfolge, doch kann man gleichwohl nicht wie beim

---

[75] Vgl. *Wolff* S. 81; *Düringer/Hachenburg/Hoeniger* § 369 Anm. 4; *Schlegelberger/Hefermehl* § 369 Rdn. 17; *Heymann/Horn* § 369 Rdn. 11; MünchKomm.-*Welter* § 369 Rdn. 22; *Ebenroth/Boujong/Joost/Stadler* § 369 Rdn. 9.

[76] Ähnlich *Wolff* S. 81 ff; *Schlegelberger/Hefermehl* § 369 Rdn. 17 ff; MünchKomm.-*Welter* § 369 Rdn. 22; *Ebenroth/Boujong/Joost/Stadler* § 369 Rdn. 9; enger *Düringer/Hachenburg/Hoeniger* § 369 Anm. 4.

[77] Vgl. dazu *Canaris* (Fn. 67) S. 91 f.

[78] Vgl. *Wolff* S. 81 f; *Schlegelberger/Hefermehl* § 369 Rdn. 19; *Karsten Schmidt* § 22 IV 2b; MünchKomm.-*Welter* § 369 Rdn. 23; *Ebenroth/Boujong/Joost/Stadler* § 369 Rdn. 10.

[79] Vgl. *Wolff* S. 82; *Schlegelberger/Hefermehl* aaO Rdn. 18; *Heymann/Horn* § 369 Rdn. 12; MünchKomm.-*Welter* § 369 Rdn. 26; *Ebenroth/Boujong/Joost/Stadler* § 369 Rdn. 10.

[80] Vgl. *Wolff* S. 84; MünchKomm.-*Welter* § 369 Rdn. 27; *Ebenroth/Boujong/Joost/Stadler* § 369 Rdn. 9.

[81] Vgl. *Wolff* S. 81 ff; *Schlegelberger/Hefermehl* § 369 Rdn. 18 f; MünchKomm.-*Welter* § 369 Rdn. 27 f; *Ebenroth/Boujong/Joost/Stadler* § 369 Rdn. 12.

[82] Ähnlich *Karsten Schmidt* § 22 IV 2b; MünchKomm.-*Welter* § 369 Rdn. 24.

[83] Vgl. *Wolff* S. 81 ff; *Schlegelberger/Hefermehl* § 369 Rdn. 18 ff; *Heymann/Horn* § 369 Rdn. 13; MünchKomm.-*Welter* § 369 Rdn. 24; *Röhricht/Graf von Westphalen/Wagner* § 369 Rdn. 9; *Ebenroth/Boujong/Joost/Stadler* § 369 Rdn. 11.

[84] Zustimmend *Heymann/Horn* § 369 Rdn. 13 a. E.; *Röhricht/Graf von Westphalen/Wagner* § 369 Rdn. 10; *Ebenroth/Boujong/Joost/Stadler* § 369 Rdn. 10; wohl auch MünchKomm.-*Welter* § 369 Rdn. 26.

Erbfall ohne weiteres dem Erwerber ein Zurückbehaltungsrecht auch an solchen Gegenständen, die er unabhängig von der Geschäftsübernahme in Besitz hatte, zuerkennen; denn es widerspräche dem Schutzzweck von § 25 Abs. 1 Satz 2 HGB, den Schuldner schlechter als bei einer echten Zession zu stellen.

Beim **Forderungsübergang gemäß §§ 774, 1143, 1225 BGB** kommt es auf den Zeitpunkt der Sicherheitsbestellung und nicht auf den des Forderungsübergangs an.[85] Demgemäß kann z. B. ein Bürge das Zurückbehaltungsrecht für die übergegangene Forderung geltend machen, wenn er den Besitz an der zurückbehaltenen Sache zwar schon vor Eintritt der cessio legis, aber erst nach Übernahme der Bürgschaft erlangt hat, nicht aber auch dann, wenn er schon bei Übernahme der Bürgschaft Besitz an der Sache hatte; denn im letzteren Fall droht die Gefahr einer künstlichen Schaffung des Zurückbehaltungsrechts, während sie im ersteren Fall ausgeschlossen ist, da der Bürge zur Zeit der Besitzerlangung bereits zur Zahlung verpflichtet war. **49**

Teilweise wird aus dem Erfordernis des beiderseitigen Handelsgeschäfts hergeleitet, daß kein **Zurückbehaltungsrecht an Sachen der Gesellschafter für Schulden seiner oHG oder KG** bestehen könne, da es sich bei der persönlichen Haftung der Gesellschafter aus § 128 HGB nicht um eine Forderung aus einem zwischen dem Gesellschaftsgläubiger und dem Gesellschafter geschlossenen Handelsgeschäft handele.[86] Dieser Ansicht ist nicht zu folgen. Zwar entspricht sie dem Wortlaut von § 369 Abs. 1, doch widerspricht sie der anerkannten Einsicht, daß die Vorschrift in dieser Hinsicht gerade nicht wortgetreu anzuwenden, sondern teleologisch zu korrigieren ist mit dem Ziel, die künstliche Schaffung von Zurückbehaltungslagen zu verhindern (vgl. oben Rdn. 45); gerade diese droht aber evidentermaßen nicht, wenn ein Gesellschaftsgläubiger an einer in seinem Besitz befindlichen Sache eines Gesellschafters ein Zurückbehaltungsrecht wegen einer Forderung gegen die Gesellschaft ausübt.[87] Außerdem ist die generelle Ablehnung eines solchen Zurückbehaltungsrechts auch mit dem Zweck von § 128 HGB unvereinbar. Denn da dieser (jedenfalls auch) darin besteht, ein haftungsrechtliches Korrelat zu der rechtlichen Verselbständigung der oHG gegenüber ihren Mitgliedern nach § 124 Abs. 1 HGB und eine konstruktionsmäßige Brücke für ihre persönliche Haftung zu schaffen, dürfen sie grundsätzlich nicht besser stehen, als wären sie die betreffende Verpflichtung zwar gemeinsam, aber ohne Zwischenschaltung eines rechtlich eigenständigen Unternehmensträgers eingegangen[88] – und dann würden sie nach §§ 427, 431 BGB grundsätzlich als Gesamtschuldner haften mit der Folge, daß das Vorliegen eines beiderseitigen Handelsgeschäfts zwischen ihnen selbst und dem Gläubiger unproblematisch wäre. Darüber hinaus ist diese Argumentationsfigur auch unabhängig davon, wie man die Haftung aus § 128 HGB teleologisch und dogmatisch des näheren begründet, in sich selbst überzeugungskräftig, da eine Besserstellung von oHG-Gesellschaftern und Komplementären gegenüber „normalen" Gesamtschuldnern im vorliegenden Zusammenhang wertungsmäßig nicht zu legitimieren ist. Folglich ist anzuerkennen, daß grundsätzlich die Möglichkeit besteht, wegen einer Schuld der Gesellschaft ein Zurückbehaltungsrecht nach § 369 Abs. 1 an einer Sache eines Gesellschafters auszuüben (sofern man diesen als Kaufmann ansieht, vgl. dazu oben Rdn. 8).[89] **50**

---

[85] Ebenso i. E. *Heymann/Horn* § 369 Rdn. 13; MünchKomm.-*Welter* § 369 Rdn. 25; *Ebenroth/Boujong/Joost/Stadler* § 369 Rdn. 11; *Röhricht/Graf von Westphalen/Wagner* § 369 Rdn. 10.
[86] So *Karsten Schmidt* § 22 IV 2 a a. E.
[87] Zutreffend *Schlegelberger/Hefermehl* § 369 Rdn. 16 a. E.
[88] Vgl. zu diesem Verständnis von § 128 HGB näher *Canaris* ZGR 2004, 82 f.
[89] Ebenso i. E. *Schlegelberger/Hefermehl* § 369 Rdn. 16; *Baumbach/Hopt* § 369 Rdn. 8; MünchKomm.-*Welter* § 369 Rdn. 29 f; *Ebenroth/Boujong/Joost/Stadler* § 369 Rdn. 5.

Eine andere Frage ist, unter welchen Voraussetzungen diese Möglichkeit gegeben ist. Unbedenklich erscheint das Zurückbehaltungsrecht jedenfalls dann, wenn der Gesellschafter seine Sache der Gesellschaft überlassen hat – z. B. quoad usum – und sie von dieser dann im Rahmen eines Handelsgeschäfts in den Besitz des Gläubigers gelangt ist.[90] Nicht ernsthaft in Erwägung zu ziehen ist auf der anderen Seite ein Zurückbehaltungsrecht, wenn die Sache im Rahmen einer privaten Beziehung zwischen dem Gesellschafter und dem Gläubiger in die Hände des letzteren gelangt ist[91] – etwa im Rahmen einer Vermögensverwaltung; dann fehlt es schon an der weiteren Voraussetzung einer Besitzerlangung „auf Grund von Handelsgeschäften" (vgl. dazu oben Rdn. 24). Zweifelhaft ist die Rechtslage, wenn der Gesellschafter die Sache nicht der Gesellschaft überlassen hatte, sondern sie im Rahmen der Geschäftstätigkeit eines anderen von ihm betriebenen kaufmännischen Unternehmens in den Besitz des Gläubigers gelangt ist. Hier dürfte die Möglichkeit des Erwerbs eines Zurückbehaltungsrechts grundsätzlich zu bejahen sein, da § 369 Abs. 1 auch inkonnexe Forderungen sichert und keinen Anhaltspunkt für eine spezifisch unternehmensbezogene Beschränkung des Zurückbehaltungsrechts aufweist[92]; es kann nicht anders entschieden werden als wenn der Schuldner zwei Unternehmen führen und der Gläubiger ein Zurückbehaltungsrecht wegen einer Forderung, die aus einem auf das eine Unternehmen bezogenen Geschäft herrührt, an einer Sache geltend machen würde, die er im Zusammenhang mit einem auf das andere Unternehmen bezogenen Geschäft erlangt hat – und das erlaubt § 369 Abs. 1 nicht nur nach dem Wortlaut, sondern auch nach der systematischen Struktur und dem Zweck der Vorschrift. Allerdings wird in derartigen Fällen das Zurückbehaltungsrecht häufig nach § 369 Abs. 3 ausgeschlossen sein oder an § 242 BGB scheitern – worin ein ebenso effizientes wie flexibles Mittel zur Korrektur liegt.

51 c) **Sonstige Anforderungen an die gesicherte Forderung.** Die gesicherte Forderung muß auf eine **Geldleistung** gerichtet sein oder in eine solche übergehen können.[93] Das folgt aus § 371 HGB i. V. m. § 1228 Abs. 2 Satz 2 BGB. Große praktische Bedeutung kommt diesem Erfordernis nicht zu, da die meisten Forderungen in Schadensersatzforderungen und damit in Geldforderungen übergehen können. Folglich kann z. B. auch der dingliche Herausgabeanspruch aus § 985 BGB durch § 369 gesichert sein.

52 **Mangelnde Klagbarkeit** und vor Entstehung des Zurückbehaltungsrechts eingetretene **Verjährung** schließen das Zurückbehaltungsrecht grundsätzlich aus.[94] Dagegen läßt der nachträgliche Eintritt der Verjährung das Zurückbehaltungsrecht analog § 216 Abs. 1 BGB unberührt.[95] Die Rechtsprechung entscheidet in diesem Sinne sogar für das Zurückbehaltungsrecht aus § 273 BGB;[96] die hiergegen bestehenden Einwände[97] entfallen beim kaufmännischen Zurückbehaltungsrecht wegen seiner weitgehenden

---

[90] Zutreffend daher MünchKomm.-*Welter* § 369 Rdn. 29; ähnlich *Ebenroth/Boujong/Joost/Stadler* § 369 Rdn. 5.

[91] Insoweit zutreffend *Heymann/Horn* § 369 Rdn. 8; ebenso insoweit *Ebenroth/Boujong/Joost/Stadler* § 369 Rdn. 5.

[92] Ähnlich MünchKomm.-*Welter* § 369 Rdn. 30; anders (zumindest tendenziell) auch insoweit *Karsten Schmidt* § 22 IV 2 a a. E.

[93] Vgl. *Wolff* S. 86; *Düringer/Hachenburg/Hoeniger* § 369 Anm. 4b; *Schlegelberger/Hefermehl* § 369 Rdn. 20; MünchKomm.-*Welter* § 369 Rdn. 31; z. T.

abweichend *Ebenroth/Boujong/Joost/Stadler* § 369 Rdn. 13.

[94] Vgl. *Düringer/Hachenburg/Hoeniger* § 369 Anm. 4a; *Schlegelberger/Hefermehl* § 369 Rdn. 22; *Ebenroth/Boujong/Joost/Stadler* § 369 Rdn. 15.

[95] So auch *Schlegelberger/Hefermehl* § 369 Rdn. 22; MünchKomm.-*Welter* § 369 Rdn. 32; *Ebenroth/Boujong/Joost/Stadler* § 369 Rdn. 15; a. A. *Düringer/Hachenburg/Hoeniger* § 369 Anm. 4a.

[96] Vgl. BGHZ 48, 116; 53, 122.

[97] Vgl. *Canaris* JZ 1967, 756.

Verdinglichung und seines pfandrechtsähnlichen Charakters (vgl. dazu oben Rdn. 2 und 18).

Konnexität der Forderung ist im Gegensatz zum Zurückbehaltungsrecht aus § 273 BGB nicht erforderlich. Eine Ausnahme gilt im Anwendungsbereich von § 4 DepotG.[98] Eine etwaige Inkonnexität kann im Rahmen von § 369 Abs. 1 jedoch für den Ausschluß des Zurückbehaltungsrechts nach Abs. 3 oder nach § 242 BGB bedeutsam sein (vgl. unten Rdn. 57 a. E.).

d) Die Abdingbarkeit der Anforderungen an die gesicherte Forderung und ihre Grenzen. Die Anforderungen an die gesicherte Forderung sind grundsätzlich abdingbar, weil und soweit sie nicht auf sachenrechtlichen Prinzipien oder anderen zwingenden Regelungen beruhen. Eine Ausnahme gilt folgerichtig für das Erfordernis, daß die gesicherte Forderung hinreichend bestimmbar sein muß. Eine Ausnahme gilt ferner für das Erfordernis der Klagbarkeit, da Sicherheitsbestellungen für unklagbare Forderungen unwirksam sind.[99] Dagegen können die Parteien z. B. auf das Erfordernis der Fälligkeit grundsätzlich verzichten.[100]

6. Der Ausschluß des Zurückbehaltungsrechts

a) Die Regelung des § 369 Abs. 3. Nach § 369 Abs. 3 ist das Zurückbehaltungsrecht ausgeschlossen, wenn die Zurückbehaltung des Gegenstandes der von dem Schuldner vor oder bei der Übergabe erteilten **Anweisung** oder der von dem Gläubiger übernommenen **Verpflichtung,** in einer bestimmten Weise mit dem Gegenstand zu verfahren, widerstreitet. Dabei handelt es sich um eine **gesetzliche Konkretisierung von § 242 BGB.**

Da jedes Zurückbehaltungsrecht seiner Natur nach das Bestehen einer Herausgabepflicht voraussetzt, genügt es für die Anwendung von Abs. 3 nicht, daß der Gläubiger überhaupt eine Verpflichtung zur Rückgabe übernommen und daß der Schuldner auf diese besonders hingewiesen hat.[101] Vielmehr ist die Frage dahin zu stellen, ob Treu und Glauben gebieten, daß die **Rück- oder Weitergabepflicht den Vorrang vor dem Zurückbehaltungsrecht** hat.[102] Das wird i. d. R. zu bejahen sein, wenn der Gläubiger den Gegenstand an einen Dritten weiterzugeben oder zu übertragen hat.[103] So ist es grundsätzlich treuwidrig, wenn ein Kommissionär, Handelsvertreter, Spediteur oder Frachtführer Waren, die er zum Verkauf, zur Versendung oder zur Beförderung erhalten hat, zurückbehält.[104] Ist der Gegenstand dagegen an den Schuldner selbst herauszugeben, so wird man in erster Linie darauf abzustellen haben, ob die Herausgabepflicht allein auf dem der Besitzerlangung zugrunde liegenden Rechtsverhältnis beruht oder ob sie zusätzlich durch eine Weisung oder eine besondere Pflichtübernahme verstärkt worden ist.[105]

Auch eine **konkludente Weisung** bzw. **Pflichtübernahme** ist möglich und kann sich insbesondere aus dem **Zweck des betreffenden Geschäfts** ergeben;[106] die Problematik ist vor allem für das AGB-Pfandrecht der Banken oft und intensiv erörtert

---

[98] Vgl. dazu *Canaris* Bankvertragsrecht[2] Rdn. 2170f.
[99] Vgl. statt aller *Palandt/Sprau*[63] § 762 Rdn. 5.
[100] Vgl. RGZ 106, 247, 249; *Schlegelberger/Hefermehl* § 369 Rdn. 21.
[101] Vgl. RG BankArch. 34, 190, 192.
[102] Vgl. *Wolff* S. 96.
[103] Vgl. *Schlegelberger/Hefermehl* § 369 Rdn. 45;
Heymann/Horn § 369 Rdn. 37; MünchKomm.-*Welter* § 369 Rdn. 57.
[104] Vgl. *Wolff* S. 97; *Schlegelberger/Hefermehl* § 369 Rdn. 45.
[105] Vgl. auch *Schlegelberger/Hefermehl* § 369 Rdn. 46.
[106] Vgl. auch BGH WM 1962, 1350; 66, 115.

worden¹⁰⁷ und hier mutatis mutandis ebenso zu beurteilen wie dort. Beispielsweise wird bei der auf Wunsch des Gläubigers erfolgenden Übersendung von Ansichtswaren oder beim Kauf auf Probe regelmäßig ein Zurückbehaltungsrecht abzulehnen sein, wenn es nicht zum Vertragsschluß kommt.¹⁰⁸ Entsprechendes gilt für die Übersendung eines Wechsels zum Zwecke der Prolongation (vgl. oben Rdn. 17 m. Nachw.). Von wesentlicher Bedeutung ist ferner, ob die gesicherte Forderung konnex oder inkonnex ist; im letzteren Fall wird weit eher ein Verstoß gegen Abs. 3 vorliegen als im ersteren.¹⁰⁹

58 b) **Der allgemeine Rechtsmißbrauchseinwand gemäß § 242 BGB.** Die Unzulässigkeit der Zurückbehaltung kann sich außerdem aus einem **Verstoß gegen § 242 BGB** ergeben, da § 369 Abs. 3 diese Vorschrift nur für einen Teilbereich konkretisiert und daher im übrigen den unmittelbaren Rückgriff auf die Generalklausel des § 242 BGB nicht ausschließt. Demgemäß kann das Zurückbehaltungsrecht z. B. nicht ausgeübt werden, wenn die Zurückbehaltung **außer Verhältnis zur Höhe der gesicherten Forderung** stünde¹¹⁰ oder wenn der Schuldner schon **in anderer Weise hinreichend gesichert** ist;¹¹¹ denn das Verbot unverhältnismäßiger bzw. unnötiger Schädigung ist Bestandteil des aus § 242 BGB folgenden Verbots mißbräuchlicher Rechtsausübung.

59 Auch wenn der Gläubiger den Besitz am Sicherungsgut durch eine **vorsätzlich begangene unerlaubte Handlung** erlangt hat, entfällt das Zurückbehaltungsrecht (vgl. oben Rdn. 25). Das gleiche gilt grundsätzlich, wenn der Gläubiger mit der Rückgabe des Gegenstandes in **Verzug** geraten war, bevor seine eigene Forderung fällig wurde.¹¹² Denn wenn der Gläubiger die Zurückbehaltungslage durch eine schuldhafte Verzögerung der Herausgabe herbeigeführt hat, verstößt die Geltendmachung des Zurückbehaltungsrechts gegen §§ 280 Abs. 1 und 2, 286 i. V. mit § 249 S. 1 BGB oder doch zumindest gegen das Verbot widersprüchlichen Verhaltens. In diesem Sinne nur bei konnexen Forderungen zu entscheiden,¹¹³ ist inkonsistent, da eine Zurückbehaltung wegen einer nicht-konnexen Forderung rechtsethisch wesentlich problematischer ist und daher ceteris paribus erst recht unzulässig sein muß. Ein Widerspruch zur Rechtslage in den Fällen des § 273 BGB entsteht durch die hier vertretene Ansicht schon deshalb nicht, weil dieses Zurückbehaltungsrecht den Eintritt von Verzug nur hindert, wenn es vor oder bei Eintritt der Verzugsvoraussetzungen ausgeübt wird,¹¹⁴ und das bei der hier erörterten Konstellation gerade nicht der Fall ist.¹¹⁵ Auch in anderen Fällen schuldhaft rechtswidriger Herbeiführung der Zurückbehaltungsmöglichkeit wird sich der Gläubiger häufig gemäß § 242 BGB (u. U. i. V. mit § 249 S. 1 BGB) nicht auf das Zurückbehaltungsrecht berufen können.

---

¹⁰⁷ Vgl. dazu z. B. *Canaris* (Fn. 98) Rdn. 2663f; *Baumbach/Hopt* 2. Teil (8) AGB-Banken Nr. 14 Rdn. 10f.
¹⁰⁸ Vgl. BGH BB 1963, 160.
¹⁰⁹ Vgl. auch BGH BB 1963, 160.
¹¹⁰ Vgl. RGZ 61, 133; 109, 171; RG JW 1935, 505; BGH WM 1966, 115; OLG Karlsruhe DB 1972, 1914.
¹¹¹ Vgl. RGZ 85, 137; 136, 26; 137, 354; BGHZ 7, 127.

¹¹² Zustimmend *Karsten Schmidt* § 22 IV 2g a. E.; a. A. *Schlegelberger/Hefermehl* § 369 Rdn. 48; *Heymann/Horn* § 369 Rdn. 22; MünchKomm.-*Welter* § 369 Rdn. 53.
¹¹³ So *Schlegelberger/Hefermehl* aaO.
¹¹⁴ Vgl. nur *Palandt/Heinrichs*⁶³ § 286 Rdn. 13.
¹¹⁵ Unzutreffend daher insoweit die Argumentation von MünchKomm.-*Welter* § 369 Rdn. 53.

III. Die Wirkungen des kaufmännischen Zurückbehaltungsrechts
1. Die Wirkungen im Verhältnis zwischen Gläubiger und Schuldner

a) **Die Einrede der Zurückbehaltung gemäß § 369 Abs. 1.** Nach § 369 Abs. 1 hat der Gläubiger gegenüber dem Schuldner ein Zurückbehaltungsrecht an den zurückbehaltungsfähigen Gegenständen. Darin liegt eine **echte Einrede**, die nicht von Amts wegen zu berücksichtigen ist, sondern der Geltendmachung durch den Gläubiger bedarf.[116] Aus dem pfandrechtsähnlichen Charakter des Zurückbehaltungsrechts folgt nichts Gegenteiliges, da sich der Grundsatz, daß das Pfandrecht von Amts wegen zu beachten ist, auf das kaufmännische Zurückbehaltungsrecht nicht übertragen läßt. Denn im Gegensatz zur typischen Regelung bei den gesetzlichen Pfandrechten ist es beim kaufmännischen Zurückbehaltungsrecht zumal in Anbetracht des weiten Kreises der gesicherten Forderungen sinnvoll, eine besondere Entscheidung des Gläubigers notwendig zu machen, ob und für welche Forderung er das Zurückbehaltungsrecht geltend machen will.

Die Rechtsfolge der Geltendmachung des Zurückbehaltungsrechts liegt zunächst darin, daß sie dem Gläubiger ein **Recht zum Besitz** i. S. von § 986 BGB gibt.[117] Das ist wegen der Verwandtschaft des Rechts aus § 369 mit einem Pfandrecht, die sich insbesondere in seiner Vollstreckungs- und Insolvenzfestigkeit äußert, auch dann zu bejahen, wenn man es für die Rechte aus §§ 273, 1000 BGB (entgegen der Rechtsprechung des BGH[118]) verneint. Das Recht zum Besitz entsteht, wenn man mit dem Einredecharakter des Zurückbehaltungsrechts ernst macht, erst mit dessen Geltendmachung, wirkt dann aber auf Grund seiner pfandrechtsähnlichen Sicherungsfunktion zurück auf den Zeitpunkt, in dem die Zurückbehaltungslage entstanden ist, also auf den Zeitpunkt der Fälligkeit der gesicherten Forderung; dafür spricht auch der Rechtsgedanke von § 389 BGB, da die Aufrechnungsmöglichkeit anerkanntermaßen ebenfalls pfandrechtsähnlichen Charakter hat und da das Zurückbehaltungsrecht auch insofern mit der Aufrechnungsmöglichkeit übereinstimmt, als es gemäß § 371 ein Befriedigungsrecht gewährt.

Auch sonst hat die Ausübung der Zurückbehaltungseinrede grundsätzlich **ex-tunc-Wirkung**. Sie führt daher z. B. zur **rückwirkenden Heilung von Verzug** (es sei denn, die Geltendmachung des Zurückbehaltungsrechts wurde überhaupt erst durch den Verzug ermöglicht, vgl. dazu oben Rdn. 59).[119]

Im Prozeß führt die Geltendmachung des Zurückbehaltungsrechts analog § 274 BGB nicht zur Abweisung der Klage, sondern lediglich zur **Verurteilung des Gläubigers Zug um Zug** gegen Empfang der ihm gebührenden Leistung.[120] Das widerspricht zwar der Rechtslage beim Pfandrecht, macht aber geradezu das „Wesen" eines Zurückbehaltungsrechts aus und darf daher nicht durch den Hinweis auf den pfandrechtsähnlichen Charakter des Zurückbehaltungsrechts umgangen werden.

Dogmatisch ist das Zurückbehaltungsrecht vor seiner Ausübung als **Gestaltungsrecht** und nach seiner Ausübung als **Leistungsverweigerungsrecht** anzusehen.[121] Es

---

[116] Vgl. Wolff S. 98; Schlegelberger/Hefermehl § 369 Rdn. 50; MünchKomm.-Welter § 369 Rdn. 65.
[117] Ebenso Karsten Schmidt § 22 IV 3a; MünchKomm.-Welter § 369 Rdn. 64; Röhricht/Graf von Westphalen/Wagner § 369 Rdn. 21; Koller/Roth/Morck §§ 369–372 Rdn. 7; a. A. Ebenroth/Boujong/Joost/Stadler § 369 Rdn. 28.
[118] Vgl. nur BGHZ 64, 122, 127 f.
[119] Ebenso z. B. Pfeiffer/Batereau § 8 Rdn. 45; a. A. Röhricht/Graf von Westphalen/Wagner § 369 Rdn. 21; Ahrens Rdn. 269 (nur ex-nunc-Wirkung).
[120] Vgl. Wolff S. 98; Düringer/Hachenburg/Hoeniger § 369 Anm. 2; Schlegelberger/Hefermehl § 369 Rdn. 50; MünchKomm.-Welter § 369 Rdn. 66.
[121] Anders Wolff S. 101, der offenbar auch nach der

ist trotz seiner weitgehenden Verdinglichung (vgl. oben Rdn. 2 f) seiner Grundstruktur nach ein **obligatorisches Recht,** da ihm wesentliche Charakteristika der dinglichen Rechte wie z. B. die Berücksichtigung von Amts wegen fehlen.[122]

65 b) **Das Befriedigungsrecht gemäß § 371.** Zusätzlich zu dem Zurückbehaltungsrecht gewährt § 371 dem Gläubiger ein **Befriedigungsrecht.** Darin liegt einer der wichtigsten Unterschiede gegenüber dem Zurückbehaltungsrecht nach § 273 BGB und eine wesentliche Gemeinsamkeit sowohl mit dem Zurückbehaltungsrecht aus § 1000 BGB als auch mit dem Pfandrecht. Eine spezifisch dingliche Wirkung ist in dem Befriedigungsrecht nicht zu sehen.[123] Denn es gibt auch obligatorische Befriedigungsrechte, wie die unbestrittene Möglichkeit zu deren freier rechtsgeschäftlicher Vereinbarung beweist. Andererseits ist aber selbstverständlich nicht zu verkennen, daß die Pfandrechtsähnlichkeit des kaufmännischen Zurückbehaltungsrechts wesentlich auch auf dem Befriedigungsrecht beruht.

66 Zur Durchführung der Befriedigung stehen dem Gläubiger **zwei Möglichkeiten** offen: der Weg der **Vollstreckungsbefriedigung,** dessen Zulässigkeit in § 371 Abs. 3 als selbstverständlich vorausgesetzt ist, und der Weg der **Verkaufsbefriedigung,** der in den §§ 371 f näher geregelt ist. Beiden Wegen gemeinsam ist in materieller Hinsicht das Erfordernis der **Befriedigungsreife,** also vor allem das Vorliegen einer Geldforderung oder der Übergang in eine solche gemäß § 1228 Abs. 2 BGB, und in formeller Hinsicht das **Erfordernis eines vollstreckbaren Titels,** das gemäß § 371 Abs. 3 auch für die Verkaufsbefriedigung gilt; ob letzteres und der darin liegende Unterschied zum Pfandrecht rechtspolitisch gesehen sachgerecht ist, erscheint zweifelhaft.[124]

67 Die **Vollstreckungsbefriedigung** setzt voraus, daß der Gläubiger einen **vollstreckbaren Titel wegen der persönlichen Forderung** erlangt hat. Mit dessen Hilfe muß er dann die zurückbehaltene Sache nach § 809 ZPO pfänden und nach §§ 814 ff ZPO verwerten lassen. Dieser Weg ist auch gangbar, wenn die Sache dem Gläubiger selbst gehört,[125] da ein Vollstreckungspfandrecht nach richtiger Ansicht auch an eigenen Sachen möglich ist.[126]

68 Die **Verkaufsbefriedigung** erfolgt gemäß § 371 Abs. 2 grundsätzlich nach den für das Pfandrecht geltenden Vorschriften des BGB, so daß in erster Linie auf die Kommentare und Lehrbücher zu den §§ 1228 ff BGB zu verweisen ist. Eine Besonderheit liegt allerdings in dem – in Rdn. 66 bereits erwähnten – **Erfordernis eines vollstreckbaren Titels.** Dieser setzt eine entsprechende Klage voraus, die ihre materiellrechtliche Grundlage im Gegensatz zu dem Weg der Vollstreckungsbefriedigung nicht in der persönlichen Forderung, sondern in dem Zurückbehaltungsrecht als solchem hat.[127] Die Klage ist nach Abs. 3 grundsätzlich gegen den Eigentümer zu richten – und zwar auch dann, wenn er mit dem Schuldner nicht identisch ist (vgl. dazu näher unten Rdn. 88 ff); nur wenn die Sache dem Gläubiger selbst gehört, ist der Schuldner zu verklagen. Der Antrag ist darauf zu richten, daß der Beklagte die Befriedigung des

---

Ausübung des Rechts ein Gestaltungsrecht annehmen will.
[122] Ebenso i. E. Denkschrift S. 211; RGZ 69, 13, 17; *Düringer/Hachenburg/Hoeniger* § 369 Anm. 1; *Schlegelberger* S. 192; a. A. *Wolff* S. 100 f auf Grund eines engeren, auf die Erzeugung von Verpflichtungen beschränkten Begriffs des obligatorischen Rechts.
[123] Vgl. auch *Schlegelberger/Hefermehl* § 371 Rdn. 1; a. A. MünchKomm.-*Welter* § 369 Rdn. 49.

[124] Vgl. näher *Wolff* S. 111 f Fn. 12.
[125] Vgl. *Schlegelberger/Hefermehl* § 369 Rdn. 5; MünchKomm.-*Welter* § 371 Rdn. 6; a. A. *Wolff* aaO S. 108.
[126] Vgl. statt aller *Baumbach/Lauterbach/Albers/Hartmann* ZPO[62] § 804 Rdn. 7.
[127] Vgl. *Wolff* S. 109; *Göppert* ZHR 95, 53; *Schlegelberger/Hefermehl* § 371 Rdn. 8.

Klägers aus dem zurückbehaltenen Gegenstand wegen der Forderung (einschließlich der Kosten) zu gestatten hat.[128]

Teilweise wird angenommen, daß der Vollstreckungstitel das Recht zur Verwertung erst schaffe und es sich daher um eine **Gestaltungsklage** handele.[129] Das ist indessen unvereinbar mit dem Wortlaut von § 371 Abs. 1, wonach der Gläubiger schon „kraft des Zurückbehaltungsrechts" und nicht erst kraft des Titels zur Befriedigung befugt ist, sowie auch mit der – zutreffenden – Ansicht desselben Schrifttums, die Klage sei auf die „Gestattung" der Befriedigung zu richten. Richtiger Ansicht nach handelt es sich vielmehr ebenso wie in den Fällen der §§ 1147, 1233 Abs. 2 BGB um eine **Klage auf Duldung der Zwangsvollstreckung**, also eine **Leistungsklage**.[130] Demgemäß kann im Zweifel auf die zu § 1147 BGB geltenden Regeln und Grundsätze zurückgegriffen werden. Ebenso wie dort genügt daher auch hier statt eines Urteils eine **vollstreckbare Urkunde i.S. von § 794 Ziff. 5 ZPO**;[131] und ebenso wie dort ist der Eigentümer wegen der Kosten gemäß § 91 ZPO persönlich zu verurteilen.

Für die **Befriedigung aus einem Wertpapier** gelten grundsätzlich dieselben Regeln. **69** Auch hier hat der Gläubiger also die Wahl zwischen Vollstreckungs- und Verkaufsbefriedigung. Bei Wertpapieren, die eine Forderung verbriefen, hat er gemäß § 1294 BGB zusätzlich die Möglichkeit der **Befriedigung durch Einziehung**. Auch deren Rechtmäßigkeit setzt gemäß § 371 Abs. 3 einen Vollstreckungstitel voraus.[132]

2. Die Wirkungen im Verhältnis zu anderen Inhabern von Rechten an der Sache

a) Der Sukzessionsschutz des Zurückbehaltungsberechtigten nach § 369 Abs. 2 70 und seine Grenzen. Den wichtigsten Fall einer Wirkung des Zurückbehaltungsrechts gegenüber einem Dritten stellt der **Schutz gegenüber einem Rechtsnachfolger des Schuldners gemäß § 369 Abs. 2** dar. Danach besteht das Zurückbehaltungsrecht einem Dritten gegenüber insoweit, als dem Dritten die Einwendungen gegen den Anspruch des Schuldners auf Herausgabe des Gegenstandes entgegengesetzt werden können. Das ist gemäß § 986 Abs. 2 BGB dann der Fall, wenn die Sache durch **Abtretung des Herausgabeanspruchs** veräußert, verpfändet oder mit einem Nießbrauch belastet worden ist und dem Zurückbehaltungsberechtigten die Einwendung des Zurückbehaltungsrechts gegen den Herausgabeanspruch zustand.

Entstanden ist die Einwendung des Zurückbehaltungsrechts nicht erst bei Fällig- **71** keit, sondern schon mit der **Legung des Grundes für die gesicherte Forderung** (vgl. oben Rdn. 40). Daher greift der Schutz von § 369 Abs. 2 schon dann ein, wenn diese zur Zeit der Abtretung des Herausgabeanspruchs erfolgt war.[133]

Ist sie dagegen erst danach erfolgt, bietet § 369 Abs. 2 auch dann keinen Schutz, **72** wenn der Gläubiger bei Begründung der Forderung keine Kenntnis von der Abtre-

---

[128] Vgl. RGZ 95, 334, 336; *Düringer/Hachenburg/Hoeniger* § 371 Anm. 11; *Schlegelberger/Hefermehl* § 371 Rdn. 9; *MünchKomm.-Welter* § 371 Rdn. 15.

[129] Vgl. OLG Hamburg MDR 1958, 343; *Schlegelberger/Hefermehl* § 371 Rdn. 9; *Baumbach/Hopt* § 371 Rdn. 4; *Ebenroth/Boujong/Joost/Stadler* § 371 Rdn. 7.

[130] Zustimmend *Heymann/Horn* § 371 Rdn. 7; *MünchKomm.-Welter* § 371 Rdn. 16; *Straube/Schuhmacher* § 371 Rdn. 5; *Pfeiffer/Batereau* § 8 Rdn. 47 mit Fn. 50; *Ahrens* Rdn. 275.

[131] Vgl. auch *Schlegelberger/Hefermehl* § 371 Rdn. 6 a. E.; *MünchKomm.-Welter* § 371 Rdn. 8.

[132] Vgl. *Düringer/Hachenburg/Hoeniger* § 371 Anm. 6a; *Schlegelberger/Hefermehl* § 371 Rdn. 23; a. A. OLG Stuttgart JW 1931, 3143.

[133] Ebenso (unter Berufung auf § 404 BGB) *Wolff* S. 101 f; *Schlegelberger/Hefermehl* § 369 Rdn. 53; *MünchKomm.-Welter* § 369 Rdn. 70; *Röhricht/Graf von Westphalen/Wagner* § 369 Rdn. 24; a. A. *Düringer/Hachenburg/Hoeniger* § 369 Anm. 13.

tung des Herausgabeanspruchs hatte. Aus der **Regelung des § 407 BGB** ergibt sich entgegen der h. L.[134] nichts Gegenteiliges.[135] Denn die Begründung einer Forderung des Gläubigers gegen den Schuldner ist kein „Rechtsgeschäft" über den Herausgabeanspruch i. S. von § 407 BGB, und einer analogen Anwendung der Vorschrift steht entgegen, daß das Zurückbehaltungsrecht, was die Anhänger der Gegenansicht offenbar übersehen, nicht kraft Rechtsgeschäfts, sondern kraft Gesetzes entsteht und folglich nicht gutgläubig erworben werden kann (vgl. oben Rdn. 36). Auch mit Hilfe von § 372 läßt sich ein Schutz des Schuldners nicht erreichen, da diese Vorschrift das Bestehen eines Zurückbehaltungsrechts *voraussetzt* und daher über die Möglichkeit seines gutgläubigen Erwerbs nichts aussagt.

Einen gangbaren Ausweg dürfte dagegen die **analoge Anwendung von § 406 BGB** bieten.[136] Für diese spricht, daß die Geltendmachung des Zurückbehaltungsrechts aus § 369 wegen der mit diesem verbundenen Verwertungsbefugnis nach § 371 eine funktionelle Verwandtschaft mit der Aufrechnungsbefugnis aufweist. Im praktischen Ergebnis entspricht das allerdings dem gutgläubigen Erwerb eines Zurückbehaltungsrechts. Darin liegt jedoch kein Widerspruch zu dessen grundsätzlicher Ablehnung oben Rdn. 36, da § 406 BGB insoweit durch die Zulassung des gutgläubigen Erwerbs einer Aufrechnungsbefugnis eine Ausnahme enthält (unter den dort genannten und hier entsprechend geltenden Voraussetzungen) und diese lediglich im Sonderfall eines zwischenzeitlichen Eigentumsverlusts des anderen Teils nach § 931 BGB zum Zuge kommt, also an der grundsätzlichen Ablehnung der Möglichkeit eines gutgläubigen Erwerbs des Zurückbehaltungsrechts nichts ändert.

73 Der **gute Glaube des Erwerbers bezüglich des Zurückbehaltungsrechts** kann dessen Inhaber den Schutz nach § 369 Abs. 2 nicht nehmen. Das folgt schon aus dem Wortlaut der Vorschrift und ergibt sich außerdem sowohl aus der Wertung von § 404 BGB als auch aus einem argumentum a fortiori zu § 936 Abs. 3 BGB.[137]

74 Erwirbt der Dritte nicht durch Abtretung des Herausgabeanspruchs, sondern mittels **Besitzkonstituts**, so ist § 369 Abs. 2 (i. V. m. § 986 Abs. 2 BGB) **analog** anzuwenden.[138] Denn in § 369 Abs. 2 kommt – ebenso wie in §§ 986 Abs. 2, 936 Abs. 3 BGB – der allgemeine Rechtsgedanke zum Ausdruck, daß der Erwerber mit **Rechten des unmittelbaren Besitzers** stets rechnen muß und daher insoweit keinen Schutz verdient und daß andererseits der unmittelbare Besitzer eines Schutzes gegenüber dem Erwerber dringend bedarf, weil ihm sonst seine Rechte ohne weiteres durch eine Veräußerung der Sache genommen werden könnten. Aus den gleichen Gründen gilt § 369 Abs. 2 analog für eine **Übereignung der Sache nach § 929 Satz 2 BGB**,[139] die in Betracht kommt, wenn der Erwerber bereits deren mittelbarer Besitzer ist.

75 Dagegen bietet § 369 Abs. 2 dem Zurückbehaltungsberechtigten keinen Schutz vor einer **Übereignung der Sache nach § 929 S. 1 BGB**. Allerdings ist eine solche nicht möglich, sofern und solange dieser den unmittelbaren Besitz an der Sache hat. Beruht das Zurückbehaltungsrecht dagegen darauf, daß der Gläubiger ein Traditionspapier in Händen hat, so kann der Eigentümer über die Sache nach § 929 BGB verfügen (vgl.

---

[134] Vgl. *Wolff* S. 102; *Düringer/Hachenburg/Hoeniger* § 369 Anm. 13a; *Schlegelberger/Hefermehl* § 369 Rdn. 54; *Röhricht/Graf von Westphalen/Wagner* § 369 Rdn. 24.

[135] Zustimmend *MünchKomm.-Welter* § 369 Rdn. 71; *Ebenroth/Boujong/Joost/Stadler* § 369 Rdn. 29.

[136] Für diese wohl mit Recht *Karsten Schmidt* § 22 IV 2b a. E.

[137] Zustimmend *Heymann/Horn* § 369 Rdn. 33; *MünchKomm.-Welter* § 369 Rdn. 69; i. E. übereinstimmend auch *Ebenroth/Boujong/Joost/Stadler* § 369 Rdn. 29.

[138] Vgl. *Wolff* S. 102; *Düringer/Hachenburg/Hoeniger* § 369 Anm. 12 a. E.; *Heymann/Horn* § 369 Rdn. 33; *MünchKomm.-Welter* § 369 Rdn. 67.

[139] Ebenso i. E. *Ebenroth/Boujong/Joost/Stadler* § 369 Rdn. 29.

oben § 363 Rdn. 147ff). In diesem Fall wird der Zurückbehaltungsberechtigte grundsätzlich nach § 823 Abs. 1 BGB gegenüber dem Erwerber geschützt, sofern dieser bösgläubig i. S. von § 932 Abs. 2 BGB ist, so daß der Deliktsschutz hier im praktischen Ergebnis auf einen Sukzessionsschutz hinausläuft (vgl. unten Rdn. 85f). In den Fällen des unfreiwilligen Besitzverlusts wird der Zurückbehaltungsberechtigte dagegen nicht vor kollidierenden Übereignungen geschützt – und zwar auch dann nicht, wenn er die Sache zurückerlangt und man annimmt, daß dabei das Zurückbehaltungsrecht wieder auflebt (vgl. unten Rdn. 86 Abs. 2 und 104).

b) Kollidierende Verfügungen mittels eines Traditionspapiers. Bei einem Erwerb **76** mittels Traditionspapiers will die h. L. anders als in den Fällen eines Erwerbs mittels Besitzkonstituts eine **Analogie zu § 369 Abs. 2** nicht zulassen.[140] Dem ist nicht zu folgen.[141] Für die Analogie spricht zunächst schon, daß der Erwerb mittels Traditionspapiers nach richtiger Ansicht eng verwandt mit dem Erwerb durch Abtretung des Herausgabeanspruchs ist (vgl. oben § 363 Rdn. 158). Aber auch wenn man diese dogmatische Einordnung des Erwerbsvorgangs nicht teilt, sollte man § 369 Abs. 2 analog anwenden. Der soeben Rdn. 74 erwähnte allgemeine Rechtsgedanke, dessen Ausdruck § 369 Abs. 2 ist, paßt nämlich grundsätzlich auch hier (vgl. auch oben § 363 Rdn. 124). Der Erwerber muß hier nämlich ebenso wie sonst mit Rechten des unmittelbaren Besitzers rechnen, und dieser verdient grundsätzlich auch Schutz, weil er die Verfügung mittels eines Traditionspapiers nicht verhindern kann und oft auch auf dessen Ausstellung keinen Einfluß hat, ja u. U. nicht einmal Kenntnis von dieser besitzt. Es wäre folglich mit dem Schutzzweck von § 369 Abs. 2 unvereinbar, wenn der Schuldner das Zurückbehaltungsrecht ohne weiteres durch die Übertragung eines Traditionspapiers zerstören könnte. Händigt also z. B. ein Lagerhalter die Güter im Auftrage des Einlagerers an einen für diesen tätigen Eigenhändler aus und überträgt der Einlagerer anschließend das Eigentum an den Gütern mit Hilfe eines Lagerscheins auf einen Dritten, so wird dadurch das Zurückbehaltungsrecht des Eigenhändlers wegen seiner Forderungen gegen den Einlagerer nicht berührt – und zwar analog § 936 Abs. 3 BGB unabhängig vom guten Glauben des Erwerbers (vgl. auch oben § 363 Rdn. 127 Abs. 2). Das wird sich meist schon daraus ergeben, daß der Lagerhalter nicht mehr Besitzer der Güter ist und daß folglich die Möglichkeit zur Verfügung mittels eines Traditionspapiers überhaupt entfällt (vgl. oben § 363 Rdn. 110 und 121), doch verdient der Zurückbehaltungsberechtigte auch dann Schutz, wenn er dem Lagerhalter den Besitz vermittelt, so daß die besitzrechtlichen Voraussetzungen für eine Verfügung mit Hilfe des Traditionspapiers an sich gegeben sind.

Eine Einschränkung ist allerdings bei **Identität des Zurückbehaltungsberechtigten** **77** **mit dem Schuldner des verbrieften Herausgabeanspruchs** zu machen. Denn wenn das Zurückbehaltungsrecht diesem selbst, also z. B. dem Lagerhalter oder Frachtführer zusteht, kann er sich dadurch sichern, daß er einen Hinweis auf das Zurückbehaltungsrecht in das Papier aufnimmt, und eine solche Vorsichtsmaßnahme ist von ihm angesichts der Verkehrsbestimmung der Traditionspapiere auch zu erwarten. Daher paßt die Wertung von § 936 Abs. 3 BGB hier nicht, so daß die Möglichkeit gutgläubigen „lastenfreien" bzw. einwendungsfreien Erwerbs insoweit grundsätzlich zu be-

---

[140] Vgl. *Wolff* S. 104; *Düringer/Hachenburg/Hoeniger* § 369 Anm. 13b; *Schlegelberger/Hefermehl* § 369 Rdn. 56 und 58; *Heymann/Horn* § 369 Rdn. 34; *Ebenroth/Boujong/Joost/Stadler* § 369 Rdn. 30.

[141] Zustimmend *Karsten Schmidt* § 22 IV 2d a. E.; MünchKomm.-*Welter* § 369 Rdn. 68; *Koller/ Roth/ Morck* §§ 369–372 Rdn. 6; *Ahrens* Rdn. 270.

jahen ist.¹⁴² Dabei wird man das kaufmännische Zurückbehaltungsrecht trotz seines pfandrechtsähnlichen Charakters nicht als „Wirksamkeitseinwendung", sondern als „persönliche Einwendung" i. S. von Art. 17 WG zu qualifizieren haben mit der Folge, daß dem Erwerber nur bewußtes Handeln zum Nachteil des Zurückbehaltungsberechtigten schadet (vgl. zur Unterscheidung dieser beiden Einwendungsarten oben § 364 Rdn. 34 und 50 ff); denn das Zurückbehaltungsrecht stellt eine echte Einrede dar (vgl. oben Rdn. 60) und wurzelt daher in den „persönlichen" Beziehungen zwischen Gläubiger und Schuldner. Bei der Ausschaltung von § 936 Abs. 3 BGB und der Zulassung gutgläubigen einwendungsfreien Erwerbs hat es aber auch sein Bewenden. Es geht daher zu weit, dem Zurückbehaltungsrecht jede Wirkung zu versagen. Denn wenn dieses dem Erwerber eines Traditionspapiers von vornherein überhaupt nicht entgegengesetzt werden kann, vermag sich der Zurückbehaltungsberechtigte nicht einmal durch die Aufnahme eines entsprechenden Vermerks in das Papier zu schützen; das aber ist um so unbilliger, als er i. d. R. gegenüber dem anderen Teil obligatorisch zur Ausstellung des Papiers verpflichtet sein wird und gegenüber der Erfüllung dieser Verpflichtung nicht das Zurückbehaltungsrecht des § 369 hat.

78 Die **praktische Bedeutung der Problematik** ist freilich gering. Denn sofern das Zurückbehaltungsrecht dem Schuldner des verbrieften Herausgabeanspruchs selbst, also dem Lagerhalter, Frachtführer usw. zusteht, ist meist – jedoch durchaus nicht immer! – ein gesetzliches Pfandrecht gegeben, das grundsätzlich, d. h. vorbehaltlich der Möglichkeit gutgläubigen lastenfreien Erwerbs, auch gegenüber Dritten wirkt (vgl. oben § 363 Rdn. 126). Auch wenn der Zurückbehaltungsberechtigte nicht Schuldner des verbrieften Herausgabeanspruchs, sondern ein Dritter wie z. B. ein Kommissionär ist, wird es häufig im praktischen Ergebnis nicht auf das Zurückbehaltungsrecht ankommen, weil ein gesetzliches Pfandrecht besteht und das Zurückbehaltungsrecht nicht weiter reicht als dieses. Darüber hinaus wird die Problematik hier meist auch deshalb nicht aktuell werden, weil der aus dem Traditionspapier Verpflichtete keinen Besitz mehr hat und weil aus diesem Grunde Verfügungen mit Hilfe des Traditionspapiers nicht mehr möglich sind (vgl. oben § 363 Rdn. 110 und 121).

79 c) **Das Verhältnis des Zurückbehaltungsrechts zu kollidierenden gesetzlichen Pfandrechten.** Im Verhältnis zu gesetzlichen Pfandrechten Dritter tritt das Zurückbehaltungsrecht meist zurück.¹⁴³ Wenn das gesetzliche Pfandrecht früher entstanden ist (und trotz des Besitzerwerbs des Zurückbehaltungsberechtigten fortbesteht), folgt der Vorrang des gesetzlichen Pfandrechts grundsätzlich schon aus dem **Prioritätsprinzip**. Ist dagegen das gesetzliche Pfandrecht später entstanden, wird i. d. R. der **Rechtsgedanke von § 443 HGB** passen,¹⁴⁴ so daß der Vorrang des gesetzlichen Pfandrechts sich aus dem in dieser Vorschrift verankerten **Posterioritätsprinzip** ergibt.

80 Dagegen gibt es **keinen allgemeinen Grundsatz der Nachrangigkeit des Zurückbehaltungsrechts gegenüber gesetzlichen Pfandrechten.** Insbesondere ergibt sich ein solcher nicht aus der obligatorischen Natur des Zurückbehaltungsrechts.¹⁴⁵ Denn dieses ähnelt einem gesetzlichen Pfandrecht so stark, daß seine generelle Zurücksetzung teleologisch nicht zu begründen ist. Daher kann das Zurückbehaltungsrecht auch einmal den Vorrang vor einem gesetzlichen Pfandrecht haben. So geht z. B. das ältere Zurückbehaltungsrecht dem jüngeren Kommissionärspfandrecht wegen inkon-

---

¹⁴² Zustimmend MünchKomm.-*Welter* § 369 Rdn. 68 a. E.
¹⁴³ Ähnlich i. E. *Wolff* S. 104 f; *Düringer/Hachenburg/Hoeniger* § 369 Anm. 13 b; *Schlegelberger/Hefermehl* § 369 Rdn. 59; *Heymann/Horn* § 369 Rdn. 35; MünchKomm.-*Welter* § 369 Rdn. 74; *Ebenroth/Boujong/Joost/Stadler* § 369 Rdn. 31.
¹⁴⁴ Zustimmend *Koller/Roth/Morck* §§ 369–372 Rdn. 8.
¹⁴⁵ So aber Denkschrift S. 212.

nexer Forderungen vor, sofern trotz Entstehung des Kommissionärspfandrechts noch die besitzrechtlichen Voraussetzungen für den Fortbestand des Zurückbehaltungsrechts gegeben sind. Analog § 443 Abs. 2 HGB wird man darüber hinaus sogar dem jüngeren Zurückbehaltungsrecht wegen konnexer Forderungen den Vorrang vor dem älteren Kommissionärspfandrecht wegen inkonnexer Forderungen zuerkennen müssen.

Als **Faustregel** ist somit davon auszugehen, daß sich das Rangverhältnis zwischen **81** dem Zurückbehaltungsrecht und einem gesetzlichen Pfandrecht nach denselben Grundsätzen bestimmt wie das Rangverhältnis mehrerer gesetzlicher Pfandrechte untereinander. Der Grund hierfür liegt letztlich in der strengen besitzrechtlichen Verankerung des Zurückbehaltungsrechts: Wenn und solange die besitzrechtlichen Voraussetzungen des Zurückbehaltungsrechts erfüllt sind, besteht nach dem Rechtsgedanken von §§ 369 Abs. 2 HGB, 986 Abs. 2, 936 Abs. 3 BGB keine Rechtfertigung für eine grundsätzliche Schlechterstellung gegenüber gesetzlichen Pfandrechten.

d) **Das Rangverhältnis zwischen mehreren Zurückbehaltungsrechten.** Die **82** Frage nach dem Rangverhältnis zwischen mehreren Zurückbehaltungsrechten kann nur in seltenen Ausnahmefällen aktuell werden. Zu denken ist vor allem an **Kollisionen zwischen den Zurückbehaltungsrechten des unmittelbaren und des mittelbaren Besitzers**. Bei der Lösung ist zu differenzieren.[146] Bestand das Zurückbehaltungsrecht des unmittelbaren Besitzers schon bei der Begründung des mittelbaren Besitzes, so hat es den Vorrang. Das folgt unmittelbar aus §§ 371 Abs. 1 Satz 2, 369 Abs. 2 HGB i. V. mit § 404 BGB, sofern der mittelbare Besitz durch Abtretung des Herausgabeanspruchs gemäß § 870 BGB erlangt wurde; im Wege der Analogie ist bei der Begründung des mittelbaren Besitzes durch Besitzkonstitut gemäß § 871 BGB genauso zu entscheiden, sofern man entgegen der hier vertretenen Ansicht (vgl. oben Rdn. 20 Abs. 3) die Entstehung eines Zurückbehaltungsrechts auf diesem Wege überhaupt für möglich hält (vgl. auch oben Rdn. 74). Ist dagegen das Zurückbehaltungsrecht des unmittelbaren Besitzers erst nach der Schaffung des mittelbaren Besitzes entstanden, so hat grundsätzlich das Zurückbehaltungsrecht des mittelbaren Besitzers den Vorrang. Denn dann kann dieser seinen Herausgabeanspruch gegen den unmittelbaren Besitzer durchsetzen, ohne daß ihm gemäß § 404 BGB Einwendungen entgegengesetzt werden können. Der unmittelbare Besitzer ist hinreichend geschützt, weil der mittelbare Besitzer nach richtiger Ansicht ein Zurückbehaltungsrecht nur durch eine Anzeige an den unmittelbaren Besitzer erlangt (vgl. oben Rdn. 20 Abs. 3) und dieser daher rechtzeitig gewarnt ist.

3. Der besitz- und der deliktsrechtliche Schutz des Zurückbehaltungsrechts

Das Zurückbehaltungsrecht gewährt **keinen Herausgabeanspruch gegen Dritte**.[147] **83** Einen solchen im Wege der Rechtsfortbildung, insbesondere in Analogie zu §§ 1227, 985 BGB zu entwickeln, ist trotz der Ähnlichkeit des Zurückbehaltungsrechts mit dem Pfandrecht nicht zulässig. Denn dadurch würde zum einen die Entscheidung des Gesetzgebers gegen ein gesetzliches Pfandrecht und für ein bloßes Zurückbehaltungsrecht mißachtet, und dafür besteht zum anderen auch kein hinreichendes Bedürfnis, weil der Zurückbehaltungsberechtigte durch die **Herausgabeansprüche aus § 861 und § 1007 BGB** weitgehend geschützt ist (vgl. auch unten Rdn. 87).

---

[146] Vgl. *Wolff* S. 105 ff; *Düringer/Hachenburg/Hoeniger* § 369 Anm. 14; *Schlegelberger/Hefermehl* § 369 Rdn. 63; MünchKomm.-*Welter* § 369 Rdn. 73.

[147] Vgl. *Wolff* S. 99; *Düringer/Hachenburg/Hoeniger* § 369 Anm. 12; MünchKomm.-*Welter* § 369 Rdn. 72.

84 Anders ist die Frage zu beurteilen, ob auf das Zurückbehaltungsrecht **Ansprüche aus unerlaubter Handlung** gestützt werden können. Das ist jedenfalls insoweit grundsätzlich zu bejahen, als es um **Einwirkungen auf die zurückbehaltene Sache** geht. Denn das Zurückbehaltungsrecht beruht auf besitzrechtlicher Grundlage (vgl. oben Rdn. 18 ff), gewährt ein Recht zum Besitz der Sache (vgl. oben Rdn. 61) und räumt dem Zurückbehaltungsberechtigten eine Stellung bezüglich der Sache ein, die in weitem Umfang Zuweisungsgehalt aufweist wie vor allem die Insolvenz- und Vollstreckungsfestigkeit (vgl. unten Rdn. 92 ff) und auch der Sukzessionsschutz (vgl. oben Rdn. 70 ff). Das aber reicht aus, um auch eine Rechtsposition, die an sich nur obligatorischer Natur ist, als „sonstiges Recht" i. S. von § 823 Abs. 1 BGB anzuerkennen – sei es, daß man mit der zutreffenden Ansicht diese als solches qualifiziert, oder sei es, daß man mit der wohl vorherrschenden Ansicht den Besitz selbst nach § 823 Abs. 1 BGB schützt.[148] Zerstört oder beschädigt also jemand die dem Zurückbehaltungsrecht unterliegende Sache, so kann der Zurückbehaltungsberechtigte von ihm gemäß § 823 Abs. 1 BGB Schadensersatz in Höhe seines „Sicherungsinteresses" verlangen.

85 Hiervon zu unterscheiden ist die Frage, ob auch **Eingriffe in das Zurückbehaltungsrecht selbst** Deliktsansprüche auslösen können. Das kommt vor allem dann in Betracht, wenn durch den **Erwerb des Eigentums oder eines beschränkt dinglichen Rechts an der Sache** das Zurückbehaltungsrecht zerstört würde. Zu denken ist etwa daran, daß der Zurückbehaltungsberechtigte ein Traditionspapier in Händen hat und der Eigentümer der Güter über diese nach § 929 oder § 930 BGB verfügt (was ohne Übertragung des Traditionspapiers möglich ist, vgl. oben § 363 Rdn. 147 ff). Haftet in derartigen Fällen u. U. nicht nur der Verfügende aus § 280 Abs. 1 BGB, sondern auch der Erwerber aus § 823 Abs. 1 BGB? Die Entscheidung der Frage hängt in erster Linie davon ab, ob man auch obligatorische Rechte als „sonstige Rechte" i. S. von § 823 Abs. 1 BGB anerkennt. Bejaht man dies z. B. für die obligatorische Forderung,[149] so muß man auch bei Eingriffen in das Zurückbehaltungsrecht den Deliktsschutz grundsätzlich zubilligen. Aber selbst wenn man bezüglich der Forderung entgegengesetzt entscheidet,[150] liegt beim Zurückbehaltungsrecht eine Bejahung der Frage nahe, weil dieses wegen seiner Verdinglichung und seiner Pfandrechtsähnlichkeit, wie sie vor allem in der besitzrechtlichen Struktur, in dem Verwertungsrecht gemäß § 371 und in der Insolvenzfestigkeit gemäß § 51 Nr. 3 InsO zum Ausdruck kommen (vgl. oben Rdn. 2 f), den als „sonstiges Recht" i. S. von § 823 Abs. 1 BGB anerkannten Rechten besonders nahesteht. Insbesondere ist – im Gegensatz zur obligatorischen Forderung – die Erkennbarkeit des Rechts für den potentiellen Schädiger hinreichend gewährleistet, weil das Zurückbehaltungsrecht an den Besitz des Zurückbehaltungsberechtigten geknüpft ist und in dieser Hinsicht sich z. B. von einem gesetzlichen Pfandrecht nicht unterscheidet. Insgesamt sprechen somit die besseren Gründe dafür, das Zurückbehaltungsrecht auch bezüglich des Deliktsschutzes einem Pfandrecht gleichzustellen und als „sonstiges Recht" i. S. von § 823 Abs. 1 BGB anzuerkennen.[151]

---

[148] Vgl. – bei im einzelnen unterschiedlichen dogmatischen Ansätzen – z. B. BGHZ 62, 243, 248; 137, 89, 97 f; *Medicus* AcP 165 (1965) 115 ff; *Larenz/Canaris* Schuldrecht II/2¹³ § 76 II 4 f; *Staudinger/Hager* 1999, § 823 Rdn. B 167 ff mit umf. Nachw.; generell ablehnend *Sosnitza* Besitz und Besitzschutz, 2003, S. 273 ff mit weiteren Nachw.

[149] So *Larenz/Canaris* (Fn. 148) § 76 II 4 g; vertiefend Canaris Festschrift für Steffen, 1995, S. 90 ff; ebenso z. B. *Staudinger/Hager* (Fn. 148) § 823 Rdn. B 165.

[150] So z. B. *Otte* JZ 1969, 253 ff; *Medicus* Festschrift für Steffen, 1995, S. 333 ff.

[151] Ebenso *Medicus* AcP 165 (1965) 115 ff, 124; *Karsten Schmidt* § 22 IV 3 d; MünchKomm.-*Welter* § 369 Rdn. 64 und 72; *Ebenroth/Boujong/Joost/Stadler* § 369 Rdn. 28 a. E.; *Pfeiffer/Bateareu* § 8 Rdn. 66.

Dabei bedarf es allerdings einer gewissen Modifikation, um Wertungswidersprüche gegenüber den Vorschriften über den **gutgläubigen Erwerb** zu vermeiden. Denn sogar das Eigentum und die übrigen dinglichen Rechte an beweglichen Sachen werden, wie sich aus § 932 Abs. 2 BGB ergibt, nicht gegenüber jeder schuldhaften, sondern nur gegenüber einer vorsätzlichen oder grob fahrlässigen Entziehung des Rechts geschützt. Folglich kann der Schutz beim Zurückbehaltungsrecht nicht stärker sein. Die Haftung des Erwerbers aus § 823 Abs. 1 (i. V. m. § 249 S. 1) BGB ist daher in Analogie zu §§ 936 Abs. 2, 932 Abs. 2 BGB auf Vorsatz und grobe Fahrlässigkeit zu beschränken.

Daran wird zugleich deutlich, daß die hier in Frage stehende Form des Deliktsschutzes im praktischen Ergebnis zu einem (teilweisen) **Sukzessionsschutz** für das Zurückbehaltungsrecht und zu einer (teilweisen) Anwendung der Vorschriften über den **gutgläubigen lastenfreien Erwerb** führt. Darin liegt keine Zweckentfremdung des Deliktsrechts. Denn die schuldhafte Entziehung des Eigentums stellt tatbestandlich an sich eine unter § 823 Abs. 1 BGB fallende unerlaubte Handlung – und außerdem auch einen Fall der Eingriffskondiktion – dar und löst nur deshalb nicht die entsprechenden Rechtsfolgen aus, weil die Vorschriften über den gutgläubigen Erwerb die Rechtswidrigkeit ausschließen.[152] Sind letztere nicht unmittelbar anwendbar, so ist es daher durchaus konsequent, den Lösungsansatz wieder auf die Seite des Deliktsrechts zurückzuverlegen.

86

Eine völlige Gleichstellung des Zurückbehaltungsrechts mit einem dinglichen Recht erfolgt dadurch nicht. Das zeigt sich vor allem an der **Unanwendbarkeit von § 935 Abs. 1 BGB**. Eine Analogie zu dieser Vorschrift – d. h. die Annahme, daß das Zurückbehaltungsrecht bei einem unfreiwilligen Verlust des Besitzes durch den Gläubiger bestehen bleibt – scheitert vor allem daran, daß sowohl der Bestand des Zurückbehaltungsrechts als auch speziell dessen deliktsrechtlicher Schutz auf der Fortdauer des Besitzes und der darin liegenden Erkennbarkeit des Rechts für Dritte aufbauen; man kommt daher gar nicht erst bis zu der Frage nach einer Analogie zu § 935 BGB, weil das Zurückbehaltungsrecht nach einem Verlust des Besitzes nicht mehr gegen Dritte wirkt, so daß diese nicht auf die Möglichkeit eines gutgläubigen „lasten"- bzw. einwendungsfreien Erwerbs angewiesen sind und an diesem also von vornherein nicht durch eine entsprechende Anwendung von § 935 Abs. 1 BGB gehindert werden können (vgl. auch unten Rdn. 104).

Hatte allerdings der Zurückbehaltungsberechtigte die Einrede aus § 369 Abs. 1 vor dem unfreiwilligen Verlust des Besitzes bereits erhoben, so kann ihm der **Anspruch aus § 1007 BGB gegen einen Rechtsnachfolger des Eigentümers** zustehen, da diese Vorschrift den Besitzberechtigten nach richtiger, wenngleich nicht herrschender Ansicht auch gegenüber letzterem schützt.[153] Hat also der Eigentümer in einem solchen Falle die Sache, nachdem der Zurückbehaltungsberechtigte den Besitz an ihr unfreiwillig verloren hatte, z. B. an einen Dritten vermietet, verpfändet oder übereignet, so ist dieser zumindest dann herausgabepflichtig, wenn er bezüglich des Zurückbehaltungsrechts *bösgläubig* war; denn da der Anspruch aus § 1007 BGB sich gegenüber dem Eigentümer durchsetzen würde – das Recht zum Besitz entkräftet als Duplik die Berufung des Eigentümers auf § 1007 Abs. 3 Satz 2 i. V. mit § 986 Abs. 1 BGB –, muß gleiches nach dem Grundsatz „nemo plus iuris transferre potest quam

87

---

[152] Vgl. *Larenz/Canaris* (Fn. 148) § 76 II 3 a.
[153] Vgl. BGH LM Nr. 3 zu § 855 BGB; *Canaris* Festschr. für Flume, 1978, S. 399 f m. Nachw. zur Gegenmeinung; der hier vertretenen Konzeption folgend *Zeranski* AcP 203 (2003) 722 f.

ipse habet" auch gegenüber dessen bösgläubigen Rechtsnachfolgern gelten. Ebenso dürfte darüber hinaus nach § 1007 Abs. 2 BGB sogar gegenüber einem *gutgläubigen* Rechtsnachfolger zu entscheiden sein; der Vorbehalt zugunsten des Eigentümers in § 1007 Abs. 2 BGB steht nicht entgegen, da er nichts anderes besagt als die Verweisung von § 1007 Abs. 3 Satz 2 auf § 986 Abs. 1 BGB[154] und folglich nur gegenüber dem – ebenfalls unter § 1007 Abs. 2 BGB fallenden – *nicht*berechtigten (gutgläubigen ehemaligen) Besitzer paßt, nicht aber auch gegenüber dem *berechtigten* (ehemaligen) Besitzer die Möglichkeit gutgläubigen besitzrechtsfreien Erwerbs abhandengekommener Sachen eröffnen soll[155]. Folgt man diesem Verständnis von § 1007 BGB, so genießt das Zurückbehaltungsrecht im praktischen Ergebnis **Sukzessionsschutz gegen kollidierende Verfügungen des Eigentümers** im selben Umfang wie ein (beschränktes) dingliches Recht nach § 936 BGB, sobald die entsprechende Einrede erhoben worden ist.

4. Die Ausdehnung der Passivlegitimation und der Rechtskraftwirkung gemäß §§ 371 Abs. 3, 372

88 Gemäß § 371 Abs. 3 hängt die Rechtmäßigkeit der Verkaufsbefriedigung (vgl. zu dieser oben Rdn. 66 und 68) davon ab, daß der Gläubiger einen vollstreckbaren Titel gegen den Eigentümer der Sachen erlangt hat. Das bereitet keine praktischen und dogmatischen Schwierigkeiten, wenn der Eigentümer (noch) mit dem Schuldner identisch ist. Das Erfordernis eines Titels gegen den Eigentümer gilt jedoch auch dann, wenn der Schuldner nicht (mehr) Eigentümer ist. Daraus folgt zwangsläufig, daß die Klage grundsätzlich gegen den (neuen) Eigentümer zu richten ist und gegen diesen durchgreift, sofern er gemäß oder analog § 369 Abs. 2 das Zurückbehaltungsrecht gegen sich gelten lassen muß.[156] § 371 Abs. 3 hat daher eine **Erstreckung der Passivlegitimation auf den Rechtsnachfolger** des früheren Eigentümers zur Folge, soweit das Zurückbehaltungsrecht ihm gegenüber nach den oben Rdn. 70 ff dargestellten Regeln wirkt. Das ist lediglich eine andere – und genauere – Formulierung des oben Rdn. 68 aufgestellten Satzes, daß die Duldungsklage nach § 371 Abs. 3 ihre materiellrechtliche Grundlage nicht in der gesicherten Forderung, sondern in dem Zurückbehaltungsrecht als solchem hat.

89 Die Passivlegitimation des neuen Eigentümers stellt insofern keinen vollen Schutz für den Zurückbehaltungsberechtigten dar, als dieser nicht immer etwas von dem Wechsel der Eigentümerstellung erfährt. § 372 Abs. 1 trägt dem durch den **Schutz des guten Glaubens an die Fortdauer des Eigentums des Schuldners** Rechnung: Der Schuldner gilt, sofern er bei dem Besitzerwerb des Gläubigers Eigentümer des zurückbehaltenen Gegenstandes war, in Ansehung der Befriedigung auch weiter als Eigentümer, sofern nicht der Gläubiger weiß, daß der Schuldner nicht mehr Eigentümer ist. Das bedeutet, daß der neue Eigentümer Rechtshandlungen, die mit der Befriedigung aus dem zurückbehaltenen Gegenstand zusammenhängen, also insbesondere die Benachrichtigungen nach §§ 1234, 1241 BGB, grundsätzlich gegen sich gelten lassen muß. Die Vorschrift entspricht der Regelung von § 1248 BGB und von § 407 Abs. 1 BGB.

---

[154] Vgl. z. B. Staudinger/*Gursky*, 1999, § 1007 Rdn. 36.

[155] Vgl. näher *Canaris* (Fn. 153) S. 402; zustimmend *Zeransky* AcP 203 (2003) 723.

[156] Allg. Ansicht, vgl. nur MünchKomm.-*Welter* § 372 Rdn. 1.

§ 372 Abs. 1 erfaßt an sich auch die Klageerhebung und würde daher wohl auch für **90** eine gesetzliche Prozeßstandschaft und die anschließende **Rechtskrafterstreckung** eine hinreichende Grundlage abgeben. Abs. 2 der Vorschrift ordnet diese jedoch noch ausdrücklich an, was der Regelung von § 407 Abs. 2 BGB entspricht. Das geht über die Prozeßstandschaft gemäß § 265 ZPO und die Rechtskrafterstreckung gemäß § 325 ZPO insofern hinaus, als nicht eine Rechtsnachfolge nach Rechtshängigkeit erforderlich ist, sondern eine Rechtsnachfolge nach Besitzerlangung genügt. Der Zeitpunkt der Rechtshängigkeit ist nur für den guten Glauben des Gläubigers maßgeblich. Selbstverständliche Voraussetzung ist im übrigen ebenso wie in Abs. 1, daß der neue Eigentümer das Zurückbehaltungsrecht gemäß oder analog § 369 Abs. 2 gegen sich gelten lassen muß.

Die Wirkung des Urteils erschöpft sich nicht in der Rechtskrafterstreckung, son- **91** dern schließt ein, daß der Gläubiger analog § 727 ZPO die **Erteilung einer vollstreckbaren Ausfertigung gegen den neuen Eigentümer** verlangen bzw. **Klage auf Erteilung der Vollstreckungsklausel** nach § 731 ZPO erheben kann.[157] Denn das Ziel der Duldungsklage gegen den Eigentümer besteht allein in der Erlangung eines Vollstreckungstitels, und es wäre daher mit dem Schutzzweck von § 372 nicht zu vereinbaren, wenn man den Gläubiger zu einer erneuten Duldungsklage gegen den neuen Eigentümer zwänge, zumal diese wegen der Rechtskrafterstreckung ein überflüssiger Formalismus wäre und eine unnötige Verzögerung der Befriedigung zur Folge hätte.

5. Das Zurückbehaltungsrecht in Insolvenz und Zwangsvollstreckung

Das Zurückbehaltungsrecht wirkt gemäß § 51 Nr. 3 InsO auch im Insolvenzver- **92** fahren und gewährt in diesem außer der Einrede, nur Zug um Zug gegen Befriedigung der gesicherten Forderung leisten zu müssen (vgl. oben Rdn. 60ff), auch ein **Absonderungsrecht**. Darin tritt besonders stark die weitgehende Verdinglichung des kaufmännischen Zurückbehaltungsrechts in Erscheinung. Voraussetzung ist, daß das Zurückbehaltungsrecht bei Verfahrenseröffnung bereits entstanden war (vgl. dazu oben Rdn. 40f); Fälligkeit der gesicherten Forderung ist gemäß § 41 InsO nicht erforderlich. Nach Verfahrenseröffnung kann gemäß § 91 Abs. 1 InsO ein Zurückbehaltungsrecht nicht mehr entstehen,[158] da dieses sowohl wegen der Begründung der Zug-um-Zug-Einrede als auch erst recht wegen des Absonderungsrechts die Masse schmälern würde.

In der **Zwangsvollstreckung** hat das Zurückbehaltungsrecht den Vorrang vor **93** einem später entstandenen Pfändungspfandrecht,[159] wie sich aus dem Umkehrschluß aus § 804 Abs. 2 Halbs. 2 ZPO i.V. mit § 53 Nr. 3 InsO ergibt. Ist der Gläubiger unmittelbarer Besitzer der Sache, so kann er die Pfändung gemäß §§ 808f ZPO durch Verweigerung der Herausgabe verhindern bzw. ihr, wenn sie trotzdem erfolgt, mit der Erinnerung gemäß § 766 ZPO entgegentreten; zudem kann er nach h.L. die Drittwiderspruchsklage gemäß § 771 ZPO auf sein Recht zum Besitz (vgl. oben Rdn. 60) stützen[160] sowie – als minus dazu – die Klage auf vorzugsweise Befriedigung nach

---

[157] Vgl. auch *Düringer/Hachenburg/Hoeniger* § 372 Anm. 3 unter e; *Heymann/Horn* § 372 Rdn. 3; *Röhricht/Graf von Westphalen/Wagner* § 372 Rdn. 4; i. E. auch *Ebenroth/Boujong/Joost/Stadler* § 372 Rdn. 4; a. A. *Schlegelberger/Hefermehl* § 372 Rdn. 3.

[158] Ebenso *MünchKomm.-Welter* § 369 Rdn. 77; *Röhricht/Graf von Westphalen/Wagner* § 369 Rdn. 26; *Ebenroth/Boujong/Joost/Stadler* § 369 Rdn. 33 a. E.

[159] Vgl. z.B. *MünchKomm.-Welter* § 369 Rdn. 74; *Röhricht/Graf von Westphalen/Wagner* § 369 Rdn. 27; *Ebenroth/Boujong/Joost/Stadler* § 369 Rdn. 32; s. auch OLG Hamburg MDR 1988, 235.

[160] Vgl. z.B. *Stein/Jonas/Münzberg* ZPO^{22} § 805 Rdn. 13; *MünchKomm.-ZPO-K. Schmidt*^{2} § 771 Rdn. 37 a. E.; *Baumbach/Lauterbach/Albers/Hartmann* ZPO^{62} § 771 Rdn. 27 Abs. 2.

§ 805 ZPO erheben¹⁶¹. Ist der Gläubiger nicht unmittelbarer Besitzer der Sache wie z.B. in den Fällen, in denen er über diese lediglich mit Hilfe eines Traditionspapiers verfügen kann, so hat er weder die Erinnerung gemäß § 766 ZPO noch – entgegen der h. L.¹⁶² – die Drittwiderspruchsklage gemäß § 771 ZPO, sondern ist grundsätzlich auf die Klage auf vorzugsweise Befriedigung gemäß § 805 ZPO beschränkt. Denn der mittelbare Besitz als solcher ist nach richtiger Ansicht kein Recht i.S. von § 771 ZPO¹⁶³, und auch das Zurückbehaltungsrecht selbst gewährt kein solches Recht. Möglich ist allerdings, daß der Herausgabeanspruch des Zurückbehaltungsberechtigten ein Recht i.S. von § 771 ZPO darstellt, doch läßt sich das nicht generell bejahen, sondern hängt von seiner Rechtsgrundlage ab.¹⁶⁴ Geht der Zurückbehaltungsberechtigte nach § 805 ZPO vor, so bedarf er nicht eines vollstreckbaren Titels nach § 371 Abs. 3 HGB.

IV. Übertragung und gesetzlicher Übergang des kaufmännischen Zurückbehaltungsrechts

1. Die rechtsgeschäftliche Übertragung

94 Die **Übertragbarkeit** des kaufmännischen Zurückbehaltungsrechts ist insofern nicht unproblematisch, als es nach dem Wortlaut von § 369 Abs. 1 ein „zwischen" den Parteien geschlossenes Handelsgeschäft voraussetzt. Der Schutzzweck dieses Erfordernisses (vgl. dazu oben Rdn. 45) ist jedoch nicht verletzt, wenn das Zurückbehaltungsrecht zusammen mit der gesicherten Forderung übergeht. Die Übertragung bzw. der Übergang des Zurückbehaltungsrechts sind daher grundsätzlich als zulässig anzusehen.¹⁶⁵

95 Eine **selbständige Übertragung des Zurückbehaltungsrechts ohne die gesicherte Forderung** ist nicht möglich.¹⁶⁶ Das folgt nicht nur aus dem Rechtsgedanken von § 1250 Abs. 1 Satz 2 und Abs. 2 BGB, sondern vor allem aus dem Umstand, daß eine derartige Trennung des Zurückbehaltungsrechts von der gesicherten Forderung eine Inhaltsänderung darstellt und daher der Mitwirkung des Schuldners bedarf. Erteilt dieser seine Zustimmung, so handelt es sich um eine rechtsgeschäftliche Forderungs- und/oder Parteienauswechselung, auf die die Grundsätze über die rechtsgeschäftliche Bestellung des Zurückbehaltungsrechts (vgl. unten Rdn. 110ff) entsprechend anzuwenden sind. Erteilt der Schuldner seine Zustimmung nicht, so erlischt das Zurückbehaltungsrecht analog § 1250 Abs. 2 BGB, wenn die Forderung übertragen und sein Übergang ausgeschlossen wird (vgl. im übrigen unten Rdn. 97). Wird umgekehrt die Übertragung des Zurückbehaltungsrechts ohne Übertragung der Forderung verein-

---

[161] Vgl. *Thomas/Putzo* ZPO²⁵ § 805 Rdn. 9; *Baumbach/Lauterbach/Albers/Hartmann* ZPO⁶² § 805 Rdn. 3 Abs. 2; MünchKomm.-*Schilken*² § 805 Rdn. 12 a. E.; OLG Hamburg MDR 1988, 235.

[162] Vgl. z.B. *Wolff* S. 103; *Düringer/Hachenburg/Hoeniger* § 369 Anm. 15; *Schlegelberger/Hefermehl* § 369 Rdn. 61; *Ebenroth/Boujong/Joost/Stadler* § 369 Rdn. 32; *Karsten Schmidt* § 22 IV 3c; MünchKomm.-*Welter* § 369 Rdn. 74; Münch-Komm.-ZPO-*Schilken*² § 805 Rdn. 12; *Stein/Jonas/Münzberg* (Fn. 160) § 805 Rdn. 13.

[163] Vgl. *Thomas/Putzo* (Fn. 161) § 771 Rdn. 21 bzw. 17; *Stein/Jonas/Münzberg* (Fn. 160) § 771

Rdn. 35f; MünchKomm.-ZPO-*K. Schmidt*² § 771 Rdn. 38; **a. A.** *Baumbach/Lauterbach/Albers/Hartmann* (Fn. 160) § 771 Rdn. 15; *Zöller/Herget*²⁴ § 771 Rdn. 14 – Besitz.

[164] Vgl. nur *Stein/Jonas/Münzberg* (Fn. 160) § 771 Rdn. 36; MünchKomm.-ZPO-*K. Schmidt*² § 771 Rdn. 38.

[165] Vgl. *Wolff* S. 118; *Düringer/Hachenburg/Hoeniger* § 369 Anm. 4 a. E.; *Schlegelberger/Hefermehl* § 369 Rdn. 67; *Heymann/Horn* § 369 Rdn. 44.

[166] Vgl. *Wolff* S. 118; *Düringer/Hachenburg/Hoeniger* § 369 Anm. 4 a. E.; *Heymann/Horn* § 369 Rdn. 44.

bart, so ist dieses Rechtsgeschäft mangels Mitwirkung des Schuldners schwebend unwirksam; das Zurückbehaltungsrecht bleibt in diesem Falle also bestehen.

2. Die Auswirkungen der Abtretung der gesicherten Forderung auf das Zurückbehaltungsrecht

Nach h. L. hat die Abtretung der gesicherten Forderung **keinen ipso-iure-Übergang des Zurückbehaltungsrechts analog §§ 401, 1250 Abs. 1 Satz 1 BGB** zur Folge.[167] Dem ist im Ausgangspunkt grundsätzlich zuzustimmen. Das ergibt sich allerdings nicht schon daraus, daß das Zurückbehaltungsrecht kein dingliches Recht ist; denn unter § 401 BGB fallen nicht nur solche Rechte, und außerdem liegt auch die Analogie zu § 1250 Abs. 1 Satz 1 BGB wegen der Pfandrechtsähnlichkeit des Zurückbehaltungsrechts an sich verhältnismäßig nahe. Die Problematik hat auch nichts mit der entsprechenden Anwendung von § 406 BGB (vgl. oben Rdn. 72 Abs. 2) zu tun,[168] weil es bei dieser um den Schutz des Zurückbehaltungsberechtigten, hier dagegen um die (eventuelle) Begünstigung des Zessionars geht. Gegen die Analogie spricht jedoch, daß das Zurückbehaltungsrecht eine Einrede und ein Gestaltungsrecht darstellt (vgl. oben Rdn. 60 und 64) und daß Gestaltungsrechte grundsätzlich nicht unter § 401 BGB fallen.[169] Dahinter steht die vernünftige Wertung, daß die Ausübung derartiger Rechte von einer besonderen Entscheidung ihres Inhabers abhängt und daß diese nicht ohne weiteres vom Zessionar getroffen werden kann. Diese Überlegung hat beim Zurückbehaltungsrecht insofern besonderes Gewicht, als dieses im Gegensatz zur typischen Lage bei den in § 401 BGB genannten Rechten nicht von vornherein und notwendigerweise mit einer bestimmten Forderung verknüpft ist, sondern gemäß § 369 Abs. 1 grundsätzlich alle Forderungen aus den beiderseitigen Handelsgeschäften sichert, so daß der Gläubiger nach der Abtretung einer Forderung das Zurückbehaltungsrecht u. U. für eine andere Forderung geltend machen kann. Mithin paßt die Analogie zu §§ 401, 1250 Abs. 1 BGB grundsätzlich in der Tat nicht. Eine rigorose Durchführung dieser Ansicht würde freilich zu der überaus mißlichen Folge führen, daß das Zurückbehaltungsrecht wegen der Trennung von Besitz an der Sache und gesicherter Forderung erlischt; das folgt schon aus dem Wortlaut von § 369 Abs. 1 Satz 1, weil (und sofern) die Sache nicht in den Besitz des Zessionars gelangt ist, und entspricht im übrigen auch dem allgemeinen Grundsatz von § 1250 Abs. 2 BGB.

Folgerichtig ist eine Ausnahme jedenfalls dann zu machen und also ein Übergang des Zurückbehaltungsrechts in **Analogie zu §§ 401, 1250 Abs. 1 Satz 1 BGB** zu bejahen, wenn eine **Geltendmachung der Einrede aus § 369 vor der Abtretung** erfolgt war.[170] Denn dann hatte der Gläubiger (und Zedent) seine Entscheidung getroffen und eine spezifische Verbindung zwischen dem Zurückbehaltungsrecht und gerade dieser Forderung hergestellt, und dann besteht daher keine Rechtfertigung mehr dafür, das Zurückbehaltungsrecht insoweit anders zu behandeln als beispielsweise ein Insolvenzvorrecht oder ein gesetzliches Pfandrecht. Ebenso ist zu entscheiden, wenn die Geschäftsverbindung als ganze auf den Zessionar übertragen wird, was vor allem bei einer Übernahme des kaufmännischen Betriebs in Betracht kommt; auf diesen Fall die

---

[167] Vgl. *Wolff* S. 118; *Düringer/Hachenburg/Hoeniger* § 369 Anm. 4 a. E.; *Schlegelberger/Hefermehl* § 369 Rdn. 67; *Karsten Schmidt* § 22 IV 2b a. E.; *Heymann/Horn* § 369 Rdn. 44; *Ebenroth/Boujong/Joost/Stadler* § 369 Rdn. 41; a. A. *Palandt/Heinrichs*[63] § 401 Rdn. 4 unter aa.

[168] Zumindest mißverständlich insoweit *Karsten Schmidt* § 22 IV 2b a. E.

[169] Vgl. statt aller *Palandt/Heinrichs*[63] § 398 Rdn. 18b und § 401 Rdn. 6.

[170] A. A. auch insoweit *Koller/Roth/Morck* §§ 369–372 Rdn. 4 a. E.

Analogie zu §§ 401, 1250 Abs. 1 Satz 1 BGB zu beschränken, wäre jedoch aus den soeben dargelegten Gründen zu eng.

Der Zessionar hat in diesen Fällen einen **Anspruch auf Herausgabe der Sache gegen den Zedenten**. Dieser folgt zwar nicht aus dem – auf ihn übergegangenen – Zurückbehaltungsrecht selbst (vgl. oben Rdn. 83), wohl aber aus ergänzender Auslegung des der Zession zugrunde liegenden Kausalvertrags gemäß § 157 BGB.

98 Hatte der Gläubiger (und Zedent) die Einrede zur Zeit der Abtretung noch nicht erhoben, so kann er dies nachholen, sofern nicht der Übergang des Zurückbehaltungsrechts bei der Zession ausgeschlossen wurde (vgl. dazu oben Rdn. 95). Da die Ausübung des Zurückbehaltungsrechts ex tunc wirkt (vgl. oben Rdn. 61), führt eine solche **nachträgliche Geltendmachung des Zurückbehaltungsrechts** folgerichtig zu einer **rückwirkenden Entstehung der Voraussetzungen für die analoge Anwendung von §§ 401, 1250 Abs. 1 Satz 1 BGB**, so daß das Zurückbehaltungsrecht nunmehr mit ex-tunc-Wirkung ipso iure übergeht. Daß dabei die Forderungszuständigkeit und die Innehabung des Zurückbehaltungsrechts zwischenzeitlich auseinanderfallen, muß in Kauf genommen werden, da es das kleinere Übel gegenüber dem – von den Parteien der Zession vermutlich oft nicht bedachten – unheilbaren Erlöschen des Zurückbehaltungsrechts ist und da sonst außerdem bei der cessio legis schwere Unbilligkeiten entstehen können (vgl. dazu unten Rdn. 101). Ob der Zedent zur Erhebung der Zurückbehaltungseinrede verpflichtet ist, richtet sich nach seinen obligatorischen Beziehungen zum Zessionar und ist im Zweifel nach § 157 BGB im Wege der ergänzenden Vertragsauslegung zu bejahen.

99 Die h. L. unterscheidet sich von der hier vertretenen Ansicht dadurch, daß sie zum einen nicht auf die Geltendmachung der Zurückbehaltungseinrede abstellt und daß sie zum anderen den Übergang des Zurückbehaltungsrechts von der Übergabe der Sache bzw. einem Übergabesurrogat abhängig macht.[171] Das ist unbefriedigend, weil es der ratio legis von § 401 BGB nicht voll gerecht wird und weil es überdies für den Übergang des Zurückbehaltungsrechts zu anderen und strengeren Anforderungen als beim Pfandrecht und damit zu einem Systembruch führt. Außerdem hat das Übergabeerfordernis in den – besonders wichtigen – Fällen der cessio legis kaum lösbare Schwierigkeiten zur Folge, weil es dabei an einer Übergabe i. d. R. fehlt und diese jedenfalls keinen konstitutiven Charakter hat (vgl. dazu im übrigen die folgenden Rdn.).

3. Der gesetzliche Forderungsübergang

100 Der gesetzliche Forderungsübergang wirft keine besonderen Probleme auf, sofern er im Wege der **Gesamtnachfolge** wie vor allem im **Erbfall** erfolgt: Da der Nachfolger ipso iure voll in die Rechtsstellung seines Vorgängers einrückt, erlangt er außer der Forderung auch das Zurückbehaltungsrecht.

101 Schwierigkeiten ergeben sich dagegen bei der **cessio legis** wie z. B. in den **Fällen der §§ 268 Abs. 3, 426 Abs. 2, 774 BGB**. Für die h. L. bestehen diese, wie soeben bereits erwähnt, vor allem in dem Übergabeerfordernis. Den Übergang des Zurückbehaltungsrechts daran scheitern zu lassen, wäre indessen nicht vertretbar, weil hinter der von der h. L. befürworteten Konstruktion kein teleologisches Argument steht, das den Verzicht auf den Übergang des Zurückbehaltungsrecht gebietet oder auch nur plausibel macht. Vom hier vertretenen Standpunkt aus entstehen dagegen keine

---

[171] Vgl. die Zitate in Fn. 167.

Schwierigkeiten, sofern der Gläubiger im Zeitpunkt der cessio legis sein Zurückbehaltungsrecht bereits ausgeübt hatte; denn dann sind, wie in Rdn. 97 dargelegt, die §§ 401, 1250 Abs. 1 Satz 1 BGB analog anwendbar. Hatte der Gläubiger dagegen die Zurückbehaltungseinrede noch nicht geltend gemacht, so steht man wieder vor der Alternative, entweder einen Übergang des Zurückbehaltungsrechts generell auszuschließen oder eine zwischenzeitliche Trennung von Forderung und Zurückbehaltungsrecht in Kauf zu nehmen. Ebenso wie bei der rechtsgeschäftlichen Zession ist im letzteren Sinne zu entscheiden: der Gläubiger kann durch eine nachträgliche Erhebung der Einrede mit ex-tunc-Wirkung den Übergang des Zurückbehaltungsrechts analog §§ 401, 1250 Abs. 1 S. 1 BGB herbeiführen (vgl. oben Rdn. 98); ob er hierzu verpflichtet ist, richtet sich nach seinen obligatorischen Beziehungen zum Zessionar.

Für die Frage, ob und in welcher Höhe **andere Sicherungsgeber** auf Grund der Legalzession auf die dem Zurückbehaltungsrecht unterliegenden Gegenstände zurückgreifen können, gelten dieselben Grundsätze wie beim gesetzlichen Übergang eines Pfandrechts.[172] **102**

V. Der Untergang des kaufmännischen Zurückbehaltungsrechts

Das Zurückbehaltungsrecht erlischt durch **Aufgabe des Besitzes oder der Verfügungsmöglichkeit mittels eines Traditionspapiers,** wie sich schon aus dem Wortlaut von § 369 Abs. 1 ergibt. Behält der Gläubiger den mittelbaren Besitz, so bleibt sein Zurückbehaltungsrecht dagegen bestehen, es sei denn, er überläßt den unmittelbaren Besitz dem Schuldner oder dessen Mittelsmann (vgl. oben Rdn. 20 Abs. 2). **103**

Nach h. L. führt auch der **unfreiwillige Verlust des Besitzes bzw. des Traditionspapiers** zum Erlöschen des Zurückbehaltungsrechts, doch soll dieses mit ex-tunc-Wirkung wieder aufleben, wenn der Gläubiger den Besitz wiedererlangt,[173] wobei man insoweit zur Begründung den Rechtsgedanken von § 940 Abs. 2 BGB heranzuziehen pflegt[174]. Die ex-tunc-Wirkung kann allerdings nur im Verhältnis zwischen Gläubiger und Schuldner und nicht auch im Verhältnis zu Dritten anerkannt werden. **Zwischenzeitliche Verfügungen** zu deren Gunsten bleiben daher grundsätzlich unberührt und gehen also dem Zurückbehaltungsrecht vor, ohne daß es auf die Voraussetzungen von § 936 BGB ankommt.[175] Denn da dieses kein dingliches Recht ist, wirkt es gegenüber Dritten nicht schon als solches, sondern erst in Verbindung mit dem Besitz des Zurückbehaltungsberechtigten oder auf dessen Grundlage (vgl. oben Rdn. 74 und 84ff) – und dieser war hier ja in der Zwischenzeit entfallen. § 940 Abs. 2 BGB paßt insoweit nicht, da diese Vorschrift den Lauf der Ersitzungsfrist im Verhältnis zwischen dem (ersitzungsbefugten) Besitzer und dem wahren Berechtigten betrifft und nicht das – hier zur Diskussion stehende – Verhältnis zwischen dem (zurückbehaltungsbefugten) Besitzer und einem Dritten, der in der Zeit zwischen dem Verlust des Besitzes und seiner Wiedererlangung Eigentum oder ein sonstiges dingliches Recht an der Sache erworben hat[176]. **104**

---

[172] Vgl. dazu statt aller *Larenz/Canaris* Schuldrecht II/2[13] § 60 IV 3 mit Nachw.
[173] Vgl. *Wolff* S. 32f; *Düringer/Hachenburg/Hoeniger* § 369 Anm. 9 und Anm. 14a; *Schlegelberger/Hefermehl* § 369 Rdn. 66; *Karsten Schmidt* § 22 IV 2h; *Heymann/Horn* § 369 Rdn. 45; Münch-Komm.-*Welter* § 369 Rdn. 51 a. E.; *Röhricht/Graf von Westphalen/Wagner* § 369 Rdn. 33; *Baumbach/Hopt* § 369 Rdn. 2 a. E.; *Ebenroth/Boujong/Joost/Stadler* § 369 Rdn. 40.
[174] So schon *Wolff* S. 32f.
[175] Ebenso *Altmeppen* ZHR 157 (1993) 557; *Ebenroth/Boujong/Joost/Stadler* § 369 Rdn. 41.
[176] Vgl. z. B. *Westermann/Gursky*[7] § 51 I 4; Münch-Komm.-*Quack*[3] § 940 Rdn. 6.

Für das Erlöschen des Zurückbehaltungsrechts spricht der Wortlaut von § 369 Abs. 1, da dieses danach nur besteht, sofern der Gläubiger die Sache „noch im Besitze hat". Allerdings ist dieses Argument nicht sonderlich stark, da die §§ 397, 441 Abs. 2, 464 Satz 2, 475b Abs. 3 HGB für die dort geregelten **gesetzlichen Pfandrechte** eine ganz ähnliche Formulierung enthalten und diese gleichwohl nach richtiger Ansicht durch einen unfreiwilligen Verlust des Besitzes nicht erlöschen[177]. Ausschlaggebend ist dabei jedoch das Argument, daß der Inhaber eines solchen Pfandrechts grundsätzlich nicht schlechter stehen darf als der Inhaber eines Vertragspfandrechts,[178] das wegen seines Charakters als dingliches Recht durch einen unfreiwilligen Besitzverlust nicht erlischt – wie sich auch aus dem Umkehrschluß zu § 1253 Abs. 1 BGB ergibt – und auf dessen Regelung § 1257 BGB für die gesetzlichen Pfandrechte verweist. Für eine solche Gleichstellung mit einem Vertragspfandrecht gibt es hinsichtlich des Zurückbehaltungsrechts aus § 369 keine zureichende Legitimation (vgl. auch oben Rdn. 36), und daher kann dieses insoweit auch nicht einem gesetzlichen Pfandrecht gleichgestellt werden; vielmehr ist hier dem Unterschied Rechnung zu tragen, daß letzteres ein dingliches Recht darstellt und als solches durch den unfreiwilligen Verlust seiner besitzrechtlichen Grundlage nicht untergeht, während das Zurückbehaltungsrecht aus § 369 im Kern eben nur ein obligatorisches Recht ist und daher gegenüber Dritten grundsätzlich, d. h. vorbehaltlich besonderer Regelungen wie § 369 Abs. 2 oder legitimer Rechtsfortbildungen, keine Wirkung entfaltet.[179]

Im übrigen würde wohl auch eine Konstruktion, nach der das Zurückbehaltungsrecht bei unfreiwilligem Besitzverlust fortlebt, im praktischen Ergebnis nicht zu Abweichungen gegenüber der h. L. führen. Insbesondere dürfte die Frage des „lasten"- bzw. einwendungsfreien Erwerbs eines Dritten nach beiden Konstruktionen gleich zu entscheiden sein: Dem Dritten schadet nicht schon grobe Fahrlässigkeit nach § 823 Abs. 1 BGB i. V. mit analoger Anwendung von § 936 BGB, da es für einen Deliktsschutz an der erforderlichen besitzrechtlichen Grundlage fehlt (vgl. oben Rdn. 85), wohl aber vorsätzliches sittenwidriges Handeln zum Schaden des Gläubigers gemäß § 826 BGB, wobei der Schutzgegenstand nach der Erlöschenskonstruktion in der Rückerwerbsaussicht oder im Vermögen des Gläubigers und nach der Fortbestandskonstruktion im Zurückbehaltungsrecht selbst liegt. Eine **analoge Anwendung von § 935 Abs. 1 BGB** ist folglich nach keiner der beiden Konstruktionen möglich (vgl. auch oben Rdn. 86 Abs. 2). Anders ist freilich zu entscheiden, wenn man der oben Rdn. 87 vertretenen Konzeption zu § 1007 BGB folgt, doch setzt diese voraus, daß der Gläubiger sein Zurückbehaltungsrecht vor dem Verlust des Besitzes an der Sache bereits geltend gemacht hatte, und betrifft daher nur diesen Sonderfall, so daß sich auch bei ihrer Zugrundelegung kein prinzipieller Gegensatz zur h. L. und überdies kein dogmatischer Unterschied im Verständnis von § 369, sondern nur im Verständnis von § 1007 BGB ergibt.

---

[177] Vgl. *Koller* unten § 397 Rdn. 16; *Baumbach/Hopt* § 397 Rdn. 8; MünchKomm.-HGB-*P. Bydlinski* § 410 Rdn. 103 ff; *Altmeppen* ZHR 157 (1993) 556f; a. A. z. B. *Staudinger/Wiegand* 2002, § 1257 Rdn. 20 a. E.; *Ebenroth/Boujong/Joost/Krüger* § 397 Rdn. 4 in Fortführung der ehemaligen h. L.

[178] So zutreffend *Koller* unten § 397 Rdn. 16. Dieses objektiv-teleologische Argument behält seine Überzeugungskraft auch nach Inkrafttreten des Transportrechtsreformgesetzes von 1998, obwohl der Gesetzgeber in den §§ 441 Abs. 2, 475b Abs. 3 HGB am alten Wortlaut festgehalten hat; dieser spricht zwar gegen den Fortbestand des gesetzlichen Pfandrechts bei Besitzverlust, doch wollten die Gesetzesverfasser durch seine Beibehaltung ersichtlich nicht die früher vorherrschende streng am Wortlaut orientierte Auslegung festschreiben, sondern haben diese Problematik gar nicht im Blick gehabt, vgl. die Regierungsbegründung BR-Drucks. 368/97 S. 27, 80, 122.

[179] Ähnlich *Altmeppen* ZHR 157 (1993) 556f.

Eigentumsverlust des Schuldners bringt das Zurückbehaltungsrecht nur in den seltenen Fällen zum Erlöschen, in denen es nach den oben Rdn. 70ff entwickelten Grundsätzen dem neuen Eigentümer nicht entgegengesetzt werden kann. Meist wird es in derartigen Fällen ohnehin schon durch Besitzverlust des Gläubigers erloschen sein. **Eigentumserwerb des Gläubigers** läßt das Zurückbehaltungsrecht grundsätzlich unberührt (vgl. oben Rdn. 38 und 39). 105

Das **Erlöschen der gesicherten Forderung** führt grundsätzlich zum Untergang des Zurückbehaltungsrechts. Dieses kann jedoch für eine andere Forderung neu entstehen. Bei Bestehen eines Kontokorrents ist § 356 HGB zu beachten (vgl. dazu oben § 356 Rdn. 12 und 24ff). 106

Die **Stundung der gesicherten Forderungen** hat das Erlöschen des Zurückbehaltungsrechts entgegen der h. L.[180] grundsätzlich nicht zur Folge, da dessen Bestand nicht von der Fälligkeit der Forderung abhängt (vgl. oben Rdn. 40f). 107

Auch eine **Sicherheitsleistung** nach § 369 Abs. 4 läßt den Bestand des Zurückbehaltungsrechts grundsätzlich unberührt und führt lediglich zu einer Einwendung gegen dessen Geltendmachung.[181] Denn die Sicherheitsleistung hat noch keine Befriedigung, sondern lediglich die Entstehung eines Pfandrechts an dem zu Sicherheit geleisteten Gegenstand gemäß § 233 BGB zur Folge und reicht daher für den endgültigen Untergang des Zurückbehaltungsrechts nicht aus, was vor allem bei einem ersatzlosen Wegfall der geleisteten Sicherheit – z. B. durch deren Zerstörung – von praktischer Bedeutung sein kann. 108

Abtretung oder Legalzession der gesicherten Forderung führen ebenfalls im praktischen Ergebnis grundsätzlich nicht zum Untergang des Zurückbehaltungsrechts, sondern können ein vorübergehendes Auseinanderfallen von Forderung und Zurückbehaltungsrecht zur Folge haben (vgl. oben Rdn. 94ff, insbesondere Rdn. 96ff). Allerdings erlischt das Zurückbehaltungsrecht analog § 1250 Abs. 2 BGB, wenn sein Übergang bei der Abtretung der Forderung ausgeschlossen wird (vgl. oben Rdn. 95). 109

VI. Die rechtsgeschäftliche Bestellung eines kaufmännischen Zurückbehaltungsrechts und die Umdeutung in ein solches

Die rechtsgeschäftliche Bestellung eines Zurückbehaltungsrechts i. S. von § 369 ist möglich[182] und hat entgegen der h. L.[183] die vollen **dinglichen Wirkungen** einschließlich des Absonderungsrechts im Insolvenzverfahren gemäß § 53 Nr. 3 InsO. Denn das Zurückbehaltungsrecht nach § 369 stellt lediglich ein minus gegenüber dem Pfandrecht dar, und daher besteht kein hinreichender Grund dafür, den Parteien seine rechtsgeschäftliche Bestellung zu verwehren. Voraussetzung ist allerdings, daß man seine Entstehung an **dieselben besitzrechtlichen Voraussetzungen wie die Bestel-** 110

---

[180] Vgl. *Wolff* S. 120f; *Schlegelberger/Hefermehl* § 369 Rdn. 66; *Heymann/Horn* § 369 Rdn. 45; *Ebenroth/Boujong/Joost/Stadler* § 369 Rdn. 40; auf den Inhalt der Stundungsabrede abstellend *Röhricht/Graf von Westphalen/Wagner* § 369 Rdn. 33.

[181] Vgl. *Düringer/Hachenburg/Hoeniger* § 369 Anm. 19; *Schlegelberger/Hefermehl* § 369 Rdn. 69; *MünchKomm.-Welter* § 369 Rdn. 80; a. A. *Wolff* S. 124; *Ebenroth/Boujong/Joost/Stadler* § 369 Rdn. 41 a. E.

[182] Zustimmend *Karsten Schmidt* § 22 IV 5; *Röhricht/Graf von Westphalen/Wagner* § 369 Rdn. 5; *Koller/Roth/Morck* §§ 369–372 Rdn. 2.

[183] Vgl. *Düringer/Hachenburg/Hoeniger* § 369 Anm. 21; *Schlegelberger/Hefermehl* § 369 Rdn. 41; *Heymann/Horn* § 369 Rdn. 46; *Baumbach/Hopt* § 369 Rdn. 1 a. E.; *Ebenroth/Boujong/Joost/Stadler* § 369 Rdn. 7.

lung eines Pfandrechts bindet, da anderenfalls die Vorschriften über dieses umgangen werden könnten (vgl. oben Rdn. 18 ff, insbesondere Rdn. 20). Folgerichtig sind dann freilich auch zugunsten des Gläubigers einzelne Regeln über das Pfandrecht entsprechend anwendbar; so wird man z. B. den **gutgläubigen Erwerb** eines rechtsgeschäftlich bestellten Zurückbehaltungsrechts i. S. von § 369 in Analogie zu §§ 1207 f BGB zuzulassen haben, da die Möglichkeit gutgläubigen Erwerbs bei unmittelbarer Anwendung von § 369 nicht an der obligatorischen Natur des Zurückbehaltungsrechts, sondern lediglich daran scheitert, daß es kraft Gesetzes entsteht (vgl. oben Rdn. 36).

111   Eine ganz andere Frage ist, ob im Einzelfall wirklich die **rechtsgeschäftlichen Voraussetzungen** für die Bestellung eines Zurückbehaltungsrechts i. S. von § 369 gegeben sind und ob der **erklärte Parteiwille** auf ein solches gerichtet ist. Das wird nur in verhältnismäßig seltenen Ausnahmefällen zu bejahen sein. Die üblichen Gestaltungsformen sind nämlich das echte Vertragspfand auf der einen Seite und das rein obligatorische Zurückbehaltungsrecht i. S. von § 273 BGB auf der anderen Seite. Wenn die Parteien eine zwischen diesen beiden Möglichkeiten liegende Mittellösung wählen wollen, müssen sie das hinreichend klar zum Ausdruck bringen. Denkbar ist aber, daß sie das tun, z. B. bei einer ausdrücklichen **vertraglichen Verweisung auf § 369 HGB**.

112   In Betracht kommt insbesondere auch, daß die Parteien bei **Fehlen einer Voraussetzung von § 369** vereinbaren, es solle gleichwohl ein Zurückbehaltungsrecht i. S. dieser Vorschrift entstehen.[184] Unverzichtbar sind allerdings, wie dargelegt (vgl. oben Rdn. 110), die besitzrechtlichen Voraussetzungen, und unverzichtbar ist außerdem das Erfordernis, daß die gesicherte Forderung hinreichend bestimmbar sein muß (vgl. oben Rdn. 40 f). Dagegen ist die Kaufmannseigenschaft keine unerläßliche Voraussetzung (vgl. oben Rdn. 11 f). Auch die Beschränkung des Zurückbehaltungsrechts auf bewegliche Sachen und Wertpapiere ist abdingbar, doch müssen dann die Voraussetzungen für die Verpfändung des betreffenden Gegenstandes eingehalten sein, bei Grundpfandrechten also das Schriftformerfordernis der §§ 1274, 1154 BGB, bei Forderungen gegebenenfalls das Anzeigeerfordernis des § 1280 BGB (vgl. oben Rdn. 16). Keine Bedenken bestehen ferner gegen die Abdingung des Erfordernisses, daß der Besitz an den dem Zurückbehaltungsrecht unterliegenden Gegenständen durch ein Handelsgeschäft erlangt sein muß (vgl. oben Rdn. 27), und gegen eine Erweiterung des Kreises der gesicherten Forderungen (vgl. oben Rdn. 54).

113   Die **nicht-dinglichen Wirkungen** des kaufmännischen Zurückbehaltungsrechts können auch dann wirksam vereinbart werden, wenn die zwingenden besitzrechtlichen Voraussetzungen (vgl. oben Rdn. 110 i. V. mit Rdn. 18 ff) nicht erfüllt sind. Das folgt aus dem Grundsatz der schuldrechtlichen Vertragsfreiheit. Zu den nicht-dinglichen Wirkungen gehört auch das **Befriedigungsrecht** gemäß § 371 HGB, da es nicht nur dingliche, sondern auch schuldrechtliche Befriedigungsrechte gibt (vgl. auch oben Rdn. 65). Bei der Annahme einer entsprechenden Vereinbarung ist jedoch Zurückhaltung geboten; denn die Gewährung eines Befriedigungsrechts ist, wie insbesondere der Unterschied von § 273 BGB einerseits und §§ 369 ff HGB andererseits zeigt, nicht die Regel, sondern die Ausnahme und muß daher entsprechend unmißverständlich vereinbart sein.

114   Als Ziel und Ergebnis einer **Umdeutung gemäß § 140 BGB** dürfte das Zurückbehaltungsrecht nach § 369 nur selten in Frage kommen. Bezüglich der dinglichen

---

[184] Vgl. auch MünchKomm.-*Welter* § 369 Rdn. 8.

Wirkungen wird es nämlich in aller Regel an den erforderlichen besitzrechtlichen Voraussetzungen fehlen, weil diese mit denen des Vertragspfandrechts identisch sind (vgl. oben Rdn. 110), und bezüglich der nicht-dinglichen Wirkungen, insbesondere des Befriedigungsrechts gemäß § 371, wird häufig der von § 140 BGB geforderte hypothetische Wille nicht feststellbar sein, weil die über § 273 BGB hinausgehenden Wirkungen, wie in der vorigen Rdn. dargelegt, Ausnahmecharakter haben und daher im Zweifel nicht dem Parteiwillen entsprechen. Immerhin kann aber z.B. eine Umdeutung in ein rein schuldrechtliches Zurückbehaltungsrecht mit schuldrechtlichem Befriedigungsrecht (also ohne Absonderungsrecht im Insolvenzverfahren) dann in Betracht kommen, wenn die Bestellung eines Vertragspfandrechts gescheitert ist, der hypothetische Parteiwille aber jedenfalls die Schaffung eines Befriedigungsrechts umfaßt.

Vorbemerkung

Vor § 373

Übersicht

	Rdn.			Rdn.
A. Allgemeines	1	F.	Einheitliches Gesetz über den Abschluß von internationalen Kaufverträgen über bewegliche Sachen (EAG)	604
B. Allgemeine Geschäftsbedingungen und Formularverträge	2	G.	Übereinkommen der Vereinten Nationen über Verträge über den internationalen Warenkauf (Wiener UN-Kaufrecht)	622
C. Der Überseekauf	4			
D. Handelsklauseln	167	H.	Incoterms	748
E. Einheitliches Gesetz über den internationalen Kauf beweglicher Sachen (EKG)	299	I.	Trade Terms	763

A. Allgemeines

Das HGB verwendet den Begriff des Handelskaufs in der Überschrift des zweiten **1** Abschnitts des dritten Buches (§§ 373 ff HGB). Es versteht darunter Kaufverträge über Waren und Wertpapiere sowie Werklieferungsverträge (§ 381 HGB), die ein Kaufmann im Rahmen seines Handelsgewerbes abschließt (§§ 343 f HGB). Dabei ist es gleichgültig, ob beide Vertragsparteien zum Kreis der Kaufleute (§§ 1 ff HGB) gehören oder der Kauf bzw. Werklieferungsvertrag nur für eine der Parteien ein Handelsgeschäft darstellt (§ 345 HGB). K. Schmidt (Handelsrecht² (1982) § 28 I 2) hält die Erstreckung der Sonderregeln des Handelskaufs auf einseitige Handelsgeschäfte für rechtspolitisch mißglückt und unter Umständen sogar ihre Anwendung für rechtsmißbräuchlich (K. Schmidt § 28 II 2 b). Diese Kritik erscheint als überzogen, weil es durchaus sachgerecht ist, dem typischen Beschleunigungsinteresse von Kaufleuten auch im Verhältnis zu Nichtkaufleuten, zumal wenn diese unternehmerisch tätig sind, Rechnung zu tragen. Gleichwohl ist nicht zu verkennen, daß der Handelskauf in der Variante „Kauf zwischen Kaufleuten bzw. Unternehmen" größere eigenständige Bedeutung gewinnen kann, wenn im Zuge der Rechtsfortbildung stärker Konsumentenschutzgesichtspunkte zum Tragen kommen (vgl. dazu *H. P. Westermann* Verbraucherschutz, in: Gutachten und Vorschläge zur Überarbeitung des Schuldrechts Bd. III (1983) S. 1 ff; *Lieb* AcP **183** (1983) 327, 348; *Joerges* Verbraucherschutz als Rechtsproblem (1981); *Dauner-Lieb* Verbraucherschutz durch Ausbildung eines Sonderprivatrechts für Verbraucher (1983)).

Die Rechtsgrundlagen des Handelskaufs finden sich nur zum geringsten Teil im HGB. Das ADHGB enthielt noch eine ausführliche Regelung des Kaufrechts. Weil sich diese sehr bewährt hatte, wurde sie zum größten Teil verallgemeinert und in das BGB übernommen. Das HGB enthält mithin nur noch einen kaufrechtlichen Torso, der durch die Vorschriften des BGB ergänzt wird. Gerade bei Handelskäufen sind daneben weitere rechtliche Gestaltungsfaktoren zu beachten. Zu nennen sind insbesondere **Allgemeine Geschäftsbedingungen** und **Formularverträge** (Rdn. 2), **Handelsklauseln** (Rdn. 167), **Handelsbräuche** (§ 346 HGB), die z. B. gerade beim **Überseekauf** eine

Vor § 373 Drittes Buch. Handelsgeschäfte

große Rolle spielen. Bei internationalen Austauschverträgen wird das HGB/BGB zum Teil durch **Einheitliches Kaufrecht** (EKG/EAG (Rdn. 299)) und in absehbarer Zeit durch das **Wiener UN-Kaufrecht** (Rdn. 621) sowie weiteres einschlägiges Einheitsrecht verdrängt.

B. Allgemeine Geschäftsbedingungen und Formularverträge

2 Verbreitet haben Verbände Allgemeine Geschäftsbedingungen empfohlen oder jedenfalls ausgearbeitet. Die AGB sind, soweit sie empfohlen worden sind, im Bundesanzeiger veröffentlicht. Im übrigen sei auf die Allgemeinen Geschäftsbedingungen der bei *Krafzig* (Die Spruchpraxis der Hanseatischen Schiedsgerichte (1974) S. 9f) aufgezählten Verbände sowie auf die Allgemeinen Bedingungen für die Warenlieferung zwischen den Organisationen der Mitgliedsländer des Rates für Gegenseitige Wirtschaftshilfe (ALB/RGW 1968/1975) hingewiesen.

Besonders hervorgehoben seien:
Geschäftsbedingungen des Warenvereins der Hamburger Börse e. V. (**WVB**), abgedruckt bei *Straatmann/Ulmer* Handelsrechtliche Schiedsgerichts-Praxis (Bd. 2 1982) Textteil S. 29 ff.

Literatur: *Mathies/Grimm/Sieveking* Die Geschäftsbedingungen des Waren-Vereins der Hamburger Börse e. V.[3] (1967); *Straatmann/Ulmer* Handelsrechtliche Schiedsgerichts-Praxis (1975/1982).

Bedingungen der Bremer Baumwollbörse für den Handel in Rohbaumwolle, Baumwollabfällen, Linters und Abfällen aus Chemiefasern oder Fasermischungen

Literatur: *Vierheilig* Das Kaufrecht der Bedingungen der Bremer Baumwollbörse (1968).

Bedingungen der Internationalen Wollvereinigung, herausgegeben von der Deutschen Wollvereinigung Bremen

Conditions of Contract for Electrical and Mechanical Works (FIDIC)

Literatur: *Stein/Berrer* Praxis des Exportgeschäfts II (1981).

Einheitsbedingungen im deutschen Getreidehandel und Sonderbestimmungen für Futtermittel und Mühlenprodukte

Literatur: *Stark* Kommentar zu den Einheitsbedingungen im deutschen Getreidehandel und den Sonderbestimmungen für Futtermittel sowie Lieferbedingungen für Mühlenprodukte[2] (1967).

Combiterms

Literatur: *Ramberg* Bimco-Bulletin Combiterms IV **1972** 1600; *Finke* S. 188; *Basedow* RabelsZ **43** (1979) 117.

Allgemeine Bedingungen für die Warenlieferung zwischen den Organisationen der Mitgliedsländer des Rates für Gegenseitige Wirtschaftshilfe (ALB/RGW)

Literatur: *Fink* Allgemeine Lieferbedingungen RGW-Finnland, RIW **1981** 92; *Kemper/Strohbach/Wagner* Die Allgemeinen Lieferbedingungen des RGW 1968 — Kommentar — (1975); *Reithmann* Internationales Vertragsrecht[3] (1980) Rdn. 313; *Uschakow* Vereinheitlichung des Kaufrechts im Ost-West-Verhältnis (1978); *Warmbold* Grundzüge eines einheitlichen Privatrechts für den Ost-West-Handel (1980).

Unter den Formularverträgen sind hervorzuheben:

Die von der Europäischen Wirtschaftskommission der Vereinten Nationen (U. N. **3** Economic Commission for Europe) aufgestellten ECE-Bedingungen (Allgemeine Liefer- und Montagebedingungen). Die deutschsprachige Variante dieser Formularverträge kann beim *Maschinenbau-Verlag* 6000 Frankfurt bezogen werden.

Literatur: *Bartels/Motomura* Haftungsprinzip, Haftungsbefreiung und Vertragsbeendigung beim internationalen Kauf, RabelsZ **43** (1979), 649; *Benjamin* The ECE General Conditions of Sale and Standard Forms of Contract, J. Bus. L. (1961) 113; *Cornil* Journal of World Trade Law [3] (1969) S. 390 ff; *Ferid* Die allgemeinen Lieferbedingungen für den Export von Anlagegütern (1954); *Finke* Die Bedeutung internationaler Handelsklauseln für die Gefahrtragung nach deutschem und US-amerikanischem Recht (1984); *Harz* Die Allgemeinen Liefer- und Montagebedingungen für den Export von Maschinen und Anlagen, Recht im Außenhandel (1959) Nr. 22, S. 1; *v. Hoffmann* Zur Auslegung von Formularbedingungen des internationalen Handelsverkehrs, AWD **1970** 247; *Katona* The International Sale of Goods Among Member States of the Council for Mutual Economic Assistance, Colum. J. Transnat. L. 9 (1970) 226, 281; *Kropholler* Internationales Einheitsrecht, in: Beiträge zum ausländischen und internationalen Privatrecht Bd. 39 (1975); *Moecke* in Herber, Wiener UNCITRAL Übereinkommen über internationale Warenkaufverträge [2] (1983); *Schmitthoff* Das neue Recht des Welthandels, RabelsZ **28** (1964) 47, 65 f; *Tunc* L' élaboration de conditions générales de vente sous les auspices de la Commission Economique pour l' Europe, Revue international droit comparé 12 (1960) 108.

Feeding Stuff Contracts
Literatur: *Hansen* Feeding Stuffs Contract No. III a for C & F/CIF transactions in feeding Stuffs of animal origin (1967).

European Contract for Coffee, abgedruckt *Straatmann/Ulmer* Handelsrechtliche Schiedsgerichts-Praxis Bd. 2 (1982) Textteil S. 63 ff.

Weitere Quellenangaben zu Formularverträgen finden sich bei *Digenopoulos* Die Abwandlung der CIF- und FOB-Geschäfte im modernen Überseekaufrecht (1978) S. 236 ff.

Zur Gültigkeit der in den AGB und den Formularverträgen verwandten Klauseln im Lichte des AGBG siehe die Kommentierungen des AGBG.

C. Der Überseekauf

Übersicht

	Rdn.
I. Formen und Rechtsquellen des Überseekaufs	4
1. Grundformen des Überseekaufs	4
2. Abgrenzung zum Wertpapierkauf	9
3. Rechtsquellen	10
II. Das cif-Geschäft	13
1. Pflichten des Verkäufers	13
a) Lieferung der Ware	13
b) Verpackung und Kennzeichnung	14
c) Lieferzeit	17
d) Exportfreie Ware	24
e) Seetransport	25
f) Versicherung	32
g) Verladeanzeige	36
h) Dokumente	42
aa) Art der Dokumente	43
bb) Inhalt der Dokumente	53
cc) Lieferung der Dokumente	59
i) Gefahrtragung in Hinblick auf die Ware	65
aa) Leistungsgefahr	65
bb) Preisgefahr	68
j) Pflichten des Käufers	71

	Rdn.		Rdn.
III. Modifikationen des cif-Geschäfts	73	c) Rechte und Pflichten des Käufers bei Mangelhaftigkeit der Ware	127
1. Kauf schwimmender Ware	73		
2. „Ausgeliefertes Gewicht"-Klauseln	78	V. Modifikationen des fob-Geschäfts	128
3. „Verlust"-Klauseln	79	1. Weiterverkauf fob — gekaufter Ware	129
4. „Beschädigungs"-Klauseln	80		
5. Klausel „Glückliche Ankunft vorbehalten"	82	2. Der Verkäufer befrachtet im Auftrag des Käufers	131
6. Klausel „cif ... Kasse gegen Dokumente bei Ankunft des Dampfers"	83	3. „Ausgeliefertes Gewicht"-, „Neugewicht"-, „Verlust"- und „Beschädigungs"-Klauseln	140
7. cif & c	84		
IV. Das fob-Geschäft	85	VI. Das fas-Geschäft	141
1. Wirtschaftliche Bedeutung	85	VII. „Ab Schiff"-Geschäft	147
2. Pflichten des Verkäufers	88	1. Bedeutung des „ab Schiff"-Geschäfts	148
a) Lieferung der Ware	89		
b) Lieferzeit	90	2. Pflichten des Verkäufers	149
c) Verpackung	91	a) Art und Verpackung der geschuldeten Ware	150
d) Qualitätsprüfung, Wiegen, Messen, Zählen	94	b) Lieferzeit	151
e) Ausfuhrgenehmigung	95	c) Lieferort	152
f) Importgenehmigung	100	d) Ankündigung des Schiffes	153
g) Sonstige Genehmigungen und Dokumente. Ursprungszeugnisse	101	e) Gefahrtragung	154
		3. Pflichten des Käufers	155
h) Lieferort	102	VIII. „Ab Kai"-Geschäft	158
i) Verladeanzeige	106	1. Bedeutung des „ab Kai"-Geschäfts	159
j) Transportkosten	107	2. Pflichten des Verkäufers	160
k) Dokumente	109	a) Art und Qualität der Ware	160
3. Gefahrtragung	116	b) Lieferort	161
4. Pflichten des Käufers	121	c) Lieferzeitpunkt	162
a) Beschaffung des Schiffsraums	122	d) Zoll, Steuern, Gebühren	164
b) Benennung des Schiffs, Ladeplatz und Ladezeit	126	3. Kosten und Gefahrtragung	165

Schrifttum

4 *Albers* Gewichtsklauseln im Überseekauf (1950); *Basedow* Die Incoterms und der Container oder wie man kodifizierte Usancen reformiert, RabelsZ **43** (1979) 116; *Baumbach/Duden/Hopt* Kommentar zum HGB 25 (1983); *Beyer* „Trade Terms" — „Incoterms" Ihre rechtliche Bedeutung und Abgrenzung, AWD **1954** 20; *Day* The Law of International Trade (1981); *Digenopoulos* Die Abwandlung der CIF- und FOB-Geschäfte im modernen Überseekaufrecht (1978); *Du Pontavice* Les obligations des parties dans la vente CAF, European Transport Law **17** (1982) 343; *Eisemann* Zur Auslegung der Fob-Klausel, AWD **1962** 153; *Eisemann* Die Incoterms im internationalen Warenkaufrecht — Wesen und Geltungsgrund (1967); *Eisemann* Die Incoterms Heute und Morgen (1980); *Eisemann/Melis* Incoterms (1982); *Ewald* Dokumentengefahr, HansRZ **1927** 733; *Finke* Die Bedeutung der internationalen Handelsklauseln für den Gefahrübergang nach deutschem und US-amerikanischem Recht (1984); *Grimm* Kasse gegen Dokumente — Anm. zu OLG Hamburg AWD **1962** 52, 53 f.; *Großkommentar zum HGB*³ (1967 ff); *Großmann* Weltusancen für den Überseekauf, HansRZ **1925** 81; *Grossmann-Doerth* Das Recht des Überseekaufs Bd. I (1930); *Gütschow* Verschiffungstermin bei cif-Geschäften, HansRZ **1920** 535; *Haage* Die Klausel „ab Kai" unter Berücksichtigung der Trade Terms, BB **1956** 195; *Haage* Das Abladegeschäft (1958); *Hager* Die Gefahrübertragung beim Kauf (1982); *Hannack* Konzentration und notify address, Festschrift Kastner (1972) 169; *Herber* Einführung in das UN-Abkommen über den internationalen multimodalen Gütertransport, TransportR **1981** 37; *Hermann* Das Abladegeschäft im deutschen und französischen Recht und die Anforderungen an die Aufmachung des Konnossements, Diss. Köln (1962); *Herrmann* Der Kauf schwimmender Ware, Diss. Hamburg (1966); *Heuer* Über Vertragsklauseln in Bezug auf Abladung und Verschiffung des Kaufgegenstandes im überseeischen Handelsverkehr, LZ **1911** 102; *v. Hoffmann* Zur Auslegung von Formularbedingungen des internationalen Handelsverkehrs, AWD **1970** 247; *Kulenkamp* Gefahrteilung im Überseekauf, Diss. Hamburg (1964); *Larsen/Dielmann* Die „Multimodalkonvention" von 1980, VersR **1982** 417; *Lebuhn* CIF und FOB-Anwendung heute, European Transport Law XVI (1981) 24; *Leo* Übersicht der Kriegsrechtsprechung zum Abladegeschäft, HansRZ **1917/1918** 283, 374; *Liesecke* Die neuere Rechtsprechung, insbesondere des BGH, auf dem Gebiete des Überseekaufs, WM **1966** 174; *Liesecke* Die typischen Klauseln des internationalen Handelsverkehrs in der neueren Praxis, WM **1978** Sonderbeilage Nr. 3; *Mercadal* Les ventes FOB et CAF en France, European Transport Law **16** (1981) 11; *Möller* Aufteilungen der Vergütungsgefahr beim Überseekauf, HansRGZ **1940** A 253; *Necker* Reine Konnossemente gegen Revers, AWD **1959** 114; *Nielsen* Anmerkung, ZIP **1983** 583; *Nolte* Überseeische Cif-Abladegeschäfte, ZHR **89** 1; *Ohling* Kai-Gebühren im Seefrachtgeschäft, AWD **1964** 322; *Prüßmann/Rabe* Seehandelsrecht[2] (1983); *Richter,* in: Spezielle Rechtsprobleme der Nuvoy Charter/Incoterms 1980; *Sassoon* British Shipping Laws, C. I. F. and F. O. B. — Contracts[2] (1975); *ders.,* Application of FOB and CIF sales in common law countries, European Transport Law **16** (1981) 50; *Sieg* Der Versicherungsschein in wertpapierrechtlicher Sicht und seine Bedeutung für den Veräußerer der versicherten Sache, VersR **1977** 213; *Schaps/Abraham* Das Seerecht in der Bundesrepublik Deutschland[4] (1978); *Schlegelberger/Hefermehl* Kommentar zum HGB[5] (1976); *Schmitthoff* The Export Trade[7](1980); *Straatmann/Ulmer* Handelsrechtliche Schiedsgerichtspraxis (1975/1982); *Trappe* VersR **1981** 718; *Westphalen, Graf von* Rechtsprobleme der Exportfinanzierung[2] (1982); *Wüstendörfer* Bezahlung von beschlagnahmter Ware bei cif-Käufen, HansRGZ **1940** 1; *Wüstendörfer* Zur internationalen Vereinheitlichung des cif-Geschäfts, HansRZ **1926** 441.

I. Formen und Rechtsquellen des Überseekaufs
1. Grundformen des Überseekaufs

a) Der Überseekauf stellt einen Kaufvertrag dar, der in rechtlichem oder wirtschaftlichem Zusammenhang mit einem Seetransport steht. Seitdem sich die Überseekäufe im internationalen Warenhandel als eigenständiger **Vertragstyp** herauskristallisiert haben, hat man sich bemüht, die Formen des Überseekaufs zu systematisieren.

In der deutschen Literatur ist eine Einteilung in **echte** (eigentliche) und **unechte** (uneigentliche) **Abladegeschäfte** gebräuchlich (*Würdinger/Röhricht* Vorauflage vor § 373 241 f). Das echte Abladegeschäft wird dadurch charakterisiert, daß den Verkäufer die Pflicht trifft, die Ware zum Seetransport abzuladen bzw. zu verschiffen und dem Käufer die Abladedokumente anzudienen. Außerdem hat der Käufer beim echten Abladegeschäft die Gefahren des Seetransports zu tragen (Rdn. 116). Auf der anderen Seite stehen die unechten Abladegeschäfte, bei denen der Verkäufer mit den Gefahren des Seetransports belastet ist, die Ware also ab Bestimmungshafen verkauft wird (Rdn. 147 ff). Diese „ab Schiff" („ex ship")- oder „ab Kai"-Geschäfte stellen Ankunftsverträge dar, die ihren Charakter als Überseekäufe dadurch erhalten, daß die Abwicklung der Käufe durch den Seetransport geprägt ist.

Sachgerechter erscheint es, von drei Grundformen des Überseekaufs, den **cif-**, den **fob-** und den **Ankunftsgeschäften** auszugehen. Beim cif-Kauf hat der Verkäufer die Ware auf eigene Kosten im Abladehafen zu verschiffen, die Fracht zum Bestimmungshafen zu bezahlen und die Ware gegen Risiken des Seetransports zu versichern. Die Gefahr des Seetransports trägt hingegen der Käufer (Rdn. 65). Beim fob-Kauf wird der Käufer nicht nur mit den Gefahren des Seetransports, sondern auch grundsätzlich mit dessen vollen Kosten belastet (Rdn. 107). Bei Ankunftsgeschäften hat der Verkäufer den Transport zum Bestimmungshafen auf eigene Kosten und Gefahr zu veranlassen (Einzelheiten Rdn. 147 ff). Jede dieser drei Grundformen von Überseekäufen kennt **Modifikationen,** die im Zusammenhang mit der Erläuterung der Grundformen des

Überseekaufs dargestellt werden (Rdn. 73, 128). Als typische Modifikationen seien hier nur fas (frei Längsseite Schiff) als Variante des fob-Kaufs und c & f als Modifikation des cif-Geschäfts genannt.

b) Nicht jeder Überseekauf wird unter Bezug auf eine Basisklausel (z. B. fob, cif) geschlossen. Soweit dies nicht geschieht, gilt für derartige Käufe allgemeines dispositives Recht. Haben die Parteien die **Ablade-** bzw. **Verschiffungsklausel** (Rdn. 17) zur Fixierung der Verkäuferpflichten verwandt, so handelt es sich um einen Versendungskauf, auf den die §§ 447, 448 BGB unter Beachtung der für Abladegeschäfte typischen Besonderheiten (Rdn. 65 ff) Anwendung finden. Erfüllungsort ist dann der Abladehafen (*Haage* Das Abladegeschäft (1958) S. 211). Der Verkäufer ist im übrigen so wie ein cif-Verkäufer (Rdn. 36) gehalten, eine Verladeanzeige zu erstatten und die üblichen Dokumente zu liefern (ausführlich *Haage*, Abladegeschäft, S. 211 f).

7 In der Praxis beeinflussen die verschiedensten Umstände die Wahl zwischen den Grundformen und Modifikationen des Überseekaufs. Einige Faktoren sind von herausragender Bedeutung. Im Vordergrund steht zunächst die Wahl des Schiffes. Der Verkäufer, der Wert darauf legt, daß die Ware mit bestimmten Schiffen befördert wird, weil er sich z. B. die Rabatte von Schiffahrtskonferenzen erhalten will oder weil staatliche Lenkungsmaßnahmen die Freiheit der Befrachtung einschränken, wird cif- oder Ankunftsverträge abschließen. Auf fob-Verträgen oder deren Modifikationen wird derjenige Käufer bestehen, der sich Vorteile von der Auswahl der Schiffe verspricht oder zur Wahl bestimmter Schiffe gezwungen ist (*Sassoon*, C. I. F. and F. O. B. Contracts (1975) S. 291 f). Gleiches gilt unter dem Aspekt der Seetransportversicherung, wobei es zu Doppelversicherungen kommen kann, wenn die Zahlungswilligkeit aufgezwungener ausländischer Versicherer fragwürdig ist oder Schwierigkeiten beim Transfer der Versicherungsleistung befürchtet werden[1].

8 c) Die derzeit übliche Vertragspraxis wandelt sich unter der Entwicklung **neuer Transporttechniken und neuer Dokumentenpraktiken.** Zunächst ist das Vordringen der Linienschiffahrt hervorzuheben. Das führte dazu, daß die Reedereien immer häufiger die Waren nicht erst am Schiff, sondern schon am Terminal des Abladehafens in Empfang nehmen, der Seeverfrachter also das Gut schon auf dem Land in seine Obhut nimmt. Stärker noch wurde der Transportablauf durch die Verwendung von **Containern** und ähnlichen Ladungseinheiten (z. B. roll on — roll off — Transport) revolutioniert. So kann eine Einheit wie ein Container auf der Straße oder Schiene zum Schiff befördert werden, ohne daß die Ware umgeladen werden muß[2]. Auf der Ebene der Transportverträge entspricht dem das Vordringen des **multimodalen Transports.** Der Warentransport auf der Basis von Durchfrachtverträgen wirft dann aus kaufrechtlicher Sicht keine besonderen Probleme auf, wenn eine „ab Werks"- oder eine „Geliefert"-Klausel (Rdn. 174, 231 f) vereinbart wird. Vielfach wird eine der Parteien jedoch nicht geneigt sein, Schadens- und Kostenrisiken in einem für sie fremden Land zu übernehmen und daher Handelsklauseln den Vorzug geben, die die Risiken auf das eigene Land, gegebenenfalls auch auf den Seetransport beschränken. Wird auf der Grundlage von fob oder cif kontrahiert, so hat die Verknüpfung des Gefahrübergangs mit dem Beladen des Schiffs freilich keinen rechten Sinn mehr. Nur zu häufig läßt es sich nämlich beim multimodalen Transport nicht mehr feststellen, wo das Gut abhandengekommen oder wo es beschädigt worden ist (*Finke* S. 192, 206 ff). Der Durchfrachtunter-

---

[1] *Digenopoulos* Die Abwandlung der CIF- und FOB-Geschäfte im modernen Überseekaufrecht (1978) S. 44 ff.

[2] *Basedow* RabelsZ **43** (1979) 116; *Ramberg* in: *Eisemann* Die Incoterms Heute und Morgen (1980) S. 293 ff.

nehmer wird ferner eine Einheitsfracht vom im Landesinneren liegenden Übernahmeort bis zum Bestimmungsort fordern, die nicht nach eingesetzten Verkehrsmitteln aufgespalten werden kann, da der Durchfrachtunternehmer ja den Einsatz der Transportmittel optimieren soll. Dieser Umstand macht insbesondere beim fob-Kauf Schwierigkeiten. Die Schlußfolgerung liegt nahe, **Gefahrübergang** sowie unter Umständen auch **Kostentragungspflichten** mit dem Zeitpunkt zu koppeln, an dem das Frachtgut an den Durchfrachtunternehmer ausgehändigt wird (*Larsen/Dielmann* VersR **1982** 417).

Anderer Ansicht zufolge soll es in Parallele zum Überschreiten der Reling auf das Überschreiten der Containerwand ankommen (*Lebuhn* Arkiv for Sjørett **1965–67**, 522; *Finke* S. 207). Ferner wird auf das Schließen des Containers abgehoben (*Basedow* RabelsZ **43** (1979) 117, 144). Zur Lösung des Problems hat man davon auszugehen, daß die überkommenen Regeln des Überseekaufs über die Gefahrtragung auf die spezifischen und jedenfalls aus historischer Sicht typischerweise höheren Seetransportrisiken zugeschnitten sind. Die besondere Zuweisung von Seetransportrisiken verliert in dem Moment an Bedeutung, in dem die Auswirkungen spezifischer Seerisiken nur mehr zum Teil ex post beweisbar sind. Nun ist es keineswegs so, daß diese neue Situation zwangsläufig eintreten muß. Vielmehr resultiert die Veränderung der Beweislage auf einer freien Entscheidung einer Partei oder beider Parteien, die Ware mit Hilfe von Containern zu befördern. An diese Entscheidung gilt es anzuknüpfen. Sofern die Versicherungsmöglichkeiten nicht so sind, daß dem Verkäufer das volle Transportrisiko zugemutet werden kann (umfassende, kostengünstige Versicherung) und die CIF- bzw. FOB-Klauseln deshalb nur noch die Funktion einer Kostentragungsklausel besitzen, kommt es darauf an, in wessen Interesse der Transport gerade mit Containern durchgeführt wird. Es gilt dann der Grundsatz: Wer den Vorteil hat, muß auch das Risiko auf sich nehmen.

Im Rahmen des **cif-Kaufes** heißt dies, daß die Erschwerung der Beweissituation zu Lasten des Verkäufers geht, wenn er ohne dazu verpflichtet gewesen zu sein, die Ware in Container verpackt anstatt sie normal an das Schiff zu liefern. Haben die Parteien vereinbart, daß die Ware in Containern zu liefern ist, so ist im Zweifel davon auszugehen, daß diese Abrede im Interesse des Verkäufers getroffen wurde, der die Frachtkosten zu tragen und daher an einem rationellen Transport interessiert ist. Lag die Abrede primär im Interesse des Käufers, weil dieser z. B. am schnellen Umschlag interessiert war, so ist dort, wo der Container vom Verkäufer gepackt wurde, auf die Übergabe an den Verfrachter abzustellen. Auf diese Weise wird sichergestellt, daß die Gefahr erst übergeht, nachdem die Ware die Sphäre des Verkäufers verlassen hat. Der Verkäufer wird hierdurch nicht mit Beweisschwierigkeiten konfrontiert, die im Vergleich zum herkömmlichen Transportablauf wesentlich gestiegen sind; denn er braucht bloß die ordnungsgemäße Beladung des Containers mit unbeschädigter Ware und sorgfältige Behandlung des Containers bis zur Übergabe zu beweisen. In Fällen, in denen der Verfrachter den Container packt, liegt es nahe, die erste Transportbewegung für maßgeblich zu erklären, da sich erst in diesem Zeitpunkt typische Transportrisiken realisieren können. Im Hinblick auf die Verpackung und Obhut vor dem eigentlichen Transport ist der Verfrachter der Sphäre des Verkäufers zuzurechnen (**a. A.** *Finke* S. 207 f). Es ist allerdings immer zu beachten, daß besondere Abreden und Klauseln (z. B. Combiterms (Rdn. 2)) und die handelsübliche Deutung bestimmter Abreden (z. B. frachtfrei Container-Terminal) den Vorrang genießen. Bislang ist ein einheitliches Verständnis bestimmter Klauseln nicht ersichtlich.

Beim **fob-Kauf** gelten im Ansatz die für das cif-Geschäft maßgeblichen Regeln (s. oben). Wenn der Käufer einseitig ein Container-Schiff avisiert, so trägt er die Gefahr von der Übergabe an den Verfrachter. Gleiches gilt im Zweifel, falls die Parteien eine Container-Verpackung verabredet haben, da der Käufer den größten Teil der Transportkosten zu tragen hat.

Die transporttechnologischen Neuerungen haben sich auch im Bereich der Dokumentenpraktiken ausgewirkt. Das Bordkonnossement hat dort seine Bedeutung verloren, wo die Güter dem Reeder vor der Befrachtung des Schiffs ausgehändigt werden. Es kommen hier nur Übernahmekonnossemente mit An-Bord-Vermerk in Betracht. Gehört der multimodale Transporteur nicht zum Kreis der Reeder, so ist streitig, welche Rechtsnatur die vom multimodalen Transporteur ausgestellten Dokumente besitzen. Die Genfer Konvention, die ein besonderes Wertpapier des Durchfrachtvertrages geschaffen hat (*Larsen/Dielmann* VersR **1982** 417, 419), ist bislang nicht ratifiziert (*Herber* Transportrecht **1981** 37, 45). Auf privatrechtlicher Ebene ist zwar auch ein Inhaber- bzw. Orderpapier des multimodalen Verkehrs bekannt (*Helm*, Festschrift Hefermehl (1976) 57 ff) und die Einheitlichen Richtlinien und Gebräuche für Dokumentenakkreditive haben dem Rechnung getragen; doch muß der Bank, sofern nicht das Akkreditiv einen multimodalen Transport vorsieht, Weisung erteilt worden sein, ein solches Papier aufzunehmen. Im Containerverkehr sind Konnossemente zum Teil gänzlich unüblich geworden, weil die Dokumente vielfach erst nach Eintreffen der Ware in Übersee zum Empfänger gelangen und die Notwendigkeit der Einlagerung entsteht. Die Auslieferung der Ware wird daher mit Hilfe von Computern organisiert[3].

2. Abgrenzung zum Wertpapierkauf

9 Der Überseekauf ist regelmäßig Warenkauf, der die Leistung von Ware, nicht nur die Verschaffung eines in einem Wertpapier verbrieften oder sonstigen Herausgabeanspruchs gegen den Transportunternehmer zum Gegenstand hat. Denkbar ist jedoch, daß lediglich das Konnossement als solches gekauft wird. Hier liegt ein Wertpapierkauf vor, bei dem der Verkäufer nur für die Existenz und Einredefreiheit der verbrieften Forderung einzustehen hat. Der Abschluß eines Wertpapierkaufs darf indessen nicht schon dort angenommen werden, wo der Verkäufer berechtigt ist, dem Käufer ein Konnossement aus einer Drittabladung (schwimmende Ware) anzudienen, da auch hier das Interesse des typischen Käufers auf den Erwerb der Ware gerichtet ist.

3. Rechtsquellen

Die maßgeblichen Rechtsquellen sind auf zwei Ebenen zu suchen.

10 a) Zunächst geht es um die Bestimmung der maßgeblichen **nationalen Rechtsordnung,** da Überseekäufe in aller Regel zwischen Parteien geschlossen werden, die verschiedenen nationalen Rechtsordnungen unterliegen. Sofern der Einzelvertrag nichts Besonderes bestimmt und auch Einheitskaufrecht (Rdn. 299, 621) nicht anwendbar ist, ist die maßgebliche Rechtsordnung nach den Regeln des internationalen Privatrechts zu ermitteln. Das Problem der Ermittlung der maßgeblichen nationalen Rechtsordnung wird dadurch entschärft, daß der Überseekauf weitgehend dem dispositiven nationalen Recht entzogen ist. An die Stelle des dispositiven Rechts sind in großem Umfang Allgemeine Geschäftsbedingungen in Form von Firmenformularen, Musterverträgen (Rdn. 2), von Verbänden empfohlenen Lieferbedingungen (z. B. Geschäftsbedingungen

---

[3] Vgl. auch *Grönfors*, Festschrift Meyer, Sonderausgabe der Zeitschrift für Luft- und Weltraumrecht, S. 103, 107.

des Waren-Vereins der Hamburger Börse e. V., Rdn. 2), ferner Handelsbräuche getreten. Außerdem spielen Klauseln mit fester Bedeutung (zu den Incoterms Rdn. 747; zu den Trade Terms Rdn. 762) eine wesentliche Rolle. Darüber hinaus ist von Bedeutung, daß Streitigkeiten aus Überseekäufen meist der staatlichen Rechtsprechung entzogen sind, weil die Parteien Schiedsgerichtsklauseln vereinbaren. Dennoch muß häufig die Frage nach der maßgeblichen Rechtsordnung beantwortet werden. Bei der Feinabstimmung werden nämlich auch bei vereinheitlichten Klauselwerken Interpretationsunterschiede sichtbar (*Hager* Die Gefahrtragung beim Kauf (1982) S. 108 ff). Zum anderen ist zu berücksichtigen, daß häufig nationales Recht darüber entscheidet, ob überhaupt eine vom dispositiven Recht abweichende Regelung getroffen wurde und ob diese Regelung gültig ist. So ist im deutschen Recht das AGBG zu beachten.

b) Herausragende Bedeutung als Rechtsquelle im weiteren Sinn haben die **Incoterms** (Text Rdn. 747) erlangt, die von der Internationalen Handelskammer formuliert worden sind. Die Incoterms liefern eine Auslegung für eine Reihe von Handelsklauseln, darunter für die im Überseehandel besonders wichtigen Klauseln fas, fob, c & f, cif, „ab Schiff" und „ab Kai". Die in den Incoterms niedergelegte Auslegung ist mit Sicherheit dort verbindlich, wo die Parteien die Basisklausel (z. B. fob) durch den Vermerk „Incoterms" ergänzt haben. Aber auch in Fällen, in denen nicht ausdrücklich auf die Incoterms Bezug genommen wird, sollen sie nach heute h. M. im Bereich des Überseehandels maßgeblich sein. Zum Teil wird angenommen, daß sich mit den Incoterms eine neue „lex mercatoria" entwickelt hat[4]. Andere sprechen jedenfalls im Kernbereich der Incoterms von Handelsbräuchen[5]. Zutreffend erscheint die Ansicht, derzufolge die Incoterms bei internationalen Käufen im Rahmen der Auslegung der Basisklauseln (z. B. fob) als Auslegungsmittel eigener Art zu verwenden sind. Dort, wo ein Vertrag keinen bestimmten räumlichen Schwerpunkt erkennen läßt, sind Handelsklauseln vom typischen internationalen Verständnishorizont her zu interpretieren. Dieser erschließt sich angesichts des Bekanntheits- und Verwendungsgrades sowie der Autorität der Internationalen Handelskammer am besten aus den Incoterms[6]. Zur Geltung der Incoterms bei in den Anwendungsbereich des Einheitlichen Kaufgesetzes fallenden Kaufverträgen *Dölle/Huber* Einheitskaufrecht, Art. 19 EKG 27. Dagegen ist bei reinen Inlandsgeschäften im Zweifel auf den Verständnishorizont nationaler Handelskreise, wie er sich in den Trade Terms (Rdn. 762) widerspiegelt, abzuheben[7].

c) Im Jahre 1923 ermittelte die Internationale Handelskammer erstmals die Auslegung von sechs Vertragsformeln in verschiedenen Staaten. Das ICC Dokument Nr. 16 der Internationalen Handelskammer, Paris, „**Trade Terms** — Handelsübliche Vertragsformeln — synoptische Tabellen mit Anmerkungen" (1955) gibt über die Bedeutung der Klauseln „ab Werk", „for — fot (frei/franko) Waggon", „fas", „fob-Seeschiff", „c & f Bestimmungshafen", „cif Bestimmungshafen", „ab Schiff ... benannter Hafen", „ab Kai ... benannter Hafen" Auskunft. Es enthält die Auslegung der Klau-

---

[4] *Eisemann* Die Incoterms im internationalen Warenkaufrecht — Wesen und Geltungsgrund (1967) S. 46 ff.
[5] *Basedow* RabelsZ **43** (1979) 116, 125; a. A. *Liesecke* WM **1978** Beilage Nr. 3, S. 26.
[6] BGH WM **1975** 917, 920; *v. Hoffmann* AWD **1970** 247, 252; *Basedow* RabelsZ **43** (1979) 126 ff sowie Nachweise S. 122 Fn. 28; *Eisemann/Melis* Incoterms (1982) S. 30 f; *Liesecke* WM **1978** Beilage Nr. 3, S. 26 unter Hinweis auf BGH WM **1975** 917; a. A. *Prüßmann/Rabe* Seehandelsrecht[2] (1983) vor § 556 HGB IV 1; *Mertens/Rehbinder* Internationales Kaufrecht (1975) Art. 9 EKG Rdn. 39; *Schlegelberger/Hefermehl* HGB[5] § 346 54 m. Nachw.; *Graf v. Westphalen* Rechtsprobleme der Exportfinanzierung[2] S. 96; *Trappe* VersR **1981** 718; *Finke*, S. 100.
[7] *v. Hoffmann* AWD **1970** 247, 252 m. Nachw.; ferner bei *Basedow* RabelsZ **43** (1979) 122 Fn. 28.

seln in den Staaten Ägypten, Australien, Belgien, Deutschland, Dänemark, Frankreich, Großbritannien, Italien, Jugoslawien, Kanada, Marokko, Niederlande, Norwegen, Österreich, Schweden, Schweiz, Südafrika, USA. Die deutsche Variante ist bei Rdn. 762 abgedruckt.

Inwieweit die in den Trade Terms mitgeteilten Interpretationen Handelsbräuche darstellen, ist nicht ganz gesichert. Zum Teil wird die Auffassung vertreten, bei den Trade Terms handle es sich generell um die Aufzeichnung nationaler Handelsbräuche[8]. *Sonnenberger* (Verkehrssitten im Schuldvertrag (1970) S. 79) zufolge, soll es sich vielfach nur um „Rechtsbefehle", um Verhaltensregeln handeln, die von den Vertragspartnern im Geschäftsverkehr eingehalten werden sollen (*Schlegelberger/Hefermehl* HGB § 346 52). Es müsse im Einzelfall ermittelt werden, ob und inwieweit die Trade Terms bestehende Gebräuche wiedergeben[9]. Zutreffend erscheint die Ansicht, daß sich in den Trade Terms der typisierte „Verständnishorizont" der jeweiligen nationalen Handelskreise widerspiegele und daß im Rahmen der Auslegung der Basisklauseln (z. B. ab Werk) auf diesen Verständnishorizont zurückzugreifen ist (*v. Hoffmann*, AWD **1970** 247, 252).

Von der Frage, welche Klausel in der in den Trade Terms aufgezeichneten nationalen Bedeutung gilt, ist die Frage zu unterscheiden, auf welche nationalen Trade Terms zurückzugreifen ist. Sofern nicht Spezialabreden oder die Incoterms (Rdn. 747) zum Tragen kommen, kann sich jeder Vertragsteil im Zweifel für seine Verpflichtung auf die Trade Terms seines Landes berufen[10]. Ein Kaufvertrag kann mithin durchaus unterschiedlichen Trade Terms unterliegen. Enthält der Vertrag eine Schiedsklausel, derzufolge ein bestimmtes Schiedsgericht zu entscheiden hat (z. B. Hamburger freundschaftliche Arbitrage), so gelten die am Ort des Schiedsgerichts gebräuchlichen Interpretationen der Trade Terms.

II. Das cif-Geschäft
1. Pflichten des Verkäufers

13 a) **Lieferung der Ware.** Das cif-Geschäft stellt eine Form des Warenkaufs dar (Rdn. 9). Es ist kein Geschäft über die Waren verkörpernden Wertpapiere. Die Lieferung von Waren ist mithin Hauptleistungspflicht des Verkäufers. Der Verkäufer ist aber anders als bei normalen Kaufverträgen außerdem verpflichtet, die Ware in Gestalt der die Ware vertretenden vertragsgemäßen Dokumente (z. B. Konnossemente Rdn. 42 ff) anzudienen. Andere Formen der Besitzverschaffung stehen dem Verkäufer nicht offen. Insbesondere ist er nicht berechtigt, im Bestimmungshafen eingetroffene Ware in natura zu übergeben (Rdn. 62).

Den Verkäufer trifft zunächst wie jeden Verkäufer die Pflicht, dem Käufer an Waren der vereinbarten Qualität Eigentum und unmittelbaren Besitz zu verschaffen. Dabei kann die **Qualität** der Ware durch die Art der geschuldeten Abladung (zum Begriff der Abladung Rdn. 18) näher bestimmt sein. Der Verkäufer kann verpflichtet sein, ausschließlich Ware aus eigener Abladung, d. h. aus eigener Produktion, eigenem Sortiment oder direkter Abladung[11] zu liefern. Wenn dies nicht ausdrücklich ausbedungen

---

[8] *Baumbach/Duden/Hopt* [25] HGB Anh. 6 nach § 905 Anm. 1; *Graf v. Westphalen* Exportfinanzierung, S. 96; *Beyer* AWD **1954** 20; wohl auch OLG Karlsruhe RIW/AWD **1975** 225.

[9] *Sonnenberger* Verkehrssitten im Schuldvertrag (1970) S. 79; *Basedow* RabelsZ **43** (1979) 116, 122 Fn. 28; *Finke*, S. 99 ff.

[10] *Graf v. Westphalen* Exportfinanzierung, S. 96 m. Nachw. (str.).

[11] „direktes Abladegeschäft" *Straatmann/Ulmer* Handelsrechtliche Schiedsgerichts-Praxis (1975/1982) J 5 a Nr. 45, 52, 56.

ist, so ist eine derartige Beschränkung des Kreises lieferbarer Waren nur dann anzunehmen, wenn der Käufer wegen der besonderen Qualität der vom Verkäufer produzierten oder geführten Ware erkennbar Wert darauf legt, ausschließlich solche Ware zu erhalten. Vielfach wird der Verkäufer eher daran interessiert sein, seine Leistungspflicht auf die eigene Produktion bzw. den eigenen Vorrat zu begrenzen. In derartigen Konstellationen ist der Verkäufer berechtigt, seine Verpflichtung mit Ware der gewünschten Qualität zu erfüllen, die aus anderen Quellen stammt (vgl. § 33 WVB (Rdn. 2)). Dieser Art der Verpflichtung liegt keine Wahlschuld zugrunde, da § 265 BGB das Ziel der Risikobegrenzung zunichte macht. Vielmehr ist der Verkäufer lediglich befugt, an Erfüllungs Statt Ware aus anderen Quellen zu liefern (RGZ 88 73; *Haage* Abladegeschäft, S. 7). Regelmäßig werden jedoch beim Überseekauf, zumal im Bereich des Rohstoff- und Halbfertigprodukthandels, unbeschränkte Gattungsschulden vereinbart. Es ist dann Sache des Verkäufers, aus welchen Quellen er sich eindeckt, ob er Ware aus seinen Vorräten oder durch eigene Lieferanten auf das Schiff liefern läßt oder gar erst schwimmende Ware aufkauft (*Straatmann/Ulmer* Handelsrechtliche Schiedsgerichts-Praxis (1975/1982) J 5 a Nr. 46). Häufig wird der Verkäufer Kontrakte schließen, ohne sich vorher eingedeckt zu haben, weil er glaubt, sich später auf dem Markt zu niedrigeren Preisen als dem vereinbarten Verkaufspreis eindecken zu können. Das Risiko der rechtzeitigen Eindeckung wird dem Verkäufer nach Maßgabe der allgemeinen Regeln zugerechnet. In jedem Fall ist aber zu beachten, daß der Verkäufer keine Lokoware schuldet, sondern ausschließlich solche Ware, die noch durch Konnossemente vertreten wird [12]. Allgemeine Geschäftsbedingungen enthalten häufig eine Modifikation der Zurechnungsregeln. So z. B. §§ 15, 17, 39 WVB (Rdn. 2).

Art. A 1 der **Incoterms** (Rdn. 753) sagt nur, daß die Ware in Übereinstimmung mit dem Kaufvertrag zu liefern ist. Die deutschen cif-**Trade Terms** (Rdn. 768) enthalten keine Bestimmung in Hinblick auf die Qualität der Ware und Art der Verpflichtung. Geregelt ist nur der Erfüllungsort und die Verpackung.

b) Verpackung und Kennzeichnung. aa) Der Verkäufer hat die Ware verpackt zu **14** liefern. Der Figur des cif-Kaufs liegt die Vorstellung zugrunde, daß der Verkäufer im Rahmen seiner Kaufvertragsverpflichtungen gehalten ist, den überseeischen Transport zu bewirken. Dem entspricht — wie ganz allgemein — die Verpflichtung des Verkäufers, die Ware so zu verpacken, daß sie bei einem normalen Transportablauf in der geschuldeten Qualität im Bestimmungshafen ankommt. Steht bei Vertragsschluß der Bestimmungshafen noch nicht fest, so darf sich der Verkäufer nicht darauf berufen, daß die Verpackung nach Mitteilung des Bestimmungshafens überdurchschnittliche Aufwendungen nach sich gezogen habe, sofern diese vorhersehbar waren. Unter Umständen muß der Verkäufer die Ware sogar so verpacken, daß sie im Bestimmungsland ohne weiteres verkäuflich ist. Dabei fällt maßgeblich ins Gewicht, ob dem Verkäufer die Notwendigkeit einer besonderen Verpackung bekannt war und die Ware vor Transportbeginn ohne oder nur mit minimalem Mehraufwand auf eine den Absatzmöglichkeiten im Ausland entsprechende Weise verpackt werden konnte (*Eisemann/ Melis* Incoterms (1982) S. 154). — Die Kosten der seefesten Verpackung hat entgegen § 448 BGB der Verkäufer zu tragen (**a. A.** *Haage* Abladegeschäft, S. 139). Die Verpackungskosten sind wie die reinen Frachtkosten zu behandeln, die bei der cif-Abrede dem Verkäufer zur Last fallen.

---

[12] *Haage* Das Abladegeschäft (1958) S. 15; Schiedsspruch *Straatmann/Ulmer* J 5 a Nr. 46.

15 bb) Gemäss Art. A 8 **Incoterms** (Rdn. 753) hat der Verkäufer im Zweifel für die übliche Verpackung zu sorgen. Unverpackt darf er Ware nur absenden, wenn dies mit den einschlägigen Handelsbräuchen im Einklang steht. Nr. I 6 **Trade Terms** (Rdn. 768) stellt auf die Transportgeeignetheit und Handelsüblichkeit ab.

16 cc) Die Ware ist ferner so zu **kennzeichnen,** daß sie auf dem Transport und bei der Zwischenlagerung vor Verwechslungen infolge leichter Fahrlässigkeit des Transport- bzw. Lagerpersonals geschützt ist (vgl. *Straatmann/Ulmer* Schiedsspruch E 1 e Nr. 1).

17 c) **Lieferzeit.** Die Lieferzeit wird im Kaufvertrag vielfach mit Hilfe der Begriffe „Abladung", „Verschiffung", „Segelung" fixiert (z. B. September Abladung Hongkong). Die Tatsache, daß Art. 40 Abs. 1 der Einheitlichen Richtlinien und Gebräuche für Akkreditive die Begriffe synonym verwendet, ist im Verhältnis unter den Kaufvertragsparteien im Zweifel irrelevant.

18 aa) Wurde „Abladung" (gleichbedeutend „Verladung") in Zusammenhang mit einer Zeitangabe ausbedungen, so muß der Verkäufer die Ware innerhalb des vereinbarten Zeitrahmens oder zum vereinbarten Zeitpunkt dem Verfrachter, Reeder oder deren Vertreter (z. B. Kaianstalt) übergeben haben (BGH WM **1963** 1185; anders § 39 Abs. 1 WVB (Rdn. 2)). Diese Personen müssen den unmittelbaren Besitz an den Waren erlangt haben. Es genügt nicht, daß sie lediglich mittelbaren Besitz erhalten haben, z. B. nur einen Herausgabeanspruch gegen Spediteure, Lagerhalter oder Landfrachtführer. Die Ware muß demjenigen Verfrachter bzw. dessen Vertreter übergeben worden sein, der nach der Planung des Verkäufers den Seetransport zum Bestimmungshafen ausführen soll. Wird die Ware nicht innerhalb der Abladefrist an Bord des Schiffes gebracht oder läuft das Schiff innerhalb der Abladefrist nicht aus, so geht das nicht zu Lasten des Verkäufers. Es ist entgegen *Heuer* (LZ **1911** 102, 110) auch nicht notwendig, daß das Schiff im Moment der Abladung, d. h. Übergabe der Ware an Verfrachter, Reeder bzw. deren Vertreter, bereits ladebereit im Hafen liegt (*Haage* Abladegeschäft, S. 22). Auf der anderen Seite darf nicht verkannt werden, daß der Verkäufer im Moment des Vertragsschlusses typischerweise besser über die den Hafen anlaufenden Schiffe Bescheid wissen wird und der Käufer die Abladefrist in Hinblick auf den wahrscheinlichen Ankunftszeitpunkt des Schiffes verabreden wird. Der Käufer muß daher davor geschützt werden, daß der Verkäufer Abladung binnen einer bestimmten Frist verspricht, obwohl der Hafen für längere Zeit von keinem passenden Schiff angelaufen wird. *Haage* (Abladegeschäft, S. 23 f) legt deshalb die Abladevereinbarung in dem Sinne aus, daß die Ware binnen der Abladefrist dem Verfrachter etc. übergeben und innerhalb einer weiteren objektiv angemessenen Frist verschifft sein muß. Werde diese Frist überschritten, so sei ein etwaiges Verschulden oder Nichtverschulden des Verkäufers unerheblich. Hierbei wird jedoch zu wenig berücksichtigt, daß die Parteien auch „Verschiffung" vereinbaren und dabei gleich die zunächst ins Auge gefaßte Abladefrist um die „angemessene Frist" erweitern können. Wenn die Vereinbarung „Abladung" im Lichte der Möglichkeit einer Verschiffungsabrede nicht weitgehend ihren Sinn verlieren soll, so muß der Verkäufer bei einer „Abladungs"-Abrede von der Gefahr entlastet werden, daß Schiffe zu spät im Hafen eintreffen und ladebereit sind. Hat der Verkäufer im Abladezeitraum abgeladen und ein Schiff gebucht, von dem er annehmen durfte, daß es die Ware binnen angemessener Frist nach Ablauf des Abladezeitraums an Bord nehmen werde, so geht die verspätete Ladebereitschaft des Schiffes nicht zu Lasten des Verkäufers (vgl. *Gütschow* HansRZ **1920** 537). Der Verkäufer, der bei Vertragsschluß wissen konnte, daß der Hafen längere Zeit nach dem vereinbarten Abladetermin von keinem geeigneten Schiff angelaufen wird, muß hierüber den Käufer informieren. Ein Verstoß gegen diese Pflicht zieht eine Haftung aus c. i. c. nach sich. Wird im Kaufvertrag „Abladung mit einem benannten Schiff" vereinbart, so liefert der Verkäufer fristgerecht, falls er das benannte Schiff ordnungsgemäß gebucht hatte und in dem Moment, in dem die Ware im Abladezeitraum abgeladen wurde, noch Verlademöglichkeiten per benanntem Schiff bestanden. Die Tatsache, daß die Ware aufgrund des Übernahmekonnossements, das eine Substitutionsklausel enthält, mit einem von der Reederei substituierten Schiff transportiert wird (*Haage* Abladegeschäft, S. 24 f), stellt dann keine Vertragsverletzung dar.

bb) Ist **Verschiffung** vereinbart worden, so muß die Ware binnen der vertraglichen **19** Lieferfrist an Bord des Schiffes übernommen worden sein (BGH WM **1963** 1185). Es sind dann Bordkonnossemente anzudienen, die in der Verschiffungsfrist ausgestellt worden sind oder Übernahmekonnossemente, in denen die Reederei die fristgerechte Verladung bescheinigt. Trifft das für den Transport gebuchte Schiff verspätet im Abladehafen ein, so versäumt der Verkäufer die Lieferfrist.

cc) Wird der Lieferzeitpunkt mit dem Wort „**Segelung**" festgelegt, so muß das **20** Schiff binnen der verabredeten Frist den Hafen verlassen und die Reise angetreten haben (BGH WM **1963** 1185).

dd) Manchmal wird die auf den Abladehafen bezogene Lieferzeit ergänzt durch **21** eine Lieferklausel, die auf die **Ankunft des Schiffes** im Bestimmungshafen abhebt (z. B. Abladung..., Eintreffen des Schiffes auf Elbe spätestens...). In derartigen Fällen hat der Verkäufer zwei Lieferzeiten einzuhalten. Eine Reiseverzögerung des Schiffes geht zu seinen Lasten.

ee) Enthält ein cif-Geschäft **keine** auf die Abladung etc. bezogene **Zeitbestimmung**, so heißt dies im Zweifel nicht, daß der Käufer berechtigt ist, die Ware nach Belieben abzurufen. Vielmehr hat der Verkäufer innerhalb einer den Umständen nach angemessenen Zeit zu liefern. (So auch Art. A 4 Incoterms (Rdn. 753); gemäß § 10 Abs. 1 WVB (Rdn. 2) ist im Einklang mit § 271 BGB sofort zu liefern). § 39 WVB (Rdn. 2) legt bei Vereinbarung „prompter" Abladung, Verladung oder Verschiffung exakte Fristen fest, die sich an der geographischen Lage der Abladehäfen orientieren.

ff) Art. A 4 der cif-**Incoterms** (Rdn. 753) konkretisiert die in Verbindung mit einer **22** Incoterms-Abrede (Rdn. 11) getroffene Lieferzeitvereinbarung dahin, daß der Verkäufer die Ware zum vereinbarten Zeitpunkt bzw. innerhalb der vereinbarten, hilfsweise angemessenen Frist an Bord des Schiffes zu bringen hat. Der Verkäufer schuldet mithin nach den Incoterms „Verschiffung". Haben die Parteien den Lieferzeitpunkt bzw. die Lieferfrist mit Hilfe des Begriffs „Abladung" umrissen, so kommt es trotz der Geltung der Incoterms auf den Abladungszeitpunkt an (Vorrang der Individualabrede). Allerdings ist jeweils zu prüfen, ob wirklich Abladung gemeint war, d. h. ob durch die Verwendung des Begriffs „Abladung" die Stellung des Verkäufers verbessert werden sollte.

gg) Die Verpflichtung, zum versprochenen Zeitpunkt oder innerhalb der versprochenen Frist „abzuladen", zu „verladen", „zu verschiffen", begründet bei Massengütern **23** und Rohstoffen nach Handelsbrauch eine **Fixschuld** im Sinne des § 376 HGB[13]. Fraglich ist, ob auch auf die Zeit der Ankunft im Bestimmungshafen bezogenen Abreden die Rechtsfolgen des § 376 HGB auslösen. Der BGH (NJW **1959** 933 f) hat dies grund-

---

[13] BGH LM § 376 HGB Nr. 1; *Liesecke* WM **1966** 174, 177; *Haage* Abladegeschäft, S. 10; Schiedssprüche *Straatmann/Ulmer* C 1 Nr. 7; E 4 a Nr. 4, 7.

sätzlich verneint. Die cif-Klausel mache für sich allein nicht jede Schuld zur Fixschuld. Es bedürfe besonderer, zusätzlicher Umstände, wie der Gefahr starker Preisschwankungen und zusätzlicher Abreden (z. B. ohne Nachfrist zum . . .), um Lieferklauseln zu Fixschuldklauseln zu erheben. Diesen Standpunkt nimmt auch § 87 WVB (Rdn. 2) ein. **Beweis** der Rechtzeitigkeit der Lieferung Rdn. 55.

24 d) **Exportfreie Ware.** Der Verkäufer hat exportfreie Ware zu **liefern.** Diese Regel entspricht wohl Handelsbrauch und hat sich in Art. A 3 Incoterms (Rdn. 753) und Nr. I 10 Trade Terms (Rdn. 768) niedergeschlagen (*Liesecke*, WM **1978** Beilage Nr. 3, S. 30); vgl. auch die Erwägungen zum fob-Kauf (Rdn. 95). War dem Verkäufer allerdings bei Vertragsschluß das Bestimmungsland nicht erkennbar und scheitert die Ausfuhrbewilligung daran, daß für das später benannte Bestimmungsland ein Exportverbot besteht, so hat der Käufer die **Preis-** und **Leistungsgefahr** zu tragen. Dem Verkäufer sind dort, wo er sich der Gestaltungsmacht des Käufers aussetzt, im Zweifel nur erkennbare Risiken zuzumuten.

Die **Kosten** der Ausfuhrbewilligung sowie sonstige Ausfuhrkosten hat der Verkäufer auf sich zu nehmen (so auch Art. A 10 Incoterms (Rdn. 753) und Nr. I 10 Trade Terms (Rdn. 768)).

25 e) **Seetransport.** aa) Der Verkäufer hat für den Transport der Ware zum Bestimmungshafen zu sorgen. In der **Auswahl des Schiffes** ist der Verkäufer grundsätzlich frei, sofern das zum Transport vorgesehene Schiff als geeignet erscheint, die Ware unter den üblichen Transportrisiken zum Bestimmungshafen zu transportieren. In Hinblick auf das Interesse des Käufers, die Konnossemente weiter zu „veräußern", ist dort, wo die Ware vor ihrer Ankunft im Bestimmungshafen bezahlt werden soll, zu fordern, daß die Ware mit einer in den beteiligten Handelskreisen anerkannten Reederei transportiert wird (*Haage* Abladegeschäft, S. 51). Der Frachtvertrag ist so abzuschließen, daß das Konnossement keine unüblichen Freizeichnungsklauseln enthält (a. A. *Haage* Abladegeschäft, S. 51), doch hat der Verkäufer hierfür nicht unter allen Umständen einzustehen. Angesichts der verwirrenden und ausführlichen Konnossementsklauseln ist dem Verkäufer nicht zuzumuten, jeden Frachtvertrag einer eingehenden Prüfung zu unterziehen. Bei Fehlen besonderer Anhaltspunkte darf er davon ausgehen, daß allgemein anerkannte Reedereien Vertragsformulare mit den üblichen Haftungsausschlüssen benutzen.

Art. A 2 **Incoterms** (Rdn. 753) hebt darauf ab, daß die Ware zu den üblichen Bedingungen mit einem für den Transport dieser Warengattung üblicherweise verwendeten Schiffstyp befördert wird. Gleiches gilt für Nr. I 1 der **Trade Terms** (Rdn. 768).

26 Wird zwischen den Parteien vereinbart, daß die Ware mit einem **bestimmten (benannten) Schiff** zu transportieren ist, so ist der Transport mit diesem Schiff Teil der Verkäuferpflichten. Wird dem Verkäufer die Erfüllung unmöglich, weil das Schiff im Lieferzeitpunkt nicht zur Beladung geeignet zur Verfügung steht, so darf der Verkäufer nicht auf ein anderes Schiff verladen[14]. Auf eine Vertragsanpassung unter Berufung auf den Wegfall der Geschäftsgrundlage darf sich der Verkäufer auch bei höherer Gewalt nicht berufen; denn der Käufer kann seinerseits schon die Ware „ex benanntem Schiff" weiterverkauft haben (so auch Nr. I 1 Trade Terms (Rdn. 768)). Die Rechtsfolgen ergeben sich vielmehr je nach den Umständen aus § 376 HGB oder den Regeln über die Unmöglichkeit der Leistung.

---

[14] **A. A.** BGH WM **1963** 1185, der zu wenig das Bedürfnis nach Rechtssicherheit berücksichtigt; vgl. *Liesecke* WM **1966** 174, 175.

bb) Grundsätzlich hat der Verkäufer ein Schiff zu wählen, das die als handelsüblich 27 angesehenen **Verkehrswege** einschlägt. Das Schiff muß also nicht notwendig den kürzesten Weg zum Bestimmungshafen nehmen oder sich auf der Heimreise befinden (vgl. auch § 40 WVB (Rdn. 2)). Der Verkäufer muß die Ware auch nicht zwingend auf einem Liniendampfer verladen; er darf auch ein Trampschiff befrachten, das auf einer handelsüblichen Route den Bestimmungshafen anläuft (*Haage* Abladegeschäft, S. 53). Das Schiff darf aber nicht nochmals auf dem Weg zum Bestimmungshafen den Verladehafen anlaufen (*Straatmann/Ulmer* Schiedssprüche E 1 e Nr. 4, 5). Läßt sich der handelsübliche Verkehrsweg nicht ermitteln, so hat der Verkäufer dafür zu sorgen, daß je nach Art der Ware und der Marktsituation Transportdauer sowie die Transportgefahr nicht in Relation zum kürzesten Verkehrsweg unverhältnismäßig erhöht werden. Dabei fällt zugunsten des Verkäufers ins Gewicht, daß ihm nur wenige Verschiffungsmöglichkeiten zur Verfügung standen (*Straatmann/Ulmer* Schiedsspruch E 1 e Nr. 4) oder daß die Ware auch in einem später angelaufenen Hafen hätte abgeladen werden dürfen. Unerheblich ist hingegen, daß das Schiff, das mit geringeren Umwegen den Bestimmungshafen erreicht hätte, eine höhere Fracht gekostet hätte. Es ist Sache des Verkäufers, seine cif-Preise unter Beachtung des für ihn besser erkennbaren Frachtenmarktes zu kalkulieren. Er braucht sich allerdings nicht entgegenhalten lassen, daß die Segellisten nach Abladung geändert wurden (*Straatmann/Ulmer* Schiedssprüche E 1 e Nr. 5, 7). Derartige Änderungen fallen unter die Transportgefahr (Rdn. 65 ff). Art. A 2 **Incoterms** (Rdn. 753) hebt lediglich auf den üblichen Weg ab. Gleiches gilt gemäß Nr. I 2 **Trade Terms** (Rdn. 768).

cc) Der Verkäufer ist nicht gehalten, die Ware ohne **Umladung** zu verschiffen, so- 28 fern die Verschiffung über Zwischenhäfen nicht handelsunüblich ist oder unverhältnismäßige Verzögerungen oder Transportgefahren mit sich bringt. Der Verkäufer muß dafür sorgen, daß die Ware bei der Verschiffung mit dem ersten Dampfer konkretisiert wird (vgl. auch § 40 Abs. 2 WVB (Rdn. 2)). Ist **direkte** Verladung (without transshipment) vereinbart, so muß sich das Schiff auf der Aus- oder Heimreise zum Bestimmungshafen befinden und es darf nicht umgeladen werden (*Haage* Abladegeschäft, S. 52 f). Ebenso § 40 Abs. 1 WVB (Rdn. 2).

dd) Der Verkäufer hat die **Kosten des Seetransportes** zu tragen. (1) Diese umfassen 29 die **Fracht** sowie die in die Fracht einbezogenen **Ein- und Ausladekosten,** soweit diese einen integrierenden Bestandteil der Fracht darstellen. Der Verkäufer hat ferner die gesamten gesondert anfallenden Einladespesen auf sich zu nehmen. Für die Kosten des Wiegens, Messens etc. gilt § 448 Abs. 1 BGB. Zur Frage der Konsulatsgebühren *Haage* Abladegeschäft, S. 48. Gesondert berechnete Ausladekosten, die bei der Löschung im Bestimmungshafen entstehen und von den Parteien des Frachtvertrages nicht als Teil der Fracht behandelt werden, hat der Verkäufer zu bezahlen, auch wenn die Fracht auf der Basis „free in and out" oder „free out" (*Prüßmann/Rabe* Seehandelsrecht² (1983) § 561 D 2 c) berechnet worden ist; denn gemäß § 593 HGB gehört das Ausladen grundsätzlich zu den Verfrachterpflichten. Die Art und Weise, in der die Leistungen des Verfrachters berechnet werden, ist im Verhältnis zum Käufer irrelevant[15]. Die Klausel „**cif-landed**" stellt diese Kostenverteilung klar. Anders ist die Rechtslage, wenn die Fracht üblicherweise nicht die Ausladekosten umfaßt, der Verfrachter also entgegen § 593 HGB sein Transportversprechen einer allgemeinen Übung entsprechend eingeschränkt hat[16]. — **Zuschläge** hat der Verkäufer zu tragen[17]. Dies gilt grundsätzlich

---

[15] *Ohling* AWD **1964** 322, 324; a. A. *Eisemann/Melis* S. 134 f.
[16] *Eisemann/Melis* S. 134; *Liesecke* WM **1966** 174, 179.
[17] Schiedsspruch *Straatmann/Ulmer* J 3 Nr. 6; *Liesecke* WM **1978** Beilage 3, S. 44.

auch dann, wenn die Zuschläge aufgrund von Umständen erhoben werden, die erst nach der Verschiffung eintraten[18]. Gleiches gilt für die **Erhöhung der Frachtraten**. Es ist nämlich Sache des Verkäufers, die Kosten des Transports auf sich zu nehmen. Er darf sie nicht dadurch mindern, daß er Frachtverträge abschließt, die dem Verfrachter Ansprüche auf gesonderte Zuschläge eröffnen. Etwas anderes gilt für solche Zuschläge, die daraus resultieren, daß sich eine besondere Transportgefahr verwirklicht hat (z. B. Aufsuchen von Nothäfen, Abweichung von der Route wegen der Art der Ware; Überliegegelder) und diese Transportgefahren üblicherweise nicht in die Fracht einkalkuliert werden[19]. Nr. II 10 **Trade Terms** ist zwar dem Wortlaut nach weitergefaßt; die Regelung ist unter dem Aspekt der Transportgefahr jedoch zu restringieren. Im übrigen finden die Regeln über den Wegfall der Geschäftsgrundlage Anwendung (*Liesecke* WM **1966** 174, 178); § 11 WVB (Rdn. 2) gilt nicht. Für **Überliegegelder** im Bestimmungshafen hat der Käufer einzustehen.

30   (2) Gemäß Art. A 2 **Incoterms** (Rdn. 753) hat der Verkäufer neben der Fracht nur solche Ausladekosten zu tragen, die von regulären Schiffahrtsgesellschaften schon bei der Verladung erhoben werden oder in der Frachtrate enthalten sind. Diese Form der Berechnung scheint zur Ausnahme zu werden. Für die nach Verschiffung entstehenden Ansprüche auf „Zuschläge" haftet der Käufer (Art. B 2 Incoterms; *Eisemann/Melis* Incoterms, S. 136). Gleiches gilt für sonstige Frachterhöhungen, die mit der Transportgefahr in Verbindung zu bringen sind. Frachterhöhungen, die daraus resultieren, daß das Schiff längere Wege zurücklegen muß, weil bei Reiseantritt der übliche Seeweg gesperrt ist, fallen in den Risikobereich des Verkäufers; denn in solchen Fällen ist für bestimmte Transporte von vornherein die Fracht erhöht worden (*Eisemann/Melis* Incoterms, S. 136 f). Der Verkäufer kann sich nur auf den Wegfall der Geschäftsgrundlage berufen. Die Modalitäten der Frachtzahlung sind in den Incoterms nicht geregelt. Im Zweifel hat der Verkäufer die Fracht spätestens bei Ankunft der Ware zu bezahlen. Die Prüfkosten (Art. A 9) und die Ausfuhrkosten (Art. A 10) fallen dem Verkäufer zur Last.

31   (3) Nr. I 4 der **Trade Terms** (Rdn. 768) stellt klar, daß der Verkäufer die Ware auf eigene Kosten an Bord zu bringen hat. „Zu den Kosten der Verladung" gehören die Aufwendungen für Messen, Wiegen etc. (Nr. I 7 Trade Terms). Die Kosten des eigentlichen Seetransports werden dem Verkäufer in Nr. I 1 der Trade Terms („eigene Rechnung") auferlegt. Über die Kosten der Ausladung im Bestimmungshafen ist nichts gesagt, so daß die allgemeinen Regeln (Rdn. 29) anzuwenden sind.

32   f) **Versicherung.** aa) Der Verkäufer hat die Ware zu versichern. Aus der Vereinbarung der cif-Klausel ergibt sich nicht ohne weiteres, welche Risiken der Verkäufer abdecken muß und wie hoch die Versicherungssumme sein muß. Grundsätzlich kommen drei **Typen von Versicherungen** in Betracht: Die Variante C bietet Mindestdeckung, die Variante A deckt alle Risiken, die Variante B im wesentlichen Deckung von echten Seeunfällen ohne Deckung der bloßen Beschädigungsgefahr (*Eisemann/Melis* Incoterms, S. 142). In erster Linie hat der Verkäufer den Versicherungstyp zu wählen, der im Kaufvertrag ausdrücklich oder konkludent vereinbart wurde oder den die im Einzelfall maßgeblichen AGB vorschreiben. So verpflichtet § 42 Abs. 1 WVB (Rdn. 2) den Verkäufer zur Deckung der **Beschädigungs-, Diebstahls- und Kriegsgefahr**. Mangels

---

[18] A. A. Schiedsspruch *Straatmann/Ulmer* J 3 Nr. 6; *Eisemann/Melis* S. 136.

[19] Schiedssprüche *Straatmann/Ulmer* J 3 Nr. 6, 17; *Liesecke* WM **1978** Beilage 3, S. 44; *Eisemann/Melis* S. 137; a. A. *Haage* Abladegeschäft, S. 51.

derartiger Anhaltspunkte ist auf die im Abladehafen und in der Branche des Verkäufers geltenden Usancen zurückzugreifen. Nr. I 15 der **Trade Terms** (Rdn. 768) sagt dazu, daß in Hinblick auf den Versicherungsumfang kein Handelsbrauch bestehe. In Widerspruch dazu wird weiter festgestellt, daß eine inzwischen nicht mehr angebotene FPA-Versicherung im allgemeinen nicht genüge; denn wenn allgemein kein Handelsbrauch besteht, ist auch die Tendenzaussage, im allgemeinen habe der Verkäufer eine weitergehende Versicherung zu nehmen, sinnlos. Der Käufer hat mithin die Existenz einer ihm günstigen Usance nachzuweisen.

Läßt sich die Existenz einer einschlägigen Usance nicht beweisen, so hat der Verkäufer mangels besonderer Abreden die Kriegsgefahr nicht zu versichern[20]. Er braucht im Zweifel auch weder die Diebstahlsgefahr, die nicht zu den eigentlichen Gefahren des Seetransports gehört (*Haage* Abladegeschäft, S. 57), noch seetransportspezifische Beschädigungsgefahren zu versichern (**a. A.** *Haage* Abladegeschäft, S. 57). Es ist nämlich Sache des Käufers, den Umfang der vom Verkäufer geschuldeten Leistungen zu beweisen. Im Zweifel schuldet der Verkäufer demnach lediglich die übliche „Minimalversicherung". Unberührt bleibt natürlich die aus Treu und Glauben abzuleitende Nebenpflicht des Verkäufers, auf Wunsch des Käufers auf dessen Rechnung zusätzliche Risiken abzudecken. — Auf diesem Standpunkt beruht Art. A 5 **Incoterms,** der allerdings der Änderung der Versicherungsklauseln noch nicht Rechnung trägt (*Eisemann/Melis* Incoterms, S. 142).

bb) Der Verkäufer hat den **Incoterms** zufolge den cif-Preis (Kaufpreis samt Fracht **33** und Versicherung) zuzüglich 10 % imaginären Gewinns zu versichern, es sei denn, daß abweichende Vereinbarungen getroffen wurden oder abweichende Handelsbräuche existieren (*Haage* Abladegeschäft, S. 58; Nr. I 16 Trade Terms (Rdn. 768); Art. A 5 Incoterms (Rdn. 753)).

cc) Die Versicherung hat die **gesamte Dauer des Seetransports** von der Übergabe **34** der Ware an den Verfrachter bis zum Absetzen der Ware am Kai bzw. auf ein anderes Schiff zu decken. Der Verkäufer hat die Kosten der Versicherung zu tragen. Wird z. B. bei einem durch Krieg bedingten Aufenthalt in einem Nothafen die Zahlung weiterer Prämien erforderlich, so geht dies jedoch als Ausfluß der Transportgefahr zu Lasten des Käufers (RGZ **88** 403, 404; RG LZ **1919** 254, 255).

dd) Die Versicherung ist bei einer „anerkannten" Versicherung zu nehmen. Der **35** Verkäufer haftet für sorgfältige **Auswahl der Versicherung,** nicht jedoch für deren Solvenz (OLG Hamburg HansRZ **1926** 336). Er ist auch nicht verpflichtet, die Police daraufhin zu überprüfen, ob die als zuverlässig angesehene Versicherung in ihre Versicherungskonditionen außergewöhnliche Freizeichnungsklauseln aufgenommen hat, da dies den Verkäufer unzumutbar belasten würde (OLG Hamburg, HansRZ **1926** 336, 337). Der Verkäufer haftet nicht dafür, daß er gesetzlich gezwungen ist, mit einer Versicherung zu kontrahieren, deren Bonität zweifelhaft ist (*Eisemann/Melis* Incoterms, S. 144). Der Verkäufer ist den Trade Terms (Rdn. 768) und den Incoterms (Rdn. 753) zufolge gehalten, dem Käufer eine **übertragbare Transportversicherungspolice** anzudienen. Es genügt auch ein Versicherungszertifikat (*Sieg* VersR **1977** 213; *Haage* Abladegeschäft, S. 78). Näher dazu Rdn. 51.

g) **Verladeanzeige.** aa) Der Verkäufer ist verpflichtet, dem Käufer eine Verladean- **36** zeige zuzusenden[21]. Diese Verladeanzeige soll den Käufer so früh wie möglich in die

---

[20] RGZ **88** 403, 404; RG JW **1916** 1194, 1195; *Leo* HansRZ **1918** 286, 378.

[21] *Haage* Abladegeschäft, S. 34; *Liesecke* WM **1966** 174, 176; Nr. I 8 Trade Terms (Rdn. 762); Art. A 4 Incoterms (Rdn. 747).

Lage versetzen, die Ware schwimmend weiterzuverkaufen, sonstige Dispositionen vor Ankunft der Ware zu treffen und gegebenenfalls die Ware höher zu versichern. Aus der Sicht des Verkäufers hat die Verladeanzeige den Vorteil, daß sie im Falle einer Gattungsschuld die Leistungsgefahr rückwirkend auf den Zeitpunkt der Verladung übergehen läßt (Rdn. 66).

Der Verkäufer hat in der Verladeanzeige den Namen des Schiffes **mitzuteilen,** in das die Ware verladen worden ist. Darüber hinaus ist der exakte Abladehafen, die Warengattung und der Kaufvertrag, der erfüllt werden soll, anzugeben, wenn der Verkäufer ohne diese Angaben nicht wissen kann, auf welchen Vertrag geleistet werden soll. Weitergehend § 41 WVB (Rdn. 2). Das exakte Ablade- bzw. Verschiffungsdatum braucht nicht notwendig mitgeteilt zu werden, da es der Käufer bei der Reederei unschwer erfragen kann (vgl. aber auch *Straatmann/Ulmer* Schiedsspruch E 1 a Nr. 9). Es besteht daher auch keine Pflicht, die Verladeanzeige insoweit nachträglich zu ergänzen (**a. A.** *Haage* Abladegeschäft, S. 36). Wurde aber das Abladedatum ohne Vorbehalt mitgeteilt, so muß es richtig sein. Zu den Rechtsfolgen einer unrichtigen Verladeanzeige Rdn. 38, 41.

37 bb) Die Verladeanzeige darf erst **abgesandt** werden, nachdem die Ware auf das Schiff verladen worden ist.

38 cc) Der Verkäufer ist nicht befugt, eine **Verladeanzeige durch eine andere zu ersetzen** (*Straatmann/Ulmer* Schiedsspruch E 1 a Nr. 7). Hat der Verkäufer fahrlässig eine Verladeanzeige abgesandt, die die tatsächlich erfolgte Verladung falsch wiedergibt, so begeht er eine positive Forderungsverletzung. Der Verkäufer ist jedoch grundsätzlich berechtigt, die unrichtige Verladeanzeige zu berichtigen. *Haage* (Abladegeschäft, S. 37) zufolge, soll die Berechtigung zur Richtigstellung immer davon abhängen, daß der Verkäufer nachweist, er habe die Verladeanzeige „gutgläubig" erstattet (ebenso *Straatmann/Ulmer* Schiedsspruch J 5 a Nr. 59). Gegen jede Berichtigung von Verladeanzeigen in Hauptpunkten sprechen sich Schiedssprüche (*Straatmann/Ulmer* E 1 a Nr. 7, 9) aus, da wegen der Formstrenge im Abladegeschäft die in der Verladeanzeige enthaltenen Daten die Lieferpflicht konkretisieren würden. Angemessener erscheint es, bei unrichtigen Verladeanzeigen mit flexiblen Schadensersatzansprüchen zu reagieren, auf deren Basis auch der Schaden liquidiert werden kann, der daraus entsteht, daß der Käufer Dokumente zurückweist, weil er annehmen darf, daß der Verkäufer gelieferte Partien ausgetauscht hat. Entgegen einem Schiedsspruch (*Straatmann/Ulmer* J 5 a Nr. 59, 60) sind hierbei im String-Geschäft die Vorderleute keine Erfüllungsgehilfen, weil diese als selbständige Händler tätig werden und der Schuldner deren Zuverlässigkeit nicht hinreichend exakt zu kalkulieren vermag.

Aus § 44 Abs. 1 WVB (Rdn. 2) ergibt sich, daß der Verkäufer nicht berechtigt ist, eine Verladeanzeige zu berichtigen, weil dies das strikte Rücktrittsrecht des Käufers in Frage stellen würde. Dem Bedürfnis nach Verkehrssicherheit wird hier zulässigerweise der Vorrang eingeräumt.

39 Hat der Verkäufer die Verladeanzeige „unter Vorbehalt" aufgegeben („u. ü. V."), so berechtigt dies den Verkäufer nicht, diese Verladeanzeige durch eine zweite, eine andere Partie betreffende Verladeanzeige zu ersetzen[22]. Der Vorbehalt ist vielmehr in dem Sinne zu verstehen, daß sich der Verkäufer vor einer Haftung wegen Unrichtig-

---

[22] Schiedsspruch *Straatmann/Ulmer* E 1 a Nr. 7; *Mathies/Grimm/Sieveking* Die Geschäftsbedingungen des Waren-Vereins der Hamburger Börse e. V.[3] (1967) § 37 7.

keit der Verladeanzeige (Irrtum; *Straatmann/Ulmer* Schiedsspruch E 1 a Nr. 9) schützen will (*Haage* Abladegeschäft, S. 40). Diese Klausel ist in dem Sinne wirksam, daß der Käufer nicht auf eine unter Vorbehalt abgegebene Verladeanzeige vertrauen darf. Der Verkäufer kann sich indessen andererseits nicht auf diese Weise einseitig von seiner Pflicht befreien, dem Käufer eine verläßliche, vorbehaltlose Verladeanzeige zuzusenden.

dd) Sendet der Verkäufer die Verladeanzeige nicht unverzüglich (gemäß § 41 WVB (Rdn. 2) 10 Tage) ab, so kann er sich nach Maßgabe der §§ 284 ff BGB schadensersatzpflichtig machen. Eine Mahnung ist regelmäßig entbehrlich, da beim Überseekauf dem Zeitmoment entscheidende Bedeutung zukommt (a. A. *Haage* Abladegeschäft, S. 35, der darauf abhebt, ob der Käufer deutlich zum Ausdruck gebracht habe, daß er eine Verladeanzeige wünsche). Ferner muß den Verkäufer ein Verschulden treffen. Erfolgt trotz Setzung einer Nachfrist keine Verladeanzeige, so darf der Käufer gemäß § 326 BGB zurücktreten[23]. Geht die Verladeanzeige ohne Verschulden des Verkäufers nach Absendung verloren, so findet der Rechtsgedanke des § 447 BGB keine Anwendung (a. A. *Haage* Abladegeschäft, S. 42). Der Verkäufer hat nochmals die Verladeanzeige zu erstatten. Dies ändert allerdings nichts an der Tatsache, daß schon die verlorengegangene Verladeanzeige die Konkretisierung ausgelöst hat.

ee) Hat der Verkäufer dem Käufer eine Verladeanzeige abgesandt, aus der sich unmittelbar oder mittelbar ergibt, daß der Verkäufer **nicht vertragsgemäß geliefert** hat, so darf der Verkäufer nicht ohne weiteres darauf vertrauen, daß der Käufer die angezeigte Ware als vertragsgemäß annehmen werde (*Haage* Abladegeschäft, S. 40 ff). Dies gilt jedenfalls in Fällen, in denen der Käufer der Verladeanzeige nicht eindeutig die Vertragswidrigkeit der Ware entnehmen kann. Ergibt sich aus der Verladeanzeige eindeutig, daß vertragswidrige Ware verschifft worden ist, so liegt es nahe, auf die Wertung der §§ 377, 378 HGB zurückzugreifen und den Käufer so zu behandeln, als ob ihm die Ware ausgeliefert worden wäre. Dagegen spricht indessen die Erwägung, daß die Ausdehnung der „Rügeobliegenheit" die Verkehrssicherheit gefährdet, da sich der Handel nur im Hinblick auf Warenlieferungen auf eine strikte Anwendung des § 377 HGB eingestellt hat. Es ist deshalb auf die allgemeinen Grundsätze über das Schweigen im Rechtsverkehr zurückzugreifen. Die vom Kaufvertrag abweichende Verladeanzeige enthält ein Angebot zum Abschluß eines Abänderungsvertrages. Schweigt der Käufer auf ein solches Angebot, so ist sein Schweigen nicht immer schon kraft verkehrsmäßig typisierten Verhaltens als Annahme zu werten[24]. Entgegen manchen Tendenzen in der Literatur (MünchKomm-*Kramer* BGB § 116 26; § 151 6 m. Nachw.) und der Rechtsprechung (BGHZ 1 353) darf das Schweigen nicht allein deshalb als Zustimmung gewertet werden, weil eine ablehnende Erklärung des Käufers zu erwarten war. Der Käufer, der nicht antwortet, macht sich lediglich schadensersatzpflichtig, wenn er den Umständen, unter denen die Verladeanzeige abgegeben wurde, entnehmen konnte, daß der Verkäufer davon ausging, der Käufer werde die Schlecht- bzw. Falschlieferung annehmen und der Verkäufer daher auf anderweitige Dispositionen verzichtete (*GroßKomm z HGB-Canaris* Vorauflage Anh. § 362 Rdn. 8, 13). Etwas anderes gilt, wenn das in der Verladeanzeige enthaltene Angebot dem Käufer in dem Moment, in dem eine Antwort zu erwarten war, lediglich einen Vorteil brachte. Diese Rechtslage wird durch § 44 Abs. 1 WVB (Rdn. 2) nicht geändert, da dem Käufer, der schweigt, al-

---

[23] *Liesecke* WM **1978** Beilage Nr. 3, S. 25; Schiedsspruch *Straatmann/Ulmer* C 1 Nr. 6; vgl. auch § 41 WVB (Rdn. 2).

[24] Schiedsspruch *Straatmann/Ulmer* D 1 b Nr. 14, 16; *Haage* Abladegeschäft, S. 41; allgemein dazu *Großkomm z HGB-Canaris*[3] Anh. § 362 18.

42 **h) Dokumente.** Beim Überseekauf besteht die Hauptleistungspflicht des Verkäufers nicht nur darin, die Ware als solche zu liefern. Der Verkäufer hat darüber hinaus im Range einer Hauptleistungspflicht dem Käufer die die Ware vertretenden Dokumente (dazu Rdn. 43) sowie insbesondere Faktura und Versicherungspolice bzw. -zertifikat zu liefern. Das heißt allerdings nicht, daß Kaufgegenstand ausschließlich die Dokumente wären. Es geht hier nur um eine besondere Form der Lieferung, die sich zweistufig vollzieht. Die Ware ist nicht bei der Ankunft auszuhändigen, sondern mit Hilfe der Dokumente zu liefern und gegebenenfalls zu übereignen (*Digenopoulos* Die Abwandlung der CIF- und FOB-Geschäfte im modernen Überseekaufrecht (1978) S. 125 m. Nachw.).

43 **aa) Art der Dokumente.** Der Verkäufer hat grundsätzlich die Konnossemente, die Versicherungspolice und die Faktura zu übergeben. Daneben hat der Verkäufer nach Handelsbrauch (vgl. Nr. I 12 Trade Terms (Rdn. 768)) ein Ursprungszeugnis und die Konsulatsfaktura anzudienen.

(1) Die **Konnossemente** müssen auf den Käufer ausgestellt, an ihn indossiert, mit einem Blankoindossament versehen oder auf den Inhaber ausgestellt sein. Zur Frage der Form der Konnossemente *Haage* Abladegeschäft S. 62. Der Verkäufer hat alle Konnossementsexemplare („full set") anzudienen. Das gilt auch dann, wenn ein Konnossementsexemplar vorgelegt wird, das mit einem Auslieferungsvermerk des Reeders bzw. seines Vertreters versehen ist. Bringt der Verkäufer, der nur ein Exemplar vorlegen kann, freilich eine erstklassige Bankgarantie bei, die den Käufer vor Schaden schützt, so darf der Käufer nach Treu und Glauben das Konnossement nur zurückweisen und sofort Schadensersatz verlangen, falls die konkrete Gefahr erkennbar ist, daß ihm aus Ansprüchen Dritter ein Schaden entstehen wird.

44 (2) Der Verkäufer darf auch **Teilkonnossemente,** die zur Kategorie der „Originaldokumente" gehören, liefern. Falls nicht die Andienung von „Originaldokumenten" vereinbart ist, ist es auch zulässig, Konnossements-Surrogate, wie **Kaiteilschein, Konnossementsteilschein**[25] und unter Umständen eine **„Delivery-Order"** zur Verfügung zu stellen (vgl. auch § 42 Abs. 1 WVB (Rdn. 2)).

45 (3) Der **Kaiteilschein** tritt in Form von Verpflichtungsscheinen oder von Anweisungen in Erscheinung. Als Anweisung werden Kaiteilscheine vom Inhaber des Konnossements ausgestellt. Als Anweisung an die Kaiverwaltung muß der Kaiteilschein von der Kaiverwaltung als Vertreterin des Schiffes akzeptiert worden sein, um andienungsfähig zu sein. Das Akzept muß nicht ausdrücklich erteilt werden; es genügt der Vermerk, daß das — wirtschaftlich gesehen — zugrunde liegende Konnossement der Kaiverwaltung als Vertreterin des Schiffes ausgehändigt worden ist (*Schaps/Abraham* Das Seerecht[4] (1978) § 649 13). Die Übergabe des Kaiteilscheins enthält eine Abtretung des bürgerlich-rechtlichen Herausgabeanspruchs. Diese Abtretung ist auch ohne Übertragung des Konnossements möglich, weil das Konnossement mit der Auslieferung an die Kaianstalt aus dem Verkehr gezogen wurde (*Haage* Abladegeschäft, S. 69; *Schaps/Abraham* § 649 13). Der Erwerber des Kaiteilscheins kann mithin gemäß § 931 BGB Ei-

---

[25] *Lebuhn* European Transport Law, Bd. XVI (1981) 24 (28); *Prüßmann/Rabe* Seehandelsrecht[2] § 648 HGB F 2; *Digenopoulos* S. 161 ff m. Nachw.

gentum erwerben. Ist der Kaiteilschein als Anweisung ausgestellt, so kann er nach richtiger Interpretation des § 363 HGB (*GroßKomm z HGB-Canaris* § 363 10 m. Nachw. zum Streitstand; a. A. *Prüßmann/Rabe* § 648 HGB F 2 a) als echtes Orderpapier ausgeformt werden, falls die zu liefernde Ware vertretbare Sachen umfaßt. Im übrigen findet § 784 BGB entsprechende Anwendung (str.), jedoch mit der Maßgabe, daß die Verpflichtung des Akzeptierenden in begrenztem Umfang typusbezogen ist. Danach ist die Kaiverwaltung berechtigt, dem Erwerber des Kaiteilscheines entgegenzuhalten, daß die Gebühren noch nicht bezahlt sind (zur Parallele zur Situation bei Warenpapieren vgl. *GroßKomm z HGB-Canaris* Vorauflage § 364 33). Dem Erwerber können jedoch nicht alle Einwendungen aus dem zwischen dem Einlieferer des Konnossements und der Kaiverwaltung geschlossenen Vertrag entgegengesetzt werden (a. A. *Haage* Abladegeschäft, S. 71).

(4) Der **Konnossementsteilschein** tritt ebenfalls in der Form einer angenommenen **46** Anweisung oder eines Verpflichtungsscheins in Erscheinung, der gegen Auslieferung des Konnossements ausgestellt wird. Im Unterschied zum Kaiteilschein wird er aber vom Verfrachter oder Schiffsmakler als Vertreter ausgestellt. Die Rechtswirkungen des Konnossementsteilscheins entsprechen denen des Kaiteilscheins (*Schaps/Abraham* § 649 12).

(5) Die **Delivery-Order** ist ebenfalls je nach Art ihrer Ausstellung als eine Art Anweisung oder als Verpflichtungsschein zu qualifizieren (*Prüßmann/Rabe* § 648 HGB **47** F 2 c). Angewiesener bzw. Aussteller der Delivery-Order in Form eines Verpflichtungsscheins ist der sog. Konnossementshalter, dem der ehemalige Konnossementsinhaber das Konnossement ausgehändigt hat. Als Konnossementshalter werden regelmäßig Spediteure, Lagerhalter, Banken oder seetransportnahe Unternehmen tätig. Sie sind in Hinblick auf etwaige Fehler bei der Ausstellung Erfüllungsgehilfen des Abladers (*Straatmann/Ulmer* Schiedsspruch J 5 a Nr. 38). Soweit die Delivery-Order in Form einer Anweisung ausgestellt wird, bedarf sie, um überhaupt andienungsfähig zu sein (näher dazu Rdn. 49), der Annahme durch den Konnossementshalter. Die Annahme erfolgt durch den Vermerk, daß sich das Konnossement in Gewahrsam des Konnossementshalter befindet. Der Erwerber einer Delivery-Order erlangt anders als beim Kaiteilschein keinen Herausgabeanspruch gegen den Verfrachter, da der bürgerlich-rechtliche Herausgabeanspruch nur unter Aushändigung des Konnossements übertragen werden kann, das Konnossement jedoch beim Konnossementshalter verbleibt. Das hat zur Konsequenz, daß der Erwerb des Eigentums (§ 931 BGB) jedenfalls bis zu dem Zeitpunkt hinausgeschoben ist, in dem das Konnossement dem Verfrachter oder dessen Vertreter zurückgegeben wird. Daraus resultiert eine nicht unerhebliche Schwäche der Delivery-Order[26].

Der Konnossementshalter besitzt das Konnossement als **Treuhänder.** Fraglich ist, **48** ob er es kraft einer Ermächtigungstreuhand oder ob er es als Vollrechtstreuhänder besitzt. Für die Annahme einer Ermächtigungstreuhand plädiert *Haage* (Abladegeschäft, S. 74). Der Konnossementshalter sei lediglich ermächtigt, im eigenen Namen das Recht auf Auslieferung der Ware auszuüben und die Verteilung der Ware so vorzunehmen, wie dies der Delivery-Order entspreche. Bei dieser Interpretation des Vertrages „ehemaliger Konnossementsinhaber — Konnossementshalter" ist der Erwerber der Delivery-Order zwar gegen Insolvenzen des Konnossementshalters geschützt, nicht aber

---

[26] *Haage* Abladegeschäft, S. 73 f; *Schaps/Abraham* Seerecht⁴ § 648 10; *Prüßmann/Rabe* Seehandelsrecht² § 648 HGB F 2 c.

gegen Insolvenzen des ehemaligen Konnossementsinhabers, da dieser materiell-rechtlich Träger des Auslieferungsanspruchs und gegebenenfalls Eigentümer geblieben ist. Es muß im Fall der Auslieferung sogar mit konkursrechtlichen Anfechtungsklagen gerechnet werden. Der Erwerber erlangt nur dort eine gesicherte Position, wo die Ware vom Schiff an den Konnossementshalter ausgeliefert wurde, bevor der ehemalige Konnossementsinhaber zahlungsunfähig wurde. Man wird nämlich davon ausgehen müssen, daß der ehemalige Konnossementsinhaber seinen Herausgabeanspruch gegen den Konnossementshalter antizipiert an den Erwerber der Delivery-Order abgetreten hat und diesem auf diese Weise Eigentum in dem Moment verschafft, in dem der Konnossementshalter unmittelbaren Besitz erwirbt. — Denkbar ist aber auch, daß der Konnossementshalter das Konnossement und unter Umständen das Eigentum an der Ware als Vollrechtstreuhänder hält. Treugeber ist hier zunächst der ehemalige Konnossementsinhaber. Diese Treugeberposition wird entsprechend der zu liefernden Teilmenge auf die Erwerber der Delivery-Order „übertragen". Dies kann in der Weise erfolgen, daß der ehemalige Konnossementsinhaber parallel zur Aushändigung der Delivery-Order seine Treugeberstellung abtritt oder daß der Konnossementshalter im Sinne einer Novation ein Treuhandverhältnis zugunsten des Erwerbers der Delivery-Order begründet. In dieser Variante genießt der Treugeber den für Treuhandverhältnisse typischen insolvenzrechtlichen Schutz (*Palandt/Bassenge* BGB[43], vor § 929 7 B b). Auf den ersten Blick steht dem zwar das sog. „Unmittelbarkeits"-Prinzip (BGH WM **1965** 174) entgegen. Es ist jedoch zu berücksichtigen, daß es hier anders als in den Fällen mittelbarer Stellvertretung, auf die das „Unmittelbarkeits"-Prinzip zugeschnitten ist, um eine Frage der Übertragung der Treugeber-Position geht. Ferner ist zu beachten, daß das „Unmittelbarkeits"-Prinzip zu Recht auf immer mehr Kritik stößt[27]. Es wird zu Recht betont, daß die insolvenzrechtliche Position des Treuhänders mit Hilfe des Offenkundigkeits-Gedankens (*Canaris* Festschrift Flume (1978) S. 371, 413) abgesteckt werden sollte. Geht man davon aus, daß der Treugeber unabhängig von der Unmittelbarkeit des Erwerbs insolvenzrechtlich geschützt sein soll, wenn die Treuhänderstellung des Konnossementshalters unter anderem aufgrund seiner Berufsstellung offenkundig ist, so werden in aller Regel keine Bedenken bestehen, dem Erwerber der Delivery-Order die Treugeberstellung in Hinblick auf den im Konnossement verbrieften Auslieferungsanspruch und gegebenenfalls das Eigentum zuzugestehen. Nimmt der Konnossementshalter die Ware aufgrund seiner Legitimation als Inhaber des Konnossements in Empfang, so erstreckt sich die Treugeberposition des Inhabers der Delivery-Order — pro rata — auf dieses Gut. Ein Fall primär rechtsgeschäftlicher Surrogation, auf den das Unmittelbarkeits-Prinzip zugeschnitten ist, liegt nicht vor. Im übrigen ist der Vorrang des Offenkundigkeits-Prinzips zu beachten. Ungeschützt bleibt der Erwerber der Delivery-Order auch hier natürlich davor, daß der Konnossementshalter eine Veruntreuung begeht oder fahrlässig handelt, ohne hinreichend solvent zu sein. — Welche der beiden Treuhandabreden gilt, ist eine Sache der Vertragsauslegung, mithin der Umstände des Einzelfalles. In diesem Zusammenhang ist davon auszugehen, daß die Parteien angesichts der üblichen Zahlung „Kasse gegen Dokumente" diejenige Treuhandform wählen werden, die dem Inhaber der Delivery-Order eine möglichst sichere Position verleiht, daß aber nachteilige Folgen steuerrechtlicher Art vermieden sein müssen.

---

[27] Vgl. *Canaris* Festschrift Flume (1978) 406 ff, 441; *Palandt-Bassenge* BGB[43] vor § 929 7 D m. Nachw.

Eine mehr durch die Art der Geschäftsabwicklung bedingte Schwäche der Delivery- **49**
Order liegt darin, daß der Konnossementshalter vielfach außerstande sein wird, verdeckte Frachtschäden rechtzeitig (§ 611 HGB) zu rügen (*Haage* Abladegeschäft, S. 75).

Die Delivery-Order kann wegen der ihr immanenten Schwächen nicht ohne weiteres zum Kreis der andienungsfähigen Papiere gezählt werden[28]. Es bedarf daher einer besonderen Abrede (z. B. Kasse gegen D. O.; dazu *Digenopoulos* S. 166 ff m. Nachw.) oder eines Handelsbrauchs. Die Abrede, daß Delivery-Orders hereinzunehmen sind, kann sich auch aus den Umständen ergeben, so aufgrund einer ständigen Gepflogenheit unter den Parteien (*Digenopoulos* S. 164). Da die Delivery-Order dort, wo der Konnossementshalter Vollrechtstreuhänder ist, dem Erwerber eine sehr starke Position verschafft, sind angesichts der Nähe der Delivery-Order zu den Kaiteilscheinen an die konkludente Vereinbarung, daß auch Delivery-Orders angedient werden dürfen, nicht allzu harte Anforderungen zu stellen. — Gemäß § 42 WVB (Rdn. 2) sind Delivery-Orders nicht andienungsfähig, es sei denn, es handelt sich um einen Lieferschein der Reederei.

(6) Zur Frage der Andienungsfähigkeit von sog. **Durchkonnossementen** *Haage* Ab- **50**
ladegeschäft, S. 77; *Liesecke* WM **1978** Beilage Nr. 3 S. 13 m. Nachw.

(7) Der Verkäufer hat ferner eine **Transportversicherungspolice** anzudienen, die auf **51**
den Käufer ausgestellt oder mit einem Blankoindossament versehen ist. Zur Möglichkeit, Transportversicherungspolicen als echte Inhaberpapiere auszustellen (*Hueck/Canaris* Recht der Wertpapiere[11], § 25 I 5). Ob die übertragbare Transportversicherungspolice durch ein **Versicherungszertifikat**[29] ersetzt werden kann, ist eine Frage des im Einzelfall einschlägigen Handelsbrauchs (bejahend *Haage* Abladegeschäft, S. 78; ferner *Liesecke* WM **1966** 174, 180). In § 42 Abs. 1 WVB (Rdn. 2) ist von einem Versicherungsschein die Rede, der „die Versicherung ... nachweist". Es heißt nicht „verbrieft", so daß dem § 42 Abs. 1 WVB zufolge auch Zertifikate andienungsfähig sind. Gemäß Art. A 5 **Incoterms** hat der Verkäufer immer eine übertragbare Police zu liefern. Auch Nr. I 14 **Trade Terms** (Rdn. 768) spricht von der Transportversicherungspolice. Ihnen stehen Versicherungszertifikate gleich, die als hinkende Inhaberpapiere ausgestellt sind.

(8) Fester Bestandteil der vom Verkäufer zu liefernden Dokumente ist schließlich **52**
die Original-**Faktura**, der zu entnehmen ist, daß eine dem Kaufvertrag entsprechende Ware zu einem bestimmten Kaufpreis geliefert wurde. Der Käufer ist an der Lieferung der Faktura u. a. deshalb interessiert, weil er nur so der Bank, die den Kaufpreis finanziert, nachweisen kann, daß seinem Kreditwunsch eine Warenlieferung zugrunde liegt. Die Verpflichtung, die Rechnung zu liefern, ist Hauptpflicht im Sinn des § 326 BGB (offengelassen bei *Haage* Abladegeschäft, S. 79), da sie für den Käufer regelmäßig von zentraler Bedeutung ist (ebenso § 42 I, V WVB (Rdn. 2)).

bb) Inhalt der Dokumente:

(1) Die Rechnung muß exakt auf die vereinbarte **Ware, Menge** (geringere Menge ist **53**
zulässig) und **Lieferzeit** lauten[30]. Nicht erforderlich ist, daß die Warenbezeichnung in Rechnung und Frachtdokumenten sowie Versicherungspolice exakt übereinstimmt, da

---

[28] *Haage* Abladegeschäft, S. 76; *Lebuhn* European Transport Law, Bd. XVI (1981) 24 (29); *Liesecke* WM **1966** 174, 178.

[29] *Sieg* VersR **1977** 213; *Liesecke* WM **1978** Beilage 3, S. 15.

[30] vgl. auch *Schmitthoff* The Export Trade[7] (1980) S. 29; *Eisemann/Melis* S. 148 f.

die Frachtdokumente häufig abkürzende Formulierungen verwenden. Die Bezeichnung in den Frachtdokumenten darf nur nicht völlig von der Faktura und dem Kaufvertrag abweichen. Als Maßstab kann § 378 HGB herangezogen werden[31].

54 (2) Schuldet der Verkäufer „Abladung" (Rdn. 18), so braucht er nur ein **Übernahmekonnossement** beizubringen. Ist „Verschiffung" oder „Segelung" (Rdn. 19 f) vereinbart, so hat der Verkäufer grundsätzlich ein **Bordkonnossement** (*Prüßmann/Rabe* § 642 HGB D 1b) anzudienen (*Liesecke* WM **1966** 174, 175). Es genügt ein Übernahmekonnossement (*Prüßmann/Rabe* § 642 HGB D 2), wenn es den an-Bord-Vermerk (since shipped; actually on board) mit Unterschrift des Verfrachters und Datum trägt (OLG Hamburg VersR **1978** 936). Die Konnossemente müssen den vereinbarten Bestimmungshafen (*Straatmann/Ulmer* Schiedssprüche C 1 Nr. 10, J 5a Nr. 41) ausweisen. Sie müssen die in der Verladeanzeige genannte Konnossements-Nummer tragen. Das gilt auch für die Andienung von Delivery-Orders (*Straatmann/Ulmer* Schiedsspruch J 5a Nr. 38).

55 (3) Falls Umladung verboten ist, muß die darauf bezogene Klausel im Konnossement gestrichen sein (vgl. *Schmitthoff* The Export Trade[7] (1980) S. 32) und das genaue **Datum**, an dem die Ware vom Verfrachter übernommen worden war, enthalten; denn der Verkäufer darf den Beweis rechtzeitiger Abladung nur mit Hilfe eines datierten Konnossements bzw. Teilscheins etc. (Rdn. 43 ff) führen[32]. Legt der Verkäufer dort, wo „verschiffte" Ware verkauft wurde, ein Übernahmekonnossement vor, so hat er eine Bescheinigung der Reederei oder des Hafenamtes über den Zeitpunkt der Verladung beizubringen[33]. Ein undatiertes Konnossement ist nicht andienungsfähig (*Eisemann/Melis* Incoterms, S. 149). Es muß im übrigen den **Form**vorschriften des maßgeblichen Landesrechts entsprechen. Gilt deutsches Recht, so muß das Konnossement gemäß § 656 Nr. 8 HGB Gewicht, Zahl, Art oder Markierung der Ware enthalten. Es muß unterschrieben sein. Faksimile oder Abstempelung genügt (*Prüßmann/Rabe* § 642 HGB E (str.)). Ein Konnossement, in dem diese Angaben fehlen, ist unvollständig (Rdn. 63). Falsch ausgestellte Dokumente dürfen nur vor der ersten Andienung berichtigt werden. Die Berichtigung muß durch eine befugte Person erfolgt sein. Dies muß bei der Andienung urkundlich nachgewiesen werden (*Straatmann/Ulmer* Schiedssprüche J 5a Nr. 77, 79).

56 (4) Das **Konnossement** muß ferner „rein" sein, d. h. es darf keine Vermerke enthalten, die ausdrücklich den Zustand der Ware oder Verpackung als mangelhaft erscheinen lassen. Ein Dokument ist „unrein", wenn es Zusätze enthält, die ausdrücklich den Zustand der Ware und/oder Verpackung als mangelhaft bezeichnen[34]. Der Zusatz „Gewicht unbekannt" schadet mithin nur, falls sich aus den Dokumenten ergibt, daß der Verfrachter Anlaß zu Zweifeln an den Angaben des Abladers hatte (weitergehend *Liesecke* WM **1966** 174, 180). Gleiches gilt für Vermerke, in denen der Verfrachter den Zustand der Ware notiert, um sich vor eventuellen Schadensersatzansprüchen zu schützen, die aber die vereinbarte Qualität der Ware nicht in Frage stellen und der Käufer dies erkennen kann (vgl. *Eisemann/Melis* Incoterms, S. 151). Es muß sicherge-

---

[31] BGH LM Nr. 3 zu § 373 HGB; *Haage* Abladegeschäft, S. 63; *Eisemann/Melis* Incoterms, S. 148; *Mathies/Grimm/Sieveking* Geschäftsbedingungen[3], S. 63 f; *Liesecke* WM **1966** 174, 179; a. A. *Straatmann/Ulmer* Schiedssprüche des Deutschen Kaffee-Verbandes J 5a Nr. 19, 22, 44, wohl aufgrund der besonderen Bräuche des Kaffeehandels.

[32] Schiedssprüche *Straatmann/Ulmer* D 1b Nr. 2; J 5a Nr. 79; *Haage* Abladegeschäft, S. 26.

[33] A. A. *Digenopoulos* S. 128, 132; *Liesecke* WM **1978** Beilage Nr. 3, S. 13.

[34] BGH Hansa **1961** 1619; *Prüßmann/Rabe* Seehandelsrecht[2] § 656 HGB F 1; *Eisemann/Melis* S. 151; *Necker* AWD **1959** 114, 117.

stellt werden, daß der Käufer das „Reinheitserfordernis" nicht als Instrument der Spekulation zu Lasten des Verkäufers mißbraucht. Vom Käufer der Ware kann Kenntnis der Eigenschaften der Ware erwartet werden[35]. Gleiches gilt für einen weiteren Abkäufer, dem der Käufer das mit Zusätzen versehene Dokument andienen muß; vgl. aber auch *K.-L. Hermann* (Das Abladegeschäft im deutschen und französischen Recht und die Anforderungen an die Aufmachung des Konnossements, Diss. Köln 1962, S. 144), der darauf abheben will, ob die Ware in Anbetracht der Beschreibung der Ware oder Verpackung im Konnossement handelbar und umlauffähig ist. Dieses Kriterium ist jedoch unbrauchbar, weil auch im Sinne des Kaufvertrages evident mangelhafte Ware handelbar sein kann. Ausgangspunkt kann immer nur die Qualitätsvereinbarung der Parteien sein. Zu berücksichtigen ist aber auch der Umstand, daß die Banken im Rahmen des Dokumentenakkreditiv-Geschäfts gehalten sind, mangels besonderer Weisungen ausschließlich „reine" Dokumente aufzunehmen.

Enthält ein Konnossement Zusätze über Merkmale der Ware, so ist die Bank **57** grundsätzlich gezwungen, das Konnossement zurückzuweisen, da sie nicht wissen kann, ob die in dem Konnossementszusatz aufgeführten Merkmale qualitätsschädlich sind oder nicht. Die Praxis ist daher bestrebt, vom Verfrachter „reine" Dokumente zu erhalten und trägt dem Sicherheitsbedürfnis des Verfrachters dadurch Rechnung, daß sich der Ablader verpflichtet, gegen Ausstellung eines reinen Dokuments das Schiff von etwaigen Regreßansprüchen freizustellen. Diese Reverspraxis hat freilich zu erheblichen Mißbräuchen geführt (*Haage* Abladegeschäft, S. 99), die die Rechtsprechung veranlaßt haben, die Wirksamkeit von Freistellungsvereinbarungen stark zurückzuschneiden (BGH AWD **1973** 405; *Prüßmann/Rabe* § 656 HGB F 1, 3 m. Nachw.). Jedenfalls Reverse, die im Zusammenhang mit bewußt zur Täuschung falsch ausgestellten Konnossementen gegeben werden, sind dieser Rechtsprechung zufolge gemäß § 138 Abs. 1 BGB nichtig. Ob diese Sanktion auch dort eingreift, wo auf Wunsch des Abladers Vermerke über Mängel der Güter weggelassen werden, hat der BGH offengelassen. Man wird in dieser Fallkonstellation eine Nichtigkeit verneinen müssen, falls der Verfrachter bzw. Kapitän ohne bedingten Vorsatz der Ansicht war, die auf Wunsch des Abladers im Konnossement weggelassenen Qualitätsmerkmale stünden nicht im Widerspruch zu den Vertragspflichten des Abladers oder seines Auftraggebers zu Dritten (z. B. Käufer der Ware) (OLG Hamburg MDR **1970** 146; *Prüßmann/Rabe* § 656 HGB F 3,5 m. Nachw.). Die **Incoterms** entschärfen das Problem der unreinen Dokumente etwas dadurch, daß sie einen Katalog unschädlicher Klauseln aufgestellt haben (Anmerkung zu Art. A 6 Rdn. 753), der bei Geltung der Incoterms (Rdn. 11) zu beachten ist. Die Gefahr, daß der Verfrachter ohne Anlaß und Verschulden des Verkäufers ein „unreines" Konnossement ausstellt, geht zu Lasten des Verkäufers; denn der Verkäufer hat die Verfrachtung zu organisieren und reine Konnossemente anzudienen.

(5) Sofern nicht die Fracht in der Faktura deutlich vom cif-Kaufpreis abgezogen ist, **58** muß das Konnossement den Vermerk des Verfrachters **„Fracht bezahlt"** tragen, damit der Käufer vor Pfandrechten des Verkäufers geschützt ist.

cc) Lieferung der Dokumente:

(1) Die Dokumente sind, sofern nichts Besonderes vereinbart ist, an die Niederlas- **59** sung des Käufers zu liefern. Diese Verpflichtung zur Lieferung der Dokumente ist mit-

---

[35] *K.-L. Hermann* Das Abladegeschäft im deutschen und französischen Recht und die Anforderungen an die Aufmachung des Konnossements, Diss. Köln 1962, S. 138 ff.

hin kraft Gewohnheitsrecht eine **Bringschuld**[36] mit der Konsequenz, daß der Verkäufer die **Gefahr eines Verlustes** der Dokumente auf sich zu nehmen hat (*Liesecke* WM **1978** Beilage Nr. 3, S. 36). Im Falle eines vom Verkäufer nicht verschuldeten Verlusts wird dieser zwar von der Leistungspflicht frei (§ 275 BGB), verliert aber andererseits den Anspruch auf Zahlung des Kaufpreises (§ 323 BGB)[37]. Dabei ist davon auszugehen, daß der Verkäufer, wenn die verkaufte Ware z. B. durch eine Verladeanzeige bereits konkretisiert worden ist (Rdn. 65), berechtigt und verpflichtet ist, ausschließlich die auf die konkretisierte Ware bezogenen Dokumente zu liefern. Dem Verkäufer steht im Falle eines Verlusts der Dokumente kein Ersetzungsrecht zu. Verzichtet der Käufer auf die Andienung der Dokumente und erklärt er sich bereit, die Ware am Kai zu übernehmen, so handelt der Verkäufer, der sich auf den Verlust der Dokumente beruft, rechtsmißbräuchlich, wenn sich der Käufer bereiterklärt, Ansprüche der Reederei, die die Ware ohne Dokumente herausgibt, durch eine Bankgarantie abzusichern (weitergehend *Haage* Abladegeschäft, S. 45 f). Sind sowohl die Dokumente als auch die Ware auf dem Transport verlorengegangen, so stellt die Berufung auf den Verlust der Dokumente einen Rechtsmißbrauch dar, falls der Käufer im konkreten Fall nicht auf den Besitz der Dokumente angewiesen ist[38].

60 (2) Der Verkäufer hat die Dokumente im eigenen Namen **unverzüglich** zu liefern (so auch Art. A 7 Incoterms (Rdn. 753)). Hat der Verkäufer nicht selbst abgeladen, so muß er sich so schnell wie möglich den Besitz der Dokumente verschaffen. Gemäß § 42 Abs. 3 WVB (Rdn. 2) wird die Verpflichtung zur Lieferung der Dokumente spätestens in dem Moment fällig, in dem das Schiff den Bestimmungshafen erreicht. Dies gilt auch, wenn die Ware nicht gelöscht werden kann, weil sie unter für einen anderen Hafen bestimmten Partien gelagert war (*Straatmann/Ulmer* Schiedsspruch J 5 a Nr. 3).

61 (3) Der Käufer muß offensichtliche Mängel der Dokumente oder das Fehlen einzelner Dokumente unverzüglich **rügen**[39]. Vertragswidrige Dokumente darf der Käufer aber unter **Vorbehalt** aufnehmen und dann, wenn sie von seinen Abnehmern zurückgewiesen werden, ebenfalls ablehnen (*Straatmann/Ulmer* Schiedsspruch J 5 a Nr. 5).

(4) Der Verkäufer darf, um die Gefahr von Manipulationen im Keim zu ersticken, die Ware nach ihrer Ankunft im Bestimmungshafen **nicht untersuchen** oder in irgendeiner Weise behandeln (*Straatmann/Ulmer* Schiedsspruch J 5 a Nr. 43). Dies gilt auch für Dritte, die der Verkäufer einschaltet oder denen er den Zutritt zum Gut ermöglicht (vgl. §§ 36, 46 WVB (Rdn. 2)).

62 (5) Der Verkäufer, der Dokumente zu liefern hat, ist nicht berechtigt, anstatt der Dokumente die **Ware in natura** anzubieten (vgl. BGH LM § 373 HGB Nr. 3). Letzteres ist auch dort ein aliud, wo die Ware bereits im Bestimmungshafen eingetroffen ist. Der Käufer erwartet beim cif-Geschäft, die Ware mit Hilfe von Dokumenten durchhandeln zu können (*Digenopoulos* S. 126 m. Nachw.).

63 (6) Liefert der Verkäufer nicht unverzüglich die geschuldeten Dokumente, so kann ihm der Käufer, gegebenenfalls nach Mahnung, eine **Nachfrist** setzen und die **Rechte aus § 326 BGB** geltend machen[40]. Der Setzung einer Nachfrist bedarf es auch dort, wo

---

[36] *Haage* Abladegeschäft, S. 44; vgl. auch § 9 Abs. 2 WVB (Rdn. 2); Schiedsspruch *Straatmann/Ulmer* J 5 a Nr. 33.
[37] *Haage* Abladegeschäft, S. 44 f; a. A. *Eisemann/Melis* S. 152 f.
[38] OLG Hamburg HansGZ **1918** Nr. 77; *Ewald* HansRZ **1927** 733; *Haage* Abladegeschäft, S. 47; a. A. *Nolte* ZHR **89** 63.
[39] Schiedssprüche *Straatmann/Ulmer* J 5 a Nr. 29, 35, 70; J 2 Nr. 8; anders J 5 a Nr. 37.
[40] Ausnahme: Ketten(String)-Geschäft; Schiedsspruch *Straatmann/Ulmer* J 5 a Nr. 61.

der Verkäufer „unrichtige Dokumente" angedient hatte. Darunter versteht man Dokumente, denen zufolge die Ware z. B. nach Qualität bzw. Menge nicht vertragsgemäß ist oder nicht zum vertragsgemäßen Zeitpunkt abgeladen bzw. verschifft worden ist oder die Beförderung nicht vertragsgemäß ist[41]. Teilleistungen sind zulässig. Es ist aber zu beachten, daß gemäß § 44 WVB (Rdn. 2) in Fällen, in denen sich aus der Verschiffungsanzeige die Abladung vertragswidriger oder verspäteter Ware ergibt, der Käufer sofort zurücktreten darf. Hat der Käufer lediglich den Verdacht, daß ihm **vertragswidrige Ware** geliefert wird, so darf er die Annahme der Dokumente auch dann, wenn die Ware bereits im Erfüllungshafen eingetroffen ist, nicht mit der Begründung verweigern, er müsse erst die Ware **untersuchen**[42]. Nur so kann sichergestellt werden, daß der Verkäufer und seine Bank den Eingang der Zahlung exakt kalkulieren können, woran sie angesichts des typischerweise hohen Wertes der Ware ein besonders großes Interesse besitzen[43]. Es gilt der Grundsatz des „erst zahlen, dann untersuchen und reklamieren". Eine Ausnahme von diesem Grundsatz ist dort zuzulassen, wo der Käufer dem Verkäufer den Einwand treuwidrigen (dolo petit, qui petit, quod statim redditurus est) Verhaltens entgegenzusetzen vermag (vgl. auch § 13 Abs. 1 WVB (Rdn. 2)). Hierfür genügt es nicht, daß die vorhergehende Lieferung mangelhaft war[44]. Um Verzögerungen zu vermeiden, darf der Käufer sich auf treuwidriges Verhalten (z. B. bewußte Andienung vertragswidriger Ware) des Verkäufers nur berufen, wenn er dies sofort glaubhaft zu machen vermag. Dies ist z. B. dort der Fall, wo dem Käufer „unreine" Dokumente (Rdn. 56) angedient wurden[45]. § 321 BGB bleibt unberührt.

(7) Der Verkäufer kann dem Käufer die Dokumente **„zu getreuen Händen"** andienen, falls der Käufer nicht sofort Zahlung leistet. Der Käufer, dem Dokumente „zu getreuen Händen" ausgehändigt worden sind, erlangt aufschiebend bedingtes Eigentum an den Dokumenten (**a. A.** *Nielsen* ZIP **1983** 535, 537 f) und aus der Treuhandabrede ein auflösend bedingtes Besitzrecht an den Dokumenten. Die auflösende Bedingung tritt ein, wenn der Käufer nicht fristgerecht Zahlung leistet oder eine sonstige Bedingung nicht erfüllt wird (vgl. § 14 S. 1 WVB (Rdn. 2)). Die aufschiebende Bedingung tritt ein, wenn der Käufer gezahlt hat (Wertung des § 270 BGB; **a. A.** *Haage* Abladegeschäft, S. 104). Der Verkäufer will im Zweifel kein Solvenzrisiko eingehen. Der Zahlung steht grundsätzlich (*Nielsen* ZIP **1983** 535, 537 f) die wirksame Aufrechnung gleich (vgl. OLG Hamburg ZIP **1983** 153, 155). Vor Zahlung ist der Käufer nicht berechtigt, über die Dokumente zu **verfügen** (OLG Hamburg ZIP **1983** 153), insbesondere mit ihnen seine Verpflichtung gegenüber Dritten zu erfüllen. Dies gilt auch bei vertragswidriger Andienung (OLG Hamburg ZIP **1983** 153, 154). Er darf die Dokumente auch nicht benutzen, um die Ware vor der Zahlung zu **untersuchen,** es sei denn, daß z. B. „Zahlung nach Empfang" vereinbart ist[46]. Die Andienung „zu getreuen Händen" soll grundsätzlich nicht die Position des Käufers stärken, sondern lediglich den Zahlungsvorgang erleichtern. Der Käufer darf sich deshalb über die Bedingungen, zu denen ihm die Dokumente treuhänderisch angedient wurden, nicht hinwegsetzen, auch nicht unter Berufung auf abweichende Abreden im Kaufvertrag. Die kaufvertragliche

64

---

[41] *Liesecke* WM **1978** Beilage Nr. 3, S. 16 m. Nachw. Ausnahme gemäß § 45 WVB (Rdn. 2) für Gewürze.

[42] Nr. II 6 Trade Terms (Rdn. 768); BGHZ **41** 215; **a. A.** RGZ **106** 299.

[43] *Haage* Abladegeschäft, S. 81; *Liesecke* WM **1966** 174, 181 m. Nachw.; *Digenopoulos* S. 139 m. Nachw.

[44] BGH WM **1963** 844; OLG Hamburg AWD **1962** 52; Schiedsspruch *Straatmann/Ulmer* J 5 a Nr. 18.

[45] ähnlich *Haage* Abladegeschäft S. 81, 102; *Digenopoulos* S. 173 ff; *Grimm* AWD **1962** 53; Schiedssprüche *Straatmann/Ulmer* J 5 a Nr. 40, 51, 58, 70.

[46] OLG Hamburg HansGZ **1925** Nr. 33; Schiedsspruch *Straatmann/Ulmer* J 5 a Nr. 40; **a. A.** *Straatmann/Ulmer* Schiedsspruch J 5 a Nr. 32.

Vereinbarung begründet nur Ansprüche und das Recht, eine vertragswidrige Andienung zurückzuweisen. Die im Rahmen der treuhänderischen Andienung gesetzten Bedingungen sind bindend, weil sonst der Käufer die vertragsgemäße Erfüllung im Weg der Selbsthilfe erzwingen könnte. Verletzt der Käufer die Bedingungen, so macht er sich schadensersatzpflichtig. Allerdings kann er mit dem Schaden aufrechnen, den er dadurch erleidet, daß der Verkäufer in Verzug geraten ist. § 14 WVB (Rdn. 2) stellt für den Fall, daß der Käufer die Dokumente im Widerspruch zu den Bedingungen benutzt, die Fiktion auf, daß diese Bedingungen genehmigt seien. Auf diese Weise wird dem Käufer faktisch die Aufrechnungsmöglichkeit genommen, auch wenn den Käufer kein Verschulden trifft. Diese Klausel ist im Licht der §§ 10 Nr. 5, 11 Nr. 5 AGBG nicht unbedenklich (§ 9 AGBG).

i) Gefahrtragung in Hinblick auf die Ware
aa) Leistungsgefahr

65 (1) Grundsätzlich trägt auch bei cif-Käufen der Käufer die Leistungsgefahr (§ 275 BGB). Wurde jedoch, wie im Überseehandel üblich, eine Gattungsschuld vereinbart, so geht die Leistungsgefahr gemäß § 279 BGB — die Fälle des Wegfalls der Geschäftsgrundlage ausgeklammert — erst dann auf den Käufer über, wenn die Lieferung gleichartiger Ware objektiv unmöglich wird oder die Ware im Zeitpunkt der Beschädigung bereits konkretisiert war (§ 243 Abs. 2 BGB). Voraussetzung für die Konkretisierung beim cif-Kauf ist zunächst, daß die Ware dem den Seetransport erledigenden Verfrachter übergeben worden ist. War „Abladung" (Rdn. 18) vereinbart, so genügt die Übergabe an Land, sonst ist die Lieferung an Bord erforderlich (BGH WM **1963** 1185, *Digenopoulos* S. 68, 73). Einer älteren Rechtsprechung zufolge ist außerdem erforderlich, daß der Verkäufer mit Hilfe von Verladeanzeigen oder Absendung der auf den Käufer lautenden bzw. blanko indossierten Konnossemente eindeutig und irreversibel erkennbar gemacht hat, daß die Ware für den Käufer bestimmt ist[47]. Daß die ordnungsgemäß abgesandten Verladeanzeigen bzw. Konnossemente den Käufer erreichten, soll hingegen ohne Bedeutung sein (RGZ **88** 389, 393; OLG Hamburg HansGZ **1919** Nr. 98). Diese Ansicht beschränkt zu Unrecht die Möglichkeit einer Konkretisierung. Für die Konzentration der Gattungsschuld ist nur erforderlich, daß der Verkäufer die ihm obliegenden Leistungshandlungen erbracht hat und sich jeder Chance beraubt hat, eine zunächst für den Käufer bestimmte Ware gegen eine andere auszutauschen und so das vom Käufer zu tragende Risiko zu manipulieren. Eine eindeutige, irreversible Aussonderung ist nicht nur mit Hilfe der Zusendung von Verladeanzeigen und Konnossementen denkbar (**a. A.** wohl *Straatmann/Ulmer* Schiedsspruch E 2 b Nr. 2). Sie kann **auch mit Hilfe einer Markierung** der Ware erfolgen, wenn die Verpackung oder ein anderes unzweideutiges Merkmal den Käufer als Empfänger der Ware erkennen läßt[48]. Diesen Standpunkt nimmt auch § 35 WVB (Rdn. 2) ein, der nur fordert, der Wille des Verkäufers, daß die Ware für den Käufer bestimmt sei, müsse klar erkennbar geworden sein. Eine Konkretisierung tritt demnach nicht ein, wenn der Verkäufer mehrere Schiffe belädt und sich erst noch schlüssig werden will, welche Ladung er welchem Käufer andienen will oder sich der Empfänger der Ware nur aus den Büchern des Verkäufers ergibt. Auch die Aufnahme des Namens des Käufers in die sog.

---
[47] RGZ **88** 389, 391 f; Schiedsspruch *Straatmann/Ulmer* J 5 a Nr. 59.
[48] *Würdinger/Röhricht* Vorauflage, vor § 373 258; *Hager* Die Gefahrtragung beim Kauf (1982) S. 114; *Digenopoulos* S. 69; *Liesecke* WM **1978** Beilage Nr. 3, S. 35 jeweils m. Nachw.

"notify adress" führt nicht zur Konzentration (*Hannak*, Festschrift Kastner (1972) S. 169, 179). Die Konkretisierung kann nicht **rückgängig gemacht** werden, da sonst Manipulationen zu besorgen wären (*Straatmann/Ulmer* Schiedsspruch J 5 a Nr. 59). Aus diesem Grunde darf der Verkäufer nicht eine Verladeanzeige gegen eine andere austauschen; dies auch dann nicht, wenn er mit Hilfe der Verladeanzeige eine Ware konkretisiert hat, die zu spät abgeladen (Rdn. 11) worden ist. Zur Verwendung von **Containern** Rdn. 8.

(2) Hat der Verkäufer die Ware dem Verfrachter ordnungsgemäß übergeben und sendet er später unverzüglich eine Verladeanzeige bzw. die Konnossemente ab, so hat diese Absendung (RGZ **88** 389, 393) nach zutreffender h. M. zur Folge, daß der Gefahrübergang **rückwirkend** in dem Moment eintritt, in dem die Ware dem Verfrachter übergeben worden ist[49]. Der Grund für diese Rückverlagerung des Gefahrübergangs liegt darin, daß sich später kaum jemals feststellen läßt, wann sich die Gefahr realisiert hat und es als unangemessen erscheint, daß das Risiko der Unbeweisbarkeit zu Lasten des Verkäufers geht. Beim cif-Kauf soll der Käufer die Gefahren des Seetransports auf sich nehmen. Die lediglich der Unterbindung von Manipulationen des Verkäufers dienende Absendung der Verladeanzeige bzw. der Konnossemente darf nicht die unangemessene Konsequenz haben, daß der Verkäufer wegen Beweisschwierigkeiten die Gefahr der gesamten Seereise tragen muß.

66

Voraussetzung für die **Rückwirkung** der Verladeanzeige bzw. Versendung der Konnossemente ist jedoch, daß der Verkäufer im Moment der Absendung der Papiere gutgläubig war, d. h. den Schaden weder kannte noch kennen mußte[50]. *Hager* (S. 125) will die rückwirkende Gefahrtragung im Interesse der Vereinfachung dagegen ausschließlich davon abhängig machen, daß der Verkäufer die Konkretisierung unverzüglich vornimmt. Dadurch werden dem Verkäufer aber Spielräume für die Gefahrenzuweisung eröffnet. Der Verkäufer könnte sich nämlich bei gleichzeitiger Abladung aussuchen, welchem Käufer er die beschädigte Partie andient. Dies widerspricht dem Sinn der Konkretisierung. Zutreffend betont *Hager* jedoch, daß die Konkretisierung unverzüglich erfolgt sein müsse, weil die Sanktion der §§ 284 ff, 326 BGB die Gefahr einer Manipulation durch bewußte Verzögerung der Konkretisierung nicht zuverlässig genug ausschaltet.

(3) Grundsätzlich ist eine Konkretisierung nur dort denkbar, wo einem bestimmten Käufer individuell bestimmte Sachen zugeordnet sind. Bei **Sammelladungen,** bei denen körperlich noch nicht getrennte Ware an mehrere Käufer versandt wird, tritt gleichwohl Konkretisierung ein, falls die Sammelladung vertraglich gestattet war oder dem Handelsbrauch entsprach[51]. Für eine vertragliche Gestattung spricht, daß der Verkäufer Konnossements- bzw. Kaiteilscheine oder Delivery-Orders (Rdn. 43 ff) andienen darf. Die Grundsätze der Sammelladung wird man jedoch unter den oben genannten Bedingungen auch dort heranzuziehen haben, wo ein Teil der Sammelsendung im Moment des Schadenseintritts noch zur Disposition des Verkäufers stand, falls sichergestellt ist, daß der Verkäufer den auf ihn entfallenden Teil des Schadens nicht manipulieren kann (a. A. *Würdinger/Röhricht* Vorauflage vor § 373 261). Dies ist z. B. dann der Fall, wenn die Käufer Konnossements- oder Kaiteilscheine empfangen haben und der Verkäufer als einfaches Mitglied der Empfängergemeinschaft an der Auseinander-

67

---

[49] OLG Hamburg HansGZ **1919** Nr. 98; *Hager* S. 118, 124 m. Nachw.; a. A. RG JW **1929** 919 in einem obiter dictum.

[50] *Großmann* HansRZ **1925** 81, 110; *Wüstendorfer* HansRGZ **1940** A 1,6 (positive Kenntnis).

[51] RGZ **88** 389, 391; *Schröder* MDR **1973** 466 ff; *Hönn* AcP **177** 385, 396 ff.

setzung teilnimmt. In einer solchen Konstellation besteht kein Anlaß, die Käufer, denen mittelbar die Vorteile der rationellen „Sammellagerung" zugute gekommen sind, von den Transportrisiken zu entlasten (zutreffend einschränkend *Straatmann/Ulmer* Schiedsspruch E 2 b Nr. 6 für den Fall des Annahmeverzugs eines einzelnen Käufers, der die Gefahrengemeinschaft durchbricht).

(4) Zu **Modifikationen** der Gefahrtragung bei Verwendung zusätzlicher Klauseln Rdn. 78 ff.

bb) Preisgefahr

68 (1) Die Preisgefahr geht in Fällen, in denen „Verschiffung" vereinbart oder ein „Bordkonnossement" anzudienen ist, vorbehaltlich der Konkretisierung (Rdn. 65) in dem Moment auf den Käufer über, in dem die Ware die Reling des Schiffes überschreitet (kritisch *Finke* 117). Darf der Verkäufer ein Übernahmekonnossement andienen bzw. ist „Abladung" vereinbart, so ist auf den Zeitpunkt der Übernahme der Ware in die Obhut des Verfrachters abzuheben[52]. § 35 WVB (Rdn. 2) stellt immer auf das Überschreiten der Reling ab. **Anders** im Ansatz auch Art. A 5 Incoterms (Rdn. 753). Zur Verwendung von **Containern** Rdn. 8.

69 (2) Eine ältere Rechtsprechung und viele Stimmen in der Literatur folgern diese Verteilung der Preisgefahr aus § 447 BGB, indem sie den Erfüllungsort auf den Abladehafen verlegen[53]. Gleichzeitig wird jedoch betont, daß die Vereinbarung einer cif-Klausel den Abladehafen nur in Hinblick auf die Preisgefahr zum Erfüllungsort mache, nicht jedoch im Hinblick auf den Gerichtsstand oder das IPR. Diese differenzierende Auslegung des Begriffs „Erfüllungsort" ist zwar denkbar. Es besteht dazu jedoch kein Anlaß; denn der Übergang der Preisgefahr im Abladehafen läßt sich ohne weiteres auf Handelsbrauch, ja wohl sogar auf Handelsgewohnheitsrecht stützen[54]. Es besteht mithin keine Ursache, auf § 447 BGB zurückzugreifen oder mit einem gespaltenen Erfüllungsort zu arbeiten. Deshalb wird die Gefahrtragung auch nicht ohne weiteres durch Abreden modifiziert, die der cif-Klausel einen **benannten Erfüllungsort** hinzufügen. Der benannte Erfüllungsort ist nur für den Gerichtsstand, IPR und die Lieferung der Dokumente von Bedeutung (*Haage* Abladegeschäft, S. 221; a. A. OLG Hamburg MDR **1964** 601). Das gilt vor allem dann, wenn die Erfüllungsortabrede in AGB enthalten ist; denn die Individualabrede hat den Vorrang.

70 Gemäß Art. A 5 **Incoterms** (Rdn. 753) hat der Verkäufer alle Gefahren bis zu dem Zeitpunkt zu tragen, in dem die Ware im Abladehafen die Reling des Schiffes überschritten hat, es sei denn, daß sich der Käufer schon vorher in Annahmeverzug befand. Dem Wortlaut der Incoterms zufolge gilt diese Gefahrenverteilung auch dort, wo der Verkäufer lediglich ein Übernahmekonnossement anzudienen hat. Aus der Vereinbarung, daß der Verkäufer die Ware schon an Land in die Obhut des Verfrachters geben oder ein Übernahmekonnossement andienen darf, ist jedoch eine Vorverlegung des Gefahrübergangs auf den Zeitpunkt der Übernahme abzuleiten; denn die Incoterms gehen davon aus, daß der Verkäufer ein Bordkonnossement zu liefern hat (*Eisemann/Melis* Incoterms, S. 144). Zu Modifikationen der Gefahrtragung bei Verwendung zusätzlicher Klauseln Rdn. 78 ff.

---

[52] BGH WM **1983** 1238; *Hager* S. 111; *Digenopoulos* S. 81 m. Nachw.; Nr. I 8 Trade Terms (Rdn. 768).

[53] RGZ **87** 134; **93** 166; **96** 230, 231; RG JW **1916** 1018, 1194; *Haage* Abladegeschäft, S. 29 f; *Würdinger/Röhricht* Vorauflage, vor § 373 256 f.

[54] *Grossmann-Doerth* Das Recht des Überseekaufs Bd. I (1930) S. 249; *Digenopoulos* S. 80; vgl. auch *Hager* S. 112.

j) Pflichten des Käufers

(1) Eine Hauptpflicht des Käufers besteht darin, die ihm angedienten vertragsgemä- **71** ßen (Rdn. 53 ff) **Dokumente anzunehmen** und den Kaufpreis entsprechend der Vereinbarung **zu bezahlen**. Ist die Zahlung nicht an die Übergabe der Ware geknüpft, so ist der Käufer nicht berechtigt, die Bezahlung des Kaufpreises von einer vorherigen Untersuchung der Ware abhängig zu machen oder die Einrede vertragswidriger Ware zu erheben. Zur Ausnahme von diesem Grundsatz Rdn. 63. Entsprechende Regelungen treffen Art. B 1 Incoterms (Rdn. 753), Nr. II 5 Trade Terms (Rdn. 768).

(2) Zurückbehaltungsrechte wegen Forderungen aus einem anderen Geschäft ste- **72** hen dem Käufer grundsätzlich nicht zu (Rdn. 63; *Straatmann/Ulmer* Schiedsspruch E 1 c Nr. 2). Sobald die Ware im Bestimmungshafen eingetroffen ist, hat der Käufer die Ware abzunehmen, wenn er nicht in Annahmeverzug geraten will. Auch hier kann der Käufer die Annahme nicht von einer Untersuchung abhängig machen (*Digenopoulos* S. 143 m. Nachw.) Zur Prüfung der Ware nach Ablieferung auf Mangelfreiheit und Menge vgl. Kommentierung zu § 377 HGB. Nr. I 8 Trade Terms (Rdn. 768) trifft eine Regelung für den Fall, daß der Verkäufer die Fracht noch nicht bezahlt hat. Ihr zufolge hat der Käufer die Frachtzahlung zu übernehmen und sie auf den Kaufpreis (Ware und Fracht) anzurechnen. Die Kosten der Löschung, Leichterung und Verbringung an Land hat der Käufer zu tragen, soweit sie nicht nach den oben (Rdn. 29) dargestellten Regeln dem Verkäufer zur Last fallen (ebenso im Kern Art. B 2 Incoterms (Rdn. 753)). Zur Frage erhöhter Frachtkosten s. oben Rdn. 29 f. Der Import der Ware ist sowohl unter dem Aspekt der Zulässigkeit als auch unter dem Aspekt der Zölle sowie sonstigen Abgaben und Kosten Sache des Käufers (ebenso Nr. II 12 Trade Terms (Rdn. 768) und Art. B 7, 8 Incoterms (Rdn. 753)).

III. Modifikationen des cif-Geschäfts

1. Kauf schwimmender Ware

a) Wird Ware „schwimmend" auf cif-Basis verkauft, so besagt dies nicht notwendig, **73** daß ein Spezieskauf vorliegt (*Würdinger/Röhricht* Vorauflage vor § 373 264 m. Nachw.). So ist die verkaufte Ware nur gattungsmäßig bestimmt, wenn die Angabe des Dampfers fehlt, auf dem die Ware schwimmt, oder falls der Dampfer benannt ist, nicht auf ein bestimmtes Konnossement oder eine Verladeanzeige Bezug genommen wurde (RGZ **88** 389, 391; **92** 128, 130; RG WarnR **1918** Nr. 217), es sei denn, daß sich auf dem benannten Schiff für die Parteien erkennbar nur eine Partie der verkauften Ware befindet. Allerdings ist die geschuldete Gattung auf schwimmende Ware beschränkt. In Konstellationen, in denen die schwimmende Ware unter Benennung des Dampfers und der Verladedokumente bereits bei Abschluß des Kaufvertrages individualisiert war, liegt ein Spezieskauf vor (*Straatmann/Ulmer* Schiedsspruch J 4 Nr. 21).

b) Der Verkäufer schwimmender Ware verpflichtet sich, die Ware zu liefern, die im **74** Moment des Vertragsschlusses bereits an Bord des Schiffes verladen ist, ohne daß das Schiff notwendigerweise bereits ausgelaufen sein muß (*Liesecke* WM **1978** Beilage Nr. 3, S. 25). Diese Deutung der „schwimmend"-Abrede trägt dem Interesse vieler Käufer Rechnung, die Ankunftszeit der Ware relativ genau prognostizieren zu können[55].

---

[55] R. *Herrmann* Der Kauf schwimmender Ware, Diss. Hamburg 1966, S. 22 ff; ebenso § 39 Abs. 3 WVB (Rdn. 2).

75 c) Ist eine bestimmte Warenpartie „schwimmend" verkauft, obwohl die Ware im Zeitpunkt des Vertragsschlusses überhaupt **noch nicht verladen** war, so soll der Kaufvertrag gemäß § 306 BGB nichtig sein[56]. *Herrmann* (Der Kauf schwimmender Ware, Diss. Hamburg 1966, S. 24 ff) geht hingegen davon aus, daß der Verkäufer die Garantie abgegeben habe, die Ware sei bereits verladen. Für die zweite Lösung spricht, daß der Käufer im Moment des Vertragsschlusses nur schwer in der Lage ist, zu kontrollieren, ob die Ware tatsächlich verladen ist. § 306 BGB läßt die Nichtigkeit jedoch auch dort eintreten, wo der Käufer überhaupt, d. h. im Sinn abstrakter Beherrschbarkeit, imstande war, festzustellen, ob die Erfüllung der versprochenen Leistung möglich war[57]. Von dieser Regel abzuweichen, besteht auch beim Überseekauf kein Anlaß, es sei denn, daß abweichende Handelsbräuche oder Vereinbarungen existieren[58]. Ein besonderer Rücktritt vom Vertrag ist daher nicht nötig, falls sich später herausstellt, daß die Ware bei Vertragsschluß noch nicht schwamm. (a. A. *Straatmann/Ulmer* Schiedsspruch J 4 Nr. 21). Der Verkäufer haftet unter Umständen auf das negative Interesse (§ 307 BGB). Nach Treu und Glauben wird man dem Käufer, wenn die Partie markiert war, auch das Recht geben müssen, zu verlangen, daß die Ware noch nachträglich abgeladen und geliefert wird.

76 Anders ist die Situation, wenn die Ware im Zeitpunkt des Vertragsschlusses bereits verschifft und **untergegangen** war. Auf den ersten Blick liegt es zwar auch hier nahe, § 306 BGB anzuwenden. Man hat jedoch zu berücksichtigen, daß die Ware cif verkauft wurde und daß daher grundsätzlich der Käufer die Gefahr der Seereise auf sich zu nehmen hat. Bei der sachgerechten Verteilung der Transportgefahr hat man allerdings mit der Schwierigkeit zu kämpfen, daß sehr häufig unklar ist, in welchem Moment der Schaden eingetreten ist. Würde man die Transportgefahr nach allgemeinen Grundsätzen in dem Moment auf den Käufer übergehen lassen, in dem ihm die Konnossemente übergeben werden[59] oder in dem der Kaufvertrag geschlossen wurde[60], so befände sich der Käufer vielfach in einer mißlichen Lage. Er müßte nämlich beweisen, daß die Ware zum maßgeblichen Zeitpunkt bereits nicht mehr existierte oder beschädigt war, wenn er der Pflicht zur Kaufpreiszahlung entgehen will (a. A. *Herrmann* S. 44). Dieser Beweis wird ihm insbesondere in Fällen der Beschädigung der Ware häufig nicht gelingen. Jedenfalls sind erhebliche Streitigkeiten zu befürchten. Da unter beweisrechtlichen Aspekten die Position des Käufers ohnehin nicht sehr stark ist, erscheint es unter dem Gesichtspunkt der Streitvermeidung als sachgerecht, dem Käufer grundsätzlich das Recht abzuschneiden, einen Beweis über den Untergang/Beschädigung der Ware nach der Verladung zu führen. Die h. M. belastet daher den Käufer rückwirkend zum Zeitpunkt der Verladung mit der Transportgefahr, so daß sich der Käufer auch nicht mit der Behauptung, die schwimmende Ware sei bereits im Moment des Vertragsschlusses zerstört gewesen, auf § 306 BGB berufen darf[61]. Der Käufer wird durch diese Gefahrverteilung nicht allzu hart getroffen; denn er kann sich weitgehend an die Versicherung halten. Dort, wo der Verkäufer im Moment des Vertragsschlusses bereits wußte oder wissen mußte, daß die verkaufte Partie verloren oder beschädigt war, hat aller-

---

[56] *Würdinger/Röhricht* Vorauflage, vor § 373 263.
[57] *Koller* Die Risikozurechnung bei Vertragsstörungen in Austauschverträgen (1979) S. 100; a. A. *Herrmann* S. 44, der die Informationsmöglichkeiten des Käufers unterschätzt.
[58] z. B. § 39 Abs. 3 in Verbindung mit § 39 Abs. 4 WVB (Rdn. 2); *Mathies/Grimm/Sieveking* Geschäftsbedingungen³ § 36 27.
[59] LG Mannheim LZ **1916** 492; Schiedssprüche *Straatmann/Ulmer* E 2b Nr. 5, J 3 Nr. 9.
[60] §§ 306, 459 BGB in Verbindung mit der cif-Klausel; vgl. auch Art. 68 Wiener UN-Kaufrecht (Rdn. 621).
[61] *Würdinger/Röhricht* Vorauflage, vor § 373 263; *Haage* Abladegeschäft S. 212; *Herrmann* S. 145 m. w. Nachw.; *Liesecke* WM **1978** Beilage Nr. 3, S. 39; *Eisemann/Melis* S. 145 f.

dings der Gesichtspunkt der Streitvermeidung zurückzutreten. Hier muß sich der Verkäufer entgegenhalten lassen, daß er zumindest fahrlässig einen Vertrag geschlossen hat, der später zu einer Quelle des Streites zwischen den Parteien wird[62]. War die Ware nicht versichert (Verkauf auf der Basis c & f), so muß dem Käufer allerdings gestattet werden, den Beweis über den Untergang/Beschädigung der Ware vor Vertragsschluß zu führen (a. A. *Hager* S. 145; *Herrmann* S. 48).

Hat der Dampfer ein **aliud** geladen, so ist der Vertrag nicht gemäß § 306 BGB nichtig (a. A. *Medicus*, Bürgerliches Recht[11], § 15 II 4).

d) Bei einem Verkauf „schwimmender" Ware auf cif-Basis hat der Verkäufer wie bei einem normalen cif-Kauf (Rdn. 32) für einen ausreichenden **Versicherungsschutz** zu sorgen. Er hat gegebenenfalls mit rückwirkender Kraft den bereits vorhandenen Versicherungsschutz dem zwischen den Parteien vereinbarten (erhöhten) Kaufpreis anzupassen.

e) Eine Garantie für die **rechtzeitige Ankunft** der Ware im Bestimmungshafen übernimmt der Verkäufer im Zweifel auch dort nicht, wo im Vertrag der voraussichtliche Zeitpunkt des Eintreffens der Ware genannt wird. Der Verkäufer haftet jedoch nach den Grundsätzen des Übernahmeverschuldens, falls die rechtzeitige Ankunft des Schiffes erkennbar unwahrscheinlich war (*Mathies/Grimm/Sieveking* Die Geschäftsbedingungen des Warenvereins der Hamburger Börse[3] (1967) S. 137). **77**

2. „Ausgeliefertes Gewicht"-Klauseln

Häufig enthalten cif-Kaufverträge Klauseln, denen zufolge der Kaufpreis nicht nach dem Verschiffungsgewicht, sondern nach dem „ausgelieferten Gewicht" (delivered weight; landed weight; deficiency on Bill of Lading weight) im Bestimmungshafen berechnet werden soll. Diesen Klauseln wurde verschiedentlich lediglich die Funktion zugeschrieben, den Käufer vor vorsätzlich oder irrtümlich falschen Gewichtsangaben im Abladehafen zu schützen (RGZ 87 134, 135; OLG Hamburg HansGZ **1917** 237, 239). Der Käufer muß demnach nach Maßgabe des Abladegewichts zahlen, falls es dem Verkäufer gelingt, nachzuweisen, daß der Gewichtsverlust erst nach Gefahrübergang auf den Käufer eingetreten ist (OLG Hamburg, HansGZ **1916** 51, 53 f; **1916** 73, 75; *Liesecke* WM **1966** 174, 176). Denkbar ist es aber auch, daß die „ausgeliefertes Gewicht"-Klauseln dem Käufer sämtliche Risiken eines Mindergewichts oder aber auch nur die Gefahr eines auf natürlichem Schwund beruhenden Mindergewichts (*Haage* Abladegeschäft, S. 218) abnehmen. Angesichts der technischen Perfektion der heute üblichen Verwiegemethoden ist davon auszugehen, daß die „ausgeliefertes Gewicht"-Klausel die sich aus der cif-Abrede ergebenden Gefahrverteilungsgrundsätze modifizieren soll, d. h. daß dem Verkäufer auch das Risiko von nach Gefahrübergang eingetretenen Gewichtsverlusten zugewiesen werden soll (*Digenopoulos* S. 93; *Finke* S. 123 ff; a. A. *Lebuhn* European Transport Law, Bd. XVI (1981) 24 (26)). Es stellt sich nur die Frage, in welchem Umfang im Einzelfall von den cif-Regeln abgewichen werden soll. Maßgeblich ist hier in erster Linie die Auslegung der Parteivereinbarung. Ist in ihr von sämtlichen Gewichtsverlusten (any deficiency) die Rede und wird der Verkäufer auch sonst mit Beschädigungsgefahren belastet, so spricht das dafür, daß der Verkäufer auch für Gewichtsverluste infolge von Seeunfällen einzustehen hat[63]. Im übrigen ist zu berücksichtigen, daß der cif-Käufer gegen Gewichtsverluste, die auf der **78**

---

[62] *Haage* Abladegeschäft S. 213; nur bei Vorsatz des Verkäufers wohl *Hager* S. 145.

[63] *Digenopoulos* S. 98; vgl. auch Schiedsspruch *Straatmann/Ulmer* J 3 Nr. 16.

natürlichen Beschaffenheit der Ware beruhen, üblicherweise nicht versichert ist und auch vom Verfrachter keinen Ersatz verlangen kann (§ 608 Abs. 1 HGB). Im Zweifel ist daher davon auszugehen, daß der Käufer mit der „ausgeliefertes Gewicht"-Klausel die Lücke seines Versicherungsschutzes ausgleichen will und sich auf diese Weise zumindest von der Gefahr natürlichen Schwunds entlasten will[64]. Hatte der Verkäufer die Partien unter Ausschluß des Beschädigungsrisikos zu versichern, so ist mangels besonderer Anhaltspunkte und einschlägiger Handelsbräuche anzunehmen, daß der Verkäufer auch die Gefahr von Gewichtsverlusten infolge von Seeunfällen auf sich zu nehmen hat (*Digenopoulos* S. 100). Die enge Verknüpfung der „ausgeliefertes Gewicht"-Klauseln mit den Versicherungskonditionen hat ferner die Konsequenz, daß der Verkäufer im Zweifel die natürlichen Gewichtsverluste infolge transportbedingter Reiseverzögerungen zu tragen hat[65]. Der Verkäufer hat zu beweisen, daß der Gewichtsverlust nicht mit der natürlichen Beschaffenheit der Ware zusammenhängt.

Zur „**Neugewicht**"-Klausel *Straatmann/Ulmer* Schiedsspruch J 3 Nr. 16.

3. „Verlust"-Klauseln

79 Verschiedentlich werden in cif-Kaufverträge Klauseln aufgenommen, denen zufolge der Kaufvertrag in Fällen eines Verlustes „aufgelöst" sein soll (z. B. Steamer, Lighter lost whether before or after declaration, Contract to be void for any portion). Die Auslegung dieser Klauseln ist strittig. Zum Teil wird ihnen die Bedeutung beigelegt, daß der Käufer lediglich berechtigt sein soll, die Kaufpreisschuld durch Abtretung des Versicherungsanspruchs zu erfüllen. Diese Deutung widerspricht jedoch dem klaren Wortlaut der Klausel. Über das Ziel schießt auch eine Interpretation hinaus, die der cif-Abrede im Licht der „Verlust"-Klausel nur noch die Funktion einer Spesen- und Preisberechnungsklausel beilegt. Diese Auslegung ist nur dann sachgerecht, wenn für die cif-gemäße Gefahrenverteilung überhaupt kein Raum ist[66]. Das ist indessen grundsätzlich nicht der Fall. Es bedarf vielmehr zusätzlicher Anhaltspunkte, um die cif-Klausel auf das Niveau einer reinen Spesenklausel herabzudrücken[67]. Die Verlustklausel kann auch nicht als auflösende Bedingung des Kaufvertrages verstanden werden (so z. B. RG HansGZ **1917** 285, 288), obwohl der Wortlaut der Klausel vielfach darauf hindeutet; denn der Sache nach geht es bloß um eine Abrede über die Verteilung der Seetransportgefahr (*Digenopoulos* S. 109; *Finke* S. 133 f). Zutreffend ist deshalb diejenige Auffassung, die in der „Verlust"-Klausel eine Modifikation der cif-Gefahrenverteilungsgrundsätze erblickt. Entgegen den normalen cif-Regeln (Rdn. 65 ff) soll der Käufer mittels der „Verlust"-Klausel von der partiellen Gefahr eines Totalverlustes der Ware während der Seereise entlastet werden[68]. Unter wirtschaftlichem Aspekt hat mithin der Verkäufer das Risiko eines Verlustes in dem Umfang zu tragen, in dem die Versicherung den Schaden nicht ersetzt; denn der vorleistungspflichtige Käufer ist berechtigt, sich zunächst bei der Versicherung zu erholen und dann aufzurechnen. Die Gefahr von Beschädigungen der Ware hat hingegen der Käufer auf sich zu nehmen.

---

[64] *Haage* Abladegeschäft, S. 218; *Liesecke* WM **1978** Beilage Nr. 3, S. 37.
[65] *Digenopoulos* S. 103; *Kulenkamp* Gefahrteilung im Überseekauf, Diss. Hamburg 1964, S. 40; a. A. OLG Hamburg HansGZ **1916** 51, 53; **1916** 73, 75; *Grossmann-Doerth* S. 319.
[66] *Liesecke* WM **1966** 174, 176; *Haage* Abladegeschäft, S. 161; *Digenopoulos* S. 108; *Lebuhn* European Transport Law Bd. XVI (1981) 24 (26).
[67] z. B. in den Entscheidungen des RG, HansGZ **1917** 285, 286 ff; OLG Hamburg HansGZ **1917** 85, 86; **1918** 57, 58.
[68] *Möller* HansRGZ 1940 A, Sp. 253, 255; *Kulenkamp*, S. 47, 51; *Digenopoulos* S. 109 f.

4. „Beschädigungs"-Klauseln

„Beschädigungs"-Klauseln tauchen in den Verträgen in Kurzform „gesund ausgeliefert" („sound delivered"), oder in ausführlicher Fassung (z. B. „should the grain arrive out of condition, due allowance shall be made...") auf. Sie sind zum Teil mit Zurückweisungsrechten des Käufers, häufiger mit Kaufpreiserstattungspflichten des Verkäufers gekoppelt. Die Reichweite der „Beschädigungs"-Klauseln ist nicht immer eindeutig. Denkbar ist es, die „Beschädigungs"-Klausel dahingehend zu interpretieren, daß die cif-Abrede nur noch der Preisberechnung dient und der Verkäufer alle Transportrisiken zu tragen hat[69]. Dagegen spricht aber nicht nur der Wortlaut der Klausel, sondern auch der Umstand, daß es angesichts eines begrenzten Versicherungsschutzes durchaus sachgerecht sein kann, nur die Beschädigungsgefahr, nicht aber die Gefahr des Totalverlustes auf den Verkäufer abzuwälzen[70]. Andererseits wird das Gewicht der cif-Abrede überbewertet, wenn man der „sound delivered"-Klausel ausschließlich die Aufgabe der Beweislastumkehr in dem Sinne zubilligt, daß der Verkäufer zu beweisen hat, die Beschädigung sei nach dem Gefahrübergang eingetreten (*Liesecke* WM **1966** 174, 176). Die Beschädigungsklausel trifft dem Wortlaut nach eindeutig in Bezug auf die cif-Abrede eine Sonderregelung der Art, daß den Verkäufer das Risiko der Ankunft unbeschädigter Ware trifft. Es geht daher nicht an, die Reichweite der „Beschädigungs"-Klausel nur mit Rücksicht darauf zu minimieren, daß sie in Widerspruch zur cif-Klausel steht. Vielmehr liegt es nahe, die „Beschädigungs"-Klausel als teilweise Durchbrechung der cif-Gefahrenverteilungsgrundsätze zu qualifizieren (*Digenopoulos* S. 115 f; *Finke* S. 138 f).

Es stellt sich nur die Frage, in welchem Umfang die normale cif-Abrede modifiziert wird. Der Umstand, daß die Seetransportversicherung üblicherweise nicht einen auf der natürlichen Beschaffenheit der Güter beruhenden Schaden (vgl. § 608 Abs. 1 Nr. 7 HGB) deckt, spricht dafür anzunehmen, daß sich der Käufer mit Hilfe der „Beschädigungs"-Klausel jedenfalls vor solchen Schäden schützen will, gegen die er nicht versichert ist[71]. In diesem Zusammenhang ist zu beachten, daß danach auch Schäden infolge von Reiseverzögerungen in den Risikobereich des Verkäufers fallen, wenn diese Schäden nur in Anbetracht der spezifischen Beschaffenheit der Waren entstanden sein können. Der Verkäufer hat ferner rein transportbedingte Schäden an der Ware auf sich zu nehmen, falls der Wortlaut der Klausel eindeutig darauf hinweist (z. B. in Kontrakten der Federation of Oils, Seeds and Fats Association, Ltd. London (1971)). Fehlen derartige besondere Anhaltspunkte oder einschlägige Handelsbräuche, so sind die „Beschädigungs"-Klauseln dort, wo sie sich in Standard-Kontrakten finden, im Zweifel gemäß § 5 AGBG eng auszulegen[72]. Es ist ferner zu berücksichtigen, ob nach der Art der Güter die aus deren natürlicher Beschaffenheit resultierenden Risiken überhaupt ins Gewicht fallen. Muß dies verneint werden, so muß unterstellt werden, daß die Parteien eine sinnvolle Regelung treffen wollten und alle Beschädigungsrisiken gemeint haben.

5. Klausel „Glückliche Ankunft vorbehalten"

Durch die Klausel wird der Kaufvertrag auflösend bedingt (RGZ **93** 171, 172). Diese Klausel hat **neben** der cif-Klausel keine Wirkung, die über die cif-Klausel hin-

---

[69] RG HansGZ **1917** 85, 87; *Wüstendorfer* HansRZ **1926** Sp. 441, 450.

[70] *Digenoupoulos* S. 115; *Liesecke* WM **1978** Beilage Nr. 3, S. 38.

[71] *Haage* Abladegeschäft, S. 222; *Würdinger/Röhricht* Vorauflage vor § 373 257.

[72] *Nolte* ZHR **89** 1, 83; a. A. *Digenopoulos* S. 118; *Kulenkamp* S. 54; *Lebuhn* European Transport Law Bd. XVI (1981) 24 (28).

ausgeht. Insbesondere vermag sie nicht die Notwendigkeit einer Konkretisierung (Rdn. 65 f) zu ersetzen, da von glücklicher Ankunft nur gesprochen werden kann, wenn die Bestimmung der Ware zur Vertragserfüllung feststeht (RGZ **93** 171, 172; **98** 141, 142). Siehe auch Rdn 182.

6. Klausel „cif ... Kasse gegen Dokumente bei Ankunft des Dampfers"

83 Hier wird nur die Fälligkeit des Kaufpreises, nicht aber die Verteilung der Preisgefahr geregelt (RGZ **87** 134, 136; *Liesecke* WM **1966** 174, 176).

7. cif & c

84 Diese Abkürzung steht für cif und „commission" und hat nur dort selbständige Bedeutung, wo ein vom Käufer beauftragter „Kommissionär" liefert (*Schmitthoff* S. 38 f).

IV. Das fob-Geschäft

1. Wirtschaftliche Bedeutung

85 a) Das fob-Geschäft dürfte die älteste Form des Überseekaufes darstellen. Mit den neuen Kommunikationstechniken verlor es zunächst stark an Bedeutung. Das cif-Geschäft trat in den Vordergrund. Die beiden Weltkriege mit ihrer Verknappung des Schiffsraums und den daraus resultierenden Schwankungen der Frachtraten führten zu einer Aufwertung des fob-Geschäfts. Heute werden viele Kaufvertragsparteien durch staatliche Anordnungen zum Schutz der einheimischen Wirtschaft und des Devisenbestandes gezwungen, zu fob-Konditionen abzuschließen.

86 b) Das fob-Geschäft tritt heute in **vielerlei Gestalt** in Erscheinung. In seiner klassischen Form beschränkte sich die Pflicht des Verkäufers darauf, die gekaufte Ware auf seine Kosten an Bord zu bringen und dort vom Käufer, der die Rolle des Befrachters einnahm, Zahlung zu erhalten (vgl. *Sassoon* S. 293). Der Pflichtenkreis des Verkäufers wird erweitert, wenn er verpflichtet ist, Exportformalitäten zu erfüllen oder gar, wie dem amerikanischen Uniform Commercial Code (section 2—323) zufolge, ein Konnossement zu besorgen und damit Partei des Frachtvertrages zu werden. Häufig verpflichten sich fob-Verkäufer auch mehr oder minder intensiv, den für den Transport notwendigen Schiffsraum zu beschaffen (*Lebuhn* S. 24 (32); näher Rdn. 131). Zwischen diesen drei Grundformen des fob-Geschäfts gibt es entsprechend den differenzierten Parteibedürfnissen und den unterschiedlichen Handelsbräuchen eine Vielzahl an Übergangserscheinungen. Detaillierte und erschöpfende Auslegungsregeln der fob-Abrede werden und wurden durch eine Vielzahl von Organisationen und Institutionen für maßgeblich erklärt oder zur Verwendung vorgeschlagen (eingehend *Sassoon* S. 296). Soweit diese Auslegungsregeln ausdrücklich in den Vertrag einbezogen sind, z. B. auf dem Weg über eine Abrede „fob Incoterms 1953" (Rdn. 751), steht ihre Relevanz außer Zweifel. Im übrigen wird gegen ihre Entscheidungserheblichkeit häufig eingewandt, es sei sehr zweifelhaft, in welchem Umfang die vorgeschlagenen Auslegungsregeln den Inhalt von Handelsbräuchen oder auch nur verbreitete Erwartungen in Kaufmannskreisen wiedergeben (vgl. *Sassoon* S. 296; ferner Rdn. 11).

87 c) Im folgenden wird zunächst der **klassische Typ** des fob-Geschäfts dargestellt. Dabei wird starkes Gewicht auf die Auslegungsregeln der deutschen fob Trade Terms (Rdn. 766) und der Incoterms 1953 (Rdn. 751) gelegt. Anschließend werden übliche **Modifikationen** des fob-Geschäfts erörtert (Rdn. 128).

2. Pflichten des Verkäufers

a) Lieferung der Ware. Zur Art, Qualität und Herkunft der zu liefernden Ware siehe Rdn. 13f.

b) Lieferzeit. Die Lieferzeit ist entweder vertraglich exakt vereinbart oder es wird — wie regelmäßig — nur ein Zeitrahmen fixiert. Zum Begriff der Abladung Rdn. 18. Ist es Sache des Käufers, den Schiffsraum zu besorgen (Rdn. 122), so hat der Käufer den exakten Ladezeitpunkt zu nennen (eingehend dazu Rdn. 126). Allgemeine Geschäftsbedingungen enthalten häufig Aussagen über die Lieferzeiten. So setzt § 39 WVB (Rdn. 2) entsprechend den Abladehäfen unterschiedliche Fristen bei der Vereinbarung „prompter" Abladung, Verladung, Verschiffung fest. Ist die Ware mit der Klausel „schwimmend" verkauft, so muß sich die Ware bei Vertragsschluß an Bord befinden.

Beim fob-Geschäft ist Lieferung an Bord wie bei jedem Abladegeschäft **Fixgeschäft** im Sinn des § 376 Abs. 1 HGB[73]. Der Käufer kann mithin zurücktreten, ohne daß er eine Nachfrist zu setzen braucht. Konnossemente, die eine Überschreitung der Abladefrist erkennen lassen, braucht er sich nicht andienen zu lassen (Rdn. 55). Dies gilt auch dann, wenn sich der Käufer nachweislich nur deshalb vom Vertrag lossagt, weil sich die Konjunktur entgegen seinen Erwartungen entwickelt hat (*Haage* Abladegeschäft, S. 10). Der Einwand des Rechtsmißbrauchs ist unstatthaft, da er dem Bedürfnis nach Rechtssicherheit im Überseehandel zuwiderläuft. — Der Verkäufer hat gemäß § 376 HGB Schadensersatz zu zahlen, wenn er in Verzug geraten war. Die Voraussetzungen dafür ergeben sich aus den §§ 276, 279 BGB (widersprüchlich *Haage* Abladegeschäft, S. 9ff). Manche Allgemeine Geschäftsbedingungen setzen zulässigerweise die Schwelle der Schadensersatzpflicht herab. Gemäß §§ 39, 17 WVB (Rdn. 2) kann der Käufer in näher bestimmtem Umfang Schadensersatz wegen Nichterfüllung verlangen, ohne daß der Verkäufer in Verzug geraten sein muß. Die Schadensersatzpflicht entfällt nur im Falle höherer Gewalt[74]. Der Käufer kann trotz Überschreitung der Lieferzeit weiterhin auf Erfüllung bestehen (§ 376 Abs. 1 S. 2 HGB). Es ist zu beachten, daß dem Kaufvertrag eine Vereinbarung über den Erfüllungszeitraum zugrunde liegen kann, so daß die Leistung unmöglich geworden sein kann. Liefererschwerungen gehen im Falle des Verzugs zu Lasten des Verkäufers (§ 287 BGB), sonst sind sie nach den allgemeinen Regeln zu verteilen. Verfehlt ist es, in einem Fall, in dem eine bestimmte Abladung (Rdn. 18) „z. B. September-Abladung", versprochen wurde, eine spätere Abladung als Lieferung einer Ware, der die zugesicherten Eigenschaften fehlen, zu qualifizieren (so aber *Haage* Abladegeschäft, S. 10). Angesichts der Tatsache, daß der Käufer das Abladedatum den Transportdokumenten entnehmen kann, benötigt er insoweit nicht den Schutz des § 480 Abs. 2 BGB. Das Interesse des Käufers, rechtzeitig beliefert zu werden, wird durch die Spezialvorschrift des § 376 Abs. 1 HGB geschützt. Ein weitergehender Schadensersatzanspruch bedarf eines besonderen Garantievertrages, dessen Zustandekommen im Einzelfall nachzuweisen ist.

c) Verpackung. aa) Ob und wie der Verkäufer die Ware zu verpacken hat, bestimmt sich primär nach den Individualvereinbarungen. Im allgemeinen werden fob-Kontrakte eine Aussage darüber enthalten, wer die Ware zu verpacken hat und auf welche Weise sie zu verpacken ist. Fehlen vertragliche Abreden, so ist in erster Linie auf die im Einzelfall anwendbaren Geschäftsbedingungen und in zweiter Linie auf die einschlägigen

---

[73] BGH AWD **1973** 406; OLG Karlsruhe RIW **1975** 225; vgl. ferner Rdn. 23 so z. B. auch § 39 (4) WVB (Rdn. 2).

[74] § 15 WVB; näher zum Begriff höherer Gewalt Rdn. 235); Schiedsspruch *Straatmann/Ulmer* E 4 d.

Handelsbräuche zurückzugreifen. Liefern diese auch keine Entscheidungsgesichtspunkte, so ist die allgemeine Regel heranzuziehen, daß der Verkäufer die Ware transportsicher zu verpacken hat. Problematisch ist in diesem Zusammenhang, ob die Verpackung auch vor den spezifischen Gefahren des Seetransports schützen muß. Dagegen spricht, daß die Abwicklung des Seetransports Sache des Käufers ist und dem Verkäufer häufig sogar der Bestimmungsort der Ware unbekannt ist (vgl. *Eisemann/Melis* Incoterms, S. 107, 86). Andererseits weiß der Verkäufer, daß die Ware auf dem Seeweg transportiert werden wird. Es würde daher unnötigen Doppelaufwand bedeuten, wenn die Ware an Bord, wohin der Verkäufer die Ware zu liefern hat, erst noch seefest verpackt werden müßte. Der Verkäufer schuldet daher die dem zu erwartenden Transport angemessene seefeste Verpackung[75]. Zur Verletzung der Verpackungspflicht BGH WM **1983** 1155.

92 bb) Die spezifischen **Kosten** der seefesten Verpackung hat beim fob-Geschäft mangels abweichender Handelsbräuche der Verkäufer zu tragen.

93 cc) Gemäß Art. A 5 der **Incoterms** (Rdn. 751) hat der Verkäufer für die übliche Verpackung der Ware zu sorgen, sofern es nicht Handelsbrauch ist, die Ware unverpackt zu verschiffen. Unter üblicher Verpackung verstehen *Eisemann/Melis* die Verpackung, die bei der konkreten Ware üblicherweise gebräuchlich ist. Sie braucht den Anforderungen des Seewegs nicht zu genügen. Hat aber der Verkäufer zu verpacken, so muß er auch deren Kosten auf sich nehmen (*Eisemann/Melis* Incoterms, S. 107, 86). Ziff. I 2 der deutschen fob-**Trade Terms** (Rdn. 766) zufolge hat der Verkäufer auf eigene Kosten für die handelsübliche Herrichtung und Verpackung der Ware unter Berücksichtigung ihrer Art und ihrer Beförderung auf dem Seeweg zu sorgen.

94 d) **Qualitätsprüfung, Wiegen, Messen, Zählen.** Gemäß § 448 Abs. 1 BGB fallen die Kosten mangels abweichender Vereinbarung, allgemeiner Geschäftsbedingungen oder Handelsbräuche dem Verkäufer zur Last, der auch diese für die Verschiffung notwendigen Maßnahmen zu veranlassen hat.

Eine abweichende Regel enthält z. B. § 37 Abs. 2 WVB (Rdn. 2), demzufolge der Käufer die Wiegegebühr zu tragen hat.

Art. A 6 der **Incoterms** (Rdn. 751) weist die durch die Lieferung der Ware bedingten Kosten der Prüfung jeglicher Art dem Verkäufer zu. Auf demselben Standpunkt steht Nr. I 3 **Trade Terms** (Rdn. 766).

95 e) **Ausfuhrgenehmigung.** aa) Gemäß Art. A 3 der **Incoterms** (Rdn. 751) hat der Verkäufer auf eigene Kosten und Gefahr die Ausfuhrbewilligung oder jede andere amtliche Bescheinigung zu beschaffen, die für die Ausfuhr der Ware erforderlich ist. In Hinblick auf das Ursprungszeugnis ist nur davon die Rede, daß der Verkäufer das Zeugnis auf Kosten des Käufers zu besorgen hat (Art. A 8). Bei sonstigen Dokumenten, die im Ursprungs- und/oder Verschiffungsland auszustellen sind und die der Käufer für die Einfuhr bzw. Durchfuhr benötigt, hat der Verkäufer lediglich „jede Hilfe" zu gewähren (Art. A 9). — Die Incoterms gehen mithin ersichtlich davon aus, daß der Verkäufer beim fob-Kontrakt das Risiko der Exportierbarkeit trägt (anders beim fas-Kontrakt; Rdn. 141). Wird die Ausfuhrgenehmigung versagt und war dies nicht unvorhersehbar, so soll der Verkäufer zum Schadensersatz verpflichtet sein (so *Eisemann/Melis* Incoterms, S. 102 f unter Berufung auf Schiedssprüche der Hamburger freund-

---

[75] *Liesecke* WM **1978** Beilage Nr. 3, S. 28; so auch
Sassoon C.I.F. and F.O.B. Contracts[2] (1975)
S. 309 f für das englische Recht.

schaftlichen Arbitrage). Diese Schiedssprüche sind allerdings vor dem Hintergrund des § 15 WVB (Rdn. 2) zu sehen, der dem Verkäufer die Leistungsgefahr bis zur Grenze der höheren Gewalt aufbürdet. Nach deutschem dispositiven Recht ist zu beachten, daß § 279 BGB dem Verkäufer die Berufung darauf erlaubt, ihm sei es ohne sein Verschulden (auch Übernahmeverschulden) objektiv unmöglich geworden, die geschuldete Leistung zu erbringen. Eine derartige objektive Unmöglichkeit liegt vor, wenn die Ausfuhrbewilligung nicht erteilt wird (vgl. *Koller* Die Risikozurechnung bei Vertragsstörungen in Austauschverträgen (1979) S. 237 m. Nachw.). Hingegen bestehen keine Bedenken, auf der Basis der fob-Incoterms dem Verkäufer die volle Preisgefahr aufzubürden, wenn die Ausfuhrgenehmigung versagt wird. Etwas anderes gilt, falls der Verkäufer bei Vertragsschluß noch nicht wußte oder wissen konnte, wie der Bestimmungsort lautet und ob später die Ausfuhrgenehmigung nur mit Rücksicht auf das konkrete Bestimmungsland versagt wird. In einer derartigen Konstellation hat der Käufer die Gefahr zu tragen; denn die Risikobelastung des Verkäufers erscheint nur tragbar, wenn er das Risiko bei Vertragsschluß anhand der verfügbaren Daten zu kalkulieren in der Lage war (*Eisemann/Melis* Incoterms, S. 102). Im Zweifel darf der Verkäufer davon ausgehen, daß die Ware in ein Land ausgeführt werden soll, für das Ausfuhrgenehmigungen erteilt werden. Hält sich der Käufer die Bestimmung des Ankunftshafens bzw. des Destinationsortes offen, so entspringen gefahrerhöhende Momente seiner Sphäre.

bb) Kommen die Incoterms nicht zum Tragen, so ist die Rechtslage sehr undurchsichtig. **96**

(1) Die Schiedsgerichtspraxis scheint dahin zu tendieren, den Verkäufer mit dem Risiko der Exportbewilligung zu belasten[76], wobei nicht immer ganz klar ist, ob diese Schiedssprüche zu fob-Verträgen ergangen sind.

(2) Die **Trade Terms** geben keine klare Auskunft. Gemäß Nr. I 9 Trade Terms **97** (Rdn. 766) hat der Verkäufer auf Verlangen, Kosten und Gefahr des Käufers bei der Beschaffung aller im Ursprungs- und/oder Verschiffungsland auszustellenden Dokumente, die der Käufer zur Ausfuhr, Einfuhr oder Durchfuhr benötigt, jede Hilfe zu gewähren. In Hinblick auf die Ausfuhrbewilligung wird nur angeordnet, daß der Verkäufer die Kosten zu tragen habe. Daraus muß man im Umkehrschluß ableiten, daß die Gefahr einer Versagung der Exportbewilligung in den Risikobereich des Käufers fällt. Es ist allerdings fraglich, inwieweit die Trade Terms auf dem Gebiet der Exportbewilligung noch anerkannte Handelsbräuche wiedergeben (vgl. Rdn. 12).

(3) Sind im Einzelfall keine Handelsbräuche einschlägig und kommen auch die Incoterms nicht zum Tragen (Rdn. 11), so ist nach **deutschem dispositiven Recht** zunächst von dem Grundsatz auszugehen, daß der Käufer die Gefahr von Verwendungsstörungen zu tragen hat. Der Verkäufer hat hingegen, falls er einen Erfolg schuldet, das Risiko auf sich zu nehmen, daß er sein Pflichtenprogramm nicht erfüllen kann. Dem Kern der fob-Abrede läßt sich nun nicht entnehmen, ob der Verkäufer nur die Verbringung der Ware an Bord im Sinn einer Transporthandlung oder im Sinn der Lieferung exportfreier Ware schuldet[77]. Man wird daher bei der allgemeinen Überlegung ansetzen müssen, daß der Verkäufer in Hinblick auf die Beschaffung der Ausfuhrbewilligung der Sachnähere ist, der die Risiken einer Versagung besser einzuschätzen vermag. Dem entspricht die Pflicht des Verkäufers, sich um die Erteilung der Exportgenehmigung zu bemühen. Dies gilt erst recht dort, wo nach den Gesetzen des

---

[76] Schiedssprüche *Straatmann/Ulmer* E 2b Nr. 3; E 4a Nr. 12; E 4b Nr. 4, 11, 15; E 4d Nr. 1.

[77] vgl. *Eisemann* Incoterms heute und morgen (1980) S. 141; **a. A.** *Schmitthoff* The Export Trade[7] (1980) S. 22.

Exportlandes ausschließlich der Verkäufer die Ausfuhrbewilligung beantragen darf (*Schmitthoff* S. 22). Damit ist jedoch noch nicht gesagt, daß der Verkäufer auch die volle Preisgefahr zu tragen hat; denn es kann sein, daß er die Pflicht, die Exportgenehmigung zu besorgen, lediglich im Sinne einer Dienstleistung, nicht jedoch im Sinne eines Erfolges schuldet. Der Umstand, daß die Erteilung der Ausfuhrbewilligung nicht voll in der Macht des Verkäufers steht, muß nicht dazu führen, daß der Verkäufer nur Dienste schuldet. Es ist nämlich auch zu berücksichtigen, daß der Verkäufer typischerweise besser als der in einem anderen Land ansässige Käufer in der Lage ist, die Aussichten des Exportes einzuschätzen und Störungen der Ausfuhr zu prognostizieren (vgl. auch *Sassoon* S. 319). Dies berechtigt, dem Verkäufer die Beschaffung der Exportbewilligung im Sinne eines Erfolges aufzubürden (*Liesecke* WM **1978** Beilage Nr. 3, S. 29).

99 (4) Wird nun im Einzelfall eine Exportgenehmigung ohne ein Verschulden des Verkäufers verweigert, so sind die **Rechtsfolgen** primär nach Maßgabe der die Versagung der Ausfuhrbewilligung tragenden wirtschaftspolitischen Zwecke zu bestimmen (vgl. dazu auch *Schmitthoff* S. 97). Das heißt allerdings nicht, daß die wirtschaftspolitischen Ziele anderer Staaten respektiert werden müßten (vgl. *Straatmann/Ulmer* Schiedsspruch E 4b Nr. 4). Führt dieser Ansatz nicht weiter, so kommen die allgemeinen Regeln über die Verteilung der Leistungs- und Preisgefahr sowie den Wegfall der Geschäftsgrundlage zur Anwendung. Daraus folgt, daß der Verkäufer mangels abweichender Abreden[78] die Leistungsgefahr nur bis zur Grenze des Verschuldens auf sich zu nehmen hat. Die Preisgefahr fällt grundsätzlich voll dem Verkäufer zur Last. Eine Ausnahme gilt dort, wo die Verweigerung der Exportgenehmigung gänzlich unvorhersehbar war und die Ware auf Bestellung des Käufers gefertigt worden ist. Dann ist zu berücksichtigen, daß es der Käufer war, der den Verkäufer zu Aufwendungen veranlaßt hatte[79]. Die h. M. tendiert jedoch generell zur Vertragsanpassung bzw. zur billigen Verteilung der wirtschaftlichen Schäden.

Ohne Relevanz für die Risikoverteilung ist es, ob der Verkäufer — gegebenenfalls auch im eigenen Interesse — die Konnossemente besorgt oder gegenüber dem Verfrachter die Rolle des Befrachters übernommen hat, da dies primär transportrechtliche Fragen betrifft. Die Verlegung des Erfüllungsorts durch die fob-Abrede auf den Abladehafen und die Wertung des § 448 BGB wird dadurch nicht außer Kraft gesetzt.

100 f) **Importgenehmigung.** Der Import der Ware am Bestimmungsort ist Sache des Käufers. Er hat die notwendigen Lizenzen zu besorgen, wobei ihn der Verkäufer nach Treu und Glauben zu unterstützen hat. Als der Sachnähere hat der Käufer kraft seiner typischen Informationsvorsprünge, die ihn in die Lage versetzen, das Risiko besser zu kalkulieren und zu steuern, auch die Gefahr auf sich zu nehmen, daß entgegen den Erwartungen die Importgenehmigung versagt wird (vgl. auch *Sassoon* S. 343). Etwas anderes gilt dort, wo die Ware nur am Bestimmungsort verwendbar war, aus einem Vorrat geliefert wurde und die Unterbindung des Imports unvorhersehbar war. Hier kann sich der Käufer auf den Wegfall der Geschäftsgrundlage berufen. Zu beachten ist, daß manche Standardverträge das Importrisiko partiell auf den Verkäufer abwälzen. Weil der Import eindeutig zu dem Verwendungsrisiko der Ware gehört, gehen Zweifel über die Reichweite der Abwälzung zu Lasten des Käufers.

101 g) **Sonstige Genehmigungen und Dokumente. Ursprungszeugnisse.** Sie hat der Verkäufer auf fremde Gefahr zu besorgen, so daß sich der Käufer nicht darauf berufen

---

[78] z. B. § 15 WVB (Rdn. 2); Schiedssprüche *Straatmann/Ulmer* E 4d Nr. 4a, 7; E 4a Nr. 12.

[79] vgl. *Koller* Risikozurechnung, S. 95; BGH LM Nr. 12 zu § 242 (Bb) BGB.

Stand: 1. 4. 1984

darf, daß es dem Verkäufer nicht gelungen ist, diese Dokumente zu besorgen (*Eisemann/Melis* Incoterms, S. 110). Eindeutig ordnet Art. A 9 Incoterms an, daß die Beschaffung **sonstiger Dokumente** auf Gefahr des Käufers erfolgt. Dadurch wird der Verkäufer natürlich nicht von der Haftung für Verschulden entlastet. Die **Kosten** der für Ausfuhr, Einfuhr und Durchfuhr erforderlichen Genehmigungen, Dokumente und Belege hat im Zweifel der Käufer zu tragen.

h) Lieferort. aa) fob-Trade Terms (Nr. I 1; Rdn. 766), fob-Incoterms (Art. A 1; Rdn. 751) sowie viele Verbandsformulare (z. B. § 35 WVB (Rdn. 2)) verpflichten den Verkäufer, die Ware im vereinbarten Verschiffungs(Ablade)hafen an Bord des Schiffes zu liefern (RGZ **106** 212). Den gleichen Standpunkt nehmen ausländische Rechtsordnungen ein. In Frankreich wird allerdings eine gewisse Unsicherheit in Hinblick auf den exakten Erfüllungsort verzeichnet (*Hager* S. 137). — In manchen Branchen wird die Klausel „fob-verstaut" verwandt. Durch diese Klausel wird der Verkäufer verpflichtet, die Ware nicht nur an Bord zu bringen, sondern die Ware auf eigene Kosten und Gefahr im Schiffsraum ordnungsgemäß stauen zu lassen. Dabei kann der Verkäufer davon ausgehen, daß der Schiffsraum zum Transport der Ware geeignet ist (vgl. *Sassoon* S. 312). **102**

bb) Die Ware ist nach Maßgabe des Hafenbrauchs auf **Kosten** des Verkäufers an Bord zu liefern. Sind die Kosten des Anbordbringens Teil der Fracht, die der Käufer zu tragen hat, so berührt dies die allgemeinen Regeln über den Gefahrübergang (Rdn. 116) nicht (*Eisemann/Melis* Incoterms, S. 101). **103**

cc) Beim fob-Kontrakt muß ein **Verschiffungshafen** ausdrücklich oder konkludent vereinbart sein. Eine Vereinbarung, derzufolge der Käufer oder der Verkäufer innerhalb eines bestimmten Rahmens berechtigt sein soll, den Abladehafen auszuwählen, steht dazu nicht im Widerspruch. **104**

Anders als bei cif-Kontrakten ist es bei der Grundform des fob-Kaufs Sache des Käufers, den notwendigen **Schiffsraum zu besorgen** und dem Verkäufer Namen des Schiffs, genauen Ladeplatz sowie Zeitpunkt der Lieferung bekanntzugeben (eingehend Rdn. 126). Der fob-Kontrakt wird jedoch häufig durch eine mehr oder minder weitreichende Pflicht des Verkäufers modifiziert, für verladebereiten Schiffsraum Sorge zu tragen. Zu derartigen Modifikationen des fob-Vertrages und den sich hieraus ergebenden Rechtsfolgen vgl. Rdn. 131.

dd) Der **Erfüllungsort** für die Warenlieferungspflicht liegt am Ort des Abladehafens. Daraus folgt indessen nicht, daß der Abladehafen auch Erfüllungsort im Sinne des Kollisionsrechts oder des Gerichtsstandes ist. Vielmehr ist insoweit der Erfüllungsort nach den allgemeinen Grundsätzen zu bestimmen (*Digenopoulos* S. 182 ff; *Hager* S. 136 Fn. 277; a. A. LG Bochum RIW/AWD **1976** 41, 42). **105**

i) Verladeanzeige. Gemäß Nr. I 4 deutsche fob-Trade Terms (Rdn. 766) und Art. A 2 Incoterms (Rdn. 751) hat der Verkäufer dem Käufer mitzuteilen, daß die Ware an Bord des Seeschiffs geliefert worden ist. Den **Incoterms** zufolge hat die Benachrichtigung unverzüglich zu erfolgen. Die **Trade Terms** verpflichten den Verkäufer, die Lieferung an Bord so mitzuteilen, daß der Käufer die Ware versichern kann. Auch die Incoterms-Regel dient wesentlich dem Zweck, den Käufer schnellstmöglich instand zu setzen, die Ware zu versichern (*Eisemann/Melis* Incoterms, S. 101; *Digenopoulos* S. 175). Die Verladeanzeige hat über eine bereits erfolgte Verladung zu unterrichten. Sie ist Schlußstein der Erfüllungshandlungen des Verkäufers (vgl. auch Rdn. 36). Sie braucht beim fob-Geschäft weder Angabe des Schiffes, noch Abladehafen oder -zeit enthalten, da der Käufer als Befrachter diese Information bereits besitzt. Die **106**

107 **j) Transportkosten.** Beim fob-Geschäft ist es Sache des Verkäufers, die Ware an Bord des vom Käufer genannten Schiffs zu bringen. Dem entspricht die Kostenbelastung, soweit die Kosten der Verladung nicht Teil der Fracht sind.

Gemäß Nr. I 3 der deutschen fob-**Trade Terms** (Rdn. 766) hat der Verkäufer alle Kosten der Ware bis zu dem Zeitpunkt zu tragen, in dem die Ware im Verschiffungshafen die Reling tatsächlich überschritten hat. Art. A 4—fob **Incoterms** (Rdn. 751) erweitert die Kostenlast um alle mit der Ausfuhr zusammenhängenden Gebühren, Abgaben, Kosten, die für die Verbringung der Ware an Bord erforderlich sind. Davon nehmen Art. A 6, 8, 9 die Spesen für Konnossemente, Ursprungszeugnisse und Konsulatspapiere aus. Die Transportkosten von der inländischen Niederlassung des Verkäufers bis zum Abladehafen, die Kosten der Stapelung am Kai, die Speditionskosten des Absenderspediteurs, der dafür sorgt, daß die Ware an Bord gebracht wird, hat der Verkäufer auf sich zu nehmen. Wird für die Leistungen des Hafens einschließlich der Übergabe der Ware mit dem Kaikran eine einheitliche Gebühr gefordert, so hat sie aus Praktikabilitätsgründen der Verkäufer in voller Höhe zu tragen (*Haage* Abladegeschäft, S. 175). Anders ist es, wenn das Schiff die Ware mit Schiffskränen übernimmt. Diese Kosten sind Teil der vom Käufer zu bezahlenden Fracht, mit Ausnahme der Kosten des Anschlagens der Ware im Zubringerfahrzeug (*Haage* Abladegeschäft, S. 174). Der Verkäufer hat grundsätzlich auch die Mehrkosten zu tragen, die dadurch entstehen, daß die Ware mit Leichtern vom vereinbarten Verschiffungshafen zum Schiff gebracht werden muß. Ausnahme: Es besteht ein abweichender Handelsbrauch, der allerdings bei vertraglicher Geltung der Incoterms unerheblich ist (*Digenopoulos* S. 191). Die Verstauungskosten fallen dem Verkäufer nur zur Last, wenn „fob verstaut" verkauft ist. Zur Belastung des Verkäufers mit den Ladehafen-Liegegeldern *Trappe* VersR **1981** 718.

108 Kommen weder Trade Terms (Rdn. 766) noch Incoterms (Rdn. 751) zum Tragen, so sprechen Gründe der Rechtssicherheit dafür, das Überschreiten der Reling auch in Hinblick auf die Kostentragung als maßgebliches Abgrenzungskriterium anzusehen. Hiervon sind jedoch staatliche Exportgebühren und -zölle auszunehmen. Diese Lastenverteilung ist unabhängig davon, ob der Verkäufer die Konnossemente besorgen sollte, die er nach deutschem Recht als Ablader auch besorgen kann, ohne Befrachter zu werden, oder ob der Verkäufer als Befrachter auftrat. Das Schwergewicht liegt bei der Abrede über den Erfüllungsort (Abladehafen) und der Wertung des § 448 BGB. Exportzölle und -gebühren belasten eindeutig aussonderbar die Verbringung der Ware außer Land, die dem Käufer zuzurechnen ist (zum englischen Recht vgl. aber *Sassoon* S. 334 ff). Ist vertraglich eine Ladezeit vereinbart, so haftet der Verkäufer für deren Überschreitung (*Trappe* VersR **1981** 718, 719), auch wenn ihn kein Verschulden trifft (**a. A.** OLG Celle VersR **1981** 528 f).

109 **k) Dokumente.** aa) Gemäß Nr. I 5 der deutschen **Trade Terms** (Rdn. 766) hat der Verkäufer auf eigene Kosten das übliche „reine" Dokument zu beschaffen, in dem entweder die Lieferung der Ware an Bord bescheinigt oder „gegebenenfalls" die Aushändigung der Ware an Land an den Verfrachter zur Verschiffung bestätigt wird. Je nach dem Hafenbrauch hat mithin der Verkäufer, der beim klassischen fob-Geschäft nicht selbst den Seetransport organisiert (zu Modifikationen Rdn. 131), ein Bord/Mate's-Receipt oder ein Kai-Receipt anzudienen. Zur Beschaffung eines Konnossements ist der Verkäufer nicht verpflichtet; denn Befrachter des Schiffes ist der Käufer (*Digenopoulos* S. 193).

110 In **Allgemeinen Geschäftsbedingungen** finden sich allerdings vielfach weitergehende Pflichten des Verkäufers. So hat der Verkäufer gemäß §§ 32, 42 WVB (Rdn. 2) ein Konnossement oder einen Konnossements-Teilschein oder einen Kai-Teilschein oder einen Lieferschein der Reederei zu liefern. Aus seerechtlicher Sicht bestehen gegen diese Erweiterung des Pflichtenkreises des Verkäufers keine Bedenken, weil der Verkäufer mit konkludent erteilter Vollmacht die Rolle des Drittabladers übernehmen kann, der die Ware im Namen des Käufers ablädt und so als Ablader das Konnossement beanspruchen kann (§ 642 HGB). Diese Erweiterung des Pflichtenkreises ändert im Zweifel nichts an der Verteilung der Kostenlast im Sinne der Trade Terms (anders das französische, amerikanische und zum Teil englische Recht, die die Beschaffung des Konnossements als originäre Kaufvertragsverpflichtung behandeln (*Digenopoulos* S. 194)).

111 Art. A 7 der **Incoterms** (Rdn. 751) zufolge muß der Nachweis der Lieferung an Bord erbracht werden. Im Einklang mit dem englischen Recht hat der Verkäufer zumindest ein Mate's-Receipt zu liefern. Allerdings ist der Verkäufer auch gehalten, dem Käufer bei der Beschaffung der Konnossemente jede Hilfe zu gewähren, also auf Gefahr und Kosten des Käufers die Konnossemente zu besorgen (*Eisemann/Melis* Incoterms, S. 110).

112 bb) Der Verkäufer hat „**reine**" **Dokumente** anzudienen. „Unreine" Dokumente dürfen vom Käufer auch dort zurückgewiesen werden, wo der Verkäufer gleichzeitig eine Bankgarantie zur Abdeckung eines eventuellen Schadens beibringt. Zur Frage, wann Dokumente „unrein" sind und zur Ausstellung von Freistellungsreversen Rdn. 56. Die Gefahr, daß der Verfrachter ohne Anlaß und Verschulden des Verkäufers „unreine" Konnossemente ausstellt, geht bei Geltung der deutschen Trade Terms (Rdn. 766) und der Incoterms (Rdn. 751) zu Lasten des Käufers. Der Käufer kann vom Verfrachter Schadensersatz verlangen (*Haage* Abladegeschäft, S. 101).

113 cc) Unklar ist, wer die Gefahr zu tragen hat, daß dem Verkäufer zu Unrecht ein „**unreines**" **Mate's-Receipt** oder **Kai-Receipt** ausgehändigt wird. Hier ist zu berücksichtigen, daß der Verkäufer beim klassischen fob-Geschäft in keinerlei Vertragsbeziehungen zum Verfrachter steht. Der Käufer schließt den Frachtvertrag (zu Modifikationen Rdn. 131). Der Verkäufer übernimmt auch nicht deshalb die Rolle des Abladers, weil er die Ware im eigenen Namen abliefert und nicht, wie dies nach h. M. für die Rolle des Abladers erforderlich ist, als Beauftragter im Namen des Käufers (*Schaps/Abraham* vor § 566 7). Nur die Position des Abladers sichert aber dem Verkäufer einen eigenen Schadensersatzanspruch gegen den Verfrachter und den Kapitän (*Schaps/Abraham* vor § 556 7). Mangels eines Rückgriffsrechts gegen den vom Käufer ausgewählten Verfrachter ist es dem Verkäufer nicht zuzumuten, die Gefahr zu tragen, daß ohne sein Verschulden das Schiff falsche Dokumente ausstellt. Es ist Sache des Käufers als Vertragspartei, den Verfrachter auf Schadensersatz in Anspruch zu nehmen. Allgemeine Geschäftsbedingungen, die eindeutig festlegen, daß der Käufer „unreine" Dokumente nicht anzunehmen braucht (z. B. §§ 42 Abs. 2, 32 WVB, Rdn. 2), treffen allerdings eine entgegengesetzte Risikoverteilung.

114 dd) Die vom Verkäufer zu liefernden Dokumente sind dem Käufer oder dessen Beauftragten **zu übermitteln**. Bislang ist es nicht geklärt, wohin diese Dokumente nach deutschem Recht zu liefern sind und auf wessen Gefahr diese Dokumente reisen. Die Frage, wohin die Dokumente zu schicken sind, wird sich in aller Regel anhand der

Zahlungsvereinbarung beantworten lassen. Der Verkäufer hat die Dokumente dem Käufer an den Ort zu bringen, an dem er Zahlung erwarten darf. Es kann auch vereinbart sein, daß die Receipts dem Spediteur des Käufers im Abladehafen zu übergeben sind. Ferner spielen natürlich Usancen des Hafens und der beteiligten Handelskreise eine wesentliche Rolle. Fehlen besondere Anhaltspunkte, so ist der Verkäufer verpflichtet, die Papiere an die Niederlassung des Käufers zu leiten.

115 Anders als Konnossemente beim cif-Geschäft (Rdn. 59) reisen die Bestätigungen (receipts), daß die Ware an Bord geliefert ist oder dem Verfrachter zur Verschiffung ausgehändigt ist, **auf Gefahr des Käufers,** wenn sie an dessen Niederlassung versandt werden sollen. In diesem Zusammenhang ist nämlich zu bedenken, daß beim fob-Geschäft der Verkäufer bei der Beschaffung der Konnossemente und demnach auch bei ihrer Versendung auf Gefahr des Käufers tätig wird (s. oben Rdn. 110), obwohl der Käufer dieses Dokument benötigt, um die Ware weiterhandeln zu können. Wenn sich der Käufer mit der Übersendung der Empfangsbestätigung an seine überseeische Niederlassung begnügt, so ist als Regel davon auszugehen, daß die Ware nicht vor ihrem Eintreffen im Bestimmungshafen weitergehandelt werden soll. Der Käufer ist deshalb auch nicht so hart davon betroffen, wenn die Empfangsbestätigungen verloren gehen, da die Empfangsbestätigungen keine Wertpapiere im engeren Sinne darstellen. Im übrigen ist zu berücksichtigen, daß die fob-Klausel als Ein-Punkt-Klausel angelegt ist, so daß auch aus diesem Grunde eine Konzentration des Gefahrübergangs im Abladehafen als angebracht erscheint.

Allgemeine Geschäftsbedingungen, in denen dem Verkäufer, der auf der Basis einer fob-Klausel verkauft hat, in gleicher Weise wie dem Verkäufer, der auf cif-Basis verkauft hat, eine Pflicht zur Lieferung von Konnossementen oder Teilscheinen (*Schaps/ Abraham* § 648 HGB 9 ff) auferlegt wird und in denen diese Pflicht zur Hauptpflicht erhoben wird (vgl. § 42 WVB, Rdn. 2), stellen in Hinblick auf die Dokumentengefahr den fob-Verkäufer dem cif-Verkäufer gleich. Dies hat zur Folge, daß die Dokumente auf das Risiko des Verkäufers reisen (Rdn. 59).

3. Gefahrtragung

116 a) Beim fob-Geschäft geht grundsätzlich die Gefahr in dem Moment auf den Käufer über, in dem die Ware die Reling des vom Käufer gestellten Seeschiffes überschreitet. Dies gilt sowohl für die **Preisgefahr** als auch bei Gattungsschulden für die **Leistungsgefahr,** da die Ware, sobald sie nach den Instruktionen des Käufers auf ein von ihm benanntes Schiff geliefert wird, hinreichend individualisiert ist (*Hager* S. 138). Vor der Lieferung an Bord hat der Verkäufer nicht das seinerseits Erforderliche getan (§ 243 Abs. 2 BGB). Zur Verwendung von **Containern** Rdn. 8.

117 b) Dieselbe Form der Gefahrverteilung ordnen sowohl die deutschen fob-**Trade Terms** (Nr. I 10; Rdn. 766) als auch die fob-**Incoterms** (Art. A 4; Rdn. 751) an. In Frankreich und England soll über den exakten Zeitpunkt des Gefahrübergangs Unsicherheit herrschen (*Hager* S. 136 f). Von Interesse ist in diesem Zusammenhang, daß dies mit der Veränderung der Verladetechnik begründet wurde. *Hager* aaO weist jedoch zutreffend darauf hin, daß aus Rechtssicherheits- und Praktikabilitätserwägungen heraus der Gefahrübergang stets mit dem Überschreiten der Reling verknüpft werden sollte, da auf diese Weise der Moment des Gefahrübergangs ex ante genau fixiert sei, die Versicherung daraufhin ausgerichtet werden könne und die Hintereinanderschaltung von fob-Kauf und cif-Verkauf unproblematisch sei.

Die Ware hat die **Reling** in dem Moment **überschritten**, in der ihr Schwerpunkt über **118** dem Schiff liegt. Löst sich die Ware aus der Schlinge, stürzt sie auf die Reling und dann in das Wasser, so trifft der Verlust den Verkäufer. Wird die Ware vom Kran, nachdem sie sich bereits über dem Schiff befand, zurückgeschwenkt, ändert dies nichts am Eintritt des Gefahrübergangs (*Eisemann/Melis* Incoterms, S. 106). Wird die Ware per Leichter an das Seeschiff herangebracht, so gilt nach Incoterms der Leichter auch dann nicht als verlängerter Arm des Seeschiffes, falls das Seeschiff den Abladehafen nicht anläuft [80]. — Wurde „fob-verstaut" vereinbart, so geht die Gefahr erst nach Beendigung der Verstauung über.

War die Ware **nicht** ordnungsgemäß **verpackt** und ist sie nach Überschreiten der Reling schadhaft geworden oder verloren gegangen, so darf sich der Verkäufer auf den Gefahrübergang nicht berufen, falls der Schaden durch die vertragswidrig unzulängliche Verpackung schuldhaft verursacht worden ist (*Straatmann/Ulmer* Schiedsspruch E 4 c Nr. 2).

c) Die **WVB** (Rdn. 2) treffen im Kern dieselbe Regelung, wie sie sich nach dispositi- **119** vem Recht und fob-Vereinbarung ergibt. Die Gefahr geht mit Überschreiten der Reling im Verschiffungshafen über (§ 35). Wurde vertragswidrig beschaffene Ware geliefert, so kann der Käufer Ersatz des Minderwerts, Rückgängigmachung des Kaufs, wenn der Minderwert mehr als 10 % beträgt, verlangen und bei Gattungsmängeln die Annahme der Ware als Erfüllung verweigern (§§ 48 Abs. 1, 19). Im Fall von Gattungsmängeln darf der Käufer ohne Frist zurücktreten oder Schadensersatz fordern (§ 48 Abs. 2). Gattungsmängel liegen nur vor, wo — wie § 19 Abs. 5 formuliert — die Ware nicht zu der im Vertrag bestimmten Gattung gehört. Darunter fallen nicht nur aliud-Lieferungen. Vielmehr soll der Verkäufer überall dort einer verschärften Haftung unterworfen werden, wo der Ware Merkmale fehlen, die der Verkäufer ohne Rücksicht auf den Ausfall des Rohproduktes exakt herbeiführen kann, wie Lieferung aus einer bestimmten Ernte, einer bestimmten botanischen Gattung, Merkmale, die durch Bearbeitung, Verpackung und Sortierung gewährleistet werden können (*Straatmann/Ulmer* Schiedsspruch E 6 a Nr. 20). Somit eröffnet § 48 Abs. 2 WVB unter Umständen einen Schadensersatzanspruch auch dann, wenn aus einem Vorrat zu liefern war und die gesamte Gattung mangelhaft ist. Andererseits stellt sich die Frage, ob diese Differenzierung tragfähig ist; denn auf dem Weg des Sortierens läßt sich immer gewährleisten, daß der Käufer mit der Ware beliefert wird, die die vertraglich vereinbarten Merkmale aufweist. Der Schiedsspruch, der in seinem Ansatz überzeugt, läßt sich daher nur halten, wenn man ein zusätzliches Element einfügt. Denkbar wäre etwa, im Interesse des Verkäufers, der die ihm in der Qualität nicht exakt bekannte Ware weiterverkauft (schwimmende Ware), darauf abzuheben, daß die Sortierung in verkehrsüblicher Weise erfolgt ist und so in den Prozeß der Entscheidungsfindung ein Verschuldenselement einzubringen.

d) **Natürlicher Schwund** auf dem Seetransport geht grundsätzlich zu Lasten des **120** Käufers. Abweichungen enthalten manche allgemeine Geschäftsbedingungen (z. B. § 35 Abs. 3 WVB (Rdn. 2)).

e) Wird Ware auf fob-Basis im **Ketten**-(String)**Geschäft** gehandelt, so geht das Transportrisiko rückwirkend auf den Käufer über, falls die Ware bei Absendung der Verladeanzeige noch schwamm (*Straatmann/Ulmer* Schiedsspruch J 5 a Nr. 46).

---

[80] *Eisemann/Melis* S. 106; a. A. *Haage* Abladegeschäft, S. 178 zutreffend nach Handelsbrauch (*Digenopoulos* S. 191).

121 4. Pflichten des Käufers

122 **a) Beschaffung des Schiffsraums.** aa) Beim klassischen fob-Geschäft ist es Sache des Käufers, den zum Transport nötigen Schiffsraum zu besorgen. Diesen Standpunkt nehmen auch die deutschen fob-Trade Terms (Rdn. 766) und die Incoterms (Rdn. 751) ein. Abweichende Abreden von diesem Typus des fob-Geschäfts sind häufig zu beobachten. Sie können ausdrücklich getroffen worden sein, aber sich auch nur aus den Umständen ergeben, wie z. B. aus der Abrede, daß die Bezahlung gegen die Lieferung von Bordkonnossementen erfolgt, falls die Konnossemente dem Verkäufer nur gegen Frachtzahlung ausgehändigt werden (eingehend zu den Modifikationen des klassischen fob-Geschäfts, Rdn. 128 ff).

123 bb) Der Käufer hat verladebereiten und geeigneten Schiffsraum im vereinbarten Hafen zum vereinbarten Zeitraum bereitzustellen. Der Abladehafen muß nicht schon bei Abschluß des Kaufvertrages endgültig fixiert sein. Der Vertrag kann dem Käufer das Recht eröffnen, einen bestimmten Hafen zu wählen (z. B. fob deutscher Hafen). Der Käufer hat dann dem Verkäufer seine Wahl so rechtzeitig mitzuteilen, daß der Verkäufer die Ware sicher abzuladen vermag. Der Zeitpunkt, zu dem der Käufer den Schiffsraum bereitzustellen hat, ergibt sich aus der vereinbarten Lieferzeit. Er ist regelmäßig zunächst nur rahmenartig umrissen und wird dann später durch die fob-Instruktionen (Rdn. 126) exakt festgelegt. Es kann auch schon im Kaufvertrag das vom Käufer bereitzustellende Schiff genannt sein. Diese Abrede hindert den Käufer indessen nicht daran, ein anderes Schiff zur Verschiffung bereitzustellen, wenn dem Käufer daraus keine Erschwernisse erwachsen (vgl. *Sassoon* S. 304).

124 cc) Versäumt der Käufer, rechtzeitig am richtigen Ort zur rechten Zeit ein ladebereites Schiff bereitzustellen, so gerät er in Annahmeverzug, ohne daß es auf die Ursachen dieser Leistungsstörung ankäme (BGH WM **1975** 917, 920). Voraussetzung ist nur, daß der Verkäufer leistungsfähig ist. Daß die für den Käufer bestimmte Ware ausgesondert ist, ist für den Eintritt des Abnahmeverzugs nicht erforderlich, wohl aber für den Eintritt bestimmter Rechtsfolgen des Annahmeverzuges, wie z. B. für die Anwendbarkeit des § 300 Abs. 2 BGB (a. A. *Schröder* MDR **1973** 466; *Hönn* AcP **177** (1977) 385, 410 ff). Die Rechtsfolgen ergeben sich aus §§ 373 HGB, 293 ff BGB (näher dazu § 373 HGB Rdn. 21 ff). Außerdem kann der Käufer in Zahlungsverzug geraten, wenn er die Verzögerung zu vertreten hat. Unter Berufung darauf, daß der Käufer sich ernsthaft weigert, ein Schiff zu stellen, kann der Verkäufer vom Vertrag zurücktreten. Die Frage, ob der Käufer in einem Fall, in dem er den Schiffsraum nicht rechtzeitig bereitzustellen in der Lage ist, fordern kann, daß ihm die Ware an Land übergeben wird, scheint man im englischen Recht weitgehend zu verneinen (*Sassoon* S. 302). Im deutschen Recht besteht kein Anlaß, eine vergleichbar starre Haltung einzunehmen. Gemäß § 242 BGB hat der Schuldner seine Verpflichtung im Einklang mit Treu und Glauben zu erfüllen. Wenn der Käufer vom Verkäufer eine Leistung fordert, die diesem geringeren Aufwand und keine größeren Risiken verursacht, und gesichert ist, daß der Verkäufer den vollen ursprünglich versprochenen Kaufpreis erhält, so ist der Verkäufer verpflichtet, auf den Wunsch des Käufers einzugehen, ihm die Ware an Land zu übergeben. Der Verkäufer ist mit anderen Worten gemäß § 242 BGB verpflichtet, einen Abänderungsvertrag zu schließen. Die dem Erlaßvertrag zugrunde liegenden Wertungen stehen dem nicht entgegen, da dem Verkäufer nicht gegen seinen Willen ein größerer Vorteil aufgedrängt wird. Unbeachtlich ist grundsätzlich das Interesse des Verkäufers, die Ware zu exportieren; denn der Käufer könnte ja auch die an Bord gebrachte Ware noch im Inland veräußern. Eine Ausnahme gilt aber dort, wo der Verkäufer aus dem Verbleiben der Ware im Inland Nachteile von hoher Hand zu erwarten hat. Kommt der Verkäufer seiner Verpflichtung nicht nach, sich mit der Übergabe der Ware an Land einverstanden zu erklären, so dürfen die Rechtsfolgen dieser Pflichtverletzung nicht § 376 HGB entnommen werden. Die Sanktion der Pflichtverletzung ergibt sich allein aus den §§ 284ff, 280 BGB.

dd) Art. B 4 der **Incoterms** (Rdn. 751) und Nr. II 6 der deutschen fob-**Trade Terms** **125** (Rdn. 766) zufolge hat der Käufer unter der Voraussetzung, daß die Ware bereits in geeigneter Weise konkretisiert war, alle aus dem Annahmeverzug sich ergebenden Mehrkosten zu tragen und alle die Ware betreffenden Gefahren auf sich zu nehmen. Diese Regelung ist nicht abschließend. Ergänzend findet zugunsten des Käufers das im Einzelfall einschlägige Landesrecht Anwendung [81].

b) Benennung des Schiffs, Ladeplatz und Ladezeit. Der Käufer hat die sog. fob-In- **126** struktionen zu erteilen, also dem Verkäufer rechtzeitig mitzuteilen, wann und wo das von ihm bereitgestellte Schiff die Ladung übernehmen wird (vgl. Nr. II 2 deutsche Trade Terms (Rdn. 766); Art. B 1 Incoterms (Rdn. 751)). Rechtzeitig heißt in diesem Zusammenhang, daß der Verkäufer genügend Zeit haben muß, die Ware unter gewöhnlichen Umständen im Hafen abzuladen und an Bord zu transportieren. Dort, wo sich der Käufer einen Zeitraum ausbedungen hat, innerhalb dessen er Abladung fordern darf, entbindet ihn dies nicht von der Obliegenheit, dem Verkäufer rechtzeitig die erforderlichen fob-Instruktionen zu geben (vgl. *Sassoon* S. 306). Gibt der Käufer die erforderlichen Instruktionen nicht rechtzeitig, d. h. treffen die erforderlichen Mitteilungen nicht rechtzeitig beim Verkäufer ein (§ 130 BGB), und war der Verkäufer zur Lieferung imstande, so treten die gleichen Rechtsfolgen ein, die im Fall der nicht rechtzeitigen Beschaffung eines ladebereiten Schiffs (Rdn. 124) gelten.

c) Rechte und Pflichten des Käufers bei Mangelhaftigkeit der Ware. Den Käufer **127** trifft gemäß § 377 HGB die Obliegenheit, die Ware zu untersuchen. Diese Obliegenheit ist im Abladegeschäft weit auszudehnen und starr zu handhaben, weil hier der Verkäufer besonders stark darauf angewiesen ist, so schnell wie möglich darüber Klarheit zu erlangen, ob die Ware kontraktgemäß ist. Das Ziel, Rechtssicherheit zu schaffen, schließt die Berufung auf den Einwand des Rechtsmißbrauchs weitgehend aus.

Ablieferungsort beim fob-Geschäft ist beim Fehlen vertraglicher Abreden und einschlägiger Handelsbräuche grundsätzlich der Abladehafen (BGHZ **60** 5, 8); denn dort hat der Käufer die Ware in ein von ihm gestelltes Schiff zu übernehmen. Es ist aber zu beachten, daß es Sache des Verkäufers ist, die Ware in einer für den Seetransport geeigneten Weise (Rdn. 91) an Bord zu liefern. Diese Verpackung kann dem Käufer die Untersuchung unangemessen erschweren und einen Teil der Leistung des Verkäufers zunichte machen. In einem derartigen Fall ist daher der Ablieferungsort auf den Bestimmungshafen zu verlegen (BGH BB **1953** 186; BGHZ **60** 5, 7; OLG Hamburg VersR **1982** 340). Irrelevant ist hingegen, ob der Käufer im Abladehafen die personellen und sachlichen Mittel bereithält, um eine zuverlässige Untersuchung zu gewährleisten; denn der Verkäufer kann ja nicht wissen, ob und mit welchen Mitteln der Käufer die Ware untersuchen will. Glaubt der Käufer, zur sachgerechten Untersuchung im Abladehafen nicht in der Lage zu sein, so muß er auf entsprechende Abreden mit dem Verkäufer dringen (eingehend § 377 Rdn. 35 f). Allgemeine Geschäftsbedingungen statuieren vielfach eine Einheitsregelung für den fob- und den cif-Kauf und legen den Ablieferungsort auf den Bestimmungshafen des Schiffes (vgl. §§ 49, 32 WVB).

---

[81] *Haage* Abladegeschäft, S. 183 f; *Eisemann/Melis* S. 114.

V. Modifikationen des fob-Geschäfts

128

1. Weiterverkauf fob gekaufter Ware

129 a) In aller Regel wird fob gekaufte Ware cif oder c & f weiterverkauft, weil der erste Käufer schon den Transport organisiert und dem Verkäufer die nötigen Instruktionen erteilt hat. Eigene Transportobliegenheiten des zweiten Käufers bestehen dann nicht. Gleichwohl sind auch fob-Käufe in der Kette zu beobachten. In solchen Fällen ist zu unterscheiden: Verkauft A an B auf fob-Basis und dann B an C ebenfalls fob, bevor B gehalten war, dem A die notwendigen Verladeinstruktionen (Rdn. 126) zu geben, so stellt der Vertrag zwischen B und C im Zweifel ein normales fob-Geschäft dar. C ist gehalten, dem B rechtzeitig ein verladebereites Schiff zu nennen, und B wird diese Mitteilung an A weiterleiten. War dem C erkennbar, daß B bereits Schiffraum beschafft hatte oder demnächst beschaffen werde, so ist davon auszugehen, daß zwischen B und C ein modifiziertes fob-Geschäft abgeschlossen worden war, demzufolge die Bereitstellung des Schiffsraums Sache des Verkäufers sein soll (zu diesem Typus eingehender Rdn. 131). Gleiches gilt, falls die Ware im Moment des Abschlusses des zweiten fob-Geschäftes bereits an Bord des Schiffes war. Grundsätzlich darf sich der Verkäufer mit schwimmender Ware eindecken, vorausgesetzt, daß die Verschiffungsaufgabe vom ersten Verkäufer in der Kette zu einem Zeitpunkt abgesandt wird, in der die Ware noch schwimmt (*Straatmann/Ulmer* Schiedsspruch J 5 a Nr. 46). Der zu einer Kette gehörende Verkäufer haftet seinem Käufer wegen schuldhaften Verhaltens (z. B. Nichtweiterleitung einer Destinationserklärung). Im Verhältnis zu den weiteren in der Kette (String) folgenden Abnehmerfirmen ist er nicht Erfüllungsgehilfe des Käufers, der die Ware weitergehandelt hatte (**a. A.** *Straatmann/Ulmer* Schiedsspruch J 5 a Nr. 47); denn das Risiko, das mit dem Auftreten weiterer Käufer in der Kette verbunden ist, ist sowohl für den Verkäufer als auch für den Käufer unübersehbar, und der Käufer hat keinen Einfluß auf den Verkäufer.

130 b) Die Gefahrtragung richtet sich grundsätzlich nach den allgemeinen fob-Regeln (Rdn. 116). Geht die Ware vor ihrer Lieferung an Bord unter, so sind alle als Verkäufer tätig gewordenen Parteien im Verhältnis zu ihren jeweiligen Abnehmern mit der Leistungs- und Preisgefahr belastet geblieben. Die Gefahr geht auf die jeweiligen Käufer über, sobald die konkretisierte Ware die Reling überschritten hat. Dabei ist es gleichgültig, ob der jeweilige Verkäufer im Moment der Absendung der Verladeanzeige oder der Konnossemente bereits wußte, daß die Ware untergegangen ist (*Haage* Abladegeschäft, S. 167 f). Wurde bereits schwimmende Ware auf fob-Basis weiterverkauft und geht die Ware nach Vertragsschluß unter, so geht dies zu Lasten des Käufers. Freilich muß auch hier im Verhältnis zwischen den jeweiligen Kaufvertragsparteien die geschuldete Leistung bereits konkretisiert gewesen sein, also das Seeschiff bereits entweder bei Vertragsschluß oder später vor dem Untergang der Ware benannt worden sein. Dort, wo die Ware im Zeitpunkt des Vertragsschlusses bereits untergegangen war, gelten die Regeln über den Verkauf schwimmender Ware auf cif-Grundlage (Rdn. 73 ff).

2. Der Verkäufer befrachtet im Auftrag des Käufers

131 a) Beim klassischen fob-Geschäft ist es Sache des Käufers, den Schiffstransport der Ware zu organisieren. Seit einiger Zeit ist häufig zu beobachten, daß fob-Käufer die Buchung des Schiffsraums ihren Vertragspartnern anvertrauten oder ihre Vertragspartner gar verpflichteten, den Überseetransport selbst zu übernehmen. In der ersten Variante liegt dem Seetransport ein Geschäftsbesorgungsvertrag zugrunde. In der zweiten Variante werden die Verkäuferpflichten durch die Hauptpflicht „Befrachtung" erweitert.

b) Im folgenden soll zunächst der Vertragstypus eingehender dargestellt werden, in **132** dem der **Verkäufer** lediglich **als Geschäftsbesorger** den zum Transport nötigen Schiffsraum bucht. Für eine solche Abrede spricht, daß der Verkäufer auf Rechnung (on behalf, for account) des Käufers tätig werden soll (*Digenopoulos* S. 196), daß der Käufer nur unter besonderen Schwierigkeiten Schiffsraum zu buchen vermag und dem Verkäufer aus der Buchung keine ins Gewicht fallenden Vorteile erwachsen. Dort, wo der Verkäufer ein starkes Interesse daran besitzt, den Schiffsraum zu buchen, ist im Zweifel davon auszugehen, daß der Verkäufer die Befrachtung als Hauptpflicht übernimmt, ohne daß es darauf ankommt, ob der Verkäufer berechtigt ist, die Frachtkosten offen abzuwälzen.

aa) Ob der Verkäufer als Geschäftsbesorger den Schiffsraum im Namen des Käu- **133** fers bucht und dafür Vollmacht besitzt oder ob er im eigenen Namen handelt, ist Tatfrage. Für die Entscheidung im Einzelfall wird es wesentlich darauf ankommen, ob ein Kreditgeschäft vorlag und der Verfrachter bereit war, dem Käufer Kredit zu gewähren und darauf, ob der Käufer daran interessiert ist, auf dem Konnossement sofort als Ablader zu erscheinen sowie die Person des Verkäufers bei dem Weiterverkauf der Ware zu verheimlichen (*Digenopoulos* S. 200). Maßgeblich ist ferner, in welchem Umfang der Verkäufer angesichts der Zahlungsabreden darauf angewiesen ist, zur Sicherung seines Zahlungsanspruchs im Konnossement als Ablader zu erscheinen. Ein Rabatt auf die Fracht gebührt in jedem Fall dem Käufer (OLG Hamburg VersR **1983** 584).

bb) Da der Verkäufer selbst den Überseetransport organisiert, braucht der Käufer **134** keine **Verschiffungsinstruktionen** zu erteilen. Etwas anderes gilt, wenn der Käufer den Bestimmungshafen wählen darf. Der Verkäufer darf nicht ohne weiteres ohne Ablauf einer Nachfrist nach einem Bestimmungshafen seiner Wahl verschiffen, wenn der Käufer den Hafen nicht fristgerecht benennt. Er muß die verspätete Destinationserklärung so lange als möglich berücksichtigen (*Straatmann/Ulmer* Schiedsspruch J 5 a Nr. 47). Andererseits ist der Verkäufer gehalten, dem Käufer die Verladung unverzüglich mitzuteilen, weil der Käufer den Tag der Abladung nicht von vornherein kennt und ihn kennen muß, um eine ausreichende Versicherung zu nehmen (*Liesecke* WM **1966** 174, 175).

Der Verkäufer ist verpflichtet, dem Käufer die **Konnossemente** auf dessen Kosten **135** und Gefahr zu besorgen und zuzuleiten. Werden nach Hafengebrauch lediglich Kai-Receipts ausgestellt, so soll der Verkäufer auch nur verpflichtet sein, Übernahmekonnossemente zu beschaffen (*Digenopoulos* S. 206). Der Umstand, daß der Verkäufer den gesamten Seetransport zu organisieren hat, spricht jedoch dafür, daß ihn auch die Pflicht trifft, Bordkonnossemente zu besorgen.

Die Koppelung des klassischen fob-Geschäfts (Rdn. 85) mit einem Geschäftsbesorgungsvertrag ändert nichts an der **Gefahrverteilung;** denn der Verkäufer wird als Geschäftsbesorger auf Rechnung des Käufers tätig. Dies gilt sowohl für die Leistungs- als auch für die Preisgefahr. Insbesondere hat der Verkäufer nicht das Risiko auf sich zu nehmen, daß das von ihm gebuchte Schiff nicht oder zu spät im Abladehafen eintrifft. Das Schiff gehört auch bei dieser Modalität des fob-Geschäfts zur Sphäre des Käufers. Unberührt bleibt natürlich die Verschuldenshaftung des Verkäufers. Der Käufer hat neben der Bezahlung des Kaufpreises gemäß § 670 BGB die im Rahmen der Geschäftsbesorgung erforderlich werdenden Aufwendungen zu ersetzen.

136 c) Die Parteien können vereinbaren, daß der Verkäufer im eigenen Namen auf eigene Rechnung verpflichtet sein soll, die **Verschiffung** der Ware zu besorgen und daß diese Pflicht zu den **Hauptpflichten des Verkäufers** gehören soll[82]. Der BGH (WM **1963** 1185) hat eine derartige Abrede einer Vereinbarung entnommen, in der der Termin, bis zu dem die Verschiffung auszuführen war, ausdrücklich genannt wurde (*Würdinger/Röhricht* Vorauflage, vor § 373 281). Für eine solche Abrede spricht ferner ein erhebliches Interesse des Verkäufers, den Transport selbst zu organisieren (BGH WM **1963** 1185; vgl. auch Rdn. 7 f).

137 aa) Der Verkäufer trägt die volle Gefahr, daß in der Lieferzeit ein abladebereites Schiff zur Stelle ist; d. h. er haftet nach den allgemeinen Regeln über Verzug und Unmöglichkeit, falls er seiner **Verschiffungspflicht** nicht rechtzeitig nachzukommen vermag (Rdn. 25 ff). Den Lieferzeitpunkt bestimmt der Verkäufer normalerweise innerhalb des **Abladezeitraums** selbst (*Haage* Abladegeschäft, S. 166); er muß sicherstellen, daß die Ware rechtzeitig an Bord gelangt.

138 bb) Die **Kosten des Seetransports** hat nach ganz h. M. im Unterschied zum cif- oder c & f-Geschäft der Käufer zu tragen. Aus der Tatsache, daß der Verkäufer die Ware zu verschiffen hat, läßt sich nicht zwingend ableiten, daß der Verkäufer auch die Kosten der Versendung zu tragen hat. § 448 BGB weist im Gegenteil in die entgegengesetzte Richtung. Wenn die Parteien eine Kostenbelastung des Verkäufers gewollt hätten, hätten sie regelmäßig auch gleich auf c & f-Basis (Rdn. 752) kontrahieren können (*Digenopoulos* S. 213; *Lebuhn* S. 24, 34).

139 cc) Erhebliche Probleme wirft der **Gefahrübergang** bei dieser Form des fob-Geschäftes auf. Beim klassischen fob-Kauf geht die Gefahr in dem Moment auf den Käufer über, in dem die Ware die Reling des Schiffes passiert. Diesen Zeitpunkt hält *Haage* (Abladegeschäft, S. 167 f) auch bei allen fob-Käufen mit Verschiffungspflicht für maßgeblich (ebenso *Würdinger/Röhricht* Vorauflage, vor § 373 281). Dagegen wendet *Digenopoulos* (S. 221) zu Recht ein, daß diese Form des Gefahrübergangs dem Verkäufer dort, wo eine Gattungsschuld vereinbart wurde, die Möglichkeit der Manipulation eröffne. In dem Moment, in dem die Ware an Bord gebracht wird, muß nämlich nach außen noch nicht ersichtlich sein, daß die Ware für den Käufer bestimmt ist; denn der Verkäufer hat den Schiffsraum auf eigenen Namen gebucht und wird sich auch auf eigene Order Konnossemente ausstellen lassen. Er könnte daher nach Belieben Ware, die bereits untergegangen ist, einem seiner Abkäufer andienen, wenn man den Gefahrübergang wie beim klassischen fob-Geschäft ausschließlich mit dem An-Bord-Bringen der Ware verknüpfen würde. Es ist daher wie beim cif-Geschäft zu fordern, daß die Ware im Moment des Gefahrübergangs bereits konkretisiert war oder mit rückwirkender Kraft konkretisiert wurde. Die Konkretisierung richtet sich dabei nach den für das cif-Geschäft maßgeblichen Regeln (eingehend Rdn. 65). Diese Lösung schreibt z. B. auch § 35 Abs. 2 WVB (Rdn. 2) vor. War die Ware bereits bei Übergabe an den Verfrachter hinreichend konkretisiert, so geht allerdings die Preisgefahr auch dort, wo „Abladung" bzw. „Verladung" vereinbart ist, erst mit dem Überschreiten der Reling auf den Käufer über. Als Befrachter hat der Verkäufer dem Käufer ein vertragsgemäßes Konnossement anzudienen. Wegen der engen Verwandtschaft dieser Form des fob-Geschäfts mit dem cif-Kauf gelten insoweit die cif-Regeln (Rdn. 42 ff; *Digenopoulos*, S. 223).

---

[82] BGH WM **1963** 1185; *Grimm* AWD **1964** 404; *Liesecke* WM **1966** 174, 175; a. A. *Eisemann* AWD **1962** 153.

3. „Ausgeliefertes Gewicht"-, „Neugewicht"-, „Verlust"- und „Beschädigungs"-Klauseln
Siehe Rdn. 78 ff. **140**

VI. Das fas-Geschäft

Das fas-Geschäft unterscheidet sich vom fob-Kauf im wesentlichen darin, daß der **141** Verkäufer die Ware nicht an Bord des Seeschiffs, sondern lediglich Längsseite Seeschiff (free alongside seaship) zu liefern hat. Dementsprechend sind beim fas-Geschäft nur einige Besonderheiten zu vermerken.

Lieferort ist beim fas-Geschäft die Längsseite des Seeschiffes, das der Käufer zu **142** stellen und rechtzeitig zu annoncieren hat (Art. A 2, B 1 Incoterms (Rdn. 750); Nr. I 1, II 1 Trade Terms (Rdn. 765)). Der Verkäufer hat die Ware derart an das Schiff zu befördern, daß sie mit den Hebewerkzeugen des Schiffes an Bord genommen werden kann. Gegebenenfalls ist die Ware per Leichter zum Schiff zu befördern (vgl. Nr. I 2 Trade Terms (Rdn. 765)), es sei denn, daß das Schiff wegen außergewöhnlicher Umstände nicht an den normalen Ladeplatz herankommen kann. In jedem Fall haben abweichende Hafenbräuche den Vorrang (vgl. Art. A 2 Incoterms (Rdn. 750)).

Auch beim fas-Geschäft ist der Verkäufer gehalten, den Käufer unverzüglich über **143** die Lieferung zu benachrichtigen, um diesem schnellstens die Möglichkeit zu geben, die Ware zu versichern (Rdn. 106).

Das Risiko der Exportfreiheit der Ware trifft grundsätzlich den Käufer. Der Ver- **144** käufer ist nur verpflichtet, den Käufer beim Export auf dessen Kosten zu unterstützen (Art. A 3 Incoterms (Rdn. 750); Nr. I 8 Trade Terms (Rdn. 765)). Der Fortfall der Exportmöglichkeit ist nach den allgemeinen Regeln der Verwendungszweckstörung zu berücksichtigen. Angesichts der sich ständig ändernden Voraussetzungen einer Exportgenehmigung wird die Versagung der Ausfuhr jedoch nur sehr selten unvorhersehbar sein (*Eisemann* Die Incoterms heute und morgen (1980) S. 123).

Auch den fas-Verkäufer trifft die Hauptpflicht, Dokumente zu liefern (zur Doku- **145** mentenandienung vgl. Rdn. 59 ff, 109 ff). Neben der Faktura und in der Regel dem Ursprungszeugnis hat der Verkäufer dem Käufer einen Lieferungsnachweis (Art. A 7 Incoterms (Rdn. 750); Nr. I 4 Trade Terms (Rdn. 765)) in der Form eines Übernahmekonnossements oder eines Mate- bzw. Kai-Receipts (Rdn. 54, 109) zu verschaffen. Es muß auch genügen, daß der Verkäufer eine Bestätigung des Spediteurs über die Lieferung „Längsseite Schiff" beibringt (*Haage* Abladegeschäft, S. 204). Die Dokumente müssen „rein" sein (Rdn. 56).

Ist die Ware konkretisiert (Rdn. 65), so geht die Gefahr in dem Moment auf den **146** Käufer über, in dem die Lieferung der beschädigten oder zerstörten Ware „Längsseite Schiff" beendet ist (Art. A 4 Incoterms (Rdn. 750)); d. h. mit der Übernahme der Ware an Land durch den Verfrachter oder dann, wenn die Ware vom Ladegeschirr des Schiffes „angefaßt" worden ist (Nr. I 6 Trade Terms (Rdn. 765); **a. A.** OLG Düsseldorf AWD/RIW **1971** 238).

VII. „Ab Schiff"-Geschäft **147**

1. Bedeutung des „ab Schiff"-Geschäfts

Die „ab Schiff" (ex ship)-Geschäfte gehören zur Kategorie der Ankunftsverträge. **148** Anders als bei den cif- oder fob-Geschäften liegt bei den „ab Schiff"-Geschäften der Erfüllungsort nicht im Abladehafen, sondern im Bestimmungshafen. Man spricht daher auch davon, daß bei den „ab Schiff"-Käufen Platzgeschäfte getätigt werden. Es ist gelegentlich zu beobachten, daß die cif- und die „ab Schiff"-Klausel kombiniert werden. In diesen Fällen ist im Zweifel davon auszugehen, daß die cif-Abrede ausschließlich die Funktion einer Spesenklausel besitzt, also der Preisberechnung dient und sich die Gefahrverteilung sowie sonstigen Pflichten nach der „ab Schiff"-Klausel richten (*Finke* S. 174). So auch bei „fob aus eingetroffenem Schiff" (*Straatmann/Ulmer* Schiedsspruch J 3 Nr. 13). Andernfalls wäre nämlich die „ab Schiff"-Klausel, die häufig auf Veranlassung des Käufers eingefügt wird, sinnlos (*Haage* Abladegeschäft, S. 161; *Eisemann/Melis* Incoterms, S. 163). Der Hafen ist auch dort Erfüllungsort, wo die Ware dem Vertrag zufolge weiterverladen werden soll. Im Zusammenhang mit der „ab Schiff"-Klausel ist die „Weiterverladungs"-Klausel nur ein Auftrag an den Verkäufer (*Straatmann/Ulmer* Schiedsspruch J 2 Nr. 6).

149 **2. Pflichten des Verkäufers**

150 **a) Art und Verpackung der geschuldeten Ware:** Siehe dazu Rdn. 14.

151 **b) Lieferzeit:** Siehe zur Kombination der Abrede über die „ab Schiff"-Lieferzeit mit einer Abladeklausel Rdn. 163.

152 **c) Lieferort.** Beim „ab Schiff"-Geschäft wird in Bezug auf die Ware eine besondere Art der **Holschuld** vereinbart. Der Verkäufer verpflichtet sich, die Ware dem Käufer im Bestimmungshafen zur Verfügung zu stellen. In welcher Weise der Verkäufer die Ware zur Verfügung zu stellen hat, läßt sich nicht allgemeingültig umschreiben. Nr. I 1 der Trade Terms (Rdn. 769) formulieren, „so wie sie das Schiff herausgibt". In Art. A 2 Incoterms (Rdn. 754) heißt es hingegen: „so daß sie mit dem ihrer Natur entsprechenden Entladegerät von Bord genommen werden können". Es hängt mithin unter Geltung der Incoterms von der Art der Ware ab, in welcher Form der Verkäufer sie abholbereit zur Verfügung zu stellen hat (*Liesecke* WM **1978** Beil. Nr. 3, S. 30). So kann der Käufer Getreide unmittelbar aus dem Schiffsraum übernehmen, während bei Stückgütern noch Manipulationen des Verkäufers (Schiffes) erforderlich sein können (*Eisemann* Incoterms, S. 207). Die Trade Terms (Rdn. 769) schränken den Pflichtenkreis des Verkäufers etwas ein, indem sie betonen, daß der Verkäufer nicht verpflichtet sei, die Ware an die Reling des Schiffes zu bringen. Vorbehaltlich besonderer Abreden über die Spesenlast hat der Verkäufer die **Kosten** nur bis zu dem Moment auf sich zu nehmen, in dem er die Ware tatsächlich zur Verfügung gestellt hat.

Die Kosten des Löschens gehen zu Lasten des Käufers (*Eisemann/Melis* Incoterms, S. 165; *Haage* Abladegeschäft, S. 194).

153 **d) Ankündigung des Schiffes.** In Parallele zur Verladeanzeige (Rdn. 36) hat der Verkäufer rechtzeitig das Schiff zu benennen. Nach Nr. I 2 der Trade Terms (Rdn. 769) ist es dann Sache des Käufers, sich über die **Ankunftszeit** zu informieren, während Art. A 6 Incoterms (Rdn. 754) den Verkäufer verpflichtet, dem Käufer unverzüglich das voraussichtliche Ankunftsdatum mitzuteilen.

154 **e) Gefahrtragung.** Die Benennung des Schiffes soll *Haage* (Abladegeschäft, S. 195) zufolge die **Konkretisierung** von Gattungsschulden und den Übergang der **Leistungsgefahr** auslösen[83]. Dies widerspricht dem Wortlaut der Incoterms und Trade Terms, die ganz allgemein vom Gefahrübergang sprechen, den sie in Verbindung mit den Regeln

---

[83] ebenso *Würdinger/Röhricht* Vorauflage, vor § 373
282 für das direkte Abladegeschäft.

über den Annahmeverzug erst im Zeitpunkt der effektiven Zurverfügungstellung der Ware eintreten lassen. Auch gemäß § 243 Abs. 2 BGB kann die Konkretisierung nicht vor dem Moment erfolgen, in dem der Käufer die Ware abzuholen vermag (*Finke* S. 167). Es besteht bei „ab Schiff"-Geschäften kein Anlaß, ohne weiteres von dieser allgemeinen Regel abzuweichen; denn ein abweichender Handelsbrauch ist nicht ersichtlich (anders bei Nr. II 5 „ab Kai"-Trade Terms (Rdn. 769)). Dem steht auch nicht der Umstand entgegen, daß damit dem Verkäufer erhebliche See- und Preissteigerungsrisiken aufgebürdet werden. Um die Konkretisierung auf den der Aussonderung der Ware gleichstehenden Zeitpunkt der Benennung des Schiffes vorzulegen, ist vielmehr erforderlich, daß sich der Käufer den Umständen zufolge darauf eingerichtet hat oder einrichten mußte, ausschließlich die mit dem angezeigten Dampfer transportierte Ware zu erhalten.

„**Glückliche Ankunft vorbehalten**": Hier muß die Ware im Moment ihres Untergangs bereits ausreichend spezifiziert, d. h. nach außen eindeutig dem Käufer zugeordnet gewesen sein (*Finke* S. 168 ff).

Die **Preisgefahr** geht in dem Moment auf den Käufer über, in dem der Verkäufer seine Lieferpflicht erfüllt hat. Es ist mithin weder der Zeitpunkt der Ankunft im Bestimmungshafen noch der des Festmachens maßgeblich. Die Ware muß dem Käufer vielmehr zur Verfügung gestellt worden sein; d. h. es muß nach den Trade Terms mit der Entstapelung begonnen worden sein[84]. Die Übergabe von Lieferscheinen oder Konnossementen genügt nicht.

3. Pflichten des Käufers

Den Käufer trifft neben der Pflicht zur Zahlung des Kaufpreises eine Abnahmepflicht (Art. B 1 Incoterms (Rdn. 754); Nr. II 1 Trade Terms (Rdn. 769)), die den Verkäufer berechtigt, „Schadensersatz", z. B. Ersatz der Überliegegelder, zu verlangen, die ihm wegen verzögerter Abnahme in Rechnung gestellt worden sind. Der Anspruch auf Ersatz der Überliegegelder kann allerdings auch auf § 304 BGB gestützt werden. — Der Käufer hat die Ware bei Übernahme vom Dampfer zu **untersuchen** (*Straatmann/Ulmer* Schiedsspruch E 6 b Nr. 37). **155**

Der Käufer ist beim „ab Schiff"-Geschäft gehalten, die Ware unmittelbar vom Schiff zu übernehmen. Dazu benötigt er die **Dokumente**, die ihn zur Empfangnahme der Ware legitimieren (Art. A 6 Incoterms (Rdn. 754); Nr. I 2 Trade Terms (Rdn. 769)). Andienungsfähig sind Konnossemente, Konnossementsteilscheine und unter Umständen die Delivery-Order (Rdn. 44 ff). Art. A 6 Incoterms (Rdn. 754) erklärt die Delivery-Order für schlechthin andienungsgeeignet. *Eisemann/Melis* (Incoterms, S. 211) schränken dies zu Recht dahin ein, daß die Delivery-Order vom Schiff akzeptiert werden muß. Neben den Lieferdokumenten hat der Verkäufer die Konsulatsfaktura, das Ursprungszeugnis und sonstige Dokumente, die der Käufer verlangt, auf dessen Gefahr und Kosten zu besorgen. Ist Zahlung gegen Dokumente vereinbart, so hat der Verkäufer auch das Versicherungszertifikat bzw. -police zu übergeben (*Finke* S. 173). **156**

Die **Einfuhr und Verzollung** der Ware fällt in den Zuständigkeitskreis des Käufers (Art. B 4, 5 Incoterms (Rdn. 754); Nr. II 5, 6 Trade Terms (Rdn. 769)). Der Verkäufer **157**

---

[84] *Haage* Abladegeschäft, S. 193; Nr. I 5 Trade Terms (Rdn. 769); vgl. auch Art. A 3 Incoterms (Rdn. 754).

hat nur einfuhrbereite, nicht auch einfuhrfähige Ware zu liefern. Ist im Zeitpunkt der Lieferung ein Importverbot verhängt worden, so darf sich der Käufer auf den Wegfall der Geschäftsgrundlage berufen; denn die Belastung des Käufers mit dem Importrisiko gilt so wie die allgemeine Belastung des Käufers mit dem Verwendungsrisiko nur für den Regelfall.

VIII. „Ab Kai"-Geschäft

1. Bedeutung des „ab-Kai"-Geschäfts

Die „ab Kai"-Kaufverträge gehören zu den **Ankunftsgeschäften**, bei denen spezifische Formen von Holschulden, die im Bestimmungshafen zu erfüllen sind, vereinbart werden.

Im Unterschied etwa zu den cif- und fob-Geschäften (Rdn. 13 ff, 85 ff) haben sich die Pflichten und Rechte der Parteien bei den „ab Kai"-Geschäften noch nicht so deutlich herauskristallisiert. So kennen die Incoterms (Rdn. 755) nur ein „ab Kai"-Geschäft, bei dem es erforderlich ist, daß die Parteien regeln, ob verzollt oder unverzollt verkauft ist (*Eisemann/Melis* Incoterms, S. 175), während das „ab Kai"-Geschäft nach den Trade Terms Import und Verzollung als Angelegenheit des Käufers behandelt (Rdn. 770).

Die Klausel „ab Kai" muß wie auch sonst nicht ausdrücklich vereinbart sein. Es genügen im Zweifel Absprachen, denen zufolge bei Übersee-Käufen die Ware **„frei" Bestimmungshafen** geliefert werden soll, um anzunehmen, daß ein „ab Kai"-Geschäft vorliegt (*Straatmann/Ulmer* Schiedsspruch J 3 Nr. 12). Auch die Vereinbarung „fob aus eingetroffenem Schiff" soll für ein „ab Kai"-Geschäft sprechen (*Straatmann/Ulmer* Schiedssprüche J 3 Nr. 13, 26; *Eisemann/Melis* Incoterms, S. 176).

2. Pflichten des Verkäufers

a) **Art und Qualität der Ware:** Hier sind die für den cif-Kauf entwickelten Regeln (Rdn. 13) anwendbar. Zur Art der geschuldeten **Verpackung** Nr. I 3 Trade Terms (Rdn. 770) und Art. A 4 Incoterms (Rdn. 755). Hier ist zu berücksichtigen, daß der Weitertransport Sache des Käufers ist, so daß der Verkäufer nur für eine für die Lagerung und Übernahme geeignete Verpackung zu sorgen hat (*Eisemann/Melis* Incoterms, S. 178f).

b) **Lieferort** ist beim „ab Kai"-Geschäft der Kai des benannten Bestimmungshafens (Art. A 1 Incoterms (Rdn. 755); Nr. I 1 Trade Terms (Rdn. 770)). Der Verkäufer hat mithin die Ware auf dem Kai abzusetzen und die dadurch bedingten Kosten des Prüfens und Messens zu tragen (Nr. I 4 Trade Terms (Rdn. 770); Art. A 5 Incoterms (Rdn. 755)). Die Auswahl des Kais liegt im Ermessen des Verkäufers bzw. des Schiffes. Es ist Sache des Käufers, die Ware, die ihm am Kai zur Verfügung gestellt wurde, abzuholen. Der Verkäufer hat dem Käufer dazu die geeigneten **Dokumente** auszuhändigen. Hat der Verkäufer unrichtige Dokumente geliefert, so ist der Käufer erst nach Ablauf einer Nachfrist für die Lieferung der richtigen Dokumente befugt, die Rechte aus § 326 BGB geltend zu machen (vgl. auch *Straatmann/Ulmer* Schiedsspruch E 1 a Nr. 11).

c) **Lieferzeitpunkt.** Der Käufer braucht die Ware nicht notwendig sofort nach ihrem Absetzen auf Kai abzuholen. Maßgeblicher **Lieferzeitpunkt** im **Bestimmungshafen** ist vielmehr in erster Linie der vereinbarte Zeitpunkt (Art. A 1 Incoterms (Rdn. 755); vgl. § 80 WVB (Rdn. 2)). Die Vereinbarung eines Liefertermins begründet im Zweifel keine

Fix-Schuld im Sinne des § 376 HGB (vgl. auch § 87 WVB (Rdn. 2)). Mangels derartiger Abreden kommt es auf den Hafenbrauch an (Nr. II 1 Trade Terms (Rdn. 770)). Existiert kein besonderer Hafenbrauch, so hat der Käufer die Ware innerhalb angemessener Frist nach Ankunft abzuholen.

Die Parteien können aber auch einen Lieferzeitpunkt im Abladehafen durch eine **163** „Ablade"- oder „Verschiffungs"-Klausel (Rdn. 18 f) vereinbart haben. Die Vereinbarung einer derartigen Klausel begründet eine Fixschuld (§ 376 HGB). Vgl. §§ 75 Abs. 2, 86 WVB (Rdn. 2). Durch **Abnahme** vom Kai gilt die Ware auch in Hinblick auf eine verspätete Abladung als genehmigt (*Straatmann/Ulmer* Schiedsspruch E 4 a Nr. 3). Wurde ein „ab Kai"-Geschäft mit einer Abladeklausel getätigt, so ist der Verkäufer nach Treu und Glauben verpflichtet, eine Verladeanzeige (Rdn. 36) abzugeben. Gleicher Ansicht auf der Grundlage der WVB (Rdn. 2) *Straatmann/Ulmer* Schiedsspruch E 1 a Nr. 10.

d) **Zoll, Steuern, Gebühren.** Kommen die Incoterms zum Tragen (Rdn. 11) und ist **164** „ab Kai ... verzollt/versteuert" vereinbart, so hat der Verkäufer auf eigene Kosten und Gefahr die **Einfuhrbewilligung** zu beschaffen und sämtliche **Einfuhrabgaben und -gebühren** auf sich zu nehmen (Art. A 3 Incoterms (Rdn. 755)). Dazu gehören auch Abgaben, die anläßlich der Übergabe der Ware an den Käufer zu entrichten sind. Zoll- und Steuerrückvergütungen, die der Verkäufer aufgrund von Dispositionen des Käufers erhält, sind an den Käufer abzuführen[85]. Dort, wo auf der Basis der Incoterms „unverzollt" abgeschlossen worden ist, hat der Käufer die Einfuhr und Verzollung zu besorgen (Nr. I 1 Trade Terms (Rdn. 770); *Haage* BB **1956** 195, 197). Dem Käufer fallen auch alle sonstigen mit der Abnahme der Ware vom Kai zusammenhängenden Kosten zur Last (Nr. II 2 Trade Terms (Rdn. 770)). Der Verkäufer ist verpflichtet, Hilfe zu leisten, wo er den leichteren Zugang zu den für den Käufer notwendigen Dokumenten besitzt (Nr. I 6, 7 Trade Terms (Rdn. 770)).

3. Kosten und Gefahrtragung

In Hinblick auf die Kosten der Lagerung am Kai und des Übergangs der Preisge- **165** fahr gehen die Regelungen der Incoterms und der Trade Terms scheinbar auseinander. Art. A 6 Incoterms (Rdn. 755) sprechen von „tatsächlich zur Verfügung des Käufers gestellt worden ist", während Nr. I 5 Trade Terms (Rdn. 770) primär auf den Zeitpunkt abhebt, in dem der Käufer die Ware vom Kai abnimmt. Eindeutig ist zunächst, daß die Preisgefahr und Kostenlast spätestens in dem Moment auf den Käufer übergeht, in dem der Käufer die Ware in Empfang genommen hat (so auch § 66 WVB (Rdn. 2)). Andererseits erfolgt das Verbringen der Ware vom Schiff auf den Kai auf Gefahr und Kosten des Verkäufers (*Haage* Abladegeschäft, S. 189). Im übrigen ist der Zeitpunkt des Gefahrübergangs vorbehaltlich ausreichender Konkretisierung anhand der Regeln über den Annahmeverzug zu bestimmen (ebenso § 66 WVB (Rdn. 2)). Demnach trägt der Verkäufer die Gefahr, solange die Ware nicht hinreichend ausgesondert ist, er den Käufer nicht mit den notwendigen Auslieferungsdokumenten ausgestattet hat, die Kaiverwaltung nicht auslieferungsbereit ist und der Zeitraum nicht verstrichen ist, innerhalb dessen der Käufer die Ware abzuholen hatte. Auf ein Verschulden des Käufers kommt es hierbei nicht an (§ 293 ff BGB; Nr. II 3 Trade Terms (Rdn. 770)). Dies gilt auch für die nach Maßgabe der Incoterms abzuwickelnden Ge-

---

[85] Schiedssprüche *Straatmann/Ulmer* J 3 Nr. 2, 7; *Koller* Risikozurechnung, S. 376. Vgl. auch § 11 WVB (Rdn. 2); dazu *Straatmann/Ulmer* Schiedsspruch J 3 Nr. 22, 24.

schäfte; denn gemäß Art. A 2 Incoterms (Rdn. 755) ist die Ware zum vereinbarten Zeitpunkt zur Verfügung zu stellen (*Eisemann/Melis* Incoterms, S. 180). Diese Risikoverteilung entspricht dem Gedanken, daß die Vereinbarung einer Abholfrist dem Käufer Dispositionsmöglichkeiten verschaffen soll und das Risiko für den Verkäufer häufig sogar besser kalkulierbar ist (vgl. *Koller* Risikozurechnung (1979) S. 136f). An dieser Gefahrverteilung ändert der Zusatz „Neugewicht" nichts (*Straatmann/Ulmer* Schiedsspruch J 3 Nr. 16).

166 Die **Konkretisierung** und damit der Übergang der **Leistungsgefahr** richtet sich bei Geschäften auf der Grundlage der Incoterms nach den allgemeinen Regeln. Abweichend davon läßt § 78 WVB (Rdn. 2) die Konzentration schon im Moment der Andienung eintreten. In Nr. I 5 der Trade Terms (Rdn. 770) wird der Zeitpunkt der Konkretisierung und damit des Übergangs der Leistungsgefahr wesentlich vorverlagert. Maßgeblich ist danach vorbehaltlich der Aussonderung oder Sammelverladung die Absendung der Verladungsanzeige bzw. der Konnossemente. Die §§ 86, 78 WVB (Rdn. 2) lassen eine Konkretisierung vor der Andienung nur bei Geschäften mit Abladeklauseln zu (*Straatmann/Ulmer* Schiedssprüche E 1 a Nr. 11, E 2 Nr. 7). Sie tritt mit der Absendung der Verladeanzeige ein. Die Absendung besitzt wie bei cif-Käufen (Rdn. 66) rückwirkende Kraft (*Haage* Abladegeschäft, S. 188), da auch hier den Parteien nicht zugemutet werden kann, den exakten Zeitpunkt der Beschädigung der schwimmenden Ware zu beweisen.

Der Käufer hat immer sämtliche **Kosten** der Abnahme vom Kai, d. h. die Kosten des Umschlags der Ware vom Kai auf das Fahrzeug des Käufers zu zahlen (Nr. II 2 Trade Terms (Rdn. 770)). Die vorher entstehenden Kosten fallen grundsätzlich dem Verkäufer zur Last (*Eisemann/Melis* Incoterms, S. 180). Nach Hamburger Handelsbrauch fällt dem Käufer die Kai-Umschlagsgebühr zur Hälfte zur Last (*Straatmann/Ulmer* Schiedsspruch J 3 Nr. 19).

167 **D. Handelsklauseln**

Übersicht

	Rdn.
I. Auslegung von Handelsklauseln	168
II. Arten der Klauseln	169
1. Ab Kai	169
2. Ab Lager	170
3. Ab Lager netto Kasse	171
4. Ab Schiff	172
5. Ab Station	173
6. Ab Werk	174
7. Abruf, auf	181
8. Ankunft, glückliche vorbehalten	182
9. Anlieferung unfrei	183
10. Arbeitskampf (Streik, Streik und Aussperrung)	184
a) Auslegungsfragen	184
b) Kontrolle anhand des AGBG	185
11. Arbitrage	186
12. Auf Besicht	187
13. Baldmöglichst	188
14. Barzahlung	189
15. Besicht, auf; Besichtigung	190
a) Besichtigt, wie	192
16. Betriebsstörungen vorbehalten	193

	Rdn.
17. Bis zu ... (Datum)	194
18. Brutto für netto	195
19. cbd (cash before delivery), (Vorauskasse)	196
20. cif	197
21. circa, ungefähr	198
22. cod (cash on delivery)	201
23. Empfang der Ware	202
24. Erfüllungsmöglichkeit vorbehalten	203
25. Ernteverbehalt	204
26. Erwartungsklausel	205
27. Exportlizenz vorbehalten	206
28. fag (fair average quality, if inferior allowance)	207
29. fas (free alongside ship)	208
30. Fein, gesund und handelsüblich	209
31. Finales Qualitätszertifikat	210
32. fio (free in, free out)	211
33. foa	212
34. fob	213
35. fob Flughafen ... (benannter Abflughafen (foa))	214

		Rdn.			Rdn.
36.	for (free on rail)	215	67.	Lieferung so schnell als möglich	261
37.	fot (free on truck)	216	68.	Lieferungsmöglichkeit vorbehalten	262
38.	Frachtfrei	217	69.	Lieferzeit unverbindlich	264
39.	Frachtfrei versichert	218	70.	Muster, laut	265
40.	Frachtbasis	219	71.	Mustergutbefund	266
41.	Frachtparität	220	72.	Nachfrist, ohne	267
42.	Franko (frei)	221	73.	Nachnahme (cash on delivery)	268
43.	Freibleibend (ohne obligo, unverbindlich)	222	74.	Netto Kasse	269
44.	Frei Frachtführer	224	75.	Ohne Nachfrist	271
45.	Freight prepaid	225	76.	Parität	272
46.	Frei Haus	226	77.	pod	273
47.	Frei Waggon	227	78.	Preise freibleibend	274
48.	Für Rechnung von	229	79.	Produktion, ungestörte vorbehalten	275
49.	Gegenbestätigung	230	80.	Prompt	276
50.	Geliefert Grenze ... (benannter Ort an der Grenze)	231	81.	Pünktlich	277
51.	Geliefert ... (benannter Bestimmungsort im Einfuhrland) verzollt	232	82.	Rücktritt vorbehalten	278
52.	Gutbefund	234	83.	Selbstbelieferung, richtige und rechtzeitige, vorbehalten	278
53.	Höhere Gewalt	235	84.	shipment/embarkment	283
54.	Jederzeit	245	85.	Skonto	284
55.	Kai, ab	246	86.	Solange Vorrat reicht	285
56.	Kasse gegen Akkreditiv	247	87.	So schnell wie möglich	286
57.	Kasse gegen Frachtbriefdoppel	248	88.	Sofort	287
58.	Kasse gegen Dokumente	249	89.	Subject to inspection	288
59.	Kasse (netto)	250	90.	Schiff, ab	289
60.	Kasse gegen Lieferschein	251	91.	Tel quel (Telle quelle)	290
61.	Kasse gegen Rechnung (Faktura)	255	92.	Umgehend	291
62.	Kontraktübernahme	256	93.	Unfrei	292
63.	Lager, ab	257	94.	Untergewicht	293
64.	Lieferschein	258	95.	„Verzollt und versteuert"	294
65.	Lieferung freibleibend	259	96.	Werk, ab	295
66.	Lieferung sofort nach Eintreffen der Ware	260	97.	Wettervorbehalt	296
			98.	Zahlung nach Empfang	297
			99.	Zwischenverkauf vorbehalten	298

Schrifttum

Baumbach/Duden/Hopt Kommentar zum HGB[25] (1983); *Beitzke* Höhere Gewalt-Klauseln, **167**
DB **1967** 1751; *Brandner* in Ulmer/Brandner/Hensen, AGBG[4] (1982); *v. Caemmerer* Rechtsvergleichendes Handwörterbuch für das Zivil- und Handelsrecht, Bd. IV (1933); *Eckhardt* Die Entlastung des Verkäufers nach Art. 74 EKG (1983); *Eisemann* Die Incoterms Heute und Morgen[2] (1980); *Eisemann/Melis* Incoterms (1982); *Gesang* Force-majeure und ähnliche Entlastungsgründe im Rahmen von Lieferungsverträgen von Gattungsware (1980); *Großkommentar* zum HGB[3] (1967 ff); *Hensen* in Ulmer/Brandner/Hensen, AGBG[4] (1982); *Heynen* Die Klausel „Kasse gegen Lieferschein" (1955); *Huber, U.* Einige Probleme des Rechts der Leistungsstörungen im Lichte des Haager einheitlichen Kaufrechts, JZ **1974** 433; *Joussen* Der Industrieanlagenvertrag (1981); *Kegel/Rupp/Zweigert* Die Einwirkung des Krieges auf Verträge (1941); *Krafzig* Die Spruchpraxis der Hanseatischen Schiedsgerichte (1974); *Liesecke* Die typischen Klauseln des internationalen Handelsverkehrs in der neueren Praxis, WM **1978** Beilage Nr. 3; *Löwe/Graf v. Westphalen/Trinkner* Großkommentar zum AGBG[2] (1983); *Löwisch* Arbeitskampfklauseln in Allg. Geschäftsbedingungen, BB **1974** 1493; *ders.*, Arbeitskampf und Vertragserfüllung, AcP **174** (1974) 202; *Mathies/Grimm/Sieveking* Die Geschäftsbedingungen des Waren-Vereins der Hamburger Börse e. V.[3] (1967); *Nielsen* Die Stellung der Bank im Konkurs des Kreditnehmers bei der Import- und Exportfinanzierung, ZIP **1983** 131; *Reichsgerichtsräte* Kommentar zum BGB[12] (1974 ff); *Ritter* HGB[2] (1932); *Rotbarth* Zur Frage der Auslegung der Kriegsklausel, JW **1915** 1287; *Schlegelberger* Kommentar zum HGB[5] (1976); *Schlosser/Coester-Waltjen/Graba* Kommentar zum AGBG (1977); *Starke* Kriegsklauseln in Lieferungsverträgen, LZ **1915** 668; *Staudinger* Kommentar zum

BGB[12] (1978 ff); *Stein/Berrer* Praxis des Exportgeschäfts II (1981); *Straatmann/Ulmer* Handelsrechtliche Schiedsgerichts-Praxis (1975/1982); *Ulmer/Brandner/Hensen* Kommentar zum AGBG[4] (1982); *Wolf/Horn/Lindacher* AGB-Gesetz (1984).

I. Auslegung von Handelsklauseln

168 Handelsklauseln unterliegen wie jede Vertragsabrede der Auslegung, soweit ein übereinstimmender Parteiwille (OLG München BB **1961** 669) nicht festgestellt werden kann. Bei der Interpretation von Handelsklauseln treten jedoch die Umstände des Einzelfalls regelmäßig in den Hintergrund (BGHZ **14** 61, 62). Zum einen hat sich nämlich die Bedeutung von Handelsklauseln vielfach in Handelsbräuchen verfestigt (BGH BB **1972** 1117; zu den Incoterms und Trade Terms Rdn. 11 f). Zum anderen ist zu berücksichtigen, daß Handelsklauseln im Zweifel bei typischen Geschäften auch mit typischem Gehalt gebraucht werden. Insoweit besteht dann auch für eine ergänzende Vertragsauslegung und im Verhältnis zwischen den Parteien für eine Berufung auf die Grundsätze von Treu und Glauben jedenfalls dort kein Raum, wo die Interessen Dritter berührt werden (BGHZ **14** 61, 62; **23** 131, 135 f). Werden Klauseln allerdings im Rahmen von atypischen Geschäften oder in atypischer Weise (mit atypischen Zusätzen) verwandt, so ist eine Anpassung an die Besonderheiten dieses Geschäfts notwendig und angemessen (§ 157 BGB). In Fällen, in denen die Atypizität die Interessen Dritter berührt, muß sie für diese erkennbar gewesen sein. Dort, wo die Parteien übereinstimmend einen von der typischen Bedeutung der Klausel abweichenden Inhalt der Klausel gewollt haben, ist dieser auch dann im Sinne der übereinstimmenden Willenserklärungen gültig, wenn dies Interessen Dritter beeinträchtigt und dies den Parteien bekannt war (BGHZ **23** 131, 136 f; *a. A. Schlegelberger/Hefermehl* HGB[5] § 346 57). Allein diese Lösung entspricht dem Grundsatz der Privatautonomie. Eine andere Frage ist es, ob sich die Parteien Dritten gegenüber auf ihre Interpretation der Klausel berufen dürfen. Hier sind die Grundsätze der Arglisteinrede sowie der c. i. c. in Verbindung mit der Regel „dolo facit, qui petit, quod statim redditurus est" anzuwenden.

Im Folgenden wird die typische Interpretation von Handelsklauseln dargestellt. Die Handelsklauseln werden in alphabetischer Reihenfolge kommentiert.

II. Arten der Klauseln

1. Ab Kai

169 Siehe Überseekauf (Rdn. 158).

2. Ab Lager

170 Siehe „Lager, ab" (Rdn. 257).

3. Ab Lager netto Kasse

171 Zur Bedeutung der Klausel „netto Kasse" Rdn. 269. Wird die Klausel durch die Formulierung „ab ... (Ortsangabe)" ergänzt, so kann dadurch eine Vorleistungspflicht des Käufers begründet werden. So hat die Vereinbarung „ab Lager netto Kasse" den Sinn, daß die Ware erst nach Zahlung, wie sie bei „netto Kasse" erfolgt (Rdn. 269), vom Lager abgesandt werden muß. Die Abrede **„prompte Verladung franko Waggon Köln netto Kasse"** hingegen führt nicht zu einer Vorleistungspflicht des Käufers. Hier legt die Ortsangabe nur die Art und Weise fest, in der die Ware geliefert werden soll. Die Zahlungsart richtet sich ausschließlich nach dem Klauselbestandteil „netto Kasse" (Rdn. 269) (*Ratz* Vorauflage, § 346 Rdn. 156).

4. Ab Schiff
Siehe Überseekauf (Rdn. 147). **172**

5. Ab Station
Der Käufer hat die Ware bei Ankunft am benannten Stationsort abzunehmen und **173** dort auf Vertragsgemäßheit hin zu überprüfen (LG Oldenburg RIW **1976** 454).

6. Ab Werk
Die Klausel entlastet den Verkäufer von dem Transport und den mit dem Export **174** der Ware verbundenen Kosten und Risiken. Sie ist Bestandteil der **Incoterms**-Regeln (Rdn. 748).

a) Der Käufer, der auf der Basis „ab Werk" kauft, hat die Ware beim Verkäufer ab- **175** zuholen. Der Verkäufer hat sie ihm im Werk zur Verfügung zu stellen. Dabei muß sich das **Werk** nicht notwendig am Sitz des Verkäufers befinden; denn Produktionslagerstätte und Sitz des Unternehmens, an dem die kaufmännischen Angelegenheiten erledigt werden, können auseinanderfallen (*Liesecke* WM **1978** Beilage Nr. 3, S. 27f). Werk im Sinne der Klausel kann auch das Lager sein, in dem die produzierten Waren üblicherweise bis zum Verkauf lagern. Betreibt ein Unternehmen mehrere Werke, so hat der Käufer die Ware dort abzuholen, wo sie tatsächlich produziert worden ist oder gelagert wurde (*Eisemann/Melis* Incoterms (1982) S. 53). Es muß sich um ein Werk des Verkäufers handeln (LG Stuttgart BB **1966** 675). Der Verkäufer hat in Fällen, in denen die Ware in mehreren Werken produziert wird, das maßgebliche Werk nach billigem Ermessen zu bestimmen. Er darf deshalb z. B. im Zweifel kein ausländisches Werk wählen. Es kann sich auch aus den zwischen den Parteien gepflogenen Geschäftsverbindungen ergeben, welches Werk gemeint ist. Im Werk selbst ist die Ware am vereinbarten Verladeort, hilfsweise am für diese Ware üblichen Verladeort zu übernehmen (Art. A 2 Incoterms). Wenn gleichwertige Verlademöglichkeiten im Werk bestehen (z. B. Bahn/LKW), kann der Käufer den Verladeort wählen, da es Sache des Käufers ist, die Transportart zu bestimmen, und da dem Käufer der Transport nicht unangemessen erschwert werden soll.

b) Der Verkäufer hat die Ware im Werk nur zur Verfügung zu stellen. Er hat die **176** Ware an das vom Käufer gestellte Beförderungsmittel heranzuschaffen (Art. A 1 Incoterms (Rdn. 748); *Eisemann/Melis* Incoterms, S. 53). Er ist aber nicht gehalten, bei dessen **Beladung** mitzuwirken (widersprüchlich BGH WM **1968** 1302, 1303). Etwas anderes gilt dort, wo es unter den Parteien üblich ist, daß die Beladung vom Verkäufer übernommen wird. Erleidet die Ware infolge fehlerhafter Beladung durch den Verkäufer oder seine Leute einen Schaden, so hat der Verkäufer den Schaden zu ersetzen (*Liesecke* WM **1978** Beilage Nr. 3, S. 36). Diese Schadensersatzpflicht besteht sowohl in Fällen, in denen aufgrund der Umstände des Einzelfalls davon auszugehen ist, daß der Verkäufer in Abweichung von der typischen Interpretation der „ab Werk"-Klausel zur Mitwirkung bei der Beladung verpflichtet war, als auch in Fällen, in denen der Verkäufer die Beladung gefälligkeitshalber übernahm. Es gehört zu den dem Kaufvertrag entspringenden Schutzpflichten, den Vertragspartner nicht schuldhaft zu schädigen. Diese Schutzpflichten erstrecken sich auch auf den Bereich, in dem zwar keine Leistungspflichten bestehen, in dem aber ein enger Zusammenhang mit der Abwicklung des Vertrages besteht. Hierbei ist zu berücksichtigen, daß die freiwillige Mitwirkung des Verkäufers in aller Regel der Förderung seines „good will" dienen wird. Hat der Verkäufer seinen Leuten die Weisung gegeben, bei der Beladung nicht mitzuwirken, und mißachten seine Leute die Weisung, so haftet der Verkäufer ebenfalls aus positiver Forderungsverletzung in Verbindung mit § 278 BGB. Die Erfüllungsgehilfen des Verkäufers setzen die Schadensursache nicht nur „bei Gelegenheit" der Erfüllung; denn die Mißachtung einer derartigen Weisung gehört zu den typischen und kalkulierbaren Sorgfaltsverstößen des Verladepersonals (*Kupisch* JZ **1983** 817, 824).

177 c) Der Verkäufer hat die Ware zur **vereinbarten Zeit** zur Verfügung zu stellen. Dabei kann unter „Zeit" sowohl ein exakter Lieferzeitpunkt als auch ein bestimmter Zeitraum verstanden werden. Da der Käufer den Transport zu organisieren hat, ist im Zweifel ein Zeitraum gemeint. Gemäß Art. A 4 Incoterms hat der Verkäufer den Käufer innerhalb angemessener Frist von dem Zeitpunkt zu benachrichtigen, zu dem die Ware zur Verfügung gestellt wird. Die Ausnutzung der vereinbarten Frist wird dem Käufer dadurch nicht beschnitten (*Eisemann/Melis* Incoterms, S. 53).

178 d) **Verpackung** wird beim „ab Werk"-Vertrag nicht unbedingt geschuldet; denn der Verkäufer hat die Ware im Werk nur zur Verfügung zu stellen und der Transport ist Sache des Käufers. Der Verkäufer hat daher — soweit keine Sonderabreden bestehen oder die Ware üblicherweise verpackt geliefert wird — die Ware nur so zu verpacken, daß sie in der üblichen Weise vom Käufer übernommen werden kann (so auch Art. A 3 Incoterms (Rdn. 748)).

179 e) Die **Preis- und Leistungsgefahr** geht nach den für Holschulden geltenden allgemeinen Regeln über.

Art. A 6 **Incoterms** (Rdn. 748) legt den Zeitpunkt des Gefahrübergangs auf den Moment, in dem der Verkäufer die ausgesonderte Ware innerhalb des vereinbarten Abholzeitraums „zur Verfügung gestellt hat". Die Bedeutung dieser Formulierung erschließt sich im Lichte des Art. A 4 Incoterms. Danach hat der Verkäufer den Käufer über den Zeitpunkt zu informieren, in dem die Ware zur Verfügung stehen wird. Der Käufer weiß also exakt, wann die Ware zur Abholung bereitsteht. Daraus ergibt sich, daß die Gefahr in dem Augenblick auf den Käufer übergeht, in dem die Ware erkennbar ausgesondert und abholbereit ist. Einer erneuten Information des Käufers bedarf es nicht, es sei denn, daß dem Käufer früher ein späterer Abholtermin genannt worden ist.

Diese Regeln über die Verteilung der Leistungs- und Preisgefahr gelten Art. A 6 Incoterms zufolge auch für das Risiko von **Kostensteigerungen,** z. B. Steuererhöhungen, aber auch für laufende Kosten (z. B. Versicherungen).

Dem Prinzip der Sachnähe folgt die in Art. A 7 Incoterms niedergelegte Regel, die den Verkäufer verpflichtet, den Käufer bei der Beschaffung notwendiger Import/Export/Transit-**Dokumente** zu unterstützen. Gefahr und Kosten der Hilfe gehen zu Lasten des Käufers.

180 f) Der Käufer ist berechtigt, die Ware schon bei der Abholung vor Bezahlung zu **untersuchen.** Dies gilt auch dort, wo die Klausel „ab Werk" mit der Klausel „Kasse gegen Dokumente" kombiniert ist (*Straatmann/Ulmer* Handelsrechtliche Schiedsgerichts-Praxis (1975/1982) Schiedsspruch E 6 b Nr. 71).

g) Die Klausel **„netto ab Werk"** bezieht sich nur auf die Frachtkosten. Der Käufer hat die Frachtkosten von dem die Ware herstellenden Werk des Verkäufers ab zu tragen, auch wenn er dachte, daß ein näher gelegenes Werk die Ware produzieren würde. Zur Selbstabholung ist der Käufer nicht berechtigt (OLG Köln MDR **1973** 590).

Die Klausel ist in AGB unbedenklich (*Lindacher* in Wolf/Horn/Lindacher, AGB-Gesetz § 4 24).

7. Abruf, auf

Die Bedeutung der Klausel „Lieferung auf Abruf" ist ambivalent. Die Klausel kann **181** dazu eingesetzt werden, den Lieferzeitpunkt vom Eintritt einer bestimmten Bedingung abhängig zu machen (Empfang der Zahlungsmittel aus einem anderen Geschäft; OLG Nürnberg BB **1961** 696). Mangels besonderer Anhaltspunkte ist die Klausel „Lieferung auf Abruf" ebenso wie die Klausel „Kauf auf Abruf nach Bedarf" (OLG Naumburg OLGE **20** 166) jedoch dahin zu interpretieren, daß der Käufer verpflichtet ist, die Ware binnen der vereinbarten Frist und bei fehlender Fristvereinbarung binnen angemessener Frist abzurufen. Abruf heißt in diesem Zusammenhang Aufforderung zur Absendung bzw. Bereitstellung der Ware. Mit dem Zugang des Abrufs wird die Verpflichtung des Verkäufers, zu liefern, fällig. Der Abruf ist kein Teil der Abnahmepflicht. Er steht auch neben der Annahmeobliegenheit im Sinne der §§ 293 ff BGB (a. A. BGH BB **1960** 264, 265). Er ist als selbständig klagbare Verpflichtung des Käufers zu qualifizieren (RGZ **56** 173, 178; **57** 109). Daraus folgt aber nicht, daß der Verkäufer in Fällen, in denen der Abruf nicht innerhalb des verabredeten Zeitraumes erfolgt, erst auf Abruf klagen müßte. Vielmehr wird der Abruf mit Ablauf der Frist unmöglich, da er nur innerhalb der Frist zulässig ist (absolute Fixschuld). Der Käufer verliert sein Recht, den Lieferzeitpunkt festzusetzen[86]. Der Verkäufer kann daher sofort auf Abnahme und Zahlung klagen und im Fall des Verzuges nach Ablehnungsandrohung und Ablauf der Nachfrist die Rechte aus § 326 BGB geltend machen (RG LZ **1919** 967). Nach ganz h. M. stellt die Pflicht zum Abruf keine Hauptpflicht i. S. d. §§ 323 ff BGB dar. Außerdem begründet die Unterlassung des Abrufs unter den Voraussetzungen der §§ 295, 297 BGB den Annahmeverzug des Käufers. Denkbar ist es, die Lieferung „auf Abruf" als Wahlschuldverhältnis zu qualifizieren. Dann kann der Käufer den Lieferzeitpunkt nach Maßgabe des § 264 BGB selbst bestimmen (BGH BB **1960** 264). — Eine besondere Art des Abrufs ist die Spezifizierungspflicht des Käufers (§ 375 HGB).

8. Ankunft, glückliche vorbehalten

Die Klausel „glückliche Ankunft vorbehalten" betrifft ausschließlich das Risiko des **182** Transports der Ware. Ist ein bestimmter Transportweg vereinbart, so ist lediglich das Transportrisiko auf dieser Strecke „vorbehalten" (Straatmann/Ulmer Schiedssprüche J 4 Nr. 3, 25). Bei einem Gattungskauf kann die Klausel erst nach Aussonderung und eindeutiger, nach außen erkennbarer Zuordnung der Ware an den Käufer wirksam werden (RGZ **95** 246, 247; **98** 142). Ausnahme: Sammelversendung; beim beschränkten Gattungskauf Transportunfähigkeit der gesamten Gattung (RGZ **95** 246, 247). Eine Konkretisierung im Sinne des § 243 Abs. 2 BGB ist nicht erforderlich, da die Klausel auch in Verbindung mit einer Bringschuld verwendet werden kann[87]. Kommt die Ware nicht oder beschädigt beim Käufer an, so tritt die auflösende Bedingung des Kaufvertrages ein (RGZ **93** 171; RG JW **1929** 919). Die Parteien werden von ihren Leistungspflichten frei.

9. Anlieferung unfrei

Die Klausel „Anlieferung unfrei" stellt eine Spesenklausel dar. Sie enthält den Hin- **183** weis, daß § 448 BGB nicht abbedungen werden sollte (OLG Köln MDR **1973** 590). Siehe auch unter „unfrei" (Rdn. 292).

---

[86] Würdinger/Röhricht Vorauflage, vor § 373 222; Schlegelberger/Hefermehl HGB⁵ § 346 58.

[87] A. A. RGZ **93** 171; **98** 141, 142; Straatmann/Ulmer Handelsrechtliche Schiedsgerichts-Praxis (1975/1982) Schiedsspruch J 4 Nr. 3.

10. Arbeitskampf (Streik, Streik und Aussperrung)

184 **a) Auslegungsfragen.** Spricht die Klausel ganz allgemein von „Arbeitskampf", so bezieht sie sich auf alle dem kollektiven Arbeitsrecht zuzurechnenden Auseinandersetzungen zwischen Arbeitgebern und Arbeitnehmern einschließlich der kollektiven Ausübung des Zurückbehaltungsrechts. Sie erfaßt auch die rechtswidrige Aussperrung (a. A. *Brandner* in *Ulmer/Brandner/Hensen* AGBG⁴, Anh. § 9 100; *Wolf* in *Wolf/Horn/Lindacher*, AGB-Gesetz § 9 A 76). Es besteht kein Anlaß, die rechtswidrige Aussperrung im Wege „sinnvoller Auslegung" auszuklammern, da angesichts der Schwierigkeiten, die Grenzen des Aussperrungsrechts zu bestimmen, nur zu leicht ein unverschuldeter Rechtsirrtum unterlaufen kann, gegen den sich der Verwender der Klausel ebenfalls schützen will. Hingegen erfaßt die Klausel nicht ohne weiteres Arbeitskämpfe in anderen Unternehmen, soweit sie nicht zum Konzern gehören[88], sowie Leistungsstörungen infolge eines mit Arbeitskämpfen in Zusammenhang stehenden Vorsorge- oder Übernahmeverschuldens[89]; denn die Haftung wegen Übernahme- sowie Vorsorgeverschuldens bezieht sich nicht auf die Leistungsstörung infolge des Arbeitskampfes, sondern auf davor liegende Vorgänge. Diese einschränkende Auslegung ist auch deshalb am Platz, weil andernfalls die Totalnichtigkeit der Klausel wegen Verstoßes gegen § 9 AGBG droht (*Brandner* Rdn. 103).

Spricht die Klausel nur von **Streik,** so ist unter Berücksichtigung des Handelsbrauchs und der kaufmännischen Begriffsbildung davon auszugehen, daß ebenfalls jede Leistungsstörung infolge eines Arbeitskampfes gemeint ist. § 5 AGBG steht dem nicht entgegen (*Löwisch* BB **1974** 1493 1499).

185 **b) Kontrolle anhand des AGBG.** Im kaufmännischen Geschäftsverkehr stellt die Arbeitskampfklausel auch dann angesichts der schweren Kalkulierbarkeit der Abläufe von Arbeitskämpfen und deren weitreichenden Folgen eine im Sinne des § 9 AGBG angemessene Regel dar[90], wenn man zutreffend der Ansicht ist, daß der vorhersehbare Arbeitskampf die Haftung des Gattungsschuldners aus § 279 BGB unberührt läßt[91]. Dies gilt grundsätzlich auch für **betriebsfremde** Arbeitskämpfe. Zwar fallen diese Arbeitskämpfe häufig nur in die Kategorie allgemeiner Leistungserschwerungen, da sich der Verkäufer regelmäßig anders als geplant einzudecken vermag. Es besteht daher die Gefahr, daß die Berufung auf betriebsexterne Arbeitskämpfe benutzt wird, um sich einer verlustbringenden Leistungspflicht zu entziehen. Diese Gefahr besteht jedoch dort nicht, wo in der Klausel auf Arbeitskämpfe des Lieferanten Bezug genommen wird und diese Formulierung dahin zu verstehen ist, daß ein konkreter Deckungsvertrag zum Lieferanten existieren muß. Hier ist ähnlich wie bei der Klausel „Selbstbelieferung vorbehalten" (Rdn. 278) zu respektieren, daß der Schuldner, der die Verhältnisse bei seinen Lieferanten nur schwer zu überblicken vermag, sich davor schützen will, sich mit erheblichem Mehraufwand bei anderen Lieferanten umzusehen (a. A. *Wolf* in Wolf/Horn/Lindacher § 9 A 77). Nicht erforderlich ist es, daß der Zwang, sich bei anderen Lieferanten einzudecken, die Grenze der Unzumutbarkeit erreicht[92]; denn unzumutbare Anstrengungen muß ohnehin niemand machen. Hingegen verstößt eine auf jede

---

[88] *Löwisch* BB **1974** 1493, 1499; *Hensen* in *Ulmer/Brandner/Hensen* AGBG⁴ Anh. §§ 9–11 Rdn. 102; *Staudinger/Schlosser* BGB¹² § 10 Nr. 3 AGBG 20.

[89] *Brandner* in *Ulmer/Brandner/Hensen* AGBG⁴ Anh. §§ 9–11 Rdn. 102; a. A. *Löwisch* BB **1974** 1493, 1497 ff.

[90] *Staudinger/Schlosser* § 10 Nr. 3 AGBG 20; *Brandner* in *Ulmer/Brandner/Hensen* AGBG⁴, Anh. §§ 9–11 Rdn. 103.

[91] A. A. *Löwisch* AcP 174 (1974) 202 ff; *U. Huber* JZ **1974** 433, 437.

[92] So aber *Brandner* in *Ulmer/Brandner/Hensen*, AGBG⁴, Anh. §§ 9–11 Rdn. 103; *Staudinger/Schlosser* § 10 Nr. 3 AGBG 20.

Form des Verschuldens bezogene Freizeichnung vom Übernahme- bzw. Vorsorgeverschulden im Zusammenhang mit Arbeitskämpfen gegen § 9 AGBG (*Brandner* Rdn. 103). Nach verbreiteter Ansicht darf eine im Licht des § 9 AGBG wirksame Arbeitskampfklausel einen Rücktritt des Verwenders nur vorsehen, falls die Lieferung unzumutbar oder unmöglich geworden ist[93]. Auf diese Weise wird das dispositive Recht zur absoluten Schranke des Rücktrittsrechts. Die in einzelnen Handelsklauseln auftretenden Besonderheiten, denen im Weg allgemeiner Geschäftsbedingungen Rechnung getragen werden soll, bleiben unberücksichtigt. Es ist daher auch in Fällen, in denen im Moment der Rücktrittserklärung ausschließlich erhebliche Leistungserschwerungen zu besorgen sind, ein Rücktrittsrecht als angemessen anzuerkennen. Auf diese Weise werden die Parteien in die Lage versetzt, ihre Beziehungen auf eine neue, besser kalkulierbare Basis zu stellen. Zulässig sind demgemäß auch sämtliche Arbeitskampfklauseln, die das Rücktrittsrecht von erheblichen Erschwerungen abhängig machen. Unbedenklich sind nach allgemeiner Meinung Suspensivklauseln.

11. Arbitrage

186 Bei der Vereinbarung Hamburger oder Bremer Arbitrage wird typischerweise die Entscheidung von Streitigkeiten im Schiedsweg unter Ausschluß der ordentlichen Gerichte sowohl in Hinblick auf Qualitätsfragen als auch in Hinblick auf Rechtsfragen verabredet. So gibt § 20 Nr. 1 der Platzusancen für den hamburgischen Warenhandel insoweit den örtlichen Handelsbrauch wieder (BGH NJW **1969** 1296). Zur Frage, welche Bedeutung die Vereinbarung „Hamburger freundschaftliche Arbitrage" besitzt BGH IPRax **1984** 148; *Timmermann* IPRax **1984** 136. Die Schiedsverträge zwischen Kaufleuten bedürfen nach deutschem Recht keiner besonderen Form (§ 1027 Abs. 2 ZPO). Vgl. im übrigen *Straatmann/Ulmer*; *Krafzig* Die Spruchpraxis der Hanseatischen Schiedsgerichte (1974). Fehlen besondere Handelsbräuche, so ist der Vereinbarung von „Arbitrage" im Zweifel lediglich die Bedeutung eines Schiedsgutachtens, in dessen Rahmen streitige Fragen tatsächlicher Art geklärt werden, beizulegen (RG WarnR **1925** Nr. 15), da dies die weniger weitgehende Bedeutung der Klausel darstellt.

12. Auf Besicht

187 Siehe „Besicht, auf" (Rdn. 190).

13. Baldmöglichst

188 Siehe „prompt" (Rdn. 276).

14. Barzahlung

189 „Verkauf gegen sofortige Barzahlung" bedeutet nicht Vorauszahlung, sondern schließt lediglich die Aufrechnung aus (OLG Kiel SchlHolAnz **1924** 43).

15. Besicht, auf; Besichtigung

190 Der Kauf **auf Besicht** ist in den §§ 495 f BGB geregelt. Besondere Probleme wirft der kaufmännische Kauf auf Besicht unter dem Aspekt der Mängelrüge auf. An sich

---

[93] *Staudinger/Schlosser* § 10 Nr. 3 AGBG 20; *Brandner* Anh. §§ 9—11 Rdn. 103 jeweils m. w. Nachw.; *Wolf* in *Wolf/Horn/Lindacher*, AGB-Gesetz § 9 A 80.

liegt es nahe, dem Käufer, der nach Besicht die Ware genehmigt, die Berufung auf die bei ordnungsgemäßer Untersuchung erkennbaren Mängel abzuschneiden (Rechtsgedanke des § 377 HGB). Dagegen spricht jedoch, daß die in § 377 HGB vorgesehene Verwirkung der Sachmängelrechte an die Ablieferung geknüpft ist, die es dem Käufer erlaubt, die Ware in größerer Ruhe zu untersuchen (ebenso im Ergebnis *Würdinger/Röhricht* Vorauflage, vor § 373 135). Verwirkt werden können daher nur die bei der Besichtigung evidenten Mängel. Anders ist die Rechtslage bei Geltung des § 23 WVB (Rdn. 2), der in Abs. 2 davon spricht, daß die Ware, die auf Besicht gekauft wurde, mangels einer rechtzeitigen Ablehnungserklärung als gekauft und genehmigt gilt. Hiermit wird dem Interesse des Verkäufers verstärkt Rechnung getragen, der binnen kurzer Frist wissen will, ob der Käufer die Ware in jeder Hinsicht genehmigt (*Straatmann/Ulmer* Schiedsspruch E 7 a Nr. 5). Die spätere Rüge eines verdeckten Mangels setzt daher eine besonders sorgfältige Untersuchung anläßlich der Übernahme der Ware voraus (*Straatmann/Ulmer* Schiedsspruch E 7 a Nr. 2). Das gilt auch dann, wenn die Ware ein aliud im Sinne des § 378 HGB darstellt (*Straatmann/Ulmer* Schiedsspruch E 7 a Nr. 5). Hat der Käufer in einem derartigen Fall die Ware als gattungsfremd oder mangelhaft abgelehnt, so bleiben ihm Schadensersatzansprüche wegen Nichterfüllung erhalten[94]. Die Schadensberechnung ist an Ware mittlerer Qualität zu orientieren (*Liesecke* WM **1978** Beilage Nr. 3, S. 33).

191 Die Klausel **„Zahlung nach Erhalt der Ware und Rechnung und Gutbefund"** bedeutet im Waggon-Einfuhrgeschäft nicht Kauf auf Besicht; denn es kann nicht angenommen werden, daß sich ein Verkäufer angesichts der hohen Versendungskosten bereiterklärt, das Risiko einer ins Belieben des Käufers gestellten Ablehnungserklärung hinzunehmen (*Straatmann/Ulmer* Schiedsspruch E 7 a Nr. 7). Die Formulierung „Gutbefund" soll dem Käufer nur das Recht geben, die Zahlung im Falle der Mangelhaftigkeit der Ware zu verweigern. Eine andere Auslegung ist allerdings dort am Platz, wo den Parteien bekannt war, daß sich der Käufer über die Tauglichkeit der Ware noch nicht ganz klar geworden war (OLG Düsseldorf BB **1973** 1372). Auch beim Abladegeschäft (Rdn. 5) ist im Zweifel kein Kauf auf Besicht gewollt, z. B. bei **„subject to inspection"** (*Straatmann/Ulmer* Schiedsspruch E 7 a Nr. 8).

15 a. Besichtigt, wie

192 Haftungsausschluß nur für Mängel, die bei ordnungsgemäßer Besichtigung ohne Sachverständigen hätten bemerkt werden können (BGH NJW **1979** 1887; OLG Frankfurt DB **1980** 779).

16. Betriebsstörungen vorbehalten

193 Die Klausel „Betriebsstörungen vorbehalten" macht nicht immer ganz deutlich, ob der Vorbehalt nur bei unverschuldeten oder auch bei vom Lieferanten verschuldeten Betriebsstörungen zum Tragen kommen soll. Eindeutig ist die Regelung nur dort, wo der Begriff „Betriebsstörungen" durch Beispiele ergänzt wird, die typischerweise unverschuldete Betriebsstörungen darstellen (*Staudinger/Schlosser* § 11 Nr. 7 AGBG Rdn. 56). Aber auch dort, wo derartige Beispiele fehlen, wird man im Zweifel davon auszugehen haben, daß nur unverschuldete Störungen erfaßt werden sollen, die die

---

[94] § 23 Abs. 3 WVB (Rdn. 2); Schiedsspruch *Straatmann/Ulmer* E 7 a Nr. 1, 5.

Liefermöglichkeiten erheblich beeinträchtigen (RG LZ **1918** 377). Diese Deutung entspricht § 5 AGBG.

Der Begriff „Betriebsstörungen" ist auch unter dem Aspekt unverschuldeter Leistungshindernisse vieldeutig: Störungen im technischen Ablauf der Warenerzeugung und -verteilung sind immer erheblich. Auch Rohstoff- und Energiemangel wird man immer als Betriebsstörung qualifizieren können (RGZ **94** 80). Bei reinen Handelsunternehmen ist der Begriff erweiternd dahin auszulegen, daß auch Schwierigkeiten der Selbstbelieferung mit Waren, die nicht bearbeitet werden, als Betriebsstörungen zu qualifizieren sind, da hier die Funktion des Betriebs in der Beschaffung und Verteilung von Waren liegt.

Im Lichte des AGBG ist die Klausel unbedenklich (zum Parallelfall „höhere Gewalt" Rdn. 235). Unter Kaufleuten ist sie auch hinreichend bestimmt, so daß der Käufer abschätzen kann, wann und unter welchen Umständen er mit der Auflösung des Vertrages rechnen muß (**a. A.** für den Geltungsbereich des § 10 Nr. 3 AGBG BGH NJW **1983** 1320, 1321).

17. Bis zu ... (Datum)

Der genannte Tag fällt noch mit in die Frist. Unklarheiten in der Formulierung gehen zu Lasten desjenigen, der die Frist setzt (*Straatmann/Ulmer* Schiedsspruch C 1 Nr. 3). **194**

18. Brutto für netto

Der Preis ist nach dem Gesamtgewicht von Ware und Verpackung zu berechnen. **195**

19. cbd (cash before delivery) (Vorauskasse)

Der Käufer hat vor Erhalt der Ware, im Zweifel gegen Rechnung (Kasse gegen Rechnung Rdn. 255) zu zahlen. **196**

20. cif

Siehe Überseekauf (Rdn. 13). **197**

Bei einer Verwendung der Klausel außerhalb des Rahmens des Überseekaufs, z. B. bei einer Lieferung an einen Ort in das Landesinnere, sind soweit wie möglich analoge Ergebnisse zu erzielen; d. h. der Verkäufer hat auch den Transport zu Land zu versichern, dessen Kosten zu tragen und der Käufer hat das Transportrisiko auf sich zu nehmen (OLG Düsseldorf IPRax **1982** 101 m. kritischer Anm. *Lascher* IPRax **1982** 90).

21. circa, ungefähr

a) Beim Verkauf von „circa, zirka, ungefähr"-**Mengen** muß auch etwas mehr an Ware als ziffermäßig vereinbart, abgenommen werden und gilt auch etwas weniger als vertraglich verabredet als gehörige Erfüllung. Das Ausmaß des „Mehr" und „Weniger" bestimmt — soweit atypische Verwendungsabsichten nicht erkennbar waren — der Handelsbrauch und die Verkehrssitte, hilfsweise die üblichen Verwendungsmöglichkeiten nach Treu und Glauben[95]. Gleiches gilt für Circawerte bei **Qualitätsangaben** **198**

---

[95] BGH LM Nr. 2 zu § 157 (Ge) BGB, KG OLGE **38** 222; OLG Hamburg LZ **1917** 1010.

(BGH WM **1971** 217, 218). Der Käufer kann bei Nichterfüllung nur in Hinblick auf die mindestens geschuldete Menge Schadensersatz verlangen [96]. Anders ist die Situation, wenn eine bestimmte Partie verkauft war und die circa-Klausel nur den Zweck hatte, annäherungsweise die Eigenschaften der Partie zu umreißen. — „Circa" kann auch lediglich unverbindliche Schätzung bedeuten, etwa in Konstellationen, in denen die gesamte Produktion verkauft wird. Verkauft ist dann die Produktion als solche. Dies gilt nicht, falls der vereinbarte Preis auf eine Mindestmenge bezogen ist (RG JW **1912** 632, 633).

199 b) Gemäß den Platzusancen für den hamburgischen Warenhandel und § 8 WVB (Rdn. 2) darf bis zu 5 % mehr oder weniger geliefert werden. Beträgt die Fehlmenge mehr als 5 %, so darf der Käufer die Lieferung als Teilleistung betrachten. In diesem Fall kann der Verkäufer handelsüblich die Gewichtsfranchise von 5 % nicht mehr für die insgesamt kontrahierte Menge, sondern nur noch für die Restlieferung in Anspruch nehmen (*Straatmann/Ulmer* Schiedsspruch J 6 Nr. 2). Im Fall eines Schadensersatzanspruchs gilt nicht die bezifferte Menge als Berechnungsgrundlage, da insoweit der Käufer nur eine Chance gehabt hat (**a. A.** *Mathies/Grimm/Sieveking* Die Geschäftsbedingungen des Warenvereins der Hamburger Börse e. V.³ (1967) § 8 Rdn. 7). Die circa-Klausel kann aber auch nur den Sinn haben, den Verkäufer bis zu einer bestimmten Höhe von Risiken zu entlasten, die außerhalb seiner ihm zumutbaren Einflußmöglichkeiten liegen.

c) Die „circa"-Klausel ist auch in Hinblick auf **Lieferfristen** gebräuchlich. Der Spielraum, den sie dem Verkäufer eröffnet, bemißt sich nach Handelsbrauch und bei Fehlen eines Handelsbrauchs nach den Regeln der Billigkeit. Dabei spielt die Warenart und sonstige Umstände des Geschäfts eine wesentliche Rolle (vgl. auch BGH LM § 346 (B) Nr. 3). Ist die Lieferzeit mit dem Zusatz „circa" vereinbart, so handelt es sich nie um ein Fixgeschäft im Sinne des § 376 HGB (*Straatmann/Ulmer* Schiedsspruch J 2 Nr. 5).

200 d) Bei Verwendung einer auf den **Preis** bezogenen „circa"-Klausel darf die Grenze der Angemessenheit und des branchenüblichen Spielraums nicht überschritten werden. Es ist eine Frage des Einzelfalles, ob der bezifferte Preis stets als Mindestpreis gefordert werden kann (z. B. die Klausel dient ersichtlich nur dem Schutz des Verkäufers) oder ob auch preismindernde Umstände zu berücksichtigen sind (so, falls eine exakt auf die individuelle Leistung bezogene Abrechnung gesichert werden sollte).

22. cod (cash on delivery)

201 Siehe „Nachnahme" (Rdn. 268).

23. Empfang der Ware

202 Die Klauseln „Zahlung bei Empfang der Ware" oder „nach Empfang der Ware" oder „netto Kasse" stellen keine Nachnahmeklauseln (Rdn. 268) dar, die den Käufer verpflichten, vor Untersuchung der Ware zu bezahlen (*Ratz* Vorauflage, § 346 153).

24. Erfüllungsmöglichkeit vorbehalten

203 Siehe „Lieferungsmöglichkeit vorbehalten" (Rdn. 262).

---

[96] RG DJZ **1918** 61; OLG Hamburg LZ **1923** 619;
a. A. OLG Frankfurt JW **1924** 547.

25. Erntevorbehalt

204 Der Erntevorbehalt ist eine Variante des Selbstlieferungsvorbehalts (dazu Rdn. 278). Der Verkäufer wird mithin nur dann von seiner Leistung frei, wenn er und soweit er aus dem kongruenten Deckungsvertrag wegen Ernteausfalls nicht beliefert wird. Andernfalls wäre der Käufer über längere Zeit einseitig an den Vertrag gebunden und der Verkäufer könnte auf dessen Rücken ohne eigenes Risiko spekulieren (*Straatmann/Ulmer* Schiedssprüche J 4 Nr. 30, 33). Die Ernte kann bei Vertragsschluß schon beendet gewesen sein, da der Verkäufer nicht zu übersehen vermag, welche Auswirkungen der Ausfall der Ernte gerade auf die Lieferfähigkeit seines Lieferanten hatte.

Wird der Verkäufer aus dem Deckungsgeschäft wegen eines geringeren als erwarteten Ernteausfalls nur zum Teil beliefert, so hat er zunächst zu versuchen, mit der ihm zur Verfügung gestellten Ware all diejenigen Käufer voll zu beliefern, mit denen er auf der Grundlage des Deckungsgeschäfts vor Bekanntwerden der Mißernte kontrahiert hatte. Er muß gegebenenfalls beweisen, daß die aus dem Deckungskontrakt stammende Ware nicht voll zur Erfüllung seiner vor Bekanntwerden des geringeren Ernteausfalls getätigten Kontrakte ausreicht (*Straatmann/Ulmer* Schiedsspruch J 4 Nr. 33). Der Verkäufer ist nicht berechtigt, die Liefermengen willkürlich zu kürzen. Der Erntevorbehalt gestattet es ihm nur, die Belieferung der Käufer gleichmäßig einzuschränken. Der Verkäufer hat mithin das Risiko zu tragen, daß er gegenüber einzelnen seiner Abnehmer ohne den Erntevorbehalt abgeschlossen hat. Die Quote der Kürzung ist anhand des Verhältnisses des Ertrages der derzeitigen Ernte zu dem Durchschnittsertrag der vorangegangenen Ernteperioden zu errechnen [97]. Auf diese Weise wird verhindert, daß der Verkäufer bzw. dessen Lieferant die Gefahr zu optimistischer Ernteerwartungen auf den Käufer abwälzt. Der Erntevorbehalt soll ausschließlich vor dem Risiko von Mißernten schützen.

26. Erwartungsklausel

205 Ist im Vertrag von der „**erwarteten Ankunft**" der Ware die Rede, so kann der Käufer die Lieferung einer Partie verlangen, mit deren Ankunft bei Vertragsschluß bis spätestens zu dem genannten Zeitpunkt vernünftigerweise zu rechnen war. Eine Partie, die diesen Anforderungen nicht entspricht, braucht der Käufer nicht anzunehmen (OLG Hamburg OLGE **13** 418). Unter besonderen Umständen ist anzunehmen, daß ein Fixgeschäft im Sinne des § 376 HGB vereinbart worden war (OLG Celle MDR **1973** 412). Dies gilt jedenfalls dort, wo die Ware starken Preisschwankungen unterliegt (BGH NJW **1959** 933).

Die Verpflichtung, den Zeitpunkt der erwarteten Ankunft anzukündigen (**ETA-Meldung**; expected or estimated time of arrival), begründet kein Fixgeschäft (OLG Celle MDR **1954** 422; **1973** 412). Es bedarf hier besonderer Umstände, um ein Fixgeschäft zu bejahen (*Schlegelberger/Hefermehl* § 346 69).

27. Exportlizenz vorbehalten

206 Die Klausel „vorbehaltlich Exportlizenz" (subject to license) bedeutet, daß der Verkäufer von seiner Verpflichtung frei wird, wenn ihm der Export der zur Lieferung bestimmten Ware verweigert wird. Die Klausel bedeutet nicht, daß dem Lieferanten des Verkäufers der Export möglich sein muß (*Straatmann/Ulmer* Schiedsspruch J 4 Nr. 20).

---

[97] *Ratz* Vorauflage, § 346 145; Schiedsspruch *Straatmann/Ulmer* E 4 b Nr. 17.

Die Verweigerung der Exportlizenz darf nicht verschuldet sein. Anders als in Fällen höherer Gewalt (Rdn. 235) braucht die Versagung der Exportlizenz nicht unvorhersehbar gewesen zu sein. Die Exportlizenzklausel wird nämlich regelmäßig gerade dort verwandt, wo die Unwägbarkeiten der Exportpolitik besonders groß sind[98].

28. fag (fair average quality, if inferior allowance)

207 Der Käufer darf bei Schlechtlieferung grundsätzlich nur mindern. Gleichwohl darf der Verkäufer nicht jede beliebige Ware andienen. Ist die Ware so schlecht, daß sie als aliud anzusehen ist, so kann der Verkäufer wandeln und sonstige Leistungsstörungsrechte ausüben[99].

29. fas (free alongside ship)

208 Siehe Überseekauf (Rdn. 141).

30. Fein, gesund und handelsüblich

209 Die Klausel enthält keine Zusicherung von Eigenschaften (*Straatmann/Ulmer* Schiedsspruch E 6 a Nr. 4).

31. Finales Qualitätszertifikat

210 Wird Ware mit einem „finalen Qualitätszertifikat" einer Kontrollfirma gekauft, so ist das Zertifikat als Schiedsgutachten für beide Parteien verbindlich, es sei denn, daß es offenbar unrichtig ist[100].

32. fio (free in, free out)

211 Der Käufer hat die Kosten der Beladung und der Entladung des vereinbarten Beförderungsmittels zu tragen. Zur Bedeutung dieser Klausel im Rahmen von cif-Geschäften Rdn. 29.

33. foa

212 Siehe „fob Flughafen" (Rdn. 214).

34. fob

213 Siehe Überseekauf (Rdn. 85).

35. fob Flughafen ... (benannter Abflughafen (foa))

214 Diese Klausel ist noch nicht durch Handelsbrauch inhaltlich ausgeformt. Die Incoterms (Rdn. 11, 758) haben ihre Tragweite erst 1976 näher umrissen. Zur Anwendung der Incoterms-Regeln ist daher eine vertragliche Bezugnahme gerade auf die Incoterms erforderlich (*Eisemann/Melis* Incoterms, S. 223).

Den Incoterms zufolge ist der Verkäufer ähnlich wie bei dem modifizierten fob-Geschäft (Rdn. 131) verpflichtet, als Geschäftsbesorger des Käufers einen Luftfracht-

---

[98] Vgl. auch *Gesang* Force-majeure und ähnliche Entlastungsgründe im Rahmen der Lieferungsverträge von Gattungsware (1980) S. 100 ff.

[99] Schiedsspruch *Straatmann/Ulmer* E 6a Nr. 11; *Liesecke* WM **1978** Beilage Nr. 3, S. 33.

[100] Schiedsspruch *Straatmann/Ulmer* B 4 Nr. 2; *Liesecke* WM **1978** Beilage Nr. 3, S. 34.

vertrag abzuschließen, es sei denn, daß eine der Parteien unverzüglich gegenteilige Nachricht gibt (Art. A 3). Der Verkäufer hat die Ware dem Luftfrachtführer oder dessen Vertreter oder einer anderen vom Käufer benannten Person (z. B. Spediteur) zu übergeben (Art. A 2). Übergabeort ist der benannte Abflughafen oder jeder andere vom Käufer im Vertrag bezeichnete Ort (Art. A 2). Der Verkäufer schuldet exportfreie Ware (Art. A 4). Der Gefahr- und Kostenübergang vollzieht sich in dem Moment, in dem die Ware an den Luftfrachtführer, dessen Agenten oder eine andere vom Käufer benannte Person übergeben wird, auch wenn dies nicht am Flughafen geschieht (*Eisemann/Melis* Incoterms, S. 224). Zur Frage der Drittschadensliquidation vgl. Art. A 14.

36. for (free on rail)
Siehe „frei Waggon" (Rdn. 227). **215**

37. fot (free on truck)
Siehe „frei Waggon" (Rdn. 227). **216**

38. Frachtfrei
Die Klausel „frachtfrei" ist im allgemeinen eine reine Spesenklausel; d. h., sie besagt **217** nichts über die Gefahrtragung und den Erfüllungsort (*Straatmann/Ulmer* Schiedsspruch E 2b Nr. 1). Vielmehr gilt § 447 BGB.

Den **Incoterms** (Rdn. 760) zufolge hat die Klausel ebenfalls primär die Funktion, die Transportspesen dem Verkäufer zuzuordnen, der die Ware abzusenden hat. Der Käufer hat, von Fällen des Annahmeverzugs abgesehen, die Leistungs- und Preisgefahr ab dem Zeitpunkt der fristgerechten Übergabe an den ersten Frachtführer zu tragen. Das gilt auch, wenn der Verkäufer den Transport selbst ausführt (BGH RIW **1980** 123f). Die Versandanzeige ist keine Voraussetzung des Gefahrübergangs (Rdn. 65). Die Übergabe an einen Spediteur läßt die Gefahr noch nicht übergehen (*Eisemann* Die Incoterms Heute und Morgen (1980) S. 195, 108). Der Verkäufer hat im Einklang mit einer weit verbreiteten Übung den Käufer unverzüglich auf fernmeldetechnischem Weg von der Absendung zu benachrichtigen (Art. A 4 Incoterms) und auf eigene Rechnung sowie Gefahr die Exportlizenzen zu beschaffen und die Ausfuhrabgaben aller Art zu entrichten (Art. A 8 Incoterms). Der Verkäufer schuldet also exportfreie Ware. Diese Regelung erhöht im Vergleich zu der nicht durch die Incoterms geprägten Verwendung der frachtfrei-Klausel erheblich das Verkäuferrisiko. Der Käufer hat immer sämtliche Zollgebühren und sonstigen Abgaben, die nach der Übergabe an den Frachtführer anfallen, auf sich zu nehmen (Art. B 5 Incoterms; *Eisemann/Melis* Incoterms, S. 255).

Die Klausel „**frachtfrei Grenze**" ist mangels abweichenden Handelsbrauchs wie die Klausel „geliefert . . . (Grenze)" (Rdn. 231) auszulegen. Zur Frage der Qualitäts- und Gewichtsuntersuchungen *Straatmann/Ulmer* Schiedsspruch J 6 Nr. 3. **Frei Frachtführer** (Rdn. 224).

39. Frachtfrei versichert
1980 wurde diese Klausel in die Incoterms (Rdn. 761) eingefügt. Im Unterschied **218** zur Klausel „frachtfrei" (Rdn. 217) hat der Verkäufer nicht nur die Kosten des Transports auf sich zu nehmen, sondern auch die Ware nach Maßgabe des Art. A 11 Incoterms zu versichern.

40. Frachtbasis

219 Es wird vereinbart, daß ein bestimmter Ort in Hinblick auf die Frachtkosten als Verladeort gelten soll. Frachtbasis wird häufig gleichbedeutend mit dem Begriff Frachtparität gebraucht; doch ist der Begriff Frachtparität regelmäßig auf die Empfangsstation bezogen. Ein bestimmter Ort soll also als fiktiver Empfangsort gelten. Preise „Frachtbasis" sind Preise, bei denen die dem Käufer zur Last fallende Fracht nach der Distanz zwischen Frachtbasis und dem Auslieferungsort berechnet wird. Die in Wirklichkeit angefallenen Frachtkosten sollen keine Rolle spielen.

41. Frachtparität

220 Siehe „Parität" (Rdn. 272).

42. Franko (frei)

221 Für die Klausel „franko" hat sich ebenso wie für die Klausel „frei ... (Bestimmungsort)" noch keine einheitliche Bedeutung durchgesetzt[101]. Im Zweifel wird man die Klauseln als Spesen- und Gefahrtragungsklauseln in dem Sinn zu interpretieren haben, daß die Gefahr erst am Bestimmungsort auf den Käufer übergehen wird[102]. Im Zweifel darf man die Klausel franko aber nicht in vollem Umfang nach Maßgabe der Incoterms-Klausel „frachtfrei" (Rdn. 217) auslegen. Angesichts der Tatsache, daß der Geltungsbereich der Incoterms ungesichert ist (Rdn. 11), ist die durch die Incoterms fixierte Bedeutung grundsätzlich nur dort zugrundezulegen, wo der in den Incoterms verwandte Begriff frachtfrei (freight carriage paid; fret port payé; nolo porto pagato) auftaucht. Vgl. auch OLG München AWD **1958** 79.

43. Freibleibend (ohne obligo, unverbindlich)

222 Die Klausel wird in verschiedenen Bedeutungsvarianten gebraucht.

a) Im Zweifel bezieht sich die Formulierung „freibleibend" auf die Offerte und zwar in dem Sinne, daß damit zum Ausdruck gebracht werden soll, man wolle nur eine Aufforderung zur Abgabe eines Angebots machen (RGZ **102** 227, 229; **105** 8, 12; *Schlegelberger/Hefermehl* § 346 74; *Ratz* Vorauflage § 346 138 m. w. Nachw.). Die invitatio ad offerendum zieht aber die Pflicht nach sich, demjenigen, der auf die Aufforderung ein Angebot abgibt, unverzüglich zu erklären, daß man das Angebot ablehnt. Wird die Pflicht zur Mitteilung der Ablehnung verletzt, so hat das Schweigen kraft Handelsbrauchs die Wirkung der Annahme[103]. Die Ablehnung muß unzweideutig erfolgen. Es muß auf dem gleichen Weg abgelehnt werden, der zur Übermittlung des „Angebots" gewählt wurde; u. U. muß auch auf einen Brief telefonisch/fernschriftlich geantwortet werden. Keine Antwort kann der andere Teil erwarten, wenn sein Angebot in analoger Anwendung der §§ 147 ff BGB nicht rechtzeitig abgegeben wurde. — Um nicht gegen § 3 AGBG zu verstoßen, darf die Klausel nicht überraschend sein. Dies wird im Handelsverkehr kaum jemals der Fall sein. Hingegen wird man kaum jemals annehmen dürfen, daß ein auf die Bindung an das Angebot bezogener Widerrufsvorbehalt gewollt ist, da dieser kaum praktische Bedeutung erlangen kann (vgl. BGH WM **1984** 838, 839 m. Nachw.).

---

[101] BGH WM **1983** 1238, 1239; *Liesecke* WM **1978** Beilage Nr. 3, S. 30.
[102] *Liesecke* WM **1978** Beilage Nr. 3, S. 30; Schiedsspruch *Straatmann/Ulmer* J 2 Nr. 15 mit Anmerkung *Timmermann* m. w. Nachw.; BGH NJW **1984** 567, 568; OLG Karlsruhe RIW **1979** 642, 643.
[103] RGZ **102** 227, 229 f; weitere Nachweise *Ratz* Vorauflage, § 346 138.

b) Die „freibleibend"-Klausel kann sich auch auf die vertragliche Bindungswirkung **223**
beziehen. Sie hat dann den Inhalt, daß dem Verkäufer ein Rücktrittsrecht zustehen soll
(RGZ **105** 368, 370; RG JW **1921** 25; **1922** 23). Denkbar ist auch, daß auf diese Weise
der Vertrag unter die aufschiebende Bedingung des Leistungswillens des Verkäufers
gestellt wird. Ferner ist denkbar, daß der Verkäufer nur in dem Sinn frei bleibt, daß er
seinen Kunden nur nach Liefermöglichkeit verpflichtet ist (RGZ **104** 114, 116). Diese
Interpretationsfragen sind unter Berücksichtigung aller Umstände des Einzelfalls, dort,
wo die Klausel in AGB verwandt wird, typisierend zu entscheiden. Im Zweifel ist zuungunsten desjenigen zu erkennen, der sich auf die weitergehende Freizeichnung beruft,
d. h. im Zweifel bezieht sich die Klausel nur auf das „Angebot" (RGZ **102** 227; JW
1921 234; *Ratz* Voraufl. § 346 143 m. w. Nachw.). Auf die vertragliche Bindung beziehen sich z. B. die Klauseln „alle Angebote ... Abschlüsse verstehen sich freibleibend"
(RG LZ **1922** 260) sowie „Bestellungen sind ... auch nach erfolgter Bestätigung unverbindlich". Ist der Abschluß in diesem Sinn „freibleibend" zustandegekommen, so entsteht im Zweifel lediglich ein Rücktrittsrecht für den Verkäufer (a. A. RG LZ **1922**
260, 261). Wird die Klausel „freibleibend" in diesem Sinn in **AGB** verwandt, so ist sie
regelmäßig unwirksam (*Brandner* in Ulmer/Brandner/Hensen § 10 Nr. 3 16). Es ist unangemessen, den Vertragspartner fest zu binden und sich selbst das nach Belieben ausübbare Recht vorzubehalten, den eigenen Pflichten nicht nachkommen zu müssen
(*Wolf* in Wolf/Horn/Lindacher § 10 Nr. 3 47). Etwas anderes gilt in Zeiten allgemeiner Unsicherheit oder dort, wo eine derart umfassende Freizeichnung handelsüblich ist
(§ 24 Abs. 2 AGBG). In anderen Fällen kann die „freibleibend"-Klausel nur anerkannt
werden, wenn sie sich auf bestimmte Faktoren des Vertrages bezieht (Preis, Art und
Menge der Ware, Zeit und Lieferung). Insoweit besteht ein sachlich gerechtfertigtes
Interesse der Verkäufer, sich partiellen Veränderungen der Verhältnisse anzupassen. In
jedem Fall muß sich aus dem Vertrag eindeutig ergeben, worauf sich die Freizeichnung
bezieht. Im Zweifel ist der Verkäufer auch nicht berechtigt, sich nach freiem Ermessen
auf die „freibleibend"-Klausel zu berufen. Er hat seine Entscheidung nach billigem
Ermessen zu treffen (§ 315 BGB), so daß sich der Verkäufer regelmäßig von seinen
Pflichten nur zu lösen vermag, falls sich erhebliche Veränderungen ereignet haben, die
von ihm nicht verschuldet waren (einschließlich Vorsorgeverschulden). Nur unter dieser Voraussetzung scheidet ein Verstoß gegen das AGBG aus (*Wolf* in Wolf/Horn/
Lindacher § 10 Nr. 3 47). — Zur Klausel „Preise freibleibend" Rdn. 274. Zur Klausel
„Lieferung freibleibend" Rdn. 259.

In allen Fällen muß der Verkäufer den anderen Teil unverzüglich nach Eintritt der
Veränderungen, jedenfalls vor Ablauf der Lieferfrist über seine Entscheidung, sich auf
die „freibleibend"-Klausel zu berufen, informieren. Er darf den Käufer nicht ungebührlich im Ungewissen halten; andernfalls verwirkt er seine Rechte[104]. Daneben
kommen Schadensersatzansprüche des Käufers in Betracht (pFV). Auf die Klausel
„freibleibend" kann man sich nur bis zur Erfüllung, die erst mit Ankunft der Ware am
Bestimmungsort eintritt, berufen (*Ratz* Vorauflage § 144 346 m. Nachw.).

44. Frei Frachtführer
1980 führten die Incoterms (Rdn. 759) die Klausel „frei Frachtführer" ein, um den **224**
Anforderungen des modernen Transports, insbesondere des multimodalen Transports,
Rechnung zu tragen. Spediteure sind keine Frachtführer.

---
[104] RGZ **88** 145; **91** 109; BGH WM **1984** 838, 839;
Schlegelberger/Hefermehl § 346 75; *Ratz* Vorauflage, § 346 142.

45. Freight prepaid

225   Dem Wortlaut zufolge wird mit dieser Formulierung, die sich häufig auf Frachtdokumenten befindet, bestätigt, daß die Fracht — vom Absender — bezahlt worden ist. Dem OLG Bremen (AWD **1977** 237) zufolge, stellt die Klausel in Konnossementen in der Regel keine Quittung für die Fracht dar, sondern soll nur den Empfänger vor Frachtforderungen und Pfandrechten des Verfrachters schützen (ebenso OLG Hamburg, VersR **1982** 894, 895). Dies widerspricht dem Sinn der Klausel; denn der Empfänger, der ein Akkreditiv eröffnet, in dem Zahlung gegen ein mit dieser Klausel versehenes Transportpapier zugesagt wird, will sichergehen, daß der Verfrachter nicht in Versuchung gerät, den Transport anzuhalten, weil die Fracht noch nicht bezahlt ist. Er muß daher davon ausgehen können, daß mit „freight prepaid" die Vorauszahlung der Fracht bestätigt wird (OLG München RIW **1983** 957, 958).

46. Frei Haus

226   Die Klausel „frei Haus" stellt eine Spesen- und Gefahrtragungsklausel dar. Der benannte Ort ist Erfüllungsort[105]. Dies gilt auch dann, wenn die Klausel unter der Überschrift „Versandkosten" gebraucht wird. Der Verkäufer hat die Kosten des Transports und der Übergabe zu tragen, nicht jedoch die Kosten des Einbringens der Ware in das Lager des Käufers (a. A. *Staudinger/Köhler* BGB § 448 7). Zu den vom Verkäufer zu tragenden Gefahren gehört auch die Gefahr einer Verzögerung der Zollabfertigung (*Straatmann/Ulmer* Schiedsspruch F 3 Nr. 3). In diesem Zusammenhang ist zu berücksichtigen, daß der Käufer den Transportablauf nicht zu beeinflussen vermag. — Wer Ware zur Lieferung „frei Haus" innerhalb einer später beginnenden Frist verkauft, darf zu beliebiger Zeit innerhalb dieser Frist liefern (*Straatmann/Ulmer* Schiedsspruch E 1 e Nr. 9). Die Frist hat keinen Fixcharakter (*Straatmann/Ulmer* Schiedsspruch J 2 Nr. 15).

47. Frei Waggon

227   Die Klausel „frei Waggon" (free on rail; free on truck; for; fot) ist weit verbreitet. Sie ist in den Incoterms (Rdn. 749) eingehend geregelt. Danach stellt sie zunächst eine auf einen Versendungskauf bezogene Spesenregelung dar. Der Verkäufer hat die Versandkosten bis zur Übergabe des Waggons an die Eisenbahn oder bis zur Übergabe der einzelnen Stückgüter an die Eisenbahn (Artt. A 2, 3 Incoterms) sowie die bei Verladung der Ware entstehenden Prüfkosten zu tragen. Eine Ausnahme gilt für diejenigen Fälle, in denen sich der Käufer in Gläubigerverzug befindet. Die Transportgefahr geht den Incoterms zufolge nicht schon bei Übergabe der Ware an einen Spediteur, sondern erst bei der Übergabe des Waggons/Stückguts an die Eisenbahn über (Art. A 4 Incoterms, *Eisemann/Melis* Incoterms, S. 69). Entsprechendes gilt bei Transport mit dem LKW. Voraussetzung ist jeweils, daß die Ware am rechten Ort zur rechten Zeit angeliefert wurde. Bei vorzeitiger Anlieferung trägt der Verkäufer die Gefahr; bei verspäteter Lieferung kann eine Haftung des Verkäufers wegen Schuldnerverzugs eingreifen. Im Einklang mit einer in den meisten Ländern gültigen Übung ist der Verkäufer verpflichtet, den Käufer unverzüglich von der Verladung bzw. Übergabe der Ware an die Eisenbahn zu benachrichtigen, damit dieser seine Dispositionen (z. B. Versicherung) zu treffen vermag (Art. A 7 Incoterms). Vgl. auch *Straatmann/Ulmer* Schiedsspruch E 1 e Nr. 2.

---

[105] Schiedsspruch *Straatmann/Ulmer* F 3 Nr. 3; abweichend Schiedsspruch J 2 Nr. 15.

Wird die „frei Waggon"-Klausel mit der „**ab Werk**"-Klausel kombiniert, so ist der **228**
Käufer berechtigt, die Ware schon bei der Abholung zu untersuchen. Als Beauftragter
kommt der Fahrer des LKW in Betracht (*Straatmann/Ulmer* Schiedsspruch E 6 b
Nr. 71). Zur Frage, ob dies auch dort gilt, wo der Vertrag zusätzlich die Klausel
„Kasse gegen Dokumente" enthält, *Straatmann/Ulmer* aaO.

48. Für Rechnung von

Der Verkauf „für Rechnung von" kennzeichnet die Tätigkeit eines Kommissionärs. **229**
Deckt der Verkäufer auf, daß er „für Rechnung" eines anderen tätig wird und benennt
er den Vorlieferanten, so beschränkt sich die Lieferverpflichtung des Verkäufers auf
die Vorlieferungen, wenn der Abschluß für Rechnung des Vorlieferanten Vertragsinhalt geworden ist. Es liegt dann eine beschränkte Gattungsschuld vor (*Straatmann/Ulmer* Schiedsspruch J 4 Nr. 7), für deren Erfüllung der Verkäufer nach den allgemeinen
Regeln haftet. — Im kaufmännischen Sprachgebrauch kann die Formulierung „für
Rechnung von" allerdings auch auf das Handeln als Vertreter eines Dritten hinweisen.

49. Gegenbestätigung

Die Klausel „Gegenbestätigung der Ablader vorbehalten" hat den Sinn, daß der **230**
Verkäufer seine Lieferverpflichtung von den Eindeckungsmöglichkeiten abhängig machen will. Die Klausel eröffnet dem Verkäufer ein Rücktrittsrecht, das innerhalb der
vereinbarten Lieferzeit unverzüglich geltend gemacht werden muß (OLG Hamburg
HansRGZ **1936** B 369). — Wird im Rahmen eines Bestätigungsschreibens um „Gegenbestätigung" gebeten, so muß sich der Empfänger nicht den Umstand zurechnen lassen, daß er geschwiegen hat (BGH NJW **1964** 1269, 1270).

50. Geliefert Grenze ... (benannter Ort an der Grenze)

Die Formulierung der Klausel geht auf die Bemühungen der Internationalen Han- **231**
delskammer zurück, mit Hilfe der Incoterms (Rdn. 756) die nicht zweifelsfreie Klausel
„franko" durch unmißverständliche Klauseln zu ersetzen.

Wurde von den Parteien „geliefert ... (benannter Ort an der Grenze)" vereinbart
und kommen die Incoterms zum Tragen (Rdn. 11), so hat der Verkäufer auf eigene
Kosten und Gefahr die Ware an dem Lieferort an der Grenze zur Verfügung zu stellen
(Artt. A 2, 3 Incoterms (Rdn. 756)). In der Regel wird der Grenzort ausdrücklich oder
zumindest die Grenze benannt. Ist nur die Grenze benannt, so hat der Verkäufer den
Grenzort nach billigem Ermessen auszuwählen. Falls nur „geliefert Grenze" vereinbart
wurde, ist damit die zwischen Lieferort und Bestimmungsort dem Verkäufer nächstgelegene Grenze gemeint (*Eisemann/Melis* Incoterms S. 198). Die Ware gelangt in die
Verfügungsgewalt des Käufers, wenn dieser sich tatsächlich oder aufgrund eines
Transportpapiers in den Besitz der Ware setzen kann. Der Verkäufer hat daher dem
Käufer auch ein auf diesen ausgestelltes oder an ihn indossiertes bzw. zediertes Transportpapier zu besorgen. Auf Wunsch des Käufers hat der Verkäufer auf dessen Kosten
und Gefahr ein Durchfrachttransportpapier zu beschaffen. Die Ware muß exportfrei
sein. Der Verkäufer hat ferner auf eigene Gefahr und Kosten Devisengenehmigungen
und alle sonstigen amtlichen Bescheinigungen zu beschaffen, die für die Zollabfertigung der Ware zur Ausfuhr bzw. zum Transit erforderlich sind (Art. A 4 Incoterms
(Rdn. 756)). Zu den Kosten der Entladung an der Grenze vgl. Artt. A 7, B 3 Incoterms
(Rdn. 756). Dem Verkäufer fallen diejenigen Entladekosten zur Last, die für den Weitertransport in das Importland unumgänglich notwendig sind (*Eisemann/Melis* Inco-

terms, S. 200). Insbesondere um eine rechtzeitige Versicherung und Abnahme der Ware zu ermöglichen, hat der Verkäufer eine Versandanzeige zu erstatten. Ferner hat der Verkäufer dem Käufer auf dessen Kosten und Gefahr bei der Beschaffung der für den Import und die Einfuhrverzollung erforderlichen Dokumente Hilfestellung zu gewähren, soweit diese Dokumente im Versandland- oder Ursprungsland erhältlich sind. Hierunter fallen insbesondere Ursprungszeugnisse (*Eisemann/Melis* Incoterms, S. 202). Gleiches gilt für Dokumente, die in Transitländern ausgestellt werden. — Der Import und die Einfuhrverzollung ist Sache des Käufers (Artt. B 2, 3, 4, 6, 7 Incoterms (Rdn. 756)). Art. B 5 Incoterms bürdet dem Käufer die aus dessen Gläubigerverzug resultierenden Gefahren und Kosten auf. Nimmt der Käufer die Ware deshalb nicht rechtzeitig ab, weil ihm keine Versandanzeige erstattet worden ist, so kann er nach den Regeln der positiven Forderungsverletzung Schadensersatz verlangen und nach den Grundsätzen des „dolo facit, qui petit, quod statim redditurus est" die Erstattung der Kosten verweigern. — Die Kosten von Qualitätsgutachten werden mit dem Argument dem Käufer auferlegt, daß dieser die Vertragsgemäßheit der Ware zu überprüfen habe (Art. B 10 Incoterms (Rdn. 756)). — Die Ware ist an der Grenze auf ihre Qualität hin zu untersuchen (*Straatmann/Ulmer* Schiedsspruch J 6 Nr. 3). Soweit sie nicht umgeladen wird, gehören Gewichtsmängel zu den verdeckten Mängeln im Sinne des § 377 HGB. Am Bestimmungsort sind unverzüglich Gewichtsfeststellungen zu treffen.

51. Geliefert ... (benannter Bestimmungsort im Einfuhrland) verzollt

232 Vgl. die Ausführungen zur Klausel „geliefert ... (Grenze)". Im Unterschied zu dieser Klausel hat der Verkäufer bei Vereinbarung der Klausel „geliefert ... (benannter Ort im Einfuhrland) verzollt" die Ware dem Käufer auf seine Kosten und Gefahr verzollt am Bestimmungsort zur Verfügung zu stellen (Artt. A 2, 3 ff Incoterms (Rdn. 757)). Die Nichtbezahlung von Zöllen, Steuern und anderen Abgaben hemmt dann den Gefahrübergang nicht, wenn der Verkäufer die Ware dem Käufer zur Verfügung gestellt hat oder vertragsgerecht zur Verfügung stellen konnte (*Eisemann/Melis* Incoterms, S. 213; Art. B 4 Incoterms (Rdn. 757)). Allerdings muß sichergestellt sein, daß auf den Käufer nicht mehr Rückgriff genommen wird. Die Kosten der Entladung sowie Lagerung hat der Verkäufer ebenfalls auf sich zu nehmen, falls dies erforderlich und üblich ist, um sie verzollt zur Verfügung zu stellen (Art. A 6 Incoterms (Rdn. 757)). Die Üblichkeit ergibt sich aus den Branchenusancen bzw. aus der Geschäftsverbindung.

233 Ist „ab deutsche Grenze, verzollt und versteuert" verkauft, so ist die Andienung in einem Freihafen vertragsgemäß, selbst wenn dort die Ware noch nicht verzollt ist und es üblich ist, daß die Verzollung erst im Moment der tatsächlichen Einfuhr vorgenommen wird (*Straatmann/Ulmer* Schiedsspruch J 2 Nr. 2). Es muß aber sichergestellt sein, daß der Käufer bei einer Insolvenz des Verkäufers mit den Kosten der Verzollung zumindest aufrechnen kann. Daher erscheint diese Auslegung der Klausel nicht sachgerecht, falls der Käufer bei Andienung der Ware zur Zahlung verpflichtet ist.

52. Gutbefund

234 Siehe „Besicht, auf" (Rdn. 190).

53. Höhere Gewalt

235 a) Die „höhere Gewalt"-Klauseln treten in vielerlei Gestalt in Erscheinung. Es ist zunächst zwischen Klauseln, die den Begriff der „höheren Gewalt" isoliert verwenden, und solchen Klauseln zu differenzieren, die den Begriff der „höheren Gewalt" durch Beispiele anreichern (z. B. Feuer, Streik, ... sowie sonstige Fälle der höheren Gewalt). Auch unter dem Aspekt der Art und Weise, in der Störungen höherer Gewalt auf die geschuldete Leistung eingewirkt haben müssen, lassen sich deutliche Unterschiede ausmachen. Ein älterer Klauseltyp erklärt lediglich den „Vorbehalt" der Leistung, während neuere Typen meist die relevante Störungsschwelle zu fixieren versuchen. Dabei reicht die Bandbreite von „erheblich erschweren" bis zu „verhindern" und „unmöglich machen". Auch auf der Ebene der Rechtsfolgen sind verschiedene Formen zu beobachten. Teils soll die höhere Gewalt die Leistungspflicht lediglich suspendieren, teils soll sie ein Rücktrittsrecht, teils Rücktrittsrecht und Suspension auslösen.

b) Schwierigkeiten bereitet zunächst die Auslegung des Begriffs der höheren Gewalt [106]. Es sind zwei Fallgruppen zu bilden. Wird in der Klausel der Begriff der „höheren Gewalt" isoliert gebraucht, so ist dieser Begriff so zu interpretieren, wie er in mit dem Begriff „höherer Gewalt" arbeitenden Gesetzen verstanden wird (insbesondere §§ 701 BGB, 454 HGB, 82 EVO, 34 KVO) [107]. Wenn sich auch hier noch keine einheitliche Auslegung herauskristallisiert hat, so ist man sich in der Tendenz doch weitgehend einig, daß die Störung von außen her auf den Betrieb eingewirkt haben muß, außergewöhnlich gewesen sein muß und keine typische Betriebsgefahr darstellen darf, die wegen ihrer Häufigkeit einzukalkulieren ist. In diesem Sinne hat auch die ältere Rechtsprechung den Begriff der „höheren Gewalt" in Handelsklauseln ausgelegt (RG JW **1916** 1409; DJZ **1916** 1079). Den gleichen Standpunkt nimmt der BGH in einer Entscheidung zum Baurecht ein (BGH DB **1962** 111; BB **1970** 460). Bezeichnenderweise definiert § 15 WVB (Rdn. 2) den Begriff der höheren Gewalt ebenfalls in der Weise, daß die Störung nicht zu vertreten, unabwendbar und unvorhersehbar gewesen sein muß. Demnach sind unter derzeitigen deutschen Verhältnissen Arbeitskämpfe nur dann höhere Gewalt, wenn sie während der Laufzeit eines Tarifvertrages stattfinden [108]. Auch Kriege stellen nicht immer höhere Gewalt dar. Mit Änderungen der Handelspolitik und der Genehmigung von Ein- und Ausfuhren muß grundsätzlich gerechnet werden, so daß eine Versagung der Import- bzw. Exportlizenz nur im Falle unvorhersehbarer Änderungen der Lizenzpraxis in die Kategorie der höheren Gewalt fällt. Besondere Probleme wirft die Beurteilung der Verträge mit Staatshandelsunternehmen auf. Hier ist nach dem Grade der Unabhängigkeit der Außenhandelsunternehmen von der Regierung zu differenzieren (*Gesang* Force-majeure und ähnliche Entlastungsgründe im Rahmen der Lieferungsverträge von Gattungsware (1980) S. 35, 103). Preissteigerungen, die die Leistung erschweren, sind als Fall der höheren Gewalt zu qualifizieren, sofern die sie auslösenden Ereignisse „von außen" kamen und unvorhersehbar waren (a. A. *Gesang* S. 36). Anders ist die Situation dort, wo nicht der Leistungsprozeß selbst erschwert wird, sondern nur das zu liefernde Gut allgemein höher bewertet wird. Geldmangel stellt unabhängig von den auslösenden Ursachen im Interesse der Wettbewerbsgleichheit nie einen Fall der höheren Gewalt dar [109]. Anders ist die Situation bei Devisenmangel infolge hoheitlicher Eingriffe (a. A. *Gesang* S. 34 m. Nachw.). Auch hier ist der Grad der Verbundenheit der Unternehmen mit der jeweiligen Regierung zu berücksichtigen.

---

[106] Vgl. Verhandlungen des 22. Deutschen Juristentages (1892) Bd. I, S. 348 ff; Bd. II, S. 41 ff; Bd. IV, S. 104 ff.

[107] *Gesang* S. 28; *Joussen* Der Industrieanlagenvertrag (1981) S. 117.

[108] *Hensen* Anh. § 9 Rdn. 102; a. A. *Staudinger/Schlosser* § 11 Nr. 7 AGBG 3; *Joussen* S. 117.

[109] Vgl. *Koller* Die Risikozurechnung bei Vertragsstörungen in Austauschverträgen (1979) S. 232.

237 c) In der Regel wird der Begriff der **höheren Gewalt durch Beispiele ergänzt.** Hier sind zwei Auslegungsmaximen vorstellbar. Zum einen ist es denkbar, den Begriff der höheren Gewalt von den ihm zugestellten Beispielen her und damit von Fall zu Fall unterschiedlich zu interpretieren[110]. Es ist jedoch auch der umgekehrte Ansatz gangbar: Es wird von dem feststehenden Begriff der höheren Gewalt auf die Tragweite der Beispiele geschlossen. Für die zuerst genannte Auslegungsmaxime spricht der Umstand, daß die AGB, in denen zunächst lediglich der Begriff „höhere Gewalt" isoliert verwandt worden war, mit Beispielen angereichert worden sind, weil man sichergehen wollte, daß in den benannten Fällen eine Leistungs- bzw. Haftungsbefreiung eintritt (*Gesang* S. 30). Für Außenstehende ist indessen das Motiv für die Verwendung von Beispielen nur selten erkennbar, so daß es zumal unter dem Aspekt des § 5 AGBG keine Rolle spielen kann (OLG Koblenz WM **1983** 1272, 1274). Das hat zur Folge, daß im deutschen Recht, wo die „höhere Gewalt" anders als im englischen Recht der Begriff force majeure (*Stein/Berrer* Praxis des Exportgeschäftes Bd. II (1981) S. 45, 77) einen Begriff der Rechtssprache darstellt, das Schwergewicht auf den Begriff der höheren Gewalt in dem oben (Rdn. 236) dargestellten Sinn zu legen ist. Voraussetzung ist natürlich, daß die benannten Störungsereignisse in der Klausel nur als Beispiele höherer Gewalt verstanden werden können (RG WarnRspr. **1916** Nr. 38). Der Umstand, daß bei Verwendung einer um Beispiele angereicherten Klausel allgemein behauptet wird, der Schuldner hätte trotz Eintritts einer in der Klausel beispielhaft genannten Störung für von ihm vorsätzlich oder fahrlässig verursachte Schäden einzustehen, zeigt, daß die Reichweite der Beispiele nicht aus sich heraus zu bestimmen ist. Vielmehr ist die Reichweite der Beispiele anhand des Begriffs „höhere Gewalt" zu ermitteln. Demnach wirkt nicht jedes in die Klausel aufgenommene unverschuldete „Feuer", nicht jede unverschuldete „Betriebsstörung" befreiend, sondern nur solche Feuerschäden bzw. Betriebsstörungen, die im Sinne der höheren Gewalt durch ein von außen kommendes, unvorhersehbares Ereignis verursacht worden sind. Um die Anreicherung der „höheren Gewalt"-Klausel durch Beispiele nicht gänzlich leerlaufen zu lassen, hat man davon auszugehen, daß die benannten Ereignisse im Zweifel unvorhersehbar und von außen verursacht worden sind.

238 Anders ist die Situation, wenn die in der Klausel beispielhaft aufgezählten Störungen nie oder typischerweise nur selten durch Umstände im Sinne der durch Unvorhersehbarkeit und Betriebsfremdheit charakterisierten höheren Gewalt verursacht werden. Diese Störungen sind eigenständig zu betrachten; denn hier ist auch für Außenstehende klar ersichtlich, daß der Begriff der höheren Gewalt im engen Sinn nicht prägend sein kann. Aus dem Begriff höhere Gewalt ist dann nur abzuleiten, daß die Störung unverschuldet gewesen sein muß (**a. A.** in der Tendenz OLG Koblenz WM **1984** 1272, 1274). Werden in der Klausel lediglich überwiegend Beispiele aufgezählt, die typischerweise gut vorhersehbar sind, so kommt es darauf an, welche Beispiele das Gesamtbild der Klausel bestimmen.

239 d) Wird in der Klausel ausgesprochen, daß die Leistung für den Fall höherer Gewalt „**vorbehalten**" sei, so ist die Klausel dahin auszulegen, daß die Störung die Leistung weder objektiv noch subjektiv unmöglich gemacht haben muß. Es genügt, daß die Störung

---

[110] *Beitzke* DB **1967** 1751; *Gesang* S. 33 unter Hinweis auf das englische Recht S. 92 ff; *Eckhardt* Die Entlastung des Verkäufers nach Art. 74 EKG (1983) S. 87.

auf die Planungen des Schuldners in erheblichem Umfang negativ eingewirkt hat[111]. Es genügt mithin, daß die Störung dem Schuldner die Eindeckung oder auch nur die Wiedereindeckung erschwerte (RGZ **87** 92); denn die Klausel soll ersichtlich den Planungsprozeß des Schuldners absichern. Erheblich bedeutet in diesem Zusammenhang „spürbar". Eine Klausel in dieser Fassung mag Anlaß zu Spekulationen geben, die jedoch nicht überhand nehmen werden, wenn man beachtet, daß der Schuldner die Störung seiner Planungen beweisen muß. Daß er hierzu unter Umständen Geschäftsinterna preisgeben muß, ist Folge der weiten Fassung der Befreiungsklausel. Zur Wirksamkeit einer derartigen Klausel im Lichte des AGBG Rdn. 242. Vielfach wird die Art und Weise, in der die Ereignisse sich auf die Leistung ausgewirkt haben, näher qualifiziert. „Unmöglich machen" ist in diesem Zusammenhang im Sinne des Unvermögens zu verstehen. Werden mehrere Formen der Einwirkung als relevant bezeichnet (z. B. ... verringern, verzögern oder unmöglich machen), so ist im Zweifel davon auszugehen, daß dies im Sinne einer Kumulation zu verstehen ist.

e) Die **Rechtsfolgen** einer für relevant erklärten Störung höherer Gewalt ergeben **240** sich primär aus dem Wortlaut der Klausel. Ist lediglich „höhere Gewalt vorbehalten", so führt dies zur automatischen Beendigung der Lieferverpflichtung und Gegenleistungspflicht (a. A. *Staudinger/Schlosser* BGB[12] § 10 Nr. 3 AGBG Rdn. 19). Zur Wirksamkeit im Licht des AGBG s. Rdn. 242. Hat sich der Schuldner im Falle höherer Gewalt den **Rücktritt** vorbehalten, so hat er den Rücktritt unverzüglich zu **erklären**, sobald er die Auswirkungen der Störung zu überschauen vermag[112]. Versäumt der Schuldner die Frist, so verwirkt er das Rücktrittsrecht[113]. Zum Rücktrittsrecht im Lichte des AGBG s. Rdn. 243.

f) Unabhängig von der Möglichkeit eines Rücktritts hat der Schuldner den anderen **241** Teil über die im Sinne der Klausel relevanten Störungen unverzüglich zu **informieren**. Eine Verletzung dieser Pflicht macht den Schuldner schadensersatzpflichtig[114]. Auf diese Weise vermag der Vertragspartner den Schaden abzuwälzen, den er dadurch erleidet, daß er sich nicht rechtzeitig auf die neue Lage eingestellt hat. Dem Vertragspartner das positive Interesse zu sichern, besteht anders als bei einer verzögerten Erklärung des Rücktritts kein Anlaß, weil die Informationspflicht die Schwebelage nicht endgültig beseitigen soll.

g) Inwieweit „höhere Gewalt"-Klauseln im kaufmännischen Geschäftsverkehr, die **242** im Rahmen von **Allgemeinen Geschäftsbedingungen** verwandt werden, gültig sind, ist strittig. Zum Teil wird die Möglichkeit, die § 279 BGB entspringende Verpflichtung im Wege von AGB einzuschränken, gänzlich verneint, weil die Beschaffungspflicht, d. h. letztlich die Pflicht, für die eigene Zahlungsfähigkeit einzustehen, zu den elementaren Grundsätzen des Wirtschaftsverkehrs gehöre[115]. Andere vertreten die Ansicht, daß eine wirksame Freizeichnung von Ereignissen höherer Gewalt voraussetze, daß die Erfüllung der Lieferpflicht in unzumutbarer Weise erschwert worden sei[116]. Schlosser

---

[111] RGZ **87** 92, 93 f; RG WarnRspr. **1916** Nr. 38; ebenso *Rotbarth* JW **1915** 1287; weitergehend *Starke* LZ **1915** 668, 669; ablehnend *v. Caemmerer* Rechtsvergleichendes Handwörterbuch für das Zivil- und Handelsrecht Bd. IV (1933), Stichwort „Höhere Gewalt" S. 252; *Gesang* S. 40, 43 m. Nachw.

[112] RG Recht **1917** 173 Nr. 304; *Schlegelberger/Hefermehl* § 346 77; für angemessene Frist BGB-RGRK/*Mezger* § 433 45.

[113] Umkehrschluß aus § 355 BGB; *Kegel/Rupp/Zweigert* Die Einwirkung des Krieges auf Verträge (1941) S. 42.

[114] A. A. *Mathies/Grimm/Sieveking* Die Geschäftsbedingungen des Waren-Vereins der Hamburger Börse e. V.[3] (1967) § 38 15; wohl auch *Gesang* S. 73 f.

[115] *Löwisch* BB **1974** 1493, 1497; *Schlosser/Coester-Waltjen* AGBG § 11 Nr. 7 72.

[116] *Gesang* S. 58; *Löwe/Graf von Westphalen/Trinkner* AGBG § 9 101.

(*Staudinger/Schlosser* § 11 Nr. 7 AGBG 46) will eine Freizeichnung bis zur Grenze des Verschuldens anerkennen, falls nicht der eigentliche Leistungsanspruch, sondern ausschließlich ein über den Anspruch auf Erfüllung in natura hinausgehender Schadensersatzanspruch vom Verschulden abhängig gemacht werde. Der Schuldner müsse nämlich verpflichtet bleiben, sich unter Umständen mit höheren Kosten einzudecken, brauche aber bei Verzögerungen der Erfüllung nur für Verschulden einzutreten. Richtig erscheint jedoch, daß im kaufmännischen Verkehr eine Absenkung der Einstandspflicht auf Verschulden — von den Fällen mangelnder Zahlungsfähigkeit abgesehen — ganz allgemein zulässig ist. Zunächst ist nämlich festzuhalten, daß die Einstandspflicht für die Zahlungsfähigkeit und die Beschaffungsgarantie klar zu trennen sind, wie die § 279 BGB einschränkende Geschäftsgrundlagen-Lehre und die Lehre von der Opfergrenze deutlich zeigen, die den Schuldner trotz Zahlungsfähigkeit von seiner Leistungspflicht entlasten, sobald die Leistungspflicht in einem näher zu konkretisierenden Sinn unzumutbar wird. Deshalb bietet im Vergleich zum dispositiven Recht dem Schuldner eine an der Unzumutbarkeit orientierte Freizeichnungsklausel keinerlei Vorteile. Aber auch die dem Gattungsschuldner zugeschriebene Garantie seiner Beschaffungsmöglichkeit nimmt durchaus nicht einen so hohen Rang ein, wie dies behauptet wird. Als rechtsgeschäftlich verstandene Garantie ist sie eine Fiktion. Als gesetzliche Garantie wird sie in der Literatur de lege lata in Frage gestellt[117]. Auch wenn man sich nicht dieser Ansicht anschließt und § 279 BGB zutreffend als Fall der verschuldensunabhängigen Haftung begreift, so muß man berücksichtigen, daß hinter § 279 BGB unter anderem der Gedanke der abstrakten Beherrschbarkeit steht. Dem Gattungsschuldner wird das Beschaffungsrisiko verschuldensunabhängig zugerechnet, weil er es typischerweise besser zu steuern vermag und eine verschuldensunabhängige Zurechnung tendenziell dafür sorgt, daß die Unternehmen ihre Vorsorgemaßnahmen optimieren (*Koller* Risikozurechnung, S. 58 ff, 78 ff, 211 ff). Hinzu kommt, daß der Gattungsschuldner die seine Beschaffungsmöglichkeit typischerweise treffenden Risiken überblickt und somit besser einzukalkulieren vermag (*Koller*, Risikozurechnung, S. 89 ff, 211 ff). Auch Rechtssicherheitserwägungen mögen bei regelmäßig nur Kaufleute treffenden Gattungsschulden für eine verschuldensunabhängige Haftung gesprochen haben. Alle diese Wertungen sind nicht von so zentraler Bedeutung, daß sie einer Absenkung des Haftungsmaßstabs auf Verschulden im Wege stünden; denn es ist nicht zu verkennen, daß die nach generalisierenden Merkmalen erfolgende Risikozurechnung dem Gattungsschuldner erhebliche Lasten aufbürdet, falls seine Informationen unsicher und seine Einwirkungsmöglichkeiten gering sind. Es erscheint daher jedenfalls im Falle unvorhersehbarer Störungen durchaus angemessen, den Schuldner im Rahmen von AGB nur dort einstehen zu lassen, wo ihm in Hinblick auf die Sicherung der Beschaffungsmöglichkeiten der Vorwurf schuldhaften Fehlverhaltens gemacht werden kann. Dabei kann der Richter mit Hilfe des objektiven Fahrlässigkeitsmaßstabes dafür Sorge tragen, daß sich der Schuldner nicht angemessenen Anstrengungen zu entziehen vermag. Eine Ausnahme gilt für typische Störungsquellen, die jedoch grundsätzlich ohnehin nicht in die Kategorie der höheren Gewalt fallen (Rdn. 236). Derartige Risiken vermag der Schuldner unschwer einzukalkulieren. Eine weitere Ausnahme gilt für ersichtlich kurzfristig wirksame Leistungshindernisse und geringfügige Verteuerungen (BGH NJW **1983** 1320, 1321).

---

[117] *Jakobs* Unmöglichkeit und Nichterfüllung (1969) S. 209; *Lemppenau* Gattungsschuld und Beschaffungspflicht (1972) S. 98 f.

Unter dem Aspekt der **Rechtsfolgen** sind die in AGB verwandten „Suspensivklau- **243** seln", die den Schuldner berechtigen, die Leistung hinauszuschieben, unbedenklich (*Staudinger/Schlosser* § 10 Nr. 3 AGBG Rdn. 20). Ein in AGB ausbedungenes allgemeines **Rücktrittsrecht** kann nur anerkannt werden, falls die Störung höherer Gewalt die Leistung erfahrungsgemäß erheblich erschwert oder wegen der Dauer der Störung die Gefahr einer erheblichen Erschwerung entstanden ist. Ein derartiges Rücktrittsrecht mag dem Schuldner Spekulationsmöglichkeiten eröffnen, weil er sich auf diese Weise von unliebsam gewordenen Verbindlichkeiten zu befreien vermag. Dies reicht jedoch nicht aus, um das Rücktrittsrecht ganz allgemein als unangemessen zu qualifizieren (so aber tendenziell *Staudinger/Schlosser* § 10 Nr. 3 AGBG Rdn. 20). Es ist auch zu berücksichtigen, daß ein Rücktritt klare Verhältnisse schafft und der Schuldner, dessen Planungen zur Leistungserbringung durch höhere Gewalt erheblich gestört sind, ein Interesse daran hat, seine Kalkulation alsbald auf eine neue, sichere Basis zu stellen. Dem entspricht auch das Allgemeininteresse an Verkehrssicherheit. Deshalb sind Klauseln zu respektieren, die dem Schuldner den Rücktritt eröffnen, sobald er zu erkennen vermag, daß der Einfluß höherer Gewalt seine Leistung erheblich erschwert. Der Rücktritt muß, um dem Schuldner Spekulationsmöglichkeiten abzuschneiden, binnen angemessener Frist erklärt werde.

Mit Hilfe von „höherer Gewalt"-Klauseln will sich der Verwender im allgemeinen **244** eine im Vergleich zum dispositiven Recht vorteilhaftere Position verschaffen. Dies hat zur Folge, daß die „höheren Gewalt"-Klauseln grundsätzlich die Befreiungsgründe des dispositiven Rechts nicht verdrängen (RGZ **42** 114; a. A. *Gesang* S. 67). Es bedarf deshalb besonderer Gründe, um anzunehmen, daß mit Hilfe einer „höheren Gewalt"-Klausel eine abschließende Regelung der Risikoverteilung gewollt war. Anhaltspunkt dafür ist die individuelle Vereinbarung der Entlastung des Schuldners bei „höherer Gewalt" oder die Übernahme der „höheren Gewalt"-Klausel aus Geschäftsbedingungen, die ein Verband zum sachgerechten Ausgleich der Interessen der Vertragsparteien aufgestellt hat (z. B. § 15 WVB (Rdn. 2)).

54. Jederzeit

Kann eine Leistung „jederzeit" verlangt werden, so muß dem Schuldner nach Treu **245** und Glauben die notwendige Zeit für die Liefervorbereitungen gelassen werden (RG Holdheim **1908** 212). Der Verkäufer hat zu liefern, als ob er „sofortige" (Rdn. 287) Lieferung versprochen hätte.

55. Kai, ab

Siehe Überseekauf (Rdn. 158). **246**

56. Kasse gegen Akkreditiv

Siehe *Canaris* Bankvertragsrecht, Vorauflage (2. Bearb.) Rdn. 1047 ff. **247**

57. Kasse gegen Frachtbriefdoppel

Das Frachtbriefdoppel hat den typischen Charakter eines Sperrpapiers. In der Über- **248** gabe des Frachtbriefdoppels liegt daher eine stillschweigende Übereignung gemäß §§ 929, 931 BGB (*Nielsen* ZIP **1983** 131, 133).

58. Kasse gegen Dokumente

249 Siehe Überseekauf (Rdn. 72).

59. Kasse (netto)

250 Siehe „Netto Kasse" (Rdn. 269).

60. Kasse gegen Lieferschein

251 a) Die Klausel wird vor allem bei Kaufverträgen verwandt, bei denen der Käufer die Ware bei einem Lagerhalter, Spediteur, am Kai oder bei einem sonstigen Dritten abholen soll (*Heynen* Die Klausel „Kasse gegen Lieferschein" (1955)). Der Verkäufer **weist** den Besitzer der Ware an, die Ware an den Inhaber der Urkunde herauszugeben. Der Besitzer der Ware muß sich nicht notwendig verpflichtet haben, die Ware an den Anweisungsempfänger herauszugeben. Die Ware muß in dem Lieferschein in einer Verwechslungsmöglichkeiten ausschließenden Weise bezeichnet worden sein. Verletzt der Verkäufer diese Verpflichtung, so hat er den Schaden zu ersetzen (*Straatmann/Ulmer* Schiedsspruch J 5 a Nr. 76). Der Verkäufer kann auch anstelle eines Lieferscheines einen **Lagerschein** andienen (zum Lagerschein vgl. Kommentierung zu § 424 HGB). Schuldet der Verkäufer auch Freistellung (z. B. im Fall der Klausel „Kasse gegen Lieferschein/**Freistellung**"), so hat sich der Besitzer der Ware urkundlich zur Herausgabe der Ware an den aus dem Lieferschein Berechtigten zu verpflichten, und diese Urkunde ist dem Käufer auszuhändigen.

252 Der Verkäufer hat dem Käufer einen „**reinen**" **Lieferschein** anzudienen. Insbesondere darf der Lieferschein keinen „Kassa"-Vermerk tragen, demzufolge der Lagerhalter die Ware nur gegen Bezahlung auszuliefern hat; denn der Käufer kann ja die Partie mit anderen Zahlungsabreden, z. B. „Zahlung nach Empfang" weiterverkauft haben, so daß sein Abnehmer nicht bereit sein wird, an den Lagerhalter Zahlungen zu leisten (*Liesecke* WM **1978** Beilage Nr. 3, S. 11).

253 b) Die bloße Übergabe des Lieferscheines hat im Zweifel keine Auswirkung auf die **Eigentumslage**. Sie enthält keine Abtretung des Herausgabeanspruchs (BGH WM **1971** 742 f). Eingehend zu dieser Frage sowie zu den mit dem „Durchhandeln" und dem „Umschreiben" der Ware verbundenen Fragen *Liesecke* WM **1978** Beilage Nr. 3, S. 10; anders für den Fall, daß zugleich ein Eigentumsvorbehalt vereinbart wurde, der Lagerort der Ware gewechselt wurde und der Verkäufer Aussteller des Lieferscheins war, OLG Hamburg ZIP **1981** 996; anders bei Kettengeschäft, BGH ZIP **1982** 849, 850.

254 c) Der Käufer darf die Ware vor Aufnahme des Lieferscheins grundsätzlich nicht **untersuchen**. Es gelten hier ebenso wie für die Zulässigkeit der **Aufrechnung** bzw. für das Vorbringen von Leistungsverweigerungsrechten die für die Klausel „Kasse gegen Dokumente" (Rdn. 249) dargestellten Regeln. Die Entgegennahme des Lieferscheins setzt die **Rügefrist** des § 377 HGB noch nicht in Lauf, weil der Käufer allein damit noch keine Gelegenheit zur Untersuchung erlangt (BGH WM **1971** 742, 744). Da der Verkäufer regelmäßig bis zur Herausgabe der Ware durch den Dritten auch die Verfügungsgewalt behält, beginnt die Rügefrist — von Ausnahmen wie den Fällen des Umschreibens abgesehen — erst, wenn der Käufer die Ware beim Lagerhalter entgegennimmt oder untersuchen läßt oder sonst darüber verfügt (*Liesecke* WM **1978** Beilage Nr. 3, S. 11).

61. Kasse gegen Rechnung (Faktura)

Haben die Parteien Kasse gegen Rechnung vereinbart, so hat der Käufer im Zweifel **255** binnen einer kurzen, branchenüblichen Frist nach Vorlage der Rechnung zu bezahlen. Von einer **Untersuchung** der Ware darf er die Zahlung nicht abhängig machen. Eine Ausnahme ist wie beim cif-Geschäft dort zuzulassen, wo die Ware gleichzeitig mit der Rechnung beim Käufer eintrifft und der Käufer glaubhaft zu machen vermag, daß die Ware mangelhaft ist[118]. Nach heute h. M. hat der Käufer bei der Klausel „Kasse gegen Dokumente" grundsätzlich kein Recht zur vorherigen Untersuchung (Rdn. 63) der bereits eingetroffenen Ware. Es besteht kein Anlaß, bei der Klausel „Kasse gegen Rechnung" anders zu entscheiden; denn hier trifft den Käufer eine noch weitergehendere Vorleistungspflicht. Der Verkäufer soll sichergehen können, daß er binnen kurz bemessener Frist nach Zugang der Rechnung unabhängig von der Dauer des Warentransports Zahlung erhält. Diese Sicherheit würde unterminiert werden, wenn der Käufer Gelegenheit erhielte, gestützt auf Mängelrügen, die nicht aller Wahrscheinlichkeit begründet sind, die Zahlung zu verzögern. — Die Beweislast, daß die Ware schon vor dem Gefahrübergang mangelhaft war, hat der Käufer zu tragen[119]. Der Verkäufer ist im Zweifel nicht berechtigt, die Ware erst abzusenden, wenn die Faktura bezahlt ist. Jedenfalls muß er im Moment der Absendung der Rechnung lieferbereit sein (RG JW **1923** 685). Die Klausel führt im Zweifel ebenfalls zum **Aufrechnungsausschluß**[120]. Zu den Grenzen des Aufrechnungsausschlusses Rdn. 269.

Im **internationalen Handel** kann die Klausel dahin zu verstehen sein, daß der Käufer mit der Bezahlung bis zum Eintreffen der Ware warten darf (*Liesecke* WM **1978**, Beilage Nr. 3, S. 8).

„Rechnung vorher" heißt, daß der Käufer erst zu zahlen braucht, wenn er die Rechnung auf die richtige Ausführung hin geprüft hat. Vorzuleisten braucht er hier nur, wenn die Klausel z. B. mit den Worten „Kasse" auf eine Vorleistungspflicht hinweist. Zur Klausel „Netto Kasse gegen Rechnung/Freistellung" *Straatmann/Ulmer* Schiedsspruch J 5 a Nr. 78.

62. Kontraktübernahme

Die Formulierung „Kontraktübernahme" ist vieldeutig. Sie kann sich auf einen Verkauf des Vertrages (dazu *Koller* JR **1982** 353), auf einen Vertrag über Warenlieferung **256** sowie auf einen Vertrag über die von demjenigen, der den Vertrag abgibt, zu vergütende Übernahme des Vertrages beziehen. Welche Variante gewollt ist, ergibt sich primär aus den Preisabreden. Ist z. B. vereinbart, daß Zug um Zug gegen Lieferung der Ware zu zahlen ist, und deckt der vereinbarte Kaufpreis den vollen Warenwert, so ist im Zweifel von einem Warenlieferungskontrakt auszugehen. Die „Übernahme"-Klausel hat dann nur die Funktion, die Lieferverpflichtung des Verkäufers auf die Lieferung aus dem Vorkontrakt zu beschränken (*Straatmann/Ulmer* Schiedsspruch J 4 Nr. 8).

63. Lager, ab

Ist vereinbart, daß der Verkäufer „ab Lager" zu liefern hat, so wird man grundsätzlich davon auszugehen haben, daß der Verkäufer seine Verpflichtung durch Lieferung **257**

---

[118] Schiedsspruch *Straatmann/Ulmer* J 5a Nr. 71; a. A. OLG Hamburg HansRZ **1924** 462; *Ratz* Vorauflage, § 346 Rdn. 157; wohl auch RGZ **106** 294, 299.

[119] RGZ **106** 294, 299; *Ratz* Vorauflage, § 346 Rdn. 157.

[120] BGH BB **1972** 1117; OLG Hamburg MDR **1953** 240; Schiedsspruch *Straatmann/Ulmer* J 5f Nr. 3; *Staudinger/Schlosser* § 11 Nr. 3 AGBG 11; a. A. *Liesecke* WM **1978** Beilage Nr. 3, S. 9.

eines Lagerscheins, eines unwiderruflichen Lieferscheins des Lagerhalters oder durch einen vom Verkäufer unterzeichneten Lieferschein zu erfüllen hat (vgl. auch § 92 WVB (Rdn. 2)). Der Käufer hat die Absetzkosten zu tragen. Fraglich ist, von welchem Zeitpunkt ab der Käufer die Lagerkosten zu tragen und die Preis- sowie Leistungsgefahr auf sich zu nehmen hat. Im Hamburger Warenhandel gilt gemäß den §§ 93, 90 WVB (Rdn. 2) die Regel, daß der Käufer binnen zwei Wochen nach Andienung der Ware per Lagerschein etc. abzunehmen hat. Während dieser Empfangszeit lagert die Ware auf Kosten des Verkäufers. Die Preis- und Leistungsgefahr geht unter der Voraussetzung hinreichender Konkretisierung erst mit der realen Abnahme vom Lager, spätestens mit dem Ablauf der Empfangszeit auf den Käufer über. Die Gefahr und Kosten des Absetzens hat hierbei der Käufer zu tragen (*Straatmann/Ulmer* Schiedsspruch J 2 Nr. 4). Bei sonstigen „ab Lager"-Geschäften liegt es nahe, Kosten und Gefahr schon in dem Moment auf den Käufer übergehen zu lassen, in dem dieser den Herausgabeanspruch gegen den Lagerhalter erwirbt bzw. ermächtigt wird, die Herausgabe zu verlangen; denn der Käufer weiß von vornherein, daß er die Ware „ab Lager" erhält, daß es in seinem Ermessen liegt, wann er die Ware abholt, zumal es für den Verkäufer schwer kalkulierbar ist, wann der Käufer die Ware abgeholt haben wird. Der Verkäufer kann daher nur unzulänglich abschätzen, wie hoch sein Risiko sein wird. Andererseits ist aber auch zu berücksichtigen, daß der Käufer die Möglichkeit gehabt haben muß, die Ware auf etwaige Mängel hin zu besichtigen, bevor die Gefahr und damit auch das Sachmangelrisiko auf ihn übergeht. Der Kauf „ab Lager" ist kein echtes Distanzgeschäft. Man wird daher in Parallele zum WVB die Gefahr erst nach Ablauf einer angemessenen Empfangszeit, die auf der Grundlage der örtlichen Branchengewohnheiten zu bestimmen ist, übergehen lassen dürfen. Bis zum Ablauf dieser Empfangszeit hat der Verkäufer die Lagerkosten zu bezahlen. — Der Käufer muß die Ware am Ablieferungsort (Lager) untersuchen, es sei denn, daß dies dort angesichts der Räumlichkeiten oder sonstiger Umstände nicht zumutbar ist (*Straatmann/Ulmer* Schiedsspruch E 6 b Nr. 30).

64. Lieferschein

258 Siehe „Kasse gegen Lieferschein" (Rdn. 251).

65. Lieferung freibleibend

259 Siehe „Lieferungsmöglichkeit vorbehalten" (Rdn. 262).

66. Lieferung sofort nach Eintreffen der Ware

260 Die Klausel ist dahin zu interpretieren, daß sich die Lieferfrist nur dort an der realen Selbstbelieferung orientieren soll, wo der Verkäufer zumutbare Anstrengungen gemacht hat, um sich die Ware zu besorgen. Es ist nämlich ebenso wie bei der Klausel „Liefermöglichkeit vorbehalten" (Rdn. 262) davon auszugehen, daß der Käufer nicht einen vom Belieben des Verkäufers abhängigen Vorbehalt zu erwarten brauchte. Die Klausel verstößt unter Kaufleuten nicht gegen das AGBG. Anders ist die Situation dort, wo die Lieferzeit in das Belieben des Verkäufers gestellt wird (*Staudinger/Schlosser* § 10 Nr. 1 AGBG Rdn. 20 f).

67. Lieferung so schnell als möglich

261 Der Verkäufer hat sich unter Einsatz aller ihm zumutbaren Kräfte darum zu bemühen, die Ware so schnell als ihm bei sorgfältigem Verhalten möglich zu liefern. Angesichts des klaren Wortlauts der Formulierung steht die Lieferzeit weder im Belieben, noch im billigen Ermessen des Verkäufers (a. A. OLG München BB **1954** 116). Es ist nicht notwendig, daß der Verkäufer den genauen Lieferzeitpunkt durch Gestaltungserklärung bestimmt[121]; der Verkäufer muß dem Käufer nur unverzüglich die Lieferung avisieren.

68. Lieferungsmöglichkeit vorbehalten

a) Die Klausel läßt eine Vielfalt von Auslegungsmöglichkeiten zu. Sie kann als aufschiebende Bedingung (Entschluß des Verkäufers, zu erfüllen), als auflösende Bedingung oder als Abrede über ein mehr oder minder freies Rücktrittsrecht interpretiert werden (*Ratz* Vorauflage § 346 146 m. Nachw.). Denkbar ist auch, daß sich der Verkäufer mit Hilfe dieser Klausel von der „Beschaffungsgarantie" des § 279 BGB freizuzeichnen sucht. Welche Variante im Einzelfall maßgeblich ist, ist in erster Linie anhand des einschlägigen Handelsbrauchs zu entscheiden. Gibt dieser keine Auskunft, so hat man nach Treu und Glauben darauf abzuheben, daß ein Verkäufer, der leichtfertig leere Versprechungen abgibt, nicht schutzwürdig ist (BGH NJW **1983** 1322, 1324). Andererseits kann die Haftung bis zur Grenze der objektiven Unmöglichkeit erhebliche Risiken mit sich bringen, die nur sehr unzuverlässig einzukalkulieren sind. Insoweit ist ein Bedürfnis für Freizeichnungen anzuerkennen und muß auch vom anderen Teil, dem etwas unter der Klausel „Lieferungsmöglichkeit vorbehalten" verkauft wird, hingenommen werden. Die Klausel hat mithin die Funktion, den Verkäufer von seiner Beschaffungspflicht zu befreien, wenn dieser die Ware trotz zumutbarer Anstrengungen nicht zu besorgen vermag (BGH NJW **1958** 1628; WM **1968** 400, 402). In diesem Zusammenhang ist der Begriff der „Zumutbarkeit" nicht im Sinn der Geschäftsgrundlagenlehre oder der Lehre von der Opfergrenze einzusetzen; denn die Klausel „Lieferungsmöglichkeit freibleibend" soll den Verkäufer heute sicherlich nicht nur dort befreien, wo er kraft fortgebildeten dispositiven Rechts ohnehin befreit worden wäre. Zumutbare Anstrengungen bedeuten daher, daß der Verkäufer seine Geschäftsbeziehungen im ordnungsgemäßen Geschäftsgang voll ausschöpfen muß und diejenigen Preissteigerungen auf den Beschaffungsmärkten hinnehmen muß, mit denen in der Branche des Verkäufers gerechnet wurde oder allgemein gerechnet werden mußte[122]. Der Verkäufer darf sich in Konstellationen, in denen die Gefahrenquellen, die sich später auf die Lieferungsmöglichkeiten auswirkten, bereits bekannt waren und Störungen erwartet wurden, nicht auf die Klausel berufen. Die Klausel hat nicht die Funktion, den Verkäufer von einer Haftung wegen Vorsorge- und/oder Übernahmeverschuldens zu befreien[123]. — Ist der Verkäufer von einem Lieferanten, mit dem er einen Deckungskontrakt abgeschlossen hatte, nicht beliefert worden, so berechtigt ihn dies allein nicht, sich ohne Klage gegen den Lieferanten auf die Klausel „Lieferungsmöglichkeit vorbehalten" zu berufen[124]. Er hätte die weitergehende Klausel „Selbstbelieferung vorbehalten" vereinbaren müssen. — Im übrigen gilt die allgemeine pro-rata-Regel, d. h., der Verkäufer hat die Ware gleichmäßig unter seinen Kunden aufzuteilen. Dabei hat er

---

[121] RGZ **90** 27, 30; *Staudinger/Köhler* BGB § 433 43; *Schlegelberger/Hefermehl* § 346 65; **a. A.** RGZ **64** 114.

[122] **A. M.** *Ratz* Vorauflage, § 346 145 mit vielen Nachweisen aus der älteren Rechtsprechung.

[123] RGZ **97** 325, 327 f; **132** 305, 310 f; *Löwe/Graf von Westphalen/Trinkner* § 10 Nr. 1 AGBG 18; *Ratz* Vorauflage, § 346 145 m. w. Nachw.

[124] RGZ **103** 180, 183; *Ratz* Vorauflage, § 346 145 f m. w. Nachw.

in erster Linie zu versuchen, diejenigen Kunden voll zu befriedigen, mit denen er ohne Vorbehalt abgeschlossen hat [125].

263 b) AGBG. Interpretiert man die Klausel dahin, daß der Verkäufer gehalten ist, alles Zumutbare zu unternehmen, um die Ware liefern zu können, so ist die Klausel im kaufmännischen Verkehr unbedenklich [126]. Soll die Klausel jede Verantwortung des Verkäufers für die Einhaltung seiner Leistungspflicht ausschließen, so ist sie i. S. d. § 9 AGBG unangemessen (BGH NJW **1983** 1322, 1324).

69. Lieferzeit unverbindlich

264 Die Klausel bezieht sich in erster Linie auf die Lieferzeit. Da sich aber der Käufer regelmäßig auf eine Haftung des Verkäufers wegen Leistungsstörungen nur berufen darf, wenn der Lieferzeitpunkt überschritten ist, regelt die Klausel faktisch auch die Haftung des Verkäufers. In diesem Zusammenhang sind zwei Fallgruppen ins Auge zu fassen. Zum einen kann die Klausel auf einen benannten Lieferzeitpunkt bezogen sein. Weil nicht anzunehmen ist, daß sich der Käufer voll in die Hände des Verkäufers begeben wollte, ist davon auszugehen, daß von dem benannten Lieferzeitpunkt nur abgewichen werden darf, wenn dessen Einhaltung ungewöhnliche Opfer erfordert hätte [127]. Der Verkäufer hat sich mit angemessenen Mitteln weiter zu bemühen, die Lieferung umgehend nachzuholen. Eine in diesem Sinn eingesetzte Klausel verstößt nicht gegen § 9 AGBG (*Löwe/Graf von Westphalen/Trinkner* AGBG² § 10 Nr. 1 18). — Ist ausschließlich „Lieferzeit unverbindlich" vereinbart, so ist anhand der Umstände des Einzelfalls zu ermitteln, ob der Lieferzeitpunkt im Belieben oder im billigen Ermessen des Verkäufers (§ 315 BGB) stehen sollte. Im Zweifel ist davon auszugehen, daß dem Verkäufer keine volle Freiheit gewährt werden sollte (RGZ **105** 368, 371; *Staudinger/Köhler* § 433 43). Der Verkäufer muß sich dann mit verkehrsüblichen Mitteln darum bemühen, so schnell wie möglich zu liefern (vgl. auch BGH NJW **1983** 1320). Er gerät erst dann in Verzug, wenn ihn ein Verschuldensvorwurf trifft. Ein Verstoß gegen § 9 AGBG ist nur dort zu bejahen, wo die Klausel den Lieferzeitpunkt in das Belieben des Verkäufers stellt [128].

70. Muster, laut

265 Beim Kauf laut Muster sind die Eigenschaften der Ware nicht im Sinn des § 463 BGB zugesichert. § 494 gilt nicht [129].

71. Mustergutbefund

266 Ein Kaufvertrag „auf Mustergutbefund" steht unter der aufschiebenden Bedingung, daß die Muster für gut befunden werden (*Straatmann/Ulmer* Schiedsspruch E 7 b

---

[125] So auch bei Erntevorbehalt (Rdn. 204); a. M. RGZ **104** 116; *Schlegelberger/Hefermehl* § 346 80; *Ratz* Vorauflage, § 346 145, denen zufolge Kunden, die unter dem „Vorbehalt gekauft haben" in der Reihenfolge der Bestellungen zu beliefern sind. Es ist jedoch kein Unterschied zu den Fällen auszumachen, in denen ohne Vorbehalt kontrahiert wurde.
[126] *Brandner* in *Ulmer/Brandner/Hensen*, AGBG⁴ § 10 Nr. 3 AGBG Rdn. 16; *Staudinger/Schlosser* § 10 Nr. 3 AGBG 17.
[127] Parallele zur Klausel „Liefermöglichkeiten vorbehalten" (Rdn. 262); RGZ **104** 114, 116; **105** 368, 371; **132** 305, 310.
[128] *Brandner* in *Ulmer/Brandner/Hensen*, AGBG⁴ § 10 Nr. 1 AGBG Rdn. 17; *Staudinger/Schlosser* § 10 Nr. 1 AGBG 20, ähnlich OLG Düsseldorf WM **1972** 83.
[129] BGH DB **1966** 415; *Liesecke* WM **1978** Beilage Nr. 3, S. 34 m. w. Nachw.

Nr. 1). Denkbar ist auch, daß der Kauf unter der auflösenden Bedingung der Zurückweisung der Muster steht (*Straatmann/Ulmer* Schiedsspruch E 7 b Nr. 2). Im Zweifel ist davon auszugehen, daß eine aufschiebende Bedingung gewollt ist. Der Verkäufer ist auch vor Eintritt der Bedingung zur Lieferung von Ware, nämlich eines der verkauften Gattung angehörenden Musters, verpflichtet (*Straatmann/Ulmer* Schiedsspruch E 7 b Nr. 3). Kommt er dieser Verpflichtung nicht nach, so kann der Käufer wegen Nichterfüllung des gesamten Vertrages Schadensersatz aus § 326 BGB verlangen [130]. Der Verkäufer darf sich dann nicht darauf berufen, daß die Bedingung noch nicht eingetreten ist [131]. Eine Ausnahme gilt dort, wo der Verkäufer auch von seiner Verpflichtung aus einem unbedingten Vertrag frei geworden wäre. Ein Kaufvertrag wird nicht später dadurch aufgehoben, daß der Verkäufer musterwidrige Ware liefert. Der Verkäufer darf sich nicht durch Präsentierung minderer Qualität seinen Vertragspflichten entziehen. Dies gilt auch dort, wo die Ware vor der Versendung vereinbarungsgemäß einer Qualitätskontrolle unterworfen werden muß (*Straatmann/Ulmer* Schiedsspruch E 7 b Nr. 1). — Die Klausel *„Subject buyers' approval of the outturn sample"* führt ebenfalls eine aufschiebende Bedingung in den Kaufvertrag ein. Grundsätzlich muß der Mustergutbefund vor der Verschiffung der Ware erfolgen, um unnötige Transportkosten zu ersparen (*Straatmann/Ulmer* Schiedsspruch E 7 b Nr. 4). Es kann aber auch vereinbart worden sein, daß die Muster erst nach Ankunft der Ware gezogen werden sollen. Der Käufer verliert dann trotz Mißbilligung der Muster seinen Schadensersatzanspruch, wenn er die Ware seinen Abnehmern andient, anstatt sie zurückzuweisen (*Straatmann/Ulmer* Schiedsspruch E 7 b Nr. 4).

72. Nachfrist, ohne

Siehe „ohne Nachfrist" (Rdn. 267). **267**

73. Nachnahme (cash on delivery)

Den Käufer trifft eine Vorleistungspflicht. Er muß an den Überbringer der Ware **268** zahlen, ohne vorher die Ware untersuchen zu dürfen [132]. Der Frachtführer erlangt gegen den Empfänger einen Anspruch auf Zahlung des Nachnahmebetrages, wenn dieser die Ware nebst Frachtbrief, in dem Nachnahme vermerkt ist, oder sonst wissentlich annimmt (§ 436 HGB; OLG Düsseldorf VersR **1974** 1074, 1075). Der Nachnahmevermerk muß deutlich sein (z. B. genügt „Unfrei gegen ... DM, Achtung: Kasse gegen Dokumente!" (OLG Düsseldorf VersR **1974** 1075), **nicht** dagegen bloß „Kasse gegen Dokumente" (OLG Köln AWD **1975** 162), „Netto Kasse" oder „Zahlung bei Empfang der Ware"). Ein Aufrechnungsverbot wird nicht begründet (*Staudinger/Schlosser* § 11 Nr. 3 Rdn. 10). Der Verkäufer hat den Frachtführer im Falle einer begründeten Aufrechnung unverzüglich anzuweisen, die Ware ohne Gegenleistung des Käufers auszuliefern. Der Frachtführer darf keine Zahlung mit Scheck entgegennehmen (BGHZ **83** 96, 101).

74. Netto Kasse

Bei Verwendung der Klausel „netto Kasse" muß der Verkäufer die Ware vor der **269** Zahlung absenden. Der Käufer hat binnen kurzer, branchenüblicher Frist zu bezahlen,

---

[130] Anders Schiedsspruch *Straatmann/Ulmer* E 7 b Nr. 4; Anspruch aus c.i.c. Hier geht es jedoch um Ansprüche nach Vertragsschluß.
[131] § 162 BGB; unzutreffend daher Schiedsspruch *Straatmann/Ulmer* E 7 b Nr. 2, der einen bedingten Kauf unterstellt, um zu §§ 480, 326 BGB zu gelangen.
[132] OLG Hamburg LZ **1920** 444, 445; OLG Breslau OLGE **24** 187; *Liesecke* WM **1978** Beilage Nr. 3, S. 8.

nachdem er die Ware erhalten hat. Die Zahlung kann im Handel auch mit den dort üblichen Surrogaten Scheck und Überweisung erfolgen (*Straatmann/Ulmer* Schiedsspruch J 5 g Nr. 5). Ein Skonto darf nicht abgezogen werden[133]. Anders, wenn lediglich „gegen Kasse" verkauft ist. Eine Aufrechnung sowie die Ausübung von Zurückbehaltungsrechten und Leistungsverweigerungsrechten seitens des Käufers sind unzulässig[134]. Dies gilt grundsätzlich auch für liquide Gegenforderungen. Von dieser Regel darf nicht aufgrund der besonderen Umstände des Einzelfalles eine Ausnahme gemacht werden, wenn Dritte (z. B. Banken) typischerweise angesichts der Klauselgestaltung auf die Barzahlung vertrauen und die Kaufpreisforderung im Rahmen von Kreditgeschäften bevorschußt zu werden pflegt (BGHZ **14** 61, 63; **23** 131, 136f; BGH WM **1972** 1092). Selbst die Tatsache, daß der Käufer eine anerkannte oder rechtskräftig festgestellte Gegenforderung besitzt, gibt ihm dann kein Recht zur Aufrechnung. Soweit ein Vertrauensschutz Dritter, insbesondere von Kreditgebern nicht erforderlich ist, wird man dem Käufer das Recht zugestehen müssen, mit einer anerkannten bzw. rechtskräftig festgestellten Forderung aufzurechnen (BGH NJW **1960** 859; *Liesecke* WM **1978** Beilage Nr. 3, S. 9). Gleiches gilt unter dieser Voraussetzung, wenn der Verkäufer zahlungsunfähig geworden ist[135]. Die Klausel ist in diesem Sinne auch gültig, soweit sie im Rahmen von AGB verwandt wird (*Staudinger/Schlosser* AGBG § 11 Nr. 3 Rdn. 9, 11). Der Verkäufer kann sich hingegen auf § 321 BGB berufen (*Liesecke* WM **1978** Beilage Nr. 3, S. 8). Unklar ist, ob auch ein Rechnungsabzug unzulässig ist, der auf die Minderung des Kaufpreises wegen Quantitäts- oder Qualitätsmängel gestützt wird (bejahend *Schlegelberger/Hefermehl* § 346 Rdn. 79; *Straatmann/Ulmer* Schiedsspruch J 5 e Nr. 1). Jedenfalls dort, wo der Minderwert durch Qualitätsarbitrage bindend festgesetzt ist und ein Vertrauensschutz Dritter nicht erforderlich ist, darf der Käufer die Vergütung um den Minderwert kürzen (*Straatmann/Ulmer* Schiedssprüche J 5 g Nr. 3; anders J 5 g Nr. 4). Daraus folgt, daß dem Käufer die Untersuchung der Ware vor Zahlung nicht verwehrt werden kann[136]. Der Käufer hat dort, wo der Minderwert noch nicht bindend festliegt, nur in Fällen evidenter Mängel ein Recht zur Minderung (a. A. *Straatmann/Ulmer* Schiedsspruch J 5 g Nr. 4). Der Verkäufer hat sich mit der Vereinbarung netto Kasse zwar auf ein erhebliches Solvenzrisiko eingelassen. Das Solvenzrisiko darf aber nicht dadurch unübersehbar werden, daß man dem Käufer Gelegenheit gibt, unter Behauptung eines Mangels auf unabsehbare Zeit die Zahlung zu verweigern. Der Verkäufer erwartet Zahlung bei Empfang der Ware. Allerdings muß auch Mißbräuchen seitens des Verkäufers ein Riegel vorgeschoben werden. Wo der Verkäufer evident mangelhafte Ware liefert, kann er nicht erwarten, daß der Käufer reibungslos zahlt (Analogie zu § 378 HGB). Im übrigen hat auch der Käufer in Kauf zu nehmen, daß er seine Gewährleistungsansprüche gegen den Verkäufer nicht zu realisieren vermag (vgl. auch Rdn. 63).

270 Lautet die Klausel „**netto Kasse nach Wareneingang und Gutbefund**", so kann der gesamte Vertrag unter die aufschiebende Bedingung der Billigung der Ware gestellt sein (OLG Düsseldorf BB **1973** 1372). Im Zweifel hat diese Klausel den Sinn, daß die Zahlung erst nach Untersuchung der Ware zu leisten und daß Wandelung/Minderung für die Zahlungsverpflichtung von Bedeutung ist (vgl. § 19 Abs. 10 WVB (Rdn. 2); *Liesecke* WM **1978** Beilage Nr. 3, S. 8). Im Lichte des AGBG ist diese Klausel

---

[133] *Ratz* Vorauflage § 346 154; Schiedssprüche *Straatmann/Ulmer* J 5 f Nr. 2, J 5 g Nr. 5.
[134] Schiedssprüche *Straatmann/Ulmer* J 5 g Nr. 2, 3, 4, 5; 5 f Nr. 3; 5 d Nr. 1.
[135] BGH WM **1975** 134, 614; *Liesecke* WM **1978** Beilage Nr. 3 S. 9; a. A. wohl *Schlegelberger/Hefermehl* § 346 78.
[136] Schiedsspruch *Straatmann/Ulmer* J 5 e Nr. 1; *Liesecke* WM **1978** Beilage Nr. 3, S. 8.

im kaufmännischen Verkehr unbedenklich (*Staudinger/Schlosser* AGBG § 11 Nr. 3 Rdn. 10). Der **Erfüllungsort** wird durch die Klausel „netto Kasse" nicht geändert (RG LZ **1908** 159 Nr. 16).

Zu den Klauseln „ab Lager (Fabrik) netto Kasse" und ähnlichen die „netto-Kasse"-Klausel ergänzenden Formulierungen s. Rdn. 171.

75. Ohne Nachfrist

Siehe § 376 HGB Rdn. 9 zur Frage, ob die Klausel eine Fixschuld begründet. Ist **271** dies zu bejahen, so verstößt auch die im Wege von AGB erfolgende klauselmäßige Vereinbarung von Fixschulden nicht gegen § 9 AGBG[137]. Wie § 376 HGB zeigt, gehört der Verzicht auf die Setzung einer Nachfrist zur Palette der im Handelsverkehr gebräuchlichen Vertragsformen (**a. A.** *Wolf* in Wolf/Horn/Lindacher § 9 E 67). Dabei ist es gleichgültig, ob die Vereinbarung im Wege einer Individualvereinbarung oder in Form von AGB erfolgt, solange die AGB-Klausel nicht überraschend ist. Der Verzicht auf die Nachfrist muß sich daher aus der Lieferzeitbestimmung ergeben oder in enger Verbindung mit ihr stehen.

76. Parität

Eine Paritätsklausel (z. B. Parität: ab Stadtlager Hamburg) legt regelmäßig nicht **272** den Ort der Andienung fest, sondern bestimmt lediglich, daß der Empfänger kostenmäßig so zu stellen ist, als ob am Ort, auf den sich die Parität bezieht, geliefert worden wäre.

77. pod

Abkürzung für pay on delivery. Die Klausel entspricht der „Nachnahme"-Klausel **273** (Rdn. 268).

78. Preise freibleibend

Die Klausel kommt auch in den Formen „vereinbarte Preise unverbindlich", „Preis- **274** erhöhung durch Gestehungskosten vorbehalten" vor. Sie kann zweierlei Bedeutung haben.

a) In der Regel ist der Kauf für beide Teile bindend. Der Verkäufer soll berechtigt sein, den Kaufpreis nach billigem Ermessen bis zur Höhe des im Moment der Lieferung geltenden Marktpreises festzusetzen (BGHZ **1** 353, 354; RGZ **103** 414f; **104** 306f; OGHZ **4** 168). Seine Gewinn- und Kostenkalkulation braucht er nicht zu berücksichtigen, da Kostenpreise zu unsicher zu berechnen sind und im Handelsverkehr zu viel Anlaß zu Streit geben (**a. A.** *Kronke* AcP 183 (1983) 113, 140). Der Verkäufer hat die Billigkeit der Preisbestimmung zu beweisen. Ist im Kaufvertrag schon ein Preis angegeben und handelt es sich dabei aus der Sicht eines verständigen Käufers um einen Festpreis, so ist der Klausel-Vorbehalt irrelevant. Ist die Vereinbarung eines Festpreises zu verneinen, so stellt der bezifferte Kaufpreis nur einen Richtpreis dar, den der Verkäufer nicht unterschreiten muß, wenn der Preisvorbehalt ersichtlich allein seinem Schutz dient (BGH JZ **1954** 356; vgl. aber auch BGH JZ **1957** 56). Fordert der Ver-

---

[137] *Staudinger/Schlosser* § 11 Nr. 4 AGBG 12; **a. A.** Hensen in *Ulmer/Brandner/Hensen*, AGBG⁴ § 11 Nr. 4 AGBG Rdn. 9; *Coester-Waltjen* in *Schlosser/Graba* AGBG § 11 Nr. 4 Rdn. 23.

käufer kurz vor der geplanten Lieferung einen erhöhten Preis, so kann er den Preis nicht nochmals erhöhen, auch wenn sich die Lieferung aus Gründen, die der Verkäufer nicht zu vertreten hat, verzögert[138]. Der Käufer kann nämlich die Ware auf der Basis des ihm genannten Preises bereits weiterveräußert haben, bevor ihm die Verzögerung der Lieferung mitgeteilt wird.

b) Die Klausel kann auch nur bedeuten, daß der Verkäufer von dem Vertrag zurücktreten und ein neues Vertragsangebot unterbreiten darf. Der Käufer kann dann das neue Angebot annehmen oder ablehnen. Zum Schweigen des Käufers auf das neue Angebot BGHZ 1 353 sowie *Canaris* Vorauflage Anh. § 362 Rdn. 14.

79. Produktion, ungestörte vorbehalten

275 Grundsätzlich ist diese Klausel ähnlich wie die Klausel „Liefermöglichkeit vorbehalten" auszulegen. Etwas anderes gilt dort, wo sich nicht der Hersteller selbst, sondern ein Händler die Klausel ausbedingt. Dann ist davon auszugehen, daß sich der Händler nur gegen Produktionsschwierigkeiten eines Herstellers schützen will, von dessen Lieferbereitschaft er sich bereits überzeugt hatte. Auf die Klausel kann sich mithin im Zweifel nur derjenige Händler berufen, der ähnlich wie bei dem Selbstbelieferungsvorbehalt (Rdn. 278) mit dem Hersteller bereits einen kongruenten Deckungsvertrag geschlossen hatte, falls der Deckungsvertrag nur wegen Produktionsstörungen nicht richtig ausgeführt worden ist (*Straatmann/Ulmer* Schiedsspruch J 4 Nr. 23).

80. Prompt

276 Soweit nicht besondere Handelsbräuche z. B. Hamburger Platzusancen eingreifen, bedeutet „prompt", daß der Verkäufer die Ware möglichst schleunig ohne jede schuldhafte Verzögerung im gewöhnlichen Geschäftsgang abzusenden hat[139]. Die Klausel macht einen Kaufvertrag nicht zum Fixgeschäft; denn der Verkäufer verpflichtet sich nur zu „prompter" Absendung, ohne daß die Ankunft innerhalb einer bestimmten Frist in Aussicht gestellt ist. Die Klausel „prompt" kann auch den Sinn haben, daß der Verkäufer bei verspäteter Absendung ohne Mahnung in Verzug gerät (RG SeuffA 38 Nr. 247; Recht 1911 Nr. 471). Die §§ 10, 39, 57 WVB (Rdn. 2) setzen bei Vereinbarung der Klausel „prompte Verladung" je nach Art des Transportweges und Vertragstyps unterschiedlich lange, starre Fristen fest. Diese Regeln gelten auch dort, wo „Hamburger freundschaftliche Arbitrage" vereinbart ist (*Straatmann/Ulmer* Schiedsspruch E 2 a Nr. 5). Die starren Fristen verleihen dem Kaufvertrag nur beim Überseekauf (Rdn. 23) Fixschuldcharakter. In anderen Fällen muß der Käufer unter Androhung der Nichtannahme der verspäteten Lieferung eine Nachfrist setzen (vgl. *Straatmann/Ulmer* Schiedsspruch J 2 Nr. 13).

81. Pünktlich

277 Siehe dazu § 376 HGB Rdn. 6.

82. Rücktritt vorbehalten

278 Siehe „freibleibend" (Rdn. 222).

---

[138] RGZ 104 170 f; OGHZ 4 172, 174; *Schlegelberger/Hefermehl* § 346 82; *Löwe/Graf von Westphalen/Trinkner* § 11 Nr. 1 AGBG 27; zweifelnd *Baumbach/Duden/Hopt* HGB 25 § 346 Anm. 5.

[139] RG HRR **1934** Nr. 560; WarnRspr. **1922** Nr. 55; Recht **1922** 452.

Stand: 1. 4. 1984

83. Selbstbelieferung, richtige und rechtzeitige, vorbehalten

Die Klausel soll den Verkäufer angesichts der in § 279 BGB angeordneten strengen **279** Haftung davor bewahren, aus dem Kaufvertrag in Anspruch genommen zu werden, obwohl er sorgfältig für die eigene Belieferung Vorsorge getroffen hatte. Sie soll dem Verkäufer jedoch nicht erlauben, auf dem Rücken des Käufers zu spekulieren. Der Verkäufer darf sich daher auf die „Selbstbelieferung vorbehalten"-Klausel nur berufen, falls er im Moment des Abschlusses des Kaufvertrages bereits ein zur Erfüllung des konkreten Kaufvertrages bestimmtes (BGHZ **49** 388, 395) kongruentes Deckungsgeschäft geschlossen hatte, d. h. mit seinem Lieferanten einen vorbehaltlosen Kontrakt über die gleiche Ware (*Straatmann/Ulmer* Schiedsspruch J 4 Nr. 31) getätigt hatte (OLG Hamburg RIW **1981** 262, 264). Der Deckungskontrakt darf, vom Preis abgesehen, grundsätzlich nicht schlechtere Bedingungen als der Kaufvertrag aufweisen (*Straatmann/Ulmer* Schiedsspruch J 4 Nr. 10); denn nur unter diesen Umständen gibt der Deckungsvertrag dem Käufer ähnliche Sicherheit wie der Kaufvertrag. Der Deckungsvertrag darf grundsätzlich nicht unter einer Bedingung stehen. Ein Preisvorbehalt ist unschädlich, falls der Preis nach billigem Ermessen zu bestimmen war (*Straatmann/ Ulmer* Schiedsspruch J 4 29). Der Deckungskontrakt muß ferner auf eine gleiche oder größere Warenmenge, als verkauft wurde, lauten (*Straatmann/Ulmer* Schiedssprüche J 4 Nr. 1, 2, 10). Ein unter üblichem Mengenvorbehalt abgeschlossener Deckungskontrakt ist dann anzuerkennen, wenn der Mengenvorbehalt nur nach billigem Ermessen ausgeübt werden durfte und der Verkäufer erwarten konnte, daß auch eine reduzierte Lieferung zur Erfüllung seiner Verpflichtung ausreichen werde (*Straatmann/Ulmer* Schiedsspruch J 4 Nr. 29). Der Selbstbelieferungsvorbehalt schützt nur vor unerwarteten Ereignissen. Für die aus dem Deckungskontrakt zu liefernde Partie muß daher schon bei Abschluß des Kaufvertrages eine Export- und Importgenehmigung vorgelegen haben, wenn auf diesem Gebiet Schwierigkeiten zu befürchten waren (*Straatmann/ Ulmer* Schiedssprüche J 4 Nr. 4, 5). Es dürfen auch sonst dem Verkäufer keine Umstände bekannt oder infolge Fahrlässigkeit unbekannt gewesen sein, die eine Erfüllung des Deckungskontrakts als zweifelhaft erscheinen ließen[140]. Der Verkäufer darf das Ausbleiben der Lieferung nicht verschuldet haben (*Straatmann/Ulmer* Schiedsspruch J 4 Nr. 24; zu weit *Straatmann/Ulmer* Schiedsspruch J 4 Nr. 21: Risikosphäre des Verkäufers). Wird der Verkäufer aus einem in diesem Sinne kongruenten Deckungsvertrag nicht beliefert und kann ihm die Nichtbelieferung nach den dargelegten Maßstäben nicht zugerechnet werden, so wird er von seiner Verpflichtung frei. Der Verkäufer trägt die Beweislast. Er muß deshalb den Deckungskontrakt vorlegen[141]. Bleibt nur ein Teil der im Rahmen der Deckungskäufe erworbenen Ware aus, so ist diese Ware gleichmäßig unter den Abnehmern aufzuteilen (*Straatmann/Ulmer* Schiedssprüche J 4 Nr. 14, 17). Dabei ist die zeitliche Reihenfolge der Anschlußkontrakte gleichgültig. Teillieferungen sind gleichmäßig auf die Kunden zu verteilen, deren Anschlußkontrakte sich auf bestimmte Teillieferungen beziehen. — Wird der kongruente Deckungsvertrag **verspätet erfüllt,** so schützt die Klausel auch vor Ansprüchen aus den §§ 284 ff, 326 BGB. Dies gilt auch dort, wo lediglich „richtige" und nicht zugleich „rechtzeitige" „Selbstbelieferung vorbehalten" vereinbart ist; denn richtig heißt auch

---

[140] BGHZ **49** 388, 394; OLG Hamburg RIW **1981** 262, 263; Schiedssprüche *Straatmann/Ulmer* J 4 Nr. 16, 22, 26; ebenso im Ergebnis RGZ **97** 325, 328 f; a. A. nur Ansprüche aus c.i.c.: *Schlegelberger/Hefermehl* § 346 85; dagegen spricht aber, daß es hier um die Tragweite der Klausel geht.

[141] BGHZ **49** 388; OLG Celle BB **1974** 200; Schiedsspruch *Straatmann/Ulmer* J 4 Nr. 19 m. Anm. *Timmermann*; *Schlegelberger/Hefermehl* § 346 85.

rechtzeitig (*Straatmann/Ulmer* Schiedsspruch J 4 Nr. 25). Steht die Klausel unter der Überschrift „Lieferzeit", so schützt sie nur vor den Folgen unpünktlicher Lieferungen (BGHZ **24** 39, 42).

280 Der Verkäufer hat den Käufer unverzüglich von Lieferschwierigkeiten **in Kenntnis zu setzen.**

281 Ein Handelsbrauch, demzufolge der Verkäufer einen **Schadensersatzanspruch** an den Käufer **abzutreten** hat, besteht soweit ersichtlich bislang nur in Hamburg[142]. Die Abtretungspflicht ist nicht nur Nebenpflicht (a. A. OLG Celle BB **1974** 200, 201), deren Verletzung zu Schadensersatzansprüchen führt. Der Käufer, der unter der Bedingung „Selbstbelieferung vorbehalten" kontrahiert, verläßt sich nämlich primär auf die Lieferfähigkeit des Lieferanten, mit dem der Verkäufer das Deckungsgeschäft abgeschlossen hatte. Man hat daher anzunehmen, daß der Verkäufer berechtigt und verpflichtet ist, seinen gegen den Lieferanten gerichteten Schadensersatzanspruch erfüllungshalber abzutreten (§ 364 Abs. 2 BGB). Solange die Abtretung nicht erfolgt ist, ist der Käufer daher befugt, den Verkäufer uneingeschränkt aus dem Kaufvertrag auf Schadensersatz wegen Nichterfüllung in Anspruch zu nehmen. Der Lieferant hat auch den Schaden des Käufers zu ersetzen, da der Käufer trotz der „Selbstbelieferungsklausel" zunächst einen Schadensersatzanspruch in voller Höhe gegen den Verkäufer erlangt hat. In dieser Höhe erleidet auch der Verkäufer im Verhältnis zu seinem Lieferanten einen Schaden, den der Lieferant dem Zessionar (Käufer) zu ersetzen hat[143]. In Analogie zu § 281 BGB hat der Verkäufer auch in Konstellationen, in denen der Hamburger Handelsbrauch nicht zum Tragen kommt, seinen Schadensersatzanspruch gegen den Lieferanten abzutreten (vgl. *Liesecke* WM **1978** Beilage Nr. 3, S. 47). Der Verkäufer darf sich nicht darauf berufen, daß er dadurch zur Aufdeckung seiner Geschäftsverbindung gezwungen werde; denn er muß ohnehin die Deckungsverträge vorlegen, um die Berechtigung seines Einwands, die Selbstbelieferung sei nicht erfolgt, zu beweisen. Im übrigen mag er vereinbaren, die Ansprüche gegen den Lieferanten auf Rechnung des Käufers geltend zu machen (OLG Celle MDR **1975** 760). Die Klausel enthält keinen Ausschluß der **Sachmängelgewährleistung** im Sinne des Wandelungs- und Minderungsrechts. Der Verkäufer darf daher seinem Käufer nicht mangelhafte Ware mit dem Argument andienen, er habe selbst mangelhafte Ware erhalten (OLG Hamburg MDR **1964** 601, 602). Die Klausel schützt freilich gegen die Pflicht zur Nachlieferung einer mangelfreien Ware.

282 Im kaufmännischen Verkehr verstößt die Klausel in ihrer handelsgebräuchlichen Ausprägung nicht gegen § 9 **AGBG** (BGH NJW **1983** 1320, 1321; *Liesecke* WM **1978** Beilage Nr. 3, S. 46 m. Nachw.). Im kaufmännischen Verkehr ist es nicht notwendig, darauf hinzuweisen, daß der Selbstbelieferungsvorbehalt nicht eingreift, wenn der Verkäufer aufgrund eigenen Verhaltens, insbesondere schuldhaften Verhaltens (BGH NJW **1983** 1320, 1321) nicht beliefert wird. Diese Einschränkung versteht sich im Handelsverkehr von selbst.

84. shipment/embarkment

283 Zeitbestimmungen unter dieser Klausel sind bei Landtransporten in Parallele zu den Regeln des Überseekaufs (Rdn. 19) dahin zu verstehen, daß die Beladung zum verein-

---

[142] Vgl. BGH LM § 249 BGB (D) Nr. 11; Schiedssprüche *Straatmann/Ulmer* J 4 Nr. 9, 19, ferner Anm. *Timmermann* zu J 4 Nr. 28, 33; a. A. OLG Celle BB **1974** 200.

[143] Vgl. OLG Celle MDR **1975** 760; Schiedsspruch *Straatmann/Ulmer* J 4 Nr. 33 m. Anm. *Timmermann*; kritisch BGH DB **1973** 911, 912.

barten Termin abgeschlossen sein muß. Die Transportfahrzeuge müssen aber nicht noch am gleichen Tag rollen (*Straatmann/Ulmer* Schiedsspruch J 6 Nr. 1).

85. Skonto

Die Klausel „Skonto" gibt dem Käufer die Befugnis, vom Rechnungsbetrag den angegebenen oder handelsüblichen Prozentsatz abzuziehen, wenn die Rechnung innerhalb einer bestimmten Frist bar bezahlt wird. Der Barzahlung steht die Aufrechnung mit einer unbestrittenen, fälligen oder rechtskräftig festgestellten Forderung gleich. Macht der Käufer von dieser Befugnis keinen Gebrauch und zahlt er erst später, so hat er „netto" zu zahlen (OLG Düsseldorf WM **1984** 248, 249). Dies wird häufig durch die Formulierung „netto Kasse" hervorgehoben. Die alleinige Verwendung der Klausel „netto Kasse" besagt, daß kein Zahlungsziel gewährt wird. Es darf dann auch kein Skonto abgezogen werden. Hingegen hat die Klausel „gegen Kasse" niemals den Ausschluß eines handelsüblichen Skontoabzugs zum Inhalt[144]. — Das Skonto ist vom eigentlichen Kaufpreis abzuziehen. Ein Abzug von den Auslagen des Verkäufers (z. B. Fracht, Verpackung) ist grundsätzlich unzulässig. Hat der Gläubiger die Einhaltung der Skontoabrede wider Treu und Glauben behindert, so ist der Schuldner so zu behandeln, als ob er fristgerecht gezahlt hätte. Der Be- bzw. Verhinderung der Zahlung steht die dem Gläubiger zurechenbare Ungewißheit gleich, ob die Zahlung schuldbefreiend wirkt. Auf ein Verschulden kommt es nicht an (OLG Düsseldorf WM **1984** 248, 249).

284

86. Solange Vorrat reicht

Die Klausel qualifiziert die vereinbarte Gattungsschuld zu einer auf den Vorrat beschränkten Gattungsschuld und befreit den Verkäufer von der Pflicht, den Vorrat an alle Kunden gleichmäßig zu verteilen. Der Verkäufer ist nur verpflichtet, die Kunden in der Reihenfolge ihrer Bestellungen zu befriedigen. Mit dem AGBG ist die Klausel jedenfalls im kaufmännischen Verkehr vereinbar[145], denn die Klausel beschreibt lediglich das Leistungsobjekt. Es kann auch nicht behauptet werden, daß sich der Verkäufer vor Vertragsschluß erkundigen müsse, ob der Vorrat ausreiche; denn dies erfordert vielfach hohen Aufwand, zumal wenn Aufträge von verschiedenen Stellen hereingenommen werden[146]. Etwas anderes gilt dort, wo die Klausel überraschend ist (§ 3 AGBG). Eine Haftung aus c. i. c. wird durch die Klausel nicht ausgeschlossen.

285

87. So schnell wie möglich

Siehe „Lieferung, so schnell wie möglich" (Rdn. 261).

286

88. Sofort

Die Klausel „sofort" bedeutet, daß der Verkäufer, gegebenenfalls außerhalb des gewöhnlichen Geschäftsganges (RG HRR **1934** Nr. 560), aber nicht außerhalb der Geschäftszeit (RGZ **91** 67; § 382 HGB), so schnell wie ihm möglich zu liefern hat. In diesem Zusammenhang sind die einschlägigen Handelsbräuche zu berücksichtigen. Sie können den Inhalt haben, daß die Klausel „sofort" in der gleichen Weise wie „prompt"

287

---

[144] RG Recht **1920** Nr. 3185; *Ratz* Vorauflage § 346 159 m. w. Nachw.
[145] A. A. *Staudinger/Schlosser* § 10 Nr. 3 AGBG Rdn. 17; *Koch/Stübing* AGBG § 10 Nr. 3 Rdn. 11.
[146] Ebenso i. E. *Brandner* in *Ulmer/Brandner/Hensen*, AGBG⁴ § 10 Nr. 3 Rdn. 7; *Löwe/Graf v. Westphalen/Trinkner* § 10 Nr. 3 Rdn. 5.

(Rdn. 276) zu interpretieren ist. Die „sofort"-Klausel begründet keinen Fixschuldcharakter der Lieferverpflichtung. Anders mag es sein, wenn die „sofort"-Klausel durch die „ohne Nachfrist"-Klausel ergänzt wird (dazu § 376 HGB Rdn. 9).

89. Subject to inspection
288 Siehe „Besicht, auf" (Rdn. 190).

90. Schiff, ab
289 Siehe Überseekauf (Rdn. 147).

91. Tel quel (Telle quelle)
290 Durch die Klausel (gleichbedeutend: „as is"; „wie die Ware fällt"; „dans l'état où elles se trouvent") werden grundsätzlich Gewährleistungsansprüche des Käufers ausgeschlossen; denn der Verkäufer ist berechtigt, die geringstwertige Qualität der ausbedungenen Gattung zu liefern, solange die Ware noch als Handelsware und nicht als Ausschuß anzusehen ist[147]. Der Verkäufer hat allerdings für ausdrücklich zugesicherte Eigenschaften voll einzustehen (BGH LM § 346 HGB (D) Nr. 5). Die Ware muß dem Muster entsprechen (BGH aaO). Eine Haftung wegen arglistigen Verschweigens von Mängeln ist ebenfalls nicht ausgeschlossen (*Straatmann/Ulmer* Schiedsspruch E 6 a Nr. 13).

92. Umgehend
291 Siehe „prompt" (Rdn. 276).

93. Unfrei
292 Die Kosten des Transports fallen dem Käufer zur Last; der Verkäufer hat nicht die Pflicht, die Fracht vorzuschießen. Es besteht kein Recht zur Selbstabholung (OLG Köln MDR **1973** 590). § 448 BGB wird durch diese Klausel abbedungen.

94. Untergewicht
293 Eine Franchise-Klausel des Inhalts, daß Untergewicht über einen bestimmten Prozentsatz zu vergüten ist, hat vielfach die Funktion, Streitigkeiten darüber zu vermeiden, ob das Untergewicht auf natürlichen, transportbedingten Schwund, der dem Käufer zur Last fällt, zurückzuführen ist. In solchen Fällen ist anzunehmen, daß die Vermutung, Schwund unter 1 % sei vom Verkäufer nicht zu vertreten, nicht als unwiderleglich anzusehen ist, weil man sonst dem Verkäufer einen Anreiz bieten würde, von vornherein untergewichtige Ware zu liefern (*Straatmann/Ulmer* Schiedsspruch J 3 Nr. 4).

95. „Verzollt und versteuert"
294 Siehe „Geliefert ... verzollt" (Rdn. 232).

---

[147] BGH LM § 346 HGB (D) Nr. 5; RGZ **19** 30, RG JW **1938** 2411.

96. Werk, ab
Siehe „ab Werk" (Rdn. 174). **295**

97. Wettervorbehalt
Bei einem Wettervorbehalt wird der Verkäufer von seiner Verpflichtung frei, wenn **296** er nach der objektiv zu beurteilenden Wetterlage an der Lieferung transportfähiger Ware gehindert worden ist. Das Risiko der Fehlbeurteilung der Situation geht zu Lasten des Verkäufers (*Straatmann/Ulmer* Schiedsspruch E 4b Nr. 9).

98. Zahlung nach Empfang
Die Klausel bedeutet, daß der Käufer erst nach Ankunft, Untersuchung der Ware **297** und Genehmigung im Sinne des § 377 Abs. 2 HGB zu bezahlen hat. Er hat sich der übersandten Dokumente zu bedienen und dem Verkäufer unverzüglich mitzuteilen, wenn die Ware nicht wie erwartet greifbar ist (OLG Hamburg HansGZ **1925** Nr. 33).

99. Zwischenverkauf vorbehalten
Das Angebot steht unter der auflösenden Bedingung eines anderweitigen Verkaufs **298** vor dem Zugang der Annahmeerklärung (OLG Hamburg BB **1960** 383). Wird die Klausel in Allgemeinen Geschäftsbedingungen verwandt, so ist sie angesichts ihrer Üblichkeit wirksam (unentschieden *Staudinger/Schlosser* § 10 Nr. 1 AGBG Rdn. 22).

E. Einheitliches Gesetz über den internationalen Kauf beweglicher Sachen (EKG)
vom 17. Juli 1973 (BGBl. I S. 856)

Schrifttum
Bartels/Motomura Haftungsprinzip, Haftungsbefreiung und Vertragsbeendigung beim interna- **299** tionalen Kauf, RabelsZ **43** (1979) 649; *Bauer* Das Einheitliche Kaufrecht im Deutsch-Italienischen Rechtsverkehr, RIW **1981** 663; *Beinert* Wesentliche Vertragsverletzung und Rücktritt (1979); *Beß* Die Haftung des Verkäufers für Sachmängel und Falschlieferung im Einheitlichen Kaufgesetz im Vergleich mit dem englischen und deutschen Recht (1971); *v. Caemmerer* Probleme des Haager einheitlichen Kaufrechts, AcP **178** 121; *ders.* Vertragspflichten und Vertragsgültigkeit im international Einheitlichen Kaufrecht, Festschrift Beitzke (1979) 35 ff; *ders.* Die wesentliche Vertragsverletzung im international Einheitlichen Kaufrecht, Festschrift Coing (1982) 33 ff; *Denkschrift* der deutschen Bundesregierung zu den Kaufrechtsübereinkommen, BT-Drucksache VI/3772 und VII/115 (zit. Denkschrift); *Dölle* Kommentar zum Einheitlichen Kaufrecht (1976); *Eckhardt* Die Entlastung des Verkäufers nach Art. 74 EKG (1983); *Graveson/Cohn/Graveson* The Uniform Laws on International Sales Act 1967 (1968); *Grüter* Die Auftragsbestätigung nach einheitlichem Kaufrecht, RIW **1975** 611; *Hausmann* Stillschweigender Ausschluß der Einheitlichen Kaufgesetze durch Allgemeine Geschäftsbedingungen, RIW **1977** 186; *ders.* Zum teilweisen Ausschluß der Einheitlichen Kaufgesetze durch Allgemeine Geschäftsbedingungen, WM **1980** 726; *Hellner* The UN-Convention on International Sales of Goods — on outsiders view, Festschrift Riesenfeld (1983) 71; *Herrmann* Anwendbarkeit des Einheitskaufrechts auf Kaufvertrag mit Zweigniederlassung (Art. 1 Abs. 1 EKG), IPRax. **1983** 212; *Huber, U.* Das Einheitliche Gesetz über den internationalen Kauf beweglicher Sachen, DB **1975** 1205, 1349, 1589; *ders.* Zur Dogmatik der Vertragsverletzungen nach einheitlichem Kaufrecht und deutschem Schuldrecht, Festschrift v. Caemmerer (1978) 837; *Hübner* Allgemeine Geschäftsbedingungen und Internationales Privatrecht, NJW **1980** 2601; *Kirchhof* Die Sachmängelhaftung nach deutschem Recht im

Vergleich zur Haftung nach dem „Einheitlichen Gesetz über den internationalen Kauf beweglicher Sachen", Diss. München (1970); *Kronke* Kaufmännisches Bestätigungsschreiben und Einheitliche Kaufgesetze, RIW **1981** 262; *Landfermann* Neues Recht für den internationalen Kauf, NJW **1974** 390; *Leser* Die Vertragsaufhebung im Einheitlichen Kaufgesetz, in: Leser/v. Marschall, Das Haager Einheitliche Kaufgesetz und das Deutsche Schuldrecht (1973); *Leser/v. Marschall* Das Haager Einheitliche Kaufgesetz und das Deutsche Schuldrecht (1973); *Magnus* European Experience with the Hague Sales Law, Comparative Law Yearbook **3** (1979/80) S. 105 ff; *ders.* Europäische Kaufrechtsvereinheitlichung, RabelsZ **45** (1981) 145; *Mertens/Rehbinder* Internationales Kaufrecht (1975); *Noussias* Die Zugangsbedürftigkeit von Mitteilungen nach den Einheitlichen Haager Kaufgesetzen und nach dem UN-Kaufgesetz (1981); *Otto*, Allgemeine Geschäftsbedingungen und internationales Privatrecht (1984); *Piltz* Zur Mängelanzeige nach dem EKG, IPRax. **1981** 198; *ders.* Zur Vertragsaufhebung kraft Gesetzes nach EKG, IPRax. **1983** 215; *Rehbinder* Alleinvertriebsverträge im Einheitskauf- und Kartellrecht, IPrax. **1982** 7; *Schlechtriem* Einheitliches Kaufrecht und AGB-Gesetz, Gedächtnisschrift J. Rödig (1978) 255; *ders.* Auslegung und Lückenfüllung im Internationalen Einheitsrecht: „Erfüllungsort" für Rückabwicklungspflichten im EuGÜV und EKG, IPRax. **1981** 113; *Schultze-v. Lasaulx* Die Vertragsaufhebung im Haager Einheitlichen Kaufgesetz (1977); *Stötter* Internationales Einheitsrecht (1975); *ders.* Stillschweigender Ausschluß der internationalen Anwendbarkeit des Kaufabschlußübereinkommens und des Einheitlichen Kaufgesetzes, RIW **1980** 37; *Thamm* Die Dauer einer „angemessenen Nachfrist" für Lieferung und Mängelbeseitigung, BB **1982** 2018; *Tiling* Haftungsbefreiung, Haftungsbegrenzung und Freizeichnung im Einheitlichen Gesetz über den internationalen Kauf beweglicher Sachen, RabelsZ **32** (1968) 258; *Tunc* Erläuterungen zu den Haager Übereinkommen vom 1. Juli 1964, BT-Drucksache 469/72.

Kapitel I

Anwendungsbereich des Gesetzes

Artikel 1 EKG

(1) Dieses Gesetz ist auf Kaufverträge über bewegliche Sachen zwischen Parteien, die ihre Niederlassung im Gebiet verschiedener Vertragsstaaten haben, in jedem der folgenden Fälle anzuwenden:
a) wenn nach dem Vertrag die verkaufte Sache zur Zeit des Vertragsabschlusses oder später aus dem Gebiet eines Staates in das Gebiet eines anderen Staates befördert wird oder befördert werden soll;
b) wenn die Handlungen, die das Angebot und die Annahme darstellen, im Gebiet verschiedener Staaten vorgenommen worden sind;
c) wenn die Lieferung der Sache im Gebiet eines anderen als desjenigen Staates zu bewirken ist, in dem die Handlungen vorgenommen worden sind, die das Angebot und die Annahme darstellen.

(2) Hat eine Partei keine Niederlassung, so ist ihr gewöhnlicher Aufenthalt maßgebend.

(3) Die Anwendung dieses Gesetzes hängt nicht von der Staatsangehörigkeit der Parteien ab.

(4) Ist ein Vertrag durch Schriftwechsel zustande gekommen, so gelten das Angebot und die Annahme nur dann als im Gebiet desselben Staates vorgenommen, wenn die Briefe, Telegramme oder anderen urkundlichen Mitteilungen, in denen sie enthalten sind, im Gebiet dieses Staates abgesendet und empfangen worden sind.

(5) Für die Frage, ob die Parteien ihre Niederlassung oder ihren gewöhnlichen Aufenthalt in „verschiedenen Staaten" haben, gelten Staaten nicht als „verschiedene Staaten", wenn in bezug auf sie eine entsprechende Erklärung gemäß Artikel II des Übereinkommens vom 1. Juli 1964 zur Einführung eines Einheitlichen Gesetzes über den internationalen Kauf beweglicher Sachen wirksam abgegeben worden ist und noch weiter gilt.

300 Art. 1 regelt in Verbindung mit den Artt. 3, 5—7 den räumlichen und sachlichen Geltungsbereich des Gesetzes. Er bestimmt, welche Verträge unmittelbar, d. h. ohne Vermittlung durch IPR-Normen, dem EKG unterliegen. Soweit gemäß Artt. 1, 3, 5—7 das EKG anzuwenden ist, hat es Vorrang vor dem BGB/HGB (vgl. auch Art. 17). Das EKG kann außerdem kraft Parteivereinbarung (Art. 4) oder nach internationalprivatrechtlichen Regeln zum Tragen kommen (vgl. Erläuterungen zu Art. 2)

Der **Geltungsbereich** des EKG wird gemäß Art. 1 anhand eines personenbezogenen Kriteriums (Niederlassung) und anhand sachbezogener Kriterien (Kaufvertrag mit Auslandsberührung) umrissen. Er wird dadurch eingeschränkt, daß das EKG — auch stillschweigend — **abbedungen** werden kann (näher dazu Erläuterungen zu Art. 3).

Das EKG bezieht sich nur auf **Kaufverträge** über bewegliche Sachen. Zu den Kaufverträgen zählen Optionen, Leasingverträge, soweit ein Erwerbsrecht begründet wird, Käufe mit werkvertraglichen Nebenpflichten, nicht aber der reine Tausch oder der Unternehmenskauf, bei dem der Schwerpunkt nicht bei der Übertragung beweglicher Sachen liegt. Zum Kauf von Wertpapieren, Zahlungsmitteln, Luft- und Wasserfahrzeugen sowie Energie Art. 5. Zu **Werklieferungsverträgen** Art. 6. **301**

Die Parteien müssen ihre **Niederlassung** in verschiedenen Vertragsstaaten besitzen. Der Begriff des **Vertragsstaates** ist in Art. 102 definiert. Bislang ist das Abkommen (BGBl. 1973 II 885) von folgenden Staaten — überwiegend unter verschiedenen Vorbehalten — ratifiziert worden: **Bundesrepublik Deutschland, Großbritannien, Niederlande, San Marino, Gambia, Luxemburg** haben das EKG unter dem Vorbehalt nach Art. III des Kaufübereinkommens ratifiziert. **Belgien** und **Italien** haben den Vorbehalt nach Art. IV und **Großbritannien** sowie **Gambia** den Vorbehalt nach Art. V gemacht. Ohne Vorbehalt hat nur **Israel** das EKG ratifiziert. — Der Vorbehalt nach Art. III hat zur Folge, daß das EKG nur in Fällen gilt, in denen **beide** Parteien den Sitz in einem Vertragsstaat haben. Demgemäß heißt es in Art. 1 Abs. 1 EKG der in der **Bundesrepublik maßgeblichen Fassung** „verschiedene Vertragsstaaten", nicht bloß „verschiedene Staaten". Die deutschen Gerichte haben mithin das EKG nur mit **dieser Einschränkung** anzuwenden, selbst, wenn ein anderer Vertragsstaat einen weitergehenden Vorbehalt gemacht hat[148]. — Der Vorbehalt nach Art. IV schaltet Art. 2 aus und führt in den Staaten, die diesen Vorbehalt gemacht haben, nur dort zur Anwendbarkeit des EKG, wo es nach IPR-Regeln berufen ist. Der Vorbehalt nach Art. V des Kaufrechtsübereinkommens erlaubt es dem Vertragsstaat, der den Vorbehalt erhoben hat, das EKG nur unter besonderen Voraussetzungen für anwendbar zu erklären. In Großbritannien muß das EKG von den Parteien als Vertragsstatut gewählt sein (Art. 4). Das EKG kann außerdem nach allgemeinen IPR-Grundsätzen zum Tragen kommen, wenn z. B. auf deutsches Recht verwiesen wird (*Mertens/Rehbinder* Art. 1/2 EKG 12). **302**

Maßgeblich ist bei mehreren **Niederlassungen** einer Partei nicht die Hauptniederlassung (so aber *Dölle/Herber* Art. 1 EKG 10), da diese der anderen Partei häufig verborgen bleibt, sondern diejenige Niederlassung, auf die sich der Vertrag nach dem Willen der Parteien bezieht (BGH RIW **1982** 594; dazu *Herrmann* IPRax **1983** 212). Der Niederlassung steht der Aufenthaltsort einer nicht kaufmännisch tätigen Partei gleich (Art. 1 Abs. 2). **303**

Darüber hinaus muß einer der in Art. 1 Abs. 1 lit. a—c genannten Fälle vorliegen. Art. 1 Abs. 1 lit. a greift nur ein, wenn der **Export Vertragsinhalt** wurde, also die Pflichten der Parteien beeinflußte. Es genügt die Begründung einer Versendungspflicht (OLG Bamberg RIW **1979** 566, 567). Die bloße Kenntnis von den Exportabsichten des **304**

---

[148] OLG Hamm RIW **1983** 952; OLG Bamberg RIW **1979** 566, 567; OLG Karlsruhe OLGZ **1978** 338; *Piltz* IPRax. **1981** 198; a. A. OLG Karlsruhe DB **1978** 2017.

Käufers genügt nicht. Die Ware muß nicht gerade zwischen Vertragsstaaten befördert werden (BGH WM **1979** 761). — Art. 1 Abs. 1 lit. b erfaßt die Fälle des **internationalen Vertragsschlusses**, ohne Rücksicht auf die Warenbewegung. Zum Begriff „vorgenommen" s. Art. 1 Abs. 4. — Zum Begriff der Lieferung in Art. 1 Abs. 1 lit. c. siehe Art. 19 Abs. 1 und 2.

Artikel 2 EKG
Soweit dieses Gesetz nicht etwas anderes bestimmt, sind bei seiner Anwendung die Regeln des internationalen Privatrechts ausgeschlossen.

305 Die Regel gilt in denjenigen Staaten, die den Vorbehalt nach Art. IV des Kaufübereinkommens eingelegt haben, nur eingeschränkt (s. Art. 1 Rdn. 302). Soweit ein derartiger Vorbehalt nicht existiert, stellt die Vorschrift klar, daß sich der Anwendungsbereich des EKG primär aus dem EKG selbst ergibt. Zum Verhältnis Lückenfüllung — IPR Art. 17. Soweit das EKG nach Maßgabe der Art. 1, 3—7 **nicht** anwendbar ist, ist das nach IPR einschlägige Recht zu ermitteln. Führt das IPR zur Anwendung deutschen Kaufrechts, so ist nach BGB/HGB zu entscheiden. Das IPR kann allerdings auf das EKG eines anderen Vertragsstaates verweisen (näher dazu *Dölle/Herber* Art. 2 EKG 9).

Artikel 3 EKG
Den Parteien eines Kaufvertrages steht es frei, die Anwendung dieses Gesetzes ganz oder teilweise auszuschließen. Der Ausschluß kann ausdrücklich oder stillschweigend geschehen.

306 Das EKG ist in vollem Umfang abdingbar. Vertragliche Abreden, aber auch Gepflogenheiten, Usancen und Gebräuche genießen uneingeschränkten Vorrang. Die Derogation kann auch zu beliebigen Teilen, selbst nach Vertragsschluß und während des Prozesses (BGH WM **1981** 169, 170) erfolgen. Die Wirksamkeit der Ausschlußvereinbarung ist in analoger Anwendung des EAG (Rdn. 604) zu prüfen[150], weil sonst bei Kaufverträgen, bei denen gleichzeitig Parteivereinbarungen getroffen werden, die im Widerspruch zum EKG stehen, unter Umständen die Wirksamkeit der einheitlichen Vereinbarung anhand verschiedener Regeln beurteilt werden müßte.

307 Der Ausschluß des EKG (ganz oder teilweise) kann zum einen **ausdrücklich** geschehen. Regeln die Parteien nicht gleichzeitig, welches Recht an die Stelle des EKG treten soll, so ist beim totalen Ausschluß das maßgebliche Recht anhand des IPR zu ermitteln; bei teilweisem Ausschluß sind die Lücken primär nach dem Parteiwillen, im übrigen im Zweifel nach Art. 17 zu schließen. Haben die Parteien eine Rechtswahl getroffen, so bestimmt sich die Zulässigkeit nach IPR. Die Wahl „deutsches Recht" bedeutet jedoch noch nicht, daß BGB/HGB zum Tragen kommt; denn das EKG stellt ebenfalls deutsches Recht dar (BGH DB **1981** 883). Entscheidend sind die Umstände des Einzelfalles (BGH RIW **1984** 151).

308 Die Voraussetzungen eines **stillschweigenden** Ausschlusses sind nicht dem nach IPR anwendbaren nationalen Recht, sondern dem Einheitskaufrecht zu entnehmen[151]. Danach genügt es für die Bejahung eines stillschweigenden Ausschlusses nicht, daß sich die Parteien keine Gedanken über das anzuwendende Recht gemacht haben oder nur schlechthin deutsches Recht zugrunde legen wollten[152]. Das gilt nicht, wenn auf engli-

---

[150] Ähnlich wohl auch *Stötter* RIW **1980** 37; unmittelbar aus Art. 3 EKG *Mertens/Rehbinder* Internationales Kaufrecht (1975) Art. 3 EKG 7; *Dölle/Herber* in: Dölle, Kommentar zum Einheitlichen Kaufrecht (1976), Art. 3 EKG 6.

[151] BGH NJW **1979** 1779 = WM **1979** 761 ff; *Stötter* RIW **1980** 37.

[152] BGH WM **1981** 169, 170; OLG Hamm RIW **1983** 952; OLG Hamburg RIW **1980** 262, 263 m. Nachw.

sches Recht verwiesen wird; denn das EKG ist zwar Bestandteil des englischen Rechts, soll aber nach englischen Rechtsvorstellungen nicht automatisch gelten (Art. 1 Rdn. 302; a. A. OLG Hamm RIW **1983** 952, 953). Aus den besonderen Gegebenheiten des Einzelfalles oder aus typischen Umständen muß auf den Willen der Parteien, das deutsche EKG zu derogieren oder ein anderes Recht als das EKG zu wählen (BGH DB **1981** 883), zurückgeschlossen werden können[153]. Ein derartiger konkludenter Ausschluß kann auch während des Prozesses oder vorprozessual erfolgen (BGH WM **1981** 169, 170). Den Parteien muß nicht bewußt gewesen sein, das EKG zu derogieren (BGH RIW **1984** 151). Ein **hypothetischer Parteiwille** kann das EKG nur dort verdrängen, wo das EKG für eine Partei zu völlig unerträglichen Ergebnissen führen würde[154]. Demnach genügt es grundsätzlich für die Annahme eines stillschweigenden Ausschlusses **nicht,** daß die Parteien vor Inkrafttreten des EKG ihre Kaufverträge nach BGH/HGB abgewickelt haben (BGH NJW **1979** 1782), daß die AGB einer der Parteien auf die Ergänzung durch nationales Recht zugeschnitten sind (*Stötter* RIW **1980** 37, 38), es sei denn, daß dieses Recht für den Vertragspartner erkennbar das BGB/HGB ist (BGH RIW **1984** 151) oder, daß ausdrücklich auf das HGB verwiesen wird (LG Kleve IPRax **1984** 41). Gleiches gilt für Formularverträge oder die Vereinbarung eines Schiedsgerichts[155].

Die **Inhaltskontrolle** der Klauseln, die das EKG partiell verdrängen, erfolgt anhand **309** des nach IPR anwendbaren nationalen Rechts (OLG Hamm IPRax. **1983** 231, 232; *Mertens/Rehbinder* Art. 3 EKG 19 f). Unter Umständen ist der gesamte Vertrag wegen Sittenwidrigkeit nichtig (vgl. Art. 12 EAG Rdn. 619).

Artikel 4 EKG

Dieses Gesetz ist auch anzuwenden, wenn die Parteien es als das Recht ihres Vertrages gewählt haben, gleichgültig, ob sie ihre Niederlassung oder ihren gewöhnlichen Aufenthalt im Gebiet verschiedener Staaten haben oder nicht und ob diese Staaten Vertragsstaaten des Übereinkommens vom 1. Juli 1964 zur Einführung eines Einheitlichen Gesetzes über den internationalen Kauf beweglicher Sachen sind oder nicht, jedoch nur soweit dieses Gesetz nicht in Widerspruch zu zwingenden Bestimmungen steht, die anzuwenden wären, wenn die Parteien das Einheitliche Gesetz nicht gewählt hätten.

Art. 4 erstreckt die Privatautonomie in Richtung auf die Wahl des EKG. Dies ist **310** insbesondere dort bedeutsam, wo — wie in der Bundesrepublik Deutschland — das EKG nur gilt, wenn die Parteien ihre Niederlassung in verschiedenen Vertragsstaaten besitzen (Vorbehalt III des Kaufübereinkommens; Rdn. 302) und daher der Geltungsbereich des EKG relativ eng begrenzt ist.

Die Wahl des Einheitlichen Kaufrechts kann stillschweigend erfolgen (Parallele zu Art. 3). Verweisen die Parteien schlechthin auf nationales Recht (z. B. auf deutsches Recht), so ist es eine Frage der Umstände des Einzelfalls, ob das EKG oder das unvereinheitlichte nationale Recht gewählt ist.

Art. 4 statuiert einen Vorbehalt des **zwingenden Rechts** und verwehrt so den Par- **311** teien, auf das Einheitskaufrecht auszuweichen, um zwingendes nationales Recht zu

---

[153] BGH WM **1979** 761 f; *Magnus* RabelsZ **45** (1981) 145, 150.
[154] OLG Hamm RIW **1980** 662, 663; **a. A.** *Schultze-v. Lasaulx* Die Vertragsaufhebung im Haager Einheitlichen Kaufgesetz (1977) S. 14 m. Nachw.; *Rehbinder* IPRax. **1982** 7, 8.
[155] **A. A.** Schiedsgericht der Hamburger freundschaftlichen Arbitrage, RIW **1978** 377; *Mertens/Rehbinder* Art. 3 EKG 13; vgl. ferner *Hübner* NJW **1980** 2601; *Hausmann* WM **1980** 726; *ders.* RIW **1977** 186.

umgehen. Die Vorschrift hat keine große Bedeutung (*Landferman* NJW **1974** 390). Zunächst sind die Artt. 5 Abs. 2, 8 zu beachten. Darüber hinaus gilt bei innerstaatlichen Kaufverträgen der Vorrang zwingenden Rechts ohnehin uneingeschränkt. Im übrigen hängt die Möglichkeit, zwingende Rechtsnormen auszuschalten, vom jeweiligen Vertragsstatut ab; denn bei grenzüberschreitenden Kaufverträgen werden nur diejenigen zwingenden Normen wirksam, die aufgrund des IPR zum Tragen kommen (*Dölle/Herber* Art. 4 EKG 4).

Artikel 5 EKG

(1) Dieses Gesetz gilt nicht für den Verkauf
 a) von Wertpapieren und Zahlungsmitteln;
 b) von eingetragenen oder eintragungspflichtigen Seeschiffen, Binnenschiffen und Luftfahrzeugen;
 c) von elektrischer Energie;
 d) durch gerichtliche Maßnahme oder auf Grund einer Beschlagnahme.

(2) Dieses Gesetz berührt nicht die zwingenden Bestimmungen der innerstaatlichen Rechte zum Schutze des Käufers bei Abzahlungsgeschäften.

312 Art. 5 regelt zusammen mit den Artt. 6–8 den **sachlichen Anwendungsbereich**. **Wertpapiere** im Sinne des Art. 5 sind alle Urkunden, in denen Rechte verbrieft werden, auch wenn die Urkunden nur Legitimations- oder Beweisfunktion besitzen. Der Verkauf von Rechten (z. B. Herausgabeansprüchen, Ermächtigungen) soll vom EKG nicht erfaßt werden. Soweit Traditionspapiere (z. B. Konnossemente) oder Rektapapiere (z. B. Namenslagerscheine), die den Anspruch auf die Herausgabe beweglicher Sachen verbriefen, verkauft sind, ist im Einzelfall zu prüfen, ob das EKG nicht deshalb anwendbar ist, weil in Wirklichkeit die Ware als solche veräußert worden ist (zum Abladegeschäft vgl. Rdn. 5; ferner *Denkschrift* der deutschen Bundesregierung zu den Kaufrechtsübereinkommen, BT-Drucksache VI/3772 und VII/115 (zit. Denkschrift) S. 56). **Schiffe** und **Luftfahrzeuge** müssen in einem öffentlichen Register, das der Publizität dinglicher Rechte dient, eintragungspflichtig gewesen sein oder — auch fälschlich — eingetragen worden sein. Der Ausschluß des Art. 5 Abs. 1 lit. c gilt nur für elektrische **Energie**, nicht für Gas, Wärme etc. Unter Art. 5 Abs. 1 lit. d fällt auch der freihändige Verkauf von gepfändeten Sachen durch den Gläubiger sowie Verkäufe durch den Konkursverwalter, da sie „aufgrund einer **Beschlagnahme**" erfolgen.

313 Der Vorbehalt zugunsten des Rechts der **Abzahlungsgeschäfte** hat im Lichte des Art. 8 (Gültigkeit des Vertrages) selbständige Bedeutung für die Frage des Formerfordernisses (Art. 15). Ferner kann das Recht des Abzahlungsgeschäftes besondere Ansprüche begründen. Die Frage, ob ein Abzahlungsgeschäft vorliegt und welche Normen zwingend sind, ist nach IPR zu entscheiden.

Artikel 6 EKG

Im Sinne dieses Gesetzes stehen den Kaufverträgen die Verträge über die Lieferung herzustellender oder zu erzeugender beweglicher Sachen gleich, es sei denn, daß der Besteller einen wesentlichen Teil der für die Herstellung oder Erzeugung notwendigen Rohstoffe selbst zur Verfügung zu stellen hat.

314 Werklieferungsverträge werden Kaufverträgen ohne Rücksicht darauf, ob es sich um die Produktion vertretbarer oder unvertretbarer Sachen handelt, gleichgestellt. Das EKG erfaßt auch Kaufverträge oder Werklieferungsverträge mit Montageverpflichtung, sofern die Montageverpflichtung nur einen untergeordneten Teil der geschuldeten Leistung darstellt. In solchen Fällen ist der gesamte Vertrag ungeachtet der Tatsache, daß derartige Verträge als gemischte Verträge zu qualifizieren sind (BGH RIW **1982** 441), dem EKG unterworfen (*Dölle/Herber* Art. 6 EKG 7).

Artikel 7 EKG
Dieses Gesetz ist ohne Rücksicht darauf anzuwenden, ob die Parteien Kaufleute oder Nichtkaufleute und ob die abzuschließenden Verträge handelsrechtlicher oder bürgerlich-rechtlicher Art sind.

Die Vorschrift soll die Schwierigkeiten vermeiden helfen, die mit der Definition des Kaufmanns oder des Konsumentengeschäftes verbunden sind. **315**

Artikel 8 EKG
Dieses Gesetz regelt ausschließlich die aus dem Kaufvertrag entstehenden Pflichten des Verkäufers und des Käufers. Insbesondere befaßt es sich, soweit es nicht ausdrücklich etwas anderes bestimmt, weder mit dem Abschluß des Vertrages noch mit dessen Wirkungen in bezug auf das Eigentum an der verkauften Sache noch mit der Gültigkeit des Vertrages oder der in diesem enthaltenen Bestimmungen noch mit der Gültigkeit von Gebräuchen.

Das EKG behandelt nur einen Ausschnitt der bei internationalen Käufen auftauchenden Rechtsfragen. Art. 8 S. 2 enthält einen Katalog der im EKG nicht behandelten Materien. Dieser Katalog ist, wie die Formulierung „insbesondere" zeigt, nicht umfassend. Es muß daher bei den in Art. 8 S. 2 nicht ausdrücklich genannten Materien von Fall zu Fall entschieden werden, ob eine Lücke des EKG vorliegt, die nach Maßgabe des Art. 17 zu schließen ist, oder ob die zu lösende Frage vom EKG nicht erfaßt wird und daher das nach IPR berufene unvereinheitlichte nationale Recht anzuwenden ist. Die in Art. 8 S. 1 gewählte Formulierung „aus dem Kaufvertrag entstehenden Pflichten" ist für die Entscheidung der Frage wenig hilfreich. Es ist deshalb darauf abzustellen, ob das EKG einen für Parteien eines Kaufvertrages typischen Interessenkonflikt erkennbar, wenn auch nicht lückenlos, regeln will. **316**

Nicht vom EKG erfaßt werden demnach: **Abschluß des Vertrages,** der, soweit es den formellen Konsens betrifft, nach den Regeln des EAG (Rdn. 604) zu beurteilen ist. Die **Gültigkeit des Vertrages** ist bislang in keinem vereinheitlichten Gesetz geregelt. Zur Rechtsvereinheitlichung auf dem Gebiet des Vertretungsrechts *Stöcker* WM **1983** 778. Fragen der Gültigkeit des Vertrages, wie Geschäftsfähigkeit, Anfechtung, Nichtigkeit wegen Verstoßes gegen ein gesetzliches Verbot oder die guten Sitten sowie die Wirksamkeit von Allgemeinen Geschäftsbedingungen[156] fallen nicht in den Regelungsbereich des EKG oder des EAG. Zur Kontrolle von AGB *Schlechtriem*, Gedächtnisschrift für Jürgen Rödig (1978) S. 255, 257; *Hausmann* WM **1980** 726; *Otto*, Allgemeine Geschäftsbedingungen, aaO. Eine Ausnahme gilt für die Anfechtung wegen Irrtums über Eigenschaften der Sache (Art. 34) und für die Formgültigkeit des Vertrages (Art. 15), z. B. § 2 AGBG (str.), nicht aber AbzahlungsG (Art. 5 Abs. 2 EKG). — Über die Gültigkeit von Gebräuchen (Art. 9) ist im Licht des nach IPR anwendbaren nationalen Rechts zu urteilen. Unberührt durch das EKG bleiben auch etwaige Auswirkungen des Kaufvertrages auf die Eigentumslage. Nicht vom EKG geregelt werden ferner Zulässigkeit sowie Wirkung der **Bedingung** und **Befristung,** die **bereicherungsrechtliche** Rückabwicklung bei Ungültigkeit des Vertrages (bei Rücktritt Artt. 78 Abs. 2, 81), die **Beteiligung Dritter** am Vertrag[157], im Grundsatz die Haftung für **vorvertragliches Verhalten** (Art. 34 Rdn. 392), **öffentlich-rechtliche** Fragen, die Haftung **317**

---
[156] Vgl. dazu *Hausmann* WM **1980** 726, 734 m. Nachw.; *Bauer* RIW **1981** 663, 667.

[157] z. B. Vertrag zugunsten Dritter, Abtretung, Schuldübernahme.

nach **Deliktsrecht,** auch im Rahmen der Produzentenhaftung, die **Verjährung** mit Ausnahme der in Artt. 39 Abs. 1, 49 Abs. 1 geregelten Fragen.

318   **Geregelt** sind hingegen u. a. die **Auslegung** des Vertrages, die **Beweisverteilung** nach allgemeinen Grundsätzen, die Haftung für **culpa in contrahendo,** jedoch nur soweit gültige Verträge geschlossen wurden und es um Fragen der Mangelfreiheit der Kaufobjekte geht (Artt. 34, 53; *Huber* Festschrift v. Caemmerer (1978) S. 837, 865); der Einwand des **Wegfalls der Geschäftsgrundlage** (Artt. 54, 74), die Haftung für **Hilfspersonen** (Artt. 17, 74), die **positive Vertragsverletzung.**

Kapitel II

Allgemeine Bestimmungen

Artikel 9 EKG

(1) Die Parteien sind an die Gebräuche, auf die sie sich ausdrücklich oder stillschweigend bezogen haben, sowie an Gepflogenheiten gebunden, die sich zwischen ihnen gebildet haben.

(2) Sie sind ferner an Gebräuche gebunden, von denen vernünftige Personen in der gleichen Lage gewöhnlich annehmen, daß sie auf ihren Vertrag anzuwenden seien. Stehen die Gebräuche in Widerspruch zu diesem Gesetz, so haben sie den Vorrang, wenn nicht das Gegenteil dem Willen der Parteien entspricht.

(3) Werden handelsübliche Ausdrücke, Klauseln oder Formulare verwendet, so bestimmt sich ihre Auslegung nach dem Sinn, den ihnen die beteiligten Handelskreise üblicherweise beilegen.

319   Art. 9 Abs. 1 verdeutlicht, daß das EKG vom Prinzip der Privatautonomie beherrscht wird. Gebräuche werden wie jede andere Regelung durch vertragliche Einbeziehung Vertragsinhalt, unabhängig davon, ob sie nach Art. 9 Abs. 2 zwischen den Parteien gelten würden. Die Bindung an parteiinterne Gepflogenheiten entspricht im wesentlichen der Bedeutung, die laufende Geschäftsverbindungen im BGB für die Auslegung von Willenserklärungen besitzen. Die Parteien können darauf vertrauen, daß die bisherige Übung beibehalten wird, es sei denn, daß der Vertragspartner zu erkennen gegeben hat, daß er von der Übung abweichen will, oder daß ein Vertrauen (z. B. auf weitere Duldung vertragswidrigen Verhaltens) im Einzelfall nicht schutzwürdig ist.

320   Art. 9 Abs. 2 stellt hingegen eine unmittelbar wirkende normative Regelung dar, die normativen Gebräuchen den Vorrang vor dem EKG verschafft. Auf diese Weise wird das Normprogramm des Kaufvertrages dichter an die typischen Erwartungen der Kaufvertragsparteien herangeführt und darüber hinaus unabhängig von der Kenntnis oder dem Kennenmüssen der Parteien sachnäher ausgeformt. Auch hier gilt aber der Vorrang der Privatautonomie. Normative Gebräuche i. S. d. Art. 9 Abs. 2 sind dadurch charakterisiert, daß sich die beteiligten Verkehrskreise faktisch nach diesen Gebräuchen verhalten. Der Brauch muß in den beteiligten Verkehrskreisen nicht als angemessen betrachtet werden, er darf aber auch nicht als unvernünftig gelten. Die Gebräuche müssen aus der Sicht der sich räumlich, branchenmäßig in derselben Lage befindlichen Käufer- und Verkäuferkreise üblicherweise maßgeblich sein. Dabei kann es durchaus vorkommen, daß der Brauch entsteht, einen in einem anderen Verkehrskreis entwickelten Gebrauch auf dritte Verkehrskreise zu erstrecken. Die Gebräuche müssen nicht notwendig internationalen Charakter haben. Auch nationale und regionale Gebräuche können über Art. 9 Abs. 2 wirksam werden, falls vernünftige Personen in der gleichen Lage dem Brauch folgen, weil es sich z. B. um an Welthandelsplätzen allgemein bekannte und befolgte Usancen handelt. Mußte eine Partei vernünftigerweise damit rechnen, daß ihr Partner auch im Verhältnis zu ihr von der Verbindlichkeit eines Brauches

ausgehe, so kann der Brauch nach den Regeln der Vertragsauslegung Gültigkeit erlangen (Art. 9 Abs. 1; a. A. *Dölle/Jung* Art. 9 EKG 13).

Art. 9 Abs. 3 soll sicherstellen, daß handelsübliche Ausdrücke usw. im üblichen Sinn **321** ausgelegt werden. Ihre Interpretation kann nicht durch bloßen Parteiwillen modifiziert werden, wenn den Parteien bekannt sein mußte, daß sich Dritte (z. B. Banken) auf das handelsübliche Verständnis der Klauseln verlassen. Art. 9 Abs. 3 löst nicht ausdrücklich das Problem, wie zu entscheiden ist, wenn in verschiedenen (Vertrags-)Staaten dieselbe Klausel unterschiedlich ausgelegt wird. Zu dieser bei den Incoterms und Trade Terms auftretenden Frage vgl. Rdn. 11 f. Da Art. 9 Abs. 3 vom Zweck des Einheitsrechts her zu interpretieren ist, ist primär auf die Anschauungen vernünftiger Vertragspartner in vergleichbarer Lage abzuheben (*Mertens/Rehbinder* Art. 9 EKG 38) und sekundär das übliche Verständnis der Handelsklauseln zugrundezulegen, das im Staat der verpflichteten Partei gebräuchlich ist.

Artikel 10 EKG

Eine Vertragsverletzung wird im Sinne dieses Gesetzes immer dann als wesentlich angesehen, wenn die Partei, die sie begangen hat, im Zeitpunkt des Vertragsabschlusses gewußt hat oder hätte wissen müssen, daß eine vernünftige Person in der Lage der anderen Partei den Vertrag nicht geschlossen hätte, wenn sie die Vertragsverletzung und ihre Folgen vorausgesehen hätte.

Das EKG geht von einem einheitlichen Begriff der Vertragsverletzung aus, der so- **322** wohl die Fälle der Nichtlieferung und Nichtbezahlung, der verspäteten Lieferung und Bezahlung, der Schlechtlieferung einschließlich der Lieferung mangelhafter Ware umfaßt. An diesen einheitlichen Begriff der Vertragsverletzung werden unterschiedliche Rechtsfolgen geknüpft, je nachdem, ob die Vertragsverletzung zu vertreten ist oder nicht (Art. 74), ob sie wesentlich ist (Art. 10) oder nicht. Unwesentliche Vertragsverletzungen ziehen grundsätzlich nur eine Schadensersatzpflicht nach sich. Der Rücktritt der durch die Vertragsverletzung beeinträchtigten Partei (Aufhebung des Vertrages) ist regelmäßig davon abhängig, daß die Vertragsverletzung als wesentlich im Sinn des Art. 10 zu qualifizieren ist (z. B. Artt. 26 Abs. 1, 30 Abs. 1, 32 Abs. 1, 43, 45 Abs. 2, 52 Abs. 3, 55 Abs. 1, 62 Abs. 1, 66 Abs. 1, 70 Abs. 1).

Art. 10 enthält eine Legaldefinition des Begriffs „wesentlich". Er umschreibt diejeni- **323** gen Vertragsverletzungen, die so gravierend sind, daß der Vertragspartner nicht mehr am Vertrag festgehalten werden kann. Art. 10 wird ergänzt durch Vorschriften (z. B. Art. 27 Abs. 2), die das erfolglose Verstreichenlassen einer angemessenen Nachfrist ebenfalls als wesentliche Vertragsverletzung qualifizieren.

Der Art. 10 tragende Grundgedanke ist nicht ganz klar erkennbar. Sicher ist nur, **324** daß es dem Käufer verwehrt sein soll, irgendeine Vertragsverletzung des Verkäufers zum Anlaß zu nehmen, um sich von einem ex post unlukrativ gewonnen Vertrag abzuwenden; denn in Art. 10 ist die Prüfung des hypothetischen Vertragswillens auf den Zeitpunkt des realen Vertragsschlusses zurückbezogen und darf nur im Lichte der Vertragsverletzung und der gerade hieraus resultierenden Nachteile vorgenommen werden.

Streitig ist, ob im übrigen ein psychologisch-empirischer oder ein mehr normativer **325** Maßstab anzulegen ist. *Graveson/Cohn/Graveson* (The Uniform Laws on International Sales Act 1967 (1968) S. 55 ff) vertreten die Ansicht, daß man sich in die hypothetische Situation eines Käufers, der frei von Launen sei, aber auch voll seine Interessen verfolge, hineinversetzen müsse. Von diesem Standpunkt aus sei zu prüfen, ob dieser Käufer den Vertrag geschlossen hätte, wenn er um die Vertragsverletzung und ihre Folgen gewußt hätte. Sie kommen folgerichtig zu dem Ergebnis, daß ein vernünftiger Käufer, der die Möglichkeit gehabt hätte, unter vielen zuverlässigen Anbietern zu wählen, nicht gekauft hätte, wenn er gewußt hätte, daß gerade sein Lieferant verspätet liefert. Erst recht hätte er nicht gekauft, wenn er gewußt hätte, daß er großen Schaden erleiden würde. Von anderer Seite wird eine stärker normative Position mit dem Ziel bezogen, eine Vertragsverletzung erst dann als „wesentlich" zu qualifizieren, wenn das Abwarten einer Nachfrist und/oder eine isolierte Liquidation des Schadens in Geld unzumutbar ist. Dabei wird von einer „vernünftigen Person" ausgegangen, die nicht nur ihre eigenen Interessen im Auge hat, sondern auch redlich ist und einen Sinn für die Verhältnismäßigkeit der Mittel besitzt[158].

326 Der Wortlaut des Art. 10 legt zwar nahe, den hypothetischen Vertragswillen empirisch zu ermitteln (*Schultze-von Lasaulx* Die Vertragsaufhebung im Haager EKG, Diss. Hamburg (1977), S. 136 ff) und dazu Sachverständige heranzuziehen, um Aufschluß über die Verhaltensstandards und Motive in den Kreisen des Käufers zu gewinnen (*Stötter* Art. 10 EKG 4). Insbesondere aus der Tatsache, daß das Verstreichenlassen einer Nachfrist als wesentliche Vertragsverletzung gilt (s. Rdn. 323), ist jedoch zu schließen, daß Art. 10 die Funktion hat, die Vertragsaufhebungsmöglichkeit auf diejenigen Fälle zu beschränken, in denen dem Käufer weder das Abwarten einer Nachfrist noch ausschließlich ein Schadensausgleich in Geld zuzumuten ist[159].

327 Geht man von dieser ratio legis aus, so bedeutet **vernünftig** nicht nur frei von Launen, sondern auch redlich. Die vernünftige Person, die das Gesetz als Vergleichsmaßstab einsetzt, strebt nicht nur den eigenen Vorteil an, sondern verzichtet auch darauf, Vertragsverletzungen als Gelegenheit zu benutzen, um sich aus ex post unlukrativen Verträgen zu befreien. Sie ist bereit, kleinere Unannehmlichkeiten hinzunehmen.

328 Die **Intensität der Vertragsverletzung** ist an deren Folgen zu messen. Zeitigt eine gravierende Vertragsverletzung ausnahmsweise keine Folgen, so hätte eine vernünftige Person gleichwohl den Vertrag geschlossen. Maßgeblich ist die Vertragsverletzung und ihre Folgen im Moment der Aufhebung des Vertrages. Dabei sind drohende weitere Schäden als „Folgen" mitzuberücksichtigen.

Da davon auszugehen ist, daß der Vertrag nur in solchen Fällen nicht abgeschlossen worden wäre, in denen die Vertragsverletzung trotz Schadensausgleich unzumutbare Konsequenzen hat, ist eine wesentliche Vertragsverletzung zunächst anzunehmen, wenn die Erfüllung objektiv unmöglich geworden ist oder ein Interesse des Käufers an späterer Erfüllung gerade infolge der Vertragsverletzung gänzlich weggefallen ist. Bei der Prüfung des Interessenwegfalls ist davon auszugehen, daß der Verzögerungsschaden in Geld ersetzt wird. Ferner ist eine Vertragsverletzung wesentlich, wenn eine verspätete Erfüllung den Verkäufer allzu großen Risiken aussetzen würde (z. B. eine schwer absetzbare Ware wurde gekauft; der Abnehmer des Käufers springt infolge verspäteter Lieferung ab; es ist unklar, wann zu welchen Konditionen der Käufer andere Abnehmer findet) oder wenn sich der Verkäufer als derart vertragsuntreu gezeigt hat, daß der Käufer nicht mehr mit ausreichender Gewißheit Erfüllung erwarten kann.

329 Soweit der Käufer **keine Nachfrist** setzen kann, ist eine wesentliche Vertragsverletzung zu bejahen, wenn Leistung des Verkäufers und Schadensersatzzahlung kein ausreichendes Äquivalent für den Kaufpreis darstellen.

---

[158] *Mertens/Rehbinder* Art. 10 EKG 8 ff; *Dölle/Huber* Art. 10 EKG 14 ff; *Schultze-v. Lasaulx* S. 139.
[159] *v. Caemmerer* Die wesentliche Vertragsverletzung im international Einheitlichen Kaufrecht, Festschrift Coing (1982) S. 33, 47; *Beinert* Wesentliche Vertragsverletzung und Rücktritt (1979) S. 72 f; *Kronke* RIW **1981** 266.

Liefert der Verkäufer ein **aliud** an einen Händler, so braucht sich der Händler nicht **330** darauf verweisen zu lassen, daß er diese Ware genauso gut verwerten kann wie die eigentlich bestellte Ware (*Dölle/Huber* Art. 10 EKG 15). Der Käufer besitzt nämlich das Recht, weiterhin Erfüllung zu verlangen. Liefert der Verkäufer eine mangelhafte Speziessache, die nicht repariert werden kann, so ist eine Nachfrist zur Behebung des Mangels (Art. 44 Abs. 2) sinnlos. Der Käufer hat bei dem Vertrag stehen zu bleiben, wenn die Sache für seine Zwecke hinreichend tauglich ist und der Minderwert bzw. kleinere Folgeschäden in Geld ausgeglichen werden können (**a. A.** *Dölle/Stumpf* Art. 43 EKG 2).

Der Verkäufer muß ohne fruchtloses Verstreichen einer Nachfrist nur dort eine **331** Vertragsaufhebung hinnehmen, wo er mit der Vertragsverletzung und ihren Folgen **rechnen konnte** (*Mertens/Rehbinder* Art. 10 EKG 7; *Dölle/Huber* Art. 10 EKG 28). Dabei kommt es auf den Standpunkt einer vernünftigen Person (Art. 13) im Moment des Vertragsschlusses an. Der Verkäufer muß in diesem Zeitpunkt in der Lage gewesen sein, die Konsequenzen einer Vertragsaufhebung einzukalkulieren (**a. A.** *Schultze-von Lasaulx* S. 137 f).

Vereinbaren die Parteien, daß die Lieferung „fix" oder dgl. zu erfolgen hat, so ist **332** der Abrede zu entnehmen, daß keine Nachfrist gesetzt zu werden braucht. Die Versäumung der Lieferfrist ist dann wie eine wesentliche Vertragsverletzung zu behandeln. Gleiches gilt für Handelsbräuche, denenzufolge, wie z. B. beim Abladegeschäft, eine zweite Andienung unzulässig ist (§ 376 HGB Rdn. 7; *Dölle/Huber* Art. 10 EKG 8).

Artikel 11 EKG

Unter dem Ausdruck „kurze Frist", in der eine Handlung vorzunehmen ist, versteht dieses Gesetz eine Frist, die unter Berücksichtigung der Umstände so kurz wie möglich ist und die mit dem Zeitpunkt beginnt, in dem die Handlung vernünftigerweise vorgenommen werden kann.

Der Begriff „kurze Frist" wird im EKG verwandt, um eine Partei an Spekulationen **333** zu Lasten der anderen Partei zu hindern und alsbald Sicherheit über die Rechtslage zu schaffen.

Der **Lauf der Frist** beginnt in dem Moment, in dem die Handlung (Mitteilung, Lieferung) zum vernünftigerweise frühest möglichen Zeitpunkt vorgenommen werden kann. Maßgeblich ist eine objektive Beurteilung der Umstände des Einzelfalls. Bedeutsam ist z. B. die Gefahr falscher Vorwürfe (BGH RIW **1982** 594, 596). Grundsätzlich hat die geforderte Handlung während des Laufs der kurzen Frist zu erfolgen. Mitteilungen, die binnen kurzer Frist zu erfolgen haben, müssen innerhalb dieser Frist dem anderen Teil zugehen (*Mertens/Rehbinder* Art. 11 EKG 6; *Leser* Die Vertragsaufhebung im Einheitlichen Kaufgesetz, in: Leser/v. Marschall, Das Haager Einheitliche Kaufgesetz und das Deutsche Schuldrecht (1973) S. 12 f). Ausnahme Art. 39 Abs. 3: Mängelrüge. Bei Leistungen kommt es auf den Leistungserfolg (Art. 19) an. Die **Dauer der Frist** hängt davon ab, innerhalb welcher Zeit die in Frage stehende Handlung mit angemessenen Mitteln schnellst möglich vorgenommen werden kann. Eine Überlegungsfrist steht demjenigen, der innerhalb kurzer Frist zu handeln hat, nicht zu (*Denkschrift* S. 57 f). Es ist ein strenger Maßstab anzulegen; auf ein Verschulden kommt es nicht an (BGH RIW **1982** 594, 596).

Hat eine Handlung binnen „angemessener" Frist zu erfolgen, so steht dem Han- **334** delnden ein ausreichender Zeitraum für Überlegungen zu.

Artikel 12 EKG
Unter dem Ausdruck „Marktpreis" versteht dieses Gesetz den Preis, der sich aus einer amtlichen Preisnotierung auf einem Markt oder in Ermangelung einer solchen Notierung aus den Faktoren ergibt, die nach den Marktbräuchen zur Festsetzung des Preises dienen.

335 Art. 12 enthält eine Legaldefinition des in den Artt. 84 ff im Zusammenhang mit der abstrakten Schadensberechnung verwandten Begriffs „Marktpreis". Der Marktpreis muß hinreichend sicher und objektiv feststellbar sein. Somit muß sich der Marktpreis auf organisierten Märkten herauskristallisieren, wo regelmäßig Preisfeststellungen getroffen werden. Werden diese Preisfeststellungen von damit öffentlich-rechtlich betrauten Personen getroffen, so handelt es sich um amtliche Preisnotierungen. Den amtlichen Preisnotierungen sind private Feststellungen, die durch allgemein anerkannte Organisationen erfolgen, gleichzustellen. „Marktpreise" stellen auch solche Preise dar, die aufgrund von Marktgebräuchen gebildet werden (u. U. auch auf der Basis laufender Preise). Diejenigen Preise, die der Käufer seinen Abnehmern üblicherweise berechnet oder die im Einzelfall erzielt werden, fallen nicht in die Kategorie des Marktpreises.

Artikel 13 EKG
Wird in diesem Gesetz eine Wendung wie „eine Partei hat gewußt oder hätte wissen müssen", „eine Partei hat gekannt oder hätte kennen müssen" oder eine ähnliche Wendung gebraucht, so bedeutet dies, daß darauf abzustellen ist, was eine vernünftige Person in der gleichen Lage hätte wissen oder kennen müssen.

336 Art. 13 enthält eine Legaldefinition der in dieser Vorschrift ausdrücklich genannten Wendungen und ähnlicher Wendungen, wie „festgestellt hat oder ... hätte müssen" (Art. 39), „zur Kenntnis gelangt ist oder hätte ... müssen" (Art. 51 Abs. 4), „gekannt hat oder über sie nicht hat in Unkenntnis sein können" (Art. 36)[160].

337 Art. 13 zufolge ist eine objektive Betrachtungsweise maßgeblich. Vergleichsmaßstab ist eine rational handelnde, den Regeln des Anstands verpflichtete Person, die die durchschnittlichen Fähigkeiten der Berufsgruppe des Vertragspartners besitzt und nach den Standards verfährt, die der Art des Geschäftes nach vernünftigerweise üblich sind. Unerheblich ist der Einfluß des Alters oder des Lebensbereiches, in dem die betroffene Partei tätig war. Die Formulierung „in der gleichen Lage" läßt eine Individualisierung nur in dem Sinne zu, daß alle Besonderheiten des konkreten Geschäfts, nicht aber die der konkreten Partei zu berücksichtigen sind (*Tiling* RabelsZ 32 (1968) 258 (263)).

338 Für Hilfspersonen hat die Partei nicht schlechthin einzutreten. Das EKG hat die Haftung für Hilfspersonen nicht ausdrücklich geregelt. Die Lücke ist gemäß Art. 17 für jede einzelne Zurechnungsvariante zu schließen. Siehe auch Art. 74 Rdn. 547.

Artikel 14 EKG
Die in diesem Gesetz vorgesehenen Mitteilungen sind mit den nach den Umständen üblichen Mitteln zu bewirken.

339 Diejenige Partei, die unübliche Kommunikationsmittel verwendet, verliert das Recht, sich auf die Mitteilung zu berufen, wenn sich die Lage des Mitteilungsempfängers durch Verwendung unüblicher Mittel verschlechtert hat. Unter Umständen ist Schadensersatz zu leisten (z. B. Artt. 19 Abs. 3, 39 Abs. 3 in Verbindung mit Artt. 55 Abs. 1, 70 Abs. 1).

---

[160] *Dölle/Reinhart* Art. 13 EKG 25; a. A. *Dölle/Stumpf* Art. 36 EKG 4.

Artikel 15 EKG

Für den Kaufvertrag ist keine besondere Form vorgeschrieben. Er kann insbesondere auch durch Zeugen bewiesen werden.

Das Prinzip der Formfreiheit gilt für sämtliche im Zusammenhang mit dem Kaufvertrag stehenden Erklärungen. Erforderlich ist ein typisch kaufrechtlicher Inhalt der Erklärung. **Ausnahmen:** Art. 5 Abs. 2 in Hinblick auf Abzahlungsgeschäfte. Andere Verbraucherschutzvorschriften unterfallen nicht dem Vorbehalt des Art. 5 Abs. 2. Das gilt auch für Allgemeine Geschäftsbedingungen, die das EKG partiell abbedingen (*Hausmann* WM 1980 726, 733 (str.)). Ferner Art. 19 Abs. 3. **Privatautonome Formabreden** sind gültig. Mangels spezifisch kaufrechtlichen Charakters ist die Formbedürftigkeit von Schiedsklauseln und Gerichtsstandsklauseln nach dem maßgeblichen nationalen Recht bzw. anhand der einschlägigen völkerrechtlichen Abkommen zu beurteilen. **340**

Artikel 16 EKG

Ist nach diesem Gesetz eine Partei berechtigt, von der anderen die Erfüllung einer Verpflichtung zu verlangen, so braucht ein Gericht ein Urteil auf Erfüllung in Natur nur nach Maßgabe des Artikels VII des Übereinkommens vom 1. Juli 1964 zur Einführung eines Einheitlichen Gesetzes über den internationalen Kauf beweglicher Sachen zu erlassen oder zu vollstrecken.

Art. VII des Übereinkommens vom 1. Juli 1964 lautet: **341**

(1) Ist nach den Bestimmungen des Einheitlichen Gesetzes eine Partei berechtigt, von der anderen die Erfüllung der Verpflichtung zu verlangen, so ist kein Gericht gezwungen, ein Urteil auf Erfüllung in Natur zu erlassen oder zu vollstrecken, außer wenn es dies nach seinem eigenen Recht bei gleichartigen, nicht dem Einheitlichen Gesetz unterliegenden Kaufverträgen täte.

(2) Die Bestimmung des Abs. 1 berührt nicht die Pflichten der Vertragsstaaten aus bereits geschlossenen oder noch zu schließenden Übereinkommen über die Anerkennung und Vollstreckung von gerichtlichen Entscheidungen, Schiedssprüchen und anderen Vollstreckungstiteln.

Die Vorschrift trägt dem Umstand Rechnung, daß vor allem Staaten des angloamerikanischen Rechtskreises grundsätzlich keine Verurteilung zur Erfüllung in Natur, sondern nur zur Zahlung von Geld kennen. Diese staatlichen Besonderheiten sollten durch das EKG nicht in Frage gestellt werden. Art. 16 bezieht sich auf die Lieferung, Nachbesserung und Mitwirkungshandlungen in jeder Form. Streitig ist, ob Art. 16 entgegen seinem deutschen Wortlaut auch auf Verurteilungen zur Zahlung anzuwenden ist (zutr. verneinend *Dölle/Reinhart* Art. 16 EKG 27 f). Die Geltung der nationalen währungs- und devisenrechtlichen Vorschriften bleibt unberührt.

Artikel 17 EKG

Fragen, die ein in diesem Gesetz geregeltes Rechtsgebiet betreffen, aber durch dieses Gesetz nicht ausdrücklich entschieden werden, sind nach den allgemeinen Grundsätzen zu entscheiden, die diesem Gesetz zugrunde liegen.

Art. 17 soll sicherstellen, daß das EKG im Geist der Rechtsvereinheitlichung angewendet und das unvereinheitlichte nationale Recht soweit wie möglich nicht — auch nicht mittelbar — herangezogen wird. Dem Wortlaut des Art. 17 zufolge scheint sich die Vorschrift nur auf Fragen der **Lückenfüllung** zu beziehen. Nach ganz h. M. gilt Art. 17 seinem Grundgedanken nach aber auch bei der **Auslegung** des EKG, weil hier ebenfalls verhindert werden muß, daß die Rechtsvereinheitlichung durch unterschiedliche nationale Methoden der Gesetzesinterpretation aufgelöst wird. **Keine Anwendung** findet Art. 17 dort, wo das EKG, EAG nicht zum Tragen kommen soll, z. B. bei den in **342**

nale Privatrecht bei Artt. 4, 5 Abs. 2, 9, 16, 38 Abs. 4, 42 Abs. 1 lit. c, 61 Abs. 2, 89 EKG (*Dölle/Wahl* Art. 17 EKG 21 ff). Im übrigen sind die Grenzen zwischen den aus dem Geltungsbereich des EKG ausgeklammerten Materien und den Lücken im Sinne des Art. 17 so zu ziehen, daß sie mit dem Ziel der Rechtsvereinheitlichung und einer sachgerechten Abrundung der EKG-Normen im Einklang stehen (ähnlich *Mertens/ Rehbinder* Art. 17 EKG 4).

343 Soweit Lücken nicht nach Maßgabe des berufenen nationalen Rechts zu schließen sind (Rdn. 317), hat man **Lücken** mit den Instrumenten der Analogie und der offenen Rechtsfortbildung auszufüllen. Insbesondere im Rahmen der allgemeinen Rechtsfortbildung sind folgende Grundsätze von Bedeutung: Vorrang der Privatautonomie, Formlosigkeit, flüssige reibungslose Abwicklung des Warenaustausches und eventueller Leistungsstörungen, Vorrang objektiver Verhaltensstandards, Orientierung am Verhalten einer rational handelnden, anständigen Person. Der Vorschlag, der Richter habe in sorgfältig rechtsvergleichender Arbeit diejenige Lösung zu suchen, die den Rechtsordnungen der Vertragsstaaten gemeinsam ist oder im Lichte der Wertungen des EKG als beste Lösung zu qualifizieren ist (*Dölle/Wahl* Art. 17 EKG 75 m. Nachw.), ist nicht realisierbar (*Schlechtriem* IPrax. **1981** 113, 114). **Auszulegen** ist das EKG ohne Rückgriff auf nationale Rechtsvorstellungen aus sich heraus. Da die „allgemeinen Grundsätze" des EKG unter Umständen auch nur unter Rekurs auf seine Entstehungsgeschichte ermittelt werden können, sind historische und objektive Auslegung prinzipiell gleichrangig (a. A. *Mertens/Rehbinder* Art. 17 EKG 11). Das EKG ist als autonomes innerstaatliches Gesetz nicht nach den für völkerrechtliche Verträge geltenden Methoden zu interpretieren. Siehe ferner Art. 18 Rdn. 345 f.

Kapitel III
Pflichten des Verkäufers
Vorbemerkung vor Art. 18

344 Art. 18 umreißt in Form einer Übersicht die wichtigsten Pflichten des Verkäufers. Diese Pflichten werden sodann hinsichtlich Zeit und Ort der Lieferung in den Artt. 20–23, in Hinblick auf die Vertragsgemäßheit der Lieferung (insbesondere Qualität, aliud, Quantität) in Art. 19 Abs. 1, Artt. 33 ff sowie in den Artt. 50, 51 (Urkunden), Art. 52 (Eigentumsverschaffung), Artt. 19 Abs. 2 und 3, 54 (Versendung) und Art. 55 (sonstige Nebenpflichten) konkretisiert.

Das EKG geht von einem **einheitlichen Begriff** der **Vertragsverletzung** aus, der die Nichtlieferung, die verspätete, vertragswidrige (insbesondere mangelhafte) Lieferung sowie die Verletzung sonstiger Pflichten umfaßt. Die Rechtsfolgen dieser Vertragsverletzungen sind abgestuft, je nachdem, ob sich die Vertragsverletzung auf Zeit und Ort der Lieferung (Artt. 24 ff), auf die Qualität, Art oder Menge der gelieferten Waren (Artt. 33 ff), auf Rechtsmängel (Artt. 52, 53) oder sonstige Pflichten (Art. 55) bezieht. Innerhalb dieser Fallgruppen wird zusätzlich zwischen wesentlichen (Art. 10) und unwesentlichen Vertragsverletzungen unterschieden. Die Rechtsfolgen einer Vertragsverletzung hängen unter Umständen ferner davon ab, ob sie der Verkäufer zu vertreten hat oder nicht (Art. 74).

Artikel 18 EKG
Der Verkäufer ist nach Maßgabe des Vertrages und dieses Gesetzes zur Lieferung der verkauften Sache, gegebenenfalls zur Aushändigung der diese betreffenden Urkunden sowie zur Verschaffung des Eigentums an der Sache verpflichtet.

Art. 18 zählt die wichtigsten, typischen Pflichten des Verkäufers auf. Die Vorschrift **345** definiert aber nicht den Begriff des Kaufvertrages (zum Begriff des Kaufvertrages Art. 1 Rdn. 301).

Die Pflicht zur Lieferung etc. entspringt nicht primär dem Gesetz, sondern dem **346** Vertrag. Es ist Sache des Vertrages, die Pflichten des Verkäufers zu umreißen. Dies gilt insbesondere in Hinblick auf Art, Menge, Qualität sowie Gegenstand der geschuldeten Ware. Nur dort, wo der Vertrag schweigt, greift ergänzend das EKG ein. Demgemäß genießt die **Vertragsauslegung** Vorrang. Das EKG enthält keine auf die Interpretation von Verträgen bezogene Vorschrift (*Mertens/Rehbinder* Art. 17 EKG 27f (str.)). Die Lücke ist nach Maßgabe des Art. 17 zu schließen. Im Lichte der das EKG prägenden Grundsätze der Parteiautonomie sowie der Vernünftigkeit und Redlichkeit ist in erster Linie auf den übereinstimmenden Parteiwillen und in zweiter Linie auf die Erklärungsbedeutung aus der Perspektive eines redlichen Erklärungsempfängers abzuheben (ebenso *Mertens/Rehbinder* aaO). Daraus ergibt sich auch, daß eine **ergänzende Vertragsauslegung** zulässig ist, soweit sie das von den Parteien Gewollte zu Ende denkt. Unklar ist, inwieweit eine heteronome ergänzende Vertragsauslegung statthaft ist (*Mertens/Rehbinder,* aaO). Da die heteronome ergänzende Vertragsauslegung letztlich eine Form der Bildung objektiven Rechts darstellt, ist sie nach Maßgabe des Art. 17 zulässig. Soweit der Vertrag schweigt und auch eine ergänzende Vertragsauslegung nicht weiterführt, ist auf das dispositive Recht des EKG zurückzugreifen. Die Lieferverpflichtung ist in den Artt. 19–22, die Pflicht zur Verschaffung einer vertragsgemäßen Sache in Artt. 19 Abs. 1, 41 ff, die Pflicht zur Verschaffung unbelasteten und unbestrittenen Eigentums in den Artt. 52 f und die Pflicht zur Aushändigung von Urkunden in Art. 50 näher geregelt.

Abschnitt I
Lieferung der Sache
Artikel 19 EKG

(1) Die Lieferung besteht in der Aushändigung einer vertragsgemäßen Sache.

(2) Ist nach dem Vertrag eine Beförderung der Sache erforderlich, so wird die Lieferung, wenn kein anderer Ort für sie vereinbart worden ist, dadurch bewirkt, daß die Sache dem Beförderer zur Übermittlung an den Käufer ausgehändigt wird.

(3) Ist die dem Beförderer ausgehändigte Sache nicht dadurch, daß sie mit einer Anschrift versehen ist, oder auf andere Weise deutlich zur Erfüllung des Vertrages bestimmt, so ist der Verkäufer außer zur Aushändigung der Sache zur Absendung einer Anzeige über die Versendung und erforderlichenfalls eines die Sache genau bezeichnenden Schriftstücks an den Käufer verpflichtet.

Art. 19 definiert die Hauptpflicht des Verkäufers, die Lieferung. Der Begriff der **347** Lieferung spielt auch bei der Bestimmung der Fälligkeit des Kaufpreises (Art. 71) und bei dem Gefahrübergang (Art. 97) eine Rolle.

a) **Art. 19 Abs. 1.** Der Begriff der **Lieferung** wird mit Hilfe der Begriffe „Aushändigung" und „vertragsgemäße Sache" umschrieben.

Die Bedeutung des Begriffs „**Aushändigung**" ist nicht ganz klar. Sicher ist, daß es **348** ebensowenig auf den Besitzübergang gemäß den §§ 854 ff BGB wie auf die Eigentumsverschaffung ankommt. Fraglich ist, ob die Lieferung schon dann erfolgt ist, wenn der Verkäufer alle Handlungen abgeschlossen hat, die notwendig sind, um dem Käufer den Gewahrsam zu verschaffen[161], oder ob der Käufer den Gewahrsam erlangt haben

---
[161] so *Dölle/Huber* Art. 19 EKG 1, 19; *Mertens/Rehbinder* Art. 19 EKG 7.

muß (so *Dölle/Huber* Art. 19 EKG 39). Man hat davon auszugehen, daß das EKG die Lieferung als zweiseitigen Akt konzipiert hat (vgl. *Dölle/Huber* Art. 19 EKG 18 m. Nachw.). Dafür spricht auch das Wort Aushändigung. Es kommt mithin nicht allein darauf an, daß der Verkäufer dem Käufer derart Gelegenheit zur Übernahme der tatsächlichen Herrschaft bietet, daß sich der Käufer unter normalen Umständen ohne weiteres den Gewahrsam verschaffen kann (vgl. *Magnus* European Experience with the Hague Sales Law, Comparative Law Yearbook 3 (1979/80) S. 105, 114). Der Verkäufer hat nämlich auch noch zu liefern, wenn der Käufer in Annahmeverzug geraten ist. Erst recht ist er verpflichtet, für die Ware zu sorgen, solange sie sich in seinem Gewahrsam befindet. Die Aushändigung erfolgt deshalb in der logischen Sekunde, in der der Verkäufer alle Maßnahmen abgeschlossen hat, die im konkreten Einzelfall erforderlich waren, um dem Käufer den Gewahrsam zu verschaffen; mit anderen Worten: in der logischen Sekunde vor Übernahme des Gewahrsams durch den Käufer. Die bloße Einigung darüber, daß sich der Käufer die Ware an einer frei zugänglichen Stelle abholen kann, stellt mithin keine Aushändigung dar. Dem konkreten Vertrag kann aber zu entnehmen sein, daß er dem Käufer erlaubt, sich die Ware zu holen oder zu behalten (brevi manu traditio). Eine „Aushändigung" im Sinne des Art. 19 Abs. 1 ist auch dort nicht geschuldet, wo der Verkäufer die Ware an einem vom Käufer bezeichneten Platz deponieren soll (vgl. *Dölle/Huber* Art. 19 EKG 40). Durch die Vereinbarung eines Besitzkonstituts (§§ 868, 930 BGB) erfolgt keine Aushändigung. Es kann aber sein, daß die Parteien die Pflicht zur Aushändigung durch eine Verpflichtung aus dem dem Besitzkonstitut zugrundeliegenden Schuldverhältnis ersetzt haben und der Verkäufer mithin schon erfüllt hat (*Dölle/Huber* Art. 19 EKG 45ff). Soll Ware geliefert werden, die sich bei einem Lagerhalter oder sonst einem Dritten befindet, so erfolgt die Aushändigung im Zweifel nicht bereits mit der Abtretung des Herausgabeanspruchs. Soll sich der Käufer die Ware alsbald vom Gewahrsamsinhaber verschaffen oder dient die Abtretung des Herausgabeanspruchs nur der Sicherung, so ist die Abtretung lediglich erfüllungshalber vorgenommen worden, so daß die Lieferung erst vollendet ist, wenn der Gewahrsamsinhaber die Ware ausgehändigt hat (vgl. auch Rdn. 257f). Hat der Verkäufer dem Käufer eine Anweisung auf den Gewahrsamsinhaber (z. B. Lagerhalter) erteilt, so liegt hierin erst recht keine Aushändigung, da der Käufer nicht einmal einen Herausgabeanspruch gegen den Dritten erworben hat (vgl. auch *Liesecke* WM **1978** Beilage Nr. 3 S. 10).

349   Die Ware, die ausgehändigt worden ist, muß **vertragsgemäß** gewesen sein. Das Wesen der Vertragsgemäßheit läßt sich aus Art. 33 erschließen, der definiert, wann eine Lieferung vertragswidrig ist. Nicht vertragsgemäß ist mithin insbesondere die quantitativ unzureichende Lieferung, die Lieferung eines aliud, die Schlechtlieferung. Die Rechtsfolgen der Aushändigung nicht vertragsgemäßer Ware ergeben sich aus den Art. 34 ff. In diesen Fällen bleibt die Preisgefahr beim Verkäufer, es sei denn, daß der Käufer die Ware behält oder weder Aufhebung des Vertrages noch Lieferung vertragsgemäßer Ware (mehr) verlangen kann (Art. 97 Abs. 2).

350   b) **Beförderung der Sache (Art. 19 Abs. 2).** Art. 19 Abs. 2 ist auf den Versendungskauf zugeschnitten, nicht auf Fernkauf schlechthin, wie sich aus der Formulierung „wenn kein anderer Ort für sie vereinbart worden ist" ergibt. Der **Lieferort** darf mithin nicht mit dem Bestimmungsort der Ware zusammenfallen. Ist als Lieferort ein Platz vereinbart worden, der zwischen dem Absendeort und Bestimmungsort der Ware liegt, so ist auf die Aushändigung der Ware am Lieferort abzuheben (Beispiel: cif-, fob-Verträge (Rdn. 6)), bei denen der Transport aus dem Binnenland zum Schiff noch keine Aushändigung der Ware darstellt. — Zum Lieferort im Falle der Verwendung anderer

Handelsklauseln Rdn. 168 ff. Aus der Formulierung des Art. 19 Abs. 2 („wenn kein anderer Ort …") ist abzulesen, daß **im Zweifel** von einem Versendungskauf auszugehen ist (BGH WM 1979 764, 765). Dies gilt auch dort, wo der Transport innerhalb einer politischen Gemeinde erfolgen soll (*Dölle/Huber* Art. 19 EKG 83). Streitig ist die Einordnung des Transports mit **eigenen Leuten**. Zum Teil wird die Ansicht vertreten, daß die Ware eigenen Leuten nicht „zur Übermittlung" übergeben werde (*Mertens/Rehbinder* Art. 19 EKG 10), daß wegen der Beherrschungsmöglichkeiten des Verkäufers die Gefahr bei diesem verbleiben müsse (*Dölle/Neumayer* Art. 97 EKG 15). *Huber* (*Dölle/Huber* Art. 19 EKG 87) will danach differenzieren, ob der Transport üblicherweise und nach der Planung im Einzelfall mit selbständigen Beförderungsunternehmen durchgeführt werden sollte oder ob diese Voraussetzung fehlte. In der zweiten Variante soll die Übergabe zum Transport mit eigenen Leuten keine Lieferung darstellen. Diesem Ansatz ist im Prinzip zuzustimmen. Ausschlaggebend sind nicht allein die Beherrschungsmöglichkeiten des Verkäufers. Das Risiko muß auch kalkulierbar, im Preis berücksichtigungsfähig und versicherbar sein. Dort, wo der Verkäufer entgegen der Planung ausnahmsweise, insbesondere gefälligkeitshalber mit eigenen Leuten liefert, ist das Risiko unzureichend gedeckt, so daß Art. 19 Abs. 2 zum Tragen kommt.

Beförderer sind die Frachtführer sowie Eisenbahnen, Verfrachter und Luftfrachtführer. Auch der Spediteur ist Beförderer, da er maßgeblich in den Transportablauf eingeschaltet wird. Die Entstehungsgeschichte des Art. 19 Abs. 2 steht dieser Interpretation nicht entgegen [162]. Zum Kreis der Beförderer zählt ferner der Lagerhalter, bei dem die Ware während der Transportphasen oder vor der Auslieferung eingelagert wird. **351**

Zum Begriff der **Aushändigung** s. Rdn. 348. Die Ware muß dem (ersten) Beförderer ausgehändigt worden sein, damit die Lieferpflicht erfüllt wird. Ist es, wie z. B. nach KVO, Pflicht des Befrachters, die Ware auf das Fahrzeug des Beförderers zu verladen, so ist die Ware ausgehändigt, sobald sie auf dem LKW abgesetzt ist. Obliegt die Verladung dem Frachtführer, so ist auf die Aushändigung an den Frachtführer abzuheben. **Rollende Ware** wird in dem Moment „ausgehändigt", in dem dem Beförderer die Weisung zugeht, die Ware dem Käufer zu übermitteln. **352**

Die Ware muß dem Beförderer **zur Übermittlung** an den Käufer übergeben worden sein. Das setzt im Zweifel voraus, daß der Verkäufer den Beförderer zum Transport bzw. zur Organisation des Transports verpflichtet hat. Dem Beförderer muß grundsätzlich der Käufer bzw. dessen Ermächtigter als Empfänger der Ware genannt werden. Die Tatsache, daß der Verkäufer die frachtrechtliche Verfügungsbefugnis behält und daher z. B. einen anderen Empfänger benennen kann, schadet nicht, solange der Verkäufer das Recht nicht ausübt [163]. Hat der Verkäufer sich ein Frachtpapier auf eigene Order ausstellen lassen, so steht nicht fest, wer Empfänger ist. Hier wie in anderen Fällen, in denen die Ware nicht deutlich zur Erfüllung des Vertrages bestimmt ist, hat der Verkäufer zusätzlich die Versendung anzuzeigen (Art. 19 Abs. 3). **353**

c) **Versendungsanzeige (Art. 19 Abs. 3).** Die Ware soll durch die Versendungsanzeige derart individualisiert werden, daß der Verkäufer sie nicht mehr anderen Abnehmern zuweisen kann, ohne daß dies für den Käufer erkennbar ist. Notwendig ist die Absendung einer Versendungsanzeige dort, wo dem Verkäufer Manipulationsmöglich- **354**

---

[162] *Dölle/Huber* Art. 19 EKG 91; a. A. *Mertens/Rehbinder* Art. 19 EKG 9.

[163] Ausnahmen: Artt. 72 Abs. 1, 73 Abs. 2; weitergehend *Dölle/Huber* Art. 19 EKG 103: bei rechtswidrigem Anhalten nur Haftung gemäß Art. 55.

keiten eröffnet werden. Art. 19 Abs. 3 spricht „von Anzeige über die Versendung und erforderlichenfalls eines die Sache genau bezeichnenden Schriftstücks". Hierbei handelt es sich nicht um zwei verschiedene Mitteilungen[164], sondern es wird nur gesagt, daß die bloße Anzeige der Absendung nur dort genügt, wo hierdurch alle Manipulationsmöglichkeiten ausgeschaltet sind (der angezeigte Dampfer hat nur in vertragsgemäßem Umfang Ware der geschuldeten Art geladen). Ist dies nicht der Fall, so sind zusätzliche Angaben erforderlich (z. B. Markierung, Nummer des Konnossements). Eine Anzeige, in der nur Transporteur und Transportmittel mitgeteilt werden, kann, weil nur wenige Informationen übermittelt werden, mündlich erfolgen. Es genügt immer die richtige Absendung (Art. 14) der Anzeige. Es genügt auch die Übermittlung der Frachtdokumente, weil sich der Verkäufer hiermit der Manipulationsmöglichkeiten begibt.

355 Ist gemäß Art. 19 Abs. 3 eine Versendungsanzeige **erforderlich,** so ist sie Voraussetzung für die **Lieferung** im Sinn des Art. 19 Abs. 1. Der Verkäufer kann allerdings grundsätzlich den Vertrag immer noch dadurch erfüllen, daß er die Ware am Bestimmungsort dem Käufer aushändigen läßt. Er hat allerdings hinzunehmen, daß die **Preis- und Leistungsgefahr** bei ihm verblieben ist. Dies ergibt sich mittelbar aus Art. 100, der die für den Überseekauf geltenden Regeln über die Gefahrtragung (Rdn. 65, 116, 154, 165) in das EKG einführt[165]. Hat der Verkäufer pflichtgemäß die Versendungsanzeige abgesandt, so geht die Gefahr unter den in Art. 100 genannten Voraussetzungen rückwirkend auf den Käufer über.

356 Der Verkäufer kann kraft Gebräuchen, Gepflogenheiten (Art. 9) oder kraft Vereinbarung (Formularvertrag) verpflichtet sein, die Anzeige unverzüglich oder innerhalb bestimmter **Fristen** abzusenden. Die Rechtsfolgen einer Verletzung dieser Pflicht ergeben sich, soweit nicht besondere Regeln eingreifen (zum Überseekauf Rdn. 106 ff), aus Art. 55. Dort, wo die Preise für die geschuldete Ware stark schwanken, stellt eine verspätete bzw. unrichtige und nicht rechtzeitig berichtigte Anzeige immer eine wesentliche Vertragsverletzung dar (Analogie zu Art. 28).

Unterabschnitt 1
Pflichten des Verkäufers hinsichtlich Zeit und Ort der Lieferung

A. Zeit der Lieferung

Artikel 20 EKG

Haben die Parteien den Zeitpunkt der Lieferung festgesetzt oder ergibt er sich aus den Gebräuchen, so ist der Verkäufer, ohne daß es irgendeiner Förmlichkeit bedarf, verpflichtet, die Sache in diesem Zeitpunkt zu liefern, vorausgesetzt, daß der so festgesetzte Zeitpunkt nach dem Kalender bestimmt ist oder bestimmt werden kann oder daß er an ein bestimmt eintretendes Ereignis geknüpft ist, bei dem die Parteien den Tag des Eintritts genau feststellen können.

357 Der Verkäufer hat Abreden über den objektiv exakt bestimmten Lieferzeitpunkt bzw. den sich aus einschlägigen Gebräuchen (Art. 9) ergebenden exakten Lieferzeitpunkt einzuhalten. Bei Versendungskäufen kommt es auf die Aushändigung an den Beförderer an (Art. 19 Abs. 2; vgl. *Magnus* S. 105, 115). Die Fälligkeit hängt von keinerlei Förmlichkeit, insbesondere von keiner Leistungsaufforderung ab. Zur Tragweite von Lieferklauseln s. Rdn. 168 ff.

---

[164] *Dölle/Huber* Art. 19 EKG 107; a. A. *Stötter* Internationales Einheitsrecht (1975) Art. 19 EKG 10.

[165] *Dölle/Huber* Art. 19 EKG 114 ff; a. A. *Mertens/Rehbinder* Art. 19 EKG 14.

Liefert der Verkäufer nicht rechtzeitig, so ergeben sich die Rechtsfolgen der **Verspätung** aus den Artt. 28 ff. In diesem Zusammenhang ist es bedeutsam, ob die durch die Verspätung ausgelöste Vertragsverletzung als „wesentlich" (Art. 10) oder als „unwesentlich" zu qualifizieren ist. Die Nichteinhaltung fix versprochener Lieferzeiten stellt immer eine wesentliche Vertragsverletzung dar (Art. 10 Rdn. 332). **Vorzeitige Lieferung Art. 29.**

Artikel 21 EKG

Ist die Lieferung nach den Vereinbarungen der Parteien oder nach den Gebräuchen innerhalb eines bestimmten Zeitraumes (eines bestimmten Monats, einer bestimmten Zeit des Jahres) zu bewirken, so steht es dem Verkäufer zu, den genauen Zeitpunkt der Lieferung festzusetzen, sofern sich nicht aus den Umständen ergibt, daß die Festsetzung des Zeitpunktes dem Käufer vorbehalten ist.

Art. 21 setzt voraus, daß lediglich ein Lieferzeitraum vereinbart wurde, z. B. „Abladung Juni/Juli" (Rdn. 18), „binnen drei Wochen". Der Anfangs- und Endzeitpunkt muß nicht exakt definiert sein. Die Zuständigkeit für die Wahl des exakten Lieferzeitpunkts ergibt sich in erster Linie aus dem Vertrag (Abrufklauseln), den Gebräuchen (Art. 9; zu den Abladeklauseln Rdn. 18) oder den Umständen (bei einer Holschuld kann im Zweifel der Käufer den Zeitpunkt der Abholung wählen). Zu den Lieferklauseln s. Rdn. 168 ff. Hilfsweise ist auf Art. 21 zurückzugreifen, demzufolge der Verkäufer berechtigt ist, den genauen Lieferzeitpunkt festzusetzen. Die Erklärung des Verkäufers ist empfangsbedürftig (*Noussias* Die Zugangsbedürftigkeit von Mitteilungen nach den Einheitlichen Haager Kaufgesetzen und nach dem UN-Kaufgesetz (1981) S. 132). Zu den Rechtsfolgen **vorzeitiger** oder **verspäteter** Lieferung Art. 20; Art. 29. **358**

Artikel 22 EKG

Bestimmt sich der Zeitpunkt der Lieferung nicht nach Artikel 20 oder 21, so hat der Verkäufer die Sache innerhalb einer mit Rücksicht auf die Art der Sache und die Umstände angemessenen Frist nach Vertragsabschluß zu liefern.

Art. 22 trifft eine ergänzende Regelung für den Fall, daß weder Vertrag, Handelsklauseln (Rdn. 168 ff) noch Gebräuche den Lieferzeitpunkt oder den Lieferzeitraum fixieren. Die angemessene Frist ist im Wege der Interessenabwägung zu ermitteln. Der fruchtlose Ablauf dieser Frist berechtigt den Käufer, ohne jede Mahnung die in Artt. 24 ff genannten Rechte auszuüben. **359**

B. Ort der Lieferung

Artikel 23 EKG

(1) Ist nach dem Kaufvertrag eine Beförderung der Sache nicht erforderlich, so hat der Verkäufer die Sache an dem Ort zu liefern, an dem er bei Vertragsabschluß seine Niederlassung oder in Ermangelung einer Niederlassung seinen gewöhnlichen Aufenthalt gehabt hat.

(2) Handelt es sich um den Kauf einer bestimmten Sache und war den Parteien der Ort bekannt, an dem sie sich bei Vertragsabschluß befunden hat, so hat der Verkäufer die Sache an diesem Ort zu liefern. Entsprechendes gilt, wenn die verkauften Sachen aus einem bestimmten Bestand zu entnehmende Gattungssachen sind oder wenn sie an einem Ort herzustellen oder zu erzeugen sind, der den Parteien bei Vertragsabschluß bekannt war.

Art. 23 enthält eine **subsidiäre** Regelung für den Fall, daß die Parteien den Lieferort weder vereinbart haben (zu den Lieferklauseln Rdn. 168 ff) noch die Gebräuche und Gepflogenheiten (Art. 9) Auskunft geben. Art. 23 betrifft nur den **Platzkauf.** **360**

Ingo Koller

Voraussetzung für die Anwendung des Art. 23 ist, daß nach dem Kaufvertrag **eine Beförderung nicht erforderlich** ist. Ist weder dem Kaufvertrag noch den Gebräuchen oder Gepflogenheiten (Art. 9) zu entnehmen, ob ein Transport vorgesehen ist, so gilt der Grundsatz der schuldnerfreundlichsten Regelung (Art. 23). Der Käufer hat dann die Ware in erster Linie an den in Art. 23 Abs. 2 und hilfsweise an den in Art. 23 Abs. 1 genannten Orten abzuholen. Unter „Ort" ist in diesem Zusammenhang nicht eine politische Gemeinde, sondern der konkrete Lager- oder Herstellungsort bzw. die Niederlassung oder Wohnung des Schuldners zu verstehen. Ergibt sich aus der Vereinbarung (zu den Handelsklauseln Rdn. 168 ff), den Gebräuchen oder Gepflogenheiten (Art. 9), daß ein Transport vorgesehen ist, so ist der Lieferort in erster Linie diesen Bestimmungsfaktoren zu entnehmen. Hilfsweise gilt gemäß Art. 19 Abs. 2 die Vermutung, daß ein Versendungskauf verabredet wurde, daß Lieferort und Bestimmungsort auseinanderfallen. Damit ist noch nicht geklärt, ob der Verkäufer z. B. im sog. Streckengeschäft den Lieferort (Absendeort) frei wählen darf (so *Dölle/Huber* Art. 23 EKG 20) oder ob der Lieferort aus den dem Käufer erkennbaren Umständen abzuleiten ist (*Dölle/Neumayer* Art. 97 EKG 17). Art. 19 Abs. 2 gibt nur Aufschluß darüber, daß der Lieferort nicht mit dem Bestimmungsort zusammenfällt. Die dadurch entstehende Lücke (Art. 17) ist nach dem Prinzip der Vernünftigkeit zu schließen. Dies impliziert, daß der Käufer Gelegenheit haben muß, seine Risiken einzukalkulieren. Der Verkäufer darf mithin nur dort, wo im Einzelfall mit einer Lieferung von einem dritten Ort aus zu rechnen oder dies üblich war, den Lieferort im vorhersehbaren Rahmen wählen. Ansonsten ist Lieferort die Niederlassung des Verkäufers. Der Käufer darf jedoch im Zweifel aus der Tatsache, daß die Ware nicht vom Lieferort abgesandt worden war, keine Rechte herleiten, wenn sie ihm am Bestimmungsort vertragsgemäß und rechtzeitig ausgehändigt wurde.

C. Rechtsfolgen der Nichterfüllung der Pflichten des Verkäufers hinsichtlich Zeit und Ort der Lieferung

Artikel 24 EKG

(1) Hat der Verkäufer seine Pflichten hinsichtlich der Zeit oder des Ortes der Lieferung nicht erfüllt, so kann der Käufer nach Maßgabe der Artikel 25 bis 32
a) von dem Verkäufer die Erfüllung des Vertrages verlangen;
b) die Aufhebung des Vertrages erklären.

(2) Der Käufer kann ferner Schadenersatz nach Artikel 82 oder nach den Artikeln 84 bis 87 verlangen.

(3) In keinem Fall kann der Verkäufer verlangen, daß ihm ein Gericht oder ein Schiedsgericht eine zusätzliche Frist bewilligt.

361 Die Vorschrift ist auf diejenigen Fälle einer Vertragsverletzung bezogen, in denen die Ware überhaupt nicht (zur Abgrenzung von Quantitäts- und Qualitätsmängeln Art. 33), verspätet, vorzeitig oder am falschen Ort geliefert worden ist. Sie hat in erster Linie die Funktion einer Übersicht. Selbständigen Aussagewert besitzt Art. 24 Abs. 2, der klarstellt, daß Schadensersatzansprüche immer neben dem Anspruch auf Erfüllung und auch nach Aufhebung des Vertrages erhoben werden können. Art. 24 Abs. 3 stellt den Vorrang des EKG sicher, wendet sich aber weder gegen abweichende Vereinbarungen noch gegen abweichende Gebräuche und Gepflogenheiten (Art. 9).

362 Art. 24 Abs. 1 und Abs. 2 erwähnen drei Rechtsbehelfe: Erfüllung, Erklärung der Aufhebung des Vertrages, Schadensersatz. Der **Erfüllungsanspruch** steht dem Käufer unabhängig davon zu, ob die durch die Nichtlieferung, die verspätete, verfrühte Lieferung bzw. die Lieferung am falschen Ort zugefügte Vertragsverletzung wesentlich

(Art. 10) ist oder nicht. Der Erfüllungsanspruch ist ausgeschlossen, wenn die Lieferung objektiv unmöglich oder im Sinne des Art. 74 dauernd unzumutbar geworden ist, wenn ein Deckungskauf üblich und möglich ist (Art. 25), der Käufer bei wesentlichen Vertragsverletzungen (z. B. Art. 28) seine Wahl nicht binnen vorgeschriebener Frist mitgeteilt hat (Art. 26 Abs. 1, 2) oder der Käufer die Ware bei vorzeitiger Lieferung angenommen hat. — Bei wesentlichen (Art. 10) Verletzungen der Pflicht, am vertragsgemäßen Ort zur vertragsgemäßen Zeit zu liefern (Art. 26 Abs. 1, Art. 27 Abs. 2, Art. 28), eröffnet Art. 26 Abs. 1 dem Käufer das Recht, die **Aufhebung** des Vertrages zu wählen. Dort, wo ein Deckungskauf üblich und möglich ist, ist der Vertrag kraft Gesetzes aufgehoben (Art. 25). — Unabhängig davon, ob der Käufer Erfüllung oder Aufhebung wählt bzw. wählen kann, darf er **Schadensersatz** verlangen, sofern der Verkäufer die Schadensursache zu vertreten hat (Art. 74), der Schaden vorhersehbar war (Art. 82 Abs. 2, Art. 86) und soweit den Käufer kein Mitverschulden trifft (Artt. 85, 86, 88).

Artikel 25 EKG

Der Käufer kann von dem Verkäufer die Erfüllung des Vertrages nicht verlangen, wenn ein Deckungskauf den Gebräuchen entspricht und in angemessener Weise möglich ist. In diesem Fall ist der Vertrag kraft Gesetzes in dem Zeitpunkt aufgehoben, in dem der Deckungskauf vorzunehmen ist.

363 Der Käufer kann gemäß Art. 24 Abs. 1 grundsätzlich zwischen Erfüllung und Aufhebung des Vertrages wählen. Er wird aber regelmäßig an der Erfüllung gerade durch den Verkäufer kein Interesse haben, wenn er gleich taugliche Ware anderweit zu beziehen vermag. Die rasche Vornahme eines Deckungskaufes liegt durchaus auch im Interesse des vertragsbrechenden Verkäufers; denn auf diese Weise wird dieser vor der Gefahr bewahrt, daß der Käufer die Aufhebung des Vertrages hinauszögert, weil er hofft, daß die für die Schadensersatzberechnung maßgeblichen Marktpreise (Art. 84 Abs. 1) noch steigen werden. Art. 25 statuiert aus diesem Grunde eine automatische Aufhebung des Vertrages.

Art. 25 kommt überall dort zum Tragen, wo die Ware überhaupt nicht, verspätet oder am falschen Ort geliefert wird. Hierbei ist es dem Wortlaut des Art. 25 zufolge nicht entscheidend, ob die **Vertragsverletzung wesentlich** (Art. 10) war oder nicht. *Dölle/Huber* (Art. 25 EKG 14) plädieren in Fällen unwesentlicher Vertragsverletzungen dafür, Art. 25 zu restringieren, da der Verkäufer im Interesse einer Nachfrist (Art. 27 Abs. 2 S. 1) eine gewisse Spekulationsgefahr hinnehmen werde. Wenn die maßgeblichen Gebräuche (Art. 9) auch im Falle unwesentlicher Vertragsverletzungen einen alsbaldigen Deckungskauf vorsehen, so sei es jedoch dem Käufer zu gestatten, sich hierauf zu berufen. Dem Käufer ist es nicht verwehrt, freiwillig eine Nachfrist anzubieten (s. Rdn. 364). Die Vertragsverletzung muß vom Verkäufer auch nicht zu vertreten (Art. 74 Abs. 1) gewesen sein (**a. A.** *Dölle/Huber* Art. 25 EKG 39). Art. 25 soll alsbaldige Klarheit schaffen. Allerdings sind an die Gebräuchlichkeit und Angemessenheit des Deckungskaufs scharfe Anforderungen zu stellen (*Piltz* IPRax. **1983** 215, 216).

364 Unter **Deckungskauf** ist nach der Verkehrsanschauung ein Kauf gleichartiger, gleich tauglicher Ware zu verstehen. Der Deckungskauf muß den **Gebräuchen** (Art. 9) entsprochen haben. Da Art. 25 die Spekulationsgefahr beseitigen soll, ist grundsätzlich zu fordern, daß der Deckungskauf in der Form üblich sein muß, daß er sofort, nachdem die Vertragsverletzung erkennbar geworden ist, vorgenommen wird[166]. Relevant

---

[166] *Dölle/Huber* Art. 25 EKG 22 a, 33; **a. A.** *Mertens/Rehbinder* Art. 25 EKG 5.

sind aber auch solche Gebräuche, denen zufolge ein Deckungskauf erst üblich ist, nachdem der Käufer eine kurze, fest umrissene Zeit auf die verspätete Lieferung gewartet hat. Den Gebräuchen stehen Gepflogenheiten gleich (Art. 9). Der Deckungskauf muß überdies in **angemessener Weise möglich** gewesen sein. Es muß also gleichartige Ware auf dem Markt zu zumutbaren Kosten, Risiken und Anstrengungen erhältlich gewesen sein. Der Käufer darf nicht — wie üblicherweise beim Spezieskauf — ein besonderes Interesse gerade an der geschuldeten Ware gehabt haben. Der Verkäufer darf sich nicht mit einer **Nachlieferung einverstanden** erklärt oder der Käufer eine Nachlieferung angenommen haben. Setzt der Käufer eine **Nachfrist,** so muß er sich daran festhalten lassen. Das Verbot widersprüchlichen Verhaltens gilt auch im EKG (Art. 17); in der Regel wird es aber zu einer Vertragsänderung gekommen sein.

365 Sind die Voraussetzungen des Art. 25 S. 1 erfüllt, so ist die **Rechtsfolge** Aufhebung des Vertrages (Artt. 78, 81). Maßgeblich ist der Zeitpunkt, in dem üblicherweise, den Gebräuchen zufolge ein Deckungskauf abgeschlossen worden wäre. Eine besondere Überlegungsfrist, wie sie Art. 26 Abs. 1 S. 2 vorsieht, ist dem Käufer nicht zuzubilligen (so aber im Ergebnis *Mertens/Rehbinder* Art. 25 EKG 5). Das gilt auch dann, wenn der Käufer mit einer Nachlieferung rechnen kann, da dies dem Käufer unkontrollierbaren Spekulationsspielraum eröffnen würde und letztlich zu einer Lösung führen würde, wie sie Art. 26 Abs. 1 S. 2 vorsieht (**a. A.** *Dölle/Huber* Art. 25 EKG 40). Schadensersatz kann der Käufer nur unter der Voraussetzung fordern, daß der Verkäufer die Vertragsverletzung zu vertreten (Art. 74) hat. Höhe: Artt. 82 ff. Abstrakte Schadensberechnung ist zulässig (Art. 84 Abs. 1; unklar *Stötter* Art. 25 EKG 4).

a) Rechtsfolgen hinsichtlich der Zeit der Lieferung
Artikel 26 EKG

(1) Stellt es eine wesentliche Vertragsverletzung dar, daß die Lieferung nicht in dem festgesetzten Zeitpunkt bewirkt worden ist, so kann der Käufer entweder von dem Verkäufer die Erfüllung des Vertrages verlangen oder die Aufhebung des Vertrages erklären. Er hat dem Verkäufer innerhalb angemessener Frist seine Entscheidung bekanntzugeben; andernfalls ist der Vertrag kraft Gesetzes aufgehoben.

(2) Fordert der Verkäufer den Käufer auf, ihm seine Entscheidung bekanntzugeben, und kommt der Käufer dem nicht innerhalb kurzer Frist nach, so ist der Vertrag kraft Gesetzes aufgehoben.

(3) Bewirkt der Verkäufer die Lieferung, bevor der Käufer seine Entscheidung bekanntgegeben hat, und erklärt der Käufer nicht innerhalb kurzer Frist die Aufhebung des Vertrages, so ist jede Aufhebung des Vertrages ausgeschlossen.

(4) Hat sich der Käufer für die Erfüllung des Vertrages entschieden, wird der Vertrag aber nicht innerhalb angemessener Frist erfüllt, so kann der Käufer die Aufhebung des Vertrages erklären.

366 Das EKG differenziert zwischen wesentlichen (Art. 26) und unwesentlichen (Art. 27) Vertragsverletzungen. Nur wesentliche (Art. 10) Vertragsverletzungen berechtigen den Käufer ohne Rücksicht darauf, ob der Verkäufer den Vertragsbruch zu vertreten hat (Art. 74 Abs. 3), die Vertragsaufhebung zu erklären (Art. 26 Abs. 1). Zur Vertragsaufhebung kraft Gesetzes Art. 25. Zur Schadensersatzpflicht Art. 25 Rdn. 365.

367 Das Gesetz regelt nicht ausdrücklich die **Unmöglichkeit** der Leistung. Verträge über anfänglich unmögliche Leistungen sind grundsätzlich gültig (arg. e. Art. 99). Im übrigen kommt es darauf an, ob der Verkäufer dauernd außerstande ist, zu liefern. Hat der Verkäufer die dauernde Lieferunmöglichkeit im Sinne des Art. 74 Abs. 1 nicht zu vertreten, so erlischt der Erfüllungsanspruch. Der Vertrag ist aufgehoben, da ein Entscheidungsspielraum des Käufers (Art. 26 Abs. 1 S. 2) nicht besteht. Gleiches gilt bei vorübergehender Unmöglichkeit unter den in Art. 74 Abs. 2 genannten Voraussetzungen. Hat der Verkäufer die Unmöglichkeit (dauernde oder vorübergehende) zu vertreten (Art. 74 Abs. 1), so geht das EKG davon aus, daß der Erfüllungsanspruch weiterbesteht. Bei dauernder Unmöglichkeit fehlt jedoch das Rechtsschutzbedürfnis für eine auf Erfüllung gerichtete Klage. Die Haftung für anfängliches Unvermögen unterliegt keinen besonderen Regeln.

368 Art. 26 Abs. 1 setzt voraus, daß die Lieferung zu dem festgesetzten (Artt. 20 ff) **Zeitpunkt** ausgeblieben ist. Ob der Verkäufer dies zu vertreten hat (Art. 74), ist unerheblich. Teillieferung Artt. 33 Abs. 1 lit. b, 45. Lieferung am falschen Ort Artt. 30 f. — Die Verspätung der Lieferung muß zu einer **Verletzung** des Vertrages durch den Verkäufer geführt haben. Von einer Vertragsverletzung kann man nicht sprechen, wenn der Käufer seinerseits nicht vertragsgemäß mitgewirkt hat und dadurch die Liefersäumnis mitverursacht hat. Beispiele: Annahmeverzug; keine Zug um Zug-Leistung (Artt. 71 f). — Die Vertragsverletzung muß darüber hinaus **wesentlich** gewesen sein. Als wesentlich qualifiziert das EKG das Verstreichenlassen einer Nachfrist (Art. 27 Abs. 2), die nicht rechtzeitige Lieferung von preisnotierten Waren (Art. 28). In den anderen Fällen ist die Frage nach der Wesentlichkeit der Vertragsverletzung anhand des Art. 10 zu beantworten. Ist eine Fixschuldabrede getroffen worden oder ist kraft Handelsbrauchs „fix" zu liefern, so ist eine Säumnis „wesentlich" (Art. 10 Rdn. 332).

369 Art. 26 sieht als **Rechtsfolge** die Wahl zwischen dem Beharren auf Erfüllung und der Aufhebung des Kaufvertrages vor. Um die Spekulationsmöglichkeiten einzuschränken, ist das Wahlrecht grundsätzlich in **angemessener Frist** auszuüben. Dem Käufer steht eine Überlegungsfrist zu, die reichlich bemessen werden kann, da der Verkäufer den Käufer zu einer Entscheidung binnen kurzer Frist (Art. 11) zwingen kann. Zur Setzung einer Nachfrist Art. 75 Rdn. 554. — Die Aufhebungserklärung ist zugangsbedürftig (**h. M.**; **a. A.** *Noussias* S. 155 ff m. Nachw.). Sie kann konkludent durch Forderung von Schadensersatz in Höhe des Erfüllungsinteresses erfolgen BGH WM **1984** 694, 696). Hält der Käufer die Vertragsverletzung **irrtümlich für unwesentlich,** so steht dies einer Aufhebung des Vertrages gemäß Art. 26 Abs. 1 S. 2 nicht entgegen. Setzt der Käufer in diesem Fall aber eine Nachfrist, so verlangt er Erfüllung (vgl. Art. 26 Abs. 4). Hält der Verkäufer eine unwesentliche Vertragsverletzung **für wesentlich** und fordert er den Käufer auf, zu erklären, ob dieser noch Erfüllung verlange, so löst ein Schweigen nicht die Rechtsfolge des Art. 26 Abs. 2 aus[167]. Die Rechtsfolgen einer berechtigten Aufhebungserklärung ergeben sich aus Artt. 78, 81. In jedem Fall kann der Käufer Schadensersatz (Artt. 82 ff) verlangen, wenn der Verkäufer den Verzögerungs- und/oder Nichterfüllungsschaden zu vertreten hat (Art. 74 Abs. 1).

Artikel 27 EKG

(1) Stellt es keine wesentliche Vertragsverletzung dar, daß die Lieferung nicht in dem festgesetzten Zeitpunkt bewirkt worden ist, so behält der Verkäufer das Recht zur Vornahme der Lieferung und der Käufer das Recht, von dem Verkäufer die Erfüllung des Vertrages zu verlangen.

(2) Der Käufer kann dem Verkäufer jedoch eine Nachfrist von angemessener Dauer gewähren. Wird die Lieferung nicht innerhalb dieser Frist bewirkt, so stellt dies eine wesentliche Vertragsverletzung dar.

---

[167] *Dölle/Huber* Art. 26 EKG 41; **a. A.** *Mertens/Rehbinder* Art. 26 EKG 16.

370 Art. 27 ergänzt Art. 26 in den Fällen, in denen die Nichtbelieferung oder verspätete Belieferung **keine wesentliche** (Art. 10, 28) Vertragsverletzung darstellt. Hier ist der Käufer, der sich vom Vertrag lösen will, gehalten, vor der Aufhebung des Vertrages eine Nachfrist zu setzen und abzuwarten, ob sie fruchtlos verstreicht. Er kann immer den Schaden (Art. 82 ff) liquidieren, falls der Verkäufer die Vertragsverletzung zu vertreten hat (Art. 74). Zu Fallgruppen der wesentlichen Vertragsverletzung Art. 26.

371 Die **Nachfrist** muß angemessen sein. Sie kann formfrei, muß jedoch nach Eintritt der Vertragsverletzung gesetzt werden. Die Erklärung muß erkennen lassen, daß der Käufer binnen bestimmter Frist („Nachfrist von angemessener Dauer") Lieferung verlangt. Die Erklärung ist nicht zugangsbedürftig (*Noussias* S. 145). Die Dauer der Frist ist nach denjenigen Kriterien zu bestimmen, die im Rahmen des § 326 BGB heranzuziehen sind (*Thamm* BB **1982** 2018). Eine zu kurze Nachfrist setzt eine angemessene Nachfrist in Lauf. — Läßt der Verkäufer die angemessene Nachfrist ohne Lieferung verstreichen, so hat er ohne Rücksicht auf etwaiges Vertreten-Müssen den Vertrag „wesentlich" verletzt (Art. 27 Abs. 2). Der Käufer erlangt die in Art. 26 genannten Rechte. Er kann mithin auch weiterhin Erfüllung verlangen. Eine vorangegangene Androhung der Zurückweisung der Ware bindet ihn nicht (a. A. *Dölle/Huber* Art. 27 EKG 37).

Artikel 28 EKG
Handelt es sich um Sachen, für die auf einem Markt, auf dem sie der Käufer erhalten kann, eine Preisnotierung stattfindet, so stellt es eine wesentliche Vertragsverletzung dar, wenn die Lieferung nicht in dem festgesetzten Zeitpunkt bewirkt wird.

372 Art. 28 soll dem Käufer dort, wo die Preise typischerweise stark schwanken, die Möglichkeit eröffnen, sich sofort vom Vertrag zu lösen (Art. 26 Abs. 1), wenn er eine sich abschwächende Preistendenz befürchtet. Vielfach wird der Vertrag aber schon kraft Gesetzes aufgehoben sein (Art. 25). Soweit der Käufer Schadensersatz gemäß Art. 84 Abs. 1 verlangt, muß er allerdings dartun, ob der Vertrag gemäß Art. 25 oder erst aufgrund einer späteren Aufhebungserklärung (Artt. 26 Abs. 1, 28) aufgelöst worden ist.

Art. 28 setzt voraus, daß auf dem **Markt,** auf dem auch der Käufer (u. U. mit Hilfe von Maklern) die Ware erhalten kann, Preise **notiert** werden. Es muß mithin auf dem relevanten Markt ein Markt- oder Börsenpreis gebildet werden (dazu § 373 HGB Rdn. 40; vgl. auch Art. 12). Es sind diejenigen „Marktpreise" auszuklammern, die erst nachträglich von Sachverständigen geschätzt werden. Auch der Listenpreis eines Produzenten ist kein notierter Preis (*Dölle/Huber* Art. 28 EKG 15).

Artikel 29 EKG
Bietet der Verkäufer die Lieferung der Sache vor dem festgesetzten Zeitpunkt an, so steht es dem Käufer frei, sie anzunehmen oder sie zurückzuweisen; nimmt er sie an, so kann er sich das Recht vorbehalten, Schadensersatz nach Artikel 82 zu verlangen.

373 Art. 29 will den Käufer davor schützen, daß er infolge einer vorzeitigen Lieferung Lagerkosten und Lagerrisiken hinnehmen muß. Sofern nichts Gegenteiliges vertraglich ausbedungen oder gebräuchlich (Art. 9) ist, darf der Verkäufer daher nicht vorzeitig liefern.

Der **Lieferzeitpunkt** ergibt sich aus dem Vertrag, den Gebräuchen (Art. 9), hilfsweise aus den Artt. 20 ff. Im Rahmen des Art. 22 darf der Verkäufer auch vor Ablauf der Frist liefern. — Der Verkäufer **bietet** die Lieferung an, indem er den Käufer auffordert, die Ware abzuholen, die Lieferung ankündigt oder sämtliche von seiner Seite zur Lieferung notwendigen Handlungen (Art. 19 Rdn. 348) vornimmt. Dies gilt auch beim Versendungskauf; allerdings kann hier das Anerbieten auch schon früher erfolgen, z. B. durch Versendungsanzeige. Der Käufer hat die **Wahl** zwischen Zurückweisung und Annahme (mit oder ohne Vorbehalt) der Ware. Die Ware wird **zurückgewiesen,** wenn sich der Käufer weigert, sie vorzeitig in Gewahrsam zu nehmen. Auf eine vorzeitige Aufforderung zur Abholung muß der Käufer nicht reagieren. Ware, die dem Käufer zugesandt wurde, kann er auch noch binnen kurzer Frist (Art. 11) zurückweisen, nachdem er sie in Gewahrsam genommen hatte, wozu er nach Maßgabe des Art. 92 Abs. 2 verpflichtet ist. Die berechtigte Zurückweisung hat zur Konsequenz, daß die Lieferung als nicht erfolgt gilt und die Gefahr nicht übergegangen ist. — Unter **Annahme** ist die tatsächliche Entgegennahme der Ware durch den Käufer oder seine zuständigen Hilfspersonen zu verstehen. Die Aushändigung an den Beförderer (Art. 19 Abs. 2) stellt keine Annahme dar, wohl aber die Entgegennahme der Transportpapiere durch den Käufer. Der **Vorbehalt,** Schadensersatz (insbes. Ersatz der Lagerkosten) zu verlangen, kann bis zu dem Moment erklärt werden, in dem die Zurückweisung erfolgen mußte (**a. A.** *Dölle/Huber* Art. 29 EKG 8).

b) Rechtsfolgen hinsichtlich des Ortes der Lieferung
Artikel 30 EKG

(1) Stellt es eine wesentliche Vertragsverletzung dar, daß die Lieferung nicht an dem vereinbarten Ort bewirkt worden ist, und würde es ebenfalls eine wesentliche Vertragsverletzung darstellen, wenn die Lieferung nicht in dem festgesetzten Zeitpunkt bewirkt wird, so kann der Käufer entweder von dem Verkäufer die Erfüllung des Vertrages verlangen oder die Aufhebung des Vertrages erklären. Er hat dem Verkäufer innerhalb angemessener Frist seine Entscheidung bekanntzugeben; andernfalls ist der Vertrag kraft Gesetzes aufgehoben.

(2) Fordert der Verkäufer den Käufer auf, ihm seine Entscheidung bekanntzugeben, und antwortet der Käufer nicht innerhalb kurzer Frist, so ist der Vertrag kraft Gesetzes aufgehoben.

(3) Befördert der Verkäufer die Sache an den vereinbarten Ort, bevor der Käufer seine Entscheidung bekanntgegeben hat, und erklärt der Käufer nicht innerhalb kurzer Frist die Aufhebung des Vertrages, so ist jede Aufhebung des Vertrages ausgeschlossen.

Art. 30 ist auf den Fall bezogen, daß die Ware am falschen **Ort** angedient wird und **374** dies eine wesentliche (Art. 10) Vertragsverletzung darstellt und der Verkäufer überdies außerstande ist, noch rechtzeitig am richtigen Ort zu liefern. Ferner muß die daraus resultierende Verspätung als wesentliche (Artt. 10, 28) Vertragsverletzung zu qualifizieren sein. Bei dieser Kumulation wesentlicher Vertragsverletzungen gibt das Gesetz dem Käufer ein Aufhebungsrecht ohne Nachfristsetzung. Wo hingegen die Ortsabweichung nur unwesentlich war, ist nach Ansicht des Gesetzgebers ein sofortiges Aufhebungsrecht unverhältnismäßig. Der Käufer mag die Ware am falschen Ort annehmen, wenn ihm an rechtzeitiger Lieferung gelegen ist oder Nachfrist setzen (Art. 31). Art. 30 gilt **nicht** für den **Versendungskauf.**

Voraussetzung für die Anwendung des Art. 30 ist zunächst, daß die Lieferung **nicht 375 am vereinbarten Ort** bewirkt worden ist. Ergibt sich der Lieferort aus Art. 23, so ist Art. 30 zumindest analog anzuwenden. Die Lieferung „**bewirkt**" heißt in erster Linie „die Lieferung am falschen Ort angeboten bzw. angekündigt"; denn hierauf sind Rechtsfolgen des Art. 30 bezogen. Hat der Käufer die Ware am falschen Ort nicht von vornherein zurückgewiesen, sondern angenommen, so findet Art. 30 gleichwohl, zumal in der Ausnahmesituation des Art. 92 Abs. 2, Anwendung. Allerdings muß nachträglich eine Zurückweisung binnen kurzer Frist (Art. 11) erklärt werden. Die **Wesentlichkeit** der aus der Ortsabweichung resultierenden Vertragsverletzung ergibt sich aus Art. 10. — Art. 30 Abs. 1 setzt **ferner** voraus, daß es dem Verkäufer nach der Andienung am falschen Ort nicht mehr gelingt, rechtzeitig am richtigen Ort zu liefern und das **Verstreichen des Liefertermins** eine **wesentliche** Vertragsverletzung auslöst.

376 Hat der Verkäufer den **Liefertermin** im Sinne der Artt. 10, 28 „**wesentlich**" versäumt und dient er **dann** Ware am falschen Ort an, so kommt nicht Art. 26 Abs. 3 zur Anwendung, da diese Vorschrift voraussetzt, daß abgesehen von der Verspätung die Ware vertragsgemäß ausgehändigt wird (Art. 19 Abs. 1; a. A. *Dölle/Huber* Art. 30 EKG 13). Das gilt auch, wenn die **Ortsabweichung unwesentlich** ist; denn die Privilegierung durch Art. 31 (Nachfrist) ist darauf zurückzuführen, daß der Verkäufer zumindest rechtzeitig, wenn auch an einem unwesentlich falschen Ort, angedient hatte und der Käufer die Möglichkeit besaß, die Ware dort abzunehmen. Dient der Verkäufer nach **unwesentlicher Verspätung** die Ware am falschen Ort an, so findet Art. 27 mit der Maßgabe Anwendung, daß der Verkäufer die Ware binnen der Nachfrist am vertragsgemäßen Lieferort aushändigen muß (**a. A.** *Dölle/Huber* Art. 30 EKG 14: es gilt grundsätzlich Art. 31).

377 Die **Rechtsfolgen** des Art. 30 sind in Parallele zu Art. 26 geregelt. Art. 26 Abs. 4 ist analog heranzuziehen. Art. 25 findet neben Art. 30 Anwendung.

Zur Annahme der Ware am falschen Ort Art. 31.

Artikel 31 EKG

(1) In den durch Artikel 30 nicht geregelten Fällen behält der Verkäufer das Recht zur Vornahme der Lieferung an dem vereinbarten Ort und der Käufer das Recht, von dem Verkäufer die Erfüllung des Vertrages zu verlangen.

(2) Der Käufer kann dem Verkäufer jedoch eine Nachfrist von angemessener Dauer gewähren. Wird die Lieferung nicht innerhalb dieser Frist an dem vereinbarten Ort bewirkt, so stellt dies eine wesentliche Vertragsverletzung dar.

378 Art. 31 regelt neben Art. 32 diejenigen Fälle, in denen es dem Käufer zuzumuten ist, die Ware entweder am falschen Ort oder verspätet abzunehmen. Art. 31 betrifft **nicht** den **Versendungskauf** (Art. 19 Abs. 2, Art. 32). Er kommt auch dort (analog) zum Tragen, wo sich der Lieferort aus Art. 23 ergibt.

379 Art. 31 setzt voraus, daß weder Art. 30 noch Art. 32 eingreifen. Er ist mithin auf **folgende Fallgruppen** zugeschnitten: (1) Der Verkäufer dient am falschen Ort an, dies stellt eine wesentliche (Art. 10) Vertragsverletzung dar, und der Verkäufer kann nicht mehr innerhalb der Lieferfrist, sondern nur noch mit freilich unwesentlicher Verspätung liefern. (2) Der Verkäufer dient an einem unwesentlich falschen Ort an und kann am richtigen Ort nur mit wesentlicher (Artt. 10, 28) Verspätung liefern. (3) Der Verkäufer dient am unwesentlich falschen Ort an und daraus resultiert eine unwesentliche Lieferverzögerung. — Hat der Verkäufer die **Lieferfrist bereits überschritten** und dient er **dann** die Ware am falschen Ort an, so ist, wenn der Käufer die Ware zurückweist, nur Art. 27 anzuwenden (**a. A.** *Dölle/Huber* Artt. 30, 31 EKG 14). Artt. 30, 31 sind auf den Fall zugeschnitten, daß eine Vertragsverletzung eine andere automatisch nach sich zieht, nicht aber, daß der Vertrag mehrfach nacheinander verletzt wird. Im Fall der Artt. 30, 31 hat der Verkäufer schon einen Leistungsversuch gemacht. Dort, wo dies nicht geschehen ist, kann man vom Verkäufer erwarten, daß er nach der ersten Nachfristsetzung den Vertrag penibel vertragsgemäß erfüllt, wenn er keine Vertragsaufhebung hinnehmen will.

Zur Nachfrist Art. 27. Der fruchtlose Ablauf der Nachfrist berechtigt den Käufer, **380** Vertragsaufhebung zu erklären sowie die anderen in Artt. 30, 24 Abs. 2 genannten Rechte auszuüben. Entgegen *Dölle/Huber* (Artt. 30, 31 EKG 21 ff) ist der Käufer auch beim Fernkauf (Bringschuld) nicht analog Art. 32 Abs. 3 auf einen Schadensersatzanspruch zu beschränken, falls mit lediglich unwesentlicher Ortsabweichung geliefert worden war, weil beim Fernkauf die Abwicklung des Transports voll im vertraglich dem Verkäufer zugewiesenen Herrschafts- und Risikobereich liegt.

Nimmt der Käufer die Ware am falschen Ort **an**, so bedeutet dies nicht notwendig **381** Vertragsänderung. Art. 29 „Vorbehalt des Schadensersatzanspruchs" ist nicht analog anzuwenden (s. Art. 32 Rdn. 383). Der Käufer, der seine Rechte aus Art. 31 behalten will, muß die Ware binnen kurzer Frist (Art. 11) zurückweisen (zutr. *Dölle/Huber* Artt. 30, 31 EKG 30).

Artikel 32 EKG

(1) Wird die Lieferung durch Aushändigung der Sache an einen Beförderer bewirkt und wird die Aushändigung an einem anderen als an dem festgesetzten Ort vorgenommen, so kann der Käufer die Aufhebung des Vertrages in allen Fällen erklären, in denen es eine wesentliche Vertragsverletzung darstellt, wenn die Lieferung nicht an dem festgesetzten Ort bewirkt wird. Er verliert dieses Recht, wenn er die Aufhebung nicht innerhalb kurzer Frist erklärt.

(2) Das gleiche Recht hat der Käufer in den in Absatz 1 bezeichneten Fällen und unter den dort vorgesehenen Voraussetzungen, wenn die Sache nach einem anderen als dem festgesetzten Ort versendet worden ist.

(3) Stellt die Versendung der Sache von oder nach einem anderen als dem festgesetzten Ort keine wesentliche Vertragsverletzung dar, so kann der Käufer nur Schadensersatz nach Artikel 82 verlangen.

Art. 32 enthält eine Spezialregelung für **Versendungskäufe**. Die Vorschrift soll in **382** den Abs. 1 und 2 den Käufer zwingen, sofern er nicht vom Vertrag zurücktreten will, alsbald einen Deckungskauf zu tätigen, anstatt einen zweiten Erfüllungsversuch zu fordern, der wegen der Transportentfernung zu viel Zeit in Anspruch nehmen kann. Einen Erfüllungsanspruch hat der Käufer nicht. Dort, wo dem Käufer keine anderweitigen Beschaffungsmöglichkeiten zur Verfügung stehen, wird der Verkäufer angesichts der Gefahr, daß der Schaden ständig wächst, einem Erfüllungsverlangen keinen Widerstand entgegensetzen. Art. 32 **Abs. 3** trägt dem Umstand Rechnung, daß es für den Verkäufer sehr schwierig sein kann, die falsch versandte Ware zu verwerten, der Käufer aber durch die Vertragsverletzung nicht so gravierend belastet ist, als daß ein Schadensausgleich nicht als ausreichend erschiene.

Art. 32 Abs. 1 und 2 setzen voraus, daß die Versendung **von** oder **nach** einem ver- **383** tragswidrigen **Ort** eine **wesentliche Vertragsverletzung** (Art. 10) darstellt. Dies ist nicht der Fall, wenn der Verkäufer die falsch versandte Ware noch nicht annonciert oder sonst angedient hat und durch eine vertragsgemäße Lieferung ersetzt. Der Verkäufer darf ferner nicht innerhalb der Lieferfrist vertragsgemäß erfüllt haben. Art. 32 enthält kein Verbot der zweiten Andienung. Aus dem Wortlaut des Art. 32 ergibt sich nicht, ob die vertragswidrige Versendung außerdem zu einer **wesentlichen** (Artt. 10, 28) **Lieferverzögerung** führen müßte, wenn der Käufer auf vertragsgerechter Erfüllung bestünde. *Dölle/Huber* (Art. 32 EKG 11) bejahen dies mit dem Hinweis, daß der Verkäufer nicht schlechter gestellt werden dürfe, als wenn er gar nichts abgesandt hätte und sich dann zweifelsfrei auf Art. 27 Abs. 2 berufen dürfte. Da Art. 32 Abs. 1 und 2 jedoch dem Käufer im typischen Interesse des Verkäufers einen Anspruch auf Erfüllung verweigert, muß es der Verkäufer hinnehmen, daß der Käufer bei wesentlichen Versendungsfehlern vom Vertrag zurücktritt, auch wenn der Verkäufer noch innerhalb einer angemessenen Nachfrist vertragsgemäß erfüllen könnte. Sind die Voraussetzungen des Art. 32 Abs. 1 oder 2 gegeben, so verliert der Käufer mit dem Ablauf der Lieferfrist den **Erfüllungsanpruch**. Der Käufer kann die vertragswidrige Lieferung annehmen und sich auf eine **Schadensersatzforderung** gemäß Art. 24 Abs. 2, Artt. 82 ff, 74 beschränken. Ein besonderer Vorbehalt ist nicht erforderlich, wie sich aus Art. 32 Abs. 3 ergibt, der im Unterschied zu Art. 29 keinen Vorbehalt vorsieht. Will der Käufer die **Aufhebung des Vertrages** erklären, so muß er zuvor oder zugleich die Ware zurückweisen. Art. 92 Abs. 2 bleibt unberührt. Da der Verkäufer die Lieferung mittels einer zweiten Andienung noch bis zum Ende des Lieferzeitraums bewirken darf, fängt die „kurze Frist" (Art. 11) erst im vertragsgemäßen Lieferzeitpunkt zu laufen an[168]. Verlangt der Käufer einen weiteren Erfüllungsversuch, so stellt dies ein neues Vertragsangebot dar.

384 Stellt die Versendung von oder nach einem **vertragswidrigen Ort** lediglich eine **unwesentliche Vertragsverletzung** dar **(Art. 32 Abs. 3)**, so muß der Käufer die Lieferung als Vertragserfüllung hinnehmen. Dies gilt auch dann, wenn die Ware auf dem Transport beschädigt worden ist. Schadensersatzansprüche des Käufers bleiben unberührt. Der Käufer kann somit unter der Voraussetzung des Art. 74 z. B. erhöhte Transportkosten, Verzugsschäden, aber auch die Folgen erhöhter Transportrisiken liquidieren.

Unterabschnitt 2
Pflichten des Verkäufers hinsichtlich der Vertragsmäßigkeit der Sache

A. Vertragswidrigkeit
Vorbemerkung vor Art. 33 EKG

385 Das EKG qualifiziert die Lieferung mangelhafter Ware, Quantitätsmängel sowie aliud-Lieferungen als Vertragswidrigkeiten (Art. 33) und entschärft dadurch wesentliche im BGB/HGB auftauchende Abgrenzungsprobleme. Die Rechtsmängelhaftung ist in einer Sondervorschrift geregelt (Art. 52). — Die Artt. 33—35 regeln die Voraussetzungen der Vertragswidrigkeit; die Artt. 36—40, 49 grenzen die Haftung in vielfacher Weise ein; die Rechtsfolgen ergeben sich aus den Artt. 41—48.

Artikel 33 EKG

(1) Der Verkäufer hat seine Pflicht zur Lieferung nicht erfüllt,
a) wenn er nur einen Teil der verkauften Sache oder eine Menge ausgehändigt hat, die größer oder kleiner als die von ihm vertraglich versprochene ist;
b) wenn er eine andere als die vertraglich vereinbarte Sache oder eine Sache anderer Art ausgehändigt hat;
c) wenn er eine Sache ausgehändigt hat, die einer dem Käufer ausgehändigten oder übersendeten Probe oder einem dem Käufer ausgehändigten oder übersendeten Muster nicht entspricht, es sei denn, daß er die Probe oder das Muster nur zur Ansicht und ohne Übernahme einer Verpflichtung, daß die Sache damit übereinstimmen werde, vorgelegt hatte;
d) wenn er eine Sache ausgehändigt hat, die nicht die für ihren gewöhnlichen Gebrauch oder ihre kaufmännische Verwendung erforderlichen Eigenschaften besitzt;
e) wenn er eine Sache ausgehändigt hat, die nicht die für einen im Vertrag ausdrücklich oder stillschweigend vorgesehenen besonderen Gebrauch erforderlichen Eigenschaften besitzt;
f) im allgemeinen, wenn er eine Sache ausgehändigt hat, die nicht die im Vertrag ausdrücklich oder stillschweigend vorgesehenen Eigenschaften und besonderen Merkmale besitzt.

---

[168] A. A. *Dölle/Huber* Art. 32 EKG 18: Fristbeginn mit vertragswidriger Andienung.

(2) Mengenmäßige Abweichungen sowie das Fehlen eines Teiles der Sache oder von Eigenschaften oder besonderen Merkmalen bleiben außer Betracht, wenn sie unerheblich sind.

386 Art. 33 Abs. 1 definiert die Vertragswidrigkeit aufgrund von Qualitäts-, Quantitätsmängeln oder aliud-Lieferungen. Die Differenzierung zwischen den in Art. 33 Abs. 1 genannten Fallgruppen ist nur in Hinblick auf Art. 36 von Bedeutung.

387 Art. 33 Abs. 1 lit. a: Der Begriff „Teil" bezieht sich auf den Spezieskauf, der Begriff „Menge" auf den Gattungskauf. Die Lieferung eines Teils der geschuldeten Gattung (z. B. ein Band eines Lexikons fehlt) ist nicht ausdrücklich erwähnt. Eine Analogie zu lit. a liegt nahe, doch kann man diese Vertragswidrigkeit auch bei lit. d—f einordnen, weil Art. 36 nicht entscheidungserheblich werden kann (a. A. *Mertens/Rehbinder* Art. 33 EKG 10). Besonders auf diese Fallgruppe sind die in den Art. 42 Abs. 1 lit. b, c, Artt. 45, 47 geregelten Rechtsfolgen zugeschnitten.

388 Art. 33 Abs. 1 lit. b betrifft Falschlieferungen (aliud). Die erste Alternative bezieht sich auf den Spezieskauf, die zweite nur auf den Gattungskauf (*Dölle/Stumpf* Art. 33 EKG 9 m. Nachw.). Eine scharfe und auch recht schwierige Abgrenzung der aliud-Lieferung beim Gattungskauf von den Qualitätsmängeln im Sinne des Art. 33 Abs. 1 lit. d—f ist unnötig, da die Rechtsfolgen identisch sind. Das gilt auch in Hinblick auf Art. 36, der entgegen der h. M.[169] keine Anwendung findet, weil bei Vertragsschluß notwendigerweise noch nicht feststeht, welche Objekte im Sinne des Art. 19 geliefert werden. Auch wenn der Käufer weiß, daß der Verkäufer Ware einer nicht geschuldeten Gattung zu liefern beabsichtigt, so kennt er noch nicht die Vertragswidrigkeit der Lieferung, weil erst mit Aushändigung der Ware geliefert wird. Es ist zu berücksichtigen, daß sich der Verkäufer immer noch besinnen kann.

389 Art. 33 Abs. 1 lit. c entspricht § 494 BGB. Die Anwendbarkeit des Art. 36 ist nicht denkbar[170].

390 Art. 33 Abs. 1 lit. d—f bezieht sich auf Sachmängel im Sinne des § 459 Abs. 1 BGB, sofern man vom subjektiven Fehlerbegriff ausgeht, sowie auf die Fälle des Fehlens einer zugesicherten Eigenschaft im Sinne des § 459 Abs. 2 BGB. Eine exakte Abgrenzung der in den lit. d—f genannten Fallgruppen ist überflüssig, da die Rechtsfolgen nicht nach der Zuordnung zu den einzelnen Fallgruppen divergieren. Immerhin signalisieren die einzelnen Fallgruppen, wie der Sachmängelbegriff des EKG zu umreißen ist. So geht das EKG — vorbehaltlich des Art. 36 — als selbstverständlich davon aus, daß die Ware immer die zum gewöhnlichen Gebrauch oder ihrer kaufmännischen Verwendung (auch wertbildende Faktoren) erforderlichen Eigenschaften besitzt. Mißverständlich ist lit. e, wenn dort von den für den besonderen Gebrauch erforderlichen Eigenschaften die Rede ist. „Erforderlich" sind nicht diejenigen Eigenschaften, ohne die der besondere Gebrauch unmöglich wäre, sondern es sind lediglich diejenigen Eigenschaften erforderlich, die nach dem verkehrsüblichen Wissen um die Tauglichkeit der Ware vorhanden sein müssen. Es wäre unangemessen, wenn der Käufer das Verwendungsrisiko voll auf den Verkäufer abwälzen dürfte, falls z. B. die in der Sphäre des Käufers den Gebrauch beeinflussenden Faktoren für den Verkäufer unerkennbar atypisch gelagert sind. Nur wenn dem Verkäufer sämtliche, den atypischen Gebrauch beeinflussenden Faktoren bekannt oder wenn sie erkennbar waren (z. B. Einsatz bei extremer Hitze, Strahlung), so darf sich der Verkäufer nicht darauf berufen, daß für ihn die un-

---

[169] *Kirchhof* Die Sachmängelhaftung nach deutschem Recht im Vergleich zur Haftung nach dem „Einheitlichen Gesetz über den internationalen Kauf beweglicher Sachen", Diss. München (1970) S. 136; *Mertens/Rehbinder* Art. 33 EKG 11 und *Dölle/Stumpf* Art. 33 EKG 8.

[170] Ähnlich *Mertens/Rehbinder* Art. 33 EKG 15; a. A. *Dölle/Stumpf* Art. 36 EKG 2.

ter diesen Bedingungen erforderlichen Eigenschaften der Ware unerkennbar gewesen seien. Ausnahme: Aus der Sicht eines vernünftigen Käufers bestand kein Anlaß für ein Vertrauen auf die Sachkunde des Verkäufers. Gleiches gilt für **öffentlich-rechtliche Nutzungshindernisse** (LG Karlsruhe RIW **1982** 517), doch ist zu beachten, daß der Verkäufer nicht allein deshalb, weil er um den Export der Ware weiß, alle im Bestimmungsland maßgeblichen Qualitätsvorschriften kennen muß[171]. Spezifisch öffentlich-rechtliche Pflichten werden durch das EKG nicht berührt. **Maßgeblicher Beurteilungszeitpunkt**: Art. 35.

391 Art. 33 Abs. 2: Der Begriff „unerheblich" ist im Lichte der Verkehrsauffassung objektiv zu interpretieren, es sei denn, aus dem Vertrag ergibt sich, daß der Verkäufer bestimmte Eigenschaften garantieren wollte (Art. 3).

Artikel 34 EKG

In den Fällen des Artikels 33 schließen die Rechte, die dem Käufer nach diesem Gesetz zustehen, alle anderen auf die Vertragswidrigkeit der Sache gestützten Rechte aus.

392 Art. 34 soll garantieren, daß das Haftungssystem des EKG nicht durch nationale unvereinheitlichte Rechtsbehelfe unterminiert wird.

Ausgeschlossen sind die Anfechtung wegen Eigenschaftsirrtums (§ 119 Abs. 2 BGB), die Haftung wegen c. i. c. und positiver Forderungsverletzung, die auf Quantitäts-, Qualitätsmängel oder Falschlieferung gestützt wird. Hingegen ergibt sich aus der Entstehungsgeschichte, daß die Haftung für **doloses Verhalten** des Verkäufers **unberührt** bleiben sollte. Anwendbar bleiben mithin die §§ 123, 826 BGB, 823 Abs. 2 BGB i. V. m. § 263 StGB sowie die Haftung aus c. i. c. (insbesondere für den dolos handelnden Erfüllungsgehilfen). **Unberührt** bleibt **auch** Art. 3, so daß Garantieverträge sowie Beratungsverträge voll wirksam sind. Gleiches gilt für die deliktische Produzentenhaftung (*Dölle/Huber* Art. 8 EKG 11 m. Nachw.), weil es dort lediglich um den Vorwurf der Produktion und des Inverkehrbringens gefährlicher Ware geht.

Artikel 35 EKG

(1) Die Vertragsmäßigkeit beurteilt sich nach dem Zustand der Sache im Zeitpunkt des Übergangs der Gefahr. Geht jedoch infolge einer Aufhebungserklärung oder eines Verlangens nach Ersatzlieferung die Gefahr nicht über, so beurteilt sich die Vertragsmäßigkeit nach dem Zustand der Sache in dem Zeitpunkt, in dem die Gefahr übergegangen wäre, wenn die Sache vertragsmäßig gewesen wäre.

(2) Der Verkäufer haftet für die Folgen einer Vertragswidrigkeit der Sache, die nach dem in Absatz 1 festgesetzten Zeitpunkt eintritt, wenn die Vertragswidrigkeit durch eine Handlung des Verkäufers oder einer Person verursacht worden ist, für deren Verhalten er einzustehen hat.

393 Art. 35 fixiert in Abs. 1 den für die Beurteilung der Vertragsgemäßheit der Ware (Art. 33 Abs. 1) entscheidenden Zeitpunkt. In Abs. 2 wird die Verkäuferhaftung über diesen Zeitpunkt hinaus ausgedehnt.

394 Art. 35 Abs. 1 S. 1: Maßgeblich ist der Zeitpunkt des Übergangs der Gefahr im Sinne der Artt. 97–101. Vertragliche Vereinbarungen genießen Vorrang (Art. 3). Sie sind im Rahmen des Art. 35 Abs. 1 auch dort von Bedeutung, wo sie ausdrücklich nur auf das Verlust- und Beschädigungsrisiko bezogen sind, es sei denn, aus der Vereinbarung ergibt sich, daß die Gefahrtragungsklausel nicht den Bezugspunkt für sonstige Risiken abgeben soll.

---

[171] Ebenso *Dölle/Stumpf* Art. 33 EKG 18 m. Nachw.; **a. A.** *Mertens/Rehbinder* Art. 33 EKG 19.

Zweiter Abschnitt. Handelskauf

Art. 35 Abs. 1 S. 2 trägt dem Umstand Rechnung, daß bei Aushändigung vertrags- **395** widriger Sachen die Gefahr unter Umständen gemäß Art. 97 Abs. 2 nicht übergeht.

Art. 35 Abs. 2 erweitert die Verkäuferhaftung in den in Art. 55 geregelten Bereich **396** hinein. Es geht hier nicht um Vertragswidrigkeiten, die im Keim bereits vor dem Gefahrübergang (Artt. 97 ff) vorhanden waren[172]. Vielmehr erfaßt Art. 35 Abs. 2 solche Vertragswidrigkeiten, die erst nach dem Gefahrübergang verursacht werden. Beispiele: Falsche Weisungen an die Transportperson nach Aushändigung der Ware, mangelhafte Verpackung, sofern die Verpackung nicht zur geschuldeten Ausstattung der Ware gehört. Voraussetzung einer Haftung ist, daß der Verkäufer gemäß Art. 74 Abs. 1 für die Vertragswidrigkeit einzustehen hat[173]. Art 35 Abs. 2 verdrängt **Art. 55.** Auf diese Weise wird sichergestellt, daß der Verkäufer vom Käufer auch über solche Mängel informiert werden muß (Artt. 38, 39), die zwar bei Gefahrübergang noch nicht existierten, die aber vor dem in Art. 38 genannten Zeitpunkt entstanden sind (*Mertens/Rehbinder* Art. 35 EKG 4). Andererseits ist auf Vertragsverletzungen, die nach diesen Zeitpunkten begangen worden sind, ausschließlich Art. 55 anzuwenden (**a. A.** *Dölle/Stumpf* Art. 35 EKG 7 m. Nachw.).

Artikel 36 EKG
Der Verkäufer haftet nicht für die Folgen der in Artikel 33 Abs. 1 Buchstaben d, e und f bezeichneten Vertragswidrigkeiten, wenn der Käufer bei Vertragsabschluß die Vertragswidrigkeit gekannt hat oder über sie nicht in Unkenntnis hat sein können.

Art. 36 statuiert einen Haftungsausschluß in den Fällen, in denen der Käufer dem **397** Mangel mindestens ebenso nahe steht wie der Verkäufer. Er betrifft nicht die Vertragswidrigkeiten im Sinne des Art. 33 Abs. 1 lit. a–c (*Dölle/Stumpf* Art. 33 EKG 2), wo allerdings entgegen dem historischen Gesetzgeber und der h. M. Vertragswidrigkeiten, die bei Vertragsschluß schon existierten, kaum vorstellbar sind.

Der Haftungsausschluß gemäß Art. 36 setzt voraus, daß der Ware bereits im Zeit- **398** punkt des Vertragsschlusses die geschuldeten Eigenschaften und Merkmale fehlten. Der **Zeitpunkt** des Vertragsschlusses ist anhand des EAG (Rdn. 604), und wo dieses nicht anwendbar ist, nach dem einschlägigen nationalen unvereinheitlichten Recht zu bestimmen. Dem Käufer schadet nur Kenntnis und **grob fahrlässige Unkenntnis.** Dies ergibt sich nach allgemeiner Ansicht aus der Entstehungsgeschichte der Norm. Den Käufer trifft auch, wie die Entstehungsgeschichte zeigt, keine Pflicht zur Untersuchung vor Vertragsschluß.

Entgegen seinem Wortlaut ist Art. 36 nach ganz h. M. unanwendbar, wenn sich der **399** Verkäufer den Vorwurf dolosen Verhaltens gefallen lassen muß (*Dölle/Stumpf* Art. 36 EKG 6 m. Nachw.). Außerdem bleibt der Verkäufer trotz grob fahrlässiger Unkenntnis des Käufers an Garantiezusagen gebunden. Die vertragliche Spezialzusage hat Vorrang (Art. 3). Gleiches gilt, wenn der Verkäufer zugesagt hat, einen Mangel zu beheben.

Artikel 37 EKG
Bei vorzeitiger Aushändigung behält der Verkäufer bis zu dem für die Lieferung festgesetzten Zeitpunkt das Recht, den fehlenden Teil oder die fehlende Menge oder andere vertragsmäßige Sa-

---

[172] *Dölle/Stumpf* Art. 35 EKG 4; *Mertens/Rehbinder* Art. 35 EKG 3 m. Nachw.

[173] *Mertens/Rehbinder* Art. 35 EKG 3; **a. A.** wohl *Dölle/Stumpf* Art. 35 EKG 6, 8, die auf nationales Recht zurückgreifen wollen.

400 Art. 37 ergänzt den Art. 44 Abs. 1 und schränkt die Artt. 43, 48 ein.

Die Ware muß im Sinn des Art. 29 vorzeitig ausgehändigt worden sein. War für die Erfüllung des Vertrages ein Lieferzeitraum vereinbart und erbringt der Verkäufer seine Leistung vor dem Ende des Zeitraums, so ist Art. 37 zumindest analog anzuwenden (so im Ergebnis h. M.).

401 Macht der Verkäufer von seinem Recht im Sinn des Art. 37 keinen Gebrauch, so finden mit dem Ablauf des Liefertermins die Artt. 43f Anwendung. Auf Art. 48 darf sich der Käufer nicht berufen, weil die Vertragswidrigkeit noch behoben werden kann, der Käufer aber vor dem vertraglichen Lieferzeitpunkt keinen Erfüllungsanspruch besitzt. Unberührt bleiben Schadensersatzansprüche. Weigert sich der Käufer unberechtigt, die Vertragswidrigkeit beheben zu lassen, so verliert er, solange er sich weigert, den Schadensersatzanspruch (Art. 88). Er macht sich darüber hinaus selbst schadensersatzpflichtig (Art. 70 Abs. 1 lit. b).

B. Feststellung und Anzeige der Vertragswidrigkeit

Artikel 38 EKG

(1) Der Käufer hat die Sache innerhalb kurzer Frist zu untersuchen oder untersuchen zu lassen.

(2) Im Fall einer Beförderung der Sache hat sie der Käufer am Bestimmungsort zu untersuchen.

(3) Wird die Sache durch den Käufer ohne Umladung weiterversendet und hat der Verkäufer bei Vertragsabschluß die Möglichkeit dieser Weiterversendung gekannt oder hätte er sie kennen müssen, so kann die Untersuchung der Sache bis zu ihrem Eintreffen an ihrem neuen Bestimmungsort aufgeschoben werden.

(4) Die Form der Untersuchung bestimmt sich nach der Vereinbarung der Parteien oder in Ermangelung einer Vereinbarung nach dem Recht oder den Gebräuchen des Ortes, an dem die Untersuchung vorzunehmen ist.

402 Art. 38 will in Verbindung mit Art. 39 dem Verkäufer eine schnelle Übersicht über die auf ihn zukommenden Forderungen verschaffen. Außerdem soll der Verkäufer vor Mißbräuchen wie dem unberechtigten Nachschieben von Mängeln bewahrt werden (BGH RIW **1982** 594, 595). Art. 38 statuiert entgegen seinem Wortlaut weder eine Verpflichtung noch eine Obliegenheit des Käufers. Das Ende des in Art. 38 bestimmten Untersuchungszeitraums fixiert nur den Zeitpunkt, in dem die Anzeigeobliegenheit des Käufers (Art. 39 Abs. 1) entsteht. Gebräuche und Gepflogenheiten gehen vor (Art. 9).

Der Moment, in dem die Anzeigeobliegenheit entsteht, ist anhand von drei Faktoren zu ermitteln: Beginn der Frist für die Untersuchung, Aufnahme der Untersuchung, Dauer der Untersuchung.

403 Die Untersuchung muß gemäß Art. 38 Abs. 1 **binnen kurzer Frist aufgenommen** werden. Die Frist beginnt vorbehaltlich Art. 9 mit der Aushändigung der Ware an den Käufer oder seinen Beauftragten (z. B. Empfangsspediteur) am Lieferort, bei Versendungskäufen (Art. 19 Abs. 2) am Bestimmungsort (Art. 38 Abs. 2), zu laufen. Haben die Parteien im Kaufvertrag vereinbart, daß die Ware im sog. Streckengeschäft unmittelbar an einen Abnehmer des Käufers zu senden ist, so kommt es auf die Aushändigung an den Abnehmer an. **Art. 38 Abs. 3** schiebt bei Weiterversendung der Ware den Fristbeginn unter bestimmten Voraussetzungen weiter hinaus. Hier wird verbreitet die

Ansicht vertreten, daß Art. 38 Abs. 3 nur beim Seetransport zum Tragen komme[174]. Für eine derartige Restriktion des Art. 38 Abs. 3 besteht kein Anlaß. Weiterversendungen ohne Umladung sind auch beim Landtransport üblich. Auch beim Landtransport kann die Ware vielfach nicht ohne Ausladen eines Teils der Ware überprüft werden (Container) und ein Ausladen unwirtschaftlich sein. Die Weiterversendung muß auch nicht, wie die Entstehungsgeschichte der Norm zeigt, alsbald erfolgt sein. Es genügt, daß der Verkäufer mit der Möglichkeit (nicht mit der Tatsache) der Weiterversendung ohne Umladung rechnen mußte. — In Analogie zu Art. 38 Abs. 3 ist der Fristbeginn ferner dort auf den Zeitpunkt der Aushändigung am neuen Bestimmungsort hinauszuschieben, wo der Verkäufer auf Bitte des Käufers die Ware an dessen Abnehmer sendet oder der Käufer die rollende bzw. schwimmende Ware selbst zu einem seiner Abnehmer umdirigiert. Voraussetzung ist allerdings auch hier, daß der Verkäufer mit einer Änderung des Bestimmungsorts rechnen mußte. — Eine vorzeitige Lieferung, die der Käufer angenommen hat, setzt die Untersuchungsfrist sofort in Lauf, weil sonst der Käufer Gelegenheit zu Manipulationen erhält (**a. A.** h. M. *Dölle/Stumpf* Art. 38 EKG 1 m. Nachw.). Allerdings hat die vorzeitige Lieferung unter Umständen Auswirkungen auf die Dauer der Untersuchungsfrist.

Gebräuche (Art. 9) oder vertragliche Vereinbarungen (Art. 3) (zu den Handelsklauseln s. Rdn. 168) genießen Vorrang.

404 Die Untersuchung ist **innerhalb kurzer Frist zu beenden.** Zum Begriff der kurzen Frist Art. 11. Es ist ein strenger Maßstab anzulegen; Verschulden spielt keine Rolle (BGH RIW **1982** 594, 596; OLG Hamburg RIW **1982** 435, 437). Es sind jedoch die Umstände des Einzelfalls, insbesondere die konkreten Untersuchungsmöglichkeiten des Käufers zu berücksichtigen (BGH RIW **1982** 594, 596); denn Art. 11 schreibt keine generalisierende, sondern lediglich eine objektivierende Betrachtungsweise vor[175]. Relevant sind daher z. B. Streiks beim Käufer. Organisationsfehler beim Käufer können nicht zur Verlängerung der Frist führen. Soweit die Untersuchung beim Abnehmer des Käufers oder dessen Beauftragtem erfolgen muß, hat dieser die Frist einzuhalten.

405 Die **Art und Weise der Untersuchung** wird vom Gesetz nicht konkret geregelt. Es verweist auf Parteiabreden (Art. 3) sowie Gebräuche (Art. 9) am Untersuchungsort. Hilfsweise ist auf Art. 17 zurückzugreifen. Der Käufer hat die **Kosten** der Untersuchung zu tragen (Art. 90). Dies gilt auch dann, wenn sich Mängel herausstellen (**a. A.** *Dölle/Stumpf* Art. 38 EKG 5 m. Nachw.). Der Käufer kann unter der Voraussetzung des § 74 Abs. 1 nur einen Schadensersatzanspruch geltend machen. Das EKG kennt keine dem § 467 S. 2 BGB vergleichbare Vorschrift.

406 Nimmt der Käufer bzw. sein Abnehmer oder Beauftragter die Untersuchung nicht oder nicht rechtzeitig vor, so erleidet er allein hierdurch keinerlei Rechtsnachteile. Art. 39 Abs. 1 knüpft ausschließlich an die unterlassene oder verspätete Anzeige (Art. 39) an. Der Käufer behält mithin seine Rechte, wenn er ins Blaue hinein rechtzeitig und hinreichend konkret (Art. 39 Abs. 2) vermutete Mängel anzeigt.

Artikel 39 EKG

(1) Der Käufer verliert das Recht, sich auf eine Vertragswidrigkeit der Sache zu berufen, wenn er die Vertragswidrigkeit dem Verkäufer nicht innerhalb kurzer Frist nach dem Zeitpunkt anzeigt, in dem er sie festgestellt hat oder hätte feststellen müssen. Stellt sich jedoch eine Vertragswidrig-

---

[174] *Mertens/Rehbinder* Artt. 38, 39 EKG 16; *Dölle/Stumpf* Art. 38 EKG 4 m. Nachw.

[175] *Mertens/Rehbinder* Art. 38 EKG 5; **a. A.** *Dölle/Stumpf* Art. 38 EKG 2 m. Nachw.

keit, die durch die in Artikel 38 vorgesehene Untersuchung nicht entdeckt werden konnte, später heraus, so kann sich der Käufer auf die Vertragswidrigkeit noch berufen, vorausgesetzt, daß er sie dem Verkäufer innerhalb kurzer Frist nach ihrer Entdeckung anzeigt. Der Käufer verliert stets das Recht, sich auf eine Vertragswidrigkeit zu berufen, wenn er sie nicht innerhalb von zwei Jahren nach der Aushändigung der Sache angezeigt hat, es sei denn, daß für diese Vertragswidrigkeit vereinbarungsgemäß für einen längeren Zeitraum Gewähr zu leisten ist.

(2) Bei der Anzeige der Vertragswidrigkeit hat der Käufer ihre Art genau zu bezeichnen und den Verkäufer aufzufordern, die Sache zu untersuchen oder durch einen Beauftragten untersuchen zu lassen.

(3) Wird eine Mitteilung nach Absatz 1 durch Brief oder Telegramm oder auf einem anderen geeigneten Übermittlungsweg übersendet, so nimmt der Umstand, daß sie verspätet oder gar nicht am Bestimmungsort angekommen ist, dem Käufer nicht das Recht, sich auf die Mitteilung zu berufen.

407 Zum Schutzzweck Art. 38 Rdn. 402.

408 Um keinen Rechtsverlust zu erleiden, muß der Käufer die **Vertragswidrigkeit** der Sache im Sinne der Art. 33 Abs. 1, Art. 35 Abs. 2 (OLG Bamberg RIW **1979** 566, 567) fristgerecht anzeigen. Die **Fristdauer** hängt davon ab, ob es sich um eine erkennbare (Art. 39 Abs. 1 S. 1) oder um eine unerkennbare (Art. 39 Abs. 1 S. 2) Vertragswidrigkeit handelt. Um **erkennbare Vertragswidrigkeiten** handelt es sich, wenn sie nach einer im Sinne des Art. 38 fristgerechten und ordnungsgemäßen Untersuchung erkannt wurden oder hätten erkannt werden können. Die Frage, welche Untersuchung ordnungsgemäß war, ist anhand der Spezialregelung Art. 38 Abs. 4 und nicht anhand des Art. 13 zu beantworten (*Dölle/Stumpf* Art. 39 EKG 2 (str.)). Die Frist beginnt in dem Moment, in dem der Mangel mit Sicherheit (BGH RIW **1982** 594, 596) und beweisbar erkannt wurde oder hätte bekannt sein können. Die Anzeige ist binnen **kurzer Frist** im Sinne des Art. 11 abzusenden (Art. 38 Rdn. 404).

409 War die Vertragswidrigkeit bei einer fristgerechten und ordnungsgemäßen Untersuchung (Art. 38) **unerkennbar, so beginnt die Frist** mit der positiven Kenntnis des Käufers, nicht eines Drittabnehmers zu laufen. Die Anzeige ist nach Kenntniserlangung binnen kurzer Frist (Art. 11) abzusenden (s. Art. 38 Rdn. 404). Ausschlußfrist: Art. 39 Abs. 1 S. 3; Aushändigung am gemäß Art. 38 Abs. 1—3 maßgeblichen Bestimmungsort. Vertragliche Verkürzung der Ausschlußfrist ist möglich (Art. 3) oder unter Umständen gebräuchlich (Art. 9).

410 **Art. 39 Abs. 2** schreibt vor, auf welche Weise die in Abs. 1 geforderte Anzeige zu erfolgen hat. Die Anzeige hat die Vertragswidrigkeit genau zu bezeichnen und verständlich zu sein (vgl. *Magnus* S. 105, 115), um dem Verkäufer rasch Dispositionen zu ermöglichen und um Manipulationen vorzubeugen (OLG Bamberg RIW **1979** 566, 567; LG Braunschweig RIW **1983** 371, 373). Der Käufer hat außerdem den Verkäufer zur Untersuchung aufzufordern. Diese Aufforderung ist ebenso wie die Konkretisierung des Mangels nach dem im EKG besonders bedeutsamen klaren Wortlaut des Art. 39 Abs. 2 Wirksamkeitserfordernis[176], obwohl diese Förmlichkeit dem deutschen Verkäufer fremd ist. Sie hat jedoch einen durchaus anerkennenswerten Zweck: die rasche Klärung der Vertragswidrigkeit (LG Braunschweig RIW **1983** 371, 373). Die Aufforderung kann konkludent erfolgen. Sie wird nicht durch eine klare Bezeichnung der Mängel ersetzt[177]. Allerdings können Handelsbräuche und Gepflogenheiten (Art. 9 AGBG) eine Untersuchungsaufforderung als überflüssig erscheinen lassen. Gleiches

---

[176] Str.; vgl. *Dölle/Stumpf* Art. 39 EKG 4 m. Nachw. zum Streitstand.

[177] A. A. OLG Köln MDR **1980** 1023; *Piltz* IPRax **1981** 198, 199.

gilt, wenn zu erwarten ist, daß der Verkäufer auf die Aufforderung nicht angewiesen ist, oder wenn sich der Verkäufer auf die Rüge eingelassen hat.

411 Der Käufer muß die Anzeige rechtzeitig und ordnungsgemäß **absenden**. Die Beweislast liegt beim Käufer (LG Braunschweig RIW **1983** 371, 372). Wenn er die Anzeige mit den Mitteln des Art. 14 bewirkt, trägt er nicht das Risiko, daß die Anzeige nicht oder verspätet am Bestimmungsort eintrifft. Wenn nach den Umständen eine Anzeige durch Fernschreiben üblich ist (Art. 14), kann sich der Käufer nicht darauf berufen, daß in **Art. 39 Abs. 3** der Brief als Kommunikationsmittel genannt ist. Art. 14 geht insoweit dem Art. 39 vor [178].

412 Hat der Käufer die Vertragswidrigkeit **nicht oder verspätet angezeigt**, so verliert der Käufer alle Rechte aus Artt. 41—46, 55, 75, einschließlich des Anspruchs aus einem Vertragsstrafe- oder Garantieversprechen. **Ausnahmen**: Art. 40 (doloses und grob fahrlässiges Handeln des Verkäufers); die deliktische Produzentenhaftung (nach nationalem Recht); die Zuviellieferung (Art. 47); nach dem klaren Wortlaut des Art. 39 Abs. 1, der vom Rechtsverlust des Käufers, nicht vom Erwerb zusätzlicher Rechte des Verkäufers spricht, die Lieferung eines höherwertigeren und teueren aliud's (s. Art. 47 Rdn. 432); die offen deklarierte Zuweniglieferung, die ein Angebot zur Vertragsänderung enthält (§ 378 HGB 54); nicht jedoch die lediglich zweifelsfreie Minderlieferung (*Mertens/Rehbinder* Art. 39 EKG 30 (str.)), auf die allerdings regelmäßig Art. 40 anzuwenden sein wird. Der Rechtsverlust tritt nicht ein, wenn der Verkäufer — auch nachträglich — auf die Mängelrüge ausdrücklich oder konkludent **verzichtet** (BGH RIW **1982** 594, 596); z. B., indem er sich auf die Rüge sachlich einläßt, ohne die Verspätung zu rügen.

Artikel 40 EKG

Der Verkäufer kann sich auf die Artikel 38 und 39 nicht berufen, wenn die Vertragswidrigkeit auf Tatsachen beruht, die er gekannt hat oder über die er nicht in Unkenntnis hat sein können und die er nicht offenbart hat.

413 Art. 40 beläßt dem Käufer trotz Verstoßes gegen die Anzeigenobliegenheit seine Rechte, weil sich der Verkäufer unschwer darauf einstellen konnte, daß er mit Ansprüchen wegen Vertragswidrigkeit der Lieferung konfrontiert werden wird.

414 Die Formulierung „nicht in Unkenntnis sein konnte" bedeutet wie in Art. 36 **grobe Fahrlässigkeit** [179]. Den Verkäufer trifft mithin seinerseits eine Untersuchungspflicht. Er hat sich über die Vertragsgemäßheit der Ware im Zeitpunkt der Lieferung (Art. 19) zu vergewissern. Unter Umständen hat er den Käufer sogar auf den Mangel hinzuweisen (OLG Hamm IPRax. **1983** 231, 232). Außerdem kann er sich nach der ratio des Art. 40 nicht darauf berufen, daß der Käufer eine Vertragswidrigkeit nicht angezeigt hat, die Folge seines grob fahrlässigen Verhaltens bzw. das seiner Hilfspersonen nach Lieferung ist. Erfährt er positiv von der Vertragswidrigkeit, bevor die Frist des Art. 38 zu laufen beginnt (z. B. sein Spediteur teilt ihm mit, daß die Ware zum Teil verdorben an den Frachtführer übergeben worden ist), so findet Art. 40 ebenfalls Anwendung. Gleiches gilt, wenn sich der Verkäufer grob fahrlässig der Zurkenntnisnahme verschlossen hat. Deklarierte, aber auch zweifelsfreie Minderlieferungen fallen mithin unter Art. 40. Zur Frage von Mehrlieferungen und höherpreisigen aliud-Lieferungen s. Art. 47 Rdn. 431 f.

---

[178] *Dölle/Stumpf* Art. 39 EKG 8 m. Nachw.; a. A. *Mertens/Rehbinder* Art. 39 EKG 29.
[179] OLG München DB **1977** 2225, 2226; OLG Köln MDR **1980** 1023; *Dölle/Stumpf* Art. 40 EKG 2; *Mertens/Rehbinder* Art. 40 EKG 3 jeweils m. Nachw.

Vor § 373
Art. 42 EKG   Drittes Buch. Handelsgeschäfte

C. Rechtsfolgen der Vertragswidrigkeit

Artikel 41 EKG

(1) Der Käufer, der die Vertragswidrigkeit ordnungsgemäß angezeigt hat, kann nach Maßgabe der Artikel 42 bis 46
a) von dem Verkäufer die Erfüllung des Vertrages verlangen;
b) die Aufhebung des Vertrages erklären;
c) den Kaufpreis herabsetzen.

(2) Der Käufer kann ferner Schadenersatz nach Artikel 82 oder nach den Artikeln 84 bis 87 verlangen.

415 Art. 41 gibt einen Überblick über die an die Andienung vertragswidriger Ware (Art. 33, Art. 35 Abs. 2) geknüpften Rechtsfolgen. Voraussetzung der in Art. 41 genannten Ansprüche ist regelmäßig eine Anzeige im Sinne des Art. 39.

416 Art. 41 Abs. 1 stellt die Erfüllung (in Form der Nachlieferung, Nachbesserung), Aufhebung des Vertrages und Herabsetzung des Kaufpreises gleichwertig nebeneinander. Abgesehen von den Fällen wesentlicher Vertragsverletzungen (Art. 10) hat der Verkäufer jedoch vorrangig ein „Recht" zur Erfüllung. Der Schadensersatzanspruch kann neben allen in Art. 41 Abs. 1 genannten Rechten geltend gemacht werden, wenn der Verkäufer die Schadensursache zu vertreten hat (Art. 74 Abs. 1).

417 Demgemäß besitzt der Käufer folgende **Wahlrechte:** (1) Anspruch auf Erfüllung (**Nachlieferungen, Nachbesserung,** Art. 42 Abs. 1). (2) **Aufhebung des Vertrages,** falls (a) die Vertragswidrigkeit im Sinne des Art. 43 wesentlich ist und eine nachträgliche Erfüllung zu einer wesentlichen Verspätung führen würde (Art. 43) oder falls (b) die Nachfrist für die Erfüllung fruchtlos abgelaufen ist (Art. 42 Abs. 2) oder falls (c) die Erfüllung für den Käufer im Sinne des Art. 44 Abs. 1 unzumutbar ist (str.). (3) **Herabsetzung des Kaufpreises** (Art. 46). (4) **Schadensersatz** (Artt. 82 ff) neben der Erfüllung oder Vertragsaufhebung bzw. Minderung des Kaufpreises, sofern sich der Verkäufer nicht gemäß Art. 74 Abs. 1 entlasten kann.

Zur Zuviellieferung, höherwertigen aliud-Lieferung s. Art. 47; zum Sukzessivlieferungsvertrag s. Art. 75.

Artikel 42 EKG

(1) Der Käufer kann von dem Verkäufer die Erfüllung des Vertrages verlangen,
a) wenn sich der Kauf auf eine vom Verkäufer zu erzeugende oder herzustellende Sache bezogen hat: durch Behebung der Vertragswidrigkeit, vorausgesetzt, daß der Verkäufer hierzu in der Lage ist;
b) wenn sich der Kauf auf eine bestimmte Sache bezogen hat: durch Lieferung der vereinbarten Sache oder des fehlenden Teiles;
c) wenn sich der Kauf auf Gattungssachen bezogen hat: durch Lieferung anderer vertragsmäßiger Sachen oder des fehlenden Teiles oder der fehlenden Menge, es sei denn, daß ein Deckungskauf den Gebräuchen entspricht und in angemessener Weise möglich ist.

(2) Erlangt der Käufer nicht innerhalb angemessener Frist die Erfüllung des Vertrages, so behält er die Rechte nach den Artikeln 43 bis 46.

418 Art. 42 konkretisiert den allgemeinen Erfüllungsanspruch des Käufers im Falle von Vertragswidrigkeiten (Artt. 33, 35 Abs. 2) auf eine Weise, die dem Verkäufer unnötige Belastungen zu ersparen sucht.

419 Art. 42 Abs. 1 lit. a betrifft den Spezies- und den Gattungskauf. Der Verkäufer muß Produzent der Ware, nicht bloß (Vertrags-)Händler oder Kommissionär sein. Die Nachbesserung als die im Zweifel wirtschaftlichste Form der Mängelbeseitigung muß

ihm mit eigenen Mitteln und Leuten möglich sein. Sie ist mithin nicht geschuldet, wenn sie ihm unmöglich ist oder wenn sie entsprechend der ratio des Art. 42 Abs. 1 lit. a nur mit unverhältnismäßigem Aufwand durchführbar wäre (*Mertens/Rehbinder* Art. 42 EKG 8 m. w. Nachw.). Soweit der Verkäufer nicht zur Nachbesserung verpflichtet ist, kann der Käufer, sofern dies möglich ist, Nachlieferung (Art. 42 Abs. 1 lit. c, Art. 74 Abs. 1) verlangen. Der Verkäufer darf seinerseits immer Ersatzware anstatt der Nachbesserung andienen (Art. 44 Abs. 1). Die Kosten der Nachbesserung fallen als Teil der Erfüllungshandlung dem Verkäufer zur Last. Da der Produzent mit eigenen Mitteln nachbessern können soll, kann er den Nachbesserungsort im Rahmen von Treu und Glauben frei wählen. Er trägt freilich die Transportkosten und -risiken (abw. *Dölle/Stumpf* Art. 42 EKG 11).

Art. 42 Abs. 1 lit. b betrifft die echte aliud-Lieferung und Teillieferung beim Spezieskauf. **420**

Art. 42 Abs. 1 lit. c bezieht sich auf Gattungskäufe die mit Händlern oder Kommissionären abgeschlossen werden. Beim Kauf vom Produzenten geht lit. a vor (h. M.), es sei denn, daß dem Verkäufer die Nachbesserung mit eigenen Mitteln und Leuten unmöglich oder unzumutbar ist. Zum Begriff des Deckungskaufs Art. 25 Rdn. 364, der Gebräuche Art. 9. Es ist eine ungeschriebene Voraussetzung des Nachlieferungsanspruchs, daß der Käufer die vertragswidrige Ware zurückzugeben vermag (Analogie zu Art. 79 Abs. 1), es sei denn, daß Art. 79 Abs. 2 analog anzuwenden ist (*Dölle/Stumpf* Art. 42 EKG 17 m. Nachw.). **421**

Rechtsfolge: Der Käufer kann die in Art. 42 genannten **Erfüllungsansprüche** gerichtlich durchsetzen. Dies könnte allerdings faktisch die Konsequenz haben, daß der Käufer gemäß Art. 43 S. 2 wegen Fristversäumung die Befugnis zur Vertragsaufhebung verliert. Man wird deshalb auch bei wesentlichen Vertragswidrigkeiten Art. 44 Abs. 2 analog anzuwenden haben, wenn der Käufer zunächst Erfüllung fordert. — Der Käufer, der zunächst Erfüllung verlangt hat, kann auf das Recht zur **Vertragsaufhebung** erst zurückgreifen, wenn die Frist des Art. 42 Abs. 2 verstrichen ist. Außerdem müssen die Voraussetzungen des Art. 43 oder Art. 44 erfüllt sein. Bei unwesentlichen Vertragsverletzungen muß also der Käufer, um die Vertragsaufhebung erklären zu können, ausdrücklich eine Nachfrist gesetzt haben, und die Nachfrist muß verstrichen sein (Art. 44 Abs. 2; h. M., *Dölle/Stumpf* Art. 42 EKG 21). Zur analogen Heranziehung des Art. 44 Abs. 2 bei wesentlichen Vertragsverletzungen s. o. — Die **Herabsetzung des Kaufpreises** (Art. 46) darf der Käufer ebenfalls erst nach Ablauf der in Art. 42 Abs. 2 genannten Frist verlangen, wenn er zuvor Erfüllung gefordert hatte. Eine zusätzliche Nachfrist braucht er, wie sich aus dem Wortlaut des Art. 46 ergibt, allerdings auch bei unwesentlichen Vertragswidrigkeiten nicht zu setzen[180]. **422**

Artikel 43 EKG

Der Käufer kann die Aufhebung des Vertrages erklären, wenn sowohl die Vertragswidrigkeit als auch der Umstand, daß die Lieferung nicht in dem festgesetzten Zeitpunkt bewirkt worden ist, wesentliche Vertragsverletzungen darstellen. Er verliert dieses Recht, wenn er es nicht innerhalb kurzer Frist nach der Anzeige der Vertragswidrigkeit oder nach Ablauf der in Artikel 42 Abs. 2 bezeichneten Frist ausübt.

Art. 43 erlaubt dem Käufer, den Vertrag ohne vorheriges Abwarten einer Nachbesserung oder Nachlieferung aufzuheben, vorausgesetzt, die Vertragsverletzung ist we- **423**

---

[180] *Mertens/Rehbinder* Art. 46 EKG 3; a. A. *Dölle/Stumpf* Art. 46 EKG 2 m. Nachw.

sentlich und — soweit dies überhaupt möglich — eine Behebung der Vertragswidrigkeit würde zu einer wesentlichen Verzögerung führen. Bei unwesentlichen Verzögerungen gilt der Vorrang der Erfüllung innerhalb der Nachfrist (Art. 44).

424 Voraussetzung des Aufhebungsrechts ist eine **Vertragswidrigkeit** (Artt. 33, 35 Abs. 2), die eine **wesentliche** Vertragsverletzung im Sinne des Art. 10 darstellt. Objektiv unbehebbare Mängel sind immer wesentlich, da eine Nachfrist sinnlos ist. Außerdem muß die Vertragswidrigkeit dazu geführt haben, daß der Käufer die Ware nicht zu einem im Sinne der Artt. 10, 28 wesentlichen Zeitpunkt nutzen konnte oder daß ein weiterer Erfüllungsversuch soviel Zeit in Anspruch nehmen würde, daß die **Lieferverzögerung** als wesentlich zu qualifizieren wäre[181]. Dem sind diejenigen Fälle gleichzustellen, in denen eine Behebung unwesentlicher Vertragswidrigkeiten im Sinne des **Art. 44 Abs. 1 unzumutbar** ist, und der Käufer daher keine Nachfrist zu setzen braucht[182]. Art. 45 Abs. 2 und Art. 79 Abs. 1 dürfen nicht eingreifen.

425 Zur **Form** der Vertragsaufhebung s. Art. 26 Rdn. 369. Das Gesetz schränkt die Aufhebungsmöglichkeit durch eine **Befristung** stark ein. Der Käufer hat im Rahmen des Art. 43 zweimal die Möglichkeit, die Vertragsaufhebung zu erklären. Er muß sie binnen kurzer Frist (Art. 11) mitteilen. Die Aufhebungserklärung kann auch vorsorglich mit dem Erfüllungsverlangen (Art. 42 Abs. 2) verbunden werden (BGH WM **1979** 761, 763). Zur Aufhebung nach Erfüllungsverlangen Art. 42. **Rechtsfolgen:** Artt. 78 ff. Zur Teillieferung s. Art. 45.

Artikel 44 EKG

(1) In den in Artikel 43 nicht geregelten Fällen behält der Verkäufer auch nach dem für die Lieferung festgesetzten Zeitpunkt das Recht, den fehlenden Teil oder die fehlende Menge oder andere vertragsgemäße Sachen zu liefern oder die Vertragswidrigkeit der ausgehändigten Sachen zu beheben, sofern diese Maßnahmen dem Käufer keine unverhältnismäßigen Unannehmlichkeiten oder Kosten verursachen.

(2) Der Käufer kann jedoch für die Nachlieferung oder die Behebung der Vertragswidrigkeit eine Nachfrist von angemessener Dauer setzen. Hat der Verkäufer bis zum Ablauf dieser Frist die Sache nicht geliefert oder die Vertragswidrigkeit nicht behoben, so kann der Käufer nach seiner Wahl die Erfüllung des Vertrages verlangen, den Preis nach Artikel 46 herabsetzen oder, sofern dies innerhalb kurzer Frist geschieht, die Aufhebung des Vertrages erklären.

426 Art. 44 sichert den Vorrang der Mängelbeseitigung gegenüber der Vertragsaufhebung dort, wo entweder (1) die Vertragswidrigkeit (Artt. 33, 35 Abs. 2) unwesentlich ist oder (2) die Lieferung als solche zwar wesentlich (Art. 10) vertragswidrig ist, die nachträgliche, im Sinne des Art. 44 Abs. 1 zumutbare (str.) Mängelbeseitigung jedoch so rasch durchgeführt werden kann, daß von einer wesentlichen (Artt. 10, 28) Lieferverzögerung nicht gesprochen werden kann. (3) Gleiches gilt erst recht, wenn die durch die Lieferung ausgelöste Vertragswidrigkeit und Lieferverzögerung infolge der Notwendigkeit der Nachlieferung unwesentlich sind. **Art. 44 Abs. 1** stellt es in den genannten Fällen grundsätzlich in das Belieben des Verkäufers, wie dieser sein Recht zur Mängelbeseitigung ausübt. Er kann auch dort nachliefern oder nachbessern, wo er gemäß Art. 42 Abs. 1 hierzu nicht verpflichtet ist. Beispiele: Deckungskauf ist üblich; der Produzent will nachliefern anstatt nachbessern, will mit fremden Mitteln nachbessern.

---

[181] Unklar OLG Karlsruhe OLGZ **1978** 338, 340, das wohl von einer unwesentlichen Vertragswidrigkeit ausgeht.

[182] *Mertens/Rehbinder* Artt. 43, 44 EKG 10; a. A. *Dölle/Stumpf* Artt. 43 EKG 2 m. Nachw.

Die Grenze dieses Mängelbeseitigungsrechts liegt bei den unverhältnismäßigen Unannehmlichkeiten oder Kosten für den Käufer. Der Käufer kann sich aber bereiterklären, diese Nachteile hinzunehmen. Eine Pflicht des Verkäufers zur Mängelbeseitigung besteht nur im Rahmen des Art. 42 Abs. 1 (*Dölle/Stumpf* Art. 44 EKG 4 (str.)).

Der Käufer kann — und wenn er den Vertrag aufheben will, muß — in den genannten Fällen (Rdn. 426) den dem Verkäufer zur Mängelbeseitigung zur Verfügung stehenden Zeitraum beschränken, indem er diesem eine **Nachfrist** setzt. Die Nachfrist muß mithin auch dort gesetzt werden, wo die Mängelbeseitigung möglich und zumutbar ist, der Käufer aber kein Recht auf Erfüllung im Sinne des Art. 42 Abs. 1 besitzt (OLG Karlsruhe OLGZ **1978** 338, 340; DB **1978** 2017 f). Die Nachfristsetzung kann mit der Anzeige im Sinne des Art. 39 Abs. 1 verbunden werden. Der Nachfrist braucht kein Erfüllungsverlangen im Sinne des Art. 42 Abs. 1 vorherzugehen. Wenn ohne Nachfrist Erfüllung verlangt wurde, so muß die Nachfrist nach Ablauf der in Art. 42 Abs. 2 genannten Frist gesetzt werden (Art. 42 Rdn. 442). Zur angemessenen Dauer der Nachfrist Art. 27 Rdn. 371. **Verstreicht die Nachfrist** fruchtlos, so kann der Käufer (1) binnen kurzer Frist (Art. 11) die Aufhebung des Vertrages erklären, (2) die Herabsetzung des Kaufpreises verlangen (Art. 46), (3) weiterhin im Rahmen des Art. 42 Abs. 1 Erfüllung fordern und (4) neben allen diesen Rechten Ersatz des Schadens (Artt. 81 ff) beanspruchen, falls der Verkäufer den Schaden zu vertreten hat (Art. 74).

Zur **Teillieferung** s. Art. 45. Zur Minderung Art. 46.

Artikel 45 EKG

(1) Hat der Verkäufer nur einen Teil der Sache oder eine zu geringe Menge geliefert oder ist nur ein Teil der Sache vertragsgemäß, so gelten die Artikel 43 und 44 für den Teil oder die Menge, die fehlen oder nicht vertragsgemäß sind.

(2) Der Käufer kann nur dann die Aufhebung des ganzen Vertrages erklären, wenn es eine wesentliche Vertragsverletzung darstellt, daß der Vertrag nicht in seinem vollen Umfang erfüllt worden ist.

Art. 45 Abs. 1 schränkt bei teilbaren Leistungen die Reichweite der Artt. 43, 44 ein. Grundsätzlich soll bei teilbaren Leistungen (BGH RIW **1982** 594, 596) ein Aufhebungsrecht nur in Hinblick auf den nicht erfüllten Teil in Betracht kommen (Ausnahme: Art. 45 Abs. 2). Es ist mithin unter dem Aspekt der Aufhebung eines Teils des Vertrages zu prüfen, ob gerade das Ausbleiben der Teilleistung im Sinne des Art. 43 wesentlich ist oder ob in Hinblick auf die Teilleistung eine Nachfrist (Art. 44 Abs. 2) verstrichen ist. Der Käufer kann sich ferner auf Art. 45 Abs. 1 berufen, wenn er einen an sich vertragswidrigen Teil der Ware als ordnungsgemäß annimmt und nur den anderen Teil rügt (BGH RIW **1982** 394, 396). Hat der Käufer den Vertrag in Hinblick auf die fehlenden Partien wirksam aufgehoben, so ist der geschuldete Kaufpreis analog Art. 46 zu berechnen. — **Art. 45 Abs. 2** beseitigt die Einschränkung des Aufhebungsrechts durch Art. 45 Abs. 1. Voraussetzung der Aufhebung des Vertrags ist aber auch hier, daß die Tatbestandsmerkmale des Art. 43 oder Art. 44 gegeben sind; denn es ist nicht anzunehmen, daß der Käufer bei Teillieferungen soll zurücktreten können, obwohl der Mangel noch innerhalb angemessener Frist beseitigt werden kann (s. Art. 43 Rdn. 424).

Artikel 46 EKG

Der Käufer, der weder die Erfüllung des Vertrages erlangt noch die Aufhebung des Vertrages erklärt hat, kann den Preis in dem Verhältnis herabsetzen, in dem sich der Wert, den die Sache im Zeitpunkt des Vertragsabschlusses gehabt hat, durch die Vertragswidrigkeit vermindert hat.

429 Art. 46 regelt die **Minderung des Kaufpreises. Voraussetzung** ist (1) eine vertragswidrige Lieferung (Artt. 33, 35 Abs. 2), (2) daß der Mangel fortbesteht und der Käufer die Mängelbeseitigung nicht vor Ablauf der Frist des Art. 42 Abs. 2 beansprucht hat sowie (3), daß der Vertrag nicht wirksam aufgehoben worden ist (Artt. 43, 44 Abs. 2). Die sofortige Ausübung des Minderungsrechts hängt nicht davon ab, daß die Lieferung eine wesentliche Vertragsverletzung im Sinne des Art. 43 S. 1 darstellte oder eine Nachfrist (Art. 44 Abs. 2) fruchtlos abgelaufen ist. Das Mängelbeseitigungsrecht des Verkäufers (Art. 44 Abs. 1) steht unter dem Vorbehalt der Minderung des Kaufpreises[183]. Für diese Interpretation spricht der klare Wortlaut des Art. 46 im Vergleich zu Art. 43. Der Verkäufer wird durch das Recht der Minderung nicht unzumutbar belastet, weil der Minderungsbetrag in aller Regel den Aufwendungen für die Mängelbeseitigung entsprechen wird. Andererseits vermag der Käufer mit der Minderung rasch für klare Verhältnisse zu sorgen. Unerheblich ist es, ob der Verkäufer die Vertragswidrigkeit zu vertreten hatte oder nicht (Art. 74 Abs. 3). — Die Herabsetzung des Kaufpreises erfolgt durch **Gestaltungserklärung** (Art. 14). Der Minderungsbetrag ist in der in § 472 Abs. 1 BGB vorgeschriebenen Weise zu berechnen. Rückzahlung des Kaufpreises: Artt. 78 Abs. 2, 81 Abs. 1 analog. Die Herabsetzung des Kaufpreises schließt weitergehende Schadensersatzforderungen (Art. 41 Abs. 2) nicht aus.

Artikel 47 EKG

Hat der Verkäufer von Gattungssachen dem Käufer eine größere als die vereinbarte Menge tatsächlich angeboten, so kann der Käufer die Menge, die über die vereinbarte Menge hinausgeht, zurückweisen oder annehmen. Weist sie der Käufer zurück, so ist der Verkäufer nur zum Schadensersatz nach Artikel 82 verpflichtet. Nimmt er die zuviel angebotene Menge ganz oder teilweise an, so hat er sie nach dem vertraglichen Preisansatz zu bezahlen.

430 Art. 47 schränkt das Recht zur Aufhebung des Vertrages ein, weil der Käufer seine Interessen auch durch eine Zurückweisung der Mehrlieferung zu wahren vermag. Andererseits eröffnet er dem Käufer die Möglichkeit, die Ware auch aufgrund eines in der Mehrlieferung liegenden Vertragsänderungsangebots anzunehmen und damit den Kaufvertrag zu ändern. —

431 **Voraussetzungen: Gattungskauf** und — wie sich aus dem Begriff Menge ergibt — teilbare Leistung; Lieferung einer größeren Menge der vereinbarten Gattung, nicht einer anderen Gattung. **Rechtsfolge:** (1) Der Käufer kann die volle Menge billigend in Empfang nehmen und damit im Sinne des Art. 47 S. 3 **annehmen**. Die bloße Entgegennahme stellt keine Annahme dar, weil sie z. B. zur Erhaltung der Ware (Art. 92) erfolgt sein kann. Die Ware ist aber angenommen, wenn sie der Käufer nach der Entgegennahme nicht mehr zurückweisen kann, weil er z. B. nicht rechtzeitig gerügt hat (Art. 39 Abs. 1, Art. 40). Nach der Annahme schuldet der Käufer den entsprechend höheren Preis. (2) Die **Zurückweisung** der Ware wird in aller Regel mit der Anzeige der Vertragswidrigkeit erklärt und in ihr enthalten sein, sofern der Käufer die überschüssige Menge entgegengenommen hat. Dort, wo eine Anzeige der Mehrlieferung nicht notwendig ist (Art. 40) oder die Zurückweisung nicht mit der Anzeige der Mehrlieferung verbunden wird, hat der Käufer die Zurückweisung der Ware binnen angemessener Frist nach Entgegennahme zu erklären. Die rechtzeitig gerügte und zurückgewiesene Mehrlieferung verpflichtet den Verkäufer nur, den Schaden zu ersetzen (Artt. 74, 82 ff.).

---

[183] *Mertens/Rehbinder* Art. 46 EKG 3; **a. A.** *Dölle/Stumpf* Art. 46 EKG 2 jeweils m. Nachw.

Speziesverkauf: Auf die Lieferung einer höherwertigen Sache ist Art. 47 nicht anzuwenden[184], weil der Käufer nicht so leicht feststellen kann, ob die Lieferung höherwertig ist und häufig davon ausgehen wird, daß die Sache an Erfüllungs Statt ausgehändigt worden ist. Andererseits wäre es unbillig, dem Verkäufer, der versehentlich die falsche Spezies geliefert hat, den Kondiktionsanspruch zu entziehen und ihn auf eine Geldforderung zu verweisen. Es ist ferner zu berücksichtigen, daß Art. 47 davon ausgeht, daß im vereinbarten Preis ein von der Privatautonomie getragener Bemessungsmaßstab für den Entgeltanspruch des Verkäufers zur Verfügung steht. **432**

Artikel 48 EKG
Der Käufer kann die in den Artikeln 43 bis 46 bezeichneten Rechte schon vor dem für die Lieferung festgesetzten Zeitpunkt ausüben, wenn offenbar ist, daß die Sache, die ausgehändigt werden soll, vertragswidrig ist.

Art. 48 stellt eine besondere Ausprägung des Art. 76 dar. Der Käufer soll nicht abwarten müssen, ob der Verkäufer tatsächlich vertragswidrig liefert. **Voraussetzung** für die Anwendung des Art. 48 ist, daß mit an Sicherheit grenzender Wahrscheinlichkeit mit einem vertragswidrigen Verhalten des Verkäufers zu rechnen ist und die Umstände, auf die das Wahrscheinlichkeitsurteil gestützt wird, offenbar sind. Vor dem Lieferzeitpunkt kann der Käufer keine Erfüllung verlangen. Er hat nur die Möglichkeit, sofort den Kaufpreis herabzusetzen (Art. 46) und bei zu erwartenden wesentlichen (Art. 10) Vertragswidrigkeiten den Vertrag aufzuheben (Art. 43). Unklar ist, wie bei unwesentlichen Vertragswidrigkeiten die Verweisung auf Art. 44 zu verstehen ist. Auf die Nachfrist kann hier nicht verzichtet werden, doch kann der Käufer die Nachfrist vorzeitig setzen. Allerdings darf die Nachfrist nicht vor dem Liefertermin enden (*Schultze-v. Lasaulx* S. 95 ff m. Nachw. zum Streitstand). **433**

Artikel 49 EKG
(1) Der Käufer verliert seine Rechte mit dem Ablauf einer Frist von einem Jahr nach der in Artikel 39 bezeichneten Anzeige, es sei denn, daß er an ihrer Geltendmachung infolge Täuschung durch den Verkäufer verhindert gewesen ist.

(2) Nach Ablauf dieser Frist kann der Käufer die Vertragswidrigkeit nicht mehr geltend machen, selbst nicht im Wege der Einrede. Der Käufer kann jedoch, wenn er den Preis nicht gezahlt hat und unter der Voraussetzung, daß er die Vertragswidrigkeit innerhalb der kurzen Frist nach Artikel 39 angezeigt hat, dem Anspruch auf Zahlung einredeweise das Recht auf Herabsetzung des Preises oder auf Schadenersatz entgegenhalten.

Art. 49 schützt das Vertrauen des Verkäufers darauf, den Kaufpreis behalten zu können. Die in Art. 49 statuierte Frist stellt eine Ausschlußfrist dar, die von Amts wegen zu berücksichtigen ist. **434**

Voraussetzungen: Die **Frist** von einem Jahr muß abgelaufen sein. Die Frist **beginnt** grundsätzlich mit dem Zugang der Anzeige im Sinne des Art. 39, da der Verkäufer erst in diesem Zeitpunkt von den potentiellen Ansprüchen des Käufers Kenntnis erlangt und erst von diesem Zeitpunkt an eine Untätigkeit des Käufers in ihm das Vertrauen darauf erwecken kann, der Käufer werde seine Rechte nicht geltend machen. Eine **Ausnahme** gilt für die in **Art. 40** geregelten Fälle, wo eine Mängelanzeige nicht erforderlich ist (OLG Köln MDR **1980** 1023). Der Verkäufer verdient hier keinen Schutz. **435**

---

[184] A. A. *Mertens/Rehbinder* Art. 47 EKG 4; *Dölle/Stumpf* Art. 39 EKG 13 (str.).

Dies gilt auch, wenn der Käufer ohne Verpflichtung den Mangel angezeigt hat (a. A. OLG München DB **1977** 2225, 2226). War der Käufer arglistig getäuscht worden, so beginnt die Frist erst von dem Moment an zu laufen, in dem der Käufer nicht mehr durch arglistige Täuschung an der Geltendmachung seiner Rechte gehindert ist (*Dölle/ Stumpf* Art. 49 EKG 5; *Mertens/Rehbinder* Art. 49 EKG 7).

436 Der Käufer muß sein Recht **binnen der Frist** von einem Jahr **geltend gemacht** haben, d. h. grundsätzlich nach Maßgabe des nationalen Rechts rechtshängig gemacht haben (OLG München DB **1977** 2225, 2226; AG Seesen IPRax **1984** 41). Eine Einleitung eines Beweissicherungsverfahrens genügt nicht (OLG Saarbrücken RIW **1981** 702; **a. A.** *Stötter* Art. 49 EKG 3 a). Soweit der Käufer den Kaufpreis noch nicht gezahlt hat und er Vertragsaufhebung erklärt, genügt die Erklärung. Gleiches gilt bei der Erklärung der Minderung. War der Kaufpreis bereits bezahlt und hatte der Käufer innerhalb des Jahres die Herabsetzung des Kaufpreises erklärt, so schuldet der Verkäufer die **Rückzahlung des Kaufpreises** analog Art. 78 Abs. 2, Art. 81 Abs. 1. Auch diese Forderung muß **innerhalb** der in Art. 49 Abs. 1 statuierten **Frist** geltend gemacht werden (*Dölle/ Stumpf* Art. 49 EKG 7), da nur auf diese Weise schnell Rechtsklarheit geschaffen werden kann. Gleiches gilt für die Ansprüche **aus der Aufhebung** des Vertrages, wobei die Aufhebung in den von Art. 49 erfaßten Fällen ohnehin nur binnen kurzer Frist im Sinne der Artt. 43, 44 Abs. 2 S. 2 erklärt werden kann. Ist eine Nachfrist von mehr als einem Jahr gesetzt worden, so beginnt die Jahresfrist des Art. 49 Abs. 1 mit Ablauf der Nachfrist. Für die Minderung (Art. 46) gilt Entsprechendes.

437 **Rechtsfolgen:** Mit Ablauf der Frist verliert der Käufer den Anspruch auf **Erfüllung** (Art. 42 Abs. 1) und die **Einrede** der vertragswidrigen Lieferung gegen den Anspruch auf Kaufpreiszahlung (Art. 49 Abs. 2 S. 1; OLG Karlsruhe NJW **1978** 2453) und das Recht auf Minderung (Art. 46) und aus der Minderung. Er verliert ferner den Anspruch auf **Schadensersatz,** mit dem er deshalb auch nicht aufrechnen kann[185]. Eine **Ausnahme** gilt dort, wo und soweit der Käufer den eingeklagten (OLG München RIW **1982** 54, 55) Kaufpreis noch nicht bezahlt hat (Art. 49 Abs. 2 S. 2; ferner Art. 89). In derartigen Fällen kann sich der Käufer einredeweise auf das Recht zur Herabsetzung des Kaufpreises bzw. auf seinen Schadensersatzanspruch berufen. Dem steht die Berufung auf die fristgerecht erfolgte Erklärung der Minderung oder auf die bereits erklärte Aufrechnung mit dem Schadensersatzanspruch gleich. Voraussetzung ist jedoch immer, daß die offene Kaufpreisforderung und die Rechte aufgrund der Vertragswidrigkeit der Lieferung dem gleichen Kaufvertrag entspringen (AG Seesen IPRax **1984** 41).

Auf **Garantieversprechen** des Verkäufers findet Art. 49 analoge Anwendung. Die Frist fängt mit der Anzeige des Mangels zu laufen an.

Abschnitt II
Aushändigung von Urkunden
Artikel 50 EKG

Ist der Verkäufer verpflichtet, dem Käufer Urkunden auszuhändigen, die sich auf die Sache beziehen, so hat er dieser Pflicht in dem Zeitpunkt und an dem Ort nachzukommen, die durch den Vertrag oder die Gebräuche bestimmt sind.

---

[185] OLG München DB **1977** 2225, 2226; RIW **1982** 54, 55; OLG Karlsruhe NJW **1978** 2453.

Art. 50 ist in Verbindung mit Art. 51 zu lesen. Unter **Urkunden** im Sinne des Art. 50 **438** sind alle irgendwie auf die Ware bezogenen Urkunden zu verstehen, unabhängig davon, ob es sich z. B. um Traditionspapiere handelt, ob Herausgabeansprüche verbrieft sind oder ob eine Anweisung auf Auslieferung der Ware gegeben wurde. Zu den Urkunden gehören mithin z. B. auch das Transportversicherungszertifikat, das Ursprungszeugnis oder die Faktura. Rechtsfolge: Art. 51. Zu den beim Überseekauf auszuhändigenden Dokumenten Rdn. 42 ff.

Artikel 51 EKG

Händigt der Verkäufer die in Artikel 50 bezeichneten Urkunden nicht in dem festgesetzten Zeitpunkt oder nicht an dem festgesetzten Ort aus oder händigt er Urkunden aus, die nicht denen entsprechen, die er auszuhändigen hat, so stehen dem Käufer, je nach Lage des Falles, die in den Artikeln 24 bis 32 oder die in den Artikeln 41 bis 49 bezeichneten Rechte zu.

Art. 51 stellt klar, daß Vertragsverletzungen in Hinblick auf Urkunden nicht unter **439** Art. 55 fallen, sondern im Zweifel wie die nicht rechtzeitige, nicht vertragsgemäße Lieferung der Ware am falschen Ort zu behandeln sind. Sehen die Parteiabreden (Art. 3) oder die einschlägigen Gebräuche (Art. 9) abweichende Rechtsfolgen vor, so gehen diese vor. Art. 34 findet analoge Anwendung.

Händigt der Verkäufer die geschuldeten Urkunden **nicht rechtzeitig** und/oder nicht **440** am richtigen **Ort** aus, so gelten die Artt. 24—32. Ware und Urkunde werden gleichbehandelt. Es kommt mithin entscheidend darauf an, ob eine wesentliche Vertragsverletzung (Art. 10) eingetreten ist. Ob die ausgehändigte Urkunde **der entspricht,** die geschuldet ist, ist nicht Artt. 33, 35 zu entnehmen, sondern anhand eines Vergleichs zwischen Ist- und Sollzustand zu entscheiden. Der Mangel muß die Urkunde selbst betreffen. Beispiele: unvollständige Ursprungszeugnisse, Transportpapiere, unreine Konnossemente (Rdn. 56). Ergibt sich aus einer Urkunde bloß, daß nicht geschuldete Ware angedient wird oder daß die Ware mangelhaft ist, so ist unmittelbar auf die Artt. 48, 33 zurückzugreifen. Die **Rechtsfolgen** der Aushändigung **vertragswidriger Urkunden** ergeben sich vorbehaltlich besonderer Gebräuche (Art. 9) aus den Artt. 41—49. Die Verweisung auf Art. 49 zeigt, daß den Käufer grundsätzlich eine Rügelast trifft. Allerdings wird der Verkäufer sich vielfach Art. 40 entgegenhalten lassen müssen.

Abschnitt III
Übertragung des Eigentums
Artikel 52 EKG

(1) Besteht an der Sache ein Recht eines Dritten oder beansprucht ein Dritter ein solches Recht und hat der Käufer nicht eingewilligt, die Sache unter diesen Umständen entgegenzunehmen, so hat der Käufer, wenn der Verkäufer die Sachlage nicht bereits kennt, das dem Dritten zustehende oder von diesem beanspruchte Recht dem Verkäufer anzuzeigen und ihn aufzufordern, innerhalb angemessener Frist Abhilfe zu schaffen oder ihm andere, von Rechten Dritter freie Sachen zu liefern.

(2) Kommt der Verkäufer dieser Aufforderung nach, so kann der Käufer, wenn er einen Schaden erlitten hat, Schadenersatz nach Artikel 82 verlangen.

(3) Kommt der Verkäufer dieser Aufforderung nicht nach, so kann der Käufer, wenn sich daraus eine wesentliche Vertragsverletzung ergibt, die Aufhebung des Vertrages erklären und Schadenersatz nach den Artikeln 84 bis 87 verlangen. Erklärt der Käufer die Aufhebung nicht oder handelt es sich nicht um eine wesentliche Vertragsverletzung, so ist der Käufer berechtigt, Schadenersatz nach Artikel 82 zu verlangen.

(4) Der Käufer verliert das Recht, die Aufhebung des Vertrages zu erklären, wenn er dem Verkäufer die in Absatz 1 bezeichnete Anzeige nicht innerhalb angemessener Frist nach dem Zeit-

Ingo Koller

441 Art. 52 regelt die Haftung des Verkäufers bei Rechtsmängeln. In Abweichung vom BGB differieren die Rechtsfolgen je nachdem, ob die Vertragsverletzung als wesentlich (Art. 10) oder als unwesentlich zu qualifizieren ist. Schadensersatz ist auch bei anfänglichen Rechtsmängeln nur zu zahlen, wenn sie der Verkäufer zu vertreten hat (Art. 74 Abs. 1).

442 **Voraussetzungen:** An der Sache **besteht das Recht** eines Dritten, wenn der Verkäufer dem Käufer nicht den uneingeschränkten, unmittelbaren Besitz oder die ungestörte Eigentümerposition (Art. 18) verschaffen kann. Dabei ist es gleichgültig, ob das störende Recht als dingliches oder als schuldrechtliches Recht einzuordnen ist. Beispiel: Die Lieferung hat vertragsgemäß durch Abtretung des Herausgabeanspruchs zu erfolgen; der Dritte beruft sich auf ein langfristiges Mietrecht und verweigert die Herausgabe. Das Recht eines Dritten kann auch darin bestehen, daß es lediglich den ungestörten Gebrauch oder die Verwertung der Sache behindert (z. B. Patent). Streitig ist, ob auch hoheitliche Nutzungseinschränkungen oder Entzugsrechte unter Art. 52 fallen[186]. Die Diskussion um die Rechtsmängelhaftung im BGB hat gezeigt, daß öffentlich-rechtliche Nutzungs- und Verfügungsbeschränkungen nicht zu Lasten des Käufers gehen, wenn sie in den Beherrschbarkeits- oder Kalkulationsbereich des Verkäufers fallen (*Koller* JuS **1984** 106). Es liegt nahe, auf das nach IPR maßgebliche unvereinheitlichte Kaufrecht zurückzugreifen. Art. 53 steht dem nicht entgegen. Wenn man jedoch berücksichtigt, daß der Wortlaut des Art. 52 Abs. 1 auch hoheitliche Nutzungs- sowie Verfügungsbeschränkungen deckt und daß Lücken nach Maßgabe des vereinheitlichten Rechts zu schließen sind (Art. 17), muß man annehmen, daß das EKG diese Fragen zusammen mit privatrechtlichen Rechtsmängeln regeln wollte. Anders als im Rahmen des BGB besteht auch kein Anlaß, hoheitliche Nutzungsbeschränkungen wie Sachmängel zu behandeln, da die an Sachmängel geknüpften Rechtsfolgen nur geringfügig von den Rechtsfolgen des Art. 52 abweichen. — Ein Dritter **beansprucht ein solches Recht** nicht nur, wenn er gegen den Käufer gerichtlich vorgeht, sondern auch schon dann, wenn er sich bloß seines angeblichen Rechts berühmt. Hingegen ist der Käufer, der die Ware gutgläubig erworben hat, nicht ohne weiteres berechtigt, die Ware zurückzugeben (*Dölle/Neumayer* Art. 52 EKG 10 m. Nachw. (str.)). — Der Käufer darf nicht in die Existenz des Rechts des Dritten **eingewilligt** haben. Das EKG fordert im Unterschied zu § 439 Abs. 1 BGB nicht bloß Kenntnis, sondern Einwilligung. Es ist jedoch, da die Einwilligung konkludent erteilt werden kann, die Einwilligung zu vermuten, wenn der Käufer gegen den ihm bekannten Rechtsmangel nicht protestiert hatte. — Der Käufer muß ferner grundsätzlich den Rechtsmangel **angezeigt** haben. Art. 52 Abs. 1 statuiert keine echte Pflicht des Käufers, sondern lediglich eine Obliegenheit. Die Anzeigeobliegenheit entfällt, wenn der Verkäufer die Sachlage, d. h. auch den (angeblichen) Rechtsmangel bereits kannte. Selbst wenn der Verkäufer den Rechtsmangel bereits kannte, trifft den Käufer die Obliegenheit, den Verkäufer zur Mängelbeseitigung aufzufordern. Die Aufforderung kann zusammen mit der Anzeige oder getrennt von ihr ergehen. Sie muß — ausdrücklich oder konkludent — den Hinweis enthalten, daß innerhalb eines angemessenen Zeitraums Abhilfe erwartet wird. Eine Nachfrist muß im Unterschied zu Artt. 27, 44 nicht gesetzt werden (so i. E. auch *Mertens/Rehbinder* Art. 52 EKG 14).

---

[186] Bejahend: *Mertens/Rehbinder* Art. 52 EKG 5; verneinend: *Dölle/Neumayer* Art. 52 EKG 7.

Unter den genannten Voraussetzungen kann der Käufer nach Maßgabe der **443**
Art. 74, 82 ff immer **Schadensersatz** verlangen. Er kann ferner **Erfüllung** fordern, bei
Gattungssachen die Lieferung unbelasteter Ware[187]. Die **Aufhebung** des Vertrages
setzt zusätzlich voraus, daß der Käufer den Rechtsmangel rechtzeitig im Sinne des
Art. 52 Abs. 4 angezeigt hat. Analog Art. 39 Abs. 3 genügt die rechtzeitige Absendung
der Anzeige. Das Recht zur Aufhebung entfällt, wenn der Verkäufer die Vertragsverletzung binnen angemessener Frist beseitigt hat oder die in der Fortdauer des Rechtsmangels liegende Vertragsverletzung nicht als im Sinne des Art. 10 wesentlich qualifiziert werden kann. Zur Form der Aufhebungserklärung Art. 26 Rdn. 369. Die Erklärung ist nicht fristgebunden (Abweichung zu Art. 43).

Artikel 53 EKG

Die dem Käufer nach Artikel 52 zustehenden Rechte schließen alle anderen Rechte aus, die darauf gestützt werden, daß der Verkäufer seiner Pflicht zur Verschaffung des Eigentums an der Sache nicht nachgekommen ist oder daß an der Sache ein Recht eines Dritten besteht oder ein Dritter ein solches Recht beansprucht.

Art. 53 sichert den Vorrang des Art. 52 vor konkurrierenden nationalen Rechten, **444**
die nach international-privatrechtlichen Grundsätzen maßgeblich sein könnten. Aus
dem Bereich des BGB ist an § 119 Abs. 2 sowie an die Haftung wegen c. i. c. zu denken.
Ebenso wie Art. 34 greift Art. 53 nicht ein, wenn der Verkäufer dolos gehandelt hat
(zweifelnd *Dölle/Neumayer* Art. 53 EKG 4), so daß der Käufer auf diese Weise auch
unvorhersehbare Schäden liquidieren kann.

Abschnitt IV
Sonstige Pflichten des Verkäufers
Artikel 54 EKG

(1) Hat der Verkäufer die Sache zu versenden, so hat er zu den üblichen Bedingungen, und indem er die üblichen Beförderungsmittel wählt, die zur Beförderung der Sache an den vereinbarten Ort erforderlichen Verträge zu schließen.

(2) Ist der Verkäufer nicht selbst zum Abschluß einer Transportversicherung verpflichtet, so hat er dem Käufer auf dessen Verlangen alle zum Abschluß einer solchen Versicherung notwendigen Auskünfte zu geben.

Art. 54 stellt die Konkretisierung des allgemeinen Grundsatzes von Treu und Glau- **445**
ben dar. Gegenüber Vereinbarungen (Art. 3) und Gebräuchen (Art. 9) ist er subsidiär.
Zu den Handelsklauseln s. Rdn. 168.

Art. 54 betrifft den Versendungskauf (Art. 19 Abs. 2). Bei Bringschulden spielt
Art. 54 hingegen keine Rolle, weil der Verkäufer hier in einem sehr viel weiteren Rahmen für die Ankunft der Ware einzustehen hat. Die dem Verkäufer in Art. 54 Abs. 1
auferlegten Pflichten entsprechen den Pflichten nach BGB. Verletzung der Pflicht:
Art. 55.

Sofern der Verkäufer nicht nach Vertrag oder Gebräuchen oder Treu und Glauben
zur **Versicherung** der Ware verpflichtet ist, hat er gemäß Art. 54 Abs. 2 nur die notwendigen Auskünfte zu geben. Verletzung der Pflicht: Art. 55.

Artikel 55 EKG

(1) Erfüllt der Verkäufer andere als die ihm nach den Artikeln 20 bis 53 obliegenden Pflichten nicht, so kann der Käufer:

---
[187] *Dölle/Neumayer* Art. 52 EKG 20, 22; *Schultze-v. Lasaulx* S. 85.

a) wenn die Nichterfüllung eine wesentliche Vertragsverletzung darstellt, die Aufhebung des Vertrages erklären, sofern dies innerhalb kurzer Frist geschieht, und Schadenersatz nach den Artikeln 84 bis 87 verlangen;
b) in den anderen Fällen Schadenersatz nach Artikel 82 verlangen.

(2) Der Käufer kann, außer wenn der Vertrag aufgehoben ist, von dem Verkäufer auch die Erfüllung seiner Pflichten verlangen.

446 Art. 55 ist **Auffangtatbestand** für diejenigen Vertragsverletzungen, die weder in die Kategorie der Nicht-Lieferung (Varianten: Unmöglichkeit der Lieferung, Vereitelung der Lieferung), der verspäteten Lieferung, der Lieferung am falschen Ort fallen, noch Vertragsverletzungen in Hinblick auf Quantität, Qualität (Art. 33), Rechtsmängelfreiheit der Ware (Art. 52) oder in Hinblick auf Urkunden (Artt. 50 f) betreffen. Art. 55 bezieht sich mithin in erster Linie auf die Pflicht zur Versendungsanzeige (Art. 19 Abs. 3), Pflicht zum Transport (Art. 54 Abs. 1) und zur Auskunft (Art. 54 Abs. 2) sowie zur Obhut (Artt. 91, 95). Daneben ist Art. 55 auf atypische Verpflichtungen zugeschnitten, die im Rahmen des Kaufvertrages vereinbart wurden, z. B. Montage-, Beratungs-, Vertriebsbindungspflichten [188].

447 Verletzt der Verkäufer eine der von Art. 55 erfaßten Pflichten, so hat der Käufer — soweit möglich — das Recht, **Erfüllung** zu verlangen (Art. 55 Abs. 2). Daneben kann er unter dem Vorbehalt des Art. 74 Abs. 1 **Schadensersatz** fordern (Artt. 82 ff). Dort, wo die Nichterfüllung einer Pflicht im Sinne des Art. 55 eine wesentliche (Art. 10) Vertragsverletzung zur Folge hatte, kann der Käufer binnen kurzer Frist (Art. 11) die **Aufhebung** des Vertrages erklären. Zur Aufhebungserklärung und ihren Folgen Art. 26 Rdn. 369. Die Aufhebung des Vertrages läßt den Schadensersatzanspruch (Artt. 74, 84 ff) unberührt. Zur Nachfrist bei wesentlichen Vertragsverletzungen Art. 75 Rdn. 554. Bei **unwesentlichen Vertragsverletzungen** kann der Käufer nur Erfüllung und/oder Schadensersatz fordern. Hat der Käufer eine Nachfrist gesetzt, so ist Art. 27 Abs. 2 S. 2 nicht analog anzuwenden, sondern es ist anhand von Art. 10 konkret zu prüfen, ob die Vertragsverletzung infolge des fruchtlosen Verstreichens der Nachfrist zur Erfüllung wesentlich geworden ist (a. A. *Schultze-v. Lasaulx* S. 64 ff).

Kapitel IV
Pflichten des Käufers
Artikel 56 EKG

Der Käufer ist nach Maßgabe des Vertrages und dieses Gesetzes verpflichtet, den Kaufpreis zu zahlen und die Sache abzunehmen.

448 Art. 56 gibt unter dem selbstverständlichen Vorrang vertraglicher Abreden (Art. 3) und Gebräuche (Art. 9) einen Überblick über die Hauptpflichten des Käufers. In dieser Funktion entspricht er Art. 18. Die in Art. 56 genannte Pflicht „Zahlung" wird in den Artt. 57—64, 69, die Pflicht „Abnahme" in den Artt. 65 ff konkretisiert. Weitere Käuferpflichten regeln z. B. die Artt. 67 ff (Spezifikation), Art. 92 (Obhut).

---

[188] *Mertens/Rehbinder* Art. 55 EKG 3; *Dölle/Huber* Art. 55 EKG 4; **a. A.** *Beß* Die Haftung des Verkäufers für Sachmängel und Falschlieferung im Einheitlichen Kaufgesetz im Vergleich mit dem englischen und deutschen Recht (1971) S. 144.

Abschnitt I
Zahlung des Preises
A. Festsetzung des Preises
Artikel 57 EKG

Wird ein Kaufvertrag geschlossen, der den Preis weder selbst bestimmt noch für dessen Bestimmung Vorsorge trifft, so hat der Käufer den Preis zu zahlen, den der Verkäufer im Zeitpunkt des Vertragsabschlusses gewöhnlich gefordert hat.

Art. 57 stellt eine Auffangvorschrift dar, die dort eingreift, wo sich der Preis weder **449** aus ausdrücklichen noch aus konkludenten Parteiabreden ergibt bzw. ermitteln läßt (Preis ist bestimmbar), noch anhand von Gebräuchen (Art. 9) bestimmbar ist.

Voraussetzung für die Anwendbarkeit des Art. 57 ist, daß der Kaufvertrag zustande- **500** gekommen ist, d. h., daß sich die Parteien darüber einig wurden, daß der Verkäufer die Ware zu liefern hat und der Käufer ein Entgelt zu zahlen hat. Der Preis darf nicht noch Verhandlungsgegenstand geblieben sein (anders in der Tendenz die Rechtsprechung des BGH, der die bereicherungsrechtliche Abwicklung zurückzudrängen sucht). Ein **gewöhnlich** geforderter Preis ist nur beim Kauf vertretbarer Güter vorstellbar. Er wird sich in aller Regel aus den Preislisten ergeben. Dort, wo auf die Listenpreise Rabatte gewährt werden oder keine Listenpreise existieren, sind die Durchschnittspreise heranzuziehen. Auf die Preise anderer Verkäufer kommt es nicht an. Der Käufer kann sich daher — vorbehaltlich des § 138 Abs. 1 BGB oder einer anderen einschlägigen nationalen Gültigkeitsnorm — nicht darauf berufen, daß die Preise des Verkäufers überhöht seien. Maßgeblich ist der **Zeitpunkt** des Vertragsschlusses, d. h. der Zeitpunkt, in dem sich der Verkäufer bindend verpflichtet hat, die Ware zu liefern.

Kann kein gewöhnlicher Preis ermittelt werden, so tritt an seine Stelle, wie sich aus **501** den Gesetzesmaterialien klar ergibt, nicht ein angemessener Preis (*v. Caemmerer* Vertragspflichten und Vertragsgültigkeit im international Einheitlichen Kaufrecht, Festschrift Beitzke (1979) S. 35, 37). Vielmehr ist der Kaufvertrag **unwirksam**. Die Beweislast für die Wirksamkeit des Kaufvertrages trifft denjenigen, der sich darauf beruft. Die Höhe des gewöhnlichen Kaufpreises hat der Verkäufer zu beweisen.

Das EKG behandelt nicht die Frage, in welcher **Währung** der Kaufpreis zu zahlen **502** ist. Die Frage wird regelmäßig durch Parteiabreden geklärt oder durch Gebräuche (Art. 9) beantwortet. Im Zweifel ist der Vertrag dahin auszulegen, daß in der Währung des Zahlungsortes zu zahlen ist (OLG Karlsruhe OLGZ **1978** 338, 340). Wurde ein Preis in fremder Währung verabredet, so ist der Käufer im Zweifel doch berechtigt, den Preis in der Währung des Zahlungsortes zu begleichen. Es gilt dann der Briefkurs des Zahlungs-, nicht des Fälligkeitstages (OLG Karlsruhe OLGZ **1978** 338, 340 f). **Devisenrechtliche** Vorschriften werden durch das EKG nicht berührt.

Artikel 58 EKG

Ist der Preis nach dem Gewicht der Sache festgesetzt, so bestimmt er sich im Zweifel nach dem Nettogewicht.

Art. 58 gilt subsidiär zum Vertrag (Art. 3) und den Gebräuchen (Art. 9). Er ent- **503** spricht § 380 Abs. 1 HGB.

B. Ort und Zeit der Zahlung
Artikel 59 EKG

(1) *Der Käufer hat dem Verkäufer den Preis an dessen Niederlassung oder in Ermangelung einer Niederlassung an dessen gewöhnlichen Aufenthaltsort zu zahlen; ist die Zahlung gegen Aus-*

händigung der Sache oder von Urkunden zu leisten, so ist sie an dem Ort zu bewirken, an dem diese Aushändigung vorgenommen wird.

(2) Erhöhen sich die Kosten der Zahlung infolge eines Wechsels der Niederlassung oder des gewöhnlichen Aufenthalts des Verkäufers nach dem Vertragsabschluß, so hat der Verkäufer die Mehrkosten zu tragen.

504 Art. 59 bestimmt den Zahlungsort. Vertragliche Abreden (Art. 3) und Gebräuche am Zahlungsort im Sinne des Art. 59 genießen den Vorrang (Art. 9). Gleiches gilt für Gepflogenheiten unter den Parteien (Art. 9). Die Pflicht zur Kaufpreiszahlung ist **im Zweifel Bringschuld** (Art. 59 Abs. 1, 1. Alt.; *Schlechtriem* IPRax. **1981** 113, 115). Da die Pflicht zur Lieferung im Zweifel Holschuld ist (Art. 23 Abs. 1), wird auf diese Weise sichergestellt, daß Zug um Zug-Erfüllung möglich ist. Gleiches gilt für Art. 59 Abs. 1, 2. Alt. bei „Kassa gegen Dokumente".

505 Dem EKG läßt sich nicht unmittelbar entnehmen, was das Gesetz unter **Zahlung** versteht. Die Entstehungsgeschichte zeigt, daß unter diesen Begriff nur die Leistung von **Bargeld** in der geschuldeten staatlichen Währung fällt. **Bargeldlose** Zahlung stellt keine Zahlung im Sinne des Art. 59 dar, doch wird sie regelmäßig kraft Vereinbarung oder aufgrund von Gebräuchen am Zahlungsort (Art. 9) die Bargeldzahlung ersetzen dürfen. Art. 59 ist dann auf die bargeldlose Zahlung analog anzuwenden. **Zahlungsort** ist grundsätzlich die Niederlassung, hilfsweise der gewöhnliche Aufenthaltsort des Verkäufers. Daraus folgt, daß der Käufer die Gefahr trägt, daß das Geld auf dem Transport (vor Gutschrift), der Scheck vor Aushändigung an den Verkäufer bzw. bei der Bank des Käufers verlorengeht. Der Käufer trägt auch die Verzögerungsgefahr. Er hat somit unter der Voraussetzung des Art. 74 Abs. 1 den Verspätungsschaden zu ersetzen. Die von ihm eingeschalteten Banken, Post und dgl. fallen in seine Risikosphäre. **Ändert** der Verkäufer seine **Niederlassung** bzw. seinen Aufenthaltsort, so darf der Käufer gemäß Art. 59 Abs. 2 die Mehrkosten auf den Verkäufer abwälzen, d. h. sie vom Kaufpreis abziehen. Das Transport- und Verzögerungsrisiko bleibt aber beim Käufer, weil die Risikoerhöhung und ihre Auswirkungen nur schwer feststellbar sind.

506 Art. 59 Abs. 1,2. HS betrifft den **Versendungskauf** und den Fernkauf in Form einer Lieferung am Bestimmungsort (**Bringschuld**), bei dem Zug um Zug zu leisten ist. Bei der Bringschuld ist am Bestimmungsort zu zahlen; denn es kommt auf die Aushändigung der Ware an den Käufer an. Beim normalen Versendungskauf ergibt sich der Zahlungsort und zugleich der Erfüllungsort im Sinne der gerichtlichen Zuständigkeit aus Art. 59 Abs. 1, 1. HS[189]. Haben die Parteien „Kasse gegen Dokumente" vereinbart, so ist Zahlungsort derjenige Ort, an dem nach Vertrag und Gebräuchen die Dokumente auszuhändigen sind (Art. 50). Dies kann die Niederlassung des Käufers oder die einer Bank sein.

Artikel 60 EKG

Haben die Parteien den Zeitpunkt der Zahlung festgesetzt oder ergibt er sich aus den Gebräuchen, so ist der Käufer, ohne daß es irgendeiner Förmlichkeit bedarf, verpflichtet, den Preis in diesem Zeitpunkt zu zahlen.

507 Der Zahlungszeitpunkt ist primär dem Vertrag (zu Handelsklauseln Rdn. 168) und sekundär den Gebräuchen (Art. 9) zu entnehmen. Art. 60 sagt darüber hinaus etwas für das deutsche Recht Selbstverständliches aus: eine Mahnung ist nicht erforderlich. Soweit sich der Zahlungszeitpunkt weder aus dem Vertrag noch aus den Gebräuchen ab-

---

[189] BGH WM **1979** 764, 765; OLG Hamm RIW **1980** 662, 663.

lesen läßt, ist gemäß Artt. 71, 72 Zug um Zug, gegebenenfalls nach Untersuchung der Ware, zu leisten.

C. Rechtsfolgen der Nichtzahlung
Artikel 61 EKG

(1) Zahlt der Käufer den Preis nicht gemäß den im Vertrag und in diesem Gesetz festgesetzten Bedingungen, so kann der Verkäufer von ihm die Erfüllung dieser Pflicht verlangen.

(2) Der Verkäufer kann vom Käufer die Zahlung des Preises nicht verlangen, wenn ein Deckungsverkauf den Gebräuchen entspricht und in angemessener Weise möglich ist. In diesem Fall ist der Vertrag kraft Gesetzes in dem Zeitpunkt aufgehoben, in dem der Deckungsverkauf vorzunehmen ist.

Art. 61 statuiert aus deutscher Sicht die Selbstverständlichkeit, daß der Verkäufer **508** grundsätzlich Zahlung verlangen kann, solange er will. Es kann ihm auch nicht als Mitverschulden angerechnet werden, daß er nicht zu einem Deckungsverkauf geschritten ist und nur noch Schadensersatz verlangt. **Ausnahme:** Art. 61 Abs. 2. Art. 61 Abs. 2 ist das Spiegelbild des Art. 25. Wegen Einzelheiten kann daher auf die Kommentierung des Art. 25 verwiesen werden. Der Käufer hat im Prozeß darzulegen und zu beweisen, daß er wegen Aufhebung des Vertrages gemäß Art. 61 Abs. 2 S. 2 nicht mehr Kaufpreiszahlung schuldet.

Devisen- und **Währungsvorschriften** werden durch das EKG nicht berührt. Ist nach **509** dem Recht des Zahlungsortes die Erfüllung verboten, so hängen die Rechte des Verkäufers davon ab, ob die Nichtzahlung als wesentliche (Art. 10) oder unwesentliche Vertragsverletzung zu qualifizieren ist (Art. 62).

Artikel 62 EKG

(1) Stellt es eine wesentliche Vertragsverletzung dar, daß der Preis nicht in dem festgesetzten Zeitpunkt gezahlt worden ist, so kann der Verkäufer entweder von dem Käufer die Zahlung des Preises verlangen oder die Aufhebung des Vertrages erklären. Er hat dem Käufer innerhalb angemessener Frist seine Entscheidung bekanntzugeben; andernfalls ist der Vertrag kraft Gesetzes aufgehoben.

(2) Stellt es keine wesentliche Vertragsverletzung dar, daß der Preis nicht in dem festgesetzten Zeitpunkt gezahlt worden ist, so kann der Verkäufer dem Käufer eine Nachfrist von angemessener Dauer gewähren. Zahlt der Käufer den Preis bis zum Ablauf der Nachfrist nicht, so kann der Verkäufer nach seiner Wahl die Zahlung des Preises verlangen oder innerhalb kurzer Frist die Aufhebung des Vertrages erklären.

Art. 62 will den Käufer bei Nichtzahlung genauso stellen wie den Verkäufer bei **510** Nichtlieferung (Artt. 26, 27). Der Verkäufer erhält — bei unwesentlichen Vertragsverletzungen erst nach Ablauf einer Nachfrist — das Recht, die Aufhebung des Vertrages zu wählen.

Art. 62 Abs. 1 statuiert die Möglichkeit zu **sofortiger Aufhebung** des Vertrages. **511** Voraussetzung ist, daß die Nichtzahlung eine **wesentliche Vertragsverletzung** im Sinne des Art. 10 darstellt. Art. 79 Abs. 1 ist unanwendbar. Jenseits der von Art. 61 Abs. 2 erfaßten Fällen wird eine Nichtzahlung nur sehr selten als wesentliche Vertragsverletzung zu qualifizieren sein (*Piltz* IPRax 1983 215, 217), da Geld leicht anderweit beschafft werden kann (a. A. in der Tendenz *Hellner* The UN-Convention on International Sales of Goods, an outsiders view, Festschrift Riesenfeld (1983) S. 71, 92). Beispiele für wesentliche Vertragsverletzungen: Ausbleiben der Anzahlung, wenn die Solvenz des Käufers fragwürdig und von der Anzahlung die Liefervorbereitungen abhängen, die nur schwer verschoben werden können; wegen drohender devisenrechtlicher Änderungen muß die Zahlung termingerecht erfolgen; die bloße Vereinbarung „Kasse gegen Dokumente" genügt nicht; ebensowenig die bloße Zahlungsverweigerung[190]. Der Verkäufer kann die Aufhebung des Vertrages auch dann noch erklären, wenn der Käufer zwischenzeitlich gezahlt hat (Art. 26 Abs. 3 analog), dann aber nur binnen kurzer Frist. Die Aufhebung ist auch dann noch möglich, wenn der Verkäufer bereits geliefert hat. Entgegen *Dölle/v. Caemmerer* (Art. 62 EKG 19) ist es durchaus möglich, daß auch bei Vorleistung des Verkäufers die Nichtzahlung eine wesentliche Vertragsverletzung darstellt, so z. B. bei drohenden Gesetzesänderungen. Im übrigen muß sich der Verkäufer immer binnen angemessener Frist äußern, sonst ist der Vertrag nach Ablauf dieser Frist kraft Gesetzes aufgehoben (Art. 62 Abs. 1 S. 2). Zur Form der Aufhebungserklärung Art. 26 Rdn. 369. Zur Nachfrist bei wesentlichen Vertragsverletzungen Art. 75 Rdn. 554. **Ist der Vertrag wirksam aufgehoben,** so erlöschen die Erfüllungspflichten. Der Verkäufer kann Schadensersatz verlangen (Art. 63).

Erfüllung kann der Verkäufer bei wesentlichen Vertragsverletzungen nur binnen angemessener Frist wählen. Entscheidet er sich für Erfüllung und zahlt der Käufer auch dann nicht, so ist Art. 26 Abs. 4 analog anzuwenden (h. M., **a. A.** *Dölle/v. Caemmerer* Art. 62 EKG 11).

512 Art. 62 Abs. 2 regelt die Fälle, in denen die **Nichtzahlung** nicht als im Sinne des Art. 10 **„wesentlich"** zu qualifizieren ist. Hier steht dem Verkäufer neben dem Recht aus Art. 61 Abs. 1 das Recht zu, dem Käufer eine **Nachfrist** zu setzen (s. hierzu die Parallelvorschrift Art. 27). Nach Ablauf der Nachfrist behandelt das EKG die Vertragsverletzung nicht als wesentlich im Sinne des Art. 62 Abs. 1, sondern eröffnet dem Verkäufer ein Wahlrecht: Die **Aufhebung** (zur Form, Art. 26 Rdn. 369) muß er binnen kurzer Frist (Art. 11) erklären. Wählt der Verkäufer **Erfüllung,** so darf der Verkäufer erneut eine Nachfrist setzen (*Dölle/v. Caemmerer* Art. 62 EKG 14). Er kann auch unter Berufung darauf, daß der Käufer nicht binnen angemessener Frist gezahlt hat, den Vertrag aufheben (Art. 26 Abs. 4 analog; zweifelnd *Dölle/v. Caemmerer* Art. 62 EKG 14). Allerdings setzt dies voraus, daß der Verkäufer nach Ablauf der ersten Nachfrist nochmals, wenn auch unbefristet Erfüllung gefordert hatte.

513 Bei **Teilzahlungen** kann Art. 45 nicht analog herangezogen werden. Bei teilbaren Leistungen wird man den Verkäufer aber für berechtigt ansehen müssen, den Vertrag nur entsprechend den ausstehenden Zahlungen aufzuheben. Fehlt lediglich ein unerheblicher Betrag, so ist die Aufhebung rechtsmißbräuchlich.

Artikel 63 EKG

(1) Wird der Vertrag wegen Nichtzahlung des Preises aufgehoben, so ist der Verkäufer berechtigt, Schadensersatz nach den Artikeln 84 bis 87 zu verlangen.

(2) Wird der Vertrag nicht aufgehoben, so ist der Verkäufer berechtigt, Schadensersatz nach den Artikeln 82 und 83 zu verlangen.

514 Art. 63 stellt klar, daß der Verkäufer unabhängig davon, ob der Vertrag aufgehoben wurde oder nicht, seinen Schaden immer nach Maßgabe der Artt. 82 ff liquidieren darf. Voraussetzung ist allerdings, daß der Käufer die Nichtzahlung zu vertreten hat (Art. 74 Abs. 1).

---

[190] OLG Hamm IPRax. **1983** 231; *Piltz* IPRax. **1983** 215, 217; **a. A.** *Mertens/Rehbinder* Art. 62 EKG 4.

Artikel 64 EKG

In keinem Fall kann der Käufer verlangen, daß ihm ein Gericht oder ein Schiedsgericht für die Zahlung des Preises eine zusätzliche Frist bewilligt.

Art. 64 stellt die Parallele zu Art. 24 Abs. 3 dar. **515**

Abschnitt II
Abnahme
Artikel 65 EKG

Die Abnahme besteht darin, daß der Käufer alle erforderlichen Handlungen vornimmt, um dem Verkäufer die Aushändigung der Sache zu ermöglichen, und daß er die Sache an sich nimmt.

Art. 65 konkretisiert die in Art. 56 genannte Abnahmepflicht, die — unter dem Vor- **516** behalt abweichender Gebräuche (Art. 9) und vertraglicher Abreden — eine echte Pflicht darstellt. Sie ist Gegenstück zur Lieferpflicht des Verkäufers im Sinne des Art. 19. Abruf der Ware und Spezifikation werden in Art. 67 besonders geregelt.

Der Käufer hat zunächst **alle erforderlichen Handlungen** vorzunehmen, um dem **517** Verkäufer die Aushändigung der Sache zu ermöglichen. Entgegen dem Wortlaut des Art. 65 sind nicht alle objektiv erforderlichen Handlungen geschuldet, sondern nur solche Handlungen, zu denen der Käufer nach Vertrag, Gebräuchen (Art. 9) oder nach Treu und Glauben verpflichtet ist. Beispiele: Gestellung von Säcken, Containern, Benennung des Schiffes beim fob-Kauf (Rdn. 126). Der Käufer hat außerdem die Ware, die ihm unmittelbar zur Aushändigung angeboten wird, zu übernehmen. Er hat sie auch in **Gewahrsam zu nehmen,** wenn sie bereits im Sinne des Art. 19 ausgehändigt worden war. Beispiel: Ankunft der Ware beim Versendungskauf. **Rechtsfolge** der Verletzung der Abnahmepflicht: Art. 66.

Art. 65 ist vorbehaltlich abweichender Gebräuche (Art. 9) und Vertragsabreden auf das **Dokumentengeschäft** analog anzuwenden.

Artikel 66 EKG

(1) Stellt die Nichterfüllung der Pflicht des Käufers, die Sache unter den im Vertrag festgesetzten Bedingungen abzunehmen, eine wesentliche Vertragsverletzung dar oder gibt sie dem Verkäufer berechtigten Anlaß zu der Befürchtung, daß der Preis nicht gezahlt werden wird, so kann der Verkäufer die Aufhebung des Vertrages erklären.

(2) Stellt es keine wesentliche Vertragsverletzung dar, daß die Sache nicht abgenommen worden ist, so kann der Verkäufer dem Käufer eine Nachfrist von angemessener Dauer setzen. Hat der Käufer bis zum Ablauf der Nachfrist die Sache nicht abgenommen, so kann der Verkäufer innerhalb kurzer Frist die Aufhebung des Vertrages erklären.

Art. 66 harmonisiert die Rechtsfolgen der Abnahmepflichtverletzung mit denen der **518** Nichtzahlung. Anders als die Art. 61 Abs. 1, Art. 62 sieht das EKG bei der Abnahme nicht vor, daß der Verkäufer **Erfüllung** verlangen, d. h. daß er auf Abnahme klagen kann. Der Verkäufer, der trotz der Nichtabnahme am Kaufvertrag festhalten will, darf lediglich Ersatz der Mehrkosten fordern (Art. 91), die Ware einlagern (Art. 93) und zum Selbsthilfeverkauf schreiten (Artt. 94 f). Daneben kann er unter der Voraussetzung des Art. 74 Abs. 1 **Schadensersatz** verlangen (Art. 68 Abs. 2, Artt. 82 ff). Allerdings kann im Vertrag die Abnahmepflicht einklagbar gemacht werden (Art. 3). Die Abnahme ist ferner für den Gefahrübergang (Art. 98) von Bedeutung.

Art. 66 eröffnet dem Verkäufer ein **Aufhebungsrecht** in drei Fallgruppen. Voraus- **519** setzung ist immer, daß der Verkäufer die Ware vertragsgemäß angedient hat.

(1) **Art. 66 Abs. 1:** Von einer im Sinne des Art. 10 **wesentlichen Vertragsverletzung** wird man nur sprechen können, wenn die Abnahme im Lichte des BGB als Hauptpflicht zu charakterisieren gewesen wäre (*Kronke* RIW **1981** 266 m. Nachw.).

(2) Der wesentlichen Verletzung der Abnahmepflicht wird eine drohende Verletzung der Zahlungspflicht gleichgestellt: Die Nichtabnahme gibt **Anlaß zu Besorgnis** der Zahlungsverweigerung. Diese Besorgnis muß gerade wegen der Nichtabnahme, nicht aus anderen Gründen entstanden sein. Die Nichtabnahme muß den Schluß auf die mangelnde Zahlungsbereitschaft zulassen, darf also aus der Sicht des Verkäufers nicht durch andere Gründe plausibel erklärbar sein. Liegen diese Voraussetzungen vor, so kann der Verkäufer ebenfalls die Aufhebung des Vertrages erklären (vgl. *Magnus* S. 105, 115). Die Erklärung ist anders als im Fall des Art. 62 nicht an eine Frist gebunden, weil ihr Beginn dort, wo eine Zahlungsverweigerung zu befürchten ist, schlecht definierbar ist und man dem Verkäufer ausreichende Überlegungsfrist einräumen wollte. Eine Analogie zu Art. 26 Abs. 1 scheidet aus (**a. A.** *Leser* S. 9 ff, 11).

(3) War die Verletzung der Abnahmepflicht **nicht wesentlich** im Sinne des Art. 10, so kann der Verkäufer eine angemessene Nachfrist (s. Art. 27 Rdn. 371) setzen. Nach deren fruchtlosem Ablauf darf er den Vertrag innerhalb kurzer Frist (Art. 11) aufheben. Die Nachfrist kann abermals gesetzt werden, wenn der Verkäufer nach Ablauf der ersten Nachfrist die Aufhebung nicht binnen kurzer Frist erklärt hatte (**a. A.** *Schultze-von Lasaulx* S. 73).

Zur Form und Folge der Vertragsaufhebung Art. 26 Rdn. 369. Hat der Verkäufer den Vertrag aufgehoben, so kann er unter der Voraussetzung des Art. 74 Abs. 1 zusätzlich Schadensersatz nach Maßgabe der Artt. 84 ff geltend machen (Art. 68). Außerdem stehen ihm unter Umständen Ansprüche gemäß Artt. 91 ff zu.

Artikel 67 EKG

(1) Behält der Vertrag dem Käufer das Recht vor, die Form, die Maße oder andere Merkmale der Sache später zu bestimmen (Spezifikationskauf), und nimmt der Käufer die Spezifizierung in dem ausdrücklich oder stillschweigend vereinbarten Zeitpunkt oder bis zum Ablauf einer angemessenen Frist nach Aufforderung durch den Verkäufer nicht vor, so kann dieser entweder innerhalb kurzer Frist die Aufhebung des Vertrages erklären oder selbst die Spezifizierung nach den Bedürfnissen des Käufers, soweit ihm diese bekannt sind, vornehmen.

(2) Nimmt der Verkäufer die Spezifizierung selbst vor, so hat er dem Käufer die von ihm getroffene Bestimmung im einzelnen mitzuteilen und ihm eine angemessene Frist für eine abweichende Spezifizierung zu setzen. Macht der Käufer von dieser Möglichkeit keinen Gebrauch, so ist die von dem Verkäufer vorgenommene Spezifizierung verbindlich.

520 Art. 67 hat zum einen die Funktion zu zeigen, daß auch Kaufverträge gültig sind, die das Kaufobjekt oder die gekaufte Gattung nicht objektiv bestimmbar bezeichnen. Zum anderen wird dem Verkäufer ein Bestimmungsrecht zugebilligt, um ihn auf diese Weise vor dem Einwand des Käufers zu bewahren, daß man den Schaden nicht berechnen könne, solange nicht spezifiziert sei.

521 Art. 67 spricht davon, daß sich der Käufer das Recht vorbehalten habe, die Form, die Maße oder **andere Merkmale** zu bestimmen. Unter „anderen Merkmalen" sind qualitäts- und quantitätsbezogene Kriterien zu verstehen. In Hinblick auf das Recht, den Lieferzeitpunkt zu bestimmen, ist Art. 67 nicht analog anwendbar (*Dölle/v. Caemmerer* Art. 70 EKG 3, 4). Hat der Käufer die Spezifikation objektiv, ohne Rücksicht auf mangelndes Verschulden **nicht rechtzeitig** vorgenommen, so wird dem Verkäufer ein **Wahlrecht** eröffnet: Der Verkäufer kann zum einen die **Aufhebung** des Vertrages erklären. Frist: Art. 11. Form und Folgen Art. 26 Rdn. 369. Außerdem kann der Verkäufer **Scha-**

densersatz fordern (Art. 68 Abs. 1). Zum anderen kann der Verkäufer die **Spezifikation** in der in Art. 67 Abs. 1 und Abs. 2 S. 1 bezeichneten Weise **selbst** vornehmen. Die Erklärung ist empfangsbedürftig (*Noussias* S. 129). Spezifiziert daraufhin der Käufer nicht innerhalb angemessener Frist, so schuldet der Käufer Abnahme und Bezahlung der vom Verkäufer spezifizierten Ware (Art. 56). Der Verkäufer darf wegen der Verzögerung der Spezifizierung zusätzlich nach Maßgabe des Art. 68 Abs. 2 Schadensersatz einklagen.

Artikel 68 EKG

(1) Wird der Vertrag wegen Nichterfüllung der Pflicht zur Abnahme oder zur Spezifizierung aufgehoben, so ist der Verkäufer berechtigt, Schadenersatz nach den Artikeln 84 bis 87 zu verlangen.

(2) Wird der Vertrag nicht aufgehoben, so ist der Verkäufer berechtigt, Schadenersatz nach Artikel 82 zu verlangen.

Art. 68 stellt eine Parallelvorschrift zu den Artt. 63 und 70 dar. Der Schadensersatzanspruch steht unter dem Vorbehalt des Art 74 Abs. 1. **522**

Abschnitt III
Sonstige Pflichten des Käufers
Artikel 69 EKG

Der Käufer hat die nach dem Vertrag, den Gebräuchen oder den geltenden Rechtsvorschriften erforderlichen Maßnahmen zur Vorbereitung oder Sicherung der Zahlung des Preises zu treffen, wie etwa einen Wechsel anzunehmen, ein Dokumenten-Akkreditiv zu eröffnen oder eine bankmäßige Sicherheit zu stellen.

Art. 69 hat keinen selbständigen Regelungsgehalt; denn er verweist auf Vertrag, Gebräuche (Art. 9) und geltendes Recht. Unter den geltenden Rechtsvorschriften ist nicht nur das nach IPR maßgebliche Währungsrecht zu verstehen, sondern auch die Devisen-, Transfer- und Clearingvorschriften, die faktisch bei der Zahlung beachtet werden müssen[191]. Soweit sich die **Rechtsfolgen** einer Pflichtverletzung nicht aus dem Vertrag oder den Gebräuchen ergeben, sind sie Art. 70 zu entnehmen. **523**

Artikel 70 EKG

(1) Erfüllt der Käufer andere als die ihm nach den Abschnitten I und II dieses Kapitels obliegenden Pflichten nicht, so kann der Verkäufer,
a) wenn die Nichterfüllung eine wesentliche Vertragsverletzung darstellt, die Aufhebung des Vertrages erklären, sofern dies innerhalb kurzer Frist geschieht, und Schadenersatz nach den Artikeln 84 bis 87 verlangen;
b) in den anderen Fällen Schadenersatz nach Artikel 82 verlangen.

(2) Der Verkäufer kann, außer wenn der Vertrag aufgehoben ist, von dem Käufer auch die Erfüllung seiner Pflichten verlangen.

Art. 70 entspricht Art. 55. Er sanktioniert die in Art. 69 geregelten Pflichten sowie sonstige sich aus dem Vertrag, den Gebräuchen (Art. 9) oder ungeschriebenen Grundsätzen des EKG, wie dem Prinzip loyaler Zusammenarbeit sowie angemessenen Vorgehens, ergebende Pflichten. Zu den Rechtsfolgen Art. 55. **524**

---

[191] *Dölle/v. Caemmerer* Art. 69 EKG 3; a. A. *Mertens/Rehbinder* Art. 69 EKG 3.

Kapitel V
Gemeinsame Bestimmungen für die Pflichten des Verkäufers und des Käufers

Abschnitt I
Lieferung der Sache und Zahlung des Preises Zug um Zug
Artikel 71 EKG

Vorbehaltlich des Artikels 72 haben die Zahlung des Preises und die Lieferung der Sache Zug um Zug zu erfolgen. Der Käufer ist jedoch nicht verpflichtet, den Preis zu zahlen, ehe er Gelegenheit gehabt hat, die Sache zu untersuchen.

525 Art. 71 betrifft den Platzkauf (**Holschuld**) und den Fernkauf (**Bringschuld**), nicht aber den eigentlichen Versendungskauf (Art. 72). Art. 71 ist von geringer Bedeutung; denn in aller Regel wird sich aus dem Vertrag (zu den Handelsklauseln Rdn. 168) oder den Gebräuchen (Art. 9) Abweichendes ergeben. Sofern Art. 71 anzuwenden ist, ist er **von Amts wegen** zu beachten. Er verdrängt andere Zurückbehaltungsrechte nationalen Kaufrechts, die darauf basieren, daß Pflichten aus dem Kaufvertrag noch nicht erfüllt wurden (z. B. § 273 BGB, § 369 HGB).

526 **Zug um Zug** im Sinne des Art. 71 heißt nicht, daß die Leistung solange nicht fällig ist, als nicht eine der Parteien freiwillig mit der Leistung beginnt. Vielmehr hat jede Partei ihre Pflicht zu erfüllen und kann sich lediglich im Weg der Einwendung darauf berufen, daß sie nicht zu erfüllen hat, solange der andere Teil nicht seinerseits tätig geworden ist. Beim **Platzkauf** bedeutet das, daß der Verkäufer, sofern der Abholtermin nicht fixiert ist, die Ware anzudienen hat. Daraufhin hat der Käufer zur Untersuchung und Abholung der Ware zum Verkäufer zu kommen. Der Verkäufer hat angemessene Untersuchungsmöglichkeiten zu gewähren. Erst danach muß der Käufer Bezahlung und Abholung anbieten und der Verkäufer Handlungen zur Aushändigung der Ware vornehmen. Beim **Fernkauf** hat ebenfalls zunächst der Verkäufer die Ware anzudienen und (konkludent) die Untersuchung anzubieten. Dem Käufer muß eine angemessene Gelegenheit zur **Untersuchung** der Ware geboten werden.

527 Eine **Verletzung der Pflicht**, Zug um Zug zu leisten, läßt die Zahlungs- bzw. Lieferpflicht des anderen Teils nicht fällig werden. Eine „Zug um Zug"-Verurteilung gibt es nach EKG nicht.

Artikel 72 EKG

(1) Ist nach dem Vertrag eine Beförderung der Sache erforderlich und wird die Lieferung der Sache nach Artikel 19 Abs. 2 durch die Aushändigung der Sache an den Beförderer bewirkt, so kann der Verkäufer die Absendung bis zur Zahlung des Preises aufschieben oder die Absendung in der Weise veranlassen, daß er während der Beförderung zur Verfügung über die Sache berechtigt bleibt. In dem zuletzt genannten Fall kann er verlangen, daß die Sache dem Käufer am Bestimmungsort nur gegen Zahlung des Preises ausgehändigt wird; der Käufer ist nicht verpflichtet, den Preis zu zahlen, ehe er Gelegenheit gehabt hat, die Sache zu untersuchen.

(2) Ist jedoch nach dem Vertrag Zahlung gegen Dokumente zu leisten, so ist der Käufer nicht berechtigt, die Zahlung des Preises mit der Begründung zu verweigern, er habe keine Gelegenheit gehabt, die Sache zu untersuchen.

528 Art. 72 betrifft den Versendungskauf im Sinne des Art. 19 Abs. 2. Die Vorschrift gilt nur subsidiär. Typischerweise werden abweichende Vereinbarungen (zu den Handelsklauseln Rdn. 168) oder Gebräuche (Art. 9) die Art der Abwicklung regeln. Art. 72 soll den Verkäufer davor schützen, daß er die Ware ausliefert (Art. 19 Abs. 2), obwohl er noch kein Entgelt erhalten hat.

529 Art. 72 Abs. 1 eröffnet dem Verkäufer ein **Wahlrecht**, dessen er sich nach freiem Ermessen bedienen darf. Er ist nicht gezwungen, sich, soweit ihm dies zumutbar ist, für die zweite Variante des Art. 72 Abs. 1 S. 1 zu entscheiden, da diese Beschränkung des Wahlrechts die Rechtssicherheit beeinträchtigen und den Verkäufer angesichts der harten Sanktionen der Artt. 25, 26, 28 allzu großen Gefahren aussetzen würde (a. A. *Dölle/Huber* Art. 72 EKG 26). (1) Der Verkäufer hat zum einen das Recht, die **Absendung aufzuschieben**. Dieses Recht begründet eine Vorleistungspflicht des Käufers (zutr. *Dölle/Huber* Art. 72 EKG 22 (str.)). Der Käufer kann analog Art. 72 Abs. 1 S. 2 verlangen, daß er die Ware vor der Zahlung am Lieferort untersuchen lassen kann. Hat der Käufer vor der Absendung gezahlt, so hat sich der Verkäufer mit der Absendung seines frachtrechtlichen Verfügungsrechts zu begeben. (2) Der Verkäufer darf die Absendung auch in der Weise veranlassen, daß ihm das **frachtrechtliche Verfügungsrecht** verbleibt und die Ware am Bestimmungsort Zug um Zug gegen Zahlung ausgehändigt wird. Art. 72 Abs. 1 stellt insoweit klar, daß diese Form der Lieferung vertragsgemäß im Sinne des Art. 19 Abs. 2 ist (BGH WM **1979** 764, 765). Die Gefahr geht mithin auch hier nach Maßgabe des Art. 97 Abs. 1 über. Der Käufer hat ein Recht zur angemessenen Untersuchung vor Zahlung.

530 Art. 72 Abs. 2 stellt im Einklang mit dem deutschen Handelsbrauch (Rdn. 63) klar, daß dort, wo gegen die Andienung von Dokumenten zu zahlen ist, die Bezahlung auch dann nicht von einer vorherigen Untersuchung abhängig gemacht werden kann, wenn die Ware bereits am Bestimmungsort eingetroffen ist. Der Einwand des Rechtsmißbrauchs (Rdn. 63) ist zuzulassen (**a. A.** *Dölle/Huber* Art. 72 EKG 11).

Artikel 73 EKG

(1) Jede Partei kann die Erfüllung ihrer Pflichten immer dann aufschieben, wenn sich nach dem Vertragsabschluß herausstellt, daß die wirtschaftliche Lage der anderen Partei so schwierig geworden ist, daß berechtigter Anlaß zu der Befürchtung besteht, die andere Partei werde einen wesentlichen Teil ihrer Pflichten nicht erfüllen.

(2) Hat der Verkäufer vor dem Zeitpunkt, in dem sich die in Absatz 1 beschriebene wirtschaftliche Lage des Käufers herausstellt, die Sache bereits abgesendet, so kann er sich der Aushändigung der Sache an den Käufer widersetzen, selbst wenn dieser bereits eine Urkunde innehat, die ihn berechtigt, die Sache zu erlangen.

(3) Der Verkäufer kann sich der Aushändigung der Sache jedoch nicht widersetzen, wenn sie von einem Dritten verlangt wird, der rechtmäßiger Inhaber einer Urkunde ist, die ihn berechtigt, die Sache zu erlangen, außer wenn die Urkunde Vorbehalte hinsichtlich der Wirkungen ihrer Übertragung enthält oder der Verkäufer nachweist, daß der Inhaber bei Erwerb der Urkunde bewußt zum Nachteil des Verkäufers gehandelt hat.

531 Art. 73 Abs. 1 erlaubt es, die vertraglich vereinbarte oder sich aus den Gebräuchen ergebende Vorleistungspflicht zu beschränken[192]. Art. 73 Abs. 2 und 3 statuiert ein Anhalterecht beim Versendungskauf.

532 **Art. 73 Abs. 1:** Die wirtschaftliche Lage der anderen Partei ist nicht nur dann schwierig geworden, wenn sie sich nach Vertragsschluß verschlechtert hat, sondern auch in den Fällen, in denen sie schon **bei** Vertragsschluß schlecht war und dies dem anderen Teil unbekannt war. Die **wirtschaftliche Lage** muß vom Standpunkt einer vernünftigen Partei aus die Befürchtung der Nichterfüllung erwecken. Dabei darf sich diese fiktive Vergleichsperson nicht nur auf ex post beweisbare Fakten stützen, sondern auch ex post **falsche Nachrichten** heranziehen, sofern sie zuverlässig schienen und eine

---

[192] *Dölle/Huber* Art. 73 EKG 3; **a. A.** *Mertens/Rehbinder* Art. 73 EKG 2.

vernünftige Partei sie nicht unbeachtet gelassen hätte [193]. Angesichts des Umstands, daß die Bonität wesentlich von Interna des Käufers abhängt, kann dem Vorleistungspflichtigen nicht das volle Informationsrisiko zugewiesen werden. Die Besorgnis, daß ein **wesentlicher Teil** der Pflichten nicht erfüllt wird, besteht nicht nur dort, wo eine wesentliche Vertragsverletzung im Sinne des Art. 10 droht (so *Dölle/Huber* Art. 73 EKG 6), sondern auch dort, wo die Grenze der Unerheblichkeit im Sinne des Art. 33 Abs. 2 überschritten ist (ähnlich *Mertens/Rehbinder* Art. 73 EKG 7). Es geht hier nämlich nicht um die Aufhebung des Vertrages, sondern um eine Sicherung gegen Rechtsmißbrauch. — Art. 73 Abs. 1 statuiert eine **Einrede** („kann ... aufschieben"), die nicht von Amts wegen zu beachten ist. Ist die Einrede geltend gemacht, so ist die Pflicht bis zu dem Zeitpunkt aufgeschoben, in dem die Leistung des anderen Teils in einer Form angedient wird, die den an sich Vorleistungspflichtigen zu keinerlei Vorleistung nötigt und seinen Sicherheitsinteressen in vollem Umfang Rechnung trägt (abw. *Dölle/Huber* Art. 73 EKG 16ff). Die Einrede fällt nicht schon in dem Moment weg, in dem sich die wirtschaftliche Lage des anderen Teils derart bessert, daß keine Gefahr mangelnder Solvenz mehr besteht, sondern erst dann, wenn sich der Vorleistungspflichtige zuverlässig und angemessen über die neue wirtschaftliche Lage zu informieren vermag [194].

533 Art. 73 Abs. 2 und 3 ist auf den Versendungskauf im Sinne des Art. 19 Abs. 2 bezogen, bei dem der Verkäufer vorleistungspflichtig ist. Art. 73 Abs. 2 regelt nur das Verhältnis zwischen Käufer und Verkäufer. **Voraussetzung** des Anhalterechts ist eine wirtschaftlich schlechte Lage in dem nach Art. 73 Abs. 1 maßgeblichen Moment. Die Ware muß im Sinne des Art. 19 Abs. 2 abgesandt sein, gleichgültig, ob der Beförderer vom Verkäufer oder Käufer eingeschaltet worden ist. Einem Dritten darf keine Urkunde im Sinne des Art. 73 Abs. 3 ausgehändigt worden sein. Solche Urkunden sind frachtrechtliche Wertpapiere und Anweisungen, die negotiabel sind. Sie enthalten Vorbehalte hinsichtlich der Wirkung ihrer Übertragung, wenn ihnen hierdurch nach der Verkehrsauffassung die Negotiabilität genommen wurde (abw. *Dölle/Huber* Art. 73 EKG 63). Die Ware darf noch nicht dem Käufer oder auf dessen Weisung hin einem dritten Abnehmer übergeben worden sein. Hingegen ist der Beförderungsvorgang noch nicht beendet, wenn die Ware lediglich vom Empfangsspediteur des Käufers übernommen worden ist. Sind die Voraussetzungen des Art. 73 Abs. 2 und 3 erfüllt, so kann der Verkäufer — sofern er noch ein **frachtrechtliches Weisungsrecht besitzt** — den Beförderer anweisen, die Ware nicht auszuliefern, sie zurückzutransportieren oder nur gegen Bezahlung zu übergeben. Der Verkäufer macht sich durch diese Weisung dem Käufer gegenüber nicht schadensersatzpflichtig. Im übrigen ist der Käufer, dem der Verkäufer mitgeteilt hat, daß er sich der Aushändigung widersetze, verpflichtet, die Ware nicht entgegenzunehmen. Der Verkäufer kann die Befolgung dieser Pflicht mit den Mitteln des einstweiligen Rechtsschutzes sichern. Ein Verstoß gegen diese Pflicht macht den Käufer schadensersatzpflichtig. Ist der Verkäufer **dem Beförderer** gegenüber **nicht mehr weisungsberechtigt,** so darf der Beförderer gleichwohl den Bitten des Verkäufers, die Ware nicht auszuliefern, entsprechen. Der Beförderer macht sich dann allerdings dem Käufer gegenüber schadensersatzpflichtig. Nimmt der Käufer den Beförderer in Anspruch und hat der Verkäufer dem Beförderer eine Freistellungszusage gegeben, so kann der Verkäufer vom Käufer Regreß in Höhe desjenigen Betrags fordern, mit dem er den Beförderer freistellen muß. Tritt er seinen (zukünftigen) Schadensersatzan-

---

[193] OLG Hamm RIW **1983** 952, 953; *Mertens/Rehbinder* Art. 73 EKG 5; a. A. *Dölle/Huber* Art. 73 EKG 8.

[194] *Graveson/Cohn/Graveson* The Uniform Laws on International Sales Act 1967 (1968) S. 529; a. A. *Dölle/Huber* Art. 73 EKG 18.

spruch an den Beförderer ab, so kann der Beförderer den Ansprüchen des Käufers den Einwand des Rechtsmißbrauchs entgegenhalten (ebenso i. E. *Dölle/Huber* Art. 73 EKG 44 ff).

Abschnitt II
Befreiungen
Artikel 74 EKG

(1) Hat eine Partei eine ihrer Pflichten nicht erfüllt, so hat sie für die Nichterfüllung nicht einzustehen, wenn sie beweist, daß die Nichterfüllung auf Umständen beruht, die sie nach den Absichten der Parteien bei Vertragsabschluß weder in Betracht zu ziehen noch zu vermeiden noch zu überwinden verpflichtet war; in Ermangelung von Absichten der Parteien sind die Absichten zugrunde zu legen, die vernünftige Personen in gleicher Lage gewöhnlich haben.

(2) Sind die Umstände derart, daß sie die Erfüllung nur vorübergehend hindern, so wird die säumige Partei dennoch endgültig von ihrer Pflicht befreit, wenn die Erfüllung durch die Verzögerung so grundlegend verändert wird, daß sie die Erfüllung einer völlig anderen als der im Vertrag vorgesehenen Pflicht darstellen würde.

(3) Die in diesem Artikel zugunsten einer der Parteien vorgesehene Befreiung steht der Aufhebung des Vertrages auf Grund anderer Bestimmungen dieses Gesetzes nicht entgegen und nimmt der anderen Partei nicht ein ihr nach diesem Gesetz zustehendes Recht, den Preis herabzusetzen, es sei denn, daß die Umstände, welche die Befreiung rechtfertigen, durch die andere Partei oder eine Person, für die sie einzustehen hat, verursacht worden sind.

A. Art. 74 Abs. 1
I. Grundgedanke des Art. 74 Abs. 1

534 Art. 74 Abs. 1 erfaßt alle Fälle der Nichterfüllung von vertraglichen Versprechen und Pflichten ohne Rücksicht darauf, ob ein Erfolg oder nur eine Tätigkeit geschuldet ist. Er ist insbesondere auch auf die Pflicht, vertragsgemäße Ware zu liefern (Art. 33) bezogen. Die Anwendbarkeit des Art. 74 Abs. 1 hängt nicht davon ab, ob es um anfängliche oder nachträgliche Leistungsstörungen geht, womit nicht gesagt ist, daß die konkreten Haftungsmaßstäbe dieselben sein müßten. Die Zurechnungsintensität ist primär dem Vertrag und den Gebräuchen (Art. 9) zu entnehmen. Hilfsweise ist auf die Absichten vernünftiger Parteien zurückzugreifen. Dabei kann der Sinn des Versprechens, das Wesen des Vertrages jenseits der ergänzenden Vertragsauslegung keine Leitlinie bilden (vgl. *Koller* Die Risikozurechnung bei Vertragsverletzungen in Austauschverträgen (1979) S. 32 ff; a. A. *Dölle/Stoll* Art. 73 EKG 18 ff m. Nachw.; *Eckhardt* Die Entlastung des Verkäufers nach Art. 74 EKG (1983) S. 39 f, 225 ff). Vielmehr stellt Art. 74 Abs. 1 letzter Halbsatz eine Ermächtigungsnorm dar, die es dem Richter gestattet, diejenigen Standards vorzuschreiben, die fiktive vernünftige Parteien respektieren sollten.

535 Der Schuldner ist von der Haftung befreit, wenn die Nichterfüllung auf Umständen beruht, die er nach den Absichten der Parteien weder in Betracht zu ziehen noch zu vermeiden oder zu überwinden verpflichtet war. Absichten der Parteien sind nicht die zufällig parallel laufenden Motive, sondern das vertragliche Pflichtenprogramm, aus dem sich der Umfang der Einstandspflicht ergibt. Beispiele: Haftungsausschlüsse; der Schuldner hat Erfüllungspersonen nur auszuwählen; Zusicherungen. In aller Regel wird sich durch Auslegung des Vertrages kein Haftungsmaßstab ermitteln lassen. Es ist dann auf die „Absichten vernünftiger Personen" zurückzugreifen.

536 Über die Auslegung der Tatbestandsmerkmale „Absichten... vernünftiger Parteien" herrscht viel Unklarheit. Der historische Gesetzgeber hat sich über die Tragweite des Art. 74 Abs. 1 nur unzulänglich vergewissert (*Eckhardt* S. 39). Auch in der Literatur sind klare Prinzipien, anhand derer die Begriffe „Absichten...", die vernünftige Parteien... haben" auszufüllen sind, bislang nicht erkennbar. Man ist sich lediglich darin einig, daß der Schuldner für eigenes Verschulden haftet. Im übrigen soll es auf grundlegende Voraussetzungen des Vertrages (*Mertens/Rehbinder* Art. 74 EKG 14), das Synallagma (*Mertens/Rehbinder* Art. 74 EKG 14), auf die Vorhersehbarkeit[195], Beherrschbarkeit des eigenen Herrschaftsbereichs[196] ankommen. Ungewiß ist, was man unter „Unvorhersehbarkeit" zu verstehen hat (vgl. *Dölle/Stoll* einerseits Art. 74 EKG 75, andererseits Art. 74 EKG 73).

537 Die **Entstehungsgeschichte** des Art. 74 Abs. 1 zeigt, daß die Vorschrift — ungeachtet der Tatsache, daß ihr Anwendungsbereich erheblich größer ist — dem englischen Recht am nächsten steht (*Dölle/Stoll* Art. 74 EKG 25). Demnach spielen zwei Haftungsbegrenzungsfaktoren eine Rolle: die Unüberwindlichkeit und die Unvorhersehbarkeit. Der Schuldner haftet mithin auch dort, wo die Störungsursache zwar unüberwindlich, aber vorhersehbar war. Dem entspricht der Wortlaut des Art. 74 Abs. 1, der die Begriffe **„in Betracht ziehen", „vermeiden", „überwinden" kumulativ,** nicht alternativ verwendet; denn der Schuldner soll sich schon dann nicht entlasten können, wenn er den die Nichterfüllung verursachenden Umstand lediglich in Betracht zu ziehen verpflichtet war.

538 Auf die Frage, was der Schuldner zu **vermeiden** bzw. zu **überwinden** hat, lassen sich zwei Antworten geben, die davon abhängen, ob man nur zumutbare Anstrengungen des Schuldners als geschuldet ansieht oder den Schuldner bis zur Grenze der evidenten Unvermeidbarkeit und Unüberwindlichkeit haften läßt. Sicher ist, daß der Schuldner alle **zumutbaren** Anstrengungen zu unternehmen hat. Dabei kann man z. B. davon ausgehen, daß ein Überwindungsaufwand unzumutbar ist, wenn er beträchtlich höher als der drohende Schaden ist. Gleiches gilt für den zur Vermeidung des Schadens nötigen Aufwand, wobei hier noch zusätzlich die Schadenswahrscheinlichkeit zu berücksichtigen ist. Je unwahrscheinlicher ein Schaden ist, desto geringere Vorsichtsmaßnahmen sind geschuldet. Der Richter stellt ex post im Einzelfall fest, was zumutbar ist. Er wird sich hierbei stark an den üblichen Sorgfaltsstandards orientieren, die das als wirtschaftlich angemessen angesehene Maß an Vorsorgevorkehrungen widerspiegeln. Werden nur zumutbare Anstrengungen geschuldet, so haftet man letztlich nur für Sorgfalt im Sinne des § 276 BGB. — Man kann aber — wie in Art. 74 Abs. 1 geschehen — auch darauf verzichten, das Maß an zumutbaren Anstrengungen zur Abwehr von Gefahren und Beseitigung von Störungen von Fall zu Fall hoheitlich zu fixieren, und die Frage der Zumutbarkeit des notwendigen Aufwandes ganz auszublenden. Der Schuldner hat dann all diejenigen Störungen zu vermeiden oder zu überwinden, die mit legalen Mitteln und nach dem Stand der Technik beherrschbar sind, auch wenn hierfür ein unsinniger Aufwand getrieben werden müßte. Nun kann man aber den Schuldner sicherlich nicht für verpflichtet ansehen, unsinnig hohen Aufwand zu treiben; denn jeder Schuldner wird einen Schaden entstehen lassen und dafür Ersatz zahlen, wenn der Schadensersatzanspruch geringer ist als der zur Schadensvermeidung notwendige Aufwand. Eine Verpflichtung stößt insoweit ins Leere. Das heißt aber noch nicht, daß der Schuldner nicht verpflichtet wäre, derartige Schadensquellen **„in Betracht zu ziehen".** Hält man den Schuldner für verpflichtet, den Schaden in Betracht zu ziehen, so muß er

---

[195] *Dölle/Stoll* Art. 74 EKG 61, 68; *Mertens/Rehbinder* Art. 74 EKG 14 ff.

[196] *Dölle/Stoll* Art. 74 EKG 68; *Mertens/Rehbinder* Art. 74 EKG 16; *Bartels/Motomura* RabelsZ **43** (1979) 649, 659.

die Zahlung einer Schadensersatzleistung einkalkulieren. Es ist dann seine Sache, im Einzelfall zu entscheiden, ob es sinnvoll ist, — z. B. weil dies gerade für ihn bedeutend billiger ist — Vorsorgemaßnahmen zu treffen oder den Schaden eintreten zu lassen und ihn zu ersetzen. Die Grenze dieser Haftung liegt bei den **unvorhersehbaren** und daher unkalkulierbaren Störungen und bei den evident nicht vermeidbaren Störungen (so i. E. zum Teil auch *Huber U.* DB **1975** 1350 f). Das weit gefaßte Zurechnungskriterium „in Betracht zu ziehen" erlaubt es, noch einen Schritt weiter zu gehen. Sofern der Schuldner in der Lage war, die Störung, ihre Wahrscheinlichkeit und den potentiellen Schaden einzukalkulieren, haftet er auch dann, wenn er evident außerstande war, die Störung zu verhindern. Es geht hier also um Risikoabsorption. Im Einklang damit hat der Schuldner für Schäden zu haften, vor denen er sich mit Hilfe einer Versicherung — und dies besser als der Gläubiger — schützen konnte [197]. Auch hier braucht der Schuldner unvorhersehbare Störungen nicht in Betracht zu ziehen.

Das Kriterium der **Vorhersehbarkeit** ist unter dem Aspekt der Kalkulierbarkeit („in Betracht ziehen") zu konkretisieren. Demnach sind all diejenigen Störungsquellen vorhersehbar, die eine vernünftige Person in der Lage des Schuldners ins Kalkül gezogen hätte, gleichgültig, ob sie das Risiko zu Vorsorgemaßnahmen, Rückstellungen oder zu sonstigen risikopolitischen Maßnahmen motiviert oder ob sie lediglich die Gefahr bei der Entgeltbemessung berücksichtigt hätte. **539**

Anhand dieser Leitprinzipien ist über die Tragweite des Art. 74 Abs. 1 zu entscheiden.

II. Einzelfragen
1. Objektive Unmöglichkeit der Leistung

a) **anfängliche Unmöglichkeit.** In der Regel wird hier den Verkäufer oder seine Hilfspersonen (Rdn. 547) ein Informationsverschulden treffen, so daß er sich nicht entlasten kann. Auch dort, wo der Verkäufer nicht schuldhaft gehandelt hat, kann er regelmäßig das Informationsrisiko besser steuern und einkalkulieren. Ausnahme: Die Unmöglichkeit war unvorhersehbar, der Käufer konnte sich genausogut über die Leistungsmöglichkeit bei Vertragsschluß informieren (z. B. bei technisch evident unmöglich zu erfüllenden Versprechen). **540**

b) **nachträgliche Unmöglichkeit:** Der Schuldner kann sich bei der **Stückschuld** nicht entlasten, wenn er die Unmöglichkeit verschuldet hat. Gleiches gilt, wenn die Unmöglichkeit durch einen Mangel seiner Organisation verursacht worden ist (ebenso *Dölle/Stoll* Art. 74 EKG 68; *Huber* DB **1975** 1350). Hat eine von außen kommende Störung zur Unmöglichkeit geführt, so hat der Schuldner das Schadensrisiko zu tragen, wenn es ausreichend kalkulierbar war und er es besser als der Gläubiger zu kalkulieren vermochte. Diese über die in § 325 BGB statuierte Haftung weit hinausgehende Risikobelastung ist damit zu rechtfertigen, daß der Schuldner nach Artt. 82 ff anders als nach BGB nur vorhersehbare, also kalkulierbare Schäden auszugleichen hat. Beim **Gattungskauf** hat der Schuldner ebenfalls Schadensersatz zu zahlen, wenn es für ihn hinreichend und besser als für den Gläubiger kalkulierbar war, daß die Ware vom Markt verschwindet. **541**

---

[197] *Mertens/Rehbinder* Art. 74 EKG 30; *Bartels/Motomura* RabelsZ **43** (1979) 649, 659.

2. Unvermögen

542 Auch hier hat der Schuldner nicht nur dann Schadensersatz zu leisten, wenn er oder seine Leute schuldhaft gehandelt haben, sondern auch dann, wenn er die Störung nach Art und Ausmaß „in Betracht ziehen" mußte, d. h., wenn sie ausreichend vorhersehbar und kalkulierbar war (**a. A.** *Dölle/Stoll* Art. 74 EKG 87: Entlastung bei Überschreitung der Opfergrenze). Dabei hat man zu berücksichtigen, daß vielfach Störungsfaktoren eine Rolle spielen werden, die im Organisationsbereich des Schuldners liegen, ja zu dessen Interna gehören. Beim Verkauf gestohlener Ware ist außerdem zu beachten, daß nur der Verkäufer imstande ist, die Zuverlässigkeit und Solvenz seines Lieferanten zu beurteilen und daß eine Belastung des Verkäufers dazu führt, daß mit Hilfe des Regresses gegen den Lieferanten letztlich der Dieb belastet werden kann. Der Schuldner ist dort zu entlasten, wo der Gläubiger bei Vertragsschluß wissen mußte, daß bestimmte, für den Schuldner unüberwindliche Hindernisse bestehen, oder wo der Schuldner deutlich gemacht hat, daß er den Vertrag ohne Prüfung seiner Leistungsfähigkeit abgeschlossen hat (z. B. Verkauf in Bausch und Bogen).

3. Rechtsmängel

543 Bei Rechtsmängeln ist der Schuldner nach den für das Unvermögen geltenden Grundsätzen zu entlasten. Für Entlastung des nicht-kaufmännischen Verkäufers *Dölle/Stoll* Art. 74 EKG 107 f.

4. Unerschwinglichkeit

544 Der Schuldner hat hier zunächst für Vorsorge-, Übernahme- und Abwendungsverschulden einzustehen. Ferner hat man ihm die Risiken aufzuerlegen, die Teil seiner Organisation sind. In Fällen, in denen die „Umstände" im Sinne des Art. 74 Abs. 1 zu den Marktbedingungen zählen, von hoher Hand diktiert werden oder sonst in die neutrale Sphäre fallen, ist zu berücksichtigen, daß die Verpflichtung des Schuldners mit seiner beruflichen Spezialisierung und der daraus resultierenden Sachnähe im Zusammenhang steht. Es ist daher zu erwarten, daß er das für die Erfüllung seines Versprechens wesentliche Umfeld intensiv beobachtet, Abwehrmaßnahmen einplant oder zumindest das Risiko von Leistungserschwerungen einkalkuliert. Er ist deshalb, selbst wenn eine Risikoversicherung z. B. in Form von Termingeschäften unüblich war, nur dort von einer Erhöhung des Leistungsaufwandes zu entlasten, wo die Leistungserschwerung nach Art und/oder Ausmaß gravierend und außerdem unkalkulierbar war[198]. Die Absicherung des Schuldners gegen Streikfolgen ist stark von der Funktion des Streiks in der nationalen Rechtsordnung abhängig und sollte daher im EKG jenseits der allgemeinen Grundsätze außer Betracht bleiben (vgl. *Eckhardt* S. 179 ff). Von einer Änderung der Sozialexistenz wird man die Entlastung nur bei langfristig abzuwickelnden Verträgen abhängig machen dürfen.

5. Finanzielle Leistungsfähigkeit

545 Für seine finanzielle Liquidität und Solvenz hat der Schuldner uneingeschränkt einzustehen, weil sonst die gleiche Stellung der Mitbewerber des Schuldners auf dem Markt zerstört werden würde (*Koller* Risikozurechnung S. 232). Ausnahme: Der

---

[198] Enger *Dölle/Stoll* Art. 74 EKG 89 ff, der eine Änderung der Sozialexistenz fordert, aber bei Streiks für eine stärkere Entlastung des Schuldners plädiert. Ebenso *Mertens/Rehbinder* Art. 74 EKG 28.

Schuldner ist lediglich außerstande, das Geld zu transferieren. Insoweit ist er wie ein Gattungsschuldner zu behandeln.

6. Schuldnerverzug

Der Schuldner haftet für jede Form der Sorgfaltsverletzung. Eine Entlastung **546** kommt darüber hinaus unabhängig davon, um welche Art von Verpflichtung es sich handelt, nicht in Betracht, wenn die zur Verspätung führende Störung nach Art und Intensität ausreichend vorhersehbar und kalkulierbar oder das Risiko gar angemessen versicherbar war (bei sphäreneigenen Risiken grundsätzlich Haftung trotz Unvorhersehbarkeit: *Dölle/Stoll* Art. 74 EKG 61 ff). Ausnahme: Die Störung stammte aus der Sphäre des Gläubigers oder konnte von diesem besser kalkuliert werden.

7. Hilfspersonen

Der Schuldner trägt ohne Rücksicht auf Verschulden das Risiko eines Fehlverhal- **547** tens seiner Leute[199]. Schwierig ist es, die Einstandspflicht des Schuldners in Hinblick auf selbständige Unternehmen abzugrenzen. Hier ist entscheidend, wie weit das Pflichtenprogramm des Schuldners, dem er sich nicht durch Stellung eines Substituten entziehen kann, reicht[200]. Man hat deshalb den Vertrag, falls er aus sich heraus nicht hinreichend aussagekräftig ist, so auszulegen, daß der Schuldner nicht mit einer Haftung beschwert wird, die im Sinne der Art. 74 Abs. 1 tragenden Grundsätze unzumutbar ist. Demnach wird man eine Haftung bejahen müssen, wenn bei Vertragsschluß ersichtlich war, daß der Schuldner Unternehmen einschalten wird, deren Verhalten er zu beherrschen in der Lage ist oder deren Tätigkeitsrisiken er ausreichend zu kalkulieren, zu versichern oder bei der Preisgestaltung zu berücksichtigen vermag. Für eine Haftung spricht auch, daß der Schuldner die konkrete Möglichkeit besaß, die Pflichten mit eigenen Leuten zu erfüllen, daß ein Teil der Konkurrenten die Leistung mit eigenen Leuten bewirkt oder daß der Schuldner erkennbar das Angebot macht, die Erledigung von Aufgaben, die üblicherweise von unabhängig voneinander tätigen Spezialisten wahrgenommen werden, in einer Hand zusammenzufassen. Gegen eine Haftung spricht, daß die voraussichtlich durch die Tätigkeit eines selbständigen Unternehmens entstehenden Kosten nur in dieser Höhe ohne Risikozuschlag weitergegeben werden dürfen. Demnach hat der Verkäufer bei einer Bringschuld für ein Fehlverhalten des Frachtführers einzustehen, weil der Preis nach dem Wert der Ware am Bestimmungsort bemessen werden konnte und dem Verkäufer ausreichende Versicherungsmöglichkeiten zur Verfügung standen[201].

8. Lieferung mangelhafter Ware

Der Verkäufer mangelhafter Ware hat bei eigenem Verschulden oder Verschulden **548** seiner Leute nicht nur für Mängelfolgeschäden, sondern für sämtliche vorhersehbaren (Art. 82) Mängelschäden einzustehen. Wie weit der Verkäufer darüber hinaus zu haften hat, ist unklar. *Mertens/Rehbinder* (Art. 74 EKG 21 f) wollen den Verkäufer von allen unverschuldeten Schäden entlasten (ebenso *Stötter* Art. 74 EKG 9 a; *Beß* Die Haf-

---

[199] *Dölle/Stoll* Art. 74 EKG 64; a. A. *Mertens/Rehbinder* Art. 74 EKG 17: nur die zur Erfüllung der verletzten Pflicht eingesetzten Personen.

[200] *Dölle/Stoll* Art. 74 EKG 66; *Mertens/Rehbinder* Art. 74 EKG 17; *Bartels/Motomura* RabelsZ **43** (1979) 649, 658.

[201] *Mertens/Rehbinder* Art. 74 EKG 17; enger *Dölle/Stoll* Art. 74 EKG 66; a. A. *U. Huber* DB **1975** 1351.

tung des Verkäufers für Sachmängel und Falschlieferung im Einheitlichen Kaufgesetz im Vergleich mit dem englischen und deutschen Recht (1971) S. 123), während *Dölle/ Stoll* (Art. 74 EKG 101 ff) danach differenzieren, ob der Lieferant des Verkäufers arglistig gehandelt hatte oder nicht. Sachgerecht ist es, den Verkäufer nach den für die Nichtlieferung geltenden Grundsätzen haften zu lassen. Daraus folgt, daß der Verkäufer auch für bei handelsüblicher Überprüfung nicht erkennbare Mängel einzustehen hat, sofern die Existenz solcher Mängel nicht außerhalb aller Wahrscheinlichkeit lag. Eine Entlastung der Zwischenhändler ist nicht angebracht, da diese vorhersehbare Mängel ebenfalls einkalkulieren und gegen ihre Lieferanten bzw. die Produzenten, die für Mangelfreiheit sorgen konnten, Regreß nehmen bzw. sich den Regreß vorbehalten können. Die schärfere Haftung der Verkäufer für alle Mängel und Arten von Schäden ist dadurch gerechtfertigt, daß der Verkäufer nur vorhersehbare, also kalkulierbare Schäden des Käufers auszugleichen hat (*Dölle/Stoll* Art. 74 EKG 110). Es ist Sache des Verkäufers, das Solvenzrisiko zu steuern. Der Verkäufer haftet andererseits **nicht**, wenn er zu erkennen gibt, daß mit bestimmten Mängeln zu rechnen ist oder daß er über bestimmte Qualitätsmerkmale keine Aussage machen kann; denn dann liegt schon kein Mangel vor. Die Tatsache allein, daß der Verkäufer erkennbar keinen Einfluß auf die Qualität der Ware besitzt, führt jedoch bei abstrakt vorhersehbaren Mängeln nur dann zu einem Haftungsausschluß, wenn der Mangel keine Vertragswidrigkeit im Sinne des Art. 33 begründete (**a. A.** *Dölle/Stoll* Art. 74 EKG 104).

III. Rechtsfolge

549 Unter den in Art. 74 Abs. 1 geregelten Voraussetzungen ist der Schuldner weder zur Zahlung von Schadensersatz noch zur Erfüllung verpflichtet. Ein stellvertretendes commodum braucht er nicht herauszugeben, doch gibt die Existenz eines commodum Anlaß zu prüfen, ob der Schuldner nicht zu haften hat, weil er den Schaden besser zu absorbieren, d. h. in Betracht zu ziehen in der Lage war. Wird der Schuldner von seiner Leistungspflicht befreit, so kann daraus eine wesentliche (Art. 10) Vertragsverletzung resultieren. Der Gläubiger kann dann die Aufhebung des Vertrages erklären.

B. Art. 74 Abs. 2

550 Art. 74 Abs. 2 verhindert einen Schwebezustand, wenn eine Störung die Leistungsmöglichkeit nicht endgültig beseitigt, die Störung aber nach ihrem Ende Leistungserschwerungen auszulösen droht, die im Moment des Vertragsschlusses unkalkulierbar waren. Konnte der Schuldner die Störung ausreichend einkalkulieren, so ist davon auszugehen, daß sie in dem Vertrag berücksichtigt worden war, d. h. daß vernünftige Parteien eine uneingeschränkte Einstandspflicht des Schuldners begründen wollten. Beispiel: Gefahr eines Streiks, wenn dieser die Produktionskosten verdoppelt. Ausnahme: Der Gläubiger konnte das Risiko ebenso gut kalkulieren und steuern.

C. Art. 74 Abs. 3

551 Art. 74 Abs. 3 stellt klar, daß der Gläubiger ohne Rücksicht auf die Zurechenbarkeit des Risikos berechtigt ist, den Vertrag aufzuheben bzw. den Kaufpreis zu mindern. „Andere Bestimmungen" im Sinne des Art. 74 Abs. 3 sind alle im EKG angesiedelten Aufhebungstatbestände. Die Veranlassung eines vom Schuldner nicht beherrschbaren und vorhersehbaren Risikos spielt keine Rolle. Dem Gläubiger wird aber sein Recht zur Aufhebung des Vertrages bzw. zur Minderung des Kaufpreises entzogen, d. h. er wird zur vollen Erbringung seiner Gegenleistung verpflichtet, wenn die Störung von ihm, seinen Leuten oder Personen, die er eingeschaltet hat, verursacht worden ist (a. A. *Mertens/Rehbinder* Art. 74 EKG 33). Der Gläubiger ist, wie auch der Wortlaut des Art. 74 Abs. 3 zeigt, einer härteren Risikozurechnung als der Schuldner unterworfen (a. A. *Dölle/Stoll* Art. 74 EKG 83 f.). Dies ist dadurch gerechtfertigt, daß der Gläubiger keinen Schadensersatz zu leisten braucht und nur für seine Organisation einzustehen hat.

D. Mitverschulden

Art. 88 ist analog anzuwenden (*Mertens/Rehbinder* Art. 74 EKG 34). **552**

Abschnitt III
Ergänzende Vorschriften über die Aufhebung des Vertrages
A. Zusätzliche Aufhebungsgründe
Artikel 75 EKG

(1) Gibt bei Verträgen über Sukzessivlieferungen die Nichterfüllung einer nur eine Lieferung betreffenden Pflicht durch eine der Parteien der anderen Partei berechtigten Anlaß zu der Befürchtung, daß Pflichten in bezug auf künftige Lieferungen nicht erfüllt werden, so kann sie innerhalb kurzer Frist die Aufhebung des Vertrages für die Zukunft erklären.

(2) Der Käufer kann außerdem innerhalb der gleichen Frist die Aufhebung des Vertrages für die künftigen Lieferungen oder für die bereits erhaltenen Lieferungen oder für beide erklären, wenn die Lieferungen wegen des zwischen ihnen bestehenden Zusammenhanges für ihn nicht mehr von Interesse sind.

Art. 75 trifft eine Sonderregelung für **Sukzessivlieferungsverträge**, die in etwa der **553** im BGB/HGB geltenden Regelung entspricht. Art. 75 Abs. 1 und Art. 75 Abs. 2 stellen zwei voneinander unabhängige Regelungen dar.

Art. 75 Abs. 1. Das durch Art. 75 Abs. 1 zusätzlich eröffnete Recht zur Aufhebung **554** des Vertrags setzt zunächst voraus, daß die Parteien einen einheitlichen Vertrag geschlossen haben, demzufolge Ware in mehreren Partien (Einzellieferungen) in zeitlichen Abständen zu liefern ist. Jede der Einzellieferungen muß für sich selbständig sein, d. h. sie muß nach der Verkehrsauffassung typischerweise auch Gegenstand eines selbständigen Vertrages sein können. Die Vereinbarung, daß lediglich das Entgelt in Raten zu zahlen ist, begründet keinen Sukzessivlieferungsvertrag. Ferner muß eine der Parteien (Käufer oder Verkäufer) eine die **Lieferung betreffende Pflicht** verletzt haben, ohne daß diese Vertragswidrigkeit wesentlich im Sinne des Art. 10 gewesen sein muß. Aus der Sicht des Käufers kommen insbesondere verspätete Leistung, mangelhafte Leistung, vertragswidrige Andienung von Urkunden, aus der Sicht des Verkäufers insbesondere die Verletzung der Abnahmepflicht (nicht Zahlungspflicht: hier Art. 73) in Betracht. Die Pflichtverletzung berechtigt nicht zur Aufhebung des Vertrages gemäß Art. 75, wenn sie — isoliert betrachtet — dem vertragstreuen Teil nach den allgemeinen Regeln weder die Vertragsaufhebung noch die Liquidation von Schäden erlaubt (*Dölle/Leser* Art. 75 EKG 23). Hingegen braucht nicht konkret festgestellt zu werden, ob die Vertrauensbasis nachhaltig gestört ist (a. A. *Schultze-v. Lasaulx* S. 89). Eine nachhaltige Störung wird vielmehr unwiderleglich vermutet, wenn vom Standpunkt einer vernünftigen, also einer weder risikoscheuen noch risikofreudigen Person Anlaß für die Befürchtung besteht, daß es zu weiteren gravierenden Vertragsverletzungen in Hinblick auf künftige Lieferungen kommen wird. **Rechtsfolge**: Aufhebung des Vertrages binnen kurzer Frist (Art. 11). Der Verletzte kann innerhalb der kurzen Frist dem anderen Teil eine Nachfrist setzen. Nach deren Ablauf steht ihm eine weitere kurze Frist zur Vertragsaufhebung zur Verfügung (BGH WM **1979** 761, 763). Die Aufhebungserklärung kann mit der Nachfristsetzung verbunden werden (BGH WM **1979** 761, 763). Die kurze Frist gilt auch dort, wo nach allgemeinen Vorschriften (z. B. Art. 26 Abs. 1) für die konkrete Vertragsverletzung längere Fristen vorgesehen sind. Diese Vorschriften bleiben in Hinblick auf die Einzellieferung unberührt, so daß hieraus zusätzliche Rechte abgeleitet werden können. Zur Form und Wirkung der Aufhebungserklärung Art. 26 Rdn. 369. Außerdem kann der vertragstreue Teil Schadensersatz gemäß Art. 77 fordern.

555 Art. 75 Abs. 2 trifft zugunsten des Käufers eine Spezialregelung für den Fall, daß zwischen den Einzellieferungen ein funktionaler Verwendungszusammenhang besteht. Die Frage, ob infolge der Vertragsverletzung das Interesse an der Lieferung weggefallen ist, ist aus der Sicht des Käufers und dessen Verwendungsplanung zu untersuchen. Nicht notwendig ist es, daß die Vertragsverletzung zusätzlich weitere Vertragswidrigkeiten besorgen ließ (*Dölle/Leser* Art. 75 EKG 45). Es genügt die Tatsache des Interessenfortfalls. **Rechtsfolge:** Befugnis zur Aufhebung des Vertrages in Hinblick auf künftige und/oder vergangene Lieferungen binnen kurzer Frist (Art. 11). Zur Form und Wirkung der Aufhebungserklärung Art. 26 Rdn. 369. Schadensersatz: Art. 77. Daneben kann der Käufer sämtliche in Hinblick auf die Einzellieferung eröffneten Rechtsbehelfe geltend machen.

Artikel 76 EKG
Ist es vor dem für die Erfüllung festgesetzten Zeitpunkt offensichtlich, daß eine Partei eine wesentliche Vertragsverletzung begehen wird, so kann die andere Partei die Aufhebung des Vertrages erklären.

556 Art. 76 gewährt dem Vertragspartner zusätzlichen präventiven Schutz gegen Vertragsverletzungen, indem er ihm die Möglichkeit eröffnet, frühzeitig neu zu disponieren.

557 Eine Partei begeht eine Vertragsverletzung nicht nur dann, wenn sie die rechtzeitige, vertragsgemäße Erfüllung ihrer Pflichten verweigert, sondern auch dann, wenn sie objektiv ohne Rücksicht auf ein Vertreten-Müssen (unklar BGH WM **1984** 694, 695 f) **außerstande sein wird**, ihren Verpflichtungen rechtzeitig und vertragsgemäß nachzukommen (zu erwartende Unmöglichkeit, Verspätung). Die zu besorgende Vertragsverletzung muß **wesentlich** im Sinne des Art. 10 sein. Dem stehen solche Vertragsverletzungen gleich, bei denen nicht anzunehmen ist, daß sie binnen einer Nachfrist behoben werden (Analogie zu Art. 27 Abs. 2 S. 2; *Dölle/Leser* Art. 76 EKG 20). Der künftige Eintritt einer Vertragsverletzung ist offensichtlich, wenn er sich im Zeitpunkt der Aufhebungserklärung vom Standpunkt einer vernünftigen Person in der Lage des Berechtigten aus mit an Sicherheit grenzender Wahrscheinlichkeit realisieren wird (*Mertens/Rehbinder* Art. 76 EKG 6). Vorherige Rückfragen beim anderen Vertragsteil sind nur dann notwendig, wenn die dem Berechtigten zur Verfügung stehenden Daten keine sichere Beurteilung zulassen (a. A. *Dölle/Leser* Art. 76 EKG 33). **Rechtsfolge:** Recht, die Aufhebung des Vertrages bis zu dem Zeitpunkt zu erklären, in dem die Vertragsverletzung eintreten würde. Eine angemessene Frist muß nicht eingehalten werden (*Mertens/Rehbinder* Art. 76 EKG 3; a. A. *Dölle/Leser* Art. 76 EKG 31 m. Nachw.), weil der Beginn der Frist schwer zu fixieren und im Zweifel dem Wortlaut der Vorschrift zu folgen ist. Der Berechtigte kann auch weiterhin Erfüllung verlangen und nach Eintritt der Vertragsverletzung die in den Artt. 24 ff genannten Rechte geltend machen. Zur Form und Wirkung der Aufhebungserklärung Art. 26 Rdn. 369. Ist der Vertrag aufgehoben, so ist es unerheblich, daß der Schuldner wider allen Erwartens doch noch erfüllen kann und will. Schadensersatz: Art. 77. Art. 48 hat Vorrang.

Artikel 77 EKG

Ist der Vertrag auf Grund des Artikels 75 oder des Artikels 76 aufgehoben worden, so kann die Partei, welche die Aufhebung erklärt hat, Schadensersatz nach den Artikeln 84 bis 87 verlangen.

Art. 77 hat Klarstellungsfunktion. Neben den Artt. 84—87, auf die er verweist, **558** kommen Art. 74 Abs. 1 sowie die Schadensminderungspflicht des Art. 88 zum Tragen. — Maßgeblich ist nicht der Marktpreis am Tage der vertragsgemäßen Lieferung, sondern der Preis am Tage der Aufhebungserklärung (Art. 84). Allerdings sind die Marktpreise für die Lieferung zum vertragsgemäßen Zeitpunkt zugrunde zu legen.

B. Wirkungen der Aufhebung

Artikel 78 EKG

(1) Durch die Aufhebung des Vertrages werden beide Parteien von ihren Pflichten mit Ausnahme einer etwaigen Schadensersatzpflicht frei.

(2) Hat eine Partei den Vertrag ganz oder teilweise erfüllt, so kann sie die Rückgabe des von ihr Geleisteten beanspruchen. Sind beide Parteien berechtigt, die Rückgabe von Leistungen zu verlangen, so sind die Leistungen Zug um Zug zurückzugeben.

Art. 78 regelt in Verbindung mit Art. 81 die Folgen einer wirksamen Erklärung der **559** Vertragsaufhebung. Art. 79 statuiert zusätzliche Voraussetzungen der Vertragsaufhebung. Zur analogen Anwendbarkeit bei Aufhebungsverträgen OLG München RIW **1982** 54.

Art. 78 Abs. 1. Die wirksame Vertragsaufhebung läßt alle mit den Austauschpflich- **560** ten in engem Zusammenhang stehenden Pflichten erlöschen (z. B. Lieferpflicht, Zahlungspflicht, Pflicht zur Unterlassung von Konkurrenz). Jeder der Vertragspartner soll seine Dispositionsfreiheit wiedererlangen. Im übrigen besteht der Vertrag fort, z. B. in Hinblick auf Ansprüche auf Vertragsstrafe, aus Schiedsklauseln, aus Obhuts- und Verschwiegenheitspflichten. Der Fortbestand von Schadensersatzansprüchen ist ausdrücklich hervorgehoben.

Art. 78 Abs. 2 verpflichtet die Parteien zur Rückgewähr des Geleisteten, gegebe- **561** nenfalls Zug um Zug. Daneben kommt Art. 81 zum Tragen. Die Leistungen sind dort zurückzugewähren, wo sich der Erfüllungsort für die Kaufpreiszahlung bzw. Warenlieferung befindet (BGH RIW **1982** 123, 124; a. A. *Schlechtriem* IPRax **1981** 113, 115; a. A. *Mertens/Rehbinder* Art. 78 EKG 6). Das gilt auch für Aufhebungsvereinbarungen (BGH RIW **1982** 123, 124).

Artikel 79 EKG

(1) Der Käufer verliert sein Recht, die Aufhebung des Vertrages zu erklären, wenn es ihm unmöglich ist, die Sache in dem Zustand zurückzugeben, in dem er sie erhalten hat.

(2) Der Käufer kann jedoch die Aufhebung erklären,
a) wenn die Sache oder ein Teil der Sache infolge der Vertragsverletzung, welche die Aufhebung rechtfertigt, untergegangen oder verschlechtert worden ist;
b) wenn die Sache oder ein Teil der Sache infolge der in Artikel 38 bezeichneten Untersuchung untergegangen oder verschlechtert worden ist;
c) wenn der Käufer vor Entdeckung der Vertragswidrigkeit einen Teil der Sache, dem gewöhnlichen Gebrauch entsprechend, verbraucht oder verändert hat;
d) wenn die Unmöglichkeit, die Sache zurückzugeben oder sie in dem Zustand, in dem der Käufer sie erhalten hat, zurückzugeben, nicht auf einem Verhalten des Käufers oder einer Person beruht, für die er einzustehen hat;
e) wenn die Verschlechterung oder die Veränderung unbedeutend ist.

562 Art. 79 Abs. 1 regelt ausschließlich die Rechtsstellung des **Käufers**. Der Verkäufer kann auch dann die Vertragsaufhebung erklären, wenn die Ware untergegangen ist. Es gilt dann Art. 81 Abs. 2 lit. b. Soweit der Verkäufer Rückzahlung von Geld schuldet, wird davon ausgegangen, daß dies nicht unmöglich werden kann. Art. 79 Abs. 1 gilt nicht nur bei Gestaltungserklärungen, sondern auch dort, wo der Vertrag **kraft Gesetzes aufgehoben** ist. Die Ware muß **vor** dem Wirksamwerden der Vertragsaufhebung verloren gegangen oder verschlechtert worden sein. Es darf nicht eine der in Art. 79 Abs. 2 geregelten Ausnahmesituationen vorliegen. Geht die Sache **nach** dem Wirksamwerden der Vertragsaufhebung verloren, so ist Art. 79 nicht analog anzuwenden, sondern lediglich Schadensersatz zu zahlen (Artt. 74 Abs. 1, 82 ff; *a. A. Huber* DB **1975** 1589, 1591). **Rechtsfolge:** Liegen die Voraussetzungen des Art. 79 Abs. 1 vor und greift Art. 79 Abs. 2 nicht ein, so bleibt der Vertrag voll in Kraft. Der Käufer behält aber sämtliche anderen aus der Vertragsverletzung resultierenden Rechte (Art. 80).

563 Art. 79 Abs. 2 lit. c. Es darf nur ein Teil der Sachen nicht mehr im ursprünglichen Zustand zurückgegeben werden können. Dieser Teil kann sehr gering sein. Wurde alles verbraucht und erst dann der Mangel entdeckt, so kann der Käufer nur mehr Schadensersatz verlangen (OLG Hamm IPRax. **1983** 231, 232). Für die verbrauchte oder umgestaltete Ware hat der Käufer nach Art. 81 Abs. 2 lit. b einzustehen.

564 Art. 79 Abs. 2 lit. d. Aus der Tatsache, daß lit. d neben lit. c, der eine Vertragsaufhebung trotz Verbrauchs zuläßt, steht, ist zu folgern, daß der Käufer nur für solche Verhaltensweisen einzustehen hat, die seinem Organisationsbereich entspringen oder von ihm vorhergesehen und einkalkuliert werden konnten[202]. Es ist zu berücksichtigen, daß das Recht zur Aufhebung nicht von einem Vertreten-Müssen des Verkäufers abhängt (Art. 74 Abs. 3) und daß der Käufer schon im eigenen Interesse die Abwehr von Gefahren optimieren wird und dort, wo er sich nicht für eine Gefahrenvermeidung entscheidet, die Gefahr auch bei seiner eigenen Nutzungsplanung in irgendeiner Form einkalkulieren und berücksichtigen kann. Beispiel: Vollkaskoversicherung. Der Verkäufer hat hingegen die Nutzungsrisiken nach der Lieferung nicht mehr in sein Kalkül eingestellt. Es ist deshalb nicht gerechtfertigt, daß der Käufer die Ware auf das Risiko des Verkäufers nutzen kann (*v. Caemmerer* Festschrift Larenz (1973) 621).

Artikel 80 EKG

Der Käufer, der nach Artikel 79 das Recht verloren hat, die Aufhebung des Vertrages zu erklären, behält alle anderen Rechte, die ihm nach diesem Gesetz zustehen.

565 Art. 80 ist restriktiv zu interpretieren. Entgegen dem Wortlaut des Art. 80 bleibt bei einem Verlust des Aufhebungsrechts der Nachlieferungsanspruch gemäß Art. 42 Abs. 1 lit. c nicht bestehen[203].

Artikel 81 EKG

(1) Hat der Verkäufer den Preis zurückzuzahlen, so ist er außerdem verpflichtet, den Preis vom Tag der Zahlung an und zu dem in Artikel 83 festgesetzten Zinssatz zu verzinsen.

(2) Der Käufer schuldet dem Verkäufer den Gegenwert aller Nutzungen und Vorteile, die er aus der Sache gezogen hat, wenn

a) er die Sache ganz oder teilweise zurückgeben muß oder

---

[202] *Mertens/Rehbinder* Art. 79 EKG 14; *a. A. Dölle/Weitnauer* Art. 79 EKG 23 ff jeweils m. Nachw.

[203] *Mertens/Rehbinder* Art. 80 EKG 2; *Dölle/Weitnauer* Art. 80 EKG 3; Schultze-v. Lasaulx S. 108.

b) es ihm unmöglich ist, die Sache ganz oder teilweise zurückzugeben, der Vertrag aber dennoch aufgehoben ist.

Art. 81 ergänzt Art. 78 Abs. 2.

Art. 81 Abs. 1. Art. 83 ist im Rahmen des Art. 81 Abs. 1 nicht modifiziert in der **566** Form anwendbar, daß es auf den Zinssatz im Land der Niederlassung des Käufers ankommt; denn Art. 81 Abs. 1 regelt die Herausgabe eines typisierten Nutzens des Verkäufers (a. A. *Dölle/Weitnauer* Art. 81 EKG 3).

Art. 81 Abs. 2. Nutzungen sind Früchte und Gebrauchsvorteile (§ 100 BGB). Die **567** Gebrauchsvorteile sind nicht in Anlehnung an den Mietpreis für vergleichbare Sachen zu bewerten, weil man zu berücksichtigen hat, daß der Mieter nur für eine schuldhaft verursachte Zerstörung der Mietsache haftet. Da dem Aufhebungsberechtigten gemäß Art. 79 (Rdn. 564) jedes beherrschbare und kalkulierbare Risiko zugerechnet wird, müssen Gebrauchsvorteile lediglich nach Abschreibungsgrundsätzen erstattet werden. Unter den Begriff der sonstigen **Vorteile** fällt insbesondere das stellvertretende commodum. Der Käufer kann auf den Anspruch aus Art. 81 Abs. 2 Schäden anrechnen, die er infolge der Mangelhaftigkeit der Sache erlitten hat. Der Käufer haftet nicht dafür, daß er die Sache nicht genutzt hat. Andererseits kann er sich nicht darauf berufen, daß er nicht mehr bereichert ist.

Ob **Verwendungen** des Käufers zu ersetzen sind, ist im EKG nicht ausdrücklich ge- **568** regelt. Diese Lücke ist mit Hilfe des Art. 17 zu schließen. Art. 81 Abs. 2 ordnet an, daß der Käufer aus einer Nutzung der Sache keinen Gewinn ziehen darf. Dem entspricht eine Regelung, die den Verkäufer zur Vergütung der notwendigen Verwendungen (*Mertens/Rehbinder* Art. 81 EKG 5) und darüber hinaus der ihn konkret bereichernden Verwendungen zwingt[204].

Nach der Vertragsaufhebung haftet der Käufer nur noch wegen Verletzung der **569** Pflicht zur Rückgabe unter der Voraussetzung des Art. 74 Abs. 1 auf Schadensersatz.

Abschnitt IV
Ergänzende Vorschriften über den Schadensersatz
Vorbemerkung vor Art. 82

Die Anspruchsgrundlage für Schadensersatzansprüche ist in den Art. 24 Abs. 2, **570** Art. 41 Abs. 2, Art. 48, Art. 51, Art. 52, Art. 55 Abs. 1, Art. 62 Abs. 1, 2, Art. 68 Abs. 1, 2, Art. 70 Abs. 1 in Verbindung mit den Artt. 74, 88, 89 geregelt. Die Artt. 82–87 umreißen den **Umfang der Schadensersatzhaftung.** Sie finden nur auf die vertragliche Haftung nach EKG Anwendung. Bei dolosem Handeln ist außerdem Art. 89 zu beachten. Vertragliche Vereinbarungen (z. B. Vertragsstrafenabreden) und Gebräuche genießen den Vorrang (Artt. 3, 9).

Das EKG regelt nicht die **Kausalität** zwischen Vertragsverletzung und Schaden. Es **571** ist daher von der conditio sine qua non-Formel auszugehen. — Auch der Begriff des „Verlusts" (Art. 82) wird nicht definiert. Sicher ist nur, daß der Vermögensschaden ersatzfähig ist. Streitig ist dagegen, ob auch **immaterielle Schäden** darunter fallen[205]. Es existieren keine zwingenden Gründe, den Begriff Verlust eng auszulegen. — Der Schaden ist in Geld auszugleichen. Soll der immaterielle Schaden ausgleichsfähig sein,

---

[204] So wohl auch *Mertens/Rehbinder* Art. 81 EKG 5 m. Nachw.; a. A. *Dölle/Weitnauer* Art. 81 EKG 11: angemessene Aufwendungen.

[205] Bejahend *Dölle/Weitnauer* vor Artt. 82–89 EKG 21; ablehnend *Mertens/Rehbinder* vor Art. 82 EKG 4.

so muß man auch einen Anspruch auf **Naturalrestitution** zulassen. — Das EKG enthält keine besondere Vorschrift in Hinblick auf die **Drittschadensliquidation**. Die Lücke ist gemäß Art. 17 in dem Sinne zu schließen, daß in Fällen typischer Schadensverlagerung auch ein Schaden des eigentlich Geschädigten geltend gemacht werden kann.

A. Schadensersatz in Fällen, in denen der Vertrag nicht aufgehoben ist
Artikel 82 EKG

Wird der Vertrag nicht aufgehoben, so sind als Schadensersatz für die durch eine Partei begangene Vertragsverletzung der der anderen Partei entstandene Verlust und der ihr entgangene Gewinn zu ersetzen. Der Schadensersatz darf jedoch den entstandenen Verlust und entgangenen Gewinn nicht übersteigen, welche die Partei, die den Vertrag verletzt hat, bei Vertragsabschluß unter Berücksichtigung der Umstände, die sie gekannt hat oder hätte kennen müssen, als mögliche Folge der Vertragsverletzung hätte voraussehen müssen.

572 Art. 82 ist unmittelbar in den Fällen anzuwenden, in denen der Vertrag nicht aufgehoben worden ist. Wurde der Vertrag aufgehoben, so kommt Art. 82 unter Umständen über Art. 87 zum Tragen.

573 Art. 82 S. 1 schreibt vor, daß der Verlust (dazu vor Art. 82 Rdn. 571) und der entgangene Gewinn zu ersetzen sind. Der Verlust ist mit Hilfe der Differenzmethode zu ermitteln. Auch für die Berechnung des entgangenen Gewinns gilt die konkrete Berechnungsmethode. Der Gewinn muß konkret wahrscheinlich gewesen sein. Schmerzensgeld wird nicht gezahlt (str.). Zum Kursverlust als Schaden OLG München RIW **1979** 277.

574 Der Umfang des Schadensersatzanspruchs wird mit Hilfe des Kriteriums der **Vorhersehbarkeit** beschränkt (**Art. 82 S. 2**). Es kommt auf die Vorhersehbarkeit vom Standpunkt einer vernünftigen Partei in der Lage des Schadensersatzpflichtigen an (Art. 13; BGH DB **1980** 343). Maßgebend sind die einer vernünftigen Partei bei Vertragsschluß zugänglichen Informationen (BGH DB **1980** 343). Daraus ist zu folgern, daß die konkrete Schadenshöhe bei Vertragsschluß ausreichend kalkulierbar gewesen sein muß, weil der Schuldner trotz mangelnden Verschuldens schadensersatzpflichtig werden kann (Art. 74 Abs. 1). Der Schuldner muß in der Lage gewesen sein, den potentiellen Schaden beim Aushandeln der Vertragskonditionen ausreichend zu berücksichtigen, hinreichend Rückstellungen zu tätigen und Versicherungen abzuschließen. Unklar ist, ob die Vorhersehbarkeit isoliert auf die Schadenssumme, auf den Kausalverlauf oder die bloße Art des Schadens zu beziehen ist (vgl. *Dölle/Weitnauer* vor Artt. 82—89 EKG 56 f). Aus der Tatsache, daß der Schädiger in der Lage gewesen sein muß, das Risiko einzukalkulieren, ist zu schließen, daß auch die Art des Schadensverlaufes und die Art des Schadens vorhersehbar gewesen sein müssen, weil hiervon die Wahrscheinlichkeit des Schadens abhängt (LG Bonn RIW **1984** 232, 233). Für den Schädiger müssen nicht nur die mit maximaler Wahrscheinlichkeit eintretenden Schäden, sondern auch die lediglich wahrscheinlichen (möglichen) Schäden voraussehbar gewesen sein. Schäden sind somit voraussehbar, wenn sie vernünftigerweise in das Kalkül eingestellt werden. Vorhersehbar sind insbesondere naheliegende Schäden (BGH DB **1980** 343). Zur Ermittlung der Vorhersehbarkeit können Sachverständigengutachten eingeholt werden (BGH DB **1980** 343, 344). Unvorhersehbarkeit ist z. B. zu bejahen, wenn der Geschädigte die Ware atypischen Verwendungszwecken zuführt (LG Bonn RIW **1984** 232, 233) oder eine branchenunübliche oder außergewöhnlich hohe Vertragsstrafe mit seinen Abnehmern vereinbart hat.

Artikel 83 EKG

Besteht die Vertragsverletzung in der nicht rechtzeitigen Zahlung des Preises, so hat der Verkäufer in jedem Fall Anspruch auf Verzugszinsen hinsichtlich des nicht gezahlten Betrages in Höhe von einem Prozent über dem amtlichen Diskontsatz des Landes, in dem er seine Niederlassung oder in Ermangelung einer Niederlassung seinen gewöhnlichen Aufenthalt hat.

575 Art. 83 schließt die Geltendmachung eines weitergehenden Schadens nicht aus. Der Anspruch aus Art. 83 besteht ohne Rücksicht auf die Vorhersehbarkeit des Schadens. Darüber hinausgehende Schadensersatzansprüche sind auch dann konkret zu berechnen, wenn kein Diskontsatz existiert[206].

B. Schadensersatz in Fällen, in denen der Vertrag aufgehoben ist

Artikel 84 EKG

(1) Bei Aufhebung des Vertrages ist, wenn die Sache einen Marktpreis hat, als Schaden der Unterschied zu ersetzen, der zwischen dem im Vertrag vereinbarten Preis und dem Marktpreis an dem Tag, an dem der Vertrag aufgehoben worden ist, besteht.

(2) Für die Berechnung des Schadensersatzes nach Absatz 1 ist der Preis auf dem Markt maßgebend, auf dem das Geschäft vorgenommen worden ist, oder, wenn ein solcher Preis nicht besteht oder seine Anwendung nicht angebracht wäre, der Preis auf dem Markt, der in angemessener Weise an seine Stelle treten kann, wobei Unterschiede in den Kosten der Beförderung der Sache zu berücksichtigen sind.

576 Art. 84 regelt einen Fall der **abstrakten Schadensberechnung,** bei der es auf die Vorhersehbarkeit des Schadens nicht ankommt. Der Geschädigte kann neben den Ansprüchen aus Art. 84 Schadensersatzansprüche gemäß Art. 86 geltend machen. Er darf auch, anstatt den Schaden abstrakt zu berechnen, eine konkrete Schadensermittlung vornehmen (Artt. 85, 87).

577 Voraussetzung der abstrakten Schadensberechnung gemäß Art. 84 ist es, daß der Vertrag **aufgehoben** ist und die verkaufte Sache einen Marktpreis besitzt. Zum Begriff des **Marktpreises** Art. 12. Ist der Käufer der Geschädigte, so kann er die Differenz zwischen „Marktpreis" und Vertragspreis fordern. Er ist hingegen nicht berechtigt, den Schaden in der Weise abstrakt zu berechnen, daß er seine Handelsspanne beim geplanten Weiterverkauf zugrunde legt (a. A. LG Heidelberg zit. *Magnus* S. 117). Ist der Verkäufer der Geschädigte, so ist von der Differenz zwischen Vertragspreis und Marktpreis auszugehen. Der Marktpreis im Sinne des Art. 84 ist derjenige Preis im Sinne des Art. 12, der bei einem hypothetischen Deckungskauf oder Deckungsverkauf am Tag der Vertragsaufhebung am relevanten Markt vereinbart worden wäre. Relevant ist in erster Linie derjenige Markt, auf dem das Geschäft getätigt wurde, hilfsweise der Markt, auf den ein vernünftiger Geschädigter ohne unverhältnismäßige Aufwendungen ausweichen würde, wenn er sich am ursprünglichen Beschaffungsmarkt nicht mehr eindecken könnte. Ist der Marktpreis oder ein angemessener Ersatzmarkt nicht zu ermitteln, so muß der Geschädigte seinen Schaden konkret berechnen (Art. 87).

Artikel 85 EKG

Hat der Käufer einen Deckungskauf oder der Verkäufer einen Deckungsverkauf in angemessener Weise vorgenommen, so kann er den Unterschied zwischen dem im Vertrag vereinbarten Preis und dem Preis des Deckungskaufs oder des Deckungsverkaufs verlangen.

---

[206] *Magnus* European Experience with the Hague Sales Law, Comparative Law Yearbook **3** (1979/80) S. 117; a. A. OLG Hamburg RIW **1982** 435, 437.

578 Art. 85 eröffnet bei aufgehobenen Verträgen die Möglichkeit einer konkreten Schadensberechnung anhand von realen Deckungsverträgen. Weitergehende Schäden können über Art. 86 liquidiert werden. Das Unterlassen des Deckungskaufs kann der Schadensminderungspflicht zuwiderlaufen (Art. 88).

Artikel 86 EKG

Der Schadensersatz nach den Artikeln 84 und 85 kann sich um die durch die Nichterfüllung entstandenen angemessenen Kosten sowie bis zum vollen Betrag des tatsächlich entstandenen Verlustes und entgangenen Gewinnes erhöhen, welche die Partei, die den Vertrag verletzt hat, bei Vertragsabschluß unter Berücksichtigung der Umstände, die sie gekannt hat oder hätte kennen müssen, als mögliche Folgen der Vertragsverletzung hätte voraussehen müssen.

579 Art. 86 **ergänzt** die Artt. 84, 85 in Hinblick auf **sonstige Schäden,** wie Lagerkosten, Maklerkosten oder Mangelfolgeschäden. Streitig ist, ob der Schaden auch anhand von Art. 86 liquidiert werden kann oder ob der reine Nichterfüllungsschaden jedenfalls dort, wo ein Marktpreis (Art. 12) existiert, immer nach Maßgabe der Artt. 84, 85 berechnet werden muß[207]. Der Nichterfüllungsschaden kann auch nach Maßgabe des Art. 86 berechnet werden. Zwar spricht Art. 86 von „erhöhen", aber auch von entgangenem Gewinn, einer typischen Form des Nichterfüllungsschadens. Art. 86 statuiert deshalb eine Variante der konkreten Schadensberechnung. Der Käufer, der die konkrete Schadensberechnung wählt, ist daher nicht gezwungen, einen Deckungskauf vorzunehmen, um seinen Nichterfüllungsschaden beziffern zu können.

580 Ersatz der Kosten kann nur in angemessener Höhe verlangt werden. Die Kosten müssen ebenfalls vorhersehbar (Art. 82 Rdn. 574) gewesen sein. Auch der reale entgangene Gewinn und die Verluste müssen vorhersehbar (Art. 82 Rdn. 574) gewesen sein. Gleiches gilt für Gewinne infolge von Preissteigerungen auf den Abnehmermärkten (*Huber* DB **1975** 1349 (1351); a. A. *Dölle/Weitnauer* Art. 86 EKG 2). Allerdings wird sich der Verkäufer bei unvorhersehbaren Preissteigerungen ohnehin in der Regel auf Art. 74 Abs. 1 berufen dürfen.

Artikel 87 EKG

Hat die Sache keinen Marktpreis, so wird der Schadensersatz nach Artikel 82 berechnet.

581 Art. 87 erlaubt dem Verletzten dort, wo mangels eines Marktpreises keine abstrakte Schadensberechnung gemäß Art. 84 möglich ist, die uneingeschränkte konkrete Schadensberechnung nach Maßgabe des Art. 82. Art. 87 überschneidet sich zum Teil mit Art. 86. Der Geschädigte darf den Nichterfüllungsschaden auf der Basis von Deckungsgeschäften berechnen (Art. 85).

C. Allgemeine Bestimmungen über Schadensersatz
Artikel 88 EKG

Die Partei, die sich auf eine Vertragsverletzung beruft, ist verpflichtet, alle angemessenen Maßnahmen zur Verringerung des entstandenen Verlustes zu treffen. Versäumt sie dies, so kann die andere Partei Herabsetzung des Schadenersatzes verlangen.

582 Art. 88 statuiert eine Obliegenheit zu Lasten des (potentiell) Geschädigten. Der Geschädigte ist zur **Verringerung** des entstandenen Verlustes verpflichtet. Das heißt nicht,

---
[207] Bejahend *Mertens/Rehbinder* Art. 86 EKG 4; verneinend *Dölle/v. Caemmerer* Art. 63 EKG 11 f; *Dölle/Weitnauer* Art. 86 EKG 2; *Schultze — v. Lasaulx* S. 43.

daß er gehalten wäre, ex post bereits eingetretene Verluste zu verringern. Vielmehr soll der Geschädigte von vornherein dafür sorgen, daß ein Verlust möglichst klein bleibt. Zur Einschaltung eines Inkassobüros LG Essen MDR **1981** 148. Der Geschädigte muß sich ferner darum bemühen, daß ein Verlust erst gar nicht entsteht, daß ein Schaden verhütet wird[208]. Der (potentiell) Geschädigte hat angemessene Maßnahmen zu treffen, d. h. mit Mitteln, die vom Standpunkt einer vernünftigen Partei in der Lage des Geschädigten aus zumutbar sind, für Gefahrenabwehr zu sorgen. Hierbei hat man sich an den verkehrsüblichen und verkehrserforderlichen Sorgfaltstandards zu orientieren. Der Geschädigte hat insoweit für seine Hilfspersonen einzustehen. Der Art. 74 Abs. 1 zugrunde liegende Maßstab kann nicht herangezogen werden, da Art. 88 von „angemessenen Maßnahmen" spricht und damit den „Pflichten"-Maßstab selbst festlegt. Zum anderen kann als Gegengewicht gegen eine Haftung des Schuldners nach den Grundsätzen abstrakter Beherrschbarkeit nur eine Entlastung nach den Grundsätzen der Fahrlässigkeit in Betracht gezogen werden.

Artikel 89 EKG

Im Fall absichtlicher Schädigung oder arglistiger Täuschung bestimmt sich der Schadenersatz nach den Vorschriften, die für nicht diesem Gesetz unterliegende Kaufverträge gelten.

Art. 89 erlaubt es dem Geschädigten, zusätzlich zu den sich aus dem EKG ergebenden Ansprüchen, Forderungen nach dem nationalen Recht, das nach IPR anwendbar wäre, durchzusetzen. Diese Möglichkeit ist insbesondere dort von Bedeutung, wo der Schaden unvorhersehbar (Art. 82 Rdn. 574) war. **Deliktische** Ansprüche bleiben vom EKG gänzlich unberührt. **583**

Abschnitt V
Kosten
Artikel 90 EKG

Die Kosten der Lieferung der Sache hat der Verkäufer zu tragen; alle nach der Lieferung entstehenden Kosten hat der Käufer zu tragen.

Art. 90 gilt subsidiär. Wie allgemein im EKG, ist die maßgebliche Regelung primär dem Vertrag (Art. 3; zu den Handelsklauseln Rdn. 168) und den Gebräuchen (Art. 9) zu entnehmen. Art. 90 stellt hilfsweise den Grundsatz auf, daß jede Partei die im Zusammenhang mit dem von ihr geschuldeten Handlungsprogramm entstehenden Kosten zu tragen hat. **584**

Abschnitt VI
Verwahrung der Sache
Artikel 91 EKG

Nimmt der Käufer die Sache nicht rechtzeitig ab oder zahlt er den Preis nicht rechtzeitig, so ist der Verkäufer verpflichtet, angemessene Maßnahmen zur Erhaltung der Sache zu treffen; er ist berechtigt, die Sache zurückzubehalten, bis ihm der Käufer seine angemessenen Aufwendungen erstattet hat.

Art. 91 schwächt die Art. 98 entspringende Risikobelastung des Käufers ab, indem er den Verkäufer verpflichtet, trotz des Gefahrübergangs für die Ware zu sorgen. **Voraussetzung** der Verwahrungspflicht ist, daß der Käufer (1) sich in Annahmeverzug **585**

---

[208] *Dölle/Weitnauer* Art. 88 EKG 3; a. A. wohl *Mertens/Rehbinder* Art. 88 EKG 2.

(Artt. 65 ff) befindet oder (2) keine Vorauszahlung leistet und der Verkäufer deshalb die Lieferung aufschieben darf oder (3) der Käufer nicht Zug um Zug (Art. 71) zahlt. Der Verkäufer hat für die Aufbewahrung der Ware so zu sorgen, als ob er die Ware eines Dritten zu verwahren verpflichtet wäre. Er kann sich den aus der Verwahrungspflicht resultierenden Belastungen in den Grenzen des Art. 83 durch **Einlagerung bei einem Dritten** entziehen. Drohen infolge der Verwahrung unverhältnismäßige Kosten zu entstehen, so greift Art. 95 ein. Der Verkäufer hat laufend darauf zu achten, ob trotz ordnungsgemäßer Verwahrung ein **Verlust** oder eine **Verschlechterung** des Gutes zu befürchten ist, und im Falle einer konkreten Gefahr zum Selbsthilfeverkauf zu schreiten (Art. 95). Zur ungebührlichen Hinauszögerung der Annahme bzw. Zahlung Art. 94. **Verletzt** der Verkäufer seine **Pflichten,** so hat er die Preisgefahr zu tragen (Art. 96). Außerdem haftet er gemäß Art. 55. Für sein Personal hat der Verkäufer im Rahmen des Art. 74 Abs. 1 einzustehen, nicht aber für den Lagerhalter, den er gemäß Art. 93 eingeschaltet hat.

586 Die **Kosten** der Verwahrung fallen dem Käufer zur Last, es sei denn, daß sie im Falle des Art. 93 unverhältnismäßig hoch waren oder der Verkäufer im Falle des Art. 91 die unverhältnismäßigen Kosten durch einen Verkauf gemäß Art. 95 vermeiden konnte. Der Käufer hat dann nur die verhältnismäßigen Kosten zu erstatten. Zur Sicherung dieses Anspruches ist der Käufer vorleistungspflichtig.

Artikel 92 EKG

(1) Hat der Käufer die Sache empfangen, will er sie aber zurückweisen, so hat er angemessene Maßnahmen zu ihrer Erhaltung zu treffen; er ist berechtigt, sie zurückzubehalten, bis ihm der Verkäufer seine angemessenen Aufwendungen erstattet hat.

(2) Ist die dem Käufer zugesendete Sache ihm am Bestimmungsort zur Verfügung gestellt worden, will er sie aber zurückweisen, so hat er sie für Rechnung des Verkäufers in Besitz zu nehmen, sofern dies ohne Zahlung des Preises und ohne unverhältnismäßige Unannehmlichkeiten oder Kosten möglich ist. Dies gilt nicht, wenn der Verkäufer am Bestimmungsort anwesend ist oder wenn an diesem Ort eine Person vorhanden ist, die befugt ist, die Sache für Rechnung des Verkäufers in Obhut zu nehmen.

587 Art. 92 Abs. 1 stellt eine Parallele zu Art. 91 dar. Art. 92 Abs. 2 erweitert den Pflichtenkreis des Käufers, wenn der Käufer — wie typischerweise beim Distanzkauf — näher daran ist, sich um die Ware zu kümmern.

588 **Art. 92 Abs. 1.** Die Ware muß in den Gewahrsam des Käufers gelangt sein. Der Käufer muß wegen einer Lieferung am falschen Ort oder wegen einer vorzeitigen (Art. 29) oder vertragswidrigen (Art. 33) Lieferung noch zur Zurückweisung der Ware berechtigt sein, d. h. noch berechtigt sein, den Vertrag aufzuheben oder vertragsgemäße Erfüllung zu verlangen. Der Käufer, der die Ware zurückweisen will, muß angemessene Maßnahmen der Erhaltung (Art. 91 Rdn. 584) treffen. Zur Erstattung der Aufwendungen für die Erhaltung Art. 91 Rdn. 585. Verletzt der Käufer seine Pflichten, so geht die Gefahr analog Art. 97 Abs. 2 auf ihn über. Er verliert unter Umständen sein Recht zur Aufhebung des Vertrages (Art. 79 Abs. 2 lit. d). Jedenfalls ist er zum Schadensersatz verpflichtet (Art. 70). Zur Einstandspflicht für Hilfspersonen Art. 91 Rdn. 585.

589 **Art. 92 Abs. 2.** Der Käufer darf hier die Ware noch nicht in Gewahrsam genommen haben. Sie muß ihm am Bestimmungsort, gleichgültig, ob im Rahmen eines Versendungs- oder Fernkaufs, so zur Verfügung gestellt worden sein, daß er sie ohne vorherige Bezahlung jederzeit in Empfang nehmen konnte. Dem Käufer dürfen aus einer Verwahrung, gegebenenfalls bei einem Dritten (Art. 93) keine unverhältnismäßigen

Unannehmlichkeiten drohen (denkbar bei aliud-Lieferung). Es dürfen auch keine unverhältnismäßigen Kosten zu besorgen sein (dann Art. 95 Rdn. 585). Ist der Verkäufer bzw. sein Agent (auch Frachtführer (§ 437 HGB)) nicht am Bestimmungsort anwesend, so ist der Käufer verpflichtet, die Ware nach Maßgabe des Art. 92 Abs. 1 zu verwahren, einzulagern (Art. 93) oder zu verkaufen (Art. 94).

Artikel 93 EKG

Die Partei, die verpflichtet ist, Maßnahmen zur Erhaltung der Sache zu treffen, kann die Sache auf Kosten der anderen Partei in den Lagerräumen eines Dritten einlagern, sofern daraus keine unverhältnismäßigen Kosten entstehen.

Der Verkäufer bzw. Käufer hat nur für fehlerhafte Auswahl des Lagerhalters, nicht aber für dessen Fehlverhalten einzustehen. **590**

Artikel 94 EKG

(1) Die Partei, die in den Fällen der Artikel 91 und 92 Maßnahmen zur Erhaltung der Sache zu treffen hat, kann die Sache auf jede geeignete Weise verkaufen, wenn die andere Partei die Annahme oder die Rücknahme der Sache oder die Zahlung der Erhaltungskosten ungebührlich hinauszögert, vorausgesetzt, daß sie der anderen Partei die Verkaufsabsicht angezeigt hat.

(2) Die Partei, welche die Sache verkauft, kann aus dem Erlös des Verkaufes den Betrag zurückbehalten, der den angemessenen Kosten der Erhaltung und des Verkaufes der Sache entspricht; den Überschuß hat sie der anderen Partei zu übermitteln.

Art. 94 soll die zur Verwahrung verpflichtete Partei vor lang andauernden Belastungen infolge der Verwahrung und deren Finanzierung schützen und gibt daher dem Betroffenen das Recht, sich der Verwahrungspflicht mit Hilfe eines Verkaufs zu entledigen. **591**

Voraussetzung des Selbsthilfeverkaufs ist, daß die Annahme (Art. 91), Rücknahme (Art. 92) oder Bezahlung (Art. 91) ungebührlich lange hinausgezögert worden ist. **Ungebührlich** lange ist die Verzögerung, wenn eine angemessene Nachfrist zur Annahme etc. abgelaufen wäre. Außerdem muß die Verkaufsabsicht **angezeigt** worden sein. Die Anzeige erfüllt Warnfunktionen, so daß die Berechtigung zum Verkauf erst kurze Frist (Art. 11) nach dem mutmaßlichen Eintreffen der Anzeige beim anderen Teil entsteht (ähnlich *Mertens/Rehbinder* Art. 94 EKG 5). Die Anzeige ist nicht empfangsbedürftig (*Noussias* S. 161 f; Analogie zu Art. 39 Abs. 3). Der Verkauf kann **freihändig** erfolgen. Der Selbsthilfeverkäufer ist zur **Herausgabe des Überschusses** im Sinne des Art. 94 Abs. 2 verpflichtet. Das Geld reist auf Gefahr des anderen Teils. Außerdem kann der Selbsthilfeverkäufer uneingeschränkt nach Maßgabe des einschlägigen unvereinheitlichten Rechts aufrechnen[209]. **592**

Lagen die Voraussetzungen des Art. 94 nicht vor, so wurde die Ware auf eigene Rechnung verkauft. Der Selbsthilfeverkäufer **haftet** entsprechend den allgemeinen Vorschriften[210]. **593**

Artikel 95 EKG

Ist die Sache in den Fällen der Artikel 91 und 92 einem Verlust oder einer raschen Verschlechterung ausgesetzt oder würde ihre Aufbewahrung unverhältnismäßige Kosten verursachen, so ist die Partei, der die Erhaltung obliegt, verpflichtet, die Sache nach Maßgabe des Artikels 94 verkaufen zu lassen.

---

[209] Z. B. mit Kaufpreiszahlungsansprüchen; a. A. *Mertens/Rehbinder* Art. 94 EKG 8, die die Artt. 61 Abs. 2, 78 Abs. 2 S. 2 analog anwenden wollen.

[210] A. A. *Dölle/Eberstein* Art. 94 EKG 3, der in der Anzeigepflicht keine Wirksamkeitsvoraussetzung sieht und nur Schadensersatzpflichten anerkennt.

594 Art. 95 regelt einen Fall des **Notverkaufs**. Hier ist der Käufer bzw. Verkäufer nicht nur zum Selbsthilfeverkauf berechtigt, sondern dazu sogar **verpflichtet**. **Voraussetzungen** des Notverkaufs sind alternativ der drohende Verlust, die rasche Verschlechterung oder die Entstehung unverhältnismäßiger Aufbewahrungskosten, die gemäß Artt. 91, 92, 93 nicht erstattet werden („angemessene Aufwendungen"). Art. 95 belastet diejenige Partei mit der Pflicht zum Notverkauf, der an sich die Erhaltung der Ware obliegt (Artt. 91 ff). Im Fall des Art. 92 Abs. 2 ist der Käufer nicht zur Annahme und damit von vornherein nicht zur Erhaltung verpflichtet, wenn unverhältnismäßige Kosten drohen. Er ist daher auch nicht zum Notverkauf verpflichtet. Art. 92 Abs. 2 ist auch nicht analog anzuwenden.

Art. 95 verweist nur auf die Rechtsfolgen des Artt. 94. Es ist deshalb **keine Verkaufsanzeige** zu erstatten (*Mertens/Rehbinder* Artt. 94, 95 EKG 12). Aus dem Wortlaut des Art. 95 „verkaufen zu lassen" ist nicht zu folgern, daß die Ware nicht durch den Erhaltungsverpflichteten selbst **freihändig** verkauft werden kann; denn es besteht kein Anlaß, die Voraussetzungen des Selbsthilfeverkaufs im Vergleich zu Art. 94 hochzuschrauben (**a. A.** *Dölle/Eberstein* Art. 95 EKG 5).

Wird die Pflicht zum Notverkauf verletzt, so macht sich die obhutspflichtige Partei **schadensersatzpflichtig** (Artt. 55, 70).

Kapitel VI
Übergang der Gefahr
Artikel 96 EKG

Ist die Gefahr auf den Käufer übergegangen, so ist dieser, ungeachtet des Untergangs oder der Verschlechterung der Sache, zur Zahlung des Preises verpflichtet, es sei denn, daß diese Ereignisse auf ein Verhalten des Verkäufers oder einer Person, für die er einzustehen hat, zurückzuführen sind.

595 Art. 96 regelt die Folgen des Gefahrübergangs im Sinne der Artt. 97 ff. Die Artt. 96 ff betreffen ausschließlich die **Preisgefahr**. Die Belastung mit der Leistungsgefahr ergibt sich primär aus Art. 74. Es ist jedoch festzuhalten, daß spätestens mit dem Übergang der Preisgefahr auch die **Leistungsgefahr** übergeht. Die Regelung der Artt. 96 ff steht unter dem Vorbehalt abweichender Abreden (Art. 3, zu den Handelsklauseln Rdn. 168: zur Vertragsauslegung Art. 101) und abweichender Gebräuche (Art. 9). Die Artt. 96 ff gelten nicht nur beim Untergang und der Verschlechterung der Ware, sondern kommen in **sämtlichen Fällen des Verlusts**, z. B. infolge Diebstahls oder Beschlagnahme, zur Anwendung. Der **Zeitpunkt** des Gefahrübergangs ergibt sich nach dispositivem Recht aus den Artt. 97 ff.

596 Die Rechtsfolge des Gefahrübergangs „Zahlung trotz Nichtbelieferung bzw. nichtvertragsgemäßer Belieferung" tritt **nicht** ein, wenn der **Verkäufer** den **Verlust** oder die Verschlechterung der Ware **zu vertreten** hat. Der Verkäufer hat für sämtliche Ereignisse einzustehen, die durch Handlungen verursacht wurden, die seinem Organisationskreis zuzurechnen sind oder die er bzw. seine Leute pflichtwidrig nicht verhindert haben. Eine Ausnahme gilt für solche Handlungen, die der Verkäufer bzw. seine Hilfspersonen rechtmäßig vornehmen durften. Hingegen ist es nicht notwendig, daß der Verkäufer bzw. seine Hilfspersonen schuldhaft gehandelt haben oder das Ereignis beherrschen konnten.

Artikel 97 EKG

(1) Die Gefahr geht auf den Käufer über, sobald die Lieferung der Sache nach den Bedingungen des Vertrages und dieses Gesetzes bewirkt ist.

(2) Im Fall der Aushändigung einer vertragswidrigen Sache geht die Gefahr, sobald die Sache, abgesehen von ihrer Vertragswidrigkeit, nach den Bedingungen des Vertrages und dieses Gesetzes ausgehändigt ist, auf den Käufer über, wenn dieser weder die Aufhebung des Vertrages erklärt noch eine Ersatzlieferung verlangt hat.

Art. 97 Abs. 1 legt den Übergang der **Preisgefahr** auf den Moment, in dem die Ware **597** geliefert wurde. Die Ware muß im Einklang mit dem Vertrag geliefert worden sein. Für den Fall der vertragswidrigen Lieferung sieht Art. 97 Abs. 2 eine Sonderregel vor. Zu den vorrangigen Handelsklauseln Rdn. 168. Der Begriff „**Lieferung**" ist in Art. 19 Abs. 1 als Aushändigung einer vertragsgemäßen Sache definiert. Grundsätzlich geht mithin die Gefahr mit der **Aushändigung** der Ware an den Käufer (Art. 19 Abs. 1) bzw. bei Versendungskäufen an den Beförderer (Art. 19 Abs. 2) über. Haben die Parteien vereinbart, daß der **Herausgabeanspruch** abgetreten werden oder ein **Besitzkonstitut** begründet werden soll, so verbleibt es bei der in Art. 97 Abs. 1 aufgestellten Regel, es sei denn, daß die Übereignung durch Erfüllungssurrogate erfolgen sollte (*Huber* DB **1975** 1205, 1208; ferner Art. 19 Rdn. 348). Die Gefahr geht spätestens in dem Zeitpunkt über, in dem die Lieferpflicht erfüllt ist. Bei **Gattungsschulden** ist als zusätzliche, in Art. 97 Abs. 1 nicht erwähnte Voraussetzung des Gefahrübergangs zu berücksichtigen, daß die Ware ausgesondert und nach außen erkennbar dem Käufer zugeordnet worden sein muß (Ausnahme: Sammelversendung, Rdn. 67). Art. 100 scheint zwar für die entgegengesetzte Auslegung zu sprechen (*Mertens/Rehbinder* Art. 97 EKG 6 m. Nachw.). Die französische und englische Fassung des Art. 100 zeigen jedoch, daß im Einklang mit den im Überseehandel existierenden Gebräuchen im Falle einer konkretisierenden Versendungsanzeige (Rdn. 66) von einem rückwirkenden Übergang der Gefahr ausgegangen wird (**a. A.** *Dölle/Neumayer* Art. 100 EKG 6, 10). Daraus ist zu folgern, daß bei der Gattungsschuld die Gefahr ohne Konkretisierung nicht auf den Käufer übergeht (ebenso i. E. *Dölle/Neumayer* Art. 100 EKG 11). Hat der Verkäufer **Dokumente** anzudienen, die die Ware repräsentieren (z. B. Konnossemente), so wird dadurch der Gefahrübergang nicht aufgeschoben. Die Gefahr fällt allerdings auf den Verkäufer zurück, wenn dieser die Dokumente nicht vertragsgemäß andient und der Käufer daher die Aufhebung des Vertrages erklärt. Liefert der Verkäufer **vorzeitig,** so geht die Gefahr mit der Abnahme im Sinne des Art. 29 über, da der Käufer die Leistung als vertragsgemäß gelten läßt (*Mertens/Rehbinder* Art. 97 EKG 6 (str.)). In anderen Fällen geht die Gefahr erst im vertraglichen Lieferzeitpunkt über. Gleiches gilt bei Lieferung am **falschen Ort.** Bei **verspäteten** Lieferungen geht die Gefahr auch dann im Zeitpunkt der Aushändigung (Rdn. 348) auf den Käufer über, wenn die Verzögerung zu einer wesentlichen Vertragsverletzung geführt hat (*Dölle/Neumayer* Art. 97 EKG 52; **a. A.** *Mertens/Rehbinder* Art. 97 EKG 20 m. Nachw.). Allerdings besitzt der Käufer in der Aufhebung des Vertrages ein Instrument, die Gefahr auf den Verkäufer zurückfallen zu lassen.

Bei Lieferung **nicht vertragsgemäßer Sachen** geht grundsätzlich die Gefahr nicht **598** über (Art. 97 Abs. 1). Davon macht Art. 97 Abs. 2 eine Ausnahme. — Die Gefahr geht in zwei Fallgruppen, gegebenenfalls rückwirkend auf den Zeitpunkt der Aushändigung im Sinne des Art. 19 Abs. 1, 2, auf den Käufer über: (1) Der Käufer war von vornherein nicht berechtigt, Ersatzlieferung zu verlangen oder die Aufhebung des Vertrages zu erklären, z. B. weil die als Species gekaufte Sache nur einen unwesentlichen Mangel aufwies und eine Nachbesserung unmöglich war. (2) Der Käufer durfte zwar Ersatzlieferung verlangen oder die Aufhebung des Vertrages erklären; im Entscheidungszeitpunkt hatte er jedoch diese Rechte verloren, z. B. weil er den Mangel nicht rechtzeitig angezeigt hatte oder eine Vertragsaufhebung an Art. 79 scheiterte. Hier wird der Käufer rückwirkend mit der Gefahr belastet[211]. Diese Regel gilt auch bei der Lieferung eines krassen aliud (a. A. *Dölle/Neumayer* Art. 97 EKG 35), nicht aber in Fällen, in denen der Käufer zunächst Erfüllung in Form von Nachbesserung oder Nachlieferung verlangt, dann aber den Vertrag aufgehoben hat, weil der Verkäufer dem Erfüllungsverlangen nicht binnen der in Art. 42 Abs. 2 genannten Frist oder einer angemessenen Nachfrist nachgekommen ist[212]. In diesen Fällen geht die Gefahr erst über, wenn die Vertragswidrigkeit beseitigt ist oder — dann mit Rückwirkung —, wenn dem Käufer die Aufhebung des Vertrages unmöglich wird.

Artikel 98 EKG

(1) Wird die Aushändigung der Sache verzögert, weil der Käufer eine seiner Pflichten verletzt hat, so geht die Gefahr in dem Zeitpunkt über, in dem ohne diese Vertragsverletzung die Sache nach dem Vertrag hätte spätestens ausgehändigt werden müssen.

(2) Betrifft der Kaufvertrag Gattungssachen, so geht wegen der dem Käufer zur Last fallenden Verzögerung die Gefahr nur dann auf diesen über, wenn der Verkäufer offensichtlich für die Vertragserfüllung vorgesehene Sachen ausgesondert und den Käufer durch eine Anzeige davon unterrichtet hat.

(3) Sind die Gattungssachen so beschaffen, daß der Verkäufer nicht einen Teil derselben aussondern kann, solange der Käufer nicht zur Abnahme bereit ist, so genügt es, daß der Verkäufer alle Handlungen ausgeführt hat, die erforderlich sind, um dem Käufer die Möglichkeit zur Abnahme zu geben.

599 Art. 98 regelt den Gefahrübergang beim Gläubigerverzug im Sinne der §§ 293 ff BGB. Der Verkäufer soll nicht mit einer auf das Verhalten des Käufers zurückzuführenden Gefahrerhöhung belastet werden. Der Käufer muß mithin seine vertraglichen **Pflichten** zur Abnahme (Art. 65), Zahlung (Artt. 57 ff) oder zur Mitwirkung verletzt haben. In Hinblick auf die Abnahmepflicht ist festzuhalten, daß der Käufer nur vertragsgemäße Leistungen abzunehmen hat. Die Ursache, die zur Pflichtverletzung geführt hat, ist unerheblich. Weder kommt es auf ein Verschulden des Käufers bzw. seiner Hilfspersonen an, noch ist Art. 74 Abs. 1 anwendbar (*Dölle/Neumayer* Art. 98 EKG 4 (str.)). Bei **Gattungsschulden** muß die Ware grundsätzlich konkretisiert gewesen sein (Art. 98 Abs. 2). Über die Anforderungen des § 243 Abs. 2 BGB hinausgehend fordert Art. 98 Abs. 2 als Voraussetzung des Gefahrübergangs eine Anzeige. Die Anzeige braucht nicht schriftlich zu erfolgen (a. A. *Mertens/Rehbinder* Art. 98 EKG 7); sie muß dem Käufer nicht zugehen (*Noussias* S. 134 f). Wie der Wortlaut der französischen Fassung des EKG zeigt, finden die Art. 19 Abs. 3, Art. 39 Abs. 3 keine analoge Anwendung (*Mertens/Rehbinder* Art. 98 EKG 7). **Ausnahme** vom Erfordernis der Konkretisierung: Art. 98 Abs. 3. Die Pflichtverletzung muß zu einer **Verzögerung** der Abnahme führen; sie muß das Risiko des Verlustes beim Verkäufer erhöht haben. Maßgeblich ist der letzte dem Käufer zur Erfüllung seiner Pflichten gewährte Zeitpunkt.

600 **Rechtsfolge:** Die Preisgefahr geht in dem Zeitpunkt über, in dem der Käufer spätestens seine Pflicht hätte erfüllen müssen. Der Gesetzeswortlaut führt zu zweckwidrigen Ergebnissen, wenn der Verkäufer berechtigt war, noch später zu liefern (vgl. *Dölle/Neumayer* Art. 98 EKG 3).

Artikel 99 EKG

(1) Betrifft der Kauf eine Sache, die sich zur Beförderung auf See befindet, so trägt der Käufer die Gefahr von dem Zeitpunkt an, in dem die Sache dem Beförderer ausgehändigt worden ist.

---

[211] *Mertens/Rehbinder* Art. 97 EKG 9 f; *Dölle/Huber* Art. 9 EKG 158; abw. *Dölle/Neumayer* Art. 97 EKG 34.

[212] Artt. 43, 44 Abs. 2; *Mertens/Rehbinder* Art. 97 EKG 19; *Dölle/Neumayer* Art. 97 EKG 46 jeweils m. Nachw. zum Streitstand.

(2) Hat der Verkäufer bei Vertragsabschluß gewußt oder hätte er wissen müssen, daß die Sache untergegangen oder verschlechtert worden war, so trifft ihn die Gefahr bis zum Zeitpunkt des Vertragsabschlusses.

601 Art. 99 betrifft den Kauf schwimmender Ware (Rdn. 73). In aller Regel werden hier vertragliche Abreden (Handelsklauseln Rdn. 168) oder Gebräuche den Vorrang genießen (Artt. 3, 9). Die Gefahr geht ohne Rücksicht auf den Zeitpunkt des Vertragsschlusses in dem Moment über, in dem die Ware dem Beförderer ausgehändigt (Art. 19 Abs. 2) wurde (v. *Caemmerer* Festschrift Beitzke (1979) S. 34, 39 (str.)). Eine Beförderung auf dem Landweg zum Hafen fällt nicht in den Regelungsbereich des Art. 99. Nicht notwendig ist es, daß die Ware als versichert verkauft wurde, doch ist im Zweifel davon auszugehen, daß Art. 99 abbedungen sein soll, wenn die Ware nicht versichert (z. B. auf cif-Basis) geliefert werden sollte (*Dölle/Neumayer* Art. 99 EKG 11 ff). Zur Leistung vertragswidriger Ware Art. 97 Abs. 2.

Artikel 100 EKG

Hat in einem Fall des Artikels 19 Abs. 3 der Verkäufer in dem Zeitpunkt, in dem er die Anzeige oder das Schriftstück mit der Bezeichnung der Sache abgesendet hat, gewußt oder hätte er wissen müssen, daß die Sache nach der Aushändigung an den Beförderer untergegangen oder verschlechtert worden war, so trifft ihn die Gefahr bis zu dem Zeitpunkt, in dem er die Anzeige oder das Schriftstück abgesendet hat.

602 Art. 100 enthält eine aus dem Recht des Überseekaufs bekannte Regel (Rdn. 66). Art. 100 läßt die Gefahr rückwirkend auf den Zeitpunkt der Aushändigung der Ware an den Beförderer übergehen, wenn der Verkäufer eine Versandanzeige im Sinne des Art. 19 Abs. 3 abgesandt hatte und der Verkäufer im Moment der Absendung gutgläubig war (s. Art. 97 Rdn. 597). War der Verkäufer bösgläubig, so geht die Gefahr weiterer Schäden erst in dem Moment auf den Käufer über, in dem die Versendungsanzeige abgesandt wird (a. A. *Dölle/Neumayer* Art. 100 EKG 13).

Artikel 101 EKG

Der Übergang der Gefahr bestimmt sich nicht notwendigerweise nach den Vereinbarungen über die Kostentragung.

603 Art. 101 entspricht § 269 Abs. 2 BGB. Zur Tragweite von Handelsklauseln Rdn. 168.

Kapitel VII
Schlußbestimmungen
Artikel 102 EKG

Vertragsstaaten im Sinne von Artikel 1 Abs. 1 dieses Gesetzes sind die Staaten, die das Haager Übereinkommen vom 1. Juli 1964 zur Einführung eines Einheitlichen Gesetzes über den internationalen Kauf beweglicher Sachen ratifiziert haben oder ihm beigetreten sind.

Artikel 103 EKG

Dieses Gesetz gilt nach Maßgabe des § 13 Abs. 1 des Dritten Überleitungsgesetzes vom 4. Januar 1952 (Bundesgesetzbl. I S. 1) auch im Land Berlin.

Artikel 104 EKG

(1) Dieses Gesetz tritt an dem Tage in Kraft, an welchem das Haager Übereinkommen vom 1. Juli 1964 zur Einführung eines Einheitlichen Gesetzes über den internationalen Kauf beweglicher Sachen für die Bundesrepublik Deutschland in Kraft tritt.

(2) Der Tag, an dem dieses Gesetz in Kraft tritt, ist im Bundesgesetzblatt bekanntzugeben.

F. Einheitliches Gesetz über den Abschluß von internationalen Kaufverträgen über bewegliche Sachen vom 17. Juli 1973 (EAG)

(BGBl I S. 868)

Schrifttum
Siehe Schrifttum zum EKG (Rdn. 299).

Artikel 1 EAG

Dieses Gesetz ist auf den Abschluß von Kaufverträgen anzuwenden, für die im Falle des Zustandekommens das Einheitliche Gesetz über den internationalen Kauf beweglicher Sachen gelten würde.

604 Das EAG wurde bisher von Belgien, Bundesrepublik Deutschland, Gambia, Großbritannien, Italien, Luxemburg, Niederlande, San Marino ratifiziert. Die Bundesrepublik Deutschland hat den Vorbehalt nach Art. III des Kaufübereinkommens angemeldet. Demnach gilt vor deutschen Gerichten das EAG grundsätzlich zwischen Parteien, die ihre Niederlassung oder gewöhnlichen Aufenthalt in Vertragsstaaten besitzen (s. Art. 1 EKG Rdn. 302). Maßgeblich ist insoweit der Vertragsstaat im Sinne des EKG (*Dölle/Schlechtriem* Artt. 14—16 EAG 4ff; zu den Vorbehalten der übrigen Vertragsstaaten *Dölle/Herber* Art. 1 EAG 4, 9).

Das EAG regelt ausschließlich die äußeren Probleme des Konsenses, nicht aber die Gültigkeit von Willenserklärungen. Es greift nur beim Abschluß von Kaufverträgen im Sinne des EKG (vgl. Artt. 1 EKG Rdn. 301; 5 EKG Rdn. 312; 6 EKG) ein.

Artikel 2 EAG

(1) Die folgenden Artikel sind insoweit nicht anzuwenden, als sich aus den Vorverhandlungen, dem Angebot, der Antwort, den Gepflogenheiten, die sich zwischen den Parteien gebildet haben, oder den Gebräuchen eine andere Regelung ergibt.

(2) Eine Bestimmung des Angebots, wonach Schweigen als Annahme gelten soll, ist jedoch immer unwirksam.

605 Art. 2 Abs. 1 EAG legt den Vorrang des Parteiwillens und der Gepflogenheiten sowie Gebräuche (Art. 13 EAG) fest. Wird erst in der Antwort auf das Angebot das EAG ausgeschlossen, so ist dies als neues Angebot zu verstehen (*Dölle/Herber* Art. 2 EAG 5).

Der Ausschluß muß nicht umfassend sein. Die Ergänzung, Modifizierung oder der teilweise Ausschluß des EAG hat dann, wenn das EKG in vollem Umfang gelten soll, im Zweifel nur die Wirkung, daß einzelne Regeln des EAG nicht oder modifiziert zum Tragen kommen. Nur ausnahmsweise ergibt sich daraus, daß der Vertragsschluß dem nach dem IPR anwendbaren Recht unterliegt (*Mertens/Rehbinder* Art. 2 EAG 3). Die Grundsätze über die Wirkung von Bestätigungsschreiben stellen Gebräuche i. S. d. Art. 2 dar (OLG Hamburg RIW **1981** 262, 263).

Artikel 3 EAG

Für das Angebot und die Annahme ist keine besondere Form vorgeschrieben. Sie können insbesondere auch durch Zeugen bewiesen werden.

606 Die Regelung ist dispositiv (Art. 2 Abs. 1 EAG). Die Einhaltung einer Form kann sich auch aus den Gebräuchen (Art. 13 EAG) und Gepflogenheiten der Parteien ergeben. Die Form notwendiger Zustimmungserklärungen Dritter sowie Formerfordernisse, die auf das Handeln der öffentlichen Hand bezogen sind, ist in Art. 3 nicht geregelt. Ein Verstoß gegen die Form hat die Nichtigkeit der Erklärung zur Folge. Betrifft der Formverstoß die Annahmeerklärung, so ist sie nicht als neues Angebot unter Formverzicht zu deuten, das konkludent angenommen werden kann (a. A. *Dölle/Reinhart* Art. 3 EAG 34).

Artikel 4 EAG

(1) Eine Mitteilung, die eine Person an eine oder mehrere bestimmte Personen zum Zwecke des Abschlusses eines Kaufvertrages richtet, stellt ein Angebot nur dar, wenn sie bestimmt genug ist, um durch diese Annahme den Vertrag zustande kommen zu lassen, und wenn sie den Willen ihres Urhebers, sich zu binden, zum Ausdruck bringt.

(2) Vorverhandlungen, Gepflogenheiten, die sich zwischen den Parteien gebildet haben, Gebräuche sowie die Bestimmungen des Einheitlichen Gesetzes über den internationalen Kauf beweglicher Sachen sind bei der Auslegung der Mitteilung zu berücksichtigen und ergänzen diese.

607 Art. 4 steht der Vereinbarung von Verträgen mit einseitigen Bestimmungsmöglichkeiten nicht entgegen; doch müssen diese ihrerseits hinreichend bestimmt sein. Ist die Bestimmungsbefugnis nicht geregelt, so kann § 316 BGB nicht herangezogen werden. Für die Festsetzung des **Preises** sieht Art. 57 EKG die Regel vor, daß der Käufer den im Zeitpunkt des Vertragsschlusses vom Verkäufer üblicherweise geforderten Preis zu zahlen hat, falls der Preis im Vertrag weder bestimmt noch für seine Bestimmung Vorsorge getroffen ist. Die Gültigkeit der Mitteilung (**Geschäftsfähigkeit, Irrtum, Vertretung** etc.) richtet sich nach unvereinheitlichtem nationalen Recht.

608 **Allgemeine Geschäftsbedingungen** werden Inhalt des Vertrages, wenn sie den Mitteilungen beiliegen oder auf sie verwiesen wird und der Empfänger in zumutbarer Weise von ihnen Kenntnis nehmen konnte. Ferner können sie kraft Gebräuche (Art. 13 EAG) oder Parteigepflogenheiten Geltung erlangen. Hingegen soll das Kennenmüssen des Kunden von der Existenz branchenüblicher **AGB** nicht genügen (*Mertens/Rehbinder* Art. 4 EAG 18). Werden AGB, auf die verwiesen wird, nicht Erklärungsbestandteil, weil sie der Kunde nur mit unzumutbaren Schwierigkeiten zu ermitteln vermag, so ist die Mitteilung unbestimmt (a. A. *Dölle/Schlechtriem* Art. 4 EAG 17). Es kommt aber zum Vertragsschluß, wenn die Antwort auf die Mitteilung als neue Offerte gewertet werden kann, die z. B. in der Form des Art. 6 Abs. 2 EAG angenommen wird. Ein **Bestätigungsschreiben** kann zur Folge haben, daß die AGB noch Eingang in den Vertrag finden, falls das Schweigen auf Bestätigungsschreiben nach den Gebräuchen oder Gepflogenheiten (Artt. 2 Abs. 1, 13 Abs. 1 EAG) Zustimmung bedeutet (LG Karlsruhe RIW **1982**, 517, 518; OLG Hamburg RIW **1981** 262, 263). Zur Einbeziehung von AGB, die das EAG ausschließen, *Hausmann* WM **1980** 726ff m. Nachw.; *Otto*, Allgemeine Geschäftsbedingungen, aaO.

609 Der Komplex „**Auslegung** von Mitteilungen" ist in Art. 4 Abs. 2 EAG nur partiell geklärt. Die in Art. 4 Abs. 2 EAG genannten Kriterien haben nur die Funktion einer Richtlinie. Durch Auslegung im Sinne des Art. 4 Abs. 2 EAG ist zu ermitteln, ob die Mitteilungen hinreichend bestimmt waren und ob überhaupt ein Bindungswille vorlag (*Dölle/Schlechtriem* Art. 4 EAG 18). Es gilt auch sonst der Grundsatz der objektiven Auslegung (*Mertens/Rehbinder* Art. 4 EAG 18).

Artikel 5 EAG

(1) Das Angebot bindet den Anbietenden erst von dem Zeitpunkt an, in dem es dem Empfänger zugegangen ist; es erlischt, wenn dem Empfänger vor oder gleichzeitig mit dem Angebot dessen Widerruf zugeht.

(2) Das Angebot kann, nachdem es dem Empfänger zugegangen ist, widerrufen werden, es sei denn, der Widerruf erfolgt nicht in gutem Glauben oder entspricht nicht dem Verhalten eines redlichen Kaufmanns oder im Angebot ist für die Annahme eine Frist bestimmt oder sonst erklärt, daß es bindend oder unwiderruflich sei.

(3) Die Erklärung, daß das Angebot bindend oder unwiderruflich sei, kann ausdrücklich abgegeben sein oder sich aus den Umständen, den Verhandlungen, den Gepflogenheiten, die sich zwischen den Parteien gebildet haben, oder den Gebräuchen ergeben.

(4) Der Widerruf eines Angebots ist nur wirksam, wenn er dem Empfänger zugeht, bevor dieser seine Annahmeerklärung abgesendet oder eine Handlung vorgenommen hat, die gemäß Artikel 6 Abs. 2 einer Annahmeerklärung gleichsteht.

610 Zur Frist, binnen derer das Angebot angenommen werden kann, siehe Art. 8 EAG. Der Zugang ist in Art. 12 EAG definiert. Ein Verstoß gegen den guten Glauben oder das Verhalten eines redlichen Kaufmannes im Sinne des Art. 5 Abs. 2 EAG liegt vor, wenn der Empfänger des Angebots im Vertrauen auf das Angebot Dispositionen getroffen hat und der Widerrufende dies wissen mußte.

Artikel 6 EAG

(1) Die Annahme besteht in einer Erklärung, die dem Anbietenden, gleichviel auf welchem Wege, zugeht.

(2) Die Annahme kann auch in der Absendung der Sache oder des Kaufpreises oder in jeder anderen Handlung bestehen, die auf Grund des Angebots, der Gepflogenheiten, die sich zwischen den Parteien gebildet haben, oder der Gebräuche dahin aufgefaßt werden kann, daß sie einer Erklärung nach Absatz 1 gleichsteht.

611 Der Begriff „Zugang" ist in Art. 12 EAG definiert. Gemäß Art. 6 Abs. 2 EAG ist der objektive Erklärungswert des Verhaltens maßgeblich. Die **Gültigkeit** der Annahme (Relevanz von Irrtümern, Geschäftsfähigkeit etc.) bestimmt sich nach unvereinheitlichtem nationalen Recht. Eine sich kreuzende Offerte kann als Annahme gewertet werden (*Dölle/Schlechtriem* Art. 6 EAG 18).

612 In den in Art. 6 Abs. 2 EAG genannten Konstellationen ist das Wirksamwerden der Annahme nicht von einem Zugang abhängig. **Schweigen** kann nach Handelsbräuchen (Art. 13) oder den Gepflogenheiten Annahme bedeuten. Hingegen darf der Anbietende nicht eigenmächtig festsetzen, daß Schweigen als Zustimmung zu behandeln ist (Art. 2 Abs. 2 EAG). Handelsbräuche zum kaufmännischen **Bestätigungsschreiben** sind durch Art. 2 Abs. 1 EAG gedeckt (i. E. LG Karlsruhe RIW **1982** 517; OLG Hamburg RIW **1981** 262, 263). Zur Auftragsbestätigung vgl. *Grüter* RIW/AWD **1975** 611.

Artikel 7 EAG

(1) Eine Annahme, die Zusätze, Einschränkungen oder sonstige Änderungen enthält, gilt als Ablehnung des Angebots und stellt ein Gegenangebot dar.

(2) Eine Antwort auf ein Angebot, die eine Annahme darstellen soll, aber Zusätze oder Abweichungen enthält, welche die Bedingungen des Angebots in ihrem wesentlichen Inhalt nicht ändern, gilt jedoch als Annahme, es sei denn, daß der Anbietende innerhalb kurzer Frist das Fehlen der Übereinstimmung beanstandet; unterläßt er dies, so sind die Bedingungen des Vertrages jene des Angebots mit den in der Annahme enthaltenen Änderungen.

613 Art. 7 entspricht bei wesentlichen Abweichungen vom Angebot § 150 Abs. 2 BGB. Bei unwesentlichen Abweichungen gilt Schweigen als Zustimmung. Abweichungen können unwesentlich sein, wenn sie nach dem Vertragstyp lediglich gänzlich untergeordnete Punkte betreffen, von denen der Annehmende erwarten darf, daß der Anbieter ihretwegen nicht den sofortigen Vertragsschluß aufs Spiel setzen will (*Mertens/Rebbinder* Art. 7 EAG 8). Einen mehr auf einem objektivierten Äquivalenzverständnis gegründeten Ansatz verfolgen *Dölle/Schlechtriem* Art. 7 EAG 12. Wenig aussagekräftig ist die Gleichsetzung von „unwesentlich" und „schikanösem Verhalten" (*Grüter* RIW/AWD **1975** 611, 613), zumal es bei Art. 7 Abs. 2 EAG nicht bloß um Rechtsmißbrauch, sondern auch um kaufmännische Zweckmäßigkeit geht (vgl. *Magnus* Comparative Law Yearbook **3** (1979/80) 105, 113f). AGB werden regelmäßig wesentliche Abweichungen mit sich bringen (LG Landshut NJW **1977** 2033; *Grüter* RIW/AWD **1975** 611, 612). Art. 7 gilt nicht für kaufmännische **Bestätigungsschreiben,** da diese eine (vermeintliche) Einigung der Parteien voraussetzen, wohl aber für modifizierende Auftragsbestätigungen. Bei wesentlichen Abweichungen ist Art. 6 Abs. 2 EAG zu beachten.

Artikel 8 EAG

(1) Die Annahmeerklärung ist nur wirksam, wenn sie dem Anbietenden innerhalb der von ihm gesetzten Frist oder, in Ermangelung einer solchen Fristsetzung, innerhalb angemessener Frist zugeht, wobei die Umstände des Geschäfts, die Schnelligkeit der vom Anbietenden gewählten Übermittlungsart und die Gebräuche zu berücksichtigen sind. Bei einem mündlichen Angebot muß die Annahme sofort erklärt werden, wenn sich nicht aus den Umständen ergibt, daß der Empfänger eine Überlegungsfrist haben soll.

(2) Wird die Annahmefrist vom Anbietenden in einem Brief oder in einem Telegramm festgesetzt, so wird vermutet, daß die Frist beim Brief mit dem darin angegebenen Datum, beim Telegramm mit Tag und Stunde seiner Aufgabe beginnt.

(3) Besteht die Annahme in einer der in Artikel 6 Abs. 2 bezeichneten Handlungen, so ist sie nur wirksam, wenn die Handlung innerhalb der Frist nach Absatz 1 vorgenommen wird.

Art. 8 regelt die Annahmefrist, während Art. 5 die Bindung des Anbietenden an sein **614** Angebot unter dem Aspekt der Widerruflichkeit behandelt. Für die Rechtzeitigkeit der Annahme ist grundsätzlich der Zugang all der Erklärungen maßgeblich, die notwendig sind, um den Vertrag zwischen Käufer und Verkäufer zustandekommen zu lassen. Dies gilt nicht für die Genehmigung des Handelns eines falsus procurators, da der Anbietende aufgrund der Annahmeerklärung des falsus procurators von einem Vertragsschluß ausgegangen ist (a. A. *Dölle/Schlechtriem* Art. 8 EAG 3). Anders ist zu entscheiden, falls dem Anbieter bekannt war, daß der Annehmende keine Vertretungsmacht besaß. Ein Angebot per Fernschreiber ist kein mündliches Angebot. Besaß der Angestellte des Adressaten des Angebots nur Empfangsvollmacht oder war er Empfangsbote, so liegt gleichfalls ein nicht-mündliches Angebot vor.

Artikel 9 EAG

(1) Ist die Annahme verspätet, so kann der Anbietende sie dennoch als rechtzeitig ansehen, wenn er den Annehmenden innerhalb kurzer Frist davon mündlich oder durch Übersendung einer Mitteilung verständigt.

(2) Geht die Annahmeerklärung verspätet zu, so gilt sie dennoch als rechtzeitig zugegangen, wenn sich aus dem die Annahme enthaltenden Brief oder Schriftstück ergibt, daß sie nach den Umständen, unter denen sie abgesendet worden ist, bei normaler Beförderung rechtzeitig zugegangen wäre; dies gilt nicht, wenn der Anbietende mündlich oder durch Übersendung einer Mitteilung den Annehmenden innerhalb kurzer Frist verständigt, daß er sein Angebot als erloschen betrachtet.

Auch ein Verhalten im Sinne des Art. 6 Abs. 2 EAG kann als verspätet angesehen **615** werden. Kurze Frist bedeutet, daß das schnellstmögliche zumutbare Kommunikationsmittel zu verwenden ist. Das Transportrisiko der „Verständigungs-"Erklärung trägt der Annehmende, da er den Anbieter in einer Situation weiß, in der der Anbieter möglicherweise mit der Annahme nicht mehr rechnet (*Mertens/Rehbinder* Art. 9 EAG 7; a. A. *Dölle/Schlechtriem* Art. 9 EAG 11).

Artikel 10 EAG

Die Annahme ist unwiderruflich, es sei denn, daß der Widerruf dem Anbietenden vor oder gleichzeitig mit der Annahme zugeht.

616 Die Vorschrift entspricht § 130 Abs. 1 S. 2 BGB. Sie gilt nicht für Annahme i. S. d. Art. 6 Abs. 2 EAG, da sonst der Annehmende Spielraum für Spekulationen auf Kosten des anderen Teils erlangen würde. Es muß aber immer beachtet werden, daß die Absendung von Ware eine Mitteilung darstellen kann (*Grüter* RIW/AWD **1975** 611, 614). Zum Begriff „Zugang" s. Art. 12 EAG.

Artikel 11 EAG

Der Tod oder der Eintritt der Geschäftsunfähigkeit einer der Parteien vor der Annahme berührt das Zustandekommen des Vertrages nicht, es sei denn, daß sich aus dem Willen der Parteien, den Gebräuchen oder der Natur des Geschäfts das Gegenteil ergibt.

617 Art. 11 EAG entspricht im wesentlichen den §§ 130 Abs. 2, 153 BGB. Darüber hinausgehend ordnet er an, daß die Erklärung auch bei Tod oder Geschäftsunfähigkeit des Adressaten fortbesteht, doch muß sie dann dessen Vertreter oder Erben zugehen.

Artikel 12 EAG

(1) Unter dem Ausdruck „Zugehen" versteht dieses Gesetz: bei der Adresse des Empfängers der Mitteilung abgegeben werden.

(2) Die in diesem Gesetz vorgesehenen Mitteilungen sind mit den nach den Umständen üblichen Mitteln zu bewirken.

618 Art. 12 EAG entspricht im Ansatz der zum BGB herrschenden Meinung über den Zugang von Willenserklärungen; doch kommt es grundsätzlich nicht darauf an, ob die konkrete oder übliche Möglichkeit zur Kenntnisnahme bestand (*Dölle/Schlechtriem* Art. 12 EAG 9; a. A. *Mertens/Rebbinder* Art. 12 EAG 8). Diese Interpretation des Art. 12 EAG trägt dem Interesse an Rechtssicherheit besser Rechnung, ein Interesse, das bei Handelskäufen Vorrang genießt.

619 Art. 12 Abs. 2 EAG entspricht sachlich dem Art. 14 EKG.

Artikel 13 EAG

(1) Unter Gebräuchen ist jede Übung zu verstehen, von der vernünftige Personen in der gleichen Lage gewöhnlich annehmen, daß sie auf den Abschluß ihres Vertrages anzuwenden sei.

(2) Werden handelsübliche Ausdrücke, Klauseln oder Formulare verwendet, so bestimmt sich ihre Auslegung nach dem Sinn, den ihnen die beteiligten Handelskreise üblicherweise beilegen.

620 Art. 13 EAG entspricht Art. 9 Abs. 2, 3 EKG.

Artikel 14 EAG

Bei dem in den Artikeln 1 und 4 genannten Gesetz handelt es sich um das Einheitliche Gesetz über den internationalen Kauf beweglicher Sachen vom 17. Juli 1973 (Bundesgesetzbl. I S. 856).

Artikel 15 EAG

Dieses Gesetz gilt nach Maßgabe des § 13 Abs. 1 des Dritten Überleitungsgesetzes vom 4. Januar 1952 (Bundesgesetzbl. I S. 1) auch im Land Berlin.

Artikel 16 EAG

(1) Dieses Gesetz tritt an dem Tage in Kraft, an welchem das Haager Übereinkommen vom 1. Juli 1964 zur Einführung eines Einheitlichen Gesetzes über den Abschluß von internationalen Kaufverträgen über bewegliche Sachen für die Bundesrepublik Deutschland in Kraft tritt.

(2) Der Tag, an dem dieses Gesetz in Kraft tritt, ist im Bundesgesetzblatt bekanntzugeben.

G. Übereinkommen der Vereinten Nationen über Verträge über den internationalen Warenkauf (Wiener UN-Kaufrecht (WKR); vorläufige amtliche Übersetzung)

Schrifttum

Bartels/Motomura Haftungsprinzip, Haftungsbefreiung und Vertragsbeendigung beim internationalen Kauf, RabelsZ 43 (1979) 649ff; *Bonell* La nouvelle Convention des Nations-Unies sur les contrats de vente internationale de marchandises, Droit et pratique de commerce internationale (1981) 7ff; *v. Caemmerer* Die wesentliche Vertragsverletzung im international Einheitlichen Kaufrecht, Festschrift Coing Bd. II (1982) 33ff; *Dilger* Das Zustandekommen von Kaufverträgen im Außenhandel nach internationalem Einheitsrecht und nationalem Sonderrecht, RabelsZ 45 (1981) 169ff; *Eörsi* Problems of Unifying Law on the Formation of Contracts for the International Sale of Goods, American Journal of Comperative Law 27 (1979) 311ff; *Feltham* The United Nations Convention of Contracts for the International Sale of Goods, Journal of Business Law (1981) 346ff; *Hellner* The UN Convention of International Sales of Goods — an Outsider's View, Festschrift Riesenfeld (1983) 71ff; *Herber* Wiener UNCITRAL-Übereinkommen über den internationalen Kauf beweglicher Sachen vom 11. April 1980, Textausgabe samt Einführung² (1983); *Herrmann* Einheitliches Kaufrecht für die Welt: UN-Übereinkommen über internationale Kaufverträge, IPRax. **1981** 109ff; *Honnold* Uniform Law for International Sales under the United Nations Convention (Deventer (Niederlande) 1982); *Huber* Der UNCITRAL-Entwurf eines Übereinkommens über internationale Warenkaufverträge, RabelsZ 43 (1979) 413ff; *Kahn* La Convention de Vienne du 11. Avril 1980 sur les Contrats de Vente internationale de Marchandise, Revue international de Droit comparé (1981) 951ff; *Magnus* Reform des Haager Einheitskaufrechts, ZRP **1978** 12; *Maskow* Einige Hauptzüge der UN-Konvention über internationale Kaufverträge, Staat und Recht **1981** 542ff; *Moecke* Gewährleistungsbedingungen und Allgemeine Lieferbedingungen nach dem UNCITRAL-Übereinkommen über den Warenkauf, RIW **1983** 885; *Neumayer* Zur Revision des Haager Einheitlichen Kaufrechts, Gefahrtragung, Gehilfenhaftung, fait du vendeur und Lückenproblem, Festschrift v. Caemmerer (1978) 955, 960ff; *Noussias* Die Zugangsbedürftigkeit von Mitteilungen nach den Einheitlichen Haager Kaufgesetzen und nach dem UN-Kaufgesetz (1982); *Schlechtriem* Einheitliches UN-Kaufrecht (1981); *Stumpf*, Das UNCITRAL — über den Warenkauf und Allgemeine Geschäftsbedingungen, RIW **1984** 352; *Vries* The Passing of Risk in International Sales under the Vienna Sales Convention 1980 as Compared with Traditional Trade Terms, European Transport Law XVII (1982) 495ff.

Vorbemerkung

Auf einer von den Vereinten Nationen nach Wien einberufenen Konferenz wurde am 11. April 1980 ein weltweites Abkommen über Verträge über den internationalen Kauf beweglicher Sachen abgeschlossen (Wiener UNCITRAL-Übereinkommen über den internationalen Kauf beweglicher Sachen; im folgenden zitiert als **WKR**). Dieses Übereinkommen soll das EKG (Rdn. 299) und das EAG (Rdn. 604) ablösen und das internationale Einheitskaufrecht auf eine breitere Basis stellen (*Huber* RabelsZ 43 (1979) 413, 414f).

Das Wiener Kaufrechtsübereinkommen ist in sechs Sprachen abgeschlossen: Englisch, Französisch, Spanisch, Russisch, Arabisch, Chinesisch. Dem deutschen Text des WKR liegt die vorläufige amtliche Übersetzung zugrunde. Das WKR ist von Frankreich, Lesotho und Ungarn ratifiziert worden. Mit einer baldigen Ratifizierung durch die Bundesrepublik ist zu rechnen.

Das WKR stellt, wenngleich auch in rechtstechnisch von den Haager Kaufrechtsübereinkommen abweichender Weise, Einheitsrecht dar. Es stimmt in weiten Zügen mit dem EAG und dem EKG überein. Die einzelnen Vorschriften werden daher, zumal das WKR noch nicht in Kraft ist, nicht in vollem Umfang kommentiert, sondern nur so weit erläutert, als Abweichungen vom EAG oder EKG festzustellen sind. Im übrigen wird auf die Parallelvorschriften des EKG bzw. EAG (Rdn. 299 ff) verwiesen.

Teil I
Anwendungsbereich und allgemeine Bestimmungen
Kapitel I
Anwendungsbereich
Artikel 1 WKR

(1) Dieses Übereinkommen ist auf Kaufverträge über Waren zwischen Parteien anzuwenden, die ihre Niederlassung in verschiedenen Staaten haben,

a) wenn diese Staaten Vertragsstaaten sind oder

b) wenn die Regeln des internationalen Privatrechts zur Anwendung des Rechts eines Vertragsstaats führen.

(2) Die Tatsache, daß die Parteien ihre Niederlassung in verschiedenen Staaten haben, wird nicht berücksichtigt, wenn sie sich nicht aus dem Vertrag, aus früheren Geschäftsbeziehungen oder aus Verhandlungen oder Auskünften ergibt, die vor oder bei Vertragsabschluß zwischen den Parteien geführt oder von ihnen erteilt worden sind.

(3) Bei Anwendung dieses Übereinkommens wird weder berücksichtigt, welche Staatsangehörigkeit die Parteien haben, noch ob sie Kaufleute oder Nichtkaufleute sind oder ob der Vertrag handelsrechtlicher oder bürgerlich-rechtlicher Art ist.

623 Vgl. Art. 1 EKG. Im Unterschied zum EKG setzt die Anwendbarkeit des WKR nicht voraus, daß Ware über die Grenze geliefert wird oder ein Vertragsschluß über die Grenze hinweg erfolgt ist oder sonst ein grenzüberschreitender Akt vorliegt.

Art. 1 lit. a. Begriff des Vertragsstaats: Artt. 91 Abs. 2, 92 ff; Begriff der Niederlassung: Art. 10; Begriff des Kaufvertrages: Artt. 2, 3, vgl. ferner Artt. 1 ff EKG. Die Tatsache, daß die Parteien ihre Niederlassung in verschiedenen Vertragsstaaten besitzen, muß bei Vertragsschluß erkennbar gewesen sein (Art. 1 Abs. 2). Besitzt ein Vertragspartner mehrere Niederlassungen, so kommt Art. 10 lit. a zur Anwendung. Der bloße Umstand, daß ein Vertragspartner eng von einer Gesellschaft in einem anderen Vertragsstaat kontrolliert wird, ist irrelevant (*Honnold* Uniform Law for International Sales under the United Nations Convention (Deventer (Niederlande) 1982) S. 79). Als Niederlassung können nur solche Plätze bezeichnet werden, die ständig dazu dienen, die wesentlichen Geschäfte des Vertragspartners einschließlich der Lieferung (*Honnold* S. 81) abzuwickeln. Plätze, die nur zum Abschluß eines einzelnen Geschäfts gewählt werden, stellen keine Niederlassung dar.

624 Art. 1 lit. b. Gemäß Art. 1 lit. b soll das WKR auch im Verhältnis zu Nichtvertragsstaaten anwendbar sein, wenn nach dem IPR das Kaufrecht eines Vertragsstaates anwendbar ist und die übrigen Voraussetzungen des WKR vorliegen. Die Vertragsstaaten können gegen die Anwendbarkeit des Art. 1 lit. b einen Vorbehalt einlegen. Die Bundesrepublik Deutschland beabsichtigt einen solchen Vorbehalt anzumelden (*Herber* Wiener UNCITRAL-Übereinkommen über den internationalen Kauf beweglicher Sachen vom 11. 4. 1980, Textausgabe samt Einführung[2] (1983) S. 8).

Artikel 2 WKR

Dieses Übereinkommen findet keine Anwendung auf den Kauf

a) von Waren für den persönlichen Gebrauch oder den Gebrauch in der Familie oder im Haushalt, es sei denn, daß der Verkäufer vor oder bei Vertragsabschluß weder wußte noch wissen mußte, daß die Ware für einen solchen Gebrauch gekauft wurde,

b) bei Versteigerungen,
c) aufgrund von Zwangsvollstreckungs- oder anderen gerichtlichen Maßnahmen,
d) von Wertpapieren oder Zahlungsmitteln,
e) von Seeschiffen, Binnenschiffen, Luftkissenfahrzeugen oder Luftfahrzeugen,
f) von elektrischer Energie.

Art. 2 lit. a reduziert den Anwendungsbereich des WKR im wesentlichen auf den **625** Handelskauf und Käufe von Mitgliedern freier Berufe. Damit umgeht das WKR Kollisionen mit kaufrechtlichen Verbraucherschutzvorschriften. Ausgeklammert bleiben mithin Käufe zur persönlichen Nutzung, gleich welcher Art (*Huber* RabelsZ 43 (1979) 413, 422), es sei denn, daß diese Nutzung für den Verkäufer nicht erkennbar war. Eine private Nutzung ist erkennbar, wenn dies die übliche Nutzung darstellt (*Huber* RabelsZ 43 (1979) S. 421; *Honnold* S. 86). Der Begriff der Familie ist weit auszulegen (*Schlechtriem* Einheitliches UN-Kaufrecht (1981) S. 15). Soweit die private Nutzung unerkennbar war, können Verbraucherschutzvorschriften nach IPR zur Anwendung kommen, wenn sie Gültigkeitsvorschriften enthalten. Soweit sie Formvorschriften aufstellen (z. B. §§ 1a, 1b AbzG), verdrängt Art. 11 als das jüngere Gesetz das ältere nationale Recht (*Schlechtriem* S. 14).

Art. 2 lit. b. Der Begriff Versteigerung ist in dem in § 156 BGB verwandten Sinn zu **626** interpretieren.

Art. 2 lit. c—f. Vgl. Art. 5 EKG.

Artikel 3 WKR

(1) Den Kaufverträgen stehen Verträge über die Lieferung herzustellender oder zu erzeugender Ware gleich, es sei denn, daß der Besteller einen wesentlichen Teil der für die Herstellung oder Erzeugung notwendigen Stoffe selbst zur Verfügung zu stellen hat.

(2) Dieses Übereinkommen ist auf Verträge nicht anzuwenden, bei denen der überwiegende Teil der Pflichten der Partei, welche die Ware liefert, in der Ausführung von Arbeiten oder anderen Dienstleistungen besteht.

Im Vergleich zu Art. 6 EKG enthält Art. 3 Abs. 2 eine Einschränkung des Anwen- **627** dungsbereichs des Einheitskaufrechts in Hinblick auf Verträge, die mit ihrem Schwerpunkt im Dienstvertragsrecht angesiedelt sind. Der Schwerpunkt ist anhand des Wertes der Teilleistungen zu ermitteln (*Schlechtriem* S. 17; *Honnold* S. 32 f). Liegt das Schwergewicht bei den werkvertragsrechtlichen Pflichten, so erfaßt das WKR den gesamten Vertrag (*Honnold* S. 93).

Artikel 4 WKR

Dieses Übereinkommen regelt ausschließlich den Abschluß des Kaufvertrages und die aus ihm erwachsenden Rechte und Pflichten des Verkäufers und des Käufers. Soweit in diesem Übereinkommen nicht ausdrücklich etwas anderes bestimmt ist, betrifft es insbesondere nicht
a) die Gültigkeit des Vertrages oder einzelner Vertragsbestimmungen oder die Gültigkeit von Gebräuchen,
b) die Wirkungen, die der Vertrag auf das Eigentum an der verkauften Ware haben kann.

Art. 4 lit. a. Vgl. Art. 8 EKG, wo die Fragen der Gültigkeit vertraglicher Abreden **628** ebenfalls ausgeklammert sind[213]. Nicht zum Kreis der Gültigkeitsfragen gehören Pro-

---

[213] *Huber* Der UNCITRAL-Entwurf eines Übereinkommens über internationale Warenkaufverträge, RabelsZ 43 (1979) 413, 431; *Schlechtriem* Einheitliches UN-Kaufrecht (1981) S. 18.

bleme, die im WKR geregelt sind (z. B. Art. 79), auch wenn sie das BGB zu den Fragen der Wirksamkeit von Verträgen zählt (z. B. § 306 BGB).
Art. 4 lit. b. Vgl. Art. 8 S. 2 EKG.

629   **Ferner** werden durch das WKR **nicht geregelt** die deliktische Haftung (*Schlechtriem* S. 19), generell die Haftung für Personenschäden (Art. 5), die Rechte bei Betrug (*Honnold* S. 96), die Haftung für culpa in contrahendo, soweit nicht Sachmängel betroffen sind (*Schlechtriem* S. 45).

Artikel 5 WKR

Dieses Übereinkommen findet keine Anwendung auf die Haftung des Verkäufers für den durch die Ware verursachten Tod oder die Körperverletzung einer Person.

630   Die Vorschrift soll den Rückgriff des Händlers bzw. Produzenten gegen seinen Lieferanten sichern helfen (*Schlechtriem* S. 20). Art. 5 regelt die vertraglichen Ansprüche. Deliktische Ansprüche werden vom WKR ohnehin nicht erfaßt.

Artikel 6 WKR

Die Parteien können die Anwendung dieses Übereinkommens ausschließen oder, vorbehaltlich des Artikels 12, von seinen Bestimmungen abweichen oder deren Wirkung ändern.

631   Art. 6 stellt ebenso wie Art. 3 EKG klar, daß das WKR grundsätzlich dispositives Recht enthält.

Der Ausschluß des WKR kann auch stillschweigend erfolgen[214]. Auf einen hypothetischen Ausschlußwillen soll es nicht ankommen (*Bonell* La nouvelle Convention des Nations-Unies sur les contrats de vente internationale de marchandises, Droit et pratique de commerce international (1981) S. 13; vgl. auch Art. 3 EKG Rdn. 308). — Der Ausschluß des WKR im Ganzen führt auch zum Ausschluß der Regeln über den Vertragsschluß (Artt. 14 ff). Das gilt selbst dann, wenn eine Partei ein Angebot abgibt, das einen Ausschluß des WKR enthält (*Huber* RabelsZ 43 (1979) 413, 426). Wird in der „Annahmeerklärung" das WKR ausgeschlossen, so stellt dies eine Gegenofferte dar.

Kapitel II
Allgemeine Bestimmungen
Artikel 7 WKR

(1) Bei der Auslegung dieses Übereinkommens sind sein internationaler Charakter und die Notwendigkeit zu berücksichtigen, seine einheitliche Anwendung und die Wahrung des guten Glaubens im internationalen Handel zu fördern.

(2) Fragen, die in diesem Übereinkommen geregelte Gegenstände betreffen, aber in diesem Übereinkommen nicht ausdrücklich entschieden werden, sind nach den allgemeinen Grundsätzen, die diesem Übereinkommen zugrunde liegen, oder mangels solcher Grundsätze nach dem Recht zu entscheiden, das nach den Regeln des internationalen Privatrechts anzuwenden ist.

632   Art. 7 Abs. 1 enthält eine auf das WKR bezogene Auslegungsregel. Art. 7 statuiert den auch im Rahmen des Art. 17 EKG (s. dort) geltenden Grundsatz, daß die Vorschriften des WKR im Sinne der Rechtsvereinheitlichung zu interpretieren sind. Im Unterschied zu Art. 17 EKG enthält Art. 7 als Auslegungsmaxime auch den Grundsatz des „guten Glaubens". Diese Maxime entspricht weitgehend dem Grundsatz von Treu

---

[214] *Huber* RabelsZ 43 (1979) 413, 425; *Honnold* Uniform Law for International Sales under the United Nations Convention (Deventer (Niederlande) 1982) S. 106; vgl. dazu Art. 3 EKG Rdn. 308.

und Glauben im Sinne des § 242 BGB[215]. Die „Treu und Glauben"-Klausel bezieht sich freilich nur auf die Auslegung der gesetzlichen Normen. Sie stellt anders als § 242 BGB keine Generalklausel dar (*Honnold* S. 123 f). Die Auslegung von Verträgen behandelt Art. 8.

Art. 7 Abs. 2 entspricht der Sache nach Art. 17 EKG (*Schlechtriem* S. 24). Art. 7 Abs. 2 ist extensiv anzuwenden (*Herber* S. 11; *Huber* RabelsZ 43 (1979) 413, 432). Zur nachträglichen Auskunft, Informationspflichten, Schadensminderung *Honnold* (S. 128 ff).

Artikel 8 WKR

(1) Für die Zwecke dieses Übereinkommens sind Erklärungen und das sonstige Verhalten einer Partei nach deren Willen auszulegen, wenn die andere Partei diesen Willen kannte oder darüber nicht in Unkenntnis sein konnte.

(2) Ist Absatz 1 nicht anwendbar, so sind Erklärungen und das sonstige Verhalten einer Partei so auszulegen, wie eine vernünftige Person der gleichen Art wie die andere Partei sie unter den gleichen Umständen aufgefaßt hätte.

(3) Um den Willen einer Partei oder die Auffassung festzustellen, die eine vernünftige Person gehabt hätte, sind alle erheblichen Umstände zu berücksichtigen, insbesondere die Verhandlungen zwischen den Parteien, die zwischen ihnen entstandenen Gepflogenheiten, die Gebräuche und das spätere Verhalten der Parteien.

Art. 8 Abs. 1, 2 entspricht den §§ 133, 157 BGB (*Huber* RabelsZ 43 (1979) 413, 429).

633

Art. 8 Abs. 3. Zum Begriff der Gepflogenheiten und der Handelsbräuche s. Art. 9 EKG. Zur Bindung an Handelsbräuche Art. 9 WKR.

Artikel 9 WKR

(1) Die Parteien sind an die Gebräuche, mit denen sie sich einverstanden erklärt haben, und an die Gepflogenheiten gebunden, die zwischen ihnen entstanden sind.

(2) Haben die Parteien nichts anderes vereinbart, so wird angenommen, daß sie sich in ihrem Vertrag oder bei seinem Abschluß stillschweigend auf Gebräuche bezogen haben, die sie kannten oder kennen mußten und die im internationalen Handel den Parteien von Verträgen dieser Art in dem betreffenden Geschäftszweig weithin bekannt sind und von ihnen regelmäßig beachtet werden.

Zum Begriff der Gepflogenheiten und der Handelsbräuche s. Art. 9 EKG. Im Unterschied zu Art 9 EKG und § 346 HGB binden Handelsbräuche nicht ohne weiteres. Vielmehr setzt die Berufung auf Handelsbräuche voraus, daß die Parteien die Bräuche entweder ausdrücklich (Art. 9 Abs. 1) oder stillschweigend (Art. 9 Abs. 2) in den Vertrag einbezogen haben (*Honnold* S. 146 f). Die Wirksamkeit der Einbeziehung regeln mit Ausnahme der Gültigkeitsfragen (Art. 4) die Artt. 14 ff (*Schlechtriem* S. 27). Diese Einschränkung der Geltung von Handelsbräuchen soll insbesondere den Vertragspartnern aus Entwicklungsländern Schutz vor ihnen unbekannten Handelsbräuchen gewähren.

634

Eine **konkludente Einbeziehung** von Handelsbräuchen ist — widerlegbar — zu vermuten, wenn die Parteien einschlägige Handelsbräuche kennen mußten und diese Handelsbräuche in der einschlägigen Branche allgemein bekannt sind und regelmäßig

635

---

[215] *Herber* Wiener UNCITRAL-Übereinkommen über den internationalen Kauf beweglicher Sachen v. 11. April 1980, Textausgabe samt Einführung[2] (1983) S. 11; *Huber* RabelsZ 43 (1979) 413, 430; a. A. *Schlechtriem* S. 25.

beachtet werden (Art. 9 Abs. 2). Die regelmäßige Beachtung von Handelsbräuchen setzt voraus, daß diese schon seit einiger Zeit bestehen, so daß sie die Parteien kennen können (*Honnold* S. 148). Die Handelsbräuche selbst müssen nicht „international" gelten; sie müssen lediglich im internationalen Handel zwischen den Staaten der Niederlassungen der Parteien und in deren Geschäftszweig weithin bekannt sowie regelmäßig beachtet werden, auch wenn der Handelsbrauch lokalen Ursprungs ist (*Honnold* S. 148). Art. 9 erstreckt sich auch auf Handelsbräuche, die sich auf den Vertragsschluß beziehen (*Schlechtriem* S. 28). Zum **Bestätigungsschreiben** Art. 18 Rdn. 645.

Artikel 10 WKR

Für die Zwecke dieses Übereinkommens ist,

a) falls eine Partei mehr als eine Niederlassung hat, die Niederlassung maßgebend, die unter Berücksichtigung der vor oder bei Vertragsabschluß den Parteien bekannten oder von ihnen in Betracht gezogenen Umstände die engste Beziehung zu dem Vertrag und zu seiner Erfüllung hat;

b) falls eine Partei keine Niederlassung hat, ihr gewöhnlicher Aufenthalt maßgebend.

636 Siehe Art. 1 Abs. 2 EKG. Das Hotelzimmer oder sonstige für einen vorübergehenden Aufenthalt zum Abschluß eines Kaufvertrages von einem Repräsentanten eines Unternehmens gemietete Räume stellen keine Niederlassung dar. Von einer Niederlassung kann nur gesprochen werden, wenn der Aufenthalt auf Dauer angelegt ist. Darüber hinaus ist zu beachten, daß Art. 10 lit. a auch auf die Vertragserfüllung abhebt und der Ort, an dem über die Vertragskonditionen verhandelt wird, in seiner Bedeutung regelmäßig hinter dem Ort der Vertragserfüllung zurücktritt (*Honnold* S. 150).

Artikel 11 WKR

Der Kaufvertrag braucht nicht schriftlich geschlossen oder nachgewiesen zu werden und unterliegt auch sonst keinen Formvorschriften. Er kann auf jede Weise bewiesen werden, auch durch Zeugen.

637 S. Art. 15 EKG. Die Parteien können Schriftform vereinbaren. Dies ist vor allem für Vertragsänderungen von Bedeutung (Art. 29 Abs. 2). Ein **Schriftformzwang** kann sich aus **Art. 12** ergeben.

Artikel 12 WKR

Die Bestimmungen der Artikel 11 und 29 oder des Teils II dieses Übereinkommens, die für den Abschluß eines Kaufvertrages, seine Änderung oder Aufhebung durch Vereinbarung oder für ein Angebot, eine Annahme oder eine sonstige Willenserklärung eine andere als die schriftliche Form gestatten, gelten nicht, wenn eine Partei ihre Niederlassung in einem Vertragsstaat hat, der eine Erklärung nach Artikel 96 abgegeben hat. Die Parteien dürfen von dem vorliegenden Artikel weder abweichen noch seine Wirkung ändern.

638 Art. 12 erlaubt es einzelnen Vertragsstaaten, die Schriftform zum zwingenden Gültigkeitserfordernis zu erheben. Macht ein Vertragsstaat von dieser Möglichkeit Gebrauch und liegt die Niederlassung eines der Vertragspartner in diesem Vertragsstaat, während die andere Vertragspartei in einem Vertragsstaat niedergelassen ist, der keine Erklärung nach Art. 96 abgegeben hat, so gilt nicht ohne weiteres Schriftform. Vielmehr ist erforderlich, daß das angerufene Gericht nach seinem IPR zu dem Ergebnis kommt, daß das Formstatut desjenigen Staates maßgeblich ist, der eine Erklärung nach Art. 96 abgegeben hat (*Schlechtriem* S. 32; *Honnold* S. 156). Der Schriftform wird durch die Zusendung von Telegrammen und Fernschreiben Genüge getan. Gleiches gilt für Telekopien. Art. 29 Abs. 2 ist bei treuwidrigem Verhalten analog anzuwenden (*Huber* RabelsZ **43** (1979) 413, 437).

Artikel 13 WKR
Für die Zwecke dieses Übereinkommens umfaßt der Ausdruck „schriftlich" auch Mitteilungen durch Telegramm oder Fernschreiben.

S. Art. 12.

Teil II
Abschluß des Vertrages

Vorbemerkung

Die Artt. 14–24 entsprechen weitgehend den Vorschriften des EAG (Rdn. 604).

Artikel 14 WKR
(1) Der an eine oder mehrere bestimmte Personen gerichtete Vorschlag zum Abschluß eines Vertrages stellt ein Angebot dar, wenn er bestimmt genug ist und den Willen des Anbietenden zum Ausdruck bringt, im Falle der Annahme gebunden zu sein. Ein Vorschlag ist bestimmt genug, wenn er die Ware bezeichnet und ausdrücklich oder stillschweigend die Menge und den Preis festsetzt oder deren Festsetzung ermöglicht.

(2) Ein Vorschlag, der nicht an eine oder mehrere bestimmte Personen gerichtet ist, gilt nur als Aufforderung, ein Angebot abzugeben, wenn nicht die Person, die den Vorschlag macht, das Gegenteil deutlich zum Ausdruck bringt.

Art. 14 Abs. 1 entspricht im wesentlichen Art. 4 Abs. 1 EAG. Im Unterschied zum EAG betont Art. 14 Abs. 1 S. 2 den Grundsatz der Bestimmtheit der Konditionen. Dadurch entsteht ein gewisser Widerspruch zu Art. 55. Der Widerspruch ist in der Weise aufzulösen, daß dort, wo bestimmte Preise üblicherweise gefordert werden, im Zweifel davon auszugehen ist, daß das Angebot auf den üblichen Preisen basiert[216]. Art. 14 Abs. 1 ist abdingbar.

Art. 14 Abs. 2 begründet in Fällen, in denen eine Aufforderung ad incertas personas gerichtet war, eine Vermutung für eine invitatio ad offerendum.

Artikel 15 WKR
(1) Ein Angebot wird wirksam, sobald es dem Empfänger zugeht.

(2) Ein Angebot kann, selbst wenn es unwiderruflich ist, zurückgenommen werden, wenn die Rücknahmeerklärung dem Empfänger vor oder gleichzeitig mit dem Angebot zugeht.

Zum Begriff des Angebots Art. 14, des Zugehens Art. 24. Die Wirksamkeit des Angebots wird durch den späteren Tod oder die Geschäftsunfähigkeit des Anbietenden nicht berührt (Art. 11 EAG; *Schlechtriem* S. 40).

Art. 15 Abs. 2 entspricht Art. 5 Abs. 1 HS 2 EAG. Zusätzliche Widerrufsmöglichkeiten regelt Art. 16.

Artikel 16 WKR
(1) Bis zum Abschluß des Vertrages kann ein Angebot widerrufen werden, wenn der Widerruf dem Empfänger zugeht, bevor dieser eine Annahmeerklärung abgesandt hat.

(2) Ein Angebot kann jedoch nicht widerrufen werden,

a) wenn es durch Bestimmung einer festen Frist zur Annahme oder auf andere Weise zum Ausdruck bringt, daß es unwiderruflich ist, oder

---

[216] *Herber* S. 15; *Schlechtriem* S. 38; *Honnold* S. 163; a. A. *Dilger* Das Zustandekommen von Kaufverträgen im Außenhandel nach internationalem Einheitsrecht und nationalem Sonderrecht, RabelsZ 45 (1981) 169, 191.

b) wenn der Empfänger vernünftigerweise darauf vertrauen konnte, daß das Angebot unwiderruflich ist, und er im Vertrauen auf das Angebot gehandelt hat.

642 Art. 16 weicht vom BGB ab. Das Prinzip der grundsätzlichen Widerruflichkeit von Angeboten stammt aus dem englischen Recht. Es liegt auch den Art. 5 Abs. 2, 3, 4 EAG zugrunde.

Art. 16 Abs. 1 entspricht Art. 5 Abs. 4 EAG. Der Widerruf ist grundsätzlich bis zur Absendung der Annahme zulässig. Die Annahmeerklärung ist abgesandt, wenn sie den Machtbereich des Absenders verlassen hat. Ein Widerruf scheidet auch dann aus, wenn der Vertragspartner das Angebot durch eine Handlung im Sinne des Art. 18 Abs. 3 angenommen hatte. Weitere Ausnahmen vom Prinzip der freien Widerruflichkeit des Angebots: Art. 16 Abs. 2.

Art. 16 Abs. 2 lit. a. Eine Frist zur Annahme des Angebots stellt nur ein Indiz für dessen Unwiderruflichkeit dar (*Herber* S. 16; a. A. *Honnold* S. 171).

643 Art. 16 lit. b. Für den Anbietenden muß es erkennbar gewesen sein, daß sich der Empfänger auf das Angebot verlassen hat und gezwungen war, sich zur Erreichung des dem anderen erkennbaren Ziels auf ein festes Angebot zu verlassen. Beispiel: Der Empfänger eines Angebots hatte dem Anbietenden mitgeteilt, daß er das Angebot benötige, um seinerseits ein Angebot abgeben zu können (*Honnold* S. 172).

Der Widerrufende kann sich nach den Grundsätzen der c. i. c. haftbar machen (*Honnold* S. 173ff). Die Regeln der c. i. c. dürfen jedoch nicht herangezogen werden, um einen nach WKR gültigen Widerruf im Ergebnis als ungültig zu behandeln.

Artikel 17 WKR

Ein Angebot erlischt, selbst wenn es unwiderruflich ist, sobald dem Anbietenden eine Ablehnung zugeht.

644 Zugang: Art. 24.

Artikel 18 WKR

(1) Eine Erklärung oder ein sonstiges Verhalten des Empfängers, das eine Zustimmung zum Angebot ausdrückt, stellt eine Annahme dar. Schweigen oder Untätigkeit allein stellen keine Annahme dar.

(2) Die Annahme eines Angebots wird wirksam, sobald die Äußerung der Zustimmung dem Anbietenden zugeht. Sie wird nicht wirksam, wenn die Äußerung der Zustimmung dem Anbietenden nicht innerhalb der von ihm gesetzten Frist oder, bei Fehlen einer solchen Frist, innerhalb einer angemessenen Frist zugeht; dabei sind die Umstände des Geschäfts einschließlich der Schnelligkeit der vom Anbietenden gewählten Übermittlungsart zu berücksichtigen. Ein mündliches Angebot muß sofort angenommen werden, wenn sich aus den Umständen nichts anderes ergibt.

(3) Äußert jedoch der Empfänger aufgrund des Angebots, der zwischen den Parteien entstandenen Gepflogenheiten oder der Gebräuche seine Zustimmung dadurch, daß er eine Handlung vornimmt, die sich zum Beispiel auf die Absendung der Ware oder die Zahlung des Preises bezieht, ohne den Anbietenden davon zu unterrichten, so ist die Annahme zum Zeitpunkt der Handlung wirksam, sofern diese innerhalb der in Absatz 2 vorgeschriebenen Frist vorgenommen wird.

645 Art. 18 Abs. 1 stellt klar, daß Schweigen keine Annahme darstellt. Dies schließt nicht aus, daß die Annahme stillschweigend (konkludent) oder sogar durch beredtes Schweigen erfolgen kann (*Schlechtriem* S. 41; *Dilger* RabelsZ 45 (1981) 193). Auch die zwischen den Parteien gemäß Art. 9 maßgeblichen Handelsbräuche können Schweigen als Annahme erscheinen lassen (*Honnold* S. 182). Unter dieser Voraussetzung sind auch die Regeln über das **Bestätigungsschreiben** heranzuziehen[217]. Eine Bindung an

---

[217] *Herber* S. 18; a. A. *Huber* RabelsZ 43 (1979) 413, 447; *Schlechtriem* S. 44.

das Bestätigungsschreiben kann sich ferner aus Art. 19 Abs. 2 ergeben. Die Parteien können auch jederzeit vereinbaren, daß Schweigen als Annahme gilt (Art. 6).

Art. 18 Abs. 2 entspricht Art. 8 EAG. Zugang: Art. 24. Fristbeginn und -berechnung: Art. 20. Verspätete Annahme: Art. 21. Soweit Art. 21 nicht eingreift, ist die verspätete Annahme als Gegenofferte zu behandeln.

646

Art. 18 Abs. 3 entspricht Art. 6 Abs. 2 EAG.

Artikel 19 WKR

(1) Eine Antwort auf ein Angebot, die eine Annahme darstellen soll, aber Ergänzungen, Einschränkungen oder sonstige Änderungen enthält, ist eine Ablehnung des Angebots und stellt ein Gegenangebot dar.

(2) Eine Antwort auf ein Angebot, die eine Annahme darstellen soll, aber Ergänzungen oder Abweichungen enthält, welche die Bedingungen des Angebots nicht wesentlich ändern, stellt jedoch eine Annahme dar, wenn der Anbietende das Fehlen der Übereinstimmung nicht unverzüglich mündlich beanstandet oder eine entsprechende Mitteilung absendet. Unterläßt er dies, so bilden die Bedingungen des Angebots mit den in der Annahme enthaltenen Änderungen den Vertragsinhalt.

(3) Ergänzungen oder Abweichungen, die sich insbesondere auf Preis, Bezahlung, Qualität und Menge der Ware, auf Ort und Zeit der Lieferung, auf den Umfang der Haftung der einen Partei gegenüber der anderen oder auf die Beilegung von Streitigkeiten beziehen, werden so angesehen, als änderten sie die Bedingungen des Angebots wesentlich.

Art. 19 Abs. 1 entspricht Art. 7 Abs. 1 EAG. Ausnahme: Art. 19 Abs. 2.

647

Art. 19 Abs. 2 schränkt Art. 19 Abs. 1 ein. Art. 19 Abs. 3 enthält eine Legaldefinition der wesentlichen Änderung. Unverzüglich bedeutet ohne schuldhaftes Zögern. Der Anbietende kann die Möglichkeit einer modifizierenden Annahme von vornherein ausschließen.

Art. 19 Abs. 2, 3 hat besondere Bedeutung bei Verwendung einander widersprechender AGB. Es gilt im Zweifel das Prinzip des letzten Worts (*Huber* RabelsZ 43 (1979) 413, 444) und nicht das dispositive Recht (*Schlechtriem* S. 44; *Honnold* S. 195).

Artikel 20 WKR

(1) Eine vom Anbietenden in einem Telegramm oder einem Brief gesetzte Annahmefrist beginnt mit Aufgabe des Telegramms oder mit dem im Brief angegebenen Datum oder, wenn kein Datum angegeben ist, mit dem auf dem Umschlag angegebenen Datum zu laufen. Eine vom Anbietenden telefonisch, durch Fernschreiben oder eine andere sofortige Übermittlungsart gesetzte Annahmefrist beginnt zu laufen, sobald das Angebot dem Empfänger zugeht.

(2) Gesetzliche Feiertage oder arbeitsfreie Tage, die in die Laufzeit der Annahmefrist fallen, werden bei der Fristberechnung mitgezählt. Kann jedoch die Mitteilung der Annahme am letzten Tag der Frist nicht an die Anschrift des Anbietenden zugestellt werden, weil dieser Tag am Ort der Niederlassung des Anbietenden auf einen gesetzlichen Feiertag oder arbeitsfreien Tag fällt, so verlängert sich die Frist bis zum ersten darauf folgenden Arbeitstag.

Art. 20 konkretisiert Art. 18 Abs. 2.

648

Artikel 21 WKR

(1) Eine verspätete Annahme ist dennoch als Annahme wirksam, wenn der Anbietende unverzüglich den Annehmenden in diesem Sinne mündlich unterrichtet oder eine entsprechende schriftliche Mitteilung absendet.

(2) Ergibt sich aus dem eine verspätete Annahme enthaltenden Brief oder anderen Schriftstück, daß die Mitteilung nach den Umständen, unter denen sie abgesandt worden ist, bei normaler Beförderung dem Anbietenden rechtzeitig zugegangen wäre, so ist die verspätete Annahme als An-

nahme wirksam, wenn der Anbietende nicht unverzüglich den Annehmenden mündlich davon unterrichtet, daß er sein Angebot als erloschen betrachtet, oder eine entsprechende schriftliche Mitteilung absendet.

649 Art. 21 Abs. 1 entspricht Art. 9 Abs. 1 EAG. Aus der Annahmeerklärung kann sich ergeben, daß der Annehmende angesichts der Verzögerung des Zugangs keine Annahme gewollt hat (*Honnold* S. 200 f).

Art. 21 Abs. 2 entspricht im Kern Art. 9 Abs. 2 EAG. Anstelle der gemäß Art. 9 Abs. 2 EAG maßgeblichen „kurzen Frist" verlangt Art. 21 unverzügliches, d. h. ohne schuldhaftes Zögern erfolgendes Handeln.

Artikel 22 WKR

Eine Annahme kann zurückgenommen werden, wenn die Rücknahmeerklärung dem Anbietenden vor oder in dem Zeitpunkt zugeht, in dem die Annahme wirksam geworden wäre.

650 Entspricht Art. 10 EAG.

Artikel 23 WKR

Ein Vertrag ist in dem Zeitpunkt geschlossen, in dem die Annahme eines Angebots nach diesem Übereinkommen wirksam wird.

651 Art. 23 steht der Vereinbarung einer aufschiebenden Bedingung nicht im Wege (*Schlechtriem* S. 35).

Artikel 24 WKR

Für die Zwecke dieses Teils des Übereinkommens „geht" ein Angebot, eine Annahmeerklärung oder sonstige Willenserklärung dem Empfänger „zu", wenn sie ihm mündlich gemacht wird oder wenn sie auf anderem Weg ihm persönlich, an seiner Niederlassung oder Postanschrift oder, wenn diese fehlen, an seinem gewöhnlichen Aufenthaltsort zugestellt wird.

652 Entspricht Art. 12 Abs. 1 EAG.

Teil III
Warenkauf

Kapitel I
Allgemeine Bestimmungen
Artikel 25 WKR

Eine von der Partei begangene Vertragsverletzung ist wesentlich, wenn sie für die andere Partei solchen Nachteil zur Folge hat, daß ihr im wesentlichen entgeht, was sie nach dem Vertrag hätte erwarten dürfen, es sei denn, daß die vertragsbrüchige Partei diese Folge nicht vorausgesehen hat und eine vernünftige Person der gleichen Art diese Folge unter den gleichen Umständen auch nicht vorausgesehen hätte.

653 Art. 25 enthält ebenso wie Art. 10 EKG eine Legaldefinition. Die Aufhebung des Vertrages ohne vorherige fruchtlose Nachfristsetzung hängt grundsätzlich davon ab, daß die Vertragsverletzung, die sich der andere Teil hat zuschulden kommen lassen, wesentlich war (Artt. 49 ff; 64). Im Zweifel soll es nicht gestattet sein, sich vom Vertrag loszusagen, weil das WKR nach Möglichkeit sinnlose Transportaufwendungen sowie sonstige Kosten vermeiden will und zugleich verhindern will, daß eine unvorhergesehene Konjunkturentwicklung zu Lasten des Vertragsbrüchigen ausgenutzt wird (*v. Caemmerer* Die wesentliche Vertragsverletzung im international Einheitlichen Kaufrecht, Festschrift Coing (1982) S. 49).

Stand: 1. 4. 1984

Art. 25 weicht von Art. 10 EKG ab (*Herber* S. 21). Art. 25 ist objektiver gefaßt (*v. Caemmerer* S. 49). Art. 25 zufolge kommt es darauf an, ob die aus dem Vertragsbruch resultierenden Nachteile im Lichte der Erwartungen, die die Partei hegen durfte, fundamentaler Natur waren (*Honnold* S. 212 f); mit anderen Worten, ob der Vertragsbruch dem Vertragspartner die wesentlichen erhofften Vorteile materieller oder immaterieller Natur (*Huber* RabelsZ 43 (1979) 413, 462 f) nimmt oder vorenthält (*Schlechtriem* S. 47).

Als **wesentliche** Vertragsverletzung ist regelmäßig eine größere Lieferverzögerung **654** bei Käufen von Waren mit laufendem Marktpreis (*Schlechtriem* S. 48), ferner die Lieferung funktionsuntüchtiger Geräte zu qualifizieren, es sei denn, daß Nachbesserung sofort zugesagt wird und das Gerät nach dem Vertrag nicht sofort benutzt werden mußte (*Honnold* S. 213 f). Doloses Verhalten löst nicht ohne weiteres eine wesentliche Vertragsverletzung aus, da es auf die Auswirkungen ankommt (*v. Caemmerer* S. 52; **a. A.** wohl *Honnold* S. 213). **Unwesentlich:** Die Lieferung von Handelsware zum Weiterverkauf, die aussonderbar geringfügig mangelhaft ist, jedenfalls dann, wenn sich der Verkäufer sofort auf eine Minderung einläßt (*Honnold* S. 214 f).

Die Wesentlichkeit der Vertragsverletzung muß im Moment des Vertragsschlusses **655** ebenso wie bei Art. 10 EKG **kalkulierbar** gewesen sein (*v. Caemmerer* S. 50; *Huber* RabelsZ 43 (1979) 413, 463; *Schlechtriem* S. 49; **a. A.** *Feltham* The United Nations Convention of Contracts for the International Sale of Goods, Journal of Business Law (1981) S. 353). Zur Ausfüllung des Kriteriums „vorausgesehen hätte" s. Art. 10 EKG (Rdn. 331).

Artikel 26 WKR
Eine Erklärung, daß der Vertrag aufgehoben wird, ist nur wirksam, wenn sie der anderen Partei mitgeteilt wird.

Die Mitteilung ist nicht empfangsbedürftig (Art. 27; *Schlechtriem* S. 49; *Noussias* **656** Die Zugangsbedürftigkeit von Mitteilungen nach den Einheitlichen Haager Kaufgesetzen und nach dem UN-Kaufgesetz (1982) s. 156; **a. A.** *Huber* RabelsZ 43 (1979) 413, 464). Das Erfordernis der Mitteilung soll nur klarstellen, daß der Vertrag — anders als nach dem EKG — nicht von selbst aufgehoben ist, sondern daß die Aufhebung einer Erklärung bedarf.

Artikel 27 WKR
Soweit in diesem Teil des Übereinkommens nicht ausdrücklich etwas anderes bestimmt wird, nimmt bei einer Anzeige, Aufforderung oder sonstigen Mitteilung, die eine Partei gemäß diesem Teil mit den nach den Umständen geeigneten Mitteln macht, eine Verzögerung oder ein Irrtum bei der Übermittlung der Mitteilung oder deren Nichteintreffen dieser Partei nicht das Recht, sich auf die Mitteilung zu berufen.

Art. 27 gilt für alle Anzeigen, Aufforderungen sowie Mitteilungen gemäß den **657** Artt. 26, 39, 43, 47, 67, 88. Zu den Kommunikationsmitteln, die der Absender einzusetzen hat, vgl. Art. 14 EKG. Geeignet sind immer die üblichen Mittel, es sei denn, daß im Einzelfall für deren Untauglichkeit klare Anhaltspunkte ersichtlich sind (*Schlechtriem* S. 50). Art. 27 ist dispositiv. Gebräuche gehen unter den in Art. 9 genannten Voraussetzungen vor.

Artikel 28 WKR
Ist eine Partei nach diesem Übereinkommen berechtigt, von der anderen Partei die Erfüllung einer Verpflichtung zu verlangen, so braucht ein Gericht eine Entscheidung auf Erfüllung in Natur

nur zu fällen, wenn es dies auch nach seinem eigenen Recht bei gleichartigen Kaufverträgen täte, die nicht unter dieses Übereinkommen fallen.

658 Art. 28 entspricht in der Sache Art. 16 EKG.

Artikel 29 WKR

(1) Ein Vertrag kann durch bloße Vereinbarung der Parteien geändert oder aufgehoben werden.

(2) Enthält ein schriftlicher Vertrag eine Bestimmung, wonach jede Änderung oder Aufhebung durch Vereinbarung schriftlich zu erfolgen hat, so darf er nicht auf andere Weise geändert oder aufgehoben werden. Eine Partei kann jedoch aufgrund ihres Verhaltens davon ausgeschlossen sein, sich auf eine solche Bestimmung zu berufen, soweit die andere Partei sich auf dieses Verhalten verlassen hat.

659 Art. 29 Abs. 1 ist aus der Sicht des BGB selbstverständlich. Abänderungen bedürfen im Anwendungsbereich des Art. 12 der Form. Art. 29 Abs. 2 S. 2 gilt auch hier.

Art. 29 Abs. 2 ist auf Fälle der vereinbarten Schriftform (Artt. 6, 8, 9) bezogen. Mündliche Änderungen des Vertrages sind unabhängig vom Willen der Parteien unwirksam (*Huber* RabelsZ 43 (1979) 413, 435). Der Schriftform wird durch Telegramm, Fernschreiben oder Telekopie Genüge getan (Art. 13).

Kapitel II
Pflichten des Verkäufers
Artikel 30 WKR

Der Verkäufer ist nach Maßgabe des Vertrages und dieses Übereinkommens verpflichtet, die Ware zu liefern, die sie betreffenden Dokumente zu übergeben und das Eigentum an der Ware zu übertragen.

660 Art. 30 konkretisiert die Lieferpflicht des Verkäufers. Sie wird ferner in Hinblick auf Lieferort, Lieferzeit, Dokumente, Qualität, Menge und Rechtsmängelfreiheit detailliert in den Artt. 31 ff geregelt. Daß der Verkäufer auch die ihm nach Treu und Glauben (Art. 7 Abs. 1) obliegenden Nebenpflichten sorgfältig zu erfüllen hat, hält das Gesetz für selbstverständlich. **Sanktion:** Artt. 36 ff, 42 f, 45 ff.

Abschnitt I
Lieferung der Ware und Übergabe der Dokumente
Artikel 31 WKR

Hat der Verkäufer die Ware nicht an einem anderen bestimmten Ort zu liefern, so besteht seine Lieferpflicht in folgendem:

a) Erfordert der Kaufvertrag eine Beförderung der Ware, so hat sie der Verkäufer dem ersten Beförderer zur Übermittlung an den Käufer zu übergeben;

b) bezieht sich der Vertrag in Fällen, die nicht unter Buchstabe a fallen, auf bestimmte Ware oder auf gattungsmäßig bezeichnete Ware, die aus einem bestimmten Bestand zu entnehmen ist, oder auf herzustellende oder zu erzeugende Ware und wußten die Parteien bei Vertragsabschluß, daß die Ware sich an einem bestimmten Ort befand oder dort herzustellen oder zu erzeugen war, so hat der Verkäufer die Ware dem Käufer an diesem Ort zur Verfügung zu stellen;

c) in den anderen Fällen hat der Verkäufer die Ware dem Käufer an dem Ort zur Verfügung zu stellen, an dem der Verkäufer bei Vertragsabschluß seine Niederlassung hatte.

661 Art. 31 regelt den Erfüllungsort, der auch für die Beantwortung der Frage von Bedeutung ist, welche der Parteien Exportlizenzen zu besorgen und Zölle zu bezahlen hat (*Honnold* S. 240). In lit. a ist zunächst die Schickschuld, in lit. b eine spezielle Form der Holschuld und in lit. c die normale Holschuld geregelt. Der Eingangssatz des Art. 31 besagt, daß der Kaufvertrag im Zweifel keine Bringschuld, sondern eine Holschuld begründet (*Herber* S. 23).

Art. 31 lit. a setzt voraus, daß sich der Verkäufer im Kaufvertrag (Artt. 8, 9) zur Beförderung der Ware oder zur Besorgung des Transportmittels verpflichtet hat (*Vries* European Transport Law XVII (1982) 495, 497 ff; vgl. Art. 19 Abs. 2 EKG). Der Begriff „übergeben" entspricht dem Begriff „aushändigen" in Art. 19 Abs. 2 EKG (*Schlechtriem* S. 53; *Vries* European Transport Law XVII (1982) 495, 497). Es soll sichergestellt sein, daß die Ware in den Gewahrsam des Beförderers gelangt, weil der Käufer nicht selbst für seine Interessen sorgen kann. Zum Begriff „zur Übermittlung" vgl. Art. 19 EKG Rdn. 353. Zum Kreis der Beförderer gehören nur die vom Verkäufer unabhängigen Transportpersonen (*Honnold* S. 236), nicht der vom Verkäufer beauftragte Spediteur, der den Transport nicht selbst ausführt (*Herber* S. 24). Zusätzliche Verkäuferpflicht: Art. 32. **662**

Art. 31 lit. b begründet eine besondere Art der Holschuld, bei der der Käufer die Ware nicht in der Niederlassung des Verkäufers, sondern am Lager- oder Produktionsort abzuholen hat. Im Zweifel ist eine Holschuld im Sinne des Art. 31 lit. c vereinbart. Die Zweifel sind ausgeräumt, falls sich der Kaufvertrag auf einen bestimmten Bestand oder eine noch zu produzierende Ware bezog und der Käufer bei Vertragsschluß den Ort der Lagerung bzw. Produktion positiv kannte. Der Verkäufer hat die Ware derart bereitzustellen, daß der Käufer nur noch den Besitz zu ergreifen braucht (*Schlechtriem* S. 54). **663**

Art. 31 lit. c statuiert bei Kaufverträgen, die weder in die Kategorie der Schick- oder Bringschuld noch in die der qualifizierten Holschuld (lit. b) fallen, eine Pflicht zur Abholung der Ware am Niederlassungsort des Verkäufers. Der Verkäufer muß die Ware so an den Käufer heranbringen, daß dieser die Ware an sich nehmen kann. Eine Übergabe ist nach dispositivem Recht nicht erforderlich; denn in lit. c ist, anders als in lit. a, nicht von Übergabe die Rede (*Huber* RabelsZ 43 (1979) 413, 352; a. A. *Herber* S. 23). **664**

Artikel 32

(1) Übergibt der Verkäufer nach dem Vertrag oder diesem Übereinkommen die Ware einem Beförderer und ist die Ware nicht deutlich durch daran angebrachte Kennzeichen oder durch Beförderungsdokumente oder auf andere Weise dem Vertrag zugeordnet, so hat der Verkäufer dem Käufer die Versendung anzuzeigen und dabei die Ware im einzelnen zu bezeichnen.

(2) Hat der Verkäufer für die Beförderung der Ware zu sorgen, so hat er die Verträge zu schließen, die zur Beförderung an den festgesetzten Ort mit den nach den Umständen angemessenen Beförderungsmitteln und zu den für solche Beförderungen üblichen Bedingungen erforderlich sind.

(3) Ist der Verkäufer nicht zum Abschluß einer Transportversicherung verpflichtet, so hat er dem Käufer auf dessen Verlangen alle ihm verfügbaren, zum Abschluß einer solchen Versicherung erforderlichen Auskünfte zu erteilen.

Art. 32 Abs. 1 entspricht in der Sache Art. 19 Abs. 3 EKG. Die Anzeige ist nicht empfangsbedürftig (Art. 27). Ohne Versendungsanzeige erfolgt kein Gefahrübergang (Artt. 67 Abs. 2, 69 Abs. 2). Ferner stellt das Unterlassen der Versendungsanzeige eine Vertragsverletzung dar[218]. **665**

---

[218] Artt. 45 ff; *Schlechtriem* S. 55; *Honnold* S. 243.

Art. 32 Abs. 2 entspricht in der Sache Art. 54 Art. 1 EKG. Im Unterschied zum EKG ist gemäß Art. 32 Abs. 2 das den Umständen nach angemessene Beförderungsmittel zu wählen. Dies erweitert den Ermessensspielraum des Verkäufers, bürdet ihm aber auch das Risiko auf, daß er eine falsche Wahl trifft. Rechtsfolge der Pflichtverletzung: Artt. 45 ff.

Art. 32 Abs. 3 entspricht Art. 54 Abs. 2 EKG. **Sanktion:** Artt. 45 ff.

Artikel 33 WKR

Der Verkäufer hat die Ware zu liefern,

a) wenn ein Zeitpunkt im Vertrag bestimmt ist oder aufgrund des Vertrages bestimmt werden kann, zu diesem Zeitpunkt,

b) wenn ein Zeitraum im Vertrag bestimmt ist oder aufgrund des Vertrages bestimmt werden kann, jederzeit innerhalb dieses Zeitraums, sofern sich nicht aus den Umständen ergibt, daß der Käufer den Zeitpunkt zu wählen hat, oder

c) in allen anderen Fällen innerhalb einer angemessenen Frist nach Vertragsabschluß.

666 Art. 33 lit. a, b. Die Lieferzeit kann sich auch aus den einschlägigen und gemäß Art. 9 anwendbaren Handelsbräuchen ergeben.

Art. 33 lit. c entspricht in der Sache Art. 22 EKG. Rechtsfolgen der verspäteten Lieferung: Artt. 45 ff. Vorzeitige Lieferung: Art. 52 Abs. 1.

Artikel 34 WKR

Hat der Verkäufer Dokumente zu übergeben, die sich auf die Ware beziehen, so hat er sie zu dem Zeitpunkt, an dem Ort und in der Form zu übergeben, die im Vertrag vorgesehen sind. Hat der Verkäufer die Dokumente bereits vorher übergeben, so kann er bis zu dem für die Übergabe vorgesehenen Zeitpunkt jede Vertragswidrigkeit der Dokumente beheben, wenn die Ausübung dieses Rechts dem Käufer nicht unzumutbare Unannehmlichkeiten oder unverhältnismäßige Kosten verursacht. Der Käufer behält jedoch das Recht, Schadensersatz nach diesem Übereinkommen zu verlangen.

667 Art. 34 S. 1 entspricht Art. 50 EKG. Der Zeitpunkt, Ort und die Form der Dokumentenübergabe kann sich auch aus anwendbaren Handelsbräuchen (Art. 9) ergeben.

Art. 34 S. 2. Das Recht zu einer Art zweiten Andienung steht mit den Gepflogenheiten des Überseekaufs im Einklang und findet seine Parallele in Art. 48.

Abschnitt II
Vertragsmäßigkeit der Ware sowie Rechte oder Ansprüche Dritter
Artikel 35 WKR

(1) Der Verkäufer hat Ware zu liefern, die in Menge, Qualität und Art sowie hinsichtlich Verpackung oder Behältnis den Anforderungen des Vertrages entspricht.

(2) Haben die Parteien nichts anderes vereinbart, so entspricht die Ware dem Vertrag nur,

a) wenn sie sich für die Zwecke eignet, für die Ware der gleichen Art gewöhnlich gebraucht wird;

b) wenn sie sich für einen bestimmten Zweck eignet, der dem Verkäufer bei Vertragsabschluß ausdrücklich oder auf andere Weise zur Kenntnis gebracht wurde, sofern sich nicht aus den Umständen ergibt, daß der Käufer auf die Sachkenntnis und das Urteilsvermögen des Verkäufers nicht vertraute oder vernünftigerweise nicht vertrauen konnte;

c) wenn sie die Eigenschaften einer Ware besitzt, die der Verkäufer dem Käufer als Probe oder Muster vorgelegt hat;

d) wenn sie in der für Ware dieser Art üblichen Weise oder, falls es eine solche Weise nicht gibt, in einer für die Erhaltung und den Schutz der Ware angemessenen Weise verpackt ist.

(3) Der Verkäufer haftet nach Absatz 2 Buchstaben a bis d nicht für eine Vertragswidrigkeit der Ware, wenn der Käufer bei Vertragsabschluß diese Vertragswidrigkeit kannte oder darüber nicht in Unkenntnis sein konnte.

Art. 35 erfaßt wie Art. 33 EKG Quantitäts-, Qualitätsmängel und aliud-Lieferungen **668** der Ware sowie Fälle mangelhafter Verpackung (*Schlechtriem* S. 56 f).

Art. 35 Abs. 2 lit. a entspricht Art. 33 Abs. 1 lit. d EKG.

Art. 35 Abs. 2 lit. b entspricht in der Sache im wesentlichen Art. 33 Abs. 1 **669** lit. e EKG. Im Unterschied zum EKG muß nicht nachgewiesen werden, daß bestimmte Eigenschaften vertraglich vereinbart wurden (*Herber* S. 25; *Huber* RabelsZ 43 (1979) 413, 480), ohne daß dies in der Sache etwas an der Reichweite der Einstandspflicht ändert[219]. Der Verkäufer muß nur insoweit einstehen, als seine besondere Sachkenntnis den Käufer zum Kauf motivierte oder soweit er nicht deutlich machte, daß sich der Käufer nicht auf ihn verlassen dürfe (vgl. *Koller* Risikozurechnung bei Vertragsstörungen in Austauschverträgen (1979) S. 151).

Art. 35 Abs. 2 lit. c entspricht in der Sache Art. 33 Abs. 1 lit. c EKG.

Art. 35 Abs. 3 entspricht Art. 36 EKG. Nicht in Unkenntnis sein können bedeutet grobe Fahrlässigkeit (a. A. *Huber* RabelsZ 43 (1979) 413, 480). Eine Untersuchungspflicht des Käufers besteht nicht (*Honnold* S. 256).

Zusicherungen des Verkäufers fallen unter Art. 36 Abs. 2. Die Ware muß **im Zeit- 670 punkt** des Gefahrübergangs vertragsgemäß gewesen sein (Artt. 36, 67 ff). Die **Haftung** des Verkäufers setzt grundsätzlich eine rechtzeitige Rüge (Artt. 38 f) voraus. Haftungsumfang: Artt. 36, 37, 45 ff, 5. **Beweislast:** Nach Abnahme beim Käufer (a. A. *Huber* RabelsZ 43 (1979) 413, 480). Rechtsmängel: Artt. 41 f.

Artikel 36 WKR

(1) Der Verkäufer haftet nach dem Vertrag und diesem Übereinkommen für eine Vertragswidrigkeit, die im Zeitpunkt des Übergangs der Gefahr auf den Käufer besteht, auch wenn die Vertragswidrigkeit erst nach diesem Zeitpunkt offenbar wird.

(2) Der Verkäufer haftet auch für eine Vertragswidrigkeit, die nach dem in Absatz 1 angegebenen Zeitpunkt eintritt und auf die Verletzung einer seiner Pflichten zurückzuführen ist, einschließlich der Verletzung einer Garantie dafür, daß die Ware für eine bestimmte Zeit für den üblichen Zweck oder für einen bestimmten Zweck geeignet bleiben oder besondere Eigenschaften oder Merkmale behalten wird.

Art. 36 Abs. 1 legt den für die Haftung maßgeblichen Zeitpunkt auf den Moment **671** des Gefahrübergangs (Artt. 67 ff). Die Haftung auf Schadensersatz, Aufhebung des Vertrages, Minderung sowie Nachlieferung bzw. Nachbesserung erfolgt nach Maßgabe der Artt. 45 ff, 5. Art. 34 EKG gilt der Sache nach auch im Rahmen des Art. 36 Abs. 1 (*Schlechtriem* S. 19). **Ausnahme:** Art. 37; Rügepflichtverletzung Art. 39.

Art. 36 Abs. 2 statuiert Selbstverständliches, soweit er eine Haftung auch für Vertragswidrigkeiten anordnet, die im Kern schon vor dem Gefahrübergang bestanden haben, sich aber erst nach Gefahrübergang herausstellten. Die Haftung für Garantien, die auch stillschweigend erteilt werden können (*Herber* S. 26), ergibt sich bereits aus dem Vertrag (*Honnold* S. 268 f).

---

[219] Vgl. *Koller* Die Risikozurechnung bei Vertragsstörungen in Austauschverträgen (1979) S. 146 ff.

Artikel 37 WKR

Bei vorzeitiger Lieferung der Ware behält der Verkäufer bis zu dem für die Lieferung festgesetzten Zeitpunkt das Recht, fehlende Teile nachzuliefern, eine fehlende Menge auszugleichen, für nicht vertragsgemäße Ware Ersatz zu liefern oder die Vertragswidrigkeit der gelieferten Ware zu beheben, wenn die Ausübung dieses Rechts dem Käufer nicht unzumutbare Unannehmlichkeiten oder unverhältnismäßige Kosten verursacht. Der Käufer behält jedoch das Recht, Schadensersatz nach diesem Übereinkommen zu verlangen.

672 Art. 37 S. 1 entspricht Art. 37 EKG. Die Nachlieferung bzw. Nachbesserung hat der Käufer auch dann entgegenzunehmen, wenn sie nicht völlig vertragsgemäß ist (*Honnold* S. 272).

Art. 37 S. 2 stellt klar, daß der Käufer seine Schadensersatzansprüche (Artt. 45, 79, 74 ff) behält. Ausnahme: Art. 5. Nach Ablauf des Lieferzeitpunkts darf sich der Verkäufer nur noch auf Art. 48 berufen.

Artikel 38 WKR

(1) Der Käufer hat die Ware innerhalb einer so kurzen Frist zu untersuchen oder untersuchen zu lassen, wie es die Umstände erlauben.

(2) Erfordert der Vertrag eine Beförderung der Ware, so kann die Untersuchung bis nach dem Eintreffen der Ware am Bestimmungsort aufgeschoben werden.

(3) Wird die Ware vom Käufer umgeleitet oder von ihm weiterversandt, ohne daß er ausreichend Gelegenheit hatte, sie zu untersuchen, und kannte der Verkäufer bei Vertragsabschluß die Möglichkeit einer solchen Umleitung oder Weiterversendung oder mußte er sie kennen, so kann die Untersuchung bis nach dem Eintreffen der Ware an ihrem neuen Bestimmungsort aufgeschoben werden.

673 Art. 38 Abs. 1 begründet eine Untersuchungsobliegenheit in Hinblick auf Quantitäts-, Qualitätsmängel sowie Falschlieferungen (*Huber* RabelsZ 43 (1979) 413, 484 f; *Schlechtriem* S. 59). Art. 38 Abs. 1 entspricht Art. 38 Abs. 1 EKG. Es gelten aber nicht ohne weiteres die Gebräuche des Untersuchungsortes (Art. 9; *Schlechtriem* S. 58).

Art. 38 Abs. 2 entspricht in der Sache Art. 38 Abs. 2 EKG.

Art. 38 Abs. 3 entspricht im wesentlichen Art. 38 Abs. 3 EKG. Im Vergleich zu Art. 38 Abs. 3 EKG setzt Art. 38 zusätzlich das Fehlen ausreichender Untersuchungsmöglichkeiten voraus.

Kosten der Untersuchung s. Art. 38 EKG Rdn. 405. Die bloße **Verletzung** der Untersuchungsobliegenheit zieht keine Sanktion nach sich. Der Rechtsverlust ist an den Verstoß gegen die Rügeobliegenheit geknüpft.

Artikel 39 WKR

(1) Der Käufer verliert das Recht, sich auf eine Vertragswidrigkeit der Ware zu berufen, wenn er sie dem Verkäufer nicht innerhalb einer angemessenen Frist nach dem Zeitpunkt, in dem er sie festgestellt hat oder hätte feststellen müssen, anzeigt und dabei die Art der Vertragswidrigkeit genau bezeichnet.

(2) Der Käufer verliert in jedem Fall das Recht, sich auf die Vertragswidrigkeit der Ware zu berufen, wenn er sie nicht spätestens innerhalb von zwei Jahren, nachdem ihm die Ware tatsächlich übergeben worden ist, dem Verkäufer anzeigt, es sei denn, daß diese Frist mit einer vertraglichen Garantiefrist unvereinbar ist.

674 Art. 39 Abs. 1 differenziert in Hinblick auf die Rügefrist nicht zwischen Mängeln, die bei der Lieferung erkennbar sind, und solchen Mängeln, die erst später erkennbar werden. Verdeckte Mängel sind also nicht erst nach positiver Zurkenntnisnahme, sondern binnen angemessener Frist nach Erkennbarkeit zu rügen (*Schlechtriem* S. 60). Die

Rüge hat anders als im Rahmen des Art. 39 EKG nicht binnen kurzer Frist, sondern innerhalb angemessener Frist zu erfolgen. Die Angemessenheit der Frist ist anhand des ersichtlichen Bedürfnisses nach rascher Aufklärung, der Verderblichkeit der Güter, der Beweissicherung und der Möglichkeit, die Nachbesserung bzw. Nachlieferung zu sichern, zu bestimmen (*Honnold* S. 281). Die Rüge muß spätestens vor Ablauf von 2 Jahren erfolgt sein (Art. 39 Abs. 2). Die Rüge muß lediglich die Art der Vertragswidrigkeit genau bezeichnen. Die Rüge ist nicht empfangsbedürftig (Art. 27). Vgl. im übrigen Art. 39 Abs. 1 EKG. **Ausnahme:** Art. 40. **Rechtsfolge:** Verlust aller Rechte aus den Artt. 45–49, mit Ausnahme der Rechte aus Art. 50, falls die Voraussetzungen des Art. 44 vorliegen.

Art. 39 Abs. 2. Das WKR enthält keine zusätzlichen Verjährungsvorschriften. Das WKR soll durch ein UNCITRAL-Verjährungsabkommen (*Huber* RabelsZ 43 (1979) 413, 483) ergänzt werden.

Artikel 40 WKR

Der Verkäufer kann sich auf die Artikel 38 und 39 nicht berufen, wenn die Vertragswidrigkeit auf Tatsachen beruht, die er kannte oder über die er nicht in Unkenntnis sein konnte und die er dem Käufer nicht offenbart hat.

Art. 40 entspricht Art. 40 EKG (*Schlechtriem* S. 60; a. A. *Huber* RabelsZ 43 (1979) **675** 413, 482).

Artikel 41 WKR

Der Verkäufer hat Ware zu liefern, die frei von Rechten oder Ansprüchen Dritter ist, es sei denn, daß der Käufer eingewilligt hat, die mit einem solchen Recht oder Anspruch behaftete Ware zu nehmen. Beruhen jedoch solche Rechte oder Ansprüche auf gewerblichem oder anderem geistigen Eigentum, so regelt Artikel 42 die Verpflichtung des Verkäufers.

Die Artt. 41–43 regeln die Fragen der Rechtsmängelhaftung abweichend vom **676** EKG. Das WKR weicht von Art. 52 EKG insbesondere in Hinblick auf die Haftung für die Belastung durch **gewerbliche Schutzrechte** Dritter (Art. 42) ab.

Art. 41 erfaßt mit Ausnahme der in Art. 42 geregelten Fälle sämtliche **privatrechtlichen** Rechte Dritter, die die unmittelbare Besitzer- oder Eigentumsposition des Käufers einschränken, sowie die Fälle, in denen sich Dritte eines einschränkenden Rechts berühmen (vgl. Art. 52 EKG Rdn. 442; *Huber* RabelsZ 43 (1979) 413, 501; *Schlechtriem* S. 63). Unklar ist, inwieweit **öffentlich-rechtliche** Nutzungsbeschränkungen unter Art. 41 fallen. Verneinend *Schlechtriem*, S. 63, der Art. 35 anwenden will. — **Rechtsfolge:** Artt. 44, 45ff, grundsätzlich unter der Voraussetzung, daß der Rechtsmangel rechtzeitig gerügt wurde (Art. 43). Eine Ausschlußfrist existiert nicht. Zur Verjährung Art. 39.

Artikel 42 WKR

(1) Der Verkäufer hat Ware zu liefern, die frei von Rechten oder Ansprüchen Dritter ist, die auf gewerblichem oder anderem geistigen Eigentum beruhen und die der Verkäufer bei Vertragsabschluß kannte oder über die er nicht in Unkenntnis sein konnte, vorausgesetzt, das Recht oder der Anspruch beruht auf gewerblichem oder anderem geistigen Eigentum

a) nach dem Recht des Staates, in dem die Ware weiterverkauft oder in dem sie in anderer Weise verwendet wird, wenn die Parteien bei Vertragsabschluß in Betracht gezogen haben, daß die Ware dort weiterverkauft oder verwendet werden wird, oder

b) in jedem anderen Falle nach dem Recht des Staates, in dem der Käufer seine Niederlassung hat.

Ingo Koller

(2) Die Verpflichtung des Verkäufers nach Absatz 1 erstreckt sich nicht auf Fälle,
a) in denen der Käufer im Zeitpunkt des Vertragsabschlusses das Recht oder den Anspruch kannte oder darüber nicht in Unkenntnis sein konnte, oder
b) in denen das Recht oder der Anspruch sich daraus ergibt, daß der Verkäufer sich nach technischen Zeichnungen, Entwürfen, Formeln oder sonstigen Angaben gerichtet hat, die der Käufer zur Verfügung gestellt hat.

677 Art. 42 stellt eine Sondervorschrift für Rechtsmängel dar, die aus Rechten oder Ansprüchen aus gewerblichem Eigentum (z. B. Patenten, Warenzeichen, Gebrauchsmusterschutz-, Sortenmusterschutzrechten) oder aus anderem geistigen Eigentum (z. B. Urheberrechte) resultieren. Die Haftung gemäß Art. 42 setzt kumulativ voraus, daß der Verkäufer (1) die Rechte im Sinne des Art. 42 kannte oder grob fahrlässig nicht kannte (vgl. *Honnold* S. 256) und (2) der Verkäufer erkennen mußte, daß die Rechte die Verwendungszwecke des Käufers tangieren. Die Frage, wann der Verkäufer die Verwendungszwecke des Käufers berücksichtigen mußte, ist detailliert in Art. 42 Abs. 1 lit. a und b geregelt. Zum Begriff der Niederlassung Art. 10. **Rechtsfolge der Rechtsmängelhaftung:** Artt. 44, 45 ff. **Ausnahmen:** Art. 42 Abs. 2 lit. a (entspricht Art. 35 Abs. 3); Art. 42 Abs. 2 lit. b, falls der Verkäufer nach Anweisungen des Käufers gehandelt hat. Der Käufer muß seine Anweisungen nicht im Sinne des Art. 79 zu vertreten gehabt haben. Konnte der Verkäufer erkennen, daß der Käufer nichts von der Existenz gewerblicher Schutzrechte wußte, so muß er ihn ungeachtet des Art. 42 Abs. 2 lit. b informieren. — Keine volle Haftung ferner nach Versäumung der Rügefrist (Art. 43). In einem solchen Fall kann der Käufer eventuell Minderung des Kaufpreises fordern (Art. 44).

Artikel 43 WKR

(1) Der Käufer kann sich auf Artikel 41 oder 42 nicht berufen, wenn er dem Verkäufer das Recht oder den Anspruch des Dritten nicht innerhalb einer angemessenen Frist nach dem Zeitpunkt, in dem er davon Kenntnis erlangt hat oder hätte erlangen müssen, anzeigt und dabei genau bezeichnet, welcher Art das Recht oder der Anspruch des Dritten ist.

(2) Der Verkäufer kann sich nicht auf Absatz 1 berufen, wenn er das Recht oder den Anspruch des Dritten und seine Art kannte.

678 Art. 43 Abs. 1 entspricht Art. 52 Abs. 4 EKG. Die Rüge ist nicht zugangsbedürftig (Art. 27). Anders als nach EKG zieht die Versäumung der Rügefrist nicht notwendig den vollen Rechtsverlust nach sich (Art. 44). Soweit Art. 44 nicht zum Tragen kommt, haftet der Verkäufer dem Käufer, der die Rügefrist versäumt hat, — anders als nach Art. 40 EKG — nur, wenn der Käufer beweist, daß der Verkäufer den Rechtsmangel bzw. die Ansprüche Dritter positiv gekannt hat (*Honnold* S. 293).

Artikel 44 WKR

Ungeachtet des Artikels 39 Absatz 1 und des Artikels 43 Absatz 1 kann der Käufer den Preis nach Artikel 50 herabsetzen oder Schadensersatz, außer für entgangenen Gewinn, verlangen, wenn er eine vernünftige Entschuldigung dafür hat, daß er die erforderliche Anzeige unterlassen hat.

679 Vernünftige Entschuldigung ist zu bejahen, wenn in den Kreisen des Käufers eine Untersuchung sowie Rüge binnen angemessener Frist unüblich ist (*Herber* S. 28). Zu Gegenansprüchen des Verkäufers, *Schlechtriem*, S. 61.

Zweiter Abschnitt. Handelskauf

Vor § 373
Art. 46 WKR

Abschnitt III
Rechtsbehelfe des Käufers wegen Vertragsverletzung durch den Verkäufer
Vorbemerkung vor Art. 45

Ähnlich wie das EKG (vor Art. 18 EKG Rdn. 344), geht das WKR von einem einheitlichen Begriff der Vertragsverletzung aus, der die Fälle der Unmöglichkeit, des Unvermögens ebenso umfaßt, wie die Fälle verspäteter Lieferung, Lieferung am falschen Ort, der Quantitäts-, Qualitätsmängel, der Falschlieferung und der Verletzung von Nebenpflichten (*Huber* RabelsZ 43 (1979) 413, 507). Anders als das EKG differenziert das WKR jedoch nur geringfügig zwischen den auf die einzelnen Fallgruppen bezogenen Rechtsfolgen. Vielmehr sind die Rechtsfolgen im wesentlichen einheitlich geregelt. Ähnlich dem EKG unterscheidet das WKR zwischen wesentlichen (Art. 25) und unwesentlichen Vertragsverletzungen und macht hiervon die sofortige Aufhebung des Vertrages abhängig (Art. 49 Abs. 1). Die Rechtsbehelfe des Käufers bei Vertragsverletzungen (Erfüllung, Schadensersatz, Aufhebung des Vertrages, Minderung) können, soweit dies logisch möglich ist, nebeneinander geltend gemacht werden (Art. 45 Abs. 2). **680**

Artikel 45 WKR
(1) Erfüllt der Verkäufer eine seiner Pflichten nach dem Vertrag oder diesem Übereinkommen nicht, so kann der Käufer
a) die in Artikel 46 bis 52 vorgesehenen Rechte ausüben;
b) Schadensersatz nach Artikel 74 bis 77 verlangen.
(2) Der Käufer verliert das Recht, Schadensersatz zu verlangen, nicht dadurch, daß er andere Rechtsbehelfe ausübt.
(3) Übt der Käufer einen Rechtsbehelf wegen Vertragsverletzung aus, so darf ein Gericht oder Schiedsgericht dem Verkäufer keine zusätzliche Frist gewähren.

Das Recht auf **Erfüllung** des Vertrages ist in den Artt. 46, 47 näher geregelt. Der Verkäufer hat grundsätzlich ein Recht auf zweite Andienung. — Die **Schadensersatzhaftung** wird durch die Artt. 74 ff konkretisiert. Voraussetzung ist immer, daß der Verkäufer die Schadensursache zu vertreten hat (Artt. 79 f). — Das Recht zur **Aufhebung** des Vertrages ergibt sich aus den Artt. 49, 51. Die Artt. 72, 73 statuieren weitere Aufhebungsgründe. Die Minderung des Kaufpreises (Art. 50) stellt eine Variante der Vertragsaufhebung dar. — **Zurückweisung der Ware**: Art. 52. **681**

Die Rechtsbehelfe stehen **zur Wahl** des Käufers. Sie können nebeneinander geltend gemacht werden, soweit dies logisch möglich ist.

Artikel 46 WKR
(1) Der Käufer kann vom Verkäufer Erfüllung seiner Pflichten verlangen, es sei denn, daß der Käufer einen Rechtsbehelf ausgeübt hat, der mit diesem Verlangen unvereinbar ist.
(2) Ist die Ware nicht vertragsgemäß, so kann der Käufer Ersatzlieferung nur verlangen, wenn die Vertragswidrigkeit eine wesentliche Vertragsverletzung darstellt und die Ersatzlieferung entweder zusammen mit einer Anzeige nach Artikel 39 oder innerhalb einer angemessenen Frist danach verlangt wird.
(3) Ist die Ware nicht vertragsgemäß, so kann der Käufer den Verkäufer auffordern, die Vertragswidrigkeit durch Nachbesserung zu beheben, es sei denn, daß dies unter Berücksichtigung aller Umstände unzumutbar ist. Nachbesserung muß entweder zusammen mit einer Anzeige nach Artikel 39 oder innerhalb einer angemessenen Frist danach verlangt werden.

Art. 46 Abs. 1. Der Anspruch auf Erfüllung gemäß Art. 46 Abs. 1 setzt voraus, daß der Verkäufer noch nicht in vollem Umfang oder am falschen Ort oder rechtsmängelbehaftet geliefert hat. Wies die Ware lediglich Sachmängel auf oder hatte der Verkäu- **682**

fer ein aliud geliefert, so ist Art. 46 Abs. 2, 3 zu beachten. Der Verkäufer wird von der Pflicht zur Erfüllung nicht unter den in Art. 79 genannten Voraussetzungen befreit. Der Erfüllungsanspruch entfällt erst, wenn der Käufer wirksam die Aufhebung des Vertrages (Art. 49) oder die Minderung (Art. 50) erklärt hat. Die gerichtliche Durchsetzung des Erfüllungsanspruches kann ausgeschlossen sein (Art. 28). Neben der Erfüllung kann Schadensersatz nach Maßgabe der Artt. 45 Abs. 2, 74 ff, 79 gefordert werden.

683 Art. 46 Abs. 2 ist auf den Gattungskauf zugeschnitten (*Herber* S. 30). Er setzt die Lieferung mangelhafter Ware oder die Lieferung eines aliud voraus. Die vertragswidrige Lieferung muß eine im Sinne des Art. 25 **wesentliche Vertragsverletzung** ausgelöst haben. Die Angemessenheit der Frist für die Forderung nach Ersatzlieferung ist im Licht der Spekulationsmöglichkeiten des Käufers, die es abzuwehren gilt, zu bestimmen. Die Aufforderung zur Ersatzlieferung ist nicht zugangsbedürftig (Art. 27). Trotz einer wesentlichen Vertragsverletzung kann Ersatzlieferung nicht verlangt werden, wenn Art. 82 Abs. 1 eingreift. Hat die Falschlieferung bzw. mangelhafte Lieferung lediglich eine **unwesentliche Vertragsverletzung** zur Folge gehabt, so darf der Käufer weder Ersatzlieferung fordern noch hierzu eine Nachfrist im Sinne des Art. 49 Abs. 1 lit. b setzen, so daß der Käufer darauf verwiesen ist, den Kaufpreis zu mindern (Art. 50) oder Schadensersatz zu verlangen (Artt. 74 ff), falls der Verkäufer den Schaden zu vertreten hat[220]. Im Rahmen des Schadensersatzanspruchs darf der Käufer die Ware nicht einfach zur Verfügung stellen und den vollen Nichterfüllungsschaden einklagen, da dies dem Zweck des Art. 46 Abs. 2, den Käufer nicht mit den Kosten des Rücktransportes zu belasten, zuwiderlaufen würde (*Honnold* S. 301). Eine Nachfrist im Sinne des Art. 47 Abs. 1 kann auch bei unwesentlichen Vertragsverletzungen gesetzt werden. — Zum Recht des Verkäufers auf zweite Andienung Art. 48.

684 Art. 46 Abs. 3 ist auf Spezies- und Gattungskäufe zugeschnitten. Der Käufer kann auch bei unwesentlichen Vertragsverletzungen eine Nachfrist für Nachbesserungsversuche setzen (*Honnold* S. 301). Der fruchtlose Ablauf der Nachfrist führt jedoch nur dann zur Aufhebung des Vertrages (Art. 49), wenn die durch die Lieferung der mangelhaften Ware verursachte Vertragsverletzung wesentlich (Art. 25) war (*Huber* RabelsZ **43** (1979) 413, 485). Bei unwesentlichen Vertragsverletzungen kann der Käufer nur Minderung oder Schadensersatz geltend machen (s. oben Rdn. 683). Zum Recht des Verkäufers auf Nachbesserung Art. 48.

Artikel 47 WKR

(1) Der Käufer kann dem Verkäufer eine angemessene Nachfrist zur Erfüllung seiner Pflichten setzen.

(2) Der Käufer kann vor Ablauf dieser Frist keinen Rechtsbehelf wegen Vertragsverletzung ausüben, außer wenn er vom Verkäufer die Anzeige erhalten hat, daß dieser seine Pflichten nicht innerhalb der so gesetzten Frist erfüllen wird. Der Käufer behält jedoch das Recht, Schadensersatz wegen verspäteter Erfüllung zu verlangen.

685 Art. 47 Abs. 1 gibt dem Käufer das Recht, eine angemessene Nachfrist zu setzen. Die Nachfrist kann auch mehrfach hintereinander gesetzt werden (*Huber* RabelsZ **43** (1979) 413, 475). Der Käufer muß zu erkennen geben, daß er nach fruchtlosem Ablauf der Frist weitere Erfüllungsversuche ablehnen werde. Die Erklärung ist nicht empfangsbedürftig (Art. 27; *Noussias* S. 145). Der bloße fruchtlose Ablauf der Nachfrist führt jedoch in Fällen, in denen der Verkäufer sachmängelbehaftete oder falsche Ware geliefert hat, nicht zur Aufhebung des Vertrages (Art. 49 Abs. 1 lit. b; *Honnold* S. 302).

---

[220] *Herber* S. 31; *Huber* RabelsZ **43** (1979) 413, 484; *Schlechtriem* S. 67 f.

Art. 47 Abs. 2 sichert den Verkäufer davor, daß seine Erfüllungsbemühungen ins **686**
Leere gehen, weil der Käufer inzwischen zur Aufhebung des Vertrages (Art. 49 Abs. 1
lit. a), zur Minderung (Art. 50) oder zum Schadensersatz (Artt. 74 ff) umgeschwenkt
ist. Eine Ausnahme gilt dort, wo der Verkäufer ausdrücklich die Erfüllung verweigert
und der Käufer hiervon positiv Kenntnis erlangt hat.

Artikel 48 WKR

(1) Vorbehaltlich des Artikels 49 kann der Verkäufer einen Mangel in der Erfüllung seiner Pflichten auch nach dem Liefertermin auf eigene Kosten beheben, wenn dies keine unzumutbare Verzögerung nach sich zieht und dem Käufer weder unzumutbare Unannehmlichkeiten noch Ungewißheit über die Erstattung seiner Auslagen durch den Verkäufer verursacht. Der Käufer behält jedoch das Recht, Schadensersatz nach diesem Übereinkommen zu verlangen.
(2) Fordert der Verkäufer den Käufer auf, ihm mitzuteilen, ob er die Erfüllung annehmen will, und entspricht der Käufer der Aufforderung nicht innerhalb einer angemessenen Frist, so kann der Verkäufer innerhalb der in seiner Aufforderung angegebenen Frist erfüllen. Der Käufer kann vor Ablauf dieser Frist keinen Rechtsbehelf ausüben, der mit der Erfüllung durch den Verkäufer unvereinbar ist.
(3) Zeigt der Verkäufer dem Käufer an, daß er innerhalb einer bestimmten Frist erfüllen wird, so wird vermutet, daß die Anzeige eine Aufforderung an den Käufer nach Absatz 2 enthält, seine Entscheidung mitzuteilen.
(4) Eine Aufforderung oder Anzeige des Verkäufers nach Absatz 2 oder 3 ist nur wirksam, wenn der Käufer sie erhalten hat.

Art. 48 eröffnet dem Verkäufer ein Recht zur zweiten Andienung. Er kann damit **687**
verhindern, daß der Käufer die vertragswidrige Belieferung benutzt, um den Kaufpreis
herabzusetzen (Art. 50) oder den Vertrag aufzuheben. Grundsätzlich kann der Käufer
bei wesentlichen Vertragsverletzungen — und nur bei derartigen Vertragsverletzungen
— sofort die Aufhebung des Vertrages erklären (Art. 49 Abs. 1 lit. a). Der Verkäufer
kann dieser Aufhebungserklärung zuvorkommen, indem er dem Käufer anzeigt, daß er
noch erfüllen will (Art. 48 Abs. 2, 3), falls der Käufer nicht binnen angemessener Frist
die zweite Andienung ablehnt (*Schlechtriem* S. 69).

Art. 48 Abs. 1 bezieht sich seinem Wortlaut zufolge auf alle Arten der Vertragsver- **688**
letzung. Auch Lieferverzögerungen werden erfaßt, obwohl sie eigentlich nicht durch
spätere Belieferung behoben werden können (*Schlechtriem* S. 69; *Honnold* S. 313 f).
Unter der Voraussetzung, daß die zweite Andienung bzw. verspätete Lieferung dem
Käufer weder unzumutbare Unannehmlichkeiten noch Kostenrisiken bereitet, ist der
Käufer verpflichtet, die zweite bzw. verspätete Andienung abzunehmen. Theoretisch
kann er allerdings in Fällen des Art. 49 Abs. 1 lit. a der zweiten Andienung durch vorherige Aufhebung des Vertrages zuvorkommen (*Schlechtriem* S. 68 f). Es ist jedoch zu
berücksichtigen, daß sowohl die Möglichkeit der Nachleistung innerhalb angemessener
Frist als auch erst recht die feste Zusage des Verkäufers, innerhalb angemessener Frist
(nochmals) anzudienen, der Vertragsverletzung den Charakter der Wesentlichkeit
nehmen kann (*Schlechtriem* S. 69; *Honnold* S. 311 f). Eine weitere Einschränkung des
Art. 49 Abs. 1 lit. a erfolgt durch Art. 48 Abs. 2, 3.

Art. 48 Abs. 2 erlaubt es dem Verkäufer, sich Gewißheit darüber zu verschaffen, ob **689**
der Käufer seinem Andienungsversuch durch eine Aufhebungserklärung zuvorkommt.
Antwortet der Käufer nicht rechtzeitig auf eine Anfrage des Verkäufers, so ist dem
Käufer die Aufhebung des Vertrages vor Ablauf der in der Mitteilung des Verkäufers
genannten Frist auch dann verwehrt (Art. 48 Abs. 2 S. 2), wenn die Lieferverzögerung
für den Käufer unzumutbare Unannehmlichkeiten mit sich bringt oder sonst untragbare Kostenrisiken entstehen (*Honnold* S. 299).

690 Da die Verkäufer in aller Regel nicht förmlich anfragen werden, ob der Käufer mit einer zweiten Andienung einverstanden ist, stellt **Art. 48 Abs. 3** eine Legalvermutung auf. Ihr zufolge ist das bloße Inaussichtstellen einer zweiten Andienung als Anfrage im Sinne des Art. 48 Abs. 2 zu qualifizieren. Das Gesetz geht davon aus, daß die Vertragspartner miteinander kooperieren und reagieren werden, wenn sie erkennen, daß ihr Vertragspartner Kosten auf sich nehmen will (*Honnold* S. 312). Allerdings muß in der Anzeige über die zweite Andienung ebenso wie in der Aufforderung im Sinne des Art. 48 Abs. 2 immer eine feste Frist angegeben werden, innerhalb der die Erfüllung vollendet wird. Aufforderung und Anzeige sind zugangsbedürftig (Art. 48 Abs. 4). Die Antwort des Käufers auf die Aufforderung ist nicht zugangsbedürftig (Art. 27).

Artikel 49 WKR

(1) Der Käufer kann die Aufhebung des Vertrages erklären,
a) wenn die Nichterfüllung einer dem Verkäufer nach dem Vertrag oder diesem Übereinkommen obliegenden Pflicht eine wesentliche Vertragsverletzung darstellt oder
b) wenn im Falle der Nichtlieferung der Verkäufer die Ware nicht innerhalb der vom Käufer nach Artikel 47 Absatz 1 gesetzten Nachfrist liefert oder wenn er erklärt, daß er nicht innerhalb der so gesetzten Frist liefern wird.

(2) Hat der Verkäufer die Ware geliefert, so verliert jedoch der Käufer sein Recht, die Aufhebung des Vertrages zu erklären, wenn er
a) im Falle der verspäteten Lieferung die Aufhebung nicht innerhalb einer angemessenen Frist erklärt, nachdem er erfahren hat, daß die Lieferung erfolgt ist, oder
b) im Falle einer anderen Vertragsverletzung als verspäteter Lieferung die Aufhebung nicht innerhalb einer angemessenen Frist erklärt,
  i) nachdem er die Vertragsverletzung kannte oder kennen mußte,
  ii) nachdem eine vom Käufer nach Artikel 47 Absatz 1 gesetzte Nachfrist abgelaufen ist oder nachdem der Verkäufer erklärt hat, daß er seine Pflichten nicht innerhalb der Nachfrist erfüllen wird, oder
  iii) nachdem eine vom Verkäufer nach Artikel 48 Absatz 2 gesetzte Frist abgelaufen ist oder nachdem der Käufer erklärt hat, daß er die Erfüllung nicht annehmen wird.

Art. 49 Abs. 1. Das Recht zur Vertragsaufhebung besteht in **fünf Fallgruppen**:

691 (1) Die Vertragsverletzung ist wesentlich (Art. 25), und der Verkäufer hat nicht nachträglich erfüllt (Art. 48 Abs. 1), und der Käufer hat auf eine Aufforderung im Sinne des Art. 48 Abs. 2 nicht geschwiegen oder die für die zweite Andienung angekündigte Frist (Art. 48 Abs. 2) ist verstrichen (Art. 49 Abs. 1 lit. a).

692 (2) Der Verkäufer hat nicht oder zu wenig oder rechtsmangelhaft geliefert oder die geschuldeten Transportpapiere nicht ausgehändigt (*Schlechtriem* S. 69). Der Käufer hat außerdem eine Nachfrist im Sinne des Art. 47 gesetzt und diese Nachfrist ist fruchtlos verstrichen bzw. der Verkäufer hat angekündigt, daß er nicht innerhalb der Nachfrist liefern werde (Art. 49 Abs. 1 lit. b).

693 (3) Die Parteien hatten eine Fixschuld vereinbart oder nach den einschlägigen Handelsbräuchen (Art. 9) war zum vereinbarten Termin fix zu liefern (*Huber* RabelsZ 43 (1979) 413, 474).

694 (4) Es ist evident, daß der Verkäufer eine wesentliche Vertragsverletzung begehen wird (Art. 72).

695 (5) Beim Sukzessivlieferungsvertrag ist eine wesentliche Vertragsverletzung in Hinblick auf künftige Teillieferungen zu erwarten (Art. 73).

Schranken des Aufhebungsrechts: Artt. 51, 82.

Art. 49 Abs. 2 soll Spekulationen auf Kosten des Verkäufers verhindern. Außerdem **696** soll der Verkäufer von dem Risiko entlastet werden, daß er erhebliche Lagerkosten und Verschlechterungsrisiken nur deshalb zu tragen hat, weil sich der Käufer nicht binnen angemessener Frist zwischen den ihm offen stehenden Rechtsbehelfen entscheiden kann (*Honnold* S. 319f). Die Aufhebung erfolgt durch eine nicht empfangsbedürftige Willenserklärung (Art. 26). Rechtsfolgen der Aufhebung des Vertrages: Artt. 81 ff.

Artikel 50 WKR

Ist die Ware nicht vertragsgemäß, so kann der Käufer unabhängig davon, ob der Kaufpreis bereits gezahlt worden ist oder nicht, den Preis in dem Verhältnis herabsetzen, in dem der Wert, den die tatsächlich gelieferte Ware im Zeitpunkt der Lieferung hatte, zu dem Wert steht, den vertragsgemäße Ware zu diesem Zeitpunkt gehabt hätte. Behebt jedoch der Verkäufer nach Artikel 37 oder 48 einen Mangel in der Erfüllung seiner Pflichten oder weigert sich der Käufer, Erfüllung durch den Verkäufer nach den genannten Artikeln anzunehmen, so kann der Käufer den Preis nicht herabsetzen.

Das Recht, den Kaufpreis zu mindern, entfällt, wenn der Verkäufer zur Nachbesserung **697** bzw. Ersatzlieferung bereit und berechtigt ist (Art. 48 Abs. 1; *Huber* RabelsZ 43 (1979) 413, 490). Art. 50 ist bei Rechtsmängeln analog anzuwenden. Die Herabsetzung des Kaufpreises erfolgt durch einseitige, nicht zugangsbedürftige Willenserklärung (Analogie zu Art. 26).

Artikel 51 WKR

(1) Liefert der Verkäufer nur einen Teil der Ware oder ist nur ein Teil der gelieferten Ware vertragsgemäß, so gelten für den Teil, der fehlt oder der nicht vertragsgemäß ist, die Artikel 46 bis 50.

(2) Der Käufer kann nur dann die Aufhebung des gesamten Vertrages erklären, wenn die unvollständige oder nicht vertragsgemäße Lieferung eine wesentliche Vertragsverletzung darstellt.

Vgl. Art. 45 EKG. Art. 51 stellt klar, daß die Aufhebung des ganzen Vertrages nur **698** erklärt werden kann, wenn die ausstehende Lieferung im Lichte des gesamten Vertrages als wesentliche Vertragsverletzung (Art. 25) zu qualifizieren ist.

Artikel 52 WKR

(1) Liefert der Verkäufer die Ware vor dem festgesetzten Zeitpunkt, so steht es dem Käufer frei, sie abzunehmen oder die Abnahme zu verweigern.

(2) Liefert der Verkäufer eine größere als die vereinbarte Menge, so kann der Käufer die zuviel gelieferte Menge abnehmen oder ihre Abnahme verweigern. Nimmt der Käufer die zuviel gelieferte Menge ganz oder teilweise ab, so hat er sie entsprechend dem vertraglichen Preis zu bezahlen.

Art. 52 Abs. 1. Vgl. Art. 29 EKG. Der Anspruch auf Schadensersatz bleibt unberührt **699** (Art. 45 Abs. 2). Verweigert der Käufer die Abnahme, so kommen die Artt. 86 ff zur Anwendung.

Art. 52 Abs. 2 stellt im Verhältnis zu Art. 35 keine Sondervorschrift dar. Der Käufer **700** ist daher auch hier gehalten, rechtzeitig zu rügen (Artt. 38 ff). In Abweichung von den Artt. 46 ff eröffnet Art. 52 Abs. 2 dem Käufer nur das Recht, die Mehrlieferung zurückzuweisen und Schadensersatz zu verlangen (Art. 45 Abs. 2). Die Zurückweisung der Mehrlieferung setzt Teilbarkeit voraus. Sie kann fehlen, wenn die gesamte Menge in einem Transportpapier verbrieft ist (*Honnold* S. 332). Im Fall der Zurückweisung hat der Käufer unter Umständen Erhaltungsmaßnahmen zu treffen (Artt. 86 ff) bzw. nach Maßgabe des Art. 88 Abs. 2 einen Selbsthilfeverkauf vorzunehmen.

Kapitel III
Pflichten des Käufers
Artikel 53 WKR

Der Käufer ist nach Maßgabe des Vertrages und dieses Übereinkommens verpflichtet, den Kaufpreis zu zahlen und die Ware abzunehmen.

701 Art. 53 betont die Rolle des Vertrags und hebt die beiden Hauptpflichten des Käufers hervor, deren Verletzung nicht notwendig wesentlich im Sinne des Art. 25 sein muß.

Abschnitt I
Zahlung des Kaufpreises
Artikel 54 WKR

Zur Pflicht des Käufers, den Kaufpreis zu zahlen, gehört es auch, die Maßnahmen zu treffen und die Förmlichkeiten zu erfüllen, die der Vertrag oder Rechtsvorschriften erfordern, damit Zahlung geleistet werden kann.

702 Art. 54 entspricht Art. 69 EKG. Die in Art. 54 genannten Pflichten können sich auch aus den gemäß Art. 9 anwendbaren Handelsbräuchen ergeben. Die Verletzung der in Art. 54 genannten Pflichten löst die in Artt. 61 ff genannten Sanktionen aus.

Artikel 55 WKR

Ist ein Vertrag gültig geschlossen worden, ohne daß er den Kaufpreis ausdrücklich oder stillschweigend festsetzt oder dessen Festsetzung ermöglicht, so wird mangels gegenteiliger Anhaltspunkte vermutet, daß die Parteien sich stillschweigend auf den Kaufpreis bezogen haben, der bei Vertragsabschluß allgemein für derartige Ware berechnet wurde, die in dem betreffenden Geschäftszweig unter vergleichbaren Umständen verkauft wurde.

703 Art. 55 begründet eine Vermutung dafür, daß der übliche Preis vereinbart wurde. Wird diese Vermutung widerlegt, so kommt Art. 14 zum Tragen (*Herber* S. 34).

Artikel 56 WKR

Ist der Kaufpreis nach dem Gewicht der Ware festgesetzt, so bestimmt er sich im Zweifel nach dem Nettogewicht.

704 Art. 56 entspricht Art. 58 EKG.

Artikel 57 WKR

(1) Ist der Käufer nicht verpflichtet, den Kaufpreis an einem anderen bestimmten Ort zu zahlen, so hat er ihn dem Verkäufer wie folgt zu zahlen:
a) am Ort der Niederlassung des Verkäufers oder,
b) wenn die Zahlung gegen Übergabe der Ware oder von Dokumenten zu leisten ist, an dem Ort, an dem die Übergabe stattfindet.

(2) Der Verkäufer hat alle mit der Zahlung zusammenhängenden Mehrkosten zu tragen, die durch einen Wechsel seiner Niederlassung nach Vertragsabschluß entstehen.

705 Art. 57 entspricht Art. 59 EKG. Zum Begriff der Niederlassung Art. 10. Der Käufer trägt die Kosten und Gefahr der Zahlung. **Ausnahme:** Art. 57 Abs. 2.

Artikel 58 WKR

(1) Ist der Käufer nicht verpflichtet, den Kaufpreis zu einer bestimmten Zeit zu zahlen, so hat er den Preis zu zahlen, sobald ihm der Verkäufer entweder die Ware oder die Dokumente, die zur Verfügung darüber berechtigen, nach dem Vertrag und diesem Übereinkommen zur Verfügung

gestellt hat. Der Verkäufer kann die Übergabe der Ware oder der Dokumente von der Zahlung abhängig machen.

(2) Erfordert der Vertrag eine Beförderung der Ware, so kann der Verkäufer sie mit der Maßgabe versenden, daß die Ware oder die Dokumente, die zur Verfügung darüber berechtigen, dem Käufer nur gegen Zahlung des Kaufpreises zu übergeben sind.

(3) Der Käufer ist nicht verpflichtet, den Kaufpreis zu zahlen, bevor er Gelegenheit gehabt hat, die Ware zu untersuchen, es sei denn, die von den Parteien vereinbarten Lieferungs- oder Zahlungsmodalitäten bieten hierzu keine Gelegenheit.

Art. 58 Abs. 1 entspricht im Kern Art. 71 EKG. Die Fälligkeit hängt außer von den in Art. 58 Abs. 1 genannten Voraussetzungen davon ab, daß der Käufer die Ware nach Maßgabe des Art. 58 Abs. 3 untersuchen konnte. **706**

Art. 58 Abs. 2. Im Unterschied zu Art. 72 EKG hat der Verkäufer nicht ohne weiteres das Recht, die Versendung der Ware bis zur Zahlung aufzuschieben. Unter die „zur Verfügung berechtigenden Papiere" fallen nicht nur Traditionspapiere, sondern alle Dokumente im Sinne der Artt. 30, 34 (*Schlechtriem* S. 74).

Art. 58 Abs. 3. Das Recht zur Untersuchung vor Zahlung ist im Vergleich zu Art. 72 Abs. 1 flexibler gefaßt. Eine Ausnahme vom Recht auf vorherige Untersuchung besteht z. B. dort, wo gegen die Aushändigung von Transportpapieren zu zahlen ist, insbesondere, wenn der Käufer Gelegenheit hatte, vor Transportbeginn Qualitätsproben zu machen (*Honnold* S. 348). **707**

Artikel 59 WKR

Der Käufer hat den Kaufpreis zu dem Zeitpunkt, der in dem Vertrag festgesetzt oder nach dem Vertrag und diesem Übereinkommen bestimmbar ist, zu zahlen, ohne daß es einer Aufforderung oder der Einhaltung von Förmlichkeiten seitens des Verkäufers bedarf.

Art. 59 hat aus der Sicht des BGB Klarstellungsfunktion. **708**

Abschnitt II
Abnahme
Artikel 60 WKR

Die Pflicht des Käufers zur Abnahme besteht darin,

a) alle Handlungen vorzunehmen, die vernünftigerweise von ihm erwartet werden können, damit dem Verkäufer die Lieferung ermöglicht wird, und

b) die Ware zu übernehmen.

Art. 60 entspricht Art. 65 EKG. Ist im Vertrag kein fester Abnahmezeitpunkt fixiert und ergibt er sich auch nicht aus anwendbaren Handelsbräuchen (Art. 9), so gilt eine angemessene Abnahmefrist[221]. Sonderfall der Abnahmepflicht: Art. 65. **Verletzung** der Abnahmepflicht: Artt. 61 ff, 69. **709**

Abschnitt III
Rechtsbehelfe des Verkäufers wegen Verletzungen durch den Käufer
Artikel 61 WKR

(1) Erfüllt der Käufer eine seiner Pflichten nach dem Vertrag oder diesem Übereinkommen nicht, so kann der Verkäufer

---

[221] *Herber* S. 37; *Huber* RabelsZ **43** (1979) 413, 516; *Schlechtriem* S. 75.

a) die in Artikel 62 bis 65 vorgesehenen Rechte ausüben;
b) Schadensersatz nach Artikel 74 bis 77 verlangen.

(2) Der Verkäufer verliert das Recht, Schadensersatz zu verlangen, nicht dadurch, daß er andere Rechtsbehelfe ausübt.

(3) Übt der Verkäufer einen Rechtsbehelf wegen Vertragsverletzung aus, so darf ein Gericht oder Schiedsgericht dem Käufer keine zusätzliche Frist gewähren.

710 Die Artt. 61 ff gelten sowohl bei der Verletzung der Zahlungs- und/oder Abnahmepflicht (kritisch *Hellner* The UN Convention on International Sales of Goods — an Outsider's View, Festschrift Riesenfeld (1983) S. 71, 96 f) als auch bei Verletzung sonstiger Käuferpflichten (z. B. Nebenpflichten, Vertriebsbindung). Die Pflicht, den Kaufpreis zu **verzinsen** (Art. 78), ist in Art. 61 nicht erwähnt. **Weitere Rechte** des Verkäufers: Art. 72 (z. B. bei Erfüllungsverweigerung), Art. 88 (Selbsthilfeverkauf), Artt. 85, 87 (Aufbewahrung auf Kosten des Käufers).

Artikel 62 WKR

Der Verkäufer kann vom Käufer verlangen, daß er den Kaufpreis zahlt, die Ware abnimmt sowie seine sonstigen Pflichten erfüllt, es sei denn, daß der Verkäufer einen Rechtsbehelf ausgeübt hat, der mit diesem Verlangen unvereinbar ist.

711 Der Verkäufer kann immer die Zahlung des Kaufpreises verlangen, solange er nicht die Aufhebung des Vertrages erklärt hat (Art. 64). Dies gilt auch bei Werklieferungsverträgen, wenn der Käufer vor Produktionsbeginn erklärt hat, daß er die Ware nicht abnehmen werde (*Hellner* Festschrift Riesenfeld, S. 71, 87, 99). Das WKR enthält keine § 649 BGB vergleichbare Norm (a. A. *Honnold* S. 418 ff). Zum Selbsthilfeverkauf Art. 88. Schadensersatz kann unter der Voraussetzung des Art. 79 stets neben der Erfüllung gefordert werden (Art. 61 Abs. 2).

Artikel 63 WKR

(1) Der Verkäufer kann dem Käufer eine angemessene Nachfrist zur Erfüllung seiner Pflichten setzen.

(2) Der Verkäufer kann vor Ablauf dieser Frist keinen Rechtsbehelf wegen Vertragsverletzung ausüben, außer wenn er vom Käufer die Anzeige erhalten hat, daß dieser seine Pflichten nicht innerhalb der so gesetzten Frist erfüllen wird. Der Verkäufer verliert dadurch jedoch nicht das Recht, Schadensersatz wegen verspäteter Erfüllung zu verlangen.

712 Art. 63 ist das Pendant zu Art. 47. Der Anspruch auf Schadensersatz hängt davon ab, daß der Käufer den Verzug zu vertreten hat (Art. 79). Der Lauf einer Nachfrist hindert den Verkäufer nicht, auf Zahlung zu klagen (*Hellner* Festschrift Riesenfeld, S. 71, 90).

Artikel 64 WKR

(1) Der Verkäufer kann die Aufhebung des Vertrages erklären,
a) wenn die Nichterfüllung einer dem Käufer nach dem Vertrag oder diesem Übereinkommen obliegenden Pflicht eine wesentliche Vertragsverletzung darstellt oder
b) wenn der Käufer nicht innerhalb der vom Verkäufer nach Artikel 63 Absatz 1 gesetzten Nachfrist seine Pflicht zur Zahlung des Kaufpreises oder zur Abnahme der Ware erfüllt oder wenn er erklärt, daß er dies nicht innerhalb der so gesetzten Frist tun wird.

(2) Hat der Käufer den Kaufpreis gezahlt, so verliert jedoch der Verkäufer sein Recht, die Aufhebung des Vertrages zu erklären, wenn er
a) im Falle verspäteter Erfüllung durch den Käufer die Aufhebung nicht erklärt, bevor er erfahren hat, daß erfüllt worden ist, oder

b) im Falle einer anderen Vertragsverletzung als verspäteter Erfüllung durch den Käufer die Aufhebung nicht innerhalb einer angemessenen Zeit erklärt,
   i) nachdem der Verkäufer die Vertragsverletzung kannte oder kennen mußte oder
   ii) nachdem eine vom Verkäufer nach Artikel 63 Absatz 1 gesetzte Nachfrist abgelaufen ist oder nachdem der Käufer erklärt hat, daß er seine Pflichten nicht innerhalb der Nachfrist erfüllen wird.

Die **Aufhebung** des Vertrages wegen Verletzung der dem Käufer obliegenden Pflichten ist in **drei Fallvarianten möglich:** **713**
(1) Der Käufer hat eine wesentliche Vertragsverletzung (Art. 25) begangen (s. Art. 62 EKG), und Art. 63 Abs. 2 kommt nicht zum Tragen.
(2) Der Käufer hat nicht innerhalb der Nachfrist im Sinne des Art. 63 Abs. 1 gezahlt oder die Ware abgenommen oder erklärt, daß er dies nicht innerhalb der Frist tun werde.
(3) Es ist evident, daß der Käufer eine wesentliche Vertragsverletzung begehen wird (z. B. Erfüllungsverweigerung; Art. 72). **Ausnahme:** Art. 64 Abs. 2.

Art. 64 Abs. 2 gilt auch, wenn der Zahlungs- oder Abnahmeverzug zu einer wesentlichen Vertragsverletzung geführt hat (*Schlechtriem* S. 77). Der Begriff „andere Vertragsverletzung" bezieht sich auf Nebenpflichten sowie auf die Abnahmepflicht. Erfüllung im Sinne des Art. 64 Abs. 2 lit. b bedeutet Zahlung (*Hellner* Festschrift Riesenfeld, S. 71, 97). **714**

Die **Aufhebung** des Vertrages **erfolgt** durch nicht zugangsbedürftige Willenserklärung (Art. 26). Die Aufhebungserklärung ist nicht fristgebunden. **Ausnahme:** Art. 64 Abs. 2. Ein Zuwarten kann allerdings als Verstoß gegen die Schadensminderungspflicht angesehen werden (Art. 77; a. A. *Hellner* Festschrift Riesenfeld, S. 71, 98). Rechtsfolgen der Aufhebung: Artt. 81 ff.

Artikel 65 WKR

(1) Hat der Käufer nach dem Vertrag die Form, die Maße oder andere Merkmale der Ware näher zu bestimmen und nimmt er diese Spezifizierung nicht zu dem vereinbarten Zeitpunkt oder innerhalb einer angemessenen Frist nach Eingang einer Aufforderung durch den Verkäufer vor, so kann der Verkäufer unbeschadet aller ihm zustehenden sonstigen Rechte die Spezifizierung nach den Bedürfnissen des Käufers, soweit ihm diese bekannt sind, selbst vornehmen.

(2) Nimmt der Verkäufer die Spezifizierung selbst vor, so hat er dem Käufer deren Einzelheiten mitzuteilen und ihm eine angemessene Frist zu setzen, innerhalb derer der Käufer eine abweichende Spezifizierung vornehmen kann. Macht der Käufer nach Eingang einer solchen Mitteilung von dieser Möglichkeit innerhalb der so gesetzten Frist keinen Gebrauch, so ist die vom Verkäufer vorgenommene Spezifizierung verbindlich.

Art. 65 entspricht Art. 67 EKG mit der Abweichung, daß Art. 65 nur die Spezifikation durch den Verkäufer regelt. Die Aufhebung des Vertrages ist unter den Voraussetzungen der Art. 64 Abs. 1 lit. a, Art. 72 möglich. Außerdem kann der Verkäufer nach Maßgabe der Artt. 74 ff, 79 Schadensersatz fordern. **715**

Kapitel IV
Übergang der Gefahr
Artikel 66 WKR

Untergang oder Beschädigung der Ware nach Übergang der Gefahr auf den Käufer befreit diesen nicht von der Pflicht, den Kaufpreis zu zahlen, es sei denn, daß der Untergang oder die Beschädigung auf eine Handlung oder Unterlassung des Verkäufers zurückzuführen ist.

716 Die Artt. 66 ff regeln den Übergang der **Preisgefahr**. Art. 66 entspricht Art. 96 EKG. Eventuelle Schadensersatzpflichten des Verkäufers bleiben unberührt (*Herber* S. 39). Die an den Gefahrübergang geknüpften Rechtsfolgen **treten nicht ein**, wenn der Untergang oder die Beschädigung auf eine Handlung des Verkäufers zurückzuführen ist. Der Verkäufer kann sich nicht auf Art. 79 berufen (*Huber* RabelsZ **43** (1979) 413, 457; **a. A.** *Neumayer* Zur Revision des Haager Einheitlichen Kaufrechts, Gefahrtragung, Gehilfenhaftung, fait du vendeur und Lückenproblem, Festschrift v. Caemmerer (1978) S. 961, 966 ff). Er darf sich aber darauf berufen, daß er rechtmäßig gehandelt hat (z. B. Art. 71 Abs. 2). Zur **Leistungsgefahr** *Huber*, RabelsZ **43** (1979) 413, 458.

Artikel 67 WKR

(1) Erfordert der Kaufvertrag eine Beförderung der Ware und ist der Verkäufer nicht verpflichtet, sie an einem bestimmten Ort zu übergeben, so geht die Gefahr auf den Käufer über, sobald die Ware gemäß dem Kaufvertrag dem ersten Beförderer zur Übermittlung an den Käufer übergeben wird. Hat der Verkäufer dem Beförderer die Ware an einem bestimmten Ort zu übergeben, so geht die Gefahr erst auf den Käufer über, wenn die Ware dem Beförderer an diesem Ort übergeben wird. Ist der Verkäufer befugt, die Dokumente, die zur Verfügung über die Ware berechtigen, zurückzubehalten, so hat dies keinen Einfluß auf den Übergang der Gefahr.

(2) Die Gefahr geht jedoch erst auf den Käufer über, wenn die Ware eindeutig dem Vertrag zugeordnet ist, sei es durch an der Ware angebrachte Kennzeichen, durch Beförderungsdokumente, durch eine Anzeige an den Käufer oder auf andere Weise.

717 Art. 67 regelt den Gefahrübergang beim Versendungskauf. Zur Frage, ob Art. 67 auch dann zur Anwendung kommt, wenn der Verkäufer lediglich verpflichtet ist, die Ware einem Beförderer zu übergeben, den der Käufer ausgesucht hat (*Vries* European Transport Law XVII (1982) 495, 503 ff). Der Gefahrübergang hängt immer davon ab, daß die Ware hinreichend individualisiert war (Art. 67 Abs. 2). Die Versendungsanzeige reist auf Gefahr des Käufers (Art. 27). Die Gefahr geht mit der Absendung der Anzeige ex nunc über, sofern die anderen Voraussetzungen des Art. 67 Abs. 1 erfüllt sind.

718 **Art. 67 Abs. 1.** Beförderer sind Frachtführer, Verfrachter, nicht aber der Spediteur des Verkäufers (*Herber* S. 39 f; **a. A.** *Huber* RabelsZ **43** (1979) 413, 455) oder eigene Leute des Verkäufers (*Huber* RabelsZ **43** (1979) 413, 454; *Schlechtriem* S. 80). Der Umstand, daß der Verkäufer gemäß Art. 58 Abs. 2 oder aufgrund einer Vereinbarung berechtigt ist, Dokumente zurückzubehalten, hindert nicht den Gefahrübergang. Der Gefahrübergang findet auch bei der Lieferung mangelhafter Ware statt (Art. 70). Vgl. im übrigen Art. 97 EKG. **Rechtsfolge:** Art. 66.

Artikel 68 WKR

Wird Ware, die sich auf dem Transport befindet, verkauft, so geht die Gefahr im Zeitpunkt des Vertragsabschlusses auf den Käufer über. Die Gefahr wird jedoch bereits im Zeitpunkt der Übergabe der Ware an den Beförderer, der die Dokumente über den Beförderungsvertrag ausgestellt hat, von dem Käufer übernommen, falls die Umstände diesen Schluß nahelegen. Wenn dagegen der Verkäufer bei Abschluß des Kaufvertrages wußte oder wissen mußte, daß die Ware untergegangen oder beschädigt war, und er dies dem Käufer nicht offenbart hat, geht der Untergang oder die Beschädigung zu Lasten des Verkäufers.

719 Art. 68 S. 1 weicht von Art. 99 EKG ab. Es ist zu beachten, daß **Art. 68 S. 1** dispositives Recht darstellt und daß nach Maßgabe des Art. 9 Handelsbräuche zu beachten sind. Art. 67 Abs. 2 ist entsprechend anzuwenden. Dokumente im Sinne des **Art. 68 S. 2** müssen keinen Wertpapiercharakter tragen (*Schlechtriem* S. 83). Die Umstände legen einen rückwirkenden Gefahrübergang nahe, wenn bei der Ankunft der Ware der Zeitpunkt der Beschädigung nur unzureichend feststellbar ist und die Ware versichert war (*Honnold* S. 380; *Vries* European Transport Law XVII (1982) 495, 508f). Zur Lieferung von **mangelhafter Ware** Art. 70. **Rechtsfolge** des Gefahrübergangs Art. 66.

Artikel 69 WKR

(1) In den durch Artikel 67 und 68 nicht geregelten Fällen geht die Gefahr auf den Käufer über, sobald er die Ware übernimmt oder, wenn er sie nicht rechtzeitig übernimmt, in dem Zeitpunkt, in dem ihm die Ware zur Verfügung gestellt wird und er durch Nichtabnahme eine Vertragsverletzung begeht.

(2) Hat jedoch der Käufer die Ware an einem anderen Ort als einer Niederlassung des Verkäufers zu übernehmen, so geht die Gefahr über, sobald die Lieferung fällig ist und der Käufer Kenntnis davon hat, daß ihm die Ware an diesem Ort zur Verfügung steht.

(3) Betrifft der Vertrag Ware, die noch nicht individualisiert ist, so gilt sie erst dann als dem Käufer zur Verfügung gestellt, wenn sie eindeutig dem Vertrag zugeordnet worden ist.

720 Art. 69 regelt den Gefahrübergang bei der Bring- und Holschuld sowie beim Abnahmeverzug des Käufers. Voraussetzung des Gefahrübergangs ist immer, daß die Ware individualisiert und dem Käufer zugeordnet war (Art. 69 Abs. 3).

721 Art. 69 Abs. 1 betrifft die Bringschuld, den Abnahmeverzug und die Holschuld, falls die Ware bei der Niederlassung des Verkäufers (Art. 31 lit. c) abzuholen ist. Bei der **Bringschuld** kommt es auf den Zeitpunkt der realen Übergabe an (*Huber* RabelsZ 43 (1979) 413, 456). Dabei spielt es keine Rolle, daß die Ware mangelhaft war. Bei der **Holschuld im Sinne des Art. 31 lit. c** geht die Gefahr erst über, wenn der zur Abholung vereinbarte Zeitpunkt überschritten oder eine angemessene Frist zur Abholung verstrichen war oder die Ware übergeben worden ist (*Herber* S. 41; *Huber* RabelsZ 43 (1979) 413, 455). Dies gilt auch bei Lieferung mangelhafter Ware (Art. 70). Ist der Käufer in **Abnahmeverzug** geraten, weil er die Ware nicht zum vereinbarten Zeitpunkt übernommen oder weil er die Abnahme verweigert hatte, so geht die Gefahr ohne Rücksicht auf ein Vertreten-Müssen im Sinne des Art. 79 (*Schlechtriem* S. 83) in dem Moment auf ihn über, in dem die Ware dem Käufer real zur Verfügung gestellt worden ist. Im Falle der Abnahmeverweigerung genügt ein wörtliches Angebot des Verkäufers. Die Gefahr geht auch dann über, wenn der Käufer nicht rechtzeitig die für die Lieferung erforderlichen Voraussetzungen schafft[222].

722 War die Ware an einem **anderen Ort** als der Niederlassung des Verkäufers **abzuholen (Art. 31 lit. b)**, so geht die Gefahr in dem Moment über, in dem die Lieferung fällig war und der Käufer von der Möglichkeit der Abholung wußte (Art. 69 Abs. 2), auch wenn der Käufer die Ware nicht sofort abholen mußte (*Schlechtriem* S. 84; a. A. *Honnold* S. 238). Der im Vergleich zur Holschuld, bei der die Ware in der Niederlassung des Verkäufers abzuholen ist (Art. 31 lit. c), frühere Gefahrübergang resultiert daraus, daß der Verkäufer bei der Lagerung der Ware an einem dritten Ort weniger für die Sicherheit der Ware beizutragen vermag und daher größeren Risiken läuft. Somit führt die Aushändigung eines Lieferscheins regelmäßig zum Gefahrübergang. Der Gefahrübergang tritt auch bei der Lieferung mangelhafter Ware ein (Art. 70). **Rechtsfolge** des Gefahrübergangs: Art. 66.

---

[222] Z. B. ein Schiff benennt; *Neumayer* Zur Revision des Haager Einheitlichen Kaufrechts, Gefahrtragung, Gehilfenhaftung, fait du vendeur und Lükkenproblem, Festschrift v. Caemmerer (1978), S. 981 ff; *Schlechtriem* S. 83.

Artikel 70 WKR

Hat der Verkäufer eine wesentliche Vertragsverletzung begangen, so berühren die Artikel 67, 68 und 69 nicht die dem Käufer wegen einer solchen Verletzung zustehenden Rechtsbehelfe.

723 Der Gefahrübergang wird nicht dadurch berührt, daß der Verkäufer eine Vertragsverletzung begangen hatte (z. B. mangelhafte Ware geliefert hat), die nicht zum Untergang oder zur Beschädigung der Ware geführt hat (Art. 66). Art. 70 stellt klar, daß der Gefahrübergang dem Käufer nicht die ihm normalerweise zustehenden Rechte (Artt. 45 ff) nimmt. Insbesondere kann er trotz der Beschädigung oder des Untergangs der Ware gemäß Art. 49 Abs. 1 lit. a den Vertrag aufheben, wenn der Verkäufer eine **wesentliche Vertragsverletzung** (Art. 25) begangen hatte (*Honnold* S. 386 f). Es ist immer zu beachten, daß Art. 82 Abs. 1 das Recht zur Aufhebung des Vertrages einschränken kann. Geht die Ware beim Versendungskauf auf dem Transport ganz oder zum Teil unter, so kommt Art. 82 Abs. 1 allerdings nicht zum Tragen, da die Ware im Moment des Schadenseintritts noch nicht übergeben war. Schadensersatz kann der Käufer nur verlangen, soweit der Verkäufer die Schadensursache zu vertreten hat (Art. 79). Verluste nach Gefahrübergang hat der Verkäufer grundsätzlich nicht zu vertreten (*Honnold* S. 387 ff; a. A. *Huber* RabelsZ 43 (1979) 413, 459). — Muß sich der Verkäufer lediglich eine **unwesentliche Vertragsverletzung** vorwerfen lassen, weil er z. B. minderwertige Ware geliefert hat, und geht diese Ware nach Gefahrübergang unter, so kann der Käufer nur in Hinblick auf den bei Gefahrübergang bestehenden Minderwert mindern (Art. 50) oder Schadensersatz verlangen (Art. 45 Abs. 2; *Honnold* S. 385 f).

Kapitel V
Gemeinsame Bestimmungen über die Pflichten des Verkäufers und des Käufers

Abschnitt I
Vorweggenommene Vertragsverletzung und Verträge über aufeinander folgende Lieferungen

Artikel 71 WKR

(1) Eine Partei kann die Erfüllung ihrer Pflichten aussetzen, wenn sich nach Vertragsabschluß herausstellt, daß die andere Partei einen wesentlichen Teil ihrer Pflichten nicht erfüllen wird

a) wegen eines schwerwiegenden Mangels ihrer Fähigkeit, den Vertrag zu erfüllen, oder ihrer Kreditwürdigkeit oder

b) wegen ihres Verhaltens bei der Vorbereitung der Erfüllung oder bei der Erfüllung des Vertrages.

(2) Hat der Verkäufer die Ware bereits abgesandt, bevor sich die in Absatz 1 bezeichneten Gründe herausstellen, so kann er sich der Übergabe der Ware an den Käufer widersetzen, selbst wenn der Käufer ein Dokument hat, das ihn berechtigt, die Ware zu erlangen. Der vorliegende Absatz betrifft nur die Rechte auf die Ware im Verhältnis zwischen Käufer und Verkäufer.

(3) Setzt eine Partei vor oder nach der Absendung der Ware die Erfüllung aus, so hat sie dies der anderen Partei sofort anzuzeigen; sie hat die Erfüllung fortzusetzen, wenn die andere Partei für die Erfüllung ihrer Pflichten ausreichende Gewähr gibt.

724 Art. 71 Abs. 1 eröffnet ein Zurückbehaltungsrecht. Er entspricht in der Sache Art. 73 Abs. 1 EKG. Die Frage, ob ein „wesentlicher Teil der Pflichten" betroffen ist, ist nicht anhand Art. 25 zu entscheiden (*Schlechtriem* S. 86). Maßgeblich ist vielmehr das besondere Gewicht der Pflichten im Rahmen des Vertrages. Daraus folgt, daß sich derjenige Teil, der das Zurückbehaltungsrecht ausüben will, nicht darauf berufen darf, daß ihm aus der Nichterfüllung bestimmter Pflichten ein — für den anderen Teil unerkennbar — besonders hoher Schaden drohe (*Schlechtriem* S. 86). — Art. 71 Abs. 1

kommt auch dann zum Tragen, wenn die Gefahr der Leistungsunfähigkeit schon bei Vertragsschluß bestand, dies jedoch erst später offenbar wurde (*Schlechtriem* S. 86 f; *Herber* S. 43). Anzeigepflicht: Art. 71 Abs. 3.

Art. 71 Abs. 2 entspricht im wesentlichen Art. 71 Abs. 2, 3 EKG (*Huber* RabelsZ 43 (1979) 413, 473). Anzeigepflicht: Art. 71 Abs. 3.

Art. 71 Abs. 3. Die Anzeige ist nicht zugangsbedürftig (Art. 27). Es genügt, daß lediglich für den Ersatz des Nichterfüllungsschadens Sicherheit geleistet wird.

Artikel 72 WKR

(1) Ist schon vor dem für die Vertragserfüllung festgesetzten Zeitpunkt offensichtlich, daß eine Partei eine wesentliche Vertragsverletzung begehen wird, so kann die andere Partei die Aufhebung des Vertrages erklären.

(2) Wenn es die Zeit erlaubt und es nach den Umständen vernünftig ist, hat die Partei, welche die Aufhebung des Vertrages erklären will, dies der anderen Partei anzuzeigen, um ihr zu ermöglichen, für die Erfüllung ihrer Pflichten ausreichende Gewähr zu geben.

(3) Absatz 2 ist nicht anzuwenden, wenn die andere Partei erklärt hat, daß sie ihre Pflichten nicht erfüllen wird.

Art. 72 Abs. 1 entspricht Art. 76 EKG. Der Vertragsbruch muß sicher zu erwarten **725** sein (*Schlechtriem* S. 89). Anzeigepflicht: **Art. 72 Abs. 2.** — Die Verletzung der **Anzeigepflicht** löst die in den Artt. 45 ff, 61 ff genannten Rechtsfolgen aus. Gibt der Leistungsverpflichtete ausreichend Sicherheit dafür, daß er seine Pflichten erfüllen oder zumindest den Nichterfüllungsschaden decken wird, so ist nicht mehr mit einer wesentlichen Vertragsverletzung im Sinne des Art. 72 Abs. 1 zu rechnen. Die Anzeige reist auf die Gefahr des Empfängers (Art. 27). **Ausnahme** von der Anzeigepflicht: Art. 72 Abs. 3.

Artikel 73 WKR

(1) Sieht ein Vertrag aufeinander folgende Lieferungen von Ware vor und begeht eine Partei durch Nichterfüllung einer eine Teillieferung betreffenden Pflicht eine wesentliche Vertragsverletzung in bezug auf diese Teillieferung, so kann die andere Partei die Aufhebung des Vertrages in bezug auf diese Teillieferung erklären.

(2) Gibt die Nichterfüllung einer eine Teillieferung betreffenden Pflicht durch eine der Parteien der anderen Partei triftigen Grund zu der Annahme, daß eine wesentliche Vertragsverletzung in bezug auf künftige Teillieferungen zu erwarten ist, so kann die andere Partei innerhalb angemessener Frist die Aufhebung des Vertrages für die Zukunft erklären.

(3) Ein Käufer, der den Vertrag in bezug auf eine Lieferung als aufgehoben erklärt, kann gleichzeitig die Aufhebung des Vertrages in bezug auf bereits erhaltene Lieferungen oder in bezug auf künftige Lieferungen erklären, wenn diese Lieferungen wegen des zwischen ihnen bestehenden Zusammenhangs nicht mehr für den Zweck verwendet werden können, den die Parteien im Zeitpunkt des Vertragsabschlusses in Betracht gezogen haben.

Art. 73 Abs. 1 stellt klar, daß beim Sukzessivlieferungsvertrag die Aufhebung des **726** Vertrages unter den Voraussetzungen der Artt. 49, 82 auch in Hinblick auf Teillieferungen erklärt werden kann.

Art. 73 Abs. 2 entspricht im wesentlichen Art. 75 Abs. 1 EKG. Im Unterschied zum EKG eröffnet Art. 73 Abs. 2 dem Käufer nur dort ein Aufhebungsrecht, wo die Gefahr einer wesentlichen Vertragsverletzung (Art. 25) besteht. Die Aufhebung hat innerhalb angemessener Frist zu erfolgen.

Art. 73 Abs. 3 entspricht im Kern Art. 75 Abs. 2 EKG. Art. 73 Abs. 3 weist ein zusätzliches Tatbestandsmerkmal auf: Die Erkennbarkeit des inneren Zusammenhangs zwischen den Einzellieferungen und den mit diesen vom Käufer verfolgten Zwecken.

Abschnitt II
Schadensersatz
Artikel 74 WKR

Als Schadensersatz für die durch eine Partei begangene Vertragsverletzung ist der der anderen Partei infolge der Vertragsverletzung entstandene Verlust, einschließlich des entgangenen Gewinns, zu ersetzen. Dieser Schadensersatz darf jedoch den Verlust nicht übersteigen, den die vertragsbrüchige Partei bei Vertragsabschluß als mögliche Folge der Vertragsverletzung vorausgesehen hat oder unter Berücksichtigung der Umstände, die sie kannte oder kennen mußte, hätte voraussehen müssen.

727 Im Vergleich zu den Artt. 82 ff EKG bringen die Artt. 74 ff eine wesentliche Vereinfachung, da in ihnen nicht mehr zwischen aufgehobenen und nicht-aufgehobenen Verträgen differenziert wird. Art. 74 entspricht in der Sache Art. 82 EKG und in Hinblick auf aufgehobene Verträge Art. 87 EKG, der wiederum auf Art. 82 EKG verweist.

Kein Schadensersatz im Sinne der Artt. 74 ff wird bei Personenschäden (Art. 5) geschuldet.

Artikel 75 WKR

Ist der Vertrag aufgehoben und hat der Käufer einen Deckungskauf oder der Verkäufer einen Deckungsverkauf in angemessener Weise und innerhalb eines angemessenen Zeitraums nach der Aufhebung vorgenommen, so kann die Partei, die Schadensersatz verlangt, den Unterschied zwischen dem im Vertrag vereinbarten Preis und dem Preis des Deckungskaufs oder des Deckungsverkaufs sowie jeden weiteren Schadensersatz nach Artikel 74 verlangen.

728 Art. 75 entspricht den Artt. 85, 86 EKG.

Artikel 76 WKR

(1) Ist der Vertrag aufgehoben und hat die Ware einen Marktpreis, so kann die Schadensersatz verlangende Partei, wenn sie keinen Deckungskauf oder Deckungsverkauf nach Artikel 75 vorgenommen hat, den Unterschied zwischen dem im Vertrag vereinbarten Preis und dem Marktpreis zur Zeit der Aufhebung sowie jeden weiteren Schadensersatz nach Artikel 74 verlangen. Hat jedoch die Partei, die Schadensersatz verlangt, den Vertrag aufgehoben, nachdem sie die Ware übernommen hat, so gilt der Marktpreis zur Zeit der Übernahme und nicht der Marktpreis zur Zeit der Aufhebung.

(2) Als Marktpreis im Sinne von Absatz 1 ist maßgebend der Marktpreis, der an dem Ort gilt, an dem die Lieferung der Ware hätte erfolgen sollen, oder, wenn dort ein Marktpreis nicht besteht, der an einem angemessenen Ersatzort geltende Marktpreis; dabei sind Unterschiede in den Kosten der Beförderung der Ware zu berücksichtigen.

729 Art. 76 Abs. 1 entspricht im Kern Art. 84 Abs. 1 EKG. Der für die Berechnung des abstrakten Schadens maßgebliche Zeitpunkt der Aufhebung des Vertrages soll Spekulationsmöglichkeiten zu Lasten des Verkäufers mindern (*Huber* RabelsZ 43 (1979) 413, 470). Die Verzögerung der Aufhebung kann gegen Art. 77 verstoßen (*Schlechtriem* S. 92).

Art. 76 Abs. 2. Im Unterschied zu Art. 84 EKG hebt Art. 76 Abs. 2 auf den Markt ab, auf dem die Lieferung hätte erfolgen sollen.

Artikel 77 WKR

Die Partei, die sich auf eine Vertragsverletzung beruft, hat alle den Umständen nach angemessenen Maßnahmen zur Verringerung des aus der Vertragsverletzung folgenden Verlusts, einschließlich des entgangenen Gewinns, zu treffen. Versäumt sie dies, so kann die vertragsbrüchige Partei Herabsetzung des Schadensersatzes in Höhe des Betrags verlangen, um den der Verlust hätte verringert werden sollen.

Stand: 1. 4. 1984

Art. 77 entspricht im Kern Art. 88 EKG. Art. 77 kommt auch dort zur Anwendung, **730** wo der Geschädigte den Schadenseintritt mitverursacht hat (*Herber* S. 45). Im Unterschied zu Art. 88 EKG ist der ersatzfähige Schaden exakt um den vom Geschädigten mitverursachten oder nicht verhüteten Schaden zu mindern. Art. 77 ist von Amts wegen zu beachten. Die Minderung des ersatzfähigen Schadens bedarf keiner Gestaltungserklärung des Schädigers.

Der Geschädigte hat **angemessene Maßnahmen** zur Verhütung oder zur Verringe- **731** rung des Verlusts zu treffen. Dazu gehört nicht notwendig der Abschluß einer Betriebsausfallversicherung, weil sonst das Risiko einer Wahl von Vertragspartnern, die zu fahrlässigen Vertragsverletzungen neigen, auf die Gesamtheit der Versicherungsnehmer abgewälzt werden würde (a. A. *Huber* RabelsZ 43 (1979) 413, 471). Vielmehr ist den Versicherungsmöglichkeiten des Geschädigten im Rahmen des Art. 79 Abs. 1 Rechnung zu tragen, wenn den Schädiger kein Verschuldensvorwurf trifft. — Den Geschädigten kann im Fall einer Abnahmeverweigerung unter Umständen ein Mitverursachungsvorwurf auch deshalb treffen, weil er auf voller Erbringung seiner Leistung bestand, obwohl dies erkennbar zur Verschwendung von Ressourcen führte. Der Geschädigte ist grundsätzlich verpflichtet, die im Moment der Abnahmeverweigerung angedienten Erfüllungsobjekte mit zumutbarem Aufwand auf Kosten des Schädigers bestmöglich zu verwerten (*Honnold* S. 418 ff).

Abschnitt III
Zinsen
Artikel 78 WKR

Versäumt eine Partei, den Kaufpreis oder einen anderen fälligen Betrag zu zahlen, so hat die andere Partei für diese Beträge Anspruch auf Zinsen, unbeschadet eines Schadensersatzanspruchs nach Artikel 74.

Die Höhe des Zinssatzes ergibt sich aus dem nach IPR anwendbaren nationalen **732** Recht (*Herber* S. 47). Der Anspruch auf Zinsen besteht auch dort, wo der Schuldner gemäß Art. 79 Abs. 1 keinen Schadensersatz zu zahlen braucht (*Herber* S. 46).

Abschnitt IV
Befreiungen
Artikel 79 WKR

(1) Eine Partei hat für die Nichterfüllung einer ihrer Pflichten nicht einzustehen, wenn sie beweist, daß die Nichterfüllung auf einem außerhalb ihres Einflußbereichs liegenden Hinderungsgrund beruht und daß von ihr vernünftigerweise nicht erwartet werden konnte, den Hinderungsgrund bei Vertragsabschluß in Betracht zu ziehen oder den Hinderungsgrund oder seine Folgen zu vermeiden oder zu überwinden.

(2) Beruht die Nichterfüllung einer Partei auf der Nichterfüllung durch einen Dritten, dessen sie sich zur völligen oder teilweisen Vertragserfüllung bedient, so ist diese Partei von der Haftung nur befreit,

a) wenn sie nach Absatz 1 befreit ist und
b) wenn der Dritte selbst ebenfalls nach Absatz 1 befreit wäre, sofern Absatz 1 auf ihn Anwendung fände.

(3) Die in diesem Artikel vorgesehene Befreiung gilt für die Zeit, während der der Hinderungsgrund besteht.

(4) Die Partei, die nicht erfüllt, hat den Hinderungsgrund und seine Auswirkung auf ihre Fähigkeit zu erfüllen der anderen Partei mitzuteilen. Erhält die andere Partei die Mitteilung nicht in-

nerhalb einer angemessenen Frist, nachdem die nicht erfüllende Partei den Hinderungsgrund kannte oder kennen mußte, so haftet diese für den aus dem Nichterhalt entstehenden Schaden.

(5) Dieser Artikel hindert die Parteien nicht, ein anderes als das Recht auszuüben, Schadensersatz nach diesem Übereinkommen zu verlangen.

733 Art. 79 gilt, wie sein Wortlaut zeigt, nur in Fällen der Haftung wegen Nichterfüllung. Vom Erfüllungsanspruch selbst gewährt Art. 79 keine Befreiung (*Huber* RabelsZ 43 (1979) 413, 468); doch darf dort, wo eine Haftung wegen Nichterfüllung ausgeschlossen ist, die Erfüllung nicht auf anderen Wegen erzwungen werden (*Herber* S. 48).

734 Art. 79 Abs. 1 und Abs. 2 entsprechen trotz abweichender Formulierung Art. 74 Abs. 1 EKG. Anders als das EKG statuiert Art. 79 Abs. 2 ausdrücklich eine Haftung für Hilfspersonen. Für seine Leute haftet der Schuldner immer (*Herber* S. 48). Für selbständige Gehilfen hat der Schuldner einzustehen, soweit er sich ihrer zur Erfüllung seiner Pflichten bedient[223]. Für seine Lieferanten braucht der Schuldner nicht einzustehen (*Honnold* S. 440; *Herber* S. 49). Aus dem Wort „Hinderungsgrund" darf im Unterschied zu Art. 74 Abs. 1 EKG nicht abgeleitet werden, daß der Verkäufer ohne Befreiungsmöglichkeit für Mangelfolgeschäden infolge der Produktion oder der Lieferung mangelhafter Ware haftet (a. A. *Honnold* S. 423 unter Berufung auf die Entstehungsgeschichte). Eine Haftungsverschärfung ist nicht deshalb gerechtfertigt, weil die Beweislage bei Interna des Schuldners unsicherer ist; denn auch bei von außen kommenden Störungen (z. B. Feuer) muß bewiesen werden können, daß im Organisationsbereich des Schuldners sorgfältig gehandelt wurde.

735 Gemäß Art. 79 Abs. 3 gilt anders als nach Art. 74 Abs. 2 EKG die Befreiung von der Schadensersatzpflicht nur für den Zeitraum, in dem das Leistungshindernis besteht. Allerdings kann die lange Dauer eines Leistungshindernisses dazu führen, daß eine spätere Erfüllung zu untragbaren, gemäß Art. 79 Abs. 1 zu berücksichtigenden Leistungserschwerungen führt (*Huber* RabelsZ 43 (1979) 413, 467; *Schlechtriem* S. 99).

736 Art. 79 Abs. 5 entspricht Art. 74 Abs. 3 EKG. Unberührt bleiben die Rechte aus den Artt. 49, 50, 64 sowie Erfüllungsansprüche (Rdn. 733). **Ausnahme:** Art. 80.

Artikel 80 WKR
Eine Partei kann sich auf die Nichterfüllung von Pflichten durch die andere Partei nicht berufen, soweit diese Nichterfüllung durch ihre Handlung oder Unterlassung verursacht wurde.

737 Es sind auch solche Handlungen und Unterlassungen zu berücksichtigen, die der Schuldner im Rahmen des Art. 79 Abs. 1 nicht zu vertreten hätte (*Schlechtriem* S. 100; a. A. *Herber* S. 49). Unter den in Art. 80 genannten Voraussetzungen darf der Gläubiger weder Schadensersatz verlangen noch die Aufhebung des Vertrages erklären (*Honnold* S. 444).

Abschnitt V
Wirkungen der Aufhebung
Artikel 81 WKR
(1) Die Aufhebung des Vertrages befreit beide Parteien von ihren Vertragspflichten, mit Ausnahme etwaiger Schadensersatzpflichten. Die Aufhebung berührt nicht Bestimmungen des Vertrages über die Beilegung von Streitigkeiten oder sonstige Bestimmungen des Vertrages, welche die Rechte und Pflichten der Parteien nach Vertragsaufhebung regeln.

---
[223] *Huber* RabelsZ **43** (1979) 413, 466; *Schlechtriem* S. 98; *Honnold* S. 438 f.

(2) Hat eine Partei den Vertrag ganz oder teilweise erfüllt, so kann sie Rückgabe des von ihr Geleisteten von der anderen Partei verlangen. Sind beide Parteien zur Rückgabe verpflichtet, so sind die Leistungen Zug um Zug zurückzugeben.

Art. 81 entspricht im Kern Art. 78 EKG. Zu den Lücken der in Art. 81 getroffenen Regelung, *Schlechtriem*, S. 103. **738**

Artikel 82 WKR

(1) Der Käufer verliert das Recht, die Aufhebung des Vertrages zu erklären oder vom Verkäufer Ersatzlieferung zu verlangen, wenn es ihm unmöglich ist, die Ware im wesentlichen in dem Zustand zurückzugeben, in dem er sie erhalten hat.

(2) Absatz 1 findet keine Anwendung,
a) wenn die Unmöglichkeit, die Ware zurückzugeben oder sie im wesentlichen in dem Zustand zurückzugeben, in dem der Käufer sie erhalten hat, nicht auf einer Handlung oder Unterlassung des Käufers beruht,
b) wenn die Ware ganz oder teilweise infolge der in Artikel 38 vorgesehenen Untersuchung untergegangen oder verschlechtert worden ist oder
c) wenn der Käufer die Ware ganz oder teilweise im normalen Geschäftsverkehr verkauft oder der normalen Verwendung entsprechend verbraucht oder verändert hat, bevor er die Vertragswidrigkeit entdeckt hat oder hätte entdecken müssen.

Art. 82 Abs. 1 entspricht im Kern Art. 79 Abs. 1 EKG. Unwesentliche, nicht ins Ge- **739** wicht fallende Beschädigungen der Ware sind nicht zu berücksichtigen (ebenso Art. 79 Abs. 2 lit. e EKG).

Art. 82 Abs. 2 lit. a entspricht Art. 79 Abs. 2 lit. d EKG. Der Käufer hat für seine Hilfspersonen einzustehen (*Herber* S. 50). Das Verhalten Dritter braucht er sich nur zurechnen lassen, wenn er deren Einwirkungsmöglichkeiten vergrößert hatte (*Schlechtriem* S. 101). Der Käufer kann sich nicht allein damit entlasten, daß er sorgfältiges Verhalten nachweist (Art. 79 EKG Rdn. 564; a. A. *Honnold* S. 451).

Art. 82 Abs. 2 lit. c weicht von Art. 79 Abs. 2 lit. c EKG ab. Einerseits setzt Art. 82 Abs. 2 lit. c die Erkennbarkeit der Mangelhaftigkeit der Ware voraus. Andererseits hängt das Recht zur Aufhebung nicht davon ab, daß ein Teil der Ware noch zurückgegeben werden kann.

Artikel 83 WKR

Der Käufer, der nach Artikel 82 das Recht verloren hat, die Aufhebung des Vertrages zu erklären oder vom Verkäufer Ersatzlieferung zu verlangen, behält alle anderen Rechtsbehelfe, die ihm nach dem Vertrag und diesem Übereinkommen zustehen.

Art. 83 entspricht Art. 80 EKG. **740**

Artikel 84 WKR

(1) Hat der Verkäufer den Kaufpreis zurückzuzahlen, so hat er außerdem vom Tag der Zahlung an auf den Betrag Zinsen zu zahlen.

(2) Der Käufer schuldet dem Verkäufer den Gegenwert aller Vorteile, die er aus der Ware oder einem Teil der Ware gezogen hat,
a) wenn er die Ware ganz oder teilweise zurückgeben muß oder
b) wenn es ihm unmöglich ist, die Ware ganz oder teilweise zurückzugeben oder sie ganz oder teilweise im wesentlichen in dem Zustand zurückzugeben, in dem er sie erhalten hat, er aber dennoch die Aufhebung des Vertrages erklärt oder vom Verkäufer Ersatzlieferung verlangt hat.

Art. 84 entspricht im Kern Art. 81 EKG. Die Höhe der Zinsen ergibt sich aus dem **741** nach IPR anwendbaren nationalen Recht.

Abschnitt VI
Erhaltung der Ware
Artikel 85 WKR

Nimmt der Käufer die Ware nicht rechtzeitig ab oder versäumt er, falls Zahlung des Kaufpreises und Lieferung der Ware Zug um Zug erfolgen sollen, den Kaufpreis zu zahlen, und hat der Verkäufer die Ware noch in Besitz oder ist er sonst in der Lage, über sie zu verfügen, so hat der Verkäufer die den Umständen angemessenen Maßnahmen zu ihrer Erhaltung zu treffen. Er ist berechtigt, die Ware zurückzubehalten, bis ihm der Käufer seine angemessenen Aufwendungen erstattet hat.

742 Art. 85 entspricht in der Sache Art. 91 EKG. Der Anspruch auf Aufwendungsersatz steht nicht unter dem Vorbehalt des Art. 79 Abs. 1.

Artikel 86 WKR

(1) Hat der Käufer die Ware empfangen und beabsichtigt er, ein nach dem Vertrag oder diesem Übereinkommen bestehendes Zurückweisungsrecht auszuüben, so hat er die den Umständen angemessenen Maßnahmen zu ihrer Erhaltung zu treffen. Er ist berechtigt, die Ware zurückzubehalten, bis ihm der Verkäufer seine angemessenen Aufwendungen erstattet hat.

(2) Ist die dem Käufer zugesandte Ware ihm am Bestimmungsort zur Verfügung gestellt worden und übt er das Recht aus, sie zurückzuweisen, so hat er sie für Rechnung des Verkäufers in Besitz zu nehmen, sofern dies ohne Zahlung des Kaufpreises und ohne unzumutbare Unannehmlichkeiten oder unverhältnismäßige Kosten möglich ist. Dies gilt nicht, wenn der Verkäufer oder eine Person, die befugt ist, die Ware für Rechnung des Verkäufers in Obhut zu nehmen, am Bestimmungsort anwesend ist. Nimmt der Käufer die Ware nach diesem Absatz in Besitz, so werden seine Rechte und Pflichten durch Absatz 1 geregelt.

743 Art. 86 Abs. 1 entspricht Art. 92 Abs. 1 EKG.

Art. 86 Abs. 2 deckt sich im Kern mit Art. 92 Abs. 2 EKG. Im Unterschied zum EKG hängt die Verwahrung von der Ausübung des Zurückweisungsrechts (nicht der Vertragsaufhebung) ab. Entscheidend ist, daß der Käufer die Ware nicht als Erfüllung annimmt. Einlagerung der Ware: Art. 87; Pflicht zum Selbsthilfeverkauf: Art. 88.

Artikel 87 WKR

Eine Partei, die Maßnahmen zur Erhaltung der Ware zu treffen hat, kann die Ware auf Kosten der anderen Partei in den Lagerräumen eines Dritten einlagern, sofern daraus keine unverhältnismäßigen Kosten entstehen.

744 Art. 87 entspricht Art. 93 EKG. Der Anspruch auf Aufwendungsersatz steht nicht unter dem Vorbehalt des Art. 79 Abs. 1.

Artikel 88 WKR

(1) Eine Partei, die nach Artikel 85 oder 86 zur Erhaltung der Ware verpflichtet ist, kann sie auf jede geeignete Weise verkaufen, wenn die andere Partei die Inbesitznahme oder die Rücknahme der Ware oder die Zahlung des Kaufpreises oder der Erhaltungskosten ungebührlich hinauszögert, vorausgesetzt, daß sie der anderen Partei ihre Verkaufsabsicht in vernünftiger Weise angezeigt hat.

(2) Ist die Ware einer raschen Verschlechterung ausgesetzt oder würde ihre Erhaltung unverhältnismäßige Kosten verursachen, so hat die Partei, der nach Artikel 85 oder 86 die Erhaltung der Ware obliegt, sich in angemessener Weise um ihren Verkauf zu bemühen. Soweit möglich hat sie der anderen Partei ihre Verkaufsabsicht anzuzeigen.

(3) Hat eine Partei die Ware verkauft, so kann sie aus dem Erlös des Verkaufs den Betrag behalten, der den angemessenen Kosten der Erhaltung und des Verkaufs der Ware entspricht. Den Überschuß schuldet sie der anderen Partei.

Art. 88 Abs. 1 entspricht im Kern Art. 94 Abs. 1 EKG (*Huber* RabelsZ 43 (1979) **745**
413, 517). Im Unterschied zum EKG hängt die Zulässigkeit des Selbsthilfeverkaufs von
einer angemessenen Anzeige über die Verkaufsabsicht ab. Die Anzeige erfolgt auf angemessene Weise, wenn sie den Verkäufer bzw. Käufer rechtzeitig und konkret über
die Verkaufsplanung unterrichtet, so daß sich dieser darauf einzustellen vermag
(*Schlechtriem* S. 105). Die Anzeige ist nicht empfangsbedürftig (Art. 27). Der Selbsthilfeverkauf setzt nicht voraus, daß die Nichtzahlung eine wesentliche Vertragsverletzung
darstellt oder eine Nachfrist verstrichen ist. Es genügt eine nicht unerhebliche Zahlungsverzögerung (*Schlechtriem* S. 76, 105; kritisch *Hellner* Festschrift Riesenfeld,
S. 71, 89).

Art. 88 Abs. 2 statuiert im Unterschied zu Art. 95 EKG lediglich eine Pflicht zu angemessenen Bemühungen. Die Anzeige ist nicht empfangsbedürftig (Art. 27).

Art. 88 Abs. 3 deckt sich mit Art. 94 Abs. 2 EKG.

Teil IV
Schlußbestimmungen
Artikel 89 WKR

Der Generalsekretär der Vereinten Nationen wird hiermit zum Verwahrer dieses Übereinkommens bestimmt. **746**

Artikel 90 WKR

Dieses Übereinkommen geht bereits geschlossener oder in Zukunft zu schließenden völkerrechtlichen Übereinkünften, die Bestimmungen über in diesem Übereinkommen geregelte Gegenstände enthalten, nicht vor, sofern die Parteien ihre Niederlassung in Vertragsstaaten einer solchen Übereinkunft haben.

Artikel 91 WKR

(1) Dieses Übereinkommen liegt in der Schlußsitzung der Konferenz der Vereinten Nationen über Verträge über den internationalen Warenkauf zur Unterzeichnung auf und liegt dann bis 30. September 1981 am Sitz der Vereinten Nationen in New York für alle Staaten zur Unterzeichnung auf.

(2) Dieses Übereinkommen bedarf der Ratifikation, Annahme oder Genehmigung durch die Unterzeichnerstaaten.

(3) Dieses Übereinkommen steht allen Staaten, die nicht Unterzeichnerstaaten sind, von dem Tag an zum Beitritt offen, an dem es zur Unterzeichnung aufgelegt wird.

(4) Die Ratifikations-, Annahme-, Genehmigungs- und Beitrittsurkunden werden beim Generalsekretär der Vereinten Nationen hinterlegt.

Artikel 92 WKR

(1) Ein Vertragsstaat kann bei der Unterzeichnung, der Ratifikation, der Annahme, der Genehmigung oder dem Beitritt erklären, daß Teil II dieses Übereinkommens für ihn nicht verbindlich ist oder daß Teil III dieses Übereinkommens für ihn nicht verbindlich ist.

(2) Ein Vertragsstaat, der eine Erklärung nach Absatz 1 zu Teil II oder Teil III dieses Übereinkommens abgegeben hat, ist hinsichtlich solcher Gegenstände, die durch den Teil geregelt werden, auf den sich die Erklärung bezieht, nicht als Vertragsstaat im Sinne des Artikels 1 Absatz 1 zu betrachten.

Artikel 93 WKR

(1) Ein Vertragsstaat, der zwei oder mehr Gebietseinheiten umfaßt, in denen nach seiner Verfassung auf die in diesem Übereinkommen geregelten Gegenstände unterschiedliche Rechtsord-

nungen angewendet werden, kann bei der Unterzeichnung, der Ratifikation, der Annahme, der Genehmigung oder dem Beitritt erklären, daß dieses Übereinkomen sich auf alle seine Gebietseinheiten oder nur auf eine oder mehrere derselben erstreckt; er kann seine Erklärung jederzeit durch eine neue Erklärung ändern.

(2) Die Erklärungen sind dem Verwahrer zu notifizieren und haben ausdrücklich anzugeben, auf welche Gebietseinheiten das Übereinkommen sich erstreckt.

(3) Erstreckt sich das Übereinkommen aufgrund einer Erklärung nach diesem Artikel auf eine oder mehrere, jedoch nicht auf alle Gebietseinheiten eines Vertragsstaats und liegt die Niederlassung einer Partei in diesem Staat, so wird diese Niederlassung im Sinne dieses Übereinkommens nur dann als in einem Vertragsstaat gelegen betrachtet, wenn sie in einer Gebietseinheit liegt, auf die sich das Übereinkommen erstreckt.

(4) Gibt ein Vertragsstaat keine Erklärung nach Absatz 1 ab, so erstreckt sich das Übereinkommen auf alle Gebietseinheiten dieses Staates.

Artikel 94 WKR

(1) Zwei oder mehr Vertragsstaaten, welche gleiche oder einander sehr nahekommende Rechtsvorschriften für Gegenstände haben, die in diesem Übereinkommen geregelt werden, können jederzeit erklären, daß das Übereinkommen auf Kaufverträge und ihren Abschluß keine Anwendung findet, wenn die Parteien ihre Niederlassung in diesen Staaten haben. Solche Erklärungen können als gemeinsame oder als aufeinander bezogene einseitige Erklärungen abgegeben werden.

(2) Hat ein Vertragsstaat für Gegenstände, die in diesem Übereinkommen geregelt werden, Rechtsvorschriften, die denen eines oder mehrerer Nichtvertragsstaaten gleich sind oder sehr nahekommen, so kann er jederzeit erklären, daß das Übereinkommen auf Kaufverträge oder ihren Abschluß keine Anwendung findet, wenn die Parteien ihre Niederlassung in diesen Staaten haben.

(3) Wird ein Staat, auf den sich eine Erklärung nach Absatz 2 bezieht, Vertragsstaat, so hat die Erklärung von dem Tag an, an dem das Übereinkommen für den neuen Vertragsstaat in Kraft tritt, die Wirkung einer nach Absatz 1 abgegebenen Erklärung, vorausgesetzt, daß der neue Vertragsstaat sich einer solchen Erklärung anschließt oder eine darauf bezogene einseitige Erklärung abgibt.

Artikel 95 WKR

Jeder Staat kann bei der Hinterlegung seiner Ratifikations-, Annahme-, Genehmigungs- oder Beitrittsurkunde erklären, daß Artikel 1 Absatz 1 Buchstabe b für ihn nicht verbindlich ist.

Artikel 96 WKR

Ein Vertragsstaat, nach dessen Rechtsvorschriften Kaufverträge schriftlich zu schließen oder nachzuweisen sind, kann jederzeit eine Erklärung nach Artikel 12 abgeben, daß die Bestimmungen der Artikel 11 und 29 oder des Teils II dieses Übereinkommens, die für den Abschluß eines Kaufvertrages, seine Änderung oder Aufhebung durch Vereinbarung oder für ein Angebot, eine Annahme oder eine sonstige Willenserklärung eine andere als die schriftliche Form gestatten, nicht gelten, wenn eine Partei ihre Niederlassung in diesem Staat hat.

Artikel 97 WKR

(1) Erklärungen, die nach diesem Übereinkommen bei der Unterzeichnung abgegeben werden, bedürfen der Bestätigung bei der Ratifikation, Annahme oder Genehmigung.

(2) Erklärungen und Bestätigungen von Erklärungen bedürfen der Schriftform und sind dem Verwahrer zu notifizieren.

(3) Eine Erklärung wird gleichzeitig mit dem Inkrafttreten dieses Übereinkommens für den betreffenden Staat wirksam. Eine Erklärung, die dem Verwahrer nach diesem Inkrafttreten notifiziert wird, tritt jedoch am ersten Tag des Monats in Kraft, der auf einen Zeitabschnitt von sechs Monaten nach ihrem Eingang beim Verwahrer folgt. Aufeinander bezogene einseitige Erklärungen

nach Artikel 94 werden am ersten Tag des Monats wirksam, der auf einen Zeitabschnitt von sechs Monaten nach Eingang der letzten Erklärung beim Verwahrer folgt.

(4) Ein Staat, der eine Erklärung nach diesem Übereinkommen abgibt, kann sie jederzeit durch eine an den Verwahrer gerichtete schriftliche Notifikation zurücknehmen. Eine solche Rücknahme wird am ersten Tag des Monats wirksam, der auf einen Zeitabschnitt von sechs Monaten nach Eingang der Notifikation beim Verwahrer folgt.

(5) Die Rücknahme einer nach Artikel 94 abgegebenen Erklärung macht eine von einem anderen Staat nach Artikel 94 abgegebene, darauf bezogene Erklärung von dem Tag an unwirksam, an dem die Rücknahme wirksam wird.

Artikel 98 WKR

Vorbehalte sind nur zulässig, soweit sie in diesem Übereinkommen ausdrücklich für zulässig erklärt werden.

Artikel 99 WKR

(1) Vorbehaltlich des Absatzes 6 tritt dieses Übereinkommen am ersten Tag des Monats in Kraft, der auf einen Zeitabschnitt von zwölf Monaten nach Hinterlegung der zehnten Ratifikations-, Annahme-, Genehmigungs- oder Beitrittsurkunde einschließlich einer Urkunde, die eine nach Artikel 92 abgegebene Erklärung enthält, folgt.

(2) Wenn ein Staat dieses Übereinkommen nach Hinterlegung der zehnten Ratifikations-, Annahme-, Genehmigungs- oder Beitrittsurkunde ratifiziert, annimmt, genehmigt oder ihm beitritt, tritt dieses Übereinkommen mit Ausnahme des ausgeschlossenen Teils für diesen Staat vorbehaltlich des Absatzes 6 am ersten Tag des Monats in Kraft, der auf einen Zeitabschnitt von zwölf Monaten nach Hinterlegung seiner Ratifikations-, Annahme-, Genehmigungs- oder Beitrittsurkunde folgt.

(3) Ein Staat, der dieses Übereinkommen ratifiziert, annimmt, genehmigt oder ihm beitritt und Vertragspartei des Haager Übereinkommens vom 1. Juli 1964 zur Einführung eines Einheitlichen Gesetzes über den Abschluß von internationalen Kaufverträgen über bewegliche Sachen (Haager Abschlußübereinkommen von 1964) oder des Haager Übereinkommens vom 1. Juli 1964 zur Einführung eines Einheitlichen Gesetzes über den internationalen Kauf beweglicher Sachen (Haager Kaufrechtsübereinkommen von 1964) ist, kündigt gleichzeitig das Haager Kaufrechtsübereinkommen von 1964 oder das Haager Abschlußübereinkommen von 1964 oder gegebenenfalls beide Übereinkommen, indem er der Regierung der Niederlande die Kündigung notifiziert.

(4) Eine Vertragspartei des Haager Kaufrechtsübereinkommens von 1964, die das vorliegende Übereinkommen ratifiziert, annimmt, genehmigt oder ihm beitritt und nach Artikel 92 erklärt oder erklärt hat, daß Teil II dieses Übereinkommens für sie nicht verbindlich ist, kündigt bei der Ratifikation, der Annahme, der Genehmigung oder dem Beitritt das Haager Kaufrechtsübereinkommen von 1964, indem sie der Regierung der Niederlande die Kündigung notifiziert.

(5) Eine Vertragspartei des Haager Abschlußübereinkommens von 1964, die das vorliegende Übereinkommen ratifiziert, annimmt, genehmigt oder ihm beitritt und nach Artikel 92 erklärt oder erklärt hat, daß Teil III dieses Übereinkommens für sie nicht verbindlich ist, kündigt bei der Ratifikation, der Annahme, der Genehmigung oder dem Beitritt das Haager Abschlußübereinkommen von 1964, indem sie der Regierung der Niederlande die Kündigung notifiziert.

(6) Für die Zwecke dieses Artikels werden Ratifikationen, Annahmen, Genehmigungen und Beitritte bezüglich dieses Übereinkommens, die von Vertragsparteien des Haager Abschlußübereinkommens von 1964 oder des Haager Kaufrechtsübereinkommens von 1964 vorgenommen werden, erst wirksam, nachdem die erforderlichen Kündigungen durch diese Staaten bezüglich der genannten Übereinkommen selbst wirksam geworden sind. Der Verwahrer dieses Übereinkommens setzt sich mit der Regierung der Niederlande als Verwahrer der Übereinkommen von 1964 in Verbindung, um die hierfür notwendige Koordinierung sicherzustellen.

Artikel 100 WKR

(1) Dieses Übereinkommen findet auf den Abschluß eines Vertrages nur Anwendung, wenn das Angebot zum Vertragsabschluß an oder nach dem Tag gemacht wird, an dem das Übereinkommen für die in Artikel 1 Absatz 1 Buchstabe a genannten Vertragsstaaten oder den in Artikel 1 Absatz 1 Buchstabe b genannten Vertragsstaat in Kraft tritt.

(2) Dieses Übereinkommen findet nur auf Verträge Anwendung, die an oder nach dem Tag geschlossen werden, an dem das Übereinkommen für die in Artikel 1 Absatz 1 Buchstabe a genannten Vertragsstaaten oder den in Artikel 1 Absatz 1 Buchstabe b genannten Vertragsstaat in Kraft tritt.

Artikel 101 WKR

(1) Ein Vertragsstaat kann dieses Übereinkommen oder dessen Teil II oder Teil III durch eine an den Verwahrer gerichtete schriftliche Notifikation kündigen.

(2) Eine Kündigung wird am ersten Tag des Monats wirksam, der auf einen Zeitabschnitt von zwölf Monaten nach Eingang der Notifikation beim Verwahrer folgt. Ist in der Notifikation eine längere Kündigungsfrist angegeben, so wird die Kündigung nach Ablauf dieser längeren Frist nach Eingang der Notifikation beim Verwahrer wirksam.

H. International Commercial Terms (Incoterms)

Die ersten Incoterms stammen aus dem Jahr 1953. Sie wurden 1967, 1976 sowie 1980 durch Nachträge wesentlich ergänzt. Die Incoterms sind, soweit sie auf jüngere Nachträge zurückgehen, Handelsklauseln und müssen wie Handelsklauseln vereinbart werden. Sie sind dem AGBG unterworfen. Zur Geltung der übrigen Incoterms s. Rdn. 11.

Diese Klausel trat 1953 in Kraft
Ab Werk
... (ab Fabrik, ab Mühle, ab Pflanzung, ab Lagerhaus usw.)

748 A. Der Verkäufer hat:

1. Die Ware in Übereinstimmung mit dem Kaufvertrag zu liefern und zugleich alle vertragsgemäßen Belege hierfür zu erbringen.

2. Dem Käufer die Ware zu der vertraglich vereinbarten Zeit an dem benannten Lieferungsort oder an dem für die Lieferung solcher Ware üblichen Ort zur Verladung auf das vom Käufer zu beschaffende Beförderungsmittel zur Verfügung zu stellen.

3. Auf eigene Kosten gegebenenfalls für die notwendige Verpackung zu sorgen, damit der Käufer die Ware übernehmen kann.

4. Den Käufer innerhalb einer angemessenen Frist von dem Zeitpunkt zu benachrichtigen, in dem die Ware zur Verfügung gestellt wird.

5. Die durch die Zurverfügungstellung der Ware für den Käufer bedingten Kosten des Prüfens (wie der Qualitätsprüfung, des Messens, Wiegens und Zählens) zu tragen.

6. Alle Kosten und Gefahren der Ware zu tragen, bis sie innerhalb der vertraglich vereinbarten Zeit dem Käufer zur Verfügung gestellt worden ist, vorausgesetzt, daß die Ware in geeigneter Weise konkretisiert, d. h. als der für den Käufer bestimmte Gegenstand abgesondert oder auf irgendeine andere Art kenntlich gemacht worden ist.

7. Dem Käufer auf dessen Verlangen, Gefahr und Kosten bei der Beschaffung irgendwelcher Dokumente, die in dem Liefer- und/oder Ursprungsland ausgestellt werden und die der Käufer

zur Ausfuhr und/oder Einfuhr (und gegebenenfalls zur Durchfuhr durch ein drittes Land) benötigt, jede Hilfe zu gewähren.

B. Der Käufer hat:
1. Die Ware abzunehmen, sobald sie an dem vertraglich vereinbarten Ort und innerhalb der vertraglich vereinbarten Frist zu seiner Verfügung gestellt worden ist und den Preis vertragsgemäß zu zahlen.
2. Alle Kosten und Gefahren der Ware von dem Zeitpunkt an zu tragen, in dem sie auf diese Weise zu seiner Verfügung gestellt worden ist, vorausgesetzt, daß die Ware in geeigneter Weise konkretisiert, d. h. als der für den Käufer bestimmte Gegenstand abgesondert oder auf irgendeine andere Art kenntlich gemacht worden ist.
3. Alle Zollgebühren und Abgaben zu tragen, die aufgrund der Ausfuhr erhoben werden.
4. Wenn er sich eine Frist für die Abnahme der Ware und/oder die Wahl des Lieferortes vorbehalten hat und nicht rechtzeitig Anweisungen erteilt, die sich hieraus ergebenden Mehrkosten und alle die Ware betreffenden Gefahren vom Ablauf der vereinbarten Frist an zu tragen, vorausgesetzt, daß die Ware in geeigneter Weise konkretisiert, d. h. als der für den Käufer bestimmte Gegenstand abgesondert oder auf irgendeine andere Art kenntlich gemacht worden ist.
5. Alle Kosten für die Ausstellung und Beschaffung der oben in Art. A. 7 erwähnten Dokumente zu tragen, einschließlich der Kosten für die Ursprungszeugnisse, die Ausfuhrbewilligung und die Konsulatsgebühren.

Diese Klausel trat 1953 in Kraft
For/Fot
FREI (FRANKO) WAGGON
... (benannter Abgangsort)

A. Der Verkäufer hat:

749

1. Die Ware in Übereinstimmung mit dem Kaufvertrag zu liefern und zugleich alle vertragsgemäßen Belege hierfür zu erbringen.
2. Wenn es sich um Ware handelt, die entweder eine volle Waggonladung ausmacht oder genügend Gewicht für die Beanspruchung besonderer Mengentarife für Waggonladungen aufweist, rechtzeitig einen Waggon geeigneter Art und Größe zu beschaffen, der gegebenenfalls mit Planen zu versehen ist, und ihn auf seine Kosten zum vereinbarten Termin oder innerhalb der vereinbarten Frist zu beladen, wobei er sich bei der Bestellung des Waggons und bei der Beladung an die Vorschriften der Abgangsstation halten muß.
3. Wenn es sich um eine Ladung handelt, die entweder keine volle Waggonladung ergibt oder nicht genügend Gewicht zur Beanspruchung besonderer Mengentarife für Waggonladungen aufweist, die Ware zu dem vereinbarten Termin oder innerhalb der festgesetzten Frist der Eisenbahn entweder an der Abgangsstation oder einem von der Eisenbahn gestellten Fahrzeug zu übergeben, wenn die Anfuhr zur Bahn im Frachtsatz mit einbegriffen ist, sofern er nicht nach den Vorschriften der Abgangsstation selbst die Ware in den Waggon zu verladen hat.

Gibt es am Versandort mehrere Bahnhöfe, so kann der Verkäufer den ihm am besten zusagenden Bahnhof auswählen, sofern dieser Bahnhof üblicherweise Waren für den vom Käufer benannten Bestimmungsort annimmt, es sei denn, der Käufer hat sich die Wahl des Abgangsbahnhofs vorbehalten.
4. Alle Kosten und Gefahren der Ware bis zu dem Zeitpunkt zu tragen, in dem der beladene Waggon oder, in dem gemäß Artikel A. 3 vorgesehenen Fall, die Ware der Eisenbahn ausgehändigt worden ist, vorbehaltlich jedoch der Bestimmungen des nachstehenden Artikels B. 5.
5. Auf eigene Kosten für die übliche Verpackung der Ware zu sorgen, sofern es nicht Handelsbrauch ist, die Ware unverpackt zu versenden.

6. Die durch die Verladung der Ware oder durch ihre Aushändigung an die Eisenbahn bedingten Kosten des Prüfens (wie der Qualitätsprüfung, des Messens, Wiegens und Zählens) zu tragen.

7. Den Käufer unverzüglich zu benachrichtigen, daß die Ware verladen oder der Eisenbahn ausgehändigt worden ist.

8. Auf eigene Kosten dem Käufer das übliche Versanddokument zu beschaffen, falls dies dem Handelsbrauch entspricht.

9. Dem Käufer auf dessen Verlangen und auf dessen Kosten das Ursprungszeugnis zu besorgen (siehe B. 6).

10. Dem Käufer auf dessen Verlangen, Gefahr und Kosten bei der Beschaffung von Dokumenten, die in dem Versand- und/oder Ursprungsland ausgestellt werden und die der Käufer zur Ausfuhr und/oder Einfuhr (sowie gegebenenfalls zur Durchfuhr durch ein drittes Land) benötigt, jede Hilfe zu gewähren.

B. Der Käufer hat:

1. Dem Verkäufer rechtzeitig die für den Versand notwendigen Anweisungen zu erteilen.

2. Die Ware von dem Zeitpunkt an abzunehmen, in dem sie der Eisenbahn übergeben worden ist, und den Preis vertragsgemäß zu zahlen.

3. Alle Kosten und Gefahren der Ware (mit Einschluß der etwa erforderlichen Kosten für die Miete der Planen) von dem Zeitpunkt an zu tragen, in dem der beladene Waggon oder, in dem unter Artikel A. 3 vorgesehenen Fall, von dem Zeitpunkt an, in dem die Ware der Eisenbahn ausgehändigt worden ist.

4. Alle Zollgebühren und Abgaben zu tragen, die aufgrund der Ausfuhr erhoben werden.

5. Wenn er sich eine Frist zur Erteilung der Versandanweisungen an den Verkäufer und/oder die Wahl des Verladeortes vorbehalten hat und nicht rechtzeitig Anweisungen erteilt, die sich hieraus ergebenden Mehrkosten und alle die Ware betreffenden Gefahren vom Ablauf der vereinbarten Frist an zu tragen, vorausgesetzt, daß die Ware in geeigneter Weise konkretisiert, d. h. als der für den Käufer bestimmte Gegenstand abgesondert oder auf irgendeine andere Art kenntlich gemacht worden ist.

6. Alle Kosten und Gebühren für die Ausstellung und Beschaffung der in den Artikeln A. 9 und A. 10 erwähnten Dokumente zu tragen, einschließlich der Kosten der Ursprungszeugnisse und der Konsulatsgebühren.

Diese Klausel trat 1953 in Kraft
Fas
FREI LÄNGSSEITE SEESCHIFF
... (benannter Verschiffungshafen)

A. Der Verkäufer hat:

1. Die Ware in Übereinstimmung mit dem Kaufvertrag zu liefern und zugleich alle vertragsgemäßen Belege hierfür zu erbringen.

2. Die Ware zu dem vereinbarten Zeitpunkt oder in der vereinbarten Frist dem Hafenbrauch entsprechend an dem vom Käufer benannten Ladeplatz in dem benannten Verschiffungshafen Längsseite Schiff zu liefern und dem Käufer unverzüglich mitzuteilen, daß die Ware Längsseite Schiff geliefert worden ist.

3. Dem Käufer auf dessen Verlangen, Gefahr und Kosten bei der Beschaffung aller für die Ausfuhr der Ware erforderlichen Bewilligungen oder sonstiger amtlicher Bescheinigungen, jede Hilfe zu gewähren.

Stand: 1. 4. 1984

4. Alle Kosten und Gefahren der Ware bis zu dem Zeitpunkt zu tragen, in dem sie tatsächlich Längsseite Schiff in dem benannten Verschiffungshafen geliefert worden ist, einschließlich der Kosten aller für die Lieferung der Ware Längsseite Schiff erforderlichen Formalitäten, jedoch vorbehaltlich der Bestimmungen der nachstehenden Artikel B. 3 und B. 4.

5. Auf eigene Kosten für die übliche Verpackung der Waren zu sorgen, sofern es nicht Handelsbrauch ist, die Ware unverpackt zu verschiffen.

6. Die durch die Lieferung der Ware Längsseite Schiff bedingten Kosten des Prüfens (wie der Qualitätsprüfung, des Messens, Wiegens und Zählens) zu tragen.

7. Auf eigene Kosten das zum Nachweis der Lieferung der Ware Längsseite des benannten Schiffes übliche reine Dokument zu besorgen.

8. Dem Käufer auf dessen Verlangen und Kosten das Ursprungszeugnis zu beschaffen (siehe B. 5).

9. Dem Käufer auf dessen Verlangen, Gefahr und Kosten neben dem im Artikel A. 8 genannten Dokument bei der Beschaffung aller im Verschiffungs- und/oder Ursprungslande ausgestellten Dokumente (mit Ausnahme des Konnossements und/oder der Konsulatspapiere), die der Käufer zur Einfuhr der Ware in das Bestimmungsland (und gegebenenfalls zur Durchfuhr durch ein drittes Land) benötigt, jede Hilfe zu gewähren.

B. Der Käufer hat:

1. Dem Verkäufer rechtzeitig den Namen, den Ladeplatz sowie den Zeitpunkt der Lieferung an das Schiff bekanntzugeben.

2. Alle Kosten und Gefahren der Ware von dem Zeitpunkt an zu tragen, in dem die Ware tatsächlich Längsseite Schiff in dem benannten Verschiffungshafen zu dem vereinbarten Termin oder innerhalb der festgesetzten Frist geliefert worden ist, und den Preis vertragsgemäß zu zahlen.

3. Alle zusätzlich entstehenden Kosten zu tragen, wenn das von ihm benannte Schiff nicht rechtzeitig eintrifft oder die Ware nicht übernehmen kann oder schon vor der festgesetzten Zeit keine Ladung mehr annimmt, sowie alle Gefahren für die Ware von dem Zeitpunkt an zu tragen, in dem sie der Verkäufer zur Verfügung des Käufers gestellt hat, vorausgesetzt, daß die Ware in geeigneter Weise konkretisiert, d. h. als der für den Käufer bestimmte Gegenstand abgesondert oder auf irgendeine andere Art kenntlich gemacht worden ist.

4. Wenn er das Schiff nicht rechtzeitig bezeichnet oder wenn er sich eine Frist für die Abnahme der Ware und/oder die Wahl des Verschiffungshafens vorbehalten hat und nicht rechtzeitig Anweisungen erteilt, die sich hieraus ergebenden Mehrkosten und alle die Ware betreffenden Gefahren von dem Zeitpunkt an zu tragen, in dem die für die Lieferung festgesetzte Frist abläuft, vorausgesetzt, daß die Ware in geeigneter Weise konkretisiert, d. h. als der für den Käufer bestimmte Gegenstand abgesondert oder auf irgendeine andere Art kenntlich gemacht worden ist.

5. Alle Kosten und Gebühren für die Beschaffung der oben in den Artikeln A. 3, A. 8 und A. 9 genannten Dokumente zu tragen.

Diese Klausel trat 1953 in Kraft

Fob
FREI AN BORD
... (benannter Verschiffungshafen)

A. Der Verkäufer hat:

1. Die Ware in Übereinstimmung mit dem Kaufvertrag zu liefern und zugleich alle vertragsgemäßen Belege hierfür zu erbringen.

2. Die Ware an Bord des vom Käufer angegebenen Seeschiffes im vereinbarten Verschiffungshafen zu dem vereinbarten Zeitpunkt oder innerhalb der vereinbarten Frist dem Hafenbrauch ent-

sprechend zu liefern und dem Käufer unverzüglich mitzuteilen, daß die Ware an Bord des Seeschiffes geliefert worden ist.

3. Auf eigene Kosten und Gefahr die Ausfuhrbewilligung oder jede andere amtliche Bescheinigung zu beschaffen, die für die Ausfuhr der Ware erforderlich ist.

4. Alle Kosten und Gefahren der Ware bis zu dem Zeitpunkt zu tragen, in dem die Ware im vereinbarten Verschiffungshafen die Reling des Schiffes tatsächlich überschritten hat, einschließlich aller mit der Ausfuhr zusammenhängenden Gebühren, Abgaben und Kosten sowie auch die Kosten aller Formalitäten, die für die Verbringung der Ware an Bord erforderlich sind, vorbehaltlich jedoch der Bestimmungen der nachfolgenden Artikel B. 3 und B. 4.

5. Auf eigene Kosten für die übliche Verpackung der Ware zu sorgen, sofern es nicht Handelsbrauch ist, die Ware unverpackt zu verschiffen.

6. Die durch die Lieferung der Ware bedingten Kosten des Prüfens (wie der Qualitätsprüfung, des Messens, Wiegens und Zählens) zu tragen.

7. Auf eigene Kosten das zum Nachweis der Lieferung der Ware an Bord des benannten Schiffes übliche reine Dokument zu beschaffen.

8. Dem Käufer auf dessen Verlangen und Kosten das Ursprungszeugnis zu beschaffen (siehe B. 6).

9. Dem Käufer auf dessen Verlangen, Gefahr und Kosten neben dem im vorhergehenden Artikel genannten Dokument bei der Beschaffung des Konnossements und aller im Verschiffungs- und/oder Ursprungslande auszustellenden Dokumente, die der Käufer zur Einfuhr der Ware in das Bestimmungsland (und gegebenenfalls zur Durchfuhr durch ein drittes Land) benötigt, jede Hilfe zu gewähren.

B. Der Käufer hat:

1. Auf eigene Kosten ein Seeschiff zu chartern oder den notwendigen Schiffsraum zu beschaffen und dem Verkäufer rechtzeitig den Namen und den Ladeplatz des Schiffes sowie den Zeitpunkt der Lieferung zum Schiff bekanntzugeben.

2. Alle Kosten und Gefahren für die Ware von dem Zeitpunkt an zu tragen, in dem die Ware im vereinbarten Verschiffungshafen die Reling des Schiffes tatsächlich überschritten hat, sowie den Preis vertragsgemäß zu zahlen.

3. Alle zusätzlich entstehenden Kosten zu tragen, wenn das von ihm benannte Schiff zu dem festgesetzten Zeitpunkt oder bis zum Ende der vereinbarten Frist nicht eintrifft oder die Ware nicht übernehmen kann oder bereits vor dem vereinbarten Zeitpunkt oder vor Ablauf der festgesetzten Frist keine Ladung mehr annimmt, sowie alle die Ware betreffenden Gefahren von dem Ablauf der vereinbarten Frist an zu tragen, vorausgesetzt, daß die Ware in geeigneter Weise konkretisiert, d. h. als der für den Käufer bestimmte Gegenstand abgesondert oder auf irgendeine andere Art kenntlich gemacht worden ist.

4. Wenn er das Schiff nicht rechtzeitig bezeichnet oder wenn er sich eine Frist für die Abnahme der Ware und/oder die Wahl des Verschiffungshafens vorbehalten hat und nicht rechtzeitig genaue Anweisungen erteilt, alle sich hieraus ergebenden Mehrkosten sowie alle die Waren betreffenden Gefahren von dem Zeitpunkt an zu tragen, in dem die für die Lieferung festgesetzte Frist abläuft, vorausgesetzt, daß die Ware in geeigneter Weise konkretisiert, d. h. als der für den Käufer bestimmte Gegenstand abgesondert oder auf irgendeine andere Art kenntlich gemacht worden ist.

5. Die Kosten und Gebühren für die Beschaffung eines Konnossements zu tragen, falls dies gemäß vorstehendem Artikel A. 9 verlangt worden ist.

6. Alle Kosten und Gebühren für die Beschaffung der oben in den Artikeln A. 8 und A. 9 erwähnten Dokumente zu tragen, einschließlich der Kosten der Ursprungszeugnisse und der Konsulatspapiere.

Stand: 1. 4. 1984

Zweiter Abschnitt. Handelskauf   Vor § 373
Incoterms

Diese Klausel trat 1953 in Kraft
C & F
Kosten und Fracht
... (benannter Bestimmungshafen)

A. Der Verkäufer hat:

1. Die Ware in Übereinstimmung mit dem Kaufvertrag zu liefern und zugleich alle vertragsgemäßen Belege hierfür zu erbringen.
2. Den Vertrag für die Beförderung der Ware auf eigene Rechnung auf dem üblichen Wege zu den üblichen Bedingungen bis zum vereinbarten Bestimmungshafen in einem Seeschiff (Segelschiff ausgenommen) der Bauart, die normalerweise für die Beförderung der im Vertrage genannten Ware verwendet wird, abzuschließen, sowie die Fracht und alle Ausladungskosten im Entladungshafen zu tragen, die von regulären Schiffahrtsgesellschaften schon bei der Verladung im Verschiffungshafen erhoben werden sollten.
3. Auf eigene Kosten und Gefahr die Ausfuhrbewilligung oder sonstige amtliche Bescheinigungen zu beschaffen, die für die Ausfuhr der Ware erforderlich sind.
4. Die Ware auf eigene Kosten zum vereinbarten Zeitpunkt oder innerhalb der vereinbarten Frist oder, falls weder ein Zeitpunkt noch eine Frist vereinbart wurde, innerhalb einer angemessenen Frist an Bord des Schiffes im Verschiffungshafen zu verladen und den Käufer unverzüglich von der Verladung an Bord des Schiffes zu benachrichtigen.
5. Alle Gefahren für die Ware bis zu dem Zeitpunkt zu tragen, in dem sie im Verschiffungshafen die Reling des Schiffes tatsächlich überschritten hat, vorbehaltlich jedoch der Bestimmungen des nachstehenden Artikels B. 4.
6. Unverzüglich auf eigene Kosten dem Käufer ein reines begebbares Konnossement für den vereinbarten Bestimmungshafen sowie eine Rechnung über die verschiffte Ware zu beschaffen. Das Konnossement muß über die vertraglich vereinbarte Ware lauten, ein innerhalb der für die Verschiffung vereinbarten Frist liegendes Datum tragen und durch Indossierung oder anderweitig die Lieferung an die Order des Käufers oder dessen vereinbarten Vertreters ermöglichen. Das Konnossement muß aus einem vollständigen Satz von „An Bord" (on board) — oder „verschifft" (shipped) — Konnossementen bestehen. Lautet das Konnossement „empfangen zur Verschiffung" (received for shipment), so muß die Reederei zusätzlich einen unterschriebenen Vermerk anbringen, der besagt, daß sich die Ware tatsächlich an Bord befindet; dieser Vermerk muß ein Datum tragen, das innerhalb der für die Verschiffung vereinbarten Zeit liegt. Wenn das Konnossement einen Hinweis auf den Chartervertrag enthält, so muß der Verkäufer außerdem noch ein Exemplar dieser Urkunde beschaffen.
Anmerkung: Ein Konnossement wird als „rein" bezeichnet, wenn es keine zusätzlichen Klauseln enthält, die ausdrücklich den Zustand der Ware oder der Verpackung als mangelhaft bezeichnen.
Folgende Klauseln sind bei einem reinen Konnossement zulässig:
a) Klauseln, die nicht ausdrücklich besagen, daß die Ware oder ihre Verpackung sich in einem unbefriedigenden Zustand befindet, z. B.: „gebrauchte Kisten", „gebrauchte Fässer" usw.;
b) Klauseln, die betonen, daß der Frachtführer für die der Ware oder ihrer Verpackung innewohnenden Gefahren nicht haftet; c) Klauseln, mit denen der Frachtführer zum Ausdruck bringt, daß ihm der Inhalt, die Gewichte, die Abmessungen, die Qualität oder die technischen Einzelheiten der Ware nicht bekannt sind.
7. Auf seine Kosten für die übliche Verpackung der Ware zu sorgen, sofern es nicht Handelsbrauch ist, die Ware unverpackt zu verschiffen.
8. Die durch die Verladung der Ware bedingten Kosten des Prüfens (wie der Qualitätsprüfung, des Messens, Wiegens und Zählens) zu tragen.
9. Alle für die Ware bis zu ihrer Verladung erhobenen Abgaben und Gebühren zu tragen, einschließlich aller Steuern, Abgaben und Gebühren, die mit der Ausfuhr zusammenhängen, sowie die Kosten der zur Verbringung an Bord erforderlichen Formalitäten.

Ingo Koller

10. Dem Käufer auf dessen Verlangen und Kosten (siehe B. 5) das Ursprungszeugnis sowie die Konsulatsfaktura zu beschaffen.

11. Dem Käufer auf dessen Verlangen, Gefahr und Kosten neben den im vorhergehenden Artikel genannten Dokumenten bei der Beschaffung aller im Verschiffungs- und/oder Ursprungslande auszustellenden Dokumente, die der Käufer zur Einfuhr der Ware in das Bestimmungsland (und gegebenenfalls zur Durchfuhr durch ein drittes Land) benötigt, jede Hilfe zu gewähren.

B. Der Käufer hat:
1. Die von dem Verkäufer beschafften Dokumente bei ihrer Einreichung anzunehmen, wenn sie sich in Übereinstimmung mit dem Kaufvertrag befinden, und den Preis vertragsgemäß zu zahlen.

2. Die Ware im vereinbarten Bestimmungshafen anzunehmen und mit Ausnahme der Fracht alle während des Seetransportes bis zur Ankunft im Bestimmungshafen entstehenden Kosten zu tragen, ebenso die Kosten für die Löschung, die Leichterung und die Verbringung an Land, sofern diese Kosten nicht in der Fracht mit einbegriffen sind oder nicht von der Schiffahrtsgesellschaft zusammen mit der Fracht erhoben worden sind.
Anmerkung: Beim Verkauf der Ware „C&F landed" gehen die Kosten für die Löschung, die Leichterung und die Verbringung an Land zu Lasten des Verkäufers.

3. Alle Gefahren der Ware von dem Zeitpunkt an zu tragen, in dem die Ware im Verschiffungshafen die Reling des Schiffes tatsächlich überschritten hat.

4. Wenn er sich eine Frist für die Verschiffung der Ware und/oder die Wahl des Bestimmungshafens vorbehalten hat und nicht rechtzeitig seine Anweisungen erteilt, alle zusätzlich entstehenden Kosten sowie sämtliche Gefahren vom Ablauf der für die Verschiffung festgesetzten Frist an zu tragen, vorausgesetzt, daß die Ware in geeigneter Weise konkretisiert, d. h. als der für den Käufer bestimmte Gegenstand abgesondert oder auf irgendeine andere Art kenntlich gemacht worden ist.

5. Die Kosten und Gebühren für die Beschaffung des Ursprungszeugnisses und der Konsulatspapiere zu tragen.

6. Alle Kosten und Gebühren für die Beschaffung der oben in Art. A. 11 erwähnten Dokumente zu tragen.

7. Die Zollgebühren und alle sonstigen bei der Einfuhr und für die Einfuhr zu entrichtenden Abgaben zu zahlen.

8. Auf eigene Rechnung und Gefahr alle Einfuhrbewilligungen, Bescheinigungen oder dergleichen zu beschaffen, die er zur Einfuhr der Ware am Bestimmungsort benötigt.

Diese Klausel trat 1953 in Kraft
CIF
**Kosten, Versicherung, Fracht
... (benannter Bestimmungshafen)**

A. Der Verkäufer hat:
1. Die Ware in Übereinstimmung mit dem Kaufvertrag zu liefern und zugleich alle vertragsgemäßen Belege hierfür zu erbringen.

2. Den Vertrag über die Beförderung der Ware auf eigene Rechnung auf dem üblichen Wege zu den üblichen Bedingungen bis zum vereinbarten Bestimmungshafen in einem Seeschiff (Segelschiffe ausgenommen) der Bauart, die normalerweise für die Beförderung der im Vertrag genannten Ware verwendet wird, abzuschließen sowie die Fracht und alle Ausladungskosten im Entladungshafen zu tragen, die von regulären Schiffahrtsgesellschaften schon bei der Verladung im Verschiffungshafen erhoben werden sollten.

3. Auf eigene Kosten und Gefahr die Ausfuhrbewilligung oder sonstige amtliche Bescheinigungen zu beschaffen, die für die Ausfuhr der Ware erforderlich sind.

4. Die Ware auf eigene Kosten zum vereinbarten Zeitpunkt oder innerhalb der vereinbarten Frist oder, falls weder ein Zeitpunkt noch eine Frist vereinbart wurde, innerhalb einer angemessenen Frist, an Bord des Schiffes im Verschiffungshafen zu verladen und den Käufer unverzüglich von der Verladung an Bord des Schiffes zu benachrichtigen.

5. Auf eigene Kosten eine übertragbare Seeversicherungspolice gegen die durch den Vertrag bedingten Beförderungsgefahren zu beschaffen. Dieser Vertrag muß bei zuverlässigen Versicherern oder Versicherungsgesellschaften auf der Grundlage der FPA-Bedingungen abgeschlossen werden und soll den CIF-Preis zuzüglich 10 % decken. Die Versicherung ist, wenn möglich, in der Währung des Vertrages abzuschließen.

Sofern nichts anderes vereinbart ist, soll das Transportrisiko nicht die besonderen Risiken decken, die nur in einzelnen Geschäftszweigen üblich sind, oder gegen die sich der Käufer besonders schützen will. Zu den besonderen Risiken, die im Vertrag zwischen Käufer und Verkäufer besonders berücksichtigt werden müßten, gehören Diebstahl, Plünderung, Auslaufen, Bruch, Absplittern, Schiffsschweiß, Berührung mit anderen Ladungen sowie sonstige Gefahren, die in bestimmten Branchen auftreten können.

Auf Verlangen des Käufers muß der Verkäufer auf Kosten des Käufers die Versicherung gegen Kriegsgefahr in der Vertragswährung decken, sofern dies möglich ist.

6. Alle Gefahren zu tragen bis zu dem Zeitpunkt, in dem die Ware im Verschiffungshafen tatsächlich die Reling des Schiffes überschritten hat, vorbehaltlich jedoch der Bestimmungen des nachstehenden Artikels B. 4.

7. Unverzüglich auf eigene Kosten dem Käufer ein reines begebbares Konnossement auf den vereinbarten Bestimmungshafen sowie eine Rechnung über die verschiffte Ware und den Versicherungsschein zu beschaffen oder, falls der Versicherungsschein zur Zeit der Vorlage der Dokumente nicht verfügbar sein sollte, ein von den Versicherern ausgestelltes Versicherungszertifikat zu beschaffen, das dem Inhaber die gleichen Rechte wie der Besitz des Versicherungsscheines gewährt und das die wesentlichen Bestimmungen des Versicherungsscheines enthält. Das Konnossement muß für die verkaufte Ware ausgestellt worden sein, ein innerhalb der für die Verschiffung vereinbarten Frist liegendes Datum tragen und durch Indossierung oder auf andere Art die Lieferung an die Order des Käufers oder seines vereinbarten Vertreters ermöglichen. Das Konnossement muß aus einem vollständigen Satz von „An Bord" (on board) oder „verschifft" (shipped) — Konnossementen bestehen. Lautet das Konnossement „empfangen zur Verschiffung" (received for shipment), so muß die Reederei zusätzlich einen unterschriebenen Vermerk anbringen, der besagt, daß sich die Ware tatsächlich an Bord befindet; dieser Vermerk muß ein Datum tragen, das innerhalb der für die Verschiffung vereinbarten Zeit liegt. Wenn das Konnossement einen Hinweis auf den Chartervertrag enthält, so muß der Verkäufer außerdem noch ein Exemplar dieser Urkunde beschaffen.

Anmerkung: Ein Konnossement wird als „rein" bezeichnet, wenn es keine zusätzlichen Klauseln enthält, die ausdrücklich den Zustand der Ware oder der Verpackung als mangelhaft bezeichnen.

Folgende Klauseln sind bei einem reinen Konnossement zulässig:

a) Klauseln, die nicht ausdrücklich besagen, daß die Ware oder ihre Verpackung sich in einem unbefriedigenden Zustand befindet, z. B.: „gebrauchte Kisten", „gebrauchte Fässer" usw.; b) Klauseln, die betonen, daß der Frachtführer für die der Ware oder ihrer Verpackung innewohnenden Gefahren nicht haftet; c) Klauseln, mit denen der Frachtführer zum Ausdruck bringt, daß ihm der Inhalt, die Gewichte, die Abmessungen, die Qualität oder die technischen Einzelheiten der Ware nicht bekannt sind.

8. Auf eigene Kosten für die übliche Verpackung der Ware zu sorgen, sofern es nicht Handelsbrauch ist, die Ware unverpackt zu verschiffen.

9. Die durch die Verladung der Ware bedingten Kosten des Prüfens (wie der Qualitätsprüfung, des Messens, Wiegens und Zählens) zu tragen.

10. Alle für die Ware bis zu ihrer Verladung erhobenen Abgaben und Gebühren zu tragen, einschließlich aller Steuern, Abgaben und Gebühren, die mit der Ausfuhr zusammenhängen sowie auch die Kosten der zur Verbringung an Bord erforderlichen Formalitäten.

11. Dem Käufer auf dessen Verlangen und Kosten (siehe B. 5) das Ursprungszeugnis sowie die Konsulatsfaktura zu beschaffen.

12. Dem Käufer auf dessen Verlangen, Gefahr und Kosten neben den im vorhergehenden Artikel genannten Dokumenten bei der Beschaffung aller im Verschiffungs- und/oder Ursprungslande auszustellenden Dokumente, die der Käufer zur Einfuhr der Ware in das Bestimmungsland (und gegebenenfalls zur Durchfuhr durch ein drittes Land) benötigt, jede Hilfe zu gewähren.

B. Der Käufer hat:

1. Die von dem Verkäufer beschafften Dokumente bei ihrer Einreichung anzunehmen, wenn sie sich in Übereinstimmung mit dem Kaufvertrag befinden, und den Preis vertragsgemäß zu zahlen.

2. Die Ware im vereinbarten Bestimmungshafen abzunehmen und mit Ausnahme der Fracht und der Seeversicherung alle während des Seetransportes bis zur Ankunft im Bestimmungshafen entstehenden Kosten zu tragen, ebenso wie die Kosten für die Löschung, die Leichterung und die Verbringung an Land, sofern diese Kosten nicht in der Fracht mit einbegriffen sind oder von der Schiffahrtsgesellschaft zusammen mit der Fracht erhoben worden sind.

Wenn die Versicherung gegen Kriegsgefahr gedeckt worden ist, muß der Käufer deren Kosten tragen (siehe A. 5).

Anmerkung: Beim Verkauf der Ware „CIF landed" gehen die Kosten für die Löschung, die Leichterung und die Verbringung an Land zu Lasten des Verkäufers.

3. Alle Gefahren der Ware von dem Zeitpunkt an zu tragen, in dem die Ware im Verschiffungshafen die Reling des Schiffes tatsächlich überschritten hat.

4. Wenn er sich eine Frist für die Verschiffung der Ware und/oder die Wahl des Bestimmungshafens vorbehalten hat und nicht rechtzeitig seine Anweisungen erteilt, alle zusätzlich entstehenden Kosten sowie sämtliche Gefahren vom Ablauf der für die Verschiffung festgesetzten Frist an zu tragen, vorausgesetzt, daß die Ware in geeigneter Weise konkretisiert, d. h. als der für den Käufer bestimmte Gegenstand abgesondert oder auf irgendeine andere Art kenntlich gemacht worden ist.

5. Die Kosten und Gebühren für die Beschaffung des Ursprungszeugnisses und der Konsulatspapiere zu tragen.

6. Alle Kosten und Gebühren für die Beschaffung der oben in Artikel A. 12 erwähnten Dokumente zu tragen.

7. Die Zollgebühren und alle sonstigen bei der Einfuhr und für die Einfuhr zu entrichtenden Abgaben zu zahlen.

8. Auf eigene Rechnung und Gefahr alle Einfuhrbewilligungen, Bescheinigungen oder dergleichen zu beschaffen, die er zur Einfuhr der Ware am Bestimmungsort benötigt.

Diese Klausel trat 1953 in Kraft

Ab Schiff
... (benannter Bestimmungshafen)

A. Der Verkäufer hat:

1. Die Ware in Übereinstimmung mit dem Kaufvertrag zu liefern und zugleich alle vertragsgemäßen Belege hierfür zu erbringen.

2. Dem Käufer die Ware tatsächlich innerhalb der vertraglich vereinbarten Frist an Bord des Schiffes an dem üblichen Löschungsort in dem benannten Hafen zur Verfügung zu stellen, so daß sie mit dem ihrer Natur entsprechenden Entladegerät von Bord genommen werden kann.

Stand: 1. 4. 1984

3. Alle die Ware betreffenden Gefahren und Kosten bis zu dem Zeitpunkt zu tragen, in dem die Ware tatsächlich dem Käufer gemäß Artikel A. 2 zur Verfügung gestellt worden ist, vorausgesetzt, daß die Ware in geeigneter Weise konkretisiert, d. h. als der für den Käufer bestimmte Gegenstand abgesondert oder auf irgendeine andere Art kenntlich gemacht worden ist.

4. Auf eigene Kosten für die übliche Verpackung der Ware zu sorgen, sofern es nicht Handelsbrauch ist, die Ware unverpackt zu versenden.

5. Die durch die Zurverfügungstellung der Ware für den Käufer gemäß Artikel A. 2 bedingten Kosten des Prüfens (wie der Qualitätsprüfung, des Messens, Wiegens und Zählens) zu tragen.

6. Den Käufer unverzüglich auf eigene Kosten über das voraussichtliche Ankunftsdatum des benannten Schiffes zu unterrichten und ihm rechtzeitig das Konnossement oder den Auslieferungsauftrag (delivery order) und/oder alle übrigen Dokumente zu beschaffen, die der Käufer zur Übernahme der Ware benötigt.

7. Dem Käufer auf dessen Verlangen und Kosten (siehe B. 3) das Ursprungszeugnis und die Konsulatsfaktura zu besorgen.

8. Dem Käufer auf dessen Verlangen, Gefahr und Kosten neben den im vorhergehenden Artikel genannten Unterlagen bei der Beschaffung der sonstigen Dokumente, die im Verlade- und/oder Ursprungsland ausgestellt werden und die der Käufer zur Einfuhr der Ware in das Bestimmungsland (und gegebenenfalls zur Durchfuhr durch ein drittes Land) benötigt, jede Hilfe zu gewähren.

B. Der Käufer hat:

1. Die Ware abzunehmen, sobald sie gemäß den Bestimmungen des Artikels A. 2 zu seiner Verfügung gestellt worden ist, und den Preis vertragsgemäß zu zahlen.

2. Alle die Ware betreffenden Kosten und Gefahren von dem Zeitpunkt an zu tragen, in dem sie tatsächlich gemäß Artikel A. 2 zu seiner Verfügung gestellt worden ist, vorausgesetzt, daß die Ware in geeigneter Weise konkretisiert, d. h. als der für den Käufer bestimmte Gegenstand abgesondert oder auf irgendeine andere Art kenntlich gemacht worden ist.

3. Alle vom Verkäufer entrichteten Ausgaben und Gebühren zu tragen, die bei der Beschaffung irgendwelcher der in den Artikeln A. 7 und A. 8 genannten Dokumente entstehen.

4. Auf eigene Kosten und Gefahr alle Bewilligungen oder ähnliche Dokumente zu beschaffen, die für das Löschen und/oder für die Einfuhr der Ware erforderlich sind.

5. Alle Kosten und Gebühren der Verzollung, alle Zölle sowie alle sonstigen Abgaben und Steuern zu tragen, die beim Löschen oder durch die Einfuhr der Ware entstehen.

Diese Klausel trat 1953 in Kraft

Ab Kai
(verzollt ... benannter Hafen) [1]

A. Der Verkäufer hat:

1. Die Ware in Übereinstimmung mit dem Kaufvertrag zu liefern und zugleich alle vertragsgemäßen Belege hierfür zu erbringen.

2. Die Ware am Kai des benannten Hafens zum vereinbarten Zeitpunkt zur Verfügung des Käufers zu stellen.

3. Auf eigene Kosten und Gefahr die Einfuhrbewilligung zu beschaffen und die Kosten aller Einfuhrabgaben oder Steuern einschließlich aller anderen Abgaben, Gebühren oder Steuern zu tragen, die bei der Einfuhr oder für die Einfuhr der Ware sowie für deren Übergabe an den Käufer zu entrichten sind.

4. Auf eigene Kosten für die übliche Behandlung und Verpackung der Ware unter Berücksichtigung ihrer Beschaffenheit und ihrer Ab-Kai-Lieferung zu sorgen.

5. Die durch die Zurverfügungstellung der Ware für den Käufer gemäß Artikel A. 2 bedingten Kosten des Prüfens (wie der Qualitätsprüfung, des Messens, Wiegens und des Zählens) zu tragen.

Ingo Koller

6. Alle Kosten und Gefahren für die Ware zu tragen, bis sie gemäß Artikel A. 2 tatsächlich zur Verfügung des Käufers gestellt worden ist, vorausgesetzt, daß die Ware in geeigneter Weise konkretisiert, d. h. als der für den Käufer bestimmte Gegenstand abgesondert oder auf irgendeine andere Art kenntlich gemacht worden ist.

7. Auf eigene Kosten den Auslieferungsauftrag (delivery order) und/oder alle anderen Dokumente zu beschaffen, die der Käufer zur Übernahme der Ware und zu deren Abtransport vom Kai benötigt.

B. Der Käufer hat:

1. Die Ware abzunehmen, sobald sie gemäß den Bestimmungen des Artikels A. 2 zu seiner Verfügung gestellt worden ist, vorausgesetzt, daß die Ware in geeigneter Weise konkretisiert, d. h. als der für den Käufer bestimmte Gegenstand abgesondert oder auf irgendeine andere Art kenntlich gemacht worden ist.

2. Alle die Ware betreffenden Kosten und Gefahren von dem Zeitpunkt an zu tragen, in dem sie tatsächlich gemäß Artikel A. 2 zu seiner Verfügung gestellt worden ist, vorausgesetzt, daß die Ware in geeigneter Weise konkretisiert, d. h. als der für den Käufer bestimmte Gegenstand abgesondert oder auf irgendeine andere Art kenntlich gemacht worden ist.

Diese Klausel trat 1967 in Kraft

Geliefert
Grenze
... (benannter Lieferort an der Grenze)

A. Der Verkäufer hat:

1. Die Ware in Übereinstimmung mit dem Kaufvertrag zu liefern und zugleich alle im Kaufvertrag vorgesehenen Belege hierfür zu erbringen.

2. Auf eigene Kosten und Gefahr:

a) Dem Käufer die Ware an dem benannten Lieferort an der Grenze zu dem vertraglich vereinbarten Zeitpunkt oder innerhalb der vertraglich vereinbarten Frist zur Verfügung zu stellen und ihm zugleich das übliche Transportpapier bzw. den Dock-, Lager- oder Lieferschein o. ä. zu besorgen und durch Indossament oder auf anderem Wege die Lieferung der Ware an den Käufer oder an dessen Order am benannten Lieferort an der Grenze sicherzustellen; der Verkäufer hat ferner eine Ausfuhrgenehmigung und alle sonstigen Dokumente zu besorgen, die absolut zu diesem Zeitpunkt am Lieferort benötigt werden, damit der Käufer, wie in Artikel B. 1 und B. 2 vorgesehen, die Ware zwecks späterer Bewegung abnehmen kann.

Die dem Käufer so zur Verfügung gestellte Ware muß abgesondert oder als die für den Käufer bestimmte Ware kenntlich gemacht werden.

b) Alle zu diesem Zweck evtl. erforderlichen Formalitäten zu erfüllen und alle Zollkosten und -gebühren, Inlandsteuern, Verbrauchssteuern, statistische Abgaben und dergl. zu zahlen, die im Versandland oder sonstwo erhoben werden, und die er aufgrund der Erfüllung seiner Verpflichtungen bis zum Zeitpunkt der Zurverfügungstellung der Ware an den Käufer in Übereinstimmung mit Artikel A. 2 a) zu übernehmen hat.

3. Alle Gefahren der Ware zu übernehmen bis zu dem Zeitpunkt, in dem er seine Verpflichtungen gemäß Artikel A. 2 a) erfüllt hat.

4. Auf eigene Kosten und Gefahr außer den in Artikel A. 2 a) vorgesehenen Dokumenten, Devisengenehmigungen sowie sonstige ähnliche amtliche Bescheinigungen zu beschaffen, die für die Zollabfertigung der Ware zur Ausfuhr an den benannten Lieferort an der Grenze erforderlich sind, sowie alle sonstigen Dokumente, die er für die Versendung der Ware an diesen Ort, gegebenenfalls zum Zweck des Transits durch ein oder mehrere Drittländer und für die Zurverfügungstellung an den Käufer in Übereinstimmung mit diesen Regeln benötigt.

5. Zu üblichen Bedingungen auf eigene Kosten und Gefahr die Beförderung der Ware (einschließlich des Transits durch ein oder mehrere Drittländer, falls erforderlich) zu dem benannten Lieferort an der Grenze zu übernehmen und die Fracht- oder sonstigen Transportkosten bis zu diesem Ort zu tragen und zu zahlen; vorbehaltlich der Bestimmungen in Artikel A. 6 und A. 7 hat er ferner alle sonstigen direkten oder indirekten Kosten für jede weitere Bewegung der Ware bis zu dem Zeitpunkt zu tragen und zu zahlen, in dem sie dem Käufer am benannten Lieferort an der Grenze ordnungsgemäß zur Verfügung gestellt wird.

Vorbehaltlich der Bestimmungen in Artikel A. 6 und A. 7 steht es dem Verkäufer jedoch frei, auf eigene Kosten und Gefahr eigene Transportmittel zu benutzen, vorausgesetzt, daß er bei Ausübung dieses Rechts alle anderen in diesen Regeln enthaltenen Verpflichtungen erfüllt. Ist im Kaufvertrag kein bestimmter Ort (z. B. Bahnstation, Mole, Kai, Dock, Lagerhaus oder dergl.) in dem benannten Lieferort an der Grenze benannt bzw. aufgrund der Bestimmungen des Frachtführers sowie der Zollbehörden oder sonstiger zuständiger Stellen vorgeschrieben, so kann der Verkäufer, wenn mehrere Orte zur Auswahl stehen, denjenigen auswählen, der ihm am besten zusagt: Voraussetzung ist, daß dort eine Zollstation sowie sonstige Einrichtungen vorhanden sind, die den Parteien die ordnungsgemäße Erfüllung ihrer Verpflichtungen in Übereinstimmung mit diesen Regeln ermöglichen. Der vom Verkäufer gewählte Ort muß dem Käufer angezeigt werden. Dieser Ort gilt alsdann für die Anwendung dieser Regeln als der Ort in dem benannten Lieferort an der Grenze, an dem die Ware dem Käufer zur Verfügung zu stellen ist und die Gefahr der Ware auf den Käufer übergeht.

6. Dem Käufer, auf dessen Verlangen und Gefahr, ein Durchfrachttransportpapier zu besorgen, das normalerweise im Versandland zu beschaffen ist und das sich auf den Transport der Ware zu üblichen Bedingungen vom Abgangsort im Versandland bis zu dem endgültigen vom Käufer benannten Bestimmungsort im Einfuhrland bezieht. Voraussetzung dabei ist, daß die Beschaffung dieses Dokuments nicht als Übernahme weiterer Verpflichtungen, Gefahren oder Kosten gilt, die über die von ihm in Übereinstimmung mit diesen Regeln normalerweise zu erfüllenden, zu übernehmenden bzw. zu zahlenden hinausgehen.

7. Wenn es erforderlich oder üblich ist, die Ware beim Eintreffen am benannten Lieferort an der Grenze zu löschen oder aus- bzw. abzuladen, die Entladungs- oder Löschkosten zu übernehmen und zu zahlen (einschließlich der Kosten für Leichterung und Handhabung).

Entschließt sich der Verkäufer, für die Beförderung der Ware zu dem benannten Lieferort seine eigenen Transportmittel zu benutzen, so hat er alle direkten oder indirekten Kosten für die im vorhergehenden Absatz genannten erforderlichen oder üblichen Vorgänge zu tragen und zu zahlen.

8. Auf eigene Kosten dem Käufer anzuzeigen, daß die Ware an den benannten Lieferort an der Grenze abgesandt worden ist. Diese Benachrichtigung muß so rechtzeitig erfolgen, daß der Käufer alle für die Abnahme der Ware normalerweise erforderlichen Maßnahmen treffen kann.

9. Auf eigene Kosten für Verpackung zu sorgen, die für den Transport der der vertraglichen Warenbeschreibung entsprechenden Ware zu dem benannten Lieferort üblich ist, sofern es in dem betreffenden Handelszweig nicht üblich ist, die der vertraglichen Warenbeschreibung entsprechende Ware unverpackt zu befördern.

10. Alle direkten oder indirekten Kosten zu tragen und zu zahlen für Prüfungen, wie Messen, Wiegen und Zählen, sowie für Qualitätsanalysen, die u. U. erforderlich sind, damit er die Beförderung der Ware zu dem benannten Lieferort an der Grenze durchführen und die Ware dem Käufer an diesem Ort zur Verfügung stellen kann.

11. Zuzüglich der von ihm in Übereinstimmung mit den vorhergehenden Artikeln zu tragenden und zu zahlenden Kosten alle sonstigen direkten oder indirekten Kosten zu tragen und zu zahlen, die bei Erfüllung seiner Verpflichtung entstehen, die Ware dem Käufer am benannten Lieferort an der Grenze zur Verfügung zu stellen.

12. Dem Käufer auf dessen Verlangen, Kosten und Gefahr in angemessenem Umfang Hilfe zu leisten zur Beschaffung aller Dokumente — außer den bereits erwähnten —, die im Versandland und/oder im Ursprungsland beschafft werden können und die der Käufer für die in Artikel B. 2 und B. 6 vorgesehenen Zwecke u. U. benötigt.

B. Der Käufer hat:

1. Die Ware, sobald sie ihm vom Verkäufer am benannten Lieferort an der Grenze ordnungsgemäß zur Verfügung gestellt wurde, abzunehmen, und ist für jede spätere Bewegung der Ware verantwortlich.

2. Auf eigene Kosten allen Zoll- und sonstigen Formalitäten zu entsprechen, die am benannten Lieferort, an der Grenze oder anderswo zum Zeitpunkt oder aufgrund des Eingangs der Ware in das angrenzende Land oder sonstiger Bewegung der Ware, nachdem diese ihm ordnungsgemäß zur Verfügung gestellt worden ist, zu erfüllen sind.

3. Alle direkten oder indirekten Kosten für Löschung, Aus- oder Abladung der Ware beim Eintreffen am benannten Lieferort, an der Grenze zu tragen und zu zahlen, insoweit als diese Kosten nicht in Übereinstimmung mit Artikel A. 7 vom Verkäufer zu zahlen sind.

4. Alle Gefahren der Ware zu übernehmen sowie alle sonstigen Kosten zu zahlen, einschließlich Zollkosten und -gebühren, die in dieser Hinsicht von dem Zeitpunkt an entstehen, in dem die Ware ihm am benannten Lieferort an der Grenze ordnungsgemäß zur Verfügung gestellt worden ist.

5. Wenn er die Ware, sobald diese ihm ordnungsgemäß zur Verfügung gestellt worden ist, nicht abnimmt, alle aufgrund der Nichtabnahme dem Verkäufer oder Käufer entstandenen zusätzlichen Kosten zu zahlen und alle Gefahren der Ware zu tragen; Voraussetzung ist jedoch, daß die Ware abgesondert oder auf irgendeine andere Art als die für den Käufer bestimmte Ware kenntlich gemacht worden ist.

6. Auf eigene Kosten und Gefahr Einfuhrlizenzen, Devisengenehmigungen, Zulassungen oder sonstige Dokumente zu beschaffen, die im Einfuhrland oder anderswo ausgestellt werden und die er im Zusammenhang mit der späteren Bewegung der Ware benötigt von dem Zeitpunkt an, in dem die Ware ordnungsgemäß am benannten Lieferort an der Grenze zur Verfügung gestellt worden ist.

7. Alle zusätzlichen Kosten zu tragen und zu zahlen, die dem Verkäufer u. U. hinsichtlich der Beschaffung eines Durchfrachttransportpapiers in Übereinstimmung mit Artikel A. 6 entstehen.

8. Auf Verlangen des Verkäufers, jedoch auf seine eigenen Kosten, dem Verkäufer Einfuhrlizenzen, Devisengenehmigungen, Zulassungen und sonstige Dokumente oder beglaubigte Abschriften davon zur Verfügung zu stellen, und zwar ausschließlich für die Beschaffung des in Artikel A. 6 vorgesehenen Durchfrachttransportpapiers.

9. Dem Verkäufer auf dessen Verlangen die Anschrift des endgültigen Bestimmungsortes der Ware im Einfuhrland bekanntzugeben, falls der Verkäufer diese Angabe für die Beantragung der in Artikel A. 4 und A. 6 vorgesehenen Genehmigungen und sonstigen Dokumente benötigt.

10. Die dem Verkäufer entstandenen Kosten für die Beschaffung der u. U. im Kaufvertrag vorgesehenen Bescheinigung neutraler Sachverständiger hinsichtlich der Übereinstimmung der Ware mit dem Kaufvertrag zu tragen und zu zahlen.

11. Alle Kosten zu tragen und zu zahlen, die dem Verkäufer u. U. bei oder im Zusammenhang mit seinen Bemühungen entstehen, dem Käufer bei der Beschaffung der in Artikel A. 12 vorgesehenen Dokumente behilflich zu sein.

Diese Klausel trat 1967 in Kraft

Geliefert
verzollt
... (benannter Bestimmungsort im Einfuhrland)

A. Der Verkäufer hat:

1. Die Ware in Übereinstimmung mit dem Kaufvertrag zu liefern und zugleich alle im Kaufvertrag vorgesehenen Belege hierfür zu erbringen.

2. Auf eigene Kosten und Gefahr:

a) Dem Käufer die Ware an dem benannten Bestimmungsort im Einfuhrland zu dem vertraglich vereinbarten Zeitpunkt oder innerhalb der vertraglich vereinbarten Frist verzollt zur Verfügung zu stellen und ihm zugleich das übliche Transportpapier bzw. den Dock-, Lager- oder Lieferschein o. ä. zu besorgen und durch Indossament oder auf anderem Wege die Lieferung der Ware an den Käufer oder an dessen Order am benannten Bestimmungsort im Einfuhrland sicherzustellen; der Verkäufer hat ferner alle sonstigen Dokumente zu besorgen, die absolut zu diesem Zeitpunkt am Bestimmungsort benötigt werden, damit der Käufer, wie in Artikel B. 1 vorgesehen, die Ware abnehmen kann.

Die dem Käufer so zur Verfügung gestellte Ware muß abgesondert oder als die für den Käufer bestimmte Ware kenntlich gemacht werden.

b) Die Einfuhrgenehmigung bzw. Zulassung zu beschaffen, alle Einfuhrzölle oder -abgaben zu tragen, einschließlich der Kosten für die Zollabfertigung sowie alle Steuern und Gebühren oder Abgaben, die am benannten Bestimmungsort zum Zeitpunkt der Einfuhr der Ware zu zahlen sind, insoweit als diese Zahlungen erforderlich sind, damit der Verkäufer dem Käufer die Ware verzollt am Bestimmungsort zur Verfügung stellen kann.

c) Alle zu diesem Zweck u. U. erforderlichen Formalitäten zu erfüllen.

3. Alle Gefahren der Ware zu übernehmen bis zu dem Zeitpunkt, in dem der Verkäufer seine Verpflichtungen in Übereinstimmung mit Artikel A. 2 a) erfüllt hat.

4. Auf eigene Kosten und Gefahr außer den in Artikel A. 2 a) vorgesehenen Dokumenten, Ausfuhrgenehmigungen oder Zulassungen, Devisengenehmigungen, Bescheinigungen, Konsulatsfakturen sowie sonstige amtliche Dokumente zu beschaffen, die er für die Versendung der Ware, Ausfuhr vom Versandland, gegebenenfalls zum Zweck des Transits durch ein oder mehrere Drittländer, zur Einfuhr in das Land, in dem sich der benannte Bestimmungsort befindet und für die Zurverfügungstellung an den Käufer an diesem Ort benötigt.

5. Zu üblichen Bedingungen auf eigene Kosten und Gefahr die Beförderung der Ware vom Abgangsort im Versandland zu dem benannten Bestimmungsort zu übernehmen und die Fracht- und sonstigen Transportkosten bis zu diesem Ort zu tragen und zu zahlen; vorbehaltlich der Bestimmungen in Artikel A. 6 hat er ferner alle sonstigen direkten oder indirekten Kosten für jede weitere Bewegung der Ware bis zu dem Zeitpunkt zu tragen und zu zahlen, in dem sie dem Käufer am benannten Bestimmungsort ordnungsgemäß zur Verfügung gestellt wird.

Es steht dem Verkäufer jedoch frei, auf eigene Kosten und Gefahr eigene Transportmittel zu benutzen, vorausgesetzt, daß er bei Ausübung dieses Rechts alle anderen in diesen Regeln enthaltenen Verpflichtungen erfüllt.

Ist in dem Kaufvertrag kein bestimmter Ort (z. B. Bahnstation, Mole, Kai, Dock, Lagerhaus oder dgl.) in dem benannten Bestimmungsort im Einfuhrland benannt bzw. aufgrund der Bestimmungen des Frachtführers sowie der Zollbehörden oder einer anderen zuständigen Stelle vorgeschrieben, so kann der Verkäufer, wenn mehrere Orte zur Auswahl stehen, denjenigen auswählen, der ihm am besten zusagt; Voraussetzung ist, daß dort eine Zollstation und sonstige Einrichtungen vorhanden sind, die den Parteien die ordnungsgemäße Erfüllung ihrer Verpflichtungen in Übereinstimmung mit diesen Regeln ermöglichen. Der vom Verkäufer gewählte Ort muß dem Käufer angezeigt werden. Dieser Ort gilt alsdann für die Anwendung dieser Regeln als der Ort in dem benannten Bestimmungsort, an dem die Ware dem Käufer zur Verfügung zu stellen ist und die Gefahr der Ware auf ihn übergeht.

6. Wenn es erforderlich oder üblich ist, die Ware beim Eintreffen am benannten Bestimmungsort zu löschen bzw. aus- oder abzuladen, damit sie dem Käufer an diesem Ort verzollt zur Verfügung gestellt werden kann, die Löschungs- oder Entladungskosten zu tragen und zu zahlen, einschließlich der Kosten für Leichterung, Verbringung an Land, Einlagerung und Handhabung.

7. Auf eigene Kosten dem Käufer anzuzeigen, daß die Ware dem ersten Frachtführer zwecks Versendung an den benannten Bestimmungsort ausgehändigt wurde, bzw. daß sie mit den eigenen Transportmitteln des Verkäufers an diesen Bestimmungsort versandt wurde. Diese Benachrichtigung muß so rechtzeitig erfolgen, daß der Käufer alle für die Abnahme der Ware normalerweise erforderlichen Maßnahmen treffen kann.

8. Auf eigene Kosten für Verpackungen zu sorgen, die für den Transport der der vertraglichen Warenbeschreibung entsprechenden Ware zu dem benannten Bestimmungsort üblich ist, sofern es in dem betreffenden Handelszweig nicht üblich ist, die der vertraglichen Warenbeschreibung entsprechende Ware unverpackt zu befördern.

9. Alle direkten oder indirekten Kosten zu tragen und zu zahlen für Prüfungen, wie Messen, Wiegen und Zählen sowie für Qualitätsanalysen, die u. U. erforderlich sind, damit er die Beförderung der Ware zu dem benannten Bestimmungsort durchführen und die Ware dem Käufer an diesem Ort zur Verfügung stellen kann.

10. Zuzüglich der von ihm in Übereinstimmung mit Artikel A. 1 bis einschließlich A. 9 zu tragenden und zu zahlenden Kosten, alle sonstigen direkten oder indirekten Kosten zu tragen und zu zahlen, die bei Erfüllung seiner Verpflichtung entstehen, die Ware in Übereinstimmung mit diesen Regeln dem Käufer am benannten Bestimmungsort zur Verfügung zu stellen.

B. Der Käufer hat:

1. Die Ware, sobald sie ihm vom Verkäufer am benannten Bestimmungsort ordnungsgemäß zur Verfügung gestellt wurde, abzunehmen, und ist für jede spätere Bewegung der Ware verantwortlich.

2. Alle direkten oder indirekten Kosten für Löschung, Aus- oder Abladung der Ware beim Eintreffen am benannten Bestimmungsort zu tragen und zu zahlen, insoweit als diese Kosten nicht in Übereinstimmung mit Artikel A. 6 vom Verkäufer zu zahlen sind.

3. Alle Gefahren der Ware zu übernehmen sowie alle sonstigen Kosten zu zahlen, die in dieser Hinsicht von dem Zeitpunkt an entstehen, in dem ihm die Ware in Übereinstimmung mit Artikel A. 2 a) am benannten Bestimmungsort ordnungsgemäß zur Verfügung gestellt worden ist.

4. Wenn er die Ware, sobald diese ihm ordnungsgemäß zur Verfügung gestellt worden ist, nicht abnimmt, alle aufgrund der Nichtabnahme dem Verkäufer oder Käufer entstandenen zusätzlichen Kosten zu zahlen und alle Gefahren der Ware zu tragen; Voraussetzung ist jedoch, daß die Ware abgesondert oder auf irgendeine andere Art als die für den Käufer bestimmte Ware kenntlich gemacht worden ist.

5. Dem Verkäufer — auf dessen Verlangen — die Anschrift des endgültigen Bestimmungsortes der Ware im Einfuhrland bekanntzugeben, falls der Verkäufer diese Angabe für die Beantragung der in Artikel A. 2 b) vorgesehenen Dokumente benötigt.

6. Die dem Verkäufer entstandenen Kosten für die Beschaffung der u. U. im Kaufvertrag vorgesehenen Bescheinigung von neutralen Sachverständigen hinsichtlich der Übereinstimmung der Ware mit dem Kaufvertrag zu tragen und zu zahlen.

7. Dem Verkäufer auf dessen Verlangen, Kosten und Gefahr in angemessenem Umfang Hilfe zur Beschaffung aller Dokumente zu leisten, die im Einfuhrland ausgestellt werden und die der Verkäufer zum Zweck der Zurverfügungstellung der Ware an den Käufer in Übereinstimmung mit diesen Regeln u. U. benötigt.

Diese Klausel trat 1976 in Kraft

FOB Flughafen
... (benannter Abgangsflughafen)

A. Der Verkäufer hat:

1. Die Ware in Übereinstimmung mit dem Kaufvertrag zu liefern und zugleich alle vertragsgemäßen Belege hierfür zu erbringen.

2. Die Ware dem Luftfrachtführer oder dessen Agenten oder jeder anderen, vom Käufer benannten Person oder, wenn ein Luftfrachtführer, Agent oder andere Person so nicht benannt worden ist, einem vom Verkäufer gewählten Luftfrachtführer oder dessen Agenten zu übergeben. Die Lieferung hat zu dem vereinbarten Zeitpunkt oder innerhalb der vereinbarten Lieferfrist und

an dem benannten Abgangsflughafen, dem Flughafenbrauch entsprechend, oder an jedem anderen vom Käufer im Vertrag bezeichneten Ort, zu erfolgen.

3. Auf Kosten des Käufers den Vertrag für die Beförderung der Ware abzuschließen, es sei denn, der Käufer oder der Verkäufer gibt der anderen Partei unverzüglich gegenteilige Nachricht. Wenn der Verkäufer wie vorstehend den Beförderungsvertrag abschließt, muß er es, vorbehaltlich der in Artikel B. 1 vorgesehenen Anweisungen des Käufers, zu den üblichen Bedingungen bis zu dem vom Käufer benannten Bestimmungsflughafen oder, falls kein solcher Flughafen benannt worden ist, bis zu dem dem Geschäftssitz des Käufers am nächsten gelegenen, für einen derartigen Transport benutzbaren Flughafen, auf dem üblichen Wege in einem Flugzeug der Bauart, die normalerweise für die Beförderung der im Vertrag bezeichneten Ware verwendet wird, tun.

4. Auf eigene Kosten und Gefahr die Ausfuhrbewilligung oder jede andere amtliche Bescheinigung zu beschaffen, die für die Ausfuhr der Ware erforderlich ist.

5. Vorbehaltlich der Bestimmungen der nachfolgenden Artikel B. 6 und B. 7, alle Steuern, Gebühren und Abgaben zu zahlen, die im Hinblick auf die Ware aufgrund des Exports erhoben werden.

6. Vorbehaltlich der Bestimmungen der nachfolgenden Artikel B. 6 und B. 7, alle weiteren im Hinblick auf die Ware zu zahlenden Kosten bis zu dem Zeitpunkt zu tragen, in dem sie in Übereinstimmung mit den Bestimmungen des oben genannten Artikels A. 2 geliefert worden ist.

7. Vorbehaltlich der Bestimmungen der nachfolgenden Artikel B. 6 und B. 7, alle Gefahren der Ware bis zu dem Zeitpunkt zu tragen, in dem sie in Übereinstimmung mit den Bestimmungen des oben genannten Artikels A. 2 geliefert worden ist.

8. Auf eigene Kosten für eine angemessene Schutzverpackung zu sorgen, die für den Luftfrachtversand der Ware geeignet ist, sofern es nicht Handelsbrauch ist, die Ware unverpackt zu versenden.

9. Die durch die Lieferung der Ware bedingten Kosten des Prüfens (wie der Qualitätsprüfung, des Messens, Wiegens und Zählens) zu tragen.

10. Den Käufer unverzüglich auf eigene Kosten auf fernmeldetechnischem Wege von der Lieferung der Ware zu benachrichtigen.

11. Bei Vorliegen der in den nachfolgenden Artikeln B. 6 und B. 7 vorgesehenen Umstände, den Käufer sofort auf fernmeldetechnischem Wege von dem Eintritt der genannten Umstände zu benachrichtigen.

12. Dem Käufer die ordnungsgemäße Handelsrechnung zu beschaffen, um die Einhaltung der geltenden Vorschriften zu erleichtern, sowie dem Käufer auf dessen Verlangen und Kosten das Ursprungszeugnis zu beschaffen.

13. Dem Käufer auf dessen Verlangen, Gefahr und Kosten, neben den in Artikel A. 12 genannten Dokumenten, bei der Beschaffung aller im Abgangsland und/oder Ursprungsland auszustellenden Dokumente, die der Käufer zur Einfuhr der Ware in das Bestimmungsland (und gegebenenfalls zur Durchfuhr durch ein drittes Land) benötigt, jede Hilfe zu gewähren.

14. Dem Käufer auf dessen Verlangen, Gefahr und Kosten, und vorbehaltlich der Bestimmungen des nachfolgenden Artikels B. 9, bei der Geltendmachung eines Anspruchs gegenüber dem Luftfrachtführer oder dessen Agenten im Hinblick auf die Beförderung der Ware jede Hilfe zu gewähren.

B. Der Käufer hat:

1. Dem Verkäufer den Bestimmungsflughafen rechtzeitig bekanntzugeben und ihm (erforderlichenfalls) genaue Anweisungen zu geben für die Beförderung der Ware per Luftfracht von dem benannten Abgangsflughafen.

2. Wenn der Verkäufer den Vertrag für die Beförderung der Ware nicht abschließen will, auf eigene Kosten Vorkehrungen für diese Beförderung vom benannten Abgangsflughafen zu treffen und den Verkäufer rechtzeitig über diese Vorkehrungen zu benachrichtigen, unter Angabe des Namens des Luftfrachtführers oder dessen Agenten oder jeder anderen Person, der die Ware zu übergeben ist.

Ingo Koller

3. Vorbehaltlich der Bestimmungen in oben genanntem Artikel A. 5, alle im Hinblick auf die Ware zu zahlenden Kosten von dem Zeitpunkt an zu tragen, an dem die Ware in Übereinstimmung mit den Bedingungen des oben genannten Artikels A. 2 geliefert worden ist.

4. Den in Rechnung gestellten Preis vertragsgemäß zu zahlen, desgleichen die Kosten der Luftfrachtbeförderung, sofern diese vom Verkäufer bzw. in dessen Namen gezahlt worden sind.

5. Alle Gefahren für die Ware von dem Zeitpunkt an zu tragen, in dem sie in Übereinstimmung mit den Bestimmungen des oben genannten Artikels A. 2 geliefert worden ist.

6. Alle zusätzlich entstehenden Kosten zu tragen, wenn der Luftfrachtführer, dessen Agent oder jede andere vom Käufer benannte Person die Ware bei Anlieferung durch den Verkäufer nicht übernimmt, sowie alle die Ware betreffenden Gefahren vom Zeitpunkt dieser Anlieferung, vorausgesetzt, daß die Ware in geeigneter Weise konkretisiert, d. h. als der für den Käufer bestimmte Gegenstand abgesondert oder auf irgendeine andere Art kenntlich gemacht worden ist.

7. Falls er dem Verkäufer keine genauen Anweisungen (soweit erforderlich) für die Beförderung der Ware erteilt, alle sich hieraus ergebenden Mehrkosten sowie alle die Ware betreffenden Gefahren von dem vereinbarten Lieferzeitpunkt an bzw. vom Ablauf der vereinbarten Lieferfrist zu tragen, vorausgesetzt, daß die Ware in geeigneter Weise konkretisiert, d. h. als der für den Käufer bestimmte Gegenstand abgesondert oder auf irgendeine andere Art kenntlich gemacht worden ist.

8. Alle Kosten, Gebühren und Abgaben für die Beschaffung der im oben genannten Artikel A. 13 erwähnten Dokumente zu tragen, einschließlich der Kosten der Konsulatspapiere und der Ursprungszeugnisse.

9. Alle Kosten, Gebühren und Abgaben zu tragen, die dem Verkäufer durch die Geltendmachung und Verfolgung von Ansprüchen gegenüber dem Luftfrachtführer oder dessen Agenten im Hinblick auf die Beförderung der Ware entstehen.

Diese Klausel trat 1980 in Kraft
Frei Frachtführer
... (benannter Ort)

759 A. Der Verkäufer hat:

1. Die Ware in Übereinstimmung mit dem Kaufvertrag zu liefern und zugleich alle vertragsgemäßen Belege hierfür zu erbringen.

2. Die Ware dem vom Käufer benannten Frachtführer zu dem für die Lieferung vereinbarten Zeitpunkt bzw. innerhalb der für die Lieferung vereinbarten Frist am benannten Ort in der ausdrücklich vereinbarten bzw. an diesem Ort üblichen Art und Weise zu übergeben. Wenn kein bestimmter Ort benannt worden ist und mehrere Orte verfügbar sind, kann der Verkäufer den ihm am besten zusagenden Ort am Übergabeort auswählen.

3. Auf eigene Kosten und Gefahr die Ausfuhrbewilligung oder jede andere behördliche Genehmigung zu beschaffen, die für die Ausfuhr der Ware erforderlich ist.

4. Vorbehaltlich der Bestimmungen des nachstehenden Artikels B. 5 alle Steuern, Gebühren und Abgaben zu zahlen, die im Hinblick auf die Ware aufgrund der Ausfuhr erhoben werden.

5. Vorbehaltlich der Bestimmungen des nachstehenden Artikels B. 5 alle im Hinblick auf die Ware zu zahlenden Kosten bis zu dem Zeitpunkt zu tragen, in dem sie in Übereinstimmung mit den Bestimmungen des oben genannten Artikels A. 2 dem Frachtführer übergeben worden ist.

6. Vorbehaltlich der Bestimmungen des nachstehenden Artikels B. 5 alle Gefahren der Ware bis zu dem Zeitpunkt zu tragen, in dem sie in Übereinstimmung mit den Bestimmungen des oben genannten Artikels A. 2 dem Frachtführer übergeben worden ist.

7. Auf eigene Kosten für die übliche Verpackung der Ware zu sorgen, sofern es nicht Handelsbrauch ist, die Ware unverpackt zu versenden.

8. Die durch die Lieferung der Ware bedingten Kosten des Prüfens (wie der Qualitätsprüfung, des Messens, Wiegens und Zählens) zu tragen.

9. Den Käufer unverzüglich auf fernmeldetechnischem Wege von der Lieferung der Ware zu benachrichtigen.

10. Bei Vorliegen der in dem nachstehenden Artikel B. 5 vorgesehenen Umstände den Käufer unverzüglich auf fernmeldetechnischem Wege vom Eintritt der genannten Umstände zu benachrichtigen.

11. Auf eigene Kosten dem Käufer, falls handelsüblich, das übliche Dokument oder den Nachweis der Übergabe der Ware an den Frachtführer in Übereinstimmung mit den Bestimmungen des oben genannten Artikels A. 2 zu beschaffen.

12. Dem Käufer die ordnungsgemäße Handelsrechnung zu beschaffen, um die Einhaltung der geltenden Vorschriften zu erleichtern, sowie dem Käufer auf dessen Verlangen und Kosten das Ursprungszeugnis zu beschaffen.

13. Dem Käufer auf dessen Verlangen, Kosten und Gefahr neben den im oben genannten Artikel A. 12 erwähnten Unterlagen, bei der Beschaffung aller Dokumente, die im Abgangsland und/oder Ursprungsland ausgestellt werden und die der Käufer zur Einfuhr der Ware in das Bestimmungsland (und gegebenenfalls zur Durchfuhr durch ein drittes Land) benötigt, jede Hilfe zu gewähren.

B. Der Käufer hat:

1. Auf eigene Kosten den Vertrag über die Beförderung der Ware vom benannten Ort abzuschließen und dem Verkäufer rechtzeitig den Namen des Frachtführers sowie den Zeitpunkt anzugeben, an dem diesem die Ware zu liefern ist.

2. Vorbehaltlich der Bestimmungen des oben genannten Artikels A. 4 alle im Hinblick auf die Ware zu zahlenden Kosten von dem Zeitpunkt an zu tragen, in dem sie in Übereinstimmung mit den Bestimmungen des oben genannten Artikels A. 2 an den Frachtführer übergeben worden ist.

3. Den Preis wie im Vertrag vorgesehen zu zahlen.

4. Alle Gefahren der Ware von dem Zeitpunkt an zu tragen, in dem sie in Übereinstimmung mit den Bestimmungen des oben genannten Artikels A. 2 dem Frachtführer übergeben worden ist.

5. Alle entstehenden Mehrkosten zu tragen, wenn er zum vereinbarten Zeitpunkt den Frachtführer nicht benennt oder der von ihm benannte Frachtführer die Ware am vereinbarten Zeitpunkt nicht übernimmt, sowie alle Gefahren der Ware vom Ablauf der für die Übergabe bestimmten Frist, vorausgesetzt jedoch, daß die Ware in geeigneter Weise konkretisiert, d. h. als der für den Käufer bestimme Gegenstand abgesondert oder auf irgendeine andere Art kenntlich gemacht worden ist.

6. Alle Kosten, Gebühren und Abgaben für die Beschaffung der im oben genannten Artikel A. 13 erwähnten Dokumente zu tragen, einschließlich der Kosten der Konsulatspapiere sowie die Kosten der Ursprungszeugnisse.

Diese Klausel trat 1980 in Kraft

Frachtfrei
... (benannter Bestimmungsort)

A. Der Verkäufer hat:

1. Die Ware in Übereinstimmung mit dem Kaufvertrag zu liefern und zugleich alle vertragsgemäßen Belege hierfür zu erbringen.

2. Auf eigene Kosten den Vertrag abzuschließen für die Beförderung der Ware auf einem üblichen Wege und in üblicher Weise zu dem vereinbarten Ort am Bestimmungsort. Wenn der Ort nicht vereinbart ist oder sich nicht aus dem Handelsbrauch ergibt, kann der Verkäufer den ihm am besten zusagenden Ort am Bestimmungsort auswählen.

3. Vorbehaltlich der Bestimmungen des nachstehenden Artikels B. 3, alle Gefahren der Ware zu tragen, bis diese dem ersten Frachtführer an dem im Vertrag vorgesehenen Zeitpunkt übergeben worden ist.

4. Den Käufer unverzüglich auf fernmeldetechnischem Wege zu benachrichtigen, daß die Ware dem ersten Frachtführer übergeben worden ist.

5. Auf eigene Kosten für die übliche Verpackung der Ware zu sorgen, sofern es nicht Handelsbrauch ist, die Ware unverpackt zu versenden.

6. Die durch die Verladung der Ware oder durch die Übergabe an den ersten Frachtführer bedingten Kosten des Prüfens (wie der Qualitätsprüfung, des Messens, Wiegens, Zählens) zu tragen.

7. Auf eigene Kosten dem Käufer das übliche Versanddokument zu beschaffen, sofern dies dem Handelsbrauch entspricht.

8. Auf eigene Kosten und Gefahr alle Ausfuhrbewilligungen oder sonstige behördliche, für die Ausfuhr der Ware erforderliche Genehmigungen zu beschaffen und alle für die Ware im Versandland zu entrichtenden Steuern und Abgaben einschließlich der Ausfuhrabgaben sowie die Kosten der zur Verladung der Ware erforderlichen Formalitäten zu tragen.

9. Dem Käufer die ordnungsgemäße Handelsrechnung zu beschaffen, um die Einhaltung der geltenden Vorschriften zu erleichtern, sowie dem Käufer auf dessen Verlangen und Kosten das Ursprungszeugnis zu beschaffen.

10. Dem Käufer auf dessen Verlangen, Gefahr und Kosten neben den im vorhergehenden Artikel genannten Unterlagen, bei der Beschaffung aller Dokumente, die im Verlade- und/oder Ursprungsland ausgestellt werden und die der Käufer zur Einfuhr der Ware in das Bestimmungsland (und gegebenenfalls zur Durchfuhr durch ein drittes Land) benötigt, jede Hilfe zu gewähren.

B. Der Käufer hat:

1. Die Ware am vereinbarten Ort am Bestimmungsort in Empfang zu nehmen, den Preis wie im Vertrag vorgesehen zu zahlen und, mit Ausnahme der Fracht, alle Kosten und Gebühren, die im Hinblick auf die Ware während des Transportes bis zu ihrer Ankunft am Bestimmungsort entstanden sind, zu tragen, desgleichen die Entladungskosten, es sei denn, diese Kosten und Gebühren sind in der Fracht enthalten oder vom Frachtführer bei Zahlung der Fracht vereinnahmt worden.

2. Alle Gefahren der Ware von dem Zeitpunkt an zu tragen, in dem sie dem ersten Frachtführer in Übereinstimmung mit Artikel A. 3 übergeben worden ist.

3. Wenn er sich eine Frist für den Abruf der Ware und/oder die Wahl des Bestimmungsortes vorbehalten hat und nicht rechtzeitig Anweisungen erteilt, alle sich hieraus ergebenden Mehrkosten und alle Gefahren der Ware vom Ablauf der vereinbarten Frist an zu tragen, vorausgesetzt, daß die Ware in geeigneter Weise konkretisiert, d. h. als der für den Käufer bestimmte Gegenstand abgesondert oder auf irgendeine andere Art kenntlich gemacht worden ist.

4. Alle Kosten und Gebühren für die Beschaffung der im oben genannten Artikel A. 10 erwähnten Unterlagen zu tragen, einschließlich der Kosten der Konsulatspapiere, sowie die Kosten der Ursprungszeugnisse.

5. Alle Zollgebühren und sonstige Abgaben zu tragen, die bei der Einfuhr oder für die Einfuhr zu entrichten sind.

Diese Klausel trat 1980 in Kraft
Frachtfrei versichert
... (benannter Bestimmungsort)

A. Der Verkäufer hat:

1. Die Ware in Übereinstimmung mit dem Kaufvertrag zu liefern und zugleich alle vertragsgemäßen Belege hierfür zu erbringen.

2. Auf eigene Kosten den Vertrag abzuschließen für die Beförderung der Ware auf einem üblichen Wege und in üblicher Weise zu dem vereinbarten Ort am Bestimmungsort. Wenn der Ort nicht vereinbart ist oder sich nicht aus dem Handelsbrauch ergibt, kann der Verkäufer den ihm am besten zusagenden Ort am Bestimmungsort auswählen.

3. Vorbehaltlich der Bestimmungen des nachstehenden Artikels B. 3, alle Gefahren der Ware zu tragen, bis diese dem ersten Frachtführer an dem im Vertrag vorgesehenen Zeitpunkt übergeben worden ist.

4. Den Käufer unverzüglich auf fernmeldetechnischem Wege zu benachrichtigen, daß die Ware dem ersten Frachtführer übergeben worden ist.

5. Auf eigene Kosten für die übliche Verpackung der Ware zu sorgen, sofern es nicht Handelsbrauch ist, die Ware unverpackt zu versenden.

6. Die durch die Verladung der Ware oder durch die Übergabe an den ersten Frachtführer bedingten Kosten des Prüfens (wie der Qualitätsprüfung, des Messens, Wiegens, Zählens) zu tragen.

7. Auf eigene Kosten dem Käufer das übliche Versanddokument zu beschaffen, sofern dies dem Handelsbrauch entspricht.

8. Auf eigene Kosten und Gefahr alle Ausfuhrbewilligungen oder sonstige behördliche, für die Ausfuhr der Ware erforderliche Genehmigungen zu beschaffen und alle für die Ware im Versandland zu entrichtenden Steuern und Abgaben einschließlich der Ausfuhrabgaben sowie die Kosten der zur Verladung der Ware erforderlichen Formalitäten zu tragen.

9. Dem Käufer die ordnungsgemäße Handelsrechnung zu beschaffen, um die Einhaltung der geltenden Vorschriften zu erleichtern, sowie dem Käufer auf dessen Verlangen und Kosten das Ursprungszeugnis zu beschaffen.

10. Dem Käufer auf dessen Verlangen, Gefahr und Kosten neben den im vorhergehenden Artikel genannten Unterlagen bei der Beschaffung aller Dokumente, die im Verlade- und/oder Ursprungsland ausgestellt werden und die der Käufer zur Einfuhr der Ware in das Bestimmungsland (und gegebenenfalls zur Durchfuhr durch ein drittes Land) benötigt, jede Hilfe zu gewähren.

11. Auf eigene Kosten die im Vertrag vorgesehene Transportversicherung zu beschaffen, deren Bedingungen den Käufer oder eine sonstige Person, die ein Versicherungsinteresse an der Ware hat, berechtigen, beim Versicherer Ansprüche direkt geltend zu machen, und dem Käufer die Versicherungspolice oder einen sonstigen Nachweis über den Versicherungsschutz zu übermitteln. Die Versicherung muß bei zuverlässigen Versicherern und, mangels ausdrücklicher Vereinbarung, zu Bedingungen abgeschlossen sein, die nach Auffassung des Verkäufers unter Berücksichtigung des Handelsbrauchs, der Art der Ware und sonstiger die Gefahr berührende Umstände angemessen sind. Im letztgenannten Fall hat der Verkäufer dem Käufer den Umfang des Versicherungsschutzes mitzuteilen, um diesem so die Möglichkeit zu geben, von ihm u. U. als erforderlich erachtete Zusatzversicherungen abzuschließen, ehe die Gefahr der Ware in Übereinstimmung mit dem nachstehenden Artikel B. 2 auf ihn übergeht. Die Versicherung muß den im Vertrag vorgesehenen Preis zuzüglich 10 % decken und ist, sofern dies möglich ist, in der Vertragswährung zu beschaffen. Auf Verlangen des Käufers hat der Verkäufer auf Kosten des Käufers eine Versicherung gegen Kriegsgefahr in der Vertragswährung zu beschaffen, sofern dies möglich ist.

B. Der Käufer hat:

1. Die Ware am vereinbarten Ort am Bestimmungsort in Empfang zu nehmen, den Preis wie im Vertrag vorgesehen zu zahlen und, mit Ausnahme der Fracht und der Transportversicherungskosten, alle Kosten und Gebühren, die im Hinblick auf die Ware während des Transportes bis zu ihrer Ankunft am Bestimmungsort entstanden sind, zu tragen, desgleichen die Entladekosten, es sei denn, diese Kosten und Gebühren sind in der Fracht enthalten oder vom Frachtführer bei Zahlung der Fracht vereinnahmt worden.

2. Alle Gefahren der Ware von dem Zeitpunkt an zu tragen, in dem sie dem ersten Frachtführer in Übereinstimmung mit dem oben genannten Artikel A. 3 übergeben worden ist.

3. Wenn er sich eine Frist für den Abruf der Ware und/oder die Wahl des Bestimmungsortes vorbehalten hat und nicht rechtzeitig Anweisungen erteilt, alle sich hieraus ergebenden Mehrkosten und alle Gefahren der Ware vom Ablauf der vereinbarten Frist an zu tragen, vorausgesetzt, daß die Ware in geeigneter Weise konkretisiert, d. h. als der für den Käufer bestimmte Gegenstand abgesondert oder auf irgendeine andere Art kenntlich gemacht worden ist.

4. Alle Kosten und Gebühren für die Beschaffung der im oben genannten Artikel A. 10 erwähnten Unterlagen zu tragen.

I. Trade Terms
Zur Bedeutung und zum Geltungsbereich der Trade Terms s. Rdn. 12.

763

1. — Ab Werk

I. Der Verkäufer hat:

1. die vertragsgemäße Ware zu liefern und sie dem Käufer zur vereinbarten Zeit am vereinbarten Ort an der Stelle zur Verfügung zu stellen, die üblicherweise für die Lieferung solcher Ware und zu ihrer Verladung in die vom Käufer zu stellenden Beförderungsmittel vorgesehen ist;

2. den Käufer schriftlich zu benachrichtigen, daß die Ware zu seiner Verfügung steht;

3. die Ware in einer ihrer Art entsprechenden Verpackung zu liefern, und zwar so, daß sie für die Abholung durch den Käufer geeignet ist;

4. die durch die Zurverfügungstellung der Ware bedingten Kosten des Prüfens (wie der Qualitätsprüfung, des Messens, Wiegens und Zählens) zu tragen;

5. alle Gefahren und Kosten der Ware zu tragen, bis sie vom Werk abgenommen ist;

6. dem Käufer auf dessen Verlangen, Gefahr und Kosten bei der Beschaffung oder bei dem Versuch der Beschaffung der Dokumente, die in dem Ursprungs- und/oder Belieferungslande ausgestellt werden und der Käufer zur Ausfuhr und/oder Einfuhr benötigt, jede Hilfe zu gewähren.

II. Der Käufer hat:

1. die Ware abzunehmen, sobald sie am vereinbarten Ort und zur vereinbarten Zeit zu seiner Verfügung gestellt worden ist;

2. alle Gefahren und Kosten der Ware von dem Zeitpunkt an zu tragen, an dem er sie abgenommen hat. Etwas anderes gilt nur dann, wenn der Käufer sich in Annahmeverzug befindet. In diesem Falle geht die Gefahr auf den Käufer über, vorausgesetzt, daß die Ware in geeigneter Weise als der für den Käufer bestimmte Gegenstand individualisiert worden ist;

3. die Kosten und Ausgaben für die Beschaffung oder für den Versuch der Beschaffung jeglicher der unter Artikel I. 6 genannten Dokumente zu tragen;

4. alle Zollgebühren und Abgaben zu tragen, die auf Grund der Ausfuhr erhoben werden.

764

2. — F.O.R. — F.O.T. Frei(franko) Waggon

I. Der Verkäufer hat:

1. alle erforderlichen Maßnahmen zu treffen, um die Ware am vereinbarten Versandort und zur vereinbarten Zeit nach Maßgabe der am Abgangsbahnhof bestehenden Vorschriften in den Waggon zu verladen;

II. Der Käufer hat:

1. dem Verkäufer rechtzeitig den Bestimmungsort der Ware anzugeben;

2. alle Gefahren und Beförderungskosten der Ware (Fracht nebst den während des

2. wenn die Ware eine volle Waggonladung ergibt:

a) rechtzeitig den der Art der Ware und ihrer Beförderung zum Bestimmungsort entsprechenden Waggonraum anzufordern,

b) sie auf eigene Kosten innerhalb der vereinbarten Frist in einen innerhalb des Bahnhofsbereichs zu seiner Verfügung gestellten Waggon zu verladen;

c) dem Käufer gegenüber für jede Verzögerung bei der Verladung zu haften, die durch die Nichtgestellung der Waggons entsteht, es sei denn, daß die Verzögerung nicht auf Fahrlässigkeit des Verkäufers beruht;

3. wenn die Ware keine volle Waggonladung ergibt, sie rechtzeitig, anstatt sie selbst zu verladen, der Frachtannahme auf der Abgangsstation zu übergeben, sofern er nicht nach den Vorschriften der Abgangsstation selbst in den Waggon zu verladen hat;

4. Planen zu stellen, sofern sie zum Schutz der Ware erforderlich sind;

5. die Kosten für die Gestellung dieser Planen zu tragen;

6. den Käufer unverzüglich zu benachrichtigen, daß die Ware verladen oder der Eisenbahn ausgehändigt worden ist;

7. auf eigene Kosten, sofern es die Art der Ware erfordert, für die übliche Verpackung entsprechend den Vorschriften der Abgangsstation zu sorgen und, falls keine Verpackung notwendig ist, alle üblichen Maßnahmen zu ergreifen, damit die Ware in gutem Zustand am Bestimmungsort eintrifft;

8. die Kosten für die Wiederinstandsetzung von Verpackungen durch die Eisenbahn zu tragen, wenn sie nach deren Ansicht mangelhaft sind, sofern er die Gefahr trägt. Andernfalls trägt der Käufer die Kosten. War etwa die Verpackung bei der Versendung mangelhaft, so hat der Verkäufer die Wiederherstellungskosten zu tragen;

9. die durch die Verladung der Ware oder durch ihre Aushändigung an die Eisenbahn bedingten Kosten des Prüfens (wie der Qualitätsprüfung, des Messens, Wiegens und Zählens) zu tragen;

10. dem Käufer für alle Beträge zu haften, die er als Zuschlag oder Entschädigung wegen unrichtiger, ungenauer oder unvollständiger Angaben zu entrichten haben sollte;

Transports entstehenden Ausgaben) von dem Zeitpunkt an zu tragen, an dem der Verkäufer die Ware dem Spediteur oder der Eisenbahn übergeben hat;

3. alle Kosten und Ausgaben für die Beschaffung oder für den Versuch der Beschaffung der unter Artikel I. 13 erwähnten Dokumente zu tragen;

4. wenn er sich eine Frist für die Verladung der Ware und/oder die Wahl des Verladeortes vorbehalten hat und nicht rechtzeitig Anweisungen erteilt, die sich hieraus ergebenden Mehrkosten und alle Gefahren der Ware vom Ablauf der vereinbarten Frist an zu tragen, stets vorausgesetzt, daß die Ware in geeigneter Weise konkretisiert, d. h. als der für den Käufer bestimmte Gegenstand abgesondert oder auf irgendeine andere Art kenntlich gemacht worden ist.

11. ein Frachtbriefduplikat zu beschaffen. Dieses Dokument darf keine Vorbehalte aufweisen, sofern es sich nicht um unbedeutende oder durch Handelsbrauch zugelassene Vorbehalte handelt;

12. alle Gefahren der Ware zu tragen, bis er sie dem Spediteur oder der Eisenbahn übergeben hat;

13. dem Käufer auf dessen Verlangen und Kosten bei Beschaffung oder bei dem Versuch der Beschaffung der Dokumente, die im Ursprungs- und/oder Versandland ausgestellt werden und die der Käufer zur Aus-, Ein- oder Durchfuhr durch ein anderes Land benötigt, jede Hilfe zu gewähren.

3. — F.A.S. ... Benannter Verschiffungshafen

I. Der Verkäufer hat:

1. die Ware im angegebenen Verschiffungshafen in einer dem Hafenbrauch entsprechenden Weise zum vereinbarten Zeitpunkt oder innerhalb der vereinbarten Frist Längsseite des von dem Käufer (nach den Bestimmungen des Artikels II 2) benannten Schiffes zu liefern;

2. alle Kosten der Ware (einschließlich etwaiger Leichterungskosten) bis zu dem Zeitpunkt zu tragen, in dem sie Längsseite Schiff geliefert worden ist, vorbehaltlich jedoch der Bestimmungen der Artikel II. 4 und 5;

3. auf eigene Kosten für die übliche Herrichtung und Verpackung der Ware unter Berücksichtigung ihrer Art und Beförderung auf dem Seewege zu sorgen;

4. dem Käufer auf eigene Kosten das zum Nachweis der Lieferung der Ware übliche „reine" Dokument zu beschaffen;

5. die durch die Lieferung der Ware im Verschiffungshafen bedingten Kosten des Prüfens (wie der Qualitätsprüfung, des Messens, Wiegens und Zählens) zu tragen;

6. alle Gefahren der Ware bis zu dem Zeitpunkt zu tragen, in dem sie vom Frachtführer tatsächlich übernommen worden ist, das heißt, bei Lieferung an das Schiff, wenn die Ware vom Greifer erfaßt wurde, oder bei der Übergabe an den Frachtführer an Land, sobald er sie tatsächlich übernommen hat;

II. Der Käufer hat:

1. ein Schiff zu chartern oder den erforderlichen Schiffsraum zu stellen und die Kosten zu zahlen;

2. dem Verkäufer rechtzeitig den Namen, die Abfahrtszeit, den Ladeplatz sowie den Zeitpunkt der Lieferung an das Schiff bekanntzugeben;

3. alle Kosten und Gefahren der Ware von dem Zeitpunkt an zu tragen, in dem sie vom Frachtführer tatsächlich übernommen worden ist, das heißt bei Lieferung an das Schiff, wenn die Ware vom Greifer erfaßt wurde, oder bei Übergabe an den Frachtführer an Land, sobald er sie tatsächlich übernommen hat;

4. Kosten und Gefahr zu tragen, wenn er die Ware nicht rechtzeitig abnimmt, z. B. bei Verspätung des Schiffes;

5. wenn er das Schiff nicht rechtzeitig bezeichnet oder wenn er sich eine Frist für die Abnahme der Ware und/oder die Wahl des Verschiffungshafens vorbehalten hat und nicht rechtzeitig genaue Anweisungen erteilt, die sich hieraus ergebenden Mehrkosten und alle die Ware betreffenden Gefahren zum vereinbarten Zeitpunkt oder vom Ablauf der vereinbarten Frist an zu tragen, stets vorausgesetzt, daß die Ware in geeigneter Weise konkretisiert, d. h. als der für den Käufer bestimmte Gegenstand abgesondert oder auf irgendeine andere Art kenntlich gemacht worden ist;

7. dem Käufer auf dessen Verlangen und Kosten das Ursprungszeugnis und die Konsulatsfaktura zu beschaffen;

8. dem Käufer auf dessen Verlangen, Gefahr und Kosten neben den im vorangehenden Artikel erwähnten Dokumenten bei der Beschaffung oder bei dem Versuch der Beschaffung aller sonstigen im Ursprungs- und/oder Verschiffungsland auszustellenden Dokumente (einschließlich der Ausfuhrbewilligung), die der Käufer zur Ausfuhr der Ware oder zu ihrer Einfuhr in das Bestimmungsland oder zu ihrer Durchfuhr durch ein anderes Land benötigt, jede Hilfe zu gewähren. Aber alle etwaigen Kosten der Ausfuhrbewilligung gehen zu Lasten des Verkäufers.

6. die Kosten und Ausgaben für die Beschaffung der in den Artikeln I. 7 und 8 erwähnten Dokumente zu tragen.

4. — F.O.B. Seeschiff ... (Benannter Verschiffungshafen)

I. Der Verkäufer hat:

1. die Ware an Bord des vom Käufer (nach den Bestimmungen des Artikels II. 2) benannten Schiffes im vereinbarten Bestimmungs- (muß richtig heißen: Verschiffungs-)hafen zum vereinbarten Zeitpunkt oder innerhalb der vereinbarten Frist entsprechend dem Hafenbrauch zu liefern;

2. auf eigene Kosten für die handelsübliche Herrichtung und Verpackung der Ware unter Berücksichtigung ihrer Art und ihrer Beförderung auf dem Seewege zu sorgen;

3. alle Kosten der Ware bis zu dem Zeitpunkt zu tragen, in dem sie im Verschiffungshafen die Reling des Schiffes tatsächlich überschritten hat, vorbehaltlich jedoch der Bestimmungen der Artikel II. 6 und 7. Die Verladekosten, die einen integrierenden Bestandteil der Fracht bilden, gehen zu Lasten des Käufers;

4. den Käufer auf eigene Kosten so von der Anbordlieferung der Ware oder gegebenenfalls der Auslieferung an den Frachtführer zu unterrichten, daß der Käufer die Ware versichern kann. Auch wenn nicht vereinbart, entspricht es gutem kaufmännischen Brauch, den Käufer zu unterrichten;

5. auf eigene Kosten das übliche „reine" Dokument zu beschaffen, und zwar als Nachweis der Lieferung der Ware an Bord des Schiffes oder gegebenenfalls ihrer Aushändigung am Land an den Frachtführer „zur Verschiffung". Der Frachtvertrag betrifft den Ver-

II. Der Käufer hat:

1. auf eigene Kosten ein Schiff zu chartern oder den erforderlichen Schiffsraum zu stellen;

2. dem Verkäufer rechtzeitig den Namen, die Abfahrtszeit, den Ladeplatz sowie den Zeitpunkt der Lieferung an Bord des Schiffes bekanntzugeben;

3. alle Kosten und Gefahren der Ware von dem Zeitpunkt an zu tragen, in dem sie tatsächlich die Reling des Schiffes im Verschiffungshafen überschritten hat, vorbehaltlich jedoch der Bestimmungen der Artikel II. 6 und 7;

4. alle im Verschiffungshafen entstehenden Überliegekosten zu tragen, sofern nicht die Verzögerung dem Verkäufer zuzurechnen ist;

5. auf seine Kosten das Konnossement zu beschaffen;

6. wenn das von ihm benannte Schiff nicht rechtzeitig eintrifft oder die Ware nicht übernehmen kann oder vor dem für die Anbordlieferung vorgesehenen Zeitpunkt keine Ladung mehr annimmt, die hieraus entstehenden Mehrkosten und alle Gefahren der Ware von dem Zeitpunkt an zu tragen, in dem der Verkäufer ihm die Ware zur Verfügung gestellt hat, stets vorausgesetzt, daß die Ware in geeigneter Weise konkretisiert, d. h. als der für den Käufer bestimmte Gegenstand abgesondert oder auf irgendeine andere Art kenntlich gemacht worden ist;

käufer nicht, wenn er nicht im Auftrage des Käufers handelt. Er hat nur das handelsübliche Dokument (Steuermanns- oder Kaiempfangsschein) zu beschaffen; seine Verpflichtung endet in dem Zeitpunkt, in dem die Ware die Schiffsreling überschritten hat;

6. die durch die Lieferung der Ware an Bord im Verschiffungshafen bedingten Kosten des Prüfens (wie der Qualitätsprüfung, des Messens, Wiegens und Zählens) zu tragen;

7. alle Gebühren und Abgaben zu tragen, die für die Verbringung der Ware an Bord des Schiffes zu entrichten sind;

8. alle Gefahren der Ware bis zu dem Zeitpunkt zu tragen, in dem sie tatsächlich die Reling des Schiffes überschritten hat, vorbehaltlich jedoch der Bestimmungen der Artikel II. 6 und 7;

9. dem Käufer auf dessen Verlangen und Kosten das Ursprungszeugnis und die Konsulatsfaktura zu beschaffen;

10. dem Käufer auf dessen Verlangen, Kosten und Gefahr neben den im vorangehenden Artikel erwähnten Dokumenten bei der Beschaffung oder dem Versuch der Beschaffung aller sonstigen im Ursprungs- und/oder Verschiffungslande auszustellenden Dokumente (einschließlich der Ausfuhrbewilligung), die der Käufer zur Ausfuhr der Ware oder zu ihrer Einfuhr in das Bestimmungsland oder zu ihrer Durchfuhr durch ein anderes Land benötigt, jede Hilfe zu gewähren. Die (etwaigen) Kosten der Ausfuhrbewilligung gehen jedoch zu Lasten des Verkäufers.

7. wenn er das Schiff nicht rechtzeitig bezeichnet oder wenn er sich eine Frist für die Abnahme der Ware und/oder die Wahl des Verschiffungshafens vorbehalten hat und nicht rechtzeitig genaue Anweisungen erteilt, die sich hieraus ergebenden Mehrkosten und alle die Ware betreffenden Gefahren von dem für die Lieferung vereinbarten Zeitpunkt oder vom Ablauf der hierfür vereinbarten Frist an zu tragen, stets vorausgesetzt, daß die Ware in geeigneter Weise konkretisiert, d. h. als der für den Käufer bestimmte Gegenstand abgesondert oder auf irgendeine andere Art kenntlich gemacht worden ist;

8. die Kosten und Ausgaben für die Beschaffung oder für den Versuch der Beschaffung der in den Artikeln I. 9 und 10 erwähnten Dokumente zu tragen. Der Käufer hat dem Verkäufer Beträge zu vergüten, die dieser bei der Beschaffung von Dokumenten verauslagt hat, die nicht für die Verbringung der Ware an Bord unerläßlich waren.

767   5. — C. & F. . . . Bestimmungshafen

I. Der Verkäufer hat:

Beförderungsvertrag

1. auf eigene Rechnung den Vertrag für die Beförderung der Ware zu den üblichen Bedingungen bis zum Bestimmungshafen auf einem Seeschiff (ausgenommen Segelschiffe) der Bauart, die gewöhnlich für die Beförderung der im Vertrag genannten Ware zur Verwendung kommt, abzuschließen; erst die Zustimmung des Käufers einzuholen, wenn er ein benanntes Schiff durch ein anderes Schiff ersetzen will, insbesondere beim Vorliegen höherer Gewalt;

II. Der Käufer hat:

Verladung der Ware

1. wenn Verschiffung vereinbart ist, alle Gefahren der Ware von dem Zeitpunkt an tragen, in dem sie im Verschiffungshafen die Reling des Schiffes überschritten hat; wenn Verladung vereinbart ist, so geht die Gefahr über, sobald die Ware dem Schiffseigner zur Verschiffung übergeben worden ist.

2. wenn er sich eine Frist für die Verschiffung der Ware und/oder die Wahl des Bestimmungshafens vorbehalten hat und dem

2. die Ware auf dem üblichen Wege zu versenden, sofern kein anderer in dem Vertrag vereinbart ist. Im allgemeinen genügt es für den Verkäufer, einen schnellen und sicheren Weg zu wählen, das heißt, die Sorgfalt eines ordentlichen Kaufmanns walten zu lassen;

3. auf eigene Kosten vom Frachtführer ein Seekonnossement üblicher Art (einschließlich eines „Umlade"- oder eines „Durch"-Konnossements) zu beschaffen, das rein und übertragbar ist und den Abschluß eines Beförderungsvertrages beweist, der sich ausschließlich auf die verkaufte Ware bezieht. Der Verkäufer kann ein Übernahme-Konnossement oder ein „Kai-Konnossement" oder ein „Umlade-Konnossement" vorlegen. Auch Teilkonnossemente sind zulässig. Will der Käufer nur ein „Bordkonnossement" gelten lassen, so hat er dies im Vertrag zu vereinbaren.

Verladung der Ware

4. die Ware auf eigene Kosten an Bord des Schiffes unter Beachtung der amtlichen Bestimmungen und des Hafenbrauchs zu verladen;

5. die Ware zu dem vereinbarten Zeitpunkt oder innerhalb der im Kaufvertrag genannten Frist, oder falls weder ein Zeitpunkt noch eine Frist vereinbart wurde, innerhalb einer angemessenen Frist zu verladen. Der Verkäufer darf die Ware in Teilladungen versenden;

6. auf eigene Kosten für die handelsübliche Herrichtung und Verpackung der Ware unter Berücksichtigung ihrer Art und der einzuhaltenden Route zu sorgen, so daß sie vorbehaltlich der Ware selbst innewohnender Gefahren (Verderb, Auslaufen, Änderungen im Volumen oder Gewicht) in handelsfähigem Zustand im Bestimmungshafen eintreffen kann;

7. die durch die Verladung der Ware bedingten Kosten des Prüfens (wie der Qualitätsprüfung, des Messens, Wiegens und Zählens) zu tragen;

8. den Käufer unverzüglich zu benachrichtigen, daß die Ware an Bord des Schiffes verladen worden ist;

9. die gegebenenfalls im Verschiffungshafen entstehenden Überliegekosten zu tragen;

10. auf eigene Gefahr und Kosten alle Ausfuhrbewilligungen oder ähnliche Dokumente zu beschaffen, die für den Export der Ware erforderlich sind, sowie alle für die Ware bis zu ihrer Verladung erhobenen Abgaben und Ge-

Verkäufer nicht rechtzeitig Anweisungen erteilt, alle sich hieraus ergebenden Mehrkosten und Gefahren der Ware von dem vereinbarten Zeitpunkt oder von dem Ablauf der vereinbarten Frist an zu tragen, stets vorausgesetzt, daß die Ware in geeigneter Weise konkretisiert, d. h. als der für den Käufer bestimmte Gegenstand abgesondert oder auf irgendeine andere Art kenntlich gemacht worden ist;

3. die Kosten und Gebühren für die Beschaffung oder den Versuch der Beschaffung der in den Artikeln I. 12 und 13 erwähnten Dokumente zu tragen;

Übergabe der Dokumente — Zahlung des Preises

4. alle Dokumente bei Vorlage anzunehmen, wenn sie mit dem Kaufvertrag oder mit dem Handelsbrauch übereinstimmen, und den geschuldeten Betrag vertragsgemäß zu bezahlen;

5. diese Zahlung entsprechend dem Kaufvertrag bereits vor dem tatsächlichen Empfang und der Prüfung der Ware und sogar vor Ankunft des Schiffes im Bestimmungshafen oder auf der Reede des Bestimmungshafens zu leisten;

6. einen auf dem Konnossement — sei es durch Gummistempel oder schriftlich — angebrachten Vermerk „Fracht bezahlt" oder ähnlichen Hinweis als genügenden Beweis für die Bezahlung der Fracht durch den Verkäufer anzuerkennen;

7. den nicht vom Verkäufer entrichteten Teil der eigentlichen Fracht zu bezahlen, vorbehaltlich jedoch einer späteren Absetzung dieses Betrages von der Rechnungssumme, sofern nicht der Verkäufer bereits selbst die unbezahlte Fracht in seiner Rechnung berücksichtigt hat;

Pflichten bei Ankunft des Schiffes

8. die Ware im Bestimmungshafen abzunehmen und die Kosten für die Löschung einschließlich der Leichterung und der Kaigebühren zu tragen, sofern diese Kosten nicht in der Fracht mit einbegriffen sind;

9. alle Kosten der Ware ausschließlich der eigentlichen Fracht zu tragen, die während des Seetransports infolge von hierbei auftretenden Erschwernissen (wie Umladung, Abweichungen von der Route, Aufsuchen von Nothäfen, Zuschläge zu Lagerhauskosten, Rückfracht usw.) bis zum Eintreffen im Bestimmungshafen

bühren einschließlich der Ausfuhrzölle und -abgaben zu zahlen;

11. alle Gefahren der Ware bis zu dem Zeitpunkt zu tragen, in dem sie im Verschiffungshafen die Reling des Schiffes überschritten hat, sofern ein Übernahme-Konnossement angenommen wurde. In diesem Fall geht die Gefahr in dem Zeitpunkt über, in dem die Ware dem Frachtführer übergeben worden ist;

12. dem Käufer auf dessen Kosten das Ursprungszeugnis und die Konsulatsfaktura zu beschaffen;

13. dem Käufer auf dessen Verlangen, Gefahr und Kosten neben den im vorhergehenden Artikel genannten Dokumenten bei der Beschaffung oder beim Versuch der Beschaffung aller sonstigen im Verschiffungs- und/oder Ursprungslande auszustellenden Dokumente, die der Käufer zur Einfuhr der Ware in das Bestimmungsland und gegebenenfalls zur Durchfuhr durch ein drittes Land benötigt, jede Hilfe zu gewähren;

Einreichung der Dokumente

14. dem Käufer in gehöriger Form einzureichen:

a) den vollständigen Satz der Konnossemente und gegebenenfalls, wenn sich das Konnossement auf einen Chartervertrag bezieht, eine beglaubigte Abschrift des Chartervertrages,

b) die Rechnung, das Ursprungszeugnis, die Konsulatsfaktura und gegebenenfalls

c) alle sonstigen in den zwischen Verkäufer und Käufer getroffenen Abmachungen ausdrücklich vorgesehenen Dokumente wie Gewichts-, Inhalts- oder Qualitätsbescheinigungen.

entstehen, sowie evtl. Überliegegelder in diesem Hafen zu zahlen;

10. die Ware bei Ankunft im Bestimmungshafen zu prüfen und, falls diese Prüfung nicht zufriedenstellend ausfällt, seine Rügen innerhalb einer angemessenen Frist schriftlich zu erheben;

11. auf eigene Gefahr und Kosten alle Einfuhrbewilligungen oder ähnliche Dokumente zu beschaffen, die er für die Einfuhr der Ware benötigt;

12. alle Kosten der Zollabfertigung, den Zoll sowie alle sonstigen bei der Einfuhr und für die Einfuhr zu entrichtenden Abgaben (innerstaatliche Steuern, Akzisen, Gebühren für statistische Zwecke, Einfuhrgebühren, weitere Kosten in Verbindung mit der Zollabfertigung usw.) zu tragen.

6. — C.I.F. ... Bestimmungshafen

I. Der Verkäufer hat:

Beförderungsvertrag

1. auf eigene Rechnung den Vertrag für die Beförderung der Ware zu den üblichen Bedingungen bis zum Bestimmungshafen auf einem Seeschiff (ausgenommen Segelschiff) der Bauart, die gewöhnlich für die Beförderung der im Vertrag genannten Ware zur Verwendung kommt, abzuschließen; erst die Zustimmung des Käufers einzuholen, wenn er ein benanntes

II. Der Käufer hat:

Verladung der Ware

1. wenn Verschiffung vereinbart ist, alle Gefahren der Ware von dem Zeitpunkt an zu tragen, in dem sie im Verschiffungshafen die Reling des Schiffes überschritten hat. Ist Verladung vereinbart, so geht die Gefahr über, sobald die Ware dem Schiffseigner zur Verschiffung übergeben worden ist;

Schiff durch ein anderes Schiff ersetzen will, insbesondere beim Vorliegen höherer Gewalt;

2. die Ware auf dem üblichen Wege zu versenden, sofern kein anderer in dem Vertrag vereinbart ist. Im allgemeinen genügt der Verkäufer seinen Verpflichtungen, wenn er einen schnellen und sicheren Weg wählt, d. h. die Sorgfalt eines ordentlichen Kaufmanns walten läßt;

3. auf eigene Kosten vom Frachtführer ein Seekonnossement üblicher Art (einschließlich eines „Umlade"- oder eines „Durch"-Konnossements) zu beschaffen, das rein und übertragbar ist und den Abschluß eines Beförderungsvertrages beweist, der sich ausschließlich auf die verkaufte Ware bezieht. Der Verkäufer kann ein Übernahme-Konnossement oder ein „Kai-Konnossement" oder ein „Umladekonnossement" vorlegen. Will der Käufer nur ein Bordkonnossement gelten lassen, so hat er dies im Vertrag zu vereinbaren. Auch Teilkonnossemente sind zulässig;

4. die Ware auf eigene Kosten an Bord des Schiffes unter Beachtung der amtlichen Bestimmungen und des Hafenbrauchs zu verladen;

Verladung der Ware

5. die Ware zu dem vereinbarten Zeitpunkt oder innerhalb der im Kaufvertrag genannten Frist oder, falls weder ein Zeitpunkt noch eine Frist vereinbart wurde, innerhalb einer angemessenen Frist zu verladen. Der Verkäufer darf die Ware in Teilladungen versenden;

6. auf eigene Kosten für die handelsübliche Herrichtung und Verpackung der Ware unter Berücksichtigung ihrer Art und der einzuhaltenden Route zu sorgen, so daß sie vorbehaltlich der Ware selbst innewohnender Gefahren (Verderb, Auslaufen, Änderungen im Volumen oder Gewicht) in handelsfähigem Zustand im Bestimmungshafen eintreffen kann;

7. die durch die Verladung der Ware bedingten Kosten des Prüfens (wie der Qualitätsprüfung, des Messens, Wiegens und Zählens) zu tragen;

8. den Käufer unverzüglich zu benachrichtigen, daß die Ware an Bord des Schiffes verladen worden ist;

9. die gegebenenfalls im Verschiffungshafen entstehenden Überliegekosten zu tragen;

10. auf eigene Gefahr und Kosten alle Ausfuhrbewilligungen oder ähnlichen Dokumente

2. wenn er sich eine Frist für die Verschiffung der Ware und/oder die Wahl des Bestimmungshafens vorbehalten hat und dem Verkäufer nicht rechtzeitig Anweisungen erteilt, alle sich hieraus ergebenden Mehrkosten und Gefahren der Ware von dem vereinbarten Zeitpunkt oder von dem Ablauf der vereinbarten Frist an zu tragen, stets vorausgesetzt, daß die Ware in geeigneter Weise konkretisiert, d. h. als der für den Käufer bestimmte Gegenstand abgesondert oder auf irgendeine andere Art kenntlich gemacht worden ist;

3. die Kosten und Gebühren für die Beschaffung oder den Versuch der Beschaffung der in den Artikeln I. 12 und 13 erwähnten Dokumente zu tragen;

Versicherungsvertrag

4. die zusätzlichen Kosten der Versicherung gegen solche Risiken zu tragen, deren Deckung er von dem Verkäufer verlangt hat, und die nicht in den Risiken enthalten sind, deren Deckung dem Verkäufer nach den Artikeln I. 14 und I. 15 obliegt;

Übergabe der Dokumente. Zahlung des Preises

5. alle Dokumente bei Vorlage anzunehmen, wenn sie mit dem Kaufvertrag und/oder mit dem Handelsbrauch übereinstimmen, und den geschuldeten Betrag vertragsgemäß zu bezahlen;

6. diese Zahlung entsprechend dem Kaufvertrag bereits vor dem tatsächlichen Empfang und der Prüfung der Ware und sogar vor Ankunft des Schiffes im Bestimmungshafen oder auf der Reede des Bestimmungshafens zu leisten;

7. einen auf dem Konnossement — sei es durch Gummistempel oder schriftlich — angebrachten Vermerk „Fracht bezahlt" oder ähnlichen Hinweis als genügenden Beweis für die Bezahlung der Fracht durch den Verkäufer anzuerkennen;

8. den nicht vom Verkäufer entrichteten Teil der eigentlichen Fracht zu bezahlen, vorbehaltlich jedoch einer späteren Absetzung dieses Betrages von der Rechnungssumme, sofern nicht der Verkäufer bereits selbst die unbezahlte Fracht in seiner Rechnung berücksichtigt hat;

zu beschaffen, die für den Export der Ware erforderlich sind, sowie alle für die Ware bis zu ihrer Verladung erhobenen Abgaben und Gebühren einschließlich der Ausfuhrzölle und -abgaben zu zahlen;

11. alle Gefahren der Ware bis zu dem Zeitpunkt zu tragen, in dem sie im Verschiffungshafen die Reling des Schiffes überschritten hat, sofern nicht ein Übernahme-Konnossement angenommen wurde. In diesem Falle geht die Gefahr in dem Zeitpunkt über, in dem die Ware dem Frachtführer übergeben worden ist;

12. dem Käufer auf dessen Kosten das Ursprungszeugnis und die Konsulatsfaktura zu beschaffen;

13. dem Käufer auf dessen Verlangen, Gefahr und Kosten neben den im vorhergehenden Artikel genannten Dokumenten bei der Beschaffung oder beim Versuch der Beschaffung aller sonstigen im Verschiffungs- und/oder Ursprungslande auszustellenden Dokumente, die der Käufer zur Einfuhr der Ware in das Bestimmungsland und gegebenenfalls zur Durchfuhr durch ein drittes Land benötigt, jede Hilfe zu gewähren;

Versicherungsvertrag

14. auf eigene Kosten eine übertragbare Seeversicherung gegen die Transportrisiken abzuschließen, welche die Ware von dem Zeitpunkt an deckt, in dem sie vom Seefrachtführer übernommen worden ist, bis zu dem Zeitpunkt, in dem sie im Bestimmungshafen auf dem Kai ausgeladen oder gegebenenfalls in diesem Hafen auf ein anderes vom Käufer zu charterndes Schiff umgeladen worden ist;

15. es gibt so viele verschiedene Warenarten, Handelsbräuche und Wünsche der Abnehmer, daß eine allgemeine Antwort auf die Frage, bei welchen Versicherern und zu welchen Bedingungen die Ware zu versichern ist, nicht möglich ist. Die Versicherungsbedingungen müssen daher vertraglich geregelt werden. Im allgemeinen genügt eine FPA-Versicherung nicht;

16. die Versicherung, sofern in angemessener Weise möglich, in der Währung des Kaufvertrages abzuschließen sowie den vereinbarten CIF-Preis zuzüglich 10 % als der etwaigen Gewinnspanne zu decken, vorbehaltlich eines anderen Handelsbrauchs in einer bestimmten Branche;

Pflichten bei Ankunft des Schiffes

9. die Ware im Bestimmungshafen abzunehmen und die Kosten für die Löschung einschließlich der Leichterung und der Kaigebühren zu tragen, sofern diese Kosten nicht in der Fracht mit einbegriffen sind;

10. alle Kosten der Ware ausschließlich der eigentlichen Fracht zu tragen, die während des Seetransports (infolge von hierbei auftretenden Erschwernissen wie Umladung, Abweichungen von der Route, Aufsuchen von Nothafen, Zuschlägen zu Lagerhauskosten, Rückfracht usw.) bis zum Eintreffen im Bestimmungshafen entstehen, sowie evtl. Überliegegelder in diesem Hafen zu zahlen;

11. die Ware bei Ankunft im Bestimmungshafen zu prüfen und, falls diese Prüfung nicht zufriedenstellend ausfällt, seine Rügen innerhalb einer angemessenen Frist schriftlich zu erheben;

12. auf eigene Gefahr und Kosten alle Einfuhrbewilligungen oder ähnliche Dokumente zu beschaffen, die er für die Einfuhr der Ware benötigt;

13. alle Kosten der Zollabfertigung, den Zoll sowie alle sonstigen bei der Einfuhr und für die Einfuhr zu entrichtenden Abgaben (innerstaatliche Steuern, Akzisen, Gebühren für statistische Zwecke, Einfuhrgebühren, weitere Kosten in Verbindung mit der Zollabfertigung usw.) zu tragen.

Einreichung der Dokumente

17. dem Käufer in gehöriger Form einzureichen:

a) den vollständigen Satz der Konnossemente und gegebenenfalls, wenn sich das Konnossement auf einen Chartervertrag bezieht, eine beglaubigte Abschrift des Chartervertrages,

b) den Versicherungsschein oder, falls er bei Vorlage der Dokumente nicht verfügbar sein sollte, ein Versicherungszertifikat, das dem Inhaber die gleichen Rechte wie der Besitz des Versicherungsscheins gewährt und die wesentlichen Bestimmungen des Versicherungsscheins enthält,

c) die Rechnung, das Ursprungszeugnis, die Konsulatsfaktura und gegebenenfalls,

d) alle sonstigen in den zwischen Verkäufer und Käufer getroffenen Abmachungen ausdrücklich vorgesehenen Dokumente wie Gewichts-, Inhalts- oder Qualitätsbescheinigungen.

7. — Ab Schiff ... benannter Hafen

I. Der Verkäufer hat:

1. die vertraglich vereinbarte Ware zu liefern und sie dem Käufer zum vereinbarten Zeitpunkt oder innerhalb der vereinbarten Frist zur Verfügung zu stellen. Der Verkäufer ist nicht verpflichtet, die Ware an die Reling des Schiffes zu bringen. Der Käufer muß vielmehr die Ware aus dem Schiff abnehmen, so wie sie das Schiff herausgibt;

2. rechtzeitig das Schiff zu benennen, damit der Käufer weiß, wann er mit seiner Ankunft rechnen kann. Der Verkäufer muß dem Käufer rechtzeitig die Dokumente andienen. Alles weitere hat der Käufer zu tun. Dieser muß sich erkundigen, wann das Schiff ankommt und wann er die Ware „ab Schiff" übernehmen kann;

3. auf seine Kosten für die handelsübliche Herrichtung und Verpackung der Ware zu sorgen, so daß der Käufer die Ware dem Hafenbrauch entsprechend abnehmen kann;

4. die durch die Zurverfügungstellung der Ware bedingten Kosten des Prüfens (wie der Qualitätsprüfung, des Messens, Wiegens und Zählens) zu tragen;

II. Der Käufer hat:

1. die Ware an der Reling des Schiffes abzunehmen, sobald der Verkäufer alles Erforderliche getan hat, um die Ware zur Verfügung des Käufers zu stellen;

2. alle Kosten und Gefahren der Ware von dem Zeitpunkt an zu tragen, in dem sie in Übereinstimmung mit Artikel I.1 zu seiner Verfügung gestellt worden ist, stets vorausgesetzt, daß die Ware in geeigneter Weise konkretisiert, d. h. als der für den Käufer bestimmte Gegenstand abgesondert oder auf irgendeine andere Art kenntlich gemacht worden ist;

3. wenn das Schiff nicht am Kai anlegen kann, auf eigene Kosten für die Leichterung zur Löschung der Ware zu sorgen;

4. alle Kosten und Ausgaben für die Beschaffung oder den Versuch der Beschaffung der in den Artikeln I.6 und I.7 erwähnten Dokumente zu tragen;

5. auf eigene Kosten und Gefahr alle Bewilligungen oder ähnliche Dokumente zu beschaffen, die er zur Entladung und/oder Einfuhr der Ware benötigt;

5. der Gefahr- und Kostenübergang vollzieht sich noch nicht in dem Zeitpunkt, in dem das Schiff mit der Ware im Bestimmungshafen liegt. Bei einem „ex ship"-Geschäft gelten die gleichen Grundsätze wie bei einem Geschäft „ab Lager". Der Kosten- und Gefahrübergang vollzieht sich erst, wenn die Ware vom Lager oder aus dem Schiff abgenommen wird. Anders liegt es nur dann, wenn der Käufer in Annahmeverzug ist. Von diesem Zeitpunkt an trägt er Kosten und Gefahr;

6. auf Kosten des Käufers das Ursprungszeugnis und die Konsulatsfaktura zu beschaffen;

7. dem Käufer auf dessen Verlangen, Gefahr und Kosten neben den im vorhergehenden Artikel genannten Unterlagen bei der Beschaffung oder dem Versuch der Beschaffung aller sonstigen im Verschiffungs- und/oder Ursprungslande auszustellenden Dokumente, die der Käufer zur Einfuhr der Ware in das Bestimmungsland und gegebenenfalls zur Durchfuhr durch ein drittes Land benötigt, jede Hilfe zu gewähren.

6. alle Kosten der Zollabfertigung, den Zoll sowie alle sonstigen bei der Entladung und für die Entladung und/oder die Einfuhr zu entrichtenden Gebühren und Abgaben zu tragen.

8. — Ab Kai ... benannter Einfuhrhafen

I. Der Verkäufer hat:

1. die Ware nur auf den Kai zu liefern. Mit der Einfuhr hat er nichts zu tun. Den Zoll hat daher der Käufer zu tragen. Dieser hat ferner auch auf seine Kosten die Einfuhrbewilligung zu besorgen;

2. die Ware am Kai des benannten Hafens zum vereinbarten Zeitpunkt oder innerhalb der vereinbarten Frist dem Hafenbrauch entsprechend zur Verfügung des Käufers zu stellen;

3. auf seine Kosten für die handelsübliche Herrichtung und Verpackung der Ware unter Berücksichtigung ihrer Beschaffenheit und ihrer Ab-Kai-Lieferung zu sorgen;

4. die durch die Ab-Kai-Lieferung der Ware bedingten Kosten des Prüfens (wie der Qualitätsprüfung, des Messens, Wiegens und Zählens) zu tragen;

5. die Gefahr geht in dem Zeitpunkt auf den Käufer über, in dem er die Ware vom Kai abnimmt. Befindet sich der Käufer mit der Abnahme in Verzug, so trägt er alle Kosten und Gefahren. Die „Konzentration", d. h. die Be-

II. Der Käufer hat:

1. die Ware dem Hafenbrauch entsprechend abzunehmen, sobald sie gemäß den Bestimmungen des Artikels I. 2, jedoch unter Berücksichtigung der Vorschriften des Artikels II. 3, zu seiner Verfügung gestellt worden ist;

2. der Gefahrübergang vollzieht sich nicht bereits durch das Aufsetzen der Ware auf den Kai, sondern erst durch das Absetzen der Ware vom Kai. Die Kosten sind in der Weise zu verteilen, daß der Verkäufer alle diejenigen zu tragen hat, die aufzuwenden sind, um die Ware auf den Kai zu bringen, während die mit der Abnahme der Ware vom Kai zusammenhängenden Kosten vom Käufer zu tragen sind;

3. Kosten (Kaigebühren) und Gefahr zu tragen, wenn er in Annahmeverzug gerät, d. h. die Ware nicht rechtzeitig vom Kai abnimmt, auch dann, wenn ihn kein Verschulden trifft;

4. alle Kosten und Gebühren zu tragen, die dem Verkäufer gegebenenfalls bei der Beschaffung oder bei dem Versuch der Beschaffung der in Artikel I. 7 erwähnten Dokumente entstehen.

schränkung des Kaufvertrages auf eine bestimmte Ware, tritt ein durch Absendung der Verladeanzeige oder der Konnossemente. Geht die Ware nach diesem Zeitpunkt verloren, so kann der Käufer keine Ersatzlieferung verlangen. Da er im Gegensatz zum C.I.F.-Geschäft nicht die Transportgefahr trägt, so braucht er, falls die Ware untergeht, keine Zahlung zu leisten. Nimmt er beschädigte Ware oder Teillieferungen an, so ermäßigt sich seine Gegenleistung entsprechend;

6. auf seine Kosten nur diejenigen Dokumente zu stellen, die für die Lieferung der Ware ab Kai im vereinbarten Hafen erforderlich sind. Der Käufer hat auf seine Kosten alle diejenigen Dokumente zu beschaffen, die er benötigt, um die Ware vom Kai abzuholen (zum Beispiel die Einfuhrbewilligung), oder an denen er aus irgendeinem anderen Grund interessiert ist (zum Beispiel das Ursprungszeugnis);

7. dem Käufer auf dessen Verlangen, Gefahr und Kosten neben den im vorangehenden Artikel genannten Unterlagen bei der Beschaffung oder bei dem Versuch der Beschaffung aller sonstigen im Ursprungs- und/oder Verschiffungslande auszustellenden Dokumente, die der Käufer gegebenenfalls benötigt, jede Hilfe zu gewähren.

§ 373

(1) Ist der Käufer mit der Annahme der Ware im Verzuge, so kann der Verkäufer die Ware auf Gefahr und Kosten des Käufers in einem öffentlichen Lagerhaus oder sonst in sicherer Weise hinterlegen.

(2) Er ist ferner befugt, nach vorgängiger Androhung die Ware öffentlich versteigern zu lassen; er kann, wenn die Ware einen Börsen- oder Marktpreis hat, nach vorgängiger Androhung den Verkauf auch aus freier Hand durch einen zu solchen Verkäufen öffentlich ermächtigten Handelsmakler oder durch eine zur öffentlichen Versteigerung befugte Person zum laufenden Preise bewirken. Ist die Ware dem Verderb ausgesetzt und Gefahr im Verzuge, so bedarf es der vorgängigen Androhung nicht; dasselbe gilt, wenn die Androhung aus anderen Gründen untunlich ist.

(3) Der Selbsthilfeverkauf erfolgt für Rechnung des säumigen Käufers.

(4) Der Verkäufer und der Käufer können bei der öffentlichen Versteigerung mitbieten.

(5) Im Falle der öffentlichen Versteigerung hat der Verkäufer den Käufer von der Zeit und dem Orte der Versteigerung vorher zu benachrichtigen; von dem vollzogenen Verkaufe hat er bei jeder Art des Verkaufs dem Käufer unverzüglich Nachricht zu ge-

§ 374

ben. Im Falle der Unterlassung ist er zum Schadensersatze verpflichtet. Die Benachrichtigungen dürfen unterbleiben, wenn sie untunlich sind.

§ 374

Durch die Vorschriften des § 373 werden die Befugnisse nicht berührt, welche dem Verkäufer nach dem Bürgerlichen Gesetzbuche zustehen, wenn der Käufer im Verzuge der Annahme ist.

Übersicht

	Rdn.
A. Anwendungsbereich	1
B. Die Voraussetzungen des Annahmeverzuges des Verkäufers im einzelnen	2
I. Angebot der Ware	2
1. Vertragsgemäßheit der Ware	3
2. Das Angebot muß von der richtigen Person ausgehen	6
3. Adressat des Angebots	7
4. Ort und Zeitpunkt des Angebots	8
5. Art und Weise des Angebots	9
6. Das tatsächliche Angebot	10
7. Das wörtliche Angebot und die Aufforderung an den Käufer zur Vornahme einer erforderlichen Mitwirkung (§ 295 BGB)	12
8. Die Leistungsbereitschaft des Verkäufers	14
9. Die Form des wörtlichen Angebots und der Aufforderung	15
10. Überflüssigkeit jeglichen Angebots	16
II. Nichtannahme der Ware oder Unterlassung der Mitwirkungshandlung	17
III. Zurechenbarkeit des Annahmeverzugs	18
IV. Beweislast	19
C. Nachträglicher Fortfall des Annahmeverzugs sowie verwandte Fälle	20
D. Rechtsfolgen des Annahmeverzugs	21
I. Die Rechtsfolgen des Annahmeverzugs nach BGB (§ 374 HGB)	22
1. Haftungserleichterung des § 300 BGB	22
2. Die Regelung des § 324 Abs. 2 BGB	23
3. Ersatz der Mehraufwendungen	24
4. Das Hinterlegungsrecht nach § 372 BGB	25
5. Die öffentliche Versteigerung nach § 383 BGB	26
II. Die Rechtsfolgen des Annahmeverzugs nach HGB (§ 373 HGB)	27
1. Die Hinterlegung nach § 373 HGB	28
2. Der Selbsthilfeverkauf nach § 373 HGB	33
a) Inhalt der Androhung	34
b) Form und Zeit der Androhung	35
c) Verzicht auf Androhung	36
d) Arten des Selbsthilfeverkaufs	37
aa) Die öffentliche Versteigerung	38
bb) Der freihändige Verkauf	40
e) Benachrichtigung	46
f) Gegenstand des Selbsthilfeverkaufs	47
g) Die Bedingungen des Selbsthilfeverkaufs	50
h) Der Ort des Selbsthilfeverkaufs	51
i) Zeitpunkt des Selbsthilfeverkaufs	53
j) Die Rechtswirkungen des Selbsthilfeverkaufs	54
aa) Die Rechtswirkungen ordnungsgemäßen Selbsthilfeverkaufs	54
bb) Die Rechtsfolgen des ordnungswidrigen Selbsthilfeverkaufs	56
k) Verhältnis zum Deckungsverkauf	61
l) Beweislast	62
3. Abweichende Vereinbarungen	63

Schrifttum

Baumbach/Duden/Hopt Kommentar zum HGB[25] (1983); *Düringer/Hachenburg* Kommentar zum HGB[3] (1932); Großkommentar zum HGB (1967 ff); *Hagedorn* Der Handelskauf auf Abruf und die Handelsbräuche darüber (1915); *Heymann/Kötter* Kommentar zum HGB[21] (1971); *v. Hoyningen-Huene* Der Handelskauf, Jura **1982** 1 ff; *Hüffer* Rechtsfragen des Handelskaufs, JA **1981** 70 ff, 143 ff; *Leo* Der Selbsthilfeverkauf, HansGZ **1900** Beibl. 2; *Reichel* Krieg und Annahmeverzug, DJZ **1915** 602; *Rosenberg* Der Verzug des Gläubigers, JherJ **43** 141; *Schlegelberger* Kommentar zum HGB[5] (1976); *Schmidt, Karsten* Handelsrecht[2] (1982); *Sohm* Der Selbsthilfeverkauf, ZHR **53** 76.

Stand: 1. 4. 1984

A. Anwendungsbereich

§ 373 HGB behandelt den Annahmeverzug des Käufers. Die Vorschrift gilt auch **1** beim **einseitigen Handelskauf**. Gleichgültig ist es, auf welcher Seite die Kaufmannseigenschaft gegeben ist und für welchen der Partner der Kauf ein Handelsgeschäft darstellt. *K. Schmidt* (Handelsrecht² (1982) S. 578) vertritt die Ansicht, daß beim einseitigen Handelsgeschäft die Ausübung der Rechte aus § 373 HGB gegen Treu und Glauben verstoßen könne. So sei es unzulässig, die Ware bei einem Verkauf an Konsumenten auf deren Kosten zu hinterlegen. Dem kann nicht gefolgt werden. § 373 HGB trägt der Tatsache Rechnung, daß der Kaufmann als Verkäufer regelmäßig darauf angewiesen ist, seine Lagerbestände schnell umzuwälzen und seine Lagerkapazität rationell auszunutzen. Es wird ihm daher nicht zugemutet, seine Lagerräume für die Aufbewahrung nicht abgenommener Ware zur Verfügung zu halten. Der Käufer soll die Kosten unnötiger Lagerung tragen. Damit nicht Streit um die Höhe der Selbstkosten des Verkäufers entsteht, ist der Verkäufer befugt, die Ware bei Dritten einzulagern. Davon im Einzelfall abzugehen, zerstört die § 373 HGB zugrunde liegende Generalisierung. Ausnahme: Rechtsmißbrauch, z. B. falls der Annahmeverzug für den Verkäufer erkennbar nur wenige Tage dauern wird und das Lager des Verkäufers evident unausgelastet ist. Bei dieser Konstellation besteht aber kein Anlaß, zwischen einseitigen und beiderseitigen Handelsgeschäften zu differenzieren.

Dem Kauf von Waren steht der Kauf von Wertpapieren bzw. der **Werklieferungsvertrag** über bewegliche, nicht-vertretbare Sachen gleich (§ 381 HGB).

Der Käufer ist in Hinblick auf die Ware sowohl Gläubiger als auch Schuldner. Er kann die Lieferung der Ware verlangen, ist aber gemäß § 433 BGB auch verpflichtet, sie abzunehmen. Er kann mithin in **zweierlei Weise in Verzug** geraten. Gerät der Käufer mit der Abnahme in Verzug, so greifen die §§ 284 ff BGB ein; gerät er in seiner Eigenschaft als Gläubiger mit der Annahme in Verzug, so liegt ein Verzug im Sinne der §§ 293 ff BGB vor. § 373 HGB ist **ausschließlich** auf den **Annahmeverzug** im Sinne der §§ 293 ff BGB zugeschnitten.

B. Die Voraussetzungen des Annahmeverzuges des Verkäufers im einzelnen:

I. Angebot der Ware

Dem Käufer muß die Leistung des Verkäufers so, wie sie vertragsgemäß zu erbrin- **2** gen ist, angeboten worden sein (§ 294 BGB). Die Ware muß mithin in der richtigen Menge und Beschaffenheit zur rechten Zeit am rechten Ort von der richtigen Person an die richtige Person und darüber hinaus in der rechten Art und Weise angeboten worden sein.

1. Vertragsgemäßheit der Ware

Weist der Käufer die ihm angebotene Ware zu Recht als vertragswidrig zurück, so **3** gerät er dadurch nicht in Annahmeverzug. Die Ware kann vertragswidrig sein, weil sie nicht die geschuldete **Beschaffenheit** besitzt oder **Rechtsmängel** aufweist. Wegen mangelhafter Beschaffenheit können sowohl Gattungswaren als auch Speziessachen zurückgewiesen werden. Dabei kommt der Käufer auch dann nicht in Annahmeverzug, wenn er die Zurückweisung unzutreffend mit Leistungsverzug statt mit Mangelhaftigkeit begründet. Die Vertragswidrigkeit der Ware schließt den Annahmeverzug sogar dann aus, wenn sich der Käufer überhaupt nicht auf die Mangelhaftigkeit beruft (RGZ

§ 374   Drittes Buch. Handelsgeschäfte

111 86, 89 f). Ausgeschlossen ist die Zurückweisung der Ware allerdings dann, wenn der Käufer ausnahmsweise durch Vertrag oder Gesetz zur Annahme verpflichtet ist, weil ihm z. B. nur ein Minderungsrecht zusteht (RGZ **73** 257, 260) oder die Nichtannahme im Einzelfall rechtsmißbräuchlich ist, weil die Ware nur ganz geringfügige, behebbare Mängel aufweist (RG WarnRspr. **1909** Nr. 196; Recht **30** 363 Nr. 1238). Die Nichtannahme der Ware geschieht auf Gefahr des Käufers. Stellt sich später heraus, daß die Ware vertragsgemäß war oder daß der Käufer sie aus sonstigen Gründen nicht zurückweisen durfte, so ist der Käufer von Anfang an in Annahmeverzug geraten. Das ist auch dann der Fall, wenn der Käufer die zu Unrecht zurückgewiesene Ware dem Verkäufer auf dessen Verlangen zur nochmaligen Untersuchung zurückschickt und die Ware dann unterwegs verlorengeht (RGZ **106** 294). Eine Berufung auf den Annahmeverzug des Käufers ist jedoch ausgeschlossen, wenn der Käufer nicht erkennen konnte, ob ihm die geschuldete Leistung angeboten wird, weil der Verkäufer die ihm obliegende Auskunft verweigerte (BGH DB **1957** 1265).

4   Die Ware muß, damit Annahmeverzug eintreten kann, ferner in der **richtigen Menge** angeboten worden sein. Die Zurückweisung von unzulässigen Teilangeboten begründet somit keinen Annahmeverzug. Dabei ist zu berücksichtigen, daß der Käufer nach Treu und Glauben Teillieferungen anzunehmen hat, wenn ihn dies allenfalls geringfügig belastet (RG WarnRspr. **1909** Nr. 196; Recht **1930** 363 Nr. 1238). Bietet der Verkäufer **zu viel** an, so gerät der Käufer in Annahmeverzug, wenn die geschuldete Leistung ohne unzumutbare Beschwer aus der Gesamtmenge ausgeschieden werden kann und der Verkäufer bereit ist, sein Angebot auf den tatsächlich geschuldeten Teil zu beschränken (RGZ **4** 7; **23** 126; OLG Hamburg OLGE **24** 180). Zur Beimischung anderer als der bestellten Ware RG Recht **1919** Nr. 1336.

5   Nicht vertragsgemäß ist ferner ein Angebot, das mit **vertragswidrigen Forderungen** gekoppelt ist. Ein derartiges Angebot kann der Käufer zurückweisen, ohne dadurch in Annahmeverzug zu geraten (RG Recht **1928** Nr. 526). Ein Angebot unter Vorbehalt ist jedoch ausnahmsweise wirksam, wenn es lediglich den Zweck hat, dem Verkäufer unter dem Aspekt des § 814 BGB die Rückforderung offenzuhalten (RG WarnRspr. **1914** Nr. 240; **1924** Nr. 179). Vertragsgemäß ist z. B. bei einem „Kassa"-Geschäft die Forderung, daß der Käufer Zug um Zug gegen Übergabe der Ware den Kaufpreis bezahlt (§ 298 BGB; RGZ **109** 326).

2. Das Angebot muß von der richtigen Person ausgehen

6   Die Ware muß vom Verkäufer, seinem Erfüllungsgehilfen, seinem Bevollmächtigten angeboten worden sein. Auch ein unbeteiligter Dritter kann den Käufer in Annahmeverzug setzen, wenn er die Leistung genauso wie sie dem Schuldverhältnis entspricht, tatsächlich (nicht wörtlich; RG WarnRspr. **1909** Nr. 348) anbietet und der Verkäufer nicht widerspricht (§ 267 BGB). Ausnahme: § 268 BGB.

3. Adressat des Angebots

7   Der richtige Angebotsadressat ist in der Regel der Käufer bzw. einer der Mitkäufer (§ 293 BGB; RGZ **94** 140, 143). Dem Angebot an den Käufer steht das Angebot an seinen Stellvertreter gleich. Dieser ist im Zweifel auch zur Ablehnung berechtigt. Die unberechtigte Zurückweisung der Ware durch den Stellvertreter führt daher auch dann zum Annahmeverzug, wenn der Käufer den Verkäufer nicht konkret zur Leistung an den Stellvertreter ermächtigt hatte[1]; denn der Käufer darf bei einer arbeitsteiligen Or-

---

[1] *Palandt/Heinrichs*[43] § 293 BGB 2 c; differenzierend *Erman/Battes*[7] § 293 BGB 2; *Münchener Kommentar-Walchshöfer* § 293 BGB 9; *Staudinger/Löwisch*[12] § 293 BGB 4.

Stand: 1. 4. 1984

ganisation nicht allzu leicht aus seiner Verantwortung entlassen werden. Allerdings ist jeweils zu prüfen, ob sich die generelle Vollmacht auch auf die Entgegennahme der Ware bezieht. Einem Bevollmächtigten steht der Besitzer einer Quittung sowie der Anweisungsempfänger sowie jede vom Käufer konkludent zur Empfangnahme ermächtigte Person gleich.

4. Ort und Zeitpunkt des Angebots

Ist es dem Verkäufer freigestellt, innerhalb eines bestimmten Zeitraums zu liefern, **8** ist eine Leistungszeit überhaupt nicht bestimmt oder ist der Verkäufer berechtigt, vorzeitig zu liefern, so muß er dem Käufer die Lieferung rechtzeitig ankündigen (OLG Hamburg LZ **1912** 784). Der Käufer ist zur Annahmeverweigerung nicht befugt, wenn der Verkäufer zwar am unrichtigen Ort angeboten hatte, die dadurch verursachten Mehrkosten aber unbedeutend sind oder der Kaufpreis um sie gekürzt werden kann oder wenn das Angebot am unrichtigen Ort für den Käufer sogar günstiger war.

5. Art und Weise des Angebots

Der Käufer muß grundsätzlich die Ware vor der Annahme besichtigen können. Es **9** ist allerdings immer zu beachten, daß sich der Käufer geringfügige Abweichungen von den vertraglichen Abreden nach Treu und Glauben gefallen lassen muß (z. B. Empfang aus dem Seekahn statt ab Kai, RG JW **1897** 404).

6. Das tatsächliche Angebot

In der Regel ist ein tatsächliches Angebot erforderlich (§ 294 BGB). Der Verkäufer **10** muß alles getan haben, was zur Bewirkung der Leistung seinerseits erforderlich ist, so daß der Eintritt des Leistungserfolges nur mehr davon abhängt, daß der Käufer „zugreift" und die ihm angebotene Leistung annimmt (RGZ **85** 416; **109** 324, 328). Bei sogenannten Bringschulden muß der Verkäufer die Ware zum Käufer bzw. einem sonst Empfangsberechtigten gebracht haben. Beim einfachen Versendungskauf liegt ein tatsächliches Angebot erst dann vor, wenn der vom Verkäufer beauftragte Frachtführer die Ware am Bestimmungsort abliefert. Die Absendung oder die Übergabe der Ware an den Spediteur am Bestimmungsort ohne Zurollung an den Empfänger reicht nicht aus[2], weil sie allein den Käufer noch nicht in die Lage versetzt, durch bloße Annahme den Kaufvertrag zur Erfüllung zu bringen, und die Beförderungsperson die Ware auch nicht für den Käufer in Empfang nimmt. Daran ändert die Tatsache nichts, daß die Preisgefahr gemäß § 447 BGB bereits bei Auslieferung an die Transportperson an den Käufer übergeht. Unerheblich ist es auch, ob der Verkäufer eine Versendungsanzeige gemacht hat. Das gilt auch für die Verladeanzeige beim cif-Geschäft (Rdn. vor § 373 36) und fob-Geschäft (Rdn. vor § 373 106). Auch hier ist das tatsächliche Angebot noch nicht mit der Anzeige der Verladebereitschaft gemacht. Bei Nachnahmesendungen ist es notwendig, daß der Postbedienstete die Sendung beim Empfänger vorweist (RGZ **102** 370, 372). Ferner gehört es zum tatsächlichen Angebot, daß der Verkäufer die Erstattung der für die Ausstellung einer Quittung über den Empfang der Sendung entstandenen Kosten anbietet (§ 369 Abs. 1 BGB). Hat der Verkäufer außerdem neben der Lieferung zusätzliche Dienstleistungspflichten übernommen (z. B. eine Montage), so muß er auch diese Leistung tatsächlich am vereinbarten Ort anbieten.

---

[2] RGZ **102** 370, 372; **106** 294, 297 sowie die allg. M. in der Literatur, *Staudinger/Löwisch*[12] § 294 BGB 10; *Erman/Battes*[7] § 294 BGB 2 m. Nachw.; a. A. RG JW **1925** 607 m. Anm. von *Plum*.

11 Das tatsächliche Angebot ist keine Willenserklärung, sondern ein Realakt. § 130 BGB ist unanwendbar, weil den Verkäufer nicht das Risiko treffen soll, daß der Käufer von dem tatsächlichen Angebot keine Kenntnis erhält (h. M., *Münchener Kommentar — Walchshöfer* § 293 BGB 8 m. Nachw.). Die Ware ist deshalb auch dann im Sinne des § 294 BGB wirksam angedient, wenn der anliefernde Verkäufer am vertragsgemäßen Bestimmungsort niemanden antrifft.

7. Das wörtliche Angebot und die Aufforderung an den Käufer zur Vornahme einer erforderlichen Mitwirkung (§ 295 BGB)

12 Nicht immer erschöpft sich die Mitwirkung des Käufers bei der Erfüllung des Kaufvertrags in der bloßen Annahme der ihm angedienten Leistung. Häufig hängt das tatsächliche Angebot seinerseits von einer vorhergehenden **Mitwirkung** des Käufers ab, so z. B., wenn der Käufer die Ware beim Verkäufer abzuholen hat. Weitere Beispiele: Spezifikation (§ 375 HGB); Abruf der Ware³; das Bereitstellen von Verpackungsmaterialien oder Transportmitteln; die Ausübung eines dem Käufer zustehenden Wahlrechts (§ 264 Abs. 2 BGB); Erteilung einer Versandorder innerhalb einer dem Käufer eingeräumten billigen Frist (RG Recht **1917** 367 Nr. 719); Aufgabe einer Verladeadresse (RG Recht **1923** 167 Nr. 634). Eine weitere Mitwirkungspflicht kann darin bestehen, sich beim Verkauf gegen Lieferschein durch Vorzeigen des Scheines bei der Abholung zu legitimieren. In diesen Fällen kann vom Verkäufer kein tatsächliches Angebot verlangt werden. Ausreichend ist daher ein wörtliches Angebot. Dem wörtlichen Angebot steht die Aufforderung des Verkäufers an den Käufer, die erforderliche Mitwirkungshandlung vorzunehmen, gleich (§ 295 BGB). Unter besonderen Umständen kann jedoch nach Treu und Glauben die Verladung der Ware auch ohne Versandorder des Käufers gerechtfertigt sein (RG JW **1899** 261).

13 Gemäß § 295 S. 1 BGB genügt ein wörtliches Angebot ferner dann, wenn der Käufer im voraus, gegebenenfalls schon vor Fälligkeit, **erklärt** hat, er werde die Ware **nicht annehmen** oder den Kaufpreis nicht — wie geschuldet — Zug um Zug **bezahlen** (§ 298 BGB) oder die Ware nicht zu dem vereinbarten Preis abnehmen (RGZ **102** 370, 372; BGH LM Nr. 3 zu § 651 BGB). Gleiches gilt, wenn der Käufer zu Unrecht den wirksamen Vertragsabschluß bestreitet, ohne Anfechtungsgrund den Vertrag anficht oder grundlos Schadensersatz wegen Nichterfüllung verlangt bzw. vom Vertrag zurücktritt. Die Annahmeverweigerung muß nicht ausdrücklich erklärt worden sein. Es genügt jedes Verhalten, aus dem der Verkäufer mit Sicherheit ableiten kann, daß der Käufer die Ware nicht abnehmen wird (BGH LM Nr. 3 zu § 651 BGB). Ein Irrtum des Käufers ist ohne Rücksicht auf etwaiges Verschulden unerheblich. Unter Umständen kann der Verkäufer sogar **verpflichtet** sein, ein **wörtliches Angebot** vorzunehmen. So muß er z. B. die Versendung der Ware unterlassen, wenn dem Käufer hierdurch unnötige Kosten entstehen würden (RGZ **15** 1, 3), es sei denn, daß der Transport ohnehin auf Kosten des Verkäufers zu erfolgen hat. Häufig wird allerdings der Transport der Ware an den Ablieferungsort im Interesse beider Vertragsteile liegen, weil dann im Rahmen des Selbsthilfeverkaufs bessere Preise erzielt werden können (RG *Bolze* **3** Nr. 701). Die Annahmeverweigerung entbindet ausschließlich von der Verpflichtung zum tatsächlichen Angebot (RGZ **50** 208, 210 f). Der Verkäufer hat also auch bei der Annahmeverweigerung die Leistung wörtlich anzubieten. Anderes gilt beim Sukzessivlieferungsvertrag (RG JW **1910** 804). Ein wörtliches Angebot ist **überflüssig**, wenn evi-

---
³ BGH NJW **1954** 385; RGZ **73** 257, 260; JW **1904** 1688; LZ **1907** 222; **1913** 142.

dent ist, daß der Käufer auf seiner Verweigerungshaltung beharren wird (h. M., *Münchener Kommentar-Walchshöfer* § 296 BGB 6). Der Verkäufer wird durch eine derartige Annahmeverweigerung nicht von der Verpflichtung frei, die Leistung bereitzuhalten, bis zur Annahme zu warten und einen etwaigen Selbsthilfeverkauf nach § 373 Abs. 2 HGB anzudrohen.

8. Die Leistungsbereitschaft des Verkäufers

Dort, wo der Verkäufer lediglich ein wörtliches Angebot macht, muß die Leistungsbereitschaft des Verkäufers besonders festgestellt werden. Der Verkäufer muß im Zeitpunkt des wörtlichen Angebots bereit und imstande gewesen sein, die Ware zu liefern bzw., dort, wo der Käufer mitzuwirken hat, bereit und imstande gewesen sein, die Ware termingerecht zu liefern. Das Erfordernis der Leistungsbereitschaft darf nicht eng verstanden werden. Bei Gattungsschulden ist es z. B. unschädlich, daß die Ware im Zeitpunkt der Aufforderung noch nicht zur Abholung ausgesondert war oder wenn sonstige Maßnahmen noch nicht getroffen worden sind, die üblicherweise erst bei der Abnahme selbst vorgenommen werden (anderes gilt in Hinblick auf § 300 BGB). Es genügt, daß der Verkäufer mit Sicherheit imstande ist, richtig und rechtzeitig zu leisten, wenn der Käufer an dem kalendermäßig bestimmten Termin oder auf die Aufforderung des Verkäufers hin die ihm obliegenden Mitwirkungshandlungen vornimmt[4]. Steht die wörtlich angebotene Ware auf dem Markt jederzeit bereit und ist auch der Verkäufer in der Lage, sie sich dort kurzfristig zu besorgen, so ist die Lieferbereitschaft auch dann zu bejahen, wenn der Verkäufer die Ware nicht vorrätig hält (RGZ 50 255, 260 f). Zur Verfügung des Verkäufers steht die Ware ferner dann, wenn er tatsächlich in der Lage war, sie jederzeit durch einen Dritten liefern zu lassen, bei dem sie aufgrund einer vertraglichen Verpflichtung zur Verfügung des Verkäufers gehalten wird (RGZ 29 66; 34 98).

9. Die Form des wörtlichen Angebots und der Aufforderung

Das wörtliche Angebot und die Aufforderung zur Mitwirkung sind formfrei. Beide sind einseitige, **empfangsbedürftige** Erklärungen. Die §§ 130 ff BGB sind jedenfalls analog anzuwenden. Inhaltlich muß das wörtliche Angebot so wie das tatsächliche den in Rdn. 3 ff angeführten Anforderungen entsprechen. Es muß also zur rechten Zeit am rechten Ort gegenüber der richtigen Person in der richtigen Art und Weise angeboten bzw. aufgefordert worden sein.

10. Überflüssigkeit jeglichen Angebots

Ausnahmsweise bedarf es überhaupt keines Angebots, wenn für die dem Käufer obliegende Mitwirkungshandlung ein bestimmter oder aufgrund einer Kündigung zu berechnender Kalendertag bestimmt ist (§ 296 BGB).

II. Nichtannahme der Ware oder Unterlassung der Mitwirkungshandlung

Voraussetzung eines Annahmeverzugs ist ferner, daß der Käufer trotz Aufforderung oder Verstreichens des festgesetzten Kalendertermins bzw. trotz tatsächlichen Angebots die vertragsgemäß offerierte Ware nicht annimmt oder eine ihm obliegende

---

[4] RGZ 50 255, 260; Recht 1918 Beil. Nr. 678; vgl. auch BGH MDR 1958 335; LM Nr. 3 zu § 651 BGB.

§ 374　　　　Drittes Buch. Handelsgeschäfte

Mitwirkungshandlung unterläßt. Eine ausdrückliche oder unbedingte Weigerung ist nicht erforderlich. Es reicht aus, daß sich der Käufer untätig verhält oder die Annahme von unberechtigten Bedingungen abhängig macht oder die Ware nicht als Erfüllung gelten lassen will. Somit gerät der Käufer in Annahmeverzug, wenn er zwar Versandorder erteilt, sie jedoch mit unzulässigen Bedingungen verknüpft (RG JW **1897** 575), wenn er vertragswidrig nicht Zahlung des fälligen Kaufpreises Zug um Zug anbietet (RGZ **109** 324, 326). Der Käufer gerät ferner in Annahmeverzug, falls er die Ware wegen vertragswidriger Belastung mit Fracht zurückweist, obwohl ihm nach Treu und Glauben zumutbar wäre, die Frachtkosten von dem fälligen Kaufpreis abzuziehen. Annahmeverzug kommt aber nicht in Betracht, wenn der Käufer die Ware zunächst angenommen hat und sie später wieder zur Verfügung stellt (RGZ **43** 44, 46 f) oder wenn der Käufer über die Ware zunächst wie ein Eigentümer verfügt hat, sie aber später von seinem Abkäufer zurückerhält. Auch eine bloße Mängelrüge bei Entgegennahme der Ware enthält keine Erklärung der Nichtannahme; sie dient nur der Wahrung der Gewährleistungsansprüche (§ 377 HGB). Eine unbegründete Rüge führt ebenfalls nicht zum Annahmeverzug.

Liegt ein Kauf gegen ein **Dispositionspapier** vor, so begründet die Weigerung des Käufers oder der von ihm beauftragten Bank, das Papier entgegenzunehmen, Annahmeverzug und beim Verkauf „Kasse gegen Dokumente" zugleich Zahlungsverzug. Hat jedoch der Käufer die Dokumente aufgenommen, so ist die Lieferung im Sinn des § 293 BGB angenommen. Nimmt der Käufer dann die Ware bei dem Verfrachter nicht entgegen, so löst dies keinen Annahmeverzug mehr im Verhältnis zwischen Käufer und Verkäufer aus.

III. Zurechenbarkeit des Annahmeverzugs

18　Der Käufer gerät unabhängig davon in Annahmeverzug, ob er die Nichtannahme bzw. das Unterlassen der Mitwirkung verschuldet hat oder nicht. Von einem Annahmeverzug kann aber nur gesprochen werden, wenn im Zeitpunkt des Angebots die Annahme nachholbar war (*Münchener Kommentar — Walchshöfer* § 293 BGB 6; str.). Geht später die Nachholbarkeit verloren, so gilt § 324 Abs. 2 BGB. Zu den Fällen, in denen der Käufer die Ware nicht verwenden kann, *Koller* Die Risikozurechnung bei Vertragsstörungen in Austauschverträgen (1979), 32 ff, 306 ff m. Nachw..

IV. Beweislast

19　Der Verkäufer hat zu beweisen, daß er ein vertragsgemäßes Angebot bzw. ein vertragsgemäßes wörtliches Angebot getätigt hat und daß der Käufer die Ware nicht angenommen hat, die Annahme verweigert hat oder die ihm obliegende Mitwirkungshandlung nicht vertragsgemäß vorgenommen hat. Der Käufer trägt die Beweislast für die mangelnde Leistungsbereitschaft des Verkäufers (RGZ **50** 255, 261; Recht **1918** Nr. 679). Dies ergibt sich aus der Fassung des § 297 BGB.

C. Nachträglicher Fortfall des Annahmeverzugs sowie verwandte Fälle

20　Der bereits eingetretene Annahmeverzug entfällt mit Wirkung für die Zukunft, wenn der Käufer alles nachholt, was zur gehörigen Annahme erforderlich ist und seine Bereitschaft zur Annahme bzw. Mitwirkung dem Verkäufer bekannt gibt (RGZ **32** 61, 63 f; JW **1905** 13) und der Verkäufer ausreichend Zeit gehabt hat, um sich auf die Lie-

Stand: 1. 4. 1984

ferung einstellen zu können[5]. Nicht erforderlich ist es, daß der Käufer sich zugleich zum Ersatz der bisher durch seinen Verzug entstandenen Kosten des vergeblichen ersten Angebots, der Aufbewahrung und der Erhaltung der Sache (§ 304 BGB, § 373 Abs. 1 HGB) sowie des nunmehr erforderlichen erneuten Angebots erbietet[6]. Es gilt nämlich nicht § 298 BGB, sondern § 273 BGB, weil der Käufer die Höhe der berechtigten Aufwendungen im Moment des tatsächlichen Angebots nicht kontrollieren kann. Befindet sich der Käufer zugleich im Zahlungsverzug, so muß er zunächst diesen beseitigen, weil der Verkäufer die Ware bis dahin zurückhalten kann. Dagegen wird der Annahmeverzug des Käufers nicht dadurch geheilt, daß der Verkäufer gegenüber dem bereits im Annahmeverzug befindlichen Käufer vertragswidrige Forderungen stellt, z. B. jetzt nur noch gegen Nachnahme liefern will.

Ist nach den vorstehenden Grundsätzen der Annahmeverzug beendet worden, so muß der Verkäufer einen eingeleiteten Selbsthilfeverkauf unverzüglich abzuwenden suchen (RGZ **109** 324, 327).

D. Rechtsfolgen des Annahmeverzugs

Die Rechtsfolgen des Annahmeverzugs ergeben sich zum Teil aus dem BGB, zum Teil aus § 373 HGB. Das Verhältnis der Regelungen des BGB und des HGB ordnet § 374 HGB. Danach behält der Verkäufer auch beim Handelskauf die ihm nach BGB zustehenden Rechte. Der Verkäufer kann also nach seiner Wahl die Rechte aus § 373 HGB oder die Rechte aus den §§ 293 ff, 372 ff, 382 BGB ausüben. Insbesondere kann der Verkäufer auch dann noch Zahlung des Kaufpreises verlangen, wenn er bereits den Selbsthilfeverkauf angedroht hatte und wenn ihm, ohne daß er dies zu vertreten gehabt hätte, nachträglich die Lieferung unmöglich geworden ist (§ 324 Abs. 2 BGB).

21

I. Die Rechtsfolgen des Annahmeverzugs nach BGB (§ 374 HGB)

1. Haftungserleichterung des § 300 BGB

§ 300 BGB gewährt dem Verkäufer eine Haftungserleichterung. Unklar ist, ob diese Haftungserleichterung dem Verkäufer auch in Hinblick auf diejenigen Pflichten zugute kommt, die ihn im Rahmen des § 373 HGB treffen (Rdn. 30).

22

2. Die Regelung des § 324 Abs. 2 BGB

Ist dem Verkäufer die Leistung während des Annahmeverzugs des Käufers unmöglich geworden, so behält er gemäß § 324 Abs. 2 BGB seinen Anspruch auf den Kaufpreis, auch wenn er die Unmöglichkeit leicht fahrlässig verschuldet hat (§ 300 Abs. 1 BGB).

23

3. Ersatz der Mehraufwendungen

Der Verkäufer hat Anspruch auf Ersatz der Aufwendungen, die er für das erfolglose Angebot gemacht hat, sowie der Mehraufwendungen, die er für die Erhaltung und Aufbewahrung des geschuldeten Gegenstands für notwendig halten durfte und die er

24

---

[5] *Staudinger/Löwisch*[12] § 293 BGB 18; **a. A.** *Münchener Kommentar-Walchshöfer* § 293 BGB 15.
[6] *Palandt/Heinrichs*[43] § 293 BGB 4; *Münchener Kommentar-Walchshöfer* § 293 BGB 15; **a. A.** *Staudinger/Löwisch*[12] § 293 BGB 21; *Soergel/Reimer/Schmidt*[10] § 293 BGB 7; *Erman/Battes*[7] vor § 293 BGB 14.

tatsächlich getätigt hat (§ 304 BGB). Der Begriff „mußte" in § 304 BGB ist im Sinne des § 670 BGB zu interpretieren, da es nicht angebracht ist, den Verkäufer mit dem Risiko eines Irrtums über die Notwendigkeit von Aufwendungen zu belasten (Wertung der §§ 300 Abs. 1, 324 Abs. 2 BGB).

4. Das Hinterlegungsrecht nach § 372 BGB

25 Geld, Wertpapiere und sonstige Urkunden sowie Kostbarkeiten kann der Verkäufer bei einer öffentlichen Hinterlegungsstelle hinterlegen (§ 372 BGB).

5. Die öffentliche Versteigerung nach § 383 BGB

26 Einen zur öffentlichen Hinterlegung nicht geeigneten Gegenstand kann der Verkäufer öffentlich versteigern lassen und den Erlös hinterlegen (§ 383 BGB). Ist der Kaufpreis noch nicht fällig, so ist dem Verkäufer anzuraten, nach § 383 BGB anstatt nach § 373 HGB (Selbsthilfeverkauf) vorzugehen. § 373 HGB zufolge wird nämlich der Selbsthilfeverkauf für die Rechnung des säumigen Käufers vorgenommen, so daß der Verkaufserlös sofort an den Käufer auszuzahlen ist, auch wenn der Kaufpreis noch nicht fällig war. Damit begibt sich der Verkäufer der Möglichkeit, seine Kaufpreisforderung zu sichern. Geht er nach § 383 BGB vor, so erlangt er die Möglichkeit, den Erlös zu hinterlegen, anstatt sofort auszahlen zu müssen. Gemäß § 383 BGB muß der Verkäufer die Ware am Erfüllungsort versteigern lassen. Nur wenn von der Versteigerung am Erfüllungsort kein angemessener Erfolg zu erwarten ist, darf er die Ware an einem anderen geeigneten Ort versteigern. Befindet sich die Ware zum Zeitpunkt des Eintritts des Annahmeverzugs bereits auf dem Transport, so muß der Verkäufer die Ware beim Versendungskauf an den Erfüllungsort (§ 269 Abs. 3 BGB) zurückbeordern.

II. Die Rechtsfolgen des Annahmeverzugs nach HGB (§ 373 HGB)

27 Beim Handelskauf (Rdn. 1) stehen dem Verkäufer neben den soeben erwähnten Rechten (§ 374 HGB) gemäß § 373 HGB zwei weitere Rechte zu. Dem Verkäufer wird ein besonderes Hinterlegungsrecht sowie die Befugnis eröffnet, für Rechnung des Käufers einen Selbsthilfeverkauf der nicht angenommenen Ware vorzunehmen. Beide Rechte aus § 373 HGB stehen dem Verkäufer so lange zu, wie sich der Käufer in Annahmeverzug befindet (Rdn. 2 ff). Er kann von ihnen selbst dann noch Gebrauch machen, wenn er zuvor bereits auf Erfüllung der Abnahme und/oder Zahlung geklagt hat. Die Rechte aus § 373 HGB sind wahlweise gegeben. Die Rechte können auch nach freiem Belieben hintereinander ausgeübt werden, d. h., der Verkäufer kann zunächst hinterlegen und dann versteigern.

1. Die Hinterlegung nach § 373 HGB

28 Mit der Hinterlegung nach § 372 BGB ist dem kaufmännischen Verkehr nicht ausreichend gedient. Sie beschränkt sich nämlich auf Geld, Wertpapiere, sonstige Urkunden sowie Kostbarkeiten. Die eigentlichen Gegenstände des Handelsverkehrs sind mithin nach BGB nicht hinterlegungsfähig. Aus diesem Grunde enthält das HGB ein eigenes Hinterlegungsrecht. Es handelt sich dabei ausschließlich um eine Befugnis im Interesse des Verkäufers. Der Verkäufer ist somit **zur Hinterlegung nicht verpflichtet;** denn das Gesetz will ihm nur die Möglichkeit eröffnen, sein Lager zu entlasten und sich der Obhut über die Ware, zu der er an sich verpflichtet ist, zu begeben. Der Verkäufer kann sich der **Sorge um die Ware** nur in der in den §§ 372 BGB, 373 HGB vor-

gesehenen Form entledigen. Er ist z. B. regelmäßig nicht berechtigt, die Ware unter allen Umständen einfach auf der Bahn zu lassen und zuzusehen, wie sie **bahnamtlich versteigert** wird, es sei denn, daß ein für das Vertragsverhältnis maßgeblicher Handelsbrauch besteht, demzufolge der bahnamtliche Verkauf den Selbsthilfeverkauf ersetzt (RG JW **1903** Beil. S. 6). Kommt es dennoch zu einer bahnamtlichen Versteigerung, so ist von Fall zu Fall zu prüfen, ob sie der Verkäufer verschuldet hat. Das wird z. B. nicht der Fall sein, wenn der Verkäufer von der Zurückweisung der Ware und ihrer drohenden Versteigerung keine Kenntnis erhalten hat. Dann hat sich der Käufer den Schaden selbst zuzuschreiben. Das gleiche gilt, wenn durch das Verhalten des Käufers neue, nicht unerhebliche Kosten bei der Eisenbahnverwaltung entstanden sind. Sie zu verauslagen und damit den Käufer vor der bahnamtlichen Versteigerung zu schützen, gehört nicht zu den Pflichten des Verkäufers. Haftungsmaßstab: § 300 Abs. 1 BGB. Im übrigen ist zu beachten, daß auch den **Käufer eine Verpflichtung zur Sorge** um die zurückgewiesene Ware trifft (§ 379 HGB). Unter Umständen ist eine Abwägung des beiderseitigen Mitverschuldens vorzunehmen (§ 254 BGB).

Die Hinterlegung hat in einem **öffentlichen Lagerhaus** oder **sonst** in **sicherer Weise** **29** zu erfolgen. Der Verkäufer kann die Ware also auch einem privaten Dritten in Verwahrung geben. Handelt es sich um Gegenstände, die bereits nach BGB hinterlegungsfähig sind (§§ 372 ff BGB), so können sie auch — müssen aber nicht — bei der staatlichen Hinterlegungsstelle in Verwahrung gegeben werden. Der Verkäufer, der nach § 373 HGB vorgeht, ist anders als im Fall des § 374 BGB nicht gehalten, die Ware am Leistungsort zu hinterlegen.

Nach ganz h. M. hat der Verkäufer die **Hinterlegungsstelle** mit der im Verkehr erforderlichen Sorgfalt (§ 347 Abs. 1 HGB bzw. § 276 Abs. 1 BGB) **auszuwählen**. Handelt er sorgfaltswidrig, so soll ihm die Haftungserleichterung des § 300 Abs 1 BGB nicht zugute kommen[7]. Man begründet die Verweigerung der Haftungserleichterung damit, daß § 300 Abs. 1 BGB nur die Sorge für den Leistungsgegenstand betreffe und der Verkäufer nicht zur Hinterlegung verpflichtet sei. Außerdem stehe dem Verkäufer bei der Auswahl der Hinterlegungsstelle ein so breiter Ermessensspielraum zur Verfügung, daß von ihm erwartet werden könne, ohne jede Fahrlässigkeit vorzugehen. Hierbei wird verkannt, daß die Auswahl einer sicheren Hinterlegungsstelle nur eine Variante der Erfüllung der Obhutspflicht ist, so wie ja nie fraglich geworden ist, daß § 300 Abs. 1 BGB gilt, wenn der Verkäufer die Ware durch seine Erfüllungsgehilfen verwahren läßt. Ferner gehört zu den Vorsorgepflichten nicht nur die Auswahl des Verwahrers, sondern vielfach auch die Auswahl und der Abschluß der Versicherung sowie Anzeigepflichten. Wenn man hier den Verkäufer mit der Gefahr leicht fahrlässigen Handelns belastet, so muß man ihm zugestehen, immer die sicherste Lösung auswählen und die Erstattung der vollen Kosten vom Käufer verlangen zu dürfen. Damit provoziert man Verschwendung; denn § 373 Abs. 1 HGB spricht schlechthin von den Kosten des Käufers. Gleichwohl sollte man es — zumal im Lichte des § 304 BGB — dem Verkäufer nicht erlauben, den Käufer mit unangemessenen Kosten zu belasten, sondern seinen Erstattungsanspruch auf diejenigen Kosten beschränken, die der Verkäufer für erforderlich halten durfte (Rechtsgedanke des § 670 BGB). Beschneidet man in dieser Weise den Erstattungsanspruch, so kann der Verkäufer nicht mehr die absolut sicherste Lösung wählen, wenn er nicht ein Verlustgeschäft machen will. **30**

---

[7] BGH LM Nr. 3 zu § 651 BGB; RG JW **1921** 394; Schlegelberger/Hefermehl[5] § 373 HGB 17; Baumbach/Duden/Hopt[25] §§ 373/374 HGB 6; Heymann/Kötter[21] § 373 HGB 3; a. A. teilweise RGZ 57 105, 107.

Berücksichtigt man ferner, daß der Käufer durch den Annahmeverzug die erhöhte Risikobelastung des Verkäufers veranlaßt hat und zugleich verhindert hat, daß die Ware bei ihm selbst untergehen kann, so muß der Verkäufer von einem leicht fahrlässigen Fehlgriff bei der Auswahl der Hinterlegungsstelle, Versicherung und sonstiger die Hinterlegung begleitender Pflichten entlastet werden. Zum Ausgleich kommt dem Käufer zugute, daß der Verkäufer nur angemessene Kosten abwälzen darf. Im Vergleich zur Verwahrung durch den Verkäufer selbst bzw. dessen Erfüllungsgehilfen trifft den Käufer bei Anwendung des § 300 Abs. 1 BGB auf die Hinterlegungspflichten auch nur ein geringfügig erhöhtes Risiko, nämlich das Insolvenzrisiko des Drittverwahrers im Fall fahrlässiger Schadenszufügung. Es erhöht sich je nachdem, wie weit man seitens des Lagerhalters eine Haftungsfreizeichnung durch AGB für zulässig hält. Siehe § 417 HGB. Hier kann und muß der Verkäufer aber die erhöhte Gefahr durch den Abschluß einer Versicherung ausschalten.

31 Gemäß § 373 Abs. 1 HGB erfolgt die Hinterlegung **auf Gefahr** des Käufers. Das heißt, daß der Drittverwahrer nicht Erfüllungsgehilfe des Verkäufers ist. Zur Auswahlpflicht Rdn. 30. Der Verkäufer muß entsprechend dem Handelsbrauch, im übrigen in dem Umfang die Ware **versichern,** wie sie ein verständiger Käufer, der eigene Ware einlagert, versichert hätte[8]. Grenze der Gefahrtragung: Vorsätzliche oder grob fahrlässige Einwirkung des Verkäufers auf die Ware.

Gemäß § 373 Abs. 1 HGB erfolgt die Hinterlegung **auf Kosten** des Käufers. Der Verkäufer kann unmittelbar aus § 373 Abs. 1 HGB Kostenerstattung verlangen, jedoch nur derjenigen Kosten, die er für erforderlich halten durfte (Rdn. 30). Streitig ist es, ob diese Kosten zu dem Kaufpreis hinzuzurechnen sind und automatisch die Zahlungsverpflichtung aus dem Kaufvertrag erhöhen (Rdn. 20). Jedenfalls steht dem Verkäufer ein Zurückbehaltungsrecht gemäß § 273 BGB zu. Der Verkäufer ist nicht berechtigt, den Verwahrungsvertrag im Namen des Käufers abzuschließen; der Lagerhalter besitzt demgemäß keinen Direktanspruch gegen den Käufer. Für die Hinterlegung darf der Verkäufer kein Entgelt gemäß § 354 HGB verlangen.

32 Der Verkäufer hat dem Käufer unverzüglich über die geplante bzw. durchgeführte Hinterlegung **zu unterrichten.** Dies entspringt den allgemeinen Sorgfaltspflichten des Verkäufers[9]. Haftung: § 300 Abs. 1 BGB (str. Rdn. 30).

Im Gegensatz zu der unter Verzicht auf das Recht zur Rücknahme vorgenommenen Hinterlegung nach § 372 BGB hat die Hinterlegung nach § 373 HGB keine Erfüllungswirkung. Sie soll den Verkäufer nur von der Last der Kaufsache befreien.

2. Der Selbsthilfeverkauf nach § 373 HGB

33 Dem Selbsthilfeverkauf muß grundsätzlich eine **Androhung** vorangehen. Dabei ist es gleichgültig, ob der Verkäufer die Ware im Wege der öffentlichen Versteigerung oder des freihändigen Verkaufs veräußern will.

34 **a) Inhalt der Androhung:** Die Androhung muß erkennen lassen, daß der Verkäufer die Veräußerung gerade der für den Käufer bestimmten Ware im Wege des Selbsthilfeverkaufs beabsichtigt. Allgemein gehaltene Erklärungen, aus denen nur hervorgeht, daß Ware gleicher Art verkauft werden soll, genügen daher nicht (RG LZ **1913** 675). Ungenügend ist auch die Ankündigung, „nach Handelsrecht zu verfahren" (RG JW

---

[8] *Schlegelberger/Hefermehl*[5] § 373 HGB 19; Baumbach/Duden/Hopt[25] §§ 373/374 HGB 6.

[9] *Schlegelberger/Hefermehl*[5] § 373 HGB 18; Baumbach/Duden/Hopt[25] §§ 373/374 HGB 6.

1925 946), es sei denn, aus den Umständen ergibt sich, daß der Verkäufer nicht bloß hinterlegen will. Die Art des geplanten Selbsthilfeverkaufs braucht in der Androhung nicht mitgeteilt zu werden. Allerdings ist eine unbestimmt gehaltene Androhung als Androhung der öffentlichen Versteigerung auszulegen, weil diese Art des Selbsthilfeverkaufs die Regel darstellt und nach der Fassung des § 373 Abs. 2 HGB der freihändige Verkauf besonders angedroht werden muß [10]. An die einmal angekündigte Art des Selbsthilfeverkaufs ist der Verkäufer bis auf Widerruf gebunden. Er kann nicht ohne neue Erklärung zu freihändigem Verkauf übergehen, wenn er z. B. zuvor die öffentliche Versteigerung angedroht hatte (RGZ 109 134, 136). Offengelassen hat das RG die Frage, ob dies auch dann gilt, wenn die erste Androhung keine Angabe über die Art des geplanten Selbsthilfeverkaufs enthält. Hier ist zu berücksichtigen, daß die Entschließung des Käufers darüber, ob er es überhaupt zum Selbsthilfeverkauf kommen lassen will und ob er gegebenenfalls mitbieten will, entscheidend davon abhängt, daß er die Art des geplanten Vorgehens des Verkäufers kennt (vgl. ROHG 19 293; 23 170). Wurde in einer Verkaufsandrohung angekündigt, daß der Verkauf an der Börse an einem bestimmten Tag erfolgen werde, so ist bei Wertpapieren im allgemeinen freihändiger Verkauf nach § 373 HGB angekündigt. Ort und Termin des Selbsthilfeverkaufs brauchen in der Androhung noch nicht angegeben zu werden. Der Verkäufer kann trotz Androhung des Selbsthilfeverkaufs jederzeit zur Hinterlegung übergehen.

b) Form und Zeit der Androhung: Eine Form ist für die Androhung nicht vorgeschrieben. Sie kann schriftlich oder mündlich erfolgen. Die Vorschriften über Willenserklärungen sind entsprechend anwendbar [11]. Der Verkäufer hat den Zugang der Androhung zu beweisen. — Die Androhung muß so rechtzeitig erfolgen, daß sie ihren Zweck erfüllen kann, dem Käufer die Möglichkeit zu der Überlegung zu lassen, ob er die Ware nicht doch noch annehmen will bzw. wie er für einen möglichst günstigen Verkaufserlös sorgen kann. Die Androhung kann mit der Benachrichtigung vom Versteigerungsort und -termin verbunden werden. Es ist auch zulässig, die Androhung des Selbsthilfeverkaufs bereits in dem Angebot der Leistung bzw. in der Aufforderung zur Mitwirkung (§§ 294, 295 BGB) zu erklären. **35**

c) Verzicht auf Androhung: Auf die Androhung kann ausnahmsweise verzichtet werden, wenn entweder die Ware dem Verderben ausgesetzt und Gefahr im Verzug ist oder wenn die Androhung aus sonstigen Gründen untunlich ist (§ 373 Abs. 2 S. 2 HGB). In der ersten Fallvariante muß die Gefahr des **Verderbens** naheliegen. Verderb bedeutet hier die Zerstörung der objektiven Brauchbarkeit der Ware infolge ihrer physikalisch/chemischen Beschaffenheit oder infolge der ihr eigenen rechtlichen Verhältnisse (z. B. bei Lebensmitteln deren Verfaulen, bei Wechseln die Präjudizierung). Eine andere Art der Entwertung, z. B. infolge rückläufiger Preiskonjunktur, reicht nicht aus. Ebensowenig kommt es auf die persönlichen Verhältnisse des Käufers an. Es genügt die Gefahr einer nicht unerheblichen Verschlechterung der Ware. Eine völlige oder nahezu gänzliche Entwertung ist nicht zu fordern [12]. — In der zweiten Fallvariante muß die Androhung aus **sonstigen Gründen** untunlich sein. Beispiele: Der Käufer ist unter keinerlei Umständen rechtzeitig erreichbar oder seine Anschrift ist nicht **36**

---

[10] *Schlegelberger/Hefermehl*[5] § 373 HGB 31; a. A. *Heymann/Kötter*[21] § 373 HGB 6; wie hier im Ergebnis RG JW **1925** 946 mit zustimmender Anm. *Schmidt-Rimpler*.
[11] §§ 130 ff BGB; *Schlegelberger/Hefermehl*[5] § 373 HGB 32; *Baumbach/Duden/Hopt*[25] § 373 HGB 7 B; *Heymann/Kötter*[21] § 373 HGB 6; a. A. OLG Hamburg LZ **1910** 568.
[12] *Schlegelberger/Hefermehl*[5] § 373 HGB 33; a. A. RG JW **1926** 2121; *Baumbach/Duden/Hopt*[25] § 373 HGB 7 B.

oder nur unter unzumutbaren Schwierigkeiten ermittelbar. Die Untunlichkeit ist sorgfältig zu prüfen. § 300 Abs. 1 BGB gilt hier nicht, da es hier nicht um die Aufbewahrung der Sache geht (Rdn. 30).

37 **d) Arten des Selbsthilfeverkaufs.** Das Gesetz kennt zwei zulässige **Arten des Selbsthilfeverkaufs: aa) Die öffentliche Versteigerung** (§ 373 Abs. 2 S. 1 1. Alt. HGB). Die öffentliche Versteigerung ist in § 383 Abs. 3 BGB gesetzlich definiert. Danach ist eine öffentliche Versteigerung zum einen dadurch gekennzeichnet, daß sie durch einen für den Versteigerungsort bestellten Gerichtsvollzieher oder einen zu Versteigerungen befugten anderen Beamten oder öffentlich bestellten Versteigerer öffentlich durchgeführt wird. Die öffentliche Bestellung von Versteigerern regelt § 34b Abs. 5 GewO. Ihre Befugnisse und die Art und Weise der Durchführung ihrer Tätigkeit sind in der Verordnung über gewerbsmäßige Versteigerungen vom 12. 1. 1961 (BGBl. **1961** I S. 43) in der Fassung der Bekanntmachung vom 1. 6. 1976 (BGBl. **1976** I S. 1345) nebst Art. 7 VO v. 28. 11. 1979 (BGBl. **1979** I S. 1986) geregelt. Vgl. ferner § 20 Abs. 3 BundesnotarO sowie § 200 FGG.

38 Die Versteigerung muß ferner **öffentlich** erfolgen. Öffentlich ist eine Versteigerung, wenn die Teilnahme allgemein und nicht nur einem besonderen, nach speziellen Merkmalen bestimmten Personenkreis möglich ist. Zeit und Ort der Versteigerung sind zu diesem Zweck unter allgemeiner Bezeichnung des Versteigerungsgutes öffentlich bekanntzumachen (§ 383 Abs. 3 S. 2 BGB). Die Art der Bekanntmachung richtet sich nach örtlichen Gebräuchen. Die Bekanntmachung darf nicht zu kurzfristig vor dem Termin erfolgen (RG JW **1910** 298). Die Bekanntmachung muß mit der Sorgfalt eines ordentlichen Kaufmanns erfolgen (RG JW **1921** 394). Die Bezeichnung der Ware muß so gehalten sein, wie sie verkauft war.

39 Die Versteigerungsperson darf nicht **mitbieten** (§§ 456, 457 BGB, § 34b VI GewO und §§ 170, 181 FGG). Mitbieten und die Ware ersteigern dürfen dagegen sowohl der Verkäufer als auch der Käufer (§ 373 Abs. 4 HGB). Ersteigert der Verkäufer die Ware zu einem niedrigeren als dem Verkaufspreis, so geht das den Käufer nichts an. Er ist nicht berechtigt, den Gewinn, den der Verkäufer aus dem Weiterverkauf der ihm billig zugeschlagenen Ware erzielt, von seiner Kaufpreisschuld abzuziehen.

Gerichtsvollzieher oder **Notar** handeln bei Durchführung der Versteigerung in Ausübung ihres öffentlichen Amtes. Sie sind keine Erfüllungsgehilfen des Verkäufers, auch wenn der Selbsthilfeverkauf von dem Verkäufer für Rechnung des Käufers betrieben wird und der Verkäufer verpflichtet ist, dabei auf die Interessen des Käufers Rücksicht zu nehmen. **Gewerbliche Versteigerer** sind trotz ihrer öffentlichen Bestellung keine Amtspersonen. Ihre Beziehungen zum Verkäufer beruhen auf einem privatrechtlichen Vertrag. Sie haften daher dem Verkäufer für etwaige Pflichtverletzungen nach den Grundsätzen über positive Vertragsverletzung, wobei der Verschuldensmaßstab dem § 276 BGB zu entnehmen ist. Im Verhältnis zum Käufer sind sie keine Erfüllungsgehilfen des Verkäufers (*Schlegelberger/Hefermehl*[5] § 373 HGB 24). Der Verkäufer haftet allenfalls in Anwendung des Rechtsgedankens aus § 664 Abs. 1 S. 2 BGB für Auswahlverschulden. Durch den Zuschlag kommt ein Vertrag zwischen Verkäufer und dem Zuschlagsempfänger zustande (§§ 156, 456 ff BGB).

40 **bb) Der freihändige Verkauf.** Gemäß § 373 Abs. 2 S. 1 2. Alt. HGB ist der freihändige Verkauf nur zulässig, wenn die Ware einen Markt- oder Börsenpreis hat. Unter dem **Marktpreis** versteht man gewöhnlich denjenigen Preis, der für eine Ware bestimmter Gattung und Art an dem Handelsplatz, an dem sie einen Markt hat, zu einer bestimmten Zeit bei normaler Marktlage im Durchschnitt gezahlt wird (RGZ **34** 117,

121; **47** 104, 113). Marktpreis ist nicht jeder beliebig erzielte Durchschnittspreis, sondern primär der aufgrund der bestehenden örtlichen Einrichtungen von amtlicher Seite oder von anerkannten Einrichtungen festgestellte Preis (*Schlegelberger/Hefermehl*[5] § 373 HGB 25). Mithin kann also der Marktpreis auch auf private Feststellungen gestützt werden, wenn sie von festen, anerkannten Einrichtungen gemacht wurden (RGZ **34** 117, 121). Rein private, den Vermögensinteressen von Gewerbetreibenden dienende Preisverzeichnisse bleiben außer Acht (RG JW **1927** 1143). Erst wenn Preisfeststellungen dieser Art nicht vorhanden sind, kann ein Marktpreis aus dem laufenden Preis ermittelt werden. Voraussetzung dafür, daß aus dem laufenden Preis auf die Existenz eines Marktpreises zurückgeschlossen werden kann, ist jedoch, daß die Ware zu der betreffenden Zeit an dem betreffenden Ort in ausreichender Menge gehandelt worden ist (RGZ **34** 117, 122). — Eine Unterart des Marktpreises ist der **Börsenpreis**. Darunter versteht man den durch den Börsenvorstand nach Maßgabe des § 29 BörsG (vom 22. 6. 1896; RGBl. 157 i. d. F. vom 27. 5. 1908 mit späteren Änderungen) amtlich festgestellten Preis für börsengängige Waren oder Wertpapiere. Bei letzteren spricht man vom Kurs. Der Preis muß wirklich gezahlt worden sein. Eine bloße „Geldnotiz" ist kein Marktpreis (RGZ **34** 117, 121 f); denn diese Notierung besagt, daß für die Ware nur Nachfrage vorhanden war. An der Börse werden nämlich nicht nur Kurse festgesetzt, zu denen tatsächlich Geschäfte abgeschlossen worden sind. Falls keine Umsätze erfolgten, werden die Kurse festgelegt, zu denen an der Börse Kauf- oder Verkaufsaufträge vorgelegen haben. Dabei bedeutet b oder Kurs ohne Zusatz, daß alle Aufträge ausgeführt worden sind; bG, daß die zum festgestellten Kurs limitierten Kaufaufträge nicht vollständig ausgeführt sind und daß weitere Nachfrage bestand; bB, daß die zum festgestellten Kurs limitierten Verkaufsaufträge nicht vollständig ausgeführt worden sind und daß weiteres Angebot bestand; ebG, daß die zum festgestellten Kurs limitierten Kaufaufträge nur zu einem geringen Teil ausgeführt werden konnten; ebB, daß die zum festgestellten Kurs limitierten Verkaufsaufträge nur zu einem geringen Teil ausgeführt werden konnten; ratG, daß die zum Kurs und darüber limitierten sowie die unlimitierten Kaufaufträge nur beschränkt ausgeführt werden konnten; ratB, daß die zum Kurs und niedriger limitierten sowie die unlimitierten Verkaufsaufträge nur beschränkt ausgeführt werden konnten (§ 30 Börsenordnung Frankfurt a. M.). Ferner werden folgende Hinweise verwendet: G bedeutet „zu diesem Preis bestand nur Nachfrage"; B bedeutet, daß zu diesem Preis nur Angebot bestand; „—" bedeutet, daß ein Kurs nicht festgestellt werden konnte; -G, daß ein Kurs nicht festgestellt werden konnte, da überwiegend Nachfrage bestand; -B, daß ein Kurs nicht festgestellt werden konnte, da überwiegend Angebot bestand; -T, daß ein Kurs nicht festgestellt werden konnte, der Preis nur geschätzt ist (§ 30 Börsenordnung Frankfurt a. M.).

Grundsätzlich kommt es gemäß § 453 BGB darauf an, ob am Erfüllungsort oder, **41** wenn am Erfüllungsort kein Markt bzw. keine Börse existiert, an einem Ort, zu dessen Verkehrsbereich der Erfüllungsort in Bezug auf Waren der betreffenden Art gehört (RGZ **47** 113; **6** 28; ROHG **14** 141), ein Markt- oder Börsenpreis festzustellen ist. Im Rahmen des § 373 Abs. 2 HGB ist nicht der Erfüllungsort maßgeblich, sondern der Ort, an dem der Selbsthilfeverkauf vorzunehmen ist (Rdn. 51).

Zulässig ist **nur** ein Verkauf zum **laufenden Preis.** Der laufende Preis ist der jewei- **42** lige mittlere Durchschnittspreis, den eine bestimmte Ware an einem bestimmten Ort und Tag erzielt. Im Unterschied zu dem reinen Durchschnittspreis werden bei Ermittlung des laufenden Preises ungewöhnlich hohe oder niedrige Abschlüsse nicht berücksichtigt. Dem laufenden Preis müssen wirklich erzielte Preise und nicht lediglich Angaben über Angebot und Nachfrage zugrunde liegen (RGZ **34** 121). Laufender Preis ist auch der Börsenkurs (§ 29 BörsG). Ist der laufende Preis voraussichtlich nicht zu erzielen, so ist die Ware öffentlich zu versteigern. Der Käufer muß einen Verkauf zu einem unter dem laufenden Preis liegenden Entgelt hinnehmen, wenn der Verkäufer bei Wahrung der Sorgfalt eines ordentlichen Kaufmanns (§ 347 Abs. 1 HGB, § 276 Abs. 1 BGB) nicht voraussehen konnte, daß der durchschnittliche Tagespreis nicht erzielt werden kann (ROHG 10 367).

43   Die amtliche oder der amtlichen gleichstehende Feststellung des Markt- oder Börsenpreises hat infolge ihrer erfahrungsgemäßen Zuverlässigkeit die **Vermutung der Richtigkeit** für sich. Die Vermutung ist widerlegbar (RG JW **1927** 1143; *Schlegelberger/Hefermehl*[5] § 373 HGB 26). Die Widerlegung kann auf Arglist, Schreibfehler, Versehen sowie auf jede objektive Unrichtigkeit gestützt werden. Z. B. kann dargetan werden, daß man sich über das, was unter Kurs- oder Marktpreis zu verstehen ist, geirrt hat (RGZ **101** 52). Ferner kann die Unrichtigkeit daraus resultieren, daß ein anderer Preis der Ware Marktpreis war oder daß wegen zu geringfügiger Umsätze ein wirklicher Marktpreis gar nicht vorhanden war (RGZ **12** 8) oder daß der Kurs von einem Bankhause diktiert wurde.

44   Es ist streitig, unter welchen Voraussetzungen ein Selbsthilfeverkauf unwirksam (Rdn. 54 ff) ist, wenn er **nicht zum laufenden Preis** abgeschlossen wurde. Zum Teil wird behauptet, jeder Verkauf unterhalb des laufenden Preises mache den Selbsthilfeverkauf unwirksam (ROHG **7** 69; **8** 101; *Heymann/Kötter*[21] § 373 HGB 7). In einer anderen Entscheidung hat das ROHG[13] hingegen angenommen, daß der Verkauf zu einem unter dem laufenden Preis liegenden Entgelt **gültig** sei, falls den Verkäufer hieran kein Verschulden treffe. Der Verkäufer habe dann lediglich die Differenz zum laufenden Preis zu entrichten. Beide Ansichten überzeugen nicht. Auszugehen ist von der Tatsache, daß der Verkäufer unter den Personen, die den Selbsthilfeverkauf abwickeln sollen, nicht frei wählen darf. Er muß sich eines Personenkreises bedienen, denen der Staat eine besondere Vertrauensposition eingeräumt hat. Diese Personen können daher auch nicht als Erfüllungsgehilfen des Verkäufers angesehen werden, da der Verkäufer weder ihr Tun zu beherrschen vermag noch es ausreichend in Hinblick auf etwaiges Fehlverhalten einzukalkulieren imstande ist. Das hat zur Folge, daß dort, wo der laufende Preis ausschließlich infolge eines Fehlverhaltens der öffentlich ermächtigten Handelsmakler bzw. öffentlich bestellten Versteigerer nicht erreicht worden ist, dem Käufer lediglich ein Anspruch auf Abtretung der Schadensersatzforderung gegen diese Personen zusteht (Drittschadensliquidation). Der Verkäufer ist nicht verpflichtet, die Differenz zum laufenden Preis selbst zu bezahlen. Gerade weil Dritte eingeschaltet werden müssen, ist die Formulierung in § 373 Abs. 2 1/2 Alt. HGB „zum laufenden Preis" nur als Zielangabe, nicht als unabdingbarer Erfolg zu verstehen. Hat der Verkäufer selbst fahrlässig gehandelt, sei es, daß ihn ein Auswahlverschulden trifft, sei es, daß er dem Handelsmakler nicht die richtigen Weisungen gegeben hat, so ist der Selbsthilfeverkauf ungültig.

45   Der Verkauf muß durch eine **zuständige Person** vorgenommen werden. Hierzu zählen neben den zu einer öffentlichen Versteigerung befugten Personen (Rdn. 39) auch zu solchen Verkäufen öffentlich ermächtigte Handelsmakler sowie gemäß § 34 BörsG amtlich bestellte Kursmakler. Ein Verkauf durch eine unzuständige Person geht nicht auf Rechnung des Käufers. Dies gilt selbst dann, wenn der laufende Preis er-

---

[13] ROHG **10** 367 ff; ebenso RG ZHR **26** 564; *Schlegelberger/Hefermehl*[5] § 373 HGB 26; *Würdinger/Röhricht* Vorauflage 55.

zielt worden ist, da dem Käufer die Chance genommen worden ist, durch eine zuverlässige Person einen höheren Preis zu erzielen (*Schlegelberger/Hefermehl*[5] § 373 HGB 27; *Heymann/Kötter*[21] § 373 HGB 7).

Beim freihändigen Verkauf darf der Verkäufer anders als bei öffentlichen Versteigerungen nicht als Käufer auftreten. Noch weniger ist es dem Verkäufer gestattet, die Ware zum Tageskurs einfach zu behalten.

e) Benachrichtigung. Dem Verkauf muß, wenn er im Wege öffentlicher Versteigerung erfolgt, eine Benachrichtigung des Käufers von **Zeit und Ort** der Versteigerung vorangehen (§ 373 Abs. 5 S. 1 1. Halbs. HGB). Eine anderweit erlangte Kenntnis des Käufers genügt nicht, läßt jedoch den Schadensersatzanspruch mangels Kausalität entfallen. Die Benachrichtigung kann mit der Androhung nach § 373 Abs. 2 HGB verbunden werden (Rdn. 34). — Eine weitere Benachrichtigung des Käufers muß bei jeder Art des Selbsthilfeverkaufs unverzüglich **nach** dem vollzogenen **Verkauf** erfolgen (§ 373 Abs. 5 S. 1 2. Halbs. HGB). — Beide Benachrichtigungen sind formlos wirksam. Das Unterbleiben beider Benachrichtigungen hat gemäß § 373 Abs. 5 HGB nicht die Unverbindlichkeit des Verkaufs, sondern lediglich eine Schadensersatzpflicht des Verkäufers zur Folge. Haftungsmaßstab: § 347 HGB, § 276 BGB, nicht § 300 Abs. 1 BGB (RG JW **1901** 11; **1910** 299; **1921** 394). — Die Benachrichtigungen können unterbleiben, wenn sie untunlich sind (§ 373 Abs. 5 S. 2 HGB). Das wird aber kaum jemals der Fall sein, da der Verkäufer in aller Regel zur Abrechnung verpflichtet ist. **46**

f) Gegenstand des Selbsthilfeverkaufs. Der Verkäufer hat die zu liefernde **Ware**, nicht den Anspruch auf Lieferung durch einen Dritten oder auf Herstellung der Ware zu veräußern (RGZ **34** 99; **35** 1, 3). Beim Spezifikationskauf darf die Ware samt dem Recht zur Spezifikation veräußert werden (RGZ **43** 101, 103). Beim Gattungskauf muß der Verkäufer nicht unbedingt die ursprünglich ausgeschiedenen, vom Käufer zurückgewiesenen Stücke zum Selbsthilfeverkauf bringen. Er darf, wenn der Käufer nicht ausnahmsweise ein besonderes Interesse daran hatte, gerade diese Stücke zu erhalten, auch andere gleichartige Stücke zum Verkauf geben. Unzulässig ist hingegen ein Selbsthilfeverkauf in Form eines reinen Gattungsverkaufs. Die Ware muß beim Gattungskauf auch zum Zeitpunkt der Versteigerung noch nicht unbedingt ausgesondert sein. Sie muß aber bereits im Besitz des Verkäufers stehen oder für ihn verfügbar sein[14]; denn der Kaufinteressent soll wissen, welche Ware er erwirbt und wo er sie besichtigen kann (RGZ **34** 98, 100; **45** 29, 31). Deshalb muß die Versteigerung beim Gattungskauf mindestens den Hinweis auf einen bestimmten, durch Angabe des Lagerortes individualisierten Vorrat enthalten, wenn sich das Erforderliche nicht schon aus den Umständen ergibt (RG JW **1913** 47). **47**

Ist der ursprüngliche Kauf so abgeschlossen worden, daß der Verkäufer ein **Dispositionspapier** (Konnossement, Ladeschein, Orderlagerschein) anzudienen hat oder andienen darf (z. B. „Kasse gegen Dokumente"), so kann die Ware in Gestalt des Dispositionspapiers zum Selbsthilfeverkauf gebracht werden[15]. Der Erwerber steht damit nicht ungünstiger als der Käufer. Ist dagegen kein Dispositionspapier anzudienen, sondern hat der Verkäufer dies entgegen dem Vertrag tatsächlich angeboten, so braucht sich der Käufer damit nicht zu begnügen. Er kann die Ware selbst verlangen. Der Käufer ist nur dann in Annahmeverzug geraten, wenn er die Annahme der Ware verweigert hat. Der Selbsthilfeverkauf ist bei dieser Sachlage erst dann möglich, wenn die Ware am Leistungsort eingetroffen, für den Käufer greifbar ist und vom Käufer nicht abgenommen wird. **48**

---

[14] RGZ **33** 95, 96; **34** 99; *Schlegelberger/Hefermehl*[5] § 373 HGB 35.

[15] RG JW **1901** 654; DJZ **1906** 541; *Schlegelberger/Hefermehl*[5] § 373 HGB 35.

49 **Teillieferungen** können nur dort im Weg des Selbsthilfeverkaufs veräußert werden, wo der Käufer ausnahmsweise Teillieferungen annehmen muß. In einem solchen Fall ist jede einzelne fällige Rate, die der Käufer nicht angenommen hat, zum Selbsthilfeverkauf zu stellen. Liegt Annahmeverzug mit allen Einzellieferungen vor, so kann sie der Verkäufer nach seiner Wahl einzeln oder alle zusammen versteigern lassen, es sei denn, daß der Gesamtverkauf gegen Treu und Glauben verstößt, weil dadurch die Preise zu stark gedrückt werden. Teilleistungen können auch dann zum Selbsthilfeverkauf gebracht werden, wenn mehrere Gegenstände verschiedener Art ohne Gesamtpreis so verkauft sind, daß sie kein einheitliches Geschäft bilden. Anders ist es, wenn es sich um Teile eines durch ein Geschäft gekauften Postens handelt, selbst wenn der Posten teilbar ist. Die wirtschaftliche Teilbarkeit der Leistung genügt nicht, um Teillieferungen zu verkaufen. Das bedeutet jedoch nicht, daß bei einem einheitlichen Geschäft notwendigerweise die ganze Menge auf einmal zum Selbsthilfeverkauf gestellt werden muß. Entscheidend ist, in welchen Mengen handelsüblicherweise oder sonst im Interesse des Käufers (Rdn. 54) zu verkaufen ist. Es ist daher durchaus zulässig, Einzelverkäufe an verschiedenen Tagen stattfinden zu lassen. Der Verkäufer darf jedoch nicht einen Teil der Ware verkaufen und einen Teil der Ware hinterlegen. Der Selbsthilfeverkauf ist nicht beendet, bevor nicht die gesamte Menge, mit der sich der Käufer in Annahmeverzug befindet, verkauft ist. Bringt der Verkäufer eine größere Menge zum Selbsthilfeverkauf, als der Käufer anzunehmen verpflichtet war, oder läßt er auch noch andere Ware mitverkaufen, so macht dies den Selbsthilfeverkauf nur dann unwirksam, wenn dadurch das Verkaufsergebnis zum Nachteil des Käufers beeinflußt worden ist.

50 **g) Die Bedingungen des Selbsthilfeverkaufs.** Die Konditionen des Selbsthilfeverkaufs müssen nicht immer genau mit den Bedingungen des ursprünglichen Kaufvertrages übereinstimmen. Insoweit hat das Gesetz keine besonderen Erfordernisse, insbesondere keine Wirksamkeitserfordernisse aufgestellt [16]. Es kommt allein darauf an, daß der Verkäufer den Selbsthilfeverkauf für die Rechnung des Käufers, d. h. auch entsprechend den Interessen des Käufers durchführt. Der Verkäufer muß sich mit der gebotenen Sorgfalt (§ 347 HGB, § 276 BGB) bemühen, für die Ware den nach den Umständen bestmöglichen Preis zu erzielen [17]. Ist dieses Interesse des Käufers gewahrt, so sind auch erhebliche Abweichungen unschädlich. Das gilt insbesondere dann, wenn der erzielte Erlös dem Marktpreis der Waren entspricht [18]. Unter den genannten Voraussetzungen kann z. B. gegen Kasse verkauft werden, auch wenn der ursprüngliche Kaufvertrag Dreimonatsakzept oder Zahlung in dem auf die Lieferung folgenden Monat [19] oder Zahlung erst nach Eintreffen der Ware am Bestimmungsort (OLG Hamburg OLGE 37 [20]) vorsah. — Unzulässig sind dagegen Abweichungen, welche dem Verkäufer auf Kosten des Käufers einen unbilligen Vorteil verschaffen oder den Preis unter Verletzung der Käuferinteressen drücken (RGZ **19** 198, 200; RG JW **1921** 394). So kann etwa ein im Hauptvertrag nicht vorgesehener Gewährleistungsausschluß den Verdacht erwecken, daß Güte und Beschaffenheit der Ware sich nicht mit ihrem Aussehen decken [20] und dadurch den Erlös zu Lasten des Käufers mindern. Eine unzulässige Bedingung macht den Verkäufer schadensersatzpflichtig. (Rdn. 59).

---

[16] *Schlegelberger/Hefermehl*[5] § 373 HGB 36; *Heymann/Kötter*[21] § 373 HGB 7.
[17] RG JW **1904** 560; Recht **1905** 623 Nr. 2605; LZ **1927** 455.
[18] RG Recht **1921** Nr. 2635; SeuffA **76** 54; *Heymann/Kötter*[21] § 373 HGB 7; *Baumbach/Duden/Hopt*[25] § 373 HGB 7 F.
[19] RG bei *Holdheim* **1915** 81; OLG Braunschweig OLGE **28** 375 f; OLG Dresden ZHR **38** Nr. 263.
[20] RGZ **19** 198, 200; JW **1902** 545; OLG Hamburg HansGZ **1907** Hptbl. 44 und **1920** Hptbl. 19.

h) Der Ort des Selbsthilfeverkaufs. Anders als im Fall des § 383 BGB steht die Wahl **51** des Verkaufsortes beim Selbsthilfeverkauf gemäß § 373 Abs. 2 HGB im pflichtgemäßen Ermessen des Verkäufers. Der Verkäufer hat dabei wie ein Beauftragter des Käufers (Rdn. 54) auf die Interessen des Käufers mit pflichtgemäßer Sorgfalt Rücksicht zu nehmen. Z. B. darf er dem Käufer keine unnötigen Kosten verursachen oder mit der Ware spekulieren (RGZ **15** 1, 3; RG JW **1901** 617). Das Gebot, keine unnötigen Kosten zu verursachen, hat zur Konsequenz, daß der Verkäufer die Ware im Zweifel dort zu verkaufen hat, wo sie sich zur Zeit der Annahmeverweigerung befindet (RG JW **1901** 756; ROHG **16** 425). Gegebenenfalls kann der Verkäufer Waren, die sich auf dem Transport befinden, auch unterwegs verkaufen (*Baumbach/Duden/Hopt*[25] § 373 HGB 7 F). Vor allem aber hat der Verkäufer den Verkaufsort anhand des Kriteriums „günstige Verkaufsmöglichkeit" auszuwählen, ohne daß von ihm erwartet werden kann, die Ware an einen Ort zu transportieren, an dem sie nach dem Vertrag nicht transportiert werden sollte (ROHG **14** 422; RGZ **5** 67; OLG Hamburg OLGE **3** 81). Unerheblich ist es, ob der Transport nach dem Vertrag auf Kosten des Verkäufers erfolgen sollte, da die ersparten Transportkosten beim Verkauf am Absendeort dem Käufer gutzubringen sind[21].

Wird schwimmende Ware nicht angenommen und deshalb die Ware in Gestalt des **52** Konnossements versteigert, so ist sie nicht an dem Ort zu versteigern, an welchem sich das Konnossement befindet, sondern im Zweifel dort, wo die Ware auszuliefern ist (RG JW **1901** 654), da in der Regel dort günstigere Preise zu erzielen sind. **Verstöße** gegen die Pflicht zur Interessenwahrung machen den Selbsthilfeverkauf nicht unwirksam, sondern begründen lediglich eine Schadensersatzpflicht[22]. Der Verkäufer hat zu beweisen, daß eine Verletzung seiner Pflicht den Erlös nicht oder nur in geringerem Umfang beeinflußt hat (RGZ **110** 269, 270).

i) Zeitpunkt des Selbsthilfeverkaufs. Mit dem Selbsthilfeverkauf kann frühestens am **53** Tag der Fälligkeit der Lieferung begonnen werden. Das gilt selbst dann, wenn der Käufer schon vor dem Fälligkeitsdatum erklärt hatte, er werde die Lieferung nicht annehmen, da ja der Käufer bis zur Fälligkeit seine Meinung noch immer ändern kann. Außerdem ist zu berücksichtigen, daß bis zum Fälligkeitsdatum die Preise steigen können, weil in die Preise schon die Lagerkosten beim Verkäufer einkalkuliert sind. Nach Fälligkeit der Lieferung steht es dem Verkäufer frei, den ihm am zweckmäßigsten erscheinenden Zeitpunkt zu wählen; an eine bestimmte äußerste Zeitgrenze ist der Verkäufer nicht gebunden, da es ja dem Verkäufer gemäß § 373 HGB auf unbegrenzte Zeit gestattet ist, die Ware auf Kosten des Käufers zu hinterlegen. Der Käufer wird durch das Hinausschieben des Selbsthilfeverkaufs nicht benachteiligt, da es ihm ja jederzeit möglich ist, die Ware abzunehmen[23]. Der Verkäufer darf sich aber nicht dolos schädigend verhalten, indem er z. B. bewußt einen Zeitpunkt auswählt, in dem die im Wege des Selbsthilfeverkaufs zu erzielenden Preise außergewöhnlich niedrig sind. Das RG (RGZ **66** 186, 192) will dem Verkäufer auch grob fahrlässiges Verhalten entgegenhalten; doch ist zu berücksichtigen, daß zunächst der Verkäufer die Kosten der Hinterlegung zu zahlen hat und daß es deshalb dem Verkäufer erlaubt sein muß, sich dieser Kosten jederzeit durch einen Selbsthilfeverkauf zu entledigen. Eine Pflicht, die Ware zu einem möglichst günstigen Zeitpunkt zu verkaufen, kann daher nicht aner-

---

[21] *Baumbach/Duden/Hopt*[25] § 373 HGB 7 G; a. A. RG JW **1901** 756.
[22] RGZ **110** 270; *Schlegelberger/Hefermehl*[5] § 373 HGB 36 f; *Heymann/Kötter*[21] § 373 HGB 7.
[23] RGZ **32** 61, 64; **36** 83, 86 ff; **41** 63 f; **57** 105, 107; **66** 186, 192.

§ 374   Drittes Buch. Handelsgeschäfte

kannt werden. — Selbst wenn der Verkauf bereits angezeigt war, kann ihn der Verkäufer verschieben, zumal wenn dies dem Zweck dient, bessere Preise zu erzielen. Er muß diese Verschiebung allerdings dem Käufer rechtzeitig mitteilen, damit sich dieser darauf einstellen kann (OLG Hamburg SeuffA 69 110). Ein evtl. Verstoß gegen das Gebot, den Zeitpunkt des Selbsthilfeverkaufs richtig zu wählen, macht den Selbsthilfeverkauf nicht unwirksam, sondern verpflichtet den Verkäufer lediglich zum Ersatz des Schadens[24]. Unter besonderen Umständen kann eine übermäßige Verzögerung auch zur Verwirkung des Rechts zum Selbsthilfeverkauf führen (RGZ 36 83, 86 ff); doch ist zu beachten, daß der Verkäufer kaum jemals das Vertrauen beim Käufer erwecken wird, er werde die Ware auf unabsehbare Zeit hinterlegen. Allein die Tatsache des Zeitablaufs führt nicht zur Verwirkung.

54 j) **Die Rechtswirkungen des Selbsthilfeverkaufs. aa) Die Rechtswirkungen ordnungsgemäßen Selbsthilfeverkaufs.** Der handelsrechtliche Selbsthilfeverkauf erfolgt für die Rechnung des Käufers. Der Verkäufer hat demnach kraft Gesetzes die **Stellung eines Beauftragten**. Er ist daher verpflichtet, dem Käufer über die Durchführung des Selbsthilfeverkaufs Rechenschaft abzulegen (§ 666 BGB), ihm den erzielten Erlös herauszugeben (§ 667 BGB) und berechtigt, von dem Käufer Ersatz der Aufwendungen zu verlangen, die er nach den Umständen für erforderlich halten durfte (§ 670 BGB).

55 Der Selbsthilfeverkauf ist zugleich eine Art der **Erfüllung**: Durch die Veräußerung der Ware für Rechnung des Käufers erfüllt der Verkäufer diesem gegenüber seine Lieferpflicht aus dem Hauptvertrag. Bei Zug um Zug abzuwickelnden Käufen wird damit auch der Anspruch des Verkäufers auf den Kaufpreis fällig, da ja der Verkäufer seine Leistung erbracht hat. Der Kaufpreisanspruch des Verkäufers bleibt mithin nach Durchführung des Selbsthilfeverkaufs bestehen. Der Verkäufer kann mit seinem Kaufpreisanspruch, erhöht durch seinen Anspruch auf Aufwendungsersatz, gegen die Forderung des Käufers auf Herausgabe des Erlöses (einen Zahlungsanspruch) **aufrechnen**[25]. Die Aufrechnung ist ausgeschlossen, wenn der Kaufpreis noch nicht fällig ist. In diesem Falle muß der Verkäufer den Erlös abzüglich der Ansprüche auf Aufwendungsersatz herausgeben und die Fälligkeit seiner Kaufpreisforderung abwarten. Er hat kein Zurückbehaltungsrecht gemäß § 273 BGB. Allenfalls kann er sich auf § 321 BGB berufen. Der Verkäufer kann den Erlös nach § 383 BGB hinterlegen. Voraussetzung ist aber, daß eine öffentliche Versteigerung am Erfüllungsort stattgefunden hat. Hat der Verkäufer im Wege des Selbsthilfeverkaufs mehr erlöst als den vom Käufer geschuldeten Kaufpreis zuzüglich Aufwendungen des Verkäufers, so gebührt der Mehrerlös anders als beim Deckungsverkauf in jedem Falle dem Käufer (RGZ 102 388 ff). Ist der erzielte Veräußerungserlös geringer, so kann der Verkäufer aus dem Kaufvertrag **Zahlung des Restbetrages** verlangen. Dieser Differenzanspruch ist der ursprüngliche Kaufpreisanspruch, der durch die Aufrechnung nicht erloschen ist (RGZ 41 64; 57 106; 110 129 f; JW 1925 946, 948). — Zu dem vom Käufer geschuldeten **Aufwendungsersatz** gehören im Rahmen des § 670 BGB die Reisekosten, Auslagen für den Warentransport, Porto. Streitig ist es, ob der Verkäufer, der Kaufmann ist, auch gemäß § 354 HGB **Provision** für den Selbsthilfeverkauf in Rechnung stellen kann[26]. Die Frage ist zu verneinen, da der Verkäufer die Wahl hat, ob er die Ware hinterlegt oder ob er sich des

---

[24] RGZ 110 268, 270; *Schlegelberger/Hefermehl*[5] § 373 HGB 37; *Heymann/Kötter*[21] § 373 HGB 7.

[25] *Schlegelberger/Hefermehl*[5] § 373 HGB 40; a. A. *Baumbach/Duden/Hopt*[25] § 373 HGB 8 A: automatisches Erlöschen des Kaufpreisanspruchs.

[26] Bejahend *Schlegelberger/Hefermehl*[5] § 373 HGB 41; a. A. *Düringer/Hachenburg/Hoeniger*[3] § 373 HGB 39.

Stand: 1. 4. 1984

Kostenrisikos der Hinterlegung entledigt und letztlich im eigenen Interesse einen Selbsthilfeverkauf vornimmt (offengelassen BGH WM **1984** 165, 166). Im übrigen ist zu berücksichtigen, daß man im Falle eines Deckungsverkaufs dem Verkäufer auch nicht erlaubt, eine Provision in Rechnung zu stellen, obwohl es auch hier kaum jemals dazu kommen wird, daß der Deckungsverkauf einen höheren Erlös bringen wird als er im Kaufvertrag vereinbart worden war.

bb) Die Rechtsfolgen des ordnungswidrigen Selbsthilfeverkaufs. Ein Verstoß gegen **56** die gesetzlichen Erfordernisse des Selbsthilfeverkaufs führt **grundsätzlich** dazu, daß der Käufer den Verkauf nicht als für seine Rechnung erfolgt gegen sich gelten lassen muß. (Ausnahmen Rdn. 59). Dabei ist es unerheblich, ob der Verkäufer schuldhaft oder schuldlos gehandelt hat (vgl. aber RG JW **1921** 394). Der Verkäufer muß eben zunächst sicherstellen, daß die Voraussetzungen des § 373 Abs. 2 gegeben sind, bevor er zum Selbsthilfeverkauf schreitet. An der Unverbindlichkeit eines solchen Selbsthilfeverkaufs ändert auch die Tatsache nichts, daß der Käufer gegen ihn keinen Einspruch erhoben hat (RG Gruch **28** 1067; SeuffA **50** Nr. 196), sich durch Mitbieten beteiligt oder die Ware sogar selbst ersteigert hat (ROHG **20** 24; RG *Bolze* **20** Nr. 405) oder ein formell einwandfreier Verkauf kein günstigeres Ergebnis gebracht hätte. Eine Ausnahme gilt dort, wo dem Verhalten des Käufers eine Zustimmung zu dem Selbsthilfeverkauf zu entnehmen ist. Im übrigen ist zu beachten, daß der Verkäufer als berechtigter Geschäftsführer ohne Auftrag gehandelt haben kann (BGH LM Nr. 5 zu § 325 BGB). In einem solchen Fall muß sich der Käufer so behandeln lassen, als ob der Dritte, an den der Verkäufer veräußert hat, empfangsermächtigt gewesen wäre (*Schlegelberger/Hefermehl*[5] § 373 HGB 43).

Zum Verkauf unterhalb des **laufenden Preises** Rdn. 44.

Braucht der Käufer den Selbsthilfeverkauf nicht als für seine Rechnung geschlossen **57** gelten zu lassen, so hat der Verkäufer seine Lieferpflicht an den Käufer durch die Veräußerung der Ware an den Dritten nicht erfüllt. Der Käufer bleibt weiterhin berechtigt, von dem Verkäufer Lieferung der Ware zu verlangen, sofern dem Verkäufer (z. B. bei der Speziesschuld) die Leistung nicht (subjektiv) unmöglich geworden ist. Bei Gattungsschulden wird die Ware in aller Regel noch auf dem Markt greifbar sein. Sofern die Rechtswidrigkeit des Selbsthilfeverkaufs vom Verkäufer verschuldet ist, ist der Käufer außerdem berechtigt, gegen den Verkäufer die ihm gem. §§ 325, 326 BGB zustehenden Rechte geltend zu machen. § 300 Abs. 1 BGB kommt dem Verkäufer nicht zugute.

Verharrt aber der Käufer auch nach dem ersten für ihn unverbindlichen Selbsthilfe- **58** verkauf in seinem Annahmeverzug, so ist der Verkäufer, falls er den Voraussetzungen der §§ 372, 373 Abs. 2 HGB genüge tut, sogar berechtigt, einen zweiten Selbsthilfeverkauf vorzunehmen. Der erste, nicht ordnungsgemäße Selbsthilfeverkauf ist nämlich nicht nur für den Käufer, sondern auch für den Verkäufer im Sinne eines Erfüllungsgeschäftes unverbindlich und Ware, die sich für einen zweiten Erfüllungsversuch eignet, ist auch für den zweiten Selbsthilfeverkauf geeignet (RGZ **41** 63 f).

Keine Unwirksamkeit tritt ein, wenn der Selbsthilfeverkauf zu **interessenwidrigen 59 Konditionen** (Rdn. 50) am unrechten **Ort** (Rdn. 51) oder zur unrechten **Zeit** (Rdn. 53) vorgenommen worden ist. Das Gesetz enthält keinerlei Vorschriften über Zeit, Ort und Bedingungen des Selbsthilfeverkaufs. Es hat lediglich statuiert, daß der Verkäufer im Interesse des Käufers wie ein Beauftragter tätig werden soll. Dem Verkäufer steht deshalb ein erheblicher Ermessensspielraum offen. Es würde eine zu große Belastung des Verkäufers darstellen, wollte man eine nur schwer erkennbare Überschreitung des

Ermessensspielraums zum Anlaß nehmen, den gesamten Selbsthilfeverkauf für unwirksam zu erklären und den Verkäufer unbegrenzt schadensersatzpflichtig zu machen. Das Handeln eines Beauftragten für einen anderen ist ja auch sonst nicht deshalb gänzlich unwirksam, weil der Beauftragte in einem Punkt seinen Ermessensspielraum überschritten hat. Der Verkäufer, der in Hinblick auf die Wahl von Ort, Zeit und Konditionen des Selbsthilfeverkaufs sein Ermessen falsch ausgeübt und fahrlässig gehandelt hat, ist verpflichtet, den daraus resultierenden Schaden zu ersetzen (RGZ **110** 268, 270). Der Verkäufer hat den Käufer im Wege des Schadensersatzes so zu stellen, wie dieser gestanden haben würde, wenn der Verkäufer mit der gebotenen Sorgfalt vorgegangen wäre. Der Käufer kann demnach verlangen, daß der Verkäufer ihm auf seine Kaufpreisschuld den Betrag gutbringt, den dieser bei pflichtgemäßem Vorgehen erlöst hätte (**a. A.** RG JW **1921** 394 f).

60 Ist lediglich eine **Benachrichtigung** im Sinne des § 373 Abs. 5 HGB unterlassen worden, so wird die Verbindlichkeit des Selbsthilfeverkaufs dadurch ebenfalls nicht berührt. Der Verkäufer hat dem Käufer einen etwaigen Schaden zu ersetzen.

61 k) **Verhältnis zum Deckungsverkauf.** Befindet sich der Käufer nicht nur in Annahmeverzug, sondern mit seiner **Zahlungspflicht** oder, falls die Abnahme Hauptverpflichtung ist, **auch mit dieser in Schuldnerverzug**, so stehen dem Verkäufer wahlweise ferner die Rechte aus § 326 BGB zu. Der Verkäufer kann dann gemäß § 326 BGB nach fruchtlosem Ablauf einer Nachfrist vom Vertrag zurücktreten oder Schadensersatz wegen Nichterfüllung verlangen und in diesem Rahmen einen Deckungsverkauf tätigen. Die Vornahme des Selbsthilfeverkaufs nach § 373 HGB bedeutet zwangsweise Erfüllung des Kaufvertrages (Rdn. 55). Geht der Verkäufer nach § 326 BGB vor, so ist hingegen der Erfüllungsanspruch spätestens im Moment des **fruchtlosen Ablaufs der Nachfrist** ausgeschlossen. Daher kann der Verkäufer, der gemäß § 326 BGB angedroht hatte, er werde nach Ablauf der Nachfrist die Leistung ablehnen, nicht nachträglich zum Selbsthilfeverkauf gemäß § 373 HGB übergehen oder einen Deckungsverkauf im nachhinein als Selbsthilfeverkauf nach § 373 HGB ausgeben. Umgekehrt ist es dem Verkäufer allerdings möglich, auch noch nach Androhung des Selbsthilfeverkaufs die Ablehnungsandrohung im Sinne des § 326 BGB auszusprechen und einen Deckungsverkauf vorzunehmen. Deshalb kann der Verkäufer auch einen bereits durchgeführten Selbsthilfeverkauf nachträglich, sofern die Voraussetzungen des § 326 BGB erfüllt sind, als Deckungsverkauf behandeln[27]. Das ist für ihn günstiger, wenn er höhere Erlöse, als er sie im Vertrage mit dem Käufer vereinbart hatte, erzielen konnte; denn den Erlös aus dem Deckungsverkauf darf der Verkäufer voll behalten (RGZ **102** 388, 390). Da der Deckungsverkauf keinerlei Formvorschriften unterliegt, kann auch ein ordnungswidriger und als solcher nicht wirksamer Selbsthilfeverkauf nachträglich als wirksamer Deckungsverkauf behandelt werden (RGZ **109** 134, 136).

62 l) **Beweislast.** Die Beweislast für die Ordnungsmäßigkeit des Selbsthilfeverkaufs liegt beim Verkäufer. Er muß daher, wenn der Käufer das bestreitet, die Einhaltung der gesetzlichen Erfordernisse beweisen. Abweichungen hinsichtlich Zeit, Ort und Bedingungen des Verkaufs sowie Abweichungen vom laufenden Preis muß der Käufer beweisen, während der Verkäufer beweisen muß, daß der Schaden niedriger liegt und nicht die Höhe des Kaufpreises erreicht (RGZ **110** 268, 270).

---

[27] RGZ **53** 11 ff; **102** 388, 390; **109** 324, 326 f; **110** 155, 157; LZ **1916** 536.

3. Abweichende Vereinbarungen

§ 373 HGB ist dispositiv. Abweichende Vereinbarungen im Rahmen von Allgemeinen Geschäftsbedingungen verstoßen gegen § 9 AGBG, wenn sie dem Verkäufer Selbsthilfeverkäufe nach freiem Ermessen erlauben. **63**

§ 375

(1) Ist bei dem Kaufe einer beweglichen Sache dem Käufer die nähere Bestimmung über Form, Maß oder ähnliche Verhältnisse vorbehalten, so ist der Käufer verpflichtet, die vorbehaltene Bestimmung zu treffen.

(2) Ist der Käufer mit der Erfüllung dieser Verpflichtung im Verzuge, so kann der Verkäufer die Bestimmung statt des Käufers vornehmen oder gemäß § 326 des Bürgerlichen Gesetzbuchs Schadensersatz wegen Nichterfüllung fordern oder vom Vertrage zurücktreten. Im ersteren Falle hat der Verkäufer die von ihm getroffene Bestimmung dem Käufer mitzuteilen und ihm zugleich eine angemessene Frist zur Vornahme einer anderweitigen Bestimmung zu setzen. Wird eine solche innerhalb der Frist von dem Käufer nicht vorgenommen, so ist die von dem Verkäufer getroffene Bestimmung maßgebend.

Übersicht

	Rdn.		Rdn.
A. Der Anwendungsbereich des § 375 HGB	1	Vertragserfüllung	14
I. Der Begriff des Spezifikationskaufs	1	1. Erfüllung	14
1. Handelskauf, Waren, Wertpapiere, Werklieferung	1	2. Verzögerungsschaden	15
2. Bestimmung durch Käufer	2	3. Selbstspezifikation (§ 375 Abs. 2 S. 1 HGB)	16
3. Form, Maß oder ähnliche Verhältnisse	3	a) Vornahme der Selbstspezifikation	17
II. Der Zweck des § 375 HGB	6	b) Fristsetzung	19
III. Ähnliche Verhältnisse	9	c) Wirksamwerden der Selbstspezifikation	22
B. Die Voraussetzungen für die Ausübungen der Rechte aus § 375 HGB	10	d) Klage auf Zahlung eines Mindestkaufpreises	23
C. Die Rechte des Verkäufers im Spezifikationsverzug des Käufers	13	II. Schadensersatz wegen Nichterfüllung oder Rücktritt	24
I. Die Selbstspezifikation, der Ersatz des Verspätungsschadens sowie die		III. Rechte des Verkäufers wegen Annahmeverzug	27

Schrifttum

Baumbach/Duden/Hopt Kommentar zum HGB[25] (1983); *Capelle/Canaris* Handelsrecht[19] (1980); *Düringer/Hachenburg* Kommentar zum HGB[3] (1932); *Großkommentar zum HGB* (1967 ff); *Heymann/Kötter* Kommentar zum HGB[21] (1971) *Reichsgerichtsrätekommentar zum HGB*[12] (1974 ff); *Schlegelberger* Kommentar zum HGB[5] (1976); *Schmidt, Karsten* Handelsrecht[2] (1982).

A. Der Anwendungsbereich des § 375 HGB
I. Der Begriff des Spezifikationskaufs
1. Handelskauf, Waren, Wertpapiere, Werklieferung

§ 375 findet nur auf Handelsgeschäfte im Sinne der §§ 343, 344 HGB Anwendung. **1**

§ 375   Drittes Buch. Handelsgeschäfte

Es genügt, daß auf einer Seite des Vertrages ein Kaufmann steht[1]. Bewegliche Sachen im Sinne des § 375 Abs. 1 HGB sind Waren. Ihnen stellt § 381 HGB Wertpapiere und im Rahmen eines Werklieferungsvertrages herzustellende unvertretbare, bewegliche Sachen gleich. Es besteht kein Anlaß, dem Beschleunigungsinteresse des Werklieferers weniger Gewicht als dem des Verkäufers beizumessen[2]. § 375 HGB gilt auch für Spezieskäufe, z. B. in einem Fall, in dem dem Käufer das Recht zugestanden wird, eine besondere Ausstattung der gekauften Sache zu verlangen (*Schlegelberger/Hefermehl*[5] § 375 HGB 2).

2. Bestimmung durch Käufer

2   § 375 Abs. 1 HGB setzt voraus, daß der Käufer die näheren Bestimmungen nach freiem Ermessen treffen darf. Obliegt die Bestimmung z. B. einem Dritten, so findet als lex generalis § 317 BGB Anwendung. Ist das Ermessen des Bestimmenden gebunden, so ist gegebenenfalls ergänzend auf die §§ 315 ff BGB zurückzugreifen. § 375 HGB kommt nur in seinem Anwendungsbereich der Vorrang vor den §§ 315 ff BGB zu. Zur Bestimmung der Leistungsmodalitäten, Rdn. 9; zur Abgrenzung von der Wahlschuld (§§ 262 ff BGB, Rdn. 5).

3. Form, Maß oder ähnliche Verhältnisse

3   Im Handelsverkehr erfolgen Bestellungen häufig in der Weise, daß zunächst nur eine Vereinbarung über die abzunehmende Menge und engere Gattung der Ware als Qualitätsmerkmal getroffen wird. Dem Käufer wird das Recht vorbehalten zu bestimmen, in welchen Maßen, in welchen Formen, Farben und dergl. zu liefern ist. Der Preis ergibt sich in aller Regel aus einem vereinbarten Grundpreis und vereinbarten Zuschlägen je nach Maß oder Form. Vielfach wird auf die Preisliste des Verkäufers Bezug genommen.

4   **Streitig** ist es, was man unter „**ähnlichen Verhältnissen**" im Sinne des § 375 Abs. 1 HGB zu verstehen hat. Die ganz h. M. orientiert sich an einer Wortauslegung. Den Formen und Maßen werden **gleichgestellt** die Farbe, die Verarbeitung, die Herkunft, die Menge (RGZ **43** 101), die Zusammensetzung der Grundstoffe (BGH NJW **1960** 674), die Abwandlung desselben Maschinentyps (RG HRR **1934** Nr. 1302; *K. Schmidt* Handelsrecht[2] (1982) § 28 II 3). **Keine** „ähnlichen Verhältnisse" sollen nach ganz herrschender Meinung dort vorliegen, wo der Käufer berechtigt ist, die **Leistungsmodalitäten**, z. B. Leistungsort oder beim Kauf auf Abruf die Leistungszeit, festzusetzen. Insoweit sollen die §§ 315 ff BGB zum Tragen kommen[3]. Nicht unter § 375 HGB sollen auch solche Bestimmungsbefugnisse fallen, bei denen der Käufer zwischen zwei gänzlich verschiedenen Warensorten wählen könne[4]. § 375 HGB erfordere, daß sich das dem Käufer vorbehaltene Bestimmungsrecht innerhalb der Grenzen einer nach der maßgeblichen Verkaufsauffassung (RG Recht **1905** Nr. 1889) **einheitlichen Ware** halte. So liege noch ein Spezifikationskauf im Sinne des § 375 HGB vor,

---

[1] § 345 HGB; kritisch *K. Schmidt* Handelsrecht[2] (1982) § 28 I 2; aber auch bei Konsumentengeschäften besteht ein anerkennenswertes Beschleunigungsinteresse des Kaufmannes.

[2] *Schlegelberger/Hefermehl*[5] § 375 HGB 2; vgl. auch RG HRR **1934** Nr. 1302; a. A. *Düringer/Hachenburg/Hoeniger* Kommentar zum HGB[3] (1932) § 375 HGB 6.

[3] *Schlegelberger/Hefermehl*[5] § 375 HGB 8; *Baumbach/Duden/Hopt*[25] § 375 HGB 1 A; *Heymann/Kötter*[21] § 375 HGB 1; vgl. auch BGH WM **1983** 1105, 1106.

[4] BGH NJW **1960** 674; WM **1976** 124; *Schlegelberger/Hefermehl*[5] § 375 HGB 5; *Baumbach/Duden/Hopt*[25] § 375 HGB 1 A; *Staudinger/Köhler*[12] vor § 433 BGB 19; *K. Schmidt* § 28 II 3.

wenn Maschinen eines bestimmten Typs in noch zu konkretisierenden Spezialausführungen verkauft seien. Dort aber, wo der Käufer die Wahl zwischen Maschinen verschiedener Typen habe, könne man nur von einer Wahlschuld im Sinne der §§ 262 ff BGB sprechen (RG Recht **1928** 136).

Diese Abgrenzung des Geltungsbereichs des § 375 HGB vermag nicht zu überzeugen. Zunächst ist zu kritisieren, daß eine Abgrenzung zwischen derselben Warengattung und verschiedenen Gattungen mit nur einiger Präzision unmöglich ist. Fällt ein Kauf, bei dem der Käufer zwischen Äpfeln und Birnen wählen kann, in den Bereich des § 375 HGB, weil beide zur Gattung Obst gehören oder läuft die Grenzlinie zwischen § 375 HGB und §§ 262 ff BGB bei der Gattung „Äpfel" schlechthin? Das RG (Recht **1905** Nr. 1889) hat daher nicht von ungefähr auf die Verkehrsanschauung zurückgegriffen, ohne klarzustellen, wie diese ermittelt wurde. Letztlich kann auch nur festgestellt werden, ob in einer Branche ein Brauch besteht, in bestimmten Situationen die Rechtsfolgen des § 375 HGB anzuwenden. Stärker ins Gewicht fällt, daß dem Institut der Wahlschuld, so wie es in den §§ 262 ff BGB geregelt ist, allgemein geringe Praxisnähe bescheinigt wird[5]. Dies zeigt sich besonders an der für den Fall der Unmöglichkeit vorgesehenen Regelung, daß der Käufer unter Umständen nur noch unter den verbliebenen Alternativen auswählen darf und muß (§ 265 BGB; *Ziegler* AcP **171** 193, 211). Im Vergleich zu § 375 HGB stellt die in den §§ 262 ff BGB getroffene Regelung den Käufer insofern besser, als er nicht schon nach Ablauf einer Nachfrist mit einem Rücktritt oder Schadensersatzverlangen rechnen muß (§ 375 Abs. 2 S. 1 HGB), sondern der Verkäufer zweimal eine „Nach"-Frist setzen muß, um die Rechte aus § 326 BGB geltend machen zu können. Er muß nämlich zunächst den Ablauf der in § 264 Abs. 2 BGB genannten Frist und dann, nach Ausübung der Wahl, da der Käufer regelmäßig auch zahlungsunwillig sein wird, den Ablauf der Nachfrist im Sinne des § 326 BGB abwarten. Angesichts des im HGB und im besonderen in § 375 HGB hochbewerteten Beschleunigungsinteresses des Verkäufers (Rdn. 1) ist nicht ohne weiteres einzusehen, warum der Käufer, der bestimmen kann, welche Warensorte geliefert werden soll, mehr Zeit zur Verfügung haben soll, bevor er mit einem Schadensersatzanspruch überzogen oder der Vertrag aufgelöst wird, als derjenige Käufer, der die konkreten Maße der zu liefernden Ware mitzuteilen hat. Der Käufer hat in beiden Fallvarianten die typischerweise gleich weitreichende Frage zu beantworten, nämlich, welche konkrete Ware für ihn geeignet bzw. am Markt optimal absetzbar ist. Erst recht passen die §§ 315 ff BGB nicht, wenn der Käufer nicht die Bestimmung über die Modalitäten der Leistungserbringung (z. B. Leistungszeitpunkt) trifft. § 315 Abs. 3 S. 2 2. Alt. BGB sieht dann eine Bestimmung durch Urteil vor. Darüber hinaus soll der Käufer, der trotz Aufforderung (§ 295 S. 2 BGB) die Bestimmung nicht vornimmt, nach h. M. in Annahmeverzug geraten[6]. Dies hilft dem Verkäufer aber dann nicht viel weiter, wenn die Ware nicht sogleich mit dem Abruf geliefert werden sollte; denn mit dem Selbsthilfeverkauf darf der Verkäufer erst bei Fälligkeit der Lieferung (§ 373 Rdn. 53) beginnen. Es kommt daher nicht von ungefähr, daß die ganz h. M. die Ansicht vertritt, auch eine in Hinblick auf die Leistungsmodalitäten gewährte Bestimmungsbefugnis sei nach den Regeln des Wahlschuldverhältnisses (§§ 262 ff BGB) zu behandeln[7]. Es ist deshalb not-

---

[5] *Münchener Kommentar-Keller* § 262 BGB 2; *Staudinger/Selb*[12] § 262 BGB 1; *Ziegler* AcP **171** 193, 209 ff.
[6] *Münchener Kommentar-Söllner* § 315 BGB 22 m. Nachw.; vgl. auch BGH WM **1983** 1105, 1106.
[7] RGZ **57** 138, 141; *Staudinger/Selb*[12] § 262 BGB 4; *RGRK-Alff* § 262 BGB 2; *Soergel/R. Schmidt*[10] § 262 BGB 6; *Esser/Schmidt* Schuldrecht AT (1975) § 14 II; *Medicus* Schuldrecht I (1981) § 19 V; *Münchener Kommentar-Keller* § 262 BGB 4 m. w. Nachw.; **a. A.** *Larenz* Schuldrecht I[13] § 11 II; das Problem wird nicht gesehen vom BGH, BB **1971** 1386.

§ 375   Drittes Buch. Handelsgeschäfte

wendig zu prüfen, ob § 375 HGB nicht zumindest analog auf diejenigen Fälle anzuwenden ist, bei denen man bei wörtlicher Auslegung des Begriffs „Ähnlichkeit" nicht mehr ohne weiteres davon sprechen kann, daß der Käufer berechtigt sei, ein der Form oder dem Maß der Ware „ähnliches" Merkmal zu fixieren.

II. Der Zweck des § 375 HGB

6   Die Bedeutung des § 375 HGB liegt darin, daß er das dem Käufer eingeräumte Spezifikationsrecht zur vertraglichen Hauptpflicht des Käufers erhebt und zugleich dem Verkäufer die Befugnis erteilt, notfalls anstelle des Käufers die Spezifikation vorzunehmen[8]. Die besondere Funktion des § 375 HGB tritt besonders deutlich in Erscheinung, wenn man sich klarmacht, welche Rechte der Verkäufer hätte, falls § 375 HGB nicht existieren würde: Der Verkäufer kann den Anspruch des Käufers auf Lieferung der Ware erst erfüllen, wenn der Käufer die ihm vorbehaltene Spezifikation der Ware vorgenommen hat. Die Spezifikation ist eine zur Bewirkung der Leistung des Schuldners erforderliche Handlung im Sinne des § 295 S. 1 2. Alt. BGB. Unterbleibt diese Mitwirkungshandlung, so ist der Verkäufer, vorausgesetzt er ist — abgesehen von der fehlenden Spezifikation — im übrigen leistungsbereit, nach allgemeinen Regeln befugt, den Käufer in Annahmeverzug zu versetzen, indem er den Käufer auffordert, die erforderliche Spezifikation vorzunehmen. War für die Vornahme der Spezifikation ein fester Zeitpunkt vorgesehen, so tritt der Annahmeverzug in diesem Zeitpunkt ein. Gemäß § 304 BGB kann der Verkäufer Ersatz der Kosten verlangen, die ihm durch die Aufbewahrung der Rohstoffe während des Annahmeverzuges entstehen. Denkbar ist auch eine Hinterlegung der Grundstoffe (§ 373 Abs. 1 HGB). Die Hinterlegung der Ware scheitert daran, daß die zu liefernde Ware noch nicht spezifiziert und daher auch nicht individualisiert ist. Auf Schwierigkeiten stößt auch der Selbsthilfeverkauf. Denkbar ist hier nur ein Verkauf der Ware samt dem Recht zur Spezifikation (RGZ 43 101, 103). Der Käufer schuldet dann den Kaufpreis nach Maßgabe der Spezifikation, die der Erwerber im Rahmen des Selbsthilfeverkaufs erklärt hat. Außerdem kann der Verkäufer gemäß § 264 Abs. 2 BGB die Spezifikation nach Ablauf einer angemessenen Frist selbst vornehmen. Er befindet sich unter dem Aspekt des § 264 Abs. 2 BGB wirtschaftlich betrachtet in etwa in der Position, die ihm § 375 Abs. 2 S. 1, 1. Alt. und S. 2 HGB eröffnet. Nach der Selbstspezifikation gemäß § 264 Abs. 2 BGB darf der Verkäufer die nun geschuldete Ware, wenn sie der Käufer nicht abnimmt, hinterlegen oder zum Selbsthilfeverkauf schreiten (§ 373 HGB). Außerdem kann der Verkäufer in Hinblick auf seinen nun auch exakt berechenbaren Zahlungsanspruch nach § 326 BGB vorgehen. Allerdings kann der Verkäufer nur dann Rechte aus § 326 BGB herleiten, wenn der Kaufpreis mit der Spezifikation gemäß § 264 Abs. 2 BGB fällig geworden ist, der Käufer in Verzug geraten ist und eine Nachfrist erfolglos verstrichen ist.

7   Die Besonderheit des § 375 HGB liegt im Vergleich zur reinen BGB-Regelung darin, daß § 375 HGB die Spezifikation zur Hauptleistungspflicht des Käufers erhebt. Nimmt der Käufer die Spezifikation nicht vor, so ist der Verkäufer daher nicht genötigt, erst selbst ersatzweise die Spezifikation vorzunehmen und entsprechend der Spezifikation die eigene Leistungsbereitschaft herzustellen, um dann die Rechte aus § 326 BGB geltend zu machen, weil er feststellen muß, daß der Käufer nicht nur ab-

---

[8] So im Ergebnis — mit einer Modifikation in der Reihenfolge der Fristsetzung — auch § 264 Abs. 2 BGB, der allerdings anders als § 375 HGB nicht an den Schuldnerverzug, sondern an den Annahmeverzug anknüpft.

Stand: 1. 4. 1984

nahmeunwillig, sondern — wie in aller Regel — auch zahlungsunwillig, wenn nicht gar zahlungsunfähig ist. Vielmehr kann der Verkäufer gemäß § 375 HGB die trotz Nachfrist unterbliebene Spezifikation zum Anlaß nehmen, ohne vorherige Spezifikation, ohne Prüfung der Zahlungswilligkeit und -fähigkeit des Käufers sofort vom Vertrag zurückzutreten oder Schadensersatz zu verlangen.

Die Gründe für diese Privilegierung des Verkäufers liegen im Dunkeln. Verbreitet **8** wird auf die Beschleunigungsfunktion (*Schlegelberger/Hefermehl*[5] § 375 HGB 2) oder darauf hingewiesen, daß der Verkäufer ein Interesse daran habe, den Kaufvertrag abzuwickeln und das Betriebspotential für andere Aufträge freizumachen (ebenso *Würdinger/Röhricht* Vorauflage § 375 HGB 7). Diese Deutung der ratio legis überzeugt jedoch nicht, wenn man bedenkt, daß der bloße Abruf der Ware nach ganz h. M. nicht unter § 375 HGB fallen soll. *Canaris* (*Capelle/Canaris* Handelsrecht[19] § 20 VI 3 b) hebt hervor, daß die Befugnis zur Selbstspezifikation für den Verkäufer nicht lediglich vorteilhaft sei; denn der Käufer, der mit der Erfüllung der Spezifikationspflicht säumig geworden sei, werde auch vielfach mit der Zahlung in Verzug geraten und den Verkäufer auf einer nahezu unverwertbaren Ware sitzenlassen. Es spricht alles dafür, die ratio legis gerade bei dem von *Canaris* erwähnten Gesichtspunkt zu suchen. In den von § 375 Abs. 1 HGB ausdrücklich erwähnten Fällen, in denen der Käufer noch Form oder Maß bestimmen darf, müßte der Verkäufer in der Tat Grundstoffe nach Maßgabe seiner Ersatzspezifikation (§ 375 Abs. 2 S. 1 1. Alt. HGB) bearbeiten, obwohl er stark befürchten muß, daß der säumige Käufer nicht nur abnahmeunwillig, sondern, weil er sich z. B. in den Absatzchancen verschätzt hat, auch zahlungsunwillig, wenn nicht zahlungsunfähig ist. § 375 Abs. 2 S. 1 HGB erlaubt es dem Verkäufer, die Gefahr von Fehlinvestitionen zu vermeiden, indem er nach fruchtlosem Ablauf einer Nachfrist sofort zum Schadensersatz übergeht oder den Rücktritt erklärt.

III. Ähnliche Verhältnisse

Aus der Perspektive dieser ratio legis läßt sich auch klären, was unter „ähnlichen **9** Verhältnissen" zu verstehen ist. Nicht unter den Begriff der „ähnlichen Verhältnisse" fällt das Recht des Käufers, die Leistungsmodalitäten zu bestimmen, z. B. die Ware zu einem ihm genehmen Termin abzurufen; denn der Abruf löst typischerweise keine zusätzlichen Investitionen des Verkäufers aus. Anders ist die Situation, wenn der Käufer das Recht hat, zu bestimmen, welche Stärke der zu liefernde Zwirn aufweisen soll, aus welchem Material er gefertigt sein soll, da der Verkäufer hier nach der Spezifikation mit der Produktion einer auf besondere Bedürfnisse zugeschnittenen Ware beginnen muß. Das RG (Recht 1905 Nr. 1889) hat daher richtig entschieden, als es § 375 HGB auf einen Verkauf anwandte, bei dem der Grundstoff der Ware näherer Bestimmung unterlag. Demnach gilt § 375 HGB auch in Fällen, in denen Maschinen nach Wunsch des Käufers besonderes auszurüsten sind. Problematisch ist die Lösung der Fälle, in denen sich der Käufer das Recht zur Auswahl unter verschiedenen Maschinentypen vorbehalten hat. Vergleichbar ist die Situation, wenn der Käufer innerhalb eines gewissen Rahmens bestimmen darf, welche Menge er abnehmen will. Hat der Verkäufer die Ware auf Lager oder kann er aus der laufenden Produktion liefern, so besteht von der ratio legis des § 375 HGB her kein Anlaß, den Verkäufer zu privilegieren. Anders ist die Situation, wenn der Verkäufer die Ware erst nach Spezifikation anschaffen muß. Hier ist es durchaus sinnvoll, den Verkäufer nicht die Gefahr sinnloser Investitionen laufen zu lassen. Allerdings geht es nicht an, die Anwendbarkeit des § 375 HGB von Fall zu Fall davon abhängig zu machen, ob der Verkäufer nach der Spezifikation noch nicht-unerhebliche Aufwendungen tätigen muß, um lieferbereit zu werden. Auch der

Käufer muß bereits bei Vertragsschluß wissen können, mit welchen Sanktionen er im Falle einer Leistungsstörung rechnen muß. Das RG (Recht **1905** Nr. 1889) hat daher im Kern richtig objektiviert und auf die Verkehrsanschauung in der Branche des Käufers und Verkäufers abgehoben. Freilich kann es nicht auf die Verkehrsanschauung über die Anwendbarkeit des § 375 ankommen. Maßgeblich ist vielmehr, ob der Verkäufer für den Käufer im Einzelfall erkennbar oder typischerweise nach der Spezifikation nicht unerhebliche Kosten aufwenden muß, um entsprechend der Spezifikation leistungsbereit zu werden. Ist dies der Fall, so kann von „ähnlichen Verhältnissen" im Sinne des § 375 HGB gesprochen werden.

B. Die Voraussetzungen für die Ausübungen der Rechte aus § 375 HGB

10 Da der Spezifikationsverzug einen Fall des Leistungsverzuges darstellt, müssen die Voraussetzungen der §§ 284 f BGB erfüllt sein. Dazu gehört als erstes, daß die Spezifikation fällig war. Die **Fälligkeit** ergibt sich in erster Linie aus den im Vertrag getroffenen Vereinbarungen. Sind ausdrückliche Abreden nicht ersichtlich, so hat die Spezifikation nach den Grundsätzen von Treu und Glauben unter Berücksichtigung der Umstände des Einzelfalls, insbesondere der Interessen beider Parteien und des beiden Vertragspartnern bekannten Zwecks der Bestellung sowie der einschlägigen Handelsbräuche und Gewohnheiten innerhalb angemessener Frist zu erfolgen (*Schlegelberger/ Hefermehl*[5] § 375 HGB 10). Dies gilt auch, wenn die Bestimmung „nach Bedarf" des Käufers getroffen werden soll (OLG Colmar OLGE **12** 54, 55). Läßt sich eine Frist nicht ermitteln, so wird die Pflicht zur Spezifikation fällig, wenn der Verkäufer zur Bestimmung auffordert. Auf eine teilweise Spezifikation braucht sich der Verkäufer grundsätzlich nicht einzulassen (KG OLGE **19** 398). Regelmäßig ist zum Schuldnerverzug eine frühestens bei Fälligkeit erfolgende Mahnung erforderlich (§ 284 BGB). Ist dem Verkäufer vertraglich eine Lieferfrist bestimmt, so muß er grundsätzlich innerhalb dieser Frist den Käufer zur Spezifikation auffordern (RG WarnRspr. **1918** Nr. 177).

11 Der Käufer muß das Unterlassen der Spezifikation zu vertreten haben (§ 285 BGB). Da § 279 BGB nicht anwendbar ist, muß der Käufer schuldhaft gehandelt haben (§ 347 HGB, § 276 BGB). Das Verschulden bezieht sich allein auf die Erklärung und Mitteilung der Spezifikation (**a A.** *Würdinger/Röhricht* Vorauflage § 375 HGB 10). Die Ursache, aus der heraus es der Käufer unterlassen hat, zu spezifizieren, bewegt sich auf der Ebene des Verwendungszwecks der Ware und ist im Rahmen des Kaufvertrages für den Verkäufer — von den Fällen der Zweckvereitelung abgesehen[9] — unerheblich. Deshalb kann sich der Käufer grundsätzlich nicht darauf berufen, daß er wegen Modeschwankungen, wegen verspäteter Mitteilung der Wünsche seiner Abnehmer oder anderer auf seine Verwendungsplanung bezogener Umstände nicht in der Lage gewesen sei, die von ihm benötigten Waren rechtzeitig genau zu bezeichnen. Der Käufer kann sich mithin grundsätzlich nur damit entlasten, daß er infolge kriegerischer Ereignisse nicht mit dem Verkäufer in Verbindung treten konnte oder daß seine Mitteilung den Verkäufer ohne sein Verschulden nicht erreicht habe.

12 Streitig ist, ob als Voraussetzung der Rechte aus § 375 HGB der Verkäufer im Moment der geschuldeten Spezifikation bzw. nach Mahnung im Sinne des § 297 BGB **leistungsbereit** gewesen sein muß. In der Vorauflage (Rdn. 12) wurde mit eingehender Begründung die Ansicht vertreten, daß der Käufer mit seiner Spezifikationspflicht

---

[9] *Koller* Die Risikozurechnung bei Vertragsstörungen in Austauschverträgen (1979) 32 ff, 306 ff m. Nachw.

nicht in Leistungsverzug geraten könne, wenn auf der Seite des Verkäufers Umstände vorliegen, die einen Annahmeverzug des Käufers hindern [10]. Dem wird entgegengehalten, daß die dem Käufer vorbehaltene Bestimmung nicht im Sinne des § 295 BGB „zur Leistung erforderlich" sei, da der Verkäufer die Bestimmung ja nach Verzugseintritt selbst vornehmen könne [11]. Richtigerweise ist davon auszugehen, daß Leistungsverzug im Sinne des § 375 Abs. 1 HGB und **Annahmeverzug** infolge Unterlassens der Spezifikation konkurrieren können. Nur Annahmeverzug tritt dort ein, wo der Käufer die Spezifikation ohne sein Verschulden unterlassen hat (*Heymann/Kötter*[21] § 375 HGB 2). In Fällen, in denen der Käufer schuldhaft gehandelt hat, ist der Käufer mit dem Ausbleiben der Spezifikation zumindest eine logische Sekunde lang in Annahmeverzug geraten. Für diese Lösung spricht, daß es wenig sinnvoll ist, dem Verkäufer die volle Haftungserleichterung bis zur Grenze der groben Fahrlässigkeit (§ 300 Abs. 1 BGB) nur deshalb zu versagen, weil man ihm in § 375 Abs. 1 HGB eine im Vergleich zu den §§ 262 ff, 293 ff BGB bessere Rechtsposition verschaffen wollte. Aus der Tatsache, daß Leistungsverzug und Annahmeverzug konkurrieren, folgt jedoch noch nicht, daß auf den Verzug im Sinne des § 375 Abs. 1 HGB § 297 BGB anzuwenden wäre. Vielmehr ist die Frage, ob der Verkäufer im Moment des Spezifikationsverzugs leistungsfähig gewesen sein muß, nach allgemeinen Grundsätzen zu entscheiden. War der Verkäufer im Moment der Fälligkeit der Spezifikation bzw. bei Mahnung selbst außerstande, die spezifizierte Ware vertragsgemäß zu liefern, so ist ihm kein Schaden entstanden. Er kann daher keinen Schadensersatz wegen Nichterfüllung verlangen. Ein Rücktritt vom Vertrag wäre rechtsmißbräuchlich, da der Verkäufer kein Interesse an rechtzeitiger Spezifikation gehabt haben kann (*Heymann/Kötter*[21] § 375 HGB 2). Im übrigen sind die Grundsätze über die beiderseits zu vertretende Unmöglichkeit heranzuziehen (*Münchener Kommentar-Emmerich* § 324 BGB 35).

C. Die Rechte des Verkäufers im Spezifikationsverzug des Käufers

Ist der Käufer mit seiner Pflicht zur Spezifikation im Leistungsverzug (Rdn. 10), so hat der Verkäufer gem. § 375 Abs. 2 HGB das Recht, zwischen der Selbstspezifikation (§ 375 Abs. 2 S. 1 HGB), dem Rücktritt vom Vertrag und dem Schadensersatz wegen Nichterfüllung (§ 375 Abs. 2 S. 1 HGB) zu wählen. Außerdem kann er Ersatz des Verzugsschadens und grundsätzlich auch Erfüllung verlangen. **13**

I. Die Selbstspezifikation, der Ersatz des Verspätungsschadens sowie die Vertragserfüllung

1. Erfüllung

Der Verkäufer kann Vertragserfüllung verlangen, d. h. der Käufer ist verpflichtet, so wie vertraglich vereinbart, zu spezifizieren. Allerdings kann der Verkäufer grundsätzlich nicht auf Erfüllung klagen, da ihm hierfür das Rechtsschutzinteresse fehlt, wenn er, wie dies § 375 Abs. 2 S. 1 HGB vorsieht, die Spezifikation selbst vorzunehmen vermag [12]. **14**

---

[10] § 297 BGB; ebenso im Ansatz *Baumbach/Duden/Hopt*[25] § 375 HGB 1 D.
[11] *Schlegelberger/Hefermehl*[5] § 375 HGB 16; im Grundsatz auch *Heymann/Kötter*[21] § 375 HGB 2.
[12] OLG Dresden OLGE 4 227; OLG Jena LZ 1914 967; *Schlegelberger/Hefermehl*[5] § 375 HGB 12; a. A. OLG Breslau OLGE 11 410; *Capelle/Canaris*[19] § 20 VI 3 a.

2. Verzögerungsschaden

15 Der Verkäufer kann ferner unter den Voraussetzungen der §§ 284 ff BGB den aus einer Verzögerung der Spezifikation resultierenden **Verzögerungsschaden** ersetzt verlangen (§ 286 BGB). Es ist jedoch unter dem Aspekt des Mitverschuldens (§ 254 Abs. 2 BGB) zu beachten, daß der Verkäufer die Spezifikation selbst vornehmen darf (§ 375 Abs. 2 S. 1 HGB).

3. Selbstspezifikation (§ 375 Abs. 2 S. 1 HGB)

16 Gemäß § 375 Abs. 2 S. 1 HGB darf der Verkäufer anstelle des Käufers die Spezifikation vornehmen.

17 a) **Vornahme der Selbstspezifikation.** Der Verkäufer kann die dem Käufer vorbehaltene Bestimmung selbst vornehmen. Er muß hiervon dem Käufer Mitteilung machen. Die dem Käufer zugehende **Mitteilung** muß bereits die vom Verkäufer getroffene Spezifikation enthalten. Es genügt nicht, wenn der Verkäufer lediglich erklärt, er werde nach fruchtlosem Ablauf einer dem Käufer gesetzten Frist die Spezifikation selbst vornehmen. Die Verpflichtung des Verkäufers muß nach der Spezifikation so exakt festliegen, daß darauf eine Leistungsklage auf Lieferung dieser Ware gegründet werden kann. Es reicht daher auch nicht aus, daß der Verkäufer lediglich mitteilt, er werde in den gangbarsten Formen anfertigen oder gängigsten Farben einfärben. Streitig ist, ob und in welcher Form der Verkäufer bei der Selbstbestimmung die **Interessen des Käufers** zu beachten hat. *Schlegelberger/Hefermehl* (aaO § 375 HGB 18) und *Heymann/Kötter* (aaO § 375 HGB 5) vertreten die Ansicht, daß der Verkäufer die Spezifikation nach freiem Ermessen vornehmen kann. Demgegenüber sind *Baumbach/Duden/Hopt* (aaO § 375 HGB 2 B) und *Würdinger/Röhricht* (Vorauflage Rdn. 14) der Meinung, daß der Verkäufer nach billigem Ermessen spezifizieren müsse. Der Verkäufer sei verpflichtet, die Spezifikation so zu treffen, wie sie nach seiner Kenntnis mutmaßlich den Interessen des Käufers am besten entspreche. Man hat davon auszugehen, daß der Verkäufer an die Stelle des Käufers tritt, der seinerseits selbst nach freiem Ermessen spezifizieren durfte (*Schlegelberger/Hefermehl*[5] § 375 HGB 18). Aber auch dann, wenn man diesem formalen Argument wenig Gewicht beilegt, ist zu berücksichtigen, daß es für den Käufer wenig Sinn hat, wenn sich der Verkäufer möglichst in die Käuferinteressen hineinversetzt, zumal wenn man bedenkt, daß der Käufer, der im Spezifikationsverzug ist, selbst häufig nicht weiß, was er benötigt. Der Käufer wird durch eine nach freiem Ermessen vorgenommene Fremdspezifikation nicht entrechtet, weil § 375 HGB selbst Vorsorge für die Wahrung der Käuferinteressen trifft. Der Verkäufer hat nämlich die von ihm getroffene Bestimmung dem Käufer mitzuteilen und diesem in angemessenem Umfang die Möglichkeit zu geben, eine anderweitige Bestimmung zu treffen (§ 375 Abs. 2 S. 2 HGB; Rdn. 19). Man wird daher dem Verkäufer erlauben müssen, im Rahmen der Selbstspezifikation auch eigene Interessen zu berücksichtigen, so z. B. das Interesse, im Fall einer Nichtabnahme der Ware im Rahmen eines Selbsthilfeverkaufs (§ 373 HGB) möglichst günstige Preise zu erzielen. Das Recht zur Selbstspezifikation ist allerdings nicht ganz schrankenlos. Der Verkäufer darf nicht dolos schädigend vorgehen. Darüber hinaus gilt die allgemeine Schranke des Verbots des Rechtsmißbrauchs.

18 Die Selbstspezifikation kann grundsätzlich **frühestens** nach Eintritt des Spezifikationsverzugs mitgeteilt werden. Sie darf aber auch mit der Mahnung, die zum Spezifikationsverzug führt, verbunden werden. Die **Mitteilung** ist eine **empfangsbedürftige** Willenserklärung. Sie ist an keine **Form** gebunden.

19 b) **Fristsetzung.** Der Verkäufer hat zugleich mit der Mitteilung der Selbstspezifikation dem Käufer eine **angemessene Frist** zur Vornahme einer **anderen Spezifikation** zu setzen. Dem Käufer soll eine letzte Gelegenheit gegeben werden, seine Bedürfnisse zu wahren. Dem Wortlaut des § 375 Abs. 2 S. 2 HGB zufolge hat die Fristsetzung zugleich, d. h. gleichzeitig mit der Mitteilung der vom Verkäufer getroffenen Bestimmung zu erfolgen. Nach h. M. dürfen dem Käufer aber Mitteilung und Fristsetzung getrennt zugeleitet werden [13]. Eine **Trennung von Fristsetzung und Mitteilung** erscheint jedoch **nicht zulässig,** da nur die Verbindung von Selbstspezifikation und Fristsetzung dem Käufer die Konsequenzen einer weiteren Säumnis deutlich vor Augen führt. Wird in einer späteren Fristsetzung auf die früher mitgeteilte Selbstspezifikation Bezug genommen, so stellt dies eine gleichzeitige, erneute Mitteilung der Spezifikation dar. Unzulässig ist es jedenfalls, erst eine angemessene Frist zur Spezifikation zu setzen und dann die Selbstspezifikation mitzuteilen.

20 Die Fristsetzung ist ebenfalls nach den Regeln für **empfangsbedürftige** Willenserklärungen zu behandeln. Sie ist **formlos** wirksam. Eine unangemessen kurze Frist setzt eine angemessen lange in Gang. **Angemessen** ist eine **Frist,** die es dem Käufer erlaubt, nach kurzer Überlegung unter gebotener Beschleunigung seine Wünsche mitzuteilen. Bei der Bemessung der Frist ist zu berücksichtigen, welche Kommunikationsmittel dem Käufer voraussichtlich aus der Sicht des Verkäufers zur Verfügung stehen werden. Eine vom Verkäufer nicht vorhersehbare Störung der Kommunikationswege geht zu Lasten des Käufers (Wertung des § 287 BGB).

21 Die Frist zur Vornahme einer anderweitigen Bestimmung ist auch dann zu setzen, wenn sich der Käufer ernstlich und eindeutig **geweigert** hat, die Spezifikation vorzunehmen. § 375 Abs. 2 S. 2 HGB will dem Käufer eine letzte Möglichkeit eröffnen, von sich einen Schaden abzuwenden, der möglicherweise weit über einen Nichterfüllungsschaden bzw. den aus einem Rücktritt drohenden Schaden hinausgeht (so im Ergebnis allgemeine Meinung).

22 c) **Wirksamwerden der Selbstspezifikation.** Die Selbstspezifikation ist endgültig ausgeübt, wenn die Selbstspezifikation mitgeteilt worden ist und die wirksam gesetzte Frist zur Vornahme einer anderweitigen Bestimmung fruchtlos abgelaufen ist. Fruchtlos abgelaufen ist die Frist nicht nur, wenn sich der Käufer schweigend verhält, sondern auch dann, wenn er widerspricht, ohne aber innerhalb der Frist seinerseits die Lieferpflichten hinreichend exakt zu spezifizieren. Umgekehrt ist der Verkäufer, der die Selbstspezifikation mitgeteilt hat und zugleich eine Frist zur anderweitigen Bestimmung gesetzt hat, nicht berechtigt, von der Selbstspezifikation auf die anderen in § 375 Abs. 2 HGB genannten Rechte überzugehen. Er darf auch nicht nach fruchtlosem Fristablauf eine erneute Selbstspezifikation vornehmen. Der Spezifikationskauf hat sich nämlich in einen gewöhnlichen Kauf verwandelt. Der Verkäufer hat die von ihm spezifizierten Waren zu liefern und kann dafür den Kaufpreis beanspruchen. Der Käufer muß diese Waren abnehmen und bezahlen.

23 d) **Klage auf Zahlung eines Mindestkaufpreises.** Das Recht des Verkäufers zur Selbstspezifikation schließt eine Klage auf Zahlung des Mindestkaufpreises aus (*Schlegelberger/Hefermehl*[5] § 375 HGB 26). Für eine Klage auf Zahlung ohne Spezifikation fehlt es an einem hinreichend bestimmten vertraglich vereinbarten Preis, da die Höhe des Preises von Art und Weise der Spezifikation abhängt. Der Verkäufer kann auch nicht einen Mindestkaufpreis verlangen, da dem ja eine „Mindest"-Lieferpflicht gegen-

---

[13] *Schlegelberger/Hefermehl*[5] § 375 HGB 21; *Heymann/Kötter*[21] § 375 HGB 5; *Würdinger/Röhricht* Vorauflage Rdn. 15.

überstehen müßte und man vor Spezifikation nicht weiß, welche Ware der Verkäufer zu liefern hat. Für eine Feststellungsklage besteht kein Rechtsschutzbedürfnis.

II. Schadensersatz wegen Nichterfüllung oder Rücktritt

24 Der Verkäufer kann gemäß § 326 BGB Schadensersatz wegen Nichterfüllung fordern oder vom Vertrag zurücktreten. Das Gesetz hat die Ausübung der Spezifikation zur vertraglichen Hauptpflicht gemacht. Aus der Verweisung auf § 326 BGB folgt, daß der Verkäufer diese Rechte regelmäßig erst dann geltend machen kann, wenn er dem Käufer zuvor fruchtlos unter der Androhung, daß er eine nach Fristablauf erfolgende Spezifikation zurückweisen werde, eine angemessene Nachfrist zur Nachholung der Spezifikation gesetzt hat und diese Nachfrist fruchtlos abgelaufen ist. § 375 Abs. 2 S. 1 HGB verweist also nicht bloß auf die Rechtsfolgen des § 326 Abs. 1 S. 2 BGB, sondern verweist auch auf dessen Voraussetzungen (BGH WM **1976** 125). Die Nachfrist kann entfallen, wenn dies nach den allgemein für § 326 BGB geltenden Regeln zulässig ist (Beispiele: Erfüllungsverweigerung; Interessenfortfall; vertragswidrige Teilspezifikation). Handelt es sich um einen Sukzessivlieferungsvertrag, so kann der Verkäufer die ihm nach § 326 BGB zustehenden Rechte nach seiner Wahl entweder auf die einzelne fällige Rate beschränken oder bereits beim Spezifikationsverzug mit der ersten Rate seine Rechte in Hinblick auf die gesamten noch ausstehenden Lieferungen ausüben (BGH WM **1976** 124, 125). Erforderlich ist lediglich, daß er seine Absicht in der Erklärung, in der er die Nachfrist setzt, ausreichend kenntlich macht. Eine Nachfristsetzung ist ausnahmsweise entbehrlich, wenn der Käufer durch schuldhaft vertragswidriges Verhalten den Zweck des Vertrages und dessen reibungslose Durchführung ernsthaft gefährdet (BGH WM **1976** 124, 125).

25 Setzt der Verkäufer dem Käufer eine Nachfrist zur Spezifikation mit der Erklärung, daß er nach dem Ablauf der Frist die Spezifikation zurückweisen werde, so ist der Verkäufer an diese **Wahl gebunden.** Er kann mithin nicht mehr zur Selbstspezifikation übergehen. Holt der Käufer die unterlassene Spezifikation noch derart innerhalb der Nachfrist nach, daß die Spezifikation dem Verkäufer rechtzeitig zugeht, so ist der Verzug geheilt. Bei fruchtlosem Ablauf der Nachfrist ist der Anspruch auf Vertragserfüllung für beide Vertragsteile endgültig erloschen (§ 326 Abs. 1 S. 2 BGB). Gemäß § 326 Abs. 1 S. 2 BGB kann dann der Verkäufer zwischen Schadensersatz wegen Nichterfüllung und dem Rücktritt vom Vertrag wählen. Die Wahl kann auch schon im Rahmen der Erklärung über die Nachfristsetzung getroffen werden.

26 Der Verkäufer kann den **Nichterfüllungsschaden** konkret berechnen. Sein Schaden besteht darin, daß er die Lieferung nicht vornehmen kann und den Kaufpreis nicht erlangt. Allerdings bereitet die Ermittlung der Schadenshöhe praktische Schwierigkeiten, da nicht exakt bestimmt ist, welche Ware der Verkäufer schuldet. Die Schadensbemessung hat deshalb anhand der zur Verfügung stehenden Anhaltspunkte zu erfolgen. In Betracht kommen die Aufwendungen für die Grundstoffe, die Aufwendungen für sinnlos eingestelltes Personal. Der Verkäufer kann Ersatz dieser sinnlos gewordenen Aufwendungen fordern. Im Rahmen der abstrakten Schadensberechnung hat man davon auszugehen, welche Mindestmenge bzw. Mindestqualität der Käufer hätte spezifizieren müssen. Im Zweifel hat man von dem kleinsten gemeinsamen Nenner der potentiellen Spezifikationswünsche des Käufers, d. h. in der Regel dem geschuldeten Grundstoff, auszugehen. Auf dieser Basis sind die Preise der hypothetischen Deckungsverkäufe zu ermitteln und in Relation zu den vereinbarten Kaufpreisen (Preisen für den Grundstoff) zuzusetzen. Auf diese Weise kann auch ein entgangener Gewinn liquidiert werden. Eine volle Liquidation des entgangenen Gewinns ist nur möglich, wenn der Verkäufer zuvor selbst spezifiziert hatte; doch darf ihm das Unterlassen der Selbstspezifikation nicht als Mitverschulden angerechnet werden. § 375 Abs. 2 HGB eröffnet nämlich dem Verkäufer die Wahl zwischen verschiedenen Rechtsbehelfen. Dies ist auch durchaus sinnvoll. Der Verkäufer wird nämlich auf Selbstspezifikation zum Beispiel dann verzichten, wenn er befürchten muß, daß der Käufer nicht hinreichend solvent ist, er daher die selbstspezifizierte Ware nur unter erheblichen Kosten produzieren und nur weit unter den Kosten verkaufen kann.

III. Rechte des Verkäufers wegen Annahmeverzugs

Zum Verhältnis des § 375 HGB zu den Regeln über den Annahmeverzug vgl. **27** Rdn. 6.

§ 376

(1) Ist bedungen, daß die Leistung des einen Teiles genau zu einer festbestimmten Zeit oder innerhalb einer festbestimmten Frist bewirkt werden soll, so kann der andere Teil, wenn die Leistung nicht zu der bestimmten Zeit oder nicht innerhalb der bestimmten Frist erfolgt, von dem Vertrage zurücktreten oder, falls der Schuldner im Verzug ist, statt der Erfüllung Schadensersatz wegen Nichterfüllung verlangen. Erfüllung kann er nur beanspruchen, wenn er sofort nach dem Ablaufe der Zeit oder der Frist dem Gegner anzeigt, daß er auf Erfüllung bestehe.

(2) Wird Schadensersatz wegen Nichterfüllung verlangt und hat die Ware einen Börsen- oder Marktpreis, so kann der Unterschied des Kaufpreises und des Börsen- oder Marktpreises zur Zeit und am Orte der geschuldeten Leistung gefordert werden.

(3) Das Ergebnis eines anderweit vorgenommenen Verkaufs oder Kaufes kann, falls die Ware einen Börsen- oder Marktpreis hat, dem Ersatzansprüche nur zugrunde gelegt werden, wenn der Verkauf oder Kauf sofort nach dem Ablaufe der bedungenen Leistungszeit oder Leistungsfrist bewirkt ist. Der Verkauf oder Kauf muß, wenn er nicht in öffentlicher Versteigerung geschieht, durch einen zu solchen Verkäufen oder Käufen öffentlich ermächtigten Handelsmakler oder eine zur öffentlichen Versteigerung befugte Person zum laufenden Preise erfolgen.

(4) Auf den Verkauf mittels öffentlicher Versteigerung findet die Vorschrift des § 373 Abs. 4 Anwendung. Von dem Verkauf oder Kaufe hat der Gläubiger den Schuldner unverzüglich zu benachrichtigen; im Falle der Unterlassung ist er zum Schadensersatze verpflichtet.

Übersicht

	Rdn.		Rdn.
I. Das Fixgeschäft	1	d) Indizien ohne Aussagekraft	11
II. Die Voraussetzungen des Fixkaufs im Sinne des § 376 HGB	2	e) Indizien gegen Fixschuldcharakter	12
1. Die Tatbestandsmerkmale des Fixkaufs	2	4. Aufhebung	13
		5. Beweislast	14
2. Leistung	3	III. Die Rechtsfolgen des Fixhandelskaufs	15
3. Genau zur festbestimmten Zeit oder innerhalb festbestimmter Frist	4	1. Der Anspruch auf Erfüllung	16
a) Festbestimmte Zeit/Frist	4	2. Der Rücktritt	19
b) „Genau" festbestimmt	5	3. Der Anspruch auf Schadensersatz wegen Nichterfüllung	22
c) Indizien für ein Fixgeschäft	6		

Schrifttum

Baumbach/Duden/Hopt Kommentar zum HGB[25] (1983); *Großkommentar zum HGB*[3] (1967 ff); *Heuer* Über Vertragsklauseln in Bezug auf Verschiffung und Abladung des Kaufgegenstandes im überseeischen Handelsverkehr, LZ **1911** 110; *Heymann/Kötter* Kommentar zum HGB[21] (1971); *Hirsch, E.* Anm. zu BGH JR **1960** 14, JR **1960** 16; *Liesecke* Die typischen Klauseln des internationalen Handelsverkehrs in der neueren Praxis, WM **1978** Beilage 3; *Schlegelberger* Kommentar zum HGB[5] (1976).

I. Das Fixgeschäft

1 Das Recht kennt zwei Formen von Fixgeschäften: das absolute und das eigentliche (relative) Fixgeschäft. Das absolute Fixgeschäft ist dadurch gekennzeichnet, daß mit dem Erreichen des Lieferzeitpunkts bzw. mit dem Ablauf der Lieferfrist die Leistung eo ipso i. S. d. §§ 275, 280, 325 BGB unmöglich wird. Beim eigentlichen Fixgeschäft berührt hingegen eine Überschreitung des Lieferzeitpunkts nicht die Möglichkeit der Erfüllung. Das Interesse des Gläubigers an der Einhaltung der Frist ist allerdings vereinbarungsgemäß so stark, daß die Rechtsstellung des Gläubigers im Vergleich zu § 326 BGB verstärkt wird. Gemäß § 361 BGB ist der Gläubiger beim Fixgeschäft im Zweifel ohne Nachfristsetzung zum Rücktritt berechtigt. § 376 HGB verbessert zusätzlich im Einklang mit den das HGB tragenden Grundsätzen der schnellen Abwicklung des Geschäfts und der Rechtssicherheit die Position des Gläubigers. In § 376 HGB ist deshalb nicht nur eine Auslegungsvorschrift normiert, die im Zweifel gilt. Vielmehr ist in § 376 HGB für Kauf- und Werklieferungsverträge (§ 381 HGB), die einseitige oder zweiseitige Handelsgeschäfte (§§ 343 f HGB) darstellen, eine materiell-rechtliche Sonderregelung getroffen. Diese Sonderregelung läßt im Vergleich zu den Regeln des BGB nicht nur die Notwendigkeit einer Nachfristsetzung entfallen, sondern erleichtert auch die Möglichkeiten der Schadensersatzberechnung und begrenzt den Erfüllungsanspruch.

II. Die Voraussetzungen des Fixkaufs im Sinne des § 376 HGB
1. Die Tatbestandsmerkmale des Fixkaufs

2 Ein Fixkauf liegt nicht immer schon dann vor, wenn ein festbestimmter Lieferzeitpunkt oder eine festbestimmte Frist, innerhalb derer geliefert werden sollte, ausbedungen wurde. Der fest vereinbarte Zeitpunkt läßt für sich allein lediglich eine Mahnung im Sinn der Verzugsvorschriften als überflüssig erscheinen. Andererseits ist nicht erforderlich, daß mit dem Ablauf der Lieferfrist bzw. dem Verstreichen des Lieferzeitpunkts der Gläubiger objektiv das Interesse an der Leistung verliert, wie dies § 326 Abs. 2 BGB voraussetzt. Vielmehr ist, damit von einem Fixgeschäft im Sinn des § 376 HGB gesprochen werden kann, notwendig, daß zwischen den Parteien Einigkeit hergestellt worden ist, daß der Vertrag mit der Einhaltung oder Nichteinhaltung der Lieferzeit **stehen oder fallen** soll, und zwar unabhängig davon, ob der Schuldner dies zu vertreten hat oder nicht[1]. Ob sich die Parteien in diesem Sinne einig geworden sind, ist durch Auslegung des Kaufvertrages zu ermitteln.

2. Leistung

3 Unter Leistung ist in erster Linie die Verpflichtung des Käufers zur Übergabe der Ware und Verschaffung des Eigentums sowie die Verpflichtung des Käufers zur Zah-

---

[1] RGZ 51 347; 101 361, 363; BGH LM 2 zu § 376 HGB; DB **1983** 385; OLG München BB **1956** 94; OLG Köln MDR **1954** 422; JR **1959** 302; DB **1963** 586; OLG Hamburg RIW **1981** 262, 264.

lung des Kaufpreises zu verstehen. Es können aber auch andere Verpflichtungen fix vereinbart werden. Beispiele: Abruf, Abholung der Ware, Abnahme der Ware, Übergabe eines Dispositionspapiers oder eines Duplikatfrachtbriefs sowie die Eröffnung eines Akkreditivs[2]. Diese Verpflichtungen sind dann ausnahmsweise als Hauptpflichten anzusehen. Häufig wird in Fällen dieser Art allerdings nur die Rechtsfolge des § 361 BGB gewollt sein (Rdn. 1).

3. Genau zur festbestimmten Zeit oder innerhalb festbestimmter Frist

a) Festbestimmte Zeit/Frist. Die Erfüllung zu einer festbestimmten Zeit oder innerhalb festbestimmter Frist setzt nicht notwendig voraus, daß der Erfüllungszeitpunkt nach dem Kalender festgelegt sein muß. Es genügt, wenn sich der Zeitpunkt vom Eintritt eines bestimmten Ereignisses ab kalendermäßig bestimmen läßt. Möglich ist es auch, eine Leistung in der Form als Fixgeschäft zu vereinbaren, daß der Käufer die innerhalb einer festbestimmten Frist zu liefernde Ware sofort auf Kündigung des Verkäufers hin abzunehmen hat. Ist innerhalb einer Frist zu leisten, so ist diese nur dann genau genug bestimmt, wenn dem Schuldner kein noch so geringer Spielraum offenbleibt. Der Endpunkt muß so exakt fixiert sein, daß jedes weitere Ermessen ausgeschlossen ist. Jedes Ermessen ist ausgeschlossen z. B., wenn „im Mai" zu leisten ist, da dann die Frist am 31. Mai 24.00 Uhr abläuft (RGZ 101 361, 363). Keine feste Zeitbestimmung liegt dagegen vor, wenn „sofort" oder „sogleich" zu erfüllen ist (RG WarnRspr. 1926 Nr. 172; OLG Hamburg BB 1954 613). Ungenügend bestimmt sind ferner Abmachungen, denen zufolge ohne Angabe eines genauen Termins die Leistung **„binnen kürzester Frist", „umgehend", „schleunigst"** oder **„schnellstmöglichst"** (RG LZ 1910 140) erfolgen soll. Die Klausel, „prompt" zu liefern, verpflichtet im allgemeinen nur zur möglichst schnellen Lieferung (Rdn. 276). An einer genauen Zeitbestimmung fehlt es ferner dann, wenn vereinbart wurde, daß die Waren innerhalb der Saison geliefert werden (RG Bolze 10 Nr. 466) oder daß bei offener Schiffahrt (ROHG 11 432) geliefert werden soll. Anders ist die Situation dagegen, wenn vereinbart wurde, daß die Ware wegen ihrer erfahrungsgemäß eintretenden Veränderung nach einem bestimmten Kalendertag für die Zwecke des Käufers nicht mehr zu gebrauchen ist (RG LZ 1925 439). Ein fester Termin für einzelne Teillieferungen liegt nicht vor, wenn zwar die Gesamtmenge bis zu einem bestimmten Kalendertermin abgenommen sein muß, für Teillieferungen aber nur Abruf in möglichst gleichen Monatsmengen vereinbart ist (vgl. RG WarnRspr. 1933 Nr. 5). Der Vereinbarung eines festen Lieferungszeitpunkts steht nicht entgegen, daß dem Gläubiger das Recht zustehen soll, die Leistung auch schon vorher zu verlangen (Beispiel: Vereinbarung des Liefertermins und die Worte „und täglich"; RGZ 44 104, 112).

b) „Genau" festbestimmt. Der festbestimmte Lieferzeitpunkt bzw. das Ende der Lieferfrist muß im Vertrag derart fixiert worden sein, daß dem Parteiwillen zufolge mit deren Einhaltung der Vertrag stehen oder fallen soll. Die Parteien müssen einig gewesen sein, daß der Käufer berechtigt sein sollte, bei Nichteinhaltung der Lieferfrist den Kaufvertrag ohne weiteres zu beenden (BGH WM 1984 639, 641). Ein so weitreichender Wille wird sich nur sehr selten aufgrund einer einzelnen Tatsache oder des Gebrauchs einer bestimmten Formel feststellen lassen (BGH DB 1983 385, 386). Bei der Ermittlung des Parteiwillens ist deshalb stets auf die Gesamtheit aller zum Vertrag gehörenden Abreden, auf die einschlägigen Handelsbräuche sowie auf die sonst relevanten Umstände des Vertragsschlusses abzustellen. Im Zweifel ist davon auszugehen, daß

---
[2] *Canaris* Großkommentar zum HGB[3], Bd. III/3 (2. Bearb.) Rdn. 1051.

kein Fixgeschäft abgeschlossen worden ist (BGH WM **1984** 639, 641; DB **1983** 385 f; RG Recht **1925** 31; OLG Köln MDR **1954** 422).

6 c) **Indizien für ein Fixgeschäft.** Für die Vereinbarung eines Fixgeschäftes spricht die Verwendung von Klauseln, wie „**fix**", „**genau**", „**präzise**", „**spätestens**", „**Nachlieferung ausgeschlossen**", die üblicherweise den Fixschuldcharakter begründen sollen. Die Klauseln lassen, zumal wenn sie in Fernschreiben, in denen wegen der Notwendigkeit, sich kurz zu fassen, Worte in besonderem Maße stereotyp verwendet werden müssen, eine äußerst starke Vermutung für die Begründung einer Fixschuld entstehen (BGH DB **1983** 385 f; OLG Hamburg MDR **1975** 845; KG NJW **1960** 632). Unwiderleglich ist diese Vermutung indessen nicht (BGH DB **1983** 385, 386).

7 Die Verwendung der **cif**- oder **fob**-Klausel läßt auch im Überseekauf nicht notwendig die Vermutung für ein Fixgeschäft entstehen (Rdn. vor § 373 23). Wird die cif- bzw. fob-Klausel im Zusammenhang mit einem Abladetermin (Rdn. vor § 373 17 ff) gebraucht, so bedeutet dies, daß nach Handelsbrauch der Verkäufer im Zweifel fix zu liefern hat[3]. Ist der Verkäufer verpflichtet, die Ware an einem bestimmten überseeischen Platz zu einer bestimmten Zeit **abzuladen** (Rdn. vor § 373 18) oder zu **verschiffen** (Rdn. vor § 373 19), so ist der Käufer nach fruchtlosem Verstreichen dieses Zeitpunkts berechtigt, die Abnahme der Ware bzw. die Aufnahme der Transportdokumente zu verweigern. Allerdings ist zu beachten, daß der Handelsbrauch die Rechtsfolgen zum Teil abweichend von § 376 HGB ausgestaltet. Dem § 376 HGB entspricht der Brauch, daß sich der Käufer keine zweite Andienung gefallen lassen muß, sondern bei Säumnis sofort zurücktreten kann[4]. Anders als im Rahmen des § 376 Abs. 1 S. 2 HGB ist der Käufer aber nicht gezwungen, sein Erfüllungsverlangen sofort nach Terminversäumnis geltend zu machen; denn er wird häufig erst geraume Zeit, nachdem im überseeischen Hafen der Termin zur Abladung bzw. Verschiffung verstrichen ist, von der Säumnis des Verkäufers erfahren. Es genügt daher, daß der Käufer unverzüglich erklärt, welche Ansprüche er erheben oder ob er vom Vertrag zurücktreten will (RGZ **30** 59, 60 f). Anders ist die Situation dort, wo nicht Massengüter, die typischerweise erheblichen Preisschwankungen unterworfen sind, sondern industrielle Erzeugnisse (z. B. Maschinen) in überseeischen Häfen cif oder fob abgeladen werden sollen. Hier haben die Absendetermine im Zweifel keinen Fixschuldcharakter (BGH NJW **1959** 933). Wird die cif- oder fob-Klausel in Verbindung mit einem Termin, an dem die Ware im **Bestimmungshafen eintreffen** soll, gebraucht, so spricht dies für eine Fixschuld, falls der Käufer bis zum Stichtag in die Lage versetzt werden soll, durch Vorlage des Konnossements den Auslieferungsanspruch geltend zu machen und die Ware starken Preisschwankungen unterliegt (BGH NJW **1959** 933; vgl. auch OLG Hamburg MDR **1975** 845). Gleiches gilt, falls vereinbart wurde, daß die Ware am Bestimmungsort bis zu einem bestimmten Termin vom Befrachter freigestellt sein mußte. Auch sog. Erwartungsklauseln (z. B. Dezember—April Erwartung) begründen im Zweifel eine Fixschuld (*Heuer* LZ **1911** 102, 113). Hingegen ist mit dem Verkauf schwimmender Ware (Rdn. vor § 373 73) nicht notwendig eine Fixschuldabrede verbunden.

8 Wurde beim **inländischen Versendungskauf** ein fester Termin bzw. eine feste Frist für die Absendung der Ware vereinbart, so kann nicht ohne weiteres eine Parallele zum überseeischen Abladegeschäft gezogen werden. Es ist deshalb hier anhand zusätzlicher

---

[3] RGZ **30** 59; **71** 308; **88** 71; RG SeuffA **55** 267 ff Nr. 133; RG JW **1902** Beil. S. 234 Nr. 108; **1917** 927; RG Recht **1909** Nr. 2377; RG WarnRspr. **1916** Nr. 216; OLG Karlsruhe VersR **1975** 1042, 1043; vgl. auch OLG Hamburg RIW **1981** 264.

[4] OLG Hamburg OLGE **44** 242 f; HansRGZ **1933** B 739, 745; *Heuer* LZ **1911** 102, 106; *Liesecke* WM **1978** Beil. 3 S. 24; *Schlegelberger/Hefermehl*[5] § 376 HGB 6; a. A. RGZ **71** 307, 309.

Umstände zu prüfen, welche Bedeutung die Terminvereinbarung besitzt; denn ein vergleichbarer Handelsbrauch existiert nicht. Die Tatsache, daß das Interesse des Käufers an der rechtzeitigen Absendung wegen der Unwägbarkeiten des Transportverlaufs nicht so groß ist wie an der rechtzeitigen Ankunft[5], darf nicht unberücksichtigt bleiben. Der Käufer muß daher besondere Gründe für sein Interesse an rechtzeitiger Absendung vortragen. Es genügt hierfür, daß der Verkäufer einen fixen Ankunftstermin nicht zusagen wollte, weil er das Risiko der Transportdauer nicht übernehmen wollte.

Für eine Fixschuldvereinbarung spricht ferner, daß für eine pünktliche Belieferung **9** ein **höherer Preis** ausgehandelt wurde (BGH DB **1983** 385, 386), daß der Käufer klar darauf **hingewiesen** hat, der Liefertermin müsse **unter allen Umständen** eingehalten werden (BGH DB **1983** 385, 386). Der Umstand, daß der Käufer ein **großes Interesse** an rechtzeitiger Leistung hat und dies auch deutlich zu erkennen gibt, ist zwar ein Indiz für die Vereinbarung einer Fixschuld. In jedem Fall muß aber auch dargetan werden, daß sich der Verkäufer darauf eingelassen hat, diesem Interesse des Käufers Rechnung zu tragen (OLG Köln MDR **1954** 422; OLG München BB **1956** 94). So genügt es für sich allein weder, daß die Ware für die Anfertigung eines saisongebundenen Modeartikels bestimmt ist, noch, daß der Käufer die Ware zur Aufrechterhaltung der Produktion benötigt. Auch die Klausel „**ohne Nachfrist**" begründet isoliert gesehen keine Fixschuld (BGH NJW **1959** 933).

Für die Vereinbarung einer Fixschuld kann der spekulative Charakter eines Geschäfts ins Feld geführt werden (RGZ **101** 361, 363; OLG Hamburg RIW **1981** 262, 264). Allerdings reicht der Umstand allein, daß die Ware starken **Preisschwankungen** unterworfen ist, nicht aus, um unter allen Umständen von einem Fixgeschäft auszugehen (RGZ **36** 83, 85). Anders ist es, wenn das Geschäft in Hinblick auf den Börsenhandel abgeschlossen wurde (RGZ **44** 115; **101** 361, 363). **Börsentermingeschäfte** (§§ 50 ff BörsG) sind den allgemeinen Geschäftsbedingungen der Börsen zufolge Fixgeschäfte. Sie fallen regelmäßig auch ohne Rücksicht auf AGB in die Kategorie der Fixschulden (RGZ **101** 361, 363; **108** 158; LZ **1917** 976). Aus der Vereinbarung einer **Vertragsstrafe** oder Verfallklausel kann ebenfalls ein Indiz für eine Fixschuldabrede abgeleitet werden (*Schlegelberger/Hefermehl*[5] § 376 HGB 5). Schließlich kann sich der Fixschuldcharakter aus **Handelsbräuchen,** sogar aus bloßen Gebräuchen (BGH DB **1983** 385, 386; OLG Köln MDR **1955** 422) ergeben. Bei örtlich verschiedenen Bräuchen ist der Brauch desjenigen Ortes maßgeblich, an dem der Schuldner seine Niederlassung hat, seine Erklärung abgegeben oder in Erfüllung tätig zu werden hat (OLG Hamburg MDR **1975** 845). **10**

d) Indizien ohne Aussagekraft. Weder in die eine noch in die andere Richtung weist **11** der Umstand, daß der Verkäufer bei der Abwicklung früher abgeschlossener Verträge trotz Säumnis nicht die Rechte aus § 376 Abs. 1 S. 1 HGB geltend gemacht hat (BGH DB **1983** 385, 386); denn dem Käufer steht ja auch uneingeschränkt das Recht zu, trotz Verspätung Erfüllung zu verlangen (z. B. wenn sein Abnehmer mit der Verlängerung der Lieferzeit einverstanden ist). Kommt dem nach der Säumnis neu vereinbarten Liefertermin erkennbar die gleiche Bedeutung wie dem ursprünglichen Termin zu, so hat sich am Fixschuldcharakter der Lieferpflicht nichts geändert[6]. Ferner ist es unerheblich, daß der Käufer den Vertrag — für den Verkäufer nicht erkennbar — nicht ohne Einhaltung der Lieferfrist abgeschlossen hätte (BGH WM **1984** 639, 641).

---

[5] RGZ **36** 83, 85; RG WarnRspr. **1922** Nr. 49; OLG Hamburg HansGZ **1900** Hptbl. 278 Nr. 125; LZ **1917** 288; OLGE **44** 244.

[6] RG JR **1927** 646 Nr. 1103; OLG Hamburg BB **1954** 613; OLG Köln JR **1959** 302; vgl. auch BGH DB **1983** 385, 386.

12 e) **Indizien gegen Fixschuldcharakter.** Unvereinbar mit dem Wesen einer Fixschuld ist eine Vertragsbestimmung, derzufolge der Schuldner die Gewährung einer angemessenen Nachfrist verlangen kann. Das gilt auch dann, wenn die Dauer der Nachfrist exakt bestimmt ist, es sei denn, daß der Vertrag mit der Lieferung innerhalb der Nachfrist stehen oder fallen soll. Gegen die Vereinbarung einer Fixschuld spricht ferner, daß derartige Abreden in der Branche ungewöhnlich sind oder daß die AGB des Verkäufers vorsehen, daß „Fixgeschäfte nicht getätigt werden" und daher die Klausel „fix" im Lichte der AGB auszulegen ist (BGH DB **1983** 385, 386).

4. Aufhebung

13 Die die Fixschuld begründende Abrede kann durch eine spätere Vereinbarung jederzeit wieder aufgehoben werden. Eine solche Vereinbarung liegt z. B. in der vorbehaltlosen Annahme der verspäteten Leistung. Die Entgegennahme von Teillieferungen bedeutet dagegen regelmäßig nur einen Verzicht auf Schadensersatz wegen Nichterfüllung gerade in Hinblick auf diese Teile, es sei denn, daß sie einen erheblichen Teil der Gesamtlieferung ausmachen (RG Recht **1923** 96). Aus der Tatsache, daß der Käufer eine Nachfrist setzt, darf hingegen nicht abgeleitet werden, daß er auf seine Rechte aus § 376 HGB verzichtet; denn der Käufer behält trotz Säumnis des Verkäufers seinen Erfüllungsanspruch (§ 376 Abs. 1 S. 2 HGB; BGH DB **1983** 385, 386). In dem Schweigen des Käufers auf die Anzeige verspäteter Abladung liegt ebenfalls kein Verzicht. Der Käufer darf die Vorlage des Konnossements abwarten und muß sich erst dann entscheiden, ob er das Konnossement aufnehmen will.

5. Beweislast

14 Die Beweislast für die Vereinbarung eines Fixgeschäftes trägt derjenige, der aus § 376 HGB Rechte für sich herleiten will.

III. Die Rechtsfolgen des Fixhandelskaufs

15 Leistet der Schuldner nicht an dem festbestimmten Termin oder innerhalb der festbestimmten Frist, so kann der Gläubiger zwischen Erfüllung, Rücktritt vom Kaufvertrag und Schadensersatz wegen Nichterfüllung wählen.

1. Der Anspruch auf Erfüllung

16 Beim Fixhandelsgeschäft geht das Gesetz davon aus, daß der Kaufvertrag, wenn die Leistung zum festgesetzten Stichtag ausbleibt, regelmäßig nicht mehr zur Abwicklung gelangt. Aus diesem Grunde erlischt der Erfüllungsanspruch, es sei denn, daß sich der Käufer die Forderung durch eine besondere **Anzeige** erhält (§ 376 Abs. 1 S. 2 HGB).

Die Anzeige, in der der Gläubiger dem Schuldner mitteilt, daß er auf Erfüllung bestehe, ist eine einseitige, empfangsbedürftige Willenserklärung (§§ 130 ff BGB). Sie bedarf keiner Form. Ein **bloßer Vorbehalt** der Rechte oder ein Protest gegen die Nichterfüllung **genügt nicht;** vielmehr muß der Gläubiger deutlich zu erkennen geben, daß er weiterhin Erfüllung erwarte.

17 Die Anzeige muß **sofort** nach Ablauf der festbestimmten Leistungszeit oder -frist erfolgen. Sofort bedeutet, daß die Anzeige so schnell als möglich erfolgen muß (BGH DB **1983** 385, 386). Anders als dort, wo der Gläubiger „unverzüglich" handeln muß, kann sich der Gläubiger hier nicht darauf berufen, daß er eine Verzögerung der Anzeige nicht verschuldet habe. Die Anzeige kann auch nicht nachgeholt werden, da der

Verkäufer binnen kürzester Frist Gewißheit erlangen soll, ob er noch liefern muß. Die Anzeige muß nach Ablauf der Leistungszeit oder -frist erfolgen. Eine vorher gemachte Anzeige reicht nicht aus. Eine Ausnahme gilt dort, wo der Anzeige zu entnehmen ist, daß der Käufer auf jeden Fall auf Erfüllung bestehen werde. Unter diesen Umständen ist eine Anzeige ganz entbehrlich, weil dem Verkäufer nicht noch etwas angezeigt werden muß, was er ohnehin weiß (a. A. *Schlegelberger/Hefermehl*[5] § 376 HGB 16).

Der Käufer trägt die **Beweislast**, daß die Anzeige rechtzeitig und in richtiger Form **18** bewirkt worden ist oder ausnahmsweise entbehrlich war.

Hat der Käufer sein Erfüllungsverlangen angezeigt, so besteht sein Anspruch auf Erfüllung fort. Daneben kann der Käufer Ersatz seines **Verzugsschadens** verlangen (§ 286 BGB). Der Betrag des vom Verkäufer zu leistenden Schadensersatzes besteht mindestens in dem Unterschied zwischen dem Markt- oder Börsenpreis zur Zeit des Verzugseintritts und dem niedrigeren Markt- oder Börsenpreis zur Zeit der tatsächlichen Lieferung. In diesem Fall nähert sich der Verzögerungsschaden dem Schadensersatz wegen Nichterfüllung. An das **Erfüllungsverlangen** ist der Käufer **gebunden**. Das Rücktrittsrecht und der Anspruch auf Schadensersatz gem. § 376 Abs. 1 S. 1 HGB erlöschen. Der Fixhandelskauf ist nunmehr zu einem gewöhnlichen Handelskauf geworden. Liefert der Verkäufer weiterhin nicht, so kann der Käufer nur noch nach den allgemeinen Regeln der §§ 284 ff, 326 BGB vorgehen.

Hat der Käufer die Anzeige unterlassen, so ist sein Anspruch auf Erfüllung untergegangen. Er ist nunmehr endgültig auf das Rücktrittsrecht bzw. wahlweise auf einen Anspruch auf Schadensersatz beschränkt. Der Verkäufer ist nicht berechtigt, dem Käufer seine Leistung als Erfüllung aufzudrängen.

2. Der Rücktritt

Der Käufer ist zum Rücktritt berechtigt, wenn objektiv die Leistung im Zeitpunkt **19** der Fälligkeit ausbleibt. Sonstige Voraussetzungen bestehen nicht. Insbesondere ist es nicht notwendig, daß der Verkäufer wie im Falle des § 326 BGB das Ausbleiben der Leistung zu vertreten hat. Bei Zug um Zug zu erfüllenden Kaufverträgen entsteht vielmehr das Rücktrittsrecht schon dann, wenn der Käufer darlegt, daß die ihm zustehende Leistung nicht zum Fälligkeitszeitpunkt erfolgt ist. Es ist dann Sache des Verkäufers einzuwenden, daß der Käufer zur Erbringung der Gegenleistung nicht bereit gewesen sei (RGZ 108 159).

Ausnahmen: Der Rücktritt ist unter dem Gesichtspunkt des Rechtsmißbrauchs aus- **20** nahmsweise ausgeschlossen, wenn die Verspätung der Leistung als geringfügig und auch unter Würdigung der Interessen des Gläubigers an der Einhaltung der Frist so unwesentlich ist, daß die Berücksichtigung der Säumnis mit den Anforderungen an Treu und Glauben schlechthin unvereinbar wäre (RGZ 117 354, 356 f; *Hirsch* JR **1960** 16). Das Rücktrittsrecht des Käufers entfällt ferner, wenn dieser seinerseits die Säumnis des Verkäufers zu vertreten hat, z. B. eine ihm obliegende Vorleistung nicht erbracht hat, oder wenn dem Verkäufer ein Leistungsverweigerungsrecht zustand[7]. Dabei ist es unerheblich, ob der Käufer schuldhaft gehandelt hat (a. A. wohl BGH MDR **1965** 377; KG NJW **1960** 632).

Der **Rücktritt erfolgt** durch eine formlose, einseitige, zugangsbedürftige **21** (§§ 130 ff BGB) und grundsätzlich unwiderrufliche Erklärung des Käufers an den Ver-

---
[7] RG Recht **1927** Nr. 2441; BGH MDR **1965** 377; KG NJW **1960** 632.

käufer. Es gelten die Regeln, die auf den Rücktritt gemäß § 326 Abs. 1 BGB anzuwenden sind. Hat der Käufer nach der Fristversäumnis den Rücktritt vom Vertrag erklärt, so kann er nicht mehr nachträglich zum Schadensersatz übergehen, weil der Vertrag bereits aufgelöst ist (BGH DB 1983 385, 386). Ob ein Rücktritt vorliegt, ist aus der Sicht des Empfängers zu beurteilen. Ein Zeitpunkt für die Rücktrittserklärung ist nicht bestimmt. Der Rücktritt kann frühestens im Moment der Fälligkeit erfolgen. Stellt sich schon davor heraus, daß der Schuldner den Termin unmöglich einhalten kann, so ist ausnahmsweise die Rücktrittserklärung bereits früher zulässig (OLG Köln JR 1959 302). § 376 Abs. 1 S. 1 HGB setzt dem Käufer für den Rücktritt keine **Frist**. Dadurch entsteht eine untragbare Schwebelage; denn der Verkäufer weiß nicht, ob der Käufer zurücktreten oder Schadensersatz verlangen wird. Man hat daher im Rahmen des Fixkaufs § 355 BGB analog anzuwenden[8]. Der Verkäufer kann dem Käufer eine angemessene Frist zur Ausübung des Rücktrittsrechts mit der Folge setzen, daß mit dem Fristablauf das Rücktrittsrecht erlischt. Die Rechte des Käufers beschränken sich dann auf den Schadensersatzanspruch wegen Nichterfüllung. Dies gilt auch dort, wo der Käufer im konkreten Fall keinen Schadensersatzanspruch geltend machen kann, weil sich der Verkäufer z. B. nicht im Verzug befunden hatte (a. A. *Würdinger/Röhricht* Vorauflage Rdn. 40). Das Interesse an schneller und klarer Beendigung von Schwebesituationen hat den Vorrang[9]. Angesichts der Möglichkeit einer Analogie ist es nicht notwendig, in freier Rechtsfindung eine Frist einzuführen.

3. Der Anspruch auf Schadensersatz wegen Nichterfüllung

22 Voraussetzung des Schadensersatzanspruches ist ausschließlich das objektive Ausbleiben der Leistung bei Fälligkeit und der Verzug des Verkäufers. Im Gegensatz zum Rücktrittsrecht muß der Käufer, der Schadensersatz wegen Nichterfüllung verlangt, also dartun, daß der Verkäufer die Nichterfüllung zu vertreten hat (§§ 284, 285 BGB). Der Käufer kann seinen Schaden **abstrakt** oder **konkret** berechnen. Zu Einzelheiten der abstrakten und konkreten Schadensberechnung s. Kommentare zu den §§ 325, 326 BGB.

---

[8] *Schlegelberger/Hefermehl*[5] § 376 HGB 8; *Baumbach/Duden/Hopt*[25] § 376 HGB 2 A; *Heymann/Kötter*[21] § 376 HGB 3).

[9] Vgl. Art. 26 Abs. 1 S. 2, Abs. 2 EKG; Art. 49 Abs. 2a Wiener UN-Kaufrecht; **a. A.** RG Recht 1930 365 Nr. 1245, demzufolge die Rücktrittserklärung alsbald abgegeben werden muß.

§ 377

Ist der Kauf für beide Teile ein Handelsgeschäft, so hat der Käufer die Ware unverzüglich nach der Ablieferung durch den Verkäufer, soweit dies nach ordnungsmäßigem Geschäftsgange tunlich ist, zu untersuchen und, wenn sich ein Mangel zeigt, dem Verkäufer unverzüglich Anzeige zu machen.

Unterläßt der Käufer die Anzeige, so gilt die Ware als genehmigt, es sei denn, daß es sich um einen Mangel handelt, der bei der Untersuchung nicht erkennbar war.

Zeigt sich später ein solcher Mangel, so muß die Anzeige unverzüglich nach der Entdeckung gemacht werden; anderenfalls gilt die Ware auch in Ansehung dieses Mangels als genehmigt.

Zur Erhaltung der Rechte des Käufers genügt die rechtzeitige Absendung der Anzeige.

Hat der Verkäufer den Mangel arglistig verschwiegen, so kann er sich auf diese Vorschriften nicht berufen.

Übersicht

	Rdn.
I. Allgemeines	
1. Bedeutung und Zweck der Vorschrift. Abgrenzung zum bürgerlichen Kaufrecht	1
2. Dispositiver Charakter der Vorschrift	5
3. Mängelrüge in Kaufverträgen mit Auslandsbezug	
a) International-privatrechtliche Fragen	6
b) Die Mängelrüge nach dem Einheitlichen Kaufgesetz vom 17. 7. 1973	7
II. Tatbestandliche Voraussetzungen	
A. Zweiseitiger Handelskauf	9
1. Handelskauf	
a) Begriff	10
b) Verwandte Geschäfte	12
2. unter Kaufleuten	
a) Der gesetzliche Umkreis	14
b) Möglichkeit analoger Erstreckung?	21
B. Ablieferung der gekauften Ware	
1. Bedeutung. Begriff. Folgerungen	24
2. Vollzug	
a) Ablieferung beim Käufer	31
b) beim Beauftragten des Käufers	32
c) im Streckengeschäft beim Abkäufer des Käufers	38
d) Teillieferungen. Sukzessivlieferungen	39
e) Mehraktiger Ablieferungsvollzug	40
f) Unstimmigkeiten im Ablieferungsvollzug	41

	Rdn.
C. Mangelhafte Beschaffenheit der gekauften Ware	
1. Qualitätsmängel	42
2. Sonstige Anstände der Lieferung?	55
III. Die Rüge des Mangels	
A. Allgemeines. Rüge als Obliegenheit	59
B. Unterscheidung zwischen offenen und verdeckten Mängeln	61
1. „Offene" Mängel	
a) dem Käufer bereits bekannte	63
b) zutage liegende	64
c) durch Untersuchung zutage zu fördernde	65
2. Verdeckte Mängel (Abs. 3)	66
C. Die Rügeobliegenheit bei offenen Mängeln	
1. bei den bereits bekannten und den zutage liegenden	67
2. bei den durch Untersuchung zutage zu fördernden (Abs. 1)	
a) Untersuchung als Obliegenheit	69
b) Untersuchung als Recht des Käufers	72
c) Die gebotene Untersuchung als steuerndes Element der Rügeobliegenheit	73
d) Ort der Untersuchung	74
e) Rechtzeitigkeit der Untersuchung	77
f) Umfang der Untersuchung	81
g) Art und Methode der Untersuchung	85
h) Tunlichkeit im ordnungsmäßigen Geschäftsgang	93

		Rdn.
i)	Untersuchung in Stufen	100
j)	Die Rügeobliegenheit nach Abschluß der Untersuchung: Zeitpunkt, Umfang. Vertragliche Rügefristen	101
k)	Teillieferungen. Sukzessivlieferungen	118
l)	Pflichten des Käufers bei nachhaltiger Verhinderung an der Vornahme der Untersuchung	120

D. Die Rügeobliegenheit bei verdeckten Mängeln (Abs. 3)
 1. Nachträgliche Entdeckung des Mangels 121
 2. Untersuchungsobliegenheit bei nachträglichem Mängelverdacht 124
 3. Umfang und Zeitpunkt der Rügeobliegenheit 126

E. Die Erstattung der Mängelanzeige (Mängel„rüge")
 1. Rechtsnatur 128
 2. Inhalt
   a) genügend: Anzeige des Mangels 130
   b) Substantiierung 134
   c) Gesamtsendungen, Teilsendungen 137
 3. Legitimation 138
 4. Form 139
 5. Entgegennahme 141
 6. Verzögerungsgefahr in Ansehung der Mängelanzeige (Abs. 4) 142

F. Untersuchungs- und Rügeobliegenheit am stellvertretenden Objekt ... 145

G. Verzicht des Verkäufers auf die Mängelanzeige 147

IV. Rechtslage bei gehörig erhobener Mängelrüge
 1. Erhaltung der Rechte des Käufers
   a) Allgemeines 148
   b) Aufriß der betroffenen Rechte 150
 2. Verjährungsrechtliche Vorteile für den Käufer 156
 3. Wegfall des durch die Rüge erzielten Offenhaltungseffekts .. 158

V. Rechtslage bei Verabsäumung der Mängelrüge (Abs. 2)
 1. Fiktion der Genehmigung der Ware
   a) Rechtsnatur. Folgerungen für den Einfluß von Willensmängeln und verwandten Tatbeständen 161

		Rdn.
b)	Umfang	166
c)	Wirkung auf Rechtsbeziehungen zu Dritten	169
d)	Mitwirkendes Verschulden des Verkäufers an dem Unterbleiben (der Verspätung) der Mängelanzeige	170

 2. Der Verzicht des Verkäufers auf den Einwand der Verabsäumung der Rüge 172

VI. Rügefremde Tatbestände
 A. Zu Lasten des Verkäufers: Entbehrlichkeit der Rüge bei arglistigem Verschweigen des Mangels (Abs. 5)
  1. Wirkungsbereich der Bestimmung 173
  2. Der Tatbestand
    a) Objektiver Tatbestand ... 175
    b) Subjektiver Tatbestand ... 183
  3. Kausalität? 187
  4. Der relevante Zeitpunkt 188
  5. Arglist durch Vertreter und Erfüllungsgehilfen 192
  6. Zur Kasuistik 195
 B. Zu Lasten des Käufers: Versagte Rügemöglichkeit
  1. Wegfall der Rügemöglichkeit im voraus:
    a) Vereinbarung des Ausschlusses der Gewährleistung 196
    b) Schweigen des Käufers bei Kaufabschluß in Ansehung des Mangels (§ 460 BGB) .. 197
  2. Nachträglicher Verlust der Rügemöglichkeit
    a) Genehmigung der Ware während der Rügefrist ... 198
    b) Vorbehaltlose Annahme in Kenntnis des Mangels (§ 464 BGB) 199
    c) Eingeschränkte Möglichkeit der Geltendmachung von Gewährleistungsansprüchen infolge Verjährung vor Entdeckung des verdeckten Mangels 200
    d) Verwirkung der Rügemöglichkeit 202

VII. Beweislast
 1. Allgemeines 203
 2. Beweislast für das Vorhandensein des Mangels 204
 3. Beweislast für die Ablieferung . 205
 4. Beweislast für die rechtzeitige und gehörige Erstattung der Mängelanzeige 206
 5. Arglist des Verkäufers 209

Stand: 31. 3. 1983

Anhang: Mängelrügeklauseln in einigen führenden Verbandsbedingungen
1. Bedingungen der Bremer Baumwollbörse
2. Platzusancen des hamburgischen Warenhandels
3. Geschäftsbedingungen des Warenvereins der Hamburger Börse

Schrifttum

Edye Die Rechtsgestaltung in der Praxis des Warenhandels (1960); *Fabricius* Zur Rechtsnatur des § 377 HGB, JZ **1965** 271 ff; *Glaser* Die Mängelrüge im Handelsrecht, JR **1955** 281; *Großmann-Doerth* Die Rechtsfolgen vertragswidriger Andienung (1934); *Haage* Die Rechte des Käufers wegen Mängel der Ware bei dem überseeischen Abladegeschäft, BB **1955** 944; *Haberkorn* Die unverzügliche Mängelrüge, MDR **1966** 642; *Hönn* Positive Vertragsverletzung und kaufmännische Untersuchungs- und Rügeobliegenheit, BB **1978** 685; *Hüffer* Rechtsfragen des Handelskaufs, JA **1981** 70, 143; *Koppensteiner* Rügesäumnis und Lieferpflichten beim Handelskauf, BB **1971** 547; *Lehmann* Die Untersuchungs- und Rügepflicht des Käufers in BGB und HGB, WM **1980** 1162; *Marsilius* Die „unverzügliche" Mängelrüge, BB **1961** 953; *Meeske* Die Mängelrüge (1965); *Rehbinder, Manfred* u. *Gehrmann, Klaus* Das Kaufrecht in den allgemeinen Geschäftsbedingungen der deutschen Wirtschaft[2] (1979); *Schneider, Egon* Übermittlungsverzögerung und Verlust des Rügeschreibens (§ 377 Abs. 4 HGB), MDR **1977** 537; *Schwarze* Gewährleistungsansprüche bei verborgenen Mängeln, MDR **1958** 195; *Stötter* Ort und Zeitpunkt der vom Käufer (Importeur) vorzunehmenden Mängeluntersuchung, DB **1976** 949; *Straatmann, Kuno* und *Ulmer, Peter* Handelsrechtliche Schiedsgerichtspraxis I (1975); hier: Teil E, zitiert „HSG – E".

Zur Technologie der Materie vgl. ferner: *DIN 66 051* – Untersuchung von Waren, Allgemeine Grundsätze – 1. Ausg. Oktober 1967 (noch gegenwärtig [1982] unverändert); *Franke* Wareneingangsprüfung (1971); Handbuch der Qualitätssicherung, hrsg. v. *Masing* (1980); *Schindowski, E.* und *Schürz, O.* Statistische Qualitätskontrolle[3] (1965).

I. Allgemeines

1. Bedeutung und Zweck der Vorschrift. Abgrenzung zum bürgerlichen Kaufrecht

Die Bestimmung des § 377 verkörpert, darin sich von den voraufgegangenen §§ 373 **1** bis 376 unterscheidend, ein **Rechtsinstitut, das nur dem Handelsrecht eigen ist:** die kaufmännische Mängelrüge im beiderseitigen Handelskauf. Ihr zentraler Rang innerhalb der sonst punktuellen Regelung des Abschnitts ist unübersehbar; das Hanseatische Oberlandesgericht hat dem in der Entscheidung HansGZ **1921** 173, 177 Ausdruck gegeben. Die Erstreckung des Mängelrügerechts durch § 378 auf die Rüge anderer Lieferunstimmigkeiten – Lieferung einer anderen als der bestellten Ware, Mengenabweichung – und durch § 391 auf das Recht der Einkaufskommission hat diese ihre Bedeutung noch verstärkt. Hiervon abgesehen kennzeichnet sich der Rang der Vorschrift auch durch ihre überzeitliche Geltung. Die Mängelrüge findet sich mit ihrem dem heutigen § 377 entsprechenden Inhalt bereits im ADHGB (Art. 347). Die Notwendigkeit, daß unter Kaufleuten der Käufer einer Ware deren Mängel gegenüber seinem Verkäufer unverzüglich zu rügen habe, um der besonderen Interessenlage in der Abwickelung von Handelskäufen (Rdn. 3) gerecht zu werden, ist zu allen Zeiten die gleiche. Aus diesem Grunde ist die umfangreiche Rechtsprechung, die sich schon früh mit der Mängelrüge befaßt hat, teilweise bis zurück in diejenige des Reichs-Oberhandelsgerichts auch heute noch verwendbar. Die Probleme sind dadurch in einem Maße vorgeklärt, daß die Rechtsprechung der letztvergangenen Jahre und Jahrzehnte, insbesondere die des Bundesgerichtshofs, nur noch weniges an Grundsätzlichem hat hinzufügen brauchen. – Einen guten geschichtlichen und rechtsvergleichenden Überblick gibt *Lehmann* WM **1980** 1162, 1166 ff.

2 § 377 bestimmt die Obliegenheit des Käufers, die Ware unverzüglich nach Ablieferung auf Mängel hin zu untersuchen und — bei Feststellung von Mängeln — dem Verkäufer hierüber unverzüglich Anzeige zu erstatten. Unterläßt er die Anzeige, so soll die Ware als genehmigt gelten. Das bedeutet: Dem Käufer droht der Verlust der Ansprüche und Befugnisse, die das Gesetz an das Vorhandensein von Mängeln knüpft, wenn und soweit sie hätten festgestellt werden können und deshalb angezeigt werden müssen. Dieser Offenhaltungseffekt der Mängelanzeige ist es, den Abs. 4 unserer Vorschrift anspricht, wenn dort bestimmt wird, daß „zur Erhaltung der Rechte des Käufers" die rechtzeitige Absendung der Anzeige genügen solle. Untersuchung und Anzeige sind **Obliegenheiten zur Erhaltung von Rechten.**

3 **Welche Rechte** das sind, bestimmt das **allgemeine Kaufrecht**, insbesondere das des BGB. Hierfür also hält das Handelsrecht keine — gesetzliche — Sonderregelung bereit. Das BGB wiederum legt dem Käufer keine Untersuchung und Rüge nach Art des § 377 auf. Seine Schöpfer gingen davon aus, daß einem Käufer, der nicht Kaufmann ist, die Untersuchung und die sofortige Rüge nicht zugemutet werden könne, weil dies seine mangelnde Sachkunde in der Regel überfordere. Noch heute kann sie ihm, wie § 11 Nr. 10 Buchst. e AGBG zeigt, auch durch Lieferbedingungen des Verkäufers nur sehr begrenzt (Rdn. 4 a. E.) auferlegt werden. Im bürgerlichen Kaufrecht braucht der Käufer das Kaufobjekt weder unverzüglich nach der Lieferung, noch überhaupt auf Mängel hin zu inspizieren oder fachmännisch inspizieren zu lassen. Er braucht, selbst wenn er einen Mangel festgestellt hätte, zunächst nichts zu unternehmen. Was ihm bei Untätigkeit droht, ist lediglich die Verjährung der Gewährleistungsansprüche (für bewegliche Sachen: 6 Monate, von der Ablieferung ab gerechnet, § 477 BGB); hat er allerdings innerhalb der Verjährungsfrist den Mangel dem Verkäufer angezeigt, so kann er auch noch nach deren Ablauf die Zahlung des Kaufpreises insoweit verweigern, als er auf Grund Wandelung oder Minderung dazu berechtigt sein würde (§ 478 BGB). Mit einer solchen, schwerfälligen Regelung war im Handelsrecht nicht auszukommen. Der Handelsverkehr verlangt schnelle Klarheit darüber, ob eine Lieferung „in Ordnung geht". Nicht nur, weil er sonst nicht zügig zu disponieren vermöchte, sondern auch, weil der Verkäufer davor geschützt werden muß, daß innerhalb der Verjährungsfrist noch beliebig lange irgend welche Mängelbehauptungen nachgeschoben werden, zu einem Zeitpunkt, in welchem sichere Feststellungen unter Umständen gar nicht mehr möglich sind (BGH BB **1978** 1489). Das ist um so notwendiger, als Verkäufe für den damit befaßten Kaufmann ja ein Massengeschäft darstellen. Nicht zuletzt deshalb muß er auch baldmöglichst Klarheit darüber haben können, was er an zu erwartenden Eingängen auf demnächst fällige Kaufpreise in seine Bücher einzustellen hat oder ob Rückstellungen aus Anlaß von Reklamationen notwendig werden (*Koppensteiner* BB **1971** 547, 548; *Lehmann* WM **1980** 1162, 1168). Darum die verschärfte Rügenorm: aber sie soll nur gelten, wenn beide Teile Kaufmann sind.

4 An **Kritik** hat es unserer Bestimmung in jeder dieser Richtungen nicht gefehlt. Diejenige, die den Fall des Nichtkaufmanns in der Verkäuferrolle mit einem Kaufmann als Käufer zum Gegenstande hat, ist in Rdn. 23 behandelt. Von größerer praktischer Bedeutung ist der umgekehrte Fall: Der Verkäufer als Kaufmann, der an einen Nichtkaufmann liefert. Hier, so scheint es, ist das Haltmachen des Gesetzes vor der Rügeobliegenheit des Käufers rechtspolitisch nur gerechtfertigt, wenn die Obliegenheit, mit einer Rüge aktiv werden zu müssen, sich auf solche Mängel bezöge, die erst durch eine ggf. fachmännische Untersuchung zutage gefördert werden können, nicht dagegen auf solche, die offen am Tage liegen und deshalb auch für den Nichtfachmann ohne weiteres ersichtlich sind. Darüber, ob und wie eine tragbare Lösung gefunden werden könne (analoge Ausdehnung des § 377 ? § 242 BGB ?), s. Rdn. 21, 22. Auch hat § 11 Nr. 10 Buchst. e AGBG jene rechtspolitische Folgerung inzwischen jedenfalls insoweit gezogen, als für offensichtliche Mängel der Kaufsache dem Käufer durch Allgemeine Lieferbedingungen des Verkäufers Rügefristen als Ausschlußfristen gesetzt werden können, die dann kürzer sein dürfen als die gesetzliche Verjährungsdauer.

2. Dispositiver Charakter der Vorschrift

Die gesetzliche Regelung des § 377 ist **nachgiebig**. Ihr Abbau durch feste Vertragsklauseln verbindet die Modifizierung gewisser Kompliziertheiten des materiellen Mängelgewährschaftsrechts des BGB mit einer Auflockerung der rigorosen Anforderungen unseres Paragraphen: durch Hinausschieben der Untersuchungslast (Rdn. 34 ff), namentlich aber durch Aufstellung fester, gemäßigter Rügefristen. Auch einzelvertragliche Abreden und nicht zuletzt Handelsbräuche können solchen Inhalt haben. Zu einer Korrektur einschlägiger Formularbedingungen nach § 9 AGBG haben die Gerichte bisher erst selten Veranlassung gefunden; ein Beispiel in Rdn. 113. Für eine sachgemäße Feststellung und Durchsetzung von Handelsbräuchen sorgt eine ausgedehnte schiedsgerichtliche Praxis, die, auf der Basis von Arbitrageklauseln und mit Vorrang von hamburgischen Instanzen ausgeübt, namentlich im Überseegeschäft die staatliche Gerichtsbarkeit fast völlig verdrängt hat. Siehe hierzu die Zusammenstellung der zum kaufmännischen Rügerecht ergangenen Schiedssprüche bei *Straatmann/P. Ulmer,* Handelsrechtliche Schiedsgerichtspraxis I (1975) Abschnitt E 6 b. Diese Schiedsgerichtspraxis hat im einzelnen auch eine Fülle von Material zur Konkretisierung der in § 377 verwendeten Rechtsbegriffe geliefert.

3. Mängelrüge in Kaufverträgen mit Auslandsbezug

a) **International-privatrechtliche Fragen.** Insoweit ist zu bemerken: Über die Obliegenheit zur Mängelrüge entscheidet das **Recht des Erfüllungsortes des Käufers,** nicht das Recht des Ablieferungs- oder Bestimmungsortes. Denn die rechtzeitige Untersuchung und Anzeige des Mangels ist die Voraussetzung der nach dem Recht des Erfüllungsortes des Käufers — wenn und soweit es jene Obliegenheit aufstellt — zu beurteilenden Verpflichtung zur Zahlung des Kaufpreises; RGZ 81 273. Doch kann die Tunlichkeit der unverzüglichen Untersuchung im ordnungsmäßigen Geschäftsgang sich nur nach den Anforderungen richten, die der Handelsbrauch des Ortes, an dem die Untersuchung vorzunehmen ist, hierfür beinhaltet, soweit der Vertrag nichts Gegenteiliges vorsieht; s. Rdn. 94.

b) **Die Mängelrüge nach dem Einheitlichen Kaufgesetz vom 17. 7. 1973.** Nicht Materie des internationalen Privatrechts, auch seinem Wortlaut nach nicht auf Handelskäufe, vollends nicht auf zweiseitige beschränkt, verdient in unserem Zusammenhange gleichwohl Beachtung das Einheitliche Gesetz über den internationalen Kauf beweglicher Sachen, vom 17. 7. 1973 (BGBl. I, 856). Es ist ergangen auf Grund des gleichnamigen Haager Übereinkommens vom 1. 7. 1964 im Wege des Zustimmungsgesetzes vom 17. 7. 1973 (BGBl. II, 885) und in Kraft seit dem 16. 4. 1974 (BGBl. I, 358). Das Gesetz (im folgenden: EKG) regelt, soweit nicht andere Abreden getroffen sind, die Rechte und Pflichten aus Kaufverträgen über bewegliche Sachen, welche zwischen Vertragsparteien mit Sitz in je verschiedenen Signatarstaaten im grenzüberschreitenden Verkehr abgeschlossen worden sind. Von den Signatarstaaten haben bisher ratifiziert außer der Bundesrepublik: die Benelux-Staaten, Gambia, Großbritannien, Italien, San Marino und Israel; weitere Ratifikationen — Unterzeichner des Übereinkommens

§ 377 Drittes Buch. Handelsgeschäfte

waren außer den genannten noch: das gesamte Kontinentaleuropa (außer Ostblockstaaten, von diesen jedoch Bulgarien, Jugoslawien und Ungarn), die USA, die Türkei, die Vereinigte Arabische Republik, Japan und Kolumbien — sind in Vorbereitung. Das EKG ergreift grundsätzlich die bezeichneten Kaufverträge unmittelbar als innerstaatliches Recht des jeweiligen Heimatstaates der Vertragsparteien, nicht erst unter Anwendung der Kollisionsnormen des internationalen Privatrechts dieses ihres Heimatstaates (Art. 2). Gegenstand des Kaufs können sein bewegliche Sachen, ausgenommen: Wertpapiere, Devisen, registrierte Schiffe und Luftfahrzeuge, elektrische Energie (Art. 5); Werklieferungsverträge nur nach näherer Maßgabe des Art. 6.

8 **Praktische Bedeutung** hat das Gesetz im wesentlichen nur für Käufe, bei denen auf beiden Seiten Kaufleute oder jedenfalls Unternehmen beteiligt sind. Das wird u. a. aus der Bestimmung in Art. 33 Abs. 1 Buchst. d deutlich, wo der Mangel der zu liefernden Sache alternativ als ein solcher definiert wird, der die kaufmännische Verwendungsfähigkeit beeinträchtigt. Insofern nun sind die Abweichungen vom Mängelrügerecht des HGB wichtig. Der Käufer — auch derjenige ohne Kaufmannsstatus, auch der deutsche Kaufmann gegenüber einem dem Vertragsstaat des Haager Übereinkommens angehörigen, nichtkaufmännischen Verkäufer, erst recht natürlich der deutsche Nichtkaufmann, etwa der nichtkaufmännische Unternehmer als Käufer gegenüber seinem ausländischen nichtkaufmännischen Vertragspartner (die Frage nach dem Kaufmannsstatus im Ausland — Vor § 1, 41, 43 — wird damit für das EKG gegenstandslos) hat die Ware, wenn sie hat transportiert werden müssen, unverzüglich nach Ankunft am Bestimmungsort (Art. 38 Abs. 2), sonst unverzüglich nach Kaufabschluß (arg. Art. 38 Abs. 1), auf Lieferunstimmigkeiten hin zu untersuchen. Als Lieferunstimmigkeiten gelten nach Art. 33: Mängel (mit im wesentlichen dem gleichen Begriffsgehalt wie in § 459 BGB), Mengendifferenzen, Teillieferung statt der ganzen Lieferung, Lieferung einer anderen Sache oder einer anderen Gattung, Lieferung einer nicht mustergemäßen Sache. Unbedeutende Unstimmigkeiten, auch mengenmäßige, bleiben außer Betracht. Weiterversendung der Ware durch den Käufer ohne Umladung, wenn der Verkäufer bei Vertragsabschluß davon gewußt hat oder es als möglich sich hätte sagen müssen, verschiebt die Untersuchungsobliegenheit auf die Ankunft der Ware am nunmehrigen Bestimmungsort, Art. 38 Abs. 3. Dies gilt sogar dann, wenn die Weiterversendung nicht alsbald erfolgt, sondern der Käufer die Ware ohne „Umladung" zunächst auf Lager genommen hatte — eine sachlich kaum gerechtfertigte, auch von *Riese* (RabelsZ **29** 51) bedauerte Ausweitung. Die Einzelheiten der Untersuchung regelt mangels besonderer Absprache der Handelsbrauch am Ort der Untersuchung (Art. 38 Abs. 4). Die durch die Untersuchungsobliegenheit gesteuerte Rügeobliegenheit ist alsdann die gleiche wie nach § 377 HGB, auch bezüglich verdeckter Mängel (Art. 39 Abs. 1 S. 1, 2). Allerdings ist die Rügemöglichkeit für verdeckte Mängel auf zwei Jahre, von der Ablieferung ab gerechnet, begrenzt, ausgenommen den Fall einer längeren Garantiefrist (Art. 39 Abs. 1 S. 3). Die Rüge hat den Mangel seiner Art nach zu bezeichnen; zugleich ist der Verkäufer aufzufordern, den Kaufgegenstand seinerseits zu besichtigen oder besichtigen zu lassen (Art. 39 Abs. 2). Die schriftliche gilt als rechtzeitig erhoben, wenn sie rechtzeitig auf den Weg gegeben worden ist, und zwar nicht nur, wenn sie beim Verkäufer verspätet, sondern auch dann, wenn sie überhaupt nicht ankommt (Art. 39 Abs. 3). War dem Verkäufer der Mangel bekannt oder war er ihm infolge grober Fahrlässigkeit unbekannt geblieben („... über den er nicht hat in Unkenntnis sein können"), so kann er sich, wenn er den Mangel nicht offengelegt hatte, auf die Rügeobliegenheit des Käufers nicht berufen (Art. 40).

Die **Versäumung der Rüge** läßt, wie im deutschen Recht, den Käufer seine Rechte aus der Lieferunstimmigkeit verlustig gehen. Die **rechtzeitige Rüge** hält ihm, ebenfalls wie im deutschen Recht, die Wege offen, aus der Lieferunstimmigkeit die durch das EKG gegebenen Rechte herzuleiten: Erfüllungsverlangen, Wandelung, Minderung, Schadensersatz (Art. 41). Diese Möglichkeiten sind ausschließliche (Art. 34). Das Problem der Konkurrenz zwischen Irrtumsanfechtung und Sachmängelgewähr ist damit gegenstandslos. Das ganze System der Sanktionen gegenüber der Lieferung einer mangelhaften Kaufsache ist aus dem Leitgedanken der schlichten Nichterfüllung entwickelt, also, entgegen der Konzeption des BGB §§ 459 ff (Rdn. 150 ff), nicht in der Gestalt einer besonderen Gewährleistungspflicht. Dadurch erledigt sich zugleich das meiste aus der Problematik des Verhältnisses von § 377 zu § 378.

II. Tatbestandliche Voraussetzungen
A. Zweiseitiger Handelskauf
1. Handelskauf

§ 377 geht in Abs. 1 aus von einem „Kauf, der für beide Teile ein Handelsgeschäft **9** ist". Gemeint ist, wie auch in § 379, die — engere — Kategorie des **Handelskaufs**. Das ergibt die Überschrift des Zweiten Abschnitts.

a) Über den **Begriff** s. Vorbem. vor § 373. In kurzem sei wiederholt, daß ein Kauf- **10** vertrag über Waren (§ 1, 61 ff; über einzubauende Anlagen als Gegenstand eines Warenkaufs mit Rügeobliegenheit vgl. § 1, 65 und den Fall BGH WM **1977** 365) oder Wertpapiere (§ 381 Abs. 1, dort Rdn. 2) vorliegen muß, und zwar als Handelsgeschäft (§§ 343, 344). § 381 Abs. 2 dehnt die Anwendung der Regeln des Handelskaufs aus auf den Werklieferungsvertrag über nicht vertretbare bewegliche Sachen. Sofern er sich auf einen dieser Gegenstände richtet, ist Handelskauf selbstverständlich auch der Kauf auf Probe (§§ 495, 496 BGB; dazu Rdn. 27) und der Kauf nach Probe (§ 494 BGB; BGH BB **1970** 1416 u. DB **1977** 1408). Dem § 377 unterfällt ohne weiteres schließlich der Handelstausch (vgl. § 515 BGB); für die Rügeobliegenheit gilt jeder der beiden Partner hinsichtlich der von ihm empfangenen Ware als Käufer.

Nicht anwendbar ist § 377 auf den **Kauf eines Handelsgeschäfts**, überhaupt: eines **11** Unternehmens. Die früher gelegentlich — und nur beiläufig — vertretene gegenteilige Meinung (*Heinichen* in der 1. Auflage dieses Kommentars Anm. 5; *Enneccerus/Lehmann*[15] § 108 IV S. 438) findet sich heute nicht mehr. Wie hier auch *Schlegelberger/Hefermehl* 6 und ähnlich OLG München NJW **1967** 1328. § 377 bezieht sich auf die Umsatzgeschäfte, die sich im Rahmen eines kaufmännischen Unternehmens vollziehen. Wie sehr dieses letztere Moment für die ganze Vorschrift bestimmend ist, zeigt allein die Aufstellung des Maßstabs „nach ordnungsmäßigem Geschäftsgange tunlich". Die Veräußerung des Handelsgeschäfts im ganzen liegt notwendig außerhalb dieses Rahmens. Sie umfaßt zudem nicht einmal nur Waren, sondern auch Forderungen, Geschäftsbeziehungen, Kundschaft, u. U. Grundstücke. Auf diese integrierenden Bestandteile des Kaufobjekts — oft genug seine wertmäßig entscheidenden — ist unsere Vorschrift nicht zugeschnitten. Ablieferung, Pflicht zur sofortigen Untersuchung, zur sofortigen spezifizierten Rüge, Tunlichkeit alles dessen im ordnungsmäßigen Geschäftsgang, Unterschied zwischen offenen und verdeckten Mängeln — alle diese Kategorien passen hier nicht. Man wird auch nicht sagen können, § 377 gelte dann wenigstens insoweit, als zu dem verkauften Handelsgeschäft Warenbestände gehörten. Denn das hieße Zusammengehöriges auseinanderreißen (anders deshalb, wenn neben dem Verkauf des Unternehmens, etwa in Gestalt des Verkaufs des Anteilepakets, ein selbständiger Verkauf des Warenlagers vorgenommen worden ist; RGZ **98** 289, 292). Schon die Rücksicht auf den einheitlichen Kaufpreis für das Ganze würde eine Sonderbehandlung des Warenelements verbieten müssen; die Vorschriften der §§ 469, 472 BGB würden hierzu deshalb keine Handhabe geben, weil dort ja gerade eine „Mehrheit von Sachen", hier dagegen das Handelsgeschäft als eine Individuation im Rechtssinne den Kaufgegenstand bildet. Es können vielmehr für den Kauf eines Handelsgeschäfts nur die allgemeinen Regeln des bürgerlichen Kaufrechts gelten. Damit ist freilich noch nicht gesagt, daß bei einem solchen Veräußerungsakt unter Kaufleuten der Erwerber auf festgestellte Mängel (der Waren, aber auch der sonstigen Bestandteile des verkauften Handelsgeschäfts) hin beliebig schweigen dürfe und allenfalls die Verjährung nach § 477 BGB zu gewärtigen habe. Ein gegen Treu und Glauben verstoßendes Schweigen nimmt dem Käufer auch hier das Recht, aus den erkannten und nicht reklamierten Beanstandungen Rechtsfolgen herzuleiten; s. dazu Rdn. 22.

12 b) **Verwandte Geschäfte.** Schwieriger ist die Frage zu beantworten, inwieweit der konstruktive **Gedanke des § 493 BGB** auf § 377 zu übertragen ist. Nach jener Bestimmung finden die Vorschriften (des BGB) über die Verpflichtung des Verkäufers zur Gewährleistung wegen Mängel der Sache „auf andere Verträge, die auf Veräußerung oder Belastung einer Sache gegen Entgelt gerichtet sind", entsprechende Anwendung.

Die Antwort kann nicht einheitlich ausfallen. Für das Recht des BGB war § 493 dadurch notwendig geworden, daß im Fortschreiten der gesetzgeberischen Konzeption an die Stelle einer ursprünglich dem abstrakten „Veräußerungsvertrag" geltenden Regelung eine solche für den konkreter gestalteten Kaufvertrag trat (Prot. II, 62): gegenüber dieser Einengung galt es, den gesetzgeberischen Grundgedanken der Sachmängelgewähr — zumal er sich auch sonst im Recht der Schuldverträge vielfach ausgeprägt findet — durchzuhalten (RGZ **161** 321, 324). Um die Sachmängelgewähr als solche aber geht es bei § 377 nicht. Hier ist auf die speziellen Bedürfnisse des Handelsverkehrs, die ihn geschaffen haben, abzustellen. Zu eng ist es zwar, die Grenze so zu ziehen, daß allenfalls noch die kaufmännischen (entgeltlichen) Umsatzgeschäfte einem zu denkenden erweiterten Anwendungsbereich des § 377 unterfielen (in diese Richtung geht etwa *Barz* in Großkomm. zum AktG³ § 27, 20), wenngleich die Umsatzgeschäfte den Prototyp der Regelung des § 377 stellen. Immerhin aber wird man aus dem Umkreis des § 493 BGB solche Geschäfte außer Betracht zu lassen haben, die nicht in dem Spannungsverhältnis eines „Lieferverhältnisses" stehen, in welchem zwei Parteien je ihre eigenen — gegenläufigen — Interessen verfolgen und zum Ausgleich bringen.

13 Demgemäß ist zu scheiden:

(1) § 377 ist — Beiderseitigkeit der Kaufmannseigenschaft vorausgesetzt — **anwendbar** auf

(a) Prozeßvergleiche, die die Lieferung einer Ware zum Gegenstand haben. Daß für die Warenlieferung im Vergleich eine Gegenleistung in Geld ausgeworfen, die Relation Ware gegen Geld mithin innerhalb des Vergleichs einer isolierten Betrachtung zugänglich sein müsse (so noch RGZ **54** 165; vgl. auch OGHZ **3** 20), wird nicht gefordert werden dürfen. Die Entgeltlichkeit ergibt sich schon aus der Einbeziehung der Warenlieferung in den Vergleichsnexus als solchen. Wesentlich ist nur, daß der Vergleich nicht gerade dazu hat dienen sollen, einen Streit über die Mangelhaftigkeit und damit über mögliche Gewährleistung auszuschalten oder zu beenden (vgl. *Staudinger/Honsell*¹² § 493, 2);

(b) die Zuteilung von Sachen im Rahmen der Auseinandersetzung einer Gesellschaft oder Gemeinschaft (KG OLGE **22** 237; vgl. auch BGH DNotZ **1955** 406). Der

Empfangende steht hier der Gemeinschaft als Dritter gegenüber. Er erwirbt den zugeteilten Gegenstand in Anrechnung auf sein Auseinandersetzungsguthaben und will (vorausgesetzt: als Kaufmann) mit ihm wirtschaften können, nicht anders als wenn er ihn anderweit käuflich erworben hätte; an dem Wohl der aufgelösten Gesellschaft bzw. Gemeinschaft ist er (im Gegensatz zur Einbringung — unten sub (2 a) —) nicht mehr interessiert;

(c) die Hingabe an Erfüllung Statt (§ 365 BGB, der dem § 493 BGB auch insoweit entsprechen dürfte: *Staudinger/Honsell*[12] § 493, 2).

(2) § 377 ist dagegen **nicht anwendbar** auf

(a) die Einbringung in eine Gesellschaft. Hier liegt die in Rdn. 12 gekennzeichnete Interessenlage nicht vor. Der Einbringende gibt die einzubringende Sache in eine Gesellschaft, die er „zu seinem Teile selbst ist": er kann nicht eine mangelhafte Sache einbringen und sich später darauf berufen wollen, die Gesellschaft müsse auf dem Mangel sitzen bleiben, weil sie nicht unverzüglich gerügt habe. Das würde der gesellschaftsrechtlichen Treubindung, die insoweit vorrangig ist und die dem Einbringungsverhältnis ihr besonderes Gepräge gibt, gröblich widersprechen. Wie hier für die Kapitalgesellschaft: *Barz* Großkomm. AktG[3] § 27, 20; v. *Godin-Wilhelmi* AktG[3] § 27, 5; *Hachenburg/P. Ulmer* GmbHG[7] § 5, 85 (anders noch *Ritter* 2 f, *Crisolli* ZHR **93** 231 ff); für Gesellschaften allgemein: *Staudinger/Keßler*[12] § 706, 27 (dessen Zweifel, es fehle für die Fälle des Einbringens bereits am Merkmal der „Ablieferung" im Sinne des § 377, ich freilich nicht zu teilen vermag) und MünchKomm-*H. P. Westermann* § 493, 5;

(b) die — der Rechtsform nach käufliche — Überlassung der Produktion von Kartellmitgliedern an das Kartell, weil dieses nur Absatzorgan der Mitglieder ist; es genügt die rechtzeitige Mängelrüge des Abnehmers (*Buchholz* JheringsJ 74 290 für die Kartell-GmbH);

(c) den Erwerb in der Versteigerung nach § 156 BGB: der Käufer erwirbt unter den besonderen Bedingungen der Versteigerung, die das dispositive Recht des § 377, soweit erforderlich, abbedingen; ob der Auftraggeber Kaufmann ist oder nicht, bleibt deshalb gleichgültig;

(d) reine Werkverträge; hier kann nur ein ähnlicher Gedanke wie in § 377 nach § 157 BGB Platz greifen (BGHZ **1** 240);

(e) Mietverträge, selbst wenn sie zweiseitige Handelsgeschäfte sind: OGHZ **3** 53;

(f) Ansprüche aus selbständigen Garantiezusagen, die neben einem Kaufvertrage stehen und über bloße Eigenschaftszusagen hinausgehen; BGH WM **1977** 365, 366.

(3) Die Frage der Anwendung des § 377 auf das **leasing-Geschäft** bedarf wegen seiner unterschiedlichen Ausprägung und wegen der Gemengelage der denkbaren Vertragstyp-Determinanten einer differenzierten Betrachtung. Über die verschiedenen Erscheinungsformen des leasing s. *D. Reinicke/Tiedtke* BB **1982** 1142 und *Fikentscher*, Schuldrecht[6] § 71 V, 7 c, S. 425. Das sogenannte operational leasing, als Überlassung von technischen Anlagen auf begrenzte Zeit, die kürzer ist als die betriebsübliche Lebensdauer, gegen laufendes Nutzungsentgelt und mit Kündigungsmöglichkeit ist ein normaler Mietvertrag. Er scheidet für unsere Betrachtung aus; s. oben sub (2 e). Umstritten ist die Rechtsnatur des financial leasing. Hier werden Produktionsgüter aller Art langfristig für die betriebsübliche Lebensdauer gegen laufendes Entgelt in Nutzung gegeben, mit und ohne Kaufoption für eine etwaige Restnutzungszeit nach Auslaufen des Vertrages, gelegentlich auch statt Kaufoption mit fester Kaufanwartschaft nach Art eines Mietkaufs. Läßt man die Vereinbarung einer Kaufoption und eines bedingt käuflichen Erwerbs zunächst außer Betracht, so stehen sich gegenüber die Einordnung des

financial leasing als Miete (*Flume,* Leasing in zivilrechtlicher und steuerrechtlicher Sicht [1972] S. 12 ff, 15 ff, 17; ferner *D. Reinicke/Tiedtke* aaO S. 1146; so auch die Rechtsprechung: BGH NJW **1977** 195; OLG Frankfurt/M BB **1982** 1385) und als gemischter Vertrag aus mietrechtlichen (pachtrechtlichen?), darlehensrechtlichen und kaufrechtlichen Elementen, wobei die kaufrechtlichen teils einen „Kauf der Gebrauchsberechtigung" beinhalten sollen (*Plathe* BB **1970** 601 ff, 605; *Raisch,* Unternehmensrecht I [1973] S. 56), teils aber auch einen echten Sachkauf (*Fikentscher* aaO S. 426, insofern er grundsätzlich Sachmängelgewährleistungsrecht zur Anwendung gebracht wissen will).

Die *Fiktentscher*'sche Deutung würde das financial leasing dem § 377 und seiner Rügeobliegenheit unterstellen, falls nicht, was allerdings häufig, Gewährleistungsansprüche abbedungen sind und die Rügeobliegenheit damit gegenstandslos würde (Rdn. 196). Doch kann ihr nicht zugestimmt werden. Das financial leasing verschafft dem leasing-Nehmer weder Eigentum noch auch, als solches, eine Eigentumsanwartschaft. Dem Sachkäufer kommt es demgegenüber auf den Erwerb des Eigentums an, weil er den Kaufgegenstand seinem Vermögen einverleiben will — gerade die damit verbundene Aktivierungspflicht für die Bilanz zu vermeiden ist ja einer der Gründe, warum der Weg des leasing gewählt wird —, und dies wiederum, weil er das so zu erwerbende Vermögensobjekt wirtschaftlich optimal nach seinem Belieben verwerten will. Der Nehmer des financial leasing aber will das geleaste Objekt nur nutzen und soll es, vom Geber aus gesehen, der das Eigentum zurückbehält, auch nur nutzen dürfen. Die Frage, ob eine solche Gebrauchsbefugnis „gekauft" werden kann, mag daraufhin offen bleiben; Rechtskauf ist nicht Gegenstand des § 377. — Ist eine Kaufoption auf den Zeitpunkt nach Auslaufen der Nutzungsdauer vereinbart, so liegt insoweit ein rechtlich selbständiger Vertrag vor (*Flume* aaO S. 20; *Plathe* aaO S. 605), der für § 377 erst aktuell wird, wenn der leasing-Nehmer von der Option Gebrauch macht und es zu einem Kauf kommt. Lediglich wenn der künftige Kauf zusammen mit dem leasing-Vertrag bereits bedingt abgeschlossen wird (*Plathe* aaO S. 604 Fn. 65; über verwandte Grenzfälle — Kaufoption mit einer minimalen Restzahlung für den Fall der Ausübung, praktisch geworden etwa in BGHZ **62** 45 [„Mietkauf"] — : *Flume* aaO S. 20), wäre eine Anwendung des § 377 gem. Rdn. 27 in Betracht zu ziehen. Wenn der BGH wiederholt leasing-Verträge mit Kaufoption als Kaufverträge auf Abzahlung gewertet hat, wenn und weil „sie darauf angelegt seien, daß der leasing-Nehmer damit rechnen dürfe, bei störungsfreiem Ablauf des Vertragsverhältnisses werde ihm das Eigentum verbleiben" (NJW **1982** 2249), so hat er diese rechtliche Einordnung hier und in allen ähnlichen, voraufgegangenen Entscheidungen (BGHZ **68** 118, 120; **71** 196, 199, 200; BGH NJW **1977** 1058) immer nur unter dem Gesichtspunkt des Schutzes des Abzahlungskäufers wegen Vorliegens eines verdeckten Abzahlungskaufs vorgenommen. Diese Rechtsprechung ist also für unser Problem nicht spezifisch.

Mängelrügeobliegenheiten entstehen auch beim leasing immer nur im Verhältnis zwischen dem leasing-Geber und dem Hersteller des zu leasenden Objekts, von dem es der leasing-Geber kauft, um es in dem typischerweise entstehenden Dreiecksverhältnis dem leasing-Nehmer vom Hersteller unmittelbar aushändigen zu lassen. Wieweit der leasing-Geber den leasing-Nehmer vertraglich verpflichtet, das geleaste Objekt nach Auslieferung unverzüglich zu untersuchen und entdeckte oder später auftretende Mängel unverzüglich zu melden, ist Sache des internen Mietvertrages, aber nicht mehr Gegenstand der handelsrechtlichen Mängelrüge.

2. unter Kaufleuten

a) Der gesetzliche Umkreis. § 377 findet Anwendung nur auf zweiseitige Handels- **14** käufe; gegenüber der Grundregel des § 345 ist hier, in Anpassung an dessen Wortlaut, „ein anderes" bestimmt. **Beide Teile** müssen **Kaufmann** sein, und zwar sowohl **im Zeitpunkt des Kaufabschlusses** wie auch (a. M *Düringer/Hachenburg* 3) **im Zeitpunkt der Ablieferung** der Ware beim Käufer. Denn an die Ablieferung knüpft sich die kaufmännische Untersuchungs- und Rügeobliegenheit; in diesem Zeitpunkt muß der Käufer ein Handelsunternehmen mit „ordnungsmäßigem (oder doch als ordnungsmäßig zu forderndem) Geschäftsgang" unterhalten, auf den § 377 die Untersuchungsobliegenheit abstellt; darauf, daß ihr im Falle des Vorhandenseins eines Mangels genügt werde, muß wiederum der Verkäufer als Kaufmann seine Dispositionen ausrichten können (Rdn. 3). Bei dieser Anknüpfung hat es allerdings auch sein Bewenden. Späterer Verlust der Kaufmannseigenschaft beim Käufer, der etwa das Gelieferte für seinen privaten Gebrauch oder Verbrauch behält, ändert nichts an seiner Nachforschungs- und Rügeobliegenheit, wenn sich nunmehr ein verdeckter Mangel herausstellt (Rdn. 121 ff). Die Gewährleistungsansprüche, die mit der rechtzeitigen Rüge offen gehalten werden müssen, sind auf den Zeitpunkt des Gefahrüberganges bezogen, da der sie begründende Mangel spätestens damals — die zugesicherte Eigenschaft bei Meidung von Schadensersatzansprüchen wegen Nichterfüllung sogar schon bei Kaufabschluß — bestanden haben muß (§§ 459, 463 BGB); der Gefahrübergang aber ist spätestens mit der Übergabe der Sache an den Käufer eingetreten (§§ 446, 447 mit § 459 BGB). Durch diesen Vorgang ist die (Untersuchungs- und) Rügeobliegenheit in der Person des Käufers begründet worden; daß sie noch nicht aktualisiert zu werden brauchte, solange der Mangel verdeckt blieb, berührt die Substanz der Obliegenheit als solcher nicht.

Ob Voll- oder Minderkaufmann, macht keinen Unterschied. **Auch der Minderkauf- 15 mann** als Käufer muß untersuchen und ggf. rügen (BGH NJW **1980** 783); auch der Minderkaufmann als Verkäufer, der einem anderen (Voll- oder Minder)kaufmann geliefert hat, muß sich darauf verlassen dürfen, daß die Ware in jedem Falle als genehmigt gilt, wenn eine Rüge ausgeblieben ist.

Die Bestimmung des § 5 ist hiernach für die Anwendung des § 377 uneingeschränkt **16** von Bedeutung. Eine geschehene Eintragung im Handelsregister bewirkt, daß gegenüber demjenigen, der sich auf die Eintragung beruft, nicht geltend gemacht werden kann, das unter der Firma betriebene Gewerbe sei kein Handelsgewerbe (wenn es nur überhaupt ein Gewerbe ist: § 5, 21). Die Berufung auf die Eintragung steht danach, wenn es um die Anwendung des § 377 geht, beiden Teilen, sowohl dem Käufer wie dem Verkäufer, zu. Hat ein im Handelsregister eingetragener, für Sammler im Briefmarken-Kleingeschäft tätiger Zivilagent (§ 84, 18) von einer Möbelfirma einen Büroschreibtisch gekauft, ohne das Fehlen der zugesicherten Ausmaße unverzüglich zu rügen, so wird ihm von der Verkäuferin der Rügeverlust aus § 377 mit Recht entgegengehalten, ohne daß er sich auf das Fehlen seiner Kaufmannseigenschaft berufen könnte. Verkauft derselbe Zivilagent daraufhin den für ihn der Größe wegen unbrauchbaren Schreibtisch an einen Trödler, so kann er seinerseits eine verspätete Rüge des letzteren zurückweisen, die mit der Begründung vorgebracht wird, das Möbelstück habe sich als schlecht verleimt herausgestellt und drohe einer stärkeren Beanspruchung nicht Stand zu halten.

Anders der **Scheinkaufmann** im Sinne des Anhangs zu § 5, d. h. derjenige, der, ohne **17** Kaufmann zu sein oder nach § 5 als solcher zu gelten, im Verkehr unter einer „Firma" auftritt. Ist er Verkäufer, so kommt ihm die Verabsäumung der Rüge durch seinen Abkäufer nicht zustatten (Anhang § 5, 41): der Scheinkaufmann kann sich zu seinen Gunsten nicht auf die für den Kaufmann vorteilhafte Sonderstellung im Handelsrecht berufen. Wohl aber muß er sich entgegenhalten lassen, daß er als Käufer nicht rechtzeitig gerügt habe, wenn das Geschäft für seine „Firma" getätigt worden war (Anhang § 5, 37; OLG Hamburg HansGZ **1917** Hptbl. 132; OLG Dresden LZ **1912** 413).

Eine andere Frage ist nur, ob nicht etwa auch zugunsten des Scheinkaufmanns die Anwendung des § 377 dadurch ermöglicht werde, daß das ganze Vertragsverhältnis — eben weil auf beiden Seiten (auf derjenigen des Verkäufers anscheinsweise) Kaufleute aufgetreten sind — kraft vertraglicher Abrede als dem Handelsrecht unterstellt anzusehen sei. Eine stillschweigende Abrede solcher Art wird i. a. nicht angenommen werden können. Denn das liefe darauf hinaus, den fälschlich erweckten Anschein nun doch und schon wegen seines Vorhandenseins ohne weiteres zugunsten dessen wirken zu lassen, der ihn erweckt hat. Es müßten also schon stärker konkretisierte Abreden in dieser Richtung vorliegen, um auf einem derartigen Wege zur Anwendung des § 377 zu gelangen.

18 Ist der **Käufer-Kaufmann verstorben,** so rückt in die Betriebsinhaberschaft und damit in die Kaufmannseigenschaft der Erbe ein. Ihn als Erben, wer immer es ist oder sein wird, trifft daher eine noch laufende Rügeobliegenheit für offene und (was praktisch wichtiger ist) verdeckte Mängel der vor dem Erbfall gelieferten Ware. Die Fragestellung von *Düringer/Hachenburg* 3, die Rüge liege dem Erben ob, auch wenn er Nichtkaufmann sei, verkennt den automatischen Übergang des Kaufmannsstatus bei Fortbestand und selbst bei demnächstiger Abwickelung (§ 1, 30) des ererbten Handelsunternehmens. Die Rügesäumnis eines über den Erbfall hinaus tätig gebliebenen Prokuristen (§ 52 Abs. 3) oder Geschäftsführers (Handlungsbevollmächtigten; vgl. §§ 168, 672 BGB), eines sonstigen, in autorisierter Sachwalterschaft das ererbte Handelsgeschäft für den Erben Betreibenden — Testamentsvollstrecker (§§ 2205, 2209 BGB; *Bondi* ZBH **1926** 309), Nachlaßverwalter (§ 1985 BGB), Nachlaßpfleger (des unbekannten Erben) —, des sog. vorläufigen Erben (der noch das Recht hat, auszuschlagen, und der späterhin ausschlägt) und wohl auch des Erbschaftsbesitzers (arg. § 2027 BGB) muß derjenige, der Erbe ist oder endgültig Erbe wird, sich zurechnen lassen. War dagegen der Geschäftsbetrieb durch den Tod des Inhabers schlechthin unterbrochen worden — ein alleinstehender Einzelhändler verübt Selbstmord; wenige Stunden vorher war noch Ware angeliefert worden; nunmehr wird der Laden polizeilich versiegelt —, so bleibt die Rügeobliegenheit durch den Tod des Inhabers bis zur Wiederaufnahme des Betriebs durch den Erben sistiert.

19 Bei einer **Rechtsnachfolge in das Handelsgeschäft unter Lebenden** wird für die Rügeobliegenheit — und hier wiederum vor allem im Falle eines verdeckten Mangels, der sich erst nach Übernahme des Geschäfts durch den Nachfolger herausstellt — darauf abzustellen sein, wer Inhaber der Gewährleistungsansprüche ist, die mit einer rechtzeitigen Rüge offen gehalten werden müssen. Dieser muß alsdann für Untersuchung Sorge tragen und gegebenenfalls rügen. Für den Nachfolger eines vollkaufmännischen, firmenführenden Unternehmens vgl. hierzu § 25 Abs. 1 S. 2; doch auch ohne diese Voraussetzung, z. B. bei Übertragung eines minderkaufmännischen Unternehmens, werden mit dem Eigentum an den Waren im Zweifel auch die an der Ware haftenden Gewährleistungsansprüche mit übergegangen sein. Anderenfalls wäre die Rügeobliegenheit beim Übergeber zurückgeblieben, selbst wenn er nicht mehr Kaufmann sein sollte (Rdn. 14). Es ist dann seine Sache, die rechtzeitige Unterrichtung durch den Unternehmensnachfolger bei nachträglichem Auftreten eines Mangels sicherzustellen (s. zu einer verwandten Fallgestaltung Rdn. 111).

20 Daß den **Konkursverwalter des Käufers** die Rügepflicht trifft, kann für die Fälle, in denen er nach § 17 KO die Erfüllung vom Verkäufer verlangt und dieser erst noch liefern soll, nicht zweifelhaft sein. Schwierigkeiten können sich da ergeben, wo der Konkurs eröffnet worden ist in einem Augenblick, als die Ware zwar schon abgeliefert war, aber der (nunmehrige) Gemeinschuldner sein Rügerecht noch nicht verloren hatte. War die Gegenleistung noch nicht oder noch nicht vollständig entrichtet, so läuft der Konkursverwalter, auch wenn er nicht sofort untersucht und rügt, in keinem Falle Gefahr. Ist nämlich die Ware mangelhaft, so liegt auch insoweit keine (vollständige) Erfüllung i. S. des § 17 KO vor, und der Verwalter hat das Wahlrecht, ob er auf Erfüllung bestehen oder den Eintritt in den Vertrag ablehnen will. Das Wahlrecht auf Ablehnung verliert er nicht schon durch „Verabsäumung" unverzüglicher Rüge, wie sich bereits durch Gegenschluß aus § 17 Abs. 2 KO ergibt (der Verkäufer eines in Konkurs gefallenen Abnehmers mag etwa befürchteten Bemängelungen der Lieferung gegenüber sich die gewünschte Klarheit auf dem Wege des § 17 Abs. 2 KO verschaffen). War im Zeitpunkt der Konkurseröffnung der Kaufpreis schon bezahlt und auch die Lieferung (wenngleich mangelhaft) erfolgt, so hat der Verwalter kein Wahlrecht nach § 17 Abs. 1 KO, und er rückt grundsätzlich in eine noch laufende Rügeobliegenheit des Gemeinschuldners ein. Doch werden an die Unverzüglichkeit seiner Rüge die aus der Sachlage — insbesondere der Notwendigkeit einer Gewinnung erstmaligen Überblicks — sich ergebenden verminderten Anforderungen zu stellen sein. Ob der Verwalter den Betrieb fortführt, ist ohne Belang. Denn die Kaufmannseigenschaft und die (formale) Betriebsinhaberschaft des Gemeinschuldners bleiben für die Dauer der Abwickelung durch den Konkurs bestehen (§ 1, 31), nur daß in die Funktionen des Betriebsinhabers für die Zwecke der Abwickelung der Konkursverwalter eingerückt ist.

21 **b) Möglichkeit analoger Erstreckung?** In neuerer Zeit wird verschiedentlich die Auffassung vertreten, § 377 sei auch auf nicht zweiseitige Handelskäufe anzuwenden, wenn dies im Wege der Analogie geboten sei. So namentlich, wenn auf der Käuferseite ein nichtkaufmännischer „Unternehmer" beteiligt ist (*Raisch* Geschichtliche Voraussetzungen... [1965] S. 292; *K. Schmidt* Handelsrecht § 28 III 2 b, S. 587; *Capelle/Canaris* § 20 VIII 1 b, S. 185). Einen solchen Unternehmer-Käufer — *K. Schmidt* zählt hierunter auch Freiberufler, wie Rechtsanwälte, Ärzte — träfen dann die Rügeobliegenheiten gleich einem Kaufmann und mit allen gesetzlichen Folgen ihrer Versäumung. Umgekehrt tritt *Lehmann* WM **1980** 1162, 1166 ff, 1169 für eine Unterwerfung des kaufmännischen Käufers unter die Rügeobliegenheit des § 377 für den Fall ein, daß der Verkäufer Nichtkaufmann ist.

22 Ansätze in der Richtung, unsere Vorschrift auch auf den nichtkaufmännischen Unternehmer analog anzuwenden, hatten sich zwar schon früh in der Rechtsprechung gezeigt (OLG Hamburg HansGZ **1921** Hauptbl. S. 132: Stadtgemeinde, die sich als Trägerin kriegswirtschaftlicher Aufgaben in großem Umfange mit An- und Verkauf von Versorgungsgütern befaßt und mit einem großen Kreise von Lieferanten und Abnehmern in Verbindung steht). Das RG ist ihnen jedoch von Anfang an entgegengetreten (RGZ 104 95 ff — Revisionsurteil in jener Hamburger Sache —). Die Analogie ist in der Tat nach dem gegenwärtigen Rechtszustand **abzulehnen**. Sie setzte sich eindeutig zu der Fundamentalbestimmung des § 345 in Widerspruch. Es ist etwas anderes, ob der Inhalt von Ansprüchen und Verbindlichkeiten im Wege rechtsähnlicher Anwendung auf verwandte, vom Gesetz nicht erfaßte Sachverhalte ausgedehnt wird, weil die Gleichheit der Interessenlage unverkennbar ist, oder ob ganze Personengruppen einem fremden Statusrecht unterstellt werden, dem sie nach dem Willen des Gesetzes gerade nicht unterstehen sollen. Hier kommt eine unterschiedliche rechtliche Dimension ins

Spiel, die der Analogie nicht erreichbar ist. Noch dazu geht es um den Entzug einer festen Rechtsposition (der Gewährleistungsansprüche aus einer mangelhaften Lieferung), die durch Unterbleiben einer unverzüglichen Rüge unter dem Gebot unverzüglicher Untersuchung entgegen dem allgemeinen bürgerlichen Recht ersatzlos verloren gehen sollen, also um einen Eingriff in den Besitzstand dessen, der auf diese seine Rechtsposition vertrauen darf und im Vertrauen hierauf von sofortiger Untersuchung und Rüge absieht. Ein solcher Entzug von Rechten im Wege der Analogie begegnet nicht nur rechtssystematischen, sondern auch rechtspolitischen Bedenken. — Immerhin wird zu erwägen sein, wieweit ein **dem § 377 angenähertes Ergebnis** sich für den nicht-zweiseitigen Handelskauf im Einzelfalle über § 242 BGB gewinnen läßt. Wer die Anzeige eines Mangels des Kaufgegenstandes ungebührlich verzögert, dergestalt, daß der Verkäufer annehmen darf, er habe mit Bemängelungen nicht (mehr) zu rechnen, kann seine Gewährleistungsrechte aus dem Gesichtspunkt von Treu und Glauben verwirkt haben (RGZ **104** 96; OLG Stuttgart MDR **1958** 774; *Schlegelberger/Hefermehl* 10; *Lehmann* WM **1980** 1169). Im einzelnen ist das freilich Sache der konkreten Fallgelagertheit. Eine Untersuchung auf Mängel wird nur dort vorauszusetzen sein, wo der Käufer über entsprechende Sachkunde und geeignete Einrichtungen verfügt, sonst allenfalls bei sich aufdrängendem Mangelverdacht und insoweit unter entsprechender Anwendung der Maßstäbe des § 460 BGB. Die Mängelanzeige wiederum kann sich, um die Verwirkungsfolge hintanzuhalten, auf den allgemeinen Hinweis der Mangelhaftigkeit beschränken und braucht nicht den Anforderungen an die Substanziierung wie bei § 377 (Rdn. 134 ff) zu genügen.

23 Die Gründe gegen die Analogie bei fehlender Kaufmannseigenschaft des Käufers (Rdn. 22) treffen nun freilich nicht den Fall des **Käufers, der Kaufmann ist** und von einem Nichtkaufmann gekauft hat. Hier insbesondere setzt die Kritik von *Lehmann* (WM **1980** 1162) an, es sei nicht einzusehen, warum der Käufer als Kaufmann von der ihn sonst treffenden Untersuchungs- und Rügeobliegenheit nur deshalb befreit sein solle, weil sein Vertragspartner (zufällig) der Kaufmannseigenschaft entrate. Doch genau so läßt sich umgekehrt fragen, warum ein Nichtkaufmann als Verkäufer nur deshalb die Chance haben solle, sich trotz mangelhafter Lieferung von der Verpflichtung zur Sachmängelgewähr entlastet zu sehen, wenn und weil sein Vertragspartner Kaufmannseigenschaft besitzt und in dieser Eigenschaft verabsäumt hätte, einen Mangel der gelieferten Sache unverzüglich anzuzeigen (worauf er, der Verkäufer, sich als Laie vielleicht gar nicht eingestellt hat). Mit diesem Argument hat bereits *Glaser* JR **1955** 281 gearbeitet. Hinzu kommt hier ein anderes. Die kaufmännische Rügeobliegenheit steht in innerem Zusammenhang mit der kaufmännischen Buchführung. Der Verkäufer soll tunlichst schnell in den Stand gesetzt werden, zu überblicken, ob das Geschäft „in Ordnung geht" (Rdn. 3), weil er anderenfalls für etwaige Gewährleistungsverpflichtungen Rückstellungen in seinen Büchern vornehmen müßte (OLG Hamburg JW **1919** 2257[9]; *Durchlaub* BB **1979** 825 ff). Diesen Zusammenhang zwischen Mängelrüge und kaufmännischer Buchführung betonen auch *Koppensteiner* BB **1971** 548 und *Lehmann* selbst aaO S. 1168. Sieht man hier einmal vom Minderkaufmann ab, so folgt daraus: Sinnvoll ist die an die Rügeobliegenheit des Käufers geknüpfte Erwartung des Verkäufers im Kontext des Gesetzes und von dessen Zwecken her nur da, wo der Verkäufer ein buchführungspflichtiger Kaufmann ist. Die Erwägungen über eine unechte „Rüge"obliegenheit nach § 242 BGB (Rdn. 22 a. E.) treffen im übrigen auch hier zu. Gerade an den kaufmännischen Käufer werden insoweit Anforderungen zu stellen sein, die jedenfalls hinsichtlich der Unverzüglichkeit der Rüge nahe an diejenigen des § 377 herankommen.

B. Ablieferung der gekauften Ware
1. Bedeutung. Begriff. Folgerungen

Als weitere Voraussetzung der Rügeobliegenheit stellt das Gesetz auf, daß die Ware zur Ablieferung gelangt ist. Dieses Merkmal steht in unmittelbarem Zusammenhange mit der vom Käufer vorab geforderten unverzüglichen Untersuchung (Rdn. 69 ff): gerade sie soll mit der Ablieferung, genauer: der Beendigung des Ablieferungsvorgangs (dazu Rdn. 79) in Gang gesetzt werden. **Vor Ablieferung** besteht daher grundsätzlich (keine Untersuchungs- und) **keine Rügeobliegenheit** und läuft deshalb insbesondere keine Rügefrist. Dies sogar dann, wenn der Käufer den Mangel bereits vorher kennt (Rdn. 63), etwa aus einer im Vorwege übersandten Faktura (RG JW **1904** 341[10]) oder einer Mitteilung der Bahnverwaltung. Der Käufer kann in solchen Fällen schon vor Ablieferung rügen, aber er muß (noch) nicht rügen. Schweigen trotz Vorauskenntnis des Mangels kann allenfalls die Rügeobliegenheit gegenstandslos machen, wenn besondere Umstände hinzukommen, die im Zusammenhalt mit der widerspruchslosen Hinnahme der Faktura keinen Zweifel lassen an dem Einverständnis des Käufers mit der Beschaffenheit der Ware (RG JW **1923** 48[9]; **1902** 134[46]; RG HansGZ **1897** Hptbl. 247). — Abweichende Vereinbarungen bleiben möglich. So z. B. dahin, daß die Ware vor Abgang auf dem Lager des Verkäufers (Rdn. 75) oder vor Auslieferung an den Käufer im Zollausschlußgebiet abzunehmen sei. **24**

Aus ihrem Zweck (Rdn. 24) ergibt sich der **Begriff** der Ablieferung in dem vom Gesetz — übrigens auch vom BGB inhaltsgleich in § 477 — gebrauchten Sinne. Ablieferung ist ein **faktischer Vorgang**. Er wird in der herrschenden Lehre definiert als der Akt, durch den der Käufer in Erfüllung des Kaufvertrages in eine solche tatsächliche räumliche Beziehung zur Kaufsache kommt, daß er vermöge der so vermittelten Verfügungsgewalt nunmehr die Beschaffenheit der Ware prüfen kann (BGH NJW **1961** 730; im Anschluß an die ständige Rechtsprechung des RG und des ROHG — insoweit vgl. RGZ **92** 273; **91** 290; **73** 391; RG LZ **1911** 543[6]; **1909** 679[2] u. 851[8]; ROHG 24 29; **15** 55 —; *K. Schmidt* Handelsrecht § 28 III 2 c, S. 558). Vom Verkäufer aus gesehen ist Ablieferung eine einseitige Handlung, mit der er die Ware aus seiner Verfügungsgewalt entläßt und sie in den Machtbereich des Käufers überführt, so, daß dieser die Möglichkeit erlangt, sich sofort den Gewahrsam der Ware zu verschaffen, sie zu untersuchen und darüber tatsächlich zu verfügen (BGH aaO, gleichfalls unter Hinweis auf die Rechtsprechung des RG; OLG Hamburg BB **1950** 603; OLG München BB **1955** 748; *Düringer/Hachenburg* 4). Alles, was als Entäußerung der tatsächlichen Herrschaftsgewalt des Verkäufers zu dem Zweck geschieht, die Untersuchung durch den Käufer in dessen Machtbereich zu ermöglichen, ist deshalb „Ablieferung": so deshalb auch das Behändigen an eine vereinbarte unabhängige Untersuchungsstelle, die die Prüfung der Ware für den Käufer vornehmen soll, nicht aber die bloße Gestattung einer Untersuchung im Speicher des Verkäufers (OLG Hamburg HansGZ **1908** 256, 257). **25**

Abzugrenzen ist die Ablieferung gegen die Begriffe „Lieferung" und „Übergabe". „Lieferung" umfaßt die Gesamtheit der Vorgänge, die nötig sind, um die Ablieferung zu bewirken (RGZ **92** 273); die bloße Tatsache der Ankunft der Ware am Bestimmungsort ist deshalb noch keine Ablieferung: RG JW **1904** 46[16]. „Übergabe" ist die Besitzverschaffung als Teilakt der Eigentumsübertragung (§ 433 Abs. 1 BGB) und mit der Wirkung des Gefahrübergangs (§§ 446, 459 BGB). Die Übergabe geschieht in rechtsgeschäftlichem Vollzug und mit rechtsgeschäftlicher Intention; die Ablieferung als solche nicht. Die Übergabe kennt vereinbarliche Surrogate, insofern sie auf die Übereignung (Konnossemente und sonstige handelsrechtliche Traditionspapiere, brevi **26**

manu traditio, Besitzkonstitut, bürgerlich-rechtliche Abtretung des Herausgabeanspruchs) zielt; die Ablieferung ist als Realakt in keinem Falle symbolisierbar. Der Übergabe des Kaufobjekts, wenn es zu ihr kommt entspricht auf der Seite des Käufers die „Annahme" (als Erfüllung, § 363 BGB), und als Pflicht des Käufers die „Abnahme", d. h. die Entlastung des Verkäufers von dem weiteren körperlichen Bereithalten der Sache (§ 433 Abs. 2 BGB). Die Ablieferung als solche ist, wie erwähnt, einseitig, und ihr korrespondiert allenfalls die einseitige Möglichkeit des Käufers, sich der Ware zum Zweck der Untersuchung zu bemächtigen („Übernahme"). „Übergabe", „Annahme (als Erfüllung)", „Abnahme" tragen die Merkmale des Endgültigen im Gange der Erfüllung des Kaufvertrages. „Ablieferung" und „Übernahme", oder auch „Entgegennahme" (zum Zwecke der Untersuchung der Kaufsache) sind dagegen immer erst etwas Vorläufiges: der Käufer braucht die Annahme als Erfüllung nicht zu erklären, auch nicht eher abzunehmen, ehe die Ware hat untersucht sein können. Erst mit seiner Annahmeerklärung kann die Ablieferung zur (rechtsgeschäftlichen) Übergabe werden, als welche sie freilich, auf diesen Effekt hin, vom Verkäufer im voraus erklärt sein kann und erklärt zu sein pflegt.

27 **Folgerungen** aus dem Vorstehenden (Rdn. 25, 26): Die Ablieferung muß sich als eine solche aufgrund des Kaufvertrages darstellen; daß der Käufer aus anderem Rechtsgrunde oder Anlaß in den Besitz der Ware gelangt, genügt nicht, um die Untersuchungs- und Rügepflicht auszulösen (RGZ 5 33). Auf der anderen Seite löst eine jede Ablieferung im Vollzug des Kaufvertrages die Untersuchungs- und Rügeobliegenheit aus. Der Käufer muß, wenn er unter Eigentumsvorbehalt gekauft hat, rügen, sobald ihm abgeliefert ist, obgleich noch kein Eigentumsübergang stattgefunden hat. Der Käufer, der gegen Konnossement gekauft hat, muß wiederum erst nach Ablieferung der Ware rügen, mag auch die Übergabe des Konnossements erfolgt sein, etwa um dem Käufer zu ermöglichen, es seinem Abkäufer anzudienen. Ist der Kauf als solcher unter einer aufschiebenden Bedingung abgeschlossen, aber der Gegenstand des Vertrages schon übergeben worden (wie beim Mietkauf; s. Rdn. 13 sub (3) unter „leasing"), so entsteht die Untersuchungs- und Rügeobliegenheit mit der Ablieferung, nicht erst mit dem Eintritt der Bedingung; Mängel, die sich bis zum Bedingungseintritt herausstellen, sind dann verdeckte im Sinne des Abs. 3. Doch gilt das nicht Fälle der sogenannten Potestativbedingung, die keine echte Bedingung im Rechtssinne darstellen, weil ihr Eintritt in das Belieben des durch die Bedingung Begünstigten gestellt ist; so beim Kauf auf Probe (auf Besicht) nach § 495 BGB. Dort hätte es keinen Sinn, dem Besichtkäufer eine Untersuchungs- und Rügeobliegenheit mit der Ablieferung der Sache aufzuerlegen, weil die „Übergabe zum Zwecke der Probe oder der Besichtigung" (§ 496 S. 2 BGB) bereits das Präjudiz stellt, daß das Schweigen als Billigung des Kaufgegenstandes gelten und damit den Kaufvertrag endgültig zur Entstehung bringen soll: der Käufer hätte die Rügemöglichkeit, jedenfalls für offene Mängel, dann ohnehin verloren (§ 460 BGB, Rdn. 197).

28 Hinwiederum hat der **Gefahrübergang** als solcher nichts mit der Ablieferung und der aus ihr folgenden Untersuchungs- und Rügeobliegenheit zu tun (BGHZ 60 5, 6; BGH DB **1981** 1816). Der Zeitpunkt des Gefahrübergangs kann mit dem der Ablieferung zusammenfallen, muß es aber nicht, z. B. dann nicht, wenn der Kaufgegenstand im Falle des § 447 BGB der Bahn zur Beförderung übergeben worden ist: die Transportgefahr ist bereits übergegangen, obwohl die Ablieferung noch aussteht. Das hat Bedeutung für den Umfang der Untersuchung (Rdn. 84).

29 „Ablieferung" ist **nicht der Besitzübergang im Wege der Zwangsvollstreckung**. Hat der Käufer aufgrund des Kaufvertrages auf Lieferung geklagt und der antragsgemäß verurteilte Verkäufer es zur Vollstreckung (durch Wegnahme, §§ 883, 887 Abs. 3 ZPO) kommen lassen, so ist für die Anwendung des § 377 kein Raum. Der Verkäufer, der den Käufer in die Vollstreckung zu gehen zwingt, kann, wenn es daraufhin zur Vollstreckung kommt, nicht wohl den Schutz einer beschleunigten Vergewisserung über etwaige Mängel, wie § 377 ihn bezweckt, verdienen. Dessen gesetzgeberischer Grundgedanke paßt hier nicht. § 378 wäre ohnehin nicht anwendbar. Bei Vollstreckung in ein aliud greifen vollstreckungsrechtliche Sonderbehelfe Platz.

Ablieferung als „einseitiger Akt" des Verkäufers (Rdn. 24) bedeutet **nicht, daß sie** **30** **dem Käufer gegen seinen Willen aufgedrängt** werden dürfe. Lehnt der Käufer die Entgegennahme der Ware ab, so ist es nicht zur Ablieferung gekommen (*Schlegelberger/ Hefermehl* 16), und er befindet sich daraufhin möglicherweise im Annahmeverzug; aber Untersuchungs- und Rügeobliegenheiten werden nicht ausgelöst (RGZ 99, 59; OLG Hamburg HansGZ **1908** 256, 257; OLG Jena JW **1922** 1535[8]; OLG München LZ **1925** 1283[1]; Schiedsgericht des Warenvereins der Hamburger Börse v. 26. 2. **1971** — HSG E 6 b Nr. 44 —). Die Ware ist auch dann nicht abgeliefert, wenn der Käufer sie nur unter Vorbehalten übernommen hat und sie aus Anlaß dieser Vorbehalte wieder an den Verkäufer gelangt ist (RG JW **1902** 425[32]). Verzögert der Käufer die Übernahme der Ware, so muß er sich nach Treu und Glauben allerdings rügerechtlich so behandeln lassen, als sei die Ablieferung erfolgt (BGH DB **1958** 396).

2. Vollzug

a) **Ablieferung beim Käufer.** Die Ablieferung in der Niederlassung des Käufers bil- **31** det den vom Gesetz gedachten Normalfall. Hier kommt die Ware in den unmittelbarsten Machtbereich des Käufers (Rdn. 25). Es reicht aus — im Gegensatz zu OLG Hamburg HansGZ **1911** Hptbl. S. 59 —, daß die Ware auf dem Betriebsgrundstück des Käufers abgeladen wird, auch wenn im Augenblick keine zur tatsächlichen Übernahme bereite Person aufzutreiben ist (Betriebsausflug). Soll die vom Käufer zum Überseeexport bestimmte Ware im Verschiffungshafen des Verkäufers „Container verstaut" geliefert werden und sind die Container zu diesem Zweck vom Käufer zu gestellen, so wird der Machtbereich des Käufers sinnfällig durch seine Container dargestellt: die Ablieferung ist mit der Verstauung in die Container bewirkt; BGH MDR **1981** 1010.

b) **Ablieferung beim Beauftragten des Käufers.** Ebenso ist die Ablieferung bewirkt, **32** wenn sie an eine vom Käufer bezeichnete Empfangsstelle erfolgt, etwa eine Korrespondenzfirma, die nach Weisung des Käufers die weiteren Dispositionen zu treffen hat. So insbesondere im Importgeschäft (OKG Köln DB **1975** 2124), aber auch im Inlandsgeschäft (RG LZ **1912** 319[5] u. SeuffA **85** 363).

Nach einer feststehenden Rechtsprechung soll hierzu auch das Ausfolgen der Ware **33** **an den vom Käufer beauftragten Spediteur oder Frachtführer** gehören, da sie auch hier aus der Verfügungsgewalt des Verkäufers entlassen und in den Machtbereich des Käufers gelangt sei mit der Wirkung, daß der Käufer die Untersuchung vorzunehmen oder vornehmen zu lassen in den Stand gesetzt werde. RG LZ **1908** 853[6] hatte dieses Ergebnis noch damit begründet, daß die Abwickelung des Kaufvertrages in Hamburg (dem Ort der Übernahme der Ware durch den Spediteur des Käufers) Zug um Zug gegen Zahlung des Kaufpreises erfolgen sollte, sodaß „Spediteur nicht nur Transportvermittler des Käufers, sondern dessen Vertreter hinsichtlich der Untersuchung der Ware auf Empfangbarkeit" gewesen sei. Die spätere Rechtsprechung hat sich von dieser Formel gelöst und sieht nunmehr den vom Käufer bestellten und dem Verkäufer zur Auslieferung der Ware benannten Spediteur (Frachtführer, Verfrachter) schlechthin als denjenigen an, an den die Ware mit der Wirkung der „Ablieferung" beim Käufer ausgefolgt werde (BGH **60** 5, 7 — für den Verfrachter —; RGZ **91** 289, 290; **96** 247; RG JW **1906** 91[14]; ferner RG Recht **1908** Nr. 3179; LZ **1916** 1430[19]; Recht **1923** Nr. 1252; LZ **1924** 418[7]; OLG Hamburg SeuffA **68** 154 und HansGZ **1921** 173 — für den Spediteur —). In gleichem Sinne auch die schiedsgerichtliche Praxis: „Frachtfrei Grenze" besagt, daß die Qualitätsuntersuchung an der Grenze vorgenommen werden muß (nicht: die Gewichtskontrolle, wenn keine Umladung erfolgt, § 378, 38); Schiedsgericht der Hamburger freundschaftlichen Arbitrage v. 20. 5. **1962** — HSG E 6 b Nr. 13 —. Es ist daraufhin Sache des Käufers, die Untersuchung auf den Zeitpunkt der Übernahme durch seinen Spediteur zu organisieren. Er kann den Spediteur (Frachtführer, Verfrachter) hiermit beauftragen (RG LZ **1916** 1430[19]) oder die Untersuchung einer anderen Person oder Institution an Ort und Stelle übertragen (OLG Hamburg HansGZ **1921** 173). Daß solche Person oder Institution nicht zur Verfügung steht, ändert nichts (RG LZ **1912** 319[5]; Schiedsgericht der Hamburger freundschaftlichen Arbitrage v. 23. 5. **1969** — HSG E 6 b Nr. 31). In diesem Falle muß der Käufer eigenes geeignetes Personal mit entsprechender Ausrüstung an den Übernahmeort beordern, wie im Falle BGHZ **60** 5. Die Untersuchung am Ort der Übernahme der Ware durch den Spediteur des Käufers hat jedenfalls den Vorteil, unnötige Transporte bei späterer Untersuchung und Rüge rechtzeitig vermeiden zu helfen.

34 Immerhin sind damit zunächst mehr oder weniger erhebliche Weiterungen für den Käufer verbunden. Sie lassen sich durch Handelsbräuche, stillschweigende oder ausdrückliche Abreden ausschalten dahin, daß die Untersuchung nicht schon am Ort der Übernahme durch den Spediteur (Frachtführer, Verfrachter) des Käufers, sondern erst **am Bestimmungsort der Ware** vorzunehmen sei. Rechtlich ungenau ist es freilich, wenn hierzu eine „Vereinbarung über die Verlegung des Ablieferungsorts" getroffen oder unterstellt wird. Eine solche Abrede ist facto contraria nicht möglich; die Ablieferung ist ein tatsächlicher Vorgang, der nicht durch Abreden entgegen seiner Vornahme in der Wirklichkeit an einen anderen Ort verlegt werden kann, wo er nicht stattgefunden hat oder nicht stattfindet (RG LZ **1907** 289[7] und LZ **1911** 543[6]; OLG Hamburg HansGZ **1921** 173). Das wird zwar gelegentlich verkannt, wenn von möglichen, vertraglichen oder in Geschäftsbedingungen des Verkäufers vorgesehenen „Regelungen des Ablieferungsorts" die Rede ist (OLG Hamburg SeuffA **68** 154 — Geschäftsbedingungen — und HRR **1928** Nr. 1221 — Handelsbrauch — sowie HRR **1935** Nr. 1301; auch noch BGHZ **60** 7). Doch was damit in der Regel (OLG Hamburg HansRGZ **1929** 827; vgl. auch die Formulierung: „als Ort der Ablieferung und Untersuchung im Sinne der §§ 377 u. 378 HGB gilt bei seemäßig verpackter Ware der endgültige ausländische Bestimmungsplatz", Ziff. 8 der Auftragsbedingungen des Verbandes Deutscher Exporteure von 1928) gemeint ist, dürfte etwas anderes sein, was die Parteien nun wirklich vertraglich festlegen können (Rdn. 75), wenn es sich nicht bereits aus einem Handelsbrauch ergibt: die Verschiebung der Untersuchungsobliegenheit an einen später erreichten Ort (und Zeitpunkt) als den der Ablieferung durch Übernahme seitens des Spediteurs des Käufers. Daß dieses beides — Ablieferung einerseits, vertraglich oder durch Handelsbrauch bewirkte Verlegung der Untersuchung an einen anderen Ort, insbesondere den Bestimmungsort der Ware andererseits — scharf zu trennen sei, wird denn auch in fester Rechtsprechung betont (RG JW **1906** 91[14]; LZ **1907** 289[7] — Handelsbrauch: Holzimport auf dem Rheinschiffahrtsweg —; LZ **1916** 1430[19]; Recht **1923** Nr. 1252; LZ **1924** 418[7]; OLG Hamburg SeuffA **68** 154 und HansGZ **1921** 173). Daß die Ablieferung als solche unabhängig hiervon ihre Bedeutung behält, zeigt sich bei der Verjährung der Mängelgewährsansprüche. Diese beginnt mit der Ablieferung

(§ 477 BGB), und eine Hinausschiebung der Untersuchung bedeutet nicht zugleich auch eine Hinausschiebung des Beginnes der Verjährung (was auf deren Verlängerung nach § 477 Abs. 1 S. 2 BGB hinausliefe), RG LZ **1907** 289[7]; Rdn. 200.

Wo kein Handelsbrauch über die Verschiebung der Untersuchung an den Bestimmungsort der Ware besteht (Beispiel für einen solchen: Klausel „ex löschendem Dampfer ..." mit Namen des Bestimmungsorts, Schiedsgericht der Hamburger freundschaftlichen Arbitrage v. 3. 6. **1970** — HSG E 6 b Nr. 37 —) und auch keine ausdrückliche Abrede hierüber (wie im Falle RG WarnRspr. **1915** Nr. 59; s. den Fall einer gegenteiligen Abrede in OLG Hamburg HansRGZ **1929** B 826) getroffen worden ist, behilft sich die Praxis meist mit der Annahme einer **stillschweigenden Vereinbarung.** Solche wird dann angeknüpft an die „Untunlichkeit" der Untersuchung an dem — vom Bestimmungsort verschiedenen — Ablieferungsort im ordnungsmäßigen Geschäftsgang des Käufers (Rdn. 93). Eine besondere Rolle spielen hier die Verkäufe durch Verschiffung nach Übersee, wenn sie in einem vom Käufer gestellten Schiffsraum erfolgt, wie dies namentlich bei Vereinbarung der **fob-Klausel** der Fall ist. Die Ablieferung ist hier bewirkt mit der Verbringung der Ware über die Reling an Bord des Schiffs. Die Rechtsprechung, voran die des OLG Hamburg, hat in weitem Umfang eine Untunlichkeit der Untersuchung an Bord angenommen: in SeuffA 68 154, 156 geradezu als Regelfall, mindestens bei seemäßiger Verpackung (so auch schon RGZ **59** 124 und jetzt BGH BB **1953** 186; ferner OLG Hamburg HRR **1928** Nr. 1221). Denn diese nur für Untersuchungszwecke zu öffnen und dann wiederherzustellen bringe unzumutbare Erschwernisse und Kosten mit sich; anders sei es allenfalls dann, wenn die Untersuchung trotz seemäßiger Verpackung sich ohne übermäßige Weiterungen, wenngleich unter Inkaufnahme gewisser Umständlichkeiten (RG LZ **1924** 418[7]) bewerkstelligen lasse (Fässer). Untunlich sei ferner (OLG Hamburg HRR **1928** Nr. 1221) eine Untersuchung an Bord, wenn das Schiff nach Beladung abfahrbereit sei, oder wenn die Ware, wie der Verkäufer aus der Verschiffung und dem Bestimmungsort des Schiffes entnehme, unmittelbar an den Abnehmer des Käufers geliefert werden solle. In allen solchen Fällen müsse eine stillschweigende Vereinbarung unterstellt werden, daß die Untersuchung ungeachtet der mit der Verladung an Bord bewirkten Ablieferung erst im Bestimmungshafen des Schiffes vorgenommen zu werden brauche.

Um den vorstehenden Maßstab — den der Untunlichkeit einer Untersuchung an Bord des Schiffes im ordnungsmäßigen Geschäftsgang des Käufers — in der Praxis sich nicht aufweichen zu lassen, hat das RG wiederholt betont, die Unterstellung einer stillschweigenden Abrede über die Verschiebung der Untersuchung an den Bestimmungsort der Ware sei **nur „unter besonderen Umständen"** (Recht **1923** Nr. 1252), ja sogar „nur unter besonderen, nicht leicht zu nehmenden Voraussetzungen" (LZ **1924** 418[7]; ebenso Recht **1923** Nr. 62) zulässig. Eine Illustration dieses Regel-Ausnahme-Verhältnisses bietet neuerdings BGHZ 60 5. Dort war Gasöl rumänischer Produktion, verkauft „fob Constanza" im Abladehafen Constanza in dem vom Käufer gestellten Schiffsraum zum Versand zu bringen. Die Eigenart der Ware, die weder eine seemäßige Verpackung noch überhaupt irgend eine Emballage benötigte — sie wurde in die Schiffstanks eingepumpt — indizierte schon vom Tatsächlichen her den Normalfall, daß eine Untersuchung auf die vertragliche Qualität an Bord ohne besondere Weiterungen möglich war. Daß sie für den Käufer auch organisatorisch hätte möglich sein müssen, wurde vom BGH bejaht: angesichts des erheblichen Liefervolumens, der im Spiel stehenden Werte und des Umstandes, daß nach Abgang des Schiffs dem Verkäufer im Falle späterer Bemängelungen im Bestimmungshafen Antwerpen die Möglichkeit zu Reklamationen gegenüber seinem eigenen Lieferanten praktisch genommen sei, mußte dem Käufer zugemutet werden, eigenes Personal mit Prüfausrüstung nach Constanza zu beordern. Die Entscheidung trifft im Ergebnis das Richtige. Nur die Begründung erweckt Bedenken. Der maßgebende, objektive (Rdn. 94) Gesichtspunkt der Tunlichkeit im ordnungsmäßigen Geschäftsgang des Käufers bleibt unerwähnt; stattdessen wird auf den Gesichtspunkt einer individuellen Zumutbarkeit in Rücksichtnahme auf die Interessen des Verkäufers abgestellt (von welcher Liefermenge ab ist es dem Käufer zuzumuten, eigenes Personal — und über welche Entfernungen hinweg? — zur Vornahme der Untersuchung zu entsenden?). Auch ist die Untersuchungsobliegenheit eine solche ausschließlich im eigenen Interesse des Käufers (Rdn. 70). Rücksichtnahmen auf Belange des Verkäufers haben hier auszuscheiden; dieser mag selbst untersuchen, wenn er sich seine Ansprüche gegen seinen Lieferanten wahren will, oder Absprachen über gemeinsame Untersuchung mit dem Käufer treffen. Die Kritik von *Stötter* DB **1976** 950 ist nicht unberechtigt.

37   Es versteht sich, daß das Ausfolgen der Ware an den **vom Verkäufer beauftragten Spediteur** die Ablieferung noch nicht bewirkt (RGZ **92** 271, 173). Deshalb besagt die **cif-Klausel** hier soviel, daß die Ablieferung nicht früher als im Bestimmungshafen des Schiffes erfolgt (RG LZ **1907** 289[7]: „cif Rotterdam"; OLG Kiel SchlHA **1914** 241: „cif Hamburg transito", d. h. Hamburg Freihafen).

38   c) **Ablieferung im Streckengeschäft beim Abkäufer des Käufers.** Hat der Verkäufer **auf Grund des Vertrages** unmittelbar an den Abkäufer des Käufers zu liefern (sog. Streckengeschäft), so ist, wenn die Ware dem Empfänger ausgeliefert wird, dies der Akt der „Ablieferung" beim Käufer i. S. des § 377 (BGH NJW **1978** 2394; *K. Schmidt* Handelsrecht § 28 III 4 b, S. 601). Bloß nachträgliche Weisung des Käufers, die Ware an einen Drittempfänger auszuliefern, hat jedoch, selbst wenn sie befolgt wird, nicht die gleiche Wirkung. Für die Rügeobliegenheit entscheiden hier der vertragsmäßige Ablieferungsort, der für diesen anzusetzende Ablieferungszeitpunkt und die daraufhin gegeben gewesenen Möglichkeiten der Untersuchung. Auch der Umstand allein, daß der Verkäufer weiß, der Käufer wolle die Ware weiterverkaufen, habe sie vielleicht schon weiter verkauft und wolle sie deshalb sofort nach Eintreffen, d. h. ohne Untersuchung auf den Weitertransport geben, macht die Ablieferung beim Abnehmer des Käufers (Zweitkäufers) nicht zur Ablieferung im Verhältnis Verkäufer/(Erst)käufer (RG LZ **1919** 799[18]; OLG Braunschweig OLGE **28** 379; Rdn. 112). Nur wenn dieser Ablauf im Vertrage vorgesehen oder dem Vertragsschluß zugrundegelegt war, hat er Einfluß auf die Rechtzeitigkeit der Rüge, insofern der Verkäufer die vom Erstkäufer erstattete dann als rechtzeitig gelten lassen muß, wenn der Zweitkäufer sie seinerseits dem Erstkäufer zeitgerecht erstattet hatte und dieser sie sogleich seinem Verkäufer weitergibt (ist der Zweitkäufer nicht Kaufmann, so ist es Sache des Erstkäufers, auf unverzügliche Untersuchung und ggf. Rüge durch den Zweitkäufer bedacht zu sein; Rdn. 111 und *K. Schmidt* Handelsrecht aaO S. 602).

39   d) **Teillieferungen. Sukzessivlieferungen.** Hat die Lieferung nach dem Vertrage in Teilen zu erfolgen oder liegt ein Sukzessivlieferungsverhältnis vor, so ist der Ablieferungsakt **für jede Einzellieferung selbständig** zu bestimmen. Er steuert demgemäß auch die Rügeobliegenheit (Rdn. 118). Über den Fall, daß der Verkäufer in Teilen liefert, obwohl das im Vertrage nicht vorgesehen oder gestattet war, s. Rdn. 40.

40   e) **Mehraktiger Ablieferungsvollzug.** Der Ablieferungsvorgang kann sich unter Umständen in mehreren Akten vollziehen. Ist eine Maschine zu liefern und vom Verkäufer zu montieren, so ist die Ablieferung erst mit der fertigen Montage bewirkt (BGH NJW **1961** 730). Ist eine aus mehreren Maschinen bestehende Gesamtanlage zu liefern, so ist die Ablieferung mit dem Eintreffen der letzten Maschine bewirkt (OLG Hamburg

HRR **1935** Nr. 1301). Eine nicht bloß als Nebenleistung zum Kauf, sondern als selbständige Werkleistung vom Verkäufer zu erbringende und auch selbständig in Rechnung gestellte Montage bleibt jedoch außer Betracht.

Liefert der Verkäufer in Teilen, obwohl der Vertrag keine Teillieferungen vorsieht, so kann der Käufer zwar die einzelnen Teil-Anlieferungen zurückweisen (§ 266 BGB). Läßt er es nicht dazu kommen, so wird zu unterscheiden sein (s. auch Rdn. 119): Bei Teillieferungen eines zusammenhängenden Ganzen, oder wenn die einzelnen Lieferakte erkennbar aus versandtechnischen Gründen in kurzen Zeitabständen nacheinander erfolgen, ist der Ablieferungsvorgang mit der Entgegennahme der letzten Teillieferung bewirkt; erst dann setzt demgemäß die Untersuchungs- und ggf. die Rügeobliegenheit für das Ganze ein. Anders dagegen, wenn die einzelnen Lieferungen je für sich verwendbar sind, und insbesondere dann, wenn ersichtlich ist, daß der Verkäufer die weiteren Teillieferungen erst im Fortgang seines eigenen Herstellungs- oder Beschaffungsprogramms vornehmen wird (er die Teillieferungen also als „Abschlag" auf seine endgültige Lieferverpflichtung vornimmt und sie vielleicht im Interesse des Käufers „vorzieht"). Hier kann nach Treu und Glauben eine Untersuchungs- und ggf. Rügeobliegenheit schon für die einzelnen, vom Käufer entgegengenommenen Teile ausgelöst sein, insofern die Ablieferung (über den Einfluß von Treu und Glauben auch insoweit: BGH DB **1958** 396) für jede Teillieferung als selbständig bewirkt gelten darf (RGZ **138** 331, 338).

f) Unstimmigkeiten im Ablieferungsvollzug. Eine Ablieferung **zur Unzeit,** d. h. au- **41** ßerhalb der gewöhnlichen Geschäftsstunden (§ 358) läßt sie nicht im gesetzlichen Sinne als bewirkt erscheinen (BGH NJW **1961** 730); sie löst die Untersuchungs- und ggf. Rügeobliegenheit erst mit Wiederbeginn der gewöhnlichen Geschäftszeit aus. Ablieferung **am falschen Ort** ist nicht (vertragsgemäße) Ablieferung. Sie wird es erst durch Genehmigung des Käufers oder durch Verbringung der Ware an den vertragsgemäßen Ort der Ablieferung; auch hier entstehen vorher keine Untersuchungs- und Rügeobliegenheiten (*Schlegelberger/Hefermehl* 15). Über den Fall der Lieferung in Teilen entgegen dem Vertrage s. Rdn. 40; über den Fall der Verzögerung der Ablieferung durch den Käufer s. Rdn. 30.

C. Mangelhafte Beschaffenheit der gelieferten Ware

Die Rügeobliegenheit hat zum Gegenstand einen Mangel, der, wie das Gesetz in (wenngleich zu enger: Rdn. 62) Formulierung sagt, an der Ware bei oder nach der Ablieferung und nach vorgenommener Untersuchung „sich zeigt".

1. Qualitätsmängel

Was unter „Mangel" zu verstehen ist, wird in § 377 nicht näher bestimmt. Es ergibt **42** sich aber aus der für den Fall der Rügesäumnis angeordneten Rechtsfolge in Abs. 2: dem Verlust der Ansprüche aus der Sachmängelgewähr (Rdn. 150) einschließlich der Ansprüche auf Schadensersatz wegen Mangelfolgeschäden. Damit nimmt unsere Vorschrift unausgesprochen Bezug auf die **§§ 459 ff BGB** und den **dort verwendeten Sachmangelbegriff** (so für § 459 Abs. 2 BGB — Fehlen einer zugesicherten Eigenschaft —: BGH BB **1970** 1416 und DB **1977** 1408).

Diesen im einzelnen darzustellen ist nicht Aufgabe der vorliegenden Kommentierung. Es muß auf das einschlägige Schrifttum des bürgerlichen Rechts verwiesen werden. Nur kurz sei im folgenden das Wesentliche zusammengefaßt unter Betonung der für den Handelskauf relevanten Gesichtspunkte und Erscheinungsformen:

43 Das Kaufrecht des BGB fächert den Tatbestand der nicht vertragsgerechten Sachbeschaffenheit in verschiedene, zum Teil sich kreuzende Richtungen auf. § 459 BGB unterscheidet zwischen **Fehlern der Sache** und dem **Fehlen einer** (im Vertrage ad hoc) **zugesicherten Eigenschaft**; beides wird von § 460 BGB ab unter dem Oberbegriff „Mangel (der verkauften Sache)" zusammengefaßt. In § 480 BGB kommt eine weitere Unterscheidung ins Spiel: diejenige zwischen **Gattungskauf** und **Stückkauf**. Eine denkbare dritte Unterscheidung, die das BGB nicht trifft (und die dafür im bürgerlichrechtlichen Schrifttum eine Fülle dogmatischer Zweifelsfragen aufgerührt hat), ist die nach der Fehllieferung in Gestalt einer mangelhaften Sache und der Fehllieferung in Gestalt einer anderen als der gekauften Sache (**„Falschlieferung"**): eine Unterscheidung, die namentlich im Recht des Gattungskaufs immer wieder zu Abgrenzungsschwierigkeiten führen kann. Ähnlich liegt es bei einer vierten, vom BGB ebenfalls vernachlässigten Differenzierung, die allerdings nur im Gattungskauf ihren Ort hat: derjenigen nach Mängeln der **Qualität** und nach Unstimmigkeiten in der **Quantität** der gelieferten Ware (Fehlmenge); auch hier kann die Abgrenzung Schwierigkeiten bereiten. Das BGB erlaubt diese beiden letztgenannten Gegenmöglichkeiten zum eigentlichen Qualitätsmangel — Falschlieferung und Quantitätsdifferenz — nur unter den allgemeinen Kategorien der Nichterfüllung bzw. Teil-Nichterfüllung zu erfassen; das dem Qualitätsmangel vorbehaltene Sonderrecht der Sachmängelgewähr in den §§ 459 ff ist auf sie nicht zugeschnitten. Das HGB nimmt sie dafür unter rügerechtlichem Aspekt angelegentlich in den Blick. Es stellt sie in § 378 für die Rügeobliegenheit der Lieferung einer im engeren Sinne mangelhaften Ware gleich. Obschon mit einer gewichtigen Einschränkung: die Falschlieferung und die Fehlmenge können so „horrend" von der Lieferpflicht des Verkäufers abweichen, daß sie nicht erst gerügt zu werden brauchen, um dem Käufer seine Rechte aus einer Reklamation zu erhalten, während die qualitätsmäßig nicht weniger „horrend" unbrauchbare Lieferung gleichwohl rügepflichtig bleibt (BGH DB **1977** 1408; anders anscheinend K. *Schmidt* Handelsrecht § 28 III 2 f, S. 591/592), falls der Käufer sie nicht von vornherein zurückgewiesen und gar nicht erst entgegengenommen hat. Falschlieferung und Quantitätsdifferenz samt ihren Abgrenzungsproblemen gegenüber der mangelhaften Lieferung sind hier zunächst zurückzustellen. Es ist auf die Erläuterungen zu § 378 zu verweisen.

44 Den **Fehler der Kaufsache** definiert § 459 Abs. 1 BGB mit einer dreigespaltenen Formel dahin, daß er den Wert, die Tauglichkeit zum gewöhnlichen Gebrauch oder (die Tauglichkeit) zu dem nach dem Vertrage vorausgesetzten Gebrauch aufhebt oder mindert. Die Formel ist hiernach eine Mischung von objektiven und subjektiven Bestimmungsmerkmalen. Dem entspricht die im Vordringen begriffene subjektiv-objektive Fehlertheorie (*Staudinger/Honsell*[12] § 459, 10; *Fikentscher* Schuldrecht[6] § 70 II 2, S. 381; *Knöpfle* JZ **1978** 121 ff, 126; aus der Rechtsprechung: RGZ **161** 330, 334; BGHZ **16** 54, 55). **In erster Linie** (RGZ **70** 82, 86) entscheidet die **Tauglichkeit zu dem nach dem Vertrage vorausgesetzten Gebrauch,** ein subjektives Kriterium, das, „wozu" die Sache gekauft worden ist. Beispiele: die Brauchbarkeit von Saatgut, das zur Verwendung unter besonderem Klima bestimmt ist (RG LZ **1916** 222[9]); die Reinheit von als Trinkbranntwein verkauftem Kognak-Weinbrand (RG WarnRspr. **1921** Nr. 124); die Verwendbarkeit getrockneter Früchte zur Verarbeitung in einer Marmeladenfabrik (RG HansGZ **1927** Hptbl. 31); die Bekömmlichkeit der für Futterzwecke gekauften Ware (RG LZ **1914** 675[4]); die Verwendbarkeit einer als solcher verkauften Pergamentpapierdruckmaschine zum Bedrucken von Pergamentpapier aller Stärken (RG LZ **1933** 1249[4]). Die Tauglichkeit zu dem nach dem Vertrage vorausgesetzten Gebrauch braucht sich nicht notwendig mit derjenigen zum gewöhnlichen Gebrauch zu decken

(Kauf einer nicht mehr betriebsfähigen Maschine bestimmten Typs, um sie auszuschlachten oder als Modell in einer betrieblichen Lehrwerkstatt zu verwenden).

Ist nach dem Vertrage **kein bestimmter Verwendungszweck vorausgesetzt** — der **45** Käufer braucht sich hierzu weder zu äußern noch überhaupt beim Kauf hierüber sich schlüssig zu sein —, so ist erforderlich (und genügend!) die **Tauglichkeit zum „gewöhnlichen Gebrauch"**, d. h. zu demjenigen Gebrauch, der nach der Verkehrsauffassung mit Rücksicht auf die örtlichen und sonstigen Lebensgewohnheiten von der Sache gemacht zu werden pflegt; RGZ 70 82, 85 und dort mit Recht bereits als ein objektives Kriterium eingeordnet. Der Mangel der Tauglichkeit zum gewöhnlichen Gebrauch gewinnt im Recht des Handelskaufs bei **Weiterverkaufsware** erhebliche Bedeutung. Denn im Umsatzgewerbe ist der Weiterverkauf eben dieser, von der Verwendungstauglichkeit in dem noch unbestimmten Käuferkreis her typisierte, „gewöhnliche Gebrauch". Zwar ist der Auffassung von *Edye* MDR **1961** 908 entgegenzutreten, im Falle des Handels-Gattungskaufs sei die Frage nach dem Mangel bereits durch § 360 entschieden, wonach Handelsgut mittlerer Art und Güte zu liefern ist, und daneben könne dann nur noch das Fehlen einer zugesicherten Eigenschaft erheblich sein. Denn es könnte ja auch der Fall fehlender Tauglichkeit zu einem nach dem Vertrage vorausgesetzten Gebrauch in Betracht kommen, wenn das Qualitätsmerkmal „mittlerer Art und Güte" hierzu in concreto nicht ausreicht und andererseits die spezielle Eignung nicht gerade förmlich zugesichert worden ist. § 360 bescheidet das Fehlerproblem für den Handels-Gattungskauf so wenig wie § 243 BGB für den bürgerlichen Gattungskauf (§ 480 BGB). Doch mag § 360 immerhin einen Teil der Mängelfälle abdecken, nämliche im Bezug von Massengütern mit nicht näher festgelegtem Qualitätsstandard. Daraufhin ist dann nur noch der Maßstab „Handelsgut mittlerer Art und Güte" zu finden („Durchschnittsqualität der diesjährigen Ernte": Minderqualität kann bei einer Teilmenge durch überdurchschnittliche Qualität bei einer anderen ausgeglichen werden) — der nach den Umständen übrigens herabgesetzt sein kann (Ersatzfabrikate, Ramschware, Kriegsware; OLG Hamburg HansRGZ **1942** B 58), ähnlich wie auch in vergleichbaren Stückkäufen (Gelegenheitskäufe, gebrauchte Gegenstände; s. RG WarnRspr. **1933** Nr. 114) der Fehlermaßstab niedriger anzusetzen sein wird —. In derartigen Fällen bedarf es deshalb zur Fehlerbestimmung nicht einmal der Heranziehung des Begriffs der Weiterverkaufstauglichkeit als der, die zum „gewöhnlichen Gebrauch" im Umsatzgewerbe gehört. Sonst aber gewinnt die Tauglichkeit zum Weiterverkauf, als Marktfähigkeit, gerade im Handel eine spezifische Bedeutung, wenn es sich um Ware handelt, deren Gebrauchstauglichkeit für den Kunden (Letztverbraucher) zwar durchaus offen sein kann, vielleicht sich labortechnisch sogar verifizieren ließe, bei der es aber genügt, daß sie mit einem **Verdacht auf Untauglichkeit** behaftet ist. Solche Ware ist bereits unverkäuflich. So in dem Falle BGHZ **52** 51 (stammen Lebensmittel, die zum Weiterverkauf bestimmt sind, aus einem seuchenverdächtigen Vorrat, so begründet schon dieser Verdacht, wenn er auf konkreten Tatsachen beruht, in den Endabnehmerkreisen bekannt wird und die Ware damit unverkäuflich macht, einen „Fehler" derselben, sofern dem Händler ein Ausräumen des Verdachts durch geeignete Untersuchungsmaßnahmen nicht zugemutet werden kann — salmonellenverdächtige Hasenkeulenimporte —) und RG DR **1942** 1160 (der Verdacht hatte bereits zu lebensmittelpolizeilicher Beanstandung geführt). Ob solche Ware erklärtermaßen zum Zwecke des Weiterverkaufs oder aber der Verarbeitung bezogen worden war, konnte deshalb dahinstehen; bei weiterverkaufsfähigen, marktgängigen Artikeln ist fehlende Marktfähigkeit immer ein Mangel. Ähnlich liegen die Fälle, in denen es sich um Ware handelt, die, obwohl beim Endverbraucher noch „gebrauchstauglich", dennoch wegen Wandels der Mode, des

Geschmacks, wegen unansehnlichen Aussehens nicht verkäuflich ist (anders, wenn sie bloß nicht „gängig" ist OLG Celle OLGE **23** 26). Selbstverständlich nimmt die Gebrauchsuntauglichkeit beim Letztverbraucher der Ware schon für den Zwischenhandel die Marktfähigkeit (RG JW **1911** 39¹⁹).

46 Ein rein objektives Kriterium ist endlich die **Beeinträchtigung des Wertes der Sache.** Maßstab ist die Wertschätzung des Verkehrs. Hauptfall ist der merkantile Minderwert eines durch einen Unfall hindurchgegangenen Kraftfahrzeugs, selbst wenn die Gebrauchstauglichkeit nach der Wiederinstandsetzung außer Zweifel steht; auch eine irreführende amtliche Plombierung einer verkauften Partie Kartoffeln ist hierher gerechnet worden (BGH VersR **1961** 257). Für den Handelskauf ist von Bedeutung der Wert als **Handelswert**, sowohl im Weiterverkauf wie in der Funktion als Kapitalanlage (fehlende Echtheit!) oder als Objekt geschäftlicher Repräsentation.

47 In allen diesen Beziehungen ist von der **Sachbeschaffenheit** auszugehen. Unter Fehlern einer Sache sind daher nur die ihr innewohnenden, der allgemeinen oder der besonderen vertraglichen Voraussetzung widersprechenden, nicht ohne weiteres behebbaren (BGH NJW **1953** 1505) Beschaffenheitsmängel zu verstehen — seien sie nun physischer, technischer, chemischer und physikalischer, ökonomischer (Rdn. 55) und selbst ästhetischer Art —, nicht aber Defizite, die sich erst mittelbar bei Heranziehung besonderer, außerhalb der Sache liegender Verhältnisse, namentlich der Rechte Dritter, ergeben (RG WarnRspr. **1912** Nr. 240). Daher ist nicht Fehler der Sache: das Ausbleiben bestimmter steuerlicher Vergünstigungen für Veredelungsvorgänge in Ansehung der gekauften Ware, die fehlende Genehmigungsfähigkeit eines Kaufpreises (OLG Hamburg HansRGZ **1942** B. Nr. 18), oder die enttäuschte Erwartung, daß in Zukunft ein Dritter eine gewisse Handlung in bezug auf die Kaufsache vornehmen, z. B. sie mieten werde. Die Lieferung unverzollter statt verzollter Ware bedeutet keinen Mangel in der Beschaffenheit der Ware, sondern einen Versendungsfehler infolge der Beschwerung der Ware mit einer öffentlich-rechtlichen Last (vgl. RG Bolze **19** Nr. 574); die Beschlagnahme oder Verfallerklärung aus öffentlichrechtlichen Gründen bedeutet keinen Sachmangel, sondern einen Rechtsmangel (RGZ **105** 273; **102** 294); erst recht natürlich die bloße Gefahr einer Beschlagnahme (OLG Hamburg HansRGZ **1942** B Nr. 18).

48 Fehler, die den Wert oder die Tauglichkeit **nur unerheblich mindern,** kommen nicht in Betracht (§ 459 Abs. 1 Satz 2 BGB). Die Minderung an Wert oder Tauglichkeit muß so unerheblich sein, daß die Unerheblichkeit den Ausschluß aller Gewährleistungsansprüche, also auch der Preisminderung, nach dem Satze „minima non curat praetor" als gerechtfertigt erscheinen läßt (Mot. II 225). Daß der Maßstab der Unerheblichkeit nicht aus einem Vergleich der für die Beseitigung des Mangels erforderlichen Kosten einerseits mit dem Kaufpreis andererseits gewonnen werden kann, betont schon RG SeuffA **60** Nr. 143 und auch später (Recht **1929** Nr. 17); denn diese Relation macht gerade das besondere Wesen des Minderungsanspruchs nach § 472 BGB aus, setzt also das Bestehen von Gewährschaftsansprüchen überhaupt voraus. Entscheidend ist vielmehr die Bedeutung des Mangels für den Wert der Sache als solchen oder ihre Gebrauchtauglichkeit, seine „sachliche Bedeutung", wobei es immer auf die gesamten Umstände des einzelnen Falles unter Berücksichtigung der Verkehrsauffassung ankommt (BGH NJW **1953** 1505 und DB **1957** 88. So hat z. B. der Riß im Antriebsaggregat eines Kraftwagens auch dann als erheblicher Mangel zu gelten, wenn er einstweilen mit geringem Kostenaufwand geschweißt werden kann (OLG Köln MDR **1958** 160) oder sogar einwandfrei geschweißt worden ist (LG Essen RKraftf. **1954** 90), ohne daß die Betriebssicherheit beeinträchtigt erschiene (OLG Nürnberg BB **1958** 137). Vollends kommt es auf eine körpergegenständliche Relation nicht an: auch das Fehlen oder der Bruch einer Schraube, eines Nagels, eines Rädchens kann erheblich im Sinne des Gesetzes sein (RG WarnRspr. **1912** 333; RG LZ **1908** 447[18]). Auf der andern Seite ist in besonderen Einzelfällen, z. B. bei einem gebrauchten Kraftwagen, unter Berücksichtigung aller nach Treu und Glauben zu beurteilenden Umstände sogar ein an sich nicht unbedeutender Fehler, der aber, leicht erkennbar, mit unerheblichem Aufwand beseitigt werden konnte, als unerheblicher Mangel im Sinne von § 459 Abs. 1 Satz 2 BGB erklärt worden (RG JW **1907** 174[11]; LZ **1909** 243[4]); wie überhaupt bei der Prüfung der Erheblichkeit mit in Betracht gezogen werden darf, ob der Mangel mit unerheblichem Aufwand und in kurzer Zeit behoben werden kann (BGH DB **1957** 88). Da, wo, wie typischerweise im Handelsverkehr, für die Frage der Mangelhaftigkeit die Beeinträchtigung der Marktfähigkeit entscheidend ist (Rdn. 45), wird sich die Relation von Erwerbspreis und Einbuße am Wiederveräußerungspreis weitgehend mit derjenigen von Wert und Wertminderung decken. Deshalb ist die Begriffsbestimmung des RG WarnRspr. **1914** Nr. 284: „Entscheidend für die Frage des Wandelungsausschlusses im Sinne des § 459 Abs. 1 S. 2 BGB ist die Geringfügigkeit des Fehlers, nicht die Geringfügigkeit der durch den Fehler verursachten Wertminderung der Kaufsache" unter diesem Gesichtspunkt nicht unbedenklich.

Das **Fehlen einer zugesicherten Eigenschaft** ist der vom BGB in § 459 Abs. 2 dem **49** Fehler der Sache gegenübergestellte, andere Tatbestand des Sachmangels. Es gibt solche Eigenschaften, deren Nichtvorhandensein keinen Fehler der in Rdn. 44 bis 48 behandelten Art bedeuten würde, auf deren Vorhandensein der Käufer aber Gewicht legt und die er sich deshalb besonders zusichern läßt (Beispiel: Ausrüstung des gekauften Gebrauchtfahrzeugs mit dem Originalmotor — die Bestückung mit einem Austauschmotor würde weder am Wert noch an der Gebrauchstauglichkeit etwas ändern —, BGH DB **1969** 2082). Es gibt also Eigenschaften, die zusicherungsbedürftig sind, wenn ihr Fehlen eine Sachmängelgewähr begründen soll. Vor allem braucht die Zusicherung sich nicht notwendig auf eine Sachbeschaffenheit im strengen Sinne der Rdn. 47 zu beziehen. Zusicherung ist vertragliches Einstehen-wollen für das Zugesicherte (Rdn. 50, 51); da ihr Bereich der der Parteiautonomie ist, können die Parteien bestimmen, was sie als „Eigenschaft" einer Sache zugesichert haben wollen. Zwar sind Eigenschaften zunächst alle tatsächlichen und rechtlichen Verhältnisse, die zufolge ihrer Beschaffenheit und vorausgesetzten Dauer nach den Anschauungen des Verkehrs einen Einfluß auf die Wertschätzung der Sache zu üben pflegen (RGZ **117** 315; **63** 61; **59** 243; RG HRR **1929** Nr. 591; RG LZ **1933** 1249[4]), auch Beziehungen und Verhältnisse zur Umwelt (RG DtJust. **1935** 268; RG DtJust.Beil. DtRecht **1935** Nr. 6815; RGZ **161** 332; BGHZ **16** 54), sofern sie in der Beschaffenheit der Sache selbst ihren Grund haben, von ihr ausgehen, ihr auch für eine gewisse Dauer anhaften (RGZ **148** 294). Doch geht der Umfang dessen, was als Eigenschaft in dem besonderen Sinne des § 459 Abs. 2 BGB zugesichert werden kann, darüber hinaus. Beispiel: Bestehen einer Kaskoversicherung für das verkaufte Kraftfahrzeug (OLG Köln DAR **1955** 161); Zusicherung, daß das verkaufte Modell nicht ein in der Produktion auslaufendes sei (LG Hamburg BB **1961** 67); behördlich genehmigter Weiterverkaufspreis (OLG Hamburg HEZ **2** 158); oder der Fall RG DJust. **1935** 268: Zusicherung, daß das verkaufte Gemälde aus Privatbesitz stamme und im Kunsthandel unbekannt sei. Allerdings wird anzunehmen sein, daß gegenüber solchen nicht mehr sachsubstantiellen, lediglich zusicherungsfähigen Eigenschaften die Untersuchungsobliegenheit des § 377 sich nach Lage des Falles modifiziert. Unverzüglich untersuchen ist nicht gleichbedeutend mit unverzüglich recherchieren. In geeigneten Fällen wird man ein Verdecktsein des Mangels oder eine

§ 377   Drittes Buch. Handelsgeschäfte

vertragliche Hinausschiebung der Rügepflicht bis zur Aufdeckung (Rdn. 121 ff) zu unterstellen haben. — Schließlich kann sogar das Nichtvorhandensein eines wirklichen Fehlers zugesichert werden: der Käufer verstärkt dadurch seine Gewährschaftsansprüche (Rdn. 50).

50 Vom Standpunkt der neueren Dogmatik des Sachmangelbegriffs, die auf das Zurückbleiben der Ist-Beschaffenheit hinter der Soll-Beschaffenheit abhebt, ist der Unterschied zwischen Fehler (§ 459 Abs. 1 BGB) und Fehlen einer zugesicherten Eigenschaft (§ 459 Abs. 2 BGB) im Grunde gegenstandslos. Das Fehlen der zugesicherten Eigenschaft ist dann lediglich die stärkste Erscheinungsform der subjektiv bestimmten Fehlerkategorie. Die **praktische Bedeutung** ist dessenungeachtet nicht gering. Die Zusicherung gibt dem Käufer einen größeren Vertrauensschutz und verstärkt die Haftung des Verkäufers. Gewöhnliche Fehler berechtigen den Käufer dazu, den Kauf rückgängig zu machen (Wandelung) oder den Preis zu reduzieren (Minderung), bei fehlerhafter Gattungsware auch Ersatzlieferung zu verlangen (§§ 462, 480 BGB; Rdn. 150). Fehlen einer zugesicherten Eigenschaft gibt zunächst die gleichen Rechte, und zwar abweichend von § 459 Abs. 1 S. 2 BGB (der in § 459 Abs. 2 BGB nicht wiederholt wird) hier auch bei Geringfügigkeit. Denn gerade auf das Lückenlose dessen, was er sich eigens zusichern ließ, hat der Käufer Wert gelegt. War aber die zugesicherte, demnächst fehlende Eigenschaft schon bei Kaufabschluß, d. h. bei Erteilung der Zusicherung (Rdn. 51) nicht vorhanden gewesen, so hat der Verkäufer kraft dieser seiner Zusicherung unter Schadensersatzpflicht wegen Nichterfüllung für das Vorhandensein der Eigenschaft einzustehen: garantieförmig und ohne Verschulden (§ 463 BGB). Einen gewöhnlichen Fehler, wenn er schon bei Kaufabschluß vorhanden war, darf der Käufer nicht gänzlich unbeachtet lassen; er verliert seine Gewährschaftsansprüche, wenn er ihn ohne grobe Fahrlässigkeit hätte bemerken können (Rdn. 197). Auf eine zugesicherte Eigenschaft dagegen darf er sich verlassen; der Einwand selbst grobfahrlässiger Unkenntnis kann ihm nicht entgegengehalten werden, § 460 BGB.

51 Die Zusicherung muß **Vertragsinhalt** geworden sein. Bei schriftlichem Vertragsschluß wird deshalb grundsätzlich zu fordern sein, daß auch die Zusicherung Bestandteil des schriftlich Erklärten ist (BGH LM § 459 Abs. 2 BGB Nr. 2), insofern die Vertragsurkunde die Vermutung der Richtigkeit und Vollständigkeit für sich hat. Auch inhaltlich muß die Abrede den Charakter als **verbindlich** erkennen lassen. Allgemeine Anpreisungen („prima Ware"), bloß floskelartige „Garantie", „Zusicherungen" in Zeitungsanzeigen (OLG Hamburg DB **1959** 108) genügen nicht (unbeschadet dessen, daß solche Erklärungen die Grundlage für die Annahme einer „nach dem Vertrage vorausgesetzten Tauglichkeit zu einem — bestimmten — Gebrauch" abgeben können).

52 Eigenschaftszusicherungen **stillschweigender** Art sind bei alledem denkbar. Die Zusicherung ist stillschweigend gegeben, wenn der Käufer beim Abschluß eine bestimmt bezeichnete Eigenschaft ausdrücklich verlangt und der Verkäufer daraufhin ohne Widerspruch abschließt (BGH LM § 463 BGB Nr. 2). Auch spielt hier der Handelsbrauch eine Rolle — im Zweifel derjenige am Niederlassungsort des Verkäufers; OLG Hamburg SeuffA **68** Nr. 20 —, der dem Gebrauch bestimmter Ausdrücke die Bedeutung einer Eigenschaftszusicherung beilegt; Nachweisung derartiger Handelsbräuche bei *Staudinger/Honsell*[12] § 459, 77. In der Klausel „wie gehabt" liegt nur die Zusicherung, daß dieselbe Qualität wie früher geliefert werde, nicht aber die Zusicherung, daß die Ware wie die frühere Sendung nach einem Transport unbeschädigt in die Hände des Käufers gelange (RG Recht **1904** 763[13]), oder daß die früher vereinbarte cif-Klausel wieder gelten sollte (OLG Hamburg LZ **1917** 763[5]). Bei der Klausel „wie gehabt" kann sich der Verkäufer nicht darauf berufen, daß er ohne Wissen des Käufers bisher vertragswidrig geringe Qualität geliefert habe (OLG Hamburg HansGZ **1917** Hptbl. 260); die Klausel „in gehabter Qualität" bedeutet nur, daß der Käufer nicht besser und nicht schlechter beliefert werden solle als bei früherer Lieferung, die gleiche Provenienz der Ware kann ohne besondere diesbezügliche Abrede im allgemeinen nicht gefordert werden (OLG Hamburg HansRGZ **1937** B 299). Die Zusicherung einer Eigenschaft kann insbesondere darin liegen, daß die Warenbenennung oder -bezeichnung einer bestimmten Art oder Sorte im Sinne des Handelsverkehrs entspricht und mit der Benennung sich eine festumrissene Vorstellung bestimmter zu fordernder Eigenschaften verbindet (Santa-Clara-Pflaumen: RGZ **47** 123; Pfefferminzöl: BGH DB **1954** 928 [Bedeutung des Handelsbrauchs für den Eigenschaftsgehalt eines solchen Warennamens]; „Krempelwolf": BGH BB **1952** 903 [zugesichert die Tauglichkeit zu solchen Anforderungen, die üblicherweise an ein Gerät dieses Namens gestellt werden]; Verkauf eines Gebrauchtfahrzeugs unter Marken- und Typenbezeichnung: BGH NJW **1983** 217 [Zugesichert: Ausstattung mit einem typgerechten Motor; vgl. schon BGH NJW **1981** 1268; ähnlich deshalb] ¾ to-Goliath": OLG Bremen JR **1951** 629 [Zusicherung einer Tragfähigkeit von ¾ to]; nicht aber „ca. 15 to-Schoof-Anhänger" bei einem zusammenzubauenden Altfahrzeug: BGH BB **1958** 284 [nur Bestimmung des Kaufgegenstandes, keine garantieförmige Gewährübernahme für Tragfähigkeit von 15 to]). Anders, wo es an einem gesicherten Eigenschaftsbild fehlt („Kognak-Weinbrand" enthält keine vertragliche Zusicherung der Reinheit [RG WarnRspr. **1921** Nr. 124]), vollends wo ein einfachster Gattungsname aus der Laiensprache verwendet worden ist („Rotkohl": RG JW **1920** 831[1]; „Perlonstrümpfe": BGH LM § 377 Nr. 6). Das Vorhandensein eines geschützten Warenzeichens ist noch nicht gleichbedeutend mit der stillschweigenden Zusicherung von einwandfreier Qualität (das Warenzeichen bewirkt in der Regel nur, das Vertrauen des Verbrauchers in die Herkunft der Ware hervorzurufen und zu festigen); anders, wenn die Werbung für dieses Warenzeichen darauf abstellt, daß die Überwachung des Herstellungsprozesses auch auf den zwischenbetrieblichen Stufen das Vorhandensein bestimmter Eigenschaften gewährleiste („Trevira", BGHZ **48** 118, 122).

Gegenbeispiele: Im Kunsthandel mit Antiquitäten ist ohne ausdrückliche Zusicherung die Haftung des Verkäufers für die Echtheit ausgeschlossen (OLG München SeuffA **65** 182). Auch wenn die Echtheit beiderseits als vorhanden vorausgesetzt wird, ist sie noch nicht stillschweigend zugesichert (RGZ **114** 239). Die Aufnahme einer DIN-Bezeichnung als Kennzeichnung der verkauften Ware ist noch keine Zusicherung des Vorhandenseins der unter der DIN-Norm geforderten Eigenschaften (BGH NJW **1968** 2238, 2240 — Dieselöl —; BGHZ **59** 303, 308 — Trinkwasser —; BGH WM **1974** 1204, 1205 — Spanplatten —); anders bei Ausstattung mit dem Gütezeichen eines Verbandes, dessen Anforderungen sich zu unterwerfen der Verkäufer damit erklärt (*Staudinger/Honsell* aaO). — Im ganzen zeigt die gerichtliche Praxis zur Frage der Anerkennung stillschweigender Eigenschaftszusicherungen noch nicht mehr als eine um Konturenschärfe ringende Kasuistik. Das Bemühen um zurückhaltende Auslegung ist jedoch unverkennbar. Es verdient Zustimmung.

Fälle einer **gesetzlich unterstellten Eigenschaftszusicherung** bieten: § 494 BGB (Kauf nach Muster) und § 33 des Saatgutverkehrsgesetzes i. d. F. der Bekanntmachung vom 22. 6. 1975 (BGBl. I, 1454). Die in dem voraufgegangenen Saatgutgesetz von 1953 auf den nichtkaufmännischen Käufer erstreckte Rügeobliegenheit ist im neuen Gesetz nicht mehr enthalten.

Die Rechtsprechung hat schließlich der Zusicherung einer Eigenschaft den Fall der arglistigen **Vorspiegelung des Vorhandenseins einer Eigenschaft** gleichgestellt (BGH

§ 377   Drittes Buch. Handelsgeschäfte

NJW **1960** 238; RGZ **103** 160; **99** 121; **92** 295; **83** 243 u. ö.). Doch gilt das hier nur mit der Einschänkung, daß die vorgespiegelte Eigenschaft erheblich gewesen sein müßte, nicht anders als im Falle des arglistigen Verschweigens eines Fehlers, dessen in § 463 S. 2 BGB gedacht ist (RG WarnRspr. **1929** Nr. 45). Rügerechtlich fällt das eine wie das andere im übrigen unter die Sonderbestimmung des § 377 Abs. 5; s. deshalb des Näheren Rdn. 173 ff.

2. Sonstige Anstände der Lieferung?

55   **Mängel der Verpackung:** Sie begründen einen Mangel des Kaufgegenstandes, wenn die Verpackung, sei sie mitverkauft oder nicht (§ 380, 1), nicht bloß ein der Versendung dienendes Mittel ist, sondern zusammen mit der Ware auch noch beim Käufer dessen Zwecken (Lagerung, Weiterverkauf) dienen soll, beispielsweise als ein Mittel zur Erhaltung der Ware im Tropenklima über die Versendung hinaus (RGZ **59** 123); m. a. W. wenn von der Verpackung die Haltbarkeit (OLG Jena OLGE **40** 295: Verpackung von Gurken in undichten Fässern, wodurch die Einlagerungsflüssigkeit auslaufen konnte und die Gurken dadurch der Gefahr des Verderbs ausgesetzt waren), das Aussehen, die Verkäuflichkeit der Ware (zu schwere Tara: RG Bolze **8** Nr. 500) abhängt, oder die Originalverpackung die Ware kennzeichnet (RG JW **1911** 158[22]), wie namentlich bei Markenartikeln (RG Recht **1923** Nr. 536). Mängel einer solchen Verpackung sind in der Regel zugleich Qualitätsmängel der Ware. Ein solcher Fall lag auch der Entscheidung des BGH DB **1958** 868 zugrunde; der BGH entschied, bei Lieferungen in unterentwickelte Länder sei die äußere Ausstattung viel wichtiger als bei der Ausfuhr in andere Gegenden, weil der oft des Lesens und Schreibens unkundige Käufer sich nach dem Erinnerungsbild der Ware richte und diese schon bei einer an sich geringfügigen Abweichung in Form, Beschriftung und Farbe oder sonstigen Einzelheiten der Verpackung ablehne. Da eine unerhebliche Minderung des Wertes oder der Tauglichkeit außer Betracht bleibt (§ 459 Abs. 1 Satz 2 BGB), wird an die Unversehrtheit der Verpackung je nach den Umständen nicht der gleiche Maßstab angelegt werden dürfen wie an die Ware selbst. Immerhin bleibt es ein relevanter Sachmangel, wenn die Erneuerung der Verpackung dem Käufer zuviel Mühe oder Unkosten verursachen würde (vgl. OLG Hamburg OLGE **19** 400). Akute Gefährdung der Ware durch Mängel der Verpackung ist natürlich immer relevant (Feuchtigkeit: RG LZ **1911** 781[1] u. Holdheim **1918** 95). Aber auch Mängel ökonomischer Art (Rdn. 47) kommen hier in Betracht. Beispiel: der in Originalpackung zu liefernden Ware sind Reklamen für einen anderen Artikel beigepackt, die dem Käufer obendrein Ungelegenheiten verursachen können (OLG Hamburg OLGE **28** 52). Abweichung des Maßes von den Angaben auf den Außenetiketten ist Qualitätsmangel, insoweit die Entfernung der Verpackung die Ware entwertet hätte (RG Bolze **4** Nr. 724).

56   Was von der Verpackung gilt, gilt auch von der **Packung** (Einteilung der Ware bei der Versendung): Waren in kleinen Kistchen (ROHG **11** 106), Auslandspackung, Packung, die die Sortierbarkeit erleichtert, Packung mit bestimmter Stückzahl in jedem Behältnis können die Verkäuflichkeit beeinflussen. Dann ist die vereinbarte Packung Eigenschaft der Ware, und eine Abweichung von der (kraft Abrede oder Handelsüblichkeit) zu verlangenden Packung muß gerügt werden.

57   **Fehler in der Art der Versendung,** also mangelhafte Verladung oder Verstauung, mangelhafte Sicherung von Ware gegen Rangierstöße, gegen das Rollen der Ware oder gegen Bruch sind nicht Mängel der Ware, sondern Verstöße des Verkäufers oder seines Lieferanten als seines Erfüllungsgehilfen (s. OLG Hamburg LZ **1919** 494[7]) gegen die Sorgfaltspflicht bei der Versendung oder gegen die Vereinbarung einer bestimmten Versendungsart oder gegen Versendungsanweisungen des Käufers nach § 447 Abs. 2 BGB. Solche Verstöße haben mit der Brauchbarkeit der verkauften Ware, für die der Verkäufer auf den Zeitpunkt des Gefahrüberganges einzustehen hat, nichts (mehr) zu tun; vielmehr handelt es sich um Maßnahmen, die der Verkäufer zu treffen hat, um die den Käufer nach Gefahrübergang — §§ 447, 459 BGB— treffende Versendungsgefahr zu vermindern. Tritt infolge des Fehlers in der Versendung eine Beschädigung der Ware nach Gefahrübergang, aber vor Ablieferung beim Käufer ein, wäre zwar die Sachmängelgewähr nicht mehr gegeben (§ 459 BGB); aber es könnten immer noch Ansprüche gegen den Verkäufer aus positiver Vertragsverletzung in Betracht kommen, die durch die rechtzeitige Rüge des Mangels gewahrt werden müssen (Rdn. 150, und wegen der hierauf zu richtenden Untersuchung Rdn. 84). Vgl. hierzu die Entscheidungen: BGH MDR **1965** 38 (Versendung von Fleisch in die Tropen, ohne daß es hinreichend gekühlt und dadurch für den Transport haltbar gemacht worden war); RGZ **106** 309 (der Verkäufer hatte gegen Frost empfindliche Ware ohne jede Vorsorge bei großer Kälte zur Versendung gebracht; der Frostschaden war erst nach dem Gefahrübergang [§ 447 BGB] eingetreten, und zwar durch Verschulden des Verkäufers. Haftung aus dem Gesichtspunkt der positiven Vertragsverletzung); RG Bolze **21** Nr. 482 (Lampen, Lampenschirme und Zylinder waren „in seemäßiger Verpackung" nach Honkong zu liefern, kamen dort jedoch infolge Mangelhaftigkeit der Verpackung mit erheblichen Bruchschäden an: kein Qualitätsmangel der Ware — für die die Gefahr bereits mit der Verschiffung übergegangen war —, zumal die Verpackung gerade nur diese Bruchgefahr auf dem Seetransport hatte vermindern sollen); OLG Hamburg LZ **1909** 794[3] (kein Qualitätsmangel der Ware, wenn diese zwecks getrennter Sortierung in verschieden gekennzeichneten Säcken angeliefert werden sollte und die Kennzeichnung unzureichend war); OLG Hamburg OLGE **22** 221 (kein Qualitätsmangel, wenn in Säcken des Verkäufers statt in denen des Käufers geliefert ist). Bedenklich RG JW **1922** 287[5]: Zu tadeln war eine unzureichende Verstauung von Fässern, welche durch Dazwischenlegen von Klötzen hätten davor geschützt werden müssen, sich gegenseitig einzudrücken; das Unterbleiben dieser Maßnahme hatte das Auslaufen eines Teiles des Inhalts während des Transports, aber nach Gefahrübergang (§ 447 BGB) zur Folge. Hier war zwar nicht Mangelhaftigkeit der Ware die Folge. Vielmehr wurde diese mit einem Minderquantum geliefert, sodaß eine Rügeobliegenheit (die das RG verneint) zwar nicht aus § 377, wohl aber aus § 378 gegeben gewesen wäre; richtig *Plum* i. d. Anm. aaO.

Erschöpft sich deshalb die Vernachlässigung der Verkäufersorgfalt beim Versand in der Verletzung einer allgemeinen Verkehrssicherungspflicht, die die Sicherung gegen Gefahren eines Schadhaftwerdens der Kaufsache gar nicht bezweckt, so werden solche Tatbestände, wenn sie zu Schäden in der sonstigen Sphäre des Käufers führen, von vornherein nicht rügepflichtig und Ansprüche hieraus durch Versäumung der „Rüge" (des Versendungsfehlers) nicht präkludiert (BGHZ **66** 208, 212, wo die Verneinung der Rügeobliegenheit allerdings zu Unrecht u. a. auf die Verletzung bloßer Nebenpflichten des Verkäufers abgestellt worden ist; hiergegen mit Recht *Hönn* BB **1978** 688 und *E. Schneider* in der Anm. zu jener BGH-Entscheidung JR **1977** 67).

Nicht zu den rügepflichtigen Mängeln gehören vollends **sonstige Vertragswidrigkeiten**: so in Bezug auf die Zeit (Zuspätsendungen, RGZ **1** 21), wenn nicht etwa die Ware infolge der verspäteten Versendung schadhaft geworden ist (OLG Marienwerder SeuffA **61** 25; dann normaler, rügepflichtiger Gewährleistungstatbestand). Liegt jedoch der Mindererlös, den die Ware beim Weiterverkauf infolge Verspätung der Anlieferung erbringt, nicht in einem durch die Verzögerung bedingten Qualitätsabfall begründet, sondern in einem Preisverfall während der Zwischenzeit, so ist kein Fall der Mängelrüge nach § 377 gegeben, vielmehr der des reinen Verzugsschadens nach allgemeinen bürgerlich-rechtlichen Grundsätzen; eine „Verspätungsrüge" ist weder vor noch nach dem Eintreffen der Ware erforderlich. Rügepflichtig sind auch nicht Vertragswidrigkeiten in bezug auf den Ort (Rdn. 41; s. aber auch *Oertmann* in Ehrenberg-Handb. IV 2 § 62, 4), oder Fehler in der Wahl der Versendung oder in der Art der Anlieferung (z. B. Versendung auf einem teuren Verkehrswege, oder auf ungünstigere Art, z. B. mit Begleitschein I, der zu sofortiger Verzollung verpflichtete, statt mit Begleitschein II, der dem Käufer gestattet hätte, die Ware unverzollt in sein Transitlager aufzunehmen und je nach Entnahme aus diesem den Zoll zu entrichten (RG Bolze **19** Nr. 574). Hierher zählt endlich der Fall, in welchem die ordnungsmäßige, in bestimmter Reihenfolge vorzunehmende Verladung zum gesicherten Fortschreiten des Betriebs des Käufers nötig ist: Versendet der Verkäufer ungeordnet, so kann der Käufer den Betrieb, z. B. den Brückenbau, die Stromarbeiten, den Schiffsbau u. dgl., zwar nicht fortsetzen; gewisse Stücke gehören hier jeweils zusammen; doch ist der Fehler in den terminlichen Dispositionen des Verkäufers keine negative Eigenschaft der Ware; er liegt nicht auf der Ebene dessen, was „untersucht" und zur Erhaltung von Schadensersatzansprüchen „gerügt" werden müßte. Es ist ein Fehler in der Art und Weise der Leistungshandlung, nicht des Leistungsobjekts. Nicht zugestimmt werden kann deshalb der Entscheidung RG LZ **1908** 774[7], wo eine Rügeobliegenheit wegen Lieferung (jeweils) „anderer" Ware (als der terminlich in bestimmter Reihenfolge zu liefernden [?]) nach § 378 begründet gewesen sei.

III. Die Rüge des Mangels
A. Allgemeines. Rüge als Obliegenheit

59 Alles, was nach dem unter Rdn. 42 bis 56 Gesagten als Mangel der Ware anzusehen ist, muß nach der Ablieferung in gesetzlich bestimmter Abfolge, will der Käufer den Verlust seiner aus dem Mangel erwachsenen Rechte vermeiden (Abs. 2, Rdn. 148), dem Verkäufer gegenüber durch Anzeige des Mangels (Rdn. 128 ff) gerügt werden. Die Frage nach dem auslösenden Moment, welches diese Anzeige in Gang zu setzen hat, wird vom Gesetz freilich nur in den Grundzügen beantwortet. Es ergibt sich eine mehrfache Stufung: eine sachliche und, damit verbunden, eine zeitliche (Rdn. 61, 62).

60 Die Rüge ist nur „Last", nicht Rechtspflicht des Käufers; sie ist eine **echte Obliegenheit**, eine „Pflicht gegen sich selbst". Der Käufer „hat" nicht (unter Schadensersatzpflicht für den Fall des Unterbleibens) dem Verkäufer von dem Mangel Anzeige zu machen, sondern er „hat" sie zu machen — so ist der Wortlaut des Gesetzes zu ergänzen —: wenn anders er seiner Rechte aus dem Mängeltatbestand nicht verlustig gehen will — etwas, was sein eigenes Interesse ihm gebietet. Daß § 377 den Schutz der Interessen des Verkäufers bezweckt (Rdn. 1, 3), steht hierzu nicht in Gegensatz. Nicht die Anzeige des Mangels, sondern die beschleunigte Klärung der Rechtslage — durch Erstattung oder Unterbleiben der Anzeige — ist das, was zugunsten des Verkäufers erreicht werden soll. Die Mängelanzeige (Mängelrüge) als solche wäre ihm höchstens nachteilig (das Klarstellungsinteresse des Verkäufers bleibt ein formales, sachlich wäre er interessiert an Klarstellung durch Unterbleiben der Rüge); schon deshalb kann es keine dem Verkäufer kraft Rechtspflicht geschuldete Erstattung der Mängelanzeige geben.

Hüffer JA **1981** 74, der sich kritisch zu der Kennzeichnung als Obliegenheit äußert, vertritt demgegenüber den Standpunkt, die Unterscheidung zwischen Obliegenheit und

Rechtspflicht bleibe gerade hier problematisch, weil sie das Gewicht der Sanktion (des Abs. 2) verharmlose. Die Verwirkung der Mängelgewährschaftsrechte stelle für den Käufer regelmäßig eine viel härtere Folge dar als die Belastung mit einer Schadensersatzpflicht. Deshalb sei, mit der Fassung des Gesetzes, die Rechtspflicht zur Rüge vorzuziehen. Ob man eine solche dogmatische Frage von der Gewichtung subjektiv empfundener Folgen her lösen kann, ist jedoch bereits fraglich. Zudem: Wer eine Rügepflicht annimmt, muß auch (wie scheinbar das Gesetz) eine Untersuchungspflicht postulieren; denn die Rügepflicht erfaßte nur dann auch solche Mängel, die im Falle einer ordnungsmäßig vorgenommenen, tatsächlich aber unterbliebenen Untersuchung erkennbar gewesen wären (Rdn. 65, 73). Eben hieran scheitert die Rügepflicht-Konstruktion. Das mag folgendes Beispiel deutlich machen. Fabrikant A verkauft an Großhändler B; B verkauft sogleich weiter an den Einzelhändler C, ohne untersucht zu haben. In den Verkaufsbedingungen des A ist eine Rügefrist von 10 Tagen festgelegt. B seinerseits hat mit C vereinbart, daß er (B) im Falle einer Bemängelung zu einer Untersuchung zuzuziehen sei. C regt sich nicht. B hat durch die mit dem Versand an C beauftragte Transportfirma von auffälligen Erscheinungen an der Verpackung erfahren, die auf einen Mangel der Ware schließen lassen könnten. Die zehntätige Rügefrist gegenüber A droht abzulaufen. Wäre die (Untersuchung und) Rüge des C eine echte Rechtspflicht gegenüber B, dürfte dieser jetzt eine einstweilige Verfügung gegen C erwirken dahingehend, daß C zu untersuchen und ihn (B) zuzuziehen habe. Gerade das kann er nicht. C „schuldet" keine Rüge, so wenig wie eine Untersuchung, wenn er es vorzieht, das eine oder das andere oder beides ungetan sein zu lassen. Was er schuldet, ist allenfalls eine Zuziehung des B zu einer gemeinsamen Untersuchung, wenn und soweit er (C) gerügt haben sollte. B trägt also die Gefahr, daß C zwar nicht rügt und daraufhin trotz des Mangels zahlungspflichtig bleibt, während er selbst (B) an A zahlen muß, weil er nicht gerügt hat, mangels Spezifizierbarkeit des zu vermutenden Mangels auch nicht rügen konnte.

B. Die Unterscheidung zwischen sogenannten offenen und verdeckten Mängeln

§ 377 bestimmt die Rügeobliegenheit unterschiedlich danach, ob es sich um Mängel handelt, die durch eine geboten unverzügliche Untersuchung nach Ablieferung beim Käufer zu Tage gefördert worden sind (Abs. 1) — oder bei gehöriger Sorgfalt in der Untersuchung hätten zu Tage gefördert werden können (arg. Abs. 2 Hs. 2) —, oder aber um solche, die sich erst später zeigen (Abs. 3). Die Fassung des Gesetzes ist nicht ganz erschöpfend. Abs. 2 Hs. 2 hat als rügepflichtig (auch) denjenigen Mangel im Auge, der bei „der" Untersuchung erkennbar gewesen wäre. Wo aber die Untersuchung überhaupt verabsäumt worden ist, muß es darauf ankommen, ob, wenn sie vorgenommen worden wäre, der Mangel hätte aufgedeckt werden können. Es versteht sich, daß, wer die Untersuchung gar nicht erst vornimmt und sich durch der Erkennbarkeit des Mangels geradezu verschließt, nicht besser gestellt sein kann als der, der sie zwar vorgenommen, aber nur mangels gehöriger Sorgfalt den Mangel nicht erkannt hat. Nicht die vorgenommene, sondern die unterstellte, und zwar als sorgfältig unterstellte, Untersuchung ist hiernach der eigentliche Angelpunkt des Gesetzes. Als solcher wirkt er hinein in den Rügetatbestand des Abs. 3 Ein Mangel, der sich erst „später zeigt" und daraufhin rügepflichtig wird, ist hiernach ein solcher, der weder durch die ursprüngliche Untersuchung aufgedeckt worden ist noch durch sie damals hätte aufgedeckt werden können, wenn sie ordnungsgemäß — oder überhaupt — vorgenommen worden wäre.

§ 377 Drittes Buch. Handelsgeschäfte

62 Außerdem aber gibt es Mängel, deren Bekanntwerden **einer Untersuchung von vornherein nicht bedarf.** Es sind die, die entweder der Käufer schon kennt (Rdn. 24), oder die so offen am Tage liegen, daß sie sich der einfachen sinnlichen Wahrnehmung unmittelbar aufdrängen. Auch an diesen Tatbeständen scheint das Gesetz vorbeizugehen. Gleichwohl müssen sie ebenso rügepflichtig sein; sie lösen daraufhin die Rügeobliegenheit gleichsam aus dem Stand, „kurzgeschlossen", aus. Der Anwendungsbereich des Abs. 1 wird dadurch über seinen Wortlaut hinaus erweitert. Er betrifft insgesamt diejenigen Mängel, die man als „offene" bezeichnet: ein Ausdruck, dessen Mißverständlichkeit — ein solches Mißverständnis ist dem RG Recht **1908** Nr. 3179 unterlaufen — man vermeidet, wenn man sich vor Augen hält, welche Skala von Möglichkeiten (Rdn. 63 bis 65) darin beschlossen ist. Zugleich ergibt sich die endgültige Abgrenzung des Abs. 3 und der darin behandelten Fallgruppe, die man mit sprachlich besserer Prägnanz als die des „verdeckten" Mangels zu bezeichnen pflegt. Verdeckter Mangel ist alles, was nicht offener Mangel ist (Rdn. 66).

1. Offene Mängel

63 a) Hierzu zählen zunächst die **dem Käufer bereits bekannten** Mängel. Woher er diese Kenntnis hat, gilt gleich. Er kann sie aus einer vorher oder gleichzeitig mit der Ware übermittelten Faktura ersehen. Er kann sie vor Ablieferung der Ware durch Mitteilung etwa der Bahnverwaltung gewonnen haben. Er kann sie zur Gewißheit aus sonstigen Umständen erschließen (Herkunft der Ware aus einem inzwischen als verseucht erwiesenen Bezirk, Rdn. 45). Maßgebend ist immer die Kenntnis im Zeitpunkt der Ablieferung. Denn mit der Kenntnis in diesem Zeitpunkt wird daraufhin die Rügeobliegenheit unmittelbar ausgelöst (Rdn. 67). Darüber, daß der Käufer die Ablieferung nicht abwarten muß, sondern schon vorher die Rüge aussprechen kann, s. Rdn. 24.

64 b) **Offen zu Tage liegende Mängel** stehen den bereits bekannten Mängeln gleich. Es sind diejenigen, die sich durch schlichte sinnliche Wahrnehmung „auf den ersten Blick" auch ohne Probe und Untersuchung konstatieren lassen (Rdn. 62). Daß sie u. U. eine Untersuchung auf weitere Mängel nahelegen können, steht der Obliegenheit zu ihrer sofortigen (Rdn. 67), gegebenenfalls vorweggenommenen (Rdn. 103) Rüge nicht entgegen. S. insoweit aber noch Rdn. 68.

65 c) Der gesetzliche Fall des offenen Mangels ist der **durch Untersuchung zu Tage zu fördernde,** von dem Abs. 1 ausgeht. Gemäß dem zu Rdn. 61 Ausgeführten fallen hierunter sowohl diejenigen Mängel, die eine vorgenommene Untersuchung zu Tage gefördert hat, wie auch diejenigen (BGH BB **1970** 1416 u. DB **1977** 1408; OLG Düsseldorf MDR **1971** 330; *K. Schmidt* Handelsrecht § 28 III 3 b, S. 595), die eine Untersuchung, wäre sie überhaupt oder jedenfalls mit gehöriger Sorgfalt vorgenommen worden, hätte zu Tage fördern können. Durch Verabsäumung der vom Gesetz gebotenen Untersuchung kann ein Käufer seine Rügeobliegenheit nicht auf eine spätere tatsächliche Entdeckung des Mangels (Abs. 3) verschieben. Über die Untersuchungssorgfalt im einzelnen s. Rdn. 69 ff.

2. Verdeckte Mängel

66 Alles, **was nicht offener Mangel** ist, hat als **verdeckter** zu gelten (Rdn. 61, 62). Es sind das diejenigen, die, wie Abs. 3 sagt, sich erst später zeigen; zu ergänzen: und auch nicht bei einer früheren Untersuchung hätten zeigen können. Insoweit kommt es immer auf die gebotene Untersuchung an. Instruktives Beispiel bei BGH NJW **1977** 1150: Ist das Modell einer Maschine zu dem im Vertrag angesprochenen Zweck angekauft worden, beim Käufer serienmäßig produziert zu werden, so ist der Käufer nicht gehalten, die Produktion unverzüglich aufzunehmen, um die Brauchbarkeit der Maschine für eine serienmäßige Fertigung zu erproben; Mängel die sich bei Aufnahme der Produktion durch Beanspruchung erst in der „Serie" zeigen, sind „verdeckte". Wo die Untersuchung von größeren Liefermengen sich auf Stichproben beschränken darf (Rdn. 81), ergibt sich weiter die Folgerung, daß „verdeckt" auch der Mangel von Teilen der Lieferung ist, bei denen sich die Mangelhaftigkeit erst später herausstellt, nachdem die Stichproben einwandfrei ausgefallen waren, die mängelbehafteten Teile also durch das Netz der Stichproben „durchgerutscht" waren (BGH DB **1977** 1409).

C. Die Rügeobliegenheit bei offenen Mängeln
1. Bei den bereits bekannten und den zu Tage liegenden

Ein offen zu Tage liegender Mangel muß **stets unverzüglich** (dazu auch: Rdn. 104) **67**
nach der Ablieferung angezeigt („gerügt") werden. Das gleich gilt von Mängeln, über die der Käufer ohnedies Gewißheit hat (wenn die abgelieferte Ware die Vorausinformation [Rdn. 63] nicht geradezu entkräftet: eben deshalb darf er in jedem Fall bis zur Ablieferung warten). Hier braucht nicht erst „untersucht" zu werden. Dem Käufer kommt, bei bereits obwaltender Gewißheit über einen Mangel, nicht etwa eine gedachte Frist für eine gedachte Untersuchung zustatten, innerhalb deren der Mangel sich anderenfalls hätte herausstellen können; die auf die unnötige Untersuchung verwendete Zeit geht auf Gefahr des Käufers (RGZ **106** 361). Auch wenn der Käufer davon ausgehen darf, daß der Verkäufer seinerseits von der Mangelhaftigkeit der Ware Kenntnis hat, ist er von der Rügeobliegenheit nicht entbunden. Die Rüge soll ja gerade dem Verkäufer deutlich machen, daß der Käufer die Lieferung so, wie geschehen, nicht hinnehmen will, und daß er (der Verkäufer) mit Konsequenzen zu rechnen hat.

Wird ein Mangel alsbald nach der Ablieferung aus sich heraus und ohne Untersuchung offenbar, so muß er ebenfalls daraufhin unverzüglich gerügt werden. Auch hier kommt dem Käufer nicht die Frist für eine gedachte Untersuchung zustatten (s. oben). So etwa ein Verdacht, der dadurch offenbar wird, daß die Gesundheitsbehörde die Ware als genußuntauglich beschlagnahmt (Rdn. 45); Schiedsgericht der Hamburger freundschaftlichen Arbitrage v. 10. 7. **1964** — HSG E 6 b Nr. 16 —.

Im Verhältnis zu anderen, daneben bestehenden und untersuchungsbedürftigen **68**
Mängeln ist die in Rdn. 67 behandelte Mängelrüge danach eine **vorweggenommene,** ein Fall der Rüge in Stufen (Rdn. 103). Ausnahmsweise kann sie jedoch bis zu einer demnächst zusammenfassenden Mängelanzeige (Rdn. 100) aufgeschoben werden, wenn dem Käufer nach den Umständen des einzelnen Falles nicht zugemutet werden kann, sich vor Vollendung allseitiger Untersuchung der Ware ein Urteil über Annahme oder Zurückweisung zu bilden (ROHG **13** 11; RGZ **62** 258).

2. Bei den durch Untersuchung zu Tage zu fördernden (Abs. 1)

a) **Untersuchung als Obliegenheit.** Das Gesetz formuliert: Der Käufer „hat zu un- **69**
tersuchen und ... dem Verkäufer unverzüglich Anzeige zu machen". Die Formulierung ist in einem doppelten Sinne mißdeutbar.

Zunächst ist daran zu erinnern, daß schon die Mängelanzeige kein eigentliches Rechtspflichtgebot bedeutet. Sie ist, wie in Rdn. 60 betont, reine Obliegenheit, also nicht Pflicht (gegenüber dem Verkäufer; anders noch RGZ **170** 157 obiter), sondern Last (des Käufers), wenn anders er seiner Rechte aus der Mangelhaftigkeit der Liefe-

§ 377　　　　　　　　Drittes Buch. Handelsgeschäfte

rung nicht verlustig gehen will. Um so mehr gilt das für die Untersuchung. Auch bei ihr handelt es sich nicht um eine Rechtspflicht. Sie wird dem Verkäufer nicht „geschuldet". Ihre „Verletzung" zieht keine Schadensersatzfolgen nach sich. Der Käufer, der nicht untersucht, läuft lediglich Gefahr, sich den Zugang zur Erkenntis etwaiger Mängel zu versperren — es ist sein eigenes Interesse, zu untersuchen, um demnächst rügen zu können. Auch die **Untersuchung** liegt ihm, in noch höherem Sinne als die Mängelrüge, als **bloße Last** ob (*Reimer Schmidt* Die Obliegenheiten [1953] S. 178 ff.).

70　　Dabei steht die Untersuchungslast nicht einmal auf der gleichen Stufe der Unausweichlichkeit wie die Rügelast. Rechtliche Bedeutung im Verhältnis zum Verkäufer hat ausschließlich die Rüge; ihre Obliegenheit, und nur sie, ist „außengesteuert". Die Untersuchung und die Disposition darüber, wann und wie sie vorzunehmen sei, bleiben im internen betrieblichen Bereich des Käufers. Sie haben die **Hilfsfunktion, Grundlagen für eine etwaige Rüge zu schaffen**. Nicht das Unterlassen der Untersuchung: erst das Unterlassen der Rüge hat die in § 377 bestimmten Folgen (BGH LM § 377 HGB Nr. 1). Daraus folgt in der Umkehrung: Die Mängelanzeige entspricht auch dann dem Gesetz, wenn der Käufer die Ware nicht untersucht hat. Der Käufer kann die Vergewisserung über die Mängel aus anderer Quelle haben, z. B. von seinen Abnehmern (ROHG **8** 221), oder Mängel nur vermuten, oder sie aufs Geratewohl behaupten, wenn er sie nur rechtzeitig rügt und sie wirklich vorhanden sind (ROHG **12** 92; **13** 10; **14** 157; RG JW **1906** 762³⁴). Vornahme der Untersuchung ist also in keinem Falle formelles Wirksamkeitserfordernis der Mängelrüge (RGZ **47** 23). Dies schon deshalb nicht, weil der Käufer ja wirksam auch schon vor Ablieferung rügen kann (wenngleich nicht muß); Rdn. 24. Auch eine Untersuchungspflicht in dem Sinne, daß deren Verletzung wie ein Anerkenntnis der Vertragsmäßigkeit der Ware wirke, legt § 377 Abs. 1 dem Käufer nicht auf (BGH aaO). Der Käufer „hat" nicht zu untersuchen — er „sollte" untersuchen, wenn und weil dies die sicherste Quelle der Erkenntnis von Mängeln bietet (RGZ **106** 360; **92** 270; **73** 169). Auf seine Gefahr geht es, wenn er die Untersuchung unterläßt, weil eine voraufgegangene Probebestellung zufriedenstellend ausgefallen war, OLG Köln MDR **1956** 42.

71　　Der Rechtsgedanke des § 278 BGB ist gleichwohl auf die Untersuchungsobliegenheit entsprechend anwendbar; RG LZ **1922** 589⁵; LG Hamburg BB **1952** 330; *Reimer Schmidt* Die Obliegenheiten (1953) S. 190. Unsachgemäß „mängelfreie" Befunderhebung durch den Beauftragten des Käufers entlastet diesen nicht, wenn daraufhin die Rüge zunächst unterbleibt und erst verspätet nach Korrektur des Befundes nachgeholt wird. Endlich kann eine **echte Untersuchungspflicht** (als eine dem Verkäufer gegenüber gegebene, in dessen Interesse zu erbringende) **durch besondere Vereinbarung** festgesetzt werden. Alsdann findet auf sie im Falle der Verzögerung § 326 BGB Anwendung. So lag es im Falle RGZ **92** 270; dort war eine Verpflichtung des Käufers, die Untersuchung und bindende Befundfeststellung durch zwei vereidigte Sachverständige vornehmen zu lassen, festgesetzt worden, um dem Verkäufer die positive Gewißheit wegen seiner weiteren Dispositionen zu verschaffen.

72　　b) **Untersuchung als Recht des Käufers.** Nicht die Untersuchungsobliegenheit, sondern das **Untersuchungsrecht des Käufers** steht in Rede, wenn es darum geht, daß er grundsätzlich vor Beendigung der Untersuchung die Ware nicht (als Erfüllung) anzunehmen — Rdn. 25 —, geschweige denn (im kaufrechtlichen Sinne des § 433 Abs. 2 BGB) abzunehmen, daher namentlich vorher auch nicht zu zahlen braucht. Das Recht des Käufers, Abnahme der Ware und Annahme als Erfüllung von der vorgängigen Untersuchung abhängig machen zu dürfen, geht allerdings nicht weiter als seine Obliegenheit zur unverzüglichen Untersuchung im ordnungsmäßigen Geschäftsgang: Was das Gesetz ihm als Obliegenheit auferlegt, muß es ihm notwendig auch im Hinblick auf seine Zahlungspflicht gestatten. Anders natürlich, wenn die Zahlungspflicht an zeitlich vorher liegende Voraussetzungen geknüpft worden ist („Kasse gegen Dokumente"; BGHZ 41 215 gegen RG JW 1932 588; in diesem Falle bewendet es bei der Untersuchung und Rügeobliegenheit nach demnächstiger Lieferung (RGZ 96 247).

Noch in einer anderen Beziehung ist das Untersuchungsrecht des Käufers als solches von Bedeutung: für die Befugnis, die Erprobung durch Gebrauch und ggf. durch teilweisen Verbrauch der Ware vornehmen und damit in ein unter Umständen noch bestehendes Eigentum des Verkäufers eingreifen zu dürfen. § 377 enthält mit seiner mißverständlichen Formulierung „hat ... zu untersuchen" also jedenfalls eine gesetzliche Gestattung, deren Ausübung auf Gefahr des Verkäufers geschieht; ergibt sich ein Mangel, so geht der untersuchungsbedingte Schwund zu seinen Lasten, insofern nur der Rest zurückgehen kann. S. im einzelnen Rdn. 98 ff.

c) Die gebotene Untersuchung als steuerndes Element der Rügeobliegenheit. Ungeachtet des in Rdn. 70 Gesagten sind **Untersuchung und Rüge in zwei wichtigen Punkten unmittelbar verklammert,** und insofern hat die Vorstellung des Gesetzgebers von der Untersuchungs„pflicht" eine gewisse Berechtigung. Zum einen: Die Unterscheidung zwischen denjenigen offenen Mängeln, die unverzüglich nach einer möglich gewesenen, aber verabsäumten Untersuchung hätten gerügt werden müssen, und verdeckten Mängeln (die erst später, nach Offenbarwerden, gerügt zu werden brauchen) bestimmt sich danach, was eine alsbaldige Untersuchung, wäre sie ordnungsgemäß durchgeführt worden, hätte ergeben können (Rdn. 61). Zum anderen: Die für eine — gebotene — Untersuchung erforderliche Zeit bestimmt den Zeitpunkt, bis zu dem die Erstattung der Mängelrüge hinausgeschoben werden kann (BGH LM § 377 HGB Nr. 1). Die Untersuchung gewinnt auch hier die Bedeutung einer Sollgröße im Sinne präklusivischer Maßstäblichkeit (Rdn. 102). Über die Rügeobliegenheit, wenn die Untersuchung eines offen zu Tage liegenden Mangels sich erübrigt, s. Rdn. 67. **73**

d) Ort der Untersuchung. Vorzunehmen ist die Untersuchung **regelmäßig am Ablieferungsort** (RGZ 91 289; RG LZ 1907 290[7]). Welches der Ablieferungsort ist, richtet sich nach dem Begriff der Ablieferung (vgl. Rdn. 24, 31, 32). Über Lieferung am falschen Ort s. Rdn. 41. Über die Verlegung der Obliegenheit zur Untersuchung vom Ablieferungsort an den hiervon verschiedenen **Bestimmungsort** durch Abrede oder Handelsbrauch s. Rdn. 33 ff. **74**

Auch sonst kann der Ort der Untersuchung, in der Regel damit auch ihr Zeitpunkt, sich **vom Ablieferungsort wegverschieben.** So wenn die Ware vereinbarungsgemäß beim Verkäufer abzunehmen ist (RG LZ 1919 799[18]; unklar insoweit RGZ 91 189, 190), oder wenn am Verladeort (RGZ 92 270; s. aber Rdn. 71) untersucht werden soll. Ort und Zeit der Untersuchungsobliegenheit können danach vertraglich auch vor die Ablieferung gelegt werden, und dies sogar durch Handelsbrauch (unverpackte frische Heringe: am Entladekai vor dem Weitertransport durch den Verkäufer, OLG Hamburg HansRGZ 1930 B 500). Verkauf „ab Lager" verpflichtet den Käufer zur Untersuchung am Lagerort (RGZ 96 247; Schiedsgericht der Hamburger freundschaftlichen Arbitrage v. 15. 3. 1973 — HSG E 6 b Nr. 54), sofern dies nicht ohnehin eine Holschuld zum Ausdruck bringt, die „Ablieferung" also mit der Auslieferung an den Käufer zusammenfällt; nur besondere technische Schwierigkeiten, die eine Untersuchung der „ab Lager" gekauften Ware am Lager des Verkäufers für den auswärts wohnenden Käufer untunlich erscheinen lassen, berechtigen dann diesen, die Untersuchung erst an seinem Domizil vorzunehmen (OLG Kiel SchlHA 1916 153). Nicht zu verwechseln hiermit ist die Klausel „Lieferung ab Lager", die nur für die Tragung der Transportko- **75**

§ 377 Drittes Buch. Handelsgeschäfte

sten Bedeutung hat; OLG Hamburg HansGZ **1920** 74. — An den Ort der Anlieferung beim Abnehmer des Käufers verschiebt sich die Untersuchungsobliegenheit, wenn der Verkäufer seine Lieferung verzögert hat, der Käufer ihm daraufhin mitteilt, er sehe sich gezwungen, die Ware nach Eintreffen unmittelbar an seinen Abnehmer weiterzudirigieren, und der Verkäufer dem nicht widerspricht: er kann nach Treu und Glauben nichts anderes verlangen, als daß die Untersuchungs- und Rügeobliegenheit sich auf das durch seine Säumnis verspätete Eintreffen der Ware beim Abnehmer des Käufers hinausschiebt (RG Recht **1924** Nr. 1131). Überhaupt können Versäumnisse des Verkäufers in dieser Richtung wirken. So nach der obigen Entscheidung RG LZ **1919** 799[18]: Hat die Abnahme und demgemäß auch die Untersuchung auf der Verladestation stattzufinden, hat aber der Verkäufer durch Unterlassung rechtzeitiger Bekanntgabe der Verladung dem Käufer die Untersuchung unmöglich gemacht, so erfolgt die Rüge rechtzeitig nach Ankunft und unverzüglicher Untersuchung der Ware am Bestimmungsort, wenn eine Untersuchung auf einer Durchgangsstation nicht angängig war.

76 Wird die Untersuchung **an einem anderen Ort als dem nach Rdn. 74, 75 maßgebenden** vorgenommen, so wird dadurch die Obliegenheit zur rechtzeitigen Rüge, soweit sie an den Abschluß der gesetzlich gebotenen Untersuchung gebunden ist, nicht verändert. Die Mängelanzeige ist immer so zu erstatten, wie wenn am Ablieferungsort oder dem sonst maßgebenden Ort untersucht worden wäre. So, wenn der Käufer die Untersuchung durch einen auswärts wohnenden Chemiker vornehmen läßt, dem er Stichproben einsendet, oder wenn er seinen Spediteur mit der Übersendung von Ausfallproben beauftragt, die er, die der Käufer selbst untersuchen will (RG Bolze **2** Nr. 1012; **19** Nr. 555).

77 e) **Rechtzeitigkeit der Untersuchung.** Die Untersuchung muß „**unverzüglich**" erfolgen: unverzüglich nach der Ablieferung in der Formulierung des Abs. 1, unverzüglich nach dem Eintreffen an dem sonstigen Ort, der durch Handelsbrauch oder ausdrückliche oder stillschweigende Parteiabrede für die Untersuchung festgelegt ist (Rdn. 33 ff, 75). „Unverzüglich" heißt zwar „ohne schuldhaftes Zögern" (§ 121 BGB). Es bedeutet hier aber, daß schon eine geringe, bei **objektiv ordnungsmäßigem Geschäftsgange vermeidbare** Lässigkeit mit dadurch bedingter Verzögerung der Rüge die angedrohte Rechtsfolge auslöst (RGZ **106** 360; dazu auch Rdn. 96). Der vom Gesetz postulierte „ordnungsmäßige Geschäftsgang" setzt einen kaufmännischen Standard: zufällige persönliche Behinderungen sind regelmäßig nicht zu berücksichtigen (RGZ **59** 125; RG WarnRspr. **1925** Nr. 177 u. RG JW **1904** 561[27]; OLGe Karlsruhe u. Hamburg ZHR **36** 258 Nr. 203 u. 204; OLG Hamburg OLGE **32** 169; OLG Bamberg BayRpflZ **1929** 82) — anders allenfalls bei einem unbedeutenden Betriebe, in welchem der Inhaber als einziger die zur Untersuchung der Ware erforderliche Sachkenntnis besaß (OLG Kiel ZHR **36** 257 Nr. 201) oder in Fällen höherer Gewalt (Unruhen, Streiks; Rdn. 95) —; unter Umständen muß der Käufer Hilfskräfte zur Untersuchung einstellen (RG LZ **1926** 541[7]). Einen dezentralisierten Betrieb hat der Käufer so zu organisieren, daß eine mit der Empfangnahme betraute Person oder Stelle auch zur Untersuchung, ggf. Genehmigung der Ware befähigt (BGH NJW **1975** 2011), mindestens zur Veranlassung der Untersuchung ermächtigt ist (RG LZ **1909** 851[8]; OLG Hamburg HansGZ **1921** Hptbl. 173; OLG Celle BB **1961** 235: der Käufer kann sich für die Untersuchungsobliegenheit nicht damit entschuldigen, daß die Ware an entfernte Baustellen zu liefern und dort eine unverzügliche Untersuchung und Beanstandung nicht möglich gewesen sei; er muß dafür sorgen, daß am Ablieferungsort Möglichkeiten zur Untersuchung vorhanden sind). Zugespitzt will *K. Schmidt* Handelsrecht § 28 III 3 a, S. 594 das Erfordernis des „unverzüglich" durch „alsbald" ersetzt wissen.

Die Ablieferung — oder, was ihr gleichsteht, der Akt der Anlieferung an dem sonst für die Untersuchung maßgebenden Ort — ist nicht nur die sachliche Voraussetzung für die Obliegenheit zur Rüge; erst die **Beendigung des Ablieferungsvorganges** fordert sie „„unverzüglich". Die bloße Übergabe des Lieferscheins (OLG Hamburg HansGZ **1923** Hptbl. 96; **1902** Hptbl. 79 u. OLGE 44 248; anders noch OLGE 37 28), des Frachtbriefs (RGZ **5** 32; OLG Darmstadt Recht **1903** 161^{896}), der Postpaketadresse (OLG Hamburg OLGE 6 91), die Abgabe des Postpakets seitens der Post an die Zollabfertigungsstelle (vgl. RG JW **1909**, 473^{45}) oder die Mitteilung des Spediteurs des Verkäufers, daß die Ware bei ihm zum Empfang bereit liege (RG Recht **1904** 83^{408}), bedeutet noch nicht beendete Ablieferung, sondern erst Einleitung derselben. Beendet ist die Ablieferung, wenn der Verkäufer die Aufstellung und Montierung von Maschinen, Öfen u. dgl. übernommen hat, erst mit der betriebsfertigen Herstellung und Kundgabe an den Käufer (BGH NJW **1961** 730; RG JW **1908**, 431^2; **1903**, 244^{26}; Oberster Gerichtshof Wien BB **1954** 1009). **78**

Im übrigen bestimmt die **Inangriffnahme der Untersuchung** sich nach den Umständen. Ist die Ware erheblichen Preisschwankungen (RG LZ **1922** 589^5; *Glaser* JR **1955** 282) oder leichtem Verderb (OLG München NJW **1955** 1160) ausgesetzt, so ist größere Beschleunigung der Untersuchung geboten. — Da es dem Käufer zu gestatten ist, die Waren in sein Lagerhaus zu nehmen, wenn ihre Untersuchung auf seinem Hofe nicht tunlich ist, so ist es nicht beanstandet worden, wenn wegen der Reparatur des zum Lagerraum führenden Aufzuges die Untersuchung sich um einige Tage verzögerte (OLG Hamburg HansGZ **1911** Hptbl. 204). Im Großhandel braucht der Käufer die Ware erst zu untersuchen, nachdem sie in seinem Speicher aufgenommen ist (OLG Hamburg HansGZ **1904** Hptbl. 96). Auch ist unschädlich, wenn eine geringe Verzögerung dadurch entstanden war, daß es dem Käufer besondere Schwierigkeiten gemacht hatte, den Standort des Eisenbahnwagens, in dem sich die leicht verderbliche Ware (frische Heringe) befand, zu ermitteln (RG LZ **1918** 917^{16}). **79**

Für das Einfuhrgeschäft stellt OLG München BB **1955** 748 den Satz auf, daß die **Notwendigkeit der Verzollung** den Zeitpunkt der Untersuchung nicht hinausschiebe; der Käufer könne nach § 72 des Reichszollges. vom 20. 3. 1939 (RGBl. I, 529) — jetzt: § 14 ZollG i. d. F. der Bek. v. 18. 5. 1970 (BGBl. I 529) — die Ware unter zollamtlicher Aufsicht schon während des Verzollungsverfahrens besichtigen, auch Proben und Muster aus ihr entnehmen. Das mag üblich und (zollrechtlich) auch für die Mehrzahl der Fälle rechtens sein. In seiner rügerechtlichen Allgemeinheit ist der Satz bedenklich. Denn § 14 ZollG gestattet die Untersuchung der Ware einschließlich der Entnahme von Proben nur „zur Vorbereitung des Zollantrages und der Zollanmeldung" (und auch dies nur, soweit nicht entgegenstehende Verbote und Beschränkungen für die den Warenverkehr über die Grenze entgegenstehen). Bei Waren, die einem Wertzoll unterliegen, ist freilich eine etwaige Wertminderung zugleich für die Verzollung von Belang (§§ 29 bis 31 ZollG). Nicht so dagegen bei Waren, für die reiner Gewichtszoll (§ 34 ZollG) zu entrichten ist, wie z. B. Kaffee, Tee, Rohrzucker. Hier müßte allenfalls eine Besichtigung gestattet werden, um die Identität der Ware überhaupt festzustellen; einen Anspruch auf Gestattung der Entnahme von Proben, um Qualitätsbefunde erheben zu können, hat der Importeur dagegen nicht. Wird ihm das Probeziehen nicht entgegenkommenderweise gestattet, so verschiebt sich der Zeitpunkt für die Untersuchung wieder bis zur Hereinnahme auf sein Lager im Zollinland. **80**

81 **f) Umfang der Untersuchung.** Die Untersuchung muß in solchem Umfange und in solcher Art vorgenommen werden, wie es erforderlich ist, um das Vorhandensein von Mängeln festzustellen (RG JW **1924** 814[25]). Bei Massensendungen kann aber dem Käufer nicht immer zugemutet werden, die ganze Ware in allen ihren einzelnen Bestandteilen zu untersuchen. Daher wird es mit Recht für genügend erachtet, wenn der Käufer bei einer Ware, deren einzelne Stücke von gleicher Beschaffenheit und gleichem Ursprung sein sollen, nur einzelne Stücke in angemessener Anzahl und in ausreichender Streuung als **Stichproben** untersucht. Das Erfordernis, daß die Stichproben auf den ganzen Vorrat ausreichend gestreut sein müssen, betonen: LG Aachen BB **1952** 213 (bei Lieferung von Stoffballen darf, nach einem für den Bezirk der Industrie- und Handelskammer Aachen feststellbaren Handelsbrauch, die Prüfung sich nicht nur auf die ersten Meter eines jeden Ballens beschränken); OLG München BB **1954** 144 (Lieferung von gelochten Karteikarten in mehreren Stapeln; die Stichproben müssen sich auf alle Stapel erstrecken); OLG München BB **1955** 748 (bei Südfrüchten in Waggonladungen genügt es nicht, einige Kisten gerade in der Nähe der Waggontür herauszugreifen); OLG Düsseldorf DB **1973** 1395 (Stichproben dürfen sich nicht auf die zuoberst liegenden Teile beschränken, sondern müssen auch die darunter liegenden erfassen. Ein einziger Karton aus einer Zahl von 400 reicht für eine Stichprobe nicht aus (OLG Köln DB **1975** 2124); bei einer Gesamtmenge von 3600 Konservendosen ist eine Stichprobe mit 10 bis 15 Dosen als erforderlich angesehen worden (Schiedsgericht der Hamburger freundschaftlichen Arbitrage v. 15. 3. **1973** — HSG E 6 b Nr. 54 —). Eine Zahl von fünf bis sechs Dosen aus einer Lieferung von 2400 Konserven ist ausreichend als Schluß auf das Ganze, wenn sie bereits die Unverwendbarkeit ergeben (BGH DB **1977** 1408).

82 Entspricht der Umfang der Stichproben den danach zu stellenden Anforderungen, dann gilt die ganze Ware als untersucht. Ergeben die Stichproben durchweg Mängel, so wird es — bis zum Beweise des Gegenteils durch den Verkäufer (BGH BB **1953** 485; RG Bolze **8** Nr. 502) — so angesehen, als sei die ganze Ware mangelhaft (RGZ **57** 11; ROHG **7** 428; **14** 287; RG JW **1900** 856[13]; WarnRspr. **1919** Nr. 102; OLG Hamburg HansGZ **1903** Hptbl. 219; OLG Karlsruhe BadRspr. **1930** 15; OLG Braunschweig OLGE **24** 188). Insofern wirkt der Befund hinsichtlich des Umfangs der Rügeberechtigung für den Käufer, zur Auslösung der Unverzüglichkeit der Rügelast gegen den Käufer. War dagegen der ordnungsmäßig erhobene **Stichprobenbefund einwandfrei,** so darf der Käufer es hierbei bewenden lassen, d. h. von der Ordnungsmäßigkeit der gesamten Lieferung ausgehen; zeigen sich später Mängel in dem nicht untersuchten Teil der Ware, so gelten sie als verdeckte und dürfen nachträglich gerügt werden (Rdn. 66; BGH DB **1977** 1409). War der ordnungsgemäß erhobene Stichprobenbefund teils mangelhaft, teils mangelfrei, so kann der Käufer sich mit diesem Ergebnis für die unverzügliche Rüge begnügen, falls er die Lieferung zurückweisen oder im ganzen wandeln oder Schadensersatz wegen Nichterfüllung des Vertrages als ganzen verlangen will; anderenfalls — Minderung, Beschränkung des Schadensersatzverlangens auf die mangelhaften Teile unter Gelten-lassen der Lieferung im übrigen — wird die Untersuchung bis zur Gewinnung eines zuverlässigen Bildes im einzelnen fortgesetzt werden müssen (und dürfen), da hiervon Umfang und Inhalt der zu erstattenden Rüge abhängen; OLG Nürnberg NJW **1974** 1912 [L]; s. Rdn. 134.

83 Der Käufer, der **keine Stichproben** gemacht hat, kann nicht einwenden, daß möglicherweise auch sie nicht zu einer Entdeckung des Mangels geführt haben würden (RG SeuffA **87** 55). Gleiches gilt, wenn eine nicht ausreichende Stichprobe mängelbefundsfrei geblieben war.

Der „Umfang" bezieht sich im übrigen auch auf die **zeitliche Dimension**. Dem Käu- **84** fer ist gestattet, den Mangel — sofern dessen Analyse sachdienliche Aufschlüsse verspricht — darauf zu untersuchen, wann er eingetreten sein könnte: ob vor oder nach Gefahrenübergang (etwa wenn dieser nach § 447 BGB schon vor der Ablieferung bewirkt gewesen wäre). Denn seine Rechtsposition ist hiernach unterschiedlich, und entsprechend sind es seine Entschließungen, die er ggf. zu treffen haben würde. Ein im Zeitpunkt des Gefahrüberganges vorhandener Mangel gibt die vollen Gewährleistungsansprüche, ein nachher eingetretener höchstens Ansprüche aus positiver Vertragsverletzung, falls der Mangel auf ein vorheriges, vom Verkäufer zu vertretendes Verhalten zurückzuführen ist (Rdn. 57): der Käufer kann ein legitimes Interesse daran haben, nicht durch zweifelhafte Bemängelungen den Verkäufer zu verärgern oder die Disposition über die Ware zu blockieren.

g) Methode der Untersuchung. Die Frage danach, in welcher Weise der Käufer die **85** Ware zu untersuchen gehalten sei und welche Methode er hierbei zu befolgen habe, hat ein doppeltes Gesicht. Es geht zum einen darum, welches **Mindestmaß** an Untersuchung ihm obliegt (um hierbei nicht erkannte, später auftretende Mängel als verdeckte reklamieren zu können), und zum anderen, bis zu welchem **Höchstmaß** er die Untersuchung ausdehnen darf (ohne die Vergewisserung des Verkäufers über etwaige Mängel durch die Mängelrüge nicht ungebührlich hinauszuzögern und einen untersuchungsbedingten Schwund der Ware, falls sie bemängelt werden muß, nicht ungebührlich überzogen zu haben). Die Spannungsweite zwischen Mindestmaß und Höchstmaß ist allerdings weithin = Null, sodaß beides sich deckt. Es handelt sich dann mehr um eine Frage des Blickpunkts, unter den die Erörterungen zu stellen sind. Allgemein läßt sich sagen: Die Untersuchung braucht nicht peinlich genau zu sein; sie darf aber auch nicht oberflächlich, sondern muß mit fachmännischer Sorgfalt (Lupe im Samenhandel: Schiedsgericht der Hamburger freundschaftlichen Arbitrage v. 24. 4. **1964** — HSG E 6 b Nr. 12 —) vorgenommen sein. So wie der Umfang der Untersuchung, bemißt sich auch ihre Art und Weise in der Regel **nach der in dem Geschäftszweig des Käufers herrschenden Übung** (RG JW **1936** 805[17]). Ein Handelsbrauch, wonach der Käufer bei Konserven von der Obliegenheit der unverzüglichen Untersuchung befreit wäre, besteht nicht (OLG Hamburg HansRGZ **1936** B 420 und MDR **1965** 390). Überhaupt wäre ein Handelsbrauch, der von einer Untersuchung überhaupt oder von unverzüglicher Untersuchung entbinden wollte, mißbräuchlich (RGZ **125** 79; OLG Köln MDR **1957** 233; OLG München BB **1955** 748) und daher unbeachtlich. Der Umstand, daß ein Fehler selten vorzukommen pflegt, entbindet nicht von der Untersuchung (RGZ **125** 79; **68** 369; OLG Köln aaO), auch nicht die besondere Schwierigkeit, bestimmte Mängel aufzudecken (RG Recht **1923** Nr. 1252).

Was zunächst die **Richtung der Untersuchung** anlangt, so ist die gezielte von der **86** allgemeinen, der „Rundum"-Untersuchung, zu unterscheiden. Eine auf das Vorhandensein bestimmter Mängel gezielte Untersuchung ist stets erforderlich, wenn und sobald ein Verdacht auf solche bestimmten Mängel begründet ist. So beispielsweise, wenn es sich um Fleischimporte aus Ursprungsgebieten handelt, aus welchen gleiche Importe erst vor kurzem zu umfangreicheren Beschlagnahmen bei anderen Importeuren wegen Genußuntauglichkeit geführt haben, nachdem das allgemein oder in den beteiligten Fachkreisen bekannt geworden ist (Salmonellenbefall; Schiedsgericht der Handelskammer Hamburg v. 19. 6. **1964** — HSG E 6 b Nr. 14 — und Schiedsgericht der Hamburger freundschaftlichen Arbitrage v. 10. 11. **1964** — das. Nr. 18 —). Der Verdacht kann auch von früheren, wiederholt mangelhaft gewesenen Lieferungen her begründet sein (Rdn. 96). Sonst aber kann die Untersuchung, sofern die Ware nach dem grob sinnlichen Befund einwandfrei erscheint, sich auf das Vorhandensein derjenigen Eigenschaften beschränken, die durch den Verwendungszweck beim Käufer gefordert sind. Allerdings wird sie auch hier um so eingehender sein müssen (und dürfen), je größer die Schäden sein können, die aus etwaigen Mängeln der Ware drohen würden.

87 Man muß im allgemeinen davon ausgehen, daß der Käufer entweder die erforderliche Sachkenntis der Ware, mit der er handelt, besitzt. Anderenfalls hat er für ausreichende Untersuchung in der üblichen Zeit unter Benutzung der in dem Geschäftszweig üblichen Hilfsmittel und Erfahrungstatsachen Sorge zu tragen (RG JW **1904** 561[27]; OLG Köln MDR **1957** 233). Zur sachgemäßen Untersuchung gehört daher unter Umständen (Rohmaterialien, Importe, Grundstoffe für Fertigungsprozesse) die **Zuziehung von Sachverständigen** (oder sonst sachkundigen Personen; BGH NJW **1975** 2011, 2012); nämlich dann, wenn nicht schon ohne weiteres die Mangelhaftigkeit klar ist und nur ein Sachverständiger, z. B. mit technischen, chemischen oder bakteriologischen Kenntnissen, zur Untersuchung imstande ist (OLG Hamburg BB **1953** 98), oder wenn in dem betreffenden Handelszweige die Prüfung durch Sachverständige üblich ist (RGZ **59** 45; RG Bolze 7 Nr. 585; LZ **1908** 931[6]; JW **1901** 425[7]; OLG Rostock OLGE **41** 219), oder wenn der Käufer, dem die Fachkenntnisse abgehen, Grund zu der Vermutung hat, es möchte ein Mangel vorhanden sein, der bei längerem Zuwarten die ganze Ware ergreifen würde (vgl. RGZ **99** 250). Der Käufer muß vorsorgen, daß diese Untersuchung auf die rascheste, einfachste und zuverlässigste Weise vor sich geht. Es muß also die zuverlässigste Prüfungsmethode sofort zur Anwendung kommen, auch der geeignete Sachverständige ausgesucht werden, so daß nicht durch Versendung von Proben, durch Anhören mehrerer Sachverständiger, durch eine zweimalige Untersuchung ungebührliche Zeit verlorengeht (OLG Hamburg OLGE **37** 26) und bei dieser Prüfung nicht mehr als erforderlich von der Ware verbraucht wird (RGZ **68** 370; Rdn. 91). Für die anzuwendende Untersuchungsmethode ist es nicht allein entscheidend, ob eine bestimmte Methode überhaupt geeignet ist, ein sicheres Ergebnis zu verschaffen. Es kommt vielmehr auf den Zweck der Untersuchung an. So wird bei einer gleichmäßigen, also bei fabrikmäßig hergestellter Ware eine Prüfung im kleinen und die dadurch bedingte kurze Methode genügen, während bei ungleichmäßiger Ware eine größere Menge zu untersuchen und die dafür geeignetste, vielleicht längere Zeit beanspruchende Methode anzuwenden ist, um ein sicheres Urteil zu gewinnen. Nach diesen Gesichtspunkten ist zu entscheiden, ob ein bloßer Laboratoriumsversuch genügt, oder ob eine umfassendere Prüfung (Vermälzung, Prüfung der gelieferten Außenanstrichfarbe durch Beobachtung auf einer Probefläche) stattzufinden hat. — Siehe zu diesem Fragenbereich auch Rdn. 97.

88 Die Untersuchung soll dem Käufer die zuverlässige Überzeugung von der Beschaffenheit der Ware gewähren. Demzufolge enthält das Recht der Untersuchung das Recht des Käufers, die Sache **so lange und in der Weise zu prüfen,** daß er zu einem **zuverlässigen Urteil** über ihre Beschaffenheit gelangen kann. Er darf die Untersuchung ausdehnen, bis er eine einigermaßen sichere Kenntnis von dem betreffenden Mangel hat (RG DR JW **1939** 1795[8]); mit einem summarischen („oberflächlichen") Untersuchungsverfahren braucht er sich nicht zu begnügen, BGH DB **1959** 1082; OLG München BB **1955** 748. Die zur Untersuchung erforderliche Zeit und die hierzu erforderlichen Hantierungen mit der Ware gehören zur Untersuchung, durch sie vergibt sich der Käufer nichts (RGZ **47** 21). Insbesondere ist der Käufer nicht gehalten, sofort zu rügen, sobald er die Mangelhaftigkeit nur vermutet, sondern erst, wenn er sie festgestellt und volle Sicherheit erlangt hat (RG LZ **1927** 1020[13]; ROHG **11** 99; RG Bolze **1** Nr. 1085; **9** Nr. 405; **15** Nr. 357; **4** Nr. 711: Käufer hatte aus der dunklen Farbe des

Mehls auf Dumpfigkeit geschlossen, gleichwohl durfte er noch eine Backprobe vornehmen; RGZ **47** 22: im Keimapparat zeigte die Braugerste Mängel, trotzdem durfte die zuverlässigere Tennenprobe noch vorgenommen werden). Die Untersuchung darf und muß fortgesetzt werden, sobald Zweifel hervortreten (RG Bolze **19** Nr. 544; Rdn. 86). Hatte der Käufer die Ware ohne eigene Untersuchung und ohne hierzu gehalten zu sein (Rdn. 38, 75 a. E.), weiterverkauft, so braucht er nicht immer sofort bei der ersten Anzeige seitens eines Abnehmers zu rügen; er darf der Berechtigung einer solchen Anzeige, insbesondere der Ursache der von seinem Abkäufer geltend gemachten Beanstandungen nachgehen (BGH DB **1959** 1082). — Weitere Kasuistik zur erforderlichen Dauer der Untersuchung: Exportbier muß sich nach einer Seereise erst setzen und klären (ROHG **15** 214); Neuheiten erfordern längere Zeit (RG LZ **1911** 840[4]); eine gebrauchte Maschine benötigt unter Umständen soviel an Beobachtung, um die Feststellung der Nutzlosigkeit von Ausbesserungen prüfen zu können (RGZ **59** 75; RG Bolze **6** Nr. 561; KG OLGE **24** 187). Für die abgeschlossene Untersuchung gelieferter Maschinen hat der Oberste Gerichtshof Wien deshalb eine Frist von etwa 14 Tagen nach betriebsfertiger Montierung als angemessen erachtet, BB **1954** 1009.

Das Recht der Untersuchung gibt dem Käufer das **Recht des Gebrauchs** der Ware, **89** wenn und soweit die Qualität nicht ohne Gebrauch festgestellt werden kann (z. B. bei Maschinen, RG DJZ **1931** 166; ROHG **11** 99; bei Garn zum Kornbinden, das erst auf dem Felde erprobt werden kann, OLG Rostock OLGE **40** 208). Anheizen von Kaminen ist nötig (ROHG **11** 318). Eine Maschine muß in Betrieb gesetzt sein, so daß sich ein Bild von ihrer Arbeit gewinnen läßt; unter Umständen ist monatelanges Gebrauchen der Maschine gerechtfertigt (s. auch Rdn. 88: beim Kauf einer komplizierten oder einer gebrauchten Maschine zu eigener Verwendung darf, selbst wenn sich Mängel gezeigt haben, zugewartet werden, wie sich die Sachlage beim weiteren Gebrauch gestaltet; RG Recht **1929** Nr. 1029); gegen allzulanges Hinausziehen schützen die Verjährungsvorschriften). Gebrauch zur Erprobung schränkt sich jedoch beim Wiederverkäufer erheblich ein; dazu Rdn. 91.

Für den Käufer ist schließlich das Recht **teilweisen Verbrauchs** (RGZ **68** 369) gege- **90** ben, wenn dies zur Überzeugung von der gehörigen Qualität gehört, z. B. Verarbeiten von Wolle (ROHG **12** 91); von Tabak (ROHG **22** 151); Weben und Färben (RG Bolze **7** Nr. 561); Verarbeitung der Kohlen zu Koks zum Zwecke der Prüfung des Koksgehalts (RG Bolze **9** Nr. 399). Der Mehlhändler muß, wenn eine äußere Besichtigung nicht genügt, ohne Verzug eine Backprobe anstellen; er darf nicht warten, bis er das Mehl an die Bäcker veräußert und von diesen das Ergebnis erfahren hat (ROHG **8** 174); der Lichtehändler muß einige Lichte zur Probe brennen lassen (ROHG **3** 84); der Käufer von Gerste sie durch Zerschneiden oder Zerdrücken auf Würmer untersuchen (RG Bolze **12** Nr. 470). Braugerste muß gemälzt werden (RGZ **47** 20). Der Weinhändler muß den Wein auch auf seinen Zuckergehalt prüfen (OLG Hamburg OLGE **9** 273; aktuell noch für Weinimporte aus ausländischen Erzeugungsgebieten ohne Qualitätskontrolle). Ein Teil der Seide muß probeweise gefärbt und verarbeitet werden, auch wenn der Käufer die zur Verarbeitung der Probe nötigen Einrichtungen nicht selbst besitzt (RGSeuffA **44** Nr. 124). Beim Kauf gepreßter Ballen Haarabfälle muß der Käufer zwecks Untersuchung mindestens einen Ballen sprengen; er kann nicht als versteckten Mangel geltend machen, daß die Ballen im Kern Kehricht enthalten hätten (OLG Kiel SchlHA **1939** 82).

Das Recht des Käufers zum probeweisen Gebrauch oder Verbrauch ist bei alledem **91** für ihn zweischneidig. Falls sich keine Bemängelungen herausstellen, hat er **verkaufsfähige (verwendungsfähige) Werte aufgeopfert**. Daraufhin stellt sich die Frage, wie weit

§ 377 Drittes Buch. Handelsgeschäfte

dieses sein Risiko auszudehnen sei, d. h. was er an Gebrauch oder Verbrauch in die Erprobung zu „investieren" habe, um sich nicht gegenüber der Anzeige später auftauchender und als verdeckt zu rügender Mängel dem Einwand auszusetzen, die Untersuchung sei nicht zureichend ausgedehnt worden.

Probeweiser Gebrauch: Sind neue Milchzentrifugen verkauft, die, wie der Verkäufer wußte, zum Weiterverkauf an einen Milchwirtschaftsbetrieb bestimmt waren, so kann der Verkäufer die probeweise Ingebrauchnahme einiger der Maschinen von seinem Käufer nicht erwarten, weil sie dadurch zum Weiterverkauf ungeeignet würden; es ist dann anzunehmen, daß die Parteien stillschweigend eine Hinausschiebung der Untersuchung und Mängelrüge über den gesetzlichen Zeitpunkt hinaus vereinbart haben, bis die Maschinen in dem Milchwirtschaftsbetrieb in Gebrauch genommen sind (RG JW **1924** 815[25]; Sachverhalt in: Recht **1923** Nr. 684).

Probeweiser Verbrauch: Auch hier wird die vom Käufer zu verlangende Untersuchung begrenzt durch die Teilmenge, deren Aufopferung ihm billigerweise zugemutet werden kann auf das Risiko hin, daß ein Mangel sich nicht herausstellt, er aber zum Weiterverkauf bzw. zur sonstigen Weiterverwendung die bestellte und gelieferte Gesamtmenge nicht mehr unverkürzt zur Verfügung hat. Das ist Sache des Einzelfalles. Beim Bezug einer großen Anzahl goldener Ketten im Gesamtwert von etwa 1600 M ist nur Nachprüfung des Feingehalts das Einschmelzen einer einzelnen im Werte von etwa 25 M für geboten erachtet worden (OLG Hamburg ZHR **38** 208[227]). Ähnlich stellt sich die Frage bei solchen Stichproben (Rdn. 81), die nicht anders als durch Beseitigung einer Umhüllung oder Verpackung genommen werden können (vgl. RG LZ **1911** 610[11]; OLG Hamburg OLGE **22** 42). Wieviel hier aufzuopfern ist, wird verschieden sein je nach dem, ob die untersuchten Einzelstücke unverkäuflich werden, ob sie bedingt verkäuflich bleiben oder ob eine Minderung der Weiterverkäuflichkeit nicht eintritt. Darüber vgl. OLG Hamburg MDR **1964** 601 und **1965** 390: Gemüsekonserven, die ausschließlich für den Verbrauch im Haushalt bestimmt sind, werden mit der Öffnung im Betrieb des Wiederverkäufers unverkäuflich, weshalb hier nur ein sehr geringer Prozentsatz untersucht zu werden braucht; bei Gläsern mit eingemachten Gurken, die in geöffnetem Zustand mit einem Preisabschlag noch an Einzelhändler oder an knapp kalkulierende Gastwirte abgegeben werden können, ist es nicht unzumutbar, wenn aus einer Bestellung mit einem Gesamtvolumen von 1803,30 DM Bestellpreis einige Gläser im Werte vom 70,80 DM geöffnet werden. Weitere Beispiele aus der Rechtsprechung: Bei Konserven, die ohne Garantie gekauft sind, soll bei Vornahme der Stichprobe eine Aufopferung von eta 4 % zu fordern sein (OLG Hamburg OLGE **7** 388; in dieser Allgemeinheit wohl problematisch; für die „Gurkenglas"entscheidung OLG Hamburg MDR **1965** 390, die an dieser Ziffer orientiert war, also für beschränkt verkäuflich bleibende Ware dürfte sie zutreffen); die Entnahme von Proben aus 6 Kisten Schmalz bei einer Gesamtzahl von 52 Kisten ist für voll genügend (OLG Saarbrücken DRspr. II [214] 29 e), die Öffnung von 10 Dosen bei 5000 Dosen Apfelmark für ausreichend (RGZ **106** 362), die Aufopferung einiger Fässer von 79 Stück für angebracht erachtet worden (RG Holdheim **1912** 178). Handelt es sich um kleinere Mengen (Bestellung für einen bestimmten Kunden auf dessen Wunsch, oder Bestellung für betriebsinterne Verwendung), so wird die Untersuchung sich auf den Augenscheinsbefund, insbesondere die Unversehrtheit und die Aussage einer äußeren Umhüllung beschränken dürfen, wenn schon die Entnahme einer kleinen Probe eine empfindliche Entwertung verursachen würde.

92 Parteien und Handelsbräuche können die **Art und Weise** der Untersuchung **abweichend regeln**. So etwa die gemeinsame Untersuchung (§ 3 Abs. 2 der Bedingungen der

Bremer Baumwollbörse (Anh. 1). Im Fall OLG Düsseldorf BB **1959** 250 war vereinbart worden, eine gelieferte Anlage sollte nach Fertigstellung durch eine technische Prüfstelle abgenommen werden und bei Meinungsverschiedenheiten das Gutachten dieser Stelle verbindlich sein. Der Käufer (Besteller) nahm die Anlage in Betrieb, ohne die Abnahme veranlaßt zu haben: er wurde mit einer Mängelrüge in gleicher Weise wie nach § 377 für ausgeschlossen erachtet (Verwirkung der Rügemöglichkeit: Rdn. 202). Dem Käufer kann ferner vertraglich ein Untersuchungsrecht vor Absendung der Ware an ihn eingeräumt sein, z. B. wenn ihm freigestellt ist, die Ware am Speicher des Verkäufers zu untersuchen und Muster aus ihr zu ziehen (OLG Hamburg HansGZ **1908** Hptbl. 257). Doch dürfte das im Zweifel nur die Vorverlegung des Rechts zur Geltendmachung von Gewährschaftsansprüchen bedeuten, nicht dagegen eine Rügeobliegenheit schon vor Ablieferung begründen. Stellenweise wird bestimmt, die Untersuchung durch den Käufer habe sich auf den gesamten Umfang der Lieferung zu erstrecken; dann darf der Käufer sich nicht auf Stichproben beschränken. Nicht selten sind auch Vereinbarungen, wonach der Käufer Stichproben nach bestimmten technischen Standards zu erheben habe und nur diese maßgebend seien. — Über Arbitrage- und ähnliche Verfahren zur gutachterlichen Nachprüfung erhobener Bemängelungen s. Rdn. 99.

h) Tunlichkeit im ordnungsmäßigen Geschäftsgang. Die Untersuchungsobliegenheit **93** besteht nur insoweit, als sie „nach ordnungsmäßigem Geschäftsgang (beim Käufer) tunlich ist". Sie soll **nicht überspannt** werden, weil sonst der mangelhaft liefernde Verkäufer das Risiko seines Vertragsverstoßes allzu leicht auf den Käufer abwälzen könnte (BGH DB **1977** 1408).

Die Tunlichkeit im ordnungsmäßigen Geschäftsgang ist, ähnlich wie das Merkmal **94** „unverzüglich" (Rdn. 77), ein **objektiver Maßstab** (BGH NJW **1976** 624 und **1977** 1150), der die Anforderungen an einen mit kaufmännischer Sorgfalt geleiteten Betrieb zur Geltung bringt. Nicht entscheidend ist also eine individuelle Übung des Käufers (Hinausschiebung bis zur nächsten Inventur: OLG Hamburg JW **1919** 257[9]). In concreto (BGH NJW **1976** 624, 625) kommt es auf die **in dem betreffenden Geschäftszweig allgemein herrschende Übung** an (RGZ 59, 125; RG JW **1906** 763[34]; OLG Hamburg OLGE 24 190; OLG Köln MDR **1957** 233), wie sie am Erfüllungsort des Käufers besteht. Eine Ausnahme ist für den Fall, daß die Parteien den überseeischen Bestimmungsort als Ort der Untersuchung vereinbart haben, insofern zu machen, als die Parteien sich dann darüber klar sind, daß die Untersuchung nur von einem in jenem Lande Ansässigen, regelmäßig dem Abkäufer des Käufers, vorzunehmen ist und daher der ordnungsmäßige Geschäftsgang dieses Dritten in Betracht kommt; allerdings darf die in dem betreffenden Geschäftszweig am Bestimmungsort bestehende Übung sich im Verhältnis zum Grundgedanken des § 377 nicht als Mißbrauch erweisen (OLG Hamburg HansRZ **1924** 425; vgl. auch OLG München BB **1955** 748).

„Soweit dies nach ordnungsmäßigen Geschäftsgang tunlich ist" **modifiziert** zunächst **95** die geforderte Unverzüglichkeit der Untersuchung. Das bringt schon der Gesetzeswortlaut zum Ausdruck. Da der Käufer nach Tunlichkeit zu untersuchen hat, braucht er nicht der Untersuchung wegen alle anderen Geschäfte zurückzustellen (ROHG 2 237; RG Bolze **16** Nr. 432). Wird für einen neu aufzunehmenden Produktionszweig eine Spezialmaschine geliefert, so ist nicht zu verlangen, daß alle technisch-betrieblichen Voraussetzungen zur sofortigen Erprobung (Anschlüsse u. dgl.) vorausschauend bereitgestellt sind. Auch insoweit sind einer rationellen Betriebsgestaltung gewisse organisatorische Toleranzen einzuräumen (RG SeuffA **85** 364, 365; ähnlich HRR **1928** Nr. 446). S. ferner die in Rdn. 79 zitierten Entscheidungen des OLG Hamburg HansGZ **1904** Hauptbl. 96 und **1911** Hauptbl. 204. Nach vorübergehendem Ruhen des

Betriebs und der dadurch bedingten Mehrbelastung sind die Anforderungen an den ordnungsmäßigen Geschäftsgang in der Wiederanlaufphase flexibel zu halten (RG JW **1922** 802⁴ — Ablieferung am Sonnabend vor Pfingsten; Betriebsruhe während der Pfingstfeiertage —; nicht aber gilt das für eine bis in die zweite Januarwoche „nachwirkende" teilweise Arbeitsruhe während der Tage nach Weihnachten, wenn die Lieferung bereits am 21. 12. erfolgt war: BGH MDR **1964** 412). Unruhen und Streiks können einen Betrieb bis zur Lahmlegung beeinträchtigen; auch sie sind deshalb zu berücksichtigen (RG LZ **1926** 541⁷).

96 Vor allem aber **konkretisiert** die Tunlichkeit im ordnungsmäßigen Geschäftsgang die Anforderungen an Art und Methode der Untersuchung. Hier kommt es darauf an, was Unternehmen der gleichen Branche und Größenordnung nach ihrem betrieblichen Zuschnitt (Großbetrieb: RG LZ **1908** 931⁶) zumutbar ist (BGH NJW **1976** 624 — Berufsurteil: OLG Bamberg DB **1974** 913 —). Handelsbräuche sind insoweit stets zu beachten (Rdn. 94); doch erlaubt das Fehlen eines Handelsbrauchs nicht ein Absehen von der sonst gebotenen Art und Intensität der Untersuchung (BGH aaO S. 625). Bei der Beurteilung der Zumutbarkeit spielen eine Rolle (BGH wie vor und NJW **1977** 1150 sowie BB **1970** 1416): die wirtschaftliche Vertretbarkeit des erforderlichen Zeitaufwandes, der Grad der zu fordernden Fachkenntnis des Käufers in Ansehung der bezweckten Verwendung der Ware — an den Verarbeiter sind strengere Anforderungen zu stellen als an den bloßen Wiederverkäufer; jener hat ggf. besondere Vorkehrungen und Einrichtungen zur Untersuchung bis hin zu Laboratorien bereit zu halten —, die mögliche Gefahr von Folgeschäden, die im Geschäftszweig des Käufers bekannt sein muß (Rdn. 86) und die das Maß der Gründlichkeit der Untersuchung mitbestimmt (vgl. hierzu auch BGH LM § 377 HGB Nr. 13). Für die Lieferung von Perlonstrümpfen hat BGH NJW **1959** 1081 eine chemische Untersuchung, die die Fertigung aus Nylongarn hätte an den Tag bringen können, als dem Käufer nicht zumutbar bezeichnet.

97 Bei **Lebensmitteln** ist eine chemische oder technische (Kochprobe) Untersuchung, solange nicht ein spezifischer Verdacht auf Genußuntauglichkeit nahegelegt ist (Rdn. 86), nicht erforderlich, wenn die einfache Untersuchung nach Aussehen, Geruch, Geschmack keine Beanstandung oder Verdachtsgründe ergibt (BGH DB **1977** 1408). Eine mit einfachen Mitteln des Betriebs durchführbare Untersuchung wird immer zu verlangen sein, eine Untersuchung durch eigens beauftragte Sachverständige dagegen nur, wenn die Kosten hierfür nicht außer Verhältnis zu dem mit der Ware zu erwartenden Gewinn stehen oder sie nicht gleichwohl durch die Häufigkeit der bei einer solchen Untersuchung erfahrungsgemäß zu erhebenden Beanstandungen angezeigt erscheint (OLG Hamburg HansGZ **1920** 74; zum Kostenfaktor auch BGH BB **1970** 1416 und NJW **1977** 1150; aber auch OLG Hamburg BB **1953** 98 und OLG Köln MDR **1957** 233; der Käufer kann sich für das Unterlassen unverzüglicher Untersuchung nicht damit entschuldigen, diese bringe zusätzliche Kosten und betrieblichen Leerlauf mit sich: beides muß er ggf. in Kauf nehmen). Überhaupt erübrigt sich eine Kontrolle durch Sachverständige, wenn sie — wie die nachfolgenden Entscheidungen aus älterer Zeit beispielhaft belegen — nicht üblich ist; das wird z. B. bei Mehl für einen Bäcker regelmäßig zutreffen (RG JW **1901** 424⁷); so für den Saatguthandel ROHG **7** 410 (das gekaufte Saatgut war auf seine Keimfähigkeit durch den gelehrten Botaniker sofort, vom gewöhnlichen Landwirt aber erst nach dem Ergebnis der Aussaat zu beurteilen, die Untersuchung letzterer Art genügte); oder wenn die Untersuchung durch einen Sachverständigen zweckwidrig ist, weil der Käufer die Ware wegen dringenden Bedarfs sofort im Fabrikationsprozeß verwenden muß und dies dem Verkäufer auch bekannt ist (RG Bolze **13** Nr. 428). Ein Verdacht auf Mängel kann sich zwar u. U. durch wissenschaftliche Versuche und Untersuchungen erst bis zur Gewißheit steigern (RGZ 104 384). Dennoch wird nicht schon dadurch (Rdn. 88) eine Obliegenheit zur Untersuchung durch Sachverständige begründet. Wo eine solche nach den vorstehenden Darlegungen nicht zuzumuten, wiederum auf anderem Wege Gewißheit nicht zu erlangen ist, darf der Käufer die gebotene Untersuchung bei den Verdachtsgründen bewenden lassen. Möglicherweise ist dann schon der Verdacht als solcher ein rügefähiger und rügepflichtiger Tatbestand (Rdn. 45). Anderenfalls kann der Käufer abwarten oder es darauf ankommen lassen, ob der Verdacht sich später bewahrheitet; dann ist der Mangel bis dahin ein verdeckter gewesen und wird erst jetzt rügepflichtig (Abs. 3; *Schlegelberger/Hefermehl* 68). Der Käufer kann aber auch dem Verkäufer den Verdacht vorsorglich mitteilen (unter Umständen ist er dazu sogar gehalten, Rdn. 105), um einem Arbitrageverfahren oder einer Begutachtung auf gemeinsame Kosten den Weg zu öffnen.

Ganz allgemein wird die Obliegenheit zur Nachprüfung durch Sachverständige zunehmend eingeschränkt durch **Standardisierung von Qualitätsanforderungen** und ihre laufende Kontrolle durch Behörden oder berufsständische Überwachungsmechanismen. Auf den entsprechenden Ausweis der Ware — er geht bis zur Etikettierung nach dem Saatgutverkehrsgesetz und dem Weingesetz — darf der Käufer sich verlassen; er braucht keinen „Ober-Nachprüfer" einzusetzten. Wieweit das schon bei einer unter DIN-Bezeichnung verkauften Ware der Fall ist, wird sich zwar entgegen der Vorauflage nicht ohne weiteres bejahen lassen. Wohl aber im Textil-Großeinkauf für das einem Anzugstoff verliehene sog. Wollsiegel (keine fasertechnische Nachprüfung), oder im Absatz von Saatgut für die Qualitätsbezeugung durch das Zertifikat des Bundes-Sortenamts, oder im Bezug von Flaschenweinen aus deutschen Anbaugebieten für die unter Prüfnummer ausgewiesene Herkunft und Qualifizierung nach dem Weingesetz; **nicht** dagegen bei der Einstufung einer Ware nach Handelsklassen oder für die vielfach anzutreffende Eignungsbezeichnung nach den Richtlinien von Fachverbänden. **98**

Nicht zuletzt deshalb konnte das Saatgutverkehrsgesetz die durch § 58 Abs. 2 des Saatgutgesetzes von 1953 eingeführte Erstreckung der §§ 377—379 auf einseitige Handelskäufe zwischen Erzeuger und Erstabnehmer in Fortfall kommen lassen. Die früher in ständiger Rechtsprechung verlangte Aussaatprobe behält Bedeutung nur noch für den Handel mit Zierpflanzensamen, die Prüfung von Wein nach dem Zuckergehalt weithin auf Faßimporte ausländischer Ware.

Auf ganz anderem Felde liegt schließlich, wenn Handelsbräuche oder Vereinbarungen bestimmen, daß die Lieferung **im Falle von Bemängelungen durch neutrale Sachverständige zu untersuchen** und deren Gutachten für die Parteien verbindlich sei. So nach Ziff. 9 der Auftragsbedingungen des Verbandes Deutscher Exporteure v. 1928 für das Survey-Verfahren, wonach bei Qualitäts-, Sortiments- und sonstigen Lieferungsdifferenzen für beide Teile die Feststellung der überseeischen Experten maßgebend seien, welche in Übereinstimmung mit den am Bestimmungsort herrschenden Usancen zu ernennen sind; oder nach § 20 Abs. 7 der „Handelskammer-Arbitrage" nach den „Platzusancen für den hamburgischen Warenhandel" (Anh. 2): Feststellung des Mangels durch zwei Arbitratoren. Die Verbindlichkeit der Feststellung des oder der Sachverständigen ist Grundlage des materiellrechtlichen Gewährleistungsanspruchs; sie hat mit der Obliegenheit zur Untersuchung und Rüge durch den Käufer nichts zu tun (RG WarnRspr. **1915** Nr. 59 S. 79). Durch die Vereinbarung der Arbitrage wird deshalb an dieser Obliegenheit nichts geändert (RG LZ **1911** 782[1]). Wird der Herbeiführung der hiernach vorgesehenen Begutachtung schuldhaft nicht genügt, so gehen allerdings schon dadurch die Gewährleistungsansprüche verloren (RG wie vor; OLG Hamburg **99**

HansRGZ **1921** B 827). Doch ist das dann nicht Ausfluß einer Verabsäumung der Untersuchungs-(und Rüge-)obliegenheit nach § 377. Die Nachprüfung durch den Sachverständigen ist nicht Untersuchung durch den Käufer (selbst wenn dieser sie zu veranlassen hat), sondern nachgehende Untersuchung, und ihr Unterbleiben ist für den Bestand der Gewährleistungsansprüche dann unschädlich, wenn sie auf stichhaltigen Gründen beruhte (OLG Hamburg HansRGZ **1931** B 773).

100   i) **Untersuchung in Stufen.** Im Normalfall ist es möglich und deshalb geboten, die Untersuchung nach ihrem Beginn **in zügigem Fortschreiten,** auch insoweit also „unverzüglich" durchzuführen und abzuschließen. Bis zum Abschluß der Untersuchung und der dadurch ermöglichten Gewinnung eines **zusammenfassenden Urteils** über die gelieferte Ware darf der Käufer mit Mängelanzeigen warten; nur solche Mängel, die einer Untersuchung erst gar nicht bedürfen, weil sie bereits bekannt sind oder offen am Tage liegen, hat er unverzüglich schon vorher dem Verkäufer zur Kenntnis zu geben (Rdn. 67, 68). Was bei zügiger, mit der gehörigen Sorgfalt vorgenommenen Untersuchung an Mängeln nicht hat festgestellt werden können, gilt bei späterem Auftreten als verdeckt im Sinne des Abs. 3. Doch ist eine solche Abwicklung in einem Zuge, wenn sie erschöpfend sein soll, **nicht immer gangbar,** aber auch nicht immer sachangemessen. Einzelne Stufen der Untersuchung müssen dann abgeschlossen vorgezogen, andere zurückgestellt werden. Von Bedeutung ist das für die demnächstige, entsprechend gestufte Rüge (Rdn. 103, 105). Bei hochempfindlicher Ware, über die deshalb schnell disponiert werden muß (Gefrierfleisch, Schiedsgericht der Hamburger freundschaftlichen Arbitrage v. 16. 1. **1962** — HSG E 6 b Nr. 7 —) ist die Untersuchung zunächst — und beschleunigt, Rdn. 79 — auf den grob sinnlichen Befund zu richten und damit in der 1. Stufe abzuschließen, um etwaige Mängel daraufhin schon jetzt rügen zu können; bei Importen gebotene bakteriologische Untersuchung und ihre Ergebnisse dürfen nicht erst abgewartet werden, selbst wenn dadurch noch ein erweiterter Mängelbefund zu Tage gefördert werden könnte. Zur Versendung von Zucker bestimmte Säcke, die vor der Zuckerkampagne eingehen, brauchen auf Mängel, die nur bei ihrer Füllung erkennbar werden, erst geprüft zu werden, wenn die Kampagne beginnt; es genügt, sie zunächst unverzüglich mit der Hand durch Stichproben auf ihre Haltbarkeit zu untersuchen; RG Holdheim **1911** 309. Siehe auch das Beispiel in NJW **1963** 912 (OLG Frankfurt/M., Kasseler Senat): Die Durchführung eines Beweisbeschlusses über behauptete Sachmängel einer gelieferten Mähmaschine mußte 9 Monate bis zur nächsten Mahd ausgesetzt werden. Man mag diesen Fall (sofern er einen zweiseitigen Handelskauf betroffen hätte) beliebig auf die rügerechtliche Seite umdenken. Auch hier könnte eine Untersuchung und demgemäß eine Rüge in Stufen notwendig werden. Die 1. Stufe hätte dann die Untersuchung auf Vollständigkeit der Teile, Zustand der Schmierung, Rostschutz, Lackierung und sonstige äußere fabrikatorische Merkmale zum Gegenstand, die 2. Stufe die Funktionstüchtigkeit im Betrieb. Die gestufte Untersuchung zielt letzten Endes auf die Rügepflichtigkeit mehrerer Mängel; darüber s. Rdn. 110.

101   j) **Die Rügeobliegenheit nach Abschluß der Untersuchung: Zeitpunkt, Umfang. Vertragliche Rügefristen.** Die Untersuchung, wenn und soweit sie zur Feststellung von Mängeln geführt hat, kulminiert in der Rügeobliegenheit, die sie auslöst. So wie die **Untersuchung unverzüglich auf die Ablieferung,** hat die **Rüge unverzüglich auf den** (abschließenden, Rdn. 100) **Mängelbefund** zu erfolgen.

102   Diese Hintereinanderschaltung besagt: Die Unverzüglichkeit der Mängelrüge hat die unverzügliche, aber auch gehörig vorgenommene Untersuchung zum Erfordernis. Hat schon die Untersuchung infolge verzögerten Beginns, verzögerlicher Durchführung oder unsorgfältiger Vornahme zu **verspäteten Mängelbefunden** geführt, so ist die daraufhin erstattete **Anzeige der Mängel ebenfalls verspätet,** mochte sie auch für sich betrachtet mit aller wünschenswerten Beschleunigung erstattet sein. Verspätet ist die Mängelrüge **außerdem** auch dann, wenn sie **als solche nicht unverzüglich** erfolgt. Darüber s. Rdn. 104 ff.

Ging die Untersuchung in mehrere Richtungen und ist ihr Abschluß eine zeitlich gestufte (Rdn. 100), so löst der jeweilige Teilabschluß eine **Rügeobliegenheit in Stufen** aus, entsprechend den Mängeln, die die Teilergebnisse zu Tage gefördert haben. Die Rügeobliegenheit in Stufen ist hier keine andere als diejenige im Verhältnis zwischen offen zu Tage liegenden Mängeln, die ohne weiteres und sofort gerügt werden müssen (Rdn. 67), und den etwa daneben vorhandenen, untersuchungsbedürftigen, bezüglich deren erst eine Untersuchung hatte in Gang gesetzt werden müssen und deren Rüge demnächst nach Abschluß der Untersuchung heransteht. Die Rüge in Stufen wiederum hat gewährleistungsrechtlich die gleiche Tragweite wie das Erfordernis, alle gleichzeitig festgestellten Mängel vollständig zu rügen; s. über die Relevanz dieser Frage Rdn. 110. **103**

Vorab ist zur **Unverzüglichkeit** der Rüge (der Mängelanzeige) ein **Unterschied zur Untersuchung** hervorzuheben. Untersuchung ist u. U. ein komplexer Vorgang, die Anzeige besteht in einer schlichten Mitteilung. Deshalb ist für sie und ihr „unverzüglich" die Tunlichkeit im ordnungsmäßigen Geschäftsgang nicht nochmals wiederholt: Zeit und Kräfte, um sich der Mitteilungsobliegenheit zu entledigen, müssen in einem kaufmännischen Betrieb grundsätzlich immer zur Verfügung stehen (RG WarnRspr. 1925 Nr. 177). Für Grenzfälle, in denen das etwa nicht möglich sein sollte, genügt der allgemeine Verschuldensmaßstab des § 121 BGB, wonach „unverzüglich" soviel bedeutet wie „ohne schuldhaftes Zögern". **104**

Die Unverzüglichkeit der Mängelanzeige, wenn und sobald diese zur Erstattung heransteht, ist bezogen auf einen Mangel, der sich „gezeigt hat" (bei sorgfältiger Untersuchung sich hätte zeigen können). Dieser Begriff bedeutet, wie bereits zu Rdn. 88 für das Ausmaß der Untersuchung betont, die **Gewißheit des Käufers über das Vorhandensein des Mangels.** Mit bloßen Vermutungen braucht er sich nicht zu begnügen. Nur ausnahmsweise können die Umstände nach Treu und Glauben eine Benachrichtigung des Verkäufers gebieten, wenn sich bei langwieriger Untersuchung und vor deren Abschluß ein Verdacht auf Mangelhaftigkeit herausstellt; der Verkäufer bedarf hier der Nachricht, damit er sich gegen seinen Lieferanten sichern kann. Unterläßt der Käufer eine solche Benachrichtigung, so haftet er für den Schaden; nicht aber ist die Folge die Genehmigung der Ware (vgl. RGZ 104 384). Noch weniger braucht der Käufer von einem vorläufigen Befund Nachricht zu geben, wenn der Mangel ein vorübergehender sein kann (z. B. bei Exportbier, das durch die Seereise unklar zu werden pflegt und einige Zeit gebraucht, um sich zu klären: Rdn. 88); der Käufer kann hier warten, bis er den Mangel mit Sicherheit festgestellt hat. Andererseits ist es nicht so, als könne mit der Anzeige immer bis zur gründlichen „Durchprüfung" des Mangels nach allen Richtungen gewartet werden. Ist der Mangel überhaupt, wenn auch nicht in vollem Umfange, wahrnehmbar, so hat er sich „gezeigt"; er ist auch, obgleich nicht in vollem Umfange sichtbar, ein rügepflichtiger Mangel, falls ein stärkeres Hervortreten in solchem Umfange zu erwarten ist, daß die Ware zu dem vorausgesetzten Gebrauch minder geeignet erscheint (RG JR **1927** Nr. 1543). **105**

Für die **Fristen im einzelnen** kommt es auf den konkreten Fall an (RG WarnRspr. 1922 Nr. 19). Die folgenden Beispiele begreifen unter der Rügefrist die Frist für die Untersuchung mit ein; wiederum spielt die **Handelssitte** eine nicht unwesentliche Rolle. In ROHG **11** 307 sind 4 Tage Frist gegeben, ebenso Schiedsgericht des Warenvereins **106** der Hamburger Börse v. 15. 2. **1971** — HSG E 6 b Nr. 42 a (Lieferung von Haselnußkernen) —, wenn die Ware per Schiff angeliefert und der Käufer außerhalb ansässig ist. Demgegenüber ist in WarnRspr. **1925** Nr. 177 eine Verzögerung von 6 Tagen im Großhandel als zu weitgehend erachtet worden. Nach der Auffassung des Hamburger Platzgeschäfts beträgt die Untersuchungs- und Rügefrist beim cif-Geschäft in der Regel 3 Tage, beginnend mit der beendeten Entlöschung der Güter am Kai (Schiedsger. der Handelskammer Hamburg JW **1930** 1457; Schiedsgericht des Warenvereins der Hamburger Börse v. 1. 6. **1965** — nur volle Tage zählen, bei Ausladung aus dem Schiff auch nur bei Beendigung der Ausladung bis 15 Uhr — und v. 7. 6. **1972** [HSG E 6 b Nr. 20, 52 a]). Zu größerer Eile ist der Käufer verpflichtet bei drohenden Gefahren (Rdn. 79), oder wenn nur kleine Mengen zu untersuchen sind (RG LZ **1922** 590[5]: 3 Tage verspätet). Im Eierhandel beträgt die Rügefrist allgemein 3 Tage, wobei der Tag der Ankunft der Ware als erster Tag gerechnet wird, wenn die Ankunft des Waggons in der Frühe erfolgt (RG WarnRspr. **1931** Nr. 186). Im Obst- und Gemüsehandel gelten nach den in der Entscheidung OLG München NJW **1955** 1160 mitgeteilten Richtlinien der „Arbeitsgemeinschaft Gemüsebau" aus dem Jahre 1950 folgende Rügefristen: für offene Mängel 12 Stunden (bei leichtverderblicher Ware — Südfrüchten! — 4 Stunden), für verdeckte Mängel 2 Tage (bei leichtverderblicher Ware 6 Stunden) nach Eingang der Benachrichtigung von der Ankunft der Ware und Laderechtstellung am Bestimmungsort des Empfängers; vgl. auch OLG München BB **1957** 663 (verdorbene Tomaten: Rüge am 2. Tage nach Ablieferung verspätet). Nach der im Kartoffelhandel geltenden Verkehrsauffassung (sogen. Berliner Bedingungen) ist die Ware vor der Entladung zu prüfen und sind Mängel ohne Verzögerung telegraphisch zu rügen (OLG Hamburg HRR **1928** Nr. 641). Im Holzhandel gilt nach den „Handelsbräuchen der Mitglieder des Vereins Deutscher Holzeinfuhrhäuser e. V." (1952) eine Rügefrist von 5 Tagen. Technisch am einwandfreiesten drücken es die „Lieferungsbedingungen des Wollhandels", aufgestellt von der Vereinigung des Wollhandels e. V. in Bremen — Abdruck unter Anhang IV zu § 346 der Vorauflage — aus, wenn sie in Nr. 3 formulieren: „Die in § 377 Abs. 1 und 3 des Handelsgesetzbuchs vorgeschriebenen Untersuchungen und [!] Mängelanzeigen sind unverzüglich, wenn die Anzeige gemäß § 377 Abs. 1 spätestens am 5. Werktage nach der Ablieferung und gemäß § 377 Abs. 3 spätestens am 5. Werktage nach der Entdeckung durch eingeschriebenen Brief abgesandt wird".

107 In der Auslegung dessen, was ohne feststellbare Handelssitte als „unverzüglich" zu gelten hat, ist die **Rechtsprechung** für § 377 **unverändert streng** (BGH NJW **1954** 1841; OLG München NJW **1955** 1160). Schon eine geringe, für die Korrespondenz eines ordentlichen Kaufmanns vermeidbare Lässigkeit löst die angedrohten Rechtsfolgen aus (RGZ **106** 360; **64** 162; OLG Nürnberg DB **1953** 1055). In der Entscheidung BGH MDR **1964** 412 ist ausgesprochen, daß eine Rüge, die am 9. Januar erfolgt, nachdem die Ware am 21. Dezember des Vorjahres geliefert worden war, in jedem Falle zu spät kam, weil sie — soweit man überhaupt dem Käufer das teilweise Ruhen des Geschäftsbetriebes in den Tagen nach dem Weihnachtsfest hätte zugute halten können — jedenfalls spätestens in den ersten Januartagen unter Hintanstellung anderer Arbeiten hätte erfolgen müssen. Bei Beurteilung der Einhaltung der Rügefrist ist zwischen gesetzlichen Feiertagen und Ruhetagen zu unterscheiden, die wie z. B. Werksferien nur für einen einzelnen Betrieb oder sonst nur nach örtlichen Gepflogenheiten gelten und die Anzeigefrist nicht verlängern (RG HRR **1931** Nr. 769).

108 Der Käufer ist auch dann nicht entschuldigt, wenn er die Erstattung der Rüge zunächst hinausgeschoben hatte, weil er mit dem Verkäufer über andere Gegenstände in

Vertragsverhandlungen stand und eine Verschlechterung des Verhandlungsklimas befürchtete (OLG Celle BB **1961** 235). Er mag sich in einem solchen Falle seine Rechte vorbehalten und die Rüge nur vorsorglich erstatten. Vollends schiebt die Rügefrist sich nicht um die Zeitspanne hinaus, die der Käufer auf eine Vergewisserung darüber verwendet, ob er die Ware vielleicht behalten wolle, etwa durch Versuch einer Nachbesserung (BGH NJW **1978** 2394; s. aber Rdn. 88 a. E.).

Im übrigen sind „einholende" Fristwahrungen anerkannt: War die erste Mängelanzeige unzureichend, so kann sie durch eine zweite vervollständigt werden, wenn dies noch innerhalb der zur ordnungsmäßigen Untersuchung und Mängelanzeige erforderlichen Zeit geschieht. Z. B. der Käufer rügt einen Mangel telegraphisch und gibt Vervollständigung, ggf. verbunden mit der Rüge weiterer Mängel in einem am gleichen Tage abgesandten Brief (vgl. RG JW **1906** 762³⁴). Eine telegraphische Anzeige ist immer noch rechtzeitig, wenn eine rechtzeitige briefliche Anzeige nicht früher beim Verkäufer eingetroffen wäre (RG WarnRspr. **1922** Nr. 19; RG Holdheim **1910** 92); hierbei geht ein Unterschied von wenigen Stunden des Tages immer noch zugunsten des Käufers, wenn der Verkäufer nicht seine Benachteiligung dartut (RG JW **1922** 802⁴). **109**

Sind **mehrere Mängel** bis zum Abschluß der anstehenden Untersuchung festgestellt, so muß jeder einzelne gerügt werden. Wie sich der Käufer durch die unterlassene Rüge eines Mangels nichts vergibt hinsichtlich eines anderen Mangels, den er rechtzeitig gerügt hat (RGZ **38** 11), so wird durch eine Mängelanzeige ganz bestimmten Inhalts nicht die spätere Rüge von ganz anderen Mängeln gesichert (OLG Hamburg HansGZ **1917** Hptbl. 176). Die Vorschrift des § 377 will den Verkäufer auch davor schützen, daß der Käufer später Mängel nachschiebt, nachdem die ursprüngliche Bemängelung sich als nicht stichhaltig herausgestellt hat (BGH BB **1978** 1489; RG JW **1905** 646¹⁶). Daher gilt die Ware in bezug auf solche nachgeschobenen Mängel, die verspätet gerügt sind, als genehmigt. Immerhin wird die Unterlassung der Rüge bezüglich eines von mehreren Mängeln nur dann rechtserheblich, wenn gerade aus diesem Mangel Folgerungen hergeleitet werden sollen, so etwa bei Minderung und bei Schadensersatzansprüchen (§ 463 BGB oder aus positiver Vertragsverletzung). Will der Käufer dagegen wandeln und greift hierfür der gerügte Mangel bereits durch, so kommt es auf den weiteren, nicht gerügten Mangel insoweit nicht mehr an; ebenso beim Nachlieferungsanspruch aus § 480 BGB. Dieser ist Erfüllungsanspruch, der auf den ursprünglichen Kaufvertrag zurückgeht und nicht sich nach Maßgabe der Erhebung oder Nichterhebung von Mängelrügen modifiziert; der Verkäufer hat deshalb in der einwandfreien, nach dem Kaufvertrag geschuldeten Qualität nachzuliefern und darf sich nicht etwa darauf beschränken, bei der nunmehrigen Lieferung nur den gerügten Mangel zu vermeiden, es jedoch bei dem nicht gerügten bewenden zu lassen. Daß die Verabsäumung der Rüge wegen des anderen Mangels immer dann dem Käufer schadet, wenn der gerügte Mangel unbeweisbar bleibt oder als nicht erheblich (§ 459 Abs. 1 S. 2 BGB) angesehen wird, versteht sich in jedem Falle. **110**

Hat der Käufer **die Ware weiterversendet,** ehe er sie selbst untersuchte, so muß er die Mängelanzeige dennoch in der gleichen Zeitspanne erstatten, wie wenn er sie an seiner Handelsniederlassung untersucht hätte. Schon seine Untersuchungsobliegenheit verschiebt sich nicht ohne weiteres auf die Ablieferung bei seinem Abnehmer (Rdn. 38). Es bleibt das volle Risiko des Käufers, ob er von seinem Abkäufer dessen Mängelanzeige so rechtzeitig erhält, daß er sie noch innerhalb der ihm selbst zur Verfügung stehenden Frist an den Verkäufer weitergeben kann. Durchaus unrichtig ist es jedenfalls, bei einer Weitersendung der Ware darauf abzustellen, daß der Abkäufer des Käufers seinerseits rechtzeitig rügt, und daß der Käufer diese Rüge ohne schuldhaftes Zögern **111** dem Verkäufer weitergibt (so anscheinend BGH NJW **1954** 1841; OLG Köln MDR **1956** 42): die letztgenannte Mitteilung kann im Verhältnis des Käufers zum Verkäufer schon verspätet sein. Denn der Verkäufer kann ja nicht wissen, ob und wann der Käufer die Ware weitergibt; er selbst muß sich darauf einstellen dürfen, daß der Käufer die Ware so untersucht, wie sie ihm abgeliefert worden ist. Selbst dann, wenn er wußte, daß die Ware zum (alsbaldigen) Weiterverkauf bestimmt war, kann nur nach Lage des Falles daraus auf sein Einverständnis geschlossen werden, daß der Käufer seiner Rügepflicht genüge, wenn er die Mängelrüge seines Abnehmers nach dessen unverzüglich vorgenommener Untersuchung sofort weitergibt (OLG Hamburg OLGE **34** 379; s. im einzelnen Rdn. 112). Wird dagegen die Ware vom Verkäufer gemäß dem Vertrage an Abnehmer des Käufers unmittelbar geliefert, so liegt hierin die Ablieferung beim Käufer i. S. des Abs. 1 (Rdn. 38) und läuft die Rügefrist entsprechend. Da der Verkäufer hier nicht damit rechnen kann, der Käufer werde bei der Ablieferung und der Untersuchung zugegen sein, muß er darüber hinaus in Rechnung stellen, daß die Mängelanzeige des Abnehmers des Käufers zunächst an diesen letzteren zu gehen hat und erst daraufhin an ihn (den Verkäufer) weitergegeben werden kann: die Rüge ist dann also rechtzeitig, wenn die Mängelanzeige des Abnehmers des Käufers unverzüglich erstattet und vom Verkäufer ebenso unverzüglich weitergegeben worden ist (RGZ **96** 13; **102** 91; KG OLGE **34** 378). Es ist Sache des Käufers, dafür Sorge zu tragen, daß der Abnehmer — ob Kaufmann oder (RGZ **102** 91) Nichtkaufmann — ihn sobald als möglich von dem Ergebnis der Untersuchung unterrichtet (RGZ **55** 210; BGH NJW **1954** 1841; OLG Köln MDR **1956** 42); eine Verspätung der Mängelanzeige seines Abnehmers muß daher der Käufer gegen sich gelten lassen, auch wenn er selbst dessen Anzeige unverzüglich weitergibt (RG LZ **1917** 795[16]). — Ist die Ware von dem Verkäufer unmittelbar an den Abnehmer des Käufers übersandt worden, so ist daneben dieser zweite Käufer berechtigt, die Mängelrüge kurzerhand an den Verkäufer ergehen zu lassen, unbeschadet des Rechtes des ersten Käufers hierzu (RGZ **96** 15); ebenso, wenn der Verkäufer die Ware an den Einkäufer der kaufenden Firma zu senden hatte, der mit der Bearbeitung der Ware betraut war (RG SeuffA **85** 363).

112 Im allgemeinen rechtfertigt auch das **Wissen des Verkäufers,** daß der Käufer die Ware **in Originalpackung weiterverkaufen** werde, für sich allein nicht schon die Annahme eines Übereinkommens, daß die Untersuchung und Rüge erst später stattfinde (RGZ **57** 11; ROHG **17** 217). Wann eine solche Vereinbarung vorliegt, ist Tatfrage. Sie ist z. B. zu schließen aus der Unzulässigkeit, vor der Weiterbegebung die Fastage zu brechen oder die Originalverpackung zu verletzen, oder aus der Unmöglichkeit, am Ort der Ablieferung die Ware vor ihrer zu beschleunigenden Weiterbeförderung einer gründlichen Untersuchung zu unterziehen, oder aus dem stillschweigenden Einverständnis der Parteien, daß das Urteil des Abnehmers des Käufers über die Empfangbarkeit der Ware in Betracht kommen solle (ROHG **10** 147; RG LZ **1920** 706[13]), oder wenn dem Verkäufer klar war, daß die zum Weiterverkauf bestimmten Waren (z. B. milchwirtschaftliche Maschinen) von dem Käufer nicht durch Probelauf untersucht werden konnten, ohne diesen Zweck zu gefährden (RG JW **1924** 815[25]; Rdn. 91). — Gelegentlich kommen auch ausdrückliche Abreden des hier behandelten Inhalts — daß die unverzügliche Weitergabe einer seitens des Abnehmers des Käufers unverzüglich erstatteten Mängelanzeige genügen solle — vor; so im Abladegeschäft nach § 3 Abs. 4 der Geschäftsbedingungen des Waren-Vereins der Hamburger Börse, Anh. 3.

113 **Vertragliche Regelungen** mildern in weitem Umfange die Stringenz (Rdn. 107) der gesetzlichen Rügeobliegenheit mit dem Druck ihrer betont scharfen Folgen. Vornehmlich geschieht das durch **feste Rügefristen.** Der Käufer hat hier einen zeitlichen Spielraum, ohne „unverzüglich" rügen zu müssen. Solche festen (einwöchigen, 8-tägigen [§ 359 Abs. 2!], 10-tägigen, 2-wöchigen [§ 7 der Einheitsbedingungen der deutschen Textilindustrie, BGH NJW **1976** 625], 3-wöchigen) Rügefristen sind gerade in den neueren Geschäftsbedingungen nicht selten; auch: „bis zur Börse", nämlich Beginn des nächsten Börsentages (§ 3 Abs. 2 der Geschäftsbedingungen des Warenvereins der Hamburger Börse; Anh. 3). Von strikter Präklusivität, wirken sie für und gegen beide Parteien. Für verdeckte Mängel gelten sie jedoch nur, wenn das ausdrücklich gesagt ist; anderenfalls beschränkt sich ihre Festsetzung auf offene Mängel (BGH DB **1977** 1409). Wenig klar allerdings BGH NJW **1959** 1081: die vertragliche Beschränkung der Rüge bei verborgenen Mängeln auf eine Frist von 14 Tagen schließe, „nach Treu und Glauben ausgelegt", eine spätere Rüge dann nicht aus, wenn für den Käufer keine Pflicht zur Untersuchung bestanden habe (sc. die zur Aufdeckung des Mangels hätte führen können). Aber eine Pflicht zur Untersuchung auf verdeckte Mängel gibt es als reguläre ohnehin nicht. Die Eigenart des verdeckten Mangels liegt ja eben darin, daß er sich der Aufdeckung durch die allein zu verlangende, auf offene Mängel abgestellte Regeluntersuchung des § 377 Abs. 1 entzieht. Es ist also ein Fehlschluß, den verdeckten Mangel der für ihn festgesetzten Rügefrist mit der Begründung zu entziehen, er habe durch die dem Käufer zuzumutende Untersuchung nicht erkannt werden können. — Allenfalls kann eine feste Rügefrist in allgemeinen Geschäftsbedingungen sich nach § 9 AGBG auf das nach Treu und Glauben angemessene Maß korrigieren, wenn dem Käufer eine Untersuchung innerhalb dieser Frist schlechterdings nicht möglich ist. Vgl. hierzu bereits die — altrechtlichen — Fälle RG Gruch **62** 373 (der gedruckte Vermerk in den Lieferbedingungen lautete auf achttägige Rügefrist, die gelieferte Ware — Gulaschkonserven — verfielen infolge ungenügender Sterilisierung, eines verdeckten Mangels, jedoch erst nach Monaten dem Verderb: Fristbestimmung unwirksam trotz Bestätigungsschreibens des Käufers); OLG Hamburg HansRG **1924** 258 (Konnossementsklausel, daß Reklamationen innerhalb 24 Stunden nach Entlöschung des Dampfers einzureichen seien; sie läßt die Frist erst beginnen, wenn der Käufer nach der Entlöschung auch in der Lage war, die Untersuchung vorzunehmen) u. ähnlich MDR **1970** 334. — Vertragliche Garantiefristen sind in der Regel nicht gleichbedeutend mit fester Rügefrist, BGH BB **1961** 228 (dort auch über die verschiedenen, durch Auslegung zu ermittelnden Möglichkeiten der Bedeutung einer Garantiefrist).

Nicht zu verwechseln mit den festen Rügefristen sind die **„Spätest"-fristen**. Sie werden vornehmlich für die Anzeige verdeckter Mängel bestimmt, entbinden nicht von der Obliegenheit zur unverzüglichen Anzeige nach Entdeckung, setzen aber hierfür einen äußersten Zeitpunkt (6 Wochen; 2 Monate; 3 Monate; 6 Monate: § 3 Abs. 3 der „Bedingungen der Bremer Baumwollbörse"; Anhang 1). **114**

Auch kann die Frist für die Untersuchung und Mängelanzeige **gleitend verlängert oder verkürzt** (ROHG **2** 379; RG Bolze **16** Nr. 416; **8** Nr. 501; OLG Hamburg HansRZ **1924** 425) werden. Das ist sogar stillschweigend möglich (RG SeuffA **85** 364, 365). Solche Verkürzungen und Verlängerungen haben dann ein bestimmtes, vertraglich festgelegtes Ereignis zum Ausgangspunkt oder Endpunkt ihrer Berechnung; die Verlängerung kann z. B. eine Überlegungsfrist für den Käufer bezwecken, ob er nach Feststellung oder Entdeckung des Mangels die Ware gleichwohl behalten wolle (Abhilfemöglichkeit). Eine stillschweigende Verlängerung der Rügefrist liegt in der Vereinbarung, daß der Käufer erst zahlen solle, nachdem die Maschine gewisse Zeit in Betrieb gewesen sei und sich bewährt habe; innerhalb dieser Probezeit hat die Rüge zu erfolgen (RG JW **1909** 453[5]). Beispiele für Verkürzung der Rügefrist in § 3 Abs. 2 der „Bedingungen der Bremer Baumwollbörse" (Anh. 1 und Rdn. 92): Rüge erforderlich **115** im Zuge der gemeinsamen Untersuchung; s. auch OLG München OLGE **42** 229 mit der Vertragsbestimmung: Käufer darf entladen, wenn er vorher bei ordnungsmäßiger Untersuchung keine Mängel findet; zeigen sich Mängel während der Entladung, so muß er einhalten und rügen; sonst genehmigt er.

116 Ist die Verlängerung der Rügefrist vereinbart, so ist anzunehmen, daß nach dem Willen der Vertragschließenden die Rüge dem Verkäufer **innerhalb dieser Frist zugegangen** sein muß (OLG Hamburg HansGZ **1919** Hptbl. 1; OLG Karlsruhe HRR **1930** Nr. 308). Die Bestimmung in Abs. 4 hat in allen diesen Fällen also als abbedungen zu gelten (dazu Rdn. 142).

117 Durch den **Fakturenvermerk,** daß Reklamationen nur innerhalb einer bestimmten Frist angenommen werden, erreicht der Verkäufer nichts. Die Frist wird dadurch nicht zu seinen Gunsten auf die von ihm willkürlich gewählte Zeit festgesetzt, so daß er spätere Rügen zurückweisen könnte; für den Käufer ist der Hinweis, wie auf alle solche einseitigen Fakturenvermerke, nicht verbindlich. Den **Verkäufer bindet** aber ein solcher Vermerk, soweit er zu seinen Ungunsten lautete, da er nicht deutlich zum Ausdruck bringt, daß er nicht gelten solle, falls die gesetzliche Rügefrist schon vor Ablauf der bestimmten Frist verstrichen sei (OLG Hamburg OLGE **22** 49; HansGZ **1905** Hptbl. 224; OLG Celle OLGE **41** 212; OLG Dresden SeuffA **56** 59; OLG Königsberg PosMSchr. **1906** 12; OLG Frankfurt Recht **1909** Nr. 1199; *Düringer/Hachenburg* 53; *Oertmann* in Ehrenberg Handb. IV 2 S. 507 ff; *Ritter* 19; **a. M.** RG LZ **1912** 76[1] u. **1909** 476[2]; OLG Karlsruhe HRR **1930** Nr. 308).

118 k) **Teillieferungen. Sukzessivlieferungen.** Bei Lieferung in Teilen und bei Sukzessivlieferungen muß der im § 377 angeordneten Untersuchungs- und Rügeobliegenheit nach Maßgabe der Ablieferung (Rdn. 39) **für jede Sendung gesondert** genügt werden (OLG Köln BB **1954** 613 u. MDR **1956** 42; so auch § 17 der Platzusancen für den hamburgischen Warenhandel — Anh. 2 —); mag auch überall der Fehler derselbe und die Ware gleichartig sein. Denn aus der Rüge einer Sendung ergibt sich nicht, daß auch spätere Sendungen denselben Mangel zeigen, noch auch, daß die eine Rüge sich auf alle Sendungen beziehen solle. Sind langwierige, noch nicht zu Ende geführte Untersuchungen nötig und läßt sich feststellen, daß die späteren Lieferungen von der gleichen Beschaffenheit waren wie die erste, so schadet es dem Käufer nicht, wenn er noch weitere Mengen desselben Sukzessivlieferungsvertrags abnimmt und nicht sofort rügt, sondern das Ergebnis der durch die früheren Lieferungen veranlaßten Untersuchung abwartet (RGZ **104** 384).

119 Die vorstehende Bezugnahme auf Rdn. 39 („Ablieferung" bei Zufertigung der Ware in Teilen) besagt hier im besonderen: Sukzessivlieferungen, auch selbständige Teillieferungen liegen nur vor, wenn die Zusendung der einzelnen Posten als selbständige Akte der Vertragserfüllung vom Verkäufer gewollt und dem Käufer so erkennbar gemacht sind (RGZ **43** 65). Wird eine Rate eines Sukzessivlieferungsvertrags in mehreren Waggons, die rasch hintereinander abgehen, abgeschickt, so daß sie nicht gleichzeitig ankommen, so darf der Käufer bis zum Eintreffen der ganzen Rate mit der Rüge warten (RG LZ **1908** 695[11]). Ebenso verhält er sich, wenn es sich **nicht um eine einzelne Rate eines Sukzessivlieferungsvertrags** handelt, sondern wenn der Verkäufer bei Zusendung einer Warenmenge, die er auf einmal zu liefern hat, also bei einer einheitlichen, nur tatsächlich in Teilmengen ausgeführten Lieferung, lediglich aus Gründen geschäftlicher Zweckmäßigkeit oder Bequemlichkeit die verschiedenen Behältnisse (Kisten, Pakete), in die die Ware ihrer Menge wegen verpackt werden muß, nicht gleichzeitig, sondern nacheinander in kurzen Zwischenräumen zum Abgang bringt, so daß die

Ware nicht auf einmal beim Käufer eintrifft. Das ist eine einheitliche Lieferung, bei der die Rüge unverzüglich nach Eintreffen der letzten Sendung noch rechtzeitig ist (RGZ 43 66; RG JW **1910** 155[24]; OLG Hamburg LZ **1917** 1013[19] u. [20]), ja sogar regelmäßig überhaupt erst bei Empfang des letzten Teils der Leistung zu erfolgen hat (RGZ **138** 332). Liegen die Einzellieferungen aber zeitlich erheblich auseinander, so bedarf es der Rüge jeder Teilsendung (RG LZ **1926** 820: 8—12 Tage Zwischenraum; s. auch den Fall BGH LM § 377 Nr. 4). Ist die gesamte Lieferung in Monatslieferungen zu 15 Wagen eingeteilt, hat der Verkäufer das Recht, die 15 Wagen einzeln an verschiedenen Tagen des Monats abzusenden, und sind die Sendungen einzeln zu bezahlen, so muß jede an einem Tage, wenn auch in mehreren Wagen eingetroffene Lieferung für die Rüge als besonders gelten (RG LZ **1927** 1020[13]). Ferner ist zu beachten, daß, wenn bei verschiedenen Lieferungen einer einheitlichen Erfüllung des ganzen Geschäfts sich gewisse Mängel, z. B. hinsichtlich des Prozentsatzes an besserer und geringerer Ware (Rdn. 45) oder hinsichtlich der Durchschnittsmaße Vertragswidrigkeiten, erst nach Eintreffen einer gewissen Anzahl von Sendungen feststellen lassen, der Käufer solange mit der Untersuchung und Rüge warten darf (RG JW **1910** 155; OLG Hamburg SeuffA **72** 322). Mängel, die durch die Möglichkeit eines besseren Ausfalls der noch ausstehenden Teile nicht behoben werden können, müssen aber unverzüglich angezeigt werden. Sind in einem einheitlichen Kaufvertrage mehrere Lieferungen verschiedenartiger Gegenstände, die ein einheitliches Ganzes bilden, vereinbart worden und besteht die letzte Sendung aus gleichartigen Teilen der zusammenzustellenden Einheit (z. B. Schüsseln von Servicen), so kann die Untersuchung der Einzelsendungen vor Eintreffen der Schlußlieferung nicht gefordert werden; deshalb kann nicht etwa die letzte Sendung wegen „verspäteter" Rüge der voraufgehenden als genehmigt gelten, noch brauchten die voraufgehenden Sendungen überhaupt vor Eintreffen der letzten gerügt zu werden; anders, wenn jede Lieferung für sich allein verwendbar ist (RGZ **138** 331).

120 l) **Pflichten des Käufers bei nachhaltiger Verhinderung an der Vornahme der Untersuchung.** Wird der Käufer durch außergewöhnliche Umstände (Rdn. 77, 95) oder durch einen vom Verkäufer zu vertretenden Umstand an der Untersuchung der Ware nachhaltig verhindert, so muß er dem Verkäufer hiervon **unverzüglich Anzeige erstatten.** Unterläßt er die Anzeige schuldhaft, so liegt darin die **Verletzung einer vertraglichen Nebenpflicht** (der Verkäufer wird in dem Glauben gelassen, der Kauf gehe in Ordnung [Rdn. 1, 3]: er hat einen Anspruch darauf, zu erfahren, daß und warum dies trotz Ausbleibens einer Rüge nicht der Fall ist), die den Käufer zum Schadensersatz verpflichtet, ggf. unter Abwägung nach § 254 BGB gegen das Vertreten-müssen des Verkäufers. Der Verkäufer kann alsdann verlangen, so gestellt zu werden, wie wenn der Käufer ihn von dem Hinderungsgrund unterrichtet hätte. Zeigt der Käufer die Verhinderung an der Untersuchung pflichtgemäß an, so läuft die Rügefrist erst wieder mit Beendigung des Hindernisses oder, wenn der Verkäufer die Hinderung zu vertreten hat, mit der Anzeige des Verkäufers von der Beseitigung des hindernden Umstandes (vgl. § 3 Abs. 2 der Platzusancen für den hamburgischen Warenhandel — Anh. 2 —; ähnlich § 3 Abs. 8 der Geschäftsbedingungen des Waren-Vereins der Hamburger Börse — Anh. 3 —).

D. Die Rügeobliegenheit bei verdeckten Mängeln
1. Nachträgliche Entdeckung des Mangels

121 Nach Abs. 3 wird ein Mangel, der sich später zeigt, unverzüglich nach Entdeckung rügepflichtig. Zum **Begriff des verdeckten Mangels** s. Rdn. 66. Für ihn liegt der Schlüssel bei der Ordnungsmäßigkeit der dem offenen Mangel zu widmenden Untersuchung:

der stattgehabten oder zu fordern gewesenen. Alles, was bei solcher ordnungsmäßigen Untersuchung sich nicht gezeigt hat oder gezeigt haben würde, ist verdeckter Mangel.

122 Es ist daran zu erinnern, daß insoweit der **Handelsbrauch** wesentliche Maßstäbe setzt. Deshalb ist „verdeckt" auch der an sich durch eine längere wissenschaftliche oder fachtechnische Untersuchung zu entdeckende Mangel, wenn eine Untersuchung dieser Art durch Handelsbrauch nicht geboten ist (Rdn. 96: Nylon statt Perlon: BGH NJW **1959** 1081; ferner RGZ **104** 383; OLG Hamburg HansGZ **1920** Hptbl. 190). Instruktiv insbesondere der im Schiedsspruch der Bremer Wollhandelsvereinigung v. 12. 4. 1960, BB **1960** 963 behandelte Fall: Bei Lieferung von Wolle, als „im Prinzip reiner Ware", sei chemische Untersuchung auf Beimischungen nicht handelsüblich, weil diese auf die Sendung ungleichmäßig verteilt zu sein pflegten, die Untersuchung einer Probe also u. U. keine schlüssigen Ergebnisse liefere; eine solche Untersuchung sei daher nicht zu fordern, vielmehr schaffe erst die Verarbeitung volle Klarheit. Ein Mangel, auch wenn dessen Feststellung eine chemische Analyse erfordert, ist demgegenüber nicht zu den verborgenen Mängeln zu rechnen, wenn beide Vertragsteile erfahrene Fachleute in dem betreffenden Handelszweig sind (RG HRR **1931** Nr. 769; vgl. auch OLG Nürnberg DB **1953** 1055 [die Folgerung aus dem dort mitgeteilten Leitsatz geht allerdings an der Rechtslage nach § 377 vorbei]). — Ferner liegt ein verdeckter Mangel vor, wenn er sich **erst beim Gebrauch zeigt und zeigen kann,** weil eine Gebrauchsprobe auf offene Mängel (Rdn. 89) entweder ausschied oder genügende Aufschlüsse nicht hätte geben können. So z. B., wenn bei einer in kleiner Menge verkauften Ware die Verpackung ohne Beeinträchtigung des Wertes nicht entfernt werden kann (Rdn. 91). Ein Irrtum des Käufers über die Erkennbarkeit des Mangels entlastet ihn nicht, weil sich die Erkennbarkeit nach objektiven Regeln richtet (RGZ **73** 168).

123 „Entdeckt" ist der bis dahin verdeckte Mangel, sobald er, ohne daß hierzu vorsorglich besondere Vorkehrungen getroffen werden müssen, offenbar wird. Er muß, in gleicher Weise wie der offene, **zur Gewißheit** feststehen (Rdn. 88). Daß er zur Kenntnis genommen werde, ist nicht erforderlich; es genügt, daß er hätte zur Kenntnis genommen werden können. Belanglos ist auch, wo der Mangel sich später zeigt, ob beim Käufer oder beim Abnehmer des Käufers.

2. Untersuchungsobliegenheit bei nachträglichem Mängelverdacht.

124 Abs. 3 spricht nicht davon, daß der Käufer bei auftretendem Verdacht auf bisher verdeckte Mängel — anders könnte er hierzu ja nicht veranlaßt sein — gehalten sei, die Ware auf das verdächtige Anzeichen hin nochmals zu untersuchen. Daraus läßt sich jedoch nicht der Schluß ziehen, der Käufer könne abwarten, bis der Verdacht sich erhärtet haben werde. Er muß ihn nicht nur im Auge behalten, sondern auch, wenn erforderlich, sich durch unverzügliche sachdienliche Untersuchung **(Nachuntersuchung)** Gewißheit verschaffen: die Rechtzeitigkeit der Rüge nach Abs. 3 hängt davon ab, wenn er durch solche Untersuchung hierzu in den Stand gesetzt gewesen wäre. Das allein entspricht dem Sinn und Zweck des Gesetzes, der auch hier die beschleunigte Vergewisserung des Verkäufers über den Mangel fordert (RGZ **99** 247; RG SeuffA **85** 363; BGH LM § 377 HGB Nr. 1; OLG München NJW **1955** 1560; OLG Celle BB **1957** 595; *Schlegelberger/Hefermehl* 66; *Meeske* S. 114). Diese Obliegenheit zur Nachuntersuchung geht bis zur Ausschöpfung technischer Möglichkeiten in gleicher Weise wie bei der Erstuntersuchung (Schiedsgericht des Warenvereins der Hamburger Börse v. 15. 5. **1962** — HSG E 6 b Nr. 8) —.

125 Das Gesagte gilt vor allem, wenn ein Verdacht durch **Bemängelungen** entsteht, die **von seiten des oder der Abnehmer des Käufers** einlaufen (OLG München NJW **1955**

1160). Solche Bemängelungen verdienen daher die im Interesse des Verkäufers gebotene Aufmerksamkeit, wenngleich mit der Rüge gewartet werden darf, bis die Ursache sich mit Sicherheit auf einen vom Verkäufer zu vertretenden Mangel zurückführen läßt (Rdn. 88). Nur darf hierbei der Käufer sich nicht darauf verlassen, daß sein Abkäufer — besonders wenn dieser nicht fachkundig, etwa ein Privatmann ist — die Bemängelung erschöpfend vorbringen werde; vielmehr ist es seine Sache, sich ggf. durch Rückfragen beim Kunden die einschlägigen Aufschlüsse über Art und Umfang des aufgetretenen Mangels zu verschaffen (OLG Celle BB **1957** 595). Hat der Käufer dieser Anforderung genügt, so ist seine Rüge, sofern er sie unverzüglich an den Verkäufer weitergibt, in jedem Falle rechtzeitig. Darauf, ob sein Abkäufer oder dessen weiterer Abnehmer (vielleicht Nichtkaufmann) sich unverzüglich gemeldet hat, kommt es nicht an. Denn die Interessenlage wie in Rdn. 111 liegt hier nicht vor. Den Käufer traf die Untersuchungsobliegenheit — ggf. die Obliegenheit, Bemängelungen aus der Abnehmerkette mit der gebotenen Sorgfalt nachzugehen — nur nach Maßgabe des Bekanntwerdens des bis dahin verdeckt gewesenen Mangels: das Risiko, *wann* ein solcher Mangel dem Käufer im Falle des Weiterverkaufs bekannt wird, trägt der Verkäufer, der insoweit ja ohnehin nicht mit unverzüglicher Rüge nach Ablieferung hätte rechnen können. Daß der Abnehmer des Käufers, falls er selbst Kaufmann ist, dem damit auch für ihn zunächst verdeckt gewesenen Mangel nicht die gehörige Aufmerksamkeit geschenkt hat, kommt dem Verkäufer im Verhältnis zum Käufer deshalb nicht zustatten.

3. Umfang und Zeitpunkt der Rügeobliegenheit

Die Rüge ist **unverzüglich nach Entdeckung des Mangels** zu erstatten. Abzustellen **126** ist auf die Kenntnis — oder die Möglichkeit der Kenntnisnahme — des Käufers von dem Sachverhalt, der den nachträglich aufgetretenen Mangel zur Gewißheit ergeben hat (s. hierzu insbes. Rdn. 125). Die Unverzüglichkeit wird entscheidend mitbestimmt durch die Sorgfalt, mit der die ersten Verdachtszeichen beim Käufer im Auge behalten werden mußten, um die Gewißheit des Mangels zum frühestmöglichen Zeitpunkt zu gewinnen (Rdn. 124). Im übrigen gilt das für die Anforderungen an die Unverzüglichkeit der Rüge zu Rdn. 101 ff Ausgeführte entsprechend. Wird der verborgene Mangel erst im Laufe eines aus anderem Grunde über die Ware geführten Rechtsstreites erkannt, so kann für die Unverzüglichkeit der Rüge, deren Stichhaltigkeit für den Verkäufer nur noch prozeßtaktisches, nicht mehr kaufmännisches Interesse hat, ein weniger strenger Maßstab zugelassen werden (Mitteilung durch Schriftsatz des Prozeßbevollmächtigten, BGH NJW **1959** 1081).

Der **Umfang** der Rügeobliegenheit wird durch den jeweils entdeckten Mangel be- **127** stimmt. Unter Umständen können verdeckte Mängel nacheinander ans Tageslicht kommen. Dann ist auch hier eine Rügeobliegenheit in Stufen gegeben (Vgl. Rdn. 103).

E. Die Erstattung der Mängelanzeige (Mängel„rüge")
1. Rechtsnatur

Die Rechtsnatur der Mängelanzeige erschließt sich aus der Rechtswirkung, die das **128** Gesetz an ihr Unterbleiben knüpft. Auszuscheiden ist zunächst, was sie nicht ist: sie ist **nicht Willenserklärung.** Der Rechtserfolg, den sie hat — die Wahrung der Rechtsposition des Käufers in Bezug auf die Mängel, die ihm bei Verspätung oder bei Ausbleiben der Mängelanzeige verloren ginge —, tritt nicht deshalb ein, weil die Anzeige auf diesen Rechtserfolg gerichtet gewesen wäre und diese ihre Wirkungen von der Rechtsordnung entsprechend dem Willen des Erklärenden bestimmt worden seien (gegen die Annahme einer Willenserklärung auch *Kreß* Bes. Schuldrecht S. 26 Fußn. 130; a. M. *Reimer Schmidt* Die Obliegenheiten S. 191). Die Wirkung tritt vielmehr kraft Gesetzes ein, sobald die Anzeige rechtzeitig erstattet ist und den Tatsachen entspricht. Sie ist reine Vorstellungsmitteilung, **Unterrichtung des Verkäufers darüber, daß der Käufer die Sache, und was er an ihr, als mangelhaft ansehe.** Sie ist insbesondere nicht nur Unterrichtung des Verkäufers über die Tatsache des Mangels als solche. Denn das Gesetz formuliert nicht, wie etwa § 694 BGB von der gefahrdrohenden Beschaffenheit der hinterlegten Sache (für deren Folgen der Hinterleger dem Verwahrer gegenüber haftet): „... es sei denn, daß ... er sie dem Verwahrer angezeigt oder dieser sie ohne Anzeige gekannt hat". So sehr die Aufklärung über den Mangel als Zweck der Anzeige im Vordergrund steht: der rechtssystematische Gehalt der Anzeigeobliegenheit aus § 377 ist damit nicht erschöpft. Die Anzeige muß auch dann erstattet werden, wenn der Verkäufer über den Mangel bereits im Bilde ist, ihn vielleicht zwischen Absendung und Ablieferung erfahren hat. Denn der Käufer könnte die Ware trotz des Mangels genehmigen, und er wird nach der Konstruktion des Gesetzes sogar unwiderlegbar als genehmigend angesehen, wenn er eben die ihm obliegende Anzeige nicht erstattet. Die Anzeige wirkt der drohenden Genehmigungsfiktion entgegen, indem sie klarstellt, daß der Käufer den Mangel als solchen empfindet, die Ware nicht billigen kann und sein Mißfallen — genau dieses schwingt mit in dem gängig gewordenen Ausdruck Mängel„rüge", der daher prägnanter erscheint als das gesetzliche „Mängel anzeigen" — dem Verkäufer in aller Form notifiziert zu sehen wünscht. Er braucht zwar nicht zu erklären, daß er die Ware „nicht als Erfüllung gelten lassen wolle" (BGH LM § 377 HGB Nr. 4; RGZ 54 68). Der Ausschluß der Genehmigungsfiktion tritt schon ein, wenn der Käufer auf die Feststellung des Mangels aufmerksam macht: eines Mehr bedürfte es, insoweit jedenfalls, nicht. Aber jene Sperre gegen das Eintreten der Genehmigungsfiktion wird deshalb ausgeräumt, wenn aus dem Inhalt der Anzeige oder aus sonstigen Umständen zu entnehmen ist, daß der Käufer die Ware ihres Mangels ungeachtet genehmige oder daß er von den ihm aus dem Vorhandensein des Mangels erwachsenen Rechten keinen Gebrauch machen wolle (RGZ 54 68; KG OLGE 33 280; Nürnberg DB 1953 1055; nicht ganz so deutlich hinsichtlich des Verhältnisses von Regel und Ausnahme: BGH LM § 377 HGB Nr. 4). Ein solcher Fall ist z. B. angenommen worden, wenn der Käufer die hypothetische Anzeige macht, er werde die gesamte Lieferung beanstanden, wenn der Rest nicht besser ausfalle, oder wenn er schreibt, daß er mit dem Absatz des Flaschenbieres nicht vorwärtskomme, das Bier vertrage das Hin- und Herfahren nicht und werde trübe, der Verkäufer möge doch einmal mit seinem Braumeister sprechen, wie sich diesem Übelstande abhelfen lasse (RG JW 1898 646[18]).

129 Als Vorstellungsmitteilung — im Sinne der Kategorien bei *Manigk* Willenserklärung und Willensgeschäft (1907) S. 701 ff. und *Flume* Allg. Teil II § 9, 2 b S. 112 — unterliegt die Anzeige den **über die Willenserklärungen gegebenen Vorschriften** des Allgemeinen Teils des BGB **nur bedingt** (nicht so einschränkend *Schlegelberger/Hefermehl* 53). „Stillschweigend" kann sie nicht erklärt werden; das liegt in ihrem Wesen (*Manigk* aaO S. 711/712). Der Kundmachungszweck gegenüber dem Verkäufer, der andernfalls auf den Eintritt der Genehmigungsfiktion muß vertrauen dürfen, erfordert grundsätzlich ihren Zugang: sie ist als Erklärung empfangsbedürftig (*Flume* aaO S. 113; unten Rdn. 142). Insofern es sich um eine empfangsbedürftige Erklärung handelt, ist § 130 Abs. 2 BGB analog anwendbar. Da sie wegen des nicht zu verkennenden Einfließens des Willensmoments, es kraft der Anzeige nicht zur Genehmigungsfiktion kommen zu lassen, immerhin schon in der Nähe der Willensmitteilung steht (*Flume* aaO S. 112) läßt sie auch die Annahme eine echte Stellvertretung in der Erklärung zu (dies im Unterschied zu *Manigk* aaO S. 711), vgl. Rdn. 138. Von einem Geschäftsunfähigen wird sie deshalb nicht wirksam ausgehen können. Wäre es der Zweck der Mängelrüge, dem Verkäufer die Kenntnis des Mangels zu verschaffen, so wäre dafür die Geschäftsfähigkeit des Informanten ohne Belang: aber eben das ist ihr Zweck nicht. Wohl dagegen kann der Geschäftsbeschränkte die Mängelrüge erstatten, da sie als solche ihm nur rechtliche Vorteile bringt, indem sie eine gegebene Rechtsposition offenhalten hilft (§ 107 BGB; anders in der Begründung, im Ergebnis auch für den Fall der Geschäftsunfähigkeit, *Manigk* aaO S. 710). Eine Anfechtbarkeit wegen Irrtums (Blankettmißbrauch), Drohung oder arglistiger Täuschung entfällt. Die Mängelanzeige ist entweder im Tatsächlichen zutreffend oder nicht zutreffend; ist sie zutreffend, so bedarf der durch sie bewirkte rechtliche Effekt keiner rückwirkenden Vernichtung: als Hilfseffekt vorbereitender Natur (Offenhaltungseffekt) kann er jederzeit auch anders, nämlich durch nachträgliche Genehmigung der Ware wieder kassiert werden. Die Wirkungen des Unterbleibens der Mängelanzeige wiederum lassen sich, auch wo das Unterbleiben auf Irrtum, Täuschung oder Zwang beruht, selbst durch Anfechtung nicht — allenfalls über einen Schadensersatz — beseitigen.

2. Inhalt

a) Genügend: Anzeige des Mangels. Lediglich eine Anzeige der Mängel ist notwendig. Es entspricht **nicht** dem Gesetz, wenn die Kaufmannswelt von einer **Zurverfügungstellung** statt einer Mängelanzeige spricht. Man begegnet in Kreisen des Handels vielfach der Meinung, der Käufer sei gehalten, die Ware zur Verfügung zu stellen, damit der Verkäufer anders darüber verfügen könne. Diese Meinung verkennt Zweck und Rechtsnatur der Anzeigeobliegenheit und ist geeignet, die Rechtsstellung des Käufers in einer dessen Interessen u. U. zuwiderlaufenden Weise zu präjudizieren. Durch die gehörige und rechtzeitige Mängelanzeige wahrt vielmehr der Käufer seine Rechte aus der mangelhaften Beschaffenheit der Ware, die keineswegs nur in dem Recht auf Zurückweisung der Ware bestehen, vielmehr je nach Lage des Falles einen ganzen Fächer von Möglichkeiten der Schadloshaltung beinhalten — Annullierung des Kaufvertrages, Behalten der Ware mit Preisabschlag, u. U. mit Nachbesserungsrecht, Nachlieferungsanspruch, Schadensersatzanspruch allein oder in Verbindung mit Zurückweisung oder Behalten der Ware — (Rdn. 150 ff; so auch die Rechtsprechung: RGZ **106** 362). Der Irrtum des Käufers, daß er sich erst über die Berechtigung der Zurverfügungstellung habe — in juristischer Beziehung — vergewissern müssen, geht zu seinen Lasten, wenn dadurch die Rüge verspätet wurde (RG wie vor).

Selbstverständlich ist in Erklärungen des Käufers, mit denen er Recht aus der mangelhaften Lieferung geltend macht, zugleich die Mängelanzeige enthalten, wenn den Anforderungen an die nötige Substantiierung (Rdn. 134 ff) genügt ist.

Der Käufer braucht nur anzuzeigen, daß **Mängel vorhanden** seien. Er braucht eine Ursache des Mangels nicht anzugeben (RGZ **106** 361; RG SeuffA **85** 366). Die Anzeige braucht andererseits nicht über die Tatsächlichkeit des Vorhandenseins des Mangels hinauszugehen: so wenig die Mängelrüge identisch ist mit der Erklärung, die Ware „zur Verfügung zu stellen", so wenig braucht der Käufer schon jetzt überhaupt irgend welche auf einen Rechtserfolg bezogene Entschließungen zu erklären — die Mängelrüge ist ohnehin nicht Willenserklärung, Rdn. 128 —: weder, daß er die Ware „nicht genehmige" (er kann die Ware trotz der Mängelanzeige später immer noch genehmigen), „sich seine Rechte vorbehalte" (BGH LM § 377 HGB Nr. 4), noch weniger, daß und welche Rechte er aus dem Vorhandensein der Mängel abzuleiten gedenke. Dem Verkäufer bleibt zunächst nichts, als diese Anzeige zur Kenntnis zu nehmen. Ist ihm an einer baldigen Klärung der Stichhaltigkeit der Bemängelung als solcher gelegen, so mag er vom Käufer eine Besichtigung der Sache verlangen; den Anspruch hierauf hat er nach § 809 BGB (*Ermann/Hense*⁷ § 809, 2); äußerstenfalls kommt ein Antrag auf Beweissicherung in Betracht (§§ 485 ff ZPO). Will der Verkäufer Klarheit über die Rechtsfolgen haben, so kann er sie sich dadurch schaffen, daß er sich zur Wandelung erbietet und unter Bestimmung einer angemessenen Frist den Käufer zur Erklärung darüber auffordert, ob er Wandelung verlange; nach Ablauf der Frist kann der Käufer Wandelung nicht mehr verlangen (§ 466 BGB). Beim Gattungskauf kann der Verkäufer sich auch zur Nachlieferung erbieten und den Käufer zu der Erklärung auffordern, ob er diese verlange; nach Ablauf der Frist kann der Käufer dieses Recht nicht mehr geltend machen (§ 480 BGB i. V. m. § 466 BGB). Der Verkäufer kann ferner auf Zahlung klagen; dann ist der Käufer verfahrensrechtlich gezwungen, sich über das Recht, welches er wählen will (Wandelung, Minderung, Lieferung anderer Ware, Schadensersatz), zu erklären. Ist der Zahlungsanspruch noch nicht fällig, so wird die Klage auf Abnahme oder auf Feststellung helfen.

132 Jedenfalls muß die Anzeige so erstattet werden, daß sie als **Mitteilung des Käufers selbst** erscheint. Daher steht die Streitverkündung an sich der Mängelanzeige nicht gleich. Denn die Streitverkündung besagt nur, daß ein Dritter Mängel behaupte. Wegen dieses Unterschiedes wurde die Streitverkündung der Mängelrüge nur in dem besonderen Falle des § 478 BGB gleichgestellt. Die Anzeige kann aber in der Streitverkündung liegen (Rdn. 139). Sie kann u. U. in der Übersendung einer Expertise über die Mängel liegen (BGH LM § 377 HGB Nr. 4). Gibt der Käufer eine ihm von seinem Abnehmer erstattete Anzeige an den Verkäufer weiter, so muß diese Mitteilung erkennen lassen, daß er sich diese Anzeige zu eigen mache, d. h. selbst rüge (RG JW **1902** 173³⁹). Dies wird allerdings regelmäßig anzunehmen sein.

133 Nur eine **einmalige Anzeige** ist nötig. Hat der Verkäufer sich auf die Anzeige zur Nachbesserung verstanden, so muß die Anzeige bei Nichterfolg nicht wiederholt werden. Es genügt nunmehr die Erklärung, daß die Nachbesserung ihren Zweck nicht erfüllt habe (OLG Hamm MDR **1959** 493; OLG Stuttgart SeuffA **81** 51); Sie steht nicht einmal unter Rügefrist. Wohl aber ist erneute Mängelrüge erforderlich, wenn eine Ersatzlieferung (§ 480 Abs. 1 BGB) den Mangel unverändert aufweist; BGH WM **1983** 339, 341.

134 b) **Substantiierung.** Die Mängelanzeige muß dem Verkäufer die Mängel **substantiiert und in der ganzen Breite des Objekts,** ggf. also unter Aufschluß über Umfang und Befund der gezogenen Stichproben (Rdn. 81), kundgeben. Sie muß substantiiert die Mängel so angeben, daß damit der Verkäufer Art und Umfang der Mängel erkenne, und zwar hinsichtlich der ganzen Ware. Nicht genügt deshalb die Mitteilung: „Auf die Abweichungen im Gewicht komme ich noch zurück" (BGH BB **1978** 1489: der Verkäufer muß mögliche Toleranzen prüfen können). Die Anzeige, der Inhalt einiger Fässer sei durch Defektwerden der Fässer beschädigt, gilt nur für diesen Teil der Sendung. Ist nur ein Teil mangelhaft und sollen nur für diesen Gewährschaftsansprüche vorbehalten werden, so muß deutlich und nicht nur schätzungsweise angegeben werden, welcher und ein wie großer Teil der Sendung beanstandet wird (RG LZ **1925** 655⁸); dem Käufer muß dann aber die Möglichkeit gelassen bleiben, zuvor den zu beanstandenden Teil im ordnungsmäßigen Geschäftsgang auszusondern; RG wie vor). Bloße Zurückweisung der Ware ohne jede Grundangabe genügt nicht, auch nicht eine allgemeine Erklärung der Unzufriedenheit: ROHG **10** 269; RG LZ **1913** 675⁴: die Ware sei viel zu ordinär und nicht zu verwenden; die Ware sei schlecht, nicht vertragsmäßig, die Ware sei nicht gesetzlich beschaffen, sei fehlerhaft (ROHG **14** 68; RG LZ **1911** 781¹; OLG Karlsruhe BadRpr. **1905** 73); sie sei nicht bedingungsgemäß, werde als nicht vertragsmäßig zur Verfügung gestellt, ein Abnehmer des Käufers beanstande die Ware und nehme sie nicht ab (RG LZ **1915** 1098[23] u. **1908** 299[8]; ROHG **14** 156); man behalte sich Schadensersatz vor (OLG Hamburg OLGE **32** 169). Noch weniger genügt die fernmündliche Durchsage an das Büropersonal des Verkäufers, man „wünsche diesen wegen eines Mangels der gelieferten Ware zu sprechen" (OLG Hamburg BB **1953** 98). Vielmehr müssen die Mängel, wenn auch nicht in alle Einzelheiten gehend, doch so genau bezeichnet sein, daß der Verkäufer ermessen kann, um welche Mängel es sich handelt (RGZ **47** 14; ROHG **5** 262), und er danach seine Disposition gegenüber dem Käufer und seinem eigenen Lieferanten treffen kann (OLG Hamburg HansRGZ **1929** B 758). Daran soll auch durch die Arbitrageklausel nichts geändert werden (RG LZ **1911** 782[1]). Die neuere Auffassung im Handel geht jedoch dahin, daß, wenn auf die Rüge vertraglich eine sofortige Arbitrage zu erfolgen hat, die Mängelanzeige allgemein gehalten sein darf, weil dann der Verkäufer durch das Arbitrageergebnis ohnehin zuverlässig unterrichtet wird (Schiedsgericht der Handelskammer Hamburg v. 1. 3. 1968 — HSG E 6 b Nr. 26 —). — Bei der Prüfung, ob die Rüge zu allgemein ist, oder ob der Verkäufer erkennen kann, welcher bestimmte Mangel angezeigt werden soll, kommt es immer auf die Umstände des einzelnen Falles an. Deshalb kann es bei telegrafischer Übermittlung genügen, den Mangel nur allgemein zu bezeichnen, während die (unverzügliche!) briefliche Bestätigung das Nähere nachholen darf (RG Recht **1907** Nr. 1552). Auch ist unschädlich, wenn der betreffende Mangel nur fachlich unrichtig bezeichnet worden ist (BGH BB **1978** 1489; RGZ **47** 12: „Dumpfgeruch" statt „Bodengeruch" bei Weizen; *K. Schmidt* Handelsrecht § 28 III 3 d, S. 597). **Umschreibungen in Kraftworten** können genügen; z. B. bei Pfefferkuchen, der zu hart ist: „das reine Leder"; oder bei rißanfälliger Leinwand: „Ich habe Leinwand bestellt, nicht Löschpapier"; oder bei zu saurem Wein: „Ihre Sendung stelle ich Ihnen zur Verfügung: Essig trinken meine Gäste nicht"; oder: „Ich habe grobe Kohlen gekauft und keinen Müll" (OLG Kiel SchlHA **1905** 293); oder „Die Fahrräder sind total zusammengemischte Ware (OLG Braunschweig BraunschwA **1905** 91 Nr. 60 b); oder [das bestellte Apfelmark] „riecht wie Mist und Jauche" (RGZ **106** 359 ff).

135 Andererseits können sogar in der Form allgemein gehaltene Mängelrügen wie: der Apparat funktioniere nicht tadellos, die Ware sei nicht vertragsmäßig u. dgl., auf Grund etwa vorangegangener Verhandlungen dann als ausreichend erachtet werden, z. B. die Anzeige des Käufers, daß die Ware fehlerhaft sei und ihm nicht gefalle, wenn der Mangel offensichtlich und dem Verkäufer von vornherein bekannt war; oder wenn dem Verkäufer, insbesondere bei dem Kauf nach Muster, auf die Rüge ohne weiteres erkennbar war, welche Bemängelung gemeint war (*Reichel* JR **1926** 788). Überhaupt sind die **tatsächlichen Verhältnisse** und **Handelsgebräuche** überall zur Auslegung mit heranzuziehen. Beispiel: Die Rüge „beschädigt" ist ein technischer Ausdruck im hamburgischen Handel mit importierten gesalzenen Häuten und bedeutet „haarlassend"; sie ist daher hinreichend substantiiert (OLG Hamburg OLGE **22** 46).

136 Handelt es sich um die **Bemängelung der Probewidrigkeit**, so muß der Verkäufer nicht nur erfahren, daß die Ware probewidrig ist, sondern auch, inwiefern sie es ist. Es genügt also eine Anzeige nicht: „Die Ware ist probewidrig", wenn nach unverbindlichem Typmuster (Rdn. 146) verkauft ist (RG LZ **1922** 121[9]; OLG Colmar ElsLothZ **40** 428), oder: „Die Metallspäne sind geringer als das Muster, enthalten Messingspäne; ich komme in den nächsten Tagen darauf zurück", wenn auch die Probe bereits Messingspäne enthalten hatte und der Käufer sich in Wahrheit durch das Vorhandensein von Eisenspänen und Abfallstoffen benachteiligt fühle (OLG Breslau OLGE **22** 45). Unter Umständen mag zwar die bloße Angabe der Probewidrigkeit genügen, z. B. wenn die

Ware dem vor ihrer Absendung eingesandten Ausfallmuster in keiner der zu fordernden Beziehungen entsprach (OLG Hamburg HansGZ **1911** Hptbl. 284; die gelieferte Ware war zur Verfügung gestellt mit dem Bemerken, „sie sei ganz und gar nicht nach Muster geliefert, sondern stelle eine minderwertige Ware dar, wie sie bisher der Käuferin von der billigsten Konkurrenz noch nicht unter die Augen gekommen sei". Doch werden solche Entscheidungen nur mit Vorsicht verallgemeinert werden dürfen). Genügend jedoch die Rüge im Falle RG Bolze **6** Nr. 568: bei einem Farbensortiment war angezeigt, daß die meisten Farben dem Muster nicht entsprechen; RG JW **1905** 646[15]: es war angezeigt worden, die Ware (Grassamen) falle gegen die Probe ab; der branchekundige Verkäufer mußte erkennen, daß Abweichung in Farbe und Reinheit gerügt werden sollte.

137 c) **Gesamtsendungen. Teilsendungen.** Bei **Gesamtsendungen** (Kollektivsendungen) **aus verschiedenen Käufen** muß die Rüge erkennen lassen, auf welche einzelne Sendung sich die Rüge bezieht (ROHG **10** 269; RG LZ **1908** 596[11]). Die gleiche Substantiierung nach Einzelsendungen ist zu fordern bei der Rüge von **Teillieferungen** und von **Sukzessivlieferungen** (Rdn. 118, 119); es wäre denn, die Rüge dürfe für die Sendungen in ihrer Gesamtheit erfolgen, weil Teilsendungen nicht vereinbart waren, trotzdem aber der Verkäufer in mehreren Teillieferungen geleistet hat (RGZ **43** 66; RG JW **1933** 1249[9]). Deshalb genügt — bei rügepflichtigen Teilsendungen — eine Anzeige, unter den bisherigen Lieferungen befinde sich eine große Zahl beschädigter Stücke, man behalte sich Einzelangabe bis zum Empfang der noch ausstehenden Stücke vor, in dieser Form nicht (OLG Hamburg OLGE **32** 169).

3. Legitimation

138 Wer kann die Mängelanzeige **erstatten**? Der Käufer, sein allgemeiner Vertreter, sein Spezialbevollmächtigter (Leiter der Einkaufsabteilung als Handlungsbevollmächtigter nach § 54), der Frachtführer, Spediteur und Lagerhalter des Käufers, wenn sie die Ware zu untersuchen hatten (Rdn. 33). Verkehrsüblich gilt der Kapitän eines Schiffs als Vertreter des Reeders bezüglich der vom Reeder für das Schiff gekauften Kohlen, wenn der Kapitän sie abnimmt. Der Bürge des Käufers ist legitimiert, weil er die Einrede aus § 478 BGB hat (§ 768 BGB). Ebenso ist zur Rüge legitimiert der Abkäufer des Käufers, wenn die Ware vereinbarungsgemäß vom Verkäufer unmittelbar an ihn versandt worden ist (Rdn. 111; RGZ **96** 14; RG LZ **1920** 439[9]); hat der Verkäufer auf Veranlassung des Käufers die Ware zur Bearbeitung einem Dritten übersandt, so ist dieser zur unmittelbaren Mängelrüge nicht nur berechtigt, sondern dem Käufer dazu auch verpflichtet ([LZ **1920** 563[1]]). **Nicht** jedoch: die Akkreditivbank (Art. 10 der Einheitsrichtlinien für Dokumenten-Akkreditive; s. a. RGZ **107** 232 darüber, daß die Bank den Käufer auf ihr bekannte Verdachtsmomente aufmerksam machen muß); ebenso nicht ohne besonderen Auftrag — der sich aber für den Verkäufer aus den Verhältnissen ergeben kann (ROHG **15** 216) — der Handlungsreisende und der Handelsvertreter (arg. e contr. §§ 55 Abs. 4, 91 Abs. 2: allerdings können sie namens ihres Geschäftsherrn einen Beweissicherungsantrag stellen, und darin wird dann i. a. zugleich die Mängelrüge liegen); erst recht nicht der nur zur Bedienung des Fernsprechers Angestellte im Geschäftslokal des Käufers (RG LZ **1925** 206[3]; er kann eine Rüge allenfalls entgegennehmen, Rdn. 141). Eine von einem Nichtbevollmächtigten erstattete Mängelanzeige wirkt nur unter den besonderen Voraussetzungen des § 180 S. 2 BGB, anderenfalls bleibt sie wirkungslos, z. B. wenn sie der Werkführer erstattet, der seinen Prinzipal im Handelsverkehr nicht zu vertreten hat. Liegt eine jener Ausnahmen des § 180 S. 2 BGB vor, so wird die Mängelrüge eines Vertreters ohne Vertretungsmacht nur dann geheilt, wenn auch ihre Genehmigung noch unverzüglich erklärt wird (OLG Dresden SächsA **1903** 579). Erfolgt dagegen die Mängelrüge von einem ad hoc bevollmächtigten Dritten, so hat sie wiederum nur Wirkung, wenn dieser seine Vollmacht innerhalb der Rügefrist vorlegt (und die Rüge damit wiederholt), falls der Verkäufer die Rüge wegen fehlenden Vollmachtsnachweises zurückgewiesen hatte (§ 174 BGB).

4. Form

Eine solche ist **nicht vorgeschrieben**; sie ist also formlos. Die Mängelanzeige kann daher mündlich (BGH LM § 377 HGB Nr. 1) oder schriftlich (brieflich, telegrafisch, Telex), auch in der Klage oder Streitverkündung — für diese s. aber Rdn. 132 — erfolgen (RGZ **59** 152; OLG Hamburg OLGE **32** 170); auch durch Fernsprecher (einschränkend OLG Köln BB **1954** 613, wo verlangt wird, daß größere Unternehmen schriftlich zu bestätigen hätten [Wirksamkeitserfordernis? vgl. RG SeuffA **55** 203 — Handelsbrauch —]). Unter Umständen ist Drahtanzeige nötig, insbesondere bei leicht verderblicher Ware oder wenn es sich um ein umfangreiches wertvolles Objekt handelt und dem Verkäufer durch die sinkende Tendenz des Marktes ein großer Schaden droht (Rdn. 79, 106). Doch ist das dann nicht eigentlich noch eine Frage der Rügeform, sondern schon eine solche der Obliegenheit zur Wahrung der Rügefrist, insofern bei solchen Fallgestaltungen, aus den berechtigten Interessen des Verkäufers heraus, die Frist sich in einem Grade verkürzt, daß ihr nur noch durch Draht oder Fernsprecher bzw. Fernschreiber genügt werden kann. — Schlagen Bemühungen des Käufers, dem Verkäufer die Anzeige fernmündlich zu erstatten, fehl, so muß er sie nunmehr schriftlich bewirken (mit dem Privileg des Abs. 4). Der Rügeobliegenheit wird nicht schon durch fruchtlose Bemühungen um mündliche oder fernmündliche Übermittlung genügt, es sei denn, auch die schriftliche Benachrichtigung wäre zwecklos gewesen, weil sie den Verkäufer ohnehin nicht erreicht haben würde (BGH NJW **1980** 782), oder der Verkäufer habe sich der Entgegennahme der mündlichen bzw. fernmündlichen Anzeige dolos entzogen.

Vereinzelt wird **schriftliche Form** der Rüge **im Vertrage**, auch in allgemeinen Geschäftsbedingungen **vorgeschrieben**. Doch ist die Wirksamkeit einer Rüge von der Beobachtung dieser Form nicht abhängig, etwa wenn sie nur durch Fernsprecher erhoben worden wäre, sofern ihre Erhebung bewiesen werden kann. Es handelt sich um nicht mehr als eine „vertragliche Ordnungsvorschrift".

5. Entgegennahme

An wen ist die Mängelanzeige **zu erstatten?** Außer an den Verkäufer auch an seinen Bevollmächtigten, wenn dessen Vollmacht sich nicht nur auf den Abschluß, sondern auch auf die Erledigung des Geschäfts erstreckt (OLG Hamburg HansGZ **1905** Hptbl. 55). Ebenso an den Handlungsbevollmächtigten (Leiter der Vertriebsabteilung, vgl. Rdn. 138), an den Handelsvertreter (§§ 55 Abs. 4, 91 Abs. 2) und an den abschlußbevollmächtigten Handelsreisenden (§ 55 Abs. 4), an einen von mehreren gesamtvertretungsberechtigten Gesellschaftern der OHG/KG (§§ 125 Abs. 1, 2 S. 3; 161 Abs. 2) und an eines der mehreren gesamtvertretungsberechtigten Organmitglieder einer Aktiengesellschaft (§ 78 Abs. 2 S. 2 AktG), einer GmbH (§ 35 Abs. 2 S. 3 GmbHG) oder einer Genossenschaft (§ 25 Abs. 1 S. 3 GenG). Ein im Geschäftslokal des Verkäufers den Fernsprecher bedienender Angestellter ist zur Entgegennahme der Rüge befugt (RGZ **102** 295). **Nicht** aber kann die Rüge entgegennehmen: der Handelsmäkler (Schiedsgericht der Hamburger freundschaftlichen Arbitrage v. 16. 11. **1971** — HSG E

6 b Nr. 48 —), der Kommittent (vielmehr nur der Kommissionär [KG in LZ **1919** 613[11]]), der Frachtführer, der die Ablieferung der Ware für den Verkäufer besorgt, der Monteur, der die Maschine aufstellt (ROHG **11** 67 oben; RG LZ **1907** 343[13]), und überhaupt nicht, wer nur technische Verrichtungen untergeordneter Art für den Verkäufer vorzunehmen hat, deshalb auch nicht der die Ware überbringende Kraftfahrer des Verkäufers (OLG Köln BB **1954** 613); wohl aber ist ein zur Prüfung und Nachbesserung vom Verkäufer entsendeter Ingenieur hierzu befugt (RG LZ **1911** 58[3]).

6. Verzögerungsgefahr in Ansehung der Mängelanzeige (Abs. 4)

142 Zur Erhaltung der Rechte des Käufers soll nach Abs. 4 die rechtzeitige Absendung der Anzeige genügen. Daraus folgt zunächst, daß damit nur die schriftliche (telegrafische, durch Telex übermittelte) Anzeige gemeint ist (so mit Recht *E. Schneider* MDR **1977** 538), also nicht die durch Boten übermittelte mündliche, da diese bei der Übermittlung als unter Anwesenden ausgesprochen anzusehen ist (*Schlegelberger/Hefermehl* 77). Die Regelung ist inhaltsgleich mit der des § 121 Abs. 1 S. 2 BGB. Hier wie dort besagt sie nicht etwa, daß die zu machende Mitteilung nicht empfangsbedürftig sei. Eine solche, für § 377 gezogene Folgerung (so *Düringer/Hachenburg* 69; **anders** mit Recht die h. M. für § 478 BGB: *Staudinger/Honsell*[12] § 478, 5; *Erman/Weitnauer*[7] § 478, 3 gegen *Palandt/Putzo*[42] § 478, 2; richtig für § 377: *Schlegelberger/Hefermehl* 74) hätte im Gesetz, schon in dessen Fassung, keine Stütze. Anfechtungserklärung im Falle des § 121 Abs. 1 S. 2 BGB und Mängelanzeige sind empfangsbedürftig und müssen, um ihre Wirkung entfalten zu können, dem Adressaten **zugegangen** sein. Ist es, aus welchen Gründen immer, nicht hierzu gekommen, so ist die Mängelanzeige nicht erstattet. Der Käufer trägt m. a. W. die Verlustgefahr (irrig *Glaser* JR **1955** 283), wenn die Anzeige auf dem Beförderungswege abhandenkommt. Dasjenige Risiko, von welchem § 377 Abs. 4 HGB ebenso wie § 121 Abs. 1 S. 2 BGB ihn freistellt, ist deshalb die **Verzögerungsgefahr** (BGH NJW **1975** 39; *Staudinger/Dilcher*[12] § 121, 2; MünchKomm-*Kramer* § 121, 9; *Soergel/Hefermehl*[11] § 121, 10; *Enneccerus/Nipperdey*[15] II, S. 150). Nur diese legt das Gesetz dem Verkäufer auf. Bei den kurzen Rügefristen bzw. Fristen für die Anfechtung, welche beide unverzüglich erfolgen müssen, soll es genügen, wenn der Käufer (der Anfechtende) mit der unverzüglichen Absendung das „seinerseits Erforderliche", wie § 243 Abs. 2 BGB es in anderem Zusammenhange ausdrückt, getan hat.

143 Dies allerdings muß er nun auch getan haben. Der Käufer darf **keinen verzögerlichen Übermittlungsweg** wählen (BGH NJW **1975** 39). Die Absendung muß nur in geschäftsüblicher Weise erfolgen. Es genügt dazu der einfache Postbrief, das ausgefüllte Telegrammformular, auch die fernmündliche Aufgabe des Telegramms, so daß die Gefahr der Verstümmelung des Telegramms in beiden Fällen der Verkäufer trägt, falls sich im Gefolge dessen eine korrekte Rüge verzögert. Falsche Adressierung dagegen ist ordnungswidrige Absendung (RG ZHR **26** 571); aber auch schon die ungenaue Adressierung, und ebenso die mangelnde Frankierung, jedenfalls im Auslandsverkehr (BGH MDR **1962** 399). Ein unfrankierter Brief hält die Rügefrist daher nur für den Zeitpunkt inne, in welchem der Verkäufer ihn annimmt. Es genügt auch nicht die Beilegung des Briefes in das Paket, welches die zurückgesandte Ware enthält; denn zur Zurückgabe der Ware ist der Käufer erst auf Grund vollzogener Wandelung berechtigt, der Verkäufer also vorher zur Entgegennahme einer solchen Sendung nicht einmal verpflichtet: das Beipacken der Mängelanzeige ist nicht verkehrsüblich (AG Hamburg LZ **1914** 1062[1]). Die Absendung durch einen Boten ist nicht Tatbestand des Abs. 4 (**a. M.** *Düringer/Hachenburg* 70; *Baumbach/Duden* 6 B; OLG Hamburg HansGZ **1905** Hptbl. 54; für die schriftliche Übermittlung durch Boten *E. Schneider* MDR **1977**

539 und wohl auch *Schlegelberger/Hefermehl* 79). „Absendung" ist das Auf-den-Weg-Geben durch Entäußerung des (unmittelbaren) Besitzes. Der Bote aber ist Besitzdiener des Käufers (§ 855 BGB). Dieser kann ihn jederzeit zurückbeordern und bleibt unmittelbarer Besitzer des Briefes, bis sein Bote ihn abgibt. Es ist deshalb nicht Begriffsjurisprudenz, wie *E. Schneider* aaO S. 539 meint, sondern sachgerechte Verteilung des Risikos, wenn der Käufer, nicht anders als in der Abgrenzung nach § 447 BGB, dieses solange trägt, als er die Übermittlung mit Hilfspersonen seines eigenen Betriebes und mit betriebseigenen Mitteln vornehmen läßt (ROHG **14** 156; OLG München NJW **1955** 1153 für den Fall des fernschriftlichen Auftrags zur mündlichen Übermittlung). Wenn der mit der Auslieferung der Geschäftspost beauftragte Lehrling (Auszubildende) den Rügebrief auf dem Weg zur Postanstalt oder zum Briefkasten verliert oder einzustecken vergißt und der Brief, im Falle des Verlustes wiederaufgefunden und erneut auf den Weg gegeben, den Verkäufer daraufhin verspätet erreicht, so geht das zu Lasten des Käufers. Gleiches gilt für den von *E. Schneider* aaO gebildeten Fall des Boten, der auf dem Wege zum Büro des Verkäufers eine Panne erleidet oder verunglückt (gerade in solchem Beispiel wird der Käufer zu allermeist so rasch Nachricht von dem Zwischenfall haben, daß er mindestens eine telefonische Rüge noch innerhalb der Rügefrist nachholen kann.

E. Schneider MDR **1977** 540 befürwortet eine Differenzierung der Verzögerungsgefahr dahin, daß nur kurzfristige Verzögerung vom Verkäufer hinzunehmen sei, nicht dagegen eine längerfristige (weil es dann Sache des Käufers sei, sich über den Zugang der Rüge beim Verkäufer, der nichts von sich hören lasse, zu informieren). Doch will das nicht überzeugen. Das Gesetz gibt hierfür keinen Anhalt. Es wäre auch kaum praktikabel, zumal angesichts der Folgen, die von einer solchen Grenzziehung abhängen würden: wie will man die Rückfragepflicht des Käufers sachlich und zeitlich bestimmen?

144

F. Untersuchungs- und Rügeobliegenheit am stellvertretenden Objekt

Sind **Ausfallproben** (Ausfallmuster, Referenzmuster, Kostproben), d. h. Muster aus der fertigen, fest gekauften Ware, also **nach Kaufabschluß**, gegeben, so kann damit gemeint sein, daß die Ausfallprobe insofern an die Stelle der Ware tritt, als die Prüfung an der Probe vorzunehmen ist und die hierbei erkennbaren Mängel als genehmigt gelten, wenn nicht rechtzeitig gerügt wird (vgl. RG HRR **1928** Nr. 11). Der Käufer braucht die Ware selbst nicht nochmals einer Untersuchung zu unterziehen: weist die Ware Mängel auf, die der Probe nicht angehaftet hatten, so gelten sie — soweit sie nicht geradezu offen zutage liegen und insofern allerdings eine nunmehrige Rügeobliegenheit auslösen — als verdeckte. Abgesehen von ausdrücklicher Vereinbarung oder Handelsbrauch, daß die Probe stellvertretend für die Ware stehe, ist nach den Umständen des einzelnen Falles zu beurteilen, ob eine dahingehende stillschweigende Vereinbarung vorliegt (RG WarnRspr. **1917** Nr. 83; RG LZ **1912** 324[5]). Sie kann in dem von den Parteien geübten Geschäftsverkehr zu finden sein. Unter Umständen kann Treu und Glauben ein gleiches Ergebnis rechtfertigen, wenn der Verkäufer die Ausfallprobe in der ersichtlichen Absicht übersandt hat, daß sie die Ware vertreten solle (RG Bolze **7** Nr. 585). Dies wird insbesondere anzunehmen sein, wenn die Ablieferung der Ware an einem überseeischen Platz zu erfolgen hat (OLG Hamburg ZHR **40** 510 Nr. 205; ROHG **7** 258), oder wenn es sich um eine Ware handelt, mit deren Anfertigung der Verkäufer begonnen hat (RGZ **63** 223), oder wenn der Verkäufer die Ware, aus der die Probe entnommen ist, erst anschaffen soll und dies dem Käufer bekannt war (RG LZ **1913** 541[11] u. Bolze **9** Nr. 406; OLG Hamburg OLGE **9** 273). Sonst aber sind die

145

Grundsätze über Rügepflicht und Genehmigungswirkung einer unterlassenen Rüge, wie sie für die Ware selbst gelten, nicht ohne weiteres auf die Behandlung eines eingesandten Ausfallmusters auszudehnen (OLG Hamburg HansRGZ **1936** B 420 u. ZHR **40** 510 Nr. 205; OLG Dresden ZHR **43** 368 Nr. 354; KG KGBl. **99** 81). Der Käufer hat dann zwar das Recht, die Ware auf Grund des Ausfallmusters zu beurteilen und Mängel gegebenenfalls zu rügen, wogegen dem Verkäufer demnächst der Beweis offensteht, daß die Ware selbst von besserer und dem Vertrage genügender Beschaffenheit sei (RGZ **47** 133); doch präjudiziert sich der Käufer durch die Unterlassung der Mängelrüge nicht. Auch wenn der Verkäufer auf Ersuchen des Käufers ein Ausfallmuster schickt, ist damit noch nicht gesagt, es vertrete nunmehr das Ausfallmuster die Ware (RG Recht **1918** Nr. 270).

Für **verdeckte Mängel** gilt: Zeigen sie sich an der Probe, bevor es zur Ablieferung der Ware (Rdn. 24 ff) gekommen ist, so müssen sie daraufhin, als an der Probe aufgetreten, gerügt werden. Nach Ablieferung ist die Stellvertreterfunktion der Probe entfallen; nunmehr sich zeigende Mängel sind der Normalfall der Abs. 1 bis 3.

146 Nicht zu verwechseln mit Ausfallmustern sind die **Kaufmuster** (ähnlich die sog. Typmuster mit vorbehaltenen Toleranzschwankungen bei den für den Käufer zweitrangigen Eigenschaften; über sie: BGH NJW **1958** 2108 und *Schlegelberger/Hefermehl* 70). Sie sollen dem Käufer ermöglichen, sich über den Kauf einer noch zu liefernden Ware schlüssig zu machen; sie werden deshalb vor dem Abschluß gegeben im Gegensatz zum Ausfallmuster, das die Beschaffenheit der bereits fest gekauften, aber noch nicht gelieferten Ware ausweisen soll. Doch werden im Handel diese Bezeichnungen nicht immer streng auseinandergehalten (vgl. RG LZ **1912** 324[5]). Die auf das Kaufmuster hin erfolgte Bestellung (**Kauf nach Probe, § 494 BGB**) ist erfüllt, wenn die gelieferte Ware den Eigenschaften des Musters — sie gelten als zugesichert, Rdn. 53 — entspricht. Dies gilt sogar für solche Eigenschaften der Probe, die als Mängel, und zwar als offene, durch Untersuchung erkennbare, in Frage kommen würden (und an der Probe nicht beanstandet worden waren: Anwendung des in § 377 HGB, § 460 BGB zum Ausdruck gekommenen Grundsatzes, BGH BB **1957** 58 u. OLG Nürnberg DB **1956** 497). Hat das Muster aber verdeckte Mängel, so kann deswegen die Ware beanstandet werden (RGZ **99** 248; **95** 47; RG WarnRspr. **1920** Nr. 37): das Muster ist insoweit nicht aussagekräftig. Die Untersuchung der Ware hat sich darauf zu richten, ob sie probegemäß ist. Über die an die Substantiierung der Rüge von Probewidrigkeiten zu stellenden Anforderungen s. Rdn. 136. Für Mängel, die sich darüber hinaus zeigen, nachdem sie an der Probe noch verdeckt gewesen waren, und für Mängel, die auch an der Ware selbst trotz sorgfältiger Untersuchung erst später offenbar werden, gilt die normale Rügeobliegenheit des Abs. 3.

G. Verzicht des Verkäufers auf die Mängelanzeige

147 Die Untersuchung und Anzeige kann auch **im voraus beschränkt oder ganz erlassen** werden. Dies ist z. B. der Fall, wenn der Verkäufer den Mangel angelegentlich (Lieferschein) mitteilt; der Käufer, der daraufhin die Ware zurückweist oder sie nur gegen Abschlag am Preis behalten will, braucht nicht daneben noch eine Mängelrüge abgegeben zu haben (ROHG **7** 112; OLG München LZ **1913** 316[1]). Im Ergebnis daher richtig BGH BB **1956** 1166: der Verkäufer eines 57sitzigen Reiseomnibusses, mit dieser Sitzzahl verkauft und zu liefern, hatte zusammen mit dem Kaufgegensand ein Gutachten des zuständigen technischen Überwachungsvereins übergeben, wonach das Fahrzeug trotz seiner Zahl von 57 Sitzen nicht mit der vollen Kapazität belastbar sei; eine unverzügliche Rüge war hiernach nicht erforderlich, die verspätete wurde noch nach Aufdeckung dieses Mangels zugelassen (freilich mit der anfechtbaren Begründung, es habe sich um einen verborgenen gehandelt, da dem Käufer nicht habe zugemutet [?] werden können, das Gutachten durchzulesen). Sonst aber ist der Erlaß der Mängelrüge durchaus die Ausnahme; der hierauf gerichtete Wille des Verkäufers muß deutlich erkennbar sein (RG LZ **1920** 707[14]). Mit der Abgabe eines Garantieversprechens — „Garantie" meist als Zusicherung der garantierten Eigenschaft — verzichtet der Verkäufer i. a. noch nicht auf die Rüge des Käufers für den Fall, daß die versprochene Garantie ausfällt (RG wie vor). Der Käufer ist also seiner Obliegenheit zu rechtzeitiger Mängelrüge nicht dadurch enthoben, daß der Verkäufer für bestimmte Eigenschaften der Ware oder für bestimmte Leistungsfähigkeit einer Maschine „garantiert" (RG Bolze **16** Nr. 421 u. Gruch. **47** 1011) oder „tadellose Ausführung garantiert" (RG LZ **1911** 610[12]); auch nicht dadurch, daß der Verkäufer die „Garantie" für gesunde Ankunft der Ware am Bestimmungsort (RG SeuffA **75** 295) oder dafür übernimmt, daß die Ware dem deutschen Nahrungsmittelgesetz entspreche (RG LZ **1920** 707[14]). Selbst eine befristete Garantie wäre ja nicht einmal gleichbedeutend mit einer dem Käufer zugestandenen festen Rügefrist (Rdn. 113). Sie besagt im allgemeinen nur die Hinausschiebung der Verjährung nach § 477 BGB bis zur Entdeckung des Mangels innerhalb der Garantiefrist, sperrt deshalb den gesetzlichen Verjährungsbeginn, bevor der Mangel hat entdeckt sein können (Rdn. 200), befreit aber nicht von der Obliegenheit zur unverzüglichen Untersuchung und Anzeige (RG HRR **1930** Nr. 1439 u. JW **1910** 1117[26]; OLG Celle SeuffA **48** 183). Nur in Ausnahmefällen kann die Garantiefrist zugleich die Bedeutung haben, daß es genüge, wenn der Mangel während dieser Frist angezeigt ist (OLG Kiel SchlHA **1927** 44). Darüber hinaus kann im Einzelfall (z. B. bei Konserven) die Garantieübernahme bedeuten, daß der Käufer von einer Untersuchung absehen darf, zumal wenn die Untersuchung gleich nach der Ablieferung erheblichen Schwierigkeiten begegnet (OLG Hamburg LZ **1919** 823[9]). Ein Erlaß der Mängelrüge kann schließlich in der Verpflichtung liegen, die Ware jederzeit zurückzunehmen (OLG Hamburg OLGE **16** 406). Im Häutehandel aber hat die Klausel „nicht dem Muster entsprechende Häute werden zurückgenommen" nicht die Bedeutung, daß der Käufer dadurch von der Rügeobliegenheit entbunden wäre; Sinn und Zweck der Klausel ist, eine Berufung des Verkäufers auf § 469 S. 2 BGB auszuschließen (RG SeuffA **87** 345).

Über die vertragsmäßige Ausschließung der Rügeobliegenheit bei Refaktie s. § 380, 9.

IV. Rechtslage bei gehörig erhobener Mängelrüge
1. Erhaltung der Rechte des Käufers

a) Allgemeines. Die rechtliche Wirkung der gehörig erstatteten Mängelanzeige erschließt sich aus dem Gegenbild der Rechtslage bei ihrer Versäumung (Abs. 2) und ist im Gewande der Regelung der Übermittlungsgefahr in Abs. 4 auch terminologisch zutreffend gekennzeichnet. Es ist der **Offenhaltungseffekt**, die „Erhaltung der Rechte des Käufers": **aller Rechte, die dem Käufer wegen des Mangels aus dem Vertrage** zustehen. Die Mängelanzeige erzeugt diese Rechte und Ansprüche nicht — denn die Rechte und Ansprüche wurzeln im allgemeinen bürgerlichen Recht und werden auf den Mangel unmittelbar zurückgeführt —, aber sie ist Voraussetzung, daß der Käufer solche Ansprüche demnächst geltend machen, solche Rechte demnächst ausüben kann. Rechteerhaltenden Akte, die die Funktion haben, „das Tor offen zu halten" (welches sonst zufallen würde), kennt das Gesetz auch sonst; man denke an die Inventarerrichtung durch den Erben, nachdem ihm eine Inventarfrist gesetzt worden ist (§ 1994 Abs. 1 S. 2 BGB; sie sichert ihm die Beschränkbarkeit der Haftung für die Nachlaßverbindlichkeiten). Ihre positive Wirkung ist alsdann nur die Kehrseite der rechtsvernichtenden bzw. rechtshindernden im Falle ihres Ausbleibens (zwischen beidem klafft deshalb nicht der Widerspruch, den *Fabricius* JZ **1965** 272 Fn. 10 darin erblicken zu müssen geglaubt hat. Über den Januskopf der Rügeinstitution in treffender Formulierung: RGZ **106** 361). Für die Geltendmachung der Ansprüche hat jedenfalls die Erfüllung der Rügeobliegenheit primäre Bedeutung; sie gehört, über das bürgerliche Kaufrecht hinaus, neben dem Mangel zur Grundlegung des Anspruchs. Das ist von Bedeutung für die Beweislast (Rdn. 206 ff). — Sind auf der Käuferseite mehrere als Gesamtschuldner beteiligt, so dürfte die ordnungsmäßig erhobene Rüge des einen von ihnen, trotz § 425 BGB, auch den anderen zugutekommen. Die Anzeige des Mangels wirkt die Kenntnis des Verkäufers: er kann nicht dem einen der Käufer gegenüber von demselben Sachverhalt in Kenntnis, den anderen gegenüber in Unkenntnis sein. § 425 BGB bezieht sich auf Rechtsverhältnisse, nicht auf das Bekanntsein von Tatsachen.

Soweit mit dem Mangel konkurrierende **Ansprüche aus unerlaubter Handlung** begründet werden sollen, gibt es keinen Offenhaltungszweck und deshalb auch keine Rügeobliegenheit (BGH VersR **1960** 855).

149 In einer einzigen Beziehung allerdings wirkt die Rüge auch rechte-erzeugend, nämlich **rechte-verstärkend.** Sie perpetuiert die Wandelungs- und Minderungseinrede des Käufers, indem sie sie auf 30 Jahre verjährungsfest macht, wie sich aus § 478 BGB ergibt. Doch: das ist nicht die spezifische Wirkung des § 377, sondern sie ergibt sich aus dem bürgerlichen Recht. Näheres darüber s. Rdn. 156.

150 b) **Aufriß der betroffenen Rechte.** Diejenigen Rechte, die der Käufer sich durch die ordnungsmäßige Rüge offenhält, ergeben sich zunächst aus dem **Mängelgewahrschaftsrecht des BGB** (§§ 459 ff) Es sind dies: der Anspruch auf Rückgängigmachung des Kaufvertrages (Wandelung, §§ 462, 465 ff BGB), der Anspruch auf Minderung (des Kaufpreises, §§ 462, 472 ff BGB), die Schadensersatzansprüche aus den §§ 463, 480 Abs. 2 BGB wegen Fehlens zugesicherter Eigenschaften oder wegen arglistig verschwiegener Fehler — sei es als „großer" Schadensersatz unter Zuverfügungstellung, sei es als „kleiner" Schadensersatz unter Behalten des Kaufobjekts-, und der Nachlieferungsanspruch des § 480 Abs. 1 BGB. Daneben stehen die Schadensersatzansprüche wegen der in dem Mangel sich darstellenden Schlechterfüllung, soweit die mangelbedingten Schäden durch die reine Gewährleistung und den Schadensersatz wegen Nichterfüllung (§§ 463, 480 Abs. 2 BGB) nicht erfaßt und abgegolten sind (positive Vertragsverletzung; Hauptfall: Mangelfolgeschäden). Schließlich kommen kraft Vereinbarung noch in Betracht: Nachbesserungsansprüche (das Gesetz gibt sie aus sich heraus nicht, vgl. § 476 a BGB), Umtauschrechte und (im Gegensatz zur Wandelung einseitig ausübbare) Rücktrittsrechte des Käufers wegen des Mangels (über solche Fälle: BGH BB **1960** 1181). Es sind die gleichen Ansprüche, die durch die Versäumung der Rüge nach Abs. 2 verloren gehen, indem die Ware in Ansehung des Mangels als genehmigt gilt.

151 Von einer Darstellung der vorstehenden Ansprüche im einzelnen wird an dieser Stelle abgesehen; sie sind Materie des bürgerlichen Rechts. Aus rügerechtlicher Sicht sind die folgenden Anmerkungen zu machen (über die Tatbestände der §§ 460, 463 S. 2, 464 BGB und ihren Einfluß auf die Rügeobliegenheit s. Rdn. 197, 173 ff, 199):

Die **verschiedenen Gewährleistungsansprüche** stehen zunächst **zur Wahl des Käufers,** bis er durch vereinbarlichen Vollzug (§ 465 BGB) oder rechtskräftiges Urteil auf einen von ihnen festgelegt ist. Sie können aber von vornherein im Vertrage (meist durch allgemeine Geschäftsbedingungen des Verkäufers) auf einen oder mehrere von ihnen, in der Regel auf Nachbesserungs- oder Nachlieferungsrechte, eingeschränkt werden. Mit der Anzeige des Mangels braucht der Käufer sich noch nicht auf die etwaige Wahl festzulegen (Rdn. 130, 131). Er hält auch sie sich offen. Rügt er mehrere Mängel, so hat deren Häufung in jedem Falle Bedeutung für ein Minderungsbegehren, weil dann die Herabsetzung des Kaufpreises sich aus der Gesamtheit der Mängel ergibt. Im Falle der Wandelung genügt dagegen die berechtigte Rüge bereits wegen des einen der mehreren Mängel; die Rüge der anderen Mängel kann aber erheblich werden, wenn derjenige Mangel, auf den die Wandelung gestützt worden ist, im Streitfalle nicht durchgreift (Rdn. 110); auch könnte der Käufer, falls er auf die Wandelung in diesem Zeitpunkt noch nicht festgelegt sein sollte (s. o.) und ihm das vorteilhafter erscheint, nunmehr immer noch sein Begehren auf Minderung umstellen.

Gleiches wie bei der Wandelung gilt im Falle der Rüge mehrerer Mängel für den **152 Nachlieferungsanspruch** des § 480 Abs. 1 BGB. Die Eigenart dieses Anspruchs bringt es im übrigen mit sich, daß schon die Anzeige auch nur einer dieser Mängel den Anspruch auf Nachlieferung einer in jeder Beziehung mangelfreien Ware offenhält. Dem Käufer, der wegen dieses Mangels Nachlieferung verlangt, schadet es also nichts, wenn er die anderen Mängel nicht oder nicht ordnungsgemäß gerügt haben sollte (Rdn. 110): nachzuliefern ist immer (erneut) mangelfrei; die Rügeobliegenheit entsteht selbständig von neuem (s. a. BGH WM **1983** 339, 341; Rdn. 133). — Im ganzen aber ist die Wahlmöglichkeit des Käufers, statt der Nachlieferung sich für Wandelung entscheiden zu können, gerade im zweiseitigen Handelskauf durch Treu und Glauben eingeschränkt. So soll nach RGZ **91** 112 der Käufer die Nachlieferung einer (Gattungs-)ware nur dann nicht ablehnen dürfen, wenn der Verkäufer unverzüglich sich zur Lieferung einer Sache der geschuldeten Art erbietet und der Käufer keinerlei (!) Interesse daran hat, gerade diejenige Ware zu bekommen, die zuerst angeboten worden war. *Ballerstedt* Festschrift Nipperdey (1955) S. 275 weist gegenüber dieser Entscheidung wohl mit Recht darauf hin, daß ein bloßes Sicherbieten nicht genüge, daß vielmehr der Verkäufer die Nachlieferung dem Käufer kostenfrei an dem vertraglich vereinbarten Ablieferungsort zum unveränderten Preis anbieten müsse, da das Ersatzangebot, wenn überhaupt, dann nur auf Kosten und Gefahr des Verkäufers zuzulassen sei. Daneben werden bei der Abwägung, ob nach Treu und Glauben der Verkäufer Nachbesserung (Nachlieferung) anbieten, der Käufer sie ablehnen darf, zahlreiche Gesichtspunkte eine Rolle spielen. In Frage kommen hier (vgl. auch *Ballerstedt* aaO für Gattungskäufe): beim Stückkauf die Reellität des Nachbesserungserbietens, die voraussichtliche Dauer der Nachbesserung; beim Gattungskauf der Gesichtspunkt, ob trotz sofort angebotener Nachlieferung nicht das Vertrauen des Käufers in die Leistungsfähigkeit des Verkäufers erschüttert und ihm deshalb ein Eingehen auf die zweite Andienung nicht mehr zuzumuten sei, die Ausschaltung des Manipulierens mit Angebot und Ablehnung der aus rein spekulativen Erwägungen; bei beiden Kaufarten die vom Käufer bereits getroffenen Dispositionen, u. U. das Hineinspielen eines etwaigen Verschuldens des Verkäufers an der Mangelhaftigkeit der Lieferung u. a. m.

Die Beschränkung der Gewährleistung auf **Minderung** des Kaufpreises ist nicht sel- **153** ten Gegenstand von Arbitrageklauseln oder ähnlicher Abmachungen, wonach Schiedsgutachter über die Berechtigung der Mängelrüge und zugleich über den Abschlag am Kaufpreis entscheiden sollen. Auch das Arbitrageverfahren wird durch die ordnungsmäßige Rüge des Mangels offengehalten (Rdn. 99). Die Arbitratoren und Schiedsgutachter schätzen den Minderwert völlig frei. Der Umstand, daß der Käufer die Sache inzwischen anderweit mit Gewinn verkauft hat, ist kein Einwand gegen den Minderungsanspruch (RG SeuffA **73** 11) und entzieht der Mängelrüge daher nicht ihre

Grundlage. Es findet — so wenig wie im Gewährschaftsrecht überhaupt — keine Vorteilsausgleichung statt, da bei vertragsmäßiger Beschaffenheit der Ware der Käufer beim Weiterverkauf, wie unterstellt werden muß, einen noch höheren Gewinn erzielt haben würde (ROHG 22 36; RG Holdheim 1903 164). Ebenso unbeachtlich ist auf der anderen Seite der Umstand, daß der Mangel der Ware auf den vom Verkäufer bei einem anderweiten Verkauf erzielbaren Preis ohne Einfluß geblieben wäre.

154 Ist ein Anspruch des Käufers auf **Nachbesserung** vereinbart, so ist rügerechtlich die Lage nicht die gleiche wie bei der Nachlieferung nach § 480 BGB (Rdn. 152). Wird die nachgebesserte Sache erneut beim Käufer abgeliefert, wird dieser sie zwar nachprüfen, kann sich aber gegebenenfalls auf die Mitteilung beschränken, daß die Nachbesserung ihren Zweck nicht erfüllt habe (OLG Stuttgart SeuffA 81 51; OLG Hamm MDR 1959 493), Rdn. 133. Nachholung früher verabsäumter Rügen wegen anderer Mängel ist jetzt nicht mehr möglich.

155 Die Anwendung des § 377 auf die Tatbestände einer **positiven Vertragserfüllung** erfährt daneben eine Einschränkung bei **Sukzessivlieferungsverträgen,** wenn der geltend gemachte Schaden nicht die Folge des Mangels einer oder je einzelner von den Lieferungsraten ist, sondern sich als die Auswirkung gerade der Häufung von Verstößen gegen die Pflicht zur qualitativ einwandfreien Lieferung darstellt. Beispiel: der Verkäufer liefert dem Käufer im Sukzessivlieferungsverhältnis ständig Waren mit einem nicht sogleich erkennbaren, also verdeckten Fehler; der Käufer erleidet beim Weiterabsatz Rückschläge; sein Geschäft kommt in Verruf und schließlich zum Erliegen. Sind die ständig mangelhaften Lieferungen dem Verkäufer zum Verschulden zuzurechnen, so wäre er dem Käufer für den in dem Rufverlust (und dem schließlichen Erliegen) seines Unternehmens liegenden Schaden haftbar, vorbehaltlich der Bestimmung in § 254 Abs. 2 1. Halbsatz BGB. Für diese Haftung kann es nicht wohl darauf ankommen, daß der Mangel bei den jeweiligen Einzellieferungen einzeln und rechtzeitig gerügt worden ist (soll der Schadensersatz entfallen, wenn im einen oder im anderen Falle die Rüge verspätet erfolgt wäre?). Es kann zudem keinen Unterschied begründen, ob der Ruin des Unternehmens des Käufers durch dauernde qualitative Schlechtlieferung oder durch dauernde Zuspätlieferung mit den entsprechenden Reaktionen bei den Kunden des Käufers herbeigeführt worden ist. Der Grund für die Nichtanwendung des § 377 liegt hier darin, daß die positive Vertragsverletzung im wörtlichsten Sinne nicht sich in dem Mangel der einzelnen Schlechtlieferung erschöpft, sondern daß sie den die einzelnen Lieferungen als Ganzes über- und umgreifenden Vertrag — den Vertragsorganismus, die Basis des Vertrauens des Käufers — tangiert. Wenn der Käufer die einzelne mangelhafte Lieferung nicht oder nicht rechtzeitig gerügt hat, so liegt darin noch nicht ohne weiteres eine unterstellte Billigung des vertragswidrigen Verhaltens des Verkäufers in seiner Totalität.

Das Korrektiv gegen eine Rügesäumigkeit des Käufers bildet, wie bemerkt, § 254 BGB. Die dem Käufer hinsichtlich des Mangels der ersten Lieferung obliegende Rüge muß so erfolgen, daß der Verkäufer jedenfalls für die weiteren Lieferungen sich auf die Bemängelung einstellen kann; das wäre selbst dann noch möglich, wenn die Rüge für die Teillieferung als solche zu spät käme. Gegebenenfalls muß der Käufer auf die Gefahr eines ungewöhnlich hohen Schadens aufmerksam machen.

2. Verjährungsrechtliche Vorteile für den Käufer

156 Nach § 477 BGB verjähren die Ansprüche auf Wandelung und auf Minderung sowie der Anspruch auf Schadensersatz wegen Fehlens einer zugesicherten Eigenschaft (gleichgestellt, über den Wortlaut des Gesetzes hinaus: die Ansprüche auf Nachlieferung nach § 480 Abs. 1 BGB, aus positiver Vertragsverletzung wegen des Sachmangels, auf vertragliche Nachbesserung und auf vertraglichen Umtausch) bei beweglichen Sachen binnen sechs Monaten von der Ablieferung an, außer der Verkäufer habe den Mangel arglistig verschwiegen. Die Verjährungsfrist kann durch Vertrag verlängert werden. Im Anschluß hieran bestimmt das **BGB** in § **478 ff**:

§ 478. Hat der Käufer den Mangel dem Verkäufer angezeigt oder die Anzeige an ihn abgesendet, bevor der Anspruch auf Wandelung oder auf Minderung verjährt war, so kann er auch nach der Vollendung der Verjährung die Zahlung des Kaufpreises insoweit verweigern, als er auf Grund der Wandelung oder der Minderung dazu berechtigt sein würde. Das gleiche gilt, wenn der Käufer vor der Vollendung der Verjährung gerichtliche Beweisaufnahme zur Sicherung des Beweises beantragt oder in einem zwischen ihm und einem späteren Erwerber der Sache wegen des Mangels anhängigen Rechtsstreite dem Verkäufer den Streit verkündet hat.

Hat der Verkäufer den Mangel arglistig verschwiegen, so bedarf es der Anzeige oder einer ihr nach Abs. 1 gleichstehenden Handlung nicht.

§ 479. Der Anspruch auf Schadensersatz kann nach der Vollendung der Verjährung nur aufgerechnet werden, wenn der Käufer vorher eine der im § 478 bezeichneten Handlungen vorgenommen hat. Diese Beschränkung tritt nicht ein, wenn der Verkäufer den Mangel arglistig verschwiegen hat.

Die einfache, formlose, dem § 377 HGB entsprechende Mängelanzeige genügt zugleich den Erfordernissen des § 478 BGB. Sie hat danach zunächst die **zusätzliche, rechte-verstärkende Wirkung,** daß der Käufer auch dann noch die Zahlung des Kaufpreises verweigern kann, wenn sein Anspruch auf Wandelung oder Minderung in der auf die Mängelanzeige folgenden Zeit verjährt ist, und soweit er zur Wandelung oder Minderung berechtigt sein würde. Vorausgesetzt ist also, daß der Käufer das Recht, Wandelung oder Minderung verlangen zu können, hat verjähren lassen. Er müßte es dann verabsäumt haben, nach ordnungsmäßiger Rüge seine Ansprüche durch einen die Verjährung unterbrechenden Akt, etwa durch Klage auf Wandelung, Minderung, Ersatzlieferung, Schadensersatz wegen Nichterfüllung etc. durchzusetzen. Bei offenen Mängeln wird die Vorschrift deshalb kaum praktische Bedeutung erlangen. Wohl aber bei Mängelbefunden einer 2. Untersuchungsstufe (Rdn. 100) und bei verdeckten Mängeln, die erst kurz vor Ablauf der Verjährung entdeckt und gerügt worden sind, wenn und weil es daraufhin nicht mehr zu einer Unterbrechung der Verjährung gekommen ist. Denn die Verjährung läuft unabhängig von jeder Rügemöglichkeit, insbesondere unabhängig von Kenntnis oder sogar Möglichkeit der Kenntnis des Käufers von dem Mangel (Rdn. 200). Die Mängelanzeige unterbricht als solche die Verjährung nicht.

157 Einen **Offenhaltungseffekt** wiederum hat die Vorschrift des § 479 BGB; und zwar für gewährschaftsrechtliche Schadensersatzansprüche, soweit sie der Verjährung nach § 477 BGB unterliegen. Nach § 390 BGB würden sie grundsätzlich auch nach ihrer Verjährung weiterhin aufgerechnet werden können. Diese Möglichkeit schränkt § 479 BGB ein. Die Aufrechenbarkeit nach Eintritt der Verjährung hängt davon ab, daß der Käufer rechtzeitig vor Verjährungsablauf eine der in § 478 BGB bezeichneten, den Mangel dem Verkäufer gegenüber klarstellenden Handlungen vorgenommen hat, zu welchen auch die Mängelanzeige gehört.

3. Wegfall des durch die Rüge erzielten Offenhaltungseffekts

158 Der Käufer, der zunächst ordnungsmäßig gerügt hatte, kann den dadurch erreichten Offenhaltungseffekt wieder einbüßen. Unspezifische Tatbestände dieser Art sind

Verlust oder Novierung des Anspruchs selbst, dessen zuvorige Offenhaltung damit gegenstandslos wird (Genehmigung der Ware, Vergleich über den Mängelfall). Ein selbständiger Verlustgrund ist jedoch die **Verwirkung** der Rügeposition, die zwar den offengehaltenen Anspruch nicht vernichtet (der Verkäufer kann ihn immer noch erfüllen), der aber seine Durchsetzbarkeit lähmt, indem der Verkäufer dem Käufer die erreichte Offenhaltung aus der Hand schlagen kann (replicatio doli). So wenn der Käufer sich einer gezielten Beweisvereitelung wegen des Mangels schuldig macht (dazu Rdn. 160, auch Rdn. 202), oder wenn er ein Verhalten zeigt, auf Grund dessen der Verkäufer annehmen muß, der Käufer wolle aus dem Mangel keine Rechte mehr herleiten (BGH NJW **1958** 1724).

Unspezifisch: Eine Genehmigung der Ware kann zum Ausdruck gebracht werden auch konkludent, etwa durch nunmehrige Zahlung, durch Ingebrauchnahme der Ware oder ihren Verbrauch, oder durch Verfügung über sie. Doch bleibt eine solche Deutung immer Sache des konkreten Falles. Die Zahlung des Preises ist nicht Genehmigung der Ware, wenn sie nach den Umständen ersichtlich nur zur einstweiligen Regelung der Angelegenheit erfolgte (OLG Hamburg HansGZ **1911** Hptbl. 296). Ob in der Verfügung über die Ware, in deren Verbrauch, Verarbeitung, Umarbeitung, Weiterveräußerung eine Genehmigung enthalten ist, bleibt deshalb Tatfrage, weil alles dies der Geltendmachung eines Minderungsanspruchs oder des „kleinen" Schadensersatzanspruchs, d. h. der Beschränkung des Schadensersatzverlangens auf den Ausfall der zugesicherten Eigenschaft bei Behalten-wollen der Sache, nicht entgegensteht (RGZ **66** 115; **131** 343, 347). Es müßte denn schon eine vertragliche Regelung insoweit getroffen sein, wie durch § 7 der Einheitsbedingungen der deutschen Textilindustrie (BGH NJW **1976** 627), wonach die feste Rügefrist von zwei Wochen längstens bis zum Verschnitt der Ware begrenzt ist. Denn das bedeutet zugleich, daß auch ein Verschnitt nach geschehener Rüge keine Mängelansprüche mehr soll zulassen dürfen (Beweissituation).

159 Genehmigung und Verwirkung können sich immer nur auf einen von ihnen betroffenen, **dem Käufer bekannten Mangel** beziehen. Wird ein anderer, rügepflichtiger später entdeckt, so steht das seiner Rüge nicht entgegen. Welche Rechte der Käufer in Ansehung eines solchen Mangels dann (noch) hat und haben kann, beurteilt sich nach den Gegebenheiten des Falles. Hat er die Ware inzwischen veräußert oder verbraucht, so kann die Wandelung nach Maßgabe der §§ 467, 351 ff BGB ausgeschlossen sein; nicht jedoch wäre es der Anspruch auf Minderung oder Schadensersatz.

160 Den Tatbestand der **Beweisvereitelung** (Rdn. 158) haben **Handelsbräuche** weiter ausgedehnt. Sie muß danach nicht notwendig bezweckt sein. Es soll genügen, wenn der Käufer vor Erledigung der erhobenen Reklamation ohne Benehmen mit dem Verkäufer die Ware ganz oder teilweise veräußert, anbricht oder verarbeitet (Schiedsgericht der Hamburger freundschaftlichen Arbitrage v. 2. 12. **1969,** 5. 1. **1971** u. 4. 10. **1972** — HSG E 6 b Nr. 34, 41, 52 —). Im Falle der Veräußerung ist das freilich nur dann anerkannt, wenn im Vollzug der Veräußerung die Ware körperlich bewegt, d. h. abtransportiert worden ist (Schiedsgericht wie vor, v. 12. 5. **1972** — HSG E 6 b Nr. 50 —).

V. Rechtslage bei Verabsäumung der Mängelrüge (Abs. 2)
1. Fiktion der Genehmigung der Ware

161 a) Rechtsnatur. Folgerungen für den Einfluß von Willensmängeln und verwandten Tatbeständen. Die Rechtsfolge der unterbliebenen oder nicht gehörigen Mängelanzeige ist, **daß die Ware als genehmigt gilt,** Abs. 2 Hs. 1. Es handelt sich dabei nicht nur um eine widerlegbare Vermutung (RG JW **1936** 2391[7]) — ein Gegenbeweis, etwa dahin, daß der Wille, die Ware nicht genehmigen zu wollen, in anderer Weise durch Kundgabe gegenüber dem Verkäufer schlüssig bekundet worden sei, ist unzulässig (*Hagens* HansRZ **1920** 115) —, sondern um eine **gesetzliche Fiktion**. Das ist allg. Meinung; BGH NJW **1980** 784.

Die Genehmigungsfiktion ist Wirkung und Folge des Unterbleibens der Mängelanzeige als solcher **in seiner Tatsächlichkeit**. Worauf das Unterbleiben beruht, gilt gleich. Der Käufer kann die beabsichtigte Erstattung der Anzeige übersehen, vergessen, ihre Absendung in seinem Geschäftsbetrieb nicht überwacht haben; er kann unter dem Einfluß eines Irrtums (der Mangel sei scheinbar unbedeutend und begründe deshalb keine Gewährschaftsansprüche), einer arglistigen Täuschung (durch den Spediteur des Verkäufers, der ein gefälschtes Protokoll über angebliche Unfallbeschädigung der Ware auf dem Transport nach Gefahrübergang vorlegt), einer Drohung (Ankündigung des Vorlieferanten des Verkäufers, der einen Regreß befürchtet, er werde die Mängelrüge mit einer Anzeige wegen eines früher begangenen Steuervergehens beantworten), den bekannten Mangel ungerügt gelassen haben — gleichviel: Die Unterlassung „der Anzeige" — nämlich der nach Abs. 1 geboten gewesenen, rechtzeitigen und gehörig bestimmten — führt die Genehmigungswirkung herbei. Der Käufer kann sogar mit Vorbedacht die Rüge unterlassen haben, um sich die von ihm beabsichtigte förmliche Genehmigung des Mangels der Ware zu ersparen — ein „verkürzter" Genehmigungsweg, den er vielleicht wählt, um (wegen § 768 Abs. 2 BGB) gegenüber seinem Bürgen das Gesicht wahren zu wollen (dazu aber Rdn. 169). Die Genehmigungswirkung tritt durch das Unterbleiben der Mängelanzeige ein, ob gewollt oder nicht. Die Fiktion ist eine solche ohne Rücksicht auf den Parteiwillen (RGZ **65** 54; RG JW **1936** 2391[7]).

162

Daß die Ware als genehmigt gilt, ist deshalb **nicht gleichbedeutend mit einer dem Käufer unterstellten Erklärung, die Ware trotz des Mangels genehmigen zu wollen.** Vielmehr handelt es sich um das rein gesetzestechnische Mittel, dem Käufer „die Berufung auf den Mangel abzuschneiden", wie Abs. 5 es in umgekehrter Richtung, dort mit Wendung gegen den Verkäufer, formuliert (anders noch die Vorauflage). Aus diesem Grunde ist namentlich in den unter Rdn. 162 aufgeführten Fällen, in denen das Unterbleiben der Anzeige durch Willensmängel auf Seiten des Käufers beeinflußt gewesen ist, eine Anfechtung nicht möglich. Dies gilt sowohl dann, wenn der Willensmangel einer Kenntnis des Mangels der Ware überhaupt entgegenstand (Vertauschung gegen eine bereits untersuchte und mangelfrei befundene Ware), wie wenn er die Anzeige des erkannten Mangels verhindert hat.

163

Die fingierte Genehmigung nach § 377 ist denn auch mit keinem der im Schrifttum ausführlicher behandelten Fälle einer Genehmigungsfiktion voll vergleichbar. Wo der Gesetzgeber an anderer Stelle dem Schweigen eine „genehmigende", „billigende" oder mit inhaltsgleichen Ausdrücken bezeichnete Wirkung beilegt (§§ 496 S. 2, 516 Abs. 2 S. 2 BGB, 91 a, 362 HGB), handelt es sich um das Zustandekommen eines Vertrages. Dort ist aus rechtslogischen Gründen die Unterstellung einer Willenserklärung in der Tat unumgänglich, was zu der bekannten Kontroverse über die Anwendbarkeit der Regeln betreffend Willensmängel geführt hat. Hier dagegen, bei § 377 (und ähnlich im Falle des § 386 Abs. 1), ist die Wirkung des Schweigens, obwohl in die Form des Gutheißens gekleidet, der Sache nach die eines Rechtsverlustes. Das wiederum rückt sie in den Formenkreis der **Verwirkung durch Verschweigung**: einer Verwirkung freilich, die, im Vergleich mit dem sonst bekannten Gehalt dieses Rechtsinstituts und dessen arbiträren Elementen einer Interessenabwägung ex eventu, stark formalisiert und objektiviert erscheint. Die Rechtslage ist insofern vergleichbar der des § 386 Abs. 1, als der Kommittent das Recht auf Zurückweisung des Geschäfts wegen Überschreitung der von

164

§ 377 Drittes Buch. Handelsgeschäfte

ihm gesetzten Preisbestimmung ebenso verliert („die Abweichung als genehmigt gilt"), wenn er sich trotz Mitteilung durch den Kommissionär nicht unverzüglich dagegen verwahrt hat. Auch Verwirkungsfolgen lassen sich nicht durch Anfechtung wegen Willensmängel aus den Angeln heben. Die Gefahr des Irrens im Zuge der Behandlung der angelieferten Ware gehört zum Risikobereich des Käufers als Kaufmann. Auf das Unterbleiben der Rüge nach Ablauf einer im objektiven Maßstab hierzu anzusetzenden Frist hin muß der Verkäufer seine Lieferpflicht als abgewickelt ansehen dürfen. Nicht anders kann das Risiko verteilt werden in dem Falle, daß der Käufer die Rüge unter dem Einfluß einer arglistigen Täuschung von dritter Seite unterlassen hat. Die Gefahr einer Fehldisposition, gleich aus welchem Grunde, ist im kaufmännischen Betrieb immer gegeben und geht zu Lasten des Betriebsinhabers. Drohung wiederum wird nur dann eine Berufung des Käufers auf das Unterbleiben der Rüge ermöglichen, wenn sie eine dem Streik oder sonstiger höherer Gewalt gleichkommende (vgl. Rdn. 95) Rechtsqualität hat; die alsdann zuzulassende Nachholung der Rüge wird, dem Grundmuster des § 377 folgend, hier freilich nicht binnen Jahresfrist (§ 124 Abs. 1 BGB wäre auch nicht analog anwendbar), sondern nur unverzüglich nach Aufhören der Zwangslage gestattet sein.

165 Die Rechtslage bei Unterbleiben einer Rüge infolge Todes des Käufers ergibt sich aus den Darlegungen zu Rdn. 18. Die gleiche Ausgangssituation kann sich herstellen bei unversehens eintretender **Geschäftsunfähigkeit** des Käufers. Hier würde, wie schon in dem Beispiel Rdn. 18 a. E., auf das Kriterium der höheren Gewalt abzuheben sein. Bei einem vollkaufmännischen Unternehmen muß vorausgesetzt werden, daß es so organisiert ist, um, bei plötzlichem Ausfall des Betriebsinhabers bzw. alleinvertretungsberechtigten Organmitglieds, die Mängelanzeige durch eine hierzu befugte Person (Prokurist, Handlungsbevollmächtigter) erstatten lassen zu können. Diese bereits in das Unternehmensrecht weisende Folgerung wird der Annahme einer „höheren Gewalt" in aller Regel entgegenstehen. Bei eintretender beschränkter Geschäftsfähigkeit des Käufers wird das Problem nicht praktisch, weil er die Mängelanzeige nach wie vor wirksam erstatten kann (Rdn. 129).

166 b) **Umfang.** Die Genehmigung, als welche das Ausbleiben einer ordnungsgemäßen Rüge fingiert wird, bedeutet nicht nur den Verlust der gesetzlichen Gewährleistungsansprüche. Sie bedeutet darüber hinaus, daß dem Käufer weder vertragliche Ansprüche auf Umtausch oder Nachbesserung, noch Ansprüche aus positiver Vertragsverletzung zustehen, daß eine auf vertragswidrige Lieferung gesetzte Vertragsstrafe entfällt (RG WarnRspr. **1912** Nr. 201), daß dem Käufer die Kosten der Untersuchung und einer daraufhin zwar erfolgten, aber nicht gehörigen Mängelanzeige zur Last fallen, daß Ansprüche gegen Drittverhaftete (Gesamtschuldner, Bürgen des Verkäufers) erlöschen, daß er überhaupt aus dem Mangel der Ware keinerlei Rechte herleiten kann. Es ist so **anzusehen, als habe der Verkäufer vertragsmäßig geliefert** (BGH MDR **1959** 386; NJW **1959** 1081; BB **1953** 992; OLG Karlsruhe NJW **1958** 226; RGZ **125** 76; RG JW **1936** 2391[7]). Auch die Anfechtung nach § 119 Abs. 2 BGB ist dem Käufer versperrt (*K. Schmidt* Handelsrecht § 28 III 5 b, S. 602); die Sachmängelgewähr würde diese zwar nach h. L. verdrängt haben (statt vieler: *Staudinger/Köhler*[12] Vor § 459, 19 m. w. N.), doch macht die Versagung der Gewährleistungsansprüche über § 377 sie nicht nunmehr wieder ausübbar; auch sie, die Irrtumsanfechtung, bleibt durch die unterstellte Vertragsmäßigkeit der Lieferung ohne Ansatzpunkt. Bei Teillieferungen gelten nur die Teillieferungen als genehmigt, bezüglich deren die Mängelrüge nicht oder nicht gehörig erfolgt ist (RGZ **104** 384; **65** 53; RG SeuffA **87** 347). Auf künftige Teillieferungen erstreckt sich die Genehmigungsfiktion dann, wenn nach Treu und Glauben ein dahingehender Wille des Käufers anzunehmen ist, d. h. aus der Sicht des Verkäufers nicht anders verstanden werden kann (RG WarnRspr. **1919** Nr. 154; OLG Karlsruhe BadRspr. **17** 35). Für künftige Teillieferungen besteht eine Rügeobliegenheit noch nicht (Rdn. 118). Deshalb wäre das Schweigen auf die früheren, mangelhaften Teillieferungen, wenn damit auch die gleichen Mängel der späteren als gutgeheißen angesehen werden sollten, insoweit echte, konkludente Genehmigung.

Die Genehmigungsfiktion bezieht sich immer **nur auf denjenigen Mangel, dessen Rüge verabsäumt** worden ist. Durch die Versäumung der Rüge ist der Käufer nicht gehindert, demnächst solche Mängel zu rügen, für die die Rügeobliegenheit erst später entsteht. Das können verdeckte Mängel sein (RGZ **38** 10), bei einer Untersuchung in Stufen und einer entsprechenden Rügeobliegenheit in Stufen (Rdn. 102) auch solche, die nach verabsäumter Rüge der in der früheren Stufe zu Tage geförderten Mängel erst in der späteren festgestellt werden. Wegen der dann entstehenden gewährschaftsrechtlichen Lage s. Rdn. 159. **167**

Mehr, als daß die Ware **als vertragsmäßige** zu gelten habe, besagt § 377 nicht; er besagt insbesondere nicht, daß durch die fingierte Genehmigung auch der Eigentumserwerb vollzogen sei (RGZ **108** 26, 27). Der Eigentumserwerb folgt anderen Regeln. Aus dem gleichen Grunde werden konkurrierende Ansprüche aus unerlaubter Handlung (Mängelfolgeschäden; vgl. BGHZ **66** 315) durch die fingierte Vertragsmäßigkeit der Ware nicht berührt; (*Baumbach/Duden* 1 C; **a. M.** *Schlegelberger/Hefermehl* 78), zumal eine Rügeobliegenheit insoweit ohnehin nicht besteht (Rdn. 145). **168**

c) **Wirkung auf Rechtsbeziehungen zu Dritten.** Das Unterbleiben der Mängelanzeige wirkt als fingierte Genehmigung **auch im Verhältnis zu Dritten,** und insbesondere im Verhältnis zwischen Käufer und **Finanzierungsinstitut;** BGH NJW **1980** 782, 784. So auch gegenüber dem Bürger des Käufers. Weil keine unterstellte echte Genehmigung des Käufers vorliegt, sind insbesondere die §§ 767 Abs. 1 S. 3, 768 Abs. 2 BGB nicht anwendbar (so wohl auch *Staudinger/Horn*[12] § 768, 3 a. E.); und ebenso nicht die §§ 1210 Abs. 1 S. 2, 1211 Abs. 2 BGB im Falle der Pfandbestellung durch einen Dritten. Nur wenn das Unterbleiben der Rüge wirkliche Willenserklärung wäre („abgekürzter" Weg einer tatsächlich beabsichtigten Genehmigung, Rdn. 162) und dies nach außen hin schlüssigen Ausdruck gefunden hätte, wäre dem Bürgen bzw. Verpfänder die Berufung auf jene Vorschriften eröffnet. **169**

d) **Mitwirkendes Verschulden des Verkäufers an dem Unterbleiben (der Verspätung) der Mängelanzeige.** Es kann sein, daß das Unterbleiben oder die Verspätung der Rüge auf Umstände zurückzuführen ist, die der **Verkäufer zu vertreten** hat. Trägt der Verkäufer die alleinige Schuld, so liegt auf der Seite des Käufers kein Verstoß gegen die Obliegenheit einer „unverzüglichen", d. h. ohne schuldhaftes Zögern zu erstattenden Rüge vor; die Genehmigungsfiktion kann schon dieserhalb nicht eintreten. So wenn eine unrichtige Deklaration der Ware im Frachtbrief (RG Recht **1922** Nr. 117) vorausgegangen war, oder wenn der Verkäufer, obwohl die Untersuchung bei der Verladung stattfinden sollte, die Ware abgeschickt hat, ohne dem Käufer Ort und Zeit der Verladung mitzuteilen (RG LZ **1919** 799[18]). **170**

Daneben sind Fälle denkbar, in denen das Unterbleiben oder die Verspätung der Mängelrüge auf Umständen beruht, die **beide Seiten zu vertreten** haben. Beispiel: von einem bestimmten, zeitweilig stark begehrten und leicht vergriffenen Rohprodukt will K sich bei seinem Großhändler V rechtzeitig einen Posten sichern. V bestätigt ihm auf telefonische Anfrage, er habe z. Zt. noch einen Vorrat von 60 kg. K bestellt daraufhin auf der Stelle 50 kg aus diesem Vorrat mit der Bitte, weitere Versandanweisung an **171**

§ 377

seine (des K) Abnehmer abzuwarten, womit V einverstanden ist. V sondert daraufhin die gewünschten 50 kg aus seinem Vorrat aus und lagert sie getrennt zur Verfügung des K. Gleichzeitig deckt er sich mit neuem Vorrat ein. Drei Tage später bestellt K, nachdem er sich über die Lieferbereitschaft des V vergewissert hat, erneut 80 kg, abermals einverständlich zu liefern an eine von K aufzugebende Adresse. Noch am selben Tage erteilt K die Weisung dahin, daß der Posten von 50 kg aus der ersten Bestellung an X, der Posten von 80 kg an Y auszuliefern sei. X ist Kaufmann, Y Nichtkaufmann. K unterläßt es, dem Y die Verpflichtung aufzuerlegen (s. Rdn. 111), die Ware nach Eintreffen unverzüglich zu untersuchen und im Falle von Bemängelungen unverzüglich Mitteilung zu machen; er verläßt sich darauf, Y werde das auch ohnedies tun. Durch eine Nachlässigkeit des Boten des V wird der Posten von 50 kg an Y, der Posten von 80 kg an X ausgeliefert. X untersucht und stellt keine Mängel fest; da er auch für den größeren Posten Verwendung hat, erhebt er bei K einstweilen keine Vorstellungen. Y reklamiert erst nach einer Woche: es fehlten 30 kg an der bestellen Menge; außerdem sei das Gelieferte, wie sich bei näherer Prüfung aus Anlaß der Ingebrauchnahme herausgestellt habe, offenbar schon seit längerer Zeit mit Schadstoffen behaftet. Diese Bemängelung, die K daraufhin an V weitergibt, ist verspätet; V kann sie zurückweisen. Unterstellt, sie träfe zu (der Vorrat, aus welchem K zuerst bestellte, war nicht mehr einwandfrei, wohl aber der von V demnächst neu beschaffte), so wäre V für die Verspätung mit verantwortlich: Hätte sein Bote (§ 278 BGB) die Auslieferungen bei den richtigen Empfängern vorgenommen, so würde X den Mangel bei seiner Untersuchung festgestellt und, als Kaufmann und nach seiner Gepflogenheit, unverzüglich gegenüber K gerügt, dieser die Rüge unverzüglich und damit rechtzeitig (Rdn. 111) an V weitergegeben haben, während Y eine einwandfreie Ware erhalten hätte, seine wenngleich verspätete Nachprüfung also folgenlos geblieben wäre.

Gleichwohl wird man festhalten müssen: Liegt ein Verschulden an der Verzögerung oder dem Unterbleiben der Rüge auf beiden Seiten vor, so steht dasjenige des Verkäufers dem Eintritt der Genehmigungsfiktion nicht entgegen. Es gibt **keine durch Kompensation nach Art des § 254 BGB „geminderte" Fiktionswirkung.** Wohl aber kann der Käufer in Anwendung des § 254 BGB einen Teil des ihm aus dem Eintritt der Genehmigungsfiktion entstehenden **Schadens** auf den Verkäufer, der ihm für seine schuldhafte Mitverursachung des Rügeversäumnisses unter dem Gesichtspunkt der **positiven Vertragsverletzung** ersatzpflichtig ist, abwälzen. War ein unteilbarer Gegenstand zu liefern, so kommt zwar ein Ausgleich auf der Ebene der Wandelung nicht in Betracht; denn die Wandelung als solche ist unteilbar und dem Käufer verschlossen. Anders bei einer teilbaren Lieferung; hier wird der Ausgleich in der Weise erfolgen können, daß der Käufer nach dem Maß der auf ihn entfallenden Verschuldensquote den entsprechenden Teil der Lieferung behalten (und voll bezahlen) muß, für den anderen jedoch wandeln darf. Eine Teilerstattung aus der gesetzlichen Minderungsberechnung ist in jedem Falle möglich. Auch der durch die mangelhafte Sache beim Käufer angerichtete Schaden läßt sich nach § 254 BGB verteilen; ebenso der Schaden aus dem Fehlen zugesicherter Eigenschaften (§ 463 BGB). Sogar der Nachlieferungsanspruch aus § 480 BGB wird sich teilen lassen: für einen Teil hat der Käufer den Nachlieferungsanspruch, den anderen Teil muß er behalten und bezahlen.

2. Der Verzicht des Verkäufers auf den Einwand der Verabsäumung der Rüge

172   Die Rechte des Käufers bleiben erhalten trotz verspäteter oder nicht gehöriger Mängelanzeige, wenn der Verkäufer auf den hierauf zu stützenden Einwand verzichtet. Das ist **zulässig** (RG WarnRspr. **1929** Nr. 97; BGH LM § 377 HGB Nr. 1). Ein solcher Verzicht liegt in der vorbehaltlosen Anerkennung der Fehlerhaftigkeit der Ware; in der nachträglichen Übernahme der Verpflichtung, für die Vertragsmäßigkeit der Ware einzustehen (RG Bolze 3 Nr. 706); in vorbehaltloser Zurücknahme der Ware (RG LZ **1910** 472³; vgl. RG Gruch. **51** 175); in der vorbehaltlosen Entgegennahme der Mängelanzeige obwohl sie offensichtlich verspätet ist (BGH NJW **1953** 22; RG WarnRspr. **1929** Nr. 97); in der Regel auch in dem — vorbehaltlosen (OLG Hamm MDR **1959** 493) — Versprechen, den Mangel zu bessern (BGH BB **1952** 902; ROHG **19** 334 [deshalb nicht, wenn der Verkäufer zugleich auf sofortiger Zahlung besteht — bloße Kulanznachbesserung —, BGH NJW **1978** 1489, 1491]); ebenso darin, daß der Verkäufer durch Weiterverkauf über die beanstandete Ware verfügt und sich zur Ersatzlieferung bereit erklärt (OLG Bamberg DRiZ. **1926** Beil. 208 Nr. 717); auch im Abschluß eines Vergleichs sowie in der nachträglichen Vereinbarung einer Arbitrage über die Vertragsmäßigkeit der Ware (RG LZ **1912** 146³; RGZ **90** 170); nicht immer in vorbehaltlosem Einlassen auf eine sachliche Prüfung der gerügten Mängel (RG LZ **1917** 795¹⁶ — zustimmend BGH LM § 377 HGB Nr. 1 mit dem Hinzufügen, daß selbst eine verspätete Erhebung des Einwandes im 2. Rechtszuge noch nichts für einen Verzicht in der 1. Instanz besage — u. LZ **1911** 58⁴; OLG Hamburg OLGE **32** 168), und nicht in der Einlassung auf Vergleichsverhandlungen (BGH LM § 377 HGB Nr. 1; OLG Hamburg OLGE **6** 470). Der Verkäufer wahrt sich das Recht zur Erhebung von Einwendungen gegen die Wirksamkeit der Mängelanzeige schon dadurch, daß er dem aus ihr hergeleiteten Anspruch des Käufers widerspricht (RG Holdheim **1906** 281). Hat er aber während eines längeren Prozesses niemals auf die Verspätung der Mängelrüge hingewiesen, so ist anzunehmen, daß er auf Rechte aus einer etwaigen Verspätung verzichtet habe (RG HansRGZ **1929** B 555).

VI. Rügefremde Tatbestände

A. **Zugunsten des Käufers: Entbehrlichkeit der Rüge bei Arglist des Verkäufers (Abs. 5)**

1. Wirkungsbereich der Vorschrift

173 Nach Abs. 5 kann der Verkäufer sich auf „diese Vorschriften", d. h. die Regelung in den Absätzen 2 bis 4, nicht berufen, wenn er den Mangel arglistig verschwiegen hat. Das bedeutet: Die **Versäumung der rechtzeitigen und gehörigen Mängelanzeige** wird angesichts eines arglistigen Verschweigens des Mangels durch den Verkäufer **unschädlich.** Der Käufer hat seine Rechte so, wie wenn er rechtzeitig und gehörig gerügt hätte. Anders ausgedrückt: Es bedarf in diesem Falle keiner (besonderen) Rüge. Jede spätere Geltendmachung des Mangels beurteilt sich ausschließlich nach bürgerlichem Kaufrecht.

174 Die Fassung der Bestimmung ist redaktionell ungenau. Abs. 3 ist eine zugunsten des Käufers aufgestellte und daher ohnehin zuungunsten des Verkäufers wirkende Regel; sie wird durch Abs. 5 nicht erfaßt. Im übrigen aber bewirkt die Arglist des Verkäufers den Verlust der ihm im Bereich des Mängelrügerechts gegebenen Vergünstigungen **in allen Beziehungen,** in denen sie ihm sonst im Umfange der Rdn. 166 zugutekommen würden. Er verliert nicht zuletzt auch die Möglichkeit, sich auf die zu seinen Gunsten getroffenen **vertraglichen Abänderungen** der gesetzlichen Rügerechtsregelung berufen zu können (OLG Hamburg DB **1966** 103, 104).

Andere Verstöße des Verkäufers als Arglist umfaßt die Verwirkungsfolge des Abs. 5 nicht. Einen Rechtssatz des Inhalts, daß der Käufer von seiner Rügelast entbunden sei, wenn der Verkäufer seinerseits die Ware nicht zuvor untersucht hatte (so: *Laupichler* S. 178), gibt es nicht.

§ 377   Drittes Buch. Handelsgeschäfte

2. Der Tatbestand

175 a) **Objektiver Tatbestand.** Arglistiges Verschweigen eines Mangels der verkauften Sache ist ein über unsere Bestimmung hinausgreifendes **Tatbestandsmerkmal in zahlreichen Bestimmungen des bürgerlichen Kaufrechts** (§§ 460 S. 2, 463, 476, 477 Abs. 1 S. 1, 478 Abs. 2, 479 S. 2, 480 Abs. 2, 485 S. 2 BGB, aber auch § 443 BGB — Rechtsmängelgewähr —). Hier überall wird der Begriff im gleichen Sinne gebraucht. Es bedarf deshalb der Hervorhebung, daß, wie schon im bürgerlichen Kaufrecht für § 463 BGB entwickelt, und dort seit langem anerkannt (Nachweis der Rechtsprechung bei Rdn. 54), so auch hier dem arglistigen Verschweigen eines Fehlers das **arglistige Vorspiegeln einer Eigenschaft gleichsteht**. Für die Begründung dieses Satzes kann auf das Schrifttum zu § 463 BGB verwiesen werden.

176 Das arglistige **Verschweigen** eines Mangels setzt eine **Offenbarungspflicht** voraus. Arglist ist hier das auf Täuschung des Käufers gerichtete und dazu geeignete Verhalten, geboren aus dem Bewußtsein der Bedeutung des Mangels für die Entschließung des Käufers, und dem Willen, den Mangel trotzdem nicht zu offenbaren. Die Offenbarungspflicht ist das durchlaufende, im wesentlichen inhaltsgleiche Tatbestandsmerkmal sowohl für die Arglist in § 377 Abs. 5 wie für die Begehungsformen der arglistigen Täuschung (§ 123 BGB) und des strafbaren Betruges (§ 263 StGB), soweit sie durch Verschweigen verwirklicht werden. Von der arglistigen Täuschung des § 123 BGB und vom strafrechtlichen Betruge unterscheidet das arglistige Verschweigen des Mangels im Kaufrecht sich dadurch, daß nicht gefordert wird, der Käufer müsse durch die Arglist zum Kaufabschluß geradezu bewogen worden sein (keine Kausalität insoweit, Rdn. 187), vom strafrechtlichen Betrug außerdem durch das Moment der Vermögensschädigung, welches dort Tatbestandselement, hier, im Mängelrügerecht, jedoch nicht rechtserheblich ist und deshalb nicht zum Grunde der Replik aus Abs. 5 gehört (vgl. RG HRR **1934** Nr. 1440; BGH BB **1963** 1354).

177 Inhalt und Grenzen der Offenbarungspflicht sind im Gesetz nicht festgelegt. Es kommt darauf an, ob nach der **Auffassung des redlichen Geschäftsverkehrs** unter Treu und Glauben im Hinblick auf die Eigenart des einzelnen Falles eine Mitteilungspflicht besteht (BGH BB **1970** 9; RGZ **62** 150; LZ 1917 856[15]; **1916** 1176[15]; JW **1904** 167[6]; **1911** 275[2]; **1936** 647[7]; DJZ **1933** 433; LZ **1933** 1194[2]). Der Mängeltatbestand muß ein solcher sein, daß aus der Sicht eines loyalen Verkäufers, d. h. objektiv die Annahme zwingend ist, der Käufer werde bei Kenntnis des Mangels unter keinen Umständen den Kauf zu den vereinbarten Bedingungen — oder überhaupt — abschließen.

178 Das ist zunächst immer dann der Fall, wenn der Käufer nach bestimmten Eigenschaften des Kaufobjekts, auf deren Gegebensein er erkennbar Wert legt, **gefragt** und der Verkäufer diese Eigenschaften **wahrheitswidrig als vorhanden bejaht** (Rdn. 182), ihr **Fehlen** — bei negativen Eigenschaften — wahrheitswidrig **verneint** hat (RG WarnRspr. **1920** Nr. 83; BGH NJW **1967** 1222; **1977** 1914, 1915). Im Sinne von § 459 Abs. 1 S. 2 BGB geringfügige Mängel („Bagatellschäden", etwa bloße Lackschäden [BGH NJW **1977** 1915] bei der Frage nach der Fehlerfreiheit eines Gebrauchtfahrzeugs — braucht der Verkäufer nicht anzugeben, weil sie ohnehin keine Gewährleistungsansprüche erzeugen, außer die Fehlerfreiheit sei auch insoweit vertraglich als Eigenschaft zugesichert (§ 459 Abs. 2 BGB).

179 Sonst aber verschweigt der Verkäufer **noch nicht arglistig**, wenn er die Mangelhaftigkeit der Ware kannte und die Ware dennoch verkauft oder liefert. Ein Satz des Inhalts (wie er vom RG in JW **1903** Beil. 99[223]; SeuffA **58** 314 aufgestellt ist), daß der Verkäufer nach den Grundsätzen von Treu und Glauben verpflichtet sei, alle ihm bekannten Umstände, die nach vernünftigem Ermessen in die Willensentschließung des Käufers einfließen könnten, diesem ohne Befragen mitzuteilen, läßt sich nicht vertreten (BGH LM § 123 BGB Nr. 10 u. MDR **1955** 26). Der Hinweis von *Staudinger/Coing*[11] § 123, 23 c (in der 12. Aufl. etwas verkürzt bei § 459, 29 *[Honsell]*, ähnlich BGH BB **1970** 9), daß zwischen Käufer und Verkäufer ein Interessengegensatz bestehe, den die Rechtsordnung nicht vollständig außer acht lassen könne, trifft auf den zweiseitigen Handelskauf in besonderem Maße zu (BGH NJW **1971** 1795, 1799). Der Verkäufer ist nicht auch — und gerade nicht — als Kaufmann gehalten, die Interessen des Käufers wahrzunehmen und ihm die Risiken einer Fehlspekulation (RGZ 111 233) fernzuhalten, wenn dieser selbst Kaufmann ist. Er kann immerhin von der Erwartung geleitet sein, daß die Abweichung von der Norm wegen ihrer Unerheblichkeit oder, weil die Ware trotz der Abweichung einen selbständigen Wert besitzt, überhaupt nicht beanstandet werde, oder der Käufer durch Zugeständnisse (Preisnachlässe, Zusicherung besserer Lieferung für die Zukunft) etwaige Bemängelungen fallen lassen werde (OLG Nürnberg BayJMBl. **1953** 292). Erweisliche Kenntnis des Verkäufers von dem Mangel (RGZ 62 302; RG JW **1906** 86[5]; LZ **1911** 2146; **1910** 621[9] u. 290[5]), ja selbst die bei Vertragsschluß schon vorhandene Absicht des Verkäufers, mit mangelhafter Ware zu erfüllen (RGZ 70 427; RG LZ **1919** 325[6]), oder — beim Verkauf eines fabrikneuen PKW — das Verschweigen der Tatsache, daß das Herauskommen eines neuen Modells desselben Wagentyps unmittelbar bevorsteht (OLG München NJW **1967** 158), reicht zur Annahme arglistigen Verschweigens, jedenfalls im Gattungskauf (dazu Rdn. 188), nicht aus. Daher braucht der Verkäufer dem Käufer nicht zu offenbaren, daß die Ware wertlos ist, oder daß sie schon vorher von einem anderen mit Recht zur Verfügung gestellt war. Auch über das Steigen und Fallen der Preise kann der Käufer eine Aufklärung vom Verkäufer nicht erwarten; es wäre denn, daß individuelle Umstände, die einen Kursverfall z. B. des verkauften Wertpapiers erwarten lassen, nach Treu und Glauben dem Verkäufer eine Offenbarungspflicht auferlegen (RG JW **1925** 2601[1]). Das Nichtoffenbaren der persönlichen Ansicht über den Wert der Kaufsache kann niemals eine Arglist begründen.

Vielmehr muß darauf abgestellt werden, ob **im konkreten Falle** der Kaufabschluß **180** bei Kenntnis des Käufers von dem Mangel, zu den vereinbarten Bedingungen unterblieben wäre und der Käufer sich durch das einfache Verschweigen des Mangels in einer **den Anschauungen des redlichen Geschäftsverkehrs zuwiderlaufenden Weise übervorteilt** („über's Ohr gehauen") fühlen darf. Hier spielt es vor allem eine Rolle, ob der Verkäufer in seiner Fachkunde dem Käufer überlegen ist und der Käufer daher dieser besonderen Fachkunde des Verkäufers vertrauen darf, während er selbst den Mangel wegen seiner geringeren einschlägigen Kenntnis nicht (RGZ 77 314) oder nicht so leicht zu erkennen in der Lage ist (BGH NJW **1971** 1795, 1799), oder ob der Preis in einem deutlichen Mißverhältnis zu dem durch den Mangel geminderten Wert des Kaufobjekts liegt (RG WarnRspr. **1927** Nr. 140). Weitere Fälle: Mitteilungspflicht besteht, wenn die verschwiegenen Umstände etwas Verbotenes oder Sittenwidriges in sich bergen oder die Verwendung des Gegenstandes behördlich nicht zugelassen ist (BGH wie vor); oder wenn ein allgemeines Gebrauchsmittel unter Verschweigung seiner geringen Haltbarkeit verkauft wird (RG WarnRspr. **1909** Nr. 351), oder wenn handelsüblich schon im Angebot vermerkt sein muß, daß gebrauchtes Material geliefert werden solle (vgl. RGZ 104 3 — Anfechtung wegen arglistiger Täuschung —); oder wenn der Verkäufer eine wertlose oder von einem früheren Käufer bereits mit Recht zurückgewiesene, mangelhafte Ware nicht nur unter allgemeinen Anpreisungen, sondern als streng vorschriftsmäßige Ware wiederum anbietet; oder wenn nach dem Vertragsinhalt der Käufer nur Ware von ganz bestimmter Beschaffenheit gebrauchen kann, der Verkäufer aber weiß, daß die gelieferte Ware die Beschaffenheit nicht besitzt und daher der Absatz unmöglich ist; alles dies insbesondere dann, wenn Vorauszahlung des Kaufpreises vereinbart ist und der Käufer auf vertragsmäßige Lieferung vertraut, der Verkäufer aber wissentlich und willentlich mangelhaft liefert, also bei Vorlegung der Dokumente, gegen welche zu zahlen ist, den Mangel der abgesandten Ware verschweigt (RG WarnRspr. **1929** Nr. 46).

181 Immer dagegen hat der Verkäufer durch Arglist verschwiegen, wenn er **besondere Veranstaltungen** trifft, um den Mangel vor dem Käufer **zu verdecken** (RGZ **101** 73). Hier wird der Käufer vom Verkäufer in Sicherheit gewiegt, um eine Untersuchung zu verhindern (RG WarnRspr. **1921** Nr. 104) oder ihn den Mangel übersehen zu lassen. Auf diesem Gebiet liegt es deshalb auch, wenn der Verkäufer, der den Kaufgegenstand aus eigener Anschauung gar nicht kennt, auf Fragen des Käufers nach gewissen, für wesentlich erachteten Eigenschaften seine eigene Unkenntnis überspielt und „auf's Blaue hinein" unrichtige Angaben macht (BGHZ **63** 382, 388); oder wenn er die Kenntnis des Mangels dadurch zu verharmlosen sucht, daß er ihn als bloßen Schwindel hinstellt (RGZ **75** 435, 437 — Hauskauf, Rechtsmängel —).

182 Das arglistige **Vorspiegeln einer Eigenschaft** durch wahrheitswidrige Zusicherung oder Versicherung des Vorhandenseins einer Eigenschaft oder — mit gleichem rechtlichen Gehalt — der Abwesenheit eines Fehlers setzt begrifflich ein (arglistiges) Handeln voraus. Eine Deckungsgleichheit besteht freilich nicht, wenn eine Eigenschaft vorgespiegelt worden ist, deren Abwesenheit keinen eigentlichen Fehler der Kaufsache (an ihrer Gebrauchstauglichkeit nach dem beim Vertrage vorausgesetzten Gebrauch, dem gewöhnlichen Gebrauch oder an ihrem Wert [Handelswert]) bedeutet, sondern deren Gegebensein die Kaufsache für den Käufer zu derjenigen wertvolleren macht, die er um dieser Eigenschaft willen zu erwerben wünscht. Wäre eine solche Eigenschaft im Vertrage förmlich zugesichert, würde ihr Fehlen bereits aus sich heraus die Schadensersatzansprüche des § 463 BGB begründen. Die arglistig falsche Zusicherung bewirkte dann darüber hinaus nach § 377 Abs. 5 HGB den Verlust des Einwandes der verabsäumten ordnungsmäßigen Mängelrüge. Denn was dort für das arglistige Verschweigen angeordnet ist, gilt nicht anders auch für das arglistige Vorspiegeln (Rdn. 175). Doch auch die bloße Vorspiegelung, die sich nicht zu einer förmlichen Zusicherung verdichtet hat, steht dem arglistigen Zusichern in jeder dieser Beziehungen gleich. Das wiederum hat zur Folge, daß die Vorspiegelung eines Umstandes, der sonst möglicherweise keine Sacheigenschaft bedeuten würde, kraft der Gleichsetzung mit der Zusicherung einer Eigenschaft (Rdn. 54) nicht nur in gewährschaftsrechtlicher, sondern auch in rügerechtlicher Sicht zu einem Mangel der Sache wird und die Replik der Arglist begründet (RGZ **96** 346: Vorspiegelung, Verkäufer sei Selbstfabrikant). Im übrigen gilt auch hier, was bei der Eigenschaftszusicherung zu sagen war (Rdn. 51): bloß allgemeine, vollmundige Anpreisungen in offensichtlicher Übertreibung sind nicht Vorspiegeln einer Eigenschaft (*Schlegelberger/Hefermehl* 49); sie sind Element der Reklame und werden im Rechtsverkehr nicht als verbindlich gemeint aufgefaßt.

183 b) **Subjektiver Tatbestand.** In subjektiver Beziehung genügt beim Verkäufer der **bedingte Vorsatz**, und zwar in doppelter Beziehung. Zum einen ist ausreichend, daß er mit dem Vorhandensein des Mangels bezw. dem Nichtvorhandensein der vorgespiegelten Eigenschaft als möglich rechnet (RGZ **62** 302; RG BayRpflZ **22** 276; OLG Nürnberg DAR **1963** 300), vielleicht sogar den Kaufgegenstand, insoweit gar nicht kennt und es trotzdem „darauf ankommen läßt" (RG JW **1913** 1154[10]). Selbst Zweifel über das Bestehen eines Mangels müssen ja offenbart werden, wenn schon sie für den Käufer ersichtlich von Bedeutung sind, namentlich dann, wenn gerade ein Mangelverdacht als solcher die Ware für die weitere gewerbliche Verwertung, voran den Weiterverkauf, untauglich macht (Rdn. 45). Zum anderen braucht der Verkäufer nur soviel in seinen Vorsatz aufgenommen — und billigend in Kauf genommen — zu haben, dem Käufer werde möglicherweise der Mangel unbekannt sein (RG WarnRspr. **1915** Nr. 230), und er könne — auch dies möglicherweise — durch seine Unkenntnis des Mangels bezw. sein Vertrauen in das Vorhandensein der vorgespiegelten Eigenschaft sich in seinem Kaufverhalten bestimmen lassen (BGH NJW **1977** 1914, 1915 und LM § 463 BGB Nr. 1). Daß die Täuschung des Käufers der Zweck des Verhaltens des Verkäufers gewesen sein müßte, ist so wenig erforderlich wie die Absicht, den Käufer zu schädigen (RG LZ **1912** 658[21]). Das Verschweigen als bloßes Sich-hinwegsetzen über eine Offenbarungspflicht allein genügt also nie. Vielmehr müssen zu dem Verschweigen noch andere Umstände hinzutreten, die darauf hinweisen, daß der Verkäufer auf eine sichere oder für möglich gehaltene Ahnungslosigkeit des Käufers spekulierte: alsdann freilich auch darauf, der Käufer werde die entscheidende Vergewisserung bei Kaufabschluß, die rechtzeitige Untersuchung oder Rüge nach Ablieferung entweder versäumen (RG LZ **1911** 214[6]) oder die Untersuchung erfolglos vornehmen. Fahrlässigkeit, selbst grobe, reicht in keinem Falle aus.

Immerhin schließt die **sofortige Erkennbarkeit eines Mangels** die Annahme einer **184** Arglist auf seiten des Verkäufers in der Regel aus, wenn infolge der Offensichtlichkeit an eine Täuschung nicht zu denken ist (RG Bolze **11** Nr. 397), oder wenn dem Käufer die Ware vorgezeigt und zur Verfügung gehalten war, mag auch der Verkäufer mit der Möglichkeit gerechnet haben, daß ein hierbei nicht untersuchter Teil geringere Ware enthalte (RG WarnRspr. **1921** Nr. 8). Ebenso verhält es sich, wenn dem Verkäufer der Verwendungszweck der Ware bekannt war und er daraus den Schluß zog, der Käufer werde sie, zur Verfügung gehalten, untersuchen und den Mangel entdecken. Bei allen solchen Mängeln bedarf es daher besonderer Verdachtsgründe für die Annahme, daß der Verkäufer damit rechnete, der Käufer werde den Mangel nicht entdecken, die Ware annehmen und bezahlen.

Sind **auf der Verkäuferseite mehrere Personen beteiligt** und sind nur einer oder einzelne von ihnen arglistig, so gilt folgendes: **185**

Bei einer Gesamtvertretung (Gesamtprokura, Gesamtvertretungsorgan einer Handelsgesellschaft) wird die Arglist auch nur eines der Beteiligten dem Vertretenen (Verkäufer) als dessen Arglist zugerechnet. So für die Gesamtprokura RG WarnRspr. **1932** Nr. 127; so auch *Voraufl.* § 48, 15 sub 2 c β; *Schlegelberger/Schröder* § 48, 29 sub 2 D; *Düringer/Hachenburg* § 48, 9; und ebenso für die Gesamtvertretung einer Handelsgesellschaft (RG JW **1914** 399 u. HoldhM **1909** 321). Alles dies ohne Rücksicht darauf, ob sämtliche Gesamtvertretungsberechtigten vertragschließend aufgetreten sind oder nur ein Teil von ihnen, der sich von den übrigen zum Vertragsschluß hat ermächtigen lassen; und sogar dann, wenn die erforderliche Zahl von Gesamtvertretungsberechtigten gutgläubig auftrat und ein weiteres, zum Kreise der Gesamtvertretungsberechtigten gehöriges Mitglied des Vertretungsorgans sich abseits hielt, wobei es seinen besseren Kenntnisstand arglistig unterdrückte (RGZ **81** 433). Geht es dagegen nicht um einen Vertretungsfall, sondern um den Abschluß durch mehrere Verkäufer, beurteilt die Rechtslage sich nach den §§ 420, 421, 425 Abs. 1 BGB. Die Arglist des einen Mitverkäufers brauchen die anderen sich nicht zurechnen zu lassen. Haben die mehreren Verkäufer sich zu einer teilbaren Leistung, aber nicht als Gesamtschuldner verpflichtet, schuldet jeder ohnehin nur den auf ihn entfallenden Teil (§ 420 BGB); nur ihm gegenüber entfällt die Rügeobliegenheit, wenn er den Mangel — in der Regel wird es sich um Gattungskäufe handeln; s. dazu Rdn. 188 — arglistig verschwiegen hat. Hat der

§ 377   Drittes Buch. Handelsgeschäfte

Arglistige sich mit den anderen als Gesamtschuldner verpflichtet, so erlaubt § 425 Abs. 1 BGB ebenso, nur ihm gegenüber die Folgerung aus § 377 Abs. 5 HGB zu ziehen. Das bedeutet: Er kann als Gesamtschuldner auf Gewährleistung in Anspruch genommen werden, auch wenn eine gehörige Rüge unterblieben ist, während im Verhältnis zu den Mitverkäufern mangels ordnungsgemäßer Rüge die Ware als genehmigt gilt. Ein Wandelung könnte der Käufer in einem solchen Falle allerdings auch gegen den Arglistigen nicht durchsetzen (§§ 467, 356 BGB); eine Minderung bliebe möglich (§ 474 Abs. 1 BGB).

186 Mit der Arglist des Verkäufers kann eine **Fahrlässigkeit des Käufers** zusammentreffen. Das nimmt indessen der Arglist des Verkäufers nichts von ihrem Unrechtsgehalt. Für die Anwendung der auf dieser seiner Arglist aufbauenden Sonderregeln (namentlich der des § 377 Abs. 5), bleiben die Grundsätze über Mitverschulden außer Betracht. Hat der Käufer der Täuschung des Verkäufers fahrlässig (selbst grobfahrlässig: arg. § 460 BGB; BGH BB **1957** 238) vertrauend den Kauf abgeschlossen (RG LZ **1911** 60¹⁴; s. auch RG JW **1911** 275²) oder die Mängelrüge schuldhaft versäumt, schadet ihm das nicht; dem Verkäufer bleibt gleichwohl der Einwand der verspäteten oder nicht gehörigen Mängelanzeige verschlossen. § 254 BGB ist hier, wo es nicht um Schadensteilung geht, nicht anwendbar.

3. Kausalität?

187 Daß das arglistige Verschweigen und die arglistige Vorspiegelung für den Kaufentschluß letztendlich ursächlich geworden seien, wird vom Gesetz **nicht vorausgesetzt**. Nicht erforderlich ist also, daß der Verkäufer gerade durch das arglistige Verschweigen, die arglistige Vorspiegelung, die arglistige Zusicherung das Zustandekommen des Kaufvertrags erreicht hat (RG JR **1926** Nr. 1348 u. 1351; **1927** Nr. 1641; LZ **1916** 306; WarnRspr. **1915** Nr. 230; Recht **1914** Nr. 1820). Die Arglist als solche läßt den Verkäufer bereits den Einwand verlustig gehen, die Mängelanzeige des Käufers sei verspätet oder nicht gehörig erfolgt; er hat, als Strafe für sein illoyales Verhalten, für den arglistig verschwiegenen Mangel auch ohne ordnungsmäßige Rüge einzustehen. Der Käufer braucht also im Streitfalle nicht darzutun, er sei gerade durch das Verschweigen des Mangels (das Vorspiegeln der Eigenschaft) zu seinem Kaufentschluß maßgeblich bewogen worden. Doch steht es dem Verkäufer offen, darzutun, das Verschwiegene bzw. Vorgespiegelte habe für den Käufer nachweislich keine Bedeutung gehabt (*Staudinger/Honsell*¹² § 463, 27; an diesen Beweis sind indessen strenge Anforderungen zu stellen [RG JW **1938** 2613¹]).

4. Der relevante Zeitpunkt

188 Hierzu ist vorab festzuhalten, daß die Arglist **bei Abschluß und bei Ausführung des Vertrags** verübt sein kann. Beim **Spezieskauf** ist der Hauptfall die Arglist im Zeitpunkt des **Kaufabschlusses**. Für **Gattungskäufe** gilt das nicht in gleichem Maße. Hier wird man zu **unterscheiden** haben: Handelt es sich um einen arglistig verschwiegenen Fehler oder um das Fehlen einer arglistig zugesicherten oder vorgespiegelten Eigenschaft und haftet der Fehler (das Fehlen der Eigenschaft) der ganzen Gattung an, so ist erforderlich und genügend, daß die Arglist bei Vertragsschluß begangen wurde. Die Mängel der demnächst zu konkretisierenden Leistung sind alsdann vorgegeben, die Konkretisierung kann ihnen weder etwas nehmen noch etwas hinzufügen. Handelt es sich um eine Gattung, aus der eine ordnungsmäßige Lieferung, d. h. eine solche ohne die arglistig verschwiegenen Fehler und mit den arglistig vorgespiegelten oder zugesicherten

Eigenschaften möglich gewesen wäre, so ist abermals zu unterscheiden: Das arglistige Vorspiegeln bzw. Zusichern einer Eigenschaft muß bei Vertragsschluß verübt worden sein. Es genügt bedingter Vorsatz auf Lieferung mangelhafter Ware: RG BayRpflZ **22** 276. Denn der Verkäufer soll auch für die arglistig vorgespiegelte Eigenschaft so einstehen müssen, als habe er sie vertraglich zugesichert (Rdn. 54, 182). Das arglistige Verschweigen eines Fehlers dagegen kann nur auf den Augenblick der Konkretisierung bezogen werden. Das Objekt der Arglist besteht hier überhaupt erst mit der Konkretisierung. Eine Offenbarungspflicht (Rdn. 176) kann nicht anders als für die konkret mangelhafte Lieferung gedacht werden. Etwa vorher gehegte Absicht, mit vertragswidriger Ware zu erfüllen, würde an sich noch keine Arglist bedeuten (RG WarnRspr. 1941 Nr. 15). Freilich ist daraufhin zu beachten, daß die Konkretisierung nicht schon mit dem Gefahrübergang, etwa der Übergabe an die Transportperson (§ 447 BGB) eingetreten ist, weil der Verkäufer mit der Versendung einer mangelhaften Gattungsware nicht das „zur Leistung seinerseits Erforderliche" getan hat (§ 243 Abs. 2 BGB). Hier kann also die Arglist nur bezogen werden auf die Konkretisierung durch den Versuch der Erfüllung mit der beim Käufer abgelieferten Ware; dieser Zeitpunkt fällt dann mit dem in Rdn. 191 erörterten zusammen. — In gleicher Weise kann die Arglist beim Kauf einer Sache, die der Verkäufer erst zu beschaffen hat, und beim Werklieferungsvertrag (§ 651 Abs. 1 S. 2 BGB, § 381 Abs. 2 HGB) erst im Stadium der Erfüllung, für die Anwendung des § 377 Abs. 5 HGB: bei der Ablieferung begangen werden. Entweder werden in diesem Zeitpunkt Mängel arglistig verschwiegen; oder es sind Eigenschaften nicht vorhanden, die als herzustellende vom Verkäufer arglistig, d. h. ohne den Willen, sie herzustellen, vorgespiegelt oder zugesichert worden waren.

189 Für Gattungs- wie für Spezieskauf gilt im übrigen gleichermaßen, daß eine Arglist im Stadium der Vertragserfüllung Schadensersatzansprüche aus positiver Vertragsverletzung entstehen lassen kann, etwa durch bewußt falsche Auskunft auf eine vom Käufer wegen einer bestimmten Sacheigenschaft gestellte nachträgliche Anfrage; diese Arglist kann selbst nach Gefahrübergang bis zur Ablieferung begangen werden. Allgemein beachte man aber, daß der Verkäufer einem Arglistvorwurf wegen bloßen Verschweigens von Mängeln, wenn ein solcher Vorwurf gegen ihn zu den für Speziesbzw. Gattungskauf maßgebenden früheren (Rdn. 188) Zeitpunkten noch nicht begründet gewesen war, im spätern Stadium der Erfüllung nur noch ausnahmsweise verfallen kann. Es wird dies nur da anzunehmen sein, wo eine **gesteigerte Offenbarungspflicht** bestand: etwa weil es irreführende, ursprünglich schuldlos gemachte, aber für die Verwendungszwecke des Käufers entscheidend gewesene Angaben richtigzustellen galt (so im Falle RGZ **91** 420); oder weil spezifische Schädigungen an Rechtsgütern des Käufers im Sinne der positiven Vertragsverletzung zu besorgen waren und der Verkäufer Grund zu der Annahme hatte, die ihm selbst erst nachträglich bekanntgewordenen, vielleicht auch erst nachträglich aufgetretenen Mängel würden für den Käufer bei demnächstiger Untersuchung nicht ohne weiteres zu entdecken sein. Selbst dann aber wird im Hinblick auf den eingangs der Rdn. 179 hervorgehobenen Interessenkonflikt eine sorgfältige Güter- und Pflichtenabwägung stattzufinden haben. Der Verkäufer muß nicht jede nachträglich erlangte Kenntnis von einem Mangel an den Käufer weitergeben. Er ist zwar gehalten, über den Gewährleistungsbereich hinausgehende Schädigungen des Käufers hintanhalten zu helfen, nicht aber, dem Käufer die Grundlagen für Gewährleistungsansprüche an die Hand zu geben. Die dem Käufer aus dem Unterbleiben nachträglicher Mitteilung drohenden Schäden müssen also derart überwiegend sein, daß dem Verkäufer zugemutet werden muß, ihn auf die Gefahr gewährschaftsrechtlicher Weiterungen hin dennoch zu informieren. Gegebenenfalls wird auch in solchen Fällen für eine Anwendung des Abs. 5 Raum sein können.

190 Selbstverständlich liegt **Arglist im Erfüllungsstadium** vor, wenn der Verkäufer sich bei Übersendung der Ware eines **auf Täuschung berechneten Verhaltens** schuldig macht. Beispielsweise sind solche arglistigen Veranstaltungen in absichtlich falscher Verpackung der Ware zu finden, in ihrer täuschenden Bezeichnung, in Bestechung von Angestellten des Käufers, wie in allen Handlungen, die den Käufer von gehöriger Prüfung abzuhalten geeignet waren. Dasselbe gilt von einer Verfälschung der Ware, z. B. wenn der Verkäufer aus der vertragsmäßigen Ware gezogene Muster dem Käufer übersendet und nachher die bemusterte Ware mit minderwertiger in der Erwartung mischt, der Käufer werde dem Muster vertrauen und nicht rechtzeitig untersuchen (RG LZ **1907** 347[3]).

191 Für die Anwendung des Abs. 5 gilt in jeder der vorgenannten Konstellationen, daß die Arglist des Verkäufers ihn den Einwand der verspäteten oder nicht gehörigen Mängelanzeige nur dann verlieren läßt, wenn sie **bis zur Ablieferung begangen** wurde und in diesem Zeitpunkt noch wirksam war (RGZ **91** 423; ebenso BGH MDR **1955** 31 [allerdings mit mißverständlicher Beschränkung auf den Gattungskauf]). Hinwiederum bildet die Ablieferung die letzte Grenze, jenseits deren § 377 Abs. 5 seine Kraft verliert. Die Arglist des Verkäufers, soweit sie nach der Ablieferung überhaupt noch begangen werden könnte, darf nicht erst während der Rügefrist begangen sein (RG DRiZ **1926** Beil. 39 Nr. 155). Denn eine Arglist könnte durch Verschweigen in diesem Zeitpunkt gar nicht mehr begangen werden, allenfalls durch Vorspiegeln. Insoweit kann es zwar durchaus Fälle geben, in denen der Verkäufer den Käufer durch bewußt falsche Angaben während der Rügefrist von der Erstattung der Rüge abhält: hier führt nicht unsere Vorschrift, wohl aber die über § 826 BGB entstehende Schadensersatzpflicht wegen sittenwidriger Schädigung im Ergebnis gleichwohl zu einer Befreiung von der Rügepflicht; der Verkäufer muß sich (§ 249 BGB) so behandeln lassen, als sei rechtzeitig gerügt worden.

5. Arglist durch Vertreter und Erfüllungsgehilfen

192 Die Arglist kann in der Sphäre des Verkäufers auch durch dritte Personen begangen werden, deren arglistiges Verhalten dem Verkäufer zugerechnet wird. Für den **Bevollmächtigten** oder den **gesetzlichen Vertreter,** soweit sie beim Vertragsschluß tätig werden, gilt das bereits über § 166 Abs. 1 BGB. Eine dem Bevollmächtigten erteilte Weisung, Verhandlungen korrekt und ohne Täuschung des Käufers zu führen, ist dann nicht etwa eine Beschränkung der Vollmacht, die den Vollmachtgeber einer Zurechenbarkeit der Arglist seines Bevollmächtigten enthöbe; sie wird als lediglich interne Beschränkung aufzufassen sein. Sonst wäre es für den Verkäufer um so leichter, sich den Folgen des § 377 Abs. 5 zu entziehen, je differenzierter er die Organisation seines Betriebes gestaltet. Es ist seine Sache, solche Personen zu bevollmächtigen, die sein Vertrauen rechtfertigen. Im rechtsgeschäftlichen Bereich, wo bewußt Vertrauen gesucht wird, hat er als Korrelat seiner Wirkungsmöglichkeit das damit verbundene Risiko von Täuschungen durch seine Hilfspersonen zu tragen (so mit Recht *Hoffmann* JR **1969** 372).

193 Das gilt dann aber auch für Personen, die vom Verkäufer lediglich **mit der Vermittlung beauftragt** worden sind und die den Kauf nicht selbst abschließen. Insbesondere ist zu denken an den Handelsvertreter und den Handlungsreisenden, die der Verkäufer als Vermittlungsvertreter einsetzt (RGZ **63** 151). Für den Handelsvertreter im besonderen ist hier auf den von der Rechtsprechung herausgearbeiteten Grundsatz zu verweisen, daß der Unternehmer, der den Handelsvertreter als Vermittlungsvertreter tätig werden läßt, das Vermittlungsergebnis so gegen sich gelten lassen muß, wie es vom

Handelsvertreter zustandegebracht worden ist (vgl. § 91 a, 2). Sogar eine Kenntnis, die der Vermittlungsvertreter nach Abschluß seiner Bemühungen bis zum förmlichen Vertragsschluß durch den Unternehmer erlangt, kann diesem noch zur Last fallen, wenn sie „im unmittelbaren sachlichen und zeitlichen Zusammenhang mit der Vermittlungstätigkeit erlangt ist" (und damit dem Handelsvertreter auch jetzt noch Anlaß zur Aufklärung des Käufers hätte geben müssen), BGH DB **1957** 745. Immerhin ist hinsichtlich der Haftung auf Schadensersatz eine Einschränkung zugunsten des Auftraggebers am Platze. Der Satz, daß gegenüber einer Arglist das Kennenmüssen des anderen Teils nicht ins Gewicht falle, gilt hier nicht; man muß vom Käufer verlangen, daß er den Erklärungen des Vermittlers gegenüber von seinem eigenen Verstande Gebrauch macht und nicht blindlings vertraut (§ 254 BGB; RGZ **71** 217).

Arglist von gesetzlichen Vertretern, Bevollmächtigten und Erfüllungsgehilfen des **194** Verkäufers, deren sich diese Personen **bei Erfüllung des Vertrags**, also nach Vertragsschluß (Rdn. 188, 189, 190), in Ausübung ihrer Verrichtungen schuldig gemacht haben, wird ebenfalls dem Verkäufer zugerechnet und damit für die Anwendung des Abs. 5 rechtserheblich. Die Zurechnung erfolgt in analoger Anwendung des § 278 BGB. Erfüllungsgehilfe in diesem Sinne ist **nicht der Lieferant des Verkäufers** (BGHZ **48** 118, 121). Nur wenn der Verkäufer seine Vertragspflichten unmittelbar durch dritte Personen, also auch durch seinen Lieferanten (RGZ **108** 221), dem Käufer gegenüber erfüllen läßt, sind diese Personen seine Erfüllungsgehilfen (a. M. *Düringer/Hachenburg* 80). Dann haftet er für deren Arglist, wenn sie Mängel verheimlicht haben, die sie in gleicher Weise wie der Verkäufer selbst dem Käufer hätten offenbaren müssen. Nicht Erfüllungsgehilfe — in dem hier gedachten Zusammenhang — ist ferner der Bedienstete des Verkäufers im Herstellungsgang der zu liefernden Ware, der sie wissentlich fehlerhaft anfertigt: er ist nicht Helfer in der Vertragspflicht des Verkäufers, den Käufer über Mängel des Kaufgegenstandes informiert zu halten (BGH MDR **1968** 660; kritisch hierzu *Hoffmann* JR **1969** 374).

6. Zur Kasuistik

Der Schwerpunkt der Judikatur auf dem hier behandelten Gebiet liegt seit den 50er **195** Jahren bei den **Verkäufen von Kraftfahrzeugen**. Auch die Mehrzahl der in den Rdn. 173—187 zitierten Entscheidungen behandeln solche Fälle, überwiegend zweiseitige Handelskäufe. Wegen der weiteren Kasuistik — sie betrifft nicht immer Sonderprobleme des § 377 Abs. 5 — ist die Zusammenstellung bei *Staudinger/Honsell*[12] § 463, 32 und im MünchKomm-*H. P. Westermann* § 463, 11 ff, sowie *Strutz* NJW **1968** 436 zu vergleichen.

B. Zu Lasten des Käufers: Versagte Rügemöglichkeit

Die verschiedenen und verschiedenartigen Tatbestände, die für eine Rügeobliegenheit von vornherein keinen Raum lassen, weil sie eine Sachmängelgewähr bereits ausschließen, gehören sämtlich dem bürgerlichen Kaufrecht an. Sie können daher hier nur skizziert werden; für die Einzelheiten ist auf das bürgerlichrechtliche Schrifttum zu verweisen.

1. Wegfall der Rügemöglichkeit im voraus:

a) **Vereinbarung des Ausschlusses der Gewährleistung.** Eine solche ist **grundsätzlich** **196** **möglich**, arg. § 476 BGB, wenn auch vorbehaltlich zahlreicher Ausnahmen (**nicht** zum Beispiel: für das Einstehen-müssen für zugesicherte Eigenschaften — BGHZ **50** 200 [vgl. jetzt: § 11 Nr. 11 AGBG, der aber aus sich heraus nicht ohne weiteres für zweiseitige Handelskäufe gilt, § 24 S. 1 Nr. 1 AGBG] —, für Konstruktionsmängel, da der Käufer hier nicht einmal die Beschränkung auf Nachbesserung oder Nachlieferung hinzunehmen brauchte — BGH NJW **1971** 1795; *Schmidt-Salzer* BB **1972** 1161 —, überhaupt für fabrikneue Einzelstücke, weil insoweit jedenfalls der Nachbesserungsanspruch verbleiben muß — *Schmidt-Salzer* NJW **1969** 719 m. w. N. —: alles dies auch bei Anwendung von allgemeinen Geschäftsbedingungen gegenüber Kaufleuten im Hinblick auf § 24 S. 1 Nr. 1, S. 2, § 9 Abs. 2 S. 1, § 11 Nr. 10 Buchst. a, b, 11 AGBG). Der Käufer verzichtet damit auf die aus dem Mangel herzuleitenden Ansprüche überhaupt. So bei der Klausel „tel quel"; über ihre usancemäßige Ausgestaltung im hamburgischen Warenhandel s. § 9 der „Platzusancen für den hamburgischen Warenhandel" — Anh. 2 — und § 22 der Geschäftsbedingungen des Waren-Vereins der Hamburger Börse — Anh. 3 —. Die Klausel „wie besehen" deckt verdeckte Mängel (Abs. 3) allerdings nicht; der Besichtkäufer behält daher die hieraus entfließenden Gewährschaftsansprüche, und es obliegt ihm insoweit unverändert, die Sache, sobald er Verdacht auf heimliche Mängel hat, zu untersuchen und zu rügen (RG Recht **1919** Nr. 1180). — Der vertragliche Ausschluß der Gewährleistung gilt nicht, wenn der Verkäufer den Mangel arglistig verschwiegen hat, § 476 BGB (zu diesem Tatbestand vgl. Rdn. 173 ff).

197 **b) Schweigen des Käufers bei Kaufabschluß in Ansehung des Mangels (§ 460 BGB).** Hat der Käufer den Mangel bei Kaufabschluß gekannt, so sind Gewährleistungsansprüche, überhaupt vertragliche Ansprüche aus dem Vorhandensein des Mangels nicht gegeben (§ 460 S. 1 BGB). Das gleiche gilt, wenn ihm der Mangel bei Kaufabschluß infolge grober Fahrlässigkeit unbekannt geblieben ist; hier aber ausgenommen den Fall des arglistigen Verschweigens durch den Verkäufer (§ 460 S. 2 BGB). Zu rügen ist dann insoweit nichts mehr. Bei Gattungskäufen setzt Kenntnis und grobfahrlässige Nichtkenntnis voraus, daß der Mangel der ganzen Gattung, aus der erfüllt werden soll, anhaftet. Wegen der Arglist gilt das unter Rdn. 173 ff Gesagte entsprechend.

2. Nachträglicher Verlust der Rügemöglichkeit

198 **a) Genehmigung der Ware während der Rügefrist.** Sie ist für bekannte oder bekannt gewordene Mängel jederzeit möglich. Soweit mit der Kenntnis auch die gesetzliche Rügeobliegenheit einsetzt, wird diese Genehmigung selbständig relevant nur in Fällen einer vertraglich längeren (festen) Rügefrist. Was den Genehmigungstatbestand und seine Auswirkungen bei Entdecken eines späteren, durch die Genehmigung nicht geheilten Mangels angeht, ist auf die Rdn. 158, 159 zu verweisen.

199 **b) Vorbehaltlose Annahme in Kenntnis des Mangels (§ 464 BGB).** Sie ist der Sache nach ein Unterfall der Genehmigung der Ware in Ansehung des Mangels. Hier stünde nicht einmal ein (erfolglos versuchtes) arglistiges Verschweigen des Mangels durch den Verkäufer entgegen. Die „Annahme" des Kaufgegenstandes i. S. des § 464 BGB ist die Annahme als Erfüllung (§ 363 BGB; BGH NJW **1958** 1724). Sie folgt normalerweise der mit der Ablieferung verbundenen Entgegennahme i. S. des Abs. 1 und der Untersuchung auf Mängelfreiheit nach (Rdn. 26). Deshalb macht sie die Rüge gegenstandslos nur in den Fällen, in denen der Käufer die Ware mit einem zu Tage liegenden Mangel (vgl. Rdn. 67) und in Kenntnis desselben nicht nur entgegennimmt, sondern zugleich als Erfüllung gelten lassen zu wollen erklärt oder einen dahingehenden Willen schon vor der Ablieferung erklärt hat, etwa weil ihm an der Ware selbst und im übrigen nur am Aushandeln einer Preisminderung gelegen ist.

200 **c) Eingeschränkte Möglichkeit der Geltendmachung von Gewährleistungsansprüchen infolge Verjährung vor Entdeckung des Mangels.** Die Verjährungsfrist für Ansprüche aus der Sachmängelgewähr beträgt sechs Monate; sie beginnt mit der Ablieferung, § 477 BGB (Rdn. 156). Vom Verkäufer arglistig verschwiegene Mängel sind hiervon ausgenommen. Für sie bewendet es bei der 30-jährigen Verjährung.

Der **Beginn der Verjährung** ist nach allgemeinen Grundsätzen **nicht davon abhängig**, daß der Anspruchsberechtigte seinen Anspruch oder auch nur **die seinen Anspruch begründenden Tatsachen kennt**. Hieraus ergibt sich, daß Mängel, die erst nach Ablauf von sechs Monaten nach der Ablieferung entdeckt werden, auch wenn sie schon früher vorhanden waren, kein — durchsetzbares — Recht auf Gewährleistung mehr geben. Sie können allenfalls nach Ablauf der Verjährung noch einrede- oder aufrechnungsweise geltend gemacht werden, wenn sie vorher angezeigt waren (Rdn. 156, 157). Die Mängelanzeige unterbricht im übrigen die Verjährung nicht. Ob sie vor Ablauf der Verjährung deshalb nicht möglich war, weil der Mangel nicht entdeckt wurde oder nicht zu entdecken war (BGH BB **1956** 447), ob die Mängel offene (dazu Rdn. 156) oder heimliche oder beim Abschluß schon im Keime vorhanden waren, ob den Käufer ein Versäumnis trifft oder nicht, ob zur Zeit der Ablieferung und selbst längere Zeit nachher (BGH NJW **1961** 730, 731) eine Untersuchung nicht möglich war, oder ob die Ware vereinbarungsgemäß erst am Bestimmungsort zu untersuchen war (Rdn. 34 a. E.!), ist gleichgültig (RG WarnRspr. **1911** Nr. 369; OLG Hamburg LZ **1909** 704[4]; vgl. RG JW **1912** 1105[5]; a. M. *Blume* IheringsJ 55 209). Es kann also der Anspruch **verjährt** sein, obgleich die **Frist zur Mängelrüge noch nicht abgelaufen** ist (RG JW **1907** 138[19]). So läßt sich z. B. bei Maschinen regelmäßig erst nach Ablauf einer gewissen Zeit nach der Ablieferung ein bestimmtes Ergebnis mit Sicherheit feststellen. Trotzdem beginnt die Verjährung mit der Ablieferung (RG JW **1903** 244[26]), ebenso für Samen, die erst bei der späteren Aussaat ihre Mängel zeigen (OLG Colmar, OLGE 8 70). Ein Zurückgreifen auf die Anfechtung wegen Irrtums hinsichtlich solcher erst nach Ablauf der Verjährung entdeckter Gewährleistungsfehler ist nicht zulässig, RGZ **61** 177; **135** 346.

Diesem Ergebnis kann der Käufer dadurch vorbeugen (OLG Hamburg DR **1939** 1583, 1584), daß er **vertraglich** eine **Verlängerung der Verjährungsfrist** ausbedingt, was, als Ausnahme vom Grundsatz des § 225 S. 1 BGB, durch § 477 Ans. 1 S. 2 BGB zugelassen ist. Das kann konkludent geschehen, so in den bei *Rud. Schmidt* NJW **1962** 713, 714 zitierten Einzelfällen aus der Rechtsprechung. Ausdrücklich kann vereinbart sein, daß die Verjährung erst mit einem späteren Zeitpunkt beginnen (BGH BB **1953** 186: Bestimmungsort der Ware im Überseehandel) oder länger als sechs Monate betragen soll. Hauptfall ist die vertragliche Garantiefrist für bestimmte Eigenschaften. In der Regel bedeutet sie, daß der Verjährungsbeginn bis zur Entdeckung des Mangels innerhalb der Frist hinausgeschoben bleibt; dies jedenfalls dann, wenn sie länger ist als die gesetzliche Verjährungsfrist (st. Rspr., BGH NJW **1979** 645 m. w. N.). Nur unter besonderen Umständen kann die Garantiefrist mit der Festsetzung einer entsprechenden Verjährungsfrist gleichbedeutend sein (BGH wie vor; über weitere Deutungsmöglichkeiten der Garantiefrist auch BGH BB **1961** 228).

201

d) Verwirkung der Rügemöglichkeit. Der Käufer verliert die Möglichkeit, Mängel zu rügen, wenn er die spätere **zuverlässige Feststellung** ihres Vorhandenseins im maßgebenden Zeitpunkt des Gefahrüberganges (§ 459 Abs. 1 BGB) oder des Kaufabschlusses (§ 463 BGB) **erschwert oder unmöglich** macht. Ein solches Verhalten kann sowohl nach abgeschlossener Untersuchung, aber vor Ausspruch der Rüge — so etwa bei festen vertraglichen Rügefristen — als auch vor oder während der Untersuchung betätigt werden. Die Erscheinungsformen sind grundsätzlich die gleichen wie bei der Beweisvereitelung nach ausgesprochener Rüge (Rdn. 158). Einige schiedsgerichtliche Judikatur ist bereits unter Rdn. 160 mitgeteilt. Weitere Tatbestände dieser Art: Das Umfüllen

202

§ 377   Drittes Buch. Handelsgeschäfte

in andere Behältnisse beim Käufer (Schiedsgericht der Hamburger freundschaftlichen Arbitrage v. 5. 11. **1968** — HSG E 6 b Nr. 29 —), sofern es nicht zum Zwecke der Erhaltung der Ware geboten war (wie in einem Falle, wo der Käufer die Ware hatte waschen lassen müssen: Schiedsgericht wie vor v. 1. 12. **1964** — HSG E 6 b Nr. 19 —). Ferner das Zuwiderhandeln gegen eine vertragliche Verpflichtung, die eine rechtzeitige Beteiligung des Verkäufers an der Befundsfeststellung sicherstellen soll; so wenn abgesprochen worden ist, daß der Käufer beim Empfang der Ware — Abnahme am Kai im Abladegeschäft — die Kontrolleure des Abladers und des Verkäufers zuziehen muß: versäumt er dies, so kann er eine (nunmehr einseitige) Rüge nicht mehr aussprechen (Schiedsgericht wie vor v. 20. 1. **1967** u. 14. 1. **1967** — HSG E 6 b Nr. 23, 24 —). Siehe hierzu auch die unter Rdn. 92 mitgeteilte Entscheidung des OLG Düsseldorf BB **1959** 250, sowie die Bestimmung in § 3 der „Bedingungen der Bremer Baumwollbörse" (Anhang 1) über gemeinsame Untersuchung durch Käufer und Verkäufer im Anschluß an die Löschung bezw. Andienung der Ware. Arbitrageklauseln können den gleichen Inhalt haben und lassen im Falle der Zuwiderhandlung vor Ausspruch der Mängelrüge die Rügemöglichkeit verlieren.

VII. Beweislast

1. Allgemeines

203   Die Verteilung der Beweislast im Bereich des § 377 hat davon auszugehen, daß diese Vorschrift eine Regelung zugunsten des Verkäufers ist. Der Verkäufer soll mit möglichster Zügigkeit darüber Gewißheit haben, ob seine Lieferung „in Ordnung geht" (Rdn. 3); zu diesem Zweck ist dem Käufer die Untersuchungs- und Rügelast auferlegt. Das wiederum bedeutet: Es ist zunächst Sache des Verkäufers, einen solchen Sachverhalt darzutun und im Streitfalle zu beweisen, der jene Untersuchungs- und Rügelast beim Käufer eröffnet: er hat den Beweis bis an die Schwelle zu führen, von welcher ab er nunmehr dem Käufer die **Last, rechtzeitig untersucht und gerügt zu haben,** zuschiebt. Dafür, daß er ihr genügt habe, ist daraufhin der **Käufer beweispflichtig.** Vorgeschaltet ist bei allem die Frage, ob ein Mangel der gelieferten Ware besteht — denn nur dann wird die Rüge überhaupt relevant —; die Beweislast insoweit ist, wie die Sachmängelgewähr überhaupt, Gegenstand des bürgerlichen Kaufrechts. Doch kann sie im Prozeß offen bleiben, wenn aus dem Mangel keine anderen als vertragliche Ansprüche hergeleitet werden und im übrigen der Käufer, der den Mangel geltend gemacht hat und der deshalb, um seinen Anspruch schlüssig zu halten, sich auf ordnungsmäßige Rügeerhebung berufen muß, schon hiermit (Rdn. 206) beweisfällig geblieben ist. Daher sei die Beweislastproblematik für den Mangel als solchen an dieser Stelle nur kurz gestreift — s. die letzte zusammenfassende Darstellung bei *Neumann-Duesberg* BB **1967** 1457 ff —:

2. Beweislast für das Vorhandensein des Mangels

204   Den **Beweis, daß die Kaufsache mangelhaft sei,** und in welcher Richtung sie es sei, hat **grundsätzlich der Käufer** zu führen. Denn er ist es, der aus der Mangelhaftigkeit die besonderen Gewährleistungsansprüche der §§ 459 ff BGB, gegebenenfalls aus positiver Vertragsverletzung herleitet: *Rosenberg*, Beweislast[5] S. 353; *Frz. Leonhard,* Beweislast[2] (1926) S. 365, 367; *Oertmann* § 459, 7; *Plank/Knoke*[4] § 462, 1; *Düringer/Hachenburg* Bd. V Einleitung Anm. 200; *Neumann-Duesberg* BB **1967** 1459; *Meeske* S. 167; BGH — in einem obiter dictum — JZ **1964** 425. Macht er einen Schadensersatzanspruch wegen Fehlens einer zugesicherten Eigenschaft aus § 463 BGB geltend, hat er insbesondere zu beweisen, die Eigenschaft habe schon bei Kaufabschluß gefehlt (*Rosenberg aaO S. 354). Denn das Fehlen der zugesicherten Eigenschaft ist, bezogen auf diesen Zeitpunkt, Klagegrund, nicht etwa ihr Vorhandensein eine rechtshindernde Einwendung: genau so — „das gleiche gilt", sagt § 463 Satz 2 BGB — wie das arglistige Verschweigen des Fehlers (das arglistige Vorspiegeln der Eigenschaft) bei Kaufabschluß vom Käufer als anspruchsbegründend für einen Schadensersatz bewiesen werden muß. Da der Kaufabschluß vor der Lieferung liegt, wäre deshalb ein Beweis der Erfüllung der zugesicherten Eigenschaft durch den Verkäufer nicht das beweislastmäßig maßgebliche; vielmehr muß der Käufer auch beweisen, daß die Eigenschaft noch im Zeitpunkt des Gefahrübergangs gefehlt habe, nicht anders als für jeden anderen im Zeitpunkt des Gefahrübergangs vorhandenen Fehler, dem das Fehlen der zugesicherten Eigenschaft durch § 459 Abs. 2 BGB gleichgestellt ist. Anderseits hat der Verkäufer zu beweisen, daß es sich um einen unerheblichen Fehler gehandelt habe (§ 459 Abs. 1 S. 2 BGB; BGH WarnRspr. **1973** Nr. 313). Eine Ausnahme von obigem Grundsatz macht der Nachlieferungsanspruch beim Gattungskauf (§ 480 Abs. 1 BGB). Er ist nichts anderes als der fortdauernde Anspruch auf Erfüllung: der Verkäufer hat zu beweisen, daß er mit der Ware schon bei der ersten Andienung qualitätsgerecht erfüllt habe. Übereinstimmend BGHZ **6** 25; RG WarnRspr. **1921** Nr. 94 und die völlig h. L.: *Rosenberg* und *Frz. Leonhard* aaO; *Ennecc.-Lehmann*[15] § 115, I 2, S. 467. Der gleiche Beweis liegt dem Verkäufer aber auch ob gegenüber einem Schadensersatzverlangen aus § 480 Abs. 2 BGB. Denn auch der Schadensersatz wegen Nichterfüllung ist hier echtes Surrogat des Erfüllungsanspruchs, insofern der Verkäufer nur mit vertragsmäßiger Gattungsware überhaupt hätte erfüllen können. Hat allerdings der Käufer vorzuleisten („Kasse gegen Dokumente" o. ä.) und will er nicht im voraus zahlen, so kann er sich nur durch den Beweis der Mangelhaftigkeit befreien; BGH NJW **1965** 1270. Die Beweislast wird durch Art. 17 WG und Art. 22 ScheckG beinflußt, wenn der Käufer vorschußweise durch Wechsel oder Scheck bezahlt hat und er nun vom Verkäufer aus diesen Urkunden belangt wird; der Käufer muß beweisen, daß er aus den Urkunden nicht zu zahlen habe, weil dem Verkäufer aus dem Kaufvertrag kein Anspruch zustehe. Auch die Annahme als Erfüllung (§ 363 BGB) verschiebt den Beweis der Mangelhaftigkeit auf den Käufer; dies wird im Bereich des § 377 namentlich dann praktisch, wenn aufgetretene Mängel als verdeckte gerügt werden und Ansprüche aus § 480 Abs. 1 oder 2 BGB begründen sollen. — Eine Eigentümlichkeit ergibt sich, wenn die vereinbarte Herkunft einer Gattungsware durch Untersuchung nicht festzustellen ist. Hier muß der Käufer mangels eines entgegenstehenden Handelsgebrauchs sich vorbehaltlich des von ihm zu erbringenden Gegenbeweises mit dem Nachweis des Verkäufers begnügen, daß die Ware den Ursprung haben kann (RGZ **47** 124).

3. Beweislast für die Ablieferung

Nach dem unter Rdn. 203 Gesagten hätte der Verkäufer zunächst die Beweislast **205** dafür, daß ein zweiseitiger Handelskauf vorliegt. Doch kommt ihm für seine eigene Kaufmannseigenschaft und die des Käufers (beachte insoweit den maßgebenden Zeitpunkt: Rdn. 14), wenn sie überhaupt streitig sein sollten, ggf. die Regelung des § 5, für die Kaufmannseigenschaft des Käufers u. U. die Registerpublizität des § 15 Abs. 1 bis 3 zugute. Eine Scheinkaufmannseigenschaft des Käufers jenseits des Tatbestandes des § 15 Abs. 3 hätte der Verkäufer zu beweisen; auf seine eigene Scheinkaufmannseigenschaft könnte er sich ohnehin nicht berufen (Rdn. 17; Anhang § 5, 37). Zugunsten der Eigenschaft des Kaufs als zum Betriebe des Handelsgewerbes gehörig spricht die Vermutung des § 344. Was der **Verkäufer** daraufhin **zu beweisen** hat, ist — vom Abschluß des Kaufes und dessen den Kaufgegenstand betreffenden Inhalt abgesehen (Ausnahme: die Eigenschaftszusicherung als solche, die zur Beweislast des Käufers steht, weil er aus ihr die besonderen Gewährleistungsansprüche der §§ 459 Abs. 2, 463, 480 Abs. 2 herleitet) — die **geschehene Ablieferung und deren Zeitpunkt** (RGZ **5** 30; Schiedsgericht des Warenvereins der Hamburger Börse v. 15. 2. **1971** — HSG E 6 b Nr. 42 a —). Denn durch sie wird die Obliegenheit des Käufers zur unverzüglichen Untersuchung und Rüge ausgelöst. Deshalb hat der Verkäufer auch die Beweislast dafür, daß der Mangel dem Käufer schon vor der Ablieferung bekannt war oder bei der Ablieferung offen zu Tage lag, sodaß eine Untersuchung sich erübrigte und der Käufer auch ohne eine solche ausnahmsweise auf der Stelle rügen mußte.

4. Beweislast für die rechtzeitige und gehörige Erstattung der Mängelanzeige

206 Sie obliegt in vollem Umfange **dem Käufer** (BGH LM § 377 HGB Nr. 1), und zwar bei Teillieferungen für jede einzelne Lieferung. Der Käufer muß also im einzelnen dartun: wann und wie er nach der Ablieferung die Untersuchung vorgenommen hat und welche Zeitdauer sie beanspruchte, welche Ergebnisse sie zu Tage gefördert hat; schließlich, wann, wie und mit welchem Inhalt daraufhin die Mängelanzeige erfolgt ist. Dabei erlaubt Abs. 4 ihm im Falle der schriftlichen Mängelanzeige, sich auf den Nachweis zu beschränken, wann sie abgesandt worden ist, und auf welchem Wege (RGZ **3** 101; **5** 30; RG LZ **1915** 1098[23]; **1917** 795[16]); der Beweis, daß die Mängelanzeige nicht zugegangen sei (Rdn. 142), liegt deshalb dem Verkäufer ob. Bei verdeckten Mängeln hat der Käufer darzutun und zu beweisen, daß sie bei der ursprünglichen Untersuchung sich nicht gezeigt hatten, auch nicht zeigen konnten, und, wenn eine Untersuchung nicht stattgefunden hat, selbst dann nicht hätten zeigen können; ferner: was ggf. an gehöriger Untersuchung vorgenommen worden ist, um nach aufgetretenem Mangelverdacht so bald wie möglich Gewißheit zu erlangen, und wann daraufhin die Mängelanzeige erstattet worden ist. Hatte die Untersuchung sich auf Stichproben beschränkt, so hat der Käufer darzutun und zu beweisen, wie, in welchem Umfang und mit welchem Ergebnis er sie gezogen hat; ob sie ausreichend waren, ist Rechtsfrage und vom Gericht zu beurteilen. Ein Beweis dahin, daß, falls die Untersuchung überhaupt unterblieben ist, auch Stichproben keinen Mangel zu Tage gefördert haben würden, ist ihm indessen nicht gestattet (Rdn. 83).

207 Die Gegenmeinung von *Fabricius* JZ **1965** 271, wonach das Ausbleiben der ordnungsgemäßen Rüge vom Verkäufer im Wege der Einrede geltend zu machen sei, ist abzulehnen. Mit dem Ausdruck „sich berufen" in Abs. 5 unserer Vorschrift (so *Fabricius*) kann hierfür nicht operiert werden; er kommt an zahlreichen Stellen des BGB vor (statt vieler: §§ 405, 1121 Abs. 2 Satz 1, 2026), die mit einer Einredeberechtigung nicht das mindeste zu tun haben, ist also insoweit durchaus unspezifisch. Wenn *Fabricius* gegen die Auffassung ankämpft, die Rüge sei „von Amts wegen zu berücksichtigen", so liegt dem eine (wenngleich verbreitete) Mißdeutung des Ausdrucks „von Amts wegen" zugrunde. Er bedeutet nicht, daß der Richter hier von Amts wegen zu eruieren habe, sondern nur, daß die Tatsache der Rügeerhebung von ihm zu berücksichtigen sei ohne Rücksicht darauf, wer von den Parteien sie vorgetragen hat, wenn sie nur überhaupt von einer Partei vorgetragen worden ist. Wie hier: *K. Schmidt* Handelsrecht § 28 III 1 d, S. 585.

208 Sollen über die Modalitäten von Untersuchung und Rüge **vertragliche Abreden** getroffen sein oder werden **Handelsbräuche** in dieser Richtung behauptet, so obliegt der Beweis demjenigen, dem sie zugute kommen sollen: dem Käufer z. B., wenn eine feste Rügefrist vereinbart sein oder ein Handelsbrauch hierüber bestehen soll, oder wenn die Untersuchung erst am Bestimmungsort der Ware vorzunehmen war; dem Verkäufer, wenn behauptet wird, die Untersuchung sei auf das Lager des Verkäufers vorverlegt worden, oder die feste Rügefrist habe sich auch auf verdeckte Mängel beziehen sollen. Sind diese Punkte beweismäßig geklärt, so hat wiederum der Käufer die Innehaltung der danach gebotenen Anforderungen an die Rügeobliegenheit zu beweisen.

5. Arglist des Verkäufers

Der **Beweis des arglistigen Verhaltens** des Verkäufers liegt dem **Käufer** ob, der dadurch seine Rechtslage erleichtern will (RG JW 1908 329[12]; WarnRspr. 1910 Nr. 237). Der Verkäufer hat die Vermutung der Gutgläubigkeit für sich. Stehen dagegen — ggf. bedingte — Kenntnis des Mangels, die Offenbarungspflicht und das Verschweigen einmal fest, so kann sich der Verkäufer den Folgen nur durch den Beweis entziehen, daß der Käufer den Mangel beim Abschluß und, wenn die Täuschung bei der Erfüllung stattfand, den Mangel bei der Lieferung kannte (was sich etwa erst nachträglich herausgestellt hat), denn dann geht die vorhandene Arglist des Verkäufers ins Leere und bleibt ohne Folgen (RGZ 102 395; 55 214; Rdn. 197). Dasselbe ist der Fall, wenn der Verkäufer auch nur angenommen hat, der Käufer habe den Mangel wahrgenommen (oder werde ihn rechtzeitig wahrnehmen); denn dann war sich der Verkäufer nicht bewußt, daß er täuschte; es fehlt der Täuschungsvorsatz (Rdn. 183; RG Gruch. 52 981). Der Verkäufer kann ferner dartun, daß der Käufer die Ware genehmigt habe (Rdn. 158, 198), oder daß der Käufer auf das Verschwiegene kein Gewicht gelegt hätte, auch wenn es ihm mitgeteilt worden wäre (Rdn. 187). Dagegen nützt ihm der Beweis nichts, daß er die Ware auch dann nicht billiger abgelassen hätte, wenn dem Käufer der Fehler bekannt gewesen wäre, oder daß der Kaufpreis der Ware entspreche, oder daß die Täuschung im Interesse des Käufers erfolgt sei; denn der Verkäufer darf sich die Erreichung seines Zwecks nicht durch Arglist erleichtern (Strafcharakter des Rechtsverlustes, Rdn. 187).

Entsprechendes gilt für Arglist durch Vorspiegeln oder Zusichern einer Eigenschaft.

Anhang zu § 377

Mängelrügeklauseln in einigen führenden Verbandsbedingungen

1. Bedingungen der Bremer Baumwollbörse

§ 3

Allgemeine Untersuchungspflicht.

(1) Nach der Entlöschung im Hafen (bei Verschiffungsgeschäften) bzw. nach Andienung (bei Lieferungsgeschäften) ist jeder Ballen von den Parteien oder deren Vertretern gemeinschaftlich zu verwiegen und zu bemustern (Behandlung). Vorhandene Erkennungszeichen über die Herkunft der Baumwolle dürfen nicht entfernt werden.

(2) Der Käufer hat jeden Ballen dabei auf etwaige Mängel zu untersuchen und sie dem Verkäufer zur Wahrung seiner Rechte sofort mitzuteilen. Für die Feststellung von Qualitätsmängeln und von Micronaire- und Pressley-Abweichungen gelten die Vorschriften der §§ 38 ff. bzw. 56 ff., für die Feststellung sonstiger Mängel die Vorschriften der §§ 62 ff.

(3) Kann ein Mangel trotz ordnungsmäßiger Untersuchung bei der Verwiegung und Bemusterung nicht festgestellt werden, so ist er unverzüglich nach der Entdeckung, spätestens innerhalb 6 Monaten nach dem letzten Löschtag bzw. nach dem Tag

der Andienung geltend zu machen. Anderenfalls gilt der betreffende Ballen hinsichtlich dieser Mängel als genehmigt.

(4) Für Mängel in Ballen, die bereits einer Verarbeitungsmaschine übergeben worden sind, können keine Ansprüche mehr geltend gemacht werden.

2. Platzusancen für den hamburgischen Warenhandel

§ 3

Am Platz angediente sowie „auf Besicht", „auf Nachstechen", „nach Probe" oder unter ähnlichen Bedingungen verkaufte Waren gelten als genehmigt, wenn nicht der Käufer „bis zur Börse" des auf die Andienung bzw. auf den Geschäftsabschluß folgenden Werktages dem Verkäufer eine gegenteilige Erklärung abgibt. Diese Bestimmung gilt nicht für Waren, deren Untersuchung ihrer Natur nach eine längere Zeit beansprucht.

Wird der Käufer an der Untersuchung der Ware oder Abgabe der Erklärung durch höhere Gewalt oder durch von dem Verkäufer zu vertretende Umstände verhindert, so hat er dies dem Verkäufer ungesäumt anzuzeigen. Die Gültigkeit der Andienung beginnt in solchem Falle mit der Anzeige des Verkäufers an den Käufer, daß die Verhinderung beseitigt ist.

§ 9

Bei „tel quel" verkauften Waren ist der Käufer verpflichtet, jede Ware ohne Rücksicht auf Qualität zu empfangen, welche der Gattung nach der vertragsmäßigen Bezeichnung entspricht.

§ 17

Wird auf Lieferung verkaufte Ware in Teilen angedient, so gelten die Bestimmungen hinsichtlich der Zeit der Beanstandung (§ 3) für jede Teillieferung.

§ 20

1)—6) pp

7) Ist „Handelskammer-Arbitrage" vereinbart, so haben Feststellungen über die Beschaffenheit der Ware, ihren etwaigen Minderwert oder über Marktpreise mangels ausdrücklicher anderer Vereinbarung durch zwei von der Handelskammer in Gemäßheit des Regulativs für Qualitätsfeststellungen vom 12. April 1911 zu ernennende Sachverständige zu erfolgen; sonstige Streitigkeiten jeglicher Art sind durch das Schiedsgericht der Handelskammer (vgl. Regulativ des Schiedsgerichts der Handelskammer vom 9. Dezember 1948) zu entscheiden.

3. Geschäftsbedingungen des Waren-Vereins der Hamburger Börse

§ 3

1. Für Beanstandungen wegen Beschaffenheit der Ware sowie der Verpackung, der Herkunft und der Ernte gelten folgende Bestimmungen:

2. Am Platze angediente oder verkaufte Ware gilt als genehmigt, wenn nicht der Käufer „bis zur Börse" des auf die Andienung bzw. auf den Geschäftsabschluß folgenden Werktages dem Verkäufer eine gegenteilige Erklärung abgibt.

Stand: 31. 3. 1983

3. Bei Abladegeschäften hat der Käufer die Ware nach der beendeten Entlöschung des Schiffes unverzüglich, soweit dieses nach ordnungsmäßigem Geschäftsgange tunlich ist, zu untersuchen und, wenn sich ein Mangel zeigt, dem Verkäufer oder dem Abladevertreter unverzüglich Anzeige zu machen. Zeigt der Verkäufer dem Käufer schon vor Beendigung der Entlöschung des Schiffes an, daß die Ware gelöscht sei, so beginnt die Frist für die Untersuchung und Erklärung mit der Erstattung dieser Anzeige; erfolgt die Einhändigung der Dokumente (vgl. ...) erst nach der Entlöschung des Schiffes, so beginnt die vorerwähnte Frist erst mit der Einhändigung der Dokumente.

4. Hat der Käufer bei Abladegeschäften die Ware weiterverkauft und die Dokumente dementsprechend weitergegeben, so genügt es zur Wahrung seiner Rechte, wenn er die ihm von seinem Käufer erstattete Mängelanzeige unverzüglich weitergibt. Er hat aber für die rechtzeitige Erstattung der Mängelanzeige seitens seines Abnehmers und dessen Nachmänner einzustehen.

5. Die Bestimmungen der Absätze 2 bis 4 gelten auch, wenn die Beanstandung darauf gegründet wird, daß die Ware der Gattung nach nicht den vertraglichen Bedingungen entspreche.

6. Die Bestimmungen der Absätze 2 bis 4 gelten nicht für Ware, deren Untersuchung ihrer Natur nach eine längere Zeit beansprucht.

7. Unterläßt der Käufer die rechtzeitige Mängelanzeige gemäß den Absätzen 2 bis 4, so gilt die Ware als genehmigt, es sei denn, daß es sich um einen versteckten Mangel handelt, der bei der ordnungsgemäßen Untersuchung nicht erkennbar war.

8. Wird der Käufer an der Untersuchung der Ware oder der Abgabe der Erklärung durch höhere Gewalt oder durch von dem Verkäufer zu vertretende Umstände gehindert, so hat er dieses dem Verkäufer unverzüglich anzuzeigen. Der Lauf der in den Absätzen 2 bis 4 festgesetzten Fristen beginnt in solchem Falle mit der Anzeige des Verkäufers an den Käufer, daß das Hindernis beseitigt sei.

9. Bei Verkäufen „ab Kai" oder „ab Lager" an Firmen, die außerhalb Groß-Hamburgs niedergelassen sind, gilt folgendes:

Falls nicht der Verkäufer die Versendung besorgt, hat der Käufer die Ware bei der Abnahme vom Kai oder vom Lager zu untersuchen und, wenn sich ein Mangel zeigt, dem Verkäufer unverzüglich Anzeige zu machen. Das Vorstehende gilt nur, falls der Verkäufer den Käufer auf diese Verpflichtungen entweder durch besondere schriftliche Mitteilung oder durch einen auf der Vorderseite der Verkaufsbestätigung enthaltenen deutlich sichtbaren Vermerk hingewiesen hatte. Hat der Verkäufer diesen Hinweis unterlassen, so bleiben die Gewährleistungsansprüche des Käufers gewahrt, wenn er die Ware nach deren Eintreffen am Bestimmungsort unverzüglich untersucht und, wenn sich ein Mangel zeigt, dem Verkäufer unverzüglich Anzeige macht.

10. Bei Abladegeschäften ist die Qualitätsarbitrage spätestens binnen 7 Werktagen nach Entlöschung des Dampfers und, falls die Dokumente nach der Entlöschung des Dampfers angedient werden, binnen 7 Werktagen nach der Andienung der Dokumente unter Benennung des Sachverständigen anzumelden. Der Arbitrageantrag ist von der betreibenden Partei innerhalb von 5 Tagen einzureichen, gerechnet von dem Zeitpunkt, in welchem der betreibenden Partei die Benennung des Gegensachverständigen zugegangen ist.

11. Bei Platzgeschäften ist die Arbitrage unverzüglich unter Benennung des Sachverständigen anzumelden und der Arbitrageantrag von der betreibenden Partei unverzüglich einzureichen, nachdem ihr die Benennung des Gegensachverständigen zugegangen ist.

§ 4
1. Gewichtsbeanstandungen sind bei Platzgeschäften und bei Lieferungsgeschäften unzulässig.

2. Bei Abladegeschäften hat die Verwiegung der Ware innerhalb von 5 Werktagen, gerechnet vom Zeitpunkt des Beginns der Erklärungsfrist an zu erfolgen. Ansprüche wegen Untergewichts sollen mit tunlichster Beschleunigung von jedem Beteiligten gegenüber seinem Vordermann weitergegeben werden. Hat Arbitrage stattgefunden, so hat der letzte Käufer die Verwiegung unverzüglich nach Zustellung des Arbitrageattestes an ihn zu bewirken.

§ 6
Falls bei Käufen nach ausgeliefertem Gewicht infolge von Verlust der Ware das Ladungsgewicht nicht zu ermitteln ist, oder die Ware infolge von Beschädigung einen Gewichtszuwachs erfahren hat, so erfolgt die Berechnung abzüglich des erfahrungsmäßigen, notfalls durch Sachverständige festzustellenden Gewichtsabgangs auf der Reise.

§ 7
1. Bei Abladegeschäften ist das hier ermittelte Untergewicht über 1 % vom Verkäufer zu vergüten, es sei denn, daß es nicht auf natürlichen Schwund zurückzuführen ist. Sofern mit offiziellem Abladegewicht verkauft ist, gilt diese Regelung nur, wenn kein offizielles Wiegeattest den Dokumenten beiliegt, oder wenn dasselbe nicht bis zur Entlöschung des Dampfers geliefert wird.

2. Bei Platzgeschäften in getrockneten Früchten in Kisten oder Kartons, die mit einem für jedes Kollo fest bestimmten Nettogewicht gehandelt werden, ist das hier ermittelte Untergewicht über 1 % stets zu vergüten.

3. Bei Waren, die nicht mit einem für jedes Kollo fest bestimmten Nettogewicht gehandelt werden, ist ... für die Taraberechnung anzuwenden.

4. Reklamationen wegen Untergewichts auf Teilmengen sind nicht zulässig.

5. Bei Waren, die mit einer höheren Franchise als 1 % gehandelt zu werden pflegen, ist an Stelle des in Absatz (1) genannten Satzes von 1 % der handelsübliche Prozentsatz zu berechnen.

§ 22
Bei „tel quel" verkaufter Ware ist der Käufer verpflichtet, jede Ware ohne Rücksicht auf Gattung, Qualität, Verpackung, Herkunft oder Ernte zu empfangen.

§ 378
Die Vorschriften des § 377 finden auch dann Anwendung, wenn eine andere als die bedungene Ware oder eine andere als die bedungene Menge von Waren geliefert ist, sofern die gelieferte Ware nicht offensichtlich von der Bestellung so erheblich abweicht, daß der Verkäufer die Genehmigung des Käufers als ausgeschlossen betrachten mußte.

Übersicht

	Rdn.		Rdn.
I. Vorbemerkungen		3. Der gesetzesgeschichtliche Hintergrund	4
1. Der strukturelle Horizont der Vorschrift	1	4. Dispositiver Charakter der Vorschrift	6
2. Zur Kritik der gesetzlichen Lösung	3		

Stand: 31. 3. 1983

	Rdn.
5. Ausstrahlung auf das bürgerliche Kaufrecht	7
II. Der Tatbestand des § 378	
A. Der Grundtatbestand für den Regelfallbereich und den Ausnahmefallbereich	8
B. „Lieferung einer anderen als der bedungenen Ware". Aliud und peius (Abgrenzung gegenüber § 377)	
1. Schwierigkeiten der Grenzziehung	9
2. Notwendigkeit der Grenzziehung	11
3. Die Grenzziehung beim Spezieskauf	13
4. Die Grenzziehung beim Gattungskauf	
a) Verkehrsanschauung. Handelsklassen. Technische Normen	14
b) Nachahmungen. Mischungs- und Beimischungsverhältnisse	17
c) Herkunftsbezeichnung und zugesicherte Eigenschaft	18
5. Lieferung einer besseren als der bestellten Ware	21
C. Quantitätsdifferenz. Minus und peius. Quantitätsdifferenz und aliud	
1. Lieferung eines Weniger	25
2. Lieferung eines Mehr	
a) Fall des ausscheidbaren Zuviel	26
b) Fall eines nur mit Schwierigkeiten ausscheidbaren Zuviel	28
c) Fall eines unausscheidbaren Zuviel	29
3. Komplexe Quantitätsdifferenzen	30
4. Abgrenzung von Quantitätsdifferenz und aliud	35
D. Zusammentreffen von Lieferunstimmigkeiten nach § 377 und § 378	36
III. Der Regelfallbereich des § 378	
A. Rügeobliegenheit	
1. Untersuchung der Ware auf Andersartigkeit und Quantitätsdifferenz	
a) Das Erfordernis der vorgängigen Ablieferung	37
b) Die Vornahme der Untersuchung	38
2. Rüge	39
B. Rechtslage bei versäumter Rüge	
1. Aliud-Lieferung: Genehmigungsfiktion	42
a) Genehmigungsfiktion auch gegen den Verkäufer? Das Problem der Kondizierbarkeit der aliud-Lieferung	43

	Rdn.
b) Besonderheiten des Kondiktionsanspruchs	47
c) Das Problem der Kaufpreisschuld	49
d) Rechtslage im Falle einer durchgeführten Kondiktion des aliud	51
2. Quantitätsdifferenz	
a) Lieferung eines Minus	52
b) Lieferung eines Zuviel	55
C. Rechtslage bei ordnungsmäßig erhobener Rüge	
1. Aliud-Lieferung	
a) Das Problem der „Parallelschaltung" mit § 377 für die Abwicklung der gerügten aliud-Lieferung im Gattungskauf	58
b) Die Auffassung des Reichsgerichts und ihre Kritiker	61
c) Sachmängelgewähr und ratio legis	69
d) Die Anwendung des Gewährleistungsrechts im einzelnen. Funktionswandel der Rüge	70
e) Die besondere Rechtslage bei der aliud-Lieferung im Spezieskauf	72
2. Quantitätsdifferenz	73
D. Rechtslage bei Arglist des Verkäufers	74
IV. Der Ausnahmefallbereich des § 378, 2. Halbsatz	
1. Die Besonderheit des Tatbestandes	75
a) „Offensichtlich genehmigungsunfähig"	76
b) Billigkeitsventil?	79
c) Kasuistik	80
2. Rechtsfolgen	
a) Keine Rügelast	81
b) Die geschehene Lieferung und die Abwicklung des Kaufvertrages	82
3. Modifikationen	
a) Handelsbrauch	85
b) Untechnische „Rüge" nach Treu und Glauben	86
c) Genehmigung der aliud-Lieferung	87
d) aliud-Lieferung als Realofferte	88
V. Beweislast	89
VI. Abwicklungsfragen beim Zusammentreffen von Lieferunstimmigkeiten nach § 377 und § 378	93

Schrifttum

v. Caemmerer Falschlieferung, Festschrift Martin Wolff (1952, 3 ff); *Fabricius* Schlechtlieferung und Falschlieferung beim Kauf, JuS **1964** 46 ff; *Flessa* Die Aliudlieferung, MDR **1955** 138; *Hein* Gewährleistungsrecht bei Falschlieferungen, ZHK **87** (1924) 54 ff; *Knöpfle* Anspruch auf

Übereignung eines aliud bei nicht rechtzeitiger Rüge des Käufers, NJW **1979** 693; *derselbe* Subjektiver Fehlerbegriff und Gleichbehandlung von Schlechtlieferung und Falschlieferung beim Gattungskauf JZ **1979** 11; *Kramer* Für eine gewährleistungsrechtliche Behandlung des Identitätsaliud, NJW **1979** 2023; *Laupichler* Die aliud-Lieferung beim Kauf, Diss. Köln 1964; *Mailänder* Die Lieferung falscher Mengen im Handelsrecht, ZHR **126** (1964) 89 ff; *Marburger* Technische Normen, Gattungsbegriff und Rügelast, JuS **1976** 638; *Oertmann* Gewährleistungspflicht des Verkäufers bei Falschlieferung? ZHK **80** (1917) 48 ff; *Peters, Egbert* Die Preisberechnung nach Rügeversäumnis in den Fällen des § 378 HGB, AcP **164** (1964) 340 ff; *Pörtner* Rechte des Käufers bei Lieferung einer anderen Sache, 1919; *Schmidt, Rudolf* Die Falschlieferung beim Kauf, NJW **1962** 710 ff; *Schneider, K.* Zwei Urteile zu § 378 des Handelsgesetzbuchs, ZHK **54** (1904) 90 ff; *Schultz, Dietrich* Aliud und Gewährschaftsrecht, NJW **1980** 2072; *Schumacher, Rudolf W.* Verweist § 378 1. Halbsatz HGB nur auf die Rügepflicht des § 377, oder darüber hinaus auf die Anwendung des Gewährschaftsrechts? MDR **1977** 19.

Siehe auch das Schrifttum zu § 377.

I. Vorbemerkungen

1. Der strukturelle Horizont der Vorschrift

1 Die Regelung des § 377 betraf „Mängel" der gelieferten Ware. Mangel in jenem Sinne ist das Zurückbleiben hinter der zu fordernden Qualität, das „peius". Der Liefergegenstand kann aber auch noch in anderer Weise nicht dem entsprechen, was der Käufer zu verlangen hat. Es kann eine **andere Ware** geliefert sein, oder es kann eine Unstimmigkeit in der Menge vorliegen. Im letzteren Fall kann sowohl eine Minderleistung vorliegen — ein sog. **Minus** —, oder es kann ein **Mehr** gegenüber der geschuldeten Menge angedient worden sein. Schließlich sind fließende Übergänge von Qualitätsdifferenz und Quantitätsdifferenz zu beobachten: ein Weniger, aber auch ein Mehr an Menge kann zugleich ein peius in der Qualität sein (zu kurz oder zu lang gelieferte Bretter, die damit für den vorgesehenen Zweck unbrauchbar werden).

2 Mit einigen — nicht allen — dieser über die eigentlichen Qualitätsmängel hinausgehenden sonstigen Unstimmigkeiten des Liefergegenstandes befaßt sich unsere Vorschrift. Ihr Wortlaut **dehnt** die **Rügelast des § 377 aus** auf die Lieferung einer „anderen als der bedungenen Ware" (**aliud**) und auf die Lieferung einer „anderen als der bedungen Menge" (**Quantitätsdifferenz**). Beim aliud unterscheidet sie dabei nicht zwischen Spezieskauf und Gattungskauf, beim Spezieskauf nicht zwischen dem „anders" in der Identität des gekauften Gegenstandes mit dem gelieferten und dem „anders" in seiner Qualifikation („als was" er gekauft worden war); die Unterschiede für die Rügefolgen sind beträchtlich (s. einstweilen Rdn. 5). Bei der Quantitätsdifferenz unterscheidet sie nicht zwischen der Zuwenig- und der Zuviellieferung, von denen die letztere, wenn sie mit einer entsprechend höheren Fakturierung im Preis einhergeht, unter dem Gesichtspunkt von Rügelast und Rügeverlust durchaus relevant werden könnte. Es wird sich zeigen, daß die Zuviellieferung nicht unterschiedslos unter unsere Vorschrift fällt, sondern ihre eigene Problematik hat; Rdn. 26 ff, 55, 73. Andererseits erfaßt § 378 nicht die Lieferung einer Ware, die zwar der bestellten Gattung angehört, die aber von der bedungenen Qualität nicht nach unten, sondern nach oben abweicht (Auslieferungsversehen, verbesserte Fabrikationsmethoden) und die der Verkäufer gleichwohl zum vereinbarten Preis oder aber unter höherer Preisstellung andient. Über die insoweit auftauchenden Fragen der Rügelast und des Rügeverlustes sowie des geschuldeten Kaufpreises vgl. Rdn. 22, 39, 49. Endlich scheidet § 378 in seinem 2. Halbsatz eine Fallgruppe aus seinem Anwendungsbereich aus, die in § 377 keine Entsprechung hat: die offensichtlich genehmigungsunfähige Fehllieferung.

2. Zur Kritik des gesetzlichen Lösung

Die Technik des Gesetzes, das aliud und die Quantitätsdifferenz für die entsprechende Anwendung des § 377 zusammenzukoppeln, kann **kaum sehr glücklich** genannt werden. Zwar war es einigermaßen einfach, den Käufer einer gleichen Rügelast für beide Anwendungsfälle zu unterwerfen. Doch schon die Beweislast für die Rügefolgen bei zeitgerechter Rüge gestaltet sich unterschiedlich (Rdn. 89 ff). Auch ist der Verlust des Rügerechts nur noch im formalen Sinne der gleiche, seine sachliche Tragweite grundverschieden. Hier kommen Fragen ins Spiel, die im Bereich des § 377 unbekannt sind und die sich für aliud und Quantitätsdifferenz verschieden stellen: Behalten-müssen und Behaltendürfen, Kondizierbarkeit des Gelieferten, Bestandskraft der Kaufpreisvereinbarung. Vollends verwirrend ist das Bild bei den Rechtsfolgen einer ordnungsmäßig erhobenen Rüge; alsdann geht es um Fragen von Nichterfüllung, kondiktionsmäßiger Abwicklung (bei Mengenüberschreitung nach oben) oder entsprechender Anwendung des Sachmängelgewährschaftsrechts (beim aliud). Für alle diese Unterschiedlichkeiten läßt das Gesetz völlig im Stich. Sie sind denn auch weitgehend umstritten; soweit sie es sind, hat keine der einander bekämpfenden Meinungen sich bisher allgemein durchsetzen können. Bei allem bleibt auffällig, daß der Anlaß zur Schaffung unserer Vorschrift (durch die Novelle von 1897) nur in der Problematik der aliud-Lieferung gelegen hat. Die Quantitätsdifferenz hat man damals mit hinzugenommen, ohne daß ein eigentlich zwingendes Bedürfnis bestand. Nur in einigen wenigen oberlandesgerichtlichen Entscheidungen aus den ersten drei Jahrzehnten nach 1900 hat eine solche Fallgestaltung als Zuweniglieferung eine Rolle gespielt. Zuweniglieferungen regulieren sich, zumal das Minus in aller Regel in leichtester Weise nachprüfbar ist, auch wohl als erstes nachgeprüft zu werden pflegt, auch ohne Rügeverlust durchweg ohne Komplikationen. Die Rechtsprobleme der Quantitätsdifferenz sind vorwiegend akademischer Natur.

3. Der gesetzesgeschichtliche Hintergrund

Die aliud-Lieferung war im **ADHGB als solche ungeregelt** geblieben. Dem § 377 entsprach die Vorschrift des Art. 347 ADHGB. Die Rechtsprechung brachte sie weder unmittelbar noch analog auf die Lieferung solcher Kaufgüter zur Anwendung, die anders als die bedungenen waren, deren Andersartigkeit aber nach damaliger Auffassung keinen „Mangel" an der geschuldeten Qualität darstellte. Ein wirkliches Problem ergab sich daraus zunächst nur für den **Gattungskauf**. Beim Gattungskauf nahm man eine ganz andere Ware (ein aliud) an, wenn Handelsgut „anderer Gattung" geliefert war (ROHG **14** 371; **24** 404; RGZ **18** 55); beim Verbleib innerhalb der „Gattung" galt die Abweichung als rügepflichtiger „Mangel" i. S. des Art. 347. Die Unterscheidung führte zu nahezu unlösbaren Schwierigkeiten in der Anwendung und Abgrenzung des Gattungsbegriffs; die Ergebnisse waren unbefriedigend und entbehrten der inneren Berechtigung (D 226; charakteristisch die bewegliche Klage bei *Oertmann* ZHK **80** 49, 55 Fn. 16). Der Gesetzgeber von 1897 glaubte die aufgetretenen Schwierigkeiten dadurch meistern zu können, daß er aliud mit peius für die Rüge gleichsetzte und die Grenze nunmehr anders zog, nämlich zwischen der (noch) genehmigungsfähigen Lieferung einerseits, der (absolut) genehmigungsunfähigen Lieferung andererseits.

Die Rechtsprechung hat das Bemühen des Gesetzgebers nicht honoriert. Sie hat in dem offenkundigen Bestreben, einer Einzelfallgerechtigkeit Genüge tun und hier namentlich dem, gemessen an der ausgeprägten Strenge des § 377, mit der Rüge ohne deutliche Schuld säumig gebliebenen und mit den Folgen hart belasteten Käufer helfen zu wollen, die vom Gesetzgeber durchaus restriktiv gedachte Grenzlinie des „absolut

§ 378   Drittes Buch. Handelsgeschäfte

genehmigungsunfähig" fallweise vorverlegt und dadurch eine nicht unerhebliche Unsicherheit in die Beurteilung des „genehmigungsfähig" hineingetragen. Das hat in der Folge zu weiteren Kontroversen geführt; sie sind in Rdn. 79, 80 behandelt.

5   Nicht durch die aufgetretenen Schwierigkeiten geboten war es, auch den Fall des **aliud beim Spezieskauf** in die Neuregelung einzubeziehen. Die Geltung des § 378 für diese Fallgruppe ist denn auch vereinzelt bezweifelt worden (Hamburg OLGE **24** 193). Sie wird aber von der durchaus h. M. (*v. Caemmerer* S. 18 ff; *Düringer/Hachenburg* 3; *Oertmann* ZHK 80 50 Fn. 6) bejaht. Gerade hier erweist sich der Schritt des Gesetzgebers als auf halbem Wege stehen geblieben. Das aliud beim Spezieskauf wirft weitere Notwendigkeiten einer Differenzierung auf: diejenige nach dem Identitäs-aliud und diejenige eines aliud gegenüber dem, „als was" die Speziessache verkauft worden war (Qualifikationsaliud). Abermals spalten sich formale Regelung und sachliche Folgen, diesmal innerhalb der aliud-Lieferung: die Rügelast ist die gleiche (für das Identitätsaliud: BGH NJW **1979** 811), die Folgen einer rechtzeitig erhobenen Rüge gehen in verschiedene Richtung; vgl. Rdn. 72.

4. Dispositiver Charakter der Vorschrift

6   § 378 ist, wie auch § 377, **in allen Punkten nachgiebiges Recht**. Die Parteien haben die Möglichkeit, Rügeobliegenheit, Rügefrist und Folgen einer unterlassenen Rüge vertraglich zu regeln (vgl. für § 377 dort Rdn. 34 ff, 75, 113). So geschieht es z. B. nicht selten in allgemeinen Geschäftsbedingungen, etwa durch Ausschluß von Mengenbeanstandungen, sobald eine vorbehaltlose Empfangsquittung erteilt ist (daher auch kein Nachweis der Unrichtigkeit der Quittung: OLG Hamburg DB **1966** 103). Auch die in Halbs. 2 getroffene Regelung für die absolut genehmigungsunfähige Fehllieferung ist abdingbar dahin, daß die Parteien auch hier eine Rügeobliegenheit des Käufers vereinbaren können (BGH DB **1969** 1056; *Meeske* Die Mängelrüge S. 185).

5. Ausstrahlung auf das bürgerliche Kaufrecht

7   Die Regelung des § 378 bezieht sich, wie die des § 377, **nur auf zweiseitige Handelskäufe**.

Nichtsdestoweniger ist auch sie nicht ohne Ausstrahlungskraft auf den Kauf nach bürgerlichem Recht geblieben. Geht seine rechtliche Behandlung unter dem Einfluß des subjektiven Fehlerbegriffs immer stärker dahin, das aliud für die Anwendung der Vorschriften über die Sachmängelgewähr einer im engeren Sinne mangelhaften Sache gleichzustellen (nach dem Vorgang von *Flume* Eigenschaftsirrtum und Kauf [1948]: *Soergel/Siebert/Ballerstedt*[10] Vor § 459, 35; *Larenz* Schuldrecht, Bes. T.[12] § 41 I a, S. 37 ff; *Medicus* Bürgerliches Recht[6] Rdn. 338 (336) S. 149; kritisch gegenüber der Gleichstellung von Schlechtlieferung und aliud: *Rud. Schmidt*, NJW **1962** 712 ff; *Knöpfle* JZ **1979** 11), so wird doch das genehmigungsunfähige aliud, in der Bedeutung des § 378 Hs. 2 verstanden, hiervon stets ausgenommen (s. die Vorgenannten und BGH NJW **1968** 640. 641 — Sommerweizen und Winterweizen als „ganz andere Ware"; der Fall betraf offensichtlich einen nicht-zweiseitigen Handelskauf —). Daß hierbei die Maßstäblichkeit der Sicht des Handelsverkehrs (Rdn. 76) auf die nicht-kaufmännische Ebene umgedacht werden muß, ist bemerkenswert, wenn es auch weder überall gesehen noch immer glücklich bewältigt wird. Bei *Esser/Weyers* Schuldrecht Bes. T.[5] § 5 IV 3 d, S. 75 beispielsweise ist die Grenze so gezogen, daß genehmigungsfähig dasjenige aliud sein soll, von dem mit Wahrscheinlichkeit erwartet werden könne, der Käufer werde zur Annahme bereit sein; alles andere soll genehmigungsunfähig sein. Das wäre dann freilich eine Abkehr von den für § 378 Hs. 2 entwickelten objektiven Kriterien (Rdn. 77).

II. Der Tatbestand des § 378
A. Der Grundtatbestand für den Regelfallbereich und den Ausnahmefallbereich

Die Bestimmung des § 378 spiegelt **zwei sich kreuzende Gliederungsprinzipien** wi- **8** der. Die eine Gliederung ist die **horizontale**: diejenige in **Falschlieferung und Mengenabweichung**, aliud-Lieferung und Quantitätsdifferenz. Die andere, **vertikale**, ist diejenige in (allenfalls) **genehmigungsfähige** und (absolut) **genehmigungsunfähige** Lieferunstimmigkeit. Die horizontale umreißt, als die gegenständliche, den **zweigespaltenen Grundtatbestand** der Vorschrift, dessen vertikale Schichtung sich erst daraufhin als Regelfall und Ausnahmefall begreifen läßt. Nach Sinn und Fassung des Gesetzes ist die genehmigungsfähige Falschlieferung/Mengenabweichung der Regelfallbereich, die absolut genehmigungsunfähige Falschlieferung/Mengenabweichung der Ausnahmefallbereich.

Der Grundtatbestand, in seinen beiden Erscheinungsformen — mit geringer Berechtigung (Rdn. 3) — parallel geschaltet, erfordert vorab eine Klarstellung seiner Binnenstruktur. Zu klären sind Falschlieferung und Mengenabweichung in ihrem Verhältnis zu einander, ferner jedes von beiden in ihrem Verhältnis zur Schlechtlieferung (mangelhaften Lieferung) des § 377.

B. „Lieferung einer anderen als der bedungenen Ware". Aliud und peius (Abgrenzung gegenüber § 377)
1. Schwierigkeiten der Grenzziehung

Das Gesetz geht in § 378, wie es scheint, davon aus, der Begriff „anders als bedun- **9** gen" sei gegenüber „mängelbehaftet" in § 377 hinreichend klar abgegrenzt. Schon das ist ein Irrtum. Eindeutig ist diese Abgrenzung nur in einem Fallbereich: dem des **Identitätsaliud beim Spezieskauf**. Wenn gekauft ist eine besichtigte, auf Grund dieser Besichtigung stückmäßig ausgesuchte Einzelsache x und nunmehr infolge Verwechslung die im Regal darüber lagernde Sache y geliefert wird, so ist das ein aliud schlechthin; die Frage nach der Identität liegt jenseits der Eigenschaftskategorien der Sachmängelgewähr. Fraglich aber wird es schon beim **Qualifikations-aliud**. Ein solches liegt vor, wenn die gelieferte Sache zwar identisch ist mit der gekauften, aber „als eine andere" gekauft worden ist gegenüber der, wie sie sich in der Lieferung jetzt darstellt. Beispiel: der Verlobungsring ist, besichtigt und mit diesem seinem Wert ausgesucht, als echt goldener verkauft; bei der Lieferung stellt es sich heraus, daß er nur vergoldet ist. Hat der Käufer etwas „anderes" oder etwas „schlechteres" erhalten? Oder ein weiteres, *Raape* AcP **150** 492 nachgebildetes, auf den beiderseitigen Handelskauf unmittelbar anwendbares Beispiel: Ein Feinkosthändler wünscht einen Sack Santos-Kaffee I. Sorte zu erhalten. Er geht mit dem Verkäufer durch dessen Lager, wo Santos-Kaffee der geforderten Qualität in Säcken gestapelt ist, besichtigt die Ware und befindet sie für gut; beim Weggehen deutet er auf einen bestimmten Sack aus der Reihe, der ihm durabler als die anderen erscheint, und sagt: „Diesen nehme ich"; als der Sack geliefert wird, stellt sich heraus, daß er Ostindien-Kaffee enthält, weil er versehentlich in diese Reihe eingestellt worden war. Raape bildet das Beispiel auf Zucker und Salz. Dort liegt ohne Zweifel nicht nur ein aliud, sondern hinzukommend auch noch ein absolut genehmigungsunfähiges i. S. des Halbs. 2 unserer Vorschrift vor, so daß eine Rügelast weder nach § 377 (Salz ist nicht „mangelhafter" Zucker, dessen Mangel zu rügen wäre) noch

§ 378   Drittes Buch. Handelsgeschäfte

nach § 378 gegeben ist. Aber im Beispiel der verschiedenen Kaffeesorten ist schon sehr viel zweifelhafter, ob das Qualifikations-aliud nicht in Wahrheit ein peius ist. Kommt es für diese Unterscheidung auf objektive Bewertung des Handelsverkehrs an? Oder auf die Brauchbarkeitsanforderungen des Käufers? Wie, wenn der gelieferte Sack Santos-Kaffee II. Qualität enthalten hätte: ist „Santos II. Qualität" ein schlechter „Santos I. Qualität" oder aber eine andere Ware? Davon hinge ab, ob die Rügelast sich nach § 377 oder nach § 378 mit dessen Besonderheiten aus Halbs. 2 beurteilt.

10   Weit schwieriger noch liegt das Problem beim **Gattungskauf**. Wann ist „andere" Ware geliefert, weil sie einer „anderen" Gattung angehört (Abgrenzung des Gattungsbegriffs), oder wann ist das „anders" ein „schlechter", d. h. ein Mangel an der geschuldeten Qualität? Die Schwierigkeiten aus den in Rdn. 9 gebrachten Qualifikationsbeispielen wiederholen sich hier in einem für die Praxis ungleich größeren Maßstab. Daß nach § 360 HGB Handelsgut mittlerer Art und Güte zu liefern ist, hilft nicht weiter. Denn eine neuere, vergeistigte Lehre vom Fehlerbegriff des § 459 BGB (Rdn. 7) will dahin gehen, daß die Norm für die vom Kaufgegenstand zu fordernden Sacheigenschaften durch den Parteiwillen festgelegt werde, und daß ein jedes Zurückbleiben hinter dieser vertraglich festgelegten Norm ein „schlechter" bedeute. Damit wäre auch die „andere" Gattung, wie immer man diese zu bestimmen hätte, ein solches „schlechter", weil eben der Käufer nicht das bekommen habe, worauf er Anspruch hatte: in diesem Sinne sei aliud stets gleich peius (*v. Caemmerer* S. 16 ff). *Laupichler* S. 186 geht geradezu so weit, den letzteren Satz umzukehren. Nach ihm ist ein peius stets ein aliud, nämlich nicht die zu fordernde und deshalb eine „andere" (Unter)gattung.

2. Notwendigkeit der Grenzziehung

11   Gleichsetzungen solcher Art (Rdn. 10) verunklaren den Sinn und den Aufbau des Gesetzes. Träfen sie zu, dann hätte § 377 überhaupt keinen eigenständigen Anwendungsbereich mehr. Er wäre nur noch Modellvorschrift für § 378; oder aber § 378 hätte nur noch den Sinn einer Klarstellung, daß das „anders" stets ein peius sei (Rdn. 10; so *Baumbach/Duden* 3 A und *Bandasch* 6). Wiederum wirkte dann § 378 auf § 377 zurück: auch beim echten peius wäre alsdann zu differenzieren, ob es ein „noch genehmigungsfähiges" oder aber ein absolut genehmigungsunfähiges sei: letzterenfalls würde die Rügelast entfallen, möchte auch der Verkäufer noch so frei von jedem Vorwurf der Arglist i. S. des § 377 Abs. 5 bleiben (die Ware war, beim Distanzkauf, auf den eigenen Transportmitteln des Verkäufers während des Transports verdorben). Eben das aber ist unrichtig. **Für den Anwendungsbereich des § 377 ist eine Befreiung von der Rügelast nach Art des § 378 Halbs. 2 nicht gegeben** (gl. M. *v. Caemmerer* S. 10/11). Liegt ein echter Mangel vor, so muß immer gerügt werden, auch wenn der Mangel die Ware zur völlig unbrauchbaren, unter keinem denkbaren Gesichtspunkt mehr verwendbaren macht und die „Genehmigung" einer derartigen Lieferung seitens des Käufers nach objektiven Gesichtspunkten schlechthin nicht erwartet werden könnte. Auch das „pessimum" ist rügepflichtig! Das Gegenteil findet sich nirgends mehr verfochten. Gerade auf diesen Ausnahmefall des absolut genehmigungsunfähigen aliud hat die in Rdn. 7 erwähnte bürgerlichrechtliche Lehre ihre Gleichsetzung von Mängellieferung und Falschlieferung im Zeichen des subjektiven Fehlerbegriffs eingeschränkt. Wenn aber das Handelsrecht solchermaßen für die Kategorisierung des bürgerlichen Rechts bestimmend gewesen ist, sollte es nicht angehen, dieselben Kategorien des Handelsrechts durch die Betrachtungsweise des bürgerlichen Kaufrechts aufzulösen und gegenstandslos zu machen.

Aber noch unter einem anderen Gesichtspunkt bleibt die Unterscheidung von peius **12** und aliud erheblich. Ihre — geforderte — Gleichsetzung ist eine solche aus der Sicht des Käufers. Was dabei oft vernachlässigt wird, ist die Sicht des Verkäufers. Für diesen ist es nicht dasselbe — übrigens auch rechtsethisch nicht —, ob er den Käufer mit einer qualitativ schlechten Ware bedient oder mit Ware einer anderen, verwandten Gattung, deren Auslieferung nicht selten auf einem schlichten Irrtum des Expedienten beruht, wenn nicht gar eine für den Verkäufer höherwertige oder bereits anderweit disponierte Ware zur Auslieferung gelangt ist. Dem trägt denn auch das bürgerliche Recht Rechnung: Die Lieferung eines **aliud** ist Leistung eines Nichtgeschuldeten und kann deshalb grundsätzlich **kondiziert** (vom Verkäufer zurückgerufen) werden. Die Schlechtlieferung dagegen, einmal vom Käufer entgegengenommen, ist geliefert und dem einseitigen Rückruf des Verkäufers entzogen (vgl. § 480 Abs. 1 BGB), vielmehr unter Sachmängelgewährleistungsrecht nach Wahl des Käufers (§ 377, 150, 151) abzuwickeln. Gerade die Kondiktionsmöglichkeit des aliud-liefernden Verkäufers wird durch Rügelast und Rügesäumnis des Käufers entscheidend beeinflußt (Rdn. 18, 46 ff, 65, 71). Die Rechtsanwendung ist deshalb aus mehr als einem Grunde der Unterscheidung zwischen peius und aliud nicht überhoben.

3. Die Grenzziehung beim Spezieskauf

Für den Spezieskauf läßt sie sich noch am ehesten meistern. Das **Identitäts-aliud** ist **13** als solches, wie zu Rdn. 9 gezeigt, klar umrissen. Das **Qualifikations-aliud** stellt darauf ab, ob die Sache gegenüber ihrer beim Kaufabschluß zugrunde gelegten Qualifikation dergestalt „anders" ist, daß sie schon bei ihrer Erschaffung oder durch ihre Provenienz auf ihre tatsächlich gegebene Beschaffenheit hin — und eben nicht auf die beim Kaufabschluß zugrunde gelegte — angelegt oder klassifiziert gewesen war. Ein vergoldeter Ring ist kein mangelhaft geratener goldener, sondern als vergoldeter hergestellt worden; Santoskaffee II. Sorte ist schon im Produktionsprozeß gegenüber der I. Sorte ausgeschieden, ausklassifiziert worden (selbst wenn dies deshalb geschah, weil etwa der Röstvorgang nicht qualitätsgerecht geraten gewesen wäre). Erst recht ist Ostindien-Kaffee kein „mangelhafter" Santos-Kaffee (selbst wenn er auf dem Markt als qualitativ nicht so gut gelten und deshalb zu geringerem Preise gehandelt werden sollte, was hier völlig offenbleiben kann); er ist andere Ware.

Fehlende Echtheit der als echt verkauften Speziessache ist stets Sachmangel, sie bewirkt kein aliud.

4. Die Grenzziehung beim Gattungskauf

a) Verkehrsanschauung. Handelsklassen. Technische Normen. Beim Gattungskauf **14** entscheidet sich die Frage, ob peius oder ob aliud, ob Lieferung aus einer „anderen" Gattung vorliegt oder ob die Abweichung einen Mangel der Ware darstellt, die damit im Rahmen der für Bestellung und Lieferung maßgebenden Gattung bliebe, zunächst nach derjenigen Abgrenzung, mit der die Parteien die **Gattung, aus der geliefert werden soll, im Vertrag bestimmt** haben. Denn „Gattung" ist etwas, was sich der abstrahierenden Festlegung entzieht und so relativ bleibt wie der Standpunkt des Beurteilers: sie läßt sich beliebig untergliedern (wodurch immer neue Unter„gattungen" entstehen) wie auch zu Ober„gattungen" zusammenfassen; „Art", „Sorte" würden das Bild vollends verwirren. Trotzdem wird auch der Vertrag die Gattung, aus der zu liefern ist, nicht immer ausreichend bestimmen. Vor allem würde oft genug zweifelhaft bleiben, ob das, was die Parteien insoweit festgelegt haben, nicht in Wahrheit die Zusicherung einer Eigenschaft bedeuten soll, deren Fehlen damit einen Mangel im Sinne des § 459

BGB bedeuten würde. Deshalb ist eine gewisse Objektivierung in Gestalt der **Verkehrsanschauung** für die Bestimmung der Gattung nicht zu entbehren. Treffend formulieren es *Schlegelberger/Hefermehl* 5: Im Zweifel ist davon auszugehen, daß die Parteien nicht eine ausgefallene Warenart erfinden wollen, sondern ihren Vereinbarungen die allgemein gültigen Gattungsbegriffe zugrundelegen. Zu fragen ist deshalb nach der Parteibestimmung in Verbindung mit einer Abgrenzung der Liefergattung nach den Anschauungen des Verkehrs (BGH DB **1969** 1056; NJW **1975** 2011; **1978** 2394), in deren Rahmen sie sich einfügt.

15 Für die Grenzziehung „Gattung" ist also nicht eine logische Abstraktion, sondern — bei Anwendung des § 378 — die Sichtweise des Handels maßgebend. Sie entscheidet zunächst darüber, wann nicht mehr eine (Waren)gattung, sondern nur noch ein Sammelbegriff gegeben ist, unter dem **marktfähige Ware** zusammenfassend gekennzeichnet, aber nicht **konkret gehandelt** wird. („Essigkonserven": Essiggurken, Essigpflaumen; „Stahl": Walzstahl, Gußstahl, Schmiedestahl u. s. w.). Die jeweiligen Specifica sind dann im Verhältnis zu den Nachbargruppen derselben Sammelbezeichnung andere Ware. Überhaupt wird das „anders" durch diejenige Identität abgegrenzt, die die Ware mit ihren spezifischen, ihr durch Ursprung und/oder Herstellung gegebenen Eigenschaften von anderen unterscheidet und die deshalb etwa im Wettbewerbsrecht bei der Verwechslungsgefahr eine Rolle spielen, am deutlichsten bei Handelsmarken. Deshalb sind: Kalkeier keine „schlechten" Bruteier, Braugerste keine „schlechte" Saatgerste, Sommerweizen kein „schlechter" Winterweizen (sondern andere Ware, BGH NJW **1968** 640), vielmehr jeweils ein aliud. Kainit ist nicht minderwertiges Kali, auch wenn beide Produkte sich nur durch den Prozentgehalt an Kalisalzen unterscheiden: es liegt ein aliud vor (irrig OLG Rostock OLGE **41** 219). Erst wenn eine Ware durch bestimmte Qualitätsbefunde gegenüber ihrem verkehrsmäßigen Standard herabgesetzt und deshalb „unter Niveau" erscheint, wird sie zum peius. Sind im Handel Qualitätsmerkmale typisiert dergestalt, daß sie die gleiche Ware, die ohne diese Merkmale der Handelsklasse I angehört, durch ihr Vorhandensein der (geringeren) Handelsklasse II zuweisen, so liegt ein aliud vor; die beiden **Handelsklassen** schließen sich aus. Handelsklasse II ist nicht „schlechte" Handelsklasse I (**anders** *Fabricius* JuS **1964** 52). Broschierte Bücher (Beispiel bei *v. Caemmerer* S. 16) sind keine „schlechte" (mangelhafte) Ware gegenüber Büchern mit handelsmäßigen Einband — eine andere Fertigungsstufe, vgl. Rdn. 13 —; sie sind andere Ware. Man kann deshalb in allen solchen Fällen einer festen Klassifizierung nach Handelsklassen, technischen Normen oder Fertigungsstufen auch nicht von einer zugesicherten Eigenschaft im Sinne des § 459 Abs. 2 BGB sprechen, deren Fehlen die betreffende Ware zu einer mangelhaften machen und damit wieder dem § 377 unterstellen würden. Denn die Ware wird mit dieser Klassifizierung erst überhaupt (marktfähig) existent; die Klassifizierung ist keine Eigenschaft, die zu ihrer Existenz, wie der Markt sie sieht, als ein accidens hinzukommen müßte, also ohne Beeinträchtigung ihrer gattungsmäßigen Identität auch abbedungen werden könnte. Lieferung einer Ware verwandter Gattung ist deshalb keine mangelhafte Lieferung, weil sie einer zugesicherten Eigenschaft entbehrte: erst wenn die Eigenschaft bei der Lieferung der gattungsmäßig sonst einschlägigen Ware fehlt (Verfälschung statt Markenechtheit), liegt ein peius vor. — Ein Beispiel dafür, wie die Parteien innerhalb eines verkehrsmäßigen Gattungsbegriffs eine individuelle Gattung festlegen können, ist der Fall BGH NJW **1969** 787 (Inlandsschrott : Auslandsschrott).

16 **Technische Normen** sind, wie schon die Normierung nach Handelsklassen (Rdn. 15), ein weiterer Anwendungsfall der Abgrenzung von aliud und peius, wenn innerhalb ein und derselben Warengattung, die sich durch gleiche Form, gleiches Material und gleichen Verwendungszweck als solche darstellt (BGH NJW **1975** 2011), Erzeugnisse in unterschiedlicher Ausformung mit je verschiedenen Normmaßen auf den Markt gebracht werden. Darüber grundlegend *Marburger* JuS **1976** 638. Die mit jeweils niedrigeren Abmessungen ausgestattete Norm ist nicht ein peius gegenüber derjenigen mit den nächstgrößeren. Sie ist andere Ware. Ein peius wäre sie erst dann, wenn die Norm infolge Fehlers im Herstellungsgang nicht eingehalten worden wäre („Ausschuß" jenseits der Toleranzgrenzen), ohne daß die nächstniedrigere oder nächsthöhere Normabmessung innerhalb deren Toleranzen ereicht wurde; so richtig *Marburger* aaO S. 641. Ob die von der bestellten abweichend gelieferte, andere Norm für den vertraglich vorgesehenen Verwendungszweck des Käufers ungeeignet ist, macht die Lieferung deshalb nicht zu einer „mangelhaften"; die fehlende Eignung wäre für die Folgen einer verabsäumten Rüge deshalb allenfalls unter dem Gesichtspunkt des hier allein zu erörternden § 378 Hs. 2 — Rdn. 78 — rechtserheblich (*Marburger* aaO S. 641 in berechtigter Kritik an BGH NJW **1975** 2011, wo — ähnlich wie in BGH NJW **1978** 2394 — für die Abgrenzung des „anders" in der Gattung gegenüber dem „mangelhaft" [derselben Gattung] das Gewicht der Anschauungen des Verkehrs zu stark durch die Geeignetheit für den konkreten Verwendungszweck relativiert worden ist).

b) **Nachahmungen. Mischungs- und Beimischungsverhältnisse.** Freilich läßt auch die **17** Verkehrsauffassung gelegentlich im Stich. Die Grenze zwischen peius und aliud kann namentlich da flüssig werden, wo die zu liefernde Gattungsware aus einem Mischprodukt in einem bestimmten Mischungsverhältnis bestehen soll und vom Verkäufer das **Mischungsverhältnis geändert** wird. Oder es kommen **Nachahmungserzeugnisse** auf den Markt, die dem nachgeahmten Erzeugnis an Qualität unterlegen sind und auch als reine Nachahmungen empfunden werden, gleichwohl aber noch nicht als eigenständige Warengattung anerkannt sind. Hier überall ist ein echter Mangel dann anzunehmen, wenn die Minderqualität, beurteilt nach dem Zweck, zu dem die gekaufte Sache beim Käufer Verwendung finden soll, ohne größere Vorkehrungen behebbar erscheint. Das Mischungsverhältnis, in dem gebildeten Beispiel, läßt sich u. U. noch korrigieren, etwa bei flüssigen Mischungen: bis dahin ist die Sache mängelbehaftet (vgl. den Fall OLG Hamburg MDR **1954** 551; anders mit Recht für das Gegebensein eines unkorrigierbaren Mischungsverhältnisses in festem Aggregatszustand: OLG Hamburg MDR **1955** 233, wo trotz irreführender Wendungen im einzelnen wohl der Grundtatbestand des § 378 als gegeben vorausgesetzt worden ist). Das Nachahmungserzeugnis dagegen, wenn es als solches offen auftritt, ist ein aliud und unterfällt als solches dem § 378. Eine auf Täuschung berechnete Nachahmung, der also die Echtheit fehlt — mag die Echtheit der zu liefernden Gattungssache zugesichert oder nach ihrer Markenbezeichnung oder sonstigen Artkennzeichnung im Verkehr vorausgesetzt sein — ist hinwiederum stets Sachmangel wie schon beim Spezieskauf (Rdn. 13). Deshalb: Wird eine Sache, die als „echt", „rein" (beimischungsfrei) zu liefern war, mit minderwertigen Beimischungen geliefert, so wird ebenso ein peius anzunehmen sein, und zwar ohne Rücksicht auf das Mischungsverhältnis; hier läßt sich der Rechtsgedanke aus §§ 948/947 Abs. 2 BGB verwenden, wonach in solchen Fällen die echte Teilmenge als „Hauptsache" der Lieferung den Stempel aufprägt. Richtig deshalb RG DJZ **1906** 146: bestellt war echter Eckerndorfer Runkelrübensamen, geliefert wurde ein Gemisch von 18—20 % Eckerndorfer, im übrigen verschiedener Arten minderwertiger Rübensamen; das Reichsgericht entschied, „die Vorinstanz habe (mit Recht) in der Lieferung anderer Arten von Runkelrübensamen nur eine Lieferung minderwertiger Ware der verkauften Gattung erblicken können", ein aliud liege nicht vor. Ist dagegen, statt der beimischungsfreien, eine Ware mit Zumischung einer anderen, im Verkehr als artmäßig gleichwertig angesehenen Teilmenge geliefert worden, so greift die vorstehende Betrachtungsweise nicht durch, und es ist ein aliud anzunehmen (richtig OLG Jena OLGE **41** 220: bestellt war Sommerweizen, geliefert ein Gemisch, das zu 48 % aus Winterweizen bestand).

18 c) **Herkunftsbezeichnung und zugesicherte Eigenschaft.** Schwierigkeiten bereiten (s. schon Rdn. 15) nicht zuletzt die Fälle, bei denen innerhalb derselben Gattung Waren von verschiedener Herkunft auf dem Markt sind und unter der Kurzbezeichnung ihrer Herkunft gehandelt werden. Die Verschiedenheit der Herkunft ist dann vielfach eine geographische, kann aber auch anders, z. B. fabrikatorisch bedingt sein. Wenn in einem solchen Falle Ware mit der Herkunftsbezeichnung a verkauft, aber Ware derselben Gattung mit der Herkunftsbezeichnung b geliefert worden ist: ist die Ware b (nur) eine „andere" als die Ware a, oder sind die Kurzbezeichnungen „a" und „b" nicht vielmehr **Kürzel für bestimmte Eigenschaften**, die mit dem Kauf unter dieser Bezeichnung als **zugesichert im Sinne von § 459 Abs. 2 BGB** anzusehen wären? Im ersteren Falle läge ein aliud, im letzteren Falle, wegen Fehlens der zugesicherten Eigenschaft, ein peius vor. Die Einstufung hat Folgen. Zwar nicht bei rechtzeitig erfolgter Rüge, die dem Käufer im einen Falle wie im anderen obläge: die Abwicklung der beanstandeten Lieferung geschieht, folgt man der in Rdn. 58 verfochtenen Auffassung, hier wie dort nach den Grundsätzen der Sachmängelgewähr. Wohl aber könnte der Verkäufer, wenn die Rüge des Käufers unterbleibt, die aliud-Lieferung immer noch kondizieren, d. h. zurückrufen (Rdn. 46 ff); läge eine (wegen Fehlens der zugesicherten Eigenschaft) mangelhafte Lieferung vor, wäre ihm diese Möglichkeit versperrt und bliebe er darauf angewiesen, daß der Käufer demnächst zahlt. Zwei bekannte Beispiele aus der höchstrichterlichen Rechtsprechung mögen das verdeutlichen. Im Falle RGZ **86** 92 — bestellt: Kawamatta-Seide, geliefert: Sendai-Seide — hat das Reichsgericht ohne nähere Untersuchung ein aliud angenommen und hieran die These von der nach rechtzeitiger Rüge Platz greifenden Abwicklung nach Sachmängelgewähr (Rdn. 61) entwickelt. Der Bundesgerichtshof hat das Problem im Falle LM § 477 BGB Nr. 5 — bestellt: rumänische Buche, geliefert: jugoslawische Buche — immerhin gesehen. Auch dort war rechtzeitig gerügt worden; es ging um die Frage der Anwendung der Verjährungsregeln aus dem Sachmängelgewährschaftsrecht. Der BGH schloß sich in dieser Frage dem Reichsgericht an und bejahte die kurze Verjährung des § 477 BGB; die Entscheidung, ob aliud oder peius wegen Fehlens einer zugesicherten Eigenschaft, konnte er deshalb offen lassen. In diesem Sinne formulierte er, wenngleich noch ausweichend, „es bestehe kein innerer Unterschied zwischen einer Abrede, nach welcher Gegenstand des Vertrages eine bestimmte Sorte sei, hier also: Verkauf von rumänischem Buchenholz, und der Vereinbarung, daß die Ware die Eigenschaft hätte, zu einer bestimmten Art zu gehören, also etwa Verkauf von Buchenholz mit der Zusicherung, daß es rumänischer Herkunft sei". Wie wäre in jenen beiden Fällen zu entscheiden gewesen, wenn der Käufer mit der Rüge säumig geblieben wäre und der Verkäufer seine Lieferung mit der Behauptung, sie sei ein aliud und irrtümlich erfolgt, hätte kondizieren wollen, während der Käufer dem mit dem Einwand entgegenträte, er sehe zwar ein, daß er infolge seiner Säumnis den Vertragspreis zahlen müsse, aber: das Gelieferte entbehre der unter der Herkunftsbezeichnung zugesicherten Eigenschaft, und diese Schlechtlieferung gelte nach § 377 als genehmigt, womit es sein Bewenden behalte (er hofft insgeheim auf eine trotzdem günstige Verwendung des fehlgelieferten Holzes)? Will man mit *v. Caemmerer* (S. 17) so weit gehen, die Gattungsbezeichnung, unter der die Ware verkauft worden ist, als zugesicherte Eigenschaft anzusehen — das wäre die konzise Verdichtung der Formel des BGH —, dann wäre der Käufer in solchem Falle stets im Recht. Doch so weit geht der BGH wohlweislich nicht. Es ist eben nicht richtig, daß jede Gattungsbezeichnung eine (stillschweigend) zugesicherte Eigenschaft sei; und auch mit diesem Kunstgriff kann man die Gleichsetzung von aliud und peius im Gattungskauf nicht dogmatisch unterbauen. Denn ganz allgemein ist schon bei der Annahme stillschweigender Eigenschaftszusicherungen mit gutem Grund Zurückhaltung geboten (§ 377, 52).

Man wird sich vorab darüber klar sein müssen, daß das Problem regelmäßig nur da **19** auftauchen wird, wo es für die Gattung als solche eine normale Handelsqualität gibt, die das „Handelsgut mittlerer Art und Güte" (§ 360) ausmacht. Wenn innerhalb dieser Gattung Sorten von besonderer Herkunftsbezeichnung gehandelt werden, dann müßten diese also schon Eigenschaften aufweisen, die über die durchschnittliche Handelsqualität hinausgehen (vgl. BGH NJW **1975** 970, 971; *Larenz* Schuldrecht Bes. T.¹² § 41 I b, S. 40), um jene Herkunftsbezeichnung als Sammelbegriff (Kürzel) für zusicherungsbedürftige Eigenschaften erst einmal in Betracht ziehen zu können. Mahlweizen z. B. ließe sich mit einer Standardqualität klassifizieren, die dann nach Herkunftsländern kaum unterschiedlich ausfällt und deshalb von der Herkunft her kein Qualitätsgefälle im Sinne einer mit der Herkunftsbezeichnung zugesicherten Eigenschaft praktisch werden läßt. Bei Saatweizen könnte es dagegen (besondere Winterhärte o. dgl.) schon anders sein. Möglicherweise gibt es in der Gattung europäische Buche oder Japanseide einen ähnlichen mittleren **Qualitätslevel, über den hinaus** rumänische Buche bezw. Kawamatta Seide sich durch **besondere Eigenschaften** auszeichnen. Alsdann könnte die **Herkunftsbezeichnung als Kurzbezeichnung eben dieser Eigenschaften** gebraucht und könnten **diese damit zugesichert** sein (*Staudinger/Honsell*¹² § 459, 68; MünchKomm-*H. P. Westermann* § 459, 59). Es ist dies ein Problem des § 459 Abs. 2 BGB. Darüber, daß der Gebrauch einer bloßen Warenbezeichnung als vertragliche Festlegung des Kaufgegenstandes in der Regel noch keine vertragsmäßige Zusicherung eines Vorhandenseins der von einer Ware solcher Bezeichnung vorauszusetzenden Qualitätsmerkmale bedeutet, besteht in Rechtsprechung (BGHZ **59** 303, 308) und Schrifttum (*Larenz* wie vor; *Esser/Weyers* Schuldrecht Bes. T.⁵ § 5 II 2 c, S. 41/42) Einigkeit. Die Annahme einer — stillschweigenden — Eigenschaftszusicherung müßte daraufhin schon stärker belegbar sein. Hier wird die Verkehrssitte (MünchKomm-*H. P. Westermann* § 459, 56, 60), sonst aber und namentlich die Auslegung der schriftlichen Erklärungen unter Heranziehung der während der Kaufverhandlungen abgegebenen Erläuterungen des Verkäufers (*Staudinger/Honsell* aaO) und der zum Ausdruck gebrachten, mit der Warenbezeichnung verbundenen Qualitätserwartungen des Käufers (Münch-Komm-*H. P. Westermann* § 459, 61) das entscheidende Wort zu sprechen haben. Läßt sich danach die Feststellung, der Verkäufer habe unter der Herkunftsbezeichnung für bestimmte Eigenschaften garantieförmig einstehen zu wollen sich verpflichtet — das ist der gesetzliche Inhalt der Eigenschaftszusicherung —, nicht treffen, bewendet es bei der reinen Andersartigkeit der Ware.

Ist dagegen für den Handel ein qualitativer Durchschnittsstandard der in Rede ste- **20** henden Warengattung nicht festlegbar, finden sich vielmehr die einzelnen, unter Herkunftsbezeichnung gehandelten Sorten in bloßer **Gemengelage sich kreuzenden Vorzüge und Nachteile**, so ist eine jede gegenüber den anderen schlechthin „anders". Eine Zusicherung von Eigenschaften liegt in der Herkunftsbezeichnung a priori nicht. Hier kommen nur die Grundsätze zur Anwendung, die die Rechtsprechung für stillschweigende Eigenschaftszusicherungen durch Gebrauch von Warennamen irgendwelcher Art einschließlich freier Wortschöpfungen entwickelt hat und die an die Auslegung allenfalls noch schärfere Maßstäbe anlegt, ohne freilich immer eine konsequente Linie innezuhalten; s. darüber § 377, 52 und (auch kritisch) *Esser/Weyers* Schuldrecht Bes. T.[5] § 5 II 2 d, S. 43.

5. Lieferung einer besseren als der bestellten Ware

21 Hier sind **zwei Vorbemerkungen** notwendig. Zum einen: „besser" ist das Gegenstück zu „schlechter"; „schlechter" wiederum verstanden im Sinne von § 459 BGB als mängelbehaftet durch Zurückbleiben hinter einer vorgestellten Norm. Diese Norm ist in erster Linie die Tauglichkeit zu dem nach dem Vertrage vorausgesetzten Gebrauch, in zweiter Linie die Tauglichkeit zum gewöhnlichen Gebrauch, in dritter Linie der (objektive) Wert (§ 377, 44—46). Was, als Gegenstück, diese **Tauglichkeit „übererfüllt"** oder was **höherwertig** ist im Vergleich zu dem Wert, den das Kaufobjekt nach dem Vertrage hätte haben sollen, ist „bessere Lieferung". Zum anderen: was danach (qualitativ) bessere Lieferung ist, unterfällt **von vornherein nicht dem § 378**. Denn § 378 bezieht sich, wie sein rechtssystematischer Zusammenhang mit § 377 anzeigt, auf Erfüllungsakte, die irgendeiner Beziehung nicht zulänglich sind, nicht aber auf solche, die dem Käufer mehr geben, als er zu beanspruchen hatte. Nicht jedes im Preis höher liegende aliud ist also hier gemeint, sondern nur dasjenige, bei dem das „besser" den Verwendungszweck noch überbietet: melius als Gegenstück zum peius.

22 Wo das gelieferte „Bessere" nicht einmal ein „anderes" ist (verbesserte Eigenschaften infolge neuerer Fabrikationsmethoden), sondern sich innerhalb der vertraglichen Gattung bewegt ist das ohne weiteres einleuchtend. Es liegt nicht etwa eine Zusendung unbestellter Ware vor. Wird die Lieferung dem Käufer zu dem vertraglich ausgemachten Preis angedient, so muß er sie abnehmen und bezahlen; er kann sie nicht (vielleicht weil ihn der Kauf aus anderen Gründen reut) „rügen" und zurückweisen. Einen höheren als den ausbedungenen Preis braucht er hingegen nur zu zahlen, wenn hierüber eine Einigung mit dem Verkäufer erfolgt. Aber auch wenn das gelieferte „Bessere" eine im Sinne von Rdn. 8 ff „andere" Ware wäre, kommt § 378 nicht zum Zuge. Für ein wenngleich **höherwertiges Identitäts-aliud** im Spezieskauf muß es zwar bei unserer Bestimmung bewenden. Anders schon für das **höherwertige Qualifikations-aliud** beim Spezieskauf — das Brautpaar wollte aus finanziellen Erwägungen sich mit vergoldeten Trauringen begnügen; die ihm vorgezeigten und gekauften Exemplare waren, was der Verkäufer verwechselte, echt Gold —: es reguliert sich durch Irrtumsanfechtung (§ 119 Abs. 2 BGB), ggf. mit nachfolgender Kondiktion. Das **höherwertige aliud im Gattungskauf** schließlich steht vollends außerhalb des Mechanismus von Rügeobliegenheit und Rügesäumnisfolgen. Durchwegs wird es sich um irrtümliche Auslieferung auf Seiten des Verkäufers handeln (für diesen Fall a. M. *Koppensteiner* BB 1971 551). Bestellt war für das Vorzimmer der Geschäftsleitung ein deutscher Knüpfteppich, geliefert wird infolge eines Lagerversehen ein echter Orientteppich gleichen Ausmaßes; die mitgesandte Rechnung lautet auf dessen Originalpreis. Die Eignung des gelieferten Teppichs geht über das hinaus, wofür er bestimmt gewesen war; auch liegt ohne Zweifel ein aliud vor. Dennoch braucht der Käufer nicht zu rügen und wird auch dann, wenn er nicht unverzüglich remonstriert, nicht für den fakturierten Preis zahlungspflichtig. Geschweige denn, daß er den gelieferten Teppich unter erfreuter „Verabsäumung" der Rüge behalten und sich auf die Zahlung des Vertragspreises beschränken dürfte. *Koppensteiner* aaO will zwar auch hier dem Verkäufer über eine Rügeobliegenheit des Käufers die Schutzwirkung der §§ 377, 378 zugute kommen lassen, da er zügig darüber vergewissert sein müsse, wie er disponieren könne: ob er das Gelieferte als aus seinem disponiblen Warenbestand endgültig ausgeschieden ansehen und mit dem Eingang des Preises hierfür rechnen dürfe. Aber damit wird der Schutzzweck der Rügeobliegenheit überdehnt. Erwarten darf der Verkäufer, daß er über solche Lieferunstimmigkeiten unterrichtet wird, die den Eingang des Kaufpreises gefährden könnten, den er nach dem Vertrage zu beanspruchen hat. Wenn er schon die gelieferte Ware vor Abgang nicht seinerseits zu untersuchen braucht: den Inhalt der von ihm abgeschlossenen Kaufverträge hat er als Kaufmann zu kennen. In seiner „Erwartung", mit dem Eingang eines höher fakturierten als des Vertragspreises für eine irrtümlich ausgelieferte teurere (bessere) Ware rechnen zu können, wird er nicht geschützt, auch nicht durch eine „Rügesäumnis" des Käufers. Er mag das nicht Geschuldete kondizieren. Ihn über das Recht hierzu durch eine unverzügliche Rüge des Käufers ins Bild zu setzen und ihm anderenfalls das Risiko von Versandfehlern abzunehmen entspricht nicht der Risikoverteilung des Gesetzes, die ihn nicht besser stellen will, als er nach dem Vertrage bei ordnungsgemäßer Lieferung zu stehen Anspruch hatte (vgl. BGH DB **1977** 1408).

Wollte der Käufer in solchen Fällen einer Belieferung mit höherwertiger Ware zu höherem Preis rügen, so rügte er **nicht die Ware, sondern** (allenfalls) **die Preisstellung**, und nur wegen der Preisstellung. Eine dahin zielende Rüge unter § 378 zu bringen liefe jedoch vollends auf einen Zirkelschluß hinaus. Denn das Preisproblem entsteht ja erst dann, wenn feststeht, daß der Käufer die Ware behalten muß, weil er nicht oder spät gerügt hat, obwohl er hätte rügen müssen: man kann die Rügelast nicht aus der Preiszahlungslast begründen (diesen Fehler begeht z. B. *Oertmann* ZHK 80 57). Aus der Sicht des „rügenden" Käufers gelten in einem solchen Falle die Grundsätze über die Zusendung unbestellter Ware. Doch bleibt, ebenso wie bei der ausscheidbaren Zuviellieferung, § 379 anwendbar (unten Rdn. 27). **23**

Etwas anderes ist es selbstverständlich, wenn der Verkäufer bei der Lieferung die bessere Ware **offen als vom Vertrage abweichend** und unter entsprechend höherer Preisstellung **deklariert**. Alsdann will er gar nicht mit der Lieferung erfüllen, sondern macht nichts als den Versuch, den Käufer zu veranlassen, auf das darin liegende Angebot eines geänderten Kaufvertrages einzugehen. Zu „rügen" ist hier nichts. Das Schweigen des Käufers ist nur in Ausnahmefällen, etwa bei besonders günstigem Angebot unter alten Geschäftsfreunden, als Annahme des neuerlichen Angebots zu werten (*Koppensteiner* BB **1971** 553). **24**

C. Quantitätsdifferenz. Minus und peius. Quantitätsdifferenz und aliud
1. Lieferung eines Weniger

Daß die Zuweniglieferung unter § 378 fällt, bedarf keiner näheren Ausführungen. Sie ist der Fall, den unsere Vorschrift hier vorzugsweise im Auge hat. Er bietet der Anwendung zugleich die geringsten Schwierigkeiten. Allerdings kommt eine Anwendung des § 378 nur in Betracht, wenn der Verkäufer überhaupt **mit der Mindermenge hat erfüllen wollen**. Hat er das Minus nur als Teilmenge des insgesamt Geschuldeten angeliefert, so ist der Tatbestand des § 378 nicht gegeben: mag die Teilanlieferung als solche zulässig gewesen sein oder nicht (vgl. § 266 BGB). Insoweit kommt es also darauf an, ob der Verkäufer hat erkennen lassen, daß diese Lieferung „die" Lieferung aus dem Kaufvertrage sein solle. Das wird im Zweifel dann anzunehmen sein, wenn die bei gleicher Gelegenheit übersandte Faktura auf die volle geschuldete Menge mit der vereinbarten Preisstellung lautet: gerade hier, wo die Annahme eines Versehens bei der Expedierung der Ware nahe liegt, ist die Rüge einer Fehlmenge aus dem Zweck der §§ 378/377 geboten. Bei einer Teillieferung dagegen, die vom Verkäufer als bloße Teillieferung deklariert worden ist, behält der Käufer alle Ansprüche auf die Restlieferung, ohne daß er zu rügen brauchte. — Die Unterscheidung, ob eine Zuweniglieferung nur **25**

§ 378   Drittes Buch. Handelsgeschäfte

als bloße Teillieferung gedacht war oder nicht, gewinnt übrigens auch Bedeutung für die Anwendung des § 379. Eine echte Teillieferung kann, wenn sie nicht zulässig ist, als solche der Käufer in der Terminologie jener Bestimmung „beanstanden"; ihn trifft alsdann die Pflicht zur Aufbewahrung, ggf. hat er das Recht zum Notverkauf. Eine nicht mit der Bestimmung als Teillieferung angediente Zuweniglieferung dagegen muß er annehmen und behalten; nur die Fehlmenge kann (und muß) er rügen und ist auf den Ergänzungslieferungsanspruch verwiesen; die Rechtsposition aus § 379 ist nicht begründbar.

2. Lieferung eines Mehr

Hier wird man unterscheiden müssen:

26   a) **Fall des ausscheidbaren Zuviel.** Ist die geschuldete Menge aus der Zuviellieferung ohne Schwierigkeiten ausscheidbar, so ist der **Fall des § 378 nicht gegeben.** Sind statt der bestellten 100 Ztr. Koks 130 Ztr. geliefert worden, so hat der Käufer mit der hierin enthaltenen Teilmenge von 100 Ztr. erhalten, was er zu beanspruchen hatte. Die überschießende Menge folgt den Regeln über die Zusendung unbestellter Ware. Der Kaufvertrag ist erfüllt (*Hein* ZHK **87** 94 [und 57?]); für eine „Rüge" nach dem Vorbild des § 377 ist kein Raum. Diesen Gesichtspunkt hat insbesondere *Mailänder* 96 ff, 99 ff, 106, 107 mit zutreffenden, aus der Struktur der Rügelast und der Interessenlage abgeleiteten Gedankengängen herausgestellt. Allenfalls käme eine Rüge im untechnischen Sinne in Betracht. Wenn der Käufer das Zuviel dem Verkäufer nicht signalisiert, kann er u. U. nach Treu und Glauben gehalten sein, sich so behandeln zu lassen, als habe er das Zuviel „genehmigt", d. h. den abgeschlossenen Kaufvertrag durch Nachtragsabrede konkludent auch hierauf erstreckt. Insoweit vgl. ferner RG LZ **1919** 966 und LG Hamburg LZ **1913** 175 (Weiterverkauf der Gesamtmenge, ohne untersucht und „gerügt" zu haben: die Entscheidung ist im Ergebnis richtig, obwohl das Gericht den § 378 geglaubt hatte anwenden zu müssen). Nur unter der Annahme einer solchen Erstreckung des Kaufvertrages auf die Mehrlieferung kann der Käufer gehalten sein, das Mehr zu behalten und zu bezahlen; andernfalls wird die Zuviellieferung nach Bereicherungsrecht abgewickelt. Über die Gesichtspunkte, die bei der Beurteilung des Schweigens als Annahmehandlung heranzuziehen sind, vgl. *Mailänder*, aaO S. 105; ein Anwendungsfall in OLG Hamm MDR **1979** 143.

27   Die Lieferung eines schlichten Zuviel steht zwar, was die Frage nach der Rügelast anlangt, auf der Ebene der Zusendung unbestellter Ware. Dennoch ist sie keine „Zusendung unbestellter Ware". Der Unterschied zeigt sich in der **Anwendbarkeit des § 379:** den Käufer, dem ein Zuviel an bestellter Ware übersandt worden ist, treffen die dort normierten Pflichten zur einstweiligen Aufbewahrung hinsichtlich der überschießenden Menge, die er „beanstandet" hat. Siehe darüber § 379, 13.

28   b) **Fall eines nur mit Schwierigkeiten ausscheidbaren Zuviel.** Als Beispiel mag dienen die Bestellung auf Lieferung einer Fläche von 38 qm Paneelholz, die einzelnen Stücke in festgelegten Abmessungen gleichmäßig zugeschnitten; geliefert wird ein Fläche von 42 qm, bei der jedes der zusammenzusetzenden Einzelhölzer verkürzt werden müßte, weil sie in der Fläche von 38 qm nicht ohne Rest aufgehen. Wenn in solchen oder ähnlichen Fällen das Ausscheiden des zuviel Gelieferten **beim Käufer einen nicht ohne weiteres zumutbaren technischen Aufwand erfordert** (manueller, physikalischer Prozeß — Herausfiltern, Zentrifugieren —, chemischer Prozeß — Herausfällen flüssiger Bestandteile —), dann macht das ausscheidungsbedürftige Zuviel die Lieferung zu einer nicht mehr vertragsgerechten. Sie ist als ganzes ein **aliud** und nach § 378 rügepflichtig

(Rdn. 35). Das Preisproblem, falls die Rüge verabsäumt wird, ist hingegen aus § 378 nicht zu beantworten; siehe hierüber Rdn. 56.

c) **Fall eines unausscheidbaren Zuviel.** Er ist dann gegeben, wenn der Versuch eines **29** Ausscheidens des Zuviel die Ware **unbrauchbar machen oder ihr die Marktfähigkeit nehmen würde.** Beispiel: Bestellt ist eine Flüssigkeit, die wegen ihrer chemischen Eigenschaften auf längerem Transport nur haltbar ist, wenn sie in Behältnissen ohne verbleibenden Hohlraum (bündig) abgefüllt wird und die zum Weiterverkauf auch in solchen geliefert werden soll; geliefert wird eine die Bestellung übersteigende Menge in einem warengerecht befüllten Großbehälter. Es handelt sich abermals um ein **aliud** (Rdn. 35). Die Gründe der Fallgruppe Rdn. 28 treffen hier verstärkt zu. Ein Mangel im Sinne des § 377 läge vor, wenn die bestellte Menge vertragswidrig in an Zahl geringeren, im Volumen größeren Behältern geliefert worden wäre — Mängel der Packung, § 377, 56 —.

3. Komplexe Quantitätsdifferenzen

Es sind diejenigen Fälle, in denen **teils ein Zuviel, teils ein Zuwenig** geliefert worden **30** ist. Zum einen sind es solche, in denen das Zuviel und das Zuwenig ohne Ausgleich zutage liegt oder durch wenige Handgriffe dargestellt werden kann. Beispiel: innerhalb einer bestellten und gelieferten Kollektion zum Weiterverkauf bestimmter Tapeten sind, bei innegehaltener Gesamtzahl, die einzelnen Muster mengenmäßig anders assortiert als in Auftrag gegeben. Es kann aber auch so liegen, daß das gleiche Ergebnis sich nur mit Schwierigkeiten oder überhaupt nicht erreichen läßt. Beispiel: Gegenstand der Bestellung ist eine hochverdunstende Flüssigkeit, zu liefern in 10 Gebinden von je 50 Ltr. Inhalt und in dieser Form zum Weiterverkauf bestimmt; geliefert wird demnächst die bestellte Flüssigkeit in 7 Gebinden zu je 75 Ltr., so daß sich beim Käufer infolge Verdunstung beim Umfüllen auf 50-Ltr.-Gebinde ein Schwund von 10 % ergäbe. Das Liefervolumen liegt bei 525 l; wenn der Käufer die Trennung in 50-l-Gebinde vornähme, hätte er 472,5 l, d. h. 9 statt der bestellten 10 Gebinde und einen offenen Rest von 22,5 l, also immer noch zuwenig gegenüber der Bestellung, obwohl „mehr" geliefert worden ist. Die hier behandelten Gruppen von Fällen sind teils ein **peius,** teils ein **aliud** (Näheres: Rdn. 32, 35). Eine Aufspaltung in eine Minderleistung auf der einen und eine unverwertbare Mehrlieferung auf der anderen Seite läßt die Einheit des Liefergegenstandes nicht zu.

4. Abgrenzung von Quantitätsdifferenz und peius

Vorweg: Die **Quantitäsdifferenz** hat zum Gegenstand die **Abweichung** des Gelieferten **31** von einer Bestellung, die als **Gesamtmenge** nach Stückzahl, Gewicht, Fläche oder Volumen aufgegeben und zu bezahlen war. Nur insofern ist sie eine rein quantitative; vorbehaltlich von Ausnahmefällen, in denen die reine Mengenabweichung als solche zugleich ein peius sein kann (Rdn. 33). Besteht dagegen das Lieferobjekt aus einem oder mehreren **Einzelstücken** und weisen diese gegenüber der Bestellung Maßabweichungen oder Umschichtungen der Stückzahl innerhalb der Kollektion, im Gewicht oder im Volumen auf, so läßt sich weder bei Innehaltung der für die Gesamtmenge ausbedungenen Stückzahl, Fläche oder des für die Lieferung innzuhaltenden Gesamtgewichts oder Gesamtvolumens noch bei deren Unterschreitung oder Überschreitung die Rechtslage allein unter dem Gesichtspunkt der Quantitätsdifferenz erfassen. Hier liegt in der Regel ein peius, gelegentlich ein aliud vor (Rdn. 32, 33, 35). Die Zuordnung des Einzelfalles zur Gruppe des peius oder des aliud (der Quantitätsdifferenz) hat Bedeutung für die Anwendbarkeit des § 378 Halbs. 2 — krasse, genehmigungsunfähige Fehllieferung —, Rdn. 11.

§ 378 Drittes Buch. Handelsgeschäfte

Die Abgrenzung von minus und peius hat darüber hinaus Interesse auch für die Frage des Ergänzungslieferungsanspruchs und damit im Verjährungsaspekt; hierüber vgl. Rdn. 73.

32 Sind beispielsweise Bretter von 15 mm Stärke bestellt, aber solche von 30 mm Stärke geliefert und deshalb für den Käufer unverwendbar, so liegt ein **echter Mangel i. S. des § 377** vor. Ebenso sind mangelhaft Stahlstäbe, die zu lang geliefert sind und bei denen der Versuch, sie auf bestellungsgerechte Länge zu verkürzen, die erforderliche Spannung im Material (Torsion, Elastizität) so nachteilig beeinflussen würde, daß sie technisch unverwendbar werden. Ein peius sind auch Emailleteller, die für den Export bestimmt, aber gegenüber den bestellten Abmessungen zu groß geraten sind und deshalb eine erhöhte Zollschuld auslösen (OLG Hamburg HansRGZ **1929** B 827). Aber auch die in bestimmten Abmessungen bestellten Bretter, die zu kurz geliefert worden und damit für die Zwecke des Käufers unbrauchbar sind. Hier tritt das Weniger in der Menge völlig hinter dem „schlechter" zurück, da nicht eine Gesamtfläche Bretterholz (selbst wenn sie mit den zu kurzen Brettern durch entsprechende Mehranzahl erreicht wäre), sondern eben Bretter bestimmter Maßanforderungen, also Herstellungsanforderungen, zu liefern waren. Die bisher genannten Beispiele spielen im Recht des Werklieferungsvertrages, der hier im Vordergrunde steht. Doch gibt es auch andere Fälle. Keine komplexe Quantitätsdifferenz, sondern peius liegt vor, wenn das bestellte Porzellanservice 2 Untertassen zuviel, dafür 2 Unterteller zuwenig enthält: das Service ist unverkäuflich. Eine rein komplexe Quantitätsdifferenz ohne peius-Charakter dagegen ist gegeben in dem Rdn. 30 behandelten Tapetenfall, da dort die Verkäuflichkeit der einzelnen Stücke nicht gemindert ist; die Lieferung in der falschen Assortierung ist ein aliud.

33 Ausnahmsweise kann auch ein echtes **Zuwenig an Zahl, Maß oder Gewicht** ein **peius** sein. Beispiel: Bestellt ist ein bestimmtes Chemikal zur Schädlingsbekämpfung, und zwar als Restposten aus einer nicht mehr lieferbaren Fabrikation. Der Verkäufer hat den Restposten im Gewicht zu hoch veranschlagt und kann nun nur die tatsächlich noch vorhandene Mindermenge liefern. Diese reicht nicht nur nicht aus, die Schädlinge wirksam zu bekämpfen, sondern wäre im Gegenteil geeignet, deren Virulenz so zu reizen, daß die Schädlinge sich im Ergebnis als stärker erweisen und damit ein Immunisierungseffekt erreicht werden würde.

34 Das hier gewonnene Ergebnis, wonach, wenn die Quantitätsdifferenz zugleich ein peius bedingt, der Fall aus § 377 zu beurteilen sei, ist **streitig**. *Oertmann* in Ehrenbergs Handb. IV, 2 S. 498 tritt für die ausschließliche Anwendung des § 378 ein, während *Hein* ZHK **87** 95 den § 378 insoweit zum Zuge kommen lassen will, als er den Käufer (wegen der Entbindung von der Rügelast aus Halbs. 2) gegenüber § 377 besser stellt. In Wahrheit handelt es sich um eine Frage, die das Gesetz durch seine Legalordnung verbindlich entschieden hat. Was als peius sich darstellt, weil es zu einem solchen durch die Quantitätsdifferenz geworden ist, fällt ausschließlich unter die Primärkategorie des § 377. Erst dasjenige, was, ohne peius zu sein, reine Quantitätsdifferenz ist, wird der Regelung des (auf diesen Fall zugeschnittenen, weil erst durch ihn insoweit notwendig gewordenen) § 378 unterworfen. Wäre es anders, so käme man ja auch für das aliud des § 378 auf die Janusköpfigkeit mit dem peius hinaus, die oben bereits abgelehnt werden mußte. Wie hier schon: *Staub* bis zur 14. Aufl., Anm. 2.

5. Abgrenzung von Quantitätsdifferenz und aliud

35 Flüssig ist aber auch die Grenze zwischen **Zuviellieferung/Zuweniglieferung und aliud**. Die Entscheidung für das eine oder das andere hat Folgen zwar nicht wegen der

Anwendbarkeit des § 378, dem beide Erscheinungen unterfallen, wohl aber in den unter Rdn. 58 ff, 73, 89 ff zu behandelnden Fragen der Abwicklung nach erfolgter Rüge und der Beweislast. Über die Einstufung als „anders" entscheidet abermals die Anschauung des Verkehrs. Würde eine bestimmte Zigarrensorte in Kisten zu je 20 und zu je 30 Stück auf den Markt gebracht, so wäre schon die Lieferung von 30 Kisten in 20er Packungen ein aliud gegenüber den bestellten 20 Kisten in 30er Packungen: das ist deshalb auch dann nicht anders, wenn nur 28 Kisten oder aber 35 Kisten in 20er Packung geliefert werden (aliud, kein bloßes „minus" von 40 bzw. Zuviel von 100 Zigarren). Das unausscheidbare oder nur mit Schwierigkeiten ausscheidbare Zuviel (Rdn. 28, 29) dürfte in aller Regel den gelieferten Artikel so in seinem Wesen verändern, daß er zum aliud wird. Die nicht-separierbare komplexe Quantitätsdifferenz (Rdn. 30 — Beispiel der hochverdunstenden Flüssigkeit —) stellt deshalb erst recht ein aliud dar.

D. Zusammentreffen von Lieferunstimmigkeiten nach § 377 und § 378

Zu unterscheiden von den bisherigen Fällen der Abgrenzung ein und derselben Lieferunstimmigkeit als aliud, Quantitätsdifferenz und peius sind diejenigen, in denen die gelieferte Ware **in jeder dieser Beziehungen (oder in zweien von ihnen) Unstimmigkeiten** aufweist. Die Ware kann ein aliud und noch als solches, in sich, mangelhaft sein. Sie kann eine Fehlmenge und daneben Sachmängel aufweisen. Sie kann in allen drei Beziehungen zu Beanstandungen Anlaß geben (statt 100 Ztr. Mehl der Type S sind 80 Ztr. der geringeren Type B, mit dumpfigem Geruch, geliefert). **36**

Hier ist jeweils der betroffene Mangel in bezug auf die Rügeobliegenheit derjenigen Vorschrift (§ 377 oder § 378) zu unterstellen, der er unterfällt (so auch *Mailänder* ZHR **126** 117). Soweit hiernach gerügt werden muß — die Rügenotwendigkeit würde beim absolut genehmigungsunfähigen aliud und bei der absolut genehmigungsunfähigen Quantitätsdifferenz entfallen —, ersetzt die Rüge der einen Unstimmigkeit nicht die der anderen; dies schon deshalb nicht, weil der Mangel ja in der Rüge bezeichnet werden muß (§ 377, 134; für § 378: SchlHolstOLG SchlHA **1954** 255). Darüber, wie die Rechtslage sich in den einzelnen Kombinationen bei ordnungsmäßiger Rüge und bei verabsäumter Rüge darstellt, s. Rdn. 93.

III. Der Regelfallbereich des § 378
A. Rügeobliegenheit
1. Untersuchung der Ware auf Andersartigkeit und Quantitätsdifferenz

a) Das Erfordernis vorgängiger Ablieferung. Die Erstreckung der Rügeobliegenheit des § 377 auf den Regelfall des § 378 beinhaltet zugleich die Obliegenheit zur Untersuchung in gleichem Umfange, wie sie für § 377 besteht. Das wiederum bedeutet, daß die Ware beim Käufer **abgeliefert** sein muß. Darüber, was hierzu gehört, s. § 377, 24 ff. **Vorher** wird, wenn nichts anderes vereinbart oder durch Handelssitte festgelegt ist, **weder eine Untersuchungs- noch** damit **eine Rügelast** begründet. Untersuchung und Rüge sind insbesondere noch nicht geboten, wenn zunächst erst die Faktura oder ein Lieferschein einläuft, aus denen zu ersehen war, daß zuviel oder zuwenig oder eine andere Ware geliefert werden soll. Der Käufer darf die Ablieferung (dazu für § 378: RG JW 1904 341[10]) abwarten. Ergibt sich dann, daß die Lieferung mit der Ankündigung übereinstimmt, so ist er der Rüge überhoben, wenn die Abweichung als solche (!) angelegentlich bezeichnet worden war — der Verkäufer also zu erkennen gegeben hatte, daß, vielleicht auch: warum er andere als die bestellte Ware liefern werde —, in glei- **37**

cher Weise wie in den Fällen, in denen der Verkäufer in der Faktura oder dem Lieferschein auf Mängel der Ware angelegentlich aufmerksam gemacht hat (§ 377, 147). Doch wird, wenn der Käufer nunmehr schweigt, in seinem Schweigen zumeist die Billigung der Anders-Lieferung und des dafür berechneten Preises oder der Belieferung mit einem unausscheidbaren Zuviel an Menge samt ihrer Preisstellung (für das ausscheidbare Zuviel vgl. insoweit bereits Rdn. 26) erblickt werden können. Gl. M. für die Zuviellieferung: *Koppensteiner* BB **1971** 549, 550, 552, der aber zwischen ausscheidbarem und unausscheidbarem Zuviel nicht unterscheidet. Sogar in dem Schweigen auf die Ankündigung in der Faktura bezw. dem Lieferschein kann u. U. eine solche Billigung liegen (RG VerkRdsch. **3** 34 u. JW **1902** 134[46]). Bei der deklarierten Minderlieferung liegen die Dinge insoweit besonders, s. Rdn. 54. — Eine Mitwirkungspflicht des Verkäufers zur Vermeidung von „Rügesäumnispannen" nimmt *K. Schmidt* Handelsrecht § 28 III 5 c, S. 604/605 an für den Fall, daß eine aliud-Lieferung abgegangen ist und der Verkäufer davon erfährt; er soll dann rechtzeitig den Käufer informieren müssen, sofern nicht eine absolut genehmigungsunfähige Lieferung vorliegt. Die Vernachlässigung dieser Verkäuferpflicht wäre ein Parallelbeispiel zu dem Mitverschulden des Verkäufers an dem Unterbleiben der Mängelrüge bei § 377 (dort Rdn. 171). Jedenfalls begegnet sich damit der unten unter Rdn. 65, 71 entwickelte Standpunkt, daß es auf Risiko des Verkäufers geht, wenn die Ware vor Abgang nicht auf Andersartigkeit kontrolliert wird, diese sich erst durch Rüge des Käufers aufdeckt und der Verkäufer dadurch die Möglichkeit einbüßt, das aliud noch zu kondizieren, d. h. zurückzurufen.

38 **b) Die Vornahme der Untersuchung.** Dem Käufer liegt es ob, die abgelieferte Ware auch im Hinblick auf eine mögliche Andersartigkeit und im Hinblick auf mögliche Quantitätsdifferenzen zu untersuchen. Vielfach wird sich freilich eine eigentliche Untersuchung erübrigen, weil die Unstimmigkeit offen zutage liegt. So meist beim aliud; dann muß auf der Stelle gerügt werden. Anders bei der Mengenabweichung, wenn sie trotz handgreiflicher Differenz erst ein **Auszählen, Nachverwiegen, Nachmessen** erforderlich macht, um, namentlich hinsichtlich einer Fehlmenge, die Rüge gehörig substanzieren zu können (vgl. für eine ähnliche Lage in der Mängelrüge § 377, 134). Gegenüber serienmäßigen Großlieferungen wird der Käufer allerdings auch hier sich für das Verwiegen oder Nachmessen auf **Stichproben** beschränken dürfen (während eine Durchzählung naturgemäß immer erschöpfend sein muß); und insoweit sind dann auch versteckte Quantitätsdifferenzen nicht ausgeschlossen. So kann es z. B. vorkommen, daß von 500 Säcken zu je 40 kg, sämtlich von der vertrauenswürdigen Verkäuferfirma mit diesem Gewicht beschriftet, einige, bei der Sticherprobung nicht erfaßte, ein Mindergewicht aufweisen (etwa weil die Tara zu hoch ist) und daß dies erst bei der späteren Ingebrauchnahme der Säcke bemerkt wird. Fälle eines ohne Untersuchung nicht sogleich erkennbaren aliud sind gleichermaßen denkbar. Das kann bis zum Gegebensein eines **verdeckten aliud** führen. So wenn von der bestellten Lieferung Konservendosen einige, bei der Stichprobe unkontrolliert gebliebene eine gattungsmäßig andere Füllung enthalten. Oder man denke an den Fall BGH BB **1967** 433: bestellt war ein Posten Titanium Dioxyd Rutile (ein Grundstoff für Farben im Außenanstrich), geliefert wurde Titanium Dioxyd Anatase (leicht wasserlöslich, stark kreidend, Grundstoff von Farben für Innenanstriche). Beide Produkte waren äußerlich nicht voneinander zu unterscheiden, auch in ihrer Zusammensetzung gleich, nur physikalisch, durch die Struktur der das Produkt bildenden Kristalle, unterschieden. Die Lieferung war ohne Zweifel ein aliud — ob ein genehmigungsunfähiges, wie der BGH annahm, darüber s. Rdn. 77 —, und diese ihre Andersartigkeit wurde erst bei der Verwendung durch die mangelnde Haltbarkeit des ausgeführten Außenanstrichs offenbar.

Die Klausel „frachtfrei Grenze" besagt hier, daß, sofern keine Umladung an der Grenze erfolgt, die Gewichtsfeststellung erst am Bestimmungsort stattzufinden braucht (Schiedsgericht der hamburger freundschaftlichen Arbitrage v. 20. 5. 1964 — HSG E 6 b Nr. 13 —).

2. Rüge

39 Die Unstimmigkeit muß unverzüglich nach Ablauf einer für die Untersuchung zuzubilligenden Frist gerügt, wird sie erst später entdeckt, so muß die Rüge unverzüglich nach der Entdeckung nachgeholt werden (RG HoldhMSchr. 1904 249). **Gerügt werden muß hiernach:** das **aliud** — als Identitätsaliud im Spezieskauf immer, als Qualifikationsaliud im Spezieskauf (hierzu auch Rdn. 72 a. E.) und als aliud in Gattungskauf mit der Ausnahme der Über-Erfüllung durch Lieferung eines melius (Rdn. 21, 22) — und die **Unstimmigkeit hinsichtlich der Menge** — sofern nicht ein einfach ausscheidbares Mehr vorliegt (Rdn. 26) —. Die Mitteilung des Käufers muß aber eine wirkliche „Rüge" sein, also die Unstimmigkeit als solche kennzeichnen mit dem Willen, sie nicht hinzunehmen. Es genügt also nicht die bloße schriftliche Feststellung des beim Empfang ausgewogenen Taragewichts auf der Empfangsbescheinigung, selbst wenn sich hieraus für das Nettogewicht eine Minderlieferuung errechnen ließe (Schiedsgericht der hamburger freundschaftlichen Arbitrage v. 3. 9. 1968 — HSG E 6 b Nr. 28 —).

40 Die **Frist** für die (Untersuchung, soweit überhaupt erforderlich und) Rüge in Bezug auf Andersartigkeit und Quantitätsdifferenz wird meist kürzer anzusetzen sein als im Falle des § 377; vielfach bestehen Handelsbräuche. Natürlich können, bei einer auf eigentliche Mängel i. S. des § 377 vorgenommenen Sticherprobung, die gezogenen Proben in geeigneten Fällen (Rdn. 38) zugleich diejenigen auf Nämlichkeit mit der Bestellung und auf Verwiegung oder Vermessung sein. Doch wird auch dann eine für § 378 in Betracht kommende Unstimmigkeit u. U. früher feststehen als das Ergebnis des Mängeltestes für § 377. Alsdann muß für § 378 gesondert und früher gerügt werden, da die Rüge aus § 378 und die aus § 377 voneinander unabhängig sind, ggf. kumulieren und dann unterschiedliche Rechtsfolgen auslösen können. Der Käufer ist also nicht befugt, die Rüge für § 378 zurückzustellen, bis das Ergebnis der Erprobung auf Mängel vorliegt.

41 Bei Gattungskäufen können auch für die Untersuchung auf aliud und die Rügepflichtigkeit eines solchen **Kaufmuster und Ausfallproben** Bedeutung gewinnen. Es gelten insoweit die zu § 377, 145, 146, 136 dargelegten Grundsätze.

B. Rechtslage bei verabsäumter Rüge
1. Aliud-Lieferung: Genehmigungsfiktion

42 Hat der Käufer entgegen der ihm im Umfang der Rdn. 39—41 aufliegenden Rügelast die aliud-Lieferung nicht ordnungsmäßig gerügt, so soll, wie die Verweisung auf § 377 ergibt, das aliud als genehmigt gelten. Das besagt hier zunächst erst, daß der Käufer aus der Andersartigkeit der Ware nicht die ihm sonst kraft dessen zustehenden Rechte haben soll. Diese Rechte wären auf Neulieferung des richtig geschuldeten Gegenstandes gegeben: der ausgewählten Spezies, wenn eine hiermit nicht identische, der Gattungsware, wenn eine „andere" als die bedungene geliefert ist: denn hier überall war ja mit dem aliud schlechthin nicht erfüllt worden — anders als bei der (nur) mangelhaften Sache, mit der nach dem der Gewährleistungsregelung des BGB zugrunde liegenden Gedanken immerhin eine Erfüllung möglich bleibt. Auch das rügepflichtige, wiewohl nicht gerügte aliud also soll der Käufer **behalten müssen.** Das Gesetz unter-

§ 378 Drittes Buch. Handelsgeschäfte

stellt die Lieferung als vertragsgemäß. Mehr noch: der Käufer muß daraufhin den **vereinbarten Kaufpreis zahlen**. Denn nach dem Willen des Gesetzes soll hier nicht anders als bei § 377 jede Erörterung über die Andersartigkeit, d. h. die fehlende Ordnungsmäßigkeit der Lieferung abgeschnitten sein.

43 a) **Genehmigungsfiktion auch gegen den Verkäufer? Das Problem der Kondizierbarkeit der aliud-Lieferung.** Die Frage ist aber: Soll dies eine Präklusion ausschließlich mit Wirkung gegen den Käufer sein? Oder ist die Genehmigungsfiktion eine **allseitige Heilungsfiktion, auch gegenüber dem Verkäufer?** dergestalt, daß auch dieser nunmehr sich so behandeln lassen muß, als habe er den Kaufvertrag mit der aliud-Lieferung erfüllt? Das Problem stellt sich dahin, ob zwar der Käufer das aliud behalten (und bezahlen) müsse, der Verkäufer jedoch kondizieren dürfe mit der Begründung, er habe ein Nichtgeschuldetes geleistet. Das aliud kann ja z. B. durch Versehen seiner Versandabteilung geliefert worden sein und der Verkäufer aus mannigfachen Gründen ein Interesse daran haben, das fehlgelaufene Lieferobjekt zurückzurufen, um es nachträglich durch das richtige zu ersetzen. Letzteres vielleicht sogar auf die Gefahr hin, daß die vertragsmäßige Lieferfrist inzwischen verstrichen ist und er die dadurch nach bürgerlichem Recht eintretenden Verzugsfolgen in Kauf zu nehmen hätte.

44 Schon der Blick auf solche möglichen Verzugsfolgen zeigt, daß es mit einem gegen den Verkäufer zu verwendenden Argument des venire contra factum proprium nicht getan ist. Es kann Fälle geben, in denen die rechtsgeschäftliche(!) Erfüllungshandlung sich durch Irrtumsanfechtung korrigieren läßt. Aber der Anfechtungsgrund wird durchaus nicht immer gegeben sein (so mit Recht *E. Peters* AcP **164** 342 Fn. 2 gegen *Hein* ZHK **87** 79, 87). Vor allem bleibt die Möglichkeit eines Mißverständnisses in der Versandabteilung, der sogar zur Auslieferung eines objektiv wertvolleren aliud führen kann. Hier dem Verkäufer die Kondiktion zu versagen hieße den **Rechtsvorteil, den § 378 für ihn bringen soll, in sein Gegenteil verkehren** (*Fabricius* JuS **1964** 51).

45 Denn darin liegt in der Tat der Kern des Problems. Ist bereits die Vorschrift des § 377 im Interesse des Verkäufers geschaffen, insofern sie zu seinen Gunsten den Käufer mit dem Recht der Bemängelung der Ware einengt, so wirkt § 378 vollends als **Begünstigung der Verkäuferinteressen,** indem der Käufer über die mangelhafte Erfüllung hinaus auch Akte der Nichterfüllung als Erfüllung sich soll anrechnen lassen müssen. Diese bezweckte Einseitigkeit der Schutzrichtung ist wiederholt und zutreffend herausgestellt worden (*Oertmann* ZHK **80** 56/57; *Fabricius* JuS **1964** 48; wenn der Grund zur Schaffung unserer Vorschrift auch die Schwierigkeiten der Abgrenzung von Gattungs-aliud und gattungsmäßigem peius gewesen sind, bleibt dennoch die übergreifende, die Rügeobliegenheit beherrschende ratio legis davon unberührt: jener Grund zielte auf eine technische Erleichterung für die Rechtspraxis, nicht — so allerdings in Verkennung der gesetzgeberischen Intentionen *Fabricius* aaO S. 47 — auf eine materielle Erleichterung für den rügepflichtigen Käufer).

46 Man wird also anerkennen müssen: § 378 besagt nur, daß der mit der Rüge säumige Käufer die Ware **behalten muß, nicht auch,** das er sie **gegen den Willen** des **Verkäufers behalten dürfe.** Die Frage, ob mit der Genehmigungsfiktion eine anderweite, auch für den Verkäufer verbindliche, kaufvertragliche causa für die aliud-Lieferung geschaffen worden sei, beurteilt sich nicht aus § 378, sondern aus allgemeinen bürgerlich-rechtlichen Gesichtspunkten. Die nach §§ 378 (377 Abs. 2) fingierte Genehmigung des aliud läßt die geschehene Lieferung nicht schon um dieser ihrer Fiktion willen cum causa (ex contractu) geschehen erscheinen: sie bleibt gewissermaßen hinkend und kann den Effekt einer auf beiden Füßen stehenden causa solutionis gegenüber dem Lieferirrtum des Verkäufers so wenig haben wie eine hocherfreute wirkliche „Genehmigung" des besseren aliud, die der Käufer schleunigst ausspricht, um einer Kondiktion des Verkäufers zuvorzukommen (und mit der er dennoch den Rechtsgrund für die Lieferung der nicht geschuldeten Ware nicht einseitig zu schaffen vermöchte). Daß der Käufer, der sich mit seiner Rüge verschwiegen hat, das aliud zu behalten genötigt ist, wird ja aktuell ohnedies nur dann, wenn der Verkäufer entweder gegenüber einem Rücknahmeverlangen des Käufers auf dieser Folge der Rügeversäumung besteht, oder aber beide Parteien über diese Folge einig gehen. Dann aber, und erst dann, ist eine causa solutionis für die Lieferung einer — an sich unbestellt gewesenen — Ware geschaffen worden. Nimmt dagegen der Verkäufer die für ihn günstige Rechtsfolge aus der Rügeversäumung nicht in Anspruch, sondern verlangt er das aliud zurück, so kann er daran nicht gehindert werden. (so auch *Knöpfle* NJW **1979** 693; *K. Schmidt* Handelsrecht § 28 III 5 c, S. 604; *Koppensteiner* BB **1971** 553 [für die höherwertige aliud-Leistung]). Er kann dafür mancherlei Gründe haben, auch wenn ein eigentliches melius ("besser") aus der Sicht des Käufers — Rdn. 21 — nicht vorliegt. Er mag die irrtümlich ausgelieferte Ware dringend benötigen, um einen anderen Kunden zu beliefern; er mag für die stattdessen zurückbehaltene Ware keinen anderen Interessenten haben als gerade diesen seinen Käufer, für den er sie vielleicht eigens bestellt hatte (*Knöpfle* aaO). Eine eigene Berechtigung, das nicht bestellte aliud gegen den Willen des Verkäufers behalten zu dürfen, ist dem Käufer durch § 378 allein nicht gegeben; ein sonstiger Rechtsgrund hierfür fehlt. Allenfalls ließe sich dem Kondiktionsverlangen des Verkäufers dann entgegentreten, wenn das hinter dem Vertragspreis wertmäßig zurückbleibende aliud herausverlangt wird, obwohl der Käufer die Folgen seiner Rügesäumnis auf sich nimmt und den Vertragspreis zu zahlen bereit ist, weil der Verkäufer die Kondiktion zu spekulativen Zwecken betreibt. Darin würde nun freilich meist ein venire contra factum proprium liegen. Schon das bloße Zahlungsverlangen des Verkäufers kann diesem das spätere "Umsteigen" auf Kondiktion sperren, wenn sie nur noch aus spekulativen Gründen betrieben wird (Weitergehend *Koppensteiner* aaO).

b) Besonderheiten des Kondiktionsanspruchs. Die Kondiktionsberechtigung des **47** Verkäufers hat ihre Besonderheiten. Der Käufer, der die Rüge versäumt hat, kann ihr nicht aus eigenem Antrieb genügen, ehe der Verkäufer ein entsprechendes Verlangen ihm gegenüber äußert. Damit wird der **Kondiktionsanspruch zu einem "verhaltenen"** im Sinne der *Langheineken*'schen Definition; er ist insbesondere, bis der Verkäufer damit hervortritt, der verschärften Haftung aus § 819 Abs. 1 BGB nicht ausgesetzt. *Koppensteiner* BB **1971** 553 will weitergehend den Käufer bei Lieferung eines höherwertigen aliud in jedem Falle, und zwar vom Empfang ab analog § 819 Abs. 1 BGB haften lassen. Zweifel hieran äußert *K. Schmidt* Handelsrecht § 28 III 5 c, S. 604. Die Zweifel sind berechtigt: Wonach bestimmt sich das "höherwertig"? nach dem Vergleich der Verkaufspreise? (wenn der Käufer, der ja verschärft haften soll, zu einem solchen in der Lage wäre?) oder nach dem höheren Wert, den die Lieferung für den Käufer hat? oder hätte, wenn er sie anderweit verwenden könnte? Soll die verschärfte Haftung sich auf das Mehr an Wert beziehen, oder aber von vornherein auf den ganzen Liefergegenstand? — Bis zur Erhebung des Kondiktionsanspruchs bleibt nun allerdings auch in der Schwebe, ob der Kaufvertrag als durch die Lieferung erfüllt zu gelten habe oder nicht (eine gleiche einstweilige Ungewißheit läßt sich ja auch im Falle des verdeckten aliud nicht vermeiden). Dem Käufer wird die Befugnis zuzubilligen sein, diesen Schwebezustand durch Anfrage beim Verkäufer zu beenden, ob die Ware zurückverlangt werden solle oder nicht. Schweigt der Verkäufer auf eine solche Anfrage, so wird nach den Grundsätzen über das Schweigen unter Kaufleuten anzunehmen sein, daß der Verkäufer es bei der zu seinen Gunsten bestehenden Rechtslage aus § 378 sein Bewenden behalten lassen will.

48 Aber auch aus der Sicht des Verkäufers kann mit der **Kondiktion nicht beliebig lange gewartet** werden. Der Verkäufer darf nicht die Möglichkeit erhalten, auf Kosten des Käufers zu spekulieren. Der Rechtsgedanke des § 377 kehrt sich hier gegen ihn. So wie dort zu seinen Gunsten der Käufer durch unverzügliche Rüge dazu beizutragen hat, die Vergewisserung über die Abwicklung des Kaufgeschäfts nicht unnötig in der Schwebe zu lassen, so darf er nun seinerseits den Käufer nicht unnötig im Ungewissen darüber lassen, ob es bei der durch § 378 geschaffenen Rechtslage bleiben werde. Er ist gehalten, mit dem Kondiktionsverlangen unverzüglich nach Entdeckung eines etwaigen Lieferirrtums hervorzutreten (gl. M. *Koppensteiner* BB **1971** 553; wohl auch *K. Schmidt* in seinem zu Rdn. 37 mitgeteilten Hinweis), widrigenfalls sein Schweigen abermals als ein endgültiges Belassen-wollen des gelieferten aliud gedeutet wird. Hat andererseits der Verkäufer das aliud in Kenntnis dieser seiner Andersartigkeit geliefert, so sind ihm Kondiktionsansprüche ohnehin wegen § 814 BGB verwehrt — wenn nicht schon deshalb, weil er das aliud mit dem Ziel und in der Hoffnung geliefert hatte, der Käufer werde damit einverstanden sein, und spätestens dadurch, daß der Käufer nunmehr die Rückgabe ablehnt, die Erwartung des Verkäufers sich erfüllt und die vertragliche Änderung des Kaufgegenstandes damit zustandekommt. In allen diesen Fällen einer dem Verkäufer versagten Kondiktion wird man den Kaufvertrag als durch die geschehene Lieferung endgültig erfüllt erachten müssen, vorbehaltlich des Rechts der Vertragspartner, den Erfüllungseffekt durch gegenseitige Verständigung rückgängig zu machen, d. h. den Kaufvertrag in den Stand vor der geschehenen Lieferung zurückzuversetzen.

49 c) **Das Problem der Kaufpreisschuld.** Mit dem Vorstehenden ist zugleich die Lösung für das Problem des zu zahlenden Preises gegeben. Die der Rügesäumnis unterstellte Genehmigung bezieht sich lediglich auf den Erfüllungseffekt als solchen, der der geschehenen Lieferung beigelegt wird. Und auch dieser ist nur relativ wirksam, nämlich einseitig wirkend gegen den Käufer: noch dazu erst vorläufig, bis sich demnächst klärt, ob es bei dem Erfüllungseffekt verbleibt oder die Lieferung über Kondiktion rückgängig gemacht werden muß. Verbleibt es bei der als Erfüllung geltenden Lieferung, so ist ihr damit ihre causa solutionis gesichert, aber nicht mehr als dies. Das, was hier als erfüllt gilt, ist der ursprüngliche Kaufvertrag. Solange dessen Inhalt nicht geändert worden ist, **bewendet es bei der Höhe des vereinbarten Preises.** Nur dieser kann verlangt werden. Er kann aber auch stets verlangt werden, selbst wenn das aliud im Preise geringer liegt als die ausbedungene Ware. Hat das aliud einen höheren Preis, kann ein Anspruch hierauf nicht anders als durch Neuvereinbarung entstehen (ebenso: *Koppensteiner* BB **1971** 553; a. M. *Schlegelberger/Hefermehl* 23, die den Anspruch auf den höheren Preis in jedem Falle schon aus § 378 zubilligen). Die Partner des Kaufvertrages mögen sich hierüber einigen; den Hebel hierzu bildet das hinter einem Scheitern stehende Kondiktionsverlangen des Verkäufers auf Rückgabe. Ob ein Schweigen des Käufers (nicht nur zu dem aliud als solchem, sondern auch) zu der den höheren Preis ausweisenden Faktura als Genehmigung der Preisforderung gilt, beurteilt sich nach den Grundsätzen über das Schweigen im Handelsverkehr. Wenn freilich die Faktura vor der Lieferung oder gleichzeitig mit ihr übersandt worden ist und die Lieferung als solche ungerügt bleibt, dann wird das Schweigen auf die Faktura als Zustimmung zu dem fakturierten höheren Preis gewertet werden müssen. Ein Kaufmann im Handelsverkehr kann gegenüber einem einheitlichen Rechtsvorgang sein Schweigen nicht „spalten" wollen, das eine Mal als ihm imputierte Genehmigung, das andere Mal als Ablehnung. Wer das aliud im Bewußtsein der höheren Preisforderung nicht rügt, muß die höher fakturierte Preisforderung gegen sich gelten lassen. Das Recht des Verkäufers, die Ware dessenungeachtet zurückzurufen, wird hierdurch nicht betroffen.

Stand: 31. 3. 1983

Mit dem Vorstehenden steht schließlich nicht in Widerspruch, worauf *K. Schneider* **50** ZHK **54** 94 aufmerksam macht: daß eine Bestimmung des Kaufpreises nach billigem Ermessen, wenn sie aus den §§ 315, 317 BGB zu erfolgen hat, auf die tatsächlich erbrachte, nicht gerügte und damit gemäß § 378 als genehmigt geltende Leistung auszurichten ist. Die Billigkeit orientiert sich stets nur an tatsächlichen Gegebenheiten, nicht an Fiktionen, hier: einer solchen des Erfüllungseffekts, bezogen auf die ursprüngliche Lieferschuld. Entscheidend ist für die Ermessenshandhabung, daß es bei der geschehenen Lieferung verbleibt: wenn es bei ihr verbleibt und eine Kondiktion ausscheidet.

d) Rechtslage im Falle einer durchgeführten Kondiktion des aliud. Kommt es zur **51** Kondiktion des aliud durch den Verkäufer, so beurteilt sich gleichfalls nach allgemeinen Grundsätzen, wie es mit der Nachlieferung des Verkäufers steht. Möglicherweise ist die Frist hierfür noch nicht abgelaufen. Ist sie dagegen schon abgelaufen, dann hat der **Käufer die Rechte aus §§ 320 ff. BGB.** Der Kaufvertrag ist ja in den Stand vor dem nunmehr kassierten Erfüllungsversuch zurückversetzt worden. Für die Anwendung des § 326 BGB weisen *Oertmann* ZHK **80** 59 und *Rud. Schmidt* NJW **1962** 713 mit Recht darauf hin, daß ein Mißtrauen des Käufers in die Fähigkeit des Verkäufers zur korrekten Nachlieferung des richtigen Kaufgegenstandes nicht in gleichem Maße begründet sein werde wie etwa nach vorausgegangener Lieferung einer mangelhaften Sache. Der Verkäufer, der nachteilige Rechtsfolgen aus dem zwischenzeitlichen Ablauf der Lieferfrist befürchten zu müssen glaubt, wird hiernach seine Entschließung, ob er das aliud kondizieren und welche Einbußen in der Abwicklung des Vertrages er hierfür ggf. in Kauf nehmen wolle, zu treffen haben.

2. Quantitätsdifferenz

a) Lieferung eines Minus. Ist ein Minus geliefert worden, so beurteilen die Rechts- **52** folgen der unterbliebenen Rüge sich einfach. Die Lieferung gilt als genehmigt. Ein Anspruch des Käufers auf Ergänzung der Lieferung besteht **nicht**. Auf der anderen Seite hat er den **vollen vertraglichen Preis zu zahlen** (*Schlegelberger/Hefermehl* 21). In letzterer Beziehung ist die Rechtslage die gleiche wie bei der aliud-Lieferung (minderen Wertes), Rdn. 42, 49.

Die Meinungen sind gleichwohl geteilt. Nach einer Ansicht (OLG Colmar Recht **53** **1907** 583[1227]; *K. Schneider* ZHK **54** 90) beschränkt sich die Folge dahin, daß der Verkäufer nicht nachzuliefern, andererseits der Käufer nur das wirkliche Gelieferte zu bezahlen brauche. Eine zweite Meinung (OLG Hamburg OLGE **14** 380; *Oertmann* JW **1916** 1462) läßt den Käufer nur das Recht verlieren, die Lieferung zurückzuweisen. Daran knüpfen *Düringer/Hachenburg* 15 und *Hagens* HansRZ **1920** 118 die Einschränkung, daß der Käufer, der die Ansprüche aus der Minderlieferung im übrigen verliere, den Kaufpreis für die Fehlmenge nur dann nicht zu bezahlen brauche, wenn lediglich die Lieferung einer bestimmten Stückzahl, eines bestimmten Maßes oder eines bestimmten Gewichts im ganzen vereinbart und der Preis nach Stück, Maß oder Gewicht bestimmt sei; der Käufer sei dagegen so zu behandeln, als ob kein Manko vorhanden sei, wenn eine Partie unter Angabe von Zahl, Maß oder Gewicht zu einem Pauschpreis verkauft war, oder wenn und soweit zwar nach Stückzahl gehandelt, aber für jedes Stück ein bestimmtes Maß oder Gewicht vereinbart war. Allein wenn die Vorschrift des § 377 Anwendung finden soll, so heißt das: hier wie dort, muß der Käufer, obgleich nicht die vertragsmäßige Qualität (hier: Quantität) geliefert ist, dennoch **zahlen, wie wenn vertragsmäßig geliefert wäre** (OLG Stettin ZHK **54** 90; OLG Breslau Recht **1905** 2291[1068]; OLG Königsberg OLGE **41** 219; KG OLGE **37** 27; OLG Dresden OLGE **24** 193; *Hein* ZHK **54** 99 ff; *Ritter* 2; *Beck* JW **1917** 91; *Friedr. Leonhard* JW **1917** 90).

Könnte der Käufer nachträglich geltend machen, es sei weniger als fakturiert geliefert, so würde der Zweck des § 378 vereitelt, der sogar zur Vollzahlung eines unterwertigen aliud ebenso wie § 377 führt und führen soll (dazu Denkschr. 225/6); die gegenteilige Annahme müßte zu kaum tragbaren Ungereimtheiten führen, wenn für einen Teil der Ware ein Quantitätsmangel, für einen anderen Teil ein Qualitätsmangel gegeben ist (Rdn. 36). Abzulehnen ist endlich die vermittelnde Meinung von *Peters* AcP **164** 348 ff. Sie geht davon aus, Zweck des § 378 in Ansehung der Quantitätsdifferenz sei es, den Streit um die Unstimmigkeit der Menge, falls eine solche nicht gerügt worden sei, abzuschneiden: wenn daher in diesem Punkte ein Streit im Prozeß nicht (mehr) bestehe oder ohne weiteres (etwa durch Augenschein) geklärt werden könne, sei für eine Sanktion durch Verurteilung auf den Kaufpreis kein Raum; in so gelagerten Fällen brauche daher nur das tatsächlich gelieferte Minus bezahlt zu werden. Aber das heißt das materielle Recht von einer Prozeßlage abhängig machen. Nicht mit Unrecht fragt *Hein* (aaO S. 98) gegenüber allen solchen Bestrebungen, den Kaufpreis der tatsächlichen — nicht gerügten — Lieferung anzupassen: was denn dann, wenn Ware und Preis verändert worden seien, noch von dem ursprünglichen Kaufvertrag eigentlich übrigbleibe? Das könnten doch nur noch Nebenfolgen sein.

54 Nur dann, wenn die **Minderlieferung** vom Verkäufer „deklariert" worden ist (Faktura, Lieferschein), mithin offen erfolgt ist und der Käufer angesichts dessen nicht widerspricht, wird man seinem Schweigen die Rechtsfolge beimessen müssen, daß er sich mit der gelieferten Mindermenge zwar begnügen muß, aber nur den mengenkonformen (d. h. entsprechend geminderten) Preis zu zahlen hat, falls dieser nicht bereits vom Verkäufer in dieser Höhe angesetzt worden war. So: *Schlegelberger/Hefermehl* 21; *K. Schmidt* Handelsrecht § 28 III 5 c, S. 605; *Capelle/Canaris*[19] § 20 VIII 2 a, S. 186; *Koppensteiner* BB **1971** 549, 550; *Hüffer* JA **1981** 146. Da die Reduktion des Preises hier nicht mehr ist als ein einfacher Rechenvorgang, kommt man zwanglos zur Annahme einer stillschweigenden Änderung des Vertrages, gerichtet auf Herabsetzung der Liefermenge unter Anpassung des Preises: eine Deutung, die dem Käufer sein Schweigen als Genehmigung der Lieferung, dem Verkäufer eine allein loyale Folgerung aus seinem Lieferverhalten (er kann sich bei der Rechnungstellung nicht wohl mit seiner offen deklarierten Minderlieferung in Widerspruch setzen), im ganzen also einen Ausgleich auf mittlerer Linie als gewollt unterstellt (ähnlich *Koppensteiner* aaO). Einer restriktiven Auslegung des § 378 (so *Hüffer* aaO) bedarf es nicht.

55 **b) Lieferung eines Zuviel.** Die Lieferung eines ohne Schwierigkeiten ausscheidbaren Zuviel unterfällt von vornherein nicht dem § 378 (Rdn. 26). In Betracht zu ziehen sind hier nur die Fälle, in denen **ein nicht oder nur mit Schwierigkeiten ausscheidbares Mehr geliefert** worden ist.

Sowohl die Unterfälle des unausscheidbaren Zuviel wie die des nur mit Schwierigkeiten ausscheidbaren Zuviel (Beispiele Rdn. 29, 28) sind grundsätzlich nach den Regeln der aliud-Lieferung zu behandeln (Rdn. 35). Nach dem unter Rdn. 49 Gesagten hätte deshalb der mit der Rüge säumige Käufer den Vertragspreis zu zahlen, könnte sich damit aber auch begnügen.

56 Das Ergebnis verlangt wiederum nach Differenzierung. Häufig wird gerade hier das **Mehr offen deklariert** sein und im Schweigen des Käufers deshalb das Einverständnis mit der Mehrlieferung und einem entsprechend berechneten Preis angenommen werden können (Rdn. 54). **Sonst** aber ist eine Korrektur der Minderabgeltung durch den Vertragspreis nur über die Anwendung der **Kondiktionsregeln** möglich. Sie unterliegt hier, bei der einfachen Überschreitung des Lieferssolls, nicht einmal den Einschränkungen der Rdn. 47, 48. Dem Käufer, der mit der Rüge säumig geblieben ist und der die Lieferung deshalb als vertragliche gelten lassen muß, ist der Einwand der aufgedrängten Bereicherung verschlossen. Will er sich der Mühe unterziehen, die Aussonderung des Zuviel dennoch vorzunehmen, ist ihm das unbenommen. Dann kann er mit dem Ausgesonderten seiner Kondiktionspflicht genügen. Anderenfalls — und bei unausscheidbarem Zuviel — ist nach § 818 Abs. 2 BGB (Wertersatz) zu verfahren. Der zu ersetzende Wert ist derjenige, den das Mehr für den Käufer hat. Das kann, aber muß nicht notwendig der objektive Handelswert sein. Verschnitt durch Verkürzen zu lang gelieferter Teile (Beispiel Rdn. 28) hat keinen größeren Wert als den von Abfall. Hiervon könnte der Käufer noch die Kosten des Verkürzens absetzen; bereichert ist er im Ergebnis nicht (§ 818 Abs. 3 BGB). Dafür bleibt er als Folge seiner Rügesäumnis auf den Kosten des Verkürzens oder sonstigen Aussonderns hängen. In anderen Fällen, etwa der Verwertbarkeit der Lieferung in dem angedienten Umfang, mag eine echte Bereicherung des Käufers vorhanden und damit nach § 818 Abs. 2 BGB abgeltungspflichtig sein. Das kann bis zur Höhe des objektiven Handelswertes gehen und dem Verkäufer auf diese Weise den Preis für die Lieferung einschließlich des Mehr verschaffen. Weiter geht *Hüffer* JA **1981** 146, der den Anspruch auf mengenkonformen Preis stets als fingierten Erfüllungsanspruch gewähren will. *Schlegelberger/Hefermehl* 22 wiederum geben bei der Zuviellieferung unterschiedslos den Anspruch gegen den rügesäumigen Käufer auf Bezahlung des Mehr mit der Begründung, bei der kondiktionsrechtlichen Lösung stünde der Käufer nicht anders als bei rechtzeitiger Rüge. Aber: Bei rechtzeitiger Rüge könnte er das aliud, als welches sich die Lieferung mit unausscheidbarem oder nur mit Schwierigkeiten ausscheidbarem Zuviel darstellt, zurückweisen (Rdn. 73) und auf vertragsgemäßer Lieferung zu vertragsgemäßem Preis bestehen; bei Rügesäumnis kommt er dagegen nach dem oben Ausgeführten in keinem Falle so „billig" davon.

57 Die **komplexe Quantitätsdifferenz** beurteilt sich nach versäumter Rüge folgendermaßen: Ist die Mehrlieferung ohne Schwierigkeit auszuscheiden (Tapetenbeispiel, Rdn. 30), so muß der mit der Rüge säumige Käufer die Lieferung in der Umschichtung hinnehmen, mit der sie erfolgt ist, und den Vertragspreis zahlen. Der Verkäufer ist andererseits nicht gehindert, die zuviel gelieferten Stücke gegen Nachlieferung der zuwenig gelieferten herauszuverlangen. Ist die Komplexität der Quantitätsdifferenz nur mit Schwierigkeiten oder Verlusten auflösbar (Umfüllprozeß mit Verdunsten, Beispiel Rdn. 30), so muß der Käufer das Weniger, welches sich daraufhin ergibt oder ergeben würde, seiner Rügesäumnis wegen hinnehmen und gleichwohl den Vertragspreis zahlen. Ob er in Ansehung des Mehr dann effektiv bereichert ist (weil er es nicht auf eine Trennung ankommen läßt) und dem Verkäufer insoweit kondiktionspflichtig wird, ist Sache des Einzelfalles.

C. Rechtslage bei ordnungsmäßig erhobener Rüge
1. Aliud-Lieferung

58 a) **Das Problem der „Parallelschaltung" mit § 377 für die Abwicklung der gerügten aliud-Lieferung im Gattungskauf.** Während im Falle des § 377 eine ordnungsmäßig erhobene Rüge die Wirkung hat, dem Käufer Gewährleistungs- und sonstige Schadloshaltungsansprüche gesetzlicher oder vertraglicher Art offenzuhalten, wäre ein inhaltsgleicher Effekt mit der Rüge aus § 378 — ließe man es bei der Aussage des Gesetzes bewenden — nicht verbunden. Die Lieferung eines aliud ist, **von der Systematik des BGB her** betrachtet, nicht unter Mängelgewähr stehende Erfüllung, sondern schlechthin **Nichterfüllung**. Ist die Rüge verabsäumt, so wird, wie oben Rdn. 42 dargelegt, diese Nichterfüllung dem Käufer dennoch als Erfüllung angerechnet (falls der Verkäu-

§ 378 Drittes Buch. Handelsgeschäfte

fer es hierbei bewenden lassen will): gewissermaßen als eine Art aufgenötigter Leistung an Erfüllungs Statt. Die ordnungsmäßige Rüge würde, bei der vom Gesetz verordneten Anwendung des § 377, hier dasjenige offenhalten, was dem mit der aliud-Lieferung fehlbedienten Käufer an Rechten aus einem solchen Vorgang zustünde. Das aber wäre der Erfüllungsanspruch unmittelbar aus dem Vertrag. Das bedeutet weiter: Wäre die Lieferfrist inzwischen abgelaufen, so stünden dem Käufer die Rechtsbehelfe aus § 326 BGB zur Verfügung. Wäre die Lieferung inzwischen unmöglich geworden, hätte der Käufer die Rechte aus den §§ 323—325 BGB.

59 Die Alternative hierzu lautet: die gesetzliche Parallelschaltung des § 378 mit § 377 **nicht auf das Rechtstechnische der Rüge**, ihren Offenhaltungseffekt als solchen zu **beschränken**, sondern die **Parallele „zu Ende zu denken"** und im Falle der ordnungsmäßig erhobenen Rüge auch die — offengehaltenen — **Rechtsfolgen** mit **materiell** gleichem Inhalt wie bei der mängelbehafteten Leistung des § 377 eintreten zu lassen. Man gelangte so zur Anwendung des **Mängelgewährschaftsrechts** nach den §§ 459 ff BGB, mit allen seinen von den §§ 323 ff BGB abweichenden Ausprägungen. Diesen Weg ist schon früh der Staub'sche Kommentar (9. Aufl. Anm. 10 zu § 378) und, ihm folgend, das Reichsgericht gegangen. Grundlegend wurde die Entscheidung RGZ **86** 90 (92); zu vergleichen sind ferner RG WarnRspr. **1919** Nr. 8; RG LZ **1919** 1010; **1920** 859⁴; **1925** 546⁶. Der BGH hat bisher noch nicht abschießend Stellung genommen. In NJW **1969** 788 ist als obiter dictum lediglich gesagt, „möglicherweise" seien auf Grund der aliud-Rüge Gewährleistungsansprüche gegeben.

60 Im **Schrifttum** hat die Rechtsprechung des Reichsgerichts **teils betonte Zustimmung, teils ebenso scharfe Ablehnung** gefunden. **Zustimmend** sind (mit teilweise abweichender Begründung): *Schlegelberger/Hefermehl* 14; *Baumbach/Duden*²⁴ 3 A; *Bandasch/Bandasch* 6; *Brox* Rdn. 396; *Capelle/Canaris* § 20 VIII 2 b, S. 187; *Müller-Erzbach*²·/³· S. 562; *Meeske* Die Mängelrüge (1965) S. 192 ff; *v. Caemmerer* S. 5 ff; *Hein* ZHK **87** 54 ff; *Hüffer* JA **1981** 145; *Schumacher* MDR **1977** 19 ff; *Kramer* NJW **1979** 2033. Den **abweichenden Standpunkt** vertreten: *Düringer/Hachenburg* 6; *Heymann/Kötter* 2; *J. v. Gierke* ZHR **114** 89 (in der 8. Aufl. seines Handelsrechtslehrbuchs S. 482 später zweifelnd); *Oertmann* Ehrenb. Handb. IV, 2 S. 523 und ZHK **80** 48 ff; *Großmann-Doerth* Die Rechtsfolgen vertragswidriger Andienung (1934) S, 114; *Knöpfle* JZ **1979** 11; *Dietr. Schultz* NJW **1980** 2174; im Grundsatz auch *Fabricius* JuS **1964** 48 (der aber für gewisse von ihm dort S. 52 aufgestellte Kategorien die Sachmängelgewähr analog angewandt wissen will). Ohne eigene Stellungnahme: *K. Schmidt* Handelsrecht § 28 III 6 c S. 610.

61 b) **Die Auffassung des Reichsgerichts und ihre Kritiker.** Die Auffassung des **Reichsgerichts** war aus der **drängenden praktischen Erwägung** heraus begründet worden, daß die oft unlösbaren Schwierigkeiten der Grenzziehung zwischen „mangelhaft" und „anders", die für die Rügepflicht des § 377 hätten beseitigt werden sollen, nur aufgeschoben seien, falls man es bei der rechtstechnischen (rein rügerechtlichen) Anwendung des § 378 bewenden ließe. Sie müßten alsbald wieder auftauchen, wenn die Rüge erhoben sei und es darum gehe, aus der erhobenen Rüge die Folgerungen zu ziehen; denn das allgemeine bürgerliche Recht regle bei Lieferung eines aliud die Ansprüche anders als bei Sachmängeln. Es gelte also, die vom Gesetzgeber gewollte Zusammenschau von „mangelhaft" und „anders" für Rügepflicht *und* Rügefolgen zu verwirklichen. Schon um dieser ihrer praktischen Zielsetzung willen — die andere, gesetzesunmittelbarere Rechtfertigung (Rdn. 69) nicht ausschließt — **verdient die Rechtsprechung des Reichsgerichts Zustimmung.** Die bahnbrechende Kühnheit (*v. Caemmerer* S. 1, im Anschluß an *Martin Wolff*) der Entscheidung RGZ **86** 90 wird auch nicht geschmälert durch den

Umstand, daß das Reichsgericht in jenem besonderen Falle seine Entscheidung möglicherweise (Rdn. 19) sogar ohne die von ihm aufgestellte These hätte finden und begründen können. Denn der damals zur Erörterung stehende Unterschied von — bestellter — Kawamatta-Seide und — gelieferter — Sendai-Seide betraf nur verschiedene Sorten derselben Gattung „Japanseide", wobei dann „Kawamatta" eine zugesicherte Eigenschaft dieser Liefergattung Seide hätte sein können. Diesen Weg hat jedenfalls der Bundesgerichtshof in der Entscheidung LM § 477 BGB Nr. 5 [Buchenholz] gewählt, indem er der gelieferten „jugoslawischen" Buche statt der verkauft gewesenen „rumänischen" Buche das aliud absprach, stattdessen die Abweichung innerhalb derselben „Gattung Buche" beließ, die bedungene Herkunft als einer zugesicherten Eigenschaft dieser Gattung gleichstehend ansah und das Sachmängelgewährschaftsrecht des BGB aus § 459 Abs. 2 unmittelbar anwandte.

Die gegen das Reichsgericht im Grundsatz vorgebrachten **Gegengründe** vermögen jedenfalls im Ergebnis nicht zu überzeugen: **62**

Der eine Einwand geht dahin: Wenn durch die Anwendung der Sachmängelgewährschaftsvorschriften die Schwierigkeiten in der Abgrenzung von aliud und peius vermeintlich ausgeschaltet seien, so sei das nichts als „ein frommer Glaube" (so die Formulierung von *Hildebrandt* in der 3. Aufl. des Schlegelbergerschen Kommentars § 378, 3). Denn sobald der Ausnahmetatbestand des **§ 378 Halbsatz 2**, das sog. genehmigungsunfähige aliud, in Frage komme, werde die **Abgrenzung dennoch wieder unvermeidlich,** weil jenes genehmigungsunfähige aliud eine Rüge nicht erfordere und daher unbestritten von vornherein Nichterfüllungsrecht gelte (vgl. unten Rdn. 81). Man würde sogar ergänzen können: Die Relevanz des Unterschiedes geht bis hinein in die Rügepflicht als solche; denn das genehmigungsunfähige peius (das „pessimum") muß auch in dieser seiner Genehmigungsunfähigkeit gerügt werden (oben Rdn. 11), das genehmigungsunfähige aliud braucht es nicht.

Aber eben diese Schwierigkeiten sind kaum noch sehr groß. Sie sind jedenfalls geringer als die Schwierigkeit, die die Rechtsprechung des Reichsgerichts vermeiden will. In Vorwegnahme späterer Darlegungen (Rdn. 75 ff) ist insoweit zu bemerken: Die von *Hildebrandt* (bei Schlegelberger, oben Rdn. 62) beklagte Halbheit ist in der Tat eine Verlagerung der Grenzziehung, nämlich von derjenigen zwischen peius und aliud auf diejenige zwischen genehmigungsfähigem und genehmigungsunfähigem aliud. Diese letztere Grenzziehung ist nun freilich der Rechtsanwendung nicht erlassen, nachdem der Gesetzgeber sie ihr aufgegeben hat. Doch wenn sie es ist und weil sie es ist, sollte dies nicht der Anlaß sein, sich auch noch der Vorteile zu begeben, die für den Regeltatbestand des § 378 aufzufinden sind, um die sonst zu befürchtenden Mißlichkeiten wenigstens in engen Schranken zu halten. Noch dazu bietet die verbleibende Grenzziehung **kaum große Erschwernisse.** Denn wo sie irgend beachtliche Zweifel birgt, ist gegen die Genehmigungsunfähigkeit zu entscheiden; „offensichtlich" genehmigungsunfähig kann nur sein, was jenseits jeden vernünftigen Zweifels steht, Rdn. 77. Zustimmend: *Schumacher* MDR **1977** 20, 21; ähnlich auch schon *v. Caemmerer* S. 8. **63**

Immerhin ließe sich die Linie der vorstehenden Argumentation gegen das Reichsgericht noch ausziehen. Wenn die Rüge versäumt wäre: das peius ist nicht kondizierbar, das aliud ist es (Rdn. 46). Die Abgrenzung bleibt also — so ließe sich folgern — für dieses Gegenstadium erneut nicht erspart. Doch dabei würde ein entscheidender Unterschied übersehen. Das vom Reichsgericht postulierte Ergebnis wird gerade aus dem Geschehnis der Rüge „zu Ende gedacht" und als — handelsrechtliche — Konsequenz aus § 378 begriffen. Die Kondiktion des aliud ist das, was trotz Unterbleibens der Rüge und trotz § 378 dem Verkäufer nicht vorenthalten werden kann, weil die Verneinung **64** der Kondizierbarkeit dem Zweck des § 378 zuwiderliefe und deshalb insoweit die Rechtslage nach bürgerlichem Recht, die für die Folgen der Rügesäumnis zugunsten des Verkäufers durch das Handelsrecht beiseite gesetzt worden war und nur zu seinen Gunsten beiseite gesetzt sein sollte, wieder in Kraft tritt. Die Gewährung der Kondiktion beim aliud, ihre Versagung bei der Lieferung einer mangelhaften Ware ist eben **im allgemeinen bürgerlichen Recht vorgegeben.** Daß die Unterscheidung dort bewältigt werden muß, ist deshalb unvermeidlich — übrigens auch vom Standpunkt derjenigen aus, die im bürgerlichen Recht die Gleichsetzung von aliud und peius (s. Rdn. 7) nicht anerkennen — und wäre erst recht kein Grund, sich der Vorteile, die die reichsgerichtliche Lösung im zweiseitigen Handelskauf für den Fall der erhobenen Rüge bietet, darum allein schon zu begeben.

65 Nun ließe sich dem entgegenhalten: Gerade die unterschiedliche Behandlung der Kondizierbarkeit der aliud-Lieferung — m. a. W.: der Möglichkeit für den Verkäufer, sie als nicht geschuldet (noch) zurückrufen zu können — je nach dem, ob der Käufer rechtzeitig rügt oder nicht, spreche gegen die Abwicklung der aliud-Lieferung nach Gewährleistungsrecht, falls — und nur: falls — gerügt worden ist. Denn dann werde, folgt man der reichsgerichtlichen Lösung, dem Verkäufer die Möglichkeit des Rückrufs versperrt, sobald der Käufer rechtzeitig gerügt hat, während sie offen bleibe, wenn die Rüge versäumt oder solange sie noch nicht erhoben sei. Dafür aber fehle es gerade im Falle einer versehentlichen aliud-Lieferung an einer inneren Begründung. Doch auch das vermöchte nicht zu überzeugen. Es ist richtig, daß der Käufer mit seiner rechtzeitigen Rüge den Hebel in der Hand hat, dem Verkäufer die Möglichkeit des Rückrufs seiner aliud-Lieferung abzuschneiden (und ihm damit u. U. die Chance einer zweiten Andienung zu nehmen; darüber s. Rdn. 66, 67). Aber das entbehrt nicht einer Sachgerechtigkeit in der **Verteilung von Risiken.** Das Gesetz bürdet dem Käufer die Last auf, die angelieferte Ware untersuchen zu müssen, und damit das Risiko, bei unterlassener Untersuchung Fehler nicht zu erkennen und die fehlerhafte Ware behalten und bezahlen zu müssen. Von einer Untersuchungslast des Verkäufers in Bezug auf die Korrektheit der Auslieferung, die doch der Sache nach kein geringeres Gewicht haben sollte und die sich beim aliud allenfalls in Verzugsfolgen oder einer Präklusion im Fixkauf niederzuschlagen vermöchte, spricht es nicht. Hier wird ein Stück davon sichtbar. Der Verkäufer mag sich darum kümmern („untersuchen"), ob mit der richtigen Gattung ausgeliefert wird. Ein Fehlgreifen geht auf sein Risiko. Das Risiko besteht darin, daß die Fehllieferung erst durch Rüge des Käufers aufgedeckt wird und dann allerdings nicht mehr zurückgerufen werden kann. Hätte der Verkäufer bewußt ein aliud geliefert, könnte er ohnehin und von vornherein nicht kondizieren (§ 814 BGB), sondern müßte es auf eine Rüge des Käufers ankommen lassen — dann Abwicklung nach Gewährleistungsrecht — oder, bei Unterbleiben der Rüge, sich mit dem Vertragspreis zufrieden geben. Eine nicht-bewußte Falschlieferung dagegen kann er zurückrufen, wenn der Käufer die Rüge verabsäumt (Rdn. 46 ff) oder aber, solange der Käufer noch nicht gerügt hat, weil erst mit der Rüge Umstellung der Abwicklungslage auf das Gewährleistungsrecht bewirkt wird. Über die damit gegebene besondere Umschaltfunktion der aliud-Rüge s. Rdn. 71.

66 Ein letztes Gegenargument ist ein früher (vgl. *Oertmann* ZHK 80 64) gern gebrauchtes: die Anwendung des Mängelgewährschaftsrechts im Regelfallbereich des § 378 schlage zum Nachteil des Verkäufers aus, obwohl doch die Vorschrift in seinem Interesse geschaffen worden sei. Um diesen Nachteil zu vermeiden, werde der Verkäufer in die **paradoxe Lage** gedrängt, seine Fehllieferung „in dem schwärzesten Farben malen zu müssen", um wenigstens die Einstufung seiner Lieferung als absolut genehmigungsunfähig zu erreichen und dadurch (Rdn. 82) die Gewährschaftsvorschriften für die Abwicklung der Fehllieferung durch die Nichterfüllungsvorschriften der §§ 323 ff BGB ersetzt zu sehen mit der Befugnis, nochmals und nunmehr korrekt liefern zu dürfen.

Das Problem gipfelt in der Frage nach der **Anwendbarkeit der Gewährleistungsvorschrift des § 480 BGB.** Sowohl nach Abs. 1 wie nach Abs. 2 dieser Bestimmung kann der Käufer einer mängelbehafteten Gattungsware sofortige Wandelung verlangen; er beraubt damit den Verkäufer der Möglichkeit einer zweiten und nunmehr korrekten Andienung innerhalb der Erfüllungszeit oder doch mindestens innerhalb einer ihm sonst aus § 326 BGB zu setzenden Nachfrist: einer Möglichkeit, die der Verkäufer hätte, wenn das bisher gelieferte aliud schlechthin den Regeln der Nichterfüllung unterstünde. Das ist nun allerdings richtig (wenngleich *Ballerstedt* — Festschrift Nipperdey [1955] S. 275 — darauf aufmerksam gemacht hat, daß hier die Grenze nicht zwischen aliud und peius, sondern zwischen marktbezogenen und anderen Gattungskäufen verlaufe). Auch bleibt richtig, daß die Anwendung des Mängelgewährschaftsrechts dem Käufer und Empfänger des aliud es ermöglichen würde, die gelieferte Sache nach Minderungsvorschriften, d. h. unter schematischer Reduktion des Kaufpreises zu behalten (vgl. *Frz. Leonhard,* Schuldrecht Bes. Teil S. 82), wenn diese Reduktion höher ist als ein konkreter Nachteil aus der Falschlieferung, etwa weil deren Preise inzwischen gestiegen sind. **67**

Demgegenüber ist darauf hinzuweisen, daß schon der Gattungskauf nach bürgerlichem Recht die in Rdn. 66 „perhorreszierte" **Bruchlinie vorzeichnet.** Auch die Lieferung einer mangelhaften Gattung ist der Sache nach ein untauglicher Erfüllungsversuch, im Ergebnis Nichterfüllung (arg. § 243 BGB, § 360 HGB). § 480 Abs. 1 BGB gibt deshalb konsequent dem Käufer den Nachlieferungsanspruch, d. h. einen echten Erfüllungsanspruch. Trotzdem soll der Käufer wahlweise berechtigt sein, statt auf den Nachlieferungsanspruch auf sofortige Wandelung zu gehen. Daß auf diese Weise dem Verkäufer die Möglichkeit einer zweiten Andienung selbst während einer etwa noch laufenden restlichen Erfüllungszeit genommen sein kann und er damit schlechter steht, als hätte er überhaupt noch keinen Erfüllungsversuch unternommen, ist also eine Erscheinung, die nicht erst im Problemkreis des § 378 auftaucht, sondern die in der Regelung des Gattungskaufs nach bürgerlichem Recht beschlossen ist. Der Gesetzgeber hat sie dessenungeachtet bewußt in Kauf genommen (Prot. 686). Mit diesem Argument hat namentlich *Hein* (ZHK **87** 84 ff) gearbeitet. Im übrigen ist es nicht einmal richtig, daß die Anwendung des Gewährschaftsrechts dem Verkäufer gegenüber einer Rechtsposition aus den §§ 323 ff nur nachteilig werde. Sie bringt ihm zunächst den entscheidenden Vorteil der verkürzten Verjährung der Käuferansprüche nach § 477 BGB. Selbst die befürchtete Besserstellung des Verkäufers, dem es gelänge, seine eigene aliud-Lieferung als so indiskutabel hinzustellen, daß sie schlechthin genehmigungsunfähig genannt werden müßte, ist erkauft mit den Nachteilen, noch einmal liefern statt vielleicht nur ein Minderungsbegehren des Käufers gewärtigen zu müssen, auf den Kosten der ersten vergeblichen Lieferung sitzen zu bleiben und die Ersatzansprüche des Käufers wegen Verzögerung der Lieferung heraufzubeschwören, die ihrerseits erst in 30 Jahren verjähren (*Hein* aaO S. 85). Ganz abgesehen davon, daß auch die Geltendmachung der sofortigen Wandelung nach § 480 Abs. 1 BGB nur unter den Einschränkungen der §§ 464, 466, 467 BGB gegeben ist. **68**

c) Sachmängelgewähr und ratio legis. Jenseits aller Kritik an der — unleugbar zunächst eher pragmatischen — Begründung des Reichsgerichts gibt es aber auch **Gründe aus der Sache selbst,** die die reichsgerichtliche Lösung zu stützen vermögen. Sie liegen **69**

in der ratio legis. Auch die ratio legis muß hier so, wie sie das Rügerecht als ein spezifisch handelsrechtliches Instrument geformt hat, „weitergedacht" und vertiefend gesehen werden. Das Lieferverhältnis unter Kaufleuten soll im Interesse des Handelsverkehrs möglichst zügig abgewickelt werden. Deshalb ist dem Käufer als erstes die Rügeobliegenheit auferlegt. Rügt er nicht, so soll die nicht vertragsmäßige Lieferung gleichwohl als genehmigt gelten. Aber auch wenn er rügt, hat der hinter den §§ 377, 378 stehende Zweck, für eine schnelle Abwicklung zu sorgen, sich noch nicht erschöpft. Die Ansprüche des Käufers sind damit zwar offengehalten worden. Aber nunmehr hätte er, wäre wirklich zwischen Falschlieferung und mangelhafter Lieferung zu unterscheiden, für die Verfolgung seiner Rechtsposition aus einer Falschlieferung, nämlich die Ansprüche auf Erfüllung und auf Schadensersatz wegen Nichterfüllung, bis zu 30 Jahren Zeit. Ein von der Tendenz des Gesetzes her schwer tragbares Ergebnis: es ließe sich nur mit der Indienstnahme der kurzen, sechsmonatigen Verjährung des § 477 BGB vermeiden. Diese hinwiederum könnte man nicht isoliert, etwa durch Analogie, aus dem Gewährleistungsrecht herausgelöst hinübernehmen. Man muß deshalb schon den Weg gehen, das Gewährleistungsrecht, ein ohnehin nahe Verwandtes, im ganzen für anwendbar zu erklären. Die Verjährungsverkürzung ist denn auch der Angelpunkt, in welchem die Gleichstellung von aliud und peius über § 378 recht eigentlich praktisch zu werden beginnt (*Soergel/Siebert/Ballerstedt*[10], Vor § 459, 35; *Raape*, AcP **150** 492; *Rud. Schmidt* NJW **1962** 710; übrigens schon zu Beginn der hier berührten Kontroverse OLG Hamburg v. 10. 11. 1904, OLGE **10** 341; vgl. auch *Wiedemann* Festschrift Nipperdey [1965] I, 827). Auf der anderen Seite gilt es, auch dem Käufer, wenn ihm schon die nicht wenig drückende Obliegenheit zu unverzüglicher Untersuchung und Rüge auferlegt worden ist, zum Ausgleich dadurch Gerechtigkeit widerfahren zu lassen, daß er nach ordnungsmäßig unverzüglicher Untersuchung und Rüge in den Stand gesetzt wird, daraufhin mit der gleichen Zügigkeit weiter zu operieren, und das heißt: wenn er will, den Kaufvertrag durch Wandelung nach § 480 Abs. 1 BGB ohne Weiterungen zur Erledigung zu bringen, statt erst den umständlichen Weg der Fristsetzung aus § 326 BGB zu gehen, den fruchtlosen Ablauf der Frist abwarten zu müssen und dann erst zurücktreten zu können. Auf diese Gleichgewichtigkeit von Obliegenheit und Befugnis hat *Hüffer* JA **1981** 145 mit Recht hingewiesen. Das Gebot einer solchen Gleichgewichtigkeit aber stellt sich für die Falschlieferung nicht anders als für die Lieferung mangelhafter Ware. Es ist alles in allem nicht damit getan, wenn *Dietr. Schultz* (NJW **1980** 2174) bemerkt, die Unterscheidung von aliud und peius müsse ja auch im bürgerlichen Recht bewältigt werden (vgl. Rdn. 64) und werde bewältigt. Entgegen *Dietr. Schultz* erschöpft sich der Zweck der Rügeobliegenheit auch nicht darin, durch die Nichtrüge die Genehmigung der Lieferung, durch die Rüge ihre Nichtgenehmigung klarzustellen und, wenn die Rüge ordnungsgemäß erfolgt sei, den Streit über Falschlieferung oder mangelhafte Lieferung daraufhin der gebotenen subtilen Erörterung im Prozeß überlassen zu können.

70 **d) Die Anwendung des Gewährleistungsrechts im einzelnen. Funktionswandel der Rüge.** Anwendung des Gewährleistungsrechts bedeutet: Der Käufer kann — ein deutlicher Vorzug — **flexibel reagieren**. Er kann nach § 480 Abs. 1 BGB Nachlieferung beanspruchen. Er kann statt dessen die Lieferung des aliud zurückweisen und Wandelung, d. h. Rückgängigmachung des Kaufs verlangen. Er kann die Lieferung behalten und den Kaufpreis mindern. Die hierzu nach § 472 BGB aufzumachende Berechnung hat von der Relation zwischen dem Wert der bestellten Sache in mangelfreiem Zustand und dem effektiven Wert des gelieferten aliud auszugehen. Der Käufer kann, wenn der Verkäufer die Andersartigkeit bei Kaufabschluß arglistig verschwiegen hatte, die Schadensersatzansprüche aus § 480 Abs. 2 BGB geltend machen. Solche Ansprüche werden erst recht durch eine bei Kaufabschluß gegebene Eigenschaftszusicherung begründet: falls das aliud eben diese Eigenschaft vermissen läßt (was allermeist der Fall sein wird) und gerade hieraus ein Schaden entstanden ist. Offen gehalten durch die Rüge sind aber ferner die Ansprüche aus poitiver Vertragsverletzung und, soweit solche neben den Schadensersatzansprüchen aus § 480 Abs. 2 BGB überhaupt gegeben sein können, aus culpa in contrahendo. Schließlich gelten auch hier die Freizeichnungen von Gewährleistungsansprüchen (RG JW **1923** 597[8]), so wie andererseits die Möglichkeit einer Irrtumsanfechtung durch den Käufer, soweit sie mit der Gewährleistung konkurriert, ausgeschlossen ist. Ansprüche aus der Falschlieferung verjähren für beide Teile innerhalb der **kurzen Verjährungsfrist des § 477 BGB** (BGH LM § 477 BGB Nr. 5; BGH WM **1956** 494).

Kondizieren kann der Verkäufer die Lieferung dagegen **nicht**, selbst wenn sie irrtümlich erfolgt sein sollte (Rdn. 65). Hier wird eine eigenartige Funktion der **aliud-Rüge** nach § 378 deutlich. Sie hält nicht nur Ansprüche des Käufers offen, sondern — folgt man der Lösung des Reichsgerichts — **stellt sie inhaltlich vom Nichterfüllungsrecht auf Mängelgewährschaftsrecht um,** womit für den Verkäufer der Verlust der Rückrufmöglichkeit über Kondiktion verbunden ist. Daraus folgt im Umkehrschluß: solange der Käufer noch nicht gerügt, d. h. die (schriftliche) Rüge noch nicht abgesandt hat (§ 377 Abs. 4), ist die Kondiktionsmöglichkeit für den Verkäufer gegeben und kann er das aliud als nicht geschuldet zurückrufen. Denn die „Rügelage" ist einstweilen erst nach beiden Seiten, Erhebung oder Versäumung der Rüge, offen. Es ist Sache des Verkäufers, nach Entdeckung eines etwaigen Fehlgreifens in der Auslieferung (darüber, daß ihm bei bewußter aliud-Lieferung eine Kondiktionsmöglichkeit ohnehin nicht zusteht, s. Rdn. 65) so unverzüglich zu reagieren, daß er einer Rüge des Käufers zuvorkommt, wenn er seinen Rückruf durchsetzen will. **71**

e) Die besondere Rechtslage bei der aliud-Lieferung im Spezieskauf. Die aliud-Lieferung beim Spezieskauf folgt hier ihren eigenen Regeln. Lieferung eines **identitätsmäßigen aliud** löst keine Gewährschaftsansprüche aus, sondern läßt den Lieferungsanspruch hinsichtlich der wirklich verkauften Sache unberührt (BGH NJW **1979** 811; *v. Caemmerer* S. 19; *Raape* AcP **150** 492; *J. v. Gierke* ZHR **114** 88; *a. M. Kramer* NJW **1979** 2023; gegen Kramer: *Dietr. Schultz* NJW **1980** 2172). Doch wird dem Käufer der Einwand aus § 242 BGB entgegenzusetzen sein, wenn er die Spezies aus einer Serie gekauft hat und ihm eine völlig gleichartige Spezies aus der gleichen Serie geliefert worden ist. Das **Qualifikations-aliud** hingegen erfordert die unmittelbare Anwendung der Sachmängelgewähr, weil die Qualifizierung des Kaufgegenstandes, wie die vom BGH in der Entscheidung LM § 477 BGB Nr. 5 (Rdn. 18) formulierten Rechtsgrundsätze erkennen lassen, als auf der Ebene der Eigenschaftszusicherung stehend zu behandeln ist. Ist in dem *v. Caemmerer*'schen Beispiel (aaO S. 18) ein durch seine Liegestelle bezeichneter Kahn mit einer Ladung Kohle als „Anthrazit-Kohle" verkauft worden, während er in Wahrheit Nußkohle enthält, so liegt nichts anderes als eine Eigenschaftszusicherung vor. Die Fälle eines Qualifikations-aliud sind besonders geeignet, das Flüssige der Grenze vom aliud zum peius i. S. des Gewährschaftsrechts, wo unter das „schlechter" ja auch das Fehlen zugesicherter Eigenschaften fällt, deutlich zu machen. Das Qualifikationsaliud, wenn es ordnungsmäßig gerügt ist, reguliert sich aus §§ 459 Abs. 2, 463 BGB unmittelbar (die Rügepflicht als solche ließe sich ebensogut aus § 377 ableiten: *v. Caemmerer* S. 18/19, der dem § 378 insoweit nur klarstellende Funktion beimißt). **72**

2. Quantitätsdifferenz

Die ordnungsmäßige Rüge des **Minus** erhält dem Käufer den Anspruch auf Ergänzungslieferung, sonst die Rechtsbehelfe wegen teilweiser Nichterfüllung. Sachmängel- **73** gewähr kommt hier nicht in Frage (*v. Caemmerer* S. 20). Bei unausscheidbarer oder nur mit Schwierigkeiten ausscheidbarer **Zuviellieferung** kann der Käufer, wenn er ordnungsmäßig gerügt hat, die ganze Sendung zurückweisen und Neulieferung verlangen (*Schlegelberger/Hefermehl* 19). Denn das Zuviel braucht er sich nicht aufdrängen zu lassen. Auch hier ist für eine Anwendung von Sachmängelgewährschaftsrecht kein Raum. Das Gleiche gilt für komplexe Quantitätsdifferenzen. Die Ansprüche unterliegen nicht der verkürzten Verjährung aus § 477 BGB.

D. Rechtslage bei Arglist des Verkäufers

74   Die Rügelast entfällt in **Anwendung des § 377 Abs. 5,** wenn der Verkäufer die Andersartigkeit der Ware oder die Quantitätsdifferenz arglistig verschwiegen hat. Dem arglistigen Verschweigen steht auch hier (§ 377, 175) das arglistige Vorspiegeln der angeblichen Übereinstimmung der gelieferten Ware mit dem Gegenstand der Kaufabrede oder ihrer angeblichen quantitativen Übereinstimmung mit der gekauft gewesenen Menge gleich. **Arglist bedeutet:** bei der Vorspiegelung und beim Verschweigen durch Unterdrücken einer Entdeckung der Unstimmigkeit ein auf Täuschung des Käufers berechnetes Verhalten; beim Verschweigen durch treuwidriges Nicht-offenbaren ein Wissen um das falsche Vorstellungsbild des Käufers und das In-Rechnung-Stellen dieser falschen Vorstellung um des eigenen Vorteils willen (§ 377, 176 ff). Der Verkäufer handelt also nicht schon arglistig, wenn er weiß, daß die gelieferte Ware eine andere ist als die bestellte: er hat vielleicht die bestellte Ware nicht vorrätig und glaubt, mit der abweichend gelieferten sei dem Käufer ebenso gedient. Daß kaufmännische Korrektheit auch in solchem Falle verlangt hätte, sich vorher beim Käufer zu vergewissern, macht den Verkäufer noch nicht zum arglistig handelnden. Um eine Arglist annehmen lassen zu können, muß vielmehr das Verhalten des Verkäufers darauf abzielen, die Andersartigkeit der Ware oder die Unstimmigkeit in der Quantität dem Käufer nicht erkennbar werden zu lassen; um so mehr, als gerade auf diesem Gebiet die Erkennbarkeit sehr erleichtert ist. Es wird also dann besonderer, täuschender Vorkehrungen bedürfen, um eine Arglist des Verkäufers zu indizieren. Beim Qualifikationsaliud im Spezieskauf wird die Arglist entweder nur in der Vorspiegelung beim Kaufabschluß oder in der willkürlichen Veränderung des Gegenstandes während der Zeit bis zur Ablieferung liegen; wird die Andersartigkeit in der letztgenannten Zwischenzeit dadurch begründet, daß die gekaufte Speziessache von einer dazu berufenen dritten Stelle umklassifiziert wird (ein als Rennyacht verkauftes Wasserfahrzeug wird neu vermessen und scheidet als Ergebnis der Vermessung aus der Rennklasse aus), so ist es Frage des Einzelfalles, ob Treu und Glauben dem Verkäufer gebieten, zur Vermeidung des Vorwurfes der Arglist diesen Umstand dem Käufer zu offenbaren (§ 377, 177—180: im Zweifel wohl nur anzunehmen, wenn das bei der Vermessung offenbar gewordene Klassifizierungshindernis nicht oder nur mit einem außer Verhältnis zum Kaufpreis stehenden Kostenaufwand behoben werden kann). Beim Identitäts-aliud im Spezieskauf genügt zur Annahme einer Arglist des Verkäufers erst recht nicht, daß er um die fehlende Nämlichkeit der gelieferten mit der verkauften Sache weiß, selbst wenn er das in der Faktura nicht zum Ausdruck bringt. Die getroffene Wahl, ob dieser oder ein anderer Einzelgegenstand aus dem besichtigten Vorrat der betreffenden Serie, ist oft nur Zufall; der Verkäufer darf davon ausgehen, daß es dem Käufer letzten Endes gleichgültig sein wird, ob er statt des zufällig gewählten einen anderen, in der Qualität ununterschiedenen Gegenstand der gleichen Serie erhält.

IV. Der Ausnahmefallbereich des § 378, 2. Halbsatz
1. Die Besonderheit des Tatbestandes

Die Rügeobliegenheit aus § 378 (§ 377) soll nicht gelten, wenn die gelieferte Ware **75** „offensichtlich von der Bestellung so erheblich abweicht, daß der Verkäufer die Genehmigung des Käufers als ausgeschlossen betrachten mußte". Das bezieht sich sowohl auf die aliud-Lieferung wie auf den Fall der Quantitätsdifferenz, und beim aliud sowohl auf den Spezies- wie auf den Gattungskauf. Vorausgesetzt ist also eine Lieferung, die nach dem unter Rdn. 8 Ausgeführten **ihrem Gegenstande nach dem § 378 unterfällt**. Ob innerhalb dieses gegenständlichen Bereichs die Grenzziehung zwischen dem Regelfall und der Ausnahme des Halbs. 2 sehr glücklich gezogen worden ist, muß bezweifelt werden. *Schlegelberger/Hefermehl* 25 weisen mit Recht darauf hin, daß sie wegen ihrer weittragenden Folgen Prozesse geradezu provoziere; die schwankenden Maßstäbe der höchstrichterlichen Rechtsprechung (Rdn. 77, 78) haben diese Mißlichkeit nichts weniger als gemildert.

a) **„Offensichtlich genehmigungsunfähig.** Gemeint ist: Die Unterlassung der unver- **76** züglichen Rüge des aliud oder der Quantitätsdifferenz soll dem Käufer dann nicht nachteilig sein, wenn die gelieferte Ware — nicht nur um ein Gewisses „mehr" oder „weniger" oder „anders" ist, sondern — mit der bestellten so wenig gemein hat, daß sie offensichtlich nicht als Erfüllung des Kaufvertrages gemeint sein könnte (vgl. *v. Caemmerer* S. 11). Die Rüge soll, wie *v. Caemmerer* formuliert, dann unterbleiben können, wenn der Käufer sie redlicherweise dem Verkäufer gegenüber für überflüssig halten darf. Nur auf die exorbitante Fehllieferung — nicht die bloß zu beanstandende Lieferung —, die der Ware die Eigenschaft, als Erfüllungsgegenstand auch nur in Betracht gezogen werden zu können, nach objektiven Gesichtspunkten (BGH BB **1953** 992) und unter Beachtung der Anschauungen des betreffenden Handelszweiges (*Schlegelberger/Hefermehl* 28) von vornherein nimmt, kommt es an. Die Grenze zum Tatbestand des § 378, 2. Halbsatz, ist nach allem dahin zu ziehen — und zwar sowohl für den Gattungs- wie für den Spezieskauf —: die Verschiedenheit des bestellten und des gelieferten Handelsgutes nach seiner Art oder Menge muß so erheblich sein, daß nach vernünftiger Auffassung der Sachlage ein Kaufmann **mit dieser Ware auch nur einen Versuch, diesen Vertrag zu erfüllen, nicht machen würde** und von dem Käufer ein Behalten der Ware auch nur an Erfüllungs Statt schlechthin nicht, d. h. selbst im Wege der Genehmigung nicht erwartet werden kann. Das Gelieferte muß in diesem eigentlichsten Sinne genehmigungsunfähig sein. Damit ist ausgesprochen, daß die vernünftige Auffassung der Sachlage sich nach den Verkehrsanschungen, ohne Rücksicht auf technische Unterscheidungen oder den Grad der generellen Verwendbarkeit der Ware zu richten hat. In jener Abgrenzungsbestimmung ist auch gesagt, daß die einer anderen Warengattung angehörige gelieferte Ware deshalb allein noch nicht zur Vertragserfüllung ungeeignet ist, und andererseits, daß die derselben Gattung angehörende gelieferte Ware sogar trotz der Gattungsgleichheit doch infolge der Verschiedenheit des Stoffs, des Ursprungs, der Form, der Sorte u. dgl. so sehr von der bestellten abweichen kann, daß sie unter keinen Umständen, auch nicht annäherungsweise den Vertragszweck zu erfüllen vermöge. S. hierzu den Fall BGH BB **1967** 433 (Rdn. 38). Auch beim Identitäts-aliud einer gekauften Spezies wird darauf abzustellen sein, ob die gelieferte Spezies, selbst wenn mit einer anderen als der individuell gekauften streng genommen „schlechthin nicht" erfüllt werden könnte, wenigstens ihrer Art nach zur Erfüllung geeignet erscheint. Beispiel: Der Käufer hat auf dem Lager des Verkäufers für Zwecke seines Betriebslaboratoriums eine Präzisionswaage ausgesucht; er erhält statt dieser eine andere desselben Fabrikats geliefert, die aber für Exportzwecke mit einer nichtmetrischen Meßskala ausgerüstet ist: das gelieferte Exemplar ist zwar für den Käufer von vornherein unverwendbar, gehört aber jedenfalls derjenigen Gattung an, die für den Verwendungszweck des Käufers bestimmend gewesen war, und bleibt deshalb rügepflichtig.

77 Hiernach ist der Ausnahmetatbestand des absolut Genehmigungsunfähigen **eng auszulegen**. „Offensichtlich" ist, was bei verständiger objektiver Betrachtung **keinem vernünftigen Zweifel unterliegen** kann, hier also eine Lieferung, über deren Genehmigungsunfähigkeit im obigen Sinne (Rdn. 76) unter verständigen Kaufleuten keine Meinungsverschiedenheit bestehen kann (*Schlegelberger/Hefermehl* 29). Wo irgend Zweifel bestehen, liegt daher schon deshalb der Ausnahmetatbestand nicht vor (so auch *v. Caemmerer* S. 8). „Offensichtlich" ist andererseits nicht visuell zu verstehen. Das gravierende Maß der Abweichung muß also nicht notwendig auf den ersten Blick erkennbar sein, RG LZ **1912** 751[6] u. JW **1923** 176[6]. Der Ausdruck will vielmehr besagen, daß der objektiv gegebene Grad des Abweichens, wann immer er offenbar wird, für einen unvoreingenommenen Betrachter jeden Zweifel und jede Debatte darüber ausschließt, als könne diese Diskrepanz noch für eine Genehmigung in Frage kommen. Es kann sich deshalb ebensogut um eine zunächst versteckte (auch hier erst durch gründliche Untersuchung feststellbare: BGH DB **1969** 1056) Andersartigkeit handeln, etwa im Saatguthandel, oder wie in dem Rdn. 38 erwähnten Fall der Lieferung von Titanium Dioxyd Anatase statt Titanium Dioxyd Rutile, den der BGH mit Recht als absolut genehmigungsunfähiges aliud angesehen hat. Am wenigsten kann es hiernach darauf ankommen, ob der Verkäufer von falschen Voraussetzungen ausging (RG JW **1926** 2905[10]), insbesondere wußte oder hätte annehmen müssen, die gelieferte Ware entspreche dem Vertragszwecke nicht (RGZ **84** 356), oder ob der Verkäufer annehmen durfte, es werde der Käufer die Ware dennoch abnehmen (OLG Hamburg HansGZ **1920** Hptbl. 257). Alles dies (**a. M.** *Düringer/Hachenburg* 20, 21) muß völlig ausscheiden. Die Formulierung des Gesetzes: „als ausgeschlossen betrachtet werden mußte" steht nicht entgegen. Sie ist anerkanntermaßen (RG JW **1923** 44[2]; *Schlegelberger/Hefermehl* 25) mißglückt; was als Maßstab genommen werden muß, ist die Sicht, aus der heraus ein vernünftig urteilender Durchschnittskaufmann die Genehmigung des Käufers als ausgeschlossen hätte betrachten müssen.

78 Andererseits ist die geforderte objektive Betrachtung **keine notwendig abstrahierende**. Hat ein Käufer sich schon bei Vertragsschluß gegen die Lieferung jeglicher anderen oder einer bestimmten anderen Ware verwahrt, so kann der Verkäufer, falls er solche dennoch liefert, nicht mit Genehmigung rechnen; die Lieferung ist schon deshalb ein genehmigungsunfähiges aliud (RGZ **93** 46; BGH NJW **1969** 787). In Zeiten der Warenknappheit gelten andere Maßstäbe als in normalen Zeiten, für ein Delikateßgeschäft andere als für einen Ramschladen (so mit Recht *Fabricius* JuS **1964** 50). War bei dem konkreten Kauf ein Verwendungszweck vorausgesetzt, so entscheidet, ob das gelieferte aliud nach der Auffassung verständig denkender Kaufleute (RGZ **93** 46; **99** 37) außerhalb aller zumutbaren Toleranzen für eine Verwendung dieser Art geblieben ist. Daß bei der Frage der Verwendbarkeit der technische Effekt allein nicht maßgebend ist, versteht sich. Ein Kaufmann muß vornehmlich auch auf den wirtschaftlichen Effekt bedacht sein. Wird ihm also für die Ölheizung seines Büros statt des bestellten Heizöls Heizkoks geliefert, so bleibt eine solche Lieferung auch dann absolut genehmigungsunfähig i. S. des Ausnahmetatbestandes i. S. von § 378 Halbs. 2, wenn der Heizungskessel mit einigen Handgriffen auf Koksheizung umgestellt werden kann. Kokslagerung ist weniger wirtschaftlich; die Wartung der Heizungsanlage macht bei Koksheizung eine zusätzliche Hilfskraft erforderlich. Dagegen liegt ein genehmigungsfähiges, mithin rügepflichtiges aliud vor, wenn statt der bestellten Heizölsorte die nächstschwerere geliefert worden wäre, mag auch die Heizungsanlage mit dieser nicht gefahren werden können. Denn die besonderen Einrichtungen des Käufers haben i. a. für die hier zu treffende Unterscheidung außer Betracht zu bleiben (RG LZ **1908** 158[9]).

Ganz allgemein gilt das für Waren, die nach unterschiedlichen **technischen Normmaßen** gehandelt werden (Rdn. 16). Darauf, ob das Gelieferte, das von dem Bestellten durch andere Normmaße abweicht, für interne betriebliche Verwendung des Käufers gedacht war (wofür es nunmehr nicht paßt) oder ob der Käufer es für sein Warenlager erworben hatte (welches ohnehin mit verschiedenen Normgrößen assortiert ist), kommt nichts an. Unter diesem Gesichtspunkt ist deshalb die Wellstegträgerentscheidung des BGH NJW **1975** 2011, wenn auch nur im Ergebnis, haltbar. Ein Bäckereibetrieb hatte für die Dachkonstruktion seines Erweiterungsbaues Träger von bestimmten Normmaßen bestellt; geliefert wurden Träger mit zwar ebenfalls genormten, aber geringeren Abmessungen, wodurch die Statik des Daches unzureichend wurde und Schäden entstanden. Die Lieferung war nicht gerügt worden. Der BGH nahm eine mangelhafte Lieferung i. S. des § 377 an und verneinte ein aliud: richtigerweise lag ein aliud vor (Rdn. 16), aber es war nicht genehmigungsunfähig, sodaß das Unterbleiben der Rüge nach den zu Rdn. 61 ff entwickelten Grundsätzen die sonst gegebene Sachmängelgewähr allermaßen ausschloß.

b) Billigkeitsventil? Daß der Ausnahmetatbestand des § 378 **restriktiv** zu handhaben **79** sei, hatte das Reichsgericht wiederholt betont (RGZ **98** 159; RG LZ **1922** 121[9]); ähnlich nunmehr auch der BGH in der Entscheidung DB **1969** 1056. Die **Rechtsprechung hat sich nicht immer an diese Linie gehalten.** Sie ist nicht selten der Versuchung unterlegen, mit Hilfe des Ausnahmetatbestandes des § 378 2. Halbsatz ein Korrektiv gegen die Versäumung der Rüge in Fällen zu schaffen, wo dies aus Gründen einer Art übergesetzlicher Billigkeit nahegelegt erschien. Auf diese Weise wurden Tatbestände eines aliud als absolut genehmigungsunfähig deklariert, die es bei konsequenter Anwendung des Begriffs schwerlich waren. So in den Fällen RG JW **1917** 710[6] (Ziegenfelle statt Kalbfellen für Tornister), OLG Braunschweig BraunschwZ **1929** 32 (süddeutscher Spargel statt braunschweiger Spargel), oder auch OLG Hamburg OLGE **22** 49 (unpatentierte statt patentierte Dichtungsringe). *v. Caemmerer* S. 9 ff hat diese Versuche, den Ausnahmetatbestand des § 378 zum Billigkeitsventil auszuweiten, mit Recht angegriffen. Daß sie auch heute noch vorkommen, zeigt die Entscheidung des BGH BB **1953** 992 (Vorinstanz: OLG Nürnberg VersR **1953** 103): Dort war eine Ladung sortierter Schrott verkauft, unter der sich ein Sprengkörper befand; der Sprengkörper explodierte bei der demnächstigen technischen Verwendung des Schrotts. Der BGH nahm eine nicht-genehmigungsfähige aliud-Lieferung nach § 378 2 an. Eine Ladung sortierter Schrott, aus der ein explosives Schrott-Teil versehentlich nicht aussortiert war, ist jedoch mängelbehaftet, kein aliud, geschweige denn ein solches, das als Lieferungsgegenstand im ganzen und offensichtlich auszuscheiden hätte, weil es mit der Bestellung nichts Wesentliches mehr gemein habe. Man unterstelle nur den Fall, daß die Ladung geteilt worden und bei verschiedenen Abnehmern des Käufers zur Verwendung gekommen wäre. Die Konstruktion des BGH ist, so wie die andere der Vorinstanz, eben nur verständlich, wenn die alsbaldige Rüge nach Offenbarwerden des verborgenen Mangels verabsäumt worden war — aber warum sollte dieses Versäumnis eine Billigkeitskorrektur verdienen?

c) Kasuistik. Aus diesem Grunde ist die Kasuistik aus der Rechtsprechung **nur mit 80 Vorsicht heranzuziehen,** zumal die Sachverhalte in den Entscheidungsauszügen nicht immer vollständig mitgeteilt sind. Ein absolut genehmigungsunfähiges aliud ist angenommen worden, wenn an Stelle von Schlammkohle (minderwertiger Brennstoff) Grubenaushub (kein Brennstoff), oder wenn statt Bankazinn Altzinn (OLG Hamburg LZ **1920** 259[2]), oder wenn statt Kobaltmetall Nickelmetall (RG WarnRspr. **1925** Nr. 57), oder statt Aluminiumchlorat Chloraluminium (RGZ **84** 355) geliefert werden. Winterweizen und Sommerweizen als Saatgut (BGH VIII ZR 298/62 v. 21. 9. 1964, zitiert in BGH NJW **1968** 640; OLG Braunschweig SeuffA **65** 442), Samen von Petersilienwurzel und Samen von Schnittpetersilie (RG WarnRspr. **1912** Nr. 372), Futterrübensamen und Zuckerrübensamen (RG WarnRspr. **1913** Nr. 279), nicht absatzfähige Pflanzen und Gemüsepflanzen hochwertiger Kultur, Samen zur Erzielung absatzfähiger Pflanzen und zur Saat solcher Pflanzen unbrauchbarer Samen sollen gänzlich verschiedene Sachen im Sinne eines genehmigungsunfähigen aliud sein (RG LZ **1920** 859[4]). Hierher gehört auch die völlig verschiedene, den Verwendungszweck vereitelnde Zusammensetzung einer Ware (vgl. insoweit OLG Jena OLGE **41** 220 und BGH DB **1960** 1387 [gekauft: gemahlener Pfeffer; beigemischt: 50 % gemahlene Kokosschale, wodurch das Pulver „völlig wertlos" wurde]). Die Abweichung von der vereinbarten prozentualen chemischen Zusammensetzung ist ein gewöhnlicher Mangel, wenn die Ware nach der Verkehrsanschauung doch noch als Ware der betreffenden Art und Gattung verwendbar ist. Lehrreich in dieser Beziehung die Entscheidungen des OLG Hamburg MDR **1954** 551 und **1955** 233; in der letztgenannten Entscheidung ist ausgeführt, daß ein gekauftes Chemikal mit einem zu fordernden Reinheitsgehalt von 95 % selbst dann noch nicht zu einem genehmigungsunfähigen aliud werde, wenn die Beimischung statt 5 % etwa 30 %, ja 50 % betrüge. Ist aber die Abweichung so groß, daß die Ware sich zu dem im Vertrag angegebenen Verwendungszweck gar nicht mehr eignet, wie z. B. Lieferung gefärbten Wassers statt Karbolineums (OLGH Hamburg HansGZ **1917** Hptbl. 8) oder statt Bittermandelöls (KG OLGE **41** 235), Lieferung von Abfallstoffen statt bedungener Primaware (RGZ **99** 38), oder eines verfälschten, lebensmittelpolizeilich zu beanstandenden Fabrikates statt „echter Seekrebssuppe" (OLG Hamburg BB **1950** 603), so ist die gelieferte Ware ein genehmigungsunfähiges aliud. Vgl. ferner OLG Düsseldorf DB **1956** 687: Werkzeugmaschinen, die sich von den Erzeugnissen anderer Hersteller durch besondere, meist patentierte Konstruktionsmerkmale unterscheiden, sind ein genehmigungsunfähiges aliud auch gegenüber gleichartigen Erzeugnissen dieser anderen Hersteller, ebenso wie etwa Kraftwagen verschiedener Fabrikate, selbst wenn sie derselben Größenklasse angehören. Für den Käufer sei ein „Opel" eben etwas schlechthin anderes als ein „Mercedes". — Die fehlende Echtheit der Originalverpackung eines Markenfabrikats macht eine in Nachahmung gelieferte Ware noch nicht zum genehmigungsunfähigen aliud (so wie die beim Spezieskauf fehlende Echtheit überhaupt kein aliud, sondern einen Sachmangel bedeutet, Rdn. 8); ob der gleichfalls nachgeahmte Inhalt absolut genehmigungsunfähig ist, bleibt Tatfrage (RG JW **1923** 44[2]), zumal die Beantwortung dieser Frage anders lauten kann als bei der lebensmittelpolizeilich zu beanstandenden Lebensmittelverfälschung.

2. Rechtsfolgen

81 **a) Keine Rügelast.** Liegt der Ausnahmefall des § 378, 2 Halbs. vor, so ist der Käufer von der Rügelast befreit.

Dabei ist gleich, ob der Verkäufer wissentlich oder irrtümlich eine ganz andere Ware geliefert hat (RG JW **1923** 44[2]). Die Befreiung **gilt schlechthin**. Die Notwendigkeit einer Mängelrüge entfällt sogar dann, wenn beim Kauf nach Probe die Lieferung der Probe entsprach, falls schon die Probe ein genehmigungsunfähiges aliud dargestellt hatte, BGH DB **1960** 1387. Nicht zuzustimmen ist der in der reichsgerichtlichen

Rechtsprechung (RGZ **99** 37; RG JW **1924** 1149¹⁴; **1926** 2905¹⁰) vertretenen Ansicht, daß, wenn objektiv die Abweichung der gelieferten Ware von der bedungenen so erheblich ist, daß sie die Anwendungen der Ausnahmebestimmung rechtfertigt, der Käufer trotzdem der Mängelrüge erst dann überhoben sei, nachdem er diese auf Grund einer ordnungsmäßigen Untersuchung als entbehrlich habe ansehen dürfen, (wie hier: *Schlegelberger/Hefermehl* 34; *Heymann/Kötter* 4; *Wahle* JW **1927** 678; *Laupichler* S. 182/183). Noch weniger kommt es darauf an, ob der Käufer sich nach den Umständen sagen durfte, es bedürfe der Aufklärung des Verkäufers über die Untauglichkeit der Ware zur Vertragserfüllung nicht. Eine selbständige Untersuchungs„pflicht" besteht schon für § 377 nicht, sondern nur eine Untersuchung als wohlverstandene Schutzmaßnahme des Käufers zu seiner eigenen Vergewisserung. Rügt er einen existenten Mangel, so entfaltet die Rüge ihre Wirkung, ob zuvor untersucht war oder nicht (§ 377, 70). Braucht er nicht zu rügen, weil die Lieferung ein offensichtlich genehmigungsunfähiges aliud ist, so ist er schon wegen dieses objektiven Sachverhalts befreit, wiederum ohne daß er sich durch eine vorhergegangene Untersuchung davon Kenntnis verschafft haben müßte. Es ist Sache des Verkäufers, sich über die Lieferung der richtigen Ware zu vergewissern (vgl. Rdn. 65).

b) Die geschehene Lieferung und die Abwicklung des Kaufvertrages. Die Entbindung von der Rügelast gem. Halbs. 2 bedeutet: Der Käufer kann die geschehene Lieferung als das behandeln, was sie ist, nämlich als einen untauglichen Erfüllungsversuch. Er hat danach alle Rechte aus den §§ 320 ff BGB. Er kann Nachlieferung der Fehlmenge verlangen (unter Zurückhaltung des Kaufpreises, bis vollständig geliefert ist). Er kann die Lieferung mit unausscheidbarem Zuviel als ganze zurückweisen und korrekte Neulieferung verlangen, und ebenso bei Lieferung eines genehmigungsunfähigen aliud im Spezieskauf. Aber auch im Gattungskauf liegt es nicht anders. Der Käufer, der eine rügepflichtige Lieferung nur im Fall der Arglist des Verkäufers nicht zu rügen brauchte (§ 377 Abs. 5 i. V. m. § 378), wird so gestellt, als habe er gerügt; er ist daraufhin auf die Sachmängelgewähr verwiesen (Rdn. 58 ff). Hier hingegen, im Ausnahmebereich des 2. Halbs., ist ein rügepflichtiger Tatbestand von vornherein nicht gegeben. **Zur Anwendung kommen** daher, auch für den Gattungskauf, **die §§ 320 ff BGB**. Es liegt schlechthin Nichterfüllung vor. Der Käufer kann auch hier die Ware zurückweisen — der Tatbestand des § 480 BGB ist nicht gegeben —, Neulieferung als Erfüllung verlangen, und gegenüber der Anforderung des Kaufpreises die Einrede des nichterfüllten Vertrags nach § 320 BGB erheben. **82**

Verzögert sich das Erfüllungsverlangen, so kann der **Käufer,** um für die weitere Abwicklung Klarheit zu schaffen, nach § **326 BGB** vorgehen. Der **Verkäufer** wiederum kann das Gelieferte **kondizieren** (*Knöpfle* NJW **1979** 693). Er ist zur **zweiten Andienung** berechtigt, solange ihm eine Nachfrist nach § 326 BGB noch nicht gesetzt ist oder eine gesetzte noch nicht verstrichen ist, es sei denn eine Nachfristsetzung erübrige sich (§ 326 Abs. 2 BGB) oder es liege ein Fixkauf vor. Hat der Käufer die Ware zunächst entgegengenommen, so wird allerdings eine vorläufige Aufbewahrungspflicht nach § 379, bis der Verkäufer verfügen kann, nicht abzulehnen sein. **83**

Weitere Folgerungen: Auch die **kurze Verjährung des § 477 BGB** findet **keine Anwendung** (BGH NJW **1969** 787; RG WarnRspr. **1913** Nr. 279; vgl. RG LZ **1920** 859⁴). Die **Anfechtung wegen Irrtums** seitens des Käufers findet zwar nicht statt, wenn sie mit Gewährleistungsansprüchen zusammentrifft (§ 377, 166); ein solches Zusammentreffen ist hier nicht gegeben; folglich kann der Käufer den Kaufvertrag wegen Irrtums anfechten, wenn ein Irrtum über die zu liefernde Ware vorlag und der sich nunmehr anläßlich der Fehllieferung aufdeckt. **84**

3. Modifikationen

85 **a) Handelsbrauch.** Es gibt genehmigungsunfähige Abweichungen von der zu liefernden Gattung, die sich erst nach Untersuchung herausstellen (Fall BGB BB **1967** 433 [Titanium Dioxyd Rutile/Anatase]). Ist in solchen Fällen die Untersuchung — eigens — durch Handelsbrauch geboten gewesen (wovon in der vorerwähnten Entscheidung nicht auszugehen war), so schließt die **Untersuchungsobliegenheit** auch die **Anzeigeobliegenheit, und zwar auch insoweit** ein, als der sich herausstellende Sachverhalt ein **genehmigungsunfähiges aliud** ergibt. Der Käufer kann das Untersuchungsergebnis nicht unterschiedlich behandeln je nach dem, ob der Befund einen Sachmangel, ein genehmigungsfähiges aliud oder ein genehmigungsunfähiges aliud ergeben hat. Denn der Verkäufer soll ja nach dem Handelsbrauch gerade einen Anspruch darauf haben, unverzüglich über Reklamationen gleich welcher Art unterrichtet zu werden. Noch weitergehend kann ein Handelsbrauch gehen, wonach die Versäumung der Anzeige durchaus **die Wirkung des § 377**, also der Genehmigung besitzt, z. B. beim Wertpapierhandel im Verkehr unter Banken (§ 381 Abs. 1; RG JW **1923** 1766 — gefälschte ausländische Devisen —). Selbstverständlich kann endlich durch vertragliche Einzelabrede oder über Allgemeine Geschäftsbedingungen eine Rügeobliegenheit des Käufers, mit der gleichen Rechtswirkung wie nach § 377, auch für die irrtümliche (nicht arglistige) Falschlieferung eines nicht genehmigungsfähigen aliud festgesetzt werden, BGH DB **1969** 1056, Rdn. 6. Feste Rügefristen in allgemeinen Geschäftsbedingungen besagen als solche jedoch noch nicht, daß auch genehmigungsunfähige Lieferungen wie unter der Rechtslage nach den §§ 377, 378 zu behandeln seien.

86 **b) Untechnische „Rüge" nach Treu und Glauben.** Dem Käufer kann auch eine untechnische „Rüge" nach Treu und Glauben obliegen. Das ist dann eine Erklärung, die **weder unverzüglich** zu erfolgen hat, **noch ins einzelne** gehen muß; eine ganz allgemeine Ablehnung der Erfüllungsannahme genügt. Eine solche Ablehnung ist erforderlich, soweit der Verkäufer sie erwarten kann, damit nicht aus dem schweigenden Behalten des aliud auf eine Annahme oder Billigung geschlossen werden kann. Sobald der Käufer erkannt hat, daß ihm ein aliud geliefert worden ist, darf er den Verkäufer nach §§ 242, 276 BGB, § 346 HGB nicht im unklaren lassen, auch wenn eine Genehmigung nicht in Frage käme (ebenso wohl *Schlegelberger/Hefermehl* 27). Selbst dann, wenn eine Rückübernahme der Ware oder eine anderweite Disposition des Verkäufers über sie nicht mehr möglich ist (die Gewißheit des absolut genehmigungsfähigen aliud ist beispielsweise erst nach der Aussaat gegeben), kann die Vergewisserung des Verkäufers über den Tatbestand nach Treu und Glauben geboten sein, um ihm den Rückgriff gegen seinen Vorlieferanten zu sichern.

87 **c) Genehmigung der aliud-Lieferung.** Schließlich kann der Käufer sogar das an sich genehmigungsunfähige aliud gleichwohl **genehmigen** und so die Erfüllungswirkung herbeiführen. Er ist damit auch zur Zahlung des Vertragspreises verpflichtet. Die Genehmigung des aliud ist **auch stillschweigend** in dem völligen Verbrauch der Ware in Kenntnis der totalen Andersartigkeit enthalten (RG WarnRspr. **1913** Nr. 279); ein teilweiser Verbrauch kann die Genehmigung bedeuten; er bedeutet Genehmigung nicht, wenn nur eine gutgläubige Inangriffnahme der Ware stattgefunden hat (RG JW **1917** 7106). Die Genehmigung kann liegen in dem Weiterverkauf und in der Verfügung über die Ware in Erkenntnis, daß schlechthin andere Ware geliefert worden ist; jedoch fehlt es an einer Genehmigung, wenn sich der Käufer seine Ansprüche irgendwie vorbehalten hat, weil er sich mit dem Verkäufer über ein Behalten der Ware zum reduzierten Preis streitet (RG LZ **1925** 5456). Der Käufer hat sich im Falle einer unterstellten Genehmigung aber nur solcher Rechte begeben, welche die Rückerstattung der Sache zur

Voraussetzung haben, also der Rechte, die er im Falle der Zurückweisung der Ware gehabt hätte, d. h. der Ansprüche aus Erfüllungsverzug und des Anspruchs auf Lieferung mangelfreier Ware. Es bleiben ihm dagegen etwaige Schadensersatzansprüche aus unerlaubter Handlung, positiver Vertragsverletzung oder Garantievertrag, wenn die dazu erforderlichen Voraussetzungen erfüllt sind. — Wird allerdings bei der Lieferung ein höherer als der Vetragspreis in Rechnung gestellt, so wird die konkludente Akzeptierung des Gelieferten als Abschluß eines neuen Vertrages auf der Grundlage der Realofferte des Verkäufers zu werten sein (Rdn. 88).

d) **Aliud-Lieferung als Realofferte.** Ob in der Lieferung eine **Realofferte zum Abschluß eines neuen Vertrages** zu erblicken ist, wenn der Verkäufer das aliud im Bewußtsein der Andersartigkeit geliefert hat, ist Tatfrage. Zu bejahen etwa, wenn der Verkäufer dem Käufer statt der bestellten Ware (die er z. Zt. nicht liefern kann) eine andere Ware als Aushilfe sendet mit dem Bemerken, er hoffe, dem Käufer damit dienen zu können (*Schlegelberger/Hefermehl* 35, 31).

V. Beweislast

Die Beweislast für die Zweiseitigkeit des Handelskaufs, die Ablieferung, die Rechtzeitigkeit der Rüge und die Arglist des Verkäufers ist die gleiche wie für § 377. S. deshalb dort Rdn. 203, 205, 206, 209. Daß eine Rüge nicht erforderlich gewesen sei, weil die Lieferung sich als **genehmigungsunfähiges aliud** dargestellt habe, steht grundsätzlich, als die Ausnahme von der Rügeobliegenheit, **zur Beweislast des Käufers**. Es wird sich hierbei indessen weitgehend um eine Rechtsfrage handeln, die der Beurteilung durch das Gericht unterliegt; der Käufer bleibt daraufhin beweispflichtig für solche Tatsachen, die das Überschreiten der Grenze zum „genehmigungsunfähig" konkret belegen und die Beurteilung durch das Gericht ermöglichen sollen.

Grundlage für die **Erforderlichkeit der Rüge** (oder ihre Entbehrlichkeit nach Halbs. 2) ist der **Liefertatbestand und seine behauptete Abweichung von dem vertraglich Geschuldeten**. Er kann offen bleiben, wenn die Rüge, bezogen auf die (feststehende) Ablieferung, in jedem Falle verspätet gewesen wäre oder vom Käufer nicht als rechtzeitig auf den Weg gegeben (§ 377 Abs. 4) bewiesen werden kann. Aber schon die **Entbehrlichkeit der Rüge nach Halbs. 2** kann **nur von einem konkret feststehenden Liefertatbestand** ausgehen. Daraufhin gilt folgendes:

Macht der Käufer geltend, es sei **zu wenig geliefert** worden, so trägt die Beweislast für die vollständige Lieferung der Verkäufer. Dies sogar unabhängig davon, welches Ausmaß der Fehlmenge behauptet wird; die Genehmigungsunfähigkeit der Abweichung würde sich ggf. als reine Rechtsfrage erheben. Wird umgekehrt geltend gemacht, der Verkäufer habe ein unausscheidbares oder nur mit Schwierigkeiten ausscheidbares **Zuviel** geliefert, so muß der Käufer dies beweisen. Denn in der Lieferung wäre dann ja jedenfalls zunächst das Geschuldete als erfüllt enthalten, und daß demgegenüber das Zuviel nach der besonderen Lage des Falles die Lieferung zu einem aliud mache (Rdn. 35), legt die Beweislast demjenigen auf, der eine solche Besonderheit zu seinen Gunsten behauptet.

Der Beweis, daß ein **aliud** statt des geschuldeten Kaufobjekts geliefert worden sei, folgt den Grundsätzen der mangelhaften Lieferung (§ 377, 204). Zwar läge an sich der Fall der Nichterfüllung vor, der nach allgemeinen Regeln den Beweis der Erfüllung im Streitfalle dem Verkäufer zuschöbe. Da aber die Abwicklung der ordnungsmäßig gerügten aliud-Lieferung jedenfalls für Gattungsware den Normen der Sachmängelgewährleistung folgt (Rdn. 58 ff), kann auch für die Beweislast insoweit nichts anderes gelten. Beim Spezieskauf treffen die Beweislastregeln der Sachmängelgewähr sogar unmittelbar zu, wenn ein Qualifikationsaliud geltend gemacht wird (Rdn. 72). Nur wenn der Käufer mit einem Identitäts-aliud beliefert gewesen sein will, hat der Verkäufer die Beweislast für die gehörige Erfüllung mit dem gekauften Exemplar (Rdn. 72).

VI. Abwicklungsfragen beim Zusammentreffen von Lieferunstimmigkeiten nach § 377 und § 378

93 Zu erörtern ist noch, wie sich die Folgen einer erklärten und einer verabsäumten Rüge auswirken, wenn aliud und peius, Quantitätsdifferenz und peius, oder wenn alle drei Lieferunstimmigkeiten zusammentreffen. Daß diese Unstimmigkeit ggf. je gesondert rügepflichtig sind, ist in Rdn. 36 näher ausgeführt.

A. Zusammentreffen von aliud und peius
(Ware nicht nur „anders", sondern in sich noch mängelbehaftet)

1. Genehmigungsfähiges aliud
a) Als solches nicht gerügt.
(1) auch das peius nicht gerügt: Käufer hat abzunehmen und zu bezahlen;
(2) peius gerügt: Käufer hat Gewährschafts- ggf. Schadensersatzansprüche, aber nur hinsichtlich des peius. Eine etwaige Minderung ist vom Vertragspreis zu berechnen.

b) Als solches gerügt.
(1) peius nicht gerügt: Käufer hat die Gewährschafts- und Schadensersatzansprüche, aber nur wegen der Andersartigkeit der Ware. Für eine etwaige Minderung ist zu vergleichen die bestellte Ware mit der gelieferten andersartigen, wie letztere sich in mangelfreiem Zustand darstellen würde.
Ein Nachlieferungsanspruch aus § 480 Abs. 1 BGB geht allerdings auf eine fehlerfreie Ware gemäß dem ursprünglichen Kaufvertrag (vgl. § 377, 152);
(2) auch das peius gerügt: Käufer hat die Gewährschaftsansprüche aus beiden Gründen. Ein Minderwert in beider Richtung kommt kumuliert zur Geltung im Falle der Minderung; kumulieren kann ferner der Schaden und damit der zu verlangende Schadensersatz.

2. Genehmigungsunfähiges aliud = nicht rügepflichtig
peius gerügt oder nicht gerügt: Käufer hat in jedem Falle die Ansprüche wegen Nichterfüllung. Erst wenn er den Gegenstand unter Vorbehalt des Mangels als Erfüllung annimmt, gewinnt er hinsichtlich des Mangels Gewährschafts- und Schadensersatzansprüche aus positiver Vertragsverletzung.

B. Zusammentreffen von Quantitätsdifferenz und peius
1. Quantitätsdifferenz genehmigungsfähig und
a) als solche nicht gerügt:
(1) Lieferung eines Minus:
(a) peius nicht gerügt: Käufer muß die Ware abnehmen und bezahlen;
(b) peius gerügt: Käufer hat Sachmängelgewährschafts- und Schadensersatzansprüche, aber nur hinsichtlich des peius. Im Falle des § 480 Abs. 1 BGB kann er Nachlieferung nur im Umfang der gelieferten Menge verlangen.

(2) Lieferung eines unausscheidbaren oder nur mit Schwierigkeiten ausscheidbaren Zuviel:
(a) peius nicht gerügt: Käufer unterliegt hinsichtlich des Mehr den Konditionsansprüchen des Verkäufers (oben Anm. 27). Im übrigen muß er die Ware behalten und gemäß dem Vertrag bezahlen;
(b) peius gerügt: Käufer unterliegt hinsichtlich des Mehr den Konditionsansprüchen des Verkäufers; im übrigen hat er wegen des peius die Ansprüche aus Sachmängelgewähr, u. U. Ansprüche auf Schadensersatz;
b) als solche gerügt:
(1) Lieferung eines Minus:
(a) peius gerügt: Anspruch auf Nachlieferung (= Erfüllung) hinsichtlich der Fehlmenge; Sachmängelgewähr, ggf. Schadensersatzansprüche wegen des Mangels, im Fall des § 480 Abs. 1 BGB also Neulieferung der gesamten Ware in mangelfreiem Zustand;
(b) peius nicht gerügt: Ansprüche nur auf Nachlieferung hinsichtlich der Fehlmenge;
(2) Lieferung eines unausscheidbaren oder nur mit Schwierigkeiten ausscheidbaren Zuviel:
(a) peius gerügt: Anspruch auf Neulieferung nach den Grundsätzen Rdn. 73, aber auch wegen des peius im Falle des § 480 Abs. 1 BGB; daneben wahlweise wegen des peius Sachmängelgewähr und ggf. Schadensersatzansprüche;
(b) peius nicht gerügt: Käufer kann nur Neulieferung nach Rdn. 73 verlangen.
2. Quantitätsdifferenz, absolut genehmigungsunfähig = nicht rügepflichtig.
a) Zuweniglieferung:
(1) peius gerügt: Anspruch auf Nachlieferung der Fehlmenge. Wegen des peius Gewährschafts- und ggf. Schadensersatzansprüche, über § 480 Abs. 1 BGB also Neulieferung des Ganzen in mangelfreiem Zustand;
(2) peius nicht gerügt: Nur Anspruch auf Nachlieferung der Fehlmenge;
b) Lieferung eins unausscheidbaren oder nur mit Schwierigkeiten ausscheidbaren Zuviel:
(1) peius gerügt: Käufer hat die Ansprüche aus Nichterfüllung. Nimmt er die Ware trotzdem als Erfüllung an, so hat er wegen des Mangels die Ansprüche aus Sachmangelgewähr und u. U. auf Schadensersatz, wenn er sie sich bei der Annahme vorbehalten hat;
(2) peius nicht gerügt: Käufer hat die Ansprüche aus Nichterfüllung.

§ 379

Ist der Kauf für beide Teile ein Handelsgeschäft, so ist der Käufer, wenn er die ihm von einem anderen Orte übersendete Ware beanstandet, verpflichtet, für ihre einstweilige Aufbewahrung zu sorgen.

Er kann die Ware, wenn sie dem Verderb ausgesetzt und Gefahr im Verzug ist, unter Beachtung der Vorschriften des § 373 verkaufen lassen.

Übersicht

	Rdn.		Rdn.
I. Abgrenzung der Vorschrift gegenüber dem bürgerlichen Kaufrecht	1	II. Der Tatbestand 1. Zweiseitiger Handelskauf	4

	Rdn.		Rdn.
2. Distanzkauf	5	e) Folgen der Verletzung der Pflichten des Käufers	26
a) „übersendet"	6	2. Die Befugnis des Käufers zum Notverkauf (Abs. 2)	
b) „von einem anderen Ort"	11	a) Voraussetzungen	28
3. „Beanstandung" der Ware	12	b) Befugnis	30
III. Die Rechtsfolgen		c) Durchführung	31
1. Pflicht des Käufers, für die einstweilige Aufbewahrung zu sorgen (Abs. 1)		d) Wirkungen des rechtmäßigen Notverkaufs	32
a) Aufbewahrung	21	e) Rechtslage bei Vornahme eines nicht rechtmäßigen Notverkaufs	35
b) „zu sorgen"	22	f) Maßnahmen notverkaufs-ähnlichen Charakters	38
c) Einstweiligkeit der Maßnahme	24		
d) Kosten	25		

I. Abgrenzung der Vorschrift gegenüber dem bürgerlichen Kaufrecht

1 Nach bürgerlichem Kaufrecht kann der Käufer den ihm zugesandten Kaufgegenstand, wenn er Mängel aufweist oder überhaupt ein anderer (nicht der gekaufte) Gegenstand ist und er ihn deshalb nicht zu behalten wünscht, zurückgehen lassen. Selbst diese Mühe braucht er sich nicht zu machen. Seine Verpflichtung zur Rückgabe auf Grund Wandelungsbegehrens (§ 467 BGB) oder zur Herausgabe eines nicht bestellten Objekts, dessen Besitz ihm ohne Rechtsgrund angefallen ist, beschränkt sich auf den Ort, wo die Sache sich — bei der Wandelung: auf Grund des Vertrages — befindet; eine Pflicht zur Aufbewahrung, geschweige denn zu einer die Interessen des Verkäufers wahrenden Sorgfalt in der Aufbewahrung trifft ihn grundsätzlich nicht. Allenfalls mag er unter dem Gebot von Treu und Glauben (§ 242 BGB) den Gegenstand nicht verkommen lassen dürfen. Verwahrt er ihn einstweilen, so schuldet er keine andere als die Sorgfalt in eigenen Angelegenheiten (analog § 690 BGB). Nur die Durchsetzbarkeit seiner Ansprüche auf Erstattung eines etwa schon gezahlten Kaufpreises, denen er durch Ausübung des Zurückbehaltungsrechts Nachdruck zu verschaffen vermöchte, und im Mängelgewährleistungsrecht die Gefährdung der Wandelungschance (§§ 467 S. 1, 351 BGB; Rdn. 27) wird ihn im eigenen Interesse zur pfleglichen Behandlung veranlassen. Läßt er das Objekt zurückgehen, so reist es auf Gefahr (analog § 447 BGB) und Kosten (arg. § 467 S. 2 BGB) des Verkäufers (*Staudinger/Honsell*[12] § 457, 28).

2 Anders liegt es beim zweiseitigen Handelskauf. **Kaufleute untereinander** schulden bei der Abwicklung beanstandeter Kaufgeschäfte andere, **kaufmännische Rücksichtnahmen**. Dem Verkäufer muß die **anderweite Disposition über die Ware** ermöglicht werden; sie besteht vielleicht gerade darin, daß er die Ware von ihrem jetzigen Ort aus an andere Abnehmer verkaufen kann. Das wiederum bedingt, daß der Käufer der beanstandeten Ware nicht sich einfach entledigen darf, indem er sie zurückschickt, sondern daß die Ware zunächst an Ort und Stelle verbleibt und er sich um ihre Aufbewahrung zu kümmern hat. Und: bei drohendem Verderb soll er zum Verkauf, einem Notverkauf für Rechnung des Verkäufers, schreiten dürfen. Im ganzen also eine Regelung, die spiegelbildlich etwa derjenigen des § 373 über die Pflichten und Befugnisse des Verkäufers bei Annahmeverzug des Käufers entspricht: wie denn auch auf § 373 in Abs. 2 unserer Vorschrift für den Notverkauf schlicht verwiesen wird. — Etwas anders liegt die Rechts- und Interessenlage im Falle des § 362 Abs. 2. Dort besteht noch kein Vertragsverhältnis; der kaufmännische Adressat eines Antrags auf Geschäftsbesorgung hat deshalb die mit dem Antrag übersandte Ware nur „einstweilen vor Schaden zu bewahren", und auch dies nur, wenn es ohne Nachteile für ihn geschehen kann und er für die Kosten gedeckt ist.

Dagegen ist **Beweissicherung nicht der Zweck des § 379,** auch nicht der der Aufbe- **3** wahrungssorge des Abs. 1 (*Baumbach/Duden*[24] 1 B). Das folgt schon daraus, daß der Käufer, wenn der Verkäufer es verlangt, die beanstandete Ware zurückschicken muß (Rdn. 23). Will der Käufer den Zustand der Ware beweiskräftig feststellen lassen, so steht ihm außer einem ggf. vereinbarten Arbitrageverfahren (§ 377, 99), hierfür das gerichtliche Beweissicherungsverfahren nach den §§ 485 ff ZPO zur Verfügung.

II. Der Tatbestand

1. Beiderseitiger Handelskauf

Ein beiderseitiger Handelskauf muß vorliegen: also ein Kauf über Waren oder **4** Wertpapiere, der auf beiden Seiten ein Handelsgeschäft ist. Dieses Erfordernis stimmt mit dem des § 377 überein. Auf § 377, 14 ff kann daher verwiesen werden. **Auf Grund dieses Kaufvertrages** muß die nächstdem beanstandete Ware **übersandt** worden sein. Ist in einem nicht-zweiseitigen Handelskauf der Käufer der kaufmännische Teil, so ist die in Rdn. 1 angesprochene Sorgfalt in eigenen Angelegenheiten zugleich die spezielle kaufmännische Sorgfalt des § 347, weil eben sie diejenige ist, die ein Kaufmann in seinen eigenen (kaufmännischen) Angelegenheiten anzuwenden gehalten ist (ähnlich *Baumbach/Duden*[24] 1 A).

2. Distanzkauf

Schon für dieses Merkmal ist das Anwendungsgebiet unserer Vorschrift das gegen- **5** über § 377 engere. Die Ware muß „von einem anderen Orte übersendet sein". Hierzu ist zu bemerken:

a) **„übersendet".** Der Terminus besagt hier: Die Ware muß in Erfüllung der dem **6** Verkäufer obliegenden Pflichten **durch die Mitwirkung eines Dritten** aus der Verfügungsgewalt des Verkäufers in die des **an einem „anderen Ort"** (Rdn. 11) **wohnenden Käufers** oder eines von diesem bezeichneten, an einem anderen Ort wohnenden Empfängers verbracht sein. Es ist die gleiche Bedeutung, die dem gesetzlichen Begriff „versendet" des § 447 BGB zugrundeliegt. Daß der Verkäufer die Ware dem Käufer in eigener Regie, durch eigene Leute oder eigene Transportmittel „zustellt", genügt also nicht (*Lehmann/Ring* 7; *Ritter* 2 d; a. M. *Düringer/Hachenburg* 3; *Baumbach/Duden*[24] 1 A; *Bandasch/Bandasch* 2); Entlassung der Ware aus der Verfügungsgewalt des Verkäufers und Übergang in die des Käufers vollziehen sich an ein und demselben Ort: es liegt keine Übersendung „von einem anderen Ort" vor. Der Käufer wird die Ware in diesem Falle zurückgehen lassen dürfen und hierbei die kaufmännische Sorgfalt (§ 347) zu beachten haben; sieht er hiervon ab, werden allerdings die gleichen Anforderungen wie diejenigen unseres Paragraphen an ihn zu stellen sein (vgl. Rdn. 1, 4). Erst recht wird deshalb dem Erfordernis der „Übersendung" nicht dadurch allein genügt, daß der Verkäufer die Aufstellung, Montierung und Inbetriebsetzung der verkauften Maschine an einem anderen Ort übernommen hat.

Gleichgültig ist: wer die **Gefahr und die Kosten des Transports** trägt, welches der **7** **Erfüllungsort für die Verpflichtungen des Verkäufers** ist, ob die **Vertragschließenden ihre Handelsniederlassung am selben Ort** haben oder nicht (die Ware kann auf Weisung des Käufers an dessen Abnehmer oder eine Filiale des Käufers an einem dritten Ort übersandt sein: auch hier läge ein Übersendungskauf vor). Insoweit ist **erforderlich und genügend, daß die Ware,** um vom Verkäufer zum Bestimmungsort zu gelangen, **eine Reise macht.** Der Verkäufer kann den Tatbestand des Übersendungskaufs aber nicht dadurch herstellen, daß er die von ihm zu liefernde Ware sich von auswärts kommen läßt mit der Weisung, sie dem am selben Platz wie er selbst (Verkäufer) mit seiner Handelsniederlassung residierenden Käufer unmittelbar zuzustellen; hier hat nicht eine räumliche Distanz vom Verkäufer zum Empfänger überwunden werden müssen (ROHG 13 392; OLG Hamburg ZHR 36 255[192]).

8 Gleichgültig ist ferner, ob die **Übersendung ursprünglich vereinbart war**. Denn entscheidend ist nach dem Gesetz, ob die Ware demnächst „übersendet **worden ist**". War daher nach dem Vertrage erst ortsintern auszuliefern, so braucht zwar der Verkäufer die spätere Weisung des Käufers, ihm die Ware zu übersenden, nicht zu befolgen; befolgt er sie aber, so kommt unsere Bestimmung zur Anwendung. Deshalb ist es auch unerheblich, wenn der Verkäufer nicht von vornherein wußte, wohin die Ware gesendet werden sollte (RGZ 6 60). Prägnanter ausgedrückt: nicht ein Distanzgeschäft, vielmehr eine Distanzsendung macht das Wesen unserer Bestimmung aus. Umgekehrt kommt sie nicht zur Anwendung, wenn ursprünglich Übersendung vereinbart war und schließlich unter Anwesenden übergeben wird; sei es, daß der Käufer die Ware nachträglich selbst beim Verkäufer in Empfang nimmt, sei es, daß er seinen Bevollmächtigten, einen Spediteur oder Frachtführer, mit der Empfangnahme am Niederlassungsorte des Verkäufers beauftragt, s. Rdn. 9.

9 Gleichgültig ist schließlich, **wie die Mitwirkung des Dritten erzielt** wird. Daher kommt es für den Begriff der Übersendung nicht darauf an, ob der Verkäufer den Frachtführer oder Spediteur selbst wählt, oder ob er vom Käufer bezeichnet ist, auch, ob der Verkäufer mit diesen Personen selbst abschließt (in eigenem Namen oder im Namen des Käufers, für eigene Rechnung oder die des Käufers), oder ob der Käufer mit diesen Personen abschließt, oder ob endlich der Transport durch die Leute des Käufers vorgenommen wird (RGZ 6 60). Nur wird in Fällen der letzteren Art meistens der Beauftragte des Käufers mit der Empfangnahme betraut sein, d. h. mit dem Vollzug desjenigen Aktes, der bestimmt und geeignet ist, die Ware aus der Verfügungsgewalt des Verkäufers in die des Käufers oder seines Bevollmächtigten zu bringen; alsdann liegt kein Übersendungskauf vor. So im Ergebnis auch *Bandasch/Bandasch* 2.

10 Dagegen liegt **kein Übersendungskauf** vor, wenn die Ware dem Käufer am Wohnorte des Verkäufers übergeben worden ist und dann **verabredetermaßen beim Verkäufer auf Lager bleibt,** bis der Käufer sie abholen läßt, oder auch, bis er die Übersendung abfordert. Die Abrede ersetzt die Auslieferung an den Käufer (und bewirkt sogar den Eigentumsübergang, § 930 BGB). Die spätere Übersendung erfolgt nicht mehr im Vollzug des Kaufvertrages, sondern jener Abrede.

11 b) **„Von einem anderen Orte"** muß die Ware übersendet sein. Die Verschiedenheit der Orte deckt sich der Regel nach mit der Einteilung der Ortschaften in politische Gemeinden. Jedoch ist dies nicht immer der Fall. Es kann sein, daß der geographische Bezirk einer politischen Gemeinde mit dem Bezirk einer anderen politischen Gemeinde derart räumlich zusammenhängt und sich zwischen beiden Bezirken so enge Handelsbeziehungen und integrierte Verkehrsverhältnisse herausgebildet haben, wie sie sonst an ein und demselben Orte bestehen (Nürnberg und Fürth; Solingen und Remscheid). Solche zusammenhängenden Ortschaften gelten dann als *ein* Handelsplatz, und es entspricht dem Gesetz und den Anschauungen des Handelsstandes, alle Geschäfte, die innerhalb solcher Bezirke abgeschlossen werden, nicht als Distanzgeschäfte, sondern als sog. Platzgeschäfte zu behandeln. Ist eine politische Gemeinde in mehrere Gerichtsbezirke geteilt, so ist dieser Umstand von Bedeutung für Gerichtsstand, Wohnsitz und Erfüllungsort, nicht aber dafür, ob ein Distanz- oder Platzgeschäft vorliegt.

Stand: 31. 3. 1983

3. „Beanstandung" der Ware

Sie ist die dritte Voraussetzung der Anwendung unserer Vorschrift. Wortsinn und **12** Stellung im Gesetz lassen erkennen, daß sowohl der Fall des § 377 wie der des § 378 davon umfaßt wird. „Beanstandet" bezieht sich zunächst auf **alle Reklamationen,** die die Ware als solche, die **mangelhafte** wie die **Falschlieferung** (BGH NJW **1979** 811, 812), auch die Zuviellieferung (*Schlegelberger/Hefermehl* 3; s. auch hier § 378, 27) betreffen — daß die Beanstandung der reinen Zuweniglieferung nicht unter § 379 fällt, ergibt sich aus dessen in Rdn. 13 zu behandelnden Eigenart —. Aber **auch Beanstandungen wegen der Ausführung der Lieferung** können hierher gehören, wenn nur der Käufer die Ware aus diesem Grunde nicht zu behalten wünscht, sondern zurückgehen lassen will (Rdn. 13). So etwa eine verfrüht eintreffende Sendung, die er zu diesem Zeitpunkt noch nicht abzunehmen braucht und für die er in Ansehung des Lagerraums oder der Konservierbarkeit noch keine Vorkehrungen getroffen hat; oder eine verspätete Lieferung, für die er jetzt keine Verwendung mehr zu haben glaubt; oder eine Auslieferung an einem anderen als dem vertragsgemäßen Ort (*Düringer/Hachenburg* 7; anders noch die Vorauflage). Ob es sich im Falle einer aliud-Lieferung um ein genehmigungsfähiges oder ein nach § 378 Halbs. 2 genehmigungsunfähiges handelt, spielt keine Rolle. Auch die Beanstandung einer exorbitanten Falschlieferung oder Zuviellieferung löst unter Kaufleuten die Pflichten und Befugnisse des Käufers nach § 379 aus (§ 378, 83; *Düringer/Hachenburg* 6; *Ritter* 5; anders noch die Denkschrift S. 225/226). Der entgegenstehende Standpunkt der Vorauflage wird aufgegeben.

Das Gesetz verwendet hier bewußt einen anderen Ausdruck als in § 377. „Beanstan- **13** den" ist — in der Sache — etwas Stärkeres als das bloße „Mängel anzeigen". Die Mängelanzeige (Mängel„rüge") des § 377 (§ 378) ist Vorstellungsmitteilung, Kundgabe dessen, was der Käufer an der Lieferung auszusetzen hat (§ 377, 128); die daraus zu ziehenden Konsequenzen kann er sich in jeder Richtung vorbehalten (§ 377, 131). Die Beanstandung bedeutet darüber hinaus — im Aufbau des Gesetzes; der Sprachgebrauch des Lebens versteht „Rüge" wohl weithin synonym — das Verlautbaren eines Wollensentschlusses für die weitere Abwicklung: der Käufer, der beanstandet, gibt zu erkennen, daß er die Ware **nicht behalten will.** Denn nur dann hat es einen Sinn, ihm eine Pflicht zur einstweiligen Aufbewahrung aufzuerlegen. Daraus folgt, daß die Vorschrift einerseits nicht Platz greift, wenn die Ware trotz ihrer Mängel behalten und nicht Wandelung oder Nachlieferung, sondern Preisminderung oder der sog. kleine Schadensersatz (§ 377, 150) geltend gemacht wird; für den Käufer mag es sich höchstens empfehlen, die Ware auch in diesen Fällen so lange in unverändertem Zustande aufzubewahren, bis der Verkäufer den Zustand feststellen kann. Andererseits ist „beanstanden" **in der Prozedur schwächer als „Mängel anzeigen".** Man kann die Beanstandung auch vorbringen gegenüber der Transportperson, etwa dem Frachtführer, durch den der Verkäufer die Ware hat übersenden lassen (Rdn. 18) während die Mängelanzeige gegenüber dem Verkäufer ausgesprochen werden muß. Auf anderem Felde liegt, daß der Käufer den Verkäufer ggf. über die zur einstweiligen Aufbewahung getroffenen Maßnahmen ins Bild zu setzen hat (Rdn. 24). Endlich geht „beanstanden" im **Anwendungsbereich weiter als „Mängel anzeigen",** insofern der Käufer eine Sendung beanstanden kann, die er nicht im technischen Sinne des § 377 zu rügen braucht und für die die Beanstandung auch dann die Wirkung des § 379 äußert, wenn eine förmliche Rüge gegenüber dem Verkäufer nicht erfolgt (und nicht zu erfolgen braucht): bei der schlichten, ohne weiteres ausscheidbaren Zuvielsendung hinsichtlich des Mehr (§ 378, 27), welches der Käufer nicht übernehmen will, oder bei genehmigungsunfähigem aliud. Nicht allerdings dann, wenn eine Rügeobliegenheit wegen Arglist des Verkäufers

§ 379 Drittes Buch. Handelsgeschäfte

entfällt (§ 377 Abs. 5), weil ein solcher Verkäufer nicht die durch § 379 in seinem Interesse dem Käufer auferlegte Sorgfalt beanspruchen kann.

14 Hier überall gehört zum Begriff der Beanstandung, daß sie **ausgesprochen** worden ist. Die Beanstandung kann mit einer Mängelanzeige verbunden werden, wenn diese gleichzeitig (was nicht notwendig: § 377, 130) zum Ausdruck bringt, daß der Käufer die Ware nicht zu behalten wünsche. So insbesondere bei der Gepflogenheit in Kaufmannskreisen, den Mangel zu rügen und zugleich die Ware „zur Verfügung zu stellen".

15 Eine **zeitliche Begrenzung** für den Ausspruch der Beanstandung gibt es bei alledem **nicht**. Anders als bei der Mängelanzeige existiert hierfür weder ein „Unverzüglich"-Gebot noch überhaupt eine Frist. Eine solche wäre nicht nur sinnwidrig — mit der Beanstandung sollen ja keine Rechte des Käufers offengehalten werden, vielmehr hat sie Pflichten für ihn im Gefolge —, sondern wäre auch unvereinbar damit, daß der Käufer schon nach bürgerlichem Gewährleistungsrecht nicht genötigt ist, vor Ablauf der Verjährung sich auf eines der verschiedenen Gewährschaftsrechte (Wandelung, Minderung, Nachlieferung, Schadensersatz) festzulegen. Er darf insbesondere bei der Mängelanzeige diese Wahl durchaus offen lassen (Rdn. 13; § 377, 131). Beanstandung (= Nicht-Behalten-Wollen) aber wäre gleichbedeutend mit einer Entscheidung gegen Minderung oder „kleinen" (§ 377, 150) Schadensersatz. Erst recht braucht der Käufer gegenüber der Lieferung eines aliud, wenn er es rechtzeitig gerügt hat, daraufhin keine unverzügliche oder sonst fristgebundene Entscheidung zu treffen, ob er das Gelieferte endgültig zurückweisen oder aber gegen Zahlung des Vertrags- oder eines noch auszuhandelnden Preises behalten wolle.

16 Kann danach die Beanstandung einer fristgebundenen Mängelanzeige nachgeschoben werden, so ist diese Möglichkeit zwar in Grenzen zeitlich beschränkbar. Der Verkäufer kann dem Käufer, der einen Mangel der Kaufsache behauptet, nach § 466 BGB eine Frist setzen, sich für die Geltendmachung eines Wandelungsanspruchs zu entscheiden; nach Ablauf der Frist ist die Wandelung ausgeschlossen. Das Gleiche gilt im Gattungskauf für den Nachlieferungsanspruch nach § 480 Abs. 1, der auf § 466 BGB Bezug nimmt. Im übrigen aber gälte es allenfalls noch entsprechend für das Recht des Käufers zur Zurückweisung einer aliud-Lieferung (§ 378, 47), nicht jedoch für den Schadensersatz nach § 463 — von welchem für eine Beanstandung der sog. „große" (§ 377, 150) betroffen wäre — und § 480 Abs. 2 BGB (*Palandt/Putzo*[42] § 466, 1), und nicht für die Beanstandungsgründe außerhalb der §§ 377, 378 (Rdn. 12). Insoweit, aber auch bis zu einer vom Verkäufer nach § 466 BGB gesetzten Frist und deren Ablauf scheint es, als habe der Käufer es in der Hand, die **Entstehung der Pflichtenlage aus § 379** durch Aufschub seiner Entschließung, die Ware nicht behalten zu wollen, als Nichtäußern einer „Beanstandung" **in der Schwebe zu lassen**. Diese Folgerung ist in der Tat unausweichlich. Ernsthafte Schwierigkeiten sind für die Praxis dennoch kaum zu befürchten. Entweder läßt der Käufer es zur Entgegennahme der Lieferung gar nicht kommen; dann liegt der Tatbestand des § 379 ohnehin nicht vor (Rdn. 19). Sonst aber wird er sich schon im eigenen Interesse veranlaßt sehen, die gelieferte Ware, mit der oder mit deren Anlieferung er aus welchen Gründen immer nicht einverstanden ist, auf Lager zu nehmen oder nehmen zu lassen und für die Erhaltung ihres Zustandes Sorge zu tragen. Dies nicht nur zu Beweiszwecken, sondern gerade weil er sich die Wahl offenhalten will, das Gelieferte später doch noch zu behalten und nur Preisminderung oder einen „kleinen" (§ 377, 150) Schadensersatz geltend zu machen. Auch würde eine Vernachlässigung des Gelieferten eine etwa noch offene Wandelungsmöglichkeit gefährden (Rdn. 26). Allerdings wäre das dann erst eine Pflicht des Käufers gegen sich selbst. Notverkaufsbefugnisse nach Abs. 2 wären noch nicht gegeben.

Auf der anderen Seite entspricht der Freiheit des Käufers, sich einstweilen nicht auf **17** einen bestimmten Gewährleistungsanspruch festlegen zu müssen, das im bürgerlichen Kaufrecht so genannte ius variandi. Der Käufer kann von einer einmal getroffenen Wahl nachträglich abstehen und auf einen anderen Gewährleistungsanspruch übergehen, solange die Wahl noch nicht vertraglich vollzogen (§§ 465, 480 Abs. 1 S. 2 BGB; für den Schadensersatzanspruch aus § 463 gilt das Gleiche) oder, nach dem Vorgang von *Bötticher* (Die Wandelung als Gestaltungsakt [1938]), mit der Rechtskraft des dem Begehren des Käufers im Gewährleistungsprozeß entsprechenden Urteils endgültig geworden ist. Für § 379 bedeutet das: Der Käufer, der von der Wandelung, dem Nachlieferungsbegehren oder dem „großen" Schadensersatz auf Minderung oder den „kleinen" Schadensersatz zurückgeht, wird damit der Pflichten aus unserer Bestimmung ledig. Sie werden gegenstandslos. Mit dieser Wirkung kann die Beanstandung **jederzeit zurückgenommen** werden (RG LZ **1913** 553³). Das ist nicht anders, als wenn die Bemängelung überhaupt sich erledigt. Umgekehrt werden Pflichten und Befugnisse des Käufers aus § 379 nachträglich begründet, wenn der ursprünglich die Minderung oder den „kleinen" Schadensersatz wählende Käufer im ius variandi auf Wandelung, Nachlieferung oder den „großen" Schadensersatz übergeht. Für eine bis dahin eingetretene Verschlechterung des Kaufgegenstandes ist er dann allerdings nur nach den Grundsätzen des bürgerlichen Kaufrechts verantwortlich, wie sie in Rdn. 27 dargestellt sind.

Adressat der Beanstandung braucht nicht der Verkäufer zu sein. Sie kann auch ge- **18** genüber dem Spediteur des Verkäufers angebracht werden, der die Ware angeliefert hat (nicht so für die Mängelrüge, § 377, 141). Denn dieser ist derjenige, der die unmittelbarste Disposition des Verkäufers, seines Auftraggebers, wegen eines anderweiten Transports einholen kann, nicht anders, als wenn der Käufer die Ware gar nicht erst entgegengenommen hätte (Rdn. 19). Der Personenkreis der §§ 54 Abs. 4, 91 ist schon nach der gesetzlichen Definition seiner Befugnisse zur Entgegennahme der Beanstandung befugt, ebenso wohl die am Ort des Empfängers befindliche Filiale des Verkäufers (vgl. Rdn. 22). Der Monteur, der die vom Verkäufer angelieferte Maschine zu installieren hat, dürfte dagegen zur Entgegennahme nicht legitimiert sein.

Bei alledem kommt es nicht darauf an, ob der Käufer die Ware im Sinne des § 433 **19** Abs. 2 BGB abgenommen, geschweige denn als Erfüllung (wenn auch unter Vorbehalt hinsichtlich von Mängeln) angenommen hat. Sie muß lediglich **in seinen Gewahrsam** (bezw. in den des von ihm bezeichneten Empfängers) gelangt sein; BGH NJW **1979** 811, 812. Denn nur dann, und schon dann, kann er für ihre Aufbewahrung sorgen. Weist er die Ablieferung a limine zurück, ohne die Ware entgegenzunehmen, insbesondere auch nur abladen zu lassen, weil er ihr die Mängel oder die Andersartigkeit ansieht, so begründet § 379 keine Verpflichtung sie (trotzdem entgegenzunehmen und) für eine einstweilige Aufbewahrung zu sorgen. Das weitere Schicksal der so zurückgewiesenen Ware richtet sich dann nach §§ 437 HGB, 28 Abs. 5—7 KVO, 13 i. V. m. 12 Nr. 2—4 AGNB, § 80 EVO (dazu *Konow* DB **1975** 140: Recht auf Besichtigung der im Bestimmungsbahnhof angelangten Güter vor Annahme des Eisenbahnfrachtbriefs). Indessen: die Entschließung, die Ware von vornherein nicht entgegenzunehmen, geht auf seine Gefahr: erweist sich die Zurückweisung als unberechtigt, so ist er in Abnahmeverzug geraten, hat damit eine Hauptpflicht aus § 433 Abs. 2 BGB verletzt und muß über den Schadensersatz (§ 249 BGB) den Verkäufer so stellen, als habe er abgenommen mit allen Pflichten aus § 379 (BGH aaO; RG Warn-Rspr. **1926** Nr. 180).

20 Ist die **Berechtigung der Beanstandung relevant?** Hier wird zu unterscheiden sein:
Die **Aufbewahrungssorge, Abs. 1,** wird durch die **Beanstandung als solche** begründet, unabhängig davon, ob diese berechtigt ist oder nicht. Insbesondere kommt nichts darauf an, ob der Verkäufer die Beanstandung anerkennt oder nicht, (RGZ **96** 73). Stellt sie sich als unberechtigt heraus, hätte der Käufer dann in seinem eigenen Interesse aufbewahrt, nur daß er auf seinen Kosten sitzen bleibt. Bis dahin muß dem Verkäufer jedenfalls die Möglichkeit eröffnet sein (Rdn. 2), über die Ware anderweit zu verfügen, ohne es auf einen Rechtsstreit über die Berechtigung der Beanstandung ankommen zu lassen. Die **Befugnis zum Notverkauf** dagegen hängt davon ab, ob die **Beanstandung mit Grund** erfolgt war. Ist die Ware zu Unrecht beanstandet worden, so hat der Verkäufer erfüllt, und der Notverkauf trifft seine Rechtsstellung, insbesondere seinen Kaufpreisanspruch, nicht. Der Käufer hat dann den Verkauf zu seinen eigenen Lasten und im Ergebnis auf eigene Rechnung bewirkt.

III. Die Rechtsfolgen
1. Pflicht des Käufers, für die einstweilige Aufbewahrung zu sorgen (Abs. 1)

21 a) **Aufbewahrung.** Damit ist zunächst gesagt: Der Käufer darf die Ware nicht sich selbst überlassen, so daß es zu einem bahnamtlichen Verkauf kommt (RG WarnRspr. **1915** Nr. 44). Er darf die Ware nicht schlichtweg (s. Rdn. 2) zurücksenden und damit die anderweiten Anweisungen des Verkäufers (Verkauf an Ort und Stelle, Lagerung, Weitersendung) durchkreuzen. Er braucht sie andererseits nicht selbst aufzubewahren, auch wenn er es könnte; er darf sie auch anderweit niederlegen. Tut er das erstere, so kann er Lagergeld fordern (hierüber Rdn. 25). Tut er das letztere, beschränken sich seine Verpflichtungen gegenüber dem Verkäufer darauf, die Ansprüche gegen den Verwahrer abzutreten. Aufbewahrung und Einlagerung müssen so erfolgen, daß die Ware möglichst vor drohendem Verderb geschützt bleibt. Dazu gehört ordnungsmäßige Behandlung der Ware in sich (z. B. gehöriges Lagern, Austrocknen, Auspacken, Füttern der Tiere usw.). Wird im überseeischen Abladegeschäft die Ware nach Übernahme am Kai beanstandet, so genügt es, sie in einem Kühlhaus am Ort der Übernahme einzulagern; ein Weitertransport ins Inland soll dann weder erforderlich noch statthaft sein (Schiedsgericht der Handelskammer Hamburg v. 19. 6. **1964** — HSG E 6 b Nr. 14 —). — Ob der die Aufbewahrung selbst übernehmende Käufer die Ware unter Versicherung zu nehmen hat, bestimmt sich nach der Lage des Falles.

22 b) „**zu sorgen**". Der Käufer hat **genug** getan, wenn er **die Hinterlegung bei einer verläßlichen Firma** vornimmt (RGZ **98** 70); denn das Gesetz legt ihm nur auf, für die einstweilige Aufbewahrung „zu sorgen", so daß seine Haftung sich auf die Sorgfalt in der Auswahl des Verwahrers beschränkt. (*Schlegelberger/Hefermehl* 6; der Verwahrer ist nicht Erfüllungsgehilfe des Käufers). Die Auslieferung der Ware an den Agenten oder einer Filiale des Verkäufers zur Aufbewahrung muß der Verkäufer als eine gehörige Pflichterfüllung des Käufers gelten lassen (OLG Dresden SeuffA **62** 466).

23 Eine **Pflicht, die Ware zurückzusenden,** hat der Käufer von Gesetzes wegen **nicht** (und auch das Recht hierzu erst unter den in Rdn. 24 dargelegten Voraussetzungen). Allein nach Handelsbrauch wird doch angenommen, daß der Käufer einem Verlangen des Verkäufers auf Rücksendung, wenn sie mit besonderen Schwierigkeiten nicht verbunden ist und der Verkäufer erklärt, für die Ware am Ort der Ablieferung keine anderweite Verwendung zu haben, nachzukommen haben wird.

24 c) **Einstweiligkeit der Maßnahme.** Das Gesetz legt dem Käufer nur auf, für die „einstweilige" Aufbewahrung zu sorgen. Der Käufer ist dem Verkäufer nur so viel

Rücksicht schuldig, daß er die Ware nicht preisgeben darf, ehe der Verkäufer in der Lage ist, darüber anderweit zu verfügen. Er braucht für die Ware nur diejenige Vorsorge zu treffen, welche notwendig ist, daß sie während einer ersten Überbrückungszeit nicht verdirbt (WarnRspr. **1926** Nr. 180): er muß den **Verkäufer von der Sachlage in Kenntnis setzen.** Wenn dieser durch die Benachrichtigung zur Sache unterrichtet ist und trotzdem für die weitere Aufbewahrung nicht sobald als möglich Sorge trägt, so ist der Käufer seiner Verpflichtung enthoben (ROHG 1 206; RG Bolze **16** Nr. 301; RGZ **43** 32; RG WarnRspr. **1926** Nr. 180). Die Gefahr der Sache geht von da ab auf den Verkäufer über. Der Käufer darf auch nunmehr dem Verkäufer die Ware zurücksenden. Hat er die Ware eingelagert, braucht er weitere Lagerkosten nicht mehr vorzulegen und kann es dem Verkäufer überlassen, sich mit dem Lagerhalter auseinanderzusetzen.

d) **Kosten.** Die Kosten der Aufbewahrung und der etwa nötigen Versicherung hat der **Käufer zu verauslagen.** Dies gilt auch dann, wenn er für die Kosten der Aufbewahrung nicht gedeckt ist. Der Unterschied gegenüber § 362 Abs. 2 ist gewollt, weil hier ein Vertragsverhältnis besteht, dort nicht (Rdn. 2). Aufgewendete Kosten hat der Verkäufer nebst Zinsen (§ 354 Abs. 2) zu erstatten, wenn die Beanstandung begründet war. War sie nicht begründet, so kann der Käufer nicht nur keine Lagerkosten verlangen, sondern er muß solche dem Verkäufer nach § 304 BGB ersetzen, wenn der Verkäufer lagern mußte (RG WarnRspr. **1926** Nr. 180). Verwahrt der Käufer die Ware selbst, so kann er Lagergeld gemäß § 354 Abs. 1 Halbs. 2, bringt er sie bei einem Dritten unter, auch noch Provision nach § 354 Abs. 1 Halbs. 1 fordern. Wegen aller dieser Kosten kann die Ware zurückbehalten werden. Das Zurückbehaltungsrecht darf aber nicht in der Weise ausgeübt werden, daß der Käufer sich der Aufbewahrungspflicht entzieht (RG WarnRspr. **1915** Nr. 44; die Pflichten des Käufers hinsichtlich des zurückbehaltenden Gegenstandes richten sich nach dem der Zurückbehaltung zugrunde liegenden Rechtsverhältnis [RGZ **98** 70]).

e) **Folgen der Verletzung der Pflichten des Käufers.** Sorgt der Käufer schuldhaft nicht für die gehörige einstweilige Aufbewahrung, so wird er dem Verkäufer **schadensersatzpflichtig.** Der Schaden des Verkäufers kann darin bestehen, daß er mit unnützen Transportkosten für eine anderweite Disposition der Ware belastet ist (s. Rdn. 2), wenn der Käufer sie, statt sie am Ort der Ablieferung aufzubewahren oder aufbewahren zu lassen, kurzerhand zurückgesandt hat. Im Falle der Lieferung eines genehmigungsunfähigen aliud hätte der Verkäufer seine Herausgabeansprüche (§ 378, 83) am Ort der Ablieferung geltend machen und eben hiermit seine anderweite Disposition verbinden können: kommt der Käufer dem mit einer ungefragten Rücksendung zuvor und geht die Ware bei der Rücksendung verloren, so wird er abermals (nach näherer Maßgabe der §§ 819, 292, 989 BGB) schadensersatzpflichtig. Ebenso, wenn die Ware durch sonstige Vernachlässigung der Sorge für die einstweilige Aufbewahrung verloren geht oder beschädigt wird.

Ein Verlust oder eine wesentliche Schädigung der Ware als Folge von Verletzung der Pflichten aus § 379 läßt den Käufer in anderen Beanstandungsfällen ein **Wandelungsrecht einbüßen,** das er sich durch rechtzeitige Mängelanzeige offen gehalten hatte. Das gilt nicht zuletzt auch hier für den ihm nicht gestatteten Rücktransport. Denn auch bei der Wandelung ist das Kaufobjekt dort zurückzugeben, wo es sich auf Grund des Vertrages befindet. Gleichermaßen verliert er den „großen" Schadensersatz (§ 377, 150), weil er die Rückgabe nicht mehr bewirken kann, ohne die die Schadensberechnung durch den sog. Differenzausgleich ihre Grundlage verliert. Der Käufer bleibt also für den Kaufpreis zahlungspflichtig und kann nur noch einen mängelbedingten Minderwert im Wege der Preisminderung absetzen. Daß der Käufer sein Wandelungsrecht verliert, würde sich bei einem unmittelbar ursächlichen Verschulden bereits aus §§ 467 S. 1, 351 BGB ergeben. Die Rechtsfolge wäre aber auch keine andere bei einem, etwa im Zuge eines Rücktransports, zufälligen Untergang bzw. einer zufälligen wesentlichen Verschlechterung, und dann entgegen §§ 467 S. 1, 350 BGB. Man kann hierfür den Rechtsgedanken des § 848 BGB heranziehen. Es bedarf deshalb nicht der im bürgerlichen Kaufrecht entwickelten These, wonach der (das Wandelungsrecht unberührt lassende) „Zufall" i. S. des § 350 BGB schon dann nicht mehr gegeben ist, wenn der Untergang bzw. die wesentliche Verschlechterung des Kaufobjekts auf einem freien Verhalten des Käufers oder seiner Erfüllungsgehilfen beruht (*Staudinger/Honsell* [12] § 467, 7, 8 m. w. N.). Die Verpflichtung des Käufers aus § 379 als echte Rechtspflicht gegenüber dem Verkäufer vereinfacht auch sonst die Schwierigkeiten, die die bürgerlich-rechtliche Doktrin mit dem Begriff des Käuferverschuldens für die Anwendung des § 351 (§ 467 S. 1) BGB im Recht der Wandelung hat. Sie ist, solange die Wandelung noch nicht nach § 465 BGB vollzogen oder durch rechtskräftiges Urteil im Gewährleistungsprozeß verfestigt ist (Rdn. 17), genötigt, mit der Annahme eines Verschuldens des Käufers gegen sich selbst zu arbeiten (*Staudinger/Honsell* [12] § 467, 7). Hier dagegen, im Bereich des § 379, steht der Käufer für die schuldhafte Verletzung seiner Pflichten dem Verkäufer verantwortlich gegenüber. Ist deshalb von der Schädigung ein nicht wesentlicher Teil der Ware betroffen, so gestaltet sich die Rechtslage nach bürgerlichem Kaufrecht und nach Handelsrecht unterschiedlich. Nach bürgerlichem Kaufrecht soll nach einer neueren Lehre der Käufer für die im Zuge der Wandelung zurückzugebende, beschädigte Kaufsache zwar Schadensersatz, aber nur in Form des Wertersatzes, schulden (*Staudinger/Honsell* [12] § 467 15 m. w. N.): eine Konsequenz des bloßen Verschuldens gegen sich selbst. Nach § 379 dagegen würde er vollen Schadensersatz zu leisten haben. Daneben büßt er den Anspruch auf Erstattung der Kosten der einstweiligen Aufbewahrung ein.

Kümmert sich weder der Käufer noch der benachrichtigte Verkäufer um die Ware, so ist der erwachsene Schaden nach **§ 254 BGB** unter Berücksichtigung des Umstandes zu teilen, daß der Käufer eine angemessene Zeit für Aufbewahrung zu sorgen hatte (RG WarnRspr. **1926** Nr. 180).

2. Die Befugnis des Käufers zum Notverkauf (Abs. 2)

28 **a) Voraussetzungen.** Die **Zulässigkeit** des Notverkaufs hängt davon ab, daß die Ware **dem Verderben ausgesetzt** und **Gefahr im Verzuge** ist. Über die Erfordernisse „dem Verderb ausgesetzt" und „Gefahr im Verzuge" s. die Erl. zu § 373 Abs. 2 S. 2 (bloßes Dumpfigwerden der Ware ist noch kein Verderb: OLG Marienwerder SeuffA **59** 106). Diese Zulässigkeitsvoraussetzungen sind nicht dispensabel. Weder das bloße Aufhören der Aufbewahrungspflicht (Rdn. 24; ROHG **16** 325) noch der Umstand allein, daß der Verkäufer keine Verfügung getroffen hat, obwohl er sie treffen konnte, können sie ersetzen. Der Käufer ist alsdann zwar seiner Verwahrungspflicht nach Abs. 1 enthoben, aber darum noch nicht zum Notverkauf berechtigt (RGZ **43** 32). Namentlich darf er ein Notverkaufsrecht ohne jene gesetzliche Voraussetzungen nicht in Anspruch nehmen, um eigene Käuferinteressen damit zu verfolgen. Er darf den Notverkauf z. B. nicht vornehmen, weil die Aufbewahrung zu große Kosten verursachen würde; auch nicht zu dem Zwecke, um seinen im voraus gezahlten Kaufpreis zurückzuerhalten oder sich wegen der Kosten der Verwahrung bezahlt zu machen. Darüber, ob er insoweit ein Recht zum Befriedigungsverkauf auf Grund kaufmännischen Zurückbehaltungsrechts hat, s. Rdn. 39.

Keinesfalls darf der Verkauf **gegen den Widerspruch des Verkäufers** erfolgen. Denn 29
die Vorschriften des § 379 sind gerade im Interesse des Verkäufers gegeben (RGZ 101
19; 96 72). Der Käufer kann dann auch nicht (vgl. § 678 BGB) mit der Behauptung gehört werden, die Versteigerung der dem Verderben ausgesetzten Ware sei zur Vermeidung größeren Schadens erforderlich gewesen (RGZ 101 19). Erlaubt es deshalb die
Situation und insbesondere der Grad ihrer Dringlichkeit, sind vom Verkäufer zuvor
noch **Weisungen einzuholen.** Ohne solche Kontaktaufnahme wäre nicht diejenige Gefahr im Verzuge gegeben, die einen Notverkauf aus dem Stand heraus und über den
Kopf des Verkäufers hinweg rechtfertigt. Daß der Verkäufer die Beanstandung nicht
anerkannt hat, bedeutet noch keinen Widerspruch gegen einen Notverkauf (RGZ 96
73). Zu einem wirksamen Widerspruch gehört die gleichzeitige Verfügung über die
Ware; sonst hat er keinen Sinn. Der Widerspruch muß auch eindeutig sein; es genügt
nicht die Erklärung des Verkäufers, die Sache gehe ihn nichts an (RGZ 96 73).

b) **Befugnis.** Liegen die gesetzlichen Voraussetzungen vor, so **kann** der Notverkauf 30
erfolgen: der Käufer hat aber **keine Pflicht zur Vornahme des Verkaufs;** auch die bloße
Androhung des Notverkaufs begründet noch keine Verpflichtung hierzu (RG SeuffA
81 332). Der Käufer genügt seiner Pflicht durch Aufbewahrung und Benachrichtigung
des Verkäufers (Rdn. 24). Die Notverkaufsbefugnis ist **an keine bestimmte Zeit gebunden.** Der Notverkauf kann so lange vorgenommen werden, als dessen Voraussetzungen nicht weggefallen sind. Das Interesse des Verkäufers, das vielleicht auf einen alsbaldigen Verkauf hinweist, ist für den Käufer nicht maßgebend. Der vom § 379 Abs. 2
in Bezug genommene § 373 enthält insoweit keine Regeln. Daher gelten die allgemeinen Grundsätze. Danach darf der Käufer den Verkauf nicht verzögern, mit dem Vorsatz, den Verkäufer zu schädigen (RGZ 66 192). Grobe Fahrlässigkeit steht hier dem
Vorsatz gleich (RG wie vor).

c) **Durchführung.** Der Notverkauf darf nur unter Beobachtung der **Formen des** 31
§ 373 stattfinden. Grundsätzlich ist öffentliche Versteigerung vorgeschrieben; Zeit und
Ort hat der Käufer dem Verkäufer vorher bekannt zu geben; Käufer und Verkäufer
können mitbieten (§ 373 Abs. 2 S. 1 Hs. 1, Abs. 5 S. 1 Hs. 1, Abs. 4). Hat die Ware einen Börsen- oder Marktpreis, kann der Verkauf auch aus freier Hand durch einen öffentlich ermächtigten Handelsmäkler oder eine zur öffentlichen Versteigerung befugte
Person (öffentlich bestellte und vereidigte Auktionatoren) zum Tagespreis erfolgen
(§ 373 Abs. 2 S. 1 Hs. 2). Im einen wie im anderen Falle bedarf es **keiner Androhung
gegenüber dem Verkäufer.** Das ist dem Zusammenhange der gesetzlichen Vorschriften
zu entnehmen; § 373 erläßt die vorgängige Androhung für den Fall, der hier notwendige Vorbedingung des Notverkaufs überhaupt ist (drohender Verderb der Ware).
Was das Gesetz fordert, ist eine Benachrichtigung des Verkäufers über den vollzogenen Verkauf (§ 373 Abs. 5 S. 1 Hs. 2). Auch diese Benachrichtigung, ebenso wie die
vorherige über Ort und Zeit der Versteigerung, können je unterbleiben, wenn sie untunlich sind (§ 373 Abs. 5 S. 3), etwa wenn der Verkäufer nicht sofort oder nur mit unverhältnismäßigen Schwierigkeiten zu erreichen ist. Mit Zustimmung des Verkäufers
darf von allen vorstehenden Erfordernissen abgewichen werden. Beispielsweise kann
dann der Notverkauf aus freier Hand ohne weitere Bindungen erfolgen. Bei teilbarer
Lieferung ist der Notverkauf nur für den vom Verderb bedrohten Teil statthaft
(Grundsatz des § 469 BGB; ROHG 13 358).

d) **Wirkungen des rechtmäßigen Notverkaufs.** Der Notverkauf erfolgt im Namen 32
(Rdn. 33) und — wenn er rechtmäßig (dazu Rdn. 35) ist — **für Rechnung des Verkäufers.** Dem Verkäufer gebührt also der Erlös. Der Käufer, der zuvor die Lieferung beanstandet hatte, ist nunmehr **auf die Wandelung** (die Nachlieferung, den „großen"

Schadensersatz) **festgelegt** und kann — in Erweiterung der Grundregel oben Rdn. 17 — nicht mehr auf Preisminderung zurückgehen. Ihm darf nicht gestattet sein, bei dem Notverkauf auf Kosten des Verkäufers zu spekulieren und je nach dem mehr oder weniger günstigen Gang der Versteigerung entweder den Erlös anstelle der Ware für sich selbst zu beanspruchen und obendrein noch zu mindern, oder aber bei der früheren Zurückweisung stehen zu bleiben und Wandelung zu beanspruchen (OLG Stuttgart Recht **1910** Nr. 4180). Gleiches gilt sinngemäß für Versuche des Käufers, sich nachträglich auf Schadensersatzansprüche wegen Fehlens zugesicherter Eigenschaften zurückzuziehen, den Erlös zu behalten und seine Ansprüche auf eine Schadloshaltung wegen der fehlenden Eigenschaften als den „kleinen" Schadensersatz zu beschränken.

33 Bei der Veräußerung tritt der Käufer als **Bevollmächtigter des Verkäufers** auf (a. M. *Schlegelberger/Hefermehl* 12). Das Gesetz will ihn dem Steigerer nicht haften lassen. Hieraus folgt einerseits, daß der Käufer wie bei einem privatrechtlichen Auftrag (§ 675 BGB: Entgeltlichkeit s. Rdn. 24) die Interessen des Verkäufers wahrnehmen muß, andererseits, daß der Verkäufer gegen den Steigerer unmittelbar Rechte erwirbt; es bedarf keiner vorhergehenden Abtretung von Rechten seitens des Käufers; der Verkäufer haftet dem Steigerer unmittelbar für Mängel der Sache (*Baumbach/Duden*[24] 2 A). War der Käufer selbst der Steigerer — und dies ist nach § 373 Abs. 4 HGB (Rdn. 31), § 181 BGB (RGZ **66** 194) zulässig —, so ist der Notverkauf ein neuer Kaufvertrag; dem Käufer stehen aus diesem Kauf dieselben Gewährleistungsansprüche zu wie jedem Drittsteigerer. Der Käufer schließt also nicht auf die Bedingungen des ursprünglichen Kaufs hin ab, sondern auf die des neuen Kaufs. Deshalb kann der Käufer die Ware, die er einmal so ersteigert hat, nicht nochmals auf dem Wege des Notverkaufs nach § 379 versteigern. Denn er besitzt die Ware nun nicht mehr auf Grund eines Übersendungs-, sondern auf Grund eines Platzkaufs. Er hat, wenn sich, nachdem er den Zuschlag erhalten, neue Mängel herausstellen, dem Verkäufer Mängelrüge nach § 377 zu erstatten; auch § 460 BGB (§ 377, 197) findet Anwendung; ist danach Raum für ein anderweites Wandelungsrecht, so kann wegen zu befüchtenden weiteren Verderbs der Ware oder aus anderen Gründen eine nochmalige Versteigerung als dem Interesse oder dem mutmaßlichen Willen des Verkäufers entsprechend anzunehmen sein. Es finden dann die Grundsätze der Geschäftsführung ohne Auftrag Anwendung (§§ 677 ff BGB; RGZ **66** 197; Rdn. 38).

34 Für die **Ausführung des Selbsthilfeverkaufs** kann der Käufer **Provision** fordern. Die Voraussetzungen des § 354 Abs. 1 (Dienstleistung eines Kaufmanns für einen anderen) sind gegeben. Auf diesen Provisionsanspruch findet die Verjährung des § 477 BGB keine Anwendung.

35 e) **Rechtlage bei Vornahme eines nicht rechtmäßigen Notverkaufs.** Nicht hierher gehört der Fall einer zu Unrecht erhobenen Beanstandung mit anschließendem (rechtmäßigen oder nicht rechtmäßigen) Notverkauf; darüber s. Rdn. 20. War dagegen die Beanstandung begründet und lediglich der Notverkauf ohne die gesetzlichen Voraussetzungen oder ohne Beachtung der gesetzlichen Formen erfolgt — in dieser Bedeutung „nicht rechtmäßig" —, so ist zu unterscheiden:

36 **Fehlt es an den Voraussetzungen des Notverkaufs** (Rdn. 28), so liegt in dem Verkauf der zur Verfügung gestellten Ware ein Eingriff in die Dispositionen des Verkäufers, dessen Rechtsfolge der **Verlust des Wandelungsrechts** und ebenso des Rechts, eine mangelfreie Ware zu verlangen, sowie des Anspruchs auf den „großen" Schadensersatz ist (RG SeuffA **84** 252; ROHG **11** 201; RGZ **17** 68), §§ 467, 351 BGB. Die Käuferrechte beschränken sich (RGZ **43** 37; OLG Kiel SchlHA **1920** 163) auf Preisminderung — der Erlös aus dem unberechtigten Notverkauf tritt an die Stelle der Ware; der

Käufer muß sich auf diesen Erlös verweisen lassen und kann seiner Kaufpreisschuld nur noch die Minderungseinrede entgegensetzen, gegebenenfalls eine Zuvielzahlung zurückfordern — und auf den „kleinen" Schadensersatz wegen Nichterfüllung, d. h. ohne daß der Schadensersatz gefordert werden könnte auf Grund einer Berechnung, bei der der Erlös aus dem unzulässigen Verkauf als Grundlage verwendet ist (RG SeuffA **84** 252). Verkauft der Käufer nur einen Teil der Ware, so verliert er das Wandelungsrecht nur für diesen Teil. Hinsichtlich des nicht verkauften Restes behält er das Wandelungsrecht; denn der Wert dieses Restes ist nicht im Sinne der §§ 467, 351 BGB verschlechtert. Hatte er die Sendung aber als zusammengehörig gekauft, so geht das Wandelungsrecht durch die Veräußerung eines Teils hinsichtlich der ganzen Sendung verloren. Ebenso verhält es sich mit dem Recht, mangelfreie Lieferung zu verlangen oder den „großen" Schadensersatz in Anspruch zu nehmen. — Hatte der Verkäufer dem Notverkauf widersprochen (Rdn. 29), so können daneben **Schadensersatzansprüche** gegen den Käufer begründet sein, etwa wenn der Verkäufer darzutun vermag, er würde für die Ware bei Rückgabe oder Rücknahme einen besseren Erlös als über den Notverkauf erzielt haben. — In jedem Falle verliert der Käufer seinen Provisionsanspruch (Rdn. 32).

Eine **Verletzung der Vorschriften über die Durchführung des Notverkaufs** ist auch hier unberechtigtes Disponieren über die Ware, wenn der Verstoß den Verkaufs-(Veräußerungs-)akt als solchen betrifft. Die Folge ist zunächst auch hier der **Verlust des Wandelungsrechts**, des („großen") Schadensersatzanspruchs wegen Fehlens einer zugesicherten Eigenschaft (RG SeuffA **84** 252) und des Rechts, mangelfreie Ware zu verlangen. Der **Verkäufer** braucht außerdem den Verkauf **nicht als für seine Rechnung** (Rdn. 32) **erfolgt** gelten zu lassen. Der **Käufer** hat deshalb die **Kosten des Notverkaufs** selbst zu tragen und ist **schadensersatzpflichtig**, wenn bei ordnungsmäßiger Durchführung ein höherer Peis hätte erzielt werden können. Bei unterlassener Benachrichtigung des Verkäufers über Ort und Zeit der Versteigerung oder über den geschehenen Verkauf werden lediglich Schadensersatzansprüche begründet (§ 373 Abs. 5 S. 2), z. B. in der Richtung, daß der Verkäufer bei geschehener Unterrichtung mitgeboten oder er sich mit dem Ersteigerer zwecks Rückkaufs in Verbindung gesetzt hätte. Bei allem ist jedoch zu prüfen, ob nicht der Verkäufer trotz des Verstoßes oder infolge des Verstoßes gegen die Form besser gefahren ist, als wenn die Form innegehalten worden wäre.

f) **Maßnahmen notverkaufs-ähnlichen Charakters.** Als solche kommen in Betracht:

Ein Verkauf der Ware kann, selbst wenn die gesetzlichen Voraussetzungen des Notverkaufs fehlen oder er nicht in den gesetzlichen Formen abgewickelt worden ist, immer noch als **Geschäftsführung ohne Auftrag** nach den §§ 677 ff BGB sich rechtfertigen lassen. Dies etwa dann (vgl. RGZ **101** 19), wenn der Verkauf im Interesse des Verkäufers aus zwingenden Gründen notwendig oder offenbar nützlich war (OLG Hamburg ZHR **36** 258[206]), z. B. weil die Einholung einer Weisung vom Verkäufer für absehbare Zeit unmöglich war und dadurch die Kosten der Verwahrung ins Ungemessene steigen konnten, oder wenn eine besondere, voraussichtlich nicht wiederkehrende Gelegenheit zum Verkauf sich darbot (ROHG **12** 132; **16** 326; RG Bolze **2** Nr. 1027). Die nach bürgerlichem Recht geforderte Sorgfalt (§ 677 und arg. §§ 678, 680 BGB) wird alsdann die des ordentlichen Kaufmanns nach § 347 sein müssen. Immerhin ist Geschäftsführung ohne Auftrag nicht möglich gegen den erklärten Widerspruch des Verkäufers (§ 678 BGB). Will der Käufer einen solchen ausschalten, bleibt nur der Weg, den Verkauf durch **einstweilige Verfügung** nach den §§ 935, 940 ZPO unter Hinterlegung des Erlöses anordnen zu lassen. Dieser Weg kann sich auch dann empfehlen, wenn die Sach- und Interessenlage einen durch § 379 zwar möglicherweise gedeckten

§ 380   Drittes Buch. Handelsgeschäfte

Notverkauf nahelegt, der Käufer sich aber gegenüber dem Verkäufer abzusichern wünscht. Denn die Anordnung des Notverkaufs durch einstweilige Verfügung des Gerichts und seine Durchführung unterliegt nicht den Regeln der §§ 379, 373. — Unter Umständen läßt sich der Notverkauf nach § 383 BGB aufrechterhalten und hätte dann dessen Anforderungen zu entsprechen.

39 Zu einem **Verkauf** der beanstandeten Ware, der nicht Notverkauf ist, kann der Käufer berechtigt sein im **Rahmen des kaufmännischen Zurückbehaltungsrechts** nach den §§ 369, 372. Auf Grund seines Wandelungsbegehrens hat er die gekaufte Ware zurückzugeben, ist aber berechtigt, wegen seiner eigenen Forderung auf Rückerstattung eines schon gezahlten Kaufpreises das Zurückbehaltungsrecht an der Ware auszuüben. Ein gleiches Zurückbehaltungsrecht steht ihm zu wegen der aufgewendeten Aufbewahrungs- und Lagerkosten, Zinsen hierfür und Provision (Rdn. 25), sobald seine Aufbewahrungssorgepflicht beendet ist (Rdn. 24). Hier müßte er allerdings zunächst einen Titel für sein Befriedigungsrecht erwirken (§ 371 Abs. 3).

§ 380

Ist der Kaufpreis nach dem Gewichte der Ware zu berechnen, so kommt das Gewicht der Verpackung (Taragewicht) in Abzug, wenn nicht aus dem Vertrag oder dem Handelsgebrauche des Ortes, an welchem der Verkäufer zu erfüllen hat, sich ein anderes ergibt.

Ob und in welcher Höhe das Taragewicht nach einem bestimmten Ansatz oder Verhältnisse statt nach genauer Ausmittelung abzuziehen ist, sowie, ob und wieviel als Gutgewicht zugunsten des Käufers zu berechnen ist oder als Vergütung für schadhafte oder unbrauchbare Teile (Refaktie) gefordert werden kann, bestimmt sich nach dem Vertrag oder dem Handelsgebrauche des Ortes, an welchem der Verkäufer zu erfüllen hat.

Übersicht

	Rdn.		Rdn.
I. Rechtslage nach bürgerlichem Kaufrecht	1	c) Refaktie	9
II. Handelsrechtliche Sonderregeln des § 380	3	III. Zusatz: Rechtsfragen zur Gestellung von Versandmaterial, Gebinden und Ähnlichem	
1. Prinzip der Nettoberechnung (Abs. 1)	4	1. Sackmaterial	10
2. Berechnung der Tara. Gutgewicht. Refaktie (Abs. 2)	6	2. Faßmaterial	13
a) Taraberechnung	7	3. Flaschenmaterial	14
b) Gutgewicht	8	4. Palettenmaterial	15
		5. Besondere vertragliche Gestaltungen	16

I. Rechtslage nach bürgerlichem Kaufrecht

1 Das BGB enthält für die Kosten der Verpackung des Kaufobjekts nur eine einzige — lückenhafte — Vorschrift. Nach § 448 BGB fallen **beim Versendungskauf die Kosten** der Versendung, und damit auch die **der Verpackung, dem Käufer** zur Last. Insoweit dürfte die Vorschrift sich allerdings vornehmlich auf solche Verpackung beziehen, die durch ihre einmalige Verwendung wertlos wird. Behält die Verpackung dagegen ihren selbständigen Wert, so hat der Käufer sie nur dann zu bezahlen, wenn sie mitverkauft, namentlich besonders in Rechnung gestellt ist, oder bei der Klausel „Brutto für netto" (Rdn. 4). Selbstverständlich ist § 448 BGB dispositiv. Abreden, insbesondere Lieferbedingungen des Verkäufers und feste Klauseln können anderes bestimmen. Immerhin wird im Gegenschluß aus § 448 BGB angenommen werden müssen, daß mangels gegenteiliger Vereinbarung bei einem Platzkauf (§ 379, 11) die Verpackung vom Verkäufer zu stellen ist. Originalverpackung einer Ware, die zu deren Ausstattung gehört wie bei Markenartikeln, ist ohnehin nicht kostenpflichtige Verpackung nach § 448 BGB. Sie ist Teil der Ware und im Preis einbegriffen.

Auch die mit dem **Verpacken verbundene Mühewaltung** kann der Verkäufer nicht in **2** Rechnung stellen. Sie ist im Zweifel mit dem Kaufpreis und den Versandspesen abgegolten. Handelsrechtlich gilt hier nichts Besonderes. § 354 HGB ist nicht einschlägig. Es liegt keine (abgrenzbare) „Leistung von Diensten" in Ausübung des Handelsgewerbes vor.

II. Handelsrechtliche Sonderregeln des § 380

Das Sonderrecht des § 380 hat auf die vorstehend dargestellten Rechtsregeln des **3** bürgerlichen Kaufs nicht Bezug. Es läßt sie für den Handelskauf unangetastet. Was es beinhaltet, liegt — nicht weniger sporadisch — **auf anderem Felde:**
  dem des Verhältnisses von Nettogewicht und Gesamtgewicht für die Berechnung des Kaufpreises (Abs. 1, eine Auslegungsregel)
und
  einer Nennung einiger Möglichkeiten der Modifizierung des Nettogewichts, die es in den Raum stellt als Material für Vereinbarungen und Handelsbräuche (Abs. 2).
Nur über die in Abs. 2 gleichfalls angesprochene
  Berechnung des Taragewichts
kann § 380 eine mittelbare Bedeutung für die Kostentragungspflicht in Ansehung der Verpackung nach § 448 BGB gewinnen.

1. Prinzip der Nettoberechnung (Abs. 1)

Das Gesetz gibt hier — abgesehen von einer dem kaufmännischen Sprachgebrauch **4** folgenden Legaldefinition der Verpackung als Tara — eine **Auslegungsregel**. Beim Kauf nach Gewicht soll für die Berechnung des Kaufpreises das Nettogewicht maßgebend sein. Bruttogewicht ist das Gewicht der Ware mit der Verpackung; Tara ist die Verpackung; Nettogewicht ist das Gewicht der Ware allein, also Brutto abzüglich Tara. Darüber, wie das Taragewicht seinerseits zu berechnen sei, s. Abs. 2 (Rdn. 7).

Die Regel des Abs. 1 weicht **besonderer Abrede** und einem **bestehenden Handelsge- 5 brauch** am Orte, an welchem der Verkäufer zu erfüllen hat. Dies ist der Ort, an dem der Verkäufer seine Handelsniederlassung hat (§ 269 Abs. 2, 3 BGB). Die Vertragsklausel: „Brutto für netto" bedeutete, daß die Verpackung mitverkauft und mitverwogen wird, und daß sich danach der Preis berechnet. Die Verpackung wird danach wie Ware bezahlt (*Zander* Gruch. 49 785); der Käufer kann sie behalten.

2. Berechnung der Tara. Gutgewicht. Refaktie (Abs. 2)

An dieser Stelle verzichtet das Gesetz, im Gegensatz zu Abs. 1, auf eine Ausle- **6** gungsregel. Es beschränkt sich darauf, für einige denkbare und **dem Leser vorgestellte Berechnungs- und Vergütungsfaktoren** auf die Regelungskompetenz von Vertrag und Handelsbrauch hinzuweisen. Als Vertrag muß hierbei auch das stillschweigende Einverständnis des Käufers gelten, wenn es nach den Umständen als Genehmigung zu betrachten ist. Daher kann, zumal bei längerer Geschäftsverbindung, der Fakturavermerk über die Berechnung der Tara bei widerspruchsloser Annahme der Faktura als gebilligt gelten. Für den Handelsbrauch soll wiederum derjenige am Erfüllungsort für die Lieferpflicht des Verkäufers maßgebend sein. Welcher Ort das ist, darüber s. Rdn. 5.

7 a) **Taraberechnung.** Die Art der Ermittlung der Tara ist zunächst eine **Ergänzung zu Abs. 1.** Daneben kann sie auch selbständige Bedeutung als **Berechnungsmodus für die Tragung der Kosten der Verpackung** gewinnen (Rdn. 3 a. E., 4).

Die „genaue Ausmittelung", von der das Gesetz spricht, wird gewöhnlich durch die Klausel: „rein netto Tara" zum Ausdruck gebracht. Die Tara wird dann mit dem festgestellten Gewicht ihrer Verwiegung abgezogen. Wenn sie nicht in dieser Weise, sondern nach einem bestimmten Prozentsatz berechnet werden soll (z. B. auf 100 Kilo werden 5 Kilo Tara berechnet), so müssen darüber Vertrag oder Handelsgebrauch Bestimmung treffen.

8 b) **Gutgewicht.** Ein nach Vertrag oder Handelsbrauch (ROHG **12** 59) dem Käufer zustehendes sogenanntes Gutgewicht hat den Zweck, einen erfahrungsgemäß bei Massenobjekten auftretenden Gewichtsschwund auszugleichen. Es wird gewährt als ein **Mehrgewicht** über das zu bezahlende Gewicht **als Zugabe**. Dem Vertrag oder dem Handelsbrauch muß dann auch die Berechnungsart entnommen werden. Anstelle eines Mehrgewichts kann der Ausgleich hiernach auch auf anderer Basis, z. B. nach Menge oder Stückzahl bewilligt werden.

9 c) **Refaktie.** Sie ist umgekehrt ein **Abzug vom Nettogewicht und vom Kaufpreise** wegen der bei gewissen Waren (z. B. Kaffee, Indigo) vorkommenden spezifischen **Unreinlichkeiten.** Eine Rüge nach § 377 ist in solchem Falle nicht erforderlich; in der Abrede über Refaktie liegt eine vertragsmäßige Feststellung der Folgen der erwarteten Mangelhaftigkeit (§ 377, 147). Auch solchen Abzug kann der Käufer nur beanspruchen, wenn Vertrag oder Handelsgebrauch ihn bewilligt. Geht der Handelsbrauch oder die Vereinbarung dahin, daß mangelhafte Ware mit Refaktie anzunehmen ist, also nicht zurückgewiesen werden kann (ROHG **7** 8), so ist der Vertragspreis entsprechend dem Verhältnis zwischen dem Tagespreis für vertragliche und der angedienten mangelhaften Ware herabzusetzen (OLG Hamburg HRR **1928** Nr. 1216).

III. Zusatz: Rechtsfragen zur Gestellung von Versandmaterial, Gebinden und Ähnlichem

Schrifttum:

Dürkes Rechtsfragen um Verpackungsmaterial, BB **1948** 68 ff., 196 (mit Stellungnahme von *Witz*); *derselbe* Die Überlassung von Verpackungsmitteln als Darlehen, BB **1956** 25.

1. Sackmaterial

10 Ist Ware in Säcken verkauft, so haben die Säcke regelmäßig nicht die Bedeutung einer Originalverpackung (Rdn. 1); sie können auch nicht vom Gesichtspunkt eines Zubehörs (vgl. § 314 BGB) der Ware aus beurteilt werden. Ist über die Säcke nichts ausgemacht, so sind sie **im Zweifel als geliehen (gemietet)** nach § 556 Abs. 1 BGB anzusehen, also zurückzugeben. So besonders dann, wenn die Säcke durch entsprechenden Aufdruck als Eigentum des Verkäufers gekennzeichnet sind.

11 Ob abweichend hiervon die Säcke **mitverkauft** sein sollen, ist **Tatfrage** (RG SeuffA **72** 81). Die Klausel: „Brutto für netto" (Rdn. 4) besagt in diesem Zusammenhang, daß die Verpackung ohne besondere Vergütung dem Käufer überlassen wird (*Schlegelberger/Hefermehl* 3; im Einzelfall — Lieferung von Korkabfällen in Säcken — kann der Handelsbrauch es auch anders bestimmen und den Käufer trotz der besagten Klausel zur Rücklieferung der Säcke verpflichten: OLG Hamburg SeuffA **62** 390). Ist das

Sackmaterial von unverhältnismäßig höherem Wert als die darin verpackte Ware, so wird im Zweifel davon auszugehen sein, daß die Säcke zurückgehen müssen (OLG Hamburg wie vor). — Mitunter wird dem Käufer eine wahlweise **Möglichkeit zum Erwerb der Säcke** eingeräumt. So durch den Fakturavermerk oder die Klausel in Lieferbedingungen, daß innerhalb einer gewissen Frist nicht zurückgegebene Säcke zu einem bestimmten Preis berechnet werden, oder daß die Säcke Eigentum des Verkäufers bleiben und von ihm bei frachtfreier Rücksendung binnen bestimmter Frist zum berechneten Preise zurückgenommen werden. Diese Vermerke haben die Bedeutung eines Verkaufsantrags mit Einräumung eines Rücktrittsrechts innerhalb der Frist. Die Annahme des Antrags liegt alsdann, wenn nicht schon vorher, so spätestens in dem Nichtrücksenden der Säcke bei Fristablauf. Der fakturierte Preis muß bezahlt werden (ROHG 19 306; OLG Colmar LZ **1908** 321[3]). Dasselbe gilt, wenn nach Fakturavermerk bis zu einem gewissen Zeitpunkt eine bestimmte „Leih"gebühr (Miete) berechnet und für den Fall, daß bis dahin die Säcke nicht zurückgegeben sind, ein bestimmter Preis für jeden Sack angesetzt wird Werden die Säcke bis zu diesem Zeitpunkt nicht zurückgegeben, so kann der Verkäufer bis dahin die Leihgebühr und dazu den Übernahmepreis verlangen.

Eine **Sackmiete** liegt vor, wenn, wie nicht selten, in Fakturavermerken oder Lieferbedingungen bestimmt wird, daß **nach Ablauf einer gewissen Frist** für die nicht zurückgegebenen Säcke eine „Leih"gebühr (Sackmiete) berechnet werde. Der Sackmietzins ist dann bis zur Rücksendung zu zahlen. Die Gefahr und die Kosten des Rücktransports trägt der Käufer. Allein die Sackmiete läuft nicht unbegrenzt weiter. Schweigt der Verkäufer so lange Zeit, daß sich ein solches Verhalten mit Treu und Glauben, z. B. wegen Anwachsens der Miete zu übermäßiger Höhe, nicht verträgt, so hat er den Anspruch auf weiteren Sackmietzins verwirkt (vgl. RG SeuffA **50** 263: Einrede der unerlaubten Rechtsausnützung). Der Anspruch auf Sackmiete und auf Rückgabe der Säcke wie überhaupt der Anspruch auf Rückgabe von Verpackungsmaterial unterliegt der zweijährigen Verjährung des § 196 Nr. 1 BGB (RG JW **1929** 330[1]; KG KGBl. **1906** 57; OLG Celle SeuffA **66** 131; OLG Hamburg OLGE **14** 375; LG Hamburg LZ **1913** 94[1]; vgl. auch BGH LM § 989 BGB Nr. 2). Dagegen unterliegt der Anspruch aus dem Eigentum gegen den Drittbesitzer auf Rückgabe des Verpackungsmaterials sowie der Schadensersatzanspruch aus § 990 BGB bei Unmöglichkeit der Rückgabe der dreißigjährigen Verjährung (BGH wie vor; RG WarnRspr **1929** Nr. 27). **12**

2. Faßmaterial

Die sogenannte Faßleihe beurteilt sich nach **ähnlichen Gesichtspunkten wie die Sackleihe,** wenn es sich um geringwertige Leihfässer handelt (OLG Dresden SeuffA **72** 81) und die Fässer nicht etwa mitverkauft sind. Davon, daß der Käufer eiserne Fässer oder Caissons ohne Vereinbarung behalten könnte, ist keine Rede; sie müssen in Natur zurückgegeben und für die Benutzung je nach Handelsgebrauch Vergütungen geleistet werden. Eisenfässer gehen auch dann nicht in das Eigentum des Mieters über, wenn er das Pfandgeld (vgl. folg. Anm.) verfallen läßt (Handelsk. Berlin VerkehrsrRdsch. **2** 172). Die Vergütung ist bis zur Rückgabe zu entrichten. **13**

3. Flaschenmaterial

Flaschengebinde im Mineralwasser-, Milch-, Wein- und Bierhandel sind unterschiedlich zu beurteilen. Werden Flüssigkeiten in Flaschen gewöhnlicher Art ohne ein- **14** gepreßte Firma — sog. **Einheitsflaschen** — verkauft unter deren leihweiser Überlassung gegen Zahlung eines bestimmten, dem Flaschenwert entsprechenden Betrags für jede Flasche, der bei Rückgabe der Flasche zurückerstattet werden soll (Flaschenpfand), so darf der Kunde Flaschen gleicher Art und Güte zurückgeben. Hierfür hat sich die rechtliche Betrachtung als **Flaschendarlehen** eingebürgert. Die Flaschen sollen also in das Eigentum des Käufers übergehen und nur gattungsmäßig zurückgegeben werden müssen. So zuerst OLG Düsseldorf BB **1948** 524 (m. Anm. *Carl*), wo die Klausel über das formell vorbehaltene Eigentum des Verkäufers für unbeachtlich erklärt wird, weil sie bei der leichten Vermengbarkeit der Einheitsflaschen praktisch nicht durchzusetzen sei. Einschränkend noch OGH NJW **1950** 345: im Hinblick auf das vorbehaltene Eigentum nur „darlehensähnlich"; gattungsmäßige Rückgabe als facultas alternativa des Käufers. Doch hat die Auffassung von der Unbeachtlichkeit des das Eigentum des Verkäufers betreffenden formularmäßigen Vorbehalts die Oberhand gewonnen (OLG Hamm BB **1954** 1045 u. BGH DB **1955** 1086). In beiden Entscheidungen ist damit das Flaschendarlehen zur endgültigen Anerkennung gelangt. Was das Flaschenpfand anlangt, so ist es kein eigentliches Pfand, sondern ein irreguläres: eine bloße Barkaution zur Sicherung der Forderung auf gattungsmäßige Rückgabe (OLG Hamm aaO). Folglich darf der Lieferant die empfangene „Kaution" unverzinslich in seinem Betrieb verwenden (vgl. OLG Hamburg HansGZ **1924** Hptbl. 170; *Oertmann* LZ **1918** 480). Werden die Flaschen nicht zurückgegeben, so verfällt die Kaution; mangels gegenteiliger Abrede kann der Verkäufer auch bei höherem Wert der einzelnen Flasche keine Zuzahlung beanspruchen (OLG Düsseldorf aaO). Natürlich können die Vertragsparteien auch eine **echte Flaschenmiete** vereinbaren, namentlich dann, wenn es sich entweder nicht um Einheitsflaschen handelt (Beispiel: OLG München GRUR **1980** 1011) oder aber die Einheitsflaschen aus anderen Gründen einer Vertauschbarkeit nicht ausgesetzt sind (Beispiel: BGH LM § 989 BGB Nr. 2). Dann gilt das oben für Sack- und Faßleihe Gesagte entsprechend.

4. Palettenmaterial

15   Die Rechtsfragen sind **ähnliche wie in der Sackmiete**. Im einzelnen vgl. hierüber die Darlegungen bei *Haake* BB **1982** 1389 ff.

5. Besondere vertragliche Gestaltungen

16   Über besondere Vertragsgestaltungen, die in Zeiten der **Materialknappheit** die Rückgabepflicht verstärken sollen („Sicherungsgebühr", gestaffelt nach der Dauer der Rückgabesäumnis, als Vertragsstrafe) s. OLG Karlsruhe NJW **1949** 68 m. Anm. *Krekels*. Als Vertragsstrafabrede hat der BGH DB **1963** 1710 auch eine Vereinbarung angesehen, wonach bei Nichtrückgabe der Flaschen ein bestimmter Betrag zu zahlen sei, ohne daß dieser bereits im voraus entrichtet worden wäre.

§ 381

Die in diesem Abschnitte für den Kauf von Waren getroffenen Vorschriften gelten auch für den Kauf von Wertpapieren.

Sie finden auch Anwendung, wenn aus einem von dem Unternehmer zu beschaffenden Stoffe eine nicht vertretbare bewegliche Sache herzustellen ist.

Übersicht

	Rdn.		Rdn.
I. Der systematische Ort der Vorschrift	1	1. Reichweite der Vorschrift	11
II. Der Wertpapier-Handelskauf (Abs. 1)		2. Die Anwendung der §§ 373 ff im einzelnen	
1. Gegenstand: Wertpapiere	2	a) bei einseitigen Handelsgeschäften	12
2. Anwendung der §§ 373 ff	3		
a) §§ 373—376	4	b) bei zweiseitigen Handelsgeschäften	13
b) §§ 377, 378	5		
c) §§ 379, 380	10		
III. Der Handels-Werklieferungsvertrag (Abs. 2)		3. Abgrenzung zum reinen Werkvertrag	14

I. Der systematische Ort der Vorschrift

Die vorliegende Bestimmung vereinigt zwei Gegenstände, die je **vor dem Hintergrund des § 1 Abs. 2 Nr. 1** zu sehen sind und durch ihn zusammengehalten werden. **1**

Die in den §§ 373—380 gegebenen Vorschriften über den Handelskauf sprechen durchgängig nur von „Waren" (oder, in § 375, von „beweglichen Sachen", was nach der Legaldefinition in § 1 Abs. 2 Nr. 1 dasselbe ist) als dem Kaufobjekt. Das könnte die Vorstellung nahelegen, daß nur das Warenumsatzgeschäft den Begriff des Handelskaufs ausmache. § 381 führt über diese Begriffsabgrenzung in doppelter Richtung hinaus. Von den sonst denkbaren Gegenständen eines Kaufs (Grundstücke, Rechte, Wertpapiere — diese sind keine „Waren", arg. § 1 Abs. 2 Nr. 1 —) greift unsere Bestimmung einen heraus — die Wertpapiere — und unterwirft den Wertpapierumsatz, wenn er handelsmäßig geschieht, gleich dem Warenumsatz den Regeln des Handelskaufs (Abs. 1). Die andere Erweiterung zielt nicht auf das Objekt, sondern auf den Vertragstypus. Wer als Unternehmer aus einem von ihm zu beschaffenden Stoffe eine nicht vertretbare bewegliche Sache herzustellen und zu liefern hat, tätigt zwar auch ein auf Weiterveräußerung einer beweglichen Sache, d. i. einer Ware, abzielendes Geschäft, welches, da er den Stoff hierfür zuvor angeschafft haben muß und ihn verarbeitet hat, ein echtes Grundhandelsgeschäft nach § 1 Abs. 2 Nr. 1 darstellt. Aber ein solches Geschäft ist kein Kauf im Sinne der hierfür maßgebenden Bestimmungen des bürgerlichen Rechts (§ 651 Abs. 1 S. 2 Halbs. 2 BGB), und deshalb an sich nicht „Handelskauf". Dennoch sollen dessen Regeln auch auf einen solchen Vertrag — einen Werklieferungsvertrag — anwendbar sein (Abs. 2). Da der Umsatz von Waren als vertretbarer Sachen, auch wenn er nach Verarbeitung dazu beschaffter Materialien geschieht, ohnedies und schon nach bürgerlichem Recht Kauf, unter dem Recht der §§ 343, 373 also Handelskauf ist, wird so erreicht, daß das Grundhandelsgewerbe des § 1 Abs. 2 Nr. 1 in seiner ganzen Spannweite auch materiell denselben, seiner Betätigung eigentümlichen handelsrechtlichen Normen untersteht.

II. Der Wertpapier-Handelskauf

1. Gegenstand: Wertpapiere

Wertpapiere sind Urkunden, an welche ein Vermögensrecht der Art geknüpft ist, **2** daß die Ausübung des Rechts von der Verfügungsgewalt über die Urkunde abhängig ist. Doch ist das nicht mehr als eine formalisierende Abstraktion. Einen einheitlichen, für das Privatrecht gültigen Wertpapierbegriff, der überall verwendbar wäre, wo die einzelne Vorschrift von „Wertpapieren" spricht, gibt es nicht. Der Inhalt dessen, was für die jeweilige Bestimmung unter „Wertpapier" zu verstehen ist, muß vielmehr von Fall zu Fall ermittelt werden. Da nun § 381 die Vorschriften über den Handelskauf, soweit sie für den Kauf von Waren gegeben worden sind, auf den Kauf von Wertpapieren ausdehnt, bestehen keine Bedenken, aus der parallelen Sicht des § 1 Abs. 2 Nr. 1 — „Beschaffung und Weiterveräußerung von beweglichen Sachen (Waren) oder Wertpapieren" — dessen Wertpapierbegriff zu übernehmen. Es muß sich um **marktgängige Handelspapiere** handeln. Hierher gehören: Schuldverschreibungen auf den Inhaber (§ 793 BGB), Wechsel, Schecks, überhaupt Orderpapiere einschließlich der in § 363 genannten Urkunden; Aktien jeder Gattung (Großkomm AktGes-*Meyer-Landrut*[3] § 10, 3) samt ihren Zins- und Gewinnanteilscheinen; auch die Zwischenscheine nach § 8 Abs. 4 AktG (GroßKomm Akt-*Meyer-Landrut*[3] § 8, 17). Zu diesem Begriff der Wertpapiere im weitesten Sinne zählen ferner Kuxe neueren Rechts (ausführlich: LG Frankfurt/Main WM **1956** 1169); allerdings läuft die Möglichkeit ihrer Ausgabe aus (§ 2, 25 sub c). Gesellschaftsanteile und Geschäftsanteile einer GmbH, auch wenn sie in einem Dokument „verkörpert" sind, gehören nicht zu den Wertpapieren; sie sind Rechte, über die Urkunden zum Zweck der Verbriefung (= des Beweises) ausgestellt werden können; zum Handelsverkehr eignen sie sich nicht (RGZ **53** 108); Kauf eines GmbH-Anteils ist nicht Handelskauf, OLG München NJW **1967** 1327.

2. Anwendung der §§ 373 ff

3 Sind solche marktgängigen Wertpapiere Gegenstand eines Kaufs, so ist dieser Kauf Handelskauf, wenn mindestens einer der beiden Vertragsteile Kaufmann ist und das Geschäft zum Betriebe seines Handelsgewerbes gehört (§ 343). Abs. 1 ordnet die Anwendung der §§ 373 ff unterschiedslos an. Im einzelnen ist das **Bild differenzierter:**

4 a) §§ 373—376. Es sind anwendbar:

§ 373. Befindet sich der Käufer in Annahmeverzug, so kann der Verkäufer zur Hinterlegung oder zum Selbsthilfeverkauf nach § 373 schreiten. Nach RGZ **60** 164 darf der Verkäufer von Kuxen diese im Falle des Annahme- und Leistungsverzuges des Käufers auch der Gewerkschaft zur Verfügung stellen. Über einen Fall des Selbsthilfeverkaufs nach § 373 Abs. 2 hat die Frankfurter Allgemeine Zeitung unter dem Titel „Aktien zu versteigern" am 12. 1. 1962 berichtet.

§ 374;

§ 375 (*Schlegelberger/Hefermehl* 1 *u.* § 375, 2), z. B. wenn Wertpapiere bestimmter Gattung geliefert werden sollen, der Käufer sich aber die Bestimmung der Ausgabeserie noch vorbehalten hat;

§ 376. Er gewinnt im Wertpapierhandel besondere Bedeutung. Kommt es dabei zum Anspruch auf Schadensersatz wegen Nichterfüllung (§ 376, Abs. 1 S. 2, Abs. 2), so geschieht die Verwirklichung im Wege der sog. Zwangsregulierung durch Vornahme eines Realisierungsverkaufs oder eines Deckungskaufs nach dem in den Erl. zu § 376 Abs. 1 S. 1 Bemerkten; hierbei und auch, wenn Rücktritt gewählt wird, sprechen die Börsenbedingungen, die nach Treu und Glauben auszulegen sind, das entscheidende Wort. Über die Zwangsregulierung beim Kuxenkauf insbesondere *Nußbaum* LZ **1910** 506.

5 b) §§ 377, 378. Wertpapiere tragen einen Januskopf. Sie sind zum einen **körperliche Sache,** zum anderen **Träger des verbrieften Rechts.** Mängel, die ihnen anhaften, können daher sowohl die Urkunde als solche wie das in ihr verbriefte Recht betreffen. Bei einer Falschlieferung fällt beides zusammen; doch bestimmt sich das aliud primär aus der „anderen" Sache — dem anderen Wertpapier, so wie es sich schon körperlich darstellt und als solches ein anderes Recht verkörpert —. Die eigentlichen Mängel lösen je nach dem, ob es Sach- oder Rechtsmängel sind, unterschiedliche Rechtsfolgen aus. Sachmängel begründen die besondere Sachmängelgewähr nach den §§ 459 ff BGB,

Rechtsmängel den Erfüllungsanspruch oder Schadensersatzansprüche wegen Nichterfüllung nach den allgemeinen Vorschriften über gegenseitige Verträge (§ 440 i. V. m. §§ 433—437, 439 BGB). Der Sachmangel der Urkunde stellt sich dar in einem äußeren Befund, der, wo nicht durch einfachen Augenschein, in aller Regel durch geeignete physikalische oder chemische Untersuchungstechniken ohne methodische Schwierigkeiten erhoben werden kann. Rechtsmängel dagegen sind „ungreifbar", wurzeln in rechtlichen Beziehungen und sind deshalb nicht anders als durch ausschließlich gedankliche Operationen, im Streitfall nur durch subsumtive Tätigkeit des Richters sichtbar zu machen.

Daraus ergibt sich im einzelnen:

§ 377 geht von **Sachmängeln** aus. Die Untersuchungsobliegenheit gilt körperlichen Befunden; die Obliegenheit zur Anzeige festgestellter Mängel soll die Gewährleistungsansprüche nach den §§ 459 ff BGB offenhalten. Die Anwendung des § 377 im Wertpapierkauf kann sich deshalb nur körperlichen Mängeln der Wertpapierurkunde gelten. Gemeint ist damit alles, was als Beeinträchtigung der Urkunde dem Wertpapier die Umlauffähigkeit nimmt. So etwa die Verstümmelung der Ausgabenummer, der (maschinellen) Unterschrift des Emittenten, der Angabe des Betrages. Auch Unvollständigkeiten gehören hierher: so das Fehlen der Dividenden-, Zins- und Erneuerungsscheine (*Baumbach/Duden*[44] 1). Sind börsengängige Wertpapiere Gegenstand des Kaufs, so kommt hier die sog. **Lieferbarkeit nach den Börsenbedingungen** ins Spiel: ergibt sich die fehlende Lieferbarkeit aus der Urkunde selbst, so liegt ein rügepflichtiger Sachmangel vor. Unter Lieferbarkeit im Börsenverkehr insbesondere versteht man die Möglichkeit, das Papier an der Börse leicht anzubringen. An dieser Möglichkeit fehlt es, wenn der zur Veräußerung an der Börse erforderliche Stempel nicht vorhanden ist, oder wenn das Papier körperliche Beschädigungen erheblicher Art aufweist. Zu Beschädigungen dieser Art rechnet man Korrekturen und Rasuren, erhebliche Unsauberkeit, das Beschriebensein. Zur Lieferbarkeit gehört ferner, daß die Papiere nicht den Vermerk der Außerkurssetzung tragen dürfen (mag er zutreffen oder nicht). Oft — z. B. bei Ausgabe junger Aktien — sind nur bestimmte Nummern der alten Aktien börsenfähig. Alle diese Mängel sind aus der Urkunde selbst zu ersehen. Das bedingt ihre „Inkorporierung" und damit ihre Eigenschaft als Sachmängel.

Auf **Rechtsmängel** des im Wertpapier verkörperten Rechts findet § 377 dagegen keine Anwendung, Beispiel: Zahlungssperre (RGZ 109 290), Aufgebot, Fehlen des Aktien-Bezugsrechts. Ist ein Interimsschein (§ 8 Abs. 4 AktG) auf den Inhaber gestellt und deshalb nichtig (§ 10 Abs. 4 AktG), so ist das zwar der Urkunde selbst zu entnehmen, aber trotzdem kein Sachmangel, weil nicht eine zur Umlauffähigkeit erforderliche, also zum gewöhnlichen Gebrauch vorausgesetzte Eigenschaft fehlt, sondern die Nichtigkeit dem betreffenden Exemplar überhaupt die Eigenschaft als Wertpapier nimmt; deshalb: Rechtsmangel, keine Anwendung des § 377. Darüber, daß (in der Vergangenheit) die fehlende Lieferbarkeit auch auf Rechtsmängeln beruhen konnte — Aufnahme in die „Sammelliste aufgerufener Wertpapiere" aus der Zeit nach 1945 im Zusammenhang mit der Wertpapierbereinigungs-Gesetzgebung — s. die Voraufl. § 381 Anm. 29 a. E.

Banknoten sind unverzinsliche Schuldverschreibungen auf den Inhaber und als solche Wertpapiere. Als Gegenstand von Handelskäufen kommen ausländische Banknoten in Betracht. Sind sie gefälscht, so ist die fehlende Echtheit, wie auch sonst (§ 378, 13), grundsätzlich Sachmangel (**a. M.** hier *Baumbach/Duden*[24] 1). Im übrigen kommt es darauf an, ob ein Spezieskauf oder ein Gattungskauf vorliegt. Wird eine ausländische Banknote am Bankschalter gekauft oder verkauft (= eingewechselt), so ist mit diesem

§ 381   Drittes Buch. Handelsgeschäfte

individuell hingegebenen Stück zu erfüllen. Ist es falsch, so ist der eindeutige Tatbestand des Sachmangels gegeben und, bei beiderseitiger Kaufmannseigenschaft der Partner des Einwechslungsakts, die Rügeobliegenheit des § 377 (RGZ 108 280). Anders hingegen, wenn ausländische Banknoten gattungsmäßig zu liefern sind. Werden hier falsche Stücke geliefert, so hat der Käufer ein aliud, und zwar ein genehmigungsunfähiges i. S. von § 378, 2. Halbs., nämlich Stücke bloß bedruckten Papiers, erhalten; eine Rügeobliegenheit entfällt (RG JW **1923** 1766; OLG Hamburg Recht **1921** Nr. 640; OLG Königsberg JW **1924** 13825, **a. M.** *v. Caemmerer* FS Martin Wolff [1952] S. 10 Fn. 23). Was insoweit für falsche Banknoten gilt, ist im übrigen auch auf gefälschte Rententitel (RG Gruch. **39** 1105) übertragbar.

9   Auch § 378 ist **anwendbar,** wenn ein anderes als das gekaufte Wertpapier geliefert worden ist. Ein Beispiel dieser Art bei *Düringer/Hachenburg* 5: Lieferung von Pfandbriefen statt Aktien einer Hypothekenbank und umgekehrt. In einem solchen Falle wird sogar ein genehmigungsunfähiges aliud nach § 378 Halbs. 2 vorliegen. Ob das bei Lieferung eines anderen als des gekauften Wertpapiers als Regel anzunehmen sei (so *Schlegelberger/Hefermehl* § 378, 37) erscheint so allgemein gesagt freilich bedenklich. Man denke an den Kauf einer bestimmten Anleihe der Serie A mit einer Verzinsung von 8 3/4 %, während geliefert wird die bestellte Anzahl dieser Anleihe aus der Serie B mit dem inzwischen herabgesetzten Zinssatz von 8 1/2 %. Hier wird ggf. eine Rüge nach § 378 unumgänglich.

10   c) §§ 379, 380: § 379 ist **anwendbar** in vollem Umfange. Der Ansicht von *Schlegelberger/Hefermehl* 4 — ähnlich *Dietrich* i. d. Anm. zu RG DR **1944** 485 —, daß der Kursverfall eines Wertpapiers keinen „Verderb" im Sinne des Abs. 2 bedeute, kann nicht zugestimmt werden; sie erscheint zu formal. Wie hier: *Baumbach/Duden*24 1. — Eine Anwendung von § 380 scheidet dagegen, was auf der Hand liegt, aus.

III. Der Handels-Werklieferungsvertrag (Abs. 2)
1. Reichweite der Vorschrift

11   Abs. 2 hat zum Gegenstand den Werklieferungsvertrag nach § 651 Abs. 1 S. 2 Halbs. 2 BGB (Rdn. 1), der zur Herstellung und Lieferung einer **nicht vertretbaren beweglichen Sache** aus einem vom Unternehmer zu beschaffenden Stoff verpflichtet. Die Grenzziehung zur vertretbaren beweglichen Sache — Herstellung und Lieferung einer solchen stellt das bürgerliche Recht in § 651 Abs. 1 S. 2 Halbs. 1 BGB dem Kauf in vollem Umfange gleich — ist nicht immer zweifelsfrei. Hierüber s. die Vorauﬂ. unter Anm. 51 ff. Doch kann sie sich für die handelsrechtliche Betrachtung erübrigen. Der Unterschied hat Bedeutung nur insofern, als für den Werklieferungsvertrag auf Herstellung und Lieferung einer nicht vertretbaren Sache teilweise (bürgerliches) Kaufrecht und teilweise Werkvertragsrecht anwendbar ist (§ 651 Abs. 1 S. 2 BGB). Die Vorschriften des Handelsrechts verdrängen oder ergänzen aber nur diejenigen des bürgerlichen Kaufrechts. Sie gelten deshalb, sobald und soweit die Kaufmannseigenschaft der Vertragsteile erfordert und gegeben ist, als lex specialis beim Vertrag auf Herstellung und Lieferung einer vertretbaren beweglichen Sache ohne weiteres, beim Werklieferungsvertrag auf Herstellung und Lieferung einer nicht vertretbaren beweglichen Sache in demjenigen Umfange, wie für diesen sonst bürgerliches Kaufrecht anwendbar wäre. Die in einem solchen Werklieferungsvertrag anwendbaren Teile des Werkvertragsrechts bleiben unberührt. Letztere betreffen ohnehin nur Fragen, in denen das Kaufrecht zwar abweicht, für die aber besondere handelskaufrechtliche Normen nicht existieren. Für die Anwendung der Regeln des Handelskaufs ist nach allem der Unterschied zwischen vertretbaren und nicht vertretbaren Sachen im Werklieferungsrecht bedeutungslos (so richtig *Schlegelberger/Hefermehl* 5). Sie kommen hier wie dort zum Zuge: beim Werklieferungsvertrag auf Lieferung einer vertretbaren beweglichen Sache neben sonstigem, nicht verdrängten bürgerlichen Kaufrecht (vgl. OLG Köln MDR **1959** 665), beim Werklieferungsvertrag über eine nicht vertretbare bewegliche Sache neben sonstigem, nicht verdrängten bürgerlichen Kaufrecht, soweit dieses nicht bereits dem (bürgerlichen) Werkvertragsrecht zu weichen hat (Gefahrtragung, Abnahme, Gewährleistung), das aber wiederum mit dem Recht des Handelskaufs keine Berührung hat. § 381 Abs. 2 schafft so ein eigenartiges rechtliches Mischgebilde (OLG Hamburg DB **1965** 29).

Über einen Ort, an dem der Unterschied zwischen Werklieferung einer vertretbaren und einer nicht vertretbaren beweglichen Sache sich gleichwohl, wenn auch nur faktisch, auswirkt, s. Rdn. 12.

2. Die Anwendung der §§ 373 ff im einzelnen

a) bei einseitigen Handelsgeschäften. Ist der Besteller oder der Unternehmer Kaufmann, so werden anwendbar die §§ 373 bis 376 — die Gewichtsberechnung des § 380 ist kaum von praktischer Bedeutung —. Bei **Annahmeverzug des Bestellers** hat der Unternehmer außer den ihm nach dem BGB zustehenden Rechten (s. § 374) die Rechte aus § 373. Hierbei ist zu betonen, daß Annahmeverzug nicht mit einem Verzug in der Abnahme (§ 640 BGB) gleichbedeutend ist. Die Bestimmung des § 375 kommt, wie bei Spezifikationskauf, auch da zum Zug, wo die Sache gemäß der **vom Besteller vorzunehmenden Spezifikation** erst herzustellen ist. Ist das Geschäft ein **Fixgeschäft**, so gelangt statt §§ 636 u. 361 BGB die Bestimmung des § 376 zur Anwendung. Erfüllung kann der nichtsäumige Teil also nur beanspruchen, wenn er sofort dem Gegner anzeigt, daß er auf Erfüllung bestehe. Die Berechnung eines Schadensersatzes wegen Nichterfüllung nach § 376 Abs. 2 sieht u. a. vor, daß die zu liefernde Sache einen Börsen- oder Marktpreis hat. Das wird bei nicht vertretbaren Sachen in der Regel nicht der Fall sein. Doch ist dieser Unterschied ein rein faktischer, Ausdruck und Folge tatsächlicher Gegebenheiten des Abwicklungsstadiums; er stellt die Ortsbestimmung des § 381 Abs. 2 im Begriffsfeld vertretbar/nicht vertretbar (Rdn. 11) nicht in Frage.

b) bei zweiseitigen Handelsgeschäften. Hier kommen hinsichtlich der Untersuchungs- und Rügeobliegenheit die Bestimmungen der **§§ 377 u. 378 uneingeschränkt zur Anwendung**. Die Sache gilt demnach bei erkennbaren Mängeln als genehmigt, wenn der Besteller die rechtzeitige Mängelanzeige unterlassen hat. Im Falle der Beanstandung hat er die Aufbewahrungspflicht, ggf. das Notverkaufsrecht nach § 379. Zu § 377 vgl. die Fälle BGH LM § 377 Nr. 10 — Herstellung und Lieferung eines Werbefilms — und OLG Hamburg DB **1965** 29 — Herstellung und Lieferung von Werbedrucksachen —.

3. Abgrenzung zum einen Werkvertrag

Handelt es sich zugleich um das **Hinüberwechseln vom mobilen in den immobilen Rechtskreis**, so ist vorab die Frage zu entscheiden, ob überhaupt noch ein Werklieferungsvertrag oder nicht vielmehr ein reiner Werkvertrag vorliegt. Dieser unterfiele dann von vornherein nicht dem § 381 Abs. 2 und gäbe insbesondere keine Rügeobliegenheit. Dadurch, daß eine erst anzufertigende bewegliche Sache Bestandteil oder Zubehör eines Grundstücks werden soll, wird sie noch nicht zu einer unbeweglichen. Sollen aber Maschinen in ein Gebäude nicht nur einmontiert werden, sondern soll ihre

§ 382   Drittes Buch. Handelsgeschäfte

Einfügung eine Anlage erst betriebsfertig machen, so liegt ein Werkvertrag vor. Deshalb hat der BGH in BB **1971** 1387 mit Recht eine Rügeobliegenheit verneint für Lieferung und Einbau einer Heizungsanlage in einer Kraftfahrzeughalle. Bauhandwerker, die bei Erstellung eines Gebäudes Teilarbeiten leisten, errichten Einzelwerke eines Baues im Sinne des § 638 BGB; sie verkaufen nicht ihre Stoffe (RGZ **57** 377).

15 Werkvertrag, nicht Werklieferungsvertrag (*Staudinger/Riedel*[11] § 651, 5 sub III d) liegt ferner vor, wenn **jede Partei wesentliche Materialien** zu dem herzustellenden Werke zu liefern hat, z. B. wenn der Unernehmer aus Zucker, den er stellt, mit Hilfe von Honig, den der Besteller zu liefern hat, Kunsthonig herstellen soll. Darüber ob das vom Besteller zu Liefernde nur Zutaten, Nebensachen sind, oder wesentliche Beisteuer, entscheidet die Bedeutung dieser Lieferung für das Zustandekommen des Werkes. Von Erheblichkeit können sein: die Menge, die Eigenartigkeit der Stoffe, deren Wert usw. Handelt es sich nur um Zutaten, so tut das dem Charakter des Lieferverhältnisses als eines Werklieferungsvertrages keinen Abbruch; ist wiederum das vom Unternehmer Hinzuzufügende nur Zutat, der Stoff selbst dagegen vom Besteller zu liefern, so kommt ausschließlich Werkvertragsrecht zur Anwendung (§ 651 Abs. 2 BGB). — Soll schließlich der Unternehmer den von ihm für den Besteller zu bearbeitenden Stoff im eigenen Namen, aber auf Rechnung des Bestellers einkaufen, so liegt es rechtlich nicht anders, als wenn der Besteller dem Unternehmer das zu be- oder verarbeitende Material zur Verfügung gestellt hätte: Werkvertrag mit Einkaufskommission.

§ 382

Die Vorschriften der §§ 481 bis 492 des Bürgerlichen Gesetzbuchs über die Gewährleistung bei Viehmängeln werden durch die Vorschriften dieses Abschnitts nicht berührt.

Übersicht

	Rdn.		Rdn.
I. Verhältnis der Gewährschaftsregelung des bürgerlichen Viehkaufs zur Rügelast des § 377		a) auf die Tiergattungen des § 481 BGB	4
1. Die Grundregel	1	b) auf die Mängel der §§ 482 (Hauptmängel), 492 BGB	5
2. Begrenzung		II. Anwendbarkeit der übrigen Vorschriften des Handelskaufs	6

I. Verhältnis der Gewährschaftsregelung des bürgerlichen Viehkaufs zur Rügelast des § 377

1. Die Grundregel

1 § 382 ist ein Anwendungsfall des Vorbehalts in Art. 2 EGHGB, indem hier gegenüber dem sonst geltenden Vorrang des HGB im Verhältnis zum bürgerlichen Recht „etwas anderes bestimmt ist". Die **Geltung des § 377** wird **eingeschränkt**. Ist der Kauf von Vieh ein zweiseitiges Handelsgeschäft, so soll bei gewissen Mängeln des verkauften Tieres im Bereich bestimmter Tiergattungen der Käufer nicht besonders untersucht und entsprechend unverzüglich gerügt haben müssen, soweit schon nach §§ 481 ff BGB eine Sonderregelung in Ansehung der sog. Gewährfrist besteht (OLG Hamm OLGE **12** 267). Diese Regelung ist in den §§ 481–492 BGB — im engeren in den §§ 485, 492 — enthalten; sie lauten:

Stand: 31. 3. 1983

§ 481 Für den Verkauf von Pferden, Eseln, Mauleseln und Maultieren, von Rindvieh, Schafen und Schweinen gelten die Vorschriften der §§ 459 bis 467, 469 bis 480 nur insoweit, als sich nicht aus den §§ 482 bis 492 ein anderes ergibt.

§ 482 I Der Verkäufer hat nur bestimmte Fehler (Hauptmängel) und diese nur dann zu vertreten, wenn sie sich inneralb bestimmter Fristen (Gewährfristen) zeigen.
II Die Hauptmängel und die Gewährfristen werden durch eine mit Zustimmung des Bundesrats zu erlassende Kaiserliche Verordnung bestimmt. Die Bestimmung kann auf demselben Wege ergänzt und abgeändert werden.

§ 483 Die Gewährfrist beginnt mit dem Ablaufe des Tages, an welchem die Gefahr auf den Käufer übergeht.

§ 484 Zeigt sich ein Hauptmangel innerhalb der Gewährfrist, so wird vermutet, daß der Mangel schon zu der Zeit vorhanden gewesen sei, zu welcher die Gefahr auf den Käufer übergegangen ist.

§ 485 Der Käufer verliert die ihm wegen des Mangels zustehenden Rechte, wenn er nicht spätestens zwei Tage nach dem Ablaufe der Gewährfrist oder, falls das Tier vor dem Ablaufe der Frist getötet worden oder sonst verendet ist, nach dem Tode des Tieres den Mangel dem Verkäufer anzeigt oder die Anzeige an ihn absendet oder wegen des Mangels Klage gegen den Verkäufer erhebt oder diesem den Streit verkündet oder gerichtliche Beweisaufnahme zu Sicherung des Beweises beantragt. Der Rechtsverlust tritt nicht ein, wenn der Verkäufer den Mangel arglistig verschwiegen hat.

§ 486 Die Gewährfrist kann durch Vertrag verlängert oder abgekürzt werden. Die vereinbarte Frist tritt an die Stelle der gesetzlichen Frist.

§ 487 I Der Käufer kann nur Wandelung, nicht Minderung verlangen.
II Die Wandelung kann auch in den Fällen der §§ 351 bis 353, insbesondere wenn das Tier geschlachtet ist, verlangt werden; an Stelle der Rückgewähr hat der Käufer den Wert des Tieres zu vergüten. Das gleiche gilt in anderen Fällen, in denen der Käufer infolge eines Umstandes, den er zu vertreten hat, insbesondere einer Verfügung über das Tier, außerstande ist, das Tier zurückzugewähren.
III Ist vor der Vollziehung der Wandelung eine unwesentliche Verschlechterung des Tieres infolge eines von dem Käufer zu vertretenden Umstandes eingetreten, so hat der Käufer die Wertminderung zu vergüten.
IV Nutzungen hat der Käufer nur insoweit zu ersetzen, als er sie gezogen hat.

§ 488 Der Verkäufer hat im Falle der Wandelung dem Käufer auch die Kosten der Fütterung und Pflege, die Kosten der tierärztlichen Untersuchung und Behandlung sowie die Kosten der notwendig gewordenen Tötung und Wegschaffung des Tieres zu ersetzen.

§ 489 Ist über den Anspruch auf Wandelung ein Rechtsstreit anhängig, so ist auf Antrag der einen oder der anderen Partei die öffentliche Versteigerung des Tieres und die Hinterlegung des Erlöses durch einstweilige Verfügung anzuordnen, sobald die Besichtigung des Tieres nicht mehr erforderlich ist.

§ 490 I Der Anspruch auf Wandelung sowie der Anspruch auf Schadensersatz wegen eines Hauptmangels, dessen Nichtvorhandensein der Verkäufer zugesichert hat, verjährt in sechs Wochen von dem Ende der Gewährfrist an. Im übrigen bleiben die Vorschriften des § 477 unberührt.
II An die Stelle der in den §§ 210, 212, 215 bestimmten Fristen tritt eine Frist von sechs Wochen.

§ 382   Drittes Buch. Handelsgeschäfte

III Der Käufer kann auch nach der Verjährung des Anspruchs auf Wandelung die Zahlung des Kaufpreises verweigern. Die Aufrechnung des Anspruchs auf Schadensersatz unterliegt nicht der im § 479 bestimmten Beschränkung.

§ 491 Der Käufer eines nur der Gattung nach bestimmten Tieres kann statt der Wandelung verlangen, daß ihm an Stelle des mangelhaften Tieres ein mangelfreies geliefert wird. Auf diesen Anspruch finden die Vorschriften der §§ 488 bis 490 entsprechende Anwendung.

§ 492 Übernimmt der Verkäufer die Gewährleistung wegen eines nicht zu den Hauptmängeln gehörenden Fehlers oder sichert er eine Eigenschaft des Tieres zu, so finden die Vorschriften der §§ 487 bis 491 und, wenn eine Gewährfrist vereinbart wird, auch die Vorschriften der §§ 483 bis 485 entsprechende Anwendung. Die im § 490 bestimmte Verjährung beginnt, wenn eine Gewährfrist nicht vereinbart wird, mit der Ablieferung des Tieres.

2   Unsere Vorschrift besagt hiernach: An die Stelle der unverzüglichen Rüge aus § 377 HGB tritt die **Anzeige aus § 485 (§ 492) BGB**. Sie ist bei Gefahr des Verlustes der Sachmängelgewähr — von welcher die Minderung hier ohnehin ausgeschlossen ist (§ 487 Abs. 1 BGB) — spätestens zwei Tage nach Ablauf der sog. Gewährfrist zu erstatten oder durch eine gleichgestellte Rechtshandlung zu ersetzen. Nur dieser Rechtsverlust durch Verabsäumung der Anzeige (und der Nichteintritt des Rechtsverlustes, wenn der Verkäufer den Mangel arglistig verschwiegen hatte) ist das, was die Regelung in den §§ 485, 492 BGB mit der Rügelast des § 377 verbindet. Alles andere aus dem Rechtskreis des § 377 ist dagegen nicht, auch nicht entsprechend, anwendbar. Es gibt keine Untersuchungslast (vgl. Rdn. 3) und keine Erstreckung der Anzeigefrist ähnlich den verdeckten Mängeln des § 377 Abs. 3, falls der (Haupt)mangel sich ausnahmsweise erst nach Ablauf der Gewährfrist gezeigt haben sollte. Wie denn überhaupt die Ablieferung des Tieres beim Käufer hier in keiner Richtung (ausgenommen § 492 S. 2 BGB; doch gerade dort setzt wieder die Rügeobliegenheit ein, Rdn. 5) Anknüpfungspunkt ist; die Gewährfrist, die die Anzeigefrist steuert, läuft vom Gefahrübergang ab, und dieser kann nach § 447 S. 1 BGB u. U. schon vor der Ablieferung eingetreten sein. Es gibt auch keine Genehmigungsfiktion, die mit der Verabsäumung der Anzeige verbunden wäre. Hat das an einem nach §§ 482, 492 gewährleistungspflichtigen Mangel erkrankte Tier andere Tiere aus dem Viehbestand des Käufers angesteckt, so hat dieser bei Verschulden des Verkäufers Ansprüche aus positiver Vertragsverletzung wegen der Folgeschäden auch dann, wenn er die Anzeige verabsäumt hat und deshalb (§ 485 BGB) nicht mehr wandeln könnte, sofern nur der Mangel sich während der Gewährfrist gezeigt hatte (§ 482 BGB). — Allerdings anerkennt § 485 S. 1 BGB, daß mit der rechtzeitigen Absendung der Anzeige (vgl. § 377 Abs. 4) die Anzeigefrist gewahrt wird.

3   Die Hauptmängel und ihre Gewährfristen sind in der **Kaiserlichen Verordnung vom 27. 3. 1899** (RGBl. 219) festgelegt. Der Katalog der Verordnung ist darauf abgestellt, daß nach veterinärmedizinischen Erfahrungen die Hauptmängel sich innerhalb der Gewährfristen gezeigt haben müssen. Andererseits sind gerade die Hauptmängel solcher Art, daß sie vor Ausbruch für den durchschnittlichen Viehkäufer nicht ohne weiteres erkennbar zu sein pflegen. Hierin und in dem vereinfachenden Gewährfristschema liegt der Grund für die Herausnahme des Handels-Viehkaufs aus der Geltung des § 377.

2. Begrenzung

4   **a) auf die Tiergattungen des § 481 BGB.** Der über die §§ 481—492 BGB umschriebene Anwendungsbereich unserer Vorschrift ist begrenzt auf die Tiergattungen des

Stand: 31. 3. 1983

§ 481 BGB. Für **andere Tiergattungen** kommen die gewöhnlichen Gewährleistungsvorschriften des bürgerlichen Rechts und damit auch die **Rügeobliegenheiten des § 377** zur Anwendung. Beispiele: Hunde, Katzen, Ziervögel.

b) (Begrenzung) **auf die Mängel der §§ 482 (Hauptmängel), 492 BGB.** Andererseits: soweit eines der in § 481 BGB aufgeführten Tiere Gegenstand des Kaufs ist, wird nur für die sog. Hauptmängel (§ 482 BGB), außerhalb derselben nur für das Vorhandensein besonders zugesicherter Eigenschaften oder die vertraglich übernommene Garantie für die Abwesenheit von sogenannten Nebenmängeln (§ 492 BGB) Gewähr geleistet. Daraus läßt sich nun allerdings nicht schließen (so anscheinend *Schlegelberger/Hefermehl* 4), jenseits des vorbezeichneten Gewährleistungsbereichs trete, soweit Tiergattungen des § 481 BGB betroffen sind, wieder die Rügeobliegenheit aus § 377 ein. Wo keine Gewähr zu leisten ist, wird eine Rüge gegenstandslos — eben deshalb sind ja die §§ 481—492 BGB für unseren Paragraphen in complexu zitiert —, zumal die Ausschließlichkeit der Beschränkung der Sachmängelgewähr auf die Hauptmängel auch jede sonstige Haftung aus positiver Vertragsverletzung wegen des Vorhandenseins anderer Mängel verdrängt (*Staudinger/Honsell*[12] § 482, 11 m. w. N). Hiervon gibt es nur eine Ausnahme: die des § 492, sofern die Parteien **bei der vertraglich ausbedungenen Gewährleistung von der Bestimmung einer Gewährfrist abgesehen** haben (was ihnen freisteht). Alsdann bleibt für eine **Mängelrüge** Raum (KG OLGE 22 235). Denn nur bei zusätzlicher Vereinbarung einer Gewährfrist soll § 485 BGB Anwendung finden, der seinerseits den § 377 HGB ausschließt. Ist dagegen keine Gewährfrist vereinbart worden, so ist kraft unserer Vorschrift die Rügeobliegenheit wiederum gegeben.

II. Anwendbarkeit der übrigen Vorschriften des Handelskaufs

Uneingeschränkt finden im übrigen die §§ 373 (Selbsthilfeverkauf beim Annahmeverzug des Käufers), 375 (Bestimmungskauf), 376 (Sonderbestimmungen über das Fixgeschäft), 378 (Falschlieferung), 379 (Verpflichtung des Käufers zur einstweiligen Aufbewahrung der beanstandeten Ware und das Recht des Notverkaufs bei Gefahr im Verzuge) auch beim Viehhandel Anwendung. Alle diese Vorschriften haben eine Gewährleistung nicht zur Voraussetzung, werden also auch durch die Sonderregelung der Gewährleistung bei Viehmängeln nicht berührt. Insbesondere die Verpflichtung des Käufers nach § 379 hängt nicht von der Berechtigung geltend gemachter Gewährleistungsansprüche ab (§ 379, 20); andererseits wird sie auch hier gegenstandslos, sobald wegen Verabsäumung der Anzeige nach § 485 BGB die Gewährleistungsansprüche verloren gegangen sind.

Sachregister

fette Zahlen = §, magere Zahlen = Rdn.

Ab Kai
 Ankunftsgeschäft **Vor 373** 159
 Bedeutung des Geschäfts **Vor 373** 159
 Handelsklausel **346** 129, 218
 Incoterms **Vor 373** 755
 Trade Terms **Vor 373** 770
 Verkäuferpflichten **Vor 373** 160 ff
Ab Lager
 Handelsklausel **346** 130
Ab Lager netto Kasse
 Handelsklausel **346** 131
Ab Schiff
 Ankunftsvertrag **Vor 373** 148
 Bedeutung des Geschäfts **Vor 373** 148
 Handelsklausel **346** 132
 Incoterms **Vor 373** 754
 Käuferpflichten **Vor 373** 155 ff
 Trade Terms **Vor 373** 769
 Verkäuferpflichten **Vor 373** 149 ff
Ab Station
 Handelsklausel **346** 132
Ab Werk
 Handelsklausel **346** 134 ff
 Incoterms 2000/Modifizierung **346** 135
Abgabe von Willenserklärungen
 Zugang/Abgrenzung zur Leistungsbewirkung **358** 4
Abhandenkommen
 Güterpapiere (Orderpapiere) **363** 61
 Inhaberpapiere und Gutglaubensschutz **367** 15 ff
 und Traditionswirkung **363** 108, 111 ff, 137
Abladegeschäfte
 Ab-Kai-Geschäft
  – s. dort
 Ab-Schiff-Geschäft
  – s. dort
Ablieferungserfordernis
 Kaufmännische Mängelrüge
  – s. dort
Abrechnungsposten
 beim Kontokorrent/Selbständigkeitsverlust **355** 99 ff
Abrechnungsverträge/Verrechnungsverträge
 und Kontokorrent **355** 18

Absetzgleisfall des BGH
 Schweigen/Schadensersatzhaftung wegen verletzter Widerspruchspflicht **Anh 362** 16
Absolute Theorie
 Sachenrechtliche Wirkung der Traditionspapiere **363** 99 ff
Absolute Verfügungsbeschränkungen
 Fehlender Gutglaubensschutz **366** 35
Abstimmung
 Schweigen **Anh 362** 3, 35
Abstraktes Schuldversprechen
 Feststellungs- oder Anerkenntnisvertrag **355** 181 ff; **355** 22
 Rektapapiere **363** 31
 Verpflichtungsschein, kaufmännischer über nicht-vertretbare Sachen **363** 16
Abstraktheit
 von Anweisung, Verpflichtungsschein (kaufmännischer) **363** 19
 Konnossement/Ladeschein ggü dem Frachtvertrag **363** 64 ff
 Kotokorrent
  – s. dort
 und wertpapierrechtlicher Einwendungsausschluß/Verhältnis **363** 67, 74
Abtretung
 Abtretungsverbot und verlängerter Eigentumsvorbehalt **366** 58
 Kaufmännische Orderpapiere/Übertragung mittels Zession **z 364** 18 ff
 und kaufmännisches Zurückbehaltungsrecht **372** 48; **372** 94 ff, 109
 und kaufmännisches Zurückbehaltungsrecht/Sukzessionsschutz **372** 70 ff
 vor Kontokorrentabrede entstandene Forderung **355** 111
 Kontokorrenteinstellung/Unabtretbarkeitsfolge **355** 47
 Orderpapiere (kaufmännische)
  – s. Indossament
 Sicherungsgeberleistungen/Übergang gesicherter Einzelforderung **356** 70
 Vorausabtretung künftiger Forderungen/kontokorrentlicher Abtretungsausschluß **355** 112
 Vorausabtretung/Vereitelung **366** 58

Abtretungsverbot/wirksame Abtretung
 Begriff/Legaldefinition **354a** 2, 23
 Beiderseitige Handelsgeschäfte **354a** 6
 Dogmatik **354a** 4
 Eigentumsvorbehalt, Offenlegung eines verlängerten **354a** 15
 Freiberufler **354a** 21, 23
 Gläubiger- und Schuldnerinteressen/Ausgleich **354a** 3
 Handelsrechtlicher Gehalt der Norm/kritische Würdigung **354a** 24
 Handelsrechtssystem **354a** 6
 Insolvenz **354a** 19
 Kaufmannseigenschaft **354a** 6 f
 Kaufmannseigenschaft des Zedenten, problematische **354a** 21 f
 Kenntnis von der Zession **354a** 13
 Kontokorrentliches Abtretungsverbot **354a** 9; **355** 114
 Kreditverkehr und Abtretungsverbot **354a** 1
 Lösungsmodell, neuartiges (Wirksamkeit der Zession) **354a** 5
 Nicht-Kaufleute **354a** 8
 Scheinkaufmann **354a** 7
 Schuldnerschutz und absolute Wirksamkeit der Abtretung **354a** 4
 UNIDROIT-Übereinkommen **354a** 5
 Verfassungsrechtliche Bedenken **354a** 21 f
 Verfügungsbefugnis und Gutglaubensschutz **366** 58
 Wahlmöglichkeit des Schuldners: Leistung an Zessionar/an ursprünglichen Gläubiger **354a** 11
 Zwangsvollstreckung **354a** 18
Abwicklungsgeschäfte
 Handelsgeschäfte **343** 11
ADHGB
 Gewohnheitsrecht/Handelsbrauch **346** 2, 3
 Gutglaubensschutz **366** 1
 Handelskauf **Vor 373** 1
 Kontokorrent **355** 1
Akkreditiv
 Handelsklausel **346** 168, 192
Aktiengesellschaft
 als Formkaufmann **Vor 343 ff** 31
 Handelsgeschäfte **343** 7
 Sorgfalt ordentlichen Kaufmanns **347** 3
Aliud
 s. Mängelrüge (kaufmännische)
Allgemeine Geschäftsbedingungen
 Arbeitskampf-Klauseln **346** 145
 Bankenpfandrecht/Pfandrechtserstreckung auf inkonnexe Forderungen **366** 111
 Ergänzende Einbeziehung durch kaufmännisches Bestätigungsschreiben **346** 103
 Handelsbrauchqualifikation **346** 11, 21
 Handelskauf (Verbandsempfehlungen) **Vor 373** 2
 Incoterms
  – s. dort
 Kaufmännisches Bestätigungsschreiben/Abwehrklauseln **346** 79
 Pfandrechte aufgrund AGB/Gutgläubiger Erwerb und Sicherung inkonnexer Forderungen **366** 110
 Schiedsabrede **346** 148
 Schweigen im kaufmännischen Verkehr **362** 25; **Anh 362** 8
 und Sorgfalt ordentlichen Kaufmanns **347** 11
 Vertragsstrafenversprechen **348** 15
 Werkunternehmerpfandrecht/Pfandrechtserstreckung auf inkonnexe Forderungen **366** 110
Amtsbefugnisse
 Guter Glaube an die Verfügungsbefugnis **366** 33
Analogie
 Anweisung (bürgerlich-rechtliche) **363** 15
 Aufgebotsverfahren als allgemeine wertpapierrechtliche Wirkung **363** 27
 Duldungs- und Anscheinsvollmacht/Guter Glaube an Verfügungsbefugnis **366** 11, 23 ff
 Guter Glaube an die Verfügungsbefugnis **366** 10
 Kaufmännische Mängelrüge **377** 21 f
 Kommissionärspfandrecht/gutgläubiger Erwerb zur Sicherung inkonnexer Forderungen **366** 104, 107
 Kontokorrent
  – s. dort
 Orderpapiere/numerus-clausus-Bedeutung **363** 3
 Pfandverwertung, unberechtigte **366** 31
 Traditionspapiere/Anerkennung weiterer **363** 153
 Verfügungsmacht und Gutglaubensschutz **366** 11
 Vertretungsmacht und Gutglaubensschutz **366** 37
 Wertpapierrechtlicher Einwendungsausschluß **363** 45
 Wertungswidersprüche des Gesetzes **366** 10
 Zulassung weiterer echter Orderpapiere im Lager- und Transportwesen **363** 78 ff
 Zurückbehaltungsrecht (kaufmännisches) und Pfandrechtsvorschriften **372** 19 ff
Anerkenntnis
 Saldoanerkenntnis
  – s. Kontokorrent

Anerkennung
Handelsbräuche 346 9
Anfechtung
Anwendung bei Auslegungsregeln 361 4
Handelsbrauchunkenntnis und Erklärungsirrtum 346 51
Irrtumsfälle beim kaufmännischen Bestätigungsschreiben 346 118 ff
Sicherungsgeber und Kontokorrentzugehörigkeit 356 61
Angebot
Schweigen auf Annahme eines freibleibend erklärten – Anh 362 22
Ankunft/glückliche vorbehalten
Handelsklausel 346 141
Ankunftsgeschäfte
Ab-Kai-Geschäft
Ab-Schiff-Geschäft
– s. dort
Anleiheschuldverschreibungen
Blankoindossament/Gutglaubensschutz bei Abhandenkommen 367 11
Anlieferung unfrei
Handelsklausel 346 142
Annahme
Lieferscheinannahme (Orderlieferschein) 363 46
Lieferscheinannahme/Anspruch gegen den Angewiesenen 363 42
Annahmeverzug (Handelskauf)
Angebot der Ware als Voraussetzung 374 2 ff
Anwenundgsbereich 374 1
Gutglaubensschutz 366 31
und Leistungsbewirken 358 6
Nichtannahme/Unterlassen der Mitwirkung 374 17
Notverkaufsrecht/Guter Glaube an Verfügungsbefugnis 366 31
Rechtsfolgen (BGB-Regelung) 374 22 ff
Rechtsfolgen (HGB-Regelung)
– Hinterlegung 374 28 ff
– Selbsthilfeverkauf 374 33 ff
Zurechenbarkeit 374 18
Anschauungen
im Handelsverkehr 346 19
Anscheinsvollmacht
und Scheinermächtigung 366 24 ff
Ansprüche und Leistungen (beiderseitige)
Geschäftsverbindung und Kontokorrentverhältnis 355 38 ff
Anspruchsnatur
und Kontokorrentzugehörigkeit 355 81 ff
Antizipation
Verrechnung beim Kontokorrent 355 128

Antrag auf Geschäftsbesorgung
Schweigen hierauf
– s. Schweigen (Zustimmungsfiktion)
Anwartschaftsrecht
und kaufmännisches Zurückbehaltungsrecht 372 34
Lieferscheinübertragung ohne Kaufpreiszahlung 363 50
Anweisung (bürgerlich-rechtliche)
Kassalieferschein 363 39
Vertretbarkeitserfordernis/fehlendes und Analogie zur – 363 15
Anweisung (kaufmännische)
Allgemeine wertpapierrechtliche Voraussetzungen 363 21 ff
Anwendungsfälle
– Analogie/Zulassung weiterer echter Orderpapiere 363 78 ff
– Fracht- und Lagerrecht s. Güterpapiere
– Geldzahlungen/Orderpapiere 363 30
– Lieferschein s. dort
– Umdeutung formnichtiger Wechsel und Schecks 363 32 ff
– auf Wertpapierleistung gerichtete Orderpapiere 363 36
Auslegung (Wertpapiercharakter) 363 23
Bedingungsabhängigkeit 363 19
Bestätigungsschreiben, bloße 363 23
Beweisurkunde/Quittung (bloße) 363 23
Bürgerlich-rechtliche Anweisung/Schuldversprechen als Alternativen 363 11
Freie Berufsangehörige 363 7
Gattungsschuld/Speziesschuld 363 14
Gegenleistung, Unabhängigkeit von solcher 363 17
Gegenstand (Geld, Wertpapiere, andere vertretbare Sachen) 363 13
Guter Glaube an Orderpapiereigenschaft 363 12
und Güterpapiere (Orderpapiere)/Unterschied 363 54
Handelsgeschäftcharakter, nicht erforderlicher 363 5
Indossament
– s. dort
Inhalt der Angewiesenenverpflichtung/Inhalt der Annahmeerklärung – Abweichungen 363 45
Kaufmannseigenschaft des Bezogenen/potentielle Akzeptanten 363 5
Kaufmannseigenschaft, fehlende 363 11
Kaufmannseigenschaft, nachträglicher Erwerb 363 10
Kaufmannseigenschaft, nachträglicher Verlust 363 10

Kleingewerbetreibende 363 7
Leistungen, andere als Gegenleistung/Abhängigkeitsbedingung 363 18 f
Lieferschein (Orderlieferschein)
– s. dort
Nicht-Kaufleute 363 7
Orderanweisung (Orderklausel)/allgemeinwertpapierrechtliche 363 25 ff
Orderanweisung (Orderklausel)/spezifisch orderpapierrechtliche Wirkungen 363 28 f
Orderanweisung (Orderklausel)/Voraussetzung für Orderpapierentstehung 363 22
und Rektapapiereigenschaft im Einzelfall 363 11, 16, 20
Scheinkaufleute 363 8
Schriftform 363 21
Schuldrechtsverhältnis/zulässige Verknüpfung 363 19
Übergabeerfordernis/auch als Rektapapier 364 22
Übertragung
– s. Indossament
Unternehmensträger 363 7
Vertretbarkeit des Gegenstandes, fehlende 363 15
Wertpapiereigenschaft 363 11
Wertpapiereigenschaft und Orderklausel 363 23

Anzeige eines Mangels
s. Mängelrüge (kaufmännische)

Arbeitskampf
und Handelsklauseln 346 143 f

Arbeitsverhältnis
und Geschäftsverbindung 355 36

Arbitrage
Handelsklausel 346 146

Auf Abruf
Handelsklausel 346 140

Auf Besicht
Handelsklausel 346 149

Aufbewahrung
Stillschweigende Vergütungsvereinbarung 354 1 ff

Aufgebotsverfahren
als allgemein-wertpapierrechtliche Wirkung 363 27, 88
Vernichtung/Abhandenkommen verbrieften Rechts 365 37 ff

Aufrechnung
und Abtretungsverbot 354a 12
Antizipierter Aufrechnungsvertrag/unverbindliche Posten 355 162
Aufrechnungsmöglichkeit als Sicherheit/Kontokorrent 356 33
Aufrechnungsvertrag als Leistung 355 161

Aufrechnungsvertrag und Verrechnungsfolge 355 125 ff
und Barzahlungsklausel 346 152
Einseitige Beschränkungen 355 70
Indossament/Aufrechnungseinwand gegenüber Vormann 364 59
und kaufmännisches Zurückbehaltungsrecht 372 72
und Kontokorrent, Vergleich 355 10
Kontokorrentabrede/Ausschluß einseitiger – 355 105
Verhältnismäßige Gesamtaufrechnung/Verrechnungsfolge im Kontokorrent 355 144 ff
Vorweggenommener Vertrag/Kontokorrentfähigkeit 355 71

Aufrechnungsausschluß
Kassa gegen Dokumente 346 224
und Kontokorrentzugehörigkeit 355 90 ff

Aufrechnungsfähigkeit
und Kontokorrentfähigkeit 355 70 ff

Aufsichtsrat
Tätigkeit als Handelsgeschäft 343 11

Auftragsbestätigung
und Kaufmännisches Bestätigungsschreiben 346 70 ff
Schweigen hierauf Anh 362 23

Aufzeichnung
und Handelsbrauchcharakter 346 12

Auslagen
Zinsanspruch des Kaufmanns vom Leistungstag an 354 15

Ausländer
und inländischer Handelsbrauch 346 37

Ausländischer Handelsbrauch
IPR-Geltung 346 36

Auslegung von Handelsklauseln
Gebrauch typischen Inhalts Vor 373 168

Auslegung von Willenserklärungen
Auslegungsregeln/ergänzende Vertragsauslegung 361 5
Grenzen rechtsgeschäftlicher Verfügungsmacht 366 51
Handelsbrauch/Erwartungshaltung 346 4, 43
Schweigen als Element der – Anh 362 7 f
Schweigen auf fehlerhafte Vertragsauslegung Anh 362 31
Vertragsstrafenversprechen 348 11
Wertpapierrecht/Verbriefungswille 363 23

Auslieferung von Waren
Kaufmännischer Lieferschein
– s. Lieferschein (Orderlieferschein)

Aussteller
Kaufmännischer Verpflichtungsschein 363 5

Ausverkaufsaktion
  Guter Glaube an die Verfügungsbefugnis
    366 62

Baldmöglichst
  Handelsklausel **346** 150
Bankrecht
  AGB-Pfandrecht **366** 111
  Banken-Kontokorrent **355** 7, 26, 42, 150
  Gutgläubiger Erwerb abhandengekommener Inhaberpapiere **367** 3
Barzahlung
  und Aufrechnungsklausel **346** 152
  Handelsklausel **346** 151
  und Kontokorrentzugehörigkeit **355** 81
Bedingte Ansprüche
  und Kontokorrentzugehörigkeit **355** 84
  Verrechnungsfähigkeit beim Kontokorrent **355** 139
Bedingung
  Bedingtes Indossament **365** 9
Befriedigungsrecht
  aufgrund kaufmännischen Zurückbehaltungsrechts **372** 65 ff, 88, 113
Befristete Ansprüche
  und Kontokorrentzugehörigkeit **355** 84
  Verrechnungsfähigkeit beim Kontokorrent **355** 139
Begebungsvertrag
  Güterpapiere (Orderpapiere)/Entstehung verbrieften Rechts **363** 57 ff
  Übertragung kaufmännischer Orderpapiere – s. Indossament
Beiderseitige Ansprüche/Leistungen
  Geschäftsverbindung und Kontokorrentpartner **355** 38 ff
Belastungen einer Sache
  Gutgläubig lastenfreier Erwerb **366** 83 ff
Berichtigungsanspruch
  Unrichtige Saldoforderung **355** 212 ff
Berufliche Stellung
  Scheinverfügungsbefugnis **366** 2, 8, 43
  Verfügender und Gutglaubensschutz **366** 10, 42
Berufsmäßigkeit
  und Gewerbebegriff **Vor 343 ff** 3
  und Kaufmannseigenschaft **Vor 343 ff** 39
Beschlußfassung
  Genehmigung fehlerhafter durch Schweigen **Anh 362** 35
Besicht/auf Besichtigung
  Handelsklausel **346** 153
Besichtigt (wie besichtigt)
  Handelsklausel **346** 155
Besichtigungsklausel
  Verborgene Mängel **361** 8

Besitz
  Besitzrecht eines Dritten aufgrund Einverständnisses/Gutglaubenserwerb gesetzlichen Pfandrechts **366** 88 ff
  Geltendmachung kaufmännischen Zurückbehaltungsrechts als Recht zum – **372** 61
  und Gutglaubensschutz **366** 2
  und kaufmännisches Zurückbehaltungsrecht **372** 18 ff
  und Traditionswirkung **363** 108
  Verfügungsbefugnis und Gutglaubensschutz **366** 1
Besitzerwerb
  und kaufmännisches Zurückbehaltungsrecht/Sukzessionsschutz **372** 70 ff
Besitzrecht
  Gesetzliches Pfandrecht/gutgläubiger Erwerb **366** 89
Besitzschutz
  aufgrund kaufmännischen Zurückbehaltungsrechts **372** 83 ff
Besitzübertragung
  Übertragung eines Traditionspapieres/Warenübergabe **372** 28
Betreiben eines Gewerbes
  Kaufmannseigenschaft **Vor 343 ff** 2 ff
Betrieb des Handelsgewerbes
  Handelsgeschäfte **343** 5
  Veräußerung/Verpfändung im –/Guter Glaube an Verfügungsbefugnis **366** 16
  Veräußerung/Verpfändung/Verfügungsmacht und Gutglaubensschutz **366** 10
  Verfügung, Verfügungsbefugnis und Gutglaubensschutz **366** 17, 32, 49 f
Betriebsrisiko
  Schweigen/Rechtsscheinhaftung kraft kaufmännischen – **Anh 362** 26 f
Betriebsstörungen vorbehalten
  Handelsklausel **346** 156
Betriebswirtschaftliche Grundsätze
  Gewinnerzielungsabsicht/Führung eines Unternehmens **Vor 343 ff** 4
Bewegliche Sachen
  Gutgläubig lastenfreier Erwerb **366** 83 ff
  Veräußerung, Verpfändung/Verfügungsmacht und Gutglaubensschutz **366** 18 ff
  und Zurückbehaltungsrecht (kaufmännisches) **372** 13 ff
Beweisrecht
  Anerkennung der Saldoforderung **355** 183
  Ermittlung von Handelsbräuchen **346** 52 ff
  Gutgläubiger Erwerb von Inhaberpapieren **367** 22 ff
  Kaufmännische Mängelrüge **377** 203 ff **378** 89 ff

Kaufmännisches Bestätigungsschreiben/
 Beweisfunktion **346** 116
Kontokorrent-Bedeutung **355** 4
Schweigen als Willenserklärung **Anh 362** 6
Bezogener
Kaufmännische Anweisung **363** 5
Billigkeit
und Handelsbräuche **346** 14
Bis zu ... (Datum)
Handelsklausel **346** 157
Blankoindossament
s. Indossament
Bodmereibrief
Abschaffung **363** 52
Börsentermingeschäft
Verrechnung im Kontokorrent **355** 160 ff
Botenschaft
Ablader/Absender als Bote **363** 59
Bremer Baumwollbörse
AGB zum Handelskauf **Vor 373** 2
Brutto für netto
Handelsklausel **346** 158
Buchführung
und Kontokorrent **355** 61
Buchungsblatt
und Kontokorrent/Abgrenzung **355** 11
Buchungsfähigkeit
und Kontokorrentfähigkeit **355** 64 ff
Bundesanzeiger
Inhaberpapiere/Gutglaubensschutz bei
 Abhandenkommen nach Bekanntmachung
 im **367** 18 ff
Bundesbankgenußscheine
Blankoindossament/Gutglaubensschutz bei
 Abhandenkommen **367** 11
Bürgschaft
Handelsgeschäft **343** 13
als Handelsgeschäft/Haftung als selbstschuld-
 nerischer Bürge **349** 1 ff
als Handelsgeschäft/Wirksamkeit mündlicher
 Versprechen **350** 1 ff
Primäransprüche/Kontokorrentzugehörigkeit
 355 85
Rückgriffsansprüche/Kontokorrentzu-
 gehörigkeit **355** 85

Cash against documents
Handelsklausel **346** 159
Cash before delivery
Handelsklausel **346** 159a
Cessio legis
und kaufmännisches Zurückbehaltungsrecht
 372 49, 100 f, 109
CFR (Kosten und Fracht)
Handelsklausel **346** 160

CIF
Handelsklausel **346** 161
Cif-Geschäft (Überseekauf)
Incoterms **Vor 373** 753, 768
Käuferpflichten **Vor 373** 71 ff
Modifikationen **Vor 373** 73 ff
Verkäuferpflichten **Vor 373** 13 ff
CIP (frachtfrei versichert)
Handelsklausel **346** 162
Circa, ungefähr
Handelsklausel **346** 164
CISG (UN-Kaufrecht)
Dokumentenlieferung als wesentliche Ver-
 tragspflicht **346** 225
Fälligkeitszinsen **353** 1
Cod (cash on delivery)
Handelsklausel **346** 165a
CPT (frachtfrei)
Handelsklausel **346** 163
Culpa in contrahendo
Handelsgeschäftliche Grundlage **372** 44
Orderklausel ohne Orderpapiercharakter/
 Schutzpflichtenverletzung **363** 94

Darlehen
Abgrenzung Kontokorrent und Ratentilgung
 355 43
Auszahlungsanspruch und Kontokorrent-
 zugehörigkeit **355** 81
Verbindung mit Kontokorrent **355** 19
Zinsanspruch des Kaufmanns vom Leistungs-
 tag an **354** 15
Depotgeschäft
Ordnungsmäßigkeit/Erfüllung von
 Wertpapierlieferungsverpflichtungen
 366 73
Depotrecht
Fremdvermutung und guter Glaube an die
 Verfügungsbefugnis **366** 22
Deutsche Börse Clearing AG
Effektenverwahrung/Miteigentumsanteil am
 Gesamtbestand **367** 28 f
Deutscher Industrie- und Handelstag
Feststellung von Handelsbräuchen (Merk-
 blatt) **346** 12, 57
Dienstleistungen
Gattungsschuld **360** 4
Handelsgeschäft/Stillschweigende Vergü-
 tungsvereinbarung **354** 1 ff
Dienstvertrag
Stillschweigende Vergütungsvereinbarung
 354 1
Dinglicher Vertrag
Übertragung kaufmännischer Orderpapiere
 – s. Indossament

Dingliches Recht
und kaufmännisches Zurückbehaltungsrecht 372 1 ff
Dissens
Kaufmännisches Bestätigungsschreiben 346 117
Dokumente/Handelsklauseln
Dokumente gegen Akkreditiv 346 168
Dokumente gegen Akzept 346 167
Dokumente gegen unwiderruflichen Zahlungsauftrag 346 169
Kassa gegen Dokumente 346 166
Dritter/Dritte
Einfluß auf Kontokorrentzugehörigkeit 355 96
Kontokorrent/Dritte als Sicherungsgeber 356 55 ff
Kontokorrentabrede/Wirkungen im Verhältnis zu – 355 109 ff
Leistungen im eigenen Namen für Schuldnerrechnung/Rückgängigmachung des Vertrags 372 38
Sachen Dritter/kaufmännisches Zurückbehaltungsrecht 372 36
Zustimmung zur Veräußerung, Verpfändung/Verfügungsmacht und Gutglaubensschutz 366 18
Duldungsvollmacht
und Scheinermächtigung 366 24 ff
Durchkonnossement
als Traditionspapier 363 153

e-Mail
Kaufmännisches Bestätigungsschreiben 346 68
ECE-Bedingungen
Allgemeine Liefer- und Montagebedingungen zum Handelskauf **Vor 373** 3
Effektengeschäfte
s. Wertpapiere
Ehegüterrecht
s. Güterrecht
Eigentum
und kaufmännisches Zurückbehaltungsrecht 372 32 ff
Eigentumserwerb
Gutglaubensschutz
s. dort
Lieferscheinübertragung 363 50
und kaufmännisches Zurückbehaltungsrecht 372 75 ff
und Urkundenbeutung (Sperr- und/oder Legitimationsfunktion) 366 75 ff
Verbrieftes Recht/Abtretung und Übertragung durch Indossament 364 24

Eigentumsverlust
und kaufmännisches Zurückbehaltungsrecht 372 105
Eigentumsvorbehalt
Einverständnis zum Besitzerwerb eines Dritten 366 100
Ergänzungsfunktion § 366 Abs 1 HGB ggü §§ 932 ff BGB 366 44
Finanzierung eines Verkaufsgeschäfts 366 72
Gläubigerverwertung 354 13
Gutgläubiger Erwerb eines Werkunternehmerpfandrechts 366 117 ff
Kleingewerbetreibende/Guter Glaube an die Verfügungsbefugnis 366 10
Kontokorrent 356 17, 32
Scheinermächtigung zur Weiterveräußerung 366 24
Scheinermächtigung/Guter Glaube an Verfügungsbefugnis 366 25, 67 f
Sicherungsübereignung von Vorbehaltsgut 366 70
Unternehmerische Entscheidungsfreiheit/Sicherungsinteresse des Vorbehaltseigentümers 366 60 f
und Verfügungsbefugnis 366 5, 37
Verlängerter Eigentumsvorbehalt/Vereitelung einer Vorauszession 366 58
Warenhändler als Kleingewerbetreibender/Gutglaubensschutz 366 10
Warenkaufleute und Verfügungsbefugnis 366 5, 44
Warenüberlassung an Kommissionär 366 100
Einheitliches Kaufrecht
EAG **Vor 373** 604 ff
EKG **Vor 373** 299 ff
Einlagenrückstände
und Kontokorrentfähigkeit 355 72 ff
Einreden/Einwendungen
Berichtigungsanspruch aufgrund unrichtiger Saldofeststellung 355 216 ff
Indossament und Einwendungsausschluß
– s. Indossament
Kaufmännisches Zurückbehaltungsrecht 372 60 ff
Kontokorrentvereinbarung 355 104
Saldoforderung/Saldoanerkenntnis 355 195 ff
Sicherungsgeber/gesicherte Kontokorrentforderung 356 66 f
Wertpapierrechtlicher Einwendungsausschluß 363 45
Wertpapierrechtlicher Einwendungsausschluß/Orderklausel ohne Orderpapiercharakter 363 90

Einverständnis
  als Rechtsgeschäft/Gutgläubiger Erwerb
    gesetzlichen Pfandrechts **366** 88 ff
  Schweigen als Einverständnis
    – s. Schweigen (Verpflichtungsgrund)
Einzelkaufmann
  Handelsgeschäfte/Betriebszugehörigkeit **343** 6
Empfang der Ware
  Handelsklausel **346** 175
Entgeltlichkeit
  Stillschweigende Vergütungsvereinbarung
    zugunsten des Kaufmanns **354** 1 ff
Erfüllung
  Indossament und Wirksamkeitseinwendungen
    364 55
Erfüllungsgehilfe
  und Sorgfalt ordentlichen Kaufmanns **347** 3
Erfüllungshaftung
  Schweigen (Zustimmungsfiktion) **362** 25 ff
  aufgrund Schweigens
    – s. Schweigen (Verpflichtungsgrund)
Erfüllungsmöglichkeit vorbehalten
  Handelsklausel **346** 176
Erfüllungsort
  Bestimmungen zu Maß/Gewicht/Währung/
    Zeitrechnung/Entfernung **361** 1 ff
  Primäre/sekundäre Leistungspflichten **361** 9
Erfüllungswirkung
  Warenübergang gegen Lieferscheinübertragung **363** 50
Erklärungsbewußtsein
  Schweigen als Willenserklärung **Anh 362** 5
Ermächtigung
  Eigentumsvorbehalt und Weiterveräußerungsermächtigung **366** 5
  Einverständnis zum Besitzerwerb eines
    Dritten **366** 92
  Scheinverfügungsermächtigung/Guter Glaube
    366 23 ff
  Sicherungsübereignung und Weiterveräußerungsermächtigung **366** 5
Ermächtigungstreuhand
  und Treuhandindossament **364** 16
Erntevorbehalt
  Handelsklausel **346** 177
Erwartungsklausel
  Handelsklausel **346** 178
Erwirkung
  Gegenstück zur Verwirkung/Schweigen als
    Grundlage einer – **Anh 362** 34 f
Euro-Einführung
  Währungsrecht (Grundlage) **361** 2
Europäische wirtschaftliche Interessenvereinigung
  als Handelsgesellschaft **Vor 343** ff 29

Ex factory
  Handelsklausel **346** 179
Exportlizenz vorbehalten
  Handelsklausel **346** 180
EXW
  Handelsklausel **346** 180a

Factoring
  Liquiditätsbeschaffung **354a** 2
  Ottawa-Konvention zum internationalen –
    354a 5
Fag (fair average quality; if inferior allowance)
  Handelsklausel **346** 182
Fahrlässigkeit
  Guter Glaube an die Verfügungsbefugnis/
    Begrenzung **366** 52
Faktura
  Handelsklausel **346** 181
Fälligkeit
  und Kontokorrentzugehörigkeit **355** 81 ff
  Zurückbehaltungsrecht(kaufmännisches)/
    Fälligkeit gesicherter Forderung **372** 40 ff
Fälligkeitszinsen
  Beiderseitiges Handelsgeschäft/Zinsanspruch
    bei Geldforderungen **353** 1 ff
FAS (free along side ship)
  Handelsklausel **346** 183
Fax
  Kaufmännisches Bestätigungsschreiben **346** 68
FCA (frei Frachtführer)
  Handelsklausel **346** 184
FCL/FCL (full container load)
  Handelsklausel **346** 185
Fehler der Kaufsache
  s. Mängelrüge (kaufmännische)
Fein, gesund und handelsüblich
  Handelsklausel **346** 186
Feststellungsvertrag
  Saldofeststellung
    – s. Kontokorrent
Finales Qualitätszertifikat
  Handelsklausel **346** 187
Finanzierung
  Verkaufsgeschäft, finanziertes/Sicherungsübereignung, Verpfändung zum Zwecke
    der – **366** 72
Fio (free in, free out)
  Handelsklausel **346** 188
Firmenübernahme
  und kaufmännisches Zurückbehaltungsrecht
    372 48
  Kontokorrent **356** 34
Fob-Geschäft (Überseekauf)
  Handelsklausel **346** 189
  Incoterms **Vor 373** 751

Käuferpflichten **Vor 373** 121 ff
Modifikationen **Vor 373** 128 ff
Trade-Terms **Vor 373** 766
Verkäuferpflichten **Vor 373** 88 ff
Wirtschaftliche Bedeutung **Vor 373** 85
Force majeure
Handelsklausel **346** 190
Forderungsrecht
Inkonnexe Forderungen/gutgläubiger Pfandrechtserwerb zu ihrer Sicherung **366** 101
Kontokorrent und rechtlicher Bestand des – **355** 101
Kontokorrent/Annahme gesetzlicher Forderungsauswechselung **356** 8 ff
Kontokorrenteinstellung/Verlust selbständiger Geltendmachung **355** 47
Kontokorrentfähigkeit/Verrechnungsfähigkeit – s. Kontokorrent
Zurückbehaltungsrecht/Voraussetzungen des gesicherten – **372** 40 ff
Formfragen
Bürgschaftsversprechen/Schuldversprechen/Schuldanerkenntnis als Handelsgeschäfte **350** 11
Handelsbräuche und Formerfordernisse **346** 48
Indossament und Formmängel **364** 42, 48
Kaufmännisches Bestätigungsschreiben **346** 66
Schiedsabrede **346** 147
Umdeutung formnichtiger Schecks, Wechsel **363** 32 ff
Wertpapierentstehung **363** 21
Formkaufmann
GmbH, AG, Genossenschaft **Vor 343 ff** 31
Formularverträge
Handelskauf **Vor 373** 3
Fortfaiting
Handelsklausel **346** 191
Forwarders Receipt
Orderpapierausstellung durch Spediteur **363** 85
Frachtbasis
Handelsklausel **346** 197
Frachtbrief gegen Akkreditiv
Handelsklausel **346** 192
Frachtbriefdoppel
Handelsklausel **346** 228
Frachtfrei
Handelsklausel **346** 193
Frachtfrei versichert
Handelsklausel **346** 195
Frachtführer
Ablieferungshindernisse/Gutglaubensschutz **366** 31

Frachtgut/Verfügung zu Sicherungszwecken **366** 70
Frachtvertrag/Selbständigkeit des Konnossements, des Ladescheins (Abstraktheit) **363** 64 ff
Gesetzliches Pfandrecht/gutgläubiger Erwerb **366** 88 ff
Gesetzliches Pfandrecht/gutgläubiger Erwerb durch Kleingewerbetreibende **366** 112
Gesetzliches Pfandrecht/Sicherung inkonnexer Forderungen **366** 102 ff
Guter Glaube an Verfügungsbefugnis **366** 43
Gutgläubiger Erwerb gesetzlichen Pfandrechts/Sicherung inkonnexer Forderungen **366** 101 ff
Handelsbräuche **346** 24, 24b
Kleingewerbetreibende **Vor 343 ff** 32
Kleingewerbetreibende/Guter Glaube an Verfügungsbefugnis **366** 8, 9
Kleingewerbetreibende/Schweigen auf Bestätigungsschreiben **346** 26, 27a
Verfügungsbefugnis und Gutglaubensschutz **366** 43
Wertpapiere des Frachtrechts – s. Güterpapiere (Orderpapiere)
Frachtparität
Handelsklausel **346** 198
Frachtvertrag
Pfandrecht/Wartefristverkürzung **368** 1 ff
Franko, frei
Handelsklausel **346** 199
Freiberufler
Abtretungsverbot/wirksame Abtretung **354a** 21, 23
Anweisung, Verpflichtungsschein/kaufmännische **363** 7
Aufzählung (PartGG) **Vor 343 ff** 5
Bürgenhaftung als Handelsgeschäft/selbstschuldnerische Haftung **349** 7
Fälligkeitszinsen beim beiderseitigen Handelsgeschäft **353** 9
Schuldversprechen, Schuldanerkenntnis/Wirksamkeit mündlicher Versprechen **350** 6
und stillschweigende Vergütungsvereinbarung zugunsten des Kaufmanns **354** 6
Verfügungsmacht und Gutglaubensschutz **366** 11
Vertragsstrafe als Handelsgeschäft **348** 5
und Zurückbehaltungsrecht (kaufmännisches) **372** 6
Freibleibend (ohne Obligo, unverbindlich)
Handelsklausel **346** 201
Frei Frachtführer
Handelsklausel **346** 203

Freight prepaid
  Handelsklausel 346 204
Frei Haus
  Handelsklausel 346 206
Frei Waggon
  Handelsklausel 346 208
Freiwilligkeit
  Handelsbräuche 346 11
Fremde Sachen
  Veräußerung, Verpfändung/Guter Glaube an die Verfügungsbefugnis 366 21
Fristen
  Vereinbarte von 8 Tagen/von 14 Tagen 359 3 f
  Widerspruch gegen kaufmännisches Bestätigungsschreiben 346 87 f
  Zeitlicher Zusammenhang Vertragsverhandlungen/Bestätigungsschreiben 346 73
Fund
  Gutglaubensschutz 366 31
Für Rechnung von
  Handelsklausel 346 209
Futtermittel und Mühlenprodukte
  AGB zum Handelskauf Vor 373 2

Gattungsschuld
  Gegenstand kaufmännischer Anweisung/Verpflichtungsschein 363 13
  Handelsgut mittlerer Art und Güte 360 1 ff
  Kaufmännische Mängelrüge 378 10, 14 ff
Gegenbestätigung
  Handelsklausel 346 210
Gegenleistung
  Anweisung, Verpflichtungsschein/Unabhängigkeit von einer – 363 17
  Orderlieferschein/Unabhängigkeit von einer – 363 17
  Orderpapiere aufgrund Analogie/erforderliche Unabhängigkeit von einer – 363 79
Geldforderungen
  und Fälligkeitszinsen 353 1 ff
  Gegenstand kaufmännischer Anweisung/Verpflichtungsschein 363 13
  und Kontokorrentfähigkeit 355 67 ff
  Zurückbehaltungsrecht (kaufmännisches) 372 51
Geldwechselgeschäfte
  Gutgläubiger Erwerb abhandengekommener Inhaberpapiere 367 3
Geldzahlung
  Orderpapiere 363 30
Geliefert Grenze ... (benannter Grenzort)
  Handelsklausel 346 211
Geliefert unverzollt (benannter Bestimmungsort)
  Handelsklausel 346 212

Geliefert verzollt (benannter Bestimmungsort)
  Handelsklausel 346 213
Geliefert-Handelsklauseln
  DAF (gelieferte Grenze) 346 170
  DDP (geliefert verzollt) 346 172
  DDU (geliefert unverzollt) 346 172
  DEQ (geliefert ab Kai) 346 173
  DES (geliefert ab Schiff) 346 174
Genehmigung
  Guter Glaube an vorliegende – 366 27 f
Genehmigungsfiktion
  Rügeversäumnis 377 161 ff; 378 42ff
Genossenschaft
  als Formkaufmann Vor 343 ff 31
  Handelsgeschäfte 343 7
Gerichte
  Ermittlung von Handelsbräuchen 346 52 ff
Gerichtsstand des Vermögens
  und Kontokorrentabrede 355 116
Gerichtsstandsklauseln
  Bestätigungsschreiben mit – 346 126
Gesamthandseigentum
  und kaufmännisches Zurückbehaltungsrecht 372 32
Gesamtschuld
  Kontokorrent 356 34
  und Zurückbehaltungsrecht (kaufmännisches) 372 7
Geschäft
  Begriff, Abgrenzung als Handelsgeschäft 343 3; 344 3
Geschäftsbesorgung
  Handelsgeschäft/Stillschweigende Vergütungsvereinbarung 354 1 ff
  Schweigen auf einen Antrag – s. Schweigen (Zustimmungsfiktion)
Geschäftsbetrieb
  Gewöhnlicher Geschäftsbetrieb/Verfügungen außerhalb eines solchen 366 48 ff
  Gewöhnlicher/ordnungsgemäßer Geschäftsbetrieb – Verfügungsbefugnis und Gutglaubensschutz 366 56 ff
  Ordnungsgemäßer Geschäftsbetrieb/Verfügungen außerhalb eines solchen 366 51 ff
Geschäftsfähigkeit
  und Indossament 364 45
  und kaufmännisches Zurückbehaltungsrecht 372 22
Geschäftsführer
  Sorgfalt ordentlichen Kaufmanns 347 3
Geschäftsführung ohne Auftrag
  Stillschweigende Vergütungsvereinbarung zugunsten des Kaufmanns 354 1 ff
  Zurückbehaltungsrecht (kaufmännisches) 372 44

Geschäftsübertragung
 Eigentumsvorbehalt/guter Glaube an die Verfügungsbefugnis 366 56, 64
 und Guter Glaube an die Verfügungsbefugnis 366 57
 und kaufmännische Mängelrüge 377 11
 und kaufmännisches Zurückbehaltungsrecht 372 48
 Verfügungsbefugnis und Gutglaubensschutz 366 58

Geschäftsverbindung
 Antrag auf Geschäftsbesorgung/Schweigen hierauf
  – s. Schweigen (Zustimmungsfiktion)
 dem Kontokorrent zugrundeliegende 355 35 ff
 und Kontokorrent/Abgrenzung 355 11
 und Kontokorrentbeendigung 355 234 ff
 Rechtsnatur 355 37
 und verletzte Widerspruchspflicht durch Schweigen Anh 362 13

Geschäftsvertrag
 s. Kontokorrent

Geschäftszweig
 und Handelsgeschäfte 343 6

Gesellschafter
 Bürgenhaftung als Handelsgeschäft/selbstschuldnerische Haftung 349 8 f
 Einlagenrückstände/Kontokorrentfähigkeit 355 72 ff
 Schuldversprechen, Schuldanerkenntnis/ Wirksamkeit mündlicher Versprechen 350 8
 und Zurückbehaltungsrecht (kaufmännisches) 372 8
 Zurückbehaltungsrecht an Gesellschaftersachen für OHG/KG-Schulden 372 50

Gesellschafterhaftung
 Kontokorrent 356 34, 43

Gesellschaftsgründung
 als Handelsgeschäft 343 7

Gesellschaftsvertrag
 als Handelsgeschäft 343 7, 17

Gesetz
 Handelsbrauch und dispositives Recht 346 15
 Handelsbrauch und zwingendes Recht 346 13, 42

Gesetzliche Einstandspflichten
 Kontokorrent 356 34

Gesetzliche Haftung
 Verständnis stillschweigender Vergütung für den Kaufmann als – 354 2

Gesetzliche Pfandrechte
 Belastung/gutgläubig lastenfreier Erwerb 366 86

 Besitzverlust, unfreiwilliger 372 104
 Besitzpfandrechte 372 18
 Gutglaubensschutz
  – s. dort
 Lastenfreier Erwerb aufgrund Gutglaubensschutzes 366 86
 und kaufmännisches Zurückbehaltungsrecht 372 1
 und kaufmännisches Zurückbehaltungsrecht/Kollision 372 79 ff
 Übertragung eines Traditionspapieres/Gleichstellung mit Gutsübergabe 372 28
 Übereignung mittels Traditionspapieres 363 124 f
 Verkaufsandrohung/Wartefristverkürzung 368 1 ff
 Vertragstyp-Beschränkung 372 1
 Vorschriften über rechtsgeschäftliches Pfandrecht 372 19

Gesetzliche Verfügungsbefugnis
 und guter Glaube an die Verfügungsbefugnis 366 29 ff

Gesetzliche Verfügungsbeschränkungen
 und Gutglaubensschutz 366 34

Gesetzwidrigkeit
 Indossament und Wirksamkeitseinwendungen 364 53

Gestaltungsrecht
 Geltendmachung kaufmännischen Zurückbehaltungsrechts 372 64

Getreidehandel
 AGB zum Handelskauf Vor 373 2

Gewährleistungsrecht
 Kaufmännische Mängelrüge
  – s. Mängelrüge (kaufmännische)
 Handelsklauseln Auf Besicht/Besichtigung 346 154

Gewerbe
 Kaufmann kraft Eintragung/Berufung auf fehlendes – Vor 343 ff 27
 und Kaufmannseigenschaft Vor 343 ff 3 ff
 Öffentliche Hand Vor 343 ff 41

Gewicht und Maß
 Bestimmungen am Erfüllungsort 361 1 ff

Gewinnerzielungsabsicht
 und Gewerbebegriff Vor 343 ff 4

Gewohnheiten, Gebräuche
 s. Handelsbräuche

Gewöhnliche Geschäftszeit
 Leistungszeit 358 1 ff

Gewöhnlicher Geschäftsbetrieb
 Verfügungsbefugnis und Gutglaubensschutz 366 48 ff

Girovertrag
 Verbindung mit Kontokorrent 355 19

Gläubigerwechsel
und kaufmännisches Zurückbehaltungsrecht 372 46

GmbH
als Formkaufmann Vor 343 ff 31
Handelsgeschäfte 343 7
Sorgfalt ordentlichen Kaufmanns 347 3

Grundpfandrechte
Zurückbehaltungsrecht (kaufmännisches) 372 15 f

Grundstücke
Verfügungsbefugnis und Gutglaubenschutz 366 20

Güterpapiere (Orderpapiere)
Abstraktheit verbrieften Rechts 363 66
Begebungsvertrag/fehlender, nichtiger 363 61
Begebungsvertrag/rechtliche Verselbständigung ggü zugrundeliegenden Vertrag 363 57
Botentheorie 363 59, 65
Kaufmannseigenschaft 363 53
Kausale Papiere 363 68; 363 69
Konnossement
– s. dort
Ladeschein (Orderladeschein)
– s. dort
Legitimationsfunktion der Urkunde 366 78
Mobilisierungsbedürfnis als ratio legis 363 55
Numerus clausus der Orderpapiere/Zulassung weiterer Orderpapiere mittels Analogie 363 77 ff
Privilegierung gegenüber kaufmännischer Anweisung 363 53 ff
Schuldrechtliche Grundlage/Verhältnis zum verbrieften Recht 363 63 ff
Sperrfunktion bei Erwerbsvorgängen 363 79
Traditionswirkung (sachenrechtliche Wirkung)
– s. Traditionspapiere
Transportversicherungspolice
– s. dort
Verfügungsbefugnis und Gutglaubenserwerb 366 78 ff
Wertpapiere des Fracht- und Lagerrechts 363 52 ff
Wertpapierrechtlicher Einwendungsausschluß 363 67

Güterrecht
Absolute Verfügungsbeschränkungen ohne Gutglaubensschutz 366 35
Verfügungsbeschränkungen und Gutglaubensschutz 366 35

Gutglaubensschutz
Absender eines Bestätigungsschreibens 346 80 ff, 97 ff, 112 ff

Gutglaubensschutz (Eigentum/Vertragspfandrecht)
Absolute Verfügungsbeschränkungen ohne Gutglaubensschutz 366 35
Abtretungsverbot 366 58
ADHGB-Entstehungsgeschichte 366 1
Allgemeine Voraussetzungen/unberührt bleibende 366 22, 39 ff
Amtliche Verfügungsmacht/abzulehnende Anwendung des – 366 33
Analoge Anerkennung einer Scheinermächtigung 366 23
Anpassung an die Rechtswirklichkeit 366 5
Anscheins- und Duldungsvollmacht/Analogie zu deren Regeln 366 11, 24
Besitzlage und Scheintatbestand 366 1 f
Bestellung des Verfügenden als Rechtsscheinelement 366 2, 8, 11, 42 f
Betriebszuzurechnende Verfügung 366 16 ff
BGB §§ 932 ff/HGB § 366-Ergänzungsfunktion 366 39 ff, 44
BGB §§ 932 ff/HGB § 366-Unterscheidung 366 2
Eigentumsvorbehalt 366 25
Finanzierung eines Verkaufsgeschäfts/Sicherungsübereignung oder Verpfändung zum Zwecke 366 72
Frachtführer als Kleingewerbebetreibender 366 8
Frachtführer/berufstypisch fehlende Ermächtigung 366 43
Freiberufler 366 11
Fremde bewegliche Sache/Veräußerung und Verpfändung 366 18 ff
Gelegenheitsgeschäfte 366 9
Genehmigung/guter Glaube an Eintritt 366 27 f
Geschäftsübertragung und Vorbehaltsware 366 64
Geschäftszugehörigkeit als Rechtsscheinelement 366 2, 16 f
Gesetzesfassung, zu weite 366 41
Gesetzliche Verfügungsbefugnis/abzulehnende Anwendung des – 366 32
Gesetzliche Verfügungsbeschränkungen/abzulehnende Anwendung des – 366 34
Grundstücke, ausgeschlossene 366 20
Guter Glaube/besondere Anforderungen ggü §§ 932 ff 366 40
Güterrechtliche Verfügungsbefugnis/fehlen der Gutglaubensschutz 366 35
Inhaberpapiere 366 20
Insolvenzeröffnung und Verfügungsbeschränkung 366 34
Insolvenzverwalter 366 33

Interessen- und Pflichtenbindung – nach außen tretende 366 54, 69 f
Interessenlage 366 1, 4, 37, 68
Kaufmannsarten/nicht gewollte Unterscheidung 366 3, 43
Kaufmannseigenschaft 366 6 ff
Kaufmannseigenschaft als Rechtsscheinelement 366 2
Kaufmannseigenschaft und Scheinermächtigung 366 25
Kaufpreisabführung an Berechtigten, vereinbarte 366 65
Kleingewerbetreibende 366 8
Kleingewerbliche Warenhändler 366 10
Kommissionär als Kleingewerbetreibender 366 8
Kommissionär als kleingewerblicher Gelegenheitskommissionär 366 9
Kommissionär als Prototyp 366 3, 4, 26
Kommissionsrecht als Hauptanwendungsgebiet 366 5
Kraftfahrzeugbrief, Bedeutung 366 76 f
Kreditgeschäft, refinanziertes 366 73
Lagerausräumung 366 62
Lagerhalter als kleingewerblicher Gelegenheitslagerhalter 366 9
Lagerhalter als Kleingewerbetreibender 366 8
Lagerhalter/berufstypisch fehlende Ermächtigung 366 43
Machenschaften, unlautere 366 61
Nachlaßverwaltung und Verfügungsbeschränkung 366 34
Nießbrauchsbestellung 366 19
Notverkaufsrecht (Annahmeverzug; Ablieferungshindernisse)/besonderer Gutglaubensschutz 366 31
Öffentliche Hand/anwendbares Recht 366 7
Orderpapiere 366 20
Pfandgläubiger-Verwertungsrecht/besonderer Gutglaubensschutz 366 29
Pfandguterwerb 366 47
Pfandrechtsbestellung und unterstellte Verfügungsbefugnis 366 4
Ratio legis 366 3
Rechte, ausgeschlossene 366 20
Rechtsgeschäftliche Verfügungsbefugnis/ erforderliche Erteilung 366 26 ff
Rektapapiere, ausgeschlossene 366 20
Relatives Verfügungsverbot/unanwendbarer – 366 36
Sale-and-Lease-Back-Verfahren 366 71
Scheinermächtigung, Anerkennung 366 23 ff
Scheinkaufmann 366 12
Scheintatbestand/an berufliche Stellung anknüpfend 366 2, 8, 11, 42 f

Scheintatbestand/an Geschäftszugehörigkeit anknüpfend 366 2, 16 f, 48 ff
Schwäche des Scheintatbestandes 366 1
Sicherungsgut/Vergleich zum Vorbehaltsgut 366 45
Sicherungsübereignung/Weiterveräußerungsermächtigung 366 5
Sommer- oder Winterschlußverkauf 366 62
Spediteur als Kleingewerbetreibender 366 8
Spediteur als kleingewerblicher Gelegenheitsspediteur 366 9
Spediteur/berufstypisch fehlende Ermächtigung 366 43
Spediteur/Notverkaufsrecht 366 43
Stellvertreter, Erwerb vom 366 14
Teleologische Reduktion/Kaufmannsarten 366 43
Teleologische Struktur 366 37
Testamentsvollstreckung 366 33
Traditionspapiere 366 20
Traditionspapiere/Legitimationsfunktion 366 78
Unternehmensträger 366 11
Urkundenbedeutung (Sperr- und/oder Legitimationsfunktion) 366 75 ff
Verfügung im Betrieb des Handelsgewerbes 366 16 ff
Verfügungen außerhalb gewöhnlichen Geschäftsbetriebs 366 48 ff
Verfügungen außerhalb ordnungsgemäßen Geschäftsbetriebs 366 51
Verfügungen zu Sicherungszwecken/Frage ihrer Erfassung 366 67 f
Verfügungsbefugnis/Reichweite des Gutglaubensschutzes 366 26 ff
Verfügungsbefugnis/Guter Glaube im Hinblick auf das Papier, im Hinblick auf Waren 366 20
Verfügungsbefugnis/rein eigennützige 366 54, 69
Verfügungsbefugnis/wahrscheinliche bei Kaufleuten 366 3
Verfügungsermächtigung/Widerruf, Erlöschen 366 66
Vertretungsmacht, fehlende 366 37 f
Vollmacht/Ermächtigung (Rechtsscheintatbestände) 366 23
Vorausabtretung/Vereitelung 366 58
Waren außerhalb normalen Handels 366 49
Warenkaufleute 366 5, 3, 44, 51 ff, 10
Warenlager-Sicherungsübereignung 366 46
Warenveräußerung unter Wert/unter Gestellungskosten 366 60
Warenveräußerung zwecks Schuldentilgung 366 57

Weiterverkaufsermächtigung 366 44 f
Wertpapierverpfändung zur Kreditsicherung 366 73
Widerruf einer Verfügungsermächtigung 366 66
Wiederkäuferveräußerung 366 63
Wirtschaftlicher Zusammenbruch 366 61
Zurückbehaltungsberechtigter/besonderer Gutglaubensschutz 366 30
Zwischenhändler und Vorbehaltseigentum 366 60

Gutglaubensschutz (gesetzliche Pfandrechte)
AGB-Pfandrechte 366 110 ff
Analogie § 185 BGB/Erwerb 366 116
Berufliche Auftraggeberstellung, Bedeutung 366 99
Besitzpfandrechte/Anwendung auf andere als die genannten 366 112 ff
Besitzrecht, obligatorisches für Dritte 366 89
Eigentumsglaube, auch geschützter 366 94
Eigentumsvorbehalt 366 100
Eigentumsvorbehalt und Reparaturen 366 117 ff
Einverständnis des wahren Berechtigten/doppelte Wirkung 366 90
Einverständnis des wahren Berechtigten/Ermächtigungsinhalt 366 92
Einverständnis des wahren Berechtigten/geschützter guter Glaube hieran 366 88 ff
Einverständnis des wahren Berechtigten/Rechtsgeschäft 366 91
Frachtgeschäft/Einverständnis zum Abschluß – Güterübergabe 366 89, 98
Geschäftsart, Bedeutung 366 99
Gutglaubensschutz/vorgesehene Möglichkeiten 366 93
Handelsrechtlicher Gehalt, fehlender spezifischer 366 112
Interessenlage 366 113
Kaufmannseigenschaft, nicht erforderliche 366 95 ff, 112
Kommissionsgeschäfte/Einverständnis zum Abschluß – Güterübergabe 366 89, 98
Kraftfahrzeugbrief 366 119
Lagerhaltergeschäft/Einverständnis zum Abschluß-Güterübergabe 366 89, 98
Ratio legis 366 95
Rechtliche/tatsächliche Pfandrechtsvoraussetzungen 366 89
Sicherung inkonnexer Forderungen 366 101 ff
Speditionsgeschäft/Einverständnis zum Abschluß – Güterübergabe 366 89, 98
Vertragspfandrecht/gleichgestellte gesetzliche Pfandrechte 366 88
Werkunternehmerpfandrecht 366 112 ff

Gutglaubensschutz (Indossament)
– s. Indossament

Gutglaubensschutz (lastenfreier Erwerb)
Anwendungsbereich, geringer 366 85
BGB-Grundlage § 936 366 83
Eigentum des Verfügenden, bedeutungsloses 366 83
HGB-Ausdehnung auf Beseitigungsbefugnis 366 83
Pfandrecht/Nießbrauch als Belastungen 366 85 ff
Übereignung mittels Traditionspapieres 363 124 f
Verfügungsbefugnis/Gutglaubensschutz als Gegenstand 366 84
Zurückbehaltungsrecht (kaufmännisches) 372 86 f

Gutglaubensschutz (Orderpapiere/Orderpapiereigenschaft)
Eigentumserwerb mit Papierübertragung statt mit Auslieferung 363 117
Gegenleistungsunabhängigkeit/Verstoß hiergegen 363 20
Güterverfügungen ohne Papierübertragung 363 142 ff
Indossament als formelle Legitimation/befreiende Leistung an Nichtberechtigten 365 27 ff
Indossament/bewußtes Handeln zum Schuldnernachteil; grobe Fahrlässigkeit 364 34
Indossament/Erwerb voller Rechtsstellung durch Gutgläubigen z 365 17 ff
Nicht-Kaufleute/Anweisung und Verpflichtungsschein 363 12
Orderpapierrechtliche Möglichkeit eines – 363 29
Orderpapierwirkungen, sonstige 363 88
Vertretbarkeit des Gegenstandes, fehlende 363 15
Wertpapierrechtliche Wirkungen (Orderklausel ohne Orderpapiercharakter) 363 88

Gutglaubensschutz (Zurückbehaltungsrecht)
Rechtsgeschäftliche Bestellung/Pfandrechtsanalogie und Möglichkeit eines – 372 110
Sachen eines Dritten/ausgeschlossener – 372 36 f

Gutsbefund
Handelsklausel 346 214

Haager Kaufrechtsübereinkommen
EAG Vor 373 604 ff
EKG Vor 373 299 ff

Haftungsfragen
Kontokorrent und Sicherheiten 356 37 ff

Haftungsmaßstab
Handelsgeschäfte/Sorgfalt ordentlichen Kaufmanns 347 1 ff

Handelsbräuche
  Abdingbarkeit 346 41
  ADHGB-Regelung 346 2
  Allgemein anerkannte Rechtsgrundsätze als Handelsbrauch 346 19a
  Allgemeine Geschäftsbedingungen 346 11, 21
  Anerkennung als Regel 346 9
  Anfechtbarkeit/Erklärungsbewußtsein 346 51
  Anschauungen/Auffassungen, Abgrenzung zum Handelsbrauch 346 19
  Aufzeichnungserfordernis, nicht gegebenes 346 12
  Ausländische Handelsbräuche/Ausländer 346 36 ff
  Auslegung von Verträgen 346 4, 43
  Beweislast/Beweiserhebung 346 59
  Deliktische Verkehrspflichten/Bedeutung 346 22a
  DIHT-Merkblatt 346 12, 57
  Dispositives Recht/Widerspruch und Vorrangsfrage 346 15
  Einheitlichkeit der Übung 346 6
  Ergänzende Handelsbräuche 346 35, 44 ff
  Ermittlung von Handelsbräuchen 346 52 ff
  Formerfordernisse 346 48
  Freiwilligkeit der Übung, erforderliche 346 9 ff
  Gerichte mit eigener Sachkunde/Beweiserhebung 346 53, 56
  und Gesetzesrecht 346 42
  Gewohnheitsrecht/Handelsbrauch 346 3 ff
  Gleichmäßigkeit der Übung 346 6
  Handelsgeschäft/Bedeutung 346 22a
  Handelsgewohnheitsrecht/Abgrenzung 346 16
  Handelsklauseln
    – s. dort
  Handelsüblichkeit/Abgrenzung 346 18
  Handlungen/Bedeutung sonstiger als – 346 46
  Handlungen/Unterlassungen, erfaßte 346 4
  IHK-Gutachten 346 54 ff
  Internationale Handelsbräuche 346 38
  Internationales Privatrecht 346 36
  Interpretierende Handelsbräuche 346 34, 40
  Kaufleute (persönlicher Anwendungsbereich) 346 23 ff
  Kaufmännisches Bestätigungsschreiben
    – s. dort
  Kenntnis/Kenntnisverschaffung 346 40
  Kleingewerbetreibende 346 24
  Leistungszeit 359 1
  Nicht-Kaufleute Vor 343 ff 34; 346 24ff
  Nicht-Kaufleute/Abschluß branchenüblicher Geschäfte 346 24b
  Nicht-Kaufleute/Unterwerfung 346 24a
  Normative Geltung 346 4
  örtlicher Handelsbrauch 346 29 ff
  Rechtsgeschäfte/nicht-rechtsgeschäftliche Handlungen 346 4
  Revisibilität 346 60
  Schweigen im Handelsverkehr
    – s. Kaufmännisches Bestätigungsschreiben
    – s. Schweigen
  Sittenkonformität, erforderliche 346 13
  Sitz des Geschäftspartner/örtlicher Handelsbrauch 346 31
  Treu und Glauben/erforderlicher Einklang 346 14
  Typisierungszweck/Standardisierungszweck 346 1
  Überzeugung beteiligter Kreise 346 9
  Übung, tatsächliche als Ausdruck beteiligter Kreise 346 5
  Übung/normativer Charakter 346 8
  Übungsdauer/Übungsbeständigkeit 346 7
  Usancen/Abgrenzung 346 17
  Verkehrssitte 346 8
  Vermutung des Einverständnisses beteiligter Kreise 346 11
  Vertragsschwerpunkt/örtlicher Handelsbrauch 346 33
  Vertrauensgrundlage 346 10
  Wettbewerbsregeln/Abgrenzung 346 20
  Zeitlicher Anwendungsbereich 346 39
  Zustimmung beteiligter Kreise 346 9 ff
  Zwingendes Recht/keine Verbindlichkeit von – 346 13

Handelsgeschäfte
  Anwendungsbereich, erweiterter Vor 343 ff 1a
  Art der Geschäfte (sachlicher Anwendungsbereich) Vor 343 ff 42
  Beiderseitige 345 1 ff; 346 23; 354a 6; 352 7; 353 3; 355 26; 368 4; 372 43; 377 9 ff
  Besitzerlangung und kaufmännisches Zurückbehaltungsrecht 372 24
  Betriebszugehörigkeit/Funktionszusammenhang 343 5 ff
  Bürgschaft/Schuldversprechen/Schuldanerkenntnis 350 11
  Culpa in contrahendo 372 44
  Dinglicher Herausgabeanspruch 372 44
  Einseitige 345 1 ff; 360 5; 361 6; 368 4
    Vor 373 1
  Einzelfälle 343 11 ff
  Gattungsschuld 360 5
  Geschäftsbegriff 343 3; 344 3
  Geschäftsbesorgung, Dienstleistung/stillschweigende Vergütungsvereinbarung 354 1 ff

und Geschäftszweig **343** 6
Gesellschaftsvertrag **343** 7, 17
und Handelsbräuche, hierauf bezogene **346** 4
Handelskauf
– s. dort
Handelsmakler, Handelsvertreter
Vor 343 ff 1
Hilfsgeschäfte **343** 18
Kaufmann (persönlicher Anwendungsbereich)
– s. dort
Legaldefinition **Vor 343 ff** 1; **343** 1
Leistungszeit **358** 3; **359** 2
Marktbezogenheit **343** 4; **343** 4
Nicht-Kaufleute/Anwendung der §§ 343 ff
Vor 343 ff 32
Normen außerhalb des HGB **Vor 343 ff** 43
Organhandeln **343** 7
Pfandrechtsbestellung **368** 1 ff
Privatgeschäfte, Abgrenzung **343** 6, 22; **344** 4
Privatrecht, allgemeines **Vor 343 ff** 43a
Rechtsformbedeutung **343** 6 f
Scheinverfügungsberechtigung **366** 2
Schuldscheinausstellung **344** 10 ff
Sorgfalt eines ordentlichen Kaufmanns
347 1 ff
Stellvertretung und Kaufmannseigenschaft
343 2
Unerlaubte Handlung **372** 44
Ungerechtfertigte Bereicherung **372** 44
Unternehmensträger ohne Kaufmannseigenschaft **Vor 343 ff** 33
Vermutung **344** 1 ff
Vertragsstrafe **348** 1 ff
Vorbereitungsgeschäfte **343** 22
Zinsen/Verzinsung
– s. dort

Handelsgesellschaften
Handeln im Namen von – **344** 8
Handelsgeschäfte/ausgeschlossene Privatgeschäfte **343** 7
Personengesellschaften, auf Handelsgewerbe ausgerichtete **Vor 343 ff** 29
Sorgfalt ordentlichen Kaufmanns **347** 3
Vorgesellschaften von GmbH, KG **Vor 343 ff** 29

Handelsgewohnheitsrecht
ADHGB **346** 2, 3
Allgemein anerkannte Rechtsgrundsätze als –
346 19a
Handelsbrauch, Abgrenzung **346** 16
Kaufmännisches Bestätigungsschreiben
– s. dort
Nicht-Kaufleute **Vor 343 ff** 34

Handelsgut
Gattungsschuld **360** 1 ff

Handelskammern
und Handelsbräuche **346** 12
Handelskauf
Annahmeverzug
– s. dort
Distanzkauf/Aufbewahrungspflicht **379** 1 ff
EAG **Vor 373** 604 ff
EKG **Vor 373** 299 ff
Kaufmännische Mängelrüge
– s. Mängelrüge (kaufmännische)
Kaufpreisberechnung nach Gewicht **379** 1 ff
Notverkauf **379** 28 ff
Spezifikationsrecht des Käufers als Hauptpflicht
– Begriff des Spezifikationskaufs **375** 1 ff
– Verkäuferrechte bei Käuferverzug **375** 13 ff
Überseekauf
– s. dort
Handelsklauseln
Alphabetische Aufführung **346** 129 ff
Auslegung **Vor 373** 168
Begriff/Auslegung **346** 128; **Vor 373** 168
Handelsmakler
Handelsbräuche **Vor 343 ff** 24
Handelsgeschäfte **Vor 343 ff** 1
Kleingewerbetreibende **Vor 343 ff** 32
Kleingewerbetreibende/Schweigen auf Bestätigungsschreiben **346** 26, 27a
Schweigen auf Schlußnote **Anh 362** 22
HandelsrechtsreformG
Handelsgeschäfte, erweiterter Anwendungsbereich **Vor 343 ff** 1a
Minderkaufmann, Beseitigung **Vor 343 ff** 33
Handelsregister
Handelsgewerbe (Erkennbarkeit des Betreibens) **343** 5
Kaufmannseigenschaft, Verlust **Vor 343 ff** 11, 18
Kaufmannseintragung (deklaratorische)
Vor 343 ff 9
Kaufmannseintragung (konstitutive)
Vor 343 ff 14a
Land- und Forstwirtschaft (konstitutive Eintragung) **Vor 343 ff** 22
Handelsüblichkeit
und Handelsbrauch, Abgrenzung **346** 18
Handelsverkehr
Anschauungen/Auffassungen, Abgrenzung zum Handelsbrauch **346** 19
Schweigen
– s. dort
Handelsvertreter
Handelsbräuche **Vor 343 ff** 24
Kleingewerbetreibende **Vor 343 ff** 32

Kleingewerbetreibende/Schweigen auf Bestätigungsschreiben 346 26, 27a
Typisches Handeln im fremden Namen 366 37
Verfügungsmacht und Gutglaubensschutz 366 37

Herausgabeanspruch
Dinglicher Anspruch/kaufmännisches Zurückbehaltungsrecht 372 44
Traditionspapiere/Traditionswirkungen – s. Traditionspapiere
Transport und Lagerwesen/Verbriefung (Orderpapiere) mittels Analogie 363 81

Hilfsgeschäfte
als Handelsgeschäfte 343 18

Höchstbetragshypothek
Kontokorrent 356 74

Höhere Gewalt
Handelsklausel 346 215 f

Hypothek
Kontokorrent 356 30

In-Rechnung-Stellung
s. Kontokorrent

Incoterms
Ab Kai (verzollt. ... benannter Hafen) Vor 373 755
Ab Schiff ... (benannter Bestimmungshafen) Vor 373 754
Ab Werk (ab Fabrik, ab Mühle, ab Pflanzung, ab Lagerhaus usw) Vor 373 748
C & F Kosten und Fracht ... (benannter Bestimmungshafen) Vor 373 752
Cif Kosten Versicherung Fracht ... (benannter Bestimmungshafen) Vor 373 753
Entstehung, Nachträge (bis 1980) Vor 37 748
Fas Frei Längstseite Seeschiff ... (benannter Verschiffungshafen) Vor 373 750
Fob Flughafen ... (benannter Flughafen) Vor 373 758
Fob Frei an Bord ... (benannter Verschiffungshafen) Vor 373 751
For/Fot Frei (franko) Waggon ... (benannter Abgangsort) Vor 373 749
Frachtfrei ... (benannter Bestimmungsort) Vor 373 760
Frachtfrei versichert ... (benannter Bestimmungsort) Vor 373 761
Frei Frachtführer ... (benannter Ort) Vor 373 759
Geliefert Grenze ... (benannter Lieferort an der Grenze) Vor 373 756
Geliefert verzollt ... (benannter Bestimmungsort im Einfuhrland) Vor 373 757

Indossament (Übertragung kaufmännischer Orderpapiere)
Abtretung verbriefter Forderung/Frage erforderlicher Papierübergabe 364 18 ff
Abtretungswirkung/Übergang verbrieften Rechts; Papiereigentumserwerb 364 24
Aufgebotsverfahren/Kraftloserklärung 365 37 ff
Aushändigung quittierter Urkunde/Abhängigkeit der Leistungspflicht 364 63
Äußerliche Übereinstimmung der Indossamente 365 13
Bedingtes Indossament 365 9 ff
Befreiende Leistung an Nichtberechtigten 365 27 ff
Begebungsvertrag/fehlender, unwirksamer 364 51 ff
Begebungsvertrag/Gutglaubensschutz bei Mängeln 365 25 f
Blankoindossament 365 6 ff
Blankoindossament/Indossamentenkette 365 13
Bürgenschutz 365 29
Drittzahlerschutz 365 31
Einwendungsausschluß
– Absolute Einwendungen im Einzelnen 364 37 ff
– Absolute Einwendungen/drei Arten 364 35
– Absolute Einwendungen/relative Einwendungen 364 28 f
– Angaben im Papier/Abweichungen von übernommenen Gütern 364 60
– Dogmatische Grundlage (Rechtsscheintheorie) 364 25 ff
– Erster Wertpapiernehmer 364 39
– Geschäftsfähigkeit 364 45; 365 26
– Gesetz- und Sittenwidrigkeit 364 53
– Gültigkeit der Urkundenerklärung 364 31 ff
– Inhaltliche Einwendungen als absolute Einwendungen 364 35
– Inhaltliche/urkundliche, typusbedingte Einwendungen 364 41 ff
– Kaufmannseigenschaft, fehlende 364 49
– Konnossement/Lagerschein/Ladeschein/ Transportversicherungspolice 364 43
– Persönliche Einwendungen/relative Einwendungen 364 36, 50 ff
– Präklusion durch gutgläubigen Erwerb 364 36
– Relative Einwendungen/Bedeutung der Gutglaubensanforderungen 364 36
– Scheckrecht (persönliche Einwendungen) 364 33
– Schuldrechtliche Grundlage 364 44

- Sicherungsvertrag/Einreden hieraus **364** 57
- Stundungseinrede **364** 57
- System verschiedener Einwendungsarten **364** 35 f
- Unentgeltlicher Papiererwerb **364** 40
- Unmittelbare Einwendungen als absolute Einwendungen **364** 35
- Unmittelbare und inhaltliche Einwendungen **364** 30
- Unterschriftsfälschung **364** 46
- Vertretung ohne Vertretungsmacht **364** 45
- Wechselrecht (persönliche Einwendungen) **364** 33
- Wertpapierrechtlicher Übertragungsvorgang, fehlender **364** 37
- Wirksamkeitseinwendungen als relative Einwendungen **364** 36, 50 ff
- Wissenschaftliche Einteilung der Einwendungen/Gesetzesterminologie **364** 32
- Zurechenbarkeitseinwendungen **364** 32, 35
- Zurechenbarkeitseinwendungen/Beispiele **364** 45 ff

Erfüllung/Erfüllungssurrogate **364** 55
Ermächtigungstreuhand **364** 16
Form/Inhalt des Indossaments **365** 3 ff
Formmängel **364** 42
Guter Glaube für befreiende Leistung **365** 32 ff
Gutgläubiger Erwerb
- Begebungsvertrag/Mängel **365** 25 f
- Eigentum des Vormannes **365** 21
- Einigung und Papierübergabe **365** 19
- Erwerb voller Rechtsstellung **365** 17
- Identität des Legitimierten mit dem Veräußerer **365** 24
- Reichweite des Gutglaubensschutzes **365** 21 ff
- Unterbrechung der Indossamentenkette **365** 28
- Ununterbrochene Indossamentenkette, erforderliche **365** 18
- Verfügungsmacht des Vormannes **365** 22

Indossamentenkette und Scheingläubigerberechtigung **365** 27 ff
Inhaberpapiere/Orderpapiere-Wertungswiderspruch **365** 26
Inhaltliche Verfälschungen **364** 47
Kaufmännische Anweisung **364** 22
Legitimationsfunktion des Indossaments **365** 1 ff
Orderklausel, fehlende (Rektapapier) **364** 21
Sachenrechtliches Traditionsprinzip **364** 20
Streichung eines Indossaments **365** 14
Teilindossament **365** 9 ff
Treuhandindossament als Sonderform **364** 14 ff

Übertragungsvorgang/Fehlen eines wertpapierrechtlichen **364** 37
Ununterbrochene Indossamentenkette **365** 15 ff
Ununterbrochene Indossamentenkette/Unterbrechung **365** 13 ff
Urkundenvernichtung **364** 19
Verdecktes Pfandindossament als Sonderform **364** 12
Verfügungsbefugnis und Gutglaubenschutz **366** 20
Vertretungsmacht **365** 23
Vollindossament **365** 3 ff
Wechselrecht/Verweisung **365** 1 ff

Industrie- und Handelskammer
Ermittlung von Handelsbräuchen **346** 52 ff

Inhaberlieferschein
Zulässigkeit **363** 41

Inhaberpapiere
Abkommen über die Opposition bei international gehandelten – **367** 21
Aufgebotsverfahren **365** 37 ff
Aufgebotsverfahren als allgemein-wertpapierrechtliche Wirkung **363** 27, 88
Effektensammelanteile/Entstückungsfolge **367** 28
Garantiefunktion, fehlende **365** 2
Gutgläubiger Erwerb abhandengekommener – **367** 1 ff
Inhaberladeschein, Inhaberkonnossement/Traditionswirkung **363** 151
Transportversicherungspolice § 129 VVG **363** 76
Verfügungsbefugnis und Gutglaubenschutz **366** 20
Wertpapierrechtlicher Einwendungsausschluß **364** 62
Zurückbehaltungsrecht (kaufmännisches) **372** 15, 46

Inhaberschuldverschreibungen
Genehmigungserfordernis **363** 30
und Orderpapiere/Vergleich **363** 2

Inkasso
Wechsel- und Scheckinkasso/Kontokorrentzugehörigkeit **355** 87

Inkonnexe Forderungen
Gutgläubiger Pfandrechtserwerb zur Sicherung – **366** 101

Insolvenz
und Abtretungsverbot **354a** 19
Insolvenzeröffnung und Verfügungsbeschränkung **366** 66
und kaufmännisches Zurückbehaltungsrecht **372** 2, 92 f
Kontokorrent
– s. dort

Stand: 1. 1. 2004 (18)

Insolvenzverwalter
  Verfügungsbefugnis und Gutglaubensschutz 366 33 f
Internationale Handelsbräuche
  Begriff, Auslegung 346 38, 38a
Internationale Handelskammer
  Incoterms
  – s. dort
Internationale Wollvereinigung
  AGB zum Handelskauf Vor 373 2
Internationaler Warenhandel
  Überseekauf
  – s. dort
Internationales Privatrecht
  Geltung ausländischer Handelsbräuche 346 36
  Kaufmännische Mängelrüge 377 6 f
  Kaufmännisches Bestätigungsschreiben 346 124 ff

Jederzeit
  Handelsklausel 346 217
Juristische Person
  Sorgfalt ordentlichen Kaufmanns 347 3
Juristische Person des öffentlichen Rechts
  Handelsgeschäfte 343 6

Kai (ab)
  s. Ab Kai
Kammer für Handelssachen
  Ermittlung von Handelsbräuchen 346 52 ff
Kapitalgesellschaft
  Einlagenrückstände und Kontokorrentfähigkeit 355 72
Kassa gegen Akkreditiv
  Handelsklausel 346 219
Kassa gegen Dokumente
  Handelsklausel 346 220 ff
Kassa gegen Frachtbriefdoppel
  Handelsklausel 346 228
Kassa gegen Lieferschein
  Eigentumsübertragung 363 50
  Handelsklausel 346 230
Kassa gegen Rechnung
  Handelsklausel 346 232 f
Kassalieferschein
  als Anweisung (bürgerlich-rechtliche) 363 39
  Handelsklausel 346 231
Kaufmann
  Anweisung (kaufmännische)
  – s. dort
  Berufung auf Eigenschaft als – 344 5
  Betreiben eines Gewerbes Vor 343 ff 2 ff
  Einzelkaufmann
  – s. dort
  Formkaufmann Vor 343 ff 31
  Güterpapiere (Orderpapiere)
  – s. dort
  Handelsgeschäfte
  – s. dort
  Handelsgesellschaften und ihre Gesellschafter Vor 343 ff 28 f
  kraft Handelsregistereintragung Vor 343 ff 9 f, 14a, 25 ff
  Inhaberschuldverschreibungen 363 2
  Kaufmännischer Weise eingerichteter Geschäftsbetrieb Vor 343 ff 7 ff
  Kleingewerbetreibender
  – s. dort
  und Kontokorrent
  – s. dort
  Land- und Forstwirtschaft Vor 343 ff 19 ff
  Öffentliche Hand Vor 343 ff 41
  Scheinkaufmann
  – s. dort
  Scheinverfügungsbefugnis
  – s. Gutglaubensschutz (Eigentum/Vertragspfandrecht)
  Schweigen
  – s. dort
  Sorgfalt eines ordentlichen Kaufmanns 347 1 ff
  Stellvertretung 343 2
  Stillschweigende Vergütungsvereinbarung 354 1 ff
  als Verfügender (Gutglaubensschutz) 366 6 ff
  Verlust der Kaufmannseigenschaft Vor 343 ff 11, 18, 24
  Verpflichtungsschein (kaufmännischer)
  – s. dort
  Vertragsfreiheit, erweiterte für den – 354a 6
  Vollhaftende Gesellschafter (oHG, KG) Vor 343ff 31
  Zeitpunkt für Kaufmannseigenschaft 343 9; 366 15; 377 14
  Zurückbehaltungsrecht (kaufmännisches)
  – s. dort
Kaufmännische Mängelrüge
  s. Mängelrüge
Kaufmännischer Verkehr
  Kontokorrent
  – s. dort
Kaufmännischer Weise eingerichteter Gewerbebetrieb
  Gesamtverhaltnisse Vor 343 ff 7
  Kaufmann kraft Eintragung Vor 343 ff 26
  Land- und Forstwirtschaft Vor 343 ff 21
  Problem der Rechtssicherheit Vor 343 ff 8
  Prognoseelement Vor 343 ff 7
  Vermutung Vor 343 ff 8a

Kaufmännisches Bestätigungsschreiben
  Abschlußbestätigung 346 69
  Abschlußreife als Wirksamkeitserfordernis 346 83a, 83b
  Abschlußreife Verhandlung/Auftragsbestätigung 346 72
  Abweichungen (grobe) vom Verhandlungsergebnis 346 83, 100
  AGB-Abwehrklausel 346 79
  AGB-Einbeziehung, erstmalige durch – 346 103
  Anfechtung wegen Irrtums 346 118 ff
  Anfechtungsausschluß 346 51
  Angebot, modifiziertes 346 69
  Angebotsannahme unter Abweichungen 346 70
  Arglistanfechtung 346 123
  Auftragsbestätigung, abzugrenzende 346 70
  Auftragsbestätigung, Schweigen auf modifizierte 346 71 f
  Auslandsberührung 346 124
  Auslegung 346 69, 116
  Bestätigungsverlangen 346 76 f, 111
  Beweisfunktion bei unterbliebenem Widerspruch 346 115
  Bezeichnung, nicht erforderliche 346 69
  Brieflicher Kontakt 346 68
  Dissens 346 117
  Einheitskaufrecht 346 125
  Einseitige Erklärungen/ausgeschlossene 346 69
  Erstmaliger Vorschlag, unterbreiteter 346 69
  Fax, e-mail 346 68
  Form 346 66
  Frühere Vertragspraxis 346 78
  Gerichtsstandsklauseln 346 126
  Geschäftsfähigkeit 346 113
  Gewohnheitsrecht/Nicht-Kaufleute 346 25b ff
  Guter Absenderglaube 346 80 ff
  Handelsbrauch/Anwendung auf Nicht-Kaufleute 346 25
  als Handelsgewohnheitsrecht 346 16, 25b, 61
  Internationaler Wirtschaftsverkehr 346 124
  Internationales Privatrecht 346 124
  Irrtum/Inhalt des Schreibens 346 121
  Irrtum/anläßlich der Verhandlungen 346 119
  Irrtum/Konformität des Schreibens 346 120
  Irrtum/Schweigensfolge 346 118
  Kaufleute 346 64
  Kenntnis vom Bestätigungsschreiben 346 74, 109
  Kleingewerbetreibende Handelsvertreter u. a./Schweigen hierauf 346 26, 27a
  Kommunikationsprobleme im Handelsverkehr/Bedeutung des – 346 62
  Konkretisierung, Ergänzung, sonstige Modifikationen durch – 346 92 ff, 101 ff
  Konstitutive Wirkung 346 116
  Kontaktaufnahme 346 67
  Kontaktaufnahme, Formen 346 67
  Kreuzende Schreiben/miteinander unvereinbare 346 75, 110
  Makler-Schlußschein 346 69
  Mündliche, telegraphische, fernschriftliche Kontakte 346 68
  Nebenpunkte 346 63
  Nicht-Kaufleute **Vor 343 ff** 40a; 346 25
  Nicht-Kaufleute/Schein-Nicht-Kaufleute als Absender 346 27
  Nicht-Kaufmann/Schein-Nichtkaufmann als Empfänger 346 26
  Normative Grundsätze 346 25b
  Öffentliche Hand **Vor 343** f 41
  Rechnungen 346 69
  Rechtsfigur und deren Funktionen 346 62 f
  Redlichkeit des Absenders 346 62, 80
  Schiedsabrede 346 147
  Verhandlungsbezugnahme 346 69
  Verhandlungsergebnis und grob abweichendes – 346 83, 100
  Vertragsabschluß/wider besseren Wissens bestätigter 346 80
  Vertragsinhalt 346 69
  Vertragsverhandlungen mit umstrittenen Ergebnis 346 62
  Vertragsverhandlungen und Frist für das – 346 73
  Vertragsverhandlungen, vorangehende 346 67
  Vertreterverhandlungen und guter Absenderglaube 346 80 ff, 98
  Vollmachten 346 62
  Widerspruch (fehlender/verspäteter) 346 85 ff, 105 f
  Widerspruch (fehlender/verspäteter)/Rechtsfolgen bei Wirksamkeit des – 346 115 ff
  Willensmängel 346 117 ff
  Zeitlicher Zusammenhang 346 73, 108a
  Zugang 346 73 ff, 109
  Zugang/Unkenntnis 346 122

Kaufmännisches Unternehmen
  s. Kaufmann
  s. Unternehmenstätigkeit

Kaufmännisches Zurückbehaltungsrecht
  s. Zurückbehaltungsrecht

Kaufmannsähnliche Personen
  Bürgenhaftung als Handelsgeschäft/selbstschuldnerische Haftung 349 6
  Schuldversprechen, Schuldanerkenntnis/Wirksamkeit mündlicher Versprechen 350 7
  Vertragsstrafe als Handelsgeschäft 348 7

Kaufpreisabführung
  als Voraussetzung für eine Verfügungsbefugnis 366 65
Kaufpreiszahlung
  und Lieferscheinübertragung 363 50
Kaufrecht
  Einheitskaufrecht und kaufmännisches Bestätigungsschreiben 346 125
  Handelskauf
  – s. dort
Kenntnis/Kennenmüssen
  Handelsbrauchkenntnis 346 32, 40
  Kaufmännisches Bestätigungsschreiben 346 74 ff, 109
Klage/Klagbarkeit
  und kaufmännisches Zurückbehaltungsrecht (Befriedigungsrecht) 372 65 ff, 113
  und kaufmännisches Zurückbehaltungsrecht (Zug-um-Zug-Verurteilung) 372 63
  Kontokorrent
  – s. dort
  Zurückbehaltungsrecht (kaufmännisches) 372 52
Kleingewerbetreibende
  Abtretungsverbot/wirksame Abtretung 354a 6, 21
  Anweisung, Verpflichtungsschein/kaufmännischer 363 7
  Bürgenhaftung als Handelsgeschäft/selbstschuldnerische Haftung 349 5
  Fälligkeitszinsen beim beiderseitigen Handelsgeschäft 353 9
  Gelegenheitsfrachtführer, Kommissionär usw./Guter Glaube an die Verfügungsbefugnis 366 9
  Gewerbe Vor 343 ff 13
  Gutgläubiger Erwerb abhandengekommener Inhaberpapiere 367 3
  Handelsregistereintragung Vor 343 ff 14a
  Handelsregistereintragung ohne Antrag Vor 343 ff 26
  Kommissionäre/Frachtführer/Spediteure/Lagerhalter Vor 343 ff 32
  und Kontokorrent 355 25
  Kaufmännischer Weise eingerichteter Betrieb/fehlendes Erfordernis Vor 343 ff 14
  Löschungsantrag Vor 343 ff 18
  als Nicht-Kaufleute/Anwendung der Regeln zu den Handelsgeschäften §§ 343 ff Vor 343 ff 32 ff
  Rechtsfolge der Registereintragung Vor 343 ff 17
  Schuldversprechen, Schuldanerkenntnis/Wirksamkeit mündlicher Versprechen 350 5

Schweigen auf Bestätigungsschreiben 346 26
und Sorgfalt ordentlichen Kaufmanns 347 2
Stillschweigende Vergütungsvereinbarung 354 6
als Verfügende (Gutglaubensschutz) 366 8 ff
Verlust der Kaufmannseigenschaft Vor 343 ff 18
Vertragsstrafe als Handelsgeschäft 348 6
als Warenhändler/analoge Anwendung guten Glaubens an die Verfügungsbefugnis 366 10
und Zurückbehaltungsrecht (kaufmännisches) 372 6
Kombinierter Transport
  Dokument als Traditionspapier 363 153
Kommanditgesellschaft
  Handelsgesellschaft Vor 343 ff 29
  Sorgfalt ordentlichen Kaufmanns 347 3
  Zurückbehaltungsrecht an Gesellschaftersachen für Schulden der – 372 50
Kommanditgesellschaft aA
  Sorgfalt ordentlichen Kaufmanns 347 3
Kommissionsgeschäft
  Gesetzliches Pfandrecht/gutgläubiger Erwerb 366 88 ff
  Gesetzliches Pfandrecht/gutgläubiger Erwerb durch Kleingewerbetreibende 366 112
  Gesetzliches Pfandrecht/Sicherung inkonnexer Forderungen 366 102 ff
  Gutgläubiger Erwerb gesetzlichen Pfandrechts 366 88 ff
  Gutgläubiger Erwerb gesetzlichen Pfandrechts/Sicherung inkonnexer Forderungen 366 101 ff
  Handelsbräuche Vor 343 ff 24
  Kleingewerbetreibende Vor 343 ff 32
  Kleingewerbetreibende als Verfügende/Gutglaubensschutz 366 8
  Kleingewerbetreibende/Guter Glaube an Verfügungsbefugnis 366 8, 9
  Kleingewerbetreibende/Schweigen auf Bestätigungsschreiben 346 26, 27a
  Kleingewerblicher Gelegenheitskommissionär als Verfügender/Gutglaubensschutz 366 9
  Kommissionsgut/Verfügung zu Sicherungszwecken 366 70
  Pfandrecht/Wartefristverkürzung 368 1 ff
  Typisches Handeln im fremden Namen 366 37
  und Verfügungsbefugnis 366 3, 5, 26, 37, 42
  Verfügungsbefugnis/Gutglaubensschutz 366 5, 42
Konkludenz
  Schweigen als Willenserklärung
  – s. Schweigen (Verpflichtungsgrund)

Konnossement
  Auslieferungsanspruch ohne Aufgebotsverfahren/nicht an Order gestelltes – 365 46
  Papierübergabe an Legitimierten/Wirkung wie Güterübergabe 363 95 ff
  als typusbezogenes Orderpapier 364 43
  Rektakonnossement 364 21
  als Güterpapier (Orderpapier)
    – s. dort
Kontaktaufnahme
  Kaufmännisches Bestätigungsschreiben
    – s. dor
Kontokorrent
  Abgrenzung von Verrechnungsverträgen 355 53, 99
  Ablauf einer Rechnungsperiode 355 235
  Abrechnungsposten aufgrund Selbständigkeitsverlustes 355 100
  Abrechnungsverkehr, erleichterter 355 3
  als Abrechnungsvertrag 355 18
  Abrede zum Kontokorrent 355 13, 20
  Abschluß des Vertrages 355 58 ff
  Abschluß von Geschäften, wiederholter 355 35
  Absonderungsrecht (gesicherte Einzelforderung) 356 30
  Abstrakter Saldoanspruch 355 195 ff
  Abstraktes Schuldanerkenntnis 355 5
  Abstraktes Schuldanerkenntnis/Saldoanerkennung 355 182 ff
  Abstraktes Schuldversprechen 355 22
  Abstraktionsprinzip 355 20
  Abtretbarkeit der Einzelposten, entfallende 355 47
  Abtretung der Saldoforderung 355 240
  Abtretung und Zessionsschutz 355 110 ff
  Abtretung/Vorausabtretung der Schlußsaldoforderung 355 247
  Abtretungs- und Pfändungsrecht/Durchbrechung des Gleichlaufs 357 3
  Abtretungsausschluß 355 109 ff
  Abtretungsverbot § 354a HGB/Kontokorrentabrede 355 114
  Abtretungsverbot und Vorauszession künftiger Forderungen 355 112
  Abtretungsverbot, kontokorrentrechtliches z 354a 9
  Akzessorietätsprinzip und Sicherheitenbestand 356 22, 24, 39
  Allgemeine Rechtssätze 355 261
  Analoge Anwendung BGB §§ 366, 396 355 154 ff, 170, 227
  Analogiefähigkeit einzelner Rechtssätze (uneigentliches Kontokorrent) 355 24, 27 f, 260 ff

Anerkenntnisvertrag/Saldoanerkennung 355 187 ff
Anfechtung nach Saldopfändung 357 25
Ansprüche/Leistungen (Grenzen der Kontokorrentfähigkeit) 355 65, 108
Anspruchsentstehung/Leistungsentstehung 355 44 ff
Anspruchsgleichartigkeit 355 67 f
Anspruchsinhalt und Kontokorrentzugehörigkeit 355 81 ff
Anspruchsnatur, Anspruchszweck 355 81
Antizipierte Verfügungen über künftige Forderungen 355 243
Antizipierter Verfügungsvertrag 355 62
Anzahl der Verträge (Übersicht) 355 22
Arbeitslohn 355 71
Arbeitsverhältnis 355 36
Aufhebungsvertrag 355 229
Aufrechnung/Ausschluß einseitiger aufgrund Kontokorrentabrede 355 105
Aufrechnung/Lehre von der verhältnismäßigen Gesamt – 356 25, 144
Aufrechnungsfähigkeit und Kontokorrentfähigkeit 355 70
Aufrechnungsmöglichkeit (gesicherte Einzelforderung) 356 33
Aufrechnungsverbot 355 90
Aufrechnungsvertrag und Verrechnungsfolge 355 125
Aufrechnungsvertrag und Gläubigerschutz 357 9
Aufrechungslage, verwandte 355 6
Ausgleich jeweiligen Debets 355 8 ff
Banken-AGB/Saldopfändung 357 22 ff
Bankenkontokorrent 355 7, 150; 357 34
Bankkonten 355 42
Bankkonto, Pfändung 357 17
Barzahlungsanspruch 355 81
Bedingte, befristete Forderungen 355 139 ff; 355 84
Beendigung der Geschäftsverbindung 355 234
Beendigungsgründe/Beendigungsfolgen 355 229 ff
Befreiung des Sicherungsgebers aufgrund Leistung 356 68 ff
Befreiung vom Zinseszinsverbot 355 205 ff; 355 264
Befreiungs- und Erlaßverbot (AktG, GmbHG, GenG) 355 72 f
Begriff/Legaldefinition 355 2, 23
Beiderseitige Ansprüche/Leistungen 355 38 ff
Berichtigung unrichtiger Saldoforderung 355 212 ff
Besondere Rechtssätze §§ 355–357/uneigentliches Kontokorrent 355 264

Bestandteile (Abrede/Geschäftsverbindung) 355 13
Bestätigung antizipierter Verrechnung 355 164
Beweislast für unrichtige Saldofeststellung 355 216
Beweislastumkehr bei vergessenen Forderungen 355 192
Beweissituation 355 4
Börsentermingeschäfte 355 160 ff
Buchführungsbedeutung 355 61
Buchmäßige Unterlagen/Saldoanerkennung 355 190
Buchungsblatt, Abgrenzung 355 11
Buchungsfähigkeit/Kontokorrentfähigkeit 355 64
Bürgschaft für Einzelforderung 356 16, 30, 47, 60, 64, 77 f, 96
Bürgschaft; Rückgriffsansprüche hieraus 355 85
Darlegungs- und Substantiierungslast Zahlungsklage) 355 203
Darlehensauszahlung 355 81
Darlehenstilgung, Abgrenzung ratenweiser 355 43
Darlehensvertrag, verbundener 355 19
Dauerelement 355 35
Dogmatische Einordnung des Selbständigkeitsverlustes 355 103
Doppelfunktion 355 10
Dritte als Sicherungsgeber 356 55 ff
Dritteinfluß 355 96 f
Dritteinflüsse auf die Geschäftsbeziehung, abgewehrte 355 6
Drittschuldnerstellung und Saldopfändung 357 23 ff, 38 f
Drittschuldnerzahlungen nach Saldopfändung 357 28 ff
Drittwirkungen 355 109
Eigentumsvorbehalt 356 17, 32
Einlagen 355 72 f
Einredebehaftete Forderungen 355 91
Einreden/Einwendungen des Sicherungsgebers gegen gesicherte Forderung 356 66 f
Einstandspflichten (gesicherte Einzelforderung) 356 34
Einwendung der Kontokorrentabrede/der Vorausverfügung 355 103 f
Einwendung gegen Berichtigungsanspruch bei unrichtiger Saldoforderung 355 216
Einwendungen/Einreden 355 198 f
Erlaßvertrag/negatives Anerkenntnis (Saldoforderung) 355 192
Erlöschensfolge 355 179, 131
Ersatzaussonderung 355 249

Essentialia des Vertrages 355 58
Fälligkeit und Leistungserwartung 355 140
Fälligkeit, Fälligkeitszinsen 355 103
Fälligkeit, vorfällige Ansprüche, nachfällige Ansprüche 355 82 f
Fälligkeit/Saldoforderung und Kontokorrentbeendigung 355 239
Feststellungs- oder Anerkenntnisvertrag 355 22
Feststellungsklage 355 104
Firmenübernahme/Einstandspflicht 356 34, 46
Forderungen und Sicherheitenbestand 356 14 ff, 71 ff
Forderungen, kontokorrentfreie 355 238
Forderungen, vergessene 355 192
Forderungsauswechselung/Fortbestand und Sicherheitenbestand 356 8 ff
Forderungsbefriedigung/Schuldenerlöschen 355 6
Forderungsbestand/rechtlicher und nicht eingebüßter 355 101
Forderungsgeltendmachung/Forderungsklage, Selbständigkeitsverlust 355 102
Forderungsinhalt und Verrechnungsfähigkeit 355 138 ff
Forderungsselbständigkeit/Verzicht auf den Verlust 355 258
Forderungsselbständigkeit/Verlust 355 100
Forderungsselbständigkeit/Verlust (uneigentliches Kontokorrent) 355 262
Forderungsselbständigkeit/Verlust und verbleibende Rechtsnatur 355 101 f
Formfreie Vereinbarung 355 59
Freiberufler 355 33
Freistellungsanspruch 355 69
Früchtepfandrecht (gesicherte Einzelforderung) 356 32
Gegenseitiger Geschäftsvertrag 355 16
Geldforderungen/Kontokorrentfähigkeit 355 67 ff
Gerichtsstandsfrage 355 116
Gesamtschuldner-Mithaftung (gesicherte Einzelforderung) 356 34
Geschäftsverbindung und Kontokorrentzugehörigkeit 355 79 f
Geschäftsverbindung, Abgrenzung 355 12
Geschäftsverbindung, zugrundeliegende 355 35 ff
Geschäftsverbindung/Beendigung 355 234
Geschäftsverbindung/Übertragung und Sicherheitenbestand 356 76 ff
Geschäftsvertrag 355 16 ff
Geschäftsvertrag und Insolvenzverwalterwahlrecht 355 251

Geschäftsvertrag und Kontokorrentabrede 355 20
Geschäftsvertrag/Ausgleichszahlungsanspruch während der Rechnungsperiode 356 51
Gesellschafterausscheiden/Einstandspflicht (gesicherte Einzelforderung) 356 34, 43 ff, 50
Gesetzesanwendung und Legaldefinition 355 23
Gesetzliche Forderungsauswechselung und Sicherheitenbestand 356 2, 23
Gesetzlicher Forderungsübergang nach Drittleistung 356 68 ff
Girovertrag 355 19, 46
Gläubiger-Schuldner-Rollenvertauschung 355 222
Gläubigerschutz im Pfändungsfall 357 1 ff
Gründerhaftung/Einstandspflicht 356 34
Handelsgeschäft und Zinsen 355 95
Höchstbetragshypothek (gesicherte Saldoforderung) 356 73
Hoferbenhaftung 356 34
Hypothek (gesicherte Einzelforderung) 356 30
In-Rechnung-Stellung 355 47 ff
In-Rechnung-Stellung/uneigentliches Kontokorrent 355 262
Indizien für eine Abrede 355 60
Insolvenz
– Absonderungsrecht 356 30
– Ersatzaussonderung 355 101, 249 f
– Geschäftsvertrag 355 251
– Kontokorrentliche Verfügungswirkungen 355 243 ff
– Schlußsaldofeststellung 355 246
– Vorausabtretung der Schlußsaldoforderung 355 247
Kannkaufleute 355 33
Kaufmannseigenschaft einer Partei 355 25 ff; 355 94
Kausaler Saldoanspruch 355 195 ff
Kenntnis Dritter vom Kontokorrent 356 59
Klagbarkeit der Saldoforderung 355 201 f
Klage aud Saldoanerkenntnis 355 204
Klage auf Saldoberichtigung 355 219
Klageabweisung aufgrund Kontokorrentabrede 355 104
Klageverbindung Saldoanerkennung/Zahlungsklage 355 204, 223
Klageverbindung Zahlung/Saldoberichtigung 355 221
Kleingewerbetreibende 355 25
Konkludenz 355 59

Kontokorrentfähigkeit
– Anrechnungsfähigkeit, Vorausverfügungsmacht 355 70 ff
– Buchungsfähigkeit 355 64 ff
– Geldbezogenheit 355 68 f
Kontokorrentzugehörigkeit
– Anspruchsinhalt 355 81 ff
– Aufrechnungsverbote 355 90 ff
– Einfluß Dritter 355 96 f
– Parteiwille, maßgeblicher 355 77 ff
– Wechsel und Schecks 355 86 ff
– Zinsforderungen 355 93 ff
Kreditierungsfunktion 355 7 f
Kreditvertrag, Abgrenzung 355 9
Kündigung 355 231 ff
Kündigung nach Pfändung 357 35 f
Künftige Forderungen 355 6
Leistung durch Verrechnung (unverbindliche Forderungen) 355 161 f
Leistungen Dritter 355 97
Leistungen, kontokorrentfreie 355 238
Leistungen/Ansprüche 355 108
Mängel (Anerkenntnisvertrag) 355 193
Mängel (dem Anerkenntnis zugrundeliegende Positionen) 355 193
Mängel (Kontokorrentabrede) 355 194
Mängel (Verrechnungsvertrag) 355 194
Mehrheit von Kontokorrent-Verhältnissen 355 98
Mietvertrag 355 36
Miterbenhaftung 356 34
Mosaiktheorie 355 144
Nachfälligkeit 355 141
Naturalobligationen 355 160 ff; 355 193
Negatives Schuldanerkenntnis 355 215
Nichtiger Sicherungsvertrag 356 63 f
Nichtkaufleute 355 27, 256
Nichtkaufmann als Beteiligter 355 26
Nichtkaufmännisches Kontokorrent/Befreiung vom Zinseszinsverbot 355 31 f
Novationslehre/Ablehnung 335 2
Novationslehre/Rechtsnatur und Wirkung der Saldofeststellung 355 175 ff
Novationslehre/Sicherheitenbestand, Sicherheiten-, Übereignung 356 2, 22
Novationslehre und Verrechnungswirkung 355 119 ff
Parteiwille 355 59, 77 f
Periodizität von Verrechnung/von Feststellung 355 56 f, 156
Periodizitätsverzicht 355 257
Pfändbarkeit einzelner Posten, entfallende 355 47, 71, 115; 357 11
Pfandrecht (gesicherte Einzelforderung) 356 30

Pfandrecht der Banken 356 73
Pfändung (Saldopfändung) und Konto-
 korrentverhältnis 357 33 ff
Pfändung der Saldoforderung 355 240
Pfändung des zukünftigen Saldos/des Tages-
 saldos 357 45 ff
Pfändungs- und Überweisungsbeschluß/
 Sperrwirkung 357 20 ff
Prioritätsprinzip und Pfändungsfall 357 5 ff
Privatautonomie 355 77
Privatautonomie und Zwangsvollstreckungs-
 fall 357 1
Rahmenvertrag 355 13
Rechnungsperiode und Ausgleichszahlungs-
 anspruch 356 51
Rechnungsperiode und Saldopfändung
 357 34
Rechnungsperiode und Sicherheitenbestand
 356 50
Rechnungsperiode, Ablauf 355 235
Rechtsbeziehungen und abstrakte Saldoforde-
 rung 355 200
Rechtsmißbrauch der Unverbindlichkeits-
 einrede 355 174
Rechtsnatur 355 11 ff
Rechtssätze, allgemeine 355 261
Rechtswirkung sui generis 355 103
Rückgewähranspruch, vertraglicher aufgrund
 unrichtiger Saldofeststellung 355 218
Rückgriff auf Rechtsbeziehungen 355 198
Rückgriffsansprüche 355 85, 88
Rücktritt nach Saldopfändung 357 25
Saldoanerkennung
– Abschluß des Anerkennungsvertrages
 355 187 ff
– Dritte als Sicherungsgeber 356 56 ff
– Einwendungsverzicht 355 199
– Gegenstand und Reichweite 355 190 ff
– Gläubigerstellung aufgrund Saldopfändung
 357 40 ff
– Klage auf Anerkennung 355 204
– Lehre vom abstrakten Schuldanerkenntnis
 355 182 ff
– Lehre vom deklaratorischen Anerkenntnis
 355 185
– Mängel des Anerkenntnisvertrages 355 193
– Negatives Anerkenntnis (Erlaßvertrag)
 355 192
– Richtiger Saldo 356 40
– Selbständige rechtliche Grundlage 355 183
– Sicherheitenbestand für Einzelforderungen
 356 15 ff, 71 ff
– Überschußanerkennung 355 52 ff
– Unverbindliche Forderungen 355 164
– Vergessene Posten 355 180

– Verjährungsfrist 355 106
– und Verrechnung 355 131, 194
– und Verrechnung/Unterschied 356 21 ff, 56
– Verzicht hierauf 355 259
– Zusammensetzung der Saldoforderung 355
 166 ff
Saldofeststellung
– Abstrakter Feststellungsvertrag 355 261
– Berichtigungsanspruch 355 214 ff
– Insolvenz und Schlußsaldo 355 245 f
– Novationstheorie 355 175 ff
– Periodizität 355 56 f
– Pfändungsaugenblick 357 14
– Überschußfeststellung 355 52 ff
– Unrichtige Feststellung 355 184, 212 ff
– Vertragscharakter 355 53
– Verzicht hierauf 355 257
Saldoforderung
– Abstraktheit 355 183
– Beendigung des Kontokorrents 355 239
– Befreiung vom Zinseszinsverbot 355 205 ff
– Bereicherungseinrede 355 198
– Darlegungs- und Substantiierungslast 355
 203 f
– Haftung für niedrigsten anerkannten 356
 15 ff
– Kausaler und abstrakter Anspruch 355
 195 ff
– Masse übriger Ansprüche 355 123
– Mehrheit von Kontokorrent-Verhältnissen
 355 98
– Pfändung des zukünftigen Saldos/des Tages-
 saldos 357 45 ff
– Pfändung zukünftiger oder gegenwärtiger
 357 11 ff
– Rechtliche Zusammensetzung 355 143, 227;
 356 24
– Schlußsaldo 355 239 ff
– Schuldrechtlicher (kausaler) Charakter
 355 143, 227
– Sicherheitenbestand 356 14, 71 ff
– Sicherheitenbestellung hierfür 356 14
– Vergessene Posten 355 180
– Verrechnungsvorgang 355 128
– Verzinslichkeit 355 94, 205
– Vorgetragene auf neue Rechnungsperiode
 355 201
– Vortragspflicht und Saldopfändung 357 37
– Vortragung 355 134
– Zahlungsklage 355 201
– Zusammensetzung 355 166
– Zusammensetzung und Sicherheitenbestand
 356 24 ff
Saldogläubiger/verstärkte Stellung 355 186
Scheckdiskontierung 355 88

Schecks 355 87, 89
Scheinkaufleute 355 25, 33 f
Schenkung, formnichtige 355 193
Schuldner-Gläubiger-Rollenvertauschung 355 222
Schuldrechtlicher (kausaler) Charakter 356 24
Schuldverhältnis der Geschäftsverbindung 355 37
Schuldvertragsrechtliche Typen 355 18
Selbständige Geltendmachung/Klagbarkeit einzelner Posten – Wegfall 355 47
Selbständigkeit der Forderungen/Verlust 355 100
Sicherheiten für Einzelforderungen
– Akzessorietät, nicht erforderliche 356 31
– Akzessorietätsprinzip und Haftungsumfang 356 39
– Akzessorietätsprinzip und Sicherheitenerlöschen 356 24
– Analoge Anwendung §§ 366, 396 BGB 356 27
– Aufrechnungsmöglichkeit 356 33, 53
– Auslegung der Sicherungsabrede 356 50
– Beendigung des haftungsbegründenden Rechtsverhältnisses 356 42 f
– Befriedigung des Gläubigers/Anrechnungsfolge 356 52
– Bürgschaft 356 30, 75
– Bürgschaftskündigung 356 47
– Cessio legis (Sicherungsgeberleistungen) 356 68 ff
– Dritter als Sicherungsgeber 356 55 ff
– Eigentumsvorbehalt 356 17, 32
– Einstandspflicht 356 34
– Einwendungen/Einreden durch den Sicherungsgeber 356 66 f
– Ermittlung gesicherter Forderung 356 24 ff
– Forderungsfortbestand 356 12 f
– Früchtepfandrecht 356 31
– Gesamtschuldnerische Mithaftung 356 34
– Geschäftsverbindung, übertragene 356 76 ff
– Gesellschafterausscheiden 356 43 ff
– Gesellschafterhaftung 356 34, 50
– Haftung für niedrigsten anerkannten Saldo 356 15, 59 ff
– Haftungsumfang/Haftungshöhe 356 37 ff
– Höchstbetragshypothek 356 74
– Hypothek 356 30
– Inanspruchnahme der Sicherheiten 356 50 ff
– Insolvenz-Absonderungsrechte 356 30
– Konstruktionsproblem 356 8 ff, 23
– Lauf der Rechnungsperiode/unzulässiger Sicherheitenrückgriff 356 50 f
– Leistungen durch Sicherungsgeber als Dritten 356 68 ff
– Mehrheit von Sicherheiten 356 48 f
– Novationstheorie und Sicherheitenuntergang 356 2 ff
– Pfandrecht 356 30
– Pfandrecht der Banken 356 73
– Saldoanerkennung und Verrechnung 356 21 ff
– Saldoanerkennung, richtige 356 40
– Saldoausgleich während der Rechnungsperiode 356 51
– Saldoforderung und Sicherheitenbefriedigung 356 52
– Saldoforderung/Einzelforderung 356 14, 71
– Sicherheiten, erfaßte 356 30 ff
– Sicherungsgrundschuld 356 74
– Sicherungsgrundschuld, Sicherungseigentum 356 31
– Staffelkontokorrent 356 26
– Unternehmensübernahme 356 46
– Verrechnung 356 15
– Verschiedene Sicherheiten/Mehrheit von Forderungen 356 18
– Vertrag zu Lasten Dritter 356 16, 65; 356 44
– Vormerkung 356 30
– Wirtschaftliche Betrachtungsweise 356 28
– Zeitpunkt der Sicherheitenentstehung 356 36
– Zurückbehaltungsrecht 356 30
Sicherungseigentum (gesicherte Einzelforderung) 356 32
Sicherungsfunktion 355 6, 113
Sicherungsfunktion und Pfändungsschutz 357 6
Sicherungsgrundschuld (gesicherte Einzelforderung) 356 32
Sittenverstoß durch Kontokorrentabrede 355 12 f
Sozialleistungen 355 71
Spiel, Wette 355 161 ff
Staffelkontokorren/Verrechnungsvorgang 356 26
Staffelkontokorrent/unverbindliche Forderungen 355 169
Staffelkontokorrent/Verrechnungsvorgang 355 148, 227
Staffelkontokorrent/Verzicht auf Periodizität 355 57
Stundung, abzugrenzende 355 103
Tagessaldo, Pfändung 357 45 ff
Tatsächliche Beziehung als Geschäftsverbindung 355 37
Tilgungserleichterung 355 10

Tilgungswirkung durch Verrechnung 355 99, 108
Treu und Glauben/abstrakte Saldoforderung 355 200
Typologisches Denken/gesetzliche Regelung 355 23
Überschußfeststellung 355 52 ff
Überweisung gepfändeter Saldoforderung 357 18
Überziehung des Kontos 355 7
Ultimogelder 355 81
Uneigentliches Kontokorrent 355 24, 254 ff; 357 9
Unerlaubte Handlung/Forderung aus vorsätzlicher 355 92
Ungerechtfertigte Bereicherung/Einrede gegen Saldoforderung 355 198
Ungerechtfertigte Bereicherung/Kondizierbares Anerkenntnis 355 193
Ungerechtfertigte Bereicherung/unrichtige Saldofeststellung 355 212 ff
Unrichtige Saldoforderung 355 212 ff
Unverbindliche Forderungen 355 193
Verbot widersprüchlichen Verhaltens 355 34
Vereinbarungsfolgen 355 99 ff
Vereinfachungs- und Vereinheitlichungsfunktion 355 3 ff, 40, 46, 49, 52, 146, 183, 192, 205, 258
Vereinfachungsfunktion und Pfändungsschutz 357 6
Verfügungsvertrag, antizipierter 355 62
Verfügungswirkung der Verrechnung 355 76
Verfügungswirkung der Verrechnung/Insolvenzeröffnungsfolge 355 243 ff
Vergessene Forderungen 355 192
Verhältnismäßige Gesamtaufrechnung 355 144 ff, 227; 356 25
Verjährung der von Saldofeststellung nicht erfaßten Forderungen 355 225
Verjährung des Berichtigungsanspruchs 355 224
Verjährung des Saldoanspruchs 355 196 f
Verjährungsfrist 355 106
Verjährungshemmung 355 106
Verpfändbarkeit, fehlende 355 109
Verrechnung
– Abgrenzung von Verrechnungverträgen 355 53, 95
– Antizipierte Vereinbarung 355 128 ff
– Ausbleibende Verrechnungswirkung 355 101
– Ausgleich als Rechtsfolge 355 121
– Automatik oder Parteiwille 355 127
– BGB §§ 366, 396/Anwendbarkeitsfrage 355 154 ff, 170, 227; 356 27

– Ersatzaussonderung 355 250
– Forderungs- und Leistungsschicksal 355 143 ff
– Forderungsvereinheitlichung 355 145
– Gegenstand der Verrechnung/Verrechnungsfähigkeit 355 138 ff
– Gläubigerschutz und Verrechnungsverträge 357 9
– und In-Rechnung-Stellung/Unterschied 355 50
– Insolvenzeröffnung und Verrechnungsvertrag 355 245
– Kausaler Saldoanspruch und Verrechnungsvertrag 355 196
– Kontokorrentbeendigung 355 239
– Lehre vom Staffelkontokorrent 355 148 ff, 227; 356 26
– Lehre von der verhältnismäßigen Gesamtaufrechnung 355 144 ff, 227; 356 25
– Periodizität 355 56 f
– Rechnungsperiode 355 136 f
– Rechtsnatur und Funktion 355 125 ff
– Reihenfolge 355 170 f
– Saldoforderung 355 126
– Sicherheitenbestand für Einzelforderungen 356 15 ff
– Tilgungswirkung 355 118 ff
– als typusprägendes Merkmal 355 51
– Uneigentliches Kontokorrent 355 263
– Unverbindliche Posten 355 160 ff
– Verfügungswirkung 355 76
– Verrechnungsstellung/Verrechnungsvollzug 355 99
– Vertrag 355 15, 18, 22
– Vertragscharakter 355 53
– Vollzug 355 127 ff
– Zeitpunkt 355 128
Verrechnungsmöglichkeit, nur noch gegebene 355 47
Vertrag sui generis 355 18
Vertrag zu Lasten Dritter 356 65
Vertragsabschluß 355 58 ff
Vertragscharakter von Feststellung und Verrechnung 355 53
Vertragsübernahme 355 237
Verwirkung des Berichtigungsanspruchs 355 228
Verzinslichkeit der Posten 355 46
Verzug 355 107
Vorausabtretung der Schlußsaldoforderung 355 247
Vorausverfügungsmacht und Kontokorrentfähigkeit 355 70
Vormerkung (gesicherte Einzelforderung) 356 30

Wechsel 355 86
Wechseldiskontierung 355 88
Wirtschaftlich zusammengehörige Vorgänge 355 140, 147, 156
Wirtschaftliche Betrachtungsweise/Zusammensetzung der Saldoforderung 356 28
Zahlungsklage und Berichtigungsanspruch 355 219 ff
Zahlungsklage/Saldoforderung 355 201 f
Zahlungsklage/Verbindung mit Saldoanerkennung 355 204, 223
Zahlungsverkehr, erleichterter 355 3
Zessionsvorrang 355 110 ff
Zinsen/Verzinsung
– Rechnungsperiode 355 137
– Saldoforderung 366 205 ff
– Schlußsaldo 355 241
– Zinsen als Fälligkeitszinsen 355 103
Zinseszinsverbot/Frage analogiefähige Befreiung 355 49, 264
Zinseszinsverbot/Befreiung 355 31 ff, 55, 205 ff
Zinseszinsverbot/Umgehung 355 43
Zinsforderungen 355 93 ff
Zug-um-Zug-Erfüllung 355 81
Zurückbehaltungsrecht (gesicherte Einzelforderung) 356 30
Zustellungssaldo (Pfändung) 357 15
Zwangsvollstreckung (Pfändungsschutz) 357 1 ff

Kontraktübernahme
Handelsklausel 346 234
Kosten und Fracht (CFR)
Handelsklausel 346 160
Kraftfahrzeugbrief
Gebrauchtwagenerwerb/Verfügungsbefugnis und Gutglaubensschutz 366 76 f
Legitimationsfunktion 366 77
Sperrfunktion beim Kfz-Erwerb 366 76
Wertpapiereigenschaft, fehlende 363 154
Kreditauftrag
Bürgenhaftung als Handelsgeschäft/selbstschuldnerische Haftung 349 1 ff
Kreditgeschäft
und Abtretungsausschluß 354a 1
Refinanzierung/Guter Glaube an Verfügungsbefugnis bei Verfügung mit Sicherungscharakter 366 73
Refinanzierungsgeschäft, Verfügungsbefugnis und Gutglaubensschutz 366 73
und Umgehung des Zinseszinsverbots 355 43
Kreditgewährung
und Kontokorrentzugehörigkeit 355 94
Kreditzweck
des Kontokorrents 355 7
Lieferschein 363 37

Kreuzende Bestätigungsschreiben
Rechtsfolgen 346 75, 95
Kündigung
Kontokorrent 355 230 ff

Ladeschein (Inhaberladeschein)
Traditionswirkung 363 151
Ladeschein (Orderladeschein)
s. a. Güterpapiere (Orderpapiere)
Papierübergabe an Legitimierten/Wirkung wie Güterübergabe 363 95 ff
als typusbezogenes Orderpapier 365 43
Übertragung, keine erforderliche Papierübergabe 364 21
Ladeschein (Rektaladeschein)
Traditionswirkung 363 146, 152
Lager (ab)
Handelsklausel 346 235
Lagergeschäft
Pfandrecht/Wartefristverkürzung 368 1 ff
Lagerhalter
Gesetzliches Pfandrecht/gutgläubiger Erwerb 366 88 ff
Gesetzliches Pfandrecht/gutgläubiger Erwerb durch Kleingewerbetreibende 366 112
Gesetzliches Pfandrecht/Sicherung inkonnexer Forderungen 366 102 ff
Guter Glaube an Verfügungsbefugnis 366 43
Gutgläubiger Erwerb gesetzlichen Pfandrechts 366 88 ff
Gutgläubiger Erwerb gesetzlichen Pfandrechts/Sicherung inkonnexer Forderungen 366 101 ff
Handelsbräuche Vor 343 ff 24
Kleingewerbetreibende Vor 343 ff 32
Kleingewerbetreibende/Guter Glaube an Verfügungsbefugnis 366 8, 9
Kleingewerbetreibende/Schweigen auf Bestätigungsschreiben 346 26, 27a
Lagerschein/Lagervertrag, grundsätzliche Abhängigkeit 363 69 f
Lagerschein/Zulässigkeit eines abstrakten 363 71
Orderpapiere/Zulassung weiterer echter mittels Analogie 363 81 ff
Verfügungsbefugnis und Gutglaubensschutz 366 43
Wertpapiere des Frachtrechts
– s. Güterpapiere (Orderpapiere)
Lagerräumung
Guter Glaube an die Verfügungsbefugnis 366 62
Lagerschein (Inhaberlagerschein)
Zulässigkeit/Traditionswirkung 363 151

Lagerschein (Orderlagerschein)
als typusbezogenes Orderpapier 364 43
Papierübergabe an Legitimierten/Wirkung
wie Güterübergabe 363 95 ff
und Lieferschein/Abgrenzung, Verhältnis
363 37

Lagerschein (Rektalagerschein)
Traditionswirkung, fehlende 363 152
Übertragung, keine erforderliche Papierübergabe 364 21

Land- und Forstwirtschaft
Kaufmännischer Weise eingerichteter
Gewerbebetrieb Vor 343 ff 21
Verlust der Kaufmannseigenschaft Vor 343 ff 24

Lastenfreiheit einer Sache
Gutgläubig lastenfreier Erwerb 366 83 ff

Laufende Rechnung
s. Kontokorrent

LCL (less than container load)
Handelsklausel 346 236

Leasing
Kaufmännische Mängelrüge 377 13

Lebensversicherung
Abschluß als Handelsgeschäft 343 19

Legitimationsfunktion
des Indossaments
– s. dort

Legitimationspapiere
mit Inhaberklausel/Abgrenzung zu Inhaberpapieren 367 8
Rektapapiere
– s. dort

Leistungen
Kontokorrentabrede/Bedeutung für – 355 108
Leistungsbewirkung/Abgrenzung zum
Zugang von Willenserklärungen 358 4

Leistungen und Ansprüche (beiderseitige)
Geschäftsverbindung und Kontokorrentverhältnis 355 38 ff

Leistungspflicht
Ermittlung von Maß/Gewicht/Zeitrechnung/
Entfernung/Währung 361 1 ff
und Schadensersatzansprüche 361 8
Schuldverhältnis ohne primäre – 355 37

Leistungsverweigerungsrecht
Geltendmachung kaufmännischen Zurückbehaltungsrechts 372 64

Leistungszeit
Frühjahr/Herbst/ähnliche Bestimmung 359 1 ff
Konkretisierung von Treu und Glauben 358 1ff

Lex mercatoria
Entstehung 346 2

Lieferschein
Handelsklausel 346 230, 237
an Order/auf Inhaber gestellter Lieferschein,
Traditionswirkung 363 153

Lieferschein (Orderlieferschein)
Analogie (TransportrechtsreformG) 363 45
Änderung, Aufhebung der Annahme/
nachträgliche 363 44
Angewiesenenverpflichtung/Abweichungen
zum Inhalt der Annahmeerklärung
363 46
Annahme des Lieferscheins/Lieferungsanspruch gegen den Angewiesenen
363 42
Annahme/fehlende oder unwirksame 363 49
Annahmeerklärung, Inhalt/Abweichung ggü
der Güterbeschaffenheit 363 45
Annahmeerklärung/rechtsgeschäftliche Voraussetzungen 363 46
Anwartschaftsrechtserwerb 363 50
Anweisung i. w. S. /abzugrenzende 363 39
Ausstellung durch den Einlagerer 363 37
Durchhandeln der Ware 363 37
Einwendungen aus dem Deckungsverhältnis
363 43
Form der Annahmeerklärung 363 47
Inhaberklause, alternative 363 41
Inhaberlieferschein, zulässiger 363 41
Kassalieferschein ohne Eigenschaft eines –
363 39
Kaufmannseigenschaft, erforderliche des
Angewiesenen 363 38
Kaufpreisbezahlung/Lieferscheinübertragung
und Warenübereignung 363 50
Kaufpreiszahlung, bei Lieferscheinübertragung
nicht erfolgende 363 50
Kreditfunktion 363 37
und Lagerschein/Vergleich 363 37, 45
Leistung vertretbarer Sachen 363 38
Leistungspflicht/von einer Gegenleistung unabhängige 363 39
Lieferungsanspruch aufgrund Annahme des –
363 42
Nicht-vertretbare Sachen 363 48
Orderklausel 366 40
Skripturhaftung/Rezeptumshaftung 363 45
Verbriefungswille 363 40
Warenauslieferung an legitimierten Papierinhaber 363 37
Warenübereignung und Übertragung des
Lieferscheins 363 50
Wertpapierrechtlicher Einwendungsausschluß
363 45
Widerrufsrecht des Anweisenden 363 50
Wirtschaftliche Funktion 363 37

Lieferschein (Rektalieferschein)
Praktische Bedeutung 363 37
und wertpapierrechtlicher Einwendungsausschluß 363 45
Lieferung freibleibend
Handelsklausel 346 238
Lieferung so schnell als möglich
Handelsklausel 346 240
Lieferung sofort nach Eintreffen der Ware
Handelsklausel 346 239
Lieferungsmöglichkeiten vorbehalten
Handelsklausel 346 241
Lieferzeit unverbindlich
Handelsklausel 346 242
Lieferzeit vorbehalten
Handelsklausel 346 243

Mangelrüge (kaufmännische)
Abdingbares Recht 377 5; 378 6
Abgrenzung zum BGB-Kaufrecht 377 1
Ablieferung gekaufter Ware
– Abgrenzung gegenüber Lieferung und Übergabe 377 24 ff
– Aufdrängung der Ware 377 30
– Beendigte Ablieferung/Rechtzeitige Untersuchung 377 78
– Beweislast 377 203 ff; 378 89 ff
– Ort der Untersuchung 377 74
– Vollzug 377 31 ff
Absendung/Zugang der Mängelrüge 377 142 ff
ADHGB 377 1
Aliud-Lieferung
– Anwendung des kaufmännischen Mängelrügerechts 378 1 ff
– Abgrenzung gegenüber peius 378 9
– offensichtliche Genehmigungsunfähigkeit 378 75 ff
– Qualifikations-aliud 378 9, 13
– Quantitätsdifferenz 378 25 ff
– Zusammentreffen nit peius 378 93
Analogie/nicht zweiseitige Handelsgeschäfte 377 21 f
Ausfallprobe 377 145
Arglist des Verkäufers 377 173 ff; 378 74
Besitzübergang 377 29
Beweislastfragen 377 203 ff; 378 89 ff
Distanzkauf/Aufbewahrungspflicht 379 1 ff
Drittwirkungen 377 169
Erbe des Kaufmanns 377 18
Fehler der Kaufsache 377 44 ff
Frachtführerübergabe 377 33 ff
Frist/unverzügliche Rügeobliegenheit 377 101 ff
Frist/Vereinbarung fester Rügefristen 377 113

Gattungskauf 378 10, 14 ff
Gebrauch/Verbrauch und Untersuchungsmethode 377 89 ff
Gefahrübergang 377 28
Genehmigungsfiktion bei versäumter Rüge 377 161 ff; 378 42 ff
Geschäftsgang und Untersuchungsobliegenheit 377 77, 93 ff
Gewährleistungsausschluss, vereinbarter 377 196
Handelsgeschäftserwerb/Unternehmenskauf 377 11
Handelskauf/zweiseitiger 377 9 ff
Identitätsaliud beim Spezieskauf 378 9, 13
IPR-Fragen 377 6 f
Kaufleute 377 14 ff
Leasing 377 13
Lebensmittel 377 97
Mängel/offene und verdeckte 377 61 ff
Mängelgewissheit des Käufers 377 105
Mängelvorhandensein/Beweislast 377 204; 378 89 ff
Mangelhafte Beschaffenheit 377 42 ff
Muster 377 146
Obliegenheit zum Erhalt der BGB-Gewährleistung 377 3, 148 ff
Peius und Aliud/Abgrenzung 378 9
Peius und Minus/Abgrenzung 378 25
Qualifikationsaliud 378 9, 13
Qualifikationsanforderungen/Standard 377 98
Qualifikationsdifferenz und pius/Zusammentreffen 378 93
Qualifikationsmängel 377 42 f
Rüge als Obliegenheit
– Aliud, Quantitätsdifferenz 378 37 ff
– Offene Mängel 377 59, 73, 101 ff
– Rechtslage bei gehöriger Mängelrüge 377 148 ff; 378 58 ff
– Rechtslage bei verabsäumter Mängelrüge 377 161 ff; 378 42 ff
– Rechtsnatur, Inhalt, Legitimation, Form und Entgegennahme der Erklärung 377 28 ff
– Verdeckte Mängel 377 121 ff
– Verkäuferverzicht 377 147
Sachverständigenhinzuziehung 377 87, 98 f
Scheinkaufmann 377 17
Spediteursübergabe der Ware 377 33 ff
Stichproben 377 82 f
Stillschweigende Vergütungsvereinbarung 354 1
Streckengeschäft 377 38
Teillieferungen, Sukzessivlieferungsverträge 377 39, 118 f

Untersuchung der Ware
- Dauer der Untersuchung 377 88
- Hindernisse 377 77, 95, 120
- Methodik 377 85 ff
- Rechtzeitigkeit 377 77 ff
- Rüge des entdeckten Mangels 377 73
- zu Tage geförderte Mängel 377 69 ff
Verbandsbedingungen **Anh 377**
Verpackungsart und Rügeobliegenheit 377 112
Verpackungsmängel 377 55
Verjährung/Käufervorteile 377 156
Verjährung vor Mängelentdeckung 377 200 ff
Versendungsart, mangelhafte 377 57
Verwandte Geschäfte/anwendbares Recht 377 12
Vertragswidrigkeiten, nicht rügepflichtige sonstige 377 58
Verwirkung der Rügemöglichkeit 377 202
Vorbehaltslose Warenannahme trotz Mängelkenntnis 377 199
Wertbeeinträchtigung 377 46
Wertpapiere 381 1 ff
Zugesicherte Eigenschaft, fehlende 377 49 ff
Zwangsvollstreckung/Erwerb im Wege der 377 29

Maklervertrag
Stillschweigende Vergütungsvereinbarung 354 1

Marktbeziehungen
und Handelsgeschäftscharakter 343 4

Marktwirtschaft
Handelsbrauch/Treu und Glauben 346 14

Maß und Gewicht
Bestimmungen am Erfüllungsort 361 1 ff

Messwesen
Gesetzliche Grundlage für Maß/Gewicht/Zeitrechnung/Entfernung 361 1

Mietvertrag
und Geschäftsverbindung 355 36
Vermieterpfandrecht/Wartefristverkürzung 368 6

Minderkaufmann
Streichung durch das HRRG **Vor 343 ff** 33

Miteigentum
Effektensammelanteile/Entstückungsfolge 367 28
und kaufmännisches Zurückbehaltungsrecht 372 32

Mosaiktheorie
Kontokorrent 355 144

Muster (laut)
Handelsklausel 346 244

Mustergutbefund
Handelsklausel 346 245

Nachfrist (ohne)
Handelsklausel 346 246

Nachlaßverwaltung
Verfügungsbefugnis und Gutglaubensschutz 366 33

Nachnahme; cash on delivery (COD)
Handelsklausel 346 247 f

Namensaktien
Blankoindossament/Gutglaubensschutz bei Abhandenkommen 367 11

Namensinvestmentanteilscheine
Blankoindossament/Gutglaubensschutz bei Abhandenkommen 367 11

Naturalobligationen
Indossament und Wirksamkeitseinwendung 364 54

Negatives Anerkenntnis
Saldoanerkenntnis 355 192

Netto ab Werk
Handelsklausel 346 139

Netto Kasse
Handelsklausel 346 249

Nicht-Kaufleute
Abtretungsverbot/wirksame Abtretung 354a 6, 21
Anweisung, Verpflichtungsschein/kaufmännischer 363 6, 11
Einseitige Handelsgeschäfte/HGB-Anwendung 345 1 ff
Fälligkeitszinsen beim beiderseitigen Handelsgeschäft 353 7
Gutgläubiger Erwerb abhandengekommener Inhaberpapiere 367 3
Handelsbrauch-Unterwerfung 346 24a f
Handelsgeschäfte **Vor 343 ff** 32 ff
Handelskauf **Vor 373** 1
als Kaufmann behandelte – 346 24c
Kaufmännisches Bestätigungsschreiben **Vor 343 ff** 40a; 346 25, 25a, 27
Kontokorrentverhältnis 355 27 ff
Marktauftritt und Handelsgeschäfte **Vor 343 ff** 39
Orderklausel 363 2
Orderschuldverschreibungen als Rektapapiere 363 31
Rechtsverkehrteilnahme ähnlich wie Kaufleute **Vor 343 ff** 40
Schein-Nicht-Kaufmann 346 26
und Verfügungsbefugnis 366 6 ff
Vertragsstrafe als Handelsgeschäft 348 6
und Zurückbehaltungsrecht (kaufmännisches) 372 11 f

Nichterfüllter Vertrag
und Fälligkeitszinsen beim beiderseitigen Handelsgeschäft 353 16

Nichtigkeit
Begebungsvertrag, fehlender 363 61
Geschäftsbesorgungs- oder Dienstvertrag/ Frage stillschweigender Vergütungsabrede 345 11
Sicherungsvertrag/Kontokorrentzugehörigkeit 356 63

Nießbrauch
Belastungen/gutgläubig lastenfreier Erwerb 366 85, 87
Gutgläubiger Erwerb an Inhaberpapieren 367 22
Verfügungsmacht und ausgeschlossener Gutglaubensschutz 366 19

Notverkaufsrecht
Guter Glaube an Verfügungsbefugnis 366 31
nach Empfang mängelbehafteter Ware 379 28 ff

Novationslehre
Kontokorrent
– s. dort

Obliegenheiten
Empfang von Bestätigungsschreiben 346 27
Mängelrüge (kaufmännische)
– s. dort
und Rechtsfigur des kaufmännischen Bestätigungsschreibens 346 62

Offene Handelsgesellschaft
Handelsgesellschaft Vor 343 ff 29
Sorgfalt ordentlichen Kaufmanns 347 3
Zurückbehaltungsrecht an Gesellschaftersachen für Schulden der – 372 50

Öffentliche Hand
Kaufmannseigenschaft Vor 343 ff 41
als Verfügender (Gutglaubensschutz) 366 7

Offertentheorie
Rechtsnatur Übertragung kaufmännischer Orderpapiere 364 2

Ohne Nachfrist
Handelsklausel 346 251

Orderpapiere
Analogie/Zulassung weiterer echter Orderpapiere im Lager- und Transportwesen 363 78 ff
Anweisung (kaufmännische)
– s. dort
Aufgebotsverfahren 365 37 ff
Aufgebotsverfahren als allgemein-wertpapierrechtliche Wirkung 363 27, 88
Besitzerlangung und kaufmännisches Zurückbehaltungsrecht 372 29
Blankoindossament/Gutglaubensschutz bei Abhandenkommen 367 11
Forwarders Receipt/Orderpapierausstellung durch Spediteur 363 85
Frachtrechtswertpapiere
– s. Güterpapiere (Orderpapiere)
Garantiefunktion, fehlende 365 2
auf Geldzahlung gerichtete kaufmännische – 363 30
und Inhaberschuldverschreibungen 363 2 f
Leistung von Wertpapieren 363 36
Lieferschein (Orderlieferschein)
– s. dort
Numerus clausus zulässiger Gestaltungsformen 363 2 f
Orderklausel ohne Charakter von – 363 87 ff
Orderklausel, fehlende 363 22
Orderpapierrechtliche Wirkungen/spezifische 363 28 f
und Privatautonomie 363 1
Schutz guten Glaubens an Orderpapiereigenschaft 363 12
Spediteursbescheinigungen mit Wertpapiercharakter 363 86
Speziesschulden 363 14
und Traditionspapiere/Abgrenzung 363 4
Übertragung kaufmännischer –
– s. Indossament
Verbriefungswille 363 23
Verfügungsbefugnis und Gutglaubenschutz 366 20
Verfügungsmacht/Gutglaubensschutz 366 20
Verpflichtungsschein (kaufmännischer)
– s. dort
Wechsel/Scheck als geborene – 363 21
Wertpapierrechtlicher Einwendungsausschluß 364 62
Wertpapierrechtlicher Einwendungsausschluß/Abstraktheit wertpapierrechtlicher Verpflichtung 363 74
Wirkungen 363 12
Zulassung gekorener Orderpapiere/begrenzte Möglichkeit 363 2
Zurückbehaltungsrecht (kaufmännisches) 372 15; 372 46

Orderschuldverschreibungen
Genehmigungserfordernis/praktische Bedeutung der – 363 30
Nichtkaufleute/nicht zugelassene – 363 31

Ordnungsgemäßer Geschäftsbetrieb
Verfügungsbefugnis und Gutglaubensschutz 366 56 ff

Organhandeln
Handelsgeschäfte 343 7

Örtlicher Handelsbrauch
Lokaler, regionaler, bundesweiter Handelsbrauch 346 30

Parität
  Handelsklausel 346 252
PartnerschaftsG
  und freie Berufstätigkeit Vor 343 ff 5
Passivlegitimation
  Schweigen im Prozeß auf fehlende – 361 32
Peius
  s. Mängelrüge (kaufmännische)
Periodizität
  Kontokorrent/Verrechnung und Feststellung 355 56 ff
Personengesellschaften
  als Handelsgesellschaften Vor 343 ff 29
Pfandindossament
  als Indossaments-Sonderform 364 11
Pfandrecht
  Belastungen/gutgläubiger lastenfreier Erwerb 366 85
  Gesetzliche Pfandrechte
    – s. dort
  Gutgläubiger Erwerb von Inhaberpapieren 367 22
  und kaufmännisches Zurückbehaltungsrecht 372 93
  und Kontokorrent
    – s. dort
  Pfandgut/Verfügung zu Sicherungszwecken 366 70
  Pfandguterwerb/guter Glaube an Verfügungsbefugnis 366 47
  Surrogationspfandrecht 364 13
  und Übereignung mittels Traditionspapieres 363 127 ff
  Vertragspfandrecht/Gutglaubensschutz
    – s. Gutglaubensschutz (Eigentum/Vertragspfandrecht)
  Verwertungsrecht des Pfandgläubigers/Guter Glaube an Verfügungsbefugnis 366 29
Pfandverkauf
  Verkaufsandrohung/Wartefristverkürzung 367 1 ff
  und stillschweigende Vergütungsvereinbarung 354 12
Pfandverwertung
  Gutglaubensschutz bei unberechtigter – 366 31
Pflichtverletzung
  durch Schweigen Anh 362 4, 9 ff
Pod
  Handelsklausel 346 253
Preise freibleibend
  Handelsklausel 346 254
Privatautonomie
  und Kontokorrentgestaltungen 355 65, 68, 77
  Schaffung von Orderpapieren 363 1
  und Typenzwang 363 3

Privates Sozialrecht
  und Haftungssteigerung Anh 362 14
Privatgeschäfte
  und Handelsgeschäfte, Abgrenzung 343 6 f, 20
  Vermutete Handelsgeschäfte eines Kaufmanns 344 1 ff
Privatrecht
  und Handelsgeschäfte Vor 343 ff 43a
Produktion (ungestörte vorbehalten)
  Handelsklausel 346 255
Prokuraindossament
  als Indossaments-Sonderform 364 9 f
Pünktlich
  Handelsklausel 346 257

Qualitätszertifikat (finales)
  Handelsklausel 346 187

Raumüberlassung
  Gattungsschuld 360 4
Rechnung
  als Fälligkeitsvoraussetzung 353 15
  und Kaufmännisches Bestätigungsschreiben 346 69
Rechnung/netto Kassa
  Handelsklausel 346 258
Rechnungsperiode
  Kontokorrent 355 136 f
Rechte
  Selbständigkeit verbriefter Rechte (Abstraktheit) 363 64 ff, 71
  Verfügungsbefugnis und Gutglaubenschutz 366 20
Rechtsanwalt
  Kaufmännisches Handeln Vor 343 ff 40a
Rechtserhebliches Verhalten
  als Handelsgeschäft 343 3
Rechtsgeschäft
  und Geschäftsbegriff (Handelsgeschäfte) 343 3; 344 3
  und Handelsbräuche 346 4
Rechtsgeschäftlicher Kontakt
  und verletzte Widerspruchspflicht durch Schweigen Anh 362 13
Rechtsgeschäftsähnliche Handlung
  als Handelsgeschäft 343 3
Rechtsgeschäftsähnliches Verhalten
  und Handelsbrauch 346 1, 4
Rechtsgeschäftslehre
  und Schweigen als Willenserklärung
    – s. Schweigen (Verpflichtungsgrund)
Rechtsgrundsätze
  Allgemein anerkannte als Handelsgewohnheitsrecht 346 19a

Rechtsmißbrauch
Indossament 364 58
Kaufmännisches Zurückbehaltungsrecht 372 58
Scheinkaufmann und Kontokorrent 355 34

Rechtsnachfolge
und kaufmännisches Zurückbehaltungsrecht 372 70 ff

Rechtsscheinhaftung
Indossament und Einwendungsausschluß/Rechtsscheintheorie als dogmatische Grundlage 364 25 ff
Orderklausel ohne Orderpapiercharakter 363 91 ff
Scheinkaufmann Vor 343 ff 37 f
aufgrund Schweigens
– s. Schweigen (Verpflichtungsgrund)

Rechtsscheinprinzip
Indossament als formelle Legitimation/befreiende Leistung an Nichtberechtigten 365 27 ff
Kaufmannseigenschaft/Berufsstellung eines Verfügenden (Scheinverfügungsberechtigung) 366 2
und zwingendes Recht 366 12

Reichbankanteilsscheine
Blankoindossament/Gutglaubensschutz bei Abhandenkommen 367 11

Rektapapiere
Abstraktes Schuldversprechen 363 31
Allgemeine wertpapierrechtliche Wirkungen 363 11
Anweisung (kaufmännische) 364 22
Anweisung, Verpflichtungsschein/nichtkaufmännische 363 11
Aufgebotsverfahren 363 27
Auslieferungsanspruch ohne Aufgebotsverfahren 365 46
Ausschaltung von § 407 BGB 363 26, 88
Güterpapiere/Schutz des Empfängers 363 62
Ladeschein (Rektaladeschein)
– s. dort
Ladeschein/Konnossement/Lagerschein 364 21
Lagerschein (Rektalagerschein)
– s. dort
Lieferschein (Rektalieferschein)
– s. dort
Nichtkaufleute/Orderschuldverschreibungen als – 363 31
Orderklausel ohne Orderpapiercharakter 363 87
Orderklausel, fehlende/Übertragungserfordernis, fehlendes 364 20
Orderpapiere ohne Orderklausel 363 22
Rektakonnossement als – 363 146, 152; 364 21
Rektaversicherungspolice 363 75
Schuldrechtlicher Inhalt/kein numerus-clausus-Prinzip 363 24
Verfügungsbefugnis und Gutglaubensschutz 366 20
Verfügungsmacht/Gutglaubensschutz 366 20
Vermutung richtiger Papierübergabe 364 62
Wertpapierrechtlicher Einwendungsausschluß/fehlende Geltung für – 363 45; 364 62
Zurückbehaltungsrecht (kaufmännisches) 372 15 f

Relative Theorie
Sachenrechtliche Wirkung der Traditionspapiere 363 96 ff, 158

Relatives Verfügungsverbot
und Gutglaubensschutz 366 36

Repräsentationstheorie
Sachenrechtliche Wirkung der Traditionspapiere 363 101 f

Revisibilität
Handelsgebrauchfeststellung 346 60

Rücktritt
Zurückbehaltungsrecht an Gläubigersachen 372 38

Rücktritt vorbehalten
Handelsklausel 346 260

Rügeobliegenheit
s. Mängelrüge (kaufmännische)

Sachen
Bewegliche Sachen
– s. dort
Vertretbare Sachen
– s. dort

Sachenrecht
Theorie wertpapierrechtlichen, aber sachenrechtsbezogenen Verkehrsschutzes/Traditionswirkung 366 160
Traditionspapiere
– s. dort
Typenzwang 363 1

Sachverständiger
Ermittlung von Handelsbräuchen 346 52 ff
Rückobliegenheit/Hinzuziehung bei Warenuntersuchung 377 87, 98 f

Saldoanerkennung/Saldofeststellung
s. Kontokorrent

Sale-and-Lease-Back-Verfahren
Verfügung zu Sicherungszwecken/Gutglaubensschutz 366 71

Schadensersatzansprüche
Indossament-Rechtsfolge 364 5
und Leistungspflichten 361 8

Orderklausel ohne Orderpapiercharakter/
  Schutzpflichtenverletzung 363 94
Schweigen als Verletzung einer Widerspruchs-
  pflicht Anh 362 9 ff
Scheckrecht
  Indossament und Einwendungsausschluß
    364 34
  Inhaberscheck/Gutglaubensschutz 367 10
  Kontokorrentzugehörigkeit von Schecks
    355 86 ff
  Orderpapiere, geborene 363 22
  Umdeutung formnichtigen Schecks 363 32 ff
Schein-Nicht-Kaufmann
  Absender eines Bestätigungsschreibens
    346 27
  Empfänger eines Bestätigungsschreibens
    346 26
Scheinermächtigung
  und Gutglaubensschutz 366 23
Scheingenehmigung
  Gutglaubensschutz 366 27 f
Scheinkaufmann
  Abtretungsverbot/wirksame Abtretung
    354a 7
  Anweisung, Verpflichtungsschein/kaufmänni-
    scher 363 8
  Bürgenhaftung als Handelsgeschäft/selbst-
    schuldnerische Bürgschaft 349 4
  Fälligkeitszinsen beim beiderseitigen
    Handelsgeschäft 353 7
  Gutgläubiger Erwerb abhandengekommener
    Inhaberpapiere 367 3
  Handelsbrauch 346 23
  Kaufmännische Mängelrüge 377 17
  Kaufmannsbehandlung nur zu seinen Lasten
    354 5
  und Kontokorrent 355 33 f
  kraft eigenen Verhaltens Vor 343 ff 37 f
  Schuldversprechen, Schuldanerkenntnis/
    Wirksamkeit mündlicher Versprechungen
    350 4
  und Sorgfalt ordentlichen Kaufmanns 347 2
  und Verfügungsbefugnis 366 12
  Verfügungsmacht und Gutglaubensschutz
    366 12
  Vertragsstrafe als Handelsgeschäft 348 4
  Zinssatzerhöhung 352 7
  und Zurückbehaltungsrecht (kaufmännisches)
    372 9
Scheinverfügungsberechtigte
  Gutglaubensschutz
    – s. Gutglaubensschutz (Eigentum/Ver-
    tragspfandrecht)
Scheinvollmacht
  und Scheinermächtigung 366 23

Schenkung
  als Handelsgeschäft 343 16
Schenkungsversprechen
  Indossament und Wirksamkeitseinwendungen
    364 54
Schiedsvereinbarung
  AGB-Klausel 346 148
  Formerfordernis 346 147
  Indossament/nicht vermerkte – 364 57
Schiffe
  Verfügungsbefugnis und Gutglaubenschutz
    366 20
Schleuderpreisverkauf
  Guter Glaube an die Verfügungsbefugnis
    366 59
Schuldanerkenntnis
  als Handelsgeschäft/Wirksamkeit mündlicher
    Versprechungen 350 1 ff
Schuldentilgung
  und Guter Glaube an die Verfügungsbefugnis
    366 57
  Kontokorrent/Abgrenzung zur ratenweisen –
    355 49
Schuldnerschutz
  und Abtretungsverbot, unwirksames 354a 1 ff
Schuldnerwechsel
  und kaufmännisches Zurückbehaltungsrecht
    372 46
Schuldrechtliche Verpflichtung
  Anweisung, Verpflichtungsschein/Ver-
    knüpfung mit einer – 363 19
  aufgrund Schweigens
    – s. dort
  Güterpapiere (Orderpapiere)/Verhältnis des
    verbrieften Rechts zur – 363 63 ff
  und Indossament-Rechtsfolge 364 5
  Indossament/Fehlen, Nichtigkeit, Wegfall
    der – 364 56 ff
  Indossament/Papierübernahme und Abreden
    aus der – 364 44
  Inhalt der Angewiesenenverpflichtung/Inhalt
    der Annahmeerklärung – Abweichungen
    363 45
  Wertpapierrechtlicher Einwendungsaus-
    schluß/Abstraktheit wertpapierrechtlicher
    Verpflichtung 363 74
Schuldschein
  Kaufmannsausstellung und Vermutungsfolge
    344 10 ff
  Versicherungsschein ohne Orderklausel 363 75
Schuldverhältnis
  und Geschäftsverbindung 355 37
Schuldversprechen
  als Handelsgeschäft/Wirksamkeit mündlicher
    Versprechungen 350 1 ff

Schwebende Geschäfte
Abwicklung als Handelsgeschäfte 343 11
Schweigen auf Bestätigungsschreiben
Kaufmännisches Bestätigungsschreiben
– s. dort
Schweigen (Verpflichtungsgrund)
Absetzgleisfall des BGH Anh 362 16
Abstimmung Anh 362 3
gegenüber Allgemeinen Geschäftsbedingungen Anh 362 8
Anfrage/Schweigen hierauf Anh 362 20
Annahme eines Angebots/Schweigen auf verspätete Anh 362 22
Anscheinsvollmacht/Zurechnung aufgrund Betriebsrisiko Anh 362 27
Auftragsbestätigung/Schweigen hierauf Anh 362 23
Auslegung des Vertrages/Schweigen auf fehlerhafte Anh 362 31
als Auslegungselement Anh 362 7 f
Beweislast Anh 362 6
Dogmatik zur Rechtspflichtenbegründung (Übersicht über vier Fälle) Anh 362 37
Duldungsvollmacht als Rechtsscheinhaftung Anh 362 19
Eigenständige Lehre vom Schweigen (fehlende) Anh 362 36
Einverständnis-Wertung/zurückhaltende Anwendung Anh 362 25
Erfüllungshaftung/Rückgriff auf Treu und Glauben Anh 362 29
Erfüllungshaftung/Schweigen als Grundlage einer Erwirkung Anh 362 34 f, 37
Erfüllungshaftung/verletzte Widerspruchspflicht Anh 362 11 ff
Erfüllungshaftung/widersprüchliches Verhalten als Grundlage Anh 362 30
Erklärungsbewußtsein Anh 362 5
Falsa demonstratio non nocet Anh 362 4
Freibleibendes Angebot/Schweigen auf Annahme Anh 362 22
Genehmigung fehlerhafter Vereinsbeschlüsse durch Schweigen Anh 362 35
Geschäftsverbindung Anh 362 13
Gesetzliche Wertung des § 362 HGB/Frage der Verallgemeinerungsfähigkeit Anh 362 21
Haftungssteigerung aufgrund sozialer Verantwortung Anh 362 14
Handelsbrauch (Schweigen als Annahme/Ablehnung) 346 47
Handelsmakler-Schlußnote/Schweigen hierauf Anh 362 22
Irrtum über Bedeutung Anh 362 26
Passivlegitimation/nicht geltend gemachte fehlende Anh 362 32

als Pflichtverletzung/Schadensersatzfolge Anh 362 15 ff
Privates Sozialrecht Anh 362 14
Rechtsgeschäftlicher Kontakt Anh 362 13
Rechtsscheinhaftung/kaufmännisches Betriebsrisiko Anh 362 26 ff
Rechtsscheinhaftung/verkehrsmäßig typisiertes Verhalten Anh 362 21 ff, 37
Rechtsscheinhaftung/wissentliche Rechtsscheinschaffung Anh 362 19, 20
Schadensersatzhaftung/verletzte Widerspruchspflicht, Schutzpflichtverletzung Anh 362 15 ff, 37
Stellvertreter-Mitteilung eines Vertragsabschlusses/Schweigen hierauf Anh 362 24
Tatsachenunkenntnis Anh 362 26
Teilverzichtsfall des BGH Anh 362 17
Treu und Glauben Anh 362 16
Unfallversicherungsfall des BGH Anh 362 30
Vertragsabschluß, echter/Vertrauenshaftung kraft widersprüchlichen Verhaltens Anh 362 33
Wechselechtheit/Anfrage hierzu Anh 362 20
und Widerspruchspflicht Anh 362 9 ff
als Willenserklärung durch Konkludenz Anh 362 2 ff, 21
Willensmängel/verletztes Widerspruchsrecht Anh 362 13
Witwengeldfall des BGH Anh 362 31
Schweigen (Zustimmungsfiktion)
Ablehnungserfordernis, unverzügliches 362 15 ff
AGB des Antragsempfängers 362 25
Anfechtung 362 1, 21
Antragsablehnung/Schadensverhütungspflicht 362 29
Antragsempfänger als Kaufmann 362 6 ff
Bestehen einer Geschäftsverbindung 362 11 f
Erbieten zur Geschäftsbesorgung 362 13 f
Erfüllungshaftung/Umfang und Reichweite 362 25 ff
Fiktion einer Willenserklärung 362 1
Geschäftsbesorgung als Antragsgegenstand 362 9 ff
Gesetzliche Wertung/Frage ihrer Verallgemeinerungsfähigkeit Anh 362 21
Nichtkaufmann als Schweigender 362 8
Pflichtverletzung/Obliegenheitsverletzung (fehlender dogmatischer Erklärungswert) 362 3
Rechtsgeschäftliche Erklärungsversuche 362 1 f
Rechtsscheinhaftung 362 4
Rechtsscheinhaftung und Gutgläubigkeit 362 26

Risikoprinzip (Antragsunkenntnis) **362** 17 ff
Saldoanerkennung **355** 188
Saldomitteilung der Bank **355** 164
Unbewußtes Schweigen **362** 17, 21; **Anh 362** 20
Verkehrsschutzbedürfnis/Verkehrssitte **362** 4 f
als Willenserklärung durch schlüssiges Verhalten **362** 4
Willensmängel **362** 21 ff
Selbstabholungsrecht
Handelsklausel Netto ab Werk **346** 139
Selbstbindung ohne Vertrag
und Handelsbräuche **346** 4
Selbsthilfeverkauf
und stillschweigende Vergütungsvereinbarung **354** 12
Selbstlieferung vorbehalten
Handelsklausel **346** 261 f
Selbstspezifikation
Verkäuferrechte bei Käuferverzug **375** 14 ff
Shipment/embarkment
Handelsklausel **346** 263
Sicherheiten
und Kontokorrent
– s. dort
Sicherheitsleistung
und kaufmännisches Zurückbehaltungsrecht **372** 108
Sicherungseigentum
Legitimationsfunktion von Urkunden **366** 78
Typisches Sicherungsgut;branchenübliches Sicherungsgut/fehlender Erfahrungssatz **366** 45
Verfügungen zu Sicherungszwecken/guter Glaube an die Verfügungsbefugnis **366** 67 ff
Verfügungsbefugnis und Gutglaubensschutz **366** 45
Warenlager-Sicherungsübereignung/typische Veräußerungsermächtigung **366** 46
und Weiterveräußerungsermächtigung **366** 5
Sicherungsfunktion
des Kontokorrents **355** 6, 113
Verfügung zu Sicherungszwecken/Gutglaubensschutz **366** 67 ff
Sicherungsgrundschuld
Kontokorrent **356** 74
Sicherungsvereinbarung
Indossament/nicht vermerkte – **364** 57
Sicherungszwecke
Guter Glaube an die Verfügungsbefugnis bei Verfügungen zu – **366** 67 ff
Sittenwidrigkeit
und Handelsbräuche **346** 13, 42
Indossament und Wirksamkeitseinwendungen **364** 53

Kontokorrentabrede/Bedeutung für die Vorauszession **355** 112
Vertragsstrafenversprechen **348** 11
Sitz
und örtlicher Handelsbrauch **346** 30 f
Skonto
Handelsklausel **346** 264 f
So schnell wie möglich
Handelsklausel **346** 268
Sofort
Handelsklausel **346** 269
Solange Vorrat reicht
Handelsklausel **346** 266
Sommerschlußverkauf
Guter Glaube an die Verfügungsbefugnis **366** 62
Sonstiges Recht
Zurückbehaltungsrecht (kaufmännisches) **372** 84
Sorgfalt
Handelsgeschäftscharakter und ordentlicher Kaufmann **347** 1 ff
Soziale Verantwortung
und Haftungssteigerung **Anh 362** 14
Speditionsgeschäft
Bescheinigungen mit Wertpapiercharakter **363** 85, 86, 153
Gesetzliches Pfandrecht/gutgläubiger Erwerb **366** 88 ff
Gesetzliches Pfandrecht/gutgläubiger Erwerb durch Kleingewerbetreibende **366** 112
Gesetzliches Pfandrecht/Sicherung inkonnexer Forderungen **366** 102 ff
Guter Glaube an die Verfügungsbefugnis **366** 43
Gutgläubiger Erwerb gesetzlichen Pfandrechts/Sicherung inkonnexer Forderungen **366** 101 ff
Handelsbräuche **Vor 343 ff** 24
Kleingewerbetreibende **Vor 343 ff** 32
Kleingewerbetreibende/Guter Glaube an Verfügungsbefugnis **366** 8, 9
Kleingewerbetreibende/Schweigen auf Bestätigungsschreiben **346** 26, 27a
Pfandrecht/Wartefristverkürzung **368** 1 ff
Verfügungsbefugnis und Gutglaubensschutz **366** 43
Spekulationsgeschäfte
als Handelsgeschäfte **343** 20
Speziesschuld
Gegenstand kaufmännischer Anweisung/Verpflichtungsschein **363** 13
Spezifikationskauf
Handelskauf **375** 1 ff
Spiel/Wette
Verrechnung im Kontokorrent **355** 160 ff

Staffelkontokorrent
s. Kontokorrent
Stellvertretung
Absender eines Bestätigungsschreibens 346 80 ff, 97 ff, 112 ff
Erwerb vom Stellvertreter/Guter Glaube an die Verfügungsbefugnis 366 14
Fehlende Vertretungsmacht/Analogie zum Gutglaubensschutz bei Verfügungen 366 37 ff
und Kaufmannseigenschaft 343 2
Organhandeln und Handelsgeschäftscharakter 343 7
Schweigen auf Vertreter-Mitteilung eines Vertragsabschlusses Anh 362 24
Verfügungsmacht und Gutglaubensschutz 366 14
Vertreter ohne Vertretungsmacht/Handelsgewerbe-Zugehörigkeit 343 8
Vertreter ohne Vertretungsmacht/Organhandeln 343 7
Vertretungsmacht und Gutglaubensschutz 366 37
Stückschuld
Geschuldetes Handelsgut 360 3
Stundung
Dogmatisches Verständnis der Kontokorrentabrede 355 103
Indossament/nicht vermerkte – 364 57
und kaufmännisches Zurückbehaltungsrecht 372 109
Subject to inspection
Handelsklausel 346 270

Taragewicht
Kaufpreisberechnung 380 1 ff
Tatsächliche Übung
Handelsbräuche
– s. dort
Teilverzichtsfall des BGH
Schweigen/Schadensersatzhaftung wegen verletzter Widerspruchspflicht Anh 362 16
Tel quel (Telle quelle)
Handelsklausel 346 271; 360 6 f
Testamentsvollstreckung
Verfügungsbefugnis und Gutglaubensschutz 366 33
Tilgungswirkung
Verrechnung beim Kontokorrent 355 117 ff
Trade Terms
Ab Kai ... Benannter Einfuhrhafen Vor 373 770
Ab Schiff ... Benannter Hafen Vor 373 769
Ab Werk Vor 373 763
Bedeutung, Geltungsbereich Vor 373 12

C. & F. ... Bestimmungshafen Vor 373 767
C. I. F. ... Bestimmungshafen Vor 373 768
F. A. S. ... Benannter Verschiffungshafen Vor 373 765
F. O. B. Seeschiff ... (Benannter Verschiffungshafen) Vor 373 766
F. O. R. – F. O. T. Frei (franko) Waggon Vor 373 764
Traditionspapiere
Besitzerlangung und kaufmännisches Zurückbehaltungsrecht 372 28
Eigentumsübertragung und kaufmännisches Zurückbehaltungsrecht 372 76, 103
Fehlende materielle Berechtigung/fehlende formelle Legitimation 372 31
Kaufmännisches Zurückbehaltungsrecht 363 128 ff
Legitimationsfrage/Entstehung kaufmännischen Zurückbehaltungsrecht 372 29
Legitimationsfunktion der Urkunde 366 78 und Orderpapiere 363 3
Papierübergabe an Legitimierten/Wirkung wie Güterübergabe 363 95 ff
Papierverlust und kaufmännisches Zurückbehaltungsrecht 372 104
Traditionswirkung
– Abhandenkommen 363 111 ff
– Absolute Theorie/Verständnis als eigenständige Erwerbsform z 363 99, 100
– Besitzfortbestand, problematische Bedingung z 363 108 ff
– Einigung bezüglich Rechtsänderung an der Sache 363 105
– Gesetzeszweck/dogmatische Einordnung sachenrechtlicher Wirkung 363 95 ff
– Gesetzliche Pfand- und Zurückbehaltungsrechte an den Gütern/Frage ihres Fortbestandes 363 128 ff
– Güterverfügung ohne Papierübertragung 363 142 ff
– Gutgläubig lastenfreier Gutserwerb 363 124
– Gutgläubiger Eigentumserwerb an den Gütern 363 117 ff
– Gutsübernahme, erforderliche 363 106, 107
– Papiererwerb und Gutserwerb/kein strikter Parallelismus 363 112
– Papierübergabe (Fälle eigenständiger Bedeutung) 363 116 ff
– Papierübertragung/Übertragung des verbrieften Herausgabeanspruchs z 363 103
– Relative Theorie/Verständnis als Unterfall des § 931 BGB 363 96 ff
– Repräsentationstheorie/Besitzmittlung, erforderliche 363 101

Verfügungsbefugnis und Gutglaubenschutz 366 20
Verfügungsbefugnis und Gutglaubensschutz 366 78 f
Verfügungsmacht/Gutglaubensschutz 366 20

TransportrechtsreformG
Gelegenheitsgeschäfte und Typus abgeschlossenen Geschäfts 366 9
Gutgläubiger Pfandrechtserwerb zur Sicherung inkonnexer Forderungen 366 101 ff
Handelsgeschäfte, erweiterter Anwendungsbereich Vor 343 ff 1a
Lieferscheinbedeutung 363 37
Wertpapierrechtlicher Einwendungsausschluß 363 45

Transportversicherungspolice
Güterpapiere (Orderpapiere)
– s. dort
als typusbezogenes Orderpapier 364 43
und Versicherungsvertrag/grundsätzliche Abhängigkeit 363 72 ff

Transportwesen
Orderpapiere/Zulassung weiterer echter mittels Analogie 363 81 ff

Trennungsprinzip
Kontokorrentabrede und Geschäftsvertrag 355 21

Treu und Glauben
Eigentumslage und kaufmännisches Zurückbehaltungsrecht 372 37
Handelsbräuche 346 14
Kaufmännisches Bestätigungsschreiben/grobe Abweichungen 346 83
Kaufmännisches Zurückbehaltungsrecht/Ausschluß 372 55
Leistungszeit 358 1
Schweigen und Erfüllungshaftung Anh 362 29
Vertragsstrafenherabsetzung 348 9, 14

Treuhandeigentum
und kaufmännisches Zurückbehaltungsrecht 372 33

Treuhandindossament
als Indossaments-Sonderform 364 15 ff

Typenzwang
Orderpapiere 363 2 f

Typisiertes Verhalten
Rechtsscheinhaftung aufgrund Schweigens Anh 362 21 ff

Überseekauf
Ab-Kai-Geschäft
Ab-Schiff-Geschäft
– s. dort
Allgemeines dispositives Recht Vor 373 6

Cif-Geschäft
– s. dort
Entwicklung neuer Transporttechniken/Dokumentationspraktiken Vor 373 8
Fob-Geschäft
– s. dort
Grundformen/Modifikationen Vor 373 5 ff
Incotermers
– s. dort
Rechtsquellen Vor 373 10 ff
Wertpapierkauf/Abgrenzung Vor 373 9

Übung
als Handelsbrauch
– s. Handelsbräuche

Umdeutung
Formnichtige Schecks, Wechsel 363 32 ff
Kaufmännisches Zurückbehaltungsrecht 372 114

Umgehend
Handelsklausel 346 272

Unbestellte Ware
und kaufmännisches Zurückbehaltungsrecht 372 24

Uneigentliches Kontokorrent
s. Kontokorrent

Unentgeltliche Verfügungen
als Handelsgeschäfte 343 16

Unerlaubte Handlung
Besitzerlangung/ausgeschlossenes kaufmännisches Zurückbehaltungsrecht 372 59
Forderung aus vorsätzlich begangener/Kontokorrentzugehörigkeit 355 92
Handelsbräuche 346 1, 4, 22a
Handelsgeschäftliche Grundlage 343 4; 372 44
Indossament-Rechtsfolgen bei Güterpapieren 364 6
Zurückbehaltungsrecht (kaufmännisches)/deliktsrechtlicher Schutz 372 83 ff

Unfallversicherungsfall des BGH
Schweigen/Vertrauenshaftung kraft widersprüchlichen Verhaltens Anh 362 O 30 ff

Unfrei
Handelsklausel 346 273

Ungefähr, circa
Handelsklausel 346 164

Ungerechtfertigte Bereicherung
Angewiesenenverpflichtung und Inhalt einer Annahmeerklärung/Abweichungen 363 45
Beiderseitiges Handelsgeschäft 372 44
Fälligkeitszinsen bei beiderseitigem Handelsgeschäft 352 12
und Handelsbräuche 346 4
Mängel des Anerkenntnisvertrages/des Verrechnungsvertrages beim Kontokorrent 355 193 ff

Schadensersatzansprüche/Leistungspflichten 361 8
und stillschweigende Vergütungsvereinbarung für den Kaufmann 354 11
Unrichtige Saldoforderung 355 212 ff
Verfügungsmacht und Gutglaubensschutz/ Kondiktionsfester Erwerb 366 37 f
Vertretungsmacht, fehlende/Kondiktionsfestigkeit des Erwerbs 366 38
Zurückbehaltungsrecht an Gläubigersachen 372 238

UNIDROIT
Ottawa-Konvention zum internationalen Factoring 354a 5

Untergewicht
Handelsklausel 346 274

Unternehmenstätigkeit
Abwicklungsgeschäfte 343 11
Erwerb/Veräußerung kaufmännischer Unternehmen 343 15
und Handelsgeschäfte (Anwendbarkeit der §§ 343 ff) Vor 343 ff 39
Kaufmannshandeln, Geschäftspartnerstellung 344 5
Unternehmensmehrheit/Zuordnungsfrage 344 7

Unternehmensträger
Anweisung, Verpflichtungsschein/kaufmännischer 362 6, 11
Kaufmännische/Nichtkaufmännische Unternehmer – Geltung eines Abtretungsverbots 354a 21
und Kaufmannsbegriff Vor 343 ff 33
Verfügungsbefugnis und Gutglaubensschutz 366 16
und Zurückbehaltungsrecht (kaufmännisches) 372 6

Untersuchung der Ware
s. Mängelrüge (kaufmännische)

Unterschriftfälschung
und Indossament 363 46

Unternehmensveräußerung
s. Geschäftsübertragung

Unverbindlich (Freibleibend, ohne Obligo)
Handelsklausel 346 201

Unverbindliche Posten
Verrechnung im Kontokorrent 355 160 ff

Urkunden
Guter Glaube an die Verfügungsbefugnis/ Bedeutung von – 366 75 ff
Rechtsscheinbegründung/Verfügungsbefugnis und Gutglaubensschutz 366 75
Wertpapiereigenschaft/Leistungspflicht nur gegen Vorlage und Aushändigung 364 63
Wertpapiereigenschaft/Leistungspflichten nur gegen Vorlage und Aushändigung 363 25, 88

Usancen
und Handelsbrauch, Abgrenzung 346 17

Verarbeiten
Handelsgeschäftscharakter 343 3 f

Veräußerungsvorgang
Guter Glaube an die Verfügungsbefugnis
– s. Gutglaubensschutz (Eigentum/Vertragspfandrecht)

Vereinfachungs- und Vereinheitlichungsfunktion
Kontokorrent
– s. dort

Verfassungsrecht
Abtretungsverbot/wirksame Abtretung 354a 21 f
Fälligkeitszinsen beim beiderseitigen Handelsgeschäft 353 7
Gutgläubiger Pfandrechtserwerb zur Sicherung inkonnexer Forderungen 366 101 ff
Wertungswidersprüche und analoge Rechtsanwendung 366 10

Verfügung
im Betrieb eines Handelsgewerbes 366 16
Ordnungsgemäßer/gewöhnlicher Geschäftsbetrieb 366 48 ff
zu Sicherungszwecken 366 67 ff
Veräußerung/Verpfändung fremder Sachen 366 18 ff

Verfügungsbefugnis
als Befugnis zur Verfügung im eigenen Namen 366 26
Begriff/Musterbeispiel des Kommissionärs 366 26
und Besitzlage 366 1
Eigennützige Befugnis/eigene Interessenverfolgung 366 54, 69
Gesetzliche – 366 29 ff
Interessenbindung des Verfügenden 366 70
Scheinverfügungsbefugnis und Gutglaubensschutz
– s. Gutglaubensschutz (Eigentum/Vertragspfandrecht)
und Verfügungsmacht 366 37

Verfügungsbeschränkungen
und guter Glaube an die Verfügungsbefugnis 366 33 ff

Verfügungsvertrag
Kontokorrent als antizipierter – 355 14

Vergütungsvereinbarung
  Geschäftsbesorgung, Dienstleistung/Handels-
    geschäft und stillschweigende – 354 1 ff
Verhältnismäßige Gesamtaufrechnung
  s. Kontokorrent
Verjährung
  und kaufmännisches Zurückbehaltungsrecht
    372 52
  Kontokorrent
    – s. dort
  Mängel beim Handelskauf 377 156, 200 ff
Verkauft wie besichtigt
  Handelsklausel 346 275
Verkehrserforderliche Sorgfalt
  und Sorgfalt eines ordentlichen Kaufmanns
    347 1 ff
Verkehrsschutz
  Wertpapierrechtlicher, aber sachenrechtsbe-
    zogener – 363 160
Verkehrssitte
  und Handelsbräuche 346 1, 4
  Rechtsscheinhaftung aufgrund Schweigens
    Anh 362 21 ff
Vermächtnis
  Gutgläubiger Erwerb von Inhaberpapieren
    aufgrund – 367 23
Vermischen
  Handelsgeschäftscharakter 343 3 f
Vermögensverwaltung
  durch Personengesellschaft Vor 343 ff 29
Verpfändung
  Sicherungsübereignung von Pfandgut 366 70
  Verbrieftes Recht/Übergabeerfordernis
    364 23
Verpflichtungsschein (kaufmännischer)
  Abstraktheit/Verknüpfung mit Kausal-
    verhältnis 363 19
  Allgemeine wertpapierrechtliche Voraus-
    setzungen 363 21 ff
  Anwendungsfälle 363 30 ff
  Auslegung (Wertpapiercharakter) 363 23
  Bedingungen, unzulässige 363 19
  Bestätigungsschreiben, bloße 363 23
  oder Beweisurkunde/Quittung (bloße) 363 23
  Gattungsschuld/Speziesschuld 363 14
  Gegenleistung, von ihr unabhängige 363 17 ff
  Gegenstand des Verpflichtungsscheines
    (Geld/Wertpapiere/andere vertretbare
    Sachen) 363 13
  Kaufmannseigenschaft der Ausstellerperson
    363 5 ff
  Leistungen/Verknüpfung mit anderen als
    einer Gegenleistung 363 18 f
  Nichtkaufmännischer Verpflichtungsschein
    363 11

Orderanweisung (Orderklausel)/allgemein-
  wertpapierrechtliche 363 25 ff
Orderanweisung (Orderklausel)/spezifisch
  orderpapierrechtliche Wirkungen 363 28 f
Orderanweisung (Orderklausel)/Voraus-
  setzung für Orderpapierentstehung 363 22
Schriftform 363 21
Übertragung
  – s. Indossament
Vertretbarkeit des Gegenstandes, fehlende/
  abstraktes Schuldversprechen 363 15
Vertretbarkeit des Gegenstandes, fehlende/als
  Rektapapier 363 16
Wertpapiereigenschaft und Orderklausel
  363 23
Verrechnung
  s. Kontokorrent
Verrechnungsvertrag
  Abrechnung im Wege der Verrechnung/Typen
    355 18
  und Kontokorrentabrede 355 15
Versicherungsschein
  Rektaversicherungspolice 363 75
  Transportversicherungspolice
    – s. dort
Versicherungsverein auf Gegenseitigkeit
  HGB-Unterstellung, teilweise Vor 343 ff 31
Vertrag (gegenseitiger)
  Kontokorrent 355 16
Vertrag zu Lasten Dritter
  Verbot 356 16, 44
Vertrag zugunsten Dritter
  Begebungsvertrag (Güterpapiere als Order-
    papiere) 363 58 ff
Vertragsabschluß
  Abschlußreife/kaufmännisches Bestätigungs-
    schreiben 346 83a, 83b
  und Kaufmännisches Bestätigungsschreiben
    346 69 ff
  und Kaufmannstätigkeit 346 24c
  Kontokorrent 355 13, 99 f
  Kontokorrentvertrag 355 58 ff
  Saldofeststellung/Abschluß des Anerkennt-
    nisvertrages 355 187 ff
  Schwerpunktlage und örtlicher Handels-
    brauch 346 33
  Stillschweigende Vergütungsvereinbarung
    354 1 ff
Vertragliche Pfandrechte
  Belastungen/gutgläubiger lastenfreier Erwerb
    366 85
  Gutglaubensschutz
    – s. dort
  Verkaufsandrohung/Wartefristverkürzung
    368 1 ff

Vertragsfreiheit
und Kaufmannseigenschaft 354a 6
Vertragsinhalt
und Handelsbrauch 346 1
und Kaufmännisches Bestätigungsschreiben 346 69 ff
Vertragsstrafe
Handelsgeschäftscharakter 348 1 ff
Vertragstyp
und Kontokorrent 355 18
und Sicherungsbedürfnis im Handelsverkehr 372 1
Vertragsverhandlungen
Kaufmännisches Bestätigungsschreiben
– s. dort
Vertrauenshaftung
und Handelsbräuche 346 4
Vertrauensschutz
und Handelsbrauchunkenntnis 346 51
Vertretbare Sachen
Gegenstand kaufmännischer Anweisung/Verpflichtungsschein 363 13
Lieferschein (Orderlieferschein) 363 38
Vertreter ohne Vertretungsmacht
s. Stellvertretung
Verwahrung von Wertpapieren
Effektensammelanteile/Entstückungsfolgen 367 28
Verwahrungsvertrag
Stillschweigende Vergütungsvereinbarung 354 1
Verwendungen
Zinsanspruch des Kaufmanns vom Leistungstag an 354 15
Verwirkung
und Erwirkung als Gegenstück Anh 62 34
Verzollt/versteuert
Handelsklausel 346 277
Verzug
Annahmeverzug (Handelskauf)
– s. dort
und kaufmännisches Zurückbehaltungsrecht 372 59, 62
Lagergeldanspruch 354 12
Kontokorrentzugehörigkeit einer Forderung 355 107
Spezifikationsverzug des Käufers (Handelskauf) 375 13 ff
Verzugszinsen
und beiderseitiges Handelsgeschäft 352 11
Vollindossament
s. Indossament
Vollmacht
Anscheins- und Duldungsvollmacht/Analogie 366 11

Anscheinsvollmacht/Rechtsscheinhaftung kraft Betriebsrisikos Anh 362 26 f
Blanketterklärung/Gleichstellung mit Aushändigung einer – 363 89
Duldungsvollmacht/Rechtsscheinhaftung kraft Rechtsscheinschaffung Anh 362 19
und Scheinermächtigung 366 24
Scheinvollmacht/Scheinermächtigung 366 23
Vollmachtsindossament
als Indossaments-Sonderform 364 9 f
Vorausverfügungsmacht
und Kontokorrentfähigkeit 355 72
Vorbereitungsgeschäfte
als Handelsgeschäfte 343 22
Vorgesellschaften
als Handelsgesellschaften 343 7; Vor 343 ff 29
Vorleistungspflicht
Kassa gegen Dokumente 346 221
Vormerkung
Kontokorrent 356 30
Vorrat
Handelsklausel 346 276
Vorschüsse
Zinsanspruch des Kaufmanns vom Leistungstag an 354 15
Vortragung
Saldoforderung beim Kontokorrent
– s. Kontokorrent

Währungsrecht
Bestimmungen am Erfüllungsort 361 1 ff
Grundlage 361 2
Ware wie sie fällt
Gattungsschuld 360 7
Ware wie sie steht und liegt
Gattungsschuld 360 7
Waren
Gattungsschuld 360 4
als Gegenstand kaufmännischer Orderpapiere
– s. Lieferschein (kaufmännischer)
Handelskauf
– s. dort
Warenkaufleute
Eigentumsvorbehalt, Sicherungseigentum 366 44 f
Ergänzungsfunktion von § 366 Abs 1 HGB ggü §§ 932 ff BGB 366 44
und Verfügungsbefugnis 366 5, 37
Verfügungsbefugnis und Gutglaubensschutz 366 5, 44
Warenveräußerung und guter Glaube an die Verfügungsbefugnis
– s. Gutglaubensschutz (Eigentum/Vertragspfandrecht)

Warenlager
  Sicherungsübereignung, Verfügungsbefugnis und Gutglaubensschutz 366 46
  Sicherungsübereignung/guter Glaube an Verfügungsbefugnis 366 46
Warenverein der Hamburger Börse
  AGB zum Handelskauf Vor 373 2
Wechselrecht
  Bedingtes Indossament 365 9
  Echtheitsanfrage/Schweigen hierauf Anh 362 20
  Gutglaubensschutz 367 14
  Indossament und Einwendungsausschluß 364 34
  Kontokorrentzugehörigkeit von Wechseln 355 86 ff
  Orderpapiere, geborene 363 22
  Umdeutung formnichtigen Wechsels 363 32 ff
  Wechselakzepte des Schuldners/kaufmännisches Zurückbehaltungsrecht 372 17
Wegfall der Geschäftsgrundlage
  Vertragsstrafenversprechen 348 13
Werk (ab)
  Handelsklausel 346 278
Werkunternehmerpfandrecht
  Gutgläubiger Erwerb 366 112 ff
  Verkaufsandrohung/Wartefristverkürzung 368 5
Werkvertrag
  Stillschweigende Vergütungsvereinbarung 354 1
Wertpapiere
  Allgemeine Voraussetzungen der Entstehung 363 21 ff
  Allgemeine wertpapierrechtliche Wirkungen 363 25 ff, 87
  Aufgebotsverfahren 363 27
  Ausschaltung von § 407 BGB 363 26, 88
  Befriedigungsrecht aufgrund kaufmännischen Zurückbehaltungsrechts 372 69
  Effektengeschäfte als Handelsgeschäfte 343 14
  Effektenverpfändung und Gutglaubensschutz 366 73
  Effektenverwahrung/Miteigentumsanteil am Gesamtbestand 367 28 f
  Erfüllung von Lieferverpflichtungen 366 73
  Frachtrechtswertpapiere
    – s. Güterpapiere (Orderpapiere)
  Gattungsschuld 360 4
  Gegenstand kaufmännischer Anweisung/Verpflichtungsschein 363 13
  Halbkausale Wertpapiere 363 66 f
  Handelskauf
    – s. dort

  Leistung von Wertpapieren/hierauf gerichtete kaufmännische Orderpapiere 363 36
  Orderpapiere
    – s. dort
  Spediteursbescheinigungen mit Wertpapiercharakter 363 85, 86
  Theorie wertpapierrechtlichen, aber sachenrechtsbezogenen Verkehrsschutzes/Traditionswirkung 363 160
  Traditionspapiere/Traditionswirkung
    – s. Traditionspapiere
  Urkundeninnehabung 363 25, 88; 364 63
  Verbriefungswille 363 23, 40
  Verfügungsmacht/Gutglaubensschutz 366 20
  Verpfändung zur Kreditsicherung 366 73
  Wertpapierrechtlicher Einwendungsausschluß 363 45
  Wertpapierrechtlicher Einwendungsausschluß/Abgrenzung ggü Abstraktheit verbrieften Rechts 363 67
  Wertpapierrechtlicher Einwendungsausschluß/Abstraktheit wertpapierrechtlicher Verpflichtung 363 74
  Zurückbehaltungsrecht (kaufmännisches) 372 13 ff
Wettervorbehalt
  Handelsklausel 346 279
Widerspruch
  Kaufmännisches Bestätigungsschreiben
    – s. dort
Widersprüchliches Verhalten
  Schweigen/Vertrauenshaftung kraft – Anh 362 30 ff
Widerspruchpflicht
  Schweigen als Verletzung einer – Anh 362 9 ff
Wiederverkäuferveräußerung
  Guter Glaube an die Verfügungsbefugnis 366 63
Willenserklärung
  Schweigen als Willenserklärung
    – s. Schweigen (Verpflichtungsgrund)
Willensmängel
  Begebungsvertrag 363 61
  im Kontokorrentverhältnis
    – s. dort
  Schweigen (Zustimmungsfiktion) 362 21 ff
  Verletzung einer Widerspruchpflicht Anh 362 12
Winterschlußverkauf
  Guter Glaube an die Verfügungsbefugnis 366 62
Wirksamkeitseinwendungen
  Indossament
    – s. dort

Zahlung (Barzahlung)
Handelsklausel 346 280
Zahlung nach Empfang
Handelsklausel 346 281
Zeitrechnung
Bestimmung am Erfüllungsort 361 1 ff
Zinsen/Verzinsung
Beiderseitiges Handelsgeschäft/Erhöhung gesetzlicher, vertraglicher Zinsen 352 1 ff
Beiderseitiges Handelsgeschäft/Zinsanspruch bei Geldforderungen vom Fälligkeitstag an 353 1 ff
Darlehen, Vorschüsse, Auslagen/Zinsanspruch des Kaufmanns vom Leistungstag an 354 15
Kontokorrent
– s. dort
Zu getreuen Händen
Handelsklausel 346 282
Zug-um-Zug-Erfüllung
und Kontokorrentzugehörigkeit 355 82
Zug-um-Zug-Verurteilung
Geltendmachung kaufmännischen Zurückbehaltungsrechts 372 63
Zugang
Kaufmännisches Bestätigungsschreiben 346 73, 74, 109
Zugesicherte Eigenschaften
Kaufmännische Mängelrüge 377 49 ff
Zugewinngemeinschaft
Absolute Verfügungsbeschränkungen ohne Gutglaubensschutz 366 35
Zurechenbarkeitseinwendungen
Indossament
– s. dort
Zurückbehaltungsrecht
Abtretung gesicherter Forderung/Auswirkungen auf das – 372 96 ff
Abtretung nichtverbriefter Forderungen/Unmittelbarkeitsprinzip 372 48
Analoge Anwendung BGB § 406/Sukzessionsschutz 372 72
Analogie/eigene Gläubigersachen 372 39
Anwartschaftsrecht des Schuldners 372 34
Anweisungen zum Gegenstand/ausgeschlossenes – 372 55 ff
Ausschluß/gesetzliche Konktetisierung von Treu und Glauben 372 55 ff
Ausübung mit ex-tunc-Wirkung 372 62
Befriedigungsrecht aufgrund kaufmännischen Zurückbehaltungsrechts 366 65 ff; 372 113
Beiderseitiges Handelsgeschäft als Grundlage 372 43
Beschädigung/Zerstörung der Sache 372 84
Besitzerlangung aufgrund Handelsgeschäfts 372 24

Besitzerlangung durch Delikt 372 25
Besitzerlangung und fortdauernde Willensrichtung 372 23
Besitzerlangung und Schuldnerwille 372 22
Besitzerlangung und Willensmängel 372 22
Besitzerlangung/Gleichstellung mit Verfügungsmöglichkeit über Traditionspapiere 372 28 ff
Besitzrecht für den Gläubiger als Rechtsfolge 372 61
Besitzrechtliche Grundlage/Bindung 372 13, 18 ff
Besitzrechtliche Grundlagen/zwingendes Recht 372 27
Besitzverlust, unfreiwilliger 372 26, 104
Besitzverlust, unfreiwilliger/Anspruch gegen den Eigentümer-Rechtsnachfolger 372 87
Bestimmbarkeit gesicherter Forderung 372 41
Besitzmittler 372 20
Bewegliche Sachen/Wertpapiere (gegenständliche Beschränkung) 372 13 ff
Cessio legis/Abtretung gesicherter Forderung 372 109
Cessio legis/Problem der Übergabe 372 101
Cessio legis/Unmittelbarkeitserfordernis 372 49
Culpa in contrahendo/Forderungsentstehung 372 44
Dingliche Rechte/Abgrenzung und Vergleich 372 2, 86
Dogmatik 372 1 ff
Drittsachen/Ausschluß auch gutgläubigen Erwerbs 366 36
Eigentum des Gläubigers 372 38 f
Eigentumsrechtliche Voraussetzungen/Schuldnersachen 372 32 ff
Eigentumsübertragung und Sukzessionsschutz 372 72
Eigentumsverlust des Schuldners 372 105
Eingriffe in das Zurückbehaltungsrecht/deliktische Folgen 372 85
Einrede der Zurückbehaltung 372 60 ff
Einverständnis eines Dritteigentümers 372 37
Erlöschen/Untergang 372 103 ff
Fälligkeit gesicherter Forderung 372 40 ff
und Fälligkeitszinsen beim beiderseitigen Handelsgeschäft 353 16
Fehlende gesetzliche Voraussetzungen/Umdeutung in ein rechtsgeschäftlich bestelltes – 372 112
Forderungsrecht (gesicherte Forderung)/Erlöschen 372 106
Forderungsrecht (gesicherte Forderung)/Übertragung des – 372 94 ff

Forderungsrecht (gesicherte Forderung)/ Voraussetzungen 372 40 ff
Forderungsrecht/Abdingbarkeit gesetzlicher Voraussetzungen 372 54
Freiberufler 372 6
auf Geldleistung lautende gesicherte Forderung 372 51
Gesamthandseigentum des Schuldners 372 32
Gesamtschuldnerschaft 372 7
Geschäftsfähigkeit 372 23
Geschäftsführung ohne Auftrag/Forderungsentstehung 372 44
Geschäftsübernahme/Firmenübernahme 372 48
Geschäftszweck und ausgeschlossenes – 372 57
Gesellschaftersachen/Sicherung von Gesellschaftsschulden 372 9
Gesellschaftersachen/Schulden seiner Gesellschaft 372 50
Gesetzliche Besitzpfandrechte/Verwandtschaft 372 18
Gesetzliche Entstehung 372 41
Gesetzliches Pfandrecht/kollidierende 372 79 ff
Gesetzliches Pfandrechte/Vergleich 372 1
Gesetzliches Pfandrecht/Rechtsfortbildungsfrage, Analogie 372 83
Gläubiger-Schuldner-Geschäft/Unmittelbarkeitserfordernis 372 45
Gläubiger-und Schuldner-Kaufmannseigenschaft 372 5 ff
Gläubigerwechsel 372 46
Grundpfandrechtsbriefe, ausgeschlossene 372 15
Herausgabeanspruch gegen Dritte/nicht aufgrund – 372 83
Herausgabeanspruch, fehlender aufgrund – 372 4, 83
Inhaber- und Orderpapiere/ausgeschlossene Rektapapiere 372 15
Inhaber- und Orderpapiere/Forderungen hieraus 372 47
Insolvenzfestigkeit 372 2
Kassa gegen Dokumente/Ausschluß des – 346 224
Kaufmännischer Charakter/kaufmännische Grundlage 372 24
Kaufmannseigenschaft und Forderungsentstehung 372 42
Kaufmannseigenschaft von Gläubiger/Schuldner 372 5 ff
Kaufmannseigenschaft/Bedeutung fehlender 372 11

Kaufmanseigenschaft/Zeitpunkt des Vorliegens 372 10
Klagbarkeit, fehlende eines Forderungsrechts 372 52
Kleingewerbetreibende 372 6
Konnexität gesicherter Forderung, nicht erforderliche 372 53
Kontokorrent 356 30
Legitimation des Traditionspapierberechtigten 372 28 ff
Mitbesitz von Gläubiger/Schuldner 372 21
Miteigentum des Schuldners 372 32
Mittelbarer Besitz 366 20
Nichtkaufmann als Bestellender 366 12
Orderpapiere als Traditionspapiere 372 31
Passivlegitimation und Rechtskraftwirkung 372 88 ff
Pfandrechtsannäherung 372 1, 19, 65 ff
Publizitäts- und Besitzprinzip 372 14
Rangfragen/gesetzliche Pfandrechte, Mehrheit von – 372 80 ff
Rechtsgeschäftliche Begründung 372 11, 110 ff
Rechtsmißbrauchseinwand/allgemeiner und ausgeschlossenes – 372 58 f
Rechtsnachfolger des Schuldners 372 70
Rechtsnatur gesicherter Forderung 372 44
Rechtspolitische Betrachtung 372 4
Rektapapiere, ausgeschlossene 372 15
Rektapapiere, mögliches bürgerlich-rechtliches – 372 16
Rück- und Weitergabepflicht/Vorrang gegenüber – 372 56
Sachenrecht und Besitzgrundlage 372 27
Scheinkaufleute 372 9
Schuldner-Gläubiger-Kaufmannseigenschaft 372 5 ff
Schuldnerwechsel 372 46
Schuldrechtliche Grundlage statt dinglicher Sicherheit 372 2
Schuldrechtliche Rückübertragungsansprüche/Gläubigereigentum 372 38
Schuldrechtsstruktur 372 3
Schutzlücken-Funktion 372 1
Sicherheitsleistung 372 108
Sicherungsbedürfnis des kaufmännischen Verkehrs 372 1
Sonstiges Recht 372 84
Stundung gesicherter Forderung 372 107
Sukzessionsschutz 372 70 ff
Traditionspapier/kollidierende Verfügungen 372 76 ff
Traditionspapier/unfreiwilliger Verlust 372 104
Traditionspapiere/Verfügung mittels 372 28 ff
Treu und Glauben/gesetzliche Konkretisierung durch Ausschlußfall 372 55 ff

Treu und Glauben/schuldnerfremde Sachen 372 37
Treuhandeigentum des Schuldners 372 33
Übertragbarkeit 372 94 ff
und Übertragung mittels Traditionspapieres 363 128 ff
Umdeutung in ein rechtsgeschäftlich bestelltes – 372 110 ff
Unbestellte Ware 372 24
Unerlaubte Handlung/Deliktsschutz und Sukzessionsschutz 372 86
Unerlaubte Handlung/Erwerb des Besitzes 372 25
Unerlaubte Handlung/Forderungsentstehung 372 44
Ungerechtfertigte Bereicherung/Forderungsentstehung 372 44
Unmittelbarkeitserfordernis 372 43 ff
Verjährung gesicherter Forderung 372 52
Verwertungsrecht des Berechtigten/Gutglaubensschutz 366 30
Verwertungsrecht und Gutglaubensschutz 366 30
Verzug des Gläubigers mit der Rückgabe vor Fälligkeit eigener Forderung 372 59
Wechselakzepte des Schuldners 372 17
Wertpapier-Befriedigungsrecht 372 69
Wertpapiere, bewegliche Sachen/gegenständliche Beschränkung 372 13 ff

Willensmängel bei Besitzübertragung 372 22
Zug-um-Zug-Verurteilung 372 63
Zwangsvollstreckung/Rechtmäßigkeit der Verkaufsbefriedigung 372 88
Zwangsvollstreckung/Vollstreckungs- und Verkaufsbefriedigung 372 65 ff
Zwangsvollstreckung/Vorrang vor späterem Pfändungspfandrecht 372 93
Zwangsvollstreckung/Wirkung des – 372 2

Zustimmung
Schweigen (Zustimmungsfiktion) – s. dort

Zwangsvollstreckung
und Abtretungsverbot 354a 18
und kaufmännisches Zurückbehaltungsrecht (Vorrangfrage) 372 93
und Vollstreckungsbefriedigung aufgrund kaufmännischen Zurückbehaltungsrechts 372 66 f

Zwischenhändler
Unternehmerische Entscheidungsfreiheit/ Sicherungsinteresse des Vorbehaltseigentümers 366 60 f

Zwischenscheine
Blankoindossament/Gutglaubensschutz bei Abhandenkommen 367 11

Zwischenverkauf vorbehalten
Handelsklausel 346 283